Sur tablette ou smartphone :
Téléchargez l'application
«iMemento»
sur l'Apple Store
(iPhone & iPad)
ou sur Google Play
(Androïd)

Sur votre ordinateur :
RDV sur www.memento.efl.fr

Les avantages des versions numériques :
> Un contenu actualisé en permanence à chaque connexion.
> Des fonctionnalités pratiques : moteur de recherche, copier-coller, marque-page, notes, favoris...

COMMENT ÇA MARCHE

Vous disposez déjà de votre login et mot de passe ?

Votre login et votre mot de passe restent identiques.

Si vous avez perdu vos codes d'accès, vous pouvez contacter notre Service Relation Clients au **01 41 05 22 22** (du lundi au vendredi, de 9h à 18h).

Vous n'avez pas d'identifiant ?

Rendez-vous sur :
www.efl.fr/activation

Et utilisez le code personnel d'activation ci-dessous :

1270364GK4D

MACC 22

Cet ouvrage a pour auteurs :
en collaboration avec la rédaction des **Éditions Francis Lefebvre**

mazars

Sous la direction de

Jean-Luc BARLET
Associé
et
Isabelle TORIO-VALENTIN
Fonctions Techniques Mazars

Avec le concours des Fonctions Techniques Mazars.

La première édition du Mémento Audit et commissariat aux comptes a été initiée en 2003
par Antoine MERCIER, expert-comptable, commissaire aux comptes, ancien associé de Mazars
et par Philippe Merle, agrégé des Facultés de droit, professeur émérite de l'Université Paris II (Panthéon – Assas),
lesquels ont poursuivi pendant de nombreuses années leurs contributions.

ÉDITIONS FRANCIS LEFEBVRE
42, rue de Villiers 92300 Levallois-Perret
ISBN 978-2-36893-572-9 © Éditions Francis Lefebvre 2021

Il est interdit de reproduire intégralement ou partiellement sur quelque support que ce soit le présent ouvrage
(art. L 122-4 et L 122-5 du Code de la propriété intellectuelle) sans l'autorisation de l'éditeur
ou du Centre français d'exploitation du droit de copie (CFC), 20, rue des Grands-Augustins - 75006 Paris

Présentation de l'ouvrage

L'**audit** a une histoire beaucoup plus courte et plus récente que celle de la comptabilité.

Ses racines sont certes anciennes mais son renouveau est récent, une cinquantaine d'années seulement, et il est aujourd'hui à la croisée des chemins, de l'information financière et de l'information extra-financière, de l'indépendance et de la régulation, et enfin de la transformation numérique, avec une mutation accélérée par la crise mondiale liée à la pandémie de Covid-19.

Gageons que, de ces réflexions et évolutions holistiques, viendra une renaissance car ce métier est essentiel.

Si la comptabilité est instrument d'enregistrement, de classification, de recensement et de gestion, elle est également instrument essentiel de contrôle au premier niveau. La notion même de « contrôle du contrôle », qui est le fondement de l'audit, est récente. Il a naturellement existé des auditeurs bien avant le XXe siècle, mais la filiation est lointaine ou indirecte et la crise de 1929 est l'origine réelle de la profession que nous connaissons aujourd'hui. Le capitalisme a su trouver à l'époque les premiers mécanismes de contrôle permettant de protéger l'actionnaire et l'épargnant et a fait sortir l'audit de la sphère publique pour le faire entrer de plain-pied dans le monde économique général. En France, la loi de 1863, reprise par celle de 1867, avait introduit la notion de « commissaire », mais, pendant près d'un siècle, il s'est agi en fait d'un contrôle de pure forme dépourvu de crédibilité véritable. C'est donc la loi de 1966 et ses décrets d'application qui constituent l'acte de naissance véritable de l'audit moderne dans notre pays. Les observateurs avertis estiment d'ailleurs qu'il aura fallu une quinzaine d'années pour que le dispositif prévu par la loi devienne effectif sous l'influence du ministère de la justice, de la Commission des opérations de bourse (devenue l'Autorité des marchés financiers) et de la Compagnie nationale des commissaires aux comptes. Cela s'est accompagné d'un mouvement de structuration de la profession comptable : certains cabinets ont choisi de faire de l'audit une discipline à part entière et de fonder leur développement sur cette spécialisation.

Nous parlons donc d'une profession jeune. Mais cette jeunesse n'empêche pas qu'elle ait déjà reçu son baptême du feu ! À la lumière des scandales qui ont secoué et continuent de secouer le capitalisme et sa croyance dans la transparence des marchés, les auditeurs ont été vivement critiqués, certains allant même jusqu'à considérer qu'ils avaient failli. Ces événements ont entraîné une refondation de l'audit légal, qui a démarré aux États-Unis et qui s'est poursuivie en Europe et tout particulièrement en France : la loi de sécurité financière a modifié en profondeur les conditions de mise en œuvre de l'audit ainsi que la profession d'auditeur.

Les institutions européennes ont procédé à une réforme de l'audit légal avec la publication de la directive 2014/56/UE du 16 avril 2014 modifiant la directive du 17 mai 2006 régissant l'audit légal en Europe et du règlement 537/2014 du 16 avril 2014 relatif aux exigences spécifiques applicables à l'audit légal des comptes des entités d'intérêt public.

Ces textes sont entrés en vigueur le 17 juin 2016 avec pour objectif de renforcer l'indépendance des commissaires aux comptes, la qualité de l'audit et la supervision de la profession. C'est dans ce cadre que, pour les entités d'intérêt public, un dispositif de rotation des mandats et d'encadrement des services autres que la certification des comptes a été mis en place, avec une implication renforcée des comités d'audit. Les missions du Haut Conseil du commissariat aux comptes ont également été élargies.

À l'heure où nous écrivons ces lignes, de nouvelles réflexions s'engagent au niveau européen, la commissaire européenne aux services financiers ayant annoncé de nouveaux travaux axés sur trois thèmes majeurs, à savoir la gouvernance des entreprises, l'audit et la supervision des marchés des capitaux ainsi que des auditeurs. Une consultation devrait être diffusée à l'automne 2021, l'objectif annoncé étant d'aboutir à une proposition législative pour la fin de l'année 2022.

En outre, toujours au niveau européen, dans le cadre du pacte vert pour l'Europe (*Green Deal* européen), un plan d'actions est mis en place afin de réorienter les flux de capitaux vers des investissements durables, d'intégrer systématiquement la durabilité dans la gestion des risques et de favoriser la transparence et le long terme dans les activités financières et économiques. Dans ce contexte, la fiabilisation et l'obtention d'une assurance sur les informations non financières constituent une attente forte pour l'ensemble des parties prenantes (sociétés, investisseurs, autorités de régulation…) et les commissaires aux comptes devraient jouer un rôle essentiel dans ce dispositif.

En France, le législateur a récemment souhaité alléger les obligations pesant sur les petites entreprises avec la loi « Pacte » du 22 mai 2019 et les obligations de désignation d'un commissaire aux comptes au sein de ces entités ont ainsi été reconsidérées. L'activité des commissaires aux comptes a une nouvelle fois été impactée par cette réforme qui s'est également accompagnée de nouveaux dispositifs tels que l'obligation de désignation d'un commissaire aux comptes dans les « petits groupes », la possibilité de mettre en œuvre une nouvelle mission d'audit légal des petites entreprises (dite « mission Alpe ») et de proposer de nouvelles offres de missions.

Quant à la crise mondiale liée à la pandémie de Covid-19, elle a créé des conditions particulières pour la préparation et l'audit des comptes et les mesures exceptionnelles prises dans le cadre de l'état d'urgence sanitaire ont induit de multiples conséquences pour les entreprises, particulièrement sur leur activité et leur financement, ainsi que des incertitudes accrues sur leurs perspectives d'avenir. Certaines de ces mesures, telles que les restrictions de déplacement et le travail à distance, ont également eu une incidence sur l'organisation interne des entreprises et sur les modalités de mise en œuvre des audits.

Dans ce contexte complexe et évolutif, les commissaires aux comptes ont affirmé leur rôle en matière de prévention de difficultés des entreprises et en tant que tiers de confiance au plus près des entreprises, par leur proximité, leur attention et les attestations émises en réponse aux dispositifs exceptionnels de soutien, et pour contribuer à la relance après cette crise.

Dans un contexte difficile, mais passionnant, les travaux de mise à jour de ce Mémento ont pu prendre en compte les évolutions en matière législative, réglementaire et de normes d'exercice professionnel, de manière à apporter à tous ceux qui, de près ou de loin, ont à comprendre et à agir les informations indispensables. Comme les neuf précédentes, cette dixième édition s'efforce, dans l'esprit de la collection, de présenter les informations qu'elle rassemble de façon objective afin de permettre au lecteur de disposer des bases nécessaires à son propre jugement, à sa réflexion et à son action.

La **première partie** porte sur l'organisation du contrôle légal en France et à l'étranger et dresse un panorama comparatif.

En France, dès le départ, l'audit a été conçu comme une mission dont la dimension « d'intérêt général » est essentielle.

Au nombre des spécificités intéressantes, il convient sans aucun doute de retenir le cocommissariat aux comptes, ou audit conjoint, qui présente de nombreux avantages en termes d'indépendance et de qualité technique du contrôle comme en termes d'organisation de l'« offre » d'audit, puisqu'il permet de créer et de conserver un environnement plus ouvert : ce n'est d'ailleurs pas un hasard si les dispositions européennes précitées intègrent des mesures incitant à la désignation de collèges d'auditeurs ou « joint auditors » en vue de lutter contre la concentration jugée excessive du marché européen de l'audit.

Il faut citer également les dispositions qui introduisent un cadre juridique plus strict avec la mise en place d'un organe de surveillance externe à la profession, le Haut Conseil du commissariat aux comptes (H3C), l'instauration d'un contrôle de qualité, la séparation de l'audit et du conseil, l'introduction dans le système légal de la notion de réseau, des diligences accrues en matière de fraudes et d'erreurs, etc.

La **deuxième partie** porte sur la démarche constitutive de ce qu'il est convenu d'appeler l'audit financier.

Les techniques évoluent. La complexité des organisations et des systèmes et la multiplication des transactions ont conduit à imaginer des démarches et des techniques qui permettent, à un coût raisonnable pour l'entreprise et donc pour la collectivité, de conduire une investigation efficace sur les comptes et l'information financière. L'approche par les risques, les techniques d'évaluation du contrôle interne et de revue des systèmes informatiques, avec un véritable « audit des transactions », se sont effectuées par étapes successives. Cette évolution est loin d'être parvenue à son terme, comme le démontre s'il en était besoin la crise financière de 2008, la crise liée à la pandémie de Covid-19 et les crises de confiance régulières qui se produisent de par le monde, comme autant de répliques : il importe aujourd'hui non seulement de trouver les moyens efficaces de suivre les évolutions normatives et, en l'absence de normes ou de développements applicatifs suffisamment explicites, de rattacher les positions prises aux indispensables principes généraux sans lesquels l'auditeur risque de devoir se référer à une « casuistique » que peu comprendront ; il faut également progresser dans la maîtrise et le contrôle des systèmes de décision et de traitement de l'information particulièrement complexes, tels que ceux existant par exemple dans le secteur bancaire ou celui des entreprises d'assurances.

La révolution digitale et le foisonnement de données qui en résulte créent de nouveaux risques, une cybercriminalité.

En fait, le point essentiel est que l'audit doit être conçu et conduit comme un véritable « projet » dont toutes les phases, intimement liées les unes avec les autres dans une démarche initiale et fondatrice, quelle qu'en soit la nécessaire flexibilité de mise en œuvre, ont pour seul objet de concourir à l'opinion de l'auditeur. L'audit est trop souvent, et fondamentalement à tort, vécu comme un exercice formel, suite de tâches normées. Les normes ne doivent pas faire oublier l'essentiel : la comptabilité et l'information financière ont pour objectif de traduire de façon pertinente la réalité économique et financière de l'entreprise et l'audit doit, dans le cadre d'une obligation de moyens, porter une opinion fondée sur cette traduction. Ce point constitue l'un des fondements des textes adoptés par les instances européennes.

Il convient donc de privilégier, comme point de départ, mais aussi comme point d'arrivée, la compréhension et le contrôle des mécanismes de « création de valeur » et de maîtrise des risques au sein de l'entreprise.

La **troisième partie** traite des missions complémentaires que le législateur a jugé important de confier aux commissaires aux comptes.

Si le législateur a pris pareille orientation, c'est qu'il a identifié des zones de risques spécifiques et a estimé possible d'introduire sur celles-ci un niveau de contrôle, et donc de sécurisation, venant en complément d'un dispositif déjà en place.

En fait, cette évolution correspond, sur plusieurs décennies, à la phase de création, suivie d'une phase d'élargissement, du rôle d'une profession de plein exercice contribuant à l'ordre public économique et chargée d'une mission essentielle au bon fonctionnement des entreprises et des marchés. Ainsi, à titre d'exemple, on soulignera l'intervention du commissaire aux comptes en qualité d'organisme tiers indépendant dans le cadre de la déclaration de performance extra-financière mais aussi des sociétés à mission. Plus récemment, certains textes réglementaires ont également prévu des interventions du commissaire aux comptes dans le cadre des aides de l'État instaurées à la suite de l'épidémie de Covid-19.

La **quatrième partie** traite des spécificités de l'audit des banques, des assurances et des organismes à but prioritairement non lucratif (associations, fondations, fonds de dotation et syndicats).

PRÉSENTATION DE L'OUVRAGE

© Ed. Francis Lefebvre

Ces secteurs ont en effet des caractéristiques qui justifient des développements particuliers importants. Pour le premier, son rôle dans la distribution du crédit, dans la circulation de la monnaie, dans la gestion de l'épargne et dans le fonctionnement des marchés organisés entraîne des diligences particulières qui trouvent leur pendant dans le rôle qui est dévolu dans tous les pays à des organes de contrôle spécifiques. Pour le deuxième, c'est son rôle dans la protection des entreprises et des particuliers, dans l'orientation de l'épargne à long terme, avec son cycle économique inversé, fondement de la garantie accordée par voie de mutualisation, qui justifie les diligences particulières. Pour le troisième enfin, il convient de noter que le monde des organismes à but prioritairement non lucratif repose le plus souvent sur l'engagement des personnes et sur l'appel aux bonnes volontés ou à la générosité du public, ce qui justifie en soi un statut favorable et, par voie de conséquence, un dispositif de contrôle particulier.

Enfin, la rédaction de ce type d'ouvrage ne peut être envisagée sans bénéficier de tout un ensemble de **soutiens et de compétences**.

Les auteurs remercient tout particulièrement :
– le président de la Compagnie nationale des commissaires aux comptes ainsi que ses prédécesseurs pour la bienveillance dont ils ont entouré ce projet depuis l'origine ;
– les permanents de la Compagnie nationale et confrères, qui ont participé à la relecture de certains chapitres.

Leur gratitude va aux nombreuses personnes des fonctions techniques de Mazars qui ont contribué à la rédaction de l'ouvrage : Michel Barbet-Massin, Manuela Baudoin-Revert, Mehtap Bag, Lynda Benarib, Julie Boulet, Amandine Brisse, Abdel Camara, Yann Chevenard, Marie Daudin, Magali de Lambilly, Juliette Duriez, Muriel Fajertag, Édouard Fossat, Noémie Gautier, François Gazaix, Vincent Guillard, Stéphanie Latombe, Annabel Lavaud, Amélie Le Guilloux, Ariane Mignon, Nicolas Peruzzo, Didier Rimbaud, Isabelle Sapet, Angélique Sellas, Cécile Suprin, Nicolas Tronchet, Anne Veaute ainsi que tous ceux qui ont assuré la relecture des épreuves.

Ils remercient également pour leur contribution :
– dans les domaines sectoriels : Anne Veaute, Virginie Chauvin, Alexandra Kritchmar, Laurence Karagulian, Olfa Boubaker, Kevin Egée, Nicolas Peruzzo, Cécilia Aumond et Pauline Lerendu (banque) ; Pierre de Latude et Blanche Dupuy (assurance) ; Valentine de Guerines, Jérôme Eustache et Aurélie Joubin (secteur associatif) ;
– dans le domaine des missions de cession/acquisition : Baptiste Faye ;
– pour les contributions pays : les associés et collaborateurs des bureaux Mazars situés à l'international pour leur aide précieuse dans la rédaction des développements consacrés à l'audit de divers pays du monde.

Ce guide de l'auditeur et de l'audité sera, c'est du moins l'espoir des auteurs et de leur équipe, un outil de travail et un ouvrage de référence. De nombreuses évolutions sont intervenues depuis la neuvième édition. L'équipe de rédaction aura à cœur de compléter progressivement sa démarche d'aujourd'hui.

© Ed. Francis Lefebvre

PLAN GÉNÉRAL

Plan général

Les chiffres renvoient aux numéros de paragraphes

Présentation : p. 5
Principales abréviations : p. 11

1ᵉ PARTIE — Contrôle légal

Contrôle légal en France

500	Cadre légal et institutionnel
2050	Statut du contrôleur légal
7000	Mise en œuvre de la mission
12000	Responsabilités du commissaire aux comptes

Contrôle légal à l'étranger

16100	Audit légal dans les pays de l'Union européenne
19050	Audit légal dans le reste du monde

2ᵉ PARTIE — Missions d'audit financier et d'examen limité

Démarche générale de l'audit financier

25110	Notion d'audit financier
27100	Audit financier par phase
31000	Audit financier par cycle

Contextes spécifiques d'audit

41000	Audit des personnes ou entités faisant appel aux marchés financiers
45000	Audit des comptes consolidés
47000	Missions d'audit légal dans les petites entreprises
49000	Missions d'audit dans le cadre des services autres que la certification des comptes (SACC)

49700	**Missions d'examen limité**

3ᵉ PARTIE — Autres missions et prestations du commissaire aux comptes

Vérifications spécifiques annuelles

50100	Notions générales
52100	Contrôle des conventions réglementées
54100	Autres vérifications spécifiques

Interventions liées à des faits et des opérations

56600	Opérations concernant le capital social et les émissions de valeurs mobilières
58500	Opérations relatives aux dividendes
60100	Opérations de transformation
61200	Interventions consécutives à des faits survenant dans l'entité

9

Autres interventions du contrôleur légal

65000	Missions de cession/acquisition
68000	Services autres que la certification des comptes à la demande de l'entité

Prestations fournies par un commissaire aux comptes
sans détenir de mandat dans cette entité ou dans sa chaîne de contrôle

75000	Principes applicables aux prestations hors mandat de certification des comptes
75500	Audit contractuel et attestations hors mandat de certification des comptes

4e	PARTIE	Approches sectorielles d'audit

78000	Secteur bancaire
82000	Secteur assurance
84050	Secteur associatif (associations, fondations, fonds de dotation et syndicats professionnels)

		Annexes

93200	Les cabinets de la profession comptable libérale en France
93500	Structure de dossier type
93520	Questionnaire d'évaluation des risques diffus
93522	Questionnaire de prise en compte du risque lié à la continuité d'exploitation
93525	Questionnaire d'évaluation des risques par cycle ou par assertion
93530	Questionnaire d'identification des risques de fraude
93550	Missions d'acquisition : liste des risques usuels
93555	Missions d'acquisition : liste des principaux documents à obtenir
94100	Formulaire déclaration d'activité 2020
94150	Notice formulaire déclaration d'activité
94300	Guide des contrôles périodiques
94400	Outils de contrôle qualité CNCC
96000	Modèles de statuts types de sociétés de commissaires aux comptes

Table alphabétique : p. 1823
Sommaire analytique : p. 1859

Principales abréviations utilisées

ACPR	Autorité de contrôle prudentiel et de résolution
AEMF	Autorité européenne des marchés financiers
Afep	Association française pour les entreprises privées
Alpe	Audit légal des petites entreprises
APG	Appel public à la générosité
AICPA	American Institute of Certified Public Accountants
ANC	Autorité des normes comptables
Ancols	Agence nationale de contrôle du logement social
AMF	Autorité des marchés financiers
Ansa	Association nationale des sociétés par actions
AQR	Asset Quality Review
Balo	Bulletin des annonces légales obligatoires
Bodacc	Bulletin officiel des annonces civiles et commerciales
BODGI	Bulletin officiel de la direction générale des impôts
BCE	Banque centrale européenne
BRDA	Bulletin rapide de droit des affaires
BSA	Bons de souscription d'actions
Bull. CNCC	Bulletin de la Compagnie nationale des commissaires aux comptes
Bull. COB	Bulletin de la Commission des opérations de bourse
Bull. Joly	Bulletin Joly Sociétés
CA	Cour d'appel
Cass.	Cour de cassation (ass. plén. : assemblée plénière ; civ. : chambre civile ; com. : chambre commerciale ; crim. : chambre criminelle ; soc. : chambre sociale).
C. ass.	Code des assurances
C. civ.	Code civil
C. com.	Code de commerce
C. mon. fin.	Code monétaire et financier
C. pén.	Code pénal
C. mut.	Code de la mutualité
CSS	Code de la sécurité sociale
C. trav.	Code du travail
Carpa	Caisse des règlements pécuniaires des avocats
CCH	Code de la construction et de l'habitation

CDP	Code de déontologie de la profession
CE	Conseil d'État
CEAOB	Comité des organes européens de surveillance de l'audit
Cencep	Organe central des caisses d'épargne et de prévoyance
Cers	Comité européen du risque systémique
CGI	Code général des impôts
CIA	Certified Internal Auditor
CIL	Comité interprofessionnel du logement
Cisa	Certified Information Systems Auditor
CJUE	Cour de justice de l'Union européenne
CNC	Conseil national de la comptabilité
CNCC	Compagnie nationale des commissaires aux comptes
CNVA	Conseil national de la vie associative
Com. sanctions	Commission des sanctions de l'AMF
COS	Conseil d'orientation et de surveillance (caisses d'épargne et de prévoyance)
CPA	Certified Public Accountant
CPCA	Conférence permanente des coordinations associatives
CPP	Code de procédure pénale
CPPAP	Commission paritaire des publications et agences de presse
CRBF	Comité de la réglementation bancaire et financière
CRC	Comité de la réglementation comptable
CRCC	Compagnie régionale des commissaires aux comptes
D.	Recueil Dalloz
DA	Déclaration d'activité
DDOEF	Dispositions diverses d'ordre économique et financier
DGCCRF	Direction générale de la consommation, de la concurrence et de la répression des fraudes
EIP	Entité d'intérêt public
EIRL	Entrepreneur individuel à responsabilité limitée
Epic	Établissement public industriel et commercial
Epra	Examen plurirégional d'activité

PRINCIPALES ABRÉVIATIONS UTILISÉES

© Ed. Francis Lefebvre

ERA	Examen régional d'activité
ESEF	European Single Electronic Format
Esma	European Securities and Markets Authority
EURL	Entreprise unipersonnelle à responsabilité limitée
FCP	Fonds commun de placement
FCPE	Fonds commun de placement d'entreprise
FEE	Fédération des experts-comptables européens
FEFS	Fonds européen de stabilité financière
FDVA	Fonds pour le développement de la vie associative
FIA	Fonds d'investissement alternatifs
FRBG	Fonds pour risques bancaires généraux
GIE	Groupement d'intérêt économique
GP	Gazette du Palais
H3C	Haut Conseil du commissariat aux comptes
IASB	International Accounting Standards Board
IAASB	International Auditing and Assurance Standards Board (ex-IAPC)
Ifac	International Federation of Accountants
IFRS	International Financial Reporting Standards (normes comptables)
Igas	Inspection générale des affaires sociales
Igen	Inspection générale de l'éducation nationale
Inpi	Institut national de la propriété intellectuelle
ISA	International Standards on Auditing (normes d'audit)
ISQC	International Standard on Quality Control
J-Cl. Stés	Juris-Classeur des sociétés
JCP	Juris-Classeur périodique ou Semaine juridique
JO	Journal officiel
JOUE	Journal officiel de l'Union européenne
JO Sénat	Journal officiel des débats du Sénat
JO AN	Journal officiel des débats de l'Assemblée nationale
J. soc.	Journal des sociétés
LGDJ	Librairie générale de droit et de jurisprudence
LME	Loi de modernisation de l'économie du 4 août 2008 (Loi 2008-776)
LSF	Loi de sécurité financière du 1er août 2003 (Loi 2003-706)
MES	Mécanisme européen de stabilité
MSU	Mécanisme de surveillance unique
NCPC	Nouveau Code de procédure civile
NEP	Normes d'exercice professionnel
NI	Note d'information (CNCC édition)
NRE	Nouvelles régulations économiques

OEC	Ordre des experts-comptables
OPCI	Organisme de placement collectif immobilier
OPCVM	Organisme de placement collectif en valeurs mobilières
OSBL	Organisme sans but lucratif
OTI	Organisme tiers indépendant
PA	Les Petites Affiches
Pacte	Loi 2019-486 du 22 mai 2019 relative à la croissance et à la transformation des entreprises
PCG	Plan comptable général
PCAOB	Public Company Accounting Oversight Board (USA)
préc.	précité
Rép.	Réponse ministérielle
Rev. soc.	Revue des sociétés
RG AMF	Règlement général de l'Autorité des marchés financiers
RJDA	Revue de jurisprudence et de droit des affaires
RSE	Responsabilité sociale et environnementale
SACC	Services autres que la certification des comptes
SA	Société anonyme
SARL	Société à responsabilité limitée
SAS	Société par actions simplifiée
Sasu	Société par actions simplifiée unipersonnelle
SCA	Société en commandite par actions
SCI	Société civile immobilière
SCP	Société civile professionnelle
SCPI	Société civile de placement immobilier
SCS	Société en commandite simple
SEC	Securities and Exchange Commission
SEL	Société d'exercice libéral
Selarl	Société d'exercice libéral à responsabilité limitée
Sem. jur.	Semaine juridique
SESF	Système européen de surveillance financière
Sicav	Société d'investissement à capital variable
SLF	Service de la législation fiscale
SNC	Société en nom collectif
SPFPL	Société de participations financières de profession libérale
T. com.	Tribunal de commerce
T. corr.	Tribunal correctionnel
Tepa	Loi en faveur du travail, de l'emploi et du pouvoir d'achat du 21 août 2007 (Loi 2007-1223)
TGI	Tribunal de grande instance
UEC	Union européenne des experts-comptables et financiers
US Gaap	United States Generally Accepted Auditing Principles
USFEC	Union des sociétés fiduciaires d'expertise comptable et de commissariat aux comptes

PREMIÈRE PARTIE

Contrôle légal

TITRE I

Contrôle légal en France

CADRE LÉGAL ET INSTITUTIONNEL

CHAPITRE 1

Cadre légal et institutionnel

Plan du chapitre

	§§			§§
SECTION 1 **Haut Conseil du commissariat** **aux comptes**	520	III.	Procédure d'inscription	1080
		IV.	Modifications ultérieures de la liste d'inscription	1150
A. Missions	525		**SECTION 4**	
B. Organisation	560		**Modalités d'exercice** **de la profession**	1260
SECTION 2 **Organisation institutionnelle** **de la profession**	600	I.	Mode d'exercice	1300
		A.	Classification	1320
I. Compagnie nationale des commissaires aux comptes	650	B.	Enjeux	1370
A. Organes politiques	670	II.	Forme juridique	1440
B. Organes techniques	700	III.	Exercice du commissariat aux comptes en société	1610
II. Compagnies régionales de commissaires aux comptes (CRCC)	760	A.	Rédaction des statuts	1630
		B.	Règles de fonctionnement	1645
A. Organes politiques	780	C.	Modifications apportées à la détention du capital	1710
B. Organes techniques	818	D.	Suspension ou radiation d'un associé	1750
SECTION 3 **Listes d'inscription**	900	E.	Remise en cause de la continuité de l'exploitation	1770
I. Caractère impératif de l'inscription	950		**SECTION 5**	
II. Conditions d'inscription	1000		**Champ d'application** **du commissariat aux comptes**	1870
A. Personnes physiques	1000	A.	Principe de nomination obligatoire ou facultative	1870
B. Personnes morales	1025			
C. Cas particulier des contrôleurs légaux de pays tiers	1050	B.	Tableaux de synthèse	1871

Texte fondateur du cadre institutionnel

Bien que la profession de commissaire aux comptes existe depuis 1863, il a fallu attendre le décret du 29 juin 1936 pour organiser la constitution « d'associations de commissaires agréés » auprès de chaque cour d'appel et l'instauration d'une procédure disciplinaire. Cette organisation a perduré jusqu'à la publication du **décret 69-810 du 12 août 1969**, pris en application de la loi 66-537 du 24 juillet 1966 relative aux sociétés commerciales. La loi de sécurité financière du 1er août 2003 a créé un organe de supervision de la profession, le **Haut Conseil du commissariat aux comptes (H3C)**, chargé d'assurer le contrôle de la profession avec le concours de la Compagnie nationale des commissaires aux comptes et de veiller au respect de la déontologie et de l'indépendance des commissaires aux comptes (C. com. art. L 821-1).

La même loi a conféré à la **Compagnie nationale des commissaires aux comptes** et aux **compagnies régionales**, qui avaient auparavant un statut sui generis issu du décret du 12 août 1969, un statut légal comparable à celui du Conseil national des barreaux ou du Conseil supérieur du notariat. La Compagnie nationale des commissaires aux comptes reçoit pour mission de représenter la profession auprès des pouvoirs publics, de concourir au bon exercice de la profession, à sa surveillance ainsi qu'à la défense de l'honneur et de l'indépendance de ses membres (C. com. art. L 821-6, al 2).

À la suite de la loi de sécurité financière, le décret du 12 août 1969 a fait l'objet d'une première révision par le décret 2003-1221 du 25 novembre 2003 en vue d'y intégrer les dispositions d'application relatives à l'organisation et au fonctionnement du Haut Conseil du commissariat aux comptes.

500

CADRE LÉGAL ET INSTITUTIONNEL © Éd. Francis Lefebvre

Le décret 2005-599 du 27 mai 2005 a révisé et modernisé le décret du 12 août 1969 précité, afin de parachever l'œuvre entreprise dans la loi de sécurité financière. Ce décret a été codifié au livre 8, titre 2 de la partie réglementaire du Code de commerce par le décret 2007-431 du 25 mars 2007.

La plupart des dispositions législatives et réglementaires du livre 8, titre 2 du Code de commerce ont été modifiées par l'**ordonnance 2016-315 du 17 mars 2016** et par son décret d'application 2016-1026 du 26 juillet 2016 afin de, notamment, renforcer les pouvoirs de l'autorité de supervision (H3C) de la profession de commissaire aux comptes.

502 Une première section sera consacrée à l'organisation et aux missions du Haut Conseil du commissariat aux comptes, organe extérieur de supervision de la profession de commissaire aux comptes ; une seconde section traitera de l'organisation institutionnelle de la profession.

SECTION 1

Haut Conseil du commissariat aux comptes

520 La création du Haut Conseil du commissariat aux comptes s'inscrit dans le cadre de la mise en place du contrôle public de l'audit légal prévu par la directive européenne du 17 mai 2006 concernant le contrôle légal des comptes annuels et des comptes consolidés. Cette directive a été complétée par celle du 16 avril 2014 ainsi que par le règlement 537/2014 de la même date : des modifications importantes ont été apportées à la composition, au fonctionnement et aux attributions dévolues au Haut Conseil.

A. Missions

525 L'article L 821-1 du Code de commerce donne pour **missions** au Haut Conseil du commissariat aux comptes :
– de procéder à l'inscription des commissaires aux comptes et des contrôleurs de pays tiers mentionnés au I de l'article L 822-1-5 et à la tenue des listes prévues à l'article L 822-1 du Code de commerce ;
– d'adopter les normes relatives à la déontologie des commissaires aux comptes, au contrôle interne de qualité et à l'exercice professionnel (dans le respect des conditions prévues à l'article L 821-14) ;
– de définir les orientations générales et les différents domaines sur lesquels l'obligation de formation continue peut porter et de veiller au respect des obligations des commissaires aux comptes dans ce domaine ;
– de prendre les mesures mentionnées au III et V de l'article L 823-3-1 du Code de commerce et au III de l'article L 823-18 du même code ;

Ces mesures concernent plus précisément la possibilité pour le Haut Conseil, à titre exceptionnel, de prolonger de deux ans la durée du mandat du commissaire aux comptes auprès d'une EIP (C. com. art. L 823-3-1, III), la saisine du Haut Conseil d'une question relative à la détermination de la date de départ du mandat initial auprès d'une EIP (C. com. art. L 823-3-1, V) et enfin la possibilité d'autoriser un commissaire aux comptes à dépasser, à titre exceptionnel, le plafond des honoraires facturés au titre des services autres que la certification des comptes (C. com. art. L 823-18, III).

– de définir le cadre et les orientations des contrôles prévus à l'article L 821-9 du Code de commerce ainsi que d'en superviser la réalisation. À ce titre, l'autorité de supervision a la possibilité d'émettre des recommandations dans le cadre du suivi desdits contrôles ;
– de diligenter des enquêtes portant sur les manquements relatifs à l'exercice du commissariat aux comptes ainsi qu'aux dispositions du règlement 537/2014 du 16 avril 2014 ;
– de prononcer des sanctions dans les conditions prévues au chapitre IV du titre 2 du livre 8 du Code de commerce ;
– de statuer sur les litiges relatifs à la rémunération des commissaires aux comptes, conformément à l'article L 823-18-1 du Code de commerce ;

© Éd. Francis Lefebvre   **CADRE LÉGAL ET INSTITUTIONNEL**

Depuis le 24 mai 2019, date d'entrée en vigueur de l'article 24 de la loi dite Pacte 2019-486 du 22 mai 2019, le Haut Conseil a une compétence directe sur les contentieux liés aux honoraires des commissaires aux comptes alors qu'il statuait précédemment comme instance d'appel sur les décisions prises par les commissions régionales de discipline. La loi supprime les commissions régionales de discipline et transfère leurs compétences au Haut Conseil qui statue dorénavant en premier ressort.

– de coopérer avec d'autres États exerçant des compétences analogues, les autorités de l'Union européenne chargées de la supervision des entités d'intérêt public, les banques centrales, le Système européen de banques centrales, la Banque centrale européenne et le Comité européen du risque systémique ;

– de suivre l'évolution du marché de la réalisation des missions de contrôle légal des comptes des entités d'intérêt public, dans les conditions définies à l'article 27 du règlement 537/2014 du 16 avril 2014.

Le Haut Conseil peut **déléguer** à la Compagnie nationale des commissaires aux comptes la réalisation des missions suivantes ou de certaines d'entre elles comme (C. com. art. L 821-1, II et L 821-9, al. 2) :

– l'inscription et la tenue de la liste d'inscription des commissaires aux comptes mentionnée au I de l'article L 822-1 ;

Cette possibilité de délégation n'inclut pas l'inscription et la tenue de la liste des contrôleurs de pays tiers.

Depuis le 5 novembre 2020, l'inscription et la tenue de la liste des commissaires aux comptes ne sont plus déléguées à la CNCC.

– le suivi du respect des obligations de formation continue des commissaires aux comptes ;

Le H3C a délégué la réalisation des tâches relatives au suivi de formation continue à la CNCC par une convention homologuée par le garde des Sceaux le 3 mai 2017 pour une période de trois ans renouvelée en 2020 par tacite reconduction.

– les contrôles qualité concernant des commissaires aux comptes n'exerçant pas de missions auprès d'EIP.

L'arrêté du 25 avril 2017 a homologué la convention de délégation par le H3C à la CNCC de la réalisation des contrôles de l'activité professionnelle des commissaires aux comptes n'exerçant pas de missions auprès d'EIP.

La convention conclue pour une période de trois ans a été renouvelée, en 2020, par tacite reconduction.

Contrôle de la profession de commissaire aux comptes

L'ordonnance 2016-315 du 17 mars 2016 qui, en particulier, transpose la directive européenne 2014/56 du 16 avril 2014 a adapté les modalités de contrôles des commissaires aux comptes aux nouvelles exigences européennes. Le législateur a donc opté pour la mise en place de liens de coopération dans l'exercice de la supervision publique des commissaires aux comptes entre le H3C et :

– les autorités similaires des États membres de l'Union européenne ;

– les autorités des pays tiers.

Le Haut Conseil du commissariat aux comptes organise les contrôles de l'activité professionnelle des commissaires aux comptes en fonction de la qualification ou non d'« **entité d'intérêt public** » des structures les ayant désignés.

Sur la notion d'entité d'intérêt public, voir nº 2352.

Dès lors qu'un commissaire aux comptes exerce une mission auprès d'une entité d'intérêt public, le contrôle de son activité professionnelle est effectué par des contrôleurs du Haut Conseil dans le respect des conditions de l'article 26 du règlement 537/2014 du 16 avril 2014. À l'inverse, si le commissaire aux comptes n'exerce pas de mission auprès d'une entité d'intérêt public, le Haut Conseil a décidé de déléguer les contrôles à la Compagnie nationale des commissaires aux comptes en application de la convention de délégation homologuée par arrêté du garde des Sceaux. Cette dernière détermine le cadre, les orientations et les modalités des contrôles (C. com. art. L 821-9).

L'arrêté du 25 avril 2017 a homologué la convention de délégation par le H3C à la CNCC de la réalisation des contrôles de l'activité professionnelle des commissaires aux comptes n'exerçant pas de missions auprès d'EIP. La convention conclue pour une période de trois ans a été renouvelée, en 2020, par tacite reconduction.

Enfin, il est à noter que le Haut Conseil a la possibilité de **demander le concours** de l'Autorité des marchés financiers (AMF) ou de l'Autorité de contrôle prudentiel et de

CADRE LÉGAL ET INSTITUTIONNEL © Éd. Francis Lefebvre

résolution (ACPR) pour effectuer les contrôles prévus à l'article L 821-9 du Code de commerce.

Pour la réalisation des contrôles, les agents du H3C sont habilités à (C. com. art. L 821-12) :

– **obtenir** du commissaire aux comptes contrôlé **tout document** ou toute information, quelle que soit sa forme, relative à la mission de certification des comptes ou à une prestation fournie par ce dernier aux personnes ou entités dont il certifie les comptes. Les commissaires aux comptes contrôlés sont tenus de fournir tous les renseignements et les documents qui leur sont demandés à l'occasion des contrôles sans pouvoir opposer le secret professionnel. Une copie des documents peut d'ailleurs leur être demandée ;

– obtenir de toute autre personne des informations liées à la mission de certification des comptes ou à toute autre prestation fournie par le commissaire aux comptes aux personnes ou entités dont il certifie les comptes.

Les contrôleurs sont également autorisés à procéder aux contrôles sur place et peuvent faire appel à des experts afin, notamment, de procéder à des vérifications.

Les personnes réalisant les contrôles sont tenues d'informer Tracfin dès lors qu'elles constatent des faits susceptibles d'être liés au blanchiment de capitaux ou au financement du terrorisme (C. com. art. L 821-12-1).

Le Haut Conseil du commissariat aux comptes communique, à leur demande, les informations ou les documents qu'il détient ou qu'il recueille aux **autorités des États membres de l'Union européenne** exerçant des compétences analogues aux siennes, mais aussi aux autorités des États non membres sous réserve de réciprocité et à la condition que l'autorité concernée soit soumise au secret professionnel avec les mêmes garanties qu'en France (C. com. art. L 821-12-2 et L 821-12-3).

Lorsque les autorités de supervision des pays membres de l'Union européenne le demandent, le H3C autorise les agents de ces autorités à assister aux opérations de contrôle. À titre exceptionnel, le H3C peut autoriser les agents des autorités non membres des États de l'Union européenne à assister aux contrôles, sans possibilité de solliciter directement du commissaire aux comptes la communication d'informations ou de documents.

En application des textes européens, et afin de renforcer la coopération entre le H3C et les autorités de supervision autres que celles relatives à l'audit, des **informations confidentielles peuvent être communiquées** par le H3C aux autorités listées ci-après à la condition que ces informations soient destinées à l'exécution des tâches desdites autorités au titre du règlement (UE) du 16 avril 2014. L'article L 821-12-5 du Code de commerce précise donc que le H3C peut échanger avec :

– l'Autorité des marchés financiers ;

– l'Autorité de contrôle prudentiel et de résolution ;

– l'Autorité de la concurrence ;

– la Banque de France ;

– le Système européen de banques centrales ;

– la Banque centrale européenne ;

– le Comité européen du risque systémique.

Réciproquement, le législateur accorde au H3C la possibilité de **demander aux différentes autorités** précitées **toute information** nécessaire à l'accomplissement de ses missions. Toutes les informations transmises sont couvertes par le secret professionnel dans le respect des conditions applicables à l'autorité qui les communique et à l'autorité destinataire. Il est néanmoins précisé que les renseignements obtenus ne peuvent être utilisés par l'autorité destinataire que pour l'accomplissement de ses missions.

> En cas de communication à des tiers par l'autorité destinataire des renseignements recueillis, dans le cadre de ses missions, l'autorité destinataire de l'information tient compte de l'intérêt légitime des entreprises à la protection de leurs secrets d'affaires, sans préjudice de l'article L 463-4 du Code de commerce.

Déontologie et indépendance

530 Le H3C est appelé à traiter du respect de la déontologie et de l'indépendance dans toutes les entités ayant nommé un commissaire aux comptes, que ces entités procèdent ou non à l'émission de titres financiers admis aux négociations sur un marché réglementé.

> Ainsi le Haut Conseil devra-t-il apprécier si, dans telle ou telle circonstance, l'indépendance d'un commissaire aux comptes est sujette à caution et donc rechercher si les tiers peuvent éprouver des appréhensions légitimes sur l'aptitude du praticien à exercer ses fonctions dans des conditions parfaites de neutralité (Rapport à l'Assemblée nationale de Philippe Houillon sur le projet de loi LSF, p. 35).

© Éd. Francis Lefebvre

CADRE LÉGAL ET INSTITUTIONNEL

En outre, à la date de mise à jour de ce Mémento, le H3C a annoncé que des **normes de déontologie** étaient en cours d'élaboration afin de sécuriser les interventions du commissaire aux comptes et de définir les principes de mise en œuvre opérationnelle de l'approche dite risque/sauvegarde prévue par le Code de déontologie et destinée à prévenir la compromission de l'indépendance du commissaire aux comptes.

Bonnes pratiques professionnelles

Avant l'entrée en vigueur de l'ordonnance du 17 mars 2016, le H3C avait pour missions d'identifier et de promouvoir des bonnes pratiques professionnelles dont les objectifs étaient de préciser les modalités d'application des obligations issues des textes légaux et réglementaires et de consacrer des usages professionnels. L'ordonnance précitée a supprimé la notion de bonnes pratiques professionnelles des prérogatives du H3C. Celles qui ont jusqu'alors été considérées comme telles constituent désormais de la **doctrine** destinée à homogénéiser l'exercice du commissariat aux comptes au regard de ce qui se dégage de la pratique nationale ou internationale dès lors que les BPP ne sont pas contraires aux dispositions en vigueur.

535

En juillet 2010, le Haut Conseil a identifié une bonne pratique relative à la rotation des associés signataires, en novembre 2011 une bonne pratique relative à l'autorévision, en avril 2014 une bonne pratique relative à la révélation des faits délictueux et en décembre 2014 une bonne pratique relative à l'appartenance à un réseau (les bonnes pratiques professionnelles peuvent être consultées et téléchargées sur le site du H3C à l'adresse suivante et ont désormais une valeur doctrinale : www.h3c.org/textesfondamentaux.htm).

Normes d'exercice professionnel

Le législateur a renforcé les missions du H3C en lui confiant un rôle accru en matière d'élaboration des normes relatives à la déontologie des commissaires aux comptes, au contrôle interne de qualité et à l'exercice professionnel.

538

Les projets de normes sont élaborés par une **commission mixte paritaire** placée auprès du Haut Conseil dans un **délai** de quatre mois à compter de la demande du garde des Sceaux, de l'AMF, de l'ACPR, de la CNCC ou encore de l'initiative prise par le Haut Conseil (C. com. art. L 821-14, al. 2 et art. D 821-77 créé par le décret 2019-514 du 24-5-2019). À défaut d'élaboration par la commission d'un projet de norme dans ce délai, le garde des Sceaux, ministre de la justice, peut demander au Haut Conseil de procéder à son élaboration.

Le délai de quatre mois, introduit par la loi du 22 mai 2019, dite Pacte, et le décret précité, permet ainsi au garde des Sceaux de demander au H3C de rédiger le projet de norme si la commission paritaire n'y est pas parvenue.

Le **Haut Conseil**, de sa propre initiative ou à la demande du garde des Sceaux, de l'AMF, de l'ACPR, ou de la CNCC, **adopte les normes** relatives à la déontologie des commissaires aux comptes, au contrôle interne de qualité et à l'exercice professionnel, après **avis de la CNCC** rendu dans un **délai** d'un mois à compter de la réception du projet de norme (C. com. art. L 821-1, L 821-14 et D 821-77). À l'expiration de ce délai, l'avis est réputé rendu.

L'instauration d'un délai d'un mois afin que la CNCC rende son avis sur les projets de normes est également issue des modifications apportées par la loi dite Pacte et le décret d'application précités. Le H3C peut dorénavant adopter une norme si la CNCC n'a pas rendu son avis sur le projet de norme dans un délai d'un mois.

L'adoption des normes par le H3C participe au renforcement significatif des pouvoirs de l'autorité de supervision de la profession.

Les normes sont ensuite homologuées par arrêté du ministre de la justice (C. com. art. L 821-14, al. 1).

La **commission mixte paritaire** chargée de l'élaboration des projets de normes est composée de quatre **membres** du Haut Conseil et de quatre commissaires aux comptes (art. 2.1 s. du règl. intérieur du H3C adopté par décision du 23-5-2020) :
– les représentants du Haut Conseil sont désignés par le collège en raison de leurs compétences, de la diversité de leur expertise et de leur disponibilité ;
– les commissaires aux comptes sont désignés par la Compagnie nationale des commissaires aux comptes en raison de leurs compétences et de leur disponibilité. Cette désignation doit refléter la diversité de la profession en termes d'organisation et de taille des structures d'exercice professionnel et du nombre d'entités contrôlées.

CADRE LÉGAL ET INSTITUTIONNEL

© Éd. Francis Lefebvre

La durée du mandat des membres de la commission est de trois ans renouvelable. Le commissaire du gouvernement assiste aux réunions de la commission en qualité d'observateur.

Sans entrer dans le détail concernant le programme de travail de la commission, il semble utile de rappeler les différentes étapes du **processus d'élaboration** des normes :

– pour chaque norme, et sur décision de la commission, les représentants du Haut Conseil ou les commissaires aux comptes membres de celle-ci préparent un avant-projet de norme qui est ensuite soumis à la commission, laquelle élabore un projet. Dans l'exercice de sa mission, la commission peut faire appel à des experts ;

– le président de la commission paritaire transmet, pour avis, le projet de norme à la Compagnie nationale des commissaires aux comptes ;

– la Compagnie nationale des commissaires aux comptes adresse son avis au président du Haut Conseil. Le Haut Conseil adopte le projet de norme après avoir pris connaissance de l'avis de la CNCC ;

– le président du Haut Conseil transmet, pour homologation, le projet de norme adopté au garde des Sceaux, ministre de la justice.

Le plan d'orientation de la commission mixte paritaire pour la période 2021-2023 retient deux axes stratégiques :

– l'adaptation du référentiel normatif français aux évolutions de la profession et de son environnement ;

– la convergence du référentiel normatif français et du référentiel normatif international.

Le programme de travail 2021 de la commission chargée d'élaborer les projets de normes relatives à la déontologie des commissaires aux comptes, au contrôle interne de qualité et à l'exercice professionnel intègre :

– la révision de la norme relative à l'appréciation des estimations comptables (NEP 540) pour tenir compte de l'environnement légale et réglementaire de plus en plus complexe et de l'évolution de la norme internationale d'audit correspondante. À cette occasion, la commission identifiera les éventuels besoins de révision des autres normes du référentiel français à des fins de cohérence (en particulier les NEP 315, NEP 330 et NEP 500) ;

– l'élaboration d'une ou deux normes de déontologie pour sécuriser les interventions du commissaire aux comptes autorisées par la loi Pacte et définir les principes de mise en œuvre de l'approche risque/sauvegarde prévue par le Code de déontologie.

Inscription des commissaires aux comptes

545 Depuis l'entrée en vigueur, le 17 juin 2016, des dispositions de l'ordonnance 2016-315 du 17 mars 2016 relative au commissariat aux comptes, outre les attributions antérieures du H3C, celui-ci est chargé de l'inscription des commissaires aux comptes et de la tenue de la liste des inscrits (C. com. art. L 821-1 et art. R 822-8 ; voir en ce sens la section 3 du présent chapitre n°s 900 s.).

Par convention de délégation homologuée par arrêté du 25 avril 2017, le H3C avait confié à la CNCC la réalisation de toutes les tâches relatives à l'inscription des personnes physiques ou morales sur la liste prévue au I de l'article L 822-1 du Code de commerce ainsi que la radiation, l'omission de la liste ou toute autre modification des mentions figurant sur celle-ci.

Il lui avait également confié la tenue et la mise à jour de cette liste, à l'exception des mises à jour résultant de décisions disciplinaires. Conformément à l'article 32.4, a) de la directive 2006/43/CE du 17 mai 2006, modifiée par la directive 2014/56/UE du 16 avril 2014, le H3C assumait la responsabilité finale de la supervision de l'agrément et de l'enregistrement des contrôleurs légaux des comptes et des cabinets d'audit.

Depuis novembre 2020, l'inscription des commissaires aux comptes sur la liste prévue au I de l'article L 822-1 du Code de commerce et la tenue de cette liste sont réalisées directement par le H3C. Après avoir délégué pendant trois années à la CNCC la réalisation des tâches relatives à l'inscription des commissaires aux comptes, le Haut Conseil, suivant en cela une recommandation de la Cour des comptes, a décidé de reprendre l'exercice direct de celles-ci, comme il l'avait fait entre juin 2016 et avril 2017. En conséquence, et conformément aux termes de la convention de délégation précitée, le Haut Conseil a résilié celles-ci. Cette résiliation a pris effet le 5 novembre 2020 (H3C, Communiqué de presse du 5-5-2020).

Afin de faciliter les démarches d'inscription et de modification, le H3C met à disposition des commissaires aux comptes une procédure dématérialisée sur son site internet (portail.H3C.org).

Sanctions disciplinaires

548 En matière de sanctions disciplinaires, et pour connaître du contentieux des honoraires (barème et désaccord), le Haut Conseil statue en **formation restreinte** (C. com. art. L 821-2, II). La formation restreinte est composée de son président (magistrat de l'ordre judiciaire) et de quatre autres membres élus par le collège en son sein (à l'exception des membres du bureau et du directeur général du Trésor ou de son représentant). Elle est saisie des faits susceptibles de constituer une faute disciplinaire ou un manquement aux dispositions visées par le II de l'article L 824-1 du Code de commerce.

Pour plus de détails sur la responsabilité disciplinaire des commissaires aux comptes, voir nᵒˢ 15000 s.

S'agissant de la possibilité pour le Haut Conseil de sanctionner des personnes autres que les commissaires aux comptes, voir nᵒˢ 3825 s. et 15130.

Depuis l'entrée en vigueur de la loi dite Pacte précitée, la formation restreinte du H3C est également compétente pour statuer en premier ressort sur les contentieux en matière d'honoraires, les commissions régionales de discipline ayant été supprimées (C. com. art. L 821-1 modifié par la loi dite Pacte).

Contrôles périodiques

L'article L 821-1 du Code de commerce précise que le H3C définit le cadre et les orientations des contrôles prévus à l'article L 821-9 du même code, qu'il en supervise la réalisation et qu'il peut émettre des recommandations dans le cadre de leur suivi.

550

Ces contrôles sont organisés en distinguant les commissaires aux comptes exerçant des missions auprès d'entités d'intérêt public et ceux n'exerçant pas de missions auprès desdites entités (sur la notion d'EIP, voir nᵒ 2352) :
– pour les commissaires aux comptes exerçant auprès d'EIP : les contrôles sont effectués par le H3C sans possibilité de délégation ;
– pour les commissaires aux comptes n'exerçant pas auprès d'EIP : les contrôles peuvent être effectués par le H3C, ou délégués par ce dernier à la CNCC en application d'une convention homologuée par arrêté du garde des Sceaux, ministre de la justice. La convention détermine le cadre, les orientations et les modalités des contrôles.

Pour plus de détails sur l'organisation des contrôles prévus à l'article L 821-9 du Code de commerce, voir nᵒˢ 11000 s.

L'arrêté du 25 avril 2017 a homologué la convention de délégation par le H3C à la CNCC de la réalisation des contrôles de l'activité professionnelle des commissaires aux comptes n'exerçant pas de missions auprès d'EIP.

Le contrôle des commissaires aux comptes de personnes ou entités qualifiées d'EIP est assuré par le corps de contrôleurs dépendant du H3C avec le possible concours de l'Autorité des marchés financiers et de l'Autorité de contrôle prudentiel et de résolution (C. com. art. L 821-9, al. 3).

Des conventions définissent les conditions dans lesquelles le Haut Conseil peut avoir recours au concours de l'AMF et de l'ACPR.

Pour plus de détails, voir nᵒˢ 11100 et 11105.

B. Organisation

Le Haut Conseil est une autorité publique indépendante (C. com. art. L 821-1).

560

Composition

Le Haut Conseil du commissariat aux comptes comprend (C. com. art. L 821-2) :

562

– un magistrat, membre de la Cour de cassation, président ;
– deux magistrats de l'ordre judiciaire, dont l'un est président de la formation restreinte ;
– un magistrat de la Cour des comptes ;
– le président de l'Autorité des marchés financiers ou son représentant ;
– le président de l'Autorité de contrôle prudentiel et de résolution ou son représentant ;
– le directeur général du Trésor ou son représentant ;
– un professeur des universités spécialisé en matière juridique, économique ou financière ;
– quatre personnes qualifiées dans les matières économique et financière :
• la première est choisie pour ses compétences dans les domaines des offres au public et des sociétés dont les titres financiers sont admis aux négociations sur un marché réglementé,
• la deuxième pour ses compétences dans le domaine de la banque ou de l'assurance,

CADRE LÉGAL ET INSTITUTIONNEL © Éd. Francis Lefebvre

• la troisième pour ses compétences dans le domaine des PME, des personnes morales de droit privé ayant une activité économique ou des associations,

• la quatrième pour ses compétences en matière de comptabilité nationale et internationale ;

– deux personnes ayant exercé la profession de commissaire aux comptes.

Parmi les quatre magistrats, les hommes et les femmes doivent être en nombre égal. Pour les autres membres, à l'exception des membres de droit (AMF, ACPR, Trésor), l'écart entre le nombre de femmes et d'hommes ne peut être supérieur à un. Les membres du Haut Conseil sont **nommés** par décret pour six ans renouvelables une fois, à l'exception des commissaires aux comptes dont le mandat n'est pas renouvelable.

Au cours des trois années précédant leur nomination, les membres du Haut Conseil ne doivent pas avoir réalisé de mission de certification des comptes, avoir détenu de droits de vote, avoir fait partie de l'organe d'administration ou de surveillance ou avoir été salariés d'une société de commissaires aux comptes (C. com. art. L 821-3).

Règlement intérieur

565
Le nouveau règlement intérieur du Haut Conseil a été adopté par décision du 4 mai 2020. Il a notamment pour vocation de préciser les modalités selon lesquelles le président du Haut Conseil ou le rapporteur général exercent leurs compétences prévues aux articles R 821-16 à R 821-19 ainsi que celles résultant des conventions prévues à l'article R 821-20. Il s'agit notamment des articles relatifs à la mise en place des relations du H3C avec ses homologues étrangers (C. com. art. R 821-1).

Le règlement intérieur du Haut Conseil du commissariat aux comptes comporte des dispositions destinées à prévenir les **conflits d'intérêts** pouvant survenir en cours de mandat et garantir l'indépendance de ses membres. Dans l'éventualité où un des membres se retrouverait dans une situation susceptible de créer un conflit d'intérêts, ce dernier en informe le président de la formation appelée à délibérer (Règl. intérieur art. 1.1.4 et 1.2.1). Lorsqu'il considère que cette situation n'est pas compatible avec la participation à la délibération du membre concerné, le président de ladite formation l'en informe.

Le président de la formation appelée à délibérer peut également aviser tout membre de cette formation d'une situation de conflit d'intérêts potentiel qui pourrait être incompatible avec sa participation à une délibération. Le président de la formation concernée recueille les observations du membre et l'informe de sa décision sur sa participation à la délibération.

En cas de désaccord, tant le président de la formation appelée à délibérer que le membre concerné peuvent solliciter une décision des membres de ladite formation.

Les fonctions de membres sont incompatibles avec toute fonction au sein de la Compagnie nationale des commissaires aux comptes ou d'une compagnie régionale (C. com. art. R 821-9). Cette incompatibilité est d'application immédiate. En revanche cette incompatibilité ne joue pas pour des titres honorifiques (par exemple président d'honneur de la CNCC).

Par ailleurs, il est rappelé que les membres du H3C sont tenus au secret professionnel et font preuve de discrétion pour tous les faits, informations ou documents dont ils ont, ou ont eu, connaissance, dans l'exercice ou à l'occasion de l'exercice de leurs fonctions. Le règlement intérieur dans son article 3.3.7 pose également le principe du droit de réserve et de l'obligation de loyauté nécessaire au bon fonctionnement de la Haute Autorité.

Si un membre commet un manquement grave à ses obligations légales, le président du Haut Conseil l'invite à lui faire part de ses observations dans un délai qui ne peut être inférieur à une semaine et sollicite une décision du collège dans les conditions prévues par l'article 6 de la loi 2017-55 du 20 janvier 2017 portant statut général des autorités administratives indépendantes et des autorités publiques indépendantes. Un membre qui se trouve dans une situation d'incompatibilité y met fin dans un délai de trente jours à compter de sa survenance. À défaut, le président du Haut Conseil, ou un tiers au moins de ses membres lorsque l'incompatibilité concerne le président, le déclare démissionnaire (Règl. intérieur art. 1.1.9).

Fonctionnement

567
Le Haut Conseil est assisté par un directeur général et un rapporteur général.

Le *directeur général* dirige, sous l'autorité du président, les services du Haut Conseil. Il exerce ses compétences dans la limite des pouvoirs qui lui sont délégués par le président.

La fonction de rapporteur général est présentée spécifiquement au n° 570.

Plusieurs formations sont constituées au sein du Haut Conseil :

– un bureau composé du président du Haut Conseil et de deux de ses membres élus par le collège et qui a pour missions (C. com. art. L 821-1 et règl. intérieur art. 1.2.1) :

© Éd. Francis Lefebvre

CADRE LÉGAL ET INSTITUTIONNEL

567
(suite)

• d'autoriser, à titre exceptionnel, la prolongation de deux ans maximum la durée du mandat du commissaire aux comptes auprès d'une EIP,

• de déterminer, en cas de doute, la date de début de mandat d'un commissaire aux comptes,

• d'autoriser un commissaire aux comptes contrôlant les comptes d'une EIP à dépasser, à titre exceptionnel, le seuil de 70 % relatif aux honoraires perçus au titre des services autres que la certification des comptes pour une période de deux exercices maximum ;

– une formation statuant sur des cas individuels qui lui sont soumis (en application du 1° du I de l'article L 821-1, du 5° du I du même article dans le cadre du suivi des contrôles, du II de l'article L 822-1 et des articles L 824-7 et L 824-8 du Code de commerce) ;

– une formation restreinte statuant en matière disciplinaire et sur le contentieux des honoraires (au titre des alinéas 7° et 8° du I et du II de l'article L 821-1 et de l'article L 824-10 du Code de commerce) ;

Sur la composition de la formation restreinte, voir n° 548.

Les membres de la formation restreinte ne participent pas aux délibérations du collège portant sur des cas individuels (C. com. art. L 821-2, II).

Lorsqu'il statue en formation restreinte, le Haut Conseil se réunit sur convocation du président de cette formation. Le délai de convocation est de quinze jours. Il peut être réduit à huit jours en cas d'urgence. L'ordre du jour est fixé par le président de la formation restreinte. Le secrétariat est assuré par un agent du Haut Conseil désigné à cet effet. La formation ne délibère valablement que si trois de ses membres au moins sont présents (C. com. art. R 821-5).

– une formation plénière délibérant sur l'ensemble des avis et décisions ne relevant pas de la compétence des autres formations.

Le Haut Conseil peut également constituer des **commissions consultatives** spécialisées.

Il détermine leur composition et leur champ de compétence. Chaque commission est présidée par un membre du collège.

Par ailleurs, une **commission** composée à parité de membres du collège et de commissaires aux comptes est **placée auprès du Haut Conseil** afin d'élaborer le projet des normes relatives à la déontologie des commissaires aux comptes, au contrôle interne de qualité et à l'exercice professionnel (voir n° 538). Le nombre et les modalités de désignation de ses membres ainsi que les règles relatives à son organisation et à son fonctionnement sont fixés par le règlement intérieur du Haut Conseil (Règl. intérieur art. 2.2).

Le Haut Conseil se réunit au moins une fois par trimestre sur convocation de son président, à l'initiative de celui-ci, ou à la demande de quatre de ses membres ou du commissaire du gouvernement (C. com. art. R 821-3, I). Ses **décisions** sont prises à la majorité des voix. En cas de partage égal des voix, la voix du président est prépondérante (C. com. art. L 821-3, II). Le Haut Conseil ne peut valablement délibérer que si sept de ses membres sont au moins présents. Ce quorum est ramené à cinq membres lorsque le Haut Conseil statue en application de l'article L 824-8 du Code de commerce. Lorsque le quorum n'est pas atteint, le Haut Conseil délibère dans un délai minimum de huit jours, quel que soit le nombre des membres présents, sur le même ordre du jour (C. com. art. R 821-3, I).

Le Haut Conseil peut **être saisi** de toutes questions entrant dans ses compétences par le garde des Sceaux, le ministre chargé de l'économie, le procureur général près la Cour des comptes, le président de la Compagnie nationale des commissaires aux comptes, l'Autorité des marchés financiers ou l'Autorité de contrôle prudentiel et de résolution. Il peut également **se saisir d'office** (C. com. art. R 821-6, II). Lorsque, en application de l'article L 822-16 du Code de commerce, le Haut Conseil est saisi d'une demande d'avis portant sur le Code de déontologie de la profession de commissaire aux comptes, il rend son avis dans un délai d'un mois (C. com. art. R 821-6, I). L'article 1.3.1 du règlement intérieur du Haut Conseil précise que ce dernier **rend des avis** :

– sur tout projet de loi dont il est saisi ainsi que sur les projets de décret relatifs au Code de déontologie de la profession de commissaire aux comptes ;

– sur toute question entrant dans ses compétences, posée par le garde des Sceaux, ministre de la justice, le ministre chargé de l'économie, le procureur général près la Cour des comptes, les présidents de la CNCC, de l'AMF, de l'ACPR, des CRCC ou par une autorité administrative ou publique indépendante ;

– sur toute question entrant dans ses compétences dont il se saisit.

Les séances des différentes formations donnent lieu à l'établissement d'un procès-verbal, signé par le président et le secrétaire de séance. Il peut contenir un exposé synthétique des débats de la séance et consigne les décisions et avis adoptés. Tout membre peut demander que soit fait mention au procès-verbal de la position qu'il a exprimée en séance. Le procès-verbal est soumis à l'approbation de la formation compétente au plus tard lors de la deuxième séance qui suit. Les procès-verbaux sont conservés par ordre

CADRE LÉGAL ET INSTITUTIONNEL

© Éd. Francis Lefebvre

chronologique. Chaque procès-verbal adopté est transmis par voie électronique aux membres des formations compétentes et au commissaire du gouvernement (Règl. intérieur art. 1.2.7).

Le Haut Conseil rend compte de l'exercice de ses missions et de ses moyens dans un **rapport annuel** établi en application de l'article 21 de la loi 2017-55 du 20 janvier 2017 portant statut général des autorités administratives indépendantes et des autorités publiques indépendantes.

Ce rapport annuel retrace notamment le résultat des contrôles des commissaires réalisés dans l'année. Le cas échéant, les observations du commissaire du gouvernement sont annexées à ce rapport. Transmis au garde des Sceaux avant le 1er juin, ce rapport est ensuite publié sur le site Internet du Haut Conseil (C. com. art. R 821-7 modifié par le décret 2020-292 du 21-3-2020).

> Le Haut Conseil publie, dans son rapport annuel ou sur tout autre support, les informations mentionnées à l'article 28 du règlement européen 537/2014. Cet article 28 « Transparence des autorités compétentes » précise notamment :
>
> « Les autorités compétentes sont transparentes et elles publient au moins :
>
> a) des rapports d'activité annuels relatifs aux missions prévues au présent règlement ;
>
> b) les programmes de travail annuels relatifs aux missions prévues au présent règlement ;
>
> c) un rapport annuel sur les résultats d'ensemble du système d'assurance qualité. Ce rapport comprend des informations sur les recommandations émises et la suite donnée à ces recommandations, ainsi que sur les mesures de surveillance prises et les sanctions imposées. Il comprend également des informations quantitatives et d'autres informations clés sur les résultats atteints en ce qui concerne les ressources financières, le personnel, l'efficience et l'efficacité du système d'assurance qualité ;
>
> d) les informations agrégées sur les constatations et conclusions des inspections visées à l'article 26, paragraphe 8, premier alinéa. Les États membres peuvent exiger la publication de ces constatations et conclusions sur les inspections individuelles. »

Sans préjudice des dispositions prévues à l'article L 821-12-5 du Code de commerce et au I de l'article L 631-1 du Code monétaire et financier, les personnels du Haut Conseil, ainsi que toutes les personnes physiques ou morales qui, à quelque titre que ce soit, participent, même occasionnellement, à l'activité de celui-ci, sont tenus au **secret professionnel** pour les faits, actes et renseignements dont ils ont pu avoir connaissance en raison de leurs fonctions. Ce secret n'est pas opposable à l'autorité judiciaire (C. com. art. L 821-3-3).

Le secret professionnel n'est pas opposable au Haut Conseil et à ses services dans l'exercice de leurs missions, sauf par les auxiliaires de justice (C. com. art. L 821-3-3).

Présidence

568

Le président du H3C est un magistrat membre ou ancien membre de la Cour de cassation. Il est nommé par décret du garde des Sceaux pour un mandat de six ans. Il exerce ses fonctions à plein temps (C. com. art. L 821-2).

Conformément aux nouvelles dispositions de l'article R 821-2 du Code de commerce, pour l'organisation et le fonctionnement du Haut Conseil, son président :

– représente le Haut Conseil en justice et agit en son nom ;

– nomme aux emplois, fixe les rémunérations et les indemnités sous réserve des dispositions des articles R 821-10 et R 821-13. Pour l'application du Code du travail, il exerce les compétences du chef d'entreprise ;

– a autorité sur l'ensemble des personnels des services. Il fixe l'organisation des services ;

– signe tous les actes relatifs à la compétence du Haut Conseil ;

– peut transiger dans les conditions fixées au 9° de l'article R 821-1 et par les articles 2044 à 2058 du Code civil, et accorder des remises gracieuses dans les conditions fixées par l'article R 821-14-11 ;

– est ordonnateur des recettes et des dépenses ;

– peut créer des régies de recettes et de dépenses dans les conditions fixées par l'article R 821-14-16 ;

– passe au nom du Haut Conseil les contrats, conventions et marchés ;

– tient la comptabilité des engagements de dépenses dans les conditions définies par le règlement comptable et financier ;

– gère les disponibilités et décide des placements.

Rapporteur général

570 Un **service d'enquêtes** avec à sa tête un rapporteur général est chargé de procéder aux enquêtes préalables à l'ouverture éventuelle de procédures de sanction. Le rapporteur général est saisi de tout fait susceptible de justifier l'engagement d'une procédure de sanction par les personnes habilitées à le faire et peut également se saisir des signalements dont il est destinataire (C. com. art. L 824-4).

Il procède à des enquêtes et peut désigner des enquêteurs pour l'assister, faire appel à des experts et demander à des commissaires aux comptes inscrits sur une liste établie par le Haut Conseil après avis de la CNCC de procéder à des vérifications ou d'effectuer des actes d'enquête sous son contrôle (C. com. art. L 824-5). Il établit un rapport d'enquête qu'il adresse au collège chargé de délibérer sur les suites à lui donner hors la présence des membres composant la formation restreinte (C. com. art. L 824-8). Le rapporteur général peut également diligenter des enquêtes pour répondre aux demandes d'assistance des autorités des États membres de l'Union européenne exerçant des compétences analogues aux siennes et autoriser les agents de ces autorités à assister aux actes d'enquête. Sous réserve de réciprocité et à la condition que l'autorité concernée soit soumise au secret professionnel avec les mêmes garanties qu'en France, il peut aussi être amené à répondre aux demandes des autorités des États non membres de l'Union européenne exerçant des compétences analogues aux siennes (C. com. art. L 824-15).

Lorsqu'il est saisi par une personne mentionnée aux 1° à 6° de l'article L 824-4 du Code de commerce (premier président de la Cour des comptes ou président d'une chambre régionale des comptes, procureur général près la cour d'appel compétente, le président de l'AMF ou de l'ACPR, président du Haut Conseil, président de la CNCC ou d'une compagnie régionale), ou lorsqu'il se saisit d'office, le rapporteur général ouvre une enquête. À l'issue des investigations réalisées par des enquêteurs habilités dans les conditions prévues à l'article R 824-2 du Code de commerce ainsi que par des commissaires aux comptes inscrits sur la liste prévue à l'article L 824-5 dans les conditions prévues à l'article L 824-6 du même code, il saisit le Haut Conseil d'un rapport au terme duquel il formule une proposition d'orientation de la procédure (Règl. intérieur du H3C art. 3.1.1).

Commissaire du gouvernement

578 Il est adjoint au Haut Conseil du commissariat aux comptes un commissaire du gouvernement nommé par le garde des Sceaux, ministre de la justice. Les fonctions de commissaire du gouvernement sont exercées par le directeur des affaires civiles et du Sceau ou son représentant (C. com. art. R 821-8). Il siège avec voix consultative. Le commissaire du gouvernement n'assiste pas aux délibérations du Haut Conseil statuant en formation restreinte. Il peut demander une seconde délibération quand le Haut Conseil ne statue pas en formation restreinte (C. com. art. L 821-4).

Les délibérations du Haut Conseil et du bureau sont notifiées au commissaire du gouvernement (C. com. art. R 821-4). Il peut demander une seconde délibération, par décision motivée, dans un délai de cinq jours ouvrables à compter de la notification (C. com. art. L 821-4 et R 821-4).

En matière disciplinaire, le commissaire du gouvernement n'assiste pas aux délibérations et ne peut pas demander une seconde délibération. Cette disposition respecte les termes de la convention européenne des droits de l'Homme qui impose, dans le cadre d'un procès équitable, de séparer les autorités de poursuite de celles de jugement.

Financement

579 **Cotisation** En application de l'article L 821-5 du Code de commerce et, dans la limite du plafond prévu au I de l'article 46 de la loi 2011-1977 du 28 décembre 2011 de finances pour 2012, le Haut Conseil du commissariat aux comptes perçoit le produit des cotisations des **commissaires aux comptes inscrits** sur la liste mentionnée au I de l'article L 822-1, pour assurer le financement de ses missions.

La loi 2017-1837 de finances pour 2018 et le décret 2017-1855 du 30 décembre 2017 ont modifié les cotisations à la charge des commissaires aux comptes inscrits sur la liste mentionnée au I de l'article L 822-1. De plus, le décret 2018-196 du 21 mars 2018 relatif au financement du Haut Conseil du commissariat aux comptes est venu établir les règles concernant la liquidation, l'ordonnancement, le recouvrement et l'acquittement des différentes contributions et cotisations à la charge des commissaires aux comptes.

CADRE LÉGAL ET INSTITUTIONNEL

© Éd. Francis Lefebvre

Les cotisations à la charge des commissaires aux comptes inscrits sur la liste mentionnée au I de l'article L 822-1 du Code de commerce sont les suivantes :

– une cotisation assise sur le montant total des **honoraires** qu'ils ont **facturés** au cours de l'année civile précédente **aux personnes ou entités** dont ils certifient les comptes. Le taux de cette cotisation, déterminé par décret, est compris entre 0,5 et 0,7 % (C. com. art. L 821-6-1, I). Le décret 2017-1855 du 30 décembre 2017 a fixé le **taux** de la cotisation à **0,5 %** ;

– une cotisation assise sur le montant total des **honoraires** qu'ils ont **facturé** au cours de l'année civile précédente **aux entités d'intérêt public** dont ils certifient les comptes. Le taux de cette cotisation, déterminé par décret, est compris entre 0,2 et 0,3 % (C. com. art. L 821-6-1, II). Le décret 2017-1185 du 30 décembre 2017 a fixé le **taux** de cette cotisation à **0,2 %**.

> Concernant la définition des entités d'intérêt public, voir n° 2352.
>
> Les cotisations précitées viennent remplacer les droits fixes sur les rapports de certification, la contribution annuelle de 10 € et la cotisation de 1 % du montant total des honoraires facturés au cours de l'année précédente par les commissaires aux comptes dans l'exercice de leurs fonctions de contrôle légal des comptes de certaines entités.

Les commissaires aux comptes inscrits sur la liste mentionnée au paragraphe I de l'article L 822-1 du Code de commerce sont tenus de **déclarer** au Haut Conseil, avant le 31 mars de chaque année, le montant total des honoraires qu'ils ont facturés au cours de l'année civile précédente aux personnes ou entités dont ils certifient les comptes, en distinguant le montant des honoraires facturés aux entités d'intérêt public. Cette déclaration est faite même en l'absence de facturation d'honoraire. Le Haut Conseil liquide les cotisations visées supra sur la base de ces déclarations (C. com. art. R 821-14-7 modifié par le décret 2020-292 du 21-3-2020).

> Les modalités de déclaration par les commissaires aux comptes sont déterminées par le Haut Conseil du commissariat aux comptes.

Ces cotisations sont **exigibles** le 31 mars de chaque année et sont acquittées auprès de l'agent comptable du Haut Conseil du commissariat aux comptes (C. com. art. L 821-6-1, III).

> Le délai de paiement est de trente jours à compter de la date d'exigibilité.

Cet agent comptable, nommé par arrêté conjoint du garde des Sceaux et du ministre chargé du budget, est notamment en charge du recouvrement des cotisations perçues auprès de la profession (C. com. art. R 821-14-4).

> Une convention de délégation homologuée par arrêté du 18 mai 2018 avait permis au H3C de déléguer à la CNCC le recouvrement des cotisations précitées. Cependant, et ce dès l'année 2020, le H3C a décidé de ne pas renouveler cette délégation et de procéder directement au recouvrement des cotisations qui lui sont dues par l'intermédiaire d'un **portail** qu'il a ouvert début mars 2020 à destination des commissaires aux comptes. Ce portail leur permet de déclarer le montant des honoraires facturés tous mandats et le montant des honoraires facturés sur les mandats EIP. Il permet aussi au commissaire aux comptes d'obtenir immédiatement son bordereau déclaratif et, s'il le souhaite, de procéder au paiement de sa cotisation par carte bancaire.

Le H3C reste seul compétent pour engager les actions en recouvrement forcé des cotisations impayées (C. com. art. L 821-6-1, IV).

Par ailleurs, s'agissant des **contrôleurs de pays tiers** inscrits sur la liste visée au II de l'article L 822-1 du Code de commerce, une contribution forfaitaire n'excédant pas 5000 € est recouvrée par le H3C (C. com. art. L 821-5, II). L'article R 821-14-6 du Code de commerce, modifié par le décret 2018-196 du 21 mars 2018, précise que cette contribution forfaitaire est acquittée auprès de l'agent comptable du H3C au moment du dépôt de la demande d'inscription sur la liste visée supra.

> Le décret 2017-1855 du 30 décembre 2017 a fixé le montant de cette contribution à 5000 €.

585   **Pénalités**   Le nouvel article L 821-7 du Code de commerce, créé par la loi 2017-1837 du 30 décembre 2017, instaure des pénalités en cas de retard de paiement, d'absence de déclaration ou de mauvaise déclaration :

– le montant des cotisations est majoré du taux d'intérêt légal mensualisé par mois de **retard de paiement** à compter du trente et unième jour suivant la date d'exigibilité, tout mois entamé étant compté en entier (C. com. art. L 821-7, al. 2) ;

– lorsqu'un redevable **ne donne pas les renseignements** demandés **nécessaires** à la détermination de l'assiette des cotisations et de leur mise en recouvrement, le montant des cotisations est majoré de 10 % (C. com. art. L 821-7, al. 3) ;

© Éd. Francis Lefebvre **CADRE LÉGAL ET INSTITUTIONNEL**

– la majoration peut être portée à 40 % lorsque le document contenant les renseignements n'a pas été déposé dans les trente jours **suivant** la réception d'une **mise en demeure**, notifiée par pli recommandé, d'avoir à le produire dans ce délai, et à 80 % lorsque ce document n'a pas été déposé dans les trente jours suivant la réception d'une **deuxième mise en demeure** notifiée dans les mêmes formes que la première (C. com. L 821-7, al. 4).

> Sur demande justifiée des débiteurs, le président du Haut Conseil peut décider, après l'avis conforme de l'agent comptable, d'accorder la remise totale ou partielle de l'intérêt de retard ou des majorations (C. com. art. R 821-14-11, 1° bis).

Les majorations prévues aux alinéas 3 et 4 de l'article L 821-7 du Code de commerce ne peuvent être prononcées avant l'expiration d'un délai de trente jours à compter de la notification du document indiquant au redevable la majoration qu'il est envisagé de lui appliquer, les motifs de celle-ci et la possibilité dont dispose l'intéressé de présenter dans ce délai ses observations (C. com. art. L 821-7, al. 5).

Les agents désignés à cet effet par le président du H3C contrôlent les cotisations. À cette fin, ils peuvent demander aux redevables tous renseignements, justifications ou éclaircissements relatifs aux déclarations souscrites (C. com. art. L 821-7, al. 6).

Le droit de reprise des cotisations par le H3C s'exerce jusqu'à la fin de la sixième année qui suit celle au titre de laquelle les cotisations sont dues (C. com. art. L 821-7, al. 7).

SECTION 2

Organisation institutionnelle de la profession

600 Nous examinerons tout d'abord l'organisation de la profession à l'échelon national avec la Compagnie nationale des commissaires aux comptes (I), puis nous aborderons la déclinaison locale de cette organisation au travers des compagnies régionales de commissaires aux comptes (II).

Une réforme institutionnelle et territoriale de la profession est intervenue à la suite des impacts de la loi dite Pacte du 22 mai 2019 sur la profession de commissaire aux comptes. Cette réforme est portée par l'arrêté du 31 janvier 2020 portant regroupement de compagnies régionales de commissaires aux comptes et par le décret 2020-667 du 2 juin 2020 relatif à la Compagnie nationale et aux compagnies régionales des commissaires aux comptes.

I. Compagnie nationale des commissaires aux comptes

650 La Compagnie nationale des commissaires aux comptes (CNCC), instituée par l'article L 821-6 du Code de commerce, est un **établissement d'utilité publique** doté de la personnalité morale, chargé de représenter la profession de commissaire aux comptes auprès des pouvoirs publics. La Compagnie nationale regroupe tous les commissaires aux comptes ainsi que toutes les sociétés de commissaires aux comptes inscrits sur la liste conformément à la section 1 du chapitre II du titre II du livre VIII du Code de commerce (C. com. art. R 821-23). Elle concourt au bon exercice de la profession, à sa surveillance ainsi qu'à la défense de l'honneur et de l'indépendance de ses membres (C. com. art. L 821-26).

> Avant la loi de sécurité financière, la Compagnie nationale était simplement dotée de la personnalité morale. Le législateur lui ayant reconnu auprès des pouvoirs publics un rôle de représentation de la profession de commissaires aux comptes identique à celui joué par le Conseil national des barreaux pour les avocats et le Conseil supérieur du notariat pour les notaires, il se devait d'aligner son statut sur celui de ces organes (Projet de loi de sécurité financière, rapport à l'Assemblée nationale de M. Goulard, p. 33).

Le **statut** d'établissement d'utilité publique n'équivaut pas au statut d'ordre professionnel : la Compagnie nationale des commissaires aux comptes ne contrôle en effet ni

29

CADRE LÉGAL ET INSTITUTIONNEL © Éd. Francis Lefebvre

l'inscription sur les listes, ni la discipline. Par ailleurs, l'expression « instituée auprès du garde des Sceaux » ne permet pas de conclure qu'elle est juridiquement sous la tutelle du garde des Sceaux, même si dans la pratique la loi de sécurité financière renforce de manière significative le pouvoir de la Chancellerie sur la profession (voir n° 538).

651 L'article R 821-25 du Code de commerce, modifié par le décret 2020-667 du 2 juin 2020, dispose désormais que la Compagnie nationale :
– concourt à la réalisation des objectifs fixés par l'article L 821-6 du Code de commerce pour le bon exercice de la profession par ses membres ;
– représente la profession et défend ses intérêts moraux et matériels ;
– peut présenter aux ministres intéressés toute proposition relative aux intérêts de ses membres ;
– accompagne les professionnels en s'appuyant sur les compagnies régionales.
Quant aux compagnies régionales, elles concourent à l'action de la Compagnie nationale dans le respect de ses décisions. Elles assurent l'administration et la gestion de la profession dans leur ressort (C. com. art. R 821-25, al. 3 modifié par le décret 2020-667 du 2-6-2020).
   Pour plus de détails sur les compagnies régionales, voir n°s 760 s.

La Compagnie nationale et les compagnies régionales contribuent également à la formation et au perfectionnement de leurs membres ainsi qu'à la formation des candidats aux fonctions de commissaire aux comptes et peuvent assister les professionnels dans leurs démarches d'inscription (C. com. art. R 821-25, al. 4 modifié par le décret 2020-667 du 2-6-2020).
La Compagnie nationale est chargée, en outre, de communiquer chaque année au Haut Conseil les déclarations d'activité mentionnées au V de l'article R 823-10 (C. com. art. R 821-26, al. 1).
Lorsque les contrôles mentionnés à l'article L 821-9 font l'objet d'une convention de délégation par le Haut Conseil à la Compagnie nationale, celle-ci transmet au directeur général, à sa demande, les documents retraçant les opérations menées (C. com. art. R 821-26, al. 2).
La Compagnie nationale adresse chaque année au Haut Conseil un rapport sur les contrôles réalisés en application de l'article L 821-9 qui détaille la nature, l'objet et les résultats de ces contrôles (C. com. art. R 821-26, al. 3).

652 Les dispositions réglementaires du Code de commerce instituent un certain nombre d'organes qui ont pour vocation d'administrer la profession : ainsi la Compagnie est-elle dirigée à l'échelon national par un **Conseil national**, qui élit en son sein un bureau et un président.
   Le décret 2020-667 du 2 juin 2020 relatif à la Compagnie nationale et aux compagnies régionales des commissaires aux comptes précise notamment le rôle du Conseil national, son articulation avec les conseils régionaux, sa composition et les règles applicables pour l'élection de ses membres (voir n°s 670 s.).

En appui de ces différents organes, la Compagnie nationale a mis en place un certain nombre de **structures techniques**, qui ont vocation à l'assister dans ses prises de décision et à accroître le haut degré de technicité et d'efficacité de ses travaux et interventions.

A. Organes politiques

Conseil national

670 **Composition et élection** Le Conseil national comporte soixante membres, désignés pour une durée de quatre ans. Il est composé de l'ensemble des présidents de compagnies régionales et de commissaires aux comptes élus (C. com. art. R 821-37, I, al. 1 modifié par le décret 2020-667 du 2-6-2020).
Le décret 2020-667 du 2 juin 2020 supprime la disposition de l'article R 821-37 du Code de commerce qui prévoyait le renouvellement du Conseil national par moitié tous les deux ans.
Désormais, le Conseil national comprend pour moitié des commissaires aux comptes exerçant une ou plusieurs missions de certification auprès d'entités d'intérêt public et pour moitié des commissaires aux comptes n'exerçant pas de mission de certification auprès d'entités d'intérêt public (C. com. art. R 821-37, I, al. 2 modifié par le décret 2020-667 du 2-6-2020).

Ainsi, trente membres du Conseil national forment le collège EIP et les trente autres le collège non EIP. Les dix-sept présidents des compagnies régionales de commissaires aux comptes sont répartis entre EIP et non-EIP en fonction de leur collège d'appartenance (CNCC, Fiche n° 1 « Élection et composition du Conseil national »).

Les **électeurs** pour les élections au Conseil national sont répartis en deux collèges composés de commissaires aux comptes personnes physiques à jour de leurs cotisations professionnelles (C. com. art. R 821-37, I, al. 3 modifié par le décret 2020-667 du 2-6-2020) :
– dans le premier collège d'électeurs, lesdits commissaires aux comptes exercent une ou plusieurs missions de certification auprès d'entités d'intérêt public ;
– dans le second collège, lesdits commissaires aux comptes n'exercent pas de mission de certification auprès d'entités d'intérêt public.

Avec le dispositif instauré par le décret 2020-667 du 2 juin 2020, les membres du Conseil national sont donc directement élus par les commissaires aux comptes et ne sont plus délégués par les compagnies régionales.

Le règlement intérieur de la CNCC précise que seuls sont considérés comme étant à **jour de leurs cotisations** les commissaires aux comptes qui, au 30 juin de l'année des élections, ont effectivement réglé l'ensemble des cotisations appelées par la CRCC. Si, pour une raison liée à un évènement particulier, le règlement des cotisations devait être reporté à une date ultérieure au 30 juin, les commissaires aux comptes ayant réglé leurs cotisations appelées en N – 1 sont considérés comme à jour de leurs cotisations. Sont visées les cotisations CRCC et CNCC (Règl. intérieur CNCC, chapitres relatifs aux élections, adopté par le Conseil national le 9-7-2020, art. 0-3 ; CNCC, Fiche n° 1 « Élection et composition du Conseil national »).

Lorsqu'il exerce en société, chaque commissaire aux comptes relève du collège auquel appartient sa société (C. com. art. R 821-37, I, al. 4 modifié par le décret 2020-667 du 2-6-2020). La CNCC répartit les commissaires aux comptes entre les deux collèges en fonction de leur activité au 30 juin de l'année d'expiration des mandats (C. com. art. R 821-37, I, al. 5 modifié par le décret 2020-667 du 2-6-2020).

Le règlement intérieur de la CNCC précise que, pour l'application de l'article R 821-37 du Code de commerce, il est considéré que tout commissaire aux comptes soumis à un contrôle d'activité EIP relève du collège EIP. Ainsi, le seul fait pour un commissaire aux comptes d'être associé, actionnaire, membre des organes de gestion, de direction, d'administration ou de surveillance, ou salarié d'une société de commissaires aux comptes qui exerce au moins une mission de certification auprès d'une entité EIP, ou qui est contrôlée par une telle société de commissaires aux comptes, emporte son rattachement au collège des électeurs EIP. Tous les électeurs qui ne relèvent pas du collège des électeurs EIP appartiennent au collège des électeurs non EIP (Règl. intérieur CNCC, chapitres relatifs aux élections, adopté par le Conseil national le 9-7-2020, art. 0-3 ; CNCC Fiche n° 1 « Élection et composition du Conseil national » et Fiche n° 6 Élections 2020 « Quelles sont les conditions pour être électeur ou éligible »).

Seules sont **éligibles** au Conseil national les personnes physiques exerçant une ou plusieurs missions de certification au 30 juin de l'année d'expiration des mandats (C. com. art. R 821-37, I, al. 6 modifié par le décret 2020-667 du 2-6-2020).

Le règlement intérieur de la CNCC précise que la condition « d'exercice d'au moins une mission de certification » par une personne physique implique que celle-ci soit signataire d'au moins un rapport de contrôle légal des comptes par an, soit en qualité de personne physique détenant le mandat, soit, lorsque le mandat est confié à une société de commissaires aux comptes, en qualité de personne mentionnée au premier alinéa de l'article L 822-9 du Code de commerce. Cette condition est appréciée au 30 juin de l'année d'élection. En pratique, c'est la déclaration sur l'honneur qui fera foi (Règl. intérieur CNCC adopté par le Conseil national le 9-7-2020, chapitres relatifs aux élections, art. 0-1 ; CNCC, Fiche n° 6 Élections 2020 « Quelles sont les conditions pour être électeur ou éligible ? »).

Le **vote** par chacun des collèges se déroule au scrutin secret, de liste, à un tour avec dépôt de liste comportant autant de candidats que de sièges attribués à chacun des collèges, sans adjonction ni suppression de noms et sans modification de l'ordre de présentation. La liste de candidats est complétée par une réserve comportant un nombre de candidats égal à un sixième des sièges à pourvoir (C. com. art. R 821-37, II, al. 1 et 2 modifiés par le décret 2020-667 du 2-6-2020).

Par conséquent, les listes doivent impérativement comporter 35 candidats.

Le règlement intérieur de la CNCC précise que chaque candidat ne peut figurer que sur une seule liste de candidats aux élections au Conseil national. Les listes de candidats comportent un intitulé, précisant qu'il s'agit de l'élection au Conseil national, la date du scrutin (date du dépouillement), le collège dont sont issus la liste et le nom de la liste. Elles indiquent, pour chaque candidat, ses nom, prénoms et adresse professionnelle. Elles ne comportent aucune autre indication relative aux candidats (Règl. intérieur CNCC adopté par le Conseil national le 9-7-2020, chapitres relatifs aux élections, art. 1-4-5) (CNCC, Fiche n° 1 « Élection et composition du Conseil national »).

CADRE LÉGAL ET INSTITUTIONNEL   © Éd. Francis Lefebvre

Les listes qui n'ont pas obtenu au moins 15 % des suffrages exprimés ne sont pas admises à la répartition des sièges (C. com. art. R 821-37, II, al. 3 modifié par le décret 2020-667 du 2-6-2020).

Le nombre de commissaires aux comptes élus au sein de chacun des collèges est déterminé en soustrayant le nombre de présidents de compagnies régionales relevant de sa catégorie des trente sièges qui lui sont attribués (C. com. art. R 821-37, I, al. 7 modifié par le décret 2020-667 du 2-6-2020).

Au sein de chacun des collèges, pour les sièges restant à pourvoir après attribution des sièges aux présidents de compagnies régionales, il est attribué à la liste qui a recueilli le plus grand nombre de suffrages exprimés un nombre de sièges égal à un quart du nombre des sièges à pourvoir arrondi, le cas échéant, à l'entier supérieur (C. com. art. R 821-37, II, al. 4 modifié par le décret 2020-667 du 2-6-2020).

En cas d'égalité de suffrages entre les listes arrivées en tête, ces sièges sont attribués à la liste dont les candidats ont la moyenne d'âge la plus élevée. Les autres sièges sont répartis entre toutes les listes à la représentation proportionnelle selon la règle de la plus forte moyenne. Les sièges sont attribués aux candidats dans l'ordre de présentation sur chaque liste (C. com. art. R 821-37, II, al. 4 à 6 modifié par le décret 2020-667 du 2-6-2020).

Si plusieurs listes ont la même moyenne, pour l'attribution du dernier siège, celui-ci revient à la liste qui a obtenu le plus grand nombre de suffrages. En cas d'égalité de suffrages, le siège est attribué au plus âgé des candidats, susceptible d'être proclamé élu (C. com. art. R 821-37, II, al. 7 modifié par le décret 2020-667 du 2-6-2020).

Si un siège du Conseil national devient vacant avant la date normale du renouvellement, il est pourvu dans le délai de trois mois par le candidat le mieux placé de la même liste à l'issue du scrutin, le cas échéant en ayant recours aux candidats de la réserve mentionnée au deuxième alinéa du II de l'article R 821-37. Le mandat du nouveau membre expire à la même date que celui de son prédécesseur (C. com. art. R 821-38, al. 1 modifié par le décret 2020-667 du 2-6-2020). Les dispositions de l'article R 821-67 du Code de commerce sont applicables aux membres du Conseil national.

En cas d'absence ou d'empêchement, les membres du Conseil national élus au sein des deux collèges sont remplacés par le premier candidat disponible de la même liste le mieux placé à l'issue du scrutin (C. com. art. R 821-39 modifié par le décret 2020-667 du 2-6-2020).

Un membre ne peut disposer de plus de deux mandats (C. com. art. R 821-44).

Conformément aux dispositions de l'article 5 du décret 2020-667 du 2 juin 2020, les mandats des commissaires aux comptes élus en application de l'article R 821-37 du Code de commerce en cours au jour de l'entrée en vigueur dudit décret sont prorogés jusqu'au 31 octobre 2020. Les nouveaux mandats prennent effet le 1er novembre 2020.

671 **Fonctionnement** Le Conseil national se réunit au moins une fois par semestre et peut être **convoqué** aussi souvent que nécessaire par le président après avis du bureau. Il doit être convoqué à la demande du garde des Sceaux (C. com. art. R 821-42).

La validité des délibérations est conditionnée par la présence d'au moins la moitié des membres du Conseil. Les **décisions** sont prises à la majorité des membres présents ou représentés ; en cas de partage, la voix du président est prépondérante (C. com. art. R 821-44).

672 **Pouvoirs** Les pouvoirs du Conseil national sont fixés par l'article R 821-46 du Code de commerce.

Le Conseil national est chargé de l'**administration** de la Compagnie nationale et de la **gestion** de ses biens. Il adopte, sur proposition du bureau, son budget et en répartit la charge entre les compagnies régionales. Il adopte son règlement intérieur.

Il donne son **avis**, lorsqu'il y est invité par le garde des Sceaux, sur les projets de lois et de décrets qui lui sont soumis, ainsi que sur les questions entrant dans ses attributions.

Il soumet aux pouvoirs publics toutes **propositions** utiles relatives à l'organisation professionnelle et à la mission des commissaires aux comptes.

Il crée en son sein des **commissions spécialisées** qui lui rendent compte et ne peuvent en aucun cas représenter la Compagnie nationale. Il en fixe la compétence, la composition et le fonctionnement (C. com. art. R 821-41) (voir nᵒˢ 700 s.).

Bureau

675 **Composition** Le Conseil national élit parmi ses membres au scrutin secret et pour une **durée** de quatre ans un bureau composé (C. com. art. R 821-40, al. 1 modifié par le décret 2020-667 du 2-6-2020) :
– d'un président ;
– d'un vice-président ;
– de six membres.

Le bureau est composé pour moitié de personnes exerçant des missions de certification auprès d'entités d'intérêt public et pour l'autre moitié de personnes n'exerçant pas de missions de certification auprès d'entités d'intérêt public. Deux membres au moins sont présidents de compagnies régionales. Si le président exerce des missions de certification auprès d'entités d'intérêt public, le vice-président ne peut exercer de telles missions. Si le président n'exerce pas de missions de certification auprès d'entités d'intérêt public, le vice-président exerce au moins une de ces missions (C. com. art. R 821-40, al. 1 et 2 modifiés par le décret 2020-667 du 2-6-2020).

> Pour plus de précisions concernant la composition du bureau du Conseil national et l'élection de ses membres, voir la fiche technique publiée par la CNCC sur les nouvelles règles applicables (CNCC – Réforme des institutions 2020 – Fiche n° 2 « Élection et composition du bureau national » juillet 2020).

S'agissant de la qualité de président, seules sont éligibles les personnes qui ont exercé les fonctions de membre du Conseil national pendant une durée d'au moins deux ans ou qui ont été membres du bureau national pendant une durée d'au moins un an (C. com. art. R 821-40, al. 3 modifié par le décret 2020-667 du 2-6-2020).

Si un siège du bureau du Conseil national devient vacant, il est pourvu par le Conseil dans le délai de trois mois. Les fonctions du nouveau membre expirent à la même date que celles de son prédécesseur (C. com. art. R 821-40, al. 4 modifié par le décret 2020-667 du 2-6-2020).

Fonctionnement Le bureau se réunit sur convocation du président, d'un vice-président ou de la moitié de ses membres (C. com. art. R 821-43). **676**

Il ne délibère valablement que si la moitié de ses membres sont présents. Les membres peuvent se faire représenter. Ils ne peuvent disposer de plus de deux mandats. Les **décisions** sont prises à la majorité des membres présents ou représentés ; en cas de partage des voix, celle du président est prépondérante (C. com. art. R 821-44).

Pouvoirs Les pouvoirs du bureau sont fixés par les articles R 821-47 à R 821-50 du Code de commerce. Ces pouvoirs ont été renforcés par le décret du 27 mai 2005 et le bureau joue désormais un rôle moteur. **677**

Sur délégation du Conseil national, auquel il rend compte semestriellement, le bureau assure l'**administration courante** de la Compagnie nationale.

> Le bureau est habilité à prendre ou à autoriser tous actes nécessaires à l'administration de la Compagnie nationale ou pour lesquels il a reçu délégation du Conseil national (art. 2.13 du règl. intérieur du Conseil national adopté le 9-7-2020).

Il coordonne l'**action des conseils régionaux**, notamment en ce qui concerne la défense des intérêts moraux et matériels de la profession et la discipline générale des commissaires aux comptes.

Il examine les suggestions des conseils régionaux, en leur donnant la suite qu'elles comportent.

Il prévient et concilie tout **différend d'ordre professionnel** entre les conseils régionaux ou entre les commissaires aux comptes n'appartenant pas à une même compagnie régionale.

> Lorsque des confrères relèvent d'une même compagnie régionale, la prévention et la conciliation des conflits incombent au président de la compagnie régionale.

Il prépare les **délibérations du Conseil national** dont le président fixe l'ordre du jour.

Il prépare l'avis du Conseil national sur les projets de normes qui lui sont soumis par le H3C (en application de l'article L 821-14 du Code de commerce).

Il transmet au Haut Conseil du commissariat aux comptes les informations figurant dans les déclarations d'activité mentionnées au V de l'article R 823-10 du Code de commerce.

Le Conseil national peut aussi conférer au bureau les pouvoirs qu'il juge convenables pour l'exécution de ses décisions.

Président

Mode de nomination Le président de la Compagnie nationale des commissaires aux comptes est élu par le Conseil national pour une **durée** de quatre ans. Ne sont éligibles que les personnes qui ont exercé les fonctions de membre du Conseil national pendant une durée d'au moins deux ans ou qui ont été membres du bureau national pendant une durée d'au moins un an (C. com. art. R 821-40 modifié par le décret 2020-667 du 2-6-2020). **680**

CADRE LÉGAL ET INSTITUTIONNEL © Éd. Francis Lefebvre

681 **Attributions** Le président de la Compagnie nationale représente celle-ci dans tous les actes de la vie civile, auprès des pouvoirs publics, des administrations et des tiers. Il este en justice en son nom (C. com. art. R 821-50).

B. Organes techniques

Commissions techniques

700 **Composition** Les commissions (ou comités ou groupes de travail) techniques sont composées de commissaires aux comptes membres ou non du Conseil national ou des conseils régionaux. Elles peuvent associer à leurs travaux toutes personnes compétentes à titre d'information. La liste des membres est arrêtée tous les deux ans lors du renouvellement des membres du Conseil national.
Un président et, dans la plupart des cas, un vice-président sont nommés par le Conseil national pour une durée de deux ans dans chacune de ces commissions.

701 **Attributions** Les commissions techniques sont constituées par le Conseil national en vue de promouvoir la qualité de la profession et de venir en aide au corps professionnel. En pratique, elles ont pour mission d'aider à la **préparation des délibérations du Conseil national**, de contribuer à l'élaboration de la **doctrine** professionnelle, d'apporter des réponses aux **questions** posées par les confrères dans l'exercice de leurs mandats, de réaliser des **études** sur des points particuliers ou d'actualité.

En aucun cas elles ne peuvent représenter la Compagnie nationale des commissaires aux comptes (n° 672).

702 **Commissions permanentes** Le Conseil national a mis en place les commissions permanentes suivantes :
– comité des normes professionnelles (CNP), auquel est rattachée la commission d'application des normes professionnelles (CANP) ;
– commission d'éthique professionnelle ;
– commission des études juridiques ;
– commission des études comptables ;
– commission communication ;
– commission de contrôle du budget ;
– commission de gestion des risques professionnels ;
– commission développement ;
– commission pôle petites entreprises ;
– commission évaluation des entreprises ;
– commission jeunes et attractivité professionnelle ;
– commission formation initiale ;
– commission secteur public ;
– commission numérique et innovation ;
– commission « contrôle national du stage ».
Enfin, des commissions permanentes sont constituées pour les secteurs suivants : associations et fondations, assurances, banques, mutuelles, OPCVM, coopération agricole.

703 Sont par ailleurs constitués en tant que de besoin des **commissions** temporaires ou des **groupes de travail** appelés à apporter une contribution spécifique sur un thème particulier ou une préoccupation liée à l'actualité professionnelle.
Ainsi, compte tenu de l'accélération des initiatives réglementaires françaises et européennes pour faire évoluer le *reporting* **extra-financier** des entreprises et du rôle à jouer pour les commissaires aux comptes comme acteur de confiance dans la qualité de l'information extra-financière des entreprises, la CNCC a constitué en 2021 un groupe de travail « *Non-Financial Reporting* » (NFR) pour suivre les sujets liés au *reporting* extra-financier.

Département des entités d'intérêt public

710 Créé par le Conseil national lors de sa réunion du 5 juillet 2001, le département Appel public à l'épargne ou APE, rebaptisé dorénavant département des entités d'intérêt

© Éd. Francis Lefebvre   **CADRE LÉGAL ET INSTITUTIONNEL** ▌

public, traduisait la volonté d'instituer, au sein de la CNCC, une instance spécialisée prenant en charge les problèmes spécifiques liés aux entités cotées sur un marché réglementé et aux opérations d'offre au public et répondant aux besoins exprimés dans ce domaine par les utilisateurs de l'information financière.

Le département EIP a pour mission de concourir à l'exercice des missions de la Compagnie nationale des commissaires aux comptes.

II. Compagnies régionales de commissaires aux comptes (CRCC)

760

Les compagnies régionales concourent à l'action de la Compagnie nationale dans le respect de ses décisions. Elles assurent l'administration et la gestion de la profession dans leur ressort (C. com. art. R 821-25, al. 3 modifié par le décret 2020-667 du 2-6-2020). La CNCC et les CRCC contribuent à la formation et au perfectionnement professionnel de leurs membres ainsi qu'à la formation des candidats aux fonctions de commissaires aux comptes et peuvent assister les professionnels dans leurs démarches d'inscription (C. com. art. R 821-25, al. 4 modifié par le décret 2020-667 du 2-6-2020). Les compagnies régionales regroupent les commissaires aux comptes qui leur sont rattachés en application de l'article R 822-1 du Code de commerce (C. com. art. R 821-24, al. 1).

Les commissaires aux comptes inscrits sur la liste mentionnée au I de l'article L 822-1 sont rattachés à la compagnie régionale de la cour d'appel dans le ressort de laquelle se trouve (C. com. art. R 822-1) :

1° pour les personnes physiques leur domicile ou l'établissement dans lequel elles exercent leur activité ;

2° pour les sociétés leur siège social ou, lorsque celui-ci est situé à l'étranger, le premier établissement ouvert sur le territoire national.

Selon le principe fixé par l'article 821-6 du Code de commerce, il est institué une compagnie régionale des commissaires aux comptes par ressort de cour d'appel.

Toutefois, le garde des Sceaux peut procéder à des **regroupements** après avis de la Compagnie nationale des commissaires aux comptes et après consultation des compagnies régionales (C. com. art. L 821-6, al. 3 modifié par la loi dite Pacte).

Dorénavant, la CNCC est consultée pour avis mais n'a plus l'initiative de proposer de tels regroupements comme c'était le cas précédemment.

Une **réforme de l'organisation territoriale** de la profession de commissaire aux comptes a ainsi été initiée à la suite du relèvement des seuils de désignation des commissaires aux comptes dans les sociétés commerciales introduit par la loi dite Pacte.

Elle a donné lieu aux regroupements suivants (Arrêtés du 31-1-2020 et du 18-6-2020) :

– les compagnies régionales de commissaires aux comptes de Rennes, Angers et Poitiers sont regroupées pour constituer la compagnie régionale de commissaires aux comptes de Rennes-Angers-Poitiers qui est désignée compagnie régionale de commissaires aux comptes de l'Ouest-Atlantique, dont le siège est fixé à Nantes ;

– les compagnies régionales de commissaires aux comptes de Bordeaux, Limoges, Agen et Pau sont regroupées pour constituer la compagnie régionale de commissaires aux comptes de Bordeaux-Limoges-Agen-Pau qui est désignée compagnie régionale de commissaires aux comptes de Grande Aquitaine, dont le siège est fixé à Bordeaux ;

– les compagnies régionales de commissaires aux comptes de Montpellier et Nîmes sont regroupées pour constituer la compagnie régionale de commissaires aux comptes de Montpellier-Nîmes qui est désignée compagnie régionale de commissaires aux comptes de Montpellier-Nîmes, dont le siège est fixé à Montpellier ;

– les compagnies régionales de commissaires aux comptes de Lyon et Riom sont regroupées pour constituer la compagnie régionale de commissaires aux comptes de Lyon-Riom qui est désignée compagnie régionale de commissaires aux comptes de Lyon-Riom, dont le siège est fixé à Lyon ;

– les compagnies régionales de commissaires aux comptes de Grenoble et Chambéry sont regroupées pour constituer la compagnie régionale de commissaires aux comptes de Grenoble-Chambéry qui est désignée compagnie régionale de commissaires aux comptes de Dauphiné-Savoie, dont le siège est fixé à Chambéry ;

– les compagnies régionales de commissaires aux comptes de Versailles, Bourges et Orléans sont regroupées pour constituer la compagnie régionale de commissaires aux comptes de Versailles-Bourges-Orléans qui est désignée compagnie régionale de commissaires aux comptes de Versailles et du Centre, dont le siège est fixé à Versailles ;

– les compagnies régionales de commissaires aux comptes de Reims, Nancy et Metz sont regroupées pour constituer la compagnie régionale de commissaires aux comptes de Reims-Nancy-Metz qui est désignée compagnie régionale de commissaires aux comptes de l'Est, dont le siège est fixé à Nancy ;

CADRE LÉGAL ET INSTITUTIONNEL © Éd. Francis Lefebvre

– les compagnies régionales de commissaires aux comptes de Besançon et Dijon sont regroupées pour constituer la compagnie régionale de commissaires aux comptes de Besançon-Dijon qui est désignée compagnie régionale de commissaires aux comptes de Besançon-Dijon, dont le siège est fixé à Dijon ;
– les compagnies régionales de commissaires aux comptes de Douai et Amiens sont regroupées pour constituer la compagnie régionale de commissaire aux comptes de Douai-Amiens qui est désignée compagnie régionale de commissaires aux comptes des Hauts-de-France, dont le siège est fixé à Lille ;
– les compagnies régionales de commissaires aux comptes de Caen et Rouen sont regroupées pour constituer la compagnie régionale de Caen-Rouen qui est désignée compagnie régionale de commissaires aux comptes de Normandie, dont le siège est fixé à Caen.

Ces dispositions entrent en vigueur à compter de la prise d'effet des mandats résultant des prochaines élections organisées, soit à compter du 1er novembre 2020. Compte tenu des regroupements réalisés, le nombre de CRCC passe de 32 à 17.

S'agissant des modalités et des effets juridiques des regroupements, ils ont été précisés par l'article 31 de la loi dite Pacte :
– les biens meubles et immeubles, droits et obligations des compagnies régionales de commissaires aux comptes dissoutes dans le cadre des regroupements effectués au titre de l'article L 821-6 du Code de commerce avant le 31 décembre 2019 sont transférés aux compagnies régionales au sein desquelles s'opèrent les regroupements ;
– les compagnies régionales existantes conservent leur capacité juridique, pour les besoins de leur dissolution, jusqu'à l'entrée en vigueur des arrêtés opérant ces regroupements ;
– la continuité des contrats de travail en cours est assurée dans les conditions prévues à l'article L 1224-1 du Code du travail ;
– l'ensemble des transferts prévus à l'article précité de loi dite Pacte sont effectués à titre gratuit.

L'article 33 de la loi 2018-1317 du 28 décembre 2018 de finances pour 2019 précise que les transferts de biens, droits et obligations dans le cadre d'une opération de regroupement de CRCC intervenant avant le 31 décembre 2020 sont effectués sur la base des valeurs nettes comptables des apports. Ils ne donnent lieu au paiement d'aucun droit, taxe ou impôt de quelque nature que ce soit.

En pratique, la CNCC précise que les transferts sont automatiques et qu'il n'est pas nécessaire de prévoir des assemblées générales de compagnies régionales de commissaires aux comptes pour approuver les opérations de regroupements et décider des modalités (CNCC, Réforme territoriale Fiche n° 1 « Regroupements des CRCC »).

Le dispositif a également été complété par le décret 2020-667 du 2 juin 2020 qui permet la création par les conseils régionaux de représentations territoriales et précise la procédure de détermination du siège et du nom de la compagnie de « regroupement ».

Lorsqu'il est procédé à des regroupements de CRCC, afin d'assurer la proximité avec les commissaires aux comptes sur l'ensemble du territoire de la CRCC regroupée, des **représentations territoriales** peuvent être créées dans le ressort d'une CRCC (C. com. art. R 821-24 modifié par le décret précité). Toutefois, ces représentations territoriales ne peuvent pas être implantées dans le ressort de la cour d'appel où siège déjà la compagnie régionale issue de ce regroupement. Ces représentations territoriales mettent en œuvre les décisions prises par le conseil régional et c'est ce dernier qui décide de leur création, de leur suppression, de leur ressort territorial et de leurs modalités de fonctionnement et de financement. En outre, conformément aux dispositions de l'article R 821-51 du Code de commerce modifié par le décret précité, lorsqu'il est procédé à des regroupements de compagnies régionales, le conseil régional de la compagnie qui en résulte **siège** à l'un des chefs-lieux des cours d'appel de son ressort. Ce siège ainsi que le nom de la compagnie régionale sont fixés par arrêté du garde des sceaux, ministre de la justice, après avis de la Compagnie nationale et après consultation, par cette dernière, des compagnies régionales intéressées.

Le conseil régional peut, à titre exceptionnel, siéger dans un autre lieu du ressort de la cour d'appel ou de l'une des cours d'appel dont il dépend, avec l'accord des chefs de cour (C. com. art. R 821-51, al. 3 modifié par le décret précité).

761 Dotées de la personnalité morale, les compagnies régionales sont administrées par un **conseil régional** élu, qui désigne un **bureau** et un **président**.
À l'instar du Conseil national, les conseils régionaux constituent des commissions techniques pour les assister dans leurs missions. Nous les évoquerons après avoir présenté les organes politiques de la compagnie régionale.

© Éd. Francis Lefebvre

CADRE LÉGAL ET INSTITUTIONNEL ▌

A. Organes politiques

Assemblée générale

Composition Composée exclusivement par les commissaires aux comptes personnes physiques, l'assemblée générale de la compagnie régionale se réunit annuellement sur convocation de son président. Son accès est interdit à ceux qui ne sont pas à jour du paiement de leurs cotisations professionnelles un mois avant la date de ladite assemblée (C. com. art. R 821-28).
780

Modalités de tenue Aucun quorum n'est prévu. L'assemblée délibère à la majorité des membres présents. En cas de partage des voix, celle du président est prépondérante (C. com. art. R 821-30).
L'assemblée est présidée par le président de la compagnie régionale assisté des membres du bureau du conseil régional.
781

Pouvoirs L'assemblée générale ne peut débattre que des questions inscrites à l'ordre du jour par le conseil régional (C. com. art. R 821-33, al. 1).
Elle élit deux censeurs pour une durée de quatre ans (C. com. art. R 821-31, al. 1 modifié par le décret 2020-667 du 2-6-2020).
Elle entend le rapport moral et financier du conseil régional pour l'exercice écoulé et le rapport des censeurs sur la gestion financière du conseil.
Elle statue ensuite sur ces rapports (C. com. art. R 821-32).
782

Conseil régional

Composition La composition du conseil régional et les règles relatives à la désignation de ses membres ont été modifiées par le décret 2020-667 du 2 juin 2020 relatif à la Compagnie nationale et aux compagnies régionales des commissaires aux comptes.
Le conseil régional comprend de dix à vingt-deux membres selon l'effectif des personnes physiques de la compagnie régionale résultant de la liste arrêtée au 1er janvier de l'année des élections (C. com. art. R 821-52 modifié par le décret 2020-667 du 2-6-2020) :
790

– 10 élus lorsque la CRCC comprend moins de 300 membres personnes physiques ;
– 12 élus lorsque la CRCC comprend entre 300 et 499 membres personnes physiques ;
– 16 élus lorsque la CRCC comprend entre 500 et 899 membres personnes physiques ;
– 22 élus lorsque la CRCC comprend 900 membres personnes physiques ou plus.

Concernant les modalités des élections, conformément aux dispositions de l'article R 821-35 du Code de commerce, elles sont fixées par le règlement intérieur de la Compagnie nationale. Les chapitres concernant les élections ont été adoptés par le Conseil national du 9 juillet 2020. La date de dépouillement du scrutin est fixée par le Conseil national entre le 15 et le 30 septembre de l'année d'expiration du mandat des élus. Les votes s'effectuent par voie électronique.

Les membres du conseil régional sont élus pour une **durée** de quatre ans renouvelable une fois (C. com. art. R 821-54, I modifié par le décret précité et R 821-56).

Le décret 2020-667 du 2 juin 2020 supprime le renouvellement par moitié tous les deux ans du conseil régional.

Les **électeurs** sont les personnes physiques, membres de la compagnie régionale, à jour de leurs cotisations professionnelles.

Le règlement intérieur de la CNCC précise les conditions relatives aux cotisations professionnelles : voir n° 670.

Seules sont **éligibles** les personnes physiques, à jour de leurs cotisations professionnelles, exerçant l'activité professionnelle de commissaire aux comptes au 30 juin de l'année d'expiration des mandats. Ne peut être désigné président du conseil régional qu'un commissaire aux comptes qui exerce au moins une mission de certification à cette date (C. com. art. R 821-54, II modifié par le décret précité).

Les membres sortants d'un conseil ne sont immédiatement **rééligibles** qu'une seule fois (C. com. art. R 821-56, al. 2). La durée consécutive des fonctions de membre d'un conseil régional ne peut donc excéder huit ans.

Conformément aux dispositions de l'article 5 du décret 2020-667 du 2 juin 2020, les conditions de rééligibilité ne sont pas applicables aux élections des conseils régionaux organisées en 2020. Les mandats antérieurs ne sont pas pris en compte.

37

CADRE LÉGAL ET INSTITUTIONNEL

© Éd. Francis Lefebvre

L'exercice de l'activité professionnelle de commissaire aux comptes au 30 juin de l'année d'élection est une des conditions d'éligibilité au conseil régional. Le règlement intérieur de la CNCC précise que la condition d'exercice « de l'activité professionnelle de commissaire aux comptes » par une personne physique implique que cette dernière :

– soit signataire d'au moins un rapport de contrôle légal des comptes par an, soit en qualité de personne physique détenant le mandat, soit, lorsque le mandat est confié à une société de commissaires aux comptes, en qualité de signataire ;

– ou qu'elle exerce au moins une mission confiée par la loi ou le règlement à des commissaires aux comptes, par an ;

– ou qu'elle fournisse au moins une prestation par an, en tant que commissaire aux comptes candidat (Règl. intérieur CNCC adopté par le Conseil national le 9-7-2020, chapitres relatifs aux élections, art. 0-2).

Pour plus de précisions sur les conditions d'éligibilité et les modalités d'élection, la CNCC a publié en juillet 2020 les deux fiches techniques suivantes : CNCC Fiche n° 6 Élections 2020 « Quelles sont les conditions pour être électeur ou éligible » et Fiche n° 3 « Élection et composition des conseils régionaux ».

791   Fonctionnement   Le conseil régional **siège** au chef-lieu de la cour d'appel et il est désigné par le nom de ce chef-lieu. Lorsqu'il est procédé à des regroupements de compagnies régionales en application du troisième alinéa de l'article L 821-6, le conseil régional de la compagnie qui en résulte siège à l'un des chefs-lieux des cours d'appel de son ressort. Ce siège ainsi que le nom de la compagnie régionale sont fixés par arrêté du garde des Sceaux, ministre de la justice, après avis de la Compagnie nationale et après consultation, par cette dernière, des compagnies régionales intéressées (C. com. art. R 821-51, al. 2 modifié par le décret 2020-667 du 2-6-2020).

Le conseil régional peut, à titre exceptionnel, siéger dans un autre lieu du ressort de la cour d'appel ou de l'une des cours d'appel dont il dépend, avec l'accord des chefs de cour (C. com. art. R 821-51, al. 3 modifié par le décret 2020-667 du 2-6-2020).

Le conseil régional est **convoqué** par le président de la compagnie régionale chaque fois que la nécessité s'en fait sentir, et au moins une fois par semestre (C. com. art. R 821-61, al. 1). Il est obligatoirement convoqué par le président lorsque la demande émane de la moitié au moins des membres du conseil (C. com. art. R 821-61, al. 2).

Il ne délibère valablement que si la moitié au moins de ses membres est présente. Les délibérations sont prises à la majorité des membres présents ; en cas de partage, la voix du président est prépondérante (C. com. art. R 821-59).

Il agit dans le cadre des délibérations de l'assemblée de la compagnie régionale conformément aux articles R 821-28 à R 821-33 du Code de commerce (C. com. art. R 821-62).

792   Pouvoirs   Le conseil régional a pour missions (C. com. art. R 821-63 modifié par le décret 2020-667 du 2-6-2020) :

1° de mettre en œuvre, dans son ressort, les décisions et de diffuser les messages adoptés par le Conseil national et de poursuivre les consultations professionnelles au niveau régional ;

2° de saisir le Conseil national de toutes requêtes ou suggestions concernant la profession ;

3° d'administrer la compagnie régionale et de gérer son patrimoine en adoptant son règlement intérieur, en fixant et en recouvrant le montant des cotisations dues par les membres de la compagnie régionale pour en couvrir les frais y compris les sommes dues à la Compagnie nationale conformément à l'article R 821-46 ;

S'agissant du financement du H3C institué par la loi de finances 2008, voir n° 579.

4° de surveiller l'exercice de la profession de commissaire aux comptes dans son ressort ;

5° de mettre à la disposition de ses membres les services d'intérêt commun nécessaires au bon exercice de la profession ;

6° d'assister, le cas échéant, les professionnels qui le souhaitent dans leurs démarches d'inscription ;

7° d'examiner les réclamations des tiers contre les commissaires aux comptes membres de la compagnie régionale, à l'occasion de l'exercice de la profession ou de donner son avis, s'il y est invité par l'une des parties ou par le ministère public, sur l'action en responsabilité intentée contre un commissaire aux comptes en raison d'actes professionnels.

Enfin, en application de l'article R 821-64 du Code de commerce, le conseil régional transmet au Conseil national les informations mentionnées au V de l'article R 823-10 du Code de commerce (déclarations d'activité).

Bureau

Composition Le conseil régional élit pour quatre ans parmi ses membres, au scrutin secret, un président, un ou deux vice-présidents, un secrétaire et un trésorier qui constituent le bureau (C. com. art. R 821-58 modifié par le décret 2020-667 du 2-6-2020).

795

Avant l'entrée en vigueur du décret 2020-667 du 2 juin 2020, la durée du mandat était de deux ans.

Le nombre des membres du bureau peut être porté (C. com. art. R 821-58, al. 1) :
– à 7 si l'effectif des membres de la compagnie est supérieur à 500 ;
– à 9 si l'effectif des membres de la compagnie est supérieur à 1 000.

Les membres du bureau du conseil régional sont élus parmi les membres du conseil. Ce sont des conseillers régionaux et à ce titre des commissaires aux comptes, personnes physiques, à jour de leurs cotisations professionnelles, exerçant l'activité professionnelle de commissaire aux comptes au 30 juin de l'année d'expiration des mandats (CNCC, Réforme des institutions, Fiche n° 4 « Élection et composition des bureaux des conseils régionaux »).

Le II de l'article R 821-54 du Code de commerce dispose que le président du conseil régional doit exercer au moins une mission de certification au 30 juin de l'année d'expiration des mandats.

En outre, son mandat de président n'est pas renouvelable alors que le mandat des autres membres du bureau est renouvelable une fois (C. com. art. R 821-58, al. 2 modifié par le décret 2020-667). Le règlement intérieur de la CNCC précise qu'un président de conseil régional doit respecter un **délai de viduité** de quatre ans avant de se présenter à nouveau comme président de la même CRCC (Règl. intérieur CNCC adopté par le Conseil national le 9-7-2020, chapitres relatifs aux élections, art. 10-23 ; CNCC, Réforme des institutions, Fiche n° 4 « Élection et composition des bureaux des conseils régionaux »).

Les désignations ont lieu à la majorité absolue des voix au premier tour, à la majorité relative au second (C. com. art. R 821-58, al. 3).

Pour plus de détails sur le mode de scrutin pour l'élection des membres du bureau du conseil régional et notamment les précisions apportées par le règlement intérieur de la CNCC sur ce sujet, voir également la Fiche précitée de la CNCC.

Fonctionnement Le bureau se réunit sur convocation de son président, d'un vice-président ou de la moitié au moins de ses membres. Il ne délibère valablement que si la moitié de ses membres sont présents (C. com. art. R 821-59, al. 1).

796

En cas d'absence ou d'empêchement d'un ou de plusieurs membres et dans la mesure nécessaire pour atteindre le quorum, le conseil régional peut appeler à siéger les membres de la compagnie les plus anciens dans l'ordre d'inscription sur la liste et, à égalité de date d'inscription, les plus âgés (C. com. art. R 821-59, al. 2).

Les décisions sont prises à la majorité des membres présents, en cas de partage des voix, celle du président est prépondérante (C. com. art. R 821-59, dernier alinéa).

Pouvoirs L'article R 821-58 du Code de commerce et le règlement intérieur ne confèrent au bureau aucun pouvoir spécifique ; ceux-ci sont concentrés sur le président de la compagnie régionale (Règl. intérieur CNCC adopté par le conseil national le 9-7-2020, chapitres relatifs aux élections, art. 10-23).

797

L'article R 821-65 du Code de commerce prévoit seulement que le bureau est informé des décisions et mesures prises par le président de la compagnie régionale.

Président

Élu par le conseil régional, le président de la compagnie régionale représente celle-ci dans tous les actes de la vie civile et peut ester en justice. Il assure l'exécution des décisions du conseil régional ainsi que le respect des décisions du Conseil national dans le ressort de la compagnie régionale et veille au fonctionnement régulier de la compagnie régionale (C. com. art. R 821-65).

802

Il réunit le bureau périodiquement pour le tenir informé des décisions et des mesures prises dans l'accomplissement de sa mission.

Il établit l'ordre du jour du conseil régional et exécute ses décisions.

Il prévient et concilie, si possible, tout conflit ou toute contestation d'ordre professionnel entre les commissaires aux comptes membres de la compagnie régionale.

Une compétence lui est également reconnue afin de saisir le Haut Conseil du commissariat aux comptes de toute question entrant dans les compétences de celui-ci et en avise

CADRE LÉGAL ET INSTITUTIONNEL © Éd. Francis Lefebvre

immédiatement le président de la compagnie nationale des commissaires aux comptes (C. com. art. R 821-65).

Il exerce les actions judiciaires tant en demande qu'en défense au nom de la compagnie régionale.

Il statue sur les demandes de dérogation au nombre d'heures du barème applicable à l'établissement du programme de travail des commissaires aux comptes (n° 10078) et a mission de concilier les parties en cas de litige sur le montant des honoraires (voir n° 10080).

Il est assisté dans ses fonctions par les vice-présidents qui le remplacent en cas d'absence, d'empêchement ou de démission.

B. Organes techniques

818 Pour l'assister et l'aider à la préparation de ses décisions, le conseil d'une compagnie régionale est amené à créer des commissions ponctuelles ou permanentes.

825 Certaines compagnies régionales ont constitué diverses commissions techniques composées d'élus de la compagnie régionale, en vue de prendre le relais au niveau régional des commissions instituées sur le plan national. Ces commissions sont ainsi amenées soit à répondre directement aux questions posées par leurs confrères, soit, en cas de difficulté technique, à transmettre la question posée aux commissions compétentes de la Compagnie nationale.

SECTION 3

Listes d'inscription

900 Seront étudiés successivement :
– le caractère impératif de l'inscription sur la liste (voir n° 950 s.) ;
– les conditions à remplir pour pouvoir prétendre à l'inscription sur la liste des commissaires aux comptes inscrits en qualité de personne physique (voir n° 1000 s.) et de personne morale (voir n° 1025 s.) ainsi que le cas particulier de la liste des contrôleurs de pays tiers (voir n° 1050 s.) ;
– la procédure d'inscription (voir n° 1080 s.) ;
– les modifications ultérieures apportées à la liste (voir n° 1150 s.).

I. Caractère impératif de l'inscription

Principe

950 « Les fonctions de commissaire aux comptes sont exercées par des personnes physiques ou par des sociétés inscrites sur une **liste établie par le Haut Conseil** du commissariat aux comptes, dans les conditions prévues aux articles L 822-1-1 à L 822-1-4 » (C. com. art. L 822-1, I).

L'inscription des commissaires aux comptes ainsi que l'établissement et la tenue de la liste précitée sont réalisés par le Haut Conseil du commissariat aux comptes ou son délégataire (C. com. art. L 821-1 et R 822-8).

L'ordonnance 2016-315 du 17 mars 2016 a supprimé depuis le 17 juin 2016 les commissions régionales d'inscription établies au siège de chaque cour d'appel qui procédaient à l'inscription des commissaires aux comptes et à la tenue de la liste des commissaires aux comptes inscrits.

Ces missions sont dorénavant confiées au H3C qui a la possibilité de les déléguer à la CNCC.

Depuis le 5 novembre 2020, l'inscription des commissaires aux comptes sur la liste prévue au I de l'article L 822-1 du Code de commerce et la tenue de cette liste sont à nouveau réalisées directement par le H3C. Après avoir délégué pendant trois années à la CNCC la réalisation des tâches relatives à l'inscription des commissaires aux comptes, le Haut Conseil, suivant en cela une recommandation de la Cour des comptes, a décidé de reprendre l'exercice direct de celles-ci, comme il l'avait fait entre juin 2016 et avril 2017.

En conséquence, et conformément aux termes de la convention de délégation homologuée par arrêté du 25 avril 2017, le Haut Conseil a résilié celle-ci. Cette résiliation a pris effet le 5 novembre 2020 (H3C, Communiqué de presse du 5-5-2020).

L'inscription sur la liste des commissaires aux comptes mentionnée au I de l'article L 822-1 est une condition sine qua non de l'exercice de la profession.

Les commissaires inscrits peuvent exercer leur profession sur l'ensemble du territoire français (C. com. art. R 822-1), ce qui garantit aux personnes morales la liberté de solliciter l'intervention du commissaire de leur choix.

Le Haut Conseil a également pour mission de procéder à l'inscription des contrôleurs de pays tiers mentionnés au I de l'article L 822-1-5 du Code de commerce et d'établir la liste de ces contrôleurs (C. com. art. L 821-1 et L 822-1, II) : voir nos 1050 s.

> Dans le cadre de l'article L 822-1-5 du Code de commerce, les commissaires aux comptes et sociétés de commissaires aux comptes agréés dans un État non membre de l'Union européenne ou non partie à l'accord sur l'Espace économique européen qui exercent le contrôle légal des comptes annuels ou des comptes consolidés de personnes ou d'entités n'ayant pas leur siège dans un État membre de l'Union européenne ou dans un autre État partie à l'accord sur l'Espace économique européen mais émettant des valeurs mobilières admises à la négociation sur un marché réglementé en France s'inscrivent sur la liste prévue II de l'article L 822-1 : cette inscription conditionne la validité en France des rapports signés par ces professionnels sans toutefois conférer aux intéressés le droit de conduire des missions de contrôle légal des comptes auprès de personnes ou d'entités dont le siège est situé sur le territoire français (voir nos 1050 s.).

Rattachement à une CRCC

951 Les commissaires aux comptes inscrits sur la liste mentionnée au I de l'article L 822-1 du Code de commerce sont rattachés à la compagnie régionale de la cour d'appel dans le ressort de laquelle se trouve leur **domicile** ou l'**établissement** dans lequel ils exercent leur activité ou, s'agissant de sociétés de commissaires aux comptes, leur siège social ou, lorsque celui-ci est situé à l'étranger, le premier établissement ouvert sur le territoire national (C. com. art. R 822-1).

957 Le **siège des sociétés** de commissaires aux comptes est fixé dans le ressort de la compagnie régionale à laquelle est rattaché le plus grand nombre d'actionnaires ou d'associés (C. com. art. R 822-39, al. 1).

Lorsque deux ou plusieurs compagnies régionales comptent le même nombre d'actionnaires ou d'associés, le siège social de la société peut être fixé au choix des actionnaires ou associés dans l'une de celles-ci (C. com. art. R 822-39, al. 1).

Si, par suite d'une modification de l'actionnariat, le plus grand nombre d'actionnaires ou d'associés est rattaché à une autre compagnie régionale, la société dispose d'un délai d'un an pour transférer son siège social (C. com. art. R 822-39, al. 2).

> Conformément aux dispositions de l'article 5 du décret 2020-667 du 2 juin 2020, le siège des sociétés de commissaires aux comptes inscrits sur la liste mentionnée au I de l'article L 822-1 avant la date d'entrée en vigueur dudit décret ne peut pas être modifié du seul fait des regroupements de compagnies régionales des commissaires aux comptes.

Si une société de commissaires aux comptes **transfère son siège** social hors du ressort de la compagnie régionale à laquelle elle est rattachée, elle en informe sans délai le Haut Conseil (C. com. art. R 822-45).

Conséquences de la non-inscription sur une liste

960 L'exercice de la profession et l'usage du titre de commissaire aux comptes par des personnes ne figurant pas sur la liste des commissaires aux comptes sont **sanctionnés** par l'article L 820-5 du Code de commerce qui dispose :

« Est puni d'un an d'emprisonnement et de 15 000 € d'amende le fait pour toute personne :

1° De faire usage du titre de commissaire aux comptes ou de titres quelconques tendant à créer une similitude ou une confusion avec celui-ci, sans être régulièrement inscrite sur la liste prévue au I de l'article L 822-1 du Code de commerce et avoir prêté serment dans les conditions prévues à l'article L 822-10.

2° D'exercer illégalement la profession de commissaire aux comptes, en violation des dispositions de l'article L 822-1 et de l'article L 822-10 ou d'une mesure d'interdiction ou de suspension temporaire. »

II. Conditions d'inscription

A. Personnes physiques

Principes

1000 Les conditions à remplir par les personnes physiques pour pouvoir prétendre à leur inscription sur la liste des commissaires aux comptes sont régies par les articles L 822-1-1 et suivants du Code de commerce, modifiés par l'ordonnance 2016-315 du 17 mars 2016 ainsi que par les articles R 822-2 à R 822-7 du même code, modifiés par le décret 2016-1026 du 26 juillet 2016. Ces dispositions précisent les conditions requises pour les ressortissants nationaux, les ressortissants d'un État membre de l'Union européenne, d'un État partie à l'accord sur l'Espace économique européen et les ressortissants d'un autre État étranger lorsque celui-ci admet les nationaux français à exercer le contrôle légal des comptes.

Conditions générales

1001 Pour être inscrite sur la **liste des commissaires aux comptes**, une personne physique doit remplir les conditions suivantes (C. com. art. L 822-1-1) :

1° être française, ressortissante d'un État membre de l'Union européenne, d'un État partie à l'accord sur l'Espace économique européen ou d'un autre État étranger lorsque celui-ci admet les nationaux français à exercer le contrôle légal des comptes ;

2° n'avoir pas été l'auteur de faits contraires à l'honneur ou à la probité ayant donné lieu à condamnation pénale ;

3° n'avoir pas été l'auteur de faits contraires à l'honneur ou à la probité ayant donné lieu à une sanction disciplinaire de radiation ;

4° n'avoir pas été frappée de faillite personnelle ou de l'une des mesures d'interdiction ou de déchéance prévues par le livre VI du Code de commerce.

1002 Les candidats à l'inscription sur la liste doivent par ailleurs présenter le niveau de **qualification** requis, à savoir :

– soit être titulaires du **diplôme** d'expert-comptable, à condition que les deux tiers au moins du stage de trois ans relatif au diplôme d'expertise comptable aient été accomplis chez un commissaire aux comptes inscrit et habilité par arrêté du garde des Sceaux, sur proposition de la Compagnie nationale, ou sous réserve d'une autorisation donnée au stagiaire dans des conditions fixées par arrêté du garde des Sceaux et du ministre chargé du budget, chez une personne habilitée à exercer le contrôle légal par un État membre de l'Union européenne (C. com. art. L 822-1-1, 5° et 6° ; C. com. art. R 822-4, al. 1) ;

> Les candidats titulaires du diplôme d'expertise comptable qui n'auraient pas rempli les conditions de stage prévues au premier alinéa de l'article R 822-4 sont autorisés à effectuer deux années de stage supplémentaires pour se conformer à ces conditions.

– soit avoir subi avec succès les épreuves du **certificat d'aptitude** aux fonctions de commissaire aux comptes après l'accomplissement d'un **stage** de trois ans jugé satisfaisant auprès d'un maître de stage. Cet examen a lieu au moins une fois par an, à une date fixée par arrêté du garde des Sceaux (C. com. art. L 822-1-1, 5° et 6° ; C. com. art. R 822-2).

> Sont admises à se présenter au certificat d'aptitude, sous réserve de la délivrance de l'attestation de fin de stage, les personnes titulaires d'un diplôme national de master ou d'un titre ou d'un diplôme conférant le grade de master délivré en France ou d'un diplôme obtenu dans un État étranger et jugé de niveau comparable au diplôme national de master par le garde des Sceaux, et qui, selon le cas :
>
> 1° ont subi avec succès les épreuves du certificat préparatoire aux fonctions de commissaire aux comptes ;
>
> 2° sont titulaires du diplôme d'études comptables supérieures ou du diplôme d'études supérieures comptables et financières (DESCF) ou ont validé au moins quatre des sept épreuves obligatoires du diplôme supérieur de comptabilité et de gestion (DSCG) dans les conditions définies à l'article 50 du décret 2012-432 du 30 mars 2012 ;
>
> 3° sont titulaires de diplômes jugés d'un niveau équivalent à ceux mentionnés au 2° par le garde des Sceaux, ministre de la justice (C. com. art. R 822-2).
>
> Les conditions d'accès au certificat d'aptitude sont ainsi modifiées avec l'introduction d'un certificat préparatoire aux fonctions de commissaire aux comptes, nécessaire avant l'entrée en stage et l'inscription au certificat d'aptitude, pour les titulaires d'un master (ou diplôme équivalent) ne conférant pas

au moins quatre des sept épreuves du DSCG et non titulaires des diplômes comptables et financiers précités (voir 2°).

Le programme et les modalités du certificat d'aptitude aux fonctions de commissaire aux comptes et du certificat préparatoire aux fonctions de commissaire aux comptes sont fixés par deux arrêtés du 5 mars 2013 (C. com. art. A 822-1 s.). Le certificat d'aptitude comprend des épreuves écrites d'admissibilité, définies à l'article A 822-4 du Code de commerce, et des épreuves orales d'admission, définies à l'article A 822-5 du Code de commerce.

Des aménagements spécifiques sont prévus à l'article D 822-7-1 du Code de commerce concernant les candidats présentant un handicap au sens de l'article L 114 du Code de l'action sociale.

Le **stage** de trois ans est ouvert aux personnes qui remplissent les conditions pour se présenter au certificat d'aptitude aux fonctions de commissaire aux comptes en application de l'article R 822-2 (C. com. art. R 822-3, al. 2).

Ce stage est accompli chez une personne physique ou une société inscrite sur la liste des commissaires aux comptes et habilitée à cet effet. Toutefois, il peut également être accompli, dans la limite de deux ans, chez une personne agréée pour exercer le contrôle légal des comptes par un État membre de l'Union européenne et, dans la limite d'un an, chez toute personne non habilitée à exercer le contrôle légal mais offrant des garanties suffisantes quant à la formation des stagiaires (C. com. art. R 822-3, 1° et 2°).

Le stage régulièrement accompli donne lieu à la délivrance d'une attestation de fin de stage et les stagiaires disposent alors d'un délai de six ans pour obtenir le certificat d'aptitude aux fonctions de commissaire aux comptes. Au-delà de ce délai, l'attestation de fin de stage est caduque et un nouveau stage d'un an doit alors être accompli (C. com. art. R 822-3, al. 9 et 10).

Les articles A 822-9 à A 822-18 du Code de commerce précisent également les modalités de ce stage. Le Conseil national du 9 février 2020 a approuvé une nouvelle version du règlement de stage de commissariat aux comptes modifiant celle du 7 décembre 2017. Ce règlement de stage a pour objectif de définir les modalités pratiques arrêtées par le Conseil national de la CNCC en matière de contenu, d'organisation et de modalités de mise en œuvre des actions de formation.

1005 Par **dérogation** aux principes rappelés aux paragraphes précédents, peuvent être admises à se présenter aux épreuves du certificat d'aptitude sans avoir accompli tout ou partie du stage professionnel les personnes physiques ayant exercé pendant une durée de quinze ans au moins une activité publique ou privée qui leur a permis d'acquérir dans les domaines financier, comptable et juridique intéressant les sociétés commerciales une **expérience jugée suffisante** par le ministre de la justice (C. com. art. L 822-1-2 ; C. com. art. R 822-5, al. 1).

Les conditions de la dispense sont fixées par arrêté du garde des Sceaux.

De même, peuvent se présenter à l'examen d'aptitude les anciens syndics et administrateurs judiciaires et les anciens administrateurs judiciaires et mandataires judiciaires ayant exercé leurs fonctions pendant sept ans au moins, avec une dispense de stage ne pouvant excéder un an à raison du stage effectué auprès de ces professionnels (C. com. art. R 822-5, al. 2).

1008 La loi 2019-486 du 22 mai 2019, dite loi Pacte, a créé un article 83 septies dans l'ordonnance 45-2138 du 19 septembre 1945 portant institution de l'ordre des experts-comptables et réglementant le titre et la profession d'expert-comptable afin d'instaurer une **passerelle temporaire pour l'inscription** des commissaires aux comptes **au tableau de l'ordre des experts-comptables.**

Ainsi, les personnes listées ci-après peuvent demander leur inscription au tableau en qualité d'expert-comptable au conseil régional de l'ordre dans la circonscription duquel elles sont personnellement établies à condition d'être inscrites sur la liste mentionnée au I de l'article L 822-1 du Code de commerce, de remplir les conditions exigées aux 2°, 3° et 5° du II de l'article 3 de l'ordonnance précitée et de satisfaire à leurs obligations fiscales :

– les personnes titulaires de l'examen d'aptitude aux fonctions de commissaire aux comptes avant le 27 mars 2007 ;

– les personnes ayant réussi l'épreuve d'aptitude avant le 27 mars 2007 ;

– les personnes ayant réussi l'examen d'aptitude mentionné à l'article L 822-1-2 du Code de commerce au jour de la publication de la loi Pacte (23-5-2019) ;

– les personnes titulaires du certificat d'aptitude aux fonctions de commissaire mentionné à l'article L 822-1-1 du Code de commerce, y compris dans un délai de cinq ans à compter de la publication de la loi Pacte, c'est-à-dire jusqu'au 23 mai 2024.

CADRE LÉGAL ET INSTITUTIONNEL   © Éd. Francis Lefebvre

L'article 3 de l'ordonnance 45-2138 du 19 septembre 1945 portant institution de l'ordre des experts-comptables et réglementant le titre et la profession d'expert-comptable dispose que pour être inscrit au tableau de l'ordre en qualité d'expert-comptable, il faut :

[...]

« 2° jouir de ses droits civils ;

3° n'avoir subi aucune condamnation criminelle ou correctionnelle de nature à entacher son honorabilité et notamment aucune condamnation comportant l'interdiction du droit de gérer et d'administrer les sociétés ;

[...]

5° présenter les garanties de moralité jugées nécessaires par le Conseil de l'Ordre. »

Ces personnes disposent d'un **délai** de cinq ans à compter de la promulgation de la loi dite Pacte (soit jusqu'au 22-5-2024) pour présenter leur demande.

Ressortissants de l'Union européenne

1010 Ils doivent tout d'abord satisfaire aux mêmes conditions de moralité que les ressortissants nationaux (C. com. art. L 822-1-1).

1011 Les ressortissants satisfaisant à ces conditions de moralité peuvent accéder à la profession :

– en suivant point par point le cursus ouvert aux ressortissants nationaux (voir n° 1002) ;

– s'ils sont agréés par les autorités compétentes d'un autre État membre de l'Union européenne pour l'exercice du contrôle légal des comptes et qu'ils ont subi avec succès une épreuve d'aptitude démontrant une connaissance adéquate des lois, règlements, normes et règles professionnelles nécessaires pour l'exercice du contrôle légal des comptes en France (C. com. art. L 822-1-2 et R 822-6, al. 1) ;

– s'ils ne sont pas agréés dans un autre État membre de l'Union européenne mais qu'ils réunissent les conditions de titre de diplôme et de formation pratique permettant d'obtenir un tel agrément conformément aux dispositions de la directive 2006/43/CE du 17 mai 2006, et qu'ils ont subi avec succès une épreuve d'aptitude démontrant une connaissance adéquate des lois, règlements, normes et règles professionnelles nécessaires pour l'exercice du contrôle légal des comptes en France (C. com. art. L 822-1-2 et R 822-6, al. 6).

Les candidats admis à se présenter à l'épreuve d'aptitude sont désignés par arrêté du garde des Sceaux, qui précise, en fonction de leur formation initiale, les matières sur lesquelles ils doivent être interrogés (C. com. art. R 822-6, al. 3 et 5).

Ressortissants d'un État tiers

1015 Ils doivent tout d'abord satisfaire aux mêmes conditions de moralité que les ressortissants nationaux.

Par ailleurs, l'État d'appartenance du ressortissant doit admettre les nationaux français à exercer la certification légale des comptes sur son territoire (C. com. art. L 822-1-1, 1°).

1016 Lorsque ces conditions préalables sont remplies, ces ressortissants peuvent accéder à la profession :

– en suivant point par point le cursus ouvert aux ressortissants nationaux (voir n° 1002) ;

– en ayant suivi avec succès un cycle d'études d'une durée minimale de 3 ans, ou d'une durée équivalente à temps partiel, dans une université ou un établissement d'enseignement supérieur ou dans un autre établissement de même niveau de formation, ainsi que la formation professionnelle requise en plus de ce cycle d'études. Ils doivent justifier :

a) d'un diplôme ou d'un titre étranger jugé de même niveau que le certificat d'aptitude aux fonctions de commissaire aux comptes ou le diplôme d'expertise comptable par le garde des Sceaux et permettant l'exercice de la profession dans un État non membre de l'Union européenne admettant les nationaux français à exercer le contrôle légal des comptes ;

b) d'une expérience professionnelle de trois ans jugée suffisante par le garde des Sceaux dans le domaine du contrôle légal des comptes (C. com. art. L 822-1-2 ; C. com. art. R 822-7).

Enfin, les intéressés doivent subir une épreuve d'aptitude dans les conditions prévues à l'article R 822-6 du Code de commerce (voir n° 1011).

Cas particulier des réviseurs agréés du secteur coopératif agricole

1018

Les personnes ayant à la date du 6 octobre 2006 la qualité de réviseur agréé du secteur coopératif agricole ont pu à leur demande être inscrites sur la liste mentionnée à l'article L 822-1 du Code de commerce dès lors qu'elles remplissaient les conditions suivantes (Décret 2008-242 du 10-3-2008) :
– être françaises, ressortissantes d'un État membre de la Communauté européenne, d'un État partie à l'accord sur l'Espace économique européen ou d'un autre État, lorsque celui-ci admet les nationaux français à exercer le contrôle légal des comptes ;
– n'avoir pas été les auteurs de faits contraires à l'honneur ou à la probité ayant donné lieu à condamnation pénale ou à une sanction disciplinaire de radiation ;
– n'avoir pas été frappées de faillite personnelle ou de l'une des mesures d'interdiction ou de déchéance prévues par le livre VI du Code de commerce ;
– être titulaires d'un diplôme d'enseignement supérieur sanctionnant un minimum de trois années d'études après le baccalauréat ou par dérogation, justifiant d'une expérience professionnelle de 15 ans dans le domaine du contrôle légal des comptes, au sein et pour le compte d'une fédération agréée pour la révision ;
– posséder une expérience professionnelle d'au moins 3 ans dans le domaine du contrôle légal des comptes au sein et pour le compte d'une fédération agréée pour la révision prévue à l'article L 527-1 du Code rural.

Demande d'inscription sur la liste

1020

Depuis le 5 novembre 2020, le Haut Conseil est de nouveau destinataire de toutes les demandes d'inscription sur la liste mentionnée au I de l'article L 822-1 du Code de commerce, de radiation ou de modification de mentions figurant sur celle-ci.
Le H3C met à disposition des commissaires aux comptes qui souhaitent effectuer une demande d'inscription ou de modification de la liste des inscrits un portail permettant des échanges numériques et sécurisés entre les professionnels et le H3C (https://portail.h3c.org/).
Ce portail permet de :
– modifier directement en ligne les informations d'inscription suivantes : adresse email, numéro de téléphone, de fax ;
– demander votre inscription sur la liste des commissaires aux comptes ;
– demander des modifications sur la liste ;
– demander une radiation.
Pour solliciter une omission de la liste, il convient d'adresser une demande motivée au président de la CRCC par lettre recommandée avec demande d'avis de réception.

> Par ailleurs, conformément à l'article R 821-63, alinéa 6 du Code de commerce, le conseil régional des commissaires aux comptes assiste, le cas échéant, les professionnels qui le souhaitent dans leurs démarches d'inscription.
> S'agissant de la résiliation de la convention de délégation des tâches relatives à l'inscription à la CNCC, voir n° 950.

L'article R 822-9 du Code de commerce permet que les demandes d'inscription soient adressées par voie électronique, au moyen d'un service informatique, accessible par Internet, sécurisé et gratuit, permettant au demandeur d'accompagner la demande des pièces justificatives sous forme numérisée. Le Haut Conseil en accuse réception par la même voie.
À réception du dossier complet, le Haut Conseil délivre au candidat ou à son mandataire un récépissé, qui l'informe que l'absence de réponse dans un délai de quatre mois à compter de la délivrance du récépissé vaut décision d'inscription.
Pour plus de détails sur la procédure d'inscription, voir également n°s 1080 s.

B. Personnes morales

Principes

1025

L'article R 822-74 du Code de commerce dispose : « La société est constituée sous la condition suspensive de son inscription sur la liste établie pour le ressort de cour d'appel dans lequel elle a son siège par la commission régionale d'inscription. »
Les sociétés de commissaires aux comptes peuvent être constituées sous diverses formes juridiques et revêtir une forme civile ou commerciale.

CADRE LÉGAL ET INSTITUTIONNEL © Éd. Francis Lefebvre

1036 Pour être inscrite sur la liste des commissaires aux comptes, une société doit remplir les conditions suivantes (C. com. art. L 822-1-3) :

1° la **majorité des droits de vote** de la société sont détenus par des commissaires aux comptes ou des sociétés de commissaires aux comptes inscrits sur la liste prévue au I de l'article L 822-1 du Code de commerce, ou par des contrôleurs légaux régulièrement agréés dans un autre État membre de l'Union européenne.

Lorsqu'une société de commissaires aux comptes détient une participation dans le capital d'une autre société de commissaires aux comptes, les actionnaires ou associés non commissaires aux comptes ne peuvent détenir plus de la majorité de l'ensemble des droits de vote des deux sociétés ;

Interrogée sur la notion « d'ensemble des droits de vote », la CNCC précise que lorsque la société est détenue par une autre société de commissaires aux comptes, les associés des personnes morales déte- nant majoritairement les droits de vote aux deux niveaux doivent être des personnes inscrites sur la liste prévue au I de l'article L 822-1 du Code de commerce (Bull. CNCC n° 190-2018 p. 289 – EJ 2017-01). Enfin concernant la question de l'application de cette règle à deux ou plusieurs niveaux, la Commission des études juridiques de la CNCC considère que l'application de la règle prévue par l'article L 822-1-3, 1°, précité s'analyse au niveau d'un binôme de sociétés de commissaires aux comptes, l'une ayant des participations dans l'autre, sans autre limite. En conséquence, il peut y avoir plusieurs niveaux de participation entre sociétés de commissaires aux comptes, à la condition que cette règle soit respectée pour chaque « binôme » de sociétés au sein du groupe.

Par ailleurs, en l'absence de disposition contraire, rien n'interdit, dans les sociétés de commissaires aux comptes autres que les sociétés anonymes, de faire application des clauses relatives à la variabilité du capital.

Concernant les caractéristiques spécifiques des sociétés d'exercice libéral, des sociétés civiles profession- nelles, des GIE et des sociétés civiles de moyen, voir n°s 1545, 1490, 1565 et 1508.

En cas de décès d'un actionnaire ou associé commissaire aux comptes, ses ayants droit disposent d'un délai de deux ans pour céder leurs actions ou parts à un commissaire aux comptes (C. com. art. L 822-9, al. 2).

L'ayant droit du défunt, en cours de préparation du diplôme d'expertise comptable et de commissariat aux comptes, peut régulariser la situation en consentant pour une durée déterminée un prêt de consommation d'actions à un professionnel déjà actionnaire (Bull. CNCC n° 127-2002 p. 360).

2° la **direction** de ces sociétés, c'est-à-dire les fonctions de gérant, de président, de président du conseil d'administration ou du directoire, de directeur général unique, de président du conseil de surveillance, de directeur général et de directeur général délégué, doit être assurée par des commissaires aux comptes inscrits sur la liste prévue au I de l'article L 822-1 du Code de commerce ou régulièrement agréés dans un autre État membre de l'Union européenne pour l'exercice du contrôle légal des comptes.

La loi 2019-744 du 19 juillet 2019 a complété les fonctions de direction mentionnées au 2° de l'article L 822-1-3 du Code de commerce en intégrant les fonctions de président, de directeur général unique et de directeur général délégué ;

3° la majorité des **membres des organes de gestion, de direction, d'administration ou de surveillance** doivent être commissaires aux comptes inscrits sur la liste prévue au I de l'article L 822-1 du Code de commerce ou régulièrement agréés dans un autre État membre de l'Union européenne pour l'exercice du contrôle légal des comptes.

Les dispositions précitées ont été modifiées par l'ordonnance 2016-315 du 17 mars 2016 et remplacent celles qui figuraient précédemment à l'article L 822-9 du Code de commerce qui imposaient que les trois quarts des droits de vote soient détenus par des commissaires inscrits (ou des professionnels régulièrement agréés dans un État membre de l'Union européenne) et que les trois quarts des membres des organes de gestion, d'administration, de direction ou de surveillance soient des commissaires aux comptes inscrits (ou des professionnels régulièrement agréés dans un État membre de l'Union euro- péenne).

Demande d'inscription sur la liste

1038 Dans tous les cas, un dossier de demande d'inscription de la personne morale doit être déposé. Conformément aux dispositions de l'article R 822-43 du Code de commerce, l'enregistrement et la transmission de la demande d'inscription de la société répondent aux mêmes conditions que celles prévues à l'article R 822-9 du même code (voir n° 1020).

1040 **Toute demande d'inscription de la société** est présentée collectivement par les associés et adressée au Haut Conseil (C. com. art. R 822-41). Il y est joint :

1° un exemplaire des statuts ;

2° une requête de chaque associé sollicitant l'inscription de la société ;

46

© Éd. Francis Lefebvre   **CADRE LÉGAL ET INSTITUTIONNEL**

3° la liste des associés précisant pour chacun d'eux : les noms, prénoms, domicile, l'inscription sur la liste des commissaires aux comptes et le nombre de droits de vote qu'ils détiennent ;

4° la liste des personnes qui sont membres des organes de gestion, de direction, d'administration, ou de surveillance de la société et la justification de leur inscription sur la liste des commissaires aux comptes.

Toutefois, en cas de demande d'inscription d'une société concomitante de la demande d'inscription d'un commissaire aux comptes mentionnée au 2e alinéa de l'article R 822-41 du Code de commerce, celui-ci joint la justification de sa demande d'inscription. Le H3C vérifie au moment où il statue sur la demande d'inscription de la société que tous les commissaires aux comptes visés au 2e alinéa de l'article R 822-41 du Code de commerce ont été inscrits ;

5° Une attestation du greffier du tribunal de commerce du lieu du siège social constatant le dépôt au greffe de la demande et des pièces nécessaires à l'immatriculation ultérieure de la société au registre du commerce et des sociétés.

Le H3C demande également le bulletin n° 2 du casier judiciaire des membres des organes de gestion, de direction, d'administration ou de surveillance qui ne sont pas des commissaires aux comptes (C. com. art. R 822-43).

Une copie de la demande d'inscription est adressée par chacun des associés au président de la compagnie régionale dont il est membre (C. com. art. R 822-44).

1045 La demande d'inscription présentée par **une société d'exercice libéral** comporte en outre la liste des actionnaires ou associés n'ayant pas la qualité de commissaire aux comptes en précisant pour chacun d'eux : les noms, prénoms, domicile, profession ainsi que leurs fonctions dans la société et le nombre de titres de capital ou de parts sociales qu'ils détiennent (C. com. art. R 822-101). La liste prévue au 4° de l'article R 822-41 du Code de commerce est complétée pour chacune des personnes mentionnées de l'indication de sa qualité de commissaire aux comptes.

Inscription des sociétés agréées dans un autre État membre

1047 Afin de s'inscrire sur la liste mentionnée au I de l'article L 822-1 du Code de commerce, une société de contrôle légal régulièrement agréée dans un État membre de l'Union européenne doit déposer ou adresser par lettre recommandée avec demande d'avis de réception une demande d'inscription.

La demande comprend les pièces justificatives, datant de moins de trois mois, de leur agrément par une autorité compétente d'un autre État membre de l'Union européenne (C. com. art. R 822-16, al. 1).

> Lorsqu'elles sont agréées dans plusieurs autres États membres de l'Union, elles communiquent les pièces justificatives relatives à leur premier agrément.

Compte tenu de la résiliation de la convention de délégation précitée, la demande d'inscription est adressée au Haut Conseil depuis le 5 novembre 2020.

Elle peut être présentée par voie électronique, au moyen d'un service informatique accessible par Internet, sécurisé et gratuit, permettant au demandeur d'accompagner la demande des pièces justificatives sous forme numérisée (C. com. art. R 822-16, al. 2).

La décision est communiquée au demandeur et à l'autorité compétente de l'État membre dans lequel la société est agréée (C. com. art. R 822-16, al. 3).

La société de contrôle légal est rattachée à la compagnie régionale de Paris lorsqu'elle n'a pas d'établissement sur le territoire français.

C. Cas particulier des contrôleurs légaux de pays tiers

Dispositif européen

1050 L'article 45 de la directive 2006/43/CE (directive sur le contrôle légal) prévoit que les autorités compétentes de chaque État membre **enregistrent** les contrôleurs et entités d'audit de pays tiers qui présentent un rapport d'audit concernant les comptes annuels ou les comptes consolidés d'une société constituée en dehors de l'Union dont les valeurs mobilières sont admises à la négociation sur un marché réglementé de cet État membre.

CADRE LÉGAL ET INSTITUTIONNEL

© Éd. Francis Lefebvre

L'enregistrement des contrôleurs et entités d'audit est subordonné à la réalisation des conditions suivantes :
– conditions d'honorabilité, de compétence et de formation ;
– conditions relatives à l'indépendance et aux honoraires ;
– respect des normes internationales d'audit ou de normes équivalentes ;
– publication sur le site Internet d'un rapport annuel de transparence.

Les États membres doivent soumettre les contrôleurs et entités d'audit enregistrés à leurs systèmes de supervision publique, à leurs systèmes d'assurance qualité et à leurs systèmes d'enquête et de sanctions.

Le défaut d'enregistrement a pour conséquence l'absence de **valeur juridique des rapports d'audit** émis dans l'État membre concerné.

L'article 45 ne s'applique pas aux entités qui émettent uniquement des titres de créance admis à la négociation sur un marché réglementé dont la valeur nominale unitaire est au moins égale à 50 000 € ou, pour les titres de créance libellés dans une devise autre que l'euro, dont la valeur nominale unitaire est équivalente à au moins 50 000 €.

L'article 46 de la directive 2006/43/CE permet aux États membres de **déroger**, sur la base de réciprocité, à l'obligation d'enregistrement des contrôleurs et entités d'audit des pays tiers à condition que le contrôleur ou l'entité d'audit de pays tiers soit soumis, dans le pays tiers où il a son siège, à des systèmes de supervision publique, d'assurance qualité, d'enquête et de sanctions répondant à des **exigences équivalentes** à celles énoncées par la directive.

Les décisions d'équivalence sont du ressort de la Commission qui procède à l'évaluation en coopération avec les États membres.

1053 Avec l'aide du Groupe européen des organes de supervision de l'audit (EGAOB), dorénavant remplacé par le CEAOB, la Commission a évalué les systèmes de supervision publique, d'assurance qualité, d'enquête et de sanctions auxquels sont soumis les contrôleurs et les entités d'audit des pays et territoires tiers ci-après.

À la suite de ces évaluations, la Commission a :
– reconnu, par décision 2016/1155/UE, l'équivalence, conformément à la directive 2006/43/CE, du système de supervision publique, d'assurance qualité, d'enquête et de sanctions auquel sont soumis les contrôleurs et les entités d'audit des États-Unis d'Amérique. Cette décision proroge les effets de la décision 2013/281/CE et reconnaît l'équivalence pour une période limitée dans le temps qui expirera le 31 juillet 2022 ;

La commission a également prononcé, par décision 2016/1156/UE, l'adéquation du *Public Company Accounting Oversight Board* (PCAOB) et de la *Securities and Exchange Commission* des États-Unis d'Amérique (SEC) aux dispositions de l'article 47, paragraphe 1, de la directive 2006/43/CE. Cette décision reconnaît l'autorité publique de supervision des États-Unis d'Amérique comme adéquate pour l'échange de documents d'audit avec les autorités compétentes des États membres pour une période limitée dans le temps qui expire le 31 juillet 2022.

– reconnu, par décision 2016/1123/UE, l'équivalence des systèmes de supervision publique, d'assurance qualité, d'enquête et de sanctions auxquels sont soumis les contrôleurs et entités d'audit des pays et territoires tiers suivants aux systèmes de supervision publique, d'assurance qualité, d'enquête et de sanctions auxquels sont soumis les contrôleurs et entités d'audit des États membres en ce qui concerne les activités d'audit se rapportant aux comptes annuels ou consolidés des exercices débutant le 1er août 2016 ou après cette date :
• Maurice,
• Nouvelle-Zélande,
• Turquie ;

– reconnu, par décision 2013/288/CE, l'équivalence des systèmes de supervision publique, d'assurance qualité, d'enquête et de sanctions auxquels sont soumis les contrôleurs et entités d'audit des pays et territoires tiers suivants aux systèmes de supervision publique, d'assurance qualité, d'enquête et de sanctions auxquels sont soumis les contrôleurs et entités d'audit des États membres en ce qui concerne les activités d'audit se rapportant aux comptes annuels ou consolidés des exercices débutant le 1er août 2012 ou après cette date :
• Abou Dhabi,
• Brésil,
• Centre financier international de Dubaï,
• Guernesey,
• Indonésie,

1057 **Conditions d'inscription sur la liste** Pour être inscrits sur la liste tenue par le Haut Conseil, les contrôleurs légaux de pays tiers **personnes morales** doivent remplir les conditions suivantes (C. com. art. L 822-1-5, II) :

1° la majorité des membres de l'organe d'administration ou de direction respecte les conditions mentionnées aux 2° à 6° de l'article L 822-1-1 (voir n°s 1000 et 1001) ou à des exigences équivalentes ;

2° la personne physique qui exerce les fonctions de contrôleur de légal au nom de la personne morale satisfait aux 2° à 6° de l'article L 822-1-1 (voir n°s 1000 et 1001) ou à des exigences équivalentes ;

3° le contrôle légal des comptes doit être réalisé conformément aux normes mentionnées à l'article L 821-13 ou à des normes équivalentes ;

4° le contrôle légal des comptes doit être effectué conformément aux dispositions de la section II du chapitre II du titre II du livre VIII du Code de commerce relative à la déontologie et à l'indépendance des commissaires aux comptes ou à des exigences équivalentes ;

5° les honoraires du contrôle légal des comptes sont conformes aux dispositions du Code de déontologie ou à des exigences équivalentes.

Pour être inscrits sur la liste tenue par le Haut Conseil, les contrôleurs de pays tiers **personnes physiques** doivent remplir les conditions mentionnées supra aux 2° à 5°.

Le Haut Conseil du commissariat aux comptes apprécie le respect des conditions d'inscription.

> Lorsque la Commission européenne a adopté une décision d'équivalence ou a fixé des critères d'équivalence généraux pour l'appréciation des exigences mentionnées aux 2°, 3° et 4° du II de l'article L 822-1-5, le Haut Conseil s'y conforme.

1060 **Dispense d'inscription** Sous réserve de réciprocité, les contrôleurs de pays tiers mentionnés au I de l'article L 822-1-5 du Code de commerce peuvent être dispensés de l'obligation d'inscription sur la liste par **décision du Haut Conseil** du commissariat aux comptes.

Cette dispense est accordée si le contrôleur de pays tiers est agréé par une autorité compétente d'un État dont le système de supervision publique, d'assurance qualité, d'enquête et de sanctions, a fait l'objet d'une **décision d'équivalence** de la Commission européenne sur le fondement de l'article 46 de la directive 2006/43/CE du 17 mai 2006 (voir n° 1053).

En l'absence de décision de la Commission européenne, le Haut Conseil apprécie cette équivalence au regard des exigences prévues aux articles L 820-1 et suivants. Lorsque la Commission a défini des critères généraux d'appréciation, le Haut Conseil les applique.

1065 **Demande d'inscription** La demande d'inscription est accompagnée des pièces justificatives de l'agrément des contrôleurs par les autorités compétentes de leur État d'origine ainsi que de tous documents permettant d'attester du respect des conditions prévues aux II et III de l'article L 822-1-5 du Code de commerce et explicitées aux n°s 1055 et 1057. Ils justifient également de la publication sur leur site Internet du rapport annuel de transparence incluant les informations mentionnées à l'article R 823-21 du même code (C. com. art. R 822-17, al. 2).

> Concernant les formalités de demande d'inscription, il convient de se référer aux dispositions de l'article R 822-9 du Code de commerce (voir n° 1020). Les articles R 822-8 à R 822-19 du même code sont également applicables, à l'exception des articles R 822-11 et R 822-12 relatifs à l'examen de la demande d'inscription (voir n° 1084) et à la prestation de serment (voir n° 1092).

III. Procédure d'inscription

1080 L'inscription des commissaires aux comptes personnes physiques ou morales est du ressort du Haut Conseil depuis le 17 juin 2016. La décision du Haut Conseil est susceptible d'un recours devant la juridiction administrative (C. com. art. R 822-19). Une fois obtenue l'inscription sur la liste, les nouveaux inscrits personnes physiques sont appelés à prêter serment, tandis que les personnes morales peuvent être immatriculées au registre du commerce et des sociétés.

© Éd. Francis Lefebvre

- Île de Man,
- Jersey,
- Malaisie,
- Taïwan,
- Thaïlande ;

– reconnu, par décisions 2011/30/UE et 2013/288/CE, l'équivalence des systèmes de supervision publique, d'assurance qualité, d'enquête et de sanctions auxquels sont soumis les contrôleurs et entités d'audit des pays et territoires tiers suivants aux systèmes de supervision publique, d'assurance qualité, d'enquête et de sanctions auxquels sont soumis les contrôleurs et entités d'audit des États membres en ce qui concerne les activités d'audit se rapportant aux comptes annuels ou consolidés des exercices débutant le 2 juillet 2010 ou après cette date :

- Australie,
- Canada,
- Chine,
- Japon,
- Singapour,
- Afrique du Sud,
- Corée du Sud,
- Suisse.

Transposition dans le droit interne du dispositif européen

Liste des contrôleurs de pays tiers Le Haut Conseil procède à l'inscription des contrôleurs de pays tiers mentionnés au I de l'article L 822-1-5 du Code de commerce et établit une liste qui énumère ces derniers (C. com. art. L 820-1, I et L 822-1, II). Les informations figurant sur cette liste sont identiques à celles devant être mentionnées pour les commissaires aux comptes en application de l'article R 822-14, à l'exception de l'indication de la compagnie régionale de rattachement. **1054**

La liste ces contrôleurs de pays tiers est **publiée sur le site Internet** du Haut Conseil et elle est mise à jour mensuellement afin de tenir compte des nouvelles inscriptions et de toute autre modification des mentions qui y figurent (C. com. art. R 822-18).

> Contrairement à l'inscription des commissaires aux comptes et à la tenue de la liste mentionnée au I de l'article L 822-1 du Code de commerce, aucune délégation n'est prévue par les textes concernant les contrôleurs de pays tiers.

Contrôleurs concernés Doivent s'inscrire sur la liste précitée les contrôleurs de pays tiers agréés dans un État non membre de l'Union européenne ou non partie à l'accord sur l'Espace économique européen qui exercent le contrôle légal des comptes annuels ou des comptes consolidés de personnes ou d'entités n'ayant pas leur siège social dans un État membre de l'Union européenne ou dans un autre État partie à l'accord sur l'Espace économique européen et émettant des **valeurs mobilières admises à la négociation sur un marché réglementé en France** (C. com. art. L 822-1-5, I). **1055**

Toutefois, l'inscription n'est pas requise lorsque ces personnes ou entités sont dans l'une des situations suivantes (C. com. art. L 822-1-5, I) :

1° elles ont, antérieurement au 31 décembre 2010, émis uniquement des titres de créance admis à la négociation sur un marché réglementé en France dont la valeur nominale unitaire à la date d'émission est au moins égale à 50 000 € ou, pour les titres de créance libellés dans une devise autre que l'euro, au moins équivalente à 50 000 € à la date d'émission ;

2° elles ont, à compter du 31 décembre 2010, émis uniquement des titres de créance admis à la négociation sur un marché réglementé en France dont la valeur nominale unitaire à la date d'émission est au moins égale à 100 000 € ou, pour les titres de créance libellés dans une devise autre que l'euro, au moins équivalente à 100 000 € à la date d'émission.

Portée de l'inscription Cette inscription conditionne la **validité en France des rapports** signés par ces professionnels sans toutefois conférer aux intéressés le droit de conduire des missions de contrôle légal des comptes auprès de personnes ou d'entités dont le siège est situé sur le territoire français (C. com. art. L 822-1-7). **1056**

Examen de la demande d'inscription et décision

1084

Conformément au premier alinéa de l'article R 822-11 du Code de commerce, le Haut Conseil vérifie pour chaque dossier que les candidats remplissent les **conditions requises** pour être inscrits. Depuis le 5 novembre 2020, cette tâche n'est plus déléguée à la CNCC suite à la résiliation de la convention de délégation homologuée par arrêté du 25 avril 2017.

Le H3C recueille sur le candidat tous renseignements utiles et demande le bulletin n° 2 du casier judiciaire. Il peut convoquer le candidat afin de procéder à son audition (C. com. art. R 822-11, al. 2).

Lorsqu'une demande est incomplète, le H3C indique par écrit au demandeur les pièces et informations manquantes et fixe un délai pour leur réception. Il précise que le délai au terme duquel, à défaut de décision expresse, la demande est réputée acceptée ne court qu'à compter de la réception des pièces et informations requises.

À réception du dossier complet, le H3C délivre au demandeur ou à son mandataire un récépissé qui comporte les mentions suivantes :
– la date de réception de la demande, l'indication que celle-ci est susceptible de donner lieu à une décision implicite d'acceptation à l'issue du délai prévu à l'article R 822-9 du Code de commerce (quatre mois à compter de la délivrance du récépissé), et la date à laquelle, en conséquence, à défaut d'une décision expresse, cette demande sera réputée acceptée ;
– la désignation, l'adresse postale et, le cas échéant, l'adresse électronique, ainsi que le numéro de téléphone du service chargé du dossier ;
– la possibilité offerte au demandeur de se voir délivrer, le cas échéant, une attestation d'inscription.

Lorsque la demande est formée par voie électronique, la réponse en cas de demande incomplète ou le récépissé du dossier complet sont adressés, par voie électronique, au demandeur.

Le H3C détermine en son sein l'instance compétente pour statuer de manière collégiale sur les demandes et il veille en permanence à l'impartialité et à l'indépendance des membres de celui-ci.

> Si à la date de la demande d'inscription le candidat se trouve dans l'une des situations d'incompatibilité prévues à l'article L 822-10 du Code de commerce (emploi salarié, activité commerciale, activité ou acte de nature à porter atteinte à son indépendance), son inscription peut être décidée **sous condition suspensive** de régularisation de sa situation dans un délai de six mois. L'intéressé justifie de la fin de cette incompatibilité et son inscription ne prend effet qu'une fois la condition suspensive réalisée. Il ne peut accomplir de mission avant cette date (C. com. art. R 822-11, al. 3).

Recours sur les décisions en matière d'inscription

1086

Les décisions rendues en matière d'inscription sont **dorénavant** susceptibles de recours devant la **juridiction administrative** (C. com. art. R 822-19).

> Le Haut Conseil n'est donc plus l'autorité de recours à l'égard de laquelle il est possible, en cas de refus d'inscription sur la liste, de faire appel de cette décision. **Les articles R 822-6 à R 822-31 du Code de commerce dans leur version antérieure au 29 juillet 2016 restent cependant applicables** aux recours et aux appels formés avant le 17 juin 2016 contre les décisions rendues en matière d'inscription.

Prestation de serment des personnes physiques

1092

Tout commissaire aux comptes doit prêter, devant la cour d'appel dont il relève, le serment d'exercer « sa profession avec honneur, probité et indépendance, de respecter et faire respecter les lois » (C. com. art. L 822-3 et R 822-12).

Cette prestation de serment est formulée **par écrit ou par oral** devant le premier président de la cour d'appel dans le ressort de laquelle se situe la compagnie régionale à laquelle le commissaire aux comptes est rattaché (C. com. art. R 822-12). En pratique, elle prend la forme, à l'oral, d'une cérémonie solennelle organisée par chaque compagnie régionale pour ses nouveaux inscrits.

Cette pratique constitue « une sorte de solennisation de la profession qui ne fait que renforcer l'autorité et l'indépendance des commissaires aux comptes » (JO Déb. Sénat 17-11-1983 p. 2928 ; Bull CNCC n° 122-2001 p. 342).

CADRE LÉGAL ET INSTITUTIONNEL   © Éd. Francis Lefebvr

Immatriculation de la société

1095   La **demande** d'immatriculation au registre du commerce et des sociétés est établie dans les conditions prévues aux articles R 123-31 et suivants du Code de commerce.

L'avis inséré au Bulletin officiel des annonces civiles et commerciales contient les indications prévues à l'article R 123-157 du Code de commerce (C. com. art. R 822-48).

1096   Une **ampliation de la décision d'inscription** de la société sur la liste est adressée au greffe du tribunal où a été déposée la demande d'immatriculation de la société au registre du commerce et des sociétés. La production de cette ampliation justifie que la société dispose de l'autorisation nécessaire à l'exercice de son activité et que les membres disposent eux-mêmes de l'autorisation, des diplômes ou des titres nécessaires à l'exercice de cette activité (C. com. art. R 822-49).

Au reçu de cette ampliation, le greffier procède à l'immatriculation de la société.

IV. Modifications ultérieures de la liste d'inscription

Publication et mise à jour de la liste

1150   La **mise à jour** de la liste d'inscription mentionnée au I de l'article L 822-1 du Code de commerce est dorénavant du ressort du Haut Conseil et elle a lieu **mensuellement** en tenant compte des nouvelles inscriptions, des suppressions des noms résultant des décès ou des démissions, des omissions, des suspensions, des interdictions temporaires ou définitives, des radiations ou toute autre modification des mentions figurant sur la liste (C. com. art. R 822-13 modifié par le décret 2020-292 du 21-3-2020).

Le Haut Conseil ne confie plus à la CNCC la tenue et la mise à jour de cette liste, la convention de délégation homologuée par arrêté du 25 avril 2017 ayant été résiliée.

La liste est **publiée sur le site Internet** du Haut Conseil.

Elle est établie par ordre alphabétique avec indication, pour chaque commissaire aux comptes ou société de commissaires aux comptes, de l'année d'inscription initiale et du numéro d'inscription. Elle est divisée en deux sections : la première pour les personnes physiques, la seconde pour les sociétés (C. com. art. R 822-14 modifié par le décret 2020-292 du 21-3-2020).

Sont mentionnés dans la première section :
a) les nom, prénoms et numéro d'inscription de l'intéressé ;
b) son adresse professionnelle et ses coordonnées téléphoniques ainsi que, le cas échéant, l'adresse de son site Internet ;
c) lorsque l'intéressé est associé ou salarié d'une personne morale ou exerce ses fonctions pour le compte d'une personne morale, la dénomination sociale, la forme juridique, l'adresse du siège social, le numéro d'inscription et, le cas échéant, l'adresse du site Internet de celle-ci ;
d) la compagnie régionale de rattachement.
Sont mentionnés dans la seconde section :
a) la dénomination sociale, la forme juridique et le numéro d'inscription de la société ;
b) l'adresse du siège social et les coordonnées téléphoniques de la société ainsi que, le cas échéant, l'adresse de son site Internet ;
c) les noms et adresses professionnelles des associés ou actionnaires, des membres des organes de gestion, de direction, d'administration ou de surveillance de la société ;
d) les noms et numéros d'inscription des commissaires aux comptes associés de la société ou salariés par elle, ainsi que la liste et l'adresse de ses établissements ;
e) le cas échéant, l'appartenance de la société à un réseau national ou international dont les membres ont un intérêt économique commun, ainsi que les noms et adresses des cabinets membres de ce réseau et des personnes et entités qui lui sont affiliées, ou l'indication de l'endroit où ces informations sont accessibles au public ;
f) la compagnie régionale de rattachement ;
g) lorsque la société est agréée dans un autre État membre de l'Union européenne, la liste fait état de cette inscription en mentionnant, le cas échéant, le nom de l'autorité étrangère d'inscription et le numéro d'enregistrement attribué par cette dernière.

1152   L'article R 822-15 du Code de commerce impose aux commissaires aux comptes ou aux sociétés de commissaires aux comptes d'informer sans délai le Haut Conseil, par lettre recommandée avec demande d'avis de réception ou par voie électronique, de tout **changement intervenu dans leur situation** au regard des informations nécessaires à leur

© Éd. Francis Lefebvre **CADRE LÉGAL ET INSTITUTIONNEL** ▌

inscription. Ils produisent les pièces justificatives relatives à ces changements et le Haut Conseil procède aux modifications justifiées.

Par ailleurs, les compagnies régionales et la Compagnie nationale informent le Haut Conseil de toute circonstance justifiant une révision de la liste (C. com. art. R 822-12, al. 2).

Omission de la liste

Il faut distinguer l'omission sur demande du professionnel de l'omission pour non-règlement des cotisations professionnelles. **1154**

Demande du professionnel Tout commissaire aux comptes inscrit peut demander à être omis provisoirement de la liste mentionnée au I de l'article L 822-1 du Code de commerce (C. com. art. R 822-27, al. 1 modifié par le décret 2020-667 du 2-6-2020). **1155**

Il adresse sa demande motivée au conseil régional par lettre recommandée avec demande d'avis de réception, et indique notamment la **nouvelle activité** qu'il se propose d'exercer ainsi que la date à laquelle il souhaite se retirer provisoirement de la compagnie (C. com. art. R 822-27, al. 2).

> L'intéressé a la faculté d'entreprendre sa nouvelle activité, même si la décision d'omission n'est pas encore intervenue, à la condition d'en avoir préalablement informé, au moins huit jours à l'avance, le président du conseil régional, d'être à jour de ses cotisations professionnelles et de cesser préalablement son activité de commissaire aux comptes.

Il est fait droit à la demande, en omettant l'intéressé de la liste, s'il apparaît que sa nouvelle activité ou son comportement n'est pas de nature à porter atteinte aux intérêts moraux de la profession (C. com. art. R 822-28, al. 1).

À compter de la notification de la décision prononçant l'omission de la liste, l'intéressé n'est plus membre de la profession et n'est plus soumis à la juridiction disciplinaire. Il ne peut exercer en son nom la profession de commissaire aux comptes ni faire usage de ce titre. **1156**

Toutefois, la décision d'omission n'a pas pour effet d'éteindre l'**action disciplinaire** en raison de faits commis antérieurement. Elle ne permet pas davantage de lever l'interdiction de devenir, moins de trois ans après l'omission, dirigeant ou salarié d'une société contrôlée, sous peine de contrevenir aux dispositions de l'article L 822-12 du Code de commerce (voir Bull. CNCC n° 108-1997 p. 550).

Le commissaire aux comptes omis de la liste peut demander sa **réinscription** à condition d'être à jour des cotisations dues à la date de son omission. Ses conditions d'aptitude professionnelle seront appréciées conformément aux dispositions en vigueur au jour de sa première inscription (C. com. art. R 822-29). **1157**

Non-règlement de cotisations Lorsqu'un commissaire aux comptes inscrit sur la liste mentionnée au I de l'article L 822-1 du Code de commerce n'a pas déclaré les informations mentionnées à l'article R 821-14-7 du Code de commerce (voir n° 579) ou payé à leur échéance les cotisations dont il est redevable au titre des articles L 821-6 et L 821-6-1 du même code, le H3C met en demeure l'intéressé d'avoir à respecter ses obligations dans un délai de trente jours à compter de la réception de l'acte. Faute de régularisation dans ce délai, le Haut Conseil du commissariat aux comptes convoque l'intéressé par lettre recommandée avec demande d'avis de réception et l'entend dans un délai de deux mois. Il peut se faire assister par un commissaire aux comptes ou un avocat ou se faire représenter par un avocat (C. com. art. R 822-26 modifié par le décret 2020-292 du 21-3-2020). En l'absence de motif légitime, le Haut Conseil procède à son omission de la liste. **1158**

La réitération de ce comportement constitue un manquement passible de poursuites disciplinaires.

La décision d'omission a pour **conséquences** (C. com. art. R 822-26, III) :

– l'interdiction de faire état de la qualité de commissaire aux comptes ;
– l'interdiction d'exercer la profession pendant la durée de l'omission ;
– l'information par le président de la CRCC des clients du commissaire aux comptes ;
– l'interdiction de participer à l'activité des organismes professionnels dont le commissaire aux comptes est membre ;
– l'intervention du suppléant le cas échéant.

La procédure de recours contre la décision de la commission est identique à celle applicable aux décisions d'inscription (n°s 1086 s.).

53

CADRE LÉGAL ET INSTITUTIONNEL © Éd. Francis Lefebvre

Radiation de la liste

1160 La radiation de la liste peut intervenir sur demande du commissaire aux comptes ou à la suite de son décès. Elle peut également correspondre à une sanction disciplinaire.

> S'agissant de la date d'effet de la radiation du commissaire aux comptes, le Haut Conseil a eu l'occasion de préciser dans une décision en date du 1er juillet 2010 qu'elle correspond à la date de la décision de la commission régionale d'inscription ou du Haut Conseil : « Attendu toutefois que les dispositions des articles R 822-1 et R 822-31 du Code de commerce étant d'ordre public, il n'appartient pas au commissaire aux comptes de décider de la date à laquelle son inscription ou sa radiation doit prendre effet ; que la décision de la commission régionale d'inscription et, sur recours, du Haut Conseil, étant créatrice de droit, la radiation de la liste qui sera ordonnée ne prendra effet qu'à la date de la décision... »

Cependant, statuant sur le recours formé contre une décision du Haut Conseil en date du 8 novembre 2007, le Conseil d'État a considéré, dans un arrêt du 30 décembre 2010, que le Haut Conseil avait entaché sa décision d'une erreur de droit et que la radiation prenait normalement effet, sous réserve qu'aucun obstacle ne s'y oppose, au plus tôt à la date de réception de la démission par la commission d'inscription, étant précisé que l'intéressé pouvait également fixer une date postérieure à laquelle il souhaitait que sa démission prenne effet (voir note Ph. Merle : Bull. CNCC n° 161-2011 p. 67).

1161 **Demande du commissaire aux comptes ou décès** La radiation sur demande intervient lorsqu'un commissaire manifeste sa volonté de ne plus exercer, pour l'avenir, cette profession, par exemple lors de son départ à la **retraite**. La radiation est également automatiquement prononcée en cas de décès du professionnel.

1164 **Sanction disciplinaire** La radiation à titre disciplinaire est prononcée par le Haut Conseil depuis l'entrée en vigueur de l'ordonnance du 17 mars 2016.
Le professionnel radié ne peut plus solliciter sa réinscription sur la liste des commissaires aux comptes.

Modification de l'actionnariat ou de la direction

1170 L'article R 822-52 du Code de commerce, modifié par le décret 2020-292 du 21 mars 2020, dispose :
« En cas de **retrait** ou d'**entrée** d'actionnaires, d'associés ou de membres des organes de gestion, de direction, d'administration ou de surveillance. La société demande au Haut Conseil la modification des mentions figurant sur la liste du I de l'article L 822-1.
Si le Haut Conseil constate que la société, à la suite de l'opération, demeure constituée en conformité avec les dispositions qui la régissent, notamment l'article L 822-1-3, l'inscription de la société sur la liste est modifiée.
Dans le cas contraire, le Haut Conseil impartit un délai pour opérer la régularisation. Si la situation n'a pas été régularisée à l'expiration de ce délai, il prononce la radiation de la société. »

SECTION 4

Modalités d'exercice de la profession

1260 Après avoir consacré un développement au choix du mode d'exercice de la profession (1), nous aborderons le choix du cadre juridique (2), puis nous consacrerons un développement à l'examen d'un certain nombre de problèmes pratiques liés à l'exercice sous forme sociétaire (3).

I. Mode d'exercice

1300 Un commissaire aux comptes nouvellement inscrit doit commencer par opter pour un mode d'exercice de la profession.
Après avoir opéré une classification sommaire des différents modes d'exercice possibles, nous évoquerons les enjeux dont la prise en compte est susceptible d'orienter le choix du professionnel.

© Éd. Francis Lefebvre — CADRE LÉGAL ET INSTITUTIONNEL

A. Classification

On peut distinguer les modes d'exercice suivants du commissariat aux comptes : **1320**
– l'exercice dans une structure d'exercice en nom propre ;
– l'exercice dans une société unipersonnelle, EURL ou Sasu ;
– l'exercice au sein d'une société pluripersonnelle ;
– l'exercice au sein d'une société pluriprofessionnelle d'exercice.

Quel que soit son mode d'exercice, le commissaire aux comptes est par ailleurs suscep-tible de faire partie d'un réseau de cabinets présentant ou non un caractère pluridiscipli-naire et/ou d'adhérer à une association technique.

> Certains professionnels membres d'une association technique auront du mal à déterminer s'ils entrent ou non dans la catégorie des réseaux. Rappelons à cet égard qu'**en cas de doute** du commissaire aux comptes sur son appartenance à un réseau, il lui appartient de saisir pour avis le Haut Conseil du commissariat aux comptes (CDP art. 22, dernier alinéa). Voir également n° 1350.

Exercice dans une structure d'exercice en nom propre

La caractéristique de l'exercice dans une structure d'exercice en nom propre est l'**absence de liens capitalistiques** entre le commissaire aux comptes et d'autres commissaires inscrits. **1325**

Sans doute certains praticiens exclusivement spécialisés en commissariat aux comptes peuvent-ils opter pour ce mode d'exercice de la profession. De manière plus générale, celui-ci est néanmoins retenu par des commissaires aux comptes détenant un nombre limité de « mandats », qui exercent cette activité en complément d'une activité d'exper-tise comptable exercée à titre principal.

Sauf exception, la **clientèle** correspondant à ce mode d'exercice sera constituée de petites entreprises, dans lesquelles le commissaire aux comptes signataire sera fortement impliqué : il interviendra soit seul, soit assisté d'un ou deux collaborateurs et d'un secré-tariat, en recourant le cas échéant aux services de sa société d'expertise comptable.

> Le recours à un cabinet d'expertise comptable dans lequel le commissaire aux comptes titulaire du mandat est associé peut être envisagé pour pallier une insuffisance de moyens de la structure d'exercice professionnel de ce commissaire aux comptes (Avis rendu par le H3C le 24 juin 2010 sur le recours à des professionnels n'appartenant pas à la structure d'exercice professionnel détentrice du mandat de commissaire aux comptes).

L'exercice dans une structure en nom propre est souvent un point de passage pour le professionnel qui souhaite développer une activité de commissariat aux comptes. Lorsque cette activité connaît un certain développement, ce mode d'exercice devient inapproprié, la taille et le nombre des mandats rendant nécessaire la mise en place d'une structure plus étoffée pour répondre aux besoins de la clientèle dans des conditions satisfaisantes de qualité et d'indépendance. **1326**

Exercice dans une société unipersonnelle

L'exercice dans une société unipersonnelle ne se différencie guère **sur le plan pratique** de l'exercice dans une structure en nom propre tant au regard de l'absence de liens capitalistiques avec d'autres commissaires aux comptes inscrits que des caractéristiques de la clientèle. **1328**

Juridiquement en revanche, que ce soit dans une EURL ou dans une Sasu, c'est la personne morale qui est **titulaire du mandat** et non le commissaire aux comptes associé unique. L'exercice est sociétaire du fait même de l'existence de la personne morale et si, en cours de mandat, la société devient pluripersonnelle, il n'y a pas changement de titulaire du mandat à cette occasion.

Exercice dans une société pluripersonnelle

L'exercice dans une société pluripersonnelle se caractérise par l'association dans une **société civile ou commerciale** d'au moins deux professionnels, qui mettent en commun leur savoir-faire et tout ou partie de leurs intérêts financiers pour s'adapter à leur clientèle et répondre de façon efficace à leur demande. **1335**

Alors que le praticien exerçant dans une structure en nom propre ou dans une société unipersonnelle est le plus souvent isolé (même s'il peut être assisté de professionnels **1336**

55

CADRE LÉGAL ET INSTITUTIONNEL © Éd. Francis Lefebvre

inscrits mais non associés), le professionnel qui opte pour l'exercice collégial est toujours associé à un ou plusieurs de ses confrères. Sa **clientèle** pourra réunir des entreprises de toutes tailles, allant de l'entreprise familiale suivie par un expert-comptable à la société dont les titres sont admis aux négociations sur un marché réglementé. La catégorie correspondant à ce mode d'exercice présente donc un caractère très hétérogène, la diversité pouvant résulter à la fois du nombre de professionnels associés dans la structure et de la composition de la clientèle.

1337 Bien qu'il n'y ait pas de limite théorique au nombre d'associés d'une société de commissaires aux comptes et que la couverture géographique puisse être étendue par la création de bureaux secondaires, l'unicité de la structure juridique s'accorde avec une **implantation** généralement locale ou régionale, parfois nationale. Aussi bien le développement de l'activité exercée dans le cadre d'une société va-t-il souvent de pair avec l'adhésion à un réseau ou avec le rattachement à un groupement ou une association technique de professionnels.

Exercice dans une société pluriprofessionnelle d'exercice

1340 L'article 31-3 de la loi 90-1258 permet l'exercice commun de plusieurs professions du droit et du chiffre au sein d'une société pluriprofessionnelle d'exercice (SPE).

Préalablement à l'entrée en vigueur de l'article 26 de la loi dite Pacte, les commissaires aux comptes ne faisaient pas partie des professions concernées puisque ces dernières étaient constituées des avocats, des avocats au Conseil d'État et à la Cour de cassation, des commissaires-priseurs judiciaires, des huissiers de justice, des notaires, des administrateurs judiciaires, des mandataires judiciaires, des conseils en propriété industrielle et des experts-comptables.

La loi dite Pacte modifie l'article 31-3 de la loi précitée afin de permettre aux commissaires aux comptes d'exercer dans le cadre de SPE et ainsi de se grouper par exemple avec des experts-comptables et des avocats.

Pour plus de détails sur les SPE, voir Mémento Sociétés civiles nos 59570 s.

Exercice en réseau

1350 L'activité exercée en réseau est réglementée dès lors que ses membres ont un intérêt économique commun : l'existence d'un **intérêt économique commun** constitue donc une composante nécessaire pour qu'un ensemble de structures professionnelles puisse recevoir la qualification de réseau.

Ainsi, l'exercice en réseau a notamment les impacts suivants :
– une obligation d'information sur l'appartenance à un réseau lors de la désignation du commissaire aux comptes et sur les honoraires perçus par ce réseau au titre des services autres que la certification des comptes ainsi que sur la nature de ces services (C. com. art. L 820-3) ;
– certains services rendus par le réseau au cours de l'exercice précédent interdisent l'acceptation d'un mandat auprès d'une EIP (C. com. art. L 822-11) ;
– le réseau a l'interdiction de fournir certains services à l'entité contrôlée et à sa chaîne de contrôle (C. com. art. L 822-11) ;
– certains services fournis par le réseau nécessitent une analyse des risques de perte d'indépendance pour le commissaire aux comptes et la mise en œuvre de mesures de sauvegarde appropriées (C. com. art. L 822-11-1) ;
– une approbation par le comité d'audit est nécessaire pour les services autres que la certification des comptes fournis par le réseau à une EIP ou à sa chaîne de contrôle (C. com. art. L 822-11-2).

Le Code de déontologie de la profession cite comme « **indices d'appartenance** » à un réseau (CDP art. 29 depuis l'entrée en vigueur du décret 2020-292 du 21-3-2020) :
– « une direction ou une coordination communes au niveau national ou international ;
– tout mécanisme conduisant à un partage des revenus ou des résultats ou à des transferts de rémunération ou de coûts en France ou à l'étranger ;
– la possibilité de commissions versées en rétribution d'apports d'affaires ;
– une dénomination ou un signe distinctif communs ;
– une clientèle habituelle commune ;
– l'édition ou l'usage de documents destinés au public, présentant le réseau ou chacun de ses membres, et faisant mention de compétences pluridisciplinaires ;
– l'élaboration ou le développement d'outils techniques communs ».

Le Code de déontologie précise toutefois que ne constituent pas de tels indices l'élaboration ou le développement d'outils techniques communs lorsqu'ils s'inscrivent dans le cadre d'une association technique ayant pour unique objet l'élaboration ou le développement de ces outils, le partage de connaissances ou l'échange d'expériences (CDP art. 22, al. 3).

Il résulte de ces définitions que les réseaux peuvent correspondre à un regroupement de structures d'exercice professionnel ne présentant entre elles aucun **lien capitalistique** mais dont les caractéristiques ou les relations qu'entretiennent ses membres font naître, au vu des critères rappelés ci-dessus, un intérêt économique commun conduisant à le qualifier de réseau.

Ils peuvent également correspondre à un **ensemble intégré** de structures d'exercice professionnel. Tel est le cas de la plupart des « grands » cabinets, qui fédèrent autour de leur « marque » différentes structures d'exercice unies par une communauté d'intérêts économiques que sous-tend l'existence entre ces structures de liens capitalistiques.

Afin d'aider les commissaires aux comptes à analyser leur appartenance à un réseau, le H3C a identifié et promu au rang de bonne pratique professionnelle la « Pratique professionnelle relative à l'appartenance à un réseau au sens de l'article 22 du Code de déontologie de la profession de commissaire aux comptes » (H3C Décision 2014-03 du 19-12-2014).

Compte tenu des modifications apportées à la structure du Code de déontologie par le décret 2020-292 précité, les indices d'appartenance à un réseau sont dorénavant visés par l'article 29 dudit Code mais restent identiques à ceux précédemment détaillés à l'article 22.

Pour plus de détails sur l'analyse de l'appartenance à un réseau, voir n°s 3739 s.

1351 Un réseau est le plus souvent associé à une image et à une **dénomination**, qui ont vocation à constituer pour la communauté financière un label de reconnaissance et d'excellence : une préoccupation essentielle d'un réseau est d'assurer la qualité de sa « marque », ce qui passe inévitablement par la qualité des valeurs partagées par les membres du réseau et par la qualité technique des prestations rendues.

Il est donc logique sur ce dernier point qu'il puisse y avoir superposition de l'exercice en association technique et de l'exercice en réseau.

1352 Le réseau se caractérise par ailleurs par le **périmètre géographique** qu'il est censé couvrir : la vocation du réseau peut être régionale, nationale ou internationale.

L'adhésion à un réseau peut se faire directement ou par paliers : ainsi le professionnel peut-il être associé d'une société membre d'un réseau international, ou bien adhérer à un réseau français, lui-même adhérent d'un réseau international ou créateur d'un réseau international de partenaires.

1353 Un élément caractéristique d'un réseau est également constitué par les **prestations** qu'il est susceptible de proposer à ses clients. Le plus souvent, le réseau se caractérise en effet par la **pluridisciplinarité** de son offre : un réseau est pluridisciplinaire dès lors qu'il intègre en son sein des professionnels opérant dans des domaines proches ou complémentaires. C'est ainsi que dans les grands cabinets d'audit on trouvera le plus souvent des experts-comptables, des spécialistes en droit des affaires, des spécialistes en droit fiscal et social, des informaticiens, des conseils en organisation ou en management, des actuaires, etc.

1354 En définitive, la mise en place d'un réseau poursuit le plus souvent, au moyen d'une labellisation des prestations rendues, d'une **représentation territoriale** plus vaste et d'une offre de services plus étendue, le but de développer l'activité de ses membres dans des sociétés contrôlées qui peuvent avoir plusieurs établissements ou filiales en France ou à l'étranger, ou bien être elles-mêmes sous le contrôle d'une société étrangère, et ce quand bien même l'existence d'un réseau peut à l'inverse générer des situations d'incompatibilité.

S'agissant des services que le réseau a l'interdiction de fournir à l'entité dont les comptes sont certifiés par le commissaire aux comptes ainsi qu'aux entités de sa chaîne de contrôle, voir n°s 3742 s.

Le poids des réseaux dans la profession est très significatif. En 2018, les cinq plus grands réseaux présents en France détiennent 26,8 % du total des mandats et totalisent 51,5 % du total des honoraires facturés dans le cadre des mandats de commissariat aux comptes (Rapport H3C sur le suivi du marché du contrôle légal – 17-6-2019).

Association technique

1360 Que leur exercice soit individuel ou collégial, les professionnels peuvent décider d'adhérer à une association technique. Alors qu'il a pu exister dans le passé des associations appartenant à un réseau, les associations actuelles sont en général purement techniques.

Sont exclus par définition de ce développement les regroupements de structures d'exercice professionnel qui entretiennent entre elles des liens capitalistiques (voir n°s 1350 s.).

1362 Ces associations se limitent généralement à poursuivre un ou plusieurs des objectifs suivants : l'organisation de formations, la normalisation des méthodes, la mise au point d'outils et de supports techniques, la mise en œuvre et l'élaboration d'actions et de supports de communication, la mise en place d'un contrôle qualité interne.

L'élaboration ou le développement d'outils techniques communs, ainsi que le partage de connaissances ou d'expériences, ne sont pas en soi des indices pouvant conduire à qualifier l'existence d'un réseau (Code de déontologie art. 29 depuis l'entrée en vigueur du décret 2020-292 du 21-3-2020).

L'adhésion à ce type d'associations est souvent bien adaptée aux professionnels qui ne souhaitent pas appartenir à un réseau. Ceux-ci conservent en effet la totale maîtrise de la conduite de leurs missions et leur indépendance financière. Les échanges d'informations et la normalisation des procédures et des documents doivent leur permettre d'améliorer la qualité de leur prestation et d'accroître leur notoriété. Elle présente toutefois la limite pour le professionnel de ne pouvoir faire systématiquement appel à des collaborateurs externes à sa structure d'exercice professionnel, sur tout ou partie des mandats qu'il détient, pour pallier une insuffisance structurelle de ses ressources internes (Avis rendu par le H3C le 24-6-2010 sur le recours à des professionnels n'appartenant pas à la structure d'exercice professionnel détentrice du mandat de commissaire aux comptes).

B. Enjeux

1370 Les enjeux liés au choix du mode d'exercice de la profession sont multiples et le commissaire aux comptes doit arbitrer entre eux pour retenir le mode d'exercice le mieux adapté à son activité. Sans prétendre à l'exhaustivité, on peut dire que le mode d'exercice idéal, s'il existait, devrait présenter les caractéristiques suivantes :

– mettre à la disposition du professionnel un cadre juridique, fiscal et social adapté à son activité ;

– préserver le caractère libéral de l'exercice professionnel ;

– être compatible avec la mise en place de compétences en rapport avec l'activité exercée ;

– doter le professionnel d'une infrastructure permettant de répondre aux besoins de sa clientèle ;

– répondre aux attentes éventuelles des clients et des marchés en termes de notoriété de signature.

Cadre adapté à l'activité

1372 Le **cadre juridique** est clairement lié au mode d'exercice de la profession : c'est ainsi que la constitution d'une société sera quasiment obligatoire dès lors que l'exercice à plusieurs sera envisagé. Il aura également des incidences significatives au regard de l'étendue de la responsabilité du professionnel. Enfin, il fera partie intégrante de l'image donnée par le professionnel à son environnement : ainsi l'exercice dans une société dotée d'un capital social conséquent pourra rassurer les banquiers ou l'entreprise contrôlée ; à l'inverse l'exercice individuel pourra être de nature à attirer certaines entreprises eu égard au caractère plus intuitu personae de la relation qu'il peut sembler recouvrir.

1373 S'agissant du **cadre fiscal et social**, il découlera automatiquement du choix du mode d'exercice : il est clair qu'entre, d'une part, le régime d'imposition dans la catégorie des bénéfices non commerciaux de l'exploitant individuel ou de l'associé d'une société fiscalement transparente et, d'autre part, le régime de l'associé salarié ou mandataire d'une société de capitaux, existeront des différences très significatives non seulement sur le terrain fiscal mais également sur le terrain social. Il appartiendra donc au professionnel de mesurer l'impact de ces disparités avant de se déterminer pour tel mode d'exercice de la profession.

CADRE LÉGAL ET INSTITUTIONNEL

Caractère libéral de l'exercice professionnel

Le professionnel libéral pratique une activité à caractère civil (ce qui permet de le distinguer du professionnel commercial ou de l'artisan) qui l'amène à rendre à une clientèle, en toute indépendance et à titre habituel, des prestations d'ordre principalement intellectuel, dans le respect de règles éthiques et avec une compétence reconnue par des obligations de formation et/ou de diplôme.

1378

> Une définition de la profession libérale a été donnée pour la première fois dans notre droit par l'article 29 de la loi du 22 mars 2012 relative à la simplification du droit et à l'allégement des démarches administratives : « Les professions libérales groupent les personnes exerçant à titre habituel, de manière indépendante et sous leur responsabilité, une activité de nature généralement civile ayant pour objet d'assurer, dans l'intérêt du client ou du public, des prestations principalement intellectuelles, techniques ou de soins, mises en œuvre au moyen de qualifications professionnelles appropriées et dans le respect de principes éthiques ou d'une déontologie professionnelle, sans préjudice des dispositions législatives applicables aux autres formes de travail indépendant. »

Sans doute le commissaire aux comptes peut-il se faire assister dans ses travaux. Sans doute encore peut-il s'entourer de conseils lorsqu'il rencontre des difficultés, voire partager sa responsabilité lors de la signature conjointe dans le cadre d'une société ou d'un cocommissariat. Il n'en reste pas moins que la certification qu'il délivre engage sa responsabilité de manière pleine et entière : le commissariat aux comptes relève toujours de ce point de vue d'une **pratique solitaire**.

1379

Quel que soit en conséquence le mode d'exercice de la profession retenu, il doit préserver ce mélange d'indépendance par rapport à la clientèle, de liberté dans l'organisation de la mission et enfin de responsabilité et d'implication personnelles du signataire, qui sont les fondements d'une activité professionnelle libérale.

1380

> Si le caractère libéral de l'exercice professionnel n'est guère susceptible d'être remis en cause dans les petites structures, le risque croît avec la taille de l'organisation : les professionnels qui font partie de structures importantes devront notamment s'assurer de la légitimité déontologique des procédures qu'ils sont amenés à suivre et mettre en œuvre avec une attention toute particulière les travaux non délégables de la mission légale.

Compétences

Le commissaire aux comptes peut avoir à répondre dans l'exercice de sa profession à trois différents types d'attente de la part de ses clients et de la communauté financière : la compétence technique dans son métier de base, à savoir l'audit, la compétence sectorielle éventuellement requise pour traiter certains types de clientèle, enfin dans certains cas l'ouverture vers la pluridisciplinarité.

1385

La compétence dans le **métier de base** passe au premier chef par la formation du corps professionnel : celle-ci est dans une large mesure indépendante de la forme d'exercice retenue, dans la mesure où rien n'empêche que soit réalisé au sein de petites entités un effort de formation équivalent, voire supérieur, à celui consenti dans une structure plus importante. Il reste que l'acquisition des compétences nécessaires est aussi une affaire de pratique et d'opportunité et que le professionnel ne pourra éluder au-delà de certaines limites la question de la rentabilité de l'effort consenti.

1386

S'agissant tout particulièrement de l'audit de certains secteurs, tels la banque, l'assurance, l'audit de contrats à long terme ou même le secteur associatif, il nécessite la mise en œuvre d'une démarche préalable d'adaptation et de **spécialisation** génératrice de coûts qui, en toute logique, doivent trouver à s'amortir. Le professionnel devra donc retenir un mode d'exercice adapté à son activité et à ses options stratégiques.

1387

> Si, à titre d'exemple, un commissaire aux comptes ne détenant qu'un ou deux mandats peut parfaitement envisager d'investir dans le commissariat aux comptes pour des considérations d'intérêt professionnel et de recherche d'image, en revanche, l'investissement dans certains secteurs, par exemple la banque et l'assurance, apparaîtra risqué, voire déraisonnable, si les moyens dont la mise en œuvre est nécessaire sont appelés à rester durablement hors de proportion avec le volume d'activité obtenu ou espéré.

S'agissant de la **pluridisciplinarité**, elle peut s'avérer utile dans la mesure où le commissaire aux comptes doit, en tant que de besoin, recourir aux services d'un expert (conseil

1388

59

CADRE LÉGAL ET INSTITUTIONNEL © Éd. Francis Lefebvre

en propriété industrielle, informaticien, actuaire…) pour l'exercice de sa mission. Cette pratique, qui s'intensifie depuis plusieurs années, constitue l'une des raisons qui peuvent conduire un réseau à intégrer en son sein des compétences pluridisciplinaires, plutôt que de recourir à des prescriptions ponctuelles de prestataires indépendants.

L'intégration de compétences multiples donne à un réseau l'avantage de pouvoir répondre sans difficulté aux besoins des entités contrôlées, et l'opportunité de développer des prestations à forte valeur ajoutée en adoptant à l'égard de ses clients une attitude « proactive ». Elle nécessite néanmoins une vigilance accrue de la part des commissaires aux comptes, dans la mesure où les règles déontologiques peuvent dans ce domaine générer des conflits qui rendent difficiles le maintien de l'indépendance et le respect de l'obligation au secret professionnel (voir n°s 3744 s.).

Infrastructure adaptée aux besoins de la clientèle

1392 Le fait de disposer d'une infrastructure adaptée à la clientèle est une obligation pour le professionnel, clairement posée par les articles R 822-32 et R 822-33 du Code de commerce : « Les modalités d'organisation et de fonctionnement des structures d'exercice du commissariat aux comptes, qu'elles soient en nom propre ou sous forme de société, doivent permettre au commissaire aux comptes d'être en conformité avec les exigences légales et réglementaires et celles du Code de déontologie et d'assurer au mieux la prévention des risques et la bonne exécution de sa mission. Elles tiennent compte de l'ampleur et de la complexité des activités exercées au sein de ces structures. »

En particulier, chaque structure doit notamment disposer des moyens permettant au commissaire aux comptes d'assumer ses responsabilités en matière d'adéquation à l'ampleur de la mission à accomplir des ressources humaines et des techniques mises en œuvre, de contrôle du respect des règles applicables à la profession et d'appréciation régulière des risques, d'évaluation périodique en son sein des connaissances et de formation continue.

Le professionnel devra également adapter son mode d'exercice à son positionnement face à la mondialisation, à la globalisation et à la concentration des entreprises. Il est évident que l'exercice individuel, si respectable qu'il soit, est incompatible avec le contrôle d'entités d'une certaine taille et a fortiori multinationales. Les cabinets désireux de se placer sur ce type de marché doivent avoir la capacité de mobiliser les moyens humains et techniques nécessaires au traitement des missions et disposer des implantations géographiques à la mesure de la zone couverte par leur clientèle.

1393 La capacité à **mobiliser des équipes** qualifiées en quantités suffisantes pose un problème d'autant plus épineux que les délais de production de l'information financière ayant été considérablement raccourcis, la **saisonnalité du métier** s'est fortement accrue.

En pratique, la majeure partie des entreprises clôturent leurs comptes à la date du 31 décembre, et la période la plus chargée pour les commissaires aux comptes se situe désormais entre la mi-janvier et la mi-avril, période correspondant par ailleurs à la période d'établissement des bilans par les cabinets d'expertise comptable.

Cette contrainte est susceptible de se cumuler avec la nécessité de mobiliser dans des délais extrêmement courts des équipes parfois nombreuses en vue de faire face à des demandes de **missions ponctuelles** (audit d'acquisition, commissariat à la fusion…), qui peuvent à tout instant échoir au cabinet, et qui sont traditionnellement marquées par l'urgence.

1394 La **couverture géographique** devra être également proportionnée à la zone d'influence des clients contrôlés. L'exigence d'un pilotage unique des missions, mariée aux contraintes résultant de déplacements lointains, a pour conséquence inévitable la nécessité de disposer d'interlocuteurs locaux privilégiés à l'échelon national ou international en vue de pouvoir répondre aux besoins de certains clients.

Signature reconnue par la communauté financière

1400 Dès qu'elle prend quelque importance, une entreprise tend à exiger de son commissaire aux comptes qu'il soit en mesure de la faire bénéficier d'une signature reconnue de ses principaux partenaires.

Sur ce point encore, il appartiendra au professionnel d'adapter son mode d'exercice à la dimension et aux exigences de ses clients.

II. Forme juridique

Principe de la liberté de choix

Ayant choisi, en fonction de sa situation et de sa stratégie personnelles, entre le mode d'exercice individuel ou collégial, le commissaire aux comptes doit également opter pour un cadre juridique d'exercice de la profession. Le législateur a laissé dans ce domaine une grande latitude de choix au commissaire aux comptes puisque les textes ne requièrent aucune forme juridique précise (C. com. art. L 822-1), dès lors que les conditions d'inscription sur la liste sont respectées (C. com. art. L 822-1-3).

1440

Ce principe trouve néanmoins une **limite** du fait que l'exercice de la profession de commissaire aux comptes est incompatible avec toute **activité commerciale** sous réserve des exceptions introduites par la loi 2019-486 du 22 mai 2019, dite Pacte (C. com. art. L 822-10, 3° modifié).

> Les exceptions visées par le 3° de l'article L 822-10 précité concernent :
> – d'une part, les activités commerciales accessoires à la profession d'expert-comptable, exercées dans le respect des règles de déontologie et d'indépendance des commissaires aux comptes et dans les conditions prévues au troisième alinéa de l'article 22 de l'ordonnance 45-2138 du 19 septembre 1945 portant institution de l'ordre des experts-comptables et réglementant le titre et la profession d'expert-comptable ;
> – et, d'autre part, les activités commerciales accessoires exercées par la société pluriprofessionnelle d'exercice dans les conditions prévues à l'article 31-5 de la loi 90-1258 du 31 décembre 1990 relative à l'exercice sous forme de sociétés des professions libérales soumises à un statut législatif ou réglementaire ou dont le titre est protégé et aux sociétés de participations financières de professions libérales.

C'est pourquoi on considère généralement que les formes juridiques de la société en nom collectif, de la société en commandite simple ou de la société en commandite par actions ne peuvent pas être retenues pour l'exercice de la profession car les associés de la SNC et les commandités acquièrent le statut de commerçant du seul fait de leur participation à la société (Bull. CNCC n° 84-1991 p. 590).

Nous décrirons succinctement les principales caractéristiques des formes juridiques entre lesquelles, compte tenu de ces principes, le professionnel peut opérer un choix :

1442

– entreprise individuelle (voir n° 1450) ;
– entreprise unipersonnelle à responsabilité limitée (voir n° 1460) ;
– société d'exercice libéral unipersonnelle à responsabilité limitée (voir n° 1470) ;
– société par actions simplifiée unipersonnelle (voir n° 1480) ;
– société civile professionnelle (voir n° 1490) ;
– société civile de droit commun (voir n° 1500) ;
– société civile de moyens (voir n° 1508) ;
– société à responsabilité limitée pluripersonnelle (voir n° 1515) ;
– société anonyme (voir n° 1525) ;
– société par actions simplifiée pluripersonnelle (voir n° 1535) ;
– société d'exercice libéral pluripersonnelle (voir n° 1545) ;
– société en participation d'exercice libéral (voir n° 1555) ;
– société de participations financières de professions libérales (voir n° 1560) ;
– groupement d'intérêt économique (voir n° 1565).

Entreprise individuelle

L'entreprise individuelle ressort de l'exercice individuel de la profession.

1450

L'exercice en tant qu'entrepreneur individuel présente les caractéristiques suivantes :
– l'entreprise est par définition la propriété d'une **personne physique**, l'entrepreneur. Le **patrimoine** de l'entreprise fait partie du patrimoine de l'exploitant et ne s'en distingue pas ;
– en l'absence de capital, aucune **mise de fonds** minimale n'est à prévoir sur un plan strictement légal ;
– le principe français de l'unité du patrimoine a pour conséquence d'entraîner la **responsabilité** illimitée de l'entrepreneur. Cependant, depuis la loi du 1er août 2003 sur l'initiative économique, les commissaires aux comptes ont la possibilité de déclarer insaisissables leurs droits sur l'immeuble où est fixée leur résidence principale ainsi que sur tout bien foncier bâti ou non bâti qu'ils n'ont pas affecté à leur usage professionnel par une déclaration au bureau des hypothèques, ce qui est une protection très intéressante pour eux s'ils sont

CADRE LÉGAL ET INSTITUTIONNEL   © Éd. Francis Lefebvre

condamnés dans le cadre d'une action en responsabilité civile (C. com. art. L 526-1 ; voir P. Bouteiller, *Les nouvelles mesures de protection du patrimoine de l'entrepreneur individuel* : JCP éd. E. 2003, 1359). Afin que la déclaration puisse être opposable aux créanciers dont les droits naîtront postérieurement, le commissaire aux comptes devra procéder à la publication dans un support habilité à recevoir des annonces légales d'un extrait de sa déclaration (C. com. art. L 526-2, al. 3 modifié par la loi dite Pacte ; Bull. CNCC n° 139-2005 p. 494 et 496) ;

> N'est envisagée à ce stade que la responsabilité attachée à la forme juridique examinée. S'agissant de la responsabilité civile liée à l'exercice de l'activité professionnelle, se reporter aux n°s 12100 s.

– l'entrepreneur est imposable à l'**impôt sur le revenu**, donc sur ses encaissements, dans la catégorie des bénéfices non commerciaux (voir Mémento Fiscal n°s 13000 s.). Il a par ailleurs la possibilité d'adhérer à un organisme de gestion agréé et de bénéficier des avantages fiscaux correspondant à cette adhésion (Mémento Fiscal n° 87970) ;
– l'entrepreneur relève sur le plan **social** de la catégorie des travailleurs non salariés (voir Mémento Social n° 79700). Il a l'obligation de cotiser à la caisse de retraite des professions libérales, la Cavec, qui est une section professionnelle de la Cnavpl (Mémento Social n° 79765). Ses revenus sont soumis à la CSG et à la CRDS.

1451   **Remarque** : Compte tenu de sa **facilité de mise en œuvre**, le choix de l'entreprise individuelle au démarrage d'une activité de commissariat aux comptes est assez naturel. Cette forme d'exercice trouve cependant assez rapidement ses **limites** en cas de développement de l'activité, eu égard à l'insuffisance de la structure et à l'étendue de la responsabilité qui la caractérise. Elle peut néanmoins perdurer, moyennant la mise en place d'une bonne **assurance complémentaire**, et le recours éventuel à la sous-traitance de main-d'œuvre, lorsque le commissaire détient par exemple un cabinet d'expertise comptable susceptible de dégager les ressources nécessaires à la mise en œuvre de son activité tout en respectant les règles d'indépendance.

> Cette solution impose toutefois la mise en œuvre des efforts de formation nécessaires pour les intervenants, le risque de cette solution étant que ne soient pas respectés les principes spécifiques propres à la méthodologie de l'audit.

1452   La loi du 15 juin 2010 relative à l'**entrepreneur individuel à responsabilité limitée (EIRL)** a institué un statut qui permet aux entrepreneurs individuels de protéger leurs biens personnels et d'opter pour l'impôt sur les sociétés sans création d'une personne morale. Le statut d'EIRL est ouvert à tous les entrepreneurs individuels, quelle que soit la nature de l'activité exercée, et notamment aux professionnels libéraux.

> L'adoption du statut peut intervenir lors de la création de l'entreprise ou en cours d'activité.

Ce statut permet d'affecter à son activité professionnelle un patrimoine séparé de son patrimoine personnel par simple déclaration d'affectation auprès du registre de publicité légale (C. com. art L 526-7 modifié par la loi dite Pacte), et donc d'abandonner le principe d'unicité du patrimoine.
La loi 2019-486 du 22 mai 2019, dite Pacte, a abrogé l'article L 526-10 qui prévoyait que « tout élément d'actif du patrimoine affecté, autre que des liquidités, d'une valeur déclarée supérieure à un montant fixé par décret [30 000 €] fait l'objet d'une évaluation au vu d'un rapport annexé à la déclaration et établi sous sa responsabilité par un commissaire aux comptes […] désigné par l'entrepreneur individuel ».

Entreprise unipersonnelle à responsabilité limitée

1460   L'entreprise unipersonnelle à responsabilité limitée (**EURL**) relève de l'exercice individuel de la profession. Elle doit satisfaire aux conditions de l'article L 822-1-3 du Code de commerce pour être inscrite sur la liste des commissaires aux comptes (voir n°s 1036 s.).

1461   L'exercice sous forme d'entreprise unipersonnelle à responsabilité limitée présente les caractéristiques suivantes (pour plus d'informations, voir Mémento Sociétés commerciales n°s 35500 s.) :
– l'entreprise est détenue par un **associé unique**, qui assure le plus souvent la gérance de la société, celle-ci devant en tout état de cause être confiée à un commissaire aux comptes inscrit. Le **patrimoine** de la société est distinct de celui de l'associé unique ;
– le capital social est fixé par les statuts (C. com. art. L 223-2) ;
– sauf cas particulier (action en comblement de passif, octroi de garanties personnelles à la demande des créanciers sociaux…), la **responsabilité** de l'associé unique est limitée au montant de ses apports à la société ;

N'est envisagée à ce stade que la responsabilité attachée à la forme juridique examinée. S'agissant de la responsabilité civile liée à l'exercice de l'activité professionnelle, se reporter aux n° 12100 s.

– lorsque l'associé unique est une personne physique, la société est soumise au régime des sociétés de personnes. Les bénéfices sociaux sont donc directement imposables entre ses mains à l'**impôt sur le revenu**, avec la possibilité pour lui d'adhérer à une association de gestion agréée et de bénéficier ainsi des mêmes abattements qu'un entrepreneur individuel ;

L'associé unique peut néanmoins opter pour l'assujettissement à l'impôt sur les sociétés.

– le gérant associé unique relève sur le plan **social** de la catégorie des travailleurs non salariés (voir Mémento Social n° 28470 s.). Il cotise à la caisse de retraite des professions libérales, la Cavec, qui est une section professionnelle de la Cnavpl (Mémento Social n° 79765). Ses revenus sont soumis à la CSG et à la CRDS.

Remarque : Tout comme l'entreprise individuelle, l'entreprise unipersonnelle à responsabilité limitée est **simple à mettre en œuvre** mais trouve rapidement ses **limites** en cas de développement de l'activité. Outre l'avantage que constitue la limitation de principe de la responsabilité, elle peut assez facilement **évoluer** vers un autre mode d'exercice, la cession de parts n'étant soumise à aucune procédure d'agrément : l'association de collaborateurs pourra donc être effectuée sans difficulté sous réserve de respecter les conditions de l'article L 822-1-3 du Code de commerce. **1462**

Société d'exercice libéral unipersonnelle à responsabilité limitée

La société d'exercice libéral unipersonnelle à responsabilité limitée (**Selarl uniperson-nelle**) relève de l'exercice individuel de la profession. La société d'exercice libéral de commissaires aux comptes est régie par la loi 90-1258 du 31 décembre 1990 qui l'a instituée ainsi que par les dispositions du livre II du Code de commerce. **1470**

L'article 5 de la loi de 1990 ainsi que l'article L 822-1-3 du Code de commerce définissent les conditions particulières que doit remplir ce type de société pour être inscrite sur la liste des commissaires aux comptes (voir n° 1036 s.). **1471**

La société d'exercice libéral de commissariat aux comptes est soit une société à responsabilité limitée, soit une société anonyme, soit une société par actions simplifiée. Une société d'exercice libéral uniper-sonnelle peut donc être une société à **responsabilité limitée**.

L'exercice sous forme de société d'exercice libéral unipersonnelle à responsabilité limitée présente les caractéristiques suivantes : **1472**

– la société est détenue par **un seul associé**, qui en assure obligatoirement la gérance : la direction de la société doit en effet être assurée par un associé exerçant sa profession au sein de la société (Loi 90-1258 art. 12). Le **patrimoine** de cet associé est distinct de celui de la société ;

– le **capital** suit le régime de droit commun de la SARL (C. com. art. L 223-2) : il est donc librement fixé par les statuts ;

– l'associé unique répond sur son patrimoine des actes professionnels qu'il a accomplis. La société d'exercice libéral, quelle que soit sa forme, est solidairement **responsable** avec lui (Loi 90-1258 art. 16) ;

Sur la question de la responsabilité civile liée à l'exercice de l'activité professionnelle, voir également n° 12100 s.

– le commissaire aux comptes associé unique étant une personne physique, la société d'exercice libéral unipersonnelle à responsabilité limitée est soumise au régime des sociétés de personnes. Les bénéfices sociaux sont donc directement imposables entre les mains de l'associé unique à l'**impôt sur le revenu**, avec la possibilité pour l'intéressé d'adhérer à une association de gestion agréée et de bénéficier ainsi des mêmes abattements qu'un entrepreneur individuel.

L'associé unique peut néanmoins opter pour l'assujettissement à l'impôt sur les sociétés.

Au plan **social**, le gérant associé unique relève du régime des travailleurs non salariés (voir Mémento Social n° 28470). Il doit cotiser à la caisse de retraite des professions libérales, la Cavec, qui est une section professionnelle de la Cnavpl (Mémento Social n° 79765). Ses revenus sont soumis à la CSG et à la CRDS. **1473**

CADRE LÉGAL ET INSTITUTIONNEL © Éd. Francis Lefebvre

1474 **Remarque** : Le choix de la société d'exercice libéral unipersonnelle à responsabilité limitée présente les mêmes caractéristiques que le choix de l'entreprise unipersonnelle à responsabilité limitée : elle apporte, par rapport à l'entreprise individuelle, une limitation de principe à la responsabilité de l'associé unique, mais la forme unipersonnelle trouve rapidement ses **limites** en cas de développement de l'activité. L'évolution vers une structure plus étoffée se fera sans difficulté, la cession des parts sociales ne nécessitant aucun agrément.

Société par actions simplifiée unipersonnelle

1480 La société par actions simplifiée unipersonnelle (**Sasu**) relève de l'exercice individuel de la profession. Elle doit satisfaire aux conditions de l'article L 822-1-3 du Code de commerce pour être inscrite sur la liste des commissaires aux comptes (n°s 1036 s.).

1481 L'exercice sous forme de société par actions simplifiée unipersonnelle présente les caractéristiques suivantes (pour plus d'informations, voir Mémento Sociétés commerciales n°s 61000 s.) :
– l'entreprise est par définition détenue par **un seul associé**, qui assure le plus souvent la présidence de la société, la détention comme la présidence ne pouvant échoir en tout état de cause qu'à un commissaire aux comptes inscrit. S'agissant d'une société, le **patrimoine** de la société est distinct de celui de l'associé unique ;
– le **capital minimum** est librement fixé par les statuts ;
– l'associé unique ne répond, en principe, du **passif social** que dans la limite de son apport (C. com. art. L 227-1, al. 1). Il peut, toutefois, être tenu de tout ou partie de ce passif, s'il s'est comporté comme un dirigeant de fait (C. com. art. L 651-2). Il peut aussi être tenu des **dettes sociales** dans la mesure où il s'est porté caution de la société ;
> N'est envisagée à ce stade que la responsabilité attachée à la forme juridique examinée. S'agissant de la responsabilité civile liée à l'exercice de l'activité professionnelle, se reporter aux n°s 12100 s.

– la société par actions simplifiée unipersonnelle est soumise à l'**impôt sur les sociétés** dans les conditions de droit commun. Le commissaire aux comptes dirigeant d'une société par actions simplifiée a sur le terrain fiscal le statut de **salarié** ;
– sur le terrain **social**, il en va de même, la loi 2001-1246 du 21 décembre 2001 ayant en effet prévu l'affiliation du dirigeant de la société par actions simplifiée au régime général de la sécurité sociale.

1482 **Remarques** : Le choix de la société par actions simplifiée unipersonnelle ouvre la possibilité d'établir des statuts sur mesure et permet d'éviter la lourdeur de fonctionnement attachée à la forme de société anonyme. Il reste que la forme unipersonnelle trouve rapidement ses **limites** en cas de développement de l'activité. L'évolution vers une structure plus étoffée se fera néanmoins sans grandes difficultés, la cession d'actions ne nécessitant aucun agrément et bénéficiant d'un formalisme allégé par rapport aux cessions de parts des sociétés à responsabilité limitée.

Société civile professionnelle

1490 La société civile professionnelle relève de l'exercice collégial de la profession. Elle est régie par la loi du 29 novembre 1966 qui l'a instituée, et les articles R 822-38 à R 822-96 du Code de commerce.

1491 La loi 66-879 du 29 novembre 1966 définit notamment les conditions particulières que doit remplir ce type de société pour être inscrite sur la liste de commissaires aux comptes.

1492 L'exercice sous forme de société civile professionnelle présente les caractéristiques suivantes (pour plus d'informations, voir Mémento Sociétés civiles n°s 54000 s.) :
– la société civile professionnelle compte un **minimum de deux associés**, l'ensemble des associés devant être des commissaires aux comptes inscrits. La société est gérée par une ou plusieurs personnes, ayant obligatoirement le statut de commissaire aux comptes, nommées soit par les statuts, soit par un acte distinct, soit par une décision des associés ;
– aucun **capital social minimum** n'est requis ; le capital est détenu pour la totalité par des commissaires aux comptes inscrits en application du principe énoncé plus haut ;
– les associés sont indéfiniment et solidairement **responsables** des dettes sociales. En outre, chaque associé répond sur son patrimoine des actes professionnels accomplis et la

société et les autres associés sont solidairement responsables avec lui des conséquences dommageables de ses actes (Mémento Sociétés civiles n° 56900). Cependant, les commissaires aux comptes ont la possibilité de déclarer, au bureau des hypothèques, insaisissables leurs droits sur l'immeuble où est fixée leur résidence principale ainsi que leurs droits sur tous biens immobiliers dont ils sont propriétaires s'ils ne sont pas affectés à l'activité professionnelle : voir n° 1450 ;

Sur la question de la responsabilité civile liée à l'exercice de l'activité professionnelle, voir également n°s 12100 s.

– sur le terrain **fiscal**, en application des dispositions de l'article 8 ter du CGI, les associés des sociétés civiles professionnelles constituées conformément aux dispositions légales sont personnellement soumis à l'**impôt sur le revenu** dans la catégorie des bénéfices non commerciaux pour la part des bénéfices sociaux qui leur est attribuée. Sauf option pour l'assujettissement à l'impôt sur les sociétés, la société civile professionnelle reste donc soumise au régime des sociétés de personnes dès lors qu'elle fonctionne conformément aux dispositions qui la régissent (Mémento Sociétés civiles n° 54800) ;

– sur le terrain **social** (Mémento Social n°s 28480 s.), les associés gérants de la société civile professionnelle ne relèvent pas du régime général mais du régime des travailleurs non salariés.

S'agissant éventuellement des associés non gérants envers lesquels existerait un lien de subordination, la position de la jurisprudence est incertaine (Mémento Sociétés civiles n° 20015).

Remarque : La constitution et le fonctionnement de ce type de société sont simples. En revanche, le caractère indéfini et solidaire de la responsabilité des associés enlève beaucoup d'attrait à cette structure, dont l'objet social ne peut être que le commissariat aux comptes.   **1493**

Société civile de droit commun

La société civile de droit commun, régie par les dispositions du Code civil relatives aux sociétés civiles et par les articles R 822-38 à R 822-70 et R 822-97 à R 822-106 du Code de commerce, relève de l'exercice collégial de la profession. Elle doit satisfaire aux conditions de l'article L 822-1-3, 1° du Code de commerce pour être inscrite sur la liste des commissaires aux comptes (voir n°s 1036 s.).   **1500**

L'exercice sous forme de société civile présente les caractéristiques suivantes (pour plus d'informations, voir Mémento Sociétés civiles) :   **1501**

– la société civile compte un **minimum de deux associés** (C. civ. art. 1832, al. 1). En application de l'article L 822-1-3 du Code de commerce, les fonctions de gérant ne peuvent être assurées que par des commissaires aux comptes inscrits ou régulièrement agréés dans un autre État membre de l'Union européenne pour l'exercice du contrôle légal des comptes ;

– aucun **capital social minimum** n'est requis mais au moins la majorité des droits de vote doit être retenue par des commissaires aux comptes ou des sociétés de commissaires aux comptes inscrits sur la liste prévue au I de l'article L 822-1 du Code de commerce ou des professionnels régulièrement agréés dans un autre État membre (art. précité) ;

– la **responsabilité des associés**, indéfinie et non solidaire (Cass. 3e civ. 27-3-1996 : Dr. sociétés 1996 n° 121, Th. Bonneau), est proportionnelle à la participation des associés au capital pour les dettes sociales (Mémento Sociétés civiles n°s 20400 s.) ;

N'est envisagée à ce stade que la responsabilité attachée à la forme juridique examinée. S'agissant de la responsabilité civile liée à l'exercice de l'activité professionnelle, se reporter aux n°s 12100 s.

S'agissant de la possibilité offerte aux commissaires aux comptes de déclarer insaisissables leurs droits sur l'immeuble où est fixée leur résidence principale ainsi que sur tout bien foncier bâti ou non bâti qu'ils n'ont pas affecté à leur usage professionnel, voir n° 1450.

– sur le terrain **fiscal**, la société civile n'étant pas assujettie de plein droit à l'impôt sur les sociétés, les bénéfices qu'elle réalise sont imposés non pas en son nom, mais au nom personnel des associés (voir Mémento Sociétés civiles n° 9505). Concernant l'assujettissement à l'impôt sur les sociétés, voir Mémento Sociétés civiles n° 10000.

Sur le terrain **social** (Mémento Sociétés civiles n°s 7680 s.), le gérant rémunéré de la société civile est considéré par l'administration comme relevant du régime des travailleurs non salariés.   **1502**

Aucune précision n'ayant été apportée pour le gérant non associé, on peut penser que les règles de droit commun lui sont applicables et qu'il a le statut de salarié si un lien de subordination peut être établi, et de travailleur non salarié dans le cas contraire.

CADRE LÉGAL ET INSTITUTIONNEL   © Éd. Francis Lefebvre

1503   Remarque : L'objet social de la société civile de droit commun peut être mixte, la société exerçant à la fois le commissariat aux comptes et l'expertise comptable.
Son fonctionnement a l'avantage d'être plus **souple** que celui de la société civile professionnelle.

Société civile de moyens

1508   L'article 36 de la loi 66-879 du 29 novembre 1966 sur les sociétés civiles professionnelles prévoit la possibilité pour des personnes exerçant des professions réglementées de constituer des sociétés civiles dont l'**objet exclusif** est la mise en commun de moyens (partage de frais de structure, secrétariat, locaux, etc.).

1509   La société civile de moyens présente les caractéristiques suivantes (pour plus d'informations, voir Mémento Sociétés civiles n°s 58500 s.) :
– elle compte un **minimum de deux associés**. L'ensemble des associés doit exercer une profession libérale, mais il peut s'agir aussi bien de personnes physiques que de personnes morales ;
– aucun **capital social minimum** n'est requis ;
– les associés sont indéfiniment et à proportion de leur part dans le capital social (et non solidairement) responsables (C. civ. art. 1857). En effet, la solidarité ne se présume pas entre non-commerçants ;

> N'est envisagée à ce stade que la responsabilité attachée à la forme juridique examinée. S'agissant de la responsabilité civile liée à l'exercice de l'activité professionnelle, se reporter aux n°s 12100 s.
> S'agissant de la possibilité offerte aux commissaires aux comptes de déclarer insaisissables leurs droits sur l'immeuble où est fixée leur résidence principale ainsi que sur tout bien foncier bâti ou non bâti qu'ils n'ont pas affecté à leur usage professionnel, voir n° 1450.

– le régime **fiscal** de la société civile de moyens relève du régime des sociétés de personnes : les associés sont donc imposés à l'impôt sur le revenu ou à l'impôt sur les sociétés en fonction de leur qualité (voir Mémento Sociétés civiles n° 58650) ;
– pour l'administration, le statut **social** du gérant des sociétés civiles de moyens est celui de travailleur non salarié. La position des tribunaux est cependant plus nuancée (Mémento Sociétés civiles n°s 7680 s.).

1510   Remarques : L'**objet** de la société civile de moyens reste **limité** dans la mesure où il ne porte pas sur l'exercice de la profession mais seulement sur la prestation de services ou la fourniture de moyens. Il permet néanmoins de faciliter et d'optimiser l'exercice de l'activité de chacun de ses membres.
Les sociétés civiles de moyens peuvent être constituées soit entre commissaires aux comptes, soit entre commissaires aux comptes et experts-comptables ou commissaires aux comptes et avocats (en ce sens, voir Bull. CNCC n° 3-1971 p. 174). La société n'a pas à être inscrite sur la liste des commissaires aux comptes et l'article L 822-1-3 du Code de commerce ne lui est donc pas applicable.

1511   Les associés de la société civile de moyens doivent veiller à ce que la mise en commun de moyens (matériel de bureau, personnel d'exécution) ne porte pas atteinte à la règle d'**indépendance** et n'altère pas la **liberté de jugement** du commissaire aux comptes. Ainsi, l'utilisation commune de collaborateurs de niveau élevé intervenant dans la même société pour le compte de deux associés de la société civile de moyens pourrait porter atteinte à l'indépendance du commissaire aux comptes (Bull. CNCC n° 97-1995 p. 110 ; n° 110-1998 p. 236).

Société à responsabilité limitée

1515   La société à responsabilité limitée pluripersonnelle relève de l'exercice collégial de la profession. Elle doit satisfaire aux conditions de l'article L 822-1-3 du Code de commerce pour être inscrite sur la liste des commissaires aux comptes (n°s 1036 s.).

1516   L'exercice sous forme de société à responsabilité limitée pluripersonnelle présente les caractéristiques suivantes (pour plus d'informations, voir Mémento Sociétés commerciales n°s 30000 s.) :
– la SARL pluripersonnelle est détenue par **au moins deux associés**, leur nombre étant limité à cinquante. La majorité des droits de vote de la société doit être détenue par des

commissaires aux comptes ou des sociétés de commissaires aux comptes inscrits ou des professionnels régulièrement agréés dans un autre État membre de l'Union européenne pour l'exercice du contrôle légal des comptes. Le ou les gérants doivent être des commissaires aux comptes inscrits ou régulièrement agréés dans un autre État membre (C. com. art. L 822-1-3). Le **patrimoine** de la société est distinct de celui des associés ;
– le capital social est fixé librement par les statuts et peut donc, théoriquement, n'être que d'un euro (voir n° 1461 et Mémento Sociétés commerciales n° 30140). Les parts représentant des apports en numéraire doivent être libérées d'au moins un cinquième de leur montant à la constitution, la libération du surplus devant intervenir dans un délai de cinq ans (C. com. art. L 223-7, al. 1) ;
– sauf cas particulier (action en comblement de passif, octroi de garanties personnelles à la demande des créanciers sociaux...), la **responsabilité** des associés est en principe limitée au montant des apports consentis à la société (C. com. art. L 223-1, al. 1).

En cas d'apport en nature, les associés sont solidairement responsables pendant une période de cinq ans de la valeur de ces apports vis-à-vis des tiers s'ils retiennent une valeur supérieure à celle qui a été admise par le commissaire aux apports ou lorsqu'il n'y a pas eu de commissaire aux apports (C. com. art. L 223-9, al. 4).

N'est envisagée à ce stade que la responsabilité attachée à la forme juridique examinée. S'agissant de la responsabilité civile liée à l'exercice de l'activité professionnelle, se reporter aux n°s 12100 s.

Fiscalement, les sociétés à responsabilité limitée pluripersonnelles de commissariat aux **1517** comptes sont assujetties à l'**impôt sur les sociétés** (Mémento Fiscal n° 35665).

Le régime fiscal des sociétés à responsabilité limitée de famille n'est pas applicable aux activités libérales (Mémento Fiscal n° 36960).

Les gérants associés de SARL pluripersonnelles relèvent du régime général de la **sécurité** **1518** **sociale** dès lors qu'ils sont rémunérés et détiennent au plus la moitié du capital social (Mémento Social n° 28450) ; les gérants majoritaires ou appartenant à un collège de gérance majoritaire relèvent du régime des travailleurs non salariés. Quant aux gérants minoritaires non rémunérés, ils ne relèvent d'aucun régime obligatoire. S'agissant des associés non gérants, ils peuvent obtenir un **contrat de travail** à condition de ne pas s'immiscer dans la gestion de la société (Mémento Sociétés commerciales n° 34000).

Même lorsqu'il relève du régime général, le commissaire aux comptes inscrit doit cotiser à la **caisse de retraite** des professions libérales, la Cavec, dès lors qu'il a des mandats à titre personnel ou qu'il est inscrit à l'ordre des experts-comptables. Il y a alors cumul de cotisations, mais aussi cumul des droits à la retraite (CSS art. L 642-4).

Remarque : On retrouve dans la société à responsabilité limitée pluripersonnelle de **1519** commissariat aux comptes les avantages et inconvénients classiques de ce type de société et notamment, au rang des **avantages**, le montant qui peut être très modique de l'apport initial, la responsabilité limitée des associés et la possibilité de mettre en place une structure suffisamment étoffée pour gérer une clientèle significative. Au rang des **inconvénients**, il convient de souligner la non-affiliation au régime général de la sécurité sociale des gérants majoritaires et enfin la difficulté à remplacer le gérant en l'absence de « juste motif » (sauf à lui verser une indemnité...).

Société anonyme

La société anonyme relève de l'exercice collégial de la profession. Elle doit satisfaire aux **1525** conditions de l'article L 822-1-3 du Code de commerce pour être inscrite sur la liste des commissaires aux comptes.

L'exercice sous forme de société anonyme présente les caractéristiques suivantes (pour **1526** plus d'informations, voir Mémento Sociétés commerciales n°s 37000 s.) :
– depuis le 12 septembre 2015, une société anonyme dont les titres ne sont pas admis aux négociations sur un marché réglementé est constituée au **minimum de deux associés** (C. com. art. L 225-1) ;
– le quota de la majorité des droits de vote devant être détenus par des commissaires aux comptes ou des sociétés de commissaires aux comptes inscrits ou des professionnels régulièrement agréés dans un autre État membre de l'Union européenne doit être respecté. Les fonctions de président du conseil d'administration ou du directoire, de directeur général unique, de président du conseil de surveillance, de directeur général et

CADRE LÉGAL ET INSTITUTIONNEL   © Éd. Francis Lefebvre

de directeur général délégué doivent également être exercées par des commissaires aux comptes inscrits ou régulièrement agréés dans un autre État membre. Enfin, ceux-ci doivent également représenter au moins la majorité des membres des organes de gestion, d'administration, de direction ou de surveillance de la société (C. com. art. L 822-1-3). Le **patrimoine** de la société est distinct de celui des actionnaires ;
– le **capital** doit s'élever au **minimum** à 37 000 € ;

Le capital doit être libéré au minimum à hauteur de la moitié de la valeur nominale à la constitution de la société, la libération du surplus devant intervenir dans un délai maximum de cinq ans (C. com. art. L 225-3, al. 2 sur renvoi de l'art. L 225-12).

– la **responsabilité des actionnaires** est limitée au montant des apports consentis à la société (C. com. art. L 225-1), sauf cas exceptionnel de mise en cause de la responsabilité des actionnaires dirigeants dans le cadre d'une procédure de liquidation judiciaire ou d'engagement personnel des actionnaires en garantie de prêts consentis à la société.

N'est envisagée à ce stade que la responsabilité attachée à la forme juridique examinée. S'agissant de la responsabilité civile liée à l'exercice de l'activité professionnelle, se reporter aux nos 12100 s.

S'agissant de la possibilité offerte aux commissaires aux comptes de déclarer insaisissables leurs droits sur l'immeuble où est fixée leur résidence principale ainsi que sur tout bien foncier bâti ou non bâti qu'ils n'ont pas affecté à leur usage professionnel, voir no 1450.

1527   Les sociétés anonymes de commissariat aux comptes sont obligatoirement assujetties à l'**impôt sur les sociétés** (Mémento Fiscal no 35665).

Les **dirigeants** de sociétés anonymes (président du conseil d'administration, directeurs généraux, membres du directoire) sont assimilés à des **salariés**. Ils relèvent en conséquence du régime général de la sécurité sociale et leur rémunération est imposée dans la catégorie des traitements et salaires (Mémento Fiscal no 23550). Les rémunérations prévues par l'article L 225-45 du Code de commerce (anciennement appelées **jetons de présence**) versées aux organes de direction sont imposées dans la catégorie des revenus mobiliers, sauf si elles sont attribuées aux administrateurs exerçant des fonctions de direction, auquel cas elles sont imposées dans la catégorie des traitements et salaires (Mémento Fiscal no 23580).

Même lorsqu'il relève du régime général, le commissaire aux comptes inscrit doit cotiser à la **caisse de retraite** des professions libérales, la Cavec, dès lors qu'il a des mandats à titre personnel ou qu'il est inscrit à l'ordre des experts-comptables. Il y a alors cumul de cotisations, mais aussi cumul des droits à la retraite (CSS art. L 642-4).

1528   **Remarque** : On retrouve dans la société anonyme de commissariat aux comptes les avantages et inconvénients classiques de ce type de société. Parmi les **avantages**, on trouve notamment la crédibilité, le formalisme réduit des cessions d'actions, la responsabilité limitée des actionnaires, l'affiliation au régime général de sécurité sociale des dirigeants et la possibilité de mettre en place une structure suffisamment étoffée pour gérer une clientèle significative. Ces avantages ont pour **contrepartie** la nécessité d'une mise de fonds en capital relativement importante par rapport aux autres formes juridiques, l'obligation de réunir un minimum d'actionnaires, ainsi que la lourdeur du formalisme juridique attaché au fonctionnement de la société.

Au total, la forme de société anonyme devrait être aujourd'hui réservée aux **structures particulièrement importantes**, dont les besoins de financement ne peuvent être assurés par un cercle restreint de personnes. Dans les autres cas, les commissaires aux comptes auront tout avantage à comparer soigneusement les mérites de la société anonyme avec ceux de la société à responsabilité limitée et surtout avec ceux de la société par actions simplifiée.

Société par actions simplifiée

1535   La société par actions simplifiée (**SAS**) pluripersonnelle relève de l'exercice collégial de la profession. Elle doit satisfaire aux conditions de l'article L 822-1-3 du Code de commerce pour être inscrite sur la liste des commissaires aux comptes (nos 1036 s.).

1536   L'exercice sous forme de société par actions simplifiée pluripersonnelle présente les caractéristiques suivantes (pour plus d'informations, voir Mémento Sociétés commerciales nos 60000 s.) :
– le capital de la SAS pluripersonnelle est détenu par un **minimum de deux associés**. Le nombre d'associés n'est pas limité. Le quota de la majorité des droits de vote détenus

© Éd. Francis Lefebvre   **CADRE LÉGAL ET INSTITUTIONNEL** ▌

par des commissaires aux comptes ou des sociétés de commissaires aux comptes inscrits ou des professionnels régulièrement agréés dans un autre État membre de l'Union européenne pour l'exercice du contrôle légal des comptes doit être respecté et les fonctions de dirigeant, notamment celle de président, sont obligatoirement exercées par des commissaires aux comptes inscrits ou des professionnels régulièrement agréés dans un autre État membre (C. com. art. L 822-1-3). Enfin, ceux-ci doivent représenter au moins la majorité des membres des organes de gestion, d'administration, de direction ou de surveillance mis en place par les statuts. Le patrimoine de la société est distinct de celui des associés ;

– le **capital social** est librement fixé par les statuts (C. com. art. L 210-2 applicable par renvoi de l'art. L 227-1 du même code). Les règles en matière de libération du capital sont les mêmes que celles applicables aux sociétés anonymes (voir n° 1526) ;

– la **responsabilité des associés** est limitée au montant des apports consentis à la société, sauf cas exceptionnel de mise en cause de la responsabilité des dirigeants dans le cadre de redressement ou de liquidation judiciaire ;

> N'est envisagée à ce stade que la responsabilité attachée à la forme juridique examinée. S'agissant de la responsabilité civile liée à l'exercice de l'activité professionnelle, se reporter aux n°s 12100 s.
>
> S'agissant de la possibilité offerte aux commissaires aux comptes de déclarer insaisissables leurs droits sur l'immeuble où est fixée leur résidence principale ainsi que sur tout bien foncier bâti ou non bâti qu'ils n'ont pas affecté à leur usage professionnel, voir n° 1450.

– les sociétés par actions simplifiées de commissariat aux comptes sont en principe assujetties à l'**impôt sur les sociétés** (Mémento Fiscal n° 35665) ;

– les **dirigeants** de sociétés par actions simplifiées ont sur le terrain fiscal le statut de salarié puisque les SAS sont assimilées fiscalement à des sociétés anonymes (CGI art. 1655 quinquies).

Leur rémunération est donc imposée dans la catégorie des traitements et salaires (Mémento Fiscal n° 23595). Par ailleurs, l'article 7 de la loi 2001-1246 du 21 décembre 2001 a entériné le principe du rattachement des dirigeants des sociétés par actions simplifiées au régime général de la sécurité sociale.

> Même lorsqu'il relève du régime général, le commissaire aux comptes inscrit doit cotiser à la caisse de retraite des professions libérales, la Cavec, dès lors qu'il a des mandats à titre personnel ou qu'il est inscrit à l'ordre des experts-comptables. Il y a alors cumul de cotisations, mais aussi cumul des droits à la retraite (CSS art. L 642-4).

Remarque : La société par actions simplifiée cumule un nombre important de qualités qui attirent les professionnels. Elle offre en effet la plupart des avantages qui ont fait le succès de la société anonyme : formalisme réduit des cessions d'actions, responsabilité limitée des associés, assimilation des dirigeants à des salariés sur les terrains fiscal et social, possibilité de mettre en place une structure suffisamment étoffée pour gérer une clientèle importante, capital fixé librement dans les statuts depuis la loi de modernisation de l'économie du 4 août 2008. Par ailleurs, elle ouvre la possibilité de mettre en place cette structure sans recourir à des associés de complaisance, et d'en simplifier considérablement le fonctionnement par un aménagement approprié des statuts, pour lesquels une grande liberté est permise. Une attention particulière doit toutefois être apportée à la rédaction du pacte social, sous peine de s'exposer ultérieurement à des incertitudes ou à des litiges internes susceptibles de perturber le fonctionnement de la société. **1537**

Sociétés d'exercice libéral

Différentes formes possibles Le législateur a prévu que pouvaient être constituées, « pour l'exercice d'une profession libérale soumise à un statut législatif ou réglementaire, ou dont le titre est protégé, des sociétés à responsabilité limitée, des sociétés anonymes, des sociétés par actions simplifiées ou des sociétés en commandite par actions régies par le livre II du Code de commerce » (Loi 90-1258 du 31-12-1990 art. 1, al. 1, modifié par l'ordonnance 2016-394 du 31-3-2016) et les dispositions du livre II de la partie réglementaire du Code de commerce, sous réserve des dispositions des articles R 822-38 à R 822-70 et R 822-97 à R 822-106 du Code de commerce (C. com. art. R 822-98). **1545**

La société en commandite par actions ne peut être retenue par les commissaires aux comptes (voir n° 1440), ce qui restreint à trois le nombre de formes juridiques possibles : société à responsabilité limitée, société anonyme, société par actions simplifiée.

CADRE LÉGAL ET INSTITUTIONNEL © Éd. Francis Lefebvre

Nous ne reviendrons pas ci-après sur le cas particulier de la société d'exercice libéral à responsabilité limitée unipersonnelle, examiné au n° 1470.

La loi 2011-331 du 28 mars 2011 de modernisation des professions judiciaires ou juridiques et certaines professions réglementées a par ailleurs assoupli les règles de composition du capital social des sociétés d'exercice libéral (SEL) et modifié le régime des sociétés de participations financières de profession libérale (SPFPL) pouvant prendre des participations dans les SEL (voir n° 1547). Pour les dispositions particulières relatives aux SPFPL, voir n° 1560.

1546 **Constitution et immatriculation de la société** Un ou plusieurs commissaires aux comptes inscrits peuvent constituer entre eux une société d'exercice libéral, dans les conditions prévues à l'article L 822-1-3 du Code de commerce et aux articles 5 et 6 de la loi 90-1258 du 31 décembre 1990 modifiés par la loi 2015-990 du 6 août 2015, avec les personnes mentionnées à cet article.

Le siège de la société doit être fixé dans le ressort de la compagnie régionale à laquelle est rattaché le plus grand nombre d'associés en exercice. Si deux ou plusieurs compagnies régionales comptent le même nombre d'associés, le siège peut être fixé au choix des associés dans l'une de celles-ci (C. com. art. R 822-39, al. 1).

La société ne pourra être immatriculée au registre du commerce et des sociétés et exercer la profession de commissaire aux comptes qu'après son inscription sur la liste (C. com. art. R 822-47).

Cette demande d'inscription est présentée collectivement par les associés et elle doit être accompagnée d'un dossier comprenant la liste des pièces mentionnées au n°s 1040 et 1045.

La demande d'immatriculation de la société au registre du commerce et des sociétés est établie conformément aux conditions des articles R 123-31 et suivants du Code de commerce (C. com. art. R 822-48).

1547 **Caractéristiques communes** Les principales caractéristiques communes aux sociétés d'exercice libéral de commissaires aux comptes sont les suivantes (Loi 90-1258 du 31-12-1990 modifiée par la loi 2015-990 du 6-8-2015 ; dispositions du livre II du Code de commerce) :

– l'**objet social** de ces sociétés ne peut être mixte, en l'absence de décret ;

– plus de la moitié du **capital social** et **des droits** de vote des sociétés d'exercice libéral doivent en principe être détenus par des commissaires aux comptes en exercice au sein de la société soit directement, soit par l'intermédiaire :

• d'une société visée à l'article 220 quater A du CGI, si les membres de cette société sont commissaires aux comptes au sein de la SEL, ou

• d'une société de participations financières de professions libérales (SPFPL) (Loi 90-1258 art. 5, modifié par la loi 2015-990 du 6-8-2015).

La majorité du capital social de la SEL ne peut être détenue par une SPFPL que si la majorité du capital et des droits de vote de cette SPFPL est détenue par des professionnels exerçant la même profession que celle constituant l'objet social de la SEL (Loi 90-1258 art. 31-1, introduit par la loi 2011-331 du 28-3-2011).

La loi 2015-990 du 6 août 2015 a par ailleurs ouvert la détention majoritaire des droits de vote aux professionnels exerçant **en dehors de la SEL** (article 6, I, 1° de la loi précitée).

Ainsi, plus de la moitié du capital et des droits de vote des sociétés d'exercice libéral peut aussi être détenue :

– directement par des personnes exerçant la profession constituant l'objet social de la société, établies en France ou dans un autre État de l'Union européenne ou de l'Espace économique européen ou en Suisse ;

– ou par l'intermédiaire de SPFPL mono-professionnelles dont la majorité du capital et des droits de vote est détenue par des personnes exerçant la même profession que celle exercée par les sociétés faisant l'objet de la détention des parts ou actions ou d'une SPFPL pluriprofessionnelle dont la majorité du capital et des droits de vote est détenue par des professionnels exerçant la même profession que celle constituant l'objet social de la société d'exercice libéral.

Les dispositions du I de l'article 5 de la loi du 31 décembre 1990 règlementent par ailleurs la détention de la minorité du capital de la société et des droits de vote.

En outre, en application de l'article L 822-1-3 du Code de commerce, la majorité des droits de vote doit être détenue par des commissaires aux comptes ou des sociétés de commissaires aux comptes inscrits, ou des professionnels régulièrement agréés dans un autre État membre de l'Union européenne pour l'exercice du contrôle légal des comptes :

• les fonctions de gérant, de président du conseil d'administration ou du directoire, de directeur général unique, de président du conseil de surveillance et de directeur général

© Éd. Francis Lefebvre | **CADRE LÉGAL ET INSTITUTIONNEL**

et de directeur général délégué sont assurées par des commissaires aux comptes inscrits ou régulièrement agréés dans un autre État membre ; la majorité au moins des membres des organes de gestion, d'administration, de direction ou de surveillance doit être des commissaires aux comptes inscrits ou régulièrement agréés dans un autre État membre (C. com. art. L 822-1-3) ;

• chaque **associé** de la société d'exercice libéral est **responsable** sur l'ensemble de son **patrimoine** des actes professionnels qu'il accomplit, et la société est solidairement responsable avec lui (Loi du 31-12-1990 art. 16).

C'est pourquoi il est intéressant pour tout commissaire aux comptes associé d'une SEL de profiter de la possibilité qui lui est offerte par la loi du 1er août 2003 sur l'initiative économique. Il peut en effet déclarer, au bureau des hypothèques, insaisissables ses droits sur l'immeuble où est fixée sa résidence principale ainsi que sur tout bien foncier bâti ou non bâti qu'il n'a pas affecté à son usage professionnel (C. com. art. L 526-1 ; voir P. Bouteiller, Les nouvelles mesures de protection du patrimoine de l'entrepreneur individuel, JCP éd. E. 2003, 1359 ; voir cette position de la CNCC interprétant de façon large la loi Dutreil in Bull. CNCC n° 139-2005 p. 494 et 496). Afin que la déclaration puisse être opposable aux créanciers dont les droits naîtront postérieurement, le commissaire aux comptes devra procéder à la publication dans un journal d'annonces légales d'un extrait de sa déclaration (C. com. art. L 526-2, al. 3).

À la différence d'une société civile professionnelle, l'associé n'est tenu que des actes qu'il a accomplis et non pas de ceux réalisés par ses coassociés.

Sur la question de la responsabilité civile liée à l'exercice de l'activité professionnelle, voir également n°s 12100 s.

En ce qui concerne le **passif social** de la société, la responsabilité des associés est limitée au montant des apports.

Caractéristiques propres à certaines formes de sociétés d'exercice libéral La loi du 31 décembre 1990 prévoit une mesure dérogatoire spécifique à l'une des formes juridiques de la société d'exercice libéral : l'article 8, concernant la société anonyme et la société par actions simplifiée, dispose que les **actions** de ces sociétés revêtent la **forme nominative** et réserve les actions à **droit de vote double** aux seuls professionnels en exercice au sein de la société.

Sous réserve de ces dispositions, et des dispositions communes décrites au n° 1547, ce sont les **dispositions de droit commun des sociétés commerciales** qui s'appliquent aux sociétés à responsabilité limitée, sociétés anonymes et sociétés par actions simplifiées d'exercice libéral. On pourra donc se reporter respectivement aux n°s 1515, 1525 et 1535 pour connaître le droit commun applicable à ces trois types de société. **1548**

Remarque : La possibilité de réduire à trois le **nombre d'actionnaires** dans les sociétés anonymes d'exercice libéral n'est pas dénuée d'intérêt, même si le développement de la SAS tend à relativiser cet avantage. **1549**

Les règles de responsabilité rappelées ci-dessus peuvent néanmoins paraître assez dissuasives, la **responsabilité financière** du professionnel n'étant pas limitée à ses apports pour ses actes professionnels. Cela explique sans doute le succès modeste rencontré par cette forme juridique auprès des professionnels.

Société en participation d'exercice libéral

La société en participation est régie par les articles 22 et 23 de la loi du 31 décembre 1990 et à titre supplétif par les dispositions des articles 1871 à 1873 du Code civil. Les dispositions des articles R 822-107 à R 822-110 du Code de commerce s'appliquent par ailleurs aux sociétés en participation. **1555**

En revanche, les dispositions des articles R 822-38 à R 822-70 du Code de commerce, communes aux sociétés de commissaires aux comptes, ne sont pas applicables aux sociétés en participation (C. com. art. R 822-110).

Il ne peut s'agir pour les professionnels que de sociétés en participation **ostensibles** et non pas occultes.

Les commissaires aux comptes peuvent en effet exercer sous la forme d'une société en participation dès lors que sa constitution a fait l'objet d'un **avis publié** dans un journal d'annonces légales au siège social de la société, s'il en existe un, ou au lieu d'exercice de chacun des associés (C. com. art. R 822-108).

L'appartenance à la société, avec sa dénomination, doit être indiquée dans les actes professionnels et les correspondances de chaque associé (C. com. art. R 822-109).

71

CADRE LÉGAL ET INSTITUTIONNEL © Éd. Francis Lefebvre

L'inscription de la société sur la liste visée au I de l'article L 822-1 du Code de commerce n'est pas requise par les textes. Elle n'est pas soumise aux dispositions de l'article L 822-1-3 du Code de commerce.

1556 Les principales caractéristiques de ces sociétés sont les suivantes :
– un **minimum de deux associés** est requis pour pouvoir constituer la société ;
– la société n'a pas la personnalité morale : elle n'a donc pas de **capital social** ;
– compte tenu du caractère ostensible de la société en participation, la **responsabilité des associés** est indéfinie pour les engagements pris par chacun d'eux, en qualité d'associé, à l'égard des tiers. Depuis le 30 mars 2011, cette responsabilité n'est plus solidaire, la loi de modernisation des professions judiciaires et réglementées ayant supprimé ce principe dérogatoire aux principes du Code civil (Loi 90-1258 du 31-12-1990 art. 23, al. 1 modifié par la loi 2011-331 du 28-3-2011).

Sur la question de la responsabilité civile liée à l'exercice de l'activité professionnelle, voir également n°s 12100 s.

1557 Remarque :
Les associés de la société bénéficient en conséquence d'une **grande latitude** pour organiser son fonctionnement, sous réserve de respecter les articles 22 et 23 de la loi du 31 décembre 1990 et les articles 1872 à 1872-1 du Code civil.

L'**utilité pratique** de la société en participation au plan de l'exercice collégial reste cependant **limitée** dans la mesure où elle ne peut pas détenir de mandats ni utiliser le titre de commissaire aux comptes.

Société de participations financières de professions libérales

1560 Les sociétés de participations financières de professions libérales (SPFPL) sont des **sociétés holding** qui peuvent être constituées entre personnes physiques ou personnes morales exerçant une ou plusieurs professions libérales soumises à un statut législatif ou réglementaire (ou dont le titre est protégé), établies en France ou dans un État de l'Union européenne ou de l'Espace économique européen ou encore en Suisse. L'objet des SPFPL est la détention des parts ou d'actions de sociétés d'exercice libéral ou de sociétés commerciales ainsi que la participation à tout groupement de droit étranger ayant pour objet l'exercice de la même profession (art. 31-1 et 31-2 de la loi 90-1258 du 31-12-1990 modifiés par l'ordonnance 2016-394 du 31-3-2016).

Les SPFPL peuvent se créer sous les formes juridiques suivantes : SARL, SA, SAS ou SCA. La constitution d'une SPFPL est soumise à la publication du décret d'application relatif à la profession concernée. En l'occurrence, en ce qui concerne la profession de commissaire aux comptes, le décret 2016-1218 du 13 septembre 2016 a modifié le décret 2011-1892 du 14 décembre 2011 pris pour l'application de la loi 90-1258 du 31 décembre 1990 permettant aux commissaires aux comptes de créer des SPFPL.

La constitution de la société fait l'objet d'une déclaration adressée par les associés, qui désignent un mandataire commun, à la Compagnie nationale des commissaires aux comptes. Une copie des statuts de la société est jointe à la déclaration, qui comprend la liste des associés avec indication, selon le cas, de leur profession ou de leur qualité suivie, pour chacun, de la mention de la part de capital qu'il détient dans la société (C. com. art. R 822-113). Une SPFPL doit être inscrite sur la liste ou au tableau de l'ordre (ou des ordres) professionnel(s) concernés par les professions qui constituent ladite société (Décret 2014-354 du 19-3-2014). Un arrêté du 14 décembre 2011 prévoit que la CNCC dresse la liste des SPFPL de commissaires aux comptes, la mette à jour et la publie par voie électronique. Cette liste est transmise avant le 31 décembre de chaque année au Haut Conseil du commissariat aux comptes (C. com. art. R 822-114).

SPFPL de commissaires aux comptes (article 31-1 de la loi 90-1258 modifié par la loi 2015-990 du 6-8-2015) : Les règles relatives à la création, au fonctionnement et au contrôle des SPFPL de commissaires aux comptes ont été définies par le décret 2011-1892 du 14 décembre 2011 modifié par le décret 2016-1218 du 13 septembre 2016 (C. com. art. R 822-111 s.). La constitution d'une SPFPL uniprofessionnelle a pour objectif de permettre aux professionnels de se regrouper au sein d'une société holding, de permettre la création de filiales et, in fine, de faciliter les transmissions et cessions de cabinets.

Ces sociétés doivent être constituées dans le respect des dispositions de l'article L 822-1-3 du Code de commerce et la majorité des droits de vote doit donc être détenue par des commissaires aux comptes ou des sociétés de commissaires aux comptes inscrits,

72

© Éd. Francis Lefebvre CADRE LÉGAL ET INSTITUTIONNEL

ou des professionnels régulièrement agréés dans un autre État membre pour l'exercice du contrôle légal des comptes.

SPFPL pluriprofessionnelles : La loi 2011-331 du 28 mars 2011 marque une ouverture vers le développement de **liens capitalistiques interprofessionnels** des professions du chiffre et du droit, en permettant la création de sociétés de participations financières.

Ainsi, des avocats, des notaires, des huissiers de justice, des commissaires-priseurs judiciaires, des experts-comptables, des commissaires aux comptes, des conseils en propriété industrielle, peuvent créer une même société de participations financières détenant des parts dans des sociétés d'exercice professionnel ayant pour objet l'exercice de deux ou plusieurs de ces professions. Plus de la moitié du capital et des droits de vote doit alors être détenue par des personnes exerçant les mêmes professions que celles exercées par les sociétés faisant l'objet d'une prise de participation.

Groupement d'intérêt économique

Utilité et limites Les groupements d'intérêt économique (**GIE**) sont régis par les **1565** articles L 251-1 à 251-23 du Code de commerce. Ils ont vocation à faciliter ou à développer l'activité économique de leurs membres, à améliorer ou à accroître les résultats de cette activité (C. com. art. L 251-1, al. 2). Le but du groupement n'est pas de réaliser des bénéfices pour lui-même. L'activité du GIE doit se rattacher à l'activité économique de ses membres et avoir un caractère auxiliaire par rapport à celle-ci (C. com art. L 251-1, al. 3). Le GIE apparaît donc essentiellement comme un groupement qui peut être utilisé par des professionnels dans le **prolongement de leur activité** pour **mettre en commun leurs moyens**.

Il ne peut être inscrit sur la liste des commissaires aux comptes. Il n'est donc pas soumis aux dispositions de l'article L 822-1-3 du Code de commerce.

En aucun cas un GIE ne peut empiéter sur l'activité de ses membres. Un GIE qui absorberait l'activité de ses membres serait frappé de nullité.

Principales caractéristiques Les principales caractéristiques du GIE sont les **1566** suivantes (voir pour tout complément d'information Mémento Sociétés commerciales n⁰ˢ 96500 s.) :
– la constitution d'un GIE requiert un **minimum de deux adhérents** (C. com. art. L 251-1) ;
– aucun **capital minimum** n'est requis (C. com. art. L 251-3) ;
– le groupement d'intérêt économique jouit de la personnalité morale mais n'est pas responsable en son nom propre. Ses membres sont tenus de ses **dettes** sur leur propre patrimoine (C. com. art. L 251-6, al. 1).

Remarques : Les règles de fonctionnement du GIE sont beaucoup plus succinctes que **1567** celles d'une société commerciale mais, comme nous l'avons vu, il ne peut constituer à proprement parler un cadre d'exercice de la profession.

Les commissaires aux comptes qui seront amenés à utiliser la formule du GIE dans le prolongement de leur activité devront définir avec une attention particulière son **objet social**, de façon qu'il ne puisse être considéré par les tiers comme exerçant la profession de commissaire aux comptes sans être inscrit préalablement sur une liste près une cour d'appel.

Ainsi pourrait-il être expressément précisé que les membres du groupement sont seuls titulaires des missions de commissariat aux comptes et qu'il n'est fait appel au GIE que pour une mission résultant de son objet social, s'inscrivant dans le prolongement de l'activité des commissaires aux comptes (Bull. CNCC n⁰ 34-1979 p. 243).

III. Exercice du commissariat aux comptes en société

Cette troisième et dernière partie consacrée aux modalités d'exercice de la profession **1610** recense un certain nombre d'aspects pratiques qui sont à prendre en compte par les professionnels ayant opté pour l'exercice en société. Nous aborderons successivement :
– la rédaction des statuts de la société (voir n⁰ 1630) ;
– les règles de fonctionnement de la société (voir n⁰ 1645) ;

CADRE LÉGAL ET INSTITUTIONNEL © Éd. Francis Lefebvre

– les conséquences pratiques des mouvements pouvant intervenir dans l'actionnariat de la société (voir n° 1710) ;
– l'incidence sur l'actionnariat de la société de la suspension ou de la radiation d'un associé (voir n° 1750) ;
– la survenance d'événements susceptibles de remettre en cause la continuité de l'exploitation (voir n° 1770).

A. Rédaction des statuts

1630 La Compagnie nationale des commissaires aux comptes a mis au point des exemples de statuts, qui sont disponibles auprès des compagnies régionales. Ces documents peuvent être adaptés par les rédacteurs à condition toutefois de respecter les dispositions impératives du Code de commerce.

1631 Les **exemples de statuts** publiés à la date de mise à jour de ce Mémento concernent :
– les sociétés de commissaires aux comptes et d'experts-comptables constituées sous forme de société anonyme avec conseil d'administration mis à jour en février 2012 ;
– les sociétés de commissaires aux comptes et d'experts-comptables constituées sous forme de société anonyme avec directoire et conseil de surveillance mis à jour en juillet 2012 ;
– les sociétés de commissaires aux comptes et d'experts-comptables constituées sous forme de sociétés par actions simplifiées mis à jour en mai 2017 ;
– les sociétés de commissaires aux comptes et d'experts-comptables constituées sous forme de sociétés par actions simplifiées unipersonnelles mis à jour en juillet 2012 ;
– les sociétés de commissaires aux comptes et d'experts-comptables constituées sous forme de société à responsabilité limitée mis à jour en juillet 2012.

B. Règles de fonctionnement

Identification

1645 Outre les mentions prévues à l'article R 123-237 du Code de commerce, toutes les **correspondances** et tous les **documents** émanant de la société doivent comporter la raison ou la dénomination sociale de la société et préciser sa qualité de société de commissaires aux comptes en indiquant sa forme juridique (C. com. art. R 822-56).

Rien n'interdit à une société de commissaires aux comptes d'utiliser un nom commercial distinct de sa dénomination sociale ; le nom commercial doit toutefois être en rapport avec l'activité exercée afin de ne pas prêter à confusion (Bull. CNCC n° 131-2003 p. 491).

Outre ces mentions, la société devra également se conformer aux mentions obligatoires liées à la forme juridique choisie (par exemple : mention du capital social pour les SARL et les SA de commissaires aux comptes).

L'instance nationale de la communication, organe commun à la Compagnie nationale des commissaires aux comptes et au Conseil supérieur de l'ordre des experts-comptables, a précisé dans son troisième rapport d'activité que « la mention de l'appartenance à un réseau ne pouvait être portée à la connaissance du public dès lors que d'autres catégories de professionnels ne respectant pas les règles déontologiques de l'Ordre et de la Compagnie appartenaient à ce réseau » (Bull. CNCC n° 86-1992 p. 200 s.).

La personne exerçant les fonctions de commissaire aux comptes au nom de la société doit indiquer la raison ou dénomination de la société dont elle est membre (C. com. art. R 822-57) afin qu'aucune confusion ne se crée pour les tiers quant à la **personne titulaire du mandat**.

Activité professionnelle des associés

1648 **Principe de l'exercice professionnel dans une seule société** Si un commissaire aux comptes peut être actionnaire ou associé dans plusieurs sociétés de commissaires aux comptes, il ne peut en principe exercer l'activité de commissaire aux comptes que dans une seule société (C. com. art. L 822-9, al. 4). Il en résulte que le représentant légal de la société et le cosignataire ne peuvent signer des rapports que dans une seule société de commissaires aux comptes (Bull. CNCC n° 100-1995 p. 553).

Le non-respect de l'interdiction d'exercer les fonctions censoriales au sein de deux ou plusieurs sociétés de commissaires aux comptes peut entraîner des **sanctions disciplinaires**, allant jusqu'à la radiation des commissaires aux comptes en infraction, ainsi que celle des sociétés dans lesquelles ils exercent. Lesdits commissaires aux comptes et sociétés pourraient également se voir appliquer la procédure de relèvement judiciaire de leurs fonctions prévue par l'article L 823-7 du Code de commerce.

Cependant, depuis l'entrée en vigueur de la loi de sécurité financière du 1er août 2003, l'exercice de l'activité de commissaire aux comptes peut intervenir simultanément **au sein de deux sociétés** lorsque, soit la première société de commissaires aux comptes détient plus de la moitié du capital social de la seconde, soit les associés des deux entités sont communs aux deux sociétés pour au moins la moitié d'entre eux (C. com. art. L 822-9).

Le dernier alinéa de l'article L 822-9 doit faire l'objet d'une interprétation stricte : il s'agit d'une dérogation au 1er alinéa du même article. Par conséquent, un commissaire aux comptes ne pourra exercer son activité simultanément au sein de plus de deux sociétés (Bull. CNCC n° 147-2007 p 489). Cette dérogation est destinée à faciliter l'exercice de la rotation des associés signataires. Au sens strict, sa mise en œuvre suppose à notre avis la **détention directe** de la seconde société de commissaires aux comptes par la première.

Sur la possibilité pour un commissaire aux comptes de signer dans une ou deux sociétés de commissaires aux comptes et de signer également en nom propre, voir n° 1670.

Tenue d'une liste des missions ou prestations détenues par chaque associé   1650

Les sociétés de commissaires aux comptes tiennent à jour, par commissaire aux comptes, la liste des missions ou des prestations réalisées (C. com. art. R 823-10, I modifié par le décret 2020-292 du 21-3-2020).

Tenue d'une comptabilité spéciale des rémunérations perçues   1652

Il doit être établi pour chaque commissaire aux comptes une comptabilité spéciale des rémunérations facturées en distinguant pour chaque personne ou entité auprès de laquelle il exerce des missions ou des prestations, les honoraires, les remboursements de frais et de séjour ainsi que la rémunération pour activité professionnelle à l'étranger (C. com. art. R 823-10, IV).

En pratique, l'ouverture en comptabilité générale de comptes appropriés est suffisante, à condition qu'il y ait une ventilation de ces informations entre les différents associés de la société.

Information mutuelle des associés   1655

Les associés des sociétés de commissariat aux comptes s'informent mutuellement de leur activité au sein de la société (C. com. art. R 822-58). Cet article prévoit expressément que cette information ne constitue pas une violation du secret professionnel auquel sont tenus les commissaires aux comptes en application de l'article L 822-15, al. 1 du Code de commerce.

Sur cette question, se reporter au n° 5371.

Obligation d'assurance de l'activité professionnelle   1658

La société de commissaires aux comptes doit être couverte par une assurance responsabilité civile professionnelle sans préjudice de l'obligation des associés ou des actionnaires de contracter personnellement une assurance (C. com. art. R 822-37 et R 822-60).

La Compagnie nationale des commissaires aux comptes a conclu une assurance groupe responsabilité civile professionnelle couvrant l'ensemble de ses membres. La prime annuelle est appelée chaque année auprès des membres de la Compagnie en même temps que la cotisation.

Établissement d'une liste d'initiés   1660

Les obligations relatives à l'établissement d'une liste d'initiés sont développées dans le cadre du chapitre relatif à l'audit des entités faisant appel aux marchés financiers, voir n° 42750.

Participation à la vie de la compagnie régionale

L'appartenance à une société de commissaires aux comptes ne fait pas perdre le droit des professionnels à participer **en leur nom personnel** aux assemblées générales de leur compagnie régionale (C. com. art. R 821-29).   1665

Le conseil régional ne peut comprendre plus de la moitié de membres appartenant à la même société (C. com. art. R 821-53).

CADRE LÉGAL ET INSTITUTIONNEL   © Éd. Francis Lefebvre

Signature des rapports

1670   Le rapport est signé par le commissaire aux comptes, personne physique, ou, lorsque le mandat est confié à une société de commissaires aux comptes, par la personne mention-née au premier alinéa de l'article L 822-9 qui dispose que « dans les sociétés de commissaires aux comptes inscrites, les fonctions de commissaire aux comptes sont exercées, au nom de la société, par les commissaires aux comptes personnes physiques associés, actionnaires ou dirigeants de cette société qui signent le rapport destiné à l'organe appelé à statuer sur les comptes » (C. com. art. R 823-7 et L 822-9).

Le Haut Conseil du commissariat aux comptes a publié un avis relatif à la désignation des personnes physiques signataires des rapports dans les sociétés de commissaires aux comptes et à leur implication dans l'élaboration desdits rapports (Avis H3C n° 2016-03 du 28-6-2016).

> La Commission des études juridiques considère qu'un commissaire aux comptes personne physique peut signer d'une part dans une ou deux sociétés de commissaires aux comptes dans le respect des conditions de l'article L 822-9 du Code de commerce et d'autre part en nom propre car aucun des textes concernant le statut et l'exercice des fonctions du commissaire aux comptes ne mentionne une quelconque interdiction (Bull. CNCC n° 193-2019 – EJ 2017-100).

1671   **Désignation du commissaire aux comptes signataire**   Dans l'avis précité, le Haut Conseil rappelle la doctrine constante de CNCC concernant les signataires du rapport : « Toute signature du rapport comporte la reconnaissance d'une responsabilité dans le rapport établi. De ce fait, une telle situation implique que le ou les signataires possèdent personnellement une connaissance suffisante de la situation de l'entreprise et qu'ils assument les décisions les plus significatives de la mission et notamment celles qui conduisent à l'expression de l'opinion. »

Ainsi, le Haut Conseil précise que :

– le ou les commissaires aux comptes qui sont désignés comme signataires sont les **décisionnaires de l'opinion** exprimée et maîtrisent suffisamment le dossier pour être en mesure de prendre la **responsabilité** de l'opinion ;

– les autres commissaires aux comptes associés, actionnaires ou dirigeants de la société de commissaires aux comptes qui ne sont pas désignés « signataires » n'ont pas à signer le rapport.

> Il en est ainsi, par exemple, des commissaires aux comptes qui, au titre d'un mandat, ont effectué des contrôles, réalisé des consultations techniques ou encore effectué la revue indépendante mais qui n'ont pas été désignés signataires.

La désignation des signataires peut être régie par des procédures internes mises en place dans les sociétés de commissaires aux comptes.

Elle intervient, en principe, lors de l'acceptation de la mission, pour la durée du mandat. Un accord intervient entre le commissaire aux comptes et l'entité contrôlée sur la personne chargée d'effectuer les contrôles et de signer les rapports.

Un mandataire social peut signer à la fois en tant que mandataire social et en tant que responsable technique sur le même dossier.

> Le changement de responsable technique ne devrait intervenir en cours de mandat que pour des raisons sérieuses tenant au fonctionnement de la société de commissaires aux comptes (départ de l'associé cosignataire) ou à la nature des relations entre le signataire et ses interlocuteurs dans la société contrôlée (Bull. CNCC n° 103-1996 p. 523).
>
> Pour les entités dans lesquelles s'applique l'obligation de rotation prévue par l'article L 822-14 du Code de commerce, la Bonne pratique professionnelle relative à la rotation des associés recommande que la désignation des associés signataires soit formalisée sur chaque dossier dès le démarrage du mandat ou de la mission annuelle en cas de changement de signataire en cours de mandat.

1672   **Implication du commissaire aux comptes signataire**   Chacun des associés signataires devant être en mesure d'assumer les responsabilités qui lui sont confiées, le Haut Conseil précise qu'à l'appui des travaux réalisés par l'équipe d'audit et, le cas échéant, des autres personnes ayant participé à la mission, les signataires doivent procéder à la **revue de certains travaux** et notamment (Avis précité du 28-6-2016) :

– la prise de connaissance de l'entité, l'évaluation du risque d'anomalies significatives au niveau des comptes et la détermination des seuils de signification ;

– l'approche d'audit et le plan de mission ;

– la lettre de mission ;

76

© Éd. Francis Lefebvre   **CADRE LÉGAL ET INSTITUTIONNEL**

– les procédures analytiques permettant la revue de la cohérence d'ensemble des comptes ;
– la conclusion sur l'ensemble des travaux réalisés ;
– la communication avec les organes mentionnés à l'article L 823-16 du Code de commerce et avec la direction de l'entité ;
– l'élaboration du rapport d'audit.
Les heures de travail consacrées au mandat par le signataire et leur importance relative par rapport au budget global du mandat dépendent de la taille et de la complexité de ce dernier.

Représentation du cabinet d'audit Le signataire représente la société de commissaires aux comptes auprès de l'entité. Ce rôle de représentation et d'engagement de la société de commissaires aux comptes caractérise le fait d'être décisionnaire dans l'expression de l'opinion sur les comptes.
Pour le Haut Conseil, il incombe ainsi au signataire d'assurer une présence habituelle aux réunions des organes compétents de l'entité, et notamment à celles au cours desquelles les comptes sont arrêtés. Cette position s'explique notamment par le fait que c'est lors de la réunion de l'organe compétent qui arrête les comptes que le signataire, les signataires le cas échéant ou l'un d'entre eux, va, conformément aux dispositions de l'article L 823-16 du Code de commerce, porter à la connaissance de cet organe les informations prévues par ledit article (Avis précité du H3C).

1673

> En cas de pluralité de signataires, chaque signataire n'assiste pas nécessairement à toutes les réunions de l'organe compétent (ou du comité d'audit).

Lorsqu'une entité contrôlée est dotée d'un comité d'audit, le signataire y participe également.

Cumul de l'exercice professionnel individuel et collégial

Cumul de l'exercice à titre individuel et en société En l'absence de texte l'interdisant, il est **possible** à un commissaire aux comptes de détenir des mandats à titre personnel et d'être, par ailleurs, associé d'une société de commissaires aux comptes dans laquelle il exerce les fonctions de représentant légal ou de responsable technique. L'article L 822-9 du Code de commerce limite l'exercice simultané de l'activité de commissaire aux comptes dans deux sociétés (voir n° 1648), et non le cumul d'une activité à titre individuel avec une activité professionnelle en société.

1685

Cette possibilité a conduit certains professionnels exerçant à la fois à titre individuel et au sein d'une société à faire appel aux services des professionnels de cette société puis, par simplification, à faire **facturer** directement les travaux correspondants par la société employant ces professionnels.

1686

> Sur le caractère impropre du vocable « sous-traitance » pour désigner cette pratique et sur les limites qu'il convient de lui apporter, voir l'avis du Haut Conseil du commissariat aux comptes en date du 24 juin 2010 sur le recours par un commissaire aux comptes à des professionnels qui n'appartiennent pas à la structure d'exercice professionnel titulaire du mandat (voir n°s 10680 s.).

Cette pratique ayant été à l'origine d'un certain nombre de **redressements** par l'administration pour non-déclaration de revenus dans leur catégorie d'imposition, un accord a été conclu avec le Service de législation fiscale (SLF) pour éviter des redressements ultérieurs (Lettre du directeur du Service de législation fiscale au président de la CNCC en date du 3-5-1988 ; Bull. CNCC n° 70-1988 p. 112). Il a été par la suite complété par une réponse ministérielle précisant le champ d'application de cet accord (Rép. Bachelot : JO Déb. AN 12-9-1994 p. 4583 ; Bull. CNCC n° 95-1997 p. 574).

Signature d'une convention d'exclusivité avec la société L'accord intervenu prévoit, pour les commissaires aux comptes faisant intervenir une société de commissaires aux comptes sur des **mandats détenus à titre personnel**, la possibilité de signer sur les bases suivantes une convention d'exclusivité.

1687

> « En principe, les rémunérations acquises par les commissaires aux comptes dans le cadre des missions qui leur sont confiées à titre personnel constituent des recettes professionnelles imposables dans la catégorie des bénéfices non commerciaux.

CADRE LÉGAL ET INSTITUTIONNEL　　　　　　© Éd. Francis Lefebvre

Toutefois, il sera admis que ces **rémunérations** ne soient pas imposées au nom des intéressés mais soient intégrées dans le **chiffre d'affaires de la société** lorsqu'ils auront conclu au préalable une convention d'exclusivité. »

La convention d'exclusivité permet au commissaire aux comptes de ne plus déclarer ses honoraires au titre des bénéfices non commerciaux et de ne plus être assujetti à la TVA.

1688 **Contenu de la convention d'exclusivité** La convention d'exclusivité doit comporter les **engagements** suivants :
– le commissaire aux comptes doit consacrer toute son activité à la société. Concernant l'étendue de cette obligation la CNCC considère que seule l'**activité de commissariat aux comptes** est visée et que l'associé pourrait exercer, par ailleurs, dans une autre société ou bien à titre individuel l'**activité d'expert-comptable**. Toutefois, seule l'administration fiscale est compétente pour préciser les conditions d'application du courrier du 3 mai 1988 (Bull. CNCC n° 108-1997 p. 545) ;
– en cas de retrait de la société, le commissaire doit démissionner de ses mandats détenus à titre personnel ;
– enfin, les honoraires afférents aux mandats détenus à titre personnel sont abandonnés à la société qui est seule habilitée à facturer et à encaisser les honoraires.

1689 **Champ d'application de la convention d'exclusivité** La réponse ministérielle Bachelot est venue préciser que cette convention d'exclusivité ne pouvait être signée que par des commissaires aux comptes **salariés**, associés ou non, d'une société de commissaires aux comptes.
L'**objet social** de la société doit impérativement être le commissariat aux comptes. En effet, une société non inscrite sur la liste des commissaires aux comptes n'est pas habilitée à être détentrice des mandats de commissariat aux comptes en cas de démission du salarié signataire de la convention (en ce sens, Bull. CNCC n° 114-1999 p. 272).
Le commissaire aux comptes doit être salarié au sens fiscal du terme. Un gérant majoritaire d'une SARL ou le gérant associé unique d'une EURL ne peuvent pas prétendre à cette qualité (Bull. CNCC n° 97-1995 p. 107). Il en va de même pour un dirigeant de société anonyme retraité non rémunéré mais dont les cotisations Cavec sont prises en charge par la société (Bull. CNCC n° 117-2000 p. 101).

C. Modifications apportées à la détention du capital

Constitution d'une société holding

1710 La constitution d'une société holding peut intervenir par exemple pour faciliter la reprise de l'activité d'un professionnel dans le cadre de la transmission de son patrimoine. La question qui se pose alors est de déterminer si cette société doit être inscrite sur la **liste** des commissaires aux comptes quand bien même elle n'exercerait pas la profession.

1711 L'article L 822-1-3, 1° du Code de commerce impose que la majorité des droits de vote de la société de commissaires aux comptes soient détenus par des commissaires aux comptes **ou** des sociétés de commissaires aux comptes **inscrits sur la liste prévue au I de l'article L 822-1** ou des contrôleurs légaux des comptes régulièrement agréés dans un autre État membre de l'Union européenne. De plus, lorsqu'une société de commissaires aux comptes détient une participation dans le capital d'une autre société de commissaires aux comptes, les actionnaires ou associés non commissaires aux comptes ne peuvent détenir plus de la majorité de l'ensemble des droits de vote des deux sociétés. La société mère d'une société de commissaires aux comptes doit donc être inscrite sur la liste des commissaires aux comptes dès lors qu'elle détient plus de la moitié des droits de vote, faute de quoi la société filiale ne respecterait plus la condition de détention du capital posée par l'article précité.
Il conviendra par ailleurs que l'objet social mentionné dans les statuts comporte, outre l'activité de prise de participation, l'exercice du commissariat aux comptes et ce même en l'absence d'exercice effectif de la profession.

L'absence de cette mention dans les statuts pourrait conduire la commission régionale à rejeter l'inscription de cette société, ce qui remettrait en cause le maintien sur la liste de la société filiale (Bull. CNCC n° 105-1997 p. 128).

Réunion des parts sociales de la société en une seule main

Le commissaire aux comptes qui devient détenteur de la totalité des parts ou des actions de sa société doit se **mettre en conformité** avec les règles de fonctionnement de celle-ci et **informer** la commission des retraits d'associés intervenus (C. com. art. R 822-52).

Il peut également décider de poursuivre son activité sous une forme unipersonnelle : il lui faudra **adapter** de manière adéquate la forme juridique de sa société et effectuer les **formalités** correspondantes auprès de la commission régionale d'inscription.

1713

Mise en indivision des titres de la société

Les actions indivises ne sont considérées comme détenues par des commissaires aux comptes pour l'application de l'article L 822-1-3 du Code de commerce que si **tous** les indivisaires sont **commissaires aux comptes**.

1716

Démembrement de la propriété des titres de la société

Les actions démembrées ne sont considérées comme détenues par des commissaires aux comptes pour l'application de l'article L 822-1-3 du Code de commerce que si le **nu-propriétaire** et l'**usufruitier** ont le statut de **commissaire aux comptes** (Bull. CNCC nº 83-1991 p. 391).

1720

De même, la qualité d'associé n'est pas reconnue à l'actionnaire qui ne détiendrait plus la **nue-propriété** de ses actions.

> L'associé unique d'une société par actions simplifiée unipersonnelle de commissaires aux comptes qui céderait la nue-propriété de ses actions à un commissaire aux comptes tout en conservant l'usufruit desdites actions ne pourrait plus être considéré comme ayant la qualité d'associé (Bull. CNCC nº 120-2000 p. 605).
>
> Le démembrement de l'action est prévu à l'article L 225-110 du Code de commerce qui dispose dans son premier alinéa : « le droit de vote attaché à l'action appartient à l'usufruitier dans les assemblées générales ordinaires et au nu-propriétaire dans les assemblées générales extraordinaires ». Le même article prévoit dans son dernier alinéa que « les statuts peuvent déroger aux dispositions du premier alinéa ». Un important arrêt de la chambre commerciale de la Cour de cassation du 31 mars 2004 a cependant limité la portée de cette dérogation en exigeant que les statuts laissent à l'usufruitier le pouvoir de voter les décisions concernant l'affectation des bénéfices, en application de l'article 578 du Code civil. Les droits de l'usufruitier ne doivent pas être subordonnés à la volonté du nu-propriétaire. La Cour de cassation a ainsi fait prévaloir le droit des biens sur le droit des sociétés, mais elle ne s'est pas nettement prononcée sur le point de savoir si la qualité d'associé devait être reconnue à l'usufruitier (Bull. CNCC nº 137-2005 p. 129).

Fusion de sociétés de commissaires aux comptes

La loi de sécurité financière a introduit le principe de poursuite des mandats de la société absorbée dans la société absorbante en cas de fusion, sous réserve que la reprise des mandats ne soit pas remise en cause par la plus prochaine assemblée de la société contrôlée.

1725

Lorsqu'une société de commissaires aux comptes est absorbée par une autre société de commissaires aux comptes, la société absorbante poursuit désormais le mandat confié à la société absorbée jusqu'à la date d'expiration de ce dernier (C. com. art. L 823-5, al. 1).

Toutefois, par dérogation au principe de nomination des commissaires aux comptes pour six exercices, la première assemblée générale de la société contrôlée qui se tient après la fusion peut délibérer sur le maintien du mandat, après avoir entendu le commissaire aux comptes (C. com. art. L 823-5, al. 2).

> Si la fusion intervient alors que les formalités de convocation de l'assemblée générale ont été accomplies et que la question du maintien du commissaire aux comptes issu de la fusion n'est pas inscrite à l'ordre du jour de cette assemblée, celle-ci ne peut pas être considérée comme la première assemblée se tenant après la fusion au sens de l'article L 823-5, alinéa 2 (Bull. CNCC nº 133-2004 p. 164).

La société de commissaires aux comptes absorbante se retrouve donc investie des fonctions de la société de commissaires aux comptes absorbée dès réalisation de la fusion sans que l'assemblée générale ne prenne expressément acte de l'opération de fusion ; mais, tant que l'assemblée générale de la société contrôlée par la société de commissaires aux comptes absorbée ne s'est pas tenue, il existe une incertitude sur la poursuite du mandat jusqu'à son expiration.

CADRE LÉGAL ET INSTITUTIONNEL © Éd. Francis Lefebvre

Dans le cas où le mandat du commissaire aux comptes se poursuit, aucune désignation nouvelle n'intervient, de sorte que la société absorbante n'aura pas à fournir de lettre d'acceptation. Néanmoins, les formalités habituelles de publicité relatives à la société contrôlée et constatant le changement de commissaire aux comptes sont requises (pièces justifiant de l'absorption de la société de commissaires aux comptes, publicité dans un journal d'annonces légales, inscription modificative au RCS pour indiquer le changement de commissaire aux comptes, insertion au Bodacc).

L'intervention du commissaire aux comptes suppléant est ainsi écartée. En revanche, le suppléant prendrait la place du titulaire si l'assemblée décidait de ne pas maintenir celui-ci dans ses fonctions dans la société absorbante.

La Commission des études juridiques de la Compagnie nationale des commissaires aux comptes a rappelé que les effets juridiques d'une **scission** de sociétés de commissaires aux comptes sont les mêmes que ceux d'une fusion. Les mandats détenus par la société scindée sont poursuivis par la ou les sociétés bénéficiaires de l'apport, sans que les commissaires aux comptes suppléants ne puissent intervenir, sauf mise en œuvre par les sociétés dans lesquelles ces mandats sont détenus, du dernier alinéa de l'article L 225-229 (devenu L 823-5, al. 2) du Code de commerce (Bull. CNCC n° 137-2005 p. 131).

En revanche, la CNCC relève que les dispositions de l'article L 823-5 du Code de commerce ne s'appliquent pas dans le cas d'apport de mandats détenus par un commissaire personne physique à une société de commissaires aux comptes, existante ou en cours de création. Les mandats détenus à titre personnel par un commissaire aux comptes **ne peuvent être apportés** à une société de commissaires aux comptes (Bull. CNCC n° 178-2015 p. 303 – EJ 2014-33).

Cas particulier de l'apport partiel d'actif portant sur une activité de commissaire aux comptes

1729   Pour bénéficier du régime fiscal de l'apport partiel d'actif placé sous le régime des scissions, la **branche complète d'activité** de commissariat aux comptes doit être apportée à la société bénéficiaire de l'apport.

S'agissant du sort des **mandats** faisant l'objet de l'apport partiel, les commentaires effectués à propos de la fusion nous semblent pouvoir être purement et simplement transposés (n°s 1725 s.).

D. Suspension ou radiation d'un associé

1750   Seules les peines d'interdiction temporaire et de radiation sont susceptibles d'avoir une **incidence sur l'actionnariat** de la société. L'avertissement et le blâme en revanche n'ont pas d'incidence.

Interdiction

1753   L'incidence de l'interdiction temporaire sur l'actionnariat de la société est variable selon que les statuts de la société ont prévu ou non cette mesure disciplinaire comme cause d'exclusion de l'associé.

Si les statuts prévoient que l'associé condamné à la sanction disciplinaire ou pénale d'interdiction temporaire pour une **durée égale ou supérieure à trois mois** peut être **exclu** à l'**unanimité** des autres associés, celui-ci dispose d'un délai de six mois, à compter du jour de notification de la décision d'exclusion, pour céder ses actions ou parts sociales. Les conditions et modalités de la cession, applicables lorsque l'actionnaire ou l'associé n'a pas procédé à la cession dans ce délai, sont déterminées par les statuts (C. com. art. R 822-62 al. 1 modifié par le décret 2020-292 du 21-3-2020). À défaut d'unanimité de la décision, il reste valablement associé avec tous les droits attachés à cette qualité. Toutefois, il ne pourra pas pendant la durée de sa peine exercer son activité de commissaire aux comptes, ni, s'il était par ailleurs membre de l'organe de direction ou dirigeant, exercer ces mandats pendant la durée de la sanction. Il ne perçoit dans ce cas aucune rémunération autre que celle liée à la détention de ses actions ou parts sociales (C. com. art. R 822-62 al. 2 et 4 modifiés par le décret 2020-292 du 21-3-2020). Les dispositions des alinéas 2 et 4 de l'article R 822-62 du Code de commerce sont applicables jusqu'à ce que la cession soit définitive.

Le décret 2020-292 complète ainsi l'article R 822-62 afin que l'associé ou actionnaire concerné ne puisse pas recevoir de rémunération liée à son activité professionnelle. La rémunération des titres de capital étant parfois corrélée à l'activité professionnelle, la disposition vise à distinguer ce qui, dans les dividendes, est corrélé à l'exercice de l'activité professionnelle, dont l'associé ou actionnaire sera privé, et ce qui est

© Éd. Francis Lefebvre

CADRE LÉGAL ET INSTITUTIONNEL

indépendant de l'exercice de l'activité professionnelle, dont l'associé ou actionnaire pourra bénéficier (Bull. CNCC n° 198-2020, Communiqué CNCC relatif au décret 2020-292 du 21-3-2020 relatif aux commissaires aux comptes).

Si les **statuts** de la société **n'ont rien prévu**, le commissaire aux comptes interdit temporairement reste associé de la société, mais les alinéas 2 et 4 de l'article précité trouvent également à s'appliquer (Bull. CNCC n° 106-1997 p. 316).

Radiation

L'actionnaire ou associé radié de la liste cesse d'exercer son activité professionnelle de commissaire aux comptes à compter de la notification de la décision de radiation (C. com. art. R 822-63 modifié par le décret 2020-292 du 21-3-2020).

1755

Dans sa rédaction antérieure, l'article R 822-63 du code précité disposait que l'actionnaire ou associé radié de la liste cessait d'exercer son activité professionnelle de commissaire aux comptes à compter du jour où la décision prononçant la radiation était définitive.

Lorsqu'il s'agit d'une **société civile professionnelle**, ses parts sociales sont cédées dans les conditions fixées à l'article R 822-89 du Code de commerce (C. com. art. R 822-63 modifié par le décret 2020-292 du 21-3-2020).

À défaut d'agrément du cessionnaire par la société, celle-ci doit se porter acquéreuse des titres.

Lorsqu'il s'agit d'une **autre société** de commissaires aux comptes, l'actionnaire ou l'associé dispose d'un délai de six mois à compter du jour où la radiation est devenue définitive, pour céder tout ou partie de ses parts ou actions, le cas échéant, en respectant la procédure d'agrément prévue par les articles L 223-14 et L 228-24. Si à l'expiration de ce délai aucune cession n'est intervenue, la société dispose d'un délai de six mois pour notifier aux actionnaires ou associés un projet de cession des actions ou parts sociales de l'actionnaire ou de l'associé radié à un tiers ou à un associé ou actionnaire, ou un projet de rachat de ces mêmes actions ou parts sociales par elle-même. Si le prix proposé pour la cession ou le rachat n'est pas accepté par le cédant, il est fixé conformément à l'article 1843-4 du Code civil. Si l'associé refuse de signer l'acte de cession d'actions ou de parts sociales, la cession résulte de la sommation effectuée dans les formes prévues par l'article 1690 du Code civil et demeurée infructueuse. (C. com. art. R 822-63 modifié par le décret 2020-292 du 21-3-2020).

E. Remise en cause de la continuité de l'exploitation

Liquidation amiable

La personnalité morale d'une société dissoute subsiste pour les besoins de sa liquidation jusqu'à la clôture de celle-ci (C. com. art. L 237-2, al. 2). Toutefois, l'article 1844-8, alinéa 4 du Code civil exige que la clôture de la liquidation intervienne dans un **délai de trois ans** à compter de la dissolution.

1770

Durant la période de liquidation, la société reste titulaire de ses mandats, sous réserve qu'elle continue de remplir les conditions pour être inscrite sur la liste des sociétés de commissaires aux comptes et que ses représentants légaux soient habilités à signer les rapports.

La société peut, dans ces conditions, servir de cadre à l'exercice des missions de commissariat aux comptes pendant une durée maximum de trois ans après sa dissolution, en application de l'article 1844-8 du Code civil (Bull CNCC n° 117-2000 p. 111).

Sauvegarde, redressement ou liquidation judiciaire

Les sociétés de commissaires aux comptes peuvent faire l'objet d'une procédure collective comme toute société (C. com. art. L 620-1 s.). Les dispositions de droit commun et les règles spécifiques relatives aux professionnels libéraux leur sont applicables.

1772

Désormais, c'est la clôture de la liquidation judiciaire pour insuffisance d'actif, et non l'ouverture de la procédure, qui entraîne automatiquement la dissolution de la société (C. civ. art. 1844-7, 7°).

Cette rédaction a été introduite par l'ordonnance du 12 mars 2014. Voir F. X. Lucas, Bull. Joly 2014, spéc. p. 408 et sur la critique de la rédaction antérieure, id. Bull. Joly 2008, p. 371.

CADRE LÉGAL ET INSTITUTIONNEL © Éd. Francis Lefebvre

Lorsqu'un suppléant a été désigné (voir n° 2129), le commissaire aux comptes titulaire est remplacé par son suppléant en application de l'article L 823-1, alinéa 2 du Code de commerce.

La Commission des études juridiques de la CNCC a rappelé que « pendant la durée de liquidation judiciaire, les mandats dont le commissaire aux comptes est titulaire ne peuvent être cédés puisqu'ils sont exercés par les suppléants » (Bull. CNCC n° 156-2009 p. 698).

Par ailleurs, le représentant de l'ordre professionnel désigné par le tribunal lors de l'ouverture d'une procédure de liquidation judiciaire en application de l'article R 641-36 du Code de commerce (pour les commissaires aux comptes le représentant de la CRCC) est chargé d'exercer les actes de profession et devra notamment s'occuper des relations avec la compagnie régionale et, à la demande du mandataire, pourra aider celui-ci dans sa tâche de liquidation pour des questions pouvant toucher aux activités professionnelles du commissaire aux comptes, au suivi des anciens dossiers (Bull. CNCC n° 155-2009 – p. 604).

La Commission des études juridiques de la CNCC précise qu'en aucun cas le représentant de l'ordre professionnel mentionné ci-avant ne pourra s'immiscer dans les missions effectuées par le ou les commissaires aux comptes ayant suppléé le débiteur en liquidation judiciaire.

SECTION 5

Champ d'application du commissariat aux comptes

A. Principe de nomination obligatoire ou facultative

1870 La nomination d'un commissaire aux comptes peut résulter d'une obligation légale liée au statut sui generis de l'entité contrôlée, d'un dépassement de seuils fixés par le législateur pour un type d'entité donné, de l'obligation d'établir des comptes consolidés, de l'appartenance à un « petit groupe », sous certaines conditions, ou d'une décision volontaire des associés lorsqu'il n'existe pas d'obligation légale de nomination avec dans certains cas la possibilité de demander en justice cette désignation.

Les tableaux ci-après opèrent, entité par entité, un rappel des textes qui rendent **obligatoire** la nomination d'un commissaire aux comptes, ainsi que, le cas échéant, les seuils à partir desquels naît cette obligation.

Dans toutes les autres entités, la nomination d'un commissaire aux comptes est possible à titre **facultatif**. Il en va de même dans les entreprises assujetties à la nomination d'un commissaire en cas de dépassement de certains seuils lorsqu'ils ne sont pas atteints.

En outre, la loi 2019-486 du 22 mai 2019, dite Pacte, a introduit la possibilité pour une société de décider de **limiter la durée de son mandat à trois exercices** lorsque le commissaire aux comptes est désigné (C. com. art. L 823-3-2) :
– par une société de manière volontaire ;
– ou en application des premier ou dernier alinéas de l'article L 823-2-2 du Code de commerce (nomination dans le cadre du dispositif « petits groupes » – voir n° 1890 s.).

Ne sont abordées à ce stade ni les conditions et modalités de nomination du ou des commissaires aux comptes, ni la sanction du défaut de nomination (voir n°s 2100 s.).

B. Tableaux de synthèse

1871 À la suite des nouveautés introduites par la loi dite Pacte nous distinguerons les dispositions applicables :
1. Aux sociétés commerciales qui ne sont pas des entités d'intérêt public : voir n°s 1872 s.
2. Aux entités visées aux premier et dernier alinéas du nouvel article L 823-2-2 du Code de commerce (entités faisant partie d'un « petit groupe ») : voir n°s 1890 s.
3. Aux entités d'intérêt public : voir n° 1940.
4. Aux autres entités : voir n° 1950.

Les personnes et entités astreintes à publier des **comptes consolidés** restent tenues de désigner au moins deux commissaires aux comptes en application de l'article L 823-2 du Code de commerce.

82

Sociétés commerciales (hors EIP)

1872 Nous analyserons tout d'abord les évolutions introduites par la loi dite Pacte (n° 1873) puis les différentes modalités d'entrée en vigueur de ce nouveau dispositif (n°s 1875 s.) et enfin nous présenterons un tableau récapitulatif des dispositions applicables (n° 1885).

1873 **Évolutions introduites par la loi dite Pacte** La loi 2019-486 du 22 mai 2019, dite Pacte, et le décret 2019-514 du 24 mai 2019 introduisent des seuils pour l'obligation de désignation d'un commissaire aux comptes dans les **SA**, les **SCA** et les **SE** qui ne sont pas des EIP alors que préalablement à l'entrée en vigueur de la loi précitée, ces sociétés devaient obligatoirement désigner au moins un commissaire aux comptes, sans condition de seuils (C. com. art. L 225-218, L 226-6 et sur renvoi L 229-1). Ces nouveaux seuils sont dorénavant alignés sur les seuils définis par la directive européenne 2013/34/UE du 26 juin 2013 (dite directive comptable).

Par ailleurs, le niveau des seuils des autres sociétés commerciales (**SAS**, **SARL**, **SNC** et **SCS**) est également relevé et harmonisé au niveau des seuils précités.

S'agissant des **SAS**, l'article 20 de la loi dite Pacte supprime également l'alinéa 3 de l'article L 227-9-1 du Code de commerce, à savoir l'obligation de désigner un commissaire aux comptes lorsque la société contrôle ou est contrôlée par une ou plusieurs sociétés. Le cas échéant, ces sociétés pourront être concernées par le dispositif relatif au « petit groupe » si les conditions fixées à l'article L 823-2-2 du Code de commerce sont respectées (voir n°s 1890 s.).

On rappellera pour mémoire que les **anciens seuils** applicables pour la désignation d'un commissaire aux comptes étaient les suivants :
– pour une SAS : dépassement de deux des trois seuils suivants (Bilan : 1 000 K€ / CA : 2 000 K€ / Effectif : 20 salariés) ;
– pour une SARL/SNC/SCS : dépassement de deux des trois seuils suivants (Bilan : 1 550 K€ / CA : 3 100 K€ / Effectif : 50 salariés).

Sont ainsi tenues de désigner au moins un commissaire aux comptes les SA, SCA, SE, SAS, SARL, SNC et SCS qui dépassent, à la clôture d'un exercice social, deux des trois **seuils** suivants (C. com. art. L 225-118, L 226-6, L 229-1, L 227-9-1, L 223-35, L 221-9, D 221-5, D 225-164-1, D 227-1, D 223-27) :
– chiffre d'affaires hors taxe : 8 M€ ;
– total du bilan : 4 M€ ;
– nombre moyen de salariés au cours de l'exercice : 50.

Par **exception**, les sociétés commerciales qui sont des entités d'intérêt public, des sociétés d'économie mixte locales et des sociétés de gestion de portefeuille restent toutefois tenues de désigner au moins un commissaire aux comptes sans condition de seuils (C. com. art. L 823-2-1, CGCT art. L 1524-8, C. mon. fin. art. L 532-9).

1875 **Entrée en vigueur du dispositif introduit par la loi dite Pacte** Compte tenu de la publication au Journal officiel du 26 mai 2019 du décret 2019-514 fixant le montant des nouveaux seuils précités, les nouvelles règles de nomination des commissaires aux comptes sont applicables (Loi 2019-486 du 22-5-19, dite Pacte, art. 20, II et III) :
– à compter du premier **exercice clos postérieurement au 26 mai 2019** ;
– à compter du 1er janvier 2021 pour les entreprises fiscalement domiciliées dans une **collectivité d'outre-mer** régie par l'article 73 de la Constitution.

Sont ainsi visées les entreprises fiscalement domiciliées en Guadeloupe, Guyane, Martinique, à La Réunion et à Mayotte.

Une société fiscalement domiciliée dans une collectivité d'outre-mer mentionnée ci-dessus qui a l'obligation de nommer un commissaire aux comptes ne peut pas lui confier un mandat d'une durée de trois exercices et une mission Alpe avant le 1er janvier 2021. La désignation d'un commissaire aux comptes, y compris le renouvellement d'un mandat, en 2019 doit donc s'effectuer selon les dispositions que la loi fait perdurer pour toute société fiscalement domiciliée dans une collectivité d'outre-Mer, c'est-à-dire pour un mandat de six exercices s'il y a obligation de nommer un commissaire aux comptes en application de ces dispositions (CNCC Questions/réponses relatives à la loi Pacte – octobre 2020, question 1.11 – Bull. CNCC n° 199-2020 – EJ 2019-59).

1876 Les **mandats de commissaires aux comptes en cours** à l'entrée en vigueur de l'article 20 de la loi dite Pacte se poursuivent jusqu'à leur date d'expiration (Loi précitée, art. 20, II). Toutefois, pour les sociétés, quelles que soient leurs formes (SA, SCA, SE, SAS, SARL, SNC, SCS), qui ne dépassent pas, pour le dernier exercice clos antérieurement à l'entrée en vigueur de l'article 20 de la loi dite Pacte, les seuils fixés par décret pour deux des trois

CADRE LÉGAL ET INSTITUTIONNEL

© Éd. Francis Lefebvre

critères de total bilan, de chiffre d'affaires ou de nombre moyen de salariés, peuvent, en accord avec leur commissaire aux comptes, choisir que ce dernier exécute son mandat jusqu'à son terme selon les modalités définies à l'article L 823-12-1 du même code, à savoir **selon les modalités de la mission Alpe** (Loi précitée, art. 20, II). Pour autant, cela ne modifie pas la durée du mandat du commissaire aux comptes et ce dernier se poursuit donc jusqu'à sa date d'expiration.

Cette **faculté** d'exécuter la mission du commissaire aux comptes selon les modalités de la mission Alpe jusqu'au terme de son mandat est **offerte pour chacun des exercices du mandat en cours**. Ce choix peut donc librement intervenir, en accord avec le commissaire aux comptes, au cours des deuxième, troisième, quatrième, cinquième et sixième exercices, s'il n'a pas été opéré au cours du premier exercice du mandat (CNCC Questions/réponses relatives à la loi Pacte – octobre 2020, question 1.10 – EJ 2019-76).

La CNCC précise que c'est la « **direction** » de la société qui peut décider de faire évoluer, pour la durée restant à courir du mandat, l'exercice de la mission selon les modalités Alpe, en accord avec le commissaire aux comptes. (CNCC Questions/réponses relatives à la loi Pacte – octobre 2020, question 8.1- Bull. CNCC n° 200-2020 – EJ 2019-104).

Enfin, **en cas de démission** du commissaire aux comptes sur un mandat en cours dans une société commerciale qui ne dépasse pas au 31 décembre 2018 les nouveaux seuils de nomination, le mandat se poursuit jusqu'à son terme et, pour la durée du mandat restant à courir, elle sera réalisée par le commissaire aux comptes suppléant, s'il en existe un, ou par un commissaire aux comptes remplaçant (CNCC – Questions/réponses relatives à l'application de la loi Pacte – octobre 2020, question 1.4).

Pour plus de détails sur la mission Alpe, voir n°s 47000 s.

1877 Enfin, pour les **exercices clos à compter du 31 décembre 2018**, les sociétés peuvent être dispensées de l'obligation de désigner un commissaire aux comptes si elles remplissent les conditions suivantes et qu'elles n'ont pas déjà procédé à cette désignation (Loi précitée, art. 20, II) :

– les fonctions du commissaire aux comptes expirent après la délibération de l'assemblée générale (ou de l'organe compétent) statuant sur les comptes du 6e exercice ;

– l'exercice a été clos six mois au plus avant le 26 mai 2019 ;

– la délibération de l'assemblée générale (ou de l'organe compétent) ne s'est pas tenue au 26 mai 2019 ;

– à la clôture des comptes clos à compter du 31 décembre 2018, la société ne dépasse pas les nouveaux seuils définis par décret et imposant la désignation d'un commissaire aux comptes.

La CNCC précise qu'une société qui clôture ses comptes au 30 septembre 2018 et qui a obtenu une prorogation du délai de tenue de son assemblée générale au 30 juin 2019, assemblée au cours de laquelle le mandat du commissaire aux comptes vient à expirer, doit appliquer les règles de nomination du commissaire aux comptes antérieures à la loi Pacte (CNCC Questions/réponses relatives à l'application de la loi Pacte – Octobre 2020, question 1.8 – EJ 2019-50). Dans cette situation les dispositions de l'alinéa 4 du II de l'article 20 de la loi Pacte ne peuvent s'appliquer car l'exercice concerné est clos avant le 31 décembre 2018.

Par ailleurs, la Commission des études juridiques de la CNCC s'est prononcée sur le cas d'une SARL non dotée d'un commissaire aux comptes et qui dépasse pour la première fois les anciens seuils de nomination du commissaire aux comptes à la clôture des comptes clos au 31 décembre 2018, tout en restant sous les nouveaux seuils introduits par la loi Pacte. Elle conclut que ladite société a l'obligation de nommer un commissaire aux comptes pour six exercices dès lors que son assemblée générale se tient postérieurement au 26 mai 2019, date de publication du décret fixant les seuils de nomination du commissaire aux comptes dans les sociétés commerciales. En effet, les nouveaux seuils de nomination du commissaire aux comptes ne s'appliquent qu'à compter du premier exercice clos postérieurement au 26 mai 2019 et l'exception prévue au dernier alinéa de l'article 20 II de la loi Pacte ne concerne que les cas de **renouvellement du mandat** des commissaires aux comptes postérieurement au 26 mai 2019. Cette exception ne peut donc pas s'appliquer dans le cas d'espèce, s'agissant d'une première nomination de commissaire aux comptes (CNCC, Questions/réponses relatives à la loi Pacte – octobre 2020, question 1.9 – Bull. CNCC n° 198-2020 – EJ 2019-71).

Le Comité juridique de l'Ansa précise que la disposition transitoire déroge clairement au droit commun prévu dans le décret précité : pour l'exercice clos au 31 décembre 2018, la prise en compte des seuils s'effectue sur ce seul dernier exercice et non sur les deux derniers exercices précédant l'expiration du mandat de commissaire aux comptes (Ansa n° 19-043 – juillet 2019).

1878 S'agissant du cas spécifique d'une **transformation de société**, la question se pose du sort du mandat lorsque la société qui se transforme dépasse les anciens seuils de nomination d'un commissaire aux comptes mais ne dépasse pas les nouveaux seuils.

© Éd. Francis Lefebvre

CADRE LÉGAL ET INSTITUTIONNEL

Pour rappel, selon la doctrine constante de la CNCC, en cas de transformation d'une société qui était tenue d'avoir un commissaire aux comptes sous son ancienne forme :
– si, compte tenu de la nouvelle forme et, le cas échéant, de seuils dépassés, la société dans sa nouvelle forme est tenue d'avoir un commissaire aux comptes, le mandat se poursuit jusqu'à son terme ;
– dans le cas contraire, le mandat prend fin (CNCC NI VI § 1.43 et Bull. CNCC n° 159-2010 p. 559 – EJ 2010-09). Cette doctrine reste applicable avec l'entrée en vigueur de la loi Pacte.
Ainsi, pour une SA qui se transforme en SAS alors qu'elle dépasse les anciens seuils de nomination du commissaire aux comptes de SAS mais ne dépasse pas les nouveaux seuils, la CNCC considère que (CNCC Questions/réponses relatives à l'application de la loi Pacte – octobre 2020, question 6.1 – Bull. CNCC n° 196-2019 – EJ 2019-44 A) :
– si la transformation a été décidée par une assemblée générale extraordinaire tenue avant la publication du décret 2019-514 du 24 mai 2019 fixant les nouveaux seuils de désignation du commissaire aux comptes, soit avant le 26 mai 2019, ce sont alors les anciennes règles de nomination du commissaire aux comptes applicables aux SAS qu'il convient d'appliquer ;
– si la transformation a été décidée par une assemblée générale extraordinaire qui s'est tenue après le 26 mai 2019, les nouvelles règles de nomination du commissaire aux comptes post Pacte s'appliquent.

1879 Enfin, pour une société anonyme créée en 2019, la Commission d'études juridiques de la CNCC estime que les dispositions applicables concernant la nomination d'un commissaire aux comptes diffèrent selon la date de création de la SA (CNCC Questions/réponses relatives à l'application de la loi Pacte – octobre 2020, question 1.5 – Bull. CNCC n° 196-2019 – EJ 2019-44 B) :
– si la SA a été créée avant le 26 mai 2019 (date de publication du décret 2019-514 précité), le commissaire aux comptes est nommé par les statuts sans condition de seuils ;
– si la SA a été créée après le 26 mai 2019, l'obligation de désignation d'un commissaire aux comptes résulte, le cas échéant, du dépassement de deux des trois seuils dits Pacte (4/8/50) à la clôture du premier exercice de la société.
La nomination volontaire d'un commissaire aux comptes est toujours possible.

1885 **Tableau récapitulatif pour les sociétés commerciales** Ainsi, en dehors des dispositions spécifiques relatives aux petits groupes qui sont développées ci-après, il résulte du dispositif instauré par la loi dite Pacte et le décret 2019-514 du 24 mai 2019 les conditions de nomination suivantes :

Entités	Textes de référence	Nouvelles conditions de nomination
Société anonyme [1]	C. com. art. L 225-218, D 221-5 et D 225-164-1	Dépassement de deux des trois seuils suivants [4] [5] : – Total du bilan : 4 000 K€ ; – CA HT : 8 000 K€ ; – Nombre moyen de salariés : 50.
Société en commandite par actions	C. com. art. L 226-6 et D 221-5	
Société européenne	C. com. art. L 225-218 sur renvoi des art. L 229-1, D 221-5 et D 225-164-1	
Société par actions simplifiée [3]	C. com. art. L 227-9-1, D 227-1 et D 221-5	
Société à responsabilité limitée [2]	C. com. art. L 223-35, D 221-5 sur renvoi de l'art. D 223-27	
Société en nom collectif	C. com. art. L 221-9 et D 221-5	
Société en commandite simple	C. com. art. L 221-9 sur renvoi des art. L 222-2 et D 221-5	

(1) La nomination d'un commissaire aux comptes est également régie par les règles de droit commun des sociétés anonymes pour les sociétés suivantes constituées sous forme de sociétés anonymes : les sociétés sportives, les Sica (société d'intérêt collectif agricole), les sociétés d'HLM, les sociétés d'assurances, les sociétés coopératives de détaillants, les sociétés d'intérêt collectif pour l'accession à la propriété, les sociétés coopératives maritimes, les sociétés coopératives artisanales, les sociétés coopératives de production.
Toutefois, s'agissant des **sociétés d'économie mixte locales**, elles restent tenues de désigner au moins un commissaire aux comptes sans condition de seuils (CGCT art. L 1524-8 nouveau).
Il en est de même concernant les **sociétés de gestion de portefeuille** qui, en application de l'article L 532-9 du Code monétaire et financier, désignent un commissaire aux comptes sans condition de seuils.

85

CADRE LÉGAL ET INSTITUTIONNEL © Éd. Francis Lefebvre

> (2) La nomination d'un commissaire aux comptes est régie par les règles de droit commun des SARL pour les Sica, les sociétés coopératives ouvrières de production, les coopératives artisanales, les sociétés coopératives maritimes, les Sicomi constituées sous forme de SARL.
> (3) Avant l'entrée en application de l'article 20 de la loi dite Pacte, les sociétés par actions simplifiées qui contrôlaient, au sens des II et III de l'article L 233-16 du Code de commerce, une ou plusieurs sociétés, ou qui étaient contrôlées par une ou plusieurs sociétés, devaient désigner au moins un commissaire aux comptes, sans condition de seuils. La loi dite Pacte a supprimé le critère de contrôle pour la désignation des commissaires aux comptes dans les SAS et il convient désormais de se référer, le cas échéant, au dispositif des « petits groupes » développé ci-dessous (CNCC Questions/réponses relatives à l'application de la loi Pacte – octobre 2020, question 1.7 – Bull. CNCC n° 196-2019 – EJ 2019-44 A).
> (4) Les sociétés doivent dépasser deux des trois seuils fixés par décret à la clôture de l'exercice social.
> Le total du bilan et le montant hors taxe du chiffre d'affaires sont déterminés conformément aux dispositions de l'article D 123-200 du Code de commerce (C. com. art. D 225-164-1, D 221-5, D 223-27 et D 227-1) :
> – le total du bilan est égal à la somme des montants nets des éléments d'actif ;
> – le montant net du chiffre d'affaires est égal au montant des ventes de produits et services liés à l'activité courante, diminué des réductions sur ventes, de la taxe sur la valeur ajoutée et des taxes assimilées.
> Ces précisions sont apportées aux 5ème et 6ème alinéas de l'article D 123-200 pour les exercices ouverts à compter du 9 février 2020 et aux 4ème et 5ème alinéas dudit article antérieurement.
> S'agissant de l'effectif salarié, pour les **exercices ouverts à compter du 9 février 2020**, l'alinéa 1 de l'article D 210-21 du Code de commerce dispose que, pour l'application des dispositions du livre II Code de commerce, l'effectif salarié est déterminé selon les dispositions du dernier alinéa de l'article D 123-200 (C. com. art. D 210-21 créé par le décret 202-101 du 7-2-2020).
> Ainsi, sauf disposition contraire, le nombre moyen de salariés est apprécié selon les modalités prévues au I de l'article L 130-1 du Code de la sécurité sociale.
> Dès lors, le nombre moyen de salariés correspond à la moyenne du nombre de personnes employées au cours de chacun des mois de l'année civile précédente (CSS art. L 130-1, I). Par dérogation, le nombre moyen de salariés est apprécié sur le dernier exercice comptable lorsque celui-ci ne correspond pas à l'année civile précédente.
> L'article R 130-1 du Code de la sécurité sociale apporte des précisions quant aux catégories de personnes incluses dans l'effectif et les modalités de leur décompte.
> Pour les **exercices ouverts antérieurement au 9 février 2020**, les dispositions de l'article D 123-200 prévoient que le nombre moyen de salariés employés au cours de l'exercice est égal à la moyenne arithmétique des effectifs à la fin de chaque trimestre de l'année civile, ou de l'exercice comptable lorsque celui-ci ne coïncide pas avec l'année civile, liés à l'entreprise par un contrat de travail.
> (5) La société n'est plus tenue de désigner un commissaire aux comptes dès lors qu'elle n'a pas dépassé les chiffres fixés pour deux des trois critères pendant les deux exercices précédant l'expiration du mandat du commissaire aux comptes (C. com. art. D 225-164-1, D 221-5, D 223-27 et D 227-1).

Enfin, même si les seuils précités ne sont pas dépassés, la **nomination en justice** d'un commissaire aux comptes peut être obtenue par des associés minoritaires :
– dans les sociétés anonymes, les sociétés européennes et les sociétés en commandite par actions, sur demande d'un ou de plusieurs actionnaires représentant au moins le dixième du capital (C. com. art. L 225-218, al. 3 et L 226-6, al. 3 modifiés par la loi dite Pacte précitée et sur renvoi de l'art. L 229-1) ;
– dans les sociétés en nom collectif et les sociétés en commandite simple, sur demande d'un associé (C. com. art. L 221-9, al. 3 applicable aux SCS par renvoi de l'article L 222-2) ;
– dans les sociétés à responsabilité limitée et dans les sociétés par actions simplifiées, sur demande d'un ou de plusieurs associés représentant au moins le dixième du capital (C. com. art. L 223-35, al. 3 et L 227-9-1, al. 3).

Pour plus de détails, voir n° 2260.

En outre, l'ensemble des sociétés commerciales sont tenues de désigner un commissaire aux comptes, pour un mandat de trois exercices, et donc pour une mission Alpe, si un ou plusieurs **associés ou actionnaires représentant au moins le tiers du capital en font la demande** motivée auprès de la société (C. com. art. L 221-9, al. 4 pour les SNC, art. L 223-35, al. 4 pour les SARL, art. L 225-218, al. 4 pour les SA, art. L 226-6, al. 4 pour les SCA, art. L 227-9-1, al. 4 pour les SAS et sur renvoi de l'art. L 222-2 pour les SCS).

Pour plus de détails, voir n° 2261.

Si les conditions définies ci-avant et imposant la désignation d'un commissaire aux comptes ne sont pas remplies, il convient alors d'apprécier si l'entité fait partie d'un petit groupe tel que défini à l'article L 823-2-2 du Code de commerce.

Entités faisant partie d'un « petit groupe » (entités visées aux premier et dernier alinéas de l'article L 823-2-2 du Code de commerce)

1890 Nous présenterons tout d'abord les principes de base concernant l'obligation de désignation d'un commissaire aux comptes dans un petit groupe (n°s 1891 s.) puis nous détaillerons les caractéristiques des personnes et entités pouvant être qualifiées de têtes de petit groupe (n°s 1896 s.), l'appréciation du périmètre de ce petit groupe avec notamment les sociétés contrôlées à prendre en considération (n°s 1901 s.) ainsi que la date d'entrée en vigueur de ce dispositif (n° 1930).

Principes de base concernant l'obligation de désignation d'un commissaire aux comptes dans un petit groupe – Obligation de désignation et seuils. Des dispositions spécifiques sont introduites par la loi dite Pacte pour les « petits groupes ».

Le « petit groupe » désigne un ensemble formé par une personne ou une entité, autre qu'une EIP et autre qu'une entité astreinte à publier des comptes consolidés, qui contrôle au sens de l'article L 233-3 une ou plusieurs sociétés et qui dépasse en cumul deux des trois seuils suivants (C. com. art. L 823-2-2, al. 1 et D 221-5 par renvoi de l'article D 823-1) :

– total cumulé de leurs bilans : 4 000 K€ ;
– montant cumulé de leurs chiffres d'affaires hors taxe : 8 000 K€ ;
– nombre moyen cumulé de leurs salariés au cours d'un exercice : 50.

   Pour plus de détails sur l'appréciation du périmètre du « petit groupe », voir n⁰ˢ 1901 s.

Dans les conditions qui seront détaillées ci-après, le principe introduit par l'article L 823-2-2 est d'imposer la désignation d'au moins un commissaire aux comptes :

– d'une part dans les personnes et entités « tête de petit groupe », sauf si ces dernières sont contrôlées par une personne ou entité qui a désigné un commissaire aux comptes ;
– et d'autre part dans les sociétés contrôlées par ces dernières si elles dépassent certains seuils.

   Si une personne ou entité n'est pas soumise individuellement à la désignation d'un commissaire aux comptes, par exemple pour une SAS ne dépassant pas les seuils qui lui sont applicables (4/8/50), elle peut toutefois faire partie d'un petit groupe au sens de l'article L 823-2-2 et avoir l'obligation de désigner un commissaire aux comptes en qualité soit d'entité « tête de groupe », soit de société contrôlée dépassant certains seuils (voir infra).

Ainsi, les personnes ou entités **« tête de petit groupe »**, autres qu'une EIP, autres qu'une personne ou entité astreinte à publier des comptes consolidés, qui contrôlent une ou plusieurs sociétés au sens de l'article L 233-3 du Code de commerce désignent au moins un **commissaire aux comptes** lorsque l'ensemble qu'elles forment avec les sociétés qu'elles contrôlent (cet ensemble désigne le « petit groupe ») dépasse deux des trois seuils suivants (C. com. art. L 823-2-2 al. 1 et 2 et D 221-5 par renvoi de l'art. D 823-1) :

– total cumulé de leurs bilans : 4 000 K€ ;
– montant cumulé de leurs chiffres d'affaires hors taxe : 8 000 K€ ;
– nombre moyen cumulé de leurs salariés au cours d'un exercice : 50.

   Pour plus de détails sur les personnes ou entités « têtes de petit groupe », voir n⁰ˢ 1896 s.

S'agissant des **sociétés contrôlées** directement ou indirectement par les personnes et entités tête de petit groupe, elles désignent au moins un commissaire aux comptes si elles dépassent deux des trois seuils suivants (C. com. art. L 823-2-2 alinéa 3 et D 823-1-1) :

– total de bilan : 2 000 K€ ;
– montant de chiffre d'affaires hors taxe : 4 000 K€ ;
– nombre moyen de salariés au cours de l'exercice : 25.

   Pour plus de détails sur l'appréciation du périmètre du « petit groupe », voir n⁰ˢ 1905 s.

Renouvellement du mandat. La personne ou l'entité membre du « petit groupe » n'est plus tenue de désigner un commissaire aux comptes dès lors (C. com. art. D 823-1 et D 823-1-1 ; CNCC Questions/réponses relatives à l'application de la loi Pacte – octobre 2020, question 2.13 – EJ 2020-40) :

– qu'elle n'a pas dépassé les chiffres fixés pour deux de ces trois critères pendant les deux exercices précédant l'expiration du mandat du commissaire aux comptes qui est arrivé à son terme (cas des « sociétés contrôlées significatives ») ;
– ou que l'ensemble qu'elle forme avec les sociétés qu'elle contrôle n'a pas dépassé les chiffres cumulés fixés pour deux de ces trois critères pendant les deux exercices précédant l'expiration du mandat du commissaire aux comptes (cas des « têtes de petit groupe »).

Ainsi, pour un mandat de commissaire aux comptes existant au titre du dispositif « petits groupes » visé à l'article L 823-2-2 du Code de commerce, le tableau suivant illustre la manière dont s'applique dans le temps l'obligation de renouvellement/nomination en fonction des fluctuations au-delà et en deçà des seuils sur les deux derniers exercices précédant l'expiration du mandat :

CADRE LÉGAL ET INSTITUTIONNEL   © Éd. Francis Lefebvre

Mandat de commissaire aux comptes en application du dispositif « petits groupes » visé à l'article L 823-2-2 du Code de commerce		
Dépassement de deux des trois seuils ?		Obligation de renouvellement/ nomination d'un commissaire aux comptes en application du dispositif « petits groupes » lors de l'assemblée statuant sur les comptes du dernier exercice du mandat (2) ?
Avant dernier exercice précédant l'expiration du mandat (1)	Dernier exercice précédant l'expiration du mandat (2)	
Oui	Oui	Oui
Oui	Non	Oui
Non	Oui	Oui
Non	Non	Non (1)

(1) 5e exercice du mandat pour un mandat de six exercices
(2) 6e exercice du mandat pour un mandat de six exercices

1893 **Cas de dispense de l'obligation de désignation d'un commissaire dans la tête de petit groupe.** En application du deuxième alinéa de l'article L 823-2-2 du Code de commerce, l'obligation de désigner un commissaire aux comptes dans la personne ou entité « tête de groupe » ne s'applique pas si celle-ci est elle-même contrôlée par une personne ou entité qui a désigné un commissaire aux comptes.

Néanmoins, il convient alors d'apprécier si, le cas échéant, cette société est tenue de désigner un commissaire aux comptes en application du troisième alinéa de l'article L 823-2-2 du Code de commerce, à savoir en tant que société contrôlée directement ou indirectement par une entité « tête de petit groupe » et dépassant deux des trois seuils fixés à l'article D 823-1-1 du Code de commerce (2/4/25).

Illustration :

À titre d'exemple, si l'on étudie le cas d'une société A qui contrôle une société B qui contrôle elle-même les sociétés F1 et F2, étant précisé que A et B ne sont pas des EIP et ne sont pas astreintes à publier des comptes consolidés. Le contrôle s'entend au sens de l'article L 233-3 du Code de commerce. L'ensemble constitué par A, B, F1 et F2 dépasse en cumulé les seuils applicables au « petit groupe » (4/8/50) et il en est de même pour le sous-ensemble constitué par B, F1 et F2. La société A dispose d'un commissaire aux comptes.

Dans cette situation, la société B répond à la définition d'entité « tête de petit groupe » au sens du 1er alinéa de l'article L 823-2-2 du Code de commerce mais, en application du 2e alinéa dudit article, elle n'a pas l'obligation de désigner un commissaire aux comptes en qualité de « tête de petit groupe » puisqu'elle est contrôlée par la société A qui est dotée d'un commissaire aux comptes.

Cependant, la société B est également une société contrôlée par la société A qui forme avec les sociétés B, F1 et F2 un « petit groupe ». Dès lors, en application du 3e alinéa de l'article L 823-2-2, la société B est tenue de désigner un commissaire aux comptes si elle dépasse deux des trois seuils fixés à l'article D 823-1-1 du Code de commerce (2/4/25). Si lesdits seuils sont dépassés par les sociétés F1 et F2, elles sont également tenues de désigner un commissaire aux comptes en application du dispositif « petit groupe ».

Lorsque la tête de petit groupe française d'un « petit groupe » est **contrôlée par une personne ou entité étrangère** qui a elle-même désigné « un contrôleur légal des comptes », la CNCC considère que la société contrôlée française est dispensée de l'obligation de désigner un commissaire aux comptes en qualité de « tête de petit groupe ». Selon la CNCC, il convient en effet de retenir une conception générique du terme « commissaire aux comptes » mentionné à l'article L 823-2-2 du Code de commerce et de considérer qu'il s'agit des contrôleurs légaux des comptes (CNCC Questions/réponses relatives à l'application de la loi Pacte – octobre 2020, question 2.6 – Bull. CNCC nº 197-2020 – EJ 2019-43).

1894 **Durée du mandat.** Si la personne ou entité « tête de groupe » est une « société », elle peut **choisir de limiter la durée** du mandat du commissaire aux comptes à trois exercices. Les sociétés contrôlées peuvent également décider de limiter la durée du mandat du commissaire aux comptes à trois exercices.

En effet, par dérogation au premier alinéa de l'article L 823-3 du Code de commerce, la loi dite Pacte a introduit la possibilité pour une « société » de limiter le mandat de son commissaire aux comptes à trois exercices lorsqu'elle désigne un commissaire aux comptes en application des premier ou dernier alinéa de l'article L 823-2-2 du Code de commerce, à savoir dans le cadre du dispositif relatif aux « petits groupes ».

À titre d'exemple, une entité tête de petit groupe qui n'a pas la forme de « société » ne pourra pas choisir de limiter la durée du mandat à trois exercices.

La limitation du mandat pour une durée de trois exercices reste en tout état de cause **une faculté offerte** aux sociétés du petit groupe qui peuvent choisir de ne pas en user et de se doter d'un commissaire aux comptes pour un mandat de six exercices.

Possibilité de désigner un même commissaire aux comptes dans tout le petit groupe. **1895**
Un même commissaire aux comptes peut être désigné dans l'entité tête de groupe et les sociétés contrôlées.

Caractéristiques des personnes ou entités têtes de petit groupe – Exclu- **1896**
sions. La personne ou entité « tête de groupe » est une personne ou entité (C. com.
art. L 823-2-2, al. 1) :
– autre qu'une EIP ;
– autre qu'une personne ou entité mentionnée à l'article L 823-2, à savoir autre qu'une personne ou entité astreinte à publier des comptes consolidés.
Cette définition **exclut** à la fois les têtes de groupe astreintes à publier des comptes consolidés et les têtes de groupes qui sont des entités d'intérêt public, sans que ces deux spécificités soient cumulatives (CNCC, Questions/réponses relatives à la loi Pacte – octobre 2020 – question 3.5 – Bull. CNCC n° 198-2020 – EJ 2019-53).

Personnes et entités concernées. Le premier alinéa de l'article L 823-2-2 du Code de **1897**
commerce définit la « tête de groupe » comme « une personne ou une entité » et par conséquent cette dernière peut être **une personne morale quelle que soit sa forme ou une personne physique.**
Une personne physique peut ainsi être qualifiée de personne à la tête d'un petit groupe, sous réserves du respect des critères définis au premier alinéa de l'article précité, même si elle n'est pas tenue de désigner un commissaire aux comptes du fait de son statut.
Par conséquent, une ou plusieurs sociétés contrôlées par une même personne physique sont tenues de désigner un commissaire aux comptes si l'ensemble dépasse deux des trois seuils 4/8/50 et que les sociétés contrôlées dépassent individuellement deux des trois seuils 2/4/25 (CNCC Questions/réponses relatives à l'application de la loi Pacte – octobre 2020, question 2.3 – Bull. CNCC n° 196-2019 – EJ 2019-41).
Suivant la même analyse, la personne ou entité tête de groupe, telle que visée au premier alinéa de l'article L 823-2-2 du Code de commerce, n'est pas exclusivement une société commerciale et peut par exemple être une **société civile, qu'elle ait ou non une activité économique** (CNCC EJ 2019-41).

> Le deuxième alinéa de l'article L 823-2-2 du Code de commerce, relatif à l'absence d'obligation de nomination d'un commissaire aux comptes lorsque la personne ou l'entité est elle-même contrôlée par une personne ou une entité qui a désigné un commissaire aux comptes, est également applicable dans le cas d'une société civile.

Une entité à la tête d'un petit groupe **peut avoir l'obligation de nommer un commissaire aux comptes en vertu d'une disposition légale** qui la régit. Il n'en demeure pas moins que les dispositions de l'article L 823-2-2 du Code de commerce relatives aux « petits groupes » peuvent s'appliquer dans les sociétés contrôlées du groupe.
En effet, la CNCC précise que le troisième alinéa de l'article L 823-2-2 du Code de commerce, qui vise les sociétés contrôlées du petit groupe, est indépendant du premier alinéa qui définit la personne ou entité « tête de groupe » et s'applique même si le commissaire aux comptes de la personne ou de l'entité qui est à la tête du groupe n'a pas été désigné en application du premier alinéa de cet article (CNCC Questions/réponses relatives à l'application de la loi Pacte – octobre 2020, question 2.12 – Bull. CNCC n° 201-2021 – EJ 2019-91).
À titre d'exemple, les dispositions de l'alinéa 3 de l'article L 823-2-2 du Code de commerce peuvent s'appliquer même si la société tête de petit groupe est une société civile qui a désigné un commissaire aux comptes en vertu des articles L 612-1 et R 612-1 du Code de commerce, et non pas en application de l'alinéa 1 de l'article L 823-2-2.

> Si la société civile dépasse individuellement les seuils de nomination propres à sa forme juridique, tels que prévus aux articles L 612-1 et R 612-11 du Code de commerce, elle reste tenue de nommer un commissaire aux comptes en application desdits articles et pour une durée du mandat qui est alors de **six exercices.**
>
> En revanche, lorsque la société civile désigne un commissaire aux comptes en vertu des dispositions du premier alinéa de l'article L 823-2-2 du Code de commerce, elle peut décider de limiter la durée du mandat de commissaire aux comptes à **trois exercices** et de lui confier une mission Alpe (CNCC Questions/réponses relatives à l'application de la loi Pacte – octobre 2020, question 2.1 – Bull. CNCC n° 196-2019 – EJ 2019-41).

Par ailleurs, selon la CNCC, une **société civile qui contrôle un « sous-groupe » tenu d'établir et de publier des comptes consolidés** n'est pas exclue du dispositif « petit

CADRE LÉGAL ET INSTITUTIONNEL © Éd. Francis Lefebvre

groupe ». Si l'ensemble formé par la société civile et toutes les sociétés qu'elle contrôle, directement ou indirectement, y compris celles incluses dans le périmètre de consolidation du palier inférieur, constitue un « petit groupe », la société civile en qualité de « tête de petit groupe » a l'obligation de désigner un commissaire aux comptes en application des dispositions du premier alinéa de l'article L 823-2-2 du Code de commerce (CNCC Questions/réponses relatives à l'application de la loi Pacte – octobre 2020, question 3.3 – EJ 2019-113).

Voir également n° 1920 concernant les sociétés contrôlées.

1899 **Nationalité**. Le premier alinéa de l'article L 823-2-2 du Code de commerce, qui définit la personne ou entité formant avec les sociétés qu'elle contrôle un « petit groupe », n'apporte aucune précision sur la **nationalité** des sociétés.

Par conséquent, les dispositions de l'article L 823-2-2 précité sont applicables lorsque la personne ou l'entité qui contrôle, autre qu'une entité d'intérêt public ou une entité astreinte à publier des comptes consolidés, est étrangère.

Les données de cette entité sont prises en compte pour déterminer si l'ensemble dépasse en cumul deux des trois seuils (4/8/50). Il n'y a pas lieu de distinguer selon que le siège social de la tête de groupe est situé dans l'Union européenne ou dans un pays tiers (CNCC Questions/réponses relatives à l'application de la loi Pacte – Octobre 2020, question 2.4 - Bull. CNCC n° 197-2020 – EJ 2019-43 ; contra voir Ansa n° 20-020).

Toutefois, une société étrangère répondant aux critères d'une société tête de petit groupe ne sera pas visée par l'obligation de désigner un commissaire aux comptes figurant au 1er alinéa de l'article L 823-2-2 du Code de commerce, cette société n'étant pas soumise au droit français.

1901 **Appréciation du périmètre du petit groupe et du dépassement des seuils – Détermination du périmètre**. L'obligation de détermination du périmètre d'un ensemble permettant d'apprécier le dépassement des seuils « petits groupes » et d'en tirer les conséquences sur l'obligation de nomination d'un commissaire aux comptes **incombe aux dirigeants** et non au commissaire aux comptes. L'information doit être mise par les dirigeants des entités à la disposition des commissaires aux comptes de celles-ci (CNCC – Questions-réponses relatives à l'application de la loi Pacte – octobre 2020 – Question 2.10 – EJ 2020-01).

1902 **Modification du périmètre postérieurement à la clôture**. La CNCC considère par ailleurs que l'obligation de désignation d'un commissaire aux comptes d'une « tête de petit groupe » prévue à l'article L 823-2-2 du Code de commerce est examinée lors de chaque arrêté des comptes annuels de la « tête de petit groupe » en calculant les agrégats sur la base des comptes annuels des entités composant le « petit groupe » **à la date de clôture de l'exercice** pour lequel les comptes annuels de la « tête de petit groupe » sont arrêtés.

Ainsi, **la cession ou l'acquisition d'une société contrôlée** modifiant la composition du « petit groupe » postérieurement à la clôture de l'exercice ne devrait pas être prise en compte par l'assemblée statuant sur les comptes de l'exercice concerné et devant se prononcer, le cas échéant, sur la désignation d'un commissaire aux comptes dans la « tête de petit groupe » (Bull. CNCC n° 200-2020 – EJ 2020-02).

1905 **Forme juridique des sociétés contrôlées**. Les dispositions du 3e alinéa de l'article L 823-2-2 du Code de commerce relatives aux sociétés directement ou indirectement contrôlées par une personne ou entité tête de groupe, telles que visées au premier alinéa de l'article L 823-2-2 du Code de commerce, s'appliquent **sans distinction entre société commerciale et société civile**.

Dès lors, une société civile, qu'elle ait ou non une activité économique, contrôlée par une personne ou entité tête de groupe remplissant les conditions du 1er alinéa de l'article L 823-2-2 et dépassant deux des trois seuils définis à l'article D 823-1-1 du Code de commerce (2/4/25), est tenue de nommer au moins un commissaire aux comptes en vertu du 3e alinéa de l'article L 823-2-2.

Cependant, si la société civile dépasse individuellement les seuils de nomination propres à sa forme juridique (C. com. art. L 612-1 et R 612-11), elle reste tenue de nommer un commissaire aux comptes en application de ces articles et la durée du mandat est alors de six exercices.

Selon l'article L 823-3-2 du Code de commerce, la société civile qui a désigné un commissaire aux comptes en vertu des dispositions du troisième alinéa de l'article L 823-2-2 de ce même code, et non des dispositions propres à sa forme juridique, peut décider de limiter la durée du mandat de son commissaire aux comptes à trois exercices et de lui confier la mission Audit légal des petites entreprises (« Alpe ») prévue à l'article L 823-12-1 du Code de commerce.

Taille des sociétés contrôlées. Les sociétés contrôlées à prendre en considération pour déterminer si l'ensemble dont elles font partie dépasse en cumul deux des trois seuils (4/8/50) ne se limitent pas aux sociétés contrôlées significatives qui dépassent deux des trois seuils (2/4/25), le premier alinéa de l'article L 823-2-2 du Code de commerce faisant référence au contrôle d'une ou de plusieurs sociétés indépendamment de leur taille (CNCC – Questions-réponses relatives à l'application de la loi Pacte – octobre 2020, question 2.7 – Bull. CNCC n° 195-2019 – EJ 2019-52).

1907

Nationalité des sociétés contrôlées. Selon le même raisonnement que celui adopté pour les entités têtes de groupe, la CNCC considère que, dans le cadre de ce dispositif « petit groupe », les sociétés contrôlées étrangères sont à prendre en compte pour déterminer si, conformément au premier alinéa de l'article L 823-2-2, l'ensemble dont elles font partie dépasse en cumul deux des trois seuils fixés à l'article D 221-5 du Code de commerce (CNCC Questions/réponses relatives à l'application de la loi Pacte – octobre 2020, question 2.5 – Bull. CNCC n° 197-2020 – EJ 2019-43).

1910

Notion de contrôle. La notion de contrôle dans le petit groupe s'entend **au sens de l'article L 233-3 du Code de commerce** qui dispose :

1915

« I- Toute personne, physique ou morale, est considérée, comme en contrôlant une autre :

1° Lorsqu'elle détient directement ou indirectement une fraction du capital lui conférant la majorité des droits de vote dans les assemblées générales de cette société ;

2° Lorsqu'elle dispose seule de la majorité des droits de vote dans cette société en vertu d'un accord conclu avec d'autres associés ou actionnaires et qui n'est pas contraire à l'intérêt de la société ;

3° Lorsqu'elle détermine en fait, par les droits de vote dont elle dispose, les décisions dans les assemblées générales de cette société ;

4° Lorsqu'elle est associée ou actionnaire de cette société et dispose du pouvoir de nommer ou de révoquer la majorité des membres des organes d'administration, de direction ou de surveillance de cette société.

II- Elle est présumée exercer ce contrôle lorsqu'elle dispose directement ou indirectement d'une fraction des droits de vote supérieure à 40 % et qu'aucun autre associé ou actionnaire ne détient directement ou indirectement une fraction supérieure à la sienne.

III- Pour l'application des mêmes sections du présent chapitre, deux ou plusieurs personnes agissant de concert sont considérées comme en contrôlant conjointement une autre lorsqu'elles déterminent en fait les décisions prises en assemblée générale. »

Précisions sur la notion de contrôle conjoint au sens du III de l'article L 233-3 :
Conformément au III de l'article L 233-3 précité, « deux ou plusieurs personnes agissant de concert sont considérées comme en contrôlant conjointement une autre lorsqu'elles déterminent en fait les décisions prises en assemblée générale ».
L'article L 233-10, I, du Code de commerce précise que « sont considérées comme agissant de concert les personnes qui ont conclu un accord en vue d'acquérir, de céder ou d'exercer des droits de vote, pour mettre en œuvre une politique commune vis-à-vis de la société ou pour obtenir le contrôle de cette société ».
Pour plus de précisions sur l'action de concert, voir Mémento Sociétés commerciales n⁰ˢ 64173 s.
Illustrations de la notion de contrôle dans le petit groupe
1. Dans une situation où deux holdings détiennent chacune 45 % des droits de vote d'une autre société qui dépasse de manière individuelle deux des trois seuils 4/8/50, la CNCC considère, qu'en application de l'article L 823-2-2 du Code de commerce relatif au « petit groupe », il existe une **présomption simple de contrôle** déclenchant l'obligation de nommer un commissaire aux comptes dans chaque société qui détient 45 % des droits de vote de la troisième. Dans le cas d'espèce, les deux holdings prennent également en commun les décisions en assemblée et le III de l'article L 233-3 prévoyant un contrôle conjoint en cas d'agissements de concert trouverait à s'appliquer (CNCC Questions/réponses relatives à l'application de la loi Pacte – octobre 2020, question 4.1 – Bull. CNCC n° 197-2020 – EJ 2019-69).
2. Dans le cas où trois holdings dénommées respectivement H1, H2 et H3 **contrôlent conjointement**, en raison de l'existence d'un pacte d'associés, une société holding dénommée H qui contrôle elle-même un ensemble de filiales dépassant en cumul deux des trois seuils 4/8/50 (CNCC Questions/réponses relatives à l'application de la loi Pacte – octobre 2020, question 4.2 – EJ 2019-89) :
– les trois holdings H1, H2 et H3 ont l'obligation de désigner un commissaire aux comptes en qualité de « tête de petit groupe », conformément aux dispositions du premier alinéa de l'article L 823-2-2 du Code de commerce ;
– la société holding H, qui contrôle l'ensemble de filiales, est elle-même une « tête de petit groupe » mais elle n'a pas l'obligation de désigner un commissaire aux comptes en cette qualité puisqu'elle est contrôlée par des holdings qui doivent en nommer un. La dispense visée au deuxième alinéa de l'article

CADRE LÉGAL ET INSTITUTIONNEL

© Éd. Francis Lefebvre

L 823-2-2 du Code de commerce s'applique donc. Cependant, si la société holding H est elle-même une « société contrôlée dite significative » dépassant deux des trois seuils fixés à l'article D 823-1-1 du même Code (2/4/25), elle doit alors désigner un commissaire aux comptes en cette qualité, conformément aux dispositions du troisième alinéa de l'article L 823-2-2.

Dans le cas d'espèce les holdings H, H1, H2 et H3 ne sont pas des EIP et ne sont pas astreintes à publier des comptes consolidés.

3. En cas de **démembrement d'actions**, pour apprécier l'existence d'un contrôle et déterminer si la société tête de groupe est tenue de désigner un commissaire aux comptes en application de l'article L 823-2-2 du Code de commerce, la CNCC précise qu'il est possible que certaines situations aboutissent à considérer que des titres détenus en usufruit confèrent le contrôle au sens de l'article L 233-3 du Code de commerce en fonction de la forme juridique de la société, des dispositions contenues dans ses statuts, dans un pacte d'associés ou dans une convention entre le nu-propriétaire et l'usufruitier. En effet, au-delà du droit de vote pour l'affectation des bénéfices, certains droits pourraient être attribués à l'usufruitier et lui permettraient d'exercer le contrôle dans les conditions fixées par l'article précité (CNCC Questions/réponses relatives à l'application de la loi Pacte – octobre 2020, question 5.1 – EJ 2019-121).

4. En cas de démembrement d'actions, dans le cas où une personne physique détient une société à 100 % qui détient elle-même une SAS à hauteur de 33 %, lorsque la personne physique détient également en nue-propriété 25 % des actions de ladite SAS, la CNCC conclut qu'il convient de prendre en compte la détention en **nue-propriété** pour apprécier l'existence d'un éventuel contrôle sur une société au sens de l'article L 223-3 du Code de commerce pour savoir si elle est tenue de désigner un commissaire aux comptes au titre du dépassement de deux des trois seuils 2/4/25 en qualité de « société contrôlée significative » d'un « petit groupe » au sens de l'article L 823-2-2 du Code de commerce (Bull. CNCC n° 200-2020 – EJ 2020-06).

1920 **Sociétés contrôlées par une EIP ou une personne/entité astreinte à publier des comptes consolidés.** Les sociétés dépassant deux des trois seuils visés à l'article D 823-1-1 du Code de commerce (2/4/25) et contrôlées directement ou indirectement, au sens de l'article L 233-3, soit par une personne ou entité astreinte à publier des comptes consolidés, soit par une EIP, ne sont pas concernées par l'article L 823-2-2 du Code de commerce applicable aux « petits groupes », et n'ont donc **pas l'obligation de nommer un commissaire aux comptes** en application de cet article (CNCC Questions/réponses relatives à l'application de la loi Pacte – octobre 2020, questions 3.1 et 3.2 – Bull. CNCC n° 197-2020 – EJ 2019-51).

En effet, le troisième alinéa de l'article L 823-2-2 du Code de commerce n'impose la désignation d'un commissaire aux comptes que dans les sociétés dépassant certains seuils et contrôlées directement ou indirectement par les personnes et entités mentionnées au premier alinéa du même article. Or, les dispositions du premier alinéa ne sont pas applicables aux EIP et aux entités astreintes à publier des comptes consolidés.

En revanche, l'obligation de désignation d'un commissaire aux comptes existe pour les entités pour lesquelles la loi n'a pas écarté l'application des dispositions de l'article L 823-2-2 du Code de commerce : personnes et entités, non EIP, qui **établissent volontairement des comptes consolidés** qui sont les têtes de petit groupe et les sociétés qu'elles contrôlent au sens de l'article L 233-3 du Code de commerce qui dépassent deux des trois seuils prévus au dernier alinéa de l'article L 823-2-2 précité (Bull. CNCC n° 197-2020 – EJ 2019-51).

Ainsi, une société contrôlée par une entité tête de petit groupe non EIP établissant volontairement des comptes consolidés est soumise à l'obligation de désigner un commissaire aux comptes si elle dépasse deux des trois seuils mentionnés à l'article D 823-1-1.

La CNCC précise que, dans le cas particulier d'une société civile qui contrôle une société astreinte à établir et publier des comptes consolidés, les sous-filiales comprises dans les comptes consolidés et contrôlées par la société civile, **tête de groupe ultime qui n'est pas astreinte à publier des comptes consolidés**, sont soumises aux dispositions des petits groupes. Lesdites sous-filiales doivent donc désigner au moins un commissaire aux comptes s'il s'agit de sociétés dépassant deux des trois seuils visés à l'article D 823-1-1, à savoir 2 millions d'euros de total bilan, 4 millions d'euros de chiffre d'affaires et un nombre moyen de salariés de 25 au cours de l'exercice (CNCC Questions/réponses relatives à l'application de la loi Pacte – octobre 2020, question 3.4 – EJ 2020-47).

La société civile est dans le cas d'espèce une entité répondant à la définition d'une entité tête de petit groupe au sens du premier alinéa de l'article L 823-2-2 (voir également n° 1897).

1925 **Modalités de calcul des seuils cumulés.** Le total cumulé du bilan, le montant cumulé hors taxe du chiffre d'affaires et le nombre moyen cumulé de salariés sont **déterminés en additionnant** le total du bilan, le montant hors taxe du chiffre d'affaires et le nombre moyen de salariés des entités comprises dans l'ensemble formé par l'entité tête de groupe et les sociétés qu'elle contrôle (C. com. art. D 823-1, al. 2).

© Éd. Francis Lefebvre   **CADRE LÉGAL ET INSTITUTIONNEL** ▮

Sur la modification de la composition du « petit groupe postérieurement à la clôture de l'exercice, voir n° 1901.

Si les **dates de clôture des comptes sont différentes** entre les sociétés contrôlées et l'entité mère, la CNCC estime que les données chiffrées à retenir pour déterminer si cet ensemble constitue un « petit groupe » sont celles des derniers comptes annuels arrêtés des entités qui composent l'ensemble (CNCC Questions/réponses relatives à la loi Pacte – octobre 2020 – question 2.11 – EJ 2020-03).

Les modalités de **calcul des seuils** sont définies conformément aux dispositions de l'article D 123-200 du Code de commerce (5e à 7e alinéas pour les exercices ouverts à compter du 9 février 2020 et 4e à 6e alinéas antérieurement) :
– le total du bilan est égal à la somme des montants nets des éléments d'actif ;
– le montant net du chiffre d'affaires est égal au montant des ventes de produits et services liés à l'activité courante, diminué des réductions sur ventes, de la taxe sur la valeur ajoutée et des taxes assimilées ;
– le nombre moyen de salariés est apprécié :
• **à compter du premier exercice ouvert à compter du 9 février 2020**, selon les modalités prévues au I de l'article L 130-1 du Code de la sécurité sociale. Par dérogation, il est apprécié sur le dernier exercice comptable lorsque celui-ci ne correspond pas à l'année civile précédente.
Le nombre moyen de salariés correspond dès lors à la moyenne du nombre de personnes employées au cours de chacun des mois de l'année civile précédente ou du dernier exercice comptable lorsque celui-ci ne correspond pas à l'année civile précédente (C. com. art. D 123-200 al. 7 modifié par le décret 2020-101 du 7-2-2020 renvoyant à CSS art. L 130-1 créé par la loi 2019-486 dite Pacte du 22-5-2019). L'article R 130-1 du Code de la sécurité sociale apporte des précisions quant aux catégories de personnes incluses dans l'effectif et les modalités de leur décompte,
• **antérieurement**, en retenant la moyenne arithmétique des effectifs à la fin de chaque trimestre de l'année civile, ou de l'exercice comptable lorsque celui-ci ne coïncide pas avec l'année civile, liés à l'entreprise par un contrat de travail. La personne ou l'entité n'est plus tenue de désigner un commissaire aux comptes dès lors que l'ensemble qu'elle forme avec les sociétés qu'elle contrôle n'a pas dépassé les chiffres cumulés fixés pour deux de ces trois critères pendant les deux exercices précédant l'expiration du mandat du commissaire aux comptes (C. com. art. D 823-1, al. 3).

Date d'entrée en vigueur du dispositif « petit groupe »   Sur la base de l'article 20 de la loi Pacte et des seuils fixés par le décret 2019-514 du 24 mai 2019, l'obligation de désigner un commissaire aux comptes dans les « petit groupe » s'applique :   **1930**
– à compter du premier **exercice clos postérieurement au 26 mai 2019** (date de publication du décret précité) ;

La CNCC confirme cette date d'entrée en vigueur dans le cadre de la publication de ses « Questions/réponses relatives à l'application de la loi Pacte » en octobre 2020 (question 1.2 – Bull. CNCC n° 198-2020 – EJ 2019-47).

À titre d'exemple, une entité « tête de groupe » visée au 1er alinéa de l'article L 823-2-2 du Code de commerce qui clôture ses comptes au 31 décembre 2019 devra nommer un commissaire aux comptes en sa qualité de « tête de groupe » lors de l'assemblée générale réunie en 2020 et statuant sur les comptes clos au 31 décembre 2019.

– aux entreprises fiscalement domiciliées dans une **collectivité d'outre-mer** régie par l'article 73 de la Constitution à compter du 1er janvier 2021 (Loi 2019-486 du 22-5-2019, dite loi Pacte, art. 20, III).

Sont ainsi visées les entreprises fiscalement domiciliées en Guadeloupe, Guyane, Martinique, à La Réunion et à Mayotte.

La constatation du dépassement éventuel des nouveaux seuils prévus par la loi Pacte est effectuée sur la base des exercices clos à compter du 1er janvier 2021 (Bull. CNCC n° 201-2021 – EJ 2021-06).

Entités d'intérêt public (EIP)   **1940**

Entités	Textes de référence	Conditions de nomination
Entités d'intérêt public (voir n° 2352 pour la liste des EIP définies par l'article L 820-1 du Code de commerce)	C. com. art. L 823-2-1	Nomination obligatoire sans condition de seuils

93

CADRE LÉGAL ET INSTITUTIONNEL © Éd. Francis Lefebvre

Le nouvel article L 823-2-1 du Code de commerce, créé par la loi 2019-486 du 22 mai 2019, dite Pacte, s'applique depuis le 24 mai 2019 afin de maintenir une obligation de désigner au moins un commissaire aux comptes dans les EIP.

Autres entités

1950 Pour les entités autres que les sociétés commerciales ou EIP et en dehors du cas spécifique des entités faisant partie d'un « petit groupe », le tableau ci-après présente les textes qui rendent obligatoire la nomination d'un commissaire aux comptes.

Entités	Textes de référence	Conditions de nomination
Association Action logement groupe	C. com. art. L 612-1 sur renvoi CCH art. L 313-18-4	Nomination obligatoire sans condition de seuils
Associations recevant des subventions publiques	C. com. art L 612-4 et D 612-5	Subvention(s) publique(s) annuelle(s) en numéraire d'un montant global > 153 K€ [10]
Associations et fondations recevant des dons ouvrant droit au bénéfice du donateur à déduction fiscale	C. com. art. L 612-4 et décret 2007-644 du 30 avril 2007 art. 1er par renvoi de l'art. 4-1, al. 2 de la loi 87-571 du 23 juillet 1987	Montant annuel des dons > à 153 000 € [11]
Associations émettant des obligations	C. com. art. L 612-1 sur renvoi C. mon. fin. art. L 213-15	Nomination obligatoire sans condition de seuils
Associations habilitées à consentir des prêts pour la création et le développement d'entreprises par des chômeurs ou titulaires des minima sociaux	C. mon. fin. art. R 518-60, 3°	Nomination obligatoire sans condition de seuils
Associations « PERP »	C. ass. art. R 144-9	Nomination obligatoire sans condition de seuils
Associations reconnues d'utilité publique relais, autorisées à recevoir des versements pour le compte d'organismes d'intérêt général	Loi 87-571 du 23 juillet 1987, art. 5, II	Nomination obligatoire sans condition de seuils
Associations sportives [2]	C. sport art. L 122-1 ; C. sport art. R 122-1	Nomination dans les conditions de droit commun. Voir également : – société sportive constituée sous forme d'entreprise unipersonnelle sportive à responsabilité limitée ; – société sportive constituée sous forme de SA à objet sportif ; – société sportive constituée sous forme de sociétés anonymes sportives professionnelles.
Administrateurs judiciaires et mandataires-liquidateurs [3]	C. com. art. L 811-11-1, L 812-9 et R 814-29	Nomination obligatoire sans condition de seuils
Banque de France	C. mon. fin. art. L 142-2 et R 144-8	Nomination obligatoire sans condition de seuils
Caisses d'épargne	C. mon. fin. art. L 511-38	Nomination obligatoire sans condition de seuils
Caisses des dépôts et consignations	C. mon. fin. art. L 518-15	Nomination obligatoire de deux commissaires aux comptes sans condition de seuils
Caisse centrale de mutualité sociale agricole (CCMSA)	CSS art. L 114-8	Nomination obligatoire sans condition de seuils
Carpa Aide juridictionnelle	Loi 91-647 du 10 juillet 1991 art. 30 ; décret 91-1197 du 27 nov. 1991 art. 241-2	Nomination obligatoire sans condition de seuils
Carpa Maniement des fonds	Décret 91-1197 du 27 nov. 1991 art. 241-2	Nomination obligatoire sans condition de seuils

94

CADRE LÉGAL ET INSTITUTIONNEL

1950
(suite)

Entités	Textes de référence	Conditions de nomination
Centres de formation d'apprentis : voir organismes dispensateurs de formation		
Chambres de commerce et d'industrie, chambres régionales de commerce et d'industrie	C. com. art. L 712-6	Nomination obligatoire sans condition de seuils
Chambres de métiers et de l'artisanat	C. artisanat art. 19 ter ; décret 2010-1356 du 11 novembre 2010 (titre III art. 21 – Ch. IV art. 18)	Nomination obligatoire sans condition de seuils
Comité social et économique [21]	C. trav. art. L 2315-73, L 2315-64 et D 2315-33	Deux des trois seuils suivants : – nombre de salariés à la clôture de l'exercice : 50 ; – montant des ressources annuelles définies à l'article D 2315-33 du Code du travail, par renvoi au 2° de l'article R 612-1 du Code de commerce : 3 100 K€ ; – total du bilan, par renvoi au 3° de l'article R 612-1 du Code de commerce : 1 550 K€.
Conseils de l'Ordre national des médecins, chirurgiens-dentistes, sages-femmes, infirmiers, masseurs, kinési-thérapeutes, pédicures-podologues et pharmaciens.	CSP art. L 4122-2, L 4312-7, L 4321-16, L 4322-9 et L 4231-7	Nomination obligatoire sans condition de seuils
Conseil national des courtiers de marchandises assermentés	C. com. art. R 131-37 (Décret 2012-120 du 30-1-2012 pris pour l'application de la loi 2011-850 du 20-7-2011 de libéralisation des ventes volontaires de meubles aux enchères publiques)	Nomination obligatoire sans condition de seuils
Conseil des ventes volontaires de meubles aux enchères publiques	C. com. art. L 321-21, C. com. art. R 321-43 (Décret 2012-120 du 30-1-2012 pris pour l'application de la loi 2011-850 du 20-7-2011 de libéralisation des ventes volontaires de meubles aux enchères publiques)	Nomination obligatoire sans condition de seuils
Conseil national de la transaction et de la gestion immobilières	Loi 2017-86 du 27 janvier 2017 relative à l'égalité et à la citoyenneté, art. 124.	Nomination obligatoire sans condition de seuils
Coopératives d'intérêt collectif pour l'accession à la propriété sous forme de société anonyme	art. 23 des statuts types homologué par décret 2007-1595 du 9 novembre 2007	Nomination obligatoire sans condition de seuils
Entreprises d'investissements	C. mon. fin. art. L 511-38	Nomination obligatoire sans condition de seuils [8]
Entreprises dont l'activité professionnelle consiste à obtenir pour autrui des avantages fiscaux liés à des investissements réalisés outre-mer [16]	CGI art. 242 septies	Nomination obligatoire sans condition de seuils
Établissements publics de l'État (EPN) non soumis aux règles de la comptabilité publique	Loi 84-148 du 1er mars 1984 art. 30 et décret 85-295 du 1er mars 1985 art. 33	Deux des trois seuils suivants [12] : Bilan : 1 550 K€ CA : 3 100 K€ Effectif : 50 salariés
Établissements publics de l'État (EPN) qu'ils soient soumis ou non aux règles de la comptabilité publique, tenus d'établir des comptes consolidés	Loi 84-148 du 1er mars 1984 art. 30 et décret 86-221 du 17 février 1986 art. 13	Nomination obligatoire d'au moins deux commissaires aux comptes sans condition de seuils

95

CADRE LÉGAL ET INSTITUTIONNEL

1950
(suite)

Entités	Textes de référence	Conditions de nomination
Établissements de crédit	C. mon. fin. art. L 511-38	Nomination obligatoire sans condition de seuils [9]
Établissements de monnaie électronique et établissements de paiement	C. mon. fin. art. L 511-38 sur renvoi de l'art. L 526-39 (établissements de monnaie électronique) et de l'art. L 522-19 et L 522-20 (établissements de paiement)	Nomination obligatoire sans condition de seuils [9]
Établissements d'utilité publique	Loi 87-571 du 23 juillet 1987 art. 5, II, al. 3	Nomination obligatoire sans condition de seuils
Établissements publics de santé [22]	CSP art. L 6145-16 Décrets 2013-1238 et 2013-1239 du 23 décembre 2013 Arrêté du 23 décembre 2013 fixant la liste des établissements publics de santé soumis à la certification des comptes pour les comptes de l'exercice 2014	Pour les exercices 2014, 2015 et 2016 : nomination obligatoire pour les établissements dont la liste est fixée par arrêté. À compter de l'exercice 2017 : produits du compte de résultat principal = 100 M€ pendant trois exercice consécutifs [4]. Si le total des produits du compte de résultat principal est supérieur à 1,2 milliard d'euros [4 bis], la certification peut être assurée par la Cour des comptes.
Études de notaires	Arrêté du 27 janvier 2006 art. 5	Nomination obligatoire sans condition de seuils (pour l'examen de la conformité des traitements informatisés de la comptabilité des notaires)
Fédérations départementales, inter-départementales et nationales des chasseurs	C. envir. art. L 421-9-1, L 421-12 et L 421-15	Nomination obligatoire sans condition de seuils
Fiducie	Loi 2007-211 du 19 février 2007 art. 12, III	Nomination obligatoire pour le contrôle de la comptabilité autonome du patrimoine d'affectation lorsque le constituant est lui-même tenu de désigner un commissaire aux comptes
Fondations d'entreprise	Loi 87-571 du 23 juillet 1987 art. 19-9	Nomination obligatoire sans condition de seuils
Fondations de coopération scientifique	Loi 87-571 du 23 juillet 1987 art. 5, II sur renvoi de l'art. L 344-11 du Code de la recherche	Nomination obligatoire sans condition de seuils
Fondations hospitalières	Loi 87-571 du 23 juillet 1987 art. 5, II sur renvoi de l'art. L 6141-7-3 du Code de la santé publique	Nomination obligatoire sans condition de seuils
Fondations partenariales	Loi 87-571 du 23 juillet 1987 art. 19-9 sur renvoi de l'art. L 719-13 du Code de l'éducation	Nomination obligatoire sans condition de seuils
Fondations reconnues d'utilité publique	Loi 87-571 du 23 juillet 1987 art. 5, II	Nomination obligatoire sans condition de seuils
Fondations reconnues d'utilité publique habilitées à faire certains prêts	C. mon. fin. art. R 518-60	Nomination obligatoire sans condition de seuils
Fondations universitaires	C. éducation art. R 719-205	Nomination obligatoire sans condition de seuils
Fonds communs de placement (FCP)	Voir OPCVM sous forme de FCP ou OPCI sous forme de FCP	
Fonds communs de titrisation	C. mon. fin. art. L 214-185	Nomination obligatoire sans condition de seuils

CADRE LÉGAL ET INSTITUTIONNEL ▮

1950
(suite)

Entités	Textes de référence	Conditions de nomination
Fonds de capital investissement (FCI)	C. mon. fin. art. L 214-27	Nomination obligatoire sans condition de seuils
Fonds d'épargne salariale	C. mon. fin. art. L 214-163	Nomination obligatoire sans condition de seuils
Fonds de dotation [20]	Loi 2008-776 du 4 août 2008, art. 140, VI	Nomination obligatoire quand le montant global de ses ressources dépasse 10 000 € en fin d'exercice
Fonds d'investissement à vocation générale sous forme de Sicav	C. mon. fin. art. L 214-24-31	Nomination obligatoire sans condition de seuils
Fonds d'investissement à vocation générale sous forme de FCP	C. mon. fin. art. L 214-24-40	Nomination obligatoire sans condition de seuils
Fonds de fonds alternatifs	C. mon. fin. art. L 214-24-31 ou L 214-24-40 sur renvoi de l'art. L 214-139	Nomination obligatoire sans condition de seuils
Fonds de garantie contre la défaillance des mutuelles et des unions pratiquant des opérations d'assurance	C. mut. art. L 431-4	Nomination obligatoire sans condition de seuils
Fonds paritaire de garantie des institutions de prévoyance	CSS art. L 931-37	Nomination obligatoire sans condition de seuils
Fonds de pérennité	Loi 2019-486 du 22 mai 2019, dite Pacte, art. 177, VIII	Nomination obligatoire lorsque le montant total des ressources dépasse 10 000 € à la clôture du dernier exercice
Fonds de placement immobilier (FPI)	Voir « OPCI sous forme de fonds de placement immobilier »	
Fonds professionnels à vocation générale	C. mon. fin. art. L 214-143	Nomination obligatoire sans condition de seuils
Grands ports maritimes (Établissement public de l'État)	C. transports art. L 5312-8 (ancien art. L 102-3 C. ports mar.)	Nomination obligatoire sans condition de seuils
Groupement d'épargne retraite populaire (GERP)	C. ass. art. R 144-9	Nomination obligatoire sans condition de seuils
Groupements de coopération sanitaire de droit privé et groupements de coopération sanitaire médico-sociale	CSP art. L 6133-5 et R 6133-4	Nomination obligatoire sans condition de seuils
Groupement d'intérêt économique (GIE)	C. com. art. L 251-12, al. 3 et R 251-1	Émission d'obligations ou Effectifs > 100 salariés [7]
Groupement européen d'intérêt économique (GEIE)	C. com. art. L 251-12 sur renvoi de L 252-7	Émission d'obligations ou Effectifs > 100 salariés
Institutions de prévoyance	CSS art. L 931-13	Nomination obligatoire sans condition de seuils
Institutions de retraite complémentaire et leurs fédérations	CSS art. L 931-13 sur renvoi de L 922-9 ; CSS art. R 922-56	Nomination obligatoire sans condition de seuils [24]
Intermédiaires en biens divers	C. mon. fin. art. L 551-5	Nomination obligatoire sans condition de seuils
Mutuelles du livre II [18]	C. mut. art. L 114-38	Nomination obligatoire sans condition de seuils
Mutuelles du livre III [18]	C. mut. art. L 114-38 et D 114-10	Deux des trois seuils suivants : Bilan : 1 524 490 € Ressources HT : 3 048 980 € Effectif : 50
Offices publics de l'habitat (OPH)	CCH art. R 423-27	Nomination obligatoire sans condition de seuils

CADRE LÉGAL ET INSTITUTIONNEL

© Éd. Francis Lefebvre

1950
(suite)

Entités	Textes de référence	Conditions de nomination
Opérateurs de compétences (ex. organismes paritaires collecteurs agréés de fonds de formation professionnelle continue)	C. trav. art. R 6332-36	Nomination obligatoire sans condition de seuils
Organismes bénéficiaires de dons [5]	Loi 87-571 du 23 juillet 1987 art. 4-1 modifiée par la loi 2009-1674 du 30 décembre 2009	Montant annuel des dons supérieur à 153 000 €
Organismes d'utilité générale	CGI art. 261, 7, 1°, d et art. 242 C annexe II	Nomination obligatoire pour les associations et fondations souhaitant rémunérer leurs dirigeants tout en étant exemptées des impôts commerciaux
Organismes dispensateurs de formation de droit privé [13]	C. trav. art. L 6352-8 et R 6352-19	Deux des trois seuils suivants [13] : Bilan : 230 K€ CA (ou ressources) HT : 153 K€ Effectif : 3 salariés
Organismes de placement collectif en valeurs mobilières (OPCVM) sous forme de Sicav	C. mon. fin. art. L 214-7-2	Nomination obligatoire sans condition de seuils
Organismes de placement collectif en valeurs mobilières (OPCVM) sous forme de FCP	C. mon. fin. art. L 214-8-6	Nomination obligatoire sans condition de seuils
Organismes de placement collectif immobilier (OPCI) sous forme de société de placement à prépondérance immobilière à capital variable (SPPICAV)	C. mon. fin. art. L 214-54	Nomination obligatoire sans condition de seuils
Organismes de placement collectif immobilier (OPCI) sous forme de fonds de placement immobilier (FPI)	C. mon. fin. art. L 214-54	Nomination obligatoire sans condition de seuils
Organismes professionnels de placement collectif immobilier	C. mon. fin. art. L 214-148	Nomination obligatoire sans condition de seuils
Organismes de soutien à la création d'entreprise	C. trav. art. R 5141-25	Nomination obligatoire sans condition de seuils
Organismes nationaux de sécurité sociale (autres que ceux du régime général)	CSS art. L 114-8 et D 114-4-5	Nomination obligatoire sans condition de seuils [19]
Partis et groupements politiques	Loi 88-227 du 11 mars 1988 art. 11-7 modifié par la loi 2017-286 du 6 mars 2017	Pour les comptes arrêtés au titre de l'année 2018 et des années suivantes : – nomination obligatoire d'un commissaire aux comptes sans condition de seuils ; – nomination obligatoire d'au moins deux commissaires aux comptes si les ressources annuelles du parti ou du groupement dépassent 230 000 €. Pour les comptes arrêtés antérieurement à l'année 2018 : nomination obligatoire d'au moins deux commissaires aux comptes sans condition de ressources.
Personnes morales de droit privé non commerçantes ayant une activité économique [1]	C. com. art. L 612-1 et R 612-1	Deux des trois seuils suivants [14] : Bilan : 1 550 K€ CA : 3 100 K€ Effectif : 50 salariés
Services de santé au travail interentreprises	C. trav. art. D 4622-57	Nomination obligatoire sans condition de seuils
Sociétés autorisées à consentir certaines garanties	C. mon. fin. art. R 518-66	Nomination obligatoire sans condition de seuils

CADRE LÉGAL ET INSTITUTIONNEL

1950
(suite)

Entités	Textes de référence	Conditions de nomination
Sociétés civiles de placement immobilier (SCPI)	C. mon. fin. art. L 214-110	Nomination obligatoire sans condition de seuils
Sociétés civiles de perception et de répartition des droits d'auteurs, d'artistes-interprètes	CPI art. L 321-4	Nomination obligatoire sans condition de seuils
Sociétés coopératives agricoles et unions	C. rur. art. R 524-22-1	Deux des trois seuils suivants [15] : Bilan : 267 000 € CA HT : 534 000 € Effectif : 10 salariés
Sociétés coopératives ouvrières de production (Scop)	Loi 78-763 du 19 juillet 1978 art. 19	Nomination selon la forme juridique retenue
Sociétés coopératives d'intérêt collectif	Loi 47-1775 du 10 septembre 1947 art. 19 quinquies	Nomination selon la forme juridique retenue
Sociétés coopératives d'intérêt collectif pour l'accession à la propriété sous forme de société anonyme	Statuts types (art. 23) homologués par le décret 2007-1595 du 9 novembre 2007	Nomination obligatoire sans condition de seuils
Sociétés coopératives européennes	Loi 47-1775 du 10-9-1947 art. 26-29	Nomination obligatoire sans conditions de seuils
Sociétés d'assurances et sociétés d'assurance mutuelle	C. ass. art. R 322-67	Nomination obligatoire sans condition de seuils
Société d'économie mixte locale (SEML)	CGCT art. L 1524-8	Nomination obligatoire sans condition de seuils
Sociétés d'épargne forestière	C. mon. fin. art. L 214-110	Nomination obligatoire sans condition de seuils
Société d'exercice libéral (SEL)	Loi 90-1258 du 31 décembre 1990, art 1er	Nomination selon la forme juridique retenue
Sociétés d'investissement à capital fixe (Sicaf)	C. mon. fin. art. L 214-133, 6°	Nomination obligatoire sans condition de seuils
Sociétés d'investissement à capital variable (Sicav)	Voir « OPCVM sous forme de Sicav » ou « Fonds d'investissement à vocation générale sous forme de Sicav »	
Sociétés de coordination (sous forme de SA ou une SA coopérative à capital variable) [23]	CCH art. L 423-1-2	Nomination obligatoire sans condition de seuils
Sociétés de gestion de portefeuille	C. mon. fin. art. L 532-9	Nomination obligatoire sans condition de seuils
Société de placement à prépondérance immobilière à capital variable (SPPICAV)	Voir « OPCI sous forme de société de placement à prépondérance immobilière à capital variable »	
Sociétés européennes	Renvoi aux dispositions de la SA C. com. art. L 225-218 par C. com. art. L 229-1	Nomination obligatoire sans condition de seuils
Société de libre partenariat	C. mon. fin. art. L 214-162-5	Nomination obligatoire sans condition de seuils
Sociétés de titrisation (sous forme de SA)	C. mon. fin. art. L 214-179	Nomination obligatoire sans condition de seuils
Sociétés gestionnaires d'un réseau de transport (secteur de l'électricité et du gaz)	C. énergie art. L 111-15	Nomination obligatoire sans condition de seuils [17]
Syndicats professionnels de salariés, leurs unions, et associations de salariés mentionnés à l'article L 2135-1 du Code du travail	C. trav. art. L 2135-6 et D 2135-9	Ressources > 230 000 € [6]
Syndicats professionnels d'employeurs, leurs unions, et associations d'employeurs mentionnés à l'article L 2135-1 du Code du travail qui souhaitent établir leur représentativité	C. trav. art. L 2135-6	– Ressources > 230 000 € (voir supra syndicats de salariés) jusqu'au 31 décembre 2014. – Nomination obligatoire sans condition de seuils à partir du 1er janvier 2015.

CADRE LÉGAL ET INSTITUTIONNEL

© Éd. Francis Lefebvre

1950
(suite)

Entités	Textes de référence	Conditions de nomination
Société sportive constituée sous forme d'entreprise unipersonnelle sportive à responsabilité limitée (EUSRL) [25]	C. sport art. R 122-4 annexe I-2	Nomination obligatoire sans condition de seuils [26]
Société sportive constituée sous forme de SA à objet sportif [25]	Décret 86-409 du 11-3-1986 relatif aux statuts types des sociétés à objet sportif (Annexe art. 31)	Nomination obligatoire sans condition de seuils
Société sportive constituée sous forme de sociétés anonymes sportives professionnelles [25]	Décret 2001-149 du 16-2-2021 relatif aux statuts types des sociétés anonymes sportives professionnelles, art. 30 de l'annexe (SA sportive professionnelle)	Nomination obligatoire sans condition de seuils
Universités	C. éduc. art. L 712-9, al. 4	Nomination obligatoire sans condition de seuils

(1) La nomination d'un commissaire aux comptes est régie par les règles de droit commun applicables aux personnes morales de droit privé non commerçantes ayant une activité économique pour les sociétés civiles, les sociétés civiles de moyens, les sociétés civiles professionnelles, les exploitations agricoles à responsabilité limitée, les centres de réinsertion par l'activité économique, les établissements de transfusion sanguine, les comités nationaux, régionaux et locaux des pêches maritimes et d'élevage, les sociétés coopératives maritimes constituées sous la forme civile ainsi que les Sica (sociétés d'intérêt collectif agricole) civiles. Conformément aux dispositions de l'article L 612-1 du Code de commerce, pour les Sica qui n'ont pas la forme commerciale et dont les titres financiers ne sont pas admis aux négociations sur un marché réglementé, cette obligation peut être satisfaite, dans les conditions définies à l'article L 527-1-1 du Code rural et de la pêche maritime, par le recours au service d'une fédération agréée pour la révision mentionnée à l'article L 527-1 du même code.

(2) Une association sportive affiliée à une fédération sportive qui participe habituellement à l'organisation de manifestations sportives payantes procurant des recettes d'un montant supérieur à 1,2 million d'euros ou qui emploie des sportifs contre des rémunérations dont le montant excède 800 000 € est tenue, pour la gestion de ces activités, de constituer une société commerciale (C. sport art. L 122-1 et R 122-1, al. 1). Conformément aux dispositions de l'article L 122-2 du Code du sport, cette société prend la forme :
– soit d'une société à responsabilité limitée ne comprenant qu'un associé, dénommée entreprise unipersonnelle sportive à responsabilité limitée (EUSRL) ;
– soit d'une société anonyme à objet sportif (SAOS) ;
– soit d'une société anonyme sportive professionnelle (SASP) ;
– soit d'une société à responsabilité limitée (SARL) ;
– soit d'une société anonyme (SA) ;
– soit d'une société par actions simplifiée (SAS).
Les statuts de ces trois premières formes de société doivent être conformes à des statuts types définis par décret (C. sport art. L 122-3 et R 122-4) : voir dans le présent tableau les obligations relatives aux sociétés sportives.

(3) L'article L 811-11-1 du Code de commerce dispose que les administrateurs judiciaires sont tenus de « désigner un commissaire aux comptes qui assure le contrôle de leur comptabilité spéciale et exerce, à ce titre, une mission permanente de contrôle de l'ensemble des fonds, effets, titres et autres valeurs appartenant à autrui, dont les administrateurs judiciaires sont seuls détenteurs en vertu d'un mandat reçu dans l'exercice de leurs fonctions ».

(4) Sont soumis à la certification de leurs comptes les établissements publics de santé dont le total des produits du compte de résultat principal, constaté lors de l'approbation du compte financier, est égal ou supérieur à cent millions d'euros pendant trois exercices consécutifs. La certification s'applique aux comptes de l'exercice suivant l'approbation du compte financier du dernier de ces trois exercices. Lorsque les comptes d'un établissement soumis à la certification font apparaître un total de produits du compte de résultat principal inférieur à cent millions d'euros pendant les troisième, quatrième et cinquième années du mandat de l'instance chargée de la certification, l'établissement n'est plus soumis à l'obligation de certification de ses comptes à l'issue de la période de six exercices prévue à l'article R 6145-61-2 (CSP art. D 6145-61-7). La CNCC a publié une note relative à la mission du commissaire aux comptes dans les établissements publics de santé en septembre 2019.

(4 bis) Ce montant doit être constaté lors de l'approbation du compte financier des trois exercices consécutifs pris en compte pour la soumission à l'obligation de certification ou, pour les établissements déjà soumis à cette obligation, des exercices correspondant aux troisième, quatrième et cinquième années du mandat de l'instance chargée de la certification (CSP art. D 6145-61-7).

(5) Organisme bénéficiaire de dons de personnes physiques ou morales ouvrant droit pour les donateurs à un avantage fiscal au titre de l'impôt sur le revenu ou de l'impôt sur les sociétés.

(6) L'article D 2135-9, al. 2 du Code du travail précise les éléments à prendre en compte dans le calcul des ressources pour définir le seuil de nomination d'un commissaire aux comptes.

(7) Le GIE n'est plus tenu de désigner un commissaire aux comptes dès lors qu'il compte moins de 100 salariés pendant les deux exercices précédant l'expiration du mandat (C. com. art. R 251-1).

(8) Obligation de nommer au moins deux commissaires aux comptes. Le contrôle peut être exercé par un seul commissaire aux comptes lorsque le montant du total du bilan de l'entreprise d'investissement est inférieur à 100 M€ (ANC 2014-07 art. 3122-2). L'Autorité de contrôle prudentiel et de résolution peut, lorsque la situation le justifie, procéder à la désignation d'un commissaire aux comptes supplémentaire (C. mon. fin. art. L 612-43 et R 511-13).

(9) Obligation de nommer au moins deux commissaires aux comptes. Le contrôle peut être exercé par un seul commissaire aux comptes lorsque le montant du bilan de l'établissement est inférieur à 450 M€ (ce montant est porté à dix fois la somme mentionnée ci-dessus pour les établissements affiliés à un organe central – article unique du règlement CRBF 84-09 du 28 septembre 1984 modifié par l'arrêté du 3-9-2001). Lorsque cette condition est remplie, et que l'établissement est soumis soit aux règles de la comptabilité publique, soit à un régime spécifique d'approbation de ses comptes présentant des garanties jugées satisfaisantes par l'Autorité de contrôle prudentiel et de résolution, celle-ci peut décider de lever l'obligation de certification. Ces dérogations ne sont pas applicables lorsque l'établissement de crédit ou l'entreprise d'investissement est tenu d'établir des comptes sur base consolidée (C. mon. fin. art. L 511-38, al. 2).
L'Autorité de contrôle prudentiel et de résolution peut, lorsque la situation le justifie, procéder à la désignation d'un commissaire aux comptes supplémentaire (C. mon. fin. art. L 612-43 et R 511-13).

(10) La nomination du commissaire aux comptes doit intervenir l'année où ladite subvention est accordée (« Guide du commissaire aux comptes dans les associations, fondations et autres organismes sans but lucratif » – CNCC – janvier 2016 – § 3.1.3.1.2. ; Bull. CNCC n° 91 – p. 316 et 95 – p. 583).

CADRE LÉGAL ET INSTITUTIONNEL

1950
(suite)

(11) La nomination du commissaire aux comptes doit intervenir l'année où ladite subvention est accordée (« Guide du commissaire aux comptes dans les associations, fondations et autres organismes sans but lucratif » – CNCC – janvier 2016 – § 3.1.3.1.2. ; Bull. CNCC n° 144 – p. 699).

(12) Les établissements publics de l'État ne sont plus tenus de recourir à un commissaire aux comptes dès lors qu'ils n'ont pas dépassé les seuils de deux des trois critères pendant les deux exercices précédant l'expiration du mandat du commissaire aux comptes (décret du 1-3-1985 art. 33).

(13) Les dispensateurs de formation de droit privé ne sont plus tenus à l'obligation de désigner un commissaire aux comptes lorsqu'ils ne dépassent pas les chiffres fixés pour deux des trois critères définis à l'article R 6352-19 du Code du travail pendant deux exercices consécutifs (C. trav. art. R 6352-20).
S'agissant des **centres de formation d'apprentis (CFA)**, l'article R 6233-6 du Code du travail relatif à la certification des comptes des CFA dont la comptabilité n'est pas tenue par un comptable public a été abrogé par le décret 2019-1143 du 7 novembre 2019. Compte tenu de cette abrogation, le commissaire aux comptes d'un organisme de formation assurant des prestations de formation par apprentissage n'a plus l'obligation légale de certifier les comptes du centre de formation d'apprentis seul. C'est l'organisme de formation dispensant des actions de formation par apprentissage qui doit faire certifier ses comptes intégrant ceux du centre de formation par apprentissage.
La désignation d'un commissaire aux comptes dans les organismes de formation de droit privé délivrant des prestations de formation par l'apprentissage se fait conformément aux dispositions de l'article R 6352-19 du Code du travail, à savoir la désignation d'au moins un commissaire aux comptes et un suppléant lorsque l'organisme dépasse, à la fin de l'année civile ou à la clôture de l'exercice, les chiffres fixés pour deux des trois critères suivants :
– nombre de salariés : 3 ;
– montant hors taxe du chiffre d'affaires ou des ressources : 153 000 € ;
– total du bilan : 230 000 €.

(14) La nomination du commissaire aux comptes devra intervenir au cours de l'exercice suivant celui où les seuils sont dépassés (« Guide du commissaire aux comptes dans les associations, fondations et autres organismes sans but lucratif » – CNCC – janvier 2016 – § 3.1.3.1.1.
Les personnes morales de droit privé non commerçantes ayant une activité économique peuvent mettre fin au mandat du commissaire aux comptes, dès lors que les seuils prévus à l'article R 612-1 n'ont pas été dépassés pendant deux exercices consécutifs (courrier de la Chancellerie du 24-12-2008 ; Bull. CNCC n° 155-2009 p. 490).

(15) Le décret 2010-1654 du 28 décembre 2010 (publié au JO du 29-12-2010 et d'application immédiate) a modifié le régime d'intervention du commissariat aux comptes dans les sociétés coopératives agricoles en réévaluant les seuils déclenchant son intervention. Ces seuils sont ainsi passés de 3 à 10 salariés, de 110 000 à 534 000 € pour le chiffre d'affaires et de 55 000 à 267 000 € pour le total du bilan.

(16) Les avantages fiscaux visés sont ceux prévus aux articles 199 undecies A, 199 undecies B, 199 undecies C, 217 undecies et 217 duodecies du Code général des impôts. La Commission des études juridiques (CEJ) de la CNCC précise que :
– les conseillers en gestion de patrimoine qui conçoivent des montages « fiscalo-financiers » consistant à obtenir pour autrui des avantages fiscaux réalisés à l'outre-mer ou participent en tout ou partie à leur mise en œuvre ont l'obligation de désigner un commissaire aux comptes en application de l'article 242 septies du CGI ;
– les personnes qui ont des activités d'intermédiaire commercial ou d'apporteur d'affaires ne sont pas visées par l'article précité et n'ont pas l'obligation d'avoir un commissaire aux comptes (Bull. CNCC n° 168-2012 – EJ 2012-45).
La CEJ considère enfin que l'article 242 septies du CGI n'est pas encore applicable faute de parution du décret relatif aux conditions d'application de cet article.

(17) Les comptes sociaux de la société gestionnaire d'un réseau de transport sont certifiés par un commissaire aux comptes qui ne certifie ni les comptes d'une autre partie de l'entreprise verticalement intégrée ni les comptes consolidés de cette dernière (C. énergie art. L 111-15).

(18) Les mutuelles et unions régies par le livre II ou, lorsqu'elles dépassent un volume d'activité fixé par décret, celles régies par le livre III, ainsi que les fédérations, sont tenues de nommer au moins un commissaire aux comptes et un suppléant choisis sur la liste mentionnée à l'article L 822-1 du Code de commerce (C. mut. art. L 114-38).

(19) Lorsque ces organismes établissent des comptes combinés, la certification est effectuée par au moins deux commissaires aux comptes (CSS art. L 114-8).

(20) Le décret 2015-49 du 22 janvier 2015 relatif aux fonds de dotation prévoit une nouvelle obligation pour les créateurs de fonds de dotation en fixant à 15 000 € le montant minimum de la dotation initiale des fonds de dotation.

(21) Le comité social et économique, créé par l'ordonnance 2017-1386 du 22 septembre 2017, doit être mis en place dans chaque entreprise conformément aux dispositions transitoires définies à l'article 9 de ladite ordonnance. Les obligations de nomination d'un commissaire aux comptes sont applicables aux comités sociaux et économiques d'établissement (C. trav. art. L 2316-26), aux comités sociaux et économiques centraux d'entreprise (C. trav. art. L 2316-19) et aux comités sociaux et économiques interentreprises (C. trav. art. R 2323-41-1).

(22) S'agissant du cas spécifique d'un établissement d'hébergement pour personnes âgées dépendantes (EHPAD), la nomination d'un commissaire aux comptes dépend des règles générales liées à la forme juridique de l'EHPAD (établissement public/société/association, etc.) et/ou de son activité (seuils de l'activité économique, etc.). La qualification d'EHPAD n'emporte pas à elle seule l'obligation de nommer un commissaire aux comptes (Bull. CNCC n° 193-2019 – EJ 2017-71).

(23) Les caractéristiques d'une « société de coordination » sont énumérées à l'article L 423-1-2 du Code de la construction et de l'habitation. C'est une société anonyme agréée en application de l'article L 422-5, qui peut prendre la forme d'une société anonyme mentionnée à l'article L 225-1 du Code de commerce ou d'une société anonyme coopérative à capital variable, régie par les dispositions du présent article ainsi que par les dispositions non contraires à la loi 47-1775 du 10 septembre 1947 portant statut de la coopération, du Code civil et du Code de commerce. Sa dénomination sociale doit indiquer les mots « société de coordination ».
Le décret 2019-911 du 29 août 2019 crée les clauses-types des sociétés de coordination, en application de l'article L 423-1-2 du Code de la construction.
Les sociétés de coordination, qui disposent de compétences limitativement énumérées, peuvent prendre la forme d'une société anonyme mentionnée à l'article L 225-1 du Code de commerce ou d'une société anonyme coopérative à capital variable, régie par les dispositions non contraires de la loi 47-1775 du 10 septembre 1947 portant statut de la coopération.
Par ailleurs, le décret prévoit que les sociétés de coordination disposent d'une compétence nationale et doivent être agréées par le ministre chargé du logement, après avis du Conseil supérieur des habitations à loyer modéré.
Selon les dispositions de l'article L 423-2-1 du CCH, les sociétés de coordination doivent établir et publier des **comptes combinés.**
Selon la CNCC, l'obligation d'établir et de publier des comptes combinés ne naît qu'à compter de l'obtention de l'agrément et l'obligation de désigner deux commissaires aux comptes ne s'impose qu'à partir de ce même moment. Les premiers comptes combinés qui seront établis par la société de coordination et qui devront être certifiés par les commissaires aux comptes sont ceux qui correspondent au premier exercice social (Bull. CNCC n° 199-2020 – EJ 2020-38 ; voir également note CNCC sur l'actualité 2019 relative aux organismes de logement social).

(24) Conformément aux dispositions de l'article R 922-56 du Code de la sécurité sociale, une fédération d'institutions de retraite complémentaire a l'obligation de nommer **au moins deux commissaires aux comptes** et deux suppléants.

(25) Pour les sociétés sportives constituées sous forme de SARL, SA et SAS de droit commun, voir n° 1885.

(26) **Deux commissaires aux comptes**, dont un titulaire et un suppléant, sont désignés par l'associé unique. Les commissaires aux comptes sont nommés pour six exercices et exercent leurs fonctions conformément à la loi.

CHAPITRE 2

Statut du contrôleur légal

Plan du chapitre	§§

	§§
SECTION 1	
Nomination et cessation	
des fonctions	2050
I. Nomination	2100
A. Principes	2120
B. Modalités de nomination	2230
C. Nominations irrégulières	2310
D. Spécificités pour les EIP	2350
II. Cessation des fonctions	2445
A. Causes de cessation des fonctions	2450
B. Modalités de mise en œuvre	2645
SECTION 2	
Indépendance	3500
I. Notions générales	3550
II. Règles applicables en France	3680
A. Incompatibilités générales	3710
B. Interdiction des sollicitations et cadeaux	3725
C. Monopoles des autres professions – Consultations juridiques et rédaction d'actes	3726
D. Incompatibilités spéciales liées à des liens personnels, financiers ou professionnels	3730
E. Interdictions liées à la fourniture de services par le commissaire aux comptes ou par son réseau	3739
F. Situations à risque et mesures de sauvegarde	3755
G. Interdictions temporaires	3759
H. Obligations de rotation et délai de viduité	3760
I. Approbation des SACC lorsque le commissaire aux comptes certifie les comptes d'une EIP	3781
J. Mesures concernant les honoraires	3787
K. Sanctions	3800
L. Règles relatives à l'organisation interne des cabinets	3850
III. Systèmes de sauvegarde de l'indépendance	4295

	§§
A. Renforcement de l'autorité et de l'indépendance des professionnels	4315
B. Renforcement de la transparence de l'exercice professionnel	4345
C. Renforcement de la surveillance et du contrôle de la profession	4380
SECTION 3	
Secret professionnel	4995
I. Généralités	5000
A. Fondements de l'obligation	5050
B. Champ d'application	5090
C. Violation du secret et sanctions	5124
II. Levée du secret professionnel	5190
A. Tiers	5210
B. Acteurs de l'entreprise	5242
1. Organes d'administration, de direction ou de surveillance	5250
2. Associés de l'entité contrôlée	5285
3. Liquidateur amiable de l'entité	5295
4. Comité social et économique	5300
5. Commissaire aux comptes du comité social et économique	5325
6. Expert-comptable du comité social et économique	5330
7. Conseil de surveillance des FCPE	5340
8. Comptable public d'un organisme public	5345
C. Confrères, collaborateurs et experts	5360
D. Organes de contrôle de l'environnement institutionnel	5440
E. Autorités du monde judiciaire	5640
1. Juridictions pénales	5650
2. Juridictions civiles	5700
3. Juridictions arbitrales	5760
4. Juridictions disciplinaires	5770
5. Juridictions financières	5790
SECTION 4	
Publicité et sollicitations	5900
I. Publicité	5905
II. Sollicitation personnalisée et services en ligne	5920

STATUT DU CONTRÔLEUR LÉGAL   © Éd. Francis Lefebvre

SECTION 1

Nomination et cessation des fonctions

2050 Cette section traite en premier lieu des questions liées à la **nomination** du commissaire aux comptes (n° 2100). Sont examinées ensuite les circonstances dans lesquelles peut intervenir la **cessation de ses fonctions** (n° 2445).

I. Nomination

2100 La nomination du commissaire aux comptes doit respecter un certain nombre de **principes** (n° 2120) et de **modalités** (n° 2230), faute de quoi des sanctions sont attachées aux **irrégularités** de nomination (n° 2310). De plus, lorsque le commissaire aux comptes est nommé pour le contrôle des comptes d'une **entité d'intérêt public**, certaines spécificités s'imposent (n° 2350).

A. Principes

Dispositif d'ensemble

2120 La nomination des commissaires aux comptes doit obéir à des règles ayant trait au nombre de commissaires, aux conditions de leur nomination et à la durée de leurs fonctions.

En ce qui concerne le **nombre** de commissaires (n°s 2125 s.), une personne ou une entité peut être dans l'obligation de nommer un, voire deux commissaires aux comptes titulaires et, le cas échéant, suppléants. Si elle n'est pas astreinte au contrôle légal, elle a la faculté de nommer volontairement un ou plusieurs commissaires aux comptes.

S'agissant des **conditions de nomination** (n°s 2150 s.) du commissaire aux comptes, le principe général est celui de la liberté de choix. Cette liberté souffre cependant quelques exceptions et reste subordonnée à la réalisation d'un certain nombre de conditions, au premier rang desquelles figure l'acceptation de la mission par le commissaire aux comptes.

Enfin, sauf en cas de nomination judiciaire, la **durée du mandat** du commissaire aux comptes est de six exercices excepté dans certains cas limitativement prévus par l'article L 823-3-2 du Code de commerce où il est possible de la limiter à trois exercices (n° 2185). Pour les entités d'intérêt public, une durée maximale cumulée du mandat a par ailleurs été introduite par l'ordonnance 2016-315 du 17 mars 2016 transposant en France la réforme européenne de l'audit (n°s 2380 s.).

Nous verrons que derrière leur apparente simplicité, ces principes posent de délicats problèmes d'application.

Nombre de commissaires aux comptes

2125 **Nomination obligatoire d'un commissaire aux comptes** La nomination d'un commissaire aux comptes est obligatoire pour toute personne ou entité entrant dans le champ d'application du contrôle légal.

Les structures juridiques assujetties au contrôle légal sont répertoriées aux n°s 1870 s.

Hormis le cas particulier où s'impose la nomination de deux commissaires aux comptes (voir n°s 2134 s.), l'obligation porte sur la nomination d'un commissaire aux comptes titulaire et, le cas échéant, d'un commissaire aux comptes suppléant.

2128 **Commissaire aux comptes titulaire** Le commissaire aux comptes **titulaire** peut être une personne physique ou une personne morale. S'il s'agit d'une personne physique, celle-ci porte seule la responsabilité de la mise en œuvre du mandat. S'il s'agit d'une personne morale, celle-ci doit désigner en son sein un responsable technique, encore dénommé cosignataire, qui prend la responsabilité opérationnelle de la mission

STATUT DU CONTRÔLEUR LÉGAL

et signe les rapports. Ceux-ci seront également signés par le représentant légal de la personne morale, qui peut, le cas échéant, être le responsable technique s'il est habilité à signer en tant que mandataire social, le cas échéant à la suite d'une procuration dont il bénéficie (voir n⁰ˢ 1670 s.).

> Dès lors qu'une société de commissaires aux comptes est nommée comme titulaire d'un mandat de commissaire aux comptes, une modification dans sa direction, et donc de l'associé signataire, n'entraîne pas de changement de titulaire du mandat. De même, la rotation des associés n'emporte pas de conséquence en matière de détention du mandat. Concernant l'obligation de rotation des mandats pour les EIP, voir n⁰ˢ 2380 s.

Commissaire aux comptes suppléant Lorsque le commissaire aux comptes désigné est une **personne physique** ou une **société unipersonnelle**, un ou plusieurs commissaires aux comptes suppléants, appelés à remplacer les titulaires en cas de refus, d'empêchement, de démission ou de décès sont désignés dans les mêmes conditions (C. com. art. L 823-1, I, al. 2 modifié par la loi 2016-1691 du 9-12-2016). L'obligation de nommer un commissaire aux comptes suppléant s'applique alors, que la nomination du commissaire aux comptes soit obligatoire ou volontaire.

2129

Depuis le 11 décembre 2016, l'alinéa 2 du I de l'article L 823-1 du Code de commerce **n'impose plus** la désignation d'un commissaire aux comptes suppléant dès lors que le commissaire aux comptes titulaire est une personne morale autre qu'une société unipersonnelle.

> Les modifications apportées par la loi 2016-1691 du 9 décembre 2016 ne mettent pas fin aux **mandats en cours** des commissaires aux comptes suppléants lorsque le titulaire du mandat est une personne morale autre qu'une société unipersonnelle. Le mandat du suppléant continue jusqu'à son terme puisqu'en application des règles classiques de droit transitoire les effets d'un contrat sont régis par la loi en vigueur à l'époque où il a été passé.

Cependant, les textes légaux, réglementaires ou statutaires prévoyant la nomination d'un commissaire aux comptes peuvent continuer à **imposer**, dans certaines entités, la nomination d'un commissaire aux comptes suppléant. Dans ce cas, en application du principe « *specialia generalibus derogant* », la désignation d'un suppléant reste obligatoire pour les entités concernées, même si le commissaire aux comptes titulaire n'est ni une personne physique ni une société unipersonnelle (CNCC EJ 2017-04). À titre d'**exemple**, la nomination d'un commissaire aux comptes suppléant reste obligatoire pour les :

– Administrateurs judiciaires et mandataires judiciaires (C. com. art. R 814-29),
– Associations « PERP » (C. ass. art. R 144-9),
– Comités sociaux et économiques, dépassant les seuils (C. trav. art. L 2315-73),
– Conseil national des courtiers et des marchandises assermentés (C. com. art. R 131-37),
– Coopératives agricoles, dépassant les seuils (C. rur. art. R 524-22-1, al. 1),
– Coopératives et sociétés coopératives d'intérêt collectif pour l'accession à la propriété sous forme de société anonyme (Statuts types art. 23 homologués par le décret 2007-1595 du 9-11-2007),
– Fondations universitaires (C. éduc. art. R 719-205),
– Groupement d'épargne retraite populaire (C. ass. art. R 144-9),
– Institutions de retraites complémentaires et leurs fédérations (CSS art. L 931-13 sur renvoi des art. L 922-9 et R 922-56),
– Organismes de formation professionnelle continue, dépassant les seuils (C. trav. art. R 6352-19),
– Opérateurs de compétences, anciennement désignés organismes paritaires collecteurs agréés des fonds de formation professionnelle continue (C. trav. art. R 6332-36).

> La loi 2019-486 du 22 mai 2019, dite Pacte, a régularisé les conditions de désignation d'un commissaire aux comptes suppléant prévues par les textes spécifiques applicables à certaines entités afin de les aligner sur les conditions générales définies au 2ᵉ alinéa du I de l'article L 823-1 du Code de commerce. Ainsi, à compter du 24 mai 2019 et sauf dispositions statutaires spécifiques, les entités listées ci-après désignent un commissaire aux comptes suppléant uniquement si le commissaire aux comptes titulaire est une personne physique ou une société unipersonnelle, alors qu'elles avaient l'obligation d'en désigner un systématiquement avant l'entrée en vigueur de la loi dite Pacte :
> – Associations recevant des subventions publiques dépassant certains seuils, associations et fondations recevant des dons ouvrant droit au bénéfice du donateur à déduction fiscale dépassant certains seuils (C. com. art. L 612-4),
> – Caisse des dépôts et consignations (C. mon. fin. art. L 518-15),
> – Caisse des règlements pécuniaires des avocats (ou Carpa) (Loi 91-647 du 10 juillet 1991 art. 30),
> – Conseil des ventes volontaires de meubles aux enchères publiques (C. com. art. L 321-21),

STATUT DU CONTRÔLEUR LÉGAL © Éd. Francis Lefebvre

– Établissements de réseau (ou chambres de commerce et d'industrie, chambres régionales de commerce et d'industrie) (C. com. art. L 712-6),
– Établissements publics de l'État (EPN) non soumis aux règles de la comptabilité publique dépassant les seuils (Loi 84-148 du 1-3-1984 art. 30, al. 1),
– Établissements publics de l'État (EPN), qu'ils soient ou non soumis aux règles de la comptabilité publique, tenus d'établir des comptes consolidés (Loi 84-148 du 1-3-1984 art. 30, al. 2),
– Établissements d'utilité publique, fondations de coopération scientifique, fondations hospitalières, fondations reconnues d'utilité publique (Loi 87-571 du 23-7-1987 art. 5, II, al. 3),
– Fondations d'entreprise et fondations partenariales (Loi 87-571 du 23-7-1987 art. 19-9, al. 1),
– Fonds de dotation dépassant certains seuils (Loi 2008-776 du 4-8-2008 art. 140, VI),
– Fonds de garantie contre la défaillance des mutuelles et des unions pratiquant des opérations d'assurance (C. mut. art. L 431-4, al. 3) ;
– Fonds paritaire de garantie des institutions de prévoyance (CSS art. L 931-37, al. 2),
– Mutuelles et unions régies par le livre II, unions mutualistes de groupe, mutuelles et unions régies par le livre III dépassant certains seuils et les fédérations (C. mut. art. L 114-38),
– Personnes morales de droit privé non commerçantes ayant une activité économique dépassant certains seuils, associations émettant des obligations, organismes collecteurs de la participation des employeurs à l'effort de construction (C. com. art. L 612-1),
– Syndicats professionnels de salariés, leurs unions et associations de salariés mentionnés à l'article L 2135-1 du Code du travail dépassant certains seuils (C. trav. art. L 2135-6, al. 1),
– Syndicats professionnels d'employeurs, leurs unions et associations d'employeurs mentionnés à l'article L 2135-1 du Code du travail dépassant certains seuils (C. trav. art. L 2135-6, al. 2).

2133 Les fonctions de signataire d'une société de commissaires aux comptes et de commissaire aux comptes suppléant ne peuvent être exercées simultanément sur un même mandat.

Ainsi l'associé commissaire aux comptes suppléant ne peut être désigné signataire social ou technique du dossier au nom de la société de commissaires titulaire du mandat (Bull. CNCC n° 145-2007 p. 188). À l'inverse, une société de commissaires aux comptes peut être désignée en qualité de suppléant de l'un de ses associés nommé commissaire aux comptes titulaire, à condition que cet associé ne soit pas appelé à intervenir pour le compte de cette société (Bull. CNCC n° 136-2004 p. 747).

2134 **Nomination obligatoire de deux commissaires aux comptes** La nomination de deux commissaires aux comptes est obligatoire :
– dans les sociétés commerciales astreintes à l'obligation d'établir et de publier des **comptes consolidés** en application de l'article L 233-16 du Code de commerce.

Pour plus de détails sur les entités ayant l'obligation d'établir des comptes consolidés, voir n°s 45015 s.

Cette obligation s'applique à l'ensemble des personnes et entités tenues de publier des comptes consolidés, par application de l'article L 823-2 du Code de commerce, sur renvoi de l'article L 820-1 du même code.

L'ordonnance du 8 septembre 2005 a modifié la rédaction de l'alinéa L 823-2, en précisant que « les personnes et entités astreintes à publier des comptes consolidés désignent au moins deux commissaires aux comptes ». Cette formulation ouvre donc explicitement à ces personnes et entités la possibilité de nommer plus de deux commissaires aux comptes.

La question de savoir si les personnes et entités qui établissent et publient volontairement des comptes consolidés sont soumises à cette obligation donne lieu à une réponse négative de la CNCC du fait que la loi n'impose la nomination de deux commissaires aux comptes « que si l'entité ou la personne morale est dans l'obligation de publier des comptes consolidés » (EJ CNCC octobre 2008, « La nomination et la cessation des fonctions du commissaire aux comptes », § 13) ;
– dans les mutuelles qui établissent et publient des comptes combinés (Bull. CNCC n° 124-2001 p. 665) ;
– dans les **partis** et groupements **politiques** (Loi 88-227 du 11-3-1988 art. 11-7) ;
– dans les **établissements de crédit**, les **sociétés de financement** et les **entreprises d'investissement** (C. mon. fin. art. L 511-38), dès lors qu'ils dépassent le seuil fixé par le Comité de la réglementation bancaire et financière (à savoir un total de bilan supérieur à 450 M€, ou à 4 500 M€ pour les établissements affiliés à un organe central chargé d'approuver leurs comptes – Règlement CRBF 84-09 du 28-9-1984) ;

La nomination d'un troisième commissaire aux comptes sur décision de l'Autorité de contrôle prudentiel et de résolution est prévue lorsque la situation le justifie, après avis du Comité consultatif de la législation et de la réglementation financière (C. mon. fin. art. L 612-43).

La certification des comptes d'une entreprise d'investissement soumise au contrôle de l'ACPR peut être réalisée par un seul commissaire aux comptes lorsque le total de son bilan est inférieur à 100 millions d'euros (Règl. ANC 2014-07 du 26-11-2014 art. 3122-2, reprenant le règl. CRC 2002-02).

– dans les établissements publics de l'État, soumis ou non aux règles de la comptabilité publique, dès lors qu'ils ont l'obligation légale d'établir des comptes consolidés, en application de l'article 13 de la loi 85-11 du 3 janvier 1985 ;
– dans les comités sociaux et économiques (C. trav. art. L 2315-73, al. 2 entré en vigueur depuis le 1-1-2018).

2135 Si un commissaire aux comptes suppléant doit être désigné (voir n° 2129), l'obligation de nommer deux commissaires aux comptes entraîne l'obligation de nommer **deux** commissaires aux comptes **suppléants**, le principe étant la nomination en nombre égal de commissaires titulaires et de commissaires suppléants. Souvent, chaque commissaire suppléant est associé à un commissaire aux comptes titulaire. Si tel n'est pas le cas, le suppléant le plus anciennement nommé est normalement désigné pour assurer le remplacement éventuellement nécessaire (Bull. CNCC n° 90-1993 p. 282 ; n° 114-1999 p. 261).

Nomination volontaire d'un ou de plusieurs commissaires aux comptes

2140 Toute personne ou entité peut décider volontairement de se doter d'un ou de plusieurs commissaires aux comptes titulaires sans que cette nomination soit imposée par les textes, sous réserve de l'approbation de cette décision par l'organe compétent. Conformément aux dispositions de l'article L 823-3-2 du Code de commerce, la nomination volontaire d'un commissaire aux comptes peut être faite pour un mandat limité à trois exercices depuis l'entrée en vigueur de la loi 2019-486 du 22 mai 2019, dite Pacte (voir n° 2185). Lorsque le commissaire aux comptes titulaire nommé est une personne physique ou une société unipersonnelle, la désignation d'un commissaire aux comptes suppléant est alors requise (voir n° 2129).

2142 La loi prévoit par ailleurs expressément, dans les sociétés à responsabilité limitée, les sociétés en nom collectif, les SAS, les SA, les SCA et les SE la nomination en justice d'un commissaire aux comptes à la **demande de minoritaires**, en dehors de tout dépassement de seuils rendant obligatoire cette nomination (voir n° 2260).

2143 Les commissaires aux comptes nommés volontairement sont soumis aux mêmes **obligations**, sous réserve des dispositions des articles L 823-12-1 et L 823-12-2 du Code de commerce, disposent des mêmes **pouvoirs** et encourent la même **responsabilité** que les commissaires aux comptes dont la nomination est obligatoire (C. com. art. L 820-1, al. 1).

Ils doivent donc en particulier satisfaire aux conditions d'inscription sur la liste et d'indépendance requises pour exercer la mission (voir n° 2165 s.).

Les dispositions visées aux articles L 823-12-1 et L 823-12-2 du Code de commerce s'appliquent spécifiquement lorsque la durée du mandat du commissaire aux comptes est limitée à trois exercices :

– établissement, à destination des dirigeants, d'un rapport identifiant les risques financiers, comptables et de gestion auxquels est exposée la société (voir chapitre dédié à la mission dite Alpe : n° 48050 s.) ;

– dispense des diligences et rapports mentionnés aux articles L 223-19, L 223-27, L 223-34, L 223-42, L 225-40, L 225-42, L 225-88, L 225-90, L 225-103, L 225-115, L 225-135, L 225-235, L 225-244, L 226-10-1, L 227-10, L 232-3, L 232-4, L 233-6, L 233-13, L 237-6 et L 239-2 (voir chapitre dédié à la mission dite Alpe : n° 48050 s.) ;

– application d'une NEP spécifique relative à cette mission et homologuée par arrêté du 6 juin 2019 (voir chapitre dédié à la mission dite Alpe : n° 47050 s.).

Conditions de nomination

2150 Le principe général de nomination des commissaires repose sur la **liberté de choix** de la personne morale ou de l'entité contrôlée. Cette liberté connaît cependant certaines limites. La principale est que le commissaire veuille et puisse accepter le mandat qui lui est proposé, ce qui suppose qu'il soit à même de respecter les règles de nomination édictées par la loi, le **Code de déontologie de la profession** mis à jour par le décret 2020-292 du 21 mars 2020 et le règlement européen 537/2014 pour les EIP.

2153 **Liberté de choix** Les commissaires aux comptes inscrits ont la possibilité d'exercer leur profession sur tout le territoire national (C. com. art. R 822-1). Il en résulte que, sous réserve de l'exception que constitue la nomination en justice, l'entité assujettie au contrôle légal a la possibilité de choisir librement son commissaire aux comptes.

Par exception, les commissaires nommés pour assurer la vérification de la comptabilité spéciale des administrateurs judiciaires (C. com. art. R 814-45) et la comptabilité informatisée des notaires (Arrêté du 27-1-2006 modifié par l'arrêté du 23-8-2010 art. 5) sont choisis sur des listes établies à cet effet.

STATUT DU CONTRÔLEUR LÉGAL © Éd. Francis Lefebvre

Ce choix est ouvert non seulement à la **première nomination**, mais également à chaque fois que le mandat vient à échéance, le commissaire ne pouvant se prévaloir d'un quelconque droit à **renouvellement**. En revanche, le non-renouvellement ne doit pas avoir pour objectif d'éluder le déroulement normal de la mission censoriale.

C'est dans cet esprit que l'article 26 du Code de déontologie de la profession modifié par le décret 2020-292 du 21 mars 2020 (ancien article 20) requiert du commissaire aux comptes appelé à succéder à un confrère de s'assurer auprès de lui que le **défaut de renouvellement du mandat** n'est pas motivé par la volonté de la personne ou de l'entité contrôlée de contourner les obligations légales du commissaire aux comptes. De même, le commissaire aux comptes non renouvelé à l'expiration de ses fonctions doit être entendu, s'il le demande, par l'assemblée générale (C. com. art. L 823-8).

Toute clause contractuelle qui limite le choix de l'assemblée générale ou de l'organe compétent à certaines catégories ou listes de commissaires aux comptes est réputée non écrite (C. com. art. L 823-1, al. 5).

Cette précision a été apportée par l'ordonnance 2016-315 du 17 mars 2016 transposant la directive 2014/56/UE du 16 avril 2014. Elle est applicable en France depuis le 17 juin 2016.

À notre avis, les dispositions de l'alinéa 5 de l'article L 823-1 du Code de commerce s'appliquent également aux clauses statutaires qui limiteraient le choix de l'organe compétent.

2155 **Décision de justice** Dans un certain nombre de circonstances, le commissaire aux comptes peut être nommé par décision judiciaire (voir n°s 2255 s.). Le choix du commissaire aux comptes appartient alors au magistrat qui procède à la nomination.

En application de l'article L 823-4 du Code de commerce, le mandat confié à un commissaire aux comptes par le président du tribunal de commerce prend fin lorsque l'assemblée générale ou l'organe compétent procède à la nomination du ou des commissaires aux comptes. Le commissaire aux comptes judiciairement nommé peut être désigné commissaire aux comptes. Si tel était le cas, il commencerait un nouveau mandat pour six exercices à partir de sa désignation par l'assemblée générale (Bull. CNCC n° 157- 2010 p. 32).

2157 **Acceptation de la mission** Le commissaire aux comptes est toujours en **droit de refuser** la mission qui lui est proposée, y compris en cas de désignation judiciaire. Cette faculté de refus procède de l'indépendance du commissaire aux comptes, qui doit pouvoir apprécier personnellement, d'une part, les risques inhérents au « mandat » potentiel, d'autre part, sa capacité à les prendre en charge. L'acceptation s'impose aussi bien pour le commissaire aux comptes titulaire que pour le commissaire aux comptes suppléant.

La possibilité de refuser la mission a pour conséquence de subordonner l'entrée en fonctions du commissaire aux comptes à son acceptation de la mission (sur les modalités pratiques d'acceptation de la mission, voir n°s 2270 s.).

C'est ainsi que les juges pourront être amenés à qualifier de « fictive » la nomination d'un commissaire aux comptes qui n'aurait pas été averti de sa nomination, et n'aurait jamais été invité à mettre en œuvre ses contrôles (TGI Mulhouse 12-4-1985 : Bull. CNCC n° 60-1985 p. 479 s.).

2160 Contrairement au commissaire aux comptes titulaire, le commissaire aux comptes **suppléant** appelé à le remplacer n'a pas à accepter les fonctions de commissaire titulaire, son accord pouvant s'inférer de son acceptation de la suppléance. En revanche, il conserve, une fois qu'il est titulaire, la faculté de démissionner, sous réserve de se conformer aux conditions posées par le Code de déontologie de la profession (voir n° 2570). Par ailleurs, pour que son entrée en fonctions soit effective, il doit avoir été informé du refus, de l'empêchement, de la démission ou du décès du titulaire remplacé.

Ainsi, la responsabilité tant civile que pénale du suppléant informé tardivement du décès du titulaire ne peut être engagée (Bull. CNCC n° 63-1986 p. 310).

2162 Les modalités d'**information du** commissaire aux comptes **suppléant** sur son entrée en fonctions varient selon les circonstances :

– dans le cas d'un relèvement des fonctions pour faute ou empêchement (C. com. art. L 823-7), le greffe de la juridiction qui a rendu la décision de relèvement informe le Haut Conseil, qui informe les commissaires aux comptes suppléants (C. com. art. R 823-6). Il en va de même en cas de récusation prononcée sur le fondement de l'article L 823-6 (C. com. art. R 823-6) ;

– en cas de radiation, suspension provisoire ou interdiction temporaire, le président de la compagnie régionale informe immédiatement de cette mesure les entités contrôlées

par le commissaire aux comptes sanctionné (C. com. art. R 824-27). C'est alors à l'entité contrôlée qu'il revient d'informer le commissaire aux comptes suppléant ;
– dans les autres cas (refus, empêchement, omission, démission ou décès), les textes ne prévoient pas de procédure d'information spécifique et, selon la CNCC, c'est à l'entité concernée par l'événement de prévenir le commissaire aux comptes suppléant (Bull. CNCC nº 161-2011 p. 103).

Conditions légales Les fonctions de commissaires aux comptes sont exercées par des personnes physiques ou par des sociétés inscrites sur la liste, et pouvant être considérées comme indépendantes.

2165

L'exercice des fonctions de commissaire aux comptes nécessite impérativement une **inscription sur la liste** établie par le Haut Conseil du commissariat aux comptes, dans les conditions prévues aux articles L 822-1-1 à L 822-1-4 (C. com. art. L 822-1, I). Les commissaires aux comptes inscrits sont rattachés à la compagnie régionale de la cour d'appel dans le ressort de laquelle se trouve leur domicile ou l'établissement dans lequel ils exercent leur activité (C. com. art. R 822-1). Les sociétés de commissaires aux comptes inscrites sont rattachées à la compagnie régionale dans le ressort de laquelle se trouve leur siège social ou, lorsque celui-ci est à l'étranger, le premier établissement ouvert sur le territoire national (C. com. art. R 822-1).

2167

Les commissaires inscrits sur la liste mentionnée au I de l'article L 822-1 du Code de commerce peuvent exercer leur profession sur l'ensemble du territoire français (C. com. art. R 822-1).

Pour plus de détails sur les modalités et la procédure d'inscription sur la liste, on se reportera aux nos 900 s.

La nomination d'un commissaire aux comptes inscrit suppose que la personne physique ou morale concernée satisfasse aux **règles d'indépendance** qui constituent un des fondements du contrôle légal. Ces règles imposent que le commissaire aux comptes pressenti ne soit frappé d'aucune incompatibilité ou interdiction avec des exigences spécifiques concernant le contrôle des comptes des entités d'intérêt public. De manière plus large, elles nécessitent que le commissaire aux comptes exerce en toute objectivité, en réalité et en apparence, les pouvoirs et compétences qui lui sont conférés par la loi (CDP art. 5).

2169

Pour plus de détails sur les questions relatives aux incompatibilités et à l'indépendance, on se reportera à la section 2 du présent chapitre, nos 3500 s.

Dans le cas particulier de la nomination de deux commissaires aux comptes, ceux-ci doivent impérativement appartenir à des cabinets distincts (CDP art. 24, al. 1 depuis le décret 2020-292 du 21-3-2020 anciennement art. 17, al. 1).

Si cette disposition du Code de déontologie n'est plus respectée, du fait de la survenance d'un événement particulier, tel que le rapprochement des deux sociétés de commissaires aux comptes, le Haut Conseil estime que l'un des deux commissaires aux comptes doit démissionner sans délai ; il estime par ailleurs nécessaire que les commissaires aux comptes anticipent les conséquences de cette situation (Avis du H3C du 17-2-2011).

Avant d'accepter le mandat ou son renouvellement, le commissaire aux comptes doit **vérifier et consigner** (C. com. art. L 820-3, II) :

2170

1º Les éléments relatifs au respect des conditions de son **indépendance** prévues par l'article L 822-11-3 et par le Code de déontologie et, le cas échéant, les mesures de sauvegarde nécessaires pour atténuer les risques pesant sur son indépendance.

Pour rappel, conformément aux dispositions de l'article L 822-11-3 du Code de commerce, le commissaire aux comptes ne peut prendre, recevoir ou conserver, directement ou indirectement, un intérêt auprès de la personne ou de l'entité dont il est chargé de certifier les comptes, ou auprès d'une personne qui la contrôle ou qui est contrôlée par elle, au sens des I et II de l'article L 233-3. Par ailleurs, les associés et les salariés du commissaire aux comptes qui participent à la mission de certification, toute autre personne participant à la mission de certification ainsi que les personnes qui leur sont étroitement liées ou qui sont étroitement liées au commissaire aux comptes au sens de l'article 3, paragraphe 26, du règlement européen 596/2014 du 16 avril 2014, ne peuvent détenir d'intérêt substantiel et direct dans la personne ou l'entité dont les comptes sont certifiés, ni réaliser de transaction portant sur un instrument financier émis, garanti ou autrement soutenu par cette personne ou entité, sauf s'il s'agit d'intérêts détenus par l'intermédiaire d'organismes de placement collectif diversifiés, y compris de fonds gérés tels que des fonds de pension ou des assurances sur la vie. Le Code de déontologie précise également les restrictions à apporter à la détention d'intérêts financiers par ces personnes.

Enfin, le Code de déontologie définit les liens personnels, financiers et professionnels incompatibles avec l'exercice de la mission de commissaire aux comptes (voir n°s 3730 s.).

2° Les éléments établissant qu'il dispose des **ressources** humaines et matérielles nécessaires à la bonne exécution de la mission de certification des comptes.

Des exigences spécifiques s'imposent lorsque le commissaire aux comptes certifie les comptes d'une **entité d'intérêt public**, les dispositions de l'article 6 du règlement européen 537/2014 devant être respectées (C. com. art. L 820-3, III). Ainsi, avant d'accepter ou de poursuivre sa mission de contrôle légal des comptes d'une EIP, le commissaire aux comptes doit en outre vérifier et documenter les éléments suivants :

a) son respect des exigences figurant aux articles 4 et 5 du règlement européen (dispositions relatives aux honoraires d'audit et aux services non-audit interdits) ;

Il est interdit au commissaire aux comptes d'accepter une mission de certification auprès d'une entité d'intérêt public, lorsqu'au cours de l'**exercice précédant** celui dont les comptes doivent être certifiés, ce dernier ou tout membre du réseau auquel il appartient a fourni, directement ou indirectement, à l'entité d'intérêt public, ou aux personnes ou entités qui la contrôlent ou qui sont contrôlées par elle dans l'Union européenne, au sens des I et II de l'article L 233-3, les services suivants (C. com. art. L 822-11, I) :
– conception et mise en œuvre de procédures de contrôle interne ou de gestion des risques en rapport avec la préparation et/ou le contrôle de l'information financière ;
– conception et mise en œuvre de systèmes techniques relatifs à l'information financière.

b) le respect des conditions prévues à l'article 17 du règlement européen (dispositions relatives à la **durée de la mission** d'audit et à la **rotation** des mandats : voir n°s 2380 s.) ;

c) sans préjudice de la directive 2005/60/CE (directive relative à la prévention de l'utilisation du système financier aux fins du blanchiment de capitaux et du financement du terrorisme), l'**intégrité** des membres des organes de surveillance, d'administration et de direction de l'entité d'intérêt public.

2172   **Déontologie** L'acceptation d'un mandat par un commissaire aux comptes suppose impérativement de sa part la mise en œuvre d'une démarche lui ayant permis de vérifier sa capacité à assurer la mission (CDP art. 21 s. depuis l'entrée en vigueur du décret 2020-292 du 21-3-2020).

Cette démarche doit faire l'objet d'une actualisation régulière pour valider le maintien de la mission (CDP art. 25 anciennement art.18).

2174   La **démarche à suivre** par le commissaire comprend notamment, après vérification de la compatibilité de la mission avec les exigences légales et réglementaires et celles du Code de déontologie de la profession :

– l'acquisition d'une connaissance d'ensemble de l'entreprise permettant au commissaire, d'une part, de déterminer les zones de risques les plus importantes, d'autre part, d'évaluer le volume horaire et les compétences qui seront nécessaires à la mise en œuvre des diligences telles que définies par les normes d'exercice professionnel ;

Cette approche permettra au commissaire aux comptes d'estimer le budget nécessaire à l'accomplissement de sa mission.

L'article 21 du CDP, modifié par le décret 2020-292 du 21-3-2020, reprend les dispositions de l'ancien article 13 du CDP. Il prévoit notamment que le commissaire aux comptes réunit les informations nécessaires sur :
– la structure de l'entité dont les comptes seront certifiés, son actionnariat et son domaine d'activité ;
– son mode de direction et la politique de ses dirigeants en matière de contrôle interne et d'information financière.

Lorsque la mission de certification concerne une personne ou une entité qui établit des comptes consolidés, le commissaire aux comptes s'efforce en outre d'obtenir les informations nécessaires sur les commissaires aux comptes ou contrôleurs légaux des personnes ou entités incluses dans le périmètre de consolidation, et sur le cadre réglementaire auquel ces derniers sont soumis (CDP art. 21).

– l'examen de son aptitude à traiter la mission, notamment en termes de compétence, d'implantation géographique, d'importance des moyens humains à mettre en œuvre ;
– la prise de contact avec le commissaire aux comptes précédent s'il y a lieu.

Cette prise de contact s'inscrit également dans le respect de l'article 26 du Code de déontologie, qui prévoit que le commissaire aux comptes appelé à succéder à un confrère non renouvelé s'assure avant d'accepter la mission que le non-renouvellement n'est pas motivé par la volonté de la personne ou de l'entité contrôlée de contourner les obligations légales du commissaire aux comptes.

Avis de l'AMF L'obligation d'information de l'AMF pour avis dans le cadre de la nomination ou du renouvellement d'un commissaire aux comptes d'une société cotée n'est plus imposée par les textes légaux et réglementaires, l'alinéa 1 de l'article L 621-22 du Code monétaire et financier et de l'article R 823-1 du Code de commerce ayant été abrogés respectivement par l'ordonnance 2016-315 du 17 mars 2016 et par le décret 2016-1026 du 26 juillet 2016.

2176

Avis de l'ACPR et désignation supplémentaire Depuis l'entrée en vigueur le 1er janvier 2016 de l'article 18 de l'ordonnance 2015-1682 du 17 décembre 2015, la procédure de désignation des commissaires aux comptes d'un organisme soumis au contrôle de l'ACPR a été simplifiée. Ainsi, l'avis préalable de cette autorité relatif à la nomination ou au renouvellement d'un commissaire aux comptes n'est plus exigé par le Code de commerce (C. com. art. L 612-43).

2182

L'instruction 2016-I-07 du 11 mars 2016, modifiée par les instructions 2018-I-03 du 5 mars 2018 et 2018-I-04 du 7 juin 2018, relative aux informations à transmettre à l'ACPR sur les commissaires aux comptes requiert cependant que les personnes assujetties informent le Secrétariat général de l'ACPR de la désignation d'un ou de plusieurs commissaires aux comptes titulaires, qu'il s'agisse d'une nomination ou d'un renouvellement de mandat antérieur, et ce dans les quinze jours suivant la décision par l'organe compétent.

Par ailleurs, l'Autorité de contrôle prudentiel et de résolution peut, lorsque la situation le justifie et pour certains organismes, procéder à la désignation d'un commissaire aux comptes supplémentaire (C. mon. fin. art. L 612-43 et R 612-59).

> Sont **visés** les organismes mentionnés au A du I de l'article L 612-2, autres que les organismes mentionnés au 3° et exerçant des activités de nature hybride, au 4° bis, au 5°, au 6°, au 7°, au 8° et exerçant des activités de nature hybride, au 11° et au 12°, et dans les organismes mentionnés au B du même I, autres que les sociétés de groupe mixte d'assurance mentionnées au 6°.

Dans cette situation, l'ACPR adresse le projet de décision à la personne soumise à son contrôle et aux commissaires aux comptes en fonctions. Ceux-ci sont invités à présenter des observations écrites dans un délai qui ne peut être inférieur à un mois.

La lettre de l'Autorité est adressée par lettre recommandée avec demande d'avis de réception, remise en main propre contre récépissé ou acte d'huissier ou par tout autre moyen permettant de s'assurer de la date de sa réception.

Durée des fonctions

Principe Les commissaires aux comptes sont nommés pour un **mandat de six exercices** (C. com. art. L 823-3, al. 1). Cette durée est alors valable pour le mandat d'un commissaire aux comptes, qu'il soit titulaire ou suppléant.

2185

Exceptions Le principe de nomination pour six exercices connaît :
– une dérogation introduite par le nouvel article L 823-3-2 du Code de commerce qui prévoit désormais que, dans les cas limitativement cités par cet article, la durée du mandat du commissaire aux comptes peut être réduite à trois exercices : voir n° 2185-2 ;
– des exceptions car il ne trouve à s'appliquer ni en matière de nomination par décision de justice ni en cas de remplacement d'un commissaire aux comptes en cours de mandat : voir n°s 2185-3 et 2185-4.

2185
1

Par dérogation au premier alinéa de l'article L 823-3 précité, la loi 2019-486 du 22 mai 2019, dite Pacte, a introduit la possibilité pour « une société » de limiter le mandat de son commissaire aux comptes à **trois exercices** dans les cas suivants prévus à l'article L 823-3-2 du Code de commerce :
– lorsqu'une **société** choisit de désigner **volontairement** un commissaire aux comptes alors qu'elle n'en a pas l'obligation légale ;

2185
2

> Ainsi, une société commerciale qui à la clôture d'un exercice social ne dépasse pas deux des trois seuils définis par le décret 2019-539 du 29-5-2019 pris en application de la loi dite Pacte, à savoir 4 millions d'euros de total bilan, 8 millions d'euros de chiffre d'affaires hors taxe et un nombre moyen de salariés de 50, peut décider de nommer un commissaire aux comptes volontairement pour un mandat limité à trois exercices.

STATUT DU CONTRÔLEUR LÉGAL

© Éd. Francis Lefebvre

En revanche, l'article L 823-3-2 visant explicitement les sociétés, une personne ou entité qui n'est pas une société et qui décide de désigner volontairement un commissaire aux comptes n'a pas la possibilité de limiter la durée du mandat à trois exercices et doit donc obligatoirement le nommer pour six exercices.

– lorsqu'une **société** désigne un commissaire aux comptes en application des premier ou dernier alinéa de l'article **L 823-2-2** du Code de commerce, à savoir dans le cadre du **dispositif relatif aux « petits groupes »**. Dans le cadre de ce dispositif, les sociétés suivantes peuvent ainsi choisir de limiter le mandat de leur commissaire aux comptes à trois exercices :

• une société dite « tête de groupe », à savoir une société qui contrôle une ou plusieurs sociétés, qui n'est pas une entité d'intérêt public, qui n'est pas astreinte à publier des comptes consolidés, et qui forme avec les sociétés qu'elle contrôle un ensemble qui dépasse deux des trois seuils suivants : total cumulé de leurs bilans de 4 millions d'euros, montant cumulé de leurs chiffres d'affaires hors taxe de 8 millions d'euros, nombre moyen cumulé de leurs salariés au cours d'un exercice de 50 (C. com. art. L 823-2-2 et D 221-5 sur renvoi de l'art. D 823-1 introduits par la loi dite « Pacte »).

L'obligation de désigner au moins un commissaire aux comptes dans la société « tête de groupe » ne s'applique pas si cette dernière est elle-même contrôlée par une personne ou entité qui a désigné un commissaire aux comptes (C. com. art. L 823-2-2, al. 2 introduit par la loi dite « Pacte »),

Dans le cadre du dispositif relatif aux « petits groupes », la notion de contrôle s'entend au sens de l'article L 233-3 du Code de commerce.

Si l'entité ou personne « tête de groupe » n'est pas « une société », elle n'a pas la possibilité de limiter la durée du mandat à trois exercices : le commissaire aux comptes est donc désigné pour une durée de six exercices.

• les sociétés contrôlées, directement ou indirectement, par les personnes et entités mentionnées au premier alinéa de l'article L 823-2-2 (entités dites « tête de groupe »), si elles dépassent deux des trois seuils suivants : total du bilan de 2 millions d'euros, montant de chiffre d'affaires hors taxe de 4 millions d'euros, nombre moyen de salariés employés au cours de l'exercice de 25 (C. com. art. L 823-2-2 et D 823-1-1 introduits par la loi dite Pacte). La limitation du mandat pour une durée de trois exercices est une **faculté offerte aux sociétés** précitées et ces dernières gardent la possibilité de décider de ne pas en user et de se doter d'un commissaire aux comptes pour un mandat de six exercices.

Par ailleurs, si les **dispositions statutaires** d'une société fixent la durée du mandat du commissaire aux comptes à six exercices, la CNCC considère qu'à défaut de modification de ladite disposition statutaire, il est impossible de déroger à cette durée et, par conséquent, de désigner un commissaire aux comptes pour une durée de trois exercices pour la réalisation de la mission Alpe (CNCC, Questions/réponses relatives à la loi Pacte – Octobre 2020, Question Pacte 8.2 – Bull. CNCC n° 199-2020 – EJ 2019-64 ; voir n° 47120).

Pour les modalités de désignation du commissaire aux comptes par l'organe compétent, voir n° 2240.

La CNCC rappelle en outre que les obligations de la société et la durée du mandat du commissaire aux comptes sont déterminées en se plaçant à la date du fait générateur de l'obligation de désignation du commissaire aux comptes. Ainsi, dans le cas particulier d'une société qui aurait omis de désigner un commissaire aux comptes en 2018 et qui souhaiterait régulariser la situation en 2020, il n'est pas envisageable de désigner un commissaire aux comptes pour un mandat Alpe de trois exercices, ce type de mandat ayant été introduit par la loi dite Pacte postérieurement à 2018. Le commissaire aux comptes pourra se voir confier une mission complémentaire sur les exercices précédents (CNCC, Questions/réponses relatives à la loi Pacte – Octobre 2020, Question Pacte 8.7 – EJ 2020-20).

2185
3

En cas de **nomination par décision de justice** (voir n° 2255), le mandat du commissaire aux comptes désigné par le juge prend fin automatiquement lorsqu'il a été pourvu, par l'assemblée générale, à la nomination du ou des commissaires aux comptes. Ce principe vaut aussi bien lorsque la nomination intervient dans le cadre d'une omission de nomination (C. com. art. L 823-4) qu'à la suite d'une récusation judiciaire pour juste motif (C. com. art. L 823-6).

2185
4

Lorsqu'un commissaire aux comptes est nommé par l'assemblée en **remplacement** d'un commissaire aux comptes titulaire, il reste en fonction jusqu'à l'expiration du « mandat » de son prédécesseur (C. com. art. L 823-3, al. 2). La solution est la même en cas de remplacement

112

du commissaire titulaire par le commissaire aux comptes **suppléant** (C. com. art. L 823-1, I, al. 3), sauf en cas de reprise de ses fonctions par le titulaire avant l'échéance du « mandat ».

Durée cumulée du mandat Les dispositions de l'article L 823-3-1 du Code de commerce, relatives à la durée maximale cumulée des mandats pour le contrôle des comptes des **entités d'intérêt public**, n'impactent pas le fait que le commissaire aux comptes soit nommé pour un mandat de six exercices dans ces entités (voir nos 2380 s.). Si par l'application des dispositions de l'article L 823-3-1 précité le commissaire aux comptes ne peut poursuivre son mandat jusqu'à son échéance, il en informe sans délai la personne ou l'entité lors de sa désignation ou de son renouvellement (CDP art. 27 depuis le décret 2020-292 du 21-3-2020, ancien art. 21).

2186

> La durée maximale cumulée du mandat de certification des comptes d'une EIP étant de 10 ans en l'absence de mise en place de cocommissariat aux comptes ou d'une procédure d'appel d'offres, le mandat du commissaire aux comptes prendra fin automatiquement avant son terme et ce dernier doit donc en informer l'entité concernée.

Période d'intervention La loi ne définit pas la période d'intervention correspondant à la durée des fonctions. Elle ne donne d'indication précise que pour la date de fin du mandat, en indiquant que les fonctions des commissaires aux comptes expirent après la réunion de l'assemblée générale ordinaire qui statue sur les comptes du sixième exercice (C. com. art. L 823-3).

2187

> Dans son étude consacrée à la nomination et la cessation des fonctions de commissaire aux comptes (CNCC Éditions, oct. 2008, nos 163 s.), la CNCC prend toutefois la position suivante quant au point de départ de la mission, en cas de transformation d'une société non astreinte à nommer un commissaire aux comptes en société tenue d'en désigner un : le mandat court à compter du premier jour de l'exercice au cours duquel le commissaire est nommé, celui-ci n'étant pas tenu d'effectuer le contrôle des comptes clos avant sa nomination (Bull. CNCC no 82-1991 p. 246) ; il ne pourra le faire qu'en vertu d'une mission complémentaire à son « mandat », attribuée par l'assemblée générale ordinaire (Bull. CNCC no 102-1996 p. 319) (voir no 2190).

On en déduit que le **premier exercice contrôlé** par le commissaire est l'exercice en cours à la date de nomination et, afin que le contrôle puisse porter sur la totalité de l'exercice, que le point de départ de la mission coïncide avec le premier jour de cet exercice.

Non-rétroactivité – Non-reconduction tacite La nomination du commissaire aux comptes ne peut pas être rétroactive. Elle ne peut pas, par ailleurs, être reconduite tacitement :
– l'article L 823-3 du Code de commerce ne prévoyant pas la possibilité de faire rétroagir la date d'effet de la nomination du commissaire aux comptes, le point de départ de sa mission ne peut être que le premier jour de l'exercice social au cours duquel il est nommé ;
– le commissaire aux comptes n'est pas un mandataire contractuel de la société, mais un organe institutionnel. Le législateur a précisé les modalités de nomination et de cessation de ses fonctions qui s'appliquent impérativement (Bull. CNCC no 24-1976 p. 529 ; no 97-1995 p. 117 ; no 106-1997 p. 298). Il n'est en conséquence pas possible de prévoir la reconduction tacite de la mission.
De même, il n'est pas possible de prévoir un effet différé.

2188

Nomination conditionnelle La nomination du commissaire aux comptes ne peut être subordonnée à la réalisation de conditions suspensives, par exemple la réalisation d'un projet d'introduction en bourse de la société au sein de laquelle sa nomination est envisagée. La mission du commissaire aux comptes est, en effet, une mission légale. Or la notion de condition suspensive relève du droit des obligations. En conséquence, la transposition des effets d'une telle condition à la désignation d'un commissaire aux comptes reviendrait à conférer à sa mission légale un caractère contractuel et telle n'est pas à ce jour la doctrine de la Compagnie. Une telle pratique pourrait, en outre, porter atteinte au libre choix, par l'assemblée générale, du commissaire aux comptes. En effet, les actionnaires ayant désigné un commissaire aux comptes, sous condition suspensive, pourraient être différents de ceux en place lors du fait générateur de l'entrée en fonctions. Ainsi, compte tenu de la nature de la mission, d'une part, et de la liberté de choix de l'organe délibérant, d'autre part, il n'est pas possible de désigner un commissaire aux comptes sous **condition suspensive** (Bull. CNCC no 178-2015 p. 307 – EJ 2014-125).

2189

STATUT DU CONTRÔLEUR LÉGAL © Éd. Francis Lefebvre

De même, une nomination sous condition résolutoire à la survenance de laquelle il serait mis fin aux fonctions du commissaire aux comptes avant la fin de son mandat, sauf disposition légale ou réglementaire expresse, serait entachée d'irrégularité.

2190 **Mission complémentaire** Il résulte de ce qui précède qu'un commissaire aux comptes n'a pas à examiner les comptes d'un **exercice clos au jour de sa nomination**, sauf à se voir confier, en application de l'article L 820-3-1 du Code de commerce, une mission complémentaire sur le ou les exercices durant lesquels la personne ou l'entité contrôlée était dépourvue d'organes de contrôle régulièrement nommés (CNCC Étude juridique « Nomination et cessation des fonctions du commissaire aux comptes » – oct. 2008 n° 166).

Remarques : L'extension à la période précédente des interventions du commissaire ne modifie en rien le **point de départ de sa mission**, dont le premier exercice reste celui en cours à la date de nomination. On note également que le commissaire aux comptes ne peut refuser cette mission complémentaire lorsqu'elle a pour objet de couvrir, en application de l'article L 820-3-1 du Code de commerce, les **conséquences d'une nomination irrégulière** (Bull. CNCC n° 51-1983 p. 376 et n° 165-2012 – EJ 2011-55-A ; et CNCC Étude juridique « Nomination et cessation des fonctions du commissaire aux comptes » – oct. 2008 n° 166).

La Compagnie nationale des commissaires aux comptes considère de façon constante que, dans les sociétés commerciales, la **régularisation** peut ne porter que sur les trois exercices précédents, en application de l'article L 235-9, alinéa 1 du Code de commerce, qui dispose que les actions en nullité de délibérations postérieures à la constitution de sociétés se prescrivent par trois ans à compter du jour où la nullité est encourue (Bull. CNCC n° 165-2012 – EJ 2011-55-A). Dans les associations, la commission juridique de la CNCC estime que c'est le délai de droit commun de la prescription extinctive pour la prescription des actions en nullité contre les assemblées générales qui s'applique, à savoir cinq ans en application de l'article 2224 du Code civil. La mission complémentaire porte alors sur l'ensemble des exercices non encore prescrits (Bull. CNCC n° 165-2012 – EJ 2011-55-D).

S'agissant du périmètre de la mission complémentaire, la CNCC précise qu'elle couvre bien les conventions réglementées qui auraient dû être soumises à l'approbation de l'assemblée générale sur les exercices non prescrits. Par ailleurs, le commissaire aux comptes doit révéler les faits délictueux dont il a connaissance au cours de cette mission complémentaire (Bull. CNCC n° 165-2012 – EJ 2011-55-A).

En ce qui concerne les rapports à émettre, la CNCC considère qu'il n'est pas nécessaire que le commissaire aux comptes présente autant de rapports de régularisation que d'exercices. Un rapport unique sur les comptes annuels ainsi qu'un rapport unique sur les conventions réglementées peuvent être présentés à condition qu'ils analysent successivement chacun des exercices antérieurs, une résolution distincte devant être présentée à l'assemblée pour chacun d'eux (Bull. CNCC n° 165-2012 – EJ 2011-55-B).

2200 **Diligences correspondant à la durée des fonctions** La définition des diligences à mettre en œuvre par le commissaire pendant qu'il est en fonction soulève un certain nombre de difficultés, qui tiennent pour une bonne part au fait que la durée de la mission est calculée en nombre d'exercices, alors que l'entrée en fonctions et la cessation des fonctions interviennent le plus souvent en cours d'exercice. Pour appréhender les **obligations du commissaire aux comptes dans le temps**, il est à notre avis utile de bien distinguer la période de mise en œuvre des diligences, la période de référence associée aux diligences et enfin la période couverte par les diligences.

2202 La **période de mise en œuvre des diligences** correspond à la période durant laquelle le commissaire aux comptes a la possibilité d'agir : hors le cas particulier de survenance d'une situation provisoire d'empêchement (voir n°s 2600 s.), cette période s'étend de la date d'entrée en fonctions à la date de cessation des fonctions du commissaire aux comptes.

La **date** d'entrée en fonctions est celle de la décision de nomination, ou la date d'acceptation des fonctions si celle-ci est postérieure à la décision de nomination.

L'entrée en fonctions du commissaire aux comptes est en tout état de cause subordonnée à son acceptation de la mission. En cas d'acceptation tacite, la date à retenir est celle du premier acte du commissaire aux comptes valant acceptation tacite de la mission (voir n° 2277).

La **date de cessation des fonctions** intervient, sauf interruption du « mandat » avant l'échéance, à l'issue de la réunion de l'assemblée générale ordinaire qui statue sur les comptes du sixième exercice (C. com. art. L 823-3).

Compte tenu de la dérogation prévue à l'article L 823-3-2 du Code de commerce, dans les cas limitativement prévus par cet article, la date de cessation des fonctions peut alors intervenir à l'issue de la réunion de l'assemblée générale ordinaire qui statue sur les comptes du troisième exercice.

Les circonstances pouvant mettre fin prématurément à la mission du commissaire aux comptes sont examinées ci-après, n°s 2450 s.

STATUT DU CONTRÔLEUR LÉGAL

2204 La **période de référence associée aux diligences** est la période au titre de laquelle le commissaire aux comptes met en œuvre ses travaux. Elle présente la caractéristique d'être variable selon les composantes de la mission. S'agissant de la **mission de certification**, la période de référence s'identifie avec celle correspondant aux six exercices contrôlés, étendue s'il y a lieu aux exercices visés par la mission complémentaire confiée au commissaire (voir nº 2190).

Par dérogation, dans les cas expressément visés par l'article L 823-3-2 du Code de commerce, la période de référence peut être limitée à trois exercices (voir nº 2185).

S'agissant des **interventions définies par la loi, par des dispositions réglementaires ou par convention**, la période de référence est fonction de la nature de la mission ou de l'accord passé avec l'entité contrôlée. S'agissant enfin des **missions de vérifications spécifiques**, elle s'étend, du fait de la permanence de la mission, du premier jour de l'exercice en cours à la date de nomination du commissaire jusqu'à la date de cessation des fonctions : le fait que la période couverte par le « mandat » rétroagisse au début de l'exercice de nomination et expire à l'issue de l'assemblée générale statuant sur les comptes du sixième exercice l'amène donc dans ce cas à déborder de quelques mois la durée théorique fixée par les dispositions légales.

2206 La **période couverte par les diligences** est la période durant laquelle la survenance d'un fait est susceptible d'avoir une incidence sur l'exécution de la mission. Cette période, tout comme la période de référence, varie selon la nature des travaux, mais ne s'identifie ni à la période de mise en œuvre des diligences, ni à la période de référence des diligences. Ainsi la **certification des comptes** d'un exercice donné suppose-t-elle la collecte d'informations antérieures (par exemple suivi des réserves de l'exercice précédent) et postérieures à la période de référence que constitue l'exercice contrôlé (par exemple contrôle des événements postérieurs à la clôture). De même un commissaire aux comptes nouvellement nommé n'échappera-t-il pas à l'obligation de révéler des **faits délictueux** antérieurs à l'exercice de nomination, donc éventuellement survenus avant l'ouverture de l'exercice en cours à la date de sa nomination. Il apparaît en définitive :

– que, s'agissant de certaines composantes de la mission, la période couverte par les diligences peut remonter à une date largement antérieure à la période de référence ;

– que, d'une manière générale, la période de référence débute avant que le commissaire soit entré dans la période de mise en œuvre de ses diligences ;

– que toutes ces périodes ont comme date butoir la date de cessation des fonctions du commissaire, qui met un terme à l'ensemble des obligations du commissaire aux comptes et à sa responsabilité.

La mise en œuvre de ces distinctions pourra s'avérer particulièrement utile pour clarifier l'étendue des obligations qui pèsent sur le commissaire aux comptes en début et en fin de mission. Elle est également utile pour apprécier la capacité du commissaire aux comptes signataire à intervenir lorsqu'il est astreint à la rotation (voir nº 3780).

B. Modalités de nomination

2230 La nomination d'un commissaire aux comptes suppose en pratique que soit prise une **décision** de nomination (nº 2235), que cette décision soit **acceptée** par l'intéressé (nº 2270) et qu'elle fasse l'objet des **formalités** de publicité et d'information prévues par la loi (nº 2280).

Décision de nomination

2235 **Modalités de nomination** Le commissaire aux comptes peut être nommé soit par les statuts ou par l'assemblée constitutive (nº 2238), soit par l'organe compétent de l'entité contrôlée (nº 2240), soit enfin par décision de justice (nº 2255).

La décision de nomination doit faire référence à la qualité de commissaire aux comptes. Toute autre **appellation** aurait une incidence sur la nature et l'étendue de la mission de l'intervenant. Ainsi, dans un groupement d'intérêt économique, un commissaire aux comptes nommé par les statuts, ou par décision de l'assemblée générale, en qualité de « contrôleur des comptes » n'est-il pas investi de la mission légale du commissaire aux comptes : la nature et l'étendue de sa mission sont conventionnelles et il n'a à sa charge aucune obligation légale de révélation de faits délictueux ou de déclenchement de la procédure d'alerte ; par ailleurs, il n'a pas à justifier de ses appréciations, cette obligation ne concernant que le commissaire aux comptes ès qualités.

2236 **Informations préalables** En vue d'assurer une meilleure transparence de l'information de l'assemblée générale sur l'indépendance des commissaires aux comptes, il est exigé du commissaire aux comptes qu'il informe par écrit, en vue de sa désignation, la personne ou l'entité dont il se propose de certifier les comptes (C. com. art. L 820-3) :
– de son **appartenance à un réseau** national ou international qui n'a pas pour activité exclusive le contrôle légal des comptes et dont les membres ont un intérêt économique commun ;
– le cas échéant, du montant global des **honoraires perçus par les membres de ce réseau**, au titre des services autres que la certification des comptes fournis par ce réseau :
• à la personne ou à l'entité dont le commissaire aux comptes se propose de certifier les comptes,
• aux personnes ou entités qui la contrôlent ou qui sont contrôlées par elle, au sens des I et II de l'article L 233-3 ;
– ainsi que de la **nature de ces services**.

Devant le silence des textes, la Compagnie nationale des commissaires aux comptes considère que la **période de référence** relative aux prestations fournies est limitée à l'exercice social antérieur à celui au cours duquel le commissaire aux comptes est pressenti (Bull. nº 133-2004 p. 175). Le terme « perçus » conduit à limiter l'information aux honoraires encaissés, et non à ceux facturés.

Les informations relatives au montant global des honoraires perçus sont intégrées aux documents mis à la disposition des actionnaires par la société en application de l'article L 225-108 du Code de commerce. Ces informations sont actualisées chaque année par le commissaire aux comptes et mises à la disposition, au siège de la personne dont il certifie les comptes, des associés et actionnaires et, pour les associations, des adhérents et donateurs (C. com. art. L 820-3, al. 1).

Par ailleurs, lorsque le commissaire aux comptes a vérifié, au cours des deux derniers exercices, des **opérations d'apports ou de fusion** auprès de la personne qui le pressent ou de celles qu'elle contrôle au sens de l'article L 233-16, I et II du Code de commerce, cette information doit figurer dans le projet de résolution de nomination soumis à l'assemblée générale (C. com. art. L 823-1, al. 4). L'absence de mention de son intervention antérieure en tant que commissaire aux apports dans la résolution désignant le commissaire aux comptes est une irrégularité qu'il convient de signaler à la plus prochaine assemblée. Le commissaire aux comptes doit présenter à l'assemblée générale un rapport signalant l'irrégularité ainsi que le risque d'action en nullité et il peut présenter la possibilité de régulariser la situation (Bull. CNCC nº 158 – juin 2010 p. 72).

Bien qu'aucune **sanction** ne soit prévue en cas de non-respect de cette disposition impérative de la loi, un actionnaire pourrait être amené à intenter une action en nullité sur le fondement de l'article L 235-1, alinéa 2 du Code de commerce.

Si l'entité ou la personne dont les comptes sont certifiés est dotée d'un **comité d'audit**, ce dernier doit émettre une recommandation sur les commissaires aux comptes proposés à la désignation par l'assemblée générale ou l'organe exerçant une fonction analogue (C. com. art. L 823-19).

Concernant les cas d'exemptions de cette obligation de recommandation du comité d'audit, voir nº 2363.

Pour plus de détails sur la désignation des commissaires aux comptes des **EIP** et sur le rôle du comité d'audit, voir nºˢ 2350 s. et 2360 s.

2237 **Interdiction des clauses limitatives** Toute clause contractuelle qui limite le choix de l'assemblée générale ou de l'organe compétent à certaines catégories ou listes de commissaires aux comptes est réputée non écrite (C. com. art. L 823-1, al. 5).

Cette précision a été apportée par l'ordonnance 2016-315 du 17 mars 2016 transposant la directive 2014/56/UE du 16 avril 2014. Elle est applicable en France depuis le 17 juin 2016.

2238 **Nomination par les statuts ou par l'assemblée constitutive** S'agissant de la constitution d'une société par actions, les articles L 225-7 et L 225-16 du Code de commerce ont été modifiés par la loi dite Pacte et n'imposent plus la désignation des premiers commissaires aux comptes :
– par l'assemblée générale constitutive lorsque la société est constituée avec offre au public ;
– par les statuts lors de la constitution d'une société par actions sans offre au public.

À notre avis, la désignation volontaire par les statuts ou par l'assemblée constitutive reste possible même si elle n'est plus imposée par les textes légaux à la suite de l'introduction des nouveaux seuils déclenchant l'obligation de désigner un commissaire aux comptes dans les sociétés par actions.

Nomination par l'organe compétent L'organe compétent pour désigner le ou les commissaires aux comptes en cours de vie sociale est susceptible de varier d'une entité à l'autre. Nous préciserons l'organe compétent pour cette désignation en distinguant les sociétés de capitaux, les groupements d'intérêt économique et les autres formes de sociétés, les associations et fondations et les autres entités. **2240**

En application de l'article L 823-1, al. 4 du Code de commerce, les commissaires aux comptes, en dehors des cas de nomination statutaire, sont désignés par l'assemblée générale ordinaire ou par l'organe exerçant une fonction analogue compétent. Ces dispositions s'appliquant, sur renvoi de l'article L 820-1 du même code, à toutes les personnes ou entités dotées d'un commissaire aux comptes sous réserve des règles propres à celles-ci, il faut en déduire qu'en l'absence de disposition légale spécifique, le pouvoir de nommer les commissaires aux comptes dans toute personne ou entité dotée d'une assemblée générale ne peut être transféré à un autre organe de l'entité concernée.

Lorsque le commissaire aux comptes est désigné par l'organe compétent pour une durée limitée à **trois exercices** (voir nº 2185), la CNCC considère que l'organe compétent doit préciser dans une **résolution claire** que la mission confiée au commissaire aux comptes est une mission de trois exercices car il est également possible de confier à ce dernier une mission de six exercices, et à défaut de précision contraire c'est le principe d'une nomination pour six exercices qui s'applique (Bull. CNCC nº 194-2019 p. 183, Communiqué CNCC sur la loi 2019-486 dite Pacte, Focus sur les dispositions relatives aux commissaires aux comptes, p. 22).

1. Sociétés de capitaux : **2242**
– sociétés en nom collectif : assemblée générale des associés (C. com. art. L 221-6 sur renvoi de l'art. L 221-9) ;
– sociétés en commandite simple : assemblée générale des associés (C. com. art. L 221-6) ;
– SARL : assemblée générale des associés (C. com. art. L 223-29 sur renvoi de l'art. L 223-35, al. 1) ;
– EURL : l'associé unique (C. com. art. L 223-31, al. 3) ;
– sociétés anonymes : l'assemblée générale ordinaire des actionnaires (C. com. art. L 225-228) ;
– sociétés en commandite par actions : assemblée générale ordinaire (C. com. art. L 226-6) ;
– sociétés par actions simplifiées : décision collective des associés (C. com. art. L 227-9, al. 2) ;
– sociétés européennes : assemblée générale ordinaire des actionnaires (C. com. art. L 225-228).

2. Groupements d'intérêt économique et autres formes de société : **2245**
– GIE : associés à l'unanimité ou à la majorité fixée par les statuts (C. com. art. L 251-12) ;
– GEIE : associés à l'unanimité ou à la majorité fixée par les statuts (C. com. art. L 251-12 sur renvoi de l'art. L 252-7) ;
– OPCVM :
• Sicav (Société d'investissement à capital variable) : conseil d'administration ou directoire, ou dirigeants si la Sicav est une SAS (C. mon. fin. art. L 214-7-2),
• FCP (Fonds commun de placement) : gérant, conseil d'administration ou directoire de la société de gestion (C. mon. fin. art. L 214-8-6) ;
– FIA (Fonds d'investissement alternatifs) ouverts à des investisseurs non professionnels :
• fonds à vocation générale :
– Sicav : conseil d'administration ou directoire, ou dirigeants si la Sicav est une SAS, après accord de l'AMF (C. mon. fin. art. L 214-24-31),
– FCP : gérant, conseil d'administration ou directoire de la société de gestion, après accord de l'AMF (C. mon. fin. art. L 214-24-40),
• fonds de capital investissement (FCI) : gérant, conseil d'administration ou directoire de la société de gestion, après accord de l'AMF (C. mon. fin. art. L 214-24-40 sur renvoi de l'art. L 214-27),
• organismes de placement collectif immobilier (OPCI) :
– société de placement à prépondérance immobilière à capital variable : conseil d'administration ou directoire, ou dirigeants si la société est une SAS, après accord de l'AMF (C. mon. fin. L 214-24-31 sur renvoi de l'art. L 214-65),
– fonds de placement immobilier : gérant, conseil d'administration ou directoire de la société de gestion, après accord de l'AMF (C. mon. fin. L 214-24-40 sur renvoi de l'art. L 214-78),

STATUT DU CONTRÔLEUR LÉGAL © Éd. Francis Lefebvre

– société civile de placement immobilier (SCPI), société d'épargne forestière et groupements forestiers d'investissement : assemblée générale ordinaire (C. mon. fin. art. L 214-110 ; C. com. art. L 823-1),

– société d'investissement à capital fixe (SICAF) : conseil d'administration ou directoire, après accord de l'AMF (C. mon. fin. art. L 214-133),

– fonds de fonds alternatifs : gérant, conseil d'administration ou directoire de la société de gestion, après accord de l'AMF (C. mon. fin. art. L 214-24-40 sur renvoi de l'art. L 214-139) ;

– FIA ouverts à des investisseurs professionnels :

• fonds professionnels à vocation générale : gérant, conseil d'administration ou directoire de la société de gestion (C. mon. fin. art. L 214-24-40 sur renvoi de l'art. L 214-143),

• organismes professionnels de placement collectif immobilier : gérant, conseil d'administration ou directoire de la société de gestion, après accord de l'AMF (C. mon. fin. art. L 214-24-40 sur renvoi de l'art. L 214-148) ;

– fonds d'épargne salariale : gérant, conseil d'administration ou directoire de la société de gestion, après accord de l'AMF (C. mon. fin. art. L 214-24-40 sur renvoi de l'art. L 214-163) ;

– organismes de titrisation :

• société de titrisation : conseil d'administration ou directoire (C. mon. fin. art. L 214-179),

• fonds commun de titrisation : gérant, conseil d'administration ou directoire de la société de gestion (C. mon. fin. art. L 214-185) ;

– sociétés coopératives agricoles : assemblée générale ordinaire (C. rural art. R 524-17) ;

– sociétés coopératives ouvrières de production : assemblée générale ordinaire (C. com. art. L 223-35 sur renvoi de la loi 78-763 du 19-7-1978 art. 19) ;

– sociétés d'économie mixte locales : assemblée générale ordinaire des actionnaires (C. com. art. L 225-228 sur renvoi du CGCT art. L 1522-1).

2248   **3. Associations et fondations :**

– associations émettant des obligations : assemblée générale ordinaire ou organe exerçant une fonction analogue (C. com. art. L 823-1) ;

– associations habilitées à consentir des prêts pour la création et le développement d'entreprises par des chômeurs ou titulaires des minima sociaux : assemblée générale ordinaire ou organe exerçant une fonction analogue (C. com. art. L 823-1) ;

– associations recevant des subventions publiques : assemblée générale ordinaire ou organe exerçant une fonction analogue (C. com. art. L 823-1) ;

– associations et fondations recevant des dons ouvrant droit à déduction fiscale : assemblée générale ordinaire ou organe exerçant une fonction analogue (C. com. art. L 823-1) ;

– associations « PERP » : assemblée générale (C. ass. art. R 144-9) ;

– fonds de dotation : en pratique, le conseil d'administration (Mémento Associations n° 81620) ;

– fondations d'entreprise : conseil d'administration ;

– fondations reconnues d'utilité publique : conseil d'administration, conseil de surveillance ou directoire selon le cas (art. 8 des statuts types des fondations reconnues d'utilité publique approuvés par le Conseil d'État dans son avis du 19-6-2018).

2252   **4. Entités diverses :**

– administrateurs judiciaires : mandataire de justice (C. com. art. R 814-29) ;

– Banque de France : conseil général (C. mon. fin. art. L 142-2) ;

– caisses de mutualité sociale agricole : assemblée générale de la mutualité sociale agricole, assemblée générale des unions des caisses centrales de mutualité agricole (CSS art. L 114-8) ;

– Carpa Aide juridictionnelle : caisse des règlements pécuniaires des avocats (Loi 91-647 du 10-7-1991 art. 30) ;

– Carpa Maniements de fonds : Conseil de l'Ordre auprès duquel est instituée la Carpa (Décret 91-1197 du 27-11-1991 art. 241-2) ;

– chambre de commerce et d'industrie (ou établissements de réseau) : assemblée de la chambre de commerce et d'industrie (C. com. art. L 712-6) ;

– chambres de métiers et de l'artisanat : assemblée générale de chaque établissement sur proposition de son président (C. artisanat art. 19 ter) ;

– comités interprofessionnels du logement : organe délibérant du comité (C. com. art. L 823-1) ;

– établissements publics de l'État : ministre de l'économie et des finances après avis de l'AMF (Loi du 1-3-1984 art. 30 modifié par l'article 135 de la loi de sécurité financière) ;

118

– établissements publics de santé : conseil de surveillance sur proposition du directeur de l'établissement, au terme d'une procédure de mise en concurrence conduite dans les conditions prévues par le Code des marchés publics et conformément à un cahier des charges type arrêté par les ministres chargés du budget et de la santé (C. santé publique art. L 6143-1 et R 6145-61-2) ;

– établissements de crédit, établissement de paiement et entreprises d'investissement : organe de l'établissement compétent pour approuver les comptes après avis de l'Autorité de contrôle prudentiel et de résolution (C. mon. fin. art. D 511-8 et D 612-53) ;

– établissement de monnaie électronique : assemblée générale ordinaire ou organe exerçant une fonction analogue (C. com. art. L 823-1) après avis de l'ACPR sauf si les établissements exercent des activités de nature hybride au sens de l'article L 526-3 du Code monétaire et financier ;

– fonds communs de placement : gérant, conseil d'administration ou directoire de la société de gestion, après accord préalable de l'AMF (C. mon. fin. art. L 214-8-6) ;

– grands ports maritimes : ministre chargé de l'économie sur proposition du conseil de surveillance (C. ports mar. art. R 103-5) ;

– institutions de prévoyance et unions d'institutions de prévoyance : assemblée générale ordinaire ou commission paritaire (CSS art. R 931-3-55) ;

– institutions de retraite : assemblée générale ordinaire ou commission paritaire (CSS art. R 931-3-55 et R 931-1-9) ;

– mutuelles : assemblée générale (C. mutualité art. L 114-38) ;

– organismes de formation : assemblée générale ordinaire ou organe exerçant une fonction analogue (C. com. art. L 823-1) ;

– partis politiques : personne désignée à cet effet dans les statuts ou par la plus haute instance dirigeante du parti (Loi 88-227 du 11-3-1988 art. 11-7 et doctrine professionnelle de la CNCC : ancienne norme 7-103 § 02) ;

– personnes morales de droit privé non commerçantes ayant une activité économique (autres que les associations) : organe délibérant de la personne morale, aux conditions fixées par les statuts (C. com. art. L 823-1) ;

– syndicats professionnels ou d'employeurs, leurs unions, associations de salariés ou d'employeurs : assemblée générale ordinaire ou organe exerçant une fonction analogue (C. com. art. L 823-1) ;

– universités : ministre chargé de l'économie, sur proposition des organes dirigeants (Loi 84-148 du 1-3-1984 art. 30).

Nomination par décision de justice Les principales circonstances susceptibles d'amener la nomination judiciaire d'un commissaire aux comptes sont l'**omission** de nomination (n° 2257), la volonté d'associés minoritaires de certaines sociétés désireux de procéder à la **nomination volontaire** d'un commissaire aux comptes (n° 2260) et la **récusation** du commissaire aux comptes (n° 2265). **2255**

L'**omission de nomination** de commissaire aux comptes par l'assemblée générale ou l'organe analogue compétent autorise tout associé à demander **en justice** de désigner un commissaire aux comptes, le représentant légal de la personne ou de l'entité dûment appelé. Le mandat du commissaire aux comptes ainsi désigné par le juge prendra automatiquement fin lorsqu'il aura été pourvu, par l'assemblée générale ou par l'organe analogue compétent, à la nomination du ou des commissaires aux comptes (C. com. art. L 823-4). **2257**

La saisine du juge peut résulter de circonstances diverses : omission pure et simple de nomination en cas d'obligation permanente ou résultant d'un dépassement de seuil ou de l'obligation de désigner un deuxième commissaire aux comptes, omission de nomination en l'absence de suppléant à la suite du décès ou de la radiation du commissaire titulaire, etc.

La **nomination en justice** d'un commissaire aux comptes peut être obtenue par des **associés minoritaires**, alors même que les seuils imposant la nomination obligatoire d'un commissaire aux comptes ne sont pas atteints : **2260**

– dans les sociétés anonymes, les sociétés européennes et les sociétés en commandite par actions, sur demande d'un ou de plusieurs actionnaires représentant au moins le dixième du capital (C. com. art. L 225-218, al. 3 et L 226-6, al. 3 modifiés par la loi dite Pacte précitée et sur renvoi de l'art. L 229-1) ;

STATUT DU CONTRÔLEUR LÉGAL   © Éd. Francis Lefebvre

– dans les sociétés en nom collectif et les sociétés en commandite simple, sur demande d'un associé (C. com. art. L 221-9, al. 3 applicable aux SCS par renvoi de l'art. L 222-2) ;
– dans les sociétés à responsabilité limitée et dans les sociétés par actions simplifiées, sur demande d'un ou de plusieurs associés représentant au moins le dixième du capital (C. com. art. L 223-35, al. 3 et L 227-9-1, al. 3) ;

> La loi 2019-486 du 22 mai 2019, dite Pacte, introduit la possibilité pour les actionnaires minoritaires représentant au moins le dixième du capital dans les SA, SE et SCA de demander en justice la nomination d'un commissaire aux comptes : ces nouvelles dispositions s'appliquent à compter du premier exercice clos postérieurement au 26 mai 2019. Cette faculté existait déjà préalablement à ladite loi pour les SNC, SCS, SARL et SAS (voir ci-dessus).

Le décret 2019-1419 du 20 décembre 2019 ayant supprimé la procédure en la forme des référés au profit de la procédure accélérée au fond, pour les demandes de désignation introduites à compter du 1er janvier 2020, le commissaire aux comptes est désigné par **jugement du président du tribunal de commerce** statuant selon la procédure accélérée au fond (C. com. art. D 225-164-1 pour la SA, applicable à la SCA sur renvoi de l'art. L 226-6, art. D 221-5, al. 3 pour la SNC, art. D 223-27 pour la SARL et art. D 227-1, al. 4 pour la SAS).

> Avant l'entrée en vigueur du décret précité, le commissaire aux comptes était désigné par ordonnance du président du tribunal de commerce statuant en la forme des référés.
> Un arrêt de la cour d'appel de Paris rappelle par ailleurs que le juge dispose d'un pouvoir d'appréciation pour accéder, en fonction de l'intérêt social, à la demande des associés minoritaires (CA Paris 14e ch. section B 24-5-2002 : Bull. CNCC n° 129-2003 p. 150, Ph. Merle).

2261 Par ailleurs, la loi dite Pacte a introduit la possibilité que les SARL, SNC et SCS dont un ou plusieurs associés représentant au moins le quart du capital demandent la désignation d'un commissaire aux comptes soient tenues également d'en désigner un, sans qu'un juge soit saisi (C. com. art. L 221-9, al. 4, L 223-35, al. 4 modifiés par la loi dite Pacte, et sur renvoi de l'art. L 222-2 pour les SCS).

Ce dispositif a par la suite été modifié par la loi 2019-744 du 19 juillet 2019 de simplification, de clarification et d'actualisation du droit des sociétés, applicable depuis le 21 juillet 2019.

Dorénavant, l'ensemble des sociétés commerciales sont tenues de désigner un commissaire aux comptes, pour un mandat de trois exercices, et donc pour une mission Alpe, si un ou plusieurs **associés ou actionnaires représentant au moins le tiers du capital en font la demande** motivée auprès de la société (C. com. art. L 221-9, al. 4 pour les SNC, art. L 223-35, al. 4 pour les SARL, art. L 225-218, al. 4 pour les SA, art. L 226-6, al. 4 pour les SCA, art. L 227-9-1, al. 4 pour les SAS et sur renvoi de l'art. L 222-2 pour les SCS).

2265 En cas de **récusation** d'un commissaire aux comptes (voir n°s 2495 s.), une procédure de désignation en justice a été prévue par le législateur (C. com. art. L 823-6 ; C. com. art. R 823-5). Les fonctions du commissaire aux comptes ainsi désigné prennent fin lorsque l'organe normalement compétent procède à la nomination imposée par la loi.

Modalités d'acceptation de la mission

2270 **Condition préalable** Les commissaires aux comptes qui n'ont pas exercé leurs fonctions pendant trois ans, soit parce qu'ils n'étaient pas titulaires de mandats, soit parce qu'ils n'ont été que suppléants, et qui n'ont pas respecté durant cette période l'obligation de formation professionnelle continue mentionnée au I de l'article L 822-4 doivent suivre une **formation** particulière avant d'accepter une mission de certification (C. com. art. L 822-4, II).

> Concernant les modalités d'application de cette obligation de formation particulière, voir n° 10615.

2272 **Principe** L'absence de disposition légale en la matière fait que l'entrée en fonctions du commissaire aux comptes peut aussi bien résulter d'une **acceptation expresse** que d'une **acceptation tacite** de la mission.

> Sur l'absence d'acceptation de la fonction de titulaire par le commissaire suppléant appelé à le remplacer, voir n° 2160.

2274 **Acceptation expresse** L'acceptation expresse résulte souvent de la signature du procès-verbal de l'assemblée générale qui a procédé à la nomination ou même de l'envoi d'un simple courrier au représentant légal de la société.

Remarque : Même lorsqu'il fait part à la société de son intention d'accepter la mission, le commissaire aux comptes doit impérativement être informé de sa nomination. À défaut, sa désignation pourrait être considérée comme fictive (en ce sens, TGI Mulhouse 12-8-1985 : Bull. CNCC nº 60-1985, jur. p. 479, note E. du Pontavice).

L'accomplissement de la formalité d'information de la compagnie régionale (nº 2284) peut également constituer la preuve de l'acceptation de la mission par le commissaire.

Acceptation tacite   L'acceptation tacite résulte de la mise en œuvre par le commissaire de toute action impliquant qu'il a accepté la mission. Le fait par exemple de commencer les travaux de contrôle constitue une acceptation de la mission. **2277**

Il en va de même si le commissaire fournit les informations nécessaires à l'accomplissement des formalités de publicité. Cette démarche constitue également une forme d'acceptation tacite dès lors qu'elle est effectuée après que le commissaire a été informé de la décision de nomination (voir remarque au nº 2272).

Information et publicité

La nomination du commissaire aux comptes doit faire l'objet d'un certain nombre de publications légales. Il appartient par ailleurs au commissaire aux comptes d'informer la compagnie régionale de sa nomination (voir nº 2284). Enfin, la liste des commissaires aux comptes en exercice doit être disponible au siège social des sociétés commerciales (voir nº 2286). **2280**

Publicité légale   La nomination des commissaires aux comptes titulaires et suppléants doit faire l'objet des publications suivantes : **2282**
– insertion dans un journal d'annonces légales, avec indication des nom, prénom usuel et domicile (C. com. art. R 210-4 et R 210-9) ;
– dépôt au greffe du tribunal de commerce du lieu du siège social d'une copie du procès-verbal de l'assemblée ayant constaté la nomination ou la cessation des fonctions (C. com. art. R 123-103 et R 123-105) ;
– inscription au registre du commerce et des sociétés de l'identité, du domicile du commissaire aux comptes (C. com. art. R 123-54) ;
– justification de l'inscription sur la liste des commissaires aux comptes si celle-ci n'est pas encore publiée et dépôt de la lettre d'acceptation de sa désignation (C. com. art. A 123-50, annexe 1.1., annexe III 1.2.3.) ;
– insertion dans le Bodacc, cette insertion étant réalisée à la diligence du greffier (C. com. art. R 123-155 à R 123-159).

Sur la nécessité de publier dans un journal d'annonces légales et au registre du commerce et des sociétés la nomination du commissaire aux comptes suppléant en même temps que celle du titulaire, voir Rép. Godfrain : JO Déb. AN 30-9-1985 p. 4623.

Information de la compagnie régionale   Tout commissaire aux comptes chargé d'une mission de certification des comptes auprès d'une personne ou entité doit notifier, dans un délai de huit jours, sa nomination au conseil régional de la compagnie dont il est membre, soit par lettre recommandée avec demande d'avis de réception, soit par voie électronique (C. com. art. R 823-2, al. 1). **2284**

La déclaration d'un nouveau mandat sur le portail de la CNCC est une notification de la nomination par voie électronique et dispense de fait le commissaire aux comptes de l'envoi d'un courrier recommandé. On notera que la désignation en qualité de commissaire aux comptes suppléant ne requiert pas cette notification (Bull. CNCC nº 161-2011 p. 103). En revanche, s'il est appelé à remplacer le commissaire aux comptes titulaire, le commissaire aux comptes suppléant doit en informer sa compagnie régionale, dans les conditions prévues à l'article R 823-2 du Code de commerce.

En cas de transfert de son domicile ou du siège social de la société de commissaires aux comptes où il exerce, le commissaire aux comptes donne également cette information au conseil régional de la nouvelle compagnie régionale de rattachement (C. com. art. R 823-2, al. 2).

Informations disponibles au siège social   Toute personne, même non actionnaire, a le droit de se faire communiquer au siège social des sociétés commerciales la liste comportant les noms et prénoms usuels des commissaires aux comptes en exercice ; ce document doit être annexé à la copie certifiée conforme des statuts en vigueur au jour de la demande (C. com. art. R 225-109, al. 2). **2286**

C. Nominations irrégulières

2310 Nous évoquerons les principales irrégularités liées à la nomination des commissaires aux comptes (n° 2315) et leurs conséquences (n° 2325).

Principales causes d'irrégularité

2315 Les nominations irrégulières de commissaires aux comptes sont sanctionnées par l'article L 820-3-1 du Code de commerce. Cet article sanctionne non seulement l'absence de désignation régulière des commissaires aux comptes, mais également le maintien en fonctions des commissaires aux comptes qui ne satisferaient plus aux conditions légales.

2318 **Défaut de désignation régulière** Le défaut de désignation régulière vise aussi bien l'omission de nomination que la désignation irrégulière.

2320 Il y a **omission** de désignation du commissaire aux comptes dès lors que la personne ou l'entité ne procède pas aux nominations de commissaires aux comptes qui lui sont imposées par les textes. Ainsi le défaut de nomination d'un second commissaire aux comptes par la personne ou l'entité astreinte à la publication de comptes consolidés est-il de nature à faire encourir à la société et aux dirigeants de l'entreprise concernée les sanctions légales prévues à l'article L 820-3-1 du Code de commerce.

De même, le défaut de nomination régulière des commissaires aux comptes suppléants, lorsque leur désignation s'impose (voir n° 2129), nous semble susceptible d'avoir les mêmes conséquences, la loi n'établissant pas de distinction entre commissaire aux comptes titulaire et commissaire aux comptes suppléant (contra Bull. CNCC n° 114-1999 p. 256 – CNCC, Étude juridique, « Nomination et cessation des fonctions du commissaire aux comptes » – oct. 2008 n° 148).

2321 Il y a **désignation irrégulière** lorsque les conditions légales de nomination ne sont pas respectées, notamment en cas de nomination d'un professionnel non inscrit, ou qui se trouve en situation d'incompatibilité ou d'interdiction légale. En dehors de ces circonstances, une désignation irrégulière pourrait résulter de toute situation dans lesquelles les circonstances entourant la nomination du ou des commissaires seraient de nature à remettre en cause la régularité de la décision de nomination.

> Ainsi en irait-il par exemple du non-respect par une collectivité soumise au Code des marchés publics de la procédure d'appel d'offres des marchés publics pour la désignation de ses commissaires aux comptes, ou encore d'une nomination de commissaire aux comptes intervenant sans que le commissaire aux comptes non renouvelé ait eu la possibilité de s'exprimer comme le prévoit l'article L 823-8 du Code de commerce. Toutefois, tant que la nomination n'est pas annulée, le commissaire aux comptes est présumé avoir été régulièrement désigné et reste en fonctions.

2322 Lorsque la **résolution** adressée avec l'ordre du jour proposant la nomination d'un commissaire aux comptes titulaire et d'un commissaire aux comptes suppléant n'est **pas adoptée par l'assemblée**, la Cour de cassation a statué que cette même assemblée ne peut pas adopter une résolution proposant la nomination d'autres commissaires aux comptes. En effet, pour la Haute Cour, est nouvelle la « résolution proposant la nomination d'un commissaire aux comptes et d'un suppléant autres que ceux figurant dans la résolution adressée avec l'ordre du jour tendant aux mêmes fins de désignation [...] est par suite irrégulière la délibération de l'assemblée générale sur cette seconde résolution ». Autrement dit, il aurait fallu convoquer une nouvelle assemblée avec un ordre du jour comportant une résolution proposant la nomination de commissaires aux comptes autres que ceux initialement prévus (Cass. com. 14-2-2018 n° 15-16.525 : RJDA 6/18 n° 513 ; voir note Ph. Merle Bull. CNCC n° 188 p. 523).

2323 **Maintien en fonctions irrégulier** La loi sanctionne comme une désignation irrégulière le maintien en fonctions d'un commissaire aux comptes qui ne satisferait plus aux conditions posées par l'article L 822-1 du Code de commerce. Sont donc ici visés les commissaires aux comptes qui viendraient à être radiés de la liste, ou qui se trouveraient en situation d'incompatibilité ou d'interdiction.

La loi sanctionne de la même manière le maintien en fonctions d'un commissaire aux comptes que l'assemblée générale ordinaire aurait omis de renouveler (CNCC, Étude juridique, oct. 2008, « Nomination et cessation des fonctions du commissaire aux comptes », n° 172).

© Éd. Francis Lefebvre — STATUT DU CONTRÔLEUR LÉGAL

Sur la non-reconduction tacite du mandat du commissaire aux comptes et les conditions de régularisation des délibérations de l'assemblée générale, voir n°s 2189 s.

Sanctions

2325 Le défaut de désignation régulière du ou des commissaires aux comptes peut avoir des conséquences très lourdes pour l'entité contrôlée et ses dirigeants.

Nullité des délibérations des assemblées Le défaut de désignation régulière **2328** des commissaires aux comptes a pour conséquence la nullité des délibérations prises par l'assemblée générale (C. com. art. L 820-3-1).

La nullité frappe toutes les décisions prises par l'assemblée générale, même celles pour lesquelles l'intervention du commissaire aux comptes n'était pas requise (Bull. CNCC n° 97-1995 p. 117).

L'action en nullité est toutefois éteinte si les délibérations visées font l'objet d'une confirmation expresse par l'assemblée générale, mais cette fois sur le rapport d'un commissaire aux comptes régulièrement désigné (C. com. art. L 820-3-1).

Pour l'exercice de l'action en nullité, l'appréciation de la régularité de la désignation doit se faire au jour de l'assemblée.

Responsabilité civile des dirigeants Le défaut de désignation régulière d'un **2330** commissaire aux comptes par la société peut engager la responsabilité de la société à l'égard de tous ceux qui souffrent d'un préjudice direct. Selon l'étude juridique de la CNCC sur la nomination et la cessation des fonctions du commissaire aux comptes d'octobre 2008 (n° 159), le dirigeant ne peut engager sa responsabilité civile à l'égard des tiers dans la mesure où la faute résultant de son abstention de faire nommer un commissaire aux comptes ne semble pas séparable de ses fonctions. Cela étant, ladite étude précise que le dirigeant poursuivi pénalement pour ne pas avoir provoqué la désignation du commissaire aux comptes peut voir engagée sa responsabilité civile pour ce motif, les juridictions pénales ne retenant pas le concept de faute séparable.

Il peut également constituer une faute de gestion susceptible d'entraîner, en cas de procédure collective de la société, la condamnation des dirigeants au comblement du passif social (CA Paris 18-11-1997 : RJDA 3/98 n° 299).

Le commissaire aux comptes qui accepte sa nomination alors qu'il est dans une situation irrégulière risque également de voir sa responsabilité civile engagée par ceux à qui cette faute a causé un préjudice direct (CNCC Étude juridique « Nomination et cessation des fonctions du commissaire aux comptes » – oct. 2008 n° 161).

Responsabilité pénale des dirigeants Est puni d'un emprisonnement de deux **2335** ans et d'une amende de 30 000 euros le fait, pour tout dirigeant de personne ou d'entité tenue d'avoir un commissaire aux comptes, de ne pas en provoquer la désignation (C. com. art. L 820-4, 1°). Le délai de prescription du délit est désormais de six ans (CPP art. 8).

Cette sanction pénale n'est pas applicable au défaut de nomination d'un commissaire aux comptes suppléant (Bull. CNCC n° 114 p. 256).

Sanctions relatives à la désignation du commissaire aux comptes des EIP **2340** Les manquements aux dispositions de l'article L 823-1 du Code de commerce, relatives à la désignation des commissaires aux comptes, sont passibles de sanctions pour les entités d'intérêt public, leurs gérants, administrateurs ou membres du directoire ou du conseil de surveillance (C. com. art. L 824-1). Ces sanctions sont détaillées ci-après au n° 2400.

D. Spécificités pour les EIP

2350 L'ordonnance 2016-315 du 17 mars 2016 a introduit des modalités spécifiques de désignation des commissaires aux comptes dans les entités d'intérêt public depuis le 17 juin 2016 (C. com. art. L 823-1, II). Ces modalités sont définies à l'article 16 du règlement européen 537/2014 du 16 avril 2014 qui prévoit la mise en œuvre d'une procédure de sélection des commissaires aux comptes par appel d'offres et un rôle renforcé du comité d'audit (voir n° 2360).

Le Comité des organes européens de surveillance de l'audit (CEAOB) a publié en mars 2021 des lignes directrices concernant la désignation des commissaires aux comptes dans les EIP. Elles sont à l'usage des régulateurs nationaux, des auditeurs, des entités auditées et des comités d'audit, et contiennent

STATUT DU CONTRÔLEUR LÉGAL   © Éd. Francis Lefebvre

des questions-réponses traitant des conditions de mise en œuvre de l'appel d'offres requis en cas de désignation de commissaires aux comptes d'EIP. Ces lignes directrices constituent des orientations qui n'ont pas de valeur contraignante.

Par ailleurs, conformément aux dispositions de l'article L 823-3-1 du Code de commerce, la durée des mandats est limitée et la rotation des mandats des commissaires aux comptes s'impose donc pour le contrôle des comptes des EIP (voir nᵒˢ 2380 s.).

Enfin, le non-respect des dispositions relatives à la désignation des commissaires aux comptes et à la durée du mandat est passible de sanctions (voir nᵒ 2400).

2352 **Entités concernées** Le législateur français définit comme suit les **entités d'intérêt public** (C. com. art. L 820-1 et D 820-1) :

1° les personnes et entités dont les titres financiers sont admis aux négociations sur un marché réglementé ;

2° les établissements de crédit mentionnés au I de l'article L 511-1 du Code monétaire et financier ayant leur siège social en France ;

3° les entreprises d'assurances et de réassurance mentionnées aux articles L 310-1 et L 310-1-1 du Code des assurances, à l'exception des sociétés d'assurance mutuelle dispensées d'agrément administratif en application de l'article R 322-117-1 du Code des assurances ;

4° les institutions de prévoyance et leurs unions régies par le titre III du livre IX du Code de la sécurité sociale, à l'exception de celles mentionnées au 3° de l'article L 931-6-1 du Code de la sécurité sociale ;

5° les mutuelles et unions de mutuelles régies par le livre II du Code de la mutualité, à l'exception de celles mentionnées au 3° de l'article L 211-11 du Code de la mutualité ;

6° à compter du premier exercice ouvert postérieurement au 31 décembre 2017 et lorsqu'à la clôture de deux exercices consécutifs le total de leur bilan consolidé ou combiné excède 5 milliards d'euros :

a) les compagnies financières holding au sens de l'article L 517-1 du Code monétaire et financier dont l'une des filiales est un établissement de crédit,

b) les compagnies financières holding mixtes au sens de l'article L 517-4 du Code monétaire et financier dont l'une des filiales est une entité d'intérêt public,

c) les sociétés de groupe d'assurances au sens de l'article L 322-1-2 du Code des assurances,

d) les sociétés de groupe d'assurance mutuelle au sens de l'article L 322-1-3 du Code des assurances,

e) les unions mutualistes de groupe au sens de l'article L 111-4-2 du Code de la mutualité,

f) les sociétés de groupe assurantiel de protection sociale au sens de l'article L 931-2-2 du Code de la sécurité sociale ;

Les entités visées au 6° de l'article L 820-1 du Code de commerce perdent la qualification d'EIP dès lors que leur bilan consolidé ou combiné ne dépasse pas le seuil de 5 milliards d'euros pendant deux exercices consécutifs.

7° les fonds de retraite professionnelle supplémentaire mentionnés à l'article L 381-1 du Code des assurances ;

8° les mutuelles ou unions de retraite professionnelle supplémentaire mentionnées à l'article L 214-1 du Code de la mutualité ;

9° les institutions de retraite professionnelle supplémentaire mentionnées à l'article L 942-1 du Code de la sécurité sociale.

Depuis le 8 avril 2017, l'article 17 de l'ordonnance 2017-484 du 6 avril 2017 a complété la liste des EIP en introduisant les entités visées aux 7° à 9° de l'article L 820-1 du Code de commerce.

Rôle du comité d'audit et procédure de sélection par appel d'offres

2360 **Recommandation du comité d'audit** Le comité d'audit émet une recommandation sur les commissaires aux comptes proposés à la désignation par l'assemblée générale ou l'organe exerçant une fonction analogue. Cette recommandation est adressée à l'organe chargé de l'administration ou l'organe de surveillance et elle est élaborée conformément aux dispositions de l'article 16 du règlement européen précité (C. com. art. L 823-19, II, 3°).

Dans sa recommandation, le comité d'audit déclare que celle-ci n'a **pas été influencée par un tiers** et qu'aucune clause contractuelle n'a eu pour effet de restreindre son choix (Règl. art. 16.2).

De plus, l'article 16.3 du règlement européen impose pour les EIP, hors cas de renouvellement du mandat du commissaire aux comptes :

– que le comité d'audit émette une recommandation **justifiée** qui comporte au moins **deux choix** possibles et qu'il indique parmi ces deux possibilités sa préférence dûment motivée pour l'une d'entre elles ;

– que cette recommandation soit élaborée à l'issue d'une procédure de **sélection par appel d'offres**.

Selon le CEAOB, cette recommandation devrait prendre une forme écrite. Il préconise également que la justification du comité d'audit comprenne un résumé des principales caractéristiques des offres des commissaires aux comptes choisis et le raisonnement sur lequel se fonde cette décision. En outre, lorsqu'au moins deux choix sont présentés, le CEAOB recommande d'inclure les noms des commissaires aux comptes ou des cabinets d'audit proposés (CEAOB Lignes directrices sur la désignation des commissaires aux comptes dans les EIP, mars 2021, question 9 ; ces lignes directrices constituent des orientations qui n'ont pas de valeur contraignante : voir n° 2350).

Pour plus de précisions, les obligations visées à l'article 16.3, dont l'obligation de mettre en œuvre un **appel d'offres**, s'appliquent donc :

– hors cas de renouvellement du mandat, à savoir dans le cadre de la désignation d'un **nouveau commissaire aux comptes** qui peut résulter :

• d'une obligation légale compte tenu de l'atteinte de la durée maximale légale du mandat du commissaire aux comptes (à savoir 10 ans dans le cas d'un commissaire aux comptes unique, voire 16 ans si un appel d'offres a déjà été mis en œuvre à l'issue des 10 ans, ou 24 ans en cas de cocommissariat aux comptes : voir n° 2380),

• ou de la volonté d'une EIP, par exemple, de ne pas renouveler le mandat d'un de ses commissaires aux comptes à l'issue d'un premier mandat de six ans, ou encore de sa volonté de désigner un deuxième commissaire aux comptes ;

Certaines entités sont cependant exemptées de la mise en œuvre de cette procédure d'appel d'offres (voir n° 2365) et des dispositions transitoires ont été introduites par l'article 41.4 du règlement européen (voir n° 2366).

– lorsque le mandat du commissaire aux comptes unique de l'EIP a atteint **une durée cumulée de dix ans** et que l'entité souhaite renouveler ce mandat pour six exercices supplémentaires, en application du I de l'article L 823-3-1 du Code de commerce (voir n° 2380).

Dans cette situation, l'appel d'offres doit être mis en place même si l'EIP a initialement désigné son commissaire aux comptes à l'issue d'une procédure d'appel d'offres. L'appel d'offres est organisé avant l'échéance des 10 ans, mais il ne peut pas conduire à anticiper la nomination du commissaire aux comptes, par l'organe compétent, en prévoyant d'en différer l'effet (FAQ H3C 18-7-2019 § 1.2).

Cette obligation légale d'organiser une procédure d'appel d'offres s'applique également pour la désignation des **commissaires aux comptes suppléants**. En effet, le premier alinéa du paragraphe I de l'article L 823-1 du Code de commerce énonce les conditions de désignation des commissaires aux comptes, sans distinction quant à leurs fonctions de titulaire ou de suppléant. En outre, le paragraphe II du même article relatif à la désignation des commissaires aux comptes des EIP par une procédure d'appel d'offres ne fait pas non plus cette distinction (FAQ H3C 18-7-2019 § 1.8).

Cette procédure d'appel d'offres n'a pas à être mise en place dans le cas où le commissaire aux comptes suppléant est appelé à « remplacer » le commissaire aux comptes titulaire. Il ressort des termes utilisés au troisième alinéa du paragraphe I de l'article précité que le commissaire aux comptes suppléant est appelé à « remplacer » le commissaire aux comptes titulaire et n'est pas « désigné » commissaire aux comptes titulaire (FAQ précitée § 1.9).

Les cas de remplacement du commissaire aux comptes titulaire par le commissaire aux comptes suppléant sont limitativement prévus au deuxième alinéa de l'article L 823-1 du Code de commerce, à savoir le refus, l'empêchement, la démission ou le décès. Ainsi, le commissaire aux comptes suppléant ne peut pas « remplacer » le commissaire aux comptes titulaire lorsque la mission de ce dernier a atteint la durée maximale et prend fin (FAQ précitée § 1.10).

Pour autant, le Haut Conseil considère qu'un commissaire aux comptes suppléant qui remplace un commissaire aux comptes titulaire peut être désigné pour un mandat de six exercices à l'issue du mandat du commissaire aux comptes qu'il a été appelé à remplacer, sans que l'EIP ait l'obligation de mettre en œuvre une procédure d'appel d'offres. En effet, dans ce cas, la désignation du commissaire

2361

STATUT DU CONTRÔLEUR LÉGAL © Éd. Francis Lefebvre

aux comptes suppléant pour un mandat de six exercices constitue un renouvellement de sa mission et n'est donc pas visée par la procédure d'appel d'offres (FAQ précitée § 1.11). En tout état de cause, la durée maximale cumulée de la mission reste fixée à dix ans.

2362 Dans ses lignes directrices relatives à la désignation du commissaire aux comptes dans les EIP publiées en mars 2021, le CEAOB apporte des précisions quant à sa lecture de l'obligation de mettre en œuvre un appel d'offres dans certaines situations spécifiques (CEAOB Lignes directrices précitées, questions 1 et 6 ; ces lignes directrices constituent des orientations qui n'ont pas de valeur contraignante : voir n° 2350).

1. Selon le CEAOB, une procédure de sélection par appel d'offres est requise pour tout **changement dans la composition du cocommissariat aux comptes**. Ainsi, si une EIP ne dispose que d'un seul commissaire aux comptes et qu'au terme de la durée maximale du mandat (10 ans en France), elle choisit d'avoir recours à un cocommissaire aux comptes :
– une procédure de sélection par appel d'offres est menée pour le nouveau cocommissaire aux comptes ;
– la mise en œuvre d'une procédure d'appel d'offres n'est pas requise pour renouveler le commissaire aux comptes déjà en place.

2. En cas de **fusion entre EIP**, si l'EIP absorbante décide de renouveler le mandat du commissaire aux comptes, conformément aux dispositions relatives à la durée maximale cumulée du mandat fixée à dix ans en France, le CEAOB considère qu'elle n'a pas à mettre en œuvre d'appel d'offres. Il précise également que si l'EIP absorbante décidait de désigner comme commissaire aux comptes celui de l'EIP absorbée, une procédure d'appel d'offres serait alors à mettre en œuvre, la désignation du commissaire aux comptes de la société absorbée ne pouvant pas être considérée comme un renouvellement.

En cas de **scission dans une EIP**, lorsque la nouvelle entité créée est une EIP, le CEAOB estime qu'une procédure d'appel d'offres est obligatoire pour désigner un nouveau commissaire aux comptes, quand bien même le commissaire aux comptes désigné serait l'ancien commissaire aux comptes de l'EIP dont la nouvelle EIP est issue, puisque cette nouvelle EIP n'avait pas d'existence légale antérieurement à cette opération.

3. En ce qui concerne les **groupes dits multi-EIP**, à savoir qui comprennent plus d'une EIP, l'article 16 du règlement européen ne prévoit pas de dispositions spécifiques.

Le CEAOB s'est saisi de cette situation spécifique qui peut générer certaines problématiques compte tenu, d'une part, de la responsabilité qui incombe au comité d'audit de chacune des EIP et, d'autre part, de la volonté de la société mère de désigner le même cabinet d'audit pour elle et pour ses filiales, y compris les EIP.

Le CEAOB considère qu'une coordination étroite peut être mise en place au sein du groupe par le biais d'une procédure d'appel d'offres commune avec la participation de tous les comités d'audit afin de parvenir à une décision coordonnée s'agissant de la désignation d'un commissaire aux comptes de la société mère et de chaque filiale, y compris les EIP.

Il est cependant rappelé la nécessité que chaque EIP du groupe puisse démontrer qu'elle remplit bien à son niveau les exigences définies à l'article 16 du règlement européen en termes de documentation. En effet, chaque comité d'audit reste responsable de la procédure de sélection et de la préférence exprimée dans la recommandation adressée à l'organe chargé de l'administration ou à l'organe de surveillance.

2363 **Cas d'exemption de recommandation du comité d'audit** Le comité d'audit n'a pas à émettre de recommandation, dans les situations spécifiques de désignation du commissaire aux comptes énumérées ci-après (C. com. art. L 823-1, II) :
– désignations statutaires exigées en vue de l'immatriculation des sociétés ;
– désignations réalisées en application :
• de l'article L 823-4 du Code de commerce (désignation par décision de justice en cas d'omission de nomination : voir n° 2257),
• des articles L 214-7-2, L 214-24-31, L 214-133 et L 214-162-5 du Code monétaire et financier (désignation du commissaire aux comptes dans les Sicav, les Sicaf et les sociétés de libre partenariat),
• de l'article L 612-43 du Code monétaire et financier (désignation d'un commissaire aux comptes supplémentaire par l'ACPR : voir n° 2182).
Dans ces situations, l'entité d'intérêt public informe le H3C des modalités de désignation du commissaire aux comptes.

Concernant les exemptions spécifiques à la mise en œuvre de la procédure d'appel d'offres pour certaines entités, voir également n° 2365.

2365 **Cas d'exemption d'appel d'offres** Certaines entités sont **exemptées** de l'obligation de mettre en place une procédure d'appel d'offres compte tenu des coûts disproportionnés que pourrait engendrer ce type de procédure. Il s'agit des PME et des sociétés à faible capitalisation boursière.

126

L'article 16 du règlement européen 537/2014 renvoie au f) et t) du paragraphe 1 de l'article 2 de la directive 2003/71/CE, modifiée par la directive 2010/73/UE, pour définir les PME et les sociétés à faible capitalisation boursière. L'article 46 du règlement 2017/1129 du 14 juin 2017 a cependant abrogé le paragraphe 1 de l'article 2 de la directive 2003/71/CE et prévoit que les références faites à ladite directive s'entendent comme faites au règlement 2017/1129 et sont à lire selon le tableau de correspondance figurant à l'annexe VI dudit règlement. Dès lors les références au f) et t) du paragraphe 1 de l'article 2 de la directive 2003/71/CE sont remplacées par le f) de l'article 2 du règlement 2017/1129.

Les **PME** sont les sociétés qui, d'après leurs derniers comptes annuels ou consolidés publiés, présentent au moins deux des trois caractéristiques suivantes : un nombre moyen de salariés inférieur à 250 personnes sur l'ensemble de l'exercice, un total du bilan ne dépassant pas 43 millions d'euros et un chiffre d'affaires net annuel ne dépassant pas 50 millions d'euros (Règl. 2017/1129 du 14-6-2017 art. 2 f) ii.).

Les **sociétés à faible capitalisation boursière** sont des sociétés cotées sur un marché réglementé dont la capitalisation boursière moyenne a été inférieure à 200 millions d'euros sur la base des cours de fin d'année au cours des trois années civiles précédentes (Règl. 2017/1129 du 14-6-2017 art. 2 f) i.).

Dans sa FAQ mise à jour le 18 juillet 2019, le Haut Conseil du commissariat aux comptes précise qu'au même titre que les « sociétés », les mutuelles peuvent également bénéficier des exemptions si elles remplissent les critères précités.

> Le H3C considère en effet que le point 4 de l'article 16 du règlement précité renvoie aux critères quantitatifs énoncés au paragraphe 1 de l'article 2 de la directive précitée et non aux définitions elles-mêmes, lesquelles mentionnent la qualité de « société ». Le fait que les mutuelles ne soient pas des sociétés n'est donc pas un obstacle au bénéfice de l'exemption (FAQ précitée § 1.4).

Les EIP exemptées de l'organisation d'un appel d'offres le sont non seulement pour une nouvelle désignation de commissaire aux comptes mais également lorsqu'elles souhaitent renouveler le mandat de leur commissaire aux comptes pour six exercices supplémentaires au terme de la période maximale de 10 ans (FAQ précitée § 1.3).

> Le CEAOB confirme également que l'exemption s'applique chaque fois que la procédure de sélection par appel d'offres est requise (CEAOB Lignes directrices précitées, question 2).

Dispositions transitoires L'article 41.4 du règlement européen prévoit des dispositions transitoires pour la mise en œuvre de la procédure d'appel d'offres et précise que cette procédure « est applicable aux missions de contrôle légal des comptes uniquement après l'expiration de la durée visée à l'article 17, paragraphe 1, deuxième alinéa », qui fixe à dix ans la durée maximale des missions du commissaire aux comptes. **2366**

Selon le H3C, les dispositions transitoires de l'article 41.4 précité, qui s'appliquent exclusivement aux mandats acceptés avant le 16 juin 2014 et qui se poursuivent encore au 17 juin 2016, permettent aux commissaires aux comptes qui n'auraient pas été nommés par appel d'offres de poursuivre leur mandat jusqu'au terme de la durée maximale de dix ans, sans que l'EIP n'ait à organiser d'appel d'offres (FAQ précitée § 1.7).

Le régulateur rappelle par ailleurs qu'une EIP qui souhaite nommer un autre commissaire aux comptes, à l'issue du mandat de six exercices de son commissaire aux comptes en place, doit procéder à un appel d'offres.

Le comité juridique de l'Ansa analyse également cette disposition de l'article 41.4 comme une disposition transitoire qui n'est pas d'application générale. Ledit comité en analyse les impacts au regard du cas où l'EIP souhaite désigner un nouveau commissaire aux comptes. L'Ansa considère que, selon cette disposition transitoire, une EIP qui ne souhaite pas reconduire un commissaire aux comptes à la fin d'un mandat de six exercices qui était en cours au 17 juin 2014 n'a pas l'obligation de procéder à un appel d'offres, dans la mesure où la durée totale du mandat n'excède pas dix ans (Ansa n° 17-010 février 2017).

Critères de la procédure d'appel d'offres Les critères suivants doivent être respectés (Règl. art. 16.3) : **2370**
– l'entité est **libre d'inviter** à concourir tout commissaire aux comptes ou cabinet d'audit à l'exclusion de ceux se trouvant en période de viduité compte tenu des obligations de rotation des mandats.

> Les candidats répondant sur invitation ou sollicitation de l'EIP, cette procédure d'appel d'offres ne relève pas des marchés publics (FAQ précitée § 1.1).
> Le H3C considère que l'article 17.4 a) du règlement européen vise une « procédure d'appel d'offres public » afin de proroger le mandat du commissaire aux comptes après dix ans mais renvoie à l'article

STATUT DU CONTRÔLEUR LÉGAL © Éd. Francis Lefebvre

2370
(suite)

16.3 qui envisage quant à lui une « procédure de sélection » que l'entité « est libre de déterminer » (art. 16.3 c) et dans le cadre de laquelle l'entité « est libre d'inviter tout contrôleur légal [...] » (art. 16.3 a).

La procédure de sélection ne doit **pas exclure** les cabinets qui ont reçu au cours de l'année civile précédente moins de 15 % du total des honoraires d'audit versés par les EIP en France ;

L'objectif de cette exigence est de ne pas exclure du processus d'appel d'offres les cabinets de petite taille.

Dans ce cadre, le H3C doit tenir et rendre publique une liste des commissaires aux comptes et de cabinets d'audit concernés et la mettre à jour annuellement (Régl. art. 16.3). Le H3C utilise les informations fournies par les commissaires aux comptes et cabinets d'audit en application de l'article 14 du règlement (communication de la liste des EIP contrôlées et des revenus associés) pour effectuer les calculs nécessaires.

Selon le CEAOB, les critères de sélection ne devraient pas faire référence au chiffre d'affaires des cabinets d'audit ou à d'autres éléments qui pourraient être en contradiction avec cette règle de ne pas exclure les cabinets qui ont reçu au cours de l'année civile précédente moins de 15 % du total des honoraires d'audit versés par les EIP en France (CEAOB Lignes directrices précitées, question 7 ; ces lignes directrices constituent des orientations qui n'ont pas de valeur contraignante : voir n° 2350).

Le CEAOB rappelle que la procédure d'appel d'offres devant être conduite de manière équitable et devant être basée sur la transparence et des critères non discriminatoires, les EIP devraient inviter les auditeurs qui, à leur connaissance, répondent le mieux aux critères de présélection préalablement définis à cet effet. Les facteurs suivants pourraient par exemple être pris en compte par l'entité lorsqu'elle définit les critères à retenir pour sélectionner les auditeurs à inviter : compétences, expertises, connaissances techniques, exigences légales et réglementaires, connaissances du secteur et capacités en termes de ressources et de couverture géographique pour l'accomplissement des travaux d'audit pertinents.

– le **dossier d'appel d'offres** doit permettre de comprendre l'activité de l'EIP et le type de contrôle légal à effectuer. Il précise également les critères de sélection transparents et non discriminatoires qui seront utilisés pour évaluer les offres ainsi que les normes de qualité à respecter ;

Précisions apportées par le CEAOB dans ces lignes directrices précitées (ces lignes directrices constituent des orientations qui n'ont pas de valeur contraignante : voir n° 2350) : Étant donné que chaque commissaire aux comptes ou cabinet d'audit invité peut avoir des expériences professionnelles antérieures et des relations existantes différentes avec l'entité auditée, le CEAOB précise que le niveau d'informations fournies dans le dossier d'appel d'offres doit être suffisant pour garantir que la procédure de sélection se déroule de manière équitable.

À cet égard, il préconise que les **informations fournies** :

– soient proportionnées aux caractéristiques de l'entité, comme sa taille, son chiffre d'affaires, le nombre d'employés, son organisation et sa situation financière ;

– donnent aux auditeurs invités une compréhension de l'entreprise et de sa complexité.

Le CEAOB rappelle que la procédure de sélection doit être considérée comme transparente. Tous les auditeurs invités sont préalablement et dûment informés des critères de sélection définis par l'entité et ont accès à des informations claires et complètes sur la procédure et son évolution. La procédure de sélection est considérée comme non discriminatoire si elle permet la participation de tout auditeur, quelle que soit sa taille, selon des critères objectifs de sélection définis par l'entité.

Selon le CEAOB, les **critères de sélection** remplissent les caractéristiques suivantes :

– ils sont fixés par l'entité au début de la procédure de sélection et inclus dans les documents d'appel d'offres ;

– ils sont objectifs et clairement définis pour permettre aux auditeurs invités de faire des propositions valables et à l'EIP d'évaluer ces propositions par rapport aux critères fixés ;

– ils peuvent être adaptés à l'entité contrôlée ;

– ils ne restreignent pas artificiellement la procédure de sélection à quelques auditeurs ;

– ils sont liés à la fois à la qualité de l'audit et aux honoraires (les honoraires n'ayant pas un poids excessif dans la sélection du commissaire aux comptes) ;

– ils ne sont pas modifiés une fois la procédure de sélection lancée ; et

– ils sont appliqués et évalués de manière égale pour tous les auditeurs invités.

Le CEAOB est d'avis qu'au cours du processus de sélection, l'entité envisage la meilleure façon de donner un poids plus important à des facteurs tels que la réputation, l'expérience académique et professionnelle, et notamment les connaissances techniques et sectorielles, les ressources par rapport à des facteurs purement quantitatifs comme les honoraires, et ce afin de privilégier la qualité de l'audit. Une pondération appropriée de chaque critère favorise la transparence de la procédure de sélection et de son évaluation.

Les **facteurs** suivants peuvent par exemple être pris en compte lors de la détermination de critères de sélection transparents et non discriminatoires :

– qualité du service fourni par l'auditeur ;

128

© Éd. Francis Lefebvre   **STATUT DU CONTRÔLEUR LÉGAL**

– indicateurs objectifs concernant la réputation ;
– expérience académique et professionnelle, connaissances techniques et compétences de l'auditeur et de l'équipe d'audit, disponibilité de spécialistes, le cas échéant ;
– facilité de communication et d'interaction avec l'entité pendant le processus de sélection ;
– indépendance, objectivité et scepticisme professionnel ;
– connaissances / expériences spécifiques relatives au secteur d'activité ;
– outils technologiques ;
– honoraires proposés.
Cette liste est donnée à titre indicatif et n'a pas de caractère exhaustif ou contraignant.
L'AMF rappelle également que, dans son dernier rapport sur le suivi du marché du contrôle légal des comptes, la H3C précise que si le prix peut être « cité comme critère de sélection » (ce qui est déjà le cas pour certaines entités d'intérêt public) et que certains comités souhaitent « obtenir le meilleur prix », il ne faut pas pour autant faire passer ce critère avant la possibilité de « renforcer la qualité et la profondeur des travaux d'audit proposés » (Rapport AMF 2020 sur le gouvernement d'entreprise et la rémunération des dirigeants des sociétés cotées – Novembre 2020).

– l'entité est libre de déterminer la procédure de sélection et peut négocier directement avec les soumissionnaires en cours de procédure ;
L'article 16.3 du règlement européen ne fait pas référence à des délais spécifiques pour mettre en œuvre l'appel d'offres.
Dans la mesure où l'ensemble de la procédure de sélection par appel d'offres doit se dérouler de manière équitable et non discriminatoire, le CEAOB estime que les commissaires aux comptes doivent disposer d'un délai suffisant pour se préparer, participer à l'appel d'offres et soumettre leur candidature. Un calendrier approprié devrait donc être déterminé en tenant compte de la structure et de l'organisation de chaque EIP et de la nécessité que la procédure de sélection se déroule de manière équitable et non discriminatoire. Dans tous les cas, l'EIP devrait veiller à ce qu'aucune discrimination ne se produise en raison d'un délai excessivement court (CEAOB Lignes directrices précitées, question 4 ; ces lignes directrices constituent des orientations qui n'ont pas de valeur contraignante : voir n° 2350).

– l'entité évalue les offres soumises en fonction des critères de sélection préalablement définis dans le dossier d'appel d'offres et prépare un **rapport sur les conclusions de la procédure de sélection** qui est validé par le comité d'audit. L'EIP et le comité d'audit doivent prendre en compte les conclusions ou constatations de tout rapport d'inspection publié par le H3C concernant les commissaires aux comptes ou cabinets d'audit candidats ;
Pour le CEAOB, le rapport sur les conclusions de la procédure de sélection est établi sous forme écrite et il tient compte de l'obligation pour l'entité d'être en mesure de démontrer, sur demande, à l'autorité de supervision compétente que la procédure de sélection a été organisée de manière équitable (CEAOB Lignes directrices précitées, question 10). Ce rapport est distinct de la recommandation du comité d'audit.

– l'entité doit être en mesure de démontrer, sur demande, à l'autorité de supervision compétente que la procédure de sélection a été organisée de manière équitable.
Cette démonstration peut notamment être réalisée au travers du dossier d'appel d'offres et du rapport sur les conclusions de la procédure de sélection préparé par l'EIP et validé par le comité d'audit (CEAOB Lignes directrices précitées, question 11). Le CEAOB propose, à titre de bonne pratique, que le comité d'audit donne un retour aux commissaires aux comptes/cabinets d'audit participant à la procédure d'appel d'offres mais non sélectionnés sur les résultats de l'évaluation effectuée et sur les raisons du choix exprimé (CEAOB Lignes directrices précitées, question précitée).

2374 À la suite de la procédure d'appel d'offres, le conseil d'administration ou de surveillance adresse à l'**assemblée** générale une **proposition** qui contient la recommandation et la préférence motivée du comité d'audit (Règl. art. 16.5).
Si cette proposition diffère de la préférence exprimée par le comité d'audit, elle doit en exposer les motifs.
Seuls des commissaires aux comptes ou cabinets d'audit ayant participé à la procédure de sélection peuvent en tout état de cause être proposés par le conseil à l'assemblée.
Le CEAOB recommande d'inclure dans la proposition à l'assemblée générale un résumé de la procédure de sélection par appel d'offres (CEAOB Lignes directrices précitées, question 12).
L'AMF observe en outre que peu d'informations sont fournies par les sociétés concernant la procédure d'appel d'offres et elle incite ces dernières à présenter ces informations dans le **rapport du conseil à l'assemblée générale** (Rapport AMF 2020 sur le gouvernement d'entreprise et la rémunération des dirigeants des sociétés cotées – Novembre 2020).

Durée maximale cumulée des mandats

2380 **Principe** Lorsque l'EIP désigne un **commissaire aux comptes unique**, celui-ci ne peut procéder à la certification des comptes de l'EIP pendant une période supérieure à 10 ans (C. com. art. L 823-3-1, I).

129

STATUT DU CONTRÔLEUR LÉGAL   © Éd. Francis Lefebvre

Le commissaire aux comptes étant nommé pour un mandat de six exercices, en application de l'article L 823-3 du Code de commerce, si son premier mandat pour le contrôle des comptes d'une EIP est renouvelé, ce second mandat prendra fin automatiquement avant son terme du fait de la durée maximale de 10 ans. En effet, la limite de 10 ans n'interdit pas le renouvellement du mandat qui est juridiquement possible. Le mandat prend fin de plein droit à l'issue de l'assemblée générale statuant sur les comptes de la quatrième année du mandat renouvelé. Il ne s'agit pas d'une démission du commissaire aux comptes mais d'une caducité automatique du mandat (Ansa, CJ n° 18-006, février 2018).

Le commissaire aux comptes dont le mandat ne pourra se poursuivre jusqu'à son échéance par l'application des dispositions de l'article L 823-3-1 en informe sans délai la personne ou l'entité lors de sa désignation ou de son renouvellement (CDP art. 27 depuis le décret 2020-292 du 21-3-2020, ancien art. 21).

Conformément aux possibilités offertes par le règlement, le législateur donne la possibilité de **prolonger** cette durée dans les conditions suivantes :
– si une procédure de sélection par appel d'offres est organisée **à l'issue de la période** de 10 ans, le commissaire aux comptes peut être nommé pour un mandat supplémentaire de 6 exercices, soit une durée cumulée du mandat qui peut être portée à 16 ans (C. com. art. L 823-3-1, I).

La procédure de sélection par appel d'offres doit respecter les conditions définies aux paragraphes 2 à 5 de l'article 16 du règlement européen 537/2014 : voir n° 2370.

– si l'EIP recourt à **plusieurs commissaires aux comptes**, de manière volontaire ou en application d'une obligation légale, et que ces derniers présentent un rapport conjoint sur la certification des comptes, la durée du mandat peut être prolongée jusqu'à une durée maximale de 24 ans (C. com. art. L 823-3-1, II).

Le comité juridique de l'Ansa s'est interrogé sur le cas particulier du dépassement de la limite des 24 ans en raison de la prolongation de la durée d'un exercice du fait du changement de la date de clôture et a conclu que l'entité pourrait demander une dérogation au H3C pour prolonger le mandat en cours de quelques mois, conformément au III de l'article L 823-3-1 du Code de commerce. L'entité pourrait appuyer sa demande sur le fait que le changement de date de clôture est un événement objectif, décidé par les actionnaires et qui n'a pas d'effet sur l'indépendance du commissaire aux comptes (Ansa, CJ n° 18-006, février 2018).

Si une EIP décide de désigner volontairement un commissaire aux comptes supplémentaire, et donc d'opter pour le cocommissariat aux comptes, elle pourra ainsi conserver son commissaire aux comptes initial pendant 14 années supplémentaires sans que ce dernier ne soit soumis à une procédure d'appel d'offres. En revanche, la sélection du deuxième commissaire aux comptes devra être réalisée à l'issue d'un appel d'offres.

Pour plus de détails sur les désignations de commissaires aux comptes nécessitant la mise en œuvre d'une procédure d'appel d'offres, voir n° 2361.

Les dispositions précitées de l'article L 823-3-1 du Code de commerce s'appliquent à compter du 17 juin 2016 avec toutefois des dispositions transitoires présentées au n° 2388.

2382   À titre exceptionnel, et sur demande de l'EIP, à l'issue des durées maximales de mandat fixées aux I et II de l'article L 823-3-1, le H3C peut également accorder une **prolongation supplémentaire** de la durée du mandat qui ne peut être supérieure à deux ans (C. com. art. L 823-3-1, III).

2384   **Délai de viduité**   Le commissaire aux comptes ou, le cas échéant, un membre de son réseau au sein de l'Union européenne ne peut accepter de mandat auprès de l'EIP dont il a certifié les comptes pendant une période de 4 ans suivant la fin de son mandat (C. com. art. L 823-3-1, IV).

2385   **Calcul de la durée de la mission**   Le calcul de la durée de la mission est un élément clé du dispositif et le V de l'article L 823-3-1 fixe les modalités suivantes, par renvoi aux dispositions de l'article 17 du règlement précité :
– la durée de la mission est déterminée à compter du premier exercice contrôlé d'une même EIP par le commissaire aux comptes ou le cabinet d'audit : voir n° 2386 ;
– les cabinets d'audit doivent prendre en compte les autres cabinets dont ils ont fait l'acquisition ou qui ont fusionné avec eux.

Dans le cas particulier de la survenance d'une opération de fusion, d'acquisition ou de changement dans la structure du capital qui concernerait le commissaire aux comptes ou l'EIP, le H3C précise que le lien qui unit le commissaire aux comptes et l'EIP n'est pas systématiquement rompu. En effet, la permanence de ce lien peut être rompue dans certaines circonstances, lorsqu'une nouvelle relation s'établit entre les parties conduisant à devoir retenir pour le décompte de la durée maximale de la

130

© Éd. Francis Lefebvre   STATUT DU CONTRÔLEUR LÉGAL ▌

mission une date de départ du mandat initial différente de la date à laquelle le commissaire aux comptes a été désigné pour la première fois en tant que commissaire aux comptes de l'EIP.

En cas de doute, le commissaire aux comptes doit saisir le bureau du Haut Conseil en étayant sa demande des éléments qui le conduisent à s'interroger sur la permanence de sa relation avec l'EIP qui l'a mandaté pour certifier ses comptes (voir nº 2387).

2386
Le décompte de la durée maximale de la mission s'effectue à partir du **premier jour du premier exercice du premier mandat** du commissaire aux comptes (FAQ H3C du 18-7-2019 § 2.1).

Dans la version mise à jour le 18 juillet 2019 de sa FAQ sur les dispositions de la réforme européenne de l'audit, le H3C apporte des précisions s'agissant du cas particulier d'une entité pour laquelle la première nomination du commissaire aux comptes serait intervenue alors que l'entité n'était pas juridiquement qualifiée d'EIP. Dans cette situation, le H3C considère que le décompte de la durée de la mission s'effectue en tenant compte des exercices contrôlés par le commissaire aux comptes au cours desquels l'entité disposait déjà des caractéristiques qui ont ultérieurement été retenues pour la qualifier juridiquement d'EIP.

Le H3C prend l'**exemple** d'un commissaire aux comptes contrôlant les comptes d'une société du bâtiment depuis 1990 et dont les titres ont été admis aux négociations sur un marché réglementé le 1er novembre 1999. Le décompte de la durée de la mission s'effectue alors à partir du **premier jour de l'exercice sur lequel les titres de la société ont été admis** sur un marché réglementé, à savoir le 1er janvier 1999.

Dans l'exemple précité, le H3C considère que même si la société a juridiquement été qualifiée d'EIP le 29 juin 2008, date d'expiration du délai de transposition de la directive 2006/42/CE qui a introduit cette notion dans le droit européen, elle avait néanmoins déjà les caractéristiques qui ont ultérieurement été prises en compte pour la qualifier légalement d'EIP, et ce depuis la date d'admission de ces titres à la négociation sur un marché réglementé en 1999.

2387
En cas d'**incertitudes** quant à la date exacte de début de contrôle des comptes, par exemple en raison de fusions, d'acquisitions ou de changements dans la structure du capital, le cabinet d'audit ou le commissaire aux comptes en informe le **H3C** qui détermine alors la date applicable pour le calcul de l'ancienneté des mandats.

Le commissaire aux comptes concerné doit joindre à sa demande (C. com. art. R 823-6-2) :
– les documents relatifs à sa désignation initiale et, le cas échéant, aux précédents renouvellements de son mandat ;
– un exposé des circonstances de droit et de fait qui le conduisent à s'interroger sur la date de départ du mandat initial.
Le bureau du Haut Conseil accuse réception de la demande et indique à l'intéressé le délai envisagé de traitement de sa question. Il a la possibilité :
– de solliciter de l'entité d'intérêt public ou du commissaire aux comptes toute information ou document complémentaire nécessaire à l'examen de la question ;
– d'entendre les représentants de l'entité d'intérêt public ou le commissaire aux comptes concerné ;
– de faire appel à des experts.
La réponse du bureau est adressée au commissaire aux comptes qui a formulé la demande, par lettre recommandée avec demande d'avis de réception.

2388
Mesures transitoires Pour l'application des dispositions de l'article L 823-3-1 du Code de commerce explicitées supra, l'ordonnance 2016-315 du 17 mars 2016 renvoie à l'article 41 du règlement précité. Afin de faciliter la transition vers ce régime de rotation obligatoire des commissaires aux comptes et des cabinets d'audit, cet article prévoit des mesures transitoires en fonction de l'**antériorité des mandats** en cours. Cette antériorité est appréciée à la date du 16 juin 2014, qui correspond à la date d'entrée en vigueur du règlement.

À titre d'exemple, le mandat d'un commissaire aux comptes désigné par une assemblée générale des actionnaires tenue en 1989 présente une antériorité de 25 ans au 16 juin 2014.

La prise en compte de l'antériorité pour l'application du dispositif de rotation des cabinets varie selon que l'EIP relève des dispositions prévues aux 1º à 5º du III de l'article L 820-1 du Code de commerce, au 6º ou aux 7º à 9º de ce même III (FAQ H3C 18-7-2019 § 2.2 ; voir nº 2352 pour les EIP visées) :
– pour les personnes et entités visées aux 1º à 5º du III de l'article L 820-1 du Code de commerce, le décompte de la durée de la mission s'effectue en appliquant le point de départ tel qu'indiqué au nº 2386 ;

131

STATUT DU CONTRÔLEUR LÉGAL

– pour les personnes et entités visées au 6° du III de l'article L 820-1 du Code de commerce, l'antériorité n'est pas à prendre en considération et le décompte de la durée de la mission s'apprécie de manière prospective à partir du premier exercice ouvert postérieurement au 31 décembre 2017 ;

– pour les personnes et entités visées aux 7° à 9° du III de l'article L 820-1 du Code de commerce, créées par l'ordonnance 2017-484 du 6 avril 2017, le décompte de la durée de la mission s'apprécie de manière prospective à partir du premier exercice de leur création.

Ces mesures transitoires sont présentées dans le tableau ci-après :

Antériorité du mandat appréciée au 16-6-2014 (Règl. art. 41.1 à 41.3)	Mesures transitoires	Exemples
20 ans ou plus	Interdiction de renouvellement ou de nouvel engagement à compter du 17 juin 2020	Pour un mandat présentant une antériorité de 25 ans au 17 juin 2014 (première nomination lors des assemblées générales tenues en 1989 avec un renouvellement intervenu lors des assemblées générales tenues en 1995, 2001, 2007 et 2013), un dernier renouvellement est possible lors de l'assemblée générale de 2019 statuant sur les comptes de l'exercice 2018. Le mandat se poursuivra donc jusqu'à l'assemblée générale de 2025, statuant sur les comptes de l'exercice 2024.
De 11 ans à moins de 20 ans	Interdiction de renouvellement ou de nouvel engagement à compter du 17 juin 2023	Pour un mandat présentant une antériorité de 14 ans au 17 juin 2014 (première nomination en 2000 avec un renouvellement intervenu lors des assemblées générales tenues en 2006 et 2012), un renouvellement est encore possible lors de l'assemblée générale de 2018. Le mandat se poursuivra donc jusqu'à l'assemblée générale de 2024, statuant sur les comptes de l'exercice 2023.
Moins de 11 ans	Poursuite de la mission jusqu'à la **fin de la durée maximale**, déterminée depuis l'origine du mandat [1] : 10 ans ou 16 ans (en cas d'appel d'offres) ou 24 ans (en cas de cocommissariat aux comptes)	Pour un mandat présentant une antériorité de 2 ans au 17 juin 2014 (première nomination en 2012), le mandat se poursuivra : – jusqu'à l'assemblée générale de 2022 statuant sur les comptes de l'exercice 2021 (si l'entité conserve un seul commissaire aux comptes et qu'elle ne met pas en œuvre une procédure d'appel d'offres au terme des 10 ans de mandat de ce dernier) ; – jusqu'à l'assemblée générale de 2028 statuant sur les comptes de l'exercice 2027 (si l'entité est dotée d'un seul commissaire aux comptes et qu'elle met en œuvre une procédure d'appel d'offres au terme des 10 ans de mandat de ce dernier) ; – jusqu'à l'assemblée générale de 2036 statuant sur les comptes de l'exercice 2035 (si l'entité est contrôlée par au moins deux commissaires aux comptes ou qu'elle décide de nommer un deuxième commissaire aux comptes au terme des 10 ans de mandat du premier commissaire aux comptes).

[1] Pour le cas particulier des mandats de commissaires aux comptes uniques ayant une ancienneté de moins de 11 ans au 16 juin 2014 et qui ont atteint la durée maximale des dix ans au 16 juin 2016, le mandat peut être prorogé jusqu'à la délibération de l'assemblée générale ou de l'organe compétent statuant sur les comptes de l'exercice ouvert au plus tard le 16 juin 2016 (Loi 2016-1691 du 9-12-2016 art. 140, II, 2°). À cette date, la mission du commissaire aux comptes s'arrête définitivement, les dispositions de l'article 140 de la loi précitée ne permettant pas de prolonger le délai de dix ans dont dispose l'EIP pour lever les options cocommissariat aux comptes ou appel d'offres (Communiqué CNCC du 1-6-2017 et FAQ H3C 18-7-2019).

Services rendus à l'exercice précédent

2390 Un commissaire aux comptes a l'**interdiction d'accepter une mission** de certification auprès d'une EIP, lorsqu'au cours de l'exercice précédant celui dont les comptes doivent

être certifiés, ce dernier ou un membre de son réseau, a fourni, directement ou indirectement à l'EIP, ou aux personnes ou entités qui la contrôlent ou qui sont contrôlées par elle dans l'Union européenne, au sens des I et II de l'article L 233-3, les services suivants (C. com. art. L 822-11, I) :
– la conception et la mise en œuvre de procédures de contrôle interne ou de gestion des risques en rapport avec la préparation et/ou le contrôle de l'information financière ;
– ou la conception et la mise en œuvre de systèmes techniques relatifs à l'information financière.

> Voir également les principes relatifs à l'indépendance au n° 2169 et pour plus de détails la section 2 du présent chapitre (n° 3500 s.).

Sanctions

2400

Pour les entités d'intérêt public, leurs gérants, administrateurs ou membres du directoire ou du conseil de surveillance, les manquements aux dispositions des articles L 822-11, L 823-1 et L 823-3-1 du Code de commerce, respectivement relatifs aux services fournis par le commissaire aux comptes, à la désignation des commissaires aux comptes et à la durée du mandat, sont passibles des sanctions suivantes (C. com. art. L 824-1, II et L 824-3, I) :
– **interdiction d'exercer** des fonctions d'administration ou de direction au sein d'EIP pendant une durée n'excédant pas trois ans ;
– sanctions **pécuniaires** qui ne peuvent excéder :
• 250 000 € pour les personnes physiques,
• la plus élevée des sommes suivantes pour une personne morale : 1 000 000 € ou, lorsque la faute intervient dans le cadre d'une mission de certification, la moyenne annuelle des honoraires facturés au titre de l'exercice durant lequel la faute a été commise et des deux exercices précédant celui-ci, par le commissaire aux comptes, à la personne ou à l'entité dont il est chargé de certifier les comptes, ou, à défaut, le montant des honoraires facturés par le commissaire aux comptes à cette personne ou entité au titre de l'exercice au cours duquel la faute a été commise.

> Pour plus de détails sur la mise en œuvre de cette procédure, voir n° 15620 s.

II. Cessation des fonctions

Nous examinerons successivement les causes de cessation des fonctions (n° 2450 s.) et les modalités de leur mise en œuvre (n° 2645 s.).

2445

A. Causes de cessation des fonctions

Il y a cessation des fonctions lorsque le mandat du commissaire aux comptes connaît une **interruption** qui peut être, selon les circonstances, **provisoire** ou **définitive**. La cessation des fonctions fait perdre au commissaire aux comptes les pouvoirs attachés à sa fonction, mais elle le délivre en contrepartie de ses obligations et interrompt la période au titre de laquelle sa responsabilité peut être engagée.

2450

> La cessation des fonctions ne doit pas être confondue avec l'**ajournement** des diligences, admis lorsque le commissaire n'obtient pas la rémunération de son travail : l'ajournement n'interrompt pas le cours de la mission et ne peut donc être prolongé indéfiniment (voir n° 10345). A fortiori, l'absence de diligences « actives » du commissaire ne saurait, compte tenu du principe de permanence de la mission, exonérer celui-ci de ses obligations et de sa responsabilité.

La cessation des fonctions du commissaire aux comptes peut résulter :
– de l'arrivée du **terme** du mandat pour lequel le commissaire a été nommé (n° 2460 s.) ;
– de l'**extinction de l'obligation** ayant conduit à la nomination du commissaire aux comptes (n° 2470 s.) ;
– de la **récusation** du commissaire aux comptes (n° 2495 s.) ;
– du **relèvement** (révocation) **judiciaire** du commissaire aux comptes (n° 2525 s.) ;
– du **décès** du commissaire aux comptes (n° 2560 s.) ;
– de la **démission** du commissaire aux comptes (n° 2570 s.) ;
– de l'**empêchement** provisoire ou définitif du commissaire aux comptes qui se retrouve dans l'incapacité de mettre en œuvre sa mission (n° 2600 s.) ;

2452

STATUT DU CONTRÔLEUR LÉGAL © Éd. Francis Lefebvre

– pour les entités d'intérêt public, l'atteinte de la **durée cumulée maximale du mandat** et de l'obligation de rotation conformément aux dispositions de l'article L 823-3-1 du Code de commerce (n° 2630).

Arrivée du terme du mandat

2460 Les fonctions des commissaires aux comptes expirent après la réunion de l'assemblée générale ordinaire (ou de l'organe exerçant des fonctions analogues compétent) qui statue sur les comptes du **sixième exercice** (C. com. art. L 823-3, al. 1). Cette durée vaut aussi bien pour les mandats de commissaire titulaire que pour les « mandats » de commissaire suppléant.

Ainsi, les fonctions du commissaire aux comptes nommé à l'occasion de l'assemblée générale examinant les comptes de l'exercice N et se tenant en N + 1 expireront à l'issue de la délibération de l'assemblée générale statuant sur les comptes de l'exercice N + 6, laquelle se tiendra durant l'exercice N + 7 (CNCC Étude juridique « Nomination et cessation des fonctions » – oct. 2018 p. 67).

Compte tenu de la dérogation prévue à l'article L 823-3-2 du Code de commerce et permettant de limiter le mandat du commissaire à trois exercices dans les cas limitativement prévus par cet article (voir n° 2185), les fonctions des commissaires aux comptes peuvent alors expirer après la réunion de l'assemblée générale ordinaire qui statue sur les comptes du troisième exercice.

2462 En cas de **non-renouvellement** du commissaire aux comptes, le commissaire aux comptes dont le mandat vient à expiration doit être, s'il le demande, entendu par l'assemblée ou l'organe compétent (C. com. art. L 823-8). Il en va de même en cas de délibération sur un maintien de mandat qui fait suite à une fusion de sociétés de commissaires aux comptes : l'assemblée de la personne ou de l'entité contrôlée ne peut délibérer pour mettre fin au mandat du commissaire aux comptes de la société absorbante qu'**après l'avoir entendu** (C. com. art. L 823-5 in fine).

L'article L 823-8 du Code de commerce précise que la faculté ouverte au commissaire aux comptes d'être entendu par l'assemblée ou l'organe compétent s'applique sous réserve des dispositions de l'article L 822-14, qui prévoit la rotation des associés signataires. On peut s'interroger sur la portée de cette précision dans la mesure où le calendrier de la rotation, notamment lorsque le titulaire est une société, n'est pas calqué sur le calendrier du mandat. Quel que soit le mode d'exercice du commissaire aux comptes, il peut paraître regrettable de le priver du droit d'être entendu à sa demande par l'assemblée générale ou l'organe délibérant au simple motif que l'échéance de son mandat coïncide avec son obligation de se retirer pour se conformer à l'article L 822-14 : le non-renouvellement peut en effet avoir une origine parfaitement étrangère à la mise en œuvre de cette obligation.

Le non-renouvellement du mandat venu à expiration n'a toutefois pas à être motivé et la loi n'impose aucun libellé précis des résolutions constatant le changement de commissaire (Rép. Fouqueteau : Bull. CNCC n° 27-1977 p. 370).

Extinction de l'obligation

2470 Il y a extinction de l'obligation lorsque la situation de la société évolue de telle manière que la nomination du ou des commissaires aux comptes cesse de présenter un caractère obligatoire.

Il est à noter que la question de la cessation des fonctions du commissaire aux comptes ne se pose pas en cas de nomination volontaire du commissaire aux comptes : celui-ci est alors nommé pour une durée de six exercices, voire trois exercices dans les cas limitativement prévus par l'article L 823-3-2 du Code de commerce (voir n° 2185), et il n'est pas dans le pouvoir de l'entité contrôlée de mettre prématurément fin à ce mandat.

Nous examinons ci-après la conséquence qui doit être tirée, selon la doctrine actuelle de la CNCC, de l'extinction de l'obligation de nommer un contrôleur légal.

2472 La **transformation d'une société** obligatoirement dotée d'un commissaire aux comptes en société qui ne serait pas astreinte au contrôle légal entraîne immédiatement la cessation des fonctions du commissaire aux comptes (position conforme à celle retenue par la Chancellerie – Rép. min. : JO Déb. AN 3-10-1972 p. 3874 ; in Bull. CNCC n° 8-1972 p. 467 ; Bull. CNCC n° 156-2009 p. 705).

Cependant, rien n'empêche l'assemblée générale de décider du maintien de la mission du commissaire aux comptes dans la nouvelle forme juridique de société qui n'y serait pas tenue légalement : voir n° 60124.

134

STATUT DU CONTRÔLEUR LÉGAL

La **disparition de la personne morale** contrôlée met également fin au mandat du commissaire aux comptes.

Il en est ainsi :

1. En application des dispositions de l'**article 1844-7 du Code civil** lorsque la société prend fin :
– par l'expiration du temps pour lequel elle a été constituée, sauf prorogation effectuée conformément à l'article 1844-6 ;
– par la réalisation ou l'extinction de son objet ;
– par l'annulation du contrat de société ;
– par la dissolution anticipée décidée par les associés ;
– par la dissolution anticipée prononcée par le tribunal à la demande d'un associé pour justes motifs, notamment en cas d'inexécution de ses obligations par un associé, ou de mésentente entre associés paralysant le fonctionnement de la société ;
– par la dissolution anticipée prononcée par le tribunal dans le cas prévu à l'article 1844-5 ;
– par l'effet d'un jugement ordonnant la clôture de la liquidation judiciaire pour insuffisance d'actif (disposition introduite par l'ordonnance du 12 mars 2014) : voir n° 2475 ;
– pour toute autre cause prévue par les statuts.

2. En cas de **fusion, par confusion de patrimoine ou absorption**, de la société contrôlée.

En cas de fusion, la société absorbée est dissoute sans liquidation, conformément à l'article L 236-3, I du Code de commerce, et le mandat du commissaire aux comptes de la société absorbée prend fin soit à la date de la dernière assemblée votant le projet de fusion, si celui-ci a un effet immédiat ou rétroactif, soit à la date retenue par les assemblées, si l'effet de la fusion est reporté (CNCC, Étude juridique, « Nomination et cessation des fonctions du commissaire aux comptes », oct. 2008 n° 303).

En cas de confusion de patrimoine relevant de l'article 1844-5 du Code civil, la mission du commissaire aux comptes prend fin à l'expiration du délai d'opposition des créanciers qui est de 30 jours à compter de la publication de la décision de dissolution (Bull. CNCC n° 148-2007 p. 620 et n° 139-2005 p. 500).

2474

En cas de procédure de **liquidation judiciaire** (C. com. art. L 640-1 s.), la Chancellerie a considéré, dans un courrier adressé à la CNCC le 10 février 2009, que, sur le fondement des dispositions de l'article L 641-3, al. 3, cette procédure avait pour effet de mettre fin au mandat du commissaire aux comptes sauf dans le cas du maintien provisoire de l'activité autorisée par le tribunal. Cette interprétation est remise en cause par la modification de l'article 1844-7, 7° du Code civil intervenue à la suite de l'ordonnance du 12 mars 2014, aux termes de laquelle la société prend fin seulement par l'effet du jugement prononçant la clôture de la liquidation pour insuffisance d'actif et non plus dès l'ouverture de la procédure de liquidation judiciaire.

Prenant acte de cette modification, l'ordonnance 2014-1088 du 26 septembre 2014, complétant l'ordonnance 2014-326 du 12 mars 2014, a modifié l'article L 641-3 du Code de commerce afin de tirer les conséquences de la survivance de la personnalité morale d'une société jusqu'à la clôture de la liquidation judiciaire pour insuffisance d'actif au regard des obligations en matière d'arrêté et d'approbation des comptes annuels résultant du livre II du Code de commerce. La nouvelle rédaction de l'article L 641-3, applicable depuis le 28 septembre 2014, précise que les obligations en la matière incombent aux dirigeants de la personne morale débitrice et prévoit la désignation d'un mandataire ad hoc à la demande du liquidateur pour pallier l'inaction des dirigeants. Compte tenu de ces évolutions, il convient de considérer que **le mandat** du commissaire aux comptes **se poursuit jusqu'à la fin des opérations de liquidation** (Bull. CNCC n° 178-2015 p. 300 - EJ 2014-94 et EJ 2015-05).

Toutefois, les difficultés financières rencontrées par la société peuvent avoir pour conséquence l'impossibilité de rémunérer le commissaire aux comptes. Celui-ci se retrouve alors dans une situation d'empêchement pouvant conduire à la cessation de ses fonctions (voir n°s 10330 s.).

2475

Dans le régime de la **liquidation amiable**, la dissolution de la société ne met pas fin aux fonctions du commissaire aux comptes sauf si les statuts ou les associés, par convention expresse, ont prévu la cessation des fonctions du commissaire aux comptes au jour de la dissolution (Bull. CNCC n° 104 p. 544 et CNCC, Étude juridique « Nomination et cessation des fonctions du commissaire aux comptes », oct. 2008 n°s 305 s.).

Il en est de même s'agissant d'une **liquidation par décision de justice** dans les conditions définies à l'article L 237-14 du Code de commerce : la dissolution de la société ne met pas fin aux fonctions du commissaire aux comptes (C. com. art. L 237-16).

2476

STATUT DU CONTRÔLEUR LÉGAL © Éd. Francis Lefebvre

Son mandat peut être renouvelé durant la période de liquidation. Il ne prend fin qu'à l'issue des opérations de liquidation (Bull. CNCC n° 104 p. 544 et CNCC, Étude juridique « Nomination et cessation des fonctions du commissaire aux comptes », oct. 2008 n°s 305 s.).

2477 Selon la CNCC, le **transfert du siège social** d'une société par actions dans un autre État membre de l'Union européenne emporte la cessation du mandat du commissaire aux comptes à la date effective dudit transfert, à savoir la date d'immatriculation dans le nouvel État et de radiation en France (Bull. CNCC n° 172-2013 – EJ 2013-12).

La CNCC considère également que le mandat du commissaire aux comptes cesse à la date effective du transfert du siège social d'une société européenne dans un autre État membre de l'Union européenne (Bull. CNCC n° 172-2013 – EJ 2013-05).

2480 La mise sous **sauvegarde** ou en **redressement judiciaire de la société contrôlée** ne met pas un terme à la mission du commissaire aux comptes. Toutefois, les difficultés financières rencontrées par la société peuvent avoir pour conséquence l'impossibilité de rémunérer le commissaire aux comptes. Celui-ci se retrouve alors dans une situation d'empêchement pouvant conduire à la cessation de ses fonctions (voir n°s 10330 s.).

2485 Selon la doctrine de la CNCC, lorsqu'une entité soumise au contrôle légal du fait du **franchissement des seuils fixés par les textes légaux et réglementaires** passe en deçà de ces seuils, la durée du mandat ne peut être affectée **s'il n'existe pas sur ce point de dispositions légales spécifiques**.

Ainsi, en l'absence de texte, le commissaire aux comptes nommé dans une **association** recevant des subventions publiques ayant reçu temporairement un montant de subventions supérieur à 153 000 euros doit-il rester en fonctions jusqu'à l'échéance normale de la mission (Bull. CNCC n° 91-1993 p. 316 et CNCC, Étude juridique « Nomination et cessation des fonctions du commissaire aux comptes », oct. 2008 n° 289).

Sur le principe de nomination d'un commissaire aux comptes dans les associations, voir n° 1870 s.

S'agissant des **personnes morales de droit privé non commerçantes ayant une activité économique**, l'organe délibérant appelé à statuer sur les comptes annuels peut mettre fin à la mission du commissaire aux comptes lorsque, durant deux exercices successifs, les seuils rendant obligatoire la nomination d'un commissaire aux comptes n'ont pas été dépassés (C. com. art. R 612-1 et Courrier Chancellerie du 24-12-2008 publié dans le Bull. CNCC n° 155 – sept. 2009 p. 490 s.).

Le même principe est applicable aux sociétés coopératives agricoles en vertu de l'article R 524-22-1 du Code rural et de la pêche maritime.

Enfin, dans les **sociétés en nom collectif, sociétés à responsabilité limitée, sociétés par actions simplifiées** et, depuis l'entrée en vigueur de la loi 2019-486 du 22 mai 2019, dite Pacte, dans les **sociétés anonymes et les sociétés en commandite par actions**, les textes réglementaires disposent que la société n'est plus tenue de désigner un commissaire aux comptes dès lors qu'elle n'a pas dépassé les seuils fixés pour deux des trois critères pendant les deux exercices précédant l'expiration du « mandat » du commissaire aux comptes (C. com. art. D 221-5, D 223-27, D 225-164-1 et D 227-1 issus du décret 2019-514 du 24-5-2019) : il en résulte que la seule possibilité de suppression du contrôle légal est le non-renouvellement du mandat à son échéance normale, et ce, quelle que soit la date de franchissement à la baisse des seuils rendant obligatoire la nomination (en ce sens, Bull. CNCC n° 129-2003 p. 170). Au cas particulier, on est donc ramené par le texte, d'une manière fortuite, à la neutralité du franchissement de seuils à la baisse en cours de mandat, qui aurait prévalu en l'absence de disposition spécifique.

Interprétée à la lettre, la précision apportée par les articles précités aboutit même à une situation plus contraignante que le droit commun pour les sociétés concernées, puisqu'en cas de franchissement du seuil à la baisse intervenant seulement sur le dernier exercice du mandat, le renouvellement s'impose pour une nouvelle durée de six exercices.

On en conclut que le passage sous les seuils fixés par le décret 2019-514 du 24 mai 2019 pour la désignation d'un commissaire aux comptes dans les sociétés commerciales ne saurait entraîner la caducité du mandat en cours du commissaire aux comptes.

Selon la doctrine CNCC qui avait précédemment été retenue dans le cadre de la mise en œuvre des seuils introduits par la loi LME de 2008 pour les SAS, l'entrée en vigueur de l'article L 227-9-1 du Code de commerce n'entraînait pas, dans les SAS en dessous des seuils fixés par le décret et dotées d'un commissaire aux comptes, la caducité de la mission du commissaire aux comptes, ni la possibilité pour la société de mettre fin de façon anticipée à sa mission. Il en est donc de même concernant l'entrée

136

en application des nouveaux seuils fixés pour les sociétés commerciales par le décret 2019-514 du 24 mai 2019 en application de la loi dite Pacte.

Ainsi, en cas de démission simultanée du commissaire aux comptes titulaire et du suppléant en cours de mandat dans une SAS en dessous des seuils de nomination du commissaire aux comptes, il est nécessaire de procéder à la nomination d'un titulaire et d'un suppléant remplaçants pour la durée du mandat restant à courir, c'est-à-dire jusqu'à l'expiration du mandat des démissionnaires (Bull. CNCC nº 155-009 p. 608).

Cette doctrine est confirmée par un arrêt rendu par la chambre commerciale de la Cour de cassation (Cass. com. 6-11-2012 nº 11-30.648 : RJDA 1/13 nº 47).

Cet arrêt a été rendu dans les circonstances suivantes : le 1er janvier 2009 une SARL s'est transformée en SAS et a nommé un commissaire aux comptes, ignorant qu'elle n'en avait pas l'obligation compte tenu du nouveau dispositif de la loi LME (voir supra). À la demande du président de la société, le commissaire aux comptes titulaire et son suppléant ont donné par la suite leur démission avec un effet rétroactif au 1er janvier 2009. La société a alors demandé la suppression de leur inscription au registre du commerce et des sociétés et la cour d'appel leur a donné satisfaction.

La Cour de cassation a cassé l'arrêt d'appel en rappelant au visa des articles L 820-1 et L 823-3 du Code de commerce que, quel que soit le mode de nomination du commissaire aux comptes, volontaire ou obligatoire, quelle que soit la personne ou l'entité auprès de laquelle il intervient, le commissaire aux comptes est nommé pour une durée légale de six exercices et qu'il ne peut être procédé à sa radiation du registre du commerce et des sociétés qu'à condition de le remplacer pour la durée du mandat restant à courir, c'est-à-dire jusqu'à la délibération de l'assemblée générale appelée à statuer sur les comptes du sixième exercice (voir note Ph. Merle, Bull. CNCC nº 168-2012).

Une réponse ministérielle du 15 septembre 2009 (Bull. CNCC nº 156 – décembre 2009) confirme également que la question du sort des mandats en cours des commissaires aux comptes des sociétés par actions simplifiées à la date d'entrée en vigueur des dispositions de la LME, qui figurent à l'article L 227-9-1 du Code de commerce, trouve une réponse dans les dispositions de l'article L 823-3 du Code de commerce qui fixent à six exercices la durée du mandat des commissaires aux comptes.

En conséquence, en dehors des cas de dérogation prévus à l'article L 823-3-2 du Code de commerce (voir nº 2185), la durée du mandat fixée à six exercices par l'article L 823-3 du Code de commerce est impérative et les dispositions nouvelles n'ouvrent pas la possibilité de mettre fin de manière anticipée aux mandats en cours.

Sur le sort du mandat Alpe de trois exercices en cas de dépassement des seuils propres à une entité, voir nº 47210.

2488 La **disparition de l'obligation de publier des comptes consolidés** ne met pas un terme au mandat du second commissaire aux comptes, mandat qui doit être poursuivi jusqu'à son échéance.

Récusation

2495 **Définition et champ d'application** La récusation est un acte consistant à **refuser** la désignation d'un commissaire aux comptes qui a été nommé.

La récusation d'un commissaire aux comptes ne peut pas être décidée par les organes sociaux ; elle ne peut résulter que d'une **décision judiciaire**. La procédure est fixée par l'article L 823-6 du Code de commerce.

Le texte de l'article L 823-6 du Code de commerce ne précisant pas que les commissaires aux comptes visés sont ceux désignés par l'assemblée, la récusation peut concerner tous les commissaires aux comptes nommés dans tout type de personne ou d'entité, même ceux nommés dans une décision judiciaire (CNCC, Étude juridique « Nomination et cessation des fonctions du commissaire aux comptes », oct. 2008 nº 244).

La procédure de récusation est applicable dans toutes les personnes ou entités, que le commissaire ait été nommé à titre facultatif ou obligatoire.

2500 **Personnes habilitées à demander la récusation** La loi définit strictement et limitativement les personnes qui peuvent demander en justice la révocation du commissaire aux comptes désigné par l'assemblée. Il s'agit (C. com. art. L 823-6) :
– d'un ou de plusieurs actionnaires ou associés représentant au moins 5 % du capital social ;
– du comité d'entreprise (dorénavant le comité social et économique) ;
– du ministère public ;
– dans les personnes ou entités dont les titres financiers sont admis aux négociations sur un marché réglementé, de l'Autorité des marchés financiers ;

STATUT DU CONTRÔLEUR LÉGAL © Éd. Francis Lefebvre

– dans les personnes autres que les sociétés commerciales, des membres de l'assemblée générale ou de l'organe compétent pour autant qu'ils représentent le cinquième de la totalité desdits membres.

Il peut s'agir également des associations d'actionnaires répondant aux conditions fixées à l'article L 22-10-44 du Code de commerce (regroupement d'actionnaires justifiant d'une inscription nominative depuis au moins deux ans et détenant ensemble au moins 5 % des droits de vote), dans les sociétés dont les actions sont admises aux négociations sur un marché réglementé (C. com. art. L 22-10-67 nouveau à compter du 1-1-2021 à la suite de la nouvelle codification introduite par l'ordonnance 2020-1142 du 16-9-2020 et de l'abrogation de l'ancien article L 225-230).

2502 **Conditions de mise en œuvre** L'article L 823-6 du Code de commerce prévoit qu'un commissaire aux comptes ne peut être révoqué que pour « juste motif ».

2505 Pour la cour d'appel de Paris, la récusation ne pourrait être motivée que par des événements « permettant de suspecter sérieusement la compétence du commissaire, son honorabilité, son impartialité ou son indépendance à l'égard de la majorité qui l'a désigné » (CA Paris 11-7-1969 : D. 1969 p. 517 note A. Dalsace ; JCP éd. G. 1969, II, 16081 note Y. Guyon ; Rev. soc. 1969, 214 note J. H. ; GP 1969.2.128).

Il est impossible de donner une liste exhaustive de « justes motifs ». C'est une notion qui est laissée à l'appréciation souveraine des juges du fond. Par exemple, il a été jugé (CA Colmar 23-2-1983 : Rev. soc. 1983, 583 note J. G.) que le fait pour un commissaire aux comptes d'avoir, antérieurement à sa nomination, exercé des fonctions de conseiller de la société et, à ce titre, d'avoir assisté le président de cette société lors d'un conflit qu'il avait avec un actionnaire minoritaire ne constitue pas un motif suffisant de récusation dès lors que l'intéressé n'a jamais transgressé son rôle de conseiller technique et qu'il n'existe aucune preuve objective permettant de douter de son indépendance et de son impartialité. Ce jugement de 1983 doit cependant être apprécié au regard des textes applicables à cette date et ne préjuge pas de la position qui serait aujourd'hui retenue au regard de l'évolution des règles en matière de déontologie et d'indépendance.

2507 Une **divergence d'appréciation** sur un traitement comptable ou sur une procédure de contrôle ne peut constituer un motif fondé de récusation (C. com. art. L 823-6, al. 3).

Cette précision a été apportée par l'ordonnance 2016-315 du 17 mars 2016 qui a transposé en droit français la directive 2014/56/UE du 16 avril 2014.

2510 **Procédure** L'article L 823-6 du Code de commerce est complété par l'article R 823-5 du Code de commerce qui prévoit que la demande de récusation d'un commissaire aux comptes doit être portée devant le **tribunal de commerce** qui statuera selon la procédure accélérée au fond si la demande est introduite à compter du 1er janvier 2020 et non plus en la forme des référés (C. com. art. R 823-5 modifié par le décret 2019-1419 du 20-12-2019 relatif à la procédure accélérée au fond devant les juridictions judiciaires).

Il a été jugé que le tribunal du siège social de la personne morale contrôlée est compétent (Cass. com. 24-3-1998 n° 800 P : RJDA 6/98 n° 735).

2512 La **demande de récusation** doit être formée contre le commissaire aux comptes et la société. Elle doit être présentée dans les trente jours de sa désignation. Ce **bref délai** court à compter de la tenue de l'organe qui a désigné le commissaire aux comptes contre lequel la récusation est demandée.

Lorsque la demande émane du procureur de la République, elle est présentée par requête ; lorsqu'elle émane de l'Autorité des marchés financiers, elle est faite par lettre recommandée avec demande d'avis de réception.

2514 Le **délai d'appel** est de quinze jours. L'appel est formé et jugé selon les règles applicables à la procédure prévue à l'article 905 du Code de procédure civile ou à la procédure à jour fixe.

2518 **Effets de la récusation** L'article L 823-6, alinéa 4 du Code de commerce prévoit que, s'il est fait droit à la demande de récusation, un **nouveau commissaire** aux comptes est **désigné en justice**. Son mandat s'achève avec l'entrée en fonctions du commissaire aux comptes qui sera désigné par l'assemblée ou l'organe compétent.

On remarque qu'il n'est donc pas fait ici appel au suppléant même si, a priori, rien n'empêche qu'il soit par la suite désigné par l'assemblée générale comme titulaire.

138

Relèvement judiciaire

Terminologie et champ d'application Contrairement à la récusation qui doit intervenir dans un délai très court après la nomination, le relèvement judiciaire peut être intenté à toute époque du mandat du commissaire aux comptes.

2525

> Depuis la loi 84-148 du 1er mars 1984, la procédure de « relèvement judiciaire des fonctions » a remplacé celle de la révocation, qui était auparavant une prérogative directe de l'assemblée des actionnaires. Bien que l'ancien terme « révocation » soit toujours employé, tant dans la jurisprudence que par les auteurs, il désigne désormais une procédure exclusivement judiciaire.

Conditions de mise en œuvre Les commissaires aux comptes peuvent être relevés de leurs fonctions par décision judiciaire en cas de **faute** ou d'**empêchement** (C. com. art. L 823-7).

2528

1. Faute. Le juge peut prononcer le relèvement s'il est avéré que le commissaire aux comptes a commis une faute.

2530

Selon la jurisprudence, la faute peut s'entendre de toute **défaillance** du commissaire aux comptes dans l'exécution de ses **devoirs professionnels**. Le commissaire commet une faute lorsqu'il n'exécute pas, ou exécute mal, la mission qui lui a été confiée.

> La CNCC synthétise l'abondante jurisprudence rendue sur le sujet en observant que deux sortes de griefs, diamétralement opposés, sont formulées à l'encontre de commissaires aux comptes :
> – tantôt, et le plus souvent, leur est reprochée une **carence** dans l'accomplissement de leurs devoirs professionnels ;
> – tantôt, plus exceptionnellement, c'est un **excès de zèle** dans l'exécution de leurs tâches qui leur est reproché (CNCC, Études juridiques, « Nomination et cessation des fonctions du commissaire aux comptes », oct. 2008 n° 258).
> Un arrêt de la cour d'appel de Limoges est venu préciser que la relève de fonctions suppose une faute de nature à remettre en cause la crédibilité du commissaire aux comptes (CA Limoges 6-10-2005 : Bull. Joly 2006, § 92).

Trois arrêts rendus par la cour d'appel de Versailles le 17 novembre 2011 subordonnent le relèvement des fonctions du commissaire aux comptes à des conditions strictes : les magistrats exigent en effet que la faute présente des caractères particuliers permettant de la distinguer d'une faute engageant uniquement la responsabilité civile professionnelle. Concrètement, il en résulte que de simples erreurs d'appréciation ne sauraient justifier un relèvement. Pour la cour d'appel, comme pour les juges de première instance, l'indépendance requise du commissaire aux comptes implique qu'il est maintenu en fonctions pendant toute la durée de son mandat. Il en résulte que le relèvement ne peut être judiciairement ordonné que si une **faute suffisamment grave** a été commise (voir note Ph. Merle, Bull. CNCC n° 165-2012).

2531

Le succès de l'action en relèvement des fonctions, qui permet de mettre un terme à la mission du commissaire aux comptes avant son expiration normale, suppose que soit rapportée la **preuve** d'une faute suffisamment grave, qui peut être une faute commise de mauvaise foi, un manquement délibéré à ses obligations ou une incurie. Dans une affaire où un comptable adoptait un mode opératoire habile pour détourner des fonds alliant aux faibles montants unitaires des détournements ainsi que leurs montants globaux au regard du volume d'affaires de la société, le tribunal de commerce de Paris a statué que ces irrégularités pouvaient échapper au commissaire aux comptes lors de ses sondages. Dans le cas d'espèce, il a donc jugé qu'il n'y avait pas de « faute grave » susceptible de justifier le relèvement du commissaire aux comptes (T. com. Paris 1re ch. 24-10-2020 : Bull. CNCC n° 201-2021 note Ph. Merle).

La preuve de la **mauvaise foi** du commissaire aux comptes n'a pas à être obligatoirement rapportée pour que le juge puisse conclure à la faute. En fait, elle ne semble nécessaire que dans le cas où la demande est fondée sur l'abus commis par le commissaire aux comptes dans l'exercice de ses prérogatives légales (voir note Ph. Merle, sous CA Paris 19-2-1993 : Bull. CNCC n° 95-1994 p. 569).

2532

> L'arrêt précité de la cour d'appel de Limoges précise que la faute de nature à remettre en cause la crédibilité du professionnel peut résulter soit de la mauvaise foi, soit d'un manquement délibéré aux obligations légales et réglementaires, soit enfin de l'incurie du professionnel.

A été considéré, par **exemple**, comme ayant commis une **faute justifiant son relèvement** le commissaire aux comptes qui :
– a, dans diverses démarches (mise en œuvre injustifiée de la procédure d'alerte, envoi de nombreuses lettres au procureur de la République qui ont été classées sans suite,

2535

STATUT DU CONTRÔLEUR LÉGAL © Éd. Francis Lefebvre

refus d'établir le rapport spécial requis pour la transformation de la société), fait preuve de mauvaise foi (Cass. com. 14-11-1995 n° 1902 P : RJDA 2/96 n° 235 ; Bull. CNCC n° 101-1996 p. 99, Ph. Merle) ;

– s'est rendu responsable d'un défaut d'objectivité en envoyant à la société contrôlée une lettre faisant état de rumeurs visant son président sans en préciser la nature et l'origine ; de tels propos, de nature à jeter le discrédit sur le dirigeant de la société, ont été jugés comme incompatibles avec la poursuite de relations professionnelles impliquant la confiance réciproque (CA Paris 25-2-1998 n° 97-20.158 : Bull. CNCC n° 112-1998 p. 440, Ph. Merle) ;

– s'est prêté, en toute connaissance de cause, à une manœuvre ayant permis à une société concurrente de devenir actionnaire de la société dont il vérifiait les comptes (CA Paris 26-5-1976 : Bull. CNCC n° 22-1976 p. 175) ;

– s'est immiscé sciemment dans la gestion de l'entreprise contrôlée (Cass. com. 18-10-1994 n° 1949 P : Bull. CNCC n° 97-1995 p. 78, Ph. Merle ; Bull. Joly 1994 p. 1305, J.-F. Barbiéri ; PA 7-6-1995 n° 68 p. 25, note M.-J. Coffy de Boisdeffre ; PA 21-6-1995 n° 74 p. 31, F. Pasqualini et V. Pasqualini-Salerno) ;

– a choisi comme associé de sa société d'expertise comptable le directeur administratif de la société contrôlée, à l'insu des actionnaires et dirigeants de celle-ci, manquant ainsi à son obligation d'indépendance (T. com. Paris 17-2-1999 : RJDA 7/99 n° 790).

2538 En revanche, la **faute n'est pas caractérisée** lorsque le commissaire ajourne ses diligences pour insuffisance ou non-paiement de ses honoraires (voir n° 2574 et 2620).

Ces circonstances ne constituent pas un motif de relèvement du commissaire ou de mise en cause de sa responsabilité professionnelle (T. com. Paris, ord. réf. 7-10-1986 : Bull. CNCC n° 64-1986 p. 422, E. du Pontavice ; GP 1986, 2, jur. p. 768, J.-P. Marchi ; TI Saint-Pierre-et-Miquelon, ord. réf. 19-11-1991 : Bull. CNCC n° 87-1992 p. 46, E. du Pontavice).

2545 **2. Empêchement**. Le juge peut prononcer le relèvement du commissaire aux comptes lorsqu'il constate que ce dernier se trouve dans une situation d'empêchement, situation qui ne doit pas être assimilée à celle pouvant résulter d'une entrave à la mission (voir n° 2600 s.).

2548 **Personnes habilitées à demander le relèvement** La demande de relèvement peut être formulée (C. com. art. L 823-7) :

– par l'organe collégial, chargé de l'administration ;
– par l'organe chargé de la direction ;
– par le comité d'entreprise (dorénavant le comité social et économique) ;
– par un ou plusieurs actionnaires ou associés représentant au moins 5 % du capital social ;
– par le ministère public ;
– dans les personnes et entités dont les titres financiers sont admis aux négociations sur un marché réglementé, par l'Autorité des marchés financiers ;
– dans les entités soumises au contrôle de l'Autorité de contrôle prudentiel et de résolution, par cette dernière (C. mon. fin. art. L 612-45) ;
– par l'Agence nationale de contrôle du logement social pour les entités soumises à son contrôle (CCH art. L 342-8) ;
– dans les personnes autres que les sociétés commerciales, par les membres de l'assemblée générale ou de l'organe compétent pour autant qu'ils représentent le cinquième de la totalité desdits membres.

Dans les sociétés dont les actions sont admises aux négociations sur un marché réglementé, elle peut être également formulée par les associations d'actionnaires répondant aux conditions fixées à l'article L 22-10-44 du Code de commerce, à savoir le regroupement d'actionnaires justifiant d'une inscription nominative depuis au moins deux ans et détenant ensemble au moins 5 % des droits de vote (C. com. art. L 22-10-70 nouveau à compter du 1-1-2021 à la suite de la nouvelle codification introduite par l'ordonnance 2020-1142 du 16-9-2020 et de l'abrogation de l'ancien article L 225-233).

Cette habilitation ne confère pas pour autant la personnalité morale et le droit d'agir procédural à une entité qui n'en dispose pas.

Ainsi, sur la question de savoir si le conseil d'administration peut lui-même intenter l'action, deux interprétations de l'article L 823-7 sont possibles. Selon la première, adoptée par la cour d'appel de Versailles dans un arrêt du 2 mai 2002, l'article précité accorde à des organes des sociétés anonymes non dotés de la personnalité morale le droit de solliciter le relèvement judiciaire des commissaires aux comptes de leurs fonctions. Selon la seconde interprétation, adoptée par la Cour de cassation dans un arrêt du 3 octobre 2006 confirmant la décision de la cour d'appel de Toulouse du 13 janvier 2005, l'article L 823-7 ne confère pas le droit d'agir en justice au conseil d'administration, qui n'est pas doté de la personnalité morale. Le conseil a seulement qualité pour décider du relèvement et doit agir par l'intermédiaire du représentant légal de la société. À défaut, l'acte introductif d'instance est nul en application de l'article 117 du CPC et la nullité, qui n'est pas susceptible de régularisation, vice l'intégralité de la procédure (Cass. com. 3-10-2006 n° 1098 FPB : Bull. Joly Sociétés 2007 p. 33 ; CA Toulouse 13-1-2005 : Bull. CNCC n° 136-2005 p. 693, Ph. Merle). C'est également en ce sens que s'est prononcée la CNCC (« La nomination et la cessation des fonctions du commissaire aux comptes » : éd. CNCC, Coll. Études juridiques, oct. 2008 p. 75 n° 273).

Par ailleurs, dans un arrêt du 10 février 2015, la chambre commerciale de la Cour de cassation a consacré le principe que l'action en relèvement des fonctions du commissaire aux comptes était irrecevable si elle était délivrée par la société prise en la personne de son directeur général et président, l'entité contrôlée n'ayant pas qualité pour demander le relèvement aux termes de l'article L 823-7 du Code de commerce (Cass. com. 10-2-2015 n° 13-24.312 : RJDA 6/15 n° 438 ; Bull. CNCC n° 178-2015 p. 275, Ph. Merle).

Procédure

2550

L'article L 823-7 du Code de commerce est complété par les dispositions de l'article R 823-5 du Code de commerce qui prévoient que le tribunal de commerce est compétent pour connaître des actions en relèvement. Il statue selon la procédure accélérée au fond pour les demandes à compter du 1er janvier 2020 et non plus en la forme des référés (C. com. art. R 823-5 modifié par le décret 2019-1419 du 20-12-2019 relatif à la procédure accélérée au fond devant les juridictions judiciaires).

Il a été jugé que le tribunal du siège social de la personne morale contrôlée est compétent (Cass. com. 24-3-1998 n° 800 P : RJDA 6/98 n° 735 ; Bull. CNCC n° 110-1998 p. 198, Ph. Merle).

Lorsque la demande émane du procureur de la République, elle est faite par requête. Lorsqu'elle émane de l'Autorité des marchés financiers ou de l'Autorité de contrôle prudentiel et de résolution, elle est faite par lettre recommandée avec demande d'avis de réception.

Aucun mode de saisine particulier n'étant invoqué par les demandeurs autres que ceux évoqués précédemment, il convient de se référer aux règles de droit commun.

Une association qui avait demandé par lettre au TGI la récusation de son commissaire aux comptes a ainsi été déboutée de sa demande au motif qu'en l'espèce il s'agissait d'une action en relèvement qui, en application de l'article 485 du Code de procédure civile, aurait dû être portée par voie d'assignation (TGI Lille 27-8-2004 : Bull. CNCC n° 135 p. 530).

Le **délai d'appel** contre le jugement rendu selon la procédure accélérée au fond est de quinze jours à compter de sa signification.

2552

Effet du relèvement judiciaire

2554

Si un commissaire aux comptes suppléant a été désigné (voir n° 2129), ce dernier remplace le commissaire aux comptes relevé (C. com. art. R 823-5, al. 4) pour la durée de mandat restant à courir et un nouveau suppléant est nommé pour la durée de mandat restant à courir du suppléant devenu titulaire.

Résiliation en application d'une clause d'un cahier des charges

2555

Les cahiers des charges liés à des procédures d'appel d'offres comprennent le plus souvent une clause permettant au pouvoir adjudicateur de résilier le marché pour faute du commissaire aux comptes sans se soumettre à la procédure de relèvement. Cette clause de résiliation est à notre avis inopposable aux commissaires aux comptes car elle est incompatible avec les règles impératives régissant leur profession. La durée du mandat est impérativement fixée à six exercices (C. com. art. L 823-3, al. 1) afin qu'ils puissent bien connaître l'entité et être assurés d'une certaine stabilité, ce qui doit leur permettre d'assurer un contrôle efficace. En cas de faute du contrôleur légal des comptes, la seule procédure qui est applicable pour mettre fin de façon anticipée à son mandat est celle du relèvement des fonctions exercée devant une juridiction judiciaire (voir n°s 2525 s.). Elle seule permet d'assurer l'indépendance du commissaire aux comptes. La cour administrative d'appel de Nantes s'est prononcée en sens contraire mais cet arrêt a été cassé par le Conseil d'État qui affirme que la juridiction du second degré a commis une « erreur de droit » en faisant prévaloir des stipulations contractuelles sur les dispositions impératives des articles L 820-1 et L 823-7 du Code de commerce (CAA Nantes 5-10-2016 n° 14NT02049 ; CE 6-12-2017 n° 405651, Sté GPE : RJDA 3/18 n° 230).

Cet arrêt du Conseil d'État renforce l'indépendance du commissaire aux comptes, et affirme implicitement le caractère légal de sa mission. Peu importe les clauses contenues dans le cahier des charges, fussent-elles signées par le commissaire aux comptes, l'entité ne peut résilier pour faute un marché et seule la procédure de relèvement visée à l'article L 823-7 du Code de commerce s'applique (Bull. Joly 2018 p. 43 note Ph. Merle ; Bull. CNCC n° 188-2017 p. 523 note Ph. Merle).

STATUT DU CONTRÔLEUR LÉGAL © Éd. Francis Lefebvre

Plus récemment, un arrêt de la cour administrative d'appel de Nancy a également considéré que lorsqu'un établissement public de santé attribuait un marché ayant pour objet de confier une mission de certification des comptes à un commissaire aux comptes qui exerce ses prestations dans les conditions prévues par le titre II du livre VIII du Code de commerce, il ne pouvait résilier pour faute un tel marché, quelles qu'en soient les clauses, sans une intervention préalable de la décision du tribunal de commerce prononçant le relèvement de ce commissaire aux comptes selon la procédure fixée aux articles L 823-7 et R 823-5 du Code de commerce (CAA Nancy 23-7-2020 n° 19NC00367 4e ch. : Bull. CNCC n° 200-2020 ; voir aussi note Ph. Merle publiée sur le site internet de la CNCC le 15-10-2020).

Dans le cas d'espèce, l'arrêt a retenu que le commissaire aux comptes, dont le mandat avait été irrégulièrement résilié avait été privé d'une chance sérieuse d'exécuter le marché litigieux jusqu'à son terme et avait droit à être indemnisé du manque à gagner qu'il avait subi. La résiliation du marché litigieux, qui était nécessairement connue dans une ville d'environ 71 000 habitants où les hôpitaux civils constituent l'un des principaux employeurs, étant de nature à porter atteinte à la réputation de la société de commissariat aux comptes, la cour administrative d'appel lui a alloué la somme de 2 000 euros.

Décès

2560 Le décès du commissaire aux comptes titulaire entraîne ipso facto l'**investiture** du commissaire aux comptes **suppléant** (CA Paris 21-1-1977 : Rev. soc. 1977, 501, P. Mabilat).

Sur les modalités de succession du commissaire aux comptes suppléant, voir n° 2662.

Démission

2570 Le commissaire aux comptes exerce sa mission jusqu'à son terme normal. Il a cependant en principe le **droit de démissionner** : ce droit constituant une prérogative inaliénable au regard du principe d'indépendance.

Toutefois, le motif de convenance personnelle n'a pas été repris dans l'article 19 du Code de déontologie devenu article 28 depuis le décret 2020-292 du 21 mars 2020. Le commissaire aux comptes ne peut qu'invoquer un des motifs énumérés par l'article 28 du Code : pour ne pas contrevenir aux obligations d'honneur et de probité, la démission doit donc remplir des conditions de fond et de forme.

L'article 28 conforte la position doctrinale de la CNCC selon laquelle le commissaire aux comptes ne peut démissionner de ses fonctions au seul motif que le groupe dans lequel il intervient souhaite nommer un auditeur pour l'ensemble de ses structures et que le fait d'accepter en contrepartie une indemnité de dédommagement ne ferait qu'aggraver sa situation si des poursuites étaient intentées.

2572 **Conditions de fond** Les conditions de fond à respecter pour la démission sont précisées par le même article du Code de déontologie de la profession :
– peuvent constituer des **motifs légitimes** de démission, outre la cessation définitive de l'activité, un motif personnel impérieux, notamment l'état de santé, les difficultés rencontrées dans l'accomplissement de la mission lorsqu'il n'est plus possible d'y remédier, la survenance d'un événement de nature à compromettre le respect des règles applicables à la profession, et notamment à porter atteinte à l'indépendance ou à l'objectivité du commissaire aux comptes ;
– le commissaire aux comptes ne peut démissionner pour se soustraire à ses obligations légales relatives notamment à l'**obligation de révéler** au procureur de la République les **faits délictueux** dont il a eu connaissance, au déclenchement de la procédure d'alerte ou à la procédure de signalement prévue à l'article 12 du règlement européen 537/2014, à la déclaration de sommes ou d'opérations soupçonnées d'être d'origine illicite, à l'émission de son opinion sur les comptes.

2573 **Cas particulier d'une démission pour devenir expert-comptable** Le H3C a estimé, dans un avis du 15 décembre 2011, que la démission d'un commissaire aux comptes pour devenir expert-comptable de la société dont il certifie les comptes ne constitue **pas un motif légitime** de démission entrant dans les prévisions de l'article 19 du Code de déontologie devenu article 28 depuis le décret 2020-292 du 21 mars 2020. En effet, le commissaire aux comptes acceptant la mission d'expert-comptable prend cette décision en sachant qu'elle le place en contravention avec les dispositions légales et réglementaires régissant le commissariat aux comptes. Il ne peut donc invoquer la « survenance » d'un événement de nature à compromettre le respect des règles applicables à la profession et notamment à porter atteinte à son indépendance ou à son objectivité telle que prévue par l'article 28 du Code de déontologie.

Cas particulier du non-paiement des honoraires Le H3C a considéré, dans **2574** un avis du 2 juillet 2009, que « l'impossibilité réelle d'obtenir le paiement de ses honoraires malgré la mise en œuvre des moyens à sa disposition » est un motif légitime de démission.

> Selon une doctrine ancienne de l'AMF : « Un litige grave touchant à la fixation ou au paiement des honoraires est, avec les motifs de convenance personnelle, la seule justification de l'interruption des fonctions de commissaire aux comptes avant l'expiration normale du mandat, car l'insuffisance des honoraires, même si ceux-ci sont conformes au barème, peut mettre le commissaire aux comptes dans l'impossibilité d'accomplir sa mission. Les autres obstacles opposés à la vérification des commissaires aux comptes ne sont qu'un cas particulier des délits que les commissaires aux comptes doivent dénoncer au procureur de la République » (Bull. COB n° 50 juin 1973 p. 6).
>
> Dans le même Bulletin (p. 6), l'AMF rappelait également que, d'une manière générale, le commissaire aux comptes ne peut démissionner pour échapper à l'exécution d'une obligation légale, en particulier celle de signaler des irrégularités au conseil d'administration et à l'assemblée, et celle de révéler des faits délictueux au procureur de la République (Bull. COB n° 50 juin 1973 p. 6).

Conditions de forme La démission ne peut être donnée de manière intempestive **2580** dans des conditions génératrices de **préjudice** pour l'entité concernée (CDP art. 28 depuis le décret 2020-292 du 21-3-2020, ancien art. 19).

> Le commissaire démissionnaire doit donc prévenir suffisamment à l'avance l'entité contrôlée. Un successeur doit en effet pouvoir être recherché.

La démission est adressée au président de la personne ou de l'entité contrôlée. Elle est **2582** **motivée**. Elle doit comporter une **date d'effet**, qui déterminera la date d'entrée en fonctions du commissaire aux comptes suppléant. Le commissaire aux comptes joint à son dossier les différents éléments qui justifient sa démission (CDP art. 28 depuis le décret 2020-292 du 21-3-2020, ancien art.19).

Si un commissaire aux comptes suppléant a été désigné, le commissaire démissionnaire **2588** l'informe de sa démission (voir n° 2715). Il est souhaitable, en tout état de cause, qu'il reste en fonctions jusqu'à ce qu'il soit remplacé régulièrement par le suppléant. En cas de difficulté particulière (carence des dirigeants, impossibilité de trouver un successeur…), le commissaire aux comptes a le droit soit de convoquer une assemblée générale destinée à nommer son remplaçant, soit de demander au président du tribunal de commerce la désignation d'un mandataire de justice chargé de convoquer cette assemblée.

> La Commission des études juridiques de la CNCC a étudié le cas particulier d'une société A ayant désigné M. X, personne physique, en qualité de commissaire aux comptes titulaire et la société Y en qualité de commissaire aux comptes suppléant. La société de commissariat aux comptes de M. X ayant été rachetée par une société B et M. X ayant démissionné, la CNCC considère que c'est le commissaire aux comptes suppléant qui devient titulaire du mandat de la société A et non la société de commissariat aux comptes B (Bull. CNCC n° 201-2021 – EJ 2020-36).

Information du H3C, de l'AMF et de l'ACPR Depuis le 1er juin 2017, le Code **2590** de déontologie de la profession impose à tout commissaire aux comptes qui démissionne d'informer le Haut Conseil du commissariat aux comptes en indiquant les motifs de sa décision. Il en informe également l'Autorité des marchés financiers et l'Autorité de contrôle prudentiel et de résolution lorsque la personne ou l'entité concernée relève de ces autorités (CDP art. 28, III depuis le décret 2020-292 du 21-3-2020, ancien art. 19, III).

Responsabilité du commissaire Si le commissaire aux comptes démissionnaire **2595** devait faire l'objet d'une action en responsabilité civile quant à l'illégitimité du motif de sa démission, c'est au juge saisi qu'il appartiendrait d'en juger souverainement.

> La démission ne doit pas être donnée de manière intempestive, dans des conditions génératrices de préjudice pour la société (CA Nîmes 27-3-1973 : Bull. CNCC n° 12-1973 p. 493 ; Rev. soc. 1974, 327, E. du Pontavice).

Empêchement

Définitions Il y a situation d'empêchement lorsque survient un événement qui met le **2600** commissaire aux comptes dans l'**incapacité de poursuivre sa mission** dans des conditions

STATUT DU CONTRÔLEUR LÉGAL　　　　　© Éd. Francis Lefebvre

régulières. L'empêchement a normalement pour conséquence de mettre fin aux fonctions du commissaire aux comptes et lorsqu'un suppléant a été désigné (voir n° 2129), ce dernier doit alors le remplacer (C. com. art. L 823-1, al. 2). Le titulaire empêché qui omettrait de se retirer engagerait sa **responsabilité** et s'exposerait à une décision de relèvement judiciaire de ses fonctions (voir n°s 2525 s.).

Contrairement au commissaire démissionnaire, le commissaire aux comptes empêché n'a pas à prendre les **précautions** dont le commissaire aux comptes démissionnaire doit s'entourer : étant dans l'obligation de se retirer, il ne peut se voir reprocher le caractère intempestif de sa décision.

> La notion d'empêchement ne doit pas être confondue avec « les entraves externes qui feraient obstacle à la conduite de la mission, tel le comportement des dirigeants de l'entreprise contrôlée ou telle une décision ordonnant expertise » : il serait pour le moins paradoxal que les obstacles mis à l'exercice des fonctions servent de fondement à une relève du commissaire aux comptes (CA Nîmes 7-11-1997 : Bull. CNCC n° 109-1998 p. 57, Ph. Merle ; CNCC, Études juridiques, « Nomination et cessation des fonctions du commissaire aux comptes », oct. 2008 n° 220).
>
> La mise en liquidation judiciaire d'un commissaire aux comptes constitue un empêchement temporaire. Par conséquent, pendant cette période, les mandats devront être exercés par les commissaires aux comptes suppléants (Bull. CNCC n° 145-2007 p. 157).

2601　La **durée des fonctions du suppléant** appelé à remplacer le commissaire empêché varie selon que l'empêchement a un caractère temporaire ou définitif. En cas d'empêchement définitif, la mission du suppléant se poursuit jusqu'à l'échéance du mandat du titulaire empêché. En cas d'incapacité temporaire, le titulaire redevenu apte à accomplir la mission reprend ses fonctions à l'issue de la prochaine assemblée générale ou réunion de l'organe compétent exerçant des fonctions analogues qui approuve les comptes.

> La Commission des études juridiques estime que le commissaire en situation d'empêchement, même provisoire, et dont le mandat est arrivé à échéance, ne peut être renouvelé par l'assemblée dans la mesure où il ne réunit pas les conditions requises pour accepter le renouvellement du mandat.

2605　**Incompatibilité**　La survenance d'une incompatibilité met le commissaire dans l'incapacité de continuer sa mission. Elle doit le conduire à se retirer. À défaut, le commissaire serait passible d'un emprisonnement de six mois et d'une amende de 7 500 euros, en application de l'article L 820-6 du Code de commerce ainsi que des sanctions prévues à l'article L 824-2 du Code de commerce (voir n°s 15000 s. et plus spécifiquement n°s 15350 s.). Il s'exposerait par ailleurs à la mise en œuvre d'une procédure de relèvement judiciaire (voir n°s 2525 s.).

> La société aurait quant à elle à supporter les conséquences attachées au maintien irrégulier du commissaire aux comptes (voir n° 2325 s.).

2610　**Radiation ou omission de la liste**　L'inscription sur la liste est une condition nécessaire au maintien du mandat dans des conditions régulières. La radiation (voir n° 1160) ou l'omission de la liste (voir n° 1155) n'ont pas pour conséquence la cessation des fonctions, mais placent le commissaire aux comptes dans une situation d'empêchement. Son maintien le rendrait passible d'un an d'emprisonnement et d'une amende de 15 000 euros (C. com. art. L 820-5, 1°) ainsi que des sanctions prévues à l'article L 824-2 du Code de commerce (voir n°s 15000 s. et plus spécifiquement n°s 15350 s.). Il s'exposerait par ailleurs à la mise en œuvre d'une procédure de relèvement judiciaire (voir n°s 2525 s.).

> La société aurait quant à elle à supporter les conséquences attachées au maintien irrégulier du commissaire aux comptes (voir n°s 2325 s.).
>
> S'agissant de la date d'effet de la radiation du commissaire aux comptes, voir n° 1160.

Lorsqu'un suppléant a été désigné (voir n° 2129), le commissaire aux comptes titulaire a donc l'obligation de céder la place à son suppléant.

En l'absence de désignation d'un commissaire aux comptes suppléant, il appartient aux présidents de CRCC de désigner un commissaire aux comptes remplaçant pour poursuivre la mission (C. com. art. R 824-27, al. 2 modifié par le décret 2020-292 du 21-3-2020).

> Lorsqu'une sanction de suspension provisoire, d'interdiction temporaire ou de radiation est prononcée à l'encontre d'une société inscrite sur la liste mentionnée au I de l'article L 822-1, le président de la compagnie régionale dont relève cette société désigne, après avoir sollicité l'avis des personnes auprès desquelles la société de commissaires aux comptes exerçait ses fonctions, pour chacune de ces personnes, un autre commissaire aux comptes avec l'accord de ce dernier, pour poursuivre la mission. Les fonctions du commissaire aux comptes ainsi désigné prennent fin à la **date d'expiration du mandat confié au commissaire aux comptes sanctionné**, sauf si l'empêchement n'a qu'un caractère temporaire.

Dans ce dernier cas, lorsque la période de suspension ou d'interdiction a cessé, le titulaire reprend ses fonctions après l'approbation des comptes par l'assemblée générale ou l'organe compétent (C. com. art. R 824-27, al. 2 modifié par le décret 2020-292 du 21-3-2020).

Suspension provisoire ou interdiction temporaire d'exercer Contraire- **2615**
ment à la radiation ou à l'omission de la liste, la suspension provisoire et l'interdiction temporaire d'exercer (voir n° 15445) ne font pas perdre sa qualité de commissaire aux comptes à l'intéressé ; elles le mettent néanmoins dans l'impossibilité d'assurer sa mission. Son maintien le rendrait passible d'une peine d'un an d'emprisonnement et d'une amende de 15 000 euros (C. com. art. L 820-5, 2°) ainsi que des sanctions prévues à l'article L 824-2 du Code de commerce (voir n°s 15000 s. et plus spécifiquement n°s 15350 s.). Il s'exposerait par ailleurs à la mise en œuvre d'une procédure de relèvement judiciaire (voir n° 2525).

La société aurait quant à elle à supporter les conséquences attachées au maintien irrégulier du commissaire aux comptes (voir n°s 2325 s.).

En l'absence de désignation d'un commissaire aux comptes suppléant, il appartient au président de la compagnie régionale de désigner un commissaire aux comptes remplaçant pour poursuivre la mission (C. com. art. R 824-27, al. 2 modifié par le décret 2020-292 du 21-3-2020).

Pour plus de détails sur la procédure de désignation du commissaire aux comptes remplaçant par les présidents de CRCC, voir n° 2610.

Incapacité de rémunérer le commissaire aux comptes Le défaut de règle- **2620**
ment des honoraires justifie l'ajournement des diligences du commissaire aux comptes. Cet ajournement ne met pas fin à la mission qui poursuit son cours. Pour cette raison, l'ajournement des fonctions ne peut se poursuivre trop longtemps : il doit conduire, si la situation ne se régularise pas, à la démission du commissaire aux comptes (voir n°s 10345 s. et 2445).

Incapacité physique Un certain nombre de circonstances liées à la santé ou à l'acti- **2625**
vité du commissaire sont de nature à mettre le commissaire aux comptes dans une situation d'empêchement. Ce sont toutes celles, autres que le décès, qui mettent le commissaire dans l'incapacité de mettre en œuvre sa mission : survenance d'une maladie ou d'une infirmité, éloignement, surcharge d'activité, etc. : ces situations doivent conduire le commissaire à se retirer, faute de quoi il engagerait sa responsabilité civile. Il s'exposerait par ailleurs à une procédure de relèvement judiciaire (voir n°s 2525 s.).

Atteinte de la durée maximale du mandat dans les EIP

L'ordonnance 2016-315 du 17 mars 2016 introduit une durée cumulée maximale pour **2630**
les mandats des commissaires aux comptes d'entités d'intérêt public.
Ainsi, un commissaire aux comptes unique désigné pour la certification des comptes d'une EIP ne peut procéder à cette certification pendant une **période** supérieure à dix ans (C. com. art. L 823-3-1, I).
La durée d'un mandat de commissariat aux comptes restant fixée à six **exercices**, en application de l'article L 823-3 du Code de commerce, si le commissaire aux comptes de l'EIP est renouvelé à l'issue de son premier mandat, ce deuxième mandat ne pourra pas aller au terme des six exercices et prendra fin automatiquement à l'issue du quatrième exercice afin de respecter la durée cumulée maximale de dix ans telle que mentionnée au I de l'article L 823-3-1 du code précité.

Sur l'obligation d'information de l'entité sur la date de fin de mandat, voir n° 2186.

Concernant les possibilités de prolonger cette durée maximale du mandat pour les EIP (mise en place d'un appel d'offres ou cocommissariat aux comptes), voir n° 2380.

B. Modalités de mise en œuvre

Sera abordée l'incidence de la cessation des fonctions du commissaire aux comptes sur **2645**
les mandats (n°s 2650 s.) et sur la mission (n° 2670). Nous terminerons par les mesures d'information et de publicité devant être mises en œuvre à l'occasion de la cessation des fonctions (n° 2700).

STATUT DU CONTRÔLEUR LÉGAL

© Éd. Francis Lefebvre

Incidence sur les mandats

2650 **Interruption de la mission pour le commissaire sortant** La cessation des fonctions met un terme aux droits et aux obligations du commissaire dont les fonctions viennent à expiration.

Ainsi après la cessation de son mandat, le commissaire aux comptes est tenu au secret professionnel à l'égard du directeur général de la société dans laquelle il a exercé sa mission (Bull. CNCC n° 139-2005 p. 497).

La responsabilité du commissaire aux comptes ne peut plus être engagée à raison d'événements postérieurs à la cessation de ses fonctions.

La **date d'effet** de la cessation des fonctions est, suivant le cas, celle du décès, celle de la décision judiciaire en cas de récusation ou de relèvement judiciaire, celle notifiée au dirigeant dans la lettre de démission ou celle du retrait du commissaire aux comptes de son mandat en cas d'empêchement.

La démission décharge le commissaire de toute responsabilité pour les événements qui lui sont postérieurs. En revanche, la démission ne saurait rétroagir (CA Nîmes, précitée ; Rép. min. : Bull. CNCC n° 37-1980 p. 64).

2655 **Entrée en fonctions de l'éventuel successeur** La question de l'entrée en fonctions du successeur ne se pose pas lorsque la cessation des fonctions est liée à une extinction de l'obligation (voir n°s 2470 s.). Dans tous les autres cas, un successeur doit être nommé, faute de quoi l'entité contrôlée se trouverait en situation de défaut de nomination du commissaire aux comptes (voir n°s 2310 s.). La situation est néanmoins différente selon que la succession intervient à l'échéance normale de la mission, en début de mission dans le cadre d'une récusation ou bien dans un autre contexte en cours de mission.

2657 **1. Cessation de fonctions à l'échéance normale du mandat.** Lorsque la mission des commissaires aux comptes titulaire et suppléant vient à expiration **au terme de la durée légale** du mandat, la décision doit être prise de renouveler les mandats échus ou de nommer des successeurs. L'entité contrôlée doit permettre au commissaire aux comptes titulaire non renouvelé d'être entendu s'il le demande (C. com. art. L 823-8). Le successeur pressenti pour être titulaire doit respecter les obligations prévues par l'article 20 du Code de déontologie de la profession (voir n° 2153).

2660 **2. Cessation de fonctions en cas de récusation.** En cas de cessation de fonctions liée à la récusation du commissaire aux comptes, le juge qui a fait droit à la demande nomme en justice un nouveau commissaire qui demeure en fonctions jusqu'à l'entrée en fonctions du commissaire désigné par l'assemblée générale ou l'organe compétent exerçant des fonctions analogues (C. com. art. L 823-6).

2662 **3. Cessation de fonctions en cas de démission, de relèvement, de décès ou d'empêchement.** Lorsqu'un commissaire aux comptes **suppléant** a été désigné (voir n° 2129), ce dernier accède de plein droit au poste de commissaire aux comptes titulaire (C. com. art. L 823-1, al. 2). Il ne peut être privé par l'assemblée générale ou l'organe compétent exerçant des fonctions analogues du droit de remplacer le commissaire aux comptes titulaire pour la durée des fonctions de ce dernier restant à courir (Bull. CNCC n° 2-1971 p. 88).

Toute autre nomination serait donc irrégulière et engendrerait, outre la responsabilité des dirigeants, la nullité des délibérations d'assemblée (CNCC, Études juridiques, « Nomination et cessation des fonctions du commissaire aux comptes », oct. 1998 n°s 138 s.). Il en est ainsi notamment en cas de décès du titulaire : la nomination d'un nouveau commissaire titulaire en remplacement du commissaire décédé reviendrait à révoquer le commissaire suppléant des fonctions auxquelles il a automatiquement accédé à la suite du décès de son confrère.

Par ailleurs, dans les cas où la désignation d'un suppléant s'impose (voir n° 2129), l'assemblée générale – ou l'organe compétent exerçant des fonctions analogues – de la personne ou de l'entité contrôlée devra nommer un nouveau commissaire aux comptes suppléant pour la durée du mandat restant à courir du suppléant devenu titulaire (C. com. art. L 823-3, al. 2).

À notre avis, cette obligation de nomination concerne le remplacement tant temporaire que définitif du commissaire aux comptes titulaire.

2665 Le **suppléant** est **tenu d'agir** dès qu'il a été régulièrement informé de son accession au poste de titulaire : il doit assumer immédiatement ses fonctions ou démissionner.

Sur l'entrée en fonctions du commissaire aux comptes suppléant, voir n° 2160.

Le commissaire aux comptes **suppléant reste en fonctions** jusqu'à l'expiration du **2667**
mandat confié au commissaire remplacé. Cependant, en cas d'empêchement temporaire, lorsque celui-ci a cessé, le titulaire reprend ses fonctions après la prochaine assemblée générale ou réunion de l'organe compétent exerçant des fonctions analogues qui
approuve les comptes (C. com. art. L 823-1, al. 3).

Incidence sur la mission

Principes à respecter Il convient de distinguer la mission de certification, les **2670**
missions de vérifications spécifiques et enfin les autres missions définies par la loi ou par
des dispositions réglementaires.

S'agissant de la **mission de certification**, le commissaire aux comptes doit en rendre
compte lors de l'assemblée générale ordinaire annuelle appelée à statuer sur les comptes
du dernier exercice écoulé. S'il est en fonctions, il doit respecter cette obligation. Si tel
n'est pas le cas, force est de constater que, n'étant plus en exercice, le commissaire aux
comptes ne peut avoir à rendre compte de sa mission d'audit conduisant à la certification
des comptes annuels du dernier exercice clos.

S'agissant des **missions de vérifications spécifiques**, telles la communication des irrégularités, le respect de l'égalité entre les actionnaires, le commissaire est tenu de les mettre
en œuvre jusqu'à la date de cessation de ses fonctions en application du principe de
permanence de la mission : dès lors, il doit accomplir les diligences nécessaires jusqu'au
terme de sa mission et en rendre compte à la date de cessation de ses fonctions. S'il est
en fonctions lors de l'assemblée générale ordinaire annuelle, il le fait dans la partie de
son rapport sur les comptes annuels relative aux vérifications spécifiques, ou dans le
rapport ou l'attestation émis au titre d'une vérification spécifique ou d'une intervention
donnée (concernant la communication des irrégularités, voir nos 61250 s.). Si tel n'est pas
le cas, son obligation se limitera à signaler, dans un rapport spécial établi lors de la
cessation de ses fonctions, les irrégularités qu'il aura été amené à déceler dans le cadre
de ses diligences.

S'agissant enfin des autres **missions définies par la loi ou par des dispositions réglementaires**, le même principe de permanence de la mission conduira le commissaire aux
comptes à les mettre en œuvre et à en rendre compte selon le calendrier qui leur est
propre jusqu'à la date de cessation de ses fonctions.

> Ainsi, lorsque la démission est donnée entre la clôture d'un exercice et la tenue de l'assemblée appelée
> à se prononcer sur les comptes de cet exercice, elle ne soustrait pas le commissaire à son obligation
> de révéler les faits délictueux au procureur de la République (Bull. CNCC n° 2-1971 p. 104 et n° 46-1982 p. 194).

Cessation des fonctions à la date de l'assemblée générale ordinaire **2675**
Cette situation ne soulève pas de difficultés particulières. Le commissaire rend compte à
l'assemblée ou à l'organe compétent exerçant des fonctions analogues de sa mission de
certification relative au dernier exercice clos. Il met en œuvre ses « autres » missions
jusqu'à la date de l'assemblée et lui en rend compte dans son rapport sur les comptes
et dans ses autres rapports et/ou attestations requis par les textes.

Cessation des fonctions avant la date de clôture mais après l'assemblée **2677**
ayant statué sur les comptes de l'exercice précédent Ce pourra être le cas,
par exemple, en cas de transformation dans le courant du second semestre d'une société
clôturant le 31 décembre. Dans ce cas, le commissaire aux comptes n'a pas à rendre
compte de sa mission de certification, que ce soit sur un arrêté de comptes au jour de
la transformation ou pour les comptes annuels de l'exercice en cours. En revanche, il
met en œuvre ses autres missions jusqu'à la date de cessation de ses fonctions. Il établit
le cas échéant un rapport faisant état des irrégularités décelées dans le cadre de ses
vérifications spécifiques.

> Le commissaire aux comptes peut intervenir à la demande de l'entité, dans le cadre des services autres
> que la certification des comptes non requis par les textes légaux et réglementaires, dès lors qu'il inter-
> vient avant la date de la transformation.

Cessation des fonctions après la date de clôture mais avant l'assemblée **2679**
d'approbation des comptes Le commissaire n'est plus en exercice à la date de
l'assemblée ou de la réunion de l'organe compétent exerçant des fonctions analogues
et n'a donc pas à rendre compte de sa mission de certification au titre du dernier exercice

STATUT DU CONTRÔLEUR LÉGAL © Éd. Francis Lefebvre

clos. Comme dans les cas précédents, il met en œuvre ses autres missions jusqu'à la date de cessation de ses fonctions. Il établit le cas échéant un rapport faisant état des irrégularités décelées dans le cadre de ses vérifications spécifiques.

Dans le cas spécifique d'une **fusion**, le commissaire aux comptes n'a pas d'obligation d'intervention concernant l'état comptable visé à l'article R 236-3, 4° du Code de commerce. Il peut toutefois intervenir sur cet état comptable, à la demande de l'entité, dans le cadre des services autres que la certification des comptes non requis par les textes légaux et réglementaires.

Par ailleurs, si l'état comptable n'est pas établi et mis à la disposition des actionnaires, il appartient au commissaire aux comptes, lorsque celui-ci a connaissance de cette situation, de signaler l'irrégularité à la plus prochaine assemblée générale en application des dispositions de l'article L 823-12 du Code de commerce (Bull. CNCC n° 167-2012 p. 581).

Information et publicité

2700 **Publicité légale** La cessation des fonctions donne lieu, comme la nomination, à des formalités de publicité (JO Déb. Sén. 8-11-1978 p. 3053).

« La cessation des fonctions des commissaires aux comptes donne lieu aux mêmes formalités de publicité que leur nomination » (Lamy sociétés commerciales 2015, § 1325).

2702 D'une part, cette décision doit être publiée dans un **journal d'annonces légales** (C. com. art. R 210-3 et R 210-9). Cette formalité incombe aux représentants légaux de la personne ou de l'entité contrôlée.

2705 D'autre part, la cessation des fonctions doit être publiée au **registre du commerce et des sociétés** afin de fournir une information fidèle et constamment à jour (Bull. CNCC n° 84-1991 p. 571).

2708 Tout intéressé peut demander au président du tribunal de commerce, statuant en référé, de désigner un **mandataire chargé d'accomplir les formalités** (C. com. art. R 210-18).

Il peut être considéré, en cas de carence des responsables légaux, que le commissaire aux comptes est intéressé à la mise à jour de la mention et qu'il peut, comme tel, demander au greffier de faire mention de sa démission. Le commissaire aux comptes serait également en droit de saisir le juge commis à la surveillance du registre, conformément à l'article L 123-3, alinéa 2 du Code de commerce. L'inscription modificative sera alors ordonnée sans que le commissaire aux comptes ait à faire l'avance des frais de modification (JO Déb. Sén. 8-11-1978 p. 3053).

2715 **Information des confrères intervenant sur le dossier** L'information des confrères vise tant la démission du commissaire aux comptes que le contenu même du dossier.

S'agissant de la démission du commissaire aux comptes, eu égard aux règles de confraternité, le commissaire aux comptes sortant doit informer de son retrait du dossier :
– le commissaire aux comptes **suppléant** appelé à le remplacer, dans les cas où un suppléant a été désigné. Il se conformera en particulier aux règles fixées par l'article 26 du Code de déontologie de la profession modifié par le décret 2020-292 du 21 mars 2020 pour les successions entre confrères et donnera à son successeur toute information qui pourrait lui être utile pour apprécier les risques attachés au « mandat » dont il va devenir titulaire ;
– le **cocommissaire** intervenant éventuellement avec lui sur le dossier ;
– l'**expert-comptable** de la société contrôlée.

« Appartenant l'un et l'autre à une profession libérale, le commissaire aux comptes et l'expert-comptable doivent déterminer leurs relations en fonction des règles de confraternité et de courtoisie qui régissent les deux professions ; il convient en particulier qu'ils s'informent mutuellement de leur démission » (Note d'information CNCC « Aspects particuliers du commissariat aux comptes dans les petites entreprises », novembre 1990 p. 88).

S'agissant du contenu du dossier, le commissaire aux comptes se conformera à l'article L 823-3 du Code de commerce qui dispose que le commissaire aux comptes dont le mandat est expiré, qui a été révoqué, relevé de ses fonctions, suspendu, interdit temporairement d'exercer, radié, omis ou a donné sa démission permet au commissaire aux comptes lui succédant d'accéder à toutes les informations et à tous les documents pertinents concernant la personne ou l'entité dont les comptes sont certifiés, notamment ceux relatifs à la certification des comptes la plus récente. Ce droit d'accès n'implique pas emport, par le successeur, d'une copie ou du dossier du commissaire aux comptes dont la mission a expiré.

Si le commissaire aux comptes suppléant appelé à succéder au titulaire décède entre-temps, les obligations d'information de l'article 26 du Code de déontologie et de l'article L 823-3 du Code de commerce s'appliquent également au professionnel qui remplacera le titulaire démissionnaire (Bull. CNCC n° 147-2007 p. 528).

Lorsque la personne ou l'entité dont les comptes sont certifiés est une **entité d'intérêt public**, les dispositions de l'article 18 du règlement européen 537/2014 sont en outre applicables (C. com. art. L 823-3, al. 4).

Lorsqu'un commissaire aux comptes est remplacé par un autre commissaire aux comptes, il permet l'accès du nouveau commissaire aux comptes à toutes les informations pertinentes concernant l'entité contrôlée.

Sous réserve de l'article 15 du règlement (relatif au délai de conservation des dossiers), le commissaire aux comptes précédent permet également l'accès du nouveau commissaire aux comptes aux rapports complémentaires des exercices précédents destinés au comité d'audit, et à toute information communiquée aux autorités compétentes en vertu des articles 12 et 13 dudit règlement.

L'article 12 précité vise les informations pouvant entraîner :
a) une violation significative des dispositions législatives, réglementaires ou administratives qui fixent, le cas échéant, les conditions d'agrément ou qui régissent, de manière spécifique, la poursuite des activités de cette entité d'intérêt public ;
b) un risque ou un doute sérieux concernant la continuité de l'exploitation de cette entité d'intérêt public ;
c) un refus d'émettre un avis d'audit sur les états financiers ou l'émission d'un avis défavorable ou d'un avis assorti de réserves.
L'article 13 précité vise l'information relative à la publication du rapport de transparence.

Le commissaire aux comptes précédent doit pouvoir démontrer à l'autorité compétente que ces informations ont été fournies au nouveau commissaire aux comptes.

SECTION 2

Indépendance

Cette section consacrée à l'indépendance de l'auditeur légal comporte trois parties. **3500**
La première a pour objet une présentation générale de la **notion** d'indépendance (n°s 3550 s.).
La deuxième partie est consacrée à l'exposé des interdictions et des incompatibilités qui encadrent actuellement le **comportement de l'auditeur** légal en France (n°s 3680 s.).
La troisième partie est consacrée aux systèmes de **sauvegarde** de l'indépendance, c'est-à-dire aux règles mises en place à titre préventif par la loi, les régulateurs et institutions professionnelles, les cabinets ou les entreprises pour conforter l'indépendance de l'auditeur légal (n°s 4295 s.).

On se référera également largement aux **normes internationales** dont la prise en compte est difficilement dissociable de l'évolution du référentiel français (voir n° 3610).

I. Notions générales

Après nous être interrogés sur ce que recouvre la **notion** d'indépendance en matière de **3550**
contrôle légal (n° 3555), nous montrerons comment celle-ci est devenue, depuis un certain nombre d'années, un **enjeu** majeur sur le plan national et international (n° 3600).

Indépendance du contrôleur légal

Le dictionnaire Larousse définit l'indépendance comme « l'état de quelqu'un, d'un **3555**
groupe qui juge, décide, etc., en toute impartialité, sans se laisser influencer par ses appartenances politiques, religieuses, par des pressions extérieures ou par ses intérêts propres ». En réalité, cette définition ne traduit qu'imparfaitement le devoir d'indépendance auquel doit satisfaire le contrôleur légal : celui-ci doit non seulement faire preuve

STATUT DU CONTRÔLEUR LÉGAL

© Éd. Francis Lefebvre

d'une indépendance de **comportement**, mais également **apparaître** comme indépendant aux yeux des tiers. Il devra de ce fait avoir pleinement conscience des **facteurs de risques** susceptibles de menacer son indépendance.

3558 **Comportement** Selon le Code de déontologie de la profession de commissaire aux comptes, le commissaire aux comptes **doit être indépendant** de la personne ou de l'entité à laquelle il fournit une mission ou une prestation. Il doit également éviter de se placer dans une situation qui pourrait être perçue comme de nature à compromettre l'exercice impartial de sa mission ou de sa prestation. Ces exigences s'appliquent pendant **toute la durée** de la mission ou de la prestation, tant à l'occasion qu'en dehors de leur exercice (CDP art. 5, I, al. 1 modifié par le décret 2020-292 du 21-3-2020).

> Ainsi, pour une mission de certification des comptes, l'exigence d'indépendance s'applique jusqu'à la date de réunion de l'organe appelé à statuer sur les comptes du dernier exercice du mandat du commissaire aux comptes, ses fonctions n'expirant qu'après cette date.
>
> Pour rappel, les anciennes dispositions du Code de déontologie mentionnaient une exigence d'indépendance jusqu'à la date d'émission du rapport du commissaire aux comptes mais la CNCC considérait d'ores et déjà que le principe d'indépendance s'appliquait jusqu'à la réunion de l'assemblée générale (ou de l'organe compétent) qui statuait sur les comptes du sixième exercice du mandat (voir n° 2460).

Toute personne qui serait en mesure d'influer, directement ou indirectement, sur le résultat de la mission ou de la prestation est soumise aux exigences d'indépendance précitées (CDP art. 5, I, al. 2 modifié par le décret 2020-292 du 21-3-2020).

L'**indépendance** du commissaire aux comptes s'apprécie **en réalité et en apparence** et se caractérise notamment par l'exercice en toute objectivité des pouvoirs et des compétences qui lui sont conférés par la loi (CDP art. 5, II ; voir n° 3570).

Cette indépendance se manifeste notamment par une attitude d'esprit, qui repose principalement sur l'intégrité, l'impartialité et l'esprit critique ainsi que la compétence et la diligence de l'auditeur.

3560 L'**intégrité** se matérialise par l'honnêteté et la droiture. Même en dehors de l'exercice de la profession, le commissaire aux comptes doit s'abstenir en toutes circonstances de tous agissements contraires à la probité et à l'honneur (CDP art. 3).

> Elle reflète la qualité morale et le sens des valeurs du professionnel, dont la perte mettrait celui-ci dans l'incapacité de résister aux pressions ou tentations diverses qui sont indissociables du contrôle légal.

3562 L'**impartialité** du commissaire aux comptes dans son activité professionnelle se caractérise en toutes circonstances par une attitude impartiale, se traduisant par une analyse objective de l'ensemble des données dont il a connaissance, sans préjugé ni parti pris (CDP art. 4).

> L'impartialité est indissociable de l'indépendance : on ne peut pas être indépendant dès lors que l'on est partial ; inversement, il est difficile de convaincre de son impartialité si l'on n'est pas, ou ne paraît pas, indépendant. Le commissaire aux comptes doit donc éviter toute situation pouvant le mettre en situation de conflit d'intérêts.
>
> Sur la notion de conflits d'intérêts, voir n° 3570.

3563 Dans l'exercice de son activité professionnelle, le commissaire aux comptes doit adopter une attitude caractérisée par un **esprit critique** (CDP art. 6 modifié par le décret 2020-292 du 21-3-2020).

3564 La **compétence** résulte des diplômes et de la formation continue, du recours à des experts internes ou externes et du respect des recommandations issues du contrôle de qualité mis en œuvre dans le cabinet.

Le commissaire aux comptes doit posséder les connaissances théoriques et pratiques nécessaires à la réalisation de ses missions et de ses prestations.

Le Code de déontologie souligne l'importance pour le commissaire aux comptes, d'une part, de maintenir sa compétence à un niveau élevé et, d'autre part, de veiller aux compétences appropriées de ses collaborateurs, à la bonne exécution des tâches confiées et au maintien d'un niveau de formation approprié.

> Seule la compétence peut permettre à l'auditeur de ne pas se retrouver dans une position d'infériorité technique lorsqu'il s'agit d'arrêter avec la société une position sur un problème complexe. Seule la compétence peut lui éviter les erreurs techniques qui le mettraient dans une position d'infériorité psychologique peu compatible avec la nécessité éventuelle d'argumenter en cas de divergence de vues avec la personne morale contrôlée.

150

Lorsqu'il n'a pas les compétences requises pour réaliser lui-même certains travaux indispensables à la réalisation de sa mission ou de sa prestation, le commissaire aux comptes fait appel à des experts indépendants de la personne ou de l'entité pour laquelle il les réalise.

Le commissaire aux comptes doit faire preuve de conscience professionnelle, laquelle consiste à exercer chaque mission ou prestation avec **diligence** et à y consacrer le soin approprié (CDP art. 7 modifié par le décret 2020-292 du 21-3-2020).

Conflit d'intérêts et apparence d'indépendance On pourrait supposer que le **3570** professionnel qui agit en toutes circonstances avec intégrité, impartialité, esprit critique et compétence remplit de manière irréprochable son devoir d'indépendance. Tel ne serait pas le cas si, bien que faisant preuve d'indépendance dans ses actes, il ne donnait pas en plus au tiers le sentiment d'être indépendant : le contrôleur légal doit **être et paraître indépendant vis-à-vis des tiers**.

L'indépendance du contrôleur légal se caractérise notamment par l'exercice en toute objectivité, en réalité et en apparence, des pouvoirs et des compétences qui lui sont conférés par la loi (CDP art. 5, II).

Le Code de déontologie précise que cette indépendance garantit que le commissaire aux comptes émet des conclusions exemptes de tout parti pris, conflit d'intérêts, influence liée à des liens personnels, financiers ou professionnels directs ou indirects, y compris entre ses associés, salariés, les membres de son réseau et la personne ou entité à laquelle il fournit la mission ou la prestation. L'indépendance garantit également l'absence de **risque d'autorévision** conduisant le commissaire aux comptes à se prononcer ou à porter une appréciation sur des éléments résultant de missions ou de prestations fournies par lui-même, la société à laquelle il appartient, un membre de son réseau ou toute autre personne qui serait en mesure d'influer sur le résultat de la mission ou de la prestation (CDP art. 5, II modifié par le décret 2020-292 du 21-3-2020).

Lorsque le commissaire aux comptes se trouve exposé à des **situations à risque**, il prend immédiatement les **mesures de sauvegarde** appropriées en vue soit d'en éliminer la cause, soit d'en réduire les effets à un niveau suffisamment faible pour que son indépendance ne risque pas d'être affectée et pour permettre l'acceptation ou la poursuite de la mission ou de la prestation en conformité avec les exigences légales, réglementaires et celles du présent code. Lorsque les mesures de sauvegarde sont insuffisantes à garantir son indépendance, il met fin à la mission ou à la prestation (CDP art. 5, III modifié par le décret 2020-292 du 21-3-2020).

Dans un avis du 1er juillet 2008, le H3C a estimé qu'un commissaire aux comptes d'une association, également membre cotisant de cette association, se place dans une situation qui porte atteinte à l'impartialité, à l'indépendance et à l'apparence d'indépendance du commissaire aux comptes. En effet, en sa qualité de membre cotisant de l'association lui donnant accès aux assemblées générales avec voix délibérative, il est conduit à se prononcer sur les comptes et, en tant que commissaire aux comptes, à présenter un rapport sur lesdits comptes. Le H3C a donc estimé que le commissaire aux comptes devait démissionner. La Commission d'éthique professionnelle de la CNCC partage l'analyse du H3C retenu dans l'avis précité. Elle estime que la qualité d'adhérent de l'association, du syndicat ou du parti politique dont le commissaire aux comptes certifie les comptes porte atteinte à son indépendance dès lors que cette qualité lui donne accès au droit de vote de l'association, du syndicat ou du parti politique. Dans le cas où ce statut ne donne pas au commissaire aux comptes accès au droit de vote de l'association, du syndicat ou du parti politique dont il certifie les comptes, il est susceptible de générer un risque de perte d'indépendance, d'apparence d'indépendance ou un conflit d'intérêts qui nécessitera du commissaire aux comptes l'analyse de la situation par une approche risque/sauvegarde et, si le risque est avéré, la mise en place de mesures de sauvegarde, s'il en existe (Bull. CNCC n° 197-2020, CEP 2018-17).

S'agissant par ailleurs des dons réalisés par le commissaire aux comptes à une association, un fonds de dotation ou une fondation dont il certifie les comptes, voir n° 85070.

La prudence manifestée par les auditeurs quant à la perception que peut avoir leur **3572** environnement des relations qu'ils entretiennent avec les personnes et entités contrôlées est donc à certains égards aussi importante au regard du devoir d'indépendance que la compétence et l'impartialité avec lesquelles ils exercent leur mission.

Cette exigence peut paraître a priori bien sévère. Elle se légitime cependant parfaitement lorsque l'on connaît les attentes de la communauté économique et financière. Les auditeurs remplissent en effet une mission d'intérêt général comportant un niveau d'exigence incompatible avec une remise en cause de leur objectivité. Dès lors, toute situation pouvant conduire à suspecter une atteinte à l'indépendance des auditeurs remet en cause leur crédibilité et, par voie de conséquence, celle des comptes qu'ils sont chargés de vérifier. Les manquements à l'apparence d'indépendance produisent donc sur la confiance du public dans l'information financière les mêmes conséquences que les manquements véritables à l'indépendance de comportement.

3574 **Facteurs de risques** Il existe un consensus international sur la nature des risques susceptibles de menacer l'indépendance des auditeurs. Ces menaces sont notamment décrites au § 120.6 A3 du Code d'éthique de l'Ifac (Fédération internationale des experts-comptables), révisé en avril 2018 : « Des menaces sont susceptibles d'être créées par un large éventail de relations et de circonstances. Lorsqu'une relation ou une circonstance crée une menace, celle-ci pourrait compromettre ou pourrait être perçue comme compromettant le respect des principes fondamentaux par le professionnel comptable. Une circonstance ou une relation donnée peut donner lieu à plus d'une menace et une menace peut affecter le respect de plus d'un principe fondamental. »
Ces menaces peuvent notamment relever de l'intérêt personnel, de l'autorévision, de la représentation, de la familiarité ou de l'intimidation.

3576 • **Menace liée à l'intérêt personnel** : la menace que des intérêts financiers ou d'autres intérêts puissent influencer de manière inappropriée le jugement ou le comportement du professionnel comptable.

3578 • **Menace liée à l'autorévision** : la menace qu'un professionnel comptable n'évalue pas de façon appropriée les résultats d'un jugement porté antérieurement ou d'un service fourni précédemment par ce professionnel comptable ou par une autre personne de son cabinet ou de son employeur et sur lesquels il s'appuiera pour former son jugement dans le cadre de la fourniture d'un service ultérieur.

3580 • **Menace liée à la représentation** : la menace qu'un professionnel comptable défende la position d'un client ou d'un employeur au point que l'objectivité du professionnel comptable soit compromise.

3582 • **Menace liée à la familiarité** : la menace que, compte tenu de liens anciens ou étroits avec un client ou un employeur, le professionnel comptable soit trop bienveillant à l'égard des intérêts ou des travaux de ce client ou de cet employeur.

3584 • **Menace liée à l'intimidation** : la menace que le professionnel comptable soit dissuadé d'agir avec objectivité, du fait de pressions, réelles ou perçues, notamment de tentatives en vue d'exercer une influence inappropriée sur le professionnel comptable.

Enjeux de l'indépendance

3600 De tous les thèmes liés au statut du commissaire aux comptes, celui de l'indépendance est certainement celui qui préoccupe le plus les pouvoirs publics, les institutions professionnelles et les autorités en charge de la surveillance et de la régulation des marchés financiers. Un bref rappel de l'évolution de ces dernières années permet de comprendre comment, au fil du temps, les questions touchant à l'indépendance ont pris cette importance primordiale, non seulement en **France** mais aussi sur le plan **international**.

3602 **Référentiel national** Les règles d'indépendance applicables en France résultent des dispositifs mis en place par le législateur et par la profession.

3604 Les **dispositions légales** relatives à la déontologie et à l'indépendance des commissaires aux comptes figurent aux articles L 822-9 à L 822-16 du Code de commerce.

3606 Les **règles professionnelles** en vigueur sont issues du Code de déontologie de la profession. Le décret 2020-292 du 21 mars 2020 a modifié le Code de déontologie afin de prendre en considération les évolutions induites par la loi dite Pacte (Loi 2019-486 du 22-5-2019).

> Les règles composant le Code de la déontologie de la profession de commissaire aux comptes sont fixées par décret en Conseil d'État, après avis du Haut Conseil du commissariat aux comptes. Les avis de l'AMF et de l'ACPR sont également requis pour les dispositions qui s'appliquent aux commissaires aux comptes intervenant auprès des personnes et entités soumises à la supervision de ces autorités (C. com. art. L 822-16).

STATUT DU CONTRÔLEUR LÉGAL

Le Haut Conseil a pour mission d'adopter les normes relatives à la déontologie des **3608**
commissaires aux comptes, au contrôle interne de qualité et à l'exercice professionnel
(C. com. art. L 821-1). Il prononce également des sanctions, notamment en cas de non-respect
des dispositions applicables aux commissaires aux comptes en matière d'indépendance,
dans les conditions prévues au chapitre IV du titre VIII du livre II du Code de commerce.

Pour plus de détails sur les sanctions en matière d'indépendance, voir n⁰ˢ 3800 s.

Référentiels européen et international Depuis une vingtaine d'années, l'indé- **3610**
pendance des auditeurs a fait l'objet de nombreux travaux pour tenter de définir un
cadre normatif et des règles de conduite communs et pour identifier les situations
présentant un véritable danger pour l'indépendance.

Ont été publiés depuis 2000 plusieurs textes internationaux majeurs, résultant des **3616**
réflexions des institutions et des régulateurs et visant à promouvoir la convergence des
règles au sein des grands pays industriels :
– les règles de la *Securities and Exchange Commission* (**SEC**) sur l'indépendance des
auditeurs publiées en janvier 2003, qui s'appliquent à l'ensemble des sociétés cotées aux
États-Unis (voir n⁰ 19135) ;
– la recommandation de la **Commission européenne** sur l'indépendance du contrôleur
légal adoptée en mai 2002 (JOCE 2002 L 191) ;
– la directive 2006/43/CE du 17 mai 2006 relative au contrôle légal des comptes annuels
et consolidés modifiée par la directive 2014/56/UE du 16 avril 2014 ;

La directive 2014/56/UE comporte de nombreuses mesures visant à accroître l'indépendance du contrôleur légal, telles que la rotation des cabinets d'audit ou la restriction des prestations non audit (voir
n⁰ˢ 17935 s.).

– enfin, le **Code d'éthique de la Fédération internationale des experts-comptables**
(**Ifac**), qui a été publié en juin 2005 et révisé en avril 2018, la version révisée du Code
étant applicable à compter du 15 juin 2019.

En janvier et avril 2008, l'*International Ethics Standards Board for Accountants* (IESBA) a approuvé les
sections 290 et 291 révisées du Code d'éthique entérinant la dissociation des règles d'indépendance
entre les missions d'audit et les autres missions d'assurance et renforçant les règles d'indépendance
applicables aux EIP. Le Code a fait l'objet également d'une réécriture ne visant pas à le modifier sur le
fond mais à clarifier et renforcer le caractère obligatoire de certaines dispositions. Dans la dernière
version du Code révisé en avril 2018, les sections 290 et 291 correspondent aux parties 4A et 4B.

Ces textes appellent deux observations. **3618**
La première est que leur **conception** des risques pour l'indépendance, et des mesures
de sauvegarde à prendre pour la préserver, est très **comparable**.
La seconde est que, outre les nombreuses précisions qu'ils apportent sur les règles applicables en matière d'indépendance, ils prévoient :
– une contribution déterminante du **comité d'audit** à l'indépendance et à l'objectivité
des auditeurs externes ;
– et une plus grande **transparence** du respect de la déontologie vis-à-vis du public.

Évolutions intervenues depuis 2001 Les affaires qui ont marqué les années **3620**
2001 à 2003 et le début de l'année 2002, notamment les affaires **Enron**, puis
Worldcom, aux États-Unis, l'affaire **Parmalat** en Europe et, depuis août 2007, la crise
financière qui sévit au niveau planétaire, ont relancé le débat sur l'indépendance de
l'auditeur légal en stigmatisant la perte de confiance du public dans l'objectivité du
contrôle des informations financières publiées. La défiance du public sur le rôle joué par
les auditeurs et sur la crédibilité des comptes en général est en grande partie liée au
sentiment que les auditeurs, qui se sont orientés vers des missions de conseil à forte
valeur ajoutée pour faire face à un marché hyperconcurrentiel, ont cumulé missions
d'audit et de conseil et se sont, de ce fait, exposés à des **conflits d'intérêts** incompatibles
avec leur indépendance.
Dans ce contexte, l'évolution à laquelle on assiste dans le domaine de l'indépendance
n'a donc pas un caractère purement hexagonal. Inévitablement, elle va dans le sens d'un
durcissement des règles et des sanctions applicables et prend en compte, d'une manière
croissante, la démarche d'**harmonisation** des référentiels nationaux, initiée depuis
plusieurs années au plan international et en particulier au plan européen. La France, qui
a renforcé sensiblement son dispositif de surveillance, avec notamment la création du

STATUT DU CONTRÔLEUR LÉGAL   © Éd. Francis Lefebvre

Haut Conseil du commissariat aux comptes par la loi de sécurité financière de 2003, a joué, au plan européen, un rôle significatif dans la définition d'un nouveau corpus de règles et trouve dans cette évolution l'opportunité de moderniser et d'améliorer la lisibilité de son propre référentiel.

3622 Parmi les concepts mis en avant par les évolutions récentes figure celui d'**entités d'intérêt public (EIP)**.

La directive du 17 mai 2006 modifiée, en dernier lieu, par la directive 2014/56/UE du 16 avril 2014 relative au contrôle légal des comptes annuels et consolidés (art. 2, 13°) inclut expressément dans cette catégorie les entités dont les valeurs mobilières sont admises aux négociations sur un marché réglementé, les établissements de crédit, les entreprises d'assurances et les entités dont la définition sera laissée à la libre appréciation des États membres, telles que les entités qui ont une importance publique significative en raison de la nature de leurs activités, de leur taille ou du nombre de leurs employés.

Sur la définition des EIP retenue par la France, voir n° 2352.

L'audit de ces entités est régi, depuis le 17 juin 2016, date de son entrée en application, par les dispositions du règlement (UE) 537/2014 du 16 avril 2014 du Parlement européen et du Conseil relatif aux exigences spécifiques applicables au contrôle légal des comptes des entités d'intérêt public, abrogeant la décision 2005/909/CE de la Commission.

Le Code d'éthique révisé de l'Ifac apporte également une définition des EIP : sociétés cotées sur un marché réglementé, entité qualifiée d'EIP selon la réglementation ou la législation, entité pour laquelle la réglementation ou la législation impose d'appliquer les mêmes règles d'indépendance que celles applicables aux sociétés cotées.

3625 La directive du 17 mai 2006 modifiée par la directive du 16 avril 2014 et le règlement du 16 avril 2014 précités prévoient également de renforcer les règles à respecter par les contrôleurs légaux lors de l'**acceptation et** de la **réalisation de la mission**, en vue d'éviter que ceux-ci n'acceptent ou ne maintiennent des missions d'audit susceptibles de compromettre leur indépendance (Dir. art. 22 à 25 et règl. art. 46).

Le contrôleur légal doit consigner dans ses dossiers tout risque d'atteinte à son indépendance en précisant les mesures de sauvegarde qu'il applique pour limiter le risque encouru.

II. Règles applicables en France

3680 Les règles de comportement applicables en France sont fondées sur un **référentiel légal** (n°s 3690 s.), récemment complété par la loi 2019-486 du 22 mai 2019, dite Pacte, et par le Code de déontologie de la profession de commissaire aux comptes modifié par le décret du 21 mars 2020 afin de prendre en compte des évolutions liées à la loi dite Pacte.

3690 Le dispositif légal applicable en France conduit à distinguer **différents types d'incompatibilités et d'interdictions** :

– les incompatibilités générales visées à l'article L 822-10 du Code de commerce (n°s 3710 s.), parmi lesquelles figure le principe général d'indépendance ;

– l'interdiction des sollicitations et des cadeaux mentionnée dans le Code de déontologie de la profession (n° 3725) ;

– les incompatibilités spéciales liées à des liens personnels, financiers ou professionnels, (n°s 3730 s.) ;

– les interdictions liées à la fourniture de services par le commissaire aux comptes d'une EIP et par le réseau auquel il appartient (n°s 3739 s.) ;

– les autres interdictions présentant un caractère temporaire ou résultant de l'obligation de rotation applicables aux commissaires aux comptes de certaines entités (n°s 3759 et n°s 3760 s.) ;

– l'interdiction d'accepter une forme de rémunération proportionnelle ou conditionnelle (voir n° 3791) ;

– la limitation des honoraires facturés au titre des services autres que la certification des comptes pour les entités d'intérêt public (voir n° 3788).

La caractéristique de tous ces textes est d'interdire au commissaire aux comptes de se mettre dans des situations sur lesquelles pèse une présomption, parfois simple, parfois irréfragable, de perte d'indépendance. Dans tous les cas, la violation de ces interdictions est susceptible de mettre en jeu la responsabilité

STATUT DU CONTRÔLEUR LÉGAL

civile ou disciplinaire du commissaire aux comptes (voir n°s 3800 s. ainsi que, sur la question délicate de la mise en œuvre de la responsabilité pénale du commissaire aux comptes, le n° 13615).

Ce dispositif est complété par la nécessaire identification et analyse des situations à **risques** et la mise en œuvre de **mesures de sauvegarde** appropriées (n°s 3755 s.).

À la date de mise à jour de ce Mémento, le H3C a annoncé qu'une norme de déontologie était en cours d'élaboration afin de définir les principes de mise en œuvre opérationnelle de l'approche dite risque/sauvegarde prévue par le Code de déontologie et destinée à prévenir la compromission de l'indépendance du commissaire aux comptes.

Par ailleurs, un certain nombre de mesures de sauvegarde relatives aux honoraires sont destinées à assurer le maintien de l'indépendance tout au long du mandat du contrôleur légal (n°s 3790 s.).

Les règles légales prévoient également l'application de sanctions civiles, pénales et disciplinaires en cas de violation de certaines de ces obligations (n° 3800).

À ces incompatibilités ou interdictions légales, il convient d'ajouter l'interdiction de **s'immiscer dans la gestion** prévue par l'article L 823-10 du Code de commerce, dont la violation, non sanctionnée en tant que telle, pourrait néanmoins être considérée comme un manquement à l'indépendance et donner lieu aux peines visées à l'article L 820-6 du même code (voir n° 3817).

Enfin, le Code de déontologie tel que modifié par le décret du 21 mars 2020 instaure des dispositions spécifiques concernant les **monopoles des autres professions**, les **consultations juridiques** et la **rédaction d'actes** (voir n° 3726).

Les règles relatives aux incompatibilités et interdictions figurent dans le titre II du livre VIII du Code de commerce et s'appliquent au commissaire aux comptes, que sa nomination en qualité de contrôleur légal des comptes soit facultative ou obligatoire et que la durée de son mandat soit de six ou de trois exercices.

3692

On observe cependant que des exigences spécifiques complémentaires s'appliquent s'agissant des entités d'intérêt public :
– pour les interdictions relatives aux EIP, voir n°s 3744 s. ;
– pour l'approbation des SACC fournis aux EIP, voir n°s 3781 s. ;
– pour la limitation des honoraires des SACC fournis aux EIP, voir n°s 3788 s. ;
– pour l'obligation de rotation, voir n°s 3760 s.

A. Incompatibilités générales

Le **principe général** d'indépendance auquel est assujetti le contrôleur légal lui interdit, sauf exception, l'accès aux **activités commerciales** et aux **emplois salariés**, jugés incompatibles avec l'exercice de cette profession.

3710

Principe général Les fonctions de commissaire aux comptes sont incompatibles avec toute activité ou tout acte de nature à porter atteinte à son indépendance (art. L 822-10, 1°).

3712

L'expression « toute activité ou tout acte de nature à porter atteinte à son indépendance » s'applique à des activités exercées à l'intérieur ou à l'extérieur de la personne contrôlée mais qui n'ont pas pu, car un pareil texte ne peut tout envisager, être prévues expressément par l'article L 822-11 du Code de commerce (voir n°s 3730 s.).

D'une certaine manière, le principe général d'indépendance tire sa force de son **absence de précision**, qui permet d'élargir son champ d'application en fonction de l'interprétation qu'on en donne. Le principe posé par l'article L 822-10, 1° du Code de commerce permet, du fait de la généralité de ses termes, de faire obstacle à des pratiques non expressément visées par le dispositif légal et constitue de ce fait le fondement de la plupart des règles normatives permettant de le compléter et de l'interpréter.

La Commission d'éthique professionnelle de la CNCC s'appuie très fréquemment sur le principe général d'indépendance et sur la notion d'apparence d'indépendance pour dénoncer des situations qui lui paraissent contrevenir à l'obligation d'indépendance, sans que la situation ne tombe pour autant sous le coup d'une incompatibilité légale. Ainsi cette logique a-t-elle été suivie dans trois situations, que nous citons à titre d'**exemples** parmi beaucoup d'autres. La Commission d'éthique a considéré qu'une approche risque/sauvegarde devait être mise en œuvre face à des situations pouvant contrevenir à l'indépendance ou à l'apparence d'indépendance telles que :
– le cumul des fonctions d'expert-comptable et de commissaire aux comptes dans des sociétés sans lien de contrôle entre elles, ayant ou non des liens commerciaux entre elles et ayant des dirigeants communs (Bull. CNCC n° 193-2019, CEP 2017-11) ;

155

STATUT DU CONTRÔLEUR LÉGAL　　　　　© Éd. Francis Lefebvre

– le commissaire aux comptes qui accepte un mandat au sein d'une association A tout en étant expert-comptable d'une association B lorsque les deux associations n'ont aucun lien juridique entre elles mais ont un directeur et un administrateur commun, disposent de locaux communs, et qu'une avance de fonds avec droit de reprise a été consentie par l'association A à la société B (Bull. CNCC n° 166-2012, CEP 2011-22 p. 465).

Depuis la parution du Code de déontologie de la profession, la **notion d'apparence d'indépendance** a une valeur réglementaire. Le professionnel doit, plus que jamais, s'interroger sur son apparence d'indépendance avant l'acceptation d'un nouveau « mandat » et tout au long de sa mission.

L'article L 822-10, 1° du Code de commerce tire cependant de son imprécision une certaine **faiblesse** : le juge ne peut en effet sanctionner pénalement sa violation, en application du principe d'interprétation stricte des règles pénales (voir n° 13621).

3715 **Emploi salarié** Les fonctions de commissaire aux comptes sont incompatibles avec tout emploi salarié (art. L 822-10, 2°).

Le lien de subordination qui découle de l'exercice d'un emploi salarié est en effet incompatible avec l'exercice d'une profession libérale.

Le texte prévoit cependant deux **exceptions** : un commissaire aux comptes peut dispenser un enseignement se rattachant à l'exercice de sa profession ou occuper un emploi rémunéré chez un commissaire aux comptes ou chez un expert-comptable.

La Commission d'éthique professionnelle de la CNCC a estimé, sous réserve de l'avis du H3C, que le commissaire aux comptes d'une école peut également y dispenser bénévolement une formation sans se placer dans une situation de nature à porter atteinte à son indépendance. En revanche, ce commissaire aux comptes ne peut accepter un contrat de travail d'enseignement au sein de cette même école (Bull. CNCC n° 146-2007 p. 356).

3718 **Activité commerciale** En principe, les fonctions de commissaire aux comptes sont incompatibles avec toute activité commerciale, qu'elle soit exercée directement ou par personne interposée.

Le H3C précise que l'exercice d'une activité commerciale doit être compris comme la réalisation de plusieurs actes de commerce tels que définis aux articles L 110-1 et L 110-2 du Code de commerce. Il est d'avis que l'interdiction ne vise pas des actes de commerce réalisés dans le cadre des stricts besoins de la vie courante et relève que l'incompatibilité concerne l'hypothèse de l'**exercice direct** d'une activité commerciale comme celle d'un **exercice par personne interposée** (Avis H3C 2021-01 du 15-4-2021). L'exercice direct doit s'entendre comme l'exercice par le commissaire aux comptes lui-même, en son nom et pour son propre compte. Sur l'exercice par personne interposée, voir n° 3720.

Toutefois, la loi dite Pacte permet, dans certains cas précis, l'exercice d'une activité commerciale accessoire par le commissaire aux comptes (art. L 822-10, 3°).

Les exceptions visées par le 3° de l'article L 822-10 précité concernent :

– d'une part, les activités commerciales accessoires à la profession d'expert-comptable, exercées dans le respect des règles de déontologie et d'indépendance des commissaires aux comptes et dans les conditions prévues au troisième alinéa de l'article 22 de l'ordonnance 45-2138 du 19 septembre 1945 portant institution de l'ordre des experts-comptables et réglementant le titre et la profession d'expert-comptable ;

Le H3C constate que cette disposition permet à un commissaire aux comptes **également inscrit à l'ordre des experts-comptables** d'exercer les activités commerciales accessoires à la profession d'expert-comptable, dès lors que la nature de ces activités, réalisées à titre accessoire, n'est pas de nature à mettre en péril l'exercice de la profession ou l'indépendance des associés experts-comptables ainsi que le respect par ces derniers des règles inhérentes à leur statut et à leur déontologie. En revanche, la rédaction de cette disposition ne permet pas à un commissaire aux comptes non inscrit à l'ordre des experts-comptables d'exercer les activités commerciales accessoires à la profession d'expert-comptable (Avis H3C 2021-01 du 15-4-2021).

– et, d'autre part, les activités commerciales accessoires exercées par la société pluriprofessionnelle d'exercice dans les conditions prévues à l'article 31-5 de la loi 90-1258 du 31 décembre 1990 relative à l'exercice sous forme de sociétés des professions libérales soumises à un statut législatif ou réglementaire ou dont le titre est protégé et aux sociétés de participations financières de professions libérales.

Le H3C considère que cette disposition permet à une société pluriprofessionnelle d'exercice inscrite sur la liste des commissaires aux comptes d'exercer, à titre accessoire, les activités commerciales n'étant interdites ni aux commissaires aux comptes, ni aux autres professions qui constituent son objet social (Avis H3C 2021-01 du 15-04-2021).

Le commissaire aux comptes ne peut donc avoir la qualité de commerçant, cette qualité étant considérée comme incompatible avec la mise en œuvre d'une activité libérale.

L'exercice d'activités commerciales ne peut être effectué par **interposition de personne** : cette interdiction serait par exemple violée par un commissaire aux comptes qui s'immiscerait dans le commerce par conjoint interposé.

3720

> Selon le H3C, l'exercice d'une activité commerciale par personne interposée implique **l'intervention d'un tiers**. Ce tiers peut être une personne physique qui agit en réalité sous l'influence et au bénéfice du commissaire aux comptes mais il peut être également une personne morale ou un groupement dont le commissaire aux comptes maîtrise les décisions, que ce soit en vertu de l'exercice de droits de vote ou d'un mandat social, d'une convention ou d'un pouvoir de fait (Avis H3C 2021-01 du 15-4-2021).
>
> Depuis l'abrogation de l'article 82 du décret du 12 août 1969, un commissaire aux comptes peut être gérant, président, directeur général, administrateur, membre du conseil de surveillance ou du directoire de SARL, SA ou SAS autres que celles inscrites au tableau de l'ordre des experts-comptables ou sur la liste des commissaires aux comptes. Il conviendra néanmoins de s'assurer qu'il n'y a pas exercice par le commissaire aux comptes d'une activité commerciale par la personne interposée de la société. Il est par ailleurs bien évident qu'un commissaire aux comptes ne peut exercer ces fonctions dans les sociétés qu'il contrôle.

B. Interdiction des sollicitations et cadeaux

À la suite de la transposition du § 5 de l'article 22 de la directive européenne 2014/56, l'article 10-2 devenu article 14 avec le décret 2020-292 du 21 mars 2020 a été introduit dans le Code de déontologie concernant l'interdiction des sollicitations et cadeaux.

3725

Cette interdiction s'applique au commissaire aux comptes, à la société de commissaires aux comptes à laquelle il appartient, le cas échéant, aux membres de la direction de ladite société et aux personnes mentionnées au II de l'article L 822-11-3, à savoir les associés et les salariés du commissaire aux comptes qui participent à la mission de certification, toute autre personne participant à la mission de certification ainsi que les personnes qui leur sont étroitement liées ou qui sont étroitement liées au commissaire aux comptes au sens de l'article 3, paragraphe 26, du règlement européen 596/2014.

> Sur la notion de personnes étroitement liées, voir n° 3737.

L'interdiction porte sur le fait de solliciter ou d'accepter des cadeaux sous forme pécuniaire ou non pécuniaire ou des faveurs de la personne ou de l'entité dont les comptes sont certifiés ou de toute personne ou entité qui la contrôle ou qui est contrôlée par elle au sens des I et II de l'article L 233-3 du Code de commerce, sauf si leur valeur n'excède pas un plafond fixé par arrêté du ministre de la justice (CDP art. 10-2 devenu article 14 depuis l'entrée en vigueur du décret 2020-292 du 21-3-2020).

> À la date de mise à jour de ce Mémento, cet arrêté n'est pas publié.

C. Monopoles des autres professions – Consultations juridiques et rédaction d'actes

En application de l'article 17 du Code de déontologie modifié par le décret du 21 mars 2020, le commissaire aux comptes doit respecter les monopoles des autres professions. Il ne peut notamment donner des consultations juridiques et rédiger des actes sous seing privé que dans les conditions prévues par l'article 59 de la loi 71-1130 du 31 décembre 1971, à savoir si les consultations ou actes précités constituent l'accessoire direct de la prestation fournie.

3726

Le Code de déontologie précise également les modalités à mettre en œuvre lorsque la prestation fournie conduit le commissaire aux comptes à recevoir, conserver ou délivrer des fonds ou valeurs, ou à donner quittance. Dans ce cas, il doit signer avec la personne ou entité qui le sollicite un mandat spécial précisant que cette opération est réalisée par virement électronique grâce à la fourniture de codes d'accès spécifiques aux comptes bancaires en ligne de cette personne ou entité.

STATUT DU CONTRÔLEUR LÉGAL © Éd. Francis Lefebvre

D. Incompatibilités spéciales liées à des liens personnels, financiers ou professionnels

3730 **Notion d'incompatibilités** Depuis la loi de sécurité financière, le critère général retenu pour caractériser les situations de dépendance est la **prise d'intérêt** auprès de la personne dont le commissaire aux comptes est chargé de certifier les comptes, ou des sociétés de sa chaîne de contrôle (n° 3733). Ce principe posé, l'article L 822-11-3, I, al. 2 du Code de commerce et les articles 32 à 35 du Code de déontologie de la profession de commissaire aux comptes modifié par le décret 2020-292 du 21 mars 2020 visent spécifiquement l'existence de **liens personnels, financiers et professionnels**, concomitants ou antérieurs à la mission de contrôle légal du commissaire aux comptes, incompatibles avec la mise en œuvre de celle-ci.

> Les liens personnels, financiers et professionnels susvisés sont qualifiés d'incompatibles avec l'exercice de la mission de contrôle légal du commissaire aux comptes par l'article L 822-11-3, I, al. 2 du Code de commerce : leur violation est donc passible des sanctions prévues à l'article L 820-6 du même code (voir n° 13615). Toutefois, la simple notion de prise d'intérêt n'est pas à elle seule constitutive d'une incompatibilité légale (voir décision de la chambre criminelle de la Cour de cassation du 16 juin 2010, n° 13621).

3733 **Prise d'intérêt** L'article L 822-11-3, I, alinéa 1 du Code de commerce interdit au commissaire aux comptes de prendre, recevoir ou conserver directement ou indirectement un intérêt auprès de la personne ou de l'entité dont il est chargé de certifier les comptes ou auprès d'une personne qui la contrôle ou qui est contrôlée par elle, au sens des I et II de l'article L 233-3.

> Sur la notion de contrôle au sens des I et II de l'article L 233-3 du Code de commerce, voir n° 3739.

Par ailleurs, les associés et les salariés du commissaire aux comptes qui participent à la mission de certification, toute autre personne participant à la mission de certification ainsi que les personnes qui leur sont étroitement liées ou qui sont étroitement liées au commissaire aux comptes, au sens de l'article 3, paragraphe 26, du règlement européen 596/2014 du 16 avril 2014 (voir infra), ne peuvent détenir d'intérêt substantiel et direct dans la personne ou l'entité dont les comptes sont certifiés, ni réaliser de transaction portant sur un instrument financier émis, garanti ou autrement soutenu par cette personne ou entité, sauf s'il s'agit d'intérêts détenus par l'intermédiaire d'organismes de placement collectif diversifiés, y compris de fonds gérés tels que des fonds de pension ou des assurances sur la vie (C. com. art. L 822-11-3, II). Le Code de déontologie précise également les restrictions à apporter à la détention d'intérêts financiers par ces personnes (voir n° 3737).

> Conformément à l'article 3 du règlement précité, on entend par « **personne étroitement liée** » :
> a) le conjoint ou un partenaire considéré comme l'équivalent du conjoint conformément au droit national ;
> b) l'enfant à charge conformément au droit national ;
> c) un parent qui appartient au même ménage depuis au moins un an à la date de la transaction concernée ; ou
> d) une personne morale, un trust ou une fiducie, ou un partenariat, dont les responsabilités dirigeantes sont exercées par une personne exerçant des responsabilités dirigeantes ou par une personne visée aux points a), b) et c), qui est directement ou indirectement contrôlé(e) par cette personne, qui a été constitué(e) au bénéfice de cette personne, ou dont les intérêts économiques sont substantiellement équivalents à ceux de cette personne.

3734 **Liens personnels, financiers et professionnels** Le Code de déontologie de la **profession** de commissaire aux comptes définit les liens personnels, financiers et professionnels incompatibles avec les fonctions de commissaire aux comptes (CDP art. 32 à 35 depuis l'entrée en vigueur du décret 2020-292 du 21-3-2020).
Les liens susceptibles d'être à l'origine d'une incompatibilité sont les liens **concomitants** à l'exercice de la mission de contrôle légal pour ce qui concerne les liens professionnels. Sont par ailleurs visés non seulement le commissaire aux comptes mais également ses **salariés** et **collaborateurs**, toute autre **personne participant à la mission** de certification ainsi que les personnes qui leur sont étroitement liées.

3735 L'identification des liens personnels, financiers et professionnels repose sur les **définitions** suivantes.
L'article 24 devenu article 31 du Code de déontologie de la profession depuis l'entrée en vigueur des dispositions du décret 2020-292 du 21 mars 2020 définit les « **membres**

158

de la direction » d'une société de commissaires aux comptes comme « toute personne pouvant influer sur les opinions exprimées dans le cadre de la mission de contrôle légal ou qui dispose d'un pouvoir décisionnel en ce qui concerne la gestion, la rémunération, la promotion ou la supervision des membres de l'équipe chargée de cette mission ».

Le même article précise qu'est réputé exercer des « **fonctions sensibles** » au sein de la personne dont les comptes sont certifiés :
– toute personne ayant la qualité de mandataire social ;
– tout préposé de la personne ou entité chargé de tenir les comptes ou d'élaborer les états financiers et les documents de gestion ;
– tout cadre dirigeant pouvant exercer une influence sur l'établissement de ces états et documents.

1. Incompatibilités résultant de liens personnels.

3736

L'article 25 devenu article 32 du Code de déontologie depuis l'entrée en vigueur des dispositions du décret 2020-292 du 21 mars 2020 **définit un lien personnel** comme un lien entre :
« 1° ascendant et descendant au premier degré ;
2° les collatéraux au premier degré ;
3° les conjoints, les personnes liées par un pacte civil de solidarité, ou les concubins au sens de l'article 515-8 du Code civil ».

Ainsi est incompatible avec l'exercice de la mission de contrôle légal du commissaire aux comptes tout lien personnel entre, d'une part, une personne occupant une « **fonction sensible** » au sein de la personne ou entité dont les comptes sont certifiés par le commissaire aux comptes et, d'autre part (CDP art. 32, II) :
– le **commissaire aux comptes** ;
– l'un des « **membres de la direction** » de la société de commissaires aux comptes.

Les liens personnels définis ci-avant sont également incompatibles avec l'exercice de la mission de contrôle légal du commissaire aux comptes lorsqu'ils sont établis entre, d'une part, une personne occupant une « fonction sensible » au sein de la personne ou entité dont les comptes sont certifiés par le commissaire aux comptes et, d'autre part, un **associé** ou un **salarié** du commissaire aux comptes, toute **autre personne** qui participe à la mission de certification, ou un membre du **réseau** auquel appartient le commissaire aux comptes, si l'existence de ces liens amènerait un tiers objectif, raisonnable et informé à conclure que, malgré les mesures de sauvegarde appliquées, l'indépendance du commissaire aux comptes est compromise (CDP art. 32, III).

> La Commission d'éthique professionnelle de la CNCC a rappelé qu'il devait être mis fin le plus vite possible à l'existence de liens personnels et que l'on ne pouvait pas autoriser le membre de l'équipe d'audit en situation d'incompatibilité à intervenir au titre de l'exercice de transition (Bull. CNCC n° 140-2005 p. 737).

2. Incompatibilités résultant de liens financiers.

3737

Le Code de déontologie (art. 26 devenu art. 33 depuis le décret 2020-292 du 21-3-2020) **définit les liens financiers** comme :
(a) l'acquisition ou la détention, directe ou indirecte, d'actions ou de tous autres titres donnant ou pouvant donner accès, directement ou indirectement, au capital ou aux droits de vote de la personne ou de l'entité, sauf lorsqu'ils sont détenus par l'intermédiaire d'organismes de placement collectif diversifiés, y compris de fonds gérés tels que des fonds de pension ou d'assurance sur la vie pour lesquels le détenteur n'a pas le pouvoir d'influer sur la gestion des investissements ;
(b) la détention, directe ou indirecte, d'instruments financiers définis par l'article L 211-1 du Code monétaire et financier, sauf lorsqu'ils sont détenus par l'intermédiaire d'organismes de placement collectif diversifiés, y compris de fonds gérés tels que des fonds de pension ou d'assurance sur la vie pour lesquels le détenteur n'a pas le pouvoir d'influer sur la gestion des investissements ;

> Les instruments financiers définis par l'article L 211-1 du Code monétaire et financier sont :
> – les titres de capital émis par les sociétés par actions ;
> – les titres de créance ;
> – les parts ou actions d'organismes de placement collectif ;
> – les contrats à terme qui figurent sur une liste fixée par décret.

(c) tout dépôt de fonds à terme ;
(d) l'octroi ou le maintien de tout prêt ou avance ;

STATUT DU CONTRÔLEUR LÉGAL   © Éd. Francis Lefebvre

(e) la souscription d'un contrat d'assurance sur la vie ;
(f) l'octroi ou l'obtention de sûretés et garanties.
Parmi les liens financiers définis supra, il convient de distinguer les opérations incompatibles quelles que soient les conditions (opérations mentionnées aux points a et b) et les opérations incompatibles si elles sont réalisées hors conditions habituelles du marché (opérations mentionnées aux points c à f).
Ainsi, les liens financiers mentionnés aux points a et b et, lorsque les opérations n'ont pas été réalisées, ou souscrites, aux conditions habituelles du marché, aux points c, d, e et f sont incompatibles avec l'exercice de la mission de contrôle légal de commissaire aux comptes s'ils sont **établis entre** :
– d'une part, la personne ou l'entité dont les comptes sont certifiés ou une personne ou entité qui la contrôle ou qui est contrôlée par elle au sens des I et II de l'article L 233-3 du Code de commerce ; et
– d'autre part, le commissaire aux comptes, la société de commissaires aux comptes à laquelle il appartient, les associés et les salariés du commissaire aux comptes qui participent à la mission de certification, ou toute autre personne participant à la mission de certification ainsi que les personnes qui leur sont liées.

> Les « **personnes liées** » s'entendent :
> – au sens du 3° du I de l'article 32 du Code de déontologie, à savoir les conjoints, les personnes liées par un pacte civil de solidarité ou les concubins ;
> – au sens du paragraphe 26 de l'article 3 du règlement européen 596/2014 du 16 avril 2014, à savoir :
> • le conjoint ou un partenaire considéré comme l'équivalent du conjoint conformément au droit national,
> • l'enfant à charge conformément au droit national,
> • un parent qui appartient au même ménage depuis au moins un an à la date de la transaction concernée, ou
> • une personne morale, un trust ou une fiducie, ou un partenariat, dont les responsabilités dirigeantes sont exercées par une personne exerçant des responsabilités dirigeantes ou par une personne visée aux points 1, 2 et 3, qui est directement ou indirectement contrôlé(e) par cette personne, qui a été constitué(e) au bénéfice de cette personne, ou dont les intérêts économiques sont substantiellement équivalents à ceux de cette personne.

Les liens financiers mentionnés aux points c, d, e et f sont également incompatibles avec l'exercice de la mission de contrôle légal de commissaire aux comptes lorsqu'ils sont établis entre la personne ou l'entité dont les comptes sont certifiés et le commissaire aux comptes **postérieurement à sa nomination** ou sa désignation (CDP art. 33, II).
Enfin, des incompatibilités sont définies concernant les liens financiers établis par les **membres du réseau** du commissaire aux comptes. Les liens financiers mentionnés aux points a, b, et, lorsque les opérations n'ont pas été réalisées, ou souscrites aux conditions habituelles du marché, aux c, d, e et f sont incompatibles avec l'exercice de la mission de contrôle légal de commissaire aux comptes lorsqu'ils sont établis entre, d'une part, la personne ou l'entité dont les comptes sont certifiés et, d'autre part, les membres du réseau auquel appartient le commissaire aux comptes, les personnes qui contrôlent la société de commissaires aux comptes ou qui sont contrôlées par elle, au sens des I et II de l'article L 233-3 du Code de commerce, si l'existence de ces liens peut amener un **tiers objectif, raisonnable et informé** à conclure que, malgré les mesures de sauvegarde appliquées, l'indépendance du commissaire aux comptes est compromise (CDP art. 33, III).

3738 **3. Incompatibilités résultant de liens professionnels.**
Le Code de déontologie de la profession, dans son article 27, I devenu article 34 depuis le décret 2020-292 du 21 mars 2020, précise qu'il existe un lien professionnel entre deux personnes « lorsqu'elles sont liées par un contrat de travail ou une relation d'affaires qui n'est pas une opération courante conclue à des conditions habituelles de marché ».
Pour définir les incompatibilités résultant de liens professionnels, le Code de déontologie opère les distinctions suivantes (CDP art. 34, II et III) :
– est incompatible avec l'exercice de la mission de contrôle légal de commissaire aux comptes tout lien professionnel entre, d'une part, la personne ou entité dont les comptes sont certifiés ou ses dirigeants et, d'autre part, le **commissaire aux comptes** ou l'un des **membres de la direction** de la société de commissaires aux comptes (voir n° 3735), ainsi que les personnes qui leur sont étroitement liées ;

> Sur la notion de personnes étroitement liées, voir n° 3737.

– est incompatible avec l'exercice de la mission de contrôle légal de commissaire aux comptes tout lien professionnel entre, d'une part, la personne ou entité dont les comptes sont certifiés ou ses dirigeants et, d'autre part, les **associés et salariés** du commissaire aux comptes qui participent à la mission de certification, toute **autre personne** participant à la mission de certification, ainsi que les **personnes qui leur sont étroitement liées**, si l'existence de ce lien amène un tiers objectif, raisonnable et informé à conclure que, malgré les mesures de sauvegarde appliquées, l'indépendance du commissaire aux comptes est compromise.

E. Interdictions liées à la fourniture de services par le commissaire aux comptes ou par son réseau

Définitions et principes

Définition des notions de contrôle et de réseau **Notion de contrôle** Le dispositif légal français prévoit des services interdits pour l'entité d'intérêt public dont les comptes sont certifiés ainsi que pour les entités qu'elle contrôle ou qui la contrôlent au sens des I et II de l'article L 233-3 du Code de commerce.

3739

On rappelle donc que l'article **L 233-3, I** vise la détention directe ou indirecte d'une fraction du capital conférant la majorité des droits de vote dans les assemblées générales, ou la détention de la majorité des droits de vote en vertu d'un accord passé avec d'autres actionnaires et non contraire à l'intérêt de la société, ou la détermination en fait, par les droits de vote détenus, des décisions prises en assemblées générales ou enfin, lorsqu'elle dispose du pouvoir de nommer ou de révoquer la majorité des organes d'administration, de direction ou de surveillance de la société. Quant à l'article **L 233-3, II**, il pose le principe d'une présomption de contrôle lorsque la société dispose directement ou indirectement d'une fraction des droits de vote supérieure à 40 % et qu'aucun autre actionnaire ne détient directement ou indirectement une fraction des droits de vote supérieure à la sienne.

Définition du réseau Les problèmes spécifiques que posent les réseaux en matière de contrôle légal sont pris en compte par le dispositif légal français.

3739
1

Préalablement à toute acceptation d'une mission de certification des comptes et au cours du mandat, le commissaire aux comptes doit pouvoir justifier qu'il appartient ou non à un réseau national ou international, qui n'a pas pour activité exclusive le contrôle légal des comptes et dont les membres ont un intérêt économique commun et qu'il a procédé à l'analyse de la situation (CDP art. 22, al. 1 devenu art. 29, al.1 depuis le décret 2020-292 du 21-3-2020).

Les indices d'appartenance à un réseau sont les suivants (CDP art. 29, al. 2) :
– une direction ou une coordination communes aux niveaux national ou international ;
– des mécanismes conduisant à un partage des revenus, des résultats ou à des transferts de rémunération ou de coûts ;
– la possibilité de commissions versées en rétribution d'apports d'affaires ;
– une dénomination ou un signe distinctif communs ;
– une clientèle commune habituelle liée à des prescriptions réciproques ;
– l'édition ou l'usage de documents destinés au public présentant le groupe ou chacun de ses membres et faisant mention de compétences pluridisciplinaires ;
– l'élaboration ou le développement d'outils techniques communs.

Toutefois, ne constituent pas de tels indices l'élaboration ou le développement d'outils techniques communs lorsqu'ils s'inscrivent dans le cadre d'une association technique ayant pour unique objet l'élaboration ou le développement de ces outils, le partage de connaissances ou l'échange d'expériences.

Cet alinéa, ajouté à l'ancien article 22 du Code de déontologie par le décret du 2 juillet 2008 (devenu art. 29 depuis le décret 2020-292 du 21-3-2020), permet de clarifier la notion d'« association technique » et de sortir ce type d'association du périmètre des réseaux.

Dans sa séance du 18 décembre 2014, le H3C a identifié et promu au rang de **bonne pratique professionnelle** la « pratique professionnelle relative à l'appartenance à un réseau au sens de l'article 22 du Code de déontologie de la profession de commissaire aux comptes ».

Même si la notion de bonne pratique professionnelle est désormais supprimée, cette pratique constitue de la doctrine professionnelle.

Le H3C rappelle que le premier alinéa de l'ancien article 22 du Code de déontologie devenu article 29 approche la notion de réseau au travers de ses caractéristiques, à savoir

STATUT DU CONTRÔLEUR LÉGAL © Éd. Francis Lefebvre

sa pluridisciplinarité, son caractère national ou international et l'existence d'un intérêt économique. Le régulateur précise que cette notion d'**intérêt économique commun** est au cœur de la qualification d'un réseau et constitue une composante nécessaire et suffisante à la qualification de réseau.

La pratique professionnelle détaille également les éléments permettant d'apprécier les indices d'appartenance à un réseau et présente la démarche d'analyse visant à apprécier si un ensemble constitue un réseau.

Le H3C précise notamment que l'appréciation des indices au regard de l'intérêt économique commun doit tenir compte du **caractère significatif des éléments constatés**, notamment sur la base des notions de quantité, de permanence, de durée et de récurrence (BPP précitée § 2).

> Dans certains cas, la présence d'un seul indice peut suffire à caractériser l'existence d'un réseau : tel est le cas le plus souvent de l'usage d'une dénomination commune (BPP précitée § 3.4.2). Dans d'autres cas, la combinaison avec d'autres indices doit être envisagée et appréciée en tenant compte notamment du contexte et de la nature des éléments caractérisant les indices.

En cas de doute sur son appartenance à un réseau, le commissaire aux comptes saisit pour avis le Haut Conseil du commissariat aux comptes (CDP art. 22, al. 4).

> Les avis du H3C constituent également une source pour mieux appréhender la notion de réseau. C'est ainsi que dans un avis du 29 mars 2007, le H3C a constaté, à partir des statuts d'une SAS, d'éléments d'information et de communication tels que la charte graphique, le site Internet, la plaquette de présentation de la société et l'utilisation d'une dénomination commune, l'existence d'un réseau. Cet avis a fait l'objet de commentaires critiques par le professeur Merle (« Des réseaux de commissaires aux comptes – à propos de l'avis rendu par le Haut Conseil du commissariat aux comptes le 29 mars 2007 » : Bull. Joly Sociétés, novembre 2007 p. 1131).
>
> Le H3C a également été interrogé sur l'existence d'un réseau dans une situation où un commissaire aux comptes exerçant en nom propre est associé avec une société d'expertise comptable EC1 au sein d'une société d'expertise comptable EC2 dont ils détiennent respectivement 51 % et 25 % du capital. Pour le H3C, le fait que ces personnes et entités entretiennent des **liens capitalistiques et juridiques** résultant de l'existence d'un contrat de société fait naître un intérêt économique commun et par voie de conséquence une présomption simple d'appartenance à un réseau. Compte tenu du caractère important de la participation du commissaire aux comptes et de la société EC1 dans la société d'expertise comptable EC2, le Haut Conseil a estimé qu'au cas d'espèce le commissaire aux comptes et les sociétés d'expertise comptable EC1 et EC2 constituaient un réseau au sens de l'article 22 du Code de déontologie (Avis H3C 2012-05 du 4-5-2012).

3741 **Principes applicables depuis la réforme européenne de l'audit** **Contexte et textes de référence** L'un des enjeux majeurs de la réforme européenne de l'audit a été de renforcer l'indépendance des auditeurs. À ce titre, de nombreuses mesures ont été prévues par les textes européens dont l'introduction d'une liste de « services autres que d'audit » interdits (voir n°s 3744 s.), l'implication du comité d'audit dans l'approbation des « services autres que d'audit » (voir n°s 3781 s.) et la limitation des honoraires relatifs à ces services (voir n°s 3788 s.).

> Le règlement européen 537/2014 utilise le terme « services autres que d'audit » alors que l'ordonnance 2016-315 du 17 mars 2016 retient la notion de « services autres que la certification des comptes » (**SACC**). Dans le cadre de ce Mémento, nous retiendrons donc cette dernière notion et son abréviation.

En France, l'ordonnance du 17 mars 2016 puis la loi 2019-486 du 22 mai 2019, dite Pacte, ont modifié les dispositions du Code de commerce afférentes à l'indépendance du commissaire aux comptes.

Les **textes de référence** sont les suivants :
– les articles L 822-10 et suivants du Code de commerce ainsi que, pour les EIP, l'article 5 du règlement européen 537/2014 qui définissent les incompatibilités et interdictions imposent l'approbation des SACC par le comité d'audit des EIP et prévoient l'obligation de rotation des associés signataires ;
– l'article L 823-18 du Code de commerce et l'article 4 du règlement européen 537/2014 qui définissent, pour les EIP, les limitations d'honoraires relatifs aux SACC ;
– le Code de déontologie de la profession de commissaire aux comptes modifié par le décret 2020-292 du 21 mars 2020.

3742 **Préalablement à l'entrée en vigueur de la loi dite Pacte**, les dispositions de l'article L 822-11 du Code de commerce avant et après la loi Pacte prévoyaient que le commissaire aux comptes d'une entité pouvait fournir des « services autres que la certification des comptes » si les prestations fournies n'entraient pas dans les services portant atteinte à l'indépendance du commissaire aux comptes, tels que définis par le Code de déontologie, ainsi que, s'agissant des EIP, dans les prestations interdites par l'article 5 précité du règlement européen.

Les **services** non interdits par les textes précités étaient donc **autorisés, sous réserve** :
– qu'ils ne génèrent pas de risque d'autorévision et/ou de perte d'indépendance ;
– et, pour les EIP, qu'un processus d'approbation par le comité d'audit soit mis en œuvre.

La **loi dite Pacte** ajuste ce dispositif pour les commissaires aux comptes certifiant les comptes d'une **entité non-EIP** ainsi que les membres de leur réseau puisqu'elle supprime la notion de liste de services interdits précédemment retenue par l'article L 822-11 du Code de commerce. Dorénavant, le III de l'article L 822-11 du Code de commerce généralise l'approche risque/sauvegarde : il est interdit d'accepter ou de maintenir une mission de certification lorsqu'il existe un risque d'autorévision ou lorsque l'indépendance du commissaire aux comptes est compromise et que des mesures de sauvegarde appropriées ne peuvent être mises en œuvre (voir n° 3748).

Pour les **EIP**, la définition d'une liste de services interdits est maintenue et circonscrite aux prestations interdites par le règlement européen : les interdictions qui avaient été ajoutées par le législateur français sont désormais supprimées (voir n° 3745).

En outre, une approche risque/sauvegarde s'applique concernant les services qui ne sont pas dans la liste des services interdits par le règlement européen afin d'analyser les risques de perte d'indépendance et d'autorévision ainsi que les mesures de sauvegarde pouvant être mises en œuvre.

Le décret 2020-292 du 21 mars 2020 a permis de prendre en compte les incidences de la loi Pacte dans le Code de déontologie de la profession.

Nous détaillerons tout d'abord les interdictions applicables lorsque le commissaire aux comptes certifie les comptes des entités d'intérêt public (voir n°s 3744 s.) puis la nécessaire identification et analyse des risques de perte d'indépendance du commissaire aux comptes ainsi que l'application de mesures de sauvegarde appropriées (voir n°s 3748 et 3755 s.). **3743**

Services interdits pour la certification des comptes des entités d'intérêt public

Pour les EIP, le dispositif prévoit : **3744**
– des services que le commissaire aux comptes et les membres de son réseau ont l'interdiction de fournir sur l'exercice précédant celui de l'acceptation du mandat : voir n° 3744-1 ;
– des services que le commissaire aux comptes et les membres de son réseau ont l'interdiction de fournir à l'entité dont les comptes sont certifiés et aux entités de sa chaîne de contrôle situées dans l'UE : voir n° 3745 ;

Une dérogation reste cependant possible concernant les services fournis par les membres du réseau dans un autre État membre de l'UE autorisant certains services interdits en France : voir n° 3746.

– une approche par les risques pour les services fournis par les membres du réseau à des entités non situées dans l'UE et contrôlées par l'EIP avec toutefois trois catégories de prestations interdites : voir n° 3747.

Ce dispositif peut se synthétiser comme suit en considérant, d'une part, les services interdits pour le commissaire aux comptes et son réseau et, d'autre part, les entités auxquelles ces services ne peuvent être fournis :

	EIP	Chaîne de contrôle (*) de l'EIP dans l'UE
Interdictions pour le commissaire aux comptes	11 services interdits par l'article 5.1 du règlement européen (*C. com. art. L 822-11, II, al. 1*) Voir n° 3745	

	EIP	Chaîne de contrôle (*) de l'EIP dans l'UE	Entités contrôlées par l'EIP hors UE
Interdiction pour les membres du réseau	11 services interdits par l'article 5.1 du règlement européen avec une dérogation possible pour certains services fournis à la chaîne de contrôle dans l'UE (*C. com. art. L 822-11, II, al. 1 et 2*) Voir n°s 3745 et 3746		3 services interdits par l'article 5.5 du règlement européen (*C. com. art. L 822-11-1, I*) Voir n° 3747

(*) Personnes ou entités qui contrôlent l'entité ou qui sont contrôlées par elle, au sens des I et II de l'article L 233-3 du Code de commerce.

STATUT DU CONTRÔLEUR LÉGAL © Éd. Francis Lefebvre

3744 **Interdictions relatives aux prestations réalisées sur l'exercice précédant**
1 **celui de l'acceptation du mandat EIP** Il est interdit au commissaire aux comptes d'accepter une mission de certification auprès d'une EIP, lorsqu'au cours de l'exercice précédant celui dont les comptes doivent être certifiés, ce dernier ou tout membre du réseau auquel il appartient a fourni, directement ou indirectement, les **services mentionnés au e du paragraphe 1 de l'article 5 du règlement** européen 537/2014 du 16 avril 2014 (C. com. art. L 822-11, I) :

– à l'entité d'intérêt public ;
– ou aux personnes ou entités qui la contrôlent ou qui sont contrôlées par elle **dans l'Union européenne**, au sens des I et II de l'article L 233-3 du Code de commerce.
Les services visés sont la conception et la mise en œuvre de procédures de contrôle interne ou de gestion des risques en rapport avec la préparation et/ou le contrôle de l'information financière ou la conception et la mise en œuvre de systèmes techniques relatifs à cette même information.
Cette interdiction est reprise au II de l'article 22 du Code de déontologie.

3745 **Services interdits pour le commissaire aux comptes de l'EIP et son réseau**
– EIP auditée et sa chaîne de contrôle dans l'UE Il est interdit au commissaire aux comptes et aux membres du réseau auquel il appartient de fournir, directement ou indirectement, les **services mentionnés** au paragraphe 1 de l'**article 5 du règlement européen** 537/2014 du 16 avril 2014 (C. com. art. L 822-11, II, al. 1 modifié par la loi dite Pacte et entré en vigueur le 24-5-2019) :

– à l'entité d'intérêt public dont les comptes sont certifiés ;
– et aux personnes ou entités qui la contrôlent ou qui sont contrôlées par elle, au sens des I et II de l'article L 233-3 du Code de commerce, et dont le siège social est situé dans l'Union européenne.

Sur la notion de contrôle au sens des I et II de l'article L 233-3, voir n° 3739.

Les services interdits par le paragraphe 1 de l'**article 5 du règlement** sont les suivants :
« a) les services fiscaux portant sur :
i) l'établissement des déclarations fiscales,
ii) l'impôt sur les salaires,
iii) les droits de douane,
iv) l'identification des subventions publiques et des incitations fiscales, à moins qu'une assistance de la part du contrôleur légal des comptes ou du cabinet d'audit pour la fourniture de ces services ne soit requise par la loi,
v) l'assistance lors de contrôles fiscaux menés par les autorités fiscales, à moins qu'une assistance de la part du contrôleur légal des comptes ou du cabinet d'audit lors de ces contrôles ne soit requise par la loi,
vi) le calcul de l'impôt direct et indirect ainsi que de l'impôt différé,
vii) la fourniture de conseils fiscaux ;
b) des services qui supposent d'être associé à la gestion ou à la prise de décision de l'entité contrôlée ;
c) la comptabilité et la préparation de registres comptables et d'états financiers ;
d) les services de paie ;
e) la conception et la mise en œuvre de procédures de contrôle interne ou de gestion des risques en rapport avec la préparation et/ou le contrôle de l'information financière ou la conception et la mise en œuvre de systèmes techniques relatifs à l'information financière ;
f) les services d'évaluation, notamment les évaluations réalisées en rapport avec les services actuariels ou les services d'aide en cas de litige ;
g) les services juridiques ayant trait à :
i) la fourniture de conseils généraux,
ii) la négociation au nom de l'entité contrôlée, et
iii) l'exercice d'un rôle de défenseur dans le cadre de la résolution d'un litige ;
h) les services liés à la fonction d'audit interne de l'entité contrôlée ;
i) les services liés au financement, à la structure, ainsi qu'à l'allocation des capitaux et à la stratégie d'investissement de l'entité contrôlée, sauf en ce qui concerne la fourniture de services d'assurances en rapport avec les états financiers, telle que l'émission de lettres de confort en lien avec des prospectus émis par l'entité contrôlée ;
j) la promotion, le commerce ou la souscription de parts de l'entité contrôlée ;

k) les services de ressources humaines ayant trait :

i) aux membres de la direction en mesure d'exercer une influence significative sur l'élaboration des documents comptables ou des états financiers faisant l'objet du contrôle légal des comptes, dès lors que ces services englobent :

– la recherche ou la sélection de candidats à ces fonctions, ou

– la vérification des références des candidats à ces fonctions,

ii) à la structuration du modèle organisationnel, et

iii) au contrôle des coûts ».

Depuis le 24 mai 2019, la loi 2019-486, dite « Pacte », a modifié le II de l'article L 822-11 du Code de commerce afin de limiter les interdictions applicables au commissaire aux comptes d'une EIP et à son réseau à celles édictées par le règlement européen. Les services interdits qui avaient été ajoutés par le législateur français à la suite de la transposition de la réforme européenne de l'audit, et détaillés à l'article 10 du Code de déontologie du 12 avril 2017, ont été supprimés.

En outre, le Code de déontologie a été mis à jour par le décret 2020-292 du 21 mars 2020 afin de prendre en compte les incidences de la loi dite « Pacte ».

Dans tous les cas, en dehors des services interdits prévus par l'article 5 du règlement précité, le commissaire aux comptes doit mener une **analyse « risque/sauvegarde »** conformément aux dispositions de l'article 5 du Code de déontologie pour déterminer s'il peut ou non fournir un service (voir n° 3755 s.).

S'agissant plus particulièrement des missions de **commissariat aux apports** ou de **commissariat à la fusion**, la Commission d'éthique professionnelle a conclu à une présomption forte d'incompatibilité avec la mission de commissariat aux comptes dans une entité qui n'est pas une EIP compte tenu des risques sur l'indépendance du commissaire aux comptes (voir n° 3751).

Cette analyse est à notre avis transposable lorsque l'entité est une EIP.

Pour ce qui est du maniement de fonds, la CEP considère qu'il existe une présomption d'incompatibilité qui est cependant réfutable sous réserve d'une analyse documentée (voir n° 3751).

Cette analyse est à notre avis transposable lorsque l'entité est une EIP.

Dérogation pour les membres du réseau dans l'UE Les dispositions du II de l'article L 822-11 du Code de commerce ont été modifiées par la loi 2016-1691 du 9 décembre 2016 (loi Sapin 2) afin de limiter leur portée extraterritoriale et de résoudre les problématiques liées aux différentes options prises par les États membres de l'Union européenne concernant les services interdits.

3746

Une **dérogation** est ainsi introduite pour les **membres du réseau** auquel appartient le commissaire aux comptes qui sont établis dans un État membre de l'Union européenne, ces derniers ayant la faculté de fournir, dans un autre État membre, des services interdits en France mais autorisés dans cet autre État membre.

La mise en œuvre de cette dérogation nécessite le respect des éléments ci-après :

Membres du réseau concernés :	Les membres du réseau du commissaire aux comptes qui sont établis dans un État membre de l'**Union européenne**.
Entités à qui sont fournis les services :	Une personne ou une entité qui **contrôle** ou qui est contrôlée par l'entité d'intérêt public, au sens des I et II de l'article L 233-3, et dont le siège social est situé dans l'**Union européenne**.
Nature des services concernés :	Possibilité de fournir les services mentionnés aux i et iv à vii du a et au f du 1 de l'article 5 du règlement européen 537/2014 du 16 avril 2014 dans un **État membre qui les autorise** (fourniture des **services fiscaux et d'évaluation**)
Conditions :	Le commissaire aux comptes **analyse les risques** pesant sur son indépendance et applique les mesures de sauvegarde appropriées.

Ces services doivent en tout état de cause faire l'objet d'une **approbation par le comité d'audit** conformément aux dispositions de l'article L 822-11-2 du Code de commerce (voir n°s 3781 s.).

Par ailleurs, lorsque des services fiscaux et d'évaluation interdits en France mais autorisés sur option dans d'autres États membres sont fournis par le réseau du commissaire aux comptes, l'appréciation de leur effet sur les états financiers contrôlés doit être documentée et expliquée de manière complète dans le **rapport destiné au comité d'audit** (article 5.3 b) du règlement européen 537/2014) (voir n° 26502).

STATUT DU CONTRÔLEUR LÉGAL © Éd. Francis Lefebvre

3747 **Services fournis par le réseau à des entités contrôlées hors UE** Pour les entités contrôlées au sens des I et II de l'article L 233-3 du Code de commerce par l'EIP dont les comptes sont certifiés par le commissaire aux comptes, et dont le siège est situé hors de l'Union européenne, l'article 5 du règlement et le I de l'article L 822-11-1 du même code définissent les prestations interdites pour les membres du réseau ainsi que les situations nécessitant une analyse des risques de perte d'indépendance et la mise en œuvre de mesures de sauvegarde.

En application du 5.5. du règlement, les situations suivantes sont toujours considérées comme une **atteinte à l'indépendance du commissaire aux comptes qui ne peut être atténuée par des mesures de sauvegarde** (interdictions irréfragables) :
– être associé au processus décisionnel de l'entité contrôlée ; et
– soit fournir des services de comptabilité ou de préparation de registres comptables et d'états financiers ;
– soit fournir des services de conception ou de mise en œuvre de procédures de contrôle interne ou de gestion des risques en rapport avec la préparation et/ou le contrôle de l'information financière, ou conception et mise en œuvre de systèmes techniques relatifs à l'information financière.

Pour les **autres services**, le commissaire aux comptes doit apprécier si son indépendance est éventuellement affectée par le service rendu, au regard des grands principes déontologiques de l'indépendance. Si son indépendance est affectée, il prend, le cas échéant, des **mesures de sauvegarde** afin d'atténuer les risques causés par cette prestation de services dans un pays tiers. S'il ne peut justifier que cette prestation de services n'influe ni sur son jugement professionnel, ni sur le rapport d'audit, soit la prestation de services ne peut être rendue, soit le commissaire aux comptes doit démissionner.

Voir également n° 3785.

Approche risque/sauvegarde pour les personnes ou entités qui ne sont pas des entités d'intérêt public

3748 **Approche « risque/sauvegarde »** Selon la nouvelle rédaction du III de l'article L 822-11 du Code de commerce, applicable depuis le 24 mai 2019, il est interdit au commissaire aux comptes d'accepter ou de poursuivre une mission de certification auprès d'une personne ou d'une entité qui n'est pas une entité d'intérêt public lorsqu'il existe un **risque d'autorévision** ou que son **indépendance** est compromise et que des **mesures de sauvegarde** appropriées ne peuvent être mises en œuvre.

Les dispositions du Code de commerce ne définissent donc plus de liste de services interdits pour les non-EIP et l'ancien article 10-1 du Code de déontologie qui listait ces services interdits a été abrogé dans le nouveau Code de déontologie mis à jour par le décret 2020-292 du 21 mars 2020 (sur la possibilité de réaliser les services antérieurement interdits, voir n° 3750).

En l'absence de liste de services interdits pour les entités non-EIP, le commissaire aux comptes doit mener une **analyse « risque/sauvegarde »** pour déterminer s'il peut ou non fournir un service. Il analyse la situation ainsi que la mission ou la prestation qu'il souhaite réaliser, ou que son réseau souhaite réaliser, afin d'identifier si le fait de réaliser cette mission ou de fournir cette prestation génère un risque d'autorévision ou d'atteinte à l'indépendance. Si un tel risque existe, le commissaire aux comptes doit prendre les mesures de sauvegarde appropriées en vue soit d'éliminer la cause, soit d'en réduire les effets à un niveau suffisamment faible pour que son indépendance ne risque pas d'être affectée et pour permettre l'acceptation ou la poursuite de la mission ou de la prestation. Si aucune mesure de sauvegarde n'est appropriée, il doit en tirer les conséquences et refuser de fournir le service ou la prestation (CDP art. 5, II et III modifié par le décret du 21-3-2020).

L'approche « risque/sauvegarde » est donc systématiquement mise en œuvre par le commissaire aux comptes.

Pour plus de détails concernant les situations à risques et les mesures de sauvegarde, voir n°s 3755 s.

Lorsqu'il rend une prestation à une entité dont il certifie les comptes, le commissaire aux comptes documente dans son dossier de travail l'analyse des risques d'autorévision ou de perte d'indépendance qu'il en a faite ainsi que, le cas échéant, les mesures de sauvegarde mises en œuvre pour garantir son indépendance (C. com. art. R 823-10).

En tout état de cause, conformément aux dispositions de l'article 17 du Code de déontologie, le commissaire aux comptes respecte le monopole des autres professions. Tel est le cas par exemple du monopole de la profession d'avocat.

Services qui faisaient auparavant l'objet d'interdictions strictes pour les entités non EIP Dans le contexte de la suppression par la loi dite Pacte de la liste des services interdits pour les entités qui ne sont pas des EIP, la Commission d'éthique professionnelle (CEP) de la CNCC a été saisie sur la possibilité pour un commissaire aux comptes de fournir ces services, auparavant interdits, concomitamment à la mission de certification des comptes. Les réponses apportées distinguent les deux situations suivantes (Bull. CNCC n° 202-2021 – Questions/réponses relatives au Code de déontologie post Pacte – Mise en œuvre de l'analyse « risque/sauvegarde » pour les entités non EIP : Nouvelles offres et services auparavant interdits, avril 2021) :

3750

– les services sont réalisés **pour l'entité non EIP** dont les comptes sont certifiés (voir n° 3751) ;
– les services sont réalisés **pour une entité contrôlée par l'entité non EIP** dont les comptes sont certifiés mais le commissaire aux comptes n'a pas de mission de certification légale dans cette entité contrôlée (voir n° 3752).

Pour chacun des services envisagés, la CEP analyse le risque d'autorévision et/ou les autres risques sur l'indépendance du commissaire aux comptes et étudie les différentes mesures de sauvegarde qui peuvent être mises en place afin de supprimer ces risques ou d'en réduire les effets à un niveau suffisamment faible pour que l'indépendance du commissaire aux comptes ne risque pas d'être affectée.

> La CEP étend également son analyse à des prestations proches des services précédemment interdits telles que l'établissement des feuilles de paie, de la liasse fiscale ou de l'annexe aux comptes.

Les conclusions présentées par la CEP aboutissent soit à une incompatibilité, soit à une forte présomption d'incompatibilité, soit à une présomption d'incompatibilité. Nous vous proposons ci-après un tableau de synthèse des conclusions formulées par la commission :

Nature des services	Services réalisés pour l'entité non EIP dont les comptes sont certifiés (voir n° 3751)	Services réalisés pour une entité contrôlée par l'entité non EIP dont les comptes sont certifiés (voir n° 3752)
Production de l'annexe des comptes	Incompatible [1]	Présomption d'incompatibilité [3]
Production de la liasse fiscale	Présomption forte d'incompatibilité [2]	Présomption d'incompatibilité [3]
Production des feuilles de paie et des déclarations sociales	Incompatible [1]	Présomption d'incompatibilité [3]
Commissaire aux apports ou commissaire à la fusion	Présomption forte d'incompatibilité [2]	Présomption forte d'incompatibilité [2]
Prestations d'externalisation (prise en charge, partielle ou totale, en toute autonomie, d'une activité ou d'une fonction en principe assumée par l'entreprise)	Présomption forte d'incompatibilité [2]	Présomption d'incompatibilité [3]
Maniement de fonds	Présomption d'incompatibilité [3]	Présomption d'incompatibilité [3]
Séquestre de fonds	Présomption forte d'incompatibilité [2]	Présomption forte d'incompatibilité [2]

(1) Autorévision et/ou risque de perte d'indépendance, aucune mesure de sauvegarde appropriée.
(2) Risque d'autorévision ou de perte d'indépendance fort et la CEP n'a pas identifié de mesures de sauvegarde appropriées.
(3) Risque d'autorévision ou de perte d'indépendance réfutable sous réserve d'une analyse documentée et de la mise en œuvre de mesures de sauvegarde appropriées.

Les avis de la CEP sont émis **sous réserve d'avis contraire du H3C** qui serait exprimé sur des questions de principes postérieurement à ceux de la CEP (CNCC, Questions/réponses précitées, avril 2021).

Lorsque les services listés dans le tableau ci-avant sont **réalisés pour l'entité non EIP** dont le commissaire aux comptes certifie les comptes, la Commission d'éthique professionnelle conclut de la manière suivante quant à l'incompatibilité avec la mission de certification légale des comptes (CNCC, Questions/réponses précitées, avril 2021) :
– **la production de l'annexe des comptes** : la CEP considère que ce service est incompatible. En effet, l'annexe faisant partie intégrante des comptes qui sont soumis au contrôle

3751

STATUT DU CONTRÔLEUR LÉGAL　　　　　　　　　© Éd. Francis Lefebvre

et à la certification du commissaire aux comptes, le risque d'autorévision est très significatif ;

– **la production de la liasse fiscale** : la Commission estime qu'il existe une présomption forte d'incompatibilité. En effet, l'établissement de la liasse fiscale n'est pas seulement un exercice de compilation : l'arrêté des comptes et l'établissement de la liasse fiscale sont très liés notamment du fait de l'interconnexion entre la comptabilité et la fiscalité. Par conséquent, la CEP conclut à l'existence d'un risque d'autorévision direct ou indirect ;

– **la production de feuilles de paie et des déclarations sociales** : la CEP analyse ce service comme incompatible. Les feuilles de paie ayant un lien direct avec la comptabilité que ce soit au travers de la comptabilisation des salaires, des charges sociales ou des congés payés, il existe donc a priori un risque d'autorévision ;

> Pour les trois services précités, à savoir la production de l'annexe des comptes, la production de la liasse fiscale et la production de feuilles de paie, la CEP ajoute que le risque d'autorévision est si important qu'une analyse concernant les autres risques sur l'indépendance du commissaire aux comptes est inutile : en effet, ces services concernent l'établissement d'une information incluse dans les comptes soumis à certification.

– **le commissaire aux apports ou commissaire à la fusion** : la CEP considère qu'il existe une présomption forte d'incompatibilité et que ces deux missions font peser un risque sur l'indépendance du commissaire aux comptes. Elle précise que la mission du commissaire aux apports (ou du commissaire à la fusion) est initiée par l'une des parties prenantes, en présence, le plus souvent, d'actionnaires minoritaires et elle identifie les risques suivants :
• risque sur la capacité à émettre une opinion sans parti pris compte tenu de la responsabilité du commissaire aux apports (ou du commissaire à la fusion) sur la valeur des apports,
• risque de conflit d'intérêts notamment pour le commissaire à la fusion statuant sur l'équité du rapport d'échange.
Elle rappelle en outre la responsabilité pénale du commissaire aux apports en cas de surévaluation des apports ;

– **les prestations d'externalisation** (prise en charge, totale ou partielle, en toute autonomie, d'une activité ou d'une fonction qui est en principe assumée par l'entreprise) : la CEP considère qu'il existe une présomption forte d'incompatibilité. Un risque d'autorévision peut exister lorsque la prestation conduit le commissaire aux comptes à être partie prenante du contrôle interne de l'entité. Par ailleurs, ces prestations créent un risque sur l'indépendance du commissaire aux comptes. En effet, dès lors que le prestataire prend en charge la réalisation en toute autonomie de tout ou partie des opérations relatives à une activité ou une fonction de l'entreprise et en assume la gestion continue, cela le conduit à être associé, en réalité ou en apparence, à la gestion ou à la prise de décision de l'entité contrôlée ;

– **le maniement de fonds** : la CEP considère qu'il existe une présomption d'incompatibilité qui est cependant réfutable sous réserve d'une analyse documentée. La représentation du client induite par cette prestation crée un risque sur l'apparence d'indépendance du commissaire aux comptes. Par ailleurs, la conservation de l'actif et la réalisation d'opérations sur cet actif créent un risque d'être associé à la gestion de l'entreprise ;

– **le séquestre de fonds** : la CEP considère qu'il existe une présomption forte d'incompatibilité. Que ce soit dans le cadre d'un litige ou dans un contexte conventionnel, il existe pour la Commission un risque sur l'indépendance du commissaire aux comptes du fait des pressions de l'une ou l'autre des parties afin de libérer les fonds séquestrés, un risque de conflit d'intérêts et un risque d'être associé à la gestion de l'entreprise.

Pour l'ensemble des services décrits ci-dessus, la CEP indique qu'**aucune mesure de sauvegarde** ne peut supprimer ou réduire suffisamment les effets des risques d'autorévision et/ou de perte d'indépendance du commissaire aux comptes. Ainsi, l'intervention d'un **membre du réseau ou d'une équipe différente** de celle de l'audit des comptes ne permettrait pas de réduire suffisamment le risque.

En tout état de cause, si le commissaire aux comptes souhaite tout de même fournir la prestation, il devra réfuter la présomption d'incompatibilité en documentant son analyse dans son **dossier de travail** (CNCC, Questions/réponses précitées, avril 2021).

3752 La Commission d'éthique professionnelle analyse les mêmes services que ceux présentés ci-avant lorsqu'ils sont réalisés **pour une entité contrôlée par l'entité non EIP** dont les comptes sont certifiés mais que le commissaire aux comptes n'a pas de mission de certification légale dans cette entité contrôlée. Elle conclut qu'il existe soit une présomption forte d'incompatibilité, soit une présomption simple d'incompatibilité, selon le détail exposé ci-après (CNCC, Questions/réponses précitées, avril 2021) :

> Lorsqu'il existe une présomption simple d'incompatibilité, la présomption est réfutable sous réserve de l'analyse des faits et circonstances et sous réserve de mettre en œuvre des mesures de sauvegarde appropriées permettant de réduire le risque à un niveau acceptable.

– la **production de l'annexe** des comptes : la CEP considère qu'il existe une présomption d'incompatibilité de ce service qui peut être réfutée sous réserve d'une analyse documentée. Le commissaire aux comptes doit analyser les risques d'autorévision et/ou sur son indépendance en prenant en compte les faits et les circonstances spécifiques tels que :
• les informations de l'annexe des comptes de l'entité reprises dans l'annexe des comptes de l'entité auditée (comptes consolidés, litiges, risques significatifs...),
• le poids et la place au sein du groupe de l'entité par rapport à l'entité auditée,
• l'existence de litiges,
• l'existence de dirigeants communs,
• l'existence de comptes consolidés audités par le commissaire aux comptes,
• le volume des honoraires, etc. ;

> En fonction du risque, le commissaire aux comptes peut déterminer des mesures de sauvegarde appropriées permettant soit de supprimer le risque d'autorévision et/ou sur son indépendance, soit d'en réduire suffisamment les effets.

– la **production de la liasse fiscale** : la CEP considère qu'il existe une présomption d'incompatibilité de ce service qui peut être réfutée sous réserve d'une analyse documentée. Le commissaire aux comptes doit analyser les risques d'autorévision et/ou sur son indépendance en prenant en compte les faits et les circonstances spécifiques tels que :
• l'existence d'un groupe d'intégration fiscale,
• le poids et la place de l'entité,
• le volume des honoraires,
• l'existence de comptes consolidés audités par le commissaire aux comptes, etc. ;

> En fonction du risque, le commissaire aux comptes peut déterminer des mesures de sauvegarde appropriées permettant de supprimer le risque d'autorévision et/ou sur son indépendance ou d'en réduire suffisamment les effets.

– la **production de feuilles de paie et des déclarations sociales** : la CEP considère qu'il existe une présomption d'incompatibilité de ce service qui peut être réfutée sous réserve d'une analyse documentée. Pour la Commission, il existe un risque d'autorévision si des comptes consolidés sont établis et audités par le commissaire aux comptes : le risque d'autorévision est à mesurer en fonction de la taille de l'entité, du nombre de salariés concernés et du poids des salaires de la filiale dans les comptes consolidés ;

> En fonction du risque, le commissaire aux comptes peut déterminer des mesures de sauvegarde appropriées permettant soit de supprimer le risque d'autorévision et/ou sur son indépendance, soit d'en réduire suffisamment les effets.

– le **commissaire aux apports ou commissaire à la fusion** : la CEP considère qu'il existe une présomption forte d'incompatibilité. L'analyse menée est identique à celle présentée supra : voir nº 3751 ;

> Pour ce service, la CEP indique qu'aucune mesure de sauvegarde ne peut être envisagée. En effet, l'intervention d'un membre du réseau ou d'une équipe différente de celle de l'audit ne constitue pas des mesures de sauvegarde permettant de réduire suffisamment le risque d'autorévision.

– les **prestations d'externalisation** (prise en charge, totale ou partielle, en toute autonomie, d'une activité ou d'une fonction qui est en principe assumée par l'entreprise) : la CEP considère qu'il existe une présomption d'incompatibilité qui peut être réfutée sous réserve d'une analyse documentée. La Commission identifie que le risque d'autorévision peut exister en fonction de la prestation fournie. Elle précise également que des risques sur l'indépendance du commissaire aux comptes peuvent exister lorsque ce dernier prend en charge la réalisation en toute autonomie de tout ou partie des opérations relatives à une activité ou une fonction de l'entreprise et en assume la gestion continue. En effet, cela conduit le commissaire aux comptes à être associé, en réalité ou en apparence, à la gestion ou à la prise de décision de l'entité contrôlée. En fonction du risque, le commissaire aux comptes pourra mettre en œuvre la ou les mesures de sauvegarde appropriées. S'agissant d'une entité contrôlée par l'entité non EIP, si sa gouvernance est indépendante de celle de l'entité non EIP dont les comptes sont certifiés, le commissaire aux comptes évalue la possibilité de prendre la ou les mesures de sauvegarde appropriées, telles que :
• travaux non effectués par le commissaire aux comptes,

STATUT DU CONTRÔLEUR LÉGAL © Éd. Francis Lefebvre

• travaux effectués par du personnel autre que l'équipe d'audit,
• intervention d'un tiers auditeur (par exemple, cocommissaire aux comptes).
S'il existe un risque d'autorévision et un risque pesant sur son indépendance, la CEP précise que le commissaire aux comptes devra se demander si un tiers ne pourrait pas conclure que, au moins en apparence, son indépendance est compromise ;
– le **maniement de fonds** : la CEP considère qu'il existe une présomption d'incompatibilité qui peut être réfutée sous réserve d'une analyse documentée. La Commission précise que le risque sur l'indépendance du commissaire aux comptes doit être analysé en fonction de certains faits et circonstances. Le commissaire aux comptes doit être attentif aux éléments suivants :
• la nature des opérations réalisées,
• l'aspect significatif de l'opération de maniement de fonds,
• la place dans le groupe de l'entité dont il certifie les comptes par rapport à celle qui lui demande de rendre la prestation,
• l'existence de dirigeants communs entre la société dont il certifie les comptes et celle qui lui demande de rendre la prestation.
La CEP estime qu'il existe une présomption de perte d'indépendance si le maniement de fonds implique des interactions avec l'entité dont le commissaire aux comptes certifie les comptes ;

> Pour le maniement de fonds, la CEP ajoute que des mesures de sauvegarde peuvent être envisagées et que la ou les mesures de sauvegarde appropriées sont à déterminer en fonction du risque analysé par le commissaire aux comptes.

– le **séquestre de fonds** : la CEP considère qu'il existe une présomption forte d'incompatibilité. L'analyse menée est identique à celle présentée supra : voir n° 3751.

> Pour le séquestre de fonds, la CEP indique qu'aucune mesure de sauvegarde ne peut être envisagée. En effet, l'intervention d'un membre du réseau ou d'une équipe différente de celle de l'audit ne constitue pas des mesures de sauvegarde permettant de réduire suffisamment le risque d'autorévision.

3753 **Analyse des nouvelles offres** La Commission d'éthique professionnelle a été saisie de questions sur la possibilité pour un commissaire aux comptes de fournir certains services et attestations **concomitamment à la mission de certification** des comptes d'une entité non-EIP et notamment les nouvelles offres de la profession présentées par la CNCC à la suite de la loi Pacte (audit contractuel, nouvelles missions contractuelles de diagnostic/recommandations et d'attestations).
Ces nouvelles offres sont définies dans un catalogue disponible sur le site de la CNCC : https://www.cncc.fr/cac-rebond/nouvelles-offres/
La Commission d'éthique professionnelle a réalisé une analyse sur la base du descriptif de la mission et des livrables définis par la CNCC et rappelés dans son tableau d'analyse (CNCC – Avril 2021 – Questions/réponses relatives au Code de déontologie post Pacte). Elle estime, en faisant application de l'approche « risque/sauvegarde », que, sur les offres examinées, 18 nouvelles offres peuvent être fournies concomitamment à une mission légale de certification des comptes dans une entité non EIP (présomption d'absence d'incompatibilité) avec toutefois des limites et des points de vigilance à prendre en considération par le commissaire aux comptes dans l'exercice de ces nouvelles offres.

> La CNCC analyse par exemple la réalisation d'une **attestation sous forme négative de la présentation sincère des données financières prévisionnelles ou des données d'un** *business plan*, sur la base de la mise en œuvre des diligences suivantes :
> – prise de connaissance des données relatives au secteur d'activité et en particulier les prévisions économiques et les aspects relatifs à la concurrence ;
> – prise de connaissance et évaluation de la qualité des informations prises en compte pour établir les données prévisionnelles, en particulier sur le chiffre d'affaires (contrats, commandes...), sur la structure des fonds propres et de financements (engagements d'apports d'actionnaires, subventions reçues...) ;
> – appréciation de la vraisemblance des hypothèses retenues pour l'élaboration des données prévisionnelles ;
> – vérification de la fiabilité des données comptables servant de base aux projections ;
> – vérification que les informations prévisionnelles respectent bien les hypothèses décrites et que les calculs ont été correctement effectués ;
> – restitution orale et écrite auprès de l'entité.
> Elle conclut à une présomption d'absence d'incompatibilité de l'intervention décrite ci-avant avec la mission de certification des comptes avec toutefois deux points de vigilance :
> – le commissaire aux comptes ne doit pas se prononcer sur la faisabilité des prévisions ;
> – les données prévisionnelles et le *business plan* doivent être établis par l'entité, sous sa responsabilité.

Pour plus de détails sur l'analyse des **autres offres** définies par la CNCC, telles que rappelées ci-après, voir CNCC – Avril 2021 – Questions/réponses relatives au Code de déontologie post Pacte :
- évaluation de l'efficacité du contrôle interne comptable et financier ;
- audit financier contractuel ;
- attestation des ratios financiers ;
- diagnostic de la solvabilité ;
- attestation de l'utilisation des fonds reçus conformément à leur objet ;
- examen du respect des délais de paiement ;
- attestation de la conformité sociale ;
- vérification du respect de dispositions liées à la forme juridique de l'entité ;
- vérification du respect de dispositions réglementaires propres à l'exercice d'une activité ;
- appréciation de la conformité d'un processus à un référentiel ;
- appréciation de la conformité des dispositifs de lutte contre le blanchiment des capitaux et le terrorisme ;
- appréciation de la conformité des dispositifs de lutte contre la corruption ;
- attestation de données extra-financières : responsabilité sociétale de l'entité ;
- analyse de l'exposition et de la maturité de l'entité face aux risques cyber ;
- analyse des dispositifs RGPD ;
- audit des systèmes d'information ;
- analyse des conditions de fonctionnement d'un processus.

Lorsque le service envisagé diffère de la description donnée par la CNCC, une nouvelle analyse doit être conduite pour s'assurer que l'indépendance du commissaire aux comptes n'est pas compromise. Cette analyse doit être réalisée sur les risques et sur les mesures de sauvegarde susceptibles d'être mises en œuvre le cas échéant.

La Commission attire l'attention sur le fait que la mise en œuvre des recommandations n'est pas prévue dans les nouvelles offres. Une telle mise en œuvre générerait, dans la plupart des cas, une présomption forte d'incompatibilité compte tenu du risque d'autorévision.

La CNCC rappelle que ces analyses doivent être **adaptées aux faits et circonstances** spécifiques aux situations rencontrées par le commissaire aux comptes et peuvent le conduire à une conclusion différente.

Dans tous les cas, le commissaire aux comptes doit faire preuve de **jugement professionnel** et la position retenue, les éléments qui ont conduit à la conclusion et l'efficacité des mesures de sauvegarde mises en œuvre devront être **documentés** dans le dossier.

Organisation spécifique du commissaire aux comptes membre d'un réseau   3754
Le Code de déontologie exige des commissaires aux comptes appartenant à un réseau national ou international, qui n'a pas pour activité exclusive le contrôle légal des comptes et dont les membres ont un intérêt économique commun, de mettre en place une organisation et des procédures leur permettant d'être **informés de la nature et du prix des prestations** fournies ou susceptibles d'être fournies par l'ensemble des membres du réseau à toute personne ou entité dont ils certifient les **comptes** ainsi qu'aux personnes ou entités qui la contrôlent ou qui sont contrôlées par elle au sens des I et II de l'article L 233-3 du Code de commerce *(CDP art. 23 devenu art. 30 depuis le décret 2020-292 du 21-3-2020)*.

F. Situations à risque et mesures de sauvegarde

Identification et traitement des risques   Outre les situations d'incompatibilités   3755
et d'interdictions décrites précédemment, le Code de déontologie de la profession prévoit l'identification et le traitement par le commissaire aux comptes des « risques » devant le conduire à prendre immédiatement des mesures de sauvegarde appropriées *(CDP art. 11 devenu art. 19 avec l'entrée en vigueur des dispositions du décret 2020-292 du 21-3-2020)*. Plus précisément, le commissaire aux comptes doit identifier toute situation de nature à « affecter d'une quelconque façon la formation, l'expression de son opinion ou l'exercice de sa mission de contrôle légal, qu'il certifie les comptes d'une entité d'intérêt public ou ceux d'une autre entité » *(CDP art. 19, I, al. 2)*.

« Son appréciation porte notamment sur les **risques d'atteinte** à l'intégrité, à l'impartialité, à l'**indépendance**. Elle porte également sur les risques de conflits d'intérêts ou d'autorévision, ainsi que sur ceux qui résultent de liens personnels, professionnels ou financiers » *(CDP art. 19, I, al. 2)*.

STATUT DU CONTRÔLEUR LÉGAL   © Éd. Francis Lefebvre

Il doit tenir compte, en particulier, « des risques et contraintes qui résultent, le cas échéant, de son **appartenance à un réseau** notamment lorsqu'il se trouve dans l'une des situations mentionnées à l'article L 822-11-1 du Code de commerce » (CDP art. 19, I, al. 3).

> Sont ainsi visés :
> – lorsque le commissaire aux comptes certifie les comptes d'une entité qui n'est pas une EIP, les services fournis par le réseau auquel il appartient à une entité contrôlée ou qui contrôle l'entité dont les comptes sont certifiés ; et
> – lorsque le commissaire aux comptes certifie les comptes d'une EIP, les services fournis par le réseau auquel il appartient à une entité contrôlée par l'EIP dont les comptes sont certifiés et située en dehors de l'Union européenne.

Il tient compte également des **risques d'autorévision** le conduisant à se prononcer ou à porter une appréciation sur des éléments résultant de prestations de services fournies par lui-même, la société à laquelle il appartient, un membre de son réseau ou toute autre personne qui serait en mesure d'influer sur le résultat de la mission de certification (CDP art. 19, I, al. 4). Sur l'approche des risques engendrés par les situations d'autorévision, voir n° 3738.

Lorsqu'il se trouve exposé à des situations à risque, le commissaire aux comptes prend immédiatement les **mesures de sauvegarde** appropriées conformément aux dispositions du III de l'article 5 du Code de déontologie (CDP art. 19, II, al. 1).

Le commissaire aux comptes doit pouvoir justifier qu'il a procédé à cette analyse et, le cas échéant, qu'il a pris les mesures de sauvegarde appropriées (CDP art. 19, II, al. 2).

Il ne peut accepter une mission de contrôle légal ou la poursuivre que s'il est en mesure de justifier que son jugement professionnel, l'expression de son opinion ou l'exercice de sa mission ne sont pas affectés (CDP art. 19, II, al. 3).

En cas de doute sérieux ou de difficulté d'interprétation, le commissaire aux comptes saisit, pour avis, le H3C (CDP art. 19, III).

Lorsqu'il rend une prestation à une entité dont il certifie les comptes, le commissaire aux comptes documente dans son dossier de travail l'analyse des risques d'autorévision ou de perte d'indépendance qu'il en a faite ainsi que, le cas échéant, les mesures de sauvegarde mises en œuvre pour garantir son indépendance (C. com. art. R 823-10).

3756 **Risques liés aux missions antérieures** Avant d'accepter sa nomination, le commissaire aux comptes analyse la nature des missions ou prestations que lui-même ou le cas échéant le réseau auquel il appartient auraient réalisées antérieurement pour la personne ou l'entité intéressée ou pour la personne qui la contrôle ou qui est contrôlée par elle, au sens des I et II de l'article L 233-3 du Code de commerce, afin d'identifier, notamment, les **risques d'autorévision** qui pourraient résulter de la poursuite de leurs effets dans le temps. Il apprécie leur importance au regard des comptes et met en place les **mesures de sauvegarde** appropriées (CDP ancien art. 14, I, devenu art. 22 depuis l'entrée en vigueur du décret 2020-292 du 21-3-2020).

Dans un tel cas, il **communique** à la personne ou à l'entité dont il sera chargé de certifier les comptes, pour mise à disposition des actionnaires et associés, les renseignements concernant les missions ou prestations antérieures à sa nomination (CDP art. 22, I).

Sur la base de l'article 19 du Code de déontologie, on peut définir les risques d'autorévision comme ceux qui peuvent conduire le commissaire aux comptes à « se prononcer ou à porter une appréciation sur des éléments résultant de prestations de service fournies par lui-même, la société à laquelle il appartient, un membre de son réseau ou toute autre personne qui serait en mesure d'influer sur le résultat de la mission de certification ». S'agissant des missions de certification auprès d'**entités d'intérêt public**, des dispositions spécifiques sont applicables puisque certains services sont interdits au cours de l'exercice précédant celui dont les comptes doivent être certifiés (voir n° 3744-1).

3757 **Bonne pratique professionnelle relative à l'autorévision** Le Haut Conseil a identifié dans sa séance du 3 novembre 2011 une Bonne pratique professionnelle (BPP) relative à l'autorévision.

Cette BPP ne tient pas compte des textes issus de la transposition en France de la réforme européenne de l'audit et notamment de la suppression de la distinction entre les situations d'autorévision et le risque d'autorévision. Par ailleurs, la notion même de bonnes pratiques professionnelles a été supprimée mais ces dernières peuvent constituer une

STATUT DU CONTRÔLEUR LÉGAL

3757
(suite)

doctrine susceptible d'aider les professionnels dès lors qu'elle n'est pas en contradiction avec les dispositions en vigueur (voir n° 535).

La démarche d'analyse proposée par la BPP comporte les quatre étapes décrites ci-après.

1°) **Identification des prestations à analyser**. Selon la BPP, le commissaire aux comptes identifie tout d'abord s'il existe des prestations à analyser (prestations antérieures dans le cas d'une acceptation de mandat ou demandes de prestations tout au long de la mission). Les prestations visées sont celles réalisées (ou à fournir) par le commissaire aux comptes (personne physique ou personne morale), la société à laquelle il appartient ou un membre de son réseau.

> Les missions de certification des comptes et les autres interventions du commissaire aux comptes prévues par des textes légaux et réglementaires n'entrent pas dans le champ des prestations à analyser dans la mesure où elles ne peuvent par construction induire de risque d'autorévision. Envisager l'inverse conduirait en effet à admettre que l'exercice du contrôle légal puisse porter atteinte à l'indépendance du commissaire aux comptes.
>
> La même exclusion s'applique aux missions légales d'audit ou d'examen limité d'informations financières historiques réalisées conformément aux normes Ifac.

Selon la Bonne pratique professionnelle, le commissaire aux comptes a une **démarche active** pour identifier les prestations antérieures fournies à l'entité ou à une entité qui la contrôle ou qui est contrôlée par elle au sens des I et II de l'article L 233-3 du Code de commerce (entités appartenant à la « **chaîne de contrôle** »).

> Préalablement à l'acceptation du mandat, le commissaire aux comptes demande aux membres de son réseau de lui communiquer pour ces entités :
>
> – « les travaux réalisés au titre du contrôle légal, en application des dispositions nationales applicables, qui ne sont pas compris dans les missions d'audit ou d'examen limité d'informations financières telles que prévues par les normes internationales définies par l'Ifac ;
>
> – et toutes les autres prestations réalisées » (BPP Autorévision 3-11-2011 p. 4).
>
> En cours d'exercice de la mission, l'organisation mise en place par le commissaire aux comptes, en application de l'article 30 du Code de déontologie modifié par le décret 2020-292 du 21 mars 2020, doit lui permettre d'être informé de la nature et du prix des prestations fournies ou susceptibles d'être fournies par l'ensemble des membres du réseau à toute personne ou entité appartenant à la « chaîne de contrôle ».

S'agissant des **autres entités comprises dans le périmètre de consolidation ou de combinaison**, le commissaire aux comptes n'a pas à mettre en œuvre de démarche active de recensement, mais il analyse les prestations portées à sa connaissance.

> Ainsi, dans la Bonne pratique professionnelle, il est recommandé que le commissaire aux comptes :
>
> – demande à l'entité dans laquelle il est pressenti de lui communiquer la liste des entités qui entrent dans son périmètre de consolidation ou de combinaison ;
>
> – considère la liste de ces entités et exerce son jugement professionnel afin de déterminer les entités pour lesquelles l'identification de prestations antérieures (ou de demandes de prestations tout au long du mandat) semble appropriée ;
>
> – lorsqu'il interroge les membres de son réseau, demande que lui soit également communiquée, pour les entités identifiées ci-dessus, toute prestation susceptible d'engendrer une situation d'autorévision (en communiquant au préalable la définition d'une situation d'autorévision).
>
> Pour les mêmes entités, tout au long de son mandat, le commissaire aux comptes demande aux membres de son réseau de le consulter préalablement à l'acceptation de toute prestation susceptible d'engendrer une situation d'autorévision.

S'agissant enfin des entités qui n'entrent ni dans la chaîne de contrôle de l'entité contrôlée ni dans le périmètre de consolidation ou combinaison, le commissaire aux comptes prend en considération les prestations dont il pourrait avoir connaissance et qui seraient susceptibles d'entraîner une situation d'autorévision.

Lorsque le commissaire aux comptes n'identifie pas de prestations antérieures (ou de demande de prestations) à analyser, il peut accepter le mandat (ou poursuivre sa mission).

Dans le cas contraire, il analyse les prestations concernées afin de déterminer si elles engendrent une situation d'autorévision.

> **Point d'attention** : si en cours d'exercice de la mission, en raison d'événements extérieurs (opération de fusion au niveau de l'entité, rapprochement de deux cabinets...) ou d'un dysfonctionnement dans les procédures mises à place au sein du réseau, le commissaire aux comptes découvre l'existence d'une prestation déjà engagée, il analyse alors la prestation en suivant la même démarche que celle décrite ci-après. Dans le cas où l'analyse de la prestation le conduirait à constater l'existence d'un risque d'autorévision et à conclure à l'impossibilité de mettre en place des mesures de sauvegarde (telles que l'interruption de la prestation), le commissaire aux comptes devrait démissionner.

173

STATUT DU CONTRÔLEUR LÉGAL   © Éd. Francis Lefebvre

3757
(suite)

2°) **Identification d'une situation d'autorévision.** La Bonne pratique professionnelle définit une situation d'autorévision comme « une situation conduisant le commissaire aux comptes à se prononcer ou à porter une appréciation sur des éléments résultant de prestations fournies par lui-même, la société à laquelle il appartient, ou un membre de son réseau ».

Afin d'identifier les situations d'autorévision engendrées par les prestations antérieurement fournies, le commissaire aux comptes cherche à savoir si les effets des prestations réalisées se **poursuivent dans le temps** et si les éléments résultant de ces prestations entrent dans le **champ des éléments** susceptibles d'être **contrôlés** dans le cadre d'une mission de contrôle légal des comptes.

Si le commissaire aux comptes répond négativement à une seule de ces deux interrogations, il peut en conclure que les prestations antérieures ne font pas naître de situation d'autorévision et il peut ainsi accepter le mandat.

Pour une demande de réalisation de prestations au cours de l'exercice de la mission, le commissaire aux comptes analyse si les éléments résultant de la prestation envisagée entreraient dans le champ des éléments susceptibles d'être contrôlés dans le cadre de sa mission de contrôle légal des comptes.

S'il répond par l'affirmative à ces deux interrogations, le commissaire aux comptes poursuit son analyse afin de déterminer si la situation d'autorévision engendre un **risque d'autorévision**, à savoir un risque de **perte d'indépendance** de nature à affecter d'une quelconque façon la formation ou l'expression de son opinion, ou l'exercice de sa mission.

3°) **Identification d'un risque d'autorévision.** Le risque d'autorévision est « le risque de **perte d'indépendance** du commissaire aux comptes en ce qu'il est de nature à **affecter** d'une quelconque façon la formation ou l'expression de **son opinion**, ou l'exercice de sa mission, engendré par une situation d'autorévision ».

Le commissaire aux comptes cherche donc à déterminer si les effets des prestations antérieures (ou des prestations envisagées en cours de mandat) sont suffisamment faibles pour que son indépendance ne risque pas d'être affectée. Selon la Bonne pratique professionnelle, le commissaire aux comptes procède à cette analyse en tenant compte :

a. de la **nature** et des **conditions de réalisation** de ces prestations et notamment :
– de la marge d'appréciation incluse dans ces prestations (prestations subjectives versus prestations objectives),
– du fait que ces prestations auraient pu être effectuées par le commissaire aux comptes de l'entité,
– du niveau d'implication dans le processus de conception (procédures, outils de gestion...) ou de décision de l'entité, au regard notamment de la capacité de la direction de l'entité à porter un jugement critique sur les propositions qui lui sont faites ;

b. du **caractère significatif** ou non des effets des prestations au regard des comptes qu'il serait conduit à certifier ou des autres éléments qu'il serait amené à contrôler s'il était nommé commissaire aux comptes ;

c. de l'existence de **facteurs externes** tels que :
– la certification par un commissaire aux comptes,

En fonction des circonstances, de la nature de la prestation réalisée et des liens éventuels existant entre le professionnel pressenti et l'auteur de la certification, ce facteur pourra ou non être suffisant pour éliminer à lui seul le risque d'autorévision.

– l'appréciation portée par un professionnel indépendant sur les éléments résultant des prestations antérieures fournies,
– l'appréciation portée par le comité d'audit (ou tout autre organe remplissant ses fonctions) sur les effets des prestations.

Selon les situations, le commissaire aux comptes prend en compte **un ou plusieurs des éléments** cités ci-dessus afin de se prononcer sur l'absence ou l'existence d'un risque d'autorévision.

À titre d'**exemple**, selon la Bonne pratique professionnelle, l'absence de risque d'autorévision peut être présumée lorsque les effets de la prestation ne sont pas significatifs au regard des comptes que le commissaire aux comptes serait conduit à certifier et que la prestation aurait pu être effectuée si le professionnel avait été commissaire aux comptes de l'entité qui envisage sa nomination. Cette seconde présomption est particulièrement importante, dans la mesure où elle permet à un professionnel d'envisager l'exécution d'une prestation directement liée sans pour autant compromettre la possibilité d'une nomination ultérieure dans la société demanderesse. Cette possibilité est toutefois subordonnée au respect, d'une part, des normes professionnelles et, d'autre part, des règles déontologiques qui auraient été applicables si le professionnel avait été commissaire aux comptes.

À l'inverse, la présence d'un risque d'autorévision peut être présumée lorsque la prestation a des effets significatifs sur les comptes et que :
– soit le commissaire aux comptes pressenti (ou un membre de son réseau) a contribué à élaborer des documents, des évaluations ou des prises de décision sur lesquels il sera amené à se prononcer en cas d'acceptation de la mission ;
– soit ladite prestation n'aurait pu être mise en œuvre s'il avait été commissaire aux comptes de l'entité et comporte une marge d'appréciation importante.

En tout état de cause, le commissaire aux comptes doit **documenter** dans son dossier les éléments lui permettant de conclure à l'absence de risque d'autorévision.

4°) **Possibilités de mesures de sauvegarde.** Si le commissaire aux comptes conclut à l'existence d'un risque d'autorévision, il doit alors déterminer s'il peut mettre en place des mesures de sauvegarde appropriées lui permettant de réduire les effets des prestations à un niveau suffisamment faible pour que son indépendance ne risque pas d'être affectée.

La Bonne pratique professionnelle considère que les mesures suivantes peuvent constituer des mesures de sauvegarde (liste non exhaustive) :
– l'interruption de la prestation ;
– la réalisation de la mission de contrôle légal des comptes par une équipe et un associé différents de ceux qui ont effectué la prestation antérieure ;
– le contrôle par un tiers indépendant des éléments résultant de la prestation antérieure ;
– la nouvelle réalisation de la prestation antérieure par un tiers indépendant ;
– l'adaptation de la répartition des travaux dans le cadre d'un cocommissariat aux comptes ;
– la revue indépendante de la mission de contrôle légal des comptes.

En cas de doute sérieux ou de difficulté d'interprétation, le commissaire aux comptes saisit le H3C pour avis (CDP art. 11 devenu art. 19 depuis le décret 2020-292 du 21-3-2020).

Ce n'est que si le commissaire aux comptes identifie des mesures de sauvegarde qui lui permettent de conclure à l'élimination du risque d'autorévision qu'il peut accepter la mission (ou la prestation demandée).

En cours d'exercice de la mission, si la décision de réaliser la prestation n'appartient pas au seul commissaire aux comptes mais dépend de son réseau et que ce dernier décide de réaliser la prestation, alors que le commissaire aux comptes a identifié un risque d'autorévision et qu'aucune mesure de sauvegarde ne paraît suffisante, ce dernier doit démissionner.

Dans le cadre d'une acceptation de mandat, le commissaire aux comptes communique à la **personne** ou l'**entité** dont il sera chargé de certifier les comptes, pour mise à disposition des actionnaires et associés, les renseignements concernant les prestations antérieures à sa nomination (CDP art. 14 devenu art. 22 depuis le décret 2020-292 du 21-3-2020) et les mesures de sauvegarde qu'il envisage de mettre en place (BPP Autorévision du 3-11-2011 p. 34).

Risques liés aux fusions ou acquisitions L'article 12 du Code de déontologie de la profession devenu article 20 depuis l'entrée en vigueur des dispositions du décret 2020-292 du 21 mars 2020 introduit une obligation pour le commissaire aux comptes d'apprécier le risque de perte d'indépendance en cas de survenance d'une **fusion** ou d'une **acquisition intéressant l'entité** dont les comptes sont certifiés.

3758

Cette disposition est une transposition du § 22 de l'article 6 de la directive 2014/56.

« Lorsqu'au cours de la période couverte par les états financiers, une personne ou entité dont les comptes sont certifiés fusionne, acquiert ou est acquise par une autre personne ou entité, le commissaire aux comptes apprécie si, à la date de prise d'effet de la fusion ou de l'acquisition, les intérêts ou relations actuels ou récents entretenus avec cette personne ou entité, notamment les missions et les prestations de service autres que la certification des comptes qui lui ont été fournies, sont de nature à compromettre son indépendance » (CDP art. 20).

Dans cette situation, il dispose d'un délai maximum de **trois mois** à compter de la date de prise d'effet de la fusion ou de l'acquisition pour prendre toutes **mesures de sauvegarde** nécessaires pour mettre fin à la situation compromettant son indépendance. Lorsque les mesures de sauvegarde sont insuffisantes à garantir son indépendance, il met fin à son mandat (CDP art. 20).

G. Interdictions temporaires

Les interdictions temporaires ont pour objectifs d'interdire pendant un certain laps de temps aux commissaires aux comptes de prendre des fonctions de direction dans des

3759

STATUT DU CONTRÔLEUR LÉGAL © Éd. Francis Lefebvre

sociétés qu'ils ont contrôlées, ou liées à cette société, et à l'inverse d'interdire à certains dirigeants de devenir commissaires aux comptes de la société qu'ils ont dirigée, ou d'une société liée à cette société.

Les interdictions temporaires sont applicables à l'ensemble des entités dotées d'un commissaire aux comptes.

L'article L 822-12 du Code de commerce prévoit que les **commissaires aux comptes** et les personnes exerçant les fonctions de commissaire aux comptes mentionnées au premier alinéa de l'article L 822-9 du même code (commissaires aux comptes signataires d'une société de commissaires aux comptes) ne peuvent être nommés dirigeants, administrateurs, membres du conseil de surveillance ou occuper un poste de direction au sein des personnes ou entités qu'ils contrôlent moins de **trois ans après la cessation de leurs fonctions**.

L'ordonnance 2016-315 du 17 mars 2016, entrée en vigueur le 17 juin 2016, a raccourci de cinq à trois ans ce délai de carence.

Sur la notion d'occupation de poste de direction, dans un arrêt en date du 24 mars 2021, la Cour de justice de l'Union européenne a précisé « qu'un contrôleur légal des comptes, tel qu'un associé d'audit principal désigné par un cabinet d'audit dans le cadre d'une mission de contrôle légal des comptes, doit être considéré comme occupant un poste de direction important dans une entité contrôlée dès qu'il conclut avec cette dernière un contrat de travail relatif à ce poste, même s'il n'a pas encore commencé à exercer effectivement ses fonctions audit poste » (CJUE 24-3-2021 aff. 950/19 : RJDA 7/21 n° 484, Bull. CNCC n° 202-2021).

Pendant la même période, ces personnes ne peuvent exercer les mêmes fonctions dans une personne ou entité contrôlée ou qui contrôle au sens des I et II de l'article L 233-3 la personne ou entité dont ils ont certifié les comptes. Cette interdiction s'applique également à toutes personnes inscrites sur la liste des commissaires aux comptes mentionnée au I de l'article L 822-1 pendant une durée d'**un an suivant leur participation à la mission de certification**.

Sur la notion de contrôle au sens des I et II de l'article L 233-3 du Code de commerce, voir n° 3739.

L'article L 822-13 du même code interdit aux personnes ayant été **dirigeants ou salariés** d'une personne ou d'une entité d'être nommées commissaires aux comptes de cette personne ou entité moins de **cinq années après la cessation de leurs fonctions**. Pendant le même délai, ces personnes ne peuvent être nommées commissaires aux comptes de personnes ou entités possédant au moins 10 % du capital de la personne ou entité dans laquelle elles exerçaient leurs fonctions ou dont celle-ci possédait au moins 10 % du capital lors de la cessation de leurs fonctions.

La Commission des études juridiques de la CNCC considère que les membres du conseil de surveillance sont visés par l'expression « dirigeant » compte tenu de l'esprit de la loi de sécurité financière, qui vise à renforcer l'indépendance des commissaires aux comptes (Bull. CNCC n° 133-2004 p. 166).

La même commission estime que la notion de cessation de fonctions vise tant l'arrivée du terme du « mandat » que la démission et la demande de radiation de la liste des commissaires aux comptes (Bull. CNCC n° 133-2004 p. 154).

H. Obligations de rotation et délai de viduité

3760 Les obligations de rotation renforçant l'indépendance du commissaire aux comptes visent :
– la rotation des associés signataires (C. com. art. L 822-14 ; voir n° 3761) ;
– la rotation des mandats de commissaires aux comptes et des cabinets d'audit pour les EIP (C. com. art. L 823-3-1 ; voir n° 3779) ;
– la rotation progressive au sein de l'équipe (article 17 du règlement européen 537/2014 ; voir n° 3780).

Rotation des associés signataires

3761 Le dispositif de rotation des commissaires aux comptes signataires a été introduit par la loi de sécurité financière du 1er août 2003 et a été complété par l'ordonnance 2016-315 du 17 mars 2016.

Ce dernier texte a élargi le champ des entités concernées à l'ensemble des EIP (et non plus seulement les entités dont les titres sont admis aux négociations sur un marché réglementé), a limité les six exercices consécutifs à sept années et a fixé le délai de viduité à trois ans (au lieu de deux ans précédemment).

176

© Éd. Francis Lefebvre   STATUT DU CONTRÔLEUR LÉGAL

Le I de l'article L 822-14 du Code de commerce interdit aux commissaires aux comptes, **3762** personnes physiques, ainsi que dans les sociétés de commissaires aux comptes aux personnes mentionnées au premier alinéa de l'article L 822-9 (commissaires aux comptes signataires : voir n° 3766), de certifier pendant plus de **six exercices consécutifs, dans la limite de sept années,** les comptes des entités d'intérêt public, des personnes et entités mentionnées à l'article L 612-1 et des associations mentionnées à l'article L 612-4 dès lors qu'elles font appel public à la générosité au sens de l'article 3 de la loi 91-772 du 7 août 1991.

Ils peuvent à nouveau participer à une mission de contrôle légal des comptes de ces personnes ou entités à l'expiration d'un **délai de trois ans** à compter de la date de clôture du sixième exercice qu'ils ont certifié (C. com. art. L 822-14, I).

Les dispositions du I sont applicables à la certification des comptes des filiales importantes d'une entité d'intérêt public lorsqu'elles ont désigné le même commissaire aux comptes (C. com. art. L 823-14, II).

Personnes et entités concernées par la rotation En application de l'article **3764** L 822-14 du Code de commerce, l'obligation de rotation vise :

1. Les **entités d'intérêt public.**

Ces entités sont définies à l'article L 820-1 du Code de commerce (voir n° 2352).

Le champ d'application du dispositif de rotation des associés signataires a ainsi été élargi par l'ordonnance précitée à l'ensemble des EIP et non plus uniquement aux entités dont les titres financiers sont admis aux négociations sur un marché réglementé. À titre d'exemple, les établissements de crédit ou les entreprises d'assurances non cotés, qui étaient jusqu'à présent exclus du dispositif de rotation, sont désormais visés.

2. Les **personnes morales** de droit privé non commerçantes ayant une activité économique mentionnées à l'article L 612-1 du Code de commerce et les **associations subventionnées** mentionnées à l'article L 612-4 du Code de commerce dès lors que ces personnes font **appel public à la générosité** au sens de l'article 3 de la loi 91-772 du 7 août 1991.

a. L'**appel public à la générosité** est défini en référence aux critères retenus par l'article 3 de la loi 91-772 du 7 août 1991.

L'ordonnance 2015-904 du 23 juillet 2015 portant simplification du régime des associations et des fondations a modifié l'article précité pour viser les organismes qui, afin de soutenir une cause scientifique, sociale, familiale, humanitaire, philanthropique, éducative, sportive, culturelle ou concourant à la défense de l'environnement, souhaitent faire un appel public à la générosité, et qui collectent par cette voie des dons dont le montant, au cours de l'un des deux exercices précédents ou de l'exercice en cours, excède **un seuil** désormais fixé par le décret 2019-504 du 22 mai 2019 par référence au seuil prévu à l'article D 612-5 du Code de commerce, soit 153 000 €. Pour rappel, avant la publication du décret précité, l'**ancien dispositif** visait les « organismes qui, afin de soutenir une cause scientifique, sociale, familiale, humanitaire, philanthropique, éducative, sportive, culturelle ou concourant à la défense de l'environnement, souhaitent faire appel à la générosité publique dans le cadre d'une campagne menée à l'échelon national soit sur la voie publique, soit par l'utilisation de moyens de communication… » : voir n° 84920.

b. La Commission des études juridiques de la CNCC précise le champ d'application de l'obligation de rotation dans certaines associations ainsi que dans les fondations et les fonds de dotation (Bull. CNCC n° 190-2018 p. 273 – EJ 2017-87 et Bull. CNCC n° 201-2021 – EJ 2020-13).

Ainsi, **sont soumis à l'obligation de rotation** visée à l'article L 822-14 les commissaires aux comptes personnes physiques et les signataires au nom de sociétés de commissaires aux comptes des associations suivantes qui font appel public à la générosité au sens de l'article 3 de la loi 91-772 du 7 août 1991 et franchissent le seuil de 153 000 € de dons collectés par ce biais :

– associations ayant une activité économique dépassant deux des trois seuils prévus à l'article L 612-1 du Code de commerce ;

– associations ayant une activité économique ne dépassant pas deux des trois seuils prévus à l'article L 612-1 du Code de commerce qui ont nommé volontairement un commissaire aux comptes ;

Le dernier alinéa de l'article L 612-1 du Code de commerce spécifie que, même si les seuils visés au premier alinéa ne sont pas atteints, les personnes morales de droit privé non commerçantes ayant une activité économique peuvent nommer un commissaire aux comptes et un suppléant dans les mêmes conditions que celles prévues au deuxième alinéa. Dans ce cas, le commissaire aux comptes et son

177

STATUT DU CONTRÔLEUR LÉGAL   © Éd. Francis Lefebvre

suppléant sont soumis aux mêmes obligations, encourent les mêmes responsabilités civile et pénale et exercent les mêmes pouvoirs que s'ils avaient été désignés en application du premier alinéa.

– associations recevant des subventions publiques de la part des autorités administratives et des EPIC pour un montant supérieur à 153 000 € ;

En revanche, les commissaires aux comptes de ces mêmes personnes ou entités qui font appel public à la générosité sans franchir le seuil de 153 000 € de dons collectés par ce biais, n'ont plus l'obligation de procéder à leur rotation.

En outre, **ne sont pas soumis à l'obligation de rotation** :

– les commissaires aux comptes nommés volontairement dans une association recevant des subventions publiques de la part des autorités administratives et des Epic pour un montant inférieur au seuil de 153 000 € et faisant appel public à la générosité ;

L'article L 612-4 du Code de commerce, imposant la nomination d'un commissaire aux comptes dans les associations recevant des subventions publiques de la part des autorités administratives et des Epic pour un montant dépassant un seuil fixé par décret, ne comporte pas de disposition relative à la nomination volontaire d'un commissaire aux comptes, contrairement à l'article L 612-1 du même code.

– les associations recevant des dons ouvrant droit à avantage fiscal pour un montant supérieur à 153 000 €. La CNCC estime qu'elles ne sont pas « mentionnées » à l'article L 612-4 du Code de commerce et que leurs commissaires aux comptes ne sont donc pas soumis à l'obligation de rotation quand bien même ces associations feraient appel public à la générosité. Il en est de même lorsque le montant des dons perçus est inférieur à 153 000 € ;

– les fonds de dotation et les fondations qui sont des structures juridiques particulières, régies respectivement par les lois 2008-776 du 4 août 2008 et 87-571 du 23 juillet 1987, et pour lesquelles les dispositions des articles L 612-1 à L 612-5 du Code de commerce ne sont pas applicables.

3. Les **filiales importantes d'une EIP**, dès lors que ces deux entités ont désigné le même commissaire aux comptes.

La Bonne pratique professionnelle du H3C relative à la rotation du 22 juillet 2010 apporte des précisions sur les modalités d'application de la rotation, notamment concernant les filiales importantes.

À notre avis, cette Bonne pratique peut toujours être prise en considération, même si depuis le 17 juin 2016, le H3C n'a plus explicitement pour missions d'identifier et de promouvoir des bonnes pratiques professionnelles (C. com. art. L 821-1 modifié par l'ordonnance 2016-315 du 17-3-2016).

Concernant la notion de filiale, le H3C estime que la référence au II de l'article L 233-16 du Code de commerce peut être retenue et que s'agissant de dispositions françaises, seules les filiales **françaises** sont visées par le dispositif de rotation. S'agissant des critères d'identification des filiales importantes, il est précisé que, sans vouloir négliger les critères qualitatifs, la prise en compte de critères objectifs, exprimés par exemple en pourcentage de paramètres mesurant la contribution de la filiale aux comptes consolidés, pourrait permettre cette identification. À titre indicatif, la Bonne pratique note que l'article 222-2 du règlement général de l'AMF (en conformité avec le règlement CE 809/2004) prévoit qu'en cas de changement de périmètre un impact sur les comptes supérieur à 25 % entraîne la présentation d'une information pro forma.

Les entités importantes entrant dans un périmètre de combinaison ne sont par ailleurs pas concernées.

Les personnes et entités mentionnées à l'article L 612-1 et les associations mentionnées à l'article L 612-4 faisant appel public à la générosité ne sont ainsi plus visées par les textes concernant la rotation des associés signataires des filiales importantes (voir n° 85064).

3766   **Commissaires aux comptes visés par l'obligation de rotation** Sont visés par l'obligation de rotation les personnes suivantes :

– les **commissaires aux comptes personnes physiques** exerçant à titre individuel ;

– dans les **sociétés de commissaires aux comptes**, les personnes mentionnées au premier alinéa de l'article L 822-9 du Code de commerce, à savoir les **commissaires aux comptes** personnes physiques associés, actionnaires ou dirigeants de cette société **qui signent** le rapport destiné à l'organe appelé à statuer sur les comptes ainsi que ceux qui signent les comptes des filiales importantes des EIP lorsque l'EIP et sa filiale ont désigné le même commissaire aux comptes.

Aucune distinction n'ayant été opérée dans la loi quant aux membres signataires, l'interdiction de signature durant plus de six exercices consécutifs s'applique à tous les signataires d'une société de commissaires aux comptes, quel que soit le rôle du signataire.

Le H3C recommande également que les commissaires aux comptes soumettent le **réviseur indépendant** aux mêmes obligations de rotation que l'associé signataire. Cela implique donc qu'un réviseur indépendant ne procède pas à la revue indépendante des travaux relatifs à la certification des comptes d'une EIP durant plus de six exercices consécutifs, dans la limite de sept ans, et soit soumis à un délai de viduité de trois ans à compter de la date de clôture du sixième exercice, objet de sa revue (FAQ H3C 18-7-2019).

> Le régulateur constate en effet que même si le réviseur indépendant est un commissaire aux comptes « qui ne participe pas à la mission de certification », conformément aux dispositions de l'article R 822-35 du Code de commerce, compte tenu de l'objet même de la revue indépendante qui consiste à « déterminer si le contrôle légal des comptes ou l'associé d'audit principal pouvait raisonnablement aboutir à l'avis et aux conclusions figurant dans les projets de rapports », il est recommandé d'appliquer le dispositif de rotation.

3768
Chaque structure professionnelle doit mettre en œuvre des procédures assurant que les conditions d'exercice de chaque mission de certification des comptes respectent les exigences déontologiques, notamment en matière d'indépendance vis-à-vis de la personne ou de l'entité contrôlée et permettant de décider rapidement des mesures de sauvegarde si celles-ci s'avèrent nécessaires (C. com. art. R 822-33).

S'agissant plus particulièrement des obligations de rotation, la Bonne pratique professionnelle recommande que chaque structure d'exercice professionnel :
– identifie en son sein la **personne à qui il incombe d'identifier**, dans chaque groupe ou entité concerné par la rotation, **le ou les associés signataires ;**

> La Bonne pratique rappelle que si la société décide de désigner deux associés, commissaires aux comptes inscrits, principaux responsables de l'audit à effectuer, ces associés doivent signer le rapport d'audit puisqu'ils ont participé conjointement à l'établissement de ce rapport. Ils sont alors tous les deux soumis à l'obligation de rotation.
>
> Pour chaque mission d'audit, la désignation des associés signataires devrait permettre l'identification des principaux responsables des rapports établis par le cabinet, à savoir les associés qui seront au final décisionnaires de l'opinion émise.

– mette en place une **procédure écrite** traitant de la rotation ;
– **formalise la désignation des signataires** sur chaque dossier dès le début du mandat ou de la mission annuelle en cas de changement de signataire en cours de mandat ;
– **identifie dossier par dossier les filiales importantes** sur la base de critères qualitatifs, mais aussi objectifs (mesurant par exemple la contribution de la filiale aux comptes consolidés). Il appartient aux membres d'un collège de commissaires aux comptes de se concerter pour appliquer les mêmes critères d'identification des filiales françaises importantes.

Entrée en vigueur du nouveau dispositif Les dispositions de l'article L 822-14 **3770**
du Code de commerce, dans sa rédaction issue de l'ordonnance 2016-315 du 17 mars 2016, sont applicables aux EIP définies aux 1° à 5° du III de l'article L 820-1 (voir n° 2352) à compter du premier **exercice ouvert postérieurement au 31 décembre 2016** (Ord. 2016-315 du 17-3-2016 art. 53).

> Les associations et personnes morales faisant appel public à la générosité ne sont pas visées par ces dispositions transitoires et l'article L 822-14 du Code de commerce s'applique donc depuis le 17 juin 2016.
>
> Concernant le décompte des six exercices consécutifs pour les personnes et entités nouvellement visées par le dispositif, voir n° 3772.

Pour les **entités définies au 6° du III de l'article L 820-1** du Code de commerce (entités telles que certaines compagnies financières holding : voir n° 2352), l'obligation de rotation des signataires ne s'applique qu'à compter de leur entrée dans le champ des EIP, à savoir à compter du premier exercice ouvert postérieurement au 31 décembre 2017.

Concernant le **délai de viduité** prolongé de deux à trois ans, le Haut Conseil considère que le signataire déjà soumis au délai de viduité de deux ans à la date d'entrée en application du nouvel article L 822-14 du Code de commerce doit attendre une année supplémentaire avant de pouvoir à nouveau participer à la mission (Avis H3C 2017-03 du 9-3-2017).

Décompte de la période de six exercices – Situations particulières **3772**
La mise en œuvre du dispositif de rotation peut soulever des difficultés d'application dans certaines situations particulières que le H3C a traitées dans sa Bonne pratique professionnelle relative à la rotation et dans son avis 2017-03 du 9 mars 2017.
1. Fonctions exercées antérieurement. La présence antérieure d'un associé sur un mandat n'est pas décomptée dès lors qu'il n'était pas signataire des rapports (BPP précitée).

STATUT DU CONTRÔLEUR LÉGAL

© Éd. Francis Lefebvre

3772
(suite)

2. Entités qui deviennent EIP ou APG au cours de leur vie sociale. Lorsqu'une personne ou une entité non soumise à la rotation devient une entité d'intérêt public ou une entité faisant appel public à la générosité au cours de sa vie sociale, le point de départ du décompte des exercices correspond à la date de leur qualification d'EIP ou d'APG. En conséquence, les exercices certifiés antérieurement ne sont pas à prendre en compte (Avis H3C précité).

Le signataire de cette entité peut donc certifier pendant six exercices complémentaires les comptes de cette entité, quelle que soit la durée de sa présence antérieure en tant que signataire sur le dossier.

3. Entités « non cotées » appartenant aux secteurs de la banque et de l'assurance qualifiées d'EIP par le droit européen. Il convient de rappeler que la directive euro-péenne 2006/43 avait prévu l'application du dispositif de rotation des associés signataires à l'ensemble des personnes et entités répondant à la définition européenne de l'EIP mais avait laissé aux États membres le choix d'exempter certaines d'entre elles de cette obligation. Faisant usage de cette faculté, la France avait décidé de conserver le périmètre retenu en 2003 et de ne pas étendre le dispositif de rotation des signataires aux EIP non « cotées » appartenant aux secteurs de la banque et de l'assurance. L'ordonnance 2016-315 du 17 mars 2016 ayant étendu en France le dispositif à toutes les EIP, les entités « non cotées » des secteurs de la banque et de l'assurance sont à présent visées par l'article L 822-14 du Code de commerce. Le Haut Conseil considère que pour le décompte des six exercices, il convient de tenir compte de la date à laquelle la personne ou l'entité a été qualifiée d'EIP par le droit européen et que les exercices consécutifs certifiés par le signataire depuis cette date sont à prendre en compte (Avis H3C précité).

La CNCC s'est également prononcée sur le cas particulier des mutuelles du livre II, entités nouvellement EIP au sens du droit français à la suite de la réforme européenne de l'audit. Elle a ainsi considéré que le commissaire aux comptes signataire, au nom de la personne morale titulaire du mandat, du rapport sur les comptes annuels d'une mutuelle du livre II qui a certifié durant six exercices consécutifs ou davantage les comptes de cette mutuelle ne peut plus participer à la mission de contrôle légal des comptes de la mutuelle à compter du premier exercice ouvert postérieurement au 31 décembre 2016. Il convient ainsi de prendre en compte les années antérieures à l'entrée en vigueur de la réforme européenne de l'audit et le fait que la France ait précédemment exempté les entreprises d'assurances et établissements de crédit non cotés de l'obligation de rotation ne permet pas d'effectuer un calcul de manière prospective puisque les entités concernées étaient déjà qualifiées d'EIP au sens du droit européen.

Dans le cas d'espèce étudié par la Commission des études juridiques de la CNCC, un commissaire aux comptes ayant signé les rapports sur les comptes d'une mutuelle depuis 2006 ne peut donc plus signer le rapport sur les comptes de l'exercice clos le 31 décembre 2017 (Bull. CNCC n° 190-2018 p. 286 – EJ 2107-12). Cette position est en ligne avec celle retenue par le H3C dans son avis 2017-03 du 9 mars 2017.

4. Sortie d'une entité du champ d'application de l'article L 822-14 du Code de commerce. La bonne pratique précise que l'obligation de rotation cesse de s'appliquer pour les commissaires aux comptes des personnes ou entités dont les titres ont fait l'objet par exemple d'une radiation du marché réglementé ou d'un transfert sur un système multilatéral de négociation.

En conséquence, l'obligation de rotation ne trouve plus à s'appliquer à partir de la date à laquelle la radiation ou le transfert a eu lieu.

5. Évolution de la structure d'exercice titulaire du mandat. L'appréciation de l'obliga-tion de rotation pesant sur un signataire se fonde sur l'existence d'une relation de fami-liarité qui s'instaure entre une entité et une personne physique qui signent des rapports de certification sur plusieurs exercices consécutifs.

Ainsi, la Bonne pratique prévoit que le calcul de la période de six exercices consécutifs est effectué en tenant compte du nombre d'exercices qu'un commissaire aux comptes a certifiés, indépendamment du contexte dans lequel est intervenue cette signature.

Par exemple, les évolutions suivantes de la structure d'exercice du mandat n'ont pas d'incidence sur le décompte des exercices certifiés :
– signataire qui passe du statut de personne physique signataire au statut de signataire dans une structure d'exercice dotée de la personnalité morale ou inversement ;
– signataire qui passe du statut de cosignataire dans une personne morale au statut de signataire « mandataire » ou inversement.

À notre avis, bien que la Bonne pratique ne se prononce pas explicitement sur ce point, il conviendrait logiquement de considérer que les évolutions intervenues dans la situation de l'entité concernée n'interfèrent pas dans le décompte des exercices soumis à rotation,

© Éd. Francis Lefebvre STATUT DU CONTRÔLEUR LÉGAL ▐

par exemple passage du statut de société mère au statut de filiale importante ou inversement, changement de groupe d'appartenance de l'entité concernée, etc.

Appréciation de l'obligation de rotation au sein d'un groupe La Bonne pratique recommande que l'appréciation de l'obligation de rotation pesant sur les associés signataires au sein d'un groupe soit appréciée au niveau de l'ensemble du groupe : le signataire entrant en période de viduité pour l'une des entités du groupe se retrouvera donc ipso facto en période de viduité sur l'ensemble des entités du groupe visées par la rotation (société mère et filiales françaises importantes). Ainsi, le signataire qui aura certifié pendant six exercices les comptes de la société mère d'un groupe ne pourra pas continuer à certifier les comptes de la filiale importante dans laquelle il a signé les comptes de quatre exercices, et inversement.

3774

Intervention du commissaire aux comptes astreint à la rotation pendant la période de viduité Entre la date de clôture du dernier exercice contrôlé et la date de l'assemblée générale statuant sur les comptes de cet exercice, le commissaire aux comptes astreint à la rotation poursuit la mission dans les conditions applicables au commissaire aux comptes dont le mandat vient à échéance lors d'une prochaine assemblée générale. Il lui est seulement interdit de participer à la mission de « certification » des comptes du nouvel exercice.

3776

Intervention du commissaire aux comptes en qualité de réviseur indépendant pendant le délai de viduité L'article R 822-35 du Code de commerce explicitant clairement que le réviseur indépendant est un commissaire aux comptes « qui ne participe pas à la mission de certification », le H3C constate qu'aucune disposition n'interdit à l'associé signataire d'effectuer pendant le délai de viduité une revue indépendante des travaux relatifs à la certification de l'EIP concernée par ce délai. Pour autant, compte tenu de l'objet même de la revue indépendante, le H3C recommande que les commissaires aux comptes **ne permettent pas** au signataire soumis au délai de viduité de trois ans de procéder à la revue indépendante des travaux relatifs à la certification des comptes de l'EIP au titre de laquelle ce délai s'impose (FAQ H3C du 18-7-2019 § 3.4).

3778

Rotation des mandats détenus auprès des EIP

Le règlement européen 2014/537 a introduit la rotation obligatoire après un certain nombre d'années, des mandats détenus auprès des EIP, et ce dans l'objectif de renforcer les garanties d'indépendance du commissariat aux comptes.
Ce dispositif, introduit dans le droit français par l'ordonnance 2016-315 du 17 mars 2016, vient compléter le dispositif de rotation des associés signataires développé supra en imposant une obligation de rotation pour la structure qui exerce la mission de certification (commissaire aux comptes personne physique ou personne morale). L'entrée en vigueur de ces dispositions reste progressive, en fonction de l'antériorité des mandats.
Ce dispositif est développé aux n°s 2380 et suivants de ce Mémento.

3779

Rotation progressive des personnes participant au contrôle légal

Le règlement européen 537/2014 prévoit en outre un mécanisme de **rotation progressive** applicable aux personnes **hiérarchiquement les plus élevées** qui participent au contrôle légal des EIP, en particulier au moins aux personnes qui sont enregistrées en tant que contrôleurs légaux des comptes (Règl. art. 17 § 7).
Cette rotation progressive doit s'effectuer par étapes et sur une base individuelle (et non pas pour toute l'équipe). Elle doit être proportionnelle à la taille et à la complexité de l'activité d'audit.
Le contrôleur légal ou le cabinet d'audit doit être en mesure de démontrer à son autorité de supervision l'application de ce dispositif.
Cette obligation de rotation progressive est également reprise par le 3° de l'article R 822-33 du Code de commerce qui dispose que les **commissaires aux comptes soumis aux obligations de l'article L 822-14** mettent en place un mécanisme de rotation progressive conformément au paragraphe 7 de l'article 17 du règlement européen 537/2014.

3780

STATUT DU CONTRÔLEUR LÉGAL © Éd. Francis Lefebvre

Pour mémoire l'article L 822-14 vise les obligations de rotation des associés signataires pour les EIP, les filiales importantes d'EIP si le commissaire aux comptes est le même ainsi que les personnes morales de droit privé non commerçantes ayant une activité économique mentionnées à l'article L 612-1 du Code de commerce et les associations **subventionnées** mentionnées à l'article L 612-4 du Code de commerce, si elles font appel public à la générosité au sens de l'article 3 de la loi 91-772 du 7 août 1991 (pour plus de détails, voir n° 3764).

Dès lors, en application de l'article R 822-33 du Code de commerce, le mécanisme de rotation progressive doit être mis en place dans l'ensemble des entités précitées.

I. Approbation des SACC lorsque le commissaire aux comptes certifie les comptes d'une EIP

3781   **Textes applicables**   Les textes européens ont renforcé le rôle du comité d'audit dans l'analyse du risque de perte d'indépendance du commissaire aux comptes.

Ainsi, depuis le 17 juin 2016, l'article L 822-11-2 du Code de commerce dispose : « Les **services autres que la certification des comptes** qui ne sont pas mentionnés au II de l'article L 822-11 et au I de l'article L 822-11-1 peuvent être fournis par le commissaire aux comptes ou les membres du réseau auquel il appartient à l'entité d'intérêt public dont il certifie les comptes, ou aux personnes ou entités qui la contrôlent ou qui sont contrôlées par elle au sens des I et II de l'article L 233-3, **à condition d'être approuvés** par le comité spécialisé mentionné à l'article L 823-19. Ce comité se prononce après avoir analysé les risques pesant sur l'indépendance du commissaire aux comptes et les mesures de sauvegarde appliquées par celui-ci. »

3782   **Entités concernées et périmètre des services**   L'obligation d'approbation des SACC ne s'applique que lorsque le commissaire aux comptes certifie les comptes d'une **EIP** au sens de l'article L 820-1 du Code de commerce (voir n° 2352). Cette obligation ne s'applique donc pas lorsque l'entité s'est volontairement dotée d'un comité d'audit mais n'a pas la qualité d'EIP. Il en est de même pour les sociétés de financement qui sont tenues de se doter d'un comité d'audit mais qui ne sont pas définies comme des EIP par l'article L 820-1.

L'approbation par le comité d'audit vise les services autres que la certification des comptes **non interdits** fournis par le commissaire aux comptes ou les membres de son réseau à l'EIP auditée ou aux entités contrôlantes ou aux entités contrôlées, que ces services soient rendus en France, dans l'Union européenne ou hors de l'Union européenne.

La notion de contrôle s'apprécie au sens des I et II de l'article L 233-3 du Code de commerce.

Le Haut Conseil considère que les services qui sont expressément et exclusivement confiés au commissaire aux comptes ou aux membres de son réseau par des **dispositions nationales** ou des dispositions du droit de l'Union européenne qui ont un effet direct en droit national sont exclus de l'obligation d'approbation par le comité d'audit (Avis H3C 2017-02 du 23-2-2017, Avis H3C 2018-04 du 19-7-2018 et FAQ H3C 19-7-2018).

À titre d'exemple, le comité d'audit n'a pas l'obligation d'approuver les missions légales réalisées par le commissaire aux comptes dans le cadre des opérations sur le capital.

De même, le contrôle des conventions réglementées, du rapport de gestion et du rapport financier annuel, les travaux mis en œuvre au titre de la lutte contre le blanchiment, la révélation des faits délictueux ainsi que les travaux mis en œuvre au titre de la procédure d'alerte, qui sont considérés par le Haut Conseil comme des SACC, n'ont pas à être approuvés par le comité d'audit puisqu'ils sont exclusivement et expressément confiés au commissaire aux comptes par des dispositions nationales.

Le Haut Conseil précise également que l'adjectif « **national** » dont il est fait usage ci-dessus vise :

– les dispositions françaises ;

– les dispositions du droit de l'UE ayant un effet direct en droit français ;

– le droit des autres États membres et les dispositions du droit de l'UE qui ont un effet direct dans le droit des autres États membres.

Dès lors, les SACC requis par les dispositions nationales de chacun des États membres de l'Union européenne, et pas uniquement ceux issus de SACC requis par la législation française, sont visés par la dispense d'approbation par le comité d'audit, dès lors que ces services sont expressément et exclusivement confiés au commissaire aux comptes ou aux membres de son réseau.

Approbation des SACC dans les groupes Depuis le 11 décembre 2016, la loi Sapin 2 a simplifié le processus d'approbation des SACC au sein des groupes comprenant plusieurs EIP dotées d'un comité d'audit, en permettant que ladite approbation soit centralisée au niveau du comité d'audit de la société mère.

Ainsi, les entités contrôlées par une EIP, au sens des I et II de l'article L 233-3, qui se sont dotées volontairement d'un comité d'audit, peuvent demander au conseil d'administration (ou de surveillance) de l'EIP qui les contrôle que l'approbation des SACC soit **réalisée par le comité d'audit de l'EIP contrôlante** (ou à défaut par son conseil d'administration s'il exerce les fonctions de comité d'audit). Dans ce cas, le comité d'audit de l'EIP contrôlante rend compte régulièrement des décisions ainsi adoptées au conseil d'administration (ou de surveillance) de la société contrôlée (C. com. art. L 823-20).

3784

> Cette centralisation de l'approbation ne peut être effectuée qu'au niveau de l'EIP contrôlante et cette dernière ne peut donc s'exonérer de l'obligation d'approbation des SACC au motif que ces derniers ont été approuvés au niveau de sa filiale.

Modalités d'application Ni les textes européens, ni les textes légaux et réglementaires français n'imposent de dispositions détaillées sur la manière d'organiser l'approbation requise par le comité d'audit.

3785

Dans un avis en date du 26 juillet 2017, le Haut Conseil conclut que le comité d'audit d'une EIP peut mettre en place, selon les modalités qu'il estime les plus adaptées à son organisation, une **procédure d'approbation préalable**, pour une durée déterminée, d'une **liste limitative de catégories de services** autres que la certification des comptes, chaque catégorie reposant sur des travaux de même nature.

Le Haut Conseil attire cependant l'attention sur les points suivants :
– cette procédure nécessite une analyse préalable par le comité d'audit des risques que les services concernés peuvent faire peser sur l'indépendance du commissaire aux comptes ;
– les services concernés doivent être définis avec un degré de précision suffisant afin que le respect des exigences qui ont prévalu lors de l'approbation préalable puisse être apprécié lors de la réalisation des services concernés ;
– il est souhaitable que ces services soient pré-approuvés pour une période qui n'excède pas une année ;
– il convient que soit rendu compte au comité d'audit de tous les services autres que la certification des comptes effectivement réalisés.

La CNCC et les associations professionnelles représentant les entreprises (Afep, Medef, Middlenext, Ansa) ont publié en novembre 2018 une version finale du **guide** publié sous forme provisoire en juillet 2016 sur les services autres que la certification.

Ce document s'adresse aux entreprises, aux comités d'audit et aux conseils d'administration et de surveillance des EIP ainsi qu'à leurs commissaires aux comptes : il constitue un outil d'aide à l'approbation des SACC.

S'agissant de la mise en œuvre pratique des SACC, il est précisé qu'il appartient au comité d'audit d'**organiser la procédure d'approbation dans sa charte ou son règlement intérieur** avec la possibilité :
– d'une approbation des SACC au cas par cas ; et
– d'une approbation par catégorie de SACC avec la mise en œuvre d'une procédure couvrant un ensemble de SACC de même nature pour une période déterminée qui n'excède pas une année.

À la lecture du guide précité, les orientations ci-dessous sont envisageables, étant rappelé qu'il revient à chaque EIP de définir les modalités pratiques d'approbation des SACC qu'elle choisit de mettre en œuvre :
– identification par le comité d'audit d'une **liste limitative** de catégories de services de même nature susceptibles de faire l'objet d'une approbation préalable. Pour ce faire, le comité apprécie, pour chacune de ces catégories, leurs effets potentiels sur l'indépendance du commissaire aux comptes en procédant à l'analyse requise par l'article L 822-11-2 ;
– définition par le comité d'audit des types et champs des missions qui font l'objet d'une approbation préalable par catégorie en veillant au respect des exigences définies par le H3C (énumération exhaustive, degré de précision suffisant, durée déterminée qui n'excède pas une année) ;
– possibilité de fixer des conditions et limites attachées à l'autorisation (montant des honoraires, modalités de *reporting* des commissaires aux comptes...).

> Le H3C n'a pas souhaité se prononcer a priori sur les services susceptibles de relever de cette procédure d'approbation par catégorie de SACC et n'a donc pas validé de liste préétablie.

STATUT DU CONTRÔLEUR LÉGAL · © Éd. Francis Lefebvre

J. Mesures concernant les honoraires

3787 Les mesures concernant les honoraires incluent un dispositif de limitation des honoraires relatifs aux services autres que la certification des comptes pour les EIP (voir n° 3788), des mesures destinées à limiter le risque de dépendance vis-à-vis d'une EIP (voir n° 3790) et des dispositions issues du Code de déontologie applicables à toutes les entités (voir n° 3791 s.).

Enfin, des obligations de publicité des honoraires des commissaires aux comptes viennent également renforcer ces mesures (voir n° 3793 s.).

Limitation des honoraires relatifs aux SACC pour les EIP

3788 L'article 4 du règlement européen 537/2014 limite les honoraires annuels des services autres que la certification des comptes fournis par le contrôleur légal à l'EIP dont les comptes sont certifiés à l'entité qui la contrôle et aux entités qu'elle contrôle.

Cette obligation a été introduite en France à l'article L 823-18, II, du Code de commerce qui **entrera en vigueur** à compter du quatrième exercice ouvert postérieurement au 16 juin 2016, à savoir l'exercice 2020 pour les exercices clos au 31 décembre (article 53, 6° de l'ordonnance 2016-315 du 17-3-2016).

L'article précité impose que le total des honoraires facturés par le **commissaire aux comptes** pour les services autres que la certification des comptes fournis à l'EIP ou à la personne qui la contrôle ou qui est contrôlée par elle au sens des I et II de l'article L 233-3 se limite à **70 %** de la moyenne des honoraires facturés au cours des trois derniers exercices pour le contrôle légal des comptes et des états financiers consolidés de l'entité d'intérêt public et, le cas échéant, de la personne qui la contrôle ou qui est contrôlée par elle.

Les services autres que la certification des comptes qui sont requis par la législation de l'Union ou par une disposition législative ou réglementaire sont exclus de ce calcul (C. com. art. L 823-18, II, al. 2).

Compte tenu des positions exprimées par le H3C dans sa FAQ du 18 juillet 2019, le plafonnement des honoraires SACC peut se schématiser comme suit :

Honoraires facturés **par le commissaire aux comptes** en N pour les SACC fournis : - à l'EIP, aux entités qui la contrôlent et aux entités contrôlées par elle au sens des I et II de l'article L 233-3 du Code de commerce ; - en France, dans un autre pays de l'**Union européenne** (UE) ou dans un **pays tiers** ; - autres que ceux expressément confiés par une législation nationale d'un État de l'UE ou des dispositions de l'UE qui ont un effet direct en droit national.	≤ 70%	Moyenne annuelle des honoraires facturés **par le commissaire aux comptes** en N − 1, N − 2, N − 3 au titre du contrôle légal des comptes : - de l'EIP, des entités qui la contrôlent et des entités contrôlées par elle (au sens des I et II de l'article L 233-3 du Code de commerce) ; - en **France** ou dans un autre pays de l'**Union européenne**.

Précisions **1. Membres du réseau** : le dispositif prévu au II de l'article L 823-18 du Code de commerce plafonne les honoraires facturés par le commissaire aux comptes mais les honoraires des SACC facturés par les membres du réseau auquel appartient le commissaire aux comptes ne sont pas pris en compte. Ce point a été confirmé par la Commission européenne (Q&A du 3-9-2014) et par le Haut Conseil (FAQ H3C 18-07-19 § 4.6).

2. Cocommissariat aux comptes : le plafond s'apprécie pour chaque commissaire aux comptes si les comptes de l'entité sont certifiés par plusieurs commissaires aux comptes.

3. Groupes : pour les groupes qui comporteraient plusieurs EIP, le calcul du plafond est réalisé au niveau de chaque EIP en intégrant les entités de la chaîne de contrôle de l'EIP concernée.

4. Honoraires au titre du contrôle légal : les honoraires à prendre en compte au titre du contrôle légal sont ceux facturés par le commissaire aux comptes à l'EIP et aux entités qui la contrôlent ou sont

184

STATUT DU CONTRÔLEUR LÉGAL

contrôlées par elle, qu'il intervienne en France ou dans un autre pays de l'Union européenne, dès lors que le commissaire aux comptes est également contrôleur légal de ces personnes.

Une moyenne de ces honoraires est calculée sur les trois derniers exercices.

Pour les entités contrôlées ou contrôlantes, la **notion de contrôle** s'entend au sens des I et II de l'article L 233-3 du Code de commerce.

Les honoraires au titre du contrôle légal des comptes intègrent les comptes annuels et, le cas échéant, les comptes consolidés.

En revanche, les honoraires relatifs aux travaux mis en œuvre dans le cadre d'**interventions légales confiées au commissaire aux comptes** et ne contribuant pas à réduire les travaux de certification des comptes n'entrent pas dans le champ des honoraires de contrôle légal (FAQ H3C précitée § 4.3 et illustration § 4.6). Tel est le cas des honoraires relatifs aux interventions suivantes :

– le contrôle des conventions réglementées ;
– le contrôle du rapport de gestion ;
– le contrôle du rapport financier annuel ;
– les travaux mis en œuvre au titre de la lutte contre le blanchiment ;
– la révélation des faits délictueux ;
– les travaux mis en œuvre au titre de la procédure d'alerte.

S'agissant du **périmètre géographique**, le H3C précise que l'usage du terme « contrôle légal des comptes » sous-tend qu'il convient de prendre en considération les missions de contrôle légal réalisées dans l'Union européenne.

5. Honoraires SACC : selon le même principe que les honoraires facturés au titre du contrôle légal des comptes, les honoraires des SACC comprennent les honoraires facturés par le commissaire aux comptes à l'EIP ainsi qu'aux entités de sa chaîne de contrôle, au sens des I et II de l'article L 233-3 du Code de commerce. Le II de l'article L 823-18 du Code de commerce ne précise pas le **périmètre géographique** des entités de la chaîne de contrôle et le Haut Conseil considère qu'il convient de prendre en compte les honoraires des SACC fournis aux sociétés contrôlantes ou contrôlées, en France, dans les autres pays de l'Union européenne et dans les pays tiers (FAQ H3C précitée § 4.6).

Pour le Haut Conseil, les pays tiers sont ainsi pris en compte dans le calcul des honoraires SACC facturés par le commissaire aux comptes mais pas dans la moyenne annuelle des honoraires de contrôle légal, ces derniers étant limités à la France et autres pays de l'Union européenne.

Le H3C précise, qu'en application de l'alinéa 2 du II de l'article L 823-18, les honoraires des services autres que la certification des comptes qui sont **expressément et exclusivement confiés** au commissaire aux comptes par des **dispositions nationales** ou des dispositions du droit de l'Union européenne qui ont un effet direct en droit national sont **exclus** de ce calcul (FAQ H3C § 4.6 ; C. com. art. L 823-18, II, al. 2).

L'adjectif « **national** » dont il est fait usage dans les expressions « dispositions nationales » ou « dispositions du droit de l'Union européenne qui ont un effet direct en droit national » vise :

– les dispositions françaises ;
– les dispositions du droit de l'Union européenne ayant un effet direct en droit français ;
– le droit des autres États membres et les dispositions du droit de l'Union européenne qui ont un effet direct dans le droit des autres États membres.

Le Haut Conseil considère ainsi que les SACC requis par les dispositions nationales de chacun des États membres de l'Union européenne sont à exclure du plafonnement des honoraires et non pas uniquement ceux issus de SACC requis par la législation française.

3789 À titre exceptionnel et à la demande du commissaire aux comptes, le **Haut Conseil peut autoriser ce dernier à dépasser** le plafond de 70 % pendant une période n'excédant pas deux exercices (C. com. art. L 823-18, III).

Le commissaire aux comptes qui, en application du III de l'article L 823-18, demande à être autorisé à dépasser le plafond d'honoraires de 70 % adresse au bureau du Haut Conseil une demande comprenant (C. com. art. R 823-21-2) :

« 1° Les documents relatifs aux honoraires facturés, au cours des trois derniers exercices, pour sa mission de certification des comptes annuels et consolidés de l'entité d'intérêt public dont il est chargé de certifier les comptes et, le cas échéant, de la personne qui la contrôle et des personnes qui sont contrôlées par elle, au sens des I et II de l'article L 233-3 ;

2° Les documents relatifs aux honoraires facturés, pour les trois mêmes exercices, au titre de services autres que la certification des comptes à l'entité d'intérêt public dont il est chargé de certifier les comptes et, le cas échéant, à la personne qui la contrôle et aux personnes qui sont contrôlées par elle, au sens des I et II de l'article L 233-3 ;

3° Un exposé de la nature et du montant des prestations envisagées qui entraîneraient un dépassement du plafond ;

4° Un exposé établi par le comité spécialisé de l'entité d'intérêt public mentionné à l'article L 823-19 des raisons qui justifient qu'à titre exceptionnel ces prestations doivent être fournies par le commissaire aux comptes.

185

STATUT DU CONTRÔLEUR LÉGAL © Éd. Francis Lefebvre

Un accusé de réception est délivré à l'intéressé à réception du dossier complet.

Le bureau peut solliciter du commissaire aux comptes ou de l'entité d'intérêt public toute information ou document complémentaire de nature à éclairer sa décision. Il peut entendre le commissaire aux comptes ou les membres du comité spécialisé de l'entité d'intérêt public. Il peut faire appel à des experts.

Le bureau se prononce par décision motivée dans un délai d'un mois à compter de la réception du dossier complet. Le silence gardé pendant ce délai vaut acceptation de la demande.

La décision du bureau est notifiée au demandeur par lettre recommandée avec demande d'avis de réception. »

S'agissant d'une autorisation, le H3C considère que la demande doit être déposée auprès du bureau **avant la réalisation** des SACC.

Le régulateur précise dans son rapport annuel 2020 que le bureau a été saisi de six demandes d'autorisation de dépassement en 2020. Ces demandes ayant été sollicitées postérieurement à la réalisation des SACC et au dépassement du plafond, le bureau a considéré qu'elles n'étaient pas recevables en ce qu'elles étaient dépourvues d'objet.

Risque de dépendance lié aux honoraires pour les EIP

3790 Le commissaire aux comptes doit en outre respecter les dispositions du paragraphe 3 de l'article 4 du règlement européen 537/2014 du 16 avril 2014.

Le comité d'audit a un rôle renforcé lorsque la dépendance de l'un des commissaires aux comptes vis-à-vis de l'EIP devient excessive, en termes d'honoraires. Il peut en effet soumettre la mission d'audit à un examen de contrôle qualité, avant la publication du rapport d'audit, et décider, sur la base de motifs justifiés, si l'un des commissaires aux comptes peut continuer sa mission (Règl. précité art. 4, § 3).

Si au cours de chacun des trois derniers exercices, les honoraires totaux reçus d'une EIP représentent plus de **15 % du total des honoraires** reçus par le commissaire aux comptes ou le cabinet d'audit, ce dernier doit en informer le comité d'audit et analyser avec lui les risques pesant sur l'indépendance et les mesures de sauvegarde appliquées pour atténuer ces risques.

Le comité d'audit examine si la mission d'audit doit alors être soumise à un examen de contrôle qualité de la mission par un autre contrôleur légal ou cabinet d'audit avant la publication du rapport d'audit.

Si les honoraires reçus de cette même EIP continuent de dépasser 15 % des honoraires, le comité d'audit décide, sur la base de critères objectifs, si le commissaire aux comptes ou le cabinet d'audit peut continuer à réaliser le contrôle légal pendant une période qui ne peut dépasser deux ans (Règl. art. 4, § 3).

Dispositions du Code de déontologie relatives à l'indépendance financière

3791 **Situations de dépendance liées aux honoraires.** Le Code de déontologie de la profession rappelle la nécessaire adéquation entre l'importance des diligences à mettre en œuvre, compte tenu, d'une part, de la nature de la mission ou de la prestation et, d'autre part, de la taille, de la nature et de la complexité des activités de la personne ou de l'entité pour laquelle elle est réalisée. Le commissaire aux comptes ne peut accepter un niveau d'honoraires qui risque de compromettre la qualité de ses travaux. Toute disproportion doit le conduire à mettre en œuvre des mesures de sauvegarde (CDP art. 12 modifié par le décret 2020-292 du 21-3-2020).

Les honoraires d'audit ne doivent pas être manifestement surévalués ou sous-évalués par rapport à la taille de l'entreprise contrôlée et à la nature de ses activités (voir n° 9880). Dans le premier cas, un doute pourrait naître sur le respect des incompatibilités légales par l'auditeur et notamment des interdictions relatives à la fourniture de prestations autres que l'audit. Dans le second cas, la situation pourrait être perçue comme préjudiciable à la qualité de l'audit.

De plus, le H3C, dans un avis du 2 juillet 2009, a considéré que la non-rétribution du commissaire aux comptes affectait son indépendance et son objectivité.

Dans le cas des **appels d'offres** (précision non reprise expressément par le Code de déontologie de la profession), le commissaire aux comptes ne saurait répondre s'il est contraint de proposer des honoraires s'inscrivant dans une enveloppe financière manifestement insuffisante ou préalablement déterminée par la direction de la personne ou de l'entité contrôlée.

Il s'agit d'éviter, en théorie, les **mises en concurrence** de cabinets ayant pour but à la fois de faire baisser les honoraires d'audit et de privilégier les cabinets qui recourent à une politique de « **prix** d'appel » en vue d'obtenir de manière directe ou indirecte d'autres missions. Il ne devrait pas exister d'écarts significatifs entre les propositions de prix des cabinets retenus au stade final de l'appel d'offres à qualité égale de prestations. Le comité d'audit a un rôle essentiel à jouer dans l'appréciation de la nature des prestations couvertes par les honoraires proposés et l'adéquation des moyens mis en œuvre. L'acceptation par un cabinet d'honoraires excessivement faibles, eu égard à l'importance et à la complexité de la mission, est de nature à compromettre son indépendance, et notamment son apparence d'indépendance.

Ainsi, le commissaire aux comptes :
– ne peut accepter aucune forme de rémunération proportionnelle ou conditionnelle (CDP art. 13 modifié par le décret précité) ;
– doit prévoir le mode de calcul des honoraires relatifs à toutes diligences imprévues qui apparaîtraient nécessaires au moment de l'acceptation de la mission ou, à défaut, au moment où il apparaît que des travaux ou diligences complémentaires doivent être réalisés (CDP art. 12 modifié par le décret précité) ;
– ne peut pas réaliser une mission ou une prestation sans facturer des honoraires qui soient en concordance avec les diligences effectuées car une disproportion entre les diligences réalisées et les honoraires facturés, qu'il s'agisse de travaux « pro bono » ou d'actions de mécénat, voire de dons au bénéfice de l'entité qui reçoit la prestation ou la mission, peut être perçue par les tiers comme laissant place à une contrepartie occulte, contraire aux principes d'indépendance (CDP art. 5 ; Bull. CNCC n° 201-2021, CEP 2020-02).

Le commissaire aux comptes veille à ce que le total des honoraires reçus d'une personne ou entité dont les comptes sont certifiés et, le cas échéant, d'une personne ou entité qui la contrôle ou qui est contrôlée par elle, au sens des I et II de l'article L 233-3 du Code de commerce, ne crée pas de dépendance financière du commissaire aux comptes à l'égard de la personne ou de l'entité dont les comptes sont certifiés (CDP art. 36 modifié par le décret précité).

Selon le Code de déontologie, il existe un **risque de dépendance financière** « lorsque le total des honoraires reçus au cours de la mission de certification représente une part significative du total des revenus professionnels du commissaire aux comptes lorsqu'il s'agit d'une personne physique ou du total du chiffre d'affaires lorsqu'il s'agit d'une personne morale ».

Lorsqu'il existe un risque de dépendance financière, le commissaire aux comptes met en place les mesures de sauvegarde appropriées.

En cas de difficulté sérieuse, le commissaire aux comptes saisit pour avis le Haut Conseil. Lorsque le commissaire aux comptes exerce sa mission de contrôle légal auprès d'une entité d'intérêt public, il respecte en outre les dispositions du paragraphe 3 de l'article 4 du règlement européen 537/2014 (CDP art. 36 modifié par le décret précité ; voir n° 3790).

Publicité des honoraires

3793 La publicité des honoraires des commissaires aux comptes se fait à la fois lors de la désignation et annuellement.

3794 **1) Lors de la désignation du commissaire aux comptes** : en vue d'assurer une meilleure transparence de l'information de l'assemblée générale sur l'indépendance des commissaires aux comptes, l'article L 820-3 du Code de commerce exige que **lors de la désignation** du commissaire aux comptes soient mentionnés, dans les documents mis à la disposition des actionnaires en application de l'article L 225-108 :
– son appartenance éventuelle à un réseau national ou international ;
– le cas échéant, le montant global des honoraires perçus par ce réseau au titre des services autres que la certification des comptes ainsi que la nature de ces services, fournis par ce réseau :
• à la personne dont ledit commissaire aux comptes se propose de certifier les comptes, et
• aux personnes ou entités qui sont contrôlées par elles ou qui les contrôlent, au sens des I et II de l'article L 233-3.

> Ces informations sont actualisées chaque année par le commissaire aux comptes et mises, au siège de la personne contrôlée, à la disposition des associés et actionnaires et, pour les associations, des adhérents et donateurs en même temps que les informations relatives aux honoraires versés à chacun des commissaires aux comptes (voir infra).

Par ailleurs, lorsque le commissaire aux comptes a vérifié, au cours des deux derniers exercices précédant sa désignation, des opérations d'apport ou de fusion de la société ou

STATUT DU CONTRÔLEUR LÉGAL © Éd. Francis Lefebvre

de celles qu'elle contrôle au sens des I et II de l'article L 233-16 du Code de commerce, le projet de résolution proposant sa nomination à l'assemblée générale doit en faire état (C. com. art. L 823-1, al. 4).

3795 **2) Annuellement** : la nature de la publicité à mettre en œuvre dépend du contexte dans lequel celle-ci est réalisée. Nous développerons tout d'abord l'information à la charge des commissaires aux comptes (n° 3796) puis celle pesant sur les entités (n° 3797).

3796 Publicité à la charge des commissaires aux comptes :

– dans tous les cas (CDP art. 37 modifié par le décret précité), le commissaire aux comptes informe la personne ou l'entité dont il certifie les comptes du montant de l'ensemble des hono-raires :
- qu'il a perçu au titre de sa mission de contrôle légal, et
- qu'il a perçu au titre des missions et prestations autres que la certification des comptes,
- « que le réseau auquel il appartient, s'il n'a pas pour activité exclusive le contrôle légal des comptes, a reçu au titre des missions autres que le contrôle légal et des prestations, fournies à une personne ou entité contrôlée ou qui contrôle, au sens des I et II de l'article L 233-3 du Code de commerce, la personne ou l'entité dont les comptes sont certifiés ». Lorsque la mission du commissaire aux comptes concerne le contrôle légal de comptes consolidés, les informations communiquées doivent porter sur les honoraires perçus par le réseau au titre des missions et des prestations autres que la certification des comptes et qui ont été fournies aux sociétés entrant dans le périmètre de consolidation de la personne ou entité dont les comptes sont certifiés ou, le cas échéant, à la personne ou entité qui la contrôle, au sens des I et II de l'article L 233-3 du Code de commerce.

Il appartient également au commissaire aux comptes de prendre toutes les mesures requises pour satisfaire aux obligations de déclaration d'honoraires, pour les missions et les prestations fournies tant par lui-même que par le réseau auquel il appartient à une personne ou entité contrôlée ou qui contrôle, au sens des I et II de l'article L 233-3 du Code de commerce, la personne ou entité dont les comptes sont certifiés (CDP art. 37 modifié par le décret précité) ;

– le commissaire aux comptes communique tous les ans à l'entité dont il certifie les comptes les éléments d'informations relatifs aux honoraires mentionnés à l'article L 820-3 afin que ces informations puissent être **mises à disposition des actionnaires** au siège de l'entité (voir n° 3797) ;

– en présence d'un comité d'audit (C. com. art. L 823-16) : lorsqu'ils interviennent auprès de personnes ou d'entités soumises à l'obligation de se doter d'un comité d'audit ou qui se sont dotées volontairement d'un comité d'audit, les commissaires aux comptes portent à sa connaissance chaque année une actualisation des informations mentionnées à l'article L 820-3 du Code de commerce détaillant les prestations fournies par les membres du réseau auquel les commissaires aux comptes sont affiliés ainsi que les services autres que la certification des comptes qu'ils ont eux-mêmes fournis (C. com. art. L 823-16, II). Les commissaires doivent donc tous les ans porter à la connaissance du Comité d'audit de la personne ou de l'entité qu'ils contrôlent :
- le montant global des honoraires actualisés perçus par le réseau auquel les commis-saires aux comptes sont affiliés au titre des services autres que la certification des comptes fournis par ce réseau aux personnes ou entités contrôlées ou qui contrôlent la personne ou l'entité dont ledit commissaire aux comptes certifie les comptes,
- le montant des honoraires perçus par chaque commissaire aux comptes au titre de la mission de certification des comptes et des services autres que la certification des comptes fournis à l'entité dont les comptes sont certifiés,
- le détail des prestations fournies par le commissaire aux comptes et son réseau au titre des services autres que la certification des comptes à l'entité dont les comptes sont certifiés ainsi qu'aux entités contrôlantes et contrôlées au sens des I et II de l'article L 2333-3 du Code de commerce ;

La notion de « détail des prestations fournies » n'étant pas précisée par les textes, la CNCC considère que le commissaire aux comptes exerce son jugement professionnel pour déterminer, au regard des attentes du comité d'audit, le niveau de détail à fournir avec, le cas échéant, le montant selon la demande spécifique du comité d'audit : regroupement par grandes catégories ou par nature des services fournis ou liste exhaustive des SACC avec répartition entité contrôlante / entités contrôlées... (Bull. CNCC n° 193-2019, Communiqué CNCC sur les informations à communiquer sur les honoraires des commissaires aux comptes – janv. 2019 § 2.2).

© Éd. Francis Lefebvre   STATUT DU CONTRÔLEUR LÉGAL

– communication dans le **rapport de transparence** (C. com. art. R 823-21) : les commissaires aux comptes désignés auprès d'une entité d'intérêt public ou d'une société de financement pour une mission de contrôle légal publient sur leur site Internet, dans les quatre mois suivant la clôture de leur exercice, un rapport de transparence. Ce rapport fait notamment mention, si ces informations ne sont pas communiquées dans ses états financiers, des informations sur le chiffre d'affaires total du contrôleur légal des comptes ou du cabinet d'audit, ventilé selon les catégories suivantes :
• les revenus provenant du contrôle légal des états financiers annuels et consolidés d'entités d'intérêt public et d'entités membres d'un groupe d'entreprises dont l'entreprise mère est une entité d'intérêt public,
• les revenus provenant du contrôle légal des états financiers annuels et consolidés d'autres entités,
• les revenus provenant de services autres que d'audit autorisés fournis à des entités qui sont contrôlées par le contrôleur légal des comptes ou le cabinet d'audit, et
• les revenus provenant de services autres que d'audit fournis à d'autres entités.

Ces informations sont prévues par l'article 13 du règlement européen 537/2014 et sont applicables pour les exercices ouverts postérieurement au 29 juillet 2016.

Publicité des honoraires à la charge de l'entité contrôlée :   **3797**
– information **mise à la disposition des actionnaires** (C. com. art. L 820-3, I) : les personnes ou entités soumises au contrôle légal doivent mettre **chaque année**, au siège social, à la disposition des actionnaires, des associés et, pour les associations, des adhérents et donateurs, l'information sur le montant des honoraires versés à chacun des commissaires aux comptes.
Le commissaire aux comptes doit donc actualiser tous les ans les informations relatives aux honoraires visées à l'article L 820-3 du Code de commerce et communiquer à l'entité contrôlée :
• les honoraires qu'il a perçus,
  Il donne une information sur le montant global des honoraires au titre de la mission de certification des comptes de l'entité et des services autres que la certification des comptes qui ont été fournis à cette dernière.
  L'article L 820-3 du Code de commerce n'impose pas de distinguer les montants des honoraires liés à la certification des comptes et ceux liés aux SACC mais l'obligation figure dans l'article 37 du Code de déontologie modifié par le décret précité.
  Ces honoraires n'incluent pas les services autres que la certification des comptes fournis par le commissaire aux comptes aux entités qui contrôlent ou qui sont contrôlées par l'entité dont les comptes sont certifiés. Le terme « versés » conduit à limiter l'information aux honoraires encaissés et non pas à ceux facturés (Bull. nº 133-2004 p. 175).
• les honoraires perçus par son réseau au titre des services autres que la certification ainsi que la nature de ces services fournis à l'entité dont le commissaire aux comptes certifie les comptes et aux entités qu'elle contrôle ou qui la contrôlent, au sens des I et II de l'article L 233-3 du Code de commerce.
Le montant des honoraires par nature de SACC n'est pas requis ;
– **communication en annexe** : les personnes morales ne pouvant adopter une présentation simplifiée de leurs comptes dans les conditions des articles L 123-16 et D 123-200 font figurer dans l'annexe des comptes annuels, pour chaque commissaire aux comptes, le montant total des honoraires des commissaires aux comptes figurant au compte de résultat de l'exercice, en séparant les honoraires afférents à la certification des comptes de ceux afférents, le cas échéant, aux autres services. Ces informations ne sont pas fournies si la personne morale est incluse dans un périmètre de consolidation (article 833-14/4 du règlement ANC 2016-07).
Ces mêmes informations doivent figurer dans l'annexe des comptes consolidés pour les sociétés commerciales qui ont l'obligation de publier de tels comptes en application de l'article L 233-16 du Code de commerce (Règl. ANC 2016-07, 2016-08, 2016-09 et 2016-10 pour les comptes consolidés en normes françaises et en normes IFRS).
Doivent ainsi figurer dans l'annexe des comptes consolidés tous les honoraires facturés à la société auditée et aux sociétés entrant dans le périmètre de consolidation, en séparant les honoraires facturés au titre de la certification des comptes de ceux facturés au titre des autres services.

Les honoraires figurant dans les annexes sont ceux facturés par le commissaire aux comptes. Ne sont donc pas visés les honoraires éventuellement facturés par le réseau auquel il est affilié. De plus, la

STATUT DU CONTRÔLEUR LÉGAL © Éd. Francis Lefebvre

publication des honoraires figurant au compte de résultat vise à la fois les honoraires versés et les honoraires provisionnés, au titre de l'exercice concerné.

Pour une EIP, si l'information sur le montant des honoraires des SACC, présentée dans l'annexe, est complétée, dans cette même annexe ou dans le rapport de gestion, d'une description de la nature des SACC réalisée par le commissaire aux comptes à l'EIP ainsi qu'aux entités qu'elle contrôle, alors le commissaire aux comptes n'a pas à mentionner cette information dans son **rapport sur les comptes** (CNCC Communiqué précité § 1 et 2.1).

L'article 222-8 du règlement général de l'AMF qui prévoyait une communication sur le site Internet de l'émetteur du montant des honoraires versés à chacun des commissaires aux comptes et à son réseau a été abrogé par l'arrêté du 27 février 2017 portant homologation de modifications du règlement général de l'AMF.

K. Sanctions

3800 La violation des incompatibilités légales est sanctionnée tant civilement que pénalement (voir n⁰ˢ 13615 s.).

La sanction peut viser toute situation de perte d'indépendance, que celle-ci ait été identifiée à partir du référentiel légal ou du référentiel normatif.

Les commissaires aux comptes sont passibles de sanctions disciplinaires et, depuis le 17 juin 2016, le Haut Conseil peut également sanctionner les personnes physiques et morales autres que les commissaires aux comptes, notamment les entités d'intérêt public, leurs gérants, administrateurs ou membres du directoire ou du conseil de surveillance.

3810 **Sanctions civiles** La nomination ou le maintien d'un commissaire aux comptes en situation d'incompatibilité est susceptible d'entraîner la **nullité** de la décision portant sur sa nomination. En outre, elle entraîne la nullité des délibérations ultérieures de l'entité contrôlée (C. com. art. L 820-3-1).

Le maintien d'un commissaire aux comptes dans une situation d'incompatibilité a donc les mêmes conséquences qu'un défaut de désignation du commissaire aux comptes pour la société.

Comme en cas de nomination irrégulière ou à défaut de désignation du commissaire, la nullité encourue peut cependant être éteinte si les délibérations sont expressément confirmées par l'organe compétent sur le rapport des commissaires aux comptes régulièrement désignés (C. com. art. L 820-3-1, al. 2).

3817 **Sanctions pénales** Est puni d'un **emprisonnement** de six mois et d'une **amende** de 7 500 euros le fait pour toute personne d'accepter, d'exercer ou de conserver les fonctions de commissaire aux comptes, nonobstant les incompatibilités légales soit en son nom personnel, soit au titre d'associé dans une société de commissaires aux comptes (C. com. art. L 820-6).

Sur les modalités de mise en œuvre de la responsabilité pénale du commissaire aux comptes en matière d'incompatibilité et d'interdiction, voir n⁰ˢ 13615 s.

3820 **Sanctions disciplinaires pour le commissaire aux comptes** Les commissaires aux comptes sont passibles des sanctions prévues à l'article L 824-2 du Code de commerce à raison des fautes disciplinaires qu'ils commettent.

Tout manquement aux conditions légales d'exercice de la profession ainsi que toute négligence grave et tout fait contraire à la probité ou à l'honneur constituent une faute disciplinaire.

Pour plus de détails sur la responsabilité disciplinaire du commissaire aux comptes, voir n⁰ˢ 15000 s.

3825 **Sanctions disciplinaires pour les personnes autres que le commissaire aux comptes** L'ordonnance du 17 mars 2016 a institué la possibilité pour le Haut Conseil, statuant en formation restreinte, de sanctionner, dans le cadre d'une procédure disciplinaire, les manquements suivants (C. com. art. L 824-1, II) :

1° les associés, salariés du commissaire aux comptes, toute autre personne participant à la mission de certification ou les personnes physiques ou morales qui sont étroitement liées au commissaire aux comptes au sens de l'article 3, paragraphe 26 du règlement européen 596/2014 du 16 avril 2014, du fait des **manquements aux dispositions de l'article L 822-11-3** (détention d'intérêts substantiels et directs dans l'entité dont les comptes sont certifiés ou réalisation d'opération sur un instrument financier émis, garanti

© Éd. Francis Lefebvre   STATUT DU CONTRÔLEUR LÉGAL ▌

ou autrement soutenu par cette entité) ainsi qu'aux dispositions du Code de déontologie relatives aux liens personnels, professionnels ou financiers ;
2° les entités d'intérêt public, leurs gérants, administrateurs ou membres du directoire ou du conseil de surveillance, du fait :
(i) de manquements aux dispositions des articles L 822-11, L 822-11-1 et L 822-11-2 et de l'article 5 du règlement européen 537/2014 du 16 avril 2014, relatives aux **services fournis par les commissaires aux comptes** (voir n°s 3744 s.),
(ii) de manquements aux dispositions de l'article L 823-1, relatives à la désignation des commissaires aux comptes (voir n°s 2100 s.),
(iii) de manquements aux dispositions de l'article L 823-3-1 et de l'article 17 du règlement précité, relatives à la durée du mandat (voir n°s 2380 s.),
(iv) de manquements aux dispositions relatives aux **honoraires** prévues à l'article L 823-18 et à l'article 4 du règlement précité (voir n°s 3788 s.) ;
3° Les personnes ou entités soumises à l'obligation de certification de leurs comptes, leurs gérants, administrateurs ou membres du directoire ou du conseil de surveillance, ainsi que les personnes mentionnées au 1°, lorsqu'elles s'opposent de quelque façon que ce soit à l'exercice des fonctions confiées aux agents du Haut Conseil du commissariat aux comptes en matière de contrôles et d'enquêtes ;
4° tout dirigeant, administrateur, membre du conseil de surveillance ou personne occupant un poste de direction au sein d'une personne ou entité, ainsi que cette personne ou entité, du fait d'un **manquement aux dispositions de l'article L 822-12** (voir n° 3759).

Les personnes mentionnées au II de l'article L 824-1 sont passibles des sanctions suivantes (C. com. art. L 824-3) :   **3830**
1° L'**interdiction** pour une durée n'excédant pas trois ans **d'exercer des fonctions** d'administration ou de direction au sein d'entités d'intérêt public et des fonctions de commissaire aux comptes.
2° Le paiement, à titre de **sanction pécuniaire**, d'une somme n'excédant pas les montants suivants :
a) Pour les personnes physiques mentionnées aux 1° et 3° du II de l'article L 824-1, la somme de 50 000 euros.
b) Pour les personnes physiques mentionnées aux 2° et 4° du II de l'article L 824-1, la somme de 250 000 euros.
c) Pour les personnes morales mentionnées aux 1°, 3° et 4° du II de l'article L 824-1, la somme de 500 000 euros.
d) Pour les personnes morales mentionnées au 2° du II de l'article L 824-1, la plus élevée des sommes suivantes :
– 1 million d'euros ;
– lorsque le manquement intervient dans le cadre d'une mission de certification, la moyenne annuelle des honoraires facturés au titre de l'exercice durant lequel le manquement a été commis et des deux exercices précédant celui-ci, par le commissaire aux comptes, à la personne morale concernée ou, à défaut, le montant des honoraires facturés par le commissaire aux comptes à la personne morale concernée au titre de l'exercice au cours duquel le manquement a été commis.
En cas de manquement réitéré dans les cinq années à compter de la date à laquelle la sanction pécuniaire précédemment prononcée est devenue définitive, le montant de la sanction pécuniaire prononcée ne peut excéder le double des montants mentionnés aux a), b), c) et d).
Les sanctions prévues au I peuvent être assorties du sursis total ou partiel.
Si, dans le délai de cinq ans à compter du prononcé de la sanction, la personne sanctionnée commet un manquement entraînant le prononcé d'une nouvelle sanction, celle-ci entraînera, sauf décision motivée, l'exécution de la première sanction sans confusion possible avec la seconde.

L. Règles relatives à l'organisation interne des cabinets

Le renforcement de l'application au sein d'un cabinet des règles déontologiques est   **3850**
indissociable de la mise en place de procédures de sauvegarde tendant à s'assurer de l'indépendance de jugement du commissaire aux comptes.

191

STATUT DU CONTRÔLEUR LÉGAL

Depuis le 1er janvier 2017, l'article **R 822-33** du Code de commerce précise que chaque structure d'exercice du commissariat aux comptes doit mettre en œuvre des procédures assurant que les conditions d'exercice de chaque mission de certification des comptes respectent les **exigences déontologiques**, notamment en matière d'**indépendance** vis-à-vis de la personne ou de l'entité contrôlée et permettant de décider rapidement des mesures de sauvegarde si celles-ci s'avèrent nécessaires.

Pour plus de détails sur les obligations définies à l'article R 822-33 du Code de commerce, voir n° 10582.

3855 L'article 30 du Code de déontologie de la profession modifié par le décret 2020-292 du 21 mars 2020 impose également au commissaire aux comptes de mettre en place une organisation lui permettant d'être informé des prestations rendues par un membre de son réseau à toute personne ou entité dont il certifie les comptes ainsi qu'aux personnes ou entités qui les contrôlent ou qui sont contrôlées par elles au sens des I et II de l'article L 233-3 du Code de commerce. Cela doit logiquement conduire à la mise en place de procédures de sauvegarde en matière d'acceptation et de poursuite des missions.

> Le commissaire aux comptes « doit pouvoir justifier qu'il a procédé à l'analyse de la situation et des risques qui lui sont attachés et qu'il a pris toutes mesures de sauvegarde appropriées conformément aux articles 19 et 20 ».

III. Systèmes de sauvegarde de l'indépendance

4295 Nous examinerons la notion de système de sauvegarde de l'indépendance avant d'exposer les objectifs poursuivis par ces mécanismes :
– le renforcement de l'autorité et de l'indépendance de l'auditeur légal (n° 4315) ;
– le renforcement de la transparence de l'exercice de l'audit légal (n° 4345) ;
– le renforcement du contrôle de la profession d'auditeur légal (n° 4380).

Notion de système de sauvegarde

4300 Comme nous venons de le voir, l'indépendance du commissaire aux comptes est indissociable d'un certain nombre d'interdictions et de restrictions issues de la loi ou du référentiel de la profession. D'autres mesures existent, dites mesures de sauvegarde, qui ont également pour vocation de garantir l'indépendance du professionnel : elles se différencient des précédentes en ce qu'elles ont pour objet de **prévenir les manquements** à l'indépendance et non de définir sous forme d'interdictions les comportements qui les constituent.

4305 La recherche de l'indépendance par la mise en place de mesures de sauvegarde est au cœur des **préoccupations actuelles** des régulateurs, des instances professionnelles et des cabinets.

La mise en place de telles mesures de sauvegarde a occupé, depuis 2002, une place privilégiée dans les réflexions et analyses menées par la Commission européenne, les gouvernements des États membres et les différentes parties prenantes.

4308 Les mesures de sauvegarde sont intimement liées à la manière dont est organisé l'exercice de la profession. Elles peuvent faire l'objet d'une **classification** en fonction soit de leur **auteur**, soit de l'**objectif** poursuivi.

Si l'on prend le premier critère, on constate que les procédures de sauvegarde peuvent être mises en place :
– par le **législateur** : c'est le cas par exemple des dispositions liées à la durée des mandats, ou du cocommissariat aux comptes ;
– par les **instances ou organes de la profession** : c'est le cas par exemple du contrôle qualité interne à la profession ;
– par les **entités contrôlées** et les **auditeurs** eux-mêmes : c'est le cas par exemple de la mise en place d'un comité d'audit dans une entreprise, ou des procédures internes mises en œuvre par les commissaires aux comptes.

Si l'on retient le second critère, on constate que les mesures de sauvegarde poursuivent le plus souvent l'un des trois objectifs suivants :
– le renforcement de l'**autorité et** de l'**indépendance** de l'auditeur légal (voir n°s 4315 s.) ;

192

© Éd. Francis Lefebvre | STATUT DU CONTRÔLEUR LÉGAL █

– le renforcement de la **transparence** de l'exercice professionnel (voir n°ˢ 4345 s.) ;
– le renforcement de la **surveillance** et du **contrôle** de la profession (voir n°ˢ 4380 s.).
Les développements qui suivent sont articulés sur la base de cette seconde classification.
Ils ne concernent que les dispositions régissant actuellement l'indépendance des auditeurs dans le système légal français.

A. Renforcement de l'autorité et de l'indépendance des professionnels

Les principales mesures de sauvegarde le plus couramment citées en vue de renforcer l'autorité et l'indépendance des commissaires aux comptes sont :
– les règles légales de nomination et de cessation des fonctions (n° 4317) ;
– le cocommissariat aux comptes dans les sociétés tenues à l'établissement de comptes consolidés (n°ˢ 4318 s.) ;
– la rotation des associés et des mandats (n°ˢ 4326 s.).

4315

Nomination et cessation des fonctions

Certaines des règles relatives aux conditions de nomination et de cessation des fonctions des commissaires aux comptes ont clairement pour objectif de renforcer l'indépendance du commissaire aux comptes :
– la **durée du « mandat »** du commissaire aux comptes est fixée à six exercices. Ce principe, qui atténue la vulnérabilité du commissaire, a été généralisé à l'ensemble des entités soumises au contrôle légal même si depuis l'entrée en vigueur de la loi dite Pacte, lorsque le commissaire aux comptes est désigné par une société de manière volontaire ou en application des premier ou dernier alinéas de l'article L 823-2-2, la société peut décider de limiter la durée de son mandat à trois exercices (voir n° 2185) ;

> Ce principe d'une durée du mandat fixée à six exercices, hors dérogation, n'est pas appliqué dans la plupart des pays anglo-saxons, où le « mandat » est renouvelable chaque année, et il constitue une véritable protection du commissaire aux comptes contre des pressions qui s'appuieraient sur la menace d'un non-renouvellement de son « mandat ».

– la **récusation** et la **révocation** (relèvement judiciaire des fonctions) sont strictement encadrées par le dispositif légal (voir n°ˢ 2495 s. et 2525 s.) ;
– enfin, le commissaire aux comptes non renouvelé peut exiger d'être entendu lors de l'assemblée générale qui marque la fin de sa mission (voir n° 2657).

4317

Cocommissariat aux comptes

La nomination de deux commissaires aux comptes est obligatoire dans les sociétés astreintes à l'obligation d'établir et de publier des **comptes consolidés** (voir n° 2134).

> La loi de sécurité financière du 1er août 2003 précise que « les commissaires aux comptes se livrent ensemble à un examen contradictoire des conditions et des modalités d'établissement des comptes, selon les prescriptions énoncées par une norme d'exercice professionnel » (C. com. art. L 823-15).

Le double commissariat aux comptes, dès lors qu'il fonctionne dans des conditions satisfaisantes, offre de nombreux **avantages au regard de l'indépendance** :
– il a pour conséquence un **double regard** sur les comptes ; ce double regard permet la confrontation des avis et des expériences, conférant ainsi une qualité et une autorité plus grandes aux prises de position du collège ; il favorise un accroissement des compétences, et surtout le renforcement de l'autorité du collège des commissaires, si ces derniers sont confrontés à des dirigeants de mauvaise foi ; le H3C a précisé dans son avis du 9 février 2012 que ce double regard n'est effectif que si la répartition des travaux est équilibrée et modifiée régulièrement (voir n° 4320) ;

> Les cabinets exerçant le commissariat aux comptes doivent être des cabinets distincts (CDP art. 24, al. 1 modifié par le décret 2020-292 du 21-3-2020). Ils doivent se communiquer réciproquement les propositions de missions ou de prestations autres que la certification des comptes faites à la personne ou entité dont les comptes sont certifiés (CDP art. 24, al. 2 modifié par le décret précité).
> Dans un avis du 1er juillet 2008, le H3C a estimé que constituaient des **indices d'appartenance à un réseau** :
> – le recours, par l'un des commissaires aux comptes, aux locaux, au secrétariat administratif et au support informatique du cocommissaire ;

4318

193

STATUT DU CONTRÔLEUR LÉGAL   © Éd. Francis Lefebvre

– l'utilisation d'une adresse de courrier électronique comportant le nom du cocommissaire ;
– des liens de parenté décrits.

Dans un avis du 17 février 2011, le H3C a par ailleurs précisé que si le double commissariat n'est plus exercé par des cabinets distincts, suite à un rapprochement entre deux cabinets, l'un des deux commissaires aux comptes est tenu de démissionner sans que cette démission puisse être différée.

– il limite les **risques d'autorévision** grâce à l'intervention du second commissaire dans les situations à risque ;

D'une manière plus générale, le cocommissariat aux comptes permet la mise en œuvre d'une revue réciproque des travaux.

– il permet de gérer la **rotation des auditeurs** (voir n° 3760) dans un cadre sécurisé ;

La rotation des associés est déjà organisée pour les missions afférentes à des personnes ou entités dont les titres financiers sont admis à la négociation sur un marché réglementé en vue d'éviter l'instauration de liens personnels excessifs. Lorsque le renouvellement des deux commissaires aux comptes est décalé, il en résulte la possibilité de limiter la déperdition de « mémoire », qui est une conséquence inévitable de la rotation des associés.

– enfin, il renforce la **perception d'indépendance** de l'auditeur légal par la place financière.

Répartition des travaux entre cocommissaires aux comptes

4320
La norme d'exercice professionnel **NEP 100** relative à l'audit des comptes réalisé par plusieurs commissaires aux comptes définit les principes qui régissent l'exercice collégial de l'audit des comptes. Il en ressort notamment que le bon fonctionnement du cocommissariat repose sur une répartition **équilibrée** et **régulièrement modifiée** des travaux nécessaires à la réalisation de l'audit.

Afin de clarifier les obligations posées par cette norme, le Haut Conseil a publié un **avis relatif à la répartition des travaux** mis en œuvre par un collège de commissaires aux comptes et qui précise (Avis H3C 2012-01 du 9-2-2012) :
– les principes applicables en matière d'appréciation de la répartition des travaux (n° 4321) ;
– la nature des interventions et travaux devant donner lieu à une répartition équilibrée et régulièrement modifiée entre les commissaires aux comptes (n° 4322) ;
– les critères qualitatifs ne pouvant justifier une répartition inégale des travaux (n° 4323) ;
– les critères qualitatifs pouvant à l'inverse justifier une répartition inégale des travaux (n° 4324).

Cet avis présente également, à titre indicatif, une typologie de répartitions quantitatives des travaux permettant d'apprécier, à partir de critères quantitatifs, leur caractère a priori équilibré ou non (n° 4325).

4321
Principes applicables La répartition des travaux entre commissaires aux comptes doit être **équilibrée** et cet équilibre s'apprécie au vu de **critères quantitatifs et qualitatifs**.

En application de la NEP 100, **certains travaux d'audit** ne peuvent cependant **pas** être **répartis** et doivent être mis en œuvre, ensemble ou séparément, selon le cas, par chacun des commissaires aux comptes.

Le Haut Conseil précise qu'il s'agit :
– de la prise de connaissance de l'entité, de l'évaluation du risque d'anomalies significatives au niveau des comptes et de la détermination des seuils de signification ;
– du processus de répartition des travaux ;
– de la revue des travaux réalisés par les autres commissaires aux comptes ;
– des procédures analytiques permettant la revue de la cohérence d'ensemble des comptes ;
– de la vérification de la sincérité et de la concordance avec les comptes des documents adressés aux membres de l'organe appelé à statuer sur les comptes ;
– des communications avec les organes mentionnés à l'article L 823-16 du Code de commerce et avec la direction de l'entité.

Le Haut Conseil estime que chaque commissaire aux comptes doit consacrer à ces travaux un volume d'heures sensiblement équivalent.

S'agissant de la répartition des travaux entre les commissaires aux comptes, le Haut Conseil rappelle tout d'abord qu'elle a pour corollaire la **revue croisée des travaux** qui permet à chaque commissaire aux comptes d'apprécier si les conclusions des autres commissaires aux comptes sont pertinentes et cohérentes.

194

L'avis du H3C précité détermine ensuite quatre principes à retenir pour apprécier la répartition des travaux :

a. Les **critères quantitatifs** à prendre en compte pour apprécier le caractère équilibré de la répartition des travaux sont le volume d'heures de travail et le montant des honoraires.

Le Haut Conseil estime que les honoraires sont à prendre en compte, à côté du volume d'heures de travail (prévu par la NEP 100), dans la mesure où ils reflètent le poids relatif des travaux réalisés par chaque commissaire aux comptes.

b. L'**équilibre de la répartition** nécessite que chaque commissaire aux comptes puisse mettre en œuvre les travaux nécessaires à l'exercice de sa mission. La NEP n'impose pas une égalité du volume d'heures de travail et du montant des honoraires puisque la prise en compte de critères qualitatifs peut permettre de justifier cette inégalité.

Le Haut Conseil précise toutefois que la répartition du volume d'heures de travail et du montant des honoraires ne doit pas être « disproportionnée », ce qui se produit lorsque l'inégalité des heures ou des honoraires est telle que l'un des cocommissaires aux comptes doit être réputé incapable de mettre en œuvre les travaux nécessaires à l'exercice de sa mission, et ce quels que soient les critères qualitatifs pouvant exister par ailleurs.

c. La répartition des travaux doit être **régulièrement modifiée** : cette obligation constitue pour le Haut Conseil une condition essentielle afin d'obtenir un « double regard » effectif du collège.

d. L'équilibre de la répartition des travaux doit être **apprécié distinctement** pour chacune des interventions suivantes du commissaire aux comptes (voir n° 4322) :
– la certification des comptes consolidés ;
– la certification des comptes annuels et les interventions légales qui ne requièrent pas un volume de travaux significatif ;
– les interventions légales qui requièrent un volume de travaux significatif ;
– les interventions entrant dans le cadre des services autres que la certification des comptes qui requièrent l'intervention de tous les commissaires aux comptes.

Ainsi, à titre d'exemple, un commissaire aux comptes ne peut compenser une absence de contrôle des comptes consolidés par le temps qu'il a consacré au contrôle des comptes annuels.

Interventions et travaux à répartir L'avis du Haut Conseil définit les interventions dont la répartition doit faire l'objet d'une appréciation distincte (voir n° 4321 d.) et détermine pour chacune d'entre elles les travaux qui entrent dans la base de répartition et ceux qui en sont exclus.

4322

a. Certification des comptes. L'équilibre de la répartition est à apprécier distinctement pour la certification des comptes annuels et consolidés.

Lorsque des cocommissaires aux comptes interviennent au sein d'un groupe, les travaux à répartir ne visent que ceux requis par la certification des comptes de l'entité dans laquelle ils exercent leur mission.

Les travaux réalisés par les commissaires aux comptes de l'entité consolidante dans le cadre de la NEP 600 relative à l'audit des comptes consolidés entrent ainsi dans la base des travaux à répartir, y compris les travaux réalisés directement dans les entités consolidées en application de cette norme.

En revanche, sont **exclus de la base des travaux** à répartir au titre de la certification des comptes de l'entité consolidante :
– les travaux d'audit qui doivent être mis en œuvre par chaque commissaire aux comptes, tels que la prise de connaissance de l'entité, la revue croisée des travaux... (voir n° 4321) ;
– les travaux réalisés en qualité de professionnel en charge du contrôle des comptes des entités comprises dans le périmètre de consolidation, y compris les travaux réalisés sur la liasse de consolidation ; ainsi, lorsque l'un des cocommissaires aux comptes certifie à la fois les comptes de l'entité consolidante (société mère) et les comptes d'entités entrant dans le périmètre de consolidation, les travaux réalisés en vue de certifier les comptes de ces entités ne font pas partie des travaux à répartir pour les besoins de la certification des comptes consolidés de la société mère.

b. Autres interventions légales. Les **interventions légales** représentant un **nombre d'heures** de travail **significatif** doivent être mises en œuvre par tous les commissaires aux comptes et faire l'objet d'une répartition équilibrée et régulièrement modifiée des travaux. L'appréciation du caractère équilibré de la répartition est alors effectuée distinctement pour ce type d'intervention, sans compensation avec les autres interventions réalisées par les commissaires aux comptes.

Sont notamment visées les interventions d'examen limité des comptes semestriels pour lesquelles la répartition des travaux doit être appréciée distinctement de la répartition des travaux relatifs à la certification des comptes annuels.

STATUT DU CONTRÔLEUR LÉGAL   © Éd. Francis Lefebvre

4322
(suite)

Pour les **autres interventions légales,** selon le Haut Conseil, il peut être admis que les travaux y afférents soient réalisés par un seul des commissaires aux comptes (sous condition de la revue des travaux par les autres commissaires aux comptes) et soient intégrés aux travaux à répartir au titre de la certification des comptes annuels (sous condition d'une modification régulière de cette répartition).

> Les autres interventions légales peuvent par exemple intégrer le contrôle des conventions réglementées ou du rapport de gestion.

c. Services autres que la certification des comptes (SACC). Pour les interventions entrant dans le cadre des SACC, il convient de distinguer :
– les interventions pour lesquelles la doctrine professionnelle prévoit l'intervention de **tous les commissaires aux comptes** (certaines missions d'audit, d'examen limité et d'attestation : voir n°s 49150, 49790 et 68190) : les travaux sont alors à répartir entre les cocommissaires aux comptes et l'équilibre de la répartition doit donner lieu à une appréciation distincte par rapport aux autres interventions ;
– les **interventions pouvant être réalisées par un seul commissaire aux comptes** : les travaux mis en œuvre n'entrent pas dans la base des travaux à répartir.

Le tableau ci-après récapitule les interventions et travaux à répartir entre les cocommissaires aux comptes d'un collège.

Types d'interventions	Travaux entrant dans le champ des interventions du collège			Travaux n'entrant pas dans le champ d'intervention du collège
	Mis en œuvre **collégialement** par les commissaires aux comptes		Mis en œuvre **indépendamment** par l'un des commissaires aux comptes	Mis en œuvre par l'un des commissaires aux comptes du collège (*dans le cadre d'un autre mandat que celui exercé en cocommissariat*)
	Travaux répartis (*de manière concertée*)	Travaux doublonnés (*réalisés ensemble ou séparément*)		
Répartition équilibrée des travaux à apprécier distinctement pour chaque type d'intervention (revue croisée des travaux obligatoires) — Travaux de certification des comptes annuels et interventions légales pouvant être mises en œuvre par un seul commissaire aux comptes (nombre d'heures non significatif)	x	x		
Travaux de certification des comptes consolidés (travaux NEP 600)	x	x		
Interventions légales requérant l'intervention de tous les commissaires aux comptes (nombre d'heures significatif)	x			
SACC à mettre en œuvre par tous les commissaires aux comptes (missions d'audit, d'examen limité, certaines attestations)	x			
Pas de répartition des travaux — SACC pouvant être mise en œuvre par un seul commissaire aux comptes			x	
Contrôles réalisés dans les entités consolidées non requis au titre de la certification des comptes consolidés (travaux de contrôle légal de ces entités, validation de la liasse de consolidation...)				x

196

STATUT DU CONTRÔLEUR LÉGAL

Critères qualitatifs ne justifiant pas une répartition inégale des travaux Dans son avis du 9 février 2012, le Haut Conseil estime utile de se prononcer sur la recevabilité de six motifs couramment invoqués par les commissaires aux comptes pour justifier une répartition quantitative inégale des travaux.

4323

Selon le Haut Conseil, les trois motifs suivants ne permettent pas de justifier une répartition inégale des travaux :
– la politique dite de « l'**auditeur unique** », à savoir le souhait de l'entité de disposer d'un seul interlocuteur et de limiter au maximum l'intervention des autres commissaires ; cette politique a pour conséquences l'impossibilité pour chaque commissaire d'exercer pleinement la mission et de modifier la répartition des travaux ;
– l'insuffisance de **ressources humaines** de l'un des commissaires aux comptes ;

> Conformément à l'article 23 du Code de déontologie modifié par le décret 2020-292 du 21 mars 2020, un commissaire aux comptes doit en effet disposer des moyens lui permettant d'assurer l'adéquation à l'ampleur de la mission à accomplir des ressources humaines.

– l'insuffisance de **compétence** de l'un des commissaires aux comptes dans un domaine relevant des connaissances de base requises pour exercer la mission dans l'entité contrôlée.

> Conformément à l'article 7 du Code de déontologie modifié par le décret précité, un commissaire aux comptes doit posséder les connaissances théoriques et pratiques nécessaires à l'exercice de ses missions.
> S'agissant de domaines d'expertise autres que l'audit ou la comptabilité, voir n° 4324.

Critères qualitatifs justifiant une répartition inégale des travaux Selon le Haut Conseil, les trois motifs suivants peuvent justifier une répartition inégale des travaux :
– la mise en œuvre de **travaux relevant d'un domaine d'expertise** spécifique par l'un des commissaires aux comptes dans des entités exerçant des activités particulières ou traitant d'opérations complexes et à condition que ces travaux ne présentent pas un caractère prépondérant ;

4324

> Les domaines d'expertise visés concernent des domaines d'expertise autres que l'audit ou la comptabilité, tels que la vérification de l'évaluation actuarielle des engagements de retraite.

– l'adaptation à l'**organisation** par pôle, métier ou zone géographique **du système comptable et financier** de l'entité contrôlée, à condition que tous les commissaires aux comptes puissent exercer leur mission et que la répartition soit régulièrement modifiée ;
– la **position prépondérante** de l'un des commissaires aux comptes dans le contrôle des entités du périmètre de consolidation.

> Cette position peut justifier une inégalité en faveur des commissaires aux comptes non prépondérants en vue de renforcer le double regard sur les comptes. Elle peut également justifier une inégalité en faveur du commissaire aux comptes prépondérant, visant à tirer parti de sa bonne connaissance du groupe, à condition toutefois que chaque commissaire aux comptes puisse préserver sa capacité à fonder son jugement sur les comptes et que la répartition soit régulièrement modifiée.

Typologie de répartition quantitative Dans l'avis précité, le Haut Conseil définit une typologie de répartition quantitative des travaux qui peut être appliquée aux différentes interventions identifiées comme devant faire l'objet d'une appréciation distincte de la répartition des travaux (voir n°s 4321 et 4322).

4325

Pour un collège constitué de deux commissaires aux comptes, le Haut Conseil retient la typologie de répartition des travaux suivante :
– une répartition des heures et des honoraires dans la limite d'un rapport 60 % / 40 % induit une présomption simple de répartition équilibrée des travaux ;
– une répartition des heures et/ou des honoraires excédant 60 % / 40 % mais dans la limite de 70/30 % n'induit pas de présomption dans un sens ou dans l'autre ; l'absence de présomption rend d'autant plus nécessaire l'explicitation de l'inégalité de la répartition ;
– une répartition des heures et/ou des honoraires excédant 70 % / 30 % mais sans atteindre la limite de 90/10 % induit une présomption simple de répartition déséquilibrée qui peut dans certains cas être combattue par la prise en compte de critères qualitatifs ; l'esprit de la norme d'exercice professionnel et l'exigence de rotation de la répartition des travaux commandent toutefois de revenir rapidement à un rééquilibrage de la répartition ;

STATUT DU CONTRÔLEUR LÉGAL © Éd. Francis Lefebvre

– une répartition des heures ou des honoraires atteignant ou excédant 90 % / 10 % est « disproportionnée », donc par définition déséquilibrée quels que soient les critères quantitatifs pouvant exister par ailleurs.

L'approche réalisée sur la base de cette typologie doit être **complétée par une analyse qualitative**.

Rotation des associés signataires et des mandats

4326   Les obligations de rotation renforçant l'indépendance du commissaire aux comptes visent :

– la rotation des associés signataires (C. com. art. L 822-14 introduit par la LSF et récemment complété par l'ordonnance 2016-315 du 17-3-2016 ; voir n° 3760) ;

– la rotation des mandats de commissaires aux comptes et des cabinets d'audit pour les EIP (C. com. art. L 823-3-1 introduit par l'ordonnance 2016-315 du 17-3-2016 ; voir n° 3779) ;

– la rotation progressive au sein de l'équipe (article 17 du règlement européen 537/2014 ; voir n° 3780).

B. Renforcement de la transparence de l'exercice professionnel

4345   L'indépendance du commissaire aux comptes ne peut qu'être renforcée par la mise en place de mesures de sauvegarde permettant d'assurer :

– la transparence de l'**activité** et des **missions** entre membres d'un même cabinet ou réseau ;

– la transparence des **conditions de fonctionnement** des réseaux et des cabinets les plus importants vis-à-vis des tiers ;

– la transparence des **honoraires** facturés aux sociétés contrôlées vis-à-vis des utilisateurs de l'information financière.

4348   **Activité des associés et du réseau** L'article R 822-33 applicable depuis le 1er janvier 2017 impose aux structures d'exercice du commissariat aux comptes de mettre en œuvre des procédures assurant l'absence de toute intervention des actionnaires ou dirigeants de la société de commissaires aux comptes et, le cas échéant, du réseau pouvant compromettre l'indépendance et l'objectivité de la personne visée au premier alinéa de l'article L 822-9 (commissaire aux comptes qui signe les comptes).

Par ailleurs, l'article 30 du Code de déontologie de la profession modifié par le décret 2020-292 du 21 mars 2020 exige du commissaire aux comptes la **mise en place d'une organisation et de procédures** lui permettant d'être informé de la nature et du prix des prestations fournies par l'ensemble des membres de son réseau à toute personne ou entité dont il certifie les comptes, ainsi qu'aux personnes ou entités qui la contrôlent ou qui sont contrôlées par elle, au sens des I et II de l'article L 233-3.

Le commissaire aux comptes doit en outre pouvoir justifier qu'il a procédé à l'**analyse de la situation et des risques** qui lui sont attachés et qu'il a pris toutes mesures de sauvegarde appropriées conformément à l'article 19 du Code de déontologie de la profession modifié par le décret précité (voir n° 3755).

4350   La procédure de centralisation des informations rendues au sein du cabinet ou du réseau devrait respecter les **principes** suivants :

1. **Avant acceptation d'un « mandat »**, les cabinets candidats au commissariat aux comptes d'une personne ou entité font connaître leur candidature aux entités de leur réseau et leur indiquent que l'acceptation du « mandat » risque de faire apparaître des incompatibilités déontologiques avec les prestations fournies par les membres du réseau à l'entité vérifiée.

Afin de leur permettre d'évaluer les conséquences d'une acceptation de la mission, l'associé pressenti demande aux membres de son réseau de lui faire connaître les prestations en cours ou passées au bénéfice de l'entité vérifiée ; en cas de secret professionnel, ceux-ci se borneront à lui indiquer si des prestations susceptibles d'être jugées incompatibles avec la mission d'audit sont ou non fournies aux entités en cause.

2. Après acceptation du « mandat », l'acceptation d'une prestation par un membre du réseau devrait être soumise :

– à l'appréciation préalable par le commissaire aux comptes de la compatibilité de la prestation envisagée avec sa mission d'audit ;

– si nécessaire, à l'accord de la personne ou de l'entité vérifiée pour habiliter le commissaire aux comptes à suivre le déroulement de la mission et être le destinataire des rapports émis.

> Une procédure ad hoc de recherche des conflits d'intérêts devrait être mise en œuvre au sein du réseau à l'initiative du commissaire aux comptes.

4352

3. Il appartient à chacun des commissaires de se former son **opinion au cas par cas** sur la compatibilité des prestations à fournir par les membres de son réseau avec sa mission d'audit, et de faire connaître cette opinion à ses membres. En cas de difficulté, il lui appartient d'organiser une concertation avec les membres intéressés du réseau, et, le cas échéant, de consulter le comité de déontologie.

> En cas de risque d'incompatibilité, le président de la personne ou de l'entité vérifiée doit être informé ainsi que le conseil d'administration ou son comité d'audit.

4355

4. Chaque commissaire aux comptes devrait se faire communiquer les rapports et documents relatifs aux **prestations effectuées** par des membres de son **réseau**, y compris pour la France les éléments de déclarations fiscales, lui permettant de contrôler l'inventaire des prestations et les honoraires perçus, et de vérifier les appréciations délivrées en cours d'exercice.

4358

5. Il appartiendra à chaque commissaire aux comptes d'organiser, s'il le souhaite, sa **propre procédure** d'inventaire, de consultation et de vérification pourvu qu'elle présente des garanties équivalentes à celles de la procédure décrite ci-dessus.

4359

En **pratique**, les dispositions internes du cabinet en matière de transparence pourraient prévoir les procédures suivantes, à adapter en fonction de la taille du cabinet :

– la mise en place d'une **base de données** clients précisant les entités d'intérêt public (voir n° 2352) et le type de missions réalisées, cette base étant renseignée et consultable par tous les professionnels de l'organisation ;

– la définition d'une **procédure d'acceptation** des missions comportant les modalités de consultation en cas de doute sur l'indépendance ;

– la désignation d'un **déontologue**, en charge de répondre aux questions de déontologie, d'actualiser les politiques d'indépendance, de diffuser les mises à jour et de superviser le fonctionnement correct du dispositif de sauvegarde ;

– la **formalisation** pour chaque client, à l'aide de **questionnaires** d'acceptation et de maintien des missions, de l'évaluation des risques et des conclusions en matière d'indépendance ainsi que des mesures de sauvegarde qui ont pu être prises ou qui seront prises.

4365

Rapport de transparence En France, pour les exercices ouverts postérieurement au 29 juillet 2016, le commissaire aux comptes désigné auprès d'une **entité d'intérêt public ou d'une société de financement** pour une mission de contrôle légal publie sur son site Internet un rapport de transparence, relatif notamment à sa propre structure. Ce rapport est établi conformément aux dispositions de l'article 13 du règlement 537/2014 du 16 avril 2014 et dans les quatre mois suivant la clôture de l'exercice (C. com. art. R 823-21 modifié par le décret précité).

L'article 13 dudit règlement dispose :

« 1. Le contrôleur légal des comptes ou le cabinet d'audit qui effectue le ou les contrôles légaux des comptes d'entités d'intérêt public publie un rapport de transparence au plus tard quatre mois après la fin de chaque exercice. Ce rapport de transparence est publié sur le site web du contrôleur légal des comptes ou du cabinet d'audit et peut y être consulté pendant au moins cinq ans à compter du jour de sa publication sur le site web. Si le contrôleur légal des comptes est employé par un cabinet d'audit, c'est au cabinet d'audit qu'incombent les obligations au titre du présent article.

Le contrôleur légal des comptes ou le cabinet d'audit est autorisé à mettre à jour les rapports annuels de transparence qu'il a publiés. Dans ce cas, il indique qu'il s'agit d'une

4368

4368
(suite)

version actualisée du rapport, et la première version du rapport reste disponible sur le site web.

Les contrôleurs légaux des comptes et les cabinets d'audit informent les autorités compétentes de la publication du rapport de transparence sur leur site internet ou, le cas échéant, de sa mise à jour.

2. Le rapport annuel de transparence **contient au moins les éléments suivants** :

a) une description de la structure juridique et de la structure du capital du cabinet d'audit ;

b) lorsque le contrôleur légal des comptes ou le cabinet d'audit est membre d'un réseau :

i) une description de ce réseau et de son organisation juridique et structurelle ;

ii) le nom de chaque contrôleur légal des comptes intervenant à titre individuel ou du cabinet d'audit qui est membre du réseau ;

iii) les pays dans lesquels chaque contrôleur légal des comptes intervenant à titre individuel ou le cabinet d'audit qui est membre du réseau a le statut de contrôleur légal des comptes, ou les pays dans lesquels se situe son siège social, son administration centrale ou son siège d'exploitation principal ;

iv) le chiffre d'affaires total réalisé par les contrôleurs légaux des comptes intervenant à titre individuel et les cabinets d'audit qui sont membres du réseau provenant du contrôle légal d'états financiers annuels et consolidés ;

c) une description de la structure de gouvernance du cabinet d'audit ;

d) une description du système interne de contrôle qualité du contrôleur légal des comptes ou du cabinet d'audit et une déclaration de l'organe d'administration ou de direction concernant l'efficacité de son fonctionnement ;

e) la date du dernier examen d'assurance qualité visé à l'article 26 ;

f) la liste des entités d'intérêt public pour lesquelles le contrôleur légal des comptes ou le cabinet d'audit a effectué des contrôles légaux des comptes au cours de l'exercice précédent ;

g) une déclaration concernant les pratiques du contrôleur légal des comptes ou du cabinet d'audit en matière d'indépendance et confirmant qu'une vérification interne du respect de cette indépendance a été effectuée ;

h) une déclaration concernant la politique du contrôleur légal des comptes ou du cabinet d'audit en matière de formation continue des contrôleurs légaux des comptes visée à l'article 13 de la directive 2006/43/CE ;

i) des informations sur la base de rémunération des associés au sein des cabinets d'audit ;

j) une description de la politique du contrôleur légal des comptes ou du cabinet d'audit en matière de rotation des associés d'audit principaux, conformément à l'article 17, paragraphe 7 ;

k) si ces informations ne sont pas communiquées dans ses états financiers au sens de l'article 4, paragraphe 2, de la directive 2013/34/UE, des informations sur le chiffre d'affaires total du contrôleur légal des comptes ou du cabinet d'audit, ventilé selon les catégories suivantes :

i) les revenus provenant du contrôle légal des états financiers annuels et consolidés d'entités d'intérêt public et d'entités membres d'un groupe d'entreprises dont l'entreprise mère est une entité d'intérêt public ;

ii) les revenus provenant du contrôle légal des états financiers annuels et consolidés d'autres entités ;

iii) les revenus provenant de services autres que d'audit autorisés fournis à des entités qui sont contrôlées par le contrôleur légal des comptes ou le cabinet d'audit ; et

iv) les revenus provenant de services autres que d'audit fournis à d'autres entités.

Le contrôleur légal des comptes ou le cabinet d'audit peut, dans des circonstances exceptionnelles, décider de ne pas communiquer les informations requises au point f) du premier alinéa dans la mesure où cela est nécessaire pour parer à une menace imminente et grave pour la sécurité individuelle d'une personne. Le contrôleur légal des comptes ou le cabinet d'audit doit pouvoir démontrer l'existence de cette menace à l'autorité compétente.

3. Le rapport de transparence est signé par le contrôleur légal des comptes ou le cabinet d'audit. »

Le commissaire aux comptes informe le Haut Conseil de la publication du rapport de transparence et, le cas échéant, de sa mise à jour. Il en informe également l'Autorité des marchés financiers ou l'Autorité de contrôle prudentiel et de résolution lorsqu'il est désigné auprès d'une personne ou d'une entité assujettie à leur contrôle (C. com. art. R 823-21, al. 2 et 3).

Le rapport doit pouvoir être consulté sur le site Internet pendant au moins cinq ans à compter du jour de sa publication (C. com. art. R 823-21, al. 4).

Si le commissaire aux comptes est associé ou salarié d'une société de commissaires aux comptes, l'établissement et la publication du rapport de transparence incombent à celle-ci (C. com. art. R 823-21, al. 5).

Publicité des honoraires En France, la publicité des honoraires des commissaires aux comptes contribue également au renforcement de la transparence de la profession (voir n°s 3793 s.)   **4370**

C. Renforcement de la surveillance et du contrôle de la profession

La surveillance de la profession s'appuie fondamentalement sur :   **4380**
– le contrôle qualité de la profession ;
– les dispositifs de sauvegarde mis en place par les entreprises contrôlées et notamment les comités d'audit, ces derniers ayant un rôle sensiblement renforcé à la suite de la transposition de la réforme européenne de l'audit.

Contrôle qualité de la profession Les commissaires aux comptes sont soumis à   **4383**
des contrôles dont le H3C définit le cadre et les orientations. Il en supervise la réalisation et peut émettre des recommandations dans le cadre de leur suivi.
Quant à l'exécution de ces contrôles, elle varie selon que le cabinet contrôlé détient ou non des mandats EIP.
Dans l'affirmative, les contrôles sont effectués par des contrôleurs du H3C.
Pour les cabinets ne détenant pas de mandat EIP, les contrôles peuvent être effectués par des contrôleurs du H3C ou être délégués à la Compagnie nationale des commissaires aux comptes.
Pour plus de détails sur le contrôle qualité de la profession, voir n°s 10500 s.

Dispositif de sauvegarde des entreprises contrôlées L'article R 225-29 du   **4400**
Code de commerce confère au conseil d'administration de la société anonyme la possibi-lité de créer des **comités** chargés d'étudier les questions que lui-même ou son président soumet pour avis à leur examen. Il fixe la composition et les attributions des comités qui exercent leur activité sous sa responsabilité. L'article R 225-56 du même code prévoit que le conseil de surveillance peut décider la création en son sein de **commissions** dont il fixe la composition et les attributions, et qui exercent leur activité sous sa responsabilité. Cette délégation ne peut cependant avoir pour effet de déléguer à une commission les pouvoirs attribués au conseil de surveillance lui-même par la loi ou les statuts, ni de réduire ou de limiter les pouvoirs du directoire.
Ces dispositions prennent en compte le fait que la structure du gouvernement d'entre-prise peut varier selon la forme juridique et la taille de l'entité. Le **gouvernement d'entre-prise** se compose en principe d'administrateurs indépendants de la direction de l'entité et de comités spécialisés du conseil d'administration ou du conseil de surveillance. Le **comité d'audit** constitue la pièce maîtresse pour le suivi des questions relatives à l'élabo-ration et au contrôle des informations comptables et financières et doit être l'interlocu-teur privilégié des commissaires aux comptes.
L'ordonnance 2008-1278 du 8 décembre 2008 a entériné le concept de comité d'audit notamment en tant que mesure de sauvegarde de la qualité et de l'indépendance de l'audit légal et son rôle a été renforcé par l'ordonnance 2016-315 du 17 mars 2016.

Sur les entités tenues de mettre en place un comité d'audit, sur la composition de ce comité, son rôle et sa relation avec les commissaires aux comptes, voir n°s 26470 s.

201

STATUT DU CONTRÔLEUR LÉGAL   © Éd. Francis Lefebvre

SECTION 3

Secret professionnel

4995 Nous développerons dans la première sous-partie la notion de secret professionnel (n° 5000), puis nous étudierons dans la seconde les modalités de levée du secret professionnel (n° 5190).

I. Généralités

5000 Seront successivement examinés :
– les fondements de l'obligation au secret professionnel du commissaire aux comptes (n°s 5050 s.) ;
– le champ d'application du secret professionnel (n°s 5090 s.) ;
– la violation du secret professionnel et ses sanctions (n°s 5124 s.).

Le problème de l'opposabilité du secret professionnel au commissaire aux comptes sera examiné dans le cadre des pouvoirs d'investigation dont dispose ce professionnel (voir n°s 9210 s.).

A. Fondements de l'obligation

Textes de base

5050 Les obligations du commissaire aux comptes en termes de secret professionnel trouvent leur fondement dans le **Code de commerce** et dans le **Code de déontologie de la profession** modifié par le décret 2020-292 du 21 mars 2020.

Aux termes de l'article L 822-15, alinéa 1 du Code de commerce introduit par l'article 104 de la loi de sécurité financière, « sous réserve des dispositions de l'article L 823-12 et des dispositions législatives particulières, les commissaires aux comptes, ainsi que leurs collaborateurs et experts sont astreints au secret professionnel pour les faits, actes et renseignements dont ils ont pu avoir connaissance à raison de leurs fonctions. Toutefois, ils sont déliés du secret professionnel à l'égard du président du tribunal de commerce ou du tribunal judiciaire lorsqu'ils font application des dispositions du chapitre IV du titre III du livre II ou du chapitre II du titre Ier du livre VI ».

Par conséquent, l'article L 822-15 du Code de commerce pose le principe selon lequel le commissaire aux comptes est astreint au secret professionnel et **ne peut en être délié qu'à la condition** qu'une disposition législative le prévoie expressément. Ce même article précise également les situations dans lesquelles, en raison de l'exercice de sa mission légale, le commissaire aux comptes n'est plus tenu au secret, comme notamment dans le cadre du signalement des irrégularités à la plus prochaine assemblée ou lors de la mise en œuvre de la procédure d'alerte.

5051 Cette obligation au secret professionnel constitue un principe à valeur législative, dont le non-respect est **sanctionné pénalement** en application des articles 226-13 et 226-14 du Code pénal, sur renvoi de l'article L 820-5 in fine du Code de commerce.

L'article 226-13 du Code pénal dispose que « la révélation d'une information à caractère secret par une personne qui en est dépositaire soit par état ou par profession, soit en raison d'une fonction ou d'une mission temporaire est punie d'un an d'**emprisonnement et de 15 000 euros d'amende** ».

Dans son alinéa 1°, l'article 226-14 du même code précise que « l'article 226-13 n'est pas applicable dans les cas où la loi impose ou autorise la révélation du secret ».

L'existence d'une sanction pénale est une composante essentielle de l'obligation au secret professionnel, et permet notamment de la distinguer de la simple **obligation de discrétion**, dont la violation ne peut être passible que de sanctions civiles ou disciplinaires.

Concernant l'obligation de discrétion, le deuxième alinéa de l'article 9 du Code de déontologie dispose que le commissaire aux comptes fait preuve de prudence et de discrétion dans l'utilisation des informations qui concernent des personnes ou entités dont il n'est pas le commissaire aux comptes. La Commission d'éthique professionnelle estime que les situations visées par cette disposition sont celles où le commissaire aux comptes d'une entité a, au cours de sa mission légale, accès à des informations

STATUT DU CONTRÔLEUR LÉGAL

relatives à d'autres entités ou personnes dont il n'est pas commissaire aux comptes (Bull. CNCC n° 193-2019, CEP 2018-15).

Ces obligations légales sont rappelées dans le Code de déontologie de la profession, recodifié dans la partie réglementaire du Code de commerce (Annexe 8-1), qui précise, en son article 9, que le commissaire aux comptes doit respecter le secret professionnel auquel la loi le soumet et ne communiquer les informations qu'il détient qu'aux personnes légalement qualifiées pour en connaître. **5052**

De ces différentes dispositions, deux caractéristiques se dégagent : **5053**
– sous peine de sanction pénale, le commissaire aux comptes ainsi que les collaborateurs et experts dont il s'entoure ont interdiction de divulguer les informations dont ils ont connaissance dans l'exercice de leur profession ;
– l'obligation au secret ne peut être battue en brèche que par une disposition légale spécifique qui impose, ou autorise, la levée du secret.

Droit de libre défense

Invoquant le **droit fondamental** dont toute personne dispose, et sans que la loi ne le prévoie expressément, la doctrine et la jurisprudence posent traditionnellement le principe que le commissaire aux comptes, poursuivi pénalement ou civilement, est en droit de **faire abstraction du secret professionnel** dès lors que la révélation de faits couverts par le secret est utile à sa mise hors de cause. **5058**

> Le droit de libre défense n'est pas l'apanage du commissaire aux comptes. Ainsi peut-il être invoqué par un médecin (D. Thouvenin, Le secret médical et l'information du malade, Presses universitaires de Lyon, 1982, p. 100). Il vaut également pour l'avocat (Cass. crim. 29-5-1989 n° 87-84.630 : Bull. crim. n° 218 p. 550).

Pour se défendre, le commissaire aux comptes peut ainsi être amené : **5059**
– à fournir des informations dont il a eu connaissance au cours de l'exercice de sa mission ;
– à produire en justice, à titre d'éléments de preuve, des documents normalement couverts par le secret.

Cette faculté de transgresser le secret professionnel reste néanmoins soumise à la **mise en cause de la responsabilité** du commissaire aux comptes et ne saurait en aucun cas sortir du cadre des besoins de sa défense : « Si le droit de se défendre peut constituer un fait justificatif de la violation du secret professionnel, c'est à condition que l'atteinte portée à celui-ci soit strictement limitée à ce qui est nécessaire pour l'exercice de ce droit par le dépositaire d'un tel secret » (Cass. crim. 18-10-1993 n° P 92-84.261 : D. Thouvenin, Révélation d'une information à caractère secret, J.-Cl. pénal, fasc. 20 n° 90). Si le commissaire ne respectait pas la limite ainsi fixée, sa responsabilité pourrait être recherchée pour violation du secret professionnel (voir en ce sens, CA Lyon 15-7-1926, cité in Étude juridique CNCC Le secret professionnel des commissaires aux comptes, 1994, § 60 ; CA Bordeaux 17-1-1996 : Juris-Data n° 0421172). **5060**

Caractère absolu ou relatif

L'approche traditionnelle de l'obligation au secret professionnel se fonde sur son caractère absolu. Elle s'est souvent heurtée par le passé à la difficulté que l'on rencontre à définir sa **portée exacte**. Cette difficulté tient non seulement à la **diversité des situations** possibles et des informations protégées, mais également aux **conflits d'intérêts** qui résultent inévitablement, dans des situations non expressément prévues par le législateur, de la confrontation entre, d'un côté, une obligation de se taire et, de l'autre, ce qui peut apparaître comme un droit légitime à l'obtention ou à la diffusion d'une information. **5065**

Dans ce contexte, on ne s'étonnera pas qu'à partir de deux décisions rendues le 14 novembre 1995 par la **Cour de cassation**, semblant marquer une rupture avec l'approche antérieure, se soit dessinée une évolution jurisprudentielle et doctrinale tendant à remettre en cause le caractère absolu du secret. **5066**

> Dans un premier arrêt, la Cour de cassation pose le principe que « nonobstant le secret professionnel auquel les commissaires aux comptes et les experts-comptables sont tenus dans l'intérêt de la société bénéficiaire, constitue un moyen de preuve légalement admissible la production par ceux-ci de documents nécessaires à la manifestation de la vérité relatifs aux diligences et contrôles par eux effectués

STATUT DU CONTRÔLEUR LÉGAL

© Éd. Francis Lefebvre

au sein d'une société, dans un litige ayant pour objet d'établir leur responsabilité à l'égard d'un tiers […] (Cass. com. 14-11-1995 n° 1905 P : Bull. CNCC n° 100-1995 p. 510). Dans un second arrêt, rendu dans le cadre d'une expertise in futurum (NCPC art. 145), la même Cour consacre le principe que les commissaires aux comptes ne peuvent « invoquer le secret professionnel auquel ils sont tenus dans l'intérêt de la société bénéficiaire pour faire obstacle à toute action en responsabilité dirigée contre eux […] » (Cass. com. 15-11-1995 : Bull. CNCC n° 100-1995 p. 519).

5067 La **portée de ces deux arrêts** varie considérablement en fonction de l'interprétation qui leur est donnée.

5068 On peut considérer d'un premier point de vue que ces arrêts consacrent le triomphe des détracteurs du secret professionnel absolu (voir en ce sens, consultation F. Terré à l'intention de l'USFEC, 22-4-1994) : en précisant que le commissaire aux comptes est tenu au secret professionnel « dans l'**intérêt de la société bénéficiaire** », la Cour a implicitement consacré le principe que l'obligation au secret cesse dès lors qu'elle ne correspond pas ou ne correspond plus à l'intérêt de la société. Il en résulte l'émergence d'un **secret professionnel relatif**, en ce qu'il est susceptible d'être levé non en application d'une prescription légale, mais en fonction de l'intérêt qu'il présente pour la société à un instant donné. La question fondamentale est dès lors de déterminer qui, au vu de ce critère, aura le **pouvoir de délier le professionnel de son obligation au secret**. Deux approches sont en effet possibles : soit on estime que seuls les **associés** de la société ont ce pouvoir, soit on préfère le réserver aux **dirigeants**, qui pourraient intervenir collégialement et/ou par l'intermédiaire de leur représentant légal.

Cette approche présente indéniablement le **mérite** de faire disparaître un certain nombre de difficultés qui découlent de la stricte application du dispositif légal : ainsi la possibilité conférée à un organe de la société de délier le commissaire aux comptes du secret professionnel favoriserait l'information de l'acquéreur dans le cadre des audits d'acquisition ; elle serait également de nature à assouplir les règles de communication entre commissaires aux comptes et experts indépendants intervenant dans le cadre d'opérations financières complexes ou encore à faciliter l'information du tribunal de commerce au démarrage de la procédure d'alerte (voir n° 5735). Mais la relativité du secret ne présente pas que des avantages. Elle se heurte notamment à la **difficulté** de déterminer qui, dans un contexte particulier, peut être à même d'apprécier souverainement l'intérêt de la société en vue de statuer sur l'opportunité de lever ou non le secret professionnel. Elle rencontre à ce titre l'hostilité du Medef pour lequel « le secret professionnel imposé au commissaire aux comptes et à leurs collaborateurs n'a pas été établi dans le seul intérêt de la société. Il existe aussi dans l'intérêt des tiers. En conséquence, il n'est pas possible de donner le droit au chef d'entreprise de relever le commissaire aux comptes de ce secret. Seul le législateur pourrait modifier le droit positif en la matière » (Lettre du Medef à la CNCC du 25-4-2000).

5069 Une **autre interprétation** (en ce sens, M.-C. Piniot, « La responsabilité du commissaire aux comptes : la portée du secret professionnel face à l'expert judiciaire » : Revue de droit comptable n° 96-1 p. 71) consiste à donner une **portée** beaucoup **plus limitée** à ces deux arrêts en considérant que la Cour de cassation a uniquement entendu sanctionner le caractère unilatéral du principe de libre défense en lui substituant le **principe d'égalité des armes** : dès lors que le commissaire aux comptes peut être considéré comme délié du secret professionnel si sa responsabilité est mise en cause, ou est susceptible de l'être, il ne doit pas pouvoir en toute équité arguer de son obligation au secret dans le dessein d'échapper à sa responsabilité. Dans cette optique, le fait que le secret professionnel a pour objectif premier l'intérêt de la société bénéficiaire (la cour d'appel de Limoges dans l'arrêt cassé, en date du 23 novembre 1992, s'était bornée à évoquer son intérêt pour la protection du commissaire aux comptes) se devait logiquement d'être rappelé dans une espèce où la protection du professionnel risquait d'être contraire à l'intérêt de la société. Cette mise au point n'autorise cependant ni l'extension de cette jurisprudence à des situations dans lesquelles la responsabilité du commissaire n'est pas susceptible d'être engagée, ni la remise en cause du monopole du législateur en matière de levée du secret.

5070 L'absence d'avancée jurisprudentielle significative dans le sens d'un élargissement du secret professionnel du commissaire aux comptes et surtout le dispositif résultant de la loi de sécurité financière et du Code de déontologie de la profession – qui consacrent le pouvoir exclusif du législateur en matière de levée du secret et ne comportent aucune ouverture en matière de partage du secret entre commissaires aux comptes – ont marqué un retour en force de la conception traditionnelle du caractère absolu du secret professionnel. Même si elle assouplit les règles de secret professionnel du commissaire aux comptes vis-à-vis du comité d'audit (voir n° 5254) et de ses confrères dans les situations

© Éd. Francis Lefebvre   STATUT DU CONTRÔLEUR LÉGAL

de succession de mission (voir n° 5365) ou de contrôle des comptes consolidés ou combinés (C. com. art. L 822-15, al. 3), l'ordonnance 2008-1278 du 8 décembre 2008 transposant la directive du 17 mai 2006 ne remet pas en question le caractère absolu du secret professionnel.

Le maintien du **caractère absolu** du secret professionnel est d'ailleurs globalement **souhaitable**. On peut en effet légitimement redouter les **effets pervers** qui résulteraient d'une évolution vers un secret professionnel relatif : mise en œuvre de pressions diverses sur l'instance habilitée pour apprécier l'opportunité de la levée du secret (par le fisc, les banquiers...), risque d'une « déqualification » d'informations confidentielles faisant suite à un changement intervenu dans la composition de l'instance décisionnaire ou à telle évolution de la société, etc. Il est vraisemblable que le fait de donner la faculté de lever le secret à une instance non pérenne, sujette à la sollicitation des événements ou des tiers, mettrait en péril la relation de nécessaire confiance qui doit s'instaurer entre la société contrôlée et son commissaire, dont la transparence est largement fondée sur le caractère absolu du secret.

En faveur de cette solution, on peut également mentionner l'arrêt de la chambre commerciale de la Cour de cassation du 8 février 2005 (D. 2005 p. 774) qui a décidé que l'expert-comptable était tenu, sauf stipulation contraire, à un secret professionnel absolu, alors pourtant, à la différence du commissaire aux comptes, qu'il n'a qu'un lien contractuel avec son client.

Commentaire : problèmes pratiques liés à la conception de secret professionnel absolu   5071

Même si, à l'analyse, il semble préférable à une relativité de l'obligation au secret, le caractère absolu du secret professionnel ne va pas sans occasionner un certain nombre de **difficultés pratiques** : celles-ci, dans la grande majorité des cas, sont liées à un besoin d'informations qui se fait sentir à l'occasion de contacts qui s'établissent entre la société contrôlée par un commissaire aux comptes et d'autres professionnels.

Jusqu'à la publication du dispositif résultant de la loi de sécurité financière et du Code de déontologie, la doctrine de la CNCC résolvait la plupart de ces difficultés en recourant à la notion de **secret professionnel partagé**. Sa position se fondait notamment sur la circulaire d'application du Code pénal en date du 14 mai 1993, précisant que le refus du Parlement de consacrer la notion de secret professionnel partagé « n'avait nullement pour objet de remettre en cause les pratiques ou les jurisprudences qui, dans le silence des textes actuels, ont pu faire application de cette notion. Celles-ci conservent donc toute leur valeur ». Le renforcement du caractère absolu du secret professionnel par la loi de sécurité financière (voir n° 5070) et sa consécration dans le Code de déontologie de la profession ont interdit le maintien de cette position.

Se retrouvent de ce fait dans une **situation embarrassante ou incertaine** :
– le commissaire aux comptes appelé à échanger des informations avec les auditeurs légaux hors de l'Union européenne (n° 5400) ;
– le commissaire aux comptes d'une société membre d'un groupe désireux d'obtenir des informations de la part de commissaires d'autres sociétés du groupe non visées par les textes prévoyant la levée du secret, par exemple le commissaire d'une filiale à 49 % d'une société mère n'établissant pas de comptes consolidés (n° 5403) ;
– le commissaire aux comptes sollicité par des professionnels intervenant au titre d'une mission légale dans la société dont les comptes sont certifiés : commissaires aux apports, à la fusion et à la transformation, commissaires de sociétés en voie de fusion, scission ou apports partiels d'actif (n° 5415) ; commissaires chargés d'effectuer les missions de vérification de l'actif et du passif prévues aux articles L 228-39 et L 225-131 du Code de commerce, en cas d'émission d'obligations par une société par actions n'ayant pas établi deux bilans régulièrement approuvés par ses actionnaires et en cas d'augmentation de capital par offre au public réalisée moins de deux ans après la constitution (n° 5415) ; commissaires chargés d'effectuer la mission prévue à l'article L 225-101 du Code de commerce, à savoir l'appréciation de la valeur du bien appartenant à un actionnaire dont l'acquisition est envisagée par la société dans les deux ans suivant son immatriculation (n° 5415) ;
– le commissaire aux comptes d'un service Bureau ou d'un centre de service partagé envers le commissaire aux comptes de l'entité utilisatrice (n° 5417) ;
– le commissaire aux comptes d'une société ayant la qualité de repreneur (n° 5420).

Une **évolution** pourrait cependant intervenir sur cette notion de **secret professionnel partagé**.

En effet, dans un courrier du 27 juin 2013 adressé au H3C, la Chancellerie considère que, lorsqu'une entité externalise à un prestataire le traitement d'opérations ayant trait à l'information financière, il existe un secret professionnel partagé entre le commissaire

205

STATUT DU CONTRÔLEUR LÉGAL   © Éd. Francis Lefebvre

aux comptes de cette entité et le commissaire aux comptes du prestataire de services (voir n° 5417).

Selon la Chancellerie, et sous réserve de l'appréciation souveraine des tribunaux, la levée du secret professionnel au profit du commissaire aux comptes de l'entité qui externalise le traitement de ses informations financières n'apparaît donc pas pouvoir être considérée comme une violation dudit secret.

Il est toutefois précisé que le recours à la levée du secret professionnel doit permettre de répondre à la mission de contrôle légal des comptes et requiert l'information de la personne ou de l'entité prestataire.

Pour mettre un terme aux difficultés pratiques énoncées plus haut, une option semble ouverte au législateur. La première branche de l'option consisterait à **opérer au coup par coup la levée du secret professionnel** : cette solution aurait le mérite de la simplicité mais elle manque à notre avis de souplesse eu égard à la diversité des situations possibles. La seconde pourrait être de prévoir dans la loi le **partage du secret** entre les professionnels dont le statut offre les garanties nécessaires à la préservation du secret, en laissant le soin au Code de déontologie de la profession de définir plus précisément les circonstances autorisant la mise en œuvre du partage. Cette seconde branche présenterait les avantages suivants :

– elle laisserait au législateur le contrôle de la levée du secret professionnel puisqu'il pourrait, en tant que de besoin, définir lui-même les principes généraux de nature à justifier le partage du secret (qualités requises pour les bénéficiaires, intérêt pour la mission...) tout en gardant la main sur le Code de déontologie ;

– elle entérinerait la normalisation déontologique et technique que la profession d'auditeur légal a connue ces dernières années, et tout particulièrement en France : la profession de commissaire aux comptes paraît aujourd'hui parvenue à un degré d'organisation et de maturité suffisant pour que l'intérêt et la finalité des missions légales qui sont confiées à ses membres puissent donner lieu à un partage du secret, dans une approche voisine de celle qui régit les rapports entre les médecins ;

– enfin, le recours au Code de déontologie de la profession permettrait d'introduire dans le dispositif une souplesse relative et une technicité accrue, dans une matière par définition complexe et fluctuante.

B. Champ d'application

Personnes tenues au secret professionnel

5090 En application de l'article L 822-15 du Code de commerce, sont tenus au secret professionnel non seulement les commissaires aux comptes, mais également leurs collaborateurs et les experts dont ils s'entourent.

5091 Les **commissaires aux comptes** tenus au secret sont au premier chef tous les commissaires aux comptes **signataires** des rapports, quel que soit leur nombre, qu'ils interviennent à titre individuel ou dans le cadre d'une société de commissaires aux comptes, en tant que cosignataires ou mandataires. Cependant, seuls le commissaire ayant commis une violation du secret professionnel et la société de commissaires aux comptes à laquelle il appartient peuvent être poursuivis pénalement.

Nous verrons que le secret professionnel est susceptible d'être levé entre les **associés membres d'une même société** de commissariat aux comptes (voir n° 5371) dans une proportion variable selon qu'ils sont ou non inscrits à la Compagnie et qu'ils font ou non partie de l'équipe d'audit. S'agissant des **commissaires aux comptes inscrits** sur la liste prévue à l'article L 822-1 du Code de commerce, qui peuvent librement échanger sur le contenu des dossiers, ils sont tenus au secret professionnel à l'égard des tiers dans les mêmes conditions que le signataire : « La violation du secret professionnel peut émaner d'un des membres de la société de commissaires même s'il ne participe pas personnellement au contrôle de la société dont les secrets sont révélés » (Étude juridique CNCC précitée, § 15). En effet, l'article L 822-15 du Code de commerce relatif au secret professionnel du commissaire aux comptes est applicable à tout commissaire aux comptes dès lors qu'il est inscrit sur la liste visée par l'article L 822-1 du Code de commerce.

S'agissant des **associés non inscrits** sur la liste de la société de commissaires, ils ne peuvent recevoir à ce titre que des informations ayant trait à l'activité de la société en vue d'exercer les fonctions d'associé ou de dirigeant qui leur sont dévolues : ils ne sont pas pour autant tenus au secret professionnel (car non inscrits) mais à une obligation de discrétion au regard des informations présentant un caractère confidentiel et données comme telles par le président (Étude précitée, § 15 et 16). La violation de la confidentialité à laquelle ils sont tenus peut en conséquence engager leur responsabilité civile mais non leur responsabilité pénale.

On observera qu'auparavant la responsabilité pénale encourue à raison de la violation du secret professionnel restait exclusivement une **responsabilité individuelle de la personne physique**, dans la mesure où n'existait en ce domaine aucun texte spécial susceptible d'engager la responsabilité des sociétés de commissaires en tant que personnes morales (C. pén. art. 121-2 ; voir pour une application, Cass. crim. 18-4-2000 nº 2398 PF : RJDA 9-10/00 p. 692, nº 871). Depuis le 31 décembre 2005, date d'entrée en vigueur de l'article 54 de la « loi Perben 2 » du 9 mars 2004 qui a supprimé le principe de spécialité de la responsabilité pénale des personnes morales, la situation est différente. La responsabilité des personnes morales, donc celle des sociétés de commissaires aux comptes, est étendue à l'ensemble des infractions et non plus seulement aux seuls cas où une loi ou un décret la prévoit spécialement.

Les **collaborateurs** du commissaire sont tenus au secret professionnel (C. com. art. L 822-15). **5092**
Sont visées à ce titre les personnes appelées à intervenir sur les dossiers du commissaire, qu'elles soient ou non salariées, et même si leur intervention revêt un caractère occasionnel. Selon la doctrine la plus couramment répandue, il convient de subordonner l'obligation au secret professionnel à la **mise en œuvre des diligences techniques** spécifiques au commissariat aux comptes, ce qui revient à aligner la notion légale de collaborateur sur celle retenue dans la profession : le collaborateur est en effet défini en tant que « personnel technique participant à une mission sous la supervision du commissaire aux comptes » (Doctrine professionnelle : ancienne norme CNCC 0-200 « Lexique »).
Cette définition a pour corollaire que le **personnel administratif**, tel que les secrétaires, ne serait pas tenu au secret, mais seulement à une **obligation de discrétion**, distinction essentielle dans la mesure où seule l'obligation au secret fait l'objet d'une sanction pénale.

Cette conception restrictive de la notion de collaborateur peut paraître cependant discutable, si l'on considère qu'en pratique ces personnes ont couramment connaissance d'une somme d'informations d'un niveau comparable en volume et en confidentialité à celle dont bénéficient les collaborateurs techniques.

Enfin, les **experts** visés à l'article L 822-15 du Code de commerce sont ceux auxquels le **5093**
commissaire aux comptes peut demander assistance pour l'accomplissement de ses contrôles en application de l'article L 823-13 du Code de commerce. Les **obligations** de ces experts en termes de secret professionnel sont **identiques** à celles qui pèsent sur le commissaire aux comptes.

Informations couvertes

Le secret professionnel du commissaire aux comptes comprend également ce que l'on **5098**
dénomme de façon plus large le **secret des affaires**, par opposition au secret destiné à protéger la personne privée, tel le secret du médecin, de l'avocat ou du prêtre. Les deux fondements de l'obligation au secret n'en sont pas moins identiques. Deux conditions doivent être réunies pour qu'une information soit couverte par le secret professionnel : d'une part, l'information doit avoir été obtenue par le praticien **dans l'exercice de sa profession** et, d'autre part, cette information doit revêtir un **caractère secret**.

Une première condition, nécessaire mais non suffisante, à la naissance d'une obligation **5099**
au secret est que le commissaire prenne **connaissance des faits à raison de ses fonctions**.
Il en résulte que des informations qui ne seraient pas en relation avec la mission, ou qui seraient obtenues par le professionnel en dehors du cadre professionnel, sont en théorie couvertes non par le secret professionnel mais par une simple obligation de discrétion.
Cette approche n'est cependant pas exempte de danger : il sera toujours délicat d'assurer que tel fait concernant la vie privée d'un dirigeant n'a pas été communiqué au professionnel afin de lui donner tous les éléments d'appréciation nécessaires à la mise en œuvre de sa mission, que telle confidence distillée dans le cadre d'une réunion mondaine n'avait pas pour préalable la qualité du bénéficiaire de l'information… Une prudence extrême

sera donc de mise en ce domaine, prudence qui devra également guider le professionnel dans l'appréciation de la confidentialité de l'information recueillie.

Sur l'obligation de discrétion, voir également n° 5051.

5100 Une seconde condition pour qu'une information entre dans le champ d'application du secret professionnel est qu'elle présente un **caractère de confidentialité** : l'article 226-13 du Code pénal sanctionne « la révélation d'une information à caractère secret », ce qui pose la question essentielle de la détermination des informations présentant cette qualité. La jurisprudence ne s'étant pas prononcée de manière très nette sur ce point, le commissaire aux comptes sera à notre avis bien inspiré de se montrer particulièrement attentif compte tenu de la rédaction de l'article L 822-15 du Code de commerce qui vise, sans distinction particulière, « **tous les faits, actes et renseignements** dont ils (les commissaires aux comptes) ont pu avoir connaissance à raison de leurs fonctions ».

5101 La discrétion s'impose donc à l'évidence au professionnel lorsque l'**information** lui a été **confiée sous le sceau du secret**, et cela quelle que soit la nature du fait. Mais elle sera également de mise dès lors que le fait présentera le **caractère** d'un **secret par nature**, ce qui sera présumé, compte tenu de ce qui précède et en l'absence même de demande expresse, dès lors que l'information n'aura pas un caractère public ou au moins ne sera pas connue du destinataire de l'information : pour les professions liées aux affaires, selon la jurisprudence et la doctrine dominante, une information constitue un secret par nature dès lors qu'elle est couverte par le « secret des affaires » entendu restrictivement (voir J. Larguier, Droit pénal des affaires, 8ᵉ éd. 1992 p. 315).

5102 A contrario, la **perte de confidentialité** fait sortir une information du champ d'application du secret professionnel.

Il en va ainsi en tout premier lieu des informations qui acquièrent un **caractère officiel ou public**, comme les comptes publiés d'une société cotée.

Mais la perte de confidentialité doit être totale, faute de quoi la **simple confirmation** d'une information par le professionnel, de par l'autorité qui s'y attache, constituerait une violation du secret.

5103 Le caractère public d'une information n'est cependant pas indispensable pour qu'il y ait perte de confidentialité : l'obligation au secret tombe pour un interlocuteur donné dès lors que celui-ci, de par sa position ou sa qualité, est qualifié pour en prendre connaissance et que la communication est utile à l'exercice de la mission.

Cette possibilité conditionne la mise en œuvre pratique du commissariat aux comptes : sans elle, le professionnel se retrouverait par exemple dans l'impossibilité de communiquer les informations sur les comptes clients au responsable chargé d'en assurer le suivi. Elle suppose néanmoins que le commissaire aux comptes fasse preuve de beaucoup de discernement, en ce qu'elle l'oblige, en l'absence de texte organisant la levée du secret, à apprécier la confidentialité d'une information en fonction de la qualité de son interlocuteur.

5104 En définitive, la combinaison de ces deux critères conduit à considérer que, hors les cas où leur obtention serait parfaitement déconnectée de la qualité du professionnel et de sa mission, l'**ensemble des informations** détenues par le commissaire sur son client entrent dans le champ d'application du secret professionnel, dès lors qu'elles ne sont pas publiques ou que le destinataire de l'information n'est pas qualifié pour en connaître dans l'intérêt de la mission.

L'application de ce principe, a priori relativement simple, peut s'avérer délicate lorsqu'il s'agit d'apprécier s'il y a ou non violation du secret.

5105 Le comité des normes professionnelles de la CNCC (CNP) considère que les textes légaux imposant le respect du secret professionnel au commissaire aux comptes (C. com. art. L 822-15) ainsi que ceux applicables en cas de violation du secret professionnel (C. com. art. L 820-5 renvoyant aux art. 226-13 et 226-14 du Code pénal) offrent une sécurité juridique suffisante aux entités concernant les informations et documents transmis au commissaire aux comptes pour la bonne exécution de sa mission. Ainsi, la signature d'un **engagement de confidentialité** par le commissaire aux comptes n'est pas nécessaire ni même recommandée (Bull. CNCC n° 193-2019, CNP 2018-06).

Pour plus de détails sur les sanctions attachées à la violation du secret professionnel par le commissaire aux comptes, voir n°ˢ 5134 s.

STATUT DU CONTRÔLEUR LÉGAL

C. Violation du secret et sanctions

Violation du secret

Les éléments constitutifs de la violation du secret professionnel se déduisent logiquement des caractéristiques de l'obligation. La violation du secret suppose :
– qu'il y ait diffusion d'une information ;
– que cette information entre dans le champ d'application du secret professionnel ;
– qu'aucune disposition légale (ou qu'aucun principe général du droit) n'autorise la levée du secret.

5124

La condition relative à la **diffusion de l'information** ne soulève guère de difficulté d'appréciation. Celle-ci peut intervenir par tout moyen. Elle n'implique pas la révélation du secret auprès d'un nombre minimum de personnes, une seule suffisant pour que le délit soit constitué. Le fait que cette personne unique soit elle-même tenue au secret ne suffit pas en soi à justifier la violation du secret. De même, le fait de porter un préjudice à autrui n'est pas une condition nécessaire pour caractériser la violation du secret.

5126

La condition relative à l'appartenance au **champ d'application du secret professionnel** peut poser problème lorsque l'information ne peut être considérée comme publique et qu'aucun texte n'en autorise la divulgation. Il appartiendra alors au commissaire d'apprécier si elle doit être considérée comme **confidentielle pour son interlocuteur.**

5128

Pour la Commission des études juridiques de la CNCC, le commissaire peut être amené en pratique à distinguer dans son dossier de travail trois niveaux de documentation : la documentation appartenant à la société (factures, contrats...), la documentation appartenant à d'autres personnes (notes de confrères, courrier d'avocat...), la documentation qui lui appartient en propre (notes de travail), ce dernier niveau présentant d'une manière générale le degré de confidentialité le plus élevé au regard du secret professionnel. S'agissant des documents appartenant à l'entreprise ou aux tiers, le commissaire appréciera en fonction de leur nature et de son interlocuteur s'ils présentent ou non un caractère confidentiel. Dans tous les cas, il devra veiller à ne pas communiquer de documents préjudiciables aux tiers qui les ont transmis ou aux intérêts de la société contrôlée.

Cette difficulté d'appréciation est rendue plus délicate encore dans la mesure où elle doit être combinée avec la mise en œuvre des règles particulièrement nombreuses qui organisent pour chaque interlocuteur potentiel du commissaire la **levée du secret**. Il n'a pas été possible au législateur de retenir une approche binaire consistant soit à interdire, soit à autoriser la diffusion du dossier de travail du commissaire.

5129

Hors le cas particulier de l'exercice du droit de libre défense (n°s 5058 s.), la communication par le commissaire aux comptes de tous les renseignements et documents qui sont demandés à l'occasion des contrôles, sans pouvoir opposer le secret professionnel, ne **peut intervenir** qu'au seul bénéfice des personnes responsables des contrôles (C. com. art. L 821-12).

L'article L 821-12 donne donc un fondement juridique à la communication du dossier au garde des Sceaux, au Haut Conseil du commissariat aux comptes.

À l'opposé, aucune information ne peut être donnée par les commissaires aux comptes au bénéfice de tiers.

Entre ces deux extrêmes, une **multitude de situations** existent, pour lesquelles le législateur a décidé de restreindre l'étendue du secret en fonction des besoins supposés du demandeur de l'information. Il en résulte un « **champ de violation** » du secret professionnel **à géométrie variable**, qu'il conviendra d'analyser au cas par cas pour déterminer s'il y a transgression effective de l'obligation et, de ce fait, mise en cause possible de la responsabilité du professionnel.

Dans l'éventualité selon laquelle le commissaire aux comptes ou l'un de ses collaborateurs révélerait ou signalerait, de manière désintéressée et de bonne foi, un crime ou un délit, une violation manifeste d'un **engagement international** régulièrement ratifié ou approuvé par la France, d'un acte unilatéral d'une organisation internationale pris sur le fondement d'un tel engagement, de la loi ou du règlement, ou une menace ou un préjudice graves pour l'intérêt général dans le cadre de la procédure de signalement d'alerte créée par les articles 6 et suivants de la loi 2016-1691 du 9 décembre 2016 dite « Sapin 2 », sa responsabilité pénale ne pourrait être engagée pour violation du secret professionnel. Il est à noter que les faits, informations ou documents couverts par le

5131

© Éd. Francis Lefebvre

209

STATUT DU CONTRÔLEUR LÉGAL © Éd. Francis Lefebvre

secret de la défense nationale, le secret médical ou le secret de la relation entre un avocat et son client sont exclus du régime de l'alerte.

La CNCC précise dans son communiqué sur la loi dite Sapin 2 qu'il résulte de son article 6 que les faits, informations ou documents couverts par le secret professionnel du commissaire aux comptes ne sont pas exclus du régime de l'alerte tel que prévu par la loi.

Afin de bénéficier de l'exonération de responsabilité pénale, les conditions cumulatives visées par l'article 7 de la loi Sapin 2 doivent être respectées.

Un nouvel article 122-9 du Code pénal prévoit que le **lanceur d'alerte** n'est pas responsable pénalement lorsqu'il porte atteinte à un secret protégé par la loi, dès lors :
– que la divulgation est nécessaire et proportionnée à la sauvegarde des intérêts en cause ;
– qu'elle intervient dans le respect des procédures de signalement définies par la loi ; et
– que le lanceur d'alerte répond aux critères de définition du lanceur d'alerte prévus par la loi.

Sanctions attachées à la violation du secret

5134   La violation du secret professionnel est susceptible d'engager la **responsabilité pénale, civile ou disciplinaire** du commissaire aux comptes.

5135   L'obligation au secret professionnel est sanctionnée **pénalement** en application des articles 226-13 et 226-14 du Code pénal, sur renvoi de l'article L 820-5 in fine du Code de commerce.

L'article 226-13 du Code pénal dispose que « la révélation d'une information à caractère secret par une personne qui en est dépositaire soit par état ou par profession, soit en raison d'une fonction ou d'une mission temporaire, est punie d'un an d'**emprisonnement** et de 15 000 euros d'**amende** ».

Pour revêtir un caractère délictueux, la violation du secret suppose, en application des principes généraux du droit pénal, qu'il y ait **intention délictuelle** : la révélation du secret doit être volontaire et consciente. L'imprudence seule ne saurait en conséquence caractériser l'infraction au sens de l'article 226-13 du Code pénal. En revanche, les bonnes intentions (par exemple le souci de venir en aide à la société contrôlée) ne suffisent pas à écarter l'infraction.

5136   Sur le terrain **civil**, la violation du secret professionnel engage la responsabilité de son auteur en application de l'article L 822-17 du Code de commerce, dès lors qu'elle est à l'origine d'un **préjudice**.

Il en va ainsi des manquements à l'obligation de discrétion ou de la simple négligence, qui ne sont pas passibles d'une sanction pénale mais laissent subsister, le cas échéant, une obligation civile de réparation.

En revanche, les articles L 822-15 et L 822-17 du Code de commerce précisent à toutes fins utiles que la responsabilité des commissaires aux comptes ne peut être engagée pour les informations ou divulgations de faits auxquelles ils procèdent en exécution de la mission prévue aux articles L 234-1 et L 234-2 du même code (mise en œuvre de la procédure d'alerte).

5137   L'ensemble de ces manquements est par ailleurs susceptible d'engager la **responsabilité disciplinaire** de leur auteur, le professionnel pouvant encourir ce type de sanction en l'absence d'infraction et même de préjudice.

C'est ainsi qu'a été sanctionné d'un avertissement par le H3C le commissaire aux comptes qui a délivré au dirigeant d'une société une attestation relative à un salarié, destinée à être utilisée dans le cadre d'un litige prud'homal (D. n° 619, 27-3-2008).

5138   Il est donc de la plus haute importance non seulement pour le commissaire aux comptes lui-même, mais également pour ses interlocuteurs, d'inscrire leurs relations dans une vision claire de l'étendue effective de l'obligation au secret qui pèse sur le praticien. Nous examinerons donc ci-après le degré de liberté dont peut se prévaloir le commissaire aux comptes en fonction des circonstances et de la qualité du destinataire de l'information.

II. Levée du secret professionnel

5190   Si l'on excepte les cas de mise en cause de la responsabilité du professionnel, les principes rappelés ci-dessus (voir n°s 5098 s. « Informations couvertes par le secret professionnel ») font clairement apparaître que seules la perte de confidentialité d'une information ou

© Éd. Francis Lefebvre   STATUT DU CONTRÔLEUR LÉGAL █

l'existence d'une disposition légale peuvent affranchir le commissaire de son obligation au secret. L'une et l'autre étant intimement liées à la qualité du destinataire de l'information, nous examinerons pour chacun d'entre eux les modalités éventuelles de levée du secret. Pour la commodité de l'exposé, nous avons explicité dans un premier temps la notion de « tiers » au regard du secret professionnel (n⁰ˢ 5210 s.), puis distingué de manière plus spécifique cinq catégories d'interlocuteurs potentiels du commissaire aux comptes :
– les acteurs de l'entreprise (n⁰ˢ 5242 s.) ;
– les confrères, collaborateurs et experts (n⁰ˢ 5360 s.) ;
– les organes de contrôle de l'environnement institutionnel (n⁰ˢ 5440 s.) ;
– les autorités du monde judiciaire (n⁰ˢ 5640 s.) ;
– les acteurs de la prévention et du traitement des difficultés d'entreprises (n⁰ˢ 5713 s.).

Compte tenu des difficultés d'interprétation et d'application des différentes dispositions relatives au secret professionnel, la CNCC a souhaité mettre à la disposition des professionnels un outil de synthèse recensant les principaux cas de levée ou non du secret professionnel du commissaire aux comptes au regard des textes et de la doctrine actuelle. Elle a constitué, à cet effet, un groupe de travail chargé d'élaborer un document couvrant les cinq thématiques suivantes : les difficultés des entreprises, les relations avec d'autres professionnels, les autorités de contrôle, les autorités judiciaires, les relations au sein de l'entité auditée et/ou du groupe.

À la date de mise à jour du présent Mémento, les tableaux relatifs au secret professionnel publiés par la CNCC sont en cours de mise à jour (www.cncc.fr ; tableaux récapitulatifs relatifs au secret professionnel).

A. Tiers

Principe

Le « tiers » en matière de secret professionnel peut se définir comme toute **personne pour laquelle n'existe aucun texte** législatif ou réglementaire **prévoyant la levée ou l'inopposabilité du secret.**   **5210**

Font l'objet de **mesures spécifiques prévoyant la levée ou l'inopposabilité du secret professionnel** les personnes ou organes suivants :   **5211**
1. Organes d'administration, de direction ou de surveillance ainsi que gérants des personnes ou des entités soumises au contrôle des commissaires aux comptes (n⁰ˢ 5250 s. ; pour les comités d'audit, voir n⁰ 5254).
2. Assemblée générale ou organe qui en tient lieu (n⁰ˢ 5285 s.).
3. Comité social et économique ainsi que l'expert-comptable pouvant assister ce comité (n⁰ˢ 5300 et 5330).
4. Comptable public d'un organisme public (n⁰ 5345).
5. Commissaires aux comptes de groupes établissant des comptes consolidés (n⁰ 5396).
6. Commissaires aux comptes intervenant dans les petits groupes (n⁰ 5402).
7. Cour des comptes et chambres régionales des comptes (n⁰ 5790).
8. Certains représentants des juridictions pénales et leurs auxiliaires (n⁰ˢ 5670 à 5684).
9. Juridictions civiles dans le cas particulier de mise en cause de la responsabilité du commissaire aux comptes (n⁰ˢ 5700 et 5702).
10. Autorité des marchés financiers (n⁰ˢ 5470 s.).
11. Autorités de contrôle étrangères (n⁰ˢ 5480 s.).
12. Autorité de contrôle prudentiel et de résolution (n⁰ 5495).
13. Agence nationale de contrôle du logement social (n⁰ 5510).
14. Commission des participations et des transferts (n⁰ˢ 5575).
15. Membres de l'Inspection générale des affaires sociales (n⁰ˢ 5595 et 5596).
16. Juridictions disciplinaires (n⁰ 5770).
17. Haut Conseil du commissariat aux comptes (n⁰ 5450).
18. Conseil régional et Conseil national de la Compagnie des commissaires aux comptes ainsi que les personnes habilitées dans le cadre du contrôle régional et du contrôle national prévus par les articles R 821-23 à R 821-26 du Code de commerce (n⁰ˢ 5460 s.).
19. Commissaires aux comptes agissant en qualité de syndic de leur compagnie régionale (n⁰ 5770).
20. Expert choisi en application de l'article L 225-231 ou de l'article L 22-10-68 du Code de commerce, dans la limite de la mission confiée par l'ordonnance du tribunal de commerce (n⁰ 5740).

211

STATUT DU CONTRÔLEUR LÉGAL   © Éd. Francis Lefebvre

21. Administrateur judiciaire chargé d'assurer entièrement l'administration de l'entreprise (Bull. CNCC n° 115-1999 p. 521).

22. Liquidateur, représentant le débiteur dès le jugement d'ouverture de la liquidation (C. com. art. L 622-6).

Lorsque le commissaire aux comptes est délié de son secret professionnel, il peut communiquer par oral, ou par un écrit rédigé à cet effet, toutes informations à la personne envers laquelle il est délié du secret. Il est rappelé que la levée du secret constitue une exception au principe du secret dont la violation est sanctionnée pénalement et, le cas échéant, civilement et disciplinairement. Il en résulte que les dispositions organisant la levée du secret professionnel doivent être **interprétées strictement** et, de ce fait, faire l'objet d'une revue attentive par le commissaire aux comptes préalablement à la communication de toute information à la personne ou à l'autorité qui en fait la demande. Le commissaire aux comptes, outre la vérification de l'habilitation du demandeur à effectuer la demande, devra également vérifier l'étendue de la levée du secret autorisée par les textes applicables. Ainsi, il ne pourra communiquer des documents ou son dossier de travail que lorsqu'un texte prévoit expressément cette communication. En revanche, si le texte prévoit uniquement la levée du secret, celle-ci n'emporte pas possibilité de communiquer le dossier de travail ou certains de ses éléments.

5216   On en conclut que doivent, **par exemple**, être considérés comme des tiers par le commissaire aux comptes :

– les **administrateurs** de l'entité contrôlée **agissant individuellement** (sur l'incidence au regard du secret professionnel du droit de communication institué par l'article L 225-35, al. 3 du Code de commerce, voir n° 5269) ;

– les **associés** et **actionnaires** de l'entité **pris individuellement** ;

– les **créanciers** de l'entité ;

– les **journalistes** ;

– les **banquiers** de l'entité ;

– les **agents de l'administration fiscale** ;

Ainsi le commissaire aux comptes ne peut-il fournir à des inspecteurs intervenant dans le cadre de la procédure d'enquête des articles L 80 F et suivants du LPF (Livre des procédures fiscales) aucun rapport ni élément de son dossier de travail. Il peut cependant, en application de l'article L 86 du LPF, leur communiquer les pièces dont il dispose concernant l'identité du client, le montant, la date et la forme du versement des honoraires ainsi que les pièces annexes de ce versement (Bull. CNCC n° 104-1996 p. 752). La CNCC précise par ailleurs que l'administration fiscale ne peut se fonder sur les articles L 81 et L 85 du livre des procédures fiscales pour demander à un commissaire aux comptes chargé d'une mission de commissariat aux apports copie de documents qu'il détient alors qu'il n'est pas le contribuable faisant l'objet du contrôle de ladite administration (Bull. CNCC n° 195-2019 – EJ 2018-36).

– les **enquêteurs de la Direction nationale du renseignement et des enquêtes douanières**, dès lors que les pièces et documents réclamés au commissaire aux comptes ne sont pas directement liés aux délits douaniers visés par l'article 64 du Code des douanes ;

– les **représentants de l'institution judiciaire** dès lors qu'ils ne peuvent se prévaloir de l'une des exceptions prévues par la loi.

Le commissaire aux comptes reste notamment tenu au secret professionnel envers les officiers de police judiciaire qui se sont saisis d'office d'une enquête préliminaire sur la société contrôlée en vertu des articles 75 et 75-1 du Code de procédure pénale.

5218   Par ailleurs, l'ordonnance 2008-1278 du 8 décembre 2008 a permis un assouplissement substantiel du secret professionnel avec :

1. Les commissaires aux comptes suppléants (n° 5380).

2. Les commissaires aux comptes successifs d'une même société (n° 5365).

Pour autant, depuis la publication du Code de déontologie de la profession de commissaire aux comptes (Décret 2005-1412 du 16 novembre 2005), le secret professionnel ne peut plus être partagé avec :

1. Les commissaires aux comptes des sociétés d'un même groupe qui n'entrent pas dans les dispositions des articles L 823-14 et L 822-15 du Code de commerce (n°s 5395 s.).

2. Les commissaires aux comptes de sociétés en voie de fusion, scission ou apport partiel d'actif (n° 5415).

3. Les commissaires aux apports et à la fusion de la société (n° 5415).

4. Les commissaires à la transformation (n° 5415).

212

© Éd. Francis Lefebvre   STATUT DU CONTRÔLEUR LÉGAL ▮

Dans le cas des missions dévolues par la loi à des personnes distinctes du commissaire aux comptes nommé, le législateur privilégie un regard extérieur neuf impliquant des diligences propres et permettant une évaluation ou une appréciation strictement personnelle de la mission.

Étendue de l'obligation

Les tiers ne bénéficiant par définition de l'application d'aucun texte légal, la levée du secret professionnel en ce qui les concerne ne peut résulter que d'une perte de confidentialité de l'information ou de l'application des principes de libre défense ou d'égalité des armes.

5220

La **perte de confidentialité** ne peut intervenir que dans la mesure où une information acquiert un caractère public, ou pour le moins que le tiers, compte tenu de sa qualité, a la possibilité d'y accéder avec la même force probante sans passer par l'intermédiaire du commissaire aux comptes (voir n° 5100).

5221

Le **personnel salarié** de l'entreprise fournit sans doute le meilleur exemple pour permettre de comprendre la levée du secret professionnel. S'agissant, par exemple, des éléments relatifs à la paie du personnel de l'entreprise, le commissaire aux comptes opérera une distinction fondamentale entre les personnes qui ont, de par leur fonction, connaissance de ces éléments et celles qui n'y ont pas accès : il pourra échanger et communiquer les informations qu'il détient avec les premières (par exemple le directeur des ressources humaines), mais sera bien entendu tenu au secret envers toutes les autres.

L'application des **principes de libre défense ou d'égalité des armes** suppose que la diffusion de l'information soit strictement nécessaire à la défense du commissaire aux comptes, à défaut de quoi la responsabilité du commissaire pourrait être engagée pour violation du secret professionnel (voir n° 5058 s.).

5222

B. Acteurs de l'entreprise

Les acteurs de l'entreprise qui bénéficient d'une levée du secret professionnel sont les organes d'administration, de direction ou de surveillance (n° 5250 s.), les associés de l'entité contrôlée (n° 5285 s.), le comité social et économique (n° 5300 s.) et son expert-comptable (n° 5330 s.), et enfin le conseil de surveillance des fonds communs de placement d'entreprise (n° 5340 s.).

5242

1. Organes d'administration, de direction ou de surveillance

Définition

Le commissaire aux comptes n'est pas tenu au secret professionnel envers les organes d'administration, de direction ou de surveillance ainsi qu'envers les gérants des personnes ou entités soumises à son contrôle.

La levée du secret professionnel intervient indifféremment, que la nomination du commissaire soit facultative ou obligatoire et que la durée de son mandat soit de six exercices ou qu'elle soit limitée à trois exercices en application de l'article L 823-3-2 du Code de commerce.

5250

En revanche, il convient de noter qu'un dirigeant de fait ne peut être assimilé à un organe de direction au regard du secret professionnel (Bull. CNCC n° 128-2002 p. 594).

Il faut entendre par organe de direction toute personne physique ou tout organe collégial ayant le pouvoir d'engager l'entité envers les tiers dans la limite de l'objet social et le respect des textes régissant l'entité concernée.

Sont donc notamment considérés comme organe de direction :

– le gérant d'une société en nom collectif ; on rappelle qu'en l'absence de dispositions statutaires contraires, tous les associés sont gérants (C. com. art. L 221-3) ;

– le gérant d'une société en commandite simple ; on rappelle qu'en l'absence de dispositions statutaires contraires, tous les associés commandités sont gérants (C. com. art. L 221-3 sur renvoi de l'art. L 222-2) ;

– le gérant d'une société en commandite par actions ;

– le gérant d'une société à responsabilité limitée ;

5252

213

STATUT DU CONTRÔLEUR LÉGAL © Éd. Francis Lefebvre

– le gérant d'une société civile ;
– le président du conseil d'administration ou le directoire d'une société anonyme (en cas de présidence dissociée, voir n°s 5266 à 5269) ;
– le président d'une société par actions simplifiée ainsi que, dans les conditions de l'article L 227-6, alinéa 3, le directeur général et le directeur général délégué ;
– d'une manière générale, l'organe chargé par la loi ou par les statuts de l'administration de l'entité contrôlée (conseil d'administration d'une association, d'une SAS, etc.).

Pour le cas particulier de l'administrateur judiciaire et du mandataire judiciaire à la liquidation, voir n° 5728.

5254 **Cas particulier des comités d'audit** Les comités d'audit ont pour objet d'assurer le suivi des questions relatives à l'élaboration et au contrôle des informations comptables et financières, le suivi de l'efficacité des systèmes de contrôle interne et de gestion des risques et le suivi du contrôle légal des comptes (C. com. art. L 823-19).

Ces comités sont une émanation de l'organe de la direction qui en fixe la composition et ils sont appelés à fonctionner sous sa responsabilité (C. com. art. R 225-29, al. 2). Depuis que le comité d'audit n'est composé que de membres de l'organe chargé de l'administration ou de la surveillance (C. com. art. L 823-19), les problèmes concernant l'astreinte au secret professionnel vis-à-vis dudit comité sont largement levés pour les entités visées à l'article L 823-19. Pour de nombreuses informations, le commissaire aux comptes n'est plus astreint au secret professionnel. Il a une obligation d'information vis-à-vis du comité d'audit et lui remet un rapport complémentaire conforme aux dispositions de l'article 11 du règlement européen 537/2014 du 16 avril 2014 (C. com. art. L 823-16 ; voir n°s 26480 s.). Ledit comité devient ainsi un interlocuteur privilégié du commissaire aux comptes dans le déroulement de sa mission.

Informations bénéficiant de la levée du secret

5260 L'article L 823-16 du Code de commerce détermine les communications obligatoirement faites par les commissaires aux comptes aux organes d'administration, de direction, de surveillance et au comité spécialisé (ou d'audit) le cas échéant.

Pour plus de détails sur ces éléments de communication, voir n°s 26481 s.

5262 Pour ces informations, il y a donc pour le commissaire non seulement levée du secret professionnel mais **obligation d'information** des organes visés par le texte. La levée du secret n'est cependant pas complète : elle connaît certaines limites liées en particulier à la qualité du bénéficiaire de la levée du secret.

Portée de la levée du secret professionnel

5265 Seuls certains dirigeants bénéficient de la levée du secret professionnel lorsqu'ils interviennent individuellement. Par ailleurs, celle-ci reste limitée aux informations dont la communication est prévue par la loi et tombe lorsque les dirigeants ont cessé d'exercer leurs fonctions.

5266 En ce qui concerne la **société anonyme à directoire et conseil de surveillance**, la doctrine considère que le secret professionnel est levé envers le **président du directoire** et les **membres du directoire** agissant **individuellement** dans la mesure où ces personnes disposent des pouvoirs les plus étendus pour agir en toutes circonstances au nom de la société.

Cette solution continue à s'imposer en cas de répartition des fonctions au sein du directoire, dans la mesure où malgré cette répartition, les actes individuels de chaque membre du directoire sont réputés avoir été accomplis collégialement ; ils engagent donc le directoire tout entier (C. com. art. R 225-39).

5267 S'agissant en revanche des **membres du conseil de surveillance**, le secret professionnel n'est levé qu'à l'égard de l'organe pris dans sa **collégialité**. Il en résulte que le commissaire aux comptes est tenu au secret professionnel lorsqu'un membre du conseil de surveillance le questionne individuellement en dehors des réunions de l'organe collégial.

5268 En ce qui concerne la **société anonyme à conseil d'administration** :
– le secret professionnel du commissaire aux comptes est levé envers le **directeur général**, qui est « investi des pouvoirs les plus étendus pour agir en toutes circonstances au

© Éd. Francis Lefebvre   **STATUT DU CONTRÔLEUR LÉGAL** ▌

nom de la société » (C. com. art. L 225-56-I, al. 1). Cette levée joue évidemment, comme auparavant, envers le **président-directeur général**, c'est-à-dire le président du conseil d'administration nommé conjointement directeur général ;

> La fonction de commissaire aux comptes ne peut être considérée comme attachée à la personne du président. Il ne peut donc arguer du secret professionnel pour refuser au président nouvellement nommé la communication de courriers adressés antérieurement à l'ancien président (Bull. CNCC n° 147-2007 p. 483).

– en cas de présidence dissociée, le **président** n'est plus investi du pouvoir général d'agir au nom de la société, mais il représente le conseil d'administration et il joue un rôle d'interface entre les actionnaires et la direction générale de la société. Dans ces conditions, le commissaire n'a pas de secret professionnel à opposer au président du conseil d'administration ;

– il n'y a pas non plus de secret professionnel à l'égard des **directeurs généraux délégués** agissant individuellement : le directeur général délégué est un organe de la direction qui dispose à l'égard des tiers « des mêmes pouvoirs que le directeur général » (C. com. art. L 225-56, II, al. 2).

S'agissant en revanche des **membres du conseil d'administration**, le secret professionnel n'est levé qu'à l'égard de l'organe pris dans sa **collégialité**. Il en résulte que le commissaire aux comptes est tenu au secret professionnel lorsqu'un administrateur le questionne individuellement en dehors des réunions de l'organe collégial.   **5269**

> La rédaction de l'article L 225-35, issu de la loi NRE, laissait planer un doute sur une remise en cause éventuelle de la portée du secret professionnel du commissaire aux comptes à l'égard des administrateurs, puisque ces derniers se voyaient reconnaître la possibilité de recevoir toutes les informations nécessaires et de se faire communiquer tous les documents qu'ils estimaient utiles à l'accomplissement de leur mission. Ce point a été clarifié par la loi de sécurité financière qui précise que « le président ou le directeur général est tenu de communiquer à chaque administrateur tous les documents et informations nécessaires à l'accomplissement de sa mission » (C. com. art. L 225-35, al. 3). Ce sont donc exclusivement le président et le directeur général qui ont à charge d'opérer la communication des documents aux administrateurs, ces derniers ne pouvant les obtenir directement du commissaire aux comptes en l'interrogeant individuellement.

D'une manière plus générale, la levée du secret est limitée aux informations dont la communication est prévue par l'article L 823-16 du Code de commerce.   **5270**

> Les organes de direction ne peuvent en effet bénéficier de la communication par le commissaire aux comptes de la totalité de son dossier (n° 5129).

Enfin, le commissaire aux comptes est tenu au secret professionnel vis-à-vis des **dirigeants qui ont cessé d'exercer leurs fonctions**.   **5272**

> Ainsi un président de conseil d'administration révoqué ne peut obtenir auprès du commissaire aux comptes en fonction des copies de procès-verbaux de conseils d'administration qu'il avait présidés (Bull. CNCC n° 93-1994 p. 148).
> À l'inverse, le commissaire aux comptes n'est pas tenu au secret professionnel à l'égard du nouveau dirigeant sur les agissements d'un ancien dirigeant. Il devra malgré tout, en application du principe de non-immixtion dans la gestion, se garder de tout jugement de valeur sur la conduite de la gestion de l'entreprise par cet ancien dirigeant (Bull. CNCC n° 98-1995 p. 224).

2. Associés de l'entité contrôlée

Définition

L'utilisation du terme générique « associés » englobe donc ici la totalité des membres des assemblées générales ou des organes analogues compétents, quel que soit le terme utilisé (associé ou actionnaire ou adhérent) par les textes régissant le fonctionnement juridique de l'entité dans laquelle intervient le commissaire aux comptes.   **5285**

Informations bénéficiant de la levée du secret

La levée du secret professionnel du commissaire aux comptes envers les associés est organisée par les dispositions légales relatives à la mission. C'est ainsi que le commissaire aux comptes :   **5286**

– remet aux dirigeants de la société, pour communication à l'assemblée, les **rapports** qu'il doit émettre en application des dispositions du Code de commerce (rapport sur les

215

STATUT DU CONTRÔLEUR LÉGAL © Éd. Francis Lefebvre

comptes annuels et, le cas échéant, sur les comptes consolidés, rapport spécial sur les conventions réglementées, rapport spécial d'alerte, rapports afférents à la réalisation d'opérations juridiques réalisées par la société) ;

– informe l'assemblée générale des **irrégularités** et des **inexactitudes** qu'il a pu relever au cours de la mission (C. com. art. L 823-12) ;

> En revanche, il n'a pas à préciser qu'il a mis en œuvre la procédure de révélation de faits délictueux lorsque les irrégularités constatées présentent un caractère délictueux.

– dans les limites posées par les textes, fait état ou apporte tout complément aux **informations incomplètes** ou **erronées** données par les dirigeants en séance ou dans les documents adressés aux associés ;

– répond aux **demandes d'explications** relatives au contenu de ses rapports, ainsi qu'aux questions qui peuvent lui être posées en cours de séance, après avoir été invité à y répondre par le dirigeant. Il ne peut répondre aux questions qui ne seraient pas en relation avec l'exercice de sa mission, ou qui l'amèneraient à communiquer des informations couvertes par le secret à la date de l'assemblée.

> Ainsi lorsqu'un associé demandera au commissaire aux comptes s'il compte déclencher une procédure d'alerte, celui-ci sera dans l'impossibilité de répondre quand bien même il l'aurait déjà déclenchée : la procédure d'alerte conserve en effet un caractère confidentiel à l'égard de l'assemblée générale tant que le rapport spécial d'alerte ne lui a pas été communiqué par les dirigeants. Il en sera de même si le commissaire aux comptes a relaté une irrégularité dans son rapport et qu'il est interpellé sur la mise en œuvre de la procédure de révélation des faits délictueux.

Limite à la levée du secret professionnel

5288 L'étendue du secret professionnel du commissaire aux comptes varie selon qu'il est en présence d'un associé pris isolément ou de l'assemblée générale des associés.

5290 La levée du secret professionnel ne joue que pour l'assemblée générale des associés. A contrario, l'**associé pris isolément** est assimilable à un tiers vis-à-vis du commissaire aux comptes. Aucun lien juridique n'a été prévu entre ces deux personnes par les textes (Bull. CNCC n° 82-1991 p. 267).

Par conséquent, le commissaire aux comptes est tenu au secret professionnel à son égard. Il ne peut répondre à aucune question qu'il lui poserait en dehors de l'assemblée générale ni lui communiquer de documents.

> La seule exception à cette interdiction concernerait la communication d'informations qui présenteraient un caractère public ou que le tiers, compte tenu de sa position ou de sa qualité, aurait toute possibilité d'obtenir avec la même force probante sans passer par l'intermédiaire du commissaire aux comptes (voir n° 5102).

5291 Dans la pratique, si une **demande isolée** est formulée auprès du commissaire aux comptes, celui-ci devra donc lui opposer le secret professionnel et l'inviter à adresser sa requête au dirigeant de l'entité.

> À l'inverse, le commissaire aux comptes saisi à titre individuel par un associé restera attentif aux informations qui lui seront communiquées par celui-ci. Ainsi, dans l'hypothèse où il l'informerait de faits délictueux, le commissaire aux comptes appréciera s'il y a lieu de mettre en œuvre des diligences particulières pour déterminer si les faits qui lui ont été rapportés sont susceptibles de recevoir une qualification pénale (Bull. CNCC n° 12-1973 p. 550 ; n° 90-1993 p. 289).

3. Liquidateur amiable de l'entité

5295 Lorsque l'entité a décidé de voter sa dissolution anticipée, elle entre en phase dite de « liquidation amiable » et désigne à cet effet un liquidateur amiable chargé de représenter la structure, de continuer les contrats en cours et de céder les actifs de l'entité. Le commissaire aux comptes de l'entité n'est délié du secret professionnel à l'égard du liquidateur amiable qu'à l'occasion de la tenue d'une assemblée générale (ou de l'organe délibérant) relativement aux informations et documents qu'il établit et mis à disposition de l'organe délibérant ainsi qu'aux irrégularités qu'il a signalées.

4. Comité social et économique

Nature des interventions du commissaire aux comptes

Le législateur a doté le comité social et économique (anciennement comité d'entreprise) d'un pouvoir d'information très large, puisqu'en application de l'article L 2312-8 du Code du travail « le comité est informé et consulté sur les questions intéressant l'organisation, la gestion et la marche générale de l'entreprise ».

5300

Le commissaire aux comptes peut être amené à intervenir devant le comité social et économique dans les circonstances suivantes :

5302

1°) Examen par le comité social et économique des **documents transmis** annuellement à l'**assemblée générale.**

5303

Le comité social et économique est destinataire, dans les **sociétés commerciales**, avant leur présentation à l'assemblée générale des actionnaires ou à l'assemblée des associés, de l'ensemble des documents transmis annuellement à ces assemblées et du rapport du commissaire aux comptes (C. trav. art. L 2312-25 depuis le 1-1-2018 et art. L 2323-13 précédemment).

Dans le cadre de cet examen, le comité social et économique peut convoquer les commissaires aux comptes pour recevoir leurs explications sur les différents postes des documents communiqués ainsi que sur la situation financière de l'entreprise (C. trav. art. L 2312-25 depuis le 1-1-2018 et art. L 2323-13 précédemment). Le commissaire aux comptes est donc délié du secret à l'égard du CSE uniquement pour fournir des explications sur les différents documents adressés au comité social et économique. Il est recommandé au commissaire aux comptes sollicité dans ce cadre d'obtenir une liste des questions que le CSE souhaiterait lui poser afin qu'il identifie celles pour lesquelles il ne serait pas délié du secret et qui consisteraient, par exemple, à être dispensateur d'informations.

2°) Dans les sociétés commerciales, examen par le comité social et économique des documents qui lui sont transmis en cas de déclenchement de la **procédure d'alerte par le commissaire aux comptes**, dont il est destinataire en application des articles L 234-1 à L 234-4 du Code de commerce. Le commissaire aux comptes est délié à l'égard du CSE sur invitation du président lors de la tenue d'une assemblée générale (ou de l'organe délibérant) pour ce qui concerne exclusivement le contenu du rapport spécial d'alerte.

5304

3°) Convocation du commissaire aux comptes dans le cadre du **droit d'alerte économique déclenché par le comité social et économique** en application de l'article L 2312-64 du Code du travail. Dans cette hypothèse, les textes ne prévoient pas de levée du secret professionnel du commissaire aux comptes, il y est donc astreint.

5305

Informations bénéficiant de la levée du secret

Les commissaires aux comptes convoqués par le comité social et économique d'une société commerciale dans le cadre de l'examen des **documents transmis annuellement à l'assemblée générale** (C. trav. art. L 2312-25) répondront aux questions posées sur les différents postes des documents communiqués et sur la situation financière de la société, en donnant les éclaircissements nécessaires et en se gardant bien de toute immixtion dans la gestion.

5309

Ces documents comprennent les comptes annuels et, le cas échéant, les comptes consolidés, le rapport de gestion, les rapports du commissaire aux comptes sur les comptes annuels et les comptes consolidés, le rapport spécial sur les conventions réglementées pour certaines sociétés ainsi que le texte et l'exposé des motifs des résolutions proposées à l'assemblée. Pour les sociétés par actions (à l'exception des SAS) s'ajoutent à ces documents :

– le montant global, certifié exact par les commissaires aux comptes, des rémunérations versées aux personnes les mieux rémunérées (C. com. art. L 225-115, 4°) ;

– le montant global, certifié par le commissaire aux comptes, des sommes ouvrant droit à réduction d'impôt visées à l'article 238 bis du CGI ainsi que la liste des actions nominatives de parrainage (C. com. art. L 225-115, 5°).

STATUT DU CONTRÔLEUR LÉGAL © Éd. Francis Lefebvre

Remarques

a. Aucun formalisme n'est prévu par les textes pour la convocation du commissaire aux comptes à la réunion du comité d'entreprise. Il n'est pas nécessaire qu'un ordre du jour soit joint à la convocation écrite (Bull. CNCC n° 108-1997 p. 532, faisant référence au comité d'entreprise mais pouvant être transposé au comité social et économique).

b. Le commissaire aux comptes n'a pas à rendre compte de son programme de travail lors de cette entrevue.

5312 La communication du commissaire aux comptes au sein de l'entité, sur les analyses relatives aux éléments recueillis dans le cadre de la **procédure d'alerte**, est soumise au secret professionnel. Le secret professionnel n'est ainsi pas levé vis-à-vis du comité social et économique ou des délégués du personnel (CNCC Note d'information n° III « Continuité d'exploitation de l'entité : prévention et traitement des difficultés – Alerte du commissaire aux comptes » – janvier 2020 § 2.21.7).

Limite à la levée du secret professionnel

5320 Le commissaire aux comptes devra être vigilant quant à la nature et l'étendue des réponses données aux membres du comité social et économique, ces derniers ne sont pas soumis à l'obligation de secret professionnel mais à une **obligation de discrétion** (C. trav. art. L 2312-67). Il ne pourra notamment pas répondre à des questions qui seraient étrangères aux documents transmis au comité social et économique en application de l'article L 2312-25 du Code du travail.

5321 Le commissaire aux comptes n'est pas délié de son secret professionnel à l'égard des **membres du comité social et économique** qui l'interrogeraient **individuellement**.

Aucune disposition de la partie législative du Code du travail ou du Code de commerce (art. L 234-1 et L 234-2 relatifs à la procédure d'alerte) organisant les relations du commissaire aux comptes avec le comité social et économique ne prévoit que le commissaire aux comptes puisse être entendu soit par un ou plusieurs membres du comité social et économique, soit par l'expert-comptable dudit comité en dehors d'une réunion officielle. En effet, la rédaction de l'article L 2312-25 du Code du travail (art. L 2323-13 antérieurement au 1-1-2018) qui dispose que le comité social et économique peut convoquer le commissaire aux comptes, pour recevoir des explications sur les différents postes des documents communiqués ainsi que sur la situation financière de l'entreprise, implique que l'audition doit intervenir devant le seul comité social et économique réuni en formation collégiale et exclusivement devant lui.

5. Commissaire aux comptes du comité social et économique

5325 Le comité social et économique peut se doter volontairement d'un commissaire aux comptes ou bien être tenu de faire certifier ses comptes dès lors qu'il dépasse les seuils visés par l'article L 2315-73 du Code du travail.

En l'absence de texte légal le prévoyant, le commissaire aux comptes de l'entité qui héberge le CSE n'est pas délié du secret professionnel à l'égard du commissaire aux comptes dudit CSE.

6. Expert-comptable du comité social et économique

5330 L'article L 2312-88 du Code du travail dispose que le comité social et économique peut se faire assister d'un expert-comptable de son choix pour lui venir en aide dans l'examen annuel des documents qui lui sont transmis dans le cadre de l'article L 2312-25 du même code.

Ce professionnel a accès aux « mêmes documents que le commissaire aux comptes » pour opérer toute vérification ou tout contrôle entrant dans l'exercice de ses missions (C. trav. art. L 2315-90).

L'expression « mêmes documents que le commissaire aux comptes » ne signifie pas que le commissaire ait l'obligation de communiquer une copie de ses documents de travail et de ses rapports à l'expert-comptable du comité social et d'entreprise ni qu'il puisse répondre à une demande d'entretien ou à des questions qui seraient posées par ce dernier en dehors de la présence du comité social et économique.

En l'absence de texte l'autorisant, le commissaire aux comptes de l'entité est tenu au respect du secret professionnel à l'égard de l'expert-comptable du comité social et économique.

218

STATUT DU CONTRÔLEUR LÉGAL

7. Conseil de surveillance des FCPE

Régis par les articles L 214-164 et L 214-165 du Code monétaire et financier, les fonds communs de placement d'entreprise (FCPE) sont scindés d'une part en **fonds d'investissement diversifié**, qui ne peuvent détenir à leur actif plus d'un tiers des titres de l'entreprise ou d'une entreprise liée, d'autre part en **fonds investis en titres de l'entreprise**, qui doivent être investis pour plus d'un tiers en titres émis par l'entreprise ou une entreprise liée.

5340

La loi du 19 février 2002 a renforcé les **pouvoirs du conseil de surveillance** de ces FCPE en opérant les distinctions suivantes :
– le conseil de surveillance du **fonds d'investissement diversifié** peut demander à entendre sur la gestion financière, administrative et comptable du fonds la société de gestion, le dépositaire et le commissaire aux comptes qui sont tenus de répondre à sa convocation (C. mon. fin. art. L 214-164, al. 6). Le commissaire aux comptes convoqué devra répondre aux questions qui lui seront posées dès lors qu'elles entrent dans le champ de sa mission ;
– le conseil de surveillance du **fonds investi en titres de l'entreprise** est doté de pouvoirs identiques à ceux du conseil de surveillance du fonds d'investissement diversifié. Il peut, en outre, lorsque la société est dotée d'un comité social et économique, se faire communiquer les documents transmis aux actionnaires à l'occasion de l'assemblée annuelle, et notamment les rapports du commissaire aux comptes (C. mon. fin. art. L 214-165, al. 5). En l'absence de comité social et économique, il peut convoquer le commissaire aux comptes pour recevoir ses explications sur les comptes (C. mon. fin. art. L 214-165, al. 6).

5341

8. Comptable public d'un organisme public

Conformément aux dispositions de l'article L 823-16-1 du Code de commerce, créé par la loi de finances rectificative 2011-900 du 29 juillet 2011, les commissaires aux comptes sont déliés du secret professionnel à l'égard du comptable public d'un organisme public lorsqu'ils sont chargés de la certification des comptes dudit organisme.
De plus, pour les organismes publics dotés d'un comptable public, les commissaires aux comptes adressent à ce dernier une copie de leurs rapports de certification des comptes (C. com. art. L 823-16-1, al. 2).

5345

C. Confrères, collaborateurs et experts

Sont examinées ici les modalités d'application du secret professionnel aux praticiens, inscrits ou non sur la liste des commissaires aux comptes, qui sont appelés à intervenir pour la société dans le cadre de missions prévues par les textes :
– commissaires aux comptes successifs de la société (n° 5365) ;
– associés de la société de commissariat aux comptes du signataire ainsi que collaborateurs et experts (n° 5371) ;
– commissaires aux comptes suppléants (n° 5380) ;
– cocommissaires aux comptes (n° 5386) ;
– commissaires aux comptes des sociétés appartenant au groupe dont fait éventuellement partie la société contrôlée (n° 5395) ;
– autres professionnels appelés à intervenir dans la société : commissaires aux apports ou aux avantages particuliers, commissaires ad hoc, commissaires à la fusion ou à la transformation (n° 5415), réviseurs ou auditeurs de la société non commissaires aux comptes (n° 5416), commissaires aux comptes d'une société ayant la qualité de repreneur (n° 5420), commissaires aux comptes de l'administrateur judiciaire (n° 5422), intervenants dans la société au titre de la revue indépendante ou du contrôle qualité (n° 5425).

5360

> Sur la levée du secret professionnel et la possibilité d'échange d'informations entre membres d'un réseau ou confrères en cas de fait ou de soupçon de blanchiment des capitaux ou de financement du terrorisme, voir n° 62170.

Commissaires aux comptes successifs de la société

L'article L 823-3 al. 3 du Code de commerce lève le secret professionnel du commissaire aux comptes au bénéfice de son successeur : il dispose que le commissaire aux comptes

5365

219

STATUT DU CONTRÔLEUR LÉGAL © Éd. Francis Lefebvre

dont la mission cesse « permet à son successeur d'accéder à toutes les informations et à tous les documents pertinents concernant la personne ou l'entité dont les comptes sont certifiés ».

> La loi ne précisant pas ce qu'elle considère comme des « informations et documents pertinents », leur définition relève donc du jugement professionnel du commissaire aux comptes.

Ces dispositions permettent la communication entre le commissaire aux comptes précédent et le commissaire aux comptes nouvellement nommé ainsi que la mise à disposition des dossiers du commissaire aux comptes précédent, mais n'imposent pas l'obligation pour le commissaire aux comptes nouvellement nommé d'obtenir des copies de certains éléments des dossiers de son confrère ni l'obligation pour le commissaire aux comptes précédent de donner des copies de certains éléments de son dossier à son confrère nouvellement nommé (CNCC NI. XIII – Le commissaire aux comptes et le premier exercice d'un nouveau mandat – juin 2012).

> L'article 26 du Code de déontologie modifié par le décret 2020-292 du 21 mars 2020 demande par ailleurs au commissaire aux comptes appelé à succéder en tant que titulaire à un commissaire aux comptes dont le mandat venant à expiration ne sera pas renouvelé de s'assurer auprès de son confrère que le non-renouvellement de son mandat n'est pas motivé par une volonté de la personne ou de l'entité contrôlée de contourner les obligations légales.

5366 Les **avantages** liés à cette levée du secret professionnel envers les commissaires aux comptes successifs sont difficilement contestables :
– meilleure prise en compte par le commissaire des paramètres nécessaires à l'acceptation et à la définition de sa mission ;
– obtention, grâce aux informations délivrées par le prédécesseur, d'un niveau d'assurance qui aurait nécessité, sans cette communication d'information, la mise en œuvre de diligences complémentaires.

> La prise de connaissance des dossiers du commissaire aux comptes précédent doit être documentée. Elle peut l'être :
> – par des copies de certains éléments des dossiers de travail du commissaire aux comptes précédent ;
> – par des notes prises par le commissaire aux comptes nouvellement nommé relatives à toute information jugée pertinente et utile pour la bonne mise en œuvre de ses procédures et la correcte documentation de ses propres travaux.
> Si le commissaire aux comptes nouvellement nommé identifie des documents dans les dossiers du commissaire aux comptes précédent qui émanent de l'entité, il peut également en dresser une liste pour en obtenir directement des copies auprès de l'entité (CNCC NI. XIII – Le commissaire aux comptes et le premier exercice d'un nouveau mandat – juin 2012).

5367 Au sein d'une caisse de règlement pécuniaire des avocats (Carpa), il est possible que le commissaire aux comptes soit désigné pour exercer une ou plusieurs des missions suivantes :
– la mission relative à l'aide juridique qui consiste au contrôle de la bonne utilisation des fonds publics (mission spécifique) ;
– la mission relative aux dépôts et maniements de fonds, effets, valeurs reçus par les avocats pour le compte de leurs clients (mission spécifique) ; et
– la mission légale de certification des comptes de la Carpa.
Pour cette dernière, les dispositions exposées n° 5365 s'appliquent. En revanche, en l'absence de texte analogue aux dispositions de l'article L 823-3 du Code de commerce relatif à la levée du secret professionnel entre commissaires aux comptes prédécesseurs et successeurs intervenant sur les deux missions spécifiques précitées, la CNCC considère que les commissaires aux comptes nouvellement désignés pour une mission spécifique au sein d'une Carpa sont tenus au respect du secret professionnel les uns à l'égard des autres (Bull. CNCC n° 193-2019 – CEJ 2018-41).

Associés, collaborateurs et experts

5371 Les **associés** membres d'une société de commissaires aux comptes peuvent **communiquer librement** entre eux sur leur activité au sein de la société : l'article R 822-58 du Code de commerce dispose en effet que, dans ces sociétés, « les associés ou actionnaires s'informent mutuellement de leur activité au sein de la société. La communication de ces informations entre associés ou actionnaires ne constitue pas une violation du secret professionnel ». La Chancellerie a réaffirmé ce principe dans son courrier du 15 juin 2007 en indiquant que cette information réciproque est indispensable afin de permettre la

© Éd. Francis Lefebvre / STATUT DU CONTRÔLEUR LÉGAL

bonne application des dispositions du Code de commerce et du Code de déontologie relatives à l'indépendance et de prévenir d'éventuelles incompatibilités.

Bien que le décret ne le précise pas, on peut penser (voir en ce sens J. Monéger et Th. Granier, Le commissaire aux comptes, Dalloz, 1995, § 724) que la levée du secret doit différer selon que l'associé ou l'actionnaire est membre ou non de la profession.

Dans l'affirmative, la notion d'activité doit être entendue au sens large : la levée du secret est complète et porte aussi bien sur le contenu technique des dossiers que sur la marche de la société. Cette communication est nécessaire pour que le signataire trouve auprès de ses associés l'assistance technique prévue par la norme précitée. Les associés inscrits sont en contrepartie tenus au secret professionnel dans les mêmes conditions que le signataire.

Dans la négative, la notion d'activité doit être interprétée de manière beaucoup plus stricte : la levée du secret ne doit porter que sur les informations nécessaires à l'associé pour mettre en œuvre les fonctions qui sont les siennes au sein de la société de commissaires (voir en ce sens, Étude juridique CNCC précitée § 15 et 16). Resteront donc couvertes par le secret, sauf circonstances particulières (par exemple associé non inscrit ayant le statut de collaborateur et bénéficiant à ce titre d'un partage du secret, sur ce point, voir n° 5372), les informations ayant trait au suivi technique des dossiers. En contrepartie de cette limite de la levée du secret, les associés non inscrits ne sont tenus qu'à une obligation de discrétion.

Les **collaborateurs** et les **experts** bénéficient d'un **partage du secret** professionnel pour les dossiers dont ils assurent le suivi technique (C. com. art. L 823-13, al. 2). **5372**

La levée du secret professionnel au bénéfice des collaborateurs et experts ne pose pas de problème de principe dans la mesure où elle découle implicitement de l'article L 823-13, al. 2, applicable dans toutes les personnes morales dotées d'un commissaire aux comptes : celui-ci prévoit en effet pour le commissaire aux comptes la possibilité de « se faire représenter ou assister par tels experts ou collaborateurs de son choix ».

L'existence d'un secret professionnel absolu entre le signataire et ces personnes serait de toute évidence incompatible avec cette faculté offerte au commissaire aux comptes.

Les **critères** qui régissent le partage du secret professionnel sont la finalité de la mission et l'intérêt général. En pratique, la levée du secret professionnel vis-à-vis des collaborateurs et des experts est effectuée par la communication des documents du **dossier de travail**, nécessaires à ces personnes pour assister le signataire du mandat et participer à la mise en œuvre des diligences.

Comme nous l'avons précisé (voir n°s 5092 et 5093), les collaborateurs et experts sont en contrepartie tenus au secret professionnel dans les mêmes conditions que le commissaire.

Commissaires aux comptes suppléants

Le commissaire aux comptes titulaire est soumis au secret professionnel vis-à-vis du commissaire aux comptes suppléant avant l'entrée en fonctions de ce dernier. **5380**

En cas d'entrée en fonctions du commissaire aux comptes suppléant, le commissaire titulaire permet au suppléant d'accéder à toutes les informations et à tous les documents pertinents concernant la personne ou l'entité dont les comptes sont certifiés (voir n° 5365).

Cocommissaires aux comptes

Lorsque la société, soit par obligation légale (voir n° 2134), soit volontairement, nomme plusieurs commissaires, ceux-ci exercent leur mission de façon collégiale. **5386**

La levée du secret est totale et implique notamment la communication du dossier, dans la mesure où les membres du collège de commissaires sont solidaires au plan tant de leurs obligations que de leurs responsabilités. **5388**

La levée du secret professionnel entre cocommissaires ne pose pas de problème de principe dans la mesure où la collégialité découle implicitement de la rédaction de l'article L 823-15 qui dispose que les cocommissaires aux comptes « se livrent ensemble à un examen contradictoire des conditions et modalités d'établissement des comptes, selon les prescriptions énoncées par une norme d'exercice professionnel ».

Commissaires aux comptes de groupes de sociétés

En ce qui concerne la levée ou non du secret professionnel des commissaires aux comptes de plusieurs entités appartenant à un même groupe, les situations suivantes sont à distinguer (C. com. art. L 822-15) : **5395**

221

STATUT DU CONTRÔLEUR LÉGAL © Éd. Francis Lefebvre

– les relations entre commissaires aux comptes d'entités appartenant au périmètre de consolidation des comptes du groupe ;
– celles entre commissaires aux comptes d'entités visées par le dispositif relatif aux « petits groupes » introduit par la loi 2019-486 du 22 mai 2019, dite « Pacte ».
En outre, il existe des possibilités d'investigation définies à l'article L 823-14 du Code de commerce.

5396 **Levée du secret professionnel au sein d'un groupe établissant des comptes consolidés/combinés (C. com. art. L 822-15, al. 2)** Lorsqu'une personne morale établit des comptes consolidés, les commissaires aux comptes de la personne morale consolidante et les commissaires aux comptes des personnes consolidées sont, les uns à l'égard des autres, libérés du secret professionnel. Cette disposition s'applique également lorsqu'une personne morale établit des comptes combinés (C. com. art. L 822-15, al. 2).

> Notons par ailleurs que « sans préjudice des dispositions de l'article L 823-14, la certification des comptes consolidés est délivrée notamment après examen des travaux des commissaires aux comptes des personnes et entités comprises dans la consolidation ou, s'il n'en est point, des professionnels chargés du contrôle des comptes desdites personnes et entités » (C. com. art. L 823-9, al. 3).

Le principe est donc celui de la levée du secret professionnel entre commissaires aux comptes intervenant dans un même **périmètre de consolidation**. Peu importe la méthode de consolidation retenue (globale, proportionnelle ou par équivalence). Il n'est donc pas nécessaire que la participation soit majoritaire (Bull. CNCC n° 168-2012 – EJ 2012-39 et Bull. CNCC n° 162-2011 – EJ 2010-29 p. 267).

La Commission des études juridiques précise également dans les réponses précitées que « la levée du secret professionnel s'applique tant pour les commissaires aux comptes en charge des personnes morales consolidées vis-à-vis des commissaires aux comptes de la personne morale consolidante que dans la situation inverse ».

Selon la doctrine de la CNCC, la levée du secret professionnel s'applique également lorsqu'une société établit **volontairement** des comptes consolidés, l'article L 822-15 du Code de commerce ne distinguant pas les comptes consolidés établis en application d'une obligation légale et ceux établis volontairement (Bull. CNCC n° 168-2012 – EJ 2012-39).

La levée du secret professionnel reste limitée aux besoins de la **mission relative aux comptes consolidés** et elle ne peut être étendue à d'autres interventions entrant dans le cadre des diligences directement liées à la mission de commissaire aux comptes (Bull. CNCC n° 168-2012 – EJ 2011-123). Dans le cadre de la consolidation, et selon la pratique profession-nelle du 14 avril 2014, annexée à la circulaire du garde des Sceaux du 18 avril 2014, relative à la révélation des faits délictueux, le secret professionnel est levé entre le commissaire aux comptes de l'entité consolidée et celui de l'entité consolidante lorsque ce dernier identifie un fait délictueux au sein de l'entité consolidée en application de l'article L 822-15 du Code de commerce.

> La CEJ précise dans la réponse précitée que la levée du secret professionnel entre commissaires aux comptes des entités consolidante et consolidées doit se limiter aux besoins de la mission légale de certifica-tion et qu'il n'est pas possible de l'étendre à d'autres interventions (Bull. CNCC n° 168-2012 – EJ 2011-123). Il semble cependant que, pour la Compagnie, cette exclusion ne vise que les interventions ne portant pas sur les comptes consolidés dans la mesure où la commission a par ailleurs indiqué dans sa réponse 2012-39 que les commissaires aux comptes des entités consolidante et consolidées étaient déliés du secret professionnel lorsqu'ils intervenaient dans le cadre de services autres que la certification des comptes rela-tifs à des comptes consolidés établis volontairement et non destinés à être publiés (voir supra).

La levée du secret professionnel introduite par l'alinéa 2 de l'article L 822-15 du Code de commerce ne vise pas :
– les commissaires aux comptes de **sociétés sœurs** d'un même périmètre de consolida-tion (Bull. CNCC n° 168-2012 – EJ 2012-39 et Bull. CNCC n° 162-2011 – EJ 2010-29) ;
– les commissaires aux comptes d'entités consolidées et les commissaires aux comptes d'autres entités consolidées situées en amont dans l'organigramme du groupe mais n'établissant pas elles-mêmes de comptes consolidés ;
– les entités qui ne sont pas effectivement consolidées : le commissaire aux comptes d'une entité consolidante et celui d'une entité contrôlée qui pourrait entrer dans le périmètre de consolidation mais qui n'est pas consolidée du fait de son importance négligeable ne sont ainsi pas déliés du secret professionnel.

> L'alinéa 2 de l'article L 822-15 ne vise pas les entités susceptibles d'entrer dans la consolidation, pas plus qu'il ne lève le secret entre commissaires aux comptes de sociétés contrôlantes et contrôlées lorsqu'il n'y a pas de consolidation (exemption des petits groupes par exemple).

Un dispositif de levée du secret professionnel est cependant prévu à l'alinéa 3 de l'article précité concernant les **petits groupes** : voir n° 5402.

En application de l'article L 823-14 du Code de commerce (voir n° 5402), le commissaire aux comptes de l'entité qui pourrait être la consolidante peut obtenir directement auprès de l'entité contrôlée au sens de l'article L 233-3 du Code de commerce les informations qu'il estime utiles pour apprécier l'impact de la non-consolidation (Bull. CNCC n° 168-2012 – EJ 2012-39).

Cas particulier de groupes établissant des comptes combinés. L'article L 822-15, alinéa 2 du Code de commerce libère également du secret professionnel les commissaires aux comptes d'entités établissant des comptes combinés.

S'agissant des commissaires aux comptes des sociétés consolidées, aucune disposition **5398** légale ne permet de préciser la portée de la levée, à leur bénéfice, du secret professionnel des commissaires aux comptes de la société consolidante.

> À notre avis, la levée du secret professionnel devra toujours pouvoir être justifiée par la finalité de la mission confiée au commissaire qui en est le bénéficiaire. Toute autre solution pourrait engendrer de graves difficultés, par exemple dans le cas d'un partenariat entre deux groupes concurrents donnant lieu à la constitution d'une filiale commune.

Cas particulier des auditeurs légaux étrangers. L'article L 822-15, al. 2 du Code de **5400** commerce libère du secret professionnel les uns à l'égard des autres les « commissaires aux comptes » de la personne morale consolidante et les commissaires aux comptes des personnes morales consolidées.

Dans les groupes internationaux, se pose le problème délicat de la levée du secret professionnel entre les commissaires aux comptes qui interviennent dans les sociétés soumises au contrôle légal en France et des réviseurs étrangers qui n'ont pas, sauf cas exceptionnel, le statut de commissaire aux comptes.

La Compagnie nationale des commissaires aux comptes considère que la levée du secret professionnel du professionnel français est possible à l'égard des réviseurs étrangers dont la mission est également de source légale et a la même finalité. De même la Chancellerie précise, dans son courrier du 15 juin 2007, que l'expression « commissaire aux comptes » employée à l'article L 822-15 du Code de commerce « présente ici un caractère générique : elle désigne l'ensemble des contrôleurs légaux des comptes intervenant dans le processus de consolidation, en France comme à l'étranger » (Bull. CNCC n° 147-2007 p. 406). Par ailleurs, l'article 27 de la directive du 17 mai 2006, qui a remplacé la huitième directive relative aux comptes annuels et consolidés, dispose que le contrôleur légal du groupe peut procéder à une revue des travaux du contrôleur légal, habilité dans l'Union européenne et auditant une entité consolidée. Par conséquent, le secret professionnel ne peut être invoqué entre contrôleurs légaux ressortissants de l'Union européenne (Bull. CNCC n° 138-2005 p. 295).

> À ceux qui souhaiteraient l'ajout d'une précision dans le texte de l'article L 822-15 du Code de commerce, la Chancellerie répond, dans son courrier du 15 juin 2007, que « le maintien du texte actuel s'impose d'autant plus que sa modification, pour y ajouter l'expression "contrôleur légal des comptes" pourrait causer des difficultés de coordination avec d'autres dispositions et des risques de mésinterprétation ».

Levée du secret professionnel entre commissaires aux comptes interve- **5402** **nant dans le cadre d'un petit groupe** L'alinéa 3 de l'article L 822-15 du Code de commerce, inséré par la loi 2019-486 du 22 mai 2019, dite Pacte, prévoit que les commissaires aux comptes des personnes et entités mentionnées au premier alinéa de l'article L 823-2-2 du même code et les commissaires aux comptes des sociétés qu'elles contrôlent au sens de l'article L 233-3 du Code de commerce sont, les uns à l'égard des autres, déliés du secret professionnel. Cette situation se distingue de celle visée au n° 5396 car sont ici visées non pas les entités d'un périmètre de consolidation mais les entités faisant partie d'un « petit groupe » tel que défini par l'article L 823-2 du Code de commerce.

À la lecture combinée des articles L 823-2-2 et L 822-15, al. 3, cette levée du secret professionnel les uns à l'égard des autres **concerne** donc :

– les commissaires aux comptes des personnes ou entités dites « **têtes de petit groupe** » qui ne sont pas des entités d'intérêt public (EIP), qui ne sont pas astreintes à publier des comptes consolidés et qui forment avec les sociétés qu'elles contrôlent au sens de l'article L 233-3 un ensemble dépassant les seuils pour deux des trois critères suivants :

• total cumulé de leur bilan : 4 millions d'euros,

STATUT DU CONTRÔLEUR LÉGAL © Éd. Francis Lefebvre

• montant cumulé de chiffre d'affaires hors taxe : 8 millions d'euros,
• nombre moyen cumulé de salariés au cours d'un exercice : 50 ;
– et les commissaires aux comptes des sociétés que ces personnes ou entités dites « têtes de petit groupe » précitées **contrôlent** au sens de l'article L 233-3 du Code de commerce.

> La **notion de « petit groupe »** se réfère ainsi au groupe non astreint à la publication de comptes consolidés mais dépassant les seuils visés à l'article L 823-2-2 du Code de commerce et dont l'entité tête de groupe n'est pas une EIP. En outre, l'obligation de désigner un commissaire aux comptes dans la société tête de groupe ne s'applique pas si cette entité est elle-même contrôlée par une entité qui a désigné un commissaire aux comptes.
>
> Rappelons que, conformément à l'article L 823-2-2 précité, le commissaire aux comptes peut être le même dans l'entité tête de groupe et les sociétés contrôlées.

La levée du secret professionnel est réciproque entre le commissaire aux comptes de l'entité contrôlante mentionnée au premier alinéa de l'article L 823-2-2 et chaque commissaire aux comptes des sociétés contrôlées.

En ce qui concerne la **communication de documents**, les commissaires aux comptes des sociétés contrôlées significatives nommés pour un mandat Alpe peuvent communiquer leur rapport sur les risques au commissaire aux comptes de la « tête de petit groupe » nommé pour un mandat Alpe (voir n° 48250), mais la CNCC précise que cette communication de document porte uniquement sur le rapport sur les risques. En revanche, il n'est pas prévu de réciprocité. Ainsi, en l'absence de texte le permettant, le commissaire aux comptes de la « tête de petit groupe » ne peut communiquer de documents aux commissaires aux comptes des sociétés contrôlées significatives du « petit groupe » (CNCC Questions/réponses relatives à la loi Pacte – octobre 2020, question 8.6 – EJ 2019-100).

5403 **Pouvoirs d'investigation** L'article L 823-14 du Code de commerce dispose que les investigations nécessaires au commissaire aux comptes pour la réalisation de sa mission peuvent être faites tant auprès de la personne dont le commissaire aux comptes est chargé de certifier les comptes que des **personnes qui la contrôlent ou qui sont contrôlées** par elle au sens de l'article L 233-3 du Code de commerce. Ainsi le commissaire aux comptes peut obtenir toutes les informations qu'il juge nécessaires pour mener à bien sa mission auprès des sociétés liées au sens de l'article L 233-3.

> Sur la notion de contrôle au sens de l'article L 233-3 du Code de commerce, voir n° 3739.

En outre, en application des articles L 823-13 et L 823-14 du Code de commerce, le commissaire aux comptes opère toutes vérifications et tous contrôles qu'il juge opportuns et peut se faire communiquer toutes les pièces qu'il estime utiles à l'exercice de sa mission.

En outre, lorsque le commissaire aux comptes intervient dans une entité « tête de groupe », telle que définie par les 1er et 2e alinéas de l'article L 823-2-2 du Code de commerce et par le paragraphe 3 des NEP 911 et 912, ces investigations peuvent être faites tant auprès de l'entité tête de groupe que des personnes ou entités qui la contrôlent ou qui sont contrôlées par elle au sens des I et II de l'article L 233-3 du Code de commerce (NEP 911 et NEP 912 § 14).

5404 **Synthèse** En définitive, lorsque le commissaire aux comptes d'une société entend obtenir des informations sur une société liée à la société dont il est chargé de certifier les comptes, la combinaison des dispositions rappelées ci-dessus conduit à opérer les distinctions suivantes.

a. Lorsque la société contrôlée par le commissaire aux comptes et la société liée appartiennent au **même périmètre de consolidation** (n° 5396) :
– le commissaire aux comptes de la société consolidante peut recueillir tous les renseignements et informations auprès des entités consolidées et de leurs commissaires aux comptes ;
– le commissaire aux comptes des sociétés consolidées est délié du secret professionnel vis-à-vis du commissaire aux comptes de la société consolidante et il peut obtenir auprès de ce dernier les informations utiles à l'accomplissement de sa mission. Il dispose également de tout pouvoir d'investigation au sein des entités qui contrôlent, au sens de l'article L 233-3, la société dont il certifie les comptes ou qui sont contrôlées par elle au sens du même article.

b. Lorsqu'une personne ou entité mentionnée au 1er alinéa de l'**article L 823-2-2** du Code de commerce, à savoir ne répondant à la définition d'une EIP, n'étant pas astreinte

224

à publier des comptes consolidés et formant un ensemble dépassant certains seuils avec les sociétés qu'elle contrôle, alors les commissaires aux comptes de cette personne ou entité tête de groupe et des sociétés contrôlées sont déliés du secret professionnel les uns à l'égard des autres (voir n° 5402).

Lorsque la société dont les comptes sont certifiés et la société liée n'entrent **pas dans un des cas visés aux a. et b.**, il n'y a pas en théorie de partage du secret professionnel. En revanche, en vertu de l'article L 823-14, alinéa 1 du Code de commerce, il existe la possibilité d'investigation dans la société liée si celle-ci contrôle ou est contrôlée au sens de l'article L 233-3 par la société dont le commissaire aux comptes est chargé de certifier les comptes (voir n° 5403).

Autres professionnels

Sur la levée du secret professionnel et la possibilité d'échange d'informations entre commissaires aux comptes et autres professionnels, notamment les professionnels du droit, voir n° 62170.

5410

Commissaire aux apports ou **aux avantages particuliers**, commissaire **à la fusion**, commissaire **à la transformation** – commissaire **de sociétés en voie de fusion, scission** ou **apport partiel d'actif** – commissaires chargés de réaliser les missions visées aux articles L 228-39, L 225-131 et L 225-101 du Code de commerce.

5415

Un **secret professionnel absolu** s'applique, ce qui ne va pas sans présenter, pour certaines de ces missions, un handicap majeur, non seulement pour les professionnels mais également pour les sociétés concernées.

> Ainsi en est-il principalement pour les missions de commissaire aux apports et à la fusion : le maintien du secret professionnel pour ce type de missions est susceptible d'accroître considérablement le niveau de diligences nécessaires à leur mise en œuvre. Il en résulte un accroissement du délai et du coût des interventions pouvant être extrêmement pénalisant pour les entreprises concernées.

Le recours maîtrisé au partage du secret, ou une mesure spécifique de levée du secret professionnel pour ce type de missions, serait là encore de nature à améliorer la situation actuelle (voir n° 5071).

Réviseurs ou auditeurs non commissaires aux comptes S'agissant des auditeurs ou réviseurs appelés à intervenir sur les comptes de la société **en dehors du cadre de l'audit légal**, il s'agira le plus souvent soit de professionnels investis d'une mission d'audit liée à la communication de comptes consolidés à l'étranger, soit de réviseurs appelés à intervenir sur les comptes de la société dans le cadre d'une mission contractuelle, par exemple une mission d'expertise comptable. Le secret professionnel du commissaire aux comptes n'est pas levé à l'égard de ces professionnels et le commissaire aux comptes devra donc leur opposer le secret professionnel dès lors que l'information sollicitée présentera pour eux un caractère confidentiel (sur la perte de confidentialité, voir n° 5100 s.).

5416

La situation est exactement la même pour les réviseurs ou auditeurs chargés d'une **autre mission contractuelle sur les comptes de la société**, aucun texte ne prévoyant à leur bénéfice la levée du secret professionnel.

> Le cas des commissaires aux comptes appelés à intervenir dans le cadre d'un audit d'acquisition fait l'objet du n° 5420.
>
> S'agissant des échanges d'informations entre le commissaire aux comptes de l'entité et l'expert-comptable dans le cadre de la lutte contre le blanchiment des capitaux et le financement du terrorisme, voir n° 62170.

Commissaire aux comptes d'un service bureau ou d'un CSP La Chancellerie s'est prononcée sur la levée du secret professionnel entre le commissaire aux comptes d'une entité qui externalise des opérations ayant trait à son information financière et le commissaire aux comptes du prestataire de services concerné (courrier de la Direction des affaires civiles et du Sceau en date du 27 juin 2013).

5417

La Chancellerie rappelle que, sous réserve de l'appréciation souveraine des juridictions, le commissaire aux comptes du prestataire de services ne peut être considéré comme un tiers accomplissant des opérations pour le compte de l'entité utilisatrice et que les alinéas 2 et 3 de l'article L 823-14 du Code de commerce, relatifs au droit d'information et de

STATUT DU CONTRÔLEUR LÉGAL © Éd. Francis Lefebvre

communication de pièces ainsi qu'au secret professionnel, ne lui sont donc pas applicables.

Elle considère cependant que le commissaire aux comptes de l'entité qui fait appel à un prestataire de services pour le traitement de ses informations financières doit pouvoir obtenir du commissaire aux comptes de ce prestataire une assurance ou un constat sur les informations et la procédure qui ont concouru à les établir et qui sont nécessaires à l'accomplissement de sa mission. Il a également les mêmes obligations en termes de secret professionnel que celles qui pèsent sur le commissaire aux comptes du prestataire. La Chancellerie conclut ainsi à l'existence d'un secret professionnel partagé ; la levée du secret professionnel au bénéfice du commissaire aux comptes de l'entité utilisatrice de la prestation n'apparaît alors pas pouvoir être considérée comme une violation dudit secret.

> Des conditions sont toutefois posées en la matière, à savoir que le recours à la levée du secret professionnel doit permettre de répondre à la mission de contrôle légal des comptes et requiert l'information de la personne ou de l'entité prestataire.

S'agissant en revanche du prestataire traitant d'opérations ayant trait à l'information financière de l'entité, la Chancellerie précise qu'il a l'obligation non seulement de répondre à la demande d'information du commissaire aux comptes de cette entité (application de l'alinéa 2 de l'article L 823-14 du Code de commerce) mais également de lui communiquer les pièces, contrats et documents, et ce sans pouvoir opposer le secret professionnel.

> Sur ce dernier point, la Chancellerie prend ainsi en considération que les informations traitées par le prestataire sont à l'origine celles de l'entité utilisatrice de la prestation et qu'elles constituent ainsi la base de travail du commissaire aux comptes de cette dernière.

5418 **Commissaire aux comptes et fiducie** Le commissaire aux comptes qui contrôle la comptabilité autonome du patrimoine d'affectation est délié du secret professionnel à l'égard des commissaires aux comptes des parties au contrat de fiducie (Loi 2007-211 du 19-2-2007 art. 12, III).

5420 **Commissaire aux comptes d'une société ayant la qualité de repreneur**
Le commissaire aux comptes de la société susceptible d'être reprise reste tenu au secret professionnel vis-à-vis du commissaire aux comptes de la société qui souhaite la reprendre.

L'usage antérieur consistant à permettre au commissaire aux comptes de l'acquéreur de **consulter des éléments de dossier** du confrère en place dans la société acquise n'est plus acceptable au regard de l'obligation au secret professionnel, même s'il paraît difficilement contestable au plan de son utilité pratique.

5422 **Commissaire aux comptes de l'administrateur judiciaire ayant ouvert un compte au nom de la société contrôlée dans la comptabilité spéciale**
L'ordonnance 2008-1345 du 18 décembre 2008 a transféré dans un nouvel article L 811-11-3 les dispositions précédemment placées à l'article L 622-2 du Code de commerce concernant le droit de communication du commissaire aux comptes de l'administrateur judiciaire désigné dans une procédure de sauvegarde, de redressement judiciaire ou de liquidation judiciaire.

Ainsi, le commissaire aux comptes du débiteur soumis à une procédure de sauvegarde, de redressement judiciaire ou de liquidation judiciaire ne peut opposer le secret professionnel aux demandes du commissaire aux comptes de l'administrateur judiciaire tendant à la communication de tous renseignements ou documents relatifs au fonctionnement, à compter de la désignation de cet administrateur, des comptes bancaires ou postaux ouverts au nom du débiteur.

5425 **Commissaires aux comptes et collaborateurs en charge de la revue indépendante et du contrôle qualité** Depuis le 1er janvier 2017, la revue indépendante des travaux du commissaire aux comptes relatifs à la certification des comptes d'une entité d'intérêt public est obligatoire (C. com. art. R 822-35).

Cette revue indépendante est réalisée par un commissaire aux comptes inscrit sur la liste mentionnée au I de l'article L 822-1 qui ne participe pas à la mission de certification sur laquelle elle porte. Lorsque tous les commissaires aux comptes de la société ont participé à la réalisation de la mission, ou lorsque le commissaire aux comptes exerce à titre

© Éd. Francis Lefebvre   **STATUT DU CONTRÔLEUR LÉGAL** ▍

individuel, la revue indépendante est réalisée par un commissaire aux comptes extérieur à la structure d'exercice.

La transmission de documents ou d'informations au réviseur indépendant aux fins du présent article ne constitue pas une violation du secret professionnel étant entendu que tous les éléments transmis sont couverts par le secret.

L'alinéa 4 de l'article L 822-15 du Code de commerce indique que les commissaires aux comptes procédant à une revue indépendante ou contribuant au dispositif de contrôle qualité interne sont astreints au secret professionnel. La rédaction de l'alinéa 4 de l'article L 822-15 du Code de commerce ne mentionne rien à propos du secret professionnel du commissaire aux comptes soumis à la revue indépendante de son dossier à l'égard du réviseur indépendant. Il est fort probable qu'il s'agisse d'une maladresse du législateur. Par essence, la revue indépendante d'un dossier requiert intrinsèquement que le commissaire aux comptes autorise le réviseur indépendant à accéder aux documents et aux informations utiles à la revue.

Avec l'ordonnance du 17 mars 2016, le législateur n'a pas modifié cette disposition afin de clarifier la situation. En revanche, le décret 2016-1026 du 26 juillet 2016 crée un nouvel article R 822-35 aux termes duquel il est expressément prévu que le commissaire aux comptes dont les travaux sont soumis à la revue indépendante est délié du secret professionnel à l'égard du réviseur indépendant.

> On remarquera que cette levée du secret professionnel est issue d'une disposition réglementaire alors que le secret professionnel du commissaire aux comptes devrait être levé en vertu d'un texte législatif.

Les documents ou informations transmis au réviseur en application de l'article R 822-35 sont couverts par le secret professionnel.

Commissaire aux comptes d'une entité absorbée vis-à-vis du commissaire aux comptes de l'absorbante En l'absence de dispositions législatives autorisant la levée du secret professionnel entre ces deux professionnels, le commissaire aux comptes de l'entité absorbante ne peut pas accéder au dossier de travail du commissaire aux comptes de l'entité absorbée (Bull. CNCC n° 173-2014 – EJ 2013-31).

5430

D. Organes de contrôle de l'environnement institutionnel

Sous ce vocable sont regroupés divers organismes qui font partie de l'environnement institutionnel du professionnel ou de l'entreprise contrôlée et qui sont susceptibles de demander des informations au commissaire aux comptes. Nous examinerons pour chacun d'entre eux les modalités de la levée du secret professionnel dont il bénéficie en les regroupant comme suit :
- le Haut Conseil du commissariat aux comptes (n° 5450) ;
- les organes représentatifs de la Compagnie des commissaires aux comptes (n° 5460) ;
- l'Autorité des marchés financiers ou AMF (n°s 5470) ;
- les autorités de contrôle étrangères (n°s 5480 s.) ;
- l'Autorité de contrôle prudentiel et de résolution (n° 5495) ;
- l'Agence nationale de contrôle du logement social (n° 5510) ;
- les organes centraux des établissements de crédit (n° 5520) ;
- les organes de contrôle divers à caractère étatique ou institutionnel (n° 5560).

5440

Haut Conseil du commissariat aux comptes

Inopposabilité du secret professionnel au H3C Le secret professionnel n'est pas opposable au Haut Conseil et à ses services dans l'exercice de leurs missions, sauf par les auxiliaires de justice (C. com. art. L 821-3-3, II).

5450

> Cette disposition a pour conséquence à notre avis la levée et l'inopposabilité du secret professionnel en matière de saisine déontologique du Haut Conseil par les commissaires aux comptes ou par les personnes que ceux-ci contrôlent. En contrepartie, le personnel des services du Haut Conseil du commissariat aux comptes est soumis au secret professionnel dans l'exercice de ses missions (C. com. art. L 821-3-3, I).

En ce qui concerne plus particulièrement **les contrôles** de la profession, le Code de commerce dispose que les commissaires aux comptes sont tenus de fournir tous les

5455

227

renseignements et documents qui leur sont demandés à cette occasion sans pouvoir opposer le secret professionnel (C. com. art. L 821-12). L'article R 821-72 du même code précise que « sans préjudice des dispositions de l'article L 821-12, les contrôleurs peuvent se faire communiquer par le commissaire aux comptes, vérifier sur pièces ou sur place, quel qu'en soit le support, tous documents ou pièces ». « Ils peuvent également exiger toutes explications sur les dossiers et documents établis en application de l'article R 823-10 du Code de commerce sur les conditions d'exécution par le commissaire aux comptes de sa mission au sein des personnes et entités contrôlées, et sur l'organisation et l'activité globale de la structure d'exercice professionnel du réseau auquel elle appartient et des personnes ou groupements qui lui sont liés. » Il justifie en outre des diligences accomplies en vue de garantir le respect des règles relatives à son indépendance et aux incompatibilités prévues par les dispositions de l'article L 822-11-3 du Code de commerce, et **fournit tous renseignements** permettant d'apprécier le respect des prescriptions de l'article L 822-11-3, « notamment à raison des prestations réalisées par un membre du réseau auquel il appartient. Les contrôleurs peuvent également obtenir **copie** des pièces et documents mentionnés à l'article R 821-72, **quel qu'en soit le support**. Un bordereau des copies des pièces et documents qui leur sont remis est établi ».

À l'issue des opérations de contrôle, les pièces et documents communiqués aux contrôleurs sont restitués.

> Ces dispositions ont pour conséquence l'inopposabilité du secret professionnel aux personnes en charge de la mise en œuvre des inspections et contrôles, et notamment au corps de contrôleurs n'exerçant pas les fonctions de contrôle légal des comptes, qui est directement rattaché au Haut Conseil depuis le 1er janvier 2010.

Lorsque les contrôles ont été mis en œuvre par le Haut Conseil, en application de l'article L 821-9, le directeur général du Haut Conseil conserve une copie des pièces et documents pendant une durée de six ans dans des conditions permettant d'assurer le maintien de leur confidentialité. À l'issue de ce délai, il est procédé à leur destruction (C. com. art. R 821-74).

> Lorsque les contrôles ne sont pas mis en œuvre par le Haut Conseil, le président de la Compagnie nationale des commissaires aux comptes conserve une copie des pièces et documents pendant une durée de six ans dans des conditions permettant d'assurer le maintien de leur confidentialité (C. com. art. R 821-74). À l'issue de ce délai, il est procédé à leur destruction.

5456 En ce qui concerne les **enquêtes** auxquelles procède le rapporteur général du Haut Conseil, assisté de ses enquêteurs, « le rapporteur général et les enquêteurs peuvent à cet effet obtenir du commissaire aux comptes, **sans que celui-ci puisse opposer le secret professionnel**, tout document ou information, sous quelque forme que ce soit » (C. com. art. L 824-5, 1° modifié par la loi 2019-486 du 22-5-2019, dite « Pacte »). Le rapporteur général et les enquêteurs peuvent également en exiger une copie.

> La nouvelle rédaction du 1° de l'article précité ne limite plus l'obtention des documents et informations à ceux concernant la mission de certification des comptes ou toute autre prestation, fournie par le commissaire aux comptes, aux personnes ou entités dont il certifie les comptes.

Le rapporteur général et les enquêteurs peuvent désormais obtenir également de toute personne tout document ou information utile à l'enquête et en exiger une copie (C. com. art. L 824-5, al. 2).

Compagnie des commissaires aux comptes

5460 Le commissaire aux comptes est **délié du secret professionnel** vis-à-vis du Conseil national et du conseil régional de la Compagnie des commissaires aux comptes.

5461 Le Code de commerce portant organisation de la profession et du statut de commissaire aux comptes dispose en son article R 821-68 que les **dossiers et documents** établis par le commissaire aux comptes en application de l'article R 823-10 doivent être conservés pendant six ans, même après la cessation des fonctions, et tenus, pour les besoins des contrôles et des enquêtes **à la disposition des autorités de contrôle** qui peuvent requérir du commissaire aux comptes les explications et les justifications qu'ils estiment nécessaires concernant ces pièces et les opérations qui doivent y être mentionnées. Les conditions de levée et d'inopposabilité du secret professionnel sont donc pour les compagnies nationale et régionale identiques à celles précédemment décrites pour le Haut Conseil du commissariat aux comptes (voir n° 5450).

Il n'y a donc pas d'obligation au secret professionnel du commissaire aux comptes à l'égard des personnes habilitées dans le cadre du contrôle régional et du contrôle national prévus par l'article L 821-9 du Code de commerce, et enfin des commissaires aux comptes agissant en qualité de syndic de leur compagnie régionale.

La levée du secret professionnel vis-à-vis des organes et personnes précités est totale, puisqu'elle inclut la communication du dossier. Ce dispositif permet aux représentants de l'organisation professionnelle dont dépend le commissaire aux comptes de pouvoir exercer leurs missions (administration de la Compagnie et de ses membres, surveillance au travers du contrôle qualité, sanction par la procédure disciplinaire).

Autorité des marchés financiers

L'Autorité des marchés financiers ou AMF a pour vocation de veiller à la protection de l'épargne investie dans les instruments financiers donnant lieu à une offre au public ou à une admission aux négociations sur un marché réglementé et dans tous autres placements offerts au public, à l'information des investisseurs et au bon fonctionnement des marchés d'instruments financiers. Elle apporte également son concours à la régulation de ces marchés aux échelons européen et international (C. mon. fin. art. L 621-1).

5470

Relations avec les commissaires aux comptes Les articles L 621-22 et L 621-25 du Code monétaire et financier organisent les relations de l'AMF avec les commissaires aux comptes des entités soumises à son contrôle.

5471

Aux termes des dispositions de l'article L 621-22, les commissaires aux comptes des sociétés dont les titres financiers sont admis aux négociations sur un **marché réglementé** et dont les titres financiers sont offerts au public sur un **système multilatéral de négociation** soumis aux dispositions du II de l'article L 433-3 (Euronext Growth) :
– peuvent se voir demander par l'AMF tous renseignements sur les personnes qu'ils contrôlent ;
– doivent informer l'autorité de tout fait ou décision justifiant leur intention de refuser la certification des comptes ;
– peuvent interroger l'AMF sur toute question rencontrée dans l'exercice de leur mission et susceptible d'avoir un effet sur l'information financière de la personne ;
– doivent informer l'AMF, en lui transmettant une copie du courrier adressé au président du conseil d'administration ou au directoire en application du deuxième alinéa de l'article L 234-1 du Code de commerce, de la mise en œuvre de la phase 2 de la procédure d'alerte ;
– doivent communiquer à l'AMF leurs conclusions relatives aux inexactitudes et/ou irrégularités signalées à l'assemblée générale.

Ces dispositions, qui consacrent la levée du secret professionnel des commissaires aux comptes à l'égard de l'AMF, n'emportent toutefois pas droit, dans le cadre de demandes d'informations, à communication du dossier de contrôle.

S'agissant des commissaires aux comptes des **sociétés de gestion de portefeuille** et des **organismes de placement collectif de valeurs mobilières**, la levée du secret professionnel à l'égard de l'AMF et leurs obligations d'information vis-à-vis de cette autorité sont prévues respectivement aux articles L 621-23 et L 214-14 du Code monétaire et financier.

En application des articles précités, les commissaires aux comptes des sociétés de gestion de portefeuille et des organismes de placement collectif en valeurs mobilières sont tenus de signaler dans les meilleurs délais à l'Autorité des marchés financiers tout fait ou décision concernant la société de gestion de portefeuille ou organisme de placement collectif en valeurs mobilières dont ils ont eu connaissance dans l'exercice de leur mission, de nature à :
– constituer une violation des dispositions législatives ou réglementaires applicables à cette société ou à cet organisme et susceptible d'avoir des effets significatifs sur la situation financière, le résultat ou le patrimoine ;
– porter atteinte à la continuité de son exploitation ;
– entraîner l'émission de réserves ou le refus de la certification des comptes.

L'avis technique CNCC de novembre 2015 explicite les obligations de signalement à l'AMF des commissaires aux comptes de placements collectifs (Bull. CNCC n° 180-2015 p. 505).

Pour les sociétés de gestion de portefeuille, la même obligation s'applique aux faits et aux décisions dont les commissaires aux comptes viendraient à avoir connaissance dans l'exercice de leur mission auprès d'une entreprise mère ou filiale d'une société ci-dessus mentionnée.

| STATUT DU CONTRÔLEUR LÉGAL © Éd. Francis Lefebvre

Enfin, s'agissant des prestataires de services d'investissement ou des intermédiaires habilités en vue de la conservation ou de l'administration d'instruments financiers, les commissaires aux comptes sont tenus de signaler dans les meilleurs délais à l'Autorité tout fait ou décision dont ils ont eu connaissance dans l'exercice de leur mission et de nature à constituer une violation des dispositions du règlement général de l'Autorité des marchés financiers relatives aux règles de bonne conduite ou aux conditions d'exercice des activités de conservation ou d'administration d'instruments financiers. L'AMF peut également transmettre aux commissaires aux comptes des prestataires de services d'investissement les informations nécessaires à l'accomplissement de leur mission. Elle peut également demander aux commissaires aux comptes d'un prestataire de services d'investissement, d'un fonds d'investissement alternatif (FIA), d'une entreprise de marché ou d'un intermédiaire habilité en vue de la conservation ou de l'administration d'instruments financiers tout renseignement concernant l'application par ce prestataire, cette entreprise de marché ou cet intermédiaire des dispositions du livre IV ou des dispositions du titre III du livre V du Code monétaire et financier ou de son règlement général relatives aux règles de bonne conduite ou aux conditions d'exercice des **activités de conservation ou d'administration d'instruments financiers** (C. mon. fin. art. L 621-25 modifié par l'ordonnance 2013-676 du 25-7-2013).

Les informations ainsi transmises sont couvertes par la règle du secret professionnel.

5472 **Enquêtes et contrôles sur les émetteurs** Elle dispose également d'un pouvoir général de contrôle et d'enquête institué par les articles L 621-9 à L 621-12 du Code monétaire et financier : les contrôleurs et enquêteurs de l'AMF peuvent, pour les nécessités de leur mission, se faire communiquer tous documents et convoquer toute personne susceptible de leur fournir des informations. Le **secret professionnel ne peut être opposé** à l'AMF, ou au corps de contrôleurs, aux chambres de compensation, aux entreprises de marché lorsqu'ils assistent l'AMF sauf par les auxiliaires de justice. Le secret professionnel des commissaires aux comptes est expressément levé à l'égard de ces personnes par l'article L 621-9-3, alinéa 2 du code précité.

Il est recommandé, dès notification de l'enquête, de se faire assister par un avocat spécialisé et d'informer la compagnie d'assurances couvrant la responsabilité civile du commissaire aux comptes de l'existence de cette enquête.

Autorités de supervision étrangères

5480 **Principes** Si le commissaire aux comptes de filiales françaises était interrogé par l'autorité de régulation du pays étranger dont dépend la société mère (par exemple la SEC aux États-Unis), il serait dans l'impossibilité de répondre dans la mesure où **aucun texte** n'étend la levée du secret professionnel du commissaire aux comptes à l'égard d'une autorité de contrôle étrangère.

Néanmoins, le commissaire aux comptes français pourrait communiquer les informations appropriées au commissaire aux comptes de la société consolidante (voir n° 5400). C'est en définitive ce professionnel qui serait amené à répondre aux questions de l'autorité de régulation de son pays, après avoir déterminé, parmi les documents transmis par son confrère français, ceux qui peuvent lui être communiqués.

En revanche, l'article L 821-1, 9° du Code de commerce prévoit que le Haut Conseil du commissariat aux comptes coopère notamment avec les autorités d'autres États exerçant des fonctions analogues, et les autorités de l'Union européenne chargées de la supervision des entités d'intérêt public. Dans le cadre de cette coopération, la communication d'informations ou de documents par le Haut Conseil du commissariat aux comptes est prévue par l'article L 821-12-2 du Code de commerce pour les États membres de la Communauté européenne (voir n° 5483) et par l'article L 821-12-3 du même code pour les autres États (voir n° 5485). Les conditions de mise en œuvre de ces communications sont fixées par les articles R 821-16 à R 821-22 du Code de commerce, qui notamment imposent un certain nombre de conditions visant à garantir la confidentialité des informations transmises et prévoient la mise en place d'accords spécifiques de coopération lorsque l'État bénéficiaire n'est pas membre de la Communauté européenne.

5483 **Communication d'informations ou documents aux autorités des États membres de l'Union européenne** Dans le cadre des relations établies avec les autorités d'autres États exerçant des compétences analogues, le Haut Conseil communique, à leur demande, les informations ou les documents qu'il détient ou qu'il recueille aux autorités des **États membres de l'Union européenne** exerçant des compétences analogues aux siennes (C. com. art. L 821-12-2, I).

La communication de documents peut également résulter de contrôles diligentés à l'initiative du Haut Conseil en réponse à une demande d'assistance de l'une de ces autorités (C. com. art. L 821-12-2, II).

Si l'une de ces autorités le demande, le H3C peut autoriser les agents de cette autorité à assister aux opérations de contrôle.

Lorsque le Haut Conseil est saisi par l'une de ces autorités d'une demande d'information, de documents ou d'assistance, son président prend sans délai les mesures nécessaires à la collecte des informations et documents ou à la réalisation des opérations de contrôle qui sont l'objet de la demande (C. com. art. R 821-16). Lorsque la demande requiert la réalisation d'une enquête, le président saisit le rapporteur général à cette fin. Le rapporteur général informe le président des suites données à cette demande. Sous réserve des dispositions de l'article R 821-17 du Code de commerce, les éléments recueillis sont communiqués sans délai à l'autorité requérante, selon le cas, par le président ou par le rapporteur général.

Toutefois, le président du Haut Conseil ou le rapporteur général refuse de donner suite à une demande de documents, d'information ou d'assistance (C. com. art. R 821-17 modifié par le décret 2020-292 du 21-3-2020) lorsque :

« a) Des personnes employées ou ayant été employées par l'autorité requérante ne sont pas soumises au secret professionnel ;

b) La demande est motivée par des fins étrangères à l'accomplissement des missions de l'autorité requérante, à la surveillance et au contrôle des personnes en charge du contrôle légal des comptes ou à la mise en œuvre de procédures se rapportant à l'exercice du commissariat aux comptes ;

c) Il existe un risque sérieux que les informations ou documents requis soient divulgués à d'autres personnes ou autorités qu'à l'autorité requérante, à moins que cette divulgation ne soit autorisée dans le cadre de procédures établies par des dispositions législatives, réglementaires ou administratives se rapportant à l'exercice du contrôle légal des comptes ;

d) La communication des éléments demandés serait de nature à porter atteinte à la souveraineté, à la sécurité ou à l'ordre public français ;

e) Une procédure pénale a déjà été engagée en France sur la base des mêmes faits et contre les mêmes personnes ;

f) Les personnes visées par la requête ont déjà été sanctionnées pour les mêmes faits par une décision définitive ;

g) Le respect de la réglementation applicable en matière de protection des données personnelles n'est pas assuré. »

Communication d'informations ou documents aux autorités des États non membres de l'Union européenne

5485

Dans le cadre des relations établies avec les autorités d'autres États exerçant des compétences analogues, le Haut Conseil communique, à leur demande, les informations ou les documents qu'il détient ou qu'il recueille aux autorités des États non membres de l'Union européenne exerçant des compétences analogues aux siennes sous réserve de réciprocité et à la condition que l'autorité concernée soit soumise au secret professionnel avec les mêmes garanties qu'en France (C. com. art. L 821-12-3, al. 1).

La communication de documents peut également résulter des contrôles réalisés à l'initiative du Haut Conseil en réponse à une demande d'assistance de l'une de ces autorités sous réserve de réciprocité et à la condition que l'autorité concernée soit soumise au secret professionnel avec les mêmes garanties qu'en France (C. com. art. L 821-12-3, al. 2).

La coopération avec les autorités compétentes de pays tiers est subordonnée à :

– l'existence d'accords bilatéraux garantissant la réciprocité, la confidentialité des données échangées et leur utilisation exclusive aux fins d'exercice de la supervision publique (article 47 de la directive 2006/43/CE du 17-5-2006) ;

– l'adoption, par la Commission européenne, d'une décision d'adéquation du système de supervision de l'État requérant ;

– la conclusion d'une convention entre le H3C et l'autorité de contrôle.

La Commission a adopté plusieurs décisions constatant l'adéquation des systèmes de supervision de l'audit de pays tiers notamment des États-Unis, du Canada, du Japon, de la Suisse et plus récemment de la République populaire de la Chine et de la République d'Afrique du Sud. Pour consulter la liste

STATUT DU CONTRÔLEUR LÉGAL © Éd. Francis Lefebvre

exhaustive de ces décisions, voir https://ec.europa.eu/info/business-economy-euro/company-reporting-and-auditing/auditing-companies-financial-statements—en.

Ces éléments ont permis au Haut Conseil d'envisager la mise en place d'**accords de coopération** lui permettant d'échanger des documents d'audit avec ses homologues américains, canadiens, japonais ou suisses.

1. Le 13 décembre 2016, le H3C et son **homologue américain**, le *Public Company Accounting Oversight Board* (PCAOB) ont renouvelé l'accord de coopération signé en 2013 pour une durée de trois ans, soit jusqu'au 13 décembre 2019. La conclusion de cet accord est intervenue à la suite des décisions de la Commission européenne du 14 juillet 2016 qui accordent au PCAOB l'adéquation et l'équivalence des systèmes de supervision publique pour une période de six ans allant du 1er août 2016 au 31 juillet 2022.

Le 7 avril 2021, les présidents du H3C et du PCAOB ont signé un nouvel accord de coopération qui permet aux deux régulateurs de reprendre les échanges d'informations relatives à l'exercice de leurs missions qui étaient suspendus en attente de ce nouvel accord. La conclusion de cet accord n'autorise pas les commissaires aux comptes français à transmettre ces mêmes informations directement au PCAOB, une telle communication ne pouvant être effectuée que par l'intermédiaire du H3C.

2. Le 15 avril 2016, le Haut Conseil du commissariat aux comptes a finalisé un accord de coopération avec ses **homologues japonais**, le *Certified Public Accountants and Auditing Oversight Board* (CPAAOB) et le *Financial Service Agency* (FSA). Cet accord prend la forme d'un échange de lettres d'engagement réciproques des autorités.

Cet accord permet le partage d'informations entre autorités, notamment de documents de travail et de rapports de contrôle, dans le respect des conditions précisées par l'engagement. Il ne prévoit pas la mise en œuvre de contrôles, en dehors de leurs pays respectifs, par les autorités japonaises ou françaises.

Les dispositions relatives à la protection des données personnelles annexées à la lettre d'engagement ont fait l'objet d'une autorisation préalable de la Commission nationale informatique et libertés.

3. Le H3C a également signé en date du 18 janvier 2013 un protocole de coopération avec l'Autorité fédérale de surveillance en matière de révision (ASR) **Suisse**. La coopération vise l'échange d'informations en lien avec les contrôleurs légaux soumis à la surveillance des deux autorités, dans le respect des conditions fixées par le protocole.

La mise en œuvre de contrôles transfrontaliers menés par l'une ou l'autre des autorités suisse et française ou conjointement n'est cependant pas prévue par le protocole.

4. Enfin, le 6 juin 2013, le Haut Conseil du commissariat aux comptes a signé un protocole de coopération avec le Conseil canadien sur la reddition de comptes (CCRC). Cet accord permet le partage d'informations et de documents entre les deux autorités, notamment de documents de travail et de rapports de contrôle, dans le respect des conditions fixées par le protocole. La mise en œuvre de contrôles par les autorités canadienne ou française, en dehors de leurs pays respectifs, n'est pas prévue par le protocole.

Le Haut Conseil peut, à titre exceptionnel, autoriser les agents des autorités des États non membres de l'Union européenne à assister aux contrôles mentionnés à l'article L 821-9. Lors de ces contrôles, effectués sous la direction du Haut Conseil, les agents de ces autorités ne peuvent solliciter directement du commissaire aux comptes la communication d'informations ou de documents (C. com. art. L 821-12-3, al. 3).

Autorité de contrôle prudentiel et de résolution (ACPR)

5495 L'ordonnance 2010-76 du 21 janvier 2010 qui a porté fusion des autorités d'agrément et de contrôle de la banque et de l'assurance, notamment la Commission bancaire et l'Autorité de contrôle des assurances et des mutuelles, comporte des dispositions expresses quant à l'accès par cette autorité aux informations détenues par les commissaires aux comptes.

5500 L'Autorité de contrôle prudentiel et de résolution veille à la préservation de la stabilité du système financier et à la protection des clients, assurés, adhérents, des personnes soumises à son contrôle (C. mon. fin. art. L 612-1, I), c'est-à-dire les établissements de crédit et les entreprises exerçant une activité d'assurance, et plus généralement les personnes mentionnées à l'article L 612-2 du Code monétaire et financier.

5502 Dans ce cadre, l'Autorité de contrôle prudentiel et de résolution est habilitée à obtenir les **rapports des commissaires aux comptes** et, d'une manière générale, tout renseignement sur l'activité et sur la situation financière de l'entité qu'ils contrôlent ainsi que sur les diligences qu'ils y ont effectuées dans le cadre de leur mission (C. mon. fin. art. L 612-44, I, al. 1). L'ACPR peut également demander au commissaire aux comptes la communication

232

du rapport complémentaire adressé au comité d'audit en application du III de l'article L 823-16 du Code de commerce (C. com. art. L 612-44, I, al. 2).

Pour plus de détails sur le rapport complémentaire, voir n°s 26500 s.

L'ACPR peut, en outre, transmettre des observations écrites aux commissaires aux comptes qui sont alors tenus d'apporter des réponses en cette forme (C. mon. fin. art. L 612-44, I, al. 4).

Le Guide des relations ACPR-Commissaires aux comptes de juillet 2018 précise que les demandes et observations du superviseur peuvent concerner, sans que cette liste soit exhaustive, soit des informations propres à la situation de la personne contrôlée (par exemple, les traitements comptables de certaines opérations et les appréciations des commissaires aux comptes sur ces traitements, l'environnement de contrôle ou la qualité des données remontées dans le cadre d'un groupe), soit des éléments sur la nature et les conclusions des travaux mis en œuvre par le commissaire aux comptes dans le cadre de sa mission (nature, organisation et résultats des travaux effectués, répartition des honoraires et des diligences entre les commissaires aux comptes, modalités de détermination des seuils de signification, aspects déontologiques…).

Dans ce cadre, l'ACPR est notamment susceptible de demander communication des informations que les commissaires aux comptes ont portées à la connaissance du conseil d'administration, du directoire et du conseil de surveillance, ou du comité d'audit agissant sous la responsabilité de ces conseils, en application des dispositions de l'article L 823-16 du Code de commerce et de la NEP 260, « Communications avec les organes mentionnés à l'article L 823-16 du Code de commerce », révisée puis homologuée par arrêté du 18 décembre 2017.

À l'inverse, l'Autorité de contrôle prudentiel et de résolution peut transmettre aux commissaires aux comptes des personnes mentionnées ci-avant, des organismes de placement collectif en valeurs mobilières, des fonds d'investissement alternatif et des sociétés de gestion mentionnées à l'article L 214-8-1 du Code monétaire et financier les informations nécessaires à l'accomplissement de leur mission (C. mon. fin. art. L 612-44, I, al. 2).   **5503**

Par ailleurs, les commissaires aux comptes sont tenus de **signaler** dans les meilleurs délais à l'Autorité de contrôle prudentiel et de résolution tout fait ou décision concernant les personnes soumises à leur contrôle dont ils ont eu connaissance dans l'exercice de leur mission, de nature soit à constituer une **violation des dispositions législatives ou réglementaires** qui leur sont applicables et susceptibles d'avoir des effets significatifs sur la situation financière, le résultat ou le patrimoine, soit à porter atteinte à la continuité d'exploitation, soit enfin à entraîner l'émission de réserves ou le refus de la certification des comptes. La même obligation s'applique aux faits et aux décisions mentionnés ci-dessus dont les commissaires aux comptes viendraient à avoir connaissance dans l'exercice de leur mission auprès d'une société mère ou filiale de la personne contrôlée ou dans un organisme subordonné à une mutuelle, à une union, à une fédération ou dans un organisme relevant de l'article L 212-7 du Code de la mutualité (C. mon. fin. art. L 612-44, II).   **5504**

Pour plus de détails, voir n° 8183.

Les commissaires aux comptes visés par ces dispositions sont déliés du secret professionnel à l'égard de l'ACPR et leur responsabilité ne peut être engagée pour les informations ou divulgations de faits auxquelles ils procèdent en exécution de ces mêmes obligations (C. mon. fin. art. L 612-44, III).   **5505**

En conclusion, on constate qu'il y a non seulement pour le commissaire aux comptes obligation de réponse à l'ACPR sur toutes questions relevant de sa mission, mais également une obligation d'information sur tous les faits visés à l'article L 612-44 précité. En revanche, dans la mesure où les textes ne le prévoient pas, le dossier de travail du commissaire aux comptes n'a pas à lui être communiqué.   **5506**

L'ACPR peut également procéder, lorsque la situation le justifie, à la désignation d'un commissaire aux comptes supplémentaire (C. mon. fin. art. L 612-43 ; voir n° 2182).   **5507**

L'ACPR peut en outre, lorsqu'elle a eu connaissance d'une infraction ou d'un manquement aux dispositions législatives ou réglementaires applicables aux commissaires aux comptes commis par un commissaire aux comptes d'une personne soumise à son contrôle, demander au tribunal compétent de relever celui-ci de ses fonctions selon les modalités prévues à l'article L 823-7 du Code de commerce (C. mon. fin. art. L 612-45, al. 1). L'ACPR peut de plus dénoncer cette infraction ou ce manquement au magistrat chargé   **5508**

STATUT DU CONTRÔLEUR LÉGAL　　　© Éd. Francis Lefebvre

du ministère public compétent pour engager des poursuites disciplinaires. Elle communique à ce magistrat, ainsi qu'au Haut Conseil du commissariat aux comptes, tous les renseignements nécessaires à leur bonne information (C. mon. fin. art. L 612-45, al. 2 et 3).

Banque centrale européenne (BCE)

5509 L'article 55 de la loi 2016-1691 relative à la transparence, à la lutte contre la corruption et à la modernisation de la vie économique (dite loi Sapin 2) introduit dans les dispositions de l'article L 612-44 du Code monétaire et financier la levée du secret professionnel du commissaire aux comptes à l'égard de la Banque centrale européenne.

Désormais, le commissaire aux comptes est tenu de signaler dans les meilleurs délais non seulement à l'ACPR, mais également, le cas échéant, à la BCE certains faits ou décisions concernant les personnes soumises à son contrôle dont il a eu connaissance dans l'exercice de sa mission (voir n° 5504) (C. mon. fin. art. L 612-44, II).

Plus généralement, l'article L 612-44, III du Code monétaire et financier prévoit la levée du secret professionnel du commissaire aux comptes à l'égard de la BCE et sa responsabilité ne peut être engagée pour les informations ou divulgations de faits auxquelles il procède en exécution de ces mêmes obligations.

Agence nationale de contrôle du logement social (Ancols)

5510 La loi « Alur » du 24 mars 2014 (art. 102) a institué un établissement public administratif, l'Agence nationale de contrôle du logement social, chargé d'une mission de contrôle et d'évaluation relative au logement social et à la participation des employeurs à l'effort de construction. Les principes d'organisation, les compétences et les modalités de fonctionnement de l'Agence sont codifiés aux articles L 342-1 à L 342-21 du Code de la construction et de l'habitation.

5512 Dans le cadre de ses attributions, et en application des dispositions de l'article L 342-7, **l'Ancols peut demander** aux commissaires aux comptes des organismes soumis à son contrôle la communication de toute information recueillie dans le cadre de leur mission. Elle peut, en outre, transmettre des observations écrites sur les sociétés qu'elle contrôle aux commissaires aux comptes, qui sont alors tenus d'apporter des réponses en cette forme.

S'agissant des **questionnaires envoyés par l'Ancols** au commissaire aux comptes dans le cadre de ses contrôles, la CNCC considère que ce dernier n'est pas tenu de répondre à un questionnaire « normalisé » adressé avant tout contrôle. Cependant, si le questionnaire n'est pas « normalisé » et qu'il est adressé au commissaire aux comptes à la suite des contrôles effectués par l'Ancols, le commissaire aux comptes doit y répondre. La CNCC précise toutefois que les questions posées par l'Ancols ne sont pas censées solliciter l'opinion ou l'appréciation du commissaire aux comptes sur les faits relevés ou la manière dont ce dernier a mis en œuvre ses procédures d'audit. Il s'agit uniquement de rassembler les informations recueillies par le commissaire aux comptes au cours de sa mission auprès de l'organisme contrôlé (Bull. CNCC n° 191-2018 p. 401 – EJ 2017-104).

La Commission des études juridiques de la CNCC précise également que l'article L 342-7, III du Code de la construction et de l'habitation, déliant le commissaire aux comptes de son secret professionnel à l'égard de l'Ancols ne vise pas seulement le commissaire aux comptes en fonctions dans l'organisme concerné. Dès lors, l'Ancols peut adresser le questionnaire au **précédent commissaire aux comptes** dont le mandat n'aurait pas été renouvelé, sans que le commissaire aux comptes prédécesseur ne puisse lui opposer le secret professionnel pour des faits intervenus lors de son mandat de commissaire aux comptes de l'organisme.

5514 Par ailleurs, **les commissaires aux comptes sont tenus de signaler** dans les meilleurs délais à l'Agence tout fait ou décision concernant la personne soumise à son contrôle dont ils ont eu connaissance dans l'exercice de leur mission, de nature à :
– constituer une violation des dispositions législatives ou réglementaires applicables à cette personne et susceptible d'avoir des effets significatifs sur sa situation financière, sa solvabilité, son résultat ou son patrimoine ;
– porter atteinte à la continuité de son exploitation ;
– imposer l'émission de réserves ou le refus de la certification de ses comptes.

© Éd. Francis Lefebvre

STATUT DU CONTRÔLEUR LÉGAL ▌

La même obligation s'applique aux faits ou décisions mentionnés ci-dessus dont les commissaires aux comptes viendraient à avoir connaissance dans l'exercice de leur mission auprès d'une société mère ou d'une filiale de la personne contrôlée.

Les commissaires aux comptes visés par ces dispositions sont déliés du **secret profession-nel** à l'égard de l'Agence et leur responsabilité ne peut être engagée pour les informations ou divulgations de faits auxquelles ils procèdent en exécution de ces mêmes obligations (CCH art. L 342-7, III). **5515**

En conclusion, on constate qu'il y a non seulement pour le commissaire aux comptes obligation de réponse à l'Agence sur toutes questions relevant de sa mission, mais également une obligation d'information sur tous les faits visés à l'article L 342-7 précité. En revanche, dans la mesure où les textes ne le prévoient pas, le **dossier de travail** du commissaire aux comptes n'a pas à lui être communiqué et il n'a pas à lui en donner accès. **5516**

L'Agence peut en outre, lorsqu'elle a eu connaissance d'une **infraction** ou d'un **manquement** aux dispositions législatives ou réglementaires applicables aux commissaires aux comptes commis par un commissaire aux comptes d'une personne soumise à son contrôle, demander au tribunal compétent de relever celui-ci de ses fonctions selon les modalités prévues à l'article L 823-7 du Code de commerce (CCH art. L 342-8, al. 1). Elle peut de plus dénoncer cette infraction ou ce manquement au magistrat chargé du ministère public compétent pour engager des poursuites disciplinaires. Elle communique à ce magistrat, ainsi qu'au Haut Conseil du commissariat aux comptes, tous les renseignements nécessaires à leur bonne information (CCH art. L 342-8, al. 2 et 3). **5518**

Organes centraux des établissements de crédit

Sont considérés comme organes centraux par le Code monétaire et financier (art. L 511-30) : le Crédit agricole SA, l'organe central des Caisses d'épargne et des Banques populaires, la Confédération nationale du crédit mutuel. **5520**

Lorsqu'un établissement de crédit est affilié à un organe central, son commissaire aux comptes est tenu de lui **signaler**, en même temps qu'à l'Autorité de contrôle prudentiel et de résolution, tout fait ou décision concernant les personnes soumises à son contrôle dont il a eu connaissance dans l'exercice de sa mission, de nature soit à constituer une **violation des dispositions législatives ou réglementaires** qui leur sont applicables et susceptibles d'avoir des effets significatifs sur la situation financière, le résultat ou le patrimoine, soit à porter atteinte à la continuité d'exploitation, soit enfin à entraîner l'émission de réserves ou le refus de la certification des comptes. La même obligation s'applique aux faits et aux décisions mentionnés ci-dessus dont les commissaires aux comptes viendraient à avoir connaissance dans l'exercice de leur mission auprès d'une société mère ou d'une filiale de la personne contrôlée ou dans un organisme subordonné à une mutuelle, à une union, à une fédération ou dans un organisme relevant de l'article L 212-7 du Code de la mutualité (C. mon. fin. art. L 612-44, II). **5521**

Les commissaires aux comptes visés par ces dispositions sont déliés du secret professionnel à l'égard de ces organes centraux dans le strict cadre de ces obligations, et leur responsabilité ne peut être engagée pour les informations ou divulgations de faits auxquelles ils procèdent en exécution de ces mêmes obligations.

Il en résulte a contrario que les commissaires aux comptes ne peuvent être déliés du secret professionnel au-delà du dispositif légal. C'est notamment le cas vis-à-vis des corps d'inspecteurs ou de contrôleurs internes créés au niveau central par les établissements de crédit. Ainsi, à titre d'exemple, le Conseil d'orientation et de surveillance d'une Caisse d'épargne, en l'absence de texte, ne peut délier le commissaire aux comptes de son secret professionnel à l'égard de l'organe central de surveillance des Caisses d'épargne, le CENCEP (Bull. CNCC n° 98-1995 p. 207).

Remarque : S'agissant du **Conseil d'orientation et de surveillance d'une Caisse d'épargne** (COS), il ne peut intervenir que collégialement. Le président du COS lui-même n'est pas doté de pouvoirs propres. En conséquence, le secret professionnel subsiste à l'égard du président du COS et a fortiori à **5523**

235

STATUT DU CONTRÔLEUR LÉGAL   © Éd. Francis Lefebvre

l'égard de chacun des membres du conseil pris individuellement. En revanche, le COS, dans sa collégialité, peut solliciter du commissaire aux comptes des informations protégées par le secret professionnel (Bull. CNCC n° 101-1996 p. 119). Mais celui-ci ne lui communiquera en aucun cas son dossier de travail.

Contrôle à caractère étatique ou institutionnel

5560 Sont regroupés sous ce paragraphe un certain nombre d'organes à caractère étatique ou institutionnel qui ont la charge de contrôler soit la vie ou la gestion des fonds publics, soit la gestion de fonds privés collectés par certaines professions réglementées. Nous étudierons successivement l'attitude que doit avoir le commissaire aux comptes vis-à-vis :
– des commissions d'enquêtes parlementaires (n° 5565) ;
– de la Commission des participations et des transferts (n° 5575) ;
– de la Commission nationale des comptes de campagne et des financements politiques et du juge de l'élection (n° 5580) ;
– des parlementaires chargés, au nom d'une commission compétente, de suivre et de contrôler les recettes de l'État ou d'un département ministériel (n° 5585) ;
– de l'Inspection générale des affaires sociales (Igas) (n° 5595) ;
– de l'Inspection générale de l'administration de l'Éducation nationale et de la Recherche (IGAENR) (n° 5600) ;
– de l'Inspection générale de la jeunesse et des sports (IGJS) (n° 5605) ;
– des organes de tutelle ou de contrôle des établissements publics ainsi que des entreprises détenues par ou soumises au contrôle de l'État (n° 5610) ;
– des organes de contrôle des Caisses de règlement pécuniaire des avocats (Carpa) (n° 5615) ;
– des fédérations d'institutions de retraite complémentaire (n° 5620) ;
– du commissaire du gouvernement et de l'autorité chargée du contrôle général économique et financier dans le cadre des Grands ports maritimes (n° 5625) ;
– du Conseil général de l'alimentation, de l'agriculture et des espaces ruraux (n° 5627) ;
– du Haut Conseil de la coopération agricole (HCCA) (n° 5628) ;
– de l'organisme de contrôle et de gestion des fédérations sportives et ligues professionnelles (n° 5629) ;
– de Tracfin (n° 5630).
Ne sont pas examinés ici les organes juridictionnels de contrôle, notamment les Cour et chambres régionales des comptes (voir n°s 5640 s.).

5565 **Commissions d'enquêtes parlementaires** Aux termes de l'article 6-II, alinéa 3 de l'ordonnance du 17 novembre 1958, « toute personne dont une commission d'enquête a jugé l'audition utile est tenue de déférer à la convocation qui lui est délivrée, si besoin est, par un huissier ou un agent de la force publique, à la requête du président de la commission. À l'exception des mineurs de moins de seize ans, elle est entendue sous serment. Elle est, en outre, tenue de déposer, sous réserve des dispositions des articles 226-13 et 226-14 du Code pénal ».

Le paragraphe III de l'article 6 précise que « la personne qui ne comparaît pas ou refuse de déposer ou de prêter serment devant une commission d'enquête est passible d'un emprisonnement de deux ans et de 7 500 euros d'amende ».

5566 Le commissaire aux comptes convoqué par une commission parlementaire défère donc à la convocation qui lui est adressée mais doit lui **opposer le secret professionnel** en excipant de l'article 226-13 du Code pénal auquel fait expressément référence l'article 6-II, alinéa 3 de l'ordonnance précitée.

A fortiori, les **dossiers de travail** du commissaire aux comptes ne peuvent être communiqués à la commission d'enquête.

5567 En revanche, le commissaire aux comptes a la possibilité de répondre à toutes les questions qui lui seraient posées touchant des informations non couvertes par le secret professionnel (Bull. CNCC n° 111-1998 p. 456).

5568 Toutefois, lorsque le commissaire aux comptes est entendu par la **Commission de l'Assemblée nationale ou du Sénat chargée des finances** qui suit et contrôle l'exécution des lois de finances et procède à l'évaluation de toute question relative aux finances publiques, il est **délié de son secret professionnel**. En effet, l'article 57 de la loi orga-

236

nique relative aux lois de finances du 1er août 2001 dispose que dans ce cas « les personnes dont l'audition est jugée nécessaire par le président et le rapporteur général de la commission chargée des finances de chaque assemblée ont l'obligation de s'y soumettre. Elles sont déliées du secret professionnel », sous réserve des sujets à caractère secret concernant la défense nationale, la sécurité intérieure ou extérieure de l'État, le secret de l'instruction et le secret médical.

Cet article précise également que la levée du secret professionnel concerne « tous les renseignements d'ordre financier et administratif ». Une réponse ministérielle (Rép. Oudin : Sénat 15-5-2003 p. 1619) est venue préciser que les documents relatifs à une mission d'audit (approche d'audit, seuil de signification, lettre de mission, rapports...) peuvent être communiqués dans leur ensemble au rapporteur sous réserve que la communication de ces documents :

– permette la réalisation de la mission confiée à la commission ;
– ne porte pas atteinte au secret protégeant certains domaines ;
– respecte le droit de propriété détenu sur les documents par une personne privée.

Commission des participations et des transferts   L'article 27 de l'ordonnance   **5575**
2014-948 du 20 août 2014 relative à la gouvernance et aux opérations sur le capital des sociétés à participation publique est ainsi rédigé : « La commission peut demander aux commissaires aux comptes des entreprises faisant l'objet des opérations pour lesquelles elle est saisie tout renseignement sur l'activité et la situation financière desdites entreprises. Les commissaires aux comptes sont alors déliés à son égard du secret professionnel. »

Les **dossiers de travail** du commissaire aux comptes, qui ne sont pas visés par les textes, n'ont pas à être communiqués à la Commission des participations et des transferts.

Commission nationale des comptes de campagne et des financements   **5580**
politiques (CNCCFP) et juge de l'élection   La loi 2019-744 du 19 juillet 2019
de simplification, de clarification et d'actualisation du droit des sociétés modifie l'article L 822-15 du Code de commerce afin de permettre aux commissaires aux comptes d'être **déliés du secret professionnel** à l'égard de la Commission nationale des comptes de campagne et des financements politiques et du juge de l'élection (C. com. L 822-15, al. 5).

Parlementaires chargés de contrôler les recettes de l'État   Le décret   **5585**
2001-436 du 21 mai 2001 a introduit dans le Livre des procédures fiscales un article L 135 K aux termes duquel « les agents des services financiers, les commissaires aux comptes ainsi que les représentants des autorités publiques de contrôle et de régulation sont **déliés du secret professionnel** à l'égard des membres du Parlement chargés de suivre et de contrôler, au nom de la commission compétente, les entreprises et organismes visés aux articles L 133-1 à L 133-5 du Code des juridictions financières, un organisme gérant un système légalement obligatoire de sécurité sociale, les recettes de l'État ou le budget d'un département ministériel ».

« Lorsque ces compétences de suivi et de contrôle sont exercées par les membres du Parlement chargés de présenter, au nom de la commission compétente, le rapport sur le budget d'un département ministériel, la levée du secret professionnel qui leur serait éventuellement opposé est subordonnée à l'accord du président et du rapporteur général de la commission en charge des affaires budgétaires » (art. L 135 K précité).

Le commissaire aux comptes pourra donc répondre à toute question relative à la mission   **5586**
de suivi et de contrôle du parlementaire ainsi que, si besoin est, aux questions non couvertes par le secret professionnel.

En revanche, les **dossiers de travail** du commissaire aux comptes, qui ne sont pas visés par les textes, n'ont pas à lui être communiqués.

Commission permanente de contrôle des sociétés de perception et de   **5592**
répartition des droits   La commission contrôle les comptes et la gestion des sociétés
de perception et de répartition des droits ainsi que ceux de leurs filiales et des organismes qu'elles contrôlent.

La commission peut demander aux commissaires aux comptes des sociétés de perception et de répartition des droits tous renseignements sur les sociétés qu'ils contrôlent. Les commissaires aux comptes sont alors déliés du secret professionnel à l'égard des membres de la commission (CPI art. L 312-13).

STATUT DU CONTRÔLEUR LÉGAL

© Éd. Francis Lefebvre

5595 **Inspection générale des affaires sociales (Igas)** L'article 42-III de la loi 96-452 du 28 mai 1996 dispose en son alinéa 4 que « pour les besoins du contrôle de l'emploi des concours mentionnés au I et des ressources collectées auprès du public mentionnées au II, les commissaires aux comptes des organismes contrôlés sont **déliés du secret professionnel** à l'égard des membres de l'Inspection générale des affaires sociales ».

5596 Le commissaire aux comptes pourra donc répondre à toute question relative à la mission de suivi et de contrôle du membre de l'Igas ainsi que, si besoin est, aux questions non couvertes par le secret professionnel.

En revanche, les **dossiers de travail** du commissaire aux comptes, qui ne sont pas visés par les textes, ne font l'objet d'aucun droit de communication de l'Igas. Ainsi la onzième chambre du tribunal correctionnel de Paris a-t-elle prononcé la relaxe d'un commissaire aux comptes poursuivi pour entrave au contrôle exercé par l'Igas, infraction prévue et réprimée par l'article 43, VII et III de la loi du 12 avril 1996 (TGI Paris, 11e ch. corr., 13-6-2001 ; Bull. CNCC. no 124-2001 p. 631, Ph. Merle).

Dans un avis du 1er août 2012, le Haut Conseil a estimé que la levée du secret professionnel du commissaire aux comptes induisait une collaboration de ce dernier avec l'organisme de contrôle concerné. Il a considéré qu'il en résultait la possibilité pour le commissaire aux comptes de communiquer à l'Igas les informations écrites ou orales dont il avait pu avoir connaissance dans l'exercice de sa mission, mais qu'en l'absence de disposition expresse, le commissaire aux comptes n'avait pas l'obligation de permettre l'accès à son dossier de travail (Avis H3C 2012-11 du 1-8-2012). La solution adoptée par cet avis nous semble pouvoir être étendue à l'ensemble des autorités de contrôle pour lequel le législateur a prévu une levée du secret professionnel du commissaire aux comptes, sans pour autant leur conférer un droit d'accès à son dossier de travail.

5600 **Inspection générale de l'administration de l'éducation nationale et de la recherche (IGAENR)** L'article L 241-2 du Code de l'éducation lève le secret professionnel des commissaires aux comptes des organismes soumis au contrôle de l'IGAENR vis-à-vis des membres de cette inspection, pour les besoins du contrôle de l'emploi des concours mentionnés au I de l'article L 241-2 du code précité et des ressources collectées auprès du public mentionnées au II dudit article.

Les **dossiers de travail** du commissaire aux comptes ne sont pas visés par le texte précité et ils n'ont pas à être communiqués.

5605 **Inspection générale de la jeunesse et des sports (IGJS)** Pour les besoins du contrôle de l'utilisation des concours mentionnés au II de l'article 21 de la loi 2015-1541 du 27 novembre 2015, ainsi que dans le cadre des missions de contrôle mentionnées au deuxième alinéa du I de la même loi, les commissaires aux comptes des organismes contrôlés sont déliés du secret professionnel à l'égard des membres de l'inspection générale de la jeunesse et des sports (Loi 2015-1541 du 27-11-2015 art. 21, III).

Les **dossiers de travail** du commissaire aux comptes ne sont pas visés par le texte précité et ils n'ont pas à être communiqués.

5610 **Organes de tutelle ou de contrôle des entreprises détenues par l'État et des établissements publics** Sauf disposition légale spécifique, le **secret professionnel est opposable** aux organes de tutelle ou de contrôle des entreprises détenues ou contrôlées par l'État. Ainsi en est-il par exemple des commissaires du gouvernement et des contrôleurs qui figurent dans les sociétés ayant des liens avec l'État ou dans les entreprises publiques.

Néanmoins, le commissaire aux comptes étant délié de son secret envers les organes d'administration, de direction et de surveillance de la société, lorsque l'autorité de tutelle a une question à poser, dont la réponse relève du secret professionnel du commissaire aux comptes, il convient que l'interrogation soit formulée par l'intermédiaire du président de la société qui pourra ensuite rapporter au commissaire du gouvernement ou au contrôleur la réponse du commissaire aux comptes (Bull. CNCC no 93-1994 p. 146).

5615 **Organes de contrôle des Caisses de règlement pécuniaire des avocats (Carpa)** Une Commission de contrôle est chargée de veiller au respect par les caisses de règlement pécuniaire des avocats de l'ensemble des règles édictées.

Cette Commission peut, à tout moment, émettre des avis ou recommandations à l'attention des caisses.

La CNCC considère que le secret professionnel n'est pas levé entre le commissaire aux comptes et la Commission de contrôle des Carpa (www.cncc.fr ; tableau récapitulatif relatif au secret professionnel).

Fédérations d'institutions de retraite complémentaire Le commissaire aux **5620** comptes d'une institution de retraite complémentaire doit porter à la connaissance de la fédération les graves manquements constatés à un ou plusieurs critères de gestion prévus par le règlement de la fédération ainsi que les actes, les acquisitions ou les pratiques considérés comme tels par ledit règlement (CSS art. R 922-58).

Cette obligation ne sera applicable pour les commissaires aux comptes de fédération qu'à l'entrée en vigueur du règlement intérieur des fédérations qui auront reçu une autorisation de fonctionnement du ministre chargé de la sécurité sociale (CSS art. R 922-7).

Commissaire du gouvernement et Autorité chargée du contrôle général **5625**
économique et financier Aucune disposition de nature législative ne délie le commissaire aux comptes de son secret professionnel vis-à-vis de ces autorités. La CNCC considère donc que le commissaire aux comptes n'est pas délié du secret professionnel vis-à-vis des autorités précitées (Bull. CNCC n° 154-2009 p. 398).

Conseil général de l'alimentation, de l'agriculture et des espaces ruraux **5627**
Le conseil général de l'alimentation, de l'agriculture et des espaces ruraux (CGAAER) réalise des missions d'audit, d'inspection ou de contrôle de personnes publiques ou d'organismes privés participant à la mise en œuvre de politiques publiques ou bénéficiaires de fonds publics.
Pour les besoins du contrôle de l'emploi des financements publics nationaux et européens, les commissaires aux comptes des organismes contrôlés sont déliés du secret professionnel à l'égard des membres du CGAAER (art. 91 de la loi 2014-1170 du 13-10-2014 d'avenir pour l'agriculture, l'alimentation et la forêt).

Haut Conseil de la coopération agricole L'article 1er de l'ordonnance 2019-362 **5628**
du 24 avril 2019 relative à la coopération agricole a modifié et complété l'article L 512-3-1 du Code rural et de la pêche maritime en insérant un II : « II. L'organe chargé de l'administration établit un document présentant la part des résultats de la société coopérative qu'il propose de reverser aux associés coopérateurs à titre de rémunération du capital social et de ristournes ainsi que la part des résultats des filiales destinée à la société coopérative, en expliquant les éléments pris en compte pour les déterminer. Ce document est adressé à chaque associé coopérateur avec sa convocation à l'assemblée générale. Lorsque la société coopérative est tenue de désigner un commissaire aux comptes, celui-ci atteste l'exactitude des informations figurant sur le document mentionné au précédent alinéa. Son attestation est jointe à ce document. Si le commissaire aux comptes émet des observations ou s'il refuse de remettre une attestation, il en informe sans délai le Haut Conseil de la coopération agricole. »
Les dispositions précitées imposent donc au commissaire aux comptes d'informer le HCCA lorsqu'il émet une attestation avec observation ou refuse d'émettre une attestation mais il ne prévoit pas la communication des dossiers et documents du commissaire aux comptes, ni la possibilité pour celui-ci de répondre à d'éventuelles questions du HCCA. La Commission des études juridiques de la CNCC considère donc que le commissaire aux comptes d'une coopérative agricole n'est **pas délié du secret professionnel** à l'égard du Haut Conseil de la coopération agricole (Bull. CNCC n° 198-2020 – EJ 2019-88). Il ne doit et ne peut qu'informer le HCCA de l'émission d'une attestation avec observation ou du refus d'émettre une attestation.

Organisme de contrôle et de gestion des fédérations sportives et ligues **5629**
professionnelles L'alinéa 6 de l'article L 132-2 du Code du sport prévoit la faculté pour l'organisme de contrôle ou de gestion de demander à toute personne ayant un lien juridique quelconque avec l'association ou la société sportive la communication d'informations ou de documents nécessaires à l'accomplissement de ses missions. Pour autant, cet article ne prévoit pas la levée du secret professionnel du commissaire aux comptes et la CNCC considère que ce dernier n'est pas délié de son secret professionnel à l'égard des organismes de contrôle et de gestion des fédérations sportives ou des ligues professionnelles (Bull. CNCC n° 195-2019 – EJ 2017-43).

Tracfin En application du 3e alinéa de l'article L 823-12 du Code de commerce, les **5630** commissaires aux comptes mettent en œuvre les obligations relatives à la lutte contre le

STATUT DU CONTRÔLEUR LÉGAL   © Éd. Francis Lefebvre

blanchiment des capitaux et le financement du terrorisme définies au chapitre I du titre VI du livre V du Code monétaire et financier.

Les obligations de déclaration à Tracfin (Traitement du renseignement et action contre les circuits financiers clandestins) auxquelles sont soumis les commissaires aux comptes sont définies par l'article L 561-15 du Code monétaire et financier (voir n°s 61250 s.).

Dans le cadre de son droit de communication prévu à l'article L 561-26, I du Code monétaire et financier, Tracfin peut demander aux commissaires aux comptes une communication des pièces lui permettant de reconstituer l'ensemble des transactions faites par une personne physique ou morale liée à une opération ayant fait l'objet d'une déclaration de soupçon ou à une information reçue.

> Concernant les commissaires aux comptes, Tracfin n'exerce pas son droit de communication sur place. Pour plus d'informations sur les échanges d'informations possibles entre les commissaires aux comptes, les experts-comptables et les professionnels du droit dans le cadre de la lutte contre le blanchiment des capitaux et le financement du terrorisme, voir n° 62170.

E. Autorités du monde judiciaire

5640   L'étendue du secret professionnel du commissaire aux comptes varie selon la nature de la juridiction devant laquelle il est appelé à témoigner à communiquer des documents. Le législateur a en effet octroyé aux magistrats de certaines juridictions un droit d'information devant lequel disparaît le secret professionnel du commissaire aux comptes. En revanche, pour d'autres juridictions, les magistrats et les experts qu'ils missionnent ne disposent légalement d'aucun droit d'information permettant de l'écarter.

5641   Pour la clarté de l'exposé, nous examinerons l'**étendue du secret professionnel** du commissaire aux comptes **à l'égard des magistrats et de leurs auxiliaires** en distinguant :
– les juridictions pénales (n° 5650) ;
– les juridictions civiles (n° 5700) ;
– les juridictions arbitrales (n° 5760) ;
– les juridictions disciplinaires (n° 5770) ;
– les juridictions financières (n° 5790).

> Nous ne reviendrons pas dans cette section sur la levée du secret professionnel consécutive à la mise en cause de la responsabilité du commissaire aux comptes (voir n° 5058).

1. Juridictions pénales

Principes de comportement

5650   Le commissaire aux comptes reste tenu au secret professionnel lorsqu'il est cité comme témoin devant une juridiction pénale. Ce principe général est cependant écarté pour ce qui concerne les faits délictueux liés à l'obligation de révélation mise à sa charge par l'article L 823-12, alinéa 2 du Code de commerce.

5652   Concernant l'**obligation de témoigner** devant les juridictions pénales, l'article 109 du Code de procédure pénale dispose que « toute personne citée pour être entendue comme témoin est tenue de comparaître, de prêter serment et de déposer, sous réserve des dispositions des articles 226-13 et 226-14 du Code pénal ». Le commissaire aux comptes cité en tant que témoin doit comparaître, prêter serment et, en règle générale, doit **opposer le secret professionnel** sous peine de s'exposer aux sanctions prévues à l'article 226-13 du Code pénal.

5655   Cette impossibilité de déposer connaît néanmoins une **dérogation** fondamentale liée à la levée du secret professionnel en matière de **faits délictueux**. La Compagnie nationale des commissaires aux comptes considère qu'il n'y a pas d'obligation au secret professionnel à l'égard des juridictions pénales et de leurs auxiliaires pour ce qui concerne les faits délictueux que le commissaire aux comptes a révélés ou qui sont susceptibles d'être qualifiés de la sorte par le magistrat compétent. Le commissaire aux comptes doit donc déposer sur ces faits délictueux, soit qu'il les ait connus et révélés, soit qu'il les ait connus et n'ait pas voulu ou n'ait pas cru devoir les révéler, soit qu'il ne les ait pas connus par négligence ou par la trop grande habileté du fraudeur (Étude juridique CNCC précitée § 57).

240

© Éd. Francis Lefebvre

STATUT DU CONTRÔLEUR LÉGAL

Cette dérogation à la règle du secret professionnel au bénéfice des juridictions répressives pour les faits délictueux s'inscrit dans la logique du **devoir de révélation** du commissaire aux comptes : elle est toutefois réservée aux personnes qui représentent effectivement ces juridictions et ne saurait être étendue à d'autres situations. **5656**

> Le commissaire aux comptes ne peut répondre qu'aux questions en relation avec l'objet de sa révélation au procureur de la République ou se rapportant à des faits délictueux susceptibles d'être qualifiés de la sorte par le magistrat. Il n'a pas à répondre aux autres questions qui ne sont pas liées à ces faits (Bull. CNCC n° 101-1996 p. 139).

S'agissant de la **communication de documents** à l'autorité judiciaire, elle ne pourra être **spontanée** que dans l'hypothèse de la mise en cause de la responsabilité du commissaire (voir n° 5058) ou de la mise en œuvre de la procédure de révélation de faits délictueux. Dans tous les autres cas, c'est seulement **sur réquisition** de l'organe habilité que les documents et les pièces liés aux faits délictueux pourront lui être communiqués (C. com. art. R 821-23). **5657**

Cas particulier des perquisitions

Lorsque les documents saisis dans le cadre d'une perquisition (disques durs, agendas) comportent des informations étrangères à l'information judiciaire, il ne peut être reproché au commissaire aux comptes d'avoir violé le secret professionnel puisque la saisie des documents ne peut lui être imputée. Le commissaire aux comptes informera l'officier de police judiciaire du fait que les documents saisis contiennent des informations ne concernant pas le dossier objet de l'information judiciaire et couvertes par le secret professionnel. **5658**

Étendue du secret professionnel

L'étendue de la levée du secret varie selon l'interlocuteur du commissaire aux comptes. **5670**

Procureur de la République Le commissaire aux comptes est délié du secret professionnel à l'égard du procureur de la République pour ce qui concerne les faits délictueux et peut lui communiquer spontanément les éléments de son dossier de travail en relation avec les faits révélés ou susceptibles d'être qualifiés de délictueux (C. com. art. L 823-12, al. 2). **5672**

> Les commissaires aux comptes ne peuvent pas se soustraire aux réquisitions du procureur de la République au motif que leur profession est une profession libérale réglementée dont le titre est protégé. La communication en justice de documents couverts par le secret professionnel n'emporte pas transgression du secret professionnel (Rép. Jarde n° 66777 : JO Déb. AN 18-10-2005 p. 9771).

La même attitude est à retenir vis-à-vis des officiers et agents de police judiciaire agissant sur instructions du procureur au cours d'une enquête préliminaire.

Juge d'instruction Le juge d'instruction procède, conformément à la loi, à tous les actes d'information qu'il juge utiles à la manifestation de la vérité (CPP art. 81, al. 1). Bien que ce texte ne le prévoie pas expressément, la jurisprudence considère que le secret professionnel n'est pas opposable au juge d'instruction en ce qui concerne les éléments nécessaires à la manifestation de la vérité, c'est-à-dire les éléments relatifs au dossier (Bull. CNCC n° 143-2006 p. 520). **5674**

> C'est ainsi que la chambre criminelle a jugé que « les pouvoirs que le juge tient de l'article 81 du Code de procédure pénale ne souffrant en pratique aucune restriction, l'article 378 du Code pénal (C. pén. art. 226-13) relatif au secret professionnel ne saurait limiter ces pouvoirs, notamment en ce qui concerne la saisie de documents comptables » (Cass. crim. 23 mars 1997).

Le commissaire aux comptes peut donc être entendu par le juge d'instruction. Il répond aux questions du magistrat pour tout ce qui a trait à la révélation des faits délictueux.

Expert nommé par le juge d'instruction L'article 156 du Code de procédure pénale autorise le juge d'instruction, s'il l'estime opportun, à nommer d'office ou à la demande des parties un expert. L'attitude du professionnel envers cet expert sera la même que s'il avait directement affaire au juge d'instruction. **5676**

STATUT DU CONTRÔLEUR LÉGAL　　　　　　　　　　　　　　© Éd. Francis Lefebvre

5678　**Officiers et agents de police judiciaire** Les officiers et agents de police judiciaire peuvent intervenir soit sur instruction du procureur de la République soit d'office dans le cadre d'une enquête préliminaire soit, pour les officiers de police judiciaire uniquement, sur commission rogatoire du juge d'instruction (CPP art. 151).

5680　Intervention d'officiers de police judiciaire sur **commission rogatoire du juge d'instruction**. L'alinéa 4 de l'article 81 du Code de procédure pénale dispose que « si le juge d'instruction est dans l'impossibilité de procéder lui-même à tous les actes d'instruction, il peut donner commission rogatoire aux officiers de police judiciaire afin de leur faire exécuter tous les actes d'information nécessaires dans les conditions et sous les réserves prévues aux articles 151 et 152 ». L'article 152 du Code de procédure pénale précise que « les magistrats ou les officiers de police judiciaire [...] exercent, dans les limites de la commission rogatoire, tous les pouvoirs du juge d'instruction ». Il convient donc, en matière d'opposabilité du secret professionnel, de se référer aux pouvoirs du juge d'instruction (voir n° 5674) : il apparaît clairement que le secret professionnel n'est pas opposable à l'officier de police judiciaire agissant sur commission rogatoire du juge d'instruction (Bull. CNCC n° 143-2006 p. 520). Le commissaire aux comptes prendra néanmoins la précaution de vérifier que ses interlocuteurs sont bien des officiers de police judiciaire et non des agents de police judiciaire et se fera produire la commission rogatoire délivrée par le juge d'instruction.

5682　Intervention d'officiers ou d'agents de police judiciaire sur **instruction du procureur de la République** dans le cadre d'une enquête préliminaire diligentée en application de l'article 75 du Code de procédure pénale. Le premier alinéa de l'article 76 du Code de procédure pénale pose le principe de l'accord de la personne chez laquelle doivent être effectuées perquisitions, visites ou saisies de pièces. Si l'assentiment est donné par la personne intéressée, le secret professionnel, en application de l'article 77-1-1 du Code de procédure pénale, ne peut être opposé à l'officier de police judiciaire qui peut alors requérir du commissaire aux comptes la remise de documents pouvant intéresser l'enquête. Sans l'assentiment de la personne intéressée, l'intervention ne peut avoir lieu et de fait la question de la levée du secret professionnel ne se pose pas. Toutefois, si le délit est puni d'une peine d'emprisonnement supérieure à 5 ans, le juge des libertés et des peines peut, à la requête du procureur de la République, décider que l'opération pourra avoir lieu sans l'assentiment de la personne intéressée. L'intervention pouvant alors avoir lieu, le secret professionnel ne sera alors pas opposable en application de l'article 77-1-1 du Code de procédure pénale (Bull. CNCC n° 143-2006 p. 520). Le commissaire aux comptes, avant de répondre aux questions ou de produire des documents, s'assurera que ses interlocuteurs sont bien des officiers ou des agents de police judiciaire et qu'ils sont en mesure de lui produire les instructions du procureur de la République.

5684　Intervention d'officiers de police judiciaire agissant **de leur propre autorité dans le cadre d'une enquête préliminaire**. Le commissaire aux comptes reste tenu au secret professionnel à l'égard des officiers de police judiciaire qui agissent d'office lors d'une enquête préliminaire (Bull. CNCC n° 143-2006 p. 520).

5686　Dans le cadre d'une procédure de flagrants délits (CPP art. 60), le secret professionnel sur l'affaire qui en fait l'objet ne peut être opposé à l'officier de police judiciaire (Bull. CNCC n° 143-2006 p. 520).

2. Juridictions civiles

Principes de comportement

5700　Chacun est tenu d'apporter son **concours à la justice** en vue de la manifestation de la vérité et celui qui, sans motif légitime, se soustrait à cette obligation lorsqu'il en a été légalement requis peut être contraint d'y satisfaire, au besoin à peine d'astreinte ou d'amende civile, sans préjudice de dommages et intérêts (C. civ. art. 10).
L'article 206 du Code de procédure civile précise qu'est tenu de déposer quiconque en est légalement requis, mais que peuvent en être **dispensées** les personnes qui justifient d'un **motif légitime**.

D'une manière générale, la doctrine considère que le commissaire aux comptes reste **5702** tenu au secret professionnel lorsqu'il est cité comme témoin devant une juridiction non répressive, sous peine de sanction pour violation du secret professionnel (Étude juridique CNCC précitée § 55). Il serait cependant inexact d'en déduire que les juridictions non répressives sont à considérer comme des tiers au regard du secret professionnel du commissaire aux comptes : d'une part, le législateur a organisé dans certaines circonstances la levée du secret professionnel au bénéfice des magistrats des juridictions non répressives et de leurs auxiliaires (voir n°s 5713 et 5718 à 5740) ; d'autre part, la doctrine écarte l'application du principe général de l'obligation au secret pour ce qui concerne les irrégularités ou inexactitudes signalées par le commissaire aux comptes à l'assemblée en application de l'article L 823-12, alinéa 1 du Code de commerce, ou qu'il aurait dû signaler comme telles (Bull. CNCC n° 4-1971 p. 320).

S'agissant de la **communication de documents** à l'autorité judiciaire, elle ne sera jamais **5706** spontanée, sauf en cas de mise en cause de la responsabilité du commissaire (voir n° 5058). Elle pourra concerner, à la demande de l'organe habilité, les documents et les pièces liées aux irrégularités et inexactitudes mais ne portera jamais, sauf éventuellement en cas de mise en cause de la responsabilité du professionnel, sur la totalité du dossier de contrôle du commissaire.

Étendue du secret professionnel

Magistrats du tribunal de grande instance En règle générale, le commissaire **5710** aux comptes reste lié par le secret professionnel vis-à-vis des magistrats des tribunaux judiciaires et de leurs auxiliaires, sauf pour ce qui concerne les irrégularités et inexactitudes liées à sa mission (voir n° 5702).

C'est ainsi que le commissaire aux comptes : **5711**
– ne peut produire de renseignements à l'**huissier-audiencier** dans un procès où il n'est pas partie (Bull. CNCC n° 9-1973 p. 116) ;
– doit exciper de son secret professionnel pour ne pas répondre à l'**expert judiciaire** nommé par le juge civil. Toutefois, pour se conformer à l'article 10 du Code civil, le commissaire aux comptes se présentera devant l'expert, écoutera ses questions et invoquera le secret professionnel pour les questions se rapportant à des faits couverts par ledit secret professionnel (Bull. CNCC n° 90-1993 p. 291).

> Cette position reste à notre avis d'actualité dans le cas particulier de l'expertise in futurum visée à l'article 145 du CPC en dehors des cas de mise en cause de la responsabilité du commissaire (sur ce point, voir n°s 5058 s.) : le commissaire aux comptes appelé à déposer dans le cadre de cette expertise doit se présenter, écouter les questions de l'expert et opposer son secret professionnel sur toutes les questions couvertes par celui-ci. Par exception, il peut répondre aux questions portant sur des irrégularités ou inexactitudes qu'il avait ou qu'il aurait dû signaler (Bull. CNCC n° 100-1995 p. 519).

Levée du secret professionnel par le législateur Le commissaire aux comptes **5713** est délié du secret professionnel vis-à-vis du président du tribunal judiciaire et de certains auxiliaires de justice (C. com. art. L 822-15, al. 1). C'est le cas lorsque la juridiction civile est amenée à connaître pour les personnes morales de droit privé non commerçantes ayant une activité économique de certaines **procédures propres aux entreprises en difficulté** ou en amont de ces procédures (C. com. art. 611-2-1) : procédures liées à la prévention, à la conciliation (C. com. art. L 611-5), au mandat ad hoc (C. com. art. L 611-3) et à la sauvegarde (C. com. art. L 620-2 s.), procédure de redressement judiciaire pour les personnes morales de droit privé non commerçantes en application de l'article L 621-2 du Code de commerce, mise en œuvre de la procédure d'alerte dans les personnes de droit privé non commerçantes ayant une activité économique (C. com. art. L 612-3).
Dans toutes ces circonstances, les règles applicables à la juridiction commerciale peuvent être transposées directement à la juridiction civile. On se reportera donc aux développements donnés sur ces différents points pour les tribunaux de commerce (voir n°s 5715 s.).

Juges du tribunal de commerce En règle générale, le commissaire aux comptes **5715** reste lié par le secret professionnel vis-à-vis des juges des tribunaux de commerce et des auxiliaires de justice, sauf pour ce qui concerne les irrégularités et inexactitudes liées

STATUT DU CONTRÔLEUR LÉGAL © Éd. Francis Lefebvre

à sa mission (voir n° 5702) et en matière de procédures de prévention des difficultés des entreprises dans les cas expressément prévus par les textes applicables.

Ce principe s'applique par exemple :

– à l'**expert judiciaire** nommé sur ordonnance de référé par le président du tribunal de commerce dans un litige entre actionnaires : le commissaire s'abstiendra de donner des informations couvertes par le secret professionnel, sous peine de se voir reprocher ultérieurement le non-respect de son obligation (Bull. CNCC n° 96-1994 p. 759 ; n° 107-1997 p. 96 et étude juridique CNCC précitée § 44) ;

– au **mandataire ad hoc** désigné par le tribunal de commerce avec possibilité de proposition par le débiteur en application de l'article L 611-3 du Code de commerce : le commissaire aux comptes reste tenu au secret professionnel à son égard mais a néanmoins la possibilité de lui communiquer les documents connus des tiers tels que les documents déposés au greffe ou publié dans un journal d'annonces légales (Bull. CNCC n° 114-1999 p. 290). S'agissant de la mission de mandataire ad hoc confiée par le président du tribunal à la demande du liquidateur d'une entité dont les dirigeants ne respectent pas leurs obligations en matière d'arrêté et d'approbation des comptes, voir n° 5729 ;

– à l'**expert** nommé par le président du tribunal de commerce en application de l'article L 611-6, alinéa 5 du Code de commerce : la loi ne prévoit pas la levée du secret professionnel à son bénéfice ;

– au **conciliateur** désigné par le tribunal de commerce avec possibilité de proposition par le débiteur en application de l'article L 611-6 du Code de commerce. Le conciliateur peut obtenir du débiteur tout renseignement utile et le président du tribunal de commerce lui communique les renseignements dont il dispose et, le cas échéant, les résultats de l'expertise (C. com. art. L 611-7, al. 2).

S'agissant des particularités relatives aux procédures de prévention et de conciliation ainsi qu'à la procédure d'alerte, il convient de se reporter respectivement n°s 5718 s. et 5735 s.

5718 **Procédures de prévention et de conciliation** Le commissaire aux comptes est **délié du secret professionnel** dans les circonstances suivantes, conformément à l'article L 822-15 du Code de commerce :

5720 – demande de renseignements du **président du tribunal** de commerce après mise en œuvre de la **convocation du dirigeant** prévue à l'article L 611-2, I, alinéa 2 du Code de commerce : le président du tribunal de commerce peut, après avoir entendu le dirigeant d'une entreprise dont les difficultés semblent compromettre la continuité de l'exploitation, « obtenir communication par les commissaires aux comptes [...] des renseignements de nature à lui donner une exacte information sur la situation économique et financière » de l'entreprise ;

La Commission des études juridiques de la CNCC considère que la levée du secret professionnel visée à l'article L 611-2, I du Code de commerce ne s'applique qu'au président du tribunal et par extension, dans les tribunaux de commerce d'une certaine importance, aux magistrats délégués à la prévention. En revanche, le commissaire aux comptes n'est pas libéré du secret professionnel vis-à-vis d'un tiers délégué par le président, tel qu'un administrateur judiciaire mandaté par le président d'un tribunal de commerce dans le cadre d'une enquête réalisée en application de l'article L 611-2, I du Code de commerce (Bull. CNCC n° 163-2011 – EJ 2011-08).

5721 – demande de renseignements du **président du tribunal** dans le cadre de l'ouverture de la **procédure de conciliation** en application de l'article L 611-6, alinéa 5 du Code de commerce, qui renvoie à l'article L 611-2, I, alinéa 2 du Code de commerce : le commissaire aux comptes devra communiquer au président du tribunal de commerce toute information de nature à lui donner une exacte information sur la situation économique, financière, sociale et patrimoniale de la société et ses perspectives de règlement.

La levée du secret professionnel opérée par les dispositions décrites ci-dessus concerne uniquement les renseignements relatifs à la situation économique, financière, sociale et patrimoniale de la société et ses perspectives de règlement mais elle ne peut donner lieu à la communication d'éléments du dossier de travail du commissaire aux comptes. Mais celui-ci aura toujours la possibilité de transmettre au tribunal une copie des documents déposés au greffe ou publiés dans un journal d'annonces légales (rapport sur les comptes annuels, comptes annuels, rapport de gestion...).

5722 En revanche, le commissaire aux comptes reste lié envers le mandataire ad hoc, l'expert et le conciliateur nommés par le président du tribunal en application de l'article L 611-6 du Code de commerce (voir n° 5715).

244

STATUT DU CONTRÔLEUR LÉGAL

Procédure de sauvegarde, ou de redressement judiciaire ou de liquidation judiciaire   Le **secret** professionnel du commissaire aux comptes **est levé** :

5725

– au bénéfice du **tribunal** tout au long de la procédure : l'ordonnance 2014-326 du 12 mars 2014 a complété l'article L 662-3 du Code de commerce en y ajoutant un troisième alinéa qui dispose que « le tribunal peut entendre toute personne dont l'audition lui paraît utile, et notamment, il peut entendre le représentant de l'État à sa demande ». Compte tenu de sa formulation générale, on peut penser que cette formule vise également le commissaire aux comptes bien que le secret professionnel ne soit pas expressément levé par cette disposition. Elle exclut néanmoins la communication des dossiers de travail ou de documents qui ne feraient pas l'objet d'une mesure de publicité ;

5726

– au bénéfice du **juge-commissaire** dans le cadre des procédures de sauvegarde (C. com. art. L 623-2), de redressement judiciaire (C. com. art. L 623-2 sur renvoi de l'art. L 631-18) et de liquidation judiciaire (C. com. art. L 623-2 sur renvoi de l'art. L 641-11) : en application de l'article L 623-2 du Code de commerce, « le juge-commissaire peut, nonobstant toute disposition législative ou réglementaire contraire, obtenir communication par les commissaires aux comptes [...] des renseignements de nature à lui donner une exacte information sur la situation économique, financière, sociale et patrimoniale » de l'entreprise ;

5727

Cette possibilité d'information ne saurait conférer au juge-commissaire un droit d'accès au dossier de travail du commissaire aux comptes. En effet, si le juge-commissaire souhaite solliciter des renseignements auprès du commissaire aux comptes, il se doit de déterminer suffisamment le périmètre des renseignements demandés pour permettre au commissaire aux comptes de les identifier. Il ne peut être exigé du commissaire aux comptes qu'il identifie lui-même les faits et décisions qui auraient pu justifier les réserves ou le refus de certification au nom du principe de la sécurité juridique (CA Paris 22-1-2019 n° 18/19891, Pôle 5 ch. 8 : Rev. sociétés 2019 p. 537 note Ph. Merle).

Le commissaire aux comptes n'est pas délié du secret professionnel vis-à-vis de l'**expert nommé par le juge-commissaire** (Bull. CNCC n° 173-2014 p. 98 – EJ 2013-67). En pratique, le commissaire aux comptes pourra fournir les renseignements demandés au juge-commissaire afin que celui-ci les retransmette à l'expert.

– au bénéfice du **juge commis** par le tribunal avant de statuer sur l'ouverture d'une procédure de sauvegarde, de redressement judiciaire ou de liquidation judiciaire pour recueillir tous renseignements sur la situation financière, économique et sociale de l'entreprise (C. com. art. L 621-1, L 631-7 et L 641-1) ;

5728

Ce juge peut faire application des dispositions prévues à l'article L 623-2 du Code de commerce (voir n° 5727). Le secret professionnel du commissaire aux comptes à son égard est donc levé s'agissant des renseignements de nature à donner une exacte information sur la situation économique, financière, sociale et patrimoniale du débiteur.

– au bénéfice de l'**administrateur judiciaire** qui serait désigné dans le cadre d'une procédure de redressement judiciaire avec mission d'administrer la société en lieu et place des dirigeants légaux (Bull. CNCC n° 153-2009 p. 40) : le commissaire aux comptes doit avoir vis-à-vis de ce professionnel la même attitude qu'envers les dirigeants légaux. On se reportera donc sur ce point n°s 5265 s. Lorsque l'administrateur judiciaire ne reçoit pas la mission d'administrer la société mais une simple mission d'assistance à la gestion, il n'y a pas de levée du secret professionnel.

5729

Dans le cadre d'une procédure de **liquidation judiciaire**, l'article L 641-3 du Code de commerce, modifié par l'ordonnance 2014-1090 du 26 septembre 2014, dispose que les débiteurs demeurent tenus de respecter leurs obligations en matière d'arrêté et d'approbation des comptes annuels. Lorsque les dirigeants ne respectent pas lesdites obligations, le liquidateur peut saisir le président du tribunal aux fins de désignation d'un **mandataire ad hoc**. La CNCC considère donc que le commissaire aux comptes d'une société placée en liquidation judiciaire n'est pas délié du secret professionnel à l'égard du **liquidateur** mais uniquement à l'égard des dirigeants ou, le cas échéant, du mandataire ad hoc désigné pour les suppléer (Bull. CNCC n° 178-2015 p. 300 s. – EJ 2014-94 et EJ 2015-05). À notre avis cependant, dès lors que le débiteur est dessaisi de plein droit de l'administration et de la disposition de ses biens à compter du jugement qui ouvre ou prononce la liquidation judiciaire (C. com. art. L 641-9), le commissaire aux comptes est libéré de son secret professionnel à l'égard du liquidateur.

Enfin, la levée du secret professionnel du commissaire aux comptes vis-à-vis du **mandataire judiciaire en tant que représentant des créanciers** n'est pas prévue par les textes légaux et réglementaires (CNCC NI. XIV – Le commissaire aux comptes et la prévention ou le traitement des difficultés des entreprises, nov. 2012 § 4.4).

S'agissant du secret professionnel du commissaire aux comptes à l'égard de l'administrateur judiciaire mandaté par le président du tribunal de commerce dans le cadre d'une enquête réalisée en application de l'article L 611-2 I du Code de commerce, il convient de se reporter n° 5720.

STATUT DU CONTRÔLEUR LÉGAL

© Éd. Francis Lefebvre

5735 **Procédure d'alerte** En **début de procédure**, le commissaire informe le président du tribunal de commerce (ou judiciaire pour les personnes morales de droit privé non commerçantes) du déclenchement de la procédure d'alerte. Cette communication intervient, chez les personnes morales dotées d'un organe de direction et d'administration, simultanément à la demande formulée auprès de l'organe de direction de convoquer l'organe d'administration. Pour les personnes morales dotées uniquement d'un organe de direction (président ou gérant), la communication intervient simultanément à l'envoi par le commissaire aux comptes au président ou gérant d'une demande d'information. Le commissaire aux comptes ne peut cependant délivrer d'autres informations sur l'entité concernée car il reste lié par le secret professionnel à ce stade de la procédure. Le tribunal de commerce désireux d'interroger sans attendre le commissaire aux comptes sur le fond du dossier doit donc procéder préalablement à la convocation du dirigeant prévue à l'article L 611-2 I, alinéa 2 du Code de commerce (voir n° 5720).

> Concernant la levée du secret professionnel du commissaire aux comptes à l'égard du président du tribunal dans le cadre des mesures d'adaptation de la procédure d'alerte à la crise du Covid-19 introduites par l'ordonnance 2020-596 du 20 mai 2020, voir CNCC Questions / Réponses relatives aux conséquences de la crise sanitaire et économique liée à l'épidémie de Covid-19 – Huitième édition juin 2021. Ces mesures temporaires, initialement applicables jusqu'au 31 décembre 2020, ont été prolongées jusqu'au 31 décembre 2021 par la loi 2020-1525 du 7 décembre 2020.

5737 Au **terme de la procédure**, une information doit être donnée par le commissaire au président du tribunal de commerce (ou au président du tribunal judiciaire pour les personnes morales de droit privé non commerçantes) si, **à l'issue de l'assemblée générale** statuant sur le rapport spécial d'alerte, le commissaire aux comptes constate que les décisions prises ne permettent pas d'assurer la continuité de l'exploitation. Le commissaire informe alors de ses démarches le président du tribunal et lui en communique les résultats. Cette information doit être faite sans délai à l'issue de la réunion de l'assemblée, sans attendre le procès-verbal de l'assemblée. Elle comporte la copie du rapport spécial et de tous les documents utiles à l'information du président du tribunal ainsi que l'exposé des raisons qui ont conduit le commissaire aux comptes à constater l'insuffisance des décisions prises.

5740 **Expertise de gestion (C. com. art. L 225-231 et L 22-10-68)** Les associations d'actionnaires de sociétés par actions visées à l'article L 22-10-44 du Code de commerce ainsi qu'un ou plusieurs actionnaires représentant au moins 5 % du capital peuvent dans certains cas réclamer la nomination d'un expert chargé de présenter un rapport sur une ou plusieurs opérations de gestion.

> L'existence du droit à agir en justice pour obtenir la nomination d'un expert de gestion s'apprécie à la date de la demande introductive d'instance et ne peut être remise en cause par l'effet de circonstances postérieures (Cass. 6-12-2005 : JCP n° 3, 19-1-2006).

Le commissaire aux comptes doit à notre avis opposer le secret professionnel à cet expert, aucune disposition législative particulière ne levant le secret à son bénéfice (contra Étude juridique CNCC précitée § 43).

5745 **Magistrats des conseils de prud'hommes** Bien que juridiction civile d'exception, l'article 10 du Code civil s'applique au conseil de prud'hommes, et le commissaire aux comptes qu'il cite comme témoin doit se présenter et exciper de son secret professionnel qui constitue un motif légitime pour ne pas témoigner (Bull. CNCC n° 86-1992 p. 356). Bien entendu, le commissaire aux comptes appréciera s'il peut répondre à des questions portant sur des domaines non couverts par le secret professionnel.

> Dans une décision du 1er juillet 2010, le H3C a retenu la violation du secret professionnel dans le cas d'un commissaire aux comptes ayant établi une attestation destinée à être produite devant un conseil de prud'hommes. Le Haut Conseil a considéré que cette attestation comportait des indications sur des éléments d'organisation interne de l'entité contrôlée dont la divulgation constituait une violation du secret professionnel s'imposant au commissaire aux comptes. Il a précisé que la production devant la juridiction prud'homale par l'entité contrôlée des rapports du commissaire aux comptes ne faisait pas disparaître l'interdiction faite à celui-ci par l'article L 822-15 du Code de commerce.

5747 De même, le commissaire aura la possibilité de transmettre au conseil de prud'hommes les comptes annuels et le rapport sur les comptes annuels, dès lors qu'ils ont été déposés au greffe ; en effet, par leur dépôt, ils acquièrent un caractère public (Bull. CNCC n° 86-1992 p. 356).

246

© Éd. Francis Lefebvre   **STATUT DU CONTRÔLEUR LÉGAL** ▮

3. Juridictions arbitrales

Les juridictions arbitrales sont une variété de juridiction non répressive. En conséquence, le commissaire aux comptes reste lié par le secret professionnel et doit se comporter devant elles, par analogie, comme s'il se trouvait devant une juridiction civile (Étude juridique CNCC précitée § 56).

Appelé à témoigner, il a la possibilité de se présenter devant les arbitres mais ne peut répondre qu'aux questions non couvertes par le secret professionnel. Il n'est pas davantage dans le pouvoir des dirigeants de la société de le délier de son secret professionnel pour déposer devant cette instance (Bull. CNCC n° 121-2001 p. 157 et étude juridique CNCC précitée § 149).

5760

4. Juridictions disciplinaires

Les dossiers du commissaire doivent être conservés pendant 6 ans, même après cessation des fonctions. Ils sont, pour les besoins des contrôles et des enquêtes, tenus à la disposition des autorités de contrôle, qui peuvent requérir du commissaire aux comptes les explications et les justifications qu'elles estiment nécessaires concernant ces pièces et les opérations qui doivent y être mentionnées (C. com. art. R 821-68).

5770

5. Juridictions financières

Cour des comptes Les commissaires aux comptes des organismes contrôlés sont déliés du secret professionnel à l'égard des membres et personnels de la Cour des comptes mentionnés aux sections 1 à 5 du chapitre II du titre Ier du livre I du Code des juridictions financières, à l'occasion des **contrôles** que ceux-ci effectuent dans le cadre de leurs attributions (C. jur. fin. art. L 141-10 modifié par l'ordonnance 2016-1360 du 13-10-2016 modifiant la partie législative du Code des juridictions financières).

5790

> Sont ainsi **visés** le premier président, les présidents de chambre, les conseillers maîtres, les conseillers référendaires, les auditeurs, le procureur général, les magistrats de la Cour des comptes, les conseillers maîtres en service extraordinaire et les rapporteurs auprès de la Cour des comptes.
>
> Conformément à l'article 184 du décret 2017-671 du 28 avril 2017 modifiant la partie réglementaire du Code des juridictions financières, les dispositions de l'article L 141-10 sont entrées en vigueur le 1er mai 2017.

Les membres et personnels de la Cour des comptes peuvent demander aux commissaires aux comptes, y compris les commissaires aux apports et les commissaires à la fusion, tous renseignements sur les organismes, **sociétés et comptes qu'ils contrôlent** ; ils peuvent en particulier se faire communiquer les dossiers et documents établis en application des dispositions législatives et réglementaires relatives à la profession et au statut des commissaires aux comptes de sociétés (C. jur. fin. art. L 141-10, al. 1 modifié par l'ordonnance 2016-1360 du 13-10-2016).

L'article L 241-2 du même Code étend la totalité de ces pouvoirs aux magistrats et rapporteurs des chambres régionales des comptes pour l'exercice des contrôles qu'ils effectuent.

5791

Les membres et personnels de la Cour des comptes et ceux des chambres régionales des comptes peuvent donc obtenir des commissaires aux comptes, des commissaires à la fusion et des commissaires aux apports non seulement des **informations sur les organismes, les sociétés et les comptes qu'ils contrôlent** mais également leurs **rapports et dossiers de travail**.

5792

> Toutefois, ce droit d'information et de communication de documents n'est opposable qu'aux commissaires aux comptes des entités directement contrôlées par ces juridictions financières. Elles ne peuvent pas obtenir d'informations relatives à une société de droit privé en relation avec un organisme qu'elles contrôlent (Bull. CNCC n° 112-1998 p. 625). Toujours en ce sens, elles ne peuvent obtenir des compagnies régionales de commissaires aux comptes, qui ne relèvent pas du contrôle des juridictions financières, la liste des mandats détenus par leurs membres (Bull. CNCC n° 98-1995 p. 222).

Depuis l'ordonnance 2016-1360 du 13 octobre 2016, pour les **organismes et régimes de sécurité sociale** visés par l'article L 114-8 du Code de la sécurité sociale et le **fonds de réserve pour les retraites** visé par l'article L 135-6 du même code, les membres et

5800

247

STATUT DU CONTRÔLEUR LÉGAL

© Éd. Francis Lefebvre

personnels de la Cour des comptes peuvent demander aux commissaires aux comptes de ces entités tous renseignements sur celles-ci. Ils peuvent en particulier se faire communiquer, pour l'exercice comptable sous revue, les dossiers et documents établis en application des dispositions législatives et réglementaires relatives à la profession et au statut des commissaires aux comptes (C. jur. fin. art. L 141-10, al. 5).

Conformément aux dispositions de l'article R 143-23 du Code des juridictions financières, pour l'application des dispositions de l'article L 141-10, les renseignements communiqués aux membres et personnels de la Cour des comptes par les commissaires aux comptes peuvent être constitués d'attestations ou de rapports prévus par les normes d'exercice professionnel applicables à la profession de commissaire aux comptes ainsi que de tous documents établis par les commissaires aux comptes dans le cadre de leur mission légale.

Les modalités de mise en œuvre des échanges de renseignements sont définies par l'article R 143-23 du Code des juridictions financières modifié par le décret 2017-1577 du 17 novembre 2017 ainsi que par l'arrêté du 21 juin 2011.

Les **demandes** de renseignements sont effectuées **par écrit** aux commissaires aux comptes et indiquent la nature, l'étendue, la forme et le calendrier de transmission des renseignements dont les membres et personnels de la Cour des comptes estiment la communication nécessaire.

Les commissaires aux comptes indiquent par écrit aux membres et personnels de la Cour des comptes désignés à cet effet par le président de la formation compétente la nature, l'étendue, la forme et le calendrier de transmission des renseignements dont ils estiment la communication nécessaire pour l'exécution de la mission de certification des comptes prévue à l'article L 114-8 du Code de la sécurité sociale.

Les renseignements communiqués aux membres et personnels de la Cour des comptes sont couverts par le secret des investigations de la Cour des comptes conformément à l'article L 141-2. L'élaboration des demandes de renseignements fait l'objet d'une **concertation préalable** entre la Cour des comptes et les commissaires aux comptes.

Cette concertation porte notamment sur la stratégie d'audit et les seuils de signification appliqués. Elle donne lieu à l'établissement d'un relevé commun de décisions.

La loi 2019-1446 du 24 décembre 2019 complète l'alinéa 5 de l'article L 141-10 du Code des juridictions financières en indiquant que les membres et personnels de la Cour des comptes disposent également « d'une faculté identique à l'égard des commissaires aux comptes des entités qui gèrent des opérations dont l'examen est nécessaire pour apprécier la régularité, la sincérité et l'image fidèle des comptes des organismes, branches ou activités mentionnées à l'article L 132-2-1 du Code des juridictions financières » (C. jur. fin. art. L 141-10, al. 5 modifié par la loi 2019-1446 du 24-12-2019).

Le 5ᵉ alinéa de l'article L 141-10, dans sa nouvelle rédaction, s'applique aux demandes de renseignements adressées par les membres et personnels de la Cour des comptes, aux commissaires aux comptes des entités autres que les organismes mentionnés à l'article L 114-8 du Code de la sécurité sociale, le fonds mentionné à l'article L 135-6 du même code et les fédérations mentionnées à l'article L 921-4 dudit code, à compter du 1ᵉʳ octobre 2020.

5820 Les membres et personnels de la Cour des comptes sont également habilités à **communiquer aux commissaires aux comptes** des organismes et régimes de sécurité sociale visés par l'article L 114-8 du Code de la sécurité sociale « tous renseignements sur les opérations effectuées pour le compte de ces derniers par les organismes, branches ou activités visés par l'article LO 132-2-1, et sur les vérifications qu'ils ont opérées, en tant qu'ils sont utiles à leur mission légale de certification des comptes de l'exercice sous revue et sous réserve des dispositions de l'article L 120-3 du présent code. Ils disposent d'une faculté identique à l'égard des commissaires aux comptes d'autres entités dont une partie des opérations est gérée par les organismes, branches ou activités visés par l'article LO 132-2-1 du même code » (C. jur. fin. art. L 141-10, al. 6 modifié par l'ordonnance 2016-1360 du 13-10-2016).

Les **modalités d'échanges de renseignements** sont identiques à celles exposées précédemment (voir nᵒ 5800) concernant notamment la concertation préalable entre la Cour des comptes et les commissaires aux comptes, la forme écrite des demandes et les renseignements communiqués. La procédure est définie par l'article R 143-23 du Code des juridictions financières (modifié par le décret 2017-1577 du 17-11-17) :
– les renseignements communiqués aux commissaires aux comptes par les membres et personnels de la Cour des comptes peuvent être constitués de tout ou partie des communications prévues par les articles R 143-19 et R 143-20, accompagnées des éléments de réponse des destinataires de ces communications et d'une note d'analyse de ces éléments, ainsi que de tout document autre que ceux couverts par le secret des délibérations ;
– les commissaires aux comptes indiquent par écrit aux membres et personnels de la Cour des comptes désignés à cet effet par le président de la formation compétente la nature, l'étendue, la forme et le

© Éd. Francis Lefebvre   STATUT DU CONTRÔLEUR LÉGAL ▌

calendrier de transmission des renseignements dont ils estiment la communication nécessaire pour l'exécution de la mission de certification des comptes prévue à l'article L 114-8 du Code de la sécurité sociale ;
– l'élaboration de ces demandes de renseignements fait l'objet d'une concertation préalable entre la Cour des comptes et les commissaires aux comptes ;
– les renseignements communiqués aux commissaires aux comptes sont couverts par le secret professionnel applicable à ces derniers, conformément à l'article L 822-15 du Code de commerce ;
– le procureur général est tenu informé des demandes présentées par les commissaires aux comptes en application des dispositions du présent article et des réponses que le président de la formation compétente, ou le conseiller maître qu'il a désigné à cet effet, leur a apportées ;
– les organismes mentionnés à l'article LO 132-2-1 sont informés de la teneur des renseignements les concernant communiqués aux commissaires aux comptes en application de l'article R 143-23 du Code des juridictions financières.

Cour de discipline budgétaire et financière (CDBF) La Cour de discipline   **5830**
budgétaire et financière (CDBF) est une juridiction chargée de sanctionner par des amendes les infractions à l'ordre public financier commises notamment par les fonctionnaires civils et militaires, les ordonnateurs, les gestionnaires des organismes et collectivités soumis au contrôle de la Cour des comptes, ainsi que les membres de cabinets ministériels et les comptables publics (C. jur. fin. art. L 313-1 s.).
En application de l'article L 314-5 du Code des juridictions financières, le rapporteur qui instruit une affaire peut « procéder à toutes enquêtes et investigations utiles auprès de toutes administrations, se faire communiquer tous documents, même secrets, entendre ou questionner oralement ou par écrit tous témoins et toutes personnes dont la responsabilité paraîtrait engagée ».
Lorsqu'un commissaire aux comptes est invité à témoigner en application de l'article précité, la Commission des études juridiques de la CNCC estime qu'il est dans l'obligation de le faire. Il est délié du secret professionnel à l'égard du rapporteur de la CDBF (Bull. CNCC n° 169-2013 – EJ 2012-31).
Ainsi, sans que sa responsabilité soit engagée, le commissaire aux comptes peut être entendu ou questionné oralement ou par écrit en qualité de « témoin ». La CEJ considère également que le commissaire aux comptes doit apporter son témoignage concernant les travaux qu'il a réalisés et/ou les raisons qui l'ont conduit à établir, ou non, un rapport.

████ SECTION 4 ████

Publicité et sollicitations

Cette section traite de la possibilité pour le commissaire aux comptes d'avoir recours à   **5900**
la publicité (n° 5905) ainsi qu'à des sollicitations personnalisées et à la proposition de services en ligne (n° 5920).

I. Publicité

L'article 15 du Code de déontologie encadre le recours à la publicité pour un commis-   **5905**
saire aux comptes.
La publicité est ainsi permise dans la mesure où elle procure au public une nécessaire information et où les moyens utilisés à cet effet sont mis en œuvre de façon à ne pas porter atteinte à l'indépendance, à la dignité et à l'honneur de la profession, pas plus qu'aux règles du secret professionnel, à la loyauté envers les clients et les autres membres de la profession.
Les commissaires aux comptes utilisent le titre de commissaire aux comptes et le font suivre de l'indication de la compagnie régionale dont ils sont membres. Lorsqu'il présente son activité professionnelle à des tiers, par quelque moyen que ce soit, le commissaire aux comptes ne doit adopter aucune forme d'expression qui soit de nature à compromettre la dignité de sa fonction ou l'image de la profession.
Enfin, la publicité doit être exempte de tout élément comparatif (CDP art. 15).

249

II. Sollicitation personnalisée et services en ligne

5920 La sollicitation personnalisée et les propositions de services en ligne sont permises à tout commissaire aux comptes sous certaines conditions définies à l'article 16 du Code de déontologie, introduit par le décret 2020-292 du 21 mars 2020.

Ces sollicitations et propositions de services doivent ainsi procurer une **information sincère** sur la nature des missions et prestations proposées par le commissaire aux comptes et leur mise en œuvre doit respecter les **règles déontologiques** applicables à la profession, notamment les principes de dignité, de confraternité, de loyauté envers les clients et les autres membres de la profession.

En outre, elles doivent exclure tout élément comparatif ou dénigrant (CDP art. 16, I).

S'agissant plus particulièrement de la **sollicitation personnalisée**, elle ne peut être réalisée que sous la forme d'un envoi postal ou d'un courrier électronique adressé à une personne physique ou morale déterminée destinataire de l'offre de service. Le démarchage physique ou téléphonique ainsi que tout message textuel envoyé sur un terminal téléphonique mobile sont par ailleurs exclus. La sollicitation personnalisée précise les modalités de détermination des honoraires du commissaire aux comptes (CDP art. 16, II).

En ce qui concerne les **sites Internet et noms de domaine**, il est interdit (CDP art. 16, III) :

– d'utiliser des noms de domaine composés uniquement du titre de la profession ou d'un titre pouvant prêter à confusion ou de l'appellation d'une activité exercée par la profession ;

– d'avoir des encarts ou des bannières publicitaires autres que ceux de la profession ou des professions avec lesquelles le commissaire aux comptes est autorisé à s'associer.

© Éd. Francis Lefebvre

MISE EN ŒUVRE DE LA MISSION

CHAPITRE 3

Mise en œuvre de la mission

Plan du chapitre	§§

	§§
SECTION 1	
Contenu	**7100**
I. Cadre légal et réglementaire	7150
II. Classification des interventions du commissaire aux comptes	7350
A. Généralités	7350
B. Formulation de la restitution des travaux	7400
C. Tableaux de synthèse	7495
III. Caractéristiques essentielles de la mission de contrôle légal	7600
A. Obligations de l'auditeur	7650
B. Limites à la mission de l'auditeur	7750
IV. Contrôles autres que le contrôle légal	8000
A. Contrôles institutionnels	8050
B. Contrôles d'experts nommés par voie judiciaire	8350
C. Contrôles d'experts nommés conventionnellement	8500
SECTION 2	
Moyens d'action du commissaire aux comptes	**9000**
I. Accès à l'information	9100
A. Pouvoir d'investigation	9150
B. Droit à l'information	9250
C. Non-respect du droit d'accès à l'information	9400

	§§
II. Droit à rémunération	9750
A. Principes et caractéristiques de base	9800
B. Budget d'intervention	9930
1. Champ d'application du barème	9940
2. Mise en œuvre du barème	9980
3. Heures nécessaires à l'accomplissement de la mission	10000
4. Proposition de budget	10050
5. Traitement des litiges pour les missions de certification des comptes	10070
C. Facturation des honoraires	10150
D. Problèmes de recouvrement des honoraires	10175
1. Dans les entreprises en difficulté	10190
2. Autres problèmes de recouvrement des honoraires	10280
3. Conséquences	10330
SECTION 3	
Contrôle qualité	**10500**
I. Contrôle qualité interne	10550
II. Système d'assurance qualité externe	10900
A. Environnement européen	10900
B. Système d'assurance qualité externe en France	11000
1. Principes directeurs	11040
2. Principes de mise en œuvre des contrôles	11110
3. Modalités pratiques de déroulement des contrôles	11170

7000 La mise en œuvre de la mission du commissaire aux comptes passe en tout premier lieu par la définition de son **contenu**.

Conformément aux dispositions de l'article L 820-1-1 du Code de commerce :

– l'exercice de la profession de commissaire aux comptes consiste en l'exercice, par le commissaire aux comptes, de missions de contrôle légal et d'autres missions qui lui sont confiées par la loi ou le règlement (C. com. art. L 820-1-1, al. 1) ;

– un commissaire aux comptes peut, en dehors ou dans le cadre d'une mission légale, fournir des services et des attestations, dans le respect des dispositions du présent code, de la réglementation européenne et des principes définis par le Code de déontologie de la profession (C. com. art. L 820-1-1, al. 2).

Pour l'application du titre II « Des commissaires aux comptes » du livre VIII de la partie réglementaire du Code de commerce, l'article R 820-1-1, introduit par le décret du 21 mars 2020, dispose dorénavant que :

– le terme « missions » désigne les missions mentionnées au premier alinéa de l'article L 820-1-1 ;

– le terme « prestations » désigne les services et attestations fournis par un commissaire aux comptes, en dehors ou dans le cadre d'une mission légale.

251

| MISE EN ŒUVRE DE LA MISSION | © Éd. Francis Lefebvre |

La mise en œuvre de la mission de contrôle légal suppose l'obtention par le commissaire aux comptes des **moyens** nécessaires. Enfin, elle fait l'objet d'un **contrôle qualité** qui a la double vocation d'assurer sa crédibilité et de sécuriser le professionnel.

SECTION 1

Contenu

7100 Au fil du temps et des réformes, la mission du commissaire aux comptes est devenue plus complexe et a connu une extension significative de son champ d'application. Dès lors, on ne sera pas surpris que **plusieurs approches** puissent être utilisées pour mieux cerner le contenu de la mission ou, plus exactement, des missions imparties au commissaire aux comptes.

7102 Le commissaire aux comptes est un auditeur légal, ce qui implique par définition que son action résulte d'abord et avant tout de **prescriptions légales**. Celles-ci sont complétées par des **normes** d'exercice professionnel homologuées par arrêté du garde des Sceaux et par une **déontologie** professionnelle figurant dans un Code homologué par décret en Conseil d'État. La première approche du contenu de la mission du commissaire aux comptes sera réalisée à partir de ce **cadre légal et réglementaire** (voir nᵒˢ 7150 s.).

7104 Définie par les textes légaux et réglementaires et notamment les normes d'exercice professionnel, la mission d'audit légal peut également faire l'objet d'une classification **par nature d'interventions et de conclusions**. La deuxième approche du contenu de la mission sera réalisée sur la base de ces classifications (voir nᵒˢ 7350 s.).

7106 Nous retiendrons comme troisième approche du contenu de la mission la définition des **caractéristiques essentielles** de sa mise en œuvre, qui sont indissociables de l'étendue des **obligations** qui sont à la charge de l'auditeur, et les **limites** que celui-ci doit respecter (voir nᵒˢ 7600 s.).

7110 Enfin, le commissaire aux comptes n'a pas l'exclusivité du contrôle de l'entreprise : **divers organismes institutionnels, judiciaires ou contractuels** sont susceptibles de procéder à des vérifications et de s'intéresser, le cas échéant, à celles mises en œuvre par l'auditeur légal. Il a donc paru utile de dresser un panorama de ces interventions, non seulement pour bien définir en quoi leur contenu ne peut être confondu avec celui du commissariat aux comptes, mais également pour préciser les relations que les organismes intéressés sont susceptibles d'entretenir avec le contrôleur légal. Cet examen fera l'objet d'un quatrième et dernier développement (voir nᵒˢ 8000 s.).

I. Cadre légal et réglementaire

7150 En France, la mission de contrôle légal est définie par les textes légaux et réglementaires et en particulier par le Code de commerce (nᵒ 7162), par les normes d'exercice professionnel (nᵒ 7165) et par le Code de déontologie professionnelle (nᵒ 7175). Nous examinerons successivement ces référentiels avant de présenter l'évolution (nᵒ 7190) et les composantes (nᵒ 7305) de la mission dévolue au professionnel.

Textes légaux et réglementaires

7160 Le dispositif légal est à la base de l'exercice de l'audit en France, auquel il confère sa véritable dimension : en l'absence de base légale, il n'y aurait pas de « **profession** » d'auditeur légal en France, et l'audit légal serait considéré comme un usage ou une pratique privée, au lieu d'être reconnu comme une composante de la vie économique et sociale indissociable de l'ordre public.

7162 Les sources légales et réglementaires relatives au commissariat aux comptes sont diverses. Le texte de base est le **Code de commerce**, dans lequel ont été intégrés notamment la loi du

252

24 juillet 1966 sur les sociétés commerciales, qui définit les missions imparties au commissaire aux comptes, et les décrets du 23 mars 1967 sur les sociétés commerciales et du 12 août 1969 relatif à l'organisation de la profession et au statut professionnel des commissaires aux comptes (voir n° 500). Désormais, la loi 2019-486 du 22 mai 2019 relative à la croissance et à la transformation des entreprises, dite « loi Pacte », y trouve également sa place.

Outre les normes d'exercice professionnel et le Code de déontologie de la profession viennent s'ajouter à ce texte de base :
– les textes spécifiques régissant le fonctionnement des entités contrôlées ;
– les textes émanant des autorités de contrôle de certaines entités (Autorité des marchés financiers [AMF], Autorité de contrôle prudentiel et de résolution [ACPR]...) ;
– le référentiel comptable français (Plan comptable général, règlements et avis de l'Autorité des normes comptables [ANC]) ;

L'ANC est composée d'une « commission des normes comptables privées » chargée d'examiner préalablement à la délibération du collège les projets de règlement et d'avis ainsi que, le cas échéant, les projets d'étude et de recommandation. Une commission distincte est spécifiquement dédiée aux normes comptables internationales.

– le référentiel IFRS tel qu'homologué dans l'Union européenne.

Normes d'exercice professionnel

Processus d'homologation Jusqu'à l'entrée en vigueur de l'ordonnance 2016-315 du 17 mars 2016, transposant en France la réforme européenne de l'audit, les « normes d'exercice professionnel » étaient rédigées par la Compagnie nationale des commissaires aux comptes (CNCC), puis soumises, par le garde des Sceaux, à l'avis du Haut Conseil du commissariat aux comptes (H3C) avant leur homologation par arrêté du garde des Sceaux.

7165

Selon la procédure instaurée par l'ordonnance précitée, les projets de normes sont désormais **élaborés par une commission** composée à parité de membres du collège du Haut Conseil et de commissaires aux comptes (C. com. art. L 821-14 et L 821-2, III). Cette commission est placée auprès du Haut Conseil et le nombre et les modalités de désignation de ses membres ainsi que les règles relatives à son organisation et son fonctionnement sont fixés par le règlement intérieur du Haut Conseil (C. com. art. L 821-2, III).

À compter de la demande du garde des Sceaux, de l'AMF, de l'ACPR, de la CNCC ou encore de l'initiative prise par le Haut Conseil, la commission dispose d'un **délai** de quatre mois pour élaborer le projet de norme (C. com. art. L 821-14, al. 2 modifié par la loi dite Pacte du 22-5-2019 et D 821-77 créé par le décret 2019-514 du 24-5-2019). À défaut d'élaboration par la commission d'un projet de norme dans ce délai, le garde des Sceaux, ministre de la justice, peut demander au Haut Conseil de procéder à son élaboration.

La commission est composée de quatre membres du Haut Conseil et de quatre commissaires aux comptes.

Les représentants du Haut Conseil sont désignés par le collège en raison de leurs compétences, de la diversité de leur expertise et de leur disponibilité.

Les commissaires aux comptes sont désignés par la CNCC en raison de leurs compétences et de leur disponibilité. Cette désignation doit refléter la diversité de la profession en termes d'organisation et de taille des structures d'exercice professionnel et du nombre d'entités contrôlées.

La durée du mandat des membres de la commission est de trois ans renouvelable.

Les mandats des membres de la commission prennent fin lors du renouvellement du collège.

Un président et un vice-président sont désignés par les membres de la commission. Le président est choisi parmi les représentants du Haut Conseil et le vice-président parmi les commissaires aux comptes. En cas d'empêchement définitif d'un membre, de démission ou de perte de statut, un autre membre de la commission est désigné pour lui succéder, dans les mêmes conditions que son prédécesseur, pour la durée du mandat restant à courir.

Le commissaire du gouvernement assiste aux réunions de la commission en qualité d'observateur (Règl. intérieur du H3C art. 2.2).

Au vu des demandes du garde des Sceaux, ministre de la justice, de l'Autorité des marchés financiers, de l'Autorité de contrôle prudentiel et de résolution, du Haut Conseil du commissariat aux comptes, de la Compagnie nationale des commissaires aux comptes ou de sa propre initiative, la commission définit chaque année un plan d'orientation à trois ans ainsi qu'un programme de travail pour l'année à venir.

Ce plan d'orientation et ce programme de travail établis par le président et le vice-président sont soumis au Haut Conseil pour approbation.

MISE EN ŒUVRE DE LA MISSION © Éd. Francis Lefebvre

Le programme de travail annuel peut être révisé en cours d'année par la commission au vu de l'avancement des travaux et des éventuelles demandes complémentaires des personnes mentionnées au premier paragraphe du présent article. Ce programme de travail révisé est soumis au Haut Conseil pour approbation (Règl. intérieur du H3C art. 2.3).

Le **Haut Conseil**, de sa propre initiative ou à la demande du garde des Sceaux, de l'AMF, de l'ACPR, ou de la CNCC, **adopte les normes** relatives à la déontologie des commissaires aux comptes, au contrôle interne de qualité et à l'exercice professionnel, après **avis de la CNCC** rendu dans un délai d'un mois à compter de la réception des projets de normes (C. com. art. L 821-1, L 821-14 et D 821-77). À l'expiration de ce délai, l'avis est réputé rendu. Les normes sont homologuées par arrêté du garde des Sceaux, ministre de la justice (C. com. art. L 821-14).

Le délai d'un mois afin que la CNCC rende son avis sur les projets de normes est également issu des modifications apportées par la loi dite Pacte et par le décret d'application précité. Le H3C peut dorénavant adopter une norme si la CNCC n'a pas rendu son avis sur le projet de norme dans ce délai d'un mois.

Pour chaque norme, et sur décision de la commission mixte paritaire, les représentants du Haut Conseil ou les commissaires aux comptes membres de celle-ci préparent un avant-projet de norme qui est ensuite soumis à la commission, laquelle élabore un projet. Dans l'exercice de sa mission, la commission peut faire appel à des experts.

Le président de la commission paritaire transmet, pour avis, le projet de norme à la Compagnie nationale des commissaires aux comptes. Cette dernière adresse son avis au président du Haut Conseil qui adopte le projet de norme après avoir pris connaissance de cet avis. Le président du Haut Conseil transmet, pour homologation, le projet de norme adopté au garde des Sceaux, ministre de la justice (Règl. intérieur du H3C art. 2.4).

L'homologation des normes d'exercice professionnel par arrêté ministériel leur confère une **nature réglementaire** et les rend opposables aux tiers.

On rappellera, en outre, que leur non-respect est, le cas échéant, passible de poursuites et de sanctions disciplinaires. Il convient à cet égard de souligner que les normes homologuées et publiées au Journal officiel sont en général d'application immédiate, sauf précision contraire de l'arrêté d'homologation.

Les normes homologuées en vigueur sont globalement en cohérence avec les **normes internationales d'audit élaborées par l'Ifac** (*International Federation of Accountants*), dont la Compagnie nationale des commissaires aux comptes est membre.

L'Ifac est l'organisation internationale de représentation de la profession comptable. Elle est composée de 175 membres dans 130 pays et regroupe environ 3 millions de professionnels.

Elle est chargée de promouvoir l'adhésion de tous ses membres aux plus hauts standards de qualité, de faciliter la collaboration et la coopération entre les organisations membres et de servir de porte-parole de la profession à l'échelle internationale. L'Ifac est composée de plusieurs comités dont l'IAASB (*International Auditing and Assurance Standards Board*) qui élabore et publie les normes internationales d'audit ou ISA (*International Standards on Auditing*).

L'article L 821-13 du Code de commerce prévoit que les commissaires aux comptes exercent leur mission conformément aux normes internationales d'audit adoptées par la Commission européenne ainsi que, le cas échéant, aux normes françaises venant compléter ces normes. En l'absence de norme internationale d'audit adoptée par la Commission, ils se conforment aux normes adoptées par le Haut Conseil du commissariat aux comptes et homologuées par arrêté du garde des Sceaux.

À la date de mise à jour de ce Mémento, aucune norme internationale n'a été adoptée par la Commission et les commissaires aux comptes doivent donc se conformer aux normes d'exercice professionnel homologuées par le garde des Sceaux (voir ci-après n° 7166).

7166 **Adoption en Europe des normes internationales d'audit** Dans le cadre de la réforme européenne de l'audit, la directive 2014/56/UE du 16 avril 2014, modifiant la directive 2006/43/CE concernant les contrôles légaux des comptes (JOUE 2014 L 158), habilite la Commission européenne à adopter, par voie d'actes délégués, les normes internationales d'audit publiées à l'IAASB pour les rendre **applicables à toute l'Union européenne** (Dir. précitée art. 26). Les États membres ont cependant la possibilité d'appliquer des normes d'audit nationales aussi longtemps que la Commission n'a pas adopté de normes d'audit internationales portant sur la même matière.

À la date de mise à jour de ce Mémento, ce sont donc les **normes** d'exercice professionnel **françaises** qui continuent à s'appliquer en France.

La directive 2014/56/UE laisse également la possibilité aux États membres d'imposer des **procédures d'audit additionnelles** afin de répondre à des obligations légales nationales ou de renforcer la crédibilité et la qualité des états financiers.

© Éd. Francis Lefebvre   **MISE EN ŒUVRE DE LA MISSION** ▌

Le **dispositif légal français** prévoit ainsi que le Haut Conseil peut, dans des conditions définies à l'article L 821-14 du Code de commerce (voir n° 7165), imposer des procédures ou des exigences supplémentaires, si elles sont nécessaires pour donner effet aux obligations légales nationales concernant le champ d'application du contrôle légal des comptes ou pour renforcer la crédibilité et la qualité des documents comptables (C. com. art. L 821-13, II).

Ces procédures et exigences supplémentaires sont communiquées à la Commission européenne au moins trois mois avant leur entrée en vigueur. Si elles sont déjà en vigueur à la date de l'adoption de la norme internationale qu'elles complètent, la Commission européenne en est informée dans les trois mois suivant cette date (C. com. art. L 821-13, II).

État d'avancement du processus d'homologation
7167

Au 1er juillet 2021, quarante normes d'exercice professionnel ont été homologuées par le garde des Sceaux et directement intégrées dans le corpus normatif en lieu et place des normes du référentiel de juillet 2003.

On rappelle que, depuis le 2 mai 2007, les normes incluses dans le référentiel de juillet 2003 de la CNCC ont seulement valeur de doctrine, à condition d'être en ligne avec les évolutions légales et réglementaires intervenues depuis la LSF.

Pour le détail des normes d'exercice professionnel homologuées, voir tableau n° 7495.

Les quarante normes d'exercice professionnel homologuées comprennent :
– trente-six normes portant sur l'audit des comptes mis en œuvre dans le cadre de la certification des comptes ;
– une norme portant sur l'examen limité de comptes intermédiaires dans un cadre légal ou réglementaire ;
– trois normes portant sur les interventions réalisées en application d'autres dispositions légales et réglementaires : NEP 9510 sur le rapport de gestion, les autres documents sur la situation financière et les comptes et les informations relevant du rapport sur le gouvernement d'entreprise, NEP 9520 sur les diligences du commissaire aux comptes relatives aux comptes annuels et consolidés présentés selon le format d'information électronique unique européen, NEP 9605 relative à la lutte contre le blanchiment des capitaux et le financement du terrorisme.

Principes d'élaboration des normes d'exercice professionnel
7169

Les normes d'exercice professionnel posent un ensemble de règles propres à garantir le **bon exercice de la mission** en utilisant les meilleures pratiques reconnues aux niveaux européen et international. Elles permettent au praticien de trouver, dans une doctrine émanant d'une commission paritaire (voir n° 7165), les critères d'appréciation nécessaires à l'exécution de ses diligences. Elles complètent et précisent les règles légales qui ne définissent pas toujours les principes et conditions de mise en œuvre des missions. Les normes expriment la position de la profession quant à l'exercice de sa mission par un **professionnel raisonnablement diligent**. Leur respect est primordial : le processus d'homologation des normes professionnelles, qui étaient de plus en plus souvent prises en compte par le juge dans la formation de son opinion, leur confère ipso facto une valeur réglementaire dont les tribunaux ne pourront plus s'abstraire pour apprécier si le commissaire aux comptes a fait preuve de diligence ou au contraire de négligence dans l'exercice de sa mission.

La loi ainsi que les recommandations et usages de la profession énoncent les principes de comportement que doit respecter un commissaire aux comptes. La faute s'apprécie par rapport à un professionnel normalement compétent, prudent, attentif et diligent qui, dans les mêmes circonstances, ne l'aurait pas commise (CA Caen 24-10-2000 : Bull. CNCC n° 120-2000 p. 546). De même, la responsabilité d'un commissaire aux comptes a été mise en cause pour ne pas avoir effectué de contrôles suffisants au regard des normes professionnelles notamment pour l'appréciation du contrôle interne de la société (Cass. com. 15-1-2002 : Bull. CNCC n° 125-2002 p. 61).

A été reconnu responsable d'une perte de chance subie par la société le commissaire aux comptes qui, « en certifiant de façon hâtive et fautive les comptes de la société alors qu'un examen sérieux et conforme aux normes professionnelles l'eût conduit à formuler des réserves », a privé la société d'une chance de mettre fin dans les meilleurs délais aux exactions de son dirigeant et d'éviter ainsi le renouvellement des détournements (CA Paris 7-2-1997 : Bull. CNCC n° 106-1997 p. 257).

Dans une délibération du 3 janvier 2006, le Haut Conseil a défini **certains principes** qu'une norme doit selon lui respecter :
– maintenir la conformité du référentiel normatif français au référentiel international de l'Ifac, dont la profession française est membre ;

255

MISE EN ŒUVRE DE LA MISSION   © Éd. Francis Lefebvre

– rédiger les normes d'une façon claire et compréhensible pour tous, et sous une forme plus juridique ;
– rappeler en introduction les principes ;
– définir les concepts clés ;
– ne pas inclure d'annexe (ni de modèles de rapports).

Les normes d'exercice professionnel homologuées prennent en compte le modèle IAASB **d'approche par les risques.**

Dans sa documentation, la Compagnie nationale des commissaires aux comptes adjoint aux nouvelles normes homologuées l'acronyme « NEP » (norme d'exercice professionnel), suivi d'un numéro qui correspond au numéro de la norme internationale dont la NEP est issue, lorsqu'une norme internationale existe.

7170   Notes d'information publiées par la CNCC Au 1er juillet 2021 ont été publiées par la CNCC huit notes d'information (NI) précisant les modalités pratiques de mise en œuvre des normes d'exercice professionnel :

– la NI. I « Les rapports du commissaire aux comptes sur les comptes annuels et consolidés » (décembre 2018) qui précise les modalités pratiques de mise en œuvre de la NEP 700 « Rapport du commissaire aux comptes sur les comptes annuels et consolidés », des NEP 701 et NEP 702 « Justification des appréciations » ainsi que de la NEP 9510 « Travaux du commissaire aux comptes relatifs au rapport de gestion et aux autres documents adressés aux membres de l'organe appelé à statuer sur les comptes en application de l'article L 823-10 du Code de commerce » ;
– la NI. II « Le commissaire aux comptes et les événements postérieurs à la clôture » (janvier 2021) qui précise les modalités pratiques de mise en œuvre de la NEP 560 « Événements postérieurs à la clôture » ;
– la NI. IV « Le commissaire aux comptes et les déclarations de la direction » (juin 2010) qui précise les modalités pratiques de mise en œuvre de la NEP 580 « Déclarations de la direction » ;
– la NI. VII « Le commissaire aux comptes et les demandes de confirmation des tiers » (décembre 2010) qui précise les modalités pratiques de mise en œuvre de la NEP 505 « Demande de confirmation des tiers » ;
– la NI. VIII « Le commissaire aux comptes et les procédures analytiques » (décembre 2010) qui précise les modalités pratiques de mise en œuvre de la NEP 520 « Procédures analytiques » ;
– la NI. X « Le commissaire aux comptes et les changements comptables » (juin 2011) qui précise les modalités pratiques de mise en œuvre de la NEP 730 « Changements comptables » ;
– la NI. XI « Le commissaire aux comptes et l'audit des comptes consolidés » (octobre 2012) qui précise les modalités pratiques de mise en œuvre de la NEP 600 « Principes spécifiques applicables à l'audit des comptes consolidés » ;
– la NI. XVI « Le commissaire aux comptes et les attestations » (décembre 2012).

Ces notes d'information constituent des **guides pratiques**, qui ne peuvent en aucun cas se substituer aux normes d'exercice professionnel (Avis du H3C du 21-12-2007).

La CNCC a par ailleurs publié des notes d'information relatives à des interventions légales qui ne font pas l'objet de normes d'exercice professionnel :

– NI. III « La continuité d'exploitation de l'entité : prévention et traitement des difficultés – Alerte du commissaire aux comptes » (janvier 2020) ;
– NI. V « Les interventions du commissaire aux comptes relatives aux opérations concernant le capital social et les émissions de valeurs mobilières » – Tome 1 « Réduction du capital » (décembre 2011) – Tome 2 « Libération d'une augmentation de capital par compensation avec des créances » (décembre 2011) – Tome 3 « Augmentation du capital par émission d'actions ordinaires avec suppression du droit préférentiel de souscription » (septembre 2015) – Tome 4 « Régime d'accès au capital en faveur des salariés » (avril 2016) – Tome 5 « Émission d'actions de préférence » (juin 2016) – Tome 6 « Émission de valeurs mobilières complexes » (septembre 2015) ;
– NI. VI « Les commissaires aux comptes et la transformation des sociétés » (juillet 2018) ;
– NI. IX « Le rapport spécial du commissaire aux comptes sur les conventions et engagements réglementés » (février 2018) ;
– NI. XII « Le commissaire aux comptes et les opérations relatives aux dividendes » (octobre 2012) ;
– NI. XV « Le commissaire aux comptes et l'approche par les risques » (décembre 2016) ;
– NI. XVI « Le commissaire aux comptes et les attestations » (décembre 2012) ;
– NI. XVII « Les interventions du commissaire aux comptes relatives au prospectus » (juillet 2015) ;
– NI. XVIII « Vérifications spécifiques – Le commissaire aux comptes et les diligences relatives au rapport de la gestion, aux autres documents sur la situation financière et les comptes et aux informations relevant du rapport sur le gouvernement d'entreprise adressés aux membres de l'organe appelé à statuer sur les comptes » (décembre 2018) ;
– NI. XIX « Le commissaire aux comptes et l'audit d'une entité ayant recours aux services d'un centre de services partagés au sein d'un groupe » (septembre 2018).

Ces notes d'information permettent de mieux appréhender les divers aspects de ces interventions et d'en faciliter la réalisation ; elles n'ont pas valeur normative mais bénéficient de l'autorité attachée à la doctrine de l'institution.

Cas particulier des normes d'audit dans les petites entreprises Pour la certification des comptes des petites entreprises, le commissaire aux comptes **applique les normes de manière proportionnée** à la taille de la personne ou de l'entité et à la complexité de ses activités dans des conditions fixées par le Haut Conseil (C. com. art. L 821-13, III introduit par l'ord. 2016-315 du 17-3-2016).

7174

> Cette disposition a été introduite par l'ordonnance 2016-315 du 17 mars 2016 à la suite de la transposition de réforme européenne de l'audit. Elle s'applique depuis le 17 juin 2016 pour la certification des comptes des petites entreprises visées par le 2 de l'article 3 de la directive 2013/34, à savoir les entreprises qui, à la date de clôture du bilan, ne dépassent pas les limites chiffrées d'au moins deux des trois critères suivants :
> a) total du bilan : 4 000 000 € ;
> b) chiffre d'affaires net : 8 000 000 € ;
> c) nombre moyen de salariés au cours de l'exercice : 50.

La **loi** 2019-486 du 22 mai 2019, dite **Pacte**, et le décret 2019-514 du 24 mai 2019 ont introduit des seuils de désignation obligatoire d'un commissaire aux comptes, en s'alignant sur les seuils fixés au niveau européen rappelés ci-dessus et prévoient par ailleurs un nouveau dispositif concernant les « petits groupes » (voir nos 1871 s.).

L'article L 823-12-1 du Code de commerce, modifié par la loi Pacte, définit pour le commissaire aux comptes une **nouvelle mission légale** optionnelle dans les petites entreprises, avec une durée de mandat limitée à trois exercices, l'introduction d'un nouveau rapport sur les risques et la suppression des diligences relatives à certaines vérifications spécifiques : cette mission est communément désignée comme « **mission Alpe** » (audit légal des petites entreprises). La mission Alpe est une **possibilité** offerte aux sociétés non tenues de désigner un commissaire aux comptes ou aux sociétés tenues d'en nommer un, en application du nouveau dispositif légal dit « des petits groupes ». Les diligences et le formalisme qui s'attachent à cette mission ont été définis par une nouvelle norme d'exercice professionnel, la NEP 911, homologuée par arrêté du 6 juin 2019.

Par ailleurs, une nouvelle NEP (NEP 912) définit les diligences proportionnées aux « petites entreprises » que le commissaire aux comptes accomplit lorsqu'il est désigné par une telle entreprise pour un mandat de six exercices.

Pour plus de détails sur la mission du commissaire aux comptes dans les petites entreprises, voir nos 47000 s.

> À la date de mise à jour de ce Mémento, l'IAASB a publié un projet de norme internationale relative à l'audit des entités moins complexe qui vise à rationaliser en une norme unique simple l'application de ce principe de proportionnalité d'un audit.

Code de déontologie de la profession

Le Code de déontologie définit la déontologie à laquelle est soumis le commissaire aux comptes dans l'exercice de son activité professionnelle, quelle que soit la nature des missions ou des prestations qu'il fournit. Ses dispositions s'imposent à tout commissaire aux comptes, quel que soit son mode d'exercice.

7175

Il a été modifié par le décret 2020-292 du 21 mars 2020 afin de prendre en considération les évolutions introduites par la loi dite Pacte s'agissant des services interdits ou des services et attestations pouvant être fournis par le commissaire aux comptes en dehors d'une mission légale. Pour l'application du Code de déontologie, deux nouvelles terminologies sont dorénavant définies :

– le terme « **missions** » désigne les missions de contrôle légal et les autres missions confiées par la loi ou le règlement au commissaire aux comptes ;

– le terme « **prestations** » désigne les services et attestations fournis par un commissaire aux comptes, en dehors ou dans le cadre d'une mission légale.

> Cette distinction entre les « missions » et les « prestations » fait référence aux articles L 820-1-1 et R 820-1-1 du Code de commerce (voir n° 7000). Seule la mission de contrôle légal est détaillée dans le présent chapitre.

MISE EN ŒUVRE DE LA MISSION   © Éd. Francis Lefebvre

7178 Le Code de déontologie modifié par le décret 2020-292 du 21 mars 2020 comporte désormais **deux parties** :

– le titre I traite des **dispositions communes** applicables aux commissaires aux comptes dans l'exercice de leur **activité professionnelle**. Ces dispositions s'appliquent donc quelle que soit la nature des missions et prestations réalisées par le commissaire aux comptes. Le titre I se subdivise en cinq sections :

• la section 1 « **Principes fondamentaux de comportement** » regroupe les articles relatifs à l'intégrité (art. 3), l'impartialité (art. 4), l'indépendance et la prévention des conflits d'intérêts (art. 5), l'esprit critique (art. 6), la compétence et la diligence (art. 7), la confraternité (art. 8), le secret professionnel et la discrétion (art. 9),

• la section 2 « **Conduite de la mission ou de la prestation** » regroupe les articles relatifs au recours à des collaborateurs et experts (art. 10) et la fin de la mission ou de la prestation (art. 11),

• la section 3 « **Honoraires** » décrit le principe général (art. 12), les honoraires subordonnés (art. 13) et les interdictions des sollicitations et des cadeaux (art. 14),

• la section 4 « **Publicité, sollicitation personnalisée et services en ligne** » regroupe les articles relatifs à la publicité (art. 15) et les sollicitations personnalisées et propositions de services en ligne (art. 16),

• la section 5 « **Limitations et interdictions** » traite des monopoles des autres professions, des consultations juridiques et des rédactions d'actes (art. 17) ;

– le titre II est consacré aux **dispositions complémentaires** applicables aux commissaires aux comptes dans l'exercice de leur activité professionnelle pour le compte de la personne ou de l'entité dont ils **certifient les comptes**. Ces dispositions s'appliquent donc au commissaire aux comptes lorsqu'il réalise une mission de certification des comptes ainsi qu'une autre mission ou une prestation pour l'entité dont il certifie les comptes. Le titre II se subdivise en cinq sections :

• la section 1 « **Interdictions et situations à risque et mesures de sauvegarde** » traite des services interdits pour la certification des comptes d'une EIP (art. 18), de l'identification et du traitement des risques (art. 19) et des risques liés aux fusions et acquisitions intéressant la personne ou l'entité dont les comptes sont certifiés (art. 20),

• la section 2 « **Acceptation, conduite et maintien de la mission du commissaire aux comptes** » regroupe les articles du code relatifs à l'acceptation d'une mission de contrôle légal (art. 21), l'identification et la prévention des risques liés aux missions ou prestations antérieures à la mission de contrôle légal (art. 22), la conduite de la mission (art. 23), l'exercice de la mission de contrôle légal par plusieurs commissaires aux comptes (art. 24), la poursuite et le renouvellement du mandat de contrôle légal (art. 25), la succession entre confrères (art. 26), l'information sur la date de fin de mandat (art. 27) et la démission (art. 28),

• la section 3 « **Exercice en réseau** » regroupe les articles relatifs à l'appartenance à un réseau (art. 29) et l'organisation spécifique du commissaire aux comptes membre d'un réseau (art. 30),

• la section 4 « **Liens personnels, financiers et professionnels** » regroupe la définition des membres de la direction et des personnes réputées exercer des fonctions dites sensibles (art. 31), les incompatibilités résultant de liens personnels (art. 32), de liens financiers (art. 33) et de liens professionnels (art. 34),

• la section 5 « **Honoraires** » comprend les articles relatifs à l'indépendance financière (art. 36) et l'information sur les honoraires (art. 37).

En outre, à la date de mise à jour de ce Mémento, le H3C a annoncé que des **normes de déontologie** étaient en cours d'élaboration afin de sécuriser les interventions du commissaire aux comptes et de définir les principes de mise en œuvre opérationnelle de l'approche dite risque/sauvegarde prévue par le Code de déontologie et destinée à prévenir la compromission de l'indépendance du commissaire aux comptes.

Évolution du contenu de la mission

7190 Initialement limitées à la certification des comptes annuels, les composantes de la mission du commissaire aux comptes se sont diversifiées en raison du développement économique, de l'intérêt accru porté par les partenaires des entités contrôlées et par les tiers aux comptes annuels et aux informations financières, du besoin d'obtenir une garantie de fiabilité et de transparence des informations communiquées par ces entités. Cette évolution s'est manifestée par un élargissement du nombre et de la nature des entités soumises au contrôle légal, du champ des informations vérifiées et des personnes ou organismes qui bénéficient potentiellement des travaux du commissaire.

L'application à tous les commissaires aux comptes des **règles prévues en matière de statut et de responsabilité du contrôleur légal** ne soulève pas de difficultés particulières depuis la transposition de l'ensemble de ces règles dans le titre II du livre VIII du Code de commerce.

7212

Sont applicables à tous les commissaires aux comptes, quelle que soit la personne ou l'entité dans laquelle ils sont nommés, **que leur nomination soit volontaire ou facultative** :

– l'obligation d'inscription du commissaire aux comptes sur la liste prévue à l'article L 822-1 du Code de commerce et l'obligation de prêter serment (C. com. art. L 822-3) ;

– les conditions à remplir par les sociétés de commissaires aux comptes pour être valablement constituées et les règles de fonctionnement de ces sociétés (C. com. art. L 822-9) ;

– les règles d'incompatibilité définies aux articles L 822-10 et L 822-11-3 du Code de commerce ainsi que les règles d'interdiction légale (C. com. art. L 822-12 et L 822-13). Concernant les services interdits au commissaire aux comptes et au réseau auquel il appartient, l'article L 822-11 du Code de commerce modifié par la loi dite Pacte du 22 mai 2019 fait une distinction entre les commissaires aux comptes certifiant les comptes d'une EIP et ceux certifiant les comptes d'une entité qui n'est pas une EIP (C. com. art. L 822-11) ;

L'obligation de rotation, à l'expiration du sixième exercice, s'applique quant à elle à tout commissaire aux comptes personne physique ou aux personnes mentionnées au premier alinéa de l'article L 822-9, dans une société de commissaires aux comptes certifiant les comptes entités d'intérêt public, des personnes et entités mentionnées à l'article L 612-1 et des associations mentionnées à l'article L 612-4 dès lors qu'elles font appel public à la générosité au sens de l'article 3 de la loi 91-772 du 7 août 1991 (C. com. art. L 822-14 modifié par l'ordonnance 2016-315 du 17-3-2016).

– l'obligation au secret professionnel (C. com. art. L 822-15, al. 1) ;

– la responsabilité pour les fautes commises dans l'exercice de leurs fonctions, sauf information ou divulgation de faits dans le cadre de la procédure d'alerte (C. com. art. L 822-17) ;

– la prescription triennale de l'action en responsabilité sauf en cas de crime, pour lequel la prescription est de dix ans (C. com. art. L 822-18) ;

– l'obligation de nommer un commissaire aux comptes suppléant lorsque le commissaire aux comptes titulaire est une personne physique ou une société unipersonnelle ainsi que les modalités d'entrée en fonctions de ce commissaire (C. com. art. L 823-1, al. 2) ;

– l'obligation de nommer deux commissaires aux comptes dans les sociétés soumises à l'obligation de publier des comptes consolidés (C. com. art. L 823-2) ;

– la durée des fonctions du commissaire (principe de nomination pour six exercices avec, par dérogation et dans certaines conditions, la possibilité de réduire la durée du mandat à trois exercices ; C. com. art. L 823-3 et L 823-3-2) ;

Le fait que la nomination intervienne pour six exercices n'implique cependant pas obligatoirement que le mandat soit mené à son terme en toutes circonstances (voir n° 2470).

La possibilité de réduire la durée du mandat du commissaire aux comptes à trois exercices, introduite par la loi dite Pacte du 23 mai 2019, est limitée aux cas définis par l'article L 823-3-2 du Code de commerce : voir n° 2185.

La durée maximale cumulée des mandats des commissaires aux comptes définie à l'article L 823-3-1 du Code de commerce ne s'applique que pour la certification des EIP.

– la possibilité pour un actionnaire de faire nommer en justice un commissaire aux comptes en cas d'omission de l'assemblée (C. com. art. L 823-4) ;

– la possibilité, pour des actionnaires ou associés représentant au moins 5 % du capital ou pour une association relevant de l'article L 22-10-44 du Code de commerce dans les sociétés dont les actions sont admises aux négociations sur un marché réglementé, pour le comité d'entreprise, le ministère public ou l'AMF, de demander la récusation du commissaire désigné par l'assemblée pour juste motif, le commissaire nommé en justice poursuivant sa mission jusqu'à l'entrée en fonctions du commissaire désigné par l'assemblée générale (C. com. art. L 823-6 et L 22-10-67) ;

Les dispositions de l'article L 823-6 du Code de commerce n'ont pas été modifiées afin de tenir compte du remplacement du comité d'entreprise par le comité social et économique. Sur l'application de cette disposition au comité social et économique des entreprises, voir Mémento Sociétés commerciales n° 77711.

– les conditions de relèvement judiciaire des fonctions du commissaire aux comptes (C. com. art. L 823-7) ;

MISE EN ŒUVRE DE LA MISSION   © Éd. Francis Lefebvre

– le droit du commissaire d'être entendu en cas de non-renouvellement de son mandat (C. com. art. L 823-8) ;
– les sanctions prévues à l'article L 824-2 à raison des fautes disciplinaires commises par les commissaires aux comptes (C. com. art. L 824-1 et L 824-2).

7215 De même, depuis l'ordonnance du 8 septembre 2005, l'extension à tous les commissaires aux comptes et à toutes les personnes et entités des **règles relatives au contenu de la mission** s'impose de manière claire, tout du moins lorsque la mission dévolue au commissaire aux comptes inclut la certification des comptes.

7218 Lorsque la mission inclut la **certification des comptes** :
a) L'ensemble des **dispositions** visant le contenu de la mission incluses dans le titre II du Code de commerce, notamment l'article L 823-9 relatif à la certification, **s'applique au commissaire aux comptes**, « nonobstant toute disposition contraire », dès lors que ces dispositions peuvent être transposées à la personne ou l'entité concernée. Sont visés :
– les dispositions ayant trait à la certification des comptes annuels et consolidés (C. com. art. L 823-9), au contrôle permanent de la conformité de la comptabilité aux règles en vigueur, au contrôle des documents adressés aux actionnaires, et notamment du rapport de gestion (C. com. art. L 823-10), à l'absence de garantie sur la viabilité ou la qualité de la gestion de l'entité contrôlée (C. com. art. L 823-10-1) et au contrôle de l'égalité entre les actionnaires (C. com. art. L 823-11) ;
– les pouvoirs d'investigation et le droit de se faire assister par des collaborateurs et experts définis à l'article L 823-13 du Code de commerce ;
– le devoir de communication vis-à-vis de l'organe chargé de l'administration ou de l'organe chargé de la direction et de l'organe de surveillance ainsi que, le cas échéant, du comité spécialisé (C. com. art. L 823-16) ;
– l'obligation de signaler les irrégularités à la plus prochaine assemblée générale, de révéler les faits délictueux et de mettre en œuvre les obligations relatives à la lutte contre le blanchiment des capitaux et le financement du terrorisme (C. com. art. L 823-12).
Ces dispositions s'appliquent également lorsque le commissaire aux comptes intervient dans le cadre de la mission dite Alpe et qu'il est désigné pour une durée de trois exercices.

7220 b) De même, l'ensemble des **autres dispositions** concernant le contenu de la mission incluses dans les articles L 820-3-1 et L 823-1 à L 823-18 du Code de commerce **s'applique aux personnes et entités soumises au contrôle légal**, sous réserve des dispositions qui leur sont propres. Sont visés :
– la nullité des assemblées en cas d'omission ou de désignation irrégulière des commissaires aux comptes (C. com. art. L 820-3-1) ;
– le principe de désignation des commissaires aux comptes par l'assemblée générale ordinaire, sauf dans le cas particulier de la constitution (C. com. art. L 823-1, I, al. 1) ;

Depuis le 17 juin 2016, des dispositions spécifiques s'imposent par ailleurs aux entités d'intérêt public concernant la désignation des commissaires aux comptes et elles sont définies par l'article 16 du règlement européen 537/2014 du 16 avril 2014 (C. com. art. L 823-1, II).

– depuis le 17 juin 2016, le fait que toute clause contractuelle qui limite le choix de l'assemblée générale ou de l'organe compétent à certaines catégories ou listes de commissaires aux comptes est réputée non écrite (C. com. art. L 823-1, I, al. 5) ;
– le respect des droits d'investigation du commissaire aux comptes visé à l'article L 823-14 du Code de commerce ;
– la prise en charge des honoraires du commissaire et l'application des règles relatives aux litiges sur le montant des honoraires (C. com. art. L 823-18, I et L 823-18-1) ;
– les sanctions prévues à l'article L 824-2 du Code de commerce pour les personnes physiques et morales visées au II de l'article L 824-1 à raison des manquements définis à l'article précité : pour plus de détails, voir nos 15030 s.

Mission de contrôle légal

7305 **Contrôle des comptes** La mission de contrôle des comptes recouvre la certification des comptes et l'examen limité de comptes intermédiaires dans les entités concernées. La **certification des comptes** porte à la fois sur les comptes annuels et sur les comptes consolidés.

MISE EN ŒUVRE DE LA MISSION

« Les commissaires aux comptes certifient, en justifiant de leurs appréciations, que les comptes annuels sont réguliers et sincères et donnent une image fidèle du résultat des opérations de l'exercice écoulé ainsi que de la situation financière et du patrimoine de la personne ou de l'entité à la fin de cet exercice.

Lorsqu'une personne ou entité établit des comptes consolidés, les commissaires aux comptes certifient, en justifiant de leurs appréciations, que les comptes consolidés sont réguliers et sincères et donnent une image fidèle du patrimoine, de la situation financière ainsi que du résultat de l'ensemble constitué par les personnes ou des entités comprises dans la consolidation (C. com. art. L 823-9, al. 1 et 2). »

Le commissaire aux comptes certifie les comptes annuels et consolidés au regard de leur régularité, de leur sincérité et de l'image fidèle qu'ils donnent du patrimoine, de la situation financière et du résultat de la personne ou de l'entité ou de l'ensemble constitué par les personnes ou des entités consolidées.

7308 La certification des **comptes consolidés** s'impose au commissaire aux comptes dès lors que ceux-ci sont établis et font l'objet d'une communication.

En revanche, cette obligation tombe lorsqu'il n'y a pas d'obligation d'établir des comptes consolidés et que ces comptes ne sont pas publiés (voir n°s 45310 s.).

Pour plus de détails sur les entités soumises à l'obligation d'établir des comptes consolidés et les cas d'exemption, voir respectivement n°s 45015 s. et n°s 45055 s.

7309 Le commissaire aux comptes d'une entité peut également être conduit à mener, en application de dispositions légales ou réglementaires, un **examen limité de comptes intermédiaires.**

Cette intervention est détaillée aux n°s 49700 s.

7310 **Vérifications spécifiques annuelles** Les vérifications spécifiques annuelles sont des diligences auxquelles le commissaire aux comptes doit satisfaire en application de dispositions légales ou réglementaires particulières indépendamment de la survenance de tout événement ou de toute opération dans l'entité.

Lorsque le commissaire aux comptes est **nommé sur six exercices**, les vérifications spécifiques annuelles comprennent :

– le contrôle des **documents remis aux actionnaires** : rapport de gestion, rapport sur le gouvernement d'entreprise, autres éléments remis lors de l'assemblée générale d'approbation des comptes sociaux, etc. ;

– le contrôle des **documents relatifs à la prévention des difficultés** des entreprises ;

– le contrôle des **conventions réglementées** ;

– le contrôle des informations périodiques à la charge des sociétés cotées ;

– des contrôles divers portant notamment sur : l'égalité entre les actionnaires, les prises de participation et de contrôle, les actions d'administrateurs ou des membres du conseil de surveillance, les rémunérations les plus élevées, les sommes ouvrant droit aux déductions fiscales visées à l'article 238 bis du CGI, le respect par l'entité de ses obligations en matière de délai de paiement, l'identité des actionnaires, etc.

Ces vérifications sont détaillées aux n°s 50155 s.

On précisera que le Haut Conseil considère que les travaux mis en œuvre par le commissaire aux comptes dans le cadre du contrôle des conventions réglementées, du rapport de gestion et du rapport financier annuel sont considérés comme des **services autres que la certification des comptes (SACC) requis par la législation,** ces travaux étant expressément confiés au commissaire aux comptes par la législation mais n'étant pas strictement nécessaires à l'émission de l'opinion sur les comptes et ne contribuant pas à réduire les travaux nécessaires à la certification des comptes.

Sur l'impact de la notion de SACC requis par la législation pour une EIP en termes d'approbation par le comité d'audit et de limitation des honoraires relatifs aux SACC, voir respectivement n° 3781 et n° 3788.

Lorsque la durée de son **mandat est limitée à trois exercices** conformément aux dispositions de l'article L 823-2-2 du Code de commerce, le commissaire aux comptes est dispensé des vérifications spécifiques mentionnées à l'article L 823-12-1 : voir n°s 48350 s.

7311 **Rapport sur les risques** Lorsque la durée du mandat du commissaire aux comptes est limitée à trois exercices, sa mission comprend également l'établissement d'un rapport identifiant les risques financiers, comptables et de gestion auxquels est exposée la société (voir n°s 48050 s.).

MISE EN ŒUVRE DE LA MISSION © Éd. Francis Lefebvre

7312 **Interventions liées à des faits ou à des opérations** Les interventions liées à des faits ou à des opérations résultent de la prise en compte par le législateur des risques attachés à certaines opérations, ou à des circonstances particulières ou enfin aux caractéristiques de certaines entités. Elles correspondent à la prise en compte croissante par le législateur du caractère d'utilité publique de la mission du commissaire aux comptes. Elles comprennent :

– des interventions consécutives à des **opérations décidées par la société**, comme celles mises en œuvre en cas d'opérations sur capital, d'opérations sur titres, d'émission de valeurs mobilières, de transformation, de distribution d'acomptes sur dividende, etc. ;

– des interventions consécutives à des **faits** survenant dans l'entité, tels que le signalement des irrégularités et inexactitudes, la révélation de faits délictueux, le déclenchement de la procédure d'alerte, la convocation de l'assemblée générale en cas de carence des dirigeants, la déclaration de soupçon en matière de blanchiment, le visa de déclarations de créances, l'intervention consécutive à une demande d'information du comité social et économique, l'information des autorités de contrôle de certaines entités, etc.

Ces vérifications sont détaillées aux n°s 61200 s. pour les interventions liées à des faits et aux n°s 56600 s., 58500 s. et 60100 s. pour les interventions liées à des opérations mises en œuvre par l'entité.

Comme précisé supra, selon le Haut Conseil, dès lors que la réalisation de l'intervention, d'une part, est expressément et exclusivement confiée au commissaire aux comptes par la législation nationale ou par des dispositions européennes ayant un effet direct dans le droit national et, d'autre part, n'est pas strictement nécessaire à l'émission de son opinion sur les comptes, alors cette intervention peut être considérée comme un **SACC requis par les textes** (FAQ H3C sur l'application des nouvelles dispositions encadrant le contrôle légal des comptes – juillet 2019 § 4). Tel est le cas, par exemple, des travaux mis en œuvre dans le cadre de la révélation des faits délictueux, de la lutte contre le blanchiment des capitaux ou au titre de la procédure d'alerte.

S'agissant de l'impact de ce classement en SACC requis par la législation sur l'approbation par le comité d'audit et sur la limitation des honoraires relatifs aux SACC pour une EIP, voir respectivement n°s 3781 et 3788.

SACC non requis par la législation

7315 Le commissaire aux comptes d'une entité peut fournir des « services autres que la certification des comptes » (SACC) autres que ceux requis par la législation nationale ou la législation européenne, sous réserve que leur fourniture ne contrevienne pas aux dispositions régissant l'exercice du commissariat aux comptes et notamment aux règles d'indépendance.

Ainsi, lorsque le commissaire aux comptes certifie les comptes d'une entité d'intérêt public, il lui est interdit de fournir directement ou indirectement à cette entité, et aux personnes ou entités qui la contrôlent ou qui sont contrôlées par elle au sens des I et II de l'article L 233-3 et dont le siège social est situé dans l'Union européenne, les services mentionnés au paragraphe 1 de l'article 5 du règlement 537/2014 du 16 avril 2014 (C. com. art. L 822-11, II ; voir n°s 3744 s.).

En outre, une approche risque/sauvegarde s'applique concernant les services qui ne sont pas dans la liste des services interdits par le règlement européen afin d'analyser les risques de perte d'indépendance et/ou d'autorévision ainsi que les mesures de sauvegarde pouvant être mises en œuvre : voir n° 3755.

Pour les EIP, les SACC doivent par ailleurs faire l'objet d'un processus d'approbation par le comité d'audit et du respect du plafonnement des honoraires relatifs à ces services (C. com. art. L 822-11-2 ; voir n° 26470).

S'agissant du dispositif spécifique mis en place dans les groupes concernant l'approbation par le comité d'audit, voir également n° 26470.

Par ailleurs, il est interdit au commissaire aux comptes d'accepter ou de poursuivre une mission de certification auprès d'une personne ou d'une entité qui n'est pas une entité d'intérêt public lorsqu'il existe un risque d'autorévision ou que son indépendance est compromise et que des mesures de sauvegarde appropriées ne peuvent être mises en œuvre (C. com. art. L 822-11, III ; voir n°s 3748 s.).

Services et attestations fournis en application de l'article L 820-1-1

7320 Enfin, depuis le 24 mai 2019, l'article L 820-1-1 du Code de commerce introduit par la loi dite Pacte dispose : « L'exercice de la profession de commissaire aux comptes consiste

262

en l'exercice, par le commissaire aux comptes, de missions de contrôle légal et d'autres missions qui lui sont confiées par la loi ou le règlement. Un commissaire aux comptes peut, **en dehors ou dans le cadre d'une mission légale**, fournir des services et des attestations, dans le respect des dispositions du présent code, de la réglementation européenne et des principes définis par le Code de déontologie de la profession. »

Les attestations et autres missions visées à l'article L 820-1-1 précité peuvent ainsi être réalisées par le commissaire aux comptes en dehors de tout mandat de certification des comptes, à savoir dans des entités dont il ne certifie pas les comptes, et sont donc de nature contractuelle (pour plus de détails sur ces prestations, voir nᵒˢ 75000 s.).

Aucune norme d'exercice professionnel ne vient encadrer ces prestations.

Les dispositions du **titre I du Code de déontologie** s'appliquent au commissaire aux comptes réalisant une prestation en dehors de toute mission légale que ce soit concernant :
– les principes fondamentaux de comportement (intégrité, impartialité, indépendance et conflits d'intérêts, esprit critique, compétence et diligence, confraternité, secret professionnel et discrétion) ;
– la conduite de la prestation (recours à des collaborateurs, fin de prestation) ;
– les honoraires (principe général, honoraires subordonnés, interdiction des sollicitations et cadeaux) ;
– la publicité, la sollicitation personnalisée et les cadeaux ;
– les limitations et les interdictions (monopole des autres professions, consultations juridiques et rédaction d'actes).

Par ailleurs, lorsque le commissaire aux comptes réalise un **audit contractuel** dans une entité n'ayant pas désigné de commissaire aux comptes et dans une situation où il n'exerce pas de mandat dans les entités qui, le cas échéant, contrôlent ou sont contrôlées par l'entité dans laquelle il intervient, il peut se référer à un avis technique publié par la CNCC en octobre 2019 pour couvrir ce type de prestation (Bull. CNCC nᵒ 196-2019 ; voir nᵒ 75510 s.).

Cet avis technique précise les conditions dans lesquelles le commissaire aux comptes peut réaliser l'audit demandé, les travaux qu'il met en œuvre pour ce faire et la forme du rapport délivré à l'issue de cet audit. De plus, ces services et attestations devant être fournis dans le respect du Code de déontologie, ce dernier a été révisé par le décret 2020-292 du 21 mars 2020.

II. Classification des interventions du commissaire aux comptes

A. Généralités

Interventions de base

Nous étudierons plus spécifiquement les interventions suivantes :
– les interventions d'audit ;
– les interventions d'examen limité ;
– les interventions d'attestation ;
– les procédures convenues.

Pour les autres services non interdits fournis à la demande de l'entité, en l'absence de normes d'exercice professionnel ou de doctrine professionnelle de la CNCC applicable à l'intervention considérée, le commissaire aux comptes se réfère aux « diligences qu'il a estimé nécessaires ».

La classification des interventions permet aux **destinataires des rapports** de mieux comprendre la portée de l'intervention du commissaire aux comptes.

Elle permet également aux **professionnels** d'identifier clairement l'objectif que poursuit chacune de leurs missions, d'homogénéiser leur comportement pour des interventions présentant des caractéristiques communes et de préciser l'étendue de la responsabilité qu'ils acceptent d'assumer.

MISE EN ŒUVRE DE LA MISSION

© Éd. Francis Lefebvre

Objectif de l'intervention

7375 L'objectif de l'intervention correspond au résultat escompté de l'intervention. Cet objectif peut notamment être :
– l'obtention d'une assurance raisonnable (exemple : certification des comptes annuels) ;
– l'obtention d'une assurance modérée (exemple : examen limité de comptes intermédiaires) ;
– l'obtention d'une assurance de niveau variable (exemple : missions d'attestation) ;
– la réalisation d'un constat (exemple : procédures convenues) ;
– la formulation d'avis, de diagnostics ou de recommandations.

Sur la compatibilité de certaines offres de services avec la mission de commissariat aux comptes, voir n° 3750 s.

Modalités de restitution des travaux

7378 On peut distinguer les interventions visant l'expression d'une assurance, celles débouchant sur la formulation de constats et les autres interventions contractuelles visant par exemple à établir un diagnostic ou à formuler une recommandation.

L'**expression d'une assurance** implique la mise en œuvre d'une démarche qui consiste pour l'essentiel à apprécier les éléments probants collectés lors de la réalisation des diligences prescrites par les normes et à en tirer les conséquences pour exprimer une **conclusion** dans un rapport.

Le terme « conclusion » est réservé à la restitution de travaux réalisés dans le cadre des missions d'assurance.

L'expression de l'assurance peut être :
– **positive**, dans le cadre d'une assurance raisonnable liée à un audit ;
– **négative**, dans le cadre d'une assurance modérée liée à un examen limité ;
– **adaptée** à l'objectif de l'intervention dans le cadre d'une attestation.

L'**expression du constat** se caractérise par sa dimension purement factuelle : l'auditeur ne tire pas de conclusion des constats qu'il a réalisés dans le cadre de procédures déterminées de manière limitative avec l'entité demandeuse : il laisse ce soin au destinataire de son rapport. Le commissaire aux comptes peut en outre fournir des services contractuels se traduisant par la fourniture d'analyses, d'informations et par l'émission d'un diagnostic pouvant être assorti de recommandations (voir en ce sens CNCC – Questions/réponses relatives au Code de déontologie post Pacte – avril 2021). Ils ne comportent ni assurance ni constat issus de la mise en œuvre de procédures convenues.

B. Formulation de la restitution des travaux

Formulation des conclusions d'un audit

7400 La mission d'audit a pour objectif de permettre au commissaire aux comptes de formuler une opinion exprimant si les informations financières sont établies, dans tous leurs aspects significatifs, conformément au référentiel comptable qui leur est applicable. L'audit de toute autre information de nature comptable ou financière, établie conformément à un référentiel reconnu ou à des critères appropriés et identifiés, poursuit le même objectif.

7403 Dans le cadre d'un audit, la **nature** de l'assurance émise est élevée, mais non absolue : elle est **raisonnable**. L'assurance est exprimée sous forme **positive**. Quant à la formulation de l'opinion, elle fait appel à un référentiel différent selon qu'elle porte sur la certification des comptes annuels et consolidés prévue par l'article L 823-9 du Code de commerce ou sur l'audit d'informations financières dans le cadre des services autres que la certification des comptes.

7405 **Certification des comptes annuels et consolidés** La formulation de l'opinion sur les comptes est délivrée en référence aux articles L 823-9 et R 823-7 du Code de commerce, qui visent les comptes annuels et les comptes consolidés.
Elle fait l'objet d'une norme d'exercice professionnel (NEP 700) et les modalités pratiques de mise en œuvre de cette norme sont précisées dans la note d'information de la CNCC

© Éd. Francis Lefebvre   **MISE EN ŒUVRE DE LA MISSION**

« Les rapports du commissaire aux comptes sur les comptes annuels et consolidés » (NI. I, déc. 2018).

L'opinion peut prendre les **formes suivantes** : la certification sans réserve, la certification avec réserve(s), le refus de certification et l'impossibilité de certifier (C. com. art. R 823-7).

L'article R 823-7 du Code de commerce a été modifié par le décret 2016-1026 du 26 juillet 2016 et les formes d'opinion distinguent l'impossibilité de certifier (précédemment traitée dans le cadre du refus de certification pour limitation ou incertitudes multiples) pour les rapports des commissaires aux comptes portant sur la certification des comptes des exercices ouverts postérieurement au 29 juillet 2016.

Dans tous les cas, le commissaire aux comptes assortit son opinion de la justification de ses appréciations (C. com. art. L 823-9). Celle-ci figure dans une partie du rapport distincte de celle donnant lieu à l'expression de l'opinion. Il formule par ailleurs toute observation utile en complément de l'expression de son opinion (C. com. art. R 823-7).

Les différentes formes de l'opinion sont détaillées dans la section 6 du chapitre consacré à l'audit financier par phase : voir nᵒˢ 30850 s.

7410   Le commissaire aux comptes formule une **certification sans réserve** lorsque l'audit des comptes qu'il a mis en œuvre lui a permis d'obtenir l'assurance élevée, mais non absolue, du fait des limites de l'audit, et qualifiée par convention d'assurance raisonnable que les comptes, pris dans leur ensemble, ne comportent pas d'anomalies significatives.

La certification sans réserve est formulée comme suit : « Nous certifions que les comptes annuels sont, au regard des règles et principes comptables français, réguliers et sincères, et donnent une image fidèle du résultat des opérations de l'exercice écoulé ainsi que de la situation financière et du patrimoine de la société à la fin de cet exercice. »

7412   La **certification avec réserve** intervient en cas de désaccord ou bien en cas de limitation dans la mise en œuvre des diligences.

La certification avec réserve est détaillée dans la section 6 du chapitre consacré à l'audit financier par phase : voir nᵒˢ 30862 s.

Les certifications avec réserve sont formulées de la façon suivante :
– la réserve pour **désaccord** contient la description motivée et chiffrée des désaccords faisant l'objet de la réserve, et donne lieu à l'émission de l'opinion suivante : « Sous cette (ces) réserve(s), nous certifions que les comptes annuels sont, au regard des règles et principes comptables français, réguliers et sincères et donnent une image fidèle du résultat des opérations de l'exercice écoulé ainsi que de la situation financière de la société à la fin de cet exercice » ;
– la réserve pour **limitations** contient la description motivée et chiffrée des limitations faisant l'objet de la réserve, et donne lieu à l'émission de l'opinion suivante : « Sous cette (ces) réserve(s), nous certifions que les comptes annuels sont, au regard des règles et principes comptables français, réguliers et sincères et donnent une image fidèle du résultat des opérations de l'exercice écoulé ainsi que de la situation financière et du patrimoine de la société à la fin de cet exercice. »

7415   Le **refus de certification** intervient en cas de désaccord et contient la description motivée et chiffrée des désaccords faisant l'objet du refus.

Le refus de certification est détaillé dans la section 6 du chapitre consacré à l'audit financier par phase : voir nᵒ 30870.

Il donne lieu à l'émission d'une opinion formulée comme suit : « En raison des faits exposés ci-dessus, nous sommes d'avis que les comptes annuels ne sont pas, au regard des règles et principes comptables français, réguliers et sincères et ne donnent pas une image fidèle du résultat des opérations de l'exercice écoulé ainsi que de la situation financière et du patrimoine de la société à la fin de cet exercice. »

7416   L'**impossibilité de certifier** les comptes pour limitation ou incertitudes **multiples** contient l'indication et la description des limitations ou incertitudes multiples conduisant au refus, et donne lieu à l'émission d'une opinion formulée comme suit : « En raison des faits exposés ci-dessus, nous ne sommes pas en mesure de certifier que les comptes annuels sont, au regard des règles et principes comptables français, réguliers et sincères et donnent une image fidèle du résultat des opérations de l'exercice écoulé ainsi que de la situation financière et du patrimoine de la société à la fin de cet exercice. »

265

MISE EN ŒUVRE DE LA MISSION   © Éd. Francis Lefebvre

7420 Conformément à la faculté qui lui est donnée par l'article R 823-7 précité, le commissaire aux comptes formule, s'il y a lieu, toutes **observations** utiles lorsqu'il certifie les comptes sans réserve ou lorsqu'il assortit la certification de réserves.

En formulant une observation, le commissaire aux comptes attire l'attention du lecteur des comptes sur une information fournie dans l'annexe. Il ne peut pas dispenser d'informations dont la diffusion relève de la responsabilité des dirigeants.

Les observations dans le rapport sur les comptes annuels et consolidés sont détaillées dans la section 6 du chapitre consacré à l'audit financier par phase : voir n⁰ˢ 30850 s.

7421 La **justification des appréciations** est une particularité française introduite par la loi de sécurité financière du 1ᵉʳ août 2003 qui fait l'objet d'une norme d'exercice professionnel homologuée par le garde des Sceaux et publiée au Journal officiel le 8 juin 2017 (NEP 702). Le commissaire aux comptes doit justifier de ses appréciations lorsqu'il émet un rapport d'audit sur des comptes annuels ou consolidés. La norme d'exercice professionnel 702 précise que la justification des appréciations effectuée par le commissaire aux comptes « constitue une explicitation de celles-ci et, ce faisant, une motivation de l'opinion émise ». Lorsque la mission de certification porte sur les comptes d'une **entité d'intérêt public** (EIP), la justification des appréciations consiste en une description des **risques d'anomalies significatives** les plus importants, y compris lorsque ceux-ci sont dus à une fraude, et indique les réponses apportées pour faire face à ces risques (C. com. art. R 823-7). Une norme d'exercice professionnel 701, relative aux justifications des appréciations dans les rapports du commissaire aux comptes sur les comptes annuels et consolidés des EIP, a été homologuée par le garde des Sceaux et publiée au Journal officiel le 8 juin 2017. Lorsqu'il intervient dans une petite entreprise en application des NEP 911 ou 912, le commissaire aux comptes, sur la base de son jugement professionnel, peut adopter une rédaction succincte pour la justification de ses appréciations (NEP 911 § 45 et NEP 912 § 41).

La justification des appréciations dans le rapport sur les comptes annuels et consolidés est détaillée dans la section 6 du chapitre consacré à l'audit financier par phase : voir n⁰ˢ 30850 s. et plus particulièrement n⁰ˢ 30909 s.

7426 **Opinion d'audit formulée dans le cadre des « SACC »**   À l'issue de son audit, le commissaire aux comptes formule son opinion selon le référentiel comptable ou les critères convenus au regard desquels les informations financières ont été établies.

Lorsque l'audit porte sur des comptes établis selon un **référentiel conçu pour donner une image fidèle** tel que les référentiels comptables applicables en France, le commissaire aux comptes déclare si à son avis ces comptes présentent, ou non, sincèrement, dans tous leurs aspects significatifs, le patrimoine, la situation financière, le résultat des opérations de l'entité ou du groupe ou du périmètre défini, au regard du référentiel indiqué.

Dans les **autres cas**, et notamment lorsque l'audit porte sur des états comptables ou des éléments de comptes, il déclare si à son avis les informations financières ont été établies, ou non, dans tous leurs aspects significatifs, conformément au référentiel indiqué ou aux critères définis.

L'opinion peut revêtir **quatre formes** :
– opinion favorable sans réserve ;
– opinion favorable avec réserve ;
– opinion défavorable ;
– impossibilité de formuler une opinion.

Les différentes formes de l'opinion sont détaillées dans le chapitre consacré aux interventions d'audit dans le cadre des SACC : voir n⁰ˢ 49000 s.

7428 La formulation retenue pour l'expression de l'opinion sur les comptes complets établis selon un **référentiel conçu pour donner une image fidèle** résulte d'une adaptation de celle proposée par les normes Ifac pour l'opinion favorable sans réserve, soit : « À notre avis, les comptes présentent sincèrement, dans tous leurs aspects significatifs et au regard des règles et principes comptables français (ou du référentiel IFRS tel qu'adopté dans l'Union européenne ou de tel autre référentiel conçu pour donner une image fidèle), le patrimoine et la situation financière de la société au (date de clôture ou date de fin de période), ainsi que le résultat de ses opérations pour l'exercice écoulé (ou la période écoulée). »

Cette formulation ne peut être utilisée dans les rapports de certification, l'article L 823-9 du Code de commerce imposant au commissaire aux comptes de formuler son opinion en termes de « certification de la régularité, de la sincérité et de l'image fidèle ».

© Éd. Francis Lefebvre

MISE EN ŒUVRE DE LA MISSION

La formulation retenue pour l'expression de l'opinion favorable sans réserve dans les autres cas est la suivante : « À notre avis, les "informations" (à identifier) ont été établies, dans tous leurs aspects significatifs, conformément à … (à préciser). »

Opinion d'audit formulée dans le cadre d'un audit contractuel Lorsque le commissaire aux comptes réalise un **audit contractuel** dans une entité n'ayant pas désigné de commissaire aux comptes et dans une situation où il n'exerce pas de mandat dans les entités qui, le cas échéant, contrôlent ou sont contrôlées par l'entité dans laquelle il intervient, il peut se référer à l'avis technique publié par la CNCC en octobre 2019 pour couvrir ce type de prestation. À l'issue de son audit, le commissaire aux comptes formule son opinion selon le référentiel comptable ou les critères convenus au regard desquels les comptes ont été établis.

7430

Lorsque l'audit porte sur des comptes établis selon un référentiel conçu pour donner une image fidèle telle que les référentiels comptables applicables en France, le commissaire aux comptes déclare si à son avis ces comptes présentent, ou non, sincèrement, dans tous leurs aspects significatifs, le patrimoine, la situation financière, le résultat des opérations de l'entité ou du groupe ou du périmètre défini, au regard du référentiel indiqué.

Dans les autres cas, il déclare si à son avis les comptes ont été établis, ou non, dans tous leurs aspects significatifs, conformément au référentiel indiqué ou aux critères définis.

Dans tous les cas, le commissaire aux comptes formule :
– une opinion favorable sans réserve ;
– ou une opinion favorable avec réserve ;
– ou une opinion défavorable ;
– ou une impossibilité de formuler une opinion.

Formulation des conclusions d'un examen limité

Une mission d'examen limité a pour objectif de permettre au commissaire aux comptes, sur la base de diligences ne mettant pas en œuvre toutes les procédures requises par un audit, de formuler une conclusion à l'issue de diligences lui ayant permis d'obtenir une « assurance modérée », c'est-à-dire une assurance moins élevée que celle obtenue dans le cadre d'un audit des comptes, que les informations financières ne comportent pas d'anomalies significatives.

7440

La mission d'examen limité est une **mission à part entière** et non une technique d'audit financier.

> Ces procédures correspondent essentiellement à des procédures analytiques et à des demandes d'informations ou d'explications auprès des personnes responsables de la préparation des états financiers concernés.

Au terme d'un examen limité, le commissaire aux comptes est conduit à émettre sa conclusion en l'exprimant sous la forme d'une assurance négative. Il peut émettre soit une conclusion sans réserve, soit une conclusion avec réserve, soit une conclusion défavorable, soit enfin une impossibilité de conclure.

7445

> Contrairement à l'opinion émise dans le cadre d'une certification, celle délivrée dans le cadre d'un examen limité n'a pas à donner lieu à une justification de ses appréciations par le commissaire aux comptes.

La formulation de la conclusion fait appel à un référentiel différent selon qu'elle porte sur l'examen limité de comptes intermédiaires en application de dispositions légales et réglementaires ou sur l'examen limité d'informations financières dans le cadre des services autres que la certification des comptes.

7450

> Ces interventions font l'objet d'un titre spécifique de ce Mémento (voir nᵒˢ 49700 s.).

Examen limité de comptes intermédiaires en application de dispositions légales et réglementaires Lorsque l'examen limité de comptes intermédiaires porte sur des comptes complets, présentés le cas échéant sous une forme consolidée, le commissaire aux comptes se prononce sur la régularité, la sincérité et l'image fidèle des comptes.

7452

Lorsque l'examen limité de comptes intermédiaires porte sur des comptes condensés, présentés le cas échéant sous une forme consolidée, le commissaire aux comptes se prononce sur la conformité des comptes avec les principes qui leur sont applicables, définis dans le référentiel comptable.

267

MISE EN ŒUVRE DE LA MISSION   © Éd. Francis Lefebvre

L'opinion peut être favorable, favorable avec réserve, défavorable ou enfin faire état d'une impossibilité de conclure. La conclusion favorable ou favorable avec réserve peut être assortie de toute observation utile par le commissaire aux comptes.

7453 La **conclusion favorable** est formulée comme suit : « Sur la base de notre examen limité, nous n'avons pas relevé d'anomalies significatives de nature à remettre en cause, au regard des règles et principes comptables français, la régularité et la sincérité des comptes intermédiaires et l'image fidèle qu'ils donnent du résultat des opérations du semestre écoulé ainsi que de la situation financière et du patrimoine de la société à la fin du semestre. »

Lorsque l'examen limité porte sur des comptes consolidés établis selon le référentiel IFRS, la conclusion est formulée de la façon suivante : « Sur la base de notre examen limité, nous n'avons pas relevé d'anomalies significatives de nature à remettre en cause, au regard du référentiel IFRS tel qu'adopté dans l'Union européenne, la régularité et la sincérité des comptes semestriels consolidés et l'image fidèle qu'ils donnent du patrimoine et de la situation financière à la fin du semestre ainsi que du résultat du semestre écoulé de l'ensemble constitué par les personnes et entités comprises dans la consolidation. »

7455 La **conclusion favorable avec réserve** intervient :
– lorsque le commissaire aux comptes a identifié au cours de l'examen limité des comptes intermédiaires des anomalies significatives et que celles-ci n'ont pas été corrigées ;
– ou lorsqu'il n'a pas pu mettre en œuvre toutes les procédures nécessaires pour fonder sa conclusion sur les comptes intermédiaires ;
et que :
– les incidences sur les comptes intermédiaires des anomalies significatives ou des limitations à ses travaux sont clairement circonscrites ;
– la formulation de la réserve est suffisante pour permettre à l'utilisateur des comptes de fonder son jugement en connaissance de cause.
La conclusion avec réserve contient la **description motivée** de la réserve et donne lieu à l'émission de la conclusion suivante : « Sur la base de notre examen limité, et sous cette (ces) réserve(s), nous n'avons pas relevé d'anomalies significatives de nature à remettre en cause, au regard des règles et principes comptables français, la régularité et la sincérité des comptes intermédiaires et l'image fidèle qu'ils donnent du résultat des opérations du semestre ainsi que de la situation financière et du patrimoine de la société à la fin de ce semestre. »

Lorsque l'examen limité porte sur des comptes consolidés établis selon le référentiel IFRS, la conclusion est formulée de la façon suivante : « Sur la base de notre examen limité et sous cette réserve, nous n'avons pas relevé d'anomalies significatives de nature à remettre en cause, au regard du référentiel IFRS tel qu'adopté dans l'Union européenne, la régularité et la sincérité des comptes semestriels consolidés et l'image fidèle qu'ils donnent du patrimoine et de la situation financière à la fin du semestre ainsi que du résultat du semestre écoulé de l'ensemble constitué par les personnes et entités comprises dans la consolidation. »

7460 La **conclusion défavorable** intervient lorsque le commissaire aux comptes a détecté au cours de l'examen limité des comptes intermédiaires des anomalies significatives et que celles-ci n'ont pas été corrigées et que les incidences sur les comptes intermédiaires des anomalies significatives ne peuvent être clairement circonscrites, ou que la formulation d'une réserve n'est pas suffisante pour permettre à l'utilisateur des comptes de fonder son jugement en connaissance de cause.
La conclusion défavorable contient la description motivée des anomalies relevées puis donne lieu à l'émission de la conclusion suivante : « Sur la base de notre examen limité et en raison des faits exposés ci-dessus, nous sommes d'avis que les comptes intermédiaires ne sont pas, au regard des règles et principes comptables français, réguliers et sincères et ne donnent pas une image fidèle du résultat des opérations du semestre écoulé ainsi que de la situation financière et du patrimoine de la société à la fin du semestre. »

Lorsque l'examen limité porte sur des comptes consolidés établis selon le référentiel IFRS, la conclusion est formulée de la façon suivante : « Sur la base de notre examen limité et en raison des faits exposés ci-dessus, nous sommes d'avis que les comptes semestriels consolidés ne sont pas, au regard du référentiel IFRS tel qu'adopté dans l'Union européenne, réguliers et sincères et ne donnent pas une image fidèle du patrimoine et de la situation financière à la fin du semestre ainsi que du résultat du semestre écoulé de l'ensemble constitué par les personnes et entités comprises dans la consolidation. »

© Éd. Francis Lefebvre   MISE EN ŒUVRE DE LA MISSION

Le commissaire aux comptes formule une **impossibilité de conclure** lorsqu'il n'a pas pu   **7465**
mettre en œuvre toutes les procédures nécessaires pour fonder sa conclusion sur les
comptes et que les incidences sur les comptes intermédiaires des limitations à ses travaux
ne peuvent être clairement circonscrites ou que la formulation d'une réserve n'est pas
suffisante pour permettre à l'utilisateur des comptes intermédiaires de fonder son jugement en connaissance de cause.

Le commissaire aux comptes formule également une impossibilité de conclure lorsqu'il
existe de multiples incertitudes dont les incidences sur les comptes ne peuvent être clairement circonscrites.

L'impossibilité de conclure contient une **description des raisons** qui n'ont pas permis au
commissaire aux comptes de conclure et donne lieu à la conclusion suivante : « Sur la
base de notre examen limité et en raison des faits exposés ci-dessus, nous ne sommes
pas en mesure de déterminer s'il existe des anomalies significatives de nature à remettre
en cause, au regard des règles et principes comptables français, la régularité et la sincérité des comptes semestriels et l'image fidèle qu'ils donnent du résultat des opérations
du semestre écoulé ainsi que de la situation financière et du patrimoine de la société à
la fin du semestre. »

> Lorsque l'examen limité porte sur des comptes consolidés établis selon le référentiel IFRS, la conclusion
> est formulée de la façon suivante : « Sur la base de notre examen limité et en raison des faits exposés
> ci-dessus, nous ne sommes pas en mesure de déterminer s'il existe des anomalies significatives de
> nature à remettre en cause, au regard du référentiel IFRS tel qu'adopté dans l'Union européenne, la
> régularité et la sincérité des comptes semestriels consolidés et l'image fidèle qu'ils donnent du patri-
> moine et de la situation financière à la fin du semestre ainsi que du résultat du semestre écoulé de
> l'ensemble constitué par les personnes et entités comprises dans la consolidation. »

Lorsqu'il émet une conclusion sans réserve ou avec réserve, le commissaire aux comptes   **7467**
formule, s'il y a lieu, **toutes observations utiles**.

En formulant une observation, le commissaire aux comptes attire l'attention du lecteur
des comptes intermédiaires sur une information fournie dans l'annexe. Il ne peut pas
dispenser d'informations dont la diffusion relève de la responsabilité des dirigeants.

Les observations sont formulées dans un paragraphe distinct inséré après la conclusion.
Le commissaire aux comptes formule systématiquement une observation sur les informations fournies dans l'annexe :

– en cas d'**incertitude sur la continuité** de l'exploitation ;
– en cas de **changement de méthodes** comptables survenu au cours de la période.

Examen limité d'informations financières entrant dans le cadre des   **7470**
« SACC » À l'issue de son examen limité, le commissaire aux comptes formule sa
conclusion selon le référentiel comptable ou les critères convenus au regard desquels les
informations financières ont été établies.

Lorsque l'examen limité porte sur des comptes établis selon un référentiel **conçu pour
donner une image fidèle** tel que les référentiels comptables applicables en France, le
commissaire aux comptes déclare qu'à l'issue de son examen limité, il n'a pas relevé
d'anomalies significatives de nature à remettre en cause le fait que les comptes présentent sincèrement le patrimoine, la situation financière ou le résultat des opérations, de
l'entité, du groupe ou du périmètre défini, au regard du référentiel indiqué.

Dans les **autres cas**, il déclare qu'à l'issue de son examen limité, il n'a pas relevé d'anomalies significatives de nature à remettre en cause la conformité des informations financières au référentiel indiqué ou aux critères définis.

La formulation retenue pour l'expression de la **conclusion favorable sans réserve** sur les   **7472**
comptes complets établis selon un **référentiel conçu pour donner une image fidèle** est
la suivante : « Sur la base de notre examen limité, nous n'avons pas relevé d'anomalies
significatives de nature à remettre en cause, au regard des règles et principes comptables
français (ou du référentiel IFRS tel qu'adopté par l'Union européenne ou… autre référentiel conçu pour donner une image fidèle), le fait que les informations (à définir) présentent sincèrement le patrimoine et la situation financière de la société au (date de clôture
ou date de fin de période) ainsi que le résultat de ses opérations pour (l'exercice écoulé
ou la période écoulée). »

La formulation retenue pour l'expression de la **conclusion favorable sans réserve**, dans
les **autres cas**, est la suivante : « Sur la base de notre examen limité, nous n'avons

269

MISE EN ŒUVRE DE LA MISSION © Éd. Francis Lefebvre

pas relevé d'anomalies significatives de nature à remettre en cause la conformité des informations (à préciser) avec ... (à préciser). »

Formulation des attestations

7475 Dans le cadre de la mission d'attestation, le commissaire aux comptes émet une conclusion sur des informations particulières.

La conclusion d'une attestation correspond à l'obtention d'une assurance variable. Elle est formulée de façon **adaptée aux travaux effectués et au niveau d'assurance obtenu**.

En fonction de l'objectif de l'attestation, du niveau d'assurance requis et des travaux effectués, la conclusion peut être exprimée sous une **forme positive ou négative**, en faisant référence aux travaux effectués.

Lorsqu'elle est exprimée sous une forme négative, il peut s'agir (CNCC NI. XVI Attestations § 2.51.6) :
– d'une conclusion sans observation ;
– d'une conclusion avec observation(s) : les observations peuvent résulter de points identifiés dans le cadre de la mission de certification des comptes ou des travaux spécifiques effectués pour les besoins de l'attestation ;
– d'une impossibilité de conclure, par exemple lorsque l'information sous-jacente est issue de comptes ayant fait l'objet de réserve(s) ou d'un refus de certifier ou bien d'une comptabilité erronée.

Pour tout renseignement complémentaire sur ce type d'intervention, se référer aux n°s 68100 s. et 75750 s.

Formulation des constats

7476 Les missions de procédures convenues ont pour objectif la formulation par le commissaire aux comptes de simples constats dont l'utilisateur tire ses propres conclusions. Ces interventions ne conduisent ni à l'émission d'une opinion d'audit, ni à l'émission d'une conclusion d'examen limité, ni à une attestation du commissaire aux comptes. Les constats donnent lieu à la formulation suivante : « Sur la base des diligences effectuées, nous constatons que... »

Pour tout renseignement complémentaire sur ce type d'intervention, se référer aux n°s 68200 s.

C. Tableaux de synthèse

7495 Sont présentés ci-après :
– un **tableau 1** qui recense les normes d'exercice professionnel homologuées à la date de mise à jour de ce Mémento ;
– un **tableau 2** regroupant l'ensemble des anciennes normes du référentiel de 2003, non reprises à ce jour dans les normes d'exercice professionnel.

Ces anciennes normes sont désormais érigées au rang de doctrine professionnelle de la Compagnie nationale des commissaires aux comptes applicable en France.

Les notes d'informations publiées par la CNCC constituent par ailleurs la doctrine la plus récente de l'institution et leur contenu se substitue le cas échéant à celui de ces anciennes normes.

Tableau 1 : liste des normes d'exercice professionnel au 1er juillet 2021

NEP	Ancienne norme CNCC	Intitulé	Date de l'arrêté homologation	Date de publication au JO [1]
100 [7]	Norme 1-201	Audit des comptes réalisé par plusieurs commissaires aux comptes	21/06/11	3/08/11
200 [6]	Norme 2-101	Principes applicables à l'audit des comptes mis en œuvre dans le cadre de la certification des comptes	19/07/06	1/08/06
210	Norme 2-102	Lettre de mission	12/05/21	16/05/21
230	Norme 2-104	Documentation de l'audit des comptes	10/04/07	3/05/07
240 [7]	Norme 2-105	Prise en considération de la possibilité de fraudes lors de l'audit des comptes	21/06/11	3/08/11

270

MISE EN ŒUVRE DE LA MISSION

7495
(suite)

NEP	Ancienne norme CNCC	Intitulé	Date de l'arrêté homologation	Date de publication au JO (1)
250 (8)	Norme 2-106	Prise en compte du risque d'anomalies significatives dans les comptes résultant du non-respect de textes légaux et réglementaires	21/06/11	3/08/11
260 (9)	Norme 2-107	Communications avec les organes mentionnés à l'article L 823-16 du Code de commerce	18/12/17	23/12/17
265	N/A	Communication des faiblesses du contrôle interne	21/06/11	3/08/11
300	Norme 2-201	Planification de l'audit	6/10/06	14/10/06
315 (13)	Normes 2-202, 2-301, 2-302	Connaissance de l'entité et de son environnement et évaluation du risque d'anomalies significatives	21/06/11	3/08/11
320 (5)	Norme 2-203	Application de la notion de caractère significatif lors de la planification et de la réalisation d'un audit	19/07/12	26/07/12 Applicable aux exercices ouverts à compter du 26/07/12
330	Normes 2-202, 2-301, 2-302	Procédures d'audit mises en œuvre par le commissaire aux comptes à l'issue de son évaluation des risques	19/07/06	1/08/06
450 (12)	Norme 2-203	Évaluation des anomalies relevées au cours de l'audit	3/05/18	17/05/18
500	Norme 2-401	Caractère probant des éléments collectés	19/07/06	1/08/06
501	Norme 2-402	Caractère probant des éléments collectés – Applications spécifiques	22/12/06	30/12/06
505	Inexistante	Demande de confirmation des tiers	22/12/06	30/12/06
510	Norme 2-405	Contrôle du bilan d'ouverture du premier exercice certifié par le commissaire aux comptes	7/05/07	13/05/07
520	Norme 2-410	Procédures analytiques	22/12/06	30/12/06
530	Norme 2-415	Sélection des éléments à contrôler	18/07/07	29/07/07
540	Norme 2-420	Appréciation des estimations comptables	10/04/07	3/05/07
550	Norme 2-425	Relations et transactions avec les parties liées	21/06/11	3/08/11
560 (8)	Norme 2-430	Événements postérieurs à la clôture de l'exercice	21/06/11	3/08/11
570 (8)	Norme 2-435	Continuité d'exploitation	26/05/17	9/06/17 Applicable aux exercices ouverts à compter du 17/06/16 (EIP) et du 30/07/16 (non EIP)
580 (8)	Norme 2-440	Déclarations de la direction	21/06/11	3/08/11
600	Norme 2-501	Principes spécifiques applicables à l'audit des comptes consolidés	12/05/21	16/05/21
610	Norme 2-502	Prise de connaissance et utilisation des travaux de l'audit interne	7/05/07	13/05/07

MISE EN ŒUVRE DE LA MISSION　　　　　　　　© Éd. Francis Lefebvre

7495
(suite)

NEP	Ancienne norme CNCC	Intitulé	Date de l'arrêté homologation	Date de publication au JO (1)
620	Norme 2-503	Intervention d'un expert	10/04/07	3/05/07
630	Norme 2-504	Utilisation des travaux d'un expert-comptable intervenant dans l'entité	10/04/07	3/05/07
700 (10)	Normes 2-601 et 2-602	Rapport du commissaire aux comptes sur les comptes annuels et consolidés	1/10/18	7/10/18
701	NEP 705	Justification des appréciations dans les rapports du commissaire aux comptes sur les comptes annuels et consolidés des entités d'intérêt public	26/05/17	8/06/17 Applicable aux exercices ouverts à compter du 17/06/16
702	NEP 705	Justification des appréciations dans les rapports du commissaire aux comptes sur les comptes annuels et consolidés des entités qui ne sont pas des entités d'intérêt public	26/05/17	8/06/17 Applicable aux exercices ouverts à compter du 30/07/16
710	Norme 2-603	Informations relatives aux exercices précédents	7/05/07	16/05/07
730	Norme 2-605	Changements comptables	7/05/07	13/05/07
911	N/A	Mission du commissaire aux comptes nommé pour trois exercices prévus à l'article L 823-12-1 du Code de commerce	6/06/19	12/06/19
912	N/A	Mission du commissaire aux comptes nommé pour six exercices dans des petites entreprises	6/06/19	12/06/19
920	N/A	Certification des comptes des organismes nationaux de sécurité sociale	20/12/12	30/12/12
2410 (11)	Norme 3-101	Examen limité de comptes intermédiaires en application de dispositions légales ou réglementaires	12/05/21	16/05/21
9510 (2)	Norme 5-106 Norme 5-107	Diligences du commissaire aux comptes relatives au rapport de gestion, aux autres documents sur la situation financière et les comptes et aux informations relevant du rapport sur le gouvernement d'entreprise adressées aux membres de l'organe appelé à statuer sur les comptes	1/10/18	7/10/18
9520	N/A	Diligences du commissaire aux comptes relatives aux comptes annuels et consolidés présentés selon le format d'information électronique unique européen	27/01/21	31/01/21
9605		Obligations du commissaire aux comptes en matière de lutte contre le blanchiment des capitaux et le financement du terrorisme	18/08/20	21/08/20

MISE EN ŒUVRE DE LA MISSION

7495
(suite)

NEP	Ancienne norme CNCC	Intitulé	Date de l'arrêté homologation	Date de publication au JO (1)
Normes devenues caduques avec la suppression des DDL				
9010	Normes 2-606 et 2-607	Audit entrant dans le cadre des diligences directement liées à la mission du commissaire aux comptes	20/03/08	23/03/08
9020	Norme 3-101 (hors dispositions légales et réglementaires)	Examen limité entrant dans le cadre de diligences directement liées à la mission du commissaire aux comptes	20/03/08	23/03/08
9030 (3)	Norme 4-104	Attestations entrant dans le cadre de diligences directement liées à la mission du commissaire aux comptes	21/06/11	3/08/11
9040	N/A	Constats à l'issue de procédures convenues avec l'entité entrant dans le cadre de diligences directement liées à la mission du commissaire aux comptes	1/08/08	9/08/08
9050 (4)	N/A	Consultations entrant dans le cadre de diligences directement liées à la mission du commissaire aux comptes	21/06/11	3/08/11
9060	N/A	Prestations entrant dans le cadre de diligences directement liées à la mission du commissaire aux comptes rendues lors de l'acquisition d'entités	1/08/08	9/08/08
9070	N/A	Prestations entrant dans le cadre de diligences directement liées à la mission du commissaire aux comptes rendues lors de la cession d'entreprises	1/08/08	9/08/08
9080	N/A	Consultations entrant dans le cadre des DDL portant sur le contrôle interne relatif à l'élaboration et au traitement de l'information comptable et financière	21/06/11	3/08/11
9090	N/A	Prestations relatives aux informations sociales et environnementales entrant dans le cadre des diligences directement liées à la mission des commissaires aux comptes	27/12/13	31/12/13

(1) Sauf précisions contraires, les normes d'exercice professionnel entrent en vigueur le lendemain de leur publication au JO.
(2) Remplace la version précédente homologuée par arrêté du 3 novembre 2009 publié au JO du 27 novembre 2009.
(3) Remplace la version précédente homologuée par arrêté du 20 mars 2008 publié au JO du 23 mars 2008.
(4) Remplace la version précédente homologuée par arrêté du 1er août 2008 publié au JO du 9 août 2008.
(5) Remplace la version précédente homologuée par arrêté du 6 octobre 2006 publié au JO du 14 octobre 2006.
(6) À la date de mise à jour de ce Mémento, la norme relative aux principes applicables à l'audit des comptes (NEP 200) doit être mise à jour afin de prendre en considération les impacts de la réforme européenne de l'audit et de l'évolution des normes ISA concernant le rapport d'audit.
(7) Remplace la version précédente homologuée par arrêté du 10 avril 2007 publié au JO du 3 mai 2007.
(8) Remplace la version précédente homologuée par arrêté du 7 mai 2007 publié au JO du 13 mai 2007.
(9) Remplace la version précédente homologuée par arrêté du 21 juin 2011 publié au JO du 3 août 2011.
(10) Remplace la version précédente homologuée par arrêté du 26 mai 2017 publié au JO du 4 juin 2017.
(11) Remplace la version précédente homologuée par arrêté du 21 juin 2011 publié au JO du 3 août 2011.
(12) Remplace la version précédente homologuée par arrêté du 19 juillet 2012 publié au JO du 26 juillet 2012.
(13) Remplace la version précédente homologuée par arrêté du 19 juillet 2006 publié au JO du 1er août 2006.

MISE EN ŒUVRE DE LA MISSION

© Éd. Francis Lefebvre

7495
(suite)

Tableau 2 : liste des anciennes normes CNCC du référentiel de 2003 non reprise par une norme d'exercice professionnel (hors classe 7)

DÉSIGNATION DE L'INTERVENTION	Norme
Mission d'audit	
Contrôle qualité	2-103
Facteurs à considérer lorsque l'entité fait appel à un service bureau	2-303
Suivi des réserves ou du refus de certifier de l'exercice précédent	2-604
Vérifications et informations spécifiques [1]	
Documents d'information prévisionnels	5-101
Résultats semestriels	5-102
Conventions réglementées[1]	5-103
Actions détenues par les administrateurs ou membres du CS	5-104
Égalité entre les actionnaires	5-105
Montant global des rémunérations	5-108
Prise de participation et détention du capital social	5-109
Versements effectués en application des 1 et 4 de l'article 38 bis CGI [1]	5-110
Informations périodiques publiées par les OPCVM	5-111
Communication des irrégularités et inexactitudes	5-112
Interventions définies par convention	
Comptes prévisionnels	4-101
Comptes pro forma	4-102
Intervention Webtrust	4-103
Lettre de confort	4-105
Interventions définies par la loi ou le règlement	
Opérations relatives au capital social	
Libération d'actions par compensation de créances [1]	6-101
Suppression du droit préférentiel de souscription [1]	6-102.1 6-102.2
Obligations convertibles ou échangeables [1]	6-103.1 6-103.2
Obligations avec BSA [1]	6-104.1 6-104.2
Émission et rachat en bourse d'actions réservées aux salariés	6-105
Options de souscription ou achat d'actions réservées aux salariés [1]	6-106
Réduction de capital [1]	6-107
Offre publique d'échange	6-108
Autres opérations d'émission	
Certificats d'investissement	6-201
Titres participatifs	6-202
Autres valeurs mobilières [1]	6-203.1 6-203.2
Opérations sur titres	
Conversion ou rachat des parts bénéficiaires	6-301
Regroupement d'actions non cotées	6-302
Création ou conversion d'actions à dividende prioritaire sans droit de vote	6-303
Opérations de transformation [1]	
Transformation d'une société en société par actions [1]	6-401
Transformation SARL [1]	6-402
Transformation d'une société par actions [1]	6-403

DÉSIGNATION DE L'INTERVENTION	Norme
Opérations diverses	
Réévaluation d'actif d'une SCPI	6-501
Rapport d'entreprises émettant des billets de trésorerie	6-502
Opérations relatives aux dividendes	
Distribution d'acomptes sur dividendes [1]	6-601
Paiement du dividende ou d'acompte sur dividende en actions [1]	6-602
Interventions consécutives à des faits survenant dans l'entité	
Révélation de faits délictueux [2]	6-701
Procédure d'alerte [1]	6-702
Convocation de l'assemblée générale en cas de carence	6-703
Visa des déclarations de créances [1]	6-704
Demande d'information du CE	6-705
Interventions propres à certaines entités	
Contrôle prospectus AMF [1]	6-801
Visa des documents transmis à la Commission bancaire	6-803
Contrôle des établissements dépositaires d'OPCVM	6-804
Compte d'emploi ressources des organismes faisant appel à la générosité publique	6-805
Information des autorités de contrôle de certaines entités	6-807 [3]

[1] Une note d'information CNCC existe sur ce sujet et constitue la doctrine la plus récente.
[2] Cette intervention a fait l'objet d'une bonne pratique professionnelle identifiée par le H3C le 14 avril 2014.
[3] Un avis technique CNCC du mois de novembre 2015 relatif aux obligations de signalement à l'AMF des commissaires aux comptes de placements collectifs met à jour et remplace cette ancienne norme.

III. Caractéristiques essentielles de la mission de contrôle légal

7600 Le dispositif légal et normatif, qui détermine le contenu de la mission de l'auditeur légal, confère à son intervention quelques caractéristiques essentielles. Celles-ci ont pour effet de préciser les **obligations** de l'auditeur légal (n° 7650) et les **limites** de sa mission (n° 7750).

A. Obligations de l'auditeur

7650 L'auditeur est tenu à la mise en œuvre d'une obligation de moyens (n° 7660). Il doit par ailleurs intervenir personnellement dans la mission (n° 7675). Enfin, celle-ci a un caractère permanent (n° 7690).

Ne sont pas rappelées dans ce développement les obligations liées au statut du commissaire aux comptes, et notamment son devoir d'indépendance (voir n°s 3500 s.) et son obligation au secret professionnel (voir n°s 5000 s.).

Obligation de moyens

7660 Le commissaire aux comptes a, selon la jurisprudence de la Cour de cassation (voir n°s 12258 s.), une obligation de moyens, et non de résultat (CA Paris 13-9-2018 : RJDA 1/19 n° 26, Rev. sociétés 2019 p. 203 note Ph. Merle ; Cass. com. 9-2-1988 : Bull. CNCC n° 70-1988 p. 197 ; Cass. com. 6-10-1992 n° 90-21.011 : RJDA 12/92 n° 1142, Bull. CNCC n° 90-1993 p. 243). Cette caractéristique des interventions a une incidence fondamentale à la fois sur la planification des travaux du commissaire et sur l'appréciation des erreurs qu'il est susceptible de commettre dans l'exécution de sa mission.

L'article R 823-11 du Code de commerce consacre l'importance de la mise en place de ce **plan de mission** et d'un **programme** de travail. Le plan de mission décrit l'approche générale des travaux. Le programme de travail définit la nature et l'étendue des diligences estimées nécessaires à sa mise en œuvre. Il indique le nombre d'heures de travail effectuées et les honoraires correspondants.

MISE EN ŒUVRE DE LA MISSION © Éd. Francis Lefebvre

7662 Le commissaire aux comptes est dans l'**impossibilité de tout contrôler**. Il y a là une évidence qui s'impose dès lors que l'entité contrôlée gagne en importance et ce, non seulement en raison du nombre des opérations, mais également de la complexité technique ou structurelle des entités contrôlées. Pour cette raison, la démarche de l'auditeur se fonde sur une planification des travaux qui opère une **sélection** des diligences à mettre en œuvre, **en fonction des risques** que leur omission présenterait au regard de l'objectif assigné à l'intervention. Elle emploie par ailleurs une méthodologie qui pallie l'absence de contrôle exhaustif des opérations par l'exécution de **tests** ou de **sondages**, dont la programmation est fondée sur une connaissance générale de l'entité contrôlée, sur la revue de ses systèmes d'information et sur l'évaluation de ses procédures. La mise en œuvre de ces **choix**, qui montre l'importance du jugement de l'auditeur dans la conduite de la mission, perdrait toute justification théorique si l'auditeur n'était pas fondamentalement tenu à une obligation de moyens et non à une obligation de résultat.

Sur les exceptions à l'obligation de moyens, voir n° 12265.

7665 Cette caractéristique de la mission trouve son prolongement logique lorsqu'il s'agit de porter un **jugement sur la prestation de l'auditeur** légal. Celui-ci n'est ni un magistrat, ni un officier de police judiciaire, dont il ne possède d'ailleurs pas les pouvoirs. Il a pour seul devoir « d'accomplir sa mission avec toute la compétence et le soin que l'on est en droit d'attendre d'un professionnel raisonnablement diligent » (ancienne norme CNCC 1-200 § a). Les erreurs ou les fautes que le commissaire aux comptes est susceptible de commettre dans l'accomplissement de ses travaux et dans l'expression de son opinion doivent donc s'apprécier par rapport à cette seule référence, et ne sont susceptibles d'engager sa **responsabilité** que dans la mesure où elles trouvent leur origine dans le **non-respect des normes** : la mise en cause de la responsabilité de l'auditeur est en conséquence intimement liée à l'existence de cette obligation de moyens (voir n°s 12258 s.).

Intervention personnelle

7675 L'intervention personnelle est le fondement même de l'exercice libéral. Elle a à la fois pour cause et pour conséquence la **responsabilité personnelle** du professionnel (ancienne norme préc. § c).

Sans doute l'article L 823-13, alinéa 2 du Code de commerce pose-t-il le principe que le commissaire aux comptes peut se faire assister de collaborateurs ou d'experts : celui-ci n'en conserve pas moins la responsabilité entière et personnelle de la mission, et il ne peut en aucun cas déléguer la totalité de ses pouvoirs.

Ce principe est également repris dans l'article 10 du Code de déontologie de la profession, qui précise que le commissaire aux comptes « conserve toujours l'entière responsabilité de sa mission ».

L'avis du H3C du 24 juin 2010 sur le recours à des professionnels n'appartenant pas à la structure d'exercice professionnel détentrice du mandat de commissaire aux comptes précise que le commissaire aux comptes ne peut déléguer à un collaborateur externe la totalité de ses travaux : « À ce titre, il ne peut pas lui déléguer l'ensemble des diligences requises au titre de la prise de connaissance de l'entité et de son environnement, de l'évaluation du risque d'anomalies significatives au niveau des comptes pris dans leur ensemble, de la détermination du ou des seuils de signification, de la définition de l'approche d'audit ou encore de l'établissement de la lettre de mission et du programme de travail. » Par ailleurs un certain nombre de conditions doivent être respectées pour que le recours à des collaborateurs externes soit conforme aux dispositions légales et réglementaires et notamment à celles du Code de déontologie : voir n° 10680.

Le commissaire aux comptes doit donc conserver la maîtrise de l'exécution de la mission et en assumer les décisions les plus significatives.

L'ancienne norme CNCC 2-103 « Contrôle de qualité » explicite que le respect de cette obligation passe également par la supervision et la revue des travaux.

7678 Les commissaires aux comptes et les collaborateurs investis de la responsabilité de la **supervision** (ancienne norme CNCC 2-103 § 14 et 15) suivent le déroulement de la mission et apprécient si les autres collaborateurs :

– disposent des aptitudes et des compétences nécessaires pour mener à bien les tâches qui leur sont confiées ;

– comprennent les orientations de la mission ;

– réalisent leurs travaux conformément au programme de travail et au plan de mission.

Ces mêmes personnes se tiennent informées de l'exécution des travaux. Elles étudient les problèmes comptables complexes et les questions qui sont susceptibles de se poser. Elles adaptent, si nécessaire, le programme de travail et le plan de mission en cours d'intervention et elles tranchent les divergences d'appréciation qui peuvent survenir entre les collaborateurs.

Enfin, conformément à la NEP 330 « Procédures d'audit mises en œuvre par le commissaire aux comptes à l'issue de son évaluation des risques », en réponse à son évaluation du risque d'anomalies significatives au niveau des comptes pris dans leur ensemble, le commissaire aux comptes adapte son approche générale de la mission et il peut notamment pour ce faire affecter à la mission des collaborateurs plus expérimentés ou possédant des compétences particulières, recourir à un ou des experts et renforcer la supervision des travaux.

Les **travaux** réalisés **sont revus** par un intervenant d'un niveau de compétence au moins **7680** équivalent à celui des collaborateurs qui les ont exécutés (ancienne norme CNCC 2-103 § 16 et 17). Si cet intervenant n'est pas le commissaire aux comptes lui-même, celui-ci devra exercer son jugement sur l'étendue de cette revue pour déterminer :
– si les travaux ont été réalisés conformément au programme de travail et s'ils sont correctement documentés ;
– si tous les problèmes significatifs ont été résolus ou relatés dans les conclusions de la mission ;
– si les objectifs des procédures d'audit ont été atteints ;
– si les travaux réalisés permettent d'étayer l'opinion du commissaire aux comptes.

De la même manière, doivent être revus en temps utile (ancienne norme CNCC 2-103 § 17) :
– le programme de travail et le plan de mission ;
– l'évaluation du risque inhérent et du risque lié au contrôle ;
– la documentation des éléments probants et les conclusions qui en découlent ;
– les projets de comptes, les propositions d'écritures d'ajustement résultant de l'audit et l'opinion envisagée.

Par ailleurs, les travaux du commissaire aux comptes relatifs à la certification des comptes d'une entité d'intérêt public font l'objet d'une **revue indépendante** avant la signature du rapport destiné à l'organe appelé à statuer sur les comptes et du rapport complémentaire remis au comité d'audit. La revue indépendante a pour objet de vérifier que le signataire pouvait raisonnablement parvenir aux conclusions qui figurent dans les projets de rapport (C. com. art. R 822-35).

Caractère permanent de la mission

Le caractère permanent de la mission du commissaire aux comptes est affirmé par le **7690** Code de commerce : les commissaires aux comptes « ont pour mission permanente, à l'exclusion de toute immixtion dans la gestion, de vérifier les valeurs et les documents comptables de la personne ou de l'entité dont ils sont chargés de certifier les comptes et de contrôler la conformité de sa comptabilité aux règles en vigueur » (C. com. art. L 823-10). Selon la CNCC, cette disposition dote le commissaire aux comptes d'un **pouvoir permanent de contrôle**, qui l'autorise à exercer à tout moment qu'il juge utile les pouvoirs d'investigation dont il dispose. Mais il n'est pas chargé d'un devoir de contrôle permanent : ayant reçu un pouvoir de contrôle permanent, c'est dans le cadre de son obligation de moyens, et donc par référence à un professionnel raisonnablement diligent, qu'il lui incombe de déterminer si, quand et comment il doit en user (ancienne norme CNCC 1-200 § f).

La position exprimée par cette ancienne norme, désormais érigée au rang de doctrine professionnelle, vise à ne pas enfermer le commissaire aux comptes dans une obligation de surveillance permanente, qui serait en pratique insupportable, et pour l'auditeur, et pour l'entité auditée. La référence, d'une part, à la notion de professionnel raisonnablement diligent et, d'autre part, au jugement du professionnel, montre cependant que, même en l'absence de « devoir de contrôle permanent », le commissaire aux comptes ne saurait se contenter de relations par trop distendues avec l'entité contrôlée, par exemple en se limitant à une intervention au moment de l'arrêté des comptes annuels.

B. Limites à la mission de l'auditeur

Les caractéristiques essentielles de la mission légale donnent au commissaire aux **7750** comptes des pouvoirs et lui confèrent des obligations. Celui-ci n'en est pas pour autant

MISE EN ŒUVRE DE LA MISSION

autorisé à faire tout et n'importe quoi : la loi lui impose de rester dans le cadre de sa mission, en lui interdisant, d'une part, de s'immiscer dans la gestion de l'entité contrôlée, d'autre part, de fournir à l'entité contrôlée certaines prestations.

Immixtion dans la gestion

7780 L'interdiction de s'immiscer dans la gestion figure dans l'article L 823-10 du Code de commerce.

7785 **Principes** Sont constitutifs d'une immixtion dans la gestion :
– l'accomplissement d'**actes de gestion** directs ou indirects commis en s'associant aux dirigeants ou en se substituant à eux ;
– l'expression de **jugements de valeur**, négatifs ou positifs, sur la conduite de la gestion de l'entité, prise dans son ensemble ou dans ses opérations particulières.

Sous peine de violer l'interdiction d'immixtion dans la gestion, un commissaire aux comptes n'est donc pas autorisé à :
– s'immiscer dans les affaires sociales ;
– apprécier si la gestion de l'entité est conforme à ses intérêts ;
– apprécier l'opportunité des opérations ;
– donner son opinion sur la gestion de l'entité dans son rapport sur les comptes annuels.

7788 **Exceptions** Le principe de non-immixtion dans la gestion comporte des exceptions édictées par le législateur lui-même, lorsqu'il a considéré que les circonstances justifiaient une ingérence de l'auditeur légal dans la gestion de la société contrôlée.

Ainsi en est-il plus particulièrement dans les cas de figure suivants, pour lesquels le commissaire aux comptes reçoit la mission d'apprécier soit les motifs ou le résultat de certains actes, soit la pertinence de certaines informations, en fonction de critères déterminés :
– **révélation de faits délictueux** (voir n⁰ˢ 61530 s.) : le commissaire aux comptes devra, le cas échéant, porter un jugement sur l'intérêt financier de telle opération ou de tel montage, pour apprécier si ceux-ci sont éventuellement susceptibles de présenter un caractère délictueux ;
– **procédure d'alerte** (voir n⁰ˢ 62200 s.) : le commissaire aux comptes aura, de manière encore plus évidente que dans le cas précédent, à porter un jugement sur la gestion des dirigeants lorsque la continuité de l'exploitation paraîtra compromise. Il en sera ainsi dès le déclenchement de la procédure d'alerte, mais également lorsqu'il devra prendre la responsabilité de la poursuivre ou de l'interrompre, au vu des éléments qui lui auront été fournis ;
– **convocation de l'assemblée générale** en cas de **carence des dirigeants** (voir n⁰ˢ 62800 s.) : dans certaines sociétés, le commissaire aux comptes peut être amené à convoquer l'assemblée générale après avoir vainement requis cette convocation des dirigeants. Il fonde sa décision sur son appréciation de l'intérêt général ou de l'intérêt social de l'entité.

7790 **Avis, recommandations et conseils** Dans le dispositif légal et réglementaire actuel, à condition de respecter les dispositions du Code de déontologie ainsi que de l'article 5.1. du règlement européen 537/2014, pour les EIP, il n'est pas interdit au commissaire aux comptes de donner des avis ou de formuler des recommandations. Il n'en reste pas moins que cette possibilité devra être utilisée avec prudence, les commissaires aux comptes devant toujours garder à l'esprit qu'un manque de retenue dans ce domaine ferait inévitablement courir un risque à leur indépendance. On observera à cet égard que la limitation apportée à la capacité pour le commissaire aux comptes de formuler des recommandations doit notamment être appréciée au regard de la naissance d'un **risque** d'autorévision qui le conduirait à se prononcer ou à porter une appréciation sur des éléments résultant de prestations de services fournies par lui-même, la société à laquelle il appartient, un membre de son réseau ou toute autre personne qui serait en mesure d'influer sur le résultat de la mission de certification (pour plus de détails sur le risque d'autorévision et les services interdits, voir n⁰ˢ 3755 s. et 3745 s.).

Dans la plupart des cas, la mise en œuvre de recommandations générerait une présomption forte d'incomptabilité avec la mission de certification des comptes compte tenu du risque d'autorévision.

En outre, lorsque la **durée du mandat** du commissaire aux comptes est **limitée à trois exercices**, conformément aux dispositions de l'article L 823-2-2 du Code de commerce, ce dernier est tenu d'établir à destination des dirigeants un rapport identifiant les risques financiers, comptables et de gestion auxquels est exposée la société et dans ce cadre il peut formuler, s'il le juge nécessaire, des recommandations visant à réduire les risques identifiés en tenant compte de la taille de l'entité et de ses caractéristiques (C. com. art. L 823-12-1 et NEP 911 § 49).

> Dans ce cas, le commissaire aux comptes veille au respect des règles d'indépendance et de non-immixtion dans la gestion. Par ailleurs, préalablement à l'émission de son rapport, il s'entretient avec le dirigeant des risques financiers, comptables et de gestion identifiés pour s'assurer de la pertinence des recommandations formulées (NEP 911 § 51).

Sanction L'immixtion dans la gestion n'est pas sanctionnée en tant que telle. Dans la **7795** mesure cependant où elle entraînerait une perte d'impartialité et d'objectivité, elle pourrait être sanctionnée comme un manquement à la règle d'indépendance de l'article L 822-10 du Code de commerce, punissable d'une amende de 7 500 € et d'une peine d'emprisonnement de six mois (C. com. art. L 820-6). Sur le terrain civil, dès lors que la qualité de dirigeant de fait serait reconnue au commissaire aux comptes, il s'exposerait à une condamnation au comblement du passif (C. com. art. L 651-2).

Limites relatives à la viabilité ou la qualité de la gestion

Sans préjudice des obligations d'information résultant du rapport destiné à l'organe **7800** appelé à statuer sur les comptes et, le cas échéant, du rapport complémentaire remis au comité d'audit, ainsi que des dispositions des articles L 234-1 à L 234-4 du Code de commerce (procédure d'alerte) et des articles L 212-14 (règles relatives à la participation des salariés aux résultats de l'entreprise), L 214-14, L 621-2 (signalements à l'AMF) et L 612-44 (signalements à l'ACPR et à la BCE) du Code monétaire et financier, la mission de certification des comptes du commissaire aux comptes ne consiste pas à garantir la viabilité ou la qualité de la gestion de la personne ou entité contrôlée (C. com. art. L 823-10-1).

Prestations extérieures

Le législateur interdit, sous peine de sanction pénale (C. com. art. L 820-6), certaines activités **7810** aux commissaires aux comptes. C'est ainsi que les fonctions de commissaire aux comptes sont incompatibles (C. com. art. L 822-10) :
– avec toute activité ou tout acte de nature à porter **atteinte à son indépendance** ;
– avec l'exercice d'un **emploi salarié** ;

> Toutefois, un commissaire aux comptes peut dispenser un enseignement se rattachant à l'exercice de sa profession ou occuper un emploi rémunéré chez un commissaire aux comptes ou chez un expert-comptable.

– avec l'exercice d'une activité commerciale, qu'elle soit exercée directement ou **par personne interposée**, à l'exception :
• d'une part, des activités commerciales accessoires à la profession d'expert-comptable, exercées dans le respect des règles de déontologie et d'indépendance des commissaires aux comptes et dans les conditions prévues au troisième alinéa de l'article 22 de l'ordonnance 45-2138 du 19 septembre 1945 portant institution de l'ordre des experts-comptables et réglementant le titre et la profession d'expert-comptable,
• et, d'autre part, des activités commerciales accessoires exercées par la société pluriprofessionnelle d'exercice dans les conditions prévues à l'article 31-5 de la loi 90-1258 du 31 décembre 1990 relative à l'exercice sous forme de sociétés des professions libérales soumises à un statut législatif ou réglementaire ou dont le titre est protégé et aux sociétés de participations financières de professions libérales.

L'article L 822-11 du Code de commerce définit les **services interdits** au commissaire **7815** aux comptes et à son réseau lorsqu'il certifie les comptes d'une entité, avec des spécificités lorsque cette entité est une EIP.

> Pour plus de détails sur les services autres que la certification des comptes interdits, voir n°s 3744 s.

MISE EN ŒUVRE DE LA MISSION　　　© Éd. Francis Lefebvre

IV. Contrôles autres que le contrôle légal

8000　Les entités économiques peuvent être soumises à diverses interventions en dehors du contrôle légal. Nous présenterons les principaux organismes ou intervenants auxquels elles incombent, en précisant les relations qu'ils sont éventuellement susceptibles d'entretenir avec le contrôleur légal. Nous distinguerons :
– les contrôles institutionnels (n° 8050) ;
– les contrôles d'experts nommés par voie judiciaire (n° 8350) ;
– les contrôles d'experts nommés conventionnellement (n° 8500).

A. Contrôles institutionnels

8050　Les contrôles institutionnels sont réalisés par les **autorités de tutelle ou de régulation** :
– Cour des comptes (n° 8060 s.) ;
– Autorité des marchés financiers (n° 8100 s.) ;
– Autorité de contrôle prudentiel et de résolution (n° 8160 s.) ;
　L'article L 631-1 du Code monétaire et financier prévoit que l'ACPR, l'AMF et le H3C puissent se communiquer les renseignements utiles à l'exercice de leurs missions respectives.
– Banque centrale européenne (n° 8192 s.) ;
– Agence nationale de contrôle du logement social (n° 8200 s.).

Cour des comptes

8060　**Compétences**　La Cour des comptes vérifie sur pièces et sur place la régularité des recettes et des dépenses décrites dans les comptes et s'assure du bon emploi des crédits, fonds et valeurs gérés par les services et organismes relevant de sa compétence (C. jur. fin. art. L 111-2).

8063　La Cour des comptes contrôle :
– les services de l'État et les autres personnes morales de droit public, sous réserve de la compétence attribuée aux chambres régionales et territoriales des comptes (C. jur. fin. art. L 111-3) ;
– les entreprises publiques (C. jur. fin. art. L 111-4) ;
– les institutions de la sécurité sociale (C. jur. fin. art. L 111-5).

8065　Elle peut exercer un contrôle, dans des conditions fixées par voie réglementaire (C. jur. fin. art. L 111-6) :
– sur les organismes bénéficiant du concours financier de l'État, d'une autre personne soumise à son contrôle ou à celui de l'Union européenne ;
– sur les organismes habilités à recevoir des impositions de toute nature et des cotisations légalement obligatoires ;
– sur les organismes habilités à percevoir des versements libératoires d'une obligation légale de faire.

8068　La Cour des comptes peut contrôler, dans des conditions fixées par décret en Conseil d'État, le compte d'emploi des ressources collectées auprès du public par les organismes visés à l'article 3 de la loi 91-772 du 7 août 1991 relative au congé de représentation en faveur des associations et des mutuelles et au contrôle des comptes des organismes faisant un appel public à la générosité afin de vérifier la conformité des dépenses engagées par ces organismes aux objectifs poursuivis par un appel public à la générosité (C. jur. fin. art. L 111-9).
　Ce contrôle peut comporter des vérifications auprès d'autres organismes qui reçoivent des organismes mentionnés au premier alinéa, sous quelque forme que ce soit, des ressources collectées dans le cadre de ces campagnes.
　Enfin, la Cour des comptes peut contrôler, dans des conditions prévues par décret en Conseil d'État, la conformité entre les objectifs des organismes bénéficiant de dons ouvrant droit à un avantage fiscal et les dépenses financées par ces dons, lorsque le montant annuel de ceux-ci excède un seuil fixé par décret (C. jur. fin. art. L 111-10).

Composition La Cour des comptes est composée d'un premier président, de présidents de chambre, de conseillers maîtres, de conseillers référendaires et d'auditeurs (C. jur. fin. art. L 112-1).   **8070**

Le procureur général exerce le ministère public près la Cour des comptes.

Caractéristiques du contrôle Les contrôles de la Cour des comptes n'ont pas un caractère permanent comme ceux du commissaire aux comptes. Ils interviennent a posteriori et, donc, le cas échéant, après le commissaire aux comptes.   **8075**

Les vérifications opérées par la Cour des comptes n'ont donc aucune incidence sur le rapport émis par le commissaire aux comptes, qui est déposé au siège social de l'entreprise publique ou de l'établissement public avant l'intervention des magistrats de la Cour des comptes.

Les conclusions du contrôle de la Cour des comptes ne sont pas adressées directement à la direction de la société, mais aux ministres et autorités administratives compétentes (C. jur. fin. art. R 143-1).   **8078**

À la suite du contrôle d'une entreprise publique, la Cour des comptes adresse aux ministres intéressés un rapport particulier dans lequel elle expose ses observations sur les comptes, l'activité, la gestion et les résultats de celle-ci ainsi que sur la régularité et la sincérité des comptes (C. jur. fin. art. L 143-3).

La Cour des comptes propose, le cas échéant, les redressements qu'elle estime devoir être apportés.

Lorsqu'à la suite de ses vérifications la Cour des comptes décide de procéder à une vérification des comptes et de la gestion de l'entreprise, elle émet un rapport particulier qui est transmis aux membres du Parlement (C. jur. fin. art. L 143-3).   **8080**

Relations avec les commissaires aux comptes Les membres et personnels de la Cour des comptes mentionnés aux sections 1 à 5 du chapitre II du titre I du livre I du Code des juridictions financières peuvent demander aux commissaires aux comptes, y compris les commissaires aux apports et les commissaires à la fusion, tous renseignements sur les organismes, sociétés et comptes qu'ils contrôlent et peuvent, en particulier, se faire communiquer les dossiers et documents établis en application des dispositions législatives et réglementaires relatives à la profession et au statut des commissaires aux comptes de sociétés (C. jur. fin. art. L 141-10, al. 1).   **8085**

Les membres et personnels de la Cour des comptes ainsi visés sont le premier président, les présidents de chambre, les conseillers maîtres, les conseillers référendaires, les auditeurs, le procureur général, les magistrats de la Cour des comptes, les conseillers maîtres en service extraordinaire et les rapporteurs auprès de la Cour des comptes.

Toutefois, ce droit d'information et de communication ne peut être exercé que sur les commissaires aux comptes des entités directement contrôlées par la Cour des comptes (sur le secret professionnel, voir n⁰ˢ 5790 s.).

L'article L 141-10 du Code des juridictions financières organise par ailleurs les relations qui s'instaurent entre la Cour des comptes et les commissaires aux comptes à l'occasion du contrôle par la Cour des comptes des organismes nationaux du régime général et des comptes combinés de chaque branche et de l'activité de recouvrement du régime général, en application de l'article LO 132-2-1 du Code des juridictions financières.

Pour l'application de l'article LO 132-2-1 précité, les membres et personnels de la Cour des comptes mentionnés supra :

– peuvent **demander aux commissaires aux comptes** des organismes et régimes de sécurité sociale visés par l'article L 114-8 du Code de la sécurité sociale et le fonds de réserve pour les retraites visé par l'article L 135-6 du même code tous renseignements sur les entités dont ces derniers assurent la mission de certification des comptes ; ils peuvent en particulier se faire communiquer, pour l'exercice comptable sous revue, les dossiers et documents établis en application des dispositions législatives et réglementaires relatives à la profession et au statut des commissaires aux comptes (C. jur. fin. art. L 141-10, al. 5) ;

– sont habilités à **communiquer aux commissaires aux comptes** des organismes et régimes de sécurité sociale visés par l'article L 114-8 du Code de la sécurité sociale tous renseignements sur les opérations effectuées pour le compte de ces derniers par les organismes, branches ou activités visés par l'article LO 132-2-1, et sur les vérifications qu'ils ont opérées, en tant qu'ils sont utiles à leur mission légale de certification des comptes de l'exercice sous revue et sous réserve des dispositions de l'article L 120-3 du

MISE EN ŒUVRE DE LA MISSION © Éd. Francis Lefebvre

code précité. Ils disposent d'une faculté identique à l'égard des commissaires aux comptes d'autres entités dont une partie des opérations est gérée par les organismes, branches ou activités visés par l'article LO 132-2-1 du même code (C. jur. fin. art. L 141-10, al. 6).

Les conditions d'application du troisième au sixième alinéa de l'article L 141-10 sont fixées par décret en Conseil d'État.

Autorité des marchés financiers

8100 **Compétences** L'Autorité des marchés financiers (AMF) a pour mission de veiller (C. mon. fin. art. L 621-1) :

– à la **protection de l'épargne investie** dans les instruments financiers, les unités mentionnées à l'article L 229-7 du Code de l'environnement et les actifs mentionnés au II de l'article L 421-1 donnant lieu à une offre au public ou à une admission aux négociations sur un marché réglementé et dans tous autres placements offerts au public ;

– à l'**information des investisseurs** et au bon **fonctionnement des marchés** d'instruments financiers, d'unités mentionnées à l'article L 229-7 du Code de l'environnement et d'actifs mentionnés au II de l'article L 421-1 du code précité.

Elle apporte également son concours à la régulation de ces marchés aux échelons européen et international et, depuis l'entrée en vigueur de la loi dite Pacte du 22 mai 2019, elle veille à la qualité de l'information fournie par les sociétés de gestion de placements collectifs sur leur stratégie d'investissement et leur gestion des risques liés aux effets du changement climatique (C. mon. fin. art. L 621-1 modifié par la loi 2019-486 dite Pacte).

8105 Dans le cadre ainsi défini, l'Autorité des marchés financiers :

– prend un règlement général relatif au fonctionnement des marchés placés sous son contrôle, dont l'interprétation peut être précisée par des instructions et recommandations. Pour l'application de ce règlement général, elle peut prendre des décisions de portée individuelle (C. mon. fin. art. L 621-6) ;

Le règlement général de l'AMF détermine notamment les règles de pratique professionnelle qui s'imposent aux émetteurs lorsqu'ils procèdent à une offre au public, à une offre mentionnée au 1 du I de l'article L 411-2 ou dont les instruments financiers, des unités mentionnées à l'article L 229-7 du Code de l'environnement, sont admis aux négociations sur un marché réglementé ainsi que les règles qui doivent être respectées lors d'opérations sur les instruments financiers et des actifs mentionnés au II de l'article L 421-1 du Code monétaire et financier admis aux négociations sur un marché réglementé ou sur un système multilatéral de négociation soumis aux dispositions du II de l'article L 433-3 (Euronext Growth), les règles relatives aux offres publiques d'acquisition portant sur des titres financiers admis aux négociations sur un marché réglementé et les règles de bonne conduite et autres obligations professionnelles qui s'imposent aux intervenants sur les marchés financiers (C. mon. fin. art. L 621-7).

– appose un **visa préalable** quand une personne physique ou morale fait une offre publique d'acquisition de titres de capital ou de titres de créance d'un émetteur procédant à une offre au public de titres financiers ou à une admission de titres financiers aux négociations sur un marché réglementé, ou lorsqu'une société procédant à une offre au public de titres financiers ou à une admission de titres financiers aux négociations sur un marché réglementé procède à l'achat de ses propres titres de capital (C. mon. fin. art. L 621-8). Elle peut demander à cette occasion la publication d'informations rectificatives ou complémentaires ;

Dans les faits, l'AMF ne limite pas son intervention aux seules opérations visées expressément par l'article L 621-8 du Code monétaire et financier, elle contrôle également les informations diffusées par les sociétés cotées lors de leurs assemblées générales ordinaires et lors d'opérations financières telles que les augmentations de capital social avec suppression du droit préférentiel de souscription, les fusions et apports partiels d'actif.

– assure une mission de **veille** et de **surveillance des activités de marché** ; elle vérifie notamment l'information financière diffusée par les sociétés cotées tout au long de l'année, ainsi que l'information fournie sur les produits financiers agréés et assure une surveillance permanente des marchés financiers ;

Elle veille à la régularité des opérations effectuées sur des instruments financiers lorsqu'ils sont offerts au public et sur des instruments financiers, unités mentionnées à l'article L 229-7 du Code de l'environnement et actifs mentionnés au II de l'article L 421-1 admis aux négociations sur un marché réglementé ou sur un système multilatéral de négociation. En outre, elle veille à la régularité des offres au public de parts sociales mentionnées au quatrième alinéa de l'article L 512-1 du Code monétaire et financier ou des offres au public de certificats mutualistes mentionnées au premier alinéa du II de l'article L 322-26-8 du Code des assurances. Elle veille aussi à la régularité des offres ne donnant pas lieu à la publication du document d'information mentionné au premier alinéa du I de l'article L 412-1 du Code monétaire et financier et réalisées par l'intermédiaire d'un prestataire de services d'investissement ou d'un conseiller en investissements participatifs au moyen de son site Internet ainsi que des offres de minibons mentionnés à l'article L 223-6 du code précité. Elle veille également à la régularité des opérations effectuées sur des contrats commerciaux relatifs à des marchandises liés à un ou plusieurs instruments financiers ou unités mentionnées à l'article L 229-7 du Code de l'environnement. Sont soumis au contrôle de l'Autorité des marchés financiers les instruments financiers et les unités mentionnés à l'article L 229-7 du Code de l'environnement négociés sur un système multilatéral de négociation, admis à la négociation sur un tel marché ou pour lesquels une demande d'admission à la négociation sur un tel marché a été présentée (C. mon. fin. art. L 621-9, I, al. 2).

– dispose d'un **pouvoir de contrôle et d'enquête** pour procéder à toute analyse complémentaire ou vérification qui lui paraîtrait nécessaire (C. mon. fin. art. L 621-9) ; elle a également la possibilité de faire ordonner par le juge judiciaire des mesures conservatoires d'urgence (C. mon. fin. art. L 621-13), de faire prononcer par le juge des référés une injonction de faire en cas de pratiques contraires aux dispositions législatives ou réglementaires (C. mon. fin. art. L 621-14) et de prononcer des **sanctions administratives** (C. mon. fin. art. L 621-15) ;

La loi de régulation bancaire et financière du 22 octobre 2010 a renforcé les procédures de sanction de l'AMF avec notamment un relèvement des sanctions pécuniaires. Le plafond est de 100 millions d'euros pour les sanctions à l'encontre des personnes relevant des prestataires et professions réglementées et de 15 millions d'euros pour les sanctions à l'encontre des personnes physiques.

Pour de plus amples développements sur la responsabilité administrative et les procédures d'enquêtes et de sanctions, voir nos 15520 s.

Sur l'abrogation des dispositions relatives aux opérations d'initié par la décision du Conseil constitutionnel du 18 mars 2015, voir nº 14520.

– est tenue de donner avis sans délai au **procureur de la République** des crimes ou des délits dont elle a connaissance dans le cadre de ses attributions. Elle transmet à ce magistrat tous les renseignements, procès-verbaux et actes qui y sont relatifs (C. mon. fin. art. L 621-20-1) ;

– réglemente les conditions d'exercice des activités des prestataires de services d'investissement, des adhérents de chambre de compensation, des personnes habilitées à conserver ou à administrer des instruments financiers et à effectuer des analyses financières, telles qu'elles sont définies par l'article L 621-7 du Code monétaire et financier.

Composition

8110

L'Autorité des marchés financiers comprend un collège, une commission des sanctions et des commissions spécialisées et consultatives (C. mon. fin. art. L 621-2 modifié par la loi 2019-222 du 23-3-2019).

Le **collège** est composé de seize membres :

1° un président nommé par décret du Président de la République ;

2° un membre du Conseil d'État désigné par le vice-président du Conseil d'État ;

3° un membre de la Cour de cassation, désigné par le premier président de la Cour de cassation ;

4° un magistrat de la Cour des comptes, désigné par le premier président de la Cour des comptes ;

5° un sous-gouverneur de la Banque de France, désigné par le gouverneur ;

6° le président de l'Autorité des normes comptables ;

7° trois membres désignés, à raison de leur compétence financière et juridique ainsi que de leur expérience en matière d'offre au public de titres financiers, d'admission d'instruments financiers aux négociations sur un marché réglementé et d'investissement de l'épargne dans des instruments financiers, respectivement par le président du Sénat, le président de l'Assemblée nationale et le président du Conseil économique, social et environnemental ;

8° six membres désignés, à raison de leur compétence financière et juridique ainsi que de leur expérience en matière d'offre au public de titres financiers, d'admission d'instruments financiers aux négociations sur un marché réglementé et d'investissement de l'épargne dans des instruments financiers, par le ministre chargé de l'économie après consultation des organisations représentatives des sociétés industrielles et commerciales dont les titres font l'objet d'offre au public ou d'admission aux négociations sur un marché réglementé, des sociétés de gestion de placements collectifs et des investisseurs, des prestataires de services d'investissement, autres que des sociétés de gestion de portefeuille, des entreprises de marché, des chambres de compensation, des gestionnaires de systèmes de règlement livraison et des dépositaires centraux ;

MISE EN ŒUVRE DE LA MISSION © Éd. Francis Lefebvre

8110
(suite)

9° un représentant des salariés actionnaires, désigné par le ministre chargé de l'économie, après consultation des organisations syndicales et des associations représentatives.

Le président de l'AMF est nommé pour cinq ans. Son mandat n'est pas renouvelable. Il est soumis aux règles d'incompatibilité prévues pour les emplois publics. Par ailleurs, le président de l'AMF exerce ses fonctions à temps plein. Il désigne, après avis du collège, un membre du collège chargé d'assurer sa suppléance en cas de vacance ou d'empêchement (C. mon. fin. art. L 621-2, II).

Le mandat des autres membres, à l'exception de celui du représentant de la Banque de France et du président de l'Autorité des normes comptables, est de cinq ans. Il est renouvelable une fois.

Le mandat du président et des membres n'est pas interrompu par les règles concernant la limite d'âge éventuellement applicable aux intéressés.

Les nominations des membres visés aux 2°, 3°, 4° et 7° doivent par ailleurs respecter des obligations de parité entre les hommes et les femmes qui sont définies à l'article L 621-2 du Code monétaire et financier.

La **Commission des sanctions** comprend douze membres (C. mon. fin. art. L 621-2, IV) :
– deux membres du Conseil d'État désignés par le vice-président du Conseil d'État ;
– deux membres de la Cour de cassation désignés par le premier président de la Cour de cassation ;
– six membres désignés, à raison de leur compétence financière et juridique ainsi que de leur expérience en matière d'offre au public de titres financiers, d'admission d'instruments financiers aux négociations sur un marché réglementé et d'investissement de l'épargne dans des instruments financiers, par le ministre chargé de l'économie après consultation des organisations représentatives des sociétés industrielles et commerciales dont les titres font l'objet d'appel public à l'épargne, des sociétés de gestion de placements collectifs et des investisseurs, des prestataires de services d'investissement autres que des sociétés de gestion de portefeuille, des entreprises de marché, des chambres de compensation, des gestionnaires de systèmes de règlement livraison et des dépositaires centraux ;
– deux représentants des salariés des entreprises ou établissements prestataires de services d'investissement autres que des sociétés de gestion de portefeuille, des sociétés de gestion d'organismes de placement collectif, des entreprises de marché, des chambres de compensation, des gestionnaires de systèmes de règlement livraison et des dépositaires centraux, désignés par le ministre chargé de l'économie après consultation des organisations syndicales représentatives.

Les fonctions de membre de la Commission des sanctions sont incompatibles avec celles de membre du collège. La durée du mandat est de cinq ans, renouvelable une fois.

La récusation d'un membre de la Commission des sanctions peut être prononcée à la demande d'une personne mise en cause s'il existe une raison sérieuse de mettre en doute l'impartialité de ce membre (C. mon. fin. art. L 621-15, III quater), dans les conditions fixées par l'article R 621-39-2 du Code monétaire et financier.

Le président est élu par les membres de la Commission des sanctions parmi les deux conseillers d'État désignés par le vice-président du Conseil d'État et les deux conseillers à la Cour de cassation désignés par le premier président de la Cour de cassation.

Le nombre de femmes et d'hommes doit être égal au sein de la Commission des sanctions.

Les **commissions spécialisées** sont formées de six membres, dont le président de l'AMF. Elles sont constituées par le collège qui précise dans l'acte de constitution les matières dans lesquelles elles sont habilitées à prendre des décisions de portée individuelle (C. mon. fin. art. L 621-2, III ; Décret du 21-11-2003 art. 4).

Enfin, les **commissions consultatives** sont composées d'experts qui préparent les décisions du collège (C. mon. fin. art. L 621-2, III). La présidence et la vice-présidence de ces commissions sont assurées par des membres du collège de l'AMF.

L'AMF a créé le 20 février 2004 cinq commissions consultatives nommées respectivement : Organisation et fonctionnement du marché – Activités de compensation, de conservation et de règlement-livraison – Activités de gestion financière – Opérations et informations financières des émetteurs – Épargnants.

Le collège de l'AMF a adopté en juin 2007 deux chartes de fonctionnement qui seront signées par les membres de chaque commission.

Une charte est signée par les membres de la commission « Épargnants », une autre charte commune aux quatre autres commissions a été signée par leurs membres.

Enfin, en application de l'article 312-5 de son Règlement général, l'AMF a constitué un **Haut Conseil certificateur de place**. Il a pour mission de rendre des avis à l'AMF sur la certification des connaissances des professionnels. Ses avis permettent à l'Autorité de définir le contenu des connaissances minimales et de veiller à son actualisation, de définir

284

MISE EN ŒUVRE DE LA MISSION

et de vérifier les modalités des examens et de délivrer une certification aux organismes de formation qui en font la demande.

Relations avec les commissaires aux comptes La mission de l'AMF ne peut être confondue avec celle dévolue au commissaire aux comptes. Elle a pour objectif de veiller à la protection de l'épargne, ce qui n'entre pas dans les attributions du contrôleur légal. Elle dispose par ailleurs de pouvoirs dont ne disposent pas les commissaires aux comptes :
– elle édicte un règlement général et émet des instructions et des recommandations ;
– elle peut procéder à des inspections et des contrôles ;
– elle peut prononcer des sanctions administratives ;
– elle peut faire prononcer par le juge des référés des injonctions.

8115

Il n'en reste pas moins que l'AMF est **directement intéressée** au fonctionnement du contrôle légal dans la mesure où elle doit s'assurer, d'une part, de la sincérité des informations publiées à destination du public et, d'autre part, de la régularité des publications prévues par les dispositions législatives ou réglementaires (C. mon. fin. art. L 621-1 et L 621-18).

8118

L'Autorité des marchés financiers s'assure que les publications prévues par les dispositions législatives ou réglementaires sont régulièrement effectuées par les émetteurs mentionnés à l'article L 451-1-2 du Code monétaire et financier (titres admis sur un marché réglementé) ou par les émetteurs dont les titres sont admis aux négociations sur un système multilatéral de négociation soumis aux dispositions du II de l'article L 433-3 du code précité (Euronext Growth).

« Elle vérifie les informations que ces émetteurs publient. À cette fin, elle peut exiger des émetteurs, des personnes qui les contrôlent ou sont contrôlées par eux et de leurs commissaires aux comptes ou contrôleurs légaux ou statutaires qu'ils fournissent tous documents et informations utiles » (C. mon. fin. art. L 621-18).

Le dispositif légal (C. com. fin. art. L 621-22) organise les relations diverses qui sont susceptibles de s'instaurer entre l'autorité et les commissaires aux comptes des entités soumises à son contrôle.

Sont visés les commissaires aux comptes :
– des sociétés dont les titres sont admis aux négociations sur un marché réglementé ;
– et des sociétés dont les titres financiers sont offerts au public sur un système multilatéral de négociation soumis aux dispositions du II de l'article L 433-3 (Euronext Growth).

L'AMF et la CNCC ont établi un **guide de lecture** de l'article L 621-22 du Code monétaire et financier qui précise les relations entre les commissaires aux comptes et l'AMF (document disponible sur le site internet de l'AMF et de la CNCC). Ce document date cependant de juillet 2010 et il ne tient donc pas compte des dernières évolutions légales et réglementaires (voir n°s 8120 s.). À la date de mise à jour de ce Mémento, il est en cours d'actualisation.

L'obligation d'information de l'AMF pour avis dans le cadre de la nomination ou du renouvellement d'un commissaire aux comptes d'une société cotée n'est plus imposée par les textes légaux et réglementaires (abrogation du I de l'article L 621-22 du Code monétaire et financier et de l'article R 823-1 du Code de commerce respectivement par l'ordonnance 2016-315 du 17-3-2016 et par le décret 2016-1026 du 26-7-2016).

8120

Les commissaires aux comptes sont expressément déliés du secret professionnel envers l'AMF (voir n°s 5470 s.) :
– lorsque l'AMF **demande des informations** au commissaire aux comptes dans le cadre de ses pouvoirs de contrôle et d'enquête (C. mon. fin. art. L 621-9-3, al. 2) ;
– lorsque l'AMF **demande l'intervention** du commissaire aux comptes, en vue de procéder auprès des sociétés contrôlées à toute analyse complémentaire ou vérification qui lui paraît nécessaire (C. mon. fin. art. L 621-9-2, dernier alinéa).

8124

L'AMF apporte son **concours** à la mise en œuvre des **contrôles périodiques ou occasionnels** auxquels sont soumis les commissaires aux comptes dans leur activité professionnelle, dès lors qu'ils sont relatifs à des commissaires aux comptes nommés auprès de personnes dont les titres financiers sont admis aux négociations sur un marché réglementé ou offerts au public sur un système multilatéral de négociation soumis aux dispositions du II de l'article L 433-3 (Euronext Growth) ou d'organismes de placement collectif (C. com. art. L 821-9, al. 3).

8125

285

MISE EN ŒUVRE DE LA MISSION

© Éd. Francis Lefebvre

Un accord d'échange d'informations entre l'AMF et le Haut Conseil a été signé le 11 janvier 2010 concernant le contrôle qualité des travaux des commissaires aux comptes (voir n° 11100).

En outre, les **dossiers** et documents établis par les commissaires aux comptes doivent être **conservés** pendant une durée de **six ans**, même après la cessation des fonctions, et tenus à la disposition de l'AMF pour les besoins des contrôles et des enquêtes, qui peut requérir du commissaire aux comptes les explications et les justifications qu'elle estime nécessaires concernant ces pièces et les opérations qui doivent y être mentionnées, en application de l'article R 821-68 du Code de commerce.

L'article précité a été modifié par le décret 2016-1026 du 26 juillet 2016 et le délai de conservation des dossiers a ainsi été réduit de dix à six ans.

8126 L'article R 823-21-1 du Code de commerce dispose qu'à la demande de l'AMF ou de l'Autorité de contrôle prudentiel et de résolution, le commissaire aux comptes leur communique sans délai le **rapport complémentaire remis au comité d'audit** en application du III de l'article L 823-16 du Code de commerce (voir n°s 26500 s.) lorsqu'il a trait à la certification des comptes d'une personne ou d'une entité soumise au contrôle d'une de ces autorités.

8128 Les **autres relations** susceptibles de s'établir entre l'AMF et les commissaires aux comptes sont définies par l'article L 621-22 du Code monétaire et financier, qui prévoit explicitement que les commissaires aux comptes sont déliés du secret professionnel pour son application. Elles visent les commissaires aux comptes des personnes dont les titres financiers sont admis aux négociations sur un **marché réglementé** ou **offerts au public sur un système multilatéral de négociation soumis aux dispositions du II de l'article L 433-3 du Code monétaire et financier (Euronext Growth)** et elles comprennent :

– la possibilité pour l'AMF de demander au commissaire aux comptes tous **renseignements** sur les personnes qu'il contrôle ;

Le guide publié par la CNCC et l'AMF en juillet 2010 sur la mise en œuvre de l'article L 621-22 du Code monétaire et financier et les relations entre les commissaires aux comptes et l'AMF précise que les interrogations de l'AMF ne portent pas sur l'ensemble du dossier mais sur des aspects spécifiques, tels que les diligences d'audit, l'appréciation des traitements comptables de points particuliers décrits et justifiés préalablement par l'émetteur, les honoraires ou les aspects déontologiques liés à la mission du commissaire aux comptes.

Le commissaire aux comptes est libre de répondre à la demande de l'AMF par des extraits de son dossier de travail ou par des notes rédigées pour la circonstance. Si l'AMF ne parvient pas à obtenir de réponse appropriée à ses interrogations, elle garde la possibilité d'exiger la communication des éléments du dossier de travail correspondant à sa demande.

– l'obligation pour les commissaires aux comptes d'informer l'AMF de tout fait ou toute décision justifiant leur intention de **refuser la certification** des comptes ;

Par ailleurs, s'agissant spécifiquement des **EIP** (voir n° 2352), outre les obligations imposées par l'article L 621-22 du Code monétaire et financier, l'**article 12 du règlement européen 537/2014 du 16 avril 2014** impose aux commissaires aux comptes de signaler non seulement le refus de certification mais également une opinion assortie de **réserves** ou une **impossibilité** de certifier.

Cette obligation ne vise donc pas les commissaires aux comptes des entités dont les titres sont offerts au public sur Euronext Growth.

– l'obligation pour les commissaires aux comptes de communiquer à l'AMF copie de l'écrit transmis au président du conseil d'administration ou au directoire en application du deuxième alinéa de l'article L 234-1 du Code de commerce, à savoir la demande de délibération du conseil d'administration formulée dans le cadre de la deuxième phase de la **procédure d'alerte** ;

Le guide précité comporte un exemple de lettre de transmission de la lettre émise dans le cadre de la deuxième phase de la procédure d'alerte.

– l'obligation pour les commissaires aux comptes de communiquer à l'AMF les conclusions du rapport qu'ils envisagent de présenter à l'assemblée générale en application des articles L 823-12 et L 822-15 du Code de commerce, à savoir **les irrégularités et inexactitudes** ;

Le guide précité précise que les irrégularités et inexactitudes devant être portées à la connaissance de l'AMF sont celles signalées soit dans le rapport sur les comptes présenté à l'assemblée annuelle, soit dans une communication ad hoc à l'assemblée générale annuelle ou à une autre assemblée, ou encore dans un rapport spécifique (conventions réglementées, contrôle interne, prévention des difficultés des entreprises…). Le commissaire aux comptes transmet l'information à l'AMF le plus rapidement possible et au plus tard lors de la transmission de son rapport ou de sa communication à la société. Lorsque

286

MISE EN ŒUVRE DE LA MISSION

l'AMF est informée préalablement, le commissaire aux comptes lui transmet par la suite copie du rapport ou de la communication concernée.

– la possibilité pour les commissaires aux comptes d'interroger l'Autorité des marchés financiers sur **toute question** rencontrée dans l'exercice de leur mission et susceptible d'avoir un effet sur l'information financière de la personne.

Le guide précité précise que ce droit d'interrogation porte sur toute question intéressant l'information financière (traitements comptables, problèmes d'audit, contenu des prospectus…). Le commissaire aux comptes formulera par écrit ses questions auxquelles l'AMF répondra selon la même forme.

En outre, conformément aux dispositions de l'**article 12 du règlement européen** précité, les commissaires aux comptes d'une entité d'intérêt public **(EIP)** ont l'obligation de signaler rapidement à l'AMF toute information concernant cette EIP dont ils ont eu connaissance lors du contrôle légal et qui peut entraîner un risque ou un doute sérieux concernant la **continuité de l'exploitation** de cette entité d'intérêt public.

Les commissaires aux comptes ont également l'obligation de signaler à l'AMF les informations ci-après dont ils ont connaissance au cours du contrôle légal des comptes d'une **entreprise ayant des liens étroits** avec l'entité d'intérêt public dont ils effectuent aussi le contrôle légal des comptes :

• une violation significative des dispositions législatives, réglementaires ou administratives qui fixent, le cas échéant, les conditions d'agrément ou qui régissent, de manière spécifique, la poursuite des activités de cette EIP ;

• un risque ou un doute sérieux concernant la continuité de l'exploitation de cette EIP ;

• un refus d'émettre une opinion sur les états financiers ou l'émission d'une opinion défavorable ou d'une opinion assortie de réserves.

La notion de lien étroit s'entend au sens de l'article 4 du règlement européen 575/2013 et correspond à une situation dans laquelle deux personnes physiques ou morales, ou plus, sont liées de l'une des façons suivantes :
– par une participation, c'est-à-dire le fait de détenir, directement ou par le biais d'un lien de contrôle, 20 % ou plus des droits de vote ou du capital d'une entreprise ;
– par un lien de contrôle ;
– ou par un lien de contrôle durable à une autre et même tierce personne.

S'agissant des relations entre l'AMF et les commissaires aux comptes des sociétés de gestion de portefeuille, des OPCVM, des prestataires de services d'investissement, des FIA et des entreprises de marché habilitées en vue de la conservation ou de l'administration d'instruments financiers, voir n° 5471.

Enfin, en application de l'article 28 du Code de déontologie, le commissaire aux comptes qui **démissionne** informe l'AMF lorsque la personne ou entité relève de cette autorité.

8129

Autorité de contrôle prudentiel et de résolution (ACPR)

Compétences L'Autorité de contrôle prudentiel et de résolution veille à la préservation de la stabilité du système financier et à la protection des clients, assurés, adhérents et bénéficiaires des personnes soumises à son contrôle, à savoir principalement les établissements de crédit, les entités relevant des secteurs de l'assurance, les mutuelles et les institutions de prévoyance (C. mon. fin. art. L 612-1 et art. L 612-2 pour la liste exhaustive des personnes sous le contrôle de l'Autorité).

8160

L'ACPR est ainsi chargée :
– d'examiner les demandes d'autorisations ou de dérogations individuelles ;
– d'exercer une surveillance permanente de la situation financière et des conditions d'exploitation des personnes soumises à son contrôle, notamment en matière de respect des exigences de solvabilité et de préservation de leur liquidité ;
– de veiller au respect par ces personnes des règles destinées à assurer la protection de leur clientèle ;
– de veiller au respect par les personnes soumises à son contrôle des règles relatives aux modalités d'exercice de leur activité par elles-mêmes ou par l'intermédiaire de filiales et aux opérations d'acquisition et de prise de participation.

Son contrôle porte sur le respect par les personnes soumises à son contrôle des dispositions européennes qui leur sont directement applicables, des dispositions du Code monétaire et financier ainsi que sur des dispositions réglementaires prévues pour son application, du Code des assurances, du livre IX du Code de la sécurité sociale, du Code de la mutualité, du livre III du Code de la consommation, des codes de conduite

287

MISE EN ŒUVRE DE LA MISSION　　　© Éd. Francis Lefebvre

homologués ainsi que de toute autre disposition législative et réglementaire dont la méconnaissance entraîne celle des dispositions précitées.

Pour tout renseignement complémentaire, voir également les développements figurant aux n⁰⁵ 5500 s. et 78280 s.

L'accent est d'ailleurs mis sur la collaboration entre l'AMF et l'Autorité de contrôle prudentiel et de résolution. Un pôle commun aux deux autorités a été créé le 30 avril 2010 avec pour objectif d'« améliorer la protection des clients en prenant en compte l'imbrication croissante entre les différents produits d'épargne et le développement d'acteurs à même de distribuer toute la gamme des produits financiers » (Communiqué de presse AMF du 30-4-2010).

8164　Composition　L'Autorité de contrôle prudentiel et de résolution comprend un collège de supervision, un collège de résolution et une commission des sanctions.

Le collège de l'Autorité de contrôle prudentiel et de résolution comprend dix-neuf membres (C. mon. fin. art. L 612-5, al. 1) :

Les membres de ces collèges et de cette commission sont précisés aux articles L 612-5, L 612-8-1 et L 612-9 du Code monétaire et financier.

Le **collège de supervision** est constitué en son sein de deux sous-collèges sectoriels, tous deux composés de huit membres : le sous-collège sectoriel de l'assurance et le sous-collège sectoriel de la banque (C. mon. fin. art. L 612-7).

8168　Moyens d'action　L'Autorité de contrôle prudentiel et de résolution ne contrôle pas la régularité et la sincérité des comptes annuels. Son rôle se limite à veiller au respect des textes légaux et réglementaires dont elle a la charge par les personnes soumises à son contrôle.

8170　Dans ce cadre, l'Autorité de contrôle prudentiel et de résolution dispose :

– d'un pouvoir de **contrôle sur pièces et sur place** auprès des personnes soumises à son contrôle (C. mon. fin. art. L 612-23, al. 1). L'Autorité peut par ailleurs étendre le contrôle sur place d'une personne soumise à son contrôle à ses filiales, aux personnes morales qui la contrôlent au sens de l'article L 233-3 du Code de commerce, aux filiales de ces personnes morales, à toute entreprise ou personne morale appartenant au même groupe, aux personnes et organismes de toute nature ayant passé, directement ou indirectement, avec cette entreprise une convention de gestion, de réassurance ou de tout autre type susceptible d'altérer son autonomie de fonctionnement ou de décision, aux entreprises qui sont liées au sens du 4° de l'article L 356-1 du Code des assurances, aux entreprises mères mentionnées au 1° du même article, aux mutuelles et unions relevant du livre III du Code de la mutualité qui lui sont liées et aux institutions de gestion de retraite supplémentaire qui lui sont liées, aux institutions de gestion de retraite supplémentaire qui lui sont liées et aux agents et aux personnes auxquelles sont confiées des fonctions ou activités opérationnelles (C. mon. fin. art. L 612-26) ;

À noter qu'afin de réaliser ces contrôles, l'Autorité de contrôle prudentiel et de résolution peut faire appel à des corps de contrôle extérieurs, des commissaires aux comptes, des experts ou des personnes ou autorités compétentes. Afin de contribuer au contrôle des personnes mentionnées aux 1° et 3° du II de l'article L 612-2, le secrétaire général peut recourir à une association professionnelle, représentant les intérêts d'une ou de plusieurs catégories de ces personnes, et dont la personne objet du contrôle est membre (C. mon. fin. art. L 612-23, al. 3).

– de la possibilité de demander aux personnes soumises à son contrôle tous renseignements, documents, éclaircissements ou justifications nécessaires à l'exercice de sa mission (C. mon. fin. art. L 612-24, al. 2) ;

– du pouvoir de demander la **communication** des rapports des commissaires aux comptes et de **tous documents comptables** dont elle peut, en tant que de besoin, demander la certification (C. mon. fin. art. L 612-24, al. 2).

8172　Le pouvoir d'investigation de l'Autorité de contrôle prudentiel et de résolution est assorti d'un **pouvoir de mise en garde, d'injonction et de sanction**. Elle peut en effet adresser :

– des mises en garde aux dirigeants des entités placées sous son contrôle (C. mon. fin. art. L 612-30) ;

– des mises en demeure préconisant que soient prises les mesures nécessaires pour se mettre en conformité avec les textes (C. mon. fin. art. L 612-31) ;

MISE EN ŒUVRE DE LA MISSION

– des injonctions commandant directement que soient prises les mesures nécessaires pour se mettre en conformité avec les textes. Elle peut ainsi exiger de toute personne soumise à son contrôle qu'elle soumette à son approbation un programme de rétablissement comprenant toutes les mesures appropriées pour restaurer ou renforcer sa situation financière ou de liquidité, améliorer ses méthodes de gestion ou assurer l'adéquation de son organisation à ses activités ou à ses objectifs de développement (C. mon. fin. art. L 612-32).

Elle peut aussi prononcer l'une des **sanctions disciplinaires** allant du simple avertissement à la radiation de la liste des personnes agréées ou du registre des intermédiaires ainsi que l'interdiction de pratiquer l'activité d'intermédiation pour les entités du secteur des assurances (C. mon. fin. art. L 612-39 et L 612-41).

Il en va de même s'il n'a pas été déféré aux injonctions prévues aux articles L 511-41-3, L 522-15-1 et L 526-29 du Code monétaire et financier et aux exigences complémentaires prévues au second alinéa de l'article L 334-1 du Code des assurances ou au premier alinéa de l'article L 931-18 du Code de la sécurité sociale.

À ces sanctions disciplinaires peuvent s'ajouter, ou se substituer, des **sanctions pécuniaires**. Ces sanctions pécuniaires peuvent être au plus égales à 100 millions d'euros pour les personnes mentionnées au I de l'article L 612-2 du Code monétaire et financier et pour les personnes mentionnées au II et au 4° du B du I du même article (C. mon. fin. art. L 612-39 et L 612-41).

L'Autorité de contrôle prudentiel et de résolution peut enfin rendre publiques ces sanctions dans les journaux, publications ou supports qu'elle désigne. Les frais de publication seront alors supportés par la personne sanctionnée.

8175 Enfin, l'Autorité de contrôle prudentiel et de résolution peut être amenée à nommer un administrateur provisoire lorsqu'elle considère que la gestion de l'établissement ne peut plus être assurée dans des conditions normales (C. mon. fin. art. L 612-34, I).

8180 **Relations avec les commissaires aux comptes** Le dispositif légal organise les relations diverses qui sont susceptibles de s'instaurer entre l'ACPR et les commissaires aux comptes des personnes soumises à son contrôle.

Le « Guide des relations ACPR-commissaires aux comptes », établi par la CNCC et l'ACPR, précise l'objet et les modalités des échanges intervenant dans ce cadre. Ce document a été mis à jour en juillet 2018.

Depuis l'entrée en vigueur le 1er janvier 2016 de l'article 18 de l'ordonnance 2015-1682 du 17 décembre 2015, la procédure de désignation des commissaires aux comptes d'un organisme soumis au contrôle de l'ACPR a été simplifiée. Ainsi, l'avis préalable de cette autorité relatif à la nomination ou au renouvellement d'un commissaire aux comptes n'est plus exigé par le Code de commerce (C. com. art. L 612-43 modifié).

L'instruction 2016-I-07 du 11 mars 2016 relative aux informations à transmettre à l'ACPR sur les commissaires aux comptes, modifiée par les instructions 2018-I-03, 2018-I-04 et 2020-I-07, requiert cependant que les **personnes assujetties informent** le secrétariat général de l'ACPR de la désignation d'un ou de plusieurs commissaires aux comptes, qu'il s'agisse d'une nomination ou d'un renouvellement de mandat antérieur, dans les quinze jours suivant la décision de l'organe compétent.

Les personnes assujetties sont celles mentionnées à l'article L 612-2 du Code monétaire et financier à l'exception :
– des organismes visés aux 4° bis, 5°, 6°, 7°, 11° et 12° du A ;
– des sociétés de groupe mixte d'assurances ;
– et des personnes mentionnées aux II et III.
Lorsque le commissaire aux comptes est une personne physique ou une société unipersonnelle, le nom du ou des commissaires aux comptes personnes physiques titulaires ainsi que du ou des suppléants désignés est précisé. Lorsqu'il s'agit d'une personne morale, le nom du ou des commissaires aux comptes personnes physiques titulaires et, le cas échéant, du ou des suppléants désignés est précisé.

Les modalités de transmission de cette information à l'ACPR sont définies à l'article 3 de l'instruction précitée.

Par ailleurs, l'ACPR peut, lorsque la situation le justifie et pour certains organismes, procéder à la **désignation d'un commissaire aux comptes supplémentaire** (C. mon. fin. art. L 612-43 et art. R 612-59).

Sont visés les organismes mentionnés au A du I de l'article L 612-2, autres que les organismes mentionnés au 3° et exerçant des activités de nature hybride, aux 4° bis, 5°, 6°, 7°, 8° et exerçant des activités de nature hybride, aux 11° et 12°, et dans les organismes mentionnés au B du même I, autres que les sociétés de groupe mixte d'assurances mentionnées au 6°.

289

MISE EN ŒUVRE DE LA MISSION © Éd. Francis Lefebvre

Dans cette situation, l'ACPR adresse le projet de décision à la personne soumise à son contrôle et aux commissaires aux comptes en fonctions. Ceux-ci sont invités à présenter des observations écrites dans un délai qui ne peut être inférieur à un mois.

La lettre de l'Autorité est adressée par lettre recommandée avec demande d'avis de réception, remise en main propre contre récépissé ou acte d'huissier ou par tout autre moyen permettant de s'assurer de la date de sa réception.

Les commissaires aux comptes ne peuvent opposer le **secret professionnel** à l'ACPR dans le cadre de l'exercice de ses pouvoirs de contrôle et d'investigation. Celui-ci fait l'objet d'une **levée expresse** en sa faveur par l'article L 612-44, III du Code monétaire et financier (voir n° 5502 s.).

8182 Par ailleurs, un certain nombre d'**échanges d'informations** peuvent intervenir entre l'ACPR et les commissaires aux comptes.

L'ACPR **peut communiquer aux commissaires aux comptes** des entités placées sous son contrôle les informations qu'elle estime nécessaires à l'accomplissement de leur mission (C. mon. fin. art. L 612-44, I, al. 2). Elle peut par ailleurs leur communiquer les suites données aux contrôles sur place qu'elle a diligentés (C. mon. fin. art. L 612-27, al. 4).

À l'inverse, l'ACPR **peut demander la communication** des rapports des commissaires aux comptes et, d'une manière générale, de tous documents comptables dont elle peut, en tant que de besoin, demander la certification ainsi que de tous renseignements et informations utiles (C. mon. fin. art. L 612-24, al. 2).

Elle peut demander aux commissaires aux comptes tout renseignement sur l'activité et sur la situation financière de l'entité qu'ils contrôlent ainsi que sur les diligences qu'ils y ont effectuées dans le cadre de leur mission. Elle peut également transmettre des observations écrites aux commissaires aux comptes qui sont alors tenus d'apporter des réponses en cette forme (C. mon. fin. art. L 612-44, al. 1 et 4).

> Le Guide des relations ACPR-commissaires aux comptes de juillet 2018 précise que les demandes et observations du superviseur peuvent concerner, sans que cette liste soit exhaustive, soit des informations propres à la situation de la personne contrôlée (par exemple, les traitements comptables de certaines opérations et les appréciations des commissaires aux comptes sur ces traitements, l'environnement de contrôle ou la qualité des données remontées dans le cadre d'un groupe), soit des éléments sur la nature et les conclusions des travaux mis en œuvre par le commissaire aux comptes dans le cadre de sa mission (nature, organisation et résultats des travaux effectués, répartition des honoraires et des diligences entre les commissaires aux comptes, modalités de détermination des seuils de signification, aspects déontologiques…).
>
> Dans ce cadre, l'ACPR est notamment susceptible de demander communication des informations que les commissaires aux comptes ont portées à la connaissance du conseil d'administration, du directoire et du conseil de surveillance, ou du comité d'audit agissant sous la responsabilité de ces conseils, en application des dispositions de l'article L 823-16 du Code de commerce et de la NEP 260, « Communications avec les organes mentionnés à l'article L 823-16 du Code de commerce ».

À la demande de l'ACPR, le commissaire aux comptes doit lui communiquer sans délai le **rapport complémentaire** établi en application du III de l'article L 823-16 du Code de commerce (voir n°s 26500 s.) lorsqu'il a trait à la certification des comptes d'une personne ou d'une entité soumise au contrôle d'une de ces autorités (C. mon. fin. art. L 612-44, I, al. 2 et C. com. art. R 823-21-1).

De plus, au titre des obligations d'information, lorsqu'un commissaire aux comptes est désigné auprès d'une personne ou d'une entité soumise à son contrôle (EIP ou société de financement), il informe l'ACPR que son rapport de transparence a été publié sur son site internet (C. com. art. R. 823-21).

8183 Enfin, les commissaires aux comptes doivent **signaler dans les meilleurs délais** à l'Autorité de contrôle prudentiel et de résolution tout fait ou toute décision dont ils ont eu connaissance dans l'exercice de leur mission et qui sont de nature à (C. mon. fin. art. L 612-44, II, 1°, 1° bis, 2° et 3°) :

– constituer une violation des dispositions législatives ou réglementaires susceptibles d'avoir des effets significatifs sur la situation financière, la solvabilité, le patrimoine ou le résultat de l'entité ;

> L'article 12 du règlement n° 537/2014 ne prévoit pas de conditions d'impact sur la situation financière, la solvabilité, le résultat ou le patrimoine, dès lors que les violations constatées sont suffisamment importantes pour mettre en cause les conditions d'agrément ou la poursuite des activités.

– entraîner, dans le cas particulier des organismes d'assurance ou de réassurance relevant du régime dit « Solvabilité 2 » mentionnés à l'article L 310-3-1 du Code des

290

assurances, à l'article L 211-10 du Code de la mutualité et à l'article L 931-6 du Code de la sécurité sociale, le non-respect du capital de solvabilité requis visé à l'article L 352-1 du Code des assurances ou du minimum de capital requis visé à l'article L 352-5 du Code des assurances ;
– porter atteinte à la continuité de l'exploitation ;
– imposer l'émission de réserves ou le refus de certifier les comptes.

La CNCC considère que l'obligation d'information de l'ACPR vise également l'impossibilité de certifier les comptes (Note d'information CNCC n° I p. 93). Cette position est reprise dans le Guide des relations ACPR-commissaires aux comptes de juillet 2018 qui précise également que l'article L 612-44 du Code monétaire et financier devra être mis à jour afin de tenir compte de cette notion d'impossibilité de certifier dorénavant prévue à l'article R 823-7 du Code de commerce.

L'ACPR peut également exiger des personnes soumises à son contrôle qu'elles remplacent leur commissaire aux comptes lorsque celui-ci a agi en violation de ses obligations de signalement auprès de l'ACPR (C. mon. fin. art. L 612-44, IV modifié par l'ordonnance 2020-1635 du 21-12-2020).

Les commissaires aux comptes ont pu avoir connaissance des faits ou décisions visés supra :
– soit directement dans l'exercice de leur mission de commissaire aux comptes de la personne soumise au contrôle de l'ACPR, y compris, le cas échéant, au titre de la certification des comptes consolidés, notamment s'ils ont connaissance de faits ou décisions concernant des filiales ou participations dans des personnes dont ils ne sont pas commissaires aux comptes, dès lors que les conséquences de ces faits ou décisions sont susceptibles d'être significatives pour le groupe ;
– soit indirectement dans le cadre de l'exercice de leur mission auprès des personnes liées à cette personne telles que visées au 5e alinéa du même article (maison mère, filiale, organisme subordonné), dès lors que ces faits ou décisions sont de nature à avoir les conséquences visées aux 1°, 1° bis, 2° et 3° du II de l'article L 612-44 du Code monétaire et financier pour cette personne.

Le Guide des relations ACPR-commissaires aux comptes de juillet 2018 précise également que la mission du commissaire aux comptes, telle que visée au II de l'article L 612-44 du Code monétaire et financier, regroupe l'ensemble des interventions du commissaire aux comptes au sein de l'entité dont il est commissaire aux comptes, qu'il s'agisse de sa mission de **certification des comptes** ou des **services autres que la certification des comptes**.

La régularisation des faits ou décisions constituant une violation des dispositions légales ou réglementaires n'implique pas automatiquement une décision du commissaire aux comptes de ne pas les signaler. Si des effets ou des risques significatifs possibles demeurent ou si le fonctionnement normal des contrôles mis en place par l'entité ne permet pas d'éviter ou de détecter et corriger les faits ou décisions concernés, le commissaire aux comptes sera conduit à les signaler, nonobstant leur régularisation (Guide précité p. 31).

8185 L'ACPR peut également, lorsqu'un commissaire aux **comptes** d'une personne soumise à son contrôle commet **une faute ou un manquement** aux **dispositions** législatives ou réglementaires qui lui sont applicables, demander au **tribunal** compétent de relever celui-ci de ses fonctions, selon les modalités prévues à l'article L 823-7 du Code de commerce (C. mon. fin. art. L 612-45, al. 1). Le président de l'ACPR peut **également** saisir le rapporteur général du Haut Conseil du commissariat aux comptes **de cette** faute ou de ce manquement. À cette fin, il peut lui communiquer tous les **renseignements** qu'il estime nécessaires à sa bonne information (C. mon. fin. art. L 612-45, al. 2).

Enfin, en cas de demande de récusation présentée en **application** de l'article L 823-6 du Code de commerce qui concerne un commissaire aux **comptes** d'une personne soumise au contrôle de l'Autorité, à l'exception des personnes **mentionnées** aux I et II de l'article L 612-2 du Code monétaire et financier, le tribunal **statue après** consultation du président de l'Autorité de contrôle prudentiel et de résolution (C. mon. fin. art. R 612-60).

8187 Conformément aux dispositions de l'article 28 du Code de déontologie, le commissaire aux comptes qui **démissionne** informe l'ACPR lorsque la personne ou entité relève de cette autorité.

8190 L'ACPR et la Compagnie nationale des commissaires aux comptes entretiennent également des échanges périodiques sur des sujets de portée générale (points d'attention comptable, risques macroéconomiques, problématiques de place dans l'application d'une norme comptable, évolutions de normes d'audit...). Elles peuvent également convenir de procéder à des échanges ponctuels sur des sujets de place présentant un caractère d'urgence ou nécessitant d'être instruits en amont des arrêtés comptables (Guide précité p. 17 s.).

Banque centrale européenne (BCE)

8192 **Compétences** La BCE définit et met en œuvre la politique monétaire de la zone euro et assure plusieurs autres missions, notamment dans le domaine du contrôle bancaire. Conformément à l'article 127, paragraphe 6, du traité sur le fonctionnement de l'Union européenne et au règlement européen 1024/2013 relatif au mécanisme de surveillance unique, la BCE assume des missions spécifiques ayant trait au **contrôle prudentiel des établissements de crédit** établis dans les États membres participants.

8194 **Relations avec les commissaires aux comptes** Le dispositif légal organise les relations diverses qui sont susceptibles de s'instaurer entre la BCE et les commissaires aux comptes des établissements de crédit soumis à son contrôle (C. mon. fin. art. L 612-44, II). À ce titre, les commissaires aux comptes doivent signaler dans les meilleurs délais à la BCE les faits ou décisions prévus au II de l'article L 612-44 concernant la personne soumise au contrôle de la BCE et dont ils ont eu connaissance dans l'exercice de leur mission.

Les faits ou décisions à signaler à la BCE sont identiques à ceux devant être signalés à l'ACPR : voir n° 8183.

Agence nationale de contrôle du logement social (Ancols)

8200 L'article 102 de la loi 2014-366 du 24 mars 2014 dite « loi Alur » a institué une Agence nationale de contrôle du logement social dont les compétences, l'organisation et les pouvoirs sont définis par les articles L 342-1 et suivants du Code de la construction et de l'habitation.

8205 **Compétences** L'Agence nationale de contrôle du logement social est un établissement public de l'État à caractère administratif chargé d'une mission de contrôle et d'évaluation relative au logement social et à la participation des employeurs à l'effort de construction. Elle a notamment pour missions :
– de **contrôler**, de manière individuelle et thématique :
• le respect, par les organismes mentionnés à l'article L 342-2, II dudit code, à l'exception de ceux mentionnés au 4° du même II, des dispositions législatives et réglementaires qui leur sont applicables,
• l'emploi conforme à leur objet des subventions, prêts ou avantages consentis par l'État ou par ses établissements publics et par les collectivités territoriales ou leurs établissements publics,
• les procédures de contrôle interne et d'audit interne mises en place par les organismes mentionnés à l'article L 342-2, II, à l'exception de ceux mentionnés au 4° du même II ;
– d'**évaluer** :
• la contribution de la participation des employeurs à l'effort de construction aux catégories d'emplois mentionnées à l'article L 313-3, dans le respect de la mise en œuvre de la convention prévue à ce même article,
• pour les organismes mentionnés au même article, à l'exception de ceux mentionnés au 4° du même II, la gouvernance, l'efficience de la gestion, l'organisation territoriale et l'ensemble de l'activité consacrée à la mission de construction et de gestion du logement social,
• pour les personnes morales et physiques mentionnées au 4° de l'article L 342-2, II, la capacité technique et financière à assurer l'entretien de leur patrimoine locatif et, le cas échéant, le montage d'opérations nouvelles et leur capacité de gestion locative lorsqu'elles gèrent elles-mêmes les logements ;
– de **gérer** les suites des contrôles qu'elle effectue.
La mission d'évaluation de l'agence est effectuée à travers des études transversales ou ciblées, qui peuvent prendre la forme d'une évaluation d'ensemble de l'activité de l'organisme contrôlé, dans ses aspects administratifs, techniques, sociaux et financiers.

Composition L'agence est administrée par un conseil d'administration composé de quatre représentants de l'État et de trois personnalités qualifiées, désignées en raison de leurs compétences en matière de logement, d'audit ou d'évaluation des politiques publiques (CCH art. L 342-18).

La composition du conseil d'administration de l'agence favorise la parité entre les femmes et les hommes.

> Un décret, non publié à la date d'édition du présent Mémento, doit fixer les conditions dans lesquelles est assurée cette parité.

Le président du conseil d'administration de l'agence est nommé par décret.

L'agence est dirigée par un directeur général nommé par arrêté du ministre chargé du logement.

Les personnels chargés de réaliser les contrôles nécessaires à l'accomplissement des missions de l'agence sont astreints au secret professionnel, dans les conditions prévues aux articles 226-13 et 226-14 du Code pénal. Le secret professionnel ne peut leur être opposé, sauf par les auxiliaires de justice.

Les modalités d'organisation et de fonctionnement de l'agence doivent être précisées par décret en Conseil d'État.

8210

Moyens d'action L'Agence nationale de contrôle du logement social ne contrôle pas la régularité et la sincérité des comptes annuels. Son rôle se limite à veiller au respect des textes légaux et réglementaires dont elle a la charge par les personnes soumises à son contrôle.

8220

Dans ce cadre, l'Ancols dispose d'un pouvoir de **contrôle sur pièces et sur place** auprès des personnes soumises à son contrôle (CCH art. L 342-4). L'agence peut demander tous les documents, données ou justifications nécessaires à l'exercice de ses missions (CCH art. L 342-5) et peut communiquer à l'administration fiscale, spontanément ou à la demande de cette dernière, sans que puisse être opposé le secret professionnel, tous les renseignements et documents recueillis dans le cadre de ses missions (CCH art. L 342-6). L'agence peut étendre ses investigations aux sociétés et organismes dans lesquels l'organisme détient une participation directe ou indirecte ainsi qu'aux sociétés détenues majoritairement et de façon conjointe par cet organisme et d'autres organismes.

Les personnels chargés du contrôle sur place peuvent, dans l'intérêt exclusif de ce contrôle, consulter, dans les bureaux des entrepreneurs ou architectes ayant traité avec des organismes soumis à ce même contrôle, tous documents comptables, contrats, copies de lettre, pièces de recettes et de dépenses.

8225

Le pouvoir d'investigation de l'Ancols est assorti d'un **pouvoir de mise en garde, d'injonction et de sanction**. En outre, le fait de faire obstacle aux contrôles de l'agence rend passible, après mise en demeure restée vaine, l'organisme ou la personne contrôlée d'une sanction pécuniaire maximale de 15 000 €. Cette pénalité est prononcée par le ministre chargé du logement.

En cas de méconnaissance d'une obligation de déclaration ou de transmission d'états, de documents ou de données demandés par l'agence, celle-ci peut, après l'avoir mis en mesure de présenter ses observations, **mettre en demeure** la personne ou l'organisme concerné de se conformer à ses obligations. Il en est de même en cas de manquements aux dispositions législatives et réglementaires qui lui sont applicables, d'irrégularité dans l'emploi des fonds de la participation à l'effort de construction ou des subventions, prêts ou avantages consentis par l'État ou par ses établissements publics et par les collectivités territoriales ou leurs établissements publics, de faute grave de gestion, de carence dans la réalisation de l'objet social ou de non-respect des conditions d'agrément constatés (CCH. art. L 342-12). Cette mise en demeure peut être assortie d'une **astreinte** dont le montant maximum journalier est fixé par les dispositions de l'article L 342-13 du Code de la construction et de l'habitation.

Après que la personne ou l'organisme contrôlé a été mis en mesure de présenter ses observations ou, en cas de mise en demeure, à l'issue du délai mentionné à ce même article, l'agence peut proposer au ministre chargé du logement de prononcer différentes sanctions (CCH. art. L 342-14).

1. Une **sanction pécuniaire** qui ne peut excéder deux millions d'euros peut être prononcée sous réserve de certaines limitations prévues à l'article L 342-14-I, 1° du même code.

8230

MISE EN ŒUVRE DE LA MISSION © Éd. Francis Lefebvre

2. Différentes sanctions peuvent également être infligées aux dirigeants, administrateurs, membres du conseil de surveillance des entités visées à l'article L 342-14-I, 2° à 7° du Code de la construction et de l'habitation et suivant la nature de ces organes :

a) la suspension d'un ou de plusieurs dirigeants ou membres du conseil d'administration, du conseil de surveillance ou du directoire d'un organisme, pour une durée allant jusqu'à la prochaine assemblée générale et au maximum pour un an ;

b) la suspension du conseil d'administration, du conseil de surveillance ou du directoire d'un organisme et la nomination d'un administrateur provisoire, pour une durée qui ne peut excéder deux ans, auquel est transféré l'ensemble des pouvoirs d'administration, de direction et de représentation du conseil d'administration, de son président et des administrateurs, à l'exception des pouvoirs expressément attribués par la loi aux assemblées d'actionnaires. Au terme de l'administration provisoire, il est procédé soit à la désignation d'un nouveau conseil d'administration, soit à la dissolution de l'organisme ;

c) l'interdiction, pour une durée d'au plus dix ans, à un ou plusieurs membres ou anciens membres du conseil d'administration, du conseil de surveillance ou du directoire de participer au conseil d'administration, au conseil de surveillance ou au directoire d'un organisme mentionné au II de l'article L 342-2 ;

d) la révocation d'un ou de plusieurs dirigeants ou membres du conseil d'administration, du conseil de surveillance ou du directoire ;

e) le retrait, pour une durée qui ne peut excéder cinq ans, de la possibilité pour l'organisme d'exercer une ou plusieurs de ses compétences ;

f) la dissolution de l'organisme et la nomination d'un liquidateur. En cas de dissolution, le boni de liquidation ne peut être attribué qu'à un organisme de même nature désigné par le ministre chargé du logement.

3. Ces organismes peuvent être astreints au **remboursement des aides d'État** versées au titre de leur mission de service d'intérêt économique général. En outre, tout organisme bénéficiant de concours financiers à partir de ressources issues de la participation des employeurs à l'effort de construction peut se voir **interdit de bénéficier de tels concours** pour une durée d'au plus dix ans.

Les décisions de sanction prononcées en application des articles L 342-14 et L 342-15 sont susceptibles d'un recours de pleine juridiction devant le Conseil d'État.

8240 **Relations avec les commissaires aux comptes** Le dispositif légal (CCH art. L 342-7) organise les relations et les échanges d'informations qui peuvent s'instaurer entre l'Ancols et les commissaires aux comptes des personnes soumises à son contrôle.

L'agence peut ainsi demander aux commissaires aux comptes des organismes soumis à son contrôle la communication de toute information recueillie dans le cadre de leur mission.

L'agence peut, en outre, transmettre des observations écrites sur les sociétés qu'elle contrôle aux commissaires aux comptes, qui sont alors tenus d'apporter des réponses en cette forme.

Enfin, les commissaires aux comptes sont tenus de signaler dans les meilleurs délais à l'agence tout fait ou décision concernant la personne soumise à son contrôle dont ils ont eu connaissance dans l'exercice de leur mission, de nature à :

– constituer une violation des dispositions législatives ou réglementaires applicables à cette personne et susceptible d'avoir des effets significatifs sur sa situation financière, sa solvabilité, son résultat ou son patrimoine ;

– porter atteinte à la continuité de son exploitation ;

– imposer l'émission de réserves ou le refus de la certification de ses comptes.

La même obligation s'applique aux faits et décisions mentionnés ci-dessus dont les commissaires aux comptes viendraient à avoir connaissance dans l'exercice de leur mission auprès d'une société mère ou d'une filiale de la personne contrôlée.

Les dispositions de l'article L 342-7, III du Code de la construction et de l'habitation délient les commissaires aux comptes de leur secret professionnel à l'égard de l'Ancols au titre des demandes d'échange d'informations qui seraient formulées par l'agence. Leur responsabilité ne peut donc être engagée pour les informations ou signalements de faits auxquels ils procèdent en exécution des obligations mises à leur charge par les dispositions de l'article L 342-7, I et II du même code. En revanche, ces dispositions ne prévoyant pas un droit d'accès à son dossier dans le cadre des missions de contrôle menées par l'agence, le commissaire aux comptes opposera le secret professionnel à toute demande de communication ou d'accès à son dossier qui serait formulée par l'agence.

Les commissaires aux comptes ne peuvent opposer le secret professionnel à l'Autorité de contrôle prudentiel et de résolution dans le cadre de l'exercice de ses pouvoirs de

© Éd. Francis Lefebvre

MISE EN ŒUVRE DE LA MISSION

contrôle et d'investigation. Celui-ci fait l'objet d'une levée expresse en sa faveur par l'article L 612-44, III du Code monétaire et financier (voir n° 5505).

L'article L 821-12 du Code de commerce dispose par ailleurs que les commissaires aux comptes sont tenus de fournir tous les renseignements et documents qui leur sont demandés à l'occasion des inspections et contrôles, sans pouvoir opposer le secret professionnel.

L'Ancols peut, lorsqu'un commissaire aux comptes d'une personne soumise à son contrôle commet une infraction ou un manquement aux dispositions législatives ou réglementaires qui lui sont applicables, demander au tribunal compétent de relever celui-ci de ses fonctions, selon les modalités prévues à l'article L 823-7 du Code de commerce (CCH art. L 342-8). Elle peut en outre, en application des dispositions du même article, dénoncer les infractions ou manquements du commissaire aux comptes au magistrat chargé du ministère public compétent pour engager des poursuites disciplinaires. À cette fin, l'Ancols communique toutes les informations qu'elle estime nécessaires au magistrat évoqué ci-dessus et au Haut Conseil du commissariat aux comptes.

8245

B. Contrôles d'experts nommés par voie judiciaire

Un certain nombre d'experts nommés par voie judiciaire peuvent être appelés à intervenir dans les sociétés qui font l'objet du contrôle légal et à entrer en contact avec le commissaire aux comptes :
– expert de gestion (n° 8360) ;
– expert judiciaire (n° 8390) ;
– mandataire ad hoc (n° 8410) ;
– conciliateur (n° 8430).

8350

Expert de gestion

Nomination Un ou plusieurs experts chargés de présenter un rapport sur une ou plusieurs opérations de gestion peuvent être judiciairement nommés à la demande :
– d'un ou de plusieurs actionnaires représentant au moins le vingtième du capital social dans les sociétés anonymes (C. com. art. L 225-231) ;

> Cette possibilité est ouverte également au comité social et économique, au ministère public et dans les sociétés dont les actions sont admises aux négociations sur un marché réglementé, à l'AMF et aux associations d'actionnaires dans les sociétés dont les actions sont admises aux négociations sur un marché réglementé (C. com. art. L 22-10-68 introduit par l'ordonnance 2020-1142 du 16-09-2020 ; ancien art. L 225-231 du Code de commerce).

– d'un ou de plusieurs associés représentant au moins le dixième du capital social, agissant soit individuellement, soit en se groupant sous quelque forme que ce soit dans les SARL (C. com. art. L 223-37) ;

> Cette demande peut aussi être présentée par le ministère public et le comité social et économique.

– d'un ou de plusieurs associés représentant au moins le vingtième du capital social dans les SAS (C. com. art. L 225-231 sur renvoi de l'art. C. com. L 227-1, al. 3).

> Cette possibilité est ouverte également au ministère public et, s'il en existe, au comité social et économique.

8360

Compétence La mission et les pouvoirs de l'expert de gestion sont déterminés par le président du tribunal de commerce. Sa mission se déroule dans les conditions d'une expertise judiciaire.

8365

Moyens d'action L'expert de gestion dispose d'un pouvoir de contrôle lui permettant de procéder à toutes recherches utiles pour l'exercice de sa mission telle que définie par ordonnance (voir Mémento Sociétés commerciales n°s 53000 s.).

8370

Relations avec le commissaire aux comptes Le commissaire aux comptes doit opposer son **secret professionnel** à l'expert de gestion qui lui demanderait des informations en rapport avec l'exercice de sa mission, faute d'une disposition législative particulière le libérant de son secret (C. com. art. L 822-15 ; voir n° 5740).

8375

295

MISE EN ŒUVRE DE LA MISSION   © Éd. Francis Lefebvre

8378   À l'inverse, on imagine mal que le commissaire aux comptes ne puisse communiquer avec l'expert de gestion sur la teneur de son rapport, dans la mesure où ce document doit être annexé au rapport du commissaire aux comptes (C. com. art. L 225-231). Les conclusions qu'il contient peuvent d'ailleurs avoir une incidence sur le déroulement de la mission du contrôleur légal et sur l'opinion à émettre sur les comptes annuels.

Expert judiciaire

8390   Est envisagé ici le cas des experts nommés par les tribunaux dans le cadre de **contestations** ou d'**actions civiles ou commerciales,** par exemple pour évaluer un prix de cession d'actions ou de parts sociales avant une cession.

8395   **Compétence et moyens d'action**   La compétence et les pouvoirs de l'expert judiciaire sont délimités par l'ordonnance de nomination (par exemple C. civ. art. 1843-4).
L'expert judiciaire doit respecter les règles de sa profession.

8400   **Relations avec les commissaires aux comptes**   Aucune levée de leur **secret professionnel** n'est prévue par les textes à l'égard d'un expert nommé par le juge civil ou commercial (voir nᵒˢ 5711 et 5715). En revanche, le commissaire aux comptes doit avoir envers l'expert nommé par le juge d'instruction en application de l'article 156 du Code de procédure pénale la même attitude que vis-à-vis de ce magistrat (voir nᵒˢ 5674 et 5676).

Mandataire ad hoc

8410   **Nomination**   Dans les entreprises en difficulté, le président du tribunal de commerce peut nommer un mandataire ad hoc dont il détermine la mission. Cette nomination peut être faite sur proposition du débiteur (C. com. art. L 611-3).

8415   **Compétence et moyens d'action**   La compétence du mandataire ad hoc est strictement délimitée par le président du tribunal de commerce ; elle se rapporte par définition à un sujet bien spécifique.
Les pouvoirs du mandataire ad hoc sont également prévus par l'ordonnance qui le nomme (C. com. art. R 611-19).

8418   **Relations avec les commissaires aux comptes**   Le commissaire aux comptes est tenu au **secret professionnel** à l'égard du mandataire ad hoc, mais peut néanmoins lui communiquer les documents connus des tiers (voir nᵒ 5715).

Conciliateur

8430   **Conciliateur**   Dans le cadre de la procédure de conciliation, le président du tribunal de commerce, après avoir entendu le représentant de l'entreprise, nomme un conciliateur dont la mission est de favoriser la conclusion d'un accord avec les créanciers et de mettre fin aux difficultés de l'entreprise. L'ordonnance qui désigne le conciliateur définit l'objet de sa mission (C. com. art. R 611-23). Les demandeurs peuvent en outre proposer un conciliateur à la désignation du président du tribunal (C. com. art. L 611-6).

> Cette procédure est applicable aux personnes exerçant une activité commerciale ou artisanale qui éprouvent une difficulté juridique, économique ou financière, avérée ou prévisible, et dont la cessation de paiements ne remonte pas à plus de quarante-cinq jours (C. com. art. L 611-4).
> Cette procédure est également applicable aux personnes morales de droit privé et aux personnes physiques exerçant une activité professionnelle indépendante, y compris une profession libérale soumise à un statut législatif ou réglementaire ou dont le titre est protégé (C. com. art. L 611-5). Dans ce cas, le tribunal judiciaire est compétent et son président exerce les mêmes pouvoirs que ceux attribués au président du tribunal de commerce.

8435   **Moyens d'action**   Dans le cadre de sa mission, le conciliateur peut obtenir du débiteur tout renseignement utile et du président du tribunal de commerce tous les renseignements dont ce dernier dispose (C. com. art. L 611-7, al. 2). Si le président du tribunal de commerce a chargé un expert d'établir un rapport sur la situation économique, sociale et financière de l'entreprise, il communique également les résultats de l'expertise au conciliateur.

MISE EN ŒUVRE DE LA MISSION

Relations avec les commissaires aux comptes Le commissaire aux comptes est tenu au **secret professionnel** à l'égard du conciliateur. Néanmoins, le conciliateur peut obtenir les documents nécessaires à sa mission par l'intermédiaire du président du tribunal de commerce (voir n° 5715). **8440**

C. Contrôles d'experts nommés conventionnellement

Il peut s'agir : **8500**
– d'un expert-comptable (n° 8510) ;
– de tout autre expert nommé conventionnellement par la société (n° 8550).

Expert-comptable

Désignation L'expert-comptable est librement désigné par l'entreprise. Ses relations avec l'entreprise sont déterminées contractuellement. **8510**

Compétence et moyens d'action L'expert-comptable est un professionnel libéral dont la mission première est la production des états financiers. Sur cette base de départ, le champ de ses interventions s'est progressivement étendu à toutes les facettes du conseil, que ce soit en matière comptable, financière, fiscale, sociale, juridique ou dans le domaine de la gestion. Son domaine d'intervention et sa responsabilité doivent être délimités dans le cadre d'une **lettre de mission**. **8515**

> L'expert-comptable est membre de l'Ordre des experts-comptables créé par l'ordonnance du 25 septembre 1945. À ce titre, il doit respecter la **déontologie** de son Ordre, notamment en termes d'indépendance et de secret professionnel. Ses prestations doivent également respecter les **règles professionnelles** édictées par l'Ordre.

Relations avec les commissaires aux comptes En application de l'article L 823-14 du Code de commerce, le commissaire aux comptes est en droit de recueillir toute information utile à l'exercice de sa mission auprès de l'expert-comptable, sans toutefois que ce droit puisse être étendu aux pièces, contrats et documents quelconques qu'il détient. La norme d'exercice professionnel NEP 630, relative à l'utilisation des travaux d'un expert-comptable intervenant dans l'entité, définit les conditions dans lesquelles le commissaire aux comptes peut s'appuyer sur les travaux de l'expert-comptable : **8520**
– lorsqu'il prend connaissance de l'entité et de son environnement, le commissaire aux comptes apprécie, en fonction de la nature et de l'étendue de la mission confiée à l'expert-comptable de l'entité, dans quelle mesure il pourra s'appuyer sur les travaux effectués par celui-ci pour satisfaire aux objectifs de sa propre mission. Il prend contact avec ce dernier pour s'informer des travaux que ce dernier effectue et, s'il l'estime néces- saire, se fait communiquer les travaux réalisés ;
– lorsqu'il décide d'utiliser les travaux de l'expert-comptable, le commissaire aux comptes apprécie s'ils constituent des éléments appropriés pour contribuer à la forma- tion de son opinion sur les comptes et, en fonction de cette appréciation, détermine les procédures d'audit supplémentaires à mettre en œuvre pour obtenir les éléments suffi- sants recherchés ;
– les dossiers de travail du commissaire aux comptes sont documentés à partir des travaux réalisés par l'expert-comptable, que le commissaire aux comptes utilise en tant qu'éléments ayant un caractère probant dans le cadre de sa mission ;
– le commissaire aux comptes ne fait pas référence dans son rapport aux travaux de l'expert-comptable.

Sauf cas particulier de l'expert-comptable pouvant assister le comité social et écono- mique (voir n° 5330), aucun texte ne lève le secret professionnel du commissaire aux comptes vis-à-vis de l'expert-comptable intervenant dans la société qu'il contrôle. Il doit donc lui opposer le **secret professionnel**, dès lors que l'information sollicitée présente pour l'intéressé un caractère confidentiel (voir n° 5100). **8535**

> Compte tenu de la position privilégiée occupée par l'expert-comptable au sein de l'entreprise, la possi- bilité de communiquer avec celui-ci sur les sujets ne présentant pas pour lui un caractère confidentiel laisse fort heureusement la porte ouverte à de nombreux échanges.

MISE EN ŒUVRE DE LA MISSION © Éd. Francis Lefebvre

Autres experts

8550 **Désignation et mission** Les autres experts intervenant sur une base contractuelle sont choisis librement par la société. Leur mission est définie dans la convention qui les lie à la société.

8555 **Relations avec le commissaire aux comptes** Les relations des experts divers intervenant dans la société et de l'auditeur légal doivent être établies en fonction des objectifs qui leur sont assignés. Le commissaire aux comptes est tenu à leur égard au **secret professionnel**, qu'il devra observer avec une prudence accrue si ces experts ne sont soumis à aucune obligation déontologique, en particulier s'ils ne sont pas soumis au secret professionnel (voir n° 5100).

Le commissaire aux comptes pourra, dans la mesure du possible et s'il le juge utile, s'appuyer sur les travaux de ces experts en s'inspirant des indications données par la norme d'exercice professionnel NEP 630 relative à l'utilisation des travaux de l'expert-comptable (voir n° 8520). En tout état de cause, il sera en droit de recueillir toute information utile à l'exercice de sa mission auprès de cet expert, sans toutefois que ce droit ne puisse être étendu aux pièces, contrats et documents quelconques que celui-ci détient (C. com. art. L 823-14, al. 2).

SECTION 2

Moyens d'action du commissaire aux comptes

9000 Le commissaire aux comptes est investi par la loi d'une mission de contrôle assortie d'un certain nombre d'obligations, notamment en termes d'indépendance et de discrétion. À l'inverse, le législateur a veillé à ce qu'il dispose des moyens nécessaires à la mise en œuvre de sa mission, d'une part, en lui donnant **accès aux informations** requises, d'autre part, en prévoyant la **rémunération de sa prestation**.

I. Accès à l'information

9100 La possibilité pour le commissaire aux comptes d'accéder à l'information qui lui est nécessaire repose sur deux dispositifs complémentaires mis en place par le législateur : ce sont respectivement le **pouvoir d'investigation** et le **droit à l'information**.

L'exercice de ce pouvoir et de ce droit est fondamental au point que leur non-respect par les dirigeants d'une personne morale et par toute personne au service de cette personne morale peut, le cas échéant, faire l'objet de **sanctions pénales**.

A. Pouvoir d'investigation

Définition

9150 Le pouvoir d'investigation ouvre au commissaire aux comptes la possibilité de mettre en œuvre **tout contrôle** et de se faire communiquer **tout document** utile à l'exécution de sa mission. L'exercice du pouvoir d'investigation, à la différence de la mise en œuvre du droit à l'information (voir n° 9250 s.), relève de la seule initiative du commissaire aux comptes.

> À toute époque de l'année, les commissaires aux comptes, ensemble ou séparément, opèrent toutes vérifications et tous contrôles qu'ils jugent opportuns, et peuvent se faire communiquer sur place toutes les pièces qu'ils estiment utiles à l'exercice de leur mission et notamment tous contrats, livres, documents comptables et registres de procès-verbaux (C. com. art. L 823-13).

9152 Le pouvoir d'investigation est le socle sur lequel le commissaire aux comptes établit son programme de travail. Il est sous-jacent dans la plupart des normes d'exercice professionnel qui définissent la mise en œuvre des diligences professionnelles. Il occupe notamment

298

© Éd. Francis Lefebvre   MISE EN ŒUVRE DE LA MISSION

une place centrale dans la norme d'exercice professionnel 500 relative au caractère probant des éléments collectés. La NEP 500 précise dans son introduction que le commissaire aux comptes collecte tout au long de son audit des comptes des éléments qui lui permettent d'aboutir à des conclusions à partir desquelles il fonde son opinion sur les comptes. Elle rappelle et définit le caractère nécessairement suffisant et approprié de ces éléments collectés permettant au commissaire aux comptes de recueillir des éléments de preuves ou des présomptions quant au respect d'une ou de plusieurs assertions dont la réalisation conditionne la régularité, la sincérité et l'image fidèle des comptes.

Cette norme d'exercice professionnel opère une classification intéressante des données collectées et des principales techniques utilisables pour les obtenir, tout en illustrant, par plusieurs exemples, le lien existant entre les assertions et la collecte d'éléments de preuve ou de présomptions.   **9155**

Le caractère suffisant s'apprécie par rapport à la quantité d'éléments collectés qui dépend elle-même du risque d'anomalies significatives mais aussi de la qualité des éléments collectés. Le degré de fiabilité des **éléments collectés** est évalué différemment selon que les éléments sont internes ou externes, écrits ou verbaux, documentés ou non. Le commissaire aux comptes met en rapport le coût d'obtention d'une information avec son utilité, étant précisé que la difficulté rencontrée et les coûts engagés ne constituent pas en eux-mêmes une raison de justification de l'omission d'une procédure jugée nécessaire.

S'agissant des **techniques d'obtention** d'éléments probants, la norme distingue :
– l'inspection des enregistrements ou des documents internes ou externes, sous forme papier, électronique ou autres supports ;
– l'inspection des actifs corporels, qui correspond à un contrôle physique de ces actifs ;
– l'observation physique, qui consiste à examiner la façon dont une procédure est mise en œuvre au sein de l'entité, par exemple l'assistance à un inventaire physique ;
– la demande d'informations à des personnes internes ou externes à l'entité ;
– la demande de confirmation des tiers ;
– la vérification d'un calcul ;
– la re-exécution de contrôles réalisés à l'origine par l'entité ;
– les procédures analytiques, consistant à apprécier des informations financières à partir de leurs corrélations avec d'autres informations, issues ou non des comptes, ou avec des données antérieures, postérieures ou prévisionnelles de l'entité ou d'entités similaires. Il peut également s'agir d'analyser les variations significatives et les tendances inattendues.

Le pouvoir d'investigation concerne en premier lieu la **société contrôlée**, mais le législateur l'a étendu aux **sociétés du groupe** et aux **tiers**. Nous reviendrons sur ces différents points après avoir exposé les principales caractéristiques du pouvoir d'investigation.   **9157**

Caractéristiques

Le pouvoir d'investigation est d'ordre public, général et permanent. Il est mis en œuvre par le commissaire aux comptes, ses collaborateurs et, le cas échéant, par l'expert qu'il a nommé (C. com. art. L 823-13).   **9160**

Pouvoir d'ordre public Le pouvoir prévu par le législateur ne peut en aucun cas être réduit conventionnellement ou par les statuts.   **9162**
Il s'exerce dans toute sa plénitude auprès des personnes morales ou entités dans lesquelles est nommé un commissaire aux comptes et ce, quelle que soit la nature de la certification prévue dans sa mission et quelle que soit la durée de son mandat. Il peut toutefois se heurter à un secret, également d'ordre public, lui interdisant de mener des investigations sur tel ou tel aspect de sa mission (secret médical ou secret défense par exemple). Dans cette hypothèse, le commissaire aux comptes qui ne pourrait exercer pleinement son pouvoir d'investigation devra en tirer les conséquences dans l'expression de son opinion.

Pouvoir général Le pouvoir d'investigation porte sur tous les éléments que le commissaire aux comptes juge opportun de vérifier. L'article L 823-13 du Code de commerce précise que ce pouvoir d'investigation porte sur les pièces utiles à l'exercice   **9164**

MISE EN ŒUVRE DE LA MISSION © Éd. Francis Lefebvre

de sa mission ainsi que sur tous contrats, livres, documents comptables et registres de procès-verbaux.

Outre les documents cités de façon non exhaustive par l'article L 823-13 du Code de commerce, le pouvoir d'investigation peut également porter sur des études réalisées par des conseils extérieurs à la société, les rapports émis par la société, les manuels de procédure, le référentiel comptable adopté. Il peut porter également sur les stocks, sur l'existence d'une construction, etc.

9166 Le pouvoir d'investigation concerne aussi bien les **documents de l'exercice social** en cours de certification que ceux **antérieurs** ou **postérieurs** dans la mesure où ils ont une incidence sur les éléments comptabilisés dans les comptes en cours de certification.

En matière d'investigation auprès des tiers, le commissaire aux comptes ne pourra pas consulter directement les pièces, contrats et documents divers détenus, s'il n'y a pas été autorisé préalablement par décision de justice (C. com. art. L 823-14, al. 2).

9168 Ce pouvoir d'investigation consiste aussi bien à obtenir la communication de documents qu'à mettre en œuvre des contrôles ou à s'entretenir avec les dirigeants, le personnel ou le service d'audit interne.

9170 **Pouvoir permanent** Le pouvoir d'investigation est exercé « à toute époque de l'année » et non pas seulement durant la période s'écoulant entre la réunion de l'organe de direction arrêtant les comptes et la tenue de l'assemblée générale ordinaire d'approbation desdits comptes.

Le pouvoir d'investigation étant conféré en vue d'assurer le bon exercice de sa mission, le professionnel déterminera quand et comment il doit en user (ancienne norme CNCC 1-200 « Dispositions liées aux caractéristiques des missions, caractéristiques du commissariat aux comptes »).

Ainsi, tout au long de ses travaux, le commissaire aux comptes exerce son jugement professionnel, notamment pour décider de la nature, du calendrier et de l'étendue des procédures d'audit à mettre en œuvre (NEP 200 relative aux principes applicables à l'audit des comptes mis en œuvre dans le cadre de la certification des comptes § 6).

9172 Le pouvoir permanent d'investigation perdure pendant toute la durée du mandat du commissaire aux comptes. À son expiration, ce dernier ne dispose plus d'aucun pouvoir d'investigation et ne peut plus prétendre obtenir de document de la part des dirigeants (voir n° 2650).

9174 **Délégation** Le pouvoir d'investigation peut être exercé par les collaborateurs du commissaire et les experts auxquels il a éventuellement recours.

« Pour l'accomplissement de leurs contrôles, les commissaires aux comptes peuvent, sous leur responsabilité, se faire assister ou représenter par tels experts ou collaborateurs de leur choix, qu'ils font connaître nommément à la personne ou à l'entité dont ils sont chargés de certifier les comptes. Ces experts et collaborateurs ont les mêmes pouvoirs d'investigation que les commissaires » (C. com. art. L 823-13).

9176 Les collaborateurs et experts disposent donc des mêmes prérogatives que le commissaire aux comptes, qui garde malgré tout l'entière responsabilité des contrôles, et donc de la mission.

Investigation dans l'entité contrôlée

9180 **Étendue** C'est au sein de l'entité contrôlée que s'exerce de manière privilégiée le pouvoir d'investigation du commissaire aux comptes. Celui-ci conditionne en effet la mise en œuvre de la mission. L'entité contrôlée doit ainsi devenir pour lui « une maison de verre » (Y. Guyon, J-Cl. Stés 134-A n° 74, Commissaire aux comptes : statut et conditions générales d'exercice du contrôle).

9182 Le pouvoir d'investigation du commissaire aux comptes peut être mis en œuvre **en tout lieu**, c'est-à-dire là où se trouvent les documents (CA Paris 29-1-1976 : Bull. Joly 1976 p. 143).

Il en résulte notamment que le commissaire peut prendre connaissance des documents requis au siège social ou dans tout autre établissement de l'entité contrôlée.

9185 Les **personnes interrogées** peuvent, sans pour autant mettre des obstacles allant jusqu'à constituer le délit d'entrave, se montrer **réticentes** à l'exercice de ce pouvoir d'investigation, considérant, souvent par méconnaissance de la démarche d'audit, que certains documents demandés par le commissaire aux comptes ne lui sont pas nécessaires. Si tel était le cas, le commissaire aux comptes devra être conscient que cette attitude peut correspondre à un risque accru d'irrégularités ; s'il le juge utile, il pourra essayer de lever les obstacles en explicitant sa démarche ou en faisant valider sa demande par le supérieur hiérarchique de la personne ayant émis des réticences.

En cas de refus persistant, le commissaire aux comptes peut s'adresser au juge des référés pour lui demander d'ordonner sous astreinte la communication des pièces qui lui sont refusées (voir en ce sens Y. Guyon, op. cit.). Par ailleurs, il pourra être amené, en fonction de son analyse des faits, à informer le procureur de la République de la commission à son encontre du délit d'entrave (voir n°s 9400 s.).

Limites Le pouvoir d'investigation connaît principalement deux limites : il doit s'exer- **9188**
cer sur place, il doit être justifié par l'intérêt de la mission.

La première limite signifie que le commissaire aux comptes ne peut exiger l'envoi de **9189**
documents originaux ou en emporter certains à son cabinet. Il doit les **examiner sur place**.
Toutefois, il existe des aménagements à ce principe puisque :
– l'article R 232-1 du Code de commerce permet au commissaire aux comptes de **demander une copie** des comptes annuels, du rapport de gestion et, le cas échéant, des comptes consolidés et du rapport de gestion du groupe qui sont tenus à sa disposition au moins un mois avant l'assemblée générale d'approbation des comptes ;
– le commissaire aux comptes peut **prendre**, sur place, par ses propres moyens, **copie** de certains documents, mais il ne peut exiger de la société qu'elle lui délivre elle-même ces copies (Rép. Kaspereit : JO Déb. AN 21-1-1979 n° 21886 p. 209, Bull. CNCC n° 36-1979 p. 458).

Néanmoins, à partir du moment où le droit de prendre copie de tout ou partie d'un document est reconnu au commissaire aux comptes, il apparaît souhaitable de faciliter ses contrôles en faisant droit à des demandes raisonnables de copies de documents utiles à l'exercice de sa mission.

Le refus par les dirigeants d'accepter que le commissaire aux comptes y procède pourrait être constitutif d'un délit d'entrave (Bull. CNCC n° 86-1987 p. 239).

La seconde limite signifie que le commissaire aux comptes ne doit pas entraver le **bon** **9190**
fonctionnement de l'entité contrôlée. Notamment, il n'a pas à procéder de façon permanente à des contrôles qui ralentiraient l'activité des services ou qui ne trouveraient pas leur justification dans l'intérêt de la mission.

Investigation dans les sociétés de la chaîne de contrôle de l'entité dont il certifie les comptes

Le législateur a prévu que le pouvoir d'investigation du commissaire aux comptes devait **9195**
être étendu aux sociétés qui contrôlent ou sont contrôlées au sens des I et II de l'article L 233-3 du Code de commerce par la société dont il certifie les comptes.
Par ailleurs, la norme d'exercice professionnel relative aux principes spécifiques applicables à l'audit des comptes consolidés (NEP 600) précise dans quelles conditions les commissaires aux comptes de la société consolidante peuvent utiliser les travaux réalisés par d'autres professionnels chargés du contrôle des comptes des entités comprises dans le périmètre de consolidation.

Dans sa note d'information relative à l'audit des comptes consolidés, la CNCC précise les modalités pratiques d'application de cette norme (NI. XI – oct. 2012).

Enfin, lorsqu'un commissaire aux comptes est nommé en application de l'article L 823-2-2 dans une entité à la tête d'un petit groupe non astreint à publier des comptes consolidés, la NEP 911 définit les diligences à mettre en œuvre pour l'établissement d'un rapport sur les risques portant sur l'ensemble du groupe.

Société contrôlée au sein d'un groupe « Les investigations prévues à l'article **9197**
L 823-13 peuvent être faites tant auprès de la personne ou de l'entité contrôlée que des personnes ou des entités qui la contrôlent ou qui sont contrôlées par elle au sens des I et II de l'article L 233-3. Elles peuvent également être faites, pour les besoins du contrôle des comptes consolidés prévu par le deuxième alinéa de l'article L 823-9, auprès de l'ensemble des personnes ou entités comprises dans la consolidation » (C. com. art. L 823-14).

Sur la notion de contrôle au sens de l'article L 233-3 du Code de commerce, voir n° 3739.

MISE EN ŒUVRE DE LA MISSION © Éd. Francis Lefebvre

On rappelle également que les commissaires aux comptes des personnes ou des entités consolidantes et les commissaires aux comptes des personnes ou entités consolidées sont déliés, les uns envers les autres, du secret professionnel (C. com. art. L 822-15, al. 2 - voir nᵒ 5396 s.).

Sur le cas particulier de la levée du secret professionnel à l'égard des auditeurs légaux étrangers, voir nᵒ 5400.

Les relations avec les professionnels chargés du contrôle des comptes des entités comprises dans le périmètre de consolidation sont développées aux nᵒˢ 45380 s.

9200 **Intérêt et difficultés de mise en œuvre** L'extension du pouvoir d'investigation aux sociétés contrôlées permet au commissaire aux comptes de mettre en œuvre des diligences en matière de **fraudes** susceptibles d'être réalisées sous couvert du groupe et d'en tirer, le cas échéant, les conséquences quant à la mise en œuvre de son obligation de révélation (voir nᵒ 61660), d'apprécier si les **titres de participation** sont correctement valorisés, de vérifier que les **conventions réglementées** ont bien été soumises à la procédure d'approbation et qu'aucun accord conclu avec ces entités dans lesquelles l'entité contrôlée par le commissaire aux comptes détient des participations n'est de nature à affecter la continuité d'exploitation de l'entité qu'il contrôle.

9205 La mise en œuvre des dispositions qui précèdent n'en est pas moins susceptible de soulever un certain nombre de difficultés.

Ainsi, dans un groupe de sociétés aux ramifications multiples et aux **opérations** intra-groupe **complexes** et **nombreuses**, le commissaire aux comptes encourt le risque, malgré son pouvoir d'investigation étendu, de ne pas détecter certaines erreurs ou fraudes.

Dans un communiqué de presse en date du 21 janvier 2004, l'AMF a attiré l'attention des commissaires aux comptes sur la nécessité d'une vigilance accrue, pouvant se traduire par un accroissement ou une modification des procédures d'audit envisagées, lorsque sont constatées des transactions importantes avec des filiales ou entités situées dans des **paradis fiscaux**.

Sur les obligations du commissaire aux comptes en matière de lutte contre le blanchiment des capitaux et le financement du terrorisme, voir nᵒˢ 62090-1 s.

Le commissaire aux comptes pourra également rencontrer des **réticences des dirigeants** de l'entité qu'il contrôle lorsqu'il les informera de son intention de procéder à des contrôles auprès des filiales, ceux-ci pouvant ne pas percevoir le bien-fondé de tels contrôles. On comprend particulièrement l'importance que revêt, dans de telles situations, l'accord de l'entité sur les termes et conditions de l'intervention du commissaire aux comptes formalisés dans la lettre de mission (nᵒˢ 9335 s.).

Lorsque les sociétés filiales sont étrangères, indépendamment de la question de la langue, ce pouvoir d'investigation risque de se heurter à une incompréhension de la nature et de l'étendue de la mission dévolue au professionnel par le droit français. On peut même concevoir que des dispositions de droit local rendent inapplicable l'exécution de ces investigations.

Enfin, l'obligation au **secret professionnel** peut donner lieu à une fin de non-recevoir en ce qui concerne, d'une part, les professionnels français chargés de l'audit des comptes des sociétés au sein d'un même groupe mais non comprises dans la consolidation (voir nᵒˢ 5402 et 5404) et les auditeurs légaux de sociétés relevant du droit d'un autre État que la France (voir nᵒˢ 5400 s.).

9208 **Rapport sur les risques dans les « petits groupes »** Lorsque le commissaire aux comptes est nommé en application du premier alinéa de l'article L 823-2-2 dans une entité tête de petit groupe (voir nᵒˢ 1890 s.), le rapport identifiant les risques financiers, comptables et de gestion porte sur l'ensemble que la société forme avec les sociétés qu'elle contrôle (C. com. art. L 823-12-1 créé par la loi dite Pacte).

Dès lors, la NEP 911 prévoit que le commissaire aux comptes de l'entité tête de groupe (NEP 911 § 35 s.) :

– est attentif aux risques financiers, comptables et de gestion auxquels sont exposées les sociétés qu'elle contrôle et qu'il pourrait identifier au cours de sa mission de certification des comptes de l'entité tête de groupe, notamment lors de la prise de connaissance de ses activités et du contrôle des immobilisations financières qu'elle détient ainsi que des informations fournies en annexe ;

– demande aux commissaires aux comptes des sociétés contrôlées nommés pour un mandat de trois exercices la communication des rapports sur les risques financiers, comptables et de gestion auxquels ces sociétés sont exposées.

En l'absence de rapport sur les risques financiers, comptables et de gestion d'une société contrôlée, ou si ce rapport n'est pas disponible dans des délais compatibles avec l'établissement de son rapport sur les risques, le commissaire aux comptes de l'entité tête de groupe apprécie, selon son jugement professionnel, s'il doit compléter les informations recueillies dans le cadre de sa mission de certification des comptes de l'entité tête de groupe par :
– des entretiens avec les dirigeants des sociétés contrôlées ;
– et/ou des échanges avec les commissaires aux comptes des sociétés contrôlées, libérés du secret professionnel en application du 3e alinéa de l'article L 822-15 du Code de commerce.

Pouvoir à l'égard des tiers

9210
L'article L 823-14, alinéa 2 du Code de commerce a donné au commissaire aux comptes un pouvoir d'investigation vis-à-vis des tiers intervenant pour le compte de la personne ou l'entité. Entérinant la pratique professionnelle, la norme d'exercice professionnel NEP 505, relative aux demandes de confirmation des tiers, a adjoint à ce pouvoir d'investigation un pouvoir plus général « d'interrogation », exercé au travers d'une procédure spécifique, la procédure de demande de confirmation (communément dénommée « circularisation » ou « confirmation directe »). Enfin, un pouvoir d'investigation spécifique auprès de l'Autorité des marchés financiers est accordé aux commissaires aux comptes de personnes dont les titres financiers sont admis aux négociations sur un marché réglementé (n° 8118).

Tiers ayant agi pour le compte de la société L'article L 823-14, alinéa 2 prévoit **9212** que « les commissaires aux comptes peuvent également recueillir toutes informations utiles à l'exercice de leur mission auprès des tiers qui ont accompli des opérations pour le compte de la personne ou de l'entité. Toutefois, ce droit d'information ne peut s'étendre à la communication des pièces, contrats et documents quelconques détenus par des tiers, à moins qu'ils n'y soient autorisés par décision de justice ». Le même article précise, en son alinéa 3, que « le secret professionnel ne peut être opposé aux commissaires aux comptes dans l'exercice de leur mission, sauf par les auxiliaires de justice ».

La lecture de l'alinéa 2 de l'article L 823-14 soulève à la date de mise à jour de ce Mémento une question sur laquelle la Chancellerie ne s'est pas encore prononcée. Selon une première interprétation, le « tiers cité dans la seconde phrase de cet alinéa est celui qui est cité dans la première phrase, à savoir le tiers qui accomplit des opérations pour le compte de la société ». Dans cette approche, le droit d'information du commissaire aux comptes auprès de ce tiers ne s'étend pas aux pièces, contrats et documents que celui-ci détient, et la question du droit d'information auprès des autres tiers n'est pas traitée dans le cadre de cet article. Selon une seconde interprétation, les tiers de la seconde phrase sont les autres tiers, à savoir ceux qui n'ont pas accompli d'opérations pour le compte de la société. Dans cette approche, le droit d'information du commissaire aux comptes auprès des tiers qui ont accompli des opérations auprès de la société peut être étendu aux pièces, contrats et documents, et on déduit a contrario de la seconde phrase que le commissaire aux comptes bénéficie auprès des autres tiers d'un droit d'information qui, sauf décision de justice, ne s'étend pas aux pièces, contrats et documents.

La première interprétation, qui correspond à la position traditionnelle de la Chancellerie, est retenue dans les paragraphes qui suivent, étant observé qu'une interprétation différente pourrait être adoptée par les tribunaux.

Le **pouvoir** d'investigation ainsi défini est strictement **limité** : le commissaire aux comptes **9214** est autorisé à questionner les tiers ayant accompli des opérations pour le compte de la société, mais sans avoir accès de plein droit aux documents utiles au bon exercice de sa mission.

L'accès à ces documents est néanmoins possible, après avoir été préalablement autorisé par le président du tribunal de commerce statuant en référé (C. com. art. R 823-4).

S'agissant des **tiers concernés**, il s'agit, selon la Chancellerie, des mandataires ou **9215** auxiliaires de la personne morale, à savoir les banquiers, notaires et sociétés de bourse. En revanche, les clients, les fournisseurs ne sont pas visés puisqu'ils n'agissent pas pour le compte de la société (Rép. Bouquerel : JO Déb. Sén. 15-10-1975 p. 2904 n° 17562, Bull. CNCC n° 20-1975 p. 417 ; Rép. Schumann : JO Déb. Sén. 12-2-1976 n° 18666 p. 61, Bull. CNCC n° 21-1976 p. 68). Ne sont pas davantage visés par l'article L 823-14 les auxiliaires de justice, c'est-à-dire les avocats, huissiers de justice, greffiers, experts judiciaires et d'une manière générale tout mandataire de justice, qui peuvent opposer le secret professionnel au commissaire aux comptes (C. com. art. L 823-14, al. 3).

MISE EN ŒUVRE DE LA MISSION © Éd. Francis Lefebvre

9218 **Tiers non concernés** La Chancellerie considère que le commissaire aux comptes ne peut interroger directement les **clients** et les **fournisseurs puisqu'ils n'agissent pas pour le compte de la personne morale contrôlée** (Rép. Bouquerel : JO Déb. Sén. 15-10-1975 p. 2904 n° 17562, Bull. CNCC n° 20-1975 p. 417 ; Rép. Schumann : JO Déb. Sén. 12-2-1976 n° 18666 p. 61, Bull. CNCC n° 21-1976 p. 68). Elle lui reconnaît en revanche le droit d'obtenir de l'entité contrôlée qu'elle recueille tout renseignement complémentaire qui lui apparaîtrait nécessaire auprès de ces personnes (Rép. Schumann déjà citée). Ainsi le commissaire aux comptes, privé de la possibilité d'interroger directement certains tiers, se voit-il octroyer le **pouvoir indirect d'interroger** les tiers par l'intermédiaire de la société.

La norme d'exercice professionnel 505 relative aux demandes de confirmation des tiers précise notamment les principes fondamentaux et les modalités d'application de la procédure de confirmation. Des indications plus développées figurent par ailleurs dans la note d'information CNCC n° VII « Le commissaire aux comptes et les demandes de confirmation des tiers » publiée en décembre 2010 (voir n°s 26260 s. et n°s 30270 s.).

La position de la Chancellerie, donnée pour les clients et fournisseurs, a été étendue par la doctrine et la pratique professionnelle à la quasi-totalité des tiers en relation avec la société contrôlée. Ainsi, la procédure de confirmation directe peut-elle être utilisée non seulement pour les clients et les fournisseurs, mais également pour les banquiers, les avocats, le greffe du tribunal de commerce, le cadastre, la conservation des hypothèques, les syndics, les détenteurs de stocks extérieurs à la société, etc.

9220 Le pouvoir d'investigation tiré de la confirmation directe ne peut avoir par essence la même force que celui découlant de l'article L 823-14 du Code de commerce. Sans doute le commissaire aux comptes peut-il exiger de la personne ou de l'entité contrôlée la mise en œuvre de telle ou telle confirmation : il n'y a en revanche, pour le tiers interrogé, **aucune obligation de réponse.**

9222 **Interrogation de l'AMF** La loi de sécurité financière, tout en renforçant la levée du secret professionnel du commissaire aux comptes au bénéfice de l'Autorité des marchés financiers, a introduit la faculté pour ce dernier d'interroger l'AMF sur toute question rencontrée au cours de leur mission et susceptible d'avoir un effet sur l'information financière de la personne contrôlée (C. mon. fin. art. L 621-22, III) (voir n° 8128).

9223 **Interrogation de l'Autorité de contrôle prudentiel et de résolution** Les dispositions de l'article L 612-44, I autorisent l'ACPR à transmettre au commissaire aux comptes des entités soumises à son contrôle, des OPCVM, des FIA et des sociétés de gestion mentionnées à l'article L 214-8-1 du Code monétaire et financier, les informations nécessaires à l'accomplissement de leur mission. Bien que ces dispositions ne prévoient pas expressément la faculté pour les commissaires aux comptes d'interroger l'ACPR, la logique impose que celui-ci soit à même de pouvoir interroger l'ACPR sur toute question rencontrée au cours de sa mission et susceptible d'avoir un effet sur l'information financière de la personne contrôlée.

9224 **Interrogation de la Cour des comptes** Selon l'article L 141-10, al. 3 du Code des juridictions financières, « les membres et personnels de la Cour des comptes sont habilités à communiquer aux commissaires aux comptes des organismes et régimes de sécurité sociale » visés par l'article L 114-8 du Code de la sécurité sociale « tous renseignements sur les opérations effectuées pour le compte de ces derniers par les organismes, branches ou activité visés par l'article LO 132-2-1, et sur les vérifications qu'ils ont opérées, en tant qu'ils sont utiles à leur mission légale de certification des comptes de l'exercice sous revue et sous réserve des dispositions de l'article L 120-3 du présent Code. Ils disposent d'une faculté identique à l'égard des commissaires aux comptes d'autres entités dont une partie des opérations est gérée par les organismes, branches ou activité visés par l'article LO 132-2-1 du même Code » (voir n° 5820).

B. Droit à l'information

9250 À l'origine, l'exercice de ce droit avait un caractère essentiellement passif, le commissaire aux comptes se contentant de veiller à recevoir dans les délais impartis les documents devant lui être communiqués par la société contrôlée, en application des **dispositions légales.**

MISE EN ŒUVRE DE LA MISSION

Les normes professionnelles ont enrichi ce droit à l'information : parallèlement au cadre légal se sont mis en place entre les entités contrôlées et leurs commissaires aux comptes des **cadres conventionnels** de communication d'informations.

9252

Droit légal à l'information

Le droit légal à l'information du commissaire aux comptes revêt deux formes bien distinctes :
– la **communication obligatoire de documents** ;
– la **convocation au conseil d'administration, au directoire, au conseil de surveillance et aux assemblées**.
Il se traduit par l'obligation pour les dirigeants de communiquer au commissaire aux comptes certains documents bien déterminés et de le convoquer au conseil d'administration, directoire et conseil de surveillance examinant ou arrêtant des comptes ainsi qu'à toute assemblée générale.

9260

Le droit légal à l'information répond à la même préoccupation que le pouvoir d'investigation : la mise en œuvre dans des conditions efficaces de la mission du commissaire aux comptes, en lui garantissant, d'une part, la communication de documents d'une importance particulière, d'autre part, la possibilité de participer à ces moments privilégiés de la vie de la personne morale que constituent certains conseils et les assemblées.

9262

Nous examinerons successivement :
– les documents à communiquer dans le cadre de l'assemblée générale ordinaire ;
– les autres communications de documents ;
– la convocation par le conseil ou le directoire ou le conseil de surveillance ;
– la convocation aux assemblées.

9265

Documents communiqués dans le cadre de l'AG ordinaire Dans les sociétés commerciales, les commissaires aux comptes doivent recevoir communication un mois au moins avant la convocation de l'assemblée générale devant statuer sur les comptes sociaux, soit au moins 45 jours avant la tenue de ladite assemblée (C. com. art. R 221-6, R 223-28 et R 232-1) :
– des comptes annuels, de l'inventaire, d'un état des cautionnements, avals et garanties donnés par la société, d'un état des sûretés consenties par elle (C. com. art. L 232-1) ;
– du rapport de gestion lorsque la société n'est pas dispensée de son établissement en application du IV de l'article L 232-1 (C. com. art. L 232-1) ;
– des comptes consolidés et du rapport de gestion du groupe, le cas échéant (C. com. art. L 233-27).

> Pour plus de détails sur les documents adressés aux actionnaires et la mission du commissaire aux comptes, voir n°s 54390 s.

9268

Le garde des Sceaux a considéré dans une réponse ministérielle que le commissaire aux comptes ne pouvait pas renoncer à l'avance ou explicitement à ce **délai impératif** de 45 jours accordé dans l'intérêt général de la société et des tiers. Toutefois, lorsque les contrôles ont été opérés tout au long de l'année et qu'il a reçu en temps utile les projets de documents présentés à l'organe de direction chargé d'arrêter les comptes, qu'il ne constate aucune différence entre les documents préparatoires et les comptes arrêtés définitivement par l'organe de direction, il peut estimer qu'il n'est pas nécessaire d'exciper de l'irrégularité consistant à ne pas avoir respecté le délai de 45 jours (Rép. Valbrun : JO Déb. AN 21-10-1976 n° 29456 p. 6838, Bull. CNCC n° 24-1976 p. 482 ; NI. I « Rapport du commissaire aux comptes sur les comptes annuels et consolidés » – février 2010 p. 50).

9270

Une **copie** de ces documents doit être délivrée au commissaire aux comptes qui en fait la demande (C. com. art. R 232-1, al. 2).

> Rappelons que, lors de l'exercice de son pouvoir d'investigation, la délivrance d'une copie de documents, autres que ceux cités ci-dessus, ne peut être exigée (n° 9189).

9272

Le **défaut de communication** de ces documents préalablement à l'assemblée générale d'approbation des comptes constitue une irrégularité dont seront informés l'organe chargé de l'administration ou de la direction et de la surveillance, le cas échéant le comité d'audit, ainsi que l'assemblée générale (C. com. art. L 823-16, 3° et L 823-12).

9275

MISE EN ŒUVRE DE LA MISSION © Éd. Francis Lefebvre

Lorsque le commissaire aux comptes est convoqué à l'organe appelé à statuer sur les comptes, il doit en tout état de cause respecter le délai légal de dépôt de son rapport sur les comptes annuels, quand bien même certains documents nécessaires à sa mission seraient manquants (voir n° 30941).

9276 Le droit à l'information préalablement à l'assemblée générale ordinaire annuelle existe également dans les personnes morales de **droit privé** non commerçantes ayant une activité **économique** (C. com. art. R 612-2).

9280 **Autres documents** S'agissant des **conventions réglementées**, les modalités de communication au commissaire aux comptes diffèrent en fonction de la forme juridique de l'entité (voir n°s 52398 et 52685 pour les SA et SCA, n° 52930 pour les SAS, n°s 52398 et 52796 pour les SARL).

Les commissaires aux comptes doivent également recevoir communication :
– pour les sociétés ayant l'obligation légale de les établir (voir n° 54675), des documents d'information prévisionnels et de leur rapport d'analyse (C. com. art. L 232-2 s.) ;
– des réponses aux questions écrites des actionnaires sur une ou plusieurs opérations de gestion de la société ou des sociétés qu'elle contrôle au sens de l'article L 233-3 dans les SA et SAS (C. com. art. L 225-231) ;
– des réponses aux questions écrites des actionnaires ou associés sur tout fait de nature à compromettre la continuité de l'exploitation dans les SA, SAS et SARL (C. com. art. L 225-232, L 227-1 et L 223-36) ;
– du rapport sur la situation économique de la société établi dans le cadre de son pouvoir d'alerte par le comité social et économique ou, le cas échéant, par la commission économique (C. trav. art. L 2312-50) ;
– du rapport de l'expert de gestion dans les SA, SAS et SARL (C. com. art. L 225-231, L 227-1 et L 223-37).

9283 Le défaut de communication de ces documents constitue une irrégularité dont seront informés l'organe chargé de l'administration ou de la direction et de la surveillance, le cas échéant le comité d'audit, ainsi que l'assemblée générale (C. com. respectivement art. L 823-16, 3° et L 823-12).

9288 **Réunions du conseil d'administration, du directoire ou du conseil de surveillance** Le commissaire aux comptes bénéficie d'un **droit absolu de convocation** au conseil d'administration, au directoire ou au conseil de surveillance examinant ou arrêtant des **comptes annuels** ou intermédiaires (C. com. art. L 823-17). La certification des comptes annuels étant la principale mission du commissaire aux comptes, il est en effet normal que la possibilité d'être présent lors des réunions d'examen ou d'arrêté des comptes lui soit reconnue. Il peut ainsi faire part de ses conclusions à l'organe de direction en fonction de l'avancement de ses travaux d'audit et demander que les corrections d'anomalies significatives soient faites préalablement à l'arrêté des comptes annuels.

Bien que la loi ne le précise pas explicitement, le principe de convocation du commissaire lors de l'examen ou de l'arrêté de **comptes consolidés** devrait à notre avis être également retenu.
L'article L 820-1 du Code de commerce unifiant le statut du commissaire aux comptes, il faut en déduire que l'article L 823-17 du Code de commerce s'applique à toutes les personnes et entités ayant nommé par obligation légale ou volontairement un commissaire aux comptes, et ce quelle que soit la durée de son mandat.

9289 L'article R 823-9, alinéa 2 du Code de commerce prévoit que les commissaires aux comptes sont convoqués, s'il y a lieu, aux réunions des organes collégiaux d'administration ou de direction et de l'organe de surveillance, selon le cas, en même temps que ces organes.

Les commissaires convoqués en application de l'article L 823-17 du Code de commerce doivent donc l'être dans le même délai que l'organe compétent. Rien n'interdit par ailleurs à l'entité contrôlée de convoquer ses commissaires aux comptes aux **réunions** portant sur un objet autre que l'arrêté des comptes annuels ou intermédiaires.
Le commissaire aura tout avantage à participer à ces réunions. Sa participation lui permettra de prendre connaissance des projets de la direction et, le cas échéant, de lui faire part de ses observations en amont de la mise en œuvre de telle ou telle opération. Il pourra également répondre aux questions sur lesquelles la direction souhaite recueillir ses avis ou recommandations sans s'immiscer dans la gestion (sur la prudence dont il doit alors faire preuve, voir n° 7790).

306

© Éd. Francis Lefebvre   MISE EN ŒUVRE DE LA MISSION

9290

Le commissaire aux comptes doit également être convoqué à la réunion du conseil d'administration ou du conseil de surveillance devant délibérer dans le cadre de la **procédure d'alerte** (C. com. art. L 234-1, al. 2).

On voit mal comment le commissaire aux comptes pourrait se dispenser de participer personnellement à cette réunion, qui doit lui permettre de prendre connaissance des mesures prises pour assurer la continuité de l'exploitation, et d'apprécier rapidement s'il doit ou non déclencher la phase suivante de la procédure.

9295

Le commissaire aux comptes doit être **convoqué** à ces réunions **par lettre recommandée** avec demande d'avis de réception, en même temps que les organes collégiaux (C. com. art. R 823-9, al. 2 et 3).

Les commissaires aux comptes ne peuvent pas être convoqués en ayant recours aux moyens électroniques de télécommunication. On peut regretter que ces moyens n'aient pas été prévus.

Toutefois, cela correspond à une prise de position de la Chancellerie déjà ancienne, mais constante, estimant que la lettre recommandée avec accusé de réception établit bien la preuve que la convocation a été effectivement portée à la connaissance de son destinataire (Rép. Dumont : JO Déb. AN 23-7-1990 p. 3544 n° 27692, Bull. CNCC n° 79-1990 p. 372).

9298

Le **défaut de convocation** du commissaire aux comptes aux réunions de l'organe collégial de direction ou d'administration ou de l'organe de surveillance examinant ou arrêtant des comptes annuels ou intermédiaires n'est pas sanctionné pénalement par l'article L 820-4, 1° du Code de commerce, qui ne vise que la non-convocation aux assemblées générales et le défaut de nomination d'un commissaire aux comptes en violation d'une obligation légale ou d'une décision des statuts.

Le défaut de convocation à une réunion autre qu'une assemblée générale ne peut donc entraîner qu'une mise en cause de la responsabilité civile des dirigeants.

Il y aura lieu de signaler cette irrégularité à l'organe chargé de l'administration ou de la direction et de la surveillance, le cas échéant au comité d'audit, ainsi qu'à l'assemblée générale (C. com. art. L 823-12 et L 823-16). Sur les modalités de communication des irrégularités, voir n° 61250 s.

9305

Assemblées générales Le commissaire aux comptes bénéficie d'un **droit absolu de convocation** à toute assemblée générale ou réunion de l'organe analogue compétent (C. com. art. L 823-17). Cette obligation lui permet d'être informé de la tenue de l'assemblée et d'y participer pour y présenter, le cas échéant, ses rapports et observations.

9308

L'obligation de convocation n'implique pas l'obligation pour le commissaire aux comptes d'être présent même s'il est clair que sa présence est plus que souhaitable. Le commissaire aux comptes peut, le cas échéant, se faire représenter à l'assemblée générale par un collaborateur qualifié.

9315

Le commissaire aux comptes est convoqué **par lettre recommandée avec demande d'avis de réception** envoyée au plus tard lors de la convocation de l'assemblée générale (C. com. art. R 823-9).

Concernant le non-recours aux moyens électroniques de télécommunication pour la convocation du commissaire aux comptes, voir n° 9295.

9317

Lorsqu'un professionnel est **commissaire aux comptes de plusieurs entités d'un même groupe**, il doit recevoir une convocation pour chaque personne morale membre du groupe dont il est commissaire aux comptes. Cela étant, ces convocations pourraient lui être adressées sous la forme recommandée avec avis de réception dans un envoi groupé à son cabinet (Bull. CNCC n° 90-1993 p. 262).

9320

Le **non-respect du droit de convocation** aux assemblées générales est sanctionné par l'article L 820-4, 1° du Code de commerce (voir n° 9425 s.).

Dans une Sasu, les décisions prises par l'associé unique pouvant l'être par acte sous seing privé lorsque les statuts le prévoient, le commissaire aux comptes ne peut pas invoquer l'absence de convocation sanctionnée par l'article L 820-4, 1° du Code de commerce, puisque l'associé unique ayant pris ces décisions par acte sous seing privé, il n'était pas possible de convoquer le commissaire aux comptes (Bull. CNCC n° 156, déc. 2009 p. 709). Le commissaire aux comptes a connaissance des décisions grâce à la transmission qui lui est faite d'un procès-verbal relatant les décisions.

307

Droit conventionnel à l'information

9330 En dehors du cadre légal d'information qui vient d'être présenté, les commissaires aux comptes formalisent leurs relations au quotidien avec les dirigeants, afin de clarifier et de définir conventionnellement leur droit à l'information par la mise en place de lettres de mission et de lettres de déclarations de la direction (ou lettres d'affirmation) dont les principes régissant leur établissement sont définis par les normes d'exercice professionnel dédiées.

9335 **Lettre de mission** Pour favoriser le bon déroulement de la mission du commissaire aux comptes, il est nécessaire que ce dernier définisse les termes et conditions de ses interventions et les consigne dans une lettre de mission.

La lettre de mission doit comporter les éléments suivants, sans préjudice des engagements contractuels ou d'autres éléments liés aux particularités de la personne ou de l'entité contrôlée que le commissaire aux comptes jugerait utile d'ajouter (NEP 210 relative à la lettre de mission du commissaire aux comptes § 06) :

– l'objectif et l'étendue du contrôle légal et des autres interventions dont la réalisation est connue au moment de l'établissement de la lettre de mission et qu'il entend mener en application des dispositions légales et réglementaires ;

– la mention selon laquelle d'autres interventions requises par les dispositions légales ou réglementaires seront susceptibles d'être réalisées selon les circonstances ou la survenance d'événements affectant la personne ou l'entité ;

– le calendrier d'intervention ;

– le cas échéant, la répartition des travaux entre les cocommissaires aux comptes ;

– le nom des signataires ;

– l'éventuel recours, sous la responsabilité du commissaire aux comptes et pour la réalisation de certains travaux, à des collaborateurs externes et/ou des experts ;

– le cas échéant, la mention que la certification des comptes consolidés est délivrée après examen des travaux des professionnels chargés du contrôle des comptes des personnes et entités comprises dans la consolidation, conformément aux dispositions de l'article L 823-9 du Code de commerce ;

– le devoir de la personne ou de l'entité de communiquer au commissaire aux comptes les informations et documents prévus par les dispositions légales et réglementaires ;

– la nécessité de mettre à la disposition du commissaire aux comptes tout document, pièce justificative ou autre information demandée dans le cadre de ses travaux ;

– la nécessité de laisser au commissaire aux comptes libre accès aux personnes physiques au sein de la personne ou de l'entité ainsi qu'aux tiers mentionnés à l'article L 823-14 du Code de commerce, auprès desquels le commissaire aux comptes considère qu'il est nécessaire de recueillir des informations ;

– la demande d'une confirmation écrite du représentant légal de la personne ou de l'entité pour ce qui concerne les déclarations faites au commissaire aux comptes nécessaires à sa mission ;

– le rappel de l'obligation de communication avec les organes mentionnés à l'article L 823-16 du Code de commerce ;

– le budget d'honoraires de la mission de contrôle légal et des autres interventions dont la réalisation est connue au moment de l'établissement de la lettre de mission ainsi que, le cas échéant, la répartition de ce budget entre les cocommissaires aux comptes, et les conditions de facturation.

Pour une présentation détaillée de la lettre de mission, voir n° 27540.

S'agissant de la lettre de mission dans le cadre de l'audit légal des petites entreprises, voir n° 47750.

9336 Le commissaire aux comptes demande à la personne ou à l'entité d'accuser réception de la lettre de mission initiale et de confirmer son accord sur les modalités exposées (NEP 210 § 08).

9342 **Déclarations de la direction** Tout au long de sa mission, le commissaire aux comptes est conduit à obtenir de la direction des déclarations orales ou écrites.

La norme d'exercice professionnel 580 relative aux déclarations de la direction définit :

– d'une part, les principes relatifs à l'utilisation des déclarations orales ou écrites de la direction, obtenues au cours de l'audit des comptes ;

– d'autre part, les principes relatifs aux déclarations que le commissaire aux comptes estime nécessaires pour conclure sur les assertions qu'il souhaite vérifier ;

© Éd. Francis Lefebvre

MISE EN ŒUVRE DE LA MISSION

– enfin les conséquences éventuelles que le commissaire aux comptes tire sur l'expression de son opinion du fait que le responsable légal, en tant que responsable des comptes, ne lui fournit pas les déclarations écrites demandées.
Les modalités pratiques de mise en œuvre de la NEP 580 sont développées dans la NI. IV « Le commissaire aux comptes et les déclarations de la direction » de juin 2010.

Pour une présentation détaillée des déclarations de la direction, se reporter aux n⁰ˢ 30780 s.
S'agissant des déclarations de la direction dans le cadre de l'audit légal des petites entreprises, voir n° 47950.

9345 Lorsque les déclarations de la direction concernent des éléments significatifs des comptes, le commissaire aux comptes (NEP-580 § 04) :
– cherche à collecter des éléments qui corroborent ces déclarations ;
– apprécie, le cas échéant, si elles sont cohérentes avec les autres éléments collectés ;
– détermine si les personnes à l'origine de ces déclarations sont celles qui possèdent la meilleure compétence et la meilleure connaissance au regard des éléments sur lesquels elles se prononcent.

9347 Lorsque le commissaire aux comptes identifie une déclaration de la direction qui ne semble pas cohérente avec d'autres éléments collectés, il met en œuvre des procédures d'audit afin d'élucider cette incohérence et, le cas échéant, reconsidère les autres déclarations de la direction de l'entité (NEP 580 § 05).

9349 La NEP 580 énumère les déclarations écrites que le commissaire aux comptes demande au représentant légal, indépendamment d'autres déclarations écrites qu'il estimerait nécessaires (§ 07).
Il convient de noter que certaines normes d'exercice professionnel rappellent expressément la teneur des déclarations requises au titre d'éléments spécifiques.

L'obtention d'une lettre d'affirmation est ainsi rappelée :
– par la norme d'exercice professionnel NEP 240 relative à la prise en considération de la possibilité de fraudes lors de l'audit des comptes (§ 27) ;
– par la norme d'exercice professionnel NEP 250 relative à la prise en compte du risque d'anomalies significatives dans les comptes résultant du non-respect de textes légaux et réglementaires (§ 10) ;
– par la norme d'exercice professionnel NEP 570 relative à la continuité d'exploitation (§ 10) ;
– par la norme d'exercice professionnel NEP 9605 relative aux obligations du commissaire aux comptes relatives à la lutte contre le blanchiment des capitaux et le financement du terrorisme (§ 10).

9350 Les déclarations écrites peuvent prendre la **forme** (NEP 580 § 08) :
– d'une lettre du représentant légal adressée au commissaire aux comptes, qualifiée de « lettre d'affirmation » ;
– d'une lettre adressée par le commissaire aux comptes au représentant légal dans laquelle il explicite sa compréhension de ces déclarations ;
– d'un extrait de procès-verbal d'une réunion de l'organe chargé de l'administration.

9352 La **lettre d'affirmation** est émise à une **date** la plus rapprochée possible de la date de signature du rapport du commissaire aux comptes et ne peut être postérieure à cette dernière (NEP 580 § 10).
La **lettre adressée par le commissaire aux comptes** au représentant légal doit faire l'objet d'un accusé de réception et d'une confirmation écrite du représentant légal indiquant son accord sur les termes exposés, à une date la plus rapprochée possible de la date de signature du rapport. Cette confirmation ne peut être postérieure à la date de signature du rapport (NEP 580 § 11).
Les **déclarations consignées** dans un extrait de procès-verbal doivent l'être au cours d'une réunion de l'organe chargé de l'administration, à une date suffisamment proche de la date de signature du rapport du commissaire aux comptes (§ 12).

C. Non-respect du droit d'accès à l'information

9400 Le non-respect du droit d'accès à l'information du commissaire aux comptes est sanctionné par un délit à caractère général, le **délit d'entrave**. La **non-convocation** du commissaire aux comptes **aux assemblées générales** fait par ailleurs l'objet d'un délit spécifique.

MISE EN ŒUVRE DE LA MISSION © Éd. Francis Lefebvre

9405 Ces deux sanctions figurent dans le titre 2 du livre VIII du Code de commerce intitulé « Des commissaires aux comptes ». Elles s'appliquent en conséquence pour toute nomination de commissaire aux comptes désigné en vertu d'une obligation légale ou volontairement par une personne morale.

Délit d'entrave

9410 Constitue une entrave le fait pour les dirigeants d'une personne morale ou toute personne au service d'une personne morale tenue d'avoir un commissaire aux comptes de mettre obstacle aux vérifications ou contrôles des commissaires aux comptes ou des experts nommés en exécution des articles L 223-37 et L 225-231, ou de leur refuser la communication sur place de toutes les pièces utiles à l'exercice de leur mission et, notamment, de tous contrats, livres, documents comptables et registres de procès-verbaux (C. com. art. L 820-4, 2°).

9412 La **définition** de ce délit libellée de façon très générale permet de sanctionner le non-respect du pouvoir d'investigation du commissaire aux comptes et la non-communication des documents préalablement à l'assemblée générale ordinaire ainsi que la non-communication des autres documents obligatoires, dans la mesure où ces documents ne lui sont pas **délibérément** communiqués.

Si leur non-communication résultait d'une simple omission ou négligence, les éléments constitutifs du délit d'entrave ne seraient pas constitués.

9415 Les **faits répréhensibles** commis intentionnellement sont de deux ordres :
– obstacles posés aux vérifications et contrôles ;
– refus de communication sur place des documents utiles à l'exercice de la mission.

9418 Les faits peuvent être commis par les dirigeants ou par des personnes au service de la personne morale.

9420 Une **peine d'emprisonnement** de cinq ans et une **amende** de 75 000 € peuvent être prononcées et le commissaire aux comptes peut obtenir des dommages et intérêts en réparation du préjudice qu'il a subi par la voie de l'action civile (Paris, 9e ch. corr. 24-9-2008 : Bull. CNCC n° 152-2008, Ph. Merle).

Non-convocation aux assemblées générales

9425 Le défaut de convocation du commissaire aux comptes à toute assemblée générale est **sanctionné pénalement** (C. com. art. L 820-4, 1°).

Cet article sanctionne également la non-désignation d'un commissaire aux comptes.

9428 Est sanctionné tout défaut de convocation à une assemblée générale, que celle-ci soit ordinaire ou extraordinaire.

9430 Ne sont visés que les **dirigeants**.

9435 Une **peine d'emprisonnement** de deux ans et une **amende** de 30 000 € peuvent être prononcées.

9436 En revanche, l'article L 820-3-1 du Code de commerce n'est pas applicable en cas de défaut de convocation du commissaire aux comptes à l'assemblée générale d'approbation des comptes (Cass. com. 10-2-2021 n° 18-24.302 : RJDA 7/21 n° 483, Bull. CNCC n° 102-2021 note Ph. Merle).

La chambre commerciale de la Cour de cassation s'en tient à une lecture stricte de l'article L 820-3-1 qui dispose que les délibérations de l'organe appelé à statuer sur les comptes sont nulles si elles sont prises à défaut de désignation régulière du commissaire aux comptes ou sur le rapport d'un commissaire nommé de façon irrégulière ou demeuré irrégulièrement en fonctions. L'absence de convocation n'entraîne donc pas la nullité de l'assemblée.

MISE EN ŒUVRE DE LA MISSION

II. Droit à rémunération

Le commissaire aux comptes est rémunéré par des « honoraires ».

9750

Les honoraires doivent être distingués des « émoluments », qui correspondent à la rétribution tarifée des actes mis en œuvre par un officier ministériel (par exemple, un notaire) dans l'exercice de sa charge, et des « salaires », qui sont les sommes payées régulièrement par un employeur aux salariés qu'il emploie.

Les honoraires des commissaires aux comptes sont valorisés sur la base d'un taux horaire négocié et d'un budget d'heures correspondant à un programme de travail.

9753

Les dispositions relatives aux honoraires sont régies par les articles R 823-10 à R 823-20 du Code de commerce.

Nous décrirons successivement les grands principes qui gouvernent le droit à rémunération des commissaires aux comptes (A), puis les différents aspects de la détermination du budget (B). Nous traiterons ensuite de la facturation des honoraires (C) et enfin de leur recouvrement (D).

9755

A. Principes et caractéristiques de base

Les honoraires des commissaires aux comptes sont à la charge de la personne ou de l'entité contrôlée (C. com. art. L 823-18). Ils n'incluent pas les **frais de déplacement et de séjour** engagés, qui font l'objet d'un remboursement distinct, sur justification (C. com. art. R 823-15).

9800

Les frais de déplacement et de séjour n'ont donc pas à être inclus dans les honoraires. Ils doivent donner lieu à remboursement de l'entreprise contrôlée sur la base des frais réels exposés par le commissaire. En revanche, les **frais généraux** exposés par le commissaire aux comptes dans l'exercice de sa mission sont inclus dans les honoraires et ne peuvent justifier une facturation complémentaire (Bull. CNCC n° 22-1976 p. 383).

On peut caractériser les honoraires de commissariat aux comptes en énonçant qu'ils doivent être mérités, convenus et respectueux des exigences éthiques et techniques du contrôle légal.

9805

Contrepartie d'un service rendu

Les honoraires du commissaire aux comptes doivent être « **mérités** » en ce sens qu'ils sont nécessairement la contrepartie d'un service rendu. Ce principe est au cœur de la réforme apportée par le décret 85-665 du 3 juillet 1985 au mode de rémunération des commissaires aux comptes : la rémunération ne résulte plus, comme dans le **système antérieur** défini par le décret du 12 août 1969, d'une **tarification automatique en fonction du montant total du bilan,** mais au contraire de l'élaboration et de la mise en œuvre d'un programme de travail écrit qui doit être soumis à l'entité contrôlée.

9830

Comme a pu le faire remarquer le professeur du Pontavice, le décret du 3 juillet 1985 a opéré un renversement de l'adage « pas de peine sans salaire », qui est devenu « pas de salaire sans peine » (le décret du 3 juillet 1985 relatif à l'organisation de la profession et au statut professionnel du commissaire aux comptes : supplément à Informations et Débats n° 15, CRCC Versailles, févr. 1986 § 86). Il s'ensuit que l'absence de diligences pourrait susciter une contestation légitime des honoraires de la part de l'entité contrôlée et que se trouve de facto exclu tout mode de rémunération qui serait fondé sur le résultat de l'intervention du professionnel (« *success fees* ») : une telle approche serait à l'évidence incompatible avec la nature de la mission dont est investi le commissaire aux comptes.

Dans un avis rendu le 17 décembre 2009, le H3C a estimé que les commissaires aux comptes entendus en tant que témoins, et non en leur qualité de dépositaires d'une mission légale, dans le cadre d'une audition de la brigade financière, ne pouvaient pas facturer d'honoraires à ce titre. Les commissaires aux comptes pourraient toutefois être fondés à facturer des honoraires complémentaires, comme le prévoit l'ancien article 29 devenu article 12 du Code de déontologie, si l'événement ayant donné lieu à l'audition nécessitait la mise en œuvre de travaux complémentaires en vue de la certification des comptes.

Le principe étant posé que les honoraires résultent nécessairement de l'accomplissement d'un programme de travail, il était logique que le législateur se préoccupe davantage de la détermination du **nombre d'heures nécessaire** à sa mise en œuvre que de sa quantification en unités monétaires : telle est l'approche retenue par l'article R 823-12 du Code

9832

311

MISE EN ŒUVRE DE LA MISSION © Éd. Francis Lefebvre

de commerce, qui définit un barème permettant d'approcher le nombre de vacations horaires nécessaire à la mise en œuvre du programme de travail dans l'entité contrôlée en fonction d'indicateurs financiers. Pour les missions de certification des comptes, le montant de la vacation horaire est fixé d'un commun accord entre le ou les commissaires aux comptes et la personne ou l'entité contrôlée, préalablement à l'exercice de la mission (C. com. art. R 823-15 modifié par le décret 2020-292 du 21-3-2020).

Sur le champ d'application du barème, voir n°s 9940 s.

Accord sur les honoraires

9840 Les modalités de détermination des honoraires supposent qu'il y ait **acceptation** de la personne ou de l'entité contrôlée sur le montant des honoraires qu'elle est appelée à prendre en charge. Il appartient en effet au professionnel d'établir un programme de travail, d'estimer le nombre d'heures nécessaires à sa mise en œuvre et d'en déduire un budget chiffré par application de taux horaires, l'ensemble étant communiqué pour accord au dirigeant de la personne ou de l'entité contrôlée (sur la modalité de communication du budget, voir n° 10053).

Une concertation voire une véritable négociation peuvent donc intervenir aussi bien sur la valorisation du budget que sur les éléments du programme de travail et la détermination du nombre d'heures nécessaire à l'intervention.

> Dans un cas comme dans l'autre, et quel que soit le souci d'économie manifesté par les dirigeants de la personne ou de l'entité contrôlée, la négociation ne saurait déboucher sur un accord incompatible avec une mise en œuvre de la mission dans des conditions normales (voir n° 9875).
>
> Le H3C a rappelé, dans un avis rendu le 22 mai 2006, que le montant de la vacation horaire doit être fixé d'un commun accord entre le ou les commissaires aux comptes et la personne contrôlée, préalablement à l'exercice de la mission. Il est de la responsabilité du ou des commissaires aux comptes de débuter les travaux en cas de désaccord sur le montant des honoraires.

9845 S'agissant plus particulièrement de la détermination du **nombre d'heures nécessaire**, on sait que le commissaire aux comptes pourra généralement appliquer le barème fixé par l'article R 823-12 du Code de commerce. Mais pour au moins trois raisons, celui-ci ne saurait couper court à toute discussion :

– le barème prévu à l'article R 823-12 ne s'applique ni à certaines entités, ni à certaines missions (voir n°s 9940 s.). Lorsque le commissaire est dans cette situation, il doit trouver un accord avec la personne ou l'entité contrôlée en réalisant une estimation du nombre d'heures nécessaire à la mise en œuvre de la mission ;

– le barème, lorsqu'il s'applique, peut aboutir à la définition d'une fourchette d'heures manifestement excessive ou insuffisante, ou considérée comme telle par le commissaire ou la personne ou l'entité contrôlée : l'une et l'autre des parties auront alors la possibilité de solliciter une dérogation du président de la compagnie régionale à laquelle appartient le commissaire aux comptes (voir n° 10020) ;

– enfin, quand bien même le barème conduirait à la détermination d'une fourchette d'heures admise comme pertinente par le commissaire et la personne ou l'entité contrôlée, le professionnel devra opérer entre la borne inférieure et la borne supérieure de ladite fourchette un arbitrage susceptible de faire varier considérablement l'importance de son intervention, et donc d'avoir une incidence majeure sur la valorisation de son budget.

9850 En pratique, il apparaît donc nécessaire que, tout en restant de la responsabilité exclusive du commissaire aux comptes, le programme de travail soit établi en concertation avec l'entité contrôlée.

9855 Enfin, conformément à l'article 12 du Code de déontologie, le mode de calcul des honoraires relatifs à des **travaux ou diligences non prévus** lors de l'acceptation de la mission, mais qui apparaîtraient nécessaires à son exécution, doit être convenu lors du mandat de l'acceptation de la mission ou, à défaut, au moment où il apparaît que des travaux ou diligences complémentaires doivent être réalisés.

Respect des exigences du contrôle légal

9870 Le processus de détermination des honoraires doit respecter les **exigences éthiques et techniques** du contrôle légal. Celles-ci sont énoncées aux articles 12 à 14 et 36 à 37 du

MISE EN ŒUVRE DE LA MISSION

Code de déontologie de la profession. Fondamentalement, il ressort de ces différents textes que le commissaire aux comptes ne peut accepter les termes d'une négociation ou d'un accord qui porterait atteinte à la qualité de la mission, à son indépendance ou à la loyauté de son comportement. Enfin, en cas de cocommissariat, il conviendra que les commissaires opèrent une répartition équilibrée des travaux au sein du collège qu'ils constituent (NEP 100 relative à l'audit des comptes réalisé par plusieurs commissaires aux comptes § 07).

Qualité des travaux Le budget en temps et en euros défini par le commissaire doit permettre une mise en œuvre de la mission dans des conditions satisfaisantes au regard des textes légaux et réglementaires qui la régissent, notamment des normes d'exercice professionnel. La faculté de négociation du commissaire doit donc s'inscrire dans un cadre à la fois suffisamment souple pour ne pas remettre en cause le fonctionnement d'une économie de libre concurrence et suffisamment précis pour favoriser des comportements professionnels homogènes fondés sur un certain nombre de principes communs.

9875

> La cour d'appel de Paris, dans un arrêt du 1er février 1984, a sanctionné un commissaire aux comptes qui avait ajusté ses diligences à l'importance des honoraires perçus, sans avoir pour autant protesté auprès de l'entreprise contrôlée (Étude juridique de la CNCC, Nomination et cessation des fonctions du commissaire aux comptes, déc. 1998 § 142).

Indépendance et apparence d'indépendance Non seulement le commissaire aux comptes ne peut pas accepter une rémunération qui compromettrait la qualité de ses travaux, mais il doit veiller à ce que celle-ci ne soit pas disproportionnée par rapport aux diligences qu'il met en œuvre : l'inverse serait un élément de nature à traduire une atteinte à son indépendance et à son objectivité (CDP art. 12 depuis l'entrée en vigueur du décret 2020-292 du 21-3-2020).

9880

De même, le total des honoraires perçus par un cabinet de commissaires aux comptes d'une personne ou entité dont les comptes sont certifiés et, le cas échéant, d'une personne ou entité qui la contrôle ou qui est contrôlée par elle, au sens des I et II de l'article L 233-3 du Code de commerce, ne doit pas créer de dépendance financière du commissaire aux comptes à l'égard de la personne ou de l'entité dont les comptes sont certifiés (CDP art. 36, I depuis l'entrée en vigueur du décret précité). Les honoraires reçus au cours de la mission de certification des comptes de la personne ou de l'entité contrôlée ne doivent pas représenter une part significative du total des revenus professionnels du commissaire aux comptes, lorsqu'il s'agit d'une personne physique, ou du total du chiffre d'affaires, lorsqu'il s'agit d'une personne morale. À défaut, des mesures de sauvegarde doivent être mises en œuvre et en cas de difficultés sérieuses le commissaire aux comptes saisit pour avis le Haut Conseil (CDP art. 36).

> On note, au travers de ces deux situations, l'importance majeure de la notion d'apparence d'indépendance : la mise en œuvre d'un budget manifestement inadapté dans un sens ou dans l'autre, ou le poids excessif d'un prescripteur unique dans la clientèle n'ont pas pour conséquence inévitable une perte d'indépendance du commissaire aux comptes : ils sont néanmoins condamnables dans la mesure où ils portent factuellement atteinte à son apparence d'indépendance et qu'aucune mesure de sauvegarde n'a été prise par l'intéressé.

Limitation des honoraires pour les mandats EIP Le règlement européen 537/2014 du 16 avril 2014 prévoit plusieurs mesures visant à réduire le risque de dépendance de l'auditeur qui pourrait résulter des honoraires perçus de la part d'une entité contrôlée.

9884

Ainsi, l'article 4 du règlement requiert que :
– les honoraires demandés pour le contrôle légal des comptes d'une EIP ne soient pas des **honoraires subordonnés** (honoraires calculés sur une base préétablie en fonction de la conclusion ou du résultat d'une transaction ou du travail accompli) ;
– lorsque le montant des honoraires provenant de l'EIP contrôlée atteint un certain **plafond** (15 % des honoraires perçus annuellement par l'auditeur), une procédure spécifique associant le comité d'audit soit mise en place : voir n° 9886 ;
– les honoraires relatifs aux **services autres que la certification des comptes** soient plafonnés en fonction des honoraires d'audit : voir n° 9888.

À la suite de la transposition de la réforme de l'audit en France, depuis le 17 juin 2016, les commissaires aux comptes certifiant les comptes d'EIP doivent respecter les dispositions du paragraphe 3 de l'article 4 du règlement européen 537/2014 du 16 avril 2014 en matière d'honoraires (C. com. art. L 823-18).

9886

MISE EN ŒUVRE DE LA MISSION © Éd. Francis Lefebvre

Si au cours de chacun des trois derniers exercices, les **honoraires totaux reçus d'une EIP** représentent plus de **15 %** du total des honoraires reçus par le commissaire aux comptes ou le cabinet d'audit, ce dernier doit en informer le comité d'audit et analyser avec lui les risques pesant sur l'indépendance et les mesures de sauvegarde appliquées pour atténuer ces risques.

Le comité d'audit examine si la mission d'audit doit alors être soumise à un examen de contrôle qualité de la mission par un autre contrôleur légal ou cabinet d'audit avant la publication du rapport d'audit.

Si les honoraires reçus de cette même EIP continuent de dépasser 15 % des honoraires, le comité d'audit décide, sur la base de critères objectifs, si le commissaire aux comptes ou le cabinet d'audit peut continuer à réaliser le contrôle légal pendant une période qui ne peut dépasser deux ans (Règl. art. 4 § 3).

9888 Lorsque le commissaire aux comptes fournit à une EIP dont il est chargé de certifier les comptes, ou à la personne qui la contrôle ou qui est contrôlée par elle au sens des I et II de l'article L 233-3, des **services autres que la certification des comptes**, le total des honoraires facturés pour ces autres services se limite à **70 %** de la moyenne des honoraires facturés au cours des trois derniers exercices pour le contrôle légal des comptes et des états financiers consolidés de l'EIP et, le cas échéant, de la personne qui la contrôle ou qui est contrôlée par elle (C. com. art. L 823-18, II).

> **Précisions** **1.** Les services autres que la certification des comptes qui sont requis par la législation de l'Union ou par une disposition législative ou réglementaire sont exclus de ce calcul (C. com. art. L 823-18, II).
> **2.** Le plafond ne s'applique qu'au commissaire aux comptes ou cabinet d'audit de l'entité contrôlée et ne concerne pas les autres missions qui seraient réalisées par des membres du réseau du cabinet d'audit. Ce point a été confirmé par la Commission européenne (Q&A du 3-9-2014).
> **3.** Les honoraires d'audit légal à prendre en compte comprennent ceux qui sont versés au commissaire aux comptes (personne physique ou cabinet d'audit) par l'EIP, par son/ses entités mères et/ou ses entreprises contrôlées, au titre du commissariat aux comptes et des états financiers consolidés de ce groupe d'entreprises des trois derniers exercices consécutifs.

Conformément au 6° de l'article 53 de l'ordonnance 2016-315 du 17 mars 2016, les dispositions du II de l'article L 823-18 du Code de commerce, dans sa rédaction issue de ladite ordonnance, entrent **en vigueur** à compter du quatrième exercice ouvert postérieurement au 16 juin 2016.

À la demande du commissaire aux comptes et à titre exceptionnel, le H3C peut autoriser le dépassement de ce plafond de 70 % pendant une période n'excédant pas deux exercices (C. com. art. L 823-18, III).

9890 **Loyauté du comportement** Sont ici visées essentiellement les **procédures d'appel d'offres**, qui tendent à se généraliser, compte tenu notamment de la publication du nouveau Code des marchés publics et de la réforme européenne de l'audit.

L'article 8 du Code de déontologie de la profession de commissaires aux comptes précise que les commissaires aux comptes « se gardent de tout acte ou propos déloyal à l'égard d'un confrère ou susceptible de ternir l'image de la profession ».

9895 **Répartition équilibrée des travaux en cas de cocommissariat** Comme nous l'avons vu (n° 2134), certaines personnes ou certaines entités peuvent être tenues de nommer plusieurs commissaires aux comptes. Le cocommissariat est une caractéristique spécifique du commissariat aux comptes à la française.

L'article L 823-15 du Code de commerce prévoit que lorsqu'une personne ou entité est astreinte à désigner deux commissaires aux comptes, ceux-ci se livrent ensemble à un examen contradictoire des conditions et modalités d'établissement des comptes, et qu'une norme d'exercice professionnel détermine les principes de répartition des diligences à mettre en œuvre par chacun des commissaires aux comptes.

La norme d'exercice professionnel 100, publiée au Journal officiel du 3 mai 2007 en application de ce texte, pose le principe que la répartition des travaux entre les commissaires aux comptes doit être **équilibrée et régulièrement modifiée**.

> Ce principe, dégagé dans un avis du 22 mai 2006, a été rappelé par le Haut Conseil dans un avis du 1er juillet 2008. Plus récemment, un avis important du Haut Conseil en date du 9 février 2012 précise les modalités d'appréciation du caractère équilibré de la répartition des travaux (voir n°s 4320 s. et 45370 s.).

MISE EN ŒUVRE DE LA MISSION

Cet avis précise notamment que le montant des honoraires fait partie, avec le nombre d'heures, des critères quantitatifs permettant d'apprécier l'équilibre de la répartition, étant précisé que des critères qualitatifs doivent également être pris en compte (voir n°s 4321 s.).

B. Budget d'intervention

Le commissaire aux comptes qui établit une proposition d'intervention doit tout d'abord déterminer si la base barème y est applicable (1). Dans l'affirmative, il prendra connaissance de la fourchette d'heures correspondant à l'intervention envisagée (2). Dans tous les cas de figure, il déterminera un nombre d'heures correspondant à la mise en œuvre de la mission en application des textes légaux et réglementaires, y compris des normes d'exercice professionnel (3). Il procédera ensuite au chiffrage du budget en vue de trouver un accord avec la société contrôlée (4) ; à défaut d'accord, il conviendra de recourir à la procédure spécifique prévue par l'article L 823-18-1 (5).

9930

1. Champ d'application du barème

Le barème de l'article R 823-12 du Code de commerce ne s'applique pas à la totalité des missions ni à l'ensemble des personnes ou des entités contrôlées.

9940

Missions concernées

Mission exclue L'article R 823-16 du Code de commerce exclut explicitement du champ d'application du barème les activités ou missions prévues au deuxième alinéa de l'article L 823-9 du Code de commerce correspondant à la mission de certification des comptes consolidés (voir n°s 45000 s.).

9945

Autres missions En dehors de la procédure d'alerte, qui fait l'objet d'une spécification particulière de l'article R 823-13 du Code de commerce, aucune exclusion explicite du champ du barème n'est opérée par le législateur pour les autres interventions du commissaire aux comptes. On peut donc légitimement se demander si toutes les missions non exclues sont ipso facto visées par le barème de l'article R 823-12. Les dispositions de cet article conduisent à répondre à cette question par la négative : ne peuvent être visées par la base barème que les missions dont l'importance annuelle, prévisible en début d'intervention, est susceptible de s'accorder avec une approche forfaitaire, autrement dit les missions récurrentes du commissaire aux comptes.
Sont donc visées par la base barème les diligences correspondant à la mission « générale » du commissaire aux comptes, c'est-à-dire celles visant à la certification des comptes annuels et à la mise en œuvre des vérifications et informations spécifiques.
Le barème s'applique également dans le cadre de la mission Alpe lorsque le commissaire aux comptes est désigné sur une durée de trois exercices (Bull. CNCC n° 198-2020, Communiqué relatif au décret 2020-292 du 21-3-2020, avril 2020 p. 5).
À l'inverse, ne sont pas concernées les interventions menées dans le cadre des services autres que la certification des comptes ou les interventions définies par la loi qui donneront lieu à une négociation distincte avec la direction de l'entreprise contrôlée. S'agissant du cas particulier de la procédure d'alerte, l'article R 823-13 dispose que, pour apprécier le caractère satisfaisant de la réponse apportée par les dirigeants dans le cadre de la procédure ou les décisions prises, le commissaire peut opérer un dépassement d'un tiers au plus du nombre d'heures prévu dans son programme de travail.

9948

Entités concernées

Les dispositions des articles R 823-12 et R 823-13 du Code de commerce ne sont pas applicables (voir l'article R 823-17 du code précité) :
– aux personnes et entités dont le montant du bilan augmenté du montant des produits d'exploitation et des produits financiers, hors taxe, excède 122 000 000 € (voir n° 9985) ;
– aux personnes et entités qui émettent des valeurs mobilières admises aux négociations sur un marché réglementé ;
– aux entreprises régies par le Code des assurances et le Code de la mutualité ;

9955

MISE EN ŒUVRE DE LA MISSION © Éd. Francis Lefebvre

– aux établissements de crédit et compagnies financières régis par le Code monétaire et financier ;

Les sociétés de gestion de portefeuille ne peuvent être assimilées ni à des établissements de crédit et compagnies financières régies par le Code monétaire et financier, ni à des entreprises régies par le Code des assurances et le Code de la mutualité : elles n'entrent pas dans la liste des entités dans lesquelles les dispositions relatives au barème d'heures de travail ne sont pas applicables (C. com. art. R 823-17 – Bull. CNCC n° 168-2012 – EJ 2011-107).

– aux sociétés d'investissement régies par l'ordonnance 45-2710 du 2 novembre 1945 ;
– aux sociétés de développement régional régies par l'article R 515-3 du Code monétaire et financier ;
– aux associations et fondations lorsqu'elles sont tenues ou décident d'avoir un commissaire aux comptes ;
– aux sociétés d'économie mixte de construction régies par l'article L 321-1 du Code de l'urbanisme ;
– aux organismes d'habitation à loyer modéré soumis aux règles de la comptabilité des entreprises de commerce régis par les articles L 411-2 et suivants du Code de la construction et de l'habitation ;
– aux organismes mentionnés à l'article L 114-8 du Code de la sécurité sociale ;
– aux institutions et organismes visés par le livre IX du Code de la sécurité sociale ;
– aux administrateurs et mandataires judiciaires ;
– aux syndicats professionnels de salariés ou d'employeurs et leurs unions, et associations de salariés ou d'employeurs mentionnés à l'article L 2135-1 du Code du travail ;
– aux comités sociaux et économiques et comités centraux sociaux et économiques régis par le titre II du livre III de la deuxième partie du Code du travail.

Le montant des honoraires est alors fixé d'un commun accord entre le commissaire aux comptes et la personne ou l'entité, eu égard à l'importance effective du travail nécessaire à l'accomplissement de la mission légale de contrôle.

9958
L'énumération de l'article R 823-17 du Code de commerce est limitative : l'ensemble des autres personnes ou des entités contrôlées par un commissaire aux comptes entre par conséquent dans le champ d'application de la base barème.

2. Mise en œuvre du barème

9980
Les diligences estimées nécessaires à l'exécution du programme de travail doivent comporter pour un exercice, en fonction du montant du bilan de la personne ou de l'entité, augmenté du montant des produits d'exploitation et des produits financiers, hors TVA, un nombre d'heures de travail normalement compris entre les chiffres suivants (C. com. art. R 823-12) :

9985

Montant total du bilan et des produits d'exploitation et des produits financiers hors taxe	Nombre normal d'heures de travail
Jusqu'à 305 000 €	20 à 35
De 305 000 à 760 000 €	30 à 50
De 760 000 à 1 525 000 €	40 à 60
De 1 525 000 à 3 050 000 €	50 à 80
De 3 050 000 à 7 622 000 €	70 à 120
De 7 622 000 à 15 245 000 €	100 à 200
De 15 245 000 à 45 735 000 €	180 à 360
De 45 735 000 à 122 000 000 €	300 à 700

Imprécision relative du barème

9990
On note, d'une part, que le barème permet de déterminer une plage d'heures et non un nombre d'heures précis, d'autre part, que cette **plage d'heures** peut être **d'une ampleur tout à fait significative**, puisque si l'on prend à titre d'exemple la tranche la plus élevée du barème, le nombre de vacations minimum prévu est inférieur de plus de la moitié à celui de la fourchette haute. On observe par ailleurs qu'une entreprise à laquelle est appliqué strictement mais au plus juste le barème subira des effets de seuils pouvant paraître difficilement supportables si l'évolution des composantes entrant dans

316

© Éd. Francis Lefebvre — **MISE EN ŒUVRE DE LA MISSION**

le calcul de la base barème la fait changer de tranche une année donnée. Si l'on précise enfin que l'article R 823-14 du Code de commerce prévoit la possibilité pour le commissaire aux comptes de solliciter une dérogation aux nombres d'heures indiqués à l'article R 823-12 du Code de commerce, dès lors qu'ils apparaissent excessifs ou insuffisants, on peut s'interroger sur l'intérêt réel présenté par la base barème au regard de la détermination du budget.

Intérêt du barème

Les constatations qui précèdent ne doivent en rien servir à discréditer l'article R 823-12 : il serait en effet parfaitement injuste de faire à ce dernier le procès de sa **souplesse** et de sa **flexibilité**, tant il eût été hasardeux, voire ridicule, de prétendre approcher à l'unité près le nombre des vacations nécessaire au traitement d'une mission donnée. Il faut au contraire considérer que la base barème fournit au professionnel et à la personne ou à l'entité contrôlée une **référence précieuse** sur le nombre d'heures nécessaire à l'intervention et qu'elle favorise l'homogénéisation de la pratique professionnelle, et donc la crédibilité de la profession. On se gardera également d'oublier que l'application du barème met à la partie qui souhaite obtenir une dérogation à la charge de prouver la non-pertinence du résultat obtenu, ce qui permet de limiter les tentations de dérive qui pourraient, de part et d'autre, se manifester. Enfin, le professionnel peut affiner l'estimation réalisée par le barème en appliquant à la tranche retenue la technique de l'interpolation linéaire (voir n° 10018).

9992

Si l'utilité du barème est en définitive peu contestable, il convient néanmoins de mettre à profit les remarques qui précèdent pour en préciser la portée. Indirectement, la flexibilité du barème démontre que la détermination du nombre d'heures nécessaire à une intervention de commissariat aux comptes ne peut jamais résulter d'un calcul purement mécanique quand bien même la mission programmée et la personne ou l'entité contrôlée entreraient l'une et l'autre dans son champ d'application : l'auditeur légal devra toujours procéder à une **estimation personnelle** du temps nécessaire à l'accomplissement de sa mission.

9995

3. Heures nécessaires à l'accomplissement de la mission

Programme de travail

Parmi les principes communs de négociation que doivent retenir les commissaires aux comptes, le plus important consiste à admettre que le montant des honoraires proposé par le commissaire aux comptes est normalement la résultante, au terme d'un processus de négociation, d'une relation qu'il a préalablement établie entre un nombre total d'heures de travail estimé nécessaire et leur coût.
En d'autres termes, que la mission dont le traitement est envisagé entre ou non dans le champ d'application du barème, l'approche du nombre de vacations nécessaire suppose l'établissement et la quantification en heures d'un programme de travail.

10000

Il appartient au commissaire aux comptes et à lui seul d'établir son programme de travail et d'apprécier le **nombre de vacations** qu'il estime **nécessaire** à sa mise en œuvre. Selon la situation financière, l'organisation du contrôle interne, le secteur d'activité de la personne ou l'entité contrôlée, le recours aux services d'un expert-comptable, le déclenchement de la procédure d'alerte, l'ouverture d'une procédure collective…, le commissaire aux comptes pourra avoir, pour des entreprises présentant des caractéristiques analogues, une approche sensiblement différente du nombre de vacations dont il a besoin pour réaliser sa mission.

10005

> Le programme de travail doit être écrit (C. com. art. R 823-11, al. 1). Il décrit la nature et l'étendue des diligences estimées nécessaires au cours de l'exercice à la mise en œuvre du plan de mission, compte tenu des prescriptions légales et des normes d'exercice professionnel ; il indique le nombre d'heures de travail affecté à l'accomplissement de ces diligences (C. com. art. R 823-11, al. 3).
> Depuis le 17 juin 2016, les honoraires correspondants n'ont plus à être indiqués dans le programme de travail.

Si l'établissement du programme de travail relève de la responsabilité du professionnel, il n'en reste pas moins que ce programme doit être communiqué aux dirigeants de

10008

MISE EN ŒUVRE DE LA MISSION © Éd. Francis Lefebvre

l'entité contrôlée, qui sont ainsi en mesure d'apprécier l'étendue et la qualité des diligences que le commissaire aux comptes juge utiles à l'accomplissement de sa mission (Rép. Collet : JO Déb. Sén. 24-7-1986 p. 1052).

La norme d'exercice professionnel 210 relative à la lettre de mission dispose notamment que le commissaire aux comptes doit mentionner dans la lettre de mission l'objectif et l'étendue du contrôle légal et des autres interventions dont la réalisation est connue au moment de l'établissement de la lettre de mission et qu'il entend mener en application des dispositions légales et réglementaires (NEP précitée § 06).

Fixation définitive du nombre d'heures nécessaire

10015 Trois éventualités peuvent se présenter.

10017 1er cas : le barème n'est pas applicable à l'entité au vu des dispositions légales (voir n° 9955) ou à la mission au vu du programme de travail que le commissaire aux comptes estime devoir mettre en œuvre : le seul impératif pour le commissaire est de satisfaire aux exigences du contrôle légal en matière de qualité, d'indépendance et de loyauté du comportement.

Même dans ce premier cas de figure, l'indication fournie par la base barème sera parfois utile au commissaire pour mener son appréciation : ainsi, dans une personne ou une entité dont la base barème excède la tranche la plus élevée, le commissaire aux comptes devra-t-il s'efforcer, sauf justification particulière, de maintenir la cohérence entre le nombre de vacations retenu et les indications données pour cette dernière tranche.

10018 2e cas : le barème est applicable à l'entité et à la mission et aboutit à la définition d'une fourchette d'heures qui paraît cohérente à l'une et l'autre partie : le seul impératif pour le commissaire est alors de situer son intervention plus précisément dans la fourchette déterminée, l'arbitrage réalisé pouvant dans certains cas faire varier plus que du simple au double le nombre d'heures de travail allouées à la mission.

Une approche pratique permettant d'affiner le nombre d'heures proposé par la base barème est de réaliser une interpolation linéaire sur les fourchettes proposées par le barème en retenant comme borne supérieure de chaque fourchette de temps la borne inférieure de la fourchette supérieure. Ce procédé, qui doit être pris avec toute la prudence nécessaire, permet en effet de gommer les effets de seuils. Exemple : une base de 4 575 K€ s'inscrira dans la tranche d'heures 70 à 100. Le nombre de vacations calculé par interpolation linéaire s'élève alors à 80 vacations :
$80 = 70 + [(100 - 70) \times [(4\ 575 - 3\ 050)/(7\ 622 - 3\ 050)]]$.

10020 3e cas : le barème est applicable à l'entité et à la mission mais aboutit à la définition d'une fourchette d'heures qui paraît à l'une des parties excessive ou insuffisante au regard des circonstances de l'espèce pour l'accomplissement de la mission.

L'article R 823-14 du Code de commerce prévoit que la partie la plus diligente saisit alors le président de la compagnie régionale d'une demande de dérogation au nombre d'heures indiqué à l'article R 823-12. Cette demande indique le nombre d'heures estimé nécessaire et les motifs de la dérogation demandée. L'autre partie fait connaître son avis. Elle doit être présentée préalablement à la réalisation de la mission.

En pratique, la quasi-totalité des demandes de dérogation est formulée par les commissaires aux comptes et vise à obtenir, avec l'accord de l'entité contrôlée, une réduction du nombre d'heures obtenu à partir du barème. Les motifs les plus couramment invoqués sont la présence d'un expert-comptable, la qualité de l'organisation administrative et comptable, l'appartenance à un groupe dont le budget fait l'objet d'une négociation globale, la nature de l'activité (société holding, société de location...) ou la situation particulière de la société (société en liquidation...).

Le président de la compagnie régionale rend sa décision dans les quinze jours de la demande. Sa décision est susceptible de recours (voir n°s 10078 s.).

Dans le cas où le président de la compagnie régionale n'accorderait pas la dérogation au barème d'heures, le commissaire aux comptes peut exercer un recours devant le président de la CNCC qui est saisi et statue dans les conditions prévues à l'article R 823-18 du Code de commerce. Le délai pour l'exercice de ce recours par la partie la plus diligente est fixé à dix jours à compter de la notification de la décision du président de la compagnie régionale. Le président de la CNCC rend sa décision dans un délai d'un mois à compter de sa saisine (voir n° 10078).

Pour rappel depuis le 24 mai 2019, date d'entrée en vigueur de l'article 24 de la loi 2019-486 du 22 mai 2019, dite Pacte, le Haut Conseil a une compétence directe sur les contentieux liés aux honoraires des commissaires aux comptes alors qu'il statuait précédemment comme instance d'appel sur les décisions prises par les commissions régionales de discipline. La loi supprime ainsi les commissions régionales de discipline et transfère leurs compétences au Haut Conseil, qui statue dorénavant en premier ressort.

318

MISE EN ŒUVRE DE LA MISSION

L'obligation de solliciter une dérogation pour s'écarter du barème connaît deux limitations, l'une spécifique à la procédure d'alerte, l'autre de portée générale.

La **limitation spécifique** est édictée par l'article R 823-13 du Code de commerce. Celui-ci prévoit que, s'il est amené à réaliser des diligences complémentaires pour apprécier le caractère satisfaisant des réponses apportées ou des décisions prises par les dirigeants dans le cadre de la procédure d'alerte, le commissaire peut, sans recourir à la procédure de dérogation, accroître d'un tiers au plus le nombre d'heures prévu par son programme de travail. **10025**

La **limitation de portée générale** est posée par le dernier alinéa de l'article R 823-14 du Code de commerce : la procédure de dérogation ne s'applique pas si le dépassement des limites fixées aux articles R 823-12 et R 823-13 recueille l'accord des parties. À notre avis, la dispense ne doit jouer que dans les cas de dépassement du barème à la hausse. **10027**

Remarque. Il est possible de se demander si la dispense de procédure joue seulement lorsqu'il y a **10030** accord de l'entreprise et de son commissaire sur un budget supérieur à celui résultant de la base barème. Cette interprétation a longtemps prévalu : « On notera que l'accord des parties ne peut aboutir qu'à un nombre d'heures supérieur à celui prévu par l'article R 823-12 et non pas à un nombre d'heures inférieur. C'est en effet ce que signifie le mot dépassement. Le dépassement de crédit ne signifie pas que l'intéressé est resté en deçà des crédits qui lui ont été alloués mais qu'il est allé au-delà. Dépasser, c'est aller au-delà, laisser derrière soi, être plus haut, aller au-delà de ce qui est attendu, excéder, être supérieur, l'emporter sur » (E. du Pontavice, préc. § 98). Cette approche traditionnelle est depuis quelques années battue en brèche par la Commission des études juridiques de la Compagnie nationale des commissaires aux comptes, pour laquelle la notion de dépassement devrait littéralement s'appliquer à tout accord ayant pour objet de réviser, à la hausse ou à la baisse, les nombres indiqués à l'article R 823-12. Compte tenu de la typologie des demandes de dérogation, cette question est de la plus haute importance, dans la mesure où la suppression de l'obligation de recourir à la procédure pour les demandes de dérogation à la baisse aboutirait sans coup férir, via la quasi-disparition de la procédure, à un affaiblissement considérable du barème. Cette évolution serait manifestement contraire à l'esprit du texte, qui visait à éviter que le chef d'entreprise et le commissaire aux comptes n'optent d'un commun accord pour un commissariat « au rabais », se rendant ainsi coupables d'une « collusion à la fois défavorable, en fin de compte, à l'entreprise en question et à l'économie française et faussant la concurrence entre les commissaires aux comptes » (E. du Pontavice, préc. § 98). Le règlement intérieur de la Compagnie nationale prend nettement position pour l'interprétation traditionnelle de l'article R 823-14 en prévoyant que « la dispense de demande de dérogation prévue au dernier alinéa de l'article 122 du décret [codifié à l'article R 823-14 du Code de commerce] s'applique exclusivement lorsqu'il y a dépassement des limites supérieures fixées par l'article 120 [codifié à l'article R 823-12 du Code de commerce] ».

4. Proposition de budget

Valorisation du nombre de vacations retenu

La valorisation du nombre d'heures retenu est effectuée par le commissaire aux comptes en leur appliquant un ou plusieurs **taux horaires**. Le commissaire aux comptes arrête également ses conditions de facturation. **10050**

Mise en œuvre de la proposition

Le budget d'honoraires et les conditions de facturation doivent figurer dans la lettre de mission (NEP 210 § 06). **10053**

Il sera opportun de préciser que le montant des honoraires, fondé sur l'hypothèse d'un déroulement normal de la mission, est susceptible d'être révisé en cas de problèmes particuliers ou d'interventions complémentaires réalisées en application de dispositions légales ou autorisées légalement. Si des faits de nature à remettre en cause le budget d'heures déterminé initialement survenaient, les dirigeants, préalablement informés de l'éventualité d'une variation du budget, seront moins enclins à contester le dépassement d'honoraires.

Pour les missions de certification des comptes, le montant des honoraires doit donner lieu à un accord entre le commissaire aux comptes et l'entité contrôlée (C. com. art. R 823-15 modifié par le décret 2020-292 du 21-3-2020), et ce, préalablement à l'exercice de la mission de contrôle légal. Il doit donc y avoir acceptation de la proposition après, le cas échéant, négociation.

MISE EN ŒUVRE DE LA MISSION © Éd. Francis Lefebvre

En cas de révision du montant des honoraires, et à défaut d'acceptation de la lettre de mission du commissaire aux comptes par l'entité contrôlée, il y a lieu de considérer qu'aucun accord n'est intervenu entre les parties (Cass. com. 14-11-2018 n° 17-20.448).

Les désaccords portant sur le montant des honoraires font l'objet d'une procédure particulière fixée par les articles R 823-18 à R 823-20 du Code de commerce (n° 10080).

5. Traitement des litiges pour les missions de certification des comptes

10070 Les litiges portant sur la détermination du budget peuvent porter soit sur la détermination du **nombre d'heures** nécessaire à l'intervention, soit sur le **montant des honoraires** proposé dans le budget. Dans un cas comme dans l'autre, le président de la compagnie régionale est saisi du litige avant que celui-ci ne soit éventuellement porté devant l'autorité compétente.

Depuis le 24 mai 2019, date d'entrée en vigueur de l'article 24 de la loi 2019-486 du 22 mai 2019, dite Pacte, le Haut Conseil a une compétence directe sur les contentieux liés aux honoraires des commissaires aux comptes alors qu'il statuait précédemment comme instance d'appel sur les décisions prises par les commissions régionales de discipline. Lesdites commissions sont dès lors supprimées et le décret 2020-292 du 21 mars 2020 relatif aux commissaires aux comptes modifie en conséquence la procédure de conciliation en cas de désaccord entre le commissaire aux comptes et le dirigeant de la personne ou de l'entité sur le montant de la rémunération (C. com. art. R 823-18 et R 823-19).

Saisine du président de la compagnie régionale

10075 Le rôle du président de la compagnie régionale diffère sensiblement selon qu'il est saisi d'un **litige relatif à la détermination du nombre d'heures** ou d'un **litige relatif au montant des honoraires**.

10078 Dans le premier cas, qui est rare en pratique, le **président de la compagnie régionale** rend une **décision d'arbitrage** qui s'inscrit dans le cadre de la procédure de dérogation visée à l'article R 823-14 du Code de commerce : cette décision est rendue dans un délai de quinze jours et elle est susceptible de **recours devant le président de la CNCC** qui est saisi et statue dans les conditions prévues à l'article R 823-18 du Code de commerce. Le délai pour l'exercice de ce recours par la partie la plus diligente est fixé à dix jours à compter de la notification de la décision du président de la compagnie régionale. Le président de la compagnie nationale rend sa décision dans un délai d'un mois à compter de sa saisine.

L'alinéa 2 de l'article R 823-14 du Code de commerce a été modifié par le décret 2020-292 du 21 mars 2020 afin de prendre en considération la suppression par la loi Pacte des commissions régionales de discipline auparavant compétentes pour examiner le recours.

Un recours de cette décision est prévu devant la formation restreinte du **Haut Conseil du commissariat aux comptes**, qui est saisie et qui statue dans les conditions prévues respectivement aux articles R 823-18, alinéa 4 et R 823-19 pour la procédure de conciliation en cas de désaccord sur le montant des honoraires (voir infra).

10080 Dans le second cas, beaucoup plus fréquent, où le **désaccord** porte **sur le montant des honoraires**, le président de la compagnie régionale n'a à sa charge qu'une simple **tentative de conciliation**.

La rédaction de l'article R 823-18 du Code de commerce, telle que modifiée par le décret précité, circonscrit la procédure de conciliation décrite audit article aux « missions de certification des comptes », y compris la mission Alpe pour laquelle le commissaire aux comptes est désigné pour un mandat de trois exercices. Ladite procédure ne s'applique donc pas aux autres missions et prestations réalisées par le commissaire aux comptes (CNCC Fiche n° 1 – Dérogation au barème).

Le président de la compagnie régionale dispose d'un délai de trois mois pour parvenir à une conciliation (C. com. art. R 823-18, al. 3).

Préalablement à la transposition de la réforme européenne de l'audit, le président de la compagnie régionale disposait d'un délai d'un mois pour s'efforcer de concilier les parties (C. com. art. R 823-18, al. 3 anc.).

Lors de la tentative de conciliation, la personne ou entité contrôlée peut être représentée par son dirigeant ou par son directeur financier si elle a reçu pouvoir de ce dernier à cet effet ou par l'avocat de la personne contrôlée (Bull. CNCC n° 137-2005 p. 121).

MISE EN ŒUVRE DE LA MISSION

À **défaut de conciliation**, il notifie aux parties l'échec de la conciliation par lettre recommandée avec demande d'avis de réception (C. com. art. R 823-18, al. 3).

Par ailleurs, lorsque les commissaires aux comptes sont rattachés auprès de compagnies régionales distinctes, la tentative de conciliation est conduite par le président de la compagnie régionale qui a été saisi le premier (C. com. art. R 823-18, al. 2).

Poursuite de la procédure

À la suite de la suppression des commissions régionales de disciplines, les litiges relatifs à la rémunération des commissaires aux comptes sont dorénavant portés devant le Haut Conseil du commissariat aux comptes, sans préjudice de l'application des dispositions du cinquième alinéa du 2° du II de l'article L 824-1 (C. com. art. L 823-18-1 modifié par la loi dite Pacte). **10085**

La partie la plus diligente dispose d'un délai d'un mois à compter de la notification d'échec de la conciliation pour saisir du litige la formation restreinte du Haut Conseil du commissariat aux comptes, par lettre recommandée avec demande d'avis de réception adressée au président de cette formation. Elle peut également saisir ladite formation selon les mêmes modalités si, à l'expiration du délai de trois mois prévu pour parvenir à une conciliation, l'avis d'échec ne lui a pas été notifié (C. com. art. R 823-18, al. 4 modifié par le décret 2020-292 du 21-3-2020).

Le secrétariat de la formation restreinte cite les parties à comparaître devant celle-ci quinze jours au moins avant l'audience, par lettre recommandée avec demande d'avis de réception. Le cas échéant, les avocats des parties sont avisés de la date d'audience par le secrétariat de la formation restreinte par lettre simple.

Dès réception de la citation à comparaître, les parties peuvent prendre connaissance du dossier. Elles peuvent se faire assister ou représenter par un avocat. Les parties et leur avocat peuvent se faire délivrer copie de tout ou partie des pièces du dossier pour l'usage exclusif de la procédure.

Les débats devant la formation restreinte sont publics sauf décision contraire de ladite formation, sur demande expresse des parties ou s'il doit résulter de la publicité une atteinte à l'ordre public, à un secret protégé par la loi ou au secret des affaires.

Le secrétariat de la formation restreinte notifie la décision aux intéressés par lettre recommandée avec demande d'avis de réception. Le cas échéant, les avocats des parties reçoivent copie de la décision par lettre simple (C. com. art. R 823-19 modifié par le décret 2020-292 du 21-3-2020).

La décision rendue en matière d'honoraires par la formation restreinte du Haut Conseil du commissariat aux comptes concerne un litige de droit privé : le recours formé contre cette décision relève de la compétence des tribunaux de l'ordre judiciaire et non des tribunaux administratifs (T. confl. 16-5-1994 : Bull. CNCC n° 97-1995 p. 91). La décision rendue par la formation restreinte du Haut Conseil en matière d'honoraires peut donc faire l'objet d'un pourvoi devant la **Cour de cassation** à l'initiative des intéressés, dans les conditions fixées aux articles 612 et suivants du Code de procédure civile (C. com. art. R 823-20). **10095**

A été déclarée irrecevable par la chambre régionale de discipline et par le Haut Conseil la demande de contestation d'honoraires qui a été formée par une société devant le président de la compagnie régionale le jour même de la tentative de conciliation mise en œuvre par le commissaire aux comptes (portant sur des honoraires postérieurs) sans avoir été communiquée préalablement à la partie adverse. Le président n'avait pas été valablement et régulièrement saisi de la demande et celle-ci n'avait pas fait l'objet d'une tentative de conciliation préalable, ce qui rendait la demande reconventionnelle irrecevable. La Cour de cassation a validé cette position (Bull. CNCC n° 157 p. 120, Ph. Merle).

Conséquence sur la mission

Dans la pratique, les commissaires aux comptes ajournent rarement l'exécution de leur mission pendant cette période. Rien ne leur interdit cependant de procéder ainsi. Le commissaire aux comptes sera néanmoins bien avisé d'apprécier s'il est opportun de mettre en œuvre une telle procédure qui risque, dans certaines circonstances, d'altérer les relations avec la direction de l'entité contrôlée (voir n° 10345). **10100**

Lorsque la **décision** est devenue **définitive** (par épuisement des recours ou forclusion des délais de recours), elle doit être respectée par les parties. **10105**

Toutefois, dans la mesure où elles ne comportent pas de formule exécutoire, les décisions de la formation restreinte du Haut Conseil du commissariat aux comptes ne peuvent pas donner lieu en l'état à une exécution forcée. La partie intéressée aura donc avantage, en cas de difficulté, à demander à un tribunal de l'ordre judiciaire de reprendre la décision et d'en ordonner l'exécution, après avoir vérifié sa régularité formelle.

MISE EN ŒUVRE DE LA MISSION © Éd. Francis Lefebvre

10108 Si la **décision rendue ne satisfait pas le commissaire aux comptes**, celui-ci perd toute possibilité de la contester au titre de l'exercice concerné par le litige. Pour les exercices suivants, il devra soit tirer les conséquences appropriées de la décision, soit remettre sa démission à l'entité contrôlée (sur les modalités à respecter pour la démission, voir n° 10370).

10110 Si la **décision rendue ne satisfait pas la société ou l'entité**, elle ne peut que s'incliner et procéder au versement des honoraires réclamés par le commissaire aux comptes. À défaut, le commissaire aux comptes sera amené à utiliser les procédures de droit commun pour obtenir le recouvrement de ses honoraires (voir n° 10315 s.).

C. Facturation des honoraires

Note d'honoraires

10150 Le **commissaire aux comptes titulaire** est seul habilité à facturer le montant de ses honoraires à l'entité qu'il contrôle. Il en résulte qu'en cas de recours aux services d'un expert, celui-ci facturera directement au commissaire aux comptes, et non à l'entité contrôlée, le coût de son intervention.

Le commissaire aux comptes intégrera dans le montant de ses honoraires le coût de cette intervention.

10153 Par **exception** à ce principe, les honoraires afférents à une mission de commissariat aux comptes peuvent être facturés par la **société** dans laquelle le commissaire aux comptes exerce son activité dès lors qu'une **convention d'exclusivité** a été signée entre le commissaire aux comptes personne physique, titulaire du mandat, et cette société (sur les conditions de signature de cette convention, voir n° 1687 s.). La société dont le commissaire aux comptes est salarié assure alors la facturation de l'entité contrôlée et le recouvrement des honoraires.

Exclusivité n'est pas synonyme d'abandon de toute forme d'intéressement : la convention d'exclusivité peut en effet prévoir que le commissaire aux comptes lié par la convention percevra, outre la rémunération versée par la société dont le commissaire aux comptes est salarié, une indemnité annuelle calculée en fonction des honoraires facturés ou encaissés par ladite société.

Destinataire de la facture

10155 Le commissaire aux comptes adresse sa note d'honoraires directement au **représentant légal de la société** ou l'entité contrôlée qui la transmet au service comptable ou à la direction financière, selon son organisation.

10158 Dans les **sociétés en procédure de sauvegarde ou de redressement judiciaire**, le destinataire est, selon le cas, soit l'instance dirigeante de la société si celle-ci reste habilitée à réaliser les actes d'administration de la société, soit l'administrateur judiciaire dans le cas contraire. Selon l'article L 622-3 du Code de commerce, « le débiteur continue à exercer sur son patrimoine les actes de disposition et d'administration, ainsi que les droits et actions qui ne sont pas compris dans la mission de l'administrateur » (sur le caractère privilégié ou non de ces honoraires, voir n° 10190 s.).

10160 Dans les **sociétés en liquidation judiciaire**, la note d'honoraires est transmise au mandataire-liquidateur.

10165 Dans les **sociétés en liquidation conventionnelle**, la note d'honoraires est transmise au liquidateur.

Modalités de facturation

10170 Selon la règle générale, les honoraires de commissariat aux comptes sont exigibles pour la totalité de leur montant à l'achèvement de la prestation dont ils sont la contrepartie. L'achèvement de la mission intervient en l'espèce à l'issue de la mission de certification des comptes, c'est-à-dire **lors du dépôt du rapport sur les comptes** au siège social de la personne ou l'entité contrôlée.

Le commissaire aux comptes fixe ses conditions de facturation et des demandes d'acomptes sont par ailleurs usuellement adressées à l'entité contrôlée à l'issue des principales phases de l'intervention.

© Éd. Francis Lefebvre | MISE EN ŒUVRE DE LA MISSION

D. Problèmes de recouvrement des honoraires

En règle générale, les problèmes de recouvrement des honoraires sont liés à la surve- **10175**
nance de difficultés financières graves dans l'entité contrôlée. Nous consacrerons un
développement particulier aux sociétés dans lesquelles survient une procédure de redressement judiciaire ou de liquidation avant d'examiner les difficultés qui peuvent être
rencontrées dans des sociétés ne faisant pas l'objet d'une procédure collective. Enfin,
nous étudierons les conséquences éventuelles des problèmes de recouvrement sur la
mission du commissaire aux comptes.

1. Dans les entreprises en difficulté

Le dépôt de bilan d'une entreprise suscite généralement chez ses partenaires deux ques- **10190**
tions (qui bien évidemment n'excluent en aucune manière la prise en compte d'autres
considérations) :
– quel espoir ai-je désormais de récupérer les créances, facturées ou non, que je détiens
sur cette entreprise pour les travaux effectués antérieurement à la date du jugement
d'ouverture ? ;
– puis-je à l'avenir continuer à travailler pour cette entreprise en ayant une probabilité
raisonnable de percevoir la rémunération correspondant au service rendu ?

La réponse à ces deux questions pour un commissaire aux comptes, dont il n'est pas **10195**
dans les habitudes de prendre des garanties sur ses clients, passe par la détermination
du **caractère privilégié ou non**, d'une part, **des honoraires** acquis pour des travaux
réalisés antérieurement à la date du jugement d'ouverture, d'autre part, des honoraires
qui seront acquis à raison des travaux mis en œuvre dans l'entité contrôlée postérieurement à cette date. Nous étudierons le sort des créances détenues par le commissaire aux
comptes dans les entreprises en difficulté sur la base de cette distinction.

Travaux effectués avant la date du jugement d'ouverture

Il convient de distinguer, d'une part, les honoraires afférents à un exercice déjà contrôlé **10200**
à la date du jugement d'ouverture, d'autre part, les honoraires afférents à un exercice
dont le contrôle est en cours à la date de ce jugement. Nous examinerons par ailleurs
distinctement les honoraires correspondant à une procédure d'alerte mise en œuvre
avant le jugement d'ouverture de la procédure collective.

Exercices contrôlés Aucun privilège n'est attaché aux honoraires entièrement **10203**
acquis à la date d'ouverture du redressement judiciaire. Tel est le cas lorsque la mission
du commissaire aux comptes est achevée, c'est-à-dire une fois intervenu le dépôt des
rapports et en particulier du rapport de certification des comptes de la personne ou
l'entité contrôlée.

Exercices dont le contrôle est en cours Cette seconde question est beaucoup **10208**
plus délicate que la précédente. Deux moyens s'ouvrent aux commissaires aux comptes
pour augmenter leurs chances de recouvrer les honoraires qui leur sont dus.

Le premier consiste à soutenir que les honoraires du commissaire aux comptes revêtent **10210**
un caractère privilégié dans la mesure où il est d'intérêt public que le contrôle légal se
poursuive à une période où les entreprises en ont le plus besoin : certaines juridictions
admettent que les **honoraires** du commissaire aux comptes, résultant d'une prescription
légale, doivent être **privilégiés comme frais de conservation de la chose** (T. com. Senlis
16-6-1977 : Bull. CNCC n° 27-1977 p. 363 ; T. com. Verdun 25-3-1983 : Bull. CNCC n° 51-1983 p. 355 ; T. com. Nîmes
12-11-1986 : Bull. CNCC n° 65-1985 p. 88). D'autres adoptent une **position contraire** (CA Aix
21-12-1972 : Bull. CNCC n° 9-1973 p. 80).

Le second consiste à soutenir qu'à partir du moment où la certification des comptes de **10213**
la personne ou l'entité contrôlée intervient après le jugement d'ouverture, les honoraires
afférents aux diligences de l'exercice forment un **tout indissociable** qui relève de l'ancien
article 40 de la loi du 25 janvier 1985, devenu article L 622-17 du Code de commerce :
que les diligences aient été accomplies avant ou après le jugement d'ouverture, la

323

MISE EN ŒUVRE DE LA MISSION   © Éd. Francis Lefebvre

créance du commissaire est payable à son échéance, ou à défaut par priorité, comme toutes les créances nées régulièrement après le jugement d'ouverture (voir n° 10245).

Cette position rejoint celle exprimée par la Chancellerie dans une circulaire de décembre 1980 (reproduite au Bull. CNCC n° 41-1981 p. 6) antérieure à la réforme du régime des procédures collectives par la loi 85-98 du 25 janvier 1985 : elle avait alors considéré comme dettes de masse non seulement les honoraires concernant des diligences postérieures au jugement déclaratif, mais aussi ceux concernant les diligences antérieures au jugement si elles se rapportent à des comptes certifiés et approuvés après ledit jugement.

10217 Une décision de la **cour d'appel de Paris** en date du 23 octobre 1998 (Bull. CNCC n° 112-1998 p. 590) a précisé que le caractère permanent de la mission du commissaire aux comptes ne permettait **pas** de procéder à une **distinction entre les honoraires** afférents aux diligences accomplies avant ou après le jugement déclaratif et que ceux-ci devaient être considérés dans leur globalité comme relevant de l'article L 622-17 du Code de commerce.

10220 Mais cette position a été censurée par la **Cour de cassation** dans un arrêt du 2 octobre 2001, rendu dans une affaire identique (Bull. CNCC n° 124-2001 p. 617, Ph. Merle). La Haute Juridiction considère que la **créance** du commissaire aux comptes doit être **établie en distinguant les prestations** accomplies antérieurement au jugement d'ouverture de la procédure collective de celles accomplies postérieurement.

Cet arrêt pose le problème pratique de la ventilation des honoraires du commissaire aux comptes en deux blocs séparés par la date du jugement d'ouverture. Sur le terrain théorique, on peut également s'interroger sur la possibilité de scinder des diligences constitutives d'une démarche globale visant à délivrer l'assurance raisonnable que les comptes annuels ne comportent pas d'anomalies significatives (voir, sous cet arrêt, la note critique de F. Pasqualini sur une mauvaise application à la créance d'honoraires des **commissaires** aux comptes du raisonnement retenu pour les dettes conventionnelles issues de l'exécution de contrats de longue durée ; JCP éd. E. 2002 p. 181). La cour d'appel de Versailles, désignée comme cour de renvoi, a confirmé la ventilation opérée par la Cour de cassation. Le facteur déterminant pour distinguer les prestations accomplies avant ou après le jugement d'ouverture du redressement judiciaire est le nombre d'heures consacré à la prestation (CA Versailles ch. réunies 13-1-2004 : Bull. CNCC n° 133-2003 p. 129). Il serait judicieux que les commissaires aux comptes établissent un décompte des heures passées et facturables avant et après le prononcé du jugement d'ouverture afin de le produire pour obtenir le règlement de leur créance (en ce sens, commentaire Ph. Merle sous l'arrêt précité).

10223 **Mise en œuvre d'une procédure d'alerte avant la date du jugement d'ouverture** Le caractère privilégié des honoraires correspondant à des diligences mises en œuvre antérieurement au dépôt de bilan étant loin d'être acquis (voir n°s 10220 s.), on peut se demander s'il ne convient pas de réserver un **statut particulier** aux honoraires correspondant à la mise en œuvre de la procédure d'alerte avant l'ouverture de la procédure collective. C'est ce qu'ont pu croire légitimement les commissaires aux comptes après un arrêt rendu par la cour d'appel de Dijon, le 2 novembre 1993 (Bull. CNCC n° 92-1993 p. 516) : estimant que le déclenchement de la procédure d'alerte avant l'ouverture de la procédure collective permettait de préserver les actifs de la société, l'arrêt concluait que les honoraires afférents à cette procédure pouvaient être considérés comme ayant un **caractère privilégié** au titre des frais de justice exposés dans l'intérêt des créanciers (C. civ. art. 2101, 1° et 2104, 1°) ou comme engagés au titre des frais exposés pour la conservation de la chose (C. civ. art. 2102, 3°).

Cette **position** favorable à la profession n'a pas été suivie par des décisions plus récentes (CA Colmar 2-3-1999 : Bull. CNCC n° 117-2000 p. 73, Ph. Merle ; CA Paris 18-5-1999 : Bull. CNCC n° 116-1999 p. 670, Ph. Merle) dont il résulte que les honoraires afférents à la mise en œuvre de la procédure d'alerte préalablement à l'ouverture d'une procédure collective ne peuvent être assimilés :
– ni à des **frais de justice** : les honoraires du commissaire aux comptes résultent de l'accomplissement de formalités légales et ne constituent pas des dépenses faites dans l'intérêt commun des créanciers pour la conservation, la liquidation et la réalisation des biens du débiteur ;
– ni à des **frais de conservation de la chose** : le privilège de l'article 2102, 3° du Code civil s'applique à un bien déterminé et individualisé, or l'action du commissaire aux comptes concerne la sauvegarde de l'ensemble du patrimoine social et non pas un bien mobilier précis.

10225 La jurisprudence dominante la plus récente ne reconnaît donc **pas** à la procédure d'alerte un **statut spécifique** par rapport aux autres diligences du commissaire aux comptes. La Compagnie nationale des commissaires aux comptes estime néanmoins que le commissaire aux comptes peut prétendre à une créance privilégiée, sur la base des articles 2101,

© Éd. Francis Lefebvre   **MISE EN ŒUVRE DE LA MISSION** ▌

1° et 2104, 1° du Code civil, dès lors qu'il prouve que son intervention a permis d'assurer la pérennité de l'entreprise et de ses actifs dans l'intérêt des associés (voir Bull. CNCC préc. n° 117-2000 p. 73).

Travaux effectués après la date du jugement d'ouverture

Le **caractère privilégié des honoraires** du commissaire aux comptes correspondant à des travaux postérieurs au jugement d'ouverture ne soulevant pas de difficulté, le principal problème de recouvrement est celui que pose l'absence éventuelle de trésorerie dans l'entité contrôlée.

10240

Les travaux effectués postérieurement à la date du jugement d'ouverture ressortent clairement de l'**article L 622-17 du Code de commerce**.
Nous l'avons rappelé précédemment (voir n° 10213), une circulaire de la Chancellerie de 1980 posait le principe que constituaient une dette « de masse » les honoraires concernant les diligences de l'exercice en cours antérieures au jugement déclaratif : il en allait a fortiori de même pour les diligences qui lui étaient postérieures. Dans une nouvelle circulaire du 12 septembre 1988, la Chancellerie a confirmé que les honoraires dus au commissaire aux comptes au titre de la poursuite de son activité pendant la période d'observation entraient bien dans la catégorie des créances visées par l'article L 622-17 du Code de commerce.

10245

> Dans le régime posé par l'article 40 de la loi 85-98 du 25 janvier 1985, devenu l'article L 622-17 du Code de commerce, il n'y a plus de créanciers de la masse, mais des créanciers postérieurs à l'ouverture de la procédure collective qui seront réglés en fonction de l'ordre de priorité défini au III de l'article L 622-17 du Code de commerce : « Les créances nées régulièrement après le jugement d'ouverture pour les besoins du déroulement de la procédure ou de la période d'observation, ou en contrepartie d'une prestation fournie au débiteur pendant cette période, sont payées à leur échéance » (C. com. art. L 622-17, I).

L'ouverture de procédures de sauvegarde et de redressement ne met pas fin aux fonctions du commissaire aux comptes. La question qui peut alors se poser est celle de l'existence d'une **trésorerie suffisante pour rémunérer le commissaire aux comptes** en contrepartie des travaux qu'il sera amené à diligenter postérieurement au dépôt de bilan de la société.
Placé dans ce type de situation, le commissaire aux comptes interrogera donc le mandataire judiciaire ou le mandataire à la liquidation pour lui demander s'il doit ou non envisager de poursuivre sa mission. Si ceux-ci lui répondent qu'ils ne disposent pas des fonds nécessaires, il en tirera les conséquences quant à la poursuite de son mandat et pourra présenter sa démission.
Il devra informer son confrère commissaire aux comptes suppléant (n° 2715), le juge-commissaire et le procureur de la République des circonstances de sa démission.

10250

2. Autres problèmes de recouvrement des honoraires

Sont visés ici les problèmes de recouvrement qui ne sont liés ni à une contestation du nombre d'heures de travail ou du montant des honoraires, ni à une procédure de redressement ou de liquidation judiciaires. Les difficultés les plus fréquentes sont liées aux **problèmes de trésorerie de l'entité contrôlée**. Mais il peut également arriver que le non-paiement des honoraires procède de la simple **négligence des dirigeants**, ou d'une **situation conflictuelle** avec le commissaire aux comptes (par exemple mésentente avec le commissaire aux comptes en place dans une société reprise par de nouveaux dirigeants), voire d'un **refus pur et simple du contrôle légal**, et particulièrement de la mise en œuvre de diligences définies par les normes d'exercice professionnel.

10280

Le commissaire aux comptes peut opter soit pour la mise en œuvre d'une mesure conservatoire, soit pour une assignation judiciaire selon les voies de droit commun, en vue d'obtenir, outre ses honoraires, le versement de dommages et intérêts.

10285

Mesure conservatoire

L'injonction de payer et la saisie conservatoire paraissent être les seules mesures conservatoires que peut utiliser un commissaire aux comptes pour recouvrer ses honoraires

10290

325

MISE EN ŒUVRE DE LA MISSION　　　　　　　　　© Éd. Francis Lefebvre

(pour une présentation détaillée de ces procédures, se reporter au Mémento Droit commercial respectivement aux n⁰ˢ 59500 s. et 59100 s.).

Les autres mesures conservatoires régies par la loi 91-650 du 9 juillet 1991 relative aux voies d'exécution ne sont pas applicables. Le séquestre implique la remise d'une chose sur laquelle les parties ont une contestation. L'hypothèque judiciaire conservatoire ne peut être prise que si l'on craint l'insolvabilité de son débiteur. L'exécution par provision ne concerne que des créances dont le montant n'est pas encore définitivement établi alors qu'au cas d'espèce le montant de la créance n'a pas été contesté par la personne ou l'entité contrôlée. Enfin, l'astreinte, condamnation pécuniaire accessoire à une condamnation principale, ne peut être prononcée au cas présent.

10295　**Injonction de payer**　Cette procédure peut être utilisée lorsque la créance a une cause contractuelle et s'élève à un montant déterminé (NCPC art. 1405).

Relativement **simple à mettre en œuvre**, elle est généralement bien adaptée au type de difficultés rencontrées dans ce développement : en effet, la fixation des honoraires résulte bien d'un accord entre la direction de l'entité contrôlée et le commissaire aux comptes, et les honoraires sont bien déterminés dans leur montant.

10300　La demande est portée, selon les règles relatives à la compétence d'attribution, soit devant le **tribunal judiciaire**, soit devant le **tribunal de commerce**. Le juge territorialement compétent est celui du domicile du débiteur (NCPC art. 1406).

Si la demande lui paraît fondée, le juge rend une ordonnance portant injonction de payer. Si le juge rejette la demande, le créancier ne peut que procéder à son recouvrement par les voies de droit commun. Enfin, si le juge ne retient que pour partie la requête, sa décision est sans recours pour le créancier, sauf à ne pas faire signifier l'ordonnance et à procéder selon les voies de droit commun (NCPC art. 1409).

L'ordonnance est signifiée par huissier au débiteur, qui peut faire opposition devant le tribunal qui a émis l'ordonnance pendant le mois qui suit sa signification par huissier.

En cas d'opposition, le jugement du tribunal qui statue sur cette demande se substitue à l'ordonnance portant injonction de payer.

La CNCC a précisé que le commissaire aux comptes restait tenu au secret professionnel à l'égard de l'huissier mandaté pour recouvrer ses honoraires. Le commissaire aux comptes ne peut, par conséquent, lui communiquer les informations bancaires dont il a eu connaissance dans le cadre de ses diligences (Bull. n⁰ 140-2005 p. 701).

10305　**Saisie conservatoire**　Cette procédure est définie aux articles L 511-1 à L 523-2 et R 511-1 à R 523-10 du Code des procédures civiles d'exécution.

Elle permet d'immobiliser une somme ou un bien corporel ou incorporel appartenant au débiteur, à son insu, après autorisation du juge obtenue sur requête.

Cette procédure ne peut être utilisée que lorsque le créancier dispose d'un titre exécutoire ou d'une décision de justice qui n'a pas encore force exécutoire. Lorsqu'il ne peut se prévaloir d'un titre, il doit demander au juge de l'exécution l'autorisation de saisir.

10310　L'ordonnance du juge qui autorise la saisie doit, sous peine de nullité, déterminer le montant des sommes pour la garantie desquelles la mesure conservatoire est autorisée et précise les biens sur lesquels elle porte (C. procédures civiles d'exécution art. R 511-4).

L'autorisation du juge sera caduque si la saisie n'est pas effectuée dans le délai de trois mois à compter de l'ordonnance ou bien si le créancier, dans le mois qui suit la saisie conservatoire, n'a pas introduit une procédure ou accompli les formalités nécessaires à l'obtention d'un titre exécutoire (C. procédures civiles d'exécution art. R 511-6 et R 511-7).

Assignation devant les tribunaux

10315　L'assignation en recouvrement d'honoraires d'une entité contrôlée par un commissaire aux comptes suit les **règles de droit commun en matière de compétence des juridictions civiles et commerciales**.

On rappelle que les litiges entre commerçants sont du ressort des juridictions commerciales tandis que les litiges entre non-commerçants sont du ressort des juridictions civiles. Lorsqu'un commerçant assigne un non-commerçant, il le fait obligatoirement devant une juridiction civile : lorsqu'un non-commerçant assigne un commerçant, il opte à son gré pour la juridiction civile ou la juridiction commerciale.

10318　Il en résulte que :
– lorsque le commissaire exerce à titre individuel ou dans une société civile et que le contentieux l'oppose, en qualité de demandeur, à une société commerciale, il bénéficie

326

© Éd. Francis Lefebvre — **MISE EN ŒUVRE DE LA MISSION**

d'une option de juridiction qui lui permet d'assigner la défenderesse soit devant le tribunal de commerce, soit devant la juridiction civile. Si le défendeur n'a pas la qualité de commerçant, par exemple une association, le litige doit être porté devant la juridiction civile ;
– lorsque le commissaire aux comptes est une société de forme commerciale, celle-ci doit assigner devant le tribunal de commerce son adversaire, s'il a la qualité de commerçant, et devant le tribunal civil si le défendeur n'a pas la qualité de commerçant.

3. Conséquences

Le commissaire aux comptes confronté à un problème de recouvrement de ses honoraires doit décider du comportement à adopter pour la suite de sa mission. Ainsi se demandera-t-il par exemple sur **quelle durée** il devra la poursuivre, dès lors qu'il sait que ses honoraires ne seront pas réglés, ou bien ne le seront que tardivement, voire pour un montant inférieur à celui initialement prévu (hypothèse d'une procédure collective). **10330**

La conduite à tenir dépendra dans une large mesure des circonstances particulières qui sont à l'origine de cette situation : il est bien clair, à titre d'exemple, que la conséquence sur la poursuite de la mission d'une absence de règlement imputable à des difficultés de trésorerie ponctuelles sera vraisemblablement de tout autre nature que celle pouvant découler d'un blocage des honoraires du commissaire dans le cadre d'un conflit.
Selon le contexte, **quatre types de comportement**, allant du plus neutre au plus offensif, peuvent être adoptés par le commissaire : la poursuite pure et simple de la mission, l'ajournement des diligences, la démission, la révélation du délit d'entrave. **10332**

Poursuite de la mission

Cette attitude, fréquente dans la pratique, pourra être retenue par le commissaire aux comptes lorsque le non-recouvrement des honoraires résulte de **causes passagères**, laissant augurer que la situation sera régularisée dans un délai raisonnable. Ainsi en est-il lorsque l'entreprise connaît des difficultés ponctuelles de trésorerie qui l'amènent à solliciter un **délai de paiement** de son commissaire, ou lorsqu'une procédure ayant été lancée pour obtenir le recouvrement des honoraires, le commissaire décide de poursuivre sa mission **dans l'attente de la décision de justice**. **10340**

> Dans le cas particulier des sociétés en redressement judiciaire, sauf en cas d'absence de trésorerie rendant impossible le paiement de ses honoraires, le commissaire aux comptes n'a normalement aucune raison d'interrompre le cours normal de ses diligences, puisqu'il est assuré du règlement de celles mises en œuvre après le jugement d'ouverture, au titre de l'article L 622-17, I du Code de commerce (voir n°s 10245 s.).

Le commissaire aux comptes pourra également adopter une attitude moins conciliante en décidant d'ajourner la mise en œuvre de ses diligences jusqu'à l'encaissement des sommes qui lui sont dues.

Ajournement de la mission

L'ajournement de la mission consiste, pour le commissaire aux comptes qui ne s'estime plus en mesure d'accomplir sa mission, à suspendre son exécution **jusqu'au règlement des honoraires** qui lui sont dus. Cette manière de procéder sera généralement utilisée par le commissaire aux comptes dès lors qu'il aura la certitude que la difficulté de recouvrement rencontrée ne se résoudra pas sans exercer une certaine **pression sur la société**. **10345**

> Par exemple, le commissaire aux comptes, non réglé en temps utile de ses honoraires de l'exercice précédent, pourra ajourner la mise en œuvre de ses diligences concernant l'exercice suivant.

Le commissaire qui ajourne sa mission fonde son attitude sur le principe selon lequel la partie à laquelle on réclame l'exécution de son obligation a le droit d'y surseoir tant que son cocontractant n'offre pas lui-même d'honorer ses dettes. **10348**
C'est ainsi que des ordonnances de référé rendues respectivement par le président du tribunal de commerce de Paris, le 7 octobre 1986 (Bull. CNCC n° 64-1986 p. 422), et par le président du tribunal de grande instance de Saint-Pierre-et-Miquelon, le 19 novembre 1991 (Bull. CNCC n° 87-1992 p. 464), ont accepté qu'un commissaire aux comptes puisse ajourner sa mission pour défaut de paiement des honoraires : les magistrats ont estimé qu'en

MISE EN ŒUVRE DE LA MISSION

© Éd. Francis Lefebvre

ne réglant pas leurs honoraires, les dirigeants de la société mettaient le commissaire aux comptes dans l'impossibilité matérielle d'accomplir sa mission. Plus récemment, la cour d'appel de Rouen a considéré que le commissaire aux comptes qui refuse de poursuivre sa mission dans une société n'a pas commis de faute pouvant entraîner le relèvement de ses fonctions, dès lors qu'il rencontre des difficultés importantes pour obtenir le paiement des honoraires qui lui sont dus au titre des deux exercices antérieurs. L'arrêt considère que, de ce fait, il est fondé à en réclamer le paiement ainsi qu'une provision sur les diligences à venir avant de poursuivre sa mission (CA Rouen 11-6-2002 n° 01-978 : JCP éd. E. 2004 p. 320).

10352 Afin de ne pas prendre la société au dépourvu, le commissaire aux comptes devra **informer la direction de la société**, suffisamment tôt, de son intention d'ajourner la mise en œuvre de ses diligences pour éviter tout risque de se faire relever de ses fonctions pour décision intempestive.

Avant de prendre sa décision d'ajournement, il pourra **réclamer à plusieurs reprises** à la direction de la société le règlement de ses honoraires afférents à des exercices antérieurs en lui précisant les conséquences d'un non-règlement quant à la poursuite de sa mission. Ainsi, la société ne pourra-t-elle pas se prétendre surprise lors de la mise en œuvre par le commissaire aux comptes de l'ajournement de sa mission.

10355 L'ajournement de la mission ne devra pas s'étendre sur une trop longue **période**. En effet, tant que le commissaire n'a pas mis fin à ses fonctions, la **mission de contrôle se poursuit**, incluant notamment la certification des comptes éventuellement arrêtés pendant la durée de l'ajournement.

Afin d'éviter de se retrouver en porte-à-faux par rapport à ses obligations, il est souhaitable que le commissaire aux comptes prenne sans trop attendre une décision quant à la poursuite de son mandat. Cet examen de sa situation s'inscrit dans le droit fil de l'article 25 du Code de déontologie de la profession qui précise : « En cours de mandat, le commissaire aux comptes veille à ce que les exigences légales et réglementaires et celles du présent Code, remplies lors de l'acceptation de la mission de contrôle légal, soient toujours respectées. »

10356 Aucun texte n'autorise la **rétention de documents** par les commissaires aux comptes. Le commissaire qui ajourne sa mission devra donc remettre tous les documents appartenant à la société avant d'ajourner sa mission, afin d'éviter tout reproche.

10357 Aussi légitime qu'il soit, les tribunaux ne reconnaissent pas à l'ajournement de la mission un caractère exonératoire de **responsabilité** (CA Paris 1-2-1984 : Rev. soc. 1984 p. 779, D. Schmidt). Il convient donc que le commissaire aux comptes reste vigilant sur les conditions de mise en œuvre de l'ajournement de sa mission. Il devra, en particulier, **éviter** que sa décision, par son caractère brutal, intempestif, ait des **conséquences préjudiciables pour la société**, afin d'éviter que sa responsabilité civile puisse être recherchée.

Démission

10370 À la différence de l'ajournement de la mission, la démission entraîne la **résiliation de la mission**. Elle ne peut intervenir que dans les conditions fixées par l'article 28 du Code de déontologie (n° 2570).

10380 L'impossibilité pour le commissaire d'obtenir la rémunération de son travail constitue une cause de démission. Cette possibilité existe lorsque l'entité connaît des difficultés de trésorerie telles que le paiement du commissaire aux comptes ne peut plus être envisagé (voir n° 10250). Il en est a fortiori de même lorsque le montant non contesté des honoraires du commissaire aux comptes est bloqué par la direction : le non-règlement des honoraires peut alors être considéré comme un obstacle mis à l'accomplissement de sa mission, constitutif d'un motif légitime de démission au sens de l'article 28 du Code de déontologie de la profession.

Dans un avis rendu le 2 juillet 2009, le H3C a considéré que l'absence de rétribution du commissaire aux comptes constitue une difficulté dans l'accomplissement de sa mission et affecte son indépendance et son objectivité. Le Haut Conseil considère ainsi que, dans le cas d'une impossibilité réelle de règlement des honoraires et après avoir mis en œuvre les moyens juridiques à sa disposition, le commissaire au compte a le droit de démissionner.

MISE EN ŒUVRE DE LA MISSION

Quel que soit le motif qui est à l'origine de la démission du commissaire, celui-ci veillera à ce que celle-ci ne soit **pas intempestive et de nature à porter préjudice à la société**, par exemple en démissionnant brusquement ou en refusant sans avertissement de certifier les comptes de la société. Il prendra au contraire le soin d'attirer l'attention de la direction de l'entité contrôlée sur le problème du non-règlement de ses honoraires, et sur les conséquences possibles de cette situation, de manière à ne pas prendre les dirigeants par surprise s'il décide de démissionner.

10385

Révélation du délit d'entrave

Le fait, pour les dirigeants d'une personne morale ou toute personne au service d'une personne morale tenue d'avoir un commissaire aux comptes, de faire **obstacle aux vérifications ou contrôles** des commissaires aux comptes ou des experts qu'il a nommés est sanctionné par un emprisonnement de cinq ans et une **amende** de 75 000 € (C. com. art. L 820-4, 2º). Ce délit, lorsqu'il est commis, doit être révélé au procureur de la République selon la procédure de révélation des faits délictueux prévue par l'article L 823-12 du Code de commerce.

10390

Bien que l'on ne dispose à ce jour d'aucune décision de jurisprudence en ce sens, on peut se demander si le fait de mettre intentionnellement le commissaire aux comptes dans l'**impossibilité matérielle** d'accomplir sa mission ne constitue pas une forme d'entrave sanctionnée par l'article L 820-4, 2º du Code de commerce.

10395

Selon la Compagnie nationale des commissaires aux comptes, compte tenu des mesures de conciliation et de recours prévues par les textes, un **montant de rémunération insuffisant** ne saurait être constitutif du délit d'entrave à la mission du commissaire aux comptes ; par conséquent, aucune révélation au procureur de la République n'est à envisager dans ce cas précis. Il en serait autrement si la Commission de discipline ayant reconnu le bien-fondé du montant de la rémunération proposée par le commissaire aux comptes, les dirigeants s'obstinaient à ne pas la lui accorder pour entraver sa mission ou avec la conscience de pouvoir ainsi entraver celle-ci.

En d'autres termes, les contestations portant sur la détermination du budget ne peuvent être constitutives du délit d'entrave, de même qu'à lui seul le non-paiement des honoraires dus au commissaire aux comptes. En revanche, le non-paiement des honoraires du commissaire aux comptes accompagné d'un faisceau d'indices laissant à penser que l'objectif poursuivi par l'entité contrôlée est de gêner l'accomplissement de la mission censoriale est susceptible de recevoir la qualification de délit d'entrave.

SECTION 3

Contrôle qualité

Le contrôle légal apporte un éclairage externe et indépendant à l'information financière et, le cas échéant, la censure, en vue d'en promouvoir la qualité et la fiabilité. Cet objectif constitue également le véritable enjeu du contrôle qualité : il ne pourrait en effet être atteint si, d'une manière ou d'une autre, le respect par les membres de la profession des règles déontologiques et des normes professionnelles n'était pas assuré.

10500

Le contrôle qualité doit contribuer à améliorer la qualité de l'audit pratiqué par les commissaires aux comptes et doit être régulier et préventif. Il doit viser à créer et maintenir la confiance dans le contrôle légal et, en dernier lieu, dans les marchés financiers.

Les pouvoirs publics ne s'y sont d'ailleurs pas trompés en prévoyant que les commissaires aux comptes soient soumis dans leur activité professionnelle à des contrôles organisés selon un cadre et des orientations définis par le Haut Conseil du commissariat aux comptes (C. com. art. L 821-9 et L 821-1, 5º). Est ainsi posé le **principe fondateur** du contrôle qualité.

Au niveau européen, la directive 2014/56/UE du 16 avril 2014 modifiant la directive 2006/43/CE concernant les contrôles légaux des comptes annuels et des comptes consolidés ainsi que le règlement 537/2014 du 16 avril 2014 relatif aux exigences spécifiques applicables au contrôle légal des comptes des entités d'intérêt public ont complété les dispositions sur le système d'assurance qualité externe des cabinets d'audit ainsi que l'organisation interne des structures d'exercice du commissariat aux comptes (voir nos 17800 s.).

MISE EN ŒUVRE DE LA MISSION © Éd. Francis Lefebvre

10502 Le contrôle de l'exercice professionnel des commissaires aux comptes répond donc à la fois à une exigence de fond et à une obligation légale. Il paraît légitime que la définition des orientations et du cadre des contrôles prévus à l'article L 821-9 du Code de commerce, la supervision de leur mise en œuvre et le suivi soient réalisés par le Haut Conseil du commissariat aux comptes, organe de supervision de la profession, avec, le cas échéant, une délégation à la Compagnie nationale des commissaires aux comptes dans la mise en œuvre des contrôles (voir n° 11050). Pourtant, avant d'être l'affaire de l'institution, le contrôle qualité est l'affaire du professionnel. C'est en effet au niveau de chacun d'entre eux et de chaque cabinet que devront être mis en place les moyens nécessaires pour que soient atteints les objectifs du contrôle légal.

Depuis le 1er janvier 2017, les articles R 822-32 et R 822-33 du Code de commerce définissent les **modalités d'organisation interne** de la structure d'exercice du commissariat aux comptes et notamment la mise en place d'un contrôle qualité interne (voir n° 10582).

> Antérieurement, l'organisation interne des structures d'exercice du commissariat aux comptes était visée par l'article 15 du Code de déontologie dans sa version du 10 février 2010.

Dans le référentiel normatif antérieur à la loi de sécurité financière, le contrôle qualité faisait l'objet de la norme CNCC 2-103 « Contrôle de qualité », issue de la transposition de la norme ISA 220 dans le référentiel normatif français.

> Cette norme a perdu depuis le 2 mai 2007 la valeur d'usage qui lui était conférée par décret et a désormais une valeur de doctrine, dès lors bien entendu qu'elle n'est pas en contradiction avec le dispositif légal et réglementaire en vigueur.

Le contrôle qualité fait aussi l'objet d'une norme publiée par l'Ifac : la norme **ISQC1**, « Le contrôle qualité des cabinets effectuant des missions d'audit ou d'examen limité de comptes, d'autres missions d'assurance et services directement liées ». Cette norme traite de l'organisation du contrôle qualité, et des procédures à mettre en œuvre au sein du cabinet, quelle que soit la nature de la mission.

En outre, l'IAASB a approuvé le 17 décembre 2020 **trois futures normes internationales** relatives à la gestion de la qualité :

– ISQM 1 « *Quality Management for Firms that Perform Audits or Reviews of Financial Statements, or Other Assurance or Related Services Engagements* » : qui définit les modalités de gestion de la qualité par les cabinets qui réalisent des audits ou des examens limités d'états financiers ou d'autres missions d'assurance ou de services connexes ;

– ISQM 2 « *Engagement Quality Reviews* » : revues de la qualité des missions ;

– **Norme ISA 220 (révisée)** « *Quality Management for an Audit of Financial Statements* » : gestion de la qualité d'un audit d'états financiers.

10504 La norme internationale de gestion de la qualité **ISQM 1** introduit notamment une notion d'approche basée sur les risques dans la gestion de la qualité et met l'accent sur la réalisation des objectifs de qualité définis en amont, et sur la nécessité de mettre en place des indicateurs de suivi permettant de piloter l'atteinte des objectifs fixés. Cette norme définit un objectif principal pour le cabinet et pour le système de gestion de la qualité (ISQM 1, § 14) puis des objectifs sous-jacents déclinés en fonction de huit composantes :

> Ces objectifs peuvent être complétés en fonction des spécificités propres au cabinet.

1. Procédure d'évaluation des risques (ISQM 1, § 23 à 27)

> Le cabinet doit identifier et évaluer les risques qui pourraient porter atteinte à la réalisation des objectifs définis afin de concevoir et mettre en œuvre les réponses adéquates. Cette procédure doit prendre en compte :
> – les caractéristiques du cabinet ;
> – et les caractéristiques des missions réalisées par le cabinet.
> Cette démarche doit sans cesse être revue (remise en question).

2. Gouvernance et encadrement (ISQM 1, § 28)

> Les principaux objectifs sont les suivants :
> – la mise en place d'une culture d'entreprise, définition de valeurs, de comportements et d'une ligne conductrice en termes d'éthique ;
> – la responsabilité et la sensibilité de l'encadrement pour la qualité ;
> – la garantie de la mise en œuvre de la gestion qualité du cabinet : distribution des responsabilités, des rôles, des ressources…

330

MISE EN ŒUVRE DE LA MISSION

3. Règles de déontologie pertinentes (ISQM 1, § 29)

Pour cette composante, le principal objectif est que le cabinet, son personnel, son réseau et, le cas échéant, ses sous-traitants comprennent et assument leurs responsabilités en ce qui concerne les exigences éthiques auxquelles ils sont soumis.

4. Acceptation et maintien (ISQM 1, § 30)

Les principaux objectifs de cette composante sont que le cabinet décide d'accepter ou de maintenir un client en se basant sur les informations obtenues sur la mission et le client (notamment son intégrité et ses valeurs éthiques) et sur la capacité à effectuer la mission (compétence et honoraires). Cette décision ne doit pas être guidée par des objectifs financiers ou des priorités opérationnelles.

5. Réalisation de mission de qualité (ISQM 1, § 31)

Les principaux objectifs sont les suivants :
– la compréhension et la prise de responsabilité des équipes et des associés sur les missions en ce qui concerne la qualité ;
– la nature, le calendrier et l'étendue de l'orientation et de la supervision des équipes et de la revue des travaux sont appropriés en fonction de la nature des missions ;
– la capacité des équipes à exercer leur esprit critique ;
– l'application des consultations techniques ;
– la résolution des conflits d'opinion au sein des équipes ;
– l'archivage dans les délais des missions.

6. Ressources (ISQM 1, § 32 – Ressources humaines / technologiques / intellectuelles)

Les principaux objectifs sont les suivants :
– le système de recrutement, de développement et de rétention des collaborateurs est basé sur les compétences et sur l'engagement relatif à la qualité ;
– les collaborateurs sont affectés aux missions en fonction de leur compétence ;
– les ressources technologiques et intellectuelles sont acquises, développées, mises en œuvre et maintenues en fonction des besoins.

7. Information et communication (ISQM 1, § 33)

Il s'agit de la capacité à partager et à faire circuler les informations en interne et en externe pour les informations pertinentes.

8. Réponses spécifiques et mise en place d'un processus de surveillance et de correction (ISQM 1, § 34 à 47) afin :
– d'identifier, évaluer et traiter les menaces à la conformité des exigences éthiques ;
– d'obtenir des confirmations d'indépendance ;
– de mettre en place des procédures d'alerte.

Cette nouvelle norme prévoit donc de faire passer les cabinets d'audit d'une politique de contrôle de la qualité à un « **pilotage** » de la qualité visant à améliorer la qualité à l'aide d'indicateurs de suivi. La norme ISQM 2, notamment, donne une importance accrue à la revue indépendante en précisant ses modalités de réalisation. La norme ISQM 1 prévoit que les cabinets concernés doivent avoir leur système de gestion de la qualité **conçu et mis en œuvre pour le 15 décembre 2022.**

La norme internationale de gestion de la qualité **ISQM 2** s'applique plus particulièrement à toutes les missions pour lesquelles l'intervention d'un **réviseur indépendant** est requise d'après la norme ISQM 1. Elle traite donc :
– de la désignation et des critères de qualification du réviseur indépendant de la mission ;
– des responsabilités de celui-ci en ce qui concerne la réalisation et la documentation de la revue indépendante de la mission.

La norme ISQM 2 s'applique aux audits et aux examens d'états financiers des périodes ouvertes à compter du 15 décembre 2022 ainsi qu'aux autres missions d'assurance et de services connexes à compter du 15 décembre 2022.

La norme **ISA 220 révisée** réaffirme quant à elle le **rôle clé de l'associé signataire des comptes consolidés** d'un groupe, en confirmant sa direction et sa supervision de la mise en œuvre directe des travaux et sa responsabilité de la nature de l'opinion émise dans le rapport. Cette norme rappelle que la revue des travaux par l'associé responsable de la mission est un processus continu. La norme ISA 220 révisée s'applique aux audits d'états financiers des périodes ouvertes à compter du 15 décembre 2022.

Nous étudierons successivement :   **10505**
– le contrôle qualité interne aux cabinets (n°s 10550 s.) ;
– le système d'assurance qualité externe (n°s 10900 s.).

I. Contrôle qualité interne

10550 Le contrôle qualité au sein d'un cabinet d'audit comporte trois volets, dont la mise en œuvre pourra correspondre à des modalités sensiblement différentes en fonction de sa structure et de son mode d'exercice :

– le premier repose sur la mise en place de **principes d'organisation** appropriés (n° 10580) ;

– le deuxième a trait à la définition de **modalités** satisfaisantes **de mise en œuvre des missions** (n°s 10650 s.) ;

– le troisième consiste dans le **contrôle des procédures et dossiers de travail** fixés aux deux points précédents (n°s 10800 s.).

Il convient de rappeler que les commissaires aux comptes contribuant au dispositif de contrôle qualité interne sont astreints au secret professionnel (C. com. art. L 822-15).

Par ailleurs, pour la mise en œuvre de ce dispositif de contrôle qualité interne, le Haut Conseil estime qu'une structure d'exercice professionnel peut recourir à un commissaire aux comptes externe et à ses collaborateurs non commissaires aux comptes, sous réserve que les conditions suivantes soient satisfaites (Avis H3C 2013-03 du 21-11-2013) :

– la relation contractuelle entre la structure d'exercice professionnel et le commissaire aux comptes externe doit être formalisée et les personnes ou entités dont les comptes sont certifiés par la structure d'exercice professionnel doivent être informées de ce recours ;

Cette relation contractuelle est établie avec le commissaire aux comptes externe et non avec les collaborateurs auxquels il recourt.

– les travaux des collaborateurs doivent être réalisés sous la responsabilité d'un commissaire aux comptes, personne physique.

Avant d'aborder les différents aspects du contrôle qualité interne, nous évoquerons les principaux **objectifs** que peut poursuivre sa mise en place (n°s 10560 s.).

> Les points évoqués ci-après figurent pour la plupart dans l'ancienne norme CNCC 2-103, où l'on retrouve les principes posés par la norme internationale ISA 220 de l'Ifac, « Contrôle qualité d'une mission d'audit ».
>
> Ils sont complétés par les principes contenus dans la norme ISQC1 de l'Ifac sur l'organisation des cabinets d'audit, cette norme étant toujours applicable à la date de mise à jour de ce Mémento, ainsi que dans les articles R 822-32 et R 822-33 du Code de commerce.
>
> Des évolutions sont cependant attendues puisque la conception et la mise en place d'un système de gestion de la qualité conforme à la norme ISQM 1 sont requises pour le 15 décembre 2022 (voir n° 10504).
>
> Quant à la norme ISQM 2, elle entre en application pour les audits et examens limités d'états financiers pour les périodes ouvertes à compter du 15 décembre 2022 et pour les autres missions d'assurance et de services connexes commençant à compter de cette même date.
>
> Nous présenterons plus en détail les dispositions de ces nouvelles normes lors de la prochaine édition de ce Mémento.

Objectifs

10560 Par définition, la mise en place d'un contrôle qualité interne a pour objectif de base de garantir la qualité du travail fourni et le respect des normes professionnelles. Il serait néanmoins réducteur de limiter à cette seule finalité le contrôle qualité. D'autres objectifs peuvent lui être assignés, dont l'intérêt est loin d'être négligeable pour les professionnels.

10565 **Objectif principal** La directive 2014/56 du 16 avril 2016 impose la mise en place d'un système interne de qualité pour **garantir la qualité du contrôle légal** (Dir. précitée art. 24 bis).

Le dispositif de contrôle qualité interne mis en œuvre par chaque structure d'exercice professionnel doit lui permettre de s'assurer notamment de la mise en œuvre des procédures permettant :

– l'exécution des missions de certification des comptes ;

– l'organisation des dossiers de travail ;

– la formation des salariés ;

– l'encadrement et le contrôle des activités (C. com. art. R 822-33, 2°).

L'objectif premier du contrôle qualité reste incontestablement de s'assurer que les professionnels exerçant au sein du cabinet respectent leurs obligations déontologiques et que l'ensemble des missions est traité en conformité avec les normes de la profession. Cette double exigence conditionne la qualité du **service rendu à la clientèle**, et par conséquent l'image de marque du cabinet, non seulement vis-à-vis de ses clients, mais également vis-à-vis de l'environnement extérieur. Surtout, elle apparaît comme la seule possibilité de **maîtriser le risque professionnel** inhérent à l'activité, qui doit impérativement être maintenu à un niveau acceptable pour les associés.

La norme ISQC1 affirme que le dispositif de contrôle qualité mis en place doit permettre d'obtenir l'assurance raisonnable que :
– les normes d'exercice professionnel et les textes légaux et réglementaires sont respectés ;
– les rapports émis sont en adéquation avec le contexte de la mission et avec les résultats des diligences mises en œuvre (§ 11).

Le dispositif de contrôle qualité doit comporter les règles fondamentales permettant d'atteindre ces objectifs et les procédures associées propres à contrôler la conformité à ces règles et leur application effective.

L'article R 822-32 du Code de commerce fixe des objectifs similaires concernant l'organisation interne de la structure d'exercice professionnel : « Les modalités d'organisation et de fonctionnement des structures d'exercice du commissariat aux comptes, qu'elles soient en nom propre ou sous forme de société, doivent permettre au commissaire aux comptes d'être en conformité avec les exigences légales et réglementaires et celles du Code de déontologie et d'assurer au mieux la prévention des risques et la bonne exécution de sa mission. »

En l'absence de directive impérative, le contenu des procédures de contrôle qualité interne, les modalités de leur mise en œuvre et de leur contrôle, varieront selon l'ampleur et la complexité des activités exercées par chaque cabinet. Quelles que soient les modalités spécifiques retenues, celles-ci devront cependant conduire à l'adoption de **comportements** ainsi qu'à l'application de **diligences homogènes et satisfaisantes** pour chaque nature d'intervention. Elles s'appliqueront par ailleurs tant aux associés qu'aux collaborateurs intervenant sous leur supervision.

Objectifs complémentaires Dans la pratique, l'intérêt du contrôle qualité interne ne se limite pas pour les cabinets à l'amélioration du service rendu et à la maîtrise du risque professionnel. Le contrôle qualité interne recèle en puissance d'**autres effets bénéfiques**, dont peut parfaitement profiter la structure qui organise le contrôle, à condition toutefois de les inclure dans ses objectifs. Le premier d'entre eux est sans doute de promouvoir une culture interne fondée sur la reconnaissance de la qualité en tant qu'élément essentiel de la mission.

10568

La norme ISQC1 affirme que la direction du cabinet et l'image qu'elle donne à son personnel influencent de façon significative la culture interne du cabinet (§ 18).

Par ailleurs, le contrôle de l'application des procédures destinées à garantir la qualité est généralement mis en œuvre par des associés, ou par des personnes que les associés contrôlés considèrent comme leurs pairs. Il en résulte la possibilité pour le contrôle qualité d'être un **temps de rencontre** particulièrement fructueux entre le contrôleur et le contrôlé, facteurs de différentes opportunités.

10570

La norme ISQC1 précise que la personne désignée comme responsable du dispositif de contrôle qualité doit avoir une expérience, une compétence et une autorité suffisantes pour assurer cette fonction. L'expérience et la compétence permettent de comprendre les problématiques du contrôle de qualité et l'autorité suffisante facilite la mise en œuvre au sein du cabinet des règles et procédures.

Le contrôle qualité donne ainsi l'occasion à l'associé contrôlé d'**évaluer le niveau de sa pratique professionnelle**, non seulement en valeur absolue, par rapport au référentiel normatif, mais également en valeur relative, par rapport aux procédures mises en place par le cabinet et leur application effective par les autres associés faisant partie de la même structure.

10571

À cet égard, la revue indépendante des dossiers, prévue par l'article R 822-35 du Code de commerce, qui permet d'évaluer de manière objective les appréciations significatives portées par l'équipe d'audit avant la finalisation du rapport contribue indéniablement à l'évaluation du niveau de pratique professionnelle de chacun.

La norme ISQM 2, en application au 15 décembre 2022, pose les principes de mise en œuvre optimale des revues indépendantes sur les dossiers d'audit et met en exergue le rôle clé du réviseur indépendant dans l'atteinte d'un audit de qualité.

MISE EN ŒUVRE DE LA MISSION © Éd. Francis Lefebvre

Le contrôle qualité peut être également pour l'associé contrôlé un moment privilégié pour découvrir des pratiques et spécialisations dont il pourra tirer profit, le cas échéant, pour approfondir sa connaissance des outils disponibles, non seulement en termes de référentiels techniques mais également en matière d'organisation et de gestion. Cet apport sera d'autant plus réel que le contrôle qualité donnera lieu chaque année à l'élaboration d'une synthèse permettant d'en tirer collectivement les enseignements et les conclusions, et que la mise en application des recommandations éventuellement formulées fera l'objet d'un suivi, dans le cadre de la définition d'un plan d'action.

10572 Une autre opportunité naît de l'**échange d'expériences** qui a toutes les chances de s'instaurer entre le contrôleur et le contrôlé. Les confrères qui prennent part au contrôle qualité abordent inévitablement les problèmes techniques, et plus particulièrement ceux auxquels ils sont confrontés à l'époque du contrôle. Le contrôle qualité permet de confronter les pratiques et les expériences, qui seront le plus souvent complémentaires. Il en résulte généralement un enrichissement réciproque du contrôleur et du contrôlé.

Un intérêt complémentaire du contrôle qualité est de donner aux associés contrôlés la possibilité de s'exprimer sur les adaptations ou améliorations qu'ils souhaiteraient voir mettre en œuvre au niveau d'ensemble, notamment en ce qui concerne la méthodologie de travail et les référentiels techniques utilisés.

10573 Enfin, le contrôle qualité occasionne généralement un **resserrement des liens de confraternité** entre le confrère délégué au contrôle et l'associé contrôlé. La vie du professionnel exerçant au sein d'un cabinet est le plus souvent extrêmement chargée en événements et en problèmes pratiques divers, qu'il faut impérativement résoudre. Le contrôle qualité ouvre à l'associé contrôlé la possibilité de faire un « arrêt sur image » et d'évaluer, dans un contexte le plus souvent détendu et confraternel, sa pratique professionnelle. Même si l'on ne peut exclure a priori l'hypothèse qu'un contrôle qualité se déroule dans un mauvais climat psychologique, il a le plus souvent pour effet, dès lors qu'il est abordé dans une optique constructive, d'instaurer une relation privilégiée entre le contrôleur et le contrôlé.

Cet aspect n'est pas étranger à la pratique consistant à exiger, dans certains réseaux ou certaines associations techniques, que tous les **associés** participent au contrôle qualité, de manière à promouvoir la connaissance réciproque de ses membres et la qualité de leurs relations.

Principes d'organisation du cabinet

10580 Les modalités d'organisation et de fonctionnement des structures d'exercice du commissariat aux comptes, qu'elles soient en nom propre ou sous forme de société, doivent permettre au commissaire aux comptes :
– d'être en **conformité avec les exigences** légales et réglementaires et celles du Code de déontologie ;
– et d'assurer au mieux la prévention des **risques** et la **bonne exécution** de sa mission (C. com. art. R 822-32, al. 1).

Ces dispositions reprennent celles qui résultaient de l'article 15 du Code de déontologie de la profession, dans sa version du 10 février 2010.

À la suite de la transposition de la réforme européenne de l'audit, ces modalités d'organisation et de fonctionnement tiennent désormais compte de l'**ampleur** et de la **complexité** des activités exercées (C. com. art. R 822-32, al. 2). De plus les exigences à respecter par chaque structure d'exercice de commissariat aux comptes ont été renforcées (voir n° 10582).

10582 L'article **R 822-33** du Code de commerce précise les exigences auxquelles doit satisfaire chaque structure :
1° disposer des **moyens** permettant au commissaire aux comptes :
– d'adapter, en fonction de l'ampleur de la mission, le temps et les ressources humaines qui y sont consacrés ainsi que les techniques mises en œuvre,
– de contrôler le respect des règles applicables à la profession et de procéder à une appréciation régulière des risques,
– de garantir la continuité et la régularité de ses activités de certification des comptes, notamment par l'utilisation de systèmes, de ressources et de procédures appropriés ;
2° mettre en œuvre :
a. Des procédures assurant que les conditions d'exercice de chaque mission de certification des comptes respectent les **exigences déontologiques**, notamment en matière

334

© Éd. Francis Lefebvre   MISE EN ŒUVRE DE LA MISSION

d'indépendance vis-à-vis de la personne ou de l'entité contrôlée et permettant de décider rapidement des mesures de sauvegarde si celles-ci s'avèrent nécessaires.

Pour plus de détails sur l'indépendance du commissaire aux comptes, voir nᵒˢ 3500 s.

b. Des procédures assurant l'absence de toute **intervention des actionnaires ou dirigeants** de la société de commissaires aux comptes et, le cas échéant, du réseau pouvant compromettre l'**indépendance** et l'**objectivité** de la personne mentionnée au premier alinéa de l'article L 822-9 (associé signataire).

c. Des procédures assurant le contrôle et la protection de ses **systèmes de traitement de l'information**.

d. Des mécanismes assurant le **respect des décisions et des procédures** définies au sein de la structure d'exercice.

e. Des procédures assurant que le **recours à des tiers, collaborateurs ou experts**, pour la réalisation des travaux requis au titre de la mission de certification, ne porte pas atteinte à la qualité du contrôle de qualité interne prévu au j. ni à la capacité du Haut Conseil à surveiller le respect, par le commissaire aux comptes, de la réglementation en vigueur.

f. Des procédures assurant la **gestion et l'enregistrement des incidents** qui ont ou peuvent avoir une conséquence grave sur la qualité de ses activités de certification des comptes.

g. Des procédures assurant une **politique de rémunération** appropriée notamment par des incitations à la performance garantes de la qualité de la mission de certification. Les revenus issus des services autres que la certification ne sont pas pris en compte pour l'évaluation de la performance et la rémunération des personnes participant à la mission de certification ou en mesure d'en influencer le déroulement.

h. Des procédures permettant aux salariés de signaler tous les **manquements** à la réglementation applicable à la profession ainsi qu'au règlement européen 537/2014 (pour le contrôle légal des comptes des entités d'intérêt public).

i. Des procédures permettant l'**exécution des missions** de certification des comptes et l'organisation du **dossier** mentionné à l'article R 823-10 (dossier de travail) et assurant la **formation** des salariés ainsi que l'**encadrement** et le **contrôle** de leurs activités.

j. Un dispositif de **contrôle de qualité interne**, placé sous la responsabilité d'un commissaire aux comptes, personne physique, inscrit sur la liste mentionnée au I de l'article L 822-1, assurant notamment le respect des exigences prévues au point i (voir supra). Ce dispositif est évalué annuellement et les conclusions de cette évaluation ainsi que toute mesure proposée en vue de modifier le dispositif sont conservées pendant un délai de six ans ;

3° les commissaires aux comptes soumis aux obligations de l'article L 822-14 mettent en place un mécanisme de **rotation progressive** conformément au paragraphe 7 de l'article 17 du règlement européen 537/2014 (voir nᵒ 3780) ;

Précisions En application du paragraphe 7 de l'article 17 du règlement précité, les modalités de mise en place de cette rotation progressive sont les suivantes : « Le contrôleur légal des comptes ou cabinet d'audit instaure un mécanisme de rotation progressive adapté qu'il applique aux **personnes les plus élevées dans la hiérarchie** qui participent au contrôle légal des comptes, en particulier au moins aux personnes qui sont enregistrées en tant que contrôleurs légaux des comptes. La rotation progressive est effectuée par étapes, sur une base individuelle, et non sur la base de l'équipe entière chargée de la mission. Elle est proportionnelle à la taille et à la complexité de l'activité du contrôleur légal des comptes ou du cabinet d'audit. Le contrôleur légal des comptes ou cabinet d'audit doit pouvoir démontrer à l'autorité compétente que ce mécanisme est bien appliqué et adapté à la taille et à la complexité de son activité. »

4° constituer une **documentation** appropriée sur la manière dont elle satisfait aux exigences de l'article R 822-33 et la diffuser à ses salariés ;

5° conserver pendant une durée d'au moins six ans une mention de tous les **manquements à la réglementation** applicable à la profession, à l'exception des manquements mineurs, et de leurs conséquences ainsi que des mesures prises pour y remédier. Ces mesures font l'objet d'un rapport annuel communiqué aux personnes appropriées au sein de la structure. Lorsque le commissaire aux comptes demande conseil à des tiers, il conserve une copie de cette demande et de la réponse obtenue ;

La loi 2017-242 du 27 février 2017 portant réforme de la prescription en matière pénale allonge le délai de prescription de trois à six ans pour les délits. Cette loi instaure également un délai butoir ayant pour objet de limiter dans le temps le report du point de départ du délai de prescription pour les infractions occultes ou dissimulées : pour les délits, le délai de prescription ne peut excéder douze

10582
(suite)

MISE EN ŒUVRE DE LA MISSION   © Éd. Francis Lefebvre

années révolues à compter du jour où l'infraction a été commise. Compte tenu de ces modifications, il peut être prudent de conserver ses archives pendant douze ans.

6° conserver toute **réclamation** écrite portant sur la réalisation d'une mission de certification des comptes pendant un délai de six ans.

10585   Comportement   Le respect des principes fondamentaux de comportement est, dans le domaine de l'audit légal, une condition sine qua non de la qualité des travaux.

Les principes fondamentaux de comportement sont : l'intégrité, l'impartialité, l'indépendance, la prévention des conflits d'intérêts, l'esprit critique, la compétence, la diligence, la confraternité, le secret professionnel, la discrétion et le respect des règles professionnelles. Le Code de déontologie de la profession définit chacun de ces principes.

Le respect des principes de comportement s'apprécie tout au long de la durée du mandat, et pas seulement en début de mandat.

La norme ISQC1 se réfère au Code d'éthique de l'Ifac. Le Code de déontologie de la profession reprend l'essentiel des dispositions de la norme ISQC1.

La directive 2014/56/UE du 16 avril 2014, modifiant la directive 2006/43/CE concernant les contrôles légaux des comptes (JOUE 2014 L 158), habilite la Commission européenne à adopter, par voie d'actes délégués, les normes internationales d'audit publiées à l'IAASB pour les rendre applicables à toute l'Union européenne (Dir. précitée art. 26). À la date de mise à jour de ce Mémento, aucune norme internationale n'a été adoptée par la Commission.

10588   Un certain nombre de **procédures** sont susceptibles de contribuer au respect par les intervenants du cabinet des principes fondamentaux de comportement. Pour être conforme à l'article R 822-32, alinéa 2 du Code de commerce, et sous réserve de la prise en compte de l'ampleur et de la complexité de ses activités, un cabinet peut ainsi envisager, à titre d'exemple :

– la mise en place d'une politique de **communication et** de **formation** permettant de sensibiliser à cette question les collaborateurs concernés et de les tenir au courant des évolutions ;

– l'**identification**, au sein du cabinet, **d'un associé** appelé à conseiller les intervenants et à résoudre les difficultés susceptibles de survenir à propos de l'application de ces principes fondamentaux ;

– la signature par les associés et collaborateurs d'une **déclaration d'indépendance** attestant notamment qu'ils connaissent les procédures du cabinet, qu'ils ne détiennent aucune participation financière dans une entité contrôlée, qu'ils n'entretiennent aucune relation prohibée par le Code de déontologie de la profession ou les règles générales de la profession ;

La norme ISQC1 impose par exemple l'obtention, au moins une fois par an, de la part de l'ensemble du personnel, d'une déclaration écrite dans laquelle est affirmé le respect des règles et des procédures du cabinet relatives à l'indépendance.

– l'inclusion de l'obligation au secret professionnel dans les **contrats de travail**.

Le cabinet devra définir l'étendue et la forme de la documentation lui permettant d'assurer la preuve du bon fonctionnement des procédures de vérification et de confirmation de l'indépendance du personnel (norme préc. § 57 à 59).

10600   Affectation des ressources humaines   Les missions et les travaux correspondants doivent être confiés à des collaborateurs disposant de la formation et de la compétence requises.

La norme ISQC1 insiste pour que les règles et procédures associées relevant du domaine de l'affectation des ressources humaines visent à obtenir l'assurance raisonnable que le personnel possédant les aptitudes et compétences nécessaires s'engage à respecter les règles d'indépendance.

Ceux-ci doivent évidemment être disponibles pour respecter le calendrier d'arrêté des comptes.

L'affectation aux missions d'équipes d'audit adaptées et équilibrées pose des **problèmes d'organisation** particulièrement **délicats**, qui ne sont d'ailleurs pas réservés aux gros cabinets. Ces difficultés sont liées notamment :

– à la concentration dans le temps de la phase finale des missions d'audit, qui intervient aujourd'hui le plus généralement entre le 15 janvier et le 15 mars pour les sociétés cotées, ce phénomène étant imputable au raccourcissement des délais de production de l'information financière ; au sein des groupes, des pré-finaux doivent être organisés pour permettre la remontée des informations auditées dans le cadre du processus de consolidation des comptes ;

MISE EN ŒUVRE DE LA MISSION

– à la nécessité de gérer les missions exceptionnelles pouvant survenir à tout moment, dans un contexte le plus souvent marqué par l'urgence ;
– à l'obligation de respecter une certaine permanence dans les équipes intervenant dans une entité donnée, afin de garantir la cohérence et le suivi de l'intervention.

10610 Les problèmes d'affectation des ressources ne peuvent être correctement gérés en **situation de crise**, lorsqu'à titre d'exemple un cabinet, en situation de sous-effectif latent, peine à assurer la sortie des notes de synthèse de début d'année et qu'il doit faire face à une mission exceptionnelle réclamée par un client important.
Le meilleur antidote à ce type de difficultés réside assurément dans la **prévention**, qui consiste en l'espèce à porter une attention toute particulière à la politique menée par le cabinet en matière de recrutement, de formation et de planification des missions.

10611 La politique de **recrutement** devra intégrer la définition qualitative et quantitative des besoins à tous les échelons du cabinet. Elle sera le plus souvent élaborée à partir des demandes qui auront été communiquées au responsable des ressources humaines et intégrera si possible une marge de sécurité. La prévision effectuée devra être régulièrement revue afin de s'assurer qu'elle reste adaptée aux évolutions constatées.

10612 La politique de **formation** sera, si possible, prise en charge par un responsable. Celui-ci aura notamment pour missions de définir, pour chaque échelon de la hiérarchie, les exigences à satisfaire en matière de formation professionnelle continue, de contrôler périodiquement la mise en œuvre des programmes de formation et de procéder à leur actualisation. L'exercice de mandats dans des secteurs spécifiques tels que la banque ou l'assurance exige une maîtrise de la réglementation applicable à ces secteurs et une formation adaptée des équipes sur les aspects techniques, sous le contrôle des autorités de tutelle.
Les articles L 822-4 et R 822-21 du Code de commerce prévoient l'obligation, pour tout commissaire aux comptes inscrit sur la liste mentionnée au I de l'article L 822-1, de suivre une **formation professionnelle continue** et d'en rendre compte au Haut Conseil ou à son délégataire.

Le Haut Conseil a confié à la CNCC la réalisation de toutes les tâches relatives au suivi du respect des obligations de formation continue des commissaires aux comptes prévues à l'article L 822-4 du Code de commerce, en ce compris la formation particulière visée au II du même article (voir n° 10615). La convention de délégation a été homologuée par arrêté du 3 mai 2017 et renouvelée, en 2020, par tacite reconduction. Le suivi de la mise en œuvre de cette délégation fait l'objet d'échanges réguliers entre le H3C et la CNCC.

Le Code de déontologie prévoit également que le commissaire aux comptes doit posséder les **connaissances théoriques et pratiques** nécessaires à la réalisation de ses missions et de ses prestations. Un niveau élevé de compétence doit être maintenu, notamment par la mise à jour régulière des connaissances et par la participation à des actions de formation. En outre, le commissaire aux comptes veille à ce que ses collaborateurs disposent des compétences appropriées à la bonne exécution des tâches qu'il leur confie et à ce qu'ils reçoivent et maintiennent un niveau de formation approprié (CDP art. 7).
Pour plus de détails sur l'importance pour le commissaire aux comptes de maintenir sa compétence à un niveau élevé, voir n° 3564.

Le 3° du I de l'article L 821-1 du Code de commerce indique que le H3C définit les **orientations générales** et les **différents domaines** sur lesquels l'obligation de formation peut porter. Ces orientations et domaines derniers sont définis par le régulateur dans sa décision 2018-07 du 12 juillet 2018 et sont applicables pour les actions de formation à effectuer à compter du 1er janvier 2019. Au-delà de ces orientations et domaines de formation, le Haut Conseil rappelle dans la décision précitée que les commissaires aux comptes doivent effectuer des **formations sur l'actualité** professionnelle dès que cela est nécessaire afin de connaître, comprendre et savoir appliquer toutes modifications du Code de déontologie, toutes nouvelles normes d'exercice professionnel ou toutes évolutions normatives comptables.
Le Haut Conseil précise également qu'il peut être amené à recommander ponctuellement des thèmes de formation qu'il estime essentiels au regard de l'actualité ou des résultats des contrôles d'activité opérés.
Pour donner suite aux impacts de la loi dite Pacte sur l'exercice de la profession de commissaire aux comptes, le H3C apporte des précisions quant aux thèmes incontournables de formation des commissaires aux comptes dans une décision FP 2019-09 du 11 juillet 2019. Il considère que tout commissaire aux comptes doit connaître les

MISE EN ŒUVRE DE LA MISSION

© Éd. Francis Lefebvre

nouvelles dispositions relatives à l'extension possible de son périmètre d'intervention, en ce compris la possibilité de fournir en cette qualité des services et des attestations à une entité dont il ne certifie pas les comptes, l'évolution des règles en matière de services interdits, ainsi que celles relatives à l'interprofessionnalité.

Pour plus de détails sur les prestations fournies par un commissaire aux comptes à une entité dont il ne certifie pas les comptes, voir n° 75000 s. Pour plus de détails sur l'évolution des règles applicables en matière de services interdits, voir n°s 3742 s.

Les commissaires aux comptes appelés à intervenir dans des petites entreprises doivent également connaître les NEP 911 et 912 relatives à la mission du commissaire aux comptes nommé pour trois exercices ou pour six exercices dans des petites entreprises (H3C, décision FP 2019-09 du 11-7-2019).

Ainsi, à la suite de certaines défaillances relevées lors des contrôles, le H3C préconise que les commissaires aux comptes fassent porter leur effort de formation en particulier sur l'adaptation de l'approche d'audit aux résultats de l'évaluation du contrôle interne et des systèmes d'information des entités auditées, la pratique du cocommissariat aux comptes, l'audit des estimations comptables, l'audit des comptes consolidés et le contrôle de l'information financière.

La **durée** de formation est de 120 heures sur 3 années consécutives avec un minimum de 20 heures par an (C. com. art. A 822-28-2).

Les dispositions relatives à la formation professionnelle continue ont été modifiées par un arrêté du 20 février 2018 qui est entré en vigueur le 1er mars 2018. Cet arrêté fait désormais référence aux règles générales prescrites par le Code du travail pour caractériser une formation et supprime l'homologation par un comité scientifique.

L'obligation de formation professionnelle continue est satisfaite (C. com. art. A 822-28-3) :

1° par la participation à des séminaires de formation, à des programmes d'autoformation encadrée ou à des formations ou enseignements à distance ;

2° par l'assistance à des colloques ou à des conférences dans la limite de 40 heures au cours de 3 années consécutives ;

3° par la conception ou l'animation de formations, de colloques, de conférences ou d'enseignements, dans un cadre professionnel ou universitaire dans la limite de 40 heures au cours de 3 années consécutives ;

4° par la rédaction et la publication de travaux à caractère technique dans la limite de 30 heures au cours de 3 années consécutives ;

5° par la participation à des travaux à caractère technique dans la limite de 32 heures au cours de 3 années consécutives ;

6° par la participation au programme de formation continue particulière prévue au II de l'article L 822-4 du Code de commerce (voir n° 10615).

Les commissaires aux comptes ont l'obligation de **déclarer annuellement**, au plus tard le 31 mars, auprès du H3C ou de la CNCC, son délégataire, les conditions dans lesquelles ils ont satisfait à leur obligation de formation professionnelle continue au cours de l'année civile écoulée. Les justificatifs utiles à la vérification du respect de cette obligation sont joints à la déclaration et conservés pendant 6 ans pour être, le cas échéant, produits lors des contrôles ou des enquêtes (C. com. art. A 822-28-9).

10613 Les actions de **formation mentionnées au 1°** ci-dessus doivent (C. com. art. A 822-28-4) :
– être dispensées par un organisme de formation ou des établissements d'enseignement supérieur ;
– satisfaire aux conditions définies à l'article L 6353-1 du Code du travail ;
– donner lieu à la remise d'un support pédagogique de formation à chaque participant.

Les **colloques et conférences mentionnées au 2°** ci-dessus doivent (C. com. art. A 822-28-5) :
– avoir une durée continue d'au moins 1 h 30 ;
– être organisés pour au moins 20 participants ;
– donner lieu à la remise à chaque participant d'une documentation écrite ;
– donner lieu à la remise à chaque participant d'une attestation de présence signée par le représentant légal de l'organisateur ou son délégataire.

Les **actions éligibles au titre du 3°** ci-dessus portent sur les actions de formation mentionnées aux 1° et 2°, ainsi que sur les formations dispensées au sein des universités et établissements publics ou par des organismes de formation dans le cadre de la formation initiale des commissaires aux comptes et des experts-comptables (C. com. art. A 822-28-6).

Si l'intervention initiale est reproduite dans d'autres lieux de formation ou devant des auditoires différents, chaque intervention n'est comptabilisée qu'une fois par an.

MISE EN ŒUVRE DE LA MISSION

Le temps de conception retenu pour les actions mentionnées à l'article A 822-28-6 est égal au temps de l'action de formation correspondante.

Lorsque le concepteur d'une action de formation en est également l'animateur, est seul éligible à l'obligation de formation professionnelle continue le temps consacré à la conception.

L'animation ou la conception de formations, enseignements, colloques et conférences fait l'objet d'une attestation délivrée au commissaire aux comptes ou d'un justificatif de son intervention par l'organisme qui l'a fait intervenir.

Les **publications mentionnées au 4°** ci-dessus sont prises en compte l'année de leur dépôt légal. Pour les essais, ouvrages et publications d'articles, des critères cumulatifs de contenu et de forme sont retenus (C. com. art. A 822-28-7).

Les travaux publiés doivent traiter de sujets relatifs à des matières techniques ayant un lien avec l'activité de commissaire aux comptes, à la déontologie ou à la réglementation professionnelle.

L'ensemble des publications considérées doit contenir au minimum 10 000 signes espaces comprises, hors titre, chapeaux, abstracts et intertitres. L'équivalence est fixée à 3 heures de formation pour 10 000 signes ainsi définis. Une mise à jour correspond au tiers de cette équivalence.

Le commissaire aux comptes conserve au moins un exemplaire original de l'ouvrage ou de la revue ayant accueilli sa publication et le produit, en cas de demande, lors des contrôles du respect de l'obligation de formation.

La participation à des **travaux à caractère technique mentionnés au 5°** ci-dessus peut être remplie par la participation aux commissions spécialisées et aux groupes de travail de la Compagnie nationale des commissaires aux comptes, de l'Autorité des normes comptables et de tout organisme similaire œuvrant dans un cadre européen ou international. Cependant, la seule présence physique aux différentes réunions de ces commissions ou groupes de travail ne peut être prise en compte, ainsi les personnes intéressées doivent être actives au sein desdites commissions ou desdits groupes de travail, c'est-à-dire qu'elles exercent les fonctions de président, vice-président ou rapporteur (C. com. art. A 822-28-8).

Pour être prise en compte, la participation aux commissions et aux groupes de travail doit répondre aux objectifs énoncés à l'article A 822-28-1, et porter sur les orientations générales et les domaines définis par le H3C.

Lorsque l'ordre du jour de la commission ou du groupe de travail prévoit l'intervention d'un rapporteur, la journée de présence équivaut à 16 heures d'activité de formation.

Une attestation de présence est délivrée au commissaire aux comptes par la présidence de la CNCC ou par les organes concernés.

La présidence ou la vice-présidence de la CNCC ou d'une CRCC sont assimilées à la participation à une commission spécialisée et prises en compte au titre de l'obligation de formation.

Le Code de déontologie de la profession précise que le niveau de formation des collaborateurs doit être « approprié » et qu'il appartient au commissaire aux comptes d'y veiller (CDP art. 7). Ce responsable portera également une attention toute particulière à la formation initiale des collaborateurs débutants, dont l'idéal est qu'elle s'inscrive dans le cadre d'un cursus pluriannuel de formation. Enfin, selon la nature des secteurs d'activité contrôlés, des formations spécifiques pourront être conçues à l'intention des collaborateurs concernés.

La norme ISQC1 met en évidence les deux idées suivantes :
– le développement des compétences passe par une politique de formation professionnelle continue du personnel à tous les niveaux. La formation initiale des collaborateurs n'est qu'un des axes de cette politique et non pas l'axe prioritaire (§ A26) ;
– les procédures d'évaluation des performances, de rémunération et de promotion doivent comporter un volet visant à encourager le respect des règles déontologiques (§ A28).

Le cabinet devra aussi définir l'étendue et la forme de la documentation lui permettant d'assurer la preuve du bon fonctionnement de l'évaluation des performances du personnel (§ A73).

10615 La **formation continue particulière** prévue au II de l'article L 822-4 du Code de commerce s'applique aux professionnels inscrits qui n'ont pas exercé des fonctions de commissaire aux comptes pendant 3 ans et qui n'ont pas respecté durant cette période l'obligation de formation continue mentionnée au I du même article. Cette formation est de 40 heures et elle doit être accomplie dans les 18 mois précédant l'acceptation d'une mission de certification des comptes (C. com. art. R 822-22 modifié par le décret 2020-292 du 21-3-2020).

L'objectif est d'actualiser les connaissances et les compétences du commissaire aux comptes. La formation doit être composée :
– de 20 heures de participation obligatoire au programme spécifique mis en œuvre par la CNCC et les CRCC ;

339

MISE EN ŒUVRE DE LA MISSION   © Éd. Francis Lefebvre

– d'un minimum de 20 heures de participation volontaire à des séminaires de formation, des programmes d'autoformation encadrée ou des formations ou enseignements à distance, selon des modalités définies par arrêté du garde des Sceaux (C. com. art. R 822-22).

Cette participation volontaire est satisfaite par la participation aux actions de formation mentionnées au 1° de l'article A 822-28-3 dans le cadre des orientations générales et des domaines définis par le H3C (C. com. art. A 822-28-10).

Préalablement à l'acceptation d'une nouvelle mission de certification des comptes, le commissaire aux comptes concerné déclare à sa compagnie régionale les conditions dans lesquelles il a satisfait les obligations de formation particulière continue (C. com. art. R 822-23 modifié par le décret 2020-292 du 21-3-2020).

Ces modalités d'application introduites par le décret 2013-192 du 5 mars 2013 sont applicables depuis le 1er juillet 2013.

10618 Une fois acquise la disponibilité en quantité suffisante de personnel qualifié, la pertinence de l'affectation du personnel aux missions repose essentiellement sur la **juste évaluation du temps et des compétences nécessaires** à leur mise en œuvre. Elle suppose en tout état de cause que les besoins soient déterminés en temps utile pour l'ensemble des missions et des bureaux concernés.

Tout l'art du responsable de la fonction « planning » sera de composer les équipes d'intervention sur la base d'un savant équilibre prenant simultanément en compte le respect du calendrier des travaux, les souhaits éventuels de l'entité contrôlée, la complexité de la mission, les compétences spécifiques du personnel disponible, la rotation maîtrisée du personnel sur le dossier permettant de satisfaire la double exigence de continuité des travaux et d'indépendance du contrôle légal, les préférences des collaborateurs et les opportunités de formation pouvant être attachées à certaines missions.

10620 **Supports d'assistance technique** La qualité du travail effectué par les auditeurs est largement conditionnée par la qualité des supports d'assistance technique dont ils sont susceptibles de bénéficier. Il sera, à cet égard, particulièrement approprié que :
– les collaborateurs disposent d'outils et de référentiels techniques « structurants », c'est-à-dire les aidant à respecter les normes professionnelles et les procédures spécifiques éventuellement mises en place par le cabinet ;
– les collaborateurs aient la possibilité de recourir à une assistance interne ou externe au cabinet lorsqu'ils rencontrent une difficulté importante dans l'exécution de la mission.

10625 Les outils et référentiels pouvant être mis à la disposition des équipes d'audit sont de nature diverse, et l'on ne saurait être exhaustif sur ce point. La **documentation** accessible à chaque collaborateur, ainsi que le support de **classement** du dossier de contrôle, constituent sans aucun doute des éléments primordiaux. Mais on peut en citer nombre d'autres, tels que les programmes de travail standard, les formulaires ou questionnaires de conception, de réalisation et de finalisation de la mission, les bibliothèques de rapports et de documents, les logiciels d'aide à l'audit, qui constituent pour les intervenants, s'ils sont de bonne qualité, des guides particulièrement utiles pour mener à bien leurs travaux, à condition qu'ils n'aient pas pour effet de mécaniser leur démarche, qui doit rester avant tout fondée sur la réflexion personnelle.

10628 La possibilité de **consultation de spécialistes internes** au cabinet est le plus souvent pratiquée dans les structures d'une certaine importance. Elle consiste, pour les associés et collaborateurs, à se tourner, en cas de nécessité, vers des personnes disposant de compétences particulières dans le domaine qui les préoccupe, par exemple vers des associés « sachant » ou vers des experts, membres du réseau ou de l'association technique (avocats, fiscalistes, experts en IFRS, évaluateurs, etc.).
L'efficacité de ce type de procédure suppose :
– l'identification des domaines susceptibles de donner lieu à consultation (normes d'audit, normes comptables, réglementation spécifique d'un secteur d'activité, etc.) ;
– la définition de situations obligatoires de consultation lorsqu'il existe des risques significatifs sur les dossiers (alerte, faits délictueux, traitements comptables complexes, refus de certification…) ;
– l'établissement d'une liste de spécialistes à consulter. Devront être nettement précisés le domaine de compétence de ces consultants, ainsi que le degré d'autorité qui s'attache à la consultation rendue, notamment en cas de divergences doctrinales sur la question ayant engendré leur saisine.

© Éd. Francis Lefebvre

MISE EN ŒUVRE DE LA MISSION

La norme ISQC1 prévoit des règles de procédure de consultation technique et insiste sur la nécessité d'intégrer dans la documentation les réponses apportées, avec un détail suffisant pour permettre la compréhension des problèmes posés et le fondement des conclusions obtenues. Une procédure spécifique doit être mise en place en cas de différence d'opinions.

La possibilité de **consultation de spécialistes externes** au cabinet est ouverte à l'ensemble des commissaires aux comptes, quelle que soit la taille de leur structure d'exercice de la profession. **10630**

Rappelons que les commissaires aux comptes inscrits ont la possibilité de saisir leur compagnie régionale des difficultés qu'ils rencontrent dans l'exercice de la profession, celle-ci pouvant à son tour recourir aux bons offices des commissions spécialisées de la CNCC (voir n° 700 s.). S'agissant par ailleurs de questions ne concernant pas l'exercice du commissariat aux comptes, le professionnel pourra avoir recours à un expert extérieur à son cabinet, s'il ne dispose pas en interne des compétences nécessaires, comme le prévoit d'ailleurs explicitement l'article L 823-13 du Code de commerce.

Modalités de mise en œuvre des missions

Le commissaire aux comptes applique à chaque mission les procédures de contrôle qualité du cabinet auquel il appartient en les adaptant aux caractéristiques propres à chacune d'elles. **10650**

L'ancienne norme professionnelle 2-103 et la norme ISA 220 traitant du contrôle qualité dans le cadre de l'audit attirent plus particulièrement l'attention des professionnels sur :
– les modalités d'acceptation et de poursuite des missions de certification des comptes (n° 10655) ;
– les procédures de délégation des travaux en audit (n° 10680).

Acceptation et poursuite des missions Avant d'accepter une mission de certification des comptes, le commissaire aux comptes doit apprécier si celle-ci est compatible avec le devoir d'indépendance de son cabinet, s'il dispose de compétences techniques ou sectorielles ainsi que des ressources appropriées, s'il est à même de satisfaire les demandes spécifiques de l'entité et enfin si les dirigeants qui le sollicitent présentent des garanties suffisantes en termes d'honnêteté et d'intégrité. **10655**

Le **Code de déontologie de la profession** reprend ces dispositions en précisant, dans son article 21, qu'avant d'accepter une mission de certification des comptes, le commissaire aux comptes vérifie et consigne les éléments prévus à l'article L 820-3 du Code de commerce et réunit les informations nécessaires sur :
– la structure de la personne ou de l'entité dont les comptes sont certifiés, son actionnariat et son domaine d'activité ;
– son mode de direction et la politique de ses dirigeants en matière de contrôle interne et d'information financière.

Lorsque la mission de certification concerne une personne ou une entité qui établit des comptes consolidés, le commissaire aux comptes s'efforce en outre d'obtenir les informations nécessaires sur les commissaires aux comptes ou contrôleurs légaux des personnes ou entités incluses dans le périmètre de consolidation, et sur le cadre réglementaire auquel ces derniers sont soumis.

Lorsque le commissaire aux comptes est membre d'un cabinet important ou exerce au sein d'un réseau, il devra mettre en œuvre une procédure de consultation des autres associés ou membres du réseau décrite au n° 4348.

Par ailleurs, la norme 9605 sur les obligations du commissaire aux comptes en matière de lutte contre le blanchiment de capitaux et de financement du terrorisme impose des obligations avant d'accepter une relation d'affaires ou avant de fournir une prestation à un client occasionnel (voir respectivement n°s 62095 s. et 62141 s.).

Cette appréciation doit être renouvelée **périodiquement**, en principe au début de chaque exercice social, afin de déterminer si tel événement survenu depuis l'année précédente n'est pas susceptible de remettre en cause la poursuite de la mission.

La norme ISQC1 exige que préalablement à la décision d'acceptation et de maintien de la mission, les règles et procédures associées permettent au cabinet de s'assurer qu'il remplit les conditions suivantes (§ 26) :
– il a la compétence et les aptitudes pour mener la mission, y compris le temps nécessaire et les ressources pour la réaliser ;
– il peut se conformer aux règles d'éthique pertinentes ; et

341

MISE EN ŒUVRE DE LA MISSION © Éd. Francis Lefebvre

– il a pris en considération l'intégrité du client, et n'a pas connaissance d'informations qui le conduiraient à conclure à un manque d'intégrité du client.

La norme révisée ISA 220 impose à l'associé responsable de la mission de s'assurer que les procédures
du cabinet relatives à l'acceptation et au maintien de la mission ont bien été respectées. Si des informations découvertes postérieurement aux décisions d'acceptation ou de maintien remettent en cause le
mandat, l'associé devra en informer la direction du cabinet dans les meilleurs délais (§ 12 et 13).

Concernant plus spécifiquement l'acceptation des services autres que la certification des
comptes fournis par le commissaire aux comptes, voir n°s 68000 s., 68150 s. et 68250 s.

Enfin, dans le cadre d'une prestation réalisée par le commissaire aux comptes dans une
entité dont il ne certifie pas les comptes, les dispositions du socle commun du Code de
déontologie s'appliquent notamment en matière d'indépendance et de compétence :
voir n°s 75100 s.

10670 L'ampleur et la complexité de l'activité exercée par le cabinet d'audit seront à l'évidence
des paramètres déterminants dans la définition de procédures permettant de satisfaire
ces obligations.

Certaines des indications données ci-après concernent des cabinets présentant une taille significative.
Dans ce type de structure, la nomination d'un associé chargé du suivi de l'acceptation des mandats,
de la liste des clients et des différents types de missions sera le plus souvent fort utile ; elle permettra
également d'obtenir le cas échéant un avis indépendant ou un arbitrage pour tout conflit d'intérêts
qu'un problème d'incompatibilité pourrait faire naître entre les associés.

10672 L'acceptation de **nouveaux mandats** pourra par exemple donner lieu :

– à l'examen des comptes annuels et consolidés, des rapports de gestion et des
plaquettes de l'entité concernée ;

Une recherche sur Internet ou la lecture de la presse spécialisée seront également susceptibles d'apporter à l'associé pressenti de précieux renseignements.

– à une consultation de la liste des missions contractuelles ou légales détenues par le
cabinet, en vue d'identifier les prestations susceptibles de compromettre l'indépendance,
de présenter un risque d'autorévision ou de générer une situation d'incompatibilité ;

L'article 22 du Code de déontologie sur l'identification et la prévention des risques liés aux missions
ou prestations antérieures à la mission de contrôle légal impose au commissaire aux comptes de faire
une analyse des missions ou prestations antérieures et susceptibles de créer un risque d'autorévision
effectuées par lui-même ou un membre de son réseau. S'il estime que des missions ou prestations
antérieures peuvent conduire à un risque d'autorévision, il apprécie leur importance au regard des
comptes et met en place les mesures de sauvegarde appropriées pour accepter le mandat. Dans un
tel cas, il doit également communiquer à l'entité dont il sera chargé de certifier les comptes, pour mise
à disposition des actionnaires et des associés, les renseignements concernant les missions ou prestations
antérieures à sa nomination (CDP art. 22, I).

Il est interdit au commissaire aux comptes d'accepter une mission de certification auprès d'une **entité
d'intérêt public** lorsque, **au cours de l'exercice précédant** celui dont les comptes doivent être certifiés,
lui ou tout membre de son réseau a fourni, directement ou indirectement, certains services à l'entité
d'intérêt public, ou aux personnes ou entités qui la contrôlent ou qui sont contrôlées par elle dans
l'Union européenne, au sens des I et II de l'article L 233-3 du Code de commerce (C. com. art. L 822-11, I ;
CDP art. 22, II).

Les services visés sont ceux mentionnés au e) du 1 de l'article 5 du règlement européen 537/2014 du
16 avril 2014, à savoir :

• la conception et la mise en œuvre de procédures de contrôle interne ou de gestion des risques en
rapport avec la préparation et/ou le contrôle de l'information financière ;

• ou la conception et la mise en œuvre de systèmes techniques relatifs à l'information financière.

– à l'envoi d'un mail aux autres associés pour leur demander de bien vouloir signaler
toute information utile relative à la société concernée, et notamment tout problème
d'incompatibilité qui pourrait résulter de l'acceptation du mandat.

10675 La procédure de **maintien des mandats en cours** implique une définition préalable des
comportements à adopter en cas de survenance d'événements pouvant remettre en
cause la poursuite de la mission (changement de direction, d'actionnariat, proposition
d'une mission de conseil à une entité membre du réseau, etc.). Le cabinet devra avoir
porté à la connaissance de ses associés les procédures applicables et défini la personne
ou l'instance en charge d'émettre un avis, ou de rendre un arbitrage, dans les conflits
d'intérêts pouvant éventuellement intervenir entre deux associés.

© Éd. Francis Lefebvre   MISE EN ŒUVRE DE LA MISSION |

Il sera également approprié qu'une « veille » concernant ces événements soit clairement organisée dans les cellules « documentation » et « appel d'offres », lorsque le cabinet dispose de ce type de département.

Procédures de délégation   Le concept de délégation en matière d'audit est fondé   **10680**
sur une **nécessité pratique** : il n'est pas matériellement envisageable que le commissaire aux comptes signataire mette en œuvre personnellement la totalité des travaux. C'est la raison pour laquelle le législateur l'autorise expressément à se faire assister ou représenter par les collaborateurs de son choix (C. com. art. L 823-13).

Le législateur prend néanmoins le soin de préciser que, si le commissaire aux comptes peut recourir à la délégation, il le fait **sous sa responsabilité**.

C'est bien la même idée que l'on retrouve, exprimée de manière différente, dans la doctrine professionnelle traitant du contrôle qualité, qui précise, en matière de délégation, que « la direction, la supervision et la revue des travaux réalisés sur une mission à tous les échelons permettent d'obtenir une assurance raisonnable que les travaux effectués répondent aux normes de qualité définies » (ancienne norme CNCC 2-103 « Contrôle de qualité », § 06-c).

À noter que dans la norme révisée ISA 220 il n'est plus fait allusion à la délégation des travaux au titre des exigences des objectifs d'un contrôle de qualité. Toutefois, les concepts de direction, de supervision et de revue des travaux qui constituaient les fondements de la délégation sont maintenus et développés dans les normes ISA 220 révisée et ISQC1.

Dans son avis du 24 juin 2010 traitant du recours à des professionnels qui n'appartiennent pas à la structure d'exercice professionnel détentrice du mandat, le Haut Conseil rappelle que le commissaire aux comptes qui recourt à des collaborateurs « conserve toujours l'entière responsabilité de sa mission » et « ne peut leur déléguer ses pouvoirs ». Le H3C précise que le recours à des **collaborateurs « externes »** doit respecter certaines conditions :
– il doit être limité et ne peut être envisagé que pour répondre à un besoin de ressources lié à des situations particulières ;

Cette condition n'est cependant pas applicable lorsque la structure d'exercice professionnel détentrice du mandat prévoit le recours à des collaborateurs des membres de son réseau ou à ceux de structures qui lui sont associées.

– la relation contractuelle doit être formalisée entre les parties ;
– la délégation ne peut pas porter sur la totalité des travaux ;

À ce titre, le commissaire aux comptes ne peut pas déléguer à un collaborateur « externe » l'ensemble des diligences requises au titre de la prise de connaissance de l'entité et de son environnement, de l'évaluation du risque d'anomalies significatives au niveau des comptes pris dans leur ensemble, de la détermination du ou des seuils de signification, de la définition de l'approche d'audit ou encore de l'établissement de la lettre de mission et du programme de travail.

– l'entité contrôlée doit être formellement informée par le commissaire aux comptes dès qu'il sait qu'il recourra à des collaborateurs « externes et y compris avant l'acceptation de la mission ».

Dans son avis du 4 novembre 2010, le Haut Conseil relève par ailleurs qu'une situation   **10681**
qui consisterait à répartir les travaux requis dans le cadre du commissariat aux comptes entre un commissaire aux comptes nommé par l'entité et un prestataire externe, se présentant comme « **auditeur contractuel** » chargé par l'entité d'une intervention de « contrôleur des comptes », ne saurait être admise. Sans doute, le commissaire peut-il utiliser des informations contenues dans des documents établis à la demande de l'entité par un prestataire externe, ces informations pouvant constituer des éléments collectés au sens de la NEP 500 (Caractère probant des éléments collectés). Il peut également sous certaines conditions et modalités, définies dans la NEP 630 (Utilisation des travaux d'un expert-comptable intervenant dans l'entité), s'appuyer sur les travaux réalisés par l'expert-comptable pour ne pas dupliquer ces travaux (voir n° 26020). Mais il doit apprécier l'objectivité et la fiabilité de ces éléments, conserver la pleine et entière responsabilité de la mission et accomplir lui-même les diligences requises, avec, le cas échéant, l'assistance de collaborateurs. Une répartition des travaux est seulement admise entre les cocommissaires aux comptes d'une même entité, selon des conditions strictement définies dans la NEP 100 (Audit des comptes réalisé par plusieurs commissaires aux comptes) et l'avis 2012-01 du H3C du 9 février 2012 (voir n° 45360).

L'assurance raisonnable du commissaire aux comptes sur la qualité des travaux effectués   **10682**
à « tous les échelons » ne peut résulter que d'une délégation mise en œuvre dans une

343

MISE EN ŒUVRE DE LA MISSION © Éd. Francis Lefebvre

démarche d'audit souvent qualifiée de « pyramidale » : chaque collaborateur, si modeste que soit son rang hiérarchique, doit apporter son bloc à l'édifice et en prendre la responsabilité sous le contrôle de son supérieur direct. De l'**implication de l'ensemble des intervenants** dépend en effet la qualité des éléments probants, qui constitueront in fine le fondement de l'opinion émise par l'auditeur financier. Il est donc de la première importance que les modalités de mise en œuvre des missions facilitent et sécurisent la délégation interne des travaux dans une proportion adaptée à la compétence et à l'expérience des intervenants.

> Cette délégation doit se combiner avec la caractéristique générale du commissariat aux comptes, qui implique que le professionnel conserve la maîtrise de l'exécution de sa mission et qu'il en assume les décisions les plus significatives (voir n° 7675).
>
> La norme ISA 220 révisée affirme que l'associé responsable de la mission assure la direction et la supervision de la mise en œuvre des travaux et qu'il est responsable de la nature de l'opinion émise dans le rapport. Les rédacteurs de cette norme ont mis en évidence la responsabilité de l'associé responsable sans envisager expressément la possibilité de délégation (§ 15).

Selon la norme précitée, la qualité des procédures de délégation doit pouvoir être vérifiée au niveau à la fois de la **direction** de la mission, de la **revue** des travaux et de leur **supervision**.

10690 **Direction de la mission** Pour garantir une procédure efficace de délégation, la conduite de la mission doit réaliser une répartition claire et appropriée des travaux, donner les informations nécessaires aux intervenants et assurer, sur le terrain, la formation des collaborateurs les moins qualifiés par les collaborateurs expérimentés.

10692 L'efficacité de la délégation dans une mission d'audit résulte pour une part significative de la pertinence de la **répartition des travaux** entre les intervenants au démarrage de l'intervention. Il appartiendra au responsable de cette répartition de donner à chacun une liste claire et précise des travaux qu'il aura pour tâche de mettre en œuvre, des objectifs qu'il devra atteindre et de ses responsabilités, sans aller au-delà des possibilités de chacun, mais également en prenant la mesure, d'une mission à l'autre, de la progression personnelle de l'intéressé. Seront ainsi évités dans le premier cas le découragement, dans le second la démotivation, qui conduisent l'un et l'autre de manière quasi inéluctable à un travail mal fait.

10695 Les **collaborateurs** devront être **informés** de manière adéquate de la nature des activités de l'entité contrôlée et des éventuels problèmes comptables ou d'audit susceptibles d'influencer la nature, le calendrier et l'étendue des travaux des procédures (par exemple : fraudes ou erreurs découvertes lors de la préparation des comptes annuels, faits de nature à compromettre la continuité de l'exploitation...).

> La rédaction détaillée et motivée du plan de mission et des programmes de travail, qui sont des outils de communication entre collaborateurs, est à cet égard primordiale car elle permet d'orienter les travaux et de faire prendre conscience à chacun des risques particuliers qui caractérisent la mission.
>
> Les normes ISQC1 et ISA 220 révisée rappellent la nécessité pour les collaborateurs de comprendre les objectifs de la mission qui leur est confiée et de s'acquitter de leur travail avec objectivité, esprit critique et professionnalisme.

10700 Enfin, la **formation sur le terrain** des auditeurs par les auditeurs, qui vient en complément des supports d'assistance techniques, constitue également un contrepoids indispensable à la délégation de travaux : l'effort de formation consenti par les collaborateurs les plus expérimentés au bénéfice des plus jeunes suscitera au sein de l'équipe d'audit une relation de confiance nécessaire, en l'absence de laquelle les **problèmes rencontrés par les débutants** pourraient être purement et simplement éludés, voire occultés, par crainte de déranger un intervenant de niveau supérieur, ou tout simplement d'avouer une ignorance pourtant parfaitement légitime. Les responsables des équipes d'audit auront donc à cœur d'aider les collaborateurs dont ils assument la direction à s'améliorer ; ils s'assureront périodiquement de leur progression dans les différentes étapes de l'audit et dans les différents secteurs correspondant à l'activité des clients contrôlés par le cabinet.

> La norme ISQC1 préconise que les collaborateurs les moins expérimentés travaillent en équipe et reçoivent une formation adaptée pour mieux appréhender les objectifs de la mission (§ A33). Sur le caractère continu de la formation professionnelle, voir n° 10612.

© Éd. Francis Lefebvre   **MISE EN ŒUVRE DE LA MISSION** ▌

Revue des travaux La revue des travaux s'applique aux diligences réalisées par les **10705**
collaborateurs en lien avec les objectifs de la mission. Pour le contrôle des comptes des entités
d'intérêt public, une revue indépendante des travaux est mise en œuvre (voir n° 10715).

Les **travaux réalisés par chaque collaborateur** doivent être revus par un collaborateur **10708**
d'un niveau de compétence au moins équivalent sous la supervision du commissaire aux
comptes.

> L'objectif de cette revue est de s'assurer que les travaux ont été réalisés conformément au programme
> de travail, qu'ils sont correctement documentés et que tous les problèmes significatifs ont été résolus
> ou remontés en synthèse pour examen par le signataire.
> Les normes ISQC1 et ISA 220 révisée insistent sur le fait que la revue des travaux doit également porter
> sur le respect des normes professionnelles.

La revue des **objectifs initiaux** de la mission peut s'avérer nécessaire à la suite des premières **10710**
conclusions des travaux d'audit, qui peuvent entraîner une réévaluation du risque d'audit ou
faire apparaître la nécessité de mise en œuvre de contrôles complémentaires.

> La norme ISA 220 révisée indique que la revue des travaux doit être effectuée par l'associé responsable
> à l'issue des phases principales de la mission, afin de résoudre dans les meilleurs délais les problèmes
> significatifs apparus en cours de mission (§ A18). La revue des travaux par l'associé responsable de la
> mission est donc un processus continu.

Revue indépendante pour les EIP L'article 8 du règlement européen 537/2014 **10715**
relatif aux exigences spécifiques applicables au contrôle légal des comptes des entités
d'intérêt public rend obligatoire, pour toutes les EIP, la mise en œuvre documentée d'une
procédure de revue indépendante.
Dans le dispositif français, c'est l'article R 822-35, introduit par le décret 2016-1026 du
26 juillet 2016, qui impose que les travaux du commissaire aux comptes relatifs à la
certification des comptes d'une EIP fassent l'objet d'une revue indépendante **préalablement à la signature des rapports** sur les comptes annuels et consolidés ainsi que du
rapport complémentaire à destination du comité d'audit. L'objectif de cette revue indépendante est de vérifier que le signataire pouvait raisonnablement parvenir aux conclusions qui figurent dans les projets de rapports.

> Les dispositions de l'article R 822-35 sont entrées en vigueur le 1er janvier 2017 (Décret précité art. 94).
> Pour une **définition des EIP**, il convient de se référer aux articles L 820-1 et D 820-1 du Code de
> commerce (voir n° 2352).

Les cabinets d'audit doivent donc prévoir dans leurs procédures internes l'application
obligatoire des revues indépendantes aux mandats des entités d'intérêt public, et
peuvent également prévoir leur application dans d'autres cas limités, en fonction du
portefeuille de leurs mandats et de l'analyse des risques qu'ils en font. Au-delà de son
caractère obligatoire pour certains mandats, la revue indépendante reste, dans son
essence, une mesure de sauvegarde.

> La norme ISQM 2 traite plus particulièrement de la désignation et des critères de qualification du
> réviseur indépendant de la mission, ainsi que de ses responsabilités en ce qui concerne la réalisation et
> la documentation de la revue indépendante de la mission.

La revue indépendante est réalisée par un commissaire aux comptes inscrit qui **ne parti-** **10716**
cipe pas à la mission de certification sur laquelle porte cette revue. Si tous les commissaires aux comptes de la société ont participé à la réalisation de la mission ou si le
commissaire aux comptes exerce à titre individuel, la revue indépendante est réalisée par
un commissaire aux comptes extérieur à la structure (C. com. art. R 822-35, al. 2 et 3).
Les commissaires aux comptes procédant à une revue indépendante sont astreints au
secret professionnel (C. com. art. L 822-15).
De plus, la transmission des documents ou informations au réviseur indépendant ne
constitue pas une violation du secret professionnel (C. com. art. R 822-35, al. 4 ; voir également
n° 5416).

Les **éléments à évaluer** dans le cadre de la revue indépendante sont les suivants (C. com. **10717**
art. R 822-35, al. 6) :
a) l'indépendance du contrôleur légal des comptes ou du cabinet d'audit vis-à-vis de
l'entité contrôlée ;
b) les risques importants qui sont à prendre en considération pour le contrôle légal des
comptes et que le contrôleur légal des comptes ou l'associé d'audit principal a identifiés

345

MISE EN ŒUVRE DE LA MISSION © Éd. Francis Lefebvre

au cours du contrôle légal des comptes, ainsi que les mesures qu'il a prises pour les gérer de manière adéquate ;

c) le raisonnement du contrôleur légal des comptes ou de l'associé d'audit principal, notamment en ce qui concerne le seuil de signification et les risques importants visés au point b) ;

d) toute demande de conseil adressée à des experts externes et la mise en œuvre de ces conseils ;

e) la nature et le champ d'application des anomalies, corrigées ou non, qui ont été relevées dans les états financiers au cours de l'audit ;

f) les sujets abordés avec le comité d'audit et l'organe de direction et/ou l'organe de surveillance de l'entité contrôlée ;

g) les sujets abordés avec les autorités compétentes et, le cas échéant, avec d'autres tiers ;

h) la question de savoir si les documents et les informations sélectionnés dans le dossier par le réviseur indépendant vont dans le sens de l'avis exprimé par le contrôleur légal des comptes ou l'associé d'audit principal dans les projets de rapports sur les comptes et de rapport complémentaire destiné au comité d'audit.

> Ces éléments correspondent à ceux mentionnés au paragraphe 5 de l'article 8 du règlement européen précité.

Lors de la mise en œuvre de la revue, le réviseur indépendant **consigne** au moins les éléments suivants (C. com. art. R 822-35, al. 5) :

a) les informations orales et écrites fournies, à la demande ou non du réviseur indépendant, par le contrôleur légal des comptes ou l'associé d'audit principal afin d'étayer les appréciations importantes ainsi que les principaux résultats des procédures d'audit et les conclusions tirées de ces résultats ;

b) les avis exprimés par le contrôleur légal des comptes ou l'associé d'audit principal dans les projets de rapports sur les comptes et de rapport complémentaire destiné au comité d'audit.

> Ces éléments correspondent à ceux mentionnés au paragraphe 4 de l'article 8 du règlement européen précité.

10718 Le réviseur indépendant **échange** avec la personne mentionnée au premier alinéa de l'article L 822-9 du Code de commerce ou avec les commissaires aux comptes personnes physiques sur les conclusions de la revue (C. com. art. R 822-35, al. 7).

Dans les sociétés de commissaires aux comptes, une procédure doit être mise en place afin de régler les éventuels **désaccords** entre le réviseur indépendant et la personne mentionnée au premier alinéa de l'article L 822-9 du Code de commerce (C. com. art. R 822-35, al. 8).

Enfin, le commissaire aux comptes ou la société de commissaires aux comptes et le réviseur indépendant **consignent les résultats** de la revue indépendante ainsi que les considérations qui sous-tendent les résultats (C. com. art. R 822-35, al. 9).

10720 **Supervision des travaux** La supervision des travaux s'exerce à la fois sur la direction et sur la revue des travaux.

La supervision ne peut être réalisée que par les **commissaires aux comptes** ou les **superviseurs investis**, associés du cabinet et signataires des dossiers.

> Certains collaborateurs de niveau de compétence élevé peuvent cependant se voir déléguer certains travaux de supervision, sans que cette possibilité ne puisse contrevenir au principe d'exercice personnel du mandat (voir n° 7675).

10725 Les commissaires aux comptes et les collaborateurs qui prennent en charge la supervision doivent notamment :

– suivre le **déroulement de la mission**, pour apprécier si les collaborateurs disposent des aptitudes et des compétences nécessaires pour la mener à bien, s'ils en comprennent les orientations et réalisent les travaux conformément au programme de travail et au plan de mission ;

– se tenir informés des **problèmes comptables complexes** relevés et les étudier pour évaluer leurs répercussions sur le calendrier des travaux et les procédures d'audit initialement prévues ;

– trancher les **divergences d'appréciation** entre collaborateurs et déterminer s'il y a lieu, le cas échéant, de recourir à la procédure de consultation.

© Éd. Francis Lefebvre

MISE EN ŒUVRE DE LA MISSION

Contrôle des procédures et des dossiers de travail

Conformément aux dispositions du 2° j) de l'article R 822-33 du Code de commerce, un dispositif de contrôle qualité interne doit être mis en œuvre et il doit être **évalué annuellement**. Les conclusions de cette évaluation ainsi que toute mesure proposée en vue de modifier le dispositif doivent être conservées pendant un délai de six ans.

10800

> La loi 2017-242 du 27 février 2017 portant réforme de la prescription en matière pénale allonge le délai de prescription de trois à six ans pour les délits. Cette loi instaure également un délai butoir ayant pour objet de limiter dans le temps le report du point de départ du délai de prescription pour les infractions occultes ou dissimulées. Pour les délits, le délai de prescription ne peut excéder douze années révolues à compter du jour où l'infraction a été commise. Compte tenu de ces modifications, il peut être prudent de conserver ses archives pendant douze ans.

La mise en place d'un contrôle qualité interne ne se limite donc pas à la définition de modalités d'organisation et de diligences garantissant la qualité des dossiers. Elle implique la mise en œuvre d'une procédure de contrôle permettant d'évaluer le fonctionnement du dispositif applicable.

En pratique, cette évaluation prendra fréquemment la forme d'une revue de qualité, communément appelée « contrôle qualité », qui sera mise en œuvre par un associé et qui portera à la fois sur l'organisation de l'activité de l'associé et sur ses dossiers. Des contrôles transversaux sur l'application des procédures du cabinet peuvent être également mis en œuvre (par exemple : suivi de la formation, recrutement des collaborateurs, respect des règles d'indépendance et d'éthique, respect de la règle de rotation des associés signataires, gestion du planning, archivage et sécurisation des dossiers...).

S'agissant plus particulièrement des **dossiers de travail**, le contrôle visera à vérifier le caractère satisfaisant, approprié et homogène des diligences appliquées, en accord avec les normes d'exercice professionnel. Une attention toute particulière sera accordée aux dossiers d'entités d'intérêt public.

> Le contrôle qualité interne ne se substitue pas au contrôle qualité des institutions et autorités de supervision mais il permettra de le préparer en faisant le point sur les politiques et procédures mises en place et sur leur efficacité. L'existence d'un contrôle qualité efficace doit permettre aux institutions et autorités de supervision de pouvoir limiter leurs contrôles de qualité en s'appuyant davantage sur le contrôle interne mis en œuvre par le cabinet.

La **norme ISQC1** prévoit que le fonctionnement du système de contrôle qualité doit faire l'objet, au moyen d'un examen périodique de dossiers finalisés, d'une vérification visant à s'assurer que les règles et les procédures associées sont adaptées, efficaces et respectées.

> Le contrôle et l'évaluation du système de contrôle qualité seront réalisés par des associés ou d'autres personnes du cabinet ayant l'expérience et l'autorité suffisantes pour assumer cette responsabilité.

Les associés et les membres de l'équipe d'audit dont les dossiers ont été contrôlés sont informés des insuffisances relevées et des recommandations qui en découlent afin de pouvoir mettre en œuvre les actions correctives rendues nécessaires.

Dans le même esprit, les résultats des travaux d'évaluation du système de contrôle qualité interne sont communiqués au moins une fois par an aux associés et à la direction du cabinet en vue de définir les actions à entreprendre au regard des conclusions obtenues.

Il est souhaitable que la mise en œuvre du contrôle qualité interne donne lieu à l'**élaboration d'une « charte »** adoptée par l'ensemble des associés concernés. Celle-ci pourra notamment comporter :

10810

– un rappel des objectifs du contrôle qualité interne ;
– les règles de mise en œuvre des contrôles : périodicité et calendrier des revues, choix des associés contrôlés, choix des contrôleurs, critères de sélection des dossiers contrôlés, modalités d'évaluation et conséquences du résultat des contrôles ;
– un questionnaire préalable à remplir par le contrôlé avant l'intervention du contrôleur, destiné à réaliser une approche d'ensemble de l'activité et de l'organisation de l'associé contrôlé ;
– des fiches individuelles de revue des dossiers précisant l'étendue des contrôles réalisés ;
– les modèles de conclusion du contrôle qualité à utiliser par le contrôleur.

Chaque cabinet déterminera, en fonction de sa structure et des enseignements des contrôles antérieurs, les points sur lesquels devra porter chacune des campagnes de

10825

347

MISE EN ŒUVRE DE LA MISSION © Éd. Francis Lefebvre

contrôle qualité. Le plus souvent, les aspects suivants, qui découlent de ce qui précède, figureront dans le **programme de contrôle** :

- respect des règles déontologiques par l'associé contrôlé ;
- formation et compétence des équipes d'audit ;
- procédures d'affectation des collaborateurs ;
- procédures de délégation, de supervision et de consultation ;
- acceptation et maintien des mandats ;
- application des normes professionnelles sur une sélection de dossiers.

10828 Les **résultats** d'ensemble de ce contrôle devront être portés à la connaissance des niveaux de direction adéquats. Les responsables de la supervision des missions examinées seront informés des conclusions relatives aux missions dont ils ont la responsabilité.

Les conclusions devront comporter un volet de **recommandations** et d'**actions correctives à engager**, dont la prise en compte et l'efficacité seront mesurées au cours d'un prochain contrôle.

10829 Il est important que les résultats du contrôle qualité soient pris en compte dans l'**évaluation des collaborateurs** et associés et que la répétition de comportements non conformes aux règles internes du cabinet fasse l'objet de sanctions appropriées en vue d'en éviter la généralisation.

10830 Le règlement 537/2014 impose aux cabinets d'audit contrôlant des entités d'intérêt public la publication sur leur site Internet d'un **rapport de transparence** annuel.

Ces obligations ont été reprises en France dans l'**article R 823-21 du Code de commerce**, modifié par le décret 2020-292 du 21 mars 2020, qui prévoit la publication d'un rapport de transparence pour les cabinets exerçant des missions de contrôle légal auprès d'une entité d'intérêt public ou d'une société de financement.

Pour les exercices ouverts postérieurement au 29 juillet 2016, ce rapport est établi conformément aux dispositions de l'article 13 du règlement européen précité et il doit donc être **publié** quatre mois après la fin de chaque exercice et contenir au moins les éléments suivants :

a) une description de la structure juridique et de la structure du capital du cabinet d'audit ;

b) lorsque le contrôleur légal des comptes ou le cabinet d'audit est membre d'un réseau :

- une description de ce réseau et de son organisation juridique et structurelle,
- le nom de chaque contrôleur légal des comptes intervenant à titre individuel ou du cabinet d'audit qui est membre du réseau,
- les pays dans lesquels chaque contrôleur légal des comptes intervenant à titre individuel ou le cabinet d'audit qui est membre du réseau a le statut de contrôleur légal des comptes, ou les pays dans lesquels se situe son siège social, son administration centrale ou son siège d'exploitation principal,
- le chiffre d'affaires total réalisé par les contrôleurs légaux des comptes intervenant à titre individuel et les cabinets d'audit qui sont membres du réseau provenant du contrôle légal d'états financiers annuels et consolidés ;

c) une description de la structure de gouvernance du cabinet d'audit ;

d) une **description du système interne de contrôle qualité** du contrôleur légal des comptes ou du cabinet d'audit et une déclaration de l'organe d'administration ou de direction concernant l'**efficacité de son fonctionnement** ;

e) la date du dernier examen d'assurance qualité ;

f) la liste des EIP pour lesquelles le contrôleur légal des comptes ou le cabinet d'audit a effectué des contrôles légaux des comptes au cours de l'exercice précédent ;

> Le contrôleur légal des comptes ou le cabinet d'audit peut, dans des circonstances exceptionnelles, décider de ne pas communiquer les informations requises au point f) dans la mesure où cela est nécessaire pour parer à une menace imminente et grave pour la sécurité individuelle d'une personne. Le contrôleur légal des comptes ou le cabinet d'audit doit pouvoir démontrer l'existence de cette menace à l'autorité compétente.

g) une déclaration concernant les pratiques du contrôleur légal des comptes ou du cabinet d'audit en matière d'indépendance et confirmant qu'une vérification interne du respect de cette indépendance a été effectuée ;

h) une déclaration concernant la politique du contrôleur légal des comptes ou du cabinet d'audit en matière de formation continue ;

348

© Éd. Francis Lefebvre   MISE EN ŒUVRE DE LA MISSION

i) des informations sur la base de rémunération des associés au sein des cabinets d'audit ;

j) une description de la politique du contrôleur légal des comptes ou du cabinet d'audit en matière de rotation des associés d'audit principaux ;

k) si ces informations ne sont pas communiquées dans ses états financiers, des informations sur le chiffre d'affaires total du contrôleur légal des comptes ou du cabinet d'audit, ventilé selon les catégories suivantes :

– les revenus provenant du contrôle légal des états financiers annuels et consolidés d'EIP et d'entités membres d'un groupe d'entreprises dont l'entreprise mère est une EIP,

– les revenus provenant du contrôle légal des états financiers annuels et consolidés d'autres entités,

– les revenus provenant de services autres que d'audit autorisés fournis à des entités qui sont contrôlées par le contrôleur légal des comptes ou le cabinet d'audit, et

– les revenus provenant de services autres que d'audit fournis à d'autres entités.

Le commissaire aux comptes **informe le Haut Conseil** de la publication du rapport de transparence et, le cas échéant, de la mise à jour du rapport. Il en informe également l'Autorité des marchés financiers ou l'Autorité de contrôle prudentiel et de résolution lorsqu'il est désigné auprès d'une personne ou d'une entité assujettie à leur contrôle. **10832**

Le rapport doit pouvoir être consulté sur le **site Internet** pendant au moins cinq ans à compter du jour de sa publication.

Si le commissaire aux comptes est associé ou salarié d'une société de commissaires aux comptes, l'établissement et la publication du rapport de transparence incombent à celle-ci.

II. Système d'assurance qualité externe

A. Environnement européen

Les obligations à la charge des États membres concernant la supervision des auditeurs sont définies par plusieurs textes au niveau européen : **10900**

– la directive 2006/43 du 17 mai 2006 complétée par la directive 2014/56 du 16 avril 2014 concernant les contrôles légaux des comptes annuels et des comptes consolidés (voir n°s 18070 s.) ;

– le règlement 537/2014 du 16 avril 2014 relatif aux exigences spécifiques applicables au contrôle légal des comptes des entités d'intérêt public (voir n°s 18070 s.) ;

– la recommandation de la Commission européenne du 6 mai 2008 relative à l'assurance qualité externe des contrôleurs légaux des comptes et des cabinets d'audit qui contrôlent les comptes d'entités d'intérêt public.

Cette recommandation porte sur les modalités de mise en œuvre du système d'assurance qualité des cabinets d'audit contrôlant des entités d'intérêt public par les autorités publiques de supervision.

Le dispositif français a dorénavant intégré les obligations et orientations fixées par les textes européens précités. L'ordonnance 2016-315 du 17 mars 2016 et le décret 2016-1026 du 26 juillet 2016 ont récemment complété ce dispositif notamment en renforçant la compétence et les pouvoirs du Haut Conseil du commissariat aux comptes ainsi que le régime de sanctions applicables. **10990**

Pour plus de détails, sur les sanctions, voir n° 15350 s.

B. Système d'assurance qualité externe en France

Seront examinés ci-après les **principes directeurs** du système d'assurance qualité (voir n°s 11040 s.), puis les **principes** de mise en œuvre des contrôles (voir n°s 11110 s.) et enfin les **modalités pratiques** (voir n°s 11170 s.) de mise en œuvre des contrôles. **11000**

349

MISE EN ŒUVRE DE LA MISSION © Éd. Francis Lefebvre

1. Principes directeurs

Rôle du H3C dans le nouveau système d'assurance qualité

11040 L'un des objectifs de la réforme européenne de l'audit était d'améliorer la supervision des auditeurs en renforçant notamment la compétence et les pouvoirs des autorités de supervision et en favorisant la coordination et la coopération des autorités compétentes au sein de l'Union européenne.

L'article 32 de la directive 2006/43, modifié par la directive 2014/56 du 16 avril 2014, précise que l'autorité compétente assume la **responsabilité finale de la supervision** des systèmes d'assurance qualité.

En France l'ordonnance 2016-315 du 17 mars 2016 a ainsi redéfini les différentes missions du Haut Conseil. L'article L 821-1 du Code de commerce précise que le H3C définit le cadre et les orientations des contrôles prévus à l'article L 821-9, qu'il en supervise la réalisation et qu'il peut émettre des recommandations dans le cadre de ce suivi.

Les contrôles prévus à l'article L 821-9 du Code de commerce sont organisés en distinguant les commissaires aux comptes exerçant des missions auprès d'**entités d'intérêt public** et ceux n'exerçant pas de missions auprès desdites entités.

Distinction entre les missions EIP et non EIP

11050 Le contrôle de l'activité professionnelle des commissaires aux comptes exerçant des missions auprès d'**EIP** doit être effectué par des contrôleurs du **H3C**, dans des conditions conformes aux dispositions de l'article 26 du règlement européen 537/2014 du 16 avril 2014 (C. com. art. L 821-9, al. 1).

Concernant la définition des EIP, voir n° 2352.

Concernant les dispositions de l'article 26 du règlement européen, voir n°s 18100 s.

Lorsque les contrôles concernent des commissaires aux comptes n'exerçant **pas de missions auprès d'entités d'intérêt public,** ils peuvent être effectués par des contrôleurs du Haut Conseil ou être délégués par le Haut Conseil à la Compagnie nationale des commissaires aux comptes.

Un cabinet est dit « cabinet non EIP » lorsqu'aucune de ses structures d'exercice n'exerce de missions auprès d'entités d'intérêt public.

Ainsi, une **convention de délégation** par le Haut Conseil à la CNCC de la réalisation des contrôles de l'activité professionnelle des commissaires aux comptes n'exerçant pas de missions auprès d'EIP a été homologuée par arrêté du 25 avril 2017. Elle est entrée en vigueur le 26 avril 2017.

Le délégant (le Haut Conseil) confie au délégataire (la CNCC) l'exécution de toutes les tâches relatives à la réalisation des contrôles des « cabinets non EIP » inscrits au programme annuel de contrôle « non EIP » établi conformément à l'article 2 de la convention de délégation, dont il décide de ne pas assurer lui-même le contrôle.

Outre les opérations de contrôle sur pièces ou sur place, ces tâches comprennent :
– le recrutement de contrôleurs, leur formation spécifique aux méthodes de contrôle et leur affectation à un ou des contrôles ;
– la préparation des opérations de contrôle ;
– la revue des opérations de contrôle effectuées par les contrôleurs ;
– la conservation des dossiers de contrôle ;
– le suivi de l'exécution du programme annuel et de l'exécution du budget ;
– le compte rendu de la réalisation des contrôles exécutés.

Afin de mettre en œuvre la délégation qui lui a été consentie, la CNCC a créé une commission nationale du contrôle d'activité délégué (CNCA). Elle est composée de 35 membres représentant les CRCC, d'un président et d'un bureau. Elle s'assure du bon déroulement des opérations de contrôle et réalise certaines tâches déléguées par le H3C : recrutement de contrôleurs, formation de ceux-ci, revue des opérations de contrôle effectuées, suivi de l'exécution du programme annuel et compte rendu de la réalisation des contrôles effectués.

Le **cadre** et les **modalités** de contrôle sont définis par le Haut Conseil et publiés sur son site internet. Le délégant définit également chaque année les **orientations** des contrôles ainsi que le **choix des cabinets** à inscrire au contrôle.

Afin de permettre au délégant d'assumer la **responsabilité finale** de la supervision des contrôles des contrôleurs légaux des comptes et des cabinets d'audit conformément à l'article 32.4 a) de la directive 2006/43/CE du 17 mai 2006, modifiée par la directive

350

© Éd. Francis Lefebvre

MISE EN ŒUVRE DE LA MISSION

2014/56/UE du 16 avril 2014, le délégataire rend compte trimestriellement au délégant de la délégation en lui adressant un état d'avancement relatif à l'exécution matérielle des contrôles et aux coûts directs supportés à raison des travaux déjà réalisés par les contrôleurs.

Le délégataire met tout en œuvre pour permettre au délégant d'exercer les contrôles requis en vue d'évaluer la bonne exécution de la délégation.

Le délégataire permet au délégant de réaliser un contrôle sur pièces et sur place. À ce titre, le délégataire permet l'accès du délégant à ses locaux, à toute base documentaire et tient à sa disposition tous les documents afférents à la réalisation des tâches déléguées. En application de l'article R 821-26 du Code de commerce, les documents retraçant les opérations menées au titre de cette convention sont transmis au directeur général du Haut Conseil à sa demande.

La Compagnie nationale adresse chaque année au Haut Conseil un rapport sur les contrôles réalisés en application de l'article L 821-9. Ce rapport détaille la nature, l'objet et les résultats de ces contrôles ainsi que les suites auxquelles ils ont donné lieu (C. com. art. R 821-26, al. 3).

Le 1er alinéa de l'article R 821-75 du Code de commerce impose que le contrôle de l'activité professionnelle des commissaires aux comptes soit réalisé au moins **tous les six ans** avec des dispositions spécifiques prévues à l'alinéa 2 dudit article concernant certaines EIP.

11060

Ainsi, pour les **EIP** mentionnées au i) du paragraphe 2 de l'article 26 du règlement européen 537/2014 du 16 avril 2014, dites « grandes EIP », la périodicité des contrôles est ramenée à **trois ans**.

Il s'agit des entités d'intérêt public qui dépassent au moins 2 des 3 critères suivants :
– total bilan de 20 M€ ;
– chiffre d'affaires de 40 M€ ;
– effectif de 250 salariés.

Lorsque le commissaire aux comptes n'a exercé aucune mission de certification au cours des six exercices précédant le contrôle d'activité, les dispositions du 1er alinéa de l'article R 821-75 ne s'appliquent pas (C. com. art R 821-75, alinéa 3 introduit par le décret 2020-292 du 21-3-2020). Le Haut Conseil peut faire évoluer la fréquence des contrôles sur la base de l'analyse des risques à laquelle il procède conformément à l'article R 821-71 du Code de commerce.

Intervention de l'Autorité des marchés financiers

Les contrôles prévus à l'article L 821-9 du Code de commerce peuvent être effectués avec le **concours de l'Autorité des marchés financiers** (C. com. art. L 821-9, al. 3).

11100

Des conventions définissent les conditions dans lesquelles le Haut Conseil peut avoir recours au concours de l'AMF.

L'Autorité des marchés financiers (AMF) et le Haut Conseil du commissariat aux comptes (H3C) ont signé, le 11 janvier 2010, un accord d'échange d'informations et de coopération dans le cadre des contrôles périodiques des commissaires aux comptes nommés auprès de personnes ou d'organismes relevant de l'autorité de l'AMF. Une approche coordonnée des contrôles entre les deux autorités et un échange d'informations sont prévus dès la phase de programmation des contrôles.

Dans le cadre des opérations de contrôle, le Haut Conseil peut également **solliciter l'AMF pour se faire communiquer des informations** relatives :
– aux questions et événements pouvant affecter l'information financière des entreprises ;
– aux échanges entre le commissaire aux comptes et l'AMF sur ces questions et événements avec, le cas échéant, les positions prises par l'AMF.

Les deux autorités seront amenées à partager leurs analyses sur des sujets spécifiques ainsi que les résultats des contrôles.

À ce titre, le H3C transmet à l'AMF :
– la description de l'organisation et des procédures mises en place au sein du cabinet contrôlé afin de garantir la qualité et l'indépendance du contrôle légal des comptes ;
– les conclusions issues des vérifications, notamment en matière de qualité de l'information comptable et financière ;
– le prérapport de contrôle ;
– le rapport définitif établi à l'issue de la procédure contradictoire.

351

MISE EN ŒUVRE DE LA MISSION © Éd. Francis Lefebvre

Enfin, un **échange d'informations réciproque** est également prévu lorsque des suites sont données aux contrôles périodiques (recommandations, mesures à l'égard du commissaire aux comptes, action disciplinaire).

L'AMF et le H3C soulignent que, sur décision commune des deux autorités, d'autres autorités de surveillance peuvent être associées aux échanges d'informations prévues dans l'accord cité.

Par ailleurs, le nouvel article L 821-12-5 du Code de commerce, introduit par l'ordonnance 2016-315 du 17 mars 2016, prévoit explicitement que le Haut Conseil puisse communiquer avec d'autres autorités de supervisions (en dehors de l'audit).

Ainsi, le Haut Conseil peut communiquer des **informations confidentielles** à l'Autorité des marchés financiers, à l'Autorité de contrôle prudentiel et de résolution, à l'Autorité de la concurrence, à la Banque de France, au Système européen de banques centrales, à la Banque centrale européenne et au Comité européen du risque systémique, lorsque ces informations sont destinées à l'exécution de leurs tâches au titre du règlement européen du 16 avril 2014.

Il peut demander à ces mêmes autorités de lui **communiquer toute information** nécessaire à l'accomplissement de ses missions.

Les informations transmises sont couvertes par le **secret professionnel** dans les conditions applicables à l'autorité qui les a communiquées et à l'autorité destinataire (C. com. art. L 821-12-5, al. 3).

Ces renseignements ne peuvent être utilisés par l'autorité destinataire que pour l'accomplissement de ses missions. Lorsque l'autorité destinataire communique, dans le cadre de ses missions, les renseignements ainsi obtenus à des tiers, elle tient compte de l'intérêt légitime des entreprises à la protection de leurs secrets d'affaires, sans préjudice de l'article L 463-4 du Code de commerce applicable à l'Autorité de la concurrence.

Intervention de l'Autorité de contrôle prudentiel et de résolution

11105 Les contrôles prévus à l'article L 821-9 du Code de commerce peuvent être effectués avec le **concours de l'Autorité de contrôle prudentiel et de résolution** (C. com. art. L 821-9, al. 3).

Des conventions définissent les conditions dans lesquelles le Haut Conseil peut avoir recours au concours de l'ACPR.

Conformément à l'article L 631-1 du Code monétaire et financier, l'ACPR et le Haut Conseil du commissariat aux comptes peuvent se communiquer les renseignements utiles à l'exercice de leurs missions respectives.

Afin de définir les modalités pratiques de cette coopération, les deux autorités ont conclu, le 6 avril 2011, un accord d'assistance et d'échanges d'informations.

Cet accord précise notamment que, dans le cadre de la mise en œuvre des contrôles des commissaires aux comptes et de leur supervision, le H3C peut demander **l'assistance ponctuelle de l'ACPR** sur des sujets comportant une spécificité sectorielle.

L'assistance de l'ACPR consiste alors en une consultation technique, orale ou écrite, sur des sujets propres aux secteurs bancaire ou de l'assurance et portant sur les principes de mise en œuvre des textes législatifs ou réglementaires concernés. L'objectif est d'apporter un avis d'expert sur des informations mises à disposition du H3C, du secrétariat général ou des contrôleurs dans le cadre des contrôles périodiques du H3C, sans que cela conduise l'ACPR à participer aux opérations de contrôle des cabinets.

L'accord précité prévoit également les **échanges d'informations** suivants :

– dans le cadre de l'élaboration du programme annuel de contrôle périodique, le secrétaire général du H3C peut solliciter l'ACPR en vue de la sélection des cabinets et des mandats à contrôler ;

– lorsque le contrôle périodique d'un commissaire aux comptes détenant un mandat dans une entité assujettie au contrôle de l'ACPR fait apparaître des insuffisances dans l'exercice de la mission légale conduisant à s'interroger sur la qualité de l'information comptable et financière, le H3C en informe l'ACPR ;

– le H3C informe l'ACPR lorsque, à l'issue d'un contrôle périodique, une action disciplinaire est engagée à l'encontre du commissaire aux comptes d'une personne soumise au contrôle de l'ACPR.

Sur la communication d'informations par le H3C à d'autres autorités de supervision prévue à l'article L 821-12-5 et le secret professionnel y afférent, voir n° 11100.

352

Committee of European Audit Oversight Bodies (CEAOB)

11108

Le règlement européen 537/2014 du 16 avril 2014 instaure une coopération entre les autorités compétentes des États membres afin de contribuer à l'amélioration de la qualité du contrôle légal.

Cette coopération est organisée dans le cadre d'un comité des organes européens de supervision de l'audit, le CEAOB, qui facilite l'échange d'informations, fournit des conseils à la Commission et contribue aux évaluations techniques et aux examens techniques.

Pour plus de détails sur les missions et la composition du CEAOB, voir n° 18125.

2. Principes de mise en œuvre des contrôles

Champ d'application

11110

Le contrôle qualité concerne tous les professionnels inscrits, personnes physiques ou personnes morales et ce, quelle que soit la nature juridique des entités dans lesquelles ils interviennent.

En matière de contrôle qualité, on entend par commissaire aux comptes le titulaire du mandat. Lorsque celui-ci est une personne morale, le contrôle global du cabinet ne concerne pas obligatoirement tous les professionnels qui signent en son nom. Par ailleurs, si certains associés détiennent à titre personnel des mandats qu'ils traitent selon les procédures applicables à leur cabinet, un contrôle unique est diligenté sur l'ensemble de leurs mandats.

Il porte sur l'ensemble des missions mises en œuvre par un commissaire aux comptes en application des normes d'exercice professionnelle (NEP), à l'exception des missions de commissariat aux apports ou à la fusion.

Les commissaires aux comptes ne détenant aucun mandat établissent une déclaration annuelle confirmant l'absence de missions réalisées pendant l'année.

Le contrôle qualité de la mission d'audit réalisée sur une **entité d'intérêt public** peut être étendu aux filiales significatives de cette entité. Lorsqu'un mandat est exercé en cocommissariat aux comptes, l'examen du dossier de travail est étendu aux travaux réalisés par le cocommissaire.

Objectifs et nature des contrôles

11120

Les contrôles sont réalisés en fonction d'une **analyse des risques** et ils sont proportionnés à l'ampleur et à la complexité de l'activité du commissaire aux comptes concerné (C. com. art. R 821-71 modifié par le décret 2020-292 du 21-3-2020). Ils portent notamment :

1. Sur **les missions de certification sélectionnées** par le contrôleur. Celui-ci vérifie notamment :
- le respect des règles d'indépendance,
- la conformité aux normes applicables à la mission du commissaire aux comptes,

Dans l'attente de l'adoption des normes d'audit internationales par la Commission européenne, les normes applicables en France restent les normes d'exercice professionnel homologuées par arrêté du garde des Sceaux, ministre de la justice.

- que l'opinion d'audit émise sur les états financiers de l'entité concernée et que le commissaire aux comptes a réalisé les diligences d'audit qui lui permettent d'obtenir l'assurance raisonnable que les états financiers de l'entité concernée sont réguliers, sincères et donnent une image fidèle,

Ainsi, lors de l'examen des mandats sélectionnés, il est notamment vérifié la pertinence des diligences d'audit mises en œuvre, au regard notamment des normes d'exercice professionnel en vigueur, et l'adéquation de l'opinion d'audit émise au regard des travaux réalisés.

- l'adéquation des ressources affectées à la réalisation des missions,
- les honoraires perçus par le commissaire aux comptes ;

2. Sur le **système de contrôle de qualité interne** mis en place par le commissaire aux comptes, sauf lorsqu'il s'agit d'une société de commissaires aux comptes inscrite en application de l'article L 822-1-4 (société de contrôle légal régulièrement agréée dans un État membre de l'UE). Le contrôle porte donc à la fois sur les procédures du cabinet et sur les mandats exercés.

L'appréciation du système interne de contrôle qualité du commissaire aux comptes contrôlé, en complément de la sélection des mandats de commissariat aux comptes examinés, permet de s'assurer de la qualité des audits réalisés par le commissaire aux comptes au regard d'une approche transversale et descendante ;

MISE EN ŒUVRE DE LA MISSION © Éd. Francis Lefebvre

Les contrôleurs adaptent et proportionnent leur examen de ces éléments au commissaire aux comptes contrôlé, notamment en considérant sa taille, la proportion de son activité de commissariat aux comptes ainsi que le nombre et la complexité des mandats de commissariat aux comptes détenus.

3. Sur les **autres missions** exercées ou toute **autre prestation** fournie par le commissaire aux comptes aux personnes ou **entités dont il certifie les comptes.**

Les objectifs sont de vérifier que le cabinet dispose d'une organisation et de moyens suffisants permettant d'assurer la qualité de l'audit et le respect des règles relatives à l'indépendance et la déontologie du commissaire aux comptes (pour plus de détails sur l'examen détaillé des procédures du cabinet, voir nº 11240).

Le contrôle des mandats concerne principalement l'application des normes d'exercice professionnel, le respect des règles déontologiques, notamment en matière d'indépendance, et des procédures internes au cabinet (pour plus de détails sur l'examen détaillé d'un mandat, voir nº 11250).

La sélection des mandats à examiner au sein du cabinet couvre à la fois les secteurs prioritaires définis par le H3C, les secteurs prépondérants du cabinet et relève également de l'approche par les risques (actualités, analyse des états financiers de l'entité, résultat du contrôle du mandat chez le cocommissaire aux comptes...).

Le point d'entrée unique du contrôle est « l'unité de contrôle » : il s'agit « d'une structure d'exercice ou d'un ensemble de structures d'exercice de commissariat aux comptes, inscrites (personnes physiques et morales) et titulaires de mandats de commissariat aux comptes, partageant des procédures communes » (H3C décision 2019-01 – Programme de contrôle 2019).

Orientation des contrôles

11130 Le Haut Conseil adopte la démarche suivante, commune à l'ensemble des contrôles :
– il définit des orientations suffisamment précises pour permettre d'élaborer un programme annuel de contrôle et d'établir une liste des cabinets à contrôler au cours de la campagne ;
– il prend connaissance du programme, vérifie qu'il est conforme à ses orientations et apporte les amendements qu'il juge nécessaire.

Les contrôles de l'année 2020 ont porté sur (Rapport annuel H3C 2020 p. 81) :
– 47 cabinets détenant des mandats EIP ;
– 752 cabinets ne détenant pas des mandats EIP.

Le programme de contrôle suit une approche basée sur l'**analyse des risques**. Deux catégories de risques sont évaluées :
– le « **risque cabinet** » : les facteurs de risque incluent notamment les faiblesses précédemment relevées, l'importance de l'activité de commissariat aux comptes et les événements modifiant la structure du cabinet tels qu'un changement d'associés, de signataires, un regroupement avec un autre cabinet ou une scission du cabinet ;
– le « **risque entité** » relatif aux entités auditées. L'évaluation des risques intègre les résultats d'une consultation de l'AMF et de l'ACPR concernant les entités relevant de leur surveillance. Les facteurs de risque pris en compte s'agissant des entités auditées sont issus de l'analyse de certains secteurs d'activité et de situations spécifiques à certaines entités.

Cette approche est complétée par l'approfondissement de certaines **thématiques** fixées par le Haut Conseil, en lien avec l'actualité économique et financière.

Le programme et les modalités de contrôle 2020 ont été élaborés à partir des orientations suivantes (Rapport annuel H3C 2020 p. 80) :
– une adaptation des modalités de contrôle en réalisant des contrôles à distance dans le contexte de la pandémie Covid-19 ;
– une attention particulière a été portée à la correcte application de la norme révisée d'exercice professionnel relative aux obligations du commissaire aux comptes en matière de lutte contre le blanchiment des capitaux et le financement du terrorisme ;
– une **rénovation des contrôles** retenue comme axe prioritaire du plan stratégique 2020-2022.

Le H3C souhaite mettre en œuvre des moyens et des méthodes de contrôle rénovés afin de porter une meilleure appréciation d'ensemble sur la **qualité de l'audit** conduit par la profession et sur le respect des exigences déontologiques, ces deux éléments étant gages de la confiance accordée aux travaux des commissaires aux comptes, au service de la sécurité de l'économie et de l'intérêt général.

354

Les points clés de la rénovation annoncée par le H3C sont les suivants :
– approche par les risques : elle reste au centre de la méthodologie de contrôle du Haut Conseil ;
– agilité : l'intensité des contrôles sera modulée en fonction des risques en déployant des modalités de contrôle différentes d'un contrôle à l'autre, mieux adaptées à la taille et aux spécificités de l'élément contrôlé (professionnel, unité de contrôle, mandats, etc.) ;
– continuité : les contrôles seront plus réguliers dans leur fréquence et adaptés dans leur durée, selon la modalité de contrôle retenue ;
– profilage : la profondeur et les thématiques revues seront adaptées à la typologie et à l'organisation du commissaire aux comptes contrôlé (taille, volumétrie, risques, organisation…).
Un programme de contrôle annuel comprendra deux axes de contrôles :
– des **contrôles périodiques à occurrences variables** qui pourront :
• soit être conduits sous une forme qui est la plus proche des contrôles actuels, à savoir des contrôles programmés en début d'année, pour lesquels les professionnels sont avertis en amont, et dont les modalités seront diverses,
• soit être des contrôles non programmés en début d'année visant à contrôler un élément précis (un mandat, un point de procédure, un sujet d'actualité, etc.) pour un professionnel régulé ;
– des **contrôles systématiques annuels** conduits sur un ensemble de professionnels, sur un thème précis délimité en amont :
• soit des thèmes qui peuvent être plus efficaces à contrôler selon une approche systématique, tels que les obligations de formation,
• soit des thèmes issus des orientations annuelles décidées par le collège du Haut Conseil.
L'un des objectifs sera notamment de faire émerger les bonnes pratiques observées parmi les professionnels.
La mise en œuvre commencera en 2021 et des adaptations méthodologiques seront effectuées le cas échéant.

Le Haut Conseil s'attache également à suivre la **mise en œuvre des plans d'amélioration** demandés à certains cabinets à l'issue de ses contrôles qualité et à programmer des suivis spécifiques, si nécessaire.

Désignation et indépendance des contrôleurs

Les contrôleurs doivent justifier des **compétences** suivantes (C. com. art. R 821-69) :

11135

– une formation en matière comptable ou financière ;
– une expérience professionnelle d'au moins trois années dans le domaine de la certification des comptes et de l'information financière ;
– une formation spécifique en matière de contrôle de la qualité dans ces domaines.
Avant de procéder aux opérations de contrôle, ils doivent par ailleurs déclarer au Haut Conseil ou, en cas de délégation, à la Compagnie nationale des commissaires aux comptes, qu'ils ne sont pas dans une situation de **conflit d'intérêts** avec le commissaire aux comptes qu'ils sont chargés de contrôler (C. com. art. R 821-70, al. 1).
Ils ne peuvent contrôler un commissaire aux comptes si, au cours des trois années précédentes, ils ont été associés, salariés ou collaborateurs de celui-ci (C. com. art. R 821-70, al. 2).

Concernant la désignation et l'indépendance des contrôleurs, la convention de délégation conclue entre le Haut Conseil et la CNCC concernant les cabinets non EIP précise que le délégataire :
– établit une liste de contrôleurs présentant toute garantie de compétence, de professionnalisme et d'indépendance. Cette liste, révisée annuellement, est transmise au délégant au plus tard le 28 février de chaque année afin d'arrêter une liste définitive en accord avec celui-ci au plus tard le 31 mars de chaque année ;
– désigne, parmi les contrôleurs figurant sur la liste ou parmi ses propres collaborateurs, des formateurs disposant de compétences pour dispenser aux autres contrôleurs – sur la base de supports de formations élaborés en accord avec le délégant – une formation annuelle portant sur les méthodes de contrôle, à laquelle le délégant peut assister. Les formateurs suivent eux-mêmes une formation annuelle dispensée par le délégant ;
– affecte chaque contrôleur au contrôle d'un ou de plusieurs cabinets inscrits au programme, et informe le délégant mensuellement de ces affectations afin de permettre à ce dernier de solliciter d'éventuelles modifications de désignation dans les quinze jours suivant cette information ;
– veille en toute circonstance à éviter une désignation plaçant un contrôleur en situation de conflit d'intérêts avec le ou les cabinets qu'il est chargé de contrôler et exige de chaque contrôleur une déclaration d'indépendance vis-à-vis du ou des cabinets à contrôler ainsi que le respect des règles de déontologie.

Étendue des habilitations des contrôleurs du Haut Conseil

11138 Pour la réalisation des contrôles, les agents du Haut Conseil sont habilités à :
1° obtenir du commissaire aux comptes tout document ou toute information, sous quelque forme que ce soit, concernant la mission de certification des comptes ou toute autre prestation fournie par lui aux personnes ou entités dont il certifie les comptes. Ils peuvent en exiger une copie ;
2° obtenir de toute autre personne des informations liées à la mission de certification des comptes ou à toute autre prestation fournie par le commissaire aux comptes aux personnes ou entités dont il certifie les comptes ;
3° procéder à des contrôles sur place ;
4° avoir recours à des experts, afin notamment de procéder à des vérifications.
Les commissaires aux comptes sont tenus de fournir tous les renseignements et documents qui leur sont demandés à l'occasion des contrôles sans pouvoir opposer le secret professionnel (C. com. art. L 821-12).

Communication des pièces et documents

11140 L'article R 821-72 du même code précise que :
– « sans préjudice des dispositions de l'article L 821-12, les contrôleurs peuvent se faire communiquer par le commissaire aux comptes, vérifier sur pièces ou sur place, quel qu'en soit le support, **tous documents ou pièces** » ;
– les contrôleurs « peuvent également exiger toutes **explications** sur les dossiers et documents établis en application de l'article R 823-10 du Code de commerce sur les conditions d'exécution par le commissaire aux comptes de sa mission au sein des personnes et entités contrôlées, et sur l'organisation et l'activité globale de la structure d'exercice professionnel du réseau auquel elle appartient et des personnes ou groupements qui lui sont liés » ;
– le commissaire aux comptes justifie en outre des diligences accomplies en vue de garantir le respect des règles relatives à son indépendance et aux incompatibilités prévues par les dispositions de l'article L 822-11-3 et du Code de déontologie, et **fournit tous renseignements** permettant d'apprécier le respect des prescriptions de l'article L 822-11-3, « notamment à raison des prestations réalisées par un membre du réseau auquel il appartient » ;
– « les contrôleurs peuvent également obtenir **copie** des pièces et documents mentionnés à l'article R 821-72, **quel qu'en soit le support**. Un bordereau des copies des pièces et documents qui leur sont remis est établi ».
À l'issue des opérations de contrôle, les pièces et documents communiqués aux contrôleurs sont restitués.
Lorsque les contrôles ont été mis en œuvre par le Haut Conseil, en application de l'article L 821-9, le directeur général du Haut Conseil **conserve copie des pièces et documents** pendant une durée de **six ans** dans des conditions permettant d'assurer le maintien de leur confidentialité. À l'issue de ce délai, il est procédé à leur destruction (C. com. art. R 821-74).

> Lorsque les contrôles ne sont pas mis en œuvre par le Haut Conseil, le président de la Compagnie nationale des commissaires aux comptes conserve copie des pièces et documents pendant une durée de six ans dans des conditions permettant d'assurer le maintien de leur confidentialité (C. com. art. R 821-74). À l'issue de ce délai, il est procédé à leur destruction.

Rapport annuel du H3C

11150 Le Haut Conseil du commissariat aux comptes rend compte de l'exercice de ses missions et de ses moyens dans un rapport annuel établi en application de l'article 21 de la loi 2017-55 du 20 janvier 2017 portant statut général des autorités administratives indépendantes et des autorités publiques indépendantes. Le cas échéant, les observations du commissaire du Gouvernement sont annexées à ce rapport (C. com. art. R 821-7 modifié par le décret 2020-292 du 21-3-2020).

Financement du H3C

11160 Le financement des missions du Haut Conseil repose sur le versement par les commissaires aux comptes de cotisations assises sur les honoraires facturés au cours de l'année

© Éd. Francis Lefebvre — MISE EN ŒUVRE DE LA MISSION

civile précédente aux personnes ou entités dont ils certifient les comptes (taux de 0,5 % pour toutes les entités et de 0,2 % supplémentaire pour les EIP : voir n° 579).

Ces derniers taux de cotisations ont été instaurés par la loi 2017-1837 du 30 décembre 2017 de finances pour 2018 et le décret 2017-1855 du 30 décembre 2017, qui ont modifié les cotisations à la charge des commissaires aux comptes inscrits sur la liste mentionnée au I de l'article L 822-1 du Code de commerce. Ces cotisations viennent remplacer les droits fixes sur les rapports de certification, la contribution annuelle et la cotisation annuelle de 1 % du montant total des honoraires.

3. Modalités pratiques de déroulement des contrôles

Les différentes phases du contrôle qualité sont examinées ci-après en mentionnant pour chacune d'entre elles les outils et questionnaires utilisés par les contrôleurs.

11170

Certains de ces outils et questionnaires de contrôle sont disponibles sur le site internet de la CNCC : voir annexe de ce Mémento. Ils devraient être amenés à évoluer compte tenu de la rénovation des contrôles annoncée par le H3C (voir n° 11130).

Phase préparatoire

La préparation du contrôle d'un cabinet sélectionné doit permettre :
– d'analyser les risques du cabinet et de son portefeuille de mandats ;
– d'établir un programme de travail ;
– de planifier le contrôle.

11180

Cette phase du contrôle est fondée sur l'établissement en amont des déclarations d'activité préparées par les commissaires aux comptes. Elle donne lieu lors du contrôle à la préparation de deux questionnaires, le questionnaire d'informations préalables et le plan d'approche cabinet.

Déclarations d'activité Le principe de l'établissement des déclarations d'activité est posé par l'article R 823-10, V du Code de commerce. Le commissaire aux comptes établit chaque année une déclaration d'activité comportant les informations mentionnées aux 1° et 4° du IV ainsi que les informations suivantes :

11190

1° Les personnes et entités auprès desquelles il exerce des missions de certification des comptes.

2° Pour chacune de ces personnes et entités, le total du bilan, des produits d'exploitation et des produits financiers ainsi que le nombre d'heures de travail correspondant à l'exercice de la mission de certification.

3° La liste de ses salariés, leurs mandats, les missions auxquelles ils participent, ainsi que le nombre d'heures qu'ils ont effectuées et, s'agissant des personnes morales, la liste de leurs associés.

4° Pour les autres missions ou prestations, la liste des personnes ou entités, la nature des missions ou prestations effectuées et le montant total des honoraires facturés.

Les 1° à 4° du IV de l'article R 823-10 du Code de commerce visent :

1° Les honoraires facturés au titre de la mission de certification des comptes.

2° Les honoraires facturés au titre de services autres que la certification dont la réalisation est confiée au commissaire aux comptes par une disposition législative ou réglementaire.

3° Les honoraires facturés au titre de services autres que la certification fournis à la demande de l'entité d'intérêt public.

4° Le remboursement des frais de déplacement et de séjour et la rémunération pour les activités professionnelles à l'étranger.

Le décret 2020-292 a complété le V de l'article précité afin d'intégrer dans les déclarations d'activité les prestations réalisées par le commissaire aux comptes en dehors d'une mission légale (C. com. art. R 823-10 V 4° ; Fiche CNCC « Code de déontologie 2020 – Fiche n° 7 – Prestations : quelles sont les règles applicables aux prestations fournies en dehors d'une mission de contrôle légal ? – avril 2020 »).

Les déclarations d'activité correspondant à une année civile déterminée doivent être adressées par voie électronique sur le portail de la CNCC ou par courrier à la compagnie régionale. L'article R 821-26 du Code de commerce prescrit que la Compagnie nationale communique chaque année au H3C, **avant le 30 septembre**, les déclarations d'activité mentionnées au V de l'article R 823-10. En cas de non-respect de cette obligation, le H3C peut demander directement aux commissaires aux comptes de lui adresser leurs déclarations d'activité selon les formes et modalités qu'il détermine.

357

MISE EN ŒUVRE DE LA MISSION © Éd. Francis Lefebvre

Au sein des **personnes morales**, l'établissement de la déclaration d'activité incombe au cosignataire, c'est-à-dire au responsable technique du dossier.

11200 La déclaration d'activité est un **document normalisé**, préalablement à l'entrée en vigueur du décret 2020-292 du 21 mars 2020, qui comportait deux parties principales :
– la première partie recense les informations relatives au **mandat et** à l'**entité** contrôlée, et notamment identifie les entités relevant des EIP et des secteurs à risque définis par le H3C ;
– la seconde partie a trait à la mission et recense d'un côté les éléments relatifs à l'**administration de la mission** (temps passé en nombre d'heures dont temps du signataire, rapprochement avec la base barème en nombre d'heures, honoraires facturés en distinguant les comptes annuels et les comptes consolidés), de l'autre les points relatifs aux **conclusions de la mission d'audit** (nature de l'opinion, observations, communication aux dirigeants, circonstances particulières telles que mise en œuvre de la procédure d'alerte, révélation de faits délictueux, etc.).

Le **formulaire** de déclaration d'activité peut être consulté sur le portail de la CNCC et en annexe au n° 94100. Il devra être mis à jour afin de tenir compte des évolutions introduites par le décret précité s'agissant des prestations réalisées par le commissaire aux comptes.

11210 **Questionnaire d'informations préalables (QIP)** Le questionnaire d'informations préalables est considéré par le H3C comme l'outil primordial dans le cadre de l'approche globale du cabinet, ce document étant destiné à recevoir les principales informations nécessaires à la prise de connaissance des structures d'exercice concernées, et à la planification des contrôles. Il permet au contrôleur de conduire une approche par les risques.

Ce questionnaire doit être complété pour chaque structure d'exercice, c'est-à-dire pour toute personne physique ou société de commissaires aux comptes inscrits sur la liste et titulaire de mandats. En conséquence, plusieurs questionnaires d'informations préalables peuvent être émis pour un seul cabinet contrôlé.

Le QIP comprend deux parties :
– l'une, sur la présentation du cabinet contrôlé qui est consacrée aux informations sur la structure d'exercice de commissariat aux comptes, aux intervenants dans la mission de certification légale et aux différentes activités du cabinet ;
– l'autre, sur l'organisation et les procédures du cabinet (modalités d'organisation concernant l'exécution de la mission légale et l'organisation du dossier, formation continue…).

Le QIP est consultable pour les professionnels sur le site de la CNCC : voir annexe n° 94400. Cet outil pourrait évoluer dans le cadre de la rénovation des contrôles annoncée par le H3C (voir n° 11130).

11220 **Plan d'approche du contrôle (PAC)** Le plan d'approche du contrôle constitue une aide pour le contrôleur dans le recensement de l'information destinée à mettre en œuvre une approche par les risques du cabinet. Conforme à l'approche de nos homologues étrangers, à savoir fortement organisé autour de l'identification du cabinet, de son activité de commissariat aux comptes, et des facteurs de risque, ce questionnaire présente une démarche générale très orientée vers le risque, laissant une large place à la perception du contrôleur.

Le PAC est consultable pour les professionnels sur le site de la CNCC : voir annexe n° 94400. Cet outil pourrait évoluer dans le cadre de la rénovation des contrôles annoncée par le H3C (voir n° 11130).

Phase d'exécution

11230 Cette phase vise à réaliser un contrôle global du cabinet, tant sur les procédures que sur les mandats.

11240 **Examen des procédures** Concernant l'organisation et les procédures du cabinet, les objectifs sont notamment d'apprécier si :
– la politique du cabinet comporte un engagement à exercer un commissariat aux comptes de qualité en mettant l'accent sur le comportement professionnel, le respect des exigences légales et réglementaires et l'analyse des facteurs de risque de non-qualité ou de non-régularité ;
– le cabinet a mis en place des moyens, des procédures et des garanties adéquats pour être en conformité avec les exigences légales et réglementaires (C. com. art. R 822-32 et

358

R 822-33). Ceci recouvre notamment : l'existence d'un manuel de procédures internes, la définition des responsabilités fonctionnelles, une veille technique et un service de consultation technique, la communication des procédures à l'ensemble du personnel, le contrôle interne de la bonne application des procédures ;
– les ressources humaines sont en adéquation avec l'activité de commissariat aux comptes et garantissent le maintien des connaissances et la formation continue ;
– les situations à risque en matière d'indépendance sont identifiées et font l'objet de mesures de sauvegarde appropriées (ce thème intègre également le processus d'acceptation et de maintien des missions) ;
– la méthodologie d'audit intègre les normes d'exercice professionnel ;
– les procédures de planification des missions, de délégation des tâches et de supervision sont formalisées ;
– les procédures de constitution et d'utilisation des dossiers de travail sont formalisées ;
– les missions font l'objet d'un contrôle de qualité avant l'émission de l'opinion (autocontrôle par les collaborateurs, revue indépendante) et a posteriori dans le cadre du contrôle de qualité interne ;
– un dispositif de contrôle interne de qualité du cabinet est en place.

Examen des mandats Le choix des dossiers est orienté sur les secteurs à risque **11250** définis par le H3C (voir n° 11130) et en fonction de l'analyse des risques préalablement menée sur le cabinet. Les cabinets EIP sont également contrôlés sur une sélection de mandats EIP.
La vérification de la correcte exécution d'une mission d'audit légal a pour objectif de mesurer :
– le respect des règles relatives à l'indépendance et à la déontologie de l'ensemble des membres de l'équipe d'audit, y compris les experts ;
– le respect des procédures internes du cabinet destinées à garantir la qualité de l'audit ;
– le respect de la démarche d'audit par les risques telle que prévue par les normes d'exercice professionnel ;
– le contrôle de la bonne application des principes comptables et de l'information comptable diffusée ;
– la cohérence de l'opinion émise avec les conclusions des travaux réalisés ;
– la documentation des travaux.
Ainsi, le H3C indique dans son programme de contrôle 2019 concernant les **EIP** que, sans préjudice des autres vérifications qui seraient jugées nécessaires selon les caractéristiques des mandats, seront systématiquement vérifiés pour les mandats sélectionnés lors des contrôles 2019 (H3C ann. à la décision 2019-01) :
– le respect des exigences déontologiques, notamment en matière d'indépendance vis-à-vis de l'entité auditée, et les situations porteuses d'atteinte à l'indépendance, y compris celles ayant trait aux services autres que la mission de certification fournis par le commissaire aux comptes ou par un membre du réseau ;
– le cycle chiffre d'affaires/produits, lorsqu'il est applicable au mandat et significatif ;
– la correcte application des dispositions de la NEP 100 « Audit des comptes réalisés par plusieurs commissaires aux comptes » et de la NEP 600 « Principes spécifiques applicables à l'audit des comptes consolidés », lorsqu'elles sont applicables au mandat examiné.
S'agissant du programme de contrôle 2019 pour les commissaires aux comptes ne certifiant **pas de comptes d'EIP**, hormis le suivi des recommandations faites lors des contrôles antérieurs, les vérifications systématiques pour les mandats sélectionnés lors des contrôles 2019 concerneront :
– l'approche d'audit suivie, les diligences d'audit réalisées par l'unité de contrôle sur au moins un cycle à risque, en priorité sur le cycle chiffre d'affaires/produits, lorsqu'il est applicable au mandat et significatif, et l'information financière liée au cycle examiné et l'adéquation de l'opinion émise au regard des conclusions des travaux d'audit réalisés ;
– le respect des exigences déontologiques, notamment en matière d'indépendance vis-à-vis de l'entité auditée, et les situations porteuses d'atteinte à l'indépendance, y compris celles ayant trait aux services autres que la mission de certification fournis par le commissaire aux comptes ou par un membre de son réseau, sur ce même échantillon de mandats sélectionnés.

MISE EN ŒUVRE DE LA MISSION © Éd. Francis Lefebvre

Pour les orientations des contrôles 2020, elles sont identiques à celles retenues pour 2019 en y ajoutant les deux nouvelles orientations suivantes (H3C, décision FP 2019-16 du 19-12-2019) :
– la vérification systématique, pour les mandats sélectionnés en lien avec les secteurs à risque identifiés dans l'analyse sectorielle des risques, du respect des obligations en matière de lutte contre le blanchiment de capitaux et le financement du terrorisme ;
– dans l'hypothèse où l'unité de contrôle aurait réalisé une ou des missions trois exercices ou six exercices dans des petites entreprises (NEP 911 et 912), l'intégration d'au moins une de ces missions dans l'échantillon de mandats examinés.

Phase de restitution

11260 Le contrôleur communique au commissaire aux comptes un **prérapport** exposant les opérations de contrôle réalisées et leurs résultats afin que celui-ci présente ses observations dans un délai d'un mois. Il établit ensuite un **rapport définitif** qui expose les principales conclusions du contrôle et les observations du commissaire aux comptes (C. com. art. R 821-73, al. 1 et 2).

Une réunion de synthèse est, en principe, organisée préalablement à l'émission du rapport définitif, afin d'analyser les observations du cabinet contrôlé.

Participent à cette réunion le directeur général du H3C, la directrice des contrôles EIP et/ou non EIP, et des membres de l'équipe de contrôle, un représentant de l'AMF et les représentants du cabinet contrôlés.

Suites données aux contrôles

11270 Le cas échéant, les **recommandations** formulées par le Haut Conseil sont notifiées au commissaire aux comptes par lettre recommandée avec demande d'accusé de réception ou par tout autre moyen permettant de s'assurer de la date de sa réception. Le commissaire aux comptes **donne suite** aux recommandations dans le délai fixé par celles-ci (C. com. art. R 821-73, al. 3).
S'il n'est pas donné suite aux recommandations prévues, le cabinet contrôlé fait l'objet, le cas échéant, d'une procédure disciplinaire (voir n°s 15000 s.).
Par ailleurs, à la suite de l'ordonnance 2016-315 du 17 mars 2016, le Haut Conseil a également pour mission de diligenter des enquêtes portant sur les manquements aux dispositions du titre II du livre VIII du Code de commerce et du règlement européen 537/2014 du 16 avril 2014 (C. com. art. L 821-1, I).

Pour plus de détails sur les enquêtes diligentées par le Haut Conseil, voir n°s 15210 s.

Communication des conclusions et des constatations au comité d'audit

11280 À la demande du comité d'audit ou de l'organe exerçant les fonctions de ce comité, le commissaire aux comptes d'une EIP communique les constatations et conclusions du H3C consécutives aux contrôles réalisés en application de l'article L 821-9 du Code de commerce qui concernent (C. com. art. R 823-21-3) :
1° l'évaluation de la conception du système de contrôle interne de qualité ;
2° l'évaluation du contenu du dernier rapport de transparence ;
3° le contrôle de la mission de certification des comptes de l'EIP concerné.
Pour plus de précisions sur la mise en œuvre de l'article R 823-21-3, voir n° 26483.

Conformément à l'article 94, IV du décret 2016-1026 du 26 juillet 2016, ces dispositions sont applicables aux contrôles engagés postérieurement au 29 juillet 2016, date d'entrée en vigueur du décret.

Le comité d'audit ou l'organe qui en exerce les fonctions est tenu à une **obligation de confidentialité** à l'égard des informations relatives aux constatations et conclusions du H3C (C. com. art. L 823-21).

© Éd. Francis Lefebvre   RESPONSABILITÉS DU COMMISSAIRE AUX COMPTES

CHAPITRE 4

Responsabilités du commissaire aux comptes

Plan du chapitre

§§

	§§
SECTION 1	
Responsabilité civile	12100
I. Conditions de la responsabilité	12200
A. Faute	12250
B. Préjudice	12450
C. Lien de causalité	12520
D. Exonérations	12600
II. Action en responsabilité	12800
A. Parties	12850
B. Compétence judiciaire	12950
C. Moyens de défense	13000
D. Liens avec les autres types de responsabilité	13200
SECTION 2	
Responsabilité pénale	13500
I. Infractions	13550
A. Notion d'infraction	13560
B. Infractions relatives au statut	13595
C. Infractions relatives à l'exercice des fonctions	13650
II. Mise en œuvre de l'action pénale	13900
A. Acteurs	13950
B. Mise en œuvre de l'action en responsabilité	14200

	§§
C. Extinction de l'action et de la sanction pénales	14400
D. Liens avec les autres formes de responsabilités	14500
SECTION 3	
Responsabilité disciplinaire	15000
A. Caractéristiques	15030
1. Responsabilité disciplinaire des commissaires aux comptes	15050
2. Responsabilité disciplinaire de personnes autres que des commissaires aux comptes	15130
B. Mise en œuvre de la responsabilité disciplinaire	15200
C. Sanctions disciplinaires	15350
D. Liens avec les autres responsabilités	15500
SECTION 4	
Responsabilité administrative	15520
A. Fondements et caractéristiques de la responsabilité	15535
B. Mise en œuvre de la responsabilité administrative	15620
C. Sanctions	15765
D. Liens avec les autres responsabilités	15780
SECTION 5	
Assurance responsabilité professionnelle	15800

12000   Un besoin d'informations financières fiables et la nécessité de lutter contre la délinquance financière et les flux illicites de capitaux à tous les niveaux ont conduit, tout particulièrement en France, le législateur et les régulateurs à étendre à la fois le champ d'application et le champ d'investigation de l'audit légal (voir n°s 7190 s.).

Le commissaire aux comptes est, en effet, investi d'une mission d'intérêt public qui concerne non seulement les actionnaires et les marchés pour les sociétés dont les titres sont admis aux négociations sur un marché réglementé mais aussi, à des degrés divers, toutes les personnes qui portent un intérêt à l'entité contrôlée, soit parce qu'elles interviennent en son sein, comme les dirigeants ou les salariés, soit parce qu'elles nouent des relations économiques avec elle, comme les investisseurs, les banquiers ou les fournisseurs. Il lui appartient également, dans ce contexte, et au-delà de l'analyse de la situation historique de l'entreprise, d'identifier les risques susceptibles de peser sur la pérennité de l'exploitation des entités qu'il contrôle et d'apprécier ceux dont la survenance est susceptible de porter atteinte à la continuité de l'exploitation. L'ensemble des acteurs économiques attend donc du commissaire aux comptes qu'il fasse preuve de diligence dans l'exécution de ses travaux et contribue au respect du cadre légal et réglementaire par les entités dont il assure le contrôle. Si tel n'est pas le cas, ils sont en droit de

361

12000
(suite)

demander réparation du préjudice qui peut en résulter, en mettant en jeu la **responsabilité civile** du professionnel. Il risque également la mise en cause de sa responsabilité civile en cas de fautes ou négligences à l'occasion de la réalisation de services autres que la certification des comptes tels que définis par la réglementation européenne et sa transposition en droit français par l'ordonnance 2016-315 du 17 mars 2016 relative au commissariat aux comptes et ses textes d'application.

Les **procès en responsabilité civile** des commissaires aux comptes concernent le plus souvent des erreurs dans la certification des comptes, des détournements de fonds non décelés, des procédures d'alerte déclenchées tardivement ou non déclenchées, l'acquisition de sociétés au vu de bilans erronés et la mise en cause de la qualité des diligences menées à la demande de leur client sur les comptes de sociétés tierces préalablement à leur acquisition (communément appelées *due diligences*). Des cas plus rares sont liés à des litiges entre actionnaires et à des contentieux faisant suite à un redressement fiscal. On constate que, jusqu'à présent, ces actions ont rencontré un succès très relatif, qu'explique sans doute en partie le fait que les commissaires aux comptes ne sont tenus qu'à une obligation de moyens (voir n° 12258).

Le législateur met également à la charge du commissaire aux comptes l'obligation de révéler les faits délictueux dont il a connaissance ainsi que les faits ou soupçons de blanchiment de capitaux et de financement du terrorisme et en fait l'un des garants de l'ordre public économique. C'est pourquoi, dès lors que le commissaire aux comptes omettrait de remplir ce rôle, ou enfreindrait lui-même la loi, il engagerait sa **responsabilité pénale** et encourrait les peines attachées à ce type de responsabilité.

En sus de ses responsabilités civile et pénale, le commissaire aux comptes peut voir sa **responsabilité disciplinaire** engagée, le régulateur et la profession cherchant à limiter et sanctionner, le cas échéant, les écarts de comportement et les insuffisances constatés dans la mise en œuvre des diligences professionnelles et le respect des obligations attachées à son statut.

Outre les trois types de responsabilité cités, le commissaire aux comptes peut faire l'objet de **sanctions administratives** prononcées par la Commission des sanctions de l'AMF s'il savait ou aurait dû savoir qu'une information qu'il a communiquée ou diffusée était inexacte, imprécise ou trompeuse (pour une étude d'ensemble, voir A. Robert, Responsabilité des commissaires aux comptes et des experts-comptables, Dalloz – Référence, 2011-2012).

Ainsi, le commissaire aux comptes ne se limite-t-il pas à rendre un service aux membres de la communauté financière mais contribue aussi à la moralisation de la vie des affaires, en s'assurant de la conformité à la loi des comportements et en favorisant la transparence de l'information financière. Il est devenu un des garants du respect de l'ordre public économique en raison de son statut de **tiers de confiance** que lui confère son rôle tant à l'égard de l'entité dont il certifie les comptes que des parties prenantes, des pouvoirs publics et des régulateurs.

Ces différents régimes de responsabilité peuvent être synthétisés de la manière suivante :

	FONDEMENT	FINALITÉ
Responsabilité civile	• Dommage causé (responsabilité délictuelle) dans le cadre d'une mission légale • Dommage causé au contractant (responsabilité contractuelle)	Réparation du dommage
Responsabilité pénale	Violation d'un texte instituant une infraction (contravention, délit, crime)	Prévention et sanction
Responsabilité disciplinaire	Manquements à l'éthique et à la déontologie professionnelle ou personnelle ainsi qu'aux obligations et normes d'exercice professionnel	Promotion de la qualité des conditions d'exercice de la profession (compétence technique, éthique)
Responsabilité administrative (AMF)	Répression des abus de marché et atteinte à la qualité de l'information communiquée aux investisseurs	Prévention et sanction

RESPONSABILITÉS DU COMMISSAIRE AUX COMPTES

	Enjeux financiers		Enjeux réputation
	Personne physique	Personne morale	
Civile	• Sans limite au titre de la responsabilité attachée à la mission légale • Limitation contractuelle possible pour les services autres que la certification des comptes	• Sans limite au titre de la responsabilité attachée à la mission légale • Limitation contractuelle possible pour les services autres que la certification des comptes	X
Pénale	• Jusqu'à 75 K€ d'amende • Prison jusqu'à 5 ans	• Jusqu'à 75 K€ d'amende	X
Disciplinaire	• De l'avertissement à la radiation • Amende jusqu'à 50 K€ (collaborateurs) et 250 K€ pour les signataires	• De l'avertissement à la radiation • Amende jusqu'à 1 000 K€	Publication sur le site du H3C (depuis le 17 juin 2016)
Administrative AMF	• Jusqu'à 15 M€	• Jusqu'à 100 M€	Publication sur le site de l'AMF

La loi 2019-486 du 22 mai 2019 relative à la croissance et à la transformation des entreprises, dite « loi Pacte », publiée le 23 mai 2019, a apporté de profondes modifications dans l'exercice de la profession de commissaire aux comptes. Cette loi a introduit notamment la possibilité pour les commissaires aux comptes de fournir, en dehors ou dans le cadre d'une mission légale, des services et attestations, dans le respect des dispositions du Code de commerce, de la réglementation européenne et des principes définis par le Code de déontologie (C. com. art. L 820-1-1, al. 2).

Pour tenir compte de ces modifications, le Code de déontologie de la profession de commissaire aux comptes a récemment été modifié par le décret 2020-292 du 21 mars 2020. Sont ainsi désignés par les termes (CDP art. 1 modifié par le décret précité) :
– « missions », les missions de contrôle légal et les autres missions confiées par la loi et les règlements au commissaire aux comptes ;
– « prestations », les services et attestations fournis par un commissaire aux comptes, en dehors ou dans le cadre d'une mission légale.

Dans le cadre de son activité professionnelle, le commissaire aux comptes est ainsi soumis aux différents régimes de responsabilité susmentionnés quelle que soit la nature des « missions » ou des « prestations » qu'il fournit.

12010 Seront successivement abordées la responsabilité civile du commissaire aux comptes (voir n° 12100), puis sa responsabilité pénale (voir n° 13500), sa responsabilité disciplinaire (voir n° 15000) et enfin sa responsabilité administrative (voir n° 15520).
Une dernière section sera consacrée à l'obligation d'assurance du commissaire aux comptes (n° 15800).

SECTION 1

Responsabilité civile

12100 Aux termes de l'article L 822-17 du Code de commerce : « Les commissaires aux comptes sont responsables, tant à l'égard de la personne ou de l'entité que des tiers, des conséquences dommageables des **fautes et négligences** par eux commises dans l'exercice de leurs fonctions.
Leur responsabilité ne peut toutefois être engagée à raison des informations ou divulgations de faits auxquelles ils procèdent en exécution de leur mission.
Ils ne sont pas civilement responsables des infractions commises par les dirigeants et mandataires sociaux, sauf si, en ayant eu connaissance, ils ne les ont pas signalées dans

RESPONSABILITÉS DU COMMISSAIRE AUX COMPTES © Éd. Francis Lefebvre

leur rapport à l'assemblée générale ou à l'organe exerçant une fonction analogue compétent » (C. com. art. L 823-1).

Un certain nombre de dispositions légales viennent préciser le contenu de l'article L 822-17, al. 1. En particulier, la responsabilité du commissaire aux comptes ne peut pas être engagée à l'occasion de la mise en œuvre de la procédure d'alerte (C. com. art. L 822-17, al. 2), de la révélation de faits délictueux ou de la déclaration de faits ou de soupçons de blanchiment de capitaux ou de financement du terrorisme (C. com. art. L 823-12, al. 2 et 3).

12108 La responsabilité civile, objet de la présente section, est un terme générique qui vise trois catégories distinctes de responsabilité. La responsabilité civile est engagée, soit en raison de l'inexécution d'un contrat, soit en raison d'un acte volontaire ou non, entraînant pour la personne qui est fautive ou qui est légalement présumée fautive, l'obligation de réparer le dommage qui a été subi par une ou plusieurs autres.

On distingue ainsi :

– la responsabilité contractuelle, à savoir l'obligation pour le contractant qui ne remplit pas son obligation telle que prévue par le contrat de réparer le dommage causé à l'autre partie ;

– la responsabilité délictuelle par laquelle on entend toute obligation pour l'auteur d'un fait dommageable de réparer civilement le dommage causé à autrui ;

– la responsabilité quasi délictuelle, laquelle oblige de la même manière que la responsabilité délictuelle l'auteur d'un fait à réparer le dommage subi lorsque ce dernier résulte d'une négligence ou d'une imprudence.

Jusqu'à la promulgation de la loi du 24 juillet 1966, la doctrine était partagée quant à la nature de la responsabilité – contractuelle ou délictuelle – du commissaire aux comptes.

On rappelle que la responsabilité contractuelle se fonde sur l'inexécution d'un contrat, alors que la responsabilité délictuelle entre en jeu quand une personne cause, avec intention de nuire (délit civil), sans intention de nuire ou par négligence (quasi-délit), un dommage illicite à une autre personne envers laquelle elle n'est liée par aucun rapport d'obligation préexistant.

La responsabilité contractuelle peut ouvrir droit à des **dommages-intérêts** (C. civ. art. 1217) chaque fois que le débiteur ne remplit pas une obligation mise à sa charge par le contrat et cause un dommage à l'autre partie, soit par l'inexécution totale ou partielle, soit par l'exécution tardive. La responsabilité délictuelle ouvre droit quant à elle à **réparation**, en application de l'article 1240 du Code civil « tout fait quelconque de l'homme, qui cause à autrui un dommage, oblige celui par la faute duquel il est arrivé à le réparer », chacun étant responsable du dommage qu'il a causé « non seulement par son fait, mais encore par sa négligence ou par son imprudence » (C. civ. art. 1241).

La loi du **24 juillet 1966** ayant supprimé toute référence au mandat, les premiers commentateurs de la loi en ont tiré la conséquence qu'il convenait de substituer à la responsabilité contractuelle une responsabilité **délictuelle** ou **quasi délictuelle**. Dans cette nouvelle approche de la mission, que l'on pourrait qualifier d'institutionnelle ou légale par opposition à l'approche contractuelle, le commissaire aux comptes est investi d'une mission d'intérêt général, dont la durée et le contenu sont définis par la loi et non plus en vertu d'un mandat donné par les actionnaires : le lien qu'il entretient avec la société « ne peut plus être qualifié de contractuel et sa responsabilité civile, lorsqu'elle est recherchée dans le cadre de la mission légale, ne peut l'être que sur le terrain délictuel ou quasi délictuel » (Étude juridique CNCC, La responsabilité civile du commissaire aux comptes, 2007 § 2).

Les tenants de cette conception ont vu leur position confortée par la loi du 1er mars 1984, le commissaire aux comptes devenant, comme ont pu le dire certains auteurs, « une pièce du mécanisme juridique organisé par la loi » (G. Ripert et R. Roblot, Traité élémentaire de droit commercial, LGDJ, T. 2, par M. Germain et V. Magnier, 2011, n° 1720). Plus récemment, la loi sur les nouvelles régulations économiques du 15 mai 2001, portant unification du statut du commissaire aux comptes, « confirme que la mission de contrôleur légal n'est pas celle d'un mandataire mais d'un organe social, indépendant des actionnaires qui le désignent, de la société qui le rémunère et des dirigeants dont il apprécie la gestion sous le double critère de sa régularité et sa qualité. Il forme un troisième pouvoir » (Champaud et Danet RTD Com. 2001 p. 102).

12110 Il résulte de cette analyse que la **doctrine dominante** penche en faveur de la responsabilité délictuelle ou quasi délictuelle du commissaire aux comptes (C. de Lauzainghein, J.-L. Navarro, D. Nechelis, Droit comptable, Précis Dalloz 2004, n° 180 ; Y. Guyon, La responsabilité civile des commissaires aux comptes, JCP éd. C I 1969, II, 87239).

364

RESPONSABILITÉS DU COMMISSAIRE AUX COMPTES

La Cour de cassation elle-même semble accréditer cette position puisqu'elle fait parfois référence à l'article 1382 du Code civil (par exemple Cass. com. 18-5-2010 n° 09-14281 ; Bull. CNCC n° 159-2010 p. 527). Cependant, le Conseil d'État dans un arrêt du 24 mars 2006, rendu à propos du Code de déontologie professionnelle, a jeté un certain trouble en décidant que le lien entre le commissaire aux comptes et l'entité contrôlée était contractuel (voir Bull. CNCC n° 141-2006 p. 111 note Ph. Merle).

Une réforme très importante est intervenue avec l'ordonnance 2005-1126 du 8 septembre 2005 qui a placé les articles L 822-17 et L 822-18 du Code de commerce sous une section intitulée « De la responsabilité civile » qui ne fait aucune distinction entre la responsabilité délictuelle et la responsabilité contractuelle du commissaire aux comptes. C'est une **responsabilité professionnelle** qui atteint les commissaires aux comptes dès lors qu'ils commettent une faute, une négligence « dans l'exercice de leurs fonctions ». Cette responsabilité peut être engagée à l'occasion de leur mission légale de certification ou dans le cadre de services autres que la certification des comptes.

12112

La cour d'appel de Paris a cependant précisé dans un arrêt du 25 septembre 2014 que le délai de prescription de trois ans, prévu aux articles L 822-18 et L 225-254 du Code de commerce, ne s'appliquait qu'aux diligences effectuées par le commissaire aux comptes dans le cadre de sa **mission de contrôle légal**, et que pour les missions de nature contractuelle, telles que les missions réalisées dans le cadre de **SACC**, le délai de prescription de droit commun de cinq ans devait être retenu (CA Paris 25-9-2014 n° 10/24580 : RJDA 8-9/15 n° 576, Bull. CNCC 177-2015 p. 143 obs. Ph. Merle).

Dans un arrêt en date du 24 novembre 2015, la Cour de cassation, sans se prononcer nettement sur la nature de la responsabilité du commissaire aux comptes réalisant une mission autre que de certification au profit de l'entité contrôlée, a rejeté le pourvoi formé par une société de commissaires aux comptes à l'encontre d'une décision de cour d'appel ayant relevé que c'est à raison de fautes contractuelles que la responsabilité du commissaire aux comptes avait été recherchée et que la prescription triennale prévue à l'article L 822-18 du Code de commerce ne trouvait pas à s'appliquer (Cass. com. 24-11-2015 n° 14-17.014 : RJDA 3/16 n° 202, BRDA 2/16 inf. 2, Bull. Joly 2016 p. 108 note J.-F. Barbièri, compar. obs. Ph. Merle in Bull. CNCC n° 181-2016 p. 49).

La Cour de cassation semble avoir ainsi implicitement tranché, faisant preuve d'une interprétation stricte, en faveur d'un rattachement du régime de la prescription applicable à la nature de la mission et non au statut du commissaire aux comptes bien que l'article L 822-17 s'inscrive dans le corps du chapitre II qui régit le statut de commissaire aux comptes.

En pratique, l'examen des modalités de mise en œuvre de la mission montre que celles-ci, bien qu'imposées pour l'essentiel par le dispositif légal et normatif, impliquent nécessairement un échange de consentements entre le commissaire aux comptes et l'entité contrôlée sur la partie des termes de la mission ne faisant pas l'objet de prescriptions légales. Ainsi, une **lettre de mission** doit-elle obligatoirement préciser les « modalités » de la mission et notamment ses conditions financières (NEP 210 relative à la lettre de mission homologuée par arrêté du garde des Sceaux du 12-5-2021) dont il n'est pas fortuit de relever qu'elles donnent lieu, de plus en plus souvent, à appel d'offres ou de candidature. Toutefois, la lettre de mission qui définit le périmètre et les modalités d'exercice de la mission légale ne peut avoir ni pour objet ni pour effet de réduire le délai de prescription défini par l'article L 225-254 du Code de commerce sur renvoi de l'article L 822-18 du même code, ni de limiter la responsabilité du commissaire aux comptes.

À l'inverse, les prestations **de services autres que la certification des comptes réalisées à la demande de l'entité s'inscrivent dans une logique contractuelle**. Les termes de référence de la mission confiée au commissaire aux comptes devront être définis le plus précisément possible afin de préciser le cadre de son intervention, l'éventuelle responsabilité qui y sera attachée, le délai de prescription d'une éventuelle action en responsabilité, la prescription quinquennale s'appliquant à défaut et pourra inclure des limitations de responsabilité. La lettre de mission doit également permettre au régulateur de s'assurer, lors de ses contrôles, que la mission acceptée par le commissaire aux comptes est compatible avec les dispositions régissant la profession. L'article R 823-17-1 du Code de commerce, créé par le décret 2020-292 du 21 mars 2020, impose, pour les missions autres que la certification des comptes et pour les prestations, qu'une lettre de mission soit établie par les parties préalablement à la réalisation de la mission ou de la prestation et qu'elle précise notamment les engagements des parties et le montant des honoraires, qui tient compte de l'importance des diligences à mettre en œuvre.

RESPONSABILITÉS DU COMMISSAIRE AUX COMPTES © Éd. Francis Lefebvre

12115 En application des dispositions du titre 2 du livre VIII du Code de commerce, le commissaire aux comptes désigné pour certifier les comptes d'une entité exerce une mission légale (dite de certification légale des comptes). Il n'est donc pas possible d'aménager contractuellement la prescription de la mission légale du commissaire aux comptes, prescrite par trois ans en matière civile.

Toutefois, le législateur a prévu qu'un commissaire aux comptes inscrit sur la liste prévue à l'article L 822-1 du Code de commerce puisse intervenir dans d'autres circonstances que celles relatives à la certification légale des comptes. Il peut s'agir de missions légales également (prévues par un texte de loi) confiées à différentes catégories de professionnels dont celle des commissaires aux comptes inscrits (par exemple commissariat aux apports, commissariat à la fusion, commissariat à la transformation…). Nous considérons que dès lors que la mission peut être effectuée par une personne n'ayant pas la qualité de commissaire aux comptes, la responsabilité de l'intervenant est contractuelle, quelle que soit sa qualité, commissaire aux comptes ou non.

En attendant que la jurisprudence se soit nettement prononcée, il est recommandé au commissaire aux comptes, s'il estime que sa mission, autre que de certification, est de nature contractuelle, de prévoir dans sa lettre de mission une prescription réduite (par exemple comprise entre un et trois ans en application de l'article 2254, al. 1 du Code civil) et une limitation de sa condamnation éventuelle à des dommages et intérêts en se fondant sur la jurisprudence traditionnelle.

12120 La responsabilité civile du commissaire aux comptes suppose que soient réunies un certain nombre de **conditions**, que nous examinerons (nᵒˢ 12200 s.) avant de décrire les modalités de mise en œuvre des **actions en responsabilité** intentées contre les professionnels (nᵒˢ 12800 s.).

Dans les développements qui suivent est abordée la responsabilité civile applicable, sur renvoi de l'article L 820-1 du Code de commerce, à toutes les personnes ou entités faisant intervenir un commissaire aux comptes, que sa nomination soit obligatoire ou volontaire. En revanche, ne sont pas abordées les responsabilités spécifiques des commissaires aux apports, à la fusion et à la transformation.

I. Conditions de la responsabilité

12200 Pour engager la responsabilité civile d'un professionnel, il faut prouver que celui-ci a commis une **faute** ou une **négligence** (voir nᵒˢ 12250 s.), que cette faute ou négligence a causé un **préjudice** (voir nᵒˢ 12450 s.), et qu'un **lien de causalité** existe entre la faute et le dommage subi (voir nᵒˢ 12520 s.). Si ces conditions sont réunies, il sera condamné sur le terrain civil, dès lors qu'il ne peut pas se prévaloir d'une cause d'exonération de sa responsabilité (voir nᵒˢ 12600 s.).

A. Faute

12250 La condition première de mise en œuvre de la responsabilité civile du commissaire aux comptes est qu'il ait commis une faute ou une négligence. L'introduction de la notion de négligence par l'article L 822-17 du Code de commerce montre bien que le caractère intentionnel de la faute n'est en rien une nécessité : on retrouve bien le principe général que le délit et le quasi-délit, régis par les articles 1240 et 1241 du Code civil, obligent l'un et l'autre à la réparation intégrale sans que le commissaire aux comptes ne puisse, contractuellement, limiter sa responsabilité dans le cadre de l'exercice de sa mission légale (voir nᵒ 12112). Cela étant, trois questions subsistent quant à l'établissement d'un comportement fautif ou négligent du commissaire aux comptes :

– Quelle est la **nature de l'obligation** pesant sur le professionnel, dont le non-respect permettra de qualifier son comportement de fautif ?

– Quels sont les **auteurs** potentiels de ces fautes ou négligences qui engageront sa responsabilité ?

– À qui revient la charge de **prouver** la faute ou la négligence, pour que celle-ci puisse être retenue ?

Nature de l'obligation du commissaire aux comptes

12255 Le commissaire aux comptes est tenu à une obligation **de moyens**. Ce n'est que dans certains cas, strictement définis, qu'il est tenu à une obligation **de résultat**. La prise en

366

compte de cette distinction est un élément d'appréciation essentiel pour le juge lorsqu'il doit décider si, dans tel cas d'espèce, les agissements du professionnel sont ou non constitutifs d'un comportement fautif.

On rappelle que l'obligation **de moyens** consiste pour le débiteur à s'engager, à l'égard de son créancier, à employer les moyens appropriés pour accomplir une obligation, sans pour autant en garantir la bonne fin. En cas de litige, le créancier devra rapporter la preuve que l'inexécution de l'obligation est due à une faute du débiteur, qui ne s'est pas comporté comme un professionnel normalement diligent et avisé.

L'obligation **de résultat** consiste pour le débiteur à procurer à son créancier un résultat précis. En cas de litige, l'inexécution de l'obligation fait présumer la faute du débiteur qui, pour s'exonérer de sa responsabilité, devra apporter la preuve que le non-accomplissement de son obligation est dû à une cause qui ne lui est pas imputable.

Principe L'une des caractéristiques essentielles de la mission du commissaire aux comptes, qui conditionne les modalités de sa mise en œuvre, est qu'elle repose sur une **obligation de moyens**. **12258**

Ce principe, rappelé par les normes d'exercice professionnel et la doctrine professionnelle de la CNCC, est affirmé de façon constante par la **jurisprudence** (CA Paris 13-9-2018 n° 16/24867 : RJDA 1/19 n° 26, Rev. sociétés 2019 p. 203 note Ph. Merle ; Cass. com. 9-2-1988 : Bull. CNCC n° 70-1988 p. 197 ; Cass. com. 6-10-1992 : Bull. CNCC n° 90-1993 p. 243).

La Cour de cassation, dont la position a été plus longue à se dégager que celle des cours d'appel, s'est cependant nettement prononcée en faveur de l'obligation de moyens, en exigeant que la preuve de la faute soit rapportée par le demandeur. Sa jurisprudence est désormais constante et non contestée. On notera d'ailleurs avec intérêt que le recours au concept d'obligation de moyens n'est pas un privilège réservé à la profession de commissaires aux comptes et que les tribunaux l'ont progressivement adopté en matière de responsabilité des professionnels libéraux : « ... on constate, en tout cas, que la qualification d'obligation de moyens l'emporte largement en ce qui concerne les services purement intellectuels fournis par les membres des professions libérales, ... comme les commissaires aux comptes » (G. Viney, « Les obligations, la responsabilité : conditions » in Traité de droit civil sous la direction de J. Gesthin, LGDJ, 1995 n° 541).

La conséquence de l'obligation de moyens est que le commissaire aux comptes n'est pas tenu à l'**exhaustivité** (voir n°s 7660 s.) : il n'a pas à « vérifier toutes les opérations qui relèvent du champ de ses missions, ni à rechercher systématiquement toutes inexactitudes et irrégularités qu'elles pourraient comporter » (CA Paris 13-9-2018 n° 16-24867 : RJDA 1/19 n° 26, Rev. sociétés 2019 p. 203 note Ph. Merle). **12260**

En revanche, il engage sa responsabilité civile dès lors qu'il ne s'est pas comporté comme un professionnel normalement diligent et avisé (Étude juridique CNCC, op. cit., § 9). Il lui appartient donc, en cas de mise en cause de sa responsabilité, de démontrer qu'il s'est comporté comme tel et a respecté les dispositions normatives régissant sa mission. À défaut, les tribunaux peuvent considérer que le défaut de respect des normes d'exercice professionnel et la négligence du commissaire aux comptes peuvent conduire à une inversion de la charge de la preuve et qu'il appartient au professionnel de démontrer l'absence de faute dans la mise en œuvre de ses diligences (voir Cass. crim. 25-2-2004 n° 03-81.173, aff. Tutrice : RJDA 7/05 n° 826, Bull. CNCC n° 177-2004 p. 327 note Ph. Merle).

MM. de Lauzainghein, Navarro et Nechelis relèvent qu'il est erroné sur le plan de la stricte terminologie juridique de parler d'obligations de moyens et de résultat, et que c'est par rapport aux diligences requises du professionnel consciencieux que doit s'apprécier le comportement du commissaire incriminé (Droit comptable, Précis Dalloz précité, § 181). Il est donc nécessaire, tout au long de son mandat, que le commissaire aux comptes documente son approche des risques, la stratégie qu'il entend mettre en œuvre pour y répondre et vérifie qu'elle est cohérente au regard du secteur d'activité et de l'organisation de l'entité contrôlée et, le cas échéant, l'adapte en cours de mission au regard des difficultés rencontrées ou de ses constats, les seuils de signification choisis, l'absence de discordance dans les informations recueillies et, le cas échéant, les diligences mises en œuvre pour en comprendre l'origine, la cohérence des diligences mises en œuvre au regard de sa stratégie d'audit et la cohérence de ses conclusions au regard des éléments probants recueillis lors de la réalisation de ses travaux, matérialiser ses alertes et recommandations et les maintenir tant que les problèmes relevés n'ont pas été résolus.

Exceptions Par exception, une **obligation de résultat** et non une obligation de moyens prévaut : **12265**
– en application des articles L 225-26 et L 225-73 du Code de commerce, pour la vérification des règles relatives aux actions dont doivent être propriétaires les administrateurs et les membres du conseil de surveillance lorsque les statuts l'exigent (voir n° 56060) ;

RESPONSABILITÉS DU COMMISSAIRE AUX COMPTES © Éd. Francis Lefebvre

– en application de l'article L 210-8, al. 2 du Code de commerce, pour le contrôle de la régularité des modifications statutaires dans les sociétés commerciales (voir nº 50318) ;
– en application des articles L 225-40, al. 3 et L 225-88, al. 3 du Code de commerce pour ce qui est de la présentation par le commissaire aux comptes d'un rapport spécial sur les conventions dont il a eu connaissance (voir nº 50318) ;

Engagera également sa responsabilité, selon nous, le commissaire aux comptes qui ne s'assurera pas que l'approbation de ces conventions est motivée ou que les conventions approuvées au cours d'exercices antérieurs ont fait l'objet d'un réexamen par les organes sociaux compétents (C. com. art. L 225-40 et L 225-40-1) ou dans le cas inverse n'en fera pas mention dans son rapport (en ce sens, C. com. art. L 823-12, al. 1 et NEP 250 § 12).

La découverte par le commissaire aux comptes des conventions réglementées éventuelles qui ne lui auraient pas été signalées relève en revanche d'une obligation de moyens.

– selon quelques juridictions du fond, pour certaines missions ou diligences particulières ne contenant aucun aléa, comme « la certification de l'exactitude du montant total des rémunérations versées aux personnes les mieux rémunérées de la société » (CA Rennes 22-2-2009 : Bull. CNCC nº 155-2009 p. 463 obs. Ph. Merle).

12270 **Appréciation de la faute** Dans les cas exceptionnels où la faute du commissaire aux comptes serait **intentionnelle**, il est nécessaire de prouver que l'auteur du dommage a agi en vue de causer un dommage à autrui, ou d'une manière qu'il savait devoir nuire à autrui. Le juge apprécie alors subjectivement le **comportement concret** de l'individu : on dit que la faute intentionnelle s'apprécie *in concreto*. Dans le cas, de loin le plus fréquent, où la faute résulte d'une **négligence**, le juge doit se livrer à l'exercice délicat de comparer le comportement qui a été celui de l'auditeur légal avec celui qu'aurait eu un professionnel normalement diligent et avisé placé dans la même situation : il est donc amené à juger *in abstracto*, mais en tempérant son jugement par la prise en compte des circonstances très concrètes dans lesquelles a été placé le professionnel.

La démarche que doit adopter le juge a été parfaitement définie par la cour d'appel de Caen dans un arrêt du 24 octobre 2000 : « S'agissant d'une responsabilité délictuelle, il appartient à celui qui recherche la responsabilité d'un commissaire aux comptes de démontrer la faute par lui commise, le préjudice subi et le lien de causalité entre cette faute et ce préjudice. La loi et les recommandations et usages de la profession énonçant l'ancienne norme de comportement que doit avoir un commissaire aux comptes, la faute s'apprécie donc par rapport à un professionnel normalement compétent, prudent, attentif et diligent qui, dans les mêmes circonstances, ne l'aurait pas commise » (CA Caen 24-10-2000 : Bull. CNCC nº 120-2000 p. 552).

On observe par ailleurs que les juges n'hésitent pas à prendre en compte la faute de la victime, ce qui les conduit à atténuer la responsabilité du commissaire aux comptes, voire à l'exonérer de toute responsabilité (voir nº 12530).

Le seul fait que des anomalies comptables aient eu lieu ne suffit pas en soi à caractériser la faute du commissaire aux comptes : pour être établie, celle-ci suppose en principe une insuffisance de diligences de la part du professionnel (voir nºs 12278 s.).

12271 Les fautes de l'auditeur légal peuvent intervenir à **tous les stades** de sa mission : lors de l'acceptation ou de la cessation des fonctions, ou bien dans le courant de sa mission. En règle générale, l'appréciation du juge sera fondée sur les **circonstances** de l'espèce, les **normes d'exercice professionnel**, et sur l'**obligation de moyens** de l'auditeur, dont la prise en compte sera d'autant plus nécessaire que seront concernés des aspects de la mission, comme la certification ou la détection de la fraude, qui présentent pour l'auditeur un risque significatif d'erreur ou d'omission.

12273 À l'occasion de l'**acceptation des fonctions**, la responsabilité civile du commissaire aux comptes peut notamment être engagée s'il accepte la mission, ou se maintient en fonctions, tout en se sachant sous le coup d'une situation d'incompatibilité ou d'interdiction, voire s'il se trouve en situation de conflit d'intérêts, ce qui pourra également engager sa responsabilité disciplinaire.

Ainsi l'annulation des délibérations d'une assemblée générale prises sur rapport d'un commissaire aux comptes qui aurait accepté ou conservé ses fonctions malgré l'existence d'incompatibilités légales peut-elle entraîner la recherche de sa responsabilité civile, dans la mesure où ce comportement a causé un préjudice aux demandeurs (C. com. art. L 820-3-1 modifié par l'ordonnance 2016-315 du 17-3-2016 ; voir également nºs 3810 s.).

RESPONSABILITÉS DU COMMISSAIRE AUX COMPTES

Dans le **courant de la mission**, un premier cas relativement fréquent de mise en cause du professionnel trouve son origine dans la **certification** de comptes ne présentant pas une image fidèle : les personnes qui subissent un dommage, parce qu'elles ont été trompées sur la réalité de la situation financière, ne manquent pas de mettre en cause le commissaire aux comptes pour insuffisance de diligences.

> À titre d'exemples, ce type de procédure pourra être intenté par un actionnaire souscrivant à une augmentation de capital social (Cass. com. 9-2-1988 : Bull. CNCC n° 70-1988 p. 197), par un repreneur qui est obligé de mettre en œuvre la garantie de passif (CA Paris 17-6-1992 : Bull. CNCC n° 88-1992 p. 595), ou également par un prêteur, banquier ou investisseur, qui a octroyé un financement au vu des comptes annuels certifiés.
>
> Encore faut-il apporter la preuve que le préjudice allégué est consécutif à une insuffisance des diligences du commissaire aux comptes. Ainsi, doit être jugée mal fondée une action en responsabilité civile contre le commissaire aux comptes pour non-révélation de détournement, s'il n'est pas prouvé qu'une insuffisance de diligences du commissaire aux comptes en est la cause, les détournements ayant été mis en évidence dans le cadre d'un contrôle fiscal, « par la mise en œuvre de moyens d'investigations dont le commissaire aux comptes, qui doit procéder par sondages, ne dispose pas compte tenu des limites de sa mission et de ses obligations » (CA Versailles 7-11-2002 : Bull. CNCC n° 128-2002 p. 580).
>
> À l'inverse, la chambre commerciale de la Cour de cassation, dans un arrêt fort critiqué, en date du 11 février 2003, a retenu la responsabilité des commissaires aux comptes d'un groupe de sociétés vis-à-vis de son repreneur, alors même qu'ils avaient apporté des réserves à leur certification : elle a considéré que, de par leur connaissance des sociétés du groupe, les commissaires aux comptes disposaient de tous les éléments nécessaires à leur mission et qu'il leur appartenait donc de vérifier les déclarations et informations données par les dirigeants du groupe, se refusant par ailleurs à retenir la faute des dirigeants pour communication de comptes faux à leurs commissaires aux comptes (Cass. com. 11-2-2003 : Bull. CNCC n° 130-2003 p. 325, Ph. Merle). Depuis que la loi de sécurité financière oblige les commissaires aux comptes à justifier de leurs appréciations à l'occasion de leur mission de certification (C. com. art. L 823-9, al. 1 et 2), on peut craindre que leur responsabilité civile soit recherchée en cas d'absence de justification ou de justification erronée, insuffisante ou incomplète.
>
> Toutefois, dans un arrêt du 30 janvier 2014, la cour d'appel de Paris a précisé que leur responsabilité ne peut être recherchée de ce seul fait dès l'instant où il n'est pas démontré que les **comptes pris dans leur ensemble** ne répondent pas aux exigences de régularité et de sincérité au regard des anomalies significatives dans leur montant ou dans leur nature qu'un contrôle diligent aurait permis de déceler, en sorte que l'opinion émise n'est pas remise en cause (voir n° 15615 sur la responsabilité administrative). En sens inverse, n'est pas fautif le refus temporaire de commissaires aux comptes de certifier les comptes de sociétés en raison de doutes sur la régularité d'une opération qui, si elle avait été annulée, aurait eu une incidence sur leurs comptes, les doutes n'étant levés qu'ultérieurement : Cass. com. 18-2-2014 n° 12-29.075 : Bull. CNCC n° 174-2014 p. 234 note Ph. Merle, D. 2014 p. 543.

12278

L'action à l'encontre du commissaire aux comptes peut également être fondée sur le fait qu'une **insuffisance de diligences**, notamment en matière de revue des procédures de contrôle interne, l'a empêché de découvrir telle fraude ou telle irrégularité à l'occasion du contrôle et de la certification des comptes annuels (voir, par exemple, Ph. Merle, « La comptable indélicate et le commissaire aux comptes », in Mélanges P. Le Cannu, Dalloz 2014 p. 279).

> Ainsi a été considéré comme constitutif d'une faute ou d'une négligence le fait de procéder à des contrôles sommaires ayant permis de déceler l'éventualité d'une fraude dans la présentation des comptes sans avoir ultérieurement approfondi ses investigations (Cass. com. 9-2-1988 : Bull. CNCC n° 70-1988 p. 197), ou de ne consacrer qu'une journée sur place au contrôle des comptes (Cass. com. 27-10-1992 : Bull. CNCC n° 91-1993 p. 375).
>
> De même, la Cour de cassation a eu récemment à se prononcer sur les diligences qu'un commissaire aux comptes aurait dû mener à l'occasion de l'augmentation substantielle de la rémunération du dirigeant. Ainsi, dans un arrêt de la chambre commerciale de la Cour de cassation du 31 mars 2021 publié au Bulletin des arrêts de la Cour de cassation, ce qui comme le note le professeur Merle marque toute l'importance que la Cour de cassation attache à cet arrêt, cette dernière a retenu la responsabilité du commissaire aux comptes qui n'a pas effectué de diligences pour vérifier la rémunération du dirigeant. La Cour de cassation a ainsi jugé que le commissaire aux comptes avait manqué à son obligation légale de vérification de la sincérité de la rémunération du dirigeant en n'interpellant pas les organes sociaux compétents, en ne formulant aucune observation ou réserve lors de la certification et en restant inerte dans l'attente de devoir procéder au seul contrôle sur place des pièces comptables, une fois l'exercice achevé (Cass. com. 31-3-2021 n° 19-12.045 : RJDA 7/21 n° 482 ; Bull. CNCC n° 202-2021 note Ph. Merle).

12280

Même si les diligences « normales » ont été accomplies, la responsabilité du commissaire aux comptes pourra être recherchée dès lors que l'**omission d'une information à l'égard des actionnaires ou des tiers** a des conséquences préjudiciables.

RESPONSABILITÉS DU COMMISSAIRE AUX COMPTES © Éd. Francis Lefebvre

Encore faut-il que le commissaire aux comptes soit tenu de donner ladite information en application des textes légaux ou réglementaires, ce qui est le cas, par exemple, pour le signalement des irrégularités à l'organe délibérant. Dans les autres cas, le commissaire aux comptes ne peut pas être directement dispensateur d'informations.

> Ainsi le commissaire aux comptes ne peut-il se substituer à l'entité en fournissant une information absente de l'annexe. Conformément aux dispositions de l'article L 823-12 du Code de commerce, il est cependant tenu de signaler à la plus prochaine assemblée générale ou réunion de l'organe compétent les irrégularités et inexactitudes relevées au cours de l'accomplissement de sa mission.

12285 Lors de la **cessation de ses fonctions**, de leur ajournement ou de sa démission, sa responsabilité civile peut être engagée s'il ne s'est pas entouré des précautions appropriées.

> Le commissaire aux comptes veille à ce que sa démission n'intervienne que pour l'un des motifs légitimes énumérés par l'article 28 du Code de déontologie de la profession de commissaire aux comptes modifié par le décret 2020-292 du 21 mars 2020 et qu'elle ne tende pas à le faire échapper à ses obligations légales (sur la responsabilité civile en cas de démission, voir n° 2595).
>
> Il a d'ailleurs été jugé que la responsabilité du commissaire aux comptes ne pouvait pas être retenue lorsque sa démission était due aux difficultés rencontrées dans l'accomplissement de la mission sans pouvoir y remédier conformément aux dispositions de l'article 28 du Code de déontologie (CA Versailles 13-11-2018).
>
> L'article 28, III du Code de déontologie oblige par ailleurs le commissaire aux comptes qui démissionne à en informer le Haut Conseil du commissariat aux comptes, en indiquant les motifs de sa décision. Lorsque l'entité concernée relève de l'Autorité des marchés financiers ou de l'Autorité de contrôle prudentiel, il est également tenu d'en informer ces autorités.

Identité des auteurs

12300 Les seules personnes pouvant être mises en cause dans une action en responsabilité civile sont :
– le professionnel lui-même ;
– les collaborateurs et les experts auxquels il fait appel ;
– les dirigeants de la société contrôlée qui se rendent coupables d'une infraction.

12305 **Professionnel** La responsabilité civile du professionnel, personne physique ou personne morale, est une responsabilité avant tout personnelle. Le commissaire aux comptes est tenu des conséquences dommageables des fautes ou des négligences qu'il a **personnellement** commises dans l'exercice de ses fonctions. Sauf cas particulier (collaborateurs et experts, n° 12310 ; dirigeants, n° 12330), le commissaire aux comptes ne peut être condamné en tant que responsable de la faute d'autrui.

> Ainsi a-t-il été jugé que le demandeur ne peut exiger des commissaires aux comptes que la réparation de leurs fautes personnelles dans le cadre de leurs obligations découlant de la loi (TGI Paris 6-1-1973 : Bull. CNCC n° 9-1973 p. 75).

12308 Le principe de la responsabilité personnelle du commissaire aux comptes ne signifie pas que celle-ci ne peut être liée, ou ne peut découler de la faute d'autrui, mais uniquement que seule sa **responsabilité propre** peut être engagée. On remarque d'ailleurs que les fautes du commissaire aux comptes peuvent avoir pour origine celles commises par d'autres personnes, qui sont le plus souvent actionnaires, dirigeants ou salariés de l'entité contrôlée. Dès lors, le juge doit opérer une **distinction capitale** pour l'évaluation du dommage et la répartition de la condamnation. Il doit en effet déterminer :
– si la faute du commissaire est **autonome** par rapport à la faute qui est à l'origine de sa défaillance ;

> Ainsi, en principe, lorsque les diligences insuffisantes du commissaire aux comptes ont permis à un salarié de la société contrôlée de perpétrer ses activités délictuelles, le commissaire aux comptes ne sera pas considéré comme civilement responsable de l'infraction commise par le salarié de l'entreprise, mais il devra répondre des conséquences dommageables de sa faute personnelle (TGI Paris 6-1-1973 : Bull. CNCC n° 9-1973 p. 75). En revanche, dans l'hypothèse où le commissaire aux comptes aura, sur plusieurs exercices, fait preuve d'une négligence telle qu'une fraude aura pu être perpétrée de manière continue par les dirigeants, et quand bien même des contrôles réalisés par l'administration fiscale ne l'auraient pas décelée, la Cour de cassation a estimé que les conséquences dommageables de la fraude des dirigeants pouvaient être mises à sa charge au motif qu'il s'était, par sa négligence, rendu complice de l'infraction. Cette jurisprudence, critiquée par une partie de la doctrine (Cass. crim. 25-2-2004 n° 03-81.173, aff. Tutrice : Bull. CNCC n° 134-2004 p. 327, note Ph. Merle), n'a pas été rapportée à ce jour.

370

© Éd. Francis Lefebvre   **RESPONSABILITÉS DU COMMISSAIRE AUX COMPTES**

– si, au contraire, les deux fautes sont **liées**, le commissaire aux comptes doit être considéré comme **solidairement responsable** de la réparation du préjudice causé. Cette seconde approche est notamment retenue, en application des articles 375-2, 480-1 et 543 du Code de procédure pénale, lorsqu'il y a complicité du commissaire aux comptes dans le cadre de la commission d'une infraction, ou bien lorsque la loi prévoit expressément la solidarité du commissaire aux comptes : il y a alors condamnation solidaire du commissaire et de l'auteur principal de la faute.

> Ainsi l'article L 210-8, al. 2 du Code de commerce pose-t-il le principe que sont solidairement responsables du préjudice causé par le défaut d'une mention obligatoire dans les statuts, ainsi que de l'omission ou de l'accomplissement irrégulier d'une formalité d'inscription modificative prescrite par la loi, les organes de gestion, d'administration, de direction, de surveillance et de contrôle, parmi lesquels figurent les commissaires aux comptes.

Même en l'absence de toute infraction ou de disposition légale spécifique, certaines décisions admettent la responsabilité in solidum du commissaire et du dirigeant, le juge estimant par exemple que la négligence fautive du commissaire aux comptes, qui a certifié régulier et sincère un bilan inexact, permettant au dirigeant d'obtenir l'aide financière d'un investisseur, le rend responsable in solidum avec celui-ci des pertes subies par l'investisseur (Cass. com. 9-2-1988 : Bull. civ. III p. 47 n° 68).

Concernant la responsabilité personnelle de l'associé signataire lorsqu'une société commerciale de commissaires aux comptes est titulaire du mandat, voir n° 12888.

Collaborateurs et experts   En application de l'article L 823-13, al. 2 du Code de commerce, le commissaire aux comptes peut se faire assister ou représenter, **sous sa responsabilité**, d'experts ou collaborateurs de son choix. En application de ce texte, la responsabilité du commissaire aux comptes est engagée par les actes de ces collaborateurs et experts au même titre que par les siens propres. **12310**

S'agissant des **collaborateurs**, la solution du texte de loi précité ne fait que reprendre la solution donnée par l'article 1384 du Code civil : le commissaire aux comptes, comme tout un chacun, est responsable de la faute de ses préposés, en l'occurrence ses collaborateurs. **12315**

S'agissant en revanche des **experts**, la responsabilité assumée par le commissaire aux comptes se devait d'être précisée par le texte de loi, car l'expert ne peut évidemment être considéré comme le subordonné du commissaire aux comptes.

> On observe que le principe posé par le texte précité est cohérent avec cette caractéristique essentielle de l'audit légal que constitue l'**exercice personnel** de la mission (voir n° 7675) : bien qu'il puisse se faire assister, le commissaire aux comptes garde l'entière responsabilité de la mission, à tel point que s'il déléguait tous ses pouvoirs, il commettrait une faute personnelle (D. Lange, Responsabilité civile du commissaire aux comptes : J-Cl. Stés, fasc. 134-25, § 50).

Le fait que le commissaire aux comptes soit responsable de ses actes n'exonère ni le collaborateur ni l'expert de leur propre responsabilité, et le commissaire aux comptes appelé en responsabilité dans ce cadre a la **possibilité de se retourner contre eux**. Le collaborateur coupable d'une faute s'expose aux sanctions de droit commun en matière de responsabilité des salariés, et notamment à un licenciement en cas de faute grave. Quant à l'expert, le commissaire aux comptes peut décider soit de l'appeler en déclaration de jugement commun dans le procès intenté contre lui, soit d'actionner sa responsabilité civile pour mauvaise exécution de la mission qui lui a été confiée (Étude juridique CNCC « La responsabilité civile du commissaire aux comptes 2007 », op. cit., § 101). **12318**

Administrateurs, directeurs et directeurs généraux   Les commissaires aux comptes ne sont pas civilement responsables des infractions commises par les administrateurs ou les membres du directoire, selon le cas, sauf si, en ayant eu connaissance, ils ne les ont **pas révélées** dans leur rapport à l'assemblée générale (C. com. art. L 822-17, al. 3). Cette disposition peut donner lieu à plusieurs commentaires : **12330**

1° L'exception posée par l'alinéa 2, in fine, de l'article L 822-17 du Code de commerce consacre a contrario le principe de la responsabilité personnelle des commissaires aux comptes, qui ne sont en principe pas susceptibles de voir engager leur **responsabilité pour fait d'autrui**, et notamment à raison des agissements des dirigeants de l'entité contrôlée. **12332**

RESPONSABILITÉS DU COMMISSAIRE AUX COMPTES © Éd. Francis Lefebvre

12335 2° Les conditions de mise en œuvre de l'**exception** édictée par ce texte doivent être, comme toute exception, **interprétées strictement** :
– les personnes au titre des agissements desquels la responsabilité des commissaires aux comptes est susceptible d'être engagée en vertu des dispositions de l'article L 822-17 sont uniquement les personnes ayant le statut de **mandataire social**, à savoir les administrateurs et le directeur général pour la société anonyme classique, les directeurs pour les sociétés dualistes, le président et les dirigeants pour la société par actions simplifiées. A contrario, il ne saurait être question d'étendre le périmètre de cette exception à des directeurs non mandataires, voire à de simples employés ou salariés de la société ;
– seules sont visées les **infractions commises**, autrement dit les agissements susceptibles de faire l'objet d'une sanction pénale : il ne saurait donc y avoir une responsabilité pour fait d'autrui pour des irrégularités non constitutives d'infractions ;
– le commissaire aux comptes doit avoir eu **connaissance** de l'infraction. Il ne peut y avoir de responsabilité du commissaire aux comptes pour fait d'autrui dès lors que le demandeur est dans l'incapacité de prouver que le commissaire aux comptes avait connaissance de l'infraction non signalée à l'assemblée générale.

Lorsque la responsabilité du commissaire aux comptes est retenue en application de l'article L 822-17, al. 2 du Code de commerce, il n'en résulte bien évidemment pas la disparition de la responsabilité des dirigeants. Celle-ci subsiste, notamment sur le plan pénal. Il y aura responsabilité solidaire des dirigeants et du commissaire et, le cas échéant, constatation de leur complicité.

12340 3° L'impossibilité de mettre en cause la responsabilité du commissaire aux comptes pour fait d'autrui ne fait pas obstacle à la mise en cause de sa responsabilité propre. Cette affirmation signifie que de **simples dénégations** du commissaire aux comptes, à propos de sa connaissance présumée d'une infraction commise par un mandataire, ne sauraient suffire à le protéger de toute action visant à établir sa responsabilité civile : le demandeur pourrait en effet faire valoir que l'ignorance du commissaire ne peut trouver d'autre explication que la **carence de ses diligences** par rapport à celles qu'aurait mises en œuvre un professionnel diligent et avisé.

Ce constat résulte très clairement des attendus d'un jugement rendu le 2 octobre 1992 par le tribunal de grande instance de Paris : « Attendu en revanche que le texte dont se prévaut X. ne saurait faire obstacle à l'action engagée contre celui-ci ; qu'en effet, l'article 234, alinéa 2 (de la loi du 24-7-1966, devenu l'article L 822-17 du Code de commerce) prévoit seulement que le commissaire aux comptes ne peut être condamné à supporter financièrement les conséquences dommageables des infractions commises par un dirigeant de la société, à moins qu'il n'en ait eu connaissance et qu'il se soit abstenu de les révéler dans son rapport à l'assemblée générale ; qu'un tel texte n'empêche pas cependant de rechercher – suivant les principes généraux des articles 1240 et 1241 du Code civil (anciens art. 1382 et 1383), dont l'article 234, alinéa 1 de la loi du 24 juillet 1966 (C. com. art. L 822-17) n'est qu'une application – la responsabilité propre du commissaire aux comptes à raison d'une faute personnelle de négligence commise par celui-ci dans l'exercice de sa mission de contrôle des comptes annuels ; qu'en décider autrement reviendrait à accorder une immunité injustifiée au commissaire aux comptes négligent à chaque fois que sa faute viendrait en concours avec une infraction commise par le dirigeant social et à priver les tiers du droit légitime d'obtenir la condamnation du commissaire aux comptes lorsque, notamment, par sa carence, il les aura empêchés de découvrir les agissements du dirigeant... » (TGI Paris 1e ch. 1e sect. 21-10-1992, inédit, cité in Étude juridique CNCC précitée § 104).

12350 On peut en définitive s'interroger sur l'**utilité** véritable de l'exception apportée par l'alinéa 2 de l'article L 822-17 du Code de commerce : on sait en effet que le commissaire aux comptes est tenu de signaler à la plus prochaine assemblée générale les irrégularités et inexactitudes dont il a eu connaissance au cours de sa mission (C. com. art. L 823-12, al. 1). Cette obligation existe a fortiori lorsque cette irrégularité est constitutive d'une infraction. Si, de surcroît, le législateur prend le soin de préciser que le commissaire aux comptes qui s'abstient de cette communication avait effectivement connaissance de ladite infraction, la responsabilité du professionnel aurait pu, semble-t-il, résulter assez facilement de sa responsabilité propre, sans qu'il soit nécessaire de recourir à un mécanisme spécifique pour que le demandeur obtienne réparation du préjudice subi.

Preuve de la faute

12380 La preuve de la faute du commissaire aux comptes soulève pour le demandeur **deux types de difficultés**. La première tient au fait que, sauf exception, le commissaire aux comptes est tenu à une **obligation de moyens** et non à une obligation de résultat. La

© Éd. Francis Lefebvre — RESPONSABILITÉS DU COMMISSAIRE AUX COMPTES

seconde est que le dossier du commissaire aux comptes est normalement couvert par le **secret professionnel**.

Preuve et obligation de moyens Si le commissaire aux comptes était tenu d'une obligation de résultat, il suffirait au demandeur d'établir que tel objectif de la mission censoriale n'a pas été atteint pour que la faute puisse être retenue. Ainsi, le fait de certifier des comptes ne donnant pas une image fidèle, ou encore de ne pas découvrir une convention, suffirait en soi à constituer une faute dès lors que cet élément aurait été établi. On sait qu'il n'en est rien, et que, sauf exception, le commissaire aux comptes est tenu à une simple obligation de moyens (voir n° 12255). Il en résulte que c'est au demandeur « de prouver la faute du commissaire aux comptes. À défaut, la responsabilité civile de ce dernier ne pourrait pas être retenue » (Étude juridique CNCC précitée § 14°).

12385

C'est donc par rapport à la qualité de ses diligences, et non par rapport au succès de ses interventions, que la faute du professionnel devra être appréciée. On observe à cet égard que l'importance croissante prise par le référentiel normatif de la profession est un gage de sécurité pour la communauté financière, dans la mesure où les normes codifient et précisent avec soin la notion de diligences normales en matière d'audit légal.

La preuve de la faute du commissaire aux comptes suppose donc que l'on puisse avoir accès à son dossier pour apprécier la qualité de ses diligences.

Preuve et secret professionnel Pendant fort longtemps, le demandeur s'est trouvé dans l'**incapacité de prouver la faute** du commissaire aux comptes, celui-ci lui opposant le secret professionnel auquel il est tenu en application de l'article L 822-15, al. 1 du Code de commerce (voir n° 5050). Sans doute une position doctrinale et jurisprudentielle autorisait-elle la levée du secret en cas de mise en cause de la responsabilité civile du commissaire aux comptes, mais elle s'appliquait de manière unilatérale, le professionnel recevant la possibilité, mais non l'obligation, de dévoiler le contenu de son dossier (voir n° 5058).

12390

Dans un **arrêt fondamental** en date du **14 novembre 1995** (voir n°s 5066 s.), la Cour de cassation a adopté une situation plus équilibrée, en estimant que le secret professionnel du commissaire aux comptes devait s'effacer devant le principe supralégal du **droit à un procès équitable**, instauré par l'article 6 de la convention européenne des droits de l'Homme, et devant ses corollaires, le principe du contradictoire et celui de l'égalité des armes : il en résulte en pratique que, si la responsabilité civile du professionnel est mise en cause, l'ensemble des pièces nécessaires à la solution du litige doit être tenu à la disposition du juge et, le cas échéant, de l'expert commis.

12395

Dans un second arrêt rendu le même jour, la Haute Juridiction a suivi un raisonnement analogue dans le cadre d'une expertise in futurum, étendant la levée du secret non seulement en cas de mise en cause effective, mais également **en cas de mise en cause probable** de la responsabilité du professionnel. Pour éviter que ces deux arrêts, et notamment le deuxième, ne soient à l'origine d'une grande insécurité juridique, il importe à notre avis de ne pas remettre en cause le caractère absolu du secret professionnel (voir n°s 5065 s.). Il est par ailleurs à espérer que les juges de référé fassent preuve d'une vigilance accrue, analysent l'intérêt légitime des demandeurs à obtenir une telle mesure et sachent refuser les mesures d'instruction in futurum dont ils pourraient les saisir, feignant une éventuelle action contre le commissaire aux comptes dans le seul but de se faire ouvrir son dossier (voir, en ce sens, Étude juridique précitée § 156, notamment CA Versailles 12-9-2002 : Bull. CNCC n° 128-2002 p. 565 obs. Ph. Merle). En effet, il convient de rappeler que les risques de disparition de preuves dont pourrait faire état le demandeur dans le cadre d'une action en référé afin d'obtenir une mesure d'instruction in futurum apparaissent particulièrement limités, le commissaire aux comptes étant tenu de conserver ses dossiers de travail pendant six ans même après la cessation de ses fonctions (C. com. art. R 821-68). La jurisprudence n'hésite pas à rappeler que, selon l'article 493 du Code de procédure civile, l'ordonnance sur requête est une décision provisoire rendue non contradictoirement dans le cas où le requérant est fondé à ne pas appeler de partie adverse. Elle en déduit que la dérogation au principe de la contradiction n'est pas justifiée dans la requête qui invoque un risque de dépérissement des preuves, alors que les commissaires aux comptes, membres d'une profession réglementée, sont tenus à une obligation légale de conservation de tous documents établis relativement à leur mission pendant dix ans (CA Paris 11-3-2016 : Bull. CNCC n° 182-2016 p. 373 note Ph. Merle).

RESPONSABILITÉS DU COMMISSAIRE AUX COMPTES © Éd. Francis Lefebvre

De plus en plus nombreuses sont les juridictions qui refusent de donner une suite favorable aux demandes d'expertise in futurum, en considérant qu'en l'absence de risque de dépérissement des preuves, la preuve d'un motif légitime n'est pas rapportée (CA Nancy 29-2-2016 : Bull. CNCC nº 183-2016 p. 502 note Ph. Merle ; T. com. Nice 21-9-2016 : Bull. CNCC nº 183 p. 505).

12400 Afin de se prémunir contre l'exercice d'une action en responsabilité à son encontre, il apparaît ainsi primordial que le commissaire aux comptes mette en œuvre ses diligences conformément aux normes et avis régissant la profession et documente l'ensemble des éléments pris en compte sous-tendant l'exercice de son jugement professionnel. Par ailleurs, le commissaire aux comptes devra attacher une importance particulière à préserver son indépendance et l'apparence d'indépendance à l'égard de l'entité dont il assume le contrôle des comptes, tant dans le cadre de ses relations personnelles ou financières avec cette dernière qu'au regard de son comportement et de la nature et de l'importance relative des missions qu'il pourrait mener au regard de celle de sa mission légale. Une perte d'indépendance ou une apparence d'absence d'indépendance peuvent en effet constituer une circonstance aggravante en cas de mise en cause de sa responsabilité.

12405 Il doit, tout au long de sa mission, prendre en compte le risque d'audit, c'est-à-dire le risque qu'il ne détecte pas une anomalie significative telle qu'il aurait exprimé une opinion différente de celle qu'il aurait émise s'il l'avait identifiée. Il doit donc évaluer ce risque et concevoir les procédures d'audit à mettre en œuvre en réponse à cette évaluation. Il doit également, afin de réduire ce risque, et tout au long de son audit, faire preuve d'esprit critique et tenir compte du fait que certaines situations identifiées en cours d'audit peuvent conduire à des anomalies significatives dans les comptes. L'article 7 du Code de déontologie de la profession de commissaire aux comptes modifié par le décret 2020-292 du 21 mars 2020 fait désormais référence à la notion de **conscience professionnelle** et dispose que « le commissaire aux comptes doit faire preuve de conscience professionnelle, laquelle consiste à exercer chaque mission ou prestations avec diligence et à y consacrer le soin approprié » (CDP art. 7, al. 4).

Le commissaire aux comptes doit enfin tenir compte de la possibilité, y compris si le niveau de contrôle interne lui paraît satisfaisant, qu'une anomalie significative se produise dans les comptes et ne soit ni prévenue ni détectée par le contrôle interne de l'entité et donc non corrigée en temps voulu. Il doit donc constituer un cadre de référence dans lequel il planifie son audit et exerce son jugement professionnel pour évaluer le risque d'anomalies significatives dans les comptes et répondre à ce risque tout au long de ses travaux.

Il doit, à cet effet, prendre en considération le secteur d'activité, les conditions économiques générales, l'environnement et les caractéristiques de l'entité, notamment de son système de contrôle interne, la possibilité d'un contournement du système de contrôle interne, le gouvernement d'entreprise, la situation économique propre de l'entité et la pression exercée sur son chiffre d'affaires et ses résultats, notamment si elle traverse des périodes de difficultés économiques. Cette évaluation des risques peut évidemment être remise en cause et modifiée en cours d'audit en fonction des éléments collectés au cours de la mission. En particulier, le commissaire aux comptes devra s'assurer de l'absence de risque identifié justifiant la mise en œuvre d'une démarche d'audit particulière et, dans le cas contraire, évaluer la conception et la mise en œuvre du contrôle interne en relation avec ces risques. Un tel risque est notamment lié à des opérations non courantes en raison de leur importance et de leur nature (NEP 315 § 15 à 17). Il doit également prendre en considération, lors de son approche et de la planification de ses travaux, le risque de possibilité de fraude (NEP 240), en particulier, il se peut que la direction s'affranchisse de certains contrôles mis en place par l'entité. Il doit également comprendre la justification économique d'opérations importantes qui lui semblent être en dehors des activités ordinaires de l'entité, ou qui lui apparaissent inhabituelles eu égard à sa connaissance de l'entité et de son environnement. Il doit aussi prendre en considération le risque d'anomalies significatives résultant du défaut de respect de textes légaux et réglementaires (NEP 250).

12410 Le choix des procédures d'audit et leur adaptation en cours d'audit, l'importance et la nature des diligences à mettre en œuvre, la détermination des seuils de signification et de planification reposent sur le jugement professionnel du commissaire aux comptes qu'il lui appartient de documenter afin de pouvoir justifier de son comportement au regard des normes régissant l'exercice de la profession en cas de mise en cause de sa responsabilité. Il devra également documenter les différentes communications réalisées auprès des dirigeants ou du gouvernement d'entreprise afin d'attirer leur attention sur les anomalies découvertes au cours de sa mission et s'assurer de la cohérence de son

© Éd. Francis Lefebvre — RESPONSABILITÉS DU COMMISSAIRE AUX COMPTES

opinion avec l'approche mise en œuvre, les diligences réalisées et les conclusions qu'il en aura tirées.

Ainsi, confronté à une action tendant à voir reconnaître sa responsabilité en cas de fraude ou de détournement, le commissaire aux comptes sera d'autant plus facilement exonéré de sa responsabilité qu'il aura attiré l'attention des dirigeants sur les défaillances du système de contrôle interne, une séparation insuffisante des tâches ou la sécurisation insuffisante des systèmes d'information ou une évolution atypique ou inexpliquée de certains comptes ou agrégats. De même, intervenant au sein d'une entité confrontée à des difficultés de nature à mettre en cause la continuité de l'exploitation, il devra documenter les échanges intervenus avec les dirigeants et le gouvernement d'entreprise et pouvoir justifier, le cas échéant, que l'information en sa possession ne lui permettait pas d'identifier ces difficultés.

Sur ces différents points, voir le titre I de la 2ᵉ partie et les annexes « Questionnaire d'évaluation des risques diffus » et « Questionnaire d'évaluation des risques par cycle ».

B. Préjudice

Après avoir défini les préjudices susceptibles de donner lieu à réparation, il conviendra d'examiner la question de leur évaluation.

12450

Caractéristiques

Le dommage causé doit être certain, direct et porter atteinte à un droit acquis par la personne qui s'estime lésée.

12455

Le préjudice doit être **certain**, c'est-à-dire que le juge doit pouvoir en constater l'existence et statuer sur le montant du préjudice subi. Un préjudice certain n'est pas forcément un préjudice actuel : un préjudice **futur**, qui se produira inéluctablement et qui peut faire l'objet d'une évaluation, présente un caractère certain. Mieux encore, la jurisprudence actuelle estime possible qu'un préjudice éventuel présente un caractère certain, dès lors qu'il constitue une **perte de chance** pour celui qui s'en estime la victime.

12456

La Cour de cassation a fait pour la première fois application de la notion de perte de chance en matière de commissariat aux comptes dans un arrêt du 19 octobre 1999 : « … Mais attendu, d'une part, que l'arrêt retient que le commissaire aux comptes avait certifié les comptes de la société de façon hâtive et fautive, compte tenu d'une importante écriture de régularisation du compte client, dont l'anormalité aurait dû attirer son attention, alors qu'un examen sérieux, conforme aux normes professionnelles, l'aurait conduit à formuler toutes réserves ; que, dès lors qu'il ne résulte pas de ces appréciations et énonciations que les réserves auxquelles auraient dû conduire les diligences omises auraient, à elles seules, empêché la poursuite des détournements, la cour d'appel a pu décider que le préjudice subi par la société consistait dans la perte d'une chance de mettre fin à ces détournements dans les meilleurs délais » (Cass. 19-10-1999 : Bull. CNCC nº 117-2000 p. 58).

Depuis, cette théorie est régulièrement adoptée par les juridictions des premier et second degrés. Ainsi a-t-il pu être jugé que l'insuffisance des diligences du commissaire aux comptes et de l'expert-comptable a fait perdre à la société une chance sérieuse de découvrir plus rapidement des détournements commis au sein de la société (CA Paris 18-3-2002 : Bull. CNCC nº 126-2002 p. 239). L'évaluation du préjudice consistant en une perte de chance ressort du domaine souverain d'appréciation des juges du fond (Cass. com. 24-5-2016 : Bull. CNCC nº 183 p. 495 note Ph. Merle).

Le préjudice doit être **direct**, ce qui signifie qu'on ne peut faire supporter à l'auteur de la faute les conséquences lointaines de celle-ci, qui auraient pu se produire alors même que cette faute n'aurait pas eu lieu. En l'absence de dommage subi directement, le demandeur ne peut être que débouté.

12460

Ainsi, les actionnaires qui ne peuvent justifier d'un préjudice résultant directement du délit de non-révélation des faits délictueux commis par les commissaires aux comptes ne peuvent engager la responsabilité civile de ceux-ci (CA Caen 22-12-1976 : Bull. CNCC nº 25-1977 p. 68).

En revanche, il n'est pas nécessaire que la faute incriminée soit la seule cause génératrice du dommage. Il suffit que l'on puisse prouver qu'elle a concouru à sa production (Cass. civ. 28-4-1965 : D. 1965, 777).

Enfin, le préjudice doit être distinct de celui que le demandeur aurait subi du fait de l'auteur principal de la faute et pour lequel il aurait déjà obtenu réparation.

12461

Ainsi, en cas d'acquisition d'une entreprise, le vendeur ayant estimé avoir subi un préjudice du fait d'une présentation erronée des comptes et ayant obtenu une réduction de prix dans le cadre d'un accord transactionnel ne serait pas fondé à poursuivre le commissaire aux comptes sur le même fondement.

RESPONSABILITÉS DU COMMISSAIRE AUX COMPTES © Éd. Francis Lefebvre

12465 Enfin, le préjudice doit **léser le demandeur**. Le **dommage**, qui sera en général d'ordre **matériel**, pourra aussi être purement **moral**. Tel serait le cas, par exemple, dans l'hypothèse de la révélation à l'assemblée générale d'irrégularités mal fondées, portant atteinte à l'honneur et à la probité des dirigeants, ou bien en cas de déclenchements abusifs et répétés de procédures d'alerte. La société serait alors fondée à demander non seulement la relève des fonctions du commissaire aux comptes, mais également à condition de rapporter la preuve d'un préjudice moral, le versement de dommages et intérêts (Cass. com. 3-12-1991 : Bull. CNCC n° 85-1992 p. 142).

Selon le professeur Daniel Lange, « le dommage immédiat causé par la faute du commissaire aux comptes n'est ni matériel ni moral » mais « consiste en un déficit d'information ou une fausse information. Ce n'est que secondairement que ce déficit d'information ou cette fausse information est susceptible d'engendrer un dommage matériel pour la personne lésée » (J-Cl. Stés, fasc. 134-25 n° 56).

Pour que le dommage puisse donner droit à réparation, le demandeur doit être impérativement la **personne lésée**, directement ou indirectement, et le dommage ne doit pas violer un droit présentant un caractère **délictueux**.

Dans un arrêt du 27 février 1970, la chambre mixte de la Cour de cassation a rompu avec la jurisprudence traditionnelle en posant le principe que le demandeur en indemnisation d'un dommage n'avait pas à se prévaloir d'un « intérêt légitime juridiquement protégé ». Elle a néanmoins pris le soin de préciser que cet intérêt ne pouvait pas être délictueux (Cass. 27-2-1970 : D. 1970, 201 note Combaldieu ; Sem. jur. 1970, II, 16305 concl. Lindon, note Parlange).

Évaluation du préjudice

12480 L'évaluation du préjudice est toujours délicate. La nature de la faute ainsi que la prise en compte éventuelle de la faute de la victime sont susceptibles de compliquer l'évaluation du préjudice par le juge.

12482 L'évaluation du préjudice est plus ou moins délicate selon la **nature de la faute** qui en est à l'origine : lorsque le préjudice résulte par exemple de détournements commis par des salariés de la société, son chiffrage correspond normalement au montant de la somme détournée, majoré le cas échéant du préjudice financier dont la preuve serait établie (T. com. Tours 1-2-1957 : JCP 1960, II, 11846, M. T.). Plus fréquemment, le préjudice consiste dans la privation de l'information financière, comptable ou juridique attendue, qui cause un préjudice à la société, aux actionnaires ou aux tiers. Il est alors nettement plus compliqué pour le juge d'apprécier, au vu des circonstances de fait, l'importance du dommage subi.

Si l'on considère par exemple un investissement dans une société, il sera parfois difficile de mesurer le rôle joué par une information financière certifiée à mauvais escient, dans l'ensemble complexe d'informations qui ont pu motiver la décision de l'investisseur, en particulier si celui-ci a procédé ou fait procéder à des audits approfondis et était en mesure d'avoir accès à une information lui permettant d'apprécier le caractère erroné de l'information financière publiée. Par ailleurs, il faut rappeler que dans sa mission, le commissaire aux comptes certifie les comptes pris dans leur ensemble (CA Paris 30-1-2014 : Bull. CNCC n° 173-2014 p. 55 note Ph. Merle) en mettant en œuvre une méthodologie fondée sur une appréciation des risques et différentes méthodes d'audit lui permettant de porter une appréciation sur les comptes pris dans leur ensemble au regard des seuils de signification qu'il aura déterminés. C'est donc dans ce contexte, et non au regard de telle ou telle inexactitude que relèverait un investisseur, que doit s'apprécier l'éventuelle responsabilité du commissaire aux comptes. Dans cette hypothèse, l'investisseur devra démontrer que la faute du commissaire aux comptes a entraîné sa décision de procéder à l'investissement (CA Versailles 10-12-2015).

12483 Cette difficulté est particulièrement sensible lorsque les juges recourent, comme ils le font régulièrement, à la notion de **perte de chance** (voir n° 12456) : le dommage résultant d'une perte de chance comporte par définition un certain aléa, dont la prise en compte doit conduire le juge à réduire à due concurrence le montant de la réparation allouée à la victime.

Le recours à la notion de perte de chance présente pour le commissaire aux comptes l'avantage d'être fondé sur l'autonomie de sa faute et lui évite de voir engager sa responsabilité sur la totalité du dommage. Elle présente l'inconvénient de donner lieu, par la force des choses, à une évaluation du dommage qui peut apparaître arbitraire et être fondée sur une appréciation extensive du lien de causalité.

© Éd. Francis Lefebvre **RESPONSABILITÉS DU COMMISSAIRE AUX COMPTES**

La **faute de la victime** est souvent retenue par le juge pour réduire l'évaluation du préjudice. On est alors en présence non pas d'une faute commune, mais de deux fautes différentes, qui ont concouru l'une et l'autre à produire le dommage. **12485**

La prise en compte de la faute de la victime oblige alors le juge à faire une estimation de la réduction de l'indemnité imputable à la faute de l'auteur, comme dans le jugement suivant : « Manifestement, au vu des résultats obtenus, et bien que n'étant pas tenue à une obligation de résultat, la société de commissaires aux comptes, Cabinet X, n'a pas utilisé les techniques de contrôle adéquates et n'a pas obtenu les éléments probants suffisants… ; toutefois la société S., bien qu'ayant eu des doutes sur l'exactitude de son chiffre d'affaires, bien avant la clôture de l'exercice, n'a pas cru devoir en informer son commissaire aux comptes ; agissant ainsi, elle a contribué à son propre préjudice ; le tribunal estimera sa responsabilité au quart des préjudices subis » (T. com. Lyon 18-5-1999 : Bull. CNCC n° 115-1999 p. 493 Ph. Merle).

De même, les conséquences de l'absence de réaction de la société dans laquelle sont intervenus et ont persisté des détournements de fonds impliquent qu'elle supporte pour moitié le préjudice subi (CA Amiens, chambres réunies, 8-9-2003 : Bull. CNCC n° 131-2003 p. 474).

La Cour de cassation (Cass. com. 27-9-2005 : Bull. CNCC n° 140-2006 p. 654 Ph. Merle) a estimé que le préjudice subi par deux sociétés d'investissement était pour partie lié à leur comportement :
– elles avaient fait preuve de légèreté et de précipitation en réalisant l'investissement « sans attendre la certification des comptes de l'exercice ni s'assurer des motifs de cette absence de certification » ;
– elles n'avaient pas procédé à un audit préalable des comptes.

D'une manière générale, le juge fera obstacle aux demandes visant à obtenir la réparation de la totalité du dommage sans la proportionner au préjudice subi. Il s'attachera alors à ramener l'évaluation du préjudice imputable au commissaire aux comptes à hauteur de sa **quote-part de responsabilité**. **12487**

Ainsi, la demande d'indemnisation des demandeurs peut être revue à la baisse par les magistrats au motif qu'il ne peut pas être demandé plus aux commissaires aux comptes que la réparation de leurs fautes personnelles (TGI Paris 6-1-1973 : Bull. CNCC n° 9-1973 p. 75).

Toutefois, un arrêt de la cour d'appel de Rouen a condamné un commissaire aux comptes à indemniser la société de la totalité du montant des détournements et de leur coût financier (CA Rouen 29-9-2004 : RJDA 4/05 n° 404).

S'agissant d'une responsabilité dans le cadre d'une mission légale, le commissaire aux comptes ne peut introduire dans la lettre de mission de **clause limitative de responsabilité**. Il en est autrement en matière de services autres que la certification des comptes, pour lesquels la Commission des études juridiques a considéré que ces clauses peuvent trouver application dans le cadre d'interventions définies par convention (Bull. CNCC n° 132-2003 p. 654). De telles clauses limitatives de responsabilité ne pourraient évidemment être opposées à des tiers ayant eu connaissance du rapport ou de l'attestation émise à l'occasion d'une telle intervention et qui, considérant avoir subi un préjudice, solliciteraient une indemnisation dans le cadre d'une action en responsabilité délictuelle à l'encontre du commissaire aux comptes, sauf si ces tiers les ont reconnus comme leur étant opposables ou à se retourner contre celui qui a diffusé le document au tiers, en violation de ce qui avait été convenu avec le commissaire aux comptes. **12490**

C. Lien de causalité

La faute du commissaire aux comptes ne peut être retenue que dans la mesure où le demandeur peut prouver l'existence d'un lien de causalité entre la faute et le dommage, une incertitude sur ce point entraînant le débouté du demandeur. Cette **preuve** est délicate à rapporter en raison de la nature, d'une part, de la mission du commissaire aux comptes, d'autre part, des fautes que ceux-ci sont susceptibles de commettre. **12520**

Ainsi jugé que doit être déboutée de ses prétentions la société demanderesse qui ne rapporte pas la preuve que le préjudice allégué a un lien de causalité avec les faits reprochés au cabinet d'expertise comptable et au commissaire aux comptes (TGI Paris 26-9-2002 : Bull. CNCC n° 127-2003 p. 343). De la même manière, une décision de la Cour de cassation en matière de mise en cause de la responsabilité de l'expert-comptable mais parfaitement transposable à celle du commissaire aux comptes a retenu que l'acquéreur des parts d'une société dont les comptes n'ont pas influé sur la décision d'acquisition ne peut pas reprocher à l'expert-comptable de la société l'erreur qu'il a commise dans la tenue des comptes. Le lien de causalité entre les erreurs affectant les comptes critiqués et les préjudices invoqués par l'acquéreur n'était pas en effet établi (Cass. com. 4-11-2020 n° 18-17.614 : RJDA 2/21 n° 100, Bull. CNCC n° 201-2021 note Ph. Merle).

RESPONSABILITÉS DU COMMISSAIRE AUX COMPTES © Éd. Francis Lefebvre

La Cour de cassation (Cass. com. 27-9-2005 : Bull. CNCC n° 140-2006 p. 654 Ph. Merle) a adopté une conception plus souple du lien de causalité, retenant qu'un commissaire aux comptes avait contribué au préjudice subi « en certifiant sincères, sans avoir procédé à un contrôle suffisant, les comptes de 1989 reproduits dans le bilan de 1990 », amenant ainsi les sociétés appelantes à souscrire à l'augmentation de capital. Voir, pour un arrêt retenant la faute du commissaire aux comptes mais l'exonérant de toute responsabilité à raison de l'absence de lien de causalité entre la faute et le préjudice invoqué par la victime, Cass. com. 8 avril 2008 (Bull. CNCC n° 151-2008 p. 521 note Ph. Merle) ; dans le même sens, CA Paris 10 décembre 2015 : Bull. CNCC n° 183 p. 506 note Ph. Merle.

Voir également, pour un arrêt écartant la responsabilité du commissaire aux comptes auteur de manquements dans la présentation du rapport spécial sur les conventions réglementées, en l'absence de lien de causalité entre ces manquements et le préjudice né de la conclusion des conventions, Cass. com. 26-2-2013 n° 11-22.531 : RJDA 5/13 n° 426, JCP E 2013 n° 1182 note B. Dondero, Dr. Sociétés 2013 comm. n° 82 note D. Gallois-Cochet.

12525 S'agissant de la **nature de la faute**, il s'agira pour le commissaire aux comptes, sauf cas exceptionnel, d'une **faute d'abstention** : le commissaire est accusé de ne pas avoir mis en œuvre telle diligence.

Le commissaire aux comptes, en s'abstenant de vérifier l'exactitude des charges fiscales figurant au bilan, a ainsi manqué à son obligation légale d'assurer le contrôle de la régularité et de la sincérité des comptes annuels. La chambre commerciale de la Cour de cassation a retenu que ces fautes constituaient la cause directe du préjudice subi par la société (Cass. com. 28-3-2006 : JCP E. n° 17, 27-4-2006).

Dès lors, le commissaire aux comptes pourra se défendre en rapportant la preuve que le dommage serait survenu quand bien même il n'aurait pas commis la faute qui lui est reprochée.

Ainsi sa **responsabilité** doit être en principe **exclue** s'il rapporte la preuve que le préjudice est :

– **indépendant** de la faute et se serait produit en l'absence des faits qui lui sont reprochés ;

« Attendu... que la cour d'appel a relevé... que la convention du 4 mars 1982 ne liait en rien la première augmentation de capital et les versements consécutifs en compte courant à l'approbation des comptes de 1981 et, s'agissant de la deuxième augmentation, que A., qui avait d'ores et déjà versé un acompte pour cette deuxième augmentation avant même le dépôt du rapport du commissaire aux comptes, avait participé à la réunion du conseil d'administration du 6 mai 1982 où il était apparu que des investigations comptables étaient nécessaires et où il a été décidé, suivant les indications de A., de faire établir une situation des comptes arrêtés au 31 mai 1982 en vue de remettre de l'ordre dans la gestion, ce dont il résultait qu'ainsi alerté par l'irrégularité apparente des comptes de M., A. avait eu la possibilité de différer les versements litigieux jusqu'au résultat des investigations ordonnées ; qu'en l'état de ces constatations, la cour d'appel a pu retenir qu'aucun lien de causalité directe n'était démontré entre le préjudice invoqué par A. et la certification donnée aux comptes de 1981 de M. par le commissaire aux comptes » (Cass. com. 21-11-1989 : Bull. CNCC n° 78-1990 p. 240 E. du Pontavice).

– **antérieur** à la faute ; ainsi, le directeur comptable d'une société ayant accepté une proposition d'entrer dans celle-ci au vu d'un bilan qui s'est révélé inexact doit-il être débouté de ses demandes en dommages et intérêts à l'encontre du commissaire aux comptes, aucun lien de cause à effet n'existant entre la décision du directeur d'entrer dans la société et le rapport du commissaire aux comptes, celui-ci étant postérieur à son contrat et à sa démission de son précédent emploi (Cass. com. 15-6-1993 : Bull. CNCC n° 93-1994 p. 94 Ph. Merle ; Bull. Joly 1993 p. 1130 n° 334 M. Jeantin).

Une décision de la Cour de cassation du 24 octobre 2000 conclut cependant à la responsabilité du commissaire aux comptes sur des détournements antérieurs à sa nomination, en tirant argument de la mission permanente dont il est investi (Cass. com. 24-10-2000 : Bull. CNCC n° 120-2000 p. 542 Ph. Merle). Cette solution, fort inquiétante pour les commissaires aux comptes, a été confirmée par un autre arrêt de la chambre commerciale de la Cour de cassation (Cass. com. 15-01-2002 : Bull. CNCC n° 125-2003 p. 61 Ph. Merle). Elle n'en reste pas moins à notre avis très contestable dans son principe, dans la mesure où elle fait fi d'un principe essentiel du droit de la responsabilité : l'obligation pour la victime de prouver l'existence d'un lien de causalité entre le préjudice et la faute.

12527 La **responsabilité** du commissaire sera **retenue** lorsqu'il sera établi que l'exécution de diligences normales aurait empêché la réalisation du dommage.

Ainsi doit être condamné à réparation le commissaire aux comptes dont les diligences insuffisantes sont à l'origine du préjudice subi par des fournisseurs qui, informés de la situation réelle de la société, n'auraient pas conclu de nouveaux contrats avec elle (Cass. com. 27-10-1992 : Bull. CNCC n° 91-1993 p. 411).

Il est à noter que les tribunaux, dès avant la loi de sécurité financière du 1er août 2003, se référaient de plus en plus souvent aux normes professionnelles pour apprécier la

© Éd. Francis Lefebvre RESPONSABILITÉS DU COMMISSAIRE AUX COMPTES

qualité des diligences mises en œuvre par le commissaire aux comptes. La responsabilité d'un commissaire aux comptes a ainsi été mise en cause pour ne pas avoir effectué de contrôles suffisants au regard des normes professionnelles, notamment en matière d'évaluation du contrôle interne de la société (Cass. com. 15-1-2002 : Bull. CNCC n° 125-2002 p. 61).

Sur l'appréciation par les juges du comportement de l'auditeur légal comparé à celui d'un professionnel normalement diligent et avisé, voir n° 12270.

S'agissant de la **nature de la mission** du commissaire aux comptes, celui-ci n'est tenu que d'une obligation de surveillance et de contrôle, et la mesure de ses diligences est effectuée dans le cadre d'une obligation de moyens. Indépendamment du problème lié à la preuve de la faute (voir n° 12380 s.), il sera donc difficile dans certains cas d'apprécier si la défaillance du commissaire aux comptes résulte ou non de sa **négligence**, tout particulièrement lorsqu'elle a pour origine une **faute de la victime**, par exemple une dissimulation opérée par le personnel ou les dirigeants de la société ou une faute d'une importance telle qu'elle peut absorber celle du commissaire aux comptes et décharger ce dernier de toute responsabilité (en ce sens, voir notamment Cass. com. 3-3-2009 : Bull. CNCC n° 154-2009 p. 377 note Ph. Merle).

12530

Les exemples donnés ci-après à titre d'illustration décrivent la difficulté d'appréciation de la défaillance ou non du commissaire aux comptes.

« Attendu... que la cour d'appel... a relevé que le chef comptable avait mis au point une technique de fraude très élaborée, rendue facile par la mauvaise organisation de l'entreprise, laquelle n'était en rien imputable au commissaire aux comptes, et qu'aucun soupçon a priori ne pesant sur le personnel de l'entreprise, X. avait procédé par des sondages selon la méthode de son choix, en principe appropriée à pareil cas ; qu'elle a, d'autre part, énoncé avec le rapport d'experts que deux méthodes de sondages autres que celles qu'il avait employées auraient peut-être pu permettre de déceler la fraude mais qu'elle a également considéré, contrairement à l'avis des experts, qui ne la liait pas... que B. ne détruisait peut-être pas les fausses factures et qu'il aurait eu le temps, en cas d'utilisation de ces méthodes, de les réintégrer parmi les pièces justificatives dans des conditions telles que les irrégularités n'auraient pas été nécessairement découvertes ; qu'ayant par là même écarté que fût établi un lien entre la faute alléguée et le préjudice de la société, elle a justifié sa décision... » (Cass. 1e civ. 19-5-1987 : Bull. CNCC n° 67-1987 p. 334, rejetant le pourvoi contre CA Aix-en-Provence 7-6-1995 : Bull. CNCC n° 60-1985 p. 487 E. du Pontavice).

La Cour de cassation (Cass. com. 14-12-2004 : Bull. CNCC n° 136-2004 p. 685) a admis pour la première fois que la faute des dirigeants de la société concernée par un détournement de fonds pouvait rompre le lien de causalité et les conditions de responsabilité du contrôleur légal. En l'espèce, la faute de la société, à savoir l'absence de tout contrôle interne de la part des dirigeants, avait absorbé celle retenue à l'encontre du commissaire aux comptes. Cette jurisprudence offre un moyen de défense très efficace aux commissaires aux comptes lorsqu'ils peuvent se prévaloir d'une faute grave commise par la victime elle-même ou ses dirigeants.

La signature par le dirigeant d'une lettre d'affirmation qui se révèle par la suite être un faux devrait être considérée comme une faute de la victime de nature à exonérer totalement ou partiellement le commissaire aux comptes de sa responsabilité (Études juridiques précitées § 222).

D. Exonérations

L'existence d'un comportement fautif, d'un dommage et d'un lien de causalité ne suffit pas toujours à mettre en cause avec succès la responsabilité du commissaire aux comptes. Ainsi en est-il :
– lorsqu'une **prévision légale** exonère expressément le commissaire aux comptes de sa responsabilité ;
– lorsque le commissaire aux comptes peut justifier son comportement par la survenance d'un cas de **force majeure** ;
– lorsque le manquement du commissaire aux comptes à ses obligations résulte de **difficultés** dans l'exécution de la mission qui ne lui sont pas imputables.

12600

Exonérations légales

Le législateur limite expressément la responsabilité du commissaire aux comptes qui met en œuvre la procédure d'alerte ou satisfait à son obligation de révélation de faits délictueux ou de déclaration de faits ou de soupçons de blanchiment de capitaux ou de financement du terrorisme.

12610

RESPONSABILITÉS DU COMMISSAIRE AUX COMPTES   © Éd. Francis Lefebvre

12613   La responsabilité du commissaire aux comptes ne peut être engagée à raison des informations ou divulgations de faits auxquelles celui-ci procède en exécution de la **mission
d'alerte** définie à l'article L 234-1 du Code de commerce pour les sociétés anonymes et
à l'article L 234-2 du même Code pour les autres sociétés et à l'article L 612-3 du même
Code pour les personnes morales de droit privé non commerçantes ayant une activité
économique. À titre d'illustration, un tribunal exclut toute indemnisation de dommage
causé par le déclenchement de la procédure d'alerte (TGI Charleville-Mézières 4-7-2009 : Bull. CNCC
n° 156-2009 p. 688). Seule la mauvaise foi avec intention de nuire du commissaire aux comptes peut conduire à sa responsabilité en cas de déclenchement de la procédure. C'est
le cas lorsqu'il commet un excès de contrôles et de diligences, en déclenchant l'alerte
et en adressant concomitamment au procureur de la République 19 lettres (Cass. com.
14-11-1995 n° 93-16.724 : RJDA 2/96 n° 235, Bull. CNCC n° 10 p. 99).
La procédure d'alerte amène le commissaire aux comptes à diffuser et à communiquer,
dans un cadre strictement délimité, des informations à l'organe d'administration de la
société, au tribunal de commerce, aux actionnaires et au comité social et économique.
L'exonération de responsabilité lui permet de ne pas être inquiété lorsqu'il satisfait à ces
obligations, mais ne s'applique bien entendu que dans la mesure où il respecte les modalités légales qui régissent cette procédure (voir n° 62200), et notamment les règles relatives
au secret professionnel (voir n°s 5735 s.). On observe, d'ailleurs, que l'exonération ne vise
que la diffusion de faits ou d'informations, et non les autres aspects de la procédure.

Ainsi, le **non-déclenchement** ou le déclenchement tardif de la **procédure d'alerte** peut entraîner la
responsabilité civile du commissaire aux comptes si la preuve est rapportée que son inaction à déceler
les faits de nature à mettre en cause la continuité d'exploitation a causé un préjudice. Ce préjudice
doit évidemment être prouvé.

De même, la responsabilité ne peut être engagée à raison de la communication par le
commissaire aux comptes au président du tribunal de commerce, et à la demande de ce
dernier, agissant en application des dispositions de l'article L 611-2 du Code de commerce
relatif à la prévention des difficultés des entreprises, de tout renseignement de nature à
lui donner une exacte information sur la situation économique et financière du débiteur.
Il est à noter que le législateur n'a pas donné des prérogatives similaires au président du
tribunal judiciaire en matière de prévention des difficultés des personnes morales de droit
privé ayant une activité économique. En application de l'article L 623-2 du même Code,
le juge-commissaire dispose, dès l'ouverture d'une procédure de sauvegarde ou de redressement judiciaire, de la même faculté. En revanche, en absence de levée expresse de son
obligation de secret professionnel, le commissaire aux comptes ne peut communiquer
d'informations sur la situation économique et financière de l'entité qu'il contrôle :
– au mandataire désigné par le tribunal de commerce ou le tribunal judiciaire dans le
cadre d'un mandat ad hoc ou d'une procédure de conciliation ;
– à l'administrateur judiciaire chargé d'assister le débiteur dans le cadre d'une procédure
de sauvegarde ;
– à l'administrateur judiciaire chargé d'assister ou de surveiller le débiteur dans le cadre
d'une procédure de redressement judiciaire ; en revanche, il sera tenu de les communiquer afin de répondre à la demande d'un administrateur judiciaire qui aura été substitué
aux dirigeants par le tribunal et sera chargé d'une mission d'administration de l'entité
contrôlée ;
– au représentant des créanciers durant la période d'observation et au mandataire liquidateur en cas de liquidation judiciaire.
Ce droit reconnu au président du tribunal de commerce et au juge-commissaire n'implique ni ouverture ou communication du dossier de travail du commissaire aux comptes,
ni la possibilité, pour ceux-ci, de le contraindre à le produire dans le cadre d'une expertise
non contradictoire diligentée à leur initiative en vue de les informer de la situation de
l'entité ou dans le cadre d'une éventuelle recherche de responsabilité (voir n° 5715).

12615   La responsabilité du commissaire aux comptes ne peut pas être engagée à l'occasion de
la **révélation des faits délictueux** prévue par l'article L 823-12, alinéa 2 du Code de
commerce.

On sait que la loi impose au commissaire aux comptes l'obligation d'informer le parquet des faits
délictueux dont il a eu connaissance dans l'exercice de ses fonctions (voir n° 61530). Il peut clairement
résulter de la mise en œuvre de cette obligation un certain nombre d'inconvénients pour la société,
dans la mesure notamment où la qualification du délit, qui n'entre d'ailleurs pas dans les attributions
du commissaire aux comptes, peut s'avérer parfois particulièrement délicate.

La précision apportée par l'article L 823-12 permet d'exonérer le commissaire aux comptes de sa responsabilité dans l'exercice normal de son devoir de révélation. Elle signifie par exemple qu'il ne pourra pas être inquiété si le procureur de la République n'estime pas opportun de donner une suite à la révélation ou s'il s'avère par la suite que l'infraction n'est pas constituée (CA Paris 8-1-2021 : Bull. CNCC n° 201-2021 note Ph. Merle). Cependant, « si la révélation au procureur de la République, par un commissaire aux comptes, de faits délictueux dont il a connaissance, ne peut engager sa responsabilité, cette immunité cède lorsque la révélation procède d'une intention malveillante » (Cass. crim. 15-3-2017 : Bull. CNCC n° 185-2017 note Ph. Merle).

À l'opposé, la **non-révélation de faits délictueux** rend le commissaire aux comptes passible non seulement d'une sanction pénale, mais également du versement de dommages et intérêts aux parties civiles pour les conséquences préjudiciables de ses actes (voir n° 61780).

De même, et sans préjudice de l'obligation de révélation de faits délictueux, en application des dispositions de l'article L 823-12, al. 3 et de l'article L 561-2 du Code monétaire et financier, le commissaire aux comptes ne pourra pas voir sa responsabilité engagée en cas de **déclaration de soupçons** à la cellule française de lutte contre le blanchiment de capitaux et le financement du terrorisme **(Tracfin)** concernant des opérations susceptibles d'entrer dans le cadre des dispositions du chapitre 1 du titre VI du livre V du Code monétaire et financier.

Difficultés dans la mise en œuvre de la mission

Les difficultés que le commissaire aux comptes peut rencontrer dans la mise en œuvre de ses diligences ne le dispensent pas d'essayer de les lever et de faire preuve de vigilance. Seules sont de ce fait susceptibles de l'exonérer de sa responsabilité les difficultés qui ne lui sont pas imputables. **12620**

Ainsi la cour d'appel de Paris, dans un arrêt du 8 avril 2005, a-t-elle retenu la faute du commissaire aux comptes relative au **dépôt tardif de son rapport** et rappelé que le commissaire aux comptes, même s'il n'a pas pu avoir connaissance du rapport de gestion du conseil d'administration (ou du directoire) doit toujours déposer son rapport quinze jours avant l'assemblée annuelle en signalant cette irrégularité (CA Paris 8-4-2005 : Bull. CNCC n° 139-2005 p. 466 note Ph. Merle).

De plus, la cour d'appel de Rouen a estimé, dans un arrêt récent, que « le caractère intentionnel de la faute commise par l'auteur d'une infraction (en l'espèce, le dirigeant de la société contrôlée) telle que le faux et l'usage de faux, ou l'entrave à l'exercice de la mission d'un commissaire aux comptes, fait obstacle à ce que la réparation du préjudice subi par la victime soit réduite par la négligence de celle-ci, dès lors que cette négligence ne constitue pas une participation aux faits délictueux » (CA Rouen 20-2-2014, décision ayant fait l'objet d'un pourvoi).

En cas d'obstacles rencontrés dans l'exécution de sa mission, le commissaire aux comptes doit en tirer toutes les conséquences dans la formulation de son opinion ainsi qu'en termes de révélation de faits délictueux, lorsque la situation lui semble constituer le délit d'entrave prévu à l'article L 820-4, 2°).

Le manque de temps, des honoraires jugés insuffisants, l'erreur de bonne foi ou l'erreur de droit ne sont pas en soi des arguments suffisants pour **décharger le commissaire aux comptes de sa responsabilité**. **12622**

Le **manque de temps** ne peut ni exonérer le professionnel de sa responsabilité, ni même l'atténuer. Le commissaire aux comptes doit, en effet, dans le cadre de l'organisation et de la planification de sa mission, apprécier s'il est en mesure :
– de mener à bien cette mission au titre de l'exercice en cours ;
– d'identifier les problèmes susceptibles de se poser ;
– de réaliser ses travaux dans les délais qui lui sont impartis (voir, en ce sens, Cass. com. 19-10-1999 : Bull. CNCC n° 117-2000 p. 60).
Le commissaire aux comptes ne peut également se réfugier derrière un montant d'honoraires jugé insuffisant afin de s'exonérer de sa responsabilité ou de la limiter. Il lui appartient, dans ce cas, de mener ses travaux conformément à ses obligations professionnelles. Pour rappel, avant d'envisager une démission, il appartient au commissaire aux comptes de saisir les instances compétentes en cas de litige sur les honoraires.

Pour les missions de certification des comptes, il appartient au commissaire aux comptes de saisir le président de la CRCC dont il dépend et ce dernier tentera le cas échéant une conciliation dans un délai de trois mois (C. com. art. R 823-18, al. 3). À défaut de conciliation, le président de la CRCC notifie aux parties l'échec de la conciliation par lettre recommandée avec demande d'avis de réception (C. com. art. R 823-18, al 3).

RESPONSABILITÉS DU COMMISSAIRE AUX COMPTES © Éd. Francis Lefebvre

Depuis le 24 mai 2019, date d'entrée en vigueur de l'article 24 de la loi 2019-486 du 22 mai 2019, dite Pacte, le Haut Conseil a une compétence directe sur les contentieux liés aux honoraires des commissaires aux comptes alors qu'il statuait précédemment comme instance d'appel sur les décisions prises par les commissions régionales de discipline. Lesdites commissions sont dès lors supprimées. Désormais, la partie la plus diligente dispose d'un délai d'un mois à compter de la notification d'échec de la conciliation par le président de la CRCC pour saisir du litige la formation restreinte du Haut Conseil du commissariat aux comptes, par lettre recommandée avec demande d'avis de réception adressée au président de cette formation. Elle peut également saisir la formation restreinte du Haut Conseil selon les mêmes modalités si, à l'expiration du délai de trois mois, l'avis d'échec de la conciliation ne lui a pas été notifié (C. com. art. R 823-18, al. 4 modifié par le décret 2020-292 du 21-3-2020).

Enfin, la décision rendue par la formation restreinte du Haut Conseil en matière d'honoraires peut faire l'objet d'un pourvoi devant la **Cour de cassation** à l'initiative des intéressés, dans les conditions fixées aux articles 612 et suivants du Code de procédure civile (C. com. art. R 823-20).

De même, invoquer la **bonne foi** (TGI Paris 27-11-1974 : Bull. CNCC n° 21-1976 p. 36) ne permet pas au commissaire aux comptes d'être à l'abri d'une mise en cause au civil, l'intention n'étant pas nécessaire en matière de responsabilité délictuelle.

Enfin, l'**erreur de droit** n'est pas davantage une cause d'exonération de la responsabilité du commissaire aux comptes : le commissaire aux comptes, « gardien du droit », ne saurait invoquer celle-ci comme excuse (T. corr. Le Havre 23-6-1975 : Bull. CNCC n° 20-1975 p. 447).

De même, il ne pourra exciper d'un niveau d'honoraires insuffisant pour se décharger de sa responsabilité.

12628 En revanche, la force majeure ou la faute d'autrui sont susceptibles d'exonérer le commissaire aux comptes de sa responsabilité, dès lors que le professionnel adopte un comportement adapté lorsqu'il est confronté à ces événements.

En application du droit commun, la **force majeure** exonère le commissaire aux comptes de sa responsabilité.

Pour que la force majeure puisse être retenue, il devra s'agir d'un événement imprévisible, irrésistible et extérieur qui rend absolument impossible la mission du commissaire aux comptes, par exemple la disparition de la comptabilité à la suite d'un incendie ou d'une catastrophe naturelle.

S'agissant de la **faute d'autrui**, elle est également susceptible d'exonérer, en tout ou en partie, le commissaire aux comptes de sa responsabilité. Il s'agira là d'une appréciation de fait menée par les tribunaux qui évalueront la perte de chance qui devra être indemnisée par le commissaire aux comptes à raison de la contribution de sa faute ou de sa négligence au dommage créé.

Ainsi, une société qui n'avait pas cru devoir informer son commissaire aux comptes des doutes qu'elle avait sur l'exactitude de son chiffre d'affaires a-t-elle pu être considérée comme responsable à concurrence du quart du préjudice (T. com. Lyon 18-5-1999 : Bull. CNCC n° 115-1999 p. 493).

De même, des demandeurs ont pu être déboutés de leur action en recherche de responsabilité du commissaire aux comptes, d'une part, pour avoir reconnu implicitement que leur mauvaise gestion avait entraîné la déclaration de cessation des paiements de la société et, d'autre part, pour ne pas avoir rapporté la preuve de manœuvres dolosives exercées par le dirigeant de concert avec l'expert-comptable et le commissaire aux comptes (CA Paris 17-6-1992 : Bull. CNCC n° 88-1992 p. 595).

Dans certains cas, la faute d'autrui n'exonère le commissaire aux comptes de sa responsabilité que dans la mesure où celui-ci a tiré la **conséquence appropriée** des difficultés rencontrées. Ainsi un commissaire aux comptes qui se trouve dans l'impossibilité de mettre en œuvre ses diligences en raison d'un délit d'entrave devra-t-il opérer la **révélation du délit** pour couvrir sa propre responsabilité. De la même manière, le commissaire aux comptes qui constate des anomalies graves et multiples dans les comptes ou dans les procédures doit **refuser de les certifier**. Du fait de sa portée générale, le refus de certification libère en effet le professionnel de l'obligation de procéder à une énumération exhaustive des inexactitudes existant dans les comptes ou des faiblesses pouvant caractériser les procédures.

Telle est, à titre d'illustration, la signification du jugement rendu par le tribunal de grande instance de Nanterre : « L'exercice clos le 31 août 1990 n'a pas été approuvé par D. qui a précisé lors de l'assemblée générale ordinaire du 29 mai 1991 "... je ne suis pas en mesure de certifier si les comptes annuels sont réguliers et sincères et donnent une image fidèle du résultat des opérations de l'exercice écoulé ainsi que de la situation financière et du patrimoine de la société à la fin de cet exercice". Même si le motif invoqué tient à une modification du système informatique, l'absence de certification de ces comptes exclut que la responsabilité de D. puisse être recherchée pour cet exercice » (TGI Nanterre 4-11-1998 : Bull. CNCC n° 113-1999 p. 140 note Ph. Merle).

© Éd. Francis Lefebvre — RESPONSABILITÉS DU COMMISSAIRE AUX COMPTES

II. Action en responsabilité

Seront successivement abordés : **12800**
– l'identification des demandeurs et défendeurs de l'action en responsabilité (voir n°s 12850 s.) ;
– les problèmes de compétence juridictionnelle (voir n°s 12950 s.) ;
– les moyens de défense qui sont à la disposition du commissaire aux comptes pour faire échec à sa mise en cause (voir n°s 13000 s.) ;
– les liens pouvant exister entre la responsabilité civile et les autres formes de responsabilité (voir n° 13200).

A. Parties

Demandeurs

Société Lorsque la société contrôlée entend obtenir réparation d'un dommage, l'ac- **12850** tion doit être intentée par un représentant légal. Si la société est en procédure de sauvegarde, l'action sera intentée par son dirigeant qui conserve l'administration de l'entreprise (C. com. art. L 622-1) ; si elle est en redressement judiciaire, il convient de se reporter au jugement d'ouverture pour savoir comment ont été répartis les pouvoirs entre le débiteur et l'administrateur judiciaire (C. com. art. L 622-1) ; si elle est en liquidation judiciaire, la question est désormais régie par l'article L 641-9 du Code de commerce.

Les dirigeants ne peuvent en revanche intenter d'action en leur nom propre contre le commissaire aux comptes, les tribunaux considérant que la mission confiée aux commissaires aux comptes ne diminue en rien la responsabilité des dirigeants.

De même, en l'absence de texte spécifique l'autorisant, les actions sociales d'un actionnaire ou d'un groupe d'actionnaires intentées ut singuli seraient déclarées irrecevables par les tribunaux.

Actionnaires et dirigeants La demande d'un actionnaire ou d'un dirigeant n'est **12855** recevable que si elle fait état d'un **préjudice** individuel, **distinct** du préjudice subi par la société (voir n° 12850).

Traditionnellement, la jurisprudence considère qu'il y a une incompatibilité absolue entre l'existence d'un préjudice social et l'exercice d'une action individuelle, ceci pour éviter notamment une double indemnisation. En pratique, la plupart des préjudices affectant les associés sont considérés comme étant le simple corollaire du préjudice social. Les seuls préjudices individuels réparables résident dans le non-respect des droits individuels de l'associé, tels que le droit de vote, le droit à l'information et le droit aux dividendes. La chambre commerciale de la Cour de cassation dans un arrêt rendu le 28 juin 2005 a cependant infléchi sa position, en reconnaissant à des associés la possibilité d'obtenir réparation pour une dépréciation de leurs actions résultant d'une surévaluation fautive d'actifs apportés par d'autres associés (Cass. com 28-6-2005 : Bull. Joly n° 1-2006 p. 80 note S. Messaï-Bahri). De même le dirigeant d'une société qui ne peut prétendre à l'indemnisation de la perte de valeur de ses actions à la suite de l'ouverture d'une procédure collective, ce préjudice ne constituant qu'une fraction du préjudice collectif subi par l'ensemble des créanciers, peut-il faire valoir l'existence d'un préjudice distinct lié à sa perte de rémunérations futures (Cass. com. 29-9-2015 n° 13-27.587 : RJDA 2/16 n° 132).

Tiers Ce sont principalement les **créanciers** de la société (notamment les fournisseurs **12860** et les banquiers) qui intenteront une action en responsabilité lorsque les agissements fautifs du commissaire aux comptes leur auront causé un préjudice personnel.

La Cour de cassation a étendu le bénéfice de l'action en responsabilité civile à l'encontre d'un commissaire aux comptes à la caution privée, du fait des négligences du commissaire aux comptes, de la chance de ne pas avoir eu à s'obliger (Cass. com. 24-9-2003 : Bull. CNCC n° 132-2003 p. 625).

Lorsque l'entreprise est en **redressement judiciaire**, seul le mandataire judiciaire a qualité **12863** pour agir au nom et dans l'intérêt des créanciers (C. com. art. L 622-20, al. 1). Après l'adoption du plan, le commissaire à l'exécution du plan poursuit seul les actions entreprises par l'administrateur ou par le représentant des créanciers (C. com. art. L 626-25, al. 3). En cas de **liquidation judiciaire**, cette possibilité est donnée au seul liquidateur (C. com. art. L 641-5).

L'assemblée plénière de la Cour de cassation a posé le principe, précédemment reconnu par la chambre commerciale, que ne constituait pas un préjudice personnel « les dommages résultant de l'immobilisation des créances, nés de la faute du tiers et, notamment, la perte des intérêts » (Cass. ass. plén. 9-7-1993 n° 89-19.211 : RJDA 1/94 n° 65). La chambre commerciale (Cass. com. 3-6-1997 : D. 1997 p. 517) a consacré le

383

RESPONSABILITÉS DU COMMISSAIRE AUX COMPTES © Éd. Francis Lefebvre

monopole du représentant des créanciers et des mandataires de justice qui lui succèdent, et en a déduit l'irrecevabilité d'une action ut singuli intentée contre le commissaire aux comptes par un créancier d'une entité en liquidation judiciaire. Une action individuelle dans une société en redressement ou en liquidation judiciaire doit résulter d'un préjudice personnel et distinct, dont l'existence n'est que rarement admise par les tribunaux (voir également CA Paris 14ᵉ ch., section A, 9-2-2005 : Bull. CNCC nº 137-2005 p. 102). Selon nous, pour qu'une telle action soit recevable il convient que le demandeur puisse démontrer cumulativement que son préjudice est distinct de celui des autres créanciers et que ce préjudice résulte d'une faute spécifiquement commise à son encontre.

De même, l'action individuelle d'un obligataire d'une société en liquidation judiciaire est irrecevable, en raison du monopole conféré à l'article L 228-54 du Code de commerce au(x) représentant(s) de la masse obligataire pour engager toute action défendant les intérêts communs des obligataires (CA Paris 27-3-2007 : JurisData nº 338109).

12865 L'action contre le commissaire aux comptes peut également être intentée par le créancier d'un actionnaire. Celui-ci aura recours à l'**action oblique** ou **subrogatoire** pour faire aboutir sa demande.

On rappellera que l'action oblique ou indirecte est fondée sur le nouvel article 1341-1 du Code civil (ancien art. 1166), qui autorise les créanciers à exercer tous les droits et actions de leur débiteur, à l'exception de ceux exclusivement attachés à la personne. L'action oblique permet de pallier la négligence du débiteur qui, se sachant insolvable, néglige de faire valoir ses droits contre ses propres débiteurs. Elle est exercée par le créancier en lieu et place du débiteur, et conduit au même résultat que si elle était exercée par lui.

Défendeurs

12880 Il convient de distinguer selon que le professionnel mis en cause exerce à titre individuel ou en société. Seront examinées par ailleurs les actions intentées contre plusieurs commissaires aux comptes appartenant à des cabinets distincts.

12882 **Commissaire aux comptes personne physique** Le commissaire aux comptes personne physique est assigné **personnellement**. Tout commissaire aux comptes inscrit sur la liste mentionnée au I de l'article L 822-1 du Code de commerce est obligatoirement assuré afin de couvrir sa responsabilité civile (C. com. art. R 822-36) et il lui appartient d'avertir très rapidement sa compagnie d'assurances.

Si le commissaire aux comptes est **décédé**, la réparation éventuelle du dommage incombe à ses héritiers. Il est donc indispensable, en cas d'acceptation de la succession, que les ayants droit veillent à la conservation des dossiers pendant la durée de la prescription (voir nᵒˢ 13050 s.), afin de disposer des documents nécessaires à leur défense.

La responsabilité civile du commissaire aux comptes **suppléant** ne peut pas être mise en cause puisque tant qu'il est suppléant il n'est pas en fonction (TGI Montauban 21-3-1985 : Bull. CNCC nº 58-1985 p. 234). De même, les tribunaux ont eu l'occasion de préciser que lorsqu'un commissaire aux comptes, personne physique, est **personnellement titulaire** d'un mandat, la responsabilité civile de la société de commissaires aux comptes dont il est par ailleurs président ne saurait être recherchée (T. com. Angers 5-6-1996 : Bull. CNCC nº 104-1996 p. 719 ; T. com. Lorient 3-4-2009 : Bull. CNCC nº 155 p. 545 obs. Ph. Merle).

12885 **Commissaire aux comptes personne morale** La jurisprudence a longtemps considéré que le commissaire aux comptes qui exerce en tant qu'associé dans une société, et qui signe en tant que mandataire social ou en tant que signataire technique, engageait non seulement la responsabilité de sa société, mais également sa **responsabilité personnelle** (voir nº 12886 § 1). Cette solution résultait, pour les tribunaux, de l'ancien article R 822-94 du Code de commerce, qui exigeait que les rapports et les documents émis par la société soient signés conjointement par son représentant légal et par l'associé ayant participé à leur élaboration.

Le professeur du Pontavice estimait, à l'appui de cette thèse, que cet article détruisait « la fiction de l'écran que la personnalité morale de la société de commissaires aux comptes interposait entre la victime et les commissaires aux comptes personnes physiques ayant participé à l'établissement des documents incriminés » (voir note sous CA Paris 4-4-1991 : Bull. CNCC nº 82-1991 p. 231).

La jurisprudence a par la suite évolué en retenant la seule responsabilité de la personne morale (voir nº 12886 § 2). La Cour de cassation a alors opéré un retour à la position initiale en retenant la responsabilité civile personnelle des associés signataires dans une société commerciale de commissariat aux comptes (voir nº 12886 § 3). Cependant, un récent arrêt

© Éd. Francis Lefebvre | RESPONSABILITÉS DU COMMISSAIRE AUX COMPTES |

de la cour d'appel de Montpellier a, à l'instar de la cour d'appel de Rennes, retenu la seule responsabilité de la personne morale (voir n° 12886 § 4).

Dans une **société commerciale de commissaires aux comptes**, le rapport est signé par le commissaire aux comptes, personne physique, ou lorsque le mandat est confié à une société de commissaires aux comptes, par la personne mentionnée au 1er alinéa de l'article L 822-9 du Code de commerce (voir n° 1670).

12886

1. La **jurisprudence antérieure** (par exemple, CA Paris 4-4-1991 : Bull. CNCC n° 82-1991 p. 231) retenait la responsabilité in solidum de la personne morale titulaire du mandat, du mandataire social et du signataire technique.

> Pour le bureau de la Compagnie nationale des commissaires aux comptes, cette jurisprudence était **contestable** dans la mesure où elle ne s'appuyait sur aucun texte affirmant expressément la responsabilité personnelle du professionnel intervenant au nom et pour le compte d'une société de commissaires aux comptes : « Si l'on se fonde sur une application stricte de l'article L 820-9 du Code de commerce, seule la responsabilité de la société de commissaires aux comptes doit être engagée lorsque celle-ci est titulaire du mandat. Bien entendu, la société de commissaires aux comptes condamnée pourra toujours se retourner contre l'associé signataire qui a commis une faute à son égard » (Note approuvée par le Bureau du 5-11-2003 : Bull. CNCC n° 132-2003 p. 519).

2. Un **arrêt de la cour d'appel de Rennes** du 16 septembre 2005 marqua une rupture par rapport à la jurisprudence antérieure en jugeant qu'en l'absence de faute « détachable de ses fonctions » commise par le signataire des rapports, seule la personne morale titulaire du mandat de commissaire aux comptes pouvait voir sa responsabilité civile mise en cause, conformément aux règles de droit commun de la responsabilité (CA Rennes 16-9-2005 : Bull. CNCC n° 139-2005 p. 447 note Ph. Merle).

3. Dans un arrêt du 23 mars 2010 (affaire Logex), la **Cour de cassation** est revenue à la jurisprudence initiale en posant le principe de l'existence d'une **responsabilité civile personnelle** des associés signataires lorsque le titulaire du mandat est une société de commissaires aux comptes : « Le commissaire aux comptes agissant en qualité d'associé, d'actionnaire ou de dirigeant d'une société titulaire d'un mandat de commissaire aux comptes répond personnellement des actes professionnels qu'il accomplit au nom de cette société, quelle qu'en soit la forme » (Cass. com. 23-3-2010 n° 09-10791 : RJDA 7/10 n° 759). La motivation de l'arrêt est succincte, mais on peut penser que c'est le caractère libéral de la profession exercée par le commissaire aux comptes qui justifie, selon la Cour, sa responsabilité civile pour ses actes professionnels.

Ce revirement de jurisprudence a suscité la **critique** de certains auteurs pour lesquels la Cour de cassation ne justifie pas de sa position : sans doute la solution de la Cour de cassation peut-elle trouver à s'appliquer sur le fondement de textes d'exception relatifs aux SEL et aux SCP, dans lesquels la loi prévoit expressément que chaque associé répond sur l'ensemble de son patrimoine personnel des actes professionnels qu'il accomplit, la société étant solidairement responsable avec lui des conséquences dommageables de ses actes. En revanche, elle ne saurait être étendue aux sociétés de forme commerciale, qui sont expressément régies par des dispositions contraires (en ce sens, Ph. Merle : Bull. Joly mai 2010 p. 480 ; Bull. CNCC n° 158-2010 p. 389 s.).

> Les commissaires aux comptes exerçant dans des structures de petite taille ou de taille moyenne peuvent être tentés de délaisser les statuts d'EURL ou de Sasu au profit de celui de l'EIRL, en l'estimant plus protecteur. S'agissant des structures de taille plus importante, il pourra s'avérer plus difficile, compte tenu des risques encourus, de trouver des assureurs ou réassureurs acceptant de couvrir la responsabilité de la société et celle de chacun des associés.

4. Enfin, par un arrêt du 24 novembre 2016, la **cour d'appel de Montpellier** est allée à l'encontre de la décision de la Cour de cassation de 2010 et a réaffirmé la position de la cour d'appel de Rennes de 2005 en retenant la mise hors de cause du commissaire aux comptes, personne physique qui a certifié les comptes, pour les mêmes motifs que l'arrêt de la cour d'appel de Rennes précité (CA Montpellier 24-11-2016 n° 13-07077).

Jurisprudence récente La Cour de cassation a étendu la solution donnée pour les commissaires aux comptes dans l'arrêt Logex aux collaborateurs de sociétés d'avocats en décidant que dans un *partnership* doté de la personnalité morale, si l'avocat est civilement responsable des actes professionnels accomplis pour son compte par un collaborateur, cette responsabilité n'est pas exclusive de celle qui est encourue par ce dernier (Cass. 1e civ. 17-3-2011 : Bull. CNCC n° 163-2011 p. 553 note Ph. Merle). La première chambre civile s'est ainsi alignée sur la position de la chambre commerciale. Pour la Cour de cassation, les

12888

385

RESPONSABILITÉS DU COMMISSAIRE AUX COMPTES   © Éd. Francis Lefebvre

professionnels libéraux que sont le commissaire aux comptes et l'avocat sont responsables de leurs actes professionnels. Peu importe qu'ils exercent à titre individuel ou dans un cadre sociétaire.

Les détracteurs de l'arrêt Logex avancent trois arguments (Rev. sociétés sept. 2010 note Ph. Merle) :
– faute de texte spécifique sur la responsabilité civile des commissaires aux comptes personnes physiques exerçant au sein d'une société commerciale, il convient de faire application des règles de droit commun des sociétés commerciales, c'est-à-dire que la responsabilité des associés doit être limitée au montant de leur apport ;
– la solution retenue par la chambre commerciale le 23 mars 2010 n'est pas compatible avec celle qu'elle a adoptée le 9 février 2010 dans trois arrêts rendus à propos de procédures collectives concernant des sociétés d'avocats (Cass. com. 9-2-2010 [3ᵉ esp.] : Bull. Joly 2010 p. 489 n° 98 note J.-J. Daigre ; D. 2010 p. 434 obs. A. Lienhard ; Rev. proc. coll. 2010 p. 13 concl. R. Bonhomme) ;
– cette solution, qui interdit au commissaire aux comptes de limiter sa responsabilité civile lorsqu'il exerce en société, crée une discrimination en faveur du commissaire aux comptes exerçant à titre individuel, qui se placera sous le régime de l'EIRL (Loi du 15-6-2010) et qui, éventuellement, effectuera une déclaration d'insaisissabilité sur ses biens immobiliers (C. com. art. L 526-1 s.).

Cette jurisprudence Logex est également fortement critiquée par le professeur Mortier (JCPE E. 2011, 1454).

12889   En cas d'exercice dans une **société d'exercice libéral**, la solution est différente en raison d'un texte spécifique : chaque associé doit répondre sur l'ensemble de son patrimoine des actes professionnels qu'il accomplit (Loi du 31-12-1990 art. 16, al. 1) et la société est solidairement responsable avec lui (Loi préc. art. 16, al. 2).

À la différence d'une société civile professionnelle, l'associé d'une société d'exercice libéral n'est pas responsable des fautes ou négligences commises par un autre associé.

Si le commissaire exerce dans une **société civile professionnelle**, le demandeur a la possibilité de mettre en cause soit le commissaire fautif associé (Loi du 29-11-1966 art. 16, al. 1), soit l'ensemble des commissaires ayant participé à l'élaboration du rapport, soit la société civile professionnelle, solidairement responsable de chaque associé (Loi préc. art. 16, al. 2), soit enfin, après avoir vainement mis en cause la société, n'importe lequel des associés de la SCP, car ces associés sont indéfiniment et solidairement tenus des dettes sociales, parmi lesquelles figurent les conséquences dommageables des actes professionnels (Loi préc. art. 15, al. 2).

La solidarité des associés envers les dettes sociales n'ayant d'autre objectif que de protéger les tiers, la société ou les associés qui ont été mis à contribution peuvent se retourner contre le ou les associés fautifs. En cas de pluralité d'associés fautifs, la contribution de chacun est établie conformément aux statuts (Loi préc. art. 15, al. 3), ou, à défaut, à raison de leur fonction et de leur rôle dans l'établissement du rapport, voire au prorata des parts qu'ils détiennent dans le capital de la société.

Enfin, en cas d'exercice dans une **société civile de moyens**, la société n'encourt normalement aucune responsabilité propre, à condition toutefois qu'elle se borne à mettre des moyens personnels et humains à la disposition de ses associés sans s'immiscer dans leurs missions de commissariat aux comptes.

12890   **Actions intentées contre plusieurs commissaires aux comptes**   La mise en cause simultanée de plusieurs commissaires aux comptes correspond généralement à des situations de cocommissariat ou à des interventions de commissaires aux comptes dans des groupes de sociétés.

12895   Les **cocommissaires aux comptes** intervenant dans une même société encourent en principe une responsabilité individuelle. Le rapport qu'ils établissent doit en effet faire état soit de leur accord, soit de leurs divergences d'opinions (C. com. art. R 823-8). Cependant, en l'absence de précisions contraires, ils sont réputés avoir la même opinion et sont donc éventuellement réputés avoir commis la même faute (T. corr. Paris 16-5-1974 : Bull. CNCC n° 17-1975 p. 58 et 86). Les commissaires aux comptes peuvent alors être condamnés in solidum sur la base de deux fautes distinctes, le commissaire poursuivi ayant un recours contre ses codébiteurs.

Une responsabilité solidaire des commissaires aux comptes peut également résulter de la mise en œuvre à leur encontre d'une action civile liée à l'instance pénale en application des articles 375-2, 480-1 et 543 du Code de procédure pénale.

12900   Une solution comparable est à retenir dans les **groupes de sociétés**, lorsque deux commissaires aux comptes intervenant dans le cadre de responsabilités distinctes concourent à la production d'un dommage unique pour lequel est mise en cause leur responsabilité.

© Éd. Francis Lefebvre **RESPONSABILITÉS DU COMMISSAIRE AUX COMPTES**

Ce point peut être illustré par la situation dans laquelle se trouveraient deux commissaires aux comptes d'un même groupe, dont l'un aurait certifié à tort les comptes d'une filiale, et l'autre certifié à tort les comptes consolidés faussés par l'intégration de la filiale. Le dommage occasionné par la publication des comptes consolidés serait le résultat de deux fautes distinctes, mais donnerait lieu néanmoins à une condamnation in solidum des deux commissaires, compte tenu du caractère indivisible du préjudice causé. Il est évident, en revanche, que si les erreurs entachant les comptes consolidés avaient trouvé leur origine dans les opérations de consolidation proprement dites, ou que si le commissaire aux comptes de la filiale avait émis les réserves nécessaires dans son rapport, seul le commissaire aux comptes de la société mère serait susceptible d'être inquiété par sa certification.

B. Compétence judiciaire

Compétence d'attribution

Le titre 2, intitulé « Des commissaires aux comptes », du livre 8 du Code de commerce ne précise pas les règles de compétence applicables en matière de responsabilité civile des commissaires aux comptes ; il faut donc s'en tenir aux règles de droit commun. **12950**

Cas généraux Trois cas peuvent se présenter : **12952**
– l'action en responsabilité vise exclusivement une **société commerciale** de commissaires aux comptes : le tribunal de commerce est alors compétent ;
La chambre commerciale de la Cour de cassation a confirmé que dès lors qu'une société a été constituée sous la forme d'une société commerciale, et n'a pas modifié ses statuts, le litige dans lequel la société est partie relève de la compétence du tribunal de commerce, même si l'objet de la société est civil (Cass. com. 16-11-04 : Bull. CNCC n° 136-2004 p. 690 s. note Ph. Merle indiquant que les chambres civiles de la Cour de cassation considèrent, quant à elles, que le caractère civil de l'activité doit primer sur la forme commerciale de la société).

– l'action en responsabilité met en cause une **personne physique**, une **société civile professionnelle** ou une **société d'exercice libéral** : la compétence est celle du tribunal judiciaire ;
S'agissant de la personne physique et de la SCP, la compétence se déduit du fait que le défendeur n'est pas commerçant. Pour la SEL, la solution résulte de l'article L 721-5 du Code de commerce.

– l'action en responsabilité vise **simultanément** une **société commerciale** de commissaires aux comptes et une **personne physique** exerçant dans cette société : la compétence du tribunal judiciaire s'impose pour le tout, sauf si l'assignation ayant été portée devant le tribunal de commerce, aucune partie ne soulève l'incompétence de la juridiction consulaire.

Les parties peuvent également décider de recourir à l'**arbitrage** ou de porter leur différend devant la **compagnie régionale** à laquelle appartient le commissaire aux comptes mis en cause. **12955**
Le conseil régional a en effet pour mission d'examiner « les réclamations des tiers contre les commissaires aux comptes membres de la compagnie régionale, à l'occasion de l'exercice de la profession » (C. com. art. R 821-63).

Cas particulier de l'action civile On sait que le demandeur a la possibilité de saisir la **juridiction répressive**, dans le cadre d'une action dite civile, lorsque la faute qui a engendré le dommage constitue une **infraction**. Les tribunaux n'ouvrent cependant aux plaignants la voie de l'action civile qu'avec parcimonie : « L'exercice de l'action civile devant les tribunaux répressifs est un droit exceptionnel qui, en raison de sa nature, doit être strictement renfermé dans les limites fixées par le Code de procédure pénale » (voir, par exemple Cass. crim. 11-12-1969 : D. 1970, 156). **12958**
Dans un arrêt en date du 15 septembre 1999, la Cour de cassation a d'ailleurs confirmé de manière extrêmement nette l'incompétence de la cour d'appel à l'occasion d'une action uniquement fondée sur l'article L 234, al. 2 (devenu L 822-17) du Code de commerce, « dès lors que la responsabilité civile du commissaire aux comptes prévue par ce texte en cas de non-révélation par ce dernier, dans son rapport à l'assemblée générale, des infractions commises par les dirigeants sociaux, prend sa source non dans une infraction mais dans un manquement de caractère civil dont ne saurait être saisie une juridiction pénale » (Cass. 15-9-1999 : Bull. Joly 2000 p. 25, n° 3 note J.-F. Barbièri).

Lorsque le demandeur a saisi la **juridiction civile** pour une mise en cause de la responsabilité civile du commissaire aux comptes sur le fondement de l'article L 822-17 du Code de commerce, cette action ne peut pas être étendue à un éventuel litige d'honoraires. **12960**

Les manquements du commissaire aux comptes sont sans incidence sur le paiement de ses honoraires compte tenu du caractère institutionnel de sa mission et de l'autonomie nécessaire qui doit lui être conférée dans l'exercice de celle-ci. L'exception d'inexécution ne peut pas être admise (CA Paris, 25e ch. 10-3-2006 : JurisData n° 2006-29864).

Compétence territoriale

12970 Selon les règles de droit commun de la procédure civile, c'est la juridiction du **domicile du défendeur** qui est compétente, c'est-à-dire le tribunal dans le ressort duquel le commissaire aux comptes a son domicile professionnel, ou la société de commissaires aux comptes son siège social.

12972 Toutefois, les tribunaux admettent, en matière délictuelle, l'application des dispositions de l'article 46 du Code de procédure civile. Sont donc également compétentes les juridictions du **lieu** du **fait dommageable** et du **lieu** où le **dommage** a été subi (T. com. Pontoise 18-12-1998 : Bull. CNCC n° 115-1999 p. 485. Pour une jurisprudence récente : Cass. com 10-2-2021 n° 18-26.704 : RJDA 5/21 n° 322, Bull. CNCC n° 201-2021 note Ph. Merle).

12975 Lorsque, exceptionnellement, le demandeur intervient sur la base de la responsabilité contractuelle du commissaire aux comptes à l'occasion de services autres que la certification des comptes rendus par ce dernier, la compétence peut être celle du **lieu** où s'exécute la **prestation de services** (CPC art. 46).

C. Moyens de défense

13000 Le commissaire aux comptes dispose d'un certain nombre de **moyens de procédures** pour faire échec à l'action en responsabilité dont il est l'objet, voire pour lancer une contre-attaque à l'égard de son adversaire. Il peut essayer :
– de faire valoir le quitus qui lui a été donné (voir n° 13005 et les charges à répartir) ;
– d'obtenir la renonciation du demandeur à l'action (voir n° 13025) ;
– de faire valoir la prescription de l'action (voir n° 13050) ;
– de recourir à un appel en jugement commun (voir n° 13150) ;
– de déposer une demande reconventionnelle (voir n° 13175).

Quitus

13005 On constate que certaines assemblées générales continuent à accorder un quitus au commissaire aux comptes, ce qui peut paraître **inapproprié**, puisque, depuis l'entrée en vigueur de la loi du 24 juillet 1966, codifiée depuis dans le Code de commerce, il est clair que le commissaire aux comptes ne peut plus être considéré comme un mandataire. Le quitus aujourd'hui ne peut donc avoir qu'une **valeur morale** : il ne paraît donc aucunement susceptible d'éteindre l'action de la société et de ses actionnaires à l'encontre du commissaire aux comptes.

Pour certains auteurs, le quitus peut néanmoins être opposé à un actionnaire qui l'a voté alors qu'il était informé de la faute commise. Le vote de cette résolution permettrait aux commissaires aux comptes de remettre en cause l'action intentée par un actionnaire, mais non celle intentée par la société (Lamy Sociétés commerciales 2006, § 3381 ; dans le même sens, J. Moneger et Th. Granier, Le commissaire aux comptes, Dalloz 1995, § 612).

Renonciation à l'action

13025 La renonciation à une action en responsabilité est possible dès lors que la personne opérant renonciation dispose effectivement du droit de poursuivre. Pour être valide, elle suppose par ailleurs que le demandeur ait eu au préalable une parfaite connaissance de la faute du commissaire aux comptes et du préjudice subi.

Prescription

13050 **Principe** Plus intéressante que le quitus et plus réaliste que la renonciation à l'action, la prescription de la faute est pour le commissaire aux comptes la manière la plus **efficace** de faire constater l'extinction de l'action en responsabilité.

© Éd. Francis Lefebvre — **RESPONSABILITÉS DU COMMISSAIRE AUX COMPTES**

Le commissaire aux comptes bénéficie en effet d'un **délai** de prescription dérogatoire au droit commun, tel qu'il a été renouvelé par la loi sur la prescription civile du 17 juin 2008, identique à celui retenu pour les actions en responsabilité contre les administrateurs : l'**action en responsabilité** contre un commissaire aux comptes se prescrit par trois ans à compter du fait dommageable ou, s'il a été dissimulé, de sa révélation.

> En l'absence de disposition contraire, la prescription triennale de l'article L 822-18 du Code de commerce concerne toutes les actions en responsabilité civile intentées à l'encontre des commissaires aux comptes à l'occasion de leur mission. Ainsi en a-t-il été jugé par la cour d'appel de Versailles : au cas d'espèce, il s'agissait d'un mandataire judiciaire qui arguait du fait que, le décret du 28 décembre 1985 ne renvoyant pas aux dispositions de l'article L 225-254, la prescription de l'action en responsabilité civile à l'encontre du commissaire aux comptes ne pouvait qu'être décennale et non pas triennale (CA Versailles 3-2-2005 : Bull. CNCC n° 137-2005 p. 97).

Un arrêt de la cour d'appel de Paris en date du 25 septembre 2014 a cependant jugé que le délai de prescription de trois ans n'était applicable qu'à la mission légale du commissaire aux comptes et que le délai de droit commun, qui est de cinq ans, était applicable aux missions réalisées dans le cadre de **SACC** contractuels, c'est-à-dire de SACC réalisés à la demande de l'entité (voir n° 12112).

De plus, dans un arrêt en date du 24 novembre 2015, la Cour de cassation, sans se prononcer explicitement sur ce délai de prescription, a rejeté le pourvoi formé contre un arrêt de la cour d'appel de Paris du 11 février 2014, en relevant que c'est à raison des fautes contractuelles commises par le commissaire aux comptes dans l'exécution de la mission qui lui avait été confiée et qui se distinguait de celle de commissaire aux comptes auprès des sociétés au sein desquelles il exerçait son mandat que, de manière constante, sa responsabilité avait été recherchée et que la cour d'appel n'avait pas méconnu les conséquences légales de ses constatations en rejetant la fin de non-recevoir tirée de la prescription triennale de l'article L 822-18 du Code de commerce (Cass. com. 24-11-2015 n° 14-17.014 : RJDA 3/16 n° 202, Bull. Joly 2016 p. 108 note J.-F. Barbièri, Bull. CNCC n° 181-2016 p. 49 note Ph. Merle).

> On peut en déduire que la Cour de cassation a, implicitement, entendu distinguer le régime applicable à la mission légale et aux missions susceptibles d'être réalisées par le commissaire aux comptes dans le cadre de prestations de services contractuelles autres que la certification des comptes. Il en résulte qu'à l'occasion de la contractualisation de telles missions, le commissaire aux comptes pourra, à raison de leur caractère contractuel, réduire le délai de prescription, sans qu'il puisse être inférieur à une année, limiter le périmètre et le montant de sa responsabilité, voire introduire un délai de forclusion de la mise en œuvre de l'action en responsabilité à compter de la date à laquelle le demandeur à l'action aura eu connaissance du fait dommageable. Toutefois, de telles dispositions ne seront pas opposables à un tiers qui aurait subi un dommage du fait du commissaire aux comptes à l'occasion de l'exercice de cette mission, sauf s'il a expressément accepté que les termes contractuels lui en soient rendus opposables.

Par ailleurs, lorsque le fait est qualifié de **crime**, l'action se prescrit par dix ans (C. com. art. L 225-254 sur renvoi de l'art. L 822-18).

> Est ainsi exclue, par application de l'adage « specialia generalibus derogant », la prescription quinquennale de droit commun instituée par l'article 2224 du Code civil.

Point de départ La question capitale de la fixation du point de départ du délai de trois ans suppose que soient au préalable précisées les deux notions sur lesquelles s'appuie l'article L 225-254 du Code de commerce sur renvoi de l'article L 822-18 du Code de commerce, celles de **fait dommageable** et de **dissimulation**. **13055**

Le **fait dommageable** intervient au moment de la **commission de la faute**. Il doit être soigneusement distingué du dommage, qui est la conséquence du fait dommageable. Ainsi, le délai de prescription doit-il courir à compter de la certification fautive de comptes annuels inexacts, et non à compter de l'achat d'actions, ou de la réalisation d'une moins-value par l'actionnaire ayant agi en se fiant à des comptes trompeurs. **13060**

> Depuis un arrêt de la Cour de cassation du 3 mars 1993 (Cass. civ. 3-3-1993 : Bull. CNCC n° 93-1994 p. 58), cette position a été réaffirmée de façon constante par la Haute Juridiction (Cass. com. 28-3-2006 : Bull. Joly juillet 2006 p. 901, n° 183 Th. Granier) et reprise de façon unanime par les juges du fond (voir, par exemple, CA Paris 21-3-2001 : Bull. CNCC n° 122-2001 p. 282).

Au fait dommageable doit correspondre un **fait précis** et, par voie de conséquence, une **date unique et précise**. Une pluralité de dates ou une période étendue dans le temps ne peuvent donc être retenues. Ainsi, en cas de fait dommageable constitué par la certification fautive des comptes annuels, le point de départ de la prescription sera **13065**

389

généralement fixé par les tribunaux soit à la date de transmission du rapport à la société, soit à la date de présentation du rapport à l'assemblée générale.

> On pourrait penser que ces dates sont appropriées lorsque la société est demanderesse, mais que si ce sont des tiers qui agissent, la date de dépôt au greffe aurait davantage de sens. Cependant, la jurisprudence ayant visé le fait dommageable et non le dommage, on doit plutôt considérer qu'une seule date, et non plusieurs, est susceptible de correspondre à la notion de fait dommageable (voir, en ce sens, E. du Pontavice : Bull. CNCC n° 58-1985 p. 215).

13070 Le point de départ de la prescription ne peut être retardé que s'il y a eu dissimulation. La **dissimulation**, si elle est admise par les juges, conduit à retenir la date de révélation du fait dommageable, et non la date de commission du fait dommageable, comme point de départ du délai triennal (Cass. com. 5-1-2016 n° 14-18688 et 14-18689 : RJDA 3/16 n° 205 ; Bull. CNCC n° 181-2016 p. 52 note Ph. Merle ; CA Grenoble 5-11-2020 : Bull. CNCC n° 200-2020 note Ph. Merle).
La jurisprudence est très stricte pour retenir l'existence d'une dissimulation.
D'une part, il ne peut y avoir dissimulation sans **intention fautive**, dont la preuve devra être rapportée par le demandeur. En conséquence, une simple négligence ne peut pas être assimilée à une dissimulation.
D'autre part, la dissimulation ne peut être retenue que si **elle émane du commissaire aux comptes** lui-même. Ainsi la dissimulation ne peut-elle être prise en compte dès lors qu'elle est imputable aux administrateurs de la société (en ce sens, voir note E. du Pontavice sous TGI Bordeaux 3-12-1984 : Bull. CNCC n° 58-1985 p. 207 ; J. Moneger et Th. Granier, Le commissaire aux comptes, Dalloz 1995, § 616 s.).

13078 Un **important arrêt de la Cour de cassation** (Cass. com. 17-12-2002, « affaire Gang » : Bull. CNCC n° 129-2003 p. 135 Ph. Merle) a confirmé la jurisprudence majoritaire des cours d'appel en décidant que les négligences imputées au commissaire aux comptes, consistant en une insuffisance de diligences et de contrôles, « ne sauraient à elles seules être regardées comme une dissimulation, laquelle implique la volonté du commissaire aux comptes de cacher des faits dont il a connaissance par la certification des comptes... ». Ses termes ont été repris depuis par plusieurs arrêts de cours d'appel, notamment un arrêt de la cour de Dijon du 14 février 2003 (Bull. CNCC n° 129-2003 p. 140) et un de la cour de Douai du 13 janvier 2011 (Bull. CNCC n° 162-2011). La chambre commerciale de la Cour de cassation a réaffirmé depuis sa position par plusieurs arrêts (Cass. com. 11-10-2005 : Bull. CNCC n° 140-2006 p. 653 ; Cass. com. 14-2-2006 : Bull. Joly 2006 n° 182 p. 897 ; Cass. com. 15-9-2009 : Bull. CNCC n° 156 p. 685).

13085 En définitive, en l'absence de dissimulation, le **délai de prescription** court à compter de la date du fait dommageable, et non à compter de la date de découverte du dommage, comme ont pu le soutenir certaines juridictions du fond (voir, par exemple, TGI Nice 19-4-1978 : Bull. CNCC n° 31-1978 p. 341). Comme l'affirme le doyen Jacques Mestre, cette seconde solution est « insoutenable au regard des textes légaux » (Lamy sociétés 2006 n° 1257 a). De surcroît, la règle selon laquelle la prescription ne court pas contre ceux qui ne pouvaient agir est en l'occurrence impuissante dans la mesure où le point de départ du délai de prescription, en l'occurrence la date du fait dommageable, est expressément fixé par la loi (C. com. art. L 822-18 par renvoi à l'art. L 225-254).

13090 **Durée de la période de prescription** Le délai de prescription s'interrompt au bout d'une période de trois ans, à moins cependant qu'il n'ait fait l'objet d'une **interruption de prescription** dans les conditions des articles 2240 et suivants du Code civil.

13095 **Prescription partielle** Lorsque le commissaire aux comptes invoque l'exception de prescription, le juge doit apprécier sa **responsabilité exercice par exercice** (voir, par exemple, Cass. com. 27-9-2017 n° 16-17725 ; Bull. CNCC n° 188-2017 p. 529 ; CA Paris 16-12-1994 : Bull. CNCC n° 96-1994 p. 713 note Ph. Merle).
Cette solution est communément admise par la jurisprudence qui n'hésite pas à admettre le jeu de la prescription partielle.

Appel en déclaration de jugement commun

13150 Le commissaire aux comptes assigné en responsabilité aura tout intérêt à appeler en déclaration de jugement commun les **dirigeants de la société**, s'il estime que ceux-ci ont commis des fautes ayant concouru à la réalisation du dommage final. Dès lors que

© Éd. Francis Lefebvre — **RESPONSABILITÉS DU COMMISSAIRE AUX COMPTES**

la faute des dirigeants est avérée, les magistrats déterminent la proportion du dommage qui devra être réparée par les commissaires aux comptes et par les dirigeants.

Cette solution est régulièrement admise par les tribunaux depuis la décision de principe de la chambre commerciale de la Cour de cassation du 19 janvier 1988 (Cass. 19-1-1988 : Bull. CNCC n° 70-1988 p. 190).

Demande reconventionnelle

13175 Lorsqu'il s'estime indûment assigné en responsabilité civile, le commissaire aux comptes peut déposer une demande reconventionnelle : celle-ci vise à obtenir des **dirigeants** de la société le versement de **dommages et intérêts** pour atteinte à son intégrité morale et professionnelle.

Ainsi un administrateur a-t-il pu être condamné à payer des dommages et intérêts au commissaire aux comptes pour procédures abusives sans base juridique sérieuse, avec intention malicieuse de nature à faire dégénérer en abus le droit d'ester en justice (CA Versailles 23-6-1988 : Bull. CNCC n° 72-1988 p. 484).

La demande reconventionnelle peut être faite concomitamment à la demande de déclaration de jugement commun.

D. Liens avec les autres types de responsabilité

Primauté du droit pénal sur le droit civil

13200 En vertu de l'adage « le criminel tient le civil en l'état », les décisions des tribunaux répressifs ont autorité de la chose jugée sur celles des tribunaux civils.

13205 Le juge civil ne peut pas retenir pour une faute les mêmes faits que ceux examinés auparavant par le juge pénal si celui-ci a prononcé une décision de relaxe ou n'a pas condamné le commissaire aux comptes.

Toutefois, l'imprudence ou la négligence du commissaire aux comptes peuvent avoir été insuffisantes pour caractériser l'infraction, mais non pour caractériser une faute au civil.

Autonomie des responsabilités civile, disciplinaire et administrative

13210 En principe, un commissaire aux comptes relaxé par une décision de la chambre régionale de discipline peut être condamné pour les mêmes faits par un tribunal civil, et réciproquement. Il en est de même en cas de responsabilité administrative. Pour échapper à une condamnation, il ne pourra donc pas arguer du fait de sa non-condamnation par l'une ou l'autre juridiction.

Néanmoins, dans la pratique, les juges civils tiennent compte de la décision de la juridiction disciplinaire, et vice versa.

SECTION 2

Responsabilité pénale

13500 Le droit pénal est un droit répressif qui a pour objectifs de maintenir l'ordre public et de protéger la société. À cette fin, il définit les comportements contraires à la loi et détermine les sanctions pénales qui leur sont applicables.

Toute irrégularité ne constitue pas une infraction. Le droit pénal ne prévoit pas une sanction pénale pour toute violation de règle de droit. Par exemple, le fait, pour une SA dont les titres sont admis aux négociations sur un marché réglementé, de ne pas donner l'information sur la rémunération totale et les avantages de toute nature versés à chaque mandataire social dans son rapport sur le gouvernement d'entreprise viole l'article L 22-10-9 I 1° du Code de commerce, mais ne constitue pas une infraction. En l'absence de l'information précitée, toute personne intéressée peut cependant demander au président du tribunal statuant en référé d'enjoindre sous astreinte au conseil d'administration ou au directoire, selon le cas, de communiquer ces informations (C. com. art. L 225-102, al. 3 et 4 sur renvoi du dernier alinéa des art. L 22-10-9, II et L 22-10-10).

Au même titre que toute personne faisant partie du corps social, le commissaire aux comptes qui transgresse ces règles encourt des sanctions pénales. Les développements

RESPONSABILITÉS DU COMMISSAIRE AUX COMPTES © Éd. Francis Lefebvre

qui suivent ne viseront pas pour autant le recensement des infractions de « droit commun » prévues par le droit pénal : ils seront d'abord consacrés aux **infractions spécifiques** pouvant résulter de l'exercice du commissariat aux comptes (nᵒˢ 13550 s.). La mise en œuvre de l'**action pénale** fera l'objet d'un second développement (nᵒˢ 13900 s.).

I. Infractions

13550 Après un rappel général sur la **notion d'infraction** (nᵒˢ 13560 s.), serons présentées les infractions spécifiques à l'audit légal en distinguant celles qui sont relatives au **statut** du commissaire aux comptes (nᵒ 13595) et celles qui peuvent résulter de l'**exercice** du commissariat aux comptes (nᵒ 13650).

A. Notion d'infraction

13560 L'infraction est l'acte ou l'omission interdit par la loi ou le règlement sous menace de l'application d'une peine. On rappellera :
– la classification usuelle des infractions ;
– les éléments constitutifs des infractions.

Classification

13562 Les infractions sont classées, suivant leur gravité, en crimes, délits et contraventions (C. pén. art. 111-1).

13564 La classification des infractions est opérée en fonction des peines qui leur sont associées par le Code pénal :
– les **peines criminelles** sont la réclusion ou détention criminelle pouvant aller de dix ans à la perpétuité (C. pén. art. 131-1). L'application d'une peine de détention criminelle n'exclut pas l'application d'une peine d'amende et d'une ou de plusieurs des peines complémentaires prévues à l'article 131-10 du Code pénal (interdiction, déchéance, retrait de droit, immobilisation ou confiscation d'un objet, etc.) ;
– les **peines correctionnelles** applicables aux délits sont (C. pén. art. 131-3) :
• l'emprisonnement, pouvant aller d'une durée de deux mois à dix ans (C. pén. art. 131-4),
Lorsqu'un délit est puni d'une peine d'emprisonnement, la juridiction peut toutefois prononcer une peine de jours-amendes consistant pour le condamné à verser au Trésor une somme dont le montant global résulte de la fixation par le juge d'une contribution quotidienne pendant un certain nombre de jours. Le montant de chaque jour-amende est déterminé en tenant compte des ressources et des charges du prévenu ; il ne peut excéder 1 000 euros. Le nombre de jours-amendes est déterminé en tenant compte des circonstances de l'infraction ; il ne peut excéder trois cent soixante (C. pén. art. 131-5). Lorsqu'un délit est puni d'une peine d'emprisonnement, la juridiction peut, à la place ou en même temps que de l'emprisonnement, prescrire que le condamné devra accomplir, pendant une durée ne pouvant excéder un mois, un stage dont elle précise la nature, les modalités et le contenu eu égard à la nature du délit et aux circonstances dans lesquelles il a été commis (C. pén. art. 131-5-1 modifié par la loi 2019-222 du 23-3-2019).

• l'amende,
• le jour-amende (voir ci-dessus),
• le travail d'intérêt général,
• le stage de citoyenneté,
• les peines privatives ou restrictives de droit prévues à l'article 131-6 du Code pénal (suspension de permis de conduire, confiscation de véhicule, interdiction de détenir ou porter une arme soumise à autorisation, etc.),
• la sanction-réparation prévue à l'article 131-8-1 du Code pénal, qui consiste à indemniser la victime de son préjudice,
• les peines complémentaires prévues à l'article L 131-10 du Code pénal (voir supra) ;
– les **peines contraventionnelles** sont (C. pén. art. 131-12) :
• l'amende, dont le montant peut aller de 38 € pour la contravention de 1ᵉ classe jusqu'à 1 500 € pour la contravention de 5ᵉ classe, ce montant pouvant être porté à 3 000 € en cas de récidive lorsque le règlement le prévoit (C. pén. art. 131-13),

© Éd. Francis Lefebvre   **RESPONSABILITÉS DU COMMISSAIRE AUX COMPTES**

• les peines restrictives ou privatives de droit visées à l'article 131-14 du Code pénal (retrait du permis de conduire ou de chasser, interdiction de port d'arme, interdiction d'émettre des chèques...),

Ces peines ne peuvent être prononcées cumulativement avec l'amende.

• les peines complémentaires prévues aux articles 131-16 (retrait du permis de conduire ou du permis de chasser, interdiction de port d'arme, confiscation de biens...) et, pour les contraventions de 5ᵉ classe, 131-17 du Code pénal (interdiction d'émettre des chèques, travail d'intérêt général...).

Ces peines sont prononcées cumulativement avec l'amende.

Pour opérer une classification entre les différentes catégories d'infractions, il convient **13566** d'examiner la **sanction** qui leur est **applicable**. Ainsi, lorsque la peine encourue est une peine de prison inférieure ou égale à dix ans, l'infraction est un délit, au-delà, l'infraction est un crime. Le nouveau Code pénal a aboli l'emprisonnement en matière de contravention de police, ne laissant subsister que des amendes dont le maximum est de 1 500 € (3 000 € en cas de récidive lorsque le règlement le prévoit). Pour distinguer un délit d'une contravention, il suffit en conséquence de vérifier si le montant de l'amende prévu par le texte (celui-ci ne cite que le montant de la sanction maximale) excède ou non le montant applicable aux contraventions.

Les conséquences de la distinction sont essentielles :
• la complicité n'est punissable qu'exceptionnellement pour les contraventions ;
• la tentative n'est pas punissable pour les contraventions ;
• il y a cumul des amendes contraventionnelles, alors qu'une seule amende est prononcée en matière délictuelle ;
• la prescription de l'action publique est de six ans pour les délits (CPP art. 8) et seulement d'une année pour les contraventions (CPP art. 9) ;
• seuls les délits et les contraventions de 5ᵉ classe sont inscrits au casier judiciaire.

Il n'y a ni crime ni contravention dans les infractions liées spécifiquement au statut ou à **13568** l'exercice de la profession. Sauf commission d'une infraction indépendante de leur profession, les **commissaires aux comptes** ne peuvent donc être poursuivis que pour des **délits**.

Remarque : Une autre classification des infractions conduit à distinguer : **13570**
– les infractions **instantanées**, qui se consomment en un trait de temps, par exemple le vol ou, pour un commissaire aux comptes, la confirmation d'informations mensongères sur la situation de la société ;
– les infractions **continues**, qui supposent que l'activité répréhensible se prolonge dans le temps, par exemple le recel de la chose volée ou le maintien d'un commissaire aux comptes en fonctions nonobstant une incompatibilité légale ;
– les infractions d'**habitude**, composées de plusieurs faits, identiques, dont la réunion forme un tout constituant une infraction punissable.

La distinction entre ces différentes catégories d'infractions présente notamment un intérêt au regard de la détermination du point de départ de la prescription de l'action publique (voir nᵒ 14410).

Éléments constitutifs des infractions

Trois éléments sont nécessaires pour qu'il y ait constitution d'une infraction : l'élément **13575** **légal**, l'élément **matériel** et l'élément **moral**.

Il importe de distinguer les conditions préalables de l'infraction des éléments constitutifs de l'infraction. S'agissant par exemple de l'abus de bien social, l'existence d'une société par actions ou d'une SARL est une condition préalable du délit. L'élément constitutif du délit est l'usage par le dirigeant, à des fins personnelles ou pour favoriser une société dans laquelle il est directement ou indirectement intéressé, d'un bien appartenant à la société dans un intérêt contraire à celle-ci.

On observera que la jurisprudence tend à apprécier la présence de l'élément constitutif du délit d'une manière pour le moins extensive. D'une part, elle précise que l'usage d'un bien ne suppose pas nécessairement un acte positif de gestion, l'usage pouvant s'entendre d'une simple abstention volontaire d'agir (Cass. crim. 28-1-2004 : JurisData nᵒ 2004-022527). D'autre part, elle ne fait plus coexister la recherche de l'intérêt de la société avec celle de l'intérêt personnel du dirigeant et tend à considérer que ce dernier seul est recherché dès lors qu'un avantage est apporté à une société dans laquelle le dirigeant est directement intéressé, ne serait-ce que parce qu'il permet à ce dernier « de conforter sa position de PDG d'une société anonyme ou de gérant de SARL par des moyens frauduleux... » (Cass. crim. 10-3-2004 nᵒ 02-85.285 : Bull. Cass. 2004).

393

RESPONSABILITÉS DU COMMISSAIRE AUX COMPTES © Éd. Francis Lefebvre

13578 **Élément légal** Il n'y a pas d'**infraction** sans texte : « Nul ne peut être puni pour un crime ou pour un délit dont les éléments ne sont pas définis par la loi ou pour une contravention dont les éléments ne sont pas définis par le règlement » (C. pén. art. 111-3, al. 1). Il n'y a pas de **sanction** sans texte : « Nul ne peut être puni d'une peine qui n'est pas prévue par la loi, si l'infraction est un crime ou un délit, ou par le règlement, si l'infraction est une contravention » (C. pén. art. 111-3, al. 2).

Seule donc une loi peut qualifier une irrégularité de crime ou de délit. Un décret suffit en revanche pour qu'une irrégularité soit qualifiée de contravention.

Le juge pénal ne peut non plus raisonner par analogie : la loi pénale est en effet d'**interprétation stricte** (C. pén. art. 111-4).

Enfin, la loi pénale en principe n'est pas rétroactive : une peine nouvelle ne peut être appliquée à des infractions commises antérieurement. La **non-rétroactivité** connaît néanmoins deux tempéraments : d'une part, le principe est écarté lorsque la loi nouvelle est plus douce que la loi en vigueur lorsque les faits ont été perpétrés (rétroactivité in mitius), d'autre part, les sanctions nouvelles sont parfois d'application immédiate lorsqu'elles sont considérées comme des mesures de sûreté et non comme des peines véritables.

13580 **Élément matériel** Il ne peut y avoir d'infraction qui soit fondée uniquement sur de mauvaises intentions. Il faut au minimum que la violation du texte entraînant une sanction pénale donne lieu à un **commencement d'exécution**.

Exécution ne signifie pas qu'il y a nécessairement action. L'élément matériel ne correspond pas en effet au résultat de l'infraction, mais à l'**attitude de l'auteur**. On distingue d'ailleurs les **infractions** dites de « **commission** », issues d'actes violant une interdiction de faire, par exemple la violation du secret professionnel, des **infractions d'« omission »**, qui consistent à ne pas se conformer à une obligation de faire, par exemple la non-révélation des faits délictueux pour un commissaire aux comptes.

La réalisation complète de l'infraction n'est pas nécessaire à la consommation de l'infraction. La **tentative**, dès lors qu'elle est avérée, peut être punie par le juge dans les mêmes conditions que l'infraction elle-même : est auteur de l'infraction non seulement la personne qui commet les faits incriminés, mais également la personne qui « tente de commettre un crime ou, dans les cas prévus par la loi, un délit » (C. pén. art. 121-4).

La tentative suppose un commencement d'exécution. Sans doute, le désistement de l'auteur est-il susceptible de le faire échapper à la répression. Mais il doit pour être efficace être volontaire et spontané : la tentative manquée, la tentative interrompue par une circonstance indépendante de la volonté de l'auteur restent bien entendu punissables.

13585 **Élément moral** Toute infraction suppose un minimum d'élément moral ou intentionnel et disparaît, par exemple, en cas de force majeure, même si, dans certains cas, tel ou tel aspect de l'élément moral, et notamment la faute, peut être présumé par le juge. L'élément moral suppose tout d'abord l'**imputabilité** de l'acte incriminé à son auteur, ce qui signifie que celui-ci doit être en âge de commettre l'infraction, qu'il doit être sain d'esprit et en mesure d'exercer librement ses facultés.

L'élément moral repose par ailleurs sur la **culpabilité** de l'auteur, c'est-à-dire sur l'existence d'une **faute**, qui peut être intentionnelle, mais qui peut aussi résulter de la simple imprudence ou négligence (C. pén. art. 121-3) : « Il n'y a point de crime ou de délit sans intention de le commettre. [...] Il y a également délit, lorsque la loi le prévoit, en cas de faute d'imprudence, de négligence ou de manquement à une obligation de prudence ou de sécurité prévue par la loi ou le règlement, s'il est établi que l'auteur des faits n'a pas accompli les diligences normales compte tenu, le cas échéant, de la nature de ses missions ou de ses fonctions, de ses compétences ainsi que du pouvoir et des moyens dont il disposait. Dans le cas prévu par l'alinéa qui précède, les personnes physiques qui n'ont pas causé directement le dommage, mais qui ont créé ou contribué à créer la situation qui a permis la réalisation du dommage ou qui n'ont pas pris les mesures permettant de l'éviter, sont responsables pénalement s'il est établi qu'elles ont, soit violé de façon manifestement délibérée une obligation particulière de prudence ou de sécurité prévue par la loi ou le règlement, soit commis une faute caractérisée et qui exposait autrui à un risque d'une particulière gravité qu'elles ne pouvaient ignorer. Il n'y a point de contravention en cas de force majeure. »

394

© Éd. Francis Lefebvre **RESPONSABILITÉS DU COMMISSAIRE AUX COMPTES**

Les travaux de codification du Code de commerce ont amené le Gouvernement à revoir la définition de certaines dispositions pénales en vue d'assurer la cohérence rédactionnelle des textes. C'est ainsi que dans l'article 121-3 du Code pénal posant le principe général qu'il « n'y a point de crime ou délit sans intention de le commettre », l'adverbe « sciemment » a pu être supprimé dans la définition des délits.

Cette suppression peut néanmoins paraître inquiétante dans la mesure où il est fréquent, en droit des affaires, que le juge soit tenté d'appliquer le principe res ipsa loquitur, selon lequel l'intention de violer la loi se déduit de la commission même des faits : le dirigeant ou la personne prévenue, ne pouvant être présumé, de par ses fonctions, ignorer les textes, avait nécessairement l'intention de commettre une infraction (dite matérielle) puisqu'il a transgressé les interdits légaux. Même dans ces circonstances, la rédaction de l'article 121-3 du Code pénal commande normalement au juge d'apporter la preuve que le professionnel n'a pas été à la hauteur de ses obligations, non pas de manière abstraite, mais in concreto, compte tenu « des pouvoirs et des moyens dont il disposait ». Mais certaines décisions font peser une véritable présomption de responsabilité à l'égard du commissaire aux comptes (voir, par exemple, Cass. crim. 31-1-2007, 2 espèces, voir n° 13712), présomption que le professionnel du chiffre peut avoir du mal à renverser.

B. Infractions relatives au statut

Les infractions liées au statut du commissaire aux comptes sont regroupées sous le titre II du livre VIII du Code de commerce, « Des commissaires aux comptes », dans un chapitre préliminaire intitulé « Dispositions générales ». **13595**

Les dispositions qui figurent dans ce titre sont applicables aux commissaires aux comptes nommés auprès de toutes les personnes ou entités, quelle que soit la nature de son intervention (voir n° 7212).

Les infractions attachées au statut du commissaire aux comptes portent sur l'usage du titre de commissaire aux comptes, l'exercice illégal de la profession et la violation des incompatibilités légales.

Usage illicite du titre

L'usage du titre de commissaire aux comptes, ou de tout autre titre tendant à créer une confusion ou une similitude avec celui de commissaire aux comptes, sans être inscrit régulièrement sur la liste établie par le Haut Conseil du commissariat aux comptes dans les conditions prévues aux articles L 822-1-1 à L 822-1-4 du Code de commerce et sans avoir prêté serment conformément à l'article L 822-3 du même Code, est puni d'un **emprisonnement** d'un an et de 15 000 € d'**amende** (C. com. art. L 820-5, 1°). Si la personne morale est poursuivie pour complicité, la peine encourue est une amende de 75 000 € en application des dispositions de l'article 131-38 du Code pénal. **13598**

Préalablement à l'entrée en vigueur de l'ordonnance 2016-315 du 17 mars 2016 relative au commissariat aux comptes, la même sanction était applicable à toute personne faisant usage du titre de commissaire aux comptes ou de tout titre tendant à créer une confusion ou une similitude avec ce titre sans être inscrit sur une liste près la cour d'appel dans le ressort de laquelle était instituée une compagnie régionale. Depuis l'entrée en vigueur de l'ordonnance précitée le 17 juin 2016, il appartient au Haut Conseil, en application de l'article L 821-1 du Code de commerce, de procéder à l'inscription des commissaires aux comptes et à la tenue de la liste avec faculté de délégation de ces missions à la CNCC. Le Haut Conseil a ainsi confié les missions d'inscription et de tenue de la liste à la CNCC et une convention de délégation a été homologuée par arrêté du garde des Sceaux du 25 avril 2017. Elle est entrée en vigueur le 26 avril 2017.

L'infraction est matérialisée par l'usage du titre. Elle est instantanée et consommée par un seul usage. La preuve de la mauvaise foi doit être rapportée. **13600**

Exercice illégal

Il y a exercice illégal de la profession lorsqu'une personne : **13605**
– exerce la profession sans être inscrite sur la liste et sans avoir prêté serment ;

Dès lors, doit être condamné le commissaire aux comptes qui a signé un rapport de certification au nom de la société de commissaires aux comptes dont il est le gérant, alors même qu'il a été omis de la liste pour s'être abstenu de payer ses cotisations pendant deux ans (TGI Paris 11-7-2008 : Bull. CNCC n° 152-2008 p. 675, obs. Ph. Merle).

RESPONSABILITÉS DU COMMISSAIRE AUX COMPTES © Éd. Francis Lefebvre

– exerce la profession en enfreignant les sanctions de l'**interdiction temporaire** et de la **suspension** provisoire (voir n⁰ˢ 15380 et 15390).

> C'est ainsi qu'un commissaire aux comptes frappé d'une mesure disciplinaire de suspension et ayant poursuivi malgré tout l'exercice de ses fonctions peut être à bon droit condamné pour exercice illégal (Cass. crim. 21-11-1991 : Bull. Joly 1992 p. 311 n⁰ 95, J.-F. Barbièri).

13608 L'infraction d'exercice illégal est matérialisée par la réalisation d'actes relevant de la mission de commissaire aux comptes. C'est une infraction continue (Étude juridique CNCC « La responsabilité pénale du commissaire aux comptes », juin 2008 § 67).

La preuve de la mauvaise foi doit être rapportée.

L'exercice illégal est sanctionné par une peine d'**emprisonnement** d'un an et une **amende** de 15 000 € (C. com. art. L 820-5, 2⁰) portée à 75 000 € pour les personnes morales.

Violation des incompatibilités légales

13615 Le fait, pour un commissaire aux comptes, soit en son nom personnel, soit au titre d'associé dans une société de commissaires aux comptes, d'accepter, d'exercer ou de conserver ses fonctions, nonobstant les **incompatibilités légales**, est puni d'un emprisonnement de six mois et d'une amende de 7 500 € (C. com. art. L 820-6).

> L'article L 231-17 du Code monétaire et financier ne sanctionne pour ce délit que le commissaire aux comptes nommé dans une SCPI.

Sont **visés** par l'article L 820-6 :

– les incompatibilités générales de l'article **L 822-10** du Code de commerce relatives aux activités incompatibles avec la profession de commissaire aux comptes : exercice d'une activité ou commission d'un acte portant atteinte à l'indépendance ; acceptation d'un emploi salarié, sous réserve de la possibilité pour un commissaire aux comptes de dispenser un enseignement se rapportant à l'exercice de la profession ou d'occuper un emploi rémunéré chez un commissaire aux comptes ou chez un expert-comptable ; exercice d'une activité commerciale exercée soit directement, soit par personne interposée à l'exception, d'une part, des activités commerciales accessoires à la profession d'expert-comptable exercées dans le respect des règles de déontologie et d'indépendance des commissaires aux comptes et dans les conditions prévues au troisième alinéa de l'article 22 de l'ordonnance 45-2138 du 19 septembre 1945 portant institution de l'ordre des experts-comptables et réglementant le titre et la profession d'expert-comptable et, d'autre part, des activités commerciales accessoires exercées par la société pluriprofessionnelle d'exercice dans les conditions prévues à l'article 31-5 de la loi 90-1258 du 31 décembre 1990 relative à l'exercice sous forme de sociétés des professions libérales soumises à un statut législatif ou réglementaire ou dont le titre est protégé et aux sociétés de participations financières de professions libérales ;

– les liens et situations incompatibles avec l'exercice de la mission visés à l'article **L 822-11** du Code de commerce étant précisé qu'en application des dispositions européennes, il convient de distinguer selon que l'entité concernée est ou non une entité d'intérêt public.

> **Entités d'intérêt public** : 1. Il est **interdit** au commissaire aux comptes d'accepter une mission de certification auprès d'une entité d'intérêt public, lorsqu'au cours de l'exercice précédant celui dont les comptes doivent être certifiés ce dernier ou tout membre du réseau auquel il appartient a fourni, directement ou indirectement, à l'entité d'intérêt public, ou aux personnes ou entités qui la contrôlent ou qui sont contrôlées par elle dans l'Union européenne, au sens des I et II de l'article L 233-3, les services mentionnés au e) du paragraphe 1 de l'article 5 du règlement (UE) 537/2014 du 16 avril 2014 (conception et mise en œuvre de procédures de contrôle interne ou de gestion des risques en rapport avec la préparation et/ou le contrôle de l'information financière ou la conception et la mise en œuvre de systèmes techniques relatifs à cette même information).
>
> 2. Il est **interdit** au commissaire aux comptes et aux membres du réseau auquel il appartient de fournir directement ou indirectement à l'entité d'intérêt public dont il certifie les comptes, et aux personnes ou entités qui la contrôlent ou qui sont contrôlées par elle au sens des I et II de l'article L 233-3 et dont le siège social est situé dans l'Union européenne :
>
> – les services mentionnés au paragraphe 1 de l'article 5 du règlement (UE) 537/2014 du 16 avril 2014 (prestations fiscales, de tenue de comptabilité ou d'élaboration de l'information financière, d'assistance à la gestion, d'évaluation, de gestion des ressources humaines, de structuration...), exception faite des dérogations possibles en matière de services fiscaux et de services d'évaluation fournis par un membre du réseau en application du second alinéa du II de l'article L 822-11.

Autres entités : Il est interdit au commissaire aux comptes d'accepter ou de poursuivre une mission de certification auprès d'une personne ou entité qui n'est pas une entité d'intérêt public lorsqu'il existe un risque d'autorévision ou que son indépendance est compromise et que des mesures de sauvegarde appropriées ne peuvent être mises en œuvre. En outre, conformément aux dispositions de l'article L 822-11-3 du même code, le commissaire aux comptes ne peut prendre, recevoir ou conserver, directement ou indirectement, un **intérêt** auprès de la personne ou entité dont il est chargé de certifier les comptes, ou auprès d'une personne qui la contrôle ou qui est contrôlée par elle, au sens des I et II de l'article L 233-3.

Par ailleurs, quelle que soit l'entité (EIP et non-EIP), les associés et les salariés du commissaire aux comptes qui participent à la mission de certification, toute autre personne participant à la mission de certification ainsi que les personnes qui leur sont étroitement liées ou qui sont étroitement liées au commissaire aux comptes au sens de l'article 3, paragraphe 26 du règlement (UE) 596/2014 du 16 avril 2014, ne peuvent détenir d'intérêt substantiel et direct dans la personne ou entité dont les comptes sont certifiés, ni réaliser de transaction portant sur un instrument financier émis, garanti ou autrement soutenu par cette personne ou entité, sauf s'il s'agit d'intérêts détenus par l'intermédiaire d'organismes de placement collectif diversifiés, y compris de fonds gérés tels que des fonds de pension ou des assurances sur la vie. Le Code de déontologie précise également les restrictions à apporter à la détention d'intérêts financiers par ces personnes.

Ces liens et situations incompatibles étaient définis par l'article L 822-11 ancien du Code de commerce jusqu'à l'entrée en vigueur de l'ordonnance 2016-315 du 17 mars 2016 le 17 juin 2016. Ces dispositions, reprises dans l'article L 822-11-3 créé par l'ordonnance précitée, visent toute prise, réception ou conservation d'un intérêt auprès de la personne ou entité dont les comptes sont certifiés, ou auprès d'une personne qui contrôle celle-ci ou qui est contrôlée par elle au sens des I et II de l'article L 233-3 ; l'existence de liens personnels, financiers et professionnels, concomitants ou antérieurs à la mission du commissaire aux comptes, tels que définis aux articles 22, 32, 33 et 34 du Code de déontologie modifié par le décret 2020-292 du 21 mars 2020 ; le maintien en fonctions nonobstant la fourniture, par le réseau pluridisciplinaire, national ou international auquel appartient le commissaire aux comptes, des prestations affectant le jugement professionnel, l'expression de l'opinion ou l'indépendance (Code de déontologie de la profession art. 19).

Sur la réticence de la Cour de cassation à appliquer la sanction prévue à l'article L 820-6 à une situation d'incompatibilité insuffisamment caractérisée, voir infra n° 13621.

Ne tombent pas sous le coup de l'article L 820-6 du Code de commerce les faits visés par l'article L 822-12 dudit code, qui interdit aux commissaires aux comptes et, au sein des sociétés de commissaires aux comptes, aux associés signataires d'être nommés dirigeants, administrateurs, membres du conseil de surveillance ou d'occuper un poste de direction au sein des personnes ou entités qu'ils contrôlent, moins de trois ans après la cessation de leurs fonctions, de même que dans les entités contrôlantes ou contrôlées au sens des I et II de l'article L 233-3 par la personne ou entité dont ils ont certifié les comptes. Cette interdiction s'applique également à toutes personnes autres que les commissaires aux comptes personnes physiques et les associés signataires des sociétés de commissaires aux comptes, inscrites sur la liste des commissaires aux comptes pendant une durée d'un an suivant leur participation à la mission de certification. En effet, le principe de l'application stricte du droit pénal conduit à écarter la sanction pénale en cas de violation de cet article puisque l'article L 820-6 ne vise que l'acceptation, l'exercice ou la conservation des fonctions de commissaire aux comptes.

Les personnes ayant été dirigeants ou salariés d'une personne ou entité ne peuvent être nommées commissaires aux comptes de cette personne ou entité moins de cinq années après la cessation de leurs fonctions (C. com. art. L 822-13).

Pendant ce même délai, elles ne peuvent être nommées commissaires aux comptes des personnes ou entités possédant au moins 10 % du capital de la personne ou entité dans laquelle elles exerçaient leurs fonctions, ou dont celle-ci possédait au moins 10 % du capital lors de la cessation de leurs fonctions.

Les interdictions prévues à l'article L 822-13 du Code de commerce pour les personnes ou entités mentionnées au premier alinéa sont applicables aux sociétés de commissaires aux comptes dont lesdites personnes ou entités sont associées, actionnaires ou dirigeantes.

Plus délicate est la question de déterminer si l'article L 820-6 s'applique à la violation des **interdictions, non expressément qualifiées d'incompatibilités**, qui figurent sous les articles L 822-11, 822-13 et 822-14 du Code de commerce :

Ainsi que le fait remarquer M. Augustin Robert dans son ouvrage consacré à la responsabilité des commissaires aux comptes et des experts-comptables (Dalloz 2011-2012 – préface Ph. Merle – § 44-116), la doctrine est divisée et il rappelle la position du H3C, qui a établi une distinction entre « interdictions » et « incompatibilités » dans son avis du 27 décembre 2004 sur l'avant-projet de Code de déontologie,

RESPONSABILITÉS DU COMMISSAIRE AUX COMPTES © Éd. Francis Lefebvre

en précisant que « la violation des incompatibilités pourra être pénalement sanctionnée », excluant a contrario qu'il puisse en aller de même pour les interdictions.

– la violation de l'interdiction faite au commissaire aux comptes d'accepter une mission de certification auprès d'une entité d'intérêt public, lorsqu'au cours de l'exercice précédant celui dont les comptes doivent être certifiés, ce dernier ou tout membre du réseau auquel il appartient a fourni, directement ou indirectement, à l'entité d'intérêt public, ou aux personnes ou entités qui la contrôlent ou qui sont contrôlées par elle dans l'Union européenne, au sens des I et II de l'article L 233-3 du Code de commerce, les services mentionnés au e) du paragraphe 1 de l'article 5 du règlement (UE) 537/2014 du 16 avril 2014 (voir n° 13615) ;

– la violation de l'interdiction faite au commissaire aux comptes et aux membres du réseau auquel il appartient de fournir directement ou indirectement à l'entité d'intérêt public dont il certifie les comptes, et aux personnes ou entités qui la contrôlent ou qui sont contrôlées par elle au sens des I et II de l'article L 233-3 du Code de commerce et dont le siège social est situé dans l'Union européenne les services mentionnés au paragraphe 1 de l'article 5 du règlement (UE) 537/2014 du 16 avril 2014 ;

– la violation de l'interdiction faite au commissaire aux comptes d'accepter ou de poursuivre une mission de certification auprès d'une personne ou entité qui n'est pas une entité d'intérêt public lorsqu'il existe un risque d'autorévision ou que son indépendance est compromise et que des mesures de sauvegarde appropriées ne peuvent être mises en œuvre ;

Selon nous, le commissaire aux comptes ne pourrait être pénalement poursuivi pour de tels agissements dont il n'est pas l'auteur et le principe de territorialité de la loi pénale ne permettrait pas de poursuivre les membres de son réseau pour des infractions commises hors de France.

– la violation des incompatibilités temporaires visées à l'article L 822-13 du Code de commerce, qui interdisent aux dirigeants et aux salariés d'une personne ou entité de devenir commissaire aux comptes de cette personne ou entité, ou des entités qui leur sont liées par un lien de participation d'au moins 10 %, dans un délai inférieur à cinq ans ;

– la violation de l'article L 822-14 du Code de commerce portant obligation de rotation et de respect d'un délai de viduité de trois ans à compter de la date de clôture du sixième exercice certifié par les commissaires aux comptes d'entités d'intérêt public.

Si l'on devait retenir la distinction entre interdictions et incompatibilités qui semble ressortir de l'analyse du H3C rapportée ci-dessus, la violation des articles L 822-13 et L 822-14, qui prévoient clairement des interdictions, ne peut être sanctionnée pénalement. La même position pourrait être soutenue pour le défaut de respect des dispositions de l'article L 822-11, dans la mesure où ledit article pose également des interdictions, sans pour autant les qualifier expressément d'incompatibilités. Il convient toutefois d'envisager ces exclusions avec la plus grande prudence.

13618 La matérialisation de l'infraction est constituée en principe par la survenance de l'une de ces situations d'incompatibilité.

Les articles L 822-10 et L 822-11 renvoient implicitement ou expressément aux dispositions du Code de déontologie de la profession en vigueur à la date des faits. On peut considérer que ces dispositions déontologiques contribuent à caractériser les infractions prévues par les articles L 820-5 et L 820-6 du Code de commerce. La nature désormais réglementaire du Code de déontologie facilite son application par le juge lors de la poursuite pénale de commissaires aux comptes.

En pratique, la constitution de l'infraction suppose également que le commissaire aux comptes ait accepté, exercé ou conservé ses fonctions en ayant **connaissance** de cette situation.

L'**acceptation** suppose la nomination préalable du commissaire aux comptes, mais non l'exercice effectif du mandat.

L'**exercice des fonctions** ne nécessite ni désignation régulière du commissaire aux comptes, ni acceptation préalable du mandat mais uniquement l'accomplissement d'un acte ressortant des fonctions de commissaire aux comptes.

Enfin la **conservation du mandat** est constitutive du délit dès lors que la démission du commissaire aux comptes n'intervient pas dans un délai raisonnable à compter de la prise de connaissance par le commissaire de la situation d'incompatibilité.

13621 Les tribunaux n'ont pas, à notre connaissance, sanctionné pénalement de manquements à la **règle d'indépendance**, peut-être pour partie en raison du libellé trop général de l'article L 822-10, 1° du Code de commerce.

© Éd. Francis Lefebvre   **RESPONSABILITÉS DU COMMISSAIRE AUX COMPTES**

Selon la cour d'appel de Bordeaux, statuant en matière correctionnelle, les dispositions de l'article L 225-222, 1° du Code de commerce (abrogé par la loi de sécurité financière et remplacé par l'article L 822-11) « ne satisfont pas au principe de légalité des délits, faute de définir, avec la précision suffisante pour exclure l'arbitraire, le fait incriminé... Il n'entre pas en revanche dans les pouvoirs du juge pénal, devant l'imprécision de la loi, de fixer lui-même les limites des transgressions punissables » (CA Bordeaux corr. 15-1-2002 : Bull. CNCC n° 125-2002 p. 67, Ph. Merle ; dans le même sens, J. Monéger et Th. Granier, Le commissaire aux comptes, op. cit., § 668).

Plus récemment, dans une décision du 16 juin 2010, la Cour de cassation a cassé un arrêt rendu le 18 février 2009 par la cour d'appel de Paris en décidant que la cour d'appel n'avait pas relevé tous les éléments constitutifs de l'infraction qu'elle entendait réprimer, pour avoir négligé que « le fait, pour un commissaire aux comptes, de prendre, recevoir ou conserver un intérêt auprès d'une personne qui est contrôlée par celle dont il est chargé de certifier les comptes n'est constitutif d'une incompatibilité légale, au sens de l'article L 820-6 du Code de commerce, que dans les conditions prévues à l'article L 822-11, du même code » (Cass. crim. 16-6-2010 n° 09-81.813 : Bull. CNCC n° 159-2010, p. 533, Ph. Merle ; D. 2010 p. 1866, A. Lienhard).

Sur renvoi, la cour d'appel de Paris a également retenu que les articles L 820-6 et L 822-10, alinéa 1 du Code de commerce n'apparaissent pas conformes, en raison de leur caractère général et imprécis, au principe de la légalité des délits et des peines consacré par l'article 111-3 du Code pénal et l'article 7 de la convention européenne de sauvegarde des droits de l'Homme et des libertés fondamentales, lesquels imposent que les éléments constitutifs des infractions soient clairement et précisément définis dans le texte d'incrimination. Les articles visés à la prévention ne peuvent, dès lors, fonder une poursuite pénale (CA Paris 17-1-2012 : Bull. CNCC n° 166-2012 p. 363, Ph. Merle).

C. Infractions relatives à l'exercice des fonctions

De **nombreuses infractions** sont liées à l'exercice des fonctions du commissaire aux comptes :   **13650**

– violation du secret professionnel (n° 13655) ;
– communication d'informations mensongères (n° 13665) ;
– non-révélation des faits délictueux (n° 13700) ;
– défaut d'information sur les prises de participation réalisées par une société commerciale (n° 13730) ;
– défaut d'information sur les prises de contrôle réalisées par les sociétés dont les actions sont admises aux négociations sur un marché réglementé (n° 13745) ;
– communication d'informations inexactes sur la suppression du droit préférentiel de souscription (n° 13755) ;
– représentation des obligataires par le commissaire aux comptes (n° 13765) ;
– délits d'initiés et de fausse information boursière, même s'ils n'entrent pas spécifiquement dans les infractions visant expressément le commissaire aux comptes (n° 13775).

Cette liste ne couvre pas l'ensemble des délits qu'un commissaire aux comptes peut commettre dans l'exercice de ses fonctions, et notamment ceux que sanctionnent des textes qui ne visent pas spécifiquement le contrôleur légal. Ainsi le commissaire aux comptes qui s'abstiendrait de répondre à la convocation du comité social et économique émise en application de l'article L 2312-25, II, 2° du Code du travail (voir n° 63370) s'exposerait-il à la peine d'emprisonnement d'un an et à l'amende de 7 500 € prévues par l'article L 2317-1 du Code du travail pour sanctionner le délit d'entrave au fonctionnement du comité social et économique.

Il convient de préciser que le défaut de déclaration de soupçon auprès de **Tracfin** n'est pas sanctionné pénalement mais peut faire l'objet de sanctions disciplinaires. Tracfin peut, en effet, être amené à adresser une note de renseignement aux autorités de contrôle ou aux ordres professionnels compétents en cas de soupçon de manquement à l'obligation de vigilance et/ou de déclaration de la part d'un professionnel. Lorsque les faits sont susceptibles de révéler la complicité du professionnel, et en cas d'infraction, Tracfin transmet une note d'information à l'autorité judiciaire. Ainsi, le défaut délibéré pourrait donner lieu à des poursuites pénales pour complicité de l'infraction de blanchiment.

Violation du secret professionnel

Les commissaires aux comptes ainsi que leurs collaborateurs et experts sont astreints au   **13655**
secret professionnel pour les faits, actes et renseignements dont ils ont pu avoir connaissance à raison de leurs fonctions sauf à être relevés de cette obligation par une disposition législative particulière (C. com. art. L 822-15, al. 1 ; voir n°s 5050 s.).

Le non-respect de cette obligation est **sanctionné** par l'application de l'article 226-13 du Code pénal sur renvoi de l'article L 820-5, dernier alinéa du Code de commerce, qui punit d'un an d'**emprisonnement** et d'une **amende** de 15 000 € « la révélation d'une

399

RESPONSABILITÉS DU COMMISSAIRE AUX COMPTES © Éd. Francis Lefebvre

information à caractère secret par une personne qui en est dépositaire soit par état ou par profession, soit en raison d'une fonction ou d'une mission temporaire ».

L'article L 820-5 qui renvoie à l'article 226-13 ne vise que le commissaire aux comptes. Selon certains auteurs, il en résulte, en application du principe d'application stricte des règles pénales, que la violation du secret professionnel par les **collaborateurs et experts** ne peut faire l'objet d'une sanction pénale (en ce sens, J.-F. Barbièri, « Commissariat aux comptes » § 50 p. 28 ; Lamy Sociétés commerciales 2005, § 1207). Cette position méconnaît à notre avis :
– que l'article L 822-15, alinéa 1 du Code de commerce fait état d'une obligation au secret professionnel, qui se distingue précisément de la simple obligation de discrétion par l'existence d'une sanction pénale ;
– que l'article 226-13 du Code pénal a une portée générale, puisqu'il sanctionne la violation du secret professionnel par toute personne qui en est dépositaire soit par état ou par profession, soit en raison d'une fonction ou d'une mission temporaire.

Depuis la loi 2004-204 du 9 mars 2004 (dite « loi Perben II ») qui a abandonné le principe de spécialité, les personnes morales peuvent être poursuivies pour toute infraction commise, quel que soit le texte à l'origine de la poursuite, dès lors que les conditions d'imputabilité de ces faits sont réunies (C. pén. art. 121-2). Il en résulte que la responsabilité pénale des personnes morales peut être engagée pour violation du secret professionnel, la sanction étant une amende de 75 000 €.

13658 La violation de l'obligation au secret professionnel se matérialise par la divulgation à des personnes auxquelles le secret professionnel était opposable d'une information à caractère secret. Elle constitue une **infraction instantanée**.

La **preuve** de l'intention d'enfreindre le secret professionnel doit être rapportée par le ministère public ou par les parties civiles. Lorsque le commissaire aux comptes est de bonne foi, sa culpabilité ne saurait être retenue. À cet égard, il a été jugé que le commissaire aux comptes ne peut se voir reprocher une infraction nécessitant une volonté délictuelle alors même qu'il a pris soin de s'informer de la position de la Compagnie nationale des commissaires aux comptes et s'y est conformé (TGI Paris 13-6-2001 : Bull. CNCC n° 124-2001 p. 631).

La mise en cause de la responsabilité pénale du commissaire aux comptes peut bien entendu être accompagnée d'une mise en cause de sa responsabilité civile (voir n°s 14030 s.) ou disciplinaire (voir n°s 15000 s.).

Sur le partage du secret professionnel par le commissaire aux comptes avec d'autres commissaires aux comptes, des collaborateurs ou des experts on se reportera à l'étude juridique de la CNCC « La responsabilité pénale des commissaires aux comptes », juin 2008 § 89 s.

Communication d'informations mensongères

13665 Le fait pour un commissaire aux comptes de **donner** ou de **confirmer** des informations mensongères sur la situation de la personne morale est puni d'une peine d'**emprisonnement** de cinq ans et d'une **amende** de 75 000 € (C. com. art. L 820-7) qui est portée à 375 000 € pour les personnes morales.

En donnant une information mensongère, le commissaire aux comptes adopte nécessairement une attitude active et sous cette forme, la matérialité de l'infraction en fait un délit de commission (Étude juridique CNCC « La responsabilité pénale des commissaires aux comptes », juin 2008 § 80).

À la condamnation pénale peut venir s'ajouter, le cas échéant, le versement de **dommages-intérêts** à la partie civile qui rapporterait la preuve d'un préjudice occasionné par la confirmation d'informations mensongères. Ce sera le cas par exemple si, du fait de la confirmation d'informations mensongères, une chance a été perdue de limiter un risque financier en ne négociant pas avec la société (Cass. crim. 6-9-2000 : Bull. CNCC n° 123-2001 p. 456).

S'apparente au délit général prévu par l'article L 820-7 du Code de commerce le délit particulier visé à l'article L 231-4, II du Code monétaire et financier, qui punit d'un emprisonnement de cinq ans et d'une amende de 18 000 € le fait pour le commissaire aux comptes d'un **organisme de placement collectif en valeurs mobilières** de donner des informations mensongères sur la situation financière des fonds communs de placement ou des fonds communs de créances gérés par cet organisme.

13668 La communication d'informations mensongères est une **infraction instantanée**. Le **délai de prescription** est de six ans à compter de la communication ou de la confirmation de l'information.

400

En cas d'omission ou de silence, le délai court à compter du jour où l'information mensongère a été donnée et aurait dû être corrigée, à savoir du jour de l'émission du rapport du commissaire aux comptes.

> Pour plus de détails sur le point du départ du délai de prescription et les infractions dissimulées ou occultes, voir n°s 14410 et 14413.

13670 La **matérialisation** du délit est constituée par le fait pour le commissaire aux comptes de donner ou de communiquer des informations mensongères. Elle suppose que soient réunies les trois **conditions** suivantes :

13673 1° Le fait délictueux doit **intervenir à l'occasion de l'accomplissement de la mission** du commissaire aux comptes telle qu'elle est définie par les articles L 823-10 à L 823-12 du Code de commerce. Il peut viser l'information donnée aux actionnaires, ou à l'extérieur, mais non, par exemple, l'information donnée par le commissaire aux comptes au parquet (CA Paris 22-2-1988 : Bull. CNCC n° 71-1988 p. 308, E. du Pontavice). Toutefois, cette position a été infirmée par un arrêt de la chambre criminelle qui a décidé que l'article 457 de la loi 66-537 du 24 juillet 1966 sur les sociétés commerciales (C. com. art. L 820-7) n'excluait pas le procureur de la République des destinataires des informations mensongères (Cass. crim. 2-2-2000 : RJDA 7-8/00 n° 770, Bull. crim. n° 56 p. 152).

> Ainsi la confirmation d'informations mensongères peut-elle concerner les documents déposés au greffe du tribunal de commerce, ou bien les prospectus ou documents de référence mis à la disposition du public lors de l'émission d'instruments financiers. En revanche, elle ne s'appliquera pas à la confirmation par le commissaire aux comptes d'informations erronées qu'il n'a pas à divulguer, la violation du secret professionnel étant alors le seul délit constitué.

13675 Peu importe en revanche :
– la **forme** de la communication : celle-ci peut être orale ou écrite dès lors que la preuve peut en être rapportée ;
– le **support** de la communication : elle peut figurer dans un rapport, mais également dans un autre document (notice de présentation d'un emprunt obligataire, par exemple).

13678 S'agissant de la **confirmation d'informations mensongères**, elle ne peut exister qu'à partir du moment où le commissaire aux comptes a reçu communication des documents qui contiennent ces informations.

> Ainsi un commissaire aux comptes a-t-il pu être sanctionné pour ne pas avoir porté à la connaissance du conseil d'administration et de l'assemblée générale l'activité coupable d'un PDG (CA Douai 8-6-1977 : Bull. CNCC n° 27-1977 p. 357).
>
> De même, le commissaire aux comptes ne peut invoquer le caractère autoritaire du PDG pour se justifier de ne pas avoir signalé l'irrégularité à l'assemblée générale (TGI Valenciennes 28-1-1977 : Bull. CNCC n° 27-1977 p. 354).

En revanche, la confirmation d'informations mensongères peut résulter d'une **simple omission.**

> Pour les exemples jurisprudentiels, voir l'étude juridique « La responsabilité pénale des commissaires aux comptes », juin 2008 § 80.

13680 2° L'**information** donnée ou confirmée doit être **mensongère**, ce qui suppose que celle-ci est non seulement inexacte mais trompeuse.

> Selon le dictionnaire Robert de la langue française, est mensonger « ce qui transmet un message volontairement faux, ce qui abuse, qui trompe ». Il convient donc de ne pas confondre l'information mensongère avec l'information erronée qui résulte d'une erreur d'interprétation, et non pas d'une volonté de tromper.

Le commissaire aux comptes doit avoir **connaissance du caractère mensonger de l'information**. Il ne peut néanmoins **s'exonérer de sa responsabilité** en se bornant à arguer de l'intervention de ses collaborateurs : « Si un commissaire aux comptes est fondé à se faire assister ou représenter par des collaborateurs, c'est sous sa responsabilité, il ne saurait donc sans commettre une faute personnelle et sans trahir sa mission donner à ceux-ci une véritable délégation de pouvoirs et s'en remettre à leurs conclusions » (TGI Paris 10-1-1980 : Bull. CNCC n° 37-1980 p. 51).

> À titre d'illustration, la jurisprudence a considéré comme communication d'informations mensongères :
> – une information fausse de nature à rassurer les actionnaires en leur donnant l'illusion d'un actif plus important et d'un passif moins élevé que ce qu'ils sont en réalité (TGI Paris 17-5-1979 : Bull. CNCC n° 36-1979 p. 423) ;

RESPONSABILITÉS DU COMMISSAIRE AUX COMPTES © Éd. Francis Lefebvre

– une certification sans réserve de comptes annuels alors que le commissaire aux comptes connaissait le caractère erroné des comptes annuels (TGI Paris 27-1-1978 : Bull. CNCC n° 31-1978 p. 346 ; Cass. crim. 2-3-1983 : Bull. CNCC n° 54-1983 p. 206), ou était conscient de la mauvaise tenue de la comptabilité (Cass. com. 14-1-1980 : Bull. CNCC n° 38-1980 p. 210) ;

– la passivité du commissaire aux comptes qui, ne s'opposant pas à la communication par les dirigeants d'une information mensongère, a contribué à sa confirmation (CA Douai 11-6-1974 : Bull. CNCC n° 27-1977 p. 15) ;

– la certification de comptes sans aucune réserve par un commissaire aux comptes ayant connaissance d'une insuffisance des provisions pour risques et dépréciation (Cass. crim. 17-5-2006 n° 05-81.758 : Dr. sociétés 2006 n° 191).

13685 3° L'information mensongère donnée ou confirmée doit porter **sur la situation de la société.** Cette troisième condition conduit à se demander si le délit ne concerne que les informations sur la **situation comptable et financière,** ou si une **acception plus large** doit être donnée à la notion de situation.

Pour les auteurs appelés à se prononcer lors de l'entrée en vigueur de la loi du 24 juillet 1966, il ne pouvait s'agir que des informations sur « la situation comptable et financière de la société », qui correspondait alors au seul domaine d'intervention de l'auditeur légal. Le renforcement des obligations à la charge des sociétés en termes d'informations, l'accroissement du contenu de la mission font que l'auditeur légal est aujourd'hui concerné par des données telles que la continuité de l'exploitation, la situation sociale, la situation au regard de l'environnement... qui débordent largement le seul domaine comptable et financier.

La doctrine se positionne désormais en faveur d'une conception large de la notion de situation de l'entité contrôlée, ajustée d'une certaine manière sur l'obligation de contrôle qui est à la charge de l'auditeur (voir notamment Y. Guyon et G. Coquereau, Le commissariat aux comptes, aspects juridiques et techniques, Litec 1991, § 241 et 326 s. ; P. Hémard, F. Terré et P. Mabilat, Sociétés commerciales, T. 2, Dalloz n° 992).

Non-révélation de faits délictueux

13700 La révélation de faits délictueux fait partie intégrante de la mission du commissaire aux comptes (voir l'étude détaillée sous les n°s 61530 s.). Le non-respect de cette obligation est puni d'une peine d'**emprisonnement** de cinq ans et d'une **amende** de 75 000 € par l'article L 820-7 du Code de commerce, portée à 375 000 € pour les personnes morales.

L'article L 820-7 sanctionne également le fait de donner ou de communiquer des informations mensongères (voir n° 13665). Même si, dans la pratique, il peut arriver qu'ils soient concomitants, ces deux délits doivent être dissociés, la confirmation d'informations mensongères n'entraînant pas automatiquement la non-révélation de faits délictueux, et vice versa.

13703 La non-révélation de faits délictueux est une **infraction instantanée.** Le **délai de prescription** est de six ans à compter du jour où est commis le délit de non-révélation, qui correspond au jour où le commissaire aux comptes a acquis la conviction que les faits relevés constituent des faits susceptibles de revêtir une qualification pénale devant être portées à la connaissance du procureur de la République.

Pour plus de détails sur le point de départ du délai de prescription et les infractions dissimulées ou occultes, voir n°s 14410 et 14413.

13705 Le délit de non-révélation de faits délictueux est matérialisé par l'omission délibérée de révélation par le commissaire aux comptes d'un fait délictueux. L'infraction n'est donc constituée qu'à **deux conditions** :

13708 1° La non-révélation suppose l'**existence d'un fait délictueux.** Un fait délictueux doit avoir été commis et le commissaire aux comptes doit en avoir eu connaissance.

L'expression « faits délictueux » vise toutes les catégories d'infractions, indépendamment de leur qualification juridique de crime, délit ou contravention (voir n° 61530).

Le commissaire aux comptes n'a pas à qualifier le délit. La qualification est de la seule compétence des magistrats. La responsabilité du commissaire ne peut être engagée par la révélation (C. com. art. L 823-12, al. 2), dès lors que celle-ci entre dans le cadre de l'exercice normal du devoir de révélation (voir n° 12615).

Le commissaire aux comptes apprécie si le fait délictueux constaté doit donner lieu à révélation.

Cette appréciation doit être effectuée avec une grande prudence, la Cour de cassation exigeant que le commissaire aux comptes signale au parquet toute irrégularité susceptible de constituer une infraction,

402

© Éd. Francis Lefebvre — **RESPONSABILITÉS DU COMMISSAIRE AUX COMPTES**

même s'il ne sait pas la qualifier (voir Cass. crim. 15-9-1999 : Bull. CNCC n° 117-2000 p. 64 note Ph. Merle). Selon la doctrine en vigueur (pratique professionnelle relative à la révélation des faits délictueux au procureur de la République, identifiée comme bonne pratique professionnelle par le H3C et annexée à la circulaire du 18 avril 2014 du ministère de la justice), il n'appartient pas au commissaire aux comptes de qualifier l'infraction, le procureur de la République étant le seul compétent pour qualifier l'infraction et apprécier l'opportunité des poursuites.

13712 2° La **volonté délibérée** suppose la connaissance de l'infraction. La non-révélation de faits délictueux est par définition un **délit d'omission**. Celui-ci est constitué dès lors qu'il peut être prouvé que le commissaire aux comptes avait connaissance du fait délictueux qu'il n'a pas révélé.

La preuve de l'abstention délibérée doit être rapportée par le ministère public ou par la partie civile.

La question des moyens à retenir pour prouver la connaissance par le commissaire aux comptes de faits délictueux à révéler constitue un point épineux et particulièrement important pour la caractérisation du délit. On relèvera ainsi deux décisions de la chambre criminelle de la Cour de cassation confirmant un délit de non-révélation d'une fraude fiscale au motif que les faits intervenus dans la société, compte tenu de leur nature et de leur ancienneté, « n'avaient pu échapper au commissaire aux comptes » (Cass. crim. 31-1-2007 n° 06-81.258 : RJDA 5/07 n° 498, Bull. CNCC n° 146-2007 p. 313 note Ph. Merle). Ces arrêts, très critiqués par une doctrine unanime, instaurent une présomption à l'encontre du professionnel : le caractère fictif des écritures ne pouvait échapper à un professionnel de la comptabilité (2e esp.). Cette jurisprudence conduit à renverser la charge de la preuve au détriment du commissaire aux comptes qui devra alors démontrer qu'il ne pouvait être en mesure d'avoir connaissance de l'infraction, preuve qui s'avérera difficile à établir, notamment si le professionnel a fait preuve de négligence dans la conduite de sa mission. La chambre criminelle a confirmé sa position à propos de la certification des comptes sans aucune réserve, alors que les irrégularités susceptibles de constituer des infractions étaient manifestes : la connaissance des faits délictueux a été déduite de l'ampleur des malversations constituant les irrégularités (Cass. crim. 25-2-2009 n° 08-80.314 : RJDA 7/09 n° 656).

13715 Pour les juges, il n'existe pas de **justification** à l'attitude du commissaire aux comptes qui a conscience de l'existence d'un fait délictueux et qui s'abstient de procéder à sa révélation.

Le **caractère familial** d'une société ne dispense pas de révéler les faits délictueux qui y sont commis (TGI Paris 24-11-1978 : Bull. CNCC n° 35-1979 p. 314). L'**intention louable** du commissaire aux comptes de ne pas vouloir « nuire à la marche de deux sociétés » ne l'exonère pas pour autant de révéler les faits délictueux dont il a connaissance (CA Besançon 24-5-1984 : Bull. CNCC n° 56-1984 p. 480).

13716 En outre, en application de la décision de la chambre criminelle de la Cour de cassation précitée (Cass. crim. 31-1-2007 n° 06-81.258 : RJDA 5/07 n° 498, Bull CNCC n° 146-2007 p. 313 note Ph. Merle), le défaut de révélation de faits délictueux peut exposer le commissaire aux comptes, en cas de délit continu ou d'une succession de délits commis sur une longue période par l'auteur principal, à voir sa responsabilité pénale engagée en qualité de **complice** de ce dernier (voir n° 13970).

13718 En revanche, le délit n'est pas constitué lorsque le commissaire aux comptes n'avait pas **connaissance du fait délictueux**.

Ainsi la responsabilité du commissaire aux comptes n'est-elle pas retenue :
– si le fait délictueux a été sciemment caché par les dirigeants, dans une comptabilité en apparence bien tenue, avec la preuve rapportée de son ignorance par le commissaire aux comptes (CA Rouen 20-4-1977 : Bull. CNCC n° 26-1976 p. 232) ;
– si des diligences sommaires, mais non frauduleuses, ont rendu impossible la découverte des faits délictueux (CA Versailles 11-5-1988 : Bull. CNCC n° 72-1988 p. 480).

Défaut d'information sur les prises de participation

13730 Le fait pour un commissaire aux comptes de ne pas avoir mentionné dans son rapport sur les comptes annuels les prises de participation dépassant les **seuils** fixés par l'article L 233-6, 1er alinéa du Code de commerce, et réalisées au cours de l'exercice social, peut entraîner la mise en œuvre de sa responsabilité pénale (C. com. art. L 247-1, III).

Sur les diligences du commissaire aux comptes pour la vérification de cette information spécifique, voir n°s 55680 s.

L'infraction relative au défaut d'information sur les prises de participation est sanctionnée par une **peine de prison** de deux ans et une **amende** de 9 000 €. S'agissant des personnes morales, la peine encourue est une amende de 45 000 €.

403

L'infraction a un **caractère instantané**. Le **délai de prescription** est de six ans à compter du jour où le commissaire aux comptes a remis son rapport sur les comptes annuels à la société.

13735 L'infraction est constituée par l'omission de l'information relative à la prise de participation dans le rapport sur les comptes annuels du commissaire aux comptes.

> Sur la formulation de cette information, voir NI. I « Les rapports du commissaire aux comptes sur les comptes annuels et consolidés » déc. 2018 § 8.5 s. p. 171 s.

La **preuve** de la volonté de ne pas communiquer cette information doit être rapportée par le ministère public ou par les parties civiles.

Défaut d'information sur l'identité des détenteurs de participations significatives

13745 Le fait, pour un commissaire aux comptes, de ne pas signaler dans son rapport sur les comptes annuels l'identité des personnes détenant des **participations significatives** ou dont le seuil de participation a été modifié au cours de l'exercice social (C. com. art. L 233-7) dans le capital social d'une société **par actions** peut entraîner la mise en œuvre de sa responsabilité pénale (C. com. art. L 247-2, IV).

> Sur les diligences du commissaire aux comptes pour la vérification de cette information spécifique, voir n° 55400.

L'infraction relative au défaut d'information sur les prises de contrôle est sanctionnée par une **amende** de 18 000 € qui est portée à 90 000 € pour les personnes morales.

> L'amende est plus lourde que pour le défaut d'information sur les prises de participation, mais aucune peine d'emprisonnement n'est prévue.

L'infraction a un **caractère instantané**. Le **délai de prescription** est de six ans à compter du jour où le commissaire aux comptes a remis son rapport sur les comptes annuels à la société.

13748 L'infraction est constituée par l'**omission de l'information** relative à l'identité des personnes ayant pris des participations significatives au cours de l'exercice social dans le capital social de la société cotée (sur la formulation de cette information, voir NI. I « Les rapports du commissaire aux comptes sur les comptes annuels et consolidés » déc. 2018 § 8.5 s. p. 171 s.).

La **preuve** de la volonté de ne pas communiquer cette information doit être rapportée par le ministère public ou par les parties civiles.

Informations inexactes sur la suppression du droit préférentiel de souscription

13755 Le fait pour un commissaire aux comptes de donner ou de confirmer des indications inexactes dans son rapport, ou dans le rapport établi par les dirigeants sur la suppression du droit préférentiel de souscription, peut entraîner la mise en œuvre de sa responsabilité pénale (C. com. art. L 242-20).

L'infraction relative à la communication d'informations inexactes sur la suppression du droit préférentiel de souscription est sanctionnée par une **peine de prison** de deux ans et une **amende** de 18 000 €, portée à 90 000 € pour les personnes morales.

L'infraction a un **caractère instantané**. Le **délai de prescription** est de six ans à compter de la remise du rapport. En cas d'omission ou de silence, le délai court à compter du jour où l'information inexacte aurait dû être donnée ou bien corrigée.

13758 L'infraction est constituée par l'**inclusion**, dans le rapport du commissaire aux comptes, ou par la **confirmation**, dans le rapport établi par les dirigeants, **d'une information inexacte**. On observe que la loi fait état d'une information inexacte et non d'une information mensongère. La portée générale de l'article 121-3, al. 1 du Code pénal doit néanmoins conduire à considérer que ces actes doivent être commis sciemment pour que le délit soit constitué (voir n° 13585).

Représentation des obligataires

13765 Un commissaire aux comptes ne peut ni représenter les obligataires de la société qu'il contrôle à leur assemblée générale spéciale, ni accepter d'être le représentant de la masse des obligataires (C. com. art. L 245-12, 1°). La violation de cette interdiction est punie d'une **amende** de 6 000 €, portée à 30 000 € pour les personnes morales.

© Éd. Francis Lefebvre RESPONSABILITÉS DU COMMISSAIRE AUX COMPTES

L'infraction est instantanée et matérialisée par l'acte de représentation. **13768**
Le délai de prescription est de six ans à compter du jour de la tenue de l'assemblée en
cas de représentation et au jour de l'acceptation de la fonction de représentation de la
masse des obligataires.

Cas particulier des délits d'initiés et des abus de marché

Bien que ne faisant pas partie des délits concernant expressément le commissaire aux **13775**
comptes, le délit d'initié fait partie des délits qui intéressent celui-ci tout particulièrement
compte tenu du droit à l'information dont il dispose dans les entités qu'il contrôle.
La loi 2016-819 du 21 juin 2016 a réformé le système de répression des abus de marché
en France avec des peines maximales identiques à tous les abus de marché.
Ce dispositif est détaillé au n° 42326 du présent ouvrage dans le cadre de l'audit des
entités faisant appel aux marchés financiers.

II. Mise en œuvre de l'action pénale

Après avoir identifié les principaux acteurs de l'action pénale (n° 13950), seront décrits les **13900**
principales modalités de la mise en cause de l'auditeur légal (n° 14200), les prescriptions
applicables (n° 14400) et enfin les liens entre la responsabilité pénale et les autres formes
de responsabilité (n° 14500).

La loi 2004-204 du 9 mars 2004 portant adaptation de la justice aux évolutions de la **13905**
criminalité a étendu la procédure de **composition pénale**, qui est une mesure alternative
aux poursuites, à toutes les contraventions et à l'ensemble des délits punis d'une amende
ou d'une peine d'emprisonnement inférieure ou égale à cinq ans (CPP art. 41-2, al. 1). La
composition pénale consiste en une amende dite de composition, égale à la moitié du
maximum de l'amende encourue dans la limite d'un plafond de 3 750 €, assortie, le
cas échéant, de mesures complémentaires (retrait de permis, travail d'intérêt général,
interdiction d'émettre des chèques…), que le procureur de la République peut proposer
à l'auteur des faits. Si l'auteur des faits n'accepte pas la composition ou n'exécute pas
les mesures décidées, le procureur de la République doit, sauf élément nouveau, mettre
en mouvement l'action publique.

> Cette mesure alternative peut être proposée par le procureur de la République aux commissaires aux
> comptes ayant reconnu avoir commis l'un des délits exposés ci-dessus (n° 13598 s.). Elle ne peut toutefois
> pas bénéficier aux sociétés de commissaires aux comptes, n'étant applicable qu'aux personnes
> physiques.
> Elle se distingue de la mesure de comparution de reconnaissance préalable de culpabilité (CPP art. 495-7 s.),
> communément appelée le « plaider-coupable », qui peut être mise en œuvre sur proposition du procu-
> reur de la République, de la personne poursuivie ou de son avocat.

A. Acteurs

L'infraction, telle qu'elle a été définie dans les développements qui précèdent, est une **13950**
violation de la loi pénale. Cette violation fait naître, dans tous les cas, l'action publique,
qui est exercée par le **ministère public**. Dans le cas où cette violation porte atteinte à un
droit individuel, elle ouvre également à la **victime** un droit à réparation par la voie de
l'action civile. Selon les circonstances, il y aura donc deux ou trois catégories d'intervenants dans la mise en œuvre de l'action pénale :
– le commissaire aux comptes poursuivi (n° 13955) ;
– éventuellement, la victime (n° 14030) ;
– les représentants de l'institution judiciaire (n° 14060).

Commissaire aux comptes

Le commissaire aux comptes poursuivi est le plus souvent une personne physique. Toute- **13955**
fois, depuis le 31 décembre 2005, une société de commissaires aux comptes, personne
morale, peut être poursuivie pour l'ensemble des crimes, délits et contraventions existants, commis à partir du 31 décembre 2005, pour son compte, ce qui ouvre la possibilité

405

RESPONSABILITÉS DU COMMISSAIRE AUX COMPTES © Éd. Francis Lefebvre

d'engager la responsabilité pénale d'une société de commissaires aux comptes (voir circulaire du ministère de la justice CRIM-06-03/E8, 13-2-2006).

Lorsque des poursuites pénales sont engagées pour les mêmes faits ou des faits connexes contre une société et son représentant légal, la désignation d'un représentant ad hoc de la personne morale reste facultative depuis la loi du 10 juillet 2000 (CPP art. 706-43). Le caractère facultatif de cette désignation a été rappelé par la Cour de cassation (Cass. crim. 15-2-2005 : Bull. Joly octobre 2005, n° 246, J.-F. Barbièri).

13960   **1. Personne physique**   Le commissaire aux comptes personne physique peut être poursuivi comme auteur, coauteur ou complice de **délits**.

Parmi les infractions spécifiques au commissariat aux comptes ne figurent en effet ni crime ni contravention (voir n° 13568).

13965   Est **auteur** d'un délit la personne qui commet le fait incriminé ou tente de le commettre (C. pén. art. 121-4). L'omission, par exemple la non-révélation de faits délictueux (C. com. art. L 820-7), peut également être qualifiée d'infraction.

La tentative est sanctionnée au même titre que la commission des faits (voir n° 13580).

Le commissaire aux comptes ne peut pas être responsable pénalement de ses collaborateurs ou experts. En droit pénal, en effet, « nul n'est punissable qu'à raison de son fait personnel » (Cass. crim. 21-12-1871 : Bull. crim. n° 366).

Si l'on excepte le cas particulier de la violation du secret professionnel (voir n° 13655), les collaborateurs et experts ne pourront pas être poursuivis pénalement au titre d'un délit spécifique au commissariat aux comptes, puisqu'ils ne sont pas commissaires aux comptes eux-mêmes. Bien entendu, ils pourront faire l'objet de poursuites pénales au titre d'un délit de droit pénal général.

13966   Est **coauteur** d'un délit une personne qui s'associe à d'autres personnes pour la commission de ce délit.

Cette situation pourra notamment se présenter lorsque sera engagée la responsabilité pénale de deux cocommissaires aux comptes dans une société.

13967   Est **complice** d'un délit la personne :
– qui, sciemment, par aide ou assistance, a facilité la préparation ou la consommation de ce délit ;
– qui, par don, promesse, menace, ordre, abus d'autorité ou de pouvoir, aura provoqué une infraction ou donné des instructions pour la commettre (C. pén. art. 121-7).

La sanction applicable au commissaire aux comptes complice est celle applicable à l'auteur (C. pén. art. 121-6). Le juge appréciera cependant de manière autonome l'application des peines à l'auteur et à son complice, celle-ci pouvant en effet varier en fonction de l'existence ou non de circonstances atténuantes.

Le délit de complicité ne peut exister qu'à la **condition** qu'existe une infraction principale. Il est matérialisé par une contribution active et consciente à cette infraction.

13970   1° La complicité suppose qu'ait été commise une **infraction principale**.

Ainsi les tribunaux ont-ils considéré qu'un commissaire aux comptes devait être relaxé du chef de complicité de faux et usage de faux consécutivement à la relaxe des présumés auteurs de faux et usage de faux : il ne pouvait y avoir de complicité une fois disparu le délit principal (CA Nancy 13-1-1983 : Bull. CNCC n° 57-1985 p. 97). De même, la complicité ne peut être sanctionnée que si l'auteur principal en est arrivé au moins au stade de la tentative punissable (Cass. crim. 3-1-1983 : Bull. CNCC n° 50-1983 p. 220).

13973   2° La matérialisation de la complicité suppose un **acte matériel**. Le commissaire aux comptes ne saurait être considéré comme complice de l'auteur principal s'il n'a pas commis un acte positif constitutif de la complicité. Cette solution a été affirmée par la chambre criminelle de la Cour de cassation dans un arrêt du 22 juillet 1897 et la solution reprise par certaines juridictions du fond : « Une complicité passive ne saurait entrer dans aucun des cas prévus par les dispositions du Code pénal relatives à la complicité » (CA Dijon 13-1-1984 : Bull. CNCC n° 53-1984 p. 97).

Pour qu'il y ait complicité, l'acte matériel doit être **antérieur** ou **concomitant** à la consommation du délit. Ainsi le commissaire aux comptes qui donne des conseils aux dirigeants pour présenter un bilan inexact à l'assemblée générale peut-il être condamné pour complicité de présentation de bilan ne donnant pas une image fidèle du résultat des opérations de l'exercice (Cass. crim. 26-5-1986 : Bull. CNCC n° 65-1987 p. 82). De même, la participation du commissaire aux comptes à l'élaboration de comptes non sincères, puis leur transmission au greffe par ses soins, a pour effet de faciliter, ou de consommer, le délit de présentation de comptes inexacts et justifie la poursuite du commissaire aux comptes pour

406

© Éd. Francis Lefebvre   **RESPONSABILITÉS DU COMMISSAIRE AUX COMPTES**

complicité du délit (Note E. du Pontavice sous CA Bordeaux 3-6-1982 : Bull. CNCC n° 49-1983 p. 71). Toutefois, un arrêt de la chambre criminelle a adopté une conception très large de la notion de complicité d'escroquerie à l'encontre d'un commissaire aux comptes (Cass. crim. 25-2-2004 : Bull. CNCC n° 134-2004, Ph. Merle).

Pour autant, la Cour de cassation a estimé que le défaut de diligences du commissaire aux comptes pouvait constituer le délit de complicité.

C'est ainsi qu'elle a jugé dans deux arrêts du même jour qu'en faisant preuve de négligence dans la réalisation de ses travaux ou certifiant en connaissance de cause des comptes inexacts, le commissaire aux comptes avait sciemment fourni à l'auteur principal les moyens de commettre ou de réitérer les escroqueries justifiant ainsi sa condamnation en tant que complice de l'auteur principal de l'infraction (Cass. crim. 31-1-2007, aff. Tutrice : Bull. CNCC n° 146-2007 p. 313 ; Cass. crim. 31-1-2007, aff. Lesage : Bull. CNCC n° 146-2007 p. 328, note Ph. Merle) : « Attendu que … le caractère fictif des comptes et des déclarations mensuelles de TVA remboursable n'a pu échapper aux prévenus ; que les juges ajoutent que X…, en établissant les comptes annuels, les déclarations mensuelles de chiffre d'affaires taxable et les attestations mensuelles de crédit de TVA adressées à la banque de la société et Y…, en certifiant les comptes, ont permis la réalisation des escroqueries pendant les exercices visés à la prévention ; attendu qu'en l'état de ces énonciations, d'où il résulte que X…, en attestant de la conformité et de la sincérité de comptes dont le caractère fictif ne pouvait lui échapper et Y en certifiant en connaissance de cause et sur plusieurs exercices lesdits comptes, ont sciemment fourni à l'auteur principal les moyens lui permettant de réitérer l'escroquerie… » Cette jurisprudence de la chambre criminelle apparaît critiquable en ce qu'elle requalifie un délit autonome – la non-révélation – en complicité sans qu'il ait été démontré, conformément aux prescriptions de l'article 121-7, al. 1 du Code pénal, que le commissaire aux comptes s'était sciemment abstenu de révéler l'infraction.

Plus récemment, et suivant cette jurisprudence, la Cour de cassation a censuré un arrêt de cour d'appel qui, pour relaxer le commissaire aux comptes d'une société, poursuivi pour complicité de banqueroute et de confirmation d'informations mensongères, retenait que le fait d'avoir certifié les comptes annuels sans vérification comptable ne constituait pas un acte positif de complicité et que l'incompétence professionnelle du prévenu, son manque de curiosité et sa passivité ne sauraient davantage caractériser cette complicité (Cass. crim. 18-5-2011 n° 10-87.768 : Rev. sociétés 2011 p. 711 note T. Granier). Cependant, la cour d'appel de Paris a considéré dans l'affaire du Crédit martiniquais qu'à supposer que les commissaires aux comptes « aient apporté "aide et assistance" aux administrateurs du Crédit martiniquais afin d'en dissimuler la situation patrimoniale et financière réelle, cette circonstance ne caractériserait pas pour autant l'exercice par eux d'une direction de fait, alors qu'il n'est pas démontré, ni même allégué, qu'ils auraient excédé les limites de leur mission de commissaire aux comptes et qu'ils se seraient immiscés dans la gestion et la direction de la société dont ils contrôlaient les comptes ; que dès lors, faute pour la "complicité" alléguée d'entrer dans les prévisions de l'article L 312-6 du Code monétaire et financier, qui ne vise que "les dirigeants de droit ou de fait", les demandes du fonds [de garantie] seront rejetées » (CA Paris pôle 5 chambre 5-7 1-7-2016 n° 2010-10520).

3° Il ne peut y avoir de complicité sans la présence d'un élément moral, à savoir une **volonté d'association à la réalisation de l'infraction**, dont la preuve doit être rapportée par le ministère public ou par les parties civiles.   **13978**
La complicité ne peut être retenue s'il s'avère impossible de **prouver** que le commissaire aux comptes a eu conscience de contribuer, de par ses actes, à la préparation ou à la consommation d'une infraction.

Ainsi, les tribunaux ont relaxé du chef de complicité des commissaires aux comptes qui s'étaient rendus coupables de « fautes lourdes » ou de « négligences particulièrement blâmables » parce que la preuve de leur volonté délibérée d'aider à la réalisation de l'infraction n'avait pu être rapportée (CA Paris 18-5-1979 : Bull. CNCC n° 35-1979 p. 321).

Doit également être relaxé du chef de complicité d'escroquerie le commissaire aux comptes dont les diligences ne peuvent pas être considérées comme régulières, mais dont la preuve est rapportée qu'il n'a pas facilité la mise en œuvre de l'escroquerie commise par les dirigeants (CA Lyon 16-6-1982 : Bull. CNCC n° 48-1982 p. 397).

Toutefois, dans les arrêts susvisés du 31 janvier 2007 et du 18 mai 2011 (voir n° 13973), la chambre criminelle de la Cour de cassation a implicitement considéré que l'existence d'anomalies graves commises pendant de nombreuses années ne pouvant échapper à la vigilance des commissaires aux comptes permettait de caractériser l'élément moral de l'infraction et justifiait leur condamnation pour complicité.

Le commissaire aux comptes **poursuivi abusivement** pour complicité conserve bien   **13980**
entendu le droit de demander réparation du préjudice subi (TGI Paris 10-6-1976 : Bull. CNCC n° 24-1976 p. 444).

407

RESPONSABILITÉS DU COMMISSAIRE AUX COMPTES © Éd. Francis Lefebvre

13990 **2. Personne morale** On sait que le nouveau Code pénal a introduit en droit français le principe de la responsabilité des personnes morales : « Les personnes morales, à l'exclusion de l'État, sont responsables pénalement, selon les distinctions des articles 121-4 à 121-7, des infractions commises, pour leur compte, par leurs organes ou représentants » (C. pén. art. 121-2, 1er alinéa modifié par la loi 2004-204 du 9-3-2004).

L'objectif de la réforme était de limiter en pratique la responsabilité pénale des dirigeants, afin que disparaisse la présomption de responsabilité pénale qui pèse sur eux à propos d'infractions dont ils ignorent parfois l'existence (Circulaire du 14-5-1993 relative à l'entrée en vigueur du nouveau Code pénal, § 27, 2c). Toutefois, la mise en cause de la personne morale n'exclut pas que soit recherchée celle de la personne physique, auteur ou complice des infractions qui sont à l'origine de la mise en cause de la personne morale (C. pén. art. 121-2, al. 3).

Sont **visées** par le texte les personnes morales de droit public ou de droit privé, à but lucratif ou non et notamment les sociétés commerciales, les sociétés civiles, les GIE, les associations, les syndicats et ordres professionnels.

Ne sont **pas visés**, en revanche, les sociétés créées de fait, les sociétés en participation, les fonds communs de placement ou de créances.

L'application de ces dispositions aux sociétés de commissaires aux comptes est effective depuis le 31 décembre 2005, date d'**entrée en vigueur** des dispositions légales visant à étendre la responsabilité des personnes morales (voir n° 13995).

13995 **Extension de la responsabilité pénale des personnes morales** Le principe dit « de spécialité », qui subordonnait la poursuite pénale d'une personne morale à l'existence d'un texte, qui non seulement définit et réprime l'infraction mais encore prévoit explicitement son application à une personne morale, a prévalu jusqu'au 31 décembre 2005. Cette possibilité ne figurant pas dans les dispositions pénales relatives à l'exercice du commissariat aux comptes, il en résultait que, jusqu'à cette date, les sociétés de commissaires aux comptes ne pouvaient être poursuivies dans l'exercice de leurs missions pour commission de délits spécifiques à la profession.

Le principe de spécialité ayant été supprimé **depuis le 31 décembre 2005** par la loi 2004-204 du 9 mars 2004 (dite « loi Perben II »), la responsabilité pénale des sociétés de commissaires aux comptes est considérablement étendue, comme pour toutes les personnes morales : toutes les infractions susceptibles d'être commises par une personne physique peuvent désormais être imputées à des personnes morales.

13998 Suivant le droit commun de la responsabilité pénale des personnes morales, les sociétés de commissaires aux comptes peuvent être mises en cause pour les infractions « commises pour leur compte par leurs organes ou représentants » (C. pén. art. 121-2).

14000 Les **organes** visés par l'article 121-2 du Code pénal sont le directeur général, le président du conseil d'administration, les administrateurs, les membres du conseil de surveillance, le gérant, l'assemblée générale.

Par **représentant** de la société, il faut entendre, en l'absence de définition donnée par les textes ou la jurisprudence, toute personne agissant au nom de la société en vertu d'une délégation de pouvoir.

14005 L'infraction doit avoir été commise **pour le compte** de la société, ce qui implique que la société doit en retirer un avantage, ou un bénéfice. S'il est prouvé que l'organe ou le représentant ont agi dans leur intérêt personnel, la responsabilité de la société de commissaires aux comptes sera écartée.

En cas d'infraction intentionnelle, l'engagement des poursuites se fera à la fois contre la personne physique auteur ou complice des faits et contre la personne morale dès lors que les faits ont été commis pour son compte par un de ses organes ou représentants. En revanche, en cas d'infraction non intentionnelle ou d'infraction de nature technique, pour laquelle l'intention coupable peut résulter de la simple inobservation d'une réglementation particulière, les poursuites contre la seule personne morale seront privilégiées et la mise en cause de la personne physique n'interviendra que si une faute personnelle est suffisamment établie pour justifier une condamnation pénale (Circ. min. préc. du 13-2-2006).

14008 En définitive, depuis le 31 décembre 2005, la responsabilité pénale des sociétés de commissaires aux comptes peut être mise en œuvre à la fois pour les infractions spécifiques au commissariat aux comptes et pour des délits prévus par d'autres textes, notamment en **droit boursier** (délit d'initié) et en **droit du travail**. C'est alors le représentant légal de la société qui est poursuivi, sauf en cas de délégation de pouvoir à un préposé

© Éd. Francis Lefebvre   **RESPONSABILITÉS DU COMMISSAIRE AUX COMPTES**

doté de la compétence, de l'autorité et des moyens nécessaires pour faire assurer le respect des mesures réglementaires.

La responsabilité de la personne morale ne peut en règle générale être mise en œuvre par de simples employés ne disposant pas de délégation particulière.

En l'absence d'un texte prévoyant spécifiquement la responsabilité pénale des personnes morales, les articles 131-38 (en matière criminelle et correctionnelle) et 131-41 (en matière contraventionnelle) du Code pénal prévoient que seule l'amende peut être prononcée. **14015**

Le montant maximum de l'amende est égal à cinq fois le montant de l'amende encourue par les personnes physiques ; lorsqu'il s'agit d'un crime pour lequel aucune peine d'amende n'est prévue à l'encontre des personnes physiques, l'amende encourue par les personnes morales est de 1 000 000 € (C. pén. art. 131-38). En l'absence de dispositions législatives ou réglementaires spécifiques, les autres peines susceptibles d'être prévues contre les personnes morales en application notamment des articles 131-39 et 131-43 du Code pénal ne peuvent être prononcées (à savoir : l'interdiction d'exercer à titre définitif ou pour une durée de cinq ans au plus, le placement sous la surveillance d'un mandataire judiciaire, la fermeture des établissements, l'exclusion des marchés publics, l'interdiction de procéder à une offre au public de titres financiers ou de faire admettre ses titres financiers aux négociations sur un marché réglementé, l'interdiction d'émettre des chèques...).

Toutefois, la direction des affaires criminelles et des grâces étudie la possibilité d'appliquer de plein droit aux personnes morales certaines peines prévues par l'article 131-39, notamment la dissolution, l'interdiction d'exercer certaines activités, le placement sous surveillance judiciaire, lorsque ces peines sont également encourues pour l'infraction considérée à l'égard des personnes physiques (Circ. crim. préc. du 13-2-2006).

Victime

Une infraction donne naissance à l'action publique. Elle ouvre également à la victime la possibilité d'exercer une **action civile** en vue d'obtenir la réparation du préjudice qu'elle a subi. Ce préjudice peut être de nature économique mais également, semble-t-il, d'ordre moral, selon un arrêt rendu par la chambre commerciale de la Cour de cassation (Cass. com. 15-5-2012 n° 11-10.278 : Bull. Joly 2012 p. 536 note J-F Barbièri). **14030**

Pour obtenir réparation du dommage, la victime et ses ayants droit peuvent saisir un **tribunal civil**. **14033**

L'action civile et l'action publique sont alors séparées. L'action civile reste cependant largement dépendante de l'action publique, la juridiction civile devant d'une part attendre que la juridiction pénale ait statué (« le pénal tient le civil en l'état »), et d'autre part respecter la décision prise en matière pénale.

La victime peut également opter pour la **voie pénale**. Elle procède alors par voie principale ou par voie d'intervention. **14035**

La **voie principale** est ouverte lorsque le procureur de la République n'a pas déclenché l'action publique. Elle consiste soit en une citation directe du délinquant devant la juridiction de jugement par exploit d'huissier, lorsque l'infraction est une contravention ou un délit pour lequel l'instruction n'est que facultative, soit en une plainte avec constitution de partie civile devant le procureur de la République, et ce, par toute personne qui se prétend lésée par un crime ou un délit (CPP art. 85 s.).

La **voie d'intervention** est ouverte lorsque le procureur de la République a exercé l'action publique. Elle consiste pour la victime à se constituer partie civile soit devant le juge d'instruction, à tout moment de l'instruction, soit à l'audience même.

Remarque : La voie pénale est **souvent empruntée** par la victime afin de se faire allouer des dommages-intérêts dans les meilleurs délais en faisant établir, plus rapidement et plus facilement que devant les tribunaux civils, la preuve d'une faute du commissaire aux comptes. La chambre criminelle de la Cour de cassation admet la recevabilité de la constitution de partie civile devant la juridiction d'instruction dès lors que les circonstances qui justifient cette plainte rendent possibles l'existence du préjudice et son lien direct avec une infraction à la loi pénale (J.-L. Navarro, Chronique de droit comptable, JCP E 2002 p. 318). En revanche, elle déclare irrecevable la demande présentée lorsqu'il n'y a pas de lien entre le dommage subi et le délit. **14040**

Ainsi le commissaire aux comptes d'une société anonyme a-t-il le devoir de révéler au procureur de la République les faits délictueux dont il a eu connaissance dans l'exercice de sa mission, sous peine des

| | RESPONSABILITÉS DU COMMISSAIRE AUX COMPTES © Éd. Francis Lefebvre |

sanctions prévues par l'article L 820-7 du Code de commerce. Il n'en résulte pas pour autant que des cessionnaires d'actions, ne justifiant que d'un intérêt indirect (en l'occurrence les acquéreurs des actions invoquaient les manœuvres à l'occasion de la cession), soient recevables à se constituer parties civiles à raison de l'inaction du commissaire aux comptes (Cass. crim. 24-1-1978 : Bull. CNCC n° 33-1979 p. 81).

Représentants de l'institution judiciaire

14060 Les principaux représentants de l'institution judiciaire appelés à intervenir dans la procédure pénale sont :
– le ministère public (voir n° 14085) ;
– le juge d'instruction (voir n° 14110) ;
– la police judiciaire (voir n° 14140) ;
– les juridictions de jugement (voir n° 14155).

14085 **Ministère public** Le ministère public engage l'action publique. Il a en principe le **monopole de la poursuite.** Au sein du tribunal judiciaire, le ministère public est représenté par le procureur de la République, assisté, suivant l'importance du tribunal, de procureurs adjoints et d'un ou de plusieurs substituts.
Le procureur a connaissance des infractions soit sur **plainte de la victime**, soit sur **dénonciation d'un tiers**. Il peut également recevoir ces **informations de la police judiciaire** (procès-verbaux et rapports).

14095 Au vu des éléments qui lui sont fournis, le procureur **peut décider** soit de classer sans suite, soit de faire procéder à une enquête préliminaire, soit d'engager la poursuite. Dans ce dernier cas, il a le choix entre :
– demander l'ouverture d'une instruction (par un réquisitoire introductif à fin d'informer) ;
– saisir directement la juridiction de jugement (citation directe).
En cas de flagrant délit, le procureur peut délivrer un mandat de dépôt et décider la comparution immédiate devant le tribunal. Cette hypothèse ne concerne évidemment pas la vie des affaires.

14110 **Juge d'instruction** C'est un juge du tribunal correctionnel choisi par le président du tribunal judiciaire.
Il a pour **mission** d'instruire les dossiers présentant une certaine complexité pour déterminer si ceux-ci doivent être portés devant la juridiction de jugement.
La **saisine** du juge d'instruction est opérée soit par réquisitoire introductif du procureur de la République, soit par la victime portant plainte avec constitution de partie civile (voir n° 14035).
Le juge d'instruction peut se déclarer incompétent (ordonnance de refus d'informer).

14115 Le juge d'instruction **diligente l'instruction** en utilisant les **pouvoirs** qui lui sont conférés par la loi et se fait assister en tant que de besoin par la police judiciaire. Il peut notamment :
– entendre toutes les personnes dont la déposition lui paraît utile ;
Le juge d'instruction ordonne la comparution en délivrant des mandats de comparution, qui sont de simples convocations, ou des mandats d'amener avec intervention de la force publique.
– ordonner des enquêtes, perquisitions et saisies ;
– ordonner des expertises ;
– se transporter sur les lieux de l'infraction et procéder à une reconstitution ;
– délivrer des commissions rogatoires ;
– ordonner la mise en examen lorsqu'il dispose d'éléments suffisamment probants ;
– placer sous contrôle judiciaire (ordonnance de placement sous contrôle judiciaire) ;
– demander au juge des libertés et de la détention d'ordonner une mise en détention provisoire.
La mise en détention est effectuée par un mandat d'arrêt, qui est l'ordre donné à la force publique de conduire le détenu à la maison d'arrêt, et un mandat de dépôt, qui est l'ordre donné au chef de l'établissement pénitentiaire de le recevoir et de le détenir.

14120 Au **terme** de l'instruction, le juge d'instruction rend une ordonnance de clôture qui prononce soit un non-lieu, soit le renvoi devant le tribunal correctionnel (ORTC).

RESPONSABILITÉS DU COMMISSAIRE AUX COMPTES

La juridiction d'**appel** de l'instruction ou juridiction d'instruction du second degré est, depuis la loi 2000-515 du 15 juin 2000, la chambre de l'instruction (ancienne chambre d'accusation), qui connaît des recours contre les ordonnances du juge d'instruction et diligente une seconde instruction obligatoire en matière criminelle. Elle est également juridiction disciplinaire à l'égard des fonctionnaires qui disposent de prérogatives de police. **14122**

Police judiciaire Elle a pour **missions** de constater l'infraction, d'en rechercher les preuves et les auteurs. **14140**
Le travail de la police judiciaire peut être effectué par la police nationale ou par la gendarmerie nationale.

Les **représentants** de la police judiciaire dans la procédure pénale sont : **14142**
– les OPJ ou officiers de police judiciaire, seuls habilités à se voir délivrer des commissions rogatoires ;
– les APJ ou agents de police judiciaire, qui sont habilités à rédiger les procès-verbaux ;
– les APJA ou agents de police judiciaire adjoints, qui sont habilités à rédiger les rapports.

Juridictions de jugement En matière d'infractions spécifiques au commissariat aux comptes, la compétence d'attribution est normalement celle du **tribunal correctionnel**, puisque c'est cette juridiction qui est appelée à statuer sur les délits. **14155**
Le tribunal correctionnel est une chambre du tribunal judiciaire siégeant au pénal.

> Les crimes sont de la compétence de la cour d'assises, et les contraventions de celle du tribunal de police. Les infractions spécifiques à l'audit légal étant des délits, ces deux juridictions ne seront pas compétentes, en règle générale, lorsque la responsabilité du commissaire aux comptes sera engagée. Si la mise en cause du commissaire aux comptes était liée à plusieurs catégories d'infractions (par exemple contraventions et délits), la compétence serait déterminée par l'infraction la plus grave.

La juridiction d'**appel** du tribunal correctionnel est la chambre des appels correctionnels de la cour d'appel, dont les arrêts sont susceptibles de recours par l'introduction d'un pourvoi devant la chambre criminelle de la Cour de cassation. **14158**

La **compétence territoriale** est variable. Pour le tribunal correctionnel, elle se détermine essentiellement par le lieu de commission de l'infraction ou par le lieu de résidence ou d'arrestation du prévenu. **14165**

B. Mise en œuvre de l'action en responsabilité

Sont examinés ci-après un certain nombre d'**événements qui sont** susceptibles de se **produire** lorsqu'est mise en cause la responsabilité d'un **commissaire** aux comptes : **14200**
– audition par la police judiciaire et mise en garde à **vue** (**voir** n° 14210) ;
– audition par le juge d'instruction (voir n° 14250) ;
– mise en examen (voir n° 14275) ;
– perquisition (voir n° 14310) ;
– mise sous contrôle judiciaire (voir n° 14330) ;
– mise en détention provisoire (voir n° 14345) ;
– audience correctionnelle (voir n° 14360).

> Les développements qui suivent n'ont pas pour objet d'exposer dans le détail la procédure applicable, mais d'en décrire les grandes lignes, en dégageant, le cas échéant, un certain nombre de principes de comportement qui doivent guider l'attitude du professionnel. Dans tous les cas, la mise en cause de la responsabilité du commissaire aux comptes doit l'amener à informer le conseil régional et son assureur, et à prendre contact avec un avocat. Un service d'assistance aux commissaires aux comptes en difficultés judiciaires est organisé par la CNCC avec un numéro de téléphone « vert » qui permet au commissaire aux comptes d'obtenir une assistance de la Compagnie.

Audition par la police judiciaire

La police judiciaire peut **entendre** le commissaire aux comptes soit de sa propre initiative dans le cadre de ses pouvoirs d'enquête, soit sur demande du procureur de la République, soit sur demande du juge d'instruction. **14210**

RESPONSABILITÉS DU COMMISSAIRE AUX COMPTES © Éd. Francis Lefebvre

S'il pressent la moindre possibilité de mise en cause de sa responsabilité, le commissaire aux comptes convoqué par la police judiciaire doit prendre soin d'**informer son entourage** (avocat, conseil régional et proches). Il procédera à une **revue approfondie de son dossier**. Il aura également tout intérêt à en prendre une **copie**, de manière à pouvoir organiser sa défense s'il venait à en être dessaisi.

14215 Lors de sa rencontre avec la police judiciaire, le premier soin du commissaire aux comptes sera d'obtenir la **justification de la convocation**, car de sa nature dépend l'étendue de son obligation au secret professionnel :
– si la police judiciaire agit dans le cadre d'une enquête préliminaire sur instruction du procureur, ou sur commission rogatoire du juge d'instruction, le secret professionnel est levé (voir n°s 5680 et 5682) ;
– si la police judiciaire agit de sa propre initiative dans le cadre d'une enquête préliminaire, le commissaire aux comptes doit comparaître mais doit opposer le secret professionnel (voir n° 5684).

14216 Le commissaire aux comptes portera la plus grande attention aux questions posées et à la formulation de ses réponses. Il relira mot à mot le projet de **procès-verbal** de l'audition et refusera de signer, en précisant pourquoi, si ses réponses mal transcrites ne sont pas corrigées.

14218 À l'issue **de l'entretien**, la police judiciaire peut laisser repartir le commissaire aux comptes. Elle peut également décider de le mettre en garde à vue.

14225 La police judiciaire peut, pour les nécessités de l'enquête (flagrant délit, commission rogatoire, enquête préliminaire), placer en **garde à vue** le commissaire aux comptes à l'encontre duquel il existe une ou plusieurs raisons plausibles de soupçonner qu'il a commis ou tenté de commettre une infraction.
Le commissaire aux comptes gardé à vue ne peut être retenu plus de **24 heures**. Toutefois, la garde à vue peut être prolongée pour un nouveau délai maximum de 24 heures sur autorisation écrite et motivée du procureur si l'infraction que le commissaire aux comptes est soupçonné d'avoir commise ou tenté de commettre est un crime ou un délit puni d'une peine d'emprisonnement supérieure ou égale à un an et si la prolongation de la mesure est l'unique moyen de parvenir à l'un au moins des objectifs mentionnés aux 1° à 6° de l'article 62-2 ou de permettre, dans les cas où il n'existe pas dans le tribunal de locaux relevant de l'article 803-3, la présentation de la personne devant l'autorité judiciaire (CPP art. 63 modifié par la loi 2019-222 du 23-3-2019).

> Toute personne placée en garde à vue doit être immédiatement informée de la nature de l'infraction sur laquelle porte l'enquête. Il lui est également précisé qu'elle peut choisir entre faire des déclarations, répondre aux questions posées ou se taire. Sauf circonstances insurmontables, ou décision du procureur de la République, la personne gardée à vue peut faire prévenir dans les trois heures de sa mise en garde à vue une personne avec laquelle elle vit habituellement, ou l'un de ses proches parents. Elle peut également demander à être examinée par un médecin (CPP art. 63-1 s.).
>
> Ne sont pas évoquées dans le cadre de cet ouvrage les conditions particulières de la garde à vue en cas de criminalité et de délinquance organisées, introduites par la loi 2004-204 du 9 mars 2004, qui se traduisent notamment par un doublement de la durée maximale de la garde à vue. Il pourrait advenir qu'un commissaire aux comptes ait à faire face à ce genre de situation, par exemple dans le cadre d'une affaire de blanchiment de capitaux.

14228 Dès le début de la garde à vue, ainsi que dès le début de sa prolongation, la personne gardée à vue peut demander à **s'entretenir avec un avocat** de son choix. Si elle n'est pas en mesure d'en désigner un, ou si l'avocat choisi n'est pas joignable, elle peut demander qu'il en soit commis un d'office par le bâtonnier.
L'avocat est informé par la police judiciaire de la nature et de l'heure de l'infraction sur laquelle porte l'enquête. Il s'entretient confidentiellement avec la personne en garde à vue, la durée de l'entretien ne pouvant excéder trente minutes. Il présente des observations écrites à l'issue de l'entretien.
Depuis la réforme du Code de procédure pénale instituée par la loi 2011-392 du 14 avril 2011, l'avocat assiste aux interrogatoires et a accès à certaines pièces du dossier (à savoir : le procès-verbal constatant la notification du placement en garde à vue et des droits y étant attachés, les procès-verbaux d'audition de la personne qu'il assiste et, le

cas échéant, le certificat médical si la personne qu'il assiste a demandé à être examinée par un médecin) sans toutefois pouvoir en prendre une copie (CPP art. 63-1 s.).

À l'**issue de la garde à vue**, le commissaire aux comptes peut recouvrer sa liberté, ou être déféré devant le procureur de la République si les éléments recueillis sont de nature à motiver l'exercice de poursuites. Le procureur de la République rédige alors un réquisitoire introductif. Un magistrat instructeur est désigné, qui peut convoquer la personne qui a fait l'objet de la garde à vue.

14230

Audition par le juge d'instruction

Le commissaire aux comptes peut être convoqué par lettre recommandée comme **témoin**. Il peut également être convoqué par le juge d'instruction ou lui être présenté pour une **première comparution** (voir n° 14280). Enfin, si le juge estime ne pas devoir procéder à une mise en examen, il peut choisir une voie intermédiaire en décidant d'entendre le commissaire aux comptes comme « **témoin assisté** » (CPP art. 113-1 à 113-8).

14250

> Dès lors qu'il est nommément visé par une plainte ou mis en cause par la victime, ou qu'il existe des indices rendant vraisemblable qu'il a participé à la commission d'infractions, le commissaire aux comptes peut être entendu comme témoin assisté. Le juge d'instruction ne peut d'ailleurs le mettre en examen que dans la mesure où la procédure de « témoin assisté » ne peut être utilisée. Le témoin assisté a un statut intermédiaire entre le simple témoin et la personne mise en examen. Comme un témoin, il ne peut être mis en détention provisoire ou sous contrôle judiciaire. Comme une personne mise en examen, il peut être assisté d'un avocat et avoir accès par son intermédiaire au dossier pénal.

Dans tous les cas de figure, le commissaire aux comptes aura intérêt à prendre conseil auprès d'un **avocat spécialisé**, à informer le **président du conseil régional** du motif de la convocation ainsi que de l'heure et du lieu, à avertir son entourage de ce rendez-vous. Il prendra soin également de revoir à fond le **dossier** sur lequel il est interrogé et de faire une **copie** de l'intégralité du dossier ou des pièces les plus importantes pour ne pas se retrouver sans moyen de défense en cas de saisie du dossier par le juge.

14253

À l'issue de l'audition, le commissaire aux comptes aura soin de relire avec la plus grande attention le **procès-verbal**, et de ne le signer qu'à partir du moment où les formulations utilisées refléteront fidèlement la teneur de l'entretien.

14258

Mise en examen

Le juge d'instruction ne peut mettre en examen que des personnes à l'encontre desquelles existent des **indices graves** ou **concordants** rendant vraisemblable qu'elles aient pu participer, comme auteurs ou complices, à la commission d'infractions (CPP art. 80-1, al. 1). Par ailleurs, le juge d'instruction ne peut décider la mise en examen que dans la mesure où il estime ne pas pouvoir recourir à la procédure de témoin assisté.

14275

La mise en examen ne peut être mise en œuvre avant que la personne intéressée n'ait été entendue, ou mise en mesure d'être entendue, assistée de son avocat, soit dans le cadre d'un interrogatoire de première comparution, soit en tant que témoin assisté (CPP art. 80-1, al. 2).

14277

L'interrogatoire de **première comparution** peut intervenir à la suite d'une convocation du juge d'instruction, ou dans le cadre d'une présentation au juge d'instruction (CPP art. 116).

14280

> La mise en examen du témoin assisté est opérée selon une procédure allégée, son statut étant voisin de celui de la personne mise en examen (voir n° 14250).

1° **Convocation** par le juge d'instruction. Le juge d'instruction peut convoquer le commissaire aux comptes par lettre recommandée ou faire notifier la convocation par la police judiciaire (CPP art. 80-2). La convocation à l'interrogatoire de première comparution fait état des faits dont le juge d'instruction est saisi et pour lesquels la mise en examen est envisagée, tout en précisant leur qualification juridique. Elle informe la personne qu'elle a le droit de choisir un avocat ou de demander la commission d'un avocat d'office. Elle précise que la mise en examen ne pourra intervenir qu'à l'issue de la première comparution.

14282

> L'avocat est convoqué cinq jours ouvrables avant l'interrogatoire et le dossier est mis à sa disposition au plus tard quatre jours ouvrables avant cette date. Il peut prendre une copie de tout ou partie du dossier. La personne convoquée n'a accès au dossier qu'au travers de son avocat (voir CPP art. 114).

RESPONSABILITÉS DU COMMISSAIRE AUX COMPTES © Éd. Francis Lefebvre

Lors de l'**interrogatoire** de première comparution, le juge d'instruction rappelle les faits dont il est saisi et pour lesquels la mise en examen est envisagée. Le juge procède à l'interrogatoire de la personne convoquée assistée de son avocat. L'avocat peut présenter ses observations.

14285 2° **Présentation** au juge d'instruction. Lorsque la personne mise en examen est présentée au juge (à l'issue de la garde à vue), le juge avertit le commissaire aux comptes de son droit de se faire assister d'un avocat et de son droit au silence.
L'avocat peut consulter le dossier sur-le-champ et communiquer librement avec la personne, qui est ensuite avertie qu'elle peut soit se taire, soit faire des déclarations, soit accepter d'être interrogée. Après comparution, l'avocat peut se faire délivrer à ses frais une copie de tout ou partie des pièces de la procédure.

La personne présentée n'a pas accès direct à son dossier. En général, il sera plus prudent pour le commissaire aux comptes d'opter pour le report de l'audition sur le fond afin de prendre une connaissance plus complète du dossier.

14290 À l'**issue de l'interrogatoire**, le juge **notifie** à la personne :
– soit qu'elle n'est pas mise en examen et qu'elle bénéficie des droits du témoin assisté ;
– soit qu'elle est mise en examen. Le juge précise alors les faits reprochés et leur qualification si elle diffère de ceux précédemment notifiés. Il informe la personne mise en examen de son droit à formuler des demandes d'actes ou des requêtes en annulation.

La personne mise en examen sera le plus souvent remise en liberté. Elle peut aussi être placée sous contrôle judiciaire (voir n° 14330) ou même être placée en détention provisoire (voir n° 14345). Elle peut faire l'objet d'une ordonnance de renvoi ou de mise en accusation.

14292 Il procède ensuite à la formalité de la **déclaration d'adresse**, en notant celle que la personne doit déclarer en France et en lui faisant part de son obligation de signaler ses changements d'adresse.

14295 Le conseil régional peut demander à un professionnel qualifié, faisant ou non partie de la même compagnie régionale, d'effectuer une expertise technique du dossier en vue d'assister le commissaire aux comptes dans sa défense. Le coût de ce rapport peut être pris en charge par la compagnie d'assurances de la CNCC.

Perquisition

14310 Une perquisition peut être **demandée par le juge d'instruction** sur commission rogatoire (CPP art. 151 s.). Elle peut aussi résulter d'une enquête de flagrance sans commission rogatoire, mais ce cas de figure n'existe pratiquement jamais en matière financière. Elle peut enfin entrer dans le cadre d'une enquête préliminaire du parquet, auquel cas la perquisition ne peut avoir lieu sans l'accord écrit du confrère. Ce dernier doit être présent. À défaut, des témoins seront requis pour assister à la perquisition et garantir la conformité juridique des actes accomplis par les officiers de police judiciaire.

14315 Lorsque le juge d'instruction ou le parquet ordonne une perquisition, il observe généralement la pratique qui est en vigueur pour la profession d'avocat. Il **informe le conseil régional** de la mise en œuvre de cette procédure.
Le conseil régional peut alors déléguer l'un de ses membres pour **assister le commissaire aux comptes** lors de la perquisition. Il a pour mission de vérifier, d'une part, le respect des intérêts étrangers à la perquisition, c'est-à-dire notamment des dossiers des sociétés qui ne sont pas en cause, d'autre part, le respect du secret professionnel et des droits de la défense. Il apporte également au confrère perquisitionné l'aide et le soutien de la Compagnie.

14318 En principe, le représentant du conseil régional devrait seul avoir qualité pour procéder à l'ouverture des dossiers et à l'examen des pièces qu'ils contiennent en vue de leur remise au juge. Même si ce principe n'est pas respecté, il est essentiel qu'il identifie et contrôle la liste des pièces qui ont fait l'objet d'une saisie.

Il est souhaitable que deux copies des documents saisis soient conservées par le confrère contrôlé. L'une pour le dossier, afin d'en préserver la structure, l'autre pour lui-même en vue de sa défense ultérieure.

Mise sous contrôle judiciaire

14330 La mise sous contrôle judiciaire peut être décidée à tout moment par ordonnance du juge d'instruction. Cette mesure n'est applicable qu'aux **personnes mises en examen** et encourant une peine d'emprisonnement correctionnelle ou une peine plus grave (CPP art. 138, al. 1).

14335 La mise sous contrôle judiciaire permet de garder en liberté la personne qui en est l'objet, tout en respectant la nécessité de l'instruction. La personne n'est pas incarcérée, mais elle fait l'objet d'une ou de plusieurs des **restrictions** dont la liste figure à l'article 138, alinéa 2 du Code de procédure pénale : limites dans les déplacements, présentation périodique à l'autorité judiciaire, interdiction de conduire, **interdiction** de se livrer à **certaines activités professionnelles** ou sociales, obligation de fournir un cautionnement...

Mise en détention provisoire

14345 La mise en détention provisoire (CPP art. 143-1 s.) **peut être ordonnée** :
– lorsque la personne mise en examen encourt une peine correctionnelle d'une durée égale ou supérieure à trois ans (CPP art. 143-1) ;
– à condition que la détention provisoire soit nécessitée pour les besoins de l'enquête, par exemple pour éviter la concertation, ou permettre la conservation des preuves (CPP art. 144).

14350 La mise en détention provisoire est prononcée par le juge des libertés et de la détention sur demande du juge d'instruction à la suite d'un débat contradictoire entre le ministère public et la personne mise en examen assistée de son avocat.
La détention provisoire ne peut excéder une **durée** raisonnable au regard de la gravité des faits reprochés à la personne mise en examen et de la complexité des investigations nécessaires à la manifestation de la vérité (CPP art. 144-1, al. 1). Elle est plafonnée à quatre mois en matière correctionnelle en l'absence d'antécédents judiciaires (CPP art. 145-1).

Le juge d'instruction peut prescrire à l'encontre de la personne mise en détention provisoire l'interdiction de communiquer pendant dix jours, avec possibilité d'une prolongation d'égale durée (CPP art. 145-4, al. 1).

14352 La **mise en liberté** peut être décidée à tout moment par le juge d'instruction, après avis du procureur de la République, à charge pour la personne mise en examen de prendre l'engagement de se représenter à tous les actes de la procédure et de tenir informé le magistrat instructeur de ses déplacements (CPP art. 147, al. 1).
La personne placée en détention provisoire ou son avocat peut également, à tout moment, demander sa mise en liberté sous les mêmes conditions (CPP art. 148).

Audience correctionnelle

14360 Le **tribunal** correctionnel est une chambre du tribunal judiciaire siégeant au pénal. Il comprend un président et deux juges (CPP art. 398), un représentant du ministère public (procureur, procureur adjoint ou substitut du procureur) et un greffier.

14362 Le prévenu est **tenu de comparaître**, à moins qu'il ne fournisse une excuse reconnue valable par la juridiction devant laquelle il est appelé (CPP art. 410).

Lorsque le prévenu ne comparaît pas et que la peine encourue est égale ou supérieure à deux années d'emprisonnement, le tribunal peut décider le renvoi de l'affaire et prononcer un mandat d'amener ou d'arrêt (CPP art. 410-1, al. 1).

Le prévenu cité peut, quelle que soit la peine encourue, par lettre adressée au président, demander à être jugé en son absence. Si la comparution du prévenu en personne est jugée nécessaire par le tribunal, il est procédé à la réassignation du prévenu pour une audience dont la date est fixée par le tribunal (CPP art. 411).

14365 Le commissaire aux comptes peut solliciter le bénéfice de l'article 469-1 du Code de procédure pénale selon lequel le tribunal peut, après avoir déclaré le prévenu coupable, soit le dispenser de peine, soit ajourner le prononcé de celle-ci.

C. Extinction de l'action et de la sanction pénales

14400 Il convient de distinguer soigneusement la prescription de l'action pénale de l'extinction des sanctions pénales.
La **prescription de l'action pénale** a pour effet de rendre impossible la mise en œuvre de l'action publique.

RESPONSABILITÉS DU COMMISSAIRE AUX COMPTES © Éd. Francis Lefebvre

L'**extinction de la sanction** a pour effet de supprimer ou de mettre un terme à une sanction exécutoire prononcée par la juridiction de jugement.

Prescription de l'action pénale

14410 L'action publique, si elle n'est pas intentée pendant un certain **délai**, s'éteint par l'effet de la prescription extinctive. La notion d'oubli nécessaire a inspiré le législateur.

En matière de **délit**, l'action publique se prescrit par six années révolues à compter du jour où l'infraction a été commise (CPP art. 8).

> La prescription pour un **crime** est de vingt ans révolus à compter du jour où le crime a été commis (CPP art. 7) ; pour une contravention, la prescription de l'action publique est d'une année révolue à compter du jour où l'infraction a été commise (CPP art. 9).

> Les délais de prescription des crimes et des délits ont ainsi été doublés par la loi 2017-242 du 27 février 2017 portant réforme de la prescription pénale. Concernant les modalités d'entrée en vigueur de cette réforme, voir n° 14413.

14413 La loi précitée du 27 février 2017 réaffirme le principe selon lequel le **point de départ du délai de prescription** est le jour de la commission de l'infraction.

Cette loi prévoit des exceptions en consacrant les solutions jurisprudentielles dégagées pour les **infractions occultes ou dissimulées** : le point de départ est alors reporté au jour où l'infraction est apparue et a pu être constatée dans des conditions permettant la mise en mouvement ou l'exercice de l'action publique (CPP art. 9-1, al. 2 modifié par la loi 2018-703 du 3-8-2018).

> « Est occulte l'infraction qui, en raison de ses éléments constitutifs, ne peut être connue ni de la victime ni de l'autorité judiciaire » (CPP art. 9-1, al. 3, par exemple : abus de biens sociaux, abus de confiance, malversation…).

> « Est dissimulée l'infraction dont l'auteur accomplit délibérément toute manœuvre caractérisée tendant à en empêcher la découverte » (CPP art. 9-1, al. 4, par exemple : fraude fiscale, prise illégale d'intérêts…).

Par ailleurs, le **délai de prescription de l'action publique** est **interrompu** par les actes ou les décisions listés à l'article 9-2 du Code de procédure pénale (actes du ministère public ou de la partie civile tendant à la mise en mouvement de l'action publique, actes d'enquête, procès-verbaux dressés par un officier de police judiciaire, actes d'instruction, jugement ou arrêt même non définitif dès lors qu'il n'est pas entaché de nullité…). Tout acte, jugement ou arrêt précité fait courir un délai de prescription d'une durée égale au délai initial.

Tout obstacle de droit, prévu par la loi, ou tout obstacle de fait insurmontable et assimilable à la force majeure, qui rend impossible la mise en mouvement ou l'exercice de l'action publique, **suspend la prescription** (CPP art. 9-3).

Enfin, la loi précitée a instauré un **délai butoir** ayant pour objet de limiter dans le temps le report du point de départ du délai de prescription pour les infractions occultes ou dissimulées : « par dérogation au premier alinéa des articles 7 et 8 du présent code, le délai de prescription de l'action publique de l'infraction occulte ou dissimulée court à compter du jour où l'infraction est apparue et a pu être constatée dans des conditions permettant la mise en mouvement ou l'exercice de l'action publique, sans toutefois que le délai de prescription puisse excéder douze années révolues **pour les délits** et trente années révolues **pour les crimes** à compter du jour où l'infraction a été commise » (CPP art. 9-1, al. 2).

> La CNCC apporte les précisions suivantes concernant les modalités d'entrée en vigueur de la réforme de la prescription pénale.

> La loi nouvelle portant réforme de la prescription pénale est une loi de procédure d'application immédiate. Elle s'applique donc à la répression des infractions commises avant son entrée en vigueur (C. pén. art. 112-2, 4°).

> Si la prescription est acquise, la loi nouvelle ne peut pas s'appliquer puisque l'action publique a été éteinte en application du droit antérieur. Mais si la prescription n'est pas acquise, la loi nouvelle s'applique. Afin d'éviter que la loi nouvelle conduise à la prescription d'infractions pour lesquelles l'action publique a déjà été mise valablement en mouvement plus de douze ou trente ans après les faits, pour des infractions occultes ou dissimulées, la loi 2017-242 du 27 février 2017 précise en son article 4 qu'elle « ne peut avoir pour effet de prescrire des infractions qui, au moment de son entrée en vigueur, avaient valablement donné lieu à la mise en mouvement ou à l'exercice de l'action publique à une date à laquelle, en vertu des dispositions législatives alors applicables et conformément à leur interprétation jurisprudentielle, la prescription n'était pas acquise ».

Extinction de la sanction pénale

14420 Une fois qu'elle est devenue définitive, la sanction prononcée doit être exécutée. Dans certains cas cependant, le condamné peut être **dispensé** en tout ou partie **de purger sa peine**. Les circonstances pouvant être à l'origine de cette situation sont :

© Éd. Francis Lefebvre   **RESPONSABILITÉS DU COMMISSAIRE AUX COMPTES**

– la prescription de la peine ;
– la réduction de peine ;
– l'amnistie ;
– la réhabilitation ;
– la grâce.

Prescription de la peine   Elle concerne les sanctions susceptibles de donner lieu à **14425**
exécution forcée. Les **délais** de prescription qui s'appliquent, selon la nature de l'infraction, à compter de la date où la condamnation est devenue définitive sont les suivants :
– vingt ans pour les crimes (C. pén. art. 133-2) ;
– six ans pour les délits (C. pén. art. 133-3 modifié par la loi précitée du 27-2-2017) ;
– trois ans pour les contraventions (C. pén. art. 133-4).

Réduction de peine   Chaque condamné bénéficie d'un crédit de réduction de peine **14430**
calculé sur la durée de la condamnation prononcée, à hauteur de trois mois la première
année et de deux mois les années suivantes. En cas de mauvaise conduite, le juge de
l'application des peines, saisi par le chef d'établissement pénitentiaire ou sur requête du
procureur de la République, peut procéder au retrait de la réduction de peine (CPP art. 721).

Amnistie   L'amnistie supprime rétroactivement le caractère délictueux de certains faits **14435**
et leurs auteurs ne peuvent plus être poursuivis. « L'amnistie efface les condamnations
prononcées. Elle entraîne, sans qu'elle puisse donner lieu à restitution, la remise de
toutes les peines » (C. pén. art. 133-9).

Pour le professionnel, la **conséquence** de l'amnistie peut intervenir à deux niveaux :
– s'il est l'auteur, coauteur ou complice d'un fait délictueux, sa responsabilité ne peut plus être
engagée ;
– si le fait qu'il a constaté dans l'exercice de ses fonctions est amnistié, il n'a plus à en opérer la
révélation.

Traditionnellement, jusqu'en 2002, une loi d'amnistie était votée à l'occasion de l'élec- **14450**
tion du Président de la République. L'étendue des infractions amnistiées variait d'une loi
à l'autre. La **loi 2002-1062 du 6 août 2002** a amnistié les contraventions et petits délits.
Le paiement de certaines amendes a été cependant exigé (amendes dont le montant est
supérieur à 750 €). Ont été notamment exclus du bénéfice de l'amnistie en matière
sociale les délits de discrimination, d'obstacle à l'accomplissement des fonctions d'un
inspecteur ou contrôleur du travail, d'atteinte au droit syndical ou de représentation du
personnel. En matières économique et financière, n'ont pas été englobés dans le champ
d'application de l'amnistie les abus de biens sociaux, la banqueroute, les abus de
confiance commis par les dirigeants de personnes morales, d'associations ou de certaines
sociétés, les délits d'initiés, les délits de fausse facture et de contrefaçon. Cet usage n'a
pas été reconduit depuis cette date.

Réhabilitation   Elle a pour objet d'effacer toutes les incapacités et déchéances résul- **14455**
tant de la condamnation afin de favoriser la réinsertion du condamné (C. pén. art. 133-12 à
133-17).
La réhabilitation n'efface pas les faits mais la condamnation. Ainsi, un commissaire aux
comptes qui a fait l'objet d'une radiation pourra demander sa réinscription à l'issue d'un
délai de trois ans.

Grâce   La grâce laisse subsister la condamnation mais dispense d'exécuter la peine **14460**
(C. pén. art. 133-7).

D. Liens avec les autres formes de responsabilités

Les liens entre la responsabilité pénale et les autres formes de responsabilité obéissent **14500**
aux principes suivants :

Prééminence du pénal sur le civil

La prééminence du pénal sur le civil se traduisait jusqu'à une période récente par l'appli- **14505**
cation de deux principes.

417

RESPONSABILITÉS DU COMMISSAIRE AUX COMPTES © Éd. Francis Lefebvre

Le premier reste d'actualité. Il consiste à reconnaître l'**autorité de la chose jugée** au pénal sur le civil. Il en résulte qu'il n'est pas permis au juge civil de méconnaître ce qui a été nécessairement et certainement décidé par le juge criminel sur l'existence du fait incriminé, sa qualification et la culpabilité de celui à qui le fait est imputé.

Le second principe a été mis à mal par la loi du 5 mars 2007 : en application de l'adage « le pénal tient le civil en l'état », il ne pouvait pas y avoir de jugement civil rendu sur les conséquences civiles de faits jugés à la fois au pénal et au civil.

Depuis la loi 2007-291 du 5 mars 2007, ce second principe n'est plus systématiquement respecté : le **sursis à statuer** tend à être limité aux seules actions civiles liées directement à l'action pénale, c'est-à-dire aux seules demandes en réparation du dommage civil causé par une infraction.

Le principe du sursis à statuer, posé par l'article 4, alinéa 2 du Code de procédure pénale, était violemment critiqué dans la mesure où de nombreuses plaintes avec constitution de partie civile n'avaient d'autre but que de paralyser un procès, qu'il soit civil, commercial ou prud'homal. La voie pénale était de ce fait largement empruntée à des fins purement dilatoires.

La loi 2007-291 du 5 mars 2007 insère un alinéa 3 dans l'article 4 du Code de procédure pénale, qui apporte la restriction suivante à l'alinéa précédent : « La mise en mouvement de l'action publique n'impose pas la suspension du jugement des autres actions exercées devant la juridiction civile, de quelque nature qu'elles soient, même si la décision à intervenir au pénal est susceptible d'exercer, directement ou indirectement, une influence sur la solution du procès civil. »

Le principe selon lequel le criminel tient le civil en l'état n'est donc plus aussi absolu : il ne lie plus le juge alors même que les deux actions concernent le même litige et les mêmes personnes et que la décision pénale est en conséquence susceptible d'influer sur la décision civile.

Autonomie de principe entre instance pénale et instance disciplinaire ou administrative

14510 **Jurisprudence** En principe, les instances disciplinaires ou administratives n'ont pas d'obligation de surseoir à statuer lorsqu'une instance pénale est en cours. Par prudence, les instances disciplinaires adoptent néanmoins cette solution en règle générale.

Lorsque la décision a été rendue par l'instance pénale, la juridiction disciplinaire ne peut procéder à une nouvelle qualification des faits. En revanche, les faits pour lesquels un acquittement ou une relaxe ont été prononcés au pénal peuvent donner lieu malgré tout au prononcé d'une sanction disciplinaire (voir R. Salomon, L'originalité de la responsabilité disciplinaire des commissaires aux comptes : Dr. sociétés, mai 2002 p. 7, nos 32 s.) ou administrative.

Ce principe n'était pas suivi par la Commission des sanctions de l'AMF et la jurisprudence était jusqu'en mars 2015 (voir n° 14520) plutôt favorable au **cumul des sanctions pénales et administratives**.

Cette position, qui expose les commissaires aux comptes à un cumul de condamnations, n'était pas de nature à perdurer (N. Rontchevsky, Le cumul de poursuites et de sanctions des abus de marché à l'épreuve du principe non bis in idem, Dalloz 2014 p. 600).

Par un arrêt du 4 mars 2014, la Cour européenne des droits de l'Homme a jugé à propos de la Consob (autorité équivalente à l'AMF en Italie) que la procédure que celle-ci appliquait portait sur une « accusation en matière pénale » et que le principe « non bis in idem » devait jouer pleinement sans possibilité de réserve (CEDH 4-3-2014 nos 18640/10, 18647/10, 18663/10, 18668/10, 18698/10 2e section, Grande Stevens c/ Italie : RJDA 7/14 n° 638).

14520 **Décision du Conseil constitutionnel sur le délit d'initié** En date du 14 décembre 2014, le Conseil constitutionnel a été saisi par la Cour de cassation d'une question prioritaire de constitutionnalité (QPC) sur le cumul entre sanction administrative et sanction pénale en matière de délit d'initié (C. mon. fin. art. L 621-15 relatif au manquement d'initié réprimé par l'AMF et art. L 465-1 relatif au délit d'initié réprimé par le juge pénal).

Dans une décision du 18 mars 2015, le Conseil constitutionnel estime que les articles L 465-1 et L 621-15 du Code monétaire et financier définissent « de la même manière » le manquement d'initié et le délit d'initié et que leurs répressions poursuivent la même finalité de protection du bon fonctionnement et de l'intégrité des marchés financiers. Il considère également que les sanctions relatives aux délits et aux manquements d'initiés ne sont « pas de nature différente ».

La Haute Juridiction considère donc que les articles L 465-1 et L 621-15 (pour les dispositions contestées sur les opérations d'initiés) méconnaissent le principe de nécessité des

RESPONSABILITÉS DU COMMISSAIRE AUX COMPTES

délits et des peines et elle les déclare **contraires à la Constitution** (Décision n°s 2014-453/454 QPC et 2015-462 QPC). L'abrogation de ces dispositions a été **reportée au 1er septembre 2016,** afin d'éviter que cette décision n'aboutisse à empêcher ou à mettre fin aux poursuites engagées à l'encontre des personnes ayant commis des délits ou manquements d'initiés. Cependant, depuis la publication de la décision du Conseil, des sanctions ne peuvent plus être engagées ou continuer, sur le fondement de l'article L 621-15 du Code monétaire et financier, dès lors que des poursuites ont déjà été engagées, pour les mêmes faits et à l'encontre de la même personne, devant le juge judiciaire statuant en matière pénale sur le fondement de l'article L 465-1 du même Code ou que celui-ci a déjà statué de manière définitive sur lesdites poursuites. Suivant le même principe, des poursuites ne peuvent pas être engagées ou continuer, sur le fondement de l'article L 465-1 du Code monétaire et financier, dès lors que des poursuites ont déjà été engagées, pour les mêmes faits et à l'encontre de la même personne, devant la Commission des sanctions de l'AMF, sur le fondement des dispositions de l'article L 621-15, ou que celle-ci a statué de manière définitive sur lesdites poursuites.

À la suite de la décision du Conseil constitutionnel, l'article L 465-3-6 du Code monétaire et financier, créé par la loi 2016-819 du 21 juin 2016, a repris cette **interdiction du cumul des poursuites pénales et administratives.**

Le procureur de la République financier ne peut mettre en mouvement l'action publique lorsque l'AMF a procédé à la notification des griefs pour les mêmes faits et à l'égard de la même personne en application de l'article L 621-15 du Code monétaire et financier. Inversement, l'AMF ne peut procéder à la notification des griefs à une personne à l'encontre de laquelle l'action publique a été mise en mouvement pour les mêmes faits par le procureur de la République financier.

L'AMF et le procureur de la République financier doivent s'informer de leur **intention de poursuivre** :

– avant toute mise en mouvement de l'action publique, le **procureur de la République financier** informe de son intention l'Autorité des marchés financiers. Celle-ci dispose d'un délai de deux mois pour lui faire connaître son intention de procéder à la notification des griefs à la même personne pour les mêmes faits (C. mon. fin. art. L 465-3-6, II) ;

Si l'AMF ne fait pas connaître, dans le délai imparti, son intention de procéder à la notification des griefs ou si elle fait connaître qu'elle ne souhaite pas y procéder, le procureur de la République financier peut mettre en mouvement l'action publique.

Si l'AMF fait connaître son intention de procéder à la notification des griefs, le procureur de la République financier dispose d'un délai de quinze jours pour confirmer son intention de mettre en mouvement l'action publique et saisir le procureur général près la cour d'appel de Paris. À défaut, l'Autorité des marchés financiers peut procéder à la notification des griefs.

– avant toute notification des griefs, l'**AMF** informe de son intention le procureur de la République financier. Celui-ci dispose d'un délai de deux mois pour lui faire connaître son intention de mettre en mouvement l'action publique pour les mêmes faits et à l'encontre de la même personne (C. mon. fin. art. L 465-3-6, III).

Si le procureur de la République financier ne fait pas connaître, dans le délai imparti, son intention de mettre en mouvement l'action publique ou s'il fait connaître qu'il ne souhaite pas y procéder, l'AMF peut procéder à la notification des griefs.

Si le procureur de la République financier fait connaître son intention de mettre en mouvement l'action publique, l'AMF dispose d'un délai de quinze jours pour confirmer son intention de procéder à la notification des griefs et saisir le procureur général près la cour d'appel de Paris. À défaut, le procureur de la République financier peut mettre en mouvement l'action publique.

Lorsque les deux autorités confirment leur intention commune de notifier les griefs et que le procureur général près la cour d'appel de Paris est saisi en application des dispositions précitées, il dispose d'un délai de deux mois à compter de sa saisine pour autoriser ou non le procureur de la République financier à mettre en mouvement l'action publique, après avoir mis en mesure le procureur de la République financier et l'AMF de présenter leurs observations. Si le procureur de la République financier n'est pas autorisé, dans le délai imparti, à mettre en mouvement l'action publique, l'AMF peut procéder à la notification des griefs.

Dans le cadre des procédures prévues aux II et III, toute décision par laquelle l'AMF renonce à procéder à la notification des griefs et toute décision par laquelle le procureur de la République financier renonce à mettre en mouvement l'action publique est définitive et n'est pas susceptible de recours. Elle est versée au dossier de la procédure. L'absence de réponse de l'AMF et du procureur de la République financier dans les délais prévus est définitive et n'est pas susceptible de recours.

RESPONSABILITÉS DU COMMISSAIRE AUX COMPTES © Éd. Francis Lefebvre

La décision du procureur général près la cour d'appel de Paris est définitive et n'est pas susceptible de recours. Elle est versée au dossier de la procédure.

La loi précitée du 21 juin 2016 réformant le système de répression des abus de marché a par ailleurs renforcé les sanctions pénales des abus de marché : voir n° 42326.

Pour plus de précisions sur les sanctions de l'AMF, voir n° 41880.

SECTION 3

Responsabilité disciplinaire

15000 Le fondement du droit disciplinaire est d'assurer le respect de l'éthique et de la déontologie professionnelle ou personnelle ainsi que celui des obligations et normes d'exercice professionnel. La procédure disciplinaire est traditionnellement l'**apanage des ordres professionnels**.

15005 À l'origine, la mise en œuvre de la procédure disciplinaire était assurée par le bureau de l'association des commissaires agréés auprès de chaque cour d'appel. Sous la pression des instances professionnelles, qui faisaient valoir depuis longtemps la nécessité d'instituer des règles disciplinaires garantissant le respect d'une éthique professionnelle, le décret du 12 août 1969, modifié par le décret 2005-599 du 27 mai 2005, a mis en place des **instances disciplinaires extérieures** à la profession et des règles procédurales qui en régissent le fonctionnement. Ces dispositions ont été modifiées par les dispositions de la loi 2017-55 du 20 janvier 2017 et de la loi 2019-486 du 22 mai 2019 ainsi que par l'ordonnance 2016-315 du 17 mars 2016 (C. com. art. L 821-1, L 821-2 et L 824-1 s.) et les dispositions du décret 2016-1026 du 26 juillet 2016.

15010 La discipline contribue, d'une part, à promouvoir la qualité des conditions d'exercice de la profession et, d'autre part, à renforcer le respect par ses membres des règles d'éthique, dont le législateur a consacré le caractère essentiel en décidant l'approbation par décret du Code de déontologie de la profession (C. com. art. L 822-16).

La **faute disciplinaire** est définie par l'article L 824-1 du Code de commerce comme :
- tout manquement aux conditions légales d'exercice de la profession ;
- toute négligence grave et tout fait contraire à la probité ou à l'honneur.

L'article R 822-32 du Code de commerce, dans sa version en vigueur jusqu'au 1er janvier 2017, définissait la faute disciplinaire comme : « toute infraction aux lois, règlements et normes d'exercice professionnel homologuées par arrêté du garde des Sceaux, ministre de la justice, ainsi qu'au Code de déontologie de la profession et aux bonnes pratiques identifiées par le Haut Conseil du commissariat aux comptes, toute négligence grave, tout fait contraire à la probité, à l'honneur ou à l'indépendance commis par un commissaire aux comptes, personne physique ou société, même ne se rattachant pas à l'exercice de la profession ».

15015 Seront abordés successivement :
- les caractéristiques de la responsabilité disciplinaire (n° 15050) ;
- la mise en œuvre de la responsabilité disciplinaire (n° 15200) ;
- les sanctions disciplinaires (n° 15350) ;
- les liens avec les autres responsabilités (n° 15500).

Les développements figurant ci-après présentent de manière synthétique le mécanisme de la responsabilité disciplinaire du commissaire aux comptes. Pour tout complément d'information, on pourra se reporter utilement à l'étude juridique de la Compagnie nationale des commissaires aux comptes, « La responsabilité disciplinaire des commissaires aux comptes » (septembre 2008) en prenant en compte les évolutions législatives et réglementaires intervenues depuis cette date.

A. Caractéristiques

15030 L'ordonnance 2016-315 du 17 mars 2016, transposant les dispositions des articles 30 à 30 septies de la directive 2014/56/UE du 16 avril 2014, modifie significativement les caractéristiques de la responsabilité disciplinaire en l'étendant à des personnes physiques ou morales autres que celles ayant la qualité de commissaire aux comptes.

420

© Éd. Francis Lefebvre   RESPONSABILITÉS DU COMMISSAIRE AUX COMPTES

1. Responsabilité disciplinaire des commissaires aux comptes

15050 Le régime disciplinaire des commissaires aux comptes est régi, depuis le 17 juin 2016 par les articles L 824-1 et suivants du Code de commerce ainsi que par les dispositions des articles R 822-32 à R 822-62.

15052 Il est rappelé que sont susceptibles d'engager la responsabilité disciplinaire de leurs auteurs tout manquement aux conditions légales d'exercice de la profession, toute négligence grave et tout fait contraire à la probité ou à l'honneur (C. com. art. L 824-1).

Auteur de la faute

15055 Sont passibles de sanctions disciplinaires les commissaires aux comptes personnes physiques ou personnes morales.

15060 **Personnes physiques** Tous les commissaires aux comptes exerçant la profession sont susceptibles de faire l'objet d'une procédure disciplinaire.
Les commissaires aux comptes, même s'ils ne détiennent pas de mandat, peuvent être poursuivis disciplinairement au titre d'un comportement contraire à l'honneur ou à la probité (Code de déontologie art. 3).

> L'obligation de s'abstenir de tout comportement contraire à l'honneur ou à la probité pèse sur le commissaire aux comptes « en toutes circonstances ». Il en résulte que le commissaire aux comptes peut être poursuivi disciplinairement pour des faits relevant de sa vie privée (voir n° 15100).

Il en va de même pour les commissaires aux comptes honoraires qui demeurent soumis à la juridiction disciplinaire (C. com. art. R 822-30, al. 2).
Le commissaire aux comptes omis (voir n° 1155), ou qui a demandé sa radiation (voir n° 1161), peut être poursuivi disciplinairement pour un **comportement** répréhensible **antérieur** à sa demande d'omission (C. com. art. R 822-28, al. 2 et Bull. CNCC n° 125-2002 p. 98). De même la démission du commissaire aux comptes ne fait pas obstacle à ce que l'action disciplinaire soit exercée pour des faits commis pendant l'exercice de ses fonctions (C. com. art. R 824-9).

> On notera que le prononcé d'une sanction disciplinaire d'interdiction temporaire, de suspension provisoire ou de radiation a des effets sur la relation entre l'associé et la société (voir n°s 1750 s.).

15065 **Personne morale** Toute société de commissaires aux comptes est passible de sanctions disciplinaires (C. com. art. R 822-55 et R 822-61). Elle peut faire l'objet de poursuites disciplinaires indépendantes de celles intentées contre ses associés (C. com. art. R 822-61, al. 2).
Les règles procédurales sont alors les mêmes que pour les personnes physiques ainsi que les sanctions applicables sous réserve du quantum des sanctions financières (voir n°s 15350 s.).

> Sur l'incidence du prononcé de sanctions disciplinaires à l'encontre d'un des associés, voir n° 15445.

En conséquence, la mise en cause disciplinaire d'un associé n'entraîne pas automatiquement la mise en cause de la responsabilité disciplinaire de la société et, d'autre part, la mise en cause de la responsabilité disciplinaire de la société n'exclut pas la mise en cause de celle des associés.

Faute

15085 Les fautes susceptibles d'engager la responsabilité disciplinaire de leur auteur sont **nombreuses et variées**. Elles recouvrent (voir n° 15050) :
– les infractions aux lois, règlements, au Code de déontologie de la profession et aux normes professionnelles ;
– la négligence grave ;
– les fautes résultant d'un comportement contraire à la probité, à l'honneur ou à l'indépendance.

> L'étendue du domaine couvert par la faute disciplinaire permet de sanctionner un nombre important de comportements : le libellé très général de l'article L 824-1 du Code de commerce laisse aux juridictions disciplinaires une grande latitude pour apprécier, au cas par cas, si le professionnel doit être sanctionné. Cette marge de manœuvre est encore renforcée du fait qu'en matière disciplinaire, le principe « nullum crimen, nulla pœna, sine lege » propre au droit pénal n'est pas applicable.

RESPONSABILITÉS DU COMMISSAIRE AUX COMPTES © Éd. Francis Lefebvre

15090 **Infractions aux lois, règlements, Code de déontologie de la profession et normes d'exercice professionnel** Ce premier type de faute disciplinaire peut procéder d'une violation des lois et règlements régissant la mission du commissaire aux comptes, des normes d'exercice professionnel homologuées par arrêté du garde des Sceaux, ministre de la justice, ou des dispositions incluses dans le Code de déontologie de la profession de commissaire aux comptes.

L'article L 824-1 du Code de commerce fait référence aux manquements à des textes légaux ou réglementaires régissant la profession. À notre avis, des poursuites disciplinaires ne pourraient pas être engagées pour manquement aux bonnes pratiques professionnelles identifiées par le H3C, ces bonnes pratiques n'ayant pas une valeur réglementaire et n'ayant donc qu'une valeur doctrinale. Toutefois, un tel manquement pourrait, le cas échéant, être poursuivi au titre d'une négligence grave dans l'exercice de la profession. De même, ce texte ne mentionne pas la doctrine de la CNCC. On peut donc penser que le défaut de respect de cette doctrine ne peut permettre de poursuites disciplinaires que sur le fondement de la négligence grave.

15093 On peut distinguer, parmi les manquements donnant lieu à une procédure disciplinaire :
– ceux qui correspondent au non-respect des **obligations** professionnelles du commissaire aux comptes ;

Parmi les manquements les plus fréquents figurent (Étude juridique précitée § 58) :
• les inscriptions irrégulières sur la liste ;
• le non-respect des obligations légales, par exemple la soustraction ou le non-paiement des impôts ou des cotisations sociales, qui nuisent à l'image de la profession, le défaut de révélation de faits délictueux dont il aurait eu connaissance ou l'absence de déclaration de soupçon en matière de lutte contre le blanchiment et le financement du terrorisme ;
• le non-établissement des déclarations d'activité et le non-paiement des cotisations professionnelles.

– ceux qui portent atteinte aux **règles d'indépendance et de comportement**.

Sont ici visées toutes les règles relatives aux différentes formes d'incompatibilité, par exemple le cumul des fonctions de commissaire aux comptes et d'expert-comptable ou d'identification et de gestion des conflits d'intérêts.

15095 **Négligence grave** La notion de négligence grave est susceptible de recouvrir des faits d'origines diverses, dont l'appréciation par le H3C (voir n⁰s 15200 s. sur la mise en œuvre de la procédure) sera réalisée en fonction des circonstances.

Dans tous les cas, la négligence grave suppose la **violation d'une règle ou d'une norme** régissant le comportement du professionnel.

Par exemple :
– signature d'un rapport de certification sans supervision préalable des travaux de contrôle des collaborateurs ;
– omission de l'examen des procédures internes imputable à une confiance excessive accordée aux dirigeants ;
– certification de comptes annuels sans réserve, alors que des irrégularités ou des erreurs significatives ont été relevées et figurent dans le dossier de travail.

15100 **Comportement contraire à la probité et à l'honneur** Cette catégorie de manquements permet de sanctionner des comportements qui ne se rattachent pas toujours à l'exercice de la profession, mais que les chambres régionales de discipline estimaient de nature à porter préjudice à la **notoriété du corps professionnel** (voir, par exemple, CE 2-11-2005 : Bull. CNCC n° 140-2005 p. 661 note Ph. Merle).

Sont ici visés des comportements occasionnel par exemple :
– une condamnation pénale du commissaire aux comptes dans l'exercice de ses fonctions pour absence de déclarations fiscales, non-règlement de la TVA, travail dissimulé, complicité, confirmation d'informations mensongères, manquement à l'obligation au secret professionnel ;
– une condamnation pénale du commissaire aux comptes en dehors de l'exercice de ses fonctions pour accident de la route commis en état d'ébriété, non-règlement de pensions alimentaires.

15110 **Litiges sur honoraires** Le principe selon lequel la mise en œuvre d'une procédure disciplinaire suppose la commission d'une faute connaît une importante **exception** avec les litiges sur honoraires.

Pour plus de détails sur les litiges relatifs au nombre d'heures d'intervention et au montant des honoraires, voir respectivement n° 10078 et n° 10080.

© Éd. Francis Lefebvre   **RESPONSABILITÉS DU COMMISSAIRE AUX COMPTES**

2. Responsabilité disciplinaire de personnes autres que des commissaires aux comptes

L'ordonnance 2016-315 du 17 mars 2016 a institué la possibilité pour le Haut Conseil, statuant en formation restreinte, de sanctionner, dans le cadre d'une procédure disciplinaire, les manquements suivants (C. com. art. L 824-1, II) :

15130

1° les **associés, salariés** du commissaire aux comptes, toute **autre personne** participant à la mission de certification ou les personnes physiques ou morales qui sont étroitement liées au commissaire aux comptes au sens de l'article 3, paragraphe 26, du règlement européen 596/2014 du 16 avril 2014, du fait des manquements aux dispositions de l'article L 822-11-3 (détention d'intérêts substantiels et directs dans l'entité dont les comptes sont certifiés ou réalisation d'opération sur un instrument financier émis, garanti ou autrement soutenu par cette entité) ainsi qu'aux dispositions du Code de déontologie relatives aux liens personnels, professionnels ou financiers ;

2° les **entités d'intérêt public**, leurs gérants, administrateurs ou membres du directoire ou du conseil de surveillance, du fait :
– de manquements aux dispositions des articles L 822-11, L 822-11-1 et L 822-11-2 et de l'article 5 du règlement européen 537/2014 du 16 avril 2014, relatives aux services fournis par les commissaires aux comptes,
– de manquements aux dispositions de l'article L 823-1, relatives à la désignation des commissaires aux comptes,
– de manquements aux dispositions de l'article L 823-3-1 et de l'article 17 du règlement européen 537/2014 du 16 avril 2014, relatives à la durée du mandat,
– de manquements aux dispositions relatives aux honoraires prévues à l'article L 823-18 et à l'article 4 du règlement européen 537/2014 du 16 avril 2014 ;

3° les **personnes ou entités soumises à l'obligation de certification de leurs comptes**, leurs gérants, administrateurs ou membres du directoire ou du conseil de surveillance, ainsi que les associés, salariés du commissaire aux comptes, toute autre personne participant à la mission de certification, lorsqu'elles s'opposent de quelque façon que ce soit à l'exercice des fonctions confiées aux agents du Haut Conseil du commissariat aux comptes en matière de contrôles et d'enquêtes par les dispositions des articles L 824-1 et suivants du Code de commerce relatives à la procédure de sanction, des dispositions du Code de commerce relatives au contrôle de la profession et de l'article 23 du règlement européen 537/2014 du 16 avril 2014 ;

4° tout **dirigeant, administrateur, membre du conseil de surveillance** ou personne occupant un poste de direction au sein d'une personne ou entité, ainsi que cette personne ou entité, du fait d'un manquement aux dispositions de l'article L 822-12 du Code de commerce relatives au délai de viduité imposé au commissaire aux comptes ou à toute personne inscrite sur la liste ayant participé à la mission de certification avant de pouvoir prendre une fonction au sein de l'entité contrôlée ;

5° les membres des **organes de direction des sociétés de commissaires aux comptes et les autres personnes physiques** au sein de ces sociétés, du fait de leur implication personnelle dans les manquements aux dispositions des sections 3 à 6 du chapitre Ier du titre VI du livre V du Code monétaire et financier (dispositions relatives à la lutte contre le blanchiment des capitaux et le financement du terrorisme).

Le 5° a été ajouté par l'ordonnance du 1er décembre 2016 relative au blanchiment.

On rappellera que sont susceptibles d'être poursuivis, dans le cadre d'une procédure de sanction, les manquements objectifs de ces personnes aux dispositions décrites ci-dessus sans qu'il n'y ait à rechercher un élément intentionnel dans la réalisation de ces manquements.

En application de l'article L 824-3 du Code de commerce, les personnes précitées, mentionnées au II de l'article L 824-1 sont passibles des **sanctions** suivantes :

1° L'interdiction pour une durée n'excédant pas trois ans d'exercer des fonctions d'administration ou de direction au sein d'entités d'intérêt public et des fonctions de commissaire aux comptes.

2° Le paiement, à titre de sanction pécuniaire, d'une somme n'excédant pas les montants suivants :

a) pour les personnes physiques mentionnées aux 1° et 3° du II de l'article L 824-1, la somme de 50 000 € ;

RESPONSABILITÉS DU COMMISSAIRE AUX COMPTES   © Éd. Francis Lefebvre

b) pour les personnes physiques mentionnées aux 2° et 4° du II de l'article L 824-1, la somme de 250 000 € ;

c) pour les personnes morales mentionnées aux 1°, 3° et 4° du II de l'article L 824-1, la somme de 500 000 € ;

d) pour les personnes morales mentionnées au 2° du II de l'article L 824-1, la plus élevée des sommes suivantes :

– un million d'euros,

– lorsque le manquement intervient dans le cadre d'une mission de certification, la moyenne annuelle des honoraires facturés au titre de l'exercice durant lequel le manquement a été commis et des deux exercices précédant celui-ci, par le commissaire aux comptes, à la personne morale concernée ou, à défaut, le montant des honoraires facturés par le commissaire aux comptes à la personne morale concernée au titre de l'exercice au cours duquel le manquement a été commis ;

e) pour les personnes mentionnées au 5° du II de l'article L 824-1, le double du montant de l'avantage tiré de l'infraction ou, lorsqu'il n'est pas possible de déterminer celui-ci, la somme d'un million d'euros.

En cas de manquement réitéré dans les cinq années à compter de la date à laquelle la sanction pécuniaire précédemment prononcée est devenue définitive, le montant de la sanction pécuniaire prononcée ne peut excéder le double des montants mentionnés aux a, b, c et d.

Les sanctions peuvent être assorties du sursis total ou partiel. Si, dans le délai de cinq ans à compter du prononcé de la sanction, la personne sanctionnée commet un manquement entraînant le prononcé d'une nouvelle sanction, celle-ci entraînera, sauf décision motivée, l'exécution de la première sanction sans confusion possible avec la seconde.

En cas de manquement aux dispositions des sections 3 à 6 du chapitre I du titre VI du livre V du Code monétaire et financier (dispositif de lutte contre le blanchiment et le financement du terrorisme), les personnes mentionnées au 5° du II de l'article L 824-1 peuvent faire l'objet d'une injonction de cesser le comportement constitutif du manquement.

B. Mise en œuvre de la responsabilité disciplinaire

15200 L'ordonnance 2016-315 du 17 mars 2016 et le décret 2016-1026 du 26 juillet 2016 ont réformé en profondeur la procédure disciplinaire en introduisant une procédure d'enquête préalable à l'ouverture d'une procédure disciplinaire (n° 15210) et en réformant la composition et les attributions des juridictions compétentes pour prononcer les sanctions disciplinaires ainsi que les procédures mises en œuvre devant ces juridictions.

Enquête

15210 **Service d'enquête** L'article L 821-3-1 du Code de commerce institue un service chargé de procéder aux enquêtes préalables à l'ouverture d'une procédure disciplinaire. Ce service est **dirigé** par un rapporteur général et composé d'enquêteurs habilités par ce dernier.

La création du service d'enquête entraîne la disparition de la fonction de syndic qui était désigné par le conseil régional en son sein afin d'effectuer l'instruction des dossiers disciplinaires à la demande du magistrat chargé du ministère public (C. com. art. R 822-36 ancien).

Les enquêteurs doivent, pour être **habilités** à exercer cette fonction, justifier d'une expérience professionnelle d'au moins trois années dans les domaines juridique, comptable et financier ou de la certification des comptes et de l'information financière (C. com. art. R 824-2, I).

Des agents du H3C peuvent, si leur compétence est nécessaire afin de répondre aux besoins spécifiques d'une enquête, se voir délivrer une habilitation spécifique à cette enquête.

Les enquêteurs sont **désignés** dans des conditions propres à éviter tout conflit d'intérêts avec les commissaires aux comptes, personnes ou entités qui font l'objet de l'enquête (C. com. art. L 821-3-1, al. 2).

Ainsi, un enquêteur ne peut participer à une enquête si, au cours des trois années précédentes, il a été associé, salarié ou collaborateur des personnes mentionnées dans la procédure ou d'une personne qui lui serait liée et doit déclarer, avant de participer à une enquête, qu'il ne se trouve pas en situation de conflit d'intérêts.

15215 **Demandeurs** En application de l'article L 824-4 du Code de commerce, le rapporteur général est saisi de tout fait susceptible de justifier l'engagement d'une procédure de sanction par :

– le premier président de la Cour des comptes ou le président d'une chambre régionale des comptes ;

© Éd. Francis Lefebvre   **RESPONSABILITÉS DU COMMISSAIRE AUX COMPTES**

– le procureur général près la cour d'appel compétente ;

L'intervention du ministère public peut résulter de plaintes déposées par des tiers. Elle peut également se situer dans le cadre d'infractions pour lesquelles des sanctions pénales viennent d'être prononcées. Le ministère public estimant que le comportement réprimé porte atteinte à l'honneur de la profession souhaite une intervention des instances disciplinaires.

– le président de l'Autorité des marchés financiers ;

L'intervention du président de l'Autorité des marchés financiers peut résulter de constats réalisés par les services d'enquête et de contrôle ou faire suite à l'ouverture d'une notification de griefs dans le cadre d'une procédure de sanction ou d'une condamnation prononcée par la Commission des sanctions.

– le président de l'Autorité de contrôle prudentiel et de résolution ;
– le président du Haut Conseil du commissariat aux comptes en application des dispositions de l'article L 821-1, 6° du Code de commerce, lorsque le collège constate l'existence de manquements aux dispositions du titre II du livre VIII du même code régissant la profession de commissaire aux comptes ou à celles du règlement (UE) 537/2014 du 16 avril 2014 ;
– le président de la Compagnie nationale des commissaires aux comptes ou le président d'une compagnie régionale.

Il peut s'agir de la transmission d'une plainte reçue d'un tiers. Dans ce cas, le président de la Compagnie nationale ou de la compagnie régionale peut décider de déposer une plainte pour la compagnie, qui peut être indépendante ou conjointe. Le président de la compagnie régionale peut aussi porter plainte après avoir fait délibérer le conseil régional sur le comportement d'un membre de la compagnie régionale.

Le rapporteur général peut également se saisir de tout signalement dont il est destinataire.

Ouverture de l'enquête   Le rapporteur général est seul compétent pour procéder à l'ouverture d'une enquête.   **15220**

À notre avis, et au regard de la forme impérative des dispositions de l'article L 824-5, al. 1 – « le rapporteur général procède à une enquête » –, il ne dispose d'aucun **pouvoir d'appréciation** sur son opportunité d'ouverture sauf en matière de signalement dont il est destinataire.

À l'ouverture de l'enquête, le rapporteur général délivre un ordre de mission, qui indique l'identité de l'enquêteur et l'objet de sa mission, aux enquêteurs qu'il désigne (C. com. art. R 824-2, III).

Déroulement de l'enquête   Les modalités de déroulement de l'enquête sont définies par les dispositions des articles L 824-5 et R 824-3 à R 824-7 du Code de commerce.   **15225**
Les enquêteurs peuvent ainsi :
– obtenir du commissaire aux comptes, sans que celui-ci puisse opposer le secret professionnel, tout **document ou toute information**, sous quelque forme que ce soit ; ils peuvent en exiger une copie ;
– accéder aux **locaux à usage professionnel** du commissaire aux comptes ;

Lorsqu'il effectue des actes d'enquête au sein de locaux professionnels, l'enquêteur informe le commissaire aux comptes ou le dirigeant de la personne morale concernée de l'objet des vérifications qu'il compte entreprendre au plus tard au moment d'entreprendre les vérifications. L'enquêteur ne peut pénétrer dans les locaux de la personne contrôlée que pendant les heures normales de fonctionnement et en présence du responsable ou de son représentant. Il présente l'ordre de mission à toute personne auprès de qui il effectue un acte d'enquête (C. com. art. R 824-3). Les actes d'enquête réalisés dans des locaux professionnels font l'objet d'un **procès-verbal** auquel est annexé l'inventaire des pièces et documents dont l'enquêteur a pris une copie. Le procès-verbal indique l'objet de l'enquête, l'identité de l'enquêteur, la nature, la date et le lieu des constatations opérées. Il mentionne, le cas échéant, les **motifs qui ont empêché ou entravé le bon déroulement de l'enquête**. L'enquêteur peut ordonner la conservation sur place de tout élément, quel qu'en soit le support. Il consigne cette demande dans le procès-verbal en précisant la durée de cette conservation et les conditions de son renouvellement. Le procès-verbal est signé par l'enquêteur et par le responsable des lieux ou son représentant. En cas de refus de signer, mention en est faite au procès-verbal. Le procès-verbal est notifié à la personne concernée par l'enquête (C. com. art. R 824-4).

Il résulte, à notre avis, de ces dispositions qu'un enquêteur ne peut **procéder à des auditions**, dans ce cadre, sauf à ce que l'intéressé ne l'accepte et ne renonce expressément à l'assistance d'un conseil, ainsi que le prévoit la procédure d'audition (voir infra). Par ailleurs, toujours à notre avis, les enquêteurs ne pourront demander à consulter ou prendre une copie de documents couverts par le secret de la correspondance avocat / client.

425

RESPONSABILITÉS DU COMMISSAIRE AUX COMPTES © Éd. Francis Lefebvre

– obtenir **de toute personne** tout **document ou toute information** utile à l'enquête. Ils peuvent en exiger une copie ;

La procédure applicable est identique à celle décrite ci-dessus.

– **convoquer et entendre** toute personne susceptible de leur fournir des informations ou tout renseignement utile à l'accomplissement de leur mission ;

La convocation est adressée à l'intéressé huit jours au moins avant la date de l'audition, sauf renonciation à ce délai par la personne concernée. Elle fait référence à l'ordre de mission et rappelle à la personne convoquée qu'elle peut se faire assister du conseil de son choix. Il est dressé un procès-verbal de l'audition. La personne entendue peut consigner ses observations sur le procès-verbal. Le procès-verbal est signé par l'intéressé et, le cas échéant, par son conseil, ainsi que par l'enquêteur. En cas de refus de signer, mention en est faite au procès-verbal. Une copie du procès-verbal est remise à la personne entendue.

Lorsque l'enquêteur souhaite entendre l'intéressé par un système de visioconférence ou d'audioconférence, la convocation adressée dans les conditions décrites ci-dessus doit en faire état, préciser que la conférence sera enregistrée et solliciter l'accord exprès de la personne concernée. Lorsque l'enquêteur a entendu l'intéressé par un système de visioconférence ou d'audioconférence, l'enregistrement audiovisuel ou sonore auquel ces opérations donnent lieu fait l'objet d'un procès-verbal de transcription soumis pour signature à l'intéressé. À cet effet, ce procès-verbal, accompagné de l'enregistrement, lui est adressé dans un délai de dix jours à compter de la date de la visioconférence ou de l'audioconférence. La personne peut consigner ses observations sur le procès-verbal. En l'absence de retour du procès-verbal signé dans un délai de dix jours à compter de sa réception par la personne entendue, mention du refus de signer est faite au procès-verbal. La copie du procès-verbal est remise à la personne entendue (C. com. art. R 824-5 modifié par le décret 2020-292 du 21-3-2020).

– demander à des commissaires aux comptes inscrits sur une liste établie par le Haut Conseil après avis de la Compagnie nationale des commissaires aux comptes de procéder à des **vérifications** ou d'effectuer des **actes d'enquête** sous leur contrôle ;

Lorsque le rapporteur général ou un enquêteur confie à un commissaire aux comptes inscrit sur cette liste la réalisation de vérifications ou d'actes d'enquête, il établit un ordre de mission indiquant l'identité de son titulaire et les vérifications et actes autorisés. Le commissaire aux comptes qui effectue des vérifications ou actes d'enquêtes sur demande du rapporteur général ou d'un enquêteur peut recevoir une rémunération du Haut Conseil à ce titre, sur la base d'un tarif horaire et d'un nombre d'heures fixés par le Haut Conseil, sur proposition s'agissant du nombre d'heures, du rapporteur général (C. com. art. R 824-6 modifié par le décret 2020-292 du 21-3-2020).

Avant d'effectuer sa mission, le commissaire aux comptes ainsi désigné atteste auprès du rapporteur général qu'il répond aux conditions d'indépendance et d'absence de conflit d'intérêts mentionnées au II de l'article R 824-2 (voir n° 15210). Le commissaire aux comptes présente l'ordre de mission à toute personne auprès de qui il effectue un acte d'enquête. Il peut procéder aux actes et auditions nécessaires à l'enquête dans les mêmes conditions que les enquêteurs dès lors qu'ils sont décidés par le rapporteur général ou par un enquêteur et effectués sous le contrôle de ce dernier, en respectant les exigences fixées par les articles R 824-3 à R 824-5. Il établit un procès-verbal des actes effectués (C. com. art. R 824-6).

– faire appel à des **experts**.

Lorsque le rapporteur général ou un enquêteur fait appel à un ou plusieurs experts, sa décision définit l'objet de l'expertise, fixe le délai de sa réalisation et évalue les honoraires prévisibles correspondants. Préalablement aux opérations d'expertise, les experts désignés attestent auprès du rapporteur général qu'ils répondent aux conditions d'indépendance et d'absence de conflit d'intérêts mentionnées au II de l'article R 824-2 (voir n° 15210). Les honoraires et frais d'expertise sont à la charge du Haut Conseil. Toutefois, la formation restreinte statuant sur les sanctions peut, dans sa décision sur le fond, mettre ces dépenses à la charge de la personne sanctionnée. Lorsque l'expertise est demandée par une partie et acceptée par le rapporteur général, celui-ci lui demande de consigner entre les mains du Haut Conseil le montant d'une provision égale aux honoraires prévus de l'expert. Si la demande est faite par plusieurs personnes, le rapporteur général indique dans quelle proportion chacune doit consigner. L'expert informe le rapporteur général ou l'enquêteur qui l'a désigné de l'avancement des opérations d'expertise. Il prend en considération les observations de la personne concernée par l'enquête, qui sont adressées par écrit ou recueillies oralement, et les joint à son rapport si elles sont écrites et si la personne intéressée le demande. Il fait mention, dans son rapport, de la suite qu'il a donnée à ces observations. Même si plusieurs experts ont été désignés, un seul rapport est rédigé, qui fait apparaître les points d'accord et les points de divergence éventuels. Le rapport est remis au rapporteur général ou à l'enquêteur qui en adresse une copie à la personne intéressée afin qu'elle puisse faire part de ses observations éventuelles (C. com. art. R 824-7 modifié par le décret 2020-292 du 21-3-2020).

15230 **Rapport d'enquête** À l'issue de l'enquête et après avoir entendu la personne intéressée, le rapporteur général établit un rapport d'enquête qu'il adresse au Haut Conseil (C. com. art. L 824-8).

Aucune disposition réglementaire ne précise le format et le contenu du rapport d'enquête.

Mesure conservatoire de suspension durant l'enquête Lorsqu'il est relevé, **15235**
à l'occasion de l'ouverture ou de la mise en œuvre de la procédure d'enquête, des faits
d'une **particulière gravité** de nature à justifier des sanctions pénales ou disciplinaires,
sous réserve qu'il y ait urgence et que l'intérêt public le justifie, et après que le commissaire aux comptes intéressé ait été mis en mesure de présenter ses observations selon
les modalités définies à l'article R 824-8, I du Code de commerce, à savoir dans un délai
de quinze jours pouvant être raccourci à soixante-douze heures en cas d'urgence, le
rapporteur général peut saisir le Haut Conseil d'une demande de suspension provisoire
d'une durée maximale de six mois (C. com. art. L 824-7 et R 824-8). Le H3C délibère hors la
présence de la formation restreinte et une telle mesure ne peut être prononcée qu'à
l'égard d'un commissaire aux comptes personne physique (C. com. art. L 824-7). Lorsque dans
le cadre de l'action disciplinaire, la commission de discipline ou la formation restreinte
prononcent une sanction d'interdiction temporaire, la durée de la suspension est imputée sur la durée de l'interdiction temporaire (C. com. art. R 824-8, III).
Le Haut Conseil ou le rapporteur général peuvent également être saisis d'une demande
de suspension provisoire par l'une des autorités mentionnées au n° 15215 (C. com. art. L 824-7,
al. 2).
Le Haut Conseil peut, à son initiative, ou sur demande de l'intéressé, mettre fin, à tout
moment, à une mesure de suspension provisoire. La suspension provisoire cesse de plein
droit dès lors que les actions pénale et disciplinaire sont éteintes (C. com. art. L 824-7, al. 3 et 4).
La décision du Haut Conseil qui prononce la suspension provisoire ou qui y met fin est
notifiée au commissaire aux comptes concerné. Elle est communiquée à l'autorité qui,
en application de l'article L 824-7, l'a saisi de la demande (C. com. art. R 824-8, IV).

Juridictions compétentes

Les juridictions compétentes pour connaître des litiges en matière disciplinaire sont les **15240**
commissions régionales de discipline, le Haut Conseil du commissariat aux comptes et le
Conseil d'État.
La compagnie régionale n'a pas le pouvoir de sanctionner directement ses membres. Elle
ne constitue qu'un organe de surveillance et de gestion du corps professionnel (C. adm.
Paris 18-12-2001 : Bull. CNCC n° 125-2002 p. 86).
Le président du Conseil national ou du conseil régional de la compagnie de rattachement
du commissaire aux comptes a toutefois la possibilité de saisir le rapporteur général de
tout fait susceptible de justifier l'engagement d'une procédure de sanction (voir n° 15215).

Commission régionale de discipline La loi 2019-486 du 22 mai 2019 a supprimé **15245**
les commissions régionales de discipline et transféré leurs compétences au Haut Conseil.
C'est donc la formation restreinte du Haut Conseil qui statuera systématiquement en
premier ressort sur les questions disciplinaires.

Haut Conseil du commissariat aux comptes Le Haut Conseil n'est doté depuis **15255**
la loi 2019-486 du 22 mai 2019 que d'une seule compétence.
Lorsque les faits justifient l'engagement d'une procédure de sanction, le Haut Conseil
délibérant hors la présence des membres de la formation restreinte arrête les **griefs** qui
sont ensuite notifiés par le rapporteur général à la personne intéressée. Le rapporteur
général établit un rapport final qu'il adresse à la formation restreinte avec les observations de la personne intéressée (C. com. art. L 824-8 ; voir n° 15260).
Statuant en **formation disciplinaire**, la formation restreinte du Haut Conseil du commissariat aux comptes connaît, aux termes des dispositions de l'article L 824-10 du Code
de commerce de l'action intentée à l'encontre des commissaires aux comptes inscrits sur
la liste mentionnée au I de l'article L 822-1 des contrôleurs des pays tiers mentionnés au
I de l'article L 822-1-5 et des personnes autres que les commissaires aux comptes.

Conseil d'État Les décisions rendues en matière disciplinaire par la formation **15258**
restreinte du H3C en premier ressort ou sur appel peuvent faire l'objet d'un recours
de pleine juridiction devant le Conseil d'État, à l'initiative du commissaire aux comptes
condamné ou du président du Haut Conseil après accord du collège (C. com. art. L 824-14).

En l'absence de précision du texte, il semble que les membres de la formation restreinte puissent
participer à la délibération du collège devant se prononcer sur l'introduction d'un tel recours.

RESPONSABILITÉS DU COMMISSAIRE AUX COMPTES © Éd. Francis Lefebvre

Procédure

15260 **Notification de griefs** À l'issue de l'enquête et après avoir entendu la personne intéressée, le rapporteur général établit un rapport d'enquête qu'il adresse au Haut Conseil (C. com. art. L 824-8). À la suite de la saisine du rapporteur, le Haut Conseil entend le rapporteur général ou l'enquêteur en charge du dossier s'il l'estime nécessaire et délibère, hors la présence des membres de la formation restreinte, à la majorité des membres présents sur les suites à donner au rapport (C. com. art. R 824-10). Lorsque le collège estime que les faits sont susceptibles de justifier l'engagement d'une procédure de sanction, il arrête les griefs qui sont notifiés à la personne intéressée par le rapporteur général. La notification de griefs doit être accompagnée des principaux éléments susceptibles de fonder les griefs formulés.

La **lettre de notification** de griefs informe la personne poursuivie qu'elle peut prendre connaissance du dossier, qu'elle peut obtenir une copie des pièces, se faire assister par le conseil de son choix et présenter ses observations écrites, dans un délai de deux mois à compter de la réception de la lettre de notification de griefs (C. com. art. L 824-8 et R 824-11 modifiés par le décret 2020-292 du 21-3-2020).

Antérieurement à l'entrée en vigueur du décret précité, le délai était d'un mois à compter de la réception de la lettre de notification de griefs.

La lettre indique également que l'intéressé est tenu de communiquer au Haut conseil toute nouvelle adresse à laquelle les notifications devront lui être faites et qu'à défaut de communication d'une nouvelle adresse, toute notification faite à l'adresse à laquelle la notification des griefs lui est parvenue sera réputée faite à personne.

En outre, lorsque des circonstances exceptionnelles le justifient, le rapporteur général peut, par une décision non susceptible de recours, accorder un délai supplémentaire d'un mois pour la production des observations des parties (C. com. art. R 824-11, al. 3 introduit par le décret précité). Pour rappel, le commissaire aux comptes peut se faire assister par le conseil de son choix à toutes les étapes de la procédure (C. com. art. L 824-8, al. 2).

Le **rapport final** du rapporteur général ne peut être adressé à la formation restreinte avant l'expiration de ce délai. Il prend en compte les observations de la personne intéressée si elle en a formulé (C. com. art. L 824-8 et R 824-11).

Une copie de la notification des griefs accompagnée d'une copie du rapport d'enquête et du dossier d'enquête est transmise pour saisine par le rapporteur général au président de la formation restreinte dès son envoi à la personne poursuivie. Le rapport final accompagné des observations de la personne poursuivie et de l'entier dossier est adressé par le rapporteur général au président de la formation restreinte. Le rapporteur général adresse une copie du rapport final à la personne poursuivie, dans les conditions mentionnées à l'article R 824-1 du Code de commerce (C. com. art. R 824-13 modifié par le décret 2020-292 du 21-3-2020).

15265 **Procédure devant la formation restreinte** La procédure est organisée de manière contradictoire, uniquement devant la formation restreinte du Haut Conseil qui, depuis la loi 2019-486, connaît également de l'action intentée à l'encontre des commissaires aux comptes inscrits sur la liste mentionnée au I de l'article L 822-1 du Code de commerce.

La personne poursuivie est convoquée par la formation restreinte à une **audience** qui se tient deux mois au moins après la notification de griefs (C. com. art. L 824-11) et un mois, au moins, avant la date de la séance, ce délai pouvant être ramené à sept jours en cas de renvoi de l'affaire à une audience ultérieure (C. com. art. R 824-16, al. 1 et 3). Le président de la compagnie régionale des commissaires aux comptes dont relève la personne poursuivie est avisé de la séance et de sa faculté de demander à être entendue (C. com. art. R 824-16, al. 2 modifié par le décret 2020-292 du 21-3-2020). La convocation doit mentionner la composition de la formation afin de permettre, le cas échéant, à la personne poursuivie de demander la récusation pour justes motifs d'un membre de la formation, accompagnée, le cas échéant, des pièces justificatives.

La **personne poursuivie** a accès au dossier et peut obtenir une copie électronique des pièces (C. com. art. R 824-11), a la faculté de se faire assister par un conseil et d'être entendue en personne ou représentée par son conseil. Ses observations écrites doivent parvenir à la formation compétente et au rapporteur général huit jours francs au moins avant l'audience (C. com. art. R 824-16, al. 2).

428

RESPONSABILITÉS DU COMMISSAIRE AUX COMPTES

En début d'audience, la formation restreinte entend le **rapporteur général** ou l'enquêteur en charge du dossier qui présente le rapport final et peut proposer une ou plusieurs sanctions prévues aux articles L 824-2 et L 824-3 du Code de commerce (voir n°s 15350 s.), puis la personne poursuivie et son conseil qui présentent la défense. Le président de la formation restreinte peut entendre toute personne dont l'audition lui paraît utile et faire procéder à des investigations complémentaires par le rapporteur général ou faire désigner tout expert s'il l'estime nécessaire (C. com. art. R 824-19).

Bien que le texte ne le précise pas et en l'absence de renvoi explicite à l'article L 824-8 du Code de commerce, en cas d'investigations complémentaires menées par le rapporteur général, la personne poursuivie doit, à notre avis, être rendue destinataire de son rapport complémentaire, pouvoir accéder au dossier et présenter ses observations dans des délais suffisants pour assurer le respect des droits de la défense. En cas de désignation d'un expert, les dispositions de l'article R 824-7 sont applicables (voir n° 15225).

Dans tous les cas, la personne poursuivie et son conseil doivent pouvoir prendre la parole en dernier.

Le commissaire aux comptes a droit à une audience publique, gage de clarté et de régularité des débats (convention européenne des droits de l'Homme art. 6-1 et C. com. art. L 824-11). Il peut toutefois renoncer à cette publicité s'il en fait expressément la demande ou s'il doit résulter de la publicité de ces débats une atteinte à l'ordre public, à un secret protégé par la loi ou au secret des affaires (C. com. art. L 824-11).

Le défaut de comparution de la personne poursuivie ne fait pas obstacle à une prise de décision par la formation restreinte. Toutefois, si celle-ci estime nécessaire la comparution personnelle de la personne poursuivie, elle peut renvoyer l'affaire à une audience ultérieure (C. com. art. R 824-19, al. 3).

La formation restreinte **délibère** en la seule présence de ses membres et du secrétaire de séance. Sa **décision** est prise à la majorité de ses membres, le président ayant voix prépondérante en cas de partage des voix (C. com. art. R 824-19, al. 2 et 3). Elle doit être **motivée** (C. com. art. L 824-11, al. 8) et énoncer les considérations de droit et de fait sur lesquelles elle se fonde et mentionne, le cas échéant, les frais de procédure mis à la charge de la personne à l'égard de laquelle une sanction a été prononcée (C. com. art. R 824-20). Cette décision est **notifiée** à la personne intéressée et au président du Haut Conseil et une copie en est adressée au rapporteur général, au président de la compagnie nationale, au président de la compagnie régionale compétente et à la personne qui a saisi le rapporteur général des faits ayant justifié l'ouverture de la procédure de sanction (C. com. art. R 824-20, al. 2 et 3). Elle est notifiée, lorsque la personne sanctionnée est inscrite au tableau de l'ordre des experts-comptables, au commissaire du gouvernement auprès de la chambre nationale de discipline du Conseil supérieur de l'ordre des experts-comptables (C. com. art. L 824-20, al. 5). Ces diligences doivent être accomplies dans un délai d'un mois suivant le prononcé de la décision (C. com. art. L 824-20 in fine).

Lorsque la décision est prononcée à l'encontre d'un réviseur légal inscrit dans un autre État membre de l'Union européenne, le H3C en informe les autorités compétentes de cet État (C. com. art. R 824-21).

La décision n'est exécutoire qu'après expiration des délais d'appel, l'appel lui-même étant suspensif. Toutefois, la formation restreinte peut prévoir que sa décision est exécutoire immédiatement (C. com. art. R 824-24).

Lorsque la formation restreinte prononce une sanction pécuniaire, le président du Haut Conseil émet un titre de perception après que la décision est devenue définitive. En cas de sursis à exécution dans les conditions prévues aux articles L 824-2 et L 824-3 du Code de commerce, le délai de prescription pour émettre le titre de perception est suspendu. La sanction pécuniaire est recouvrée comme en matière de créances étrangères à l'impôt et au domaine (C. com. art. R 824-24 modifié par le décret 2020-292 du 21-3-2020).

15270

La décision prononcée par la formation restreinte du H3C peut faire l'objet d'un **appel**. Seule la personne condamnée et le président du Haut Conseil peuvent former ce recours de pleine juridiction devant le Conseil d'État (C. com. art. L 824-14), la décision de la formation restreinte devant expressément comporter l'indication du délai de recours devant cette juridiction (C. com. art. R 824-20). Dans le cadre d'un tel recours, le Conseil d'État ne procède pas uniquement au contrôle de légalité de la décision, mais exerce les pouvoirs les plus larges pour annuler, réformer ou modifier une décision administrative ou prononcer des condamnations pécuniaires et donc substituer à la décision de l'autorité compétente une

15275

RESPONSABILITÉS DU COMMISSAIRE AUX COMPTES   © Éd. Francis Lefebvre

décision qu'il estimera plus appropriée. Le Conseil d'État se prononce « d'après l'ensemble des circonstances de fait dont il est justifié par l'une et l'autre des parties à la date de sa propre décision » (CE sect. 8-1-1982 n° 24948).

Le **recours de pleine juridiction** doit être présenté par un avocat au Conseil d'État et à la Cour de cassation, dès lors que la demande tend au paiement d'une somme d'argent, à la décharge ou à la réduction de sommes dont le paiement est réclamé au requérant (C. just. adm. art. R 431-2) dans le délai prescrit par la décision. Les requêtes déposées après l'expiration du délai sont irrecevables. La requête doit être impérativement motivée dans le délai de recours contentieux et préciser l'ensemble des arguments invoqués contre la décision contestée. Elle est déposée au greffe en autant d'exemplaires que de parties au litige, plus deux à défaut de quoi elle sera déclarée irrecevable. Doit y être jointe la copie de la décision et de toutes les pièces justificatives utiles, notamment celles communiquées à la formation compétente. Le président du Haut Conseil ou la personne sanctionnée peut former un recours incident dans les deux mois suivant la notification qui lui aura été faite du recours initial (C. com. art. R 824-23).

Le Conseil d'État procède à l'instruction de la requête conformément aux dispositions des articles R 611-1 à R 611-8-1 et R 611-20 et suivants du Code de justice administrative. Il peut ordonner une expertise (C. just. adm. art. R 621-1 s.) ou prescrire une enquête (C. just. adm. art. R 623-1 s.) d'office ou sur demande d'une partie ou procéder à l'audition de tout sachant (C. just. adm. art. R 625-1 s.).

Quatre jours au moins avant la séance, les avocats au Conseil d'État et à la Cour de cassation sont avisés que l'affaire figure au rôle. En cas d'urgence, ce délai peut être réduit à deux jours par décision du président de la section du contentieux.

Après le rapport présenté par le rapporteur, les avocats au Conseil d'État représentant la personne condamnée et le Haut Conseil peuvent présenter leurs observations orales. Le rapporteur public prononce ensuite ses conclusions. Les avocats au Conseil d'État représentant les parties peuvent présenter de brèves observations orales après le prononcé des conclusions du rapporteur public. Les parties peuvent également déposer des notes en délibéré. La décision est délibérée hors la présence des parties (C. just. adm. art. R 733-1 et R 733-2).

La décision est prononcée en audience publique et doit être motivée. Elle contient le nom des parties, l'analyse des conclusions et mémoires ainsi que les visas des dispositions législatives ou réglementaires dont elle fait application (C. just. adm. art. R 741-2).

La décision est exécutoire à compter de sa notification.

Le **recours devant le Conseil d'État** ne concerne que les **décisions d'ordre disciplinaire**. La décision rendue par la formation restreinte du Haut Conseil en matière d'honoraires peut faire l'objet d'un pourvoi devant la Cour de cassation à l'initiative des intéressés ou du magistrat chargé du ministère public, dans les conditions fixées aux articles 612 et suivants du Code de procédure civile (C. com. art. R 823-20).

15280 **Prescription** L'action disciplinaire devant les chambres régionale et nationale se prescrivait par dix ans (C. com. art. R 822-59) jusqu'à la publication du décret 2016-1026 du 26 juillet 2016. Elle a été ramenée à six ans par l'article 140 de la loi du 9 décembre 2016 : « Les faits remontant à plus de six ans ne peuvent faire l'objet d'une sanction s'il n'a été fait pendant ce délai aucun acte tendant à leur recherche, à leur constatation ou à leur sanction » (C. com. art. L 824-4).

La prescription est interrompue par la saisine du rapporteur général, et non pas par la saisine de la formation compétente par ce magistrat.

C. Sanctions disciplinaires

15350 Les articles L 824-2 et L 824-3 du Code de commerce énumèrent les sanctions qui peuvent être infligées au commissaire aux comptes ainsi qu'à toute personne traduits devant les instances disciplinaires. Nous distinguerons les **sanctions principales** et les **sanctions complémentaires**. Un développement spécifique sera, par ailleurs, consacré à la **suspension provisoire** qui peut être prononcée en application de l'article L 824-7 du Code de commerce avant toute sanction disciplinaire.

La nature et l'importance des sanctions sont laissées, en droit disciplinaire, à la libre appréciation des instances disciplinaires, à l'intérieur du cadre fixé par les dispositions de l'article L 824-12 du Code de commerce.

© Éd. Francis Lefebvre   **RESPONSABILITÉS DU COMMISSAIRE AUX COMPTES** ▌

Les sanctions sont déterminées en tenant compte :
– de la gravité et de la durée de la faute ou du manquement reprochés ;
– de la qualité et du degré d'implication de la personne intéressée ;
– de la situation et de la capacité financière de la personne intéressée, au vu notamment de son patrimoine et, s'agissant d'une personne physique de ses revenus annuels, s'agissant d'une personne morale de son chiffre d'affaires total ;
– de l'importance soit des gains ou avantages obtenus, soit des pertes ou coûts évités par la personne intéressée, dans la mesure où ils peuvent être déterminés ;
– du degré de coopération dont a fait preuve la personne intéressée dans le cadre de l'enquête ;
– des manquements commis précédemment par la personne intéressée.

Sanctions à l'encontre des commissaires aux comptes

En application des dispositions de l'article L 824-2 du Code de commerce, les commissaires aux comptes peuvent voir prononcer à leur encontre des sanctions morales (n° 15370), des sanctions privatives du droit d'exercice de la profession (n° 15380), des sanctions financières (n° 15382) et des sanctions complémentaires (n° 15385). **15360**
Toutefois, la formation restreinte, dans les cas où elle estime que le manquement ne présente pas un degré de gravité tel qu'il nécessite le prononcé d'une sanction, peut enjoindre à la personne poursuivie de mettre un terme à un manquement et de s'abstenir de le réitérer en mentionnant le délai dans lequel elle est tenue de faire cesser le manquement constaté (C. com. art. R 824-20, al. 2).

Sanctions morales L'avertissement et le blâme, qui sanctionnent un manquement dans l'application des règles et règlements professionnels, ont un **caractère moral**. **15370**
L'**avertissement** est la sanction la moins lourde, il correspond à une faute qui ne peut être considérée comme très grave. L'absence d'intention maligne, la naïveté du commissaire aux comptes, la mauvaise foi des dirigeants de la société contrôlée, peuvent ainsi conduire la chambre de discipline à se contenter d'un avertissement au lieu d'un blâme.
Le **blâme** sanctionne des manquements présentant davantage de gravité. Il peut aussi être retenu par le Haut Conseil du commissariat aux comptes sur appel, en allégement d'une mesure d'interdiction temporaire pour prendre en compte, par exemple, l'absence d'intention du commissaire d'enfreindre la réglementation.

Sanctions privatives du droit d'exercice de la profession L'interdiction temporaire et la radiation sont beaucoup **plus graves** puisqu'elles sont privatives du droit d'exercice de la profession. **15380**
Elles sanctionnent, de façon générale, des manquements graves aux règles de la profession ou des comportements contraires à l'honneur et à la probité.
L'**interdiction temporaire** est prononcée pour une durée n'excédant pas cinq ans (C. com. art. L 824-2, 3°). Elle peut être assortie d'un sursis (C. com. art. L 824-2, III). L'interdiction concerne l'ensemble des personnes ou entités contrôlées par le commissaire aux comptes.

La suspension de la sanction ne s'applique pas toutefois à la sanction complémentaire d'inéligibilité aux organismes professionnels (voir n° 15385).

Si, dans les cinq ans suivant le prononcé de la sanction, le commissaire aux comptes commet une infraction ou une faute donnant lieu au prononcé d'une nouvelle sanction disciplinaire, celle-ci entraîne, sauf décision motivée, l'exécution de la première sanction sans confusion possible avec la seconde (C. com. art. L 824-2, III).
La **radiation** de la liste présente un caractère définitif. Elle sanctionne des fautes graves et un comportement répréhensible persistant.

Sanctions pécuniaires

Les commissaires aux comptes reconnus responsables d'une faute disciplinaire sont depuis le 17 juin 2016 (date d'entrée en vigueur de l'ordonnance 2016-315 du 17-3-2016 précitée), et pour les fautes commises postérieurement à cette date, passibles de sanctions financières. **15382**

À notre avis, le principe de non-rétroactivité des lois ne permettrait pas à la formation compétente de prononcer une sanction non prévue par une disposition légale en vue de sanctionner un manquement antérieur à la date de promulgation de l'ordonnance, quand bien même le constat de ce manquement et la mise en œuvre de la procédure disciplinaire interviendraient postérieurement à cette date.

Les sanctions pécuniaires suivantes peuvent être prononcées à l'encontre des commissaires aux comptes (C. com. art. L 824-2, II, 3°) :

RESPONSABILITÉS DU COMMISSAIRE AUX COMPTES © Éd. Francis Lefebvre

a) pour une **personne physique**, une sanction d'un montant ne pouvant excéder 250 000 € ;

b) pour une **personne morale**, une sanction d'un montant ne pouvant excéder le plus élevé des montants suivants :

– 1 000 000 €,

– lorsque le manquement intervient dans le cadre d'une mission de certification, la moyenne annuelle des honoraires facturés au titre de l'exercice durant lequel le manquement a été commis et des deux exercices précédant celui-ci par le commissaire aux comptes à la personne morale concernée ou, à défaut, le montant des honoraires facturés par le commissaire aux comptes à la personne morale concernée au titre de l'exercice au cours duquel le manquement a été commis.

Ces sanctions peuvent également être assorties d'un **sursis** total ou partiel. Si dans le délai de cinq ans à compter du prononcé de la sanction la personne sanctionnée commet une faute entraînant le prononcé d'une nouvelle sanction, celle-ci entraînera, sauf décision motivée, l'exécution de la première sanction sans confusion possible avec la seconde (C. com. art. L 824-2, III).

En cas de manquement réitéré dans les cinq années à compter de la date à laquelle la sanction pécuniaire précédemment prononcée est devenue définitive, le montant de la sanction pécuniaire prononcée peut être plus élevé mais ne peut excéder le double des montants mentionnés ci-dessus (C. com. art. L 824-2, II in fine).

Par dérogation aux a) et b), le montant de la sanction pécuniaire prononcée en cas de violation des dispositions des sections 3 à 6 du chapitre I du titre VI du livre V du Code monétaire et financier (dispositions relatives à la lutte contre le **blanchiment** des capitaux et le financement du terrorisme) ne peut excéder le double du montant de l'avantage tiré de l'infraction ou, lorsqu'il n'est pas possible de déterminer celui-ci, la somme d'un million d'euros.

Sanctions complémentaires

15385   Les sanctions complémentaires viennent en complément des sanctions principales. Elles peuvent être :

– la **publication** d'une déclaration indiquant que le rapport présenté à l'assemblée générale ne remplit pas les exigences imposées par le Code de commerce ou, le cas échéant, par les dispositions de l'article 10 du règlement (UE) 537/2014 du 16 avril 2014 (C. com. art. L 824-2, II, 1°) ;

• l'**interdiction**, pour une durée n'excédant pas trois ans, d'exercer **des fonctions d'administration ou de direction** au sein d'une société de commissaires aux comptes et au sein d'entités d'intérêt public (C. com. art. L 824-2, II, 2°),

• l'**inéligibilité** du commissaire aux comptes sanctionné, pendant une période maximum de dix ans, dans les chambres, conseils, commissions et autres organismes professionnels (C. com. art. L 824-2, IV) ;

Cette inéligibilité est prononcée facultativement en accompagnement des sanctions d'avertissement, de blâme et d'interdiction temporaire d'exercer la fonction de commissaire aux comptes, d'interdiction d'exercer des fonctions d'administration ou de direction au sein d'une société de commissaires aux comptes et au sein d'entités d'intérêt public, ou des sanctions pécuniaires.

– dans tous les cas, la sanction peut être assortie du **retrait de l'honorariat** (C. com. art. L 824-2, I, 5°, al. 2).

La décision de sanction mentionne ceux des **frais de la procédure** qui sont à la charge de la personne à l'encontre de laquelle la sanction a été prononcée (C. com. art. R 824-20, al. 1).

Suspension provisoire

15390   Mise en place par la loi de sécurité financière, la suspension provisoire était une **mesure préventive d'urgence**, prise par le garde des Sceaux, de sa propre initiative ou sur saisine émanant soit du président de l'AMF, soit du président de la Compagnie nationale des commissaires aux comptes. Depuis le 17 juin 2016 (date d'entrée en vigueur de l'ordonnance 2016-315 du 17-3-2016 précitée), la décision de suspension provisoire relève de la compétence de la formation restreinte du H3C sur saisine du rapporteur général (voir n° 15235). Elle doit être motivée par l'apparition de faits d'une particulière gravité et de nature à justifier des sanctions pénales ou disciplinaires. La suspension provisoire a pour **effet** d'interdire à un commissaire aux comptes, dans une ou plusieurs formes ou catégories d'entreprises,

© Éd. Francis Lefebvre — RESPONSABILITÉS DU COMMISSAIRE AUX COMPTES

l'exercice de la profession jusqu'au prononcé de la décision de la juridiction pénale ou disciplinaire.

La suspension provisoire **cesse** de plein droit dès que les actions pénale et disciplinaire sont éteintes.

La suspension provisoire n'est pas véritablement une sanction, même si par ses effets elle peut y ressembler. Elle s'apparente davantage à une mesure de contrôle judiciaire. Elle ignore dans une large mesure le principe de présomption d'innocence en matière pénale et pourrait avoir des conséquences difficilement justifiables sur l'activité et la notoriété du professionnel, dans l'hypothèse d'un classement sans suite ou d'une relaxe par la juridiction pénale, ce qui explique les conditions d'utilisation strictes prévues par le législateur.

Publicité des sanctions disciplinaires

15425 La décision de sanction, quelle que soit sa nature, est publiée sur le **site internet du Haut Conseil** pour une durée qui ne peut être inférieure à cinq ans. Le cas échéant, elle est également rendue publique dans les publications, journaux ou supports désignés par le Haut Conseil, dans un format de publication proportionné à la faute ou au manquement commis et à la sanction infligée. Les frais sont supportés par les personnes sanctionnées (C. com. art. L 824-13, al. 1).

La décision peut être publiée sous forme anonyme dans l'une ou l'autre des circonstances suivantes (C. com. art. L 824-13, al. 2) :
– lorsque la publication de la décision est susceptible de causer à la personne sanctionnée un préjudice grave et disproportionné, notamment, dans le cas d'une sanction infligée à une personne physique, lorsque la publication inclut des données personnelles ;
– lorsque la publication serait de nature à perturber gravement la stabilité du système financier, de même que le déroulement d'une enquête ou d'un contrôle en cours ;
– lorsqu'une décision de sanction fait l'objet d'un recours, le Haut Conseil, informé sans délai, publie immédiatement cette information sur son site internet (C. com. art. L 824-13 et R 824-22).

15428 En cas **d'interdiction temporaire**, de suspension ou de radiation, le président de la compagnie régionale doit informer aussitôt de cette mesure les personnes auprès desquelles le commissaire aux comptes exerçait ses fonctions (C. com. art. R 824-27).

La notification est assurée par le président de la compagnie régionale dont fait partie le commissaire aux comptes interdit temporairement. Elle intervient dès que la sanction est devenue exécutoire, autrement dit après expiration du délai d'appel ou après notification de sa décision par le Conseil d'État.

Effet

15440 La sanction prononcée par la chambre de discipline a dans tous les cas une **dimension morale**. L'interdiction temporaire, la radiation ont pour conséquence supplémentaire de priver totalement ou partiellement le commissaire aux comptes de son **droit d'exercer**. La suspension provisoire n'a pas en principe de dimension morale mais elle prive le commissaire aux comptes, en tout ou partie, du droit d'exercer.

15442 1) L'**avertissement** et le **blâme** ont une dimension purement morale et sont, de ce fait, sans incidence directe sur la poursuite de l'activité du commissaire aux comptes. Ils ne peuvent en particulier remettre en cause le maintien du professionnel sur la liste établie par la cour d'appel.

Ce point ne préjuge en rien bien entendu de l'**impact négatif** que peut avoir ce type de sanction sur les relations du commissaire aux comptes avec ses **clients**, compte tenu de la publication possible de ces sanctions sur le site du Haut Conseil.

15445 2) Le **commissaire aux comptes suspendu provisoirement ou interdit temporairement** est **remplacé** par son suppléant. Il ne peut, durant la période d'interdiction temporaire, faire état de sa qualité de commissaire aux comptes, sous peine de tomber sous le coup des dispositions de l'article L 820-5, 2° du Code de commerce. Il en résulte pour le commissaire interdit temporairement l'**impossibilité d'être renouvelé** lorsque les mandats viennent à échéance durant la période d'interdiction temporaire, et a fortiori celle **d'accepter de nouveaux mandats**.

433

RESPONSABILITÉS DU COMMISSAIRE AUX COMPTES   © Éd. Francis Lefebvre

Le commissaire aux comptes interdit temporairement doit par ailleurs **restituer** à la société **les documents** qu'il pouvait détenir pour son compte et lui **rembourser les sommes perçues** qui ne correspondraient pas à un remboursement de frais engagés ou à un travail effectivement accompli (C. com. art. R 824-26).

15448 Si aucun renouvellement n'intervient durant la période de suspension provisoire ou d'interdiction temporaire, le commissaire aux comptes suppléant reste en fonctions de plein droit jusqu'à l'issue de l'assemblée générale ordinaire d'approbation des comptes postérieure à la date d'expiration de la sanction (C. com. art. L 823-1, al. 3). Il s'écoule donc un délai entre l'expiration de la sanction et la reprise de ses fonctions par le commissaire aux comptes interdit temporairement.

En revanche, le commissaire aux comptes interdit temporairement peut accepter de nouveaux mandats dès l'expiration de la sanction.

En l'absence de commissaire aux comptes suppléant, lorsqu'une sanction de suspension provisoire, d'interdiction temporaire ou de radiation est prononcée à l'encontre d'une société inscrite sur la liste établie par le Haut Conseil du commissariat aux comptes mentionnée au I de l'article L 822-1 du Code de commerce, le président de la compagnie régionale dont relève cette société désigne, après avoir sollicité l'avis des personnes auprès desquelles la société de commissaires aux comptes exerçait ses fonctions, pour chacune de ces personnes, un autre commissaire aux comptes avec l'accord de ce dernier, pour poursuivre la mission. Les fonctions du commissaire aux comptes ainsi désigné prennent fin à la date d'expiration du mandat confié au commissaire aux comptes sanctionné, sauf si l'empêchement n'a qu'un caractère temporaire. Dans ce dernier cas, lorsque la période de suspension ou d'interdiction a cessé, le titulaire reprend ses fonctions après l'approbation des comptes par l'assemblée générale ou l'organe compétent (C. com. art. R 824-27 modifié par le décret 2020-292 du 21-3-2020).

15450 La situation du commissaire aux comptes interdit temporairement dans une **société de commissaires aux comptes** est précisée par l'article R 822-62 du Code de commerce modifié par le décret 2020-292 du 21 mars 2020 qui dispose : « Les statuts peuvent prévoir que tout actionnaire ou associé condamné à la sanction disciplinaire ou pénale de l'interdiction temporaire pour une durée égale ou supérieure à trois mois, est contraint, par l'unanimité des autres actionnaires ou associés, de se retirer de la société. Lorsqu'il s'agit d'une société civile professionnelle, ses parts sociales sont alors cédées dans les conditions prévues à l'article R 822-90. Lorsqu'il s'agit d'une autre société de commissaires aux comptes, l'actionnaire ou l'associé dispose d'un délai de six mois à compter du jour où la décision prononçant son exclusion lui a été notifiée pour céder ses actions ou parts sociales dans la société. Les conditions et modalités de la cession, applicables lorsque l'actionnaire ou l'associé n'a pas procédé à la cession dans ce délai, sont déterminées par les statuts. L'actionnaire ou associé interdit temporairement ou suspendu provisoirement conserve, en dépit de son incapacité à exercer toute activité professionnelle de commissaire aux comptes, sa qualité d'actionnaire ou d'associé avec tous les droits et obligations qui en découlent. Il ne perçoit dans ce cas aucune rémunération autre que celle liée à la détention de ses actions ou parts sociales. Les dispositions du deuxième alinéa du présent article sont applicables jusqu'à ce que la cession soit définitive. Toutefois, lorsqu'il est membre de l'organe de gestion, de direction, d'administration ou de surveillance d'une société de commissaire aux comptes, il ne peut pas exercer ses fonctions au sein de l'un de ces organes pendant la durée de la mesure de suspension ou d'interdiction dont il est l'objet. »

La Commission des études juridiques de la CNCC (Bull. CNCC n° 106-1997 p. 316) tire de l'analyse de ces textes les **conséquences** suivantes :

– en présence d'une **clause statutaire d'exclusion** adoptée à l'unanimité, le commissaire interdit temporairement doit se retirer de la société dans un délai de six mois, et ses actions durant cette période cessent d'être considérées comme détenues par un commissaire aux comptes au sens de l'article L 822-1-3 du Code de commerce ; durant la même période, le commissaire suspendu ne peut continuer à exercer une activité ou d'éventuelles fonctions de direction au sein de la société ;

– en l'**absence de clause statutaire d'exclusion**, ou si l'exclusion n'a pas été adoptée à l'unanimité, le commissaire interdit temporairement reste actionnaire au sens de l'article L 822-1-3 du Code de commerce ; il ne perçoit alors que la rémunération de ses parts de capital et il ne peut exercer aucune activité ou fonction de direction dans la société.

© Éd. Francis Lefebvre   **RESPONSABILITÉS DU COMMISSAIRE AUX COMPTES** ▍

3) Le commissaire aux comptes **radié** est **rayé de la liste** des commissaires aux comptes. **15455**
Il perd donc, dès cet instant, toute possibilité de se prévaloir du titre de commissaire aux
comptes et d'exercer la profession. À défaut, il enfreindrait les articles L 820-2 et L 820-5,
1° du Code de commerce (voir n° 13608).

Le commissaire aux comptes suppléant remplace son confrère radié pour la durée du
mandat restant à courir et un nouveau suppléant doit être nommé.

En l'absence de commissaire aux comptes suppléant, voir n° 15448.

Le commissaire radié doit restituer aux sociétés qu'il contrôlait les documents qu'il
détient ainsi que les sommes déjà perçues qui ne correspondent pas à un remboursement
de frais engagés ou à un travail effectivement accompli (C. com. art. R 824-26).

Enfin, la situation du commissaire aux comptes radié exerçant dans une **société de** **15460**
commissaires aux comptes est précisée par l'article R 822-63 du Code de commerce qui
prévoit que l'associé radié doit céder ses parts dans un délai de six mois à compter de
la notification de la décision de radiation (C. com. art. R 822-63 modifié par le décret 2020-292 du
21-3-2020).

Antérieurement à l'entrée en vigueur le 25 mars 2020 du décret précité, le délai de six mois courait à
compter du jour où sa radiation était définitive.

Lorsqu'il s'agit d'une société civile professionnelle, ses parts sociales sont cédées dans
les conditions fixées à l'article R 822-89.

Lorsqu'il s'agit d'une autre société de commissaires aux comptes, l'actionnaire ou l'associé dispose d'un délai de six mois à compter du jour où la radiation est devenue définitive
pour céder ses actions ou parts sociales dans la société, le cas échéant, en respectant la
procédure d'agrément prévue par les articles L 223-14 et L 228-24. Si à l'expiration de
ce délai aucune cession n'est intervenue, la société dispose d'un délai de six mois pour
notifier aux actionnaires ou associés un projet de cession des actions ou parts sociales
de l'actionnaire ou de l'associé radié à un tiers ou à un associé ou actionnaire, ou un
projet de rachat de ces mêmes actions ou parts sociales par elle-même. Si le prix proposé
pour la cession ou le rachat n'est pas accepté par le cédant, il est fixé conformément à
l'article 1843-4 du Code civil. Si l'associé refuse de signer l'acte de cession d'actions ou
de parts sociales, la cession résulte de la sommation effectuée dans les formes prévues
par l'article 1690 du Code civil et demeurée infructueuse.

Loi d'amnistie

Les contestations relatives au bénéfice de l'amnistie des sanctions disciplinaires ou **15470**
professionnelles définitives sont portées devant l'autorité ou la juridiction qui a rendu la
décision.

D. Liens avec les autres responsabilités

Indépendance par rapport à l'instance pénale et l'instance administrative

Un même manquement peut servir de base à des poursuites pénales, disciplinaires et, le **15500**
cas échéant, dans le cadre de mandats exercés au sein d'entités émettant des titres
admis à la négociation sur un marché réglementé, à des poursuites administratives.

En cas de poursuites pénales, les instances disciplinaires n'ont pas l'obligation de surseoir
à statuer. Cependant, en règle générale, elles adoptent par prudence cette solution.

En revanche, lorsqu'une décision pénale a été rendue préalablement à la saisine d'une
chambre de discipline, celle-ci ne peut pas procéder à une nouvelle qualification des
faits.

Des faits ayant donné lieu à un acquittement ou à une relaxe au pénal peuvent être
constitutifs d'une faute disciplinaire et être sanctionnés à ce titre (méconnaissance des
règles professionnelles, comportement contraire à l'honneur...).

Il en est de même en cas de poursuites devant la Commission des sanctions de l'AMF.

RESPONSABILITÉS DU COMMISSAIRE AUX COMPTES　　© Éd. Francis Lefebvre

Indépendance par rapport à l'instance civile et l'instance administrative

15515 Une juridiction civile ne sursoit pas à statuer si une instance disciplinaire est pendante, et réciproquement.

Une faute disciplinaire ne constitue d'ailleurs pas nécessairement une faute civile et réciproquement.

On peut remarquer que les demandeurs qui n'obtiennent pas satisfaction au civil cherchent assez volontiers à obtenir une condamnation disciplinaire du commissaire aux comptes.

La réparation éventuellement obtenue est évidemment de nature toute différente : pécuniaire ou civile, elle ne peut revêtir qu'un caractère moral pour le demandeur dans le domaine disciplinaire.

Il en est de même en cas de poursuites devant la Commission des sanctions de l'AMF.

SECTION 4

Responsabilité administrative

15520 En application des dispositions de l'article L 621-1 du Code monétaire et financier, l'Autorité des marchés financiers (AMF), autorité publique indépendante dotée de la personnalité morale, veille à la protection de l'épargne investie dans les instruments financiers et dans les actifs mentionnés à l'article L 421-1, II du même Code donnant lieu à une offre au public ou à une admission aux négociations sur un marché réglementé et dans tout autre placement offert au public. Elle veille également à l'information des investisseurs et au bon fonctionnement des marchés d'instruments financiers et desdits actifs. Elle veille à la qualité de l'information fournie par les sociétés de gestion pour la gestion de placements collectifs sur leur stratégie d'investissement et leur gestion des risques liés aux effets du changement climatique.

15525 Afin de lui permettre d'exécuter sa mission, l'AMF a notamment été dotée par le législateur de pouvoirs de contrôle et d'enquête (C. mon. fin. art. L 621-9 s.), d'injonction (art. L 621-13 s.), de composition administrative (art. L 621-14-1) et de sanction (art. L 621-15 s.).

15530 Seront abordés successivement :
– les fondements et caractéristiques de la responsabilité administrative (n° 15535) ;
– la mise en œuvre de la responsabilité administrative (n° 15620) ;
– les sanctions administratives (n° 15765) ;
– les liens avec les autres responsabilités (n° 15780).

Les développements figurant ci-après présentent de manière synthétique le mécanisme de la responsabilité administrative du commissaire aux comptes.

A. Fondements et caractéristiques de la responsabilité

15535 En définissant un régime spécifique de responsabilité administrative visant à protéger les investisseurs contre les opérations d'initiés, les manipulations de cours et la diffusion de fausses informations, le législateur a entendu sanctionner de manière particulière les atteintes au bon fonctionnement et à la transparence des marchés financiers, sans préjudice de la mise en jeu de la responsabilité civile, pénale et disciplinaire des auteurs de faits susceptibles de porter atteinte à cette transparence.

15540 Ce régime de responsabilité se caractérise, par opposition aux autres régimes, par le fait que la responsabilité des auteurs du manquement reproché peut être engagée sans que l'intention de nuire, l'élément moral de l'infraction en matière pénale, n'ait à être démontrée ni même recherchée et en l'absence même de dommage (en ce sens, Cass. com 18-11-2008 n° 08-10246 : RJDA 3/09 n° 233 – « L'article 632-1 du règlement général [alors applicable] n'exige pas d'établir le caractère intentionnel de la communication d'une information donnant des indications inexactes, imprécises ou trompeuses » ; CA Paris 17-12-2008, 07/20151 – « En matière d'obligation d'information, le moyen tiré du défaut d'influence du manquement sur le cours de bourse est sans incidence sur la détermination de la sanction qui n'est pas subordonnée à la constatation d'une telle influence »).

436

© Éd. Francis Lefebvre | **RESPONSABILITÉS DU COMMISSAIRE AUX COMPTES**

Le régime de la responsabilité administrative en matière d'atteinte à la transparence des marchés est régi par les articles L 621-15 et suivants du Code monétaire et financier. Sont susceptibles d'engager la responsabilité administrative de leurs auteurs :
– la réalisation d'une opération d'initié ;
– la divulgation illicite d'information privilégiée ;
– la manipulation de marché (regroupant la manipulation de cours et la diffusion de fausses informations) ;
– tout manquement de nature à porter atteinte à la protection des investisseurs, au bon fonctionnement des marchés ;
– tout autre manquement aux obligations relatives à la lutte contre le blanchiment des capitaux et le financement du terrorisme.
Sur l'abrogation des dispositions relatives aux opérations d'initiés par la décision du Conseil constitutionnel du 18 mars 2015, voir n° 14520.

15545

Auteur de la faute

L'article L 621-15, II du Code monétaire et financier précise la liste des personnes passibles des sanctions définies au même article (C. mon. fin. art. L 621-15, III). De manière générale, la Commission des sanctions peut prononcer des sanctions à l'encontre :
– des professionnels contrôlés par l'Autorité des marchés financiers, au titre de tout manquement à leurs obligations professionnelles définies par les lois, règlements et règles professionnelles approuvés par l'Autorité des marchés financiers (C. mon. fin. art. L 621-15, II, a) ;
– des personnes physiques placées sous l'autorité de ces professionnels ou agissant pour leur compte (C. mon. fin. art. L 621-15, II, b) ;
– de toute autre personne qui s'est livrée à un abus de marché (opération d'initié, ou tentative d'opération d'initié, manipulation de cours, diffusion d'une fausse information) ou tout autre manquement de nature à porter atteinte à la protection des investisseurs ou au bon fonctionnement du marché (C. mon. fin. art. L 621-15, II, c à j).

15550

La possibilité d'appliquer aux commissaires aux comptes ce régime de responsabilité a été confirmée par la Commission des sanctions de l'AMF ainsi que par la Cour de cassation (Cass. crim. 11-7-2006, 1ᵉ esp. : Bull. CNCC n° 143-2006 p. 493). Cette position est motivée par le fait qu'il résulte des dispositions combinées des articles L 621-14 et L 621-15 du Code monétaire et financier et des articles 1ᵉʳ et 3 du règlement 98-07 de la Commission des opérations de bourse, alors applicable, qu'une sanction pécuniaire peut être prononcée à l'encontre de « toute personne » ayant porté atteinte à la bonne information du public par la communication d'une information inexacte, imprécise ou trompeuse. En employant le terme générique « toute personne » et en l'absence de précision complémentaire, le législateur a, selon ces juridictions, également entendu sanctionner les commissaires aux comptes lorsqu'ils ont contribué à la communication au public de fausses informations.

15555

Tous les commissaires aux comptes, personnes physiques ou morales, exerçant un mandat au profit d'un émetteur sur les marchés réglementés sont susceptibles de faire l'objet d'une procédure de sanction devant la Commission des sanctions de l'AMF. Dans le cas d'un mandat exercé par une personne morale, la responsabilité du ou des signataires personnes physiques peut être mise en cause dans les mêmes conditions que celle de la personne morale (Cass. crim. 11-7-2006, 2ᵉ esp. : Bull. CNCC n° 143-2006 p. 493), l'absence de faute détachable n'exonérant pas la personne physique de sa responsabilité propre.

15560

Faute

La responsabilité du commissaire aux comptes peut être recherchée à l'occasion de tout manquement visé aux articles L 621-14 et L 621-15 du Code monétaire et financier. Toutefois, en pratique, elle le sera surtout en matière de diffusion de fausses informations.

15570

En application des dispositions de l'article 223-1 du règlement général de l'AMF, l'information donnée par l'émetteur au public doit être exacte, précise et sincère. Ce texte a été maintenu dans le cadre de la transposition de la directive « Abus de marché » et

15575

RESPONSABILITÉS DU COMMISSAIRE AUX COMPTES　　　　　© Éd. Francis Lefebvre

l'entrée en vigueur du règlement (UE) 596/2014 du 16 avril 2014 sur les abus de marché
(« règlement MAR »).
Le règlement MAR, entré en application le 3 juillet 2016, a entraîné des modifications
du Code monétaire et financier et du règlement général de l'AMF (ainsi que de certaines
positions ou recommandations de l'AMF), et a modifié la définition du manquement de
diffusion de fausses informations.
Ce dernier est désormais constitué par (Règl. UE 596/2014 du 16-4-2014 art. 12, 1-c et d) :
– la diffusion d'informations, que ce soit par l'intermédiaire des médias, dont Internet,
ou par tout autre moyen, qui donnent ou sont susceptibles de donner des indications
fausses ou trompeuses en ce qui concerne l'offre, la demande ou le cours d'un instrument financier, d'un contrat au comptant sur matières premières qui lui est lié, ou fixent
ou sont susceptibles de fixer à un niveau anormal ou artificiel le cours d'un ou de
plusieurs instruments financiers, d'un contrat au comptant sur matières premières qui
leur est lié, y compris le fait de répandre des rumeurs, alors que la personne ayant
procédé à une telle diffusion savait ou aurait dû savoir que ces informations étaient
fausses ou trompeuses ;
– le fait de transmettre des informations fausses ou trompeuses ou de fournir des
données fausses ou trompeuses sur un indice de référence lorsque la personne qui a
transmis ces informations ou fourni ces données savait ou aurait dû savoir qu'elles étaient
fausses ou trompeuses, ou tout autre comportement constituant une manipulation du
calcul d'un indice de référence.

> Avant l'entrée en vigueur du règlement MAR, l'article 632-1 du règlement général de l'AMF réprimait
> la communication et la diffusion de fausses informations.

15580 Sous réserve des problèmes d'imputabilité qui seront examinés ci-après, l'existence d'une
faute suppose la réunion de deux éléments :
– l'existence d'**informations** soit elles-mêmes **fausses ou trompeuses** (art. 12, 1-d), soit qui
donnent ou soient susceptibles de donner des indications fausses ou trompeuses (art. 12, 1-c).
Cette qualification relève de l'appréciation souveraine de la Commission des sanctions et,
sur appel, de la cour d'appel de Paris ;

> Ont été considérés, pour un commissaire aux comptes, comme répondant à cette définition :
> – la certification de comptes à partir d'évaluations dépourvues de justification (CA Paris 17-12-2008) ;
> – la certification de comptes contenant des informations inexactes et imprécises (Commission des sanctions
> 20-5-2010) ;
> – le défaut de mise en œuvre par un commissaire aux comptes de toute la diligence requise en omet-
> tant de vérifier le caractère documenté et raisonnable des hypothèses retenues par l'émetteur et afin
> de s'assurer qu'il avait rempli ses propres obligations (Commission des sanctions 19-7-2012). Toutefois, un tel
> manquement doit s'apprécier au regard de la mission du commissaire aux comptes définie par les
> dispositions de l'article L 823-9 du Code de commerce ; en conséquence une insuffisance de diligences
> ne peut suffire à caractériser le manquement dès lors qu'il n'est pas établi que la certification des
> comptes annuels et/ou consolidés pris dans leur ensemble ne comporte pas d'anomalies significatives
> dans leur montant ou leur nature (voir, sur ce point, nº 15615).
> En revanche, la certification de la sincérité de ces comptes, « pris dans leur ensemble », doit, quant à
> elle, s'apprécier au regard des « anomalies significatives par leur montant ou par leur nature » qu'un
> contrôle suffisamment diligent aurait permis de déceler et de signaler. En conséquence, l'absence de
> certaines mentions dans les documents annexés aux comptes consolidés est sans effet dès lors qu'elle
> n'a pas la moindre incidence sur la fiabilité et la sincérité des comptes en eux-mêmes (Commission des
> sanctions 29-6-2012).
> De même, un commissaire aux comptes ne pourrait, selon nous, voir sa responsabilité engagée au titre
> de la publication d'une fausse information dès lors qu'il n'entrait pas dans ses diligences d'en vérifier
> l'exactitude ou qu'il n'était pas en mesure de savoir si les informations certifiées n'étaient pas
> conformes à la réalité (Commission des sanctions 29-3-2007 – « La comptabilisation indue de factures ayant pour effet de
> majorer artificiellement le chiffre d'affaires et le résultat de la société et par suite de communiquer une information inexacte au public,
> effectuée sur la foi des indications données par le dirigeant, est imputable à ce dernier » ; Commission des sanctions 24-5-2007 relative
> à un dirigeant mais transposable selon nous à un commissaire aux comptes – « Un dirigeant ne peut voir sa responsabilité engagée du
> fait d'un manquement à son obligation de bonne information qu'à la condition qu'il soit établi, non seulement, qu'il a communiqué
> une information au public non conforme aux exigences d'exactitude, de précision et de sincérité des textes précités, mais également,
> qu'il savait, ou à tout le moins, qu'il aurait dû savoir, que les informations communiquées n'étaient pas conformes à la réalité »).

– la **diffusion** ou la transmission de cette information auprès du public par tout moyen
ou sur tout support.

> À notre avis, s'agissant du commissaire aux comptes, seule la diffusion par l'émetteur de ses rapports
> ou attestations et non simplement d'un extrait, par voie de communiqué de presse, de publication
> écrite ou électronique, est susceptible d'entraîner la mise en cause de sa responsabilité, et uniquement

RESPONSABILITÉS DU COMMISSAIRE AUX COMPTES

à compter de la date de première diffusion qui constituera le point de départ de la prescription de six ans (C. mon. fin. art. L 621-15).

Par ailleurs, la citation par l'émetteur, dans l'attestation sur le document de référence ou un prospectus établi par le responsable de l'information financière, des termes de la **lettre de fin de travaux** du commissaire aux comptes ne peut être constitutive d'une diffusion d'information au public par le commissaire aux comptes (Commission des sanctions 30-5-2015).

Imputabilité de la faute

Toute personne ne peut voir sa responsabilité engagée du fait d'un manquement à son obligation de bonne information que s'il est établi, non seulement, qu'elle a communiqué une information au public non conforme aux exigences d'exactitude, de précision et de sincérité des textes précités, mais également, qu'elle **savait**, ou à tout le moins, qu'elle **aurait dû savoir**, que les informations communiquées n'étaient pas conformes à la réalité.

15585

Ce principe a été confirmé, sous l'empire des dispositions antérieures, par la Cour de cassation qui a précisé, dans plusieurs arrêts (Cass. com. 30-5-2007 n° 06-11314 : RJDA 11/07 n° 1112 ; Cass. com. 23-6-2009 n° 08-16973), qu'il « résulte de la combinaison des articles L 621-14 et L 621-15 du Code monétaire et financier et de l'article 1er du règlement de la COB n° 98-07 alors applicable (repris par l'article 221-1 du règlement général de l'AMF) qu'une sanction pécuniaire peut être prononcée à l'encontre de toute personne, physique ou morale, ayant manqué aux obligations d'information du public définies par ce règlement ».

Tant la Commission des sanctions que la Cour de cassation ont posé le principe d'une imputabilité ne reposant que sur des **éléments objectifs** et que l'existence d'un élément intentionnel n'a pas à être démontrée, le seul manquement à une obligation entraînant une présomption de responsabilité, marquée par les termes « savait ou aurait dû savoir » sauf à démontrer, pour la personne dont la responsabilité est mise en cause, qu'elle n'était pas en mesure de savoir que l'information était inexacte, imprécise ou trompeuse.

15590

Selon la jurisprudence de la Cour de cassation confirmée dans deux arrêts du 23 juin 2009 (Cass. com. 23-6-2009 n° 08-16644), « il n'y a pas de renversement de la charge de la preuve à relever que le mis en cause devait normalement savoir que le chiffre d'affaires avait été artificiellement majoré et que l'information délivrée au public était inexacte ». Il existe donc une présomption simple de responsabilité qu'il appartient à la personne mise en cause de combattre.

Il a ainsi été jugé que les dirigeants doivent répondre de la communication au public d'informations inexactes, imprécises et trompeuses à moins que des circonstances particulières les aient privés de l'exercice total ou partiel de ces fonctions (CA Paris 27-5-2008 n° 07-11863) et que le dirigeant d'un émetteur n'est pas fondé à soutenir que le grief relatif à la diffusion d'une information imprécise, inexacte et trompeuse ne lui est pas imputable, au motif qu'il n'est pas le rédacteur du prospectus litigieux, dès lors qu'il ne démontre pas qu'il aurait été mis dans l'impossibilité de veiller à l'exactitude et à la sincérité des informations communiquées dont il lui appartient, en sa qualité de dirigeant, de répondre (CA Paris 29-10-2008 n° 08-22551). Une délégation de pouvoir ne saurait autoriser un dirigeant à se désintéresser totalement de la communication financière de la société et, dès lors, ne peut l'affranchir de la responsabilité qui lui incombe au titre de cette dernière (CA Paris 7-10-2008 n° 08-1096).

Un principe identique a été appliqué dans le cadre de la recherche de responsabilité de commissaires aux comptes par la Commission des sanctions de l'AMF qui, dans une décision du 29 mars 2007 reprenant les termes de la jurisprudence de la Cour de cassation a, pour condamner des commissaires aux comptes, estimé qu'il « résulte de la combinaison des articles L 621-14 et L 621-15 du Code monétaire et financier et des articles 1 et 3 du règlement de la COB n° 98-07 repris par l'article 632-1 du règlement général de l'AMF qu'une sanction pécuniaire peut être prononcée à l'encontre de "toute personne" ayant porté atteinte à la bonne information du public par la communication d'une information inexacte, imprécise ou trompeuse. Il s'ensuit que les commissaires aux comptes relèvent de la catégorie mentionnée aux c) et d) du II de l'article L 621-15 du Code monétaire et financier et sont, à ce titre, comme "toute personne", susceptibles d'être sanctionnés par la Commission des sanctions de l'AMF pour la fausse information qu'ils ont contribué à délivrer au public. Ainsi qu'en a décidé la Cour de cassation, pour caractériser la communication de fausse information à l'encontre de commissaires aux comptes, il doit être relevé, en application des dispositions figurant dans l'article 632-1 du règlement général de l'AMF plus douces que celles du règlement de la COB n° 98-07, qu'ils "savaient ou auraient dû savoir que les informations communiquées étaient inexactes ou trompeuses" ».

Les décisions de la Commission des sanctions de l'AMF sont consultables sur le site internet de l'AMF (www.amf-france.org ; rubrique « Sanctions et transactions »).

Les commissaires aux comptes n'encourent une sanction que s'il est établi soit qu'ils savaient que les informations communiquées avec leur aval étaient inexactes, imprécises ou trompeuses, soit que l'accomplissement des diligences normales exigées par les textes leur aurait permis de le savoir (Commission des sanctions 28-2-2008). Il en résulte qu'il appartient

15605

RESPONSABILITÉS DU COMMISSAIRE AUX COMPTES

© Éd. Francis Lefebvre

aux services d'enquête de l'AMF de **démontrer l'insuffisance des diligences** des commissaires aux comptes (Commission des sanctions 24-5-2007) et que dès lors que celle-ci n'est pas démontrée, le manquement tiré du caractère inexact, imprécis ou trompeur des informations communiquées ne leur est pas imputable. Ainsi, la cour d'appel de Paris, le 27 mai 2008, a réformé une décision de la Commission des sanctions de l'AMF aux motifs que (CA Paris 27-5-2008 n° 07-11863) :

« Il n'est pas démontré que les commissaires aux comptes "savaient ou auraient dû savoir même au moyen de diligences appropriées" que les informations communiquées au public étaient inexactes, imprécises ou trompeuses dès lors que :
– ces derniers avaient procédé à deux révélations de faits délictueux au procureur de la République ;
– ils assuraient seulement une revue des travaux des commissaires aux comptes des filiales du groupe ;
– ils n'étaient pas encore tenus par leurs normes professionnelles de prendre en considération les risques de fraudes et erreurs dans l'organisation de leur mission ;
– la direction de la société avait mis un écran entre les filiales et les commissaires aux comptes ;
– les dossiers de travail des commissaires aux comptes n'ont pas été examinés dans le cadre de l'enquête. »

15610 Ce principe de **non-imputabilité automatique** d'un manquement aux commissaires aux comptes a été confirmé par la cour d'appel de Paris qui a précisé qu'« un manquement relevé à l'encontre de la société n'est pas nécessairement imputable aux commissaires aux comptes » (CA Paris 21-10-2010 n° 10-04661).

15615 Par ailleurs, la responsabilité du commissaire aux comptes doit être appréciée au regard de :
– l'**objet** même **de sa mission** ;

La cour d'appel de Paris a ainsi rappelé, pour infirmer la décision de la Commission des sanctions de l'AMF rendue le 19 juillet 2012 (voir n° 15580) à l'encontre de commissaires aux comptes, s'agissant tant de comptes annuels que de comptes consolidés, que le **manquement aux obligations d'information consistant en la communication d'informations inexactes ou imprécises** au sens de l'article 632-1 doit s'apprécier au regard de la mission légale de certification des comptes qu'ils tiennent de l'article L 823-9 du Code de commerce (CA Paris 30-1-2014 n° 12-16612). La cour a considéré que, selon ces dispositions, la mission des commissaires aux comptes consiste à certifier, en justifiant de leurs appréciations, que les comptes annuels sont réguliers et sincères et donnent une image fidèle du résultat des opérations de l'exercice écoulé ainsi que de la situation financière et du patrimoine de l'entité à la fin de l'exercice contrôlé. Leur contrôle doit s'opérer selon les normes de la profession qui exigent que les commissaires aux comptes, afin de formuler leur opinion, mettent en œuvre un audit leur permettant d'obtenir l'assurance, élevée mais non absolue, que les comptes « pris dans leur ensemble ne comportent pas d'anomalies significatives par leur montant ou par leur nature ». En conséquence, pour caractériser le grief visé à l'article 632-1 du règlement de l'AMF (article du règlement de l'AMF qui réprimait la communication et la diffusion de fausses informations avant l'entrée en vigueur du règlement MAR), la Commission des sanctions ne peut se contenter de retenir un défaut de diligences des commissaires aux comptes, mais doit constater que les comptes certifiés sans réserve, pris dans leur ensemble, ne répondent pas aux exigences de régularité et de sincérité appréciées au regard des anomalies significatives par leur montant ou leur nature, qu'un contrôle diligent aurait permis de déceler, et qu'ils ne reflètent pas une image fidèle du résultat des opérations de l'exercice. À défaut de remise en cause de l'opinion émise dans le cadre de leur mission, la responsabilité des commissaires aux comptes ne peut alors être recherchée. Nous considérons que cette position de la Cour de cassation prise avant l'entrée en vigueur du règlement MAR demeure applicable concernant le manquement de diffusion de fausses informations tel que défini par ce règlement.

– la nature et l'importance des **diligences** à mener au regard du manquement reproché ;

Comme l'a admis la jurisprudence de la Commission des sanctions de l'AMF, les diligences mises en œuvre dans le cadre d'un examen limité des comptes ne sont pas de même nature ni aussi étendues que celles mises en œuvre dans le cadre d'un audit : en conséquence la responsabilité du commissaire aux comptes, dès lors qu'il n'a pas méconnu la portée de ses obligations professionnelles, ne peut être appréciée de manière identique en cas de manquement de la société.

– de l'organisation et du partage des travaux en cas de **cocommissariat aux comptes** ;

En effet, si en application de la NEP 100, chaque commissaire aux comptes doit s'assurer par lui-même que les méthodes mises en œuvre par son cocommissaire ont permis de collecter des éléments suffisants et appropriés pour fonder l'opinion exprimée dans leur rapport (Commission des sanctions 20-5-2010), la responsabilité du cocommissaire aux comptes, qui ne dispose ni des moyens ni de la possibilité de déceler par sa seule initiative – dans le simple cadre des revues croisées des dossiers d'audit – les irrégularités affectant les comptes de la société sur lesquelles son attention n'avait pas été appelée par les travaux de son confrère, ne peut en principe être recherchée (en ce sens, Commission des sanctions 5-7-2007).

– du respect de l'obligation de **sincérité des dirigeants** à l'égard des commissaires aux comptes.

440

B. Mise en œuvre de la responsabilité administrative

Seront examinées successivement :
- la procédure d'enquête (n°s 15625 s.) ;
- la procédure de sanction (n°s 15680 s.).

15620

Procédure d'enquête

Afin d'assurer l'exécution de sa mission, l'AMF peut, en application des dispositions de l'article L 621-9, I du Code monétaire et financier, effectuer des contrôles ou des enquêtes.

15625

Les enquêtes concernent essentiellement les possibles **abus de marché** et portent principalement sur l'information financière diffusée par les émetteurs sur les marchés d'instruments financiers (opérations d'initiés, manipulations de cours...). Ces enquêtes peuvent être la conséquence d'alertes de la Direction de la surveillance des marchés, de signalements ou plaintes adressées à l'AMF, de l'analyse par les services de l'AMF de l'information publiée par les émetteurs, d'une demande de régulateurs étrangers exerçant les mêmes attributions que l'AMF ou, le cas échéant, de la survenance d'un événement particulier (défaillance d'un émetteur par exemple).

15630

L'enquête est ouverte à l'initiative du secrétaire général de l'AMF, ou du secrétaire général adjoint spécialement délégué à cet effet, qui habilite des enquêteurs selon les modalités prévues au règlement général de l'AMF (C. mon. fin. art. L 621-9-1). Ces enquêteurs peuvent appartenir à la Direction des enquêtes de l'AMF. L'AMF peut également, en application de l'article L 621-9-2 du code précité, recourir à des corps de contrôle extérieurs, à des commissaires aux comptes, à des experts judiciaires ou à des personnes ou autorités compétentes.

15635

Le **secret professionnel** ne peut être opposé à l'Autorité des marchés financiers ni, le cas échéant, aux entreprises de marché ou aux chambres de compensation, corps de contrôle, personnes ou autorités ci-dessus mentionnées, lorsqu'ils assistent l'Autorité des marchés financiers, sauf par les auxiliaires de justice. Les commissaires aux comptes sont déliés du secret professionnel à l'égard de l'Autorité des marchés financiers (C. mon. fin. art. L 621-9-3).

15640

Le Code monétaire et financier confère aux enquêteurs deux types de pouvoirs :
- des **pouvoirs propres** (C. mon. fin. art. L 621-10) : droit de se faire communiquer tous les documents et d'en obtenir la copie, de convoquer et entendre toute personne susceptible de leur fournir des informations ainsi que d'accéder aux locaux à usage professionnel ;

15645

> Il est recommandé au commissaire aux comptes, informé de l'ouverture d'une enquête, de solliciter le concours d'un avocat spécialisé et, le cas échéant, d'en aviser le président de la CRCC dont il dépend afin de pouvoir obtenir un soutien confraternel. Dès lors que les enquêteurs de l'AMF souhaitent accéder à ses locaux et se faire communiquer des pièces ou éléments de dossiers, y compris électroniques, le commissaire aux comptes attachera une importance particulière à l'exhaustivité des éléments figurant au procès-verbal de saisie et fera toutes réserves en cas de saisie de documents n'ayant pas de relation directe avec l'objet de l'enquête ou en cas de saisie de documents, de correspondances ou d'informations pour lesquels la confidentialité est opposable à l'AMF, en particulier les correspondances avec ses avocats. Il pourra également s'abstenir de répondre à toute question posée par les enquêteurs à cette occasion faisant valoir son droit à être entendu dans le cadre des procédures et avec les garanties définies par les dispositions de l'article R 621-34 du Code monétaire et financier, l'assistance d'un conseil en particulier. À l'issue d'une audition, le commissaire aux comptes s'attachera à procéder à une lecture scrupuleuse du procès-verbal et demander toute modification ou ajout qui lui paraîtrait nécessaire.

- des **pouvoirs sur autorisation judiciaire** : droit d'effectuer des visites domiciliaires sur autorisation du juge des libertés et de la détention du tribunal judiciaire dans le ressort duquel sont situés les locaux à visiter (C. mon. fin. art. L 621-12), droit de demander une interdiction temporaire d'activité, la mise sous séquestre ou la consignation de bien (C. mon. fin. art. L 621-13) et droit d'injonction (C. mon. fin. art. L 621-14).

RESPONSABILITÉS DU COMMISSAIRE AUX COMPTES © Éd. Francis Lefebvre

15650 Les enquêteurs sont tenus durant tout le déroulement de l'enquête à un devoir de neutralité, d'impartialité et de loyauté, le non-respect de ces obligations pouvant entraîner une annulation de l'enquête ainsi qu'en ont décidé les conseillers de la cour d'appel de Paris dans un arrêt du 13 septembre 2012 (JCP E. 2012, Act. 645, D. Martin et M. Françon).

15655 Les personnes sollicitées ne peuvent faire obstacle au déroulement de l'enquête. À défaut, mention en est faite dans le rapport d'enquête ou dans un rapport spécifique relatant ces difficultés (RG art. 144-3). Elles ont le droit de se faire assister d'un conseil.
La Direction des enquêtes est tenue de leur adresser, si elles sont susceptibles d'une mise en cause, avant la clôture de l'enquête, un courrier présentant les éléments recueillis et elles disposent d'un mois pour répondre aux éléments de fait et de droit qui y sont décrits.

15660 À l'issue de l'enquête et, le cas échéant, après obtention des réponses des personnes susceptibles d'être mises en cause, la Direction des enquêtes établit un **rapport d'enquête** qui indique si les faits relevés sont susceptibles de constituer des manquements et/ou une infraction (C. mon. fin. art. R 621-36). Ce rapport, transmis par le secrétaire général au collège de l'AMF, n'est pas rendu public.

15665 Le collège de l'AMF (ou l'une de ses commissions spécialisées) examine le rapport et décide des suites à donner :
– s'il estime que des manquements ont été commis, il décide de l'ouverture d'une procédure de sanction. Le président de l'AMF adresse une notification des griefs (description des faits reprochés) ainsi que le rapport d'enquête aux personnes mises en cause. Il transmet cette notification de griefs et le rapport d'enquête à la Commission des sanctions (C. mon. fin. art. L 621-15) ;
– s'il estime que les faits relatés dans le rapport sont susceptibles de relever d'infractions, le président de l'AMF transmet également le rapport au procureur de la République ;
– s'il estime que les manquements relevés sont susceptibles de sanctions disciplinaires, le président de l'AMF adresse le rapport aux autorités compétentes (procureur général près la cour d'appel dans le ressort de laquelle se trouve le siège de la compagnie régionale d'appartenance du commissaire aux comptes en cas de mise en cause de ce dernier) ;
– si aucun manquement substantiel n'est susceptible d'être reproché, le dossier est classé.

15670 La **Commission des sanctions** est un organe collégial indépendant du collège de l'AMF composé de douze membres distincts des membres du collège, dont deux conseillers d'État et deux conseillers à la Cour de cassation (C. mon. fin. art. L 621-2).
Le président est élu par les membres de la Commission parmi les conseillers d'État et les conseillers à la Cour de cassation membres de la Commission des sanctions.
La Commission des sanctions est organisée en deux sections de six membres, présidées par l'un des conseillers d'État et l'un des conseillers à la Cour de cassation, membres de la Commission des sanctions. Elle peut également tenir ses audiences et prononcer ses décisions en formation collégiale réunissant les deux sections.
La durée du mandat des membres de la Commission des sanctions est de cinq ans. Ce mandat est renouvelable une fois.
La Commission des sanctions est renouvelée par moitié tous les trente mois.

Procédure de sanction

15680 La procédure de sanction est régie par les articles R 621-38 et suivants du Code monétaire et financier. Les personnes mises en cause peuvent se faire assister d'un ou de plusieurs conseils de leur choix tout au long de la procédure.

15685 **Instruction** Lorsque le collège décide de l'ouverture d'une procédure de sanction, la notification des griefs est adressée, par lettre recommandée avec demande d'avis de réception, remise en main propre contre récépissé ou acte d'huissier ou par tout autre moyen permettant de s'assurer de sa date de réception, à la personne mise en cause, accompagnée du rapport d'enquête ou de contrôle ou de la demande formulée par le président de l'Autorité de contrôle prudentiel et de résolution (C. mon. fin. art. R 621-38, al. 1). La Commission des sanctions ne peut être saisie de faits remontant à plus de six ans s'il n'a été fait pendant ce délai aucun acte tendant à leur recherche, à leur constatation ou à leur sanction.

© Éd. Francis Lefebvre   **RESPONSABILITÉS DU COMMISSAIRE AUX COMPTES**

15690 La notification des griefs est transmise au président de la Commission des sanctions. La personne mise en cause dispose d'un délai de deux mois pour transmettre au président de la Commission des sanctions ses observations écrites sur les griefs qui lui ont été notifiés (C. mon. fin. art. R 621-38, al. 3 et 4).

> La notification des griefs mentionne ce délai et précise que la personne mise en cause peut prendre connaissance et copie des autres pièces du dossier auprès de la Commission des sanctions et se faire assister ou représenter par tout conseil de son choix.

15700 Un membre du collège ayant examiné le rapport d'enquête ou de contrôle et ayant pris part à la décision d'ouverture d'une procédure de sanction, ou un représentant du collège qui a accès à l'ensemble des pièces du dossier, reçoit, de la part du secrétariat de la Commission, une copie des observations écrites de la personne mise en cause sur les griefs qui lui ont été notifiés et peut y répondre par écrit. Ces observations écrites sont communiquées à la personne mise en cause (C. mon. fin. art. R 621-38, al. 5).

15705 Le président de la Commission des sanctions attribue l'affaire soit à cette dernière, soit à l'une de ses sections. Il désigne le rapporteur. Celui-ci procède à toutes diligences utiles. Il peut s'adjoindre le concours des services de l'Autorité des marchés financiers. La personne mise en cause et le membre du collège ou son représentant peuvent être entendus par le rapporteur à leur demande ou si celui-ci l'estime utile. Le rapporteur peut également entendre toute personne dont l'audition lui paraît utile.

Lorsqu'il estime que les griefs doivent être complétés ou sont susceptibles d'être notifiés à une ou plusieurs personnes autres que celles mises en cause, le rapporteur saisit le collège. Le collège statue sur cette demande du rapporteur (C. mon. fin. art. R 621-39, I).

15720 Le rapporteur consigne par écrit le résultat de ces opérations dans un rapport. Celui-ci est communiqué à la personne mise en cause par lettre recommandée avec demande d'avis de réception, remise en main propre contre récépissé ou acte d'huissier ou par tout autre moyen permettant de s'assurer de sa date de réception. Le rapport est également communiqué au membre du collège mentionné au troisième alinéa du I de l'article L 621-15 ou à son représentant désigné en application de cette disposition, qui peut présenter par écrit ses observations sur le rapport. Ces observations écrites sont communiquées à la personne mise en cause (C. mon. fin. art. R 621-39, II).

15725 La personne mise en cause est convoquée devant la Commission des sanctions ou la section par lettre recommandée avec demande d'avis de réception, remise en main propre contre récépissé ou acte d'huissier ou par tout autre moyen permettant de s'assurer de sa date de réception, dans un délai qui ne peut être inférieur à 30 jours francs. Cette lettre précise que la personne mise en cause dispose d'un délai de 15 jours francs pour faire connaître par écrit ses observations sur le rapport. Ces observations sont communiquées au membre du collège ou son représentant désigné en application de cette disposition (C. mon. fin. art. R 621-39, III).

15730 La personne mise en cause a la faculté de demander la récusation du rapporteur ou d'un membre de la Commission des sanctions dans les formes et délais définis à l'article R 621-39-2 et suivants du Code monétaire et financier.

15740 **Séance de la Commission des sanctions** La séance est publique et se déroule selon une procédure contradictoire. Toutefois, d'office ou sur la demande d'une personne mise en cause, le président de la formation saisie de l'affaire peut interdire au public l'accès de la salle pendant tout ou partie de l'audience.

Lors de la séance, le rapporteur présente son rapport. Le directeur général du Trésor ou son représentant peut présenter des observations. Le membre du collège ou son représentant peut présenter des observations au soutien des griefs notifiés et proposer une sanction. La personne mise en cause et, le cas échéant, son conseil présentent la défense de celle-ci. Le président de la formation saisie peut faire entendre toute personne dont il estime l'audition utile. Dans tous les cas, la personne mise en cause et, le cas échéant, son conseil doivent pouvoir prendre la parole en dernier. Lorsque la formation s'estime insuffisamment éclairée, elle demande au rapporteur de poursuivre ses diligences selon la procédure définie aux II et III de l'article R 621-39 du Code précité (C. mon. fin. art. R 621-40, III).

RESPONSABILITÉS DU COMMISSAIRE AUX COMPTES © Éd. Francis Lefebvre

15741 La formation statue en la seule présence de ses membres et d'un agent des services de l'Autorité des marchés financiers faisant office de secrétaire de séance, hors la présence du rapporteur, du membre du collège ou de son représentant et du directeur général du Trésor ou de son représentant (C. mon. fin. art. R 621-40, III).

15742 Le secrétaire de séance établit un compte rendu de la séance. Le compte rendu est signé par le président de la formation, le rapporteur et le secrétaire de séance puis transmis aux membres de la Commission des sanctions et au directeur général du Trésor (C. mon. fin. art. R 621-40, IV).

15745 La décision est notifiée à la personne concernée par lettre recommandée avec demande d'avis de réception, remise en main propre contre récépissé ou acte d'huissier ou par tout autre moyen permettant de s'assurer de sa date de réception. Elle est également communiquée au directeur général du Trésor ainsi qu'au président de l'Autorité des marchés financiers qui en rend compte au collège (C. mon. fin. art. R 621-40, V).

La Commission peut rendre publique sa décision de sanction dans les publications, journaux ou rapports qu'elle désigne. Toutefois, lorsque la publication risque de perturber gravement les marchés financiers ou de causer un préjudice disproportionné aux parties en cause, la décision peut prévoir qu'elle ne sera pas publiée.

Les décisions prononcées par la Commission des sanctions peuvent faire l'objet d'un **recours**, dans un délai de deux mois à compter de leur notification, par les personnes sanctionnées et par le président de l'Autorité des marchés financiers, après accord du collège (C. mon. fin. art. R 621-44). En cas de recours d'une personne sanctionnée, le président de l'Autorité peut, dans les mêmes conditions, former un recours.

L'examen des recours relève de la compétence de la cour d'appel de Paris, sauf lorsqu'ils portent sur des sanctions concernant des professionnels (prestataires de services d'investissement, démarcheurs, conseillers en investissements financiers, dépositaires, membres de marchés réglementés, etc.), auquel cas, la compétence revient au Conseil d'État.

C. Sanctions

15765 Les auteurs de manquements d'abus de marché, autres que les professionnels régulés par l'AMF et les personnes physiques placées sous l'autorité ou agissant pour le compte des professionnels régulés ou exerçant des fonctions de dirigeants, encourent une sanction pécuniaire dont le **montant** peut atteindre 100 millions d'euros ou le décuple du montant de l'avantage retiré du manquement si celui-ci peut être déterminé ; cette sanction peut être majorée dans la limite de 10 % de son montant en vue de financer l'aide aux victimes (C. mon. fin. art. L 621-15, III-c).

Le montant de la sanction pécuniaire peut être porté jusqu'à 15 % **du chiffre d'affaires** annuel total de la personne sanctionnée en cas de manquement aux obligations (C. mon. fin. art. L 621-15, III bis) :

1° fixées par le règlement (UE) 596/2014 du Parlement européen et du Conseil du 16 avril 2014 sur les abus de marché (règlement relatif aux abus de marché) ;

2° fixées par le règlement (UE) 909/2014 du Parlement européen et du Conseil du 23 juillet 2014 concernant l'amélioration du règlement de titres dans l'Union européenne et les dépositaires centraux de titres, et modifiant les directives 98/26/CE et 2014/65/UE ainsi que le règlement (UE) 236/2012 ;

3° fixées par le règlement (UE) 1286/2014 du Parlement européen et du Conseil du 26 novembre 2014 sur les documents d'informations clés relatifs aux produits d'investissement packagés de détail et fondés sur l'assurance ;

4° fixées par le règlement (UE) 600/2014 du Parlement européen et du Conseil du 15 mai 2014 concernant les marchés d'instruments financiers et modifiant le règlement (UE) 648/2012 ;

5° définies par les règlements européens et par le présent Code monétaire et financier ou le règlement général de l'Autorité des marchés financiers, commis par les sociétés de gestion et dépositaires mentionnés aux 7°, 7° bis et 12° du II de l'article L 621-9, relatifs à des placements collectifs mentionnés au 1° du I de l'article L 214-1 ;

5° bis définies par les règlements européens et par le Code monétaire et financier ou le règlement général de l'Autorité des marchés financiers dans le cadre d'une offre au public de titres financiers ou d'une admission à la négociation sur un marché réglementé de titres financiers ;

6° prévues à l'article L 233-7 et au II de l'article L 233-8 du Code de commerce et à l'article L 451-1-2 du Code monétaire et financier.

> Le chiffre d'affaires annuel total s'apprécie tel qu'il ressort des derniers comptes disponibles approuvés par l'assemblée générale. Lorsque la personne morale est une entreprise ou une filiale d'une entreprise tenue d'établir des comptes consolidés, le chiffre d'affaires annuel total à prendre en considération est le chiffre d'affaires annuel total tel qu'il ressort des derniers comptes annuels consolidés approuvés par l'assemblée générale.

Les **montants** de la sanction et de la majoration doivent être **adaptés** en fonction de la personne mise en cause, notamment : gravité et durée du manquement ; qualité, degré d'implication, situation et capacité financière de l'intéressé ; gains ou avantages obtenus (ou pertes ou coûts évités) ; pertes subies par des tiers du fait du manquement ; degré de coopération avec l'AMF ; manquements déjà commis ; circonstance propre à l'intéressé (C. mon. fin. art. L 621-15, III ter).

D. Liens avec les autres responsabilités

Indépendance par rapport à l'instance pénale

Consacrant l'interdiction du cumul de poursuites et de sanctions pénales et administratives en matière d'abus de marché, le législateur a instauré par la loi du 21 juin 2016 un système d'aiguillage visant à exclure tout risque de procédures (à l'encontre d'une même personne et pour les mêmes faits) coexistant devant l'AMF et devant les juridictions pénales.

15780

Jusqu'à cette date, le principe retenu était qu'un même manquement pouvait servir de base à des poursuites pénales et administratives. En cas de poursuites pénales, la Commission des sanctions n'avait pas l'obligation de surseoir à statuer. Par ailleurs, des faits ayant donné lieu à un acquittement ou une relaxe au pénal pouvaient être constitutifs d'un manquement et être sanctionnés à ce titre (méconnaissance des règles professionnelles, diffusion de fausses informations…). Toutefois, lorsque la Commission des sanctions de l'Autorité des marchés financiers avait prononcé une sanction pécuniaire devenue définitive avant que le juge pénal ait statué définitivement sur les mêmes faits ou des faits connexes, celui-ci pouvait ordonner que la sanction pécuniaire s'impute sur l'amende qu'il prononce (voir n° 14510).

La loi du 21 juin 2016 organise un mécanisme de concertation entre le procureur de la République et le collège de l'AMF. Ces derniers sont tenus de s'informer mutuellement de leurs intentions d'engager des poursuites et l'action de chacun est conditionnée au renoncement de l'autre à sa propre action. En cas d'échec de la concertation, l'arbitrage du procureur général près la cour d'appel de Paris interviendra.

Le Conseil constitutionnel a rappelé ce principe (Cons. const. 23-11-2018 n° 2018-745 QPC : RJF 2/19 n° 187). Interrogé sur la constitutionnalité du cumul entre des pénalités fiscales (majoration d'impôt) et des sanctions pénales (pour fraude fiscale), le Conseil constitutionnel a considéré que les dispositions contestées ne constituaient pas des poursuites distinctes et autonomes, susceptibles d'être confrontées aux exigences résultant du principe de nécessité des délits et des peines, mais un seul et même ensemble répressif.

À rebours du droit interne, il peut être souligné que la Cour de justice de l'Union européenne a, par trois arrêts du 20 mars 2018, fait évoluer sa jurisprudence sur l'application de la règle non bis in idem dans le cadre de la directive TVA et de la directive sur les marchés financiers (CJUE 20-3-2018 aff. 524/15, Menci : RJF 5/18 n° 704, CJUE 20-3-2018 aff. 537/16, Garisson Real Estate : RJDA 10/18 n° 787, CJUE 20-3-2018 aff. 596/16 et 597/16, Di Puma et Zecca : RJDA 10/18 n° 787).

Après avoir réaffirmé que le principe non bis in idem interdit un cumul de poursuites et de sanctions présentant une nature pénale pour les mêmes faits et contre une même personne, la Haute Juridiction a estimé qu'une réglementation nationale peut apporter une restriction à la règle sur le fondement de l'article 52 de la charte en autorisant un cumul de poursuites et de sanctions, dont les buts doivent être complémentaires, à condition de viser un objectif d'intérêt général, telle la lutte contre les infractions en matière de TVA ou la protection de l'intégrité des marchés financiers de l'Union, et de prévoir une coordination limitant au strict nécessaire la charge supplémentaire qui résulte d'un cumul de procédures et de sanctions au regard de la gravité de l'infraction concernée.

Elle confie au juge national le soin de s'assurer que, concrètement, la charge n'est pas non plus excessive par rapport à la gravité des faits commis.

Indépendance par rapport à l'instance civile

15782 Une juridiction civile ne sursoit pas à statuer si une instance est pendante devant la Commission des sanctions et réciproquement.

Un manquement ne constitue d'ailleurs pas nécessairement une faute civile et réciproquement.

Durant l'instance civile, l'Autorité des marchés financiers peut exercer les droits de la partie civile. Toutefois, elle ne peut à l'égard d'une même personne et s'agissant des mêmes faits concurremment exercer les pouvoirs de sanction qu'elle tient du Code monétaire et financier et les droits de la partie civile.

Indépendance par rapport à l'instance disciplinaire

15785 Ainsi qu'indiqué ci-dessus, et sans préjudice de la saisine de la Commission des sanctions, le président de l'AMF peut, en cas de mise en cause d'un commissaire aux comptes, transmettre le rapport d'enquête au parquet général près la cour d'appel dans le ressort duquel est situé le siège de la compagnie régionale d'appartenance du professionnel mis en cause.

Ces différentes instances sont indépendantes l'une de l'autre et aucune disposition n'impose à l'une ou à l'autre des formations de jugement de surseoir à statuer en attendant la décision de l'autre formation.

Un manquement ne constitue d'ailleurs pas nécessairement une faute disciplinaire et réciproquement.

SECTION 5

Assurance responsabilité professionnelle

15800 « Pour être membre de la Compagnie, tout commissaire aux comptes doit être couvert par une assurance garantissant la responsabilité prévue à l'article L 822-17 du Code de commerce, dans les limites et conditions fixées par arrêté conjoint du garde des Sceaux, ministre de la justice, et du ministre chargé de l'économie » (C. com. art. R 822-36).

15805 Compte tenu des obligations imposées au corps professionnel, la Compagnie nationale des commissaires aux comptes a estimé opportun de souscrire un **contrat d'assurance groupe**, auquel adhère tout professionnel inscrit à la Compagnie des commissaires aux comptes. Les primes d'assurance correspondantes sont incluses dans le montant des cotisations annuelles appelées par les compagnies régionales (voir n° 15843).

Contrat groupe

15815 Sont précisés ci-après :
- les bénéficiaires du contrat (n° 15820) ;
- les activités garanties (n° 15823) ;
- l'étendue géographique de la garantie (n° 15840) ;
- les modalités d'appel des cotisations (n° 15843) ;
- les différents risques couverts (n° 15848).

15820 **Assurés** Outre les institutions professionnelles et leurs représentants, le contrat groupe couvre l'ensemble des **commissaires aux comptes inscrits**, qu'il s'agisse de personnes physiques ou morales.

Sont également assurés les commissaires aux comptes inscrits en cours d'année et ceux dont l'inscription est en attente de notification.

La police d'assurance couvre également les **préposés** et **collaborateurs** des assurés dont est recherchée la responsabilité personnelle dans l'exercice de leurs fonctions, ainsi que les **anciens membres** des compagnies régionales ayant cessé leurs activités, leurs **ayants droit** et leurs **successeurs**.

Activités garanties   Sont garanties par le contrat groupe les activités des membres des compagnies régionales des commissaires aux comptes, qu'il s'agisse de commissariat aux comptes, commissariat aux apports, à la transformation et à la fusion, auprès de toute personne ou entité quelle que soit sa forme juridique.

15823

Sont notamment comprises dans le **champ d'application** de la garantie, quel que soit leur contenu, les missions suivantes :
– missions de contrôleur des comptes dans les groupements d'intérêt économique ;
– missions de collaboration externe, effectuées pour le compte d'un autre commissaire aux comptes, et plus généralement toute mission de collaboration externe ou de sous-traitance ;
– missions gratuites qui pourraient être exercées au sein d'associations ou de sociétés philanthropiques ;
– missions exercées auprès de personnes ou d'entités n'étant pas tenues légalement de faire appel à un commissaire aux comptes inscrit ;
– missions exercées au sein de sociétés coopératives agricoles ou d'organismes du milieu agricole ;
– missions exercées au sein de personnes, de sociétés, d'associations ou groupements pour lesquels seraient acceptés des honoraires inférieurs au barème de la profession ;
– missions exercées au sein d'études et offices de notaires soumis par dispositions réglementaires au contrôle des commissaires aux comptes ;
– missions (contrôle qualité) diligentées par les conseils régionaux ou le Conseil national (contrôles périodiques prévus à l'article L 821-7 du Code de commerce) ;
– missions confiées au commissaire chargé d'évaluer le bien appartenant à un actionnaire acquis par la société (C. com. art. L 225-101) ;
– missions de certification du respect de la conformité des sites web dans Internet, au regard des normes et critères édictés par Webtrust, ainsi que des règles de déontologie et d'éthique de la profession ;
– les maîtres de stage et les co-maîtres de stage du fait de leur stagiaire ;
– missions de contrôleur spécifique prévues à l'article L 515-30 du Code monétaire et financier (CMF) lorsqu'elles sont exercées par un commissaire aux comptes,
et plus généralement toute intervention auprès d'une personne physique ou morale, prévue en application de la législation en vigueur ainsi que par les normes ou usages professionnels.

15825

Couverture géographique   Les garanties du contrat d'assurance groupe s'exercent uniquement sur les territoires de la République française, de la principauté de Monaco et du Val d'Andorre.
Toutefois, elles sont étendues au monde entier, sans déclaration préalable, pour les activités visées au n° 15825, quel que soit le lieu de leur achèvement, dès lors qu'elles ne s'accompagnent d'aucune prestation de services nécessitant un établissement ou une installation permanente hors des limites de l'Union européenne.
En ce qui concerne les risques survenant aux États-Unis et au Canada, la garantie s'exerce pour les seules réclamations présentées pendant la période de validité du contrat et les frais de procédure sont inclus dans les montants de garantie.

15840

Cotisations   La cotisation forfaitaire, ou prime, se compose d'une cotisation fixe et d'une cotisation proportionnelle.
La cotisation **fixe** est réglée directement par chaque commissaire aux comptes inscrit à sa compagnie régionale. Elle est également due par les sociétés de commissaires aux comptes.
La cotisation **proportionnelle** est assise sur le montant des honoraires perçus par le commissaire aux comptes l'année précédente.

15843

Les honoraires servant de base au **calcul** de la cotisation proportionnelle sont constitués par :
– le montant des honoraires globaux HT facturés par chaque assuré, personne morale, figurant sur la liste au cours de l'année civile précédant l'échéance annuelle du contrat ;
– le montant des honoraires globaux HT encaissés par chaque assuré, personne physique, figurant sur la liste au cours de l'année civile précédant l'échéance annuelle du contrat.

15848 **Garanties offertes** Le contrat groupe couvre systématiquement **quatre types de risques** :
– responsabilité civile professionnelle (n° 15855) ;
– responsabilité civile exploitation (n° 15880) ;
– défenses diverses (n° 15900) ;
– archives et supports d'information (n° 15920).

Les conditions générales du contrat groupe **excluent** notamment **des garanties** offertes les risques suivants :
• les dommages résultant d'une faute intentionnelle ou dolosive de l'assuré ;
• les condamnations infligées à titre de punition ou à titre exemplaire et ne correspondant pas à la réparation d'un dommage ;
• les dommages causés aux représentants légaux de l'assuré ainsi qu'à leurs conjoint, ascendants et descendants ;
• les dommages causés aux collaborateurs et préposés de l'assuré responsable du sinistre, dès lors que les dommages sont survenus pendant l'exercice de leurs fonctions.

Outre les garanties de base, le contrat groupe comporte des **garanties optionnelles** complémentaires qui peuvent être négociées individuellement par chaque assuré (n° 15935).

Garantie responsabilité civile professionnelle

15855 La garantie responsabilité civile professionnelle incluse dans le contrat groupe couvre les assurés contre les **conséquences pécuniaires de la responsabilité civile** encourue par le professionnel en raison de son fait, de sa faute ou de sa négligence, ainsi que de celle de ses préposés ou de toute personne dont il serait civilement responsable.

Cette assurance permet de répondre à l'obligation d'assurance édictée pour les commissaires aux comptes (voir n° 15800).

15857 **Risques couverts** La responsabilité civile professionnelle couvre notamment :
– les actions et procès que l'assuré pourrait avoir à soutenir en raison de son activité professionnelle (voir n° 15855) ;
– les pertes, vols, détériorations pour quelque cause que ce soit, y compris en cas d'incendie ou d'explosion, des pièces, titres et documents qui lui ont été confiés, appartenant ou non à ses clients ou à des tiers, dont il est directement ou indirectement détenteur.

15858 **Montant de la garantie** Le montant de la garantie bénéficie aux assurés personnes physiques et personnes morales.

15859 **Garantie subséquente** La garantie est déclenchée par la réclamation et couvre l'assuré contre les conséquences pécuniaires des sinistres, dès lors que le fait dommageable est antérieur à la date de résiliation ou d'expiration de la garantie, et que la première réclamation est adressée à l'assuré ou à ses ayants droit au souscripteur du contrat, aux instances professionnelles ou à l'assureur, entre la prise d'effet initiale de la garantie et l'expiration du délai subséquent. Le délai subséquent est de 10 ans. Ce délai n'est pas déclenché par la cessation d'activité ou le décès d'un assuré. Celui-ci conserve le bénéfice de la garantie en vigueur au jour de la réclamation pour les faits dommageables survenus avant sa cessation d'activité ou son décès.

15860 **Risques exclus** Outre les dommages exclus par les conditions générales (voir n° 15848), les dommages résultant d'activités autres que celles prévues par la police d'assurance, les amendes supportées personnellement par l'assuré, sauf si elles sont recouvrées contre celui-ci pris comme civilement responsable, les contestations relatives à toute question de frais et d'honoraires, les conséquences d'engagements particuliers pris par l'assuré qui excéderaient ses obligations ou les usages de la profession ne sont pas couverts par l'assurance responsabilité civile professionnelle.

Garantie responsabilité civile exploitation

15880 La garantie responsabilité civile exploitation couvre les assurés contre les **conséquences pécuniaires des dommages corporels, matériels et immatériels** subis par autrui, y compris leurs clients, imputables à l'exercice de leurs activités et ne résultant pas de fautes professionnelles garanties au titre de l'assurance responsabilité civile professionnelle.

> Cette garantie vise également les conséquences pécuniaires pouvant résulter de l'organisation de réunions ou manifestations professionnelles, ailleurs qu'aux États-Unis ou au Canada, par la Compagnie nationale ou par les compagnies régionales.

15883 **Risques couverts** La garantie responsabilité civile exploitation couvre également :
– la responsabilité civile de l'assuré résultant des conséquences pécuniaires de dommages subis par autrui et définis de manière très restrictive par la police d'assurance, dans la réalisation desquels est impliqué un **véhicule terrestre à moteur** dont l'assuré n'a pas la propriété et qu'il n'a ni loué ni emprunté. Il s'agira par exemple des dommages occasionnés par le déplacement d'un véhicule pour qu'il ne fasse plus obstacle à l'exercice de l'activité du cabinet ;
– les recours de la **sécurité sociale** et des **préposés** de l'assuré, pouvant notamment intervenir en cas de faute intentionnelle d'un préposé de l'assuré sur un autre préposé, ou d'accident du travail ou maladie professionnelle imputable à une faute inexcusable de l'assuré.

15885 **Risques exclus** Outre les dommages exclus par les conditions générales, sont notamment exclus de la garantie responsabilité civile d'exploitation les dommages résultant d'incendie, d'explosion, de phénomène électrique, de dégâts des eaux prenant naissance à l'intérieur des bâtiments dont l'assuré est propriétaire, locataire ou occupant permanent. Il en est de même des dommages dans la réalisation desquels sont impliqués des véhicules terrestres à moteur, autres que ceux expressément désignés dans la garantie (voir n° 15883).

Garantie défenses diverses

15900 **Risques couverts** Constitue un sinistre couvert par la garantie défenses diverses toute procédure, investigation ou enquête d'une autorité publique ou d'un tiers.
La garantie défenses diverses couvre ainsi le paiement de tous frais et honoraires concourant à la défense du commissaire aux comptes (frais d'expertise et de défense) ainsi que la prise en charge des dépens lorsqu'il est poursuivi ou susceptible d'être poursuivi dans le **cadre** d'une ou de plusieurs procédures, investigations ou enquêtes notamment de la part d'une autorité publique française ou étrangère ou d'un tiers également français ou étranger :
– devant les tribunaux répressifs sous l'inculpation de crime, de délit ou de contravention ;
– dans le cadre d'une procédure ou d'une enquête d'une autorité de contrôle ou de régulateurs des marchés financiers, notamment l'ACPR et l'AMF, ou d'une autre autorité administrative indépendante ;
– dans le cadre d'une procédure d'enquête ou disciplinaire ou de sanctions du H3C ;
– dans le cadre d'une action en relèvement de fonctions.

> Le(s) même(s) fait(s) donne(nt) lieu à l'application d'un seul plafond de garantie pour l'ensemble des procédures, investigations ou enquêtes ouvertes à l'encontre d'un assuré dans le cadre d'un même sinistre.

Par ailleurs, lorsque la constitution d'une **caution** est exigée, il est convenu d'un commun accord que l'assureur fera l'avance de celle-ci contre reconnaissance de dette et engagement de remboursement dès sa restitution, et en tout état de cause dans un délai de trois ans à compter de son versement.

15905 **Choix de l'avocat** L'assuré peut faire appel à l'avocat de son choix : les honoraires lui seront alors remboursés sur la base de ceux versés habituellement par l'assureur à ses propres avocats.

RESPONSABILITÉS DU COMMISSAIRE AUX COMPTES © Éd. Francis Lefebvre

Garantie archives et supports d'information

15920 **Risques couverts** La garantie archives et supports d'information permet de rembourser les frais nécessaires à la **reconstitution**, en cas de disparition, de destruction ou de détérioration des supports, informatiques ou non, d'informations ou tous documents ou pièces comptables appartenant à l'assuré et/ou lui étant confiés pour l'exercice de son activité professionnelle.

L'assureur rembourse à l'assuré la valeur matérielle des supports informatiques ou non informatiques ou tous documents ou pièces comptables. Si la reconstitution d'archives s'avère nécessaire, le remboursement des frais exposés aura lieu au fur et à mesure de la reconstitution des documents, après vérification des mémoires.

15925 **Garantie dommages pour catastrophes naturelles** Cette garantie a pour objet la couverture des dommages causés aux biens assurés par une catastrophe naturelle.

En application de l'article 3 de la loi du 13 juillet 1982, cette garantie est mise en jeu par la publication au Journal officiel d'un arrêté interministériel ayant constaté l'état de catastrophe naturelle. Elle couvre la réparation pécuniaire des **dommages matériels directs** subis par l'ensemble des biens garantis, et ayant eu pour cause l'**intensité anormale d'un agent naturel**.

Garanties optionnelles

15935 Au-delà des garanties de base souscrites par la CNCC, il est possible de négocier des garanties complémentaires pour toute l'activité et d'assurer des clients dénommés et/ou des missions ponctuelles.

15938 La **garantie responsabilité civile professionnelle complémentaire** permet aux cabinets de commissaires aux comptes d'obtenir une augmentation du montant de leur garantie.

15940 La **garantie pour clients dénommés** et **missions ponctuelles** permet de souscrire des garanties spécifiques pour des clients à risque, ou pour des missions ponctuelles dont les enjeux financiers sont importants.

Procédure

15950 **Obligation de l'assuré** Sous peine de déchéance, sauf cas fortuit ou de force majeure, l'assuré doit donner **avis du sinistre** à l'assureur dans le **délai** d'un mois à compter du moment où il a connaissance du sinistre. Sous peine de la même sanction, le délai est réduit à 15 jours en cas de **notification judiciaire** et à deux jours ouvrés s'il s'agit d'un **vol**.

La déchéance ne peut cependant être opposée à l'assuré que dans la mesure où l'assureur peut prouver que le retard lui a causé préjudice.

15955 L'assuré **joint à la déclaration** les pièces essentielles du dossier. Il doit ultérieurement prêter tout concours utile à l'assureur.

L'assuré qui fait de fausses déclarations sur la nature, les causes, les circonstances et les conséquences d'un sinistre est déchu de tout droit à garantie.

15960 **Obligations de l'assureur** L'assureur fait parvenir à la **Compagnie nationale** des commissaires aux comptes une **copie des déclarations de sinistre** dans les huit jours de leur réception.

Sous réserve des dispositions propres aux frais de défense pénale (voir n°s 15900 s.), l'ensemble des frais de procès (notamment dépens et frais d'expertise) est pris en charge par l'assureur.

Si la responsabilité de l'assuré n'est pas retenue, aucune franchise ne reste à la charge de l'assuré.

Si le montant de la condamnation excède la garantie, les frais supportés par l'assureur et l'assuré sont partagés au prorata de leur part respective dans la condamnation.

© Éd. Francis Lefebvre | **RESPONSABILITÉS DU COMMISSAIRE AUX COMPTES**

Lorsque la condamnation consiste dans le **versement d'une rente**, les dispositions suivantes sont applicables. **15962**

Si l'indemnité allouée à une victime ou à ses ayants droit consiste en une rente et si une acquisition de titres est ordonnée pour sûreté de son paiement, l'assureur emploie à la constitution de cette garantie la somme disponible dans la limite fixée par le contrat.

Si aucune garantie spéciale n'est ordonnée par une décision judiciaire, la valeur de la rente en capital est calculée d'après les règles applicables pour le calcul de la provision mathématique de cette rente.

Si cette valeur est inférieure ou égale à la somme disponible, la rente est intégralement à la charge de l'assureur. Si elle est supérieure, la rente n'est à la charge de l'assureur que proportionnellement à sa part dans la valeur de la rente en capital.

Procédures Devant les **juridictions civiles**, la défense de l'assuré, la direction du procès et l'exercice des voies de recours reviennent à l'assureur. L'assureur choisit notamment l'avocat, dont il prend en charge les frais et honoraires. **15965**

> L'assureur peut accepter de mandater l'avocat personnel de l'assuré, qu'il rémunère alors selon les modalités habituellement consenties à ses propres avocats. L'assuré peut également se faire assister d'un avocat de son choix à titre complémentaire : les honoraires de celui-ci sont alors à la charge de l'assuré.

Devant les **juridictions pénales**, l'assureur a la possibilité de diriger la défense ou de s'y associer si la ou les victimes n'ont pas été désintéressées. Il peut, au nom de l'assuré civilement responsable, exercer les voies de recours, sur avis conforme du comité des risques professionnels. **15968**

> Toutefois, si l'assuré est cité à comparaître comme prévenu, l'assureur ne peut exercer les voies de recours qu'avec l'accord de celui-ci, sauf pourvoi en cassation limité aux intérêts civils.

Les indemnités sont payées dans un délai de quinze jours à compter de la transaction ou de la décision judiciaire devenue exécutoire. Le délai ne court, en cas d'opposition à paiement, que du jour de la mainlevée.

L'assureur est **subrogé** dans les droits et actions de l'assuré jusqu'à concurrence des indemnités qu'il verse (C. ass. art. L 121-12). **15970**

TITRE II

Contrôle légal à l'étranger

CHAPITRE 1

Audit légal dans les pays de l'Union européenne

Plan du chapitre §§

SECTION 1			I.	Présentation générale	17805
Règles communes	16180		II.	Dispositions clés de la réforme	17840
I. Institutions compétentes	16185		A.	Comité d'audit	17850
II. Directives et règlements			B.	Rapports et communications	
européens	16250			des auditeurs	17870
III. *Accountancy Europe*	16350		C.	Désignation des auditeurs	17910
SECTION 2			D.	Indépendance des auditeurs et les services non-audit	
Dispositions nationales	16500			dans les EIP	17935
I. Allemagne	16500		E.	Obligation de rotation pour les EIP	18000
II. Belgique	16680		F.	Supervision des auditeurs	
III. Espagne	16850			et promotion d'un système	
IV. Irlande	17215			européen	18070
V. Suède	17560		G.	Normes internationales d'audit	18180
SECTION 3			H.	Audit dans les PME	18200
Réforme de l'audit légal			I.	Dispositions relatives	
en Europe	17800			aux contrôleurs légaux	18295

Les textes communautaires utilisent l'expression « contrôle légal des comptes ». **16100**
Pour une définition, voir n° 17812.

Nous étudierons les règles communes aux pays de l'Union européenne avant d'examiner les règles spécifiques à un certain nombre d'entre eux.

Enfin, nous présenterons le cadre réglementaire européen de l'audit légal compte tenu de la directive et du règlement adoptés par les instances européennes en avril 2014.

SECTION 1

Règles communes

Les pays de l'Union européenne ont en commun des institutions (n° 16185), des directives ou **16180** règlements ou des décisions (n°ˢ 16250 s.) et une organisation professionnelle, *Accountancy Europe* (par exemple FEE) (n° 16350).

I. Institutions compétentes

L'audit légal en Europe relève de la compétence du Conseil des ministres (n° 16190) et de **16185** la Commission européenne (n° 16191). La Commission est par ailleurs assistée par le Comité des organes européens de supervision de l'audit (n° 16200).

455

AUDIT LÉGAL DANS LES PAYS DE L'UNION EUROPÉENNE   © Éd. Francis Lefebvre

Conseil des ministres

16190   Le traité de Rome prévoit que le Conseil a une compétence générale pour prendre des mesures dans tous les domaines qui ne sont pas expressément attribués à la Commission européenne. Sur proposition de cette dernière, il adopte la réglementation communautaire et notamment les directives applicables en matière de contrôle légal (voir n° 16250).

Commission européenne

16191   Le rôle de la Commission européenne consiste essentiellement à proposer les directives européennes qui sont adoptées par le Conseil et à élaborer des recommandations, parmi lesquelles la création de comités spécialisés et la publication de « Livres verts ».

Lancement d'un projet de réforme de l'audit légal en octobre 2010

16193   À la suite de la crise financière de 2008-2009, la Commission européenne a engagé une réflexion générale portant sur la politique en matière d'audit. Le commissaire européen au marché intérieur et aux services, Michel Barnier, a ainsi présenté le 13 octobre 2010 un **Livre vert** intitulé « **Politique en matière d'audit, les leçons de la crise** » dans lequel a été posé un ensemble de questions sur l'audit légal et sur les évolutions qui pourraient être envisagées dans ce domaine.
Après de longs débats ont été adoptés la **directive** 2014/56/UE modifiant la directive 2006/43/CE et le **règlement** 537/2014 (JOUE 2014 L 158). Cette réforme européenne de l'audit est développée aux n°s 17800 s.

Comité des organes européens de supervision de l'audit (CEAOB)

16200   Le Comité des organes européens de supervision de l'audit (CEAOB), instauré par l'article 30 du règlement européen 537/2014 du 16 avril 2014, a tenu sa réunion inaugurale le 12 juillet 2016, à Bruxelles.
Cette instance se substitue au « Groupe européen des organes de supervision de l'audit – *European Group of Auditor's Oversight Bodies* » (EGAOB). Elle est composée de représentants des autorités de régulation de l'audit des 28 États membres de l'Union européenne (la quasi-totalité des États en ayant désigné une) et d'un représentant de l'Autorité européenne des marchés financiers (ESMA, *European Security and Markets Authority*).

> Le règlement européen précité a instauré une coopération entre les autorités compétentes des États membres afin de contribuer à l'amélioration de la qualité du contrôle légal.
> Cette coopération est organisée dans le cadre du Comité des organes européens de supervision de l'audit (CEAOB), qui facilite l'échange d'informations, fournit des conseils à la Commission et contribue aux évaluations techniques et aux examens techniques.
> Pour plus de détails sur les missions et la composition de cette instance, voir n° 18125.

II. Directives et règlements européens

16250   La directive 2006/43 du 17 mai 2006 concernant les contrôles légaux des comptes annuels et des comptes consolidés a abrogé et remplacé la directive 84/253 du 10 avril 1984 relative à l'agrément des personnes chargées du contrôle légal des documents comptables. Elle vise à améliorer la crédibilité de l'information financière et à renforcer la protection de l'UE contre des scandales financiers. Elle contient, entre autres, des dispositions qui concernent le contrôle prudentiel public, l'obligation d'assurance qualité externe, les devoirs des contrôleurs légaux des comptes, l'utilisation de normes internationales, ainsi que des principes en matière d'indépendance des contrôleurs.
Cette directive a été modifiée par :
– la directive 2013/34/UE du 26 juin 2013 relative aux états financiers annuels, aux états financiers consolidés et aux rapports y afférents de certaines formes d'entreprises ;
– la directive 2014/56/UE du 16 avril 2014 concernant les contrôles légaux des comptes annuels et des comptes consolidés (voir n°s 17800 s.).

AUDIT LÉGAL DANS LES PAYS DE L'UNION EUROPÉENNE

Le règlement européen 537/2014 du 16 avril 2014 a unifié, sous réserve d'options **16255**
pouvant être choisies par les États membres, les règles de contrôle légal applicables aux
entités d'intérêt public (EIP), notamment en matière de :
– désignation et de rotation des contrôleurs légaux ;
– préservation de l'indépendance des auditeurs légaux préalablement à leur désignation
et pendant la durée de leur mandat ;
– normes d'audit applicables et de contrôle qualité interne ;
– contenu et de formalisation des rapports des contrôleurs légaux au comité d'audit et
à l'organe délibérant ;
– informations particulières devant être communiquées aux autorités de régulation chargées de la surveillance des EIP ;
– contrôle qualité et surveillance exercés par les autorités de régulation des contrôleurs
légaux ;
– coopération entre les autorités de régulation des contrôleurs légaux des États membres
avec la création du CEAOB ainsi que la coopération avec les autorités de pays tiers.
Conformément à l'article 27 du règlement européen 537/2014, la Commission européenne a publié, le 28 janvier 2021, son rapport de suivi de la qualité et de la compétiti-
vité du marché du contrôle légal des comptes des entités d'intérêt public (EIP). Pour
plus d'informations sur ce rapport, voir https://eur-lex.europa.eu/legal-content/FR/TXT/
?uri=CELEX%3A52017DC0464
L'ensemble de ces points est développé aux n°s 17800 s.

La Commission a été habilitée par la directive et le règlement précités à adopter, par **16257**
voie de décisions (les actes délégués), les normes d'audit internationales visées à l'article
26 de la directive 2006/43/CE, ainsi que toutes dispositions qui lui paraîtraient utiles en
vue de réglementer les pratiques d'audit, l'indépendance et le contrôle de qualité interne
des contrôleurs légaux des comptes et des cabinets d'audit aux fins de leur application
dans l'Union, à condition qu'elles satisfassent aux exigences de la directive 2006/43/CE
et ne modifient aucune des exigences du règlement ni ne complètent aucune de ses
exigences en dehors de celles qui sont énoncées aux articles 7, 8 et 18 du règlement
relatifs :
– à l'information de l'entité contrôlée et le cas échéant de l'autorité de régulation de
l'entité contrôlée des irrégularités relevées ou soupçonnées (art. 7) ;
– au contrôle qualité (art. 8) ;
– à la transmission des informations visées à l'article 18 au successeur du contrôleur
légal à l'échéance de son mandat.
La Commission est également habilitée à adopter des actes délégués en vue d'établir les
critères d'adéquation généraux sur la base desquels elle doit déterminer si les autorités
compétentes de pays tiers peuvent être reconnues comme adéquates pour coopérer avec
les autorités compétentes des États membres en ce qui concerne l'échange de documents d'audit ou d'autres documents détenus par des contrôleurs légaux des comptes
et par des cabinets d'audit.
Elle est en outre habilitée à adopter des actes délégués en vue d'établir les critères
d'équivalence généraux à utiliser pour déterminer si les contrôles légaux des états financiers de sociétés constituées en dehors de l'Union sont effectués conformément aux
normes d'audit internationales visées à l'article 26 et aux exigences prévues aux articles
22, 24 et 25. Ces critères, qui sont applicables à tous les pays tiers, sont utilisés par les
États membres pour évaluer l'équivalence au niveau national.

Obligation de contrôle légal

L'article 34 de la directive 2013/34/UE du 26 juin 2013 impose que les états financiers **16260**
des **entités d'intérêt public, des moyennes entreprises et des grandes entreprises**
soient contrôlés par un ou plusieurs contrôleurs légaux des comptes ou cabinets d'audit
habilités par les États membres à procéder au contrôle légal des comptes conformément
à la directive 2006/43/CE.
Toutefois, dans les considérants, il est précisé que « la directive ne devrait pas empêcher
les États membres d'imposer une obligation d'audit pour leurs petites entreprises, en
tenant compte des conditions et des besoins spécifiques de ces entreprises et des utilisateurs de leurs états financiers ».

AUDIT LÉGAL DANS LES PAYS DE L'UNION EUROPÉENNE © Éd. Francis Lefebvre

Par ailleurs, la directive 2014/56/UE concernant les contrôles légaux des comptes annuels et des comptes consolidés modifie le point 1) de l'article 2 de la directive 2006/43/CE et définit le contrôle légal comme le contrôle des états financiers annuels ou des états financiers consolidés, dans la mesure où il est :
a) requis par le droit de l'Union ;
b) **requis par le droit national en ce qui concerne les petites entreprises** ;
c) volontairement effectué à la demande de petites entreprises, qui satisfait aux contraintes légales nationales équivalentes à celles d'un contrôle au titre du point b), lorsque la législation nationale définit ce contrôle comme un contrôle légal des comptes. La possibilité d'exiger un contrôle légal des petites entités est ainsi laissée à l'appréciation de chaque État membre.

Personnes habilitées au contrôle légal

16280   En application de l'article 2 de la directive 2006/43 du 17 mai 2006, le contrôle légal des documents visés à l'article 1 (comptes annuels et consolidés) ne peut être effectué que par des personnes agréées par les autorités compétentes d'un État membre. Ne peuvent être agréés par les autorités des États membres que :

16283   1°) les **personnes physiques** qui satisfont au moins aux conditions fixées aux articles 4 et 6 à 12, à savoir :
– honorabilité (art. 4),
– **formation initiale** définie comme suit : avoir atteint un niveau d'entrée à l'université ou un niveau équivalent, puis suivi un programme d'enseignement théorique, effectué une formation pratique et subi avec succès un examen d'aptitude professionnelle du niveau de fin d'études universitaires ou d'un niveau équivalent, organisé ou reconnu par l'État membre concerné (art. 6). Les articles 7 à 9 traitent du contenu et des modalités de l'examen d'aptitude professionnelle,
– **formation pratique** d'au moins trois années, portant notamment sur le contrôle des comptes annuels, des comptes consolidés ou d'états financiers similaires. Cette formation pratique doit se dérouler pour au moins deux tiers auprès d'un contrôleur légal des comptes ou d'un cabinet d'audit agréés dans un État membre (art. 10).
Les personnes ne remplissant pas les conditions de formation prévues par l'article 6 doivent pouvoir se prévaloir d'une **expérience professionnelle** de sept à quinze ans dans les domaines financier, juridique et comptable, et avoir passé avec succès l'examen d'aptitude professionnelle (art. 11). Par ailleurs, les États membres ont la possibilité de proposer une formation pratique combinée avec une instruction théorique d'une durée minimum d'un an, attestée par un diplôme d'État (art. 12),
– **formation continue**, permettant de maintenir leurs connaissances théoriques, leurs compétences professionnelles et leur valeur à un niveau suffisamment élevé (art. 13) ;
  Pour ce qui concerne les conditions à remplir par les personnes physiques pour prétendre à leur inscription sur la liste des commissaires aux comptes en France, voir n°s 1000 s.

16285   2°) les **cabinets d'audit** (personnes morales ou toute autre entité), à condition que (art. 3) :
– les **personnes physiques qui effectuent des contrôles** légaux des comptes au nom du cabinet satisfassent au moins aux conditions fixées aux articles 4 et 6 à 12 de la directive précitée (voir n° 16283) et soient agréées par les autorités compétentes d'un État membre, en tant que contrôleurs légaux des comptes dans ledit État membre,
– la majorité des **droits de vote** soit détenue par des cabinets d'audit agréés dans un État membre ou par des personnes physiques qui satisfont au moins aux conditions fixées aux articles 4 et 6 à 12 de la directive précitée (voir n° 16283),
  Les États membres peuvent prévoir que ces personnes physiques doivent également être agréées dans un autre État membre. Aux fins du contrôle légal des comptes des coopératives, des caisses d'épargne et des entités similaires au sens de l'article 45 de la directive 86/635 concernant les comptes annuels et les comptes consolidés des banques et autres établissements financiers, les États membres peuvent prévoir d'autres dispositions spécifiques en ce qui concerne les droits de vote (art. 3 b).

– la majorité – au maximum de 75 % – des **membres de l'organe d'administration ou de direction** de l'entité soit composée de cabinets d'audit agréés dans tout État membre ou de personnes physiques qui satisfont au moins aux conditions fixées aux articles 4 et 6 à 12 de la directive précitée (voir n° 16283),

AUDIT LÉGAL DANS LES PAYS DE L'UNION EUROPÉENNE

Les États membres peuvent prévoir que ces personnes physiques doivent également être agréées dans un autre État membre. Les États membres peuvent également prévoir des conditions supplémentaires, proportionnées aux objectifs poursuivis et limitées à ce qui est absolument nécessaire (art. 4 in fine).

– le cabinet remplisse les conditions d'honorabilité imposées par l'article 4.

Pour ce qui concerne l'exercice de la profession en société de commissaires aux comptes en France et plus particulièrement la transposition des règles européennes énoncées ci-dessus dans le droit français, voir n⁰ˢ 1025 s.

III. *Accountancy Europe*

16350 La Fédération des experts-comptables européens (FEE) a changé de nom le 7 décembre 2016 pour devenir *Accountancy Europe*. Cette organisation représentative de la profession comptable en Europe regroupe 50 instituts professionnels issus de trente-cinq pays, dans l'ensemble des États membres de l'Union européenne.

16352 Les activités de cette organisation couvrent tous les sujets intéressant la profession comptable : comptabilité, audit, déontologie, fiscalité, droit des sociétés, banques, assurances, comptabilité de gestion, réglementation et libéralisation de la profession.

16355 *Accountancy Europe* est une association internationale à but non lucratif, régie par le droit belge. Elle n'est pas un organisme de normalisation au niveau européen, mais elle réalise et publie des **études** notamment sur les conditions d'exercice de l'audit légal et les normes d'audit.

Elle a eu également un rôle actif dans le cadre de la réforme européenne de l'audit.

Pour plus d'informations, on pourra se reporter au site Internet d'*Accountancy Europe* : https://www.accountancyeurope.eu/

SECTION 2

Dispositions nationales

I. Allemagne

16500 Les dispositions de la directive 2014/56/UE modifiant la directive 2006/43/CE concernant les contrôles légaux des comptes et du règlement 537/2014 relatif au contrôle des comptes des entités d'intérêt public sont développées dans une section spécifique (voir n⁰ˢ 17800 s.).

En Allemagne, la **transposition** de cette directive et le choix des options contenues dans le règlement précité ont tout d'abord été réalisés par deux lois distinctes :

– la loi *Abschlussprüfungsreformgesetz (AReG)* du 17 mars 2016 qui transpose les règles relatives au contrôle légal des comptes ;

– et la loi *Abschlussprüferaufsichtsgesetz (APAReG)* du 3 décembre 2015 concernant le contrôle de l'auditeur légal et la modification des normes professionnelles d'audit.

Les lois *AReG* et *APAReG* sont entrées en vigueur le 17 juin 2016 et sont applicables à partir de l'exercice suivant cette date (en règle générale à partir de l'exercice 2017) avec toutefois certaines dispositions transitoires indiquées ci-après.

Le législateur allemand n'a pas souhaité étendre le champ des **EIP** définies par la directive précitée (voir n⁰ 17815).

Par la suite, en mai 2021, le Parlement fédéral (*Bundestag*) a adopté la loi *Finanzmarktin-tegritätsstärkungsgesetz* (FISG) visant à rétablir et renforcer durablement la confiance dans le marché financier allemand. À cet égard, la loi dite FISG apporte des innovations majeures en matière de droit des sociétés et des marchés financiers avec notamment :

– l'octroi pour l'Autorité fédérale de supervision financière (BAFIN) de pouvoirs plus importants (voir n⁰ 16532) ;

– des changements concernant la « liste noire » des services interdits autres que d'audit (voir n⁰ 16542) ;

459

AUDIT LÉGAL DANS LES PAYS DE L'UNION EUROPÉENNE　　© Éd. Francis Lefebvre

– l'introduction de nouvelles règles concernant toutes les entités d'intérêt public (voir n° 16543) ;
– une rotation accélérée des auditeurs dans les entités d'intérêt public (voir n° 16551) ;
– une responsabilité plus étendue des auditeurs (voir n° 16570).
Cette loi dite FISG est entrée en vigueur le 1er juillet 2021 avec une période transitoire pour certaines dispositions.

Champ d'application

16501　Les **sociétés de capitaux** (essentiellement les formes *Aktiengesellschaft – AG, Gesellschaft mit beschränkter Haftung – GmbH, Kommanditgesellschaft auf Aktien – KGaA*) qui dépassent deux des trois seuils suivants sur deux exercices comptables consécutifs sont soumises au contrôle légal (§ 267, al. 1 et 316, al. 1, phrase 1 Handelsgesetzbuch – HGB – Code de commerce allemand) :
– total du bilan : 6 millions d'euros ;
– chiffre d'affaires : 12 millions d'euros ;
– effectif moyen annuel : 50 salariés.
Les seuils relatifs au total bilan et au chiffre d'affaires ont été modifiés à la suite de la loi de transposition des directives comptables (*Bilanzrichtlinie-Umsetzungsgesetz, BilRUG*), entrée en vigueur en juillet 2015 avec application obligatoire aux exercices clos à partir du 31 décembre 2015.

L'Allemagne a retenu les seuils maximums fixés dans la directive 2013/34/UE, qui abroge les directives 78/660/CEE (quatrième directive) et 83/349/CEE (septième directive).

Les sociétés de capitaux faisant appel aux marchés financiers sont soumises au contrôle légal indépendamment de leur taille, en vertu des dispositions des § 267, al. 3, phrase 2 et 316, al. 1, phrase 1 HGB.
Les **entreprises individuelles et sociétés de personnes** (*offene Handelsgesellschaft – oHG, Kommanditgesellschaft – KG*) qui ne comptent pas au moins un associé direct ou indirect ayant une responsabilité illimitée sont considérées, au niveau du contrôle légal, comme des sociétés de capitaux, selon les dispositions du § 264a du HGB.

Les entreprises individuelles et les sociétés de personnes qui n'entrent pas dans le cadre de l'article 264a du HGB sont soumises à l'obligation de désigner un auditeur légal lorsqu'elles dépassent les seuils suivants (§ 1 *Publizitätsgesetz* - PublG – loi sur la publication des comptes annuels) :
– total du bilan supérieur à 65 millions d'euros ;
– chiffre d'affaires supérieur à 130 millions d'euros ;
– effectif supérieur à 5 000 salariés (moyenne sur les 12 mois précédant la clôture).

Les **coopératives** (*Genossenschaften*) sont soumises à une obligation de contrôle tous les deux ans. Celles dont le total de bilan excède 2 millions d'euros sont soumises à un contrôle annuel (§ 53, al. 1 *Genossenschaftsgesetz* (GenG – loi sur les coopératives).

16502　Les **établissements de crédit** et les **compagnies d'assurances** sont soumis au contrôle légal quelles que soient leur forme juridique et leur taille, selon les dispositions des § 340k et 341k HGB.

16504　Les **entreprises** qui établissent des **comptes consolidés** sont soumises à l'obligation du contrôle légal quelle que soit leur taille (§ 316, al. 2 HGB).
Une **société mère** est soumise à l'obligation d'établir des **comptes consolidés** dès lors que sont dépassés deux des trois seuils suivants (§ 293, al. 1 HGB) :
– total du bilan consolidé supérieur à 20 millions d'euros ; ou total du bilan cumulé supérieur à 24 millions d'euros ;
– chiffre d'affaires consolidé supérieur à 40 millions d'euros ; ou total du chiffre d'affaires cumulé supérieur à 48 millions d'euros ;
– effectif supérieur à 250 salariés (moyenne sur les 12 mois précédant la clôture).
Les seuils relatifs au total bilan et au chiffre d'affaires ont été modifiés à la suite de la loi BilRUG, entrée en vigueur en juillet 2015 avec application obligatoire aux exercices clos à partir du 31 décembre 2015.

L'Allemagne a retenu les seuils maximums fixés dans la directive 2013/34/UE.

Professionnels habilités

16510　L'audit légal des comptes est réservé aux commissaires aux comptes, *Wirtschaftsprüfer* (personnes physiques) et aux sociétés d'audit, *Wirtschaftsprüfungsgesellschaften* (personnes morales).

© Éd. Francis Lefebvre   AUDIT LÉGAL DANS LES PAYS DE L'UNION EUROPÉENNE

Par exception au principe ci-dessus, les sociétés constituées sous forme de *Gesellschaft mit beschränkter Haftung* (société à responsabilité limitée) de taille moyenne ou de sociétés de personnes de taille moyenne au sens du § 264a, al. 1 HGB peuvent faire appel à des **vereidigte Buchprüfer** ou à des *Buchungsprüfungsgesellschaften* (§ 319, al. 1 HGB). Ces derniers ne peuvent toutefois pas auditer les grandes entreprises et les sociétés faisant appel aux marchés financiers.

Les commissaires aux comptes doivent être en possession d'un document valide attestant qu'ils ont été soumis au contrôle qualité selon le § 57a du Code des commissaires aux comptes (*Wirtschaftsprüferordnung* – WPO), sauf autorisation particulière délivrée par la Compagnie nationale des commissaires aux comptes (*Wirtschaftsprüferkammer* – WPK).

Tous les professionnels habilités doivent être membres de la *Wirtschaftsprüfungskammer* (voir n° 16520).

16512 Les **qualifications requises** sont celles prévues dans la directive européenne du 17 mai 2006 (modifiée par la directive européenne du 16-4-2014) concernant les contrôles légaux des comptes annuels et des comptes consolidés, qui a abrogé la 8ᵉ directive. Lorsqu'un candidat a réussi l'examen d'aptitude professionnelle, il peut être nommé *Wirtschaftsprüfer* par la *Wirtschaftsprüferkammer*. Les personnes qui ne remplissent pas les conditions de diplôme doivent justifier soit d'une expérience professionnelle de dix ans et réussir l'examen d'aptitude, soit d'une expérience professionnelle de cinq ans, en tant que *vereidigte Buchprüfer* ou *Steuerberater* et du succès à l'examen d'aptitude professionnelle.

Le *Wirtschaftsprüfer* est autorisé, suivant les dispositions du Code des commissaires aux comptes (*Wirtschaftsprüferordnung*), à accomplir des **missions autres que la certification des comptes**. Ainsi, entrent dans son domaine de compétence les activités suivantes :
- conseil pour des questions d'ordre économique, social et fiscal ;
- représentation devant l'administration fiscale et les tribunaux fiscaux ;
- expertises d'ordre économique ;
- activités fiduciaires.

À propos des activités incompatibles avec la mission du commissaire aux comptes, voir n° 16540.

Organisation de la profession

16520 La *Wirtschaftsprüfungskammer* (WPK) est un organisme de droit public (Code des commissaires aux comptes – *Wirtschaftsprüferordnung* - WPO – § 4, al. 1) mis en place en 1961, auquel a été confié le **contrôle de la profession**. Elle est placée sous le contrôle du ministère fédéral de l'économie et de la technologie. Elle assure l'autonomie de la profession et la défense de ses intérêts. La *Wirtschaftsprüfungskammer* a le devoir de conseiller et d'informer ses membres sur les droits et les obligations en vigueur. Elle exerce le pouvoir disciplinaire au sein de la profession.

Les *Wirtschaftsprüfer* sont **obligatoirement inscrits** à la *Wirtschaftsprüferkammer*.

Depuis le 1er janvier 2004, l'organisation des examens ainsi que la nomination des *Wirtschaftsprüfer* au niveau fédéral figurent parmi les responsabilités de la WPK.

La loi *Berufsaufsichtsreformgesetz* (BARefG) qui est entrée en vigueur le 6 septembre 2007 a renforcé les instruments de contrôle de la *Wirtschaftsprüferkammer*. Le § 55c a été ajouté à la WPO qui prévoit que les commissaires aux comptes qui effectuent des audits d'entités d'intérêt public publient un rapport de transparence annuel sur leurs activités. La WPK doit être informée de la publication ; si celle-ci n'est pas possible sous forme électronique, le rapport peut être consulté dans les bureaux de la WPK.

16522 Depuis l'année 2000, la *Wirtschaftsprüferkammer* est en charge de la mise en place d'un système de contrôle qualité introduit sous forme de *peer review*.

Dans le contexte de procédures dites « d'*enforcement* », la loi *Bilanzkontrollgesetz* du 15 décembre 2004 a conduit à un système à deux niveaux de suivi et de contrôle de la comptabilité des entreprises faisant appel aux marchés financiers. La commission mandatée *Deutsche Prüfstelle für Rechnungslegung* prend en charge le premier niveau en cas de signalement d'erreurs dans les comptes publiés, l'Autorité fédérale de contrôle des services financiers (*Bundesanstalt für Finanzdienstleistungsaufsicht* – BaFin) le deuxième.

La loi relative au contrôle des commissaires aux comptes (*Abschlussprüferaufsichtsgesetz* – APAG) entrée en vigueur le 1er janvier 2005, a conduit à la création de la commission de contrôle des commissaires aux comptes (*Abschlussprüferaufsichtskommission* – APAK), située hiérarchiquement au-dessus de la *Wirtschaftsprüferkammer* (WPK).

461

AUDIT LÉGAL DANS LES PAYS DE L'UNION EUROPÉENNE © Éd. Francis Lefebvre

La loi *Abschlussprüferaufsichtsgesetz (APAReG)* du 3 décembre 2015 a supprimé l'APAK et créé une autorité allemande de surveillance de l'auditeur légal (*Abschlussprüferauf-sichtsstelle – APAS*) rattachée à l'Office fédéral de l'économie et du contrôle des exportations (*Bundesamt für Wirtschaft und Ausfuhrkontrolle – BAFA*). L'APAS a repris les principales fonctions de l'APAK, notamment :
– la supervision du système de contrôle qualité de l'audit mis en place par la *Wirtschafts-prüferkammer* (*peer review*) ;
– la surveillance publique de la profession ;
– la coopération avec les organismes correspondants d'autres États européens.
De plus, l'APAS veille au respect de la concurrence entre les différents auditeurs légaux sur le marché de l'audit et supervise le processus de sélection de l'auditeur légal suite à un appel d'offres. L'APAS peut également exiger du comité d'audit l'obtention de son rapport annuel d'activité.

16525 L'*Institut der Wirtschaftsprüfer in Deutschland e.V.* (IDW) est une association privée qui regroupe la très grande majorité des auditeurs légaux allemands. À la différence de la WPK, l'**adhésion** à l'IDW est **facultative**.

L'IDW, organisation privée, n'a pas de pouvoir de sanction.

16528 Les différentes **missions** de l'IDW couvrent les domaines suivants :
– traitement des questions spécifiques à l'audit tant au niveau national qu'international (voir n° 16578) ;
– préparation à l'examen de *Wirtschaftsprüfer* et formation professionnelle continue ;
– promotion des domaines de compétence de l'auditeur légal et représentation des intérêts de la profession ;
– surveillance de l'unicité des principes de la profession (indépendance, autonomie, conscience professionnelle) et contrôle de leur respect par ses membres.
Récemment, la priorité de l'IDW a été l'introduction des nouvelles normes relatives à l'opinion d'audit conformément aux normes ISA 700, 705 et 706 (IDW PS 400 n.F.).

16529 Depuis quelques années, l'association wp-net e.V., dont l'objectif est de représenter les cabinets de petite et de moyenne taille, constitue une alternative à l'IDW.

16532 **Autorité fédérale de supervision (BaFin)** La loi *Finanzmarktintegritätsstärkungs-gesetz* (FISG) a apporté des changements concernant les pouvoirs de l'Autorité fédérale de supervision de la finance dite BaFin (*Bundesanstalt für Finanzdienstleistungsaufsicht*). Depuis le 1er juillet 2021, la BaFin dispose de pouvoirs nouveaux et élargis. Elle est désormais chargée de la supervision des sociétés cotées sur le marché des capitaux, mission anciennement confiée au *Deutsche Prüfstelle für Rechnungslegung* dit DPR qui avait cette responsabilité en premier lieu et la BaFin uniquement en cas d'appel. Les dossiers en cours sont transférés de DPR à BaFin avant le 31 décembre 2021. La BaFin devient également l'autorité auprès de laquelle l'auditeur signale les cas de fraudes présumées ou de non-respect présumé des lois et règlements. En outre, la BaFin, en tant qu'agence fédérale, se voit accorder des pouvoirs souverains étendus notamment en matière de droit de recherche et de confiscation.

Statut et règles de comportement

16535 Les règles de comportement professionnel sont transcrites dans les textes suivants :
1. Code de commerce allemand (*Handelsgesetzbuch*, § 316 à 324a HGB).
2. Code des commissaires aux comptes (*Wirtschaftsprüferordnung*, § 43 s. WPO).
3. Charte professionnelle régissant les droits et les devoirs des *Wirtschaftsprüfer* et des *vereidigte Buchprüfer* dans l'exercice de leur profession (*Berufssatzung der Wirtschaftsprü-ferkammer*). Cette charte a été mise à jour le 23 septembre 2016. Parmi les principaux ajouts figurent notamment la validité des normes ISA en Allemagne ainsi que la réforme du contrôle qualité des auditeurs légaux afin de mieux tenir compte de la taille des cabinets.

16538 Le Code d'éthique de l'IESBA n'a pas été introduit en tant que tel en Allemagne. Pour autant, son contenu est repris dans les principaux cadres de la profession que sont *the Charta for Certified Public Auditors (Berufssatzung der Wirtschaftsprüfer)*, le Code des

© Éd. Francis Lefebvre   **AUDIT LÉGAL DANS LES PAYS DE L'UNION EUROPÉENNE** ▌

commissaires aux comptes *(Wirtschaftsprüferordnung)* et le Code de commerce allemand *(Handelsgesetzbuch)*. Selon le cadre juridique, le *Wirtschaftsprüfer* doit satisfaire à des **obligations** d'indépendance, de secret professionnel et de comportement (voir Wirtschaftsprüferordnung § 43).

Indépendance et objectivité   Afin d'assurer l'indépendance de l'auditeur légal, le **16540**
Code de commerce et les règles professionnelles prévoient un régime d'**incompatibilités** et d'**interdictions** (voir Handelsgesetzbuch § 319 ff.).

En règle générale, un *Wirtschaftsprüfer* ne peut auditer les comptes d'une société lorsqu'il existe des circonstances, en particulier des liens personnels, financiers ou commerciaux, susceptibles d'affecter son impartialité (§ 319, 319a, 319b HGB).

Le Code de commerce allemand interdit en particulier au *Wirtschaftsprüfer* d'accepter ou de conserver un mandat de commissariat aux comptes dans les circonstances suivantes (présomption irréfragable d'atteinte à l'impartialité) :

– lorsqu'il détient des **actions** de la société auditée ou de ses filiales détenues à plus de 20 % (§ 319, al. 3, n° 1 HGB) ;

– lorsqu'il est **représentant légal**, membre du conseil de surveillance, salarié de la société auditée ou de ses filiales détenues à plus de 20 % (§ 319, al. 3, n° 2 HGB) ;

– lorsqu'il a participé à la tenue de la **comptabilité** ou à l'établissement des **comptes annuels qui font l'objet de l'audit** (§ 319, al. 3, n° 3a HGB) ;

Cette interdiction doit être interprétée de manière fonctionnelle et non pas conditionnelle, ce qui signifie que toutes les activités exercées en dehors de l'audit légal ne sont pas forcément incompatibles avec ce dernier. La participation à la production de documents comptables (par exemple, la réalisation d'écritures d'inventaire, la rédaction de l'annexe) constitue une incompatibilité, alors que l'activité de conseil (par exemple, de conseil fiscal) n'en constitue pas forcément une, à moins que la société ne soit une EIP (§ 319a, al. 1, n° 2 HGB).

– lorsqu'il a participé à la conduite de l'**audit interne** dans une position de responsabilité au cours de l'exercice audité (§ 319, al. 3, n° 3b HGB) ;

– lorsqu'il a fourni à la société auditée des **conseils financiers ou en management** au cours de ce même exercice (§ 319, al. 3, n° 3c HGB) ;

– lorsqu'il a fourni à la société auditée des prestations autonomes d'**actuariat** ou d'**évaluation d'entreprise** qui ont une influence significative sur les comptes à auditer (§ 319, al. 3, n° 3d HGB) ;

Les interdictions énumérées par le § 319, al. 3, n° 3 HGB ne s'appliquent que si les prestations en cause ne sont pas d'importance négligeable.

– lorsqu'un des membres de l'équipe d'audit ne pourrait pas être commissaire aux comptes de la société pour l'une des raisons citées ci-dessus (§ 319, al. 3, n° 4 HGB) ;

– lorsque les honoraires perçus en qualité de *Wirtschaftsprüfer* et de conseil fiscal de l'entreprise et de ses filiales détenues à plus de 20 % ont excédé **30 % de l'ensemble des revenus** de l'auditeur légal au cours des cinq dernières années et continueront d'excéder ce plafond au titre de l'exercice audité (§ 319, al. 3, n° 5 HGB).

La loi *Bilanzrechtsreformgesetz* du 29 octobre 2004 visant à améliorer l'indépendance de **16541**
l'auditeur précise les activités incompatibles avec le rôle du commissaire aux comptes, notamment les **situations d'autorévision**.

Elle impose certaines mesures d'exclusion complémentaires pour les contrôleurs légaux des sociétés faisant appel aux marchés financiers (§ 319a HGB). À la suite de l'entrée en vigueur de la loi *Abschlussprüfungsreformgesetz* (AReG), les mesures réglementées par le paragraphe 319a du HGB ont été étendues à toutes les entités d'intérêt public (à savoir les sociétés faisant appel aux marchés financiers, les établissements de crédit selon la « *Capital Requirements Regulation* » et les entreprises d'assurances entrant dans le champ d'application de *Solvency II*). Ainsi, il est interdit au commissaire aux comptes de telles entreprises de fournir des prestations juridiques ou fiscales ayant un impact significatif et direct sur la situation financière de l'entreprise auditée et dépassant la présentation de solutions techniques. Les honoraires du *Wirtschaftsprüfer* de chaque entreprise ne peuvent excéder 15 % de l'ensemble de ses revenus de contrôleur légal.

S'agissant du seuil de 15 % fixé par le règlement européen 537/2014 concernant les honoraires totaux reçus d'une EIP au cours de chacun des trois derniers exercices consécutifs par rapport au total des honoraires reçus par le contrôleur légal des comptes ou le cabinet d'audit, voir n° 17865.

463

| AUDIT LÉGAL DANS LES PAYS DE L'UNION EUROPÉENNE | © Éd. Francis Lefebvre

De plus, la *Bilanzrechtsreformgesetz* précise que les sociétés faisant appel aux marchés financiers sont soumises à l'obligation d'établir leurs comptes consolidés selon les normes IAS/IFRS.

La loi *Bilanzrechtmodernisierungsgesetz* du 25 mai 2009 a introduit un nouveau § 319b HGB interdisant au *Wirtschaftsprüfer* de certifier les comptes d'une entreprise si un membre de son **réseau** est frappé de l'une des incompatibilités ci-dessus. L'interdiction est écartée dans certains cas si le membre du réseau ne peut avoir d'influence sur les conclusions de l'audit. Un réseau existe lorsque des personnes coopèrent dans le but d'exercer leur profession en poursuivant des intérêts économiques communs de manière durable.

16542 **Services non-audit pour les EIP** La loi *Abschlussprüfungsreformgesetz (AReG)* du 17 mars 2016 applicable aux entités d'intérêt public a dans un premier temps délimité les **services autres que d'audit interdits** suivants (liste non exhaustive) :
– certains services fiscaux portant notamment sur l'impôt sur les salaires et les droits de douane ;
– des services qui supposent d'être associé à la gestion ou à la prise de décision de l'entité contrôlée ;
– la comptabilité et la préparation de registres comptables et d'états financiers ;
– les services de paie ;
– la conception et la mise en œuvre de procédures de contrôle interne ou de gestion des risques en rapport avec la préparation et/ou le contrôle de l'information financière ou la conception et la mise en œuvre de systèmes techniques relatifs à l'information financière ;
– les services d'évaluation, notamment les évaluations réalisées en rapport avec les services actuariels ou les services d'aide en cas de litige.

Préalablement à l'entrée en vigueur de la loi *Finanzmarktintegritätsstärkungsgesetz* (FISG), l'Allemagne avait choisi l'option offerte aux États membres d'autoriser la fourniture des services suivants :
– les services d'évaluation, notamment les évaluations réalisées en rapport avec les services actuariels ou les services d'aide en cas de litige ;
– certains services fiscaux portant notamment sur l'établissement des déclarations fiscales, l'identification des subventions publiques et des incitations fiscales, l'assistance lors de contrôles fiscaux menés par les autorités fiscales et le calcul de l'impôt direct et indirect ainsi que de l'impôt différé.

La loi FISG précitée a cependant apporté des changements concernant la « liste noire » des services autres que d'audit interdits. L'Allemagne a décidé de **ne plus utiliser l'option** accordée aux États membres par le règlement UE 537/2014 d'autoriser les auditeurs à fournir certains services autres que d'audit comme des services fiscaux et d'évaluation lorsque lesdits services sont peu importants ou n'ont pas d'effet direct, séparément ou dans leur ensemble, sur les états financiers contrôlés.

Depuis le 1er juillet 2021, la « liste noire » à l'échelle de l'Union européenne est entièrement adoptée en droit allemand. Ainsi, tous les services non d'audit visés par l'article 5, paragraphe 1, alinéa 2, du règlement précité sont désormais interdits.

Pour une liste exhaustive des services interdits définis au 5.1. du règlement précité, voir n° 17940.

16543 **Règles de gouvernance pour les EIP** La loi dite FISG a également introduit de nouvelles règles liées à la gouvernance d'entreprise des EIP. De manière générale, ces règles étaient déjà en partie intégrées dans le Code de gouvernement d'entreprise allemand, applicable sur une base volontaire.

Le nouveau dispositif légal vise notamment l'obligation de mise en place d'un système efficace de contrôle interne et de gestion des risques, l'obligation de mise en place d'un comité d'audit, la composition de ce dernier ainsi que son rôle dans la supervision de la qualité de l'audit.

Ces dispositions sont dorénavant retranscrites dans la loi sur les sociétés par actions révisée (*Aktiengesetz*).

16544 **Secret professionnel** Le secret professionnel constitue l'un des éléments fondateurs de la relation de confiance entre l'auditeur légal et son client.

Le secret professionnel est défini et garanti par les dispositions professionnelles (§ 43, al. 1 WPO), par le droit civil (§ 323, al. 1 HGB), par le droit pénal (§ 203 StGB), ainsi que par des normes légales spécifiques.

© Éd. Francis Lefebvre — AUDIT LÉGAL DANS LES PAYS DE L'UNION EUROPÉENNE

L'auditeur légal ne peut être relevé de son secret professionnel que par son mandant (le client).

Le secret professionnel présente la caractéristique d'être illimité dans le temps.

Comportement La profession oblige le *Wirtschaftsprüfer* à faire preuve d'un comportement digne de **confiance** et de **respect**, que ce soit dans son environnement professionnel ou non. Un comportement irréprochable est demandé auprès des clients, des confrères et des collaborateurs, mais également auprès de tiers et de l'organisation professionnelle. L'audit doit être mené de manière scrupuleuse et impartiale. **16545**

Publicité La publicité n'est autorisée que si elle apporte une information objective sur la forme et le fond de l'activité professionnelle, et non si elle a pour objet l'attribution d'un contrat particulier. **16547**

Conditions de mise en œuvre de la mission

Nomination L'auditeur légal est désigné en règle générale par l'**assemblée générale** (§ 318 HGB), le plus souvent à l'occasion de l'approbation des comptes de l'exercice précédent. **16550**

Les statuts d'une GmbH ou d'une OHG ou KG au sens du § 264a du HGB peuvent prévoir d'autres modalités de nomination du commissaire aux comptes.

Le commissaire aux comptes doit être désigné avant la fin de l'exercice au cours duquel il doit intervenir. Il ne peut être révoqué que si un autre commissaire aux comptes a été désigné.

Le mandat porte sur **un seul exercice**. Il n'est pas permis de nommer à l'avance un auditeur légal pour plusieurs exercices.

La désignation d'un **suppléant** est possible, mais non obligatoire.

Le même auditeur légal peut être **renouvelé** plusieurs fois de suite et sans limitation dans le temps, à l'exception de l'auditeur légal des entités d'intérêt public.

Obligation de rotation dans les EIP La loi *Abschlussprüfungsreformgesetz (AReG)* introduit à partir de l'exercice 2017 et selon les dispositions transitoires définies à l'article 41 du règlement 537/2014, l'obligation de rotation externe de l'auditeur des comptes d'entités d'intérêt public à l'issue d'une **durée maximale** de dix ans. **16551**

Préalablement à l'entrée en vigueur de la loi *Finanzmarktintegritätsstärkungsgesetz* (FISG), par exception, le mandat de cet auditeur pouvait toutefois être **prolongé** :

– pour une durée de dix années, dans la limite de vingt années, lorsqu'une procédure d'appel d'offres public pour le contrôle légal des comptes était mise en œuvre à la fin de la période initiale de dix ans ;

– pour une durée de quatorze années, lorsque l'EIP était contrôlée par plusieurs contrôleurs des comptes ou cabinets d'audit, à condition qu'un rapport d'audit conjoint soit présenté (cocommissariat ou « *joint audit* »).

Pour les établissements de crédit correspondant à la définition du « *Capital Requirements Regulation* » et les entreprises d'assurances entrant dans le champ d'application de *Solvency II*, la prolongation du mandat de leur auditeur était interdite au-delà de la période initiale de dix années.

La loi dite FISG a cependant apporté des changements concernant l'obligation de rotation des auditeurs dans les EIP. Ainsi, pour les exercices ouverts après le 31 décembre 2021, la durée maximale du mandat des auditeurs a été harmonisée et fixée à dix ans, sans possibilité de prolongation, pour toutes les entités d'intérêt public, y compris les sociétés cotées, les établissements de crédit et les entreprises d'assurances.

Après l'expiration de la durée maximale, ni le contrôleur légal des comptes ou cabinet d'audit ni, le cas échéant, aucun membre de leurs réseaux dans l'Union européenne ne peut contrôler les comptes de la même entité d'intérêt public au cours des quatre années qui suivent.

Par ailleurs, le contrôleur légal ou cabinet d'audit qui a participé à la conception et la mise en œuvre de procédures de contrôle interne ou de gestion des risques en rapport avec la préparation et/ou le contrôle de l'information financière ne peut réaliser l'audit des comptes de la dite EIP l'année suivante. Cette interdiction est notamment observer **16552**

465

AUDIT LÉGAL DANS LES PAYS DE L'UNION EUROPÉENNE © Éd. Francis Lefebvre

lorsqu'une procédure d'appel d'offres public pour le contrôle légal des comptes est mise en œuvre.

16553 Par la loi *Bilanzrechtsreformgesetz* du 29 octobre 2004, le législateur allemand a introduit le § 319a, al. 1, phrase 1, n° 4 HGB qui prévoit une **rotation interne** du *Wirtschaftsprüfer* signataire au sein des sociétés d'audit pour les sociétés faisant appel aux marchés financiers. Cette disposition est entrée en vigueur le 1er janvier 2007, et s'applique lorsque le *Wirtschaftsprüfer* chargé du dossier a certifié les comptes d'une société faisant appel aux marchés financiers pendant **sept exercices**. Le délai de viduité de deux ans est passé à trois ans suite à la loi *Abschlussprüfungsreformgesetz (AReG)* du 17 mars 2016. Ce délai est applicable pour la désignation du *Wirtschaftsprüfer* à compter du 17 juin 2016.

16555 **Acceptation de la mission**   Il convient de faire une distinction entre la désignation du *Wirtschaftsprüfer* par l'assemblée générale et l'ordre de mission (*Prüfungsauftrag*), qui doit être délivré sans délai par les représentants légaux de l'entreprise (conseil de surveillance dans les sociétés anonymes).

La même règle s'applique aux sociétés à responsabilité limitée lorsqu'il existe un conseil de surveillance et quand les clauses statutaires ne prévoient pas d'autres dispositions.

C'est seulement lorsque le *Wirtschaftsprüfer* accepte l'ordre de mission qu'il devient l'auditeur légal de l'entité (*Bestellung*). L'acceptation peut se faire sous une forme libre de façon expresse ou tacite. En pratique, l'usage veut cependant que cette démarche soit formalisée par une **lettre de mission** (*Auftragsschreiben*) précisant en détail l'application de conditions générales d'exécution des missions ou l'application d'accords spécifiques, le mode de calcul des honoraires convenus et de remboursement des débours ainsi que l'élargissement éventuel de la mission au-delà des obligations prévues par la loi.

16560 **Cessation de la mission**   Le *Wirtschaftsprüfer* nommé ne peut être **révoqué en justice** que dans des conditions très strictes. Dans les faits, cette situation reste rare. L'entreprise ne peut pas résilier l'ordre de mission. Le *Wirtschaftsprüfer* ne peut être remplacé que par décision d'un tribunal, sur la demande des représentants légaux, du conseil de surveillance ou des associés (§ 318, al. 3 et 4 HGB).
Le *Wirtschaftsprüfer* ne peut démissionner de son mandat que pour des raisons importantes (§ 318, al. 6 HGB).
La WPK doit être informée par écrit et sans délai, à la fois par l'entité auditée et par le *Wirtschaftsprüfer* lui-même, de la révocation ou de la démission du *Wirtschaftsprüfer* ainsi que des raisons y ayant conduit (§ 318, al. 8 HGB).

16563 **Honoraires**   En l'absence de barème légal, les honoraires sont **librement négociés** avec le client, à condition que leur montant n'affecte pas l'indépendance du *Wirtschaftsprüfer* (§ 55, al. 1 WPO). En règle générale, les honoraires sont basés sur le temps passé. Toutefois, des honoraires forfaitaires sont considérés comme acceptables, sous certaines conditions, notamment l'existence d'une clause d'ajustement en cas d'événements imprévus. En aucun cas ils ne peuvent être fixés en fonction du résultat de la mission.
Suite à l'adoption de la loi *Bilanzrechtsmodernisierungsgesetz* du 25 mai 2009, les honoraires perçus par le *Wirtschaftsprüfer* au titre d'un exercice doivent être indiqués dans l'annexe aux comptes annuels des grandes sociétés et dans l'annexe aux comptes consolidés (§ 285, n° 17 HGB). Le total doit être réparti entre les honoraires relatifs (a) aux missions d'audit, (b) aux autres missions de certification, (c) aux missions de conseil fiscal et (d) aux autres missions.

Les sociétés faisant appel aux marchés financiers sont assimilées à des grandes sociétés (§ 267, al. 3 phrase 2 HGB).

16565 À la suite de la loi *Abschlussprüfungsreformgesetz (AReG)* du 17 mars 2016, pour les **EIP**, les honoraires perçus dans le cadre des **services non-audit** autorisés ne peuvent excéder 70 % de la moyenne des honoraires versés pour le contrôle légal des comptes au cours des trois derniers exercices. L'application de ce plafonnement est prévue à compter des exercices clos à partir de 2020. À la demande du contrôleur légal des comptes ou du cabinet d'audit, l'APAS peut autoriser, à titre exceptionnel, le non-respect de ces exigences pour une période d'un exercice maximum, dans la limite de 140 % des honoraires décrits ci-avant.

© Éd. Francis Lefebvre   AUDIT LÉGAL DANS LES PAYS DE L'UNION EUROPÉENNE

Responsabilité professionnelle

Préalablement à l'entrée en vigueur de la loi FISG, conformément au Handelsgesetzbuch **16570**
(§ 323, sect. 2, sentence 1), la **responsabilité civile** de l'auditeur légal pour les dommages
causés durant sa mission par sa négligence était limitée à 1 million d'euros par audit. Le
plafond était porté à 4 millions d'euros pour les sociétés anonymes cotées (§ 323, sect. 2,
sentence 2 HGB) et la responsabilité était illimitée en cas de dommages causés intentionnellement (§ 323, al. 2 HGB).

La loi *Finanzmarktintegritätsstärkungsgesetz* (FISG) a étendu la responsabilité des auditeurs légaux pour les contrôles légaux des comptes concernant les exercices ouverts
postérieurement au 31 décembre 2021. Les plafonds applicables concernant les fautes
professionnelles sont les suivants :

	Simple négligence	Négligence grave	Faute intentionnelle
Entités ayant l'obligation de désigner un auditeur légal	1,5 M€	12 M€	Pas de plafond
EIP du secteur de l'assurance et de la banque	4 M€	32 M€	Pas de plafond
EIP cotées	16 M€	Pas de plafond	Pas de plafond

Par ailleurs, l'une des tâches de la *Wirtschaftsprüferkammer* concerne le contrôle de la
profession ainsi que le comportement professionnel de ses membres. Le non-respect des
obligations professionnelles peut entraîner le prononcé d'un **blâme** vis-à-vis du
Wirtschaftsprüfer. Dans des cas graves, une **procédure disciplinaire** (*berufsgerichtliches
Verfahren*) peut être déclenchée auprès du tribunal compétent. Selon le § 68 de la WPO,
cette procédure peut conduire à des mesures plus sévères, notamment au prononcé
d'une amende pouvant aller jusqu'à 500 000 euros, à l'interdiction d'exercer certaines
missions pour une durée de 1 à 5 ans, à l'exclusion temporaire de la profession pour
une durée de un à cinq ans, voire à la radiation définitive.

Normes de travail

Les normes sont édictées par l'*Institut der Wirtschaftsprüfer*. Un comité technique **16575**
composé essentiellement de *Wirtschaftsprüfer* prépare les projets de normes. Des
personnes qualifiées peuvent être invitées aux réunions de ce comité.

Forme actuelle   Suite à l'harmonisation des normes d'audit applicables en Allemagne **16578**
avec celles de l'Ifac, les textes suivants, particulièrement importants, ont été émis par
l'IDW depuis 2010 :
1. Des **normes générales de travail** dans les domaines suivants : désignation de l'auditeur – IDW PS 220 (*Beauftragung des Abschlussprüfers*) ; connaissance de l'environnement économique et légal de l'entreprise à auditer – IDW PS 230 (*Kenntnisse über die
Geschäftstätigkeit sowie das wirtschaftliche und rechtliche Umfeld des zu prüfenden Unter-
nehmens im Rahmen der Abschlussprüfung*) ; objectifs et principes pour la réalisation de
missions d'audit – IDW PS 200 (*Ziele und allgemeine Grundsätze der Durchführung von
Abschlussprüfungen*) ; normes comptables et d'audit – IDW PS 201 (*Rechnungslegungs-
und Prüfungsgrundsätze zur Abschlussprüfung*) ; le cocommissariat – IDW PS 208 (*Zur
Durchführung von Gemeinschaftsprüfungen [Joint Audit]*) ; planification de la mission
d'audit – IDW PS 240 (*Grundsätze der Planung von Abschlussprüfungen*) ; seuils de signification dans l'audit – IDW PS 250 n.F. (*Wesentlichkeit im Rahmen der Abschlussprüfung*) ;
contrôle interne et audit – IDW PS 261 n.F. (*Feststellung und Beurteilung von Fehlerrisiken
und Reaktionen des Abschlussprüfers auf die beurteilten Fehlerrisiken*) ; examen analytique
– IDW PS 312 (*Analytische Prüfungshandlungen*) ; collecte des éléments probants – IDW
PS 300 (*Prüfungsnachweise im Rahmen der Abschlussprüfung*) ; audit à l'inventaire
physique – IDW PS 301 (*Prüfung der Vorratsinventur*) ; confirmation directe – IDW PS 302
(*Bestätigungen Dritter*) ; audit des valeurs estimées dans la comptabilité y compris les
valeurs actuelles – IDW PS 314 n.F. (*Die Prüfung von geschätzten Werten in der Rechnungslegung einschließlich von Zeitwerten*) ; relations entre parties liées – IDW PS 255 (*Bezie-
hungen zu nahe stehenden Personen im Rahmen der Abschlussprüfung*) ; appréciation de

la continuité de l'exploitation – IDW PS 270 (*Die Beurteilung der Fortführung der Unternehmenstätigkeit im Rahmen der Abschlussprüfung*) ; déclarations de la direction – IDW PS 303 (*Erklärung der gesetzlichen Vertreter gegenüber dem Abschlussprüfer*) ; événements postérieurs à la clôture – IDW PS 203 (*Ereignisse nach dem Abschlussstichtag*) ; bilan d'ouverture – IDW PS 205 et 318 (*Prüfung von Eröffnungsbilanzen im Rahmen von Erstprüfungen ; Prüfung von Vergleichsangaben über Vorjahre*) ; principes spécifiques pour la réalisation des missions d'audit des comptes consolidés – IDW PS 320 (*Besondere Grundsätze für die Durchführung von Konzernabschlussprüfungen [einschließlich der Verwertung der Tätigkeit von Teilbereichsprüfern]*) ; révision interne et audit des comptes annuels – IDW PS 321 (*interne RevisionundAbschlussprüfung*) ; utilisation des travaux d'expert dans le cadre du commissariat aux comptes IDW PS 322 n.F. (*Verwertung der Arbeit eines für den Abschlussprüfer tätigen Sachverständigen*) ; audit lorsque la société dispose d'un système d'information – IDW PS 330 (*Abschlussprüfung bei Einsatz von Informationstechnologie*) ; audit en cas d'externalisation partielle de la production comptable – IDW PS 331 (*Abschlussprüfung bei teilweiser Auslagerung der Rechnungslegung auf Dienstleistungsunternehmen*) ; appréciation des informations supplémentaires publiées avec les comptes annuels – IDW PS 202 (*Beurteilung von zusätzlichen Informationen, die von Unternehmen zusammen mit dem Jahresabschluss veröffentlicht werden*) ; découverte d'irrégularités – IDW PS 210 (*Zur Aufdeckung von Unregelmäßigkeiten im Rahmen der Abschlussprüfung*) ; systèmes de contrôle qualité – VO 1/2006 (*Anforderungen an die Qualitätssicherung in der Wirtschaftsprüferpraxis*) ; réalisation des contrôles qualité – IDW PS 140 (*Durchführung von Qualitätskontrollen in der Wirtschaftsprüferpraxis*) ; audit du rapport de gestion – IDW PS 350 (*Prüfung des Lageberichts*) ; conséquence du Deutscher Corporate Governance Kodex sur l'audit – IDW PS 345 (*Auswirkungen des Deutschen Corporate Governance Kodex auf die Abschlussprüfung*) ; documentation des travaux d'audit – IDW PS 460 (*Arbeitspapiere des Abschlussprüfers*).

2. Des **normes de rapport** – IDW PS 450 n.F. (*Grundsätze ordnungsmäßiger Berichterstattung bei Abschlussprüfungen*, nouvelle version).

3. Des **normes relatives à l'émission de l'opinion** – IDW PS 400 n.F. (*Grundsätze für die ordnungsgemäße Erteilung von Bestätigungsvermerken bei Abschlussprüfungen*, nouvelle version).

L'IDW a également publié des normes de travail spécifiques à certaines formes juridiques ou secteurs d'activité (associations, fondations, établissements financiers, partis politiques, etc.).

En complément de ces normes standard, l'IDW publie des **prises de position** sur des questions techniques (par exemple, établissement du rapport de gestion) et des recommandations aux professionnels, notamment des check-lists concernant les travaux d'audit.

16580 **Harmonisation avec le référentiel Ifac** L'*Institut der Wirtschaftsprüfer* a procédé à l'harmonisation de la structure et du contenu des normes d'audit allemandes avec les normes d'audit internationales (ISA). L'IDW a ainsi remplacé ses expertises professionnelles (*Fachgutachten* – FG) par des normes d'audit (*Prüfungsstandards* – IDW-PS), qui ont été complétées par des recommandations (*Prüfungs- und Rechnungslegungshinweise* – IDW-PH et IDW-RH). Cette transformation s'est achevée en 2012.

Par ailleurs, les normes d'audit de l'IDW publiées depuis 1998 comprennent à la fin du texte une comparaison avec la norme internationale correspondante. Les normes IDW PS et les IDW PH ne suivent pas la structure des normes ISA. L'IDW impose donc les normes d'audit ISA comme des principes nationaux d'audit en suivant trois étapes :
– les normes d'audit ISA sont traduites ;
– chaque norme est amendée en fonction des spécificités légales allemandes (amendées « D-references ») ;
– les spécificités allemandes sans équivalent au niveau international sont transférées dans des normes d'audit (nouvelles ou révisées) (IDW PS). Par exemple, sont spécifiques des normes d'audit concernant le secteur bancaire, de l'assurance ou de la santé (hôpitaux).

L'exposé-sondage réalisé par l'IDW en novembre 2018 sur les normes d'audit amendées D-references est désormais terminé et toutes les normes IDW PS sont à présent amendées.

La première application obligatoire est prévue dans le cadre de l'audit des états financiers ouverts à compter du 15 décembre 2021.

II. Belgique

Les dispositions de la directive 2014/56/UE modifiant la directive 2006/43/CE concernant les contrôles légaux des comptes et du règlement 537/2014 relatif au contrôle des comptes des entités d'intérêt public sont développées dans une section spécifique (voir n°s 17800 s.). La directive précitée aurait dû être transposée au plus tard le 17 juin 2016 et les options laissées au choix des États membres par le règlement auraient également dû être prises pour cette date.
La transposition complète de la réforme européenne de l'audit dans le droit belge a cependant pris du retard et est intervenue par le biais de la loi du 7 décembre 2016.

16680

Champ d'application

Sont soumises à la désignation d'un **commissaire** en fonction du dépassement de certains critères de taille les entités suivantes :
– sociétés anonymes, sociétés à responsabilité limitée, sociétés coopératives à responsabilité limitée, sociétés en commandite par actions ;
– sociétés en commandite simple, sociétés en nom collectif et sociétés coopératives à responsabilité illimitée lorsque tous les associés à responsabilité illimitée ne sont pas des personnes physiques ;
– groupements d'intérêt économique ;
– associations sans but lucratif.
Une réforme du Code des sociétés est entrée en vigueur au 1er mai 2019 et comporte une période transitoire pour les sociétés existantes ayant adopté une des formes susvisées. Les nouvelles dispositions apportent une simplification dans le nombre de formes sociales en retenant principalement la SRL (société à responsabilité limitée), la SA (société anonyme), la SC (société coopérative), le GIE (groupement d'intérêt économique) et la SCRI (société coopérative à responsabilité illimitée). Cette période transitoire se termine au 1er janvier 2024.

16682

Sont soumises à la désignation d'un commissaire **en fonction de leur taille** :
1. Les « **grandes entreprises** » qui :
– dépassent un des trois critères suivants :
• total de bilan supérieur à 4,5 millions d'euros,
• chiffre d'affaires supérieur à 9 millions d'euros,
• effectif moyen annuel supérieur à 50 (exprimé en équivalent temps plein).
En ce qui concerne les sociétés qui ne dépassent pas plus d'un de ces critères mais qui font partie d'un groupe, elles seront tenues de désigner un commissaire si ce groupe est tenu d'établir et de publier des comptes consolidés.
2. Les « **très grandes** » associations sans but lucratif qui :
– soit dépassent un des trois critères suivants :
• total de bilan supérieur à 3,65 millions d'euros,
• chiffre d'affaires supérieur à 7,3 millions d'euros,
• effectif moyen annuel supérieur à 50 (exprimé en équivalent temps plein) ;
– soit ont un effectif moyen annuel supérieur à 100 (exprimé en équivalent temps plein).

16683

Les comptes consolidés d'entreprises belges doivent être contrôlés par le commissaire de la société consolidante ou par un ou plusieurs réviseurs d'entreprises désignés à cet effet. L'obligation d'établissement de **comptes consolidés** concerne les grands groupes, à savoir ceux qui atteignent, sur une base consolidée, deux des trois critères suivants :
– total du bilan supérieur à 20 millions d'euros ;
– total du chiffre d'affaires supérieur à 34 millions d'euros ;
– effectif moyen annuel supérieur à 250.

16684

Sont enfin tenus de nommer un commissaire, **indépendamment de leur taille** :
– les **entreprises d'assurances** (Loi du 9-7-1975 relative au contrôle des entreprises d'assurances) ;
– les **établissements de crédit** (Loi du 25-4-2014 relative au statut et au contrôle des établissements de crédit et des sociétés de bourse) ;
– les **entreprises d'investissement** ayant opté pour le statut de société de bourse (Loi du 25-4-2014 relative au statut des établissements de crédit et des sociétés de bourse) ;

16685

AUDIT LÉGAL DANS LES PAYS DE L'UNION EUROPÉENNE © Éd. Francis Lefebvre

– les **organismes de placement collectif** (Loi du 3-8-2012 relative aux organismes de placement collectif qui répondent aux conditions de la directive 2009/65/CE et aux organismes de placement en créances) ;
– les **institutions de retraite professionnelle** (Loi du 27-10-2006 relative au contrôle des institutions de retraite professionnelle) ;
– les **associations** sans but lucratif en vertu d'une législation spéciale (par exemple : association exploitant un hôpital).

Professionnels habilités

16700 Seules les personnes physiques ou morales **membres de l'Institut des réviseurs d'entreprises** peuvent être nommées commissaires ou réviseurs d'entreprises.
Les professionnels habilités portent le titre de commissaire.
La loi du 7 décembre 2016 impose une **prestation de serment** devant la cour d'appel de Bruxelles ou de Liège pour devenir réviseur d'entreprises.

Pour être nommé aux fonctions de commissaire auprès des établissements de crédit, des entreprises d'assurances, des institutions de retraite professionnelle, des organismes de placement collectif et des entreprises d'investissement ayant adopté le statut de société de bourse, il faut que le réviseur d'entreprises ait été agréé au préalable par les autorités de tutelle (la BNB – Banque nationale de Belgique ou la FSMA – Autorité des services financiers).

Organisation de la profession

16705 Tous les réviseurs d'entreprises sont inscrits au registre public tenu par le Conseil de l'**Institut des réviseurs d'entreprises** (IRE) créé par la loi du 7 décembre 2016.
Les principales **missions** de l'Institut sont les suivantes :
– tenue à jour du registre ;
– formation des réviseurs d'entreprises ;
– surveillance de leur formation professionnelle continue.
Ces compétences ont été revues dans le cadre de la transposition de la directive 2014/56/UE.

Statut et règles de comportement

16710 Le réviseur d'entreprises est soumis aux règles professionnelles prévues par la loi du 7 décembre 2016 qui a remplacé la loi du 22 juillet 1953 et l'arrêté royal du 10 janvier 1994.

16713 Les principaux fondements de l'éthique professionnelle présentés ici sont le secret professionnel et l'indépendance. Le respect de l'éthique et des normes professionnelles est assuré par les activités de surveillance exercées par le nouveau collège de supervision des réviseurs d'entreprises et, le cas échéant, de manière répressive par des instances disciplinaires indépendantes.

16715 **Secret professionnel** Il couvre l'ensemble des faits et informations à caractère confidentiel dont le réviseur d'entreprises peut avoir connaissance en raison ou à l'occasion de l'exercice de sa profession. En revanche, il ne couvre pas les informations qui doivent être publiées en vertu de la loi.

16718 **Indépendance** L'obligation d'être indépendant se traduit par un système d'incompatibilités légales et des règles en matière d'indépendance. Les règles en la matière sont désormais contenues dans la loi du 7 décembre 2016.
Les incompatibilités concernent notamment le fait que le réviseur d'entreprises ne peut exercer de missions de révision lorsqu'il est employé dans le cadre d'un contrat de travail (sauf auprès d'un autre réviseur) ou lorsqu'il exerce une activité commerciale, notamment en qualité d'administrateur d'une société commerciale. Il est par ailleurs exclu que le réviseur puisse être nommé commissaire d'une entreprise lorsqu'il a des liens de parenté proches ou autres avec les dirigeants de la société. Enfin, la détention d'intérêts financiers dans la société concernée lui est interdite.
Les règles de base de l'indépendance prévoient que le réviseur d'entreprises ne peut exercer aucune mission lorsqu'il se trouve dans des conditions susceptibles de mettre en cause l'indépendance de l'exercice de sa mission ou de compromettre la relation de confiance avec les parties dans l'entreprise auprès de laquelle il exerce cette mission. Le

réviseur ne peut accepter toute mission dont l'accomplissement pourrait le placer dans une situation de conflit d'intérêts susceptible de porter atteinte à son indépendance dans l'opinion qu'il doit émettre.

Des dispositions plus précises sont également contenues dans le Code des sociétés et associations et elles concernent principalement les aspects suivants :
– interdiction absolue de certaines prestations dites incompatibles, notamment :
• intervention dans le processus décisionnel de la société,
• assistance ou participation à l'établissement des comptes de la société,
• développement ou gestion des systèmes technologiques d'information financière dans la société,
• réalisation des évaluations concernant des éléments repris dans les comptes de la société,
• participation à l'audit interne,
• représentation de la société dans des litiges,
• intervention dans le recrutement du personnel de la société ;
– limitation des services annexes autorisés qui ne peuvent pas dépasser à hauteur de 70 % le montant des honoraires du mandat (pour les entités d'intérêt public) ;
– introduction d'une période de viduité (*cooling off period*) de deux ans après la cessation du mandat, au cours de laquelle le commissaire ne peut accepter aucun mandat d'administrateur, de gérant ou toute autre fonction similaire auprès de sociétés qu'il a contrôlées, ou de sociétés liées à ces sociétés.

La loi du 7 décembre 2016 a complété ce dispositif pour les **entités d'intérêt public** (C. sociétés et associations art. 3 : 64) et a étendu les activités incompatibles aux services suivants :
1° les services fiscaux portant sur :
a) l'établissement des déclarations fiscales,
b) l'impôt sur les salaires,
c) les droits de douane,
d) l'identification des subventions publiques et des incitations fiscales, à moins qu'une assistance de la part du contrôleur légal des comptes ou du cabinet d'audit pour la fourniture de ces services ne soit requise par la loi,
e) l'assistance de la société soumise au contrôle légal lors de contrôles fiscaux menés par les autorités fiscales,
f) le calcul de l'impôt direct et indirect ainsi que de l'impôt différé,
g) la fourniture de conseils fiscaux ;
2° les services juridiques ayant trait à la fourniture de conseils généraux ;
3° les services de paie ;
4° la promotion, le commerce ou la souscription de parts de la société soumise au contrôle légal ;
5° les services liés au financement, à la structure, ainsi qu'à l'allocation des capitaux et à la stratégie d'investissement de la société soumise au contrôle légal, sauf en ce qui concerne la fourniture de services d'assurances en rapport avec les états financiers, telle que l'émission de lettres de confort en lien avec des prospectus émis par la société soumise au contrôle légal.

Conditions de mise en œuvre de la mission

Nomination La loi dispose que l'organe de gestion propose la candidature d'un commissaire. Dans les sociétés disposant d'un comité d'audit, ce dernier soumet préalablement une proposition à l'organe de gestion. Après avoir obtenu, le cas échéant, l'avis du conseil d'entreprise (équivalent du comité d'entreprise en France), l'**assemblée générale** des actionnaires ou des membres nomme le commissaire. Si l'assemblée générale est incapable de prendre une résolution relative à la nomination, le président du tribunal de commerce, sur requête de tout intéressé, nomme en référé un réviseur d'entreprises qui est chargé d'exercer les fonctions de commissaire jusqu'à ce que l'assemblée ait pourvu régulièrement à sa nomination.

16725

> L'assemblée générale a le pouvoir de désigner **plusieurs commissaires**, même si les statuts ne prévoient la nomination que d'un seul commissaire.

Lorsque le réviseur nommé est une **société de révision**, celle-ci est tenue de désigner un **représentant** qui est chargé de l'exécution de la mission au nom et pour le compte de la société. Il est admis que la société peut désigner plusieurs représentants : ils exercent

16728

AUDIT LÉGAL DANS LES PAYS DE L'UNION EUROPÉENNE © Éd. Francis Lefebvre

alors leurs compétences en collège, tout en étant personnellement responsables sur les plans civil, pénal ou disciplinaire. Ils cosignent les rapports. En cas d'empêchement légitime de l'un des représentants, ils peuvent se donner mutuellement procuration en matière de signature.

Outre les réviseurs titulaires, l'assemblée générale peut désigner des réviseurs **suppléants**.

16730 La **durée du mandat** du commissaire est fixée par la loi à trois ans. Le mandat est renouvelable. Pour les mandats dans une entité d'intérêt public (établissement de crédit, entreprise d'assurances ou société cotée), la règle de **rotation interne** impose de remplacer le(s) représentant(s) permanent(s) de la société de révision ou, si le mandat est exercé par une personne physique, de transférer le mandat à un confrère, au minimum dans les six ans qui suivent la nomination. Le(s) réviseur(s) d'entreprises remplacé(s) ne peut (peuvent) participer à nouveau au contrôle de l'entité contrôlée qu'à l'issue d'une période d'au moins deux ans.

La loi du 7 décembre 2016 a par ailleurs transposé les dispositions de la directive 2014/56/UE en matière de rotation des mandats pour les entités d'intérêt public. Le même cabinet/auditeur peut exercer la fonction de commissaire pendant une durée cumulée maximale de 9 ans, soit 3 mandats, et cette durée peut être prolongée à 18 années en cas d'appel d'offres lancé par la société et à 24 ans en cas de cocommissariat. Des dispositions transitoires ont été prévues en droit belge de manière identique aux dispositions du règlement européen 537/2014.

16732 **Honoraires** La fixation des honoraires du commissaire pour l'accomplissement de sa mission légale est de la compétence de l'assemblée générale. Les honoraires sont fixes. La rémunération du commissaire doit être mentionnée dans le procès-verbal de l'assemblée générale. Il en est de même pour toute décision de modification des honoraires.

Les honoraires relatifs au mandat légal et les honoraires relatifs aux missions particulières et exceptionnelles du commissaire font l'objet d'une publication dans les annexes aux comptes annuels.

16734 **Cessation** Les fonctions du commissaire sont susceptibles de prendre fin pour les **motifs** suivants :
– démission ;
– cessation en raison d'un commun accord ;
– expiration de la durée du mandat ;
– décès du réviseur ou dissolution de la société de révision ;
– survenance de certains événements dans la société soumise au contrôle (dissolution, fusion par absorption, faillite) ;
– révocation pour juste motif.

Les commissaires peuvent être révoqués en cours de mandat par l'assemblée générale, mais uniquement pour **juste motif** (non-respect des diligences, empêchement). Dans les sociétés qui ont un conseil d'entreprise, la révocation par l'assemblée générale ne peut intervenir que sur avis conforme de celui-ci.

Dans les entreprises financières et les entreprises d'assurances soumises au contrôle du commissaire, l'autorité de tutelle a également le pouvoir de révoquer un commissaire agréé par elle.

Dans tous les cas, la loi offre une série de **garanties** qui permettent au commissaire de se défendre contre une proposition de révocation. Le commissaire peut notamment faire connaître ses observations par écrit à la société.

Responsabilité professionnelle

16740 Les commissaires sont responsables **civilement** des fautes commises dans l'accomplissement de leur mission. Leur responsabilité est solidaire envers la société comme envers les tiers.

La loi du 7 décembre 2016 prévoit que les commissaires et les réviseurs d'entreprises peuvent faire couvrir leur responsabilité civile par un contrat d'**assurance individuelle**. L'Institut considère qu'une couverture d'assurance minimum est une obligation déontologique.

Dans le cadre des missions qui leur sont réservées par la loi ou en vertu de celle-ci, la loi a **limité** la responsabilité des réviseurs à 3 millions d'euros dans les sociétés non cotées et à 12 millions dans les sociétés cotées.

Normes de travail

Le dispositif normatif comprend **trois catégories** de documents. Ce sont : **16745**

1. Les normes générales de révision, dont l'application est obligatoire et qui sont de la **16747**
compétence du Conseil supérieur des professions économiques. La liste ci-dessous en
donne un aperçu :
– normes ISA ;
– normes relatives à la mission du réviseur d'entreprises auprès du conseil d'entreprise,
à la certification des comptes consolidés, au contrôle des apports en nature et quasi-
apports, au contrôle de la situation active et passive d'une entreprise à l'occasion d'un
changement de sa forme juridique, au contrôle de la situation active et passive dans le
cadre d'une proposition de dissolution, au contrôle du rapport de gestion, aux déclarations de la direction ;
– normes relatives au contrôle qualité, à la formation permanente et à certains aspects
liés à l'indépendance du commissaire.

2. Les recommandations de révision, auxquelles les auditeurs peuvent déroger à condi- **16748**
tion toutefois d'en justifier la raison. Les recommandations portent sur la gestion de la
mission (acceptation de la mission, programme de travail, documentation des travaux),
sur la méthodologie de révision (risques de révision, contrôle interne, etc.), sur les aspects
techniques (collecte d'éléments probants, etc.), sur certains aspects spécifiques du
contrôle (informations figurant dans l'annexe, rapport de gestion, etc.).

3. Les avis du conseil et **notes techniques**, constitués de guides d'application des normes **16749**
et de recommandations, visant notamment le contrôle de secteurs particuliers.

Le processus d'**élaboration** et de validation des normes est désormais placé sous la **16752**
compétence du Collège de supervision. À ce jour les modalités pratiques le concernant
n'ont pas encore été déterminées.

III. Espagne

Les nouvelles dispositions de la directive 2014/56/UE modifiant la directive 2006/43/CE **16850**
concernant les contrôles légaux des comptes et du règlement 537/2014 relatif au
contrôle des comptes des entités d'intérêt public sont développées dans une section
spécifique (voir n⁰ˢ 17800 s.).
En Espagne, la **transposition** de cette directive et le choix des options contenues dans
le règlement précité ont été réalisés par la loi 22/2015 du 20 juillet 2015.
Ces textes imposent notamment des obligations spécifiques concernant le contrôle légal
des entités d'intérêt public (EIP) et l'Espagne a décidé d'ajouter aux **EIP** définies par la
directive européenne (voir n⁰ 17815) les entités suivantes :
– entités cotées dans le marché boursier alternatif (MAB-EE) qualifiées d'entreprises en
expansion (entreprises de taille réduite ayant des projets d'expansion attractifs) ;
– certaines entreprises qui ont une importance compte tenu de leur activité ou de leur
taille :
• les entreprises qui, sur les deux dernières années, ont un chiffre d'affaires net supérieur
à 2 millions d'euros et un nombre d'employés supérieur à 4 000,
• les UCITS (*Undertakings for Collective Investments in Transferable Securities*), OPCVM et
sociétés d'investissement comptant plus de 5 000 participants ou investisseurs au cours
des deux dernières années, ainsi que leurs sociétés de gestion,
• les fonds de pensions comptant un nombre de participants supérieur à 10 000 sur les
deux dernières années ainsi que leurs sociétés de gestion,
• les fondations bancaires (fondations ayant des parts dans des organismes de crédit),
les établissements de paiement, les établissements de monnaie électronique et les
établissements financiers de crédit ;
– les groupes de sociétés dont la société mère est une EIP au sens de la législation
espagnole.

AUDIT LÉGAL DANS LES PAYS DE L'UNION EUROPÉENNE © Éd. Francis Lefebvre

Champ d'application

16851   La législation sur l'audit des comptes (Loi 22/2015 du 20-7-2015 relative à l'audit des comptes, décret royal 1517/2011 du 31-10-2011 et décret royal 2/2021 du 12-1-2021) rend **obligatoire** la désignation d'un auditeur pour les entités suivantes, sans que la forme juridique soit à prendre en compte :
– entités qui sont tenues d'établir des comptes annuels conformément au cadre conceptuel de l'information financière qui leur est applicable, y compris les sociétés coopératives, autrement dit les sociétés qui dépassent, pendant deux exercices successifs, deux des trois **seuils** suivants :
• total du bilan supérieur à 2,85 millions d'euros,
• chiffre d'affaires supérieur à 5,7 millions d'euros,
• effectif moyen annuel supérieur à 50 salariés ;
– entreprises qui émettent des valeurs mobilières admises à la négociation dans les marchés secondaires officiels de valeurs mobilières ou dans des systèmes multilatéraux de négociation ;
– entreprises qui émettent des obligations en faisant appel aux marchés financiers ;
– entités dont l'activité habituelle consiste en l'intermédiation financière : cette catégorie comprend les établissements de crédit, les entreprises d'investissement, les sociétés exploitant des systèmes commerciaux multilatéraux, les entreprises de marché ou les sociétés de bourse et les sociétés gérant des fonds de garantie des investissements ;
– organismes de placement collectifs, fonds de titrisation et leurs sociétés de gestion ;
– entités dont l'activité est soumise à la loi sur la réglementation, la surveillance et la solvabilité des entreprises d'assurances et de réassurance, c'est-à-dire les compagnies d'assurances, les entreprises de réassurance et les courtiers d'assurance ;
– fonds de pension et leurs sociétés de gestion ;
– entreprises recevant des subventions de l'État, travaillant pour l'État ou les autres entités publiques, ou bien intervenant comme fournisseurs de ces entités, sous réserve qu'elles dépassent des seuils économiques fixés par le Gouvernement ;
– succursales en Espagne d'établissements de crédit étrangers, lorsqu'elles ne sont pas tenues de présenter des comptes annuels de leur activité en Espagne ;
– sociétés de capitaux à la demande d'associés représentant au moins 5 % du capital social (art. 265 de la loi sur les sociétés de capitaux) ;
– autres entités soumises à des textes particuliers les soumettant à l'obligation de désigner un auditeur telles que les entreprises du secteur électrique, les sociétés anonymes sportives, les fédérations sportives espagnoles, les fondations qui dépassent certains seuils économiques (Loi 50/2002 art. 25.5).

16853   Les **groupes de sociétés** ont l'obligation légale de publier des comptes consolidés et de les soumettre au contrôle d'un auditeur désigné par la maison mère (C. com. art. 42).
La **consolidation** des comptes est obligatoire pour les groupes de sociétés :
– dans lesquels l'une des sociétés possède la qualité d'entité d'intérêt public selon la définition établie à l'article 3.5 de la loi 22/2015 du 20 juillet 2015 relative à l'audit de comptes ;
– ou qui ne peuvent pas présenter un compte de pertes et profits abrégé du fait qu'ils dépassent deux des trois seuils suivants pendant deux exercices consécutifs :
• total du bilan supérieur à 11,4 millions d'euros,
• chiffre d'affaires supérieur à 22,8 millions d'euros,
• effectif moyen annuel supérieur à 250 salariés.

Une exemption est cependant prévue pour les sous-groupes de sociétés eux-mêmes consolidés dans les comptes d'un groupe plus grand et dont la société mère est soumise à la législation d'un État membre de l'Union européenne. Cette exemption est soumise aux conditions suivantes :
– la société exemptée n'a pas émis de valeurs mobilières admises à la négociation sur un marché réglementé de l'Union européenne ;
– l'entité mère de l'UE dans laquelle le sous-groupe espagnol est intégré détient 50 % ou plus de la société mère ultime espagnole ;
– les actionnaires détenant au moins 10 % du capital n'ont pas demandé l'établissement de comptes annuels consolidés, six mois avant la clôture de l'exercice.
En tout état de cause, pour pouvoir bénéficier de la dérogation, les conditions suivantes doivent être remplies :
– l'annexe des comptes annuels doit mentionner l'exemption, indiquer le groupe auquel la société appartient ainsi que la raison sociale et le domicile de la société mère ;

© Éd. Francis Lefebvre   **AUDIT LÉGAL DANS LES PAYS DE L'UNION EUROPÉENNE**

– les comptes consolidés de la société mère ainsi que le rapport de gestion consolidé et le rapport des auditeurs doivent être déposés auprès du registre du commerce, traduits dans l'une des langues officielles de la communauté autonome où est domiciliée la société.

Professionnels habilités

Seules les personnes physiques et les sociétés d'audit inscrites sur la liste officielle des auditeurs (*Registro Oficial de Auditores de Cuentas* – **Roac**) tenue par l'*Instituto de Contabilidad y Auditoría de Cuentas* (ICAC) sont autorisées à pratiquer l'audit légal des comptes. L'agrément en vue de l'inscription sur le registre est délivré par l'ICAC, sur la base des qualifications requises.
Les professionnels habilités sont désignés sous les termes « *auditor* » pour les personnes physiques et « *sociedad de auditoría de cuentas* » pour les personnes morales.
Le Roac est un registre public dans lequel sont consignées des informations détaillées sur les auditeurs et sur les sociétés d'audit (associés, administrateurs et fondés de pouvoir susceptibles de signer les rapports d'audit, sociétés liées et réseau d'appartenance).

16860

Les dispositions prises en matière d'habilitation à exercer le contrôle légal de la directive du 17 mai 2006 sur le contrôle légal des comptes annuels et consolidés (voir n°s 16280 s.) ont été transposées dans la loi sur l'audit. Les candidats à l'inscription au Roac qui ne remplissent pas les conditions de formation en vigueur doivent justifier d'une expérience professionnelle de huit ans, dont cinq chez un auditeur agréé, pour pouvoir passer l'examen d'aptitude professionnelle.
Les auditeurs agréés par les autorités compétentes d'un État membre pourront se faire enregistrer dans le Roac, et devront passer avec succès un examen d'aptitude sur le contrôle légal en Espagne.

> Les auditeurs agréés par les autorités d'un pays tiers, sous condition de réciprocité, seront soumis aux mêmes conditions en application de la résolution de l'ICAC du 25 mai 2012. Cette résolution exige de l'auditeur ou de la société d'audit la transmission d'informations telles que : réseau d'appartenance, organes d'administration, rapport de transparence, liste des pays en dehors de l'Union européenne dans lesquels ils sont enregistrés, normes d'audit appliquées, conclusions de l'examen de contrôle qualité, liste des entités auditées dont les titres sont cotés sur le marché espagnol avec indication des bureaux qui ont émis les rapports.

Peuvent également être inscrits sur la liste officielle des auditeurs les fonctionnaires qui ont exercé des fonctions en relation avec l'audit des comptes du secteur public ou qui ont contrôlé les comptes d'établissements financiers ou d'entreprises d'assurances, selon les conditions requises pour l'inscription au Roac.
La loi autorise désormais l'entrée dans le capital des sociétés d'audit de personnes morales extérieures à la profession d'auditeur. Elle exige toutefois :
– que les auditeurs et sociétés d'audit habilités par un État membre détiennent la majorité des droits de vote et soient majoritaires dans l'organe d'administration ;
– que la direction des travaux d'audit et le signataire du rapport d'audit soient des auditeurs inscrits sur le Roac.

16865

Les personnes physiques et les sociétés doivent constituer un dépôt de garantie (dépôt en espèces, obligations ou bons du Trésor, garantie d'organismes financiers) ou contracter une police d'assurance pour couvrir leur **responsabilité**.
La garantie pour la première année d'activité professionnelle est de 300 000 euros pour les personnes physiques (500 000 euros à partir du 1-7-2021). Pour les personnes morales, cette somme est multipliée par le nombre d'associés (auditeurs ou non) et d'auditeurs désignés pour la signature des rapports d'audit au nom de la société, et constitue un minimum pour le montant de garantie à verser au cours des années ultérieures. À l'issue de la première année d'activité, le montant de la caution est majoré d'un montant égal à 30 % de la différence entre les honoraires correspondant à l'audit de l'exercice antérieur et le montant minimum de la caution.

16870

Organisation de la profession

La profession repose sur une organisation officielle chargée de la tenue de la liste des auditeurs, l'*Instituto de Contabilidad y Auditoría de Cuentas* (organisme dépendant du ministère d'*Asuntos Económicos y Transformación Digital*) et sur **deux collèges professionnels** représentatifs de la profession.

16880

475

AUDIT LÉGAL DANS LES PAYS DE L'UNION EUROPÉENNE　　© Éd. Francis Lefebvre

16882　1. L'*Instituto de Contabilidad y Auditoría de Cuentas* (ICAC) est l'organe supérieur de la comptabilité et de l'audit en Espagne. Il a été institué par la loi du 12 juillet 1988 sur l'audit des comptes. C'est un organisme autonome à caractère administratif institué auprès du ministère d'*Asuntos Económicos y Transformación Digital*. Sa mission fondamentale est l'exercice de la fonction de supervision de l'activité d'audit en Espagne.

16884　La loi sur l'audit des comptes a assigné plusieurs rôles à l'ICAC dans le cadre de sa mission de supervision publique :
– agrément et tenue du *Registro Oficial de Auditores de Cuentas* (Roac) ;
– gestion et contrôle de l'accès à la profession et des conditions d'exercice de l'activité ;
– organisation de l'accès à l'activité par l'intermédiaire d'un examen commun aux deux collèges représentatifs de la profession ;
– homologation et publication des normes sur l'éthique, le contrôle qualité interne des auditeurs et des normes d'audit élaborées par les organisations représentatives de la profession, ainsi que la supervision du respect de celles-ci ;
– contrôle des conditions requises en matière de formation continue et contrôle de l'accomplissement des heures minimum de formation ;
– contrôle de l'activité d'audit de comptes et régime de sanctions ;

Le contrôle de l'activité d'audit des comptes est réalisé moyennant les procédures d'enquêtes et/ou procédures de contrôle qualité sur des dossiers spécifiques ou des aspects de l'activité. Les inspections ont pour objectif d'améliorer la qualité des travaux d'audit et le contrôle qualité interne des auditeurs. Dans le cadre de sa mission, l'ICAC peut demander des informations à l'auditeur, au cabinet d'audit et aux membres de son réseau, ainsi qu'aux entités auditées et aux sociétés liées.

– coopération internationale avec les autorités de contrôle des États membres et des États tiers, se traduisant par la supervision des auditeurs des États membres enregistrés dans le Roac qui interviennent auprès de sociétés espagnoles, ainsi que la supervision des audits des entités domiciliées dans un État tiers cotées en Espagne ;
– surveillance régulière de l'évolution du marché des services d'audit de comptes dans le cas d'entités d'intérêt public.
L'ICAC a également pour missions de développer le Plan Général Comptable (PCG) et ses adaptations sectorielles, d'interpréter et de clarifier l'application de ces normes comptables.
L'ICAC est financé par :
– une taxe payée par les auditeurs pour chaque rapport d'audit émis :
• pour les EIP, cette taxe s'élève à 508,77 euros si les honoraires sont supérieurs à 30 000 euros et à 254,37 euros si les honoraires sont inférieurs à 30 000 euros,
• pour les autres entités, cette taxe s'élève à 254,37 euros si les honoraires sont supérieurs à 30 000 euros et à 127,14 euros si les honoraires sont inférieurs à ce montant ;
– des taxes pour la délivrance d'attestations/de certificats à la demande d'une partie et pour une inscription et une annotation sur la liste des commissaires aux comptes (ROAC).

16886　2. Il existe actuellement en Espagne deux **collèges professionnels** représentatifs de la profession :
– l'*Instituto de Censores Jurados de Cuentas de España* (ICJCE) est l'organisation la plus ancienne (1943) et regroupe le plus grand nombre d'auditeurs personnes physiques ou morales. Il représente 85 % de l'activité d'audit en Espagne. L'ICJCE est le représentant espagnol au sein de l'*Accountancy Europe* (AcE, anciennement FEE) et de l'Ifac. Il collabore avec l'Ifac pour les traductions en espagnol des normes publiées par cet organisme ;
– le *Registro de Economistas Auditores* (REA) résultant de la fusion du *Registro de Economistas Auditores* (REA), qui dépend du *Consejo General de Colegios de Economistas de España* (CGCE), et du *Registro General de Auditores* (Rega), qui dépend du *Consejo Superior de Colegios Oficiales de Titulares Mercantiles y Empresariales de España*.

Les auditeurs inscrits au Roac ne sont **pas obligés** d'appartenir à l'un de ces deux collèges professionnels.

16888　Les deux organisations visées au paragraphe précédent ont un **rôle** identique, défini par le règlement précisant les modalités d'application de la loi sur l'audit des comptes :
– élaboration, adaptation et révision, de sa propre initiative ou à la requête de l'ICAC (Institut de comptabilité et d'audit de comptes) des normes techniques d'audit, des normes d'éthique et des normes de contrôle qualité interne des auditeurs suivant les

règles généralement admises dans l'Union européenne et les normes internationales adoptées par l'Union européenne ;
– organisation et communication à l'ICAC de l'enseignement dans le cadre de la formation professionnelle continue ;
– organisation et réalisation conjointe des examens d'aptitude professionnelle pour l'accès au Roac ;
– organisation et, le cas échéant, proposition de cours de formation continue ;
– contrôle qualité sur l'activité professionnelle de leurs membres, proposition à l'ICAC de l'ouverture d'une procédure disciplinaire et, le cas échéant, signalement de tout problème ou question détecté dans l'exercice de ses fonctions et susceptible d'impliquer un non-respect de la réglementation relative à l'audit des comptes ;
– représentation de la profession ;
– collaboration avec l'ICAC pour toutes les questions relatives à l'audit des comptes. En particulier, dans les conditions prévues par la loi sur l'audit, et sous la supervision et la direction de l'ICAC, elles peuvent effectuer des inspections d'auditeurs n'intervenant pas auprès d'entités d'intérêt public, et ce lorsque l'ICAC l'accepte.

Le contrôle qualité de la profession est sous la responsabilité de l'ICAC et doit être fait par des fonctionnaires de cet institut. La sous-traitance n'est prévue qu'en cas d'insuffisance de moyens pour les besoins du service. La participation des deux organisations représentatives de la profession ou de tiers autorisés est limitée exclusivement à l'exécution de simples travaux instrumentaux dans le cadre de contrôles qualité des entités non EIP. Le pouvoir de sanctionner est toutefois réservé à l'ICAC.

16890

Les contrôles de l'**ICAC**, déclenchés d'office quand l'intérêt public l'exige, sont réalisés depuis 2003 en appliquant les dispositions du règlement d'application de la loi sur le contrôle légal. La sélection des auditeurs contrôlés est réalisée à partir des renseignements remis annuellement à l'ICAC par les auditeurs légaux, des statistiques professionnelles et des autres informations objectives dont dispose l'ICAC.

Sont considérés comme des **infractions très graves** :
– l'émission d'un rapport d'audit comportant, par dol ou par négligence, des informations contraires aux éléments probants collectés ;
– la violation des incompatibilités par dol ou par négligence ;
– le manquement au secret professionnel et à l'obligation de confidentialité des documents de travail ;
– le manque de coopération des auditeurs lors d'un contrôle qualité ;
– l'utilisation à des fins personnelles d'informations obtenues en cours de mission ;
– le manquement au devoir de conservation des documents, à l'exception des cas de force majeure ;
– le non-respect d'une sanction qui impose la démission de l'auditeur ;
– le refus ou la résistance à l'exercice des compétences de contrôle ou disciplinaire de l'ICAC ou le défaut de transmission d'information requise par cet organisme dans le cadre de ses compétences de contrôle et de discipline ;
– la non-émission d'un rapport d'audit d'une EIP ou l'émission de celui-ci à une date telle qu'il devient inutilisable aux fins pour lesquelles le commissaire aux comptes s'est vu confier la mission d'audit et pour des raisons qui lui sont imputables ;
– le fait de ne pas émettre le rapport complémentaire destiné au comité d'audit des EIP, ou si le rapport est émis que son contenu soit substantiellement inexact ou incomplet ;
– la réalisation de travaux d'audit sans être inscrit dans le registre Roac ou le défaut de dépôt de caution ou l'apposition de la signature d'un commissaire aux comptes sans avoir été expressément désigné par le cabinet d'audit.

Sont considérés comme des **infractions graves** :
– le non-respect de règles d'audit ayant un impact significatif sur les conclusions et le rapport de l'auditeur ;
– la violation des articles relatifs au devoir d'indépendance, sans dol ou négligence ; l'insuffisance ou l'absence de mesures de sauvegarde ;
– le défaut d'établissement du rapport pour une entité autre qu'une EIP ou l'émission du rapport à une date telle qu'il devient inutilisable aux fins pour lesquelles le commissaire aux comptes s'est vu confier la mission d'audit et pour des raisons imputables à l'auditeur ;
– le non-respect des normes en matière d'embauche, d'honoraires et des interdictions une fois la mission d'audit achevée ;

AUDIT LÉGAL DANS LES PAYS DE L'UNION EUROPÉENNE © Éd. Francis Lefebvre

– la rotation obligatoire de l'auditeur des comptes signant le rapport d'audit ;
– l'acceptation de travaux dépassant la capacité de travail (appréciée en volume d'heures) de l'auditeur ;
– l'absence ou le caractère insuffisant du contrôle qualité interne ainsi que tout manquement relatif aux exigences imposées par le contrôle qualité ;
– le non-respect des obligations de formation ;
– le fait de ne pas donner les informations requises à l'ICAC et aux autorités de régulation boursière, bancaire et du secteur des assurances ;
– la non-publication du rapport de transparence ou la publication de rapports de transparence incomplets ou contenant des informations erronées ;
– le non-respect des délais en matière de contrôle qualité, l'insuffisante coopération de l'auditeur et des membres de son réseau à l'occasion des contrôles qualité ;
– la signature d'un rapport en qualité d'auditeur pour une activité autre que l'audit des comptes, provoquant la confusion sur la nature des travaux ;
– le non-respect des règles relatives à l'ouverture des dossiers de travail à la demande de l'auditeur successeur ou d'un auditeur du groupe ;
– la non-émission ou la remise hors délai du rapport complémentaire au comité d'audit ou la remise d'un rapport qui soit substantiellement incorrect ou incomplet.
Sont considérés comme des **fautes légères** : les manquements au respect des normes d'audit ou au devoir d'informer l'ICAC sur son activité, à condition que le délai de trois mois suivant la fin du délai établi ne soit pas écoulé.
Les désaccords relevant de points juridiques ou techniques dûment justifiés ne seront pas considérés comme un manquement aux normes d'audit.

16892   Les sanctions qui peuvent être prononcées contre un auditeur exerçant à titre individuel sont les suivantes :
– réprimande personnelle ou amende de 6 000 euros (pour les fautes légères) ;
– suspension temporaire pouvant aller jusqu'à deux ans ou amende de deux à cinq fois les honoraires d'audit correspondant au travail effectué et pouvant aller de 6 001 à 18 000 euros (pour les fautes graves) ;
– suspension temporaire pouvant aller de deux à cinq ans, radiation, ou amende de six à neuf fois les honoraires d'audit (amende pouvant aller de 18 001 à 36 000 euros pour les fautes très graves, sachant toutefois que ce plafond n'est pas applicable pour les audits des entités d'intérêt public).
Les sanctions applicables à l'associé ou à l'auditeur désigné responsable de l'audit sont similaires, à l'exception du multiplicateur d'honoraires.
Les sanctions qui peuvent être prononcées contre les cabinets d'audit sont des amendes pouvant s'élever à :
– 6 000 euros (pour les fautes légères) ;
– jusqu'à 3 % du total des honoraires d'audit du cabinet (pour les fautes graves) avec un minimum de 12 000 euros ;
– 3 % à 6 % du total des honoraires d'audit du cabinet (pour les fautes très graves), avec un minimum de 240 000 euros.
Lorsque la sanction est liée à l'audit d'une EIP ou lorsqu'il s'agit d'un manquement aux obligations imposées aux commissaires des EIP, le montant de la sanction pourra être augmenté jusqu'à 20 % et l'ICAC pourra également suspendre le cabinet d'audit et le commissaire aux comptes pour l'audit des entités d'intérêt public sur une période pouvant aller jusqu'à deux ans pour les infractions graves et cinq ans pour les infractions très graves.
Toutes les amendes graves ou très graves entraînent l'obligation de démissionner pendant trois ans de la société auditée.

Statut et règles de comportement

16894   **Secret professionnel**   L'auditeur des comptes signataire, la société d'audit et ses associés, et toute personne ayant travaillé sur le dossier sont tenus au secret professionnel pour toute information portée à leur connaissance au cours de la mission ; ils ne peuvent en faire usage pour une mission autre que l'audit des comptes.
L'accès aux documents de travail de l'auditeur des comptes est autorisé aux contrôleurs qualité de l'ICAC ainsi qu'aux collèges professionnels et aux personnes habilitées soit par décision judiciaire, soit par la loi. Dans les situations considérées comme graves par les

organes de supervision des entités publiques ou par les autorités de régulation (boursière, bancaire ou du secteur des assurances), ceux-ci peuvent avoir accès aux informations et documents figurant dans le dossier de travail des auditeurs. L'auditeur successeur et l'auditeur des comptes consolidés sont également autorisés à demander l'accès à ces informations. Enfin, dans le cadre de la coopération internationale, les organismes de contrôle de la profession d'un État membre ou d'un État tiers avec lequel il existe un accord de réciprocité peuvent collaborer à l'occasion d'un contrôle effectué par l'ICAC.

Scepticisme et jugement professionnel Le commissaire aux comptes doit faire preuve de scepticisme dans son travail et exercer son jugement professionnel. Cela sera notamment le cas dans le cadre des diligences mises en œuvre en ce qui concerne l'estimation de la juste valeur, la dépréciation des actifs et provisions, le principe de la continuité d'exploitation ainsi que l'évaluation critique des éléments probants.

16895

Indépendance et incompatibilités Les auditeurs des comptes doivent être indépendants par rapport aux entités qu'ils audient et s'abstenir d'intervenir lorsque leur objectivité pourrait être compromise. Ils doivent s'abstenir de participer dans les processus de prise de décision de l'entité auditée et mettre en œuvre les mesures de sauvegarde nécessaires pour détecter les risques, les évaluer, les réduire et les supprimer. Ces mesures doivent être documentées et faire l'objet d'une mise à jour permanente. Les facteurs de risque sont cités dans la loi d'audit, à savoir : autorévision, intérêt personnel, représentation (« *abogacia* »), familiarité et intimidation.

16896

L'ICAC est chargé de s'assurer du respect par les auditeurs de leur obligation d'indépendance.

Les situations d'incompatibilité issues de situations personnelles s'appliquent à l'entité auditée ainsi qu'à toutes les sociétés liées. Les incompatibilités en matière de services s'appliquent à l'entité auditée et à sa chaîne de contrôle.

Elles concernent :
– les auditeurs principaux responsables (les signataires, les autres auditeurs principaux et les auditeurs de filiales significatives d'un groupe) et les membres de leur famille proche ;
– le cabinet d'audit et les cabinets d'audit avec lesquels l'auditeur ou le cabinet d'audit a des liens directs ou indirects ainsi que les autres entités faisant partie du réseau ;
– les personnes ayant un pouvoir d'influence sur le résultat final de l'audit, les autres membres de l'équipe de travail, les associés et autres personnes liées (qu'ils soient ou non auditeurs) et les salariés qui interviennent de manière directe dans l'activité d'audit de comptes et les associés, administrateurs ou mandataires des entités membres du réseau, tout ceci s'appliquant également aux membres de la famille proche.

Sont **susceptibles de compromettre l'indépendance en raison de leur situation personnelle** (que l'entité soit d'intérêt public ou non) :
– les fonctions de dirigeant, d'administrateur ou de salarié de l'entité auditée ou les responsables (salariés ou non) du département financier ou les personnes occupant des fonctions de supervision ou de contrôle interne ;

L'interdiction est maintenue pendant une durée de un an ou deux ans (entités d'intérêt public) après la cessation des fonctions d'auditeur.

– le fait d'avoir un lien financier direct dans l'entité auditée ou indirect significatif dans une entité liée ;
– la réalisation de transactions portant sur un instrument financier émis, garanti ou autrement supporté par cette personne ou entité ;
– le fait de solliciter ou d'accepter des présents ou des faveurs sauf si la valeur de ceux-ci est insignifiante.

Est **présumée compromettre l'indépendance la fourniture à toute entité des services suivants** (pour les entités d'intérêt public, voir n° 16898) :
– la tenue ou la préparation des états financiers et des documents comptables de l'entité auditée ;
– la conception et la mise en œuvre de systèmes de technologie de l'information financière utilisés pour générer les données incluses dans les états financiers à auditer, sauf si l'entité cliente assume elle-même l'entière responsabilité de la conception desdits systèmes, de leur contrôle interne et de leur fonctionnement ;
– la fourniture de prestations de services conduisant à évaluer des montants apparaissant dans les états financiers audités ou d'autres états comptables sauf si ceux-ci ont

AUDIT LÉGAL DANS LES PAYS DE L'UNION EUROPÉENNE © Éd. Francis Lefebvre

une incidence non significative dans les comptes et que ce point est documenté dans les dossiers de travail ;
– la fourniture de prestations de contrôle interne ou de gestion des risques, sauf si la direction de l'entreprise assume la responsabilité de la conception du système de procédures, de sa mise en œuvre, de son évaluation et du suivi des recommandations émises ;
– la fourniture de prestations juridiques en faveur de l'entité auditée, sauf si ces prestations sont fournies par des sociétés distinctes dirigées de façon autonome et n'incluent pas l'assistance en matière de litiges ayant des impacts significatifs dans les états financiers audités ;
– le versement par l'entité auditée d'honoraires d'audit et de conseils représentatifs, sur la moyenne des trois dernières années, d'un pourcentage supérieur à 30 % des revenus globaux de la société d'audit.

16898 **Services non-audit pour les EIP** L'article 5 du règlement européen précité définit une liste de **services non-audit interdits** pour les auditeurs d'EIP et les membres de leurs réseaux (voir n⁰ˢ 17940 s.). L'Espagne n'a pas choisi d'ajouter des services supplémentaires à cette liste de services interdits.
Elle a par ailleurs utilisé l'option laissée aux États membres concernant l'autorisation de services d'évaluation et de certains services fiscaux (voir n⁰ 17950). Ainsi, les auditeurs ont la possibilité de fournir la plupart des services en matière fiscale (à l'exception des taxes douanières et cotisations sociales) ainsi que des services d'évaluation pour autant que ces trois critères soient respectés :
– aucun impact direct ou impact négligeable sur les états financiers audités ;
– l'impact sur les états financiers est documenté et expliqué au comité d'audit ;
– le principe d'indépendance de l'auditeur est respecté.
S'agissant du **plafonnement des honoraires** relatifs aux services non-audit (voir n⁰ 17965), la législation espagnole impose que les honoraires des services non-audit non interdits ne dépassent pas 70 % des honoraires moyens encaissés pour l'audit légal au cours des trois derniers exercices.
Enfin, sur chacun des trois derniers exercices, les honoraires totaux reçus d'une EIP (tant pour l'audit légal que pour les services non-audit) ne peuvent pas représenter plus de 15 % des honoraires reçus par le contrôleur légal ou le cabinet d'audit. Cette appréciation de la concentration des honoraires se fait :
– au niveau des honoraires payés par l'EIP, et les entreprises liées à cette dernière, au cabinet d'audit par rapport au chiffre d'affaires annuel enregistré par le cabinet d'audit ; et
– au niveau des honoraires reçus par le cabinet d'audit et les membres de son réseau, de la part de l'entreprise auditée et les entreprises liées à cette dernière, par rapport au chiffre d'affaires enregistré par l'ensemble du réseau auquel appartient le cabinet d'audit.

Conditions de mise en œuvre de la mission

16900 **Nomination** L'auditeur légal doit être nommé par l'**assemblée générale**, sur proposition préalable du comité d'audit quand il existe, pendant l'exercice à contrôler. Il peut également être nommé directement par les services du registre du commerce (si l'assemblée générale ne l'a pas nommé et sur demande des administrateurs ou de tout actionnaire) ou par décision judiciaire (révocation de l'auditeur précédent et nomination par voie de justice de son successeur).
La publicité de la nomination est faite au registre du commerce. Lorsque le ou les auditeurs sont des personnes physiques, l'assemblée générale doit désigner autant de **suppléants** que de titulaires.

> La législation ne comporte aucune disposition en ce qui concerne le nombre d'auditeurs. Il est donc tout à fait possible d'en nommer plusieurs.

16902 La **durée des fonctions** est variable ; elle est en principe comprise entre trois et neuf ans. Le terme initial de la nomination est prorogeable par périodes allant jusqu'à trois ans.
L'assemblée générale ne peut **révoquer** l'auditeur pendant la durée de son mandat, sauf pour justes motifs. En pratique, est considéré comme un juste motif le changement d'auditeur, si ce dernier ne s'y oppose pas. La révocation peut être sollicitée auprès du juge par les actionnaires qui possèdent des parts représentant plus de 5 %.

> L'ICAC doit être informé de cette révocation.

Obligation de rotation pour les EIP Concernant les EIP, la législation espagnole **16904** impose une rotation obligatoire des cabinets d'audit tous les **dix ans** lorsque l'entité est contrôlée par un seul auditeur. Cette durée maximale peut être prolongée de quatre ans, soit une durée cumulée de **quatorze ans**, si un autre auditeur intervient conjointement pour contrôler l'EIP (cocommissariat aux comptes). La nomination d'un deuxième auditeur peut intervenir à l'issue des dix premières années.

Dans tous les cas, le délai de viduité est fixé à quatre ans.

Par ailleurs, la rotation des **associés** d'audit principaux s'impose pour le contrôle légal des entités d'intérêt public au-delà de cinq ans, avec un délai de viduité de trois ans.

Montant et publication des honoraires Le montant des honoraires et les **16907** critères permettant de les calculer doivent être arrêtés avant le début de la mission. Ils sont rappelés dans une lettre de mission.

Les honoraires pour la mission d'audit doivent être fixés en fonction de l'importance des diligences à mettre en œuvre pour la réalisation de chaque mission ; la lettre de mission doit inclure les critères de détermination du prix en fonction de cet effort.

À cette fin, seront pris en compte le temps, les moyens, les ressources et les qualifications et spécialisations suffisantes et nécessaires à la réalisation de la mission, la taille et la complexité de l'activité ou des opérations de l'entité auditée et le risque d'audit attendu.

Les honoraires mentionnés dans la lettre de mission ne peuvent être modifiés que si les conditions qui ont servi de base à leur fixation initiale sont altérées. En cas de modification des honoraires initialement estimés, les raisons justifiant leur nouvelle estimation doivent être documentées dans le dossier d'audit.

Les auditeurs doivent communiquer à l'ICAC le montant des honoraires et des heures facturés à chaque client, tant pour l'activité d'audit que pour les autres prestations de services. Par ailleurs, le montant des honoraires facturés pour l'audit et les autres prestations de services doit être mentionné dans l'annexe des comptes annuels déposés au registre du commerce.

Conservation des documents Les auditeurs des comptes doivent conserver **16908** pendant cinq ans, à compter de la date du rapport d'audit, les documents de travail afférents à chaque mission.

En cas de réclamation, de procès ou de litige en rapport avec le rapport d'audit ou dans lequel la documentation des travaux d'audit pourrait constituer une preuve, pour autant que le commissaire aux comptes ait connaissance de cette circonstance, la période de cinq ans est prolongée jusqu'à la résolution ou le jugement définitif, ou la finalisation de la procédure, ou jusqu'à ce que cinq ans se soient écoulés depuis la dernière communication ou intervention du commissaire aux comptes en rapport avec le conflit en question.

Missions réalisées par l'auditeur légal Outre le contrôle récurrent des comptes **16913** annuels et du rapport de gestion, l'auditeur légal peut se voir confier un nombre restreint de missions à l'occasion d'événements ou d'opérations particuliers survenus dans la société auditée.

Ainsi les **augmentations de capital** par incorporation de réserves disponibles (Loi sur les sociétés de capitaux art. 303), les augmentations de capital par compensation avec des créances (Loi sur les sociétés de capitaux art. 301) et les **réductions de capital** (Loi sur les sociétés de capitaux art. 323) doivent-elles faire l'objet d'une intervention particulière de l'auditeur de la société.

S'il n'existe pas d'auditeur légal, un auditeur doit être nommé par les administrateurs afin de mettre en œuvre l'intervention requise.

Missions réalisées par un intervenant extérieur Un auditeur de comptes **16914** autre que celui intervenant dans l'entité ou bien un expert indépendant désignés par le registre du commerce peuvent accomplir un certain nombre de missions pour le compte de l'entité :

– certains **apports en nature**, quelle que soit leur nature, doivent donner lieu à une évaluation par un ou deux experts nommés par le registre du commerce. Sont notamment concernées les acquisitions d'actifs à titre onéreux réalisées soit au cours des deux premières années d'existence de la société lorsque le prix d'achat dépasse 10 % du montant du capital (Loi sur les sociétés de capitaux art. 72), soit à l'occasion des transactions qui ont pour objet la transformation en société anonyme des sociétés d'une autre forme ;

AUDIT LÉGAL DANS LES PAYS DE L'UNION EUROPÉENNE © Éd. Francis Lefebvre

– en cas de **fusion et scission**, la mission de commissariat à la fusion ou à la scission est confiée à un ou plusieurs experts indépendants (Loi 3-2009 sur les modifications structurelles des sociétés commerciales) ;

– les **émissions d'obligations convertibles** (Loi sur les sociétés de capitaux art. 414.2) exigent l'établissement d'un rapport par un auditeur nommé par le registre du commerce :

• en cas de **changement d'objet social ou de forme sociale** de la société ou de transfert du siège social à l'étranger, les actionnaires qui ont voté contre la résolution en assemblée générale et ceux qui détiennent des actions sans droit de vote disposent d'un mois pour se retirer de la société. Leurs actions sont évaluées soit au cours de bourse, soit, pour les sociétés non cotées, à leur juste valeur telle que déterminée par un expert indépendant nommé à cet effet par les services du registre du commerce (Loi sur les sociétés de capitaux art. 353),

• en cas de **suppression du droit préférentiel de souscription**, un expert indépendant nommé à cet effet par le registre du commerce doit exprimer son opinion sur la juste valeur des actions dont l'émission est projetée, la valeur théorique des droits de souscription et le caractère raisonnable des données présentées dans le rapport présenté par les dirigeants à l'assemblée générale (Loi sur les sociétés de capitaux art. 308),

• en cas d'**opposition de la société à la libre transmission des parts** dans le cadre de succession ou d'acquisition à la suite d'une décision de justice, la société doit proposer de les racheter à leur juste valeur, celle-ci devant être déterminée par un expert indépendant, distinct du commissaire aux comptes, nommé à cet effet par les administrateurs (Loi sur les sociétés de capitaux art. 124 et 125),

• en cas de **désaccord de l'usufruitier et du nu-propriétaire** sur l'accroissement de valeur des titres au cours de la période d'usufruit, la plus-value est déterminée par un expert indépendant, distinct du commissaire aux comptes de la société désigné par les services du registre du commerce (Loi sur les sociétés de capitaux art. 128).

Responsabilité professionnelle

16915 Les auditeurs et les sociétés d'audit sont responsables des dommages et des préjudices qui découlent du non-accomplissement de leurs obligations émanant du Code civil. Leur responsabilité civile sera proportionnelle à leur responsabilité directe.

Lorsqu'une société d'audit est titulaire du mandat, l'auditeur signataire et la personne morale sont solidairement responsables.

Les auditeurs personnes physiques et les sociétés d'audit doivent constituer un dépôt de garantie ou contracter une police d'assurance pour couvrir leur responsabilité (n° 16870). Ce dépôt de garantie ou cette police d'assurance permettent leur inscription sur la liste officielle des auditeurs (le Roac, voir n° 16860).

Normes de travail

16920 Le processus de préparation et de publication des normes est défini dans ses grandes lignes par la loi sur l'audit des comptes et est placé sous la responsabilité de l'ICAC.

Les **projets** de normes techniques d'audit, de normes d'éthique professionnelle et de contrôle qualité interne doivent suivre les principes généralement admis par les États membres et les normes internationales d'audit adoptées par l'Union européenne. Ces projets sont préparés par les comités techniques des deux organisations représentatives de la profession (ICJCE, REA), et transmis à l'ICAC qui est chargé, par la loi, de leur publication.

Avant leur publication, les projets sont revus par un comité dirigé par le président de l'ICAC et composé de représentants des deux organisations professionnelles et des autorités de régulation (CNMV, *Banco de España, Dirección General de Seguros y Fondos de Pensiones, Intervencion General del Estado*) et experts (juge, professeurs d'université...). Ne peuvent être membres de ce comité des personnes ayant occupé la fonction de commissaire aux comptes ou des personnes ayant eu un lien avec des commissaires aux comptes au cours des trois dernières années et les anciens membres du comité ne peuvent avoir de lien avec des auditeurs durant une période de deux ans après avoir quitté le comité.

Les normes définitives sont **publiées** par l'ICAC dans le *Boletín Oficial del Instituto de Contabilidad y Auditoría de Cuentas*. Une note fait état de cette publication dans le *Boletín Oficial del Estado*.

L'**application** des normes est obligatoire pour toutes les missions d'audit.
Les organisations professionnelles émettent également des recommandations et applications.
Par une résolution de l'ICAC du 15 octobre 2013, de nouvelles normes techniques d'audit ont été approuvées. Elles sont le résultat de l'adaptation des normes internationales d'audit pour leur application en Espagne (NIA-ES). Par une résolution de l'ICAC du 23 décembre 2016, certaines NIA-ES sont modifiées pour transposer dans la réglementation espagnole sur l'audit les NIA révisées par l'IAASB ainsi que pour intégrer les nouvelles exigences requises par la loi sur l'audit des comptes (LAC et règlement UE 537/2014).

Ces normes sont la traduction des normes ISA établies par l'IAASB et elles incluent quelques notes explicatives afin d'adapter les NIA au cadre juridique espagnol.

Normes de contrôle qualité

16925 L'ISQC1 a été traduite et incorporée, à la suite de la résolution de l'ICAC du 26 octobre 2011 (modifiée par la résolution de l'ICAC du 20 décembre 2013), comme norme de contrôle de qualité interne des auditeurs et des sociétés d'audit en Espagne.

IV. Irlande

17215 Les dispositions de la directive 2014/56/UE modifiant la directive 2006/43/CE concernant les contrôles légaux des comptes et du règlement 537/2014 relatif au contrôle des comptes des entités d'intérêt public sont développées dans une section spécifique (voir n°s 17800 s.).
En Irlande, la **transposition** de cette directive et le choix des options contenues dans le règlement précité ont été réalisés par le « *Statutory Instrument* » (SI n° 312 de 2016).
La définition retenue pour les **entités d'intérêt public** (EIP) correspond à celle prévue par la directive précitée (voir n° 17815) et elle n'a pas été étendue par le législateur irlandais.
Depuis le 21 septembre 2018, c'est la loi de 2018 sur les sociétés « *The Companies (Statutory Audits) Act 2018* » qui réglemente la profession d'auditeur et la conduite du contrôle légal des comptes en Irlande. Ce texte modifie certaines dispositions de la loi de 2014 (*Companies Act 2014*).

Champ d'application

17220 En application de la loi irlandaise sur les sociétés (*Companies Act 2014*), toutes les **sociétés à responsabilité limitée** sont obligatoirement soumises à l'audit légal, à l'exception de certaines petites entreprises (voir n° 17223).
D'**autres entités** sont concernées en application de la législation qui leur est applicable : agences gouvernementales, universités, caisses d'épargne, organisations à but non lucratif, fonds de pension, etc.

17223 Le *Companies Accounting (Amendment) Act 2014* **exempte** de l'obligation d'avoir un contrôleur légal les entreprises (exclusion faite des *public limited or unlimited companies*) qui remplissent toutes les conditions suivantes au cours de deux exercices consécutifs (sauf pour les sociétés ayant moins de deux ans d'existence) :
– être une société soumise au *Companies (Amendment) Act 2014* ;
– être une société qui répond à deux des trois critères suivants :
• avoir un chiffre d'affaires inférieur à 8,8 millions d'euros,
• présenter un total de bilan inférieur à 4,4 millions d'euros,
• avoir un effectif annuel moyen inférieur à 50 salariés ;
– la société peut faire partie d'un groupe de sociétés à condition de se conformer à l'article 280 B du *Companies Accounting (Amendment) Act 2014* ;
– elle doit être à jour de toutes ses obligations vis-à-vis du registre du commerce.

Professionnels habilités

17230 Le cadre législatif et réglementaire qui régit l'accès à la profession est constitué par la partie VI du *Companies Act 2014* (*Amendment*) et par le *Companies (Statutory audits) Act 2018*.

AUDIT LÉGAL DANS LES PAYS DE L'UNION EUROPÉENNE © Éd. Francis Lefebvre

La qualité d'auditeur légal (*registered auditor*) est conférée aux membres des organisations professionnelles de supervision agréées (*Recognised Supervisory Bodies*) auxquels ces organisations ont délivré un permis d'exercer (**practising certificate**). Le candidat doit pouvoir justifier d'un contrat de cinq ans avec une société d'apprentissage reconnue par l'ICAI. Ce contrat comprend trois ans d'entraînement de base et deux ans supplémentaires pour obtenir une licence d'audit.

Le *practising certificate* concerne les membres de l'ICAEW, de l'ICAS et de l'Acca qui souhaitent exercer en Irlande. Les membres de l'ICAI doivent détenir un *auditing certificate* et être membres d'une association d'experts-comptables reconnue (n° 17242).

Le *practising certificate* est nécessaire pour exercer l'audit légal en Irlande.

L'appartenance à l'une des organisations de supervision agréées est subordonnée à la possession de qualifications délivrées par les *Recognised Qualifying Bodies*.

17235 Les *registered auditors* peuvent être des personnes physiques exerçant seules (*sole practitioner*) ou en *partnership*. Une société de capitaux (*incorporated*) peut être désignée comme *registered auditor*.

Organisation de la profession

17240 Les organisations professionnelles ont toujours tenu un rôle majeur dans l'autorégulation de la profession. Le *Companies Act 2014* a renforcé ces prérogatives dans un cadre législatif précis. Deux statuts ont ainsi été institués pour les organisations professionnelles : celui de **Recognised Supervisory Bodies** (RSB) et celui de **Recognised Qualifying Bodies** (RQB). L'agrément des organisations professionnelles est délivré par le Gouvernement (ministère des entreprises, du commerce et de l'emploi – *Ministry for Business, Enterprise, Trade and Employment*) au vu des normes de l'organisation en ce qui concerne la formation, la déontologie, le Code d'éthique de la profession, l'indépendance, l'intégrité professionnelle, les diligences techniques et les procédures disciplinaires. Le Gouvernement a la capacité de retirer ou de suspendre l'agrément d'une organisation professionnelle ou de l'un de ses membres.

17242 Cinq organisations sont agréées par le gouvernement de la République d'Irlande en vertu des dispositions de la section 930 du *Companies Act 2014* :
– *Institute of Chartered Accountants in Ireland* (**ICAI**) ;
– *Institute of Chartered Accountants in England and Wales* (**ICAEW**) ;
– *Institute of Chartered Accountants in Scotland* (**ICAS**) ;
– *Association of Chartered Certified Accountants* (**Acca**) ;
– *Institute of Certified Public Accountants in Ireland* (**ICPAI**).

Les quatre premières organisations sont également reconnues par la loi britannique sur les sociétés (*Companies Act 1989*).

17245 L'ICAI, qui compte 28 500 membres, est l'organisation professionnelle irlandaise la plus importante et la plus connue. Elle présente la particularité de rassembler les professionnels de la République d'Irlande et de la province d'Irlande du Nord.

La deuxième organisation est l'**ICPAI**. Elle n'enregistre que des personnes physiques. Elle est membre de l'Ifac, de la FEE et de la section irlandaise du *Consultative Committee of Accountancy Bodies* (CCAB-I). L'ICPAI s'est engagée à adopter les normes émises par l'*Auditing Practices Board*, bien que ne figurant pas parmi les membres fondateurs de ce comité.

17247 L'IAASA (*Irish Auditing and Accounting Supervisory Authority*) a été créée en application des dispositions de la partie 2 du *Companies (Auditing and Accounting) Act 2003* avec les quatre principales missions suivantes :
– superviser les instances professionnelles comptables en matière de régulation et de contrôle de leurs membres ;
– promouvoir l'application de normes professionnelles comptables et d'audit de grande qualité ;
– veiller au respect des *Companies Acts*, et le cas échéant à l'article 4 du *IAS Regulation*, par certaines catégories de sociétés et de sous-groupes ;
– et travailler en tant que conseiller spécialisé du ministère sur les questions relatives à l'audit et à la comptabilité.

AUDIT LÉGAL DANS LES PAYS DE L'UNION EUROPÉENNE

La loi *Companies Act 2014*, telle que modifiée, attribue certaines fonctions à l'IAASA et d'autres aux organismes comptables reconnus par la loi (*Recognised Accountancy Bodies* dits « RAB ») sous la supervision de l'IAASA.

L'IAASA est l'autorité compétente pour la surveillance des contrôleurs légaux en Irlande, y compris la surveillance de la manière dont les cinq organismes comptables reconnus (*Recognised Accountancy Bodies* dits « RAB ») exercent leurs fonctions.

En outre, l'IAASA est directement responsable du contrôle qualité des contrôleurs légaux et des cabinets d'audit intervenant auprès des entités d'intérêt public (EIP) et des éventuelles enquêtes qui en découlent.

Elle fait également partie du *European Audit Inspection Group* (EAIG).

L'IAASA a également pour rôle d'adopter des normes d'audit, d'éthique professionnelle et de contrôle interne de la qualité.

Elle mène par ailleurs une série d'autres activités, telles que l'enregistrement et la surveillance des auditeurs de pays tiers, la collaboration avec ses homologues européens et internationaux, et le Conseil du ministre des affaires, des entreprises et de l'innovation sur des questions clés d'audit et de comptabilité.

Conditions de mise en œuvre de la mission

Nomination   À la constitution de la société, le premier auditeur peut être désigné par les administrateurs ou la première assemblée générale de la société.

17250

L'auditeur est ensuite nommé annuellement par les associés réunis en **assemblée générale** annuelle (*Annual general meeting*).

La loi ne comporte pas de système de cocommissariat aux comptes. Il est toujours possible de nommer plusieurs auditeurs.

Le mandat est renouvelable par l'assemblée générale annuelle.

Lorsque l'assemblée ne désigne pas d'auditeur ou ne le renouvelle pas, le ministère des affaires, de l'entreprise et de l'innovation peut procéder à la désignation pour remplir la vacance.

Durée du mandat   Le mandat a une durée d'un an. Selon les termes de la loi, chaque société doit désigner, à chaque assemblée générale annuelle, un ou des auditeurs qui exercent leurs fonctions jusqu'à la prochaine assemblée générale annuelle.

17252

Les auditeurs peuvent être renouvelés par l'assemblée générale annuelle. Ils restent alors en place jusqu'à l'assemblée générale annuelle suivante.

Obligations de rotation pour les EIP   S'agissant des EIP, la **durée du mandat** ne peut dépasser dix ans, étant précisé que l'Irlande a choisi de ne pas prolonger cette durée en cas d'appel d'offres ou d'audit conjoint (voir n° 18010).

17253

Dans certains cas exceptionnels, les EIP peuvent néanmoins demander à l'autorité de supervision un **prolongement** de deux ans de cette durée. Le délai de viduité est fixé à trois ans.

Aucune durée maximale de mandat n'est imposée pour les entités non-EIP.

Par ailleurs, les **associés d'audit principaux** chargés du contrôle légal d'une EIP doivent cesser toute participation à ce contrôle au plus tard cinq années après la date de leur nomination.

Préalablement à la transposition européenne de l'audit, la rotation des associés était imposée à l'issue de sept années.

Services non-audit pour les EIP   Les contrôleurs légaux ou cabinets d'audit ont l'interdiction de fournir à une EIP, à l'entité qui la contrôle et aux entités contrôlées par elle au sein de l'Union européenne, une liste de services définis à l'article 5.1 du règlement 537/2014 (voir n° 17940).

17254

Le législateur irlandais n'a pas choisi d'ajouter des services supplémentaires à cette liste d'interdictions.

Conformément au 5.3 du règlement européen (voir n° 17950), l'Irlande a choisi d'autoriser la fourniture de services d'évaluation et de certains services fiscaux s'ils n'ont pas d'impact significatif sur les états financiers, si l'estimation de l'effet sur les états financiers est documentée et si le principe d'indépendance du contrôleur légal ou du cabinet d'audit est respecté.

485

AUDIT LÉGAL DANS LES PAYS DE L'UNION EUROPÉENNE   © Éd. Francis Lefebvre

Par ailleurs, la fourniture de tout service non-audit, qui n'est pas interdite, est conditionnée à l'approbation du comité d'audit et les honoraires de ces services sont limités à 70 % de la moyenne des honoraires d'audit des trois derniers exercices.

17256 **Rapport d'audit des EIP** S'agissant des rapports d'audit des EIP et du rapport complémentaire devant être adressé au comité d'audit de ces entités, l'Irlande n'a pas requis d'informations complémentaires par rapport aux exigences définies par le règlement européen précité. Pour plus de détails sur les spécificités de ces rapports, il convient donc de se reporter aux nos 17880 s.

17258 **Honoraires** La loi sur les sociétés prévoit que le montant des honoraires des auditeurs est approuvé par l'assemblée générale annuelle.

Le plus souvent, les honoraires sont négociés préalablement avec la direction ou le comité d'audit, mais ils doivent, en tout état de cause, être arrêtés par l'assemblée générale annuelle. Les honoraires sont publiés dans les comptes.

L'auditeur détermine le montant des honoraires sur la base :
– soit d'un montant spécifique fixé en accord avec l'entité auditée ;
– soit d'un montant calculé en application d'un accord avec l'entité auditée ;
– soit, en l'absence d'accord, d'un montant déterminé par référence aux usages de la profession (temps passé, niveau des intervenants, degré de risque et de responsabilité). En cas de désignation par les administrateurs ou par le ministère des entreprises, du commerce et de l'innovation, les honoraires peuvent être fixés par ces derniers.

Responsabilité professionnelle

17260 La responsabilité professionnelle des auditeurs n'est pas limitée. L'assurance professionnelle est obligatoire.

Normes de travail

17265 Les normes de travail applicables en Irlande sont les normes ISA (*International Standards on Auditing*). Elles sont établies par l'*Auditing Practises Board* (APB) et adoptées par l'IAASA qui a obtenu une licence par le *Financial Reporting Council* (FRC) du Royaume-Uni pour le faire.

V. Suède

17560 Les nouvelles dispositions de la directive 2014/56/UE modifiant la directive 2006/43/CE concernant les contrôles légaux des comptes et du règlement 537/2014 relatif au contrôle des comptes des entités d'intérêt public sont développées dans une section spécifique (voir nos 17800 s.).

En Suède, la **transposition** de cette directive et le choix des options contenues dans le règlement précité ont été réalisés par un vote du Parlement du 18 mai 2016.

La définition retenue pour les **entités d'intérêt public** correspond à celle prévue par la directive (voir no 17815) et elle n'a pas été étendue par le législateur suédois.

Champ d'application

17562 Un contrôle légal est obligatoire pour :
– les « *public limited companies* » ;
– les « *limited companies within the finance sector* » ;
– les « *limited companies with a profit distribution restriction* » ;
– les « *private limited companies* », les succursales étrangères « *foreign branch offices* » et les sociétés de personnes « *partnership companies* » contrôlées par une société à responsabilité limitée et qui dépassent l'un des seuils suivants pendant deux années consécutives : effectif moyen supérieur à trois, total bilan de 1,5 million de couronnes suédoises (SEK) et chiffre d'affaires net de trois millions de SEK ;
– les sociétés mères d'un groupe de sociétés dépassant les critères précédemment cités ;
– les « *limited companies* », « *partnership companies without a limited company as owner* », les fondations (*foundations*), les associations ayant une activité économique

(*economic association*) et les associations à but non lucratif (*non profit association*), à partir du moment où elles dépassent deux des trois critères suivants pendant deux années consécutives : effectif moyen de 50 employés, total bilan de 40 millions de SEK et chiffre d'affaires net de 80 millions de SEK.

Professionnels habilités

La loi suédoise sur les auditeurs (*Revisorslagen 2001*) contient les règles essentielles en ce qui concerne l'organisme public de supervision de la profession, les conditions de diplôme et d'aptitude, les obligations professionnelles des auditeurs et les procédures disciplinaires. Elle est complétée par une ordonnance relative aux auditeurs de 1995 (*Förordning om revisorer*).

17565

Cette loi sur les auditeurs identifie **trois catégories d'auditeurs qualifiés/certifiés** :
1. La société d'audit enregistrée (*Registrerat revisionsbolag*).
2. L'expert-comptable agréé (*Auktoriserad revisor*).
3. L'expert-comptable habilité (*Godkänd revisor*).

Les sociétés cotées doivent faire appel à un expert-comptable agréé (*Auktoriserad revisor*). Il en est de même pour les entités dépassant un des critères suivants :
- effectif moyen de 50 employés ;
- total bilan de 40 millions de SEK ;
- chiffre d'affaires net de 80 millions de SEK.

17568

Les entités ne dépassant pas ces seuils peuvent faire appel à un expert-comptable habilité (*Godkänd revisor*). Cependant, beaucoup de sociétés prévoient dans leurs statuts de faire appel à un expert-comptable agréé.

Le candidat au titre de *auktoriserad revisor* (expert-comptable agréé) doit remplir les **conditions** suivantes :
- pratiquer l'audit à titre professionnel ;
- être un résident de la Suède, de l'EEE ou de la Suisse ;
- ne pas avoir été condamné pour faillite, ne pas être soumis à l'interdiction d'exercer une activité commerciale ou de conseil ;
- posséder une licence universitaire (*kandidatsexamen*) de l'administration des entreprises (ou équivalent) ;
- avoir suivi un stage pratique de trois ans sous la supervision d'un *godkänd revisor* ou d'un *auktoriserade revisor* qualifié, complété par deux ans de formation pratique ou théorique ;

17572

> Depuis le 1er juillet 2019, les deux ans de formation pratique ou théorique peuvent être effectués dans un cabinet d'audit plutôt qu'à l'université.

- présenter des garanties de moralité suffisantes pour exercer la profession (honorabilité et compétences) ;
- réussir l'examen d'aptitude (*revisorsexamen*) qui sanctionne les compétences professionnelles du candidat.

> Les sociétés doivent être agréées en tant que *registrerat revisionsbolag*. L'agrément est délivré aux sociétés par actions et aux sociétés de personnes (équivalent des *partnerships* anglo-saxons) qui remplissent les conditions énumérées dans la loi sur l'audit (sections 9 à 11).

Le **registre des auditeurs** et sociétés agréés est tenu par l'autorité publique de supervision (*Revisorsinspektionen*).

17575

L'**agrément** des *godkänd revisor*, *auktoriserad revisor* et *registrerat revisionsbolag* a une **durée de validité** de cinq années. Les candidats qui demandent le renouvellement de leur agrément doivent démontrer qu'ils satisfont toujours aux conditions requises, y compris les obligations de formation professionnelle continue.

> La Suède est le seul pays de l'Union européenne à avoir fixé une durée de validité de l'agrément.

Pour être auditeur dans un établissement financier, il est également nécessaire d'obtenir un agrément spécial. Son obtention suppose une formation professionnelle dans des domaines de formation spécifiques ainsi qu'au moins 600 heures en audit dans d'autres établissements financiers. Cet agrément doit être renouvelé tous les trois ans.

Organisation de la profession

17585 La profession est placée sous la **supervision d'une autorité publique** instituée par la loi : le *Revisorsinspektionen* (l'inspection des experts-comptables).
Les missions du *Revisorsinspektionen* sont les suivantes :
– organisation des examens professionnels d'aptitude pour les *godkänd revisor* et les *auktoriserad revisor* ;
– agrément des auditeurs et des sociétés d'audit enregistrées ;
– tenue du registre des auditeurs et sociétés agréés ;
– supervision des auditeurs pour assurer un audit répondant à des normes professionnelles exigeantes ;
– mise en œuvre des contrôles qualité des auditeurs et des sociétés d'audit ;
– mise en œuvre des enquêtes et application de sanctions disciplinaires (avertissement, sanctions économiques, retrait de l'agrément) ;
– développement et promotion des bonnes pratiques d'audit et de l'éthique professionnelle.

17588 Les auditeurs peuvent adhérer à l'Institut suédois des experts-comptables, le FAR SRS (*Föreningen Auktoriserade Revisorer*). Le FAR joue un rôle majeur dans le développement des normes professionnelles, l'enseignement et l'information auprès de la profession.
Le FAR SRS représente la Suède à l'Ifac, à l'IASB, à la NRF (*Nordic Federation of Public Accountants*) et *Accountancy Europe*.

Statut et règles de comportement

17590 L'auditeur peut exercer en qualité de personne physique, d'associé d'un *partnership* ou d'une société par actions.
Les règles de comportement professionnel sont contenues dans la loi sur l'audit et portent sur les domaines suivants :
– respect des règles d'éthique professionnelle ;
– indépendance ;
  Concernant les spécifités relatives aux EIP en matière d'indépendance, voir nos 17602 et 17604.
– secret professionnel.

Conditions de mise en œuvre de la mission

17595 Les conditions d'exercice de la mission sont énoncées dans la *Revisorslagen* (Loi relative aux auditeurs 2001).

17598 **Nomination** La loi prévoit que l'auditeur est nommé par l'**assemblée générale**.
En cas de pluralité d'auditeurs, les statuts peuvent toutefois prévoir la désignation de l'un ou plusieurs d'entre eux selon une autre procédure.
L'assemblée générale peut désigner un ou plusieurs suppléants, dès lors que les statuts ont prévu cette faculté.

Lorsqu'une **société d'audit** est nommée, elle doit désigner un auditeur personne physique responsable du dossier. Ce dernier doit être un auditeur habilité ou agréé, selon les exigences du cabinet d'audit.
Dans les groupes, la loi prévoit que l'un au moins des auditeurs de la maison mère est, si possible, désigné auditeur dans les filiales.
La loi mentionne également un certain nombre d'incompatibilités.

17600 La **durée du mandat** est fixée dans les statuts. Conformément aux dispositions légales, si la durée du mandat n'est pas fixée par les statuts, le mandat dans les « *limited companies* » est de un an (le maximum étant de quatre ans si la durée du mandat est fixée dans les statuts).
Les fonctions peuvent prendre fin avant le terme prévu à la demande de l'auditeur ou de l'organe qui l'a nommé et après notification au conseil d'administration.
  L'auditeur dont les fonctions ont pris fin prématurément doit en informer le registre des sociétés dont il dépend (*Bolagsverket*) par un rapport dans lequel il fait part des observations résultant des travaux d'audit qu'il a réalisés jusqu'à la fin de son mandat ainsi que des raisons ayant entraîné la fin prématurée de son mandat.

Obligations de rotation pour les EIP S'agissant des EIP, la **durée du mandat** ne **17602** peut dépasser dix ans, étant précisé que la Suède a choisi de prolonger cette durée dans les conditions suivantes :
– si le contrôle légal de l'EIP est effectué par un seul contrôleur légal ou cabinet d'audit, la durée maximale est portée à vingt ans si un **appel d'offres** est effectué à la fin de la période initiale de dix ans et si celui-ci conduit au renouvellement du même contrôleur légal ou cabinet d'audit ;
– si le contrôle légal de l'EIP est effectué par **plusieurs contrôleurs légaux** ou cabinets d'audit (« *joint-audit* »), la durée maximale est portée à vingt-quatre ans sans obligation d'appel d'offres.
Ces possibilités de prolongation de la durée maximale de dix ans à vingt ans ou vingt-quatre ans ne peuvent pas s'appliquer pour les entreprises financières.
Dans tous les cas, le délai de viduité est fixé à quatre ans.
Par ailleurs, les **associés d'audit principaux** chargés du contrôle légal d'une EIP doivent cesser toute participation à ce contrôle au plus tard sept années après la date de leur nomination.

Services non-audit pour les EIP Les contrôleurs légaux ou cabinets d'audit ont **17604** l'interdiction de fournir à une EIP, à l'entité qui la contrôle et aux entités contrôlées par elle au sein de l'Union européenne, une liste de services définis au point 1. de l'article 5 du règlement 537/2014 (voir n° 17940).
Le législateur suédois n'a pas choisi d'ajouter des services supplémentaires à cette liste d'interdictions.
Conformément au point 5.3 du règlement européen (voir n° 17950), la Suède a choisi d'autoriser la fourniture de services d'évaluation et de certains services fiscaux s'ils n'ont pas d'impact significatif sur les états financiers, si l'estimation de l'effet sur les états financiers est documentée et si le principe d'indépendance du contrôleur légal ou du cabinet d'audit est respecté.
Par ailleurs, la fourniture de tout service non-audit, qui n'est pas interdit, est conditionnée à l'approbation du comité d'audit et les honoraires de ces services sont limités à 70 % de la moyenne des honoraires d'audit des trois derniers exercices.

Missions La mission légale est définie par les sections 5-7 de la *Revisionslag* (Loi sur **17606** l'audit 1999). Elle comprend :
– l'examen du rapport annuel, des comptes annuels, de la gestion de la société par le conseil d'administration et la direction générale ;
– dans les groupes de sociétés, l'examen des comptes consolidés et des relations entre les sociétés du groupe ;
– la mise en œuvre des instructions particulières définies par l'assemblée générale sous réserve de leur conformité avec la loi, les statuts ou les normes d'audit généralement admises.

La loi prévoit que l'auditeur mentionne notamment dans son **rapport d'audit** : **17608**
– les actes ou omissions de nature à entraîner la responsabilité civile des administrateurs ou de la direction générale ;
– le non-respect des obligations fiscales ;
– les manquements au droit applicable à la comptabilité ou aux statuts commis par les organes sociaux.
S'agissant des rapports d'audit des EIP et du rapport complémentaire devant être adressé au comité d'audit de ces entités, le législateur suédois n'a pas requis d'informations complémentaires par rapport aux exigences définies par le règlement européen précité.
Pour plus de détails sur les spécificités de ces rapports, il convient donc de se reporter aux n°s 17880 s.

Responsabilité professionnelle

Les auditeurs doivent souscrire une assurance en vue de couvrir leur responsabilité civile. **17618**

AUDIT LÉGAL DANS LES PAYS DE L'UNION EUROPÉENNE © Éd. Francis Lefebvre

Normes de travail

17620 Depuis le 1er janvier 2010, les auditeurs sont tenus d'appliquer les normes ISA (*International Standards on Auditing*).

L'organisation professionnelle FAR a aussi des comités spécialisés qui émettent des *uttalanden*, c'est-à-dire des avis, qui n'ont pas de valeur normative.

SECTION 3

Réforme de l'audit légal en Europe

17800 Préalablement à la présentation des principales dispositions de la réforme européenne de l'audit légal (n°s 17840 s.), nous exposerons le contexte et les objectifs de cette réforme, les textes publiés, les personnes visées par le dispositif et enfin son calendrier d'application (n°s 17805 s.).

I. Présentation générale

Contexte et objectifs de la réforme

17805 À la suite de la crise financière de 2008-2009, la Commission européenne a engagé une réflexion générale portant sur la politique en matière d'audit. Le commissaire européen au marché intérieur et aux services, Michel Barnier, a ainsi présenté le 13 octobre 2010 un **Livre vert** intitulé **« Politique en matière d'audit, les leçons de la crise »**, dans lequel ont été posées tout un ensemble de questions sur l'audit légal et sur les évolutions qui pourraient être envisagées dans ce domaine.

La Commission européenne s'interrogeait notamment :
– sur la manière dont pourrait être renforcée la valeur ajoutée de l'audit et améliorée sa perception par l'environnement ;
– sur l'indépendance d'auditeurs légaux qui sont rémunérés par les sociétés auditées ;
– sur l'intérêt que pourrait présenter la rotation des cabinets ;
– sur la transposition et l'adoption en Europe des ISA ;
– sur l'opportunité d'imposer la création de consortium de cabinets d'audit (*joint audit*) dans les segments d'audit les plus importants pour dynamiser le marché ;
– sur la simplification de la mission dans les PME.

Le Livre vert constatait par ailleurs une forte concentration du marché de l'audit légal entre les « Big Four » (Deloitte and Touche, Ernst & Young, KPMG et Pricewaterhouse Coopers), qui concentraient à eux seuls 70 % de la certification des comptes des sociétés dans l'Union européenne. Face à ce constat et au risque systémique susceptible d'en découler, la Commission européenne proposait au public des pistes de réflexion afin de stimuler la concurrence et l'ouverture de ce marché.

Le commissaire européen souhaitait également que soit examinée la possibilité d'interdire à l'auditeur tout conseil dans les sociétés les plus importantes et, à l'inverse, d'avoir sur ce point une approche plus souple dans les PME.

Enfin, parmi les points abordés dans le Livre vert figurait la nécessité d'une profession européenne faisant l'objet d'une supervision européenne.

À la suite de la publication de ce Livre vert, la Commission a mené une **consultation publique** et a reçu près de 700 réponses, émanant d'un large éventail de parties prenantes (membres de la profession, autorités de surveillance, investisseurs, universitaires, entreprises, autorités gouvernementales, organismes professionnels et particuliers, notamment. Sur les positions françaises, voir J.-F. Barbièri, Contrôle légal : réplique des parties intéressées et du H3C aux propositions européennes de réforme : Bull. Joly 2012 p. 751).

La Commission européenne a alors engagé une grande réforme visant à améliorer la qualité de l'audit, accroître l'indépendance des auditeurs et créer un marché européen de l'audit plus intégré et plus diversifié. Elle a ainsi publié le 30 novembre 2011 deux projets de texte :
– une proposition de directive modifiant la directive audit 2006/43/CE ;
– une proposition de règlement relatif au contrôle légal des comptes des entités d'intérêt public (EIP).

490

© Éd. Francis Lefebvre — AUDIT LÉGAL DANS LES PAYS DE L'UNION EUROPÉENNE

Certaines de ces propositions ont toutefois été remises en cause dans les débats menés au niveau du Parlement européen, notamment dans les rapports émis par les commissions parlementaires en charge de l'examen des projets de la Commission.

À l'issue de **trois ans de débats** entre les nombreuses parties prenantes, un accord provisoire a été trouvé le 17 décembre 2013 entre le Parlement européen, les États membres de l'Union européenne et la Commission (processus du trilogue).

Les **deux textes** qui composent la réforme de l'audit ont au final été adoptés le 16 avril 2014.

Une **proposition de révision des textes** issus de la réforme européenne de l'audit de 2014 est attendue fin 2022 avec de nouvelles réflexions en lien avec les thématiques telles que la gouvernance des entreprises, la situation concurrentielle du marché de l'audit, la responsabilité des auditeurs, les périodes de rotation des mandats, les services autres que l'audit et enfin la supervision des auditeurs. Une consultation publique pourrait intervenir rapidement sur ces sujets. **17807**

Textes publiés et personnes visées

Une directive et un règlement Dans le cadre de cette réforme européenne de l'audit, deux textes ont été publiés (JOUE 2014 L 158) : **17810**
– la directive 2014/56/UE du 16 avril 2014 modifiant la directive 2006/43/CE concernant les contrôles légaux des comptes annuels et des comptes consolidés ;
– le règlement 537/2014 du 16 avril 2014 relatif aux exigences spécifiques applicables au contrôle légal des comptes des entités d'intérêt public et abrogeant la décision 2005/909/CE de la Commission européenne.

Pour les besoins du présent chapitre, ces textes seront respectivement cités comme « la directive » et « le règlement ».

Définition du contrôle légal des comptes La directive concernant le « contrôle légal des comptes » définit ce dernier comme un contrôle des états financiers annuels ou des états financiers consolidés, dans la mesure où il est (art. 2) : **17812**
a) **requis** par le droit de l'Union ;
b) requis par le droit national en ce qui concerne les petites entreprises ;
c) **volontairement effectué** à la demande de petites entreprises, qui satisfont aux contraintes légales nationales équivalentes à celles d'un contrôle au titre du point b), lorsque la législation nationale définit ce contrôle.

Définition des EIP Le règlement ne s'applique qu'au contrôle des comptes des entités d'intérêt public (EIP) au sens de l'article 2 de la directive 2006/43/CE, à savoir : **17815**
– les entités dont les valeurs mobilières sont admises aux négociations sur un **marché réglementé** d'un État membre ;
– les **établissements de crédit** (au sens de l'article 3, paragraphe 1, point 1) de la directive 2013/36/UE) ;
– les **entreprises d'assurances** (au sens de l'article 2, paragraphe 1 de la directive 91/674/CEE) ;
– les **entités désignées par les États membres** comme EIP, par exemple les entreprises qui ont une importance publique significative en raison de la nature de leurs activités, de leur taille ou du nombre de leurs employés.

Les États membres ont la possibilité de décider que le règlement ou certaines de ses dispositions ne s'appliquent pas au contrôle légal des comptes des coopératives au sens de l'article 2, point 14) de la directive 2006/43/CE et des caisses d'épargne ou entités similaires visées à l'article 45 de la directive 86/635/CEE.

Cette définition des EIP a nécessité une adaptation du dispositif légal français car le Code de commerce ne comportait pas de « définition » unique des EIP jusqu'à l'entrée en vigueur de l'ordonnance 2016-315 du 17 mars 2016 transposant la directive.

Calendrier d'application et dispositions transitoires

La **directive** est entrée en vigueur le 17 juin 2014 et elle devait être **transposée dans les droits nationaux** des États membres au plus tard le 17 juin 2016. **17820**
Le **règlement** est également entré en vigueur le 17 juin 2014 et il est **applicable** depuis le 17 juin 2016, diverses options devant cependant être choisies par les États membres.

Des dispositions transitoires sont prévues à l'article 21 du règlement concernant l'application de l'obligation de rotation des cabinets d'audit (voir n° 18025). **17825**

II. Dispositions clés de la réforme

17840 Seront successivement abordés :

1. Le comité d'audit, dont le rôle ressort renforcé du nouveau dispositif européen.
2. Les rapports d'audit enrichis et plus détaillés des auditeurs avec l'instauration d'un rapport complémentaire à l'attention du comité d'audit.
3. La procédure plus ouverte et plus formelle de désignation des auditeurs dans les EIP.
4. Les mesures visant à renforcer l'indépendance des auditeurs avec notamment une délimitation plus claire des services non-audit interdits.
5. La rotation obligatoire des cabinets d'audit dont l'application fait l'objet de mesures transitoires.
6. Le système de supervision des auditeurs avec notamment une nouvelle coopération des autorités de supervision au niveau européen.
7. Les normes internationales d'audit.
8. L'audit des PME.
9. Les dispositions relatives aux contrôleurs légaux et aux cabinets d'audit.

17845 De nombreuses **évolutions législatives** ont été nécessaires afin de mettre les dispositifs nationaux en conformité avec le nouveau dispositif européen, étant précisé que le règlement a laissé aux États membres le **choix entre différentes options**.

A. Comité d'audit

17850 L'**objectif** des nouvelles règles imposées par l'Europe est de renforcer à la fois la composition et le rôle du comité d'audit, dont l'obligation avait été introduite par la directive 2006/43/CE. Le contenu de l'information adressée au comité d'audit par l'auditeur est également enrichi dans un souci d'améliorer la communication entre les deux parties.

S'agissant des particularités pour les PME, voir n° 18220.

Composition du comité d'audit

17855 Afin de garantir l'indépendance et la compétence du comité d'audit, l'article 39 de la directive fixe les règles suivantes :

– le comité d'audit, comité indépendant ou comité spécialisé de l'organe d'administration ou de surveillance, est composé de **membres non exécutifs** de l'organe d'administration et/ou de l'organe de surveillance de l'entité **et/ou de membres nommés par l'assemblée générale** des actionnaires de l'entité ;

– un membre au moins du comité doit être **compétent en matière de comptabilité et/ou d'audit** et les membres du comité dans leur ensemble doivent être compétents dans le secteur d'activité de l'entité contrôlée ;

– les membres du comité doivent être, en majorité, **indépendants** de l'entité contrôlée ;

– le **président du comité d'audit** est nommé par les membres dudit comité ou par l'organe de surveillance de l'entité contrôlée et il doit être indépendant de cette dernière.

Option laissée aux États membres : ils peuvent exiger que le président du comité d'audit soit élu chaque année par l'assemblée générale des actionnaires.

Lorsque tous les membres du comité d'audit sont des membres du conseil d'administration ou de surveillance, les États membres peuvent prévoir que le comité d'audit est exempté des exigences décrites ci-dessus en matière d'indépendance.

17860 La **composition** du comité d'audit est donc **élargie** puisque ses membres peuvent être nommés directement par l'assemblée générale.

Cette possibilité n'a pas été reprise dans le dispositif français actuel puisque seuls le conseil d'administration et le conseil de surveillance peuvent nommer les membres du comité d'audit.

L'**indépendance** des membres du comité est **renforcée** puisque ces derniers doivent être, en majorité, indépendants de l'entité.

La directive prévoit également des dispositions spécifiques concernant la **nomination du président** du comité d'audit (voir n° 17855).

Rôle du comité d'audit

17865

Le dispositif européen définit comme suit les missions du comité d'audit (Dir. art. 39) :
– communication à l'organe d'administration (ou de surveillance) d'informations sur le **résultat du contrôle légal** des comptes et d'explications sur la façon dont le contrôle légal a contribué à l'intégrité de l'information financière ainsi que sur le rôle du comité d'audit dans ce processus ;
– suivi du **processus d'information financière** et présentation de recommandations ou de propositions pour en garantir l'intégrité ;
– suivi de l'efficacité des **systèmes internes de contrôle qualité et de gestion des risques** ainsi que, le cas échéant, **de l'audit interne** en ce qui concerne l'information financière, sans qu'il soit porté atteinte à son indépendance ;
– suivi des contrôles légaux des états financiers annuels et consolidés, en particulier de leur exécution, en tenant compte des constatations et conclusions de l'autorité de supervision suite aux contrôles qualité réalisés ;
– examen et suivi de l'**indépendance du contrôleur légal** des comptes (ou du cabinet d'audit), et en particulier du bien-fondé des **prestations de services non-audit** fournies à l'entité contrôlée ;
– responsabilité de la procédure de **sélection du contrôleur légal** (ou du cabinet d'audit) et formulation de recommandations concernant le contrôleur légal (ou le cabinet d'audit) à désigner.

Sur le rôle du comité d'audit dans la désignation des auditeurs, voir n° 17920.

Le comité d'audit a également un rôle renforcé lorsque la dépendance de l'un des contrôleurs légaux vis-à-vis d'une EIP devient excessive, en termes d'honoraires. Le comité d'audit peut ainsi soumettre la mission d'audit à un **examen de contrôle qualité**, avant la publication du rapport d'audit, et décider, sur la base de motifs justifiés, si l'un de ses contrôleurs légaux (ou le cabinet d'audit) peut continuer sa mission (Règl. art. 4 § 3).

Si au cours de chacun des trois derniers exercices, les **honoraires totaux reçus** d'une EIP représentent plus de 15 % du total des honoraires reçus par le contrôleur légal (ou par le cabinet d'audit ou, le cas échéant, par le contrôleur du groupe), ce contrôleur légal (ou ce cabinet d'audit ou, le cas échéant, ce contrôleur du groupe) doit en informer le comité d'audit et analyser avec lui les **risques pesant sur l'indépendance** et les mesures de sauvegarde appliquées pour atténuer ces risques.

Le comité d'audit examine si la mission d'audit doit alors être soumise à un examen de contrôle qualité de la mission par un autre contrôleur légal ou cabinet d'audit avant la publication du rapport d'audit.

Si les honoraires reçus de cette même EIP continuent de dépasser 15 % des honoraires, le comité d'audit décide, sur la base de critères objectifs, si le contrôleur légal (ou le cabinet d'audit ou le contrôleur du groupe) peut continuer à réaliser le contrôle légal pendant une période qui ne peut dépasser deux ans (Règl. art. 4 § 3).

Les États membres peuvent prévoir des exigences plus strictes de limitation d'honoraires mais cette option n'a pas été retenue par le législateur français.

S'agissant du rapport additionnel adressé par l'auditeur au comité d'audit, voir n° 17890.

B. Rapports et communications des auditeurs

17870

L'un des **objectifs** de la réforme européenne est d'améliorer la qualité de l'audit. Pour ce faire, les nouveaux textes imposent que les auditeurs fournissent aux investisseurs et aux actionnaires des entités auditées un rapport d'audit plus informatif, plus détaillé et plus explicite, notamment concernant les principaux risques, la continuité d'exploitation et l'indépendance de l'auditeur. De nouvelles exigences sont ainsi définies d'une part pour l'ensemble des entités contrôlées par un auditeur légal (n° 17875) et d'autre part pour les EIP (n° 17880).

Des dispositions sont également prévues concernant le signalement par les auditeurs de certaines informations aux autorités de surveillance des EIP (n°s 17895 s.), le rapport de transparence à publier par les auditeurs (n° 17905) et enfin les informations à communiquer à leurs autorités de supervision (n° 17908).

Le contrôle légal des comptes n'ayant pas pour objectif de donner une assurance quant à la viabilité future de l'entité contrôlée, sauf incertitude significative sur la capacité de l'entité à poursuivre son exploitation (Dir. art. 28 et Règl. art. 10 et 11), ni quant à l'efficience ou l'efficacité avec laquelle l'organe de direction ou d'administration gère ou gèrera l'entité, le rapport d'audit ne comporte aucune mention à ce titre.

Rapport d'audit pour toutes les entités

17875 Un **contenu minimum** du rapport d'audit est défini par la directive pour l'ensemble des entités soumises à un contrôle légal, étant précisé que chaque État membre a la possibilité d'ajouter des **éléments complémentaires** (Dir. art. 28) :

– mention de l'entité dont les comptes sont contrôlés, des comptes concernés (comptes annuels ou consolidés), de la date de clôture et de la période couverte ainsi que du référentiel comptable utilisé pour la préparation des comptes ;

– description de l'étendue de l'audit, qui contient au moins l'indication des normes d'audit appliquées ;

– une opinion d'audit (sans réserve, avec réserves ou défavorable) avec l'expression d'une conclusion sur l'image fidèle donnée par les états financiers, conformément au cadre de présentation retenu, et le respect des exigences légales ;

Si l'auditeur n'est pas en mesure de formuler une opinion, le rapport doit faire état de cette impossibilité.

– le cas échéant, une (ou des) observation(s) pour attirer spécialement l'attention sur un sujet, sans pour autant formuler une opinion avec réserves ;

– avis sur la concordance du rapport de gestion avec les états financiers et sur sa conformité avec les exigences légales ainsi qu'une déclaration en cas d'inexactitudes significatives identifiées ;

– déclaration sur d'éventuelles **incertitudes significatives** liées à des événements ou à des circonstances pouvant jeter un doute important sur la **capacité de l'entité à poursuivre son exploitation** ;

– lieu d'établissement du contrôleur légal (ou du cabinet d'audit).

Les dispositifs nationaux doivent donc se mettre en conformité avec ces nouvelles exigences.

Concernant le dispositif français, voir n°s 30850 s. relatifs au rapport sur les comptes.

Des informations complémentaires sont par ailleurs prévues par le règlement 537/2014 concernant les rapports d'audit des EIP.

Informations complémentaires pour le rapport d'audit des EIP

17880 **Informations à mentionner** Le rapport d'audit des EIP doit contenir les informations spécifiques suivantes, étant précisé que les États membres ont la possibilité d'ajouter des éléments dans le contenu de ce rapport (Règl. art. 10) :

– organe ayant désigné le contrôleur légal des comptes (ou le cabinet d'audit) ;

– date de désignation et **durée totale de la mission** sans interruption (y compris renouvellements et reconductions) ;

– pour étayer l'opinion d'audit :

• une description des **risques jugés les plus importants d'anomalies significatives** (y compris les risques dus à une fraude),

• une synthèse des réponses du contrôleur légal face à ces risques,

• le cas échéant, les principales observations relatives à ces risques, et

• lorsque cela est pertinent, un renvoi à l'information fournie dans les états financiers ;

– dans quelle mesure le contrôle légal a été considéré comme permettant de **déceler les irrégularités, notamment la fraude** ;

– confirmation de la cohérence de l'opinion d'audit avec le contenu du rapport complémentaire au comité d'audit ;

– attestation relative à l'absence de **fourniture de services non-audit interdits** et au respect de l'indépendance vis-à-vis de l'entité contrôlée au cours de l'audit ;

– indication des **services**, outre le contrôle légal des comptes, **fournis par le contrôleur légal** (ou le cabinet d'audit) à l'entité contrôlée et sa ou ses filiales, et non communiqués dans le rapport de gestion ou les états financiers.

17885 **Évolution par rapport au dispositif français** La principale **nouveauté** concernant le rapport d'audit des EIP porte sur la description des risques jugés les plus importants d'anomalies significatives et la synthèse des réponses apportées par l'auditeur face à ces risques.

Ce souci de rendre le rapport d'audit plus informatif et de mieux répondre aux attentes des utilisateurs se retrouve également dans les travaux internationaux actuellement en cours au niveau de l'Ifac et du PCAOB.

© Éd. Francis Lefebvre   **AUDIT LÉGAL DANS LES PAYS DE L'UNION EUROPÉENNE**

Pour plus de détails sur le dispositif français concernant le rapport sur les comptes, voir n°s 30850 s.

Rapport complémentaire de l'auditeur au comité d'audit

17890

L'article 11 du règlement prévoit que les auditeurs remettent un rapport complémentaire écrit au comité d'audit de l'entité contrôlée, au plus tard à la date de présentation du rapport d'audit.

Les États membres peuvent en outre exiger que ce rapport complémentaire soit remis à l'organe d'administration ou de surveillance de l'entité contrôlée. Ils peuvent également autoriser le comité d'audit à transmettre ce rapport complémentaire à des tiers comme le prévoit leur droit national.

Si l'entité contrôlée ne dispose pas d'un comité d'audit, le rapport complémentaire est remis à l'organe remplissant des fonctions équivalentes au sein de l'entité contrôlée.

Ce rapport complémentaire détaillé a pour objectifs de renforcer et de formaliser la relation entre l'auditeur et le comité d'audit.

Le contenu de ce rapport, qui doit être signé et daté, est détaillé ci-après en comparaison avec les exigences actuelles du dispositif légal français. De la même manière que pour le rapport d'audit, les États membres ont la possibilité de prévoir des informations complémentaires devant figurer dans ce rapport.

S'agissant de la France, le III de l'article L 823-16 du Code de commerce ne définit pas d'informations supplémentaires à fournir dans ce rapport : pour plus de détails sur le rapport complémentaire au comité d'audit et la communication avec les organes visés à l'article L 823-16, voir respectivement n°s 26500 s. et n°s 26450 s.

Contenu du rapport complémentaire au comité d'audit (Règl. art. 11)

- Déclaration d'**indépendance**.
- Identification de chaque « **associé d'audit principal** » ayant pris part au contrôle (pour un cabinet d'audit).
- Indication du recours à un **autre auditeur** (hors réseau) ou à un **expert** externe et confirmation de la réception d'une déclaration d'indépendance concernant ces intervenants.
- Description de la nature, de la fréquence et de l'étendue des **échanges avec le comité d'audit**, l'organe de direction et l'organe d'administration (ou de surveillance), y compris les dates des réunions.
- Description de l'étendue du contrôle légal et du calendrier de sa réalisation.
- **Répartition des travaux** entre les contrôleurs légaux (lorsque plusieurs contrôleurs légaux ont été désignés).
- Description de la **méthodologie** utilisée, en précisant les parties du bilan qui ont fait l'objet d'une vérification directe et celles qui ont été vérifiées sur la base de tests de système et de conformité ainsi qu'une explication des variations substantielles dans la pondération de ces tests par rapport à l'année précédente, même si le contrôle légal de l'exercice précédent a été effectué par d'autres contrôleurs légaux.
- **Seuil de signification** quantitatif appliqué pour contrôler les états financiers dans leur ensemble, et, le cas échéant, les seuils de signification pour certaines catégories d'opérations, soldes de comptes, ou informations ainsi que les facteurs qualitatifs pris en compte pour fixer ces seuils.
- Indication et explication des appréciations relatives à des événements et circonstances identifiés au cours de l'audit et susceptibles de remettre en cause la **continuité d'exploitation** et une présentation d'un résumé des garanties, lettres de soutien prises en compte pour évaluer la capacité de l'entité à poursuivre ses activités.
- Carences significatives détectées dans le **système de contrôle financier interne** et/ou dans le système comptable et indication de la résolution ou non de ces carences par la direction.
- Cas importants supposant le **non-respect avéré ou suspecté des dispositions légales**, réglementaires ou statutaires, identifiés au cours de l'audit, et jugés pertinents compte tenu de la mission du comité d'audit.
- Indication et analyse des **méthodes d'évaluation** appliquées aux différents éléments des états financiers annuels ou consolidés, y compris l'impact des changements intervenus.
- Périmètre de **consolidation** et critères d'exclusion du périmètre (en cas de comptes consolidés).
- Identification, le cas échéant, des travaux d'audit réalisés par des **auditeurs de pays tiers** n'appartenant pas au réseau du contrôleur légal chargé des comptes consolidés.
- Indication sur l'obtention (ou non) des explications et documents requis auprès de l'entité contrôlée.
- **Difficultés importantes** rencontrées pendant l'audit, problèmes significatifs discutés avec la direction et problèmes jugés importants pour la supervision du processus d'information financière, et enfin.
- Raisons de **désaccords** éventuels au sein du collège des contrôleurs légaux.

La déclaration d'indépendance incluse dans le rapport complémentaire au comité d'audit est définie à l'article 6 du règlement et concerne le contrôleur légal des comptes, le cabinet d'audit et ses associés, ainsi que les membres des instances dirigeantes et les gestionnaires qui effectuent le contrôle légal des comptes.

AUDIT LÉGAL DANS LES PAYS DE L'UNION EUROPÉENNE © Éd. Francis Lefebvre

Signalements aux autorités de surveillance des EIP

17895 **Signalement d'informations** Les contrôleurs légaux ou cabinets d'audit des EIP signalent rapidement à l'autorité de surveillance des EIP toute information dont ils ont eu connaissance lors de leur contrôle légal et qui peut entraîner (Règl. art. 12 § 1) :
– une **violation significative des dispositions législatives**, réglementaires ou administratives qui fixent, le cas échéant, les conditions d'agrément ou qui régissent, de manière spécifique, la poursuite des activités de cette EIP ;
– un risque ou un doute sérieux concernant la **continuité de l'exploitation** de cette EIP ;
– un refus d'émettre une opinion sur les états financiers ou l'émission d'une **opinion défavorable** ou d'une opinion assortie de **réserves**.

17900 **Signalement pour les entreprises ayant un lien étroit** L'obligation de signalement des informations visées ci-dessus est également applicable à toute information dont l'auditeur a connaissance au cours du contrôle légal des comptes d'une entreprise ayant des liens étroits avec l'EIP dont il contrôle les comptes (Règl. art. 12 § 1).

La notion de lien étroit s'entend au sens de l'article 4 du règlement européen 575/2013 et correspond à une situation dans laquelle deux personnes sont liées par un lien de contrôle ou par un lien de contrôle durable à une autre et même tierce personne.

Rapport de transparence des auditeurs

17905 Afin d'améliorer la transparence du marché de l'audit, le règlement impose aux contrôleurs légaux et aux cabinets d'audit contrôlant les comptes d'EIP de publier un **rapport de transparence** au plus tard quatre mois après la fin de chaque exercice (Règl. art. 13).

Le **contenu du rapport** de transparence doit être le suivant :
a) une description de la structure juridique et de la structure du capital du cabinet d'audit ;
b) lorsque le contrôleur légal des comptes ou le cabinet d'audit est membre d'un réseau :
– une description de ce réseau et de son organisation juridique et structurelle,
– le nom de chaque contrôleur légal des comptes intervenant à titre individuel ou du cabinet d'audit qui est membre du réseau,
– les pays dans lesquels chaque contrôleur légal des comptes intervenant à titre individuel ou le cabinet d'audit qui est membre du réseau a le statut de contrôleur légal des comptes, ou les pays dans lesquels se situent son siège social, son administration centrale ou son siège d'exploitation principal,
– le chiffre d'affaires total réalisé par les contrôleurs légaux des comptes intervenant à titre individuel et les cabinets d'audit qui sont membres du réseau provenant du contrôle légal d'états financiers annuels et consolidés ;
c) une description de la structure de gouvernance du cabinet d'audit ;
d) une description du système interne de contrôle qualité du contrôleur légal des comptes ou du cabinet d'audit et une déclaration de l'organe d'administration ou de direction concernant l'efficacité de son fonctionnement ;
e) la date du dernier examen d'assurance qualité ;
f) la liste des EIP pour lesquelles le contrôleur légal des comptes ou le cabinet d'audit a effectué des contrôles légaux des comptes au cours de l'exercice précédent ;
g) une déclaration concernant les pratiques du contrôleur légal des comptes ou du cabinet d'audit en matière d'indépendance et confirmant qu'une vérification interne du respect de cette indépendance a été effectuée ;
h) une déclaration concernant la politique du contrôleur légal des comptes ou du cabinet d'audit en matière de formation continue ;
i) des informations sur la base de rémunération des associés au sein des cabinets d'audit ;
j) une description de la politique du contrôleur légal des comptes ou du cabinet d'audit en matière de rotation des associés d'audit principaux ;
k) si ces informations ne sont pas communiquées dans ses états financiers, des informations sur le chiffre d'affaires total du contrôleur légal des comptes ou du cabinet d'audit, ventilé selon les catégories suivantes :
– les revenus provenant du contrôle légal des états financiers annuels et consolidés d'EIP et d'entités membres d'un groupe d'entreprises dont l'entreprise mère est une EIP,
– les revenus provenant du contrôle légal des états financiers annuels et consolidés d'autres entités,
– les revenus provenant de services autres que d'audit autorisés fournis à des entités qui sont contrôlées par le contrôleur légal des comptes ou le cabinet d'audit, et
– les revenus provenant de services autres que d'audit fournis à d'autres entités.

Le contrôleur légal des comptes ou le cabinet d'audit peut, dans des circonstances exceptionnelles, décider de ne pas communiquer les informations requises au point f) dans la mesure où cela est nécessaire pour parer à une menace imminente et grave pour la sécurité individuelle d'une personne.

© Éd. Francis Lefebvre   **AUDIT LÉGAL DANS LES PAYS DE L'UNION EUROPÉENNE** ▌

Le contrôleur légal des comptes ou le cabinet d'audit doit pouvoir démontrer l'existence de cette menace à l'autorité compétente.

En France, le Code de commerce prévoyait déjà l'obligation pour les commissaires aux comptes désignés auprès des personnes ou entités dont les titres financiers sont admis aux négociations sur un marché réglementé ou auprès d'établissements de crédit d'établir un rapport de transparence dont le contenu est fixé par l'article R 823-21 dudit Code. De **nouvelles informations** ont cependant été ajoutées par les textes européens quant au contenu de ce rapport, comme la description de la politique du cabinet d'audit en matière de rotation des associés d'audit principaux, le chiffre d'affaires total des cabinets d'audit qui sont membres du réseau, les revenus provenant du contrôle légal des EIP...

Pour plus de détails sur le contenu du rapport de transparence dans le dispositif français, voir n° 4368.

Communication d'informations aux autorités de supervision

Les contrôleurs légaux ou les cabinets d'audit doivent fournir chaque année à leur autorité de supervision (le H3C en France) la liste des EIP contrôlées et les revenus y afférents avec le détail suivant (Règl. art. 14) :
– revenus provenant du contrôle légal ;
– revenus provenant de services non-audit requis par la législation européenne ou nationale ;
– revenus provenant de services non-audit qui ne sont pas requis par la législation européenne ou nationale.

17908

C. Désignation des auditeurs

Les nouveaux textes européens consacrent l'interdiction des clauses limitatives concernant le choix des auditeurs et prévoient pour les EIP des procédures de sélection dans lesquelles le comité d'audit joue un rôle majeur.

17910

Interdiction des clauses limitatives

Afin de lutter contre la concentration du marché et de promouvoir un choix plus large d'auditeurs, le dispositif européen interdit désormais les clauses contractuelles restrictives dans toutes les entités (EIP ou non EIP) : « toute clause contractuelle qui limite le choix de l'assemblée générale des actionnaires [...] à certaines catégories ou listes de contrôleurs légaux ou cabinets d'audit en ce qui concerne la désignation d'un contrôleur légal ou d'un cabinet d'audit pour effectuer le contrôle légal des comptes de cette entité est interdite. Toute clause existante de ce type est nulle et non avenue » (Dir. 2006/43/CE art. 37 modifié).

En France, l'article L 823-1 du Code de commerce a ainsi été modifié afin de respecter cette exigence (voir n° 2153).

17915

Procédure d'appel d'offres pour les EIP

Le règlement introduit une procédure d'appel d'offres pour sélectionner les auditeurs légaux des EIP et le rôle du comité d'audit est renforcé afin que la décision de l'assemblée générale des actionnaires soit plus éclairée.

Le **comité d'audit** soumet une **recommandation** au conseil d'administration (ou de surveillance) et, à moins que cette recommandation ne concerne le renouvellement d'une mission d'audit, elle doit être justifiée et proposer un choix entre au moins deux candidats (Règl. art. 16).

Par renouvellement d'une mission d'audit le règlement fait référence à l'article 17, paragraphes 1 et 2, qui fixe la durée de la mission d'audit à un an minimum renouvelable avec une durée maximale de dix ans.

Le comité d'audit doit également exprimer une **préférence dûment motivée** pour l'un des deux choix et déclarer qu'il n'a pas été influencé par un tiers pendant la procédure de sélection.

À moins qu'il ne s'agisse du renouvellement d'une mission d'audit, la recommandation du comité d'audit est élaborée à l'issue d'une **procédure de sélection** organisée par l'EIP contrôlée.

17920

497

Le règlement prévoit que les EIP qui ont la qualité de « PME » ou qui sont des sociétés à faible capitalisation boursière ne sont pas tenues de suivre la procédure de sélection détaillée ci-après (Règl. art. 16 § 4).

Les critères définissant les PME et les sociétés à faible capitalisation boursière sont précisés au paragraphe 1 de l'article 2 de la directive 2003/71/CE modifiée par la directive 2010/73/UE. L'article 46 du règlement 2017/1129 du 14 juin 2017 a cependant abrogé le paragraphe 1 de l'article 2 de la directive 2003/71/CE et prévoit que les références faites à ladite directive s'entendent comme faites au règlement 2017/1129 et sont à lire selon le tableau de correspondance figurant à l'annexe VI dudit règlement. Dès lors les références f) et t) du paragraphe 1 de l'article 2 de la directive 2003/71/CE sont remplacées par le f) de l'article 2 du règlement 2017/1129.

Les **PME** sont définies comme les sociétés qui, d'après leurs derniers comptes annuels ou consolidés publiés, présentent au moins deux des trois caractéristiques suivantes : un nombre moyen de salariés inférieur à 250 personnes sur l'ensemble de l'exercice, un total du bilan ne dépassant pas 43 millions d'euros et un chiffre d'affaires net annuel ne dépassant pas 50 millions d'euros (Règl. 2017/1129 du 14-6-2017, art. 2 f) i.).

Une **société à faible capitalisation boursière** est définie comme une société cotée sur un marché réglementé dont la capitalisation boursière moyenne a été inférieure à 200 millions d'euros sur la base des cours de fin d'année au cours des trois années civiles précédentes (Règl. 2017/1129 du 14-6-2017, art. 2 f) ii).

Le comité d'audit est chargé de la procédure de sélection, qui doit respecter les critères suivants (Règl. art. 16 § 3) :
– l'entité est libre d'inviter à concourir tout contrôleur légal ou cabinet d'audit et la procédure de sélection ne doit pas exclure les cabinets d'audit qui ont reçu au cours de l'année civile précédente moins de 15 % du total des honoraires d'audit versés par les EIP dans l'État membre ;

L'autorité compétente publie une liste des contrôleurs légaux et cabinets d'audit mise à jour chaque année.

– le dossier d'appel d'offres doit permettre de comprendre l'activité de l'EIP et le type de contrôle légal à effectuer. Il précise également les critères non discriminatoires de sélection qui seront utilisés pour évaluer les offres et les normes de qualité que les auditeurs légaux sont légalement tenus de respecter ;
– l'entité est libre de négocier directement avec les soumissionnaires en cours de procédure ;
– l'entité évalue les offres soumises en fonction des critères préalablement définis et prépare un rapport sur les conclusions de la procédure qui est validé par le comité d'audit. L'EIP et le comité d'audit doivent prendre en compte tout rapport d'inspection publié par l'autorité de supervision compétente concernant les contrôleurs légaux ou cabinets d'audit candidats ;
– l'entité doit être en mesure de démontrer à l'autorité de supervision compétente que la procédure de sélection a été conduite de manière équitable.

La proposition adressée à l'assemblée générale par le conseil d'administration ou de surveillance contient la recommandation et la préférence motivée du comité d'audit.

Si cette proposition diffère de la préférence exprimée par le comité d'audit, elle doit en exposer les motifs. Seuls des auditeurs ayant participé à la procédure de sélection peuvent en tout état de cause être proposés par le conseil à l'assemblée.

L'EIP doit par ailleurs informer directement et sans retard les autorités de supervision de toute tentative d'un tiers visant à imposer une clause contractuelle limitative (voir n° 17915) ou à influencer la décision de l'assemblée générale des actionnaires (Règl. art. 6).

Nombre minimum de contrôleurs légaux

17925 Les États membres ont la **possibilité** d'imposer aux EIP la désignation d'un nombre minimum de contrôleurs légaux dans certaines circonstances (Règl. art. 16 § 7).

L'État membre doit alors informer la Commission et l'autorité européenne de surveillance compétente.

Révocation du contrôleur légal

17930 Dans le cadre de l'audit d'une EIP, s'il existe des motifs valables d'agir :
– les actionnaires représentant au moins 5 % des droits de vote ou du capital ;
– les autres organes des entités contrôlées, lorsqu'ils sont définis dans la législation nationale ; ou
– les autorités compétentes responsables de la supervision des auditeurs ou les autorités compétentes responsables de la surveillance de l'EIP,
sont habilités à engager une procédure devant une juridiction nationale visant à ce que soit ordonnée la révocation du contrôleur légal des comptes (Dir. 2006/43/CE art. 38 § 3 modifié).

D. Indépendance des auditeurs et les services non-audit dans les EIP

Objectif

17935

L'un des enjeux majeurs de la réforme européenne de l'audit est de renforcer l'indépendance des auditeurs. À ce titre, de nombreuses mesures sont prévues par les textes européens dont l'introduction d'une liste de services non-audit interdits (voir n° 17940), l'implication du comité d'audit dans l'approbation des autres services non-audit (voir n° 17945) et la limitation des honoraires relatifs aux services non-audit (voir n° 17965).

Un examen de contrôle qualité des missions d'audit EIP est également prévu afin de renforcer l'indépendance et la qualité de l'audit (voir n° 17980).

Liste de services non-audit interdits (« liste noire »)

17940

Les contrôleurs légaux et cabinets d'audit contrôlant les comptes d'une EIP, ou tout membre du réseau dont ils font partie, ont l'interdiction de fournir, directement ou non, à l'entité contrôlée, à sa maison mère ou aux entreprises qu'elle contrôle **dans l'Union** les services non-audit listés au 1. de l'article 5 du règlement et détaillés ci-après.

> Cette liste de services non-audit interdits s'applique sans distinction dans les États membres de l'Union européenne. S'agissant des pays tiers, voir n° 17960.

Services non-audit interdits	
Fiscalité	Préparation de déclarations, services liés aux taxes sur les salaires, aux droits de douane, identification de subventions publiques et d'incitations fiscales, assistance en matière de contrôle fiscal, calcul d'impôts directs et indirects et des impôts différés, conseils fiscaux.
Intervention dans la gestion ou la prise de décision	Services impliquant de jouer un rôle dans la gestion ou le processus de prise de décision de l'entité contrôlée.
Comptabilité	Tenue, préparation de registres comptables et d'états financiers.
Paie	Intervention dans la préparation de la paie.
Contrôle interne, gestion des risques, systèmes informatiques	Conception ou mise en place de procédures ou de systèmes relatifs à l'information financière.
Services d'évaluation	Y compris relatifs à l'évaluation des prestations de retraite ou ceux effectués dans le cadre de litiges.
Services juridiques	Prestations d'avocat, négociation pour le compte de l'entité contrôlée, défense dans la résolution d'un litige, fourniture de conseils.
Audit interne	Services liés à la fonction d'audit interne.
Services liés au financement, à l'allocation et à la structure du capital ou à la stratégie d'investissement	À l'exception de l'émission de services d'assurances en relation avec les états financiers incluant l'émission de lettres de confort en lien avec les prospectus émis par l'EIP contrôlée.
Promouvoir, vendre ou souscrire des actions au sein de l'entité contrôlée	Assister le client dans ses opérations d'achats / ventes de titres.
Ressources humaines	Recrutement de membres de la direction, structuration de l'organisation, contrôle des coûts.

La transposition de ces textes dans la législation française a conduit le législateur à adapter le dispositif juridique français aux textes européens et à supprimer la notion de « diligences directement liées à la mission de commissariat aux comptes » : voir partie 1, titre 1, chapitre 2, section 2, relative à l'indépendance du commissaire aux comptes (n°s 2050 s.).

Approbation par le comité d'audit des autres services non-audit

17945

L'auditeur d'une EIP (et les membres de son réseau) peut fournir des services non-audit à l'entité contrôlée, à sa maison mère et aux entreprises qu'elle contrôle :
– s'ils ne font pas partie de la liste des services interdits par le règlement ;

AUDIT LÉGAL DANS LES PAYS DE L'UNION EUROPÉENNE   © Éd. Francis Lefebvre

– si la fourniture de ces services a été préalablement **approuvée par le comité d'audit** après analyse des risques d'indépendance de l'auditeur et des éventuelles mesures de sauvegarde appliquées.

Options laissées aux États membres

17950 Les États membres peuvent **compléter la liste** de services non-audit interdits s'ils considèrent que ces services présentent un risque en matière d'indépendance (Règl. art. 5 § 2).

De plus, les États membres peuvent autoriser la fourniture des **services d'évaluation** et de **certains services fiscaux**, à condition que les exigences suivantes soient respectées (Règl. art. 5 § 3) :

– absence d'impact ou **impact non significatif** (individuellement ou en cumulé) sur les états financiers ;

– l'estimation de l'effet sur les états financiers audités est documentée et expliquée de manière complète dans le rapport additionnel au comité d'audit ; et

– le principe d'indépendance est respecté par le contrôleur légal des comptes ou le cabinet d'audit.

> Les services fiscaux visés sont la préparation de déclarations, l'identification de subventions publiques et d'incitations fiscales, l'assistance en matière de contrôle fiscal, le calcul d'impôts directs et indirects et des impôts différés ainsi que les conseils fiscaux.
>
> La France n'a pas choisi cette option concernant les services d'évaluation et les services fiscaux.

Période d'interdiction préalable pour certains services non-audit

17955 Afin d'être désigné contrôleur légal d'une EIP, l'auditeur légal (et les membres de son réseau) ne doit pas fournir les services non-audit suivants **au cours de l'exercice précédant** la période auditée (Règl. art. 5 § 1) :

– conception et mise en œuvre de procédures de contrôle interne ou de gestion des risques en rapport avec la préparation et/ou le contrôle de l'information financière ;

– conception et mise en œuvre de systèmes techniques relatifs à l'information financière.

Services non-audit réalisés par le réseau dans un pays tiers

17960 Lorsqu'un membre du réseau auquel appartient l'auditeur d'une EIP fournit l'un des services non-audit interdits à une entreprise enregistrée dans un pays tiers et contrôlée par l'EIP auditée, l'**auditeur de l'EIP doit apprécier si son indépendance est compromise** par cette prestation de services du membre du réseau (Règl. art. 5 § 5).

Si son indépendance est compromise, l'auditeur prend, le cas échéant, des mesures de sauvegarde. Il ne peut poursuivre son mandat dans l'EIP que s'il justifie que cette prestation de services n'influe pas sur son jugement professionnel et sur son rapport d'audit.

En tout état de cause, trois types de services non-audit interdits sont considérés comme une atteinte à l'indépendance qui ne peut être atténuée par des mesures de sauvegarde :

– l'intervention dans la gestion ou dans le processus de prise de décision ;

– la comptabilité et la préparation de registres comptables et d'états financiers ;

– la conception ou la mise en œuvre de procédures relatives au contrôle interne, à la gestion des risques et aux systèmes informatiques.

Limitation des honoraires relatifs aux services non-audit

17965 L'article 4 du règlement limite les honoraires annuels des services non-audit fournis par le contrôleur légal (ou le cabinet d'audit) à l'entité contrôlée, à sa maison mère ou aux entreprises qu'elle contrôle. Ces honoraires ne peuvent pas dépasser 70 % de la moyenne des honoraires versés sur les trois derniers exercices au titre du contrôle légal des comptes de l'entité contrôlée et, le cas échéant, de sa maison mère, des entreprises qu'elle contrôle et des états financiers consolidés du groupe.

> L'article 4 du règlement ne vise que les honoraires relatifs aux services non-audit réalisés par l'auditeur et non pas par les membres de son réseau.
>
> Les services non-audit requis par la législation européenne ou nationale ne sont pas pris en compte pour déterminer les honoraires des services non-audit plafonnés.

Les États membres peuvent prévoir des exigences plus strictes de limitation d'honoraires, ce qui n'a pas été le cas de la France.

Risque d'indépendance lié aux honoraires

17970

Le règlement prévoit plusieurs mesures visant à réduire le risque de dépendance de l'auditeur qui pourrait résulter des honoraires perçus de la part d'une entité contrôlée.

Ainsi, l'article 4 du règlement requiert que les honoraires demandés pour le contrôle légal des comptes d'une EIP ne soient pas des **honoraires subordonnés** (honoraires calculés sur une base préétablie en fonction de la conclusion ou du résultat d'une transaction ou du travail accompli).

De plus, lorsque le montant des honoraires provenant de l'entité contrôlée et de ses filiales atteint un certain **plafond** (15 % des honoraires perçus annuellement par l'auditeur), une procédure spécifique associant le comité d'audit doit être mise en place (voir n° 17865).

> Les États membres peuvent prévoir des exigences plus strictes de limitation d'honoraires. La France n'a pas choisi de modifier ce plafond.

Examen de contrôle qualité de la mission pour les EIP

17980

Pour les EIP, la publication du rapport d'audit et du rapport complémentaire au comité d'audit doit être précédée d'une **revue indépendante** dénommée « examen de contrôle qualité de la mission », réalisée par un contrôleur légal n'ayant pas participé à la mission (Règl. art. 8 § 1).

> Lorsque le contrôle légal des comptes est effectué par un cabinet d'audit et que tous les contrôleurs légaux ont participé au contrôle légal des comptes, ou lorsque le contrôle légal des comptes est effectué par un contrôleur légal des comptes et que celui-ci n'est pas associé ou salarié d'un cabinet d'audit, le cabinet d'audit ou le contrôleur légal des comptes veille à ce qu'un autre contrôleur légal des comptes réalise un examen.

La transmission de documents ou d'informations à l'examinateur indépendant ne constitue pas une violation du **secret professionnel**. Les documents ou informations transmis à l'examinateur aux fins de l'examen de contrôle qualité sont couverts par le secret professionnel (Règl. art. 8 § 2).

L'examen consiste à **évaluer au moins les éléments suivants** (Règl. art. 8 § 5) :

a) l'indépendance du contrôleur légal des comptes (ou du cabinet d'audit) vis-à-vis de l'entité contrôlée ;

b) les risques importants qui sont à prendre en considération pour le contrôle légal des comptes et que le contrôleur légal des comptes ou l'associé d'audit principal a identifiés au cours du contrôle légal des comptes, ainsi que les mesures qu'il a prises pour les gérer de manière adéquate ;

c) le raisonnement du contrôleur légal des comptes ou de l'associé d'audit principal, notamment en ce qui concerne le seuil de signification et les risques importants visés au point b) ;

d) toute demande de conseil adressée à des experts externes et la mise en œuvre de ces conseils ;

e) la nature et le champ d'application des anomalies, corrigées ou non, qui ont été relevées dans les états financiers au cours de l'audit ;

f) les sujets abordés avec le comité d'audit et l'organe de direction et/ou l'organe de surveillance de l'entité contrôlée ;

g) les sujets abordés avec les autorités compétentes et, le cas échéant, avec d'autres tiers ;

h) la question de savoir si les documents et les informations sélectionnés dans le dossier par l'examinateur vont dans le sens de l'avis exprimé par le contrôleur légal des comptes ou l'associé d'audit principal dans les projets de rapport d'audit et de rapport complémentaire au comité d'audit.

Les résultats de ces examens sont par la suite discutés avec le contrôleur légal des comptes ou l'associé d'audit principal. Les cabinets d'audit doivent également mettre en place des procédures permettant de régler les désaccords éventuels entre l'associé d'audit principal et l'examinateur du contrôle qualité de la mission.

La personne procédant à ce contrôle qualité doit documenter au moins sur les points suivants :

– les informations orales et écrites fournies, à la demande ou non de l'examinateur, par le contrôleur légal des comptes ou l'associé d'audit principal afin d'étayer les appréciations

AUDIT LÉGAL DANS LES PAYS DE L'UNION EUROPÉENNE   © Éd. Francis Lefebvre

importantes ainsi que les principaux résultats des procédures d'audit et les conclusions tirées de ces résultats ;
– les avis exprimés dans les projets de rapport visés aux articles 10 et 11 du règlement (voir n°s 17880 et 17890) par le contrôleur légal des comptes ou l'associé d'audit principal. Au-delà, et afin de permettre aux autorités de supervision de s'assurer de la mise en œuvre de cette procédure, il est recommandé que le professionnel procédant à ce contrôle documente l'intégralité de ses travaux.

E. Obligation de rotation pour les EIP

18000   Une des principales innovations du règlement est la rotation obligatoire des cabinets d'audit, après un certain nombre d'années, pour toutes les EIP. Le règlement confirme l'obligation de rotation des associés signataires tout en complétant le dispositif.

Rotation des cabinets d'audit

18005   **Durée de la mission**   Pour les EIP, le règlement prévoit que les mandats ont une durée d'un an minimum, renouvelable, et que les mandats cumulés ne peuvent dépasser **10 ans** (Règl. art. 17 § 1).
Les États membres peuvent cependant :
– fixer la durée de la mission à une durée de plus d'un an ;
– prévoir que les mandats cumulés aient une durée inférieure à 10 ans ;
– mettre en place un système d'extension de la durée de la mission, sous certaines conditions.

18010   Les États membres peuvent prévoir les **extensions** suivantes **de la durée** de la mission (Règl. art. 17 § 4) :
– si l'EIP est contrôlée par un seul cabinet d'audit, en « solo audit », les États membres peuvent prévoir que la durée maximale soit portée à **20 ans** si un appel d'offres est effectué à la fin de la période initiale de 10 ans et si celui-ci conclut au renouvellement du même cabinet d'audit ;
– si l'EIP est contrôlée par plusieurs auditeurs ou cabinet d'audit, donc en « cocommissariat », les États membres peuvent prévoir que la durée maximale soit portée à **24 ans** sans obligation d'appel d'offres.

La durée maximale de la mission ne peut être prolongée que si, sur recommandation du comité d'audit, le conseil d'administration ou de surveillance propose à l'assemblée générale de reconduire la mission et que la proposition est approuvée (Règl. art. 17 § 5).

À titre exceptionnel, les autorités compétentes peuvent également accorder une prolongation supplémentaire de deux ans maximum à l'issue des extensions (Règl. art. 17 § 6).
Le règlement impose une **période de viduité de 4 ans** durant laquelle ni le contrôleur légal ni aucun membre de son réseau dans l'Union européenne ne pourra assurer le contrôle légal de l'EIP contrôlée (Règl. art. 17 § 3).

Concernant les options choisies par la France en matière de rotation, voir partie 1, titre 1, chapitre 2, section 2 relative à l'indépendance du commissaire aux comptes (n°s 2050 s.).

18020   **Calcul de la durée de la mission**   Le calcul de l'ancienneté du mandat est un élément clé du dispositif européen et l'article 17.8 fixe les modalités suivantes :
– la durée de la mission est déterminée à compter du premier exercice sur lequel porte la lettre de mission d'audit dans laquelle le contrôleur légal des comptes ou cabinet d'audit a été désigné pour la première fois pour effectuer des contrôles légaux consécutifs des comptes de la même EIP ;
– les cabinets d'audit doivent prendre en compte les autres cabinets dont ils ont fait l'acquisition ou qui ont fusionné avec eux.
En cas d'incertitude quant à la date exacte de début de contrôle des comptes, par exemple en raison de fusions, d'acquisitions ou de changements dans la structure du capital, l'auditeur en informe son **autorité de supervision** qui détermine alors la date applicable pour le calcul de l'ancienneté des mandats.

18025   **Mesures transitoires**   Afin de faciliter la transition vers ce régime de rotation obligatoire des contrôleurs légaux et des cabinets d'audit, le règlement prévoit des mesures

AUDIT LÉGAL DANS LES PAYS DE L'UNION EUROPÉENNE

transitoires en fonction de l'**ancienneté des mandats** en cours au 17 juin 2014 (date d'entrée en vigueur du règlement).

Ces mesures sont présentées dans le tableau ci-après :

Date des premières nominations pour les mandats concernés	Antérieur à 1994	Entre 1995 et 2003	Entre 2004 et 2013
Mandats concernés	Mandats exercés depuis 20 ans consécutifs ou plus	Mandats exercés entre 11 ans consécutifs et plus et moins de 20 ans consécutifs	Mandats exercés avant l'entrée en vigueur du règlement (2014) et toujours en cours 2 ans après l'entrée en vigueur (2016) (autres mandats = mandats de moins de 11 ans)
Date d'évaluation de l'antériorité des mandats cumulés	16 juin 2014		
Conséquence	Interdiction de renouvellement ou de nouvel engagement à compter du 17 juin **2020** (2014 + 6)	Interdiction de renouvellement ou de nouvel engagement à compter du 17 juin **2023** (2014 + 9)	Maintien de la mission jusqu'à la fin de la période maximale : 10 ans ou 16 ans (en cas d'appel d'offres) ou 24 ans (en cas de cocommissariat) (calcul de l'antériorité du mandat depuis l'origine du mandat)
Article du règlement	41.1	41.2	41.3

Source : CNCC – Présentation de la réforme européenne de l'audit – Mars 2016

Rotation des associés d'audit principaux et des personnes participant au contrôle légal

Associés d'audit principaux Les associés d'audit principaux chargés de la réalisation du contrôle légal doivent **cesser de participer** à ce contrôle 7 ans au plus tard à compter de la date de leur désignation (Règl. art. 17 § 7). Ils peuvent à nouveau participer au contrôle légal de l'entité concernée à l'issue d'une période de trois ans.

Les États membres peuvent exiger une rotation plus courte des associés d'audit principaux.

En France, l'article L 822-14 du Code de commerce impose une rotation des associés d'audit principaux au bout de six exercices, dans la limite de sept années, et le délai de viduité est de trois ans (voir n° 3760).

18040

Personnes participant au contrôle légal Le règlement prévoit en outre un mécanisme de rotation progressive applicable aux personnes **hiérarchiquement les plus élevées** qui participent au contrôle légal, en particulier au moins aux personnes qui sont enregistrées en tant que contrôleurs légaux des comptes (Règl. art. 17 § 7).

Cette rotation progressive doit s'effectuer par étapes et sur une base individuelle (et non pas pour toute l'équipe). Elle doit être proportionnelle à la taille et à la complexité de l'activité d'audit.

Le contrôleur légal ou le cabinet d'audit devra être en mesure de démontrer à son autorité de supervision l'application de ce dispositif.

18045

F. Supervision des auditeurs et promotion d'un système européen

L'un des objectifs de la réforme de l'audit est d'améliorer la supervision des auditeurs, en renforçant notamment la compétence et les pouvoirs des autorités de supervision et

18070

503

AUDIT LÉGAL DANS LES PAYS DE L'UNION EUROPÉENNE　　© Éd. Francis Lefebvre

en favorisant la coordination et la coopération des autorités compétentes au sein de l'Union européenne.

Les textes européens visent ainsi à accroître la crédibilité et la transparence des contrôles qualité, et ce afin de garantir une qualité élevée du contrôle légal des comptes.

Autorités compétentes de supervision

18075 Afin d'accroître la transparence de la supervision des auditeurs, chaque État membre doit désigner une **autorité unique** chargée de la supervision publique des contrôleurs légaux des comptes et des cabinets d'audit (Dir. 2006/43/CE art. 32 modifié).

18080 L'**indépendance des autorités de supervision** des auditeurs fait partie des objectifs clairement annoncés par le nouveau dispositif européen. La directive 2006/43/CE est donc modifiée afin d'imposer que ces autorités de supervision soient **dirigées par des non-praticiens**, sélectionnés selon une procédure de nomination indépendante et transparente (Dir. 2006/43/CE art. 32 modifié).

L'autorité de supervision pourra toutefois engager des praticiens pour effectuer des tâches spécifiques et être assistée par des experts. Dans ce cas, ni les praticiens ni les experts ne pourront participer aux prises de décision.

L'autorité compétente a la responsabilité finale de la supervision (Dir. 2006/43/CE art. 32 modifié) :
– de l'agrément et l'enregistrement des contrôleurs légaux et des cabinets d'audit ;
– de l'adoption des normes (déontologie, contrôle interne de qualité, audit) sauf lorsque ces normes sont adoptées ou approuvées par d'autres autorités des États membres ;
– de la formation continue ;
– des systèmes d'assurance qualité ;
– des systèmes d'enquête et des systèmes administratifs en matière disciplinaire.

18085 L'article 21 du règlement apporte également les précisions suivantes :
– les autorités de supervision sont **indépendantes** des auditeurs ;
– elles peuvent **consulter des experts** ou se faire assister par eux mais ces derniers ne doivent pas être associés à la prise de décision ;
– une personne ne peut pas faire partie de l'organe de direction ou être chargée de la prise des décisions de l'autorité de supervision si, au cours des trois dernières années :
• elle a effectué le contrôle légal de comptes d'entités,
• elle a détenu des droits de vote dans un cabinet d'audit,
• elle a été membre de l'organe d'administration, de direction ou de surveillance d'un cabinet d'audit,
• elle a été associée, employée d'un cabinet d'audit ou liée par un contrat avec un cabinet.

Contrôle qualité

18100 **Adaptation des contrôles qualité**　La directive 2006/43/CE est modifiée afin que les contrôles qualité prennent en compte l'**analyse du risque** ainsi que l'**ampleur** et la **complexité** des activités des auditeurs contrôlés (Dir. 2006/43/CE art. 29 modifié) :
– les examens d'assurance qualité ont lieu sur la base d'une analyse du risque et au moins tous les six ans (pour les contrôles légaux requis par le droit de l'UE) ;

Pour les auditeurs contrôlant les comptes d'EIP (autres que des PME), **les contrôles sont prévus au moins tous les trois ans** (Règl. art. 26 § 2).

– les examens d'assurance qualité sont appropriés et proportionnés à l'ampleur et à la complexité de l'activité de l'auditeur.

18105 **Désignation des inspecteurs**　S'agissant de la désignation des **inspecteurs** réalisant les contrôles qualité, l'autorité compétente doit respecter un certain nombre de critères, définis au point 5 de l'article 26 du règlement précité, notamment en matière de formation, d'expérience professionnelle et d'absence de conflits d'intérêts. Lorsque le nombre d'inspecteurs est insuffisant, l'autorité de supervision a la possibilité de recourir à des **experts** pour procéder à des inspections spécifiques (Règl. art. 26 § 5).

Nature des contrôles Les inspections portent au moins sur les éléments suivants **18110**
(Règl. art. 26 § 6) :
– une évaluation de la conception du **système interne de contrôle qualité** du contrôleur
légal des comptes ou du cabinet d'audit ;

L'examen porte a minima sur les politiques et les procédures de contrôle qualité interne suivantes :
– le respect des **normes d'audit** et de **contrôle qualité** applicables, des exigences **en matière
d'éthique et d'indépendance**, notamment celles prévues au chapitre IV de la directive 2006/43/CE et
aux articles 4 et 5 du règlement, ainsi que des dispositions législatives, réglementaires et administratives
de l'État membre concerné ;
– la quantité et la qualité des **ressources employées**, notamment le respect des exigences de **formation
continue** prévues à l'article 13 de la directive 2006/43/CE ;
– le respect des exigences visées à l'article 4 du présent règlement en matière d'**honoraires d'audit**
perçus.

– une vérification appropriée de l'**application conforme des procédures** et un **examen
des dossiers** d'audit des EIP afin de s'assurer de l'efficacité du système interne de contrôle
qualité ;

Les dossiers d'audit sont sélectionnés sur la base d'une analyse du risque d'exécution inadéquate du
contrôle légal des comptes.

– sur la base des constatations précédentes, une évaluation du contenu du dernier
rapport annuel de transparence publié par le contrôleur légal des comptes ou le cabinet
d'audit.
Les autorités compétentes examinent également périodiquement les méthodes utilisées
par les contrôleurs légaux des comptes et les cabinets d'audit pour procéder à un
contrôle légal des comptes.
L'examen de qualité donne lieu à l'émission d'un rapport. Le contrôleur légal des
comptes ou le cabinet d'audit doit donner suite, dans un délai raisonnable, aux recommandations formulées dans ce rapport et, à défaut, il peut, le cas échéant, faire l'objet
des mesures et sanctions disciplinaires prévues à l'article 30 du règlement (sur la procédure disciplinaire et le régime des sanctions, voir n° 18160).

Délégations Les États membres **peuvent** déléguer ou autoriser les autorités de super- **18115**
vision à déléguer certaines tâches à une autre autorité ou une autre organisation. En
revanche, en application de l'article 24 du règlement, les autorités de supervision **ne
peuvent pas** déléguer le système de contrôle qualité.

Il en est de même concernant les **enquêtes** qui découlent de ce système de contrôle qualité ou d'une
saisine effectuée par une autre autorité ainsi que des **sanctions** et mesures prises suite aux contrôles
qualité ou aux enquêtes.

Transparence Dans un souci de transparence, les autorités compétentes doivent **18120**
publier a minima (Règl. art. 28) :
– des rapports d'activité annuels ;
– les programmes de travail annuels ;
– un rapport annuel sur les résultats d'ensemble du système d'assurance qualité ;

Ce rapport comprend des informations sur les recommandations émises et la suite donnée à ces recommandations, ainsi que sur les mesures de surveillance prises et les sanctions imposées. Il comprend
également des informations quantitatives et d'autres informations clés sur les résultats atteints en ce
qui concerne les ressources financières, le personnel et l'efficience et l'efficacité du système d'assurance
qualité.

– les informations agrégées sur les constatations et conclusions des inspections.
Les États membres peuvent exiger la publication de ces constatations et conclusions sur
les **inspections individuelles**.

Coopération au sein de l'Union européenne

Comité des organes européens de supervision de l'audit (CEAOB) Le **18125**
règlement instaure une coopération entre les autorités compétentes des États membres
afin de contribuer à l'amélioration de la qualité du contrôle légal.
Cette coopération est organisée dans le cadre d'un comité des organes européens de
supervision de l'audit (CEAOB), qui facilite l'échange d'informations, fournit des conseils
à la Commission et contribue aux évaluations techniques et aux examens techniques.

AUDIT LÉGAL DANS LES PAYS DE L'UNION EUROPÉENNE   © Éd. Francis Lefebvre

Dans le cadre de sa mission, le CEAOB peut adopter des **lignes directrices** ou des **avis non contraignants** (Règl. art. 30).

Conformément à l'article 30 du règlement, les missions du CEAOB sont les suivantes :
– faciliter l'**échange d'informations**, de compétences spécialisées et de bonnes pratiques aux fins de la mise en œuvre du règlement et de la directive 2006/43/CE ;
– fournir des **conseils spécialisés** à la Commission ainsi qu'aux autorités compétentes, à leur demande, en ce qui concerne des questions liées à la mise en œuvre du règlement et de la directive 2006/43/CE ;
– contribuer à l'**évaluation technique** des systèmes de supervision publique de pays tiers ainsi qu'à la coopération internationale entre les États membres et les pays tiers ;
– contribuer à l'**examen technique des normes** d'audit internationales, y compris de leurs modes d'élaboration, en vue de leur adoption au niveau de l'Union ;
– contribuer à l'**amélioration des mécanismes de coopération** en ce qui concerne la supervision des contrôleurs légaux des comptes et cabinets d'audit des entités d'intérêt public ou des réseaux dont ils font partie ;
– effectuer d'autres **tâches de coordination** dans les cas prévus dans le règlement ou dans la directive 2006/43/CE.

Cette nouvelle instance se substitue à l'EGAOB (*European group of auditors' oversight bodies*).

18130 Le CEAOB est **composé** d'un membre de chaque État membre, qui est un représentant de haut niveau des autorités de supervision, et d'un membre désigné par l'Autorité européenne des marchés financiers (AEMF) (Règl. art. 30).

Chaque membre du CEAOB dispose d'un droit de vote, à l'exception du membre désigné par l'AEMF. Sauf disposition contraire, les décisions du CEAOB sont prises à la majorité simple des voix de ses membres.

Le président du CEAOB est élu pour quatre ans à la majorité des deux tiers des voix des membres. Le vice-président est désigné par la Commission.

Le président et le vice-président ne disposent d'aucun droit de vote.

L'Autorité bancaire européenne (ABE) et l'Autorité européenne des assurances et des pensions professionnelles (AEAPP) sont invitées à assister aux réunions du CEAOB en tant qu'observateurs.

Le CEAOB peut également mettre en place des **sous-groupes** à titre permanent ou ponctuel pour examiner des questions spécifiques relevant de son mandat.

18135 **Coopération en matière d'examens qualité, d'enquêtes et d'inspections sur place** La coopération entre les autorités compétentes des États membres porte également sur les examens d'assurance qualité et l'assistance lors d'enquêtes.

Ainsi, l'autorité de supervision d'un État membre peut demander l'assistance de l'autorité de supervision d'un autre État membre en matière de **contrôles qualité** de contrôleurs légaux ou de cabinets d'audit appartenant à un réseau menant d'importantes activités dans l'État membre sollicité (Règl. art. 31).

De même, l'autorité de supervision d'un État membre peut demander qu'une **enquête** soit menée par l'autorité de supervision d'un autre État membre sur le territoire de ce dernier et que son propre personnel soit autorisé à intervenir dans le cadre d'**inspections sur place** (Règl. art. 31 § 5).

Les principales modalités de ces coopérations sont définies à l'article précité.

Les modalités de la coopération entre les autorités de supervision comprennent également la possibilité de créer des **collèges d'autorités compétentes** et la **délégation mutuelle de tâches** (Règl. art. 32 et 33).

En vue de faciliter l'exécution des inspections d'assurance qualité, et en respectant certaines conditions définies à l'article 32 du règlement, des collèges peuvent être instaurés avec la participation de l'autorité compétente de l'État membre d'origine ou de toute autre autorité compétente (Règl. art. 32).

Dans le cadre de ces coopérations, les autorités compétentes doivent respecter des règles appropriées en matière de **confidentialité** et de **secret professionnel** (Règl. art. 34).

Coopération avec les autorités de pays tiers

18140 **Documents d'audit** Dans les cas où la coopération avec les autorités de pays tiers concerne des documents d'audit ou d'autres documents détenus par des auditeurs, les procédures prévues par la directive 2006/43/CE s'appliquent. Le dispositif européen existant en matière de délivrance de décisions d'équivalence et d'adéquation de pays tiers n'est donc pas sensiblement modifié par la directive 2014/56/UE.

Parmi les compléments apportés, on peut relever la nécessité d'assurer la protection des **intérêts commerciaux** de l'entité contrôlée, y compris ses droits de propriété industrielle et intellectuelle (Dir. 1 point 35 art. modifiant l'article 47 de la directive 2006/43/CE).

Échange d'informations Par ailleurs, en raison de l'interconnexion des marchés de **18145** capitaux, les autorités compétentes peuvent conclure des accords de coopération prévoyant l'échange d'informations avec les autorités de supervision de pays tiers, à condition que les informations divulguées soient couvertes par des garanties de secret professionnel (Règl. art. 36 § 1).

Contrôle qualité et enquêtes Enfin, des coopérations sont possibles avec les **18150** autorités compétentes de pays tiers en ce qui concerne le contrôle qualité et les enquêtes. À la demande d'une autorité compétente, le CEAOB contribue à cette coopé-ration et à l'établissement d'une convergence en matière de surveillance avec le pays tiers (Règl. art. 36 § 2).

Renforcement du régime de sanctions

Les États membres prévoient que les autorités de supervision sont notamment habilitées **18160** à infliger des **sanctions pécuniaires administratives** à l'encontre des personnes physiques et morales en cas d'infraction aux dispositions de la directive et du règlement précités (Dir. art. 30 bis).

Les **mesures et sanctions administratives** suivantes sont ainsi définies :
a) une injonction ordonnant à la personne physique ou morale responsable de l'infraction de mettre un terme au comportement en cause et de s'abstenir de le réitérer ;
b) une déclaration publique indiquant la personne responsable et la nature de l'infraction, publiée sur le site web des autorités compétentes ;
c) une interdiction temporaire d'une durée maximale de trois ans à l'encontre du contrôleur légal des comptes, du cabinet d'audit ou de l'associé d'audit principal de procéder au contrôle légal de comptes et/ou de signer des rapports d'audit ;
d) une déclaration indiquant que le rapport d'audit ne remplit pas les exigences de la directive et du règlement ;
e) une interdiction temporaire d'une durée maximale de trois ans, à l'encontre d'un membre d'un cabinet d'audit ou d'un membre de l'organe d'administration ou de direction d'une EIP, d'exercer des fonctions au sein de cabinets d'audit ou d'EIP ;
f) le prononcé de sanctions pécuniaires administratives à l'encontre des personnes physiques ou morales.
Les États membres ont la possibilité de **compléter les pouvoirs de sanction** des autorités compétentes.

Ces sanctions doivent être réellement **dissuasives** et l'article 30 ter de la directive définit des critères à prendre en compte lors de l'application des sanctions.

À titre d'exemple, la **gravité** de l'infraction, l'**assise financière** de la personne responsable (chiffre d'affaires de l'entreprise ou revenus annuels de la personne physique) ainsi que les montants des gains obtenus ou des pertes évitées sont pris en compte.

Les autorités de supervision doivent faire preuve de transparence quant aux sanctions et aux mesures appliquées.

Les modalités de **publication des sanctions** sont définies à l'article 30 quater de la directive précitée.

En France, les dispositions relatives au régime de sanctions ont été transposées par les articles L 824-1 et suivants du Code de commerce (voir n°s 15000 s.).

Enfin, la directive impose aux États membres de mettre en place des mécanismes effi-caces pour **encourager le signalement des infractions** à la directive ou au règlement précités (Dir. art. 30 sexies 1). Les cabinets d'audit devront également mettre en place des procédures adéquates permettant à leurs employés de signaler les infractions potentielles ou réelles à la directive et au règlement, et ce par un canal interne spécifique (Dir. art. 30 sexies 3).

L'article R 822-33 du Code de commerce définit en France les procédures à mettre en œuvre dans chaque structure d'exercice du commissariat aux comptes afin de satisfaire ces exigences. À compter du 1er janvier 2017, des procédures doivent ainsi permettre aux salariés de signaler tous les manque-ments à la réglementation applicable à la profession ainsi qu'au règlement 537/2014.

G. Normes internationales d'audit

18180 La directive 2014/56/UE habilite la Commission européenne à adopter, par voie d'actes délégués, les **normes internationales d'audit** publiées par l'IAASB pour les rendre ainsi applicables à toute l'Union européenne (Dir. 2006/43/CE art. 26 § 3 modifié).

Les États membres doivent alors exiger que les auditeurs effectuent le contrôle légal des comptes dans le respect de ces normes.

La directive entend par « normes internationales d'audit » les normes ISA élaborées par l'Ifac, la norme internationale de contrôle qualité 1 (ISQC 1) et les autres normes connexes élaborées par l'Ifac par l'intermédiaire de l'IAASB dans la mesure où elles se rapportent au contrôle légal des comptes.

Les États membres ont la possibilité d'appliquer des **normes d'audit nationales** aussi longtemps que la Commission n'a pas adopté de normes d'audit internationales portant sur la même matière (Dir. 2006/43/CE art. 26 § 1 modifié).

À la date de mise à jour de ce Mémento, ce sont donc bien les normes d'exercice professionnel françaises qui continuent à s'appliquer en France.

18185 La nouvelle directive 2014/56/UE laisse la possibilité aux États membres d'imposer des **procédures d'audit additionnelles** afin de répondre à des obligations légales nationales ou de renforcer la crédibilité et la qualité des états financiers.

Les États membres communiquent ces procédures ou exigences de contrôle à la Commission européenne au moins trois mois avant leur entrée en vigueur ou, si des exigences existent déjà au moment de l'adoption d'une norme d'audit internationale, au plus tard dans les trois mois à compter de l'adoption de la norme d'audit internationale concernée.

H. Audit dans les PME

18200 La directive définit le « contrôle légal des comptes » comme le contrôle des états financiers annuels ou des états financiers consolidés, dans la mesure où il est (Dir. 2006/43/CE art. 2 modifié) :
a) requis par le droit de l'Union ;
b) requis par le **droit national en ce qui concerne les petites entreprises** ;
c) volontairement effectué à la demande de petites entreprises, qui satisfait aux contraintes légales nationales équivalentes à celles d'un contrôle au titre du point b), lorsque la législation nationale définit ce contrôle comme un contrôle légal des comptes. La possibilité d'exiger un contrôle légal des petites entités est ainsi laissée à l'appréciation de chaque État membre.

18205 Les EIP qui ont la qualité de PME ne sont pas soumises aux obligations imposées par l'article 16 du règlement en matière de procédure de **sélection des auditeurs** (voir n° 17920).

18210 Lorsqu'un État membre exige le contrôle légal des comptes des petites entreprises, il peut prévoir que l'application des **normes ISA** soit proportionnée à l'ampleur et à la complexité des activités de ces entreprises (Dir. art. 26 § 5).

18215 S'agissant du **contrôle qualité** des PME, les États membres exigent des autorités de supervision qu'elles tiennent compte du fait que les normes d'audit sont conçues pour être appliquées d'une manière proportionnée à la taille et à la complexité de l'activité de l'entité contrôlée (Dir. 2006/43/CE art. 29 § 3 modifié).

18220 Pour les EIP qui ont la qualité de PME (au sens de la directive 2003/71/UE) ou qui sont des sociétés de faible capitalisation boursière, les fonctions attribuées au **comité d'audit** peuvent être exercées par l'organe d'administration ou de surveillance dans son ensemble. Si le président de cet organe est un membre exécutif, il ne doit pas exercer les fonctions de président tant que cet organe exerce les fonctions de comité d'audit (Dir. art. 39 § 2).

Une **société à faible capitalisation boursière** est définie comme une société cotée sur un marché réglementé dont la capitalisation boursière moyenne a été inférieure à 200 millions d'euros sur la base des cours de fin d'année au cours des trois années civiles précédentes (Règl. 2017/1129 du 14-6-2017, art. 2 f) ii.).

© Éd. Francis Lefebvre   **AUDIT LÉGAL DANS LES PAYS DE L'UNION EUROPÉENNE**

Les **PME** sont définies par l'article 2 de la directive 2003/71/CE comme les sociétés qui, d'après leurs derniers comptes annuels ou consolidés publiés, présentent au moins deux des trois caractéristiques suivantes : un nombre moyen de salariés inférieur à 250 personnes sur l'ensemble de l'exercice, un total du bilan ne dépassant pas 43 millions d'euros et un chiffre d'affaires net annuel ne dépassant pas 50 millions d'euros.

I. Dispositions relatives aux contrôleurs légaux

La directive 2014/56/UE complète le dispositif antérieur (Dir. 2006/43/CE, 2008/30/CE et 2013/34/UE) et introduit également dans le droit européen différentes dispositions d'ores et déjà existantes en droit français et dans les normes d'exercice professionnel.   **18295**

Dispositions relatives à l'agrément des contrôleurs légaux

Aux termes de l'article 3 § 2 de la directive, chaque État membre doit désigner une autorité compétente indépendante de la profession chargée d'agréer les contrôleurs légaux et les cabinets d'audit. En France, cette compétence est dévolue au H3C.   **18300**

La directive autorise également la prise de contrôle d'un cabinet d'audit ayant son siège dans un État membre par un ou plusieurs autres cabinets agréés dans un ou plusieurs autres États membres ou par des personnes physiques répondant aux conditions d'agrément posées par la directive et qui sont agréées dans un autre État membre (art. 3 § 4 b).

Les procédures d'agrément des contrôleurs légaux d'un autre État membre sont fixées par les autorités compétentes et peuvent aller au-delà de l'exigence d'effectuer un **stage d'adaptation** tel que défini par l'article 3 de la directive 2005/36/CE ou de réussir une **épreuve d'aptitude** (Dir. art. 14 § 1).

> Le stage d'adaptation a une durée maximale de trois ans et le demandeur fait l'objet d'une évaluation. L'épreuve d'aptitude est réalisée dans une des langues prévues par le régime linguistique en vigueur dans l'État membre d'accueil concerné. Elle porte seulement sur la connaissance adéquate qu'a le contrôleur légal des comptes des lois et des réglementations de cet État membre d'accueil, dans la mesure où cette connaissance est utile pour les contrôles légaux des comptes.

Une coopération dans le cadre du CEAOB est également prévue en vue de faire converger les exigences de stage et d'épreuve d'aptitude (Dir. art. 14 § 1).

Enfin, la directive (art. 15 § 1) confirme le principe de l'inscription des contrôleurs légaux et des cabinets d'audit agréés dans un registre public selon les modalités définies aux articles 16 et 17. Il peut toutefois être dérogé à cette obligation, uniquement pour parer à une menace pesant sur la sécurité individuelle d'une personne.

Déontologie, indépendance, objectivité, confidentialité et secret professionnel

La réglementation européenne impose aux États membres de veiller à ce que les contrôleurs légaux des comptes et cabinets d'audit soient tenus au respect de principes déontologiques régissant leur fonction d'intérêt public, leur intégrité et leur objectivité, leurs compétences et leurs diligences professionnelles.   **18318**

Notion de scepticisme professionnel
Dans ce contexte, une notion nouvelle, qui avait auparavant une valeur normative (voir les normes ISA et, en France, les différentes normes d'exercice professionnel relatives à la planification et à la conduite de la mission d'audit), est introduite dans la directive concernant le contrôle des comptes. Il s'agit du « scepticisme professionnel » dont doit faire preuve l'auditeur tout au long de sa mission (Dir. art. 21). Cette attitude doit recouvrir deux aspects de la mission :   **18320**

– le contrôleur légal des comptes ou le cabinet d'audit doit, tout au long de sa mission, notamment au stade de la planification de son intervention et quelle qu'ait pu être son expérience antérieure de l'honnêteté et de l'intégrité de la direction de l'entité contrôlée, prendre en compte le risque que les états financiers soient entachés d'anomalies significatives liées à des erreurs ou des comportements entachés d'irrégularités ;

– il doit également faire preuve d'esprit critique, notamment à l'égard des estimations de la direction concernant les justes valeurs, les dépréciations d'actifs, les provisions et l'appréciation des éléments pertinents pour se prononcer sur la continuité d'exploitation.

AUDIT LÉGAL DANS LES PAYS DE L'UNION EUROPÉENNE © Éd. Francis Lefebvre

Le scepticisme professionnel est défini comme « une attitude caractérisée par un **esprit critique**, attentif aux éléments qui pourraient indiquer une éventuelle anomalie due à une erreur ou une fraude, et par une évaluation critique des éléments probants pour l'audit ».

18340   **Indépendance et conflits d'intérêts**   Lors de la réalisation d'un contrôle légal des comptes, le contrôleur légal ou le cabinet d'audit, ainsi que toute personne physique qui serait en mesure d'influer directement ou indirectement sur le résultat du contrôle légal des comptes, doivent être **indépendants** de l'entité contrôlée, ne pas être associés au processus décisionnel de l'entité contrôlée et de manière générale leur indépendance ne doit pas être ou risquer d'être affectée par un **conflit d'intérêts** existant ou potentiel (Dir. art. 22).

En conséquence, le contrôleur légal ou le cabinet d'audit doit prendre toutes les mesures raisonnables pour garantir que, lorsqu'il effectue un contrôle légal des comptes, son indépendance n'est affectée par aucun conflit d'intérêts ni aucune relation d'affaires ou autre relation directe ou indirecte, existant(e) ou potentiel(le), l'impliquant ainsi que, le cas échéant, son réseau, ses dirigeants, auditeurs, employés ou toute autre personne physique dont les services sont mis à sa disposition ou placés sous son contrôle ou toute personne directement ou indirectement qui lui serait liée par une relation de contrôle.

La directive précise que l'indépendance est exigée, au minimum, à la fois pendant la **période couverte par les états financiers** à contrôler et pendant la **période au cours de laquelle le contrôle légal des comptes est effectué**. Il en résulte, a contrario, que l'exercice de missions autres que de contrôle légal, durant la période précédant l'acceptation de la mission de contrôleur légal, n'est pas, en lui-même, susceptible de porter atteinte à l'indépendance de l'auditeur. Le contrôleur légal ou le cabinet d'audit doit toutefois documenter tout risque important d'atteinte à son indépendance qui pourrait résulter de l'exercice de ces missions ainsi que les mesures prises pour le limiter.

Cas particulier de la fusion ou de l'acquisition d'une entité. Si, pendant la période couverte par les états financiers, une entité contrôlée est rachetée par une autre entité, fusionne avec elle ou l'acquiert, le contrôleur légal des comptes ou le cabinet d'audit identifie et évalue les intérêts ou relations actuels ou récents avec ladite entité, notamment la fourniture à cette entité de services autres que d'audit, qui, eu égard aux mesures de sauvegarde existantes, seraient de nature à compromettre son indépendance et sa capacité à poursuivre le contrôle légal des comptes après la date de prise d'effet de la fusion ou de l'acquisition. Le plus tôt possible et en tout cas dans un **délai de trois mois**, le contrôleur légal des comptes ou le cabinet d'audit prend toutes les mesures nécessaires pour mettre fin aux intérêts ou relations actuels qui compromettraient son indépendance, et prend, si possible, des mesures de sauvegarde pour minimiser toute menace que des intérêts et des relations antérieurs et actuels feraient peser sur son indépendance (Dir. art. 22 § 6).

En outre, en cas de **risque d'autorévision, de familiarité, d'intérêt personnel, de représentation ou d'intimidation** lié à une relation financière, personnelle, d'affaires, d'emploi ou autre entre le contrôleur légal des comptes, le cabinet d'audit, son réseau et toute personne physique en mesure d'influer sur le résultat du contrôle légal des comptes, et l'entité contrôlée qui amènerait un tiers objectif, raisonnable et informé à conclure, en tenant compte des éventuelles mesures de sauvegarde appliquées, que l'indépendance du contrôleur légal des comptes ou du cabinet d'audit est compromise, le contrôleur légal ou le cabinet d'audit **refuse d'effectuer la mission**.

Par ailleurs, durant la mission d'audit, le contrôleur légal des comptes, le cabinet d'audit, leurs associés d'audit principaux, leurs employés, et toute autre personne physique dont les services sont mis à la disposition ou placés sous le contrôle dudit contrôleur légal des comptes ou dudit cabinet d'audit et qui participe directement aux activités de contrôle légal des comptes, et les personnes qui leur sont étroitement liées doivent s'abstenir de détenir ou d'avoir un intérêt substantiel et direct dans une entité contrôlée ainsi que de toute transaction portant sur un instrument financier émis ou garanti par une entité contrôlée sauf s'il s'agit d'intérêts détenus indirectement par l'intermédiaire d'organismes de placement collectif diversifiés, y compris des fonds gérés tels que des fonds de pension ou des assurances sur la vie (Dir. art. 22 § 2). En application de ces principes, les personnes physiques ou les cabinets détenant des instruments financiers de l'entité contrôlée, d'une entité liée, ou liés à l'entité contrôlée, ne peuvent participer à un contrôle légal des comptes d'une entité contrôlée ni en influencer le résultat par tout moyen.

Indépendance et objectivité : recrutement d'anciens contrôleurs légaux

18360

Le contrôleur légal des comptes ou l'associé d'audit principal qui effectue un contrôle légal des comptes au nom d'un cabinet d'audit ne sont pas autorisés, pendant une période minimum d'un an et de deux ans pour les EIP à compter de la cessation de leurs fonctions :

a) à occuper un poste de direction important au sein de l'entité contrôlée ;

b) le cas échéant, à devenir membre du comité d'audit de l'entité contrôlée ou, lorsqu'un tel comité n'existe pas, membre de l'organe remplissant des fonctions équivalentes à celles d'un comité d'audit ;

c) à devenir membre non exécutif de l'organe d'administration ou membre de l'organe de surveillance de l'entité contrôlée (Dir. art. 22 bis, point 1).

> L'article L 822-12 du Code de commerce impose en France un délai de carence plus restrictif de trois ans pour les commissaires aux comptes devenant dirigeants, administrateurs, membres du conseil de surveillance, ou occupant un poste de direction au sein de l'entité auditée ou de l'entité qui la contrôle ou qui est contrôlée par elle.

Les **employés** et les **associés autres** que les associés d'audit principaux qui effectuent un contrôle légal des comptes et qui sont personnellement agréés en tant que contrôleurs légaux des comptes ne peuvent pas occuper les fonctions citées supra avant qu'une période d'un an au moins ne se soit écoulée depuis qu'ils ont directement participé à la mission de contrôle légal des comptes (Dir. art. 22 bis, point 2).

Organisation interne des contrôleurs légaux et des cabinets d'audit

18380

La directive introduit un nouvel article concernant les exigences organisationnelles des contrôleurs légaux et des cabinets d'audit (Dir. art. 24 bis).

Les stratégies et procédures du contrôleur légal et/ou du cabinet d'audit doivent notamment permettre de s'assurer :

– de l'indépendance et de l'objectivité du contrôleur légal ;

– de l'existence d'un système interne de contrôle qualité permettant de garantir la qualité de l'audit et de procédures d'évaluation des risques efficaces ;

– du niveau de connaissance et d'expérience du personnel ;

– de la continuité et de la régularité des activités de contrôle légal des comptes ;

– de la gestion des incidents ayant des conséquences graves pour l'intégrité des activités de contrôle légal des comptes ;

– de l'adéquation des politiques de rémunération.

> Pour une liste exhaustive, il convient de se référer à l'article 24 bis de la directive.
>
> Les États membres peuvent simplifier certaines de ces exigences pour les contrôles légaux des petites entreprises.
>
> En France, ces procédures sont définies aux articles R 822-32 et R 822-33 du Code de commerce.

Organisation des travaux

18400

L'article 24 ter de la directive traite de l'organisation des travaux de contrôle légal et prévoit les dispositions suivantes :

– les cabinets d'audit doivent désigner au moins un **associé d'audit principal** ;

– les temps et ressources consacrés à la mission doivent être suffisants ;

– un **dossier des clients** doit être tenu (nom, adresse, siège, associé d'audit principal pour les cabinets d'audit, honoraires facturés pour l'audit et les autres services) ;

– les auditeurs doivent conserver une trace de tout manquement aux dispositions de la directive et du règlement ;

– les auditeurs consignent par écrit toute demande de conseil à des experts externes ainsi que les conseils reçus ;

– un dossier d'audit doit être constitué pour chaque contrôle légal : le **dossier d'audit doit être clos** au plus tard 60 jours après la date de signature du rapport d'audit ;

– l'auditeur conserve une trace de toute réclamation introduite par écrit concernant la performance des contrôles légaux effectués.

> Les États membres peuvent simplifier certaines de ces exigences pour les contrôles légaux des petites entreprises (Dir. art. 24 ter, point 7).

© Éd. Francis Lefebvre   **AUDIT LÉGAL DANS LE RESTE DU MONDE** ▌

CHAPITRE 2

Audit légal dans le reste du monde

Plan du chapitre   §§

SECTION 1	I. Cadre juridique	20100
États-Unis	II. Dispositions fédérales	20235
I. Cadre général d'exercice 19050	III. Province du Québec	20420
II. Renforcement des obligations	IV. Province de l'Ontario	20580
applicables aux sociétés cotées 19220	**SECTION 3**	
III. Évolutions liées au « Dodd-Frank	**Bassin méditerranéen**	22100
Act » et au « JOBS Act » 19285	I. Tunisie	22100
IV. Les grands chantiers de la SEC	II. Liban	22500
et du PCAOB 19290		
SECTION 2	**SECTION 4**	
Canada 20000	**Suisse**	24000

SECTION 1

États-Unis

I. Cadre général d'exercice

Champ d'application

L'audit légal des comptes annuels par un auditeur indépendant n'est obligatoire aux **19050** États-Unis que pour les **sociétés** placées **sous le contrôle de la** *Securities and Exchange Commission* (SEC) (*Securities Act of 1933, 1934*). La SEC est composée de cinq membres, désignés, y compris le président (*chairman*), par le Président américain. Le renouvellement des membres, qui sont nommés pour cinq ans, s'opère par rotation. La loi exige également qu'au plus trois membres sur cinq appartiennent au même parti politique, en vue de limiter le risque de prises de positions politiquement partisanes.

Les responsabilités fonctionnelles de la SEC s'exercent au travers de cinq divisions et de vingt-trois bureaux. Ces cinq divisions sont les suivantes :
– *Corporation Finance* – cette division est responsable de la bonne communication financière des sociétés cotées vis-à-vis des investisseurs (protection des investisseurs), du suivi, en collaboration avec le bureau du *Chief Accountant*, des activités normatives comptables du *Financial Accounting Standards Board* (FASB) pour les US GAAP et de l'*International Accounting Standards Board* (IASB) pour les *International Financial Reporting Standards* (IFRS), de l'assistance aux entreprises en matière d'interprétation et de l'élaboration des règles pour mettre en œuvre les législations adoptées par le Congrès et promulguées par le Président (Sarbanes-Oxley Act, Dodd-Frank Act, etc.) ;
– *Trading and Markets* – cette division est responsable du développement et du maintien de normes visant le fonctionnement transparent, ordonné et efficace des marchés ;
– *Investment Management* – cette division est responsable de la protection des investisseurs et de la régulation des produits et services proposés par le secteur de la gestion d'actifs ;

513

AUDIT LÉGAL DANS LE RESTE DU MONDE © Éd. Francis Lefebvre

– *Enforcement* – cette division est responsable des enquêtes, poursuites et sanctions pour violation de la réglementation régissant les marchés financiers, dans le cadre de procédures civiles ou administratives ;

– *Economic and Risk Analysis* – cette division est responsable des recherches et analyses intégrant les disciplines économiques, financières et juridiques ainsi que des analyses des effets économiques potentiels de l'établissement des règles et procédures de la SEC et des données quantitatives et qualitatives liées à l'évaluation des risques et à la pertinence des solutions négociés dans le cadre de la mise en œuvre d'enquêtes et de mesures de résolution proposées ainsi que de la mise en place de mesures d'application.

La SEC emploie environ 4 600 personnes à son siège principal de Washington, DC, et dans onze bureaux régionaux (FY 2021 *Congressional Budget Justification – U.S. Securities and Exchange Commission*, 2021 p. 14).

Les responsabilités de la SEC sont nombreuses. Elles consistent :

– à interpréter et faire appliquer les lois fédérales ;

– à élaborer de nouvelles normes de régulation et à amender les anciennes ;

– à superviser les inspections réalisées dans les maisons de titres, courtiers, conseillers en investissement et dans les agences de notation ;

– à superviser les entités réglementées opérant dans les domaines des valeurs mobilières, de la comptabilité et de l'audit ;

– à coordonner la régulation des titres en relation avec les autorités fédérales et les autorités étrangères.

Les membres de la SEC se réunissent régulièrement. En général, ces réunions sont ouvertes au public et aux médias (excepté si les discussions portent sur des sujets confidentiels liés à des enquêtes et investigations en cours).

La SEC a un bureau des affaires internationales qui s'emploie à promouvoir la coopération parmi les agences nationales de régulation des marchés financiers et à encourager le développement et le maintien de normes de régulation de qualité élevée au niveau international (accords bilatéraux et multilatéraux).

La SEC, à travers le bureau (ou *Office*) du *Chief Accountant* (OCA), veille à l'élaboration et à l'application de normes comptables visant à accroître la transparence et la pertinence de l'information financière, ainsi qu'à l'amélioration de la performance de l'audit des sociétés cotées et de la qualité des états financiers. Dans cette optique, la SEC travaille en étroite collaboration avec les organes de normalisation comptable du secteur privé tels que la FASB ou *Financial Accounting Standards Board* (US GAAP) et l'AICPA ou *American Institute of Certified Public Accountants* (US GAAP et US GAAS) et s'en remet à l'IASB pour les IFRS.

La SEC est aussi l'autorité de tutelle du PCAOB (*Public Company Accounting Oversight Board*), chargé par la loi Sarbanes-Oxley du 30 juillet 2002 de réguler et de superviser la profession d'auditeur dans ses relations avec les sociétés cotées et les intermédiaires financiers (*broker-dealer*), de l'élaboration des normes professionnelles d'audit et de contrôle qualité, ainsi que des règles d'éthique et d'indépendance pour les sociétés cotées. La SEC approuve les règles en matière de normes d'audit et de contrôle qualité, et supervise les activités et le budget du PCAOB.

Enfin, il faut noter que le FASB et l'IASB ont signé en septembre 2002, et régulièrement mis à jour depuis, l'accord de Norwalk, un protocole d'accord ou « *memorandum of understanding* » visant à favoriser la convergence comptable US GAAP et IFRS dans certains domaines, tels que les instruments financiers et la comptabilisation du chiffre d'affaires, l'objectif recherché étant le développement d'un ensemble global de normes comptables de qualité, cohérentes, efficaces et comparables.

Il est à noter également que, depuis les exercices comptables clos postérieurement au 15 novembre 2007, les sociétés étrangères dont les actions sont cotées aux États-Unis, les « *foreign private issuers* », ne sont plus soumises à la réconciliation obligatoire de leurs comptes et états financiers entre les US GAAP et les IFRS. L'objectif recherché est d'encourager le développement des normes IFRS comme normes uniformes mondialement reconnues.

19052 Sous réserve de certaines exemptions, sont soumises à l'obligation de dépôt d'une déclaration d'enregistrement auprès de la SEC et à diverses obligations d'information financière notamment annuelles et trimestrielles les sociétés cotées ainsi que les sociétés dont les actifs sont supérieurs à 10 millions de dollars et dont le capital est détenu par :

– soit 2 000 personnes ou plus ;

– soit 500 actionnaires personnes physiques ou plus ne possédant pas la qualité d'investisseurs qualifiés.

Les sociétés cotées dont la valeur boursière atteint au moins 250 millions de dollars ont l'obligation d'organiser une évaluation, par leur direction de l'audit, de l'efficacité de leur système de contrôle interne relatif à l'information financière.

Le 28 juin 2018, la SEC a modifié la définition de « Smaller Reporting Company » (petite société déclarante) afin :

– d'augmenter la partie de la valeur boursière de la société détenue par le public (« le flottant public ») de 75 à 250 millions de dollars et le seuil de revenus de 50 à 100 millions de dollars ; et

– d'étendre l'application du critère de revenus aux entreprises dont « le flottant public » est inférieur à 700 millions de dollars, afin d'augmenter le nombre de sociétés pouvant bénéficier des obligations d'informations adaptées qui sont accordées aux « Smaller Reporting Companies ».

Les modifications apportées par la SEC excluent donc des définitions des « Accelerated Filers » (sociétés dont la capitalisation boursière est comprise entre 75 et 700 millions de dollars) et des « Large Accelerated Filers » (sociétés dont la capitalisation boursière est supérieure à 700 millions de dollars) un émetteur qui se qualifie comme une « Smaller Reporting Company » (petite société déclarante) et dont les revenus annuels sont inférieurs à 100 millions de dollars au cours du dernier exercice pour lequel des états financiers audités sont disponibles. En conséquence, les « Smaller Reporting Companies » dont les revenus sont inférieurs à 100 millions de dollars sont exemptées des exigences d'attestation des auditeurs en vertu de l'article 404 (b) de la loi Sarbanes-Oxley et des délais de déclaration accélérés.

Les intermédiaires financiers, négociants en transactions à terme sur les matières premières, sociétés d'investissement agréées et autres sociétés d'investissement sont tenus de faire certifier leurs comptes en application de la législation fédérale.

Pour les autres sociétés, ni la législation fédérale, ni celle des États ne contiennent de disposition identique.

19055 Le gouvernement fédéral a également rendu l'audit obligatoire pour les **fonds de pension**, les **organisations non lucratives**, les **gouvernements** des différents États et les collectivités locales, les entreprises recevant des contrats ou l'assistance de l'État fédéral ou du gouvernement d'un État. Des normes d'audit spécifiques doivent être appliquées : il s'agit des Generally Accepted Government Auditing Standards (GAGAS), également connues sous le nom de Yellow Book. Le **Governmental Accounting Standards Board (GASB)**, créé en 1984, est l'organisme indépendant qui établit et améliore les normes de comptabilité et d'information financière pour le gouvernement fédéral, les États et les collectivités locales (http://www.gasb.org).

19058 Aux États-Unis, les **principes et règles comptables** et la présentation des comptes annuels ne sont régis par aucune loi prise au niveau fédéral ou étatique. Ils sont élaborés par le Financial Accounting Standards Board (FASB) en relation avec le Chief Accountant de la SEC et AICPA (voir n°s 19050 et 19105).

Certaines lois fédérales traitent accessoirement de la comptabilité, comme la loi sur les faillites, les lois en matière sociale ou les lois relatives aux valeurs mobilières.

Les règles applicables peuvent également résulter de décisions de **jurisprudence**, de dispositions **contractuelles** régissant les relations entre les auditeurs légaux (CPA, voir n° 19080) et leurs clients, de règles définies par la SEC pour les **sociétés cotées** et enfin des **normes** d'audit (US GAAS, voir n° 19205 ou PCAOB auditing standards, voir n° 19235).

Professionnels habilités

19080 **Certified Public Accountant** Pour exercer l'audit légal, un professionnel doit avoir réussi les examens du CPA et être titulaire d'une **licence** de Certified Public Accountant (CPA), octroyée par un État, ou par une juridiction dudit État, qui l'autorise à exercer sur son territoire.

La licence limite l'habilitation du CPA au territoire de l'État qui l'a accordée. Sans cette licence, un CPA ne peut pas délivrer d'attestation sur les états financiers et/ou le contrôle interne relatif à l'information financière. Une procédure de reconnaissance mutuelle du diplôme de CPA délivré par chaque État fédéral et du principe de libre établissement a été consacrée par 49 États fédéraux et le District de Columbia (voir CPA Mobility Resources à https://www.aicpa.org/advocacy/state/mobility.html).

AUDIT LÉGAL DANS LE RESTE DU MONDE   © Éd. Francis Lefebvre

Le *National Association of State Boards of Accountancy* (NASBA), créé en 1908, est une association dédiée à l'amélioration de l'efficacité des 55 *state boards of accountancy* américains. Le NASBA accomplit sa mission en servant de forum de discussions et d'échanges entre les régulateurs et praticiens comptables sur les questions relatives à la viabilité de la profession comptable (https://www.nasba.org/about/).

19083 Les candidats au titre de CPA doivent réussir l'**examen d'aptitude** (*Uniform CPA Examination*). Le CPA s'obtient en général à l'issue de cinq années d'études supérieures (*Master's degree* ou 150 heures-semestre). Le CPA doit aussi acquérir une expérience minimum d'un à deux ans dans un cabinet d'audit et d'expertise comptable avant d'être « certifié » (toutefois, plusieurs États acceptent également d'autres types d'expérience). Certains États exigent la réussite à un examen d'éthique ou une attestation de conformité à un Code de conduite professionnelle avant l'obtention d'une licence. La licence de CPA se renouvelle en général tous les trois ans dès lors que le CPA remplit les conditions de formation continue (*Continuing Professional Education* ou CPE). Il doit avoir suivi une formation de 120 heures sur trois ans à raison d'au moins 40 heures par an. Cette formation continue peut s'effectuer individuellement ou en groupe (*e-learning*, classes, séminaires, etc.).

En outre, pour devenir CPA dans un État, toutes les conditions exigées par cet État doivent être remplies. Actuellement, la seule juridiction américaine qui n'exige pas l'obtention des 150 heures-semestre est celle de Virgin Islands.

Les examens du CPA sont passés sur ordinateur (*computer-based* par Prometric, un partenaire agréé du NASBA) et comprennent quatre sections : audit et attestation (AUD), environnement des affaires et concepts (BEC), *reporting* comptable et financier (FAR) et régulation (REG). Les examens durent environ 14 heures au total et comprennent trois catégories de questions : questions à choix multiples, questions de simulation et rédactions. Les examens du CPA sont proposés sur demande dans des centres d'examen Prometric agréés aux États-Unis. Pour être admis, tout candidat doit avoir une note d'au moins 75 points sur une échelle de 0 à 99 points sur chacune des 4 sections. Depuis avril 2017, l'examen d'aptitude est allongé à 16 heures au moyen de questions à choix multiples et de simulations ainsi que d'un complément rédactionnel pour le seul module BEC.

Depuis août 2011, les examens du CPA sont également ouverts à l'international afin de répondre aux besoins de nombreux ressortissants étrangers désireux de préparer ces examens en réponse à la demande internationale croissante. À la date de mise à jour de ce Mémento, ces examens sont proposés dans les quinze pays suivants : Inde, Népal, Angleterre, Écosse, Irlande, Allemagne, Japon, Corée du Sud, Bahreïn, Koweït, Liban, Émirats arabes unis et Brésil. Les conditions d'inscription et d'examens à l'international sont les mêmes que celles en vigueur aux États-Unis.

Pour plus de détails, voir :
– https://www.aicpa.org/becomeacpa/licensure/requirements.html
– www.aicpa.org/BecomeACPA/GettingStarted/Pages/default.aspx
– www.nasba.org/internationalexam/
– https://media.nasba.org/files/2011/09/CandidateBulletin_041116.pdf

19085 Les conditions d'inscription en France des contrôleurs légaux de pays tiers et les conditions de validité des rapports d'auditeurs de pays tiers concernant les comptes d'une société constituée en dehors de l'Union européenne dont les valeurs mobilières sont admises à la négociation sur un marché réglementé d'un État membre sont traitées aux n°s 1050 s.

Organisation de la profession

19098 Avant la loi Sarbanes-Oxley (SOX) de juillet 2002, la profession d'auditeur légal dans sa totalité était placée sous le contrôle de l'AICPA (*American Institute of Certified Public Accountants* – voir n° 19100). À présent, le PCAOB (*Public Company Accounting Oversight Board* – voir n° 19115) est responsable de l'audit des sociétés cotées, des sociétés de courtage/revente et des sociétés d'investissement agréées, l'activité de l'AICPA se concentrant désormais sur l'audit des entités non cotées. On relève toutefois que dans le domaine des normes d'audit, le PCAOB continue à se référer à titre transitoire et supplétif aux normes du comité technique de l'AICPA (appelées *interim standards*), l'ASB (*Audit Standard Board* – voir n° 19110), dans l'attente de l'élaboration complète de ses

516

propres normes. En 2015, le PCAOB a fusionné ses normes et les normes ASB clarifiées afin de constituer un corps unifié de normes (voir n° 19200).

American Institute of Certified Public Accountants L'AICPA est une association professionnelle des CPA's au niveau national qui compte plus de 431 000 membres parmi lesquels on trouve les CPA's exerçant dans les secteurs du commerce et de l'industrie, dans les cabinets d'audit, dans les cabinets conseils, le secteur public et le monde universitaire. C'est la plus grande association professionnelle comptable du monde. L'AICPA regroupe également les professionnels américains exerçant à l'étranger (présence dans plus de 140 pays).
L'adhésion à l'AICPA est volontaire et ouverte à tous les CPA's y compris les étudiants en comptabilité et les candidats aux examens du CPA. L'AICPA établit les normes éthiques de la profession et les normes d'audit (US GAAS) pour les audits d'entreprises privées, à but non lucratif et les gouvernements fédéraux, des États et locaux. Il élabore et corrige l'examen uniforme de CPA.

Pour plus de détails, voir https://www.aicpa.org/.

19100

L'AICPA a pour **mission** « la facilitation de la réussite du commerce mondial, des CPAs, des CGMAs et d'autres experts spécialistes en mettant à disposition les connaissances, les ressources et les conseils les plus pertinents et en protégeant à tout moment l'intérêt public ».

Dans cette optique, l'AICPA travaille en concertation avec les instituts de CPA de chaque État et accorde une priorité aux secteurs pour lesquels les compétences techniques des CPAs sont reconnues par le public.

19105

L'AICPA organise et fait en sorte que ses membres respectent des normes professionnelles au service de leurs clients, à travers le processus de contrôle qualité (*peer review*) de ses membres (n° 19120).
La législation variant d'un État à l'autre, les CPAs ont l'obligation de se conformer à la fois aux normes professionnelles de l'AICPA et à la législation de l'État dans lequel ils sont habilités à exercer.
Avant la création du PCAOB en juillet 2002, l'AICPA était chargé de :
– la rédaction et du respect du Code de conduite professionnelle ;
– la rédaction et du respect des normes professionnelles applicables dans tous les États-Unis d'Amérique ;
– la représentation de la profession auprès des pouvoirs publics et des autorités de contrôle et de régulations des marchés financiers ;
– la sauvegarde des intérêts de ses membres.
Désormais, le rôle de l'AICPA est beaucoup plus limité. L'AICPA continue d'établir des normes comptables pour les entreprises non cotées et de publier le Code de conduite professionnelle de ses membres (une mise à jour de ce code est entrée en vigueur le 15 décembre 2014). Il assure également le contrôle qualité de ses membres.
Les cabinets qui auditent les sociétés cotées, sociétés de courtage/revente, sociétés d'investissement agréées et certains négociants en transactions à terme sur les matières premières enregistrées auprès de la SEC doivent se conformer aux normes d'audit du PCAOB et aux règles de la SEC.
L'AICPA et les membres des *Big Four* ont créé, courant 2007, le *Center for Audit Quality* (**CAQ** – http://www.thecaq.org), qui a pour missions de promouvoir le rôle de l'auditeur, d'améliorer la qualité de l'audit et de générer la confiance du public et de l'investisseur dans la profession. C'est une organisation de lobbying. Le CAQ est affilié à l'AICPA. Il compte plus de 520 membres. Son siège se trouve à Washington, DC.
En 2012, le *Financial Accounting Foundation* (FAF) qui est le « *Board of Trustees* » du FASB (ou *Financial Accounting Standard Board* – voir n° 19050) a créé un nouvel organe pour améliorer le processus d'établissement des normes comptables pour les entreprises privées américaines. Le nouveau groupe dénommé *Private Company Council* (PCC) ou Conseil pour les sociétés privées a deux responsabilités principales :
– déterminer si des exceptions ou des modifications doivent être introduites dans les US GAAP pour répondre aux besoins spécifiques des utilisateurs des états financiers de sociétés privées ;
– identifier, discuter, et voter les modifications souhaitables, qui seront ensuite soumises à l'approbation du FASB et soumises aux commentaires du public (exposés-sondages) avant d'être incorporées dans les US GAAP.

Ces deux missions majeures doivent s'accomplir à des conditions définies en concertation avec le *Financial Accounting Standards Board* (FASB). Le PCC est aussi le principal organe consultatif auprès du FASB pour la détermination du traitement approprié de questions comptables concernant les sociétés privées.

19110 Auditing Standards Board L'ASB est le comité technique le plus élevé de l'AICPA. Il est chargé d'élaborer des **normes professionnelles d'audit** (*Statements of Auditing Standards* ou *SAS*), des normes de missions d'attestation (*Statements on Standards for Attestation Engagements* ou SSAE), des normes de revues limitées (*Statements on Standards for Accounting and Review Services* ou SSARSs) et des normes de contrôle qualité (*Statements on Quality Control Standards* ou *SQCS*) pour les sociétés non cotées (voir n° 19200). L'ASB publie également les exposés-sondages des normes proposées ainsi que des guides pratiques. Plus de 30 groupes de travail sont actuellement mis en place sur différents sujets.

L'ASB est composé de dix-neuf membres. Les réunions de l'ASB et les comptes rendus sont publics (excepté lorsque des sujets d'ordre administratif et confidentiel sont discutés).

La création du PCAOB en 2002 a considérablement réduit le rôle de l'ASB en matière d'élaboration des normes d'audit.

Depuis le 15 décembre 2012, les normes d'audit clarifiées de l'ASB, aux références commençant par l'identifiant AU-C, ont pris effet, devenant ainsi plus lisibles, compréhensibles et applicables. Tout au long de ce processus, l'ASB a également cherché à faire converger ses normes (*clarified SAS*) avec les normes internationales d'audit clarifiées (*clarified ISA*) et à supprimer les différences mineures entre les deux référentiels. Les nouvelles normes SAS émises sont intégrées dans la classification clarifiée.

19115 PCAOB Le PCAOB (*Public Company Accounting Oversight Board* – www.pcaobus.org) est un organisme de contrôle extérieur à la profession qui a été créé le 30 juillet 2002 par le *Sarbanes-Oxley Act* (SOX) pour réguler et superviser la profession d'audit et l'audit des sociétés cotées aux États-Unis.

L'équivalent du PCAOB en France serait le Haut Conseil du commissariat aux comptes (H3C), le champ d'investigation du PCAOB étant cependant limité aux audits des sociétés cotées.

Avant le vote de la loi SOX, la profession d'audit aux États-Unis était en grande partie autorégulée (*self regulation*). Elle établissait elle-même ses normes et ses règles et s'appuyait sur ses propres professionnels pour évaluer la qualité de l'audit (contrôle qualité sur la base du *peer review*).

Le PCAOB a quatre missions fondamentales :
– l'enregistrement des cabinets d'audit ;

Plus de 1 700 cabinets d'audit sont enregistrés auprès du PCAOB, dont plus de 800 sont situés hors des États-Unis.

– l'élaboration des normes d'audit et de contrôle qualité, des règles d'éthique et d'indépendance ;
– l'inspection et le contrôle qualité des cabinets ;
– les enquêtes et sanctions des cabinets.

Le PCAOB supervise également les audits des intermédiaires financiers, y compris les rapports de conformité déposés en vertu de lois fédérales sur les valeurs mobilières, afin de promouvoir la protection des investisseurs. C'est un organisme privé et indépendant, placé sous la tutelle de la SEC qui approuve son budget (le budget 2021 s'élève à 285 millions de dollars avec près de 860 employés prévus à fin 2021), ses règles de fonctionnement et ses normes d'audit et de contrôle qualité ainsi que ses règles d'éthique et d'indépendance. Le budget du PCAOB provient des cotisations annuelles versées par les sociétés cotées et les courtiers en fonction de leur capitalisation boursière et de leur capital net respectif. Les cabinets enregistrés auprès du PCAOB payent également des redevances annuelles basées sur le nombre de clients cotés dans leur portefeuille.

La SEC nomme tous les membres du conseil du PCAOB après consultation du *Chairman* du *Board* des gouverneurs de la *Federal Reserve System* et du Secrétaire au Trésor américain. Le PCAOB est composé de cinq membres dont deux doivent obligatoirement être des CPAs en exercice ou doivent avoir été des CPAs. Ils doivent tous travailler à temps plein pour le PCAOB. La durée de leur mandat est de cinq ans sur une base rotationnelle.

© Éd. Francis Lefebvre — **AUDIT LÉGAL DANS LE RESTE DU MONDE**

Le 28 juin 2010, la Cour suprême des États-Unis a levé toute ambiguïté sur la constitutionnalité du PCAOB à la suite du procès *Free Enterprise Fund v. PCAOB*. Le plaignant (*Free Enterprise Fund*) défendait la thèse selon laquelle la supervision du PCAOB par la SEC (approbation du budget, règles et actions disciplinaires) n'était pas constitutionnelle dès lors que la SEC n'avait pas de pouvoir sur les investigations ou l'agenda du PCAOB. La Cour suprême a débouté le demandeur et a également confirmé que les membres du PCAOB pouvaient être démis à tout moment de leurs fonctions par la SEC. La SEC peut donc décharger les membres du PCAOB de leurs fonctions sur sa seule volonté (« *at will* ») sans qu'il y ait nécessairement de cause réelle et sérieuse le justifiant.

Les cabinets d'audit étrangers doivent être enregistrés par le PCAOB lorsqu'ils interviennent dans des sociétés placées sous le contrôle de la SEC ou de manière significative dans les filiales de ces sociétés : ils sont en conséquence soumis aux règles du PCAOB lorsqu'ils préparent ou fournissent un rapport d'audit concernant un émetteur américain (voir les règles PCAOB 2100-2300 : www.pcaobus.org).

La *SEC regulation S-X, Rule 2-01 (7) (D)* considère que font partie de l'équipe chargée de la mission d'audit les « autres associés d'audit responsables de toute mission relative aux états financiers annuels ou intermédiaires de toute filiale de l'émetteur dont les actifs ou les revenus représentent 20 % ou plus des actifs ou des revenus consolidés de l'émetteur ».

Organismes jouant un rôle important dans les activités du PCAOB **19118**

Le « *Forum on Auditing in the Small Business Environnement* » ou forum d'audit dans l'environnement de PME est un programme organisé autour des PME cotées et des petites firmes d'audit enregistrées auprès du PCAOB pour les sensibiliser sur les activités du PCAOB et plus particulièrement sur les aspects du contrôle qualité (inspections) et sur la mise en application des nouvelles normes d'audit. Les forums se tiennent dans plusieurs villes aux États-Unis tout au long de l'année (voir https://pcaobus.org/news-events/events/forums).

Le « *Forum for Auditors of Broker-Dealers* » ou forum d'audit des intermédiaires financiers d'importance plus modeste enregistrés auprès de la SEC est un programme qui s'adresse aux cabinets d'audit enregistrés auprès du PCAOB et opérant dans la sphère des intermédiaires financiers. Ce programme permet aux participants d'échanger et de discuter sur des sujets d'intérêts communs tels que les inspections PCAOB et l'établissement des normes d'exercice professionnel.

Les forums se tiennent dans plusieurs villes aux États-Unis tout au long de l'année (voir https://pcaobus.org/news-events/events/forums).

Le « *Standing Advisory Group* » (SAG) est un comité consultatif qui conseille le PCAOB sur le développement des normes professionnelles d'audit. Il comprend, notamment, des auditeurs, des investisseurs et des dirigeants de sociétés cotées. Les réunions du SAG ont lieu deux ou trois fois par an et sont dirigées par l'auditeur en chef du PCAOB ainsi que son directeur des normes professionnelles.

Pour une information sur les réunions futures, et pour accéder aux archives des réunions antérieures, voir https://pcaobus.org/about/advisory-groups/archive-advisory/standing-advisory-group.

L'« *Investor Advisory Group* » (IAG) est un groupe consultatif du PCAOB dont le rôle est de fournir avis et conseils sur les questions de politique générale, et d'autres questions qui intéressent les investisseurs et sont liées aux travaux du PCAOB.

Pour une information sur les réunions futures, et pour accéder aux archives des réunions antérieures, voir https://pcaobus.org/about/advisory-groups/archive-advisory/iag.

Le **Département américain de la justice** (*US DOJ*) joue un rôle important en ce qu'il fait appliquer, avec le concours de la SEC, le *Foreign Corrupt Practice Act* ou FCPA, qui est une loi anti-corruption de 1977, d'application extraterritoriale dès lors que des intérêts américains sont susceptibles d'être affectés ou que les transactions sont libellées ou payées en dollars, destinée à mettre fin à la corruption des agents dans les milieux d'affaires à l'étranger et à restaurer la confiance du public dans le système d'affaires américain. Le FCPA contient principalement deux types de dispositions : (1) dispositions anti-corruption (*anti-bribery*) qui s'appliquent à tous les citoyens américains, à certains FPIs (*Foreign Private Issuers*) ou sociétés étrangères dont les actions sont cotées aux États-Unis, ainsi qu'aux sociétés étrangères ou personnes qui violent cette loi sur le territoire américain ; (2) dispositions comptables qui obligent toutes les sociétés cotées aux États-Unis à respecter certaines règles comptables (tenue de livres comptables qui reflètent la réalité de toutes les transactions commerciales de la société et maintien d'un système adéquat de contrôle interne).

AUDIT LÉGAL DANS LE RESTE DU MONDE © Éd. Francis Lefebvre

Les sanctions pour violation du FCPA peuvent être pénales, civiles, administratives ou disciplinaires. Plusieurs sociétés de renommée internationale ont récemment été sanctionnées sévèrement pour violation du FCPA et ont été condamnées à ce titre à de lourdes sanctions pécuniaires.

Pour plus de détails sur les activités FCPA de la SEC, consulter le site de la SEC : https://www.sec.gov/spotlight/foreign-corrupt-practices-act.shtml. Sur la loi FCPA, voir P. Lellouche et K. Berger, Rapport d'information sur l'extraterritorialité de la législation américaine, Ass. nat. 5 octobre 2016, n° 4082, spéc. p. 77.

La SEC et le PCAOB coopèrent également dans le cadre d'enquêtes concernant les fraudes (*whistle-blowing* ou lancement d'alertes). Ces derniers ont créé un cadre formel d'échanges d'informations lors des enquêtes (*Enforcement Manual* – https://www.sec.gov/divisions/enforce/enforcementmanual.pdf).

19120 **Contrôle qualité** L'appartenance à l'AICPA est subordonnée à l'engagement du professionnel de participer à un programme d'encadrement de ses pratiques professionnelles.

Le contrôle qualité des **auditeurs de sociétés autres** que les sociétés sous contrôle du PCAOB est organisé par les organisations étatiques de CPA sous la supervision du comité de contrôle de l'AICPA *(Peer Review Board)*.

Ce contrôle est assuré tous les trois ans par des confrères, qui évaluent la qualité des travaux réalisés par l'auditeur contrôlé (*peer review*). Des normes et guides de *peer review* sont rédigés par l'AICPA.
Pour le contrôle qualité des auditeurs de sociétés soumises au contrôle du PCAOB, voir n° 19250.

Depuis l'avènement du *Sarbanes Oxley Act* en juillet 2002, le PCAOB est devenu le garant du contrôle qualité (inspections) pour tous les cabinets qui sont enregistrés auprès de lui.

Les inspections du PCAOB servent également au développement des normes d'audit et de contrôle qualité et à l'amélioration de la qualité des audits.

19130 En principe, les missions de **compilation** (voir n° 19165) pour les besoins de la direction, sans émission de rapport, n'entrent pas dans le champ d'application du contrôle légal. Néanmoins, si elles sont complémentaires à des prestations d'audit, elles entrent dans le champ d'application du contrôle qualité.

Statut et règles de comportement

19135 Le **Code de conduite professionnelle (CCP)** est divisé en trois parties. La première s'applique aux experts-comptables qui exercent en libéral dans les cabinets, la deuxième partie s'adresse aux membres exerçant dans les entreprises, et la troisième est dédiée aux experts-comptables qui n'exercent pas, étant par exemple à la retraite ou au chômage. La préface du CCP décrit les éléments applicables aux experts-comptables pris dans leur ensemble et décrit les principes et les règles de conduite fondamentaux applicables.

Les principes fournissent un cadre normatif aux règles de conduite professionnelle qui régissent les prestations de services fournies par les membres de l'AICPA. Ces principes de conduite professionnelle couvrent des aspects tels que responsabilité, intérêt du public, intégrité, objectivité et indépendance, diligences applicables, étendue et nature des services.

Outre le Code de conduite professionnelle, l'AICPA publie des textes, élaborés par la commission d'éthique, qui interprètent les règles de conduite et d'éthique à partir des cas d'espèce dont cette commission est saisie.

La SEC a élaboré des règles complémentaires qui ont trait principalement à l'indépendance des auditeurs dans les sociétés cotées. Le PCAOB a également élaboré des règles de conduite professionnelle (voir règles 3100-3600 – Section 3 – Standards Professionnels sur www.pcaobus.org). Le Code de conduite professionnelle comporte un volet disciplinaire. Le *Joint Trial Board* (avec ses 36 membres élus pour trois ans) a pour mission de faire respecter de manière uniforme les normes professionnelles en prenant des mesures disciplinaires à la fois contre les organisations étatiques de CPA et les membres de l'AICPA. Les décisions du *Joint Trial Board* affectent les personnes qui en font l'objet à la fois en leur qualité de membre de l'AICPA et de membre des organisations fédérales de CPA.

Le comité exécutif d'éthique professionnel (*Professional Ethics Executive Committee* ou PEEC) de l'AICPA est le comité technique d'éthique le plus élevé ayant la responsabilité d'interpréter, de promulguer de nouvelles règles d'éthique et de faire appliquer le CCP.

La structure actuelle du PEEC remonte à 1971. Il est composé de vingt à vingt et un membres qui sont nommés chaque année par le président du conseil d'administration de l'AICPA. Ces membres sont issus de la profession comptable, y compris la comptabilité publique, du droit public, du Gouvernement, du milieu universitaire et de l'industrie. Les membres de l'AICPA adoptent le Code de conduite professionnelle applicable à tous les membres dans l'exercice de leurs responsabilités professionnelles.

Le Code de conduite professionnelle publié par l'AICPA est entré en vigueur le 15 décembre 2014 (http://pub.aicpa.org/codeofconduct/Ethics.aspx#).

L'AICPA attire également l'attention des experts-comptables sur la nécessité de consulter les autres CCP édictés par d'autres régulateurs et normalisateurs en vue de déterminer l'applicabilité de leur CCP à savoir :
– les obligations en matière d'éthique applicables dans les États où exercent les experts-comptables par exemple : l'ordre des experts-comptables des États ;
– la SEC ;
– le PCAOB ;
– le *Government Accountability Office* (GAO) ;
– le *Department of Labor* (DOL) ;
– les autorités fédérales, des États et locales ;
– toutes les autres entités soumises à certaines activités professionnelles réglementées.

19138

La règle d'**indépendance**, visée au n° 101 du Code de conduite professionnelle de l'AICPA, s'applique à toute prestation de services fournie par un CPA et requérant son indépendance.

Cette règle, libellée en termes généraux, a fait l'objet de plusieurs textes d'interprétation. Parmi ceux-ci, l'interprétation 101-3 (fourniture d'autres services) pose le principe qu'un CPA peut auditer un client et réaliser des **prestations complémentaires** à sa mission d'attestation à **condition** de :
– parvenir avec son client à un accord précisant les objectifs de cette mission complémentaire, la nature des prestations réalisées, la responsabilité de la direction et de l'auditeur et les limites de son engagement ;
– ne pas prendre en lieu et place de son client des décisions de gestion (par exemple, autorisation ou approbation de transactions, modification de documents sources sans l'autorisation du client, approbation de règlement de factures fournisseurs, etc.) ;
– s'assurer que le client est bien conscient des limites d'une mission ne comportant pas la délivrance d'une attestation, qu'il mesure sa responsabilité personnelle en ce qui concerne la surveillance des prestations fournies, l'évaluation de l'adéquation des prestations et des résultats, les décisions de gestion à prendre, la conception et le maintien des procédures de contrôle interne.

> En outre, le comptable doit être informé des principes d'indépendance applicables qui peuvent avoir été instaurés par les institutions comptables fédérales, par les institutions de CPA des États, par l'*Independence Standards Board* et par les autorités de régulation et les agences gouvernementales fédérales (PCAOB, HUD, GAO, DOL).
>
> Pour plus de détails sur les prestations complémentaires du CPA, se référer à la section 1.295.040 du Code de conduite professionnelle révisé et effectif à compter du 15 décembre 2014.

Conditions de mise en œuvre de la mission

Traditionnellement, la lettre de mission couvre **un exercice social**. En l'absence de dispositions légales ou réglementaires relatives à la durée de la mission, il n'est cependant pas interdit qu'elle couvre plusieurs exercices sociaux.

19145

La détermination du montant des **honoraires** varie en fonction de la technicité des services rendus.

19150

Les honoraires ne peuvent en aucun cas être fondés sur le résultat de la mission.

En particulier, des honoraires liés au résultat de la mission ne peuvent être demandés pour des missions d'audit ou de revue, de compilation, lorsque l'auditeur suppose qu'un tiers utilisera ces documents ou pour l'examen d'informations financières prévisionnelles.

> Les honoraires déterminés par décision de justice, par une autorité publique ou, en matière fiscale, par procédure judiciaire ou par une agence gouvernementale n'ont pas le caractère d'honoraires liés au résultat de la mission.

AUDIT LÉGAL DANS LE RESTE DU MONDE © Éd. Francis Lefebvre

19160 Trois types de **mission d'attestation** sont prévus par les normes professionnelles :
– l'**audit** des états financiers ;

Au cours de l'audit, une attention particulière est attachée à la détection de fraudes relatives à la préparation de comptes inexacts et aux détournements d'actifs. Par ailleurs, le CPA s'assure que la direction des sociétés ne méconnaît pas les textes légaux et réglementaires en vigueur. Le CPA doit aussi s'appuyer sur son jugement professionnel et faire preuve d'esprit critique tout au long de sa mission.

– la **revue limitée des états financiers** ;
– l'examen des informations financières selon des **procédures convenues** ou « *Agreed Upon Procedures* ».

19165 Les **missions de compilation** ne sont pas des missions d'attestation. Cette nature de prestation est fournie aux sociétés non cotées qui recherchent une assistance dans la préparation de leurs comptes sociaux.

19168 La demande de plus en plus forte du public et des investisseurs en matière de fiabilité et de transparence de l'information financière, le développement des nouvelles technologies, ont pour conséquence une **approche plus large de la mission d'attestation**. Il en résulte une évolution des missions confiées aux CPAs, qui tendent à dépasser la simple assurance fournie sur la qualité des états financiers de la société contrôlée.

Ainsi des attestations peuvent-elles être délivrées aujourd'hui sur des informations qui ne sont pas de nature financière.

19170 La **communication des irrégularités** n'a pas lieu auprès d'un magistrat mais auprès du comité d'audit de l'entité contrôlée. Celui-ci joue un rôle très important du fait de son indépendance par rapport à la direction de la société.
Selon les normes professionnelles, le CPA doit s'assurer que le comité d'audit a bien été informé de toute méconnaissance des textes légaux par les dirigeants.

19175 Il est fortement recommandé aux auditeurs de s'assurer que la direction de l'entité contrôlée a bien compris quelles étaient la **nature et l'étendue des prestations fournies**. Bien que cette assurance puisse être obtenue oralement ou par écrit, il convient en tout état de cause de **documenter** ce point dans les dossiers de travail. Dans la pratique, cette documentation résulte de la contresignature de la **lettre de mission**, qui aborde, au minimum, les points suivants :
– objectifs de la mission ;
– responsabilité de l'auditeur ;
– responsabilité de la direction ;
– limites de la prestation d'audit ;
– diverses informations sur des sujets tels que les honoraires, l'assistance de l'entité durant la mission, le recours à des experts et consultants, le recours aux auditeurs internes, etc.
Pour les sociétés cotées, la SEC interdit l'insertion dans la lettre de mission de toute formulation visant à limiter les responsabilités des auditeurs (clause d'indemnisation ou *indemnification clause*) en cas de fausses déclarations de la direction. Ces clauses peuvent avoir des incidences sur l'indépendance des auditeurs.

Dans l'hypothèse où l'auditeur considère que la direction de l'entité n'a pas une parfaite compréhension de la nature et de l'étendue de la mission, il ne doit pas l'accepter.

19180 Le texte d'interprétation de la norme professionnelle AS 2805 – *Management Representation* pour les sociétés cotées et AU-C Section 580, *Written Representations*, pour les sociétés non cotées, relative aux déclarations de la direction – exige que l'auditeur obtienne des **déclarations écrites de la direction** (*management representation letter*) sur les états financiers et la période couverte par la mission d'audit.
Les déclarations obtenues sont adaptées à la nature de la mission et des états financiers produits. Des déclarations spécifiques sont exigées par AS 2805, paragraphe 06 et AU-C Section 580, paragraphes 10-20, pour l'audit d'états financiers établis conformément aux principes comptables généralement acceptés (GAAP).
L'auditeur doit fournir à la direction de l'entité le compte rendu des inexactitudes relevées dans les états financiers et des déficiences relevées lors de l'évaluation du système de contrôle interne de l'information financière de l'entité (dans le cadre de « l'**audit intégré** » – audit du contrôle interne relatif à l'information financière et des

522

© Éd. Francis Lefebvre   **AUDIT LÉGAL DANS LE RESTE DU MONDE**

états financiers – selon la norme d'audit PCAOB AS 2201, ex-AS 5). Celui-ci sera soit intégré, soit annexé à la lettre d'affirmation. La bonne pratique professionnelle veut que l'auditeur évalue aussi les impacts qualitatifs et quantitatifs des inexactitudes comptables sur les états financiers.

Selon les normes de contrôle qualité établies par l'ASB (*Auditing Standards Board*), qui traitent de l'application de la norme relative au **contrôle qualité interne**, les cabinets d'audit doivent concevoir un système de contrôle qualité de leurs travaux leur fournissant l'assurance raisonnable que les normes d'audit généralement admises sont respectées pour l'ensemble des missions confiées au cabinet.   **19185**

> Des normes de contrôle qualité applicables dans les cabinets ont été conçues par l'ASB (*Statement on Quality Control Standards* – notamment SQCS N°. 8, *A Firm's System of Quality Control (Redrafted)* – standard de contrôle qualité en vigueur depuis le 1er janvier 2012). Les normes de contrôle qualité de l'ASB (AICPA) ne traitent pas les aspects de contrôle qualité définies dans la loi Sarbanes-Oxley de 2002, et n'abordent pas non plus les sujets des normes PCAOB de contrôle qualité qui doivent être suivies par les auditeurs des émetteurs. La norme d'audit PCAOB AS 1220 (ex-AS 7) traite plus spécifiquement du contrôle qualité.

Normes de travail

Les premières **normes professionnelles** d'audit, les US GAAS (*Generally Accepted Auditing Standards*), ont été édictées en 1939 par l'*American Institute of Accountants*, ancêtre de l'AICPA.   **19200**

Elles ont été suivies, deux années plus tard, par la publication de **textes d'interprétation** des normes, dont l'objectif était de guider l'auditeur dans leur application.

> Ces textes ont été codifiés en 1972.
> Le PCAOB a reçu depuis 2002 la mission de mettre en place des normes spécifiques pour les sociétés cotées. Depuis le 1er décembre 2016, son référentiel normatif combine les normes AS 1 à 18 et AU en un seul corpus : voir n° 19255.

Generally Accepted Auditing Standards in the US (US GAAS)   Les normes applicables à la préparation et à la publication des rapports d'audit pour les sociétés non cotées (c'est-à-dire les sociétés qui ne sont pas cotées au sens de la loi Sarbanes-Oxley et les sociétés dont les audits ne doivent pas nécessairement être effectués conformément aux normes PCAOB) sont divisées selon les **catégories** suivantes :   **19205**
- *Clarified Statements on Auditing Standards* (SAS) ;
- *Statements on Standards for Attestation Engagements* (SSAE) ;
- *Statements on Quality Control Standards* (SQCS) ;
- *Statements on Standards for Accounting and Review Services* (SSARS) qui sont des normes clarifiées sur les compilations et revues limitées.

> Pour les normes professionnelles US GAAS et leurs interprétations, il convient de se reporter au site internet de l'AICPA https://www.aicpa.org/research/standards/auditattest.html.

L'ASB, comité technique des normes d'audit de l'AICPA, a reformulé toutes les sections relatives à l'audit dans la codification des normes d'audit (contenues dans les normes professionnelles AICPA). Ces sections présentent désormais les normes clarifiées pour faciliter la lecture, la compréhension et leur application.

L'article 202 du Code de conduite professionnelle dispose que les CPA doivent **respecter** les normes professionnelles dans leur ensemble lors de l'accomplissement de leurs missions. Ils ne peuvent déroger à leur application que sur avis de l'ASB (voir n° 19110).   **19208**

Statements on Auditing Standards (SAS)   Ces textes d'interprétation des normes professionnelles sont émis par l'ASB, comité technique des normes d'audit de l'AICPA chargé de l'élaboration des normes professionnelles.   **19210**

> De nouvelles normes d'exercice professionnel d'audit ont été publiées par l'ASB (dans le cadre du projet de clarification) :
> – SAS N°. 129, *Amendment to Statement on Auditing Standards N°. 122 section 920, Letters for Underwriters and Certain Other Requesting Parties, As Amended* (lettres de confort) (AU-C sec. 920, juillet 2014) ;
> – SAS N°. 130, *An Audit of Internal Control Over Financial Reporting That Is Integrated With an Audit of Financial Statements* (audits intégrés) (AU-C sec. 940 et al, octobre 2015) ;

523

AUDIT LÉGAL DANS LE RESTE DU MONDE © Éd. Francis Lefebvre

– SAS N°. 131, *Amendment to Statement on Auditing Standards N°. 122 Section 700*, « *Forming an Opinion and Reporting on Financial Statements* » (rapports d'audit au titre d'audits effectués conformément aux normes du PCAOB mais pour des entités non soumises à la juridiction du PCAOB (AU-C sec. 700, janvier 2016) ;
– SAS N°. 132, *The Auditor's Consideration of an Entity's Ability to Continue as a Going Concern* (appréciation par l'auditeur de la capacité de l'entité à poursuivre l'exploitation) ;
– SAS N°. 133, *Auditor Involvement With Exempt Offering Documents* ;
– SAS N°. 138, *Amendments to the Description of the Concept of Materiality* – Décembre 2019 ;
– SAS N°. 140, *Amendments to AU-C Sections 725, 730, 930, 935, and 940 to Incorporate Auditor Reporting Changes From SAS Nos. 134 and 137* – Avril 2020 ;
– SAS N°. 141, *Auditor Involvement With Exempt Offering Documents* – Mai 2020 ;
– SAS N°. 142, *Audit Evidence* – Juillet 2020 ;
– SAS N°. 143, *Auditing Accounting Estimates and Related Disclosures* – Juillet 2020.
Les normes SAS peuvent être consultées sur le site internet de l'AICPA : https://www.aicpa.org/research/standards/auditattest/clarifiedsas.html.

19211 **Normes clarifiées** En vue d'améliorer la clarté de ses normes d'audit (US GAAS), de les rendre plus faciles à lire, à comprendre et à appliquer, l'ASB a entrepris depuis 2004 la révision de ses normes d'audit (nouvelles conventions d'élaboration des normes et convergence). L'objectif de cette révision des US GAAS est double : (1) développer une convergence des US GAAS avec les ISA (*International Standards of Auditing*) développés par l'IAASB (*International Auditing and Assurance Standards Board*) et (2) éviter des conflits avec les normes du PCAOB.
L'ASB a proposé que tous les US GAAS révisés entrent en application simultanément pour la période fiscale prenant fin le 15 décembre 2012.

L'IAASB a finalisé son projet de révision des ISA en 2009 (*Clarified ISA*).

Pour plus de détails sur le projet de clarification des normes SAS, voir www.aicpa.org/InterestAreas/FRC/AuditAttest/Pages/ImprovingClarityASBStandards.aspx ?

19215 **Statements on Standards for Attestation Engagements (SSAE)** Les normes professionnelles applicables aux missions d'attestation sont élaborées par les entités techniques de l'AICPA désignées à cet effet. Les règles 201 et 202 du Code de conduite professionnelle obligent tous les CPAs engagés dans les missions de certification à respecter toutes les normes SSAE, à en avoir une connaissance suffisante et à être prêts à justifier tout écart par rapport à ces normes.
La dernière norme SSAE, publiée en décembre 2020, le SSAE N°. 22, *Review Engagements*, entre en vigueur en juin 2022. Ce SSAE 22 traite de la reformulation des normes en format clarifié.

19217 **Statements on Quality Control Standards (SQCS)** Les normes professionnelles relatives au contrôle qualité (SQCS) sont élaborées par l'ASB. Les firmes d'audit qui sont volontairement membres d'un programme de pilotage du contrôle qualité sponsorisé par l'AICPA doivent respecter les normes SQCS élaborées par l'AICPA. Il est à noter que ces normes ne couvrent pas tous les aspects et toutes les attentes du PCAOB en matière de contrôle qualité. Les auditeurs des sociétés cotées américaines doivent s'aligner sur les normes de contrôle qualité érigées par le PCAOB. La norme d'audit PCAOB AS 1220 (ex-AS 7) traite du contrôle qualité.
SQCS N°. 8, *A Firm's System of Quality Control (Redrafted)* est la norme AICPA de contrôle qualité en vigueur depuis le 1er janvier 2012 pour les cabinets d'audit et de comptabilité. Elle a remplacé toutes les normes SQCSs 1 à 7 et doit être considérée en combinaison avec le Code de conduite professionnelle de l'AICPA ainsi que toutes les règles d'éthique afférentes.

19219 **Statements on Standards for Accounting and Review Services (SSARS)** Les normes sur les compilations et revues limitées sont émises par l'*Accounting and Review Services Committee* (ARSC), le comité technique principal de l'AICPA chargé d'établir les normes pour les services non-audit. Le conseil de l'AICPA a aussi désigné l'ARSC comme l'entité chargée d'établir des normes techniques conformément à la règle 202 du Code de conduite professionnelle.

Des interprétations sont émises pour fournir des conseils sur l'application des normes SSARS.

La norme SSARS clarifiée qui s'adresse aux missions de compilation et de revues limitées est la SSARS N°. 21 *Statement on Standards for Accounting and Review Services : Clarification and Recodification*.

524

© Éd. Francis Lefebvre — AUDIT LÉGAL DANS LE RESTE DU MONDE

De nouvelles normes ont été récemment publiées par l'ARSC :
– SSARS N°. 22, *Compilation of Pro Forma Financial Information – 2016* : cette section contient des exigences de performance et de *reporting* ainsi que des directives d'application pour les comptables réalisant une mission de compilation d'informations financières pro forma ;
– SSARS N°. 23, *Omnibus Statement on Standards for Accounting and Review Services – 2016* : cette norme contient des amendements visant à réviser l'applicabilité des SSARS, à clarifier et réviser les exigences dans les sections AR-C 60, 70, 80 et 90 ;
– SSARS N°. 24, *Omnibus Statement on Standards for Accounting and Review Services – 2018* : cette norme fournit des exigences au comptable effectuant une compilation ou une revue limitée lorsque l'une des conditions suivantes est remplie :
• les états financiers ont été préparés conformément à un référentiel comptable généralement accepté dans un autre pays,
• la compilation ou l'examen doit être effectué conformément aux SSARS et aux autres normes ;
– SSARS N°. 25, *Materiality in a Review of Financial Statements and Adverse Conclusions – 2020* : cette norme amende la section AR-C 60 *General Principles for Engagements Performed in Accordance With Statements on Standards for Accounting and Review Services*, la section AR-C 70 *Preparation of Financial Statements*, la section AR-C 80 *Compilation Engagements* et la section AR-C 90 *Review of Financial Statements*. La norme SSARS N°. 25 fait également converger la section 90 de l'AR-C avec la norme *International Standard on Review Engagements* (ISRE) 2400 (révisée), *Engagements to Review Historical Financial Statements*, et réduit les différences avec les normes d'audit concernant des concepts communs cohérents.

II. Renforcement des obligations applicables aux sociétés cotées

Les **scandales financiers** de l'année 2002 ont suscité des bouleversements très significa-   **19220**
tifs sur l'**image de la profession** et ont entraîné la nécessité d'une réforme. Il en a résulté
la redéfinition des règles applicables aux États-Unis pour les **sociétés cotées**, qui ont été
formalisées pour l'essentiel dans le *Sarbanes-Oxley Act* promulgué aux États-Unis en juillet
2002. Cette loi fondamentale comporte plusieurs volets qui vont tous dans le sens d'un
renforcement des obligations incombant aux sociétés cotées : établissement des documents financiers (n° 19225), indépendance et efficacité de l'auditeur (n° 19235), contrôle
interne (n° 19240), contrôles qualité et revue indépendante (n°s 19250 et 19252), élaboration
des normes d'audit (n° 19255), règles de *reporting* au PCAOB (n° 19260). L'alourdissement
des obligations qui en a résulté a eu pour corollaire un retrait de la cotation aux États-
Unis d'un certain nombre de sociétés étrangères (n° 19265).

Établissement des documents financiers

S'agissant des **documents financiers** (y compris les comptes trimestriels et annuels) et   **19225**
de la **responsabilité des dirigeants**, le *Sarbanes-Oxley Act* a édicté un ensemble de règles
qui a pour but de renforcer la confiance des investisseurs sur la qualité des états financiers des sociétés cotées.
1. Le dirigeant de la société et le directeur financier doivent attester par écrit et sur
l'honneur :
– qu'ils ont pris connaissance du rapport financier ;
– qu'à leur connaissance l'information contenue dans ce rapport est sincère dans tous
ses aspects significatifs pour la période objet du rapport ;
– que le rapport contient toutes les informations sur la période faisant l'objet du rapport
qui lui paraissent devoir être connues d'un investisseur ;
– que les systèmes de contrôle interne relatifs aux processus d'établissement des états
de synthèse et des autres informations financières ont fait l'objet d'une évaluation par
la direction et présentent l'efficacité requise pour la production d'une information financière fiable.
La direction et l'encadrement peuvent désormais faire l'objet de poursuites pénales pour
l'altération volontaire de tout document ou de toute information communiquée au
public.
2. Les sociétés ont l'obligation de mettre en place et de maintenir des procédures
leur permettant de donner aux tiers l'assurance raisonnable qu'elles sont en mesure de

525

collecter, produire et publier des informations financières conformes aux exigences de l'*Exchange Act*.

La SEC pourrait même envisager un contrôle et une évaluation périodique de ces procédures.

19230 S'agissant de l'amélioration du **contenu de l'information**, les informations figurant dans le formulaire *Form 8-K* doivent être complétées par des informations relatives à des événements significatifs, comme la conclusion ou la cessation de contrats avec un partenaire important de la société, la conclusion ou la cessation d'un contrat significatif hors activité courante de la société, la modification des droits des détenteurs de valeurs mobilières de la société.

Le formulaire *Form 8-K* est utilisé pour porter à la connaissance des investisseurs et des porteurs de valeurs mobilières tout événement significatif qui n'a pas fait l'objet d'une mention dans les rapports trimestriels ou annuels précédents.

Le délai de production de ce formulaire est actuellement de 4 jours.

Les *Foreign Private Issuers* (FPI's) et les émetteurs étrangers utilisent le *Form 6-K*.

Indépendance et efficacité de l'auditeur légal

19235 Le *Sarbanes-Oxley Act* met en place un ensemble de mesures destinées à renforcer l'indépendance et l'efficacité du contrôle légal :

– l'instauration d'une **incompatibilité** entre l'audit légal et un certain nombre d'activités non audit chez le même client ;

– l'instauration d'une **rotation obligatoire des associés tous les cinq ans** (associé principal et réviseur indépendant) intervenant sur les dossiers d'audit ;

– le **renforcement des comités d'audit** : le comité d'audit devient l'interlocuteur principal de l'auditeur dont il prend en charge la nomination et la rémunération ; il assure la surveillance des travaux de l'auditeur dont celui-ci lui rend compte directement ; les sociétés cotées doivent désigner au sein de leurs comités d'audit au moins un membre considéré comme expert financier ;

– la mise en place de **sanctions civiles et pénales** pour les dirigeants de sociétés et toute personne responsable réalisant des fraudes, faisant entrave par tout moyen aux investigations des autorités de contrôle ;

– la mise en place de **nouvelles obligations pour les dirigeants et directeurs financiers**, qui devront certifier les rapports financiers d'informations périodiques et les rapports relatifs aux comptes trimestriels et annuels ; ceux-ci doivent par ailleurs établir une attestation sur le contrôle interne dans le cadre du *Financial Reporting* pour les exercices clos depuis le 15 novembre 2004. Les sociétés étrangères sont soumises aux mêmes obligations depuis le 1er janvier 2006 ;

Les dirigeants et directeurs financiers certifient par écrit et sur l'honneur que les informations contenues dans le rapport d'information périodique présentent dans tous leurs aspects significatifs les conditions financières et les résultats des opérations réalisées.

Concernant les comptes intermédiaires et annuels, les dirigeants et directeurs financiers certifient par écrit et sur l'honneur avoir pris connaissance de ces comptes, et qu'ils ne comportent, à leur connaissance, aucune omission ou information conduisant à mal les interpréter. Cette certification confirme également qu'ils ont été amenés à procéder à certaines déclarations auprès du comité d'audit et des auditeurs.

S'agissant du système de contrôle interne, les mêmes personnes attestent que les procédures afférentes au *reporting* financier sont de nature à détecter les erreurs et les fraudes dans les états financiers.

– des **interdictions de prêts aux dirigeants** de la société ;

– une obligation d'information des **prises de participation** dans une société par les dirigeants et les actionnaires détenant 5 % du capital social, dans un délai de deux jours à compter de la prise de participation.

Contrôle interne

19240 Les dispositions de la section 404 du *Sarbanes Oxley Act* relatives au contrôle interne ont été mises en œuvre pour la première fois en 2004 par les **sociétés dont la capitalisation boursière** est **supérieure à 700 millions de dollars** (« *Large Accelerated Filers* ») ainsi que par leurs auditeurs. Les sociétés dont la capitalisation boursière était **comprise entre 75 et 700 millions de dollars** (« *Accelerated Filers* ») ont, quant à elles, mis en œuvre ces mesures pour la première fois en 2005.

Le 12 mars 2020, la *Securities and Exchange Commission* (SEC) a voté en faveur de l'adoption de modifications de la règle 12b-2 du *Securities Exchange Act* de 1934 (« *Exchange Act* ») définissant les « *Accelerated Filers* » et les « *Large Accelerated Filers* ».

Désormais, la définition des « *Accelerated Filers* » et des « *Large Accelerated Filers* » exclut :

– un émetteur qui correspond à la définition d'une « *Smaller Reporting Company* » (petite société déclarante) et qui a généré des revenus annuels de moins de 100 millions de dollars au cours du dernier exercice pour lequel des états financiers audités sont disponibles ; et

– une « *Business Development Company* » (type de fonds d'investissement à capital fermé) ayant un revenu de placement de moins de 100 millions de dollars au cours du dernier exercice pour lequel des états financiers audités sont disponibles et dont la partie de sa valeur boursière détenue par le public (« flottant public ») est supérieure ou égale à 75 millions de dollars et inférieure à 700 millions de dollars.

Pour plus de détails sur la « *Smaller Reporting Company* », voir n° 19052.

La formalisation des procédures de contrôle interne a entraîné pour les entreprises concernées des investissements en temps et des coûts financiers élevés. Les honoraires des auditeurs ont également augmenté de façon significative.

Ces dispositions s'appliquent également aux **sociétés étrangères** d'une certaine taille (*Foreign Large Accelerated Filers*) et les **sociétés étrangères et américaines de petite taille** (*Non Accelerated Filers*).

Contrôle qualité

Le contrôle qualité est l'une des responsabilités majeures que la loi Sarbanes-Oxley a conférées au PCAOB en plus des fonctions d'enregistrement des cabinets, de normalisation, d'enquêtes et de sanctions des cabinets. En général, une inspection du PCAOB comprend 2 phases : (a) une évaluation de dossiers d'audit sélectionnés (états financiers et/ou revue du système de contrôle interne) selon les méthodes et critères du PCAOB, (b) une évaluation des pratiques, politiques et procédures du cabinet en matière de contrôle qualité. Cette évaluation concerne la pratique de l'audit et les cinq domaines suivants :

– structure et processus de management du cabinet, y compris état d'esprit de la direction, valeurs et philosophie ;

– procédures de gestion des associés, y compris allocation des ressources, évaluation de la performance des associés, rémunération, conditions d'admission et pratiques disciplinaires applicables aux associés, formation professionnelle, indépendance ;

– procédures d'acceptation et de maintien des missions ;

– procédures de contrôle et d'évaluation des travaux des auditeurs étrangers participant aux missions d'audit, consultations techniques ;

– procédures de pilotage de l'audit, y compris identification des déficiences d'audit, problématiques d'indépendance et d'éthique, procédures et plans d'action mis en œuvre pour pallier les faiblesses observées en matière de contrôle interne.

Certaines parties des résultats des contrôles qualité (inspections) des cabinets auditant des sociétés soumises au contrôle de la SEC sont rendues publiques par le PCAOB. D'autres, concernant le contrôle interne, sont considérées comme confidentielles dans un premier temps (lorsque les plans d'action à réaliser dans les douze mois sont en cours) puis sont rendues publiques avec un certain délai en cas de non-respect des préconisations émises par le PCAOB (lorsque les plans d'action ne sont pas satisfaisants ou non respectés). Le premier rapport de contrôle qualité a été publié en 2004. Les règles du PCAOB en matière d'inspection des cabinets d'audit auditant les sociétés cotées aux États-Unis sont groupées dans la section 4 – séries 4000 à 4012 (www.pcaobus.org). En général, tout cabinet d'audit enregistré auprès du PCAOB est soumis à intervalles réguliers à des inspections pour vérifier le respect des règles SEC, PCAOB, et des normes d'audit PCAOB.

Les cabinets américains qui auditent **plus de 100 clients enregistrés par la SEC** font l'objet d'une inspection annuelle.

Les dix plus grands cabinets d'audit soumis aux inspections annuelles en 2019 sont les suivants :

– BDO USA LLP ;

– Cohen & Company Ltd ;

– Crowe Horwath LLP ;

AUDIT LÉGAL DANS LE RESTE DU MONDE

© Éd. Francis Lefebvre

19250
(suite)

- Deloitte & Touche LLP ;
- Ernst & Young LLP ;
- Grant Thornton LLP ;
- KPMG LLP ;
- MaloneBailey LLP ;
- Marcum LLP ;
- PricewaterhouseCoopers LLP ;
- RSM US LLP.

La crise financière de 2008 s'est traduite par l'adoption de la **loi Dodd-Frank** du 21 juillet 2010. Celle-ci a amendé la loi SOX de 2002 pour étendre au PCAOB la supervision des auditeurs des intermédiaires financiers ainsi que l'élaboration des normes d'audit, les inspections, et les sanctions les concernant. Cette nouvelle loi a aussi étendu les pouvoirs du PCAOB en l'autorisant à partager certaines données confidentielles avec les régulateurs étrangers en vue de lever certains obstacles aux inspections du PCAOB dans certaines juridictions étrangères.

Les cabinets américains **qui n'atteignent pas le seuil de 100 clients SEC** sont sujets à une inspection au moins une fois tous les trois ans. Le PCAOB se réserve le droit d'inspecter à tout moment tout cabinet enregistré auprès de lui qui joue un rôle prépondérant dans l'audit d'un émetteur ou d'un courtier. Les cabinets enregistrés qui n'émettent pas de rapports d'audit ou qui ne participent pas de manière significative aux audits PCAOB ne sont pas inspectés.

En cas de déficiences relevées lors des contrôles qualité, les cabinets ont un délai de 12 mois pour mettre en place les mesures correctives nécessaires sur le contrôle interne (plans d'action). Il est à noter qu'à la suite de ces contrôles, certaines sociétés peuvent être dans l'obligation de modifier et de publier à nouveau leurs états financiers ou de réviser leurs opinions sur l'évaluation du contrôle interne relatif à l'information financière.

Le PCAOB maintient et met régulièrement à jour sur son site web la liste des cabinets soumis chaque année ou tous les trois ans à une inspection du PCAOB ainsi que la liste des cabinets qui n'ont pas honoré leur plan d'action à réaliser dans un délai de 12 mois.

Les cabinets d'audit d'origine étrangère enregistrés auprès du PCAOB sont soumis aux mêmes règles de contrôle qualité que leurs homologues américains. En avril 2021, environ 1 717 cabinets d'audit étaient enregistrés auprès du PCAOB : 866 cabinets américains (50 %) et 851 cabinets étrangers (50 %) présents dans 92 pays. Ces cabinets varient en taille, allant de cabinets individuels aux grands cabinets membres de vastes réseaux mondiaux.

Le PCAOB a signé plusieurs **accords de coopération** en matière d'inspection d'audit et d'échanges de données confidentielles avec plusieurs régulateurs et superviseurs étrangers : Belgique (2021), Autriche (2018), Irlande (2017), Italie (2016), Luxembourg (2015), Grèce (2015), Hongrie (2016), Danemark (2014), Suède (2014), Chine (2013), Finlande (2013), France (2021), Espagne (2012), Allemagne (2012), Dubaï (2011), Pays-Bas (2011), Taïwan (2011), Israël (2011), Japon (2011), Norvège (2011), Suisse (2011), Royaume-Uni (2011), Singapour (2008), Australie (2007), Corée et Canada.

Ces accords de coopération sont consultables sur le site du PCAOB – https://pcaobus.org/oversight/international/regulatorycooperation.

En revanche, le PCAOB a beaucoup plus de mal à conduire ses inspections dans certains autres pays comme la Chine ou certains pays de l'Union européenne pour des raisons de souveraineté et de réciprocité. En effet, les organes de régulation de l'audit de ces pays réclament la réciprocité et l'adéquation des systèmes d'inspection.

Les problèmes liés à la réciprocité, à savoir l'accès aux documents de travail, la confidentialité des informations, le secret professionnel devraient toutefois être réglés par la loi Dodd-Frank du 21 juillet 2010 (voir n° 19285) qui confère au PCAOB des pouvoirs accrus de coopération internationale et de partage de l'information.

Le PCAOB publie régulièrement des notes de synthèse sur les observations majeures notées lors de ses inspections. Les notes de synthèse sont utiles aux auditeurs car elles peuvent servir comme base de bonnes pratiques professionnelles.

Les notes de synthèse les plus récentes sont consultables sur le site du PCAOB : https://pcaobus.org/oversight/inspections/inspections-related-board-reports-statements. Les thèmes traités dernièrement incluent les résultats du programme intérimaire d'inspection des audits d'intermédiaires financiers, les observations notées en matière d'application des normes d'évaluation des risques et celles notées en matière de communication avec les comités d'audit.

Accords de coopération entre le H3C et le PCAOB

19251

Le PCAOB, l'organe américain de régulation de la profession d'audit et de supervision des auditeurs des sociétés cotées et des courtiers, et le H3C, l'autorité française de supervision des contrôleurs légaux, ont signé le 31 janvier 2013 un protocole d'accord en matière d'inspections conjointes d'audit, d'échanges et de protection des données confidentielles.

Cet accord a été renouvelé le 13 décembre 2016 pour une durée de trois ans, soit jusqu'au 13 décembre 2019.

Le 7 avril 2021, un nouvel accord de coopération a été signé entre le H3C et le PCAOB et il permet aux deux régulateurs de reprendre les échanges d'informations relatives à l'exercice de leurs missions, dans des conditions strictement encadrées par le protocole d'accord. Il n'autorise pas les commissaires aux comptes français à transmettre ces mêmes informations directement au PCAOB, une telle communication ne pouvant être effectuée que par l'intermédiaire du H3C.

Par ailleurs, l'accord prévoit la possibilité d'exercer des contrôles conjoints en France et aux États-Unis, pour les cabinets d'audit soumis à la surveillance des deux autorités, dans des conditions clairement définies. Le protocole s'accompagne d'un accord spécifique relatif à la protection des données personnelles. Cet accord a fait l'objet d'un avis favorable du Comité européen de la protection des données et d'une autorisation préalable de la Commission nationale informatique et libertés.

> Ce nouvel accord est conditionné à l'existence d'une décision de la Commission européenne relative à l'adéquation des autorités compétentes des États-Unis d'Amérique. À la date de la signature de l'accord entre le H3C et le PCAOB, la décision en vigueur pour le PCAOB couvre la période du 1er août 2016 au 31 juillet 2022.
>
> Le protocole d'accord est **consultable** sur le site du H3C (https://www.h3c.org/publications-et-actualites/accords-de-cooperation/).
>
> En mai 2021, 24 cabinets d'audit français étaient enregistrés auprès du PCAOB (http://pcaobus.org/Registration/Firms/Pages/RegisteredFirms.aspx).

Sur l'assistance de contrôleurs dépendant du PCAOB à des opérations de contrôle menées par le H3C, voir n° 5485.

Revue indépendante

19252

La norme AS 1220, *Engagement Quality Review*, précise que les objectifs du réviseur indépendant (EQR, *Engagement Quality Reviewer*) sont les suivants : (a) évaluer les options significatives prises par l'équipe d'audit sur le fondement du jugement professionnel ainsi que la justification des conclusions d'audit, (b) autoriser l'émission du rapport, cette autorisation permettant au client d'en faire un usage officiel et légitime. Le réviseur indépendant doit être qualifié. Il doit être un associé de la firme, une personne ayant une position équivalente, ou une personne associée à un cabinet enregistré auprès du PCAOB. Cette personne peut aussi être quelqu'un d'extérieur à la firme titulaire du mandat. Le réviseur indépendant doit être compétent, intègre, objectif, indépendant et avoir une connaissance approfondie des normes comptables, d'audit et de contrôle qualité. Le réviseur indépendant doit maintenir son objectivité et son indépendance en ne se substituant pas à l'associé responsable de la mission et en ne prenant pas de décisions relatives à la mission.

Une personne ayant participé comme associée à la mission d'audit pendant les deux années précédant la mission de revue indépendante ne peut être choisie comme réviseur indépendant.

Le dossier de travail relatif à la revue indépendante doit être suffisamment clair et spécifique et doit contenir les informations nécessaires et suffisantes pour qu'un auditeur expérimenté n'ayant aucun lien avec la mission comprenne les procédures mises en œuvre par le réviseur indépendant. Le dossier de revue indépendante fait partie intégrante du dossier de travail de la mission d'audit. Il est à noter également que la documentation AS 1220 s'inscrit dans la logique de la documentation AS 1215 (ex-AS 3) du PCAOB.

Normes d'audit

19255

Depuis le 31 décembre 2016, le référentiel normatif du PCAOB combine les normes d'audit AS 1 à 18 et AU en un seul corpus (voir n° 19200) et les normes sont classifiées selon les catégories suivantes :

AUDIT LÉGAL DANS LE RESTE DU MONDE   © Éd. Francis Lefebvre

– *General Auditing Standards* – normes générales traitant des principes, responsabilités, concepts et activités générales ainsi que des communications de l'auditeur ;
– *Audit Procedures* – la planification de l'audit et l'évaluation des risques, l'audit du contrôle interne relatif à l'information financière, les procédures d'audit en réponse aux risques (nature, calendrier et étendue), les procédures d'audit spécifiques ou relatives à certains soldes de comptes ou informations supplémentaires, les thèmes spéciaux, les responsabilités de l'auditeur relatives aux informations supplémentaires, la finalisation des procédures d'audit, les procédures post-audit ;
– *Auditor Reporting* – les rapports sur les comptes et autres rapports ;
– *Matters Relating to Filings Under Federal Securities Laws* – les considérations particulières découlant des lois fédérales ;
– *Other Matters Associated with Audits* – les autres considérations relatives aux audits.
Une table de référence et de concordance entre la numérotation ancienne et nouvelle peut être consultée à https://pcaobus.org/Standards/Auditing/Documents/PrintableReferenceTable.pdf.
Le PCAOB vient d'adopter les normes d'audit suivantes :
• *Amendments To PCAOB Interim Independence Standards And PCAOB Rules To Align With Amendments To Rule 2-01 Of Regulation S-X.* Le PCAOB a adopté des amendements pour s'aligner sur les révisions de la règle 2-01 du Règlement S-X adoptées par la SEC fin 2020, et ce afin de supprimer les différences et les exigences redondantes ;
• *Improving Transparency Through Disclosure of Engagement Partner and Certain Other Participants in Audits.* Cette norme demande au cabinet d'audit de communiquer au PCAOB, pour tout émetteur et à l'occasion de l'émission de son rapport d'audit, un formulaire AP (*Form* AP) incluant le nom de l'associé responsable de la mission et des informations sur les autres cabinets participant à l'audit. Le niveau d'information requis pour ces autres cabinets s'apprécie en fonction du degré et de la répartition des responsabilités. La norme s'applique aux rapports d'audit émis à partir du 31 janvier 2017 (pour l'identification de l'associé responsable de la mission) et à partir du 30 juin 2017 (pour les informations sur les autres cabinets participant à l'audit). La norme ne s'applique pas aux audits des intermédiaires financiers ;
• *Amendments to Auditing Standards for Auditor's Use of the Work of Specialists.* Elle a été adoptée le 20 décembre 2018 et devrait être approuvée par la SEC ;
• *Auditing Accounting Estimates, Including Fair Value Measurements, and Amendments to PCAOB Auditing Standards.* Elle a été adoptée le 20 décembre 2018 et devrait être approuvée par la SEC ;
• *The Auditor's Report on an Audit of Financial Statements when the Auditor Expresses an Unqualified Opinion and Related Amendments to PCAOB Standards.* Elle a été adoptée le 1er juin 2017 et approuvée par la SEC le 23 octobre 2017.
Par ailleurs, le PCAOB dispose à présent d'un outil de comparaison de normes permettant d'identifier les normes d'audit PCAOB ainsi que les normes de l'ASB et de l'IAASB traitant de thèmes analogues (voir https://pcaobus.org/oversight/standards/auditing-standards/analogous-standards).

Alertes du PCAOB

19257 Le PCAOB publie des **alertes d'audit** (*Staff Audit Practice Alerts* ou *SAPAs*) en fonction des événements et des actualités qui peuvent affecter la conduite des audits en conformité avec les normes PCAOB et les lois qui y sont rattachées. Il faut noter que les alertes ne représentent pas des règles du PCAOB à proprement parler. Elles correspondent plutôt à des bonnes pratiques professionnelles.
À la date de mise à jour de ce Mémento, le PCAOB a publié quinze alertes :
– Alerte N°. 15 : Questions relatives à l'audit des revenus provenant de contrats avec des clients (5-10-2017) ;
– Alerte N°. 14 : Altération abusive de la documentation d'audit (21-4-2016) ;
– Alerte N°. 13 : Questions relatives à l'évaluation par l'auditeur de la capacité d'une société à maintenir sa continuité d'exploitation (22-9-2014) ;
– Alerte N°. 12 : Considérations pour l'audit du chiffre d'affaires dans le cadre d'un audit d'états financiers (9-9-2014) ;
– Alerte N°. 11 : Considérations pour les audits du contrôle interne de l'information financière (24-10-2013) ;
– Alerte N°. 10 : Maintenir et appliquer le scepticisme professionnel en audit (4-12-2012) ;
– Alerte N°. 9 : Évaluations des risques et réponses aux risques dans l'environnement économique actuel (6-12-2011) ;
– Alerte N°. 8 : Les risques d'audit dans certains marchés émergents (3-10-2011) ;
– Alerte N°. 7 : Les considérations de l'auditeur en matière de litiges et autres provisions pour risques découlant de prêts hypothécaires et autres activités (20-12-2010) ;
– Alerte N°. 6 : Prise en compte par l'auditeur des aspects relatifs au recours aux travaux des autres auditeurs et à l'usage des assistants d'autres firmes (12-7-2010) ;

© Éd. Francis Lefebvre   **AUDIT LÉGAL DANS LE RESTE DU MONDE** ▌

– Alerte Nº. 5 : Prise en compte par l'auditeur de certaines transactions significatives et inhabituelles (7-4-2010) ;
– Alerte Nº. 4 : Prise en compte par auditeur des aspects relatifs à la juste valeur, annexes et dépréciations temporaires (21-4-2009) ;
– Alerte Nº. 3 : Prise en compte de certains aspects relatifs à l'audit dans le contexte de la crise financière de 2008 (5-12-2008) ;
– Alerte Nº. 2 : Comptabilisation de la juste valeur des instruments financiers (10-12-2007) ;
– Alerte Nº. 1 : Comptabilisation des stock-options (28-7-2006).

Le PCAOB publie également :
– des *Staff questions and answers* qui présentent les opinions du staff du PCAOB en vue de clarifier pour les auditeurs l'application des normes PCAOB. Ces questions-réponses ne représentent pas des règles du PCAOB proprement dites ;
– des *Staff guidance* sur l'application des normes PCAOB. Ces guides d'application ne représentent pas des règles du PCAOB proprement dites.

Nouvelles règles de reporting au PCAOB

Le 13 août 2009, la SEC a approuvé de nouvelles règles de *reporting* pour les cabinets enregistrés auprès du PCAOB, adoptées par le PCAOB et applicables depuis le 31 décembre 2009. Trois nouveaux formulaires s'ajoutent au formulaire (Form 1 « *Registration* ») qui est utilisé pour l'enregistrement des firmes auprès du PCAOB :

19260

– le Form 2 « *Annual Reporting* » : toute firme (américaine ou étrangère) enregistrée auprès du PCAOB à compter du 31 mars d'une année donnée doit soumettre au plus tard le 30 juin de cette même année un rapport annuel, le « Form 2 », couvrant la période de 12 mois s'achevant au 31 mars de ladite année. Ce rapport doit faire état d'informations sur l'identité du cabinet et certaines de ses activités comme : le nombre de clients émetteurs SEC, les rapports émis, les honoraires perçus des sociétés cotées pour certaines lignes de métier (audit, taxes, expertise comptable, etc.), le nombre d'experts-comptables et commissaires aux comptes exerçant pour le cabinet, le nombre de bureaux et affiliés, les informations sur les membres du réseau éventuel, les problèmes de déontologie et de discipline rencontrés par les associés du cabinet et le cabinet lui-même, etc. ;
– le Form 3 « *Special Events Reporting* » : toute firme (américaine ou étrangère) enregistrée auprès du PCAOB doit lui soumettre dans un délai de 30 jours un rapport spécial, « Form 3 », détaillant certains événements spéciaux survenus au cours du mois précédent tels que changement d'adresse ou de nom, changement du contact principal de la firme, poursuites judiciaires à l'encontre de la firme ou des associés, retrait d'un rapport d'audit, perte de la licence d'exercice, etc. ;
– le Form 4 « *Reporting on Succession of a Predecessor Firm* » : toute firme (américaine ou étrangère) enregistrée auprès du PCAOB qui succède à une autre firme enregistrée auprès du PCAOB (fusion/acquisition) doit soumettre au PCAOB un rapport optionnel, « Form 4 » pour assurer le maintien de son enregistrement auprès du PCAOB.

Tous ces rapports sont soumis électroniquement au PCAOB et sont consultables par le public sur le site du PCAOB (https://pcaobus.org/about/rules-rulemaking/rules). Toutes les firmes enregistrées auprès du PCAOB doivent remplir ces obligations de *reporting* ou sont passibles de sanctions.

Il est à noter que les cabinets qui s'enregistrent auprès du PCAOB (Form 1) doivent s'acquitter au préalable de **frais d'enregistrement** lors de la soumission de leurs formulaires d'enregistrement. Ces frais d'enregistrement sont fonction du nombre de mandats détenus. Les cabinets doivent aussi s'acquitter de **cotisations annuelles** au plus tard le 31 juillet de chaque année pour les cabinets enregistrés au 31 mars de l'année en cours. Pour les cabinets enregistrés après le 31 mars de l'année en cours, les cotisations annuelles sont redevables au 31 juillet de l'année suivante. Les cotisations annuelles sont aussi fonction du nombre de mandats détenus. Les frais d'enregistrement et les cotisations annuelles servent à couvrir les coûts de traitement des informations.

La non-soumission de l'un de ces rapports (Form 2, 3 ou 4) dans les délais est considérée comme une violation de la Règle PCAOB 2200 qui peut entraîner des sanctions disciplinaires à l'encontre du cabinet et/ou de la personne associée. Dans certaines circonstances, les sanctions peuvent également inclure la révocation de l'enregistrement PCAOB du cabinet et le refus d'association d'un individu au sein d'un cabinet.

Le refus de paiement ou le retard de paiement des cotisations annuelles peut aussi entraîner des sanctions.

Retrait de la cotation

19265 Compte tenu des coûts significatifs engendrés par le respect de la réglementation de la SEC et des obligations du PCAOB, certaines entreprises se retirent de la bourse américaine (*delisting*). La procédure de retrait est très complexe pour les sociétés étrangères.

Les sociétés étrangères peuvent être « délistées » lorsque, d'une part, le nombre de leurs actionnaires résidant aux États-Unis est inférieur à 500 et, d'autre part, lorsque le montant du capital investi par ces actionnaires est inférieur à un certain montant.

La SEC a adopté courant mars 2007 des assouplissements en matière de *delisting* des sociétés étrangères cotées (*Foreign Private Issuers* ou FPI) : toutes les sociétés étrangères, indépendamment de leur taille, peuvent se délister et s'exonérer de la publication de rapport lorsque la moyenne journalière aux États-Unis du volume d'échanges ou transactions d'actions représente moins de 5 % de la moyenne journalière du volume des transactions au niveau mondial sur une période de douze mois.

III. Évolutions liées au « Dodd-Frank Act » et au « JOBS Act »

19285 Le 21 juillet 2010, le Président Barack Obama a signé la nouvelle loi dite « Dodd-Frank » du nom de deux parlementaires américains qui ont travaillé inlassablement pour l'adoption de cette loi. Cette loi traite de la réforme de Wall Street et de la protection des consommateurs et constitue une réforme financière majeure après la crise financière globale de 2008.

Sur le plan de l'audit, les conséquences du *Dodd-Frank Act* sont les suivantes :

– les « *non-accelerated filers* » (sociétés cotées dont la capitalisation boursière ne dépasse pas 75 millions de dollars) sont dispensées de manière permanente de l'obligation de conformité avec la Section 404 (b) de la loi *Sarbanes-Oxley* (SOX) *Act* de 2002 (SOX Section 404 (b), qui exige que les auditeurs attestent de l'efficacité du contrôle interne ;

– la SEC est autorisée à poursuivre en justice tout individu ayant assisté un autre individu à violer sciemment les règles de la SEC *(Securities Act)* ;

– le *Government Accountability Office* (GAO), gendarme du congrès américain chargé d'enquêter sur les recettes et dépenses publiques (équivalent de la Cour des comptes en France), a pour mission d'étudier, dans un délai de 3 ans à compter de l'adoption de la loi Dodd-Frank, les impacts des dispenses d'application de la Section 404 (b) de la loi SOX sur les états financiers rectifiés, le coût du capital et la confiance de l'investisseur. Cette étude doit aussi se prononcer sur la nécessité pour les sociétés cotées non soumises à la section 404 (b) de la loi SOX d'informer le public de cette absence de conformité à ladite loi. Le GAO est également chargé de conduire, dans un délai d'un an à compter de l'adoption de la nouvelle loi, une étude sur l'impact des poursuites judiciaires menées à l'encontre des personnes ayant apporté leur concours à la violation en connaissance de cause des règles édictées par la SEC ;

– le PCAOB voit son autorité étendue en matière de supervision, d'inspection et de contrôle des auditeurs et des courtiers en bourse *(brokers-dealers)*. Le PCAOB est aussi autorisé à coopérer étroitement avec les autorités de supervision des auditeurs des pays étrangers (communications de données confidentielles résultant des inspections et investigations) ;

– les obligations en matière de production des documents sont étendues :

(1) Pour pouvoir s'appuyer en tout ou partie sur les travaux d'un cabinet d'audit d'origine étrangère lors de l'émission d'un rapport d'audit annuel ou une revue intérimaire, tout cabinet d'audit enregistré auprès du PCAOB (local ou d'origine étrangère), doit : (a) produire les documents de travail du cabinet d'audit d'origine étrangère sur injonction de la SEC ou du PCAOB, (b) obtenir l'engagement du cabinet d'audit d'origine étrangère de produire ses documents de travail en cas de demande.

(2) Tout cabinet d'audit d'origine étrangère qui participe à des missions d'audit pour le compte d'un cabinet d'audit local américain enregistré auprès du PCAOB doit fournir au cabinet d'audit local américain en question un accord tacite et écrit, et une procuration désignant ce cabinet d'audit local américain comme un agent auquel la SEC ou le PCAOB peut adresser une demande de documents de travail.

© Éd. Francis Lefebvre | **AUDIT LÉGAL DANS LE RESTE DU MONDE**

(3) Tout cabinet d'audit d'origine étrangère qui participe à des missions significatives d'audit (travaux significatifs/filiales significatives) pour le compte d'un cabinet d'audit local américain enregistré auprès du PCAOB et qui s'appuie sur ces travaux doit désigner un agent aux États-Unis auprès de la SEC ou le PCAOB auquel la SEC ou le PCAOB peut adresser une demande de documents de travail.

(4) La SEC ou le PCAOB peut autoriser un cabinet d'audit d'origine étrangère à remplir son obligation de produire les documents de travail par des moyens alternatifs via les autorités des marchés financiers ou organes de régulation des auditeurs, équivalents à la SEC ou PCAOB (par exemple l'AMF ou le H3C en France).

En conclusion, la nouvelle loi Dodd-Frank entrée en vigueur le 21 juillet 2010 donne plus de pouvoir au PCAOB pour (a) développer sa coopération internationale (recherche de l'harmonisation et de la réciprocité) avec les régulateurs d'audit étrangers en matière de partage d'informations, (b) mieux assurer la régulation de l'audit des courtiers d'investissements (*brokers-dealers*). Le PCAOB s'est engagé à rendre bientôt public ses plans d'action pour gérer ses nouvelles responsabilités et attributions.

Il faut aussi noter que la nouvelle loi JOBS (*Jumpstart Our Business Startups*), entrée en vigueur le 5 avril 2012, prévoit qu'une société émergente en pleine croissance (chiffre d'affaires de moins de 1 milliard de dollars durant l'exercice fiscal le plus récent) n'est pas tenue de se conformer aux exigences de SOX Section 404(b).

Pour plus de détails, voir www.gpo.gov/fdsys/pkg/BILLS-112hr3606enr/pdf/BILLS-112hr3606enr.pdf

IV. Les grands chantiers de la SEC et du PCAOB

La **SEC** a fêté le 6 juin 2014 ses 80 ans d'existence. En effet, la SEC a été créée lorsque le président Franklin Delano Roosevelt a signé le *Securities Exchange Act* de 1934. La création de la SEC fait suite à la grande dépression due au krach financier de 1929.

19290

La mission de la SEC reste au fil des années de protéger les investisseurs, de maintenir des marchés équitables, ordonnés et efficaces, et de faciliter la formation de capital.

Les principaux **défis** auxquels la SEC doit à présent faire face sont liés aux sujets suivants :
- la pertinence et l'efficacité des informations financières en annexe ;
- la cybersécurité ;
- l'information financière et audit (groupe de travail sur la fraude) ;
- la mise en œuvre du *Dodd-Frank Act* ;
- la mise en œuvre du *Jumpstart Our Business Startups (JOBS) Act* ;
- les sanctions dues à la crise financière de 2008 ;
- les délits d'initiés ;
- les obligations liées au *Foreign Corrupt Practices Act* (FCPA) ;
- les obligations liées au *Foreign Account Tax Compliance Act* (FATCA) ;
- les obligations liées aux règles sur les conflits liés aux minéraux rares (*conflict mineral rule*).

Le **processus** d'établissement de normes PCAOB se décompose en trois étapes :

19295

- comprendre les problématiques d'audit actuelles ou émergentes : ce processus commence avec une équipe interdivisionnelle du PCAOB qui effectue une analyse de l'environnement pour identifier les différentes problématiques. Elle informe alors le conseil des problématiques pouvant justifier des modifications des normes du PCAOB ou des directives supplémentaires ;
- élaborer des projets de recherches : pour chaque projet, une équipe de recherche interdivisionnelle du PCAOB est formée pour effectuer des analyses de recherche, de communication et économiques afin de déterminer si des modifications sont nécessaires sur les normes ;
- lancer le projet d'établissement de normes : pour chaque projet d'établissement de normes, avant de les adopter, le PCAOB sollicite les commentaires du public sur les modifications éventuelles.

Le **PCAOB** a pris un certain nombre d'**initiatives** en vue d'améliorer la qualité des audits avec notamment des projets de recherche sur les sujets suivants :
- le développement et l'amélioration des normes de contrôle qualité ;
- les données et technologie ;

533

AUDIT LÉGAL DANS LE RESTE DU MONDE © Éd. Francis Lefebvre

- les autres informations, non-GAAP ;
- le non-respect des lois et des réglementations ;
- la communication avec les comités d'audit sur l'indépendance.

Le PCAOB a comme projets d'établissement de normes :
- les estimations d'audit, y compris l'évaluation à la juste valeur ;
- la supervision des missions d'audit faisant intervenir d'autres cabinets ;
- la continuité d'exploitation.

SECTION 2

Canada

20000 Au Canada, le contrôle légal des comptes par un auditeur indépendant prend le nom d'audit légal (en français) ou *statutory audit* (en anglais). Le terme d'audit est utilisé dans les deux langues. Ce terme sera utilisé dans les développements qui suivent.

Après la présentation du cadre juridique d'exercice de la profession (n° 20100), nous décrirons le dispositif fédéral (n° 20235), puis celui de deux provinces particulières, le Québec (n° 20420) et l'Ontario (n° 20580).

I. Cadre juridique

Environnement constitutionnel et légal

20100 Le Canada est un **État fédéral** composé de dix **provinces** (l'Alberta, la Colombie-Britannique, l'Île-du-Prince-Édouard, le Manitoba, le Nouveau-Brunswick, la Nouvelle-Écosse, l'Ontario, le Québec, la Saskatchewan et Terre-Neuve-et-Labrador) et de trois **territoires** (les Territoires du Nord-Ouest, le Nunavut et le Yukon). L'État fédéral est composé d'un Gouvernement et d'un Parlement (Souverain, Chambre des communes et Sénat). Chaque province est dotée d'un Gouvernement et d'un Parlement. Ce dernier dispose du pouvoir législatif.

20105 Le **droit des sociétés** est régi par des lois et règlements pris au niveau fédéral et provincial. Ainsi des lois provinciales sur les sociétés coexistent-elles avec la loi canadienne sur les sociétés par actions (chapitre C-44 des lois codifiées du Canada, traduites sous la dénomination de *Canadian Business Corporations Act* dans les provinces anglophones) régissant les sociétés de régime fédéral.

Sont examinées ci-après les lois du Québec (n° 20420) et de l'Ontario (n° 20580) sur les « compagnies » et les sociétés par actions.

La loi fédérale prévaut : une société constituée sous le régime du droit fédéral suit les dispositions de la loi canadienne, quelle que soit la province dans laquelle elle est installée.

Organisation de la profession

20110 Avant l'unification de la profession, les professionnels de la comptabilité comprenaient les comptables agréés (*Chartered Accountants* ou *CAs*), les comptables généraux accrédités (*Certified General Accountants* ou *CGAs*) et les comptables en management accrédités (*Certified Management Accountants* ou *CMAs*). Quant aux institutions, elles existaient à la fois au niveau fédéral et dans les provinces et territoires.

Depuis le 1er octobre 2014, les trois organismes de niveau fédéral sont intégrés sous l'appellation de CPA Canada et les professionnels utilisent le titre de CPA, comptable professionnel agréé (*Chartered Professional Accountant*). Les membres de la profession ont tous accepté le regroupement. L'unification des trois organismes au niveau provincial a été effectuée à différentes dates en raison de leur propre processus législatif. Elle est dorénavant achevée dans toutes les provinces (Alberta, Manitoba, Colombie-Britannique, Ontario, Île-du-Prince-Édouard, Québec, Nouveau-Brunswick, Terre-Neuve-et-Labrador, Nouvelle-Écosse et Saskatchewan) et dans tous les territoires (Territoires du Nord-Ouest,

534

Nunavut et Yukon). Les Territoires du Nord-Ouest et Nunavut ont été les derniers à faire partie de l'unification en janvier 2019.

Sur l'unification de la profession comptable, voir également n° 20122.

Professionnels comptables Les différentes catégories de professionnels (voir n° 20110) n'ont pas toutes les mêmes droits en matière d'exercice de l'audit. Pour l'exercice de l'audit, le professionnel doit détenir une autorisation émise par un organisme provincial pour exercer en qualité de professionnel de la « comptabilité publique » ainsi que d'une autre autorisation (celle d'auditeur au Québec) pour pouvoir mener des missions d'audit, les autres missions de certification et certaines autres missions.   **20115**

La comptabilité publique fait la référence aux activités d'audit, d'examen et de compilation.

Les **comptables agréés** (*Chartered Accountants*), usuellement désignés par le sigle CA, pouvaient exercer la profession d'auditeur au sein de toutes les entités sur le territoire du Canada. Les comptables agréés travaillaient en général dans quatre domaines clés : expertise comptable, entreprise, fonction publique et enseignement.   **20117**

Les CA sont dorénavant regroupés dans CPA Canada (voir n° 20132).

La profession de comptable professionnel agréé est par ailleurs régie par chacun des ordres ou instituts provinciaux de comptables professionnels agréés (inscription, agrément et formation des comptables agréés) tel que l'Ordre des comptables professionnels agréés du Québec (voir n° 20475).

Sur l'unification de la profession comptable, voir n° 20122.

Le sigle CA n'est plus utilisé tout seul. Désormais, tout professionnel comptable qui était membre de l'ordre des CA au moment de l'unification de la profession en mai 2012 au Québec (novembre 2012 en Ontario) doit porter le titre de CPA, suivi de son titre d'origine. Cette obligation de porter le double titre reste applicable jusqu'en mai 2022 (novembre 2022 en Ontario). Pour les nouveaux membres, seul le sigle CPA est employé.

Les **comptables généraux accrédités** (*Certified General Accountants*), usuellement désignés par le sigle CGA, rendaient principalement des services d'expertise comptable, de conseil en fiscalité et en finance aux particuliers et aux entreprises de toute taille. Leurs attributions en matière d'audit sont définies par les lois et règlements des provinces.   **20118**

Les CGA sont dorénavant regroupés dans CPA Canada (voir n° 20132).

Sur l'unification de la profession comptable, voir n° 20122.

Le sigle CGA n'est plus utilisé tout seul. Désormais, tout professionnel comptable qui était membre de l'ordre des CGA au moment de l'unification de la profession en mai 2012 au Québec (novembre 2012 en Ontario) doit porter le titre de CPA, suivi de son titre d'origine. Cette obligation de porter le double titre reste applicable jusqu'en mai 2022 (novembre 2022 en Ontario). Pour les nouveaux membres, seul le sigle CGA est employé.

Les **comptables en management accrédités** étaient des professionnels de la gestion financière stratégique alliant une grande expertise en comptabilité et des compétences de pointe en gestion des entreprises.   **20120**

Les CMA sont dorénavant regroupés dans CPA Canada (voir n° 20132).

Sur l'unification de la profession comptable, voir n° 20122.

Le sigle CMA n'est plus utilisé tout seul. Désormais, tout professionnel comptable qui était membre de l'ordre des CMA au moment de l'unification de la profession en mai 2012 au Québec (novembre 2012 en Ontario) doit porter le titre de CPA, suivi de son titre d'origine. Cette obligation de porter le double titre reste applicable jusqu'en mai 2022 (novembre 2022 en Ontario). Pour les nouveaux membres, seul le sigle CMA est employé.

Le 17 janvier 2012, l'Ordre des comptables en management accrédités du Canada (CMA Canada), l'Institut canadien des comptables agréés (ICCA) et l'Association des comptables généraux accrédités du Canada (CGA-Canada) ont présenté à leurs membres un **cadre d'unification de la profession comptable canadienne** avec une transition vers une nouvelle désignation commune, *Chartered Professionnel Accountant* (CPA) ou comptable professionnel agréé, et le développement d'un nouveau programme de certification et d'accréditation CPA.   **20122**

Voir également n° 20430 et 20595 pour ce qui est du Québec et de l'Ontario.

L'organisation **Comptables professionnels agréés du Canada (CPA Canada)** a été instituée le 1er janvier 2013 sous le régime de la loi canadienne sur les organismes à but non lucratif. Son objectif est de soutenir les organisations provinciales canadiennes fusionnées et toutes celles qui se regroupent ultimement sous la bannière du titre de comptable professionnel agréé, dans le cadre de la démarche d'unification de la profession comptable canadienne. Les anciennes organisations ICCA et CMA Canada sont les deux membres d'origine de CPA Canada.

Le 15 janvier 2013, le conseil d'administration de CPA Canada a approuvé les demandes soumises par l'Ordre des CPA du Québec et l'Institut des comptables agréés de l'Ontario (ICAO) afin qu'elles deviennent des organisations membres de CPA Canada. L'admission de ces deux organisations et de leurs membres porte l'effectif de CPA Canada à plus de 70 000 membres.

Les organisations regroupant les comptables professionnels du Canada ont souscrit au projet d'unification à différentes dates. L'unification a été reconnue au Québec en mai 2012 et, en novembre 2012, les CA de l'Ontario ont eux aussi obtenu le titre de CPA. Toutes les organisations provinciales des trois titres d'origine du Canada (CA, CMA et CGA) ont terminé leur unification, portant la profession à compter plus de 210 000 membres, ce qui en fait l'une des plus importantes au monde. CGA-Canada et CPA Canada se sont joints le 1er octobre 2014.

Pour de plus amples renseignements sur le cadre d'unification de la profession comptable canadienne, veuillez consulter le site suivant : http://www.cpacanada.ca/fr.

20124 Le 1er novembre 2013, le conseil d'administration de l'Institut canadien des comptables agréés (ICCA) a approuvé le changement de nom des trois manuels de l'ICCA qui sont généralement utilisés au Canada afin de mettre en évidence le fait qu'ils sont maintenant publiés par les Comptables professionnels agréés du Canada (CPA Canada). Il s'intitule désormais le *Manuel de CPA Canada* au lieu du *Manuel de l'ICCA*. Ces trois manuels portent les noms suivants :
– manuel de CPA Canada – Comptabilité ;
– manuel de CPA Canada – Certification ;
– manuel de comptabilité de CPA Canada pour le secteur public.
À ceux-ci s'ajoutent la collection Surveillance des risques et gouvernance et d'autres documents de référence.

20125 Est intervenu un élargissement des missions pouvant être confiées en matière de comptabilité publique aux membres de l'Ordre des comptables agréés (CA), des comptables en gestion accrédités (CGAs) et des comptables en management accrédités (CMAs) afin de renforcer la présence de la profession canadienne auprès des entreprises et de rationaliser les relations avec les autorités de réglementation et les établissements d'enseignement.

Sur la notion de comptabilité publique, voir n° 20115.

20130 **Institutions professionnelles** Les institutions professionnelles existent au plan fédéral et dans les provinces et territoires. La principale d'entre elles est **Comptables professionnels agréés Canada (CPA Canada)** (voir n° 20132).

Depuis 2003, l'organe de supervision de la profession est le *Canadian Public Accountability Board* (CPAB) ou **Conseil canadien sur la reddition de comptes** (CCRC) (voir n° 20137).

Le CCRC est l'équivalent canadien du PCAOB américain (www.pcaob.org) et du H3C français (www.h3c.org).

Pour plus d'informations sur le CCRC, voir http://www.cpab-ccrc.ca/default.aspx.

20132 **Comptables professionnels agréés Canada** (CPA Canada) – *Chartered Professional Accountant Canada* – (CPA Canada – http://www.cpacanada.ca) est l'organisme à but non lucratif qui regroupe les comptables professionnels agréés du Canada. Il a été créé le 1er janvier 2013 en vertu de la loi canadienne sur les organismes sans but lucratif, à la suite du regroupement de l'Institut canadien des comptables agréés (ICCA) et de CMA Canada. Par la suite, les activités de CGA Canada ont été intégrées à celles de CPA Canada le 1er octobre 2014. CPA Canada est responsable, en collaboration avec les ordres et instituts provinciaux et territoriaux, des fonctions essentielles au succès de la profession canadienne de comptable professionnel agréé. À l'étranger, elle travaille conjointement avec l'*International Federation of Accountants* (Ifac) et la *Global Accounting Alliance* (GAA) pour renforcer la profession comptable partout dans le monde.

CPA Canada accroît l'influence, la pertinence et la valeur de la profession canadienne de CPA :
– en agissant dans l'intérêt public ;
– en soutenant ses membres ;
– en contribuant au développement économique et sociétal.

CPA Canada compte 210 000 membres au Canada et à l'étranger.

CPA Canada a créé en son sein le **Comité sur la confiance du public** (CCP) afin de servir l'intérêt public. Le CCP est responsable de la supervision des normes déontologiques et du processus d'autoréglementation de la profession. Ces normes déontologiques sont fondées sur cinq principes : comportement professionnel, intégrité et diligence, compétence professionnelle, confidentialité et objectivité.

Le CCP a également constitué en son sein un Groupe de travail sur l'indépendance de l'auditeur (GTIA). Le CCP a aussi mis sur pied des exigences nationales minimales uniformes en matière de perfectionnement professionnel continu (PPC) et d'assurance responsabilité professionnelle (ARP).

CPA Canada est membre de l'Ifac et de la *Global Accounting Alliance* (GAA).

L'Ifac est l'organisation mondiale de la profession comptable dont le rôle est de servir l'intérêt public en renforçant la profession et en contribuant au développement d'économies internationales fortes. L'ICCA était l'un des membres fondateurs de l'Ifac. CPA Canada continue de participer activement à ses travaux.

La GAA est une association internationale créée en 2006 et composée de 10 organismes professionnels comptables prédominants à l'échelle internationale, réunis afin de promouvoir des prestations de services de qualité, partager des informations et collaborer sur des questions internationales importantes. Elle représente plus de 1 000 000 comptables professionnels répartis dans 180 pays.

20135 Des **ordres professionnels** ou **instituts locaux** existent également au niveau des provinces et des territoires. Chacun d'entre eux a un représentant au Conseil de sélection qui est chargé de nommer le président et le vice-président du conseil d'administration de CPA Canada ainsi que les autres membres du Conseil. La gouvernance de la profession et de ses membres est partagée entre CPA Canada et ces ordres et instituts.

20137 Le **Conseil canadien sur la reddition de comptes** (CCRC) ou *Canadian Public Accountability Board* (CPAB) a vu le jour en avril 2003. Il a pour mission de faire la promotion d'une qualité d'audit durable grâce à une surveillance réglementaire proactive, en facilitant le dialogue avec les parties prenantes nationales et internationales et en publiant des idées pratiques pour informer les participants aux marchés financiers. Le CCRC est l'un des principaux organismes de réglementation de la qualité de l'audit qui renforce la confiance du public dans les marchés financiers canadiens.

Les principales priorités du CCRC sont les suivantes :
– cultiver une culture proactive, adaptative et innovante, qui favorise le rehaussement de l'efficacité de notre travail de réglementation ;
– favoriser l'adoption de changements systémiques ciblés permettant d'obtenir plus rapidement des améliorations sur le plan de la qualité de l'audit ;
– influer sur les modalités futures de réalisation et de réglementation de l'audit ;
– favoriser la réalisation d'audits de qualité uniforme à l'échelle mondiale.

En 2018, 32 cabinets comptables et 139 missions ont été inspectés.

II. Dispositions fédérales

Conditions d'exercice de la mission

20235 Le statut et les règles de comportement qui s'appliquent à l'auditeur sont définis par la **loi canadienne sur les sociétés par actions** (LRC 1985, chapitre C-44 des lois codifiées du Canada, http://lois.justice.gc.ca).

Cette loi exige que, sous réserve de dispense (voir article 156 de la loi), les administrateurs doivent, à l'assemblée annuelle, présenter aux actionnaires des états financiers annuels comparatifs couvrant séparément :
– la période se terminant six mois au plus avant l'assemblée et ayant commencé à la date soit de création de la société, soit, si elle a déjà fonctionné durant un exercice complet, de la fin de cet exercice ;
– l'exercice précédent.

AUDIT LÉGAL DANS LE RESTE DU MONDE © Éd. Francis Lefebvre

Les administrateurs doivent également produire à l'assemblée :
– le rapport de l'auditeur s'il a été établi ;
– tout renseignement sur la situation financière de la société et le résultat de ses activités exigé par les statuts, par les règlements administratifs ou, par toute convention unanime des actionnaires.

20240 **Règles de nomination** L'auditeur peut être nommé :
– par le **conseil d'administration**, lors de la constitution de la société : le conseil d'administration tient une réunion au cours de laquelle il peut nommer un auditeur dont le mandat expirera à la première assemblée annuelle (Loi préc. art. 104) ;
– par l'**assemblée des actionnaires** : les actionnaires doivent, par voie de résolution ordinaire, à la première assemblée annuelle et à chaque assemblée annuelle subséquente, nommer un auditeur dont le mandat expirera à la clôture de l'assemblée annuelle suivante (Loi préc. art. 162) ;

Par exception, les actionnaires d'une société dont les valeurs mobilières en circulation n'ont pas été émises par voie d'appel public à l'épargne peuvent décider, par voie de résolution, de ne pas nommer d'auditeur (art. 163). Cette résolution n'est valide que jusqu'à l'assemblée annuelle suivante et doit recueillir le consentement unanime des actionnaires, y compris ceux qui ne sont pas par ailleurs fondés à voter.

– par le **tribunal** : le tribunal peut, à la demande d'un actionnaire ou du directeur, nommer un auditeur dans une société qui n'en est pas pourvue (sauf exception de l'article 163 visée ci-dessus) ; il fixe alors sa rémunération, étant précisé que le mandat de cet auditeur se termine à la nomination de son successeur par les actionnaires (Loi préc. art. 167).

La loi ne traite ni du nombre d'auditeurs ni du nombre de suppléants.

20242 **Mandat** Le mandat de l'auditeur expire à la clôture de chaque assemblée annuelle. Cependant, à défaut de nomination de l'auditeur lors d'une assemblée, l'auditeur en fonctions poursuit son mandat jusqu'à la nomination de son successeur (Loi préc. art. 162). Le mandat de l'auditeur peut également **prendre fin** avec :
– son décès ou sa démission ;

La démission prend effet à la date d'envoi du courrier ou à la date précisée dans celui-ci (Loi préc. art. 164, al. 2).

– sa révocation (Loi préc. art. 165) : les actionnaires ont en effet le pouvoir, par résolution ordinaire adoptée lors d'une assemblée extraordinaire, de révoquer tout auditeur qui n'a pas été nommé par le tribunal en vertu de l'article 167. La vacance créée par la révocation de l'auditeur peut être comblée lors de l'assemblée où celle-ci a eu lieu ou, à défaut, par les administrateurs en vertu de l'article 166.

20244 Nul ne peut accepter de **remplacer** l'auditeur qui a démissionné, ou a été révoqué ou dont le mandat a expiré ou est sur le point d'expirer, avant d'avoir obtenu, sur demande, qu'il donne par écrit les circonstances et les motifs justifiant, selon lui, son remplacement (Loi préc. art. 168 § 7). Par dérogation, toute personne par ailleurs compétente peut accepter d'être nommée auditeur si, dans les quinze jours suivant la demande visée précédemment, elle ne reçoit pas de réponse (Loi préc. art. 168 § 8). Sauf le cas prévu au paragraphe 8 de l'article 168, l'inobservation de l'article 168, paragraphe 7 entraîne la nullité de la nomination (Loi préc. art. 168 § 9).

20246 L'auditeur qui :
– soit démissionne ;
– soit est informé, notamment par voie d'avis, de la convocation d'une assemblée en vue de le révoquer ;
– soit est informé, notamment par voie d'avis, de la tenue d'une réunion du conseil d'administration ou d'une assemblée en vue de pourvoir le poste d'auditeur à la suite de sa démission, de sa révocation, de l'expiration effective ou prochaine de son mandat ;
– soit est informé, notamment par voie d'avis, de la tenue d'une assemblée pour laquelle un projet de résolution propose qu'il ne soit pas nommé d'auditeur (sociétés non cotées), est fondé à **donner par écrit** à la société les **motifs de sa démission** ou **de son opposition** aux mesures ou résolutions envisagées (Loi préc. art. 168 § 5). La société doit communiquer immédiatement ces motifs aux actionnaires et au directeur.

AUDIT LÉGAL DANS LE RESTE DU MONDE

Les administrateurs doivent immédiatement combler toute **vacance du poste d'auditeur** (Loi préc. art. 166).

> Par exception, les statuts de la société peuvent prévoir que la vacance ne peut être comblée que par un vote des actionnaires.

En cas d'absence de quorum au conseil d'administration, **les administrateurs en fonctions** doivent, dans les vingt et un jours de la vacance du **poste d'auditeur**, convoquer une assemblée extraordinaire en vue de combler cette vacance.
L'auditeur nommé dans ce cadre poursuit jusqu'à son expiration le mandat de son prédécesseur.

20248

Honoraires La rémunération de l'auditeur est fixée par voie de résolution ordinaire des actionnaires ou, à défaut, par les administrateurs (Loi préc. art. 162 § 4), sauf en cas de nomination judiciaire (voir n° 20240).

20250

Indépendance et incompatibilités L'auditeur d'une société doit être **indépendant** (Loi préc. art. 161 § 1) :
– de la société ;
– des personnes morales de son groupe ;
– de leurs administrateurs ;
– de leurs dirigeants.
L'indépendance est tout d'abord une question de fait (Loi préc. art. 161 § 2a).
L'article 161, paragraphe 2b de la même loi prévoit des **incompatibilités** pour la personne qui :
– soit est associée, administrateur, dirigeante ou employée de la société, d'une personne morale de son groupe ou de leurs administrateurs, dirigeants ou employés ;
– soit est la véritable propriétaire ou détient, directement ou indirectement, le contrôle d'une partie importante des valeurs mobilières de la société ou de l'une des personnes morales de son groupe ;
– soit a été séquestre, séquestre-gérant, liquidateur ou syndic de faillite de la société ou d'une personne morale de son groupe dans les deux ans précédant la proposition de sa nomination au poste d'auditeur.

> Les mêmes incompatibilités sont applicables au professionnel, personne morale, dont un associé se trouve dans l'une de ces situations.
> Ces situations correspondent bien à des incompatibilités légales, même si ce terme n'est pas utilisé par la loi.

L'auditeur se doit de démissionner dès lors qu'à sa connaissance il ne respecte plus les conditions mentionnées ci-dessus (Loi préc. art. 161 § 3).

20255

Tout intéressé peut demander au tribunal de déclarer la **destitution de l'auditeur qui ne possède plus les qualités requises d'indépendance**, et d'en conclure que le poste d'auditeur est vacant (Loi préc. art. 161 § 4). À l'inverse, le tribunal, s'il est convaincu de ne causer aucun préjudice injustifié aux actionnaires, peut, à la demande de tout intéressé, dispenser, même rétroactivement, l'auditeur de l'application des règles légales d'indépendance et d'incompatibilités, aux conditions qu'il estime pertinentes (Loi préc. art. 161 § 5).

20256

Dispositions spécifiques au secteur bancaire

Les dispositions relatives à la nomination, à la cessation des fonctions, à la mission et au rapport du ou des auditeurs sont contenues dans les articles 313 à 333 de la loi sur les banques (LC 1991, ch. 46) (https://laws-lois.justice.gc.ca/pdf/B-1.01.pdf).
Les **actionnaires de la banque ou**, dans le cas d'une **coopérative de crédit fédérale, ses membres doivent**, par résolution ordinaire, à leur première assemblée et à chaque assemblée annuelle subséquente, nommer **un cabinet** de comptables à titre d'auditeur de la banque. Le mandat de l'auditeur expire à la clôture de l'assemblée annuelle suivante (Loi préc. art. 314 § 1).
Les actionnaires de la banque ou, dans le cas d'une coopérative de crédit fédérale, ses membres **peuvent**, par résolution ordinaire, à leur première assemblée et à chaque assemblée annuelle subséquente, nommer **deux cabinets** de comptables à titre d'auditeurs de la banque. Le mandat des auditeurs expire à la clôture de l'assemblée annuelle suivante (Loi préc. art. 314 § 2).

20270

AUDIT LÉGAL DANS LE RESTE DU MONDE © Éd. Francis Lefebvre

La loi définit le « cabinet de comptables » comme toute société de personnes dont les membres sont des comptables exerçant leur profession ou toute personne morale constituée sous le régime d'une loi provinciale et qui fournit des services de comptabilité. Au moins deux des membres du cabinet doivent posséder chacun cinq ans d'expérience professionnelle au niveau supérieur dans l'exécution d'audit d'institutions financières. Dans les quinze jours suivant la nomination d'un cabinet de comptables, la banque et le cabinet désignent conjointement un associé ou un employé pour effectuer l'audit au nom du cabinet ; la banque en avise sans délai par écrit le surintendant.

La **rémunération** du ou des auditeurs est fixée par résolution ordinaire des actionnaires ou, dans le cas d'une coopérative de crédit fédérale, de ses membres ou, à défaut, par le conseil d'administration (Loi préc. art. 314 § 3).

Les règles d'**indépendance** sont les mêmes que dans la société par actions (Loi préc. art. 315 § 2).

Les actionnaires ou, dans le cas d'une coopérative de crédit fédérale, ses membres peuvent, par résolution ordinaire adoptée lors d'une assemblée extraordinaire, **révoquer** un auditeur. Le surintendant (voir n° 20275) peut à tout moment révoquer l'auditeur par avis écrit portant sa signature et envoyé par courrier recommandé à l'établissement habituel d'affaires de l'auditeur et de la banque (Loi préc. art. 317 § 1 et 2).

20275 Surintendant des institutions financières Le surintendant est un organisme indépendant qui assure la surveillance des institutions financières et des régimes de retraite fédéraux. Il s'assure de leur bonne santé financière et de la conformité de leur organisation et de leurs modalités d'exercice et de fonctionnement à leur réglementation.

Le surintendant peut exiger, par écrit, que l'(les) auditeur(s) d'une banque lui fasse(nt) rapport sur le type de procédure utilisé lors de leur audit du rapport annuel. Il peut en outre leur demander, par écrit, d'étendre la portée de leur audit et leur ordonner de mettre en œuvre, dans certains cas, d'autres types de procédure. Les auditeurs sont tenus de se conformer aux demandes du surintendant et de lui faire rapport à ce sujet. Le surintendant peut exiger, par écrit, que les auditeurs d'une banque procèdent à un audit spécial visant à déterminer si la méthode utilisée par la banque pour sauvegarder les intérêts de ses créanciers, de ses actionnaires et, dans le cas d'une coopérative de crédit fédérale, de ses membres est adéquate, ainsi qu'à tout autre audit rendu nécessaire, à son avis, par l'intérêt public, et lui fassent rapport à ce sujet (Loi préc. art. 325 § 1 et 2).

Dispositions spécifiques au secteur des assurances

20280 Les dispositions relatives à la nomination, à la cessation des fonctions, à la mission et au rapport de l'auditeur sont contenues dans les articles 336 à 356 de **la loi sur les sociétés d'assurances** (LC 1991, ch. 47) (https://laws-lois.justice.gc.ca/fra/lois/i-11.8/).

Les **actionnaires et** les **souscripteurs de la société** doivent, par résolution ordinaire, à leur première assemblée et à chaque assemblée annuelle subséquente, nommer un auditeur dont le mandat expire à la clôture de l'assemblée annuelle suivante (Loi préc. art. 337 § 1).

Pour être nommée auditeur, la **personne physique** qui est un comptable doit :
a) être membre en règle d'un institut ou d'une association de comptables constitués en personne morale sous le régime d'une loi provinciale ;
b) posséder cinq ans d'expérience professionnelle au niveau supérieur dans l'exécution de l'audit d'institutions financières ;
c) résider habituellement au Canada ;
d) être indépendante de la société.

Remplit également les conditions de nomination le **cabinet de comptables** qui désigne pour l'audit, conjointement avec la société, un membre qui satisfait par ailleurs aux critères énumérés aux alinéas a) à d) ci-dessus (Loi préc. art. 338 § 1). Dans les quinze jours suivant la nomination d'un cabinet de comptables, la société et le cabinet désignent conjointement un associé ou un employé du cabinet pour effectuer l'audit au nom du cabinet. La société en avise sans délai par écrit le surintendant (Loi préc. art. 338 § 3).

La **rémunération** de l'auditeur est fixée par résolution ordinaire des actionnaires et souscripteurs ou, à défaut, par le conseil d'administration (Loi préc. art. 337 § 2).

Les règles d'**indépendance** sont les mêmes que dans la société par actions (Loi préc. art. 338 § 2).

Les actionnaires et les souscripteurs peuvent, par résolution ordinaire adoptée lors d'une assemblée extraordinaire, **révoquer** l'auditeur. Le surintendant peut à tout moment révoquer l'auditeur par avis écrit portant sa signature et envoyé par courrier recommandé à l'établissement habituel d'affaires de l'auditeur et de la société (Loi préc. art. 340).

Dispositions spécifiques aux coopératives

20290

Les dispositions relatives à la nomination, à la cessation des fonctions, à la mission et au rapport de l'auditeur sont contenues dans les articles 253 à 265 de la **loi canadienne sur les coopératives** (LC 1998, ch. 1) (https://laws-lois.justice.gc.ca/fra/lois/c-1.7/index.html).
Ces dispositions sont identiques à celles contenues dans la loi sur les sociétés par actions.

Les **membres de la coopérative** doivent, par résolution ordinaire, à leur première assemblée annuelle et à chaque assemblée annuelle subséquente, nommer un auditeur dont le mandat expirera à la clôture de l'assemblée annuelle suivante (Loi préc. art. 254 § 1). À défaut de nomination de l'auditeur lors d'une assemblée des membres, l'auditeur en fonctions poursuit son mandat jusqu'à la nomination de son successeur (Loi préc. art. 254 § 3).

Par exception, les membres et les détenteurs de parts de placement – y compris les détenteurs qui ne détiennent pas le droit de vote – d'une coopérative non cotée peuvent décider, par résolution spéciale des uns et des autres, de ne pas nommer d'auditeur. La résolution n'est valide que jusqu'à l'assemblée annuelle suivante des membres (Loi préc. art. 255).

Le **tribunal** peut, à la demande d'un membre ou d'un détenteur de parts de placement, nommer un auditeur à la coopérative qui n'en a pas et fixer sa rémunération ; le mandat de cet auditeur se termine à la nomination de son successeur par les membres (Loi préc. art. 259 § 1).

La **rémunération** de l'auditeur est fixée par résolution ordinaire des membres ou, à défaut, par les administrateurs (Loi préc. art. 254 § 4).

Les membres peuvent, par résolution ordinaire adoptée lors d'une assemblée extraordinaire, **révoquer** tout auditeur qui n'a pas été nommé par le tribunal en vertu de l'article 259 (Loi préc. art. 257 § 1).

L'auditeur est fondé à être convoqué à toute assemblée, à y assister aux frais de la coopérative et à y être entendu sur toute question relevant de ses fonctions (Loi préc. art. 260 § 1). Il peut normalement se fier au rapport de l'auditeur d'une entité dont les comptes sont entièrement ou partiellement inclus dans les états financiers de la coopérative, qu'il s'agisse d'états financiers consolidés ou non (Loi préc. art. 261 § 1 et 2). Toute coopérative cotée doit avoir un comité d'audit composé d'au moins trois administrateurs, et dans lequel les dirigeants ou employés à temps plein de la coopérative ou des personnes morales du groupe n'ont pas la majorité (Loi préc. art. 263).

Responsabilité

20300

Le régime de la responsabilité civile des auditeurs a été modifié par la loi S-11 qui a reçu le 14 juin 2001 la sanction royale. La modification la plus importante, qui intéresse tant les auditeurs que les administrateurs et les dirigeants, est sans doute la mise en place d'un régime de **responsabilité proportionnelle** modifiée, remplaçant l'actuel régime de responsabilité solidaire.

Les articles 237.1 à 237.9 qui ont été ajoutés à la loi canadienne sur les sociétés par actions portent sur les poursuites pour pertes financières découlant d'inexactitudes contenues dans l'information financière exigée en vertu de la loi. En principe, un défendeur sera, à l'avenir, tenu de verser uniquement les dommages-intérêts correspondant à son degré de responsabilité à l'égard de la perte (Loi préc. art. 237.3 § 1). En d'autres termes, les défendeurs ou personnes mises en cause déclarés responsables d'une perte financière ne sont tenus d'indemniser le demandeur qu'à concurrence de la somme correspondant à leur degré de responsabilité. Un mécanisme prévoit aussi la répartition d'une partie de la perte subie par le demandeur si cette partie n'est pas recouvrable en raison de l'insolvabilité d'un défendeur ; le montant supplémentaire à verser sera alors limité à 50 % du pourcentage initial de la responsabilité du défendeur (Loi préc. art. 237.3 § 2 à 4).

Normes de travail

20315

Le **Conseil des normes d'audit et de certification** (CNAC) a pour mission de servir l'intérêt public en établissant des normes, des indications et en aidant à leur mise en œuvre afin de favoriser la prestation de services d'audit, d'autres services de certification et de services connexes à valeur ajoutée, de grande qualité et pertinents.

Les objectifs du CNAC sont les suivants :

– établir des normes de contrôle qualité, d'audit, de services de certification (autres que l'audit) et de services connexes, ainsi que des notes d'orientation et des notes de pratique (les « normes de certification ») de grande qualité qui permettront à la profession de servir l'intérêt public, en prenant dûment en considération l'évolution de la conjoncture et les coûts et avantages pour les parties prenantes, notamment :

• les utilisateurs des rapports délivrés par les professionnels en exercice conformément aux normes de certification et les utilisateurs qui s'appuient sur l'assurance fournie,

• la profession, dont les membres fournissent des services de certification,

• les législateurs et les autorités de réglementation, qui ont reconnu les normes du CNAC comme étant le fondement approprié de la prestation de services de certification ;

– participer avec d'autres normalisateurs à l'élaboration de normes de certification de qualité élevée, reconnues à l'échelle internationale ;

– appuyer la mise en œuvre de normes de certification et la résolution des problèmes nouveaux que pose leur application.

Le CNAC mène ses activités sous la supervision du **Conseil de surveillance de la normalisation en audit et certification** (CSNAC). Les membres du CNAC sont des bénévoles nommés par le CSNAC, à l'exception du président qui est rémunéré, à temps plein ou à temps partiel.

Les personnes suivantes ne sont pas membres du CNAC, mais elles ont le droit d'assister aux réunions du CNAC et d'y participer ainsi que de recevoir toute documentation y afférente : le vice-président « Normalisation » de CPA Canada, le directeur du CNAC, le représentant de CPA Canada auprès de l'IAASB, le cas échéant.

Les membres du CSNAC ont aussi le droit d'assister, à titre d'observateurs, aux réunions du CNAC et de recevoir toute documentation y afférente. Le CNAC fait appel également à des consultants au besoin. CPA Canada procure le financement, le personnel et les autres ressources nécessaires au maintien d'un processus de normalisation indépendant chez CNAC. CPA Canada et le CNAC sont mutuellement indépendants et cette indépendance caractérise leurs activités.

Pour plus de détails, voir : https://www.frascanada.ca/fr/cnac.

Loi sur les organisations à but non lucratif et certaines personnes morales

20320 Depuis le 17 octobre 2011, la « loi canadienne sur les organisations à but non lucratif et certaines personnes morales » remplace la partie II de la loi sur les corporations canadiennes.

Les organismes incorporés avant la date du 17 octobre 2011 selon la partie II de la loi sur les corporations canadiennes **devront se conformer** à la nouvelle « loi canadienne sur les organisations à but non lucratif et certaines personnes morales » dans un délai de trois ans. La présente loi s'applique aux organisations et, dans la mesure prévue à la partie 19, aux personnes morales sans capital-actions constituées par une loi spéciale du Parlement (Chapitre 1 art. 3 § 1). Les règlements administratifs doivent être modifiés et des nouveaux statuts doivent être déposés auprès de *Corporations Canada*.

Il est à noter que les **nouveaux organismes** désirant s'incorporer sous juridiction fédérale devront dorénavant le faire selon la nouvelle loi canadienne sur les organisations à but non lucratif et certaines personnes morales.

Les changements les plus importants de la nouvelle loi par rapport à la partie II de la loi sur les corporations canadiennes ont trait à :

– la classification des organismes (ayant recours à la « sollicitation » ou non) basé sur le niveau de revenu de dons ;

– les documents électroniques ;

– l'avis de convocation à une assemblée générale ;

– le vote des membres absents ;

– l'expert-comptable et le niveau d'assurance sur les états financiers.

© Éd. Francis Lefebvre   **AUDIT LÉGAL DANS LE RESTE DU MONDE**

Sur ce dernier point, les critères suivants ont été établis :

Type d'organisme	Revenus annuels bruts	Dispense possible d'expert-comptable	Type de rapport exigé*
Organisations ayant recours à la sollicitation**	Moins de 50 000 $ CAN	OUI	N/A
	De 50 000 à 250 000 $ CAN	NON	Mission d'examen
	Plus de 250 000 $ CAN	NON	Audit obligatoire
Organismes n'ayant pas recours à la sollicitation	Moins de 1 000 000 $ CAN	OUI	N/A
	Plus de 1 000 000 $ CAN	NON	Audit obligatoire

* Il est à noter que ces obligations ne tiennent pas compte des exigences requises par les bailleurs de fonds.
** Pour la définition exacte de ce terme, il convient de consulter le texte intégral de la loi (https://laws. justice.gc.ca/fra/lois/c-7.75/ et https://www.ic.gc.ca/eic/site/cd-dgc.nsf/fra/cs05170.html).

III. Province du Québec

Champ d'application

20420 La **loi sur les sociétés par actions** (LSA), RLRQ, S-31.1, est entrée en vigueur le 14 février 2011. Cette loi modernise le cadre législatif en vigueur au Québec en matière de droit des entreprises en remplaçant les parties I et IA de l'ancienne loi sur les compagnies. La loi LSA contient trois éléments importants :
– la mise en place d'un nouvel équilibre entre la protection des actionnaires minoritaires et les intérêts des actionnaires majoritaires ;
– la réduction du fardeau administratif des entreprises ;
– la modernisation des exigences relatives au fonctionnement interne des sociétés par l'utilisation des nouvelles technologies de l'information.

20425 **Constitution et organisation** La loi LSA s'applique à toute société par actions constituée, continuée ou issue d'une fusion sous le régime de ses dispositions. Elle s'applique aussi à toute société par actions constituée par une autre loi ou en vertu d'une autre loi, lorsqu'il y a lieu d'en compléter les dispositions (Chapitre 1 art. 1).
Les statuts, signés par les fondateurs, les documents qui doivent leur être joints, ainsi que les droits prévus par la loi sur la publicité légale des entreprises (Chapitre P-44.1) sont transmis au registraire des entreprises (Chapitre 2 art. 9).
La société est constituée à la date et, le cas échéant, à l'heure figurant sur le certificat de constitution délivré par le registraire des entreprises conformément aux dispositions du chapitre XVIII.
Elle est, à compter de ce moment, une personne morale (Chapitre 2 art. 10).

20427 Les **banques**, **sociétés d'assurances** et **coopératives** sont, en vertu des lois fédérales qui les régissent, soumises à l'obligation de l'audit légal.

Professionnels habilités

20430 Le 16 mai 2012, le législateur québécois a adopté la « loi sur les comptables professionnels agréés » (Chapitre C-48.1 des lois codifiées du Québec) afin de mettre en vigueur l'**unification des trois ordres comptables** du Québec (CA, CGA et CMA). Dorénavant, les comptables professionnels agréés du Québec sont soumis au **Code de déontologie** des comptables professionnels agréés.
À cette même date, l'Ordre des comptables professionnels agréés du Québec (OCPAQ), anciennement l'Ordre des comptables agréés du Québec) a été créé et il exerce des fonctions précises en matière de délivrance des permis d'exercice aux candidats à la profession, de tenue du tableau de l'Ordre, de surveillance d'exercice de la profession et de dépistage de la pratique illégale. Il doit également suivre un ensemble de règles de fonctionnement imposées par le Code des professions.

543

AUDIT LÉGAL DANS LE RESTE DU MONDE   © Éd. Francis Lefebvre

L'Ordre des CPA du Québec résulte donc de la fusion de l'Ordre des comptables agréés (CA), de l'Ordre des comptables généraux accrédités (CGA) et de l'Ordre des comptables en management accrédités (CMA) du Québec.

L'Ordre des CPA du Québec représente ainsi tous les champs d'expertise de la profession (Audit et certification, Information financière, Comptabilité de gestion, Stratégie et gouvernance, Finance et Fiscalité) mis au service des entreprises, des organisations et du grand public.

Il regroupe plus de 39 000 membres et 5 000 futurs CPA, ce qui en fait le 3e ordre professionnel en importance au Québec.

Pour de plus amples informations, consulter le site de l'Ordre des comptables professionnels agréés du Québec, http://cpaquebec.ca/.

20432 Le bureau de l'Ordre des comptables professionnels agréés du Québec **délivre un permis** de comptabilité publique au candidat à l'exercice de la profession qui satisfait aux quatre conditions suivantes (Code des professions LRO c. C-26, a. 94, par. i) :

– être titulaire d'un **diplôme** reconnu par le Gouvernement ou d'un diplôme reconnu équivalent par le bureau, ou posséder une formation reconnue équivalente par ce dernier ;

– avoir réussi l'**examen professionnel** adopté par le bureau. Celui-ci porte notamment sur les techniques d'audit et sur les autres services professionnels (comptabilité générale, présentation de l'information financière, comptabilité de gestion et gestion financière, fiscalité et systèmes d'information) ;

– avoir satisfait aux exigences du **stage**. Le stage de formation professionnelle, d'une durée de deux ans, doit comporter au moins 1 250 heures de certification (mission d'audit ou d'examen) dont au moins 625 heures consacrées à des missions d'audit. Le stage est accompli sous la supervision d'un ou de plusieurs maîtres de stage reconnus par le bureau de l'OCPAQ ;

– avoir rempli une **demande de permis**. Le bureau de l'Ordre peut délivrer un permis à un membre d'une corporation de comptables agréés d'une autre province ou d'un territoire du Canada, sous réserve de réciprocité pour les membres de l'OCPAQ.

Conditions d'exercice de la mission

20438 **Règles de nomination**   La loi sur les sociétés par actions prévoit ce qui suit :

Les actionnaires de la société nomment un auditeur à chacune de leurs assemblées annuelles (Chapitre VIII art. 231).

La nomination de l'auditeur est faite par résolution ordinaire (Chapitre VIII art. 231).

Les actionnaires d'une société autre qu'un émetteur assujetti peuvent décider de ne pas nommer d'auditeur (Chapitre VIII art. 239).

Cette décision est prise par une résolution adoptée par tous les actionnaires de la société y compris les actionnaires détenant des actions ne comportant pas le droit de vote (Chapitre VIII art. 239).

La décision des actionnaires n'a d'effet que jusqu'à l'assemblée annuelle suivante. Elle met fin au mandat de l'auditeur en poste, s'il en est (Chapitre VIII art. 239).

Pour plus de détails, voir http://www.legisquebec.gouv.qc.ca/fr/ShowDoc/cs/S-31.1.

20440 **Durée du mandat**   À moins qu'il ne prenne fin antérieurement par son décès, sa démission ou sa révocation, par sa faillite ou par l'ouverture à son égard d'un régime de protection, le mandat de l'auditeur prend fin par la nomination de son successeur (Chapitre VIII art. 234).

Les actionnaires peuvent, par résolution ordinaire adoptée lors d'une assemblée extraordinaire, révoquer le mandat de l'auditeur (Chapitre VIII art. 236).

Pour plus de détails, voir http://www.legisquebec.gouv.qc.ca/fr/ShowDoc/cs/S-31.1.

20443 **Incompatibilité**   Aucun **administrateur, dirigeant ou collaborateur de la compagnie** ne peut être nommé auditeur des comptes de cette compagnie.

20445 **Honoraires**   La rémunération de l'auditeur est fixée par résolution ordinaire au moment de sa nomination. À défaut, elle est fixée par le conseil d'administration (Chapitre VIII art. 232).

544

© Éd. Francis Lefebvre

AUDIT LÉGAL DANS LE RESTE DU MONDE

Le professionnel doit demander des **honoraires justes et raisonnables**. Il doit notamment tenir compte :
– du temps consacré à l'exécution du service professionnel ;
– de la difficulté et de l'importance du service ;
– du caractère inhabituel de la prestation de services ou du fait qu'elle exige une compétence ou une célérité exceptionnelles ;
– de son expérience ou de son expertise ;
– de l'importance de la responsabilité assumée.

Le professionnel doit fournir à son client toutes les explications nécessaires à la compréhension de son relevé d'honoraires et doit notamment s'assurer que celui-ci est ventilé pour permettre d'identifier les services professionnels rendus. Il ne peut exiger par avance le règlement intégral de ses honoraires. Le professionnel doit s'assurer que son client est informé du coût approximatif et prévisible de ses services. S'il prévoit un dépassement, il doit en informer son client dans les meilleurs délais. Le professionnel doit d'ailleurs éviter de fixer le montant de ses honoraires avant d'avoir obtenu les éléments nécessaires pour en prévoir le montant de manière satisfaisante.

Les honoraires conditionnels (services professionnels offerts moyennant des honoraires payables uniquement lorsqu'un résultat déterminé sera obtenu ou établi en fonction de résultats obtenus) sont interdits pour les services de certification. Au niveau des services autres que de certification, les honoraires conditionnels sont permis, si certains critères sont respectés. Cette interdiction vise soit à ne pas porter atteinte au jugement professionnel et à l'objectivité de l'auditeur, ou à en donner l'apparence, dans l'exécution de sa prestation de services professionnels, soit à ne pas influencer les résultats d'une mission de certification, ou en donner l'apparence.

Mise en œuvre de la mission Selon l'article 19 du Code de déontologie des comptables professionnels agréés (version du 1-2-2019) :

20448

« Le membre doit agir avec tout le soin nécessaire, conformément aux normes professionnelles de comptabilité et de certification en vigueur ainsi qu'aux autres normes ou règles du Manuel de CPA Canada et aux données en vigueur selon l'état de la science.

Le membre qui est responsable, en tout ou partie, de préparer ou d'approuver des états financiers ou de surveiller les processus comptables et de communication de l'information financière doit aussi s'assurer que ceux-ci respectent les normes ou règles visées au premier alinéa. »

Selon l'article 19.1 du même code, le membre « qui participe à une mission de certification ou une mission d'application de procédés d'audit spécifiés doit aviser le responsable de l'exécution de la mission si les états financiers ne sont pas conformes aux normes ou règles visées à l'article 19 ». « Si, après cet avis, les états financiers continuent de ne pas être conformes à ces normes ou règles, le membre doit alors en aviser par écrit un des associés ou actionnaires ayant droit de vote à la société au sein de laquelle il exerce sa profession. Cet associé ou actionnaire doit occuper le poste hiérarchique le plus élevé au sein de cette société. »

Responsabilité

Le bureau de l'Ordre des comptables professionnels agréés du Québec a adopté (par. d, art. 93 du Code des professions – LRQ c. C-26), le **règlement sur l'assurance de la responsabilité professionnelle** des membres de l'OCPAQ conformément aux articles 1 à 6 du chapitre C-48.1, r. 2 du Règlement sur l'assurance de la responsabilité professionnelle des membres de l'Ordre des comptables professionnels agréés du Québec.

20450

Le régime d'assurance prévoit que tout membre de l'OCPAQ doit adhérer au contrat du régime collectif d'assurance de la responsabilité professionnelle conclu par l'Ordre établissant une garantie contre la responsabilité qu'il peut encourir en raison des fautes ou négligences commises dans l'exercice de sa profession. L'Ordre rend le contrat accessible et l'assureur délivre un certificat d'assurance à chacun des adhérents.

Le contrat d'assurance de la responsabilité professionnelle doit prévoir un montant minimum de garantie, au cours d'une période de garantie de 12 mois, d'au moins 1 000 000 $ par réclamation présentée contre un assuré et de 2 000 000 $ par réclamation lorsque l'assuré emploie au moins un autre assuré ou lorsque deux assurés ou plus exercent au sein d'une même société et que la réclamation est présentée contre plus d'un assuré.

545

Normes de travail

20460 Les normes sont préparées au niveau fédéral par CPA Canada. L'Ordre des comptables professionnels agréés du Québec reconnaît les normes de CPA Canada et ses membres doivent les respecter.

Organisation de la profession

20470 **Supervision de la profession** Le gouvernement du Québec n'exerce pas de supervision directe sur la profession comptable. Il a toutefois créé l'**Office des professions du Québec**, qui a pour fonction de veiller à ce que chaque ordre professionnel institué au Québec assure la protection du public en lui offrant une garantie de compétence et d'intégrité. Les membres de l'Office sont nommés par le Gouvernement.

20475 **Ordre des comptables professionnels agréés du Québec** L'Ordre des comptables professionnels agréés du Québec ou Ordre des CPA du Québec (OCPAQ) est un ordre professionnel d'exercice exclusif au sens du Code des professions, c'est-à-dire un organisme principalement voué à la protection du public.

L'Ordre a été institué par la loi sur les comptables professionnels agréés (Chapitre C-48.1 des lois codifiées du Québec) et régit les comptables professionnels agréés installés au Québec. Il regroupe plus de 39 000 membres et 5 000 futurs CPA. L'Ordre et ses membres sont régis par le Code des professions du Québec (Lois codifiées chapitre C-26).

L'OCPAQ exerce plusieurs fonctions : délivrance des permis d'exercice aux candidats à la profession, tenue du tableau des membres, surveillance d'exercice de la profession et dépistage de la pratique illégale. Il doit également respecter un ensemble de règles de fonctionnement imposées par le Code des professions.

L'OCPAQ a été créé en mai 2012 à la suite de l'unification de la profession comptable au Québec. Il résulte de la fusion de l'Ordre des comptables agréés (CA), de l'Ordre des comptables généraux accrédités (CGA) et de l'Ordre des comptables en management accrédités (CMA). L'Ordre représente ainsi tous les champs d'expertise de la profession : audit et certification, information financière, comptabilité de gestion, stratégie et gouvernance, finance et fiscalité, qui sont mis au service des entreprises, des organisations et du grand public.

Le **contrôle de la compétence** est assuré par le Comité d'inspection professionnelle. Le comité procède à l'examen des dossiers des membres en vue de s'assurer que le mandat a été rempli selon les normes d'audit telles qu'elles sont énoncées dans les normes canadiennes d'audit du Manuel CPA Canada (art. 112 du Code des professions C-26).

Le Manuel de l'Institut canadien des comptables agréés (ICCA) s'intitule désormais le Manuel des comptables professionnels agréés du Canada (Manuel de CPA Canada).

Le Canada utilise les **normes canadiennes d'audit** (NCA) pour les audits des états financiers des exercices clos depuis le 14 décembre 2010. Ces normes sont fondées sur les normes internationales d'audit ISA publiées par l'IAASB. Elles sont ainsi devenues NAGR (normes d'audit généralement reconnues) canadiennes.

Les NCA ne s'appliquent pas aux autres missions de certification telles que les missions d'examen ou les missions de compilation.

En mars 2016, le Canada a adopté de nouvelles normes canadiennes de missions d'examens (NCME) fondées sur les normes ISRE publiées par l'IAASB. Ces normes sont applicables aux examens d'états financiers des périodes se terminant à compter du 14 décembre 2017.

Le **contrôle de la déontologie** est exercé par le comité de discipline. Il reçoit les plaintes déposées contre les auditeurs, rend un verdict et, en cas de culpabilité, impose les sanctions prévues dans le Code des professions (art. 116 du Code des professions).

Les règles de comportement professionnel sont contenues dans le Code de déontologie des comptables professionnels agréés.

Loi sur les compagnies du Québec

20485 La province du Québec a également adopté une loi qui régit les **organismes à but non lucratif** incorporés sous la juridiction provinciale du Québec (Loi sur les compagnies du Québec, partie III).

La partie III de cette loi (art. 216 à 234) s'applique aux personnes morales ou associations n'ayant pas de capital-actions, constituées ou continuées par lettres patentes (http://legisquebec.gouv.qc.ca/fr/showdoc/cs/C-38).

© Éd. Francis Lefebvre   **AUDIT LÉGAL DANS LE RESTE DU MONDE** ▌

IV. Province de l'Ontario

Champ d'application

Les **sociétés par actions** de la province de l'Ontario sont soumises à l'obligation de l'audit **20580**
légal (Loi sur les sociétés par actions de l'Ontario LRO 1990, chapitre B. 16 art. 149 § 1).

> Par exception, la société est dispensée de se conformer aux exigences concernant la nomination et les
> fonctions d'un auditeur pour un exercice (Loi préc. art. 148) si, d'une part, la société n'est pas cotée et, si,
> d'autre part, tous les actionnaires y ont consenti par écrit pour cet exercice.

Les **banques, sociétés d'assurances** et **coopératives** sont, en vertu des lois fédérales qui
les régissent, soumises à l'obligation de l'audit légal.

Professionnels habilités

Selon la loi de 2004 sur l'expertise comptable, un expert-comptable est « la personne **20590**
qui, seule ou en société de personnes ou par l'intermédiaire d'une société professionnelle, exerce la profession d'expert-comptable ou propose de l'exercer ». L'exercice de
l'expertise comptable s'entend de la fourniture, de manière indépendante de la personne
à laquelle sont fournis les services, de l'un ou l'autre des services suivants :
– missions de certification, y compris d'audit ou d'examen, portant sur l'exactitude, la
présentation fidèle, l'intégralité ou à la cohérence d'un état financier ou partie de celui-
ci ou de tout état joint à un état financier, s'il peut être raisonnable de s'attendre qu'un
tiers se fie sur ces services ou les utilise ;
– services de compilation, s'il peut être raisonnable de s'attendre qu'un tiers se fie, en
tout ou partie, aux compilations ou aux documents afférents que prépare la personne
qui fournit les services, ou qu'il les utilise en tout ou partie.
Les activités qui renforcent la crédibilité de l'information financière, et notamment l'activité d'audit, nécessitent la possession d'un **permis d'exercer** (*licence*) délivré par le
Conseil des experts-comptables de la province de l'Ontario (*The Public Accountants
Council for the Province of Ontario* – https://www.cpaontario.ca/stewardship-of-the-
profession/governance/public-accounting-standards).
En conséquence, seuls les experts-comptables titulaires d'un permis d'exercer peuvent
pratiquer l'audit dans l'Ontario. Une société professionnelle doit détenir un certificat
d'autorisation pour y exercer. Pour être admissible à un permis d'exercice, une personne
doit être membre d'un organisme habilité.

> Pour plus de détails, voir https://www.ontario.ca/fr/lois/loi/04p08#BK1.

Le Conseil des experts-comptables de la province de l'Ontario peut **délivrer un permis** **20593**
aux membres de *Chartered Professional Accountants of Ontario (CPA Ontario)* (https://
www.cpaontario.ca/).

> Pour être comptable professionnel agréé, il convient notamment de remplir les **conditions** suivantes :
> – être titulaire d'un diplôme universitaire reconnu par CPA Ontario avec 120 heures de crédits ;
> – avoir suivi le programme *CPA Professional Education Program* et avoir réussi les examens ;
> – avoir réussi l'examen final commun EFC ;
> – avoir suivi un stage professionnel d'une durée de 30 mois, avec un minimum de 2 500 heures
> facturables aux clients. Sur ce quota, au moins 1 250 heures doivent correspondre à des missions de
> certification dont au moins 625 heures à des procédures d'audit des états financiers et 100 heures
> d'examen ; et au moins 100 heures de fiscalité.

The Accounting Professions Act of 2017* ou *Chartered Professional **20595**
Accountants of Ontario Act of 2017 La loi sur les professions comptables a été
promulguée le 18 mai 2010, modifiée en 2017, et la période de codification date du
1er janvier 2019 pour réformer en profondeur les professions comptables dans l'Ontario.
Cette loi redéfinit et renforce la responsabilité des professionnels (gouvernance, admission des membres, pouvoirs d'investigation et de discipline, compétence, etc.), l'autorité
en matière d'élaboration des normes et les pouvoirs des Comptables professionnels de
l'Ontario en français ou *Chartered Professional Accountants of Ontario* en anglais (CPA
Ontario). CPA Ontario a été créé à la suite de la fusion de l'Association des comptables
généraux accrédités de l'Ontario, comptables en management accrédités de l'Ontario et
de l'Institut des comptables agréés de l'Ontario. Elle vise à permettre une plus grande

transparence de la profession comptable dans son ensemble et à donner plus de moyens aux ordres pour assurer la protection des consommateurs.

Pour plus de détails, voir https://www.ontario.ca/laws/statute/17c08 ? search = Chartered + Accountant + Act + of + 2010.

20597 *The Ontario Labour Mobility Act (OLMA)*   La loi sur la mobilité professionnelle est entrée en vigueur le 15 décembre 2009 et mise à jour le 1er novembre 2018. Elle élimine ou réduit les mesures qui restreignent la mobilité professionnelle d'un individu d'une province canadienne donnée vers la province de l'Ontario lorsque ce dernier est déjà certifié ou détient une licence professionnelle dans la même activité professionnelle délivrée par une autorité canadienne de régulation de la profession (province ou territoire). Dans le cas spécifique de l'Ontario, seuls les comptables qui appartiennent à d'autres juridictions et qui remplissent les conditions établies par le *Public Accountants Council* (PA-C) de l'Ontario sont admis à exercer la profession de comptabilité publique dans la province d'Ontario.

Pour plus de détails, voir http://www.e-laws.gov.on.ca/html/statutes/english/elaws_statutes_09o24_e.htm#BK1.

Conditions d'exercice de la mission

20600 **Nomination de l'auditeur**   La nomination de l'auditeur peut être effectuée :
– par le **conseil d'administration** lors de la constitution de la société. Le conseil d'administration peut nommer un ou plusieurs auditeurs dont le mandat expire à la première assemblée annuelle ou extraordinaire des actionnaires (Loi sur les sociétés par actions de l'Ontario LRO 1990, chapitre B. 16 art. 117) ;
– par les **assemblées d'actionnaires**. Les actionnaires d'une société nomment, à leur première assemblée annuelle ou extraordinaire, un ou plusieurs auditeurs dont le mandat expire à la clôture de l'assemblée annuelle suivante. À défaut d'être nommé par les actionnaires, l'auditeur est nommé sans délai par les administrateurs (Loi préc. art. 149 § 1). Les actionnaires nomment par la suite, à chaque assemblée annuelle, un ou plusieurs auditeurs dont le mandat expire à la clôture de la prochaine assemblée annuelle. À défaut de nomination, l'auditeur en fonction poursuit son mandat jusqu'à la nomination de son successeur (Loi préc. art. 149 § 2) ;
– par le **tribunal**. Si la société n'a pas d'auditeur, le tribunal, à la requête d'un actionnaire ou du directeur, peut en nommer un et fixer sa rémunération. Cet auditeur demeure en fonctions jusqu'à la nomination de son successeur par les actionnaires (Loi préc. art. 149 § 8).

20603 **Durée du mandat**   Le mandat a une durée d'un an et expire à la clôture de chaque assemblée annuelle. Il est renouvelable.
Sauf s'il a été nommé par ordonnance du tribunal, l'auditeur peut être destitué par les actionnaires lors d'une assemblée extraordinaire convoquée à cette fin avant l'expiration de son mandat. Les actionnaires nomment alors un remplaçant pour la durée du mandat restant à courir (Loi préc. art. 149 § 4).

20605 **Rémunération**   La rémunération de l'auditeur nommé par les actionnaires est fixée par ces derniers ou par les administrateurs s'ils sont autorisés à cet effet par les actionnaires.
La rémunération de l'auditeur nommé par les administrateurs est fixée par ces derniers (Loi préc. art. 149 § 7).

20608 **Incompatibilités**   En matière d'indépendance et d'incompatibilités, l'auditeur est soumis à des dispositions analogues à celles contenues dans la loi canadienne sur les sociétés par actions.

Responsabilité

20620 Depuis le 19 novembre 2018, CPA Ontario a imposé des seuils minimums d'assurance responsabilité professionnelle à tous les membres impliqués dans la comptabilité publique.

Pour plus de détails, voir https://media.cpaontario.ca/stewardship-of-the-profession/pdfs/Regulation-14-1.pdf

Normes de travail

Les normes sont préparées au niveau fédéral par CPA Canada. *Chartered Professionals Accountants Ontario* (CPA Ontario), nommé auparavant *Institute of Chartered Accountants of Ontario*, reconnaît les normes de CPA Canada et ses membres doivent les respecter.

20630

Organisation de la profession

La loi de 2004 sur l'expertise comptable (*Public Accountancy Act of 2004*) a institué le **Conseil des experts-comptables de la province de l'Ontario** (*The Public Accountants Council for the Province of Ontario*).

20640

Les membres du Conseil sont des professionnels comptables.

Les **fonctions** conférées à cet organisme concernent notamment :
– la délivrance ou le refus de délivrer le permis d'exercer (*licence*) prévu par ladite loi ;
– la tenue du tableau des comptables publics de l'Ontario (*The Roll of Public Accountants of Ontario*) ;
– le retrait du permis ;
– l'exercice des pouvoirs disciplinaires conférés au Conseil par la loi.
Le Conseil a pour objectif de veiller à ce que la profession d'expert-comptable en Ontario soit exercée conformément aux normes d'expertise comptable reconnues à l'échelle internationale. Il a notamment pour mission de superviser la réglementation de la profession d'expert-comptable dans l'intérêt public :
– en élaborant, en maintenant et, le cas échéant, en améliorant les normes que doivent respecter les organismes autorisés à délivrer des permis d'expert-comptable et à régir, à ce titre, l'activité de leurs membres ;
– en déterminant si ces organismes respectent les normes et notamment s'ils continuent de les respecter après avoir été habilités à délivrer des permis d'exercer et à régir l'activité de leurs membres ;
– en vérifiant la capacité de ces organismes à délivrer à leurs membres des permis d'expert-comptable et à régir à ce titre leur activité ;
– en maintenant la confiance du public dans la profession d'expert-comptable en intentant les poursuites appropriées pour infraction à la présente loi (2004, chap. 8, par. 19 (2) ; 2017, chap. 8, annexe 3, par. 77 (3)).

Loi sur les organisations sans but lucratif de l'Ontario

La loi sur les organisations sans but lucratif (LOSBL) simplifiera la constitution en société et assurera une meilleure gestion des organisations sans but lucratif de l'Ontario en établissant des normes plus exigeantes en matière de transparence et de reddition de comptes.

20650

Son entrée en vigueur, initialement prévue le 1er janvier 2013, a été reportée. Une mise à jour de la loi a été effectuée le 14 novembre 2017 et son entrée en vigueur devait intervenir le 19 octobre 2021.

La LOSBL prévoit l'abrogation de la loi sur les personnes morales de l'Ontario (la « LPMO ») et remplacera la partie III de la LPMO, qui régit les personnes morales sans capital-actions de l'Ontario (communément appelées organisations sans but lucratif – ou organismes sans but lucratif – OSBL). La LOSBL s'appliquera immédiatement à toutes les organisations sans but lucratif (y compris les organismes de bienfaisance) sans qu'il soit nécessaire pour une organisation de prendre une quelconque mesure (https://www.ontario.ca/fr/lois/loi/10n15).

Lorsqu'elle sera entrée en vigueur, cette nouvelle loi :
– rendra le processus de constitution en société plus efficace ;
– établira des règles plus claires en matière de gestion des sociétés et renforcera la gouvernance d'entreprise et l'obligation de rendre compte ;
– permettra aux organisations sans but lucratif de prendre part à des activités commerciales dans la mesure où ces activités soutiennent leurs objets non lucratifs ;
– permettra aux sociétés de choisir une mission d'examen plus simple qu'une mission d'audit dans certaines situations ;
– permettra aux membres d'avoir un meilleur accès aux états financiers.

AUDIT LÉGAL DANS LE RESTE DU MONDE © Éd. Francis Lefebvre

SECTION 3

Bassin méditerranéen

I. Tunisie

Champ d'application

22100 Aux termes de l'article 13 du Code des sociétés commerciales, les **sociétés commerciales** sont tenues de désigner un commissaire aux comptes. Toutefois, les sociétés commerciales autres que les sociétés par actions sont dispensées de la désignation d'un commissaire aux comptes :
- au titre du premier exercice comptable de leur activité ;
- si elles ne remplissent pas deux des limites chiffrées relatives au total du bilan, au total des produits hors taxe et au nombre moyen des employés ;
- ou si elles ne remplissent plus durant les deux derniers exercices comptables du mandat du commissaire aux comptes deux des trois seuils fixés par le décret 2006-1546 du 6 juin 2006 :
  - total du bilan : 100 000 dinars,
  - total des produits hors taxe : 300 000 dinars,
  - nombre moyen des employés : 10.
  Ces limites permettent de déterminer si la société est soumise au contrôle légal. Le choix du contrôleur légal doit par ailleurs prendre en compte d'autres seuils également fixés par décret (voir n° 22120).

À défaut de nomination des commissaires par l'assemblée générale, ou en cas d'empêchement ou de refus d'un ou de plusieurs des commissaires nommés d'exercer leurs fonctions, il est procédé à leur nomination ou à leur remplacement, par ordonnance du juge des référés du tribunal du siège social à la requête de tout intéressé. Le commissaire nommé par l'assemblée générale ou par le juge de référé en remplacement d'un autre ne demeure en fonctions que pour la période restante du mandat de son prédécesseur (Code des sociétés commerciales art. 261).

22101 Dans les **sociétés à responsabilité limitée**, même si la société ne remplit pas les conditions de désignation visées à l'article 13 du Code des sociétés commerciales, la désignation d'un ou de plusieurs commissaires aux comptes devient obligatoire si un ou plusieurs associés représentant au moins le cinquième du capital social le demandent (Code précité art. 124).

Le président du tribunal dans le ressort duquel se trouve le siège social de la société désigne alors le ou les commissaires aux comptes par ordonnance sur requête, à la demande du ou des associés désignés ci-dessus.

Dans tous les cas, une disposition statutaire peut prescrire la désignation d'un ou de plusieurs commissaires aux comptes (Code précité art. 124).

22102 Les comptes des **établissements publics à caractère industriel et commercial** et des **sociétés dont le capital est totalement détenu par l'État** sont soumis à une révision annuelle effectuée par un membre de l'ordre des experts-comptables de Tunisie (Décret 87-529 du 1-4-1987 fixant les conditions et les modalités de la révision des comptes des établissements publics à caractère industriel et commercial et des sociétés dont le capital est totalement détenu par l'État).

22109 Le Code des organismes de placement collectif qui régit les organismes de placement collectif en valeurs mobilières (sociétés d'investissement à capital variable [Sicav], fonds communs de placement en valeurs mobilières [FCPVM]) ainsi que les fonds communs de créances (FCC) prévoit également la désignation d'un commissaire aux comptes :
- dans les **Sicav** (Code précité art. 8) ;
  Le commissaire aux comptes est désigné par le conseil d'administration ou le directoire de la Sicav et il est tenu de contrôler les comptes et de certifier de manière trimestrielle l'exactitude de la composition de l'actif de la société avant sa publication au bulletin officiel du Conseil du marché financier.
- dans les **FCPVM** (Code précité art. 20) ;
  Le commissaire aux comptes est désigné par le conseil d'administration ou le directoire du gestionnaire pour le compte des porteurs de parts. Il est tenu de certifier la sincérité et la régularité des états financiers.

550

© Éd. Francis Lefebvre **AUDIT LÉGAL DANS LE RESTE DU MONDE**

– dans les **FCC** ;

Les FCC sont des copropriétés ayant pour unique objet l'acquisition de créances saines détenues notamment par les banques en vue d'émettre des parts représentatives de ces créances. Le commissaire aux comptes est désigné par le conseil d'administration ou le directoire du gestionnaire (société spécialisée dans la gestion des FCC) et il doit signaler aux dirigeants du gestionnaire du FCC les irrégularités et inexactitudes qu'il relève au cours de l'accomplissement de sa mission.

La loi 88-92 sur les sociétés d'investissement telle que modifiée et complétée par les **22110** lois 92-113 et 95-87 régit les sociétés d'investissement à capital fixe (**Sicaf**) et les sociétés d'investissement en capital à risque (**Sicar**). L'article 24 de cette loi précise que ces sociétés doivent désigner un commissaire aux comptes, membre de l'Ordre des experts-comptables de Tunisie, qui certifie l'exactitude de leurs états financiers.

Le Code des sociétés commerciales et la loi 94-117 énoncent les obligations légales des **22112** commissaires aux comptes des **établissements de crédit** qui doivent être membres de l'Ordre des experts-comptables de Tunisie.
Conformément à l'article 35 de la loi 2001-65 du 10 juillet 2001, les commissaires aux comptes des établissements de crédit ont les obligations spécifiques suivantes vis-à-vis de la Banque centrale de Tunisie :
– signaler immédiatement à la Banque centrale de Tunisie tout fait de nature à mettre en péril les intérêts de l'établissement ou des déposants ;
– remettre à la Banque centrale de Tunisie, dans les six mois qui suivent la clôture de chaque exercice, un rapport détaillant les contrôles qu'ils ont effectués. Ce rapport est établi dans les conditions et selon les modalités fixées par la Banque centrale de Tunisie ;
– adresser à la Banque centrale de Tunisie une copie de leur rapport destiné à l'assemblée générale et aux organes de l'établissement de crédit qu'ils contrôlent.

Les commissaires aux comptes des **entreprises d'assurances et de réassurance** ont égale- **22114** ment des obligations spécifiques envers le ministre des finances puisque, conformément au Code des assurances (promulgué par la loi 92-24 et modifiés par les lois 94-10, 97-24 et 2002-37), ils sont tenus de :
– signaler immédiatement au ministre des finances tout fait de nature à constituer un danger pour les intérêts de la compagnie ou les bénéficiaires de contrats d'assurance ;
– remettre au ministre des finances, dans les six mois qui suivent la clôture de chaque exercice, un rapport détaillant les contrôles qu'ils ont effectués. Ce rapport est établi dans les conditions et selon les modalités fixées par le ministre des finances ;
– adresser au ministre des finances une copie de leur rapport destiné à l'assemblée générale et aux organes de l'entreprise qu'ils contrôlent.

Les **associations autorisées à accorder des micro-crédits** doivent désigner un commis- **22116** saire aux comptes, membre de l'Ordre des experts-comptables de Tunisie, conformément à l'arrêté du ministre des finances du 5 juin 2002 relatif à la fixation des modalités de l'audit externe des comptes.

Cet arrêté fixe les pouvoirs, les fonctions et les obligations de ce commissaire aux comptes.

Toute association dont les ressources annuelles dépassent 100 000 dinars doit désigner **22117** un commissaire aux comptes choisi parmi les experts-comptables inscrits au tableau de l'Ordre des experts-comptables de Tunisie ou inscrits au tableau de la Compagnie des comptables de Tunisie à la sous-section des « techniciens en comptabilité ».
Toute association dont les ressources annuelles dépassent un million de dinars doit désigner un ou plusieurs commissaires aux comptes parmi ceux qui sont inscrits au tableau de l'Ordre des experts-comptables de Tunisie (Décret-loi 2011-88 du 24-9-2011 portant organisation des associations, art. 43).

S'agissant des sociétés tenues d'établir **des comptes consolidés**, les états financiers **22118** consolidés sont soumis à l'audit du ou des commissaires aux comptes de la société mère qui doivent être inscrits au tableau de l'Ordre des experts-comptables de Tunisie (Code des sociétés commerciales art. 471 – Loi 2005-96 du 18-10-2005 art. 6).

Les institutions de **microfinance** régies par le décret-loi 2011-117 du 5 novembre 2011 **22119** et créées sous forme de sociétés anonymes ainsi que les unions créées sous forme de

AUDIT LÉGAL DANS LE RESTE DU MONDE · © Éd. Francis Lefebvre

groupement d'intérêt économique doivent désigner un commissaire aux comptes conformément aux dispositions du Code des sociétés commerciales.

Le commissaire aux comptes vérifie, sous sa responsabilité, la régularité et la sincérité des états financiers de l'institution de microfinance ou de l'union, conformément aux dispositions légales et réglementaires en vigueur et aux dispositions de l'arrêté du Ministre de l'économie et des finances du 17 novembre 2014 relatif à la fixation des modalités de l'audit externe des comptes des institutions de microfinance. Le commissaire aux comptes vérifie également le respect par l'institution concernée des dispositions prévues par le décret-loi 2011-117 du 5 novembre 2011, portant organisation de l'activité des institutions de microfinance, tel que modifié par la loi 2014-46 du 24 juillet 2014.

Professionnels habilités

22120 L'audit légal est pratiqué par des **commissaires aux comptes** inscrits au tableau de l'Ordre des experts-comptables de Tunisie ou au tableau de la Compagnie des comptables de Tunisie.

Le commissaire aux comptes doit être désigné parmi les experts-comptables inscrits au tableau de l'Ordre des experts-comptables de Tunisie si deux des trois seuils fixés par décret – total du bilan, total des produits hors taxe et nombre moyen des employés – sont dépassés. Lorsque ce n'est pas le cas, le commissaire aux comptes est désigné soit parmi les experts-comptables inscrits au tableau de l'Ordre des experts-comptables de Tunisie, soit parmi les spécialistes en comptabilité inscrits au tableau de la Compagnie des comptables de Tunisie (art. 13 du Code des sociétés commerciales).

Les limites chiffrées et le mode de calcul du nombre moyen des employés ont été fixés par le décret 2006-1546 du 6 juin 2006 :
– total du bilan : 1 500 000 dinars ;
– total des produits hors taxe : 2 000 000 dinars ;
– nombre moyen des employés : 30.
Ces limites sont à distinguer des limites d'assujettissement au contrôle légal (voir n° 22100).

22122 Pour être inscrit au **tableau de l'Ordre des experts-comptables** en qualité de membre, il faut remplir les **conditions** suivantes (Loi 88-108 du 18-8-1988 art. 3 portant refonte de la législation relative à la profession d'expert-comptable) :
– être Tunisien depuis cinq ans au moins ;
– jouir de tous ses droits civiques ;
– n'avoir fait l'objet d'aucune condamnation pour crime ou délit, autre qu'involontaire, de nature à entacher son honorabilité et notamment d'aucune condamnation visée par la législation en vigueur relative à l'interdiction du droit de gérer et d'administrer les sociétés ;
– présenter des garanties de moralité suffisantes ;
– être titulaire du diplôme d'expert-comptable ou d'un diplôme jugé équivalent par la commission d'équivalence compétente relevant du ministère de l'enseignement supérieur et de la recherche scientifique.

22124 Pour être inscrit au **tableau de la Compagnie des comptables** de Tunisie, en qualité de membre, le candidat doit remplir les **conditions** suivantes (Loi 2002-16 du 4-2-2002 portant organisation de la profession des comptables de Tunisie) :
– être tunisien depuis cinq ans au moins ;
– jouir de tous ses droits civiques ;
– ne pas avoir fait l'objet d'une condamnation pour crime ou délit volontaire de nature à entacher l'honorabilité de l'intéressé, et notamment d'une condamnation aboutissant à la privation du droit de gérer et d'administrer des sociétés ;
– être titulaire d'une maîtrise ayant trait à la comptabilité, d'un diplôme d'enseignement supérieur dans la spécialité de comptabilité ou d'un diplôme équivalent reconnu par la commission d'équivalence spécialisée relevant du ministère de l'enseignement supérieur ;
– avoir accompli un stage d'au moins une année auprès d'un membre inscrit au tableau de la Compagnie des comptables de Tunisie ou au tableau de l'Ordre des experts-comptables de Tunisie.

Pour pouvoir exercer la **fonction de commissaire aux comptes**, les personnes inscrites au tableau de la Compagnie des comptables de Tunisie doivent par ailleurs accomplir un stage supplémentaire d'au moins deux ans auprès d'un commissaire aux comptes inscrit au tableau de la Compagnie des comptables de Tunisie ou de l'Ordre des experts-comptables de Tunisie.

Une liste distincte, appelée liste des « techniciens en comptabilité », regroupe les comptables remplissant les conditions requises pour l'exercice des fonctions de commissaire aux comptes (art. 16 de la loi précitée).

Conditions d'exercice de la mission

Contenu de la mission En application de l'article 266 du Code des sociétés commerciales, « le ou les commissaires aux comptes ont mandat de vérifier les livres, la caisse, le portefeuille et les valeurs de la société, de contrôler la régularité et la sincérité des inventaires, ainsi que l'exactitude des informations données sur les comptes de la société dans le rapport du conseil d'administration ou du directoire.

22130

Le ou les commissaires aux comptes certifient également la régularité et la sincérité des comptes annuels de la société conformément à la loi relative au système comptable des entreprises en vigueur. Ils vérifient périodiquement l'efficacité du système de contrôle interne.

Ils peuvent se faire communiquer toutes les pièces qu'ils estiment utiles à l'exercice de leurs fonctions et notamment les contrats, livres, documents comptables et registres des procès-verbaux et les bordereaux bancaires.

Les investigations prévues au présent article peuvent être faites tant auprès de la société que des sociétés mères ou filiales au sens des lois en vigueur.

Les commissaires aux comptes peuvent également, le cas échéant, par ordonnance du juge compétent, recueillir toutes informations utiles à l'exercice de leur mission auprès des tiers qui ont conclu des contrats avec la société ou pour son compte ».

L'article 258 du même code précise par ailleurs que « le commissaire aux comptes vérifie, sous sa responsabilité, la régularité des états financiers de la société et leur sincérité, conformément aux dispositions légales et réglementaires en vigueur. Il veille au respect des dispositions prévues par les articles 12 à 16 du présent code. Il doit informer par un rapport l'assemblée générale annuelle de toute violation des articles susvisés ».

Désignation du commissaire aux comptes Le commissaire aux comptes est **désigné par l'assemblée générale** ordinaire des actionnaires pour une **durée** de trois ans (Code précité art. 260).

22132

Le mandat est **renouvelable** :

– tous les trois ans, pour les entreprises privées ;

Le nouvel article 13 bis du Code des sociétés commerciales, introduit par la loi 2005-96 du 18 octobre 2005, précise que le **nombre de mandats successifs** ne peut excéder, pour les sociétés commerciales soumises à l'obligation de désigner un commissaire aux comptes inscrit au tableau de l'Ordre des experts-comptables de Tunisie, trois mandats lorsque le commissaire aux comptes est une **personne physique** et cinq mandats si le commissaire aux comptes revêt la forme d'une **société d'expertise comptable** comportant au moins trois experts-comptables inscrits au tableau de l'Ordre des experts-comptables de Tunisie, et ce, à condition de changer le professionnel qui engage sa responsabilité personnelle sur le contenu du rapport de contrôle des comptes et de changer l'équipe intervenant dans l'opération du contrôle une fois, au moins, après trois mandats.

Les modalités d'application de cet article ont été fixées par le décret précité du 6 juin 2006.

Ces dispositions s'appliquent lors du renouvellement des mandats depuis le 1er janvier 2009.

– une seule fois en principe pour les entreprises publiques.

Une recommandation interne à l'administration préconise en effet que le mandat de révision des comptes des entreprises publiques soit renouvelable une seule fois.

Toute pratique pouvant entraîner directement ou indirectement un dépassement du nombre maximum de mandats successifs prévu par l'article 13 bis du Code des sociétés commerciales constitue un manquement au principe de rotation.

« Est considéré manquement à ce principe l'exercice du commissariat aux comptes notamment par :

– une société d'expertise comptable dans laquelle le commissaire aux comptes ayant atteint le nombre maximum de mandats successifs détient une participation dans son capital ;

– un commissaire aux comptes qui participe ou a participé dans le capital d'une société d'expertise comptable ayant atteint le nombre maximum de mandats successifs ;

– une société d'expertise comptable résultant d'une opération de fusion lorsque l'une des sociétés fusionnées a atteint le nombre maximum de mandats successifs ;

– l'une des sociétés d'expertise comptable créée par scission d'une société d'expertise comptable ayant atteint le nombre maximum de mandats successifs » (art. 3 du décret précité).

AUDIT LÉGAL DANS LE RESTE DU MONDE © Éd. Francis Lefebvre

Toutefois, lorsque le nombre maximum de mandats successifs prévu par l'article 13 bis du Code des sociétés commerciales n'est pas atteint, les commissaires aux comptes cités dans les cas susvisés peuvent continuer le contrôle des comptes d'une société dans la limite du nombre de mandats restant à condition de changer le professionnel qui engage sa responsabilité personnelle sur le contenu du rapport de contrôle des comptes et de changer l'équipe de travail intervenant dans l'opération de contrôle selon les conditions prévues par l'article 13 bis précité.

Pour les **associations** régies par le décret-loi 2011-88 du 24 septembre 2011, l'assemblée générale ordinaire de l'association désigne un ou plusieurs commissaires aux comptes pour une **durée** de trois ans non renouvelable (art. 43, al. 3).

Les comptes annuels des **établissements de crédit faisant appel public à l'épargne** sont soumis à la certification de deux commissaires aux comptes inscrits au tableau de l'Ordre des experts-comptables de Tunisie. Ces commissaires aux comptes, personnes physiques ou morales, sont désignés pour une période de trois années renouvelable une seule fois (Loi 2016-48 du 11-7-2016, art. 92).

22134 **Désignation de deux ou plusieurs commissaires aux comptes** En application du nouvel article 13 ter du Code des sociétés commerciales introduit par la loi du 18 octobre 2005, sont soumis à l'obligation légale de désignation de deux ou plusieurs commissaires aux comptes inscrits au tableau de l'Ordre des experts-comptables de Tunisie :
– les établissements de crédit non cotés et les sociétés d'assurances multibranches ;
– les sociétés tenues d'établir des états financiers consolidés conformément à la législation en vigueur si le total de leur bilan au titre des comptes consolidés dépasse un montant fixé par décret (100 000 000 dinars selon le décret précité du 6-6-2006) ;
– les sociétés dont le total des engagements auprès des établissements de crédit et l'encours des émissions obligataires dépassent un montant fixé par décret (25 000 000 dinars selon le décret précité).

Ces commissaires aux comptes ne doivent pas être liés par des relations d'association ou par d'autres liens quels qu'ils soient de nature à limiter leur indépendance. Ils sont tenus de fixer les conditions et les modalités d'élaboration de leurs rapports en s'appuyant sur la procédure de l'examen contradictoire. Les règles et les diligences relatives au cocommissariat aux comptes des sociétés ont été fixées par une norme professionnelle approuvée par le Conseil de l'Ordre du 6 septembre 2006.

22136 Toute désignation doit être **notifiée**, selon le cas, à l'Ordre des experts-comptables de Tunisie ou à la Compagnie des comptables de Tunisie par le président-directeur général ou le directeur de la société et par le ou les commissaires aux comptes désignés. La notification est faite par **lettre** recommandée avec accusé de réception dans un **délai** de dix jours à compter de la tenue de l'assemblée générale qui a procédé à la nomination ou à compter de l'acceptation des fonctions. Par ailleurs, toute désignation ou renouvellement de mandat doit faire l'objet d'une **publication** au Journal officiel et dans deux journaux quotidiens dont l'un en langue arabe, dans un délai d'un mois à compter du jour de la désignation ou du renouvellement (Code précité art. 265).

22138 Le mandat vient à **échéance** au terme de la durée de trois ans (sociétés anonymes).

L'assemblée générale ne peut révoquer les commissaires aux comptes avant l'expiration de la durée de leur mandat à moins qu'il ne soit établi qu'ils ont commis une faute grave dans l'exercice de leurs fonctions (Code des sociétés commerciales art. 260).

Le commissaire, nommé par l'assemblée générale, ou par le juge des référés, en remplacement d'un autre, ne demeure en fonctions que pendant le temps qui reste à courir du mandat de son prédécesseur (Code des sociétés commerciales art. 261).

Le commissaire aux comptes appelé par un client en remplacement d'un confrère ne peut accepter la mission qui lui est proposée (Code des devoirs professionnels des experts-comptables art. 18) :
– sans s'être assuré que la demande du client n'est pas motivée par le désir de se soustraire à une exacte application de la loi et des règlements ;
– sans avoir informé son confrère par lettre recommandée avec accusé de réception de la sollicitation dont il est l'objet.

22140 Les **incompatibilités et interdictions** sont prévues par la loi 88-108 du 18 août 1988, portant refonte de la législation relative à la profession d'expert-comptable, par le Code des sociétés commerciales promulgué par la loi 2000-93 du 3 novembre 2000 et par la loi 2002-16 du 4 février 2002 portant organisation de la profession de comptable.

© Éd. Francis Lefebvre   **AUDIT LÉGAL DANS LE RESTE DU MONDE** ▌

1. La **loi du 18 août 1988** prévoit les **incompatibilités** suivantes :   **22142**
a. Les membres de l'Ordre ne peuvent assurer professionnellement le contrôle des comptes des sociétés dans lesquelles ils détiennent directement ou indirectement des **participations** de quelque nature que ce soit (Loi préc. art. 7).
b. Les fonctions de membre de l'Ordre sont incompatibles avec toute **occupation salariée** ou tout acte de nature à porter **atteinte à son indépendance** (Loi préc. art. 11).
L'exercice des fonctions de commissaire aux comptes est en particulier incompatible :
– avec tout emploi salarié, sauf possibilité pour l'intéressé de dispenser un enseignement se rattachant à l'exercice de la profession ou d'occuper un emploi chez un autre membre de l'Ordre ;
– avec toute activité commerciale, qu'elle soit exercée directement ou par personne interposée ;
– avec tout mandat commercial à l'exception du mandat d'administrateur, de gérant ou de fondé de pouvoir de sociétés inscrites au tableau de l'Ordre.
Il est également interdit aux personnes inscrites au tableau de l'Ordre et à leurs salariés :
– d'agir en tant qu'agents d'affaires ;
– d'assumer une mission de représentation devant les tribunaux de l'ordre judiciaire ou administratif ou auprès des administrations et organismes publics.

2. Le **Code des sociétés** commerciales prévoit que « ne **peuvent être nommés comme**   **22144**
commissaires aux comptes :
– les administrateurs ou les membres du directoire ou les apporteurs en nature et tous leurs parents ou alliés, jusqu'au quatrième degré inclusivement ;
– les personnes recevant sous une forme quelconque à raison de fonctions autres que celles de commissaires un salaire, ou une rémunération des administrateurs ou des membres du directoire ou de la société ou de toute entreprise possédant le dixième du capital de la société, ou dont la société possède au moins le dixième du capital ;
– les conjoints des personnes citées précédemment ;
– les personnes auxquelles il est interdit d'être membre d'un conseil d'administration ou d'un directoire ou qui sont déchues du droit d'exercer ces fonctions.
Si l'une des causes d'incompatibilité ci-dessus indiquées survient au cours du mandat, l'intéressé doit cesser immédiatement d'exercer ses fonctions et en informer le conseil d'administration ou le directoire au plus tard quinze jours après la survenance de cette incompatibilité » (Code des sociétés commerciales art. 262).

3. La **loi du 4 février 2002** prévoit que « les fonctions de membre de la Compagnie sont   **22146**
incompatibles avec tout acte de nature à porter atteinte à son indépendance, notamment :
– avec tout emploi rémunéré ; toutefois, l'intéressé peut dispenser un enseignement se rapportant à la comptabilité ou occuper un emploi chez un autre membre de la Compagnie des comptables de Tunisie ou de l'Ordre des experts-comptables de Tunisie ;
– avec toute activité commerciale, qu'elle soit exercée directement par un membre de la Compagnie ou par personne interposée ;
– avec tout mandat commercial à l'exception du mandat d'administrateur, de gérant ou de fondé de pouvoir des sociétés inscrites au tableau de la Compagnie » (Loi préc. art. 12).

Le barème des **honoraires** des experts-comptables et des commissaires aux comptes de   **22148**
Tunisie est fixé par l'arrêté du 1er mars 2016. Cet arrêté modifie l'arrêté du 28 février 2003 (tel que modifié par les arrêtés du 24-9-2003 et du 4-7-2006). Le barème des honoraires est établi sur la base du total du bilan (brut), du chiffre d'affaires (brut) et de l'effectif total.
Par ailleurs, les commissaires aux comptes ne peuvent percevoir de rémunérations autres que celles prévues par la loi, ni bénéficier d'aucun avantage par convention (Code des sociétés commerciales art. 265).

Rapports du commissaire aux comptes 1. Rapport général   **22150**
Pour les sociétés à responsabilité limitée, le rapport général doit être émis trente jours au moins avant la tenue de l'assemblée générale ayant pour objet l'approbation des états financiers. Lorsque la désignation du commissaire aux comptes est obligatoire, le rapport général doit être communiqué aux associés par lettre recommandée avec accusé de réception ou par tout autre moyen ayant trace écrite (Code des sociétés commerciales art. 128).
Pour les sociétés anonymes, les commissaires aux comptes sont tenus de présenter leur rapport dans le mois qui suit la communication qui leur est faite des états financiers de la société (Code des sociétés commerciales art. 269).

AUDIT LÉGAL DANS LE RESTE DU MONDE © Éd. Francis Lefebvre

22150
(suite)

En cas d'obligation d'établissement d'états financiers consolidés, la société mère doit mettre à la disposition de tous ses associés les états financiers consolidés ainsi que le rapport de gestion du groupe et le rapport du commissaire aux comptes de la société mère, au moins un mois avant la réunion de l'assemblée générale de ses associés (Code des sociétés commerciales art. 472).

Pour les **associations** régies par le décret-loi 2011-88 du 24 septembre 2011, le commissaire aux comptes soumet son rapport au secrétaire général du Gouvernement ainsi qu'au président du comité directeur de l'association dans un délai d'un mois à compter de la date de présentation des états financiers de l'association (art. 43, al. 5).

Pour les **sociétés faisant appel public à l'épargne** régies par la loi 94-117 du 14 novembre 1994, le rapport du commissaire aux comptes doit être déposé au Conseil du marché financier et à la bourse des valeurs mobilières de Tunis, dans un délai de quatre mois, au plus tard, de la clôture de l'exercice comptable et quinze jours, au moins, avant la tenue de l'assemblée générale ordinaire (Loi 94-117 précitée, art. 3).

2. Rapport relatif aux autres obligations légales ou réglementaires

Le commissaire aux comptes vérifie, dans le cadre de sa mission, l'exactitude des informations données sur les comptes de la société dans le rapport du conseil d'administration ou du directoire (Code des sociétés commerciales art. 266).

Le commissaire aux comptes doit s'assurer que la tenue des comptes de valeurs mobilières respecte la réglementation en vigueur. Une mention en est faite dans leur rapport à l'assemblée générale des actionnaires.

Le commissaire aux comptes doit également aviser la Banque centrale de Tunisie et le Conseil du marché financier des infractions à la législation et à la réglementation en matière de tenue des comptes de valeurs mobilières (art. 19 du décret 2001-2728 du 20-11-2001 tel que modifié par le décret 2005-3144 du 6-12-2005 portant sur la tenue des comptes de valeurs mobilières).

Pour les sociétés faisant appel public à l'épargne, le rapport du commissaire aux comptes doit contenir une évaluation générale du contrôle interne (art. 3 de la loi 94-117 du 14-11-1994 tel que modifié par la loi 2005-96 du 18-10-2005).

3. Rapport spécial

Pour les sociétés à responsabilité limitée, le commissaire aux comptes établit un rapport à présenter à l'assemblée générale sur toute convention intervenue directement ou par personne interposée entre la société et son gérant associé ou non, ainsi qu'entre la société et l'un de ses associés (Code des sociétés commerciales art. 115).

Pour les sociétés anonymes, l'article 200 du Code des sociétés commerciales prévoit que toute convention conclue directement ou par personne interposée entre la société, d'une part, et le président de son conseil d'administration, son administrateur délégué, son directeur général, l'un de ses directeurs généraux adjoints, l'un de ses administrateurs, l'un des actionnaires personnes physiques y détenant directement ou indirectement une fraction des droits de vote supérieurs à 10 %, ou la société la contrôlant, d'autre part, est soumise à l'autorisation préalable du conseil d'administration. Le conseil d'administration examine l'autorisation à la lumière d'un rapport spécial établi par le ou les commissaires aux comptes indiquant les impacts financiers et économiques des opérations présentées sur la société (Loi 2019-47 du 29-5-2019, art. 29 modifiant l'article 200 du Code des sociétés commerciales).

Ce rapport est distinct de celui présenté à l'assemblée générale sur les conventions réglementées.

Les procédures d'autorisation par le conseil d'administration et d'audit par le commissaire aux comptes s'appliquent également aux conventions dans lesquelles les personnes visées ci-dessus sont indirectement intéressées.

Le même article exige aussi la procédure d'autorisation et d'audit pour les conventions conclues entre la société et une autre société lorsque le président-directeur général, le directeur général, l'administrateur délégué, l'un des directeurs généraux adjoints ou l'un des administrateurs est associé tenu solidairement des dettes de cette société, gérant, directeur général, administrateur ou, d'une façon générale, dirigeant de cette société.

L'alinéa 2 du paragraphe II de l'article précité soumet aussi à l'autorisation préalable du conseil d'administration, à l'audit du commissaire aux comptes et à l'approbation de l'assemblée générale les opérations suivantes (pour les sociétés anonymes autres que les établissements de crédit et d'assurances) :

– la cession des fonds de commerce ou d'un de leurs éléments, ou leur location à un tiers, à moins qu'elles ne constituent l'activité principale exercée par la société ;
– l'emprunt important conclu au profit de la société dont les statuts fixent le minimum ;
– la vente des immeubles lorsque les statuts le prévoient ;

– la garantie des dettes d'autrui, à moins que les statuts ne prévoient une dispense de l'autorisation, de l'approbation et de l'audit dans la limite d'un seuil déterminé ;
– la cession de 50 % ou plus de la valeur comptable brute des actifs immobilisés de la société.

Au sens de l'alinéa 5 du paragraphe II de l'article précité, doivent être soumis à l'audit du commissaire aux comptes les obligations et engagements pris par la société elle-même ou par une société qu'elle contrôle, au profit de son président-directeur général, directeur général, administrateur délégué, l'un de ses directeurs généraux adjoints, ou de l'un de ses administrateurs, concernant les éléments de leur rémunération, les indemnités ou avantages qui leur sont attribués ou qui leur sont dus ou auxquels ils pourraient avoir droit au titre de la cessation ou de la modification de leurs fonctions ou suite à la cessation ou à la modification de leurs fonctions.

C'est sur la base de ce rapport que l'assemblée générale délibère sur les opérations et conventions citées.

Lorsque deux sociétés (ou plus) appartenant à un groupe de sociétés ont les mêmes dirigeants, les conventions conclues entre la société mère et l'une des sociétés filiales (ou entre les sociétés appartenant au groupe) sont soumises à des procédures spécifiques de contrôle. Ainsi, ces conventions doivent être approuvées par l'assemblée générale des associés de chaque société concernée, sur la base d'un rapport spécial établi par le commissaire aux comptes, si la désignation de ce dernier est obligatoire (Code des sociétés commerciales art. 475).

4. Rapport sur les états financiers intermédiaires

Les sociétés, dont les titres de capital ou donnant accès au capital sont admis à la cote de la bourse, sont tenues de déposer au Conseil du marché financier et à la bourse des valeurs mobilières de Tunis ou de leur adresser, au plus tard deux mois après la fin du premier semestre de l'exercice comptable sur supports papier et magnétique, des états financiers intermédiaires accompagnés du rapport intégral du ou des commissaires aux comptes les concernant (Loi 2005-96 du 18-10-2005 relative au renforcement de la sécurité des relations financières art. 21 bis).

5. Rapport adressé à la Banque centrale de Tunisie (BCT)

Le rapport des commissaires aux comptes des banques et des établissements financiers doit être établi conformément aux dispositions de la note établie par la Banque centrale de Tunisie n° 93-23 du 30 juillet 1993 et de la circulaire n° 91-24 du 17 décembre 1991.

Concernant les obligations spécifiques des commissaires aux comptes des établissements de crédit vis-à-vis de la BCT, voir n° 22112.

6. Rapport au Comité général des assurances (CGA)

Concernant les obligations spécifiques des commissaires aux comptes des entreprises d'assurances et de réassurance vis-à-vis du ministre des finances, voir n° 22114.

22151 Le ou les commissaires aux comptes de la société sont obligatoirement convoqués pour assister à toutes les réunions du conseil d'administration ou du conseil de surveillance et du directoire qui établissent les états financiers annuels ou qui examinent les états financiers intermédiaires, ainsi qu'à toutes les assemblées générales (Code précité art. 266 bis).

L'obligation de convocation du commissaire aux comptes n'implique pas l'obligation pour le commissaire aux comptes d'être présent. Il peut, le cas échéant, se faire représenter par un ou plusieurs collaborateurs de son choix qu'il fait connaître nommément à la société.

22152 Le ou les commissaires aux comptes qui se trouvent dans l'impossibilité d'exécuter leurs missions doivent en avertir la société, et lui restituer, dans le mois qui suit la date de l'empêchement, les documents en leur possession accompagnés d'un rapport motivé. Ils doivent également en aviser le Conseil de l'Ordre des experts-comptables de Tunisie dans les mêmes délais (Code précité art. 268).

22153 **Autres missions du commissaire aux comptes** Dans les sociétés cotées, les commissaires aux comptes ont des obligations relatives à l'audit des états financiers intermédiaires et des prospectus.

Par ailleurs, dans le cadre de certaines opérations telles que les augmentations ou réductions du capital ainsi que les opérations de fusion, des interventions spécifiques du commissaire aux comptes sont également prévues par la loi.

Le commissaire aux comptes peut également intervenir sur des missions exceptionnelles liées à la mission d'audit à la demande de l'autorité publique.

Enfin, dans une situation de déclenchement de la procédure d'alerte, le commissaire aux comptes est soumis à des obligations spécifiques définies par la loi.

22154 **Rapport spécial du commissaire aux comptes relatif à l'audit du crédit d'impôts sur les sociétés ou de TVA objet d'une demande de restitution** L'article 19 de la loi 2014-59 du 26 décembre 2014 portant loi de finances pour l'année 2015 a institué une procédure préférentielle de restitution des crédits de TVA et d'impôts sur les sociétés pour les sociétés relevant de la Direction des grandes entreprises. Cette procédure permet la restitution de la totalité du crédit sans contrôle préalable. Cette restitution est conditionnée par la remise par la société d'un « rapport spécial du commissaire aux comptes relatif à l'audit du crédit objet de la demande de restitution ».

Dans ce cadre, la commission des normes du Conseil de l'Ordre des experts-comptables de Tunisie, convenue avec l'administration fiscale tunisienne et approuvée par le Conseil de l'Ordre des experts-comptables de Tunisie par résolution du 6 mai 2015, a élaboré une note d'orientation sur la mission spéciale du commissaire aux comptes relative à la restitution du crédit d'impôt sur les sociétés et de la taxe sur la valeur ajoutée.

Normes de travail

22160 Les normes d'audit applicables en Tunisie sont **celles de l'Ifac**.

Le Conseil de l'Ordre des experts-comptables de Tunisie a décidé d'adopter la révision des normes ISA telles qu'approuvées par l'IAASB et traduites, dans la langue française, par les Comptables professionnels agréés du Canada / Chartered Professional Accountants of Canada (CPA Canada). Cette version révisée des normes ISA entre obligatoirement en vigueur en Tunisie pour l'audit des états financiers des exercices clos à partir du 15 décembre 2017.

Par ailleurs, l'application à compter de l'exercice clos à partir du 15 décembre 2016 est recommandée.

Pour les sociétés soumises à la nomination de deux ou plusieurs commissaires aux comptes, les règles et diligences relatives au cocommissariat aux comptes des sociétés ont été fixées par une norme professionnelle approuvée par le Conseil de l'Ordre en date du 6 septembre 2006.

Pour l'audit des crédits d'impôts sur les sociétés ou de TVA, objet de demandes de restitution, voir n° 22154.

Le Conseil de l'Ordre des experts-comptables de Tunisie a adopté le 18 avril 2018 la norme professionnelle générale sur les diligences de l'expert-comptable en matière de lutte contre les infractions terroristes et la répression du blanchiment d'argent dans le cadre de la loi organique 2015-26 du 7 août 2015.

Organisation de la profession

22170 **L'Ordre des experts-comptables de Tunisie**, créé par la loi 88-108 du 18 août 1988 portant refonte de la législation relative à la profession d'expert-comptable, est placé sous la tutelle du ministère des finances.

Pour les conditions d'inscription à l'Ordre, voir n° 22122.

22172 L'Ordre des experts-comptables a pour **missions** :
– d'assurer le fonctionnement normal de la profession d'expert-comptable ;
– d'œuvrer à faire respecter les règles et obligations de la profession ;
– de défendre l'honneur et l'indépendance de la profession.

Il est institué auprès de l'Ordre une chambre de discipline chargée notamment de sanctionner les infractions à la réglementation professionnelle et au règlement intérieur de l'Ordre et, en général, toutes infractions à l'une quelconque des règles de l'Ordre.

22174 La **Compagnie des comptables de Tunisie** est régie et organisée par la loi 2002-16 du 4 février 2002. Elle est dotée de la personnalité civile. Elle regroupe les professionnels habilités à exercer la profession de comptable selon les conditions fixées par la loi du 4 février 2002. Elle est soumise à la tutelle du ministère des finances.

Pour les conditions d'inscription à la Compagnie, voir n° 22124.

© Éd. Francis Lefebvre   **AUDIT LÉGAL DANS LE RESTE DU MONDE**

La Compagnie des comptables a pour **missions** :
– de veiller au fonctionnement normal de la profession ;
– d'œuvrer au respect des règles et obligations de la profession, étant précisé que certaines missions restent réservées aux membres de l'Ordre des experts-comptables de Tunisie ;
– de défendre l'honneur et l'indépendance de la profession.

> Le premier conseil de la Compagnie a été désigné par arrêté du ministre des finances. Le deuxième conseil a été élu lors de l'assemblée générale du 24 février 2006.

22176

Secret professionnel

Les commissaires aux comptes ainsi que leurs collaborateurs sont astreints au secret professionnel pour les faits, actes et renseignements dont ils ont pu avoir connaissance à l'occasion de l'exercice de leurs fonctions.
Les commissaires aux comptes doivent également signaler à l'assemblée générale les irrégularités et les inexactitudes relevées au cours de l'accomplissement de leur mission. En outre, ils sont tenus de révéler au procureur de la République les faits délictueux dont ils ont eu connaissance sans que leur responsabilité puisse être engagée pour révélation de secret professionnel (Code des sociétés commerciales art. 270).
Les dispositions de la loi pénale relative à la révélation du secret professionnel sont applicables aux commissaires aux comptes (Code précité art. 271).

22177

Responsabilité

Les commissaires aux comptes sont responsables tant à l'égard de la société qu'à l'égard des tiers des conséquences dommageables des négligences et des fautes qu'ils ont commises dans l'exercice de leurs fonctions.
Ils ne sont pas civilement responsables des infractions commises par les membres du conseil d'administration ou les membres du directoire, sauf s'ils en ont eu connaissance et qu'ils ne les ont pas révélées dans leur rapport à l'assemblée générale (Code précité art. 272).
Les actions en responsabilité contre les commissaires aux comptes se prescrivent par trois années à compter de la découverte du fait dommageable. Cependant, si le fait est qualifié de crime, l'action se prescrit dans le délai de dix ans (Code précité art. 273).

22178

II. Liban

Champ d'application

Le contrôle légal est applicable aux sociétés anonymes (SAL), à certaines sociétés à responsabilité limitée, aux banques et aux organismes d'assurances.
Toutes les **sociétés anonymes** doivent désigner un ou plusieurs commissaires de surveillance pour un mandat d'un an, qui peut être renouvelé pour une période de cinq années consécutives au maximum (C. com. art. 172) et un commissaire complémentaire à la demande d'un ou de plusieurs actionnaires qui représentent au moins 10 % du capital de la société (C. com. art. 173).

> La désignation d'un commissaire complémentaire n'est cependant pas requise pour les sociétés holding et les sociétés offshore. Ces sociétés peuvent toutefois choisir d'en désigner un pour un mandat de trois ans (Décret-loi 45/83 et ses amendements pour les sociétés holding et décret-loi 46/83 et ses amendements pour les sociétés offshore).

Sont désignés un ou plusieurs commissaires de surveillance dans les **sociétés à responsabilité limitée**, dont le capital est supérieur à 30 millions de livres libanaises, ou dont le nombre d'associés est supérieur à 20, ou à la demande d'un ou de plusieurs associés représentant un cinquième du capital (Décret-loi 35 du 5-8-1967 art. 30).
Dans les **sociétés à responsabilité limitée unipersonnelles**, la désignation d'un commissaire de surveillance devient obligatoire lorsque le capital de la société s'élève à 30 millions de livres libanaises (Décret-loi 35 du 5-8-1967 art. 30).
Les **banques** et les institutions financières doivent désigner deux commissaires de surveillance pour une durée de trois ans avec, pour les banques, une rotation des associés

22500

signataires tous les cinq ans (Code de la monnaie et du crédit art. 70, 174 et 186 et décision de la Banque du Liban nº 10224 du 13-8-2009).

Les **organismes d'assurance** quant à eux désignent un ou plusieurs commissaires aux comptes pour une période d'un an renouvelable (Loi sur les organismes d'assurance art. 18).

Enfin, et conformément au décret 8089 en date du 15 mars 1996, les sociétés de capitaux (sociétés anonymes libanaises, sociétés à responsabilité limitée, sociétés holding, sociétés offshore, sociétés en commandite par actions) ainsi que les sociétés de personnes dont le chiffre d'affaires est supérieur à 750 000 000 de livres libanaises ou dont le nombre d'employés est supérieur à 25, ainsi que toutes les succursales des sociétés étrangères opérant au Liban, sont tenues de présenter au ministère des finances un rapport d'audit émis par un expert-comptable agréé.

Professionnels habilités

22510 L'audit légal est pratiqué par des **commissaires de surveillance**, membres de l'Ordre des experts-comptables libanais.

22512 Les personnes physiques doivent répondre aux **conditions** suivantes :
– détenir la nationalité libanaise depuis dix ans au moins ;
– être âgées d'au moins vingt et un ans ;
– disposer de tous leurs droits civiques et ne pas avoir été condamnées à un crime ou délit grave ;
– être titulaires d'une licence en gestion ou équivalent ;
– avoir subi avec succès l'examen de passage de l'Ordre des experts-comptables libanais ou être en possession d'un diplôme professionnel étranger (*Certified Public Accountant, Chartered Accountant,* diplôme français d'expertise comptable) complété par les examens de l'Ordre des experts-comptables relatifs aux lois libanaises ;
– avoir un minimum de pratique du métier d'expert-comptable.

Conditions d'exercice de la mission

22520 L'**assemblée des actionnaires ou des associés désigne** le ou les commissaires de surveillance, choisis parmi les membres de l'Ordre des experts-comptables libanais.

> Dans les sociétés offshore unipersonnelles et les sociétés à responsabilité limitée unipersonnelles, c'est respectivement l'actionnaire ou l'associé unique qui procède à cette désignation.

22525 Le mandat a une **durée** d'un an dans les sociétés anonymes et d'assurances, de trois ans dans les banques, les institutions financières et les SARL. Les sociétés holding et offshore peuvent quant à elles désigner le(s) commissaire(s) de surveillance pour une période de trois ans. Le mandat est **renouvelable** pour une période de cinq années consécutives au maximum.

Le commissaire de surveillance peut être **révoqué** par l'assemblée des actionnaires ou associés.

> Dans les sociétés offshore unipersonnelles et les sociétés à responsabilité limitée unipersonnelles, c'est respectivement l'actionnaire ou l'associé unique qui peut procéder à cette révocation.

22528 Les **honoraires** sont déterminés par l'assemblée des actionnaires ou des associés.

SECTION 4

Suisse

Champ d'application

24000 La révision obligatoire des comptes annuels est prescrite par le **Code des obligations (CO)** en ce qui concerne les sociétés anonymes, les sociétés à responsabilité limitée, les sociétés en commandite par actions et les sociétés coopératives ainsi que par des **lois et ordonnances spéciales** pour certaines entités et domaines particuliers. Concernant les associations et les fondations, l'obligation de révision est prescrite par le Code civil (CC).

Le droit de la révision a été soumis à une refonte totale, entrée en vigueur le 1er janvier 2008. Désormais, la forme juridique d'une personne morale n'est plus l'élément décisif pour déterminer si les comptes annuels d'une personne morale doivent faire l'objet d'une révision ; c'est la taille et l'importance de l'entreprise qui sont déterminantes. Le nouveau droit distingue, d'une part, le contrôle ordinaire et, d'autre part, le contrôle restreint. Une exception à l'obligation de révision (*opting-out*) a également été prévue en vue d'alléger le coût relatif à la révision des comptes annuels des petites et moyennes entreprises ne dépassant pas certains critères de taille et à certaines conditions. Il convient de noter en outre que le droit suisse prévoit non seulement la révision des comptes annuels (statutaires et consolidés), mais également certains contrôles spéciaux.

Dans le prolongement de sa refonte du droit de la révision, le législateur suisse a adopté une révision partielle du CO relatif au droit comptable. Les normes du nouveau droit comptable sont entrées en vigueur le 1er janvier 2013. Les principales modifications sont la différenciation des entreprises en fonction de leur taille plutôt que de leur forme juridique. Les entreprises devaient appliquer les nouvelles dispositions à compter de l'exercice 2015 pour les comptes annuels et de l'exercice 2016 pour les comptes consolidés. Elles étaient toutefois libres de s'y conformer plus tôt si elles le souhaitaient.

À noter que le Parlement suisse, après des années de travaux préparatoires, a adopté le nouveau projet de loi sur la **société anonyme** suisse lors de sa séance de juin 2020. La société anonyme suisse est donc modernisée afin de répondre à l'environnement économique, social et technologique actuel.

L'entrée en vigueur du nouveau droit de la société anonyme intervient en deux temps : les nouvelles dispositions relatives aux seuils de représentation des sexes sont entrées en vigueur le 1er janvier 2021, de même que les règles de transparence pour les entreprises actives dans la production de matières premières. Les autres volets entreront vraisemblablement en vigueur en 2022.

24002

Même si les dispositions détaillées en matière de révision des comptes annuels sont incluses dans la partie régissant la société anonyme (CO 727 à 731a), celles-ci s'appliquent également à d'autres formes de sociétés par le biais de renvois figurant dans les dispositions légales concernant les autres personnes morales.

Sont obligatoirement soumises au **contrôle ordinaire** (CO 727) les sociétés anonymes, les sociétés en commandite par actions, les sociétés à responsabilité limitée et les sociétés coopératives :

1. qui sont ouvertes au public, à savoir les sociétés ayant des titres de participation cotés en bourse ou débitrices d'un emprunt par obligation ou dont les actifs ou le chiffre d'affaires représentent 20 % au moins des actifs ou du chiffre d'affaires des comptes de groupe d'une société cotée en bourse ou débitrice d'un emprunt par obligation ;

2. qui, au cours de deux exercices successifs, dépassent deux des valeurs suivantes : total du bilan de 20 millions de francs, chiffre d'affaires de 40 millions de francs, effectif égal à 250 emplois à plein temps en moyenne annuelle. Ces seuils sont applicables depuis le 1er janvier 2012 et ils étaient précédemment fixés à : total du bilan de 10 millions de francs, chiffre d'affaires de 20 millions de francs, effectif égal à 50 emplois à plein temps en moyenne annuelle ;

3. qui ont l'obligation d'établir des comptes consolidés (CO 963).

Lorsque le contrôle ordinaire des comptes annuels n'est pas obligatoire, la société est obligée de l'instituer si des actionnaires ou associés représentant 10 % du capital-actions l'exigent. Cette possibilité est également dévolue, de par la loi, aux associés responsables individuellement ou tenus d'effectuer des versements supplémentaires (voir CO 818, al. 2 et CO 906, al. 2).

Dans les cas où les conditions légales pour un contrôle ordinaire des comptes annuels ne sont pas remplies, celui-ci peut néanmoins être imposé par les statuts ou faire l'objet d'une décision de l'assemblée générale (*opting-up*).

Un **contrôle restreint** est exigé lorsque les conditions pour le contrôle ordinaire, mentionnées ci-dessus, ne sont pas remplies. La personne morale peut toutefois renoncer à celui-ci (*opting-out*), moyennant l'accord de l'ensemble des actionnaires ou des associés, lorsque son effectif ne dépasse pas dix emplois à plein temps en moyenne annuelle. Cette renonciation reste valable aussi longtemps que les actionnaires ne l'exigent pas et que les conditions du contrôle ordinaire ne sont pas remplies. Notons que la société qui remplit les conditions d'un *opting-out* peut également, au lieu de renoncer à tout contrôle, décider à l'unanimité des actionnaires ou associés, de faire effectuer un

AUDIT LÉGAL DANS LE RESTE DU MONDE © Éd. Francis Lefebvre

contrôle par un réviseur non agréé. Ce dernier n'est pas inscrit au registre du commerce et la société y est inscrite avec la mention d'*opting-out*.

Les **associations** (CC 60 à 79) doivent également soumettre leurs comptes annuels au contrôle ordinaire lorsqu'elles dépassent deux des valeurs suivantes pendant deux exercices successifs :
– total du bilan : 10 millions de francs ;
– chiffre d'affaires : 20 millions de francs ;
– effectif : 50 emplois à plein temps en moyenne annuelle (CC 69b, al. 1).

Par ailleurs, les associations doivent soumettre leurs comptes au contrôle restreint d'un organe de révision, si un membre de l'association responsable individuellement ou tenu d'effectuer des versements supplémentaires l'exige (CC 69b, al. 2).

Les **grandes fondations** (deux des valeurs seuils mentionnées sous point 2 ci-dessus sont dépassées au cours de deux exercices successifs) sont également soumises à l'obligation de contrôle ordinaire (CC art. 83b) ; l'application de lois spéciales (par exemple LPP) reste toutefois réservée.

Les **autres fondations** n'atteignant pas les valeurs seuils citées ci-dessus doivent soumettre leurs comptes à un contrôle restreint sans possibilité d'*opting-out* sous réserve d'une dispense de l'autorité de surveillance (CC 83b, al. 2). La dispense n'est pas accordée lorsque le total du bilan dépasse CHF 200 000.

Les **fondations de famille** et les **fondations ecclésiastiques** n'ont en revanche pas d'obligation de révision.

Les **obligations de l'organe de révision** sont réglées de façon différente selon que la société est soumise au contrôle ordinaire ou au contrôle restreint. Ses tâches comprennent notamment des obligations de vérification, des obligations d'information et d'action et une obligation de discrétion.

Selon le nouveau droit comptable, les lecteurs du bilan doivent être en mesure de déterminer si les seuils relatifs au contrôle ordinaire sont dépassés ou, en cas de contrôle restreint (*opting-out*), respectés. Pour cette raison, l'entreprise doit notamment faire figurer dans l'annexe une déclaration dans laquelle elle atteste que la moyenne annuelle des emplois à plein temps ne dépasse pas le seuil applicable (50 pour les associations, 250 pour les sociétés anonymes, les sociétés en commandite par actions, les sociétés à responsabilité limitée, les sociétés coopératives et les fondations).

Le nouveau droit comptable impose également aux grandes entreprises obligatoirement soumises au contrôle ordinaire :
– d'établir un rapport annuel ainsi qu'un tableau des flux de trésorerie ;
– d'indiquer dans leur rapport annuel :
• le nombre exact d'emplois à plein temps en moyenne annuelle,
• les informations supplémentaires sur les dettes à long terme portant intérêt,
• et le montant des honoraires versés à l'organe de révision.

24004 **Obligations en matière de contrôle ordinaire** Elles comprennent des obligations de vérification et des obligations d'information et d'action.

Les **obligations de vérification** consistent à :
1. Vérifier en particulier si les comptes annuels et, le cas échéant, les comptes de groupe sont conformes aux dispositions légales, aux statuts et au « cadre de référence choisi » (normes professionnelles de présentation des comptes) (CO 728a, al. 1, ch. 1).
2. Vérifier si la proposition du conseil d'administration à l'assemblée générale sur l'emploi du bénéfice au bilan est conforme à la loi et aux statuts (CO 728a, al. 1, ch. 2) ; la manière dont le conseil d'administration dirige la société n'est en revanche pas soumise au contrôle de l'organe de révision (CO 728a, al. 3).
3. Vérifier s'il existe un système de contrôle interne (CO 728a, al. 1, ch. 3).
4. Vérifier le bilan intermédiaire en cas de raisons sérieuses d'admettre un surendettement (CO 725, al. 2).

Les **obligations d'information et d'action** comportent :
1. L'établissement d'un rapport détaillé à l'intention du conseil d'administration contenant des constatations relatives à l'établissement des comptes, au système de contrôle interne ainsi qu'à l'exécution et au résultat du contrôle (CO 728b, al. 1).
2. L'établissement d'un rapport écrit à l'assemblée générale résumant le résultat de la révision et contenant un avis sur celui-ci ; la production d'indications attestant de l'indépendance de l'organe de révision ; ainsi que d'indications sur la personne qui a dirigé la

révision et sur ses qualifications professionnelles. L'organe de révision lui adresse également une recommandation d'approuver, avec ou sans réserve, les comptes annuels et les comptes de groupe ou de les refuser (CO 728b, al. 2).

3. La participation (CO 731, al. 2) et la communication de renseignements (CO 697, al. 1) à l'assemblée générale.

4. La communication par écrit au conseil d'administration et, le cas échéant, à l'assemblée générale, des violations de la loi ou des statuts qui ont été constatées (CO 728c, al. 1 et 2).

5. L'envoi d'un avis au juge en cas de surendettement manifeste (CO 728c, al. 3).

6. La convocation de l'assemblée générale (CO 699, al. 1).

Obligations en matière de contrôle restreint Elles comprennent des obligations de vérification, des obligations d'information et d'action et une obligation générale de discrétion.

24005

Obligations de vérification :
Lors d'un contrôle restreint, l'organe de révision vérifie s'il existe des faits dont il résulte :
1° que les comptes annuels ne sont pas conformes aux dispositions légales et aux statuts (CO 729a, al. 1) ;
2° que la proposition du conseil d'administration à l'assemblée générale sur l'emploi du bénéfice au bilan n'est pas conforme aux dispositions légales et aux statuts (CO 729a, al. 1).
Le contrôle est limité à des auditions, à des opérations de contrôle analytiques et à des vérifications détaillées appropriées (CO 729a, al. 2).

Obligations d'information et d'action
1. L'organe de révision établit un rapport écrit à l'assemblée générale résumant le résultat de la révision et contenant un avis sur celui-ci ; il fait mention du caractère restreint du contrôle, des indications attestant de l'indépendance de l'organe de révision et, le cas échéant, de la collaboration à la tenue de la comptabilité ainsi que de la fourniture d'autres prestations à la société soumise au contrôle ; il donne des indications sur la personne qui a dirigé la révision et sur ses qualifications professionnelles (CO 729b, al. 1).
2. L'organe de révision adresse un avis au juge en cas de surendettement manifeste (CO 729c).

Obligation générale de discrétion
Les réviseurs chargés du contrôle ordinaire ou du contrôle restreint sont soumis aux obligations de sauvegarde du secret des affaires et de discrétion (CO 730b, al. 2).
L'organe de révision doit répondre à des attentes importantes de divers milieux. Afin de satisfaire à ces attentes, l'association suisse des experts en audit nommée EXPERTsuisse (anciennement « la Chambre fiduciaire ») a émis un certain nombre de recommandations et de directives, de règles professionnelles et de normes d'audit, ainsi que quatre tomes d'un manuel suisse d'audit comme suit :
– Tenue de la comptabilité et présentation des comptes, dernière édition en date de 2014 ;
– Contrôle ordinaire, dernière édition de 2016 ;
– Contrôle restreint, dernière édition de 2014 ;
– Services financiers, prévoyance professionnelle et administrations publiques, dernière édition de 2016 ;
– Missions d'assurance et services connexes, dernière édition de 2020.
Ils constituent les compléments indispensables au Code des obligations dans la pratique de l'audit légal en Suisse.

Les sociétés en commandite par actions doivent avoir un organe spécial chargé du contrôle et tenu d'exercer une surveillance permanente sur la gestion selon l'article 768 du Code des obligations. En l'occurrence, la fonction de révision est ainsi combinée avec une fonction de surveillance. Les membres de cet organe doivent être inscrits au registre du commerce. Par ailleurs, selon les critères de l'article 727 CO et les décisions prises par l'assemblée générale, la société en commandite par actions est soumise à un contrôle ordinaire ou restreint de ses comptes annuels avec possibilité d'*opting-out* au sens de l'article 727a, al. 2 CO. En raison de la règle de principe de l'article 768 CO mentionnée ci-dessus, la société en commandite par actions ne peut renoncer à instituer un organe de contrôle spécial au sens de ladite disposition. À noter que ce type de société est peu répandu en Suisse.

24006

AUDIT LÉGAL DANS LE RESTE DU MONDE   © Éd. Francis Lefebvre

24008 Les **sociétés coopératives** sont soumises au contrôle légal selon les articles 906 et 907 du Code des obligations. Les dispositions du droit de la société anonyme concernant l'organe de révision sont applicables par analogie. Une société coopérative est ainsi soumise au contrôle ordinaire ou au contrôle restreint selon les critères des articles 727 et suivants du Code des obligations. Outre les attributions de tout organe de révision citées plus haut, l'organe de révision contrôle si la liste des associés est tenue à jour lorsque ceux-ci sont individuellement responsables ou tenus d'effectuer des versements supplémentaires. Si la société coopérative a renoncé à nommer un organe de révision (*opting-out*), l'administration de la société doit faire contrôler ladite liste par un réviseur agréé.

24010 En application de dispositions légales particulières, les entités ci-après ont l'obligation de soumettre chaque année leurs comptes annuels au contrôle d'un réviseur indépendant :
– les **banques**, en application de la loi fédérale sur les banques et les caisses d'épargne, chapitre IX, art. 18 et de la loi du 22 juin 2007 sur la surveillance des marchés financiers (art. 24). Une banque constituée sous la forme d'une société de capitaux doit également respecter les diverses dispositions relatives au droit applicable à la forme juridique choisie ;

Le réviseur bancaire a les devoirs supplémentaires suivants :
– présentation du rapport de vérification (rapport financier et rapport prudentiel) à l'Autorité fédérale de surveillance des marchés financiers (FINMA) ;
– communication à la direction des violations des dispositions légales et statutaires avec demande de régularisation dans un délai approprié ;
– communication à la FINMA des infractions pénales, irrégularités graves, perte de plus de la moitié des fonds propres et de tous autres faits susceptibles de compromettre la sécurité des créanciers.

– les **bourses** et les **négociants en valeurs mobilières**, quelle que soit leur forme juridique, en application de la loi fédérale sur les bourses et le commerce des valeurs mobilières (art. 17) ;

Les obligations du réviseur sont les mêmes que pour les banques.

– Les **Fintech** (« personnes » selon l'art. 1b de la loi sur les banques) : afin d'encourager les entreprises financières innovantes, le législateur a créé une autorisation aux exigences allégées, aussi appelée « autorisation Fintech ». La FINMA est compétente pour l'octroi de cette autorisation. L'autorisation Fintech donne le droit d'accepter des dépôts du public jusqu'à un montant maximal de 100 millions de francs suisses. Ces dépôts ne peuvent toutefois être ni investis, ni rémunérés. Pour pouvoir en bénéficier, l'établissement au bénéfice d'une autorisation Fintech doit être une société anonyme, une société en commandite par actions ou une société à responsabilité limitée et avoir son activité commerciale en Suisse ;

Les obligations du réviseur sont les mêmes que pour les banques.

– les **placements collectifs de capitaux**, en application de la loi fédérale sur les placements collectifs de capitaux (art. 126 à 130) et de l'ordonnance du 21 décembre 2006 de l'Autorité fédérale de surveillance des marchés financiers sur les placements collectifs de capitaux (art. 83 à 109) ;

Par rapport aux obligations qui existent pour les banques, le réviseur effectue des audits intermédiaires à l'improviste et doit présenter son rapport de vérification à la banque dépositaire et à l'Autorité fédérale de surveillance des marchés financiers.

– les **assurances**, en application de la loi fédérale sur la surveillance des entreprises d'assurances (LSA), articles 27 à 30 et de l'ordonnance sur les audits des marchés financiers (OA-FINMA) (art. 12 à 15, 20 à 21 et 26). Une entreprise d'assurances doit charger un organe externe de révision d'examiner sa gestion ;

Ne peuvent être chargés de la révision externe que des organes de révision et des réviseurs qui :
– offrent sur les plans professionnel et personnel la garantie d'une activité d'audit sérieuse et diligente ;
– sont indépendants de l'entreprise d'assurances et, si celle-ci fait partie d'un groupe d'assurances ou d'un conglomérat d'assurances, des entreprises qui le constituent ;
– sont agréés par l'autorité de surveillance (FINMA) pour la révision d'entreprises d'assurances.

– les **entreprises de révision** agréées par l'Autorité fédérale de surveillance en matière de révision en tant qu'entreprises de révision soumises à la surveillance de l'État en vertu de la loi du 16 décembre 2005 sur la surveillance de la révision sont admises en tant qu'organes de révision des assurances ;

L'entreprise de révision a les devoirs supplémentaires suivants :
– présentation d'un rapport à l'Autorité fédérale de surveillance des marchés financiers (FINMA) ;
– communication à l'Autorité fédérale de surveillance des marchés financiers des infractions pénales, des irrégularités graves, des infractions à l'encontre du principe d'une activité irréprochable et des faits de nature à compromettre la solvabilité de l'entreprise d'assurances ou les intérêts des assurés.

– les **Caisses de compensation (AVS)** y compris leurs agences et les employeurs en application de la loi fédérale sur l'assurance vieillesse et survivants, article 68 et de son règlement d'exécution, articles 159 à 170 ;

Les organes de révision de ces caisses ont l'obligation d'envoyer leurs rapports à l'Office fédéral des assurances sociales, à la Centrale de compensation, à l'autorité cantonale de surveillance dont dépend la caisse, au comité de la caisse de compensation et à la caisse de compensation contrôlée. Les employeurs sont contrôlés en général tous les quatre ans. Les caisses de compensation sont responsables du contrôle ; ce dernier peut toutefois être exécuté par des tiers reconnus. L'organe de révision délivre un rapport à la caisse de compensation concernée. Aucune forme particulière n'est exigée.

La révision intervient deux fois par an, une première fois en cours d'année sans avis préalable, et une seconde fois après la clôture de l'exercice. La révision d'une caisse de compensation diverge sur certains points de celle d'une société anonyme. Elle s'étend notamment à l'organisation et au contrôle de l'ensemble de la gestion.

– les **institutions de prévoyance professionnelle**, en application de la loi fédérale sur la prévoyance professionnelle vieillesse, survivants et invalidité (art. 53) et de son ordonnance d'exécution (OPP2) (art. 33 à 41a). Les institutions de prévoyance doivent établir et structurer leurs comptes annuels conformément aux recommandations comptables Swiss GAAP RPC 26 dans leur version 2014/2015 publiées en février 2015 (art. 47 OPP2) ;

La loi sur la prévoyance professionnelle élargit l'objet de la vérification par rapport au droit des sociétés anonymes en incluant, dans le contrôle, la gestion et les placements. L'organe de contrôle établit, à l'intention de l'organe supérieur de l'institution de prévoyance, un rapport écrit sur le résultat de ses vérifications et sur sa proposition quant à l'approbation des comptes. L'organe de contrôle communique à l'autorité de surveillance une copie de son rapport de contrôle.

– les **caisses d'assurance chômage**, en application de l'article 83 de la loi fédérale sur l'assurance chômage obligatoire et sur l'indemnité en cas d'insolvabilité et de son ordonnance d'exécution (art. 109 s.).

La tâche de contrôle est confiée à certains organes étatiques qui, dans certains cas, peuvent les déléguer à d'autres instances, telles que des sociétés fiduciaires. En pratique, le cas est rare.

Professionnels habilités

Les professionnels habilités à exercer l'audit légal portent des titres protégés. Les **qualifications des réviseurs** sont définies par la loi et diffèrent selon l'étendue du contrôle à effectuer (ordinaire ou restreint) ainsi que, dans certains cas, la nature de l'entreprise à auditer.

24020

Le Code des obligations (art. 727b et 727c) en relation avec la loi fédérale sur l'agrément et la surveillance des réviseurs du 16 décembre 2005 (LSR) distinguent les **experts-réviseurs agréés**, les **réviseurs agréés**, et les **entreprises de révision soumises à la surveillance de l'État**. L'agrément est accordé par l'Autorité de surveillance en matière de révision (ASR) (LSR, 3 s., 29 s.).

Peuvent être agréées en tant qu'**experts-réviseurs** (LSR 4) les personnes physiques jouissant d'une réputation irréprochable et ayant les qualifications professionnelles suivantes :
– les experts-comptables diplômés ;
– les titulaires du diplôme fédéral d'expert fiduciaire, d'expert fiscal ou d'expert en finance et en *controlling* et justifiant d'une pratique professionnelle de cinq ans au moins ;
– les titulaires d'un diplôme en gestion d'entreprise, en sciences économiques ou juridiques délivré par une université ou une haute école spécialisée suisse, ou spécialiste en finance et comptabilité avec brevet fédéral ou encore agent fiduciaire avec brevet fédéral, justifiant dans tous les cas d'une pratique professionnelle de douze ans au moins ;
– les titulaires d'un diplôme étranger attestant une formation analogue à celles qui sont énumérées ci-dessus, justifiant d'une pratique professionnelle équivalant à celle qui est exigée et pouvant prouver qu'elles ont les connaissances du droit suisse requises, pour autant qu'un traité avec l'État d'origine le prévoie ou que l'État d'origine accorde la réciprocité.

AUDIT LÉGAL DANS LE RESTE DU MONDE   © Éd. Francis Lefebvre

Pour le titre de **réviseurs agréés**, les conditions cumulatives suivantes sont requises :
– une réputation irréprochable ;
– avoir achevé une des formations exigées pour des experts-réviseurs mentionnées ci-dessus ;
– une pratique professionnelle d'un an au moins acquise principalement dans les domaines de la comptabilité et de la révision comptable sous la supervision d'un réviseur agréé ou d'un spécialiste étranger ayant des qualifications comparables.

Une société qui n'est pas soumise à une obligation de contrôle ordinaire ou restreint peut recourir à un **réviseur non agréé**. Celui-ci n'est toutefois pas inscrit au registre du commerce et la société contrôlée y est inscrite avec la mention d'un *opting-out*.

Les entreprises de révision sont agréées en qualité d'expert-réviseur ou de réviseur lorsque (LSR 6, al. 1) :
– la majorité des membres de son organe supérieur de direction ou d'administration ainsi que de sa direction a reçu l'agrément nécessaire ;
– un cinquième au moins des personnes qui sont appelées à fournir des prestations en matière de révision a reçu l'agrément nécessaire ;
– il est établi que toutes les personnes qui dirigent les prestations en matière de révision ont reçu l'agrément nécessaire ;
– la structure de direction garantit une supervision suffisante de l'exécution des différents mandats.

Les organes de contrôle des finances des pouvoirs publics sont admis en tant qu'entreprises de révision à condition qu'ils remplissent les exigences mentionnées ci-dessus ; ils ne peuvent en revanche être agréés en qualité d'entreprises de révision soumises à la surveillance de l'État (LSR 6, al. 2).

Les entreprises de révision fournissant des prestations de révision à des sociétés ouvertes au public doivent demander un agrément spécial et sont soumises à la surveillance de l'État. Pour être agréée en tant qu'**entreprise de révision soumise à la surveillance de l'État**, les conditions suivantes doivent être remplies (LSR 9) :
– remplir les conditions d'agrément en qualité d'expert-réviseur (LSR 6, al. 1) ;
– offrir la garantie de conformité aux dispositions légales ;
– avoir une couverture d'assurance suffisante contre les risques en matière de responsabilité civile.

24025 Les **conditions d'admission** (agrément) à la qualité d'auditeur légal diffèrent selon le contrôle à exercer et les caractéristiques de la société audité. Le réviseur peut être une personne physique, une personne morale ou une société de personnes.

24027 Pour les **sociétés ouvertes au public**, le Code des obligations (CO 727b, al. 1) prévoit que l'organe de révision doit être « une entreprise de révision soumise à la surveillance de l'État conformément à la loi du 16 décembre 2005 sur la surveillance de la révision ». Ainsi, seuls les experts-réviseurs agréés agissant en outre par l'entremise d'une entreprise de révision soumise à la surveillance de l'État peuvent auditer les sociétés ouvertes au public.

Les **autres personnes morales** soumises au contrôle ordinaire doivent désigner comme organe de révision des experts-réviseurs agréés qui sont ceux que l'ancien droit dénommait « réviseurs particulièrement qualifiés » (CO 727b).

Quant aux **sociétés soumises à un contrôle restreint**, elles doivent désigner comme organe de révision un réviseur agréé au sens de la loi du 16 décembre 2005 sur la surveillance de la révision.

Contrairement à l'ancien droit, quiconque n'ayant pas de formation jugée suffisante au sens de la loi ne peut plus être réviseur légal.

24030 Pour les réviseurs de **banques**, seules peuvent être agréées comme organes de révision, au sens de l'article 24 de la LFINMA (Loi sur la surveillance des marchés financiers du 22-6-2007) lu à la lumière de l'article 9a de la LSR, les sociétés d'audit qui :
– sont titulaires de l'agrément pour la fourniture de prestations en matière de révision aux sociétés d'intérêt public au sens de l'article 9 de la LSR ;
– sont suffisamment organisées pour effectuer les audits prévus par la loi ;
– n'exercent aucune activité soumise à autorisation en vertu des lois sur les marchés financiers.

© Éd. Francis Lefebvre   **AUDIT LÉGAL DANS LE RESTE DU MONDE**

En outre, les auditeurs responsables sont également agréés aux conditions suivantes :
– ils sont agréés en tant qu'experts-réviseurs au sens de l'article 4 de la LSR ;
– ils disposent des connaissances techniques requises et de l'expérience nécessaire pour effectuer un audit conformément aux lois sur les marchés financiers au sens de l'article 11d de l'ordonnance sur la surveillance de la révision du 22 août 2007.
L'Autorité fédérale de surveillance des marchés financiers décide de l'agrément en dernier ressort.

S'agissant du réviseur des **placements collectifs de capitaux**, celui-ci doit être reconnu par l'Autorité fédérale de surveillance des marchés financiers (art. 132 LPCC) en vertu de la loi fédérale sur les placements collectifs de capitaux (art. 126 LPCC). La nomination d'un réviseur reconnu par l'autorité de surveillance requiert l'accord préalable de celle-ci. Les articles 5 et 6 de l'ordonnance sur les audits des marchés financiers précisent les conditions de reconnaissance qui sont assez proches de celles relatives au réviseur bancaire. La direction de l'audit doit être confiée à un auditeur responsable, agréé en vertu de l'article 9a de la LSR.

24032

> La loi fédérale sur les fonds de placement du 18 mars 1994 et son ordonnance d'exécution ont été abrogées et remplacées par la loi fédérale sur les placements collectifs de capitaux du 23 juin 2006, entrée en vigueur le 1er janvier 2007, et ses ordonnances d'exécution, à savoir l'ordonnance du Conseil fédéral sur les placements collectifs de capitaux ainsi que l'ordonnance de la Commission fédérale des banques sur les placements collectifs de capitaux.

Les réviseurs de **bourses** et de **négociants en valeurs mobilières** doivent être agréés par l'autorité de surveillance selon l'article 2 de l'ordonnance sur les audits des marchés financiers. Leur nomination doit également être approuvée par l'autorité de surveillance. Les conditions d'agrément sont les mêmes que celles relatives aux réviseurs bancaires.

24035

En ce qui concerne les **caisses de compensation AVS**, le règlement sur l'assurance vieillesse et survivants (art. 165) précise les conditions de la reconnaissance des organes de révision externes qui sont notamment les suivantes :
– les personnes qui s'occupent de la révision des caisses et du contrôle des employeurs doivent posséder une connaissance approfondie de la technique de la révision, de la comptabilité, des dispositions de la LPGA et de la LAVS ainsi que de leurs prescriptions d'exécution, y compris celles édictées par l'Office fédéral ;
– les personnes qui effectuent les révisions et les contrôles doivent, dans l'exercice de leur profession principale, se consacrer exclusivement à des travaux de révision. Si elles sont salariées, elles doivent être liées à l'organe de révision par un contrat de travail ou, dans les cas prévus par l'article 164, alinéa 2, à la caisse de compensation ;
– les personnes qui ont à diriger les révisions et les contrôles doivent posséder le diplôme fédéral d'expert-comptable.
Les organes de révision externes doivent, en outre, s'il ne s'agit pas de services de contrôles cantonaux, remplir les conditions suivantes :
– être membres ordinaires d'EXPERTsuisse. L'Office fédéral peut autoriser des exceptions ;
– pour la révision des caisses de compensation ou d'agences, au sens de l'article 161, alinéa 1, prouver qu'ils ont été chargés de la révision d'au moins trois caisses ou agences et, pour les contrôles d'employeurs, qu'ils sont mandatés pour dix contrôles au moins par année ; l'Office fédéral peut faire une exception pour les organes de révision déjà reconnus ;
– s'engager à faire connaître à l'Office fédéral les activités qu'ils exercent en dehors des révisions et des contrôles et à en annoncer au fur et à mesure tous les changements ;
– s'engager à fournir à l'Office fédéral tous les documents et tous les renseignements nécessaires pour lui permettre de vérifier si les conditions de la reconnaissance sont remplies et respectées.

24038

Enfin, en matière d'**institution de prévoyance professionnelle**, peuvent être reconnus comme organes de contrôle, selon les conditions d'aptitude fixées par le Conseil fédéral (art. 52b LPP), les personnes physiques et les entreprises agréées en qualité d'experts-réviseurs conformément à la loi du 16 décembre 2005 sur la surveillance de la révision.
La directive D-03/2016 précise les exigences minimales à l'organe de révision qui sont l'indépendance, l'expérience pratique et la formation continue ainsi que l'exécution.

24049

Statut et règles de comportement

24050 Les règles de comportement professionnel présentées ci-dessous sont les **règles édictées par EXPERTsuisse** (voir n° 24125) ainsi que les dispositions légales en la matière (CO, LSR et lois spéciales). Les règles d'EXPERTsuisse ne s'appliquent qu'aux membres individuels et aux sociétaires des membres collectifs de cette organisation professionnelle.

24055 Les règles applicables aux réviseurs en matière d'**indépendance** résultent du Code des obligations, de la loi sur la surveillance des réviseurs, des règles professionnelles et des « directives sur l'indépendance » émises par EXPERTsuisse. Des dispositions particulières en relation avec l'indépendance ou l'incompatibilité de certains travaux sont en outre expressément prévues par des lois spéciales (LB, LFINMA, LBVM, LPCC, LAVS) et par leurs ordonnances d'exécution.

1. Le **Code des obligations**, tant pour le contrôle ordinaire (art. 728) que pour le contrôle restreint (art. 729), fixe les principes selon lesquels l'organe de révision doit être indépendant et former son appréciation en toute objectivité. La notion d'indépendance comprend :
– l'indépendance effective ;
– l'indépendance en apparence.

2. Les **règles professionnelles** d'EXPERTsuisse disposent (art. 5.1) que « les membres de la profession évitent tout lien et toute action qui mettent ou pourraient mettre leur liberté de décision ou leur objectivité en péril ou présenteraient des aspects d'incompatibilité ».

Des directives de 2007 sur l'indépendance (dont la dernière mise à jour date du 1er décembre 2014) complètent les règles professionnelles. Elles précisent notamment les notions d'indépendance effective et apparente :
– indépendance effective : indépendance intérieure qui permet un jugement non entravé par des influences susceptibles de menacer la capacité de jugement professionnel, à savoir un jugement objectif et neutre. Par objectivité, on entend une combinaison d'impartialité, d'intégrité et l'absence de tout conflit d'intérêts professionnels ;
– indépendance en apparence : implique une attitude propre à éviter des faits et circonstances qui pourraient inciter un tiers à mettre en doute l'intégrité, l'objectivité ou l'absence de tout conflit d'intérêts professionnels de l'entreprise de révision ou d'un membre de l'équipe de réviseurs.
Ces directives interprètent et concrétisent les prescriptions légales suisses et s'inspirent fortement des dispositions du Code d'éthique de l'Ifac.

24058 Les **incompatibilités légales** résultent soit du Code des obligations, soit de la loi sur la surveillance des réviseurs ou de lois spéciales.

Pour le **contrôle ordinaire**, sont en particulier proscrits d'après l'article 728, al. 2 CO (non exhaustif) :
– l'appartenance de l'organe de révision au conseil d'administration, l'exercice des fonctions décisionnelles au sein de la société, des rapports de travail avec la société ;
– une participation directe ou indirecte importante au capital-actions/capital social ou encore une dette ou une créance importante à l'égard de la société ;
– une relation étroite (personnelle ou commerciale) entre la personne qui dirige la révision et l'un des membres du conseil d'administration, une autre personne ayant des fonctions décisionnelles ou un actionnaire important ;
– la collaboration à la tenue de la comptabilité ainsi que la fourniture d'autres prestations qui entraînent le risque de devoir contrôler son propre travail en tant qu'organe de révision ;
– l'acceptation d'un mandat qui entraîne une dépendance économique (pour les sociétés ouvertes au public, voir art. 11, I et a LSR) ;
– la conclusion d'un contrat à des conditions non conformes aux règles du marché ou d'un contrat par lequel l'organe de révision acquiert un intérêt au résultat du contrôle ;
– l'acceptation de cadeaux de valeur ou d'avantages particuliers.
Outre les incompatibilités légales généralement applicables à l'organe de révision (art. 728 CO), les **entreprises de révision soumises à la surveillance de l'État** sont tenues de respecter les règles suivantes lorsqu'elles fournissent des prestations en matière de révision aux **sociétés ouvertes au public** (art. 11, al. 1 LSR) :
– les honoraires qu'elles perçoivent annuellement pour les prestations en matière de révision et les autres services qu'elles fournissent à une société de même qu'aux autres

AUDIT LÉGAL DANS LE RESTE DU MONDE

sociétés réunies avec elles sous une direction unique (groupe) ne doivent pas dépasser 10 % du montant total des honoraires encaissés ;
– lorsqu'une personne ayant exercé des fonctions décisionnelles ou dirigeantes en matière d'établissement des comptes au sein d'une société entre au service d'une entreprise de révision dans laquelle elle est appelée à occuper une fonction dirigeante, l'entreprise de révision n'est pas autorisée à fournir à cette société des prestations en matière de révision durant deux ans à compter de l'entrée en fonctions de cette personne auprès de son nouvel employeur ;
– lorsqu'une personne qui a collaboré à l'établissement des comptes au sein d'une société entre au service d'une entreprise de révision, elle ne peut fournir à cette société des prestations en matière de révision durant deux ans à compter de son entrée en fonctions auprès de son nouvel employeur.
Par ailleurs, une société ouverte au public ne peut s'adjoindre les services de personnes qui, pendant les deux années précédentes, ont dirigé des prestations en matière de révision pour cette société ou qui exerçaient des fonctions décisionnelles dans l'entreprise de révision concernée (art. 11, al. 2 LSR).
En matière de **contrôle ordinaire**, la personne qui dirige la révision peut exercer ce mandat pendant sept ans au plus. Elle ne peut reprendre le même mandat qu'après une interruption de trois ans. Cette interdiction subsiste même si la personne concernée change d'entreprise de révision. Le délai de sept ans ne met pas en cause la reconduction illimitée du mandat de l'organe de révision (voir n° 24080, ci-après).
S'agissant du **contrôle restreint**, l'application du principe d'indépendance est assouplie (CO 729, al. 2). En effet, la collaboration du réviseur à la tenue de la comptabilité ainsi que la fourniture d'autres prestations à la société soumise au contrôle sont autorisées à condition que le principe d'indépendance soit respecté. Les prestations fournies doivent être mentionnées dans le rapport de révision. Si le risque existe de devoir contrôler son propre travail, un contrôle adéquat doit être garanti par la mise en place de mesures appropriées sur le plan de l'organisation et du personnel (CO 729, al. 2).
Dans les **banques**, le réviseur a notamment l'interdiction d'avoir une activité de gérance de fortune et d'effectuer des opérations de banque (Loi fédérale sur les banques et les caisses d'épargne art. 20, al. 2). Par ailleurs, la Commission fédérale des banques délimite de manière précise le champ d'activité des organes de révision.
Dans les **placements collectifs de capitaux**, toute activité propre au secteur bancaire, au négoce de valeurs mobilières ou à la gestion de fortune est notamment interdite au réviseur.
Dans les **caisses de compensation AVS**, le réviseur ne peut participer à la gestion de la caisse, ni exécuter pour les caisses d'autres travaux que ceux de réviseur.
Enfin, dans les **institutions de prévoyance professionnelle**, l'organe de contrôle ne doit notamment pas être lié par des instructions données par des personnes responsables de la gestion.
Les dispositions sur l'indépendance s'adressent non seulement à des membres de l'équipe chargée de l'audit, mais aussi à leurs proches (conjoint, frères, sœurs, parents en ligne directe et autres personnes en relations étroites), à des membres de l'organe supérieur de direction ou d'administration de l'entreprise de révision ainsi qu'à d'autres personnes qui exercent des fonctions décisionnelles au sein de l'entreprise de révision (CO 728, al. 5).
Sont également concernées par ces dispositions les sociétés qui sont réunies sous une direction unique avec la société soumise au contrôle ou l'organe de révision (CO 728, al. 6).

EXPERTsuisse a émis en 2007 des « **directives sur l'indépendance** » (dont la dernière mise à jour date du 1er décembre 2014), remplaçant celles de 2001, applicables à tous ses membres et dont la violation est généralement traitée et sanctionnée par ses instances. Outre les dispositions légales suisses, ces directives se basent sur les dispositions du Code d'éthique de l'Ifac. Ces directives comportent **huit principes** généraux d'indépendance :
– les entreprises de révision et leurs collaborateurs sont familiarisés avec la conception de l'indépendance et de l'objectivité et évitent tout conflit d'intérêts et le risque de l'audit de propres travaux ;
– l'entreprise de révision et l'entreprise soumise à audit assument de la même manière la responsabilité pour que l'indépendance de l'organe de révision soit préservée. L'entreprise de révision identifie et évalue les circonstances et relations qui pourraient représenter une

24060

569

menace pour l'indépendance (indépendance en apparence) et, si celles-ci ne sont pas manifestement insignifiantes, prend les mesures de protection qui s'imposent pour supprimer ou réduire ces menaces à un niveau acceptable. De telles circonstances et relations ainsi que les mesures de protection prises doivent être publiées dans le rapport d'audit à l'assemblée générale ;

– outre l'identification et l'évaluation de relations entre l'organe de révision, ses entreprises partenaires et le client soumis à l'audit (y compris ses sociétés proches), l'entreprise de révision examine si les relations entre les différentes personnes en dehors de l'équipe de réviseurs et du client peuvent constituer une menace pour l'indépendance ;

– l'évaluation des menaces pour l'indépendance et des mesures qui en résultent doit être documentée. Les mesures de protection à appliquer se distingueront en fonction des circonstances qui prévalent. Il y a toutefois toujours lieu de tenir compte de ce qu'un tiers considérerait comme non acceptable ;

– s'il s'agit d'une menace manifestement insignifiante ou lorsque l'entreprise de révision peut réduire la menace à un niveau acceptable par des mesures de protection, l'activité ou la relation constituant une menace ne doit pas impérativement être abandonnée. Il n'est pas nécessaire non plus que le réviseur décide de ne pas accepter ou qu'il renonce au mandat d'audit. Une violation manifestement insignifiante doit toutefois être corrigée immédiatement (y compris la publication dans le rapport d'audit à l'assemblée générale) ;

– lorsque des menaces manifestement insignifiantes ont été identifiées et qu'elles ne peuvent pas être réduites à un niveau acceptable par des mesures de protection, l'entreprise de révision renonce à l'activité ou à la relation pouvant constituer une menace ou, le cas échéant, n'accepte pas le mandat d'audit ;

– lors de prestations d'audit fournies selon les normes d'un pays tiers ou d'une organisation internationale, le réviseur tient compte par ailleurs des prescriptions en vigueur dans le pays en question ;

– les entreprises de révision respectent les autres dispositions qui ne sont pas ancrées dans des lois ou des prescriptions spéciales.

24070 Le Code des obligations et l'ensemble des lois spécifiques prévoient que le réviseur doit sauvegarder le **secret des affaires**.

Les règles d'EXPERTsuisse précisent que, sous réserve des dispositions légales, les professionnels peuvent être **déliés** du secret professionnel dans les cas suivants :

– consentement exprès du mandant et des tiers lorsque ces derniers sont concernés par le secret ;

– levée du secret résultant des dispositions de droit fédéral ou de droit cantonal ;

Ainsi certaines lois prévoient des exceptions au profit de certaines autorités de surveillance telles que la Commission fédérale des banques.

– existence d'intérêts prépondérants des professionnels exigeant une levée du secret ;

Par exemple, les professionnels seront autorisés à faire connaître leur point de vue lorsqu'ils font l'objet d'une procédure judiciaire civile, pénale ou administrative.

– ouverture d'une procédure pour violation des règles professionnelles ou des réglementations relatives aux marchés financiers, pour autant que la Commission d'éthique d'EXPERTsuisse ait déjà dévoilé les faits pertinents ;

– lorsque la prise de position sur des dénonciations privées rend indispensable la révélation de secrets pour lesquels le dénonciateur en est le maître.

Conditions d'exercice de la mission

24080 L'auditeur légal est **désigné et renouvelé** par l'assemblée générale ou l'assemblée des associés pour une **durée** de un à trois exercices comptables. Le mandat est indéfiniment **renouvelable**. La désignation d'un **suppléant** n'est pas prévue. Au moins un membre de l'organe de révision doit avoir son domicile en Suisse, son siège ou une succursale inscrite au registre du commerce (CO 730, al. 4).

Lors de la demande d'inscription de l'organe de révision au registre du commerce, le préposé vérifie d'office si celui-ci a reçu l'agrément nécessaire à l'audit de la société en question en consultant le registre de l'Autorité fédérale de surveillance en matière de révision. En outre, les organes de révision ne peuvent pas être inscrits au registre du commerce si des circonstances créent l'apparence d'une dépendance.

L'auditeur légal peut être révoqué à tout moment par l'assemblée générale ou sur demande d'une autorité de contrôle.

AUDIT LÉGAL DANS LE RESTE DU MONDE

Le montant des **honoraires** est librement fixé entre les parties. Il tient compte du degré de difficulté et de responsabilité. Il est en général calculé en fonction du temps consacré. Certaines lois spéciales prévoient des dispositions spécifiques. Ainsi, pour les banques, les tarifs horaires de révision doivent être approuvés par la Commission fédérale des banques ; pour les caisses AVS, les tarifs horaires sont établis par le département fédéral.

24083

> Selon les directives sur l'indépendance 2007 d'EXPERTsuisse, la détermination d'honoraires basés sur le résultat pour des travaux d'audit n'est pas compatible avec le principe d'indépendance. Par ailleurs, d'après ces directives, le principe d'indépendance n'est plus respecté lorsque, indépendamment de la limite supérieure fixée par la loi ou la législation spéciale, la part des honoraires d'un client soumis à l'audit (y compris toutes entités comprises dans le périmètre de consolidation) dépasse 10 % du montant total des honoraires encaissés.

Les **missions** confiées à l'auditeur légal (réviseur agréé ou expert-réviseur agréé) sont définies par le Code des obligations. Elles comprennent notamment :

24085

– la révision des comptes annuels et consolidés ;
– la révision du rapport de fondation lors de la libération des apports en nature et l'émission d'une attestation d'exhaustivité et d'exactitude ;
– la vérification de la couverture des créances en cas de réduction du capital-actions ;
– l'attestation de couverture du capital en cas de transfert en Suisse du siège d'une société étrangère ;
– la vérification du contrat de fusion et du rapport de fusion et autres attestations y relatives ;
– la vérification du contrat ou du projet de scission ainsi que du rapport de scission ;
– la vérification du projet de transformation et du rapport de transformation ;
– la vérification en cas d'application des normes sur la scission de sociétés ou transfert de patrimoine ;
– l'attestation de respect des conditions légales pour les réévaluations d'immeubles ou de participations ;
– l'attestation de couverture des dettes en cas de répartition anticipée de l'actif d'une société dissoute ;
– le rapport sur les bilans de liquidation ;
– le contrôle spécial diligenté par le juge sur demande d'un actionnaire, détenant au moins 10 % du capital ou une participation en actions d'une valeur nominale de 2 millions de francs suisses en cas de violation de la loi ou des statuts par les organes de la société, de nature à causer un préjudice aux actionnaires.

> À noter qu'une mission particulière à caractère comptable et financier moins marqué peut être confiée à l'organe de révision : il s'agit du contrôle du respect des obligations prescrites par la loi sur le blanchiment d'argent à l'encontre des intermédiaires financiers.

Responsabilité

Le Code des obligations et les lois spécifiques prévoient une **responsabilité civile** des réviseurs pour les dommages causés à la société elle-même, aux actionnaires et aux créanciers, par intention ou par négligence à leurs devoirs. Une action en responsabilité civile contre le réviseur n'est possible que si les conditions suivantes sont réunies cumulativement : existence d'un dommage, manquement du réviseur à ses devoirs définis par la loi et les statuts, rapport de causalité adéquat et faute (intentionnelle ou par négligence).
Même s'il n'existe pas d'obligation légale de souscription d'une assurance responsabilité professionnelle, notons que les entreprises de révision ne reçoivent l'agrément pour la fourniture de prestations en matière de révision aux sociétés ouvertes au public que lorsqu'elles ont une couverture d'assurance responsabilité civile suffisante.
EXPERTsuisse recommande toutefois à tous ses membres de souscrire une assurance responsabilité professionnelle d'un montant minimum de 500 000 francs suisses et même de 10 millions de francs suisses lorsque ses membres sont appelés à contrôler des banques.

24095

Seuls quelques articles du Code pénal suisse (CP) prévoient des **infractions** applicables à l'organe de révision :
– faux renseignements sur les sociétés commerciales ou coopératives (art. 152 CP) ;
– exploitation de la connaissance de faits confidentiels (art. 161 CP) ;
– violation du secret professionnel (art. 321 CP) ;

24098

AUDIT LÉGAL DANS LE RESTE DU MONDE

© Éd. Francis Lefebvre

– escroquerie (art. 146 CP) ;
– faux dans les titres (art. 251 CP).

Dans l'exercice de leur profession, les réviseurs risquent d'enfreindre la loi pénale et de se rendre coupables de :

– fausses communications aux autorités chargées du registre du commerce (art. 153 CP) ;
– obtention frauduleuse d'une constatation fausse (art. 253 CP) ;
– violation du secret de fabrication ou du secret commercial (art. 162 CP) ;
– escroquerie (art. 146 CP) ;
– faux dans les titres (art. 251 CP).

En principe, la simple négligence n'est pas punissable en Suisse : l'intention est requise, si l'on excepte quelques rares dispositions pénales incluses dans des lois spéciales, telles que l'omission d'information de l'Autorité fédérale de surveillance des marchés financiers (FINMA) ou de la Banque nationale (loi fédérale sur les banques et loi fédérale sur les placements collectifs de capitaux).

Normes de travail

24110 En sa qualité de membre de l'Ifac, EXPERTsuisse s'oblige notamment à transposer les normes de l'IASB sous forme de textes qui lui sont propres. Dans ce cadre, EXPERTsuisse a émis, en juin 2004, la première édition des **normes d'audit suisses (NAS)** applicables pour la première fois aux audits des états financiers et services connexes pour les exercices ouverts à partir du 1er janvier 2005. La deuxième édition de 2010 tient compte de la loi fédérale sur l'agrément et la surveillance des réviseurs (LSR, en vigueur depuis le 1er septembre 2007) et de la modification des dispositions relatives à la révision des comptes des sociétés en vigueur à partir du 1er janvier 2008. La version 2013 des NAS est désormais disponible. Ces NAS sont obligatoires dans tous les cas où le Code des obligations prévoit que la société auditée est soumise au contrôle ordinaire ou lorsque la société auditée est soumise à certaines législations spéciales (loi sur les banques, sur les fonds de placement, sur la prévoyance professionnelle, etc.).

L'édition actuelle du référentiel comprend 44 NAS et comporte une transposition de toutes les ISA publiées en avril 2010. Elle a adopté une « norme relative au contrôle restreint » datant de 2007 et actualisée en 2015, également valable à partir de l'exercice comptable 2008.

Organisation de la profession

24120 La profession et l'exercice de l'audit légal sont désormais réglementés par la loi fédérale sur l'agrément et la surveillance des réviseurs du 16 décembre 2005 (LSR) et son ordonnance d'exécution du 22 mai 2007 entrées en vigueur le 1er septembre 2007. La LSR prévoit une **Autorité fédérale de surveillance en matière de révision (ASR)**. Cette autorité est un établissement de droit public doté d'une personnalité juridique propre, indépendante de l'administration publique (LSR art. 29 s.). Par le biais d'un **système d'agrément**, l'Autorité de surveillance veille à ce que seuls des professionnels suffisamment qualifiés fournissent des prestations en matière de révision légale. Ainsi, seules les entreprises de révision ayant l'agrément en qualité d'« entreprises soumises à la surveillance de l'État », les experts-réviseurs agréés et les réviseurs agréés peuvent établir valablement les rapports de révision et autres rapports spéciaux requis par la loi. En outre, les organes de révision des sociétés ouvertes au public sont soumis à une surveillance permanente et rigoureuse de l'ASR par le biais de contrôles approfondis tous les trois ans au moins. Les personnes physiques sont agréées pour une durée indéterminée et les entreprises de révision pour une durée de cinq ans. Outre la surveillance, l'octroi et le retrait d'agréments, l'ASR est également compétente pour poursuivre et juger les contraventions au sens de l'article 39 LSR.

24125 L'**association professionnelle la plus reconnue** dans le domaine de l'audit est EXPERTsuisse qui regroupe les experts-comptables, fiduciaires et fiscaux. Elle rassemble une partie des auditeurs légaux et agit dans les domaines suivants :

– audit, présentation des comptes et conseil en matière de clôture ;
– audit interne ;
– conseil fiscal ;
– activité fiduciaire et notamment : tenue de comptabilité pour des tiers, gestion, fonctions fiduciaires ;

© Éd. Francis Lefebvre   **AUDIT LÉGAL DANS LE RESTE DU MONDE**

– conseil général aux entreprises dans de multiples domaines (finance, comptes sociaux, financement, gestion et transmission d'entreprises, organisation, informatique, évaluation d'entreprises, expertises, etc.).

L'adhésion à EXPERTsuisse n'est pas obligatoire. Elle est régie par le règlement interne d'admission des membres.

EXPERTsuisse a pour principaux **rôles** : **24126**
– la sauvegarde et la promotion de la réputation ainsi que de l'indépendance de la profession ;
– la reconnaissance en tant qu'organisation d'autorégulation de la profession ;
– la défense des intérêts professionnels et économiques des membres de la profession ;
– la défense des titres professionnels ;
– la sauvegarde de principes uniformes pour l'exercice de la profession ;
– le maintien d'un esprit de collégialité parmi les membres.
Elle participe à la **formation** théorique et pratique dans tous les domaines de l'activité professionnelle, en particulier par la préparation aux examens professionnels, la formation continue, la parution régulière de normes, directives, recommandations et publications professionnelles ainsi que par l'organisation de journées d'études.

La **Commission d'éthique professionnelle** statue sur les dénonciations qui ont pour objet **24130**
des **infractions** commises par des membres individuels d'EXPERTsuisse ou les sociétaires des membres collectifs **contre les règles professionnelles** d'EXPERTsuisse. Elle statue également sur les dénonciations de la Commission fédérale des banques qui ont pour objet des violations commises par les réviseurs soumis aux lois relatives aux banques, aux fonds de placement ou à la bourse. La Commission d'éthique professionnelle peut statuer d'office.

La Commission ne tranche pas les litiges de droit privé entre les membres d'EXPERTsuisse et les clients ou les confrères.

Lorsque la commission conclut à un manquement aux règles professionnelles, elle peut prononcer les **sanctions** suivantes :
– avertissement ;
– blâme ;
– amende conventionnelle (jusqu'à 200 000 francs suisses) ;
– exclusion d'EXPERTsuisse.

La décision de la commission est susceptible de **recours** devant la Cour d'arbitrage indépendante.

La loi sur le blanchiment d'argent (LBA) prévoit que les **intermédiaires financiers**, au **24135**
sens de son article 2, alinéa 3, doivent adhérer à un **organisme d'autorégulation** (OAR), organisé selon le droit privé, pour faire contrôler le respect des obligations de diligence visant à prévenir et à éviter le blanchiment d'argent.
Les OAR précisent les obligations de diligence au sens de la LBA dans un règlement et veillent à ce que les intermédiaires financiers qui leur sont affiliés les respectent. En sus, les OAR doivent effectuer des contrôles pour s'assurer que les intermédiaires financiers qui leur sont affiliés respectent leurs obligations.
Un OAR doit garantir que les sociétés d'audit qu'il a chargées d'effectuer les contrôles ainsi que les auditeurs responsables satisfont les conditions définies dans la LBA pour l'octroi de l'agrément.

DEUXIÈME PARTIE

Missions d'audit financier et d'examen limité

TITRE I

Démarche générale de l'audit financier

© Éd. Francis Lefebvre   **NOTION D'AUDIT FINANCIER** ▮

CHAPITRE 1

Notion d'audit financier

Plan du chapitre   §§

	§§		§§
SECTION 1		A. Caractère probant des éléments	
Présentation	25112	collectés	25705
I. Définition	25115	B. Documentation des travaux	25780
II. Spécificité	25180	C. Utilisation des travaux d'autres	
III. Rôle	25260	professionnels	25980
SECTION 2		**SECTION 3**	
Principes fondamentaux	25300	**Techniques de contrôle**	26150
I. Approche par les risques	25310	I. Procédures analytiques	26200
A. Définition des différentes notions		II. Observation physique	26240
de risques	25320	III. Demande de confirmation	
B. Présentation de la démarche		des tiers	26260
d'approche par les risques	25330	IV. Sondages	26300
C. Points clés de l'approche		V. Techniques informatiques	26400
par les risques	25340	**SECTION 4**	
D. Risques d'anomalies significatives		**Communication avec**	
au niveau des comptes pris		**les organes mentionnés**	
dans leur ensemble	25360	**à l'article L 823-16 du Code**	
E. Risques d'anomalies significatives		**de commerce**	26450
au niveau des assertions	25370	I. Organes visés	26460
1. Définition des assertions d'audit	25370	II. Éléments et modalités	
2. Identification et évaluation des risques		des communications visées	26480
au niveau des assertions	25420	III. Communication des faiblesses	
3. Caractère significatif	25460	du contrôle interne	26490
4. Réponse au risque	25590	IV. Rapport complémentaire	
II. Émission d'une opinion motivée	25700	au comité d'audit	26500
		SECTION 5	
		Déroulement de l'audit financier	26520

Ce chapitre ne présente pas les diligences et le formalisme spécifiques attachés à la **mission d'audit dans les petites entreprises**, conformément aux dispositions des NEP 911 et 912 homologuées par arrêté du 6 juin 2019. Ces missions qui restent par nature des audits permettent cependant au commissaire aux comptes de réaliser un audit proportionné à la taille et à la complexité des petites entreprises et elles sont ainsi présentées dans un chapitre dédié (voir n⁰ˢ 47000 s.).   **25110**

SECTION 1

Présentation

Les différentes définitions données de l'audit financier (n⁰ˢ 25115 s.) font ressortir sa spécificité par rapport à un certain nombre de missions voisines, avec lesquelles il est parfois confondu (n⁰ˢ 25180 s.) ; elles permettent également de comprendre son utilité pour la communauté financière (n⁰ˢ 25260 s.).   **25112**

579

NOTION D'AUDIT FINANCIER　　　　　　　　© Éd. Francis Lefebvre

I. Définition

25115　　De nombreux organismes et auteurs se sont attachés à définir l'audit financier. Après avoir rappelé les définitions données par l'Ifac, la CNCC et l'Ordre des experts-comptables, on en fera ressortir un certain nombre de traits caractéristiques.

Définitions institutionnelles

25120　　**Définition de l'Ifac**　Selon l'Ifac, « l'audit a pour but d'augmenter le niveau de confiance que les états financiers inspirent aux utilisateurs visés. Pour que ce but soit atteint, l'auditeur exprime une opinion indiquant si les états financiers ont été préparés, dans tous leurs aspects significatifs, conformément au référentiel d'information financière applicable. Dans le contexte de la plupart des référentiels à usage général, cette opinion consiste à indiquer si les états financiers donnent, dans tous leurs aspects significatifs, une image fidèle conformément au référentiel ». (*Ifac Manuel des prises de position internationales en matière de contrôle qualité, d'audit, d'examen limité, d'autres missions d'assurance et de services connexes, Édition 2018, ISA 200 « Objectifs généraux de l'auditeur indépendant et réalisation d'un audit conforme aux normes internationales d'audit »*).

25125　　**Définition de la CNCC**　Le cadre conceptuel des interventions du commissaire aux comptes fixé par la CNCC et relevant désormais de la doctrine professionnelle définit comme suit la mission de l'auditeur financier : « Une mission d'audit des comptes a pour objectif de permettre au commissaire aux comptes de formuler une opinion exprimant si ces comptes sont établis, dans tous leurs aspects significatifs, conformément au référentiel comptable qui leur est applicable. Cette opinion est formulée, selon les dispositions prévues par l'article L 823-9 du Code de commerce, en termes de régularité, sincérité et image fidèle » (Recueil de la CNCC du 3 juillet 2003 : ancienne norme CNCC 0-200, Lexique p. 25).

On constate que la définition de l'audit donnée par la CNCC est en parfaite harmonie avec celle de l'Ifac.

25128　　**Définition de l'Ordre des experts-comptables**　L'Ordre des experts-comptables définit trois types de **missions normalisées** liées aux comptes annuels : la mission de présentation, la mission d'examen limité et la mission d'audit contractuel.

À chacune de ces missions sont associés un corps spécifique de diligences et un exemple de rapport. Dans une mission d'audit contractuel, l'expert-comptable exprime une assurance raisonnable sur la régularité et la sincérité des comptes ainsi que sur l'image fidèle du patrimoine de l'entité donnée par ceux-ci.

Caractéristiques communes

25150　　L'examen des définitions qui précèdent fait ressortir un certain nombre de caractéristiques communes, qui tiennent non seulement au contenu de l'audit financier mais également à l'auditeur lui-même. On peut en citer cinq :

25153　　1. L'auditeur financier n'appartient pas à l'entité dont les comptes sont examinés : il doit être par essence **indépendant** de l'entité contrôlée. En particulier, la personne qui participe à l'établissement des comptes ne peut prétendre mettre en œuvre l'audit financier car cela la conduirait à être à la fois juge et partie.

Nous avons vu dans la première partie de ce Mémento que les conditions d'indépendance jouent un rôle déterminant dans la définition du statut de l'auditeur légal (voir n⁰ˢ 3500 s.).

25155　　2. L'audit financier a pour objet la validation de comptes ou d'états financiers établis par l'entité qui en fait l'objet. Les termes utilisés par l'auditeur qui opère cette validation ont pu varier au fil des ans : le commissaire aux comptes statuait, il n'y a pas si longtemps, sur la « régularité et la sincérité » des comptes. Il **s'exprime aujourd'hui sur l'image fidèle** que donnent, ou ne donnent pas, les comptes qui ont fait l'objet de son examen. Dans un cas comme dans l'autre, pourtant, la même idée ressort : les états comptables sont la traduction chiffrée de la situation d'une entité à un moment donné et de la vie qu'elle a menée durant les mois qui ont précédé leur établissement. Le travail de l'auditeur consiste à examiner ces états pour s'assurer qu'ils ne trahissent pas la réalité.

NOTION D'AUDIT FINANCIER

3. L'auditeur apprécie la qualité des états financiers par rapport à un **référentiel comptable déterminé**. Les comptes, comme nous l'avons dit, sont la traduction d'une réalité. En tant que tels, ils impliquent l'utilisation d'un certain nombre de conventions, d'un langage, qui est constitué en pratique par l'ensemble de normes et de principes comptables que l'auditeur prend comme référence pour en apprécier la validité.

> Le référentiel comptable tient à l'évidence une place déterminante dans la formation de l'opinion de l'auditeur financier. Tel principe admis en outre-Atlantique peut ne pas être accepté en Europe, et inversement. Tel schéma comptable, censé traduire fidèlement une opération à un instant donné, est banni quelques années plus tard. L'établissement de comptes et l'appréciation de leur conformité à la réalité ne peuvent donc s'entendre en dehors de la définition du référentiel comptable qui a présidé à leur élaboration.

25158

4. L'auditeur financier fait connaître son opinion dans un **rapport écrit**. L'**opinion** exprimée doit être **motivée**, étayée. En France, le Code de commerce prévoit, en outre, que le commissaire aux comptes justifie de ses appréciations et, lorsqu'il contrôle les comptes d'une entité d'intérêt public, qu'il décrive les points clés de l'audit. L'auditeur ne livre pas une impression, un sentiment plus ou moins fugace pouvant dépendre de son humeur du moment : il doit exprimer l'intime conviction acquise, au terme d'une démarche structurée, par un **professionnel compétent**.

> L'émission d'une opinion est indissociable de la mise en œuvre de l'audit. L'émission d'une assurance sous forme de rapport écrit, qui valide ou non les états audités, n'a pas toujours été une composante essentielle de l'audit financier : le terme même d'audit provient du verbe latin audire, écouter. Les premiers auditeurs ont vraisemblablement été les questeurs, que les Romains chargeaient de contrôler la comptabilité des provinces, et qui devaient rendre compte de leur mission devant une assemblée d'auditeurs.

25160

5. Enfin, l'auditeur financier porte un jugement sur les états financiers en délivrant une **assurance positive**. Comme le rappelle explicitement la définition de l'Ifac, l'auditeur formule son opinion en utilisant la formule « donne une image fidèle » ou « présente sincèrement dans tous leurs aspects significatifs », ce qui l'engage bien davantage qu'un simple constat d'absence d'anomalies, qui donnerait une assurance négative sur la fiabilité des comptes. Le législateur français utilise quant à lui un terme extrêmement fort, puisqu'il demande au commissaire aux comptes de « **certifier** » les comptes : expression que d'aucuns critiquent, estimant qu'elle va au-delà de ce que l'on peut raisonnablement demander à l'auditeur légal, mais qui exprime sans doute mieux que tout autre la responsabilité personnelle prise par le commissaire aux comptes lorsqu'il émet une opinion sur les états financiers soumis à son contrôle.

25163

II. Spécificité

Du fait de ses caractéristiques, l'audit financier ne peut se confondre avec un certain nombre de missions voisines, qui sont mises en œuvre soit par l'auditeur financier lui-même, soit par d'autres professionnels.

25180

Missions d'audit financier et missions d'examen limité

Caractéristiques communes L'auditeur financier, contractuel ou légal, peut être amené à mettre en œuvre des missions d'examen limité qui, tout en portant sur l'information financière de l'entité contrôlée, n'ont pas pour objectif final la formulation d'une **assurance délivrée sous forme positive** sur les états financiers pris dans leur ensemble. Qu'elle soit mise en œuvre dans un cadre légal ou contractuel, ces missions, qui utilisent de manière plus ou moins étendue les procédures de l'audit financier, ne relèvent donc pas stricto sensu de l'audit financier, tel qu'il est défini par l'Ifac et la CNCC (voir nos 25120 s.). Elles ont cependant en commun le fait de donner lieu, en règle générale, à l'émission d'une assurance, de la part de l'auditeur financier, sur des éléments financiers produits par une entité contrôlée (voir ci-après nos 25208 s.).

25185

Définition de l'assurance L'assurance désigne la satisfaction obtenue par l'auditeur quant à la fiabilité d'une déclaration formulée par une partie à l'intention d'une autre partie (ISA 120 – cadre conceptuel des normes internationales d'audit de l'Ifac).

25190

NOTION D'AUDIT FINANCIER © Éd. Francis Lefebvre

Pour acquérir cette assurance, l'auditeur évalue le caractère probant des éléments collectés lors de la mise en œuvre des procédures d'audit et formule une conclusion.

ISA 120 a été supprimée en 2004 et remplacée par l'*International Framework* qui définit non plus la notion d'assurance mais la notion de « mission d'assurance ». Cette nouvelle approche ne remet toutefois pas en cause la définition donnée par ISA 120, sur laquelle sont fondés les développements ci-après.

25193 L'assurance définie par la **CNCC** dans le cadre conceptuel des interventions du commissaire aux comptes, qui a désormais valeur de doctrine, reprend les principes contenus dans la définition de l'Ifac : « Dans le contexte particulier du présent cadre conceptuel, le concept d'assurance se définit par rapport à la satisfaction obtenue par le commissaire aux comptes au regard de la qualité d'une information, produite par une personne et destinée à être utilisée par une autre personne, appréciée par référence à des critères identifiés. »

L'ancienne norme CNCC 0-300 § 01 apportait les **précisions** suivantes :
– la personne produisant l'information doit être entendue comme la personne prenant la responsabilité d'établir ladite information ;
– les critères identifiés constituent la référence par rapport à laquelle la qualité de l'information est appréciée par le commissaire aux comptes (il peut s'agir d'un référentiel connu, c'est-à-dire issu du domaine réglementaire ou émis par une autorité compétente, ou bien de critères développés spécifiquement pour répondre aux objectifs de l'intervention concernée du commissaire aux comptes ; il appartient alors à ce dernier d'apprécier le caractère approprié de ces critères) ;
– cette appréciation se fonde principalement sur des caractéristiques telles que la pertinence, la fiabilité, l'objectivité, la clarté et l'exhaustivité des critères susceptibles d'avoir une incidence sur la conclusion du commissaire aux comptes ; elle relève du jugement professionnel du commissaire aux comptes au regard des objectifs particuliers de son intervention.

25198 **Natures d'assurance** Le degré de satisfaction obtenu par l'auditeur financier et, par là même, le niveau d'assurance qu'il peut donner dans son rapport résultent de la nature et de l'étendue des diligences mises en œuvre ainsi que des résultats de ces dernières. En d'autres termes, les différentes natures de missions qui peuvent être confiées à un auditeur financier, qu'elles soient légales ou contractuelles, ne conduisent pas toutes au même niveau d'assurance.

Les entités et les auditeurs doivent être particulièrement attentifs à définir systématiquement le niveau d'assurance que l'auditeur est censé délivrer pour chacune des missions qui lui est confiée. Cette connaissance préalable est un élément de compréhension commun des finalités de l'intervention, du contenu du rapport d'audit et de la responsabilité de l'auditeur. Elle joue également un rôle déterminant dans le choix par l'auditeur des procédures et des techniques d'audit qu'il doit mettre en œuvre. Elle doit conduire à réduire l'écart pouvant exister entre attentes de l'entité et la conclusion fournie par l'auditeur (*expectation gap*).

25200 **Assurance issue de l'audit financier** Dans une mission d'audit financier, l'auditeur financier donne une **assurance raisonnable** que les informations, objets de l'audit, sont données en conformité avec le référentiel applicable à l'entité qui établit celles-ci, ou avec un autre référentiel reconnu, ou enfin avec des critères convenus et décrits dans des notes explicatives annexées. Dans le cadre de cette mission, le commissaire aux comptes délivre une **assurance positive**.

Dans le rapport établi par le commissaire aux comptes **dans le cadre de la certification légale**, l'opinion d'audit est formulée comme suit :
– rapport sur les comptes annuels : « Nous certifions que les comptes annuels sont, au regard des règles et principes comptables français, réguliers et sincères et donnent une image fidèle du résultat des opérations de l'exercice écoulé ainsi que de la situation financière et du patrimoine de la société à la fin de cet exercice (…) » ;
– rapport sur les comptes consolidés : « Nous certifions que les comptes consolidés sont, au regard des règles et principes comptables français, réguliers et sincères et donnent une image fidèle du patrimoine, de la situation financière, ainsi que du résultat de l'ensemble constitué par les personnes et entités comprises dans la consolidation. »
Dans un rapport d'audit établi par le commissaire aux comptes **dans le cadre des services autres que la certification des comptes**, l'opinion d'audit est formulée sans recourir au terme de « certification », selon des modalités qui diffèrent selon le référentiel comptable ou les critères convenus au regard desquels les informations financières ont été établies (Avis technique Audit dans le cadre de SACC, annexé au Communiqué CNCC « Référence aux normes ou à la doctrine pour les SACC fournis à la demande de l'entité », du mois de juillet 2016) :
– lorsque l'audit porte sur des comptes établis selon un référentiel conçu pour donner une image fidèle, telle que les référentiels comptables applicables en France, le commissaire aux comptes déclare

582

© Éd. Francis Lefebvre

NOTION D'AUDIT FINANCIER

qu'à son avis ces comptes présentent, ou non, sincèrement, dans tous leurs aspects significatifs, le patrimoine, la situation financière, le résultat des opérations de l'entité ou du groupe ou du périmètre défini, au regard du référentiel indiqué ;
– dans les autres cas, et notamment lorsque l'audit porte sur des états comptables ou des éléments de comptes, il déclare qu'à son avis les informations financières ont été établies, ou non, dans tous leurs aspects significatifs, conformément au référentiel indiqué ou aux critères définis.

L'assurance donnée par l'audit financier est de **niveau élevé** ; elle ne peut néanmoins avoir un caractère absolu, en raison de nombreux facteurs, tels que :
– le recours au jugement professionnel de l'auditeur ;
– l'utilisation de la technique des sondages ;
– les limites inhérentes à tout système comptable et de contrôle interne ;
– le fait que la plupart des informations probantes à la disposition de l'auditeur conduisent, par nature, davantage à des déductions qu'à des certitudes.
Pour plus d'informations sur l'assurance liée à la mission d'audit, voir n°s 7000 s.

25205

Assurance issue d'un examen limité Dans une mission d'examen limité, l'auditeur donne une **assurance modérée** que les informations, objets de l'examen, ne comportent pas d'anomalie significative. L'assurance modérée apportée par un examen limité est d'un niveau inférieur à l'assurance raisonnable apportée par un audit. Dans le cadre de cette mission, l'opinion est exprimée sous la forme d'une **assurance négative**.

25208

Dans le rapport d'examen limité du commissaire aux comptes, la conclusion est formulée comme suit « Sur la base de notre examen limité, nous n'avons pas relevé d'anomalies significatives de nature à remettre en cause (...) ». La conclusion diffère ensuite selon le référentiel comptable ou les critères convenus au regard desquels les informations financières ont été établies (Avis technique Examen limité entrant dans le cadre des SACC, annexé au Communiqué CNCC précité) :
– lorsque l'examen limité porte sur des comptes établis selon un référentiel conçu pour donner une image fidèle tel que les référentiels comptables applicables en France, le commissaire aux comptes déclare qu'à l'issue de son examen limité, il n'a pas relevé d'anomalies significatives de nature à remettre en cause le fait que les comptes présentent sincèrement le patrimoine, la situation financière ou le résultat des opérations, de l'entité, du groupe ou du périmètre défini, au regard du référentiel indiqué ;
– dans les autres cas, il déclare qu'à l'issue de son examen limité, il n'a pas relevé d'anomalies significatives de nature à remettre en cause la conformité des informations financières au référentiel indiqué ou aux critères définis.

Bien que l'examen limité comporte l'application de techniques et de procédures d'audit ainsi que la collecte d'éléments suffisants et appropriés, il nécessite des procédures moins étendues que celles requises pour un audit des comptes et consiste essentiellement dans des entretiens avec la direction et dans la mise en œuvre de procédures analytiques (NEP 2410 § 7 et 8).
Pour plus d'informations sur l'assurance liée à la mission d'examen limité, voir n°s 7440 s.

25210

Missions mises en œuvre par d'autres professionnels

Le terme audit n'est pas réservé à l'examen des comptes. Il peut porter sur des sujets tout autres, tels que la fiscalité, le droit, l'environnement, la gestion de l'entité, la fonction personnel, etc. Même si certaines de ces missions peuvent sembler parfois relever d'une approche équivalente à l'audit financier, celui-ci garde pour trait distinctif d'être mis en œuvre par un professionnel indépendant, qui émet une opinion d'ensemble sur les états financiers établis par l'entité auditée.

25230

Le terme d'audit financier est parfois utilisé de manière extensive. Ainsi, pour Alain Mikol (Les audits financiers – Comprendre les mécanismes du contrôle légal) : « Si l'audit financier conduisant à la certification fait sans ambiguïté référence à une partie de l'audit légal mené par le commissaire aux comptes, le mot audit financier peut néanmoins être employé pour désigner de nombreuses autres missions liées aux comptes et aux processus comptables d'une entité. Ces missions prennent directement appui sur les états financiers de l'entreprise. » Le même auteur cite à titre d'exemple l'audit destiné à vérifier la fiabilité des procédures informatisées de comptabilisation, l'audit financier destiné à vérifier la comptabilisation des charges sociales et le respect de la législation sociale, ou encore l'audit financier de la liasse fiscale pour vérifier que l'impôt a été correctement calculé.

Si les missions précitées prennent effectivement directement appui sur les états financiers, elles n'ont pas pour objet de délivrer une conclusion sur l'image fidèle que donnent, dans leur ensemble et dans tous leurs aspects significatifs, lesdits états financiers. Elles sont à notre avis constitutives d'autres

583

NOTION D'AUDIT FINANCIER　　　　　　　　　　　© Éd. Francis Lefebvre

missions d'investigation financière, seulement susceptibles d'utiliser les procédures et les techniques de l'audit financier.

Ces propos peuvent être illustrés par deux formes particulières d'audit dont les objectifs sont susceptibles de recouper ceux de l'audit financier : l'audit opérationnel et l'audit interne.

25235 **Audit opérationnel** L'audit opérationnel consiste dans l'examen systématique des activités d'une entité, au regard des objectifs qu'elle poursuit, en vue d'évaluer son organisation et ses performances, d'identifier ses pratiques non économiques, improductives et inefficaces, et d'en tirer des recommandations d'amélioration.

L'audit opérationnel est en général effectué pour aider la direction générale à maîtriser les opérations et les résultats, et à augmenter les performances de l'entité. On distingue ainsi deux principaux types de missions :
– l'**audit d'organisation**, dont l'objectif est d'évaluer les structures, les procédures et les systèmes d'information de l'entité ;
– l'**audit de gestion**, dont l'objectif est d'évaluer les performances de l'entité par rapport à son environnement. Il consiste également à évaluer les méthodes et instruments de gestion et les conditions d'exploitation.

Lorsque l'auditeur opérationnel examine les états financiers, il agit dans la perspective de l'utilisation de cette information en tant qu'**outil de gestion** et non dans l'intention unique de se porter garant de la qualité de cette information vis-à-vis de tiers.

Lorsque l'auditeur financier se penche sur la gestion de l'entité, il le fait non dans le souci d'aider l'entité à améliorer sa gestion, mais dans le but de se faire une opinion sur les comptes qui lui sont présentés, par exemple pour vérifier la pertinence du principe de continuité de l'exploitation.

> On rappelle que, dans le cadre de l'audit légal, le commissaire aux comptes a interdiction de s'immiscer dans la gestion (voir n° 7780). Il doit en revanche, dans la plupart des entités, déclencher une procédure d'alerte lorsqu'il constate que la continuité de l'exploitation peut être remise en cause, mais il agit alors dans le cadre d'une prescription légale, qui étend le contenu de sa mission au-delà du strict cadre de la certification des comptes.

25240 **Audit interne** L'audit interne peut être défini comme une « activité indépendante et objective qui donne à une organisation une assurance sur le degré de maîtrise de ses opérations, lui apporte ses conseils pour les améliorer, et contribue à créer de la valeur ajoutée ». Il aide cette organisation à atteindre ses objectifs en évaluant, par une approche systématique et méthodique, ses processus de management des risques, de contrôle, et de gouvernement d'entreprise, et en faisant des propositions pour renforcer leur efficacité (Code de déontologie de l'*Institute of Internal Auditors* – IIA, 2017).

Les principales **différences** entre l'audit interne et l'audit financier concernent le statut de l'auditeur, les utilisateurs des travaux mis en œuvre et les objectifs de l'audit (voir, sur ce point, J. Renard, Théorie et pratique de l'audit interne, 2000, Éditions d'organisation).

25245 S'agissant du **statut**, l'auditeur interne est un membre du personnel de l'entité. Quels que soient son rang et son rattachement dans l'organigramme, son indépendance est en conséquence soumise à des restrictions. L'auditeur financier, en revanche, est un professionnel externe et indépendant.

25250 S'agissant de l'**utilisation du travail de l'auditeur interne**, les rapports d'audit interne sont destinés au comité d'audit, à la direction générale et aux responsables des entités sur lesquelles l'audit a porté. Ils peuvent aussi, notamment dans les établissements de crédit, être communiqués aux commissaires aux comptes.

> Le rapport de l'auditeur financier est susceptible d'être utilisé par des tiers, qu'ils soient associés ou complètement extérieurs à l'entité (fournisseurs, établissements de crédit, autorités administratives, etc.).
> Pour plus d'informations sur la prise de connaissance et l'utilisation des travaux de l'audit interne par le commissaire aux comptes, il convient de se référer à la NEP 610, voir n°s 26050 s.

25255 S'agissant enfin des **objectifs de l'audit interne**, il s'agit notamment pour le professionnel d'évaluer la qualité du dispositif de contrôle interne et de formuler les recommandations nécessaires en vue de son amélioration.

L'auditeur interne est également susceptible d'intégrer dans sa mission des préoccupations relevant de l'audit opérationnel.

© Éd. Francis Lefebvre   **NOTION D'AUDIT FINANCIER**

L'auditeur financier a pour objectif principal de formuler au profit de tiers une opinion sur l'image fidèle donnée par les états financiers d'une entité. Il n'a pas le droit de mettre en place le contrôle interne et doit respecter des limites très précises lorsqu'il s'intéresse à la gestion de l'entité ou émet des recommandations.

Ces différences ne sont pas en contradiction avec le fait que l'auditeur interne peut avoir pour objectif de délivrer une conclusion, pour la direction générale et, lorsqu'il existe, pour le comité d'audit, sur des états financiers de l'entité ou de ses filiales (par exemple sur les comptes de filiales non soumises à l'obligation de désigner un contrôleur légal). La démarche de l'auditeur interne sera alors comparable à celle de l'auditeur financier. Il n'en reste pas moins que le contenu de sa mission, son statut et l'utilisation de ses travaux interdisent de mettre sur le même plan les deux professionnels. Pour l'auditeur financier, l'auditeur interne est d'ailleurs considéré comme un élément du dispositif de contrôle interne de l'entité contrôlée.

S'agissant de la **prise de connaissance et de l'utilisation des travaux de l'audit interne**, voir nos 26050 s.

III. Rôle

L'audit financier, de par ses caractéristiques, a pour vocation de donner à l'information financière la crédibilité indispensable à un fonctionnement régulier de l'économie.   **25260**

Crédibilité de l'information financière

Enjeu   Le développement de l'économie moderne a accru d'une manière considérable l'utilisation des états financiers par les acteurs de la vie économique. Le « **droit à l'information financière** » ne peut plus être considéré aujourd'hui comme réservé aux dirigeants ou aux associés de chaque entité. Les salariés, les tiers qui travaillent avec l'entité (banques, clients, fournisseurs…), les administrations publiques (fisc, sécurité sociale), les investisseurs potentiels, les autorités de régulation, les agences de cotation ou de notation, etc., attendent des entités la production d'une information pouvant servir de base à leurs décisions.   **25265**

Ces décisions peuvent concerner par exemple :
– la participation d'un actionnaire à une augmentation de capital ;
– l'apport de capitaux par les investisseurs sur le marché financier ;
– l'octroi de concours financiers par des établissements de crédit ;
– l'acceptation par un fournisseur d'un crédit client plus long ou de conditions d'escompte plus favorables ;
– le déclenchement d'un contrôle fiscal en cas d'incohérence de l'information produite ;
– la décision d'acquérir l'entité si elle est à vendre.

Il est donc essentiel, sous peine d'occasionner des préjudices majeurs, que l'information publiée soit fiable.

Le règlement européen 537/2014 du 16 avril 2014 relatif aux exigences spécifiques applicables au contrôle légal des comptes des entités d'intérêt public rappelle ainsi qu'un grand nombre de personnes et d'établissements sont tributaires de la qualité du travail de l'auditeur et qu'une qualité élevée de l'audit contribue au bon fonctionnement des marchés en améliorant l'**intégrité** et l'**efficience des états financiers**. L'auditeur joue donc un rôle sociétal particulièrement important (Règl. 537/2014, Considérant 1).

Nécessité d'une crédibilité renforcée   Les états financiers des entités sont établis sous la **responsabilité des dirigeants**. Ceux-ci ont l'obligation d'arrêter les comptes au moins une fois par an et de les présenter à l'assemblée générale des actionnaires ou des associés en vue de leur approbation. Ils sont mis ensuite à la **disposition du public** par voie de publicité légale en vue de leur utilisation par les tiers.   **25270**

Dans les entreprises constituées sous forme de société, l'identité entre les dirigeants de l'entreprise et les détenteurs du capital est de moins en moins vérifiée. Les autres partenaires sont quant à eux clairement des tiers par rapport aux dirigeants.

Les dirigeants ont une **maîtrise complète** des systèmes comptables qui conduisent aux états financiers : ils sont non seulement responsables de la diffusion de l'information comptable et financière mais ont également le pouvoir de déterminer la nature et l'étendue de cette information.   **25275**

585

NOTION D'AUDIT FINANCIER   © Éd. Francis Lefebvre

25278 La nécessité de l'audit financier provient du fait que, compte tenu de leur position, les dirigeants sont soumis à des **contraintes** et à des **pressions** qui paraissent difficilement compatibles avec la situation d'indépendance requise pour donner une crédibilité suffisante à l'information financière. On peut notamment relever les points suivants :
– le dirigeant est totalement impliqué dans la vie de son entité ; il manque parfois du recul nécessaire pour porter une appréciation sereine et objective sur sa situation ; les informations sur les pratiques retenues dans d'autres entités peuvent également lui faire défaut ;
– le dirigeant est soumis à une pression fiscale forte, qui risque de le conduire à privilégier l'optimisation fiscale à la recherche de l'image fidèle ;
– la prestation du dirigeant est notamment jugée par les actionnaires au travers des états financiers : le montant de sa rémunération, de ses primes de bilan, la valeur des titres qu'il détient, voire son maintien pur et simple à la direction de l'entité, peuvent dépendre en tout ou partie des résultats qu'il affiche. Le lien de dépendance qui en résulte, même s'il ne se traduit pas dans les faits par un manque effectif d'objectivité, interdit de placer l'assurance fournie par le dirigeant au même niveau que celle délivrée par un auditeur financier.

Ces développements ne visent en aucune manière à ôter leur valeur aux assurances fournies par les dirigeants, ni bien entendu à préjuger de leur comportement. On rappelle à cet égard que, depuis longtemps, les dirigeants sont sollicités par les auditeurs eux-mêmes pour conforter, par des lettres d'affirmation, certains points de la démarche d'audit. L'AMF demande par ailleurs que le rapport financier annuel des sociétés cotées comporte une déclaration des personnes responsables des comptes qui attestent qu'à leur connaissance les comptes sont établis conformément aux normes comptables applicables et donnent une image fidèle du patrimoine, de la situation financière et du résultat de l'émetteur et de l'ensemble des entreprises comprises dans la consolidation (RG AMF art. 222-3).

Apport de l'audit financier

25280 **Jugement extérieur** La fonction de l'audit financier est d'apporter aux états financiers, établis et publiés par ceux qui en ont la charge, un regard extérieur et une assurance indépendante qui renforcent leur crédibilité.

Cet objectif est reconnu par tous ceux qui ont conduit des recherches sur l'origine et l'évolution de la notion d'audit.

25282 La crédibilité apportée à l'information financière résulte directement des caractéristiques de l'audit financier :
– l'auditeur financier est un intervenant **extérieur** à l'entité, qui doit pouvoir émettre sur les comptes un jugement **indépendant** ;
– l'auditeur est un professionnel **compétent**, qui doit émettre un jugement motivé.

25284 L'audit financier a pour vocation de conférer une utilité accrue aux états financiers en donnant à ceux qui les utilisent une sécurité suffisante dans la prise de leurs décisions. Plus le niveau de confiance accordé aux états financiers est renforcé par les conclusions de l'audit, plus les décisions prises sur la base de ces états sont elles-mêmes renforcées. L'audit financier apparaît, à cet égard, comme un élément essentiel du bon **fonctionnement de l'économie de marché**.

25286 **Impact de l'opinion exprimée** L'importance attachée aux conclusions des auditeurs légaux par les marchés de capitaux a pu être démontrée au vu des résultats de plusieurs **études empiriques** réalisées dans des pays anglo-saxons et en France.

Les sociétés cotées publient plus tardivement leur rapport annuel lorsque le rapport d'audit contient des réserves. Plus les réserves sont graves, plus le **délai de publication** est long. Les investisseurs, qui connaissent les délais de diffusion habituels, anticipent les conclusions de l'audit avant même que celles-ci ne soient officiellement communiquées.

Les **cours de Bourse** des actions autour des dates auxquelles les auditeurs légaux émettent des rapports comportant des réserves réagissent de manière négative et significative aux informations contenues dans le rapport d'audit. Cette réaction témoigne du crédit accordé par les investisseurs aux réserves formulées dans les rapports (Pour plus de précisions sur le rôle du rapport d'audit dans la motivation des choix des investisseurs, le lecteur pourra se reporter à l'ouvrage de B. Soltani, Le commissaire aux comptes et le marché financier – Études empiriques du rôle informationnel de l'auditeur légal, Éditions Economica, 1996).

25288 **Remarque** : Les conclusions que l'auditeur formule sur les données comptables et financières conduisent également, de façon indirecte, à apporter de la crédibilité à d'autres

586

© Éd. Francis Lefebvre   **NOTION D'AUDIT FINANCIER** |

documents émis par les dirigeants, lorsque ces documents contiennent des informations financières.

Il en est ainsi par exemple du rapport de gestion et des documents sur la situation financière et les comptes annuels, qui sont communiqués aux actionnaires à l'occasion de l'assemblée générale ordinaire annuelle de l'entité auditée, dont le commissaire aux comptes doit contrôler la sincérité et la concordance avec les comptes annuels en application de l'article L 823-10 du Code de commerce.

SECTION 2

Principes fondamentaux

Pour l'essentiel, deux principes fondamentaux caractérisent la démarche de l'auditeur financier : **25300**
– la méthodologie utilisée est fondée sur l'**approche par les risques** (n°s 25310 s.) ;
– l'objectif de la mission est l'émission d'une **opinion motivée** (n°s 25700 s.).

Ces principes fondamentaux ont été rappelés et précisés par l'évolution à la fois nationale et internationale récente.

Au plan **international**, le « Modèle d'approche par les risques » (*Audit risk model*) a été revu par l'IAASB au travers de trois normes professionnelles qui, associées à la norme traitant des principes généraux d'audit financier (ISA 200 « *Overall Objectives of the Independent Auditor and the Conduct of an Audit in accordance with International Standards on Auditing* »), forment un tout qui définit l'approche d'audit dans son ensemble. Ces normes comprennent :
– la norme ISA 315 relative à la compréhension de l'entité et de son environnement aux fins de l'identification et de l'évaluation des risques d'anomalies significatives – *Identifying and Assessing the Risks of Material Misstatement through Understanding the Entity and Its Environment*. Cette norme a fait l'objet d'une révision en 2019, laquelle sera applicable pour les exercices ouverts à compter du 15 décembre 2021 ;
– la norme ISA 320 relative au caractère significatif lors de la planification et de la réalisation de l'audit – *Materiality in planning and performing an audit* ;
– la norme ISA 330 relative aux réponses de l'auditeur à l'évaluation des risques – *The Auditor's Responses to Assessed Risks* ;
– la norme ISA 500 relative aux éléments probants – *Audit evidence*.
En **France**, les NEP 200, 300, 315, 320, 330 et 500 sont compatibles avec les normes internationales ISA 200, ISA 315, ISA 320, ISA 330 et ISA 500.

I. Approche par les risques

L'audit financier s'est longtemps limité à un contrôle direct des comptes n'incluant ni formalisation de l'évaluation du risque d'anomalies significatives dans les comptes, ni évaluation systématique de la mise en œuvre et de l'efficacité du contrôle interne. Dans cette démarche, parfois qualifiée de « révision à plat » des états financiers, l'auditeur examinait en priorité les comptes des balances générales et auxiliaires, en contrôlait la justification, et vérifiait qu'ils étaient correctement repris dans les états de synthèse. Ce type de contrôles, qui est loin d'avoir perdu toute pertinence, trouve néanmoins rapidement ses **limites** si l'entité à auditer prend quelque importance. Lorsqu'il s'agit d'une entité dont la comptabilité enregistre des milliers d'opérations, parfois réparties sur plusieurs sites, et pouvant traduire dans certains cas des opérations complexes, il devient notoirement insuffisant. **25310**

L'auditeur, qui ne peut pas tout voir, et dont le temps d'intervention est compté, doit alors mettre en œuvre une **méthodologie** qui lui permette à la fois :
– de **motiver son opinion**, c'est-à-dire d'obtenir les informations nécessaires et suffisantes (probantes) pour porter un jugement pertinent sur les états financiers ;
– d'**obtenir un maximum d'efficacité**, c'est-à-dire d'optimiser le rapport entre le coût de son contrôle et le niveau de confiance attendu.

L'auditeur s'efforce d'atteindre ce résultat en concentrant ses efforts sur les éléments susceptibles d'entraîner des anomalies significatives dans les comptes, qu'il identifie en réalisant une approche par les risques. **25312**

NOTION D'AUDIT FINANCIER   © Éd. Francis Lefebvre

25315 L'approche par les risques suppose que soient distingués les points qui, présentant un risque, doivent faire l'objet d'un **contrôle approfondi** de ceux qui, ne soulevant pas ou peu de risques particuliers, peuvent être contrôlés en procédant à des **vérifications « allégées »**.

A. Définition des différentes notions de risques

25320 La CNCC a publié en décembre 2016 une note d'information relative à l'approche par les risques (CNCC NI. XV « Le commissaire aux comptes et l'approche d'audit par les risques »).
Le schéma ci-après, extrait de la note d'information précitée, synthétise les différentes notions de risques (CNCC NI. XV § 1.1) :

Risque d'audit :
« Le risque que le commissaire aux comptes exprime une opinion différente de celle qu'il aurait émise s'il avait identifié toutes les anomalies significatives dans les comptes est appelé « risque d'audit ». Le risque d'audit comprend deux composantes : le risque d'anomalies significatives dans les comptes et le risque de non-détection de ces anomalies par le commissaire aux comptes.» (NEP 200.09)

Risque d'anomalies significatives :
« Le risque d'anomalies significatives dans les comptes est propre à l'entité : il existe indépendamment de l'audit des comptes. Il se subdivise en risque inhérent et risque lié au contrôle. » (NEP 200.10)

Risque de non-détection :
« *Le risque de non-détection est propre à la commission d'audit : il correspond au risque que le commissaire aux comptes ne parvienne pas à détecter une anomalie significative.»* (NEP 200.11)

Risque d'anomalies significatives au niveau des comptes pris dans leur ensemble :
La notion de risques au niveau des comptes pris dans leur ensemble se réfère aux risques qui affectent de façon diffuse les comptes et qui peuvent affecter de nombreuses assertions.

Risque d'anomalies significatives au niveau des assertions :
La notion de risques au niveau des assertions, pour les catégories d'opérations, les soldes de comptes et les informations fournies dans l'annexe des comptes, se réfère aux risques affectant une ou plusieurs assertions pour tous les comptes significatifs et les informations fournies dans l'annexe.

Risque inhérent :
« Le risque inhérent correspond à la possibilité que, sans tenir compte du contrôle interne qui pourrait exister dans l'entité, une anomalie significative se produise dans les comptes. »
(NEP 200.10) (*)

Risque lié au contrôle :
« Le risque lié au contrôle correspond au risque qu'une anomalie significative ne soit ni prévenue ni détectée par le contrôle interne de l'entité et donc non corrigée en temps voulu. »
(NEP 200.10) (*)

(*) y compris le risque significatif : « *[...] un risque inhérent élevé qui requiert une démarche d'audit particulière. Un tel risque est généralement lié à des opérations non courantes en raison de leur importance et de leur nature ou à des éléments sujets à interprétation, tels que les estimations comptables ; [...] »* (NEP 315.16)

588

Risque d'audit

Conformément aux dispositions du paragraphe 7 de la NEP 200, « la formulation, par le commissaire aux comptes, de son opinion sur les comptes nécessite qu'il obtienne l'assurance que les comptes, pris dans leur ensemble, ne comportent pas d'anomalies significatives ».

25322

Cette assurance élevée, mais non absolue du fait des limites de l'audit, est qualifiée, par convention, d'**assurance raisonnable**.

Pour obtenir l'assurance raisonnable que les comptes ne comportent pas d'anomalies significatives, le commissaire aux comptes doit faire face à deux risques :

– le **risque d'anomalies significatives** : il s'agit du risque que les comptes comportent effectivement des anomalies significatives. Ce risque dépend de l'entité, notamment de sa capacité à élaborer des comptes de qualité au regard du référentiel comptable (CNCC NI. XV § 1.2) ;

– le **risque de non-détection** : il s'agit du risque que le commissaire aux comptes ne parvienne pas à détecter les éventuelles anomalies significatives. Ce risque dépend de la pertinence de la démarche d'audit adoptée au regard du risque d'anomalies significatives, compte tenu des limites inhérentes à l'audit (CNCC NI. XV § 1.2).

On rappellera que les limites de l'audit résultent notamment de l'utilisation des techniques de sondages, des limites inhérentes au contrôle interne, et du fait que la plupart des éléments collectés au cours de la mission conduisent davantage à des présomptions qu'à des certitudes (NEP 200 § 08).

Le risque d'audit résulte de la combinaison de ces deux risques et correspond au risque de formuler une opinion non appropriée, c'est-à-dire une opinion différente de celle qui aurait été exprimée si toutes les anomalies significatives dans les comptes avaient été identifiées (CNCC NI. XV § 1.2).

La NEP 200 précitée (§ 12) dispose que « le commissaire aux comptes réduit le risque d'audit à un niveau suffisamment faible pour obtenir l'assurance recherchée nécessaire à la certification des comptes. À cette fin, il évalue le risque d'anomalies significatives et conçoit les procédures d'audit à mettre en œuvre en réponse à cette évaluation, conformément aux principes définis dans les normes d'exercice professionnel. Plus le commissaire aux comptes évalue le risque d'anomalies significatives à un niveau élevé, plus il met en œuvre de procédures d'audit complémentaires afin de réduire le risque de non-détection ».

Risque d'anomalies significatives

Comme le précise la NEP 200 précitée, le risque d'anomalies significatives dans les comptes est **propre à l'entité** et il existe indépendamment de l'audit des comptes.

25324

Il se subdivise en risque inhérent et risque lié au contrôle (NEP 200 § 10) :

– le **risque inhérent** correspond à la possibilité que, sans tenir compte du contrôle interne qui pourrait exister dans l'entité, une anomalie significative se produise dans les comptes ;

– le **risque lié au contrôle** correspond au risque qu'une anomalie significative ne soit ni prévenue ni détectée par le contrôle interne de l'entité et donc non corrigée en temps voulu.

L'anomalie significative est définie par la NEP 320 : « Application de la notion de caractère significatif lors de la planification et de la réalisation d'un audit » comme une « information comptable ou financière inexacte, insuffisante ou mise, en raison d'erreurs ou de fraude d'une importance telle que, seule ou cumulée avec d'autres, elle peut **influencer le jugement de l'utilisateur** d'une information financière ou comptable. »

Cette NEP précise également que (§ 09, 10 et 12) :

– le commissaire aux comptes met en œuvre la notion de caractère significatif dans le contexte de l'audit des comptes en considérant non seulement le **montant** des anomalies mais aussi leur **nature**. Il prend également en compte les circonstances particulières de leur survenance : en effet, les **circonstances** entourant certaines anomalies peuvent amener le commissaire aux comptes à les juger significatives quand bien même leur montant ne le serait pas ;

– la détermination du caractère significatif des anomalies relève du **jugement professionnel** du commissaire aux comptes et est influencée par sa perception des besoins d'informations financières des utilisateurs des comptes ;

NOTION D'AUDIT FINANCIER

– pour évaluer le caractère significatif d'une anomalie à partir de son montant, le commissaire aux comptes détermine un ou des **seuils de signification**.

La NEP 320 précitée définit le seuil de signification comme le « montant au-delà duquel les décisions économiques ou le jugement fondé sur les comptes sont susceptibles d'être influencés ».

Elle prévoit que :
– dès la planification de l'audit, le commissaire aux comptes détermine un seuil de signification au niveau des comptes pris dans leur ensemble et, le cas échéant, un ou des seuils de signification de montants inférieurs pour certains flux d'opérations, soldes de comptes ou informations à fournir ;
– pour déterminer la nature et l'étendue des procédures d'audit à mettre en œuvre, le commissaire aux comptes utilise un ou des **seuils de planification**.

Voir également n° 25460.

B. Présentation de la démarche d'approche par les risques

25330 Comme cela est explicité dans la note d'information CNCC précitée, il est important de noter que la démarche d'audit retenue relève d'abord du **jugement professionnel** du commissaire aux comptes et sera d'autant plus pertinente (c'est-à-dire de nature à réduire le risque d'audit à un niveau suffisamment faible pour obtenir l'assurance recherchée) qu'elle est proportionnée aux risques d'anomalies significatives spécifiques de l'entité identifiés par le commissaire aux comptes. Il est important de souligner que les risques concernés sont les risques d'anomalies significatives **dans les comptes**, par conséquent une telle approche ne consiste pas à rechercher l'ensemble des risques liés à l'activité de l'entité (opérationnels, juridiques…) mais requiert d'identifier de tels risques lorsqu'ils sont susceptibles d'avoir une incidence sur les comptes et d'être à l'origine d'anomalies significatives (CNCC NI. XV § 1.4).

25335 Les schémas ci-après permettent de résumer l'approche d'audit par les risques en présentant l'approche générale (schéma 1) puis un focus sur la conception des procédures d'audit sur les comptes significatifs (schéma 2).

Schéma 1 : Approche par les risques

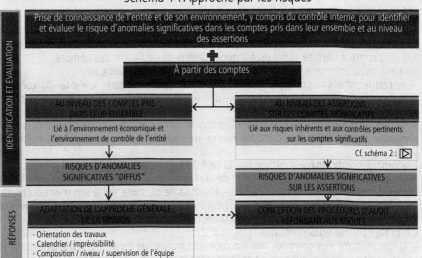

Schéma extrait de la Note d'information CNCC n° XV « Le commissaire aux comptes et l'approche d'audit par les risques » – décembre 2016 (§ 2.1).

Schéma 2 : Conception des procédures d'audit pour les comptes significatifs

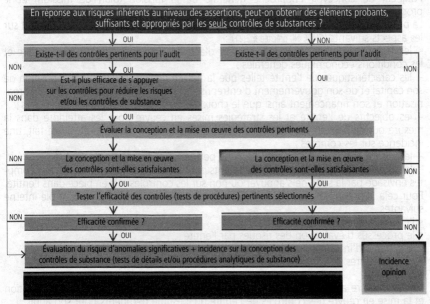

Pour les « risques inhérents élevés qui requièrent une démarche d'audit particulière », dits « risques significatifs » - démarche spécifique (cf. NEP 315.16)

Schéma extrait de la Note d'information CNCC n° XV « Le commissaire aux comptes et l'approche d'audit par les risques » – décembre 2016 (§ 2.1).

C. Points clés de l'approche par les risques

Sur le plan des normes d'exercice professionnel :
— la **NEP 315** « Connaissance de l'entité et de son environnement et évaluation du risque d'anomalies significatives dans les comptes » définit les procédures d'audit à mettre en œuvre pour identifier et évaluer le risque d'anomalies significatives dans les comptes ;
— la **NEP 330** « Procédures d'audit mises en œuvre par le commissaire aux comptes à l'issue de son évaluation des risques » définit quant à elle les réponses à l'identification et à l'évaluation des risques en termes d'approche générale de la mission et en termes de conception des procédures d'audit à mettre en œuvre.
Selon la CNCC, le fait que l'évaluation du risque d'anomalies significatives d'une part et la conception des procédures d'audit d'autre part soient présentées formellement dans deux normes séparées ne doit pas faire oublier que c'est dans le but de concevoir des procédures d'audit adaptées à l'entité que le commissaire aux comptes prend connaissance de l'entité et évalue le risque d'anomalies significatives et qu'il est important que le **lien entre les risques identifiés et les procédures d'audit** prévues soit formalisé (CNCC NI. précitée § 2).
Ainsi, le commissaire aux comptes n'a pas à documenter l'ensemble des aspects de l'organisation, de l'activité, du contrôle interne, du secteur... de l'entité mais uniquement ceux qui concourent à l'identification et à l'évaluation des risques d'anomalies significatives. En pratique, la démarche ne se décompose pas en deux phases distinctes : c'est au fur et à mesure que le commissaire aux comptes prend connaissance de l'entité qu'il identifie les risques d'anomalies significatives, les évalue et envisage quelles conséquences il va en tirer dans son approche générale de la mission et/ou dans le programme de travail (CNCC NI. précitée § 2).

Connaissance de l'entité et de son environnement pour identifier et évaluer le risque d'anomalies significatives

La prise de connaissance de l'entité et de son environnement, y compris de son contrôle interne, par le commissaire aux comptes, n'est pas un objectif en soi mais a pour buts

25340

25345

NOTION D'AUDIT FINANCIER　　　　　　　　© Éd. Francis Lefebvre

l'identification et l'évaluation du risque d'anomalies significatives dans les comptes dans l'objectif de concevoir l'approche générale de la mission (plan de mission) et le programme de travail (CNCC NI. précitée § 2.21).

La prise de connaissance de l'entité et de son environnement **porte obligatoirement sur** les aspects suivants (CNCC NI. précitée § 2.21) :

– les facteurs externes tels que le secteur d'activité, l'environnement réglementaire et les conditions économiques générales ;

– les caractéristiques de l'entité telles que la nature de ses activités, la composition de son capital et de son gouvernement d'entreprise, sa politique d'investissement, son organisation et son financement ainsi que le choix des méthodes comptables appliquées ;

– les objectifs de l'entité et les stratégies mises en œuvre pour les atteindre dans la mesure où ces objectifs pourront avoir des conséquences financières et, de ce fait, une incidence sur les comptes ;

– la mesure et l'analyse des indicateurs de performance financière de l'entité ;

– les éléments du contrôle interne pertinents pour l'audit, que le commissaire aux comptes envisage par la suite de s'appuyer ou non sur les contrôles mis en place dans l'entité. Pour cela, il prend notamment connaissance des cinq composantes du contrôle interne suivantes :

• l'environnement de contrôle ;
• le processus d'évaluation des risques par l'entité ;
• le système d'information relatif à l'élaboration de l'information financière ;
• les procédures de contrôle interne ;
• le pilotage.

Le commissaire aux comptes évalue, dans chacune de ces composantes, la conception et la mise en œuvre des contrôles de l'entité qu'il estime pertinents pour son audit.

Par **exemple**, le commissaire aux comptes peut rechercher :

– si la direction a créé et maintient une culture d'honnêteté et un comportement éthique ;

– les moyens mis en place par l'entité pour identifier les risques liés à son activité ayant une incidence éventuelle sur les comptes, estimer le caractère significatif de ces risques, apprécier la probabilité de leur survenance et définir les actions à mettre en œuvre en réponse à ces risques.

25348　Au cours de cette prise de connaissance, le commissaire aux comptes identifie et évalue les risques d'anomalies significatives.

Ces risques peuvent porter sur :

– les **comptes pris dans leur ensemble** (par exemple un risque résultant d'un changement de système informatique), dits « risques diffus » (voir n° 25360) ;

– des **assertions**, pour certaines catégories d'opérations, certains soldes de comptes ou des informations fournies en annexe, par exemple le risque que les stocks soient surévalués ou n'existent pas (voir n° 25370).

La note d'information précitée précise que (§ 2.21) :

– cette prise de connaissance est complétée, pour les comptes significatifs, d'une identification et d'une évaluation des risques d'anomalies significatives pour toutes les « assertions applicables » ;

– toutes les assertions définies dans la NEP 500 « Caractère probant des éléments collectés » sont pertinentes mais que toutes ne requièrent pas le même niveau de travaux ;

– lors de la prise de connaissance de l'entité pour identifier et évaluer les risques d'anomalies significatives, le commissaire aux comptes peut déjà, à ce niveau, avoir établi le fait que certaines assertions ne présentent pas de risques d'anomalies significatives et ne nécessitent pas la mise en œuvre de procédures d'audit complémentaires.

Les « assertions applicables » sont les assertions pour lesquelles le commissaire aux comptes met en œuvre des procédures d'audit complémentaires à celles réalisées lors de la prise de connaissance de l'entité.

Par exemple, l'assertion « existence » des immobilisations vérifiée lors des exercices précédents, alors que le commissaire aux comptes n'a pas identifié de mouvement sur l'exercice lors de la procédure analytique préliminaire, ne sera pas considérée comme une assertion applicable.

25349　En pratique, outre la notion de compte significatif, il est courant d'utiliser la **notion de cycle**.

592

© Éd. Francis Lefebvre

NOTION D'AUDIT FINANCIER ▌

Un cycle peut alors être défini comme un ensemble cohérent de processus, c'est-à-dire un ensemble de tâches traitant des flux d'opérations homogènes, de classes de comptes du bilan et du compte de résultat, résultant du principe de comptabilité en partie double (CNCC NI. précitée § 2.21).
Par exemple, dans le cas d'une entreprise industrielle et commerciale, les cycles peuvent être : achats / fournisseurs, personnel / paie, production / stocks, ventes / clients, immobilisations, trésorerie...
Une approche par cycle permet notamment une analyse globale du processus en évitant les doublons possibles entre l'évaluation des risques sur les flux et sur les soldes (CNCC NI. précitée § 2.21).
Pour plus de détails sur l'audit par cycle, voir nᵒˢ 31000 s.

25350

Il est possible de procéder à l'évaluation du risque d'anomalies significatives **au niveau des assertions** en distinguant les deux composantes de ce risque : risque inhérent et risque lié au contrôle. Il est également possible d'évaluer directement les risques d'anomalies significatives.
Le **risque inhérent** s'apprécie avant prise en compte des contrôles de l'entité. Le risque inhérent au niveau des assertions est le risque que celles-ci ne soient pas respectées et que ce non-respect puisse entraîner une anomalie significative dans les comptes.
En ce qui concerne les **contrôles de l'entité**, le commissaire aux comptes évalue la conception et la mise en œuvre de ces contrôles pour l'audit (NEP 315 § 16 ; CNCC NI. précitée § 2.21) :
– lorsqu'il a identifié un **risque significatif** (voir nᵒ 25355), quand bien même il ne souhaiterait pas s'appuyer sur ces contrôles (cas obligatoire indépendamment de la stratégie d'audit) ;
– lorsqu'il considère que les **contrôles de substance seuls ne permettront pas d'obtenir les éléments suffisants et appropriés** pour conclure sur la ou les assertions à vérifier (par exemple, flux d'opérations très nombreuses comptabilisées par un processus automatisé avec peu ou pas d'interventions manuelles). Dans ce cas, il testera également leur efficacité en réalisant des tests de procédures si la conception et la mise en œuvre des contrôles sont satisfaisantes (cas obligatoire indépendamment de la stratégie d'audit) ;
– lorsqu'il souhaite **s'appuyer sur les contrôles de l'entité** pour réduire le risque d'anomalies significatives et/ou pour limiter l'étendue des contrôles de substance à mettre en œuvre. Dans ce cas, il testera également leur efficacité par des tests de procédures si la conception et la mise en œuvre du contrôle sont satisfaisantes.
Il ressort des développements qui précèdent qu'un audit ne requiert pas systématiquement l'évaluation de la conception et de la mise en œuvre de tous les contrôles de l'entité pour chaque assertion applicable (CNCC NI. précitée § 2.21).

25352

Le paragraphe 17 de la NEP 315 précise que l'évaluation par le commissaire aux comptes de la conception et de la mise en œuvre des contrôles de l'entité consiste à apprécier si un contrôle, seul ou en association avec d'autres, est théoriquement en mesure de prévenir, de détecter ou de corriger les anomalies significatives dans les comptes.
La note d'information précitée insiste sur la démarche suivante :
– lorsque le commissaire aux comptes conclut que la **conception du contrôle est satisfaisante**, il évalue s'il est mis en œuvre. L'évaluation de la mise en œuvre d'un contrôle consiste à vérifier que ce contrôle existe et que l'entité l'applique. La vérification ne peut pas se réduire à un simple entretien avec l'entité. En pratique, cela peut se traduire par la réalisation d'un test de cheminement ou par tout autre moyen ;
– lorsque certains **tests de procédures réalisés ne sont pas satisfaisants**, le commissaire aux comptes ne peut pas s'appuyer sur les contrôles concernés et en tient compte pour concevoir ou réviser la nature, le calendrier et l'étendue des contrôles de substance qui devront tenir compte des faiblesses identifiées ;
– lorsque les contrôles de substance seuls ne peuvent suffire et qu'il n'existe **pas de contrôles pertinents pour l'audit qui fonctionnent de façon efficace**, le commissaire aux comptes est amené à considérer les incidences de cette absence de contrôle efficace sur l'expression de son opinion dans son rapport sur les comptes ;
– lorsque le commissaire aux comptes conclut à l'**efficacité des contrôles**, il pourra, après s'être assuré qu'aucun changement important n'est intervenu, continuer à s'appuyer sur le résultat des tests de procédures sur les deux exercices suivants, sauf lorsque le contrôle de l'entité répond à un risque significatif (voir nᵒ 25355). Il n'est cependant pas possible de tester tous les contrôles sur un seul exercice sans effectuer de tests de procédures sur chacun des deux exercices suivants.

593

NOTION D'AUDIT FINANCIER　　　　　　　　　© Éd. Francis Lefebvre

Cas de risques significatifs

25355　L'expression « risques significatifs » désigne les risques inhérents élevés qui requièrent une démarche d'audit particulière au sens de la NEP 315 précitée (CNCC NI. précitée § 2.22). Le paragraphe 16 de la NEP 315 précise qu'un tel risque est généralement lié à des opérations non courantes en raison de leur importance et de leur nature ou à des éléments sujets à interprétation, tels que les estimations comptables.

Un risque significatif peut par exemple être lié à la réalisation d'opérations non courantes comme l'absorption ou le rachat d'une société.

La norme internationale ISA 315 donne des situations que l'auditeur doit prendre en compte pour déterminer si un risque est significatif ou non :
– le risque est, ou non, un risque de fraude ;
– le risque est, ou non, lié à des développements nouveaux de nature économique, comptable ou autre et requiert, en conséquence, une attention particulière ;
– la complexité des opérations ;
– le risque découle, ou non, de transactions importantes avec des parties liées ;
– le degré de subjectivité attaché à l'appréciation des informations financières en relation avec le risque, plus particulièrement pour celles de ces informations qui comportent un large éventail d'incertitude attaché à leur évaluation ;
– le risque concerne, ou non, des transactions importantes sortant du cadre normal des opérations de l'entité, ou qui paraissent par ailleurs inhabituelles.

Lorsque le commissaire aux comptes a identifié un risque significatif, les conséquences sur l'approche d'audit sont les suivantes (CNCC NI. précitée § 2.22) :
– la **conception et la mise en œuvre des contrôles** de l'entité pertinents pour l'audit qui répondent au risque identifié doivent être évaluées tous les ans, même si le commissaire aux comptes n'a pas l'intention de s'appuyer sur ces contrôles ;
– des **tests de procédures** doivent être réalisés tous les ans, sans possibilité de faire une rotation des contrôles, lorsque le commissaire aux comptes s'appuie sur les contrôles de l'entité pertinents pour l'audit qui répondent au risque identifié (par choix ou lorsqu'il n'a pas d'autres possibilités) ;
– des **contrôles de substance** qui répondent spécifiquement à ce risque doivent être mis en œuvre. Bien que la NEP 330 précitée ne le précise pas, il est préférable, lorsque l'approche d'audit relative à un risque significatif consiste uniquement en des contrôles de substance, que ceux-ci incluent des tests de détail et pas uniquement des procédures analytiques « de substance » (CNCC NI. précitée § 2.22).

Ceci est obligatoire en norme ISA.

Procédures d'audit additionnelles

25358　Des procédures d'audit additionnelles sont mises en œuvre par le commissaire aux comptes en application de la **NEP 330** précitée et de la NEP 240 « Prise en considération de la possibilité de fraudes lors de l'audit des comptes ».

Conformément aux dispositions du paragraphe 22 de la NEP 330, le commissaire aux comptes met en œuvre les procédures d'audit suivantes :
– rapprochement des comptes annuels ou consolidés avec les documents comptables dont ils sont issus ;
– examen des écritures comptables significatives, y compris des ajustements effectués lors de la clôture des comptes ; et
– évaluation de la conformité au référentiel comptable applicable de la présentation des comptes, y compris les informations fournies en annexe.

Le paragraphe 22 de la **NEP 330** dispose que, en complément des réponses à l'évaluation du risque d'anomalies significatives résultant de **fraudes**, au niveau des comptes pris dans leur ensemble et au niveau des assertions et afin de répondre au risque que la direction s'affranchisse de certains contrôles mis en place par l'entité, le commissaire aux comptes conçoit et met en œuvre des procédures d'audit, qui consistent à :
– vérifier le caractère approprié des écritures comptables et des écritures d'inventaire passées lors de la préparation des comptes ;
– revoir si les estimations comptables ne sont pas biaisées. Pour cela, le commissaire aux comptes peut notamment revoir les jugements et les hypothèses de la direction reflétés dans les estimations comptables des années antérieures à la lumière des réalisations ultérieures ;

594

© Éd. Francis Lefebvre   **NOTION D'AUDIT FINANCIER** |

– comprendre la justification économique d'opérations importantes qui lui semblent être en dehors des activités ordinaires de l'entité, ou qui lui apparaissent inhabituelles eu égard à sa connaissance de l'entité et de son environnement.

D. Risques d'anomalies significatives au niveau des comptes pris dans leur ensemble

25360 La notion de risques d'anomalies significatives au niveau des comptes pris dans leur ensemble est visée par la **NEP 315** précitée :
– le commissaire aux comptes acquiert une connaissance suffisante de l'entité, notamment de son contrôle interne, afin d'identifier et d'évaluer le risque d'anomalies significatives dans les comptes et afin de concevoir et de mettre en œuvre des procédures d'audit permettant de fonder son opinion sur les comptes (§ 01) ;
– lors de sa prise de connaissance, le commissaire aux comptes identifie et évalue le risque d'anomalies significatives au niveau des comptes pris dans leur ensemble et au niveau des assertions, pour les catégories d'opérations, les soldes de comptes et les informations fournies dans l'annexe des comptes (§ 15).

25362 La note d'information précitée explicite la notion de risques d'anomalies significatives au niveau des comptes pris dans leur ensemble : les risques d'anomalies significatives au niveau des comptes pris dans leur ensemble sont les **risques affectant les comptes de manière diffuse**, c'est-à-dire dont les effets pourraient affecter de nombreux postes des états financiers.
C'est le cas, par exemple, lorsque le contrôle interne est inexistant ou largement défaillant, créant ainsi des risques d'anomalies significatives résultant de fraudes et/ou d'erreurs susceptibles d'affecter un grand nombre de postes des états financiers.
Le **contrôle interne** peut notamment être jugé **insuffisant** en cas :
– d'absence de contrôle sur les liens et déversements des flux entre les différents systèmes informatiques concourant à l'élaboration des comptes ;
– d'insuffisance dans la formalisation des autorisations ou approbations des opérations par la direction, compte tenu de la nature et de la complexité de l'entité et des opérations ;
– de manque de contrôle par la direction dans le processus de préparation des comptes à la clôture de l'exercice ;
– de manque de compétence ou d'honnêteté du responsable comptable de la société.
Par exemple, il peut exister un risque diffus lorsqu'une entité doit faire face au remplacement du chef comptable sans passation de pouvoir, affaiblissant ainsi l'environnement de contrôle et générant un risque de traitement non homogène de la comptabilité dans son ensemble.

25364 En **réponse à son évaluation** du risque d'anomalies significatives **au niveau des comptes pris dans leur ensemble**, le commissaire aux comptes adapte son approche générale de la mission (NEP 330 § 04). Il peut notamment pour ce faire :
– affecter à la mission des collaborateurs plus expérimentés ou possédant des compétences particulières ;
– recourir à un ou des experts ;
– renforcer la supervision des travaux ;
– introduire un degré supplémentaire d'imprévisibilité pour l'entité dans les procédures d'audit choisies ;
– apporter des modifications à la nature, au calendrier ou à l'étendue des procédures d'audit.
Ainsi, par exemple, s'il existe des faiblesses dans l'environnement de contrôle, le commissaire aux comptes peut choisir :
– de mettre en œuvre des contrôles de substance plutôt que des tests de procédures ;
– d'intervenir plutôt après la fin de l'exercice qu'en cours d'exercice ; ou
– d'augmenter le nombre de sites à contrôler.

NOTION D'AUDIT FINANCIER   © Éd. Francis Lefebvre

E. Risques d'anomalies significatives au niveau des assertions

1. Définition des assertions d'audit

25370 En matière d'audit financier, les assertions peuvent être définies comme les « critères dont la réalisation conditionne la régularité, la sincérité et l'image fidèle des comptes » (NEP 315 et 500 § 3).
Seront examinés le contenu puis la classification de ces assertions.

25380 Dans le cadre de la certification des comptes, les assertions sont définies par la **norme d'exercice professionnel** (NEP 500) homologuée par arrêté du 19 juillet 2006 : « Caractère probant des éléments collectés ».

25382 La norme précitée définit treize assertions qui peuvent être regroupées en trois catégories :
– cinq assertions concernent les flux d'opérations et les événements survenus au cours de la période : réalité, exhaustivité, mesure, séparation des exercices, classification ;
– quatre assertions concernent les soldes des comptes en fin de période : existence, droits et obligations, exhaustivité, évaluation et imputation ;
– enfin, quatre assertions concernent la présentation des comptes et les informations fournies dans l'annexe : réalité et droits et obligations, exhaustivité, présentation et intelligibilité, mesure et évaluation.

25383 **Flux d'opérations et événements de la période** Les assertions relatives aux flux d'opérations et aux événements de la période sont définies comme suit par la norme d'exercice professionnel (NEP 500 § 9) :
– **Réalité** : les opérations et les événements qui ont été enregistrés se sont produits et se rapportent à l'entité ;
– **Mesure** : les montants et autres données relatives aux opérations et événements ont été correctement enregistrés ;
– **Classification** : les opérations et les événements ont été enregistrés dans les comptes adéquats ;
  Dans les développements consacrés ci-après à la revue des contrôles par cycle (n⁰ˢ 31000 s.), les trois assertions relatives à la réalité, à la mesure et à la classification des enregistrements sont regroupées dans une assertion « régularité des enregistrements » qui recouvre les objectifs contenus dans ces trois assertions. Ainsi, à titre d'exemple, l'assertion de régularité n'est-elle pas vérifiée pour une opération fictive ou non justifiée, ou lorsqu'un enregistrement correspondant à une opération bien réelle ne concerne pas l'entité, ou enfin lorsqu'un enregistrement ne respecte pas les règles et principes du référentiel comptable retenu.
– **Exhaustivité** : toutes les opérations et tous les événements qui auraient dû être enregistrés sont enregistrés ;
  Cette assertion traduit le fait que la comptabilité de l'entité prend en compte l'ensemble des opérations devant donner lieu à un enregistrement, eu égard au référentiel qui sert de base à la mise en œuvre de l'audit financier (voir n⁰ 25158).
– **Séparation des exercices** : les opérations et les événements ont été enregistrés dans la bonne période.
  La **coupure** des enregistrements, qui traduit le fait que l'enregistrement d'une opération sur un exercice donné est conforme au référentiel comptable applicable, est à l'intersection de la régularité et de l'exhaustivité des enregistrements : cette assertion est en effet respectée si, d'une part, toute opération de l'exercice est enregistrée (sinon il y aurait atteinte à l'exhaustivité des enregistrements) et si, d'autre part, toutes les opérations enregistrées sur l'exercice correspondent bien à cet exercice (sinon il y aurait atteinte à la régularité des enregistrements).

25384 **Soldes des comptes en fin de période** Les assertions relatives aux soldes de fin de période sont définies comme suit par la norme d'exercice professionnel (NEP 500 § 9) :
– **Existence** : les actifs et les passifs existent ;
  On observe que l'existence d'un solde ne peut être compromise sans qu'il y ait eu atteinte préalablement à la régularité ou à l'exhaustivité des enregistrements ; par exemple, l'inexistence d'un solde censé représenter une créance client peut résulter de l'omission de l'enregistrement d'un règlement (atteinte à l'exhaustivité) ou de l'enregistrement d'une créance fictive (atteinte à la régularité des enregistrements).

596

NOTION D'AUDIT FINANCIER

– **Droits et obligations** : l'entité détient et contrôle les droits sur les actifs, et les dettes correspondent aux obligations de l'entité ;
– **Exhaustivité** : tous les actifs et les passifs qui auraient dû être enregistrés l'ont bien été ;
– **Évaluation et imputation** : les actifs et les passifs sont inscrits dans les comptes pour des montants appropriés et tous les ajustements résultant de leur évaluation ou imputation sont correctement enregistrés.

> On observe qu'une atteinte à cette assertion peut intervenir alors même que toutes les opérations ont été régulièrement enregistrées ; elle suppose toutefois un défaut d'enregistrement de la correction de valeur nécessaire pour ramener le solde à sa valeur d'inventaire.

Présentation des comptes et informations fournies en annexe Les asser- **25385**
tions relatives à la présentation des comptes et aux informations fournies en annexe sont définies comme suit par la norme d'exercice professionnel (NEP 500 § 9) :
– **Réalité et droits et obligations** : les événements, les transactions et les autres éléments fournis se sont produits et se rapportent à l'entité ;
– **Exhaustivité** : toutes les informations relatives à l'annexe des comptes requises par le référentiel comptable ont été fournies ;

> Il pourra s'agir par exemple de l'omission d'un engagement hors bilan.

– **Présentation et intelligibilité** : l'information financière est présentée et décrite de manière appropriée et les informations données dans l'annexe sont clairement présentées ;

> Cette assertion traduit notamment le fait que les conventions de présentation du référentiel retenues pour la certification sont appliquées, notamment en termes de non-compensation des soldes, de présentation et de lisibilité des états financiers ; ainsi le fait de donner une information incomplète, mal rédigée ou fausse, ou encore mal localisée dans l'information donnée porterait-il atteinte à cette assertion.

– **Mesure et évaluation** : les informations financières et les autres informations sont données fidèlement et pour les bons montants.

> Dans les développements consacrés ci-après à la revue des contrôles par cycle (nᵒˢ 31000 s.), ces quatre assertions sont regroupées dans une assertion globale « présentation et information ».

Les assertions permettent donc de définir les conditions à remplir pour que les comptes **25408**
puissent être certifiés : dès lors que l'ensemble des assertions relatives aux enregistrements comptables, aux soldes et aux états financiers peut être validé, l'auditeur est en effet en mesure de délivrer sa certification.

> Le contrôle des assertions est de ce fait à la base de la définition par l'auditeur de ses objectifs d'audit.

Les assertions constituent également pour l'auditeur autant de points de référence pour l'identification et l'appréciation des risques pesant sur les états financiers.

2. Identification et évaluation des risques au niveau des assertions

L'objectif de l'identification et de l'évaluation du risque d'anomalies significatives pour les **25420**
assertions applicables relatives aux comptes significatifs et les informations significatives fournies dans l'annexe est de concevoir un programme de travail. Ce programme de travail est adapté à la nature et au niveau des risques et permet au commissaire aux comptes d'obtenir les éléments nécessaires pour fonder son opinion, c'est-à-dire d'obtenir une assurance raisonnable que les comptes pris dans leur ensemble ne comportent pas d'anomalies significatives (CNCC NI. précitée § 4.11).
Ainsi, il convient de vérifier le respect par l'entité des assertions applicables relatives aux comptes significatifs et aux informations significatives fournies dans l'annexe, y compris celles pour lesquelles le risque d'anomalies significatives est estimé faible (CNCC NI. précitée § 4.11).
Pour être en mesure d'adapter le niveau de ses diligences, l'auditeur doit évaluer le risque que les états financiers soumis à son jugement comportent des erreurs, autrement dit que les assertions d'audit relatives aux états financiers soient affectées par des **anomalies significatives**.

597

NOTION D'AUDIT FINANCIER

© Éd. Francis Lefebvre

La démarche d'identification des risques retenue par l'auditeur financier comprend généralement :

– une identification des **erreurs potentielles** : l'erreur potentielle est l'erreur qui pourrait théoriquement survenir si aucun contrôle n'était mis en place pour l'empêcher ou la détecter. Elle est usuellement associée à la notion de **risque inhérent** (voir nos 25430 s.) ;

– une identification des **erreurs possibles** : l'erreur possible est l'erreur qui peut effectivement se produire compte tenu de l'absence de contrôle dans l'entité pour l'empêcher, la détecter et la corriger. Elle est généralement associée au **risque lié au contrôle** ou **risque de non-maîtrise** (voir nos 25445 s.) ;

– la détermination du seuil au-delà duquel les erreurs relevées dans les comptes présenteront un **caractère significatif** : l'auditeur est ainsi amené à définir non seulement l'importance relative des systèmes et domaines sur lesquels il est appelé à intervenir, mais également un **seuil de signification** au niveau des comptes pris dans leur ensemble (voir nos 25460 s.).

Risques inhérents

25430 **Définition** Le risque inhérent correspond à « la possibilité que, sans tenir compte du contrôle interne qui pourrait exister dans l'entité, une anomalie significative se produise dans les comptes » (NEP 200 § 10).

Le risque inhérent au niveau des assertions est ainsi la possibilité qu'une assertion portant sur un compte significatif ou une information significative fournie dans l'annexe ne soit pas respectée et que ce non-respect puisse entraîner une anomalie significative dans les comptes.

25433 **Classification** Le risque inhérent se situe donc en amont du contrôle interne mis en place dans l'entité. Il est lié à son activité, à son environnement, à ses choix stratégiques ou structurels. Les composantes du risque inhérent sont présentées différemment selon les méthodes d'audit développées par les organismes professionnels ou les cabinets d'audit. Toutes les méthodes font toutefois la distinction entre :

– les **risques exogènes** liés au secteur d'activité ou à la réglementation (comptable, fiscale, juridique, etc.) ;

– les **risques propres** à l'entité (nombre et complexité des opérations, implantation dans des pays à risque, vulnérabilité des actifs aux pertes et détournements, niveau d'expérience de l'encadrement, stratégie générale de l'entité, etc.).

25437 **Détermination** La détermination des risques est opérée pour l'essentiel par l'auditeur dans le cadre de la phase de conception de la mission (voir nos 26527 s.).

Dans cette phase de l'audit, le professionnel acquiert en effet la compréhension de l'entité contrôlée, de son activité, de son environnement et de son cadre général de fonctionnement. Il opère une lecture transversale de ces connaissances visant à faire ressortir les principaux risques inhérents. Cette analyse est généralement mise en œuvre en utilisant un questionnaire d'approche des risques.

Cette approche est ensuite complétée lors de la mise en œuvre des contrôles, lorsque l'auditeur approfondit sa connaissance générale de chacun des cycles.

25439 **Risques significatifs** Certains risques inhérents peuvent être des risques significatifs et nécessitent une démarche spécifique (voir no 25355).

Risques liés au contrôle

25445 Le risque lié au contrôle correspond au risque qu'une anomalie significative ne soit ni prévenue ni détectée par le contrôle interne de l'entité et donc non corrigée en temps voulu (NEP 200 § 10).

Au niveau des assertions, les contrôles pertinents pour l'audit sont essentiellement relatifs à la composante « procédures de contrôle interne ».

25450 Une première approche du risque lié au contrôle doit être opérée par l'auditeur lors de la **phase de prise de connaissance** (voir no 26527). L'auditeur doit en effet acquérir une connaissance suffisante des systèmes comptables et de contrôle interne pour planifier l'audit et concevoir une approche efficace et efficiente. Mais c'est essentiellement dans la **phase d'évaluation préliminaire** du contrôle interne que l'auditeur apprécie définitivement les risques liés au contrôle interne (voir n°s 27700 s.).

L'évaluation préliminaire du risque lié au contrôle consiste à évaluer l'existence et la conception des systèmes comptables et de contrôle interne de l'entité en termes de prévention ou de détection puis de correction des anomalies significatives. Le risque lié au contrôle ne peut toutefois pas être entièrement éliminé en raison des limitations inhérentes à tout système comptable et de contrôle interne.

Les limites inhérentes au contrôle interne font partie des limites de l'audit, dont la conséquence fondamentale est que l'assurance délivrée par l'auditeur dans le cadre de sa certification est une assurance non pas absolue mais « raisonnable » (NEP 200 § 7).

3. Caractère significatif

Définition Un élément significatif est un élément dont l'omission ou l'inexactitude est susceptible d'influencer les décisions économiques ou le jugement fondé sur les comptes (NEP 315 § 4).

25460

On observe que la notion de caractère significatif en matière d'audit est établie par rapport au lecteur des états financiers, et non par rapport aux dirigeants de l'entité.

Utilisation de la notion de caractère « significatif » dans la démarche d'audit L'appréciation du caractère significatif d'une anomalie possible est une composante essentielle de l'approche des risques. Elle conduit l'auditeur à déterminer :

25465

– le **seuil de signification au niveau des comptes pris dans leur ensemble**, au-delà duquel il sera dans l'incapacité d'émettre une opinion sans réserve sur les comptes (voir n°s 25475 s.) ;

– les **domaines significatifs**, à savoir les comptes ou les groupes de comptes susceptibles de contenir des anomalies individuelles ou cumulées dont le montant total peut être supérieur au seuil de signification, c'est-à-dire d'avoir un impact significatif sur les états financiers pris dans leur ensemble ;

Le caractère significatif d'un compte ou d'un groupe de comptes ne résulte pas seulement de la comparaison entre le solde comptable et le montant du seuil de signification. L'auditeur estime les erreurs potentielles et les prend en considération.

– les **cycles significatifs**, correspondant aux systèmes comptables qui traitent les données qui alimentent les domaines ou comptes significatifs. L'identification des cycles significatifs permet à l'auditeur de sélectionner ceux sur lesquels il conduira une appréciation du contrôle interne.

Seuils de signification Le seuil de signification se définit comme le montant au-delà duquel les décisions économiques ou le jugement fondé sur les comptes sont susceptibles d'être influencés (NEP 320 § 6).

25475

Unicité de principe du seuil de signification La notion de seuil de signification s'applique aux comptes pris dans leur ensemble, si bien qu'il n'existe normalement qu'un seuil de signification pour un jeu de comptes donné. Toutefois, des **seuils spécifiques** peuvent être déterminés :

25485

– pour les comptes individuels et les comptes consolidés ;

– pour certaines catégories de flux d'opérations, certains soldes de comptes ou certaines informations à fournir.

Selon la NEP 320 § 15, si, dans le contexte spécifique à l'entité, il existe des flux d'opérations, soldes de comptes ou informations à fournir pour lesquels des anomalies de montant inférieur au seuil de signification fixé pour les comptes pris dans leur ensemble pourraient influencer le jugement des utilisateurs des comptes ou les décisions économiques qu'ils prennent en se fondant sur ceux-ci, le commissaire aux comptes apprécie s'il doit également fixer un ou des seuils de signification de montants inférieurs pour ces flux d'opérations, soldes de comptes ou informations à fournir.

La nécessité de déterminer des seuils de signification d'un montant moins élevé que le seuil de signification retenu au niveau des comptes pris dans leur ensemble peut notamment résulter de la prise en compte par l'auditeur du caractère sensible de certaines informations au regard du secteur d'activité, de l'existence de règles comptables ou de textes légaux ou réglementaires spécifiques à l'entité ou à son secteur d'activité, ou de la réalisation d'opérations particulières au cours de l'exercice (NEP 320 § 16).

NOTION D'AUDIT FINANCIER   © Éd. Francis Lefebvre

25487   Tout au long de sa mission, le commissaire aux comptes recense les anomalies relevées et, au terme de son audit, il analyse les anomalies correspondant à des ajustements ou à des reclassements (voir NEP 450).

25488   **Ajustement**   Un ajustement est une constatation chiffrée qui a une incidence sur le montant du résultat de l'exercice. L'ajustement peut être positif (amélioration du résultat) ou négatif. Il peut résulter d'erreurs, inexactitudes ou omissions. Son montant est soit déterminé individuellement, soit évalué par extrapolation dans le cas d'un sondage (voir n°s 26300 s.). Les ajustements dont le montant est supérieur au seuil de remontée en synthèse sont inscrits dans le tableau récapitulatif des ajustements de la note de synthèse, souvent dénommé tableau d'impacts ou tableau récapitulatif des ajustements (voir n° 25530). Ces ajustements conduisent à une demande de modification des comptes. Lorsque la somme des ajustements non pris en compte dépasse le seuil de signification, l'auditeur doit en tirer la conséquence sur son opinion.

Le tableau récapitulatif des ajustements liste et totalise les ajustements relevés au cours des travaux d'audit.

25490   Un **reclassement** est une constatation chiffrée qui n'a pas d'incidence sur le montant du résultat de l'exercice. Il affecte soit des postes du bilan, soit des postes du compte de résultat. Il a donc une incidence sur la présentation des comptes et par conséquent sur le calcul de certains ratios.

25495   **Modalités de détermination du seuil de signification**   La détermination du seuil de signification et l'appréciation de ce qui est significatif relèvent du **jugement professionnel** (NEP 320 § 10) et ressort de la responsabilité de l'auditeur. Il n'y a donc pas de « recette » ou de formule mathématique permettant de définir le seuil de signification.

Les normes internationales d'audit et les organismes nationaux chargés de l'élaboration des normes et de la documentation technique (*guidelines*) ne donnent aucune directive concernant l'utilisation d'une quelconque formule mathématique pour la détermination du seuil de signification.

La doctrine professionnelle de la CNCC (ancienne note d'information n° 13 – Orientation et planification de la mission de certification) mentionne des fourchettes de 5 à 10 % du résultat courant avant impôt en précisant que :
– « aucun pourcentage ne saurait constituer une référence absolue ;
– les pourcentages mentionnés sont donnés à titre indicatif car c'est généralement à l'intérieur de cette fourchette que les décisions sont complexes ;
– cela n'exclut nullement que le commissaire aux comptes examine les éléments dont l'incidence est inférieure à 5 % ».

En pratique, chaque cabinet d'audit a ses propres modalités de détermination du seuil de signification. La méthodologie appliquée par certains cabinets d'audit repose sur une formule de calcul, établie, par exemple, sur des tables de tranches de chiffre d'affaires ou de total de bilan.

25500   La détermination du seuil est le plus souvent opérée à partir des grandeurs significatives incluses dans les comptes auxquelles sont appliqués des pourcentages. La **démarche adoptée** doit faire intervenir à la fois des critères quantitatifs issus des états financiers, mais aussi des critères qualitatifs liés aux caractéristiques de l'entité.

25503   1°) Une première étape consiste à déterminer les **grandeurs significatives** des états financiers pouvant servir de base à des calculs de propositions de seuils. Ces grandeurs significatives sont variables d'une entité à l'autre, en fonction de la taille et de la nature de l'activité. Parmi les grandeurs le plus souvent retenues figurent en pratique :
– le résultat courant avant impôt ;
– le résultat net comptable ;
– le montant des capitaux propres ;
– le montant du chiffre d'affaires ;
– l'endettement net.
Sur la base de son jugement professionnel, le commissaire aux comptes retient ceux de ces critères qui lui paraissent pertinents (critères pertinents), en fonction notamment de la structure des comptes de l'entité, de la présence dans les comptes d'éléments auxquels certains des utilisateurs se fondant sur les comptes sont susceptibles d'être particulièrement attentifs, du secteur d'activité de l'entité, de la structure de l'actionnariat de l'entité ou de son financement et de leur variabilité dans le temps (NEP 320 § 18).

600

© Éd. Francis Lefebvre   **NOTION D'AUDIT FINANCIER**

Les critères employés le plus souvent sont le résultat net et les capitaux propres. Ils traduisent le mieux l'intérêt de l'actionnaire. Le résultat courant constitue également un critère intéressant dans la mesure où il reflète la capacité de l'entité à générer un résultat récurrent.

En présence d'une perte ponctuelle ou d'une baisse importante du résultat, et lorsque ce critère est considéré par l'auditeur comme étant le plus significatif, le seuil est déterminé sur la base du résultat moyen sur une période représentative.

Lorsque le résultat n'est pas significatif (par exemple : secteur d'activité à marges faibles, résultat traditionnellement voisin de zéro), il convient de retenir un autre critère de référence, tel que le chiffre d'affaires ou les capitaux propres. Par ailleurs, l'activité de l'entité permettra souvent d'orienter l'auditeur vers les grandeurs véritablement significatives de l'entité contrôlée : par exemple, dans une société de négoce, l'utilisation de la marge brute, ou du stock de marchandises, pourra, le cas échéant, être utilement considérée pour la détermination du seuil.

2°) Une deuxième étape consiste à **appliquer des taux** aux grandeurs significatives retenues afin d'obtenir des propositions de seuils. Comme on l'a indiqué plus haut, il n'existe aucun pourcentage pouvant être appliqué sans que doive intervenir le jugement du professionnel.   **25508**

Une question délicate est de déterminer si le choix des taux doit dépendre de l'évaluation des risques possibles. Il est en effet tentant de considérer que plus le risque d'erreurs sur les états financiers apparaît important à l'auditeur, moins celui-ci doit se montrer tolérant lorsqu'il identifie une anomalie : il devrait dès lors, en cas de risque élevé, diminuer le taux en vue de réduire le montant du seuil de signification. Cette approche paraît toutefois difficile à soutenir dans la mesure où l'opinion d'audit est une appréciation objective de la qualité de l'information financière, qui ne peut traiter plus sévèrement une anomalie constatée au seul motif qu'elle intervient dans un contexte risqué. En revanche, il est clair que le seuil de planification (voir n° 25608) est quant à lui intimement lié à l'évaluation des risques dans la mesure où plus le commissaire aux comptes évalue le risque d'anomalie significative à un niveau élevé, plus il doit abaisser le seuil de planification par rapport au seuil de signification afin de prendre en compte de manière appropriée le risque de non-détection d'anomalies.

S'agissant des **ajustements**, des propositions de seuils peuvent être obtenues en appliquant les fourchettes de pourcentages suivantes aux grandeurs significatives. À titre indicatif, sont indiquées ci-après quelques **fourchettes usuellement pratiquées** :   **25510**

– 5 à 10 % du résultat courant avant impôt ;
– 0,5 à 2 % du chiffre d'affaires ;
– 1 à 2 % de la marge brute ;
– 0,5 à 2 % du total bilan ;
– 1 à 5 % des capitaux propres (hors provisions réglementées et subventions d'investissement).

3°) Une troisième étape conduit l'auditeur à **arbitrer entre les propositions de seuils obtenues**. Le jugement du professionnel joue alors un rôle majeur. L'auditeur s'arrête sur le montant lui paraissant traduire au mieux le montant des anomalies non acceptables pour l'utilisateur de l'information financière.   **25515**

Dans cette démarche, le commissaire aux comptes est fondé à considérer que les utilisateurs :
– ont une certaine connaissance des activités de l'entité et de son environnement économique ainsi que de la comptabilité et qu'ils analyseront les comptes avec attention ;
– sont conscients que les comptes sont audités en tenant compte du caractère significatif des informations ;
– sont conscients des incertitudes inhérentes aux évaluations de certains montants fondées sur des estimations, l'exercice du jugement professionnel et la prise en considération d'événements futurs ; et
– prennent des décisions économiques en se fondant sur les informations contenues dans les comptes (NEP 320 amendée § 11).

4°) La quatrième et dernière étape consiste pour l'auditeur à corriger ou à aménager le seuil déterminé en introduisant dans sa réflexion des **éléments qualitatifs** et les **éventuelles spécificités de l'entité**. L'auditeur recherche à ce stade les éléments complémentaires pouvant avoir une influence sur le seuil de signification.   **25518**

Un élément complémentaire peut par exemple avoir pour incidence de rehausser le seuil de signification.   **25520**

Par exemple, l'appartenance à un groupe d'une surface financière importante peut être de nature à faire relativiser l'insuffisance des capitaux propres d'une filiale, dès lors que la mère lui garantit son soutien financier.

601

NOTION D'AUDIT FINANCIER   © Éd. Francis Lefebvre

Dans d'autres cas, la prise en compte d'un aspect qualitatif peut conduire l'auditeur à abaisser son seuil de signification.

Ainsi en va-t-il notamment de certains types de points d'audit soulevés par l'auditeur, par exemple :
– l'irrégularité intentionnelle, même non matérielle, qui affecte l'appréciation que l'auditeur porte sur le niveau d'honnêteté des dirigeants et la confiance qu'il leur porte ;
– l'erreur qui a pour conséquence d'occulter l'existence d'un risque quant à la continuité de l'exploitation ;
– l'erreur qui rend positif le résultat, ou a pour effet de maintenir les capitaux propres supérieurs à la moitié du capital social ;
– l'erreur ayant une incidence sur des ratios de liquidité réglementaire (dans certaines activités) ;
– l'erreur entraînant une majoration du résultat alors que l'entreprise procède à une distribution de dividendes (risque de distribution de dividendes fictifs) ;
– l'erreur ayant pour conséquence de masquer un décrochage des résultats.
Une rupture dans la tendance des résultats peut s'avérer significative lorsqu'une société a connu une croissance annuelle de son résultat pendant plusieurs années. Une diminution soudaine du résultat peut présenter une grande importance pour un investisseur.

25525   **Prise en compte du seuil de signification dans la démarche d'audit**
Le seuil de signification est déterminé de façon préliminaire au cours de la **phase d'orientation et de planification** de la mission. À cette date, l'auditeur dispose des comptes de l'exercice précédent et, si l'entité en établit, des comptes intermédiaires et des budgets pour l'année en cours. L'auditeur utilise les états financiers qui lui paraissent traduire le mieux les données caractéristiques de l'exercice.
Le montant du seuil de signification doit être indiqué et motivé dans le plan de mission (NEP 300 – Planification de l'audit – § 10). Il doit être approuvé par le professionnel responsable de la mission et de l'expression de l'opinion d'audit.
À partir du seuil de signification, l'auditeur détermine un « **seuil de planification** » afin de prendre en compte le risque de non-détection inhérent à la démarche de l'auditeur financier. Le seuil de planification, inférieur au seuil de signification, est fixé à un montant tel qu'il permet de définir la nature et l'étendue des procédures d'audit afin de réduire à un niveau acceptable le risque que le montant des anomalies relevées non corrigées et des anomalies non détectées excède le seuil de signification (voir n°⁵ 25590 s.).

25528   Le seuil de signification **est reconsidéré** entre l'orientation initiale de la mission et l'évaluation des résultats des procédures d'audit mises en œuvre **au vu des faits nouveaux ou des évolutions** de l'entité qui remettent en cause l'évaluation initiale des seuils (NEP 320 § 22).

Exemple : lors de l'orientation de la mission, l'auditeur peut fonder la détermination du seuil de signification préliminaire sur le résultat opérationnel et la situation financière budgétés à la fin de l'exercice. Si le résultat opérationnel et la situation financière réellement constatés au cours des derniers mois de l'exercice diffèrent significativement du budget, il est probable que l'auditeur procédera à un ajustement du seuil de signification et à une redéfinition de la nature et des procédures d'audit planifiées initialement.

25530   Lors de la **finalisation de la mission**, le commissaire aux comptes récapitule les anomalies, autres que celles qui sont manifestement insignifiantes, relevées au cours de l'audit des comptes de l'exercice ainsi que les anomalies non corrigées relevées au cours des exercices précédents et dont les effets perdurent. Il fait le cumul des ajustements correspondant aux anomalies décelées au cours de ses travaux et non corrigées.

Pour ce qui concerne l'incidence de la fiscalité sur la mesure du seuil de signification et des ajustements, il semble plus logique de la prendre en compte. En l'absence de règle précise, l'exigence minimale se limite toutefois sur ce point à l'adoption d'une position cohérente pour la détermination de l'ensemble de ces montants.

Avant d'évaluer l'incidence des anomalies non corrigées sur les comptes, le commissaire aux comptes **reconsidère** le ou les seuil(s) de signification et, le cas échéant, le ou les seuil(s) de planification afin de vérifier que ceux-ci restent pertinents par rapport aux comptes définitifs établis par l'entité (NEP 450 § 13).
Ensuite, pour évaluer si les comptes dans leur ensemble comportent ou non des anomalies significatives, le commissaire aux comptes détermine si les anomalies relevées mais non corrigées, prises individuellement ou en cumulé, sont significatives et communique chacune des anomalies jugées significatives non corrigées aux organes mentionnés à

602

© Éd. Francis Lefebvre

NOTION D'AUDIT FINANCIER

l'article L 823-16 du Code de commerce. Dans cette communication, il précise également l'incidence des anomalies non corrigées des exercices précédents (NEP 450 § 14 et 15).

Parmi les facteurs d'appréciation des anomalies non corrigées, le commissaire aux comptes prend en compte les motifs avancés par la direction pour ne pas les corriger (NEP 450 § 12).

Par ailleurs, afin de déterminer si une **anomalie de classement** est significative, le commissaire aux comptes prend en compte des aspects qualitatifs, tels que l'incidence de cette anomalie sur les dettes ou sur l'application de clauses de contrats de financements, son incidence sur une rubrique individuelle ou sur des sous-totaux de rubriques, ou son incidence sur les ratios clés. Il peut exister des situations dans lesquelles le commissaire aux comptes conclut qu'une anomalie de classement n'est pas significative dans le contexte des comptes pris dans leur ensemble, alors même que cette anomalie dépasse le ou les seuil(s) de signification retenu(s). Par exemple, un classement erroné entre des rubriques du bilan peut ne pas être considéré comme significatif dans le contexte des comptes pris dans leur ensemble lorsque le montant du classement erroné est faible par rapport aux montants des rubriques concernées du bilan et que ce classement erroné n'a pas d'incidence sur le compte de résultat ou l'un des ratios clés (NEP 450 § 14).

Lorsque le **montant** cumulé des ajustements non corrigés est **supérieur au montant du seuil de signification**, l'auditeur en tire la conséquence sur son opinion : il formule donc une réserve sur les états financiers, voire un refus de certifier (commissariat aux comptes) ou une opinion défavorable dans le cadre d'une mission contractuelle d'audit.

25532

Lorsque le **montant** cumulé des ajustements correspondant aux anomalies décelées et non comptabilisées est **inférieur au montant du seuil de signification**, les erreurs, inexactitudes et omissions relevées par l'auditeur ne remettent pas en question l'interprétation que les utilisateurs peuvent avoir des états financiers. L'auditeur n'a donc pas, en principe, l'obligation de formuler une réserve, un refus de certifier ou une opinion négative.

25535

Toutefois, si le montant cumulé des ajustements avoisine ou dépasse le seuil de planification, l'auditeur apprécie la nécessité, compte tenu de son évaluation des anomalies non détectées, de réduire son risque d'audit en accroissant l'étendue de ses diligences.

Enfin, l'auditeur examine le **détail des anomalies relevées** pour s'assurer qu'elles n'excèdent pas l'un des seuils de signification d'un montant moins élevé que le seuil retenu pour les comptes pris dans leur ensemble, qui serait applicable à la catégorie d'opérations concernée par l'anomalie (voir n° 25485).

Ainsi une erreur sur les comptes de trésorerie sera-t-elle le plus souvent moins tolérable qu'une erreur de même montant commise dans l'évaluation d'un stock. Ainsi conviendra-t-il encore de considérer de manière distincte un ajustement net négatif de 150 000 euros pour un seuil de signification de 200 000 euros selon qu'il résulte :
– d'un ajustement négatif unique de 150 000 euros ;
– de la compensation d'un ajustement négatif de 500 000 euros et d'un ajustement positif de 350 000 euros visant un autre poste des états financiers. Si l'entité contrôlée ne rectifie pas ses comptes, l'auditeur sera amené à en tirer la conséquence sur son opinion dans la seconde hypothèse, en émettant vraisemblablement une réserve, un refus (commissariat aux comptes) ou une opinion défavorable (audit contractuel), et ce quand bien même le seuil de signification n'est pas atteint.

4. Réponse au risque

La réponse au risque d'audit vise à réduire celui-ci à un niveau suffisamment faible pour obtenir l'assurance recherchée nécessaire à la certification des comptes (NEP 200 § 12).
À cette fin, l'auditeur évalue le risque d'anomalies significatives. Il conçoit les procédures d'audit à mettre en œuvre en réponse à cette évaluation en prenant en compte le risque de non-détection d'anomalies.

25590

L'Ifac (norme d'audit internationale ISA 200) indique que l'auditeur doit recourir à son jugement professionnel pour évaluer le risque d'audit et définir des procédures d'audit visant à le réduire à un niveau acceptable faible.

En réponse à son évaluation du risque au niveau des assertions, le commissaire aux comptes conçoit et met en œuvre des procédures d'audit complémentaires à celles réalisées pour cette évaluation (NEP 330 « Procédures d'audit mises en œuvre par le commissaire aux comptes à l'issue de son évaluation des risques » § 05 et 06).
Ces procédures d'audit comprennent des tests de procédures, des contrôles de substance, ou une approche mixte utilisant à la fois des tests de procédures et des contrôles de substance.

603

NOTION D'AUDIT FINANCIER © Éd. Francis Lefebvre

Ce paragraphe doit être lu avec le paragraphe 21 de la NEP 330 qui précise qu'« indépendamment de l'évaluation du risque d'anomalies significatives, le commissaire aux comptes conçoit et met en œuvre des contrôles de substance pour chaque catégorie d'opérations, solde de compte et information fournie dans l'annexe, dès lors qu'ils ont un caractère significatif ». Ainsi, des tests de procédures seuls ne peuvent jamais suffire (CNCC NI. précitée § 4.21).

Le commissaire aux comptes détermine la nature, le calendrier et l'étendue des procédures d'audit qu'il réalise en mettant en évidence le **lien entre ces procédures d'audit et les risques** auxquels elles répondent.

Les facteurs à prendre en considération pour déterminer les procédures à mettre en œuvre sont :
– le niveau de risque d'anomalies significatives sur les assertions considérées pour les catégories d'opérations, les soldes de comptes et les informations fournies dans l'annexe ;
– la nature des contrôles mis en place par l'entité sur ces assertions et la possibilité ou non pour le commissaire aux comptes d'obtenir des éléments prouvant l'efficacité des contrôles.

25606 L'approche du **risque d'anomalies significatives dans les comptes** repose sur une évaluation des risques potentiels, réalisée au travers de la prise de connaissance générale de l'entité, et sur une évaluation du risque lié au contrôle (ou risque de non-maîtrise), réalisée au travers de l'examen des systèmes comptables et des procédures.

25608 Le **risque de non-détection** est directement lié à l'importance des travaux de contrôle mis en œuvre par l'auditeur. Plus ces travaux seront importants, plus le risque de non-détection sera faible et inversement.

Pour prendre en compte le risque de non-détection, l'auditeur détermine un **seuil de planification**.

Le seuil de planification est un seuil d'un montant inférieur au seuil de signification utilisé par l'auditeur pour définir la nature et l'étendue de ses travaux. Il est fixé à un montant tel qu'il permet de réduire à un niveau acceptable le risque que le montant des anomalies relevées non corrigées et des anomalies non détectées excède le seuil de signification (NEP 320 § 7).

L'auditeur financier doit maintenir le risque d'audit à un niveau suffisamment faible pour être acceptable. Plus il évalue le risque d'anomalies significatives à un niveau élevé, plus il met en œuvre des procédures d'audit complémentaires afin de réduire le risque de non-détection ; inversement, la diminution de ce risque peut justifier un allégement de ces diligences.

L'appréciation du risque de non-détection repose pour une part importante sur le jugement professionnel.

25615 La fixation ou l'adaptation du niveau de diligences intervient plus particulièrement lors de la **planification des contrôles**. Au vu de son évaluation du risque inhérent et du risque lié au contrôle ainsi que du risque d'audit qu'il estime acceptable, l'auditeur définit pour chaque cycle, en fonction des assertions qui lui sont liées, d'une part, les diligences qu'il estime nécessaires en termes d'évaluation de la mise en œuvre et de l'efficacité des procédures de contrôle interne et, d'autre part, les contrôles de substance qu'il envisage de mettre en œuvre.

25617 Toutefois, la gestion du risque d'audit doit être **assurée tout au long de la mission** : il appartient en effet à l'auditeur d'apporter à sa planification initiale les adaptations éventuellement nécessaires pour maintenir le risque d'audit au niveau initialement fixé.

Ainsi, en cas de détection d'anomalies dans le courant de la mission, l'auditeur adapte ses diligences dès lors que leur nature et les circonstances de leur survenance indiquent que d'autres anomalies pourraient exister qui, cumulées avec les anomalies relevées, pourraient être significatives, ou que le cumul des anomalies relevées s'approche du ou des seuil(s) de signification (NEP 450 § 9).

25620 L'étendue des diligences, dont dépend le risque de non-détection, constitue donc tout au long de la mission la variable d'ajustement qui permet de maintenir le risque d'audit à un niveau constant, suffisamment faible pour être acceptable.

II. Émission d'une opinion motivée

25700 L'émission d'une opinion motivée repose fondamentalement sur la collecte par l'auditeur des éléments appropriés et suffisants de nature à justifier son opinion (n°s 25705 s.). Celle-ci doit donner lieu à une documentation des travaux qui se traduit par l'établissement d'un dossier de travail (n° 25780). Enfin, l'opinion peut s'appuyer, dans certaines conditions, sur les travaux mis en œuvre par d'autres professionnels (n°s 25980 s.).

A. Caractère probant des éléments collectés

Principe

25705 **Définition** Selon la norme d'exercice professionnel (NEP 500) « Caractère probant des éléments collectés » sont qualifiés de probants les « éléments [suffisants et appropriés] qui apportent au commissaire aux comptes des éléments de preuves ou des présomptions quant au respect d'une ou plusieurs assertions » (NEP 500 § 5). Pour collecter les éléments nécessaires dans le cadre de l'audit des comptes, le commissaire aux comptes utilise des techniques de contrôle (NEP 500 § 10).

> Les techniques de contrôle les plus usitées et listées dans la norme d'exercice professionnel précitée sont présentées aux n°s 25750 s.

Ces éléments correspondent aux documents justificatifs et aux pièces comptables ayant servi à l'établissement des comptes et qui viennent corroborer des informations provenant d'autres sources.

25710 **Place dans la démarche** Grâce à la mise en œuvre de techniques de contrôle, utilisées seules ou en combinaison (NEP 500 § 11), le commissaire aux comptes collecte des éléments dont il apprécie le caractère probant.

25713 **Caractéristiques des éléments collectés** Les éléments collectés doivent être **suffisants et appropriés** pour permettre au commissaire aux comptes de fonder son opinion sur les comptes (NEP 500 § 5).
Le caractère **suffisant** s'apprécie par rapport à la quantité des éléments collectés.
La quantité des éléments à collecter dépend du risque d'anomalies significatives mais aussi de la qualité des éléments collectés. Le degré de fiabilité de ces éléments dépend de leur origine, de leur nature et des circonstances particulières dans lesquelles ils ont été recueillis.
Ainsi, en principe :
– les éléments collectés d'origine externe sont plus fiables que ceux d'origine interne. Pour cette raison, lorsque le commissaire aux comptes utilise des **informations produites par l'entité** pour mettre en œuvre des procédures d'audit, il collecte des éléments concernant leur exactitude et leur exhaustivité ;

> Pour effectuer son audit des comptes, le commissaire aux comptes utilise la comptabilité de l'entité qui est l'objet même de son audit. Cette comptabilité inclut différents états : journaux (général, achats, ventes…), grand-livre, balance générale, balances auxiliaires, dont certains sont explicitement prévus par le Code de commerce. Ces différents états comptables retracent les écritures comptables enregistrées. Les écritures comptables sont enregistrées sur la base de pièces comptables justificatives qui leur servent de support. Ces pièces sont de diverses natures, elles proviennent de tiers (factures d'achat, relevés bancaires…) et d'informations produites par l'entité (factures de ventes, bons de livraison, feuilles de paie, liste des éléments de stocks à déprécier, état des factures à établir…). Les différents états comptables constituent la comptabilité et ne sont donc pas en eux-mêmes des informations produites par l'entité au sens de la NEP 500 (Bull. CNCC n° 199-2020, réponse CNP 2020-07, juill. 2020).
> L'état comptable est un document à partir duquel le commissaire aux comptes est susceptible de sélectionner des transactions pour effectuer des contrôles de substance visant à recueillir des éléments à caractère probant provenant de tiers ou résultant d'informations produites par l'entité. Pour autant, la CNCC précise que l'état comptable n'est pas un élément collecté au sens de la NEP 500 (Bull. CNCC n° 199-2020, réponse CNP 2020-07, juill. 2020).

– les éléments collectés d'origine interne sont d'autant plus fiables que le contrôle interne est efficace ;

NOTION D'AUDIT FINANCIER　　　　　　　　　© Éd. Francis Lefebvre

– les éléments obtenus directement par le commissaire aux comptes, par exemple lors d'une observation physique, sont plus fiables que ceux obtenus par des demandes d'information ;
– enfin, les éléments collectés constitués de documents originaux sont plus fiables que ceux constitués de copies.

Le Haut Conseil estime qu'en cas d'appel à un prestataire externe par l'entité contrôlée, le commissaire aux comptes doit prendre en compte dans l'évaluation de la fiabilité des éléments collectés la compétence du prestataire émetteur de l'information, et les risques pesant sur l'objectivité des informations délivrées (Avis H3C du 4-11-2010).

En présence de risques pesant sur l'indépendance du prestataire externe émetteur de l'information, le Haut Conseil estime que le commissaire aux comptes ne peut pas s'appuyer sur les travaux réalisés par le prestataire sans mettre en œuvre des procédures d'audit adaptées lui permettant d'obtenir les éléments nécessaires pour fonder son opinion (Avis du H3C du 4 novembre 2010).

Le caractère **approprié** est fonction de la qualité des éléments collectés, c'est-à-dire de leur fiabilité et de leur pertinence (NEP 500 § 6).

Lorsqu'il apprécie la fiabilité des éléments collectés, le commissaire aux comptes garde un esprit critique quant aux indices qui pourraient remettre en cause leur validité (NEP 500 § 7).

Collecte d'éléments « probants »

25730　Les éléments probants sont collectés au cours des **différentes phases de la mission d'audit financier** : prise de connaissance générale, évaluation du contrôle interne et mise en œuvre de contrôles de substance sur les comptes (voir n°s 27101 s.).

Chacune des phases de la mission ne concourt pas dans les mêmes proportions à la collecte des éléments « probants ».

25732　L'acquisition de la **connaissance générale de l'entité** n'apporte que peu d'éléments « probants » à l'auditeur financier. Elle ne contribue en effet que faiblement au contrôle des assertions d'audit, étant destinée avant tout à obtenir la compréhension de l'entité et de son environnement.

La phase de prise de connaissance générale de l'entité permet à l'auditeur d'évaluer le risque d'anomalies significatives au niveau des comptes pris dans leur ensemble et contribue à la préparation de l'intervention. Elle soulève davantage de questions qu'elle n'apporte de réponses sur les assertions d'audit. Elle lui permet en revanche d'accumuler des connaissances qui lui permettront ultérieurement de déterminer les procédures d'audit à mettre en œuvre afin de collecter les éléments qui lui permettront d'émettre une opinion sur les comptes.

25735　S'agissant de la phase de **prise de connaissance du contrôle interne**, les éléments « probants » obtenus sont plus importants. L'analyse de la conception et de la mise en œuvre des procédures de contrôle interne ainsi que les tests réalisés pour en contrôler la fiabilité permettent en effet à l'auditeur de se faire une opinion sur le respect d'un certain nombre d'assertions, et notamment celles qui ont trait aux enregistrements.

Techniques de contrôle

25750　Pour collecter les éléments nécessaires dans le cadre de l'audit des comptes, le commissaire aux comptes choisit parmi les techniques de contrôle suivantes (NEP 500 § 10) :
– inspection des enregistrements ou des documents, qui consiste à examiner des enregistrements ou des documents, soit internes soit externes, sous forme papier, sous forme électronique ou autres supports ;
– inspection des actifs corporels, qui correspond à un contrôle physique des actifs corporels ;
– observation physique, qui consiste à examiner la façon dont une procédure est exécutée (par exemple : assistance à la prise d'inventaire physique des stocks) ;
– demande d'information, qui peut être adressée à des personnes internes ou externes à l'entité ;
– demande de confirmation des tiers, qui consiste à obtenir de la part d'un tiers une déclaration concernant une ou plusieurs informations ;
– vérification d'un calcul (sur les pièces justificatives et documents comptables) ;
– réexécution de contrôles, qui porte sur des contrôles réalisés à l'origine par l'entité ;
– mise en œuvre de procédures analytiques (comparaisons, analyses de variations et tendances...).

Peuvent ainsi être envisagés l'examen des documents créés par l'entité (factures clients, balances...) ou des documents reçus par l'entité (servant généralement de justificatifs à l'enregistrement des opérations), l'obtention d'informations orales fournies par les dirigeants et les salariés de l'entité.

Les techniques de collecte des éléments « probants » sont examinées de manière détaillée aux n⁰ˢ 26150 s.

Contexte de la crise Covid-19

Caractère probant des éléments collectés dans le cadre du travail à distance Le commissaire aux comptes, sauf s'il a des raisons d'en douter, peut accepter comme authentiques les enregistrements et les documents. Toutefois, si des éléments identifiés au cours de l'audit le conduisent à penser qu'un document peut ne pas être authentique ou que les termes d'un document ont été modifiés sans que cela lui ait été mentionné, le commissaire aux comptes procède à des investigations complémentaires (Bull. CNCC n⁰ 201-2021, CNP 2020-06 « Prise en compte, dans la mise en œuvre de l'audit des comptes, du travail à distance, en conséquence de la crise liée à la pandémie de Covid-19 » – janvier 2021 – § 5).

25760

Lorsque l'audit est mis en œuvre dans un contexte de travail à distance, l'essentiel des pièces justificatives collectées par le commissaire aux comptes est dématérialisé. Dès lors, le commissaire aux comptes apprécie la **fiabilité des éléments dématérialisés** transmis :
– en fonction de sa connaissance de l'entité et de son contrôle interne, même si celui-ci a pu être affecté du fait de la crise ;
– et en exerçant son esprit critique, tel que prévu par le paragraphe 07 de la NEP 500.

Nous détaillerons ci-après les précisions apportées par le Comité des normes professionnelles de la CNCC quant aux documents PDF, aux factures dématérialisées et électroniques, aux fichiers au format « .xls » ainsi qu'aux éditions et extractions de documents (Bull. CNCC n⁰ 201-2021, CNP 2020-06 « Prise en compte, dans la mise en œuvre de l'audit des comptes, du travail à distance, en conséquence de la crise liée à la pandémie de Covid-19 » – janvier 2021 – § 5).

Documents en format PDF S'agissant des documents transmis en format PDF par l'entité, le commissaire aux comptes peut notamment apprécier :
– le processus d'élaboration du document ;
– le caractère non modifiable du document : document protégé, signature électronique... ;
– les propriétés et caractéristiques du document : date de création, nom du créateur, date de dernière modification...

25762

Il peut également chercher à **corroborer** ces documents avec d'autres documents internes ou externes, par exemple en rapprochant des factures fournisseurs avec les bons de livraison.

Cas particulier des factures Concernant les factures, le commissaire aux comptes veille à distinguer les factures dématérialisées des factures électroniques.

25765

Les **factures dématérialisées** sont des factures « papier » numérisées.

Le commissaire aux comptes peut prendre connaissance du processus de dématérialisation des factures.

Les **factures électroniques** sont des factures émises, envoyées et conservées sous format électronique, dans des conditions définies par la loi.

Pour être conforme à la législation fiscale, les factures électroniques doivent garantir :
– l'authenticité de l'origine de la facture (l'émetteur doit être identifiable) ;
– l'intégrité du contenu de la facture (l'intégralité des mentions, obligatoires ou non, figurant sur la facture n'a pas été modifiée) ;
– et la lisibilité de la facture (accessible et compréhensible par toutes les parties impliquées).

L'authenticité de son origine, une bonne lisibilité et l'intégrité du contenu (non modifiable) doivent être garanties :
– soit au moyen d'une signature électronique (par un certificat électronique qualifié) ;
– soit par la mise en place d'un ou de plusieurs contrôles établissant une piste d'audit fiable entre une facture et la livraison de biens ou la prestation de services ;
– soit sous la forme d'un message structuré selon une norme sécurisée convenue entre les parties permettant une lecture par ordinateur : progiciel de gestion intégrée (PGI), échange informatisé de données (EDI), format XML, courrier électronique avec un fichier PDF joint, télécopie reçue en version électronique, par exemple.

Le commissaire aux comptes peut tenir compte de ces éléments pour adapter son approche d'audit. En particulier, il peut prendre connaissance du processus de dématérialisation des factures.

NOTION D'AUDIT FINANCIER © Éd. Francis Lefebvre

25768 **Documents transmis en format « .xls » ou format « .xlsx »** Dans le cas de documents transmis en format « .xls » ou format « .xlsx », le commissaire aux comptes peut notamment apprécier :
– les propriétés et caractéristiques du document (date de création, nom du créateur, date de dernière modification) ;
– les protections éventuelles ;
– les modalités d'extraction et de requête des systèmes générant ces fichiers ;
– les formules et résultats des opérations en les retestant.

25769 **Éditions ou extractions de documents** S'agissant des éditions ou extractions de documents, le commissaire aux comptes peut notamment :
– observer par un partage d'écran les modalités de réalisation de l'édition ;
– vérifier la séquentialité des éditions ;
– demander si possible un accès direct en lecture aux données de l'entité.

25770 **Comparaison avec les originaux** Dans tous les cas, si le commissaire aux comptes a des accès limités aux locaux de l'entité, il peut profiter de son passage sur place pour comparer certains éléments collectés à distance avec les originaux disponibles lors de son intervention sur site.

B. Documentation des travaux

25780 Sont examinés ci-après :
– les fondements de l'obligation de documentation des travaux (nos 25790 s.) ;
– les règles d'établissement et de conservation du dossier (nos 25880 s.) ;
– les principes relatifs à la structure et au contenu du dossier (nos 25910 s.).

Obligation de documentation des travaux

25790 **Sources de l'obligation** La tenue d'un **dossier de travail** par le commissaire aux comptes résulte d'une obligation réglementaire.
Le commissaire aux comptes constitue, pour chaque entité qu'il contrôle, un dossier contenant tous les documents reçus de celle-ci, ainsi que ceux qui sont établis par lui et notamment : le plan de mission, le programme de travail, la date, la durée, le lieu, l'objet de son intervention, ainsi que toutes autres indications permettant le contrôle ultérieur des travaux accomplis (C. com. art. R 823-10, II).
La norme d'exercice professionnel « Documentation de l'audit des comptes » (NEP 230) précise la forme, le contenu et les délais à respecter pour la documentation des travaux par le commissaire aux comptes.
Les dossiers et documents établis en application de ces textes doivent être **conservés pendant six ans** (C. com. art. R 821-68), même après la cessation des fonctions. Ils sont, pour les besoins des contrôles et enquêtes, tenus à la disposition des autorités de contrôle, qui peuvent requérir du commissaire aux comptes les explications et les justifications qu'ils estiment nécessaires concernant ces pièces et les opérations qui doivent y être mentionnées (C. com. art. R 821-68).

Le délai de conservation a été ramené de dix à six ans depuis l'entrée en vigueur le 29 juillet 2016 du décret 2016-1026. Depuis cette modification est intervenue la loi 2017-242 du 27 février 2017 portant réforme de la prescription en matière pénale. Celle-ci double en particulier la prescription des délits de trois à six ans et instaure un délai butoir ayant pour objet de limiter dans le temps le report du point de départ du délai de prescription pour les infractions occultes ou dissimulées : le délai de prescription ne peut excéder douze années révolues pour les délits. Compte tenu de ces modifications, il peut être prudent de conserver ses archives pendant douze ans.

25795 **Objectifs de la documentation des travaux** La documentation des travaux a pour objectifs de faciliter et de matérialiser :
– l'organisation, la planification et la réalisation de la mission ;
– la centralisation ordonnée des feuilles de travail créées par les auditeurs tout au long du déroulement de la mission ainsi que des éléments collectés ;
– la transmission des informations entre les membres de l'équipe d'audit ;
– le suivi régulier de l'avancement des travaux ;

© Éd. Francis Lefebvre — NOTION D'AUDIT FINANCIER

– la supervision et la revue des travaux effectués ;
– la formalisation et la motivation des conclusions formulées.
La documentation des travaux est par ailleurs la seule manière pour l'auditeur de conserver la mémoire des travaux effectués et d'en apporter la preuve.

Établissement et conservation des dossiers

Délai de conservation La CNCC a apporté les précisions suivantes concernant la **25880**
conservation des dossiers de travail du commissaire aux comptes (Bull. CNCC n° 52 – 1983
p. 500 et Bull. CNCC n° 157-2010 p. 195) :
– l'action disciplinaire contre un commissaire aux comptes se prescrit par la même durée
que celle fixée pour la conservation des dossiers (voir n° 25790) ;

> Exemple : le dossier relatif à l'exercice 2019, pour lequel le rapport aura été présenté à l'AGO le 13 juin
> 2020, ne pourra être détruit qu'après le 13 juin 2026.

– le dossier comprend les notes et documents directement relatifs à l'exercice contrôlé,
mais également les éléments du dossier permanent nécessaires à leur compréhension.
Par prudence, il est donc préférable de conserver le dossier permanent correspondant à
l'ensemble des mandats ;
– l'obligation de conserver les dossiers pendant six ans vaut pour chaque exercice de
chaque entité contrôlée même si le commissaire aux comptes n'y exerce plus de fonctions et même s'il a cessé d'exercer toute activité professionnelle et n'est plus membre
de la Compagnie.

Langue du dossier de travail L'établissement des documents comptables en **25885**
langue française étant expressément prévu par la loi (C. com. art. L 123-22) et la mission du
commissaire aux comptes étant régie, d'une manière générale, par un ensemble de textes
français, il apparaît logique et cohérent que les dossiers de travail des commissaires aux
comptes d'entités françaises soient constitués en langue française (Bull. CNCC n° 76-1989 p. 497).

Ce principe connaît cependant un certain nombre d'**exceptions** : **25888**
– les **outils informatiques** d'aide à l'audit développés en langue anglaise et utilisés par
les commissaires aux comptes peuvent valablement être utilisés bien qu'étant susceptibles de contribuer à la production de certains documents en langue anglaise ;
– certains **documents reçus et/ou envoyés à l'étranger** et rédigés en langue étrangère
(lettres de demande de confirmation, correspondances…) peuvent figurer dans les
dossiers, sans qu'il soit nécessaire d'en prévoir systématiquement la traduction en français ;
– de même, certains documents liés à des **missions s'inscrivant dans un contexte international** (par exemple notes ou courriers adressés à des filiales étrangères de groupes
français, ou à la société mère étrangère de filiales françaises) peuvent être rédigés dans
une langue étrangère sans qu'il soit nécessaire d'en avoir une traduction systématique.

> Ces exceptions ne doivent cependant pas contrevenir à la règle rappelée ci-dessus dont le respect
> impose que l'ensemble des éléments essentiels et indispensables à la compréhension du dossier du
> commissaire aux comptes soit rédigé en français.

On notera par ailleurs que, dans son communiqué du 23 avril 2015 relatif à l'assouplisse- **25889**
ment du **régime linguistique applicable au prospectus** et ses incidences sur les rapports
du commissaire aux comptes devant figurer dans le prospectus, la CNCC a estimé que
l'établissement d'un rapport d'audit (ou d'examen limité) en langue anglaise destiné à figurer dans un prospectus n'enfreint pas les dispositions de l'article 29 de la Constitution et
est donc possible. Dans ce cas, il appartient à l'émetteur d'établir un jeu de comptes en
anglais pour les besoins du prospectus et le commissaire aux comptes est conduit, dans le
respect des dispositions des avis techniques de la CNCC audits ou examen limité entrant
dans le cadre des services autres que la certification des comptes, à établir et signer un
rapport d'audit ou d'examen limité directement **en anglais** sur les comptes concernés.

Informatisation et dématérialisation des dossiers Les dispositions rappelées **25890**
au n° 25790 n'imposent pas de support particulier pour établir le dossier de travail.
La NEP 230 (§ 6) mentionne à ce titre que :

> « Le commissaire aux comptes formalise la documentation sur un support papier, un support électronique ou tout support permettant de conserver l'intégralité des données lisibles pendant la durée légale
> de conservation du dossier. »

NOTION D'AUDIT FINANCIER   © Éd. Francis Lefebvre

Il en résulte que la constitution, intégrale ou partielle, par des moyens informatiques, d'un dossier « zéro papier » apparaît compatible avec les obligations du commissaire aux comptes, pour autant toutefois que soient notamment respectés les **principes** suivants (Bull. CNCC n° 107-1997 p. 443) :

25892 1°) Le dossier doit être **accessible**. Dans le cadre de sa mission, le commissaire aux comptes peut être amené, dans certaines conditions, à ouvrir ses dossiers de contrôle aux autorités habilitées à avoir accès à ces dossiers : juridictions pénales, civiles, disciplinaires, autorités de supervision, etc.

> Le commissaire aux comptes garde cependant à l'esprit qu'il doit respecter le secret professionnel auquel la loi le soumet en n'acceptant de communiquer les informations qu'il détient qu'aux seules personnes légalement qualifiées pour en connaître (C. déontologie art. 9).

Si le dossier est informatisé, le commissaire aux comptes pourra proposer de se libérer de son obligation de communication en fournissant aux tiers intéressés les moyens matériels et logiciels nécessaires à la consultation du dossier sur écran. Néanmoins, en aucun cas, le dossier « zéro papier » ne doit constituer un obstacle aux interventions de confrères autorisés à utiliser les travaux du commissaire aux comptes ou une entrave au contrôle du dossier par une autorité habilitée.

25894 2°) La **formalisation du dossier** doit respecter les principes définis notamment par la norme d'exercice professionnel (NEP 230 « Documentation de l'audit ») et par les autres normes d'exercice professionnel qui apportent des précisions quant aux éléments particuliers qui doivent être documentés.

Ainsi le dossier de travail du commissaire aux comptes doit-il comporter (NEP 230 § 4 et 5) :
– les éléments de planification de l'audit (plan de mission et programme de travail) ;
– la nature, le calendrier et l'étendue des procédures d'audit effectuées ;
– les caractéristiques qui permettent d'identifier les éléments que le commissaire aux comptes a testés afin de préciser l'étendue des procédures d'audit mises en œuvre ;
– les résultats de ces procédures et les éléments collectés ;
– les problématiques concernant les éléments significatifs des comptes qui ont été relevés au cours de l'audit et les conclusions du commissaire aux comptes sur ces problématiques ;
– les échanges intervenus avec la direction de l'entité ou avec d'autres interlocuteurs au titre des éléments significatifs des comptes.

Tous les éléments consignés dans le dossier du commissaire aux comptes doivent mentionner l'identité du membre de l'équipe d'audit qui a effectué les travaux et leur date de réalisation. S'il existe une revue de ces travaux, il doit être également fait mention, dans les documents consignés, de l'identité de la personne qui a effectué cette revue, de la date et de l'étendue de cette revue (NEP 230 § 8).

Dans le cas de l'utilisation d'un dossier de travail électronique, les feuilles de travail du commissaire aux comptes et de ses collaborateurs doivent répondre aux mêmes obligations que celles applicables aux feuilles sur support papier. Ainsi, elles doivent être datées, identifiées et visées ; la supervision exercée sur ces documents doit également être formalisée.

> L'informatisation du dossier doit donc comporter une procédure de visa électronique permettant de justifier que toutes les étapes importantes de la mission ont fait l'objet d'une validation appropriée.

25896 3°) Le dossier informatisé doit respecter les exigences requises en matière de **confidentialité** et de **conservation** du dossier. D'un point de vue technique, l'utilisation de l'outil informatique par le commissaire aux comptes entraîne en effet des conséquences dans les deux domaines suivants, auxquels il lui appartient de porter une attention renforcée :
– la confidentialité des dossiers doit être assurée en permanence, notamment dans les locaux du commissaire aux comptes et ceux de l'entité, par un système de protection des accès et des règles de sécurité physique adaptées ;
– l'obligation de conservation des dossiers (dans leur intégralité, la lisibilité des données devant être assurée – NEP 230 § 6 et 11) pendant six ans rend impérative la définition de procédures de conservation et de restitution garantissant efficacement la possibilité durable d'exploiter les informations contenues dans les dossiers « zéro papier ». Ces procédures doivent tenir compte de l'évolution rapide des matériels et des logiciels.

© Éd. Francis Lefebvre   NOTION D'AUDIT FINANCIER

La CNCC met à disposition des commissaires aux comptes cinq fiches liées au numérique **25897**
dans le cadre de l'organisation de leur cabinet dont une fiche dédiée à la dématérialisation des dossiers (CNCC Communiqué du 28 juillet 2017 – Fiche 2 « Dématérialisation du dossier de travail »).

Communication des dossiers Les dossiers constitués par le commissaire aux **25898**
comptes sont couverts par le **secret professionnel**. Ils ne peuvent être communiqués
qu'aux seules personnes auxquelles le secret professionnel ne peut pas être opposé (voir
nos 5190 s.).

Structure et contenu des dossiers de travail

Principes Les dossiers de travail sont conçus et structurés pour chaque mission, selon **25910**
les circonstances et les besoins.
Le commissaire aux comptes est donc libre d'organiser comme il l'entend son dossier de
travail. La NEP 230 précise que doivent figurer dans les dossiers de travail les documents
permettant d'étayer l'opinion formulée dans le rapport et d'établir que l'audit a été
réalisé dans le respect des textes légaux et réglementaires et conformément aux normes
d'exercice professionnel (NEP 230 § 2).
S'agissant du contenu du dossier, le volume des informations consignées dans le dossier
de travail est laissé à l'appréciation du commissaire aux comptes, car il n'est ni nécessaire
ni possible d'y inclure tous les éléments examinés au cours de la mission. Pour déterminer
le contenu des dossiers de travail à établir et à conserver, le commissaire aux comptes
considère les informations qui permettent à toute autre personne ayant une expérience
de la pratique de l'audit et n'ayant pas participé à la mission d'être en mesure d'en
comprendre les aspects essentiels (NEP 230 § 4). En dépit de cette liberté d'appréciation, le
dossier doit donc comporter les **éléments indispensables** à la compréhension de la
démarche d'audit et l'appréciation du caractère probant des éléments collectés justifiant
les positions prises.
La structure du dossier est usuellement fondée sur la **distinction** entre dossier permanent
et dossier annuel.

Dossier permanent Le dossier permanent regroupe l'ensemble des informations **25915**
utilisables par l'auditeur sur toute la **durée du mandat**. Il est d'une certaine manière la
« mémoire » de l'équipe d'audit et il facilite la prise de connaissance de l'entité auditée
par les nouveaux intervenants (nouveaux collaborateurs, nouveaux responsables et directeurs de mission). En termes d'efficacité, il permet d'éviter de demander tous les ans le
même document aux services de l'entité et de surcharger les dossiers annuels de documents justificatifs.
Le dossier permanent est créé lors de la phase de prise de connaissance initiale de l'entité. Il fait ensuite l'objet d'une mise à jour régulière.
  Pour être **opérationnel**, le dossier permanent doit notamment :
  – être tenu à jour des modifications intervenues dans l'entité, par exemple des modifications de statuts,
  des changements dans la composition des organes d'administration et de direction, des nouveaux
  contrats… ;
  – être allégé des documents ne présentant plus d'utilité pour les exercices futurs, par exemple des
  contrats d'emprunts intégralement remboursés (l'absence d'archivage des dossiers périmés rend rapidement le dossier permanent impossible à utiliser) ;
  – être complété des nouveaux éléments collectés dans le cours des missions, sous la supervision des
  responsables et directeurs de mission (le principe de délégation et de supervision s'applique tant au
  dossier permanent qu'au dossier annuel).
  Toujours dans une optique d'efficacité, le dossier permanent ne doit pas être surchargé de documents
  présentant un caractère annuel. Par exemple, l'archivage systématique des procès-verbaux de conseils
  et d'assemblées dans le dossier permanent sera généralement inapproprié : on lui préférera l'établissement d'un résumé des procès-verbaux, une photocopie des pages les plus importantes pouvant le cas
  échéant venir compléter le dossier.

Le dossier permanent comprend généralement : **25918**
– des **données de base sur la mission** : fiche signalétique de l'entité et du mandat,
lettres d'acceptation de la mission, de déclaration de mandat à la Compagnie régionale
des commissaires aux comptes ainsi que, le cas échéant, à l'AMF, lettre de mission, suivi
des renouvellements du mandat, etc. ;

611

NOTION D'AUDIT FINANCIER © Éd. Francis Lefebvre

– des **données de base sur l'entité et sur son organisation générale** : historique, description de l'activité, des produits et marchés, des processus industriels et commerciaux significatifs, coupures de presse, implantations géographiques, organigrammes, etc. ;
– les éléments essentiels du **cadre juridique** : statuts, extraits K bis délivrés par les greffes des tribunaux de commerce, structure et évolution du capital social, composition des organes d'administration et de direction, résumé des procès-verbaux des délibérations des organes d'administration et des assemblées générales des associés, résumé ou copie des principaux contrats, etc. ;
– les éléments relatifs au **cadre fiscal** : régimes fiscaux particuliers, options et agréments fiscaux, liasses fiscales, convention d'intégration fiscale, derniers redressements fiscaux notifiés, etc. ;
– les éléments relatifs au **cadre social** : convention collective, accords internes d'entreprise (participation, intéressement, autres), régimes sociaux, engagement de retraite, derniers redressements sociaux notifiés, bilan social, etc. ;
– les **rapports et documents émis par l'auditeur** : rapports légaux, rapports contractuels, plans de mission, notes de synthèse de la mission, etc. ;
– le dossier permanent des **procédures pour les cycles significatifs** : description des opérations et des procédures, diagramme de circulation de l'information, appréciation du contrôle interne, principes et méthodes comptables spécifiques, contrats, analyses et feuilles de travail à caractère permanent, etc.

Remarque : Est proposée en annexe une structure type de dossier permanent (voir n° 93500). Elle comprend un dossier permanent par cycle, qui regroupe l'ensemble des éléments de toute nature pouvant être rattachés à chaque cycle, et un dossier permanent général qui regroupe les autres informations. Ce classement facilite considérablement en pratique la mise en œuvre du contrôle par cycle : le responsable du contrôle peut en effet établir un lien immédiat et naturel entre le dossier annuel de contrôle du cycle, et la rubrique correspondant au même cycle dans le dossier permanent. Il est clair, en effet, que le dossier permanent sera d'autant mieux utilisé que l'information y est regroupée de manière pertinente : à titre d'illustration, le rattachement de l'ensemble de l'information disponible sur les subventions au cycle « Fonds propres » du dossier permanent, qu'elle soit de nature comptable (mode d'amortissement), juridique (convention d'attribution), ou fiscale (suramortissement), favorisera l'utilisation du dossier permanent par le collaborateur chargé du contrôle, alors que celui-ci risque de se décourager s'il doit aller rechercher ces informations dans différentes rubriques éparpillées dans le dossier.

25925 **Dossier annuel** Le dossier annuel regroupe les documents de la mission, feuilles de travail et éléments produits et collectés pour la réalisation de l'audit financier d'un exercice donné. Il est généralement composé d'un dossier général ou de synthèse et d'un dossier de contrôle.

La logique commande à notre avis d'organiser le dossier de contrôle par cycle, et d'y rattacher tous les éléments de contrôle annuels, contrôle de procédures et contrôle de substance. Ce type de classement présente en effet plusieurs avantages :
– il facilite la mise en œuvre d'une démarche par cycle cohérente (voir n° 31010) ;
– il renforce le lien devant exister entre le dossier annuel et le dossier permanent (voir la remarque ci-dessus, n° 25915) ;
– il conduit à regrouper dans le dossier général les seuls éléments fondamentaux de la mission (voir n°s 25700 s.), qui forment une sorte de « dossier du signataire », dont celui-ci peut utilement se munir lorsqu'il assiste par exemple au conseil d'administration chargé d'arrêter les comptes.
Une structure type de dossier annuel est proposée à titre d'exemple en annexe, n° 93500.

25928 Le **dossier général ou de synthèse** peut notamment comporter :
– les informations relatives à la conception et à la planification de la mission, la nature, le calendrier et l'étendue des procédures d'audit mises en œuvre (plan de mission et programme de travail) ;
– les éléments relatifs à la finalisation : note de synthèse, tableau d'impact, éléments de finalisation du dossier, rapports, lettre d'affirmation… ;
– les états de synthèse et les notes de travail correspondant aux procédures analytiques finales… ;
– les éléments correspondant à la mise en œuvre des vérifications spécifiques (contrôle du rapport de gestion, attestation de rémunérations, etc.).

25930 Le **dossier de contrôle** peut être organisé par cycle ou en suivant les postes des états financiers. Il matérialise l'exécution des contrôles planifiés, explicite les raisonnements et appréciations de l'auditeur sur toutes les questions importantes nécessitant l'exercice d'un jugement professionnel ainsi que les conclusions qui en découlent. Il contient les explications suffisantes sur les procédures d'audit mises en œuvre en faisant notamment apparaître :

– les objectifs de la procédure ;
– les travaux effectués ou modalités de mise en œuvre de la procédure d'audit ;

Par exemple, si un sondage sur la justification des factures du mois de décembre est mis en œuvre, une note de travail fera apparaître le nombre de factures examinées, le montant total que représentent ces factures, le nombre total de factures émises en décembre, le montant total du chiffre d'affaires facturé en décembre, le mode de sélection des factures, etc.

– les commentaires sur les constatations réalisées ;
– la conclusion par rapport aux objectifs de la procédure d'audit.

À titre indicatif, l'établissement d'un mémo de synthèse sur un cycle de contrôle donné peut comporter les points suivants :

• approche d'audit : facteurs de risque identifiés sur le cycle, points à suivre de l'exercice précédent, objectifs des contrôles ;
• procédures analytiques et faits marquants ;
• commentaires éventuels sur le déroulement des contrôles (difficultés rencontrées…) ;
• points d'audit relevés (points forts et points faibles de contrôle interne, points notés d'ordre comptable, juridique, fiscal…) ;
• finalisation : conclusion sur les objectifs du contrôle et les assertions, points d'audit à remonter en synthèse, points à suivre et points en suspens.

Le contenu du dossier doit par ailleurs satisfaire à certaines règles de référencement et de présentation.

Présentation du contenu du dossier La tenue et la présentation des dossiers de travail doivent répondre à des **critères de forme** destinés à en faciliter l'utilisation et à permettre à toute personne ayant une expérience de la pratique de l'audit et n'ayant pas participé à la mission d'être en mesure d'en comprendre les aspects essentiels (NEP 230 § 4). Ces critères portent notamment sur l'indexation du contenu du dossier et sur la présentation des notes de travail. **25935**

Tous les documents insérés dans le dossier doivent être **indexés**, qu'il s'agisse d'une feuille de travail ou d'un document émanant de l'entité ou d'un tiers. Les documents doivent être **classés** de manière logique. La référence est généralement portée en haut à droite du document, le plus souvent en rouge de manière à être visible. Les documents doivent également faire l'objet de **renvois entre eux** de manière à ce que la présence de tout document dans le dossier soit clairement justifiée par la mise en œuvre d'une procédure d'audit. Ces renvois sont désignés sous le vocable de *cross-reference* ou *cross indexation*. **25938**

Exemple : un tableau d'exploitation d'une confirmation directe de comptes fournisseurs portera à côté de chaque solde fournisseur la référence de la réponse reçue. Sur la réponse, à côté du solde annoncé par le fournisseur sera indiquée une *cross-reference* correspondant à la référence du tableau d'exploitation de la confirmation directe.

Les méthodes d'indexation et de *cross indexation* varient suivant les cabinets d'audit. Pour être efficace, la méthode retenue doit être appliquée correctement, logiquement et de manière homogène.

S'agissant de la **présentation des feuilles de travail**, il importe que celles-ci soient clairement présentées et lisibles. Elles doivent en principe être datées, porter les initiales de l'auditeur et désigner l'entité et l'exercice concernés par le contrôle. La mention de l'objet du document doit également y être précisée. **25940**

Délai à respecter pour la documentation et la modification du dossier Le commissaire aux comptes documente ses travaux au fur et à mesure de leur réalisation et dans des délais compatibles avec leur revue. À compter de la signature du rapport, il ne peut apporter que des modifications de forme (dans un délai limité) sauf événement particulier nécessitant la mise en œuvre de procédures d'audit complémentaires, notamment en matière d'événements postérieurs à la clôture de l'exercice (NEP 230 § 9 et 10). **25950**

Plus précisément, la norme d'exercice professionnel pose le principe qu'à compter de la signature du rapport, le commissaire aux comptes ne peut plus apporter de modifications de fond à son dossier. En revanche, il peut apporter des **modifications de forme** aux éléments de documentation de ses travaux

NOTION D'AUDIT FINANCIER © Éd. Francis Lefebvre

pendant un **délai** maximum de 60 jours après la signature du rapport, son dossier devant être clôturé au plus tard à cette date conformément au III de l'article R 823-10 du Code de commerce.

La NEP 230 n'a pas été mise à jour concernant ce délai, introduit par le décret 2016-1026 du 26 juillet 2016, et elle mentionne ainsi un délai de 90 jours après la réunion de l'organe appelé à statuer sur les comptes qui n'est donc plus applicable.

Par **dérogation**, lorsqu'entre la signature du rapport et la date d'approbation des comptes, le commissaire aux comptes a connaissance d'un événement qui le conduit à mettre en œuvre de nouvelles procédures d'audit ou à formuler de nouvelles conclusions, il complète son dossier en précisant :

– les circonstances de la survenance de cet événement ;
– la nature de cet événement ;
– la nature, le calendrier et l'étendue des procédures d'audit mises en œuvre en conséquence ;
– les caractéristiques permettant d'identifier les éléments testés afin d'apprécier l'étendue des procédures mises en œuvre ;
– le résultat de ces procédures et les éléments collectés (NEP 230 § 10).

C. Utilisation des travaux d'autres professionnels

25980 L'auditeur financier peut s'appuyer sur les travaux mis en œuvre par les autres professionnels pour justifier son opinion. Lorsqu'il intervient de manière contractuelle, la relation entre l'auditeur financier et les autres professionnels s'instaure librement dans les limites des droits et obligations de chacun d'entre eux. Lorsque l'auditeur financier intervient dans le cadre de l'audit légal, ses relations avec les autres professionnels font l'objet de dispositions particulières : celles-ci précisent la nature des relations qu'il peut entretenir avec eux et les conditions dans lesquelles il peut s'appuyer sur leurs travaux.

Est examinée ci-après l'utilisation des travaux :
– réalisés par un expert (n°s 25990 s.) ;
– mis en œuvre par l'expert-comptable (n°s 26020 s.) ;
– mis en œuvre par l'auditeur interne (n°s 26050 s.).

L'utilisation des travaux des auditeurs externes appelés à intervenir dans les sociétés détenues par l'entité auditée est développée aux n°s 45380 s.

Utilisation des travaux d'un expert

25990 **Principes** L'utilisation des travaux d'un expert est prévue par la norme d'exercice professionnel NEP 620 « Utilisation des travaux d'un expert ».

La NEP 620 reprend le contenu de la norme internationale ISA 620, à l'exception du point suivant qui n'a pas été repris : la norme ISA 620 (§ 5 c) inclut les employés de l'entité dans sa définition de l'expert alors que la NEP 620 limite les experts aux intervenants « indépendants de l'entité ».

On note également que si la norme ISA 620 prévoit la possibilité, en cas de réserve ou de conclusion défavorable dans le rapport d'audit, de se référer aux travaux de l'expert ou de les décrire, en mentionnant le nom de l'expert et l'étendue de sa mission, la NEP 620 prévoit que le commissaire aux comptes peut estimer nécessaire de faire référence aux travaux et aux conclusions de l'expert lorsqu'il justifie de ses appréciations, émet une réserve ou un refus de certifier pour en préciser les motifs (NEP 620 § 15). Cependant, à l'instar de la doctrine de la CNCC qui prévoit que le nom de l'expert ne doit pas être mentionné lorsqu'il est fait référence à ses travaux, la NEP n'a pas repris les dispositions de l'ISA 620 sur ce point.

25992 **Experts dont les travaux peuvent être utilisés** Le terme « expert » désigne « une personne physique ou morale possédant une **qualification** et une **expérience** dans un domaine particulier **autre que la comptabilité et l'audit** » (NEP 620 § 4).

L'expert dont les travaux sont utilisés peut être un expert désigné par l'entité contrôlée, ou nommé par voie judiciaire.

Dans le cas de l'audit légal, il peut également s'agir d'un expert nommé par le commissaire aux comptes en application de l'article L 823-13 du Code de commerce, selon lequel, pour l'accomplissement de leurs contrôles, « les commissaires aux comptes peuvent, sous leur responsabilité, se faire assister ou représenter par tels experts ou collaborateurs de leur choix, qu'ils font connaître nommément à la personne ou à l'entité dont ils sont chargés de certifier les comptes ».

L'expert nommé dans ce cadre a alors les mêmes droits d'investigation que le commissaire aux comptes. Il est admis qu'il appartienne au même cabinet que l'auditeur.

© Éd. Francis Lefebvre   NOTION D'AUDIT FINANCIER

Objectif L'objectif poursuivi par l'auditeur lorsqu'il utilise les travaux d'un expert est d'obtenir un niveau d'**assurance** approprié dans des domaines significatifs pour la formulation de sa conclusion et dans lesquels il ne dispose **pas** d'une **expertise personnelle suffisante**. De par sa formation et par son expérience, l'auditeur connaît le monde des affaires en général mais n'est pas supposé posséder les connaissances d'une personne formée ou qualifiée pour exercer une autre profession. Les travaux réalisés par l'expert et les conclusions formulées par ce dernier constituent, sous l'appréciation professionnelle de l'auditeur, des éléments collectés dont le commissaire aux comptes doit apprécier le caractère probant.   **25995**

Situations nécessitant le recours aux travaux d'experts Les ouvrages et le texte des différentes normes internationales et nationales qui traitent du recours aux services d'un expert citent le plus souvent les mêmes situations :   **25998**
– évaluation de certains types d'actifs ou de garanties reçues (terrains et constructions, œuvres d'art, pierres précieuses, stocks de grands crus, stocks de cognac par classe d'âge et origine, etc.) ;
– mesure de quantités en stocks (pondéreux en tas, gisements de minerais ou de réserves pétrolières) ;
– évaluation de l'état physique d'actifs (durée d'utilisation résiduelle d'une usine et de l'outil de production) ;
– évaluation actuarielle de provisions particulières à une activité ou à un type d'engagement (provisions mathématiques pour sinistres dans une entreprise d'assurances, engagements en matière de retraites) ;
– évaluation de l'état d'avancement des travaux réalisés et restant à réaliser dans des contrats à long terme, avis de juristes ou de fiscalistes sur l'interprétation d'accords, de statuts ou de règlements ;
– etc.
Dans ces situations, l'auditeur fait traditionnellement appel à des **experts immobiliers**, des **géomètres, actuaires, avocats** spécialisés ou **fiscalistes**.
Aujourd'hui, certains autres experts sont de plus en plus fréquemment sollicités :
– pour la compréhension du métier de l'entité (par exemple ingénieurs-conseils spécialistes dans une production ou un *process* industriel donné, médecins et pharmaciens dans des laboratoires pharmaceutiques…) ;
– pour évaluer le montant des obligations environnementales dans le cadre d'opérations d'acquisition de sites industriels (experts en matière d'environnement).

Conditions d'utilisation des travaux d'experts L'auditeur doit s'assurer de la compétence et de l'objectivité de l'expert. Il apprécie par ailleurs l'étendue et la force probante des travaux effectués.   **26000**

La **compétence et l'objectivité de l'expert** sont fondamentales à la fiabilité de ses conclusions. L'auditeur doit donc vérifier les qualifications de l'expert (visibilité professionnelle, réputation, expérience, diplômes ou inscription sur la liste d'experts agréés auprès d'un organisme professionnel ou d'une juridiction) et son indépendance, particulièrement lorsque l'expert est choisi par l'entité (il s'assure notamment de son indépendance financière vis-à-vis de l'entité auditée ou de l'activité expertisée).   **26003**
Le Haut Conseil rappelle dans son avis du 4 novembre 2010 que le commissaire aux comptes doit prendre en compte dans l'évaluation de la fiabilité des éléments collectés la compétence du prestataire émetteur de l'information, et les risques pesant sur l'objectivité des informations délivrées.
En présence de risques pesant sur l'indépendance du prestataire émetteur de l'information, le Haut Conseil estime que le commissaire aux comptes ne peut pas s'appuyer sur les travaux réalisés par le prestataire sans mettre en œuvre des procédures d'audit adaptées lui permettant d'obtenir les éléments complémentaires nécessaires pour fonder son opinion (Avis du H3C du 4-11-2010).

L'auditeur s'assure également que l'**étendue du travail** de l'expert est conforme à l'objectif d'audit assigné. Il sera généralement utile de rédiger à cet effet un « cahier des charges », qui énoncera précisément les objectifs de la mission envisagée, l'utilisation prévue des conclusions du rapport d'expert, les exigences requises en matière de compétence et d'indépendance. Dans la mesure où une expertise antérieure a déjà eu lieu, il sera intéressant d'examiner les méthodes ou techniques utilisées par l'expert précédent, et de se faire expliquer les divergences. En tout état de cause, une bonne communication   **26005**

615

NOTION D'AUDIT FINANCIER   © Éd. Francis Lefebvre

entre l'auditeur et l'expert est nécessaire à la compréhension mutuelle des impératifs de la situation.

> La NEP 620 (§ 9) précise que « lorsque l'expert est choisi par l'entité, le commissaire aux comptes prend connaissance, s'il en existe, des instructions écrites que cette dernière lui a données pour apprécier si la nature et l'étendue des travaux à réaliser répondent aux besoins de son audit ».

26010   Enfin, l'auditeur détermine si les travaux mis en œuvre par l'expert sont **suffisants et appropriés** eu égard aux exigences de sa mission : le travail d'expertise ne peut être utilisé que s'il répond aux exigences de démonstration assignées par la démarche d'audit au regard des informations que celle-ci doit valider.

Les notes de travail établies par l'auditeur lors de la revue des travaux de l'expert doivent notamment comporter une appréciation :

– sur le caractère approprié des sources d'information utilisées par l'expert : l'auditeur s'assure notamment que les références et les choix effectués par l'expert sont suffisants, adaptés et fiables. Il doit pour le moins obtenir une compréhension suffisante de l'ensemble de ces paramètres pour se former une opinion sur le caractère pertinent de leur utilisation ;

– sur le caractère raisonnable des hypothèses et des méthodes utilisées par l'expert et leur cohérence avec celles retenues, le cas échéant, au cours des périodes précédentes ;

– sur la cohérence des résultats des travaux de l'expert avec la connaissance générale de l'entité acquise par le commissaire aux comptes et les résultats de ses autres procédures d'audit.

Si les résultats des travaux de l'expert ne fournissent pas à l'auditeur les éléments suffisants et appropriés ou si les résultats ne sont pas cohérents avec les autres conclusions d'audit, il appartient à l'auditeur d'en tirer les conséquences, à savoir (NEP 620 § 13) :

– de s'en entretenir avec la direction et avec l'expert ;

– de déterminer, le cas échéant, les procédures d'audit supplémentaires à mettre en œuvre, qui peuvent consister à faire appel à un autre expert.

Dans son rapport, l'auditeur n'aura pas à mettre de commentaire particulier si la nature du travail effectué le satisfait, dès lors que les informations données dans les documents audités sont explicites. Il pourra cependant estimer nécessaire de faire référence aux travaux et aux conclusions de l'expert pour motiver son opinion sur les comptes (n°s 25990 s.).

Utilisation des travaux d'un expert-comptable

26020   **Principe** L'utilisation des travaux de l'expert-comptable par le commissaire aux comptes est régie par la norme d'exercice professionnel NEP 630 « Utilisation des travaux de l'expert-comptable » qui prévoit que lorsque le commissaire aux comptes décide d'utiliser les travaux de l'expert-comptable de l'entité, « il apprécie s'ils constituent des éléments suffisants et appropriés pour contribuer à la formation de son opinion sur les comptes » (NEP 630 § 5).

> L'utilisation des travaux de l'expert-comptable intervient le plus souvent dans le cadre de l'audit légal des PME qui font appel aux services d'un expert-comptable pour l'établissement ou la révision contractuelle de leurs comptes.

Le Haut Conseil estime que, lorsque le commissaire aux comptes apprécie dans quelle mesure il pourra s'appuyer sur les travaux effectués par l'expert-comptable, il doit tenir compte des risques qui pèsent sur l'**objectivité** de l'expert-comptable dans le cadre des travaux qu'il a menés.

> Le commissaire aux comptes doit ainsi tenir compte du risque pesant sur l'indépendance d'un ancien commissaire aux comptes qui aurait démissionné, en application des dispositions du Code de déontologie relatives aux prestations affectant l'indépendance, et qui poursuivrait des prestations de conseil en tant qu'expert-comptable. Le commissaire aux comptes ne pourrait pas, dans un tel cas, s'appuyer exclusivement sur les travaux de l'expert-comptable sans mettre en œuvre des procédures d'audit adaptées, afin d'obtenir des éléments complémentaires lui permettant de fonder son opinion (Avis H3C du 4-11-2010).

26025   **Contexte d'utilisation des travaux de l'expert-comptable** L'expert-comptable est investi d'une mission spécifique contractuellement définie avec l'entité dans une lettre de mission. Il conduit ses travaux en appliquant des normes professionnelles qui doivent concourir à leur qualité.

616

© Éd. Francis Lefebvre

NOTION D'AUDIT FINANCIER

L'intervention d'un expert-comptable, professionnel indépendant et membre d'une profession réglementée, dans l'entité audité constitue un **élément favorable** pour l'appréciation de l'environnement général de contrôle interne. Elle est un facteur de régularité de la traduction comptable des opérations réalisées par l'entité.

On rappelle que, dans le cadre des missions d'attestation normalisées par l'Ordre, l'expert-comptable apporte soit :
– une assurance négative sur la cohérence et la vraisemblance des comptes (mission de présentation) ;
– une assurance négative sur la régularité, la sincérité et l'image fidèle des comptes (mission d'examen limité) ;
– une assurance positive sur la régularité, la sincérité et l'image fidèle des comptes (mission d'audit contractuel). Cette situation ne se rencontre que dans des cas exceptionnels.

L'auditeur peut dès lors, dans un double souci d'optimisation du budget d'honoraires et de moindre dérangement des services de l'entité contrôlée, s'appuyer sur les travaux réalisés par l'expert-comptable. Les relations des deux professionnels doivent alors respecter certains principes de comportement et ne déchargent en rien l'auditeur de sa responsabilité (voir n° 26030).

26028

Les relations entre le commissaire aux comptes et l'expert-comptable doivent obéir à certains **principes fondamentaux de comportement** (Doctrine professionnelle de la CNCC : ancienne norme CNCC 2-504 « Utilisation des travaux de l'expert-comptable » § 9) :
– le commissaire aux comptes et l'expert-comptable assument des fonctions qui restent entièrement distinctes ;
– le commissaire aux comptes et l'expert-comptable déterminent leurs relations dans le respect des règles de confraternité et de courtoisie qui régissent leur profession ;
– le commissaire aux comptes est en droit d'attendre de l'expert-comptable qu'il lui communique toute information importante dans le cadre de sa mission (C. com. art. L 823-14). En tout état de cause, il a toujours la possibilité de se faire communiquer par l'entité les rapports établis par des tiers, notamment par l'expert-comptable, dans la mesure où ils entrent dans le champ des « pièces utiles à l'exercice de leur mission » (C. com. art. L 823-13).

26030

L'utilisation des travaux de l'expert-comptable ne décharge toutefois en rien le commissaire aux comptes de sa **responsabilité** : « le commissaire aux comptes ne peut, en aucun cas, se considérer comme dégagé, en tout ou partie, de ses propres responsabilités en raison de l'intervention d'un expert-comptable » (ancienne norme CNCC 2-504 « Utilisation des travaux de l'expert-comptable » § 9). Cette position est conforme aux dispositions générales qui régissent la responsabilité du commissaire aux comptes (voir n°s 7675 et 12305 s.).

La **jurisprudence** montre que les tribunaux appelés à apprécier la responsabilité civile des commissaires aux comptes opèrent bien, dans leur analyse, une distinction entre les responsabilités respectives des deux professionnels.

Ainsi, dans un arrêt rendu le 31 juillet 1996, la cour d'appel de Reims a-t-elle, sur rapport de l'expert commis par la Cour, condamné un commissaire aux comptes pour s'être borné « à reprendre les travaux de l'expert-comptable de la société G., sans procéder à la vérification personnelle de leur fiabilité, et à réaliser des contrôles globaux (…), sans approfondir suffisamment ses vérifications personnelles (…), ni analyser les procédures de contrôle interne de l'entreprise, alors que les détournements (…) ont été permis par la faiblesse dudit contrôle interne » (Bull. CNCC n° 103-1996 p. 482 s.).

De la même manière, le tribunal de grande instance de Marseille, dans un jugement en date du 10 septembre 1986 (Bull. CNCC n° 64-1986 p. 419), utilise pour prononcer la condamnation d'un commissaire aux comptes in solidum avec l'expert-comptable de la société des termes particulièrement explicites :
– « aucun lien de subordination ne lie l'expert-comptable au commissaire aux comptes ; que l'existence d'une telle relation impliquerait le pouvoir du second de donner des ordres au premier dans l'accomplissement de sa mission, ce qui n'est pas le cas ; que le rôle de vérification et de contrôle des documents comptables dévolu au commissaire aux comptes ne saurait donc induire une quelconque supériorité hiérarchique par rapport à l'expert-comptable qui, au surplus, exerce une profession libérale (…) ;
– le commissaire aux comptes ne saurait tirer argument de la présence d'un expert-comptable dans la société sans méconnaître le caractère permanent de sa mission et son obligation légale de contrôler les comptes ».

Modalités d'utilisation des travaux de l'expert-comptable

26032

Dans ce contexte, il appartient au commissaire aux comptes qui entend s'appuyer sur les travaux de l'expert-comptable :
– de mener une **appréciation préliminaire** de la nature et de l'étendue de la mission de l'expert-comptable par la lecture de sa lettre de mission, par la prise de connaissance de son programme de travail et en s'entretenant directement avec lui ;

617

NOTION D'AUDIT FINANCIER   © Éd. Francis Lefebvre

– d'évaluer le **caractère pertinent et suffisant** des travaux engagés par l'expert-comptable par rapport à l'objectif de certification ;

Dans les missions d'examen (et, a fortiori, dans les missions de présentation), le seuil de travail de l'expert-comptable est souvent inférieur au seuil d'investigation du commissaire aux comptes. Il convient, lors de l'examen des dossiers de travail, de garder à l'esprit la notion de matérialité propre à la mission de certification.

– déterminer les travaux complémentaires à engager pour disposer d'un **niveau de force probante** adapté à la mission d'audit financier ;

– de mener l'exploitation effective des feuilles de travail et des conclusions de l'expert-comptable.

Lorsque le commissaire aux comptes décide d'utiliser les travaux de l'expert-comptable, il le mentionne et le justifie dans le plan de mission et dans son programme de travail. L'examen du dossier de travail de l'expert-comptable doit être documenté dans le dossier de l'auditeur financier.

26035 Sans que cette liste puisse présenter un caractère normatif ou exhaustif, l'utilisation des travaux de l'expert-comptable présente généralement un **intérêt majeur** pour le contrôle des cycles suivants :

– **immobilisations corporelles** (acquisitions et cessions de l'exercice, contrôle des dotations aux amortissements, vérification du caractère immobilisable de certaines dépenses d'entretien…) ;

– **créances d'exploitation** (pointage des comptes clients, analyse des créances douteuses, des dépréciations et des pertes sur créances irrécouvrables…) ;

– **trésorerie** (établissement ou contrôle des états de rapprochement bancaire…) ;

Afin de bénéficier d'un niveau plus élevé de force probante, le commissaire aux comptes mettra souvent en œuvre, sur le cycle trésorerie, la technique de la confirmation directe.

– **dettes fiscales et sociales** (rapprochement de salaires et charges sociales, contrôle des impôts et taxes…).

26038 La **responsabilité** du commissaire aux comptes ne pouvant être partagée, celui-ci ne fait pas référence dans son rapport aux travaux de l'expert-comptable de l'entité. Ces travaux sont utilisés uniquement en tant qu'éléments collectés à l'appui des conclusions du commissaire aux comptes sur sa propre mission (NEP 630 § 7).

Utilisation des travaux de l'audit interne

26050 **Principe** L'utilisation des travaux de l'audit interne par le commissaire aux comptes est régie par la norme d'exercice professionnel NEP 610 « Prise de connaissance et utilisation des travaux de l'audit interne ». Cette norme prévoit que lorsque l'entité dispose d'un audit interne, « le commissaire aux comptes prend connaissance du fonctionnement et des objectifs qui lui sont assignés » (§ 1).

L'utilisation des travaux de l'audit interne intervient le plus souvent dans le cadre de l'audit financier de sociétés indépendantes d'une certaine taille ou membres d'un groupe, les petites entreprises n'étant pas, en règle générale, dotées de ce type de service.

26055 **Contexte d'utilisation des travaux de l'audit interne** L'existence d'un service d'audit interne dans les entités est un point à considérer par l'auditeur financier lors de la phase de prise de connaissance. L'auditeur externe doit revoir les activités de l'audit interne, dans la mesure où certains aspects de ses travaux peuvent lui être utiles et conduire à la réduction des procédures d'audit qu'il doit mettre en œuvre.

La nature et l'étendue des missions des auditeurs internes sont variables. Elles dépendent de la taille et de la structure de l'entité, d'une part, des objectifs qui sont assignés au service d'audit interne par la direction générale ou des questions posées par le comité d'audit, d'autre part.

La norme relative à l'utilisation des travaux de l'audit interne ne s'applique qu'aux activités de l'auditeur interne qui ont un lien avec l'audit des comptes, à savoir essentiellement :

– son analyse et son appréciation des risques ;

– son évaluation du dispositif de contrôle interne ;

– ses investigations sur les états financiers.

Dans le cadre de l'audit légal, l'utilisation des travaux de l'audit interne doit être effectuée dans le respect des obligations professionnelles respectives de l'auditeur interne et du commissaire aux comptes. Elle ne peut en aucun cas aboutir à décharger l'auditeur légal de sa responsabilité.

NOTION D'AUDIT FINANCIER

L'auditeur financier externe est tenu au **secret professionnel** à l'égard des auditeurs internes. Cette obligation a notamment pour conséquence que le commissaire aux comptes ne peut pas communiquer à l'auditeur interne son dossier de travail. En revanche, elle n'interdit pas en pratique toute communication de l'auditeur légal avec l'auditeur interne : l'auditeur légal n'est tenu au secret que pour les informations qui présentent un caractère confidentiel, ce qui lui permet d'échanger avec lui des informations dans les domaines qui sont de sa compétence (voir nº 5221).

26057

> Cette précision est d'autant plus importante qu'il arrive souvent en pratique que les auditeurs internes demandent à rencontrer le responsable de la mission de commissariat aux comptes (associé ou manager) à l'occasion d'audit de certaines entités et, notamment, de filiales étrangères, en vue de recueillir des informations relatives :
> – au contexte de la filiale ;
> – à l'évaluation, par le commissaire aux comptes, du dispositif de contrôle interne ;
> – aux problèmes particuliers dont il aurait connaissance ;
> – aux procédures de contrôle mises en œuvre au cours de l'audit ;
> – aux conclusions tirées de ces procédures.
> Il appartiendra dans ce contexte à l'auditeur de déterminer ce qui entre dans le champ de compétence de son interlocuteur, comme il le fait d'une manière générale avec le personnel salarié de la société qu'il est appelé à côtoyer.

L'auditeur légal, quant à lui, peut prendre connaissance des travaux de l'audit interne dans le cadre de son pouvoir général d'investigation (voir nºs 9180 s.).

26060

> L'*Institute of Internal Auditors* (IIA) précise (Norme 2050, Coordination) que l'audit interne devrait partager ses travaux avec toute personne de l'entité ou extérieure à l'entité lorsque cela contribue notamment à éviter de dupliquer les efforts.

L'utilisation des travaux de l'auditeur interne ne peut en aucun cas décharger l'auditeur légal de sa **responsabilité** : celui-ci conserve en toutes circonstances « l'entière responsabilité de l'opinion exprimée sur les comptes ainsi que de la définition de la nature, du calendrier et de l'étendue de ses procédures d'audit » (Doctrine professionnelle de la CNCC : ancienne norme CNCC 2-502 § 4).

26065

Le fait que la responsabilité ne soit pas partagée est bien appréhendé par les auditeurs externes. Ce n'est pas toujours le cas des responsables des entités auditées (direction générale, comité d'audit ou de contrôle interne), notamment lorsque l'auditeur financier externe et l'auditeur interne collaborent. L'expérience montre que, dans ce cas, il est essentiel, du point de vue de la direction générale et du comité d'audit, que la contribution respective des deux auditeurs soit clairement identifiée en ce qui concerne notamment :
– l'allocation des ressources ;
– la répartition des travaux ;
– la responsabilité de la formulation puis l'acceptation réciproque (ou non) des conclusions d'audit.

Évaluation préliminaire de la fonction d'audit interne L'utilisation des travaux de l'auditeur interne nécessite une appréciation préalable de la fonction d'audit interne. L'auditeur financier prend notamment en considération :
– la **position dans l'organisation** du service d'audit interne ;

26067

> L'auditeur s'intéresse au rattachement hiérarchique du service, à son degré d'indépendance par rapport à la direction générale et aux autres services de l'entité, à l'influence ou aux pressions exercées par la direction générale sur l'émission ou la formulation des recommandations, au degré de liberté de communication avec les auditeurs externes…

– l'existence d'une **charte de l'audit interne** régissant les pouvoirs, les responsabilités et les normes professionnelles de l'audit interne dans l'entité contrôlée ;

> Des **normes de pratique professionnelle** de l'audit interne (*Standards for the professional practice of internal auditing*) ont été émises par l'*Institute of Internal Auditors* (IIA). Ces normes sont approuvées par le Comité des normes de l'audit interne (*Internal auditing standards board*) ou le conseil d'administration de l'*Institute of Internal Auditors*. Elles se composent de normes de qualification, de normes de fonctionnement et de normes de mise en œuvre. Les normes de qualification énoncent les caractéristiques que doivent présenter les organisations et les personnes accomplissant des activités d'audit interne. Les normes de fonctionnement décrivent la nature des activités d'audit interne et définissent des critères de qualité permettant d'évaluer les services fournis. Tandis que les normes de qualification et de fonctionnement s'appliquent aux travaux d'audit interne en général, les normes de mise en œuvre

NOTION D'AUDIT FINANCIER © Éd. Francis Lefebvre

s'appliquent à des types de missions spécifiques (activités d'assurance, de conseil...). Elles constituent le référentiel d'un service d'audit membre de l'IIA ou de l'Institut de l'audit interne en France, quelle que soit la nature de l'organisation au sein de laquelle ledit service est créé. Le texte des normes peut être trouvé dans l'ouvrage « Normes professionnelles de l'audit interne », The Institute of Internal Auditors, 1995, traduction en français par l'Ifaci, octobre 2002, mis à jour en 2004.

– le **périmètre couvert** par le service d'audit interne (nature et étendue des travaux : services du siège, établissements nationaux et à l'étranger, filiales...).

À l'issue de cette prise de connaissance, lorsque l'auditeur financier envisage d'utiliser les travaux de l'audit interne, il apprécie notamment :

– le niveau de **compétences techniques** des auditeurs internes ;

L'auditeur financier prendra connaissance des diplômes, de la formation professionnelle et du niveau d'expérience des auditeurs internes. Il pourra prendre en considération la présence dans les effectifs du service d'audit interne d'anciens auditeurs externes, d'auditeurs ayant obtenu des certifications professionnelles internationalement reconnues telles que le titre de Certified Internal Auditor (CIA) ou de Certified Information System Auditor (CISA).

– la **nature** et la **qualité des diligences** professionnelles ;

– l'existence d'un **manuel d'audit interne** explicitant l'organisation de l'audit interne en termes de planification, mise en œuvre et supervision des travaux.

26070 **Modalités d'utilisation des travaux de l'audit interne** L'auditeur externe prend connaissance et apprécie la documentation existante : programmes de travail et rapports émis par l'audit interne.

En fonction du degré de satisfaction obtenu, l'auditeur externe décide de s'appuyer ou non sur le service d'audit interne pour réduire l'étendue de ses propres procédures d'audit.

26075 La lecture des **rapports d'audit interne** constitue en règle générale une source précieuse d'approfondissement de la prise de connaissance générale ainsi que de la compréhension de l'entité, d'une branche de celle-ci ou d'un cycle significatif. Ces rapports peuvent être très détaillés, lorsque les auditeurs internes ne sont pas soumis aux mêmes contraintes de temps et de budget que les auditeurs externes.

Le rapport annuel sur l'activité du service d'audit interne dresse le bilan :
– de la couverture des risques de l'entité par les missions d'audit interne ;
– de la qualité des procédures internes et du dispositif de contrôle interne ;
– des recommandations formulées ;
– de la mise en œuvre effective des recommandations par les services concernés.

26078 Les usages des services d'audit interne varient pour ce qui concerne la communication de leurs rapports. Certaines entités sont réticentes à leur communication. D'autres les transmettent à l'occasion de la convocation des commissaires aux comptes aux réunions du comité d'audit. D'autres enfin tiennent simplement les rapports à la disposition des commissaires aux comptes.

26080 S'il estime pouvoir **s'appuyer sur les travaux de l'auditeur interne**, l'auditeur externe examine le programme d'audit interne soumis chaque année à l'approbation de la direction générale, du comité d'audit ou du comité de contrôle interne.

Lorsqu'il identifie des points du programme susceptibles de réduire l'étendue de ses propres procédures d'audit, il obtient un accord préalable du responsable du service d'audit interne en ce qui concerne :

– le calendrier des travaux de l'audit interne ;

Il est souhaitable que l'auditeur externe puisse effectivement exploiter les conclusions des travaux de l'auditeur interne pour la réalisation de sa mission. Ainsi, lorsque l'accord porte sur l'examen du dispositif de contrôle interne, il est important que les conclusions soient disponibles au moment où l'auditeur externe effectue sa mission intérimaire sur l'appréciation du contrôle interne. En pratique, la durée du processus d'approbation des rapports d'audit interne par la direction générale, le comité d'audit ou le comité de contrôle interne peut être un obstacle à la communication des conclusions en temps voulu. Il convient d'en tenir compte et de mettre en place, le cas échéant, une procédure de prise de connaissance des projets de rapports en accord avec le responsable du service d'audit interne (ce dernier sollicitera le plus souvent l'accord de la direction générale).

– l'étendue des procédures ;

– la documentation des travaux ;

– les modalités de revue, par l'auditeur externe, des dossiers de travail et des conclusions.

SECTION 3
Techniques de contrôle

La collecte des éléments nécessaires à la mission d'audit par l'auditeur financier repose sur l'utilisation d'un certain nombre de techniques. La norme d'exercice professionnel « Caractère probant des éléments collectés » (NEP 500 § 10) précise que **le commissaire aux comptes choisit** parmi les techniques suivantes :
– l'inspection des enregistrements ou des documents, qui consiste à examiner des enregistrements ou des documents, soit internes soit externes, sous forme papier, sous forme électronique ou autres supports ;
– l'inspection des actifs corporels, qui correspond à un contrôle physique des actifs corporels ;
– l'observation physique, qui consiste à examiner la façon dont une procédure est exécutée au sein de l'entité ;
– la demande d'information, qui peut être adressée à des personnes internes ou externes à l'entité ;
– la demande de confirmation des tiers, qui consiste à obtenir de la part d'un tiers une déclaration directement adressée au commissaire aux comptes concernant une ou plusieurs informations ;
– la vérification d'un calcul ;
– la réexécution de contrôles, qui porte sur des contrôles réalisés à l'origine par l'entité ;
– les procédures analytiques.

> Ces techniques de contrôle peuvent s'utiliser seules ou en combinaison à tous les stades de l'audit des comptes.

Seront examinées plus particulièrement ci-après les techniques suivantes :
– les procédures analytiques (nᵒˢ 26200 s.) ;
– l'observation physique (nᵒˢ 26240 s.) ;
– les demandes de confirmation des tiers (nᵒˢ 26260 s.) ;
Nous aborderons en complément :
– l'utilisation des méthodes de sondage en audit (nᵒˢ 26300 s.) ;
– les techniques informatiques d'aide ou de mise en œuvre de l'audit (nᵒˢ 26400 s.).

26150

Adaptation des techniques de contrôle dans le contexte lié à la pandémie de Covid-19

La crise liée à la pandémie de Covid-19, par les relations à distance imposées, a des incidences sur la mise en œuvre des différentes techniques de contrôle. Le commissaire aux comptes peut en effet être amené à constater des conditions de mise en œuvre de son approche d'audit sensiblement modifiées : restrictions d'accès aux services des entités, interlocuteurs non présents physiquement, et par conséquent, être obligé de s'adapter très rapidement, avec un recours généralisé à des outils numériques (téléconférences, mise en place de plateformes d'échange, pièces justificatives dématérialisées…).

Le commissaire aux comptes doit veiller à apprécier, au regard de ce contexte, les conséquences sur ces techniques de contrôle d'une **approche dématérialisée** (Bull. CNCC nº 201-2021, CNP 2020-06 « Prise en compte, dans la mise en œuvre de l'audit des comptes, du travail à distance, en conséquence de la crise liée à la pandémie de Covid-19 » – janvier 2021 – § 1).

À titre d'exemple, les limitations d'accès aux locaux de l'entité peuvent rendre plus difficile la mise en œuvre des techniques d'inspection ou d'observation physique (NEP 500 § 10). Il en est ainsi notamment de l'inspection de documents originaux ou de la participation aux inventaires physiques.

> Sur la possibilité d'assister à l'inventaire physique à distance dans le contexte de la pandémie de Covid-19, voir nº 29390.

À l'inverse la vérification d'un calcul ne devrait pas être rendue plus difficile par le contexte de mise à distance.

Le recours à la demande de confirmation des tiers, contrôle de substance permettant notamment de collecter des éléments fiables et pertinents sur l'existence de créances clients, pourrait, quant à lui, être étendu, car d'autant plus utile (voir nº 26285 ; Bull. CNCC

26160

NOTION D'AUDIT FINANCIER © Éd. Francis Lefebvre

n° 201-2021, CNP 2020-06 « Prise en compte, dans la mise en œuvre de l'audit des comptes, du travail à distance, en conséquence de la crise liée à la pandémie de Covid-19 » – janvier 2021 § 1).

26170   S'agissant plus particulièrement des **échanges de documents** avec l'entité auditée, le commissaire aux comptes veille à utiliser des **outils sécurisés** tels que les plateformes d'échange de type « AuditDrive » ou les sites de transferts sécurisés afin de fluidifier et de contrôler les échanges avec l'entité auditée (Bull. CNCC n° 201-2021, CNP 2020-06 « Prise en compte, dans la mise en œuvre de l'audit des comptes, du travail à distance, en conséquence de la crise liée à la pandémie de Covid-19 » – janvier 2021 – § 2).

Par ailleurs, dans le cadre des **échanges par courriel** de fichiers et documents, le commissaire aux comptes veille à sécuriser ces échanges par :
– l'utilisation de messages cryptés ou chiffrés ;
– l'utilisation d'un verrouillage de protection des documents pour éviter leur altération ;
– l'utilisation de mots de passe sur les fichiers, ces mots de passe étant transmis par un autre canal (téléphone ou SMS par exemple).

En outre, le commissaire aux comptes veille à ne transmettre ni ne recevoir aucun fichier contenant des **données personnelles** sans avoir vérifié que ces données sont suffisamment protégées et que les modalités d'échange sont conformes aux dispositions du Règlement général sur la protection des données (RGPD).

26175   Le commissaire aux comptes peut également être amené à adapter les **aspects relationnels et organisationnels** de sa mission. Même si l'évaluation de l'ensemble des incidences sur l'audit des procédures effectuées « à distance » est difficile, le commissaire aux comptes considère les conséquences éventuelles des mesures d'éloignement, notamment :
– la diminution du nombre d'interlocuteurs, parfois réduit à une seule personne, ce qui limite les possibilités de corroboration des informations communiquées ;
– la diminution des échanges directs au sein de l'équipe d'audit ;
– le risque que les mesures de restrictions d'accès soient utilisées de manière inappropriée dans le but d'empêcher le déroulement normal des interventions (accès aux locaux et/ou collecte d'éléments probants).

Dans ce contexte, le commissaire aux comptes veille à maintenir un **contact régulier**, tant avec les principaux interlocuteurs au sein de l'entité qu'avec les membres de l'équipe d'audit. Il peut également **adapter la structure de son équipe** à ces nouvelles conditions d'intervention ainsi que **sa démarche d'audit**, notamment en termes de planification des travaux (Bull. CNCC n° 201-2021, CNP 2020-06 « Prise en compte, dans la mise en œuvre de l'audit des comptes, du travail à distance, en conséquence de la crise liée à la pandémie de Covid-19 » – janvier 2021 – § 6).

I. Procédures analytiques

26200   L'utilisation des procédures analytiques par le commissaire aux comptes est régie par la norme d'exercice professionnel NEP 520 « Procédures analytiques ».

Les « procédures analytiques » ont remplacé, dans la terminologie de la CNCC, « l'examen analytique » depuis la transposition des normes Ifac dans le référentiel d'audit français en janvier 2001.

> On parle également de « revue analytique » et de « contrôle indiciaire », bien que ce dernier soit plus restrictif.

Définition et objectifs

26210   Selon la norme d'exercice professionnel « Caractère probant des éléments collectés » (NEP 500 § 10), les procédures analytiques consistent à apprécier des informations financières à partir :
– de leurs corrélations avec d'autres informations, issues ou non des comptes, ou avec des données antérieures, postérieures ou prévisionnelles de l'entité ou d'entités similaires ;
– de l'analyse des variations significatives ou des tendances inattendues.

> En pratique, un tableau comparant les données de l'exercice précédent, les données comptables et le budget de l'exercice en cours est souvent établi. Il permet d'identifier et d'analyser les variations et les

622

© Éd. Francis Lefebvre

NOTION D'AUDIT FINANCIER

écarts significatifs (en valeur absolue et en pourcentage) entre les données prévisionnelles et les données réellement enregistrées en comptabilité.

La comparaison avec les données de la moyenne du secteur d'activité ou avec celles d'autres entités de taille comparable opérant dans le même secteur donne souvent des résultats concluants. Les données comparatives peuvent être collectées directement auprès de l'entité auditée ou des syndicats professionnels auxquels elle adhère (par exemple les informations sur les parts de marché), ou encore dans des bases de données sectorielles externes.

L'expérience de l'auditeur est également une source d'information.

Place dans la démarche

Le commissaire aux comptes peut mettre en œuvre des procédures analytiques tout au long de son audit. Cette mise en œuvre s'impose lors de la prise de connaissance de l'entité et de son environnement et lors de la revue de la cohérence d'ensemble des comptes en fin de mission (CNCC NI. VIII – Le commissaire aux comptes et les procédures analytiques – déc. 2010).

Pour les modalités de mise en œuvre, se reporter aux n°s 30100 s.

26215

Prise de connaissance Lors de la prise de connaissance de l'entité, les procédures analytiques préliminaires permettent à l'auditeur de se faire une idée suffisamment précise non seulement de l'activité et de la rentabilité de l'entité contrôlée, mais également de sa situation financière. Elles peuvent également lui permettre d'identifier des opérations ou des événements inhabituels (NEP 520 § 5) et d'évaluer le risque que les comptes contiennent des anomalies significatives.

26218

Les procédures analytiques doivent permettre à l'auditeur financier d'acquérir une compréhension suffisante :
– de la formation du résultat et des principales variables susceptibles d'affecter ce résultat compte tenu de l'activité, des produits, des marchés et des zones de risques déjà identifiées ;
– de l'évolution de ce résultat dans le temps, globalement, par secteur d'activité ou par ligne de produit.

L'analyse de rentabilité doit si possible partir des comptes généraux, dans la mesure où ces comptes sont ceux sur lesquels l'auditeur délivre sa conclusion. Elle doit par ailleurs intégrer au maximum les éléments constitutifs des analyses de gestion (comptabilité analytique, contrôle de gestion, contrôle budgétaire, tableau de bord) qui sont normalement produites et utilisées par l'entité elle-même pour contrôler et orienter sa gestion.

26220

Sans pour autant procéder à une analyse approfondie de la situation financière, l'auditeur cherche à comprendre la structure active et passive du bilan. Il étudie en particulier :
– les équilibres financiers de l'entité et leur évolution dans le temps (fonds de roulement, besoin en fonds de roulement, trésorerie nette...) ;
– les sources de financement de l'activité et l'évolution des instruments de financement : crédits à court terme confirmés ou non (escompte, découvert bancaire, autres lignes de crédit à court terme), capitaux propres, autofinancement, endettement externe à moyen et long terme, comptes courants des associés, etc.

26222

La mise en œuvre des procédures analytiques dans la phase de prise de connaissance prend également en considération le risque de fraude.

Certaines évolutions non expliquées pourront ainsi révéler un risque de fraude : augmentation brutale du compte « facture à établir », variations non expliquées des autres créances, autres dettes ou dettes fiscales et sociales, hausse des salaires ou des primes sans lien avec l'évolution de l'activité, augmentation des avoirs et remises, hausse des frais de missions...

26223

Planification de la mission Les procédures analytiques réalisées en début de mission, fondées par exemple sur des comptes intermédiaires, permettent de comprendre globalement l'activité de l'entité depuis la dernière intervention de l'auditeur sur les comptes, d'identifier la traduction comptable de faits marquants intervenus sur la période écoulée et d'identifier les cycles significatifs ainsi que les zones de risques sur lesquels vont porter les travaux d'audit. Elles aident l'auditeur à déterminer la nature, l'étendue et le calendrier des autres procédures d'audit qu'il envisage de mettre en œuvre.

26225

623

NOTION D'AUDIT FINANCIER © Éd. Francis Lefebvre

26228 **Contrôles de substance** Les procédures analytiques peuvent être utilisées, en tant que contrôles de substance, seules ou en combinaison avec d'autres procédures, pour vérifier qu'un compte ou un poste respecte les assertions auxquelles les états financiers doivent répondre (NEP 520 § 6). Dans ce cas, les procédures analytiques peuvent fournir un niveau d'assurance de niveau variable, dont le caractère suffisant sera apprécié par l'auditeur.

Ces procédures analytiques de substance, qui sont plus fines que celles réalisées à un niveau d'ensemble, font généralement partie des diligences mises en œuvre dans chacun des cycles (voir n° 31045).

Par exemple, dans le cycle impôts et taxes, l'auditeur peut mettre en œuvre une procédure analytique spécifique pour suivre l'évolution du taux des charges sociales et fiscales sur les rémunérations. L'analyse de l'auditeur porte sur l'évolution du taux observé entre deux années mais également sur l'écart éventuel entre le taux observé et le taux théorique (c'est-à-dire entre le taux de charges constaté et le taux de charges attendu compte tenu du secteur d'activité auquel appartient l'entité et de la structure de sa main-d'œuvre).

Lorsque l'écart entre le taux observé et le taux attendu est faible, la procédure analytique permet à l'auditeur de conclure avec une assurance suffisante sur l'exhaustivité, la mesure et l'évaluation des charges sociales et fiscales qui sont comptabilisées par l'entité, sans qu'il soit besoin de procéder à un contrôle approfondi sur les pièces comptables (contrôles sur les bulletins). Si l'auditeur est confronté à un risque de séparation des exercices, il peut également procéder, pour les cotisations payées trimestriellement aux organismes sociaux, à un contrôle sur les déclarations sociales du dernier trimestre de l'exercice.

Lors de la réalisation de procédures analytiques en tant que contrôle de substance, l'auditeur peut également identifier des changements comptables (CNCC NI. X – juin 2011 p. 45).

Sur l'incidence des changements comptables sur l'opinion du commissaire aux comptes sur les comptes, voir n°s 30904 s.

26229 Lorsque la procédure analytique est employée comme contrôle de substance, le commissaire aux comptes apprécie préalablement à la réalisation des travaux :
– la fiabilité des données ;
– le caractère suffisamment précis du résultat attendu ;
À titre d'exemple, on peut considérer que :
– l'analyse de l'évolution de la marge brute d'une période sur l'autre fournit un résultat plus précis que l'évolution des dépenses discrétionnaires telles que les frais de recherche ou de publicité,
– l'analyse de la variation du chiffre d'affaires peut être réalisée de manière globale dans une entité monoactivité alors qu'elle nécessite une analyse par produits ou zones géographiques dans une entité multiproduit et/ou exportatrice.
– l'écart acceptable entre le montant à vérifier et le résultat de la procédure analytique.
Le commissaire aux comptes détermine le montant de l'écart qui peut être accepté sans procéder à des investigations complémentaires.

26230 **Revue de la cohérence d'ensemble des états financiers** L'auditeur applique des procédures analytiques lors de la phase de finalisation de l'audit pour tirer une conclusion sur la cohérence d'ensemble des comptes au regard des éléments collectés tout au long de l'audit et relatifs à l'entité et à son secteur d'activité (NEP 520 § 7).

Ces procédures analytiques peuvent révéler un risque d'anomalies significatives non détecté précédemment. La NEP 520 requiert dans ce cas que des procédures complémentaires d'audit soient réalisées.

26231 À l'occasion de la revue de la cohérence d'ensemble des comptes, l'auditeur peut également identifier des changements comptables, notamment des changements de présentation (CNCC NI. X – juin 2011 p. 45).

Sur l'incidence des changements comptables sur l'opinion du commissaire aux comptes sur les comptes, voir n°s 30904 s.

II. Observation physique

26240 Selon la norme d'exercice professionnel « Caractère probant des éléments collectés » (NEP 500), l'observation physique consiste à examiner la façon dont une procédure est exécutée au sein de l'entité (§ 10).

Il pourra s'agir par exemple de l'observation par le commissaire aux comptes de la prise d'inventaire physique par le personnel de l'entité.

NOTION D'AUDIT FINANCIER

L'observation physique se distingue de l'inspection des actifs corporels, qui correspond à un contrôle physique des actifs corporels, en ce qu'elle porte non sur l'observation d'un bien mais sur l'observation de la mise en œuvre d'une procédure.

L'observation physique ressort en principe de l'examen des procédures et l'inspection physique des contrôles de substance. Ainsi, en matière de contrôle des comptes, l'inspection physique permet-elle à l'auditeur d'examiner la réalité d'un actif précis (une immobilisation, des espèces en caisse, des effets en portefeuille...).

26243 L'observation physique est l'un des moyens les plus efficaces pour s'assurer de l'**existence d'un actif**. Il n'est donc pas fortuit que, sauf exception, l'existence d'un **stock significatif** doive conduire le commissaire aux comptes à assister à l'inventaire physique : « Lorsque le commissaire aux comptes estime que les stocks sont significatifs, il assiste à la prise d'inventaire physique afin de collecter des éléments suffisants et appropriés sur l'existence et l'état physique de ceux-ci » (NEP 501 « Caractère probant des éléments collectés – applications spécifiques » § 3).

Pour les modalités de l'observation physique des stocks, se reporter aux n°s 29300 s.

26250 L'observation physique est généralement utilisée par l'auditeur pour apprécier la qualité d'un contrôle interne qu'il estime efficace mais qui ne donne pas lieu à une matérialisation particulière, par exemple une procédure de prise d'inventaire.

Compte tenu de ce que l'on peut attendre de l'observation physique en termes de pertinence des éléments collectés, l'auditeur doit expliciter dans le plan de mission les raisons pour lesquelles il n'applique pas cette technique pour le contrôle des éléments d'actif significatifs.

III. Demande de confirmation des tiers

26260 Selon la norme d'exercice professionnel (NEP 505 § 3) « Demande de confirmation des tiers », la demande de confirmation des tiers consiste à obtenir de la part d'un tiers une déclaration directement adressée au commissaire aux comptes concernant une ou plusieurs informations.

Pour les modalités de mise en œuvre de la demande de confirmation des tiers, se reporter aux n°s 30270 s.

La demande est donc adressée directement à des tiers qui entretiennent des relations commerciales, financières, juridiques ou techniques avec l'entité contrôlée en vue d'obtenir confirmation d'informations sur le solde de leurs comptes dans ladite entité ou sur des opérations effectuées avec elle. La confirmation directe « peut aussi permettre de confirmer les termes d'un contrat ou l'absence d'accords particuliers susceptibles d'avoir une incidence sur la comptabilisation de produits ou encore l'absence d'engagements hors bilan » (NEP 505 § 5).

Les auditeurs parlent généralement de « circularisations » par référence aux lettres circulaires. La CNCC retient les termes de « confirmation directe » qui traduisent mieux le caractère « probant » de cette technique d'audit financier.

26265 La confirmation directe permet en général à l'auditeur d'atteindre ses objectifs de contrôle plus rapidement et de façon plus satisfaisante que les autres moyens de contrôle. En effet, elle permet d'obtenir un niveau de **preuve** en principe très fiable (information obtenue d'un tiers) et constitue une technique efficace pour vérifier la réalité et l'exhaustivité des opérations.

26270 La confirmation directe est l'une des techniques de contrôle utilisées pour collecter des éléments probants. En raison du niveau de fiabilité de cette technique, il apparaît nécessaire que l'auditeur justifie dans son plan de mission les raisons pour lesquelles il juge éventuellement inopportun d'y recourir.

La décision de mettre en œuvre des demandes de confirmation des tiers est prise lors de la définition de l'approche de la mission et figure de ce fait dans le plan de mission.

26272 D'une manière générale, la demande de confirmation doit être mise en œuvre **de manière quasi systématique** pour les catégories de comptes suivantes :
– clients ;
– fournisseurs ;
– banques ;
– avocats.

625

NOTION D'AUDIT FINANCIER © Éd. Francis Lefebvre

26275 Le commissaire aux comptes détermine le contenu des demandes de confirmation des tiers. Il a la maîtrise de la sélection des tiers à qui il souhaite adresser une demande de confirmation, de la rédaction et de l'envoi de ces demandes ainsi que la réception des réponses (NEP 505 § 8 et 9).

La non-mise en œuvre d'une procédure de confirmation ne saurait être qu'exceptionnelle, en raison notamment des spécificités de l'entité contrôlée, du tiers sélectionné ou des conditions d'intervention.

> La NEP 505 prévoit qu'en cas d'opposition de la direction aux demandes de confirmation des tiers envisagées par le commissaire aux comptes, ce dernier examine si ce refus est fondé sur des motifs valables et collecte sur ces motifs des éléments suffisants et appropriés (NEP 505 § 10). S'il considère que le refus n'est pas fondé, le commissaire aux comptes en tire les conséquences éventuelles dans son rapport (NEP 505 § 12).

Elle doit être « compensée » par la mise en œuvre de procédures d'audit alternatives (NEP 505 § 11). En cas d'impossibilité, l'auditeur devra apprécier s'il se trouve dans un cas de limitation des diligences et en tirer les conséquences dans la formulation de son opinion.

26278 Il reste toutefois que l'application de la seule technique de confirmation directe est, dans la plupart des cas, insuffisante pour vérifier le respect des assertions que l'auditeur souhaite contrôler (absence de réponse, contenu des réponses inexploitable ou technique non appropriée).

> « L'utilité de cette technique de contrôle n'est pas la même selon l'assertion à vérifier. Si elle permet par exemple de collecter des éléments fiables et pertinents sur l'existence de créances clients, elle ne permet généralement pas de collecter des éléments sur l'évaluation de ces créances, en raison de la difficulté d'interroger un tiers sur sa capacité à s'en acquitter » (NEP 505 § 7).

C'est la combinaison de plusieurs techniques qui permet à l'auditeur d'obtenir les éléments nécessaires pour fonder son jugement.

> La mise en œuvre de la confirmation des banques, dont le coût est facturé à la société, rencontre souvent une certaine réticence de la part des dirigeants. Les réponses aux demandes d'informations auprès des avocats sont également assez souvent décevantes.

26280 Si le commissaire aux comptes a des doutes quant à la **fiabilité de la réponse obtenue** à une demande de confirmation directe, il peut souhaiter vérifier la source et le contenu de la réponse en contactant directement le tiers (CNCC NI. VII « Le commissaire aux comptes et les demandes de confirmation directe » § 2.72).

Les facteurs susceptibles d'alerter le commissaire aux comptes et qui peuvent le conduire à exercer une vigilance accrue sont les suivants :
– réponses reçues par fax ou par courriel ;
– réponses reçues indirectement (par le biais de l'entité notamment) ;
– réponses qui ne semblent pas venir du destinataire de la demande de confirmation (en particulier provenant d'un numéro de fax ou d'une adresse mail ne correspondant pas à celle du tiers à qui les demandes de confirmation ont été adressées).

Dans le cas d'une **réponse reçue par courriel**, le commissaire aux comptes peut téléphoner à la personne qui a émis la réponse afin de vérifier qu'elle en est effectivement l'émetteur et qu'elle est bien la personne appropriée pour l'émettre.

S'agissant d'une **réponse par fax**, le commissaire aux comptes peut se faire confirmer par le tiers le contenu du fax par téléphone. Il est alors souhaitable que cette conversation téléphonique soit documentée.

La **documentation** de ces entretiens téléphoniques peut prendre la forme d'une feuille de travail incluant les informations suivantes :
– nom de l'interlocuteur, nom de la personne qui a complété la confirmation par courriel ou par fax et si cette personne est autorisée et qualifiée pour répondre ;
– changement éventuel intervenu dans la confirmation par courriel depuis la date de son envoi ; par exemple lorsqu'il s'agit d'un litige, le commissaire aux comptes peut mentionner s'il y a eu des évolutions entre la date de réponse initiale et l'appel téléphonique.

Par ailleurs, il peut être opportun de vérifier certaines informations clés des rubriques contenues dans la confirmation (soldes des comptes, termes spécifiques...). La documentation figurant dans le dossier peut alors préciser que la source et le contenu de la confirmation par courriel ont été vérifiés et que la réponse a été donnée par une personne habilitée.

En outre, le commissaire aux comptes peut demander au tiers de lui réadresser la réponse de confirmation par courrier.

626

© Éd. Francis Lefebvre

NOTION D'AUDIT FINANCIER

Enfin, lorsque la **réponse** lui a été **transmise directement par l'entité**, le commissaire aux comptes peut également demander au tiers de lui renvoyer directement sa réponse. Par ailleurs, certains tiers ont recours à des intermédiaires auxquels ils sous-traitent le processus de réponse aux demandes de confirmation. Dans ce contexte, le commissaire aux comptes s'interroge sur la possibilité que les informations aient pu être altérées ou ne proviennent pas d'une source appropriée.

La note d'information précitée aborde également le cas de réponses accessibles sur une **plateforme électronique**, en particulier lors des demandes de confirmation directes adressées aux banques. Dans cette situation, la CNCC précise que le commissaire aux comptes considère s'il y a des éléments susceptibles de remettre en cause la fiabilité des informations fournies par le prestataire.

En particulier, afin de respecter les exigences de documentation de la NEP 230, le commissaire aux comptes conserve des impressions des documents consultés ou des impressions écran.

Recours à la demande de confirmation des tiers dans le cadre de la pandémie de Covid-19 Les procédures de confirmations externes peuvent être d'autant plus utiles dans un contexte d'audit réalisé dans un environnement numérique que d'autres éléments collectés peuvent s'avérer présenter un caractère moins probant. Le commissaire aux comptes veille cependant à adapter ses procédures de confirmation directe à cet environnement (Bull. CNCC n° 201-2021, CNP 2020-06 « Prise en compte, dans la mise en œuvre de l'audit des comptes, du travail à distance, en conséquence de la crise liée à la pandémie de Covid-19 » – janvier 2021 – § 4).

26285

La NEP 505 ne fournit aucune indication quant aux modalités d'envoi et de réception des demandes de confirmation et la CNCC considère que, dans le cadre de circonstances exceptionnelles telles que l'impossibilité d'utiliser l'envoi par voie postale, le commissaire aux comptes peut adresser ses **demandes de confirmation par voie électronique** (CNCC/CSOEC Questions / Réponses relatives aux conséquences de la crise sanitaire et économique liée à l'épidémie de Covid-19 – Septième édition – 15 janvier 2021 – § 1.12).

La CNCC précise que les demandes de confirmation envoyées par courriel doivent alors être préparées de façon suffisamment fiable pour éviter le risque de modification ou d'interférence par l'entité auditée. En présence d'un risque inhérent élevé sur l'une des assertions du compte faisant l'objet de la confirmation, l'envoi de demandes de confirmation par courriel n'est généralement pas suffisant.

Lorsque le commissaire aux comptes envisage l'envoi des demandes de confirmation par courriel, il peut préparer une lettre de demande de confirmation et demander à la direction de signer ces demandes électroniquement sur papier à en-tête de l'entité et de les renvoyer au commissaire aux comptes par courriel. Le commissaire aux comptes peut dès lors adresser par courriel aux tiers sélectionnés ces demandes de confirmation signées.

De la même manière que pour un envoi postal, des relances peuvent être adressées aux tiers concernés qui n'ont pas répondu dans un délai raisonnable et le commissaire aux comptes peut solliciter l'appui de l'entité afin que celle-ci téléphone ou contacte le tiers concerné et lui rappelle de répondre au commissaire.

S'agissant de la **fiabilité des réponses** obtenues, notamment lorsque ces dernières sont reçues par voie électronique, par fax ou indirectement par le biais de l'entité, voir n° 26280.

IV. Sondages

Utilisation des sondages en audit

Principes L'utilisation des sondages est régie par la norme d'exercice professionnel (NEP 530) « Sélection des éléments à contrôler ».

26300

Antérieurement à l'adoption de la NEP 530, cette technique de contrôle était développée dans la norme CNCC 2-415 « Méthodes des sondages » et dans l'ancienne note d'information CNCC n° 18 qui constituent désormais, pour autant qu'elles ne soient pas contraires aux textes régissant l'exercice de la mission d'audit (notamment aux NEP), des éléments de doctrine.

Les sondages sont l'une des trois méthodes de sélection des éléments à contrôler exposées dans la NEP 530 (voir n° 26302).

Lors de la conception des procédures d'audit à mettre en œuvre, l'auditeur détermine sur la base de son jugement professionnel les méthodes appropriées de sélection des éléments à contrôler.

26302

En fonction des caractéristiques de la population qu'il veut contrôler, il utilise une ou plusieurs des méthodes de sélection suivantes (NEP 530 § 4) :
– la sélection de tous les éléments (examen exhaustif) ;

627

NOTION D'AUDIT FINANCIER   © Éd. Francis Lefebvre

– la sélection d'éléments spécifiques ;
– les sondages.

> La NEP 530 précise : « Un sondage donne à tous les éléments d'une population une chance d'être sélectionnés. Les techniques de sélection d'échantillons dans le cadre de sondages peuvent être statistiques ou non statistiques. » L'ancienne norme 2-415 était plus développée et indiquait que l'expression « sondages en audit » désignait « l'application de procédures d'audit à une partie seulement des éléments d'un solde de compte ou d'une catégorie d'opérations, de telle sorte que toutes les unités d'échantillonnage aient une chance d'être sélectionnées. Le commissaire aux comptes peut ainsi obtenir et évaluer des éléments probants sur certaines caractéristiques des éléments sélectionnés en vue d'aboutir à une conclusion, ou de l'aider à tirer une conclusion, sur la population de laquelle ces éléments sont issus. Les sondages en audit se fondent aussi bien sur une approche statistique que non statistique ».

26310   Plusieurs **autres textes** légaux ou réglementaires (normes d'exercice professionnel) font référence à l'utilisation des sondages :
– l'article L 823-16 du Code de commerce prévoit que les commissaires aux comptes « portent à la connaissance, selon le cas, de l'organe collégial chargé de l'administration ou de l'organe chargé de la direction et de l'organe de surveillance, ainsi que, le cas échéant, du comité spécialisé agissant sous la responsabilité de ces organes : leur programme général de travail mis en œuvre ainsi que les différents sondages auxquels ils ont procédé (…) » ;
– la norme d'exercice professionnel relative aux « Principes applicables à l'audit des comptes mis en œuvre dans le cadre de la certification des comptes » (NEP 200 § 08) mentionne que « les limites de l'audit résultent notamment de l'utilisation des techniques de sondages » ;
– la norme d'exercice professionnel relative au « Caractère probant des éléments collectés » (NEP 500 § 08), précise que « pour fonder son opinion, le commissaire aux comptes n'est pas tenu d'examiner toutes les informations disponibles dans l'entité dans la mesure où il peut généralement conclure sur la base d'approches par sondages et d'autres moyens de sélection d'éléments à tester ».

26312   **Nécessité des sondages en audit**   Les sondages constituent une **technique inhérente à la mission d'audit** pour la collecte d'éléments nécessaires à l'émission de l'opinion sur les comptes :
– l'auditeur n'a pas, le plus souvent, les moyens de contrôler toutes les opérations qui constituent les états financiers. La masse des opérations générées, traitées ou utilisées par l'entité engendrerait un contrôle exhaustif très coûteux et matériellement impossible ;
– l'examen exhaustif n'est pas nécessaire pour obtenir les éléments suffisants et appropriés pour obtenir le niveau d'assurance requis (assurance « raisonnable »).

26315   Tous les auditeurs financiers utilisent donc la technique des sondages, tout en se différenciant par la **méthode** employée : méthode des sondages statistiques, ou méthode des sondages non statistiques (également appelées sondages empiriques).
Le choix de la méthode de sondage résulte du jugement professionnel de l'auditeur. Il ne doit pas avoir d'incidence sur le caractère probant des éléments collectés.
On rappelle par ailleurs qu'aucun texte n'impose l'utilisation de méthodes statistiques.

Place dans la démarche

26320   Quelle que soit la méthode de sondage retenue, la technique des sondages peut être utilisée aussi bien pour l'appréciation du contrôle interne que dans le cadre de la mise en œuvre des tests de détail.

> Les sondages s'appliquent également quelle que soit la nature du support utilisé pour la conservation des données, données conservées sur support papier traditionnel ou données conservées sur support informatique.

26325   **Appréciation du contrôle interne**   L'utilisation des sondages permet à l'auditeur de s'assurer, sur un échantillon de transactions, que les contrôles internes sur lesquels il a décidé de s'appuyer ont fonctionné de façon effective tout au long de l'année. Le contrôle de l'auditeur financier consiste alors à vérifier l'existence d'une trace matérielle ou attribut, par exemple l'apposition d'un bon à payer sur une facture d'achats. Ce type de sondage est généralement qualifié de « sondage sur attribut ».

L'auditeur programme un test de procédures sur le point de contrôle interne qu'il veut vérifier, et cherche à estimer la **proportion d'apparition d'un phénomène** (le non-respect de la procédure de contrôle interne) dans une population donnée.

L'estimation de proportion consistera par exemple à estimer :
– le pourcentage d'erreurs dans un ensemble de comptes, de factures, de bons de réception, de références en stock, etc. ;
– la proportion de cas où une procédure est ou n'est pas respectée.

Tests de détail L'auditeur peut notamment utiliser les sondages : **26328**
– pour sélectionner les tiers auxquels sera appliquée une procédure de confirmation directe ;
– pour sélectionner les références à contrôler lors de l'assistance à l'inventaire physique ;
– pour vérifier la validité d'un solde, par référence aux objectifs d'audit. On cherche alors à estimer une valeur.

L'auditeur cherche à évaluer le montant des erreurs détectées, qui constituent des sous-évaluations ou des surévaluations des comptes.

Modalités de mise en œuvre

Sept étapes Quelle que soit la méthode de sondage utilisée (non-statistique ou statis- **26340** tique) et la nature du sondage (sondage sur les attributs, sondage sur les valeurs) la fiabilité d'un sondage repose avant tout sur la rigueur de la démarche utilisée pour sa préparation, sa réalisation et l'exploitation de ses résultats.
On peut distinguer, dans la démarche de mise en œuvre des sondages, les sept étapes décrites ci-après.

1. Définition de l'objectif particulier du sondage L'auditeur commence par définir le **26343** but recherché. Par exemple, il peut chercher à démontrer que :
– le taux d'anomalies existant dans une population n'excède pas le taux maximal accep-table (sondage par estimation de proportion). Ce taux est le seuil à partir duquel l'audi-teur conclut qu'il ne peut pas s'appuyer sur le contrôle interne ;
– les erreurs contenues dans une population n'excèdent pas l'erreur maximale acceptable (erreur à partir de laquelle l'auditeur conclut que la population est surévaluée ou sous-évaluée).

La définition de l'objectif du sondage suppose la définition préalable de la notion d'erreur ou d'anoma-lie. Elle a un lien direct avec la définition de la population sur laquelle va porter le sondage et avec la nature des travaux à réaliser (sondage sur les attributs ou sur les valeurs).

2. Définition de la population observée La population à contrôler est l'ensemble des **26345** éléments que l'auditeur souhaite vérifier. Elle doit être cohérente avec l'objectif du contrôle. Les éléments qui composent la population doivent présenter une certaine homogénéité. Lorsque ce n'est pas le cas, l'auditeur doit stratifier la population et chaque sous-population homogène devra alors faire l'objet de sondages distincts.

3. Choix de la méthode de sondage L'auditeur choisit : **26348**
– les attributs ou les valeurs ;
– la méthode de sondage (sondage non statistique ou sondage statistique).

4. Détermination de la taille de l'échantillon La taille de l'échantillon ne dépend pas **26350** de la taille de la population mais du risque d'échantillonnage qui résulte du niveau de confiance et du degré de précision (ou intervalle de confiance) requis par l'auditeur.

Le **risque d'échantillonnage** est le risque pris par l'auditeur d'aboutir, par un sondage, à une conclu-sion différente de celle qu'il obtiendrait par un contrôle exhaustif des éléments de la population. Ce risque est lié :
– au **niveau de confiance**, qui correspond à la probabilité que les caractéristiques de l'échantillon soient représentatives de la population totale. Il s'énonce sous la forme d'un pourcentage : un niveau de confiance de 95 % signifie qu'il y a 95 % de chances pour que la moyenne de la population se situe dans l'intervalle de confiance spécifié (degré de précision) ;
– au **degré de précision**, appelé également **intervalle de confiance**, qui caractérise la précision du résultat obtenu sur la population : on dira par exemple qu'il y a 95 % de chances pour que la propor-tion d'erreurs dans l'ensemble des références en stock soit comprise entre 5 et 10 %.
Les deux paramètres sont liés. Lorsque le niveau de confiance est fixé, la loi de probabilité applicable permet de déterminer le degré de précision correspondant. Des tables donnent la correspondance entre le niveau de confiance et le degré de précision.

NOTION D'AUDIT FINANCIER © Éd. Francis Lefebvre

26353 Plus le niveau de confiance et le degré de précision sont élevés, plus la taille de l'échantillon est grande. L'auditeur est donc conduit à **arbitrer** entre :
– l'obtention d'un niveau de confiance élevé, qui garantit la fiabilité du résultat, mais avec des échantillons de taille importante ;
– l'obtention d'un degré de précision élevé (ou un intervalle de confiance étroit), qui garantit la précision du résultat, mais également avec des échantillons de taille importante ;
– la maîtrise du coût de mise en œuvre du sondage, qui nécessite de limiter la taille des échantillons.

26355 Lorsque la certitude est privilégiée sur la précision, l'auditeur choisit un niveau de confiance élevé, quitte à diminuer la précision du résultat et inversement. Dans certaines situations, la certitude et la précision sont recherchées, ce qui conduit à un échantillon de grande taille.
En général, le **niveau de confiance** est fixé a priori de la façon suivante :
– 90 % pour les sondages rapides, ne concernant pas un point capital ou lorsque le risque est faible ;
– 95 % pour la plupart des sondages.

> La taille de l'échantillon est calculée en appliquant des formules mathématiques précises lorsque l'auditeur utilise des méthodes statistiques. La taille de l'échantillon dépend du jugement professionnel de l'auditeur en cas d'utilisation de méthodes non statistiques.

26358 **5. Sélection de l'échantillon** La sélection est l'opération qui consiste à prélever, selon des règles définies, un échantillon d'individus dans une population. Quelle que soit la méthode employée, tous les éléments constitutifs de la population doivent être susceptibles de figurer dans l'échantillon, indépendamment de l'opinion que l'auditeur peut avoir à leur sujet. Trois **méthodes de tirage** simples sont généralement utilisées pour sélectionner les éléments :
– la **sélection empirique** : elle présente le risque de n'être pas totalement objective ;

> L'auditeur peut en effet avoir tendance à sélectionner les éléments les plus directement accessibles ou les plus faciles à contrôler.

– le **tirage au hasard** à l'aide de tables de nombres aléatoires ou de tout procédé permettant de générer des nombres au hasard (fonction « random » d'une calculatrice ou « génération de nombres aléatoires » dans un tableur) ;

> Cette méthode s'appuie sur une numérotation séquentielle de tous les éléments de la population. Ce sont les numéros d'ordre des éléments et non les éléments eux-mêmes qui sont sélectionnés. Des programmes informatiques possèdent des fonctions qui permettent de sélectionner les éléments directement dans le fichier de la population, sur la base d'une sélection aléatoire. L'apport de l'informatique réside dans l'aide à la sélection ainsi que dans la préparation de la feuille de travail, par le formatage, dans un traitement de texte ou un tableur, de la liste et des caractéristiques des éléments sélectionnés.

– le **tirage systématique** sur la base d'un intervalle de sélection (appelé également « pas d'échantillonnage »), à condition que le premier élément soit sélectionné au hasard.

> Exemple : un bon de réception toutes les 22 lignes d'un listing des entrées en stock.
> L'intervalle de sélection est obtenu en divisant la taille de la population par celle de l'échantillon.

Il existe des méthodes d'échantillonnage plus complexes : sondages par strates, par grappes ou par degrés, qui ne sont pas traitées dans cet ouvrage.

26360 **6. Réalisation du sondage** L'auditeur observe sur l'échantillon le ou les caractères du phénomène étudié.

> Exemple : présence ou absence d'un visa informatique d'autorisation sur un ordre de virement de fonds transmis à une banque.

26365 **7. Évaluation des résultats** C'est une phase complexe qui nécessite des précautions préalables et qui doit suivre une méthodologie rigoureuse.
Il convient :
– de vérifier que le sondage a été réalisé en respectant la démarche générale qui vient d'être définie (validité de l'objectif d'audit poursuivi, de la population, de la méthode de sondage, de l'échantillon) ;
– d'examiner chaque anomalie constatée afin de conclure si elle est réellement représentative de l'ensemble de la population ;

> Exemple : si le sondage porte sur toute l'année et qu'un contrôle interne ne fonctionne pas pendant la période des congés, l'auditeur ne peut pas conclure que le contrôle n'a pas fonctionné pendant le reste de l'année.

630

© Éd. Francis Lefebvre   **NOTION D'AUDIT FINANCIER** ▌

– de traiter séparément les anomalies exceptionnelles avant d'extrapoler les résultats observés sur l'échantillon à l'ensemble de la population objet du contrôle ;
– d'extrapoler les résultats en appliquant les formules propres à la méthode de sondage utilisée, étant rappelé que seules les méthodes statistiques permettent d'extrapoler les résultats de façon fiable car elles reposent sur des lois de probabilité.

Le sondage est **satisfaisant** lorsque le nombre d'anomalies ou le montant des erreurs observé est, au niveau de confiance et au degré de précision spécifiés, inférieur au taux d'anomalies ou au montant des erreurs attendu.   **26368**

Le sondage est **non satisfaisant** dans le cas contraire. L'auditeur décide éventuellement d'augmenter la taille de l'échantillon pour vérifier le résultat.   **26370**

Outils informatiques La mise en œuvre de certaines opérations matérielles relatives à la technique des sondages est facilitée par certains logiciels. Ceux-ci réalisent généralement les travaux suivants :   **26375**
– calcul de la taille de l'échantillon, au niveau de confiance requis par l'auditeur ;
– calcul de l'intervalle (dans le cas d'une sélection des éléments par intervalle) ;
– sélection des éléments qui composent l'échantillon, selon la méthode de sélection choisie par l'auditeur.

> Même dans le cas de l'utilisation de logiciels, l'auditeur conserve la maîtrise intellectuelle des critères tels que le niveau de confiance, le taux ou le nombre d'erreurs acceptables, le taux ou le niveau d'erreurs attendus. Il est en revanche déchargé des tâches de sélection des éléments de l'échantillon.

V. Techniques informatiques

Les principales techniques informatiques utilisables par un auditeur sont :   **26400**
– le recours à des extractions de fichiers ;
– l'utilisation de logiciels d'aide à l'audit.

Extractions de fichiers

Intérêts Le développement des systèmes informatisés dans les entreprises, des logiciels d'extraction de fichiers et l'utilisation intensive des outils micro-informatiques par les auditeurs incitent à utiliser de plus en plus souvent la technique consistant à exploiter des fichiers de l'entité auditée. Les logiciels d'extraction et d'analyse des fichiers permettent d'observer une caractéristique donnée sur un échantillon important de la population étudiée, voire sur l'intégralité, avec un bon rapport coût/efficacité. La puissance de ces logiciels permet également une obtention rapide du résultat recherché.   **26405**

Option pour l'interrogation informatique de fichiers En termes de démarche méthodologique, il n'y a pas d'opposition entre les sondages réalisés manuellement et les interrogations informatiques de fichiers. Les deux techniques sont complémentaires.   **26407**
Le **choix** pour l'interrogation informatique de fichiers est fonction :
– de la faisabilité du contrôle informatique au regard du point à contrôler ;
> Si l'auditeur souhaite contrôler la concordance des taux de ristourne appliqués aux clients avec les accords contractuels, l'outil informatique ne lui sera certainement d'aucun secours. Il sera donc obligé de réaliser un sondage manuel.
– du coût que représente le recours à l'informatique ;
> La mise en œuvre du contrôle peut nécessiter le rapprochement de fichiers volumineux nécessitant certaines manipulations.
– de l'intérêt pour l'auditeur de réaliser un contrôle sur une population étendue (ou sur l'intégralité d'une population) au regard de son évaluation des risques et des assertions dont il souhaite vérifier le respect.
> En pratique, si un contrôle informatique exhaustif est facile et peu coûteux, l'auditeur pourra alors avoir recours à cette solution même si l'intérêt d'un tel contrôle est moyen. Inversement, si la réalisation d'un contrôle exhaustif sur fichier s'avère trop coûteux et/ou trop consommateur de temps, l'auditeur pourra préférer un sondage manuel, même si le contrôle informatique revêt un intérêt particulier. Le choix est réalisé par l'auditeur en fonction de son jugement professionnel.

631

NOTION D'AUDIT FINANCIER   © Éd. Francis Lefebvre

26410 **Conditions relatives aux fichiers disponibles** L'utilisation des interrogations de fichiers nécessite :
– que tous les éléments de la population sur laquelle l'auditeur souhaite faire des observations figurent dans un fichier informatisé ;
– que les caractéristiques à observer sur la population apparaissent dans le fichier (ou dans un fichier que l'on peut associer à celui contenant les éléments de la population) ;

> Exemple : lorsque l'auditeur veut contrôler la valorisation des marchandises en stock, l'entreprise doit pouvoir mettre à disposition simultanément le fichier des références des marchandises en stock à une date donnée (quantités) et le fichier des prix d'achat desdites références. La valorisation des stocks par l'entreprise peut s'appuyer sur plusieurs méthodes : coût d'achat moyen pondéré, premier entré premier sorti. La valeur de référence pour la réalisation du contrôle d'audit sera différente dans les deux cas (coût moyen d'achat ou prix d'achat porté sur la facture relative à la dernière livraison reçue). Il pourra alors être nécessaire de retraiter le fichier des prix d'achat pour ne retenir que l'information pertinente.

– que les fichiers soient facilement accessibles à l'auditeur financier, en ce qui concerne leurs caractéristiques techniques, le délai d'obtention des données et les ressources techniques à mettre en œuvre.

> Le temps passé à la collecte et à la préparation des données ainsi que la mobilisation de ressources informatiques (intervention éventuelle du département audit informatique du cabinet) peuvent conduire à un rapport coût/efficacité non pertinent au regard des conclusions qui pourront être tirées du sondage.

26413 **Logiciels d'extraction de fichiers** Les interrogations de fichiers seront généralement mises en œuvre par l'auditeur en utilisant un logiciel utilitaire qui récupère et traite les données contenues dans les fichiers de l'entité auditée. Ces logiciels peuvent être utilisés tant pour la phase d'appréciation du contrôle interne que pour la phase de mise en œuvre des contrôles de substance. Les services rendus sont généralement :
– l'**extraction** et l'**analyse de données** : tri et stratification de données contenues dans des fichiers, totalisation et calcul de moyennes, échantillonnage pour la réalisation d'un sondage et extrapolation des résultats observés à l'ensemble de la population, recherche de transactions multiples ou de rupture de séquences numériques, identification de tendances. La plupart des logiciels disponibles permettent de mettre en forme les résultats de façon claire et attractive, notamment sous forme graphique, et de les importer dans des rapports préparés sous traitement de texte ou dans des dossiers de travail électroniques ;
– la **recherche de fraudes**, basée sur l'utilisation de la loi statistique de Benford, selon laquelle un chiffre donné a une probabilité connue de figurer dans une population de nombres sélectionnés au hasard. Le logiciel met en évidence les différences entre les données réelles d'une population et les données attendues selon la loi de Benford. Les résultats permettent à l'auditeur d'identifier les données qui nécessitent des explications supplémentaires et qui peuvent conduire à la découverte de fraudes ou d'erreurs.

Utilisation de logiciels d'aide à l'audit

26430 Les logiciels d'aide à l'audit permettent à l'auditeur de constituer, de façon plus ou moins étendue, un **dossier de travail électronique**. Ce type de logiciel permet généralement à l'auditeur :
– l'automatisation d'un certain nombre de tâches telles que la récupération de la balance, l'édition des états financiers et des feuilles maîtresses ;
– la dématérialisation d'une partie du dossier, et notamment du dossier permanent ;
– la normalisation du dossier de travail et des procédures en vigueur au sein du cabinet ;
– la mise en place d'une aide technique sous forme de base de données documentaire associée ;
– l'accès à des modèles de rapports conformes aux principes édictés par les normes d'exercice professionnel et aux exemples publiés par la CNCC ;
– la remontée automatisée des points d'audit en synthèse ;
– etc.

L'association de ce type de logiciel avec un outil de **messagerie électronique** facilite l'échange des renseignements qui y sont contenus, que ce soit avec les membres de l'équipe d'audit ou avec l'entité auditée. La consultation des dossiers, la supervision et l'assistance aux membres de l'équipe, y compris à distance, sont facilitées. L'automatisation des tâches matérielles favorise les économies de temps et les gains d'efficacité. Elle permet à l'auditeur de concentrer ses ressources sur d'autres aspects de la mission, notamment l'analyse et l'interprétation des données.

© Éd. Francis Lefebvre

NOTION D'AUDIT FINANCIER ▌

SECTION 4

Communication avec les organes mentionnés à l'article L 823-16 du Code de commerce

L'article L 823-16 du Code de commerce prévoit l'obligation de communication du commissaire aux comptes vis-à-vis des organes mentionnés dans cet article.

26450

L'ordonnance 2016-315 du 17 mars 2016, transposant la réforme européenne de l'audit en France, a complété les dispositions dudit article afin notamment d'inclure l'obligation pour les commissaires aux comptes de remettre un rapport distinct au comité d'audit (voir n° 26500).

De plus, le règlement européen 537/2014 relatif aux exigences spécifiques applicables au contrôle légal des comptes des EIP s'applique depuis le 17 juin 2016 et comporte des dispositions relatives aux relations entre le commissaire aux comptes et le comité d'audit. Deux normes d'exercice professionnel complètent le dispositif légal français :
– la NEP 260 relative aux communications avec les organes mentionnés à l'article L 823-16 du Code de commerce, homologuée par l'arrêté du 18 décembre 2017 publié au JO du 23 décembre 2017 (n⁰ˢ 26480 s.) ;

La NEP 260 a été mise à jour afin de prendre en considération les dispositions issues du règlement européen précité.

– la NEP 265 relative à la communication des faiblesses du contrôle interne (Arrêté du 21-6-2011 : JO 3-8-2011) (n⁰ˢ 26490 s.).

I. Organes visés

Personnes concernées

L'article L 823-16 du Code de commerce vise la communication entre le commissaire aux comptes et l'organe collégial chargé de l'administration ou l'organe chargé de la direction et l'organe de surveillance, ainsi que, le cas échéant, le comité spécialisé.

26460

L'organe chargé de l'administration correspond, par exemple, au conseil d'administration dans une société anonyme.

L'organe chargé de la direction vise, par exemple, le directoire dans une SA à directoire et conseil de surveillance, le PDG ou le DG délégué dans une société anonyme à conseil d'administration, le président dans une SAS ou le gérant dans une SARL (sur les organes de direction, voir également n⁰ˢ 5250 s.).

L'organe chargé de la surveillance correspond, par exemple, au conseil de surveillance dans une société anonyme à directoire et conseil de surveillance.

Le comité spécialisé vise le comité d'audit créé, par exemple, au sein du conseil d'administration ou de surveillance.

Préalablement à la présentation des éléments à communiquer et des modalités de communication avec les organes visés à l'article L 823-16 du Code de commerce (n⁰ˢ 26480 s.), nous préciserons tout d'abord le rôle du comité d'audit, les entités soumises à l'obligation de se doter de ce comité, sa composition et son fonctionnement.

26462

Présentation du comité d'audit (ou comité « spécialisé »)

Rôle des comités d'audit Les comités d'audit sont composés d'administrateurs ou de membres du conseil de surveillance. Ils constituent l'un des comités spécialisés du gouvernement d'entreprise au même titre que le comité stratégique, le comité des rémunérations et/ou des nominations, le comité éthique et/ou gouvernance.

26470

Sous la responsabilité des membres, selon le cas, de l'organe chargé de l'administration ou de l'organe de surveillance, il assure le suivi des questions relatives à l'élaboration et au contrôle des informations comptables et financières (C. com. art. L 823-19, I).

L'ordonnance 2016-315 du 17 mars 2016 a renforcé le rôle du comité d'audit (ou, indifféremment, du comité spécialisé, terminologie du Code de commerce). Ainsi, depuis le 17 juin 2016, sans préjudice des compétences des organes chargés de l'administration,

633

NOTION D'AUDIT FINANCIER   © Éd. Francis Lefebvre

26470
(suite)

de la direction et de la surveillance, le comité d'audit est notamment chargé des **missions** suivantes (C. com. art. L 823-19, II) :

1° il suit le **processus d'élaboration de l'information financière** et, le cas échéant, formule des recommandations pour en garantir l'intégrité ;

La formulation de recommandations pour garantir l'intégrité du processus d'élaboration de l'information financière constitue une nouveauté introduite par l'ordonnance précitée.

2° il suit l'efficacité des systèmes de **contrôle interne** et de **gestion des risques**, ainsi que le cas échéant de l'**audit interne**, en ce qui concerne les procédures relatives à l'élaboration et au traitement de l'information comptable et financière, sans qu'il soit porté atteinte à son indépendance ;

La référence à l'audit interne constitue une nouveauté introduite par l'ordonnance précitée.

En dehors des entités exemptées de l'obligation de se doter d'un comité d'audit, en application des articles L 322-3 du Code des assurances, L 212-3-1 du Code de la mutualité et L 931-14-1 du Code de la sécurité sociale (voir n° 26472), au sein des entreprises d'assurances et de réassurance, des mutuelles régies par le livre II du Code de la mutualité et des institutions de prévoyance régies par le titre III du livre IX du Code de la sécurité sociale, le comité d'audit assure également le suivi de la politique, des procédures et des systèmes de gestion des risques (C. ass. art. L 322-3-1, C. mut. art. L 212-3-2 et CSS art. L 931-14-2).

Toutefois, sur décision de l'organe chargé de l'administration ou de la surveillance, cette mission peut être confiée à un comité distinct, régi par le premier alinéa et le 7° du II de l'article L 823-19 (C. ass. art. L 322-3-1, C. mut. art. L 212-3-2 et CSS art. L 931-14-2).

Par ailleurs, les établissements de crédit et les sociétés de financement, autres que ceux exemptés de l'obligation de disposer d'un comité d'audit par l'article L 511-89 du Code monétaire et financier (voir n° 26472), peuvent confier, sur autorisation de l'Autorité de contrôle prudentiel et de résolution, les missions dévolues au comité des risques au comité d'audit (C. mon. fin. art. L 511-97).

3° il émet une recommandation sur les **commissaires aux comptes** proposés à la **désignation** par l'assemblée générale ou l'organe exerçant une fonction analogue. Cette recommandation adressée à l'organe chargé de l'administration ou l'organe de surveillance est élaborée conformément aux dispositions de l'article 16 du règlement européen 537/2014 ; il émet également une recommandation à cet organe lorsque le renouvellement du mandat du ou des commissaires aux comptes est envisagé dans les conditions définies à l'article L 823-3-1 du Code de commerce ;

Pour plus de détails sur le rôle du comité d'audit dans la procédure de désignation du commissaire aux comptes, voir n°s 2350 s.

4° il suit la réalisation par le commissaire aux comptes de sa mission ; en ce qui concerne les entités d'intérêt public, il tient compte des constatations et conclusions du Haut Conseil du commissariat aux comptes consécutives aux contrôles réalisés en application des articles L 821-9 et suivants ;

À la demande du comité d'audit ou de l'organe exerçant les fonctions de ce comité, le commissaire aux comptes d'une EIP communique les constatations et conclusions du H3C consécutives aux contrôles réalisés en application de l'article L 821-9 du Code de commerce qui concernent (C. com. art. R 823-21-3) :
– l'évaluation de la conception du système de contrôle interne de qualité ;
– l'évaluation du contenu du dernier rapport de transparence ;
– le contrôle de la mission de certification des comptes de l'EIP concernée.
Conformément à l'article 94 IV du décret 2016-1026 du 26 juillet 2016, ces dispositions sont applicables aux contrôles engagés postérieurement au 29 juillet 2016, date d'entrée en vigueur du décret.
Le comité d'audit ou l'organe qui en exerce les fonctions est tenu à une **obligation de confidentialité** à l'égard des informations relatives aux constatations et conclusions du H3C (C. com. art. L 823-21).
Pour plus de précisions sur la mise en œuvre de l'article R 823-21-3, voir n° 26483.

5° il s'assure du respect par le commissaire aux comptes des **conditions d'indépendance** définies à la section 2 du chapitre II du titre II du livre VIII du Code de commerce et des conditions mentionnées à l'article 6 du règlement européen 537/2014 ;

L'article 6 dudit règlement vise la préparation au contrôle légal des comptes et l'évaluation des risques qui pèsent sur l'indépendance :
1. Avant d'accepter ou de poursuivre une mission de contrôle légal des comptes d'une entité d'intérêt public, le commissaire aux comptes vérifie et documente :
a) son respect des exigences figurant aux articles 4 et 5 du règlement relatifs aux honoraires d'audit (notamment le plafonnement des honoraires relatifs aux services non-audit) et aux services non-audit interdits ;
b) le respect des conditions prévues à l'article 17 du règlement relatif à la durée de la mission d'audit ;
c) l'intégrité des membres des organes de surveillance, d'administration et de direction de l'entité d'intérêt public.

NOTION D'AUDIT FINANCIER

2. Le contrôleur légal des comptes ou le cabinet d'audit :

a) confirme chaque année par écrit au comité d'audit que le contrôleur légal des comptes, le cabinet d'audit et ses associés, ainsi que les membres des instances dirigeantes et les gestionnaires qui effectuent le contrôle légal des comptes sont indépendants vis-à-vis de l'entité contrôlée ;

b) discute avec le comité d'audit les risques pesant sur son indépendance et les mesures de sauvegarde appliquées pour atténuer ces risques, qu'il a documentés.

En ce qui concerne les EIP, le cas échéant, le comité d'audit prend les mesures nécessaires à l'application du paragraphe 3 de l'article 4 dudit règlement ;

Le comité d'audit a un rôle renforcé lorsque la dépendance de l'un des commissaires aux comptes vis-à-vis de l'EIP devient excessive, en termes d'honoraires. Il peut en effet soumettre la mission d'audit à un examen de contrôle qualité, avant la publication du rapport d'audit, et décider, sur la base de motifs justifiés, si l'un des commissaires aux comptes peut continuer sa mission (Règl. précité art. 4 § 3).

Si au cours de chacun des trois derniers exercices, les honoraires totaux reçus d'une EIP représentent plus de 15 % du total des honoraires reçus par le commissaire aux comptes ou le cabinet d'audit, ce dernier doit en informer le comité d'audit et analyser avec lui les risques pesant sur l'indépendance et les mesures de sauvegarde appliquées pour atténuer ces risques.

Le comité d'audit examine si la mission d'audit doit alors être soumise à un examen de contrôle qualité de la mission par un autre contrôleur légal ou cabinet d'audit avant la publication du rapport d'audit. Si les honoraires reçus de cette même EIP continuent de dépasser 15 % des honoraires, le comité d'audit décide, sur la base de critères objectifs, si le commissaire aux comptes ou le cabinet d'audit peut continuer à réaliser le contrôle légal pendant une période qui ne peut dépasser deux ans (Règl. 537/2014 art. 4 § 3).

6° il approuve, pour les EIP, la fourniture des services mentionnés à l'article L 822-11-2 (**services autres que la certification des comptes** et qui ne sont pas des services interdits au sens du II de l'article L 822-11 et du I de l'article L 822-11) ; le comité se prononce après avoir analysé les risques pesant sur l'indépendance du commissaire aux comptes et les mesures de sauvegarde appliquées par celui-ci (C. com. art. L 822-11-2) ;

Depuis le 11 décembre 2016, la loi Sapin 2 a simplifié le processus d'approbation des SACC au sein des groupes comprenant des EIP dotées d'un comité d'audit, en permettant que ladite approbation soit centralisée au niveau du comité d'audit de la société mère.

Ainsi, les entités contrôlées par une EIP, au sens des I et II de l'article L 233-3, qui se sont dotées volontairement d'un comité d'audit, peuvent demander au conseil d'administration (ou de surveillance) de l'EIP qui les contrôle que l'approbation des SACC soit réalisée par le comité d'audit de l'EIP contrôlante (ou à défaut par son conseil d'administration s'il exerce les fonctions de comité d'audit). Dans ce cas, le comité d'audit de l'EIP contrôlante rend compte régulièrement des décisions ainsi adoptées au conseil d'administration (ou de surveillance) de la société contrôlée (C. com. art. L 823-20 nouveau).

Pour plus de détails sur l'approbation des SACC par le comité d'audit, voir n°s 3781 s.

Pour plus de détails sur les services autres que la certification des comptes interdits, voir la section relative à l'indépendance du commissaire aux comptes (n°s 3744 s.).

7° il rend compte régulièrement à l'organe collégial chargé de l'administration ou à l'organe de surveillance de l'exercice de ses missions. Il rend également compte des résultats de la mission de certification des comptes, de la manière dont cette mission a contribué à l'intégrité de l'information financière et du rôle qu'il a joué dans ce processus. Il l'informe sans délai de toute difficulté rencontrée.

Comme explicité dans cette présentation des missions du comité d'audit, certaines missions du comité d'audit sont spécifiques aux **entités d'intérêt public** et ne s'appliquent pas :

– aux **sociétés de financement** qui ont l'obligation de se doter d'un comité d'audit mais qui ne sont pas des EIP au sens de l'article L 820-1 du Code de commerce ;

– et aux entités qui ne sont pas des EIP et qui se sont dotées volontairement d'un comité d'audit.

26471

Le **rapport AMF 2010 sur les comités d'audit** en date du 14 juin 2010, a apporté des éclairages sur certaines missions des comités d'audit et a proposé une démarche concrète de mise en œuvre de ces dernières.

Ce rapport est disponible sur le site internet de l'AMF (www.amf-france.org). À la date de mise à jour du présent Mémento, il n'a cependant pas été revu afin d'intégrer les nouvelles missions attribuées au comité d'audit par l'ordonnance 2016-315 du 17 mars 2016.

Pour les sociétés se référant au **Code de gouvernement d'entreprise Afep-Medef**, celui-ci apporte également des précisions concernant les deux premières missions susmentionnées du comité d'audit (Code Afep-Medef révisé – janvier 2020 – § 16.2).

NOTION D'AUDIT FINANCIER © Éd. Francis Lefebvre

Ainsi, selon le Code Afep-Medef, le comité d'audit :
– s'assure de la pertinence et de la permanence des méthodes comptables, en particulier pour traiter les opérations significatives. Il est également souhaitable que lors de l'examen des comptes, le comité se penche sur les opérations importantes à l'occasion desquelles aurait pu se produire un conflit d'intérêts ;
– entend les responsables de l'audit interne et du contrôle des risques et donne son avis sur l'organisation de leurs services. Il est informé du programme d'audit interne et est destinataire des rapports d'audit interne ou d'une synthèse périodique de ces rapports ;
– examine les risques et les engagements hors bilan significatifs, apprécie l'importance des dysfonctionnements ou faiblesses qui lui sont communiqués et informe le conseil, le cas échéant. L'examen des comptes doit être accompagné d'une présentation par la direction décrivant l'exposition aux risques et les engagements hors bilan significatifs de la société ainsi que les options comptables retenues ;
– examine le périmètre des sociétés consolidées et, le cas échéant, les raisons pour lesquelles des sociétés n'y seraient pas incluses.

26472 Entités soumises à l'obligation de se doter d'un comité d'audit
Conformément aux dispositions de l'ordonnance 2016-315 du 17 mars 2016, depuis le 17 juin 2016, les entités soumises à l'obligation de se doter d'un comité spécialisé sont les **entités d'intérêt public**, au sens de l'article L 820-1 du Code de commerce, et les **sociétés de financement**, au sens du II de l'article L 511-1 du Code monétaire et financier avec toutefois quelques exceptions (C. com. art. L 823-19 et L 823-20).
Pour le détail des entités d'intérêt public au sens de l'article L 820-1 précité, voir n° 2352.

Certaines **exemptions** sont cependant prévues par les textes et les entités suivantes ne sont donc pas tenues de se doter d'un comité spécialisé :
1. Les **établissements de crédit** dont les titres ne sont pas admis à la négociation sur un marché réglementé et qui n'ont émis, de manière continue ou répétée, que des titres obligataires, à condition que le montant total nominal de ces titres reste inférieur à 100 millions d'euros et qu'ils n'aient pas publié de prospectus (C. com. art. L 823-20, 1°).
Dans ces établissements de crédit, les missions du comité d'audit sont exercées, le cas échéant, par l'organe d'administration ou de surveillance ou par l'organe remplissant des fonctions équivalentes (C. com. art. L 823-20, al. 7 ; voir également Foire aux questions du H3C sur l'application des nouvelles dispositions encadrant le contrôle légal des comptes mise à jour au 18-7-2019).
Lorsque les missions confiées au comité d'audit sont exercées par l'organe chargé de l'administration ou par l'organe remplissant des fonctions équivalentes, il ne peut, pour l'exercice de ces missions, être présidé par le président de cet organe si ce dernier exerce les fonctions de direction générale.

2. Les **sociétés de financement** dont les titres ne sont pas admis à la négociation sur un marché réglementé et qui n'ont émis, de manière continue ou répétée, que des titres obligataires, à condition que le montant total nominal de ces titres reste inférieur à 100 millions d'euros et qu'elles n'aient pas publié de prospectus (C. com. art. L 823-20, 1°).
Depuis l'entrée en vigueur de l'article 20 de la loi 2019-486 du 22 mai 2019, dite Pacte, pour les sociétés de financement dont les titres ne sont pas admis à la négociation sur un marché réglementé et dispensées de constituer un comité d'audit en application du 1° de l'article L 823-20, les missions du comité d'audit sont exercées, le cas échéant, par l'organe d'administration ou par l'organe de surveillance ou par un autre organe qui remplirait des fonctions équivalentes (C. com. art. L 823-20, al. 7 modifié par la loi précitée ; voir également Foire aux questions du H3C sur l'application des nouvelles dispositions encadrant le contrôle légal des comptes mise à jour au 18-7-2019).
Préalablement aux dispositions introduites par la loi dite Pacte, les sociétés de financement bénéficiaient d'une exemption franche de l'obligation de se doter d'un comité d'audit et l'article L 823-20 précité ne prévoyait pas que les missions du comité d'audit soient confiées à l'organe d'administration ou de surveillance ou à un organe remplissant des fonctions équivalentes.
Conformément au II de l'article 20 de la loi dite Pacte, les présentes dispositions s'appliquent à compter du premier exercice clos postérieurement au 26 mai 2019 (date de publication du décret 2019-514 du 24-5-2019).

3. Les **organismes de titrisation**, s'ils expliquent publiquement les raisons pour lesquelles ils ne jugent pas opportun de disposer d'un comité d'audit ou de confier les missions de ce comité à un organe d'administration ou de surveillance (C. com. art. L 823-20, 2°).
Conformément à l'avant-dernier alinéa de l'article précité, pour les organismes de titrisation qui sont des EIP, les missions de ce comité sont exercées, le cas échéant, par l'organe d'administration ou de surveillance ou par l'organe remplissant des fonctions équivalentes (voir également Foire aux questions du H3C sur l'application des nouvelles dispositions encadrant le contrôle légal des comptes mise à jour au 18-7-2019). Lorsque les missions confiées au comité d'audit sont exercées par l'organe chargé de l'administration ou par l'organe remplissant des fonctions équivalentes, il ne peut, pour l'exercice de ces missions, être présidé par le président de cet organe si ce dernier exerce les fonctions de direction générale.

Selon le Haut Conseil, la lecture combinée du 2° et de l'avant-dernier alinéa de l'article L 823-20 du Code de commerce conduit à retenir que l'information requise au 2° est à fournir lorsque les organisations de titrisation qui sont des EIP confient les missions du comité spécialisé à un organe qui remplit des fonctions équivalentes au conseil d'administration ou de surveillance (Courrier du H3C du 12-2-2019 en réponse à la saisine de la CNCC sur l'obligation d'émettre un rapport complémentaire au comité d'audit). Ces organismes de titrisation EIP doivent alors expliquer publiquement les raisons pour lesquelles ils ne jugent pas opportun de disposer d'un comité spécialisé et préfèrent confier les missions du comité spécialisé à un organe qui remplit des fonctions équivalentes au conseil d'administration ou au conseil de surveillance.

4. Les **organismes de placements collectifs** mentionnés au chapitre IV du titre Ier du livre II du Code monétaire et financier qui ne sont pas des organismes de titrisation (C. com. art. L 823-20, 3°).

Dans ces organismes de placements collectifs, les missions de ce comité sont exercées, le cas échéant, par l'organe d'administration ou de surveillance ou par l'organe remplissant des fonctions équivalentes (C. com. art. L 823-20, al. 7). Lorsque les missions confiées au comité d'audit sont exercées par l'organe chargé de l'administration ou par l'organe remplissant des fonctions équivalentes, il ne peut, pour l'exercice de ces missions, être présidé par le président de cet organe si ce dernier exerce les fonctions de direction générale.

5. Les personnes et entités **contrôlées** au sens des I et II de l'article L 233-3 du Code de commerce, par une personne ou entité qui est elle-même soumise à l'obligation de disposer d'un comité d'audit et qui comporte un organe exerçant les missions dudit comité (C. com. art. L 823-20, 4°).

6. Les personnes et entités disposant d'un **organe remplissant les fonctions** du comité d'audit sous réserve d'identifier cet organe, qui peut être l'organe chargé de l'administration ou l'organe de surveillance, et de rendre publique sa composition (C. com. art. L 823-20, 5°).

7. Les entreprises d'**assurances** et de réassurance qui sont (C. ass. art. L 322-3) :
– contrôlées, au sens de l'article L 233-16 du Code de commerce, par une personne ou une entité qui s'est volontairement dotée d'un comité d'audit ;
– liées à une entreprise mère, au sens du 1° de l'article L 356-1 du Code des assurances, qui est elle-même soumise à l'obligation d'avoir un comité d'audit ou qui s'en est volontairement dotée.

Conformément au 1° de l'article L 356-1, une « entreprise mère » désigne une entreprise qui contrôle de manière exclusive une entreprise au sens du II de l'article L 233-16 du Code de commerce.

8. Les institutions de **prévoyance** et leurs unions qui sont (CSS art. L 931-14-1) :
– contrôlées, au sens de l'article L 233-16 du Code de commerce, par une personne ou une entité qui s'est volontairement dotée d'un comité d'audit ;
– liées à un organisme de référence, au sens du 1° de l'article L 933-2 du Code de la sécurité sociale, qui est lui-même soumis à l'obligation d'avoir un comité d'audit ou qui s'en est volontairement doté.

9. Les **mutuelles** et unions de mutuelles qui sont (C. mut. art. L 212-3-1) :
– contrôlées, au sens de l'article L 233-16 du Code de commerce, par une personne ou une entité qui s'est volontairement dotée d'un comité d'audit ;
– liées à un organisme de référence, au sens du 1° de l'article L 212-7-1 du Code de la mutualité, qui est lui-même soumis à l'obligation d'avoir un comité d'audit ou qui s'en est volontairement doté.

10. En application de l'article L 512-1-1 du Code monétaire et financier :
– les personnes et entités affiliées, au sens de l'article L 512-92 du Code monétaire et financier, à une **caisse d'épargne et de prévoyance** ;
– les personnes et entités agréées collectivement avec une **caisse régionale ou fédérale ou une fédération régionale** au sens de l'article R 511-3 du Code monétaire et financier ;
– les personnes et entités agréées collectivement avec une **banque mutualiste et coopérative** au sens de l'article R 515-1, dès lors qu'elles n'ont pas émis de valeurs mobilières admises à la négociation d'un marché réglementé.

Composition du comité d'audit

26474

Conformément au premier alinéa du II de l'article L 823-19 du Code de commerce, la composition de ce comité est fixée, selon le cas, par l'organe chargé de l'administration ou de la surveillance. Le comité ne peut comprendre que des **membres de l'organe chargé de l'administration ou de la surveillance** en fonctions dans la société, à l'exclusion de ceux exerçant des fonctions de direction.
Un membre au moins du comité doit présenter des **compétences** particulières en matière financière, comptable ou de contrôle légal des comptes et être **indépendant** au regard

de critères précisés et rendus publics par l'organe chargé de l'administration ou de la surveillance.

1. La directive européenne 2014/56 (art. 39) impose une majorité de membres indépendants dans le comité d'audit mais prévoit aussi que lorsque tous les membres du comité d'audit sont des membres de l'organe d'administration ou de surveillance de l'entité, l'État membre peut prévoir que le comité d'audit est exempté des exigences en matière d'indépendance. Le comité d'audit étant en droit français exclusivement composé de membres du conseil d'administration ou de surveillance, la France a pu lever l'option permettant dans cette hypothèse aux États membres de ne pas exiger que la majorité des membres du comité d'audit soient indépendants. L'article L 823-19 du Code de commerce n'impose donc qu'un membre indépendant.

2. Par dérogation à ces dispositions en matière de composition, le comité d'audit peut comprendre deux membres au plus qui ne font pas partie du conseil d'administration mais qui sont désignés par lui à raison de leurs compétences dans :

– les entreprises d'assurances et de réassurance (C. ass. art. L 322-26-2-3) ;
– les mutuelles régies par le livre II du Code de la mutualité (C. mut. art. L 114-17-1) ;
– les institutions de prévoyance régies par le titre III du livre IX du Code de la sécurité sociale (CSS art. L 931-14).

Pour les sociétés qui s'y réfèrent, le **Code** de gouvernement d'entreprise **Afep-Medef** prévoit également des exigences complémentaires concernant la composition du comité d'audit (Code Afep-Medef révisé – janvier 2020 – § 16.1) :

– tous les membres du comité d'audit doivent avoir une compétence financière ou comptable ;
– la part des administrateurs indépendants dans le comité d'audit (hors les administrateurs représentant les actionnaires salariés ainsi que les administrateurs représentant les salariés, qui ne sont pas comptabilisés) doit être au moins de deux tiers ;
– le comité ne doit comprendre aucun dirigeant mandataire social exécutif ;
– la nomination ou la reconduction du président du comité d'audit, proposée par le comité des nominations, fait l'objet d'un examen particulier de la part du conseil.

Dans sa recommandation 2012-02 relative au gouvernement d'entreprise et à la rémunération des dirigeants des sociétés se référant au Code Afep-Medef, l'AMF encourage par ailleurs les sociétés à confier la présidence du comité d'audit à des administrateurs indépendants et à augmenter la présence de ces derniers.

26476 **Fonctionnement du comité d'audit** Les textes légaux précisent la mission du comité d'audit mais n'imposent pas les modalités de fonctionnement de cet organe. D'après une étude réalisée par l'AMF au titre de l'exercice 2012, le comité d'audit se réunit entre quatre ou cinq fois par an et quelquefois plus (Étude AMF relative aux rapports du Président sur les procédures de contrôle interne et de gestion des risques pour l'exercice 2012). Il se réunit notamment dans le cadre de l'examen des comptes annuels ou semestriels, sur des sujets concernant le contrôle interne, le programme d'audit interne, l'exposition aux risques de l'entreprise, le suivi du contrôle légal, l'approbation des services autres que la certification des comptes, le suivi du processus d'élaboration de l'information financière.

26478 Les compétences du comité d'audit le conduisent à travailler avec des représentants du management (en principe, la direction générale, la direction financière) et les commissaires aux comptes. Une pratique courante permet aux comités d'audit de rencontrer les commissaires aux comptes hors de la présence du management.

Cette pratique est reprise par le Code de gouvernement d'entreprise des sociétés cotées Afep-Medef, révisé en janvier 2020, qui prévoit que le comité d'audit entende les commissaires aux comptes, mais également les directeurs financiers, comptables, de la trésorerie et de l'audit interne. Ces auditions doivent pouvoir se tenir, lorsque le comité le souhaite, hors la présence de la direction générale de l'entreprise (Code de gouvernement d'entreprise des sociétés cotées Afep-Medef § 16.3).

26479 **Responsabilité du comité d'audit** Le comité d'audit agit sous la responsabilité de l'organe chargé de l'administration ou de l'organe de surveillance (C. com. art. L 823-19, I et L 823-16, I). La responsabilité des membres de ces conseils obéit au droit commun de la responsabilité pour faute. Le comité d'audit n'étant pas un organe de gestion, ses membres n'encourent pas de responsabilité pour faute de gestion.

NOTION D'AUDIT FINANCIER

II. Éléments et modalités des communications visées

Communication interactive tout au long de la mission

26480

La communication avec les organes mentionnés à l'article L 823-16 du Code de commerce (voir n° 26460) a pour objectif de porter à la connaissance de ces organes les éléments importants relatifs à la mission du commissaire aux comptes et à l'élaboration des comptes.

La NEP 260 précise que cette communication conduit également le commissaire aux comptes à s'entretenir avec les organes visés à l'article L 823-16 du Code de commerce et à recueillir des informations qui concourent à sa connaissance de l'entité et de son environnement (NEP 260 § 02).

Le commissaire aux comptes apprécie si les échanges avec les organes visés à l'article L 823-16 du Code de commerce ont été satisfaisants pour les besoins de l'audit (NEP 260 § 12). Dans la négative, le commissaire aux comptes :
– en apprécie l'incidence, le cas échéant, sur son évaluation du risque d'anomalies significatives ainsi que sur sa capacité à recueillir des éléments suffisants et appropriés ; et
– prend les mesures adaptées.

La communication avec les organes visés à l'article L 823-16 du Code de commerce ne vise pas uniquement la phase de finalisation de la mission mais doit bien intervenir tout au long de la mission au vu des dispositions de la NEP 260.

> Cette norme d'exercice professionnel montre donc que la communication entre le commissaire aux comptes et les organes visés à l'article L 823-16 du Code de commerce s'exerce dans les deux sens : elle est une communication interactive qui permet d'instaurer un véritable échange entre les différentes parties.

Éléments à communiquer

26481

Pour analyser les obligations de communication du commissaire aux comptes vis-à-vis des organes visés à l'article L 823-16, il convient de distinguer :
– les informations à fournir par tout commissaire aux comptes au conseil d'administration ou à l'organe de direction et au conseil de surveillance ainsi que, le cas échéant, au comité d'audit (C. com. art. L 823-16, I) : voir n° 26482 ;

> Les NEP 911 et 912 relatives aux missions du commissaire aux comptes dans les « petites entreprises » pour une durée de trois exercices et six exercices adaptent la communication avec les organes mentionnés à l'article L 823-16.

– les obligations de communication spécifiques à l'égard du comité d'audit, pour les entités soumises à l'obligation de se doter d'un tel comité ou s'en étant doté volontairement (C. com. art. L 823-16, II) avec des dispositions imposées par le règlement européen 537/2014 pour les commissaires aux comptes d'EIP : voir n° 26483 ;
– le rapport complémentaire qui doit être remis au comité d'audit, dans les entités soumises à l'obligation de se doter d'un tel comité (C. com. art. L 823-16, III) : voir n°s 26500 s.

Communications aux organes visés à l'article L 823-16

26482

Conformément aux dispositions du I de l'article L 823-16 du Code de commerce, le commissaire aux comptes communique aux organes visés à cet article :
a. le **programme général de travail** mis en œuvre ainsi que les différents **sondages** auxquels il a procédé (C. com. art. L 823-16, I, 1°) ;

> Dans ce cadre, la NEP 260 précise que le commissaire aux comptes communique aux organes visés à l'article L 823-16 (NEP 260 § 04) :
> – l'étendue des travaux d'audit et le calendrier prévus ;
> – les risques inhérents élevés identifiés comme nécessitant une démarche d'audit particulière ;
> – les difficultés importantes rencontrées lors de son audit des comptes susceptibles d'affecter le bon déroulement de ses travaux ;
> – ses commentaires éventuels sur les pratiques comptables de l'entité susceptibles d'avoir une incidence significative sur les comptes, notamment les politiques comptables, les estimations comptables et les informations fournies dans l'annexe ;
> – le cas échéant, les événements ou circonstances identifiés susceptibles de mettre en cause la continuité d'exploitation conformément aux dispositions de la norme relative à la continuité d'exploitation ;

NOTION D'AUDIT FINANCIER © Éd. Francis Lefebvre

– les autres éléments apparus au cours de l'audit qui, selon son jugement professionnel, sont importants pour ces organes dans le cadre de leur fonction, notamment de surveillance du processus d'élaboration des comptes. Il communique notamment les faiblesses significatives du contrôle interne conformément aux modalités prévues par la NEP 265 (voir nos 26490 s.) ;
– les éléments pour lesquels il a demandé des déclarations écrites au représentant légal de l'entité.

b. les **modifications** qui lui paraissent devoir être apportées aux comptes devant être arrêtés ou aux autres documents comptables, en faisant toutes observations utiles sur les méthodes d'évaluation utilisées pour leur établissement (C. com. art. L 823-16, I, 2°) ;

c. les **irrégularités** et les **inexactitudes** découvertes (C. com. art. L 823-16, I, 3°) ;

d. les **conclusions** auxquelles conduisent les observations et rectifications ci-dessus sur les résultats de la période comparés à ceux de la période précédente (C. com. art. L 823-16, I, 4°) ;

e. les **motifs** de l'observation, de la certification avec réserve, du refus de certifier ou de l'impossibilité de certifier qu'il envisage, le cas échéant, de formuler dans son rapport sur les comptes annuels ou consolidés (NEP 260 § 04).

Lorsque le commissaire aux comptes intervient auprès d'une « **petite entreprise** » (voir n° 47100), les NEP 911 et 912 précisent les éléments à communiquer par le commissaire aux comptes au dirigeant ou à un autre organe de direction ou de l'organe collégial chargé de l'administration ou de l'organe de surveillance, selon son jugement professionnel et au moment qu'il juge approprié au regard de l'importance du sujet (NEP 911 et 912 § 32) :
– l'étendue et le calendrier des travaux d'audit ;
– ses commentaires éventuels sur les pratiques comptables de l'entité susceptibles d'avoir une incidence significative sur les comptes ;
– le cas échéant, les événements ou circonstances identifiés susceptibles de mettre en cause la continuité d'exploitation ;
– les modifications qui lui paraissent devoir être apportées aux comptes devant être arrêtés ou aux autres documents comptables ;
– les irrégularités et les inexactitudes qu'il aurait découvertes ;
– les conclusions auxquelles conduisent les observations et rectifications ci-dessus sur les résultats de la période comparés à ceux de la période précédente ;
– les motifs de l'observation, de la certification avec réserve, du refus de certifier ou de l'impossibilité de certifier qu'il envisage, le cas échéant, de formuler dans son rapport sur les comptes.

Il doit toutefois communiquer par écrit les éléments importants relatifs à sa mission, lorsqu'il considère qu'une communication orale ne serait pas appropriée ou lorsque les dispositions légales ou réglementaires le prévoient spécifiquement.

Enfin, lorsque le commissaire aux comptes est nommé pour trois exercices et qu'il établit, à destination du dirigeant, un **rapport identifiant les risques** financiers, comptables et de gestion auxquels la société est exposée, il évalue en fonction de l'importance des risques et selon son jugement professionnel, la nécessité de communiquer tout ou partie du rapport aux autres organes visés à l'article L 823-16 du Code de commerce (NEP 911 § 52).

Lorsque le commissaire aux comptes intervient auprès d'une **entité d'intérêt public** (NEP 260 § 5) :
– il communique aux organes mentionnés à l'article L 823-16 du Code de commerce les risques d'anomalies significatives qu'il considère comme des points clés de l'audit ;
– en cas de soupçons ou de bonnes raisons de soupçonner que des irrégularités, y compris des fraudes concernant les comptes annuels ou consolidés, peuvent être commises ou ont été commises, il en informe la direction ou, lorsque l'information de la direction n'apparaît pas souhaitable ou est restée sans suite pertinente, les organes mentionnés à l'article L 823-16 du Code de commerce. Il leur demande que des investigations soient menées sur les éléments relevés et que des mesures appropriées soient prises pour traiter ces irrégularités et éviter qu'elles ne se répètent.

Lorsque ces investigations ne sont pas menées, le commissaire aux comptes en informe les autorités chargées d'enquêter sur de telles irrégularités.

26483 **Entités dotées d'un comité d'audit** Il convient de distinguer :
– les informations dues pour les entités disposant d'un comité d'audit, que ce comité soit mis en place par obligation légale ou à titre volontaire ;
– les informations spécifiques à fournir aux comités d'audit des entités d'intérêt public ;
– le rapport complémentaire adressé au comité d'audit des entités soumises à l'obligation de disposer d'un comité d'audit, à savoir les entités d'intérêt public et les sociétés de financement.

NOTION D'AUDIT FINANCIER

26483
(suite)

a. Dans les entités **soumises** à l'obligation de mettre en place un comité d'audit (EIP et sociétés de financement : voir n° 26472) ou qui s'en sont dotées **volontairement**, les commissaires aux comptes (C. com. art. L 823-16, II) :

– examinent avec ce comité les risques pesant sur son **indépendance** et les mesures de sauvegarde prises pour atténuer ces risques ;

– portent à la connaissance du comité les **faiblesses significatives du contrôle interne**, pour ce qui concerne les procédures relatives à l'élaboration et au traitement de l'information comptable et financière ;

> La NEP 265 définit les faiblesses significatives du contrôle interne et précise les modalités de communication y afférentes (voir n° 26490).

– communiquent chaque année au comité une déclaration d'indépendance et une **actualisation des informations mentionnées à l'article L 820-3** du Code de commerce détaillant les prestations fournies par les membres du réseau auquel les commissaires sont affiliés ainsi que les services autres que la certification des comptes qu'ils ont eux-mêmes fournis.

> Dans le cadre de cette obligation, compte tenu de la lecture combinée des articles L 820-3 et L 823-16 (II, 2°), les informations suivantes sont fournies :
> – le montant des **honoraires** au titre de la mission de certification des comptes et des services autres que la certification des comptes fournis par le commissaire aux comptes à l'entité ;
> – le montant des honoraires au titre de services autres que la certification des comptes fournis par les membres du réseau auquel le commissaire aux comptes est affilié, à l'entité ainsi qu'aux personnes ou entités qui la contrôlent ou qui sont contrôlées par elle, au sens des I et II de l'article L 233-3 du Code de commerce ;
> – le **détail des prestations fournies** par le commissaire aux comptes ou/et son réseau au titre des services autres que la certification des comptes à l'entité ainsi qu'aux personnes ou entités qui la contrôlent ou qui sont contrôlées par elle, au sens des I et II de l'article L 233-3 du Code de commerce. Les textes ne précisant pas la notion de « détail des prestations fournies », la CNCC considère que le commissaire aux comptes exerce son jugement professionnel pour déterminer, au regard des attentes du comité d'audit, le niveau de détail à fournir, avec le cas échéant, le montant selon la demande spécifique du comité d'audit (regroupement par grandes catégories ou par nature de services ou liste exhaustive des services autres que la certification avec une répartition entité contrôlante / entités contrôlées...).

Le comité d'audit ou l'organe qui en exerce les fonctions est tenu à une **obligation de confidentialité** à l'égard des informations relatives aux services fournis par les membres du réseau (C. com. art. L 823-21).

Lorsque le commissaire aux comptes communique des informations au comité d'audit, il détermine s'il les communique également aux autres organes mentionnés à l'article L 823-16 du Code de commerce (NEP 260 § 07).

> Ainsi, le commissaire aux comptes exerce son jugement professionnel pour apprécier si les faiblesses significatives du contrôle interne communiquées au comité d'audit doivent également être remontées au conseil d'administration ou au conseil de surveillance.

b. En outre, le commissaire aux comptes d'une **entité d'intérêt public**, en application du § 2 de l'article 6 du règlement européen 537/2014 :

– confirme chaque année par écrit au comité d'audit que le contrôleur légal des comptes, le cabinet d'audit et ses associés, ainsi que les membres des instances dirigeantes et les gestionnaires qui effectuent le contrôle légal des comptes sont indépendants vis-à-vis de l'entité contrôlée ;

> Le règlement, dans sa version en langue anglaise, fait référence pour les « membres des instances dirigeantes » et les « gestionnaires » aux « *senior managers* » et « *managers* ».
> Cette obligation de confirmation d'indépendance se retrouve également dans le rapport complémentaire au comité d'audit (voir n° 26502).

– discute avec le comité d'audit des risques pesant sur son indépendance et des mesures de sauvegarde appliquées pour atténuer ces risques qu'il a documentés.

> Cette documentation est établie conformément au paragraphe 1 de l'article 6 précité et porte donc notamment sur le respect des exigences relatives au plafonnement des honoraires des SACC, aux services interdits et à la durée de la mission.

Pour les EIP, le **détail des prestations fournies au titre des SACC** peut également être communiqué, à sa demande, au comité d'audit ou, selon le cas, à l'organe chargé de l'administration ou à l'organe de surveillance (C. com. art. L 820-3, I, al. 3).

NOTION D'AUDIT FINANCIER © Éd. Francis Lefebvre

Par ailleurs, si au cours de chacun des trois derniers exercices, les **honoraires totaux reçus d'une EIP** représentent **plus de 15 % du total des honoraires** reçus par le commissaire aux comptes ou le cabinet d'audit, ce dernier doit en informer le comité d'audit et analyser avec lui les risques pesant sur l'indépendance et les mesures de sauvegarde appliquées pour atténuer ces risques (Régl. précité art. 4 § 3).

Pour plus de détails, voir n° 26470, 5°.

Enfin, à la demande du comité d'audit ou de l'organe exerçant les fonctions de ce comité, le commissaire aux comptes d'une entité d'intérêt public lui communique les **constatations et conclusions du Haut Conseil** du commissariat aux comptes consécutives aux contrôles réalisés en application de l'article L 821-9, qui concernent (C. com. art. R 823-21-3) :
– l'évaluation de la conception du système de contrôle interne de qualité ;
– l'évaluation du contenu du dernier rapport de transparence ;
– le contrôle de la mission de certification des comptes de l'entité d'intérêt public concernée.

Conformément à l'article 94 IV du décret 2016-1026 du 26 juillet 2016, ces dispositions sont applicables aux contrôles engagés postérieurement au 29 juillet 2016, date d'entrée en vigueur du décret. Le comité d'audit ou l'organe qui en exerce les fonctions est tenu à une **obligation de confidentialité** à l'égard des informations relatives aux constatations et conclusions du H3C (C. com. art. L 823-21).

Le Haut Conseil a rendu un avis le 30 novembre 2017 sur la mise en œuvre des dispositions de l'article R 823-21-3 du Code de commerce. Il est d'avis qu'à la demande du comité d'audit ou de l'organe exerçant les fonctions de ce comité, le commissaire aux comptes de l'entité concernée doit communiquer les éléments suivants du rapport de contrôle de son cabinet (Avis H3C 2017-05) :
– les constatations et conclusions de l'examen du système de contrôle interne de qualité du cabinet ;
– le cas échéant, les constatations et conclusions sur l'examen de la mission de certification des comptes de l'entité ainsi que « la fiche mandat » correspondante lorsque celle-ci est annexée au rapport de contrôle.

Dans ce même avis, le H3C invite les commissaires aux comptes à **informer** le comité d'audit ou l'organe exerçant les fonctions de ce comité au sein de l'entité dont ils certifient les comptes, du fait que le cabinet auquel ils appartiennent a été contrôlé par le H3C et que le rapport leur est communicable.

c. Dans les entités soumises à l'**obligation de se doter d'un comité d'audit**, à compter du premier exercice ouvert postérieurement au 16 juin 2016, les commissaires aux comptes remettent audit comité un **rapport complémentaire** conforme aux dispositions de l'article 11 du règlement européen 537/2014 du 16 avril 2014 (C. com. art. L 823-16, III ; NEP 260 § 11). Pour plus de détails sur ce rapport, voir n°s 26500 s.

Modalités de communication

26485 Le commissaire aux comptes définit en amont les modalités de communication avec les organes visés à l'article L 823-16 du Code de commerce (forme de cette communication, calendrier, contenu) mais il a la possibilité d'intervenir à tout moment en fonction de l'importance du sujet et des actions éventuelles à entreprendre par les organes concernés (NEP 260 § 08 et 09).

À notre avis, la définition préalable des modalités de communication aux organes mentionnés à l'article L 823-16 du Code de commerce peut être réalisée via la lettre de mission.

26486 Le commissaire aux comptes communique **par écrit** (NEP 260 § 10) :
– les **éléments importants** relatifs à son audit lorsqu'il considère qu'une communication orale ne serait pas appropriée ou lorsque des dispositions légales ou réglementaires le prévoient spécifiquement ;

Les faiblesses significatives du contrôle interne doivent ainsi être communiquées par écrit (voir n° 26492).

– les éléments relatifs à **son indépendance** vis-à-vis du comité d'audit.

S'agissant du rapport complémentaire remis au comité d'audit, voir n° 26500.

26488 **Documentation** Le commissaire aux comptes formalise dans son dossier de travail les échanges verbaux intervenus avec les organes visés à l'article L 823-16 du Code de commerce et la date de ces échanges. Il conserve également dans son dossier une copie des communications écrites (NEP 260 § 13).

© Éd. Francis Lefebvre   NOTION D'AUDIT FINANCIER ▌

III. Communication des faiblesses du contrôle interne

Selon la définition retenue par la NEP 265 (homologuée par arrêté du 21-6-2011 : **26490**
JO 3-8) une faiblesse du contrôle interne liée à l'information comptable et financière se
caractérise par :
– « l'absence d'un contrôle nécessaire pour prévenir, détecter ou corriger des anomalies
dans les comptes ; ou
– l'incapacité d'un contrôle à prévenir, détecter ou corriger des anomalies dans les
comptes du fait de sa conception, de sa mise en œuvre ou de son fonctionnement ».
La norme précise qu'une **faiblesse significative** du contrôle interne est « une faiblesse
suffisamment importante pour mériter l'attention de l'organe chargé de l'administration
ou de l'organe chargé de la direction et de l'organe de surveillance ainsi que, le cas
échéant, du comité spécialisé » (NEP 265 § 02).

> Le commissaire aux comptes a recours à son jugement professionnel pour apprécier si la faiblesse est
> suffisamment « importante » pour mériter l'attention de ces organes.

La communication du commissaire aux comptes des faiblesses significatives du contrôle **26492**
interne aux organes visés à l'article L 823-16 du Code de commerce doit être **écrite** et
elle intervient au moment où le commissaire aux comptes le juge approprié (NEP 265 § 06).

> On rappellera que, conformément à la NEP 260, le commissaire aux comptes détermine, sur la base
> de son jugement professionnel, les faiblesses significatives du contrôle interne communiquées au
> comité d'audit qui sont à remonter aux autres organes visés à l'article L 823-16 du Code de commerce,
> tels que le conseil d'administration dans une SA, par exemple.

Le commissaire aux comptes communique également à la direction de l'entité, au niveau
approprié, les faiblesses du contrôle interne relevées au cours de son audit et qu'il estime
d'une importance suffisante pour mériter l'attention de la direction (NEP 265 § 05). Cette
communication est écrite lorsqu'elle porte sur des faiblesses significatives.

> Cette communication s'adresse à la direction de l'entité, au niveau approprié, par exemple la direction
> administrative et financière, et non pas à l'organe de direction visé par l'article L 823-16 du Code de
> commerce.

La NEP 265 définit le **contenu des communications écrites** des faiblesses significatives **26496**
du contrôle interne. Ces communications comprennent (NEP 265 § 07) :
– une description des faiblesses significatives du contrôle interne et de leurs effets potentiels sur les comptes ;
– une information sur la portée et les limites de cette communication.

> Le commissaire aux comptes rappelle notamment que l'objectif de l'audit est de formuler une opinion
> sur les comptes et qu'il prend connaissance des éléments du contrôle pertinents pour l'audit afin
> d'évaluer le risque d'anomalies significatives dans les comptes et non dans le but de formuler une
> opinion sur l'efficacité du contrôle interne. Seules les faiblesses significatives du contrôle interne qu'il
> a identifiées au cours de l'audit sont communiquées par le commissaire aux comptes.

IV. Rapport complémentaire au comité d'audit

Entités concernées L'obligation de remettre au comité d'audit un rapport complé- **26500**
mentaire conforme aux dispositions de l'article 11 du règlement précité s'impose pour
les entités soumises aux obligations de l'article L 823-19 du Code de commerce, à savoir
aux **entités d'intérêt public** et les **sociétés de financement** disposant d'un comité d'audit (C. com. art. L 823-16, III).

> S'agissant du cas particulier des EIP et sociétés de financement exemptées de l'obligation de se doter
> d'un comité d'audit, voir n° 26501.

Ce rapport a pour objectifs de renforcer et de formaliser la relation entre les commissaires aux comptes et le comité d'audit.

Cas particuliers des entités exemptées de constituer un comité d'audit **26501**
Conformément aux dispositions des articles L 823-20 du Code de commerce, L 322-3
du Code des assurances, L 232-1 du Code de la mutualité et L 931-14-1 du Code de la
sécurité sociale, certaines EIP ou sociétés de financement sont exemptées de l'obligation

643

NOTION D'AUDIT FINANCIER

© Éd. Francis Lefebvre

26501
(suite)

de se doter d'un comité d'audit. Selon les différents cas d'exemptions prévus par les textes précités, la CNCC s'est interrogée sur l'obligation pour le commissaire aux comptes d'émettre un rapport complémentaire. À la suite des réponses obtenues de la DACS et du H3C, elle a publié en mars 2019 un communiqué clarifiant le sujet.

La CNCC distingue les deux cas d'exemption suivants (Bull. CNCC n° 193-2019, Communiqué sur l'obligation pour le commissaire aux comptes d'établir un RCCA lorsque l'entité contrôlée est exemptée de l'obligation de se doter d'un comité spécialisé, mars 2019) :

– les exemptions pour lesquelles le texte prévoit que les fonctions du comité spécialisé sont confiées à l'organe d'administration ou de surveillance ou à un organe qui remplirait des fonctions équivalentes au sein de l'entité : le commissaire aux comptes doit alors remettre un rapport complémentaire à l'organe concerné.

– les exemptions pour lesquelles aucune disposition ne prévoit, même indirectement, d'organe de substitution auquel confier les missions du comité d'audit : le commissaire aux comptes n'a alors pas à établir de rapport complémentaire mais, conformément au I de l'article L 823-16 du Code de commerce, il communique à l'organe d'administration ou de surveillance les informations relatives à l'exécution de sa mission (voir ci-dessus).

Le tableau ci-après détaille les différents cas concernés en précisant si un rapport complémentaire au comité d'audit (RCCA) est requis et à qui il est destiné (CNCC Communiqué précité) :

Situation d'exemption de constitution d'un comité spécialisé	Missions du comité spécialisé exercées par un organe d'administration ou de surveillance ou remplissant des fonctions équivalentes	RCCA requis	Destinataire du RCCA
Article L 823-20, 1° du Code de commerce			
Les **établissements de crédit** dont les titres ne sont pas admis à la négociation sur un marché réglementé et qui n'ont émis, de manière continue ou répétée, que des titres obligataires, à condition que le montant total nominal de ces titres reste inférieur à 100 millions d'euros et qu'ils n'aient pas publié de prospectus.	OUI	OUI	Organe d'administration ou de surveillance ou organe remplissant des fonctions équivalentes
Les **sociétés de financement** dont les titres ne sont pas admis à la négociation sur un marché réglementé et qui n'ont émis, de manière continue ou répétée, que des titres obligataires, à condition que le montant total nominal de ces titres reste inférieur à 100 millions d'euros et qu'ils n'aient pas publié de prospectus.	OUI	OUI	Organe d'administration ou de surveillance ou organe remplissant des fonctions équivalentes (3)
Article L 823-20, 2° du Code de commerce			
Les **organismes de titrisation qui sont EIP et qui sont constitués sous forme de société**. Ils doivent expliquer publiquement les raisons pour lesquelles ils ne jugent pas opportun de disposer d'un comité spécialisé et préfèrent confier les missions du comité spécialisé à un organe qui remplit les fonctions équivalentes au conseil d'administration ou au conseil de surveillance.	OUI	OUI	Organe d'administration ou de surveillance ou organe remplissant des fonctions équivalentes
Les **organismes de titrisation qui sont EIP et qui sont constitués sous forme de fonds communs** (NB : organismes non dotés de la personnalité morale) (2).	NON	NON	N/A

644

NOTION D'AUDIT FINANCIER

26501
(suite)

Situation d'exemption de constitution d'un comité spécialisé	Missions du comité spécialisé exercées par un organe d'administration ou de surveillance ou remplissant des fonctions équivalentes	RCCA requis	Destinataire du RCCA
Article L 823-20, 3° du Code de commerce			
Les **organismes de placements collectifs qui sont EIP** mentionnés au chapitre IV du titre Iᵉʳ du livre II du Code monétaire et financier (autres que les organismes de titrisation) **si constitués sous forme de société cotée.**	OUI	OUI	Organe d'administration ou de surveillance ou organe remplissant des fonctions équivalentes
Les **organismes de placements collectifs qui sont EIP** mentionnés au chapitre IV du titre Iᵉʳ du livre II du Code monétaire et financier (autres que les organismes de titrisation) **si fonds communs de placement cotés** (ou *Exchange Traded Funds*) (NB : organismes non dotés de la personnalité morale).	NON	NON	N/A
Article L 823-20, 4° du Code de commerce			
Les **personnes et entités disposant d'un autre organe exerçant les missions de ce comité spécialisé,** sous réserve d'identifier cet organe, qui peut être l'organe chargé de l'administration ou l'organe de surveillance, et de rendre publique sa composition.	OUI	OUI	Organe exerçant les missions du comité spécialisé
Article L 823-20, 5° du Code de commerce			
Les **personnes et entités contrôlées par une autre personne ou entité au sens des I et II de l'article L 233-3,** lorsque cette dernière est elle-même soumise aux dispositions de l'article L 823-19 et comporte un organe exerçant les missions de ce comité spécialisé.	NON	NON	N/A [1]
Article L 931-14-1 du Code de la sécurité sociale			
Les **institutions de prévoyance** qui sont : – des **personnes et des entités contrôlées** au sens de l'article L 233-16 du Code de commerce lorsque la personne ou l'entité qui les contrôle s'est volontairement dotée d'un comité spécialisé au sens et selon les modalités de l'article L 823-19 du Code précité ; – des **personnes et entités liées à un organisme de référence** au sens du 1° de l'article L 933-2 du Code de la sécurité sociale lorsque cet organisme est lui-même soumis à ces obligations ou s'est volontairement doté d'un comité spécialisé au sens et selon les modalités de l'article L 823-19 du Code de commerce.	NON	NON	N/A [1]

NOTION D'AUDIT FINANCIER © Éd. Francis Lefebvre

26501
(suite)

Situation d'exemption de constitution d'un comité spécialisé	Missions du comité spécialisé exercées par un organe d'administration ou de surveillance ou remplissant des fonctions équivalentes	RCCA requis	Destinataire du RCCA
Article L 212-3-1 du Code de la mutualité			
Les **unions et mutuelles du livre II** qui sont : – des **personnes et entités contrôlées** au sens de l'article L 233-16 du Code de commerce lorsque la personne ou l'entité qui les contrôle s'est volontairement dotée d'un comité spécialisé au sens et selon les modalités de l'article L 823-19 du Code de commerce ; – des **personnes et entités liées à un organisme de référence** au sens du 1° de l'article L 212-7-1 du Code de la mutualité lorsque cet organisme est lui-même soumis à ces obligations ou s'est volontairement doté d'un comité spécialisé au sens et selon les modalités de l'article L 823-19 du Code de commerce.	NON	NON	N/A [1]
Article L 322-3 du Code des assurances			
Les **entreprises d'assurances** qui sont : – des **personnes et entités contrôlées** au sens de l'article L 233-16 du Code de commerce lorsque la personne ou l'entité qui les contrôle s'est volontairement dotée d'un comité d'audit au sens et selon les modalités de l'article L 823-19 du code précité ; – des **personnes liées à une entreprise mère** au sens du 1° de l'article L 356-1 du Code des assurances lorsque l'entreprise mère est elle-même soumise à ces obligations ou s'est volontairement dotée d'un comité d'audit au sens et selon les modalités de l'article L 823-19 du Code de commerce.	NON	NON	N/A [1]

(1) Le commissaire aux comptes communique les informations relatives à l'exécution de la mission à l'organe d'administration ou de surveillance conformément au I de l'article L 823-16 du Code de commerce.
(2) La CNCC considère que la réponse apportée par le H3C pour les organismes de placement collectifs visés au 3° de l'article L 823-20 pourrait être transposée aux organismes de titrisation.
(3) Pour les sociétés de financement dont les titres ne sont pas admis à la négociation sur un marché réglementé et dispensées de constituer un comité d'audit en application du 1° de l'article L 823-20, la loi 2019-486 du 22 mai 2019, dite Pacte, a modifié l'article L 823-20, alinéa 6 du Code de commerce (voir n° 26472). Ainsi, depuis l'entrée en vigueur de l'article 20 de la loi précitée, ces sociétés de financement sont exemptées de constituer un comité d'audit si elles confient les missions à un organe d'administration ou de surveillance ou remplissant des fonctions équivalentes. Dès lors, leur commissaire aux comptes est tenu d'établir un rapport complémentaire au comité d'audit qui sera communiqué à l'organe compétent.
Avant l'entrée en vigueur de la loi précitée, les sociétés de financement non EIP bénéficiaient d'une exemption franche et leurs commissaires aux comptes n'avaient pas l'obligation d'établir un rapport complémentaire au comité d'audit puisque les missions du comité d'audit n'étaient attribuées à aucun organe de substitution (Réponse H3C à la saisine de la CNCC le 12-7-2018).

L'exemption dont bénéficient les entités visées à l'article L 823-20 constitue une faculté qui leur est offerte de ne pas se doter d'un comité spécialisé. Si, en revanche, ces entités **décident de ne pas user de cette faculté et se dotent d'un comité spécialisé**, elles sont alors soumises au dispositif prévu à l'article L 823-19 du Code de commerce et en application du III de l'article L 823-16 de ce même Code, leur commissaire aux comptes est tenu d'établir un rapport complémentaire au comité d'audit (Communiqué CNCC précité).

NOTION D'AUDIT FINANCIER

Contenu Ce rapport complémentaire est écrit et il expose les résultats du contrôle légal des comptes. Pour ce faire, il remplit au moins les critères suivants (Règl. art. 11 et art. 5.3 b) :

– il comporte la déclaration d'indépendance ;

La déclaration d'indépendance incluse dans le rapport complémentaire au comité d'audit est définie au § 2 de l'article 6 du règlement européen précité et concerne le contrôleur légal des comptes, le cabinet d'audit et ses associés, ainsi que les « membres des instances dirigeantes et les gestionnaires » (« *senior managers and managers* » selon la version anglaise du règlement) qui effectuent le contrôle légal des comptes.

– il identifie chaque « associé d'audit principal » ayant pris part au contrôle (pour un cabinet d'audit) ;

– lorsque le commissaire aux comptes a pris des dispositions pour que l'une de ses activités soit menée par un autre contrôleur légal des comptes ou cabinet d'audit, en dehors de son réseau, ou a fait appel à des experts externes, le rapport l'indique et il y est confirmé que le commissaire aux comptes a reçu de l'autre contrôleur légal, cabinet d'audit et/ou expert externe une confirmation de son indépendance ;

– il décrit la nature, la fréquence et l'étendue de la communication avec le comité d'audit ou l'organe qui remplit des fonctions équivalentes au sein de l'entité contrôlée, y compris les dates des réunions avec ces organes ;

– il inclut une description de l'étendue du contrôle légal des comptes et du calendrier de sa réalisation ;

– il décrit la répartition des tâches entre les commissaires aux comptes (lorsque plusieurs commissaires aux comptes ont été désignés) ;

– il décrit la méthodologie utilisée, en précisant les parties du bilan qui ont fait l'objet d'une vérification directe et celles qui ont été vérifiées sur la base de tests de système et de conformité, et en expliquant toute variation substantielle dans la pondération de ces tests par rapport à l'exercice précédent, même si le contrôle légal de l'exercice précédent a été effectué par d'autres commissaires aux comptes ;

– il indique le seuil de signification quantitatif appliqué pour contrôler les états financiers dans leur ensemble, et, le cas échéant, les seuils de signification pour certaines catégories d'opérations, soldes de comptes, ou informations ainsi que les facteurs qualitatifs pris en compte pour fixer ces seuils ;

– il indique et explique les appréciations relatives à des événements et circonstances identifiés au cours de l'audit qui pourraient mettre sérieusement en doute la capacité de l'entité à poursuivre ses activités, en précisant s'ils constituent des incertitudes significatives ; il fournit par ailleurs un résumé des garanties, lettres de soutien prises en compte pour évaluer la capacité de l'entité à poursuivre ses activités ;

– il fait état des carences significatives détectées dans le système de contrôle financier interne de l'entité contrôlée ou, dans le cas d'états financiers consolidés, de celui de l'entreprise mère et/ou de son système comptable. Pour chacune de ces carences significatives détectées, le rapport complémentaire indique si la direction a remédié ou non à la carence en question ;

– il indique les cas importants supposant le non-respect avéré ou suspecté des dispositions légales, réglementaires ou statutaires, identifiés au cours de l'audit et jugés pertinents compte tenu de la mission du comité d'audit ;

– il indique et analyse les méthodes d'évaluation appliquées aux différents éléments des états financiers annuels ou consolidés, y compris l'impact des changements intervenus dans ces méthodes ;

– lorsque le contrôle légal des comptes porte sur des états financiers consolidés, il précise le périmètre de consolidation et les critères d'exclusion appliqués par l'entité contrôlée aux entités non consolidées, le cas échéant, et indique si les critères appliqués sont conformes au cadre de l'information financière ;

– le cas échéant, il indique les travaux d'audit réalisés par les contrôleurs de pays tiers, les contrôleurs des comptes, les entités d'audit de pays tiers ou les cabinets d'audit en rapport avec le contrôle légal d'états financiers consolidés des auditeurs de pays tiers n'appartenant pas au réseau du contrôleur légal chargé des comptes consolidés ;

– il indique si tous les documents et explications demandés ont été fournis par l'entité contrôlée ;

– il indique les éventuelles difficultés importantes rencontrées pendant l'audit, les problèmes significatifs qui ont été discutés avec la direction ou qui ont fait l'objet d'une

NOTION D'AUDIT FINANCIER © Éd. Francis Lefebvre

correspondance avec cette dernière ainsi que tout autre problème découlant du contrôle légal des comptes qui, selon le jugement professionnel du commissaire aux comptes, est important pour la supervision du processus d'information financière ;
– il explique les raisons de désaccords éventuels au sein du collège de commissaires aux comptes ;
– il indique les services fiscaux et d'évaluation fournis par le réseau de chaque commissaire aux comptes.

Lorsque des services fiscaux et d'évaluation interdits en France mais autorisés sur option dans d'autres États membres sont fournis par le réseau du commissaire aux comptes, l'appréciation de l'effet sur les états financiers contrôlés est documentée et expliquée de manière complète dans le rapport destiné au comité d'audit (Règl. européen 537/2014 art. 5.3 b).

26504 **Communication** Le rapport est daté, signé et il est remis au comité d'audit de l'entité contrôlée ou à l'organe exerçant les fonctions de ce comité, au plus tard à la date de signature du rapport sur les comptes visé à l'article R 823-7 (C. com. art. R 823-21-1).

Le rapport est remis à l'organe chargé de l'administration ou à l'organe de surveillance lorsque celui-ci remplit les fonctions du comité d'audit (C. com. art. L 823-16, III).

26506 Le rapport complémentaire remis au comité d'audit est susceptible d'être mis à la disposition des autorités compétentes (Règl. art. 11). Ainsi, à la demande du Haut Conseil, de l'AMF ou de l'ACPR, le commissaire aux comptes leur communique sans délai ce rapport (C. com. art. R 823-21-1 et C. mon. fin. art. L 612-44).

26508 À la demande du commissaire aux comptes ou du comité d'audit, le commissaire aux comptes **discute des questions** essentielles découlant du contrôle légal des comptes, qui sont visées dans le rapport complémentaire, et en particulier des carences significatives détectées dans le système de contrôle financier interne, avec le comité d'audit, l'organe d'administration ou, le cas échéant, l'organe de surveillance de l'entité contrôlée (Règl. art. 11).

26510 **Date d'application** L'obligation de remettre un rapport complémentaire au comité d'audit s'applique à compter du premier exercice ouvert postérieurement au 16 juin 2016 (Ord. 2016-315 du 17-3-2016 art. 53).

SECTION 5

Déroulement de l'audit financier

Découpages de la démarche d'audit

26520 La démarche d'audit financier est une démarche intellectuelle qui suit une progression logique en vue d'atteindre le niveau d'assurance requis pour permettre à l'auditeur de formuler son opinion sur les comptes. Elle repose sur une **méthodologie** dont les fondements sont communs à l'ensemble des auditeurs financiers, en dépit des personnalisations propres à chaque cabinet, notamment en ce qui concerne la terminologie utilisée.

26522 La démarche de l'auditeur financier peut faire l'objet de deux découpages :
– le premier, plus théorique, consiste à distinguer dans la démarche les **grandes phases de l'audit**, qui vont de la prise de connaissance de l'entité jusqu'à l'émission des rapports (nos 26525 s.) ;
– le second, plus opérationnel, conduit à découper l'intervention de l'auditeur **par cycles de contrôle** (nos 26545 s.).
Ces deux découpages correspondent à la même approche mais n'en sont pas moins complémentaires : le découpage par phases, horizontal, permet d'acquérir la compréhension des principales étapes constitutives de l'audit financier. Le découpage par cycles, vertical, permet de voir comment en pratique les différentes phases de l'audit se succèdent au sein de chaque cycle dans une démarche continue et parfaitement cohérente.

648

© Éd. Francis Lefebvre   **NOTION D'AUDIT FINANCIER**

Approche par phase

On peut distinguer les quatre phases suivantes dans la mise en œuvre d'un audit financier :   **26525**
– la prise de connaissance de l'entité, y compris l'évaluation du risque d'anomalies significatives et la planification de la mission ;
– l'évaluation de la mise en œuvre et de l'efficacité du contrôle interne ;
– la mise en œuvre des contrôles sur les comptes ;
– la finalisation de la mission.

Phase de prise de connaissance et de planification

La prise de connaissance permet tout d'abord à l'auditeur financier de comprendre l'entité et l'environnement dans lequel elle évolue, **d'évaluer les risques** relatifs au secteur d'activité et à l'entité et d'identifier les cycles significatifs. Cette phase se compose d'une prise de connaissance préliminaire et de la mise en œuvre de procédures analytiques qui permettent à l'auditeur de prendre connaissance des caractéristiques générales de l'entité (notamment dans le cadre du « premier » audit correspondant à l'exercice de son entrée en fonction) et des opérations de l'exercice.   **26527**
La prise de connaissance consiste ensuite à réaliser, en association étroite avec l'évaluation du risque inhérent, une **évaluation du risque lié au contrôle** en vue de déterminer le risque d'anomalies significatives dans les comptes.

La phase de prise de connaissance est allégée lorsque la mission d'audit est récurrente, puisque l'auditeur peut s'appuyer sur les informations contenues dans le dossier permanent qu'il a constitué au cours des interventions des années précédentes. L'auditeur doit néanmoins, et de façon systématique, procéder à une actualisation de son évaluation des risques, en vue de réviser la démarche d'audit définie dans le cadre des précédents contrôles et d'apprécier sa capacité à poursuivre son mandat (procédures de maintien de la mission).

La détermination du risque d'anomalies significatives dans les comptes permet à l'auditeur de planifier la mission de manière que la combinaison « risque d'anomalies significatives » / « risque de non-détection » conduise à un risque d'audit acceptable.   **26530**
La planification se traduit par l'établissement d'un plan de mission et d'un programme de travail, qui contiennent notamment la description et le niveau des risques identifiés, les cycles concernés et l'approche d'ensemble envisagée pour l'audit.

À l'issue de cette phase, l'auditeur établit la **lettre de mission**, adressée à l'entité auditée, dans laquelle il expose notamment les travaux qu'il a décidé de mettre en œuvre pour accomplir sa mission. Pour plus d'informations sur la lettre de mission, voir n°s 27540 s.

Évaluation de l'efficacité du contrôle interne

Cette phase permet à l'auditeur d'évaluer l'efficacité des **procédures et systèmes de contrôle interne**, manuels ou informatisés, en vigueur dans l'entité. Durant cette phase, l'auditeur approfondit la première évaluation du contrôle interne qu'il a réalisée lors de la prise de connaissance générale de l'entité. Cette démarche lui permet d'apprécier la capacité effective des procédures en place à « neutraliser » les risques inhérents identifiés et d'affiner son évaluation du risque d'anomalies significatives dans les comptes.   **26532**
L'évaluation des systèmes et des procédures comporte une description des systèmes, la réalisation de tests destinés à valider la compréhension de l'auditeur (tests de conformité) et la réalisation de tests d'efficacité du contrôle interne (tests de procédures) visant à s'assurer de leur bon fonctionnement. À l'issue de cette phase, l'auditeur détermine, conformément au modèle de gestion du risque d'audit (voir n°s 25590 s.), les procédures d'audit complémentaires à mettre en œuvre pour que le risque d'audit soit ramené à un niveau acceptable (niveau suffisamment faible pour obtenir l'assurance recherchée nécessaire à la certification des comptes – NEP 200 § 12).

Contrôle des comptes

Les contrôles effectués directement sur les comptes comprennent les contrôles de substance et des contrôles présentant un caractère global ou transverse.   **26534**
1. Les **contrôles de substance** ont tout d'abord pour objet de répondre à l'évaluation du risque au niveau des assertions en complément des tests de procédures (mise en œuvre et efficacité du contrôle interne) (NEP 330 § 5).

Plus l'auditeur estime que le risque d'anomalies significatives est élevé, plus les contrôles de substance qu'il réalise sont étendus. Par ailleurs, étant donné que le risque d'anomalies significatives intègre le risque lié au contrôle, des résultats des tests de procédures non satisfaisants augmentent l'étendue des contrôles de substance nécessaires (NEP 330 § 19).

NOTION D'AUDIT FINANCIER　　　© Éd. Francis Lefebvre

Par ailleurs, indépendamment de l'évaluation du risque d'anomalies significatives, le commissaire aux comptes conçoit et met en œuvre des contrôles de substance pour chaque catégorie d'opérations, solde de compte ou information fournie dans l'annexe, dès lors qu'ils ont un caractère significatif (NEP 330 § 21).

À l'issue des contrôles de substance mis en œuvre, l'auditeur peut conclure sur le respect des **assertions d'audit** qu'il souhaitait vérifier.

2. Les **contrôles présentant un caractère global ou transverse** sont mis en œuvre indépendamment de l'évaluation du risque d'anomalies significatives. Ils comprennent (voir NEP 330 § 22) :

– un **rapprochement** des comptes annuels ou consolidés avec les documents comptables dont ils sont issus ;

– l'examen des **écritures comptables significatives**, y compris des ajustements effectués lors de la clôture des comptes ;

– l'évaluation de la conformité au référentiel comptable applicable de la **présentation des comptes**, y compris les informations fournies en annexe ;

– la vérification de la qualité des informations fournies dans l'**annexe** aux états financiers.

26536 **Finalisation de la mission** Les travaux de finalisation de la mission se décomposent en trois parties :

– l'examen des **événements postérieurs** à la clôture afin de s'assurer que ceux-ci ne sont pas susceptibles de remettre en cause l'opinion sur les états financiers ;

– la **communication** de l'auditeur avec les organes visés à l'article L 823-16 du Code de commerce sur ses travaux et ses conclusions ;

– l'émission du **rapport** exprimant son opinion sur les comptes audités.

Les autres vérifications spécifiques à l'audit légal sont examinées dans la troisième partie de ce Mémento (voir n⁰ˢ 50100 s.).

26540 **Schéma général de la démarche par phase** Les différentes phases de la démarche et les objectifs qu'elles permettent d'atteindre peuvent être récapitulés dans le tableau présenté ci-après.

	Phases	Étapes clés	Objectifs
1	Prise de connaissance et planification de la mission (Chapitre 2, section 1)	– Prise de connaissance générale et par cycle – Procédures analytiques – Évaluation du risque d'anomalies significatives au niveau des états financiers pris dans leur ensemble et du risque d'anomalies significatives au niveau des assertions – Définition des seuils	– Plan de mission (Définition de l'approche d'audit) – Programme de travail – Lettre de mission
2	Évaluation du contrôle interne (Chapitre 2, section 2)	– Mise en œuvre des tests de conformité – Mise en œuvre de tests d'efficacité des procédures (sur lesquelles l'auditeur souhaite s'appuyer)	– Évaluation de l'efficacité du contrôle interne – Adaptation de l'approche d'audit et du programme de travail
3	Contrôle direct des comptes (Chapitre 2, section 3)	– Mise en œuvre de contrôles de substance (tests de détails et procédures analytiques) conformément au programme adapté – Mise en œuvre de contrôles globaux ou transverses – Contrôle de l'annexe	– Conclusion sur les assertions d'audit – Préparation de l'opinion sur les comptes
4	Travaux de finalisation de la mission (Chapitre 2, section 4 et 5)	– Examen des événements postclôture – Déclaration de la direction – Émission de l'opinion (émission des rapports)	– Opinion sur les comptes

L'approche par phase fait l'objet du **chapitre 2** du présent titre.

NOTION D'AUDIT FINANCIER

Approche par cycles

Découpage par cycles L'approche par cycles résulte d'un découpage opérationnel de la mission d'audit : l'auditeur regroupe en effet les comptes qu'il doit auditer en sous-ensembles correspondant aux principales fonctionnalités de l'entité.

> Chaque auditeur peut définir comme il l'entend les différents cycles de contrôle sur lesquels il souhaite intervenir.

26545

Les cycles suivants ont été retenus dans ce Mémento :
– achats / fournisseurs ;
– immobilisations corporelles et incorporelles ;
– immobilisations financières ;
– ventes / clients ;
– production / stocks et encours ;
– trésorerie ;
– emprunts et dettes financières ;
– fonds propres ;
– provisions pour risques et charges ;
– personnel et organismes sociaux ;
– impôts et taxes ;
– autres créances et autres dettes.

Déroulement de l'approche par cycles Dans chaque cycle de contrôle, l'auditeur met en œuvre la démarche par phase qui a été précédemment exposée. On retrouve dans chaque cycle une phase de prise de connaissance et de planification, une évaluation du contrôle interne, une phase de mise en œuvre des contrôles directs sur les comptes et une phase de finalisation.

26550

Le fil conducteur des travaux par cycles réside dans le respect des assertions d'audit, dont la validation constitue l'objectif des travaux par cycles.

> L'approche par cycles est présentée au **chapitre 3** du présent titre.

© Éd. Francis Lefebvre

AUDIT FINANCIER PAR PHASE

CHAPITRE 2

Audit financier par phase

Plan du chapitre	§§

SECTION 1
Prise de connaissance
et planification de la mission — 27101

I. Éléments de connaissance
et de compréhension — 27140

A. Activité et environnement
de l'entité — 27150

B. Éléments de contrôle interne
pertinents pour l'audit — 27250

II. Outils et techniques de prise
de connaissance — 27350

III. Organisation et conception
de la mission — 27450

A. Identification et évaluation
du risque d'anomalies significatives — 27480

B. Finalisation de l'approche
par les risques — 27520

SECTION 2
Évaluation du contrôle interne — 27700

I. Notions générales — 27800

A. Caractéristiques du contrôle interne — 27850

B. Éléments constitutifs du contrôle
interne — 28000

C. Rôle du contrôle interne
dans la démarche d'audit — 28250

II. Méthodologie d'évaluation
du contrôle interne — 28450

A. Connaissance des procédures — 28600

B. Évaluation du contrôle interne — 28750

C. Exploitation de l'évaluation
du contrôle interne — 29000

D. Évaluation du système
d'information — 29100

E. Observation physique des stocks — 29300

SECTION 3
Relations et transactions
avec les parties liées — 29500

A. Collecte d'informations
et évaluation du risque d'anomalies
significatives — 29550

B. Procédures d'audit spécifiques — 29700

C. Examen du traitement comptable
et de l'information dans l'annexe — 29800

D. Déclarations de la direction — 29850

E. Lien avec les conventions
réglementées — 29860

SECTION 4
Contrôles de substance
sur les comptes — 30000

A. Place dans la démarche — 30005

B. Procédures analytiques — 30100

C. Demandes de confirmation
des tiers — 30270

D. Contrôle de l'annexe — 30480

SECTION 5
Finalisation de la mission — 30510

A. Contrôle des événements
postérieurs à la clôture — 30530

B. Déclarations de la direction — 30780

C. Travaux de synthèse — 30820

SECTION 6
Rapport sur les comptes — 30850

I. Rapport sur les comptes annuels
et consolidés — 30851

A. Évolution du rapport d'audit — 30851

B. Opinion sur les comptes — 30858

C. Fondement de l'opinion — 30876

D. Incertitude significative liée
à la continuité d'exploitation — 30890

E. Observations — 30900

F. Justification des appréciations — 30909

G. Vérifications spécifiques — 30928

H. Autres vérifications ou informations
prévues par les textes légaux
et réglementaires — 30931

I. Rappel des responsabilités — 30932

J. Forme et communication
des rapports — 30936

K. Cas particuliers — 30950

II. Rapport d'audit financier
en dehors des missions
d'audit légal — 30964

Ce chapitre ne présente pas les diligences et le formalisme spécifiques attachés à la **27100**
mission d'audit dans les petites entreprises, conformément aux dispositions des NEP
911 et 912 homologuées par arrêté du 6 juin 2019. Ces missions qui restent par nature
des audits permettent cependant au commissaire aux comptes de réaliser un audit
proportionné à la taille et à la complexité des petites entreprises et elles sont ainsi présentées dans un chapitre dédié (voir nᵒˢ 47000 s.).

653

AUDIT FINANCIER PAR PHASE   © Éd. Francis Lefebvre

SECTION 1

Prise de connaissance
et planification de la mission

27101 L'audit financier ne peut être mis en œuvre auprès d'une entité ou d'un groupe, d'une manière efficace et pertinente, qu'après une adaptation aux spécificités et particularités de l'entité contrôlée. Il en résulte la nécessité d'acquérir une connaissance et une compréhension réelle de l'activité de l'entité et de son environnement général, ainsi que des spécificités de son organisation.

27102 L'acquisition de la connaissance et de la compréhension de l'entité, y compris de son **contrôle interne**, a pour objectif ultime d'identifier les risques d'anomalies significatives pesant sur les comptes et d'en tirer les conséquences nécessaires en termes de planification de la mission.

Le risque d'anomalies significatives se subdivise en risque inhérent et en risque lié au contrôle.

Le **risque inhérent** correspond à la possibilité que, sans tenir compte du contrôle interne qui pourrait exister dans l'entité, une anomalie significative se produise dans les comptes. La détermination du risque inhérent nécessite une prise de connaissance générale de l'activité et de l'environnement de l'entité.

Le **risque lié au contrôle** correspond au risque qu'une anomalie significative ne soit ni prévenue ni détectée par le contrôle interne de l'entité et donc non corrigée en temps voulu. La détermination du risque lié au contrôle nécessite une première prise de connaissance des éléments de contrôle interne pertinents pour l'audit.

Le risque d'audit se définit comme le risque d'émettre sur les comptes une opinion différente de celle qui aurait été émise si toutes les anomalies significatives avaient été identifiées. Ce risque découle à la fois du risque que les comptes comportent des anomalies significatives et du risque de non-détection de ces anomalies par l'auditeur. La **planification de la mission** vise à mettre en place, une fois déterminé le risque d'anomalies significatives, une stratégie d'audit qui ramène le risque d'audit à un niveau compatible avec la certification des comptes.

> La norme d'exercice professionnel « Connaissance de l'entité et de son environnement et évaluation du risque d'anomalies significatives dans les comptes » précise que « le commissaire aux comptes acquiert une connaissance suffisante de l'entité, notamment de son contrôle interne, afin d'identifier et d'évaluer le risque d'anomalies significatives dans les comptes et afin de concevoir et mettre en œuvre des procédures d'audit permettant de fonder son opinion sur les comptes » (NEP 315 § 1).

Seront décrits ci-après les principaux éléments de connaissance et de compréhension de l'entité à recueillir (n°s 27140 s.), les outils et techniques permettant de collecter ces informations (n°s 27350 s.) et enfin l'organisation et la conception de la mission (n°s 27450 s.).

I. Éléments de connaissance
et de compréhension

27140 La phase de prise de connaissance de l'entité est l'occasion pour l'auditeur de « constituer un cadre de référence dans lequel il planifie son audit et exerce son jugement professionnel pour évaluer le risque d'anomalies significatives dans les comptes et répondre à ce risque tout au long de son audit » (NEP 315 § 12).

La prise de connaissance porte d'une part sur l'activité et l'environnement de l'entité, d'autre part sur les éléments de contrôle interne pertinents pour l'audit.

A. Activité et environnement de l'entité

27150 L'activité de l'entité auditée détermine largement les zones de risques potentiels et, par voie de conséquence, l'orientation générale des travaux d'audit : les comptes que l'auditeur certifie ne font en effet que traduire les opérations et la situation de l'entité dans leur dimension comptable et financière.

© Éd. Francis Lefebvre | AUDIT FINANCIER PAR PHASE

La prise de connaissance de l'activité et de l'environnement de l'entité est menée sous divers aspects. **27152**

Secteur d'activité

Nature de l'activité Les activités exercées par les entités soumises à l'audit financier peuvent présenter des profils très différents, par exemple : **27154**
– activités de production ;
– activités de négoce ;
– prestations de services ;
– activités immobilières ;
– activités bancaires ;
– activités d'assurances ;
– activités associatives.

Certaines activités, bien que relevant de la même catégorie, peuvent présenter des caractéristiques différentes selon la durée du **cycle d'activité**. **27156**

> Certaines activités présentent une saisonnalité marquée, par exemple le tourisme ; et d'autres ne sont quasiment pas sensibles aux variations saisonnières (par exemple les activités de recherche et développement ou les prestations informatiques). Certaines activités ont un cycle de quelques jours, d'autres sont exercées dans le cadre de contrats à long terme et ont un cycle de réalisation d'une durée supérieure à un exercice.

Marché et conditions économiques générales La connaissance de la nature du marché dans lequel l'entité évolue, ou prévoit d'évoluer, est fondamentale pour orienter les travaux de contrôle. De ce point de vue, l'auditeur a besoin d'une **connaissance sectorielle** du marché pour déterminer si celui-ci est globalement en développement, en récession, ou stable. Il s'interroge également sur la place de l'entité auditée au sein de ce marché, sur son évolution récente par rapport à la concurrence, et enfin sur ses perspectives prévisibles (entité *leader* ou *outsider* sur un marché mature, *start-up* sur un nouveau marché, etc.). Cette analyse fait principalement appel à des bases de données ou des études sectorielles permettant de prendre connaissance du marché global et de situer l'entité à l'intérieur de celui-ci. **27158**

Un certain nombre de **risques potentiels** peuvent être déduits de ces éléments : un positionnement difficile sur un marché risque d'induire des comportements de vente à très faible taux de marge et des risques de pertes à terme ; le démarrage d'une activité nouvelle entraîne des coûts spécifiques sans contrepartie immédiate pour lesquels des options comptables importantes devront être prises. **27160**

Environnement réglementaire Certaines activités font l'objet de réglementations très particulières faisant peser sur les intervenants du secteur des obligations spécifiques, par exemple en matière de référentiel comptable. À ces textes réglementaires spécifiques s'ajoutent le cas échéant la réglementation et les recommandations issues des autorités de tutelle en charge de leur contrôle : ainsi en va-t-il par exemple des industries automobile, nucléaire, pharmaceutique, ou encore des établissements bancaires et des activités d'assurances qui connaissent des réglementations particulières. **27165**

Conformément à la NEP 250, le commissaire aux comptes prend connaissance de l'environnement réglementaire de l'entité, notamment du référentiel comptable applicable, et des moyens mis en œuvre par l'entité pour s'y conformer (NEP 250 § 04).

> Pour ce faire, le commissaire aux comptes s'enquiert auprès de la direction :
> – des textes légaux et réglementaires qu'elle estime susceptibles d'avoir une incidence déterminante sur l'activité de l'entité ;
> – des règles et procédures existantes pour identifier les litiges et pour évaluer et comptabiliser leurs incidences (NEP précitée § 05).
> 1. Lorsque le commissaire aux comptes identifie des textes légaux et réglementaires relatifs à l'établissement et à la présentation des comptes qui ont une incidence sur la détermination d'éléments significatifs des comptes :
> – il en acquiert une connaissance suffisante pour lui permettre de vérifier leur application ;
> – il collecte des éléments suffisants et appropriés justifiant de leur respect (NEP précitée § 06).
> 2. Lorsque le commissaire aux comptes identifie des textes légaux et réglementaires qui ne sont pas relatifs à l'établissement et à la présentation des comptes mais dont le non-respect peut avoir des

655

AUDIT FINANCIER PAR PHASE

© Éd. Francis Lefebvre

conséquences financières pour l'entité, telles que des amendes ou des indemnités à verser, ou encore peut mettre en cause la continuité d'exploitation :
– il s'enquiert auprès de la direction du respect de ces textes ;
– il prend connaissance de la correspondance reçue des autorités administratives et de contrôle pour identifier les cas éventuels de non-respect des textes (NEP précitée § 07).

Le règlement 2016/679, dit **règlement général sur la protection des données** (RGPD), entre par exemple dans cette catégorie de textes car il ne porte pas sur l'établissement et la présentation des comptes soumis à certification mais, en cas de non-respect, les conséquences financières pour l'entité peuvent être significatives et/ou remettre en cause leur continuité d'exploitation compte tenu du niveau des sanctions potentielles.

La NEP 250 ne requiert pas du commissaire aux comptes qu'il réalise d'autres procédures d'audit spécifiques si d'une part la direction ne lui communique aucun cas de non-respect des textes légaux et réglementaires susceptible d'engendrer des conséquences financières significatives sur les comptes ou de mettre en cause la continuité d'exploitation de l'entité et si d'autre part il n'a connaissance d'aucune correspondance reçue d'une autorité administrative ou de contrôle.

Tout au long de sa mission, il reste cependant attentif au fait que les procédures d'audit qu'il met en œuvre pour fonder son opinion sur les comptes peuvent faire apparaître des cas de non-respect de textes légaux et réglementaires susceptibles de conduire à des anomalies significatives dans les comptes. De tels constats peuvent notamment apparaître à l'occasion de la lecture de procès-verbaux, de demandes d'informations auprès du conseil juridique interne ou externe à l'entité sur des actions en justice ou encore de la mise en œuvre de contrôles sur des flux d'opérations, des soldes de comptes ou des informations fournies dans l'annexe (Bull. CNCC n° 180-2015 p. 486, avis technique CNCC – Le commissaire aux comptes et le respect des textes légaux et réglementaires – novembre 2015).

3. Par ailleurs, la CNCC confirme qu'aucune procédure d'audit n'est prévue par la NEP 250 au regard des textes légaux et réglementaires qui ne sont pas relatifs à l'établissement et à la présentation des comptes et dont le non-respect n'est pas susceptible d'engendrer des conséquences financières significatives sur les comptes ou de mettre en cause la continuité d'exploitation de l'entité (Bull. CNCC n° 180-2015 p. 486, avis technique CNCC – Le commissaire aux comptes et le respect des textes légaux et réglementaires – novembre 2015).

Principes comptables

27166 L'auditeur financier doit appréhender les principes comptables majeurs retenus par l'entité tant au plan de ses comptes individuels que, le cas échéant, de ses comptes consolidés, en vue de vérifier leur bien-fondé (adéquation au référentiel comptable applicable et aux spécificités de l'entité).

27167 La prise de connaissance par le commissaire aux comptes du choix des méthodes comptables appliquées par l'entité peut également lui permettre d'identifier :
– les changements dans les méthodes comptables appliquées par l'entité ;
– les évolutions des référentiels comptables applicables à l'entité ou des textes légaux et réglementaires relatifs à l'information financière, la date à laquelle l'entité procédera aux modifications issues de ces évolutions et les modalités qu'elle retiendra pour le faire (CNCC NI. X – juin 2011 p. 43).

Sur l'incidence des changements comptables sur le rapport du commissaire aux comptes, voir n°s 30904 s.

27168 Certaines activités obéissent à des régimes particuliers, notamment dans le **domaine fiscal**. Ces régimes peuvent notamment consister en un régime de taxation ou d'exonération particulier.

Il peut s'agir d'impôts particuliers, tels que l'assujettissement aux droits de régie sur les alcools, ou d'un régime de faveur en matière de provisions (entreprises de presse) ou en matière immobilière pour les foncières dont les titres sont admis à la négociation sur un marché réglementé.

L'existence de ces règles fiscales spécifiques entraîne de la part de l'auditeur la mise en œuvre de vérifications adaptées.

27170 **Contraintes liées à l'environnement** Le développement des textes liés à la protection de l'environnement conduit l'auditeur à s'intéresser également aux risques environnementaux induits par l'activité de l'entité, leurs conséquences chiffrées pouvant être considérables. Ainsi la connaissance des obligations induites par le mode de production de l'entité auditée en matière de protection de l'environnement est-elle devenue indispensable dans de nombreux secteurs d'activité (par exemple dans les activités nucléaires, pharmaceutiques, chimiques).

656

© Éd. Francis Lefebvre   **AUDIT FINANCIER PAR PHASE** |

Caractéristiques de l'entité

Typologie de la clientèle Au sein d'un même marché, la typologie de la clientèle **27175**
peut mener à des approches d'audit différentes selon l'importance du volume d'activité
des clients, leur implantation géographique...

Taille de l'entité La dimension de l'entité contrôlée est un élément important pour **27180**
l'orientation de l'audit. Non seulement la taille est directement corrélée au niveau des
seuils de signification (voir n°s 25475 s.), mais elle induit a priori des systèmes d'organisation
différents ayant un impact direct sur la nature des procédures de contrôle interne. Ainsi
une entité de très petite taille pourra-t-elle difficilement assurer une séparation des fonctions totalement satisfaisante.

Moyens de production De la nature des activités de l'entité découle directement **27185**
les moyens de production nécessaires pour mener à bien cette activité. Une activité
industrielle lourde entraîne des investissements importants et, en conséquence, nécessite
des financements permanents élevés. Une entité traitant des opérations multiples et
répétitives utilise nécessairement des moyens informatiques importants : la qualité des
systèmes informatiques constituera vraisemblablement un point clé du dispositif de
contrôle interne.

Situation financière de l'entité La connaissance de la situation financière de l'en- **27190**
tité, comprise au sens large, à la fois sous l'angle de sa solidité financière, de sa liquidité
et sous celui de son mode de financement, est essentielle. Une surface financière insuffisante de l'entité auditée conduit l'auditeur à se poser régulièrement la question de la
continuité de l'exploitation. En outre, une confrontation régulière de l'entité à des difficultés de trésorerie peut entraîner des comportements visant à une présentation flatteuse
des comptes de fin d'exercice.

Recours aux marchés financiers et nature de l'actionnariat La manière **27200**
dont l'entité a recours au marché financier et la nature de son actionnariat sont à prendre
en considération du fait de l'impact de ces caractéristiques sur l'étendue de ses obligations d'information financière.

> Sur les obligations d'information à la charge des sociétés dont les titres sont admis à la négociation sur
> un marché réglementé, voir n°s 42300 s.

Par ailleurs, la société peut être fortement incitée par le marché financier ou par son
actionnariat à pratiquer une politique d'affichage de résultats et de distribution de dividendes qui ont des incidences sur les options d'arrêtés comptables.

Situation sociale de l'entité et engagements sociaux La situation de l'entité **27205**
contrôlée en termes d'engagements sociaux susceptibles d'entraîner des conséquences
au plan financier doit être examinée. Il peut s'agir d'engagements de plusieurs sortes :
– engagements résultant de régimes collectifs applicables au secteur d'activité (engagements découlant de la convention collective applicable) ;
– engagements provenant d'accords spécifiques avec certaines catégories de personnel
ou avec l'ensemble du personnel, portant sur des compléments de rémunération : accord
dérogatoire de participation, accord d'intéressement ou engagements spécifiques liés à
la retraite (par exemple accord de retraite chapeau) ;
– engagements liés à l'octroi d'aides particulières : conventions de FNE, etc.

Exposition de l'entité au risque de blanchiment

En application des articles L 561-5-I et L 561-6 du Code monétaire et financier relatifs à **27210**
la lutte contre le blanchiment des capitaux et le financement des activités du terrorisme,
le commissaire aux comptes doit, avant d'accepter un mandat, identifier son **client** et,
le cas échéant, le **bénéficiaire effectif** de la relation d'affaires. Il recueille à cette occasion
les informations relatives à l'objet et à la nature de cette relation et toute information
pertinente sur le client.
Ces informations sont mises à jour tout au long du mandat.

> Sur les modalités pratiques de mise en œuvre de ces obligations, voir n°s 62095 s.

657

AUDIT FINANCIER PAR PHASE © Éd. Francis Lefebvre

B. Éléments de contrôle interne pertinents pour l'audit

27250 Quelle que soit la stratégie d'audit, le commissaire aux comptes doit documenter également sa prise de connaissance des éléments de contrôle interne pertinents pour l'audit. Une même activité peut être exercée selon des méthodes et des processus très différents, dépendant du mode d'organisation choisi par l'entité ou par le groupe audité. Au-delà de la connaissance de l'activité de l'entité, la conception de la mission nécessite une première évaluation du risque lié au contrôle propre à l'organisation contrôlée. Cette première évaluation porte sur les principaux systèmes comptables et de contrôle interne existant dans l'entité. Elle doit être suffisante à l'auditeur pour lui permettre d'identifier les types d'anomalies potentielles et de prendre en considération les facteurs pouvant engendrer des risques d'anomalies significatives dans les comptes (NEP 315 § 14). Le référentiel Coso (voir n° 27885) définit cinq composantes du contrôle interne :
– l'environnement de contrôle ;
– l'évaluation des risques ;
– les activités de contrôle ;
– l'information et la communication ;
– le pilotage.

Environnement de contrôle

27255 L'environnement de contrôle est un élément déterminant pour **évaluer le risque** lié au contrôle. Il se traduit par le **comportement de la direction** et des organes visés à l'article L 823-16 du Code de commerce, et notamment par leur degré de sensibilité et par les actions qu'ils mènent en matière de contrôle interne. Il en va de même des moyens mis en place par l'entité pour identifier les risques liés à son activité et leur incidence sur les comptes et pour définir les actions à mettre en œuvre pour répondre à ces risques (NEP 315 § 14).

> « Dans les petites entités, le rôle de gouvernance peut être assumé directement par le dirigeant. La participation active de ce dirigeant à la gestion peut réduire certains des risques résultant d'une absence de séparation des tâches. Elle peut, à l'inverse, accroître d'autres risques, comme celui que les contrôles soient contournés. Dans ces entités, les aspects relatifs à l'environnement de contrôle peuvent ne pas être documentés, en particulier lorsque la communication entre la direction et les autres employés est informelle, bien qu'effective. [...] En conséquence, les attitudes, la prise de conscience et les actions du dirigeant revêtent une importance particulière pour la connaissance de l'environnement de contrôle de l'entité par le commissaire aux comptes » (CNCC NI. XV – Le commissaire aux comptes et l'approche d'audit par les risques – décembre 2016 § 3.22.A).

Organisation générale de l'entité ou du groupe

27260 Le nombre d'implantations et de sites de production est une donnée importante pour l'organisation de l'audit car il démultiplie d'autant le nombre de lieux possibles où peuvent survenir les événements à enregistrer. De même, le mode d'organisation peut être extrêmement variable d'une entité à l'autre, quel que soit le nombre de sites implantés. L'organisation peut être fortement **centralisée**, l'information de base remontant au plus haut niveau pour y être traitée. En sens inverse, l'organisation peut être très **décentralisée**, l'information financière étant transmise au niveau central sous une forme pré-agrégée, ce qui entraîne généralement une reconstitution plus difficile du traitement des opérations. Le mode d'organisation choisi par l'entité aura donc une incidence directe sur l'organisation même de l'audit.

> Les délais de production des états financiers auxquels est astreinte l'entité, ou qui sont souhaités par la direction générale, sont importants à connaître non seulement pour la planification de l'intervention, mais également pour la définition de techniques de révision adaptées au traitement de la mission. Par exemple, les demandes de confirmation auprès de tiers seront organisées sur des soldes antérieurs à la clôture de l'exercice si les délais d'arrêté sont trop courts pour permettre d'obtenir et d'exploiter des réponses sur les soldes de fin d'exercice.

L'entité peut aussi confier le traitement de certaines opérations ou données à des **centres de services partagés** (CSP). Ce centre centralise alors les transactions de plusieurs entités et le commissaire aux comptes devra inclure l'audit des *process* de ce centre dans sa stratégie d'audit. Il aura alors souvent recours au rapport ISAE 3402.

© Éd. Francis Lefebvre   AUDIT FINANCIER PAR PHASE

Pour plus de détails sur le commissaire aux comptes et l'audit d'une entité ayant recours aux services d'un centre de services partagés au sein de groupe, il convient de se référer à la note d'information publiée par la CNCC sur le sujet (CNCC NI. XIX – septembre 2018).

Procédures de contrôle interne

À l'image de l'organisation générale de l'entité, le dispositif de contrôle interne adopté peut être éminemment **variable d'une entité à l'autre**. Une entité de petite taille aura parfois des difficultés à mettre en place, en pratique, des procédures de contrôle interne totalement satisfaisantes. Dans les sociétés plus importantes, les objectifs poursuivis par les dirigeants et leur conception du dispositif de contrôle interne auront une influence déterminante sur la nature des procédures mises en œuvre dans l'entité. Ainsi un service chargé de définir les procédures de contrôle interne ainsi que d'assister les différentes composantes de l'entreprise à les déployer et un service d'audit interne, chargé d'en vérifier la mise en œuvre, pourront-ils être mis en place. En fonction de la nature des travaux qui sont confiés à ces services et de leur qualité, l'auditeur pourra déterminer s'il peut ou non s'appuyer sur eux et définira sa démarche d'audit en conséquence. L'évaluation du contrôle interne réalisée par l'auditeur en début de mission dans le cadre de la phase de prise de connaissance et d'évaluation des risques sera prise en compte lors de la planification de la mission, particulièrement dans le cadre de la définition du programme de travail (voir nᵒˢ 26050 s.).

Le commissaire aux comptes prendra notamment connaissance des procédures qui permettent à la direction de s'assurer que ses directives sont respectées. Il s'informera également des « principaux moyens mis en œuvre par l'entité pour s'assurer du bon fonctionnement du contrôle interne, ainsi que de la manière dont sont menées les actions correctives » (NEP 315 § 14).

27265

Système d'information

Le système d'information, tel que défini dans la NEP 315 § 14, comprend des traitements informatisés, assurés par le système informatique, et des traitements manuels. Le système informatique est donc une composante du système d'information.

« Le système d'information se compose :
– de l'infrastructure technique (équipements et matériels informatiques tels que les serveurs, pare-feux [firewalls], routeurs, salles informatiques hébergeant les systèmes…) ;
– de logiciels et/ou progiciels et des interfaces inter-applications ;
– du personnel nécessaire à la maintenance du service informatique (personnel technique et fonctionnel interne à la société et/ou prestataires) ;
– de procédures et de données. Les procédures doivent être conçues de façon à, notamment, permettre de centraliser les informations des différents systèmes de traitement des opérations au grand livre » (CNCC NI. XV – Le commissaire aux comptes et l'approche d'audit par les risques – décembre 2016 § 3.24.A).

27268

Degré d'informatisation

Si toutes les entités utilisent des moyens informatiques, le degré d'informatisation est susceptible de varier d'une manière considérable en fonction de la taille et de l'activité de l'entité auditée. Le commissaire aux comptes prendra notamment connaissance de la façon dont l'entité a pris en compte les risques résultant de son utilisation des traitements informatisés.

L'existence même de systèmes informatiques peut être considérée, s'il n'existe pas de procédures destinées à pallier les pannes et les risques de pertes de données, comme un facteur de risque important.

27270

Dans certains cas, la production des états financiers est réalisée par de simples progiciels comptables assurant uniquement l'automatisation de la procédure d'établissement des états financiers sans aucune intervention de l'utilisateur et dès lors ce processus ne nécessite pas de contrôle particulier de la part de l'auditeur.

Plus fréquemment, l'entité dispose d'applications informatiques traitant non seulement des données comptables, mais également des informations de gestion, qui sont ensuite traduites en comptabilité. De la qualité et de l'exhaustivité du traitement de ces informations de gestion et des interfaces entre ces applications découle directement la sincérité des informations financières contrôlées. En conséquence, l'auditeur doit procéder, dans le cadre de ses contrôles, à des **vérifications** portant à la fois sur les risques de perturbation

27275

659

AUDIT FINANCIER PAR PHASE © Éd. Francis Lefebvre

de l'activité de l'entité liés à une sécurisation physique et logique insuffisante ainsi qu'à des pannes informatiques et sur la fiabilité et la documentation des applications et des traitements informatisés (voir n°s 29100 s.).

Système d'élaboration de l'information financière

27295 À ce titre, le commissaire aux comptes s'intéresse notamment (NEP 315 § 14) :
– aux catégories d'opérations ayant un caractère significatif pour les comptes pris dans leur ensemble ;
– aux procédures, informatisées ou manuelles, qui permettent d'initier, enregistrer, traiter ces opérations et de les traduire dans les comptes ;
– aux enregistrements comptables correspondants, aussi bien informatiques que manuels ;
– à la façon dont sont traités les événements ponctuels, différents des opérations récurrentes, susceptibles d'engendrer un risque d'anomalies significatives ;
– au processus d'élaboration des comptes, y compris des estimations comptables significatives et des informations significatives fournies dans l'annexe des comptes ;
– à la façon dont l'entité communique sur les éléments significatifs de l'informatique financière et sur les rôles et responsabilités définis au sein de l'entité en matière d'information financière. À ce titre, le commissaire aux comptes s'intéresse notamment à la communication entre la direction et les organes visés à l'article L 823-16 du Code de commerce ou les autorités de contrôle, ainsi qu'aux actions de sensibilisation de la direction envers les membres du personnel afin de les informer quant à l'impact que peuvent avoir leurs activités sur l'élaboration de l'information financière.

27297 La prise de connaissance du processus d'élaboration des comptes peut également inclure l'examen du processus relatif aux changements comptables et à l'élaboration des informations fournies à ce titre dans l'annexe (CNCC NI. X – juin 2011 p. 44).

Politique de couverture des risques

27300 L'entité contrôlée a pu mettre en œuvre une politique de couverture de certains risques, notamment en recourant à des couvertures d'assurance.

Il peut s'agir par exemple d'assurances-crédits destinées à se prémunir contre l'insolvabilité de certains clients ou d'assurances contre les dommages entraînés par un incendie ou la pollution.

II. Outils et techniques de prise de connaissance

27350 Les outils et techniques de prise de connaissance utilisés par l'auditeur diffèrent selon qu'il s'agit de collecter des informations sur les enjeux économiques du secteur ou des informations concernant directement l'entité auditée. Dans tous les cas, la prise de connaissance doit être formalisée par l'auditeur financier.

Informations sur les enjeux propres au secteur

27360 **Bases de données sectorielles** La technique utilisée par l'auditeur pour se procurer des informations sur le secteur dans lequel intervient l'entité auditée consiste à consulter les diverses bases de données existantes en vue de se procurer les études disponibles. Il peut s'agir de bases de données gérées par les **organismes professionnels** du secteur (syndicats, associations, organismes de tutelle) qui souvent publient des études régulièrement mises à jour à partir de la compilation des informations transmises par leurs membres. Il peut également s'agir de bases de données constituées par des **observateurs externes** du secteur.

27365 **Guides sectoriels de la CNCC** L'auditeur aura également recours, le cas échéant, aux guides sectoriels publiés par la Compagnie nationale des commissaires aux comptes pour certains secteurs d'activité, comme le secteur des associations, fondations ou autres organismes sans but lucratif, les OPCVM, etc. L'utilisation de ces outils externes à l'entité

© Éd. Francis Lefebvre   **AUDIT FINANCIER PAR PHASE**

contrôlée permet d'acquérir une connaissance de base des spécificités du secteur et des risques qui lui sont attachés.

Informations sur l'entité contrôlée

Plusieurs techniques peuvent être utilisées par l'auditeur en vue d'obtenir des informations sur l'entité contrôlée.   **27370**

Entretiens avec les dirigeants L'auditeur financier s'entretient avec les représentants de la direction et, le cas échéant, avec les personnes constituant le gouvernement d'entreprise lorsqu'elles sont distinctes de la direction. Ces entretiens ont pour objectif d'obtenir une première description du positionnement de l'entité et de sa stratégie, de son organisation interne et de ses moyens humains, matériels et informatiques. Ils sont également un élément indispensable de l'évaluation par l'auditeur du risque de fraudes et d'erreurs (voir nos 27490 s.).   **27375**

Entretiens avec les principaux cadres Sur la base d'un organigramme et à partir des entretiens avec les dirigeants, l'auditeur s'emploie à obtenir un rendez-vous avec les principaux cadres en vue d'acquérir une connaissance des fonctions et cycles clés qu'il a identifiés. Les auditeurs internes peuvent également fournir au commissaire aux comptes des perspectives différentes pour l'évaluation des risques.   **27376**

Visite des locaux La visite des différents sites de production et sites administratifs permet à l'auditeur d'avoir une première vision de l'organisation industrielle de l'entité et d'appréhender la qualité apparente de l'organisation de ses services. La visite des locaux est également un excellent indicateur de l'ambiance qui règne au sein de l'entité.   **27380**

Connaissance spécifique de l'environnement informatique La mesure du niveau de dépendance de l'entité et la nécessité de recourir, pour la réalisation des travaux, à des spécialistes informatiques doivent être appréhendées au travers d'une prise de connaissance spécifique. Celle-ci recouvre :   **27385**
– le recensement des matériels et des applications ;
– la compréhension générale de l'architecture des systèmes ;
– la compréhension générale de l'étendue des contrôles informatisés.

Procédures analytiques L'auditeur procède à une prise de connaissance des données chiffrées de l'entité contrôlée sur la base des comptes précédents ou de comptes intermédiaires. Cette prise de connaissance permet d'appréhender les ordres de grandeur significatifs. Elle permet également d'appréhender les ratios significatifs internes à l'entité et de les comparer à ceux habituellement rencontrés dans le même secteur d'activité. Elle met en évidence les fluctuations observées d'une période à l'autre, les écarts avec les prévisions budgétaires ainsi que les grandes tendances d'évolution de la formation du résultat et des postes bilantiels.   **27390**
À ce stade, l'utilisation de cette technique peut notamment permettre au commissaire aux comptes d'identifier des opérations ou des événements inhabituels (NEP 520 § 05).

Examen des principaux documents juridiques La prise de connaissance générale de l'entité comprend l'examen des documents régissant la vie juridique de l'entité contrôlée. Il s'agit à la fois de documents contractuels liant l'entité à ses principaux clients et fournisseurs, de la documentation liée à la vie juridique de l'entité (extrait K bis, statuts, procès-verbaux des dernières années de conseil et d'assemblée générale), des documents régissant les relations avec son personnel (convention collective applicable, accord dérogatoire de participation, contrat d'intéressement, accord particulier de retraite...).   **27395**

> Une attention toute particulière doit être portée aux statuts de SAS et des associations compte tenu de la très grande liberté laissée aux rédacteurs par le Code de commerce.

Observations physiques et inspections Les observations physiques et inspections peuvent notamment permettre au commissaire aux comptes de recueillir des informations sur l'entité mais également de corroborer celles recueillies auprès de la direction ou d'autres personnes au sein de l'entité.   **27396**

27400 **Entretien avec les précédents commissaires aux comptes** Le commissaire aux comptes dont la mission est expirée, qui a été révoqué, relevé de ses fonctions, suspendu, radié, omis ou a donné sa démission, permet au commissaire aux comptes lui succédant d'accéder à toutes les informations et à tous les documents pertinents concernant la personne ou l'entité dont les comptes sont certifiés (C. com. art. L 823-3). Cette disposition confirme la position de la Chancellerie exprimée dans un courrier à la CNCC du 15 juin 2007 (Bull. CNCC n° 147-2007 p. 405) et donne une base légale à la prise de connaissance du travail du prédécesseur prévue par les normes d'exercice professionnel (NEP 510 § 06).

Pour de plus amples informations sur la levée du secret professionnel avec le commissaire aux comptes précédent, voir n° 5365.

Formalisation des travaux de prise de connaissance

27420 Les travaux de prise de connaissance relatifs à l'entité contrôlée donnent lieu à **constitution de données permanentes**. Ceux-ci constituent la base des données récurrentes, régulièrement mises à jour, permettant aux équipes de conserver « en mémoire » la connaissance générale de l'entité et du secteur.

La norme d'exercice professionnel relative à la connaissance de l'entité et de son environnement et à l'évaluation du risque d'anomalie significative dans les comptes précise que le commissaire aux comptes doit consigner dans son dossier de travail « les éléments importants relatifs à la prise de connaissance de l'entité, y compris de chacun des éléments de contrôle interne dont il a évalué la conception et la mise en œuvre, la source des informations obtenues et les procédures d'audit réalisées » (NEP 315 § 21).

La norme d'exercice professionnel relative à la lutte contre le blanchiment et le financement du terrorisme prévoit spécifiquement que le commissaire aux comptes conserve dans son dossier les documents relatifs à l'identité de l'entité et, le cas échéant, du bénéficiaire effectif ainsi que les éléments d'information pertinents sur l'entité ou, le cas échéant, les documents établissant que l'entité remplit les conditions requises pour que le commissaire aux comptes puisse s'abstenir de ces travaux d'identification.

« Cette documentation doit permettre au commissaire aux comptes d'être en mesure de justifier, à tout moment, aux autorités de contrôle l'adéquation des mesures de vigilance qu'il a mises en œuvre aux risques de blanchiment de capitaux et de financement du terrorisme » (NEP 9605 § 14).

27425 Afin de veiller à l'exhaustivité de la prise de connaissance, certains cabinets d'audit utilisent des **questionnaires de prise de connaissance** couvrant l'ensemble des cycles d'activité des entités et adaptés aux différents secteurs d'activité.

III. Organisation et conception de la mission

27450 Une fois collectés les éléments indispensables de connaissance et de compréhension de l'entité, l'auditeur financier :
– identifie et évalue le risque d'anomalies significatives ;
– finalise l'approche des risques par l'élaboration d'un plan de mission, d'un programme de travail et d'une lettre de mission.

A. Identification et évaluation du risque d'anomalies significatives

Objectifs de la démarche

27480 L'auditeur prend en considération les informations collectées dans le cadre de la prise de connaissance de l'entité et de son environnement en vue d'identifier et d'évaluer le risque d'anomalies significatives :
– au niveau des comptes pris dans leur ensemble ;
– au niveau des assertions pour les catégories d'opérations, les soldes des comptes et les informations fournies dans l'annexe des comptes (NEP 315 § 15).

Sa démarche peut ainsi être représentée de la manière suivante (CNCC NI. XV – Le commissaire aux comptes et l'approche d'audit par les risques – décembre 2016 § 2.1) :

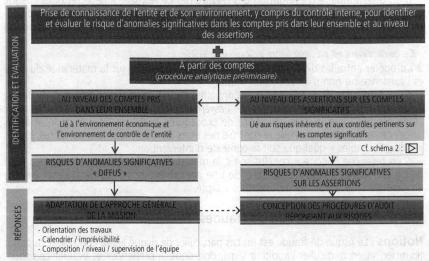

Il évalue par ailleurs la conception et la mise en œuvre des contrôles de l'entité lorsqu'il estime :
– qu'ils contribuent à prévenir le risque d'anomalies significatives dans les comptes, pris dans leur ensemble ou au niveau des assertions ;
– qu'ils se rapportent à un risque inhérent élevé identifié qui requiert une démarche d'audit particulière. Un tel risque est généralement lié à des opérations non courantes en raison de leur importance et de leur nature ou à des éléments sujets à interprétation, tels que les estimations comptables ;
– que les seuls éléments collectés à partir des contrôles de substance ne lui permettront pas de réduire le risque d'audit à un niveau suffisamment faible pour obtenir l'assurance recherchée (NEP 315 § 16).

> L'évaluation par le commissaire aux comptes de la conception et de la mise en œuvre des contrôles de l'entité consiste à apprécier si un contrôle, seul ou en association avec d'autres, est théoriquement en mesure de prévenir, détecter ou corriger les anomalies significatives dans les comptes (NEP 315 § 17).

L'analyse de risques conduite par l'auditeur poursuit donc un double objectif :
– identifier les risques d'anomalies significatives dans les comptes ;
– identifier les procédures de contrôle interne existant dans l'entité qui sont supposées neutraliser ces risques.
Cette analyse est généralement conduite sur la base de **questionnaires d'audit** visant à analyser :
– les risques généraux ;
– les risques propres à chacun des cycles eu égard à la matérialité de chaque cycle ;
– les risques de fraude.

> C'est sur la base des résultats de cette analyse que l'auditeur définit les procédures d'audit à réaliser pour s'assurer que les contrôles internes identifiés fonctionnent bien et que les anomalies redoutées ne se sont pas matérialisées dans les comptes.

Exemple de mise en œuvre de l'approche des risques

Le logiciel AuditSoft édité par les Éditions Lefebvre propose à ses utilisateurs :
1°) de réaliser son approche des risques à partir :
– d'un **questionnaire d'évaluation des risques généraux et d'identification des cycles matériels** ;

> Ce questionnaire est présenté à titre indicatif au n° 93520. Il nécessite un investissement particulier lors de la première intervention dans l'entité auditée et donne lieu à une mise à jour lors des interventions ultérieures.

27482

AUDIT FINANCIER PAR PHASE © Éd. Francis Lefebvre

– d'un **questionnaire d'évaluation du risque d'anomalies significatives dans les comptes résultant de fraudes** (voir n⁰ˢ 27490 s.) ;

Ce questionnaire est présenté à titre indicatif au n⁰ 93530.

– d'un **questionnaire d'évaluation des risques par cycle** visant à détecter pour chaque cycle non seulement les facteurs de risques d'anomalies spécifiques à l'entité mais également les points forts de contrôle interne propres à l'entité sur lesquels l'auditeur pourra s'appuyer à condition d'en contrôler l'efficacité.

Ce questionnaire est présenté à titre indicatif au n⁰ 93525.

2°) d'opérer entre les différents cycles une distinction fondée sur la matérialité du cycle et l'existence ou non d'un risque de fraude :

– si, au terme des deux premiers questionnaires, l'auditeur conclut pour un cycle donné à l'absence de matérialité, de risque sur l'assertion exhaustivité et de risque de fraude, il limite ses travaux à la mise en œuvre de procédures analytiques sur le cycle et à des diligences minimales, telles que le contrôle des états de rapprochement bancaires, jugées « incontournables » quel que soit le contexte d'intervention ;

– si en revanche l'auditeur conclut soit à la matérialité du cycle, soit à l'existence d'un risque de fraude, il réalise pour ce cycle une approche des risques détaillée et élabore en réponse un programme de contrôles adapté.

Cas particulier du risque de fraudes

27490 **Notions** Le risque de fraude est un cas particulier de risque lié au contrôle. L'auditeur financier, et en particulier l'auditeur légal, doit donc appréhender et évaluer ce risque. Cette approche est définie par la norme d'exercice professionnel (NEP 240) relative à la « prise en considération de la possibilité de fraude lors de l'audit des comptes » qui s'applique aux fraudes susceptibles d'entraîner des anomalies significatives dans les comptes, à savoir :

– les actes intentionnels portant atteinte à l'image fidèle des comptes et de nature à induire en erreur l'utilisateur de ces comptes ;

– le détournement d'actifs (NEP 240 § 3).

Le terme « erreur » désigne une inexactitude involontaire dans les comptes, y compris l'omission d'un chiffre ou d'une information. Il doit être distingué de la « fraude » qui est l'acte intentionnel commis par un ou plusieurs dirigeants, personnes constituant le gouvernement d'entité, employés ou tiers, impliquant des manœuvres dolosives dans l'objectif d'obtenir un avantage indu ou illégal.

27492 **Modalités d'évaluation du risque de fraude** L'obligation pour le commissaire aux comptes d'appréhender et d'évaluer le risque de fraude doit notamment se concrétiser par des entretiens avec :

– les membres de l'équipe d'audit lors de la planification de la mission. Cet échange permet de sensibiliser l'ensemble des intervenants sur les éléments de comptes susceptibles de contenir des anomalies significatives résultant de fraudes, spécifiques à l'entité concernée et de répartir les procédures d'audit à mettre en œuvre au sein de l'équipe (NEP 240 § 9 et 10) ;

– la direction de l'entité qui permet à l'auditeur de s'informer sur la manière dont la direction évalue le risque de fraudes dans l'entité et sur les mesures mises en place dans ce domaine ; l'auditeur demande par ailleurs à la direction de l'informer des fraudes dont elle a connaissance ou dont elle suspecte l'existence (NEP 240 § 13) ;

– les auditeurs internes ou toute autre personne que l'auditeur financier estime utile d'interroger dans l'entité pour apprécier leur éventuelle connaissance de fraudes avérées, suspectées ou simplement alléguées concernant l'entité (NEP 240 § 14) ;

– les organes d'administration et de surveillance lorsqu'ils sont distincts de la direction, et le comité d'audit le cas échéant, en vue de corroborer les réponses apportées par la direction et d'obtenir leur avis, d'une part sur les systèmes existant dans l'entité destinés à identifier le risque de fraudes et à y répondre, d'autre part sur la compétence et l'intégrité des dirigeants (NEP 240 § 14 et 15).

27495 **Prise en compte du risque de fraude dans la démarche d'audit** L'auditeur doit faire preuve dans sa démarche d'audit d'un esprit critique : lorsqu'il planifie et exécute sa mission, il ne retient comme postulat ni que la direction est malhonnête, ni que son intégrité est indiscutable.

© Éd. Francis Lefebvre

AUDIT FINANCIER PAR PHASE ▮

Lorsque le commissaire aux comptes a identifié, lors de sa prise de connaissance de l'entité et de son environnement, des risques d'anomalies significatives résultant de fraudes, il évalue, dans tous les cas, la conception et la mise en œuvre des contrôles de l'entité qui se rapportent à ces risques (NEP 240 § 19).

> D'une manière générale, le risque d'audit est plus important lorsqu'il y a fraude, puisque celle-ci s'accompagne en règle générale d'une volonté de dissimulation de l'anomalie qui en est la conséquence. De même, les fraudes commises par la direction sont souvent plus difficiles à déceler que celles commises par le personnel, dans la mesure où il est plus aisé pour la direction de s'affranchir de certaines procédures formelles de contrôle.

En réponse à son évaluation du risque d'anomalies significatives résultant de fraudes **au niveau des comptes pris dans leur ensemble**, le commissaire aux comptes adapte son approche générale de la mission. Pour cela, il :
– reconsidère l'affectation des membres de l'équipe d'audit et le degré de supervision de leurs travaux ;
– analyse les choix comptables de l'entité, en particulier ceux qui concernent des estimations qui reposent sur des hypothèses ou des opérations complexes, ainsi que leur mise en œuvre. Il apprécie si ces choix sont de nature à porter atteinte à l'image fidèle des comptes ;
– introduit un élément d'imprévisibilité pour l'entité dans le choix de la nature, du calendrier et de l'étendue des procédures d'audit (NEP 240 § 20).

En réponse à son évaluation du risque d'anomalies significatives résultant de fraudes **au niveau des assertions**, le commissaire aux comptes conçoit et met en œuvre des procédures d'audit complémentaires à celles réalisées pour cette évaluation. Il détermine leur nature, leur calendrier et leur étendue en fonction du risque auquel elles répondent. Par exemple, il peut décider de faire davantage appel à l'observation physique de certains actifs, de recourir à des techniques de contrôle assistées par ordinateur, ou encore de mettre en œuvre des procédures analytiques plus détaillées (NEP 240 § 21).

En **complément** des réponses à l'évaluation du risque d'anomalies significatives résultant de fraudes et afin de répondre au risque que la direction s'affranchisse de certains contrôles mis en place par l'entité, le commissaire aux comptes conçoit et met en œuvre des procédures d'audit qui consistent à :
– vérifier le caractère approprié des écritures comptables et des écritures d'inventaire passées lors de la préparation des comptes ;
– revoir si les estimations comptables ne sont pas biaisées ;

> Pour cela, le commissaire aux comptes peut notamment revoir les jugements et les hypothèses de la direction reflétés dans les estimations comptables des années antérieures à la lumière des réalisations ultérieures.

– comprendre la justification économique d'opérations importantes qui lui semblent être en dehors des activités ordinaires de l'entité, ou qui lui apparaissent inhabituelles eu égard à sa connaissance de l'entité et de son environnement (NEP 240 § 22).

Tout au long de la mission, le commissaire aux comptes apprécie si son évaluation du risque d'anomalies significatives résultant de fraudes au niveau des assertions reste appropriée. La détection d'une fraude peut ainsi remettre en cause l'évaluation des risques dans la mesure où elle remet en cause l'efficacité du contrôle interne et peut amener l'auditeur financier à reconsidérer la nature, le calendrier ou l'étendue des procédures d'audit planifiées et à reconsidérer les informations obtenues de la direction (NEP 240 § 23 et 26).

Lorsqu'il relève une anomalie significative, le commissaire aux comptes apprécie si celle-ci peut constituer l'indice d'une fraude. Lorsqu'il met en œuvre, à la fin de l'audit, des procédures analytiques lui permettant d'apprécier la cohérence d'ensemble des comptes, il apprécie si les corrélations inhabituelles ou inattendues indiquent l'existence d'un risque, jusqu'alors non identifié, d'anomalies significatives résultant de fraudes (NEP 240 § 24 et 25).

> Les procédures d'audit ne permettant pas de déceler toutes les fraudes, la découverte d'une anomalie ne constitue pas en soi un manquement à l'obligation d'obtenir une assurance raisonnable, ni la preuve d'une inadéquation de la démarche d'audit ou d'une insuffisance de compétence de l'auditeur. Le point de savoir si le commissaire aux comptes a effectué un audit conforme aux normes d'exercice professionnel s'apprécie au regard du caractère adéquat des procédures d'audit mises en œuvre dans chaque cas d'espèce (Doctrine professionnelle de la CNCC, ancienne norme CNCC 2-105 § 13).

Lorsque le commissaire aux comptes conclut que les comptes comportent des anomalies significatives résultant de fraudes, ou n'est pas en mesure de conclure sur ce point, il en

27495
(suite)

AUDIT FINANCIER PAR PHASE © Éd. Francis Lefebvre

informe dès que possible la direction et les organes mentionnés à l'article L 823-16 du Code de commerce d'une part (NEP 240 § 28 et 29). Il apprécie par ailleurs, en fonction de la nature de l'anomalie identifiée, la nécessité d'engager des actions en termes de révélation de faits délictueux et de déclaration de soupçons.

27498 **Documentation** Le commissaire aux comptes consigne dans son dossier de travail :
– les décisions importantes prises au cours des échanges entre les membres de l'équipe d'audit sur le risque d'anomalies significatives résultant de fraudes dans les comptes ;
– les risques d'anomalies significatives résultant de fraudes identifiées au niveau des comptes pris dans leur ensemble et au niveau des assertions ;
– l'adaptation de son approche générale en réponse au risque d'anomalies significatives résultant de fraudes au niveau des comptes pris dans leur ensemble ainsi que la nature, le calendrier et l'étendue des procédures d'audit conçues et mises en œuvre en réponse à son évaluation du risque et le lien entre ces procédures et les risques évalués au niveau des assertions ;
– les conclusions des procédures d'audit, et notamment de celles qui sont destinées à répondre au risque que la direction s'affranchisse des contrôles ;
– le cas échéant, les raisons motivant son appréciation selon laquelle il n'existe pas de risque de fraude dans la comptabilisation des produits ;

Il existe une présomption de risque d'anomalies significatives résultant de fraudes dans la comptabilisation des produits. De ce fait, lorsque le commissaire aux comptes estime que ce risque n'existe pas, il en justifie dans son dossier (NEP 240 § 19).

– les communications qu'il a faites en matière de fraude à la direction, à l'organe d'administration ou au directoire et au conseil de surveillance et au comité d'audit le cas échéant ;
– le cas échéant, la révélation au procureur de la République de faits délictueux (NEP 240 § 31).

On rappelle enfin que, dans les **déclarations écrites que l'auditeur légal demande à la direction**, doivent être mentionnées un certain nombre d'affirmations relatives aux fraudes et risques de fraudes (voir nᵒˢ 30780 s.).

Prise en compte du caractère significatif

27500 La nécessité de distinguer l'essentiel de l'accessoire conduit l'auditeur à formaliser, à ce stade de ses travaux, les différents seuils qu'il utilise dans le courant de sa mission :
– **seuil de signification** : montant au-delà duquel les décisions économiques ou le jugement fondé sur les comptes sont susceptibles d'être influencés (NEP 320 § 06) ;
– **seuil de planification** : seuil d'un montant inférieur au seuil de signification utilisé par le commissaire aux comptes pour définir la nature et l'étendue de ses travaux (NEP 320 § 07).

Sur les aspects relatifs à la détermination du caractère significatif et à la définition des seuils de signification et de planification, le lecteur pourra se reporter aux nᵒˢ 25460 s.

27505 En s'appuyant sur les seuils qu'il a déterminés, l'auditeur financier évalue l'importance relative des risques possibles qu'il a identifiés : en fonction de son analyse, il en déduit la nécessité soit d'alléger, soit de renforcer, soit de maintenir le niveau de diligences standard.

Ainsi, une faille détectée dans le suivi d'un stock de fournitures de bureau ne méritera sans doute pas de mise en œuvre de diligences particulières si les montants en cause représentent un montant parfaitement négligeable dans les comptes de l'entité auditée. Dans une telle situation, sauf cas particulier, l'auditeur se bornera à faire état de l'insuffisance relevée au responsable approprié sans en tirer de conséquence particulière sur l'orientation de sa mission.

B. Finalisation de l'approche par les risques

27520 La phase de prise de connaissance et d'approche des risques s'achève par la mise en œuvre des travaux définis par les NEP 300 « Planification de l'audit » et 210 « Lettre de mission », qui comprennent :
– l'élaboration d'un plan de mission ;
– l'élaboration d'un programme de travail ;
– la rédaction et l'envoi à l'entité d'une lettre de mission.

666

© Éd. Francis Lefebvre

AUDIT FINANCIER PAR PHASE

Selon la NEP 300 – Planification de l'audit –, « l'audit des comptes mis en œuvre par le commissaire aux comptes appelé à certifier les comptes d'une entité fait l'objet d'une planification. Cette planification est formalisée notamment dans un plan de mission et un programme de travail » (NEP 300 § 01). Par ailleurs, le commissaire aux comptes définit les modalités de sa mission dans une lettre de mission (NEP 210 § 01).

Élaboration du plan de mission

Définition Sur la base des éléments collectés dans le cadre de la prise de connaissance de l'entité et de l'évaluation des risques, l'auditeur procède à l'élaboration du plan de mission.

27525

Le plan de mission est un document synthétique formalisant l'orientation et la planification de la mission et définissant l'approche générale des travaux.

C'est un document essentiel dans l'élaboration de la démarche d'audit. Il a pour fonction, à partir d'une synthèse de la prise de connaissance de l'entité contrôlée et de ses particularités, de formaliser la stratégie générale de l'audit sur l'exercice et, dans le cas du commissariat aux comptes, d'anticiper la stratégie applicable sur la durée restante du mandat. Il doit exposer a minima (NEP 300 § 10) :
– l'étendue, le calendrier et l'orientation des travaux ;
– le ou les seuils de signification retenus ;
– et les lignes directrices nécessaires à la préparation du programme de travail.

Objectifs L'objectif poursuivi par la formalisation de la stratégie d'audit au travers du plan de mission est double :

27528

– synthétiser l'approche des risques dans un document unique et en déduire l'approche d'audit retenue, ce document étant un vecteur de communication au sein de l'équipe d'audit ;
– démontrer si nécessaire auprès des tiers le caractère adapté des procédures d'audit mises en œuvre en justifiant de la pertinence de l'articulation entre l'évaluation des risques et les travaux que l'auditeur envisage de mettre en œuvre en réponse à cette évaluation.

Contenu Il n'y a pas de structure imposée pour le plan de mission. Il importe néanmoins que son contenu s'inscrive dans la logique de l'approche par les risques.

27530

À titre indicatif, le plan de mission peut comprendre :

1. Une **définition de la mission** : il s'agit de rappeler le contexte dans lequel prend place l'audit financier : audit légal ou contractuel, audit légal avec ou sans cocommissaire, audit portant sur des comptes individuels ou consolidés, etc. Peuvent également être rappelées à ce stade les préoccupations de l'entité contrôlée.

2. Une **présentation de l'entité** : le plan de mission doit rappeler dans les grandes lignes l'activité de l'entité, ses métiers et sa stratégie, les principales données chiffrées qui la caractérisent, les données de base sur son organisation, les contraintes légales et réglementaires spécifiques auxquelles elle est soumise.

3. Une **synthèse de l'approche des risques** : cette composante peut prendre par exemple la forme d'une synthèse restituant l'essentiel des éléments collectés dans le cadre de la prise de connaissance de l'entité accompagnée d'un tableau récapitulant l'évaluation des risques par cycle.

4. Une **description des procédures d'audit** dont la mise en œuvre est envisagée à l'issue de l'évaluation des risques d'anomalies significatives dans les comptes.

Cette partie du plan de mission est essentielle ; elle a pour objectifs de définir les principales orientations données à la mission en réponse à l'évaluation des risques et de fixer le ou les seuils de signification et de planification ; elle fait état des risques d'anomalies identifiés et des points forts de contrôle interne à tester.

5. Une **évaluation des temps, qualifications et honoraires** nécessaires à l'accomplissement de la mission.

Si l'auditeur intervient dans le cadre d'un audit légal, il doit apprécier le temps nécessaire à la mise en œuvre de ses travaux en référence au barème légal (voir nᵒˢ 9930 s.). Cependant, l'usage conduit ordinairement l'auditeur à insérer dans la lettre de mission une clause prévoyant la révision du budget, sous réserve d'obtenir l'accord du client, dans le cas où des difficultés particulières ou des événements imprévus apparaîtraient lors de la réalisation de la mission d'audit.

667

AUDIT FINANCIER PAR PHASE © Éd. Francis Lefebvre

6. Une **présentation de l'équipe d'audit** et des différentes **phases de l'intervention** (intérim, assistance à l'inventaire physique, pré-final, final, examen limité des comptes semestriels…).

> Le plan de mission peut également faire état des dates clés à respecter, de la ventilation du budget par phase d'intervention, de la nature et du format des documents qui seront présentés à l'entité (« délivrables »), des modalités de communication avec la direction et les organes mentionnés à l'article L 823-16 du Code de commerce, etc.

Établissement du programme de travail

27535 En application de l'article R 823-11, al. 3 du Code de commerce, « le programme de travail définit la nature et l'étendue des diligences estimées nécessaires, au cours de l'exercice, à la mise en œuvre du plan [de mission], compte tenu des prescriptions légales et des normes d'exercice professionnel ; il indique le nombre d'heures de travail affectées à l'accomplissement de ces diligences ».

Modifications apportées au plan de mission et au programme de travail

27537 Sur la base des éléments collectés lors de la mise en œuvre des procédures d'audit, l'auditeur peut décider de modifier les éléments planifiés et consignés dans le plan de mission et le programme de travail. Il peut être ainsi amené à modifier son approche générale, à revoir ses choix et à prévoir des travaux complémentaires ou différents. Ces modifications ainsi que les raisons qui les ont motivées sont consignées dans le dossier (NEP 300 § 12 et 13).

Ainsi, l'auditeur qui avait prévu, en réponse à son approche des risques, de s'appuyer sur un point fort de contrôle interne, et qui s'aperçoit qu'en pratique la procédure identifiée ne fonctionne pas de manière satisfaisante sera-t-il généralement amené à réaliser des contrôles de substance non programmés à l'origine afin de mesurer l'impact sur les comptes du dysfonctionnement constaté.

> En pratique, ces modifications sont généralement :
> – portées directement dans le programme de travail ;
> – intégrées dans une version amendée du plan de mission.
> Il est, à cet égard, primordial de conserver les versions successives et datées du plan de mission afin de répondre aux exigences de documentation de l'adaptation de l'approche d'audit faite en réponse à l'évaluation du risque d'anomalies significatives dans les comptes et des éléments collectés tout au long des procédures d'audit.

Établissement de la lettre de mission

27540 **Définition** La lettre de mission est la lettre qui définit les modalités de l'intervention du commissaire aux comptes.

27545 Que la mission soit réalisée dans le cadre de la certification légale, de services autres que la certification des comptes ou dans un cadre purement contractuel, la lettre de mission est en pratique impérative dans la mesure où elle permet de confirmer l'accord des parties sur les modalités de la mission.

27550 Les principes régissant la lettre de mission sont définis dans la norme d'exercice professionnel « Lettre de mission » révisée en mai 2021. La norme prévoit que le commissaire aux comptes définit les modalités de sa « mission » dans une lettre de mission.

Au sens de la NEP précitée, la « mission » couvre à la fois la mission de contrôle légal et les interventions autres que le contrôle légal expressément et exclusivement requises du commissaire aux comptes de la personne ou de l'entité par les dispositions légales ou réglementaires ou par des dispositions du droit de l'Union européenne ayant un effet direct en droit national.

La lettre de mission est établie par le commissaire aux comptes lors de la **première année** de son mandat. Par la suite, au cours de son mandat, lorsque les circonstances entraînent des **modifications importantes des modalités** de sa mission, le commissaire aux comptes révise le contenu de la lettre de mission (voir n° 27577).

Dans tous les cas, la lettre de mission doit faire l'objet d'un accord de la personne ou de l'entité contrôlée sur les modalités exposées (voir n° 27580).

668

© Éd. Francis Lefebvre

AUDIT FINANCIER PAR PHASE

On pourrait s'interroger a priori sur l'**utilité** de la lettre de mission dans la mesure où la mission et les rapports à émettre sont définis par les textes légaux et réglementaires, et les diligences à réaliser par les normes d'exercice professionnel. La lettre de mission n'en présente pourtant pas moins une utilité indiscutable dans la mesure où les modalités pratiques de mise en œuvre des diligences et d'intervention, les modes de communication des conclusions avec l'entité en dehors des rapports légaux peuvent varier. La lettre de mission est par ailleurs un excellent vecteur de communication entre le commissaire aux comptes et l'entité ; elle comporte notamment l'indication du montant des honoraires prévus pour la mission. Il est donc recommandé d'établir une lettre de mission annuellement.

L'établissement de la lettre de mission doit être préalable à la mise en œuvre des travaux de vérification et de contrôle afin d'éviter tout malentendu sur les modalités de la mission (voir n°s 27575 s.).

Contenu de la lettre de mission Le contenu diffère selon les caractéristiques de l'entité contrôlée (forme juridique, secteur d'activité, société entrant dans un périmètre de consolidation...) desquelles résulte un champ d'intervention du commissaire aux comptes plus ou moins étendu (certification des comptes sociaux et, le cas échéant, des comptes consolidés, examen limité des comptes semestriels, émission du rapport spécial sur les conventions réglementées...). **27560**

Lorsque la mission se situe dans le cadre de services autres que la certification des comptes, la lettre de mission revêt une importance particulière dans la mesure où elle fixe les engagements, les obligations et donc dans une certaine mesure la responsabilité de l'auditeur. **27565**

Le **contenu** de la lettre de mission est déterminé par la norme précitée (NEP 210 § 6). « Sans préjudice des engagements contractuels ou d'autres éléments liés aux particularités de la personne ou de l'entité que le commissaire aux comptes jugerait utile d'ajouter, la lettre de mission comporte les éléments suivants : **27570**
– l'objectif et l'étendue du contrôle légal et des autres interventions dont la réalisation est connue au moment de l'établissement de la lettre de mission et qu'il entend mener en application des dispositions légales et réglementaires ;
– la mention selon laquelle d'autres interventions requises par les dispositions légales ou réglementaires seront susceptibles d'être réalisées selon les circonstances ou la survenance d'évènements affectant la personne ou l'entité ;
– le calendrier d'intervention ;
– le cas échéant, la répartition des travaux entre les cocommissaires aux comptes ;
– le nom des signataires ;
– l'éventuel recours, sous la responsabilité du commissaire aux comptes, pour la réalisation de certains travaux, à des collaborateurs externes et/ou des experts ;
– le cas échéant, la mention que la certification des comptes consolidés est délivrée après examen des travaux des professionnels chargés du contrôle des comptes des personnes et entités comprises dans la consolidation, conformément aux dispositions de l'article L 823-9 du Code de commerce ;
– le devoir de la personne ou de l'entité de communiquer au commissaire aux comptes les informations et documents prévus par les dispositions légales et réglementaires ;
– la nécessité de mettre à la disposition du commissaire aux comptes tout document, pièce justificative ou autre information demandée dans le cadre de ses travaux ;
– la nécessité de laisser au commissaire aux comptes libre accès aux personnes physiques au sein de la personne ou de l'entité ainsi qu'aux tiers mentionnés à l'article L 823-14 du Code de commerce, auprès desquels le commissaire aux comptes considère qu'il est nécessaire de recueillir des informations ;
– la demande d'une confirmation écrite du représentant légal de la personne ou de l'entité pour ce qui concerne les déclarations faites au commissaire aux comptes nécessaires à sa mission ;
– le rappel de l'obligation de communication avec les organes mentionnés à l'article L 823-16 du Code de commerce ;
– le budget d'honoraires de la mission de contrôle légal et des autres interventions dont la réalisation est connue au moment de l'établissement de la lettre de mission ainsi que, le cas échéant, la répartition de ce budget entre les cocommissaires aux comptes, et les conditions de facturation. »

669

AUDIT FINANCIER PAR PHASE   © Éd. Francis Lefebvre

27575 **Établissement de la lettre de mission** La norme précitée précise que la lettre de mission est établie par le commissaire aux comptes la première année de son mandat et communiquée à la personne ou à l'entité préalablement à la mise en œuvre de ses travaux de vérification et de contrôle (NEP 210 § 03).

Dans le cas où la mission est confiée à **plusieurs commissaires aux comptes**, ceux-ci établissent soit une lettre de mission conjointe, soit des lettres de mission individuelles, après avoir échangé entre eux (NEP 210 § 04).

Lorsque le commissaire aux comptes d'une personne ou d'une entité qui établit des **comptes consolidés ou combinés** est également commissaire aux comptes d'une ou de plusieurs personnes ou entités du même ensemble, il apprécie s'il convient d'établir une lettre de mission commune à plusieurs de ces personnes ou entités.

Lorsque le commissaire aux comptes choisit d'établir une lettre de mission commune, il demande à la personne ou à l'entité mère de lui confirmer par écrit que les personnes ou les entités de l'ensemble ont donné leur accord sur le contenu de la lettre de mission pour ce qui les concerne (NEP 210 § 05).

27577 **Révision de la lettre de mission** Au cours de son mandat, lorsque les circonstances entraînent des modifications importantes des modalités de sa mission, le commissaire aux comptes révise le contenu de la lettre de mission. Ces circonstances peuvent être notamment (NEP 210 § 07) :
– « des difficultés particulières rencontrées dans la mise en œuvre de ses travaux ;
– des changements intervenus au sein de la direction ou de l'actionnariat ;
– des changements dans la nature, l'importance, l'organisation ou la localisation des activités de la personne ou de l'entité ;
– la survenance d'un événement ou de circonstances nécessitant des diligences supplémentaires ;
– des précisions à apporter à la direction sur l'objectif et/ou l'étendue de la mission ».

Ces nouveaux éléments peuvent soit être intégrés dans une **lettre de mission révisée** qui se substitue à la précédente, soit dans un **avenant** à la lettre de mission (NEP 210 § 07).

Si, en l'absence de modifications, l'établissement annuel d'une lettre de mission ne s'impose pas, il n'en apparaît pas moins utile de confirmer chaque année à la personne ou à l'entité contrôlée les modalités de la mission, et de préciser les modifications prévues dans le programme de travail, les évolutions du budget d'honoraires. En cas de litige d'honoraires, la chambre de discipline qui instruira le dossier s'appuiera nécessairement sur la lettre de mission et sur l'accord du client (La lettre de mission du commissaire aux comptes, J. Audas : Économie et comptabilité n° 234 avril 2006 p. 32).

27580 Le commissaire aux comptes demande à la personne ou l'entité d'**accuser réception** de la lettre de mission initiale et de **confirmer** son **accord** sur les modalités exposées. L'accord de la personne ou entité devra être obtenu de préférence par écrit, et l'accusé de réception de la lettre de mission devra figurer au dossier du commissaire aux comptes ainsi que la mention de tout désaccord éventuel.

La norme précitée précise (NEP 210 § 8) que « lorsque le **désaccord** remet en cause le bon déroulement de la mission, le commissaire aux comptes applique les mesures visant à remédier à cette situation en application des dispositions légales et réglementaires et, le cas échéant, en tire toutes les conséquences sur l'expression de son opinion ou la formulation de ses conclusions ainsi que sur le maintien de son mandat auprès de la personne ou de l'entité concerné ». Les mêmes principes s'appliquent à la lettre de mission révisée qui se substitue à la précédente ou à l'avenant de la lettre de mission.

En termes de jurisprudence, il ressort d'un arrêt rendu par la Cour de Grenoble à la suite d'un litige sur les honoraires d'un commissaire aux comptes, que l'absence de signature de la lettre de mission par le client ne fait pas obstacle au droit à rémunération du commissaire aux comptes si celui-ci établit avoir rempli sa mission (CA Grenoble 5-11-2020 n° 18/01136 ch. commerciale : Bull. CNCC n° 200-2020 note Ph. Merle).

SECTION 2

Évaluation du contrôle interne

27700 L'évaluation du contrôle interne constitue une **étape indispensable** de la démarche d'audit. Elle permet d'apprécier l'organisation et le système d'information qui concourent à la production des comptes soumis à la certification.

Les aspects relatifs à l'évaluation du contrôle interne sont regroupés dans cette section dans la mesure où ils correspondent à une phase de l'audit qui présente sa cohérence propre. Dans la pratique,

© Éd. Francis Lefebvre   **AUDIT FINANCIER PAR PHASE** ▐

l'évaluation du contrôle interne ressort à la fois de la planification de la mission, qui conduit le commissaire aux comptes à identifier les principaux éléments de contrôle interne pertinents pour l'audit (voir supra n°s 27250 s.) et de la mise en œuvre des procédures de contrôle proprement dites qui permettent, le plus souvent à l'occasion d'une intervention d'intérim, de compléter l'évaluation théorique du contrôle interne et de mettre en œuvre les tests de procédures.

Sont étudiées ci-après :   **27710**
– la notion de contrôle interne (n°s 27800 s.) ;
– la méthodologie d'évaluation du contrôle interne (n°s 28450 s.).

I. Notions générales

L'approche de la notion de contrôle interne peut être effectuée :   **27800**
– au travers de ses principales caractéristiques (n°s 27850 s.) ;
– en étudiant les éléments qui le constituent (n°s 28000 s.) ;
– en analysant son rôle dans la démarche de l'auditeur financier (n°s 28250 s.).

A. Caractéristiques du contrôle interne

Il existe de nombreuses définitions du contrôle interne. Trois d'entre elles sont reprises   **27850**
ci-après, qui font bien ressortir les principaux objectifs poursuivis par la mise en place du
contrôle interne.

Définitions

Définition de la CNCC « Le système de contrôle interne est l'ensemble des poli-   **27875**
tiques et procédures (contrôles internes) mises en œuvre par la direction d'une entité en
vue d'assurer, dans la mesure du possible, la gestion rigoureuse et efficace de ses activités. Ces procédures impliquent le respect des politiques de gestion, la sauvegarde des
actifs, la prévention et la détection des irrégularités et inexactitudes, l'exactitude et l'exhaustivité des enregistrements comptables et l'établissement en temps voulu d'informations financières ou comptables fiables. » Le système de contrôle interne s'entend au-
delà des domaines liés au système comptable. Il comprend :
– « l'"environnement général de contrôle interne" qui est l'ensemble des comportements,
degrés de sensibilisation et actions de la direction (y compris le gouvernement d'entreprise)
concernant le système de contrôle interne et son importance dans l'entité [...] ;
– les "procédures de contrôle" qui désignent les politiques et procédures définies par la
direction afin d'atteindre les objectifs spécifiques de l'entité complémentaires à l'environnement général de contrôle interne [...] » (Ancienne norme CNCC n° 2-301 § 08).

Référentiel Coso Dans le référentiel Coso « le contrôle interne est un processus mis   **27885**
en œuvre par le conseil d'administration, les dirigeants et le personnel d'une organisation,
destiné à fournir une assurance raisonnable quant à la réalisation d'objectifs liés aux opérations, au *reporting* et à la conformité » (Référentiel Coso mis à jour en mai 2013).
En 1985, aux États-Unis, la « *Treadway Commission* » a constitué un groupe de travail
réunissant des représentants de grandes entités, de cabinets d'audit et des membres
de l'IIA (*Institute of Internal Auditors*) et l'AICPA (*American Institute of Certified Public
Accountants*) afin d'élaborer une approche de référence sur le contrôle interne. Le
groupe de travail a publié le résultat de ses travaux en 1992 sous le nom de « *Internal
Control Framework* », plus connue sous le nom de « **Coso Report** » (*Committee of Sponsoring Organizations of the Treadway Commission*). Ce référentiel, considéré comme le
plus complet existant actuellement, a été intégré par l'AICPA en 1995 comme référentiel
dans le SAS 55 « Prise en considération de la structure du contrôle interne lors de l'audit
des comptes ». Il a également inspiré les travaux menés en Angleterre par le comité
Turnbull, qui retient sa définition du contrôle interne. Il est par ailleurs utilisé par les
auditeurs internes, et notamment par l'Ifaci (Institut de l'audit interne), qui en organise
la promotion en France. Enfin, le référentiel Coso a été retenu par l'AICPA aux États-
Unis comme référentiel de référence pour l'application des dispositions de la loi
Sarbanes-Oxley relatives au contrôle interne.

AUDIT FINANCIER PAR PHASE © Éd. Francis Lefebvre

27888 **Définition de l'Autorité des marchés financiers** « Le contrôle interne est un dispositif de la société, défini et mis en œuvre sous sa responsabilité. Il comprend un ensemble de moyens, de comportements, de procédures et d'actions adaptés aux caractéristiques propres de chaque société qui :
– contribue à la maîtrise de ses activités, à l'efficacité de ses opérations et à l'utilisation efficiente de ses ressources ; et
– doit lui permettre de prendre en compte de manière appropriée les risques significatifs, qu'ils soient opérationnels, financiers ou de conformité.
Le dispositif vise plus particulièrement à assurer :
– la conformité aux lois et règlements ;
– l'application des instructions et des orientations fixées par la direction générale ou le directoire ;
– le bon fonctionnement des processus internes de la société, notamment ceux concourant à la sauvegarde de ses actifs ;
– la fiabilité des informations financières.
Le contrôle interne ne se limite donc pas à un ensemble de procédures ni aux seuls processus comptables et financiers.
La définition du contrôle interne ne recouvre pas toutes initiatives prises par les organes dirigeants ou le management comme la définition de la stratégie de la société, la détermination des objectifs, les décisions de gestion, le traitement des risques ou le suivi des performances. Par ailleurs, le contrôle interne ne peut fournir une garantie absolue que les objectifs de la société seront atteints » (Les dispositifs de gestion des risques et de contrôle interne – Cadre de référence – 22-7-2010).

Principaux objectifs

27900 Les définitions qui précèdent permettent de faire ressortir les principaux objectifs du contrôle interne :
– la protection du patrimoine de l'entité ;
– la qualité de l'information, et en particulier de l'information financière ;
– l'amélioration des performances ;
– l'application des instructions de la direction.

27905 Le référentiel Coso introduit une notion importante, **« l'assurance raisonnable »** signifiant que le contrôle interne ne peut constituer une garantie totale (voir n⁰ˢ 28350 s.).
En revanche, il convient que les procédures existantes soient efficaces et garantissent une **couverture raisonnable des risques**.

27915 D'une manière générale, le **champ d'application du contrôle interne** est vaste et déborde largement les aspects financiers, puisqu'il a notamment pour objet l'amélioration des performances. Le contrôle interne peut se définir comme l'ensemble des procédures ou sécurités mises en place pour couvrir les risques mettant en péril l'ensemble des objectifs de l'entité (qualité de l'information financière, mais aussi développement du chiffre d'affaires, amélioration de la rentabilité, du climat social, etc.).
Ne seront abordés dans le cadre de ce Mémento que les seuls aspects intéressant directement l'auditeur financier.

B. Éléments constitutifs du contrôle interne

28000 Le contrôle interne est constitué :
– de principes fondamentaux d'organisation qui concourent à l'existence d'un environnement favorable à la mise en place de procédures fiables ;
– de techniques spécifiques d'organisation permettant de conférer la sécurité nécessaire aux opérations mises en œuvre dans l'entité.

Principes fondamentaux d'organisation

28050 Les principes fondamentaux du contrôle interne constituent des conditions préalables à la mise en place d'un contrôle interne performant. Le non-respect ou l'absence de ces

© Éd. Francis Lefebvre

AUDIT FINANCIER PAR PHASE

principes a pour conséquence la déficience du contrôle interne, quelle que soit la qualité des procédures mises en place.

L'ancienne norme CNCC 2-301 § 08 a précisé que les éléments essentiels qui constituent l'environnement général de contrôle interne sont :
– la philosophie et le style de direction ;
– la fonction du conseil d'administration et de ses comités ;
– la structure de l'entité et les méthodes de délégation de pouvoirs et de responsabilités ;
– le système de contrôle de la direction comprenant la fonction d'audit interne, les politiques et les procédures relatives au personnel ainsi que la répartition des tâches.

Les **éléments de base** généralement retenus comme conditionnant la qualité du contrôle interne comprennent : **28053**
– l'existence d'une **organisation claire et reconnue**. Cette condition implique une répartition non équivoque des tâches entre les différents acteurs de l'entité, l'existence de procédures et de règles bien définies de circulation de l'information. Il faut par ailleurs que cette organisation soit connue par les membres de l'entité. Une absence d'organisation, une organisation trop floue ou méconnue empêchent la mise en place d'un contrôle interne efficace.

Cette condition suppose généralement une formalisation de l'organisation se matérialisant par un organigramme détaillé et des procédures administratives et comptables écrites le plus souvent sous forme de manuels.

L'organisation doit également être adaptée aux objectifs de l'entité et évoluer en fonction de ces objectifs. Ce critère est toutefois plus difficile à apprécier par l'auditeur financier ;

– la **compétence du personnel**. Un personnel incompétent ou non adapté aux objectifs de l'entité constitue un élément défavorable à un fonctionnement correct du dispositif de contrôle interne ; **28055**

– l'**intégrité du personnel** et la **loyauté des dirigeants**. L'honnêteté des personnes et l'éthique au sein de l'entité constituent des facteurs déterminants dans l'appréciation de l'environnement de contrôle interne. L'implication du management est prépondérante dans l'instauration d'une éthique d'entité. **28058**

Sans que cette dernière condition soit impérative dans toutes les entités, notamment dans les entreprises de moyenne ou faible dimension, l'existence de structures spécifiques de contrôle au sein de l'entité favorise fortement l'efficacité des dispositifs de contrôle interne. Ainsi la présence d'un service d'audit interne et/ou d'un comité d'audit ne peut-il que contribuer à la création d'un climat favorable au contrôle interne, même si ceux-ci ne peuvent en aucun cas apporter une garantie absolue à son bon fonctionnement.

Outils et techniques de contrôle interne

L'existence d'un contrôle interne efficace nécessite la mise en place de **procédures de sécurité ou de contrôle** contribuant à la couverture des risques encourus. **28100**

La liste des techniques évoquées ci-dessous n'est pas exhaustive. Ce sont les plus répandues. On observera par ailleurs que ces techniques ne sont efficaces que dans la mesure où elles peuvent être considérées comme pertinentes dans le contexte spécifique de leur mise en place.

Séparation des fonctions La règle de séparation des fonctions est une règle d'organisation primordiale, qui contribue à garantir un bon niveau de contrôle interne en atténuant les risques de fraudes, d'erreurs ou de négligences. **28103**

Le respect du principe de séparation des tâches suppose généralement l'absence de **cumul** des fonctions suivantes : **28105**
– fonction de décision (décideur autorisant ou approuvant) ;
– fonction de détention de valeurs ou de biens (caissier, magasinier, etc.) ;
– fonction d'enregistrement (comptable) ;
– fonction de contrôle (par exemple auditeur interne).

La séparation des tâches est un principe de base dans toute organisation d'une certaine taille. Par son existence même, elle apporte de la sécurité aux opérations, celles-ci devant être traitées par plusieurs personnes. Le contrôle qui en résulte peut néanmoins être contourné par la collusion entre deux ou plusieurs personnes. **28108**

673

AUDIT FINANCIER PAR PHASE © Éd. Francis Lefebvre

Le principe de séparation des tâches n'est pas toujours applicable dans une petite entité compte tenu de la faiblesse des volumes d'opérations, du manque de spécialisation des intervenants, du caractère restreint des effectifs en place. Des opérations spécifiques de contrôle sont alors nécessaires, ciblées en fonction des cumuls de fonctions constatés.

28110 **Contrôles ciblés d'opérations** La réalisation de contrôles ciblés d'opérations constitue une technique simple, dont la mise en œuvre nécessite une analyse préalable des risques afin de déterminer le plus efficacement possible les procédures à contrôler ainsi que l'ampleur de l'échantillon à examiner. Il peut s'agir :
– de contrôles séquentiels ;
– de totalisation d'états ;
– d'examen de pièces justificatives.
La mise en œuvre de contrôles a posteriori peut être réalisée par un service ad hoc (service d'audit interne) ou par d'autres personnes de l'entité chargées, de par leur position dans l'organisation, de contrôler régulièrement le déroulement de certaines opérations.

28112 **Existence de délégations formalisées et appropriées** À partir d'une certaine taille, les dirigeants doivent nécessairement déléguer une partie de leurs pouvoirs à d'autres personnes, qui à leur tour peuvent se trouver dans l'obligation de subdéléguer leurs pouvoirs. La qualité du système de délégation constitue un élément clé du système de contrôle interne. Il s'apprécie en fonction de plusieurs éléments, parmi lesquels figurent notamment :
– la formalisation des délégations ;
– l'approbation des subdélégations par le niveau supérieur ;
– le respect du principe de séparation des fonctions.

28115 **Supervision des délégations** L'existence de délégations implique nécessairement la mise en place d'une supervision permettant au délégataire de s'assurer que la délégation est exercée conformément à ce qui a été défini.

28118 **Description des traitements informatiques et des logiciels** Le rôle prédominant de l'informatique, accentué par la mise en place de logiciels intégrés type « ERP », confère à cette technique un rôle particulièrement important. La description des traitements informatiques et des logiciels conditionne en effet la transparence de ces processus.

28121 **Restriction des accès** La restriction des accès du personnel à certains **documents** (diffusion limitée), à certains **fichiers** ou **applications informatiques** (instauration de mots de passe et modification régulière de ceux-ci), à certains **lieux** géographiques (mise en place de badges d'accès) permet de limiter les risques de fraude ou de divulgation d'informations en réduisant le nombre de personnes concernées. La restriction des accès aux seules personnes qui en ont besoin facilite également la mise en place d'une séparation stricte des tâches.

28124 **Protection physique** Certains documents ou matériels sensibles doivent être protégés. C'est le cas, par exemple, des chéquiers, de la caisse, des processus de fabrication, des informations financières, des micro-ordinateurs, etc. Il convient que soient mises en place les règles de protection appropriées : rangement des valeurs dans des coffres, fermeture à clé des salles contenant du matériel susceptible d'être volé, surveillance des stocks, etc.

28127 **Autocontrôle** L'organisation génère par elle-même des points de contrôle, indépendamment de toute intervention extérieure, grâce à l'existence de recoupements, de contrôles réciproques des tâches, de contrôles informatiques… Les anomalies sont ainsi mises automatiquement en évidence lors de la réalisation des tâches ultérieures.

28130 **Piste d'audit** Sur le plan comptable, la piste d'audit désigne la possibilité de remonter aux pièces justificatives à partir d'un compte donné. Dans le domaine du contrôle interne, l'existence de la piste d'audit repose sur la possibilité de valider une information ou une opération en remontant à sa source. Elle implique donc un enregistrement, une formalisation, une numérotation des pièces et un classement rendant accessible et vérifiable cette opération ou cette information.

C. Rôle du contrôle interne dans la démarche d'audit

Le contrôle interne joue un rôle essentiel dans la démarche de l'auditeur financier. Il n'en présente pas moins un certain nombre de limites dont doit rester conscient le professionnel.

28250

Pour plusieurs raisons, l'évaluation du contrôle interne est généralement une **nécessité** pour l'auditeur financier :
– les seuls contrôles de substance peuvent être considérés comme non suffisants pour réduire le risque d'audit à un niveau suffisamment faible (voir également n° 28275) ;
– l'auditeur ne peut pas obtenir la conviction que tous les enregistrements ont été retranscrits en comptabilité sans s'appuyer sur les procédures ;
– certains tests portant sur la justification des opérations ne peuvent être réalisés que dans la mesure où l'auditeur a acquis une connaissance des procédures lui permettant d'apprécier la pertinence des documents « justificatifs » susceptibles de lui être présentés ;
– les dirigeants ne peuvent, seuls, s'assurer que leurs procédures et décisions ont été correctement appliquées.

28260

> Les dirigeants de l'entité auditée attendent généralement du commissariat aux comptes autre chose que le simple respect d'une obligation légale. Ils voient dans l'auditeur financier un organe de contrôle veillant à la qualité de l'information produite et à l'application au sein de l'entité des instructions de la direction et susceptible, en raison du regard extérieur qu'il porte sur l'entité, d'améliorer la qualité de ses procédures. Ces attentes sont légitimes dès lors que sont respectées les dispositions légales et déontologiques de la profession.

Ainsi, l'auditeur doit examiner les procédures de traitement des opérations pour s'assurer qu'elles permettent de remplir les **objectifs** du contrôle interne. Plus précisément, l'intérêt de l'auditeur financier porte uniquement sur les procédures qui concourent à l'établissement, dans des délais normaux, de **comptes annuels fiables et sincères** : le contrôle interne doit être suffisamment fiable pour permettre à l'organisation de réduire les risques potentiels d'anomalies, y compris d'erreurs, à un niveau raisonnable.

28265

Cette limitation n'a pas pour effet de limiter les préoccupations de l'auditeur aux seules procédures comptables dans la mesure où de nombreuses procédures n'ayant pas un caractère comptable concourent à la fiabilité des états financiers.

28270

> Ainsi un contrôle interne fiable améliore-t-il la qualité du contrôle budgétaire et du contrôle de gestion, sur lesquels l'auditeur pourra s'appuyer largement :
> – en matière de suivi et de maîtrise des engagements de l'entité, l'existence d'outils de pilotage efficaces donne à l'auditeur des éléments importants d'appréciation de la continuité de l'exploitation ;
> – le suivi et la connaissance fiable des engagements de dépenses permettent de contrôler la cohérence des charges comptabilisées sur le dernier mois de l'exercice et ainsi de valider la séparation des exercices ;
> – la qualité de l'information extra-comptable permet de conforter l'auditeur dans sa compréhension économique de l'entité, telle qu'elle ressort de l'analyse des comptes.

Place dans la démarche Lorsqu'il conduit son approche des risques, le commissaire aux comptes prend en compte les éléments de contrôle interne pertinents pour l'audit pour déterminer le risque d'anomalies significatives dans les comptes. À partir de cette analyse, il conçoit et met en œuvre des procédures d'audit en réponse à son évaluation du risque d'anomalies significatives détaillée par assertion.

Ces procédures d'audit comprennent des tests de procédures, des contrôles de substance ou une approche mixte utilisant à la fois des tests de procédures et des contrôles de substance (NEP 330 § 5).

28275

AUDIT FINANCIER PAR PHASE
© Éd. Francis Lefebvre

Les tests de procédures visent à montrer que les contrôles de l'entité ont fonctionné efficacement au cours de la période contrôlée. Ils sont mis en œuvre (NEP 330 § 10) :
– lorsque le commissaire aux comptes a retenu, dans son évaluation des risques d'anomalies significatives au niveau des assertions, l'hypothèse selon laquelle les contrôles de l'entité constituent des points forts sur lesquels il pourra s'appuyer ;
– lorsque le commissaire aux comptes considère que les seuls contrôles de substance ne permettent pas de réduire le risque d'audit à un niveau suffisamment faible pour obtenir l'assurance recherchée.

> Cette dernière disposition trouverait à s'appliquer par exemple lorsque le commissaire aux comptes considère qu'il n'est pas possible d'effectuer seulement des contrôles de substance dans des circonstances où les transactions, objets des contrôles du commissaire aux comptes, sont dématérialisées et initiées, enregistrées, traitées et présentées seulement sous une forme électronique (par exemple dans le cadre d'une activité de fourniture d'accès à Internet ou de jeux en ligne). Dans ce cas, les éléments probants peuvent être disponibles seulement sous une forme électronique et leur caractère suffisant et approprié dépend de l'efficacité des contrôles sur leur exactitude et leur exhaustivité (Bull. CNCC n° 199-2020 – Réponse CNP 2020-08 relative à l'approche d'audit).

En dehors des dispositions du paragraphe 10 de la NEP 330, les NEP ne prévoient pas de situation dans laquelle le commissaire aux comptes doit effectuer des tests de procédures en vue de collecter des éléments suffisants et appropriés montrant que les contrôles de l'entité ont fonctionné efficacement au cours de la période contrôlée (Bull. CNCC n° 199-2020 – CNP 2020-08).

Si le paragraphe 10 de la NEP précitée ne trouve pas à s'appliquer, la CNCC précise que les NEP n'interdisent pas d'effectuer seulement des contrôles de substance pour collecter des éléments ayant un caractère suffisant et approprié. À l'inverse, les NEP interdisent de réaliser seulement des tests de procédures pour chaque catégorie d'opérations, solde de compte et information fournie dans l'annexe qui ont un caractère significatif.

28300 **Périodicité de revue des systèmes de contrôle interne** En France, la mission de commissariat aux comptes a une durée de six exercices. Dès lors la démarche d'évaluation du contrôle interne peut s'inscrire dans un **cadre pluriannuel**. Néanmoins, l'obligation d'émettre une opinion implique pour le commissaire aux comptes de disposer dès le premier exercice d'une assurance minimum sur l'ensemble des éléments de contrôle interne pertinents pour l'audit sur lequel il compte s'appuyer, ce qui implique de sa part la réalisation d'un investissement important la première année.

Le commissaire aux comptes doit par ailleurs respecter les règles suivantes (NEP 330 § 14 à 17) :
– s'il utilise des éléments collectés au cours des exercices précédents sur l'efficacité de certains contrôles de l'entité, il met en œuvre des procédures d'audit visant à détecter les **changements intervenus** qui pourraient affecter la pertinence de ces éléments ;
– lorsqu'il a détecté de tels changements, il teste l'efficacité des contrôles susceptibles d'être affectés, au titre de l'exercice sur lequel porte la mission ;
– en l'absence de changement, il teste l'**efficacité des contrôles** au moins une fois tous les trois exercices, sans que cette possibilité ne puisse le conduire à tester l'ensemble des contrôles sur un exercice et à n'effectuer aucun contrôle sur les deux exercices suivants ;
– par ailleurs, en cas de **risque significatif**, le commissaire aux comptes doit tester au titre de l'exercice sur lequel porte sa mission l'efficacité du contrôle sur lequel il compte s'appuyer.

28312 **Contrôle des petites entités** La taille des petites entités ne permet pas la mise en œuvre de procédures présentant les caractéristiques requises dans les structures plus importantes, notamment au regard de la séparation des tâches. Celle-ci est néanmoins le plus souvent compensée par une **supervision forte des dirigeants**, qui est d'autant plus efficace que le nombre d'opérations reste relativement modeste.

> La distinction entre le patrimoine de ces entités et celui des dirigeants pose toutefois un problème spécifique dont l'auditeur doit tenir compte dans sa démarche d'audit.

28350 **Absence de garantie absolue** Le système de contrôle interne, quelles qu'en soient les qualités, ne peut fournir une garantie totale. Il peut toujours exister des défaillances humaines, des erreurs d'appréciation, de mauvaises compréhensions d'instructions, des comportements frauduleux, etc. Le contrôle interne doit prévoir leur éventualité et en limiter l'impact au maximum. Il ne peut les éviter complètement.

© Éd. Francis Lefebvre — AUDIT FINANCIER PAR PHASE

28352 Il est généralement difficile d'envisager tous les risques potentiels susceptibles de se concrétiser. Même pour un risque envisagé, la probabilité d'occurrence est par définition aléatoire.

En cas de **fraude**, le risque de non-détection est plus élevé, car la fraude suppose soit la mise en œuvre de dissimulations destinées justement à ce qu'elle ne soit pas détectée, soit une collusion entre deux personnes rendant inopérantes les procédures de contrôle interne mises en œuvre.

28355 Le contrôle interne ne peut ainsi fournir qu'une **assurance raisonnable** quant au niveau de couverture des principaux risques. Cette assurance raisonnable est appréciée au mieux par l'auditeur en fonction de sa perception personnelle, de son expérience et des avis qu'il pourrait solliciter.

28360 **Coût du contrôle interne** Pour autant qu'elles soient adaptées aux objectifs définis, plus les procédures de contrôle sont développées et plus les risques sont couverts. Il convient toutefois de comparer le coût des contrôles avec les avantages attendus.

28370 Cette notion d'**efficacité** est parfois difficile à appréhender. Un risque peut être considéré comme très peu probable et générer une perte financière importante en cas de réalisation. L'opportunité de la mise en place du contrôle pose alors un délicat problème d'appréciation.

Les arbitrages ne peuvent être rendus qu'au cas par cas. Ils sont du ressort de la direction générale, et nécessitent d'avoir une connaissance complète de la cartographie des risques.

II. Méthodologie d'évaluation du contrôle interne

28450 Les **grandes étapes** de l'évaluation du contrôle interne sont présentées dans le schéma ci-contre. Elles comprennent :
– la prise de connaissance des procédures (n°s 28600 s.) ;
– l'évaluation du contrôle interne (n°s 28750 s.) ;
– l'exploitation de l'évaluation du contrôle interne (n°s 29000 s.).

Deux développements spécifiques seront ensuite consacrés à l'appréciation du contrôle interne de la fonction informatique (n°s 29100 s.) et à l'observation physique des stocks (n°s 29300 s.).

La démarche de l'auditeur doit également prendre en compte l'environnement général de contrôle interne, dont la qualité conditionne directement l'efficacité des procédures mises en place (voir n°s 28050 s.). Par ailleurs, lorsqu'un service d'audit interne existe dans la société, l'auditeur financier devra examiner la possibilité d'utiliser ses travaux dans le cadre de sa mission (voir n°s 26050 s.).

A. Connaissance des procédures

Principe

28600 La prise de connaissance des procédures est réalisée au moyen :
– d'**entretiens** avec les principaux acteurs de ces procédures ;
– de l'examen des **manuels de procédures** ;
– de la revue des **principaux documents** qui servent de support à ces procédures.

28610 En règle générale, la prise de connaissance doit être formalisée dans une **description** permettant d'identifier :
– les acteurs de la procédure et leur rôle (services et/ou personnes concernées) ;
– les flux physiques ;
– les flux d'informations ;
– les points de contrôle.

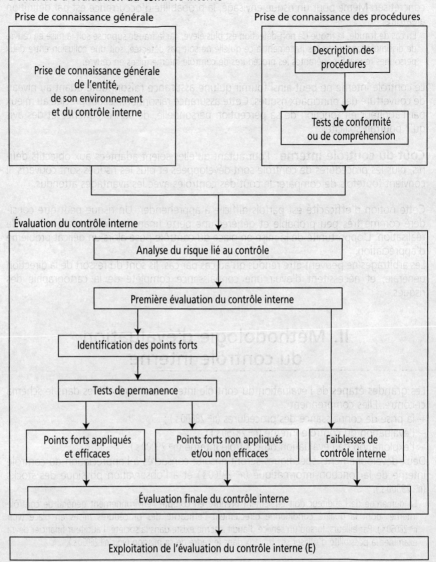

28613 L'objectif de l'auditeur n'est pas en soi de décrire exhaustivement la procédure étudiée. Il doit disposer d'une bonne compréhension du fonctionnement et surtout faire ressortir les **éléments clés** qui lui permettront d'en faire l'évaluation.

Les éléments clés de la procédure peuvent être définis comme ceux qui concourent à la fiabilité du contrôle interne, ou sont au contraire constitutifs de points faibles. Ils comprennent des éléments relativement standards, que l'on retrouve dans la majeure partie des entités, et des éléments qui sont la conséquence directe des risques inhérents.

Il est donc essentiel que l'auditeur reprenne, en abordant la description des procédures, l'**évaluation des risques inhérents** qu'il a mise en œuvre dans la phase de prise de connaissance (voir n°s 27480 s.).

28615 Les points clés des fonctions classiques de l'entité peuvent être déterminés facilement car ils se retrouvent dans tous les types d'organisation.

Par exemple, en matière de traitement des commandes clients, l'auditeur s'assure qu'il existe bien une séparation nette des tâches de livraison, de facturation et d'encaissement. Il vérifie que l'émission des avoirs fait l'objet d'une procédure spécifique, etc. On retrouvera ces points clés dans l'approche par cycle (voir n°s 31000 s.).

© Éd. Francis Lefebvre   **AUDIT FINANCIER PAR PHASE** ▌

Toutefois, suivant les spécificités de l'activité ou du type d'organisation existant, les **questionnaires types** devront être complétés et adaptés pour tenir compte des risques spécifiques.   **28620**

Méthodes de description des procédures

Dans la mesure du possible, l'auditeur utilise les descriptions existantes (établies par l'entité ou par d'autres auditeurs) et les met à jour.   **28650**

À défaut, ou si celles qui existent ne lui paraissent pas pertinentes, l'auditeur doit procéder lui-même à la description. Les techniques usuelles sont :   **28653**
– la description narrative ;
– le diagramme de circulation (*flow-chart*).

L'auditeur qui souhaite décrire un système doit prendre les **précautions** suivantes :   **28656**
1° Il lui faut tout d'abord disposer d'**interlocuteurs fiables,** connaissant les procédures étudiées. L'identification des bons interlocuteurs revêt une importance cruciale ;
2° Il doit éviter de réaliser une **description trop détaillée** et superflue au regard de ses objectifs. Une telle description est consommatrice de temps. Elle peut nuire à l'obtention d'une vision suffisamment synthétique.

De manière pragmatique, la prise de connaissance des procédures donne lieu :   **28660**
– à l'établissement d'une **description schématique** et rapide de la procédure (présentation des principaux acteurs et de leur rôle) ;
– à la **description des points clés (forts ou faibles) de la procédure,** ces points clés (ou contrôles jugés pertinents pour l'audit selon la NEP 315) pouvant être identifiés en prenant en compte les risques inhérents et en utilisant un questionnaire de contrôle interne faisant ressortir les assertions d'audit concernées par la procédure examinée.

Tests de conformité ou de compréhension

Les tests de conformité permettent à l'auditeur de s'assurer que sa compréhension des procédures et des points clés mis en place est juste. Ils consistent :   **28680**
– à mettre en œuvre des **tests de cheminement** permettant de dérouler une procédure complète à partir de quelques opérations sélectionnées ;
– à réaliser des **tests spécifiques** sur des points de procédure particuliers paraissant peu clairs ;
– à opérer aux acteurs intéressés la **restitution de la description,** en vue de recueillir leurs commentaires : cette formule présente l'avantage de la simplicité et implique davantage les audités aux travaux de l'auditeur. Elle permet de surcroît de garantir à l'auditeur qu'il n'a pas oublié un point important.

B. Évaluation du contrôle interne

Identification des forces et faiblesses

La démarche de l'auditeur est guidée par son évaluation du **risque d'audit,** c'est-à-dire du risque d'émettre une opinion erronée.   **28750**
L'auditeur procède en deux temps :
– dans un premier temps, il opère une évaluation « théorique » du contrôle interne, consistant à identifier les points faibles et les points forts ;
– il s'assure ensuite de la réalité des points forts pour donner un caractère définitif à son évaluation.

Évaluation théorique du contrôle interne   Sur la base de sa prise de connaissance des procédures et de l'identification des points clés, l'auditeur recense les **points**   **28765**
forts et les **points faibles** de la procédure, c'est-à-dire :
– les verrous de contrôle interne dont le respect conditionne le respect des assertions d'audit (détermination des points forts ou contrôles clés) ;

Par exemple, la numérotation séquentielle des factures d'achat à l'arrivée dans l'entité peut constituer une garantie du respect de l'exhaustivité des enregistrements dans le cycle « achats ».

679

AUDIT FINANCIER PAR PHASE   © Éd. Francis Lefebvre

– les défaillances de procédure qui laissent craindre que certaines assertions d'audit ne soient pas respectées (détermination des faiblesses).

> Par exemple, le fait d'envoyer au service achats les factures d'achat sans les répertorier à l'arrivée dans l'entité peut laisser craindre que certaines charges à payer ne soient pas comptabilisées en fin d'exercice, ce fait portant atteinte à la fois à l'exhaustivité et à la séparation des exercices.

28770 Une **faiblesse de contrôle interne** a pour conséquence un risque possible, résultant de procédures insuffisantes pour réduire le risque potentiel à un niveau acceptable. Les faiblesses identifiées sont prises en compte par l'auditeur directement dans l'exploitation de l'évaluation du contrôle interne et le conduisent en principe à renforcer les contrôles de substance mis en œuvre dans le cadre du contrôle direct des comptes.

28780 Un **point fort** (contrôles jugés pertinents pour l'audit) correspond à une procédure existante qui, par sa présence, couvre complètement ou partiellement un risque potentiel. Il contribue par son existence à le réduire de manière significative. Avant de pouvoir prendre en compte l'existence de ce point fort, l'auditeur doit toutefois vérifier sa conception et sa mise en œuvre, et si celles-ci sont satisfaisantes, il doit ensuite tester son fonctionnement effectif.

28800 **Tests de procédure sur points forts** Les points forts correspondent à des procédures sur lesquelles l'auditeur financier s'appuie pour définir son programme de travail. Par définition, un point fort donne à l'auditeur une **assurance raisonnable** sur la couverture d'un risque. Il devient par conséquent inutile pour lui de mettre en œuvre certains contrôles visant à s'assurer que le risque envisagé ne s'est pas concrétisé. Encore faut-il pour cela que le point fort identifié soit réel et appréhendé à son juste niveau : il en ressort la nécessité de mettre en œuvre des **tests de permanence**.

28805 Les tests de permanence ont pour objectifs de **valider l'existence de points forts**, et d'en mesurer l'impact réel sur la couverture des risques. Ils permettent d'amender ou de compléter l'appréciation du risque de non-maîtrise examiné précédemment.

> Si, par exemple, le service des prêts aux particuliers d'une banque contrôle chaque mois par sondages la documentation et la formalisation des dossiers de crédit aux particuliers préparés par les agences, l'auditeur financier qui a identifié ce point fort mettra en œuvre un test de permanence destiné à vérifier :
> – qu'une sélection est effectivement tirée chaque mois en vue de faire ce sondage ;
> – que l'échantillon prélevé est suffisant au regard de la population concernée ;
> – que le taux d'anomalie est satisfaisant compte tenu de la taille de l'échantillon ;
> – que les contrôles effectivement réalisés sont suffisants pour valider la régularité de l'opération, etc.

28810 Si le test de procédures sur les points forts permet de conclure quant à la fiabilité et à la permanence de fonctionnement du point fort, l'auditeur peut s'appuyer sur cette procédure et alléger en conséquence les contrôles de substance à mettre en œuvre (voir n°s 29000 s.). Dans le cas contraire, le point ayant fait l'objet du test de procédures doit également être pris en compte mais au titre des faiblesses de contrôle interne (voir supra n° 28770).

C. Exploitation de l'évaluation du contrôle interne

29000 L'exploitation de l'évaluation définitive du contrôle interne consiste pour l'auditeur à tirer la conséquence de son appréciation des procédures en s'appuyant sur les points forts relevés et testés et en renforçant ses contrôles de substance lorsqu'il a identifié des points faibles.

> La norme d'exercice professionnel relative aux procédures d'audit mises en œuvre par le commissaire aux comptes à l'issue de son évaluation des risques précise que « plus le commissaire aux comptes estime que le risque d'anomalies significatives est élevé, plus les contrôles de substance qu'il réalise sont étendus. Par ailleurs, étant donné que le risque d'anomalies intègre le risque lié au contrôle, des résultats des tests de procédures non satisfaisants augmentent l'étendue des contrôles de substance nécessaires » (NEP 330 § 19).

29005 Toute la difficulté en pratique consiste à établir le **lien existant entre l'évaluation des procédures et l'étendue des contrôles de substance** à mettre en œuvre. L'auditeur

© Éd. Francis Lefebvre   **AUDIT FINANCIER PAR PHASE** ▌

financier ne peut y parvenir qu'en gardant à l'esprit le fil conducteur de sa démarche : le contrôle du respect des assertions d'audit. Il convient en effet que l'auditeur établisse une distinction dans les contrôles de substance qu'il envisage de mettre en œuvre :
– certains des contrôles de substance sont liés au contrôle d'assertions directement concernées par la qualité des procédures. Il en est ainsi en particulier des assertions relatives aux enregistrements des opérations, qui sont le plus souvent largement conditionnées par la qualité des procédures. Il en est de même, mais de manière moins directe, pour les assertions relatives aux soldes des comptes (voir nᵒˢ 25370 s.) ;
– certains des contrôles de substance sont indépendants de la qualité du contrôle interne : il en est ainsi notamment des assertions relatives à la présentation et à l'information fournie en annexe.

Dans tous les cas, l'auditeur portera une attention particulière au **risque de fraudes** résultant de son évaluation du risque inhérent et du risque lié au contrôle (prenant en compte le résultat des tests de procédures) : le commissaire aux comptes détermine les contrôles de substance appropriés pour réduire à un niveau acceptable le risque que des anomalies résultant de fraudes ou d'erreurs, significatives au regard des comptes pris dans leur ensemble, ne soient pas détectées. Dans la conception de ces contrôles de substance, le commissaire aux comptes prend en compte les facteurs de risque de fraudes qu'il a identifiés dans l'entité.

Les adaptations visant à réduire le programme de travail doivent uniquement porter sur les assertions qui ont pu faire l'objet d'une validation lors de l'évaluation du contrôle interne. L'auditeur devra également prendre en compte le fait que certains contrôles, même dans un contexte de procédures satisfaisantes, constituent une validation particulièrement importante, dont on ne peut faire l'impasse sans que celle-ci soit justifiée par des circonstances exceptionnelles. **29008**

> Ainsi en est-il par exemple de l'examen des états de rapprochements de banque, qui constitue un point de contrôle essentiel dans le processus d'arrêté des comptes.

D. Évaluation du système d'information

L'approche de l'auditeur financier doit prendre en compte l'environnement informatique. Bien que ses objectifs soient les mêmes que pour les autres procédures, les modalités de l'évaluation présentent une certaine **spécificité** et peuvent différer suivant le degré d'informatisation du système d'information. **29100**

L'auditeur prend notamment connaissance de la « façon dont l'entité a pris en compte les risques résultant de l'utilisation de traitements informatisés ; ces procédures permettent à la direction de s'assurer que ses directives sont respectées » (NEP 315 § 14).

Risques spécifiques

Les principaux risques liés aux systèmes informatiques et pouvant entraîner des pertes financières significatives sont : **29120**
– le risque de **pertes d'informations** ou de mauvais fonctionnement du système : ralentissement de l'activité, perte d'efficacité, réalisation d'erreurs ou de fraudes non détectées, etc. ;
– le risque relatif à la continuité d'exploitation : en cas de **destruction** du système (incendie, explosion...) ou de **blocage** total momentané (panne, virus...), la poursuite de l'activité de l'entité peut dans certains cas être remise en question ;
– le risque juridique de non-conformité des pratiques de l'entité avec les exigences de la **Cnil** et du **RGPD** (risque de pénalités et d'amendes) ;
– le risque de perte de maîtrise ou de **coût** excessif lié à la déficience du cadre juridique régissant les relations de l'entité avec ses prestataires informatiques ;
– le risque **fiscal** résultant de la perte d'archivage fiscal ou d'un archivage de mauvaise qualité, qui expose l'entité à des sanctions fiscales.

Méthodologie d'évaluation

La méthodologie suivie est la même que pour les autres procédures mais doit toutefois prendre en compte la spécificité de cette fonction. **29135**

AUDIT FINANCIER PAR PHASE © Éd. Francis Lefebvre

29140 **Environnement informatique** L'auditeur appréhende la place des systèmes informatiques dans le fonctionnement de l'entité. Il peut ainsi apprécier le risque global lié au système d'information et évaluer le risque inhérent. La prise de connaissance vise notamment :
– l'organisation de la fonction informatique dans l'entité ;
– la politique en matière de personnel ;
– la stratégie informatique (schéma directeur, documentation, etc.) ;
– les contraintes légales et réglementaires auxquelles l'entité est soumise ;
– les applications existantes (leurs fonctions, leurs liens réciproques...) ;
– les prestataires informatiques de l'entité.

29150 **Contrôles généraux informatiques** L'auditeur examine les procédures définies par l'entité afin de couvrir les risques inhérents. Il examine notamment :
– l'application pratique du principe de séparation des fonctions ;
– les règles de sécurité physique ;
– les règles de sécurité logique ;
– les règles de sauvegarde des données et applications ;
– les plans de secours ;
– l'alimentation du système comptable (nature des flux d'informations, contrôles de ces flux...) ;
– l'organisation de la fonction développement ;
– l'organisation de la fonction exploitation.

29160 **Procédures informatiques** Les procédures informatiques doivent être examinées du point de vue de :
– la sécurité physique ;
– la sécurité logique et la sauvegarde des données.
La fonction informatique doit également permettre de reconstituer la piste d'audit (voir n° 28130).

29170 S'agissant de la **sécurité physique**, le contrôle interne doit garantir la sécurité des matériels contre toute détérioration accidentelle ou intentionnelle. Les points à examiner par l'auditeur sont les suivants :

Risques inhérents	Points de contrôle interne
– Survenance d'événements naturels tels qu'incendie, foudre, inondation, etc.	– Plan de *back-up* – Système anti-incendie – ...
– Panne électrique	– Système électrogène – Installation d'onduleurs
– Intervention malveillante (interne ou externe)	– Contrôle strict des entrées dans les locaux sensibles – Limitation des accès du personnel (système de badge)

29180 S'agissant de la **sécurité logique** et de la **sauvegarde des données**, le contrôle interne doit garantir la sécurité des applications et des données contre toute détérioration accidentelle ou intentionnelle. Les points à examiner par l'auditeur sont les suivants :

Risques inhérents	Points de contrôle interne
– Perte de connaissance des systèmes et applications	– Existence d'une documentation des applications accessible et régulièrement mise à jour – Séparation des fonctions pour éviter une concentration des connaissances – Formalisation juridique des relations avec les prestataires extérieurs
– Altération des applications	– Limitation des accès aux programmes – Réalisation de sauvegardes accessibles et protégées – Supervision des travaux

AUDIT FINANCIER PAR PHASE

Risques inhérents	Points de contrôle interne
– Perte ou altération de données	– Sauvegarde régulière des données – Limitation des accès aux applications et données aux seules personnes ayant besoin régulièrement de ces accès (gestion des habilitations, mise en place de mots de passe, contrôle du caractère bloquant des mots de passe)
– Données mal archivées, archives non accessibles ou perte d'archives	– Procédures d'archivages sécurisées et garantissant la permanence des accès (externalisation, coffre…)
– Diffusion d'informations confidentielles	– Contrôle des accès
– Diffusion d'un virus portant atteinte aux applications et/ou aux données	– Diffusion d'antivirus régulièrement mis à jour
– Infiltration d'un tiers via Internet	– Mise en place de *firewall*
– Mise en œuvre de fraude	– Séparation des fonctions renforcée par la limitation des accès aux applications et données

Contrôles permettant de réduire les risques découlant du recours à l'informatique

Les tests susceptibles d'être mis en œuvre sur la fonction informatique sont : **29190**
– des audits d'applications spécifiques ;
– des analyses de données.

Audit d'application L'audit d'application consiste dans le contrôle du fonctionne- **29195**
ment d'une application particulière. L'objectif de la démarche est de comprendre les flux d'information passant par l'application concernée et de retracer tout le cheminement des données du début à la fin du processus afin d'avoir une opinion sur la capacité du système à garantir la disponibilité, l'intégrité, l'exhaustivité, la confidentialité et la traçabilité des données.

Analyse de données L'analyse de données a pour objectifs de : **29200**
– s'assurer de l'exhaustivité, de la réalité et de la fiabilité des données contenues dans les fichiers sortant des applications ;
– s'assurer de la correcte comptabilisation des données ;
– permettre un traitement automatisé et exhaustif des données lors de la mise en œuvre des procédures d'audit.

E. Observation physique des stocks

L'observation physique des stocks ou l'assistance à l'inventaire constitue un contrôle **29300**
fondamental de la démarche de l'auditeur financier.

En règle générale, l'observation physique des stocks relève davantage de l'évaluation des procédures que du contrôle direct des comptes, dans la mesure où le travail de l'auditeur consiste, non à opérer un contrôle physique des stocks, mais à prendre connaissance de la manière dont l'entité contrôlée suit ses stocks, à évaluer la pertinence des procédures et verrous mis en place et à en tester le fonctionnement. Toutefois dans certaines situations moins fréquentes (absence d'inventaire physique, stock limité…), le contrôle des stocks peut constituer davantage un contrôle de substance qu'un test de procédures.

Concernant l'importance et la place de l'observation physique dans la démarche d'audit, voir n°s 26240 s.

Principe

Lorsque les stocks sont significatifs par rapport aux comptes annuels, l'auditeur doit **29310**
s'assurer de leur existence et de leur état physique en assistant, en qualité d'observateur, à la prise d'inventaire.

683

AUDIT FINANCIER PAR PHASE © Éd. Francis Lefebvre

29312 Cette assistance permet :
– de vérifier physiquement l'existence et la qualité des stocks ;
– d'observer la mise en œuvre des procédures de comptage définies par l'entité ;
– de recueillir des éléments probants quant à la fiabilité desdites procédures.

29314 La situation se présente différemment selon que l'entité contrôlée dispose ou non d'un **inventaire permanent** (voir n° 29325). En l'absence d'inventaire permanent, l'auditeur qui se trouve dans l'impossibilité d'assister à l'inventaire physique à la date prévue par l'entité doit en principe procéder à des comptages physiques à une autre date et réaliser des tests sur les opérations intervenues entre les deux dates pour établir un lien entre les quantités qu'il a inventoriées et celles existant à la date d'inventaire.

Lorsque la participation à l'inventaire de fin d'année n'est pas possible en raison de la nature et de la localisation des stocks, l'auditeur réfléchit sur l'opportunité de mettre en œuvre des procédures de substitution afin de lui apporter une preuve satisfaisante de l'existence physique et de l'état des stocks. Une procédure alternative, dans certaines sociétés, peut consister à assister à des inventaires en cours d'année en vue de valider la procédure d'inventaire, l'assistance à l'inventaire de fin d'année pouvant être envisagée à intervalles pluriannuels en l'absence de difficulté particulière. En l'absence d'inventaire permanent, d'autres éléments tirés du contrôle de gestion doivent alors conforter la cohérence des montants en stock à la fin de l'exercice.

Situations particulières

29320 **Lieux de stockage multiples** Lorsque l'inventaire se déroule en plusieurs endroits, l'auditeur sélectionne les prises d'inventaire auxquelles il souhaite assister en fonction de l'importance relative des stocks et de l'évaluation du risque d'anomalies significatives au niveau des stocks de chaque site (NEP 501 § 4).

29323 **Dépositaire extérieur** Certaines entités peuvent entreposer leurs stocks chez des dépositaires extérieurs (par exemple chez des prestataires mettant à disposition des entrepôts frigorifiques). L'auditeur étudiera alors le contrat liant l'entité à ce prestataire en vue de déterminer l'étendue de sa responsabilité et de ses engagements concernant les montants en stock. Il examine la possibilité d'obtenir confirmation des quantités en stock par le dépositaire extérieur et apprécie l'opportunité d'opérer un contrôle direct sur les lieux de stockage.

29325 **Inventaires tournants** Lorsque l'entité dispose d'un inventaire permanent et qu'elle procède à des inventaires tournants en cours d'exercice pour valider son stock, l'auditeur doit procéder à des sondages pour s'assurer de la fiabilité des inventaires tournants. Il s'assure que les inventaires tournants réalisés pendant l'exercice permettent de couvrir la totalité du stock. Enfin, il examine et apprécie les écarts mis en évidence par les inventaires afin de juger de la fiabilité de l'inventaire permanent.

29330 **Estimation des quantités physiques** Lorsque l'entité a recours à des procédures d'estimation des quantités physiques, l'auditeur doit s'assurer du caractère raisonnable de ces procédures. Il peut, s'il le juge utile, faire appel à un expert.

Par exemple, le recours à un géomètre permet d'estimer le volume d'un tas de copeaux de bois dans une papeterie.

Nature des diligences

29345 **Planification des contrôles** Lors de la planification de l'audit, l'auditeur doit déterminer :
– la nature des systèmes comptable et de contrôle interne utilisés en matière de stocks ;
– les risques inhérents et risques de contrôle afférents aux stocks ;
– le calendrier et les lieux sélectionnés pour l'assistance aux opérations de comptage ;
– l'opportunité d'avoir recours à un expert.

29347 **Avant la prise d'inventaire** L'auditeur prend connaissance des procédures d'inventaire. Il porte notamment une appréciation critique sur :
– la procédure de centralisation des fiches de comptage, le décompte des fiches vierges, les procédures de double comptage… ;

684

© Éd. Francis Lefebvre

AUDIT FINANCIER PAR PHASE

– l'identification exacte du stade d'avancement et de l'état des stocks, par exemple en ce qui concerne les travaux en cours, les stocks à rotation lente, obsolètes ou endommagés ou les stocks détenus par un tiers ;
– le traitement des mouvements de stocks pendant l'inventaire, notamment les opérations d'expédition et de réception.

Pendant la prise d'inventaire Afin d'obtenir l'assurance que les procédures sont correctement appliquées, l'auditeur doit observer le déroulement des opérations de comptage et procéder à des tests.
L'auditeur prend copie des minutes d'inventaire en vue d'effectuer des tests et des comparaisons ultérieures.
Il demande généralement le détail des mouvements de stocks intervenus juste avant et après la date du comptage de manière à vérifier ultérieurement qu'ils ont été correctement traités.

29349

Après la prise d'inventaire L'auditeur procède à des sondages sur le registre final des stocks pour déterminer s'il reflète fidèlement les comptages réels. Il demande également l'analyse des écarts d'inventaire faite par l'entité.

29355

Impacts de l'épidémie de Covid-19

Cas d'une société qui n'est pas en mesure de réaliser l'inventaire physique à la date de clôture La CNCC apporte les réponses suivantes en distinguant d'une part l'existence d'un inventaire permanent fiable et d'autre part l'absence d'inventaire permanent ou un inventaire permanent non fiable (CNCC/CSOEC Questions / Réponses relatives aux conséquences de la crise sanitaire et économique liée à l'épidémie de Covid-19 – 7ᵉ édition – 15-1-2021 – § 2.1.) :
1. Existence d'un **inventaire permanent** fiable qui permet notamment :
– d'une part de s'assurer de l'existence et de l'appartenance des stocks ;
– d'autre part de détecter leur qualité et leur degré de rotation.
Dans cette situation, la société peut alors choisir d'effectuer :
– un inventaire physique annuel complet, au choix, à la date de clôture ou à une date antérieure ;
– des inventaires physiques tournants, permettant que chaque type d'articles soit contrôlé au moins une fois par an.
En cas d'absence d'inventaire physique à la date de clôture de l'exercice, dans l'hypothèse où une société dispose d'un inventaire permanent fiable, le commissaire aux comptes détermine les procédures alternatives qu'il sera en mesure de mettre en œuvre (voir nº 29400).
2. Absence d'inventaire permanent ou inventaire permanent non fiable.
Un **inventaire permanent non fiable** équivaut à une absence d'inventaire et dans ces situations, l'inventaire physique annuel doit impérativement être réalisé à la date de clôture de l'exercice. Dans la pratique, il est admis que l'inventaire puisse être fait quelques jours avant ou après, dans la mesure où l'inventaire à la date de clôture peut être reconstitué à partir de celui qui a été effectué. Il pourrait être admis que l'inventaire ait lieu à une date ultérieure dans la mesure où il est possible de reconstituer l'inventaire à la date de clôture (*roll back*) notamment s'il n'y a plus ou peu de mouvements.
Dans l'hypothèse où une société qui ne dispose pas d'un inventaire permanent fiable n'est pas en mesure de procéder à un inventaire physique de ses stocks à la date de clôture de l'exercice ou à une date ultérieure avec reconstitution de l'inventaire à la date de clôture (*roll back*), le commissaire aux comptes considère les procédures d'audit alternatives susceptibles d'être mises en œuvre (voir nº 29400). Lorsque le commissaire aux comptes considère que ces procédures n'apportent pas des éléments suffisants et appropriés pour vérifier les assertions faisant l'objet du contrôle, il en tire les conséquences sur son opinion.

29380

Selon l'importance de l'assertion et du solde de compte à vérifier et selon que la formulation de la réserve est ou non suffisante pour permettre à l'utilisateur des comptes de fonder son jugement en connaissance de cause, le commissaire aux comptes formule une réserve pour limitation ou une impossibilité de certifier (CNCC NI. I § 4.22).

685

AUDIT FINANCIER PAR PHASE

© Éd. Francis Lefebvre

29390 Possibilité d'assister à l'inventaire physique à distance dans le contexte de l'épidémie de Covid-19 À titre exceptionnel compte tenu des circonstances, la CNCC considère que le commissaire aux comptes peut envisager d'assister à l'inventaire physique à distance par le biais de **solutions technologiques vidéo**, à condition que l'utilisation de ces solutions lui permette de documenter ses diligences telles qu'il les aurait mises en œuvre s'il avait été physiquement présent sur le site de la société (CNCC/CSOEC Questions / Réponses relatives aux conséquences de la crise sanitaire et économique liée à l'épidémie de Covid-19 – 7e édition – 15-1-2021 – § 2.2.).

Une connaissance approfondie du processus d'inventaire de la société est donc nécessaire pour mettre en œuvre ces diligences de façon suffisamment fiable. La conduite des diligences à distance par vidéo devra donc être mise en œuvre par un membre expérimenté de l'équipe d'audit, en mesure d'exercer son esprit critique sur la réalisation de l'inventaire par la société.

De plus, s'il existe un risque inhérent élevé d'erreur ou de fraude sur l'une des assertions du compte « stocks » et que l'une des réponses mises en œuvre par le commissaire aux comptes est l'inventaire physique, l'assistance à l'inventaire physique à distance par vidéo ne sera généralement pas suffisante pour couvrir les risques.

Dans tous les cas, le commissaire aux comptes reste vigilant sur le caractère suffisant de cette procédure réalisée à distance car il est probable que, dans certains cas, cette procédure ne puisse pas être aussi fiable que l'assistance à l'inventaire physique telle qu'elle se déroule habituellement sur site.

Le commissaire aux comptes exerce son jugement professionnel pour compléter cette procédure par d'autres travaux de façon à couvrir les risques sur les assertions.

Afin de fiabiliser l'assistance à l'inventaire physique à distance par vidéo, le commissaire aux comptes peut par exemple adopter la **démarche** suivante :

– rappeler aux personnes appropriées au sein de la société l'objectif et les étapes de cette procédure d'assistance à l'inventaire physique ;

– commencer par une visite du site au cours de laquelle la personne au sein de la société qui tient la caméra présente au commissaire aux comptes les caractéristiques du site, demander que la caméra soit dirigée de manière à apprécier les conditions de mise en œuvre de l'inventaire, et notamment les modalités d'identification des stocks à rotation lente. L'interaction avec la personne qui tient la caméra est particulièrement importante : à tout instant, le commissaire aux comptes doit être en mesure de diriger la procédure et de vérifier que toute la zone sera balayée par la caméra ;

– dans le cadre sa procédure de contrôle, observer via la caméra les personnes au sein de la société lorsqu'elles réalisent les comptages et évaluer si ces comptages sont réalisés conformément aux procédures d'inventaire en place ;

– demander à réaliser le recomptage d'une sélection d'éléments que le commissaire aux comptes communique à la société. Cela peut amener la société à ouvrir certains emballages, vérifier que le produit existe, valider les quantités. Le commissaire aux comptes ne doit pas hésiter à procéder à une sélection d'éléments localisés en différents lieux du site ;

– avant de terminer le contrôle par vidéo, le commissaire aux comptes s'assure que les diligences qu'il aurait mises en œuvre s'il avait été physiquement présent sur site ont pu être réalisées (tour complet du site, vérification que la procédure d'inventaire a été respectée par la société, comparaison de ses comptages avec ceux de la société, etc.).

29400 Procédures alternatives ou complémentaires à mettre en œuvre par le commissaire aux comptes lorsqu'il effectue des comptages du stock à une date postérieure à la clôture des comptes La CNCC précise les diligences à mettre en œuvre par le commissaire aux comptes lorsqu'il n'assiste pas à l'inventaire physique réalisé par l'entité à la clôture de l'exercice ou lorsque l'entité n'a pas réalisé d'inventaire physique à la date de clôture et que le commissaire aux comptes assiste à un inventaire réalisé postérieurement à cette date (CNCC CANP 2020-04, nov. 2020 ; CNCC/CSOEC Questions / Réponses relatives aux conséquences de la crise sanitaire et économique liée à l'épidémie de Covid-19 – 7e édition – 15-1-2021 – § 2.1).

Les deux situations suivantes sont présentées par la CNCC :

1. L'entité réalise l'inventaire physique à la date de la clôture mais le commissaire aux comptes n'y assiste pas que ce soit physiquement sur site ou à distance via l'utilisation de solutions technologiques vidéo.

Le commissaire aux comptes apprécie s'il existe un inventaire permanent fiable et évalue, selon son jugement professionnel, quelles procédures alternatives permettent de pallier son absence lors de la prise d'inventaire physique mené par l'entité à la clôture. La mise en œuvre de procédures alternatives est essentielle pour pallier l'absence de collecte

© Éd. Francis Lefebvre

AUDIT FINANCIER PAR PHASE

29400
(suite)

d'éléments probants obtenus au travers de sa présence. Selon la CNCC, cette situation nécessite une combinaison de procédures alternatives dans la mesure où une procédure isolée ne permet généralement pas de collecter des éléments probants suffisants et appropriés pour pallier l'absence de contrôle physique des stocks.

Pour déterminer la nature et l'étendue des procédures alternatives à mettre en œuvre, le commissaire aux comptes **prend notamment en compte les facteurs suivants** :
– le montant du solde du compte « stocks » par rapport au seuil de planification ;
– la nature et les caractéristiques des stocks : matières premières/encours/produits finis, nombre de références, produits plus ou moins faciles à dénombrer, fréquence et volume des mouvements de stocks… ;
– les résultats des comptages effectués par la société ;
– le cas échéant, le résultat des inventaires tournants réalisés par la société au cours de l'exercice ;
– si des ventes post-clôture d'éléments présents en stock à la clôture ont eu lieu ;
– si des mouvements de stocks post clôture ont eu lieu ;
– les contrôles réalisés par la société sur les mouvements de stocks et l'efficacité de ces contrôles ;
– la date de la dernière assistance à l'inventaire physique par le commissaire aux comptes et s'il peut réaliser des procédures de retraçage des mouvements de stocks (*roll forward*) à la suite de cet inventaire ;
– la qualité des inventaires physiques réalisés sur les exercices précédents (lorsqu'il a pu y assister), notamment les procédures mises en place pour leur organisation, la nature et les montants des écarts d'inventaire ainsi que leur processus de comptabilisation ;
– l'origine des écarts identifiés en N – 1 et les mesures correctives effectivement apportées dans le processus.

Une **combinaison de procédures alternatives** peut notamment consister à :
– renforcer les procédures substantives sur les assertions des cycles achats et ventes, visant à reconstituer l'équation des stocks ;
– mener des entretiens auprès des personnes ayant participé à l'inventaire afin notamment d'en apprécier le bon déroulement ;
– anticiper et obtenir, sous la responsabilité du responsable de l'inventaire les feuilles de comptage, le jour même de l'inventaire, et vérifier, par sondages ou au moyen d'autres méthodes de sélection, le report correct des quantités inventoriées sur l'état des stocks, des copies écran des corrections des écarts identifiés entre l'inventaire permanent et les quantités dénombrées lors de la prise d'inventaire physique, des photos prises par l'entité et datées (jour et heure) de certains éléments du stock ;
– effectuer un nouveau comptage, partiel le cas échéant, en présence d'une personne responsable au sein de l'entité.

Le commissaire aux comptes apprécie le caractère suffisant et approprié de ces procédures et exerce davantage son esprit critique sur les éléments produits par l'entité.

Si l'entité ne dispose pas d'inventaire permanent fiable et en l'absence de procédures alternatives possibles, le commissaire aux comptes, en fonction de l'importance de l'assertion et du solde de compte à vérifier, apprécie si la formulation d'une réserve pour limitation est suffisante pour permettre à l'utilisateur des comptes de fonder son jugement en connaissance de cause, ou s'il y a lieu de formuler une impossibilité de certifier (CNCC NI. I § 4.22).

2. L'entité n'a pas réalisé l'inventaire physique à la date de la clôture, son activité a été maintenue dans le contexte de Covid-19 et elle réalise un inventaire physique à une date postérieure à la clôture avec la présence du commissaire aux comptes.

Le commissaire aux comptes exerce son jugement professionnel pour déterminer les contrôles sur les mouvements intercalaires (*roll back*) qu'il souhaite effectuer, comme les :
– tests par sondages sur les flux entrants et sortants pendant la période intercalaire : l'étendue de ces tests sera dimensionnée au regard des éléments de contexte tels que l'activité, l'historique, les événements sur la période intercalaire… ;
– tests, le cas échéant, sur certaines des références comptées à la date de l'inventaire physique pour s'assurer de l'équation de stocks à partir des flux entrants et sortants ;
– tests, le cas échéant, sur des références présentes à la date de la clôture mais non présentes à la date du comptage par le commissaire aux comptes afin de vérifier la réalité et l'exhaustivité des mouvements enregistrés.

Il n'appartient pas au commissaire aux comptes de reconstituer les mouvements de stocks sur la période intercalaire. Si l'entité n'est pas en mesure d'effectuer cette reconstitution, le commissaire aux comptes en tire les conséquences sur son opinion.

L'étendue des procédures mises en œuvre par le commissaire aux comptes est dimensionnée au regard des éléments de contexte (activité, historique, événements sur la période intercalaire…) et de sa connaissance du dossier.

687

AUDIT FINANCIER PAR PHASE © Éd. Francis Lefebvre

Le commissaire aux comptes met en œuvre une procédure analytique de substance pour vérifier la cohérence des mouvements de stocks intervenus depuis la clôture ainsi que sur la période N / N − 1 (nature, quantités, le cas échéant évolution des marges).

Si le commissaire aux comptes n'est pas en mesure de collecter des éléments probants suffisants et appropriés selon l'importance de l'assertion et du solde du compte stocks à vérifier et selon que la formulation de la réserve est ou non suffisante pour permettre à l'utilisateur des comptes de fonder son jugement en connaissance de cause, il formule une réserve pour limitation ou une impossibilité de certifier (NEP 700 § 11 et 14 ; CNCC NI. I § 4.22 ; CNCC réponse CANP 2020-04 – nov. 2020).

SECTION 3

Relations et transactions avec les parties liées

29500 Dans les référentiels comptables applicables en France, les « parties liées » sont définies par la norme comptable internationale IAS 24 (voir C. com. art. R 123-199-1).

« Une partie liée est une personne ou une entité qui est liée à l'entité qui prépare ses états financiers (dénommée "l'entité présentant les états financiers").

(a) Une personne ou un membre de la famille proche de cette personne est lié(e) à une entité présentant les états financiers si ladite personne :

– exerce un contrôle ou un contrôle conjoint sur l'entité présentant les états financiers ;

– exerce une influence notable sur l'entité présentant les états financiers ;

– ou fait partie des principaux dirigeants de l'entité présentant les états financiers ou d'une société mère de l'entité présentant les états financiers.

(b) Une entité est liée à une entité présentant les états financiers si l'une des conditions suivantes s'applique :

– l'entité et l'entité présentant les états financiers font partie du même groupe (ce qui signifie que chaque société mère, filiale et filiale apparentée est liée aux autres) ;

– une entité est une entreprise associée ou coentreprise de l'autre entité (ou une entreprise associée ou coentreprise d'un membre du groupe dont l'autre entité fait partie) ;

– les deux entités sont des coentreprises du même tiers ;

– une entité est une coentreprise d'une entité tierce et l'autre entité est une entreprise associée de l'entité tierce ;

– l'entité est un régime d'avantages postérieurs à l'emploi au bénéfice des salariés de l'entité présentant les états financiers ou d'une entité liée à l'entité présentant les états financiers. Si l'entité présentant les états financiers est elle-même un tel régime, les employeurs finançant le régime sont également liés à l'entité présentant les états financiers ;

– l'entité est contrôlée ou conjointement contrôlée par une personne identifiée au point (a) ;

– une personne identifiée au (a), premier tiret, exerce une influence notable sur l'entité ou fait partie des principaux dirigeants de l'entité (ou d'une société mère de l'entité). »

Les notions utilisées dans la définition d'une partie liée sont ainsi définies :

« Les membres de la famille proche d'une personne sont les membres de la famille dont on peut s'attendre à ce qu'ils influencent cette personne, ou soient influencés par elle, dans leurs relations avec l'entité et incluent :

(a) les enfants et le conjoint ou concubin de cette personne ;

(b) les enfants du conjoint ou concubin de cette personne ;

(c) et les personnes à la charge de cette personne ou du conjoint ou concubin de cette personne. »

« Les principaux dirigeants sont les personnes ayant l'autorité et la responsabilité de la planification, de la direction et du contrôle des activités de l'entité, directement ou indirectement, y compris les administrateurs (dirigeants ou non) de cette entité. »

Pour plus de détails sur la notion de « parties liées », voir Mémento Comptable n° 35075.

La norme d'exercice professionnel relative aux relations et transactions avec les parties liées (voir n° 29520) donne par ailleurs une définition des « parties liées » dans le cas où le commissaire aux comptes interviendrait, à la demande de l'entité, sur des informations financières établies selon un référentiel comptable ou des critères convenus, qui ne comportent pas de définition des parties liées ou comportent une définition dont le champ est plus restreint que celui du référentiel applicable en France (NEP 550 § 29).

688

© Éd. Francis Lefebvre

AUDIT FINANCIER PAR PHASE

Le Plan comptable général prévoit qu'une information soit donnée dans l'annexe sur les transactions effectuées avec les parties liées. Ainsi, les entités n'adoptant pas une présentation simplifiée de leurs comptes doivent mentionner dans l'annexe la liste des transactions effectuées par la société avec des parties liées, lorsque ces transactions présentent une importance significative et qu'elles n'ont pas été conclues aux conditions normales du marché (PCG art. 833-16). Cette information n'est cependant pas requise pour les transactions effectuées par la société avec les filiales qu'elle détient en totalité ou entre ses filiales détenues en totalité (PCG art. 833-16).

29510

> Pour une présentation détaillée des informations à fournir en annexe concernant les parties liées, voir Mémento Comptable n° 38865.

La NEP « Relations et transactions avec les parties liées » (NEP 550 homologuée par arrêté du 21-6-2011) précise les procédures d'audit que le commissaire aux comptes doit mettre en œuvre sur les relations et transactions avec les parties liées dans le cadre de son audit des comptes.

29520

> Cette norme est une adaptation de la norme internationale ISA 550.

A. Collecte d'informations et évaluation du risque d'anomalies significatives

De nombreuses transactions entre parties liées ne présentent pas davantage de risque d'anomalies significatives dans les comptes que les transactions de même nature réalisées entre parties non liées. Cependant, dans certaines circonstances, la nature des relations et des transactions avec des parties liées peut accroître ce risque, notamment lorsque (NEP 550 § 01) :

29550

– les transactions avec les parties liées s'inscrivent dans un schéma ou une organisation complexe ;
– les systèmes d'information ne permettent pas d'identifier les transactions réalisées entre l'entité et les parties liées ainsi que les soldes comptables correspondants ;
– certaines transactions avec des parties liées ne sont pas réalisées à des conditions normales de marché, par exemple, lorsqu'elles ne donnent pas lieu à contrepartie ou à rémunération.

Le commissaire aux comptes doit donc faire preuve d'esprit critique tout au long de son audit et doit tenir compte du fait que l'existence de parties liées peut conduire à des anomalies significatives dans les comptes.

Afin d'évaluer le risque d'anomalies significatives résultant des transactions et relations avec les parties liées, le commissaire aux comptes **collecte les informations appropriées** et met en place les procédures d'audit décrites ci-après.

29570

Prise de connaissance des relations et transactions de l'entité avec les parties liées

Le commissaire aux comptes s'enquiert auprès de la direction de l'entité (NEP 550 § 08 et 09) :

29600

– de l'identité des parties liées et des modifications intervenues depuis l'exercice précédent ;
– de la nature des relations entre l'entité et ces parties liées ;
– de l'existence de transactions conclues avec ces parties liées au cours de l'exercice ainsi que, le cas échéant, de la nature des transactions et des objectifs poursuivis ;
– des contrôles mis en place par la direction afin d'identifier, enregistrer, autoriser et approuver les transactions avec les parties liées et afin de fournir dans l'annexe les informations prévues par le référentiel comptable applicable à l'entité.

> Le commissaire aux comptes prend notamment connaissance des contrôles mis en place pour autoriser et approuver les transactions et accords importants et, le cas échéant, n'entrant pas dans le champ des activités ordinaires de l'entité.

L'identité des parties liées et la nature de leurs relations avec l'entité sont consignées dans le dossier du commissaire aux comptes (NEP 550 § 24).

29620

689

AUDIT FINANCIER PAR PHASE   © Éd. Francis Lefebvre

Vigilance lors de l'examen des enregistrements comptables et des documents

29650 Le commissaire aux comptes reste attentif au cours de son audit aux informations susceptibles d'indiquer l'existence de parties liées ou de transactions avec des parties liées que la direction n'aurait pas identifiées ou signalées (NEP 550 § 12).

Cette vigilance s'exerce notamment lors de l'examen :
– des réponses obtenues de la part des banques et des avocats dans le cadre des procédures d'audit ;
– des procès-verbaux des réunions de l'assemblée, du conseil d'administration ou de surveillance et, le cas échéant, du comité d'audit ;
– de tout document que le commissaire aux comptes estime nécessaire compte tenu de sa connaissance de l'entité et de son environnement.

Recherche des risques attachés aux transactions avec les parties liées

29680 Afin d'évaluer le risque d'anomalies significatives dans les comptes résultant des relations et transactions réalisées avec les parties liées, le commissaire aux comptes prend notamment en compte les transactions importantes réalisées avec des parties liées n'entrant pas dans le champ des activités ordinaires de l'entité ainsi que les facteurs de risque de fraude (NEP 550 § 14 et 15).

L'existence, parmi les parties liées, de personnes physiques ayant une influence dominante peut constituer un facteur de risque de fraude (NEP 550 § 15).

B. Procédures d'audit spécifiques

29700 Le commissaire conçoit et met en œuvre des procédures d'audit permettant de répondre à son évaluation du risque d'anomalies significatives dans les comptes résultant de l'existence de relations et de transactions avec les parties liées.

La NEP prévoit des procédures d'audit spécifiques dans les situations décrites ci-après.

Parties liées non précédemment identifiées ou signalées par la direction

29720 La NEP prévoit la mise en œuvre de procédures d'audit spécifiques lorsque le commissaire aux comptes identifie des parties liées ou des transactions importantes avec des parties liées non précédemment identifiées ou signalées par la direction (NEP 550 § 17 et 18).

Il analyse notamment les raisons pour lesquelles les contrôles mis en place par l'entité n'ont pas permis d'identifier les relations ou transactions avec les parties liées identifiées et il réévalue le risque que d'autres parties liées ou transactions importantes avec des parties liées ne soient pas identifiées ou signalées. Il met en œuvre des contrôles de substance sur les nouvelles parties liées identifiées ou sur les transactions importantes identifiées avec ces parties liées.

Parties liées n'entrant pas dans le champ des activités ordinaires de l'entité

29740 Lorsque le commissaire aux comptes identifie des transactions importantes avec des parties liées n'entrant pas dans le champ des activités ordinaires de l'entité (NEP 550 § 19) :
– il analyse les contrats ou les accords concernés ;
Il apprécie notamment si :
– l'absence de justification économique de ces transactions ne constitue pas un indice de détournement d'actifs ou d'actes intentionnels portant atteinte à l'image fidèle des comptes ou de nature à induire en erreur l'utilisateur de ces comptes ;
– les termes et conditions de ces transactions sont cohérents avec les explications de la direction ;
– ces transactions ont été correctement comptabilisées et présentées dans les notes annexes conformément au référentiel comptable applicable ;
– il vérifie que ces transactions ont été dûment autorisées et approuvées.

690

Assertion de la direction selon laquelle les transactions avec les parties liées sont réalisées à des conditions de concurrence normale

29760 La NEP 550 définit une transaction conclue à des conditions de concurrence normale comme « une transaction conclue selon des termes et à des conditions similaires à celle effectuée entre un acheteur et un vendeur consentants qui ne sont pas liés et qui agissent de manière indépendante l'un par rapport à l'autre et au mieux de leurs intérêts respectifs » (NEP 550 § 06).

29780 Lorsque la direction pose l'assertion que les transactions avec les parties liées sont réalisées à des conditions de concurrence normale, le commissaire aux comptes collecte les éléments justifiant cette assertion et met en œuvre des tests dont l'étendue dépendra de son évaluation des contrôles mis en place par l'entité concernant les transactions avec les parties liées (NEP 550 § 20).

C. Examen du traitement comptable et de l'information dans l'annexe

29800 Le commissaire aux comptes apprécie si le traitement comptable et l'information dans l'annexe sur les relations et transactions avec les parties liées sont conformes aux référentiels comptables applicables. Il s'assure également que la présentation des effets des relations et transactions avec les parties liées ne remet pas en cause l'image fidèle que les comptes doivent donner du résultat des opérations de l'exercice écoulé ainsi que de la situation financière et du patrimoine de l'entité ou du groupe à la fin de l'exercice (NEP 550 § 21).

D. Déclarations de la direction

29850 Le commissaire aux comptes obtient une déclaration écrite du représentant légal et, s'il l'estime nécessaire, des membres des organes mentionnés à l'article L 823-16 du Code de commerce, confirmant qu'au mieux de leur connaissance (NEP 550 § 22) :
– les informations données sur l'identité des parties liées ainsi que sur les relations et transactions les concernant sont exhaustives ;
– le traitement comptable est conforme avec les dispositions du référentiel comptable applicable ;
– les transactions avec les parties liées non mentionnées dans l'annexe ne représentent pas une importance significative ou ont été conclues aux conditions normales du marché (dans le cas où le référentiel comptable applicable prévoit de mentionner en annexe uniquement les transactions avec les parties liées présentant une importance significative et non conclues aux conditions normales du marché).

E. Lien avec les conventions réglementées

29860 L'AMF recommande de faire, s'il existe, le lien dans la note de l'annexe aux comptes consolidés relative aux parties liées avec l'information présentée au titre des conventions réglementées (Recommandation AMF 2012-05 « Les assemblées générales d'actionnaires de sociétés cotées », mise à jour en octobre 2017 – propositions n°s 36 et 31).
Lors de la prise de connaissance des relations et transactions de l'entité avec les parties liées et de l'examen des informations fournies à ce titre par la direction, le commissaire aux comptes peut également avoir connaissance d'opérations réalisées avec des personnes visées par la procédure de contrôle des conventions et pouvant constituer des conventions, réglementées ou non. Il effectue les rapprochements estimés utiles lui permettant de recouper entre elles les diverses informations qui lui ont été communiquées étant précisé que la définition des parties liées diffère de la notion d'entités visées et de personnes intéressées en matière de conventions (CNCC NI. XI – décembre 2016 § 3.123).

AUDIT FINANCIER PAR PHASE   © Éd. Francis Lefebvre

Concernant les transactions importantes identifiées avec les parties liées et n'entrant pas dans le champ des activités ordinaires de l'entité, le commissaire aux comptes détermine si les parties liées concernées constituent des personnes intéressées au sens des conventions pour apprécier s'il convient d'appliquer la procédure de contrôle à ces conventions.

SECTION 4

Contrôles de substance sur les comptes

30000 Les contrôles directs sur les comptes consistent dans la mise en œuvre de contrôles de substance dont l'**objectif** est de collecter des éléments suffisants et appropriés pour pouvoir se prononcer sur le respect des assertions d'audit. Les diligences correspondantes doivent être intégrées dans la démarche d'audit.

A. Place dans la démarche

30005 Lors de la prise de connaissance de l'entité et l'évaluation des risques, l'auditeur a réalisé une première approche des risques possibles qui menacent le respect des assertions d'audit (voir n° 25370). Il en a déduit les grandes orientations des contrôles à mettre en œuvre pour chacun des cycles.

> Toutefois quel que soit le niveau de risque déterminé par l'auditeur, un certain nombre de contrôles présentant un caractère global ou transversal seront systématiquement mis en œuvre par l'auditeur (voir n° 30020).

30010 Une fois réalisés les tests de procédures, l'auditeur a complété et affiné son appréciation des risques pesant sur les assertions d'audit, et notamment sur les assertions relatives aux enregistrements : il adapte en conséquence son programme de travail, notamment l'étendue des contrôles de substance qu'il envisage de mettre en œuvre, en vue d'alléger ou de renforcer les contrôles sur les assertions concernées par cette appréciation.

30020 La norme d'exercice professionnel relative à la connaissance de l'entité et de son environnement et à l'évaluation du risque d'anomalies significatives dans les comptes (NEP 315) définit les **contrôles de substance** comme des procédures d'audit mises en œuvre pour détecter les anomalies significatives au niveau des assertions. Ces procédures incluent :
– des **tests de détail** correspondant au contrôle d'un élément individuel faisant partie d'une catégorie d'opérations, d'un solde de compte ou d'une information fournie dans l'annexe ;
– des **procédures analytiques**, qui consistent à apprécier des informations financières à partir :
  • de leur corrélation avec d'autres informations issues ou non des comptes, ou avec des données antérieures, postérieures ou prévisionnelles de l'entité ou d'entités similaires,
  • de l'analyse des variations ou des tendances inattendues (NEP 315 § 7, 10 et 11).

Les contrôles de substance sont tout d'abord mis en œuvre pour répondre spécifiquement aux **risques inhérents élevés** identifiés lors de l'évaluation du risque d'anomalies significatives (NEP 330 § 18 s.).

> Les contrôles de substance sont d'autant plus étendus que le risque d'anomalie significative est élevé. Par ailleurs des tests de procédures non satisfaisants augmentent l'étendue des contrôles de substance nécessaires. Lorsque les contrôles de substance sont mis en œuvre à une date intermédiaire, le commissaire aux comptes met en œuvre des contrôles de substance complémentaires, en association ou non avec des tests de procédures, pour couvrir la période subséquente et lui permettre d'étendre les conclusions de ses contrôles de la date intermédiaire à la fin de l'exercice (NEP 330 § 19 et 20).

Indépendamment de l'évaluation du risque d'anomalies significatives, le commissaire aux comptes conçoit et met en œuvre des contrôles de substance pour chaque catégorie d'opérations, solde de compte et informations fournies dans l'annexe, dès lors qu'ils ont un **caractère significatif**.

© Éd. Francis Lefebvre — **AUDIT FINANCIER PAR PHASE**

Le commissaire aux comptes met par ailleurs en œuvre les **procédures d'audit complémentaires** suivantes :
– rapprochement des comptes annuels ou consolidés avec les documents comptables dont ils sont issus ;
– examen des écritures comptables significatives, y compris des ajustements effectués lors de la clôture des comptes ;
– évaluation de la conformité au référentiel comptable applicable de la présentation des comptes, y compris les informations fournies en annexe (NEP 330 § 21 et 22).

Ne sont pas abordés dans ce chapitre l'ensemble des contrôles de substance mis en œuvre dans le cadre de l'audit : ils seront décrits pour chaque cycle de contrôle dans nos développements consacrés à l'approche par cycle (voir n°s 31000 s.). **30030**
On se limitera ici à examiner les contrôles présentant une certaine spécificité, à savoir :
– les procédures analytiques (n°s 30100 s.) ;
– les confirmations directes (n°s 30270 s.) ;
– les contrôles portant sur l'annexe aux états financiers (n°s 30480 s.).

B. Procédures analytiques

Après avoir présenté les modalités de mise en œuvre des procédures analytiques, on examinera les principaux ratios généralement retenus par les auditeurs financiers. **30100**
Concernant la définition et la place des procédures analytiques dans la démarche d'audit, voir n°s 26200 s.

Une note d'information a été publiée en décembre 2010 par la CNCC sur « Le commissaire aux comptes et les procédures analytiques » (NI. VIII). Cette note d'information précise les modalités pratiques de mise en œuvre de la NEP 520 « Procédures analytiques » et illustre les diverses méthodes et techniques relatives à la mise en œuvre de ces procédures.

Modalités de mise en œuvre

Données Les procédures analytiques peuvent porter sur des informations financières, **30130**
issues des comptes (comptes historiques, comptes ou données prévisionnels, soldes intermédiaires de gestion, etc.) ou d'états sous-tendant la comptabilité (coûts de revient des produits finis en stocks, volumes de production, effectifs, parts de marché, etc.). Elles consistent pour l'auditeur à opérer des comparaisons entre les montants, à vérifier leur cohérence par rapport à la connaissance générale de l'entité, et à procéder au calcul d'un certain nombre de ratios.
Le contrôle de l'auditeur ne porte pas sur les données non financières mais ces dernières peuvent lui permettre de corroborer la formation ou l'évolution de données financières.
Par exemple, les quantités vendues et les prix de vente de deux années consécutives permettent de corroborer l'évolution du chiffre d'affaires entre les deux années. L'analyse peut être affinée pour faire apparaître un effet volume (variation de volume valorisée au prix de vente de l'année précédente) et un effet prix (variation de prix appliquée au volume de l'année précédente).

Il peut être judicieux d'utiliser les modèles d'analyse et les données issus du service de **30132**
l'entité en charge du **contrôle de gestion**. La fiabilité du contrôle de gestion pourra être appréciée, notamment, au regard du caractère raisonnable des hypothèses retenues et de la rigueur des analyses des écarts entre le budget et les réalisations.

Le commissaire aux comptes peut enfin s'appuyer sur des **données externes,** telles que **30133**
des informations sectorielles.
Ces données présentent l'avantage d'être fournies par une entité extérieure indépendante mais elles peuvent en revanche ne pas refléter les spécificités de l'entité contrôlée et être inadaptées à un contexte particulier.

Dans tous les cas, l'auditeur s'assure préalablement de la **fiabilité** et de la **comparabilité** **30135**
des données sur lesquelles il construit son analyse.

693

AUDIT FINANCIER PAR PHASE   © Éd. Francis Lefebvre

30140 **Interlocuteurs** Les explications relatives aux variations identifiées sont obtenues par entretien avec les responsables appropriés. Selon la taille et l'organisation de l'entité, il peut s'agir du contrôleur de gestion, du directeur financier, du chef comptable, voire du dirigeant lui-même dans les entités de petite taille.

30142 **Investigations des variations anormales ou des tendances inattendues** Lorsque les procédures analytiques mettent en évidence des variations anormales ou des tendances inattendues et qu'aucune explication et preuve d'audit satisfaisante n'a été obtenue auprès de la direction, le commissaire aux comptes met en œuvre des procédures d'audit complémentaires lui permettant d'élucider ces variations ou incohérences (NEP 520 § 8 et § 9).

Ratios usuels

30150 **Choix des ratios** Il existe un nombre important de ratios pouvant être utilisés dans le cadre de la mise en œuvre de procédures analytiques sur les comptes. Les ouvrages et articles traitant de cette technique sont très nombreux. Les objectifs de ces différents ratios vont généralement plus loin que ceux dont l'auditeur a besoin pour la réalisation de sa mission d'audit des comptes. Les ratios listés ci-dessous (n°s 30155 s.) figurent dans la Note d'information CNCC n° VIII « Le commissaire aux comptes et les procédures analytiques », décembre 2010 p. 34 s., qui fait partie de la doctrine professionnelle de la CNCC.

Les ratios peuvent non seulement fournir des renseignements à l'auditeur sur la fiabilité des états financiers, mais également attirer son attention sur un certain nombre de risques.

Ainsi l'utilisation de ratios significatifs peut-elle mettre en évidence :
– « des déséquilibres financiers (ressources permanentes insuffisantes, autonomie financière entamée, capacité d'emprunt réduite, liquidités insuffisantes, frais financiers élevés, etc.) ;
– un manque de rentabilité (insuffisance ou détérioration des marges, de l'excédent brut d'exploitation, etc.) ;
– une insuffisance de la trésorerie et du fonds de roulement ;
– une rotation des stocks insuffisante ;
– une dégradation du crédit client... » (Ancienne note d'information CNCC n° 21, Le commissaire aux comptes dans les entreprises en difficulté, p. 29).

30155 **Capitaux permanents/actif immobilisé** Ce ratio permet de mesurer le taux de couverture des emplois fixes par des ressources permanentes ; il doit, en principe, être supérieur à 1, sauf pour certaines activités dont le modèle opérationnel est fondé sur l'existence d'un besoin en fonds de roulement négatif, le financement des activités étant alors partiellement assuré par l'excédent de crédit fournisseur sur les emplois à court terme.

Dans le calcul du ratio, il convient d'éliminer les actifs à court terme et les « non-valeurs » (frais d'établissement non amortis). Les capitaux permanents correspondent aux capitaux propres et aux emprunts à long terme. Par ailleurs, il est utile d'analyser l'évolution individuelle du numérateur et du dénominateur, l'entreprise pouvant désinvestir pour éponger des pertes et améliorer ainsi ce ratio de façon artificielle.

Comme pour tous les ratios qui font intervenir les immobilisations, le recours au crédit-bail peut fausser les analyses si aucun retraitement n'est opéré.

30160 **Capitaux propres/dettes** Ce ratio permet de mesurer l'autonomie financière de l'entreprise : plus ce ratio est élevé, plus l'entité est indépendante.

Certaines activités sont chroniquement sous-capitalisées sans que cela nuise à leur pérennité. Par ailleurs, les entités qui appartiennent à des groupes peuvent être sous-capitalisées dans le cadre de la mise en œuvre de politique d'optimisation de consommation de fonds propres tout en bénéficiant de soutiens financiers qui ne sont pas pris en compte par ce ratio.

30164 **Capitaux propres/dettes à long et moyen termes** Ce ratio est souvent utilisé par les banquiers pour déterminer la capacité d'emprunt de l'entité. Il mesure également l'indépendance financière et un ratio inférieur à 1 témoigne d'une certaine dépendance de l'entité envers ses financeurs externes.

Au-delà d'un certain niveau, qui varie dans le temps, les crédits deviennent difficiles à obtenir.

694

© Éd. Francis Lefebvre   **AUDIT FINANCIER PAR PHASE** ▌

Capacité d'autofinancement/remboursement des dettes financières Ce **30165**
ratio, dont le niveau et l'évolution prévisible est l'un des éléments majeurs pris en compte
dans l'analyse menée par les établissements de financement préalablement à l'octroi de
crédits, mesure la capacité de l'entité à faire face à ses remboursements. Un ratio durablement inférieur à 1 témoignerait de lourdes difficultés financières.

Actif circulant à court terme/dettes à court terme Ce ratio permet de mesu- **30166**
rer l'endettement à court terme et le fonds de roulement (ratio de liquidité). C'est surtout
la tendance de ce ratio qui est importante : une tendance à la baisse indique a priori
que la société risque de manquer de fonds de roulement et d'avoir des difficultés à faire
face à ses obligations ; une tendance à la hausse peut être l'indice d'un excédent de
liquidité.
Pour être probant, ce ratio doit s'accompagner d'une analyse du taux de rotation de
chaque composante (stocks, clients, fournisseurs).

Frais financiers/chiffre d'affaires Ce ratio est l'un de ceux considérés comme **30168**
révélateurs des difficultés financières des entités. L'analyse de ce ratio est cependant à
adapter en fonction du secteur d'activité de l'entité. Il a, en particulier, une signification
limitée dans le secteur bancaire. Par ailleurs, l'évolution du ratio dans le temps peut
mettre en exergue les difficultés d'une entité à financer son activité. Les frais financiers
doivent en principe inclure ceux qui sont intégrés dans les redevances de crédit-bail.

Résultat d'exploitation/frais financiers Ce ratio permet de mesurer la capacité **30170**
de l'entité à supporter sa charge de frais financiers.

(Stocks et en-cours/Coût de production des ventes) × 360 Ce ratio permet **30172**
de mesurer le rythme auquel les stocks sont vendus. Un taux de rotation des stocks
exagérément lent peut signifier par exemple qu'il y a des risques liés à l'obsolescence
des stocks, et à leur détérioration. Une dégradation de ce ratio peut également s'accompagner de problèmes majeurs de stockage (coût, contrôle des quantités).
Un rythme élevé de rotation des stocks est généralement considéré comme un signe
plutôt favorable concernant la gestion de la production. Néanmoins, un rythme trop
élevé peut aussi être le signe de difficultés à tenir les délais de livraison (risque de litiges
avec les clients ou de pertes de contrats) ou également la conséquence d'une sous-
évaluation des stocks.
En pratique, il est utile de comparer ce ratio à la durée moyenne de production du
secteur et de le calculer par famille de produits.

(Créances d'exploitation/Produits d'exploitation) × 360 Ce ratio permet **30174**
d'évaluer le délai moyen de recouvrement des créances. Il doit être comparé au délai
moyen normal de crédit accordé aux clients.
Tout accroissement de ce ratio met souvent en évidence une détérioration du risque
client. Il conviendra dans ce cas de vérifier la procédure de relance clients et d'analyser
l'ancienneté des créances.
Suivant le secteur, il peut être nécessaire d'analyser, par catégorie de clients, si des
conditions différentes sont accordées (exemple : séparer les analyses concernant les gros-
sistes, les administrations, les particuliers, etc.).
Une des difficultés de calcul de ce ratio provient de la nécessité de recalculer le montant
TTC des produits d'exploitation afin de les rendre homogènes avec les créances (ou de
calculer le montant hors taxe des créances clients).

(Fournisseurs d'exploitation/Achats) × 360 Ce ratio permet de mesurer le **30176**
délai moyen de règlement des fournisseurs. Si ce ratio présente un niveau nettement
moins élevé que le ratio précédent (créances d'exploitation/produits d'exploitation), il
indique que l'entité n'est pas en mesure d'obtenir de ses fournisseurs les mêmes délais
de paiement que ceux qu'elle accorde à ses clients et qu'à ce titre elle peut connaître
des difficultés de trésorerie.
Comme pour les clients, il peut être souhaitable de raisonner par catégorie de fournisseurs, mais il n'est pas toujours facile d'isoler les charges correspondant à chaque catégorie.

695

AUDIT FINANCIER PAR PHASE © Éd. Francis Lefebvre

Le délai de règlement moyen des fournisseurs peut également être comparé au délai de règlement légal ou sectoriel (voir n°° 56526 s.) concernant les diligences à mettre en œuvre par le commissaire aux comptes concernant les délais de paiement.

30178 Charges par nature/chiffre d'affaires L'évolution de ce ratio sur plusieurs exercices permet d'identifier :
– les modifications de structure de l'entité (recours important à la sous-traitance par exemple) ;
– les erreurs éventuelles d'imputation ;
– les charges ponctuelles qui méritent une analyse plus approfondie.

30180 Coût de production des produits vendus/ventes Ce ratio permet de déceler les produits (ou familles de produits) à faible marge, voire à marge négative.

30190 Valeur ajoutée/charges de personnel L'évolution de ce ratio permet de vérifier l'évolution de la main-d'œuvre par rapport à la valeur ajoutée. Ce ratio dépendant de l'activité de l'entité, les données sectorielles permettront de comparer la performance de l'entité par rapport aux concurrents.

C. Demandes de confirmation des tiers

30270 La mise en œuvre de demandes de confirmation des tiers est une procédure spécifique de l'audit légal. Elle apporte notamment à l'auditeur des informations sur l'existence et l'exhaustivité de certains soldes.

Sont examinés ci-après les postes des états financiers concernés par la procédure de demandes de confirmation des tiers, puis les modalités pratiques de mise en œuvre de la procédure.

En ce qui concerne la définition et la place de cette technique dans la démarche d'audit, voir n°° 26260 s. Le défaut de mise en œuvre d'une telle procédure doit faire l'objet d'une analyse documentée dans le dossier. Le commissaire aux comptes devra définir et mettre en œuvre des procédures appropriées afin de pallier l'absence de demandes de confirmation directes. Dans les développements qui suivent sont utilisés indifféremment les termes de « confirmation directe » et de « circularisation ».

Une note d'information a été publiée en décembre 2010 par la CNCC sur « Le commissaire aux comptes et les demandes de confirmation des tiers » (NI. VIII). Cette note d'information précise les modalités pratiques de mise en œuvre de la NEP 505 relative aux demandes de confirmation de tiers et propose des outils pratiques.

Postes concernés par la procédure

30272 Immobilisations Les comptes d'immobilisations peuvent donner lieu à plusieurs types de circularisations :

30274 – Circularisation de la **conservation des hypothèques** : les informations obtenues auprès du service de la conservation des hypothèques permettent de s'assurer que l'entité est toujours propriétaire des biens désignés jusqu'à la date de la réponse du conservateur et de déterminer si les biens circularisés font l'objet d'une inscription hypothécaire (avec mention du bénéficiaire de la sûreté) ;

En France, les demandes adressées à la conservation des hypothèques doivent être faites sur des imprimés spéciaux. Il est recommandé d'utiliser les « réquisitions de renseignements sommaires urgents hors formalité ».

30276 – Circularisation du **cadastre** : certaines vérifications relatives aux immobilisations impliquent la confirmation des caractéristiques de terrains et d'immeubles. La demande de confirmation doit être adressée au cadastre de la commune ;

30278 – Circularisation de **sociétés de crédit-bail** : la confirmation permet d'obtenir des informations relatives aux loyers payés au titre du contrat de crédit-bail, à la nature des biens faisant l'objet de contrats et au montant des loyers restant dus qui sont à mentionner dans les engagements hors bilan de l'annexe avec indication des conditions de rachat ;

Lorsque l'auditeur intervient dans une société qui établit des comptes consolidés, ces informations sont également particulièrement utiles pour vérifier les retraitements effectués.

© Éd. Francis Lefebvre

AUDIT FINANCIER PAR PHASE ▌

– Circularisation du **greffe du tribunal de commerce** : la circularisation du tribunal de commerce permet d'obtenir un état des privilèges et nantissements concernant le matériel. Elle permet également d'obtenir la liste des matériels en crédit-bail utilisés par la société, ce qui permet à l'auditeur de vérifier que ces biens ne figurent pas dans les immobilisations de l'entreprise.

> Ces informations sont directement accessibles notamment sur les sites www.infogreffe.fr ou www.societes.com.

30280

Stocks En matière de stocks, les demandes de confirmation présentent un intérêt particulier dans l'hypothèse où soit des stocks appartenant à l'entité sont détenus par des tiers, soit des stocks appartenant à des tiers sont détenus par l'entité :
– dans le cas de stocks appartenant à l'entité et détenus chez des tiers (en consignation ou en dépôt), l'auditeur peut juger nécessaire de se faire confirmer leur existence, leur appartenance, leur quantité et/ou leur qualité ;
– dans le cas de stocks appartenant à des tiers en dépôt ou en consignation dans l'entité, la confirmation directe permet à l'auditeur de s'assurer que les stocks n'appartenant pas à l'entité ont été correctement distingués des stocks lui appartenant, et qu'ils ne sont pas inscrits à l'actif du bilan.

30283

Créances La demande de confirmation peut porter sur les comptes clients, les effets à recevoir et les effets escomptés non échus. L'auditeur peut aussi, s'il l'estime nécessaire, faire porter la demande de confirmation sur une transaction, sur un marché spécifique, ou sur une ou plusieurs factures données.

30288

En cas de **créances à risque**, la demande faite aux administrateurs et mandataires judiciaires a pour but de vérifier la possibilité de recouvrement des créances sur des entreprises en procédures collectives. Il est souvent utile de s'assurer que les créances privilégiées ont bien été admises comme telles.

30291

Disponibilités La confirmation directe des banques est effectuée à la date de clôture. L'objectif est d'obtenir tant la **confirmation des soldes bancaires** proprement dits que d'autres informations utiles à l'audit de l'entité.

> L'auditeur peut consulter les relevés de comptes bancaires transmis périodiquement par la banque à l'entité qui constituent, en soi, des confirmations directes des opérations bancaires et des soldes des comptes. La demande de confirmation des soldes bancaires mise en œuvre à la clôture permet de vérifier en outre l'exhaustivité des comptes bancaires ouverts au nom d'un même établissement.

30294

En dehors de la confirmation des soldes des comptes bancaires, les **principales informations demandées** concernent :
– le montant des effets remis à l'encaissement ;
– le montant des effets remis à l'escompte et non échus ;
– le relevé des titres en dépôt ;
– le montant des crédits de toute nature accordés et utilisés ainsi que leurs conditions d'utilisation ;
– le cas échéant, la nature et la valorisation des instruments de couverture (taux, change…) ou instruments financiers dérivés souscrits ;
– les engagements souscrits par la banque au profit de l'entité ;
– les garanties constituées par l'entité en faveur de la banque ;
– le nom des personnes habilitées à faire fonctionner les comptes.

30297

Ces informations font l'objet d'un recoupement avec les informations obtenues de l'entité.

> La CNCC a jugé que le coût de la confirmation facturé par la banque serait une motivation de refus peu pertinente à la mise en œuvre de la procédure de confirmation directe dans la mesure où le recours à des contrôles de substitution constituerait le plus souvent une perte d'efficacité et d'efficience pour l'audit (Bull. CNCC n° 86-1992 p. 340).

30300

Provisions pour risques Les demandes faites aux **avocats** ont pour but de confirmer l'existence ou l'absence de procès en cours ou éventuels qui pourraient engager l'entité à payer des dommages et intérêts. La confirmation permet de vérifier soit les montants éventuellement provisionnés ou à provisionner, soit les informations sur les

30302

697

AUDIT FINANCIER PAR PHASE © Éd. Francis Lefebvre

engagements hors bilan et passifs éventuels. La demande de confirmation aux avocats est donc essentielle dans l'appréhension et l'évaluation des risques.

Sur le secret professionnel opposé par les avocats lors de la mise en œuvre de la circularisation, voir nº 30334.

La demande permet également de s'assurer que les honoraires des avocats ont été correctement provisionnés ; par ailleurs, le montant des honoraires peut donner des indications sur l'importance des affaires en cours.

Les demandes sont adressées le plus tard possible, eu égard au respect du calendrier de la mission, de façon à obtenir des informations postérieures à la clôture. À cet effet, la demande devra préciser que l'information doit être donnée tant à la date de clôture qu'à la date à laquelle la réponse est fournie.

30304 Emprunts auprès d'établissements de crédit La confirmation demandée aux banques couvre généralement les informations relatives aux emprunts. Lorsque les emprunts sont contractés auprès d'établissements de crédit spécialisés, l'auditeur adapte le contenu de la lettre de confirmation aux banques.

30307 Engagements hors bilan La confirmation des informations concernant les engagements hors bilan peut être obtenue via les demandes de confirmation examinées précédemment : greffe du tribunal de commerce, conservation des hypothèques, organismes de crédit-bail, établissements de crédit.

30310 Assurances L'auditeur peut juger utile d'obtenir des informations auprès des courtiers et compagnies d'assurances de l'entité : nature et étendue des polices d'assurance souscrites par l'entité, état des sinistres en cours et de l'étendue de leur prise en charge par l'assureur, état des dettes ou créances envers celui-ci.

La continuité de l'exploitation de l'entité ou sa situation financière en cas de sinistre ou litige peut dépendre de l'assurance ou de la non-assurance de certains risques.

Exemples : étendue de la couverture d'assurance en cas de bris de machine, perte d'exploitation.

Modalités de mise en œuvre des confirmations directes

30320 Date de confirmation à retenir La date de confirmation est généralement la date de clôture des comptes. Il peut toutefois être dérogé à ce principe lorsque le dispositif de contrôle interne du poste sur lequel porte la confirmation est jugé satisfaisant.

Quand il est procédé à une demande de confirmation à une date différente de celle de la clôture des comptes (principalement confirmation des comptes clients et fournisseurs), l'auditeur procède à un rapprochement entre le solde du compte à la date de confirmation et le solde du compte à la date de clôture des comptes.

30322 Ce rapprochement se présente généralement comme suit (cas des comptes clients) :

Solde à la date de confirmation
+ Ventes réalisées entre la date de confirmation et la date de clôture des comptes
− Règlements clients entre la date de confirmation et la date d'arrêté des comptes
+ Opérations diverses (régularisation notamment)
= Solde à la date d'arrêté des comptes

Les mouvements intervenus entre la date de confirmation et la date de clôture font l'objet de contrôles appropriés généralement mis en œuvre par sondages.

30324 Sélection des tiers La sélection s'effectue à partir de balances auxiliaires dont l'auditeur aura préalablement apprécié la fiabilité.

30326 Le nombre de tiers auxquels une demande de confirmation sera adressée est déterminé par l'auditeur sur la base de son jugement professionnel, lui-même fondé sur son appréciation du risque d'anomalies significatives pour le poste contrôlé. Lorsque le nombre d'individus composant la population que l'auditeur souhaite circulariser est important, ce dernier s'interroge sur l'opportunité d'utiliser la technique des sondages statistiques (voir nºˢ 26300 s.).

Quelle que soit l'option retenue, l'étendue de la circularisation doit être de nature à fournir à l'auditeur des éléments suffisants et appropriés sur les postes concernés.

698

© Éd. Francis Lefebvre   **AUDIT FINANCIER PAR PHASE** ▌

L'auditeur a la maîtrise de la **sélection** des tiers à circulariser. Cette sélection peut être réalisée en fonction du montant des soldes (faible, élevé, nul), des mouvements enregistrés sur le compte (nombreux ou pas), de l'ancienneté des composantes du solde, du « sens » du compte (notamment sens inverse du sens attendu), etc. **30328**

Les établissements de crédit et les avocats font l'objet d'une sélection systématique.

Accord préalable L'auditeur obtient l'accord de l'entité auditée sur sa sélection. Si la direction s'oppose aux demandes de confirmations envisagées, l'auditeur examine si ce refus se fonde sur des motifs valables. S'il considère que le refus de la direction est fondé, l'auditeur met en œuvre des procédures d'audit alternatives afin d'obtenir les éléments suffisants et appropriés sur le ou les points concernés par la demande. S'il considère que le refus n'est pas fondé, l'auditeur en tire les conséquences éventuelles (réserve pour limitation ou autre) sur son rapport (NEP 505 § 10, 11 et 12). **30330**

Lorsque la technique de confirmation est inopérante compte tenu des particularités du secteur d'activité de l'entité auditée, l'auditeur en indique les raisons dans le plan de mission ainsi que les techniques d'audit alternatives utilisées.

Forme de la demande L'auditeur détermine le contenu des demandes de confirmation en fonction notamment des assertions concernées, des facteurs susceptibles d'affecter la fiabilité des réponses tels que la nature de la confirmation (fermée ou ouverte) et de l'expérience acquise lors des audits précédents (NEP 505 § 8). Des modèles de lettre de demande de confirmation directe sont préparés à l'attention des tiers que l'auditeur souhaite circulariser. **30332**

La demande est « **ouverte** » si elle ne précise que la nature de l'information recherchée et non son montant ou sa valeur (interrogation de tiers pour obtenir des relevés, soldes ou informations qui seront rapprochés par l'auditeur des informations obtenues de la société contrôlée). Les demandes de confirmation de banques, avocats, fournisseurs répondent généralement à cette définition.

La demande est « **fermée** », si l'indication de la nature et du montant relatifs aux informations doit être confirmée par les tiers. Cette formule est surtout utilisée pour la confirmation directe des créances clients et des autres débiteurs.

Modalités matérielles La demande de confirmation est généralement établie sur du papier à en-tête de l'entité auditée. Le courrier est signé par un représentant habilité de l'entité. La mise sous enveloppe et l'expédition sont assurées par l'auditeur. Les réponses doivent être adressées directement à l'auditeur. **30334**

Par exception, les avocats considèrent que leur profession n'est pas dégagée du secret professionnel vis-à-vis des commissaires aux comptes et estiment, en conséquence, être dans l'impossibilité de fournir une réponse directe à leurs demandes de confirmation. Il leur est en conséquence demandé d'adresser leur réponse à l'entité auditée. On peut noter que cette position a été « entérinée » par la NEP relative au « caractère probant des éléments collectés – applications spécifiques » qui pose le principe qu'il revient à l'entité d'obtenir des informations de ses avocats (NEP 501 § 7). Cette norme mentionne également que « si la direction de l'entité refuse de demander des informations à ses avocats ou de communiquer au commissaire aux comptes les informations obtenues, le commissaire aux comptes en tire les conséquences éventuelles dans son rapport » (§ 8).

Concernant la possibilité d'envoi par **courrier électronique**, la CNCC a précisé les modalités suivantes : « Les demandes de confirmation envoyées par email doivent être préparées de façon suffisamment fiable pour éviter le risque de modification ou d'interférence par l'entité auditée. En présence d'un risque inhérent élevé (tel que défini dans la NEP 315) sur l'une des assertions du compte faisant l'objet de la confirmation, l'envoi de demandes de confirmation par email ne sera généralement pas suffisant.

Lorsque le commissaire aux comptes envisage cette possibilité, il pourra préparer une lettre de demande de confirmation [...], demander à la direction de signer ces demandes électroniquement sur papier à en-tête de l'entité (par exemple : signature sur un PDF) et de les renvoyer au commissaire aux comptes par email. Le commissaire aux comptes pourra dès lors adresser par email aux tiers sélectionnés ces demandes de confirmations signées » (CNCC – CSOEC 15-1-2021 – Questions/ Réponses relatives aux conséquences de la crise sanitaire et économique liée à l'épidémie de Covid-19).

Pour ce qui est des réponses aux confirmations reçues, également reçues par courrier électronique, le commissaire aux comptes peut souhaiter vérifier la source et le contenu de la réponse en contactant directement par téléphone la personne qui a émis la réponse afin de vérifier qu'elle en est effectivement l'émetteur et qu'elle est bien la personne

AUDIT FINANCIER PAR PHASE　　　　　　　　© Éd. Francis Lefebvre

appropriée pour l'émettre (CNCC – CNP 2020-06 Prise en compte, dans la mise en œuvre de l'audit des comptes, du travail à distance, en conséquence de la crise liée à la pandémie de Covid-19).

Exploitation des réponses

30345 Chaque élément de la réponse est confronté avec les comptes et les informations disponibles au sein de l'entité. En ce qui concerne les montants, ceux-ci peuvent faire l'objet d'une validation directe, d'un rapprochement ou d'un désaccord. Les rapprochements sont effectués soit par l'auditeur, par examen des pièces justificatives, soit par les services de l'entité auditée. Dans ce cas, l'auditeur vérifie les travaux réalisés ainsi que la validité des explications fournies.

Les commentaires émanant du tiers devront, en outre, faire l'objet d'une attention particulière afin de s'assurer qu'ils ne remettent pas en cause le solde confirmé, ni les autres postes du bilan et du compte de résultat qui lui sont liés.

30347 **Procédures d'audit alternatives** Lorsque les demandes de confirmation sont restées sans réponses, ou ont donné lieu à des réponses inexploitables, ou font état d'un désaccord, l'auditeur procède, en fonction de la sélection qu'il a effectuée, à la mise en œuvre de contrôles de substitution. Ces contrôles visent à obtenir tous les documents justifiant le solde ou l'opération faisant l'objet de la confirmation.

Il en est ainsi du rapprochement des factures composant le solde du compte avec des documents signés par des tiers.

30350 **Synthèse** À l'issue de l'exploitation des demandes de confirmation et de la réalisation des contrôles de substitution, l'auditeur élabore une synthèse des résultats obtenus afin de formuler sa conclusion. Celle-ci rappelle les paramètres de la demande de confirmation et les principaux résultats obtenus.

D. Contrôle de l'annexe

30480 L'annexe fait partie intégrante des états financiers ; elle est visée par la certification délivrée par l'auditeur sur les états financiers, au même titre que le bilan et le compte de résultat.

30482 L'importance de l'annexe tient au fait :
– qu'elle apporte un éclairage sur les principes et méthodes comptables appliqués pour établir le bilan et le compte de résultat ;
– qu'elle fournit par ailleurs des informations détaillées sur le contenu de certains postes.

Selon la CNCC, « l'un des objectifs des comptes annuels est de mettre en évidence les éléments pouvant influencer le jugement que les destinataires de ces comptes peuvent porter sur le patrimoine, la situation financière et les résultats de l'entité. L'annexe comporte à ce titre toutes les informations d'importance significative destinées à compléter et à commenter celles données par le bilan et le compte de résultat » (CNCC – Note d'information n° I, Les rapports du commissaire aux comptes sur les comptes annuels et consolidés, p. 214).

30486 L'auditeur doit donc s'assurer que toutes les informations nécessaires à la compréhension des états financiers figurent dans l'annexe. Ces informations sont dans une large part fixées par la réglementation, et plus particulièrement par le Code de commerce, le plan comptable général, le règlement CRC 99-02 et les normes comptables internationales pour les sociétés appliquant le référentiel IAS/IFRS.

L'auditeur doit être particulièrement vigilant sur la qualité des informations fournies dans l'annexe, à laquelle il peut être conduit à faire référence dans son rapport sur les comptes.
À ce titre, on rappelle que dans son rapport sur les comptes, le commissaire aux comptes formule, s'il y a lieu, toutes observations utiles lorsqu'il certifie les comptes sans réserve ou lorsqu'il assortit la certification d'une réserve. En formulant une observation, le commissaire aux comptes attire l'attention du lecteur des comptes sur une information fournie dans l'annexe. Il ne peut dispenser d'information dont la diffusion relève de la responsabilité des dirigeants (NEP 700 § 07).
Par ailleurs, lorsque le commissaire aux comptes détermine qu'un élément concernant les comptes nécessite une justification des appréciations, il doit plus particulièrement veiller à la pertinence de l'information donnée dans l'annexe sur ce sujet, et il ne peut en aucun cas être dispensateur d'informations (voir n° 30909).

700

Finalité du contrôle

30488 La finalité du contrôle est détaillée par la CNCC dans la note d'information précitée (p. 214 s.). Celle-ci précise que le commissaire aux comptes doit collecter des éléments suffisants en qualité et en quantité pour vérifier que les **informations** fournies sont **régulières et sincères** et qu'elles donnent, avec les documents de synthèse, une **image fidèle du patrimoine, de la situation financière et du résultat de l'entité** (ou des personnes et entités entrant dans le périmètre de consolidation).

30490 Le commissaire aux comptes s'assure de la **régularité** de l'annexe en vérifiant la concordance des informations avec la comptabilité et leur cohérence avec les autres documents de synthèse, compte tenu de sa connaissance générale de l'entité, de son activité et du contexte économique.

Le commissaire aux comptes apprécie la **sincérité** de l'annexe en fonction des considérations suivantes :
– importance relative des informations données, une information trop abondante nuisant à sa clarté ;
– aspect qualitatif de l'information et non pas seulement quantitatif ;
– appréciation du seuil de signification par rapport aux rubriques des comptes annuels ou consolidés et par rapport à l'utilité de l'information fournie ;
– excès de technicité nuisant à la compréhension et donc à l'utilité de l'information ;
– importance des éléments qui n'ont pas encore de traduction comptable : événements postérieurs à la clôture, engagements hors bilan, passifs éventuels.

30492 La certification du commissaire aux comptes portant sur l'ensemble des comptes annuels et consolidés, toute **anomalie** constatée dans l'annexe doit être traitée de la même façon qu'une anomalie constatée dans le bilan ou le compte de résultat.

30494 Il n'est pas possible de recenser de façon exhaustive tous les **types d'anomalies** pouvant être constatées. Elles peuvent porter notamment sur les points suivants :
– absence d'informations significatives (par exemple, omission de signaler un événement postérieur à la clôture ou un passif éventuel) ;
– information incomplète (par exemple, changement de méthodes comptables sans l'information nécessaire à la compréhension et à l'incidence du changement) ;
– information erronée ou non sincère (par exemple, ventilation du chiffre d'affaires erronée, erreur dans l'échéancier des dettes et la répartition court terme-long terme, description d'un principe comptable qui ne correspond pas à la pratique de l'entité).

30496 Le commissaire aux comptes devra s'efforcer, de même que pour le bilan ou le compte de résultat, de faire corriger par l'entité les anomalies constatées dans l'annexe.

Le commissaire aux comptes ne peut se substituer à l'entité en fournissant lui-même une information absente ou en donnant les éléments rectificatifs dans son rapport. Il ne peut en effet être dispensateur d'informations que dans le cadre d'une réserve ou d'un refus de certifier (voir n° 30497).

Sur l'incidence potentielle sur la responsabilité civile du commissaire aux comptes d'une absence d'information ou d'une anomalie dans l'annexe aux comptes, si un tel manquement n'est pas de nature à remettre en cause l'opinion sur les comptes d'une société dont les titres sont admis à la négociation sur un marché réglementé, voir cour d'appel de Paris du 30 janvier 2014 et décision de la Commission des sanctions de l'AMF n° SAN 2012-08 (www.amf-france.org/sanctions-et-transactions). Selon nous, les motivations retenues dans ces décisions afin de refuser de sanctionner les commissaires aux comptes incriminés sont transposables en matière de sociétés dont les titres ne sont pas admis aux négociations sur un marché réglementé.

30497 Lorsque l'entité refuse de corriger les anomalies constatées, le commissaire aux comptes peut être conduit, en fonction de l'importance relative de ces anomalies et de leur incidence sur le jugement que peuvent porter les tiers sur les comptes annuels, à formuler une réserve dans son rapport. Dans certains cas, il devra même refuser de certifier : par exemple, l'absence totale d'annexe ne permet pas aux comptes annuels de donner une image fidèle (NI. I précitée p. 222).

S'agissant du cas particulier des micro-entreprises qui, conformément à la possibilité ouverte par l'article L 123-16-1 du Code de commerce, n'établissent pas d'annexe, voir n° 30504.

AUDIT FINANCIER PAR PHASE © Éd. Francis Lefebvre

Lorsqu'une annexe très insuffisante conduit à un refus de certifier, la CNCC précise que l'exposé des motifs du refus précisera les principaux types d'information omis.

La NI. I précitée (p. 222 s.) propose des exemples de formulation de l'opinion sur les comptes dans les situations évoquées (absence d'annexe, annexe insuffisante et absence d'informations significatives).

Contenu de l'annexe

30498 Concernant le contenu détaillé de l'annexe, on pourra se reporter au Mémento Comptable n°s 64605 s.

Cas des micro-entreprises dispensées de l'établissement de l'annexe

30500 **Définition des micro-entreprises** Conformément à l'article L 123-16-1 du Code de commerce les micro-entreprises sont les commerçants, personnes physiques ou personnes morales, pour lesquels, au titre du dernier exercice comptable clos et sur une base annuelle, deux des trois **seuils** suivants, définis à l'article D 123-200 du Code de commerce, dans sa version modifiée par le décret 2019-359 du 29 mai 2019, ne sont pas dépassés :
– total du bilan : 350 000 euros ;
– montant net du chiffre d'affaires : 750 000 euros ;
– nombre moyen de salariés employés au cours de l'exercice : 10.

L'article D 123-200 du Code de commerce, dans sa version modifiée par le décret 2019-359 du 29 mai 2019, précise que :
– « le total du bilan est égal à la somme des montants nets des éléments d'actif ;
– le montant net du chiffre d'affaires est égal au montant des ventes de produits et services liés à l'activité courante, diminué des réductions sur ventes, de la taxe sur la valeur ajoutée et des taxes assimilées ;
– le nombre moyen de salariés employés au cours de l'exercice est égal à la moyenne arithmétique des effectifs à la fin de chaque trimestre de l'année civile, ou de l'exercice comptable lorsque celui-ci ne coïncide pas avec l'année civile, liés à l'entreprise par un contrat de travail ».
Les salariés employés ne sont ainsi plus limités à ceux liés à l'entreprise par un contrat de travail à durée indéterminée, comme c'était précédemment le cas en application de l'article R 123-200 abrogé.

Lorsqu'une entreprise dépasse ou cesse de dépasser deux de ces trois seuils, cette circonstance n'a d'incidence que si elle se produit pendant deux exercices consécutifs (C. com. art. L 123-16-1).

Pour les exercices ouverts à compter du 9 février 2020, le décret 2020-101 du 7 février 2020 modifie les dispositions de l'article D 123-200 du Code de commerce et introduit de nouvelles modalités de calcul du seuil d'effectif salarié en renvoyant au I de l'article L 130-1 du Code de la sécurité sociale. Le nombre moyen de salariés correspond dès lors à la moyenne du nombre de personnes employées au cours de chacun des mois de l'année civile précédente ou du dernier exercice comptable lorsque celui-ci ne correspond pas à l'année civile précédente (C. com. art. D 123-200, al. 7 modifié par le décret 2020-101 du 7-2-2020 renvoyant à CSS art. L 130-1 I créé par la loi 2019-486 dite Pacte du 22-5-2019).

L'article R 130-1 du Code de la sécurité sociale apporte des précisions quant aux catégories de personnes incluses dans l'effectif et les modalités de leur décompte.

30502 **Dispense d'annexe** L'article L 123-16-1 du Code de commerce dispose que les micro-entreprises, à l'exception de certaines entités visées aux articles L 123-16-1 et L 123-16-2 (voir n° 30504), ne sont pas tenues d'établir d'annexe.

Toutefois, les micro-entreprises dispensées d'annexe doivent mentionner les **informations** suivantes **à la suite de leur bilan** (PCG art. 810-9) :
– la référence au règlement comptable de l'Autorité des normes comptables appliqué pour l'élaboration des comptes annuels ;
– le montant global de tout engagement financier, toute garantie ou passifs éventuels qui ne figure pas au bilan notamment les engagements de crédit-bail, et une indication de la nature et de la forme de toute sûreté réelle ;
– les engagements en matière de pension, de compléments de retraite, d'indemnités et d'allocations en raison du départ à la retraite ou avantages similaires des membres ou associés de son personnel ou de ses mandataires sociaux ;
– les engagements à l'égard d'entreprises liées ou associées ;

© Éd. Francis Lefebvre   **AUDIT FINANCIER PAR PHASE** ▌

– le montant des avances et crédits alloués aux membres des organes d'administration, de direction ou de surveillance, avec indication des conditions consenties et des remboursements opérés pendant l'exercice, ainsi que du montant des engagements pris pour leur compte ;
– pour les personnes morales non tenues d'établir un rapport de gestion, le nombre et la valeur des actions propres détenues à la fin de l'exercice ainsi que les mouvements intervenus au cours de l'exercice.

Micro-entreprises exclues   L'article L 123-16-1 du Code de commerce dispose que les micro-entreprises dont l'activité consiste à gérer des titres de participations et de valeurs mobilières sont exclues du dispositif de dispense d'annexe.
En application de l'article L 123-16-2 du Code précité, il en est de même pour les entités suivantes :
– les établissements de crédit et les sociétés de financement mentionnés à l'article L 511-1 du Code monétaire et financier et les établissements de paiement et établissements de monnaie électronique mentionnés à l'article L 521-1 du même Code ;
– les entreprises d'assurances et de réassurance mentionnées aux articles L 310-1 et L 310-1-1 du Code des assurances, les organismes de sécurité sociale mentionnés à l'article L 114-8 du Code de la sécurité sociale, les institutions de prévoyance et leurs unions régies par le titre III du livre IX du Code de la sécurité sociale et les mutuelles et unions de mutuelles régies par le livre II du Code de la mutualité ;
– les personnes et entités dont les titres financiers sont admis aux négociations sur un marché réglementé ;
– les personnes et entités qui font appel à la générosité publique au sens de la loi 91-772 du 7 août 1991 relative au congé de représentation en faveur des associations et des mutuelles et au contrôle des comptes des organismes faisant appel à la générosité publique.

30504

Incidence sur le rapport sur les comptes annuels   En application de l'article L 123-14 du Code de commerce, il est tout d'abord rappelé que :
– « les comptes annuels doivent être réguliers, sincères et donner une **image fidèle** du patrimoine, de la situation financière et du résultat de l'entreprise ;
– lorsque l'application d'une prescription comptable ne suffit pour donner l'image fidèle (…), des informations complémentaires doivent être fournies dans l'annexe ».
La CNCC considère ainsi que, dans certaines situations, et notamment en cas d'incertitude sur la continuité d'exploitation ou en présence d'un changement de méthodes comptables dans les comptes au cours de l'exercice, des **informations complémentaires** sont à mentionner par l'entité à la suite du bilan pour donner une image fidèle du patrimoine, de la situation financière et du résultat CNCC NI. I – décembre 2018 p. 95 s. Dans tous les cas, il est nécessaire que le référentiel comptable appliqué soit précisé. Ces informations devraient être indiquées par l'entité à la suite du bilan.
S'agissant du rapport sur les comptes annuels, la CNCC précise qu'il appartient au commissaire aux comptes d'apprécier si les conditions précisées ci-dessus sont respectées, notamment celles relatives à l'image fidèle et, si tel est le cas, il certifie, en justifiant de ses appréciations, que les comptes annuels sont réguliers, sincères et donnent une image fidèle. Il précise dans son rapport que l'entité a utilisé la possibilité de ne pas établir d'annexe.

30506

SECTION 5

Finalisation de la mission

Au terme de la mise en œuvre des contrôles de substance, l'auditeur est en mesure de se prononcer sur le respect des assertions d'audit relatives aux soldes et enregistrements. Dans la phase de finalisation, l'auditeur accomplit les travaux qui lui permettront de se prononcer sur les assertions relatives à l'information financière et d'émettre une opinion sur les états financiers.

30510

703

AUDIT FINANCIER PAR PHASE　　　　　　　© Éd. Francis Lefebvre

30511　Ces travaux comportent :
– le contrôle des événements postérieurs à la clôture (n°s 30530 s.) ;
– l'obtention de déclarations de la direction (n°s 30780 s.) ;
– les travaux de synthèse (n°s 30820 s.).

Les diligences propres à l'audit légal en matière de vérifications spécifiques font l'objet des n°s 50100 s. L'émission de l'opinion est traitée dans la section 6 relative au rapport sur les comptes (n°s 30850 s.).

La communication du commissaire aux comptes avec les organes mentionnés à l'article L 823-16 du Code de commerce n'étant pas limitée à la phase de finalisation de la mission, elle est traitée dans le chapitre « Notion d'audit financier » (voir n° 26480).

A. Contrôle des événements postérieurs à la clôture

30530　Des événements de natures diverses peuvent survenir entre la date de clôture et la date d'approbation des comptes. Certains peuvent avoir des conséquences significatives sur la situation financière de l'entité. Les notions de sincérité et d'image fidèle imposent de tenir compte de tels événements jusqu'à la date d'approbation des comptes.

Les événements intervenant après la clôture posent des questions différentes selon qu'ils affectent positivement (dénouement heureux d'un litige par exemple) ou négativement (dépôt de bilan d'un client important par exemple) la situation financière et selon qu'ils nécessitent, ou non, un traitement comptable spécifique ou une information particulière.

La norme d'exercice professionnel (NEP 560) « Événements postérieurs à la clôture de l'exercice » définit :
– la notion d'événements postérieurs à la clôture ;
– les procédures d'audit à mettre en œuvre pour identifier les événements postérieurs ;
– les incidences des événements postérieurs identifiés par le commissaire aux comptes sur son rapport ou sur l'information des organes compétents.

Ces incidences varient en fonction de la date de survenance de l'événement et de la date de sa découverte par le commissaire aux comptes.

La note d'information CNCC « Le commissaire aux comptes et les événements postérieurs à la clôture de l'exercice » a été mise à jour en janvier 2021 (CNCC NI. II, 2e édition). L'objectif de ce document est de rappeler les textes légaux et réglementaires applicables, de préciser les modalités pratiques de mise en œuvre de la NEP 560, de fournir des exemples de rapport et de proposer des outils pratiques.

Cette note d'information constitue un instrument d'accompagnement du commissaire aux comptes mais elle ne peut en aucun cas se substituer aux normes d'exercice professionnel.

La mise à jour de cette note d'information prend en compte différentes évolutions légales, réglementaires et doctrinales intervenues depuis sa première publication en 2010. Sont ainsi intégrées dans cette nouvelle version :
– la mise à jour des textes cités, notamment ceux issus du règlement 2014-03 relatif au Plan comptable général et du référentiel IFRS ;
– les « nouvelles » dispositions de la NEP 570 – Continuité d'exploitation, homologuée par arrêté du 26 mai 2017, notamment l'introduction de la notion d'incertitude significative, prévue à l'article R 823-7 du Code de commerce modifié par le décret 2016-1026 (voir n° 30892) ;
– les diligences du commissaire aux comptes relatives aux événements postérieurs en application des NEP 911 et 912 homologuées par arrêté du 6 juin 2019 ;
– certains compléments d'information issus de la « Foire Aux Questions » de la CNCC relative aux conséquences de la crise sanitaire et économique liée à l'épidémie de Covid-19 ;
– la mise à jour des exemples de formulation dans le rapport sur les comptes afin d'intégrer les évolutions liées à la réforme européenne de l'audit.

Notion d'événements postérieurs à la clôture

30560　**Définition**　La NEP 560 définit les événements postérieurs comme les événements identifiés par le commissaire aux comptes entre la date de clôture de l'exercice et la date d'approbation des comptes et qui doivent faire l'objet, soit d'un **traitement comptable** (y compris une information dans l'annexe), soit d'une **information ou d'une communication** à l'organe appelé à statuer sur les comptes.

30562　**Traitement comptable**　Les événements postérieurs qui doivent faire l'objet d'un traitement comptable sont les événements survenus entre la date de clôture de l'exercice

© Éd. Francis Lefebvre   **AUDIT FINANCIER PAR PHASE** ▌

et la date d'arrêté des comptes qui mettent en évidence des risques ou pertes intervenus au cours de l'exercice clos, ou d'un exercice antérieur :

1. Qui ont un lien direct avec des situations qui existaient à la date de clôture de l'exercice : ces événements doivent donner lieu à un enregistrement comptable ;

> L'article 513-4 du PCG et l'article L 123-20 du Code de commerce précisent « qu'il doit être tenu compte des passifs qui ont pris naissance au cours de l'exercice ou d'un exercice antérieur, même s'ils sont connus entre la date de clôture de l'exercice et celle de l'établissement des comptes ». Par exception, dans le cas où la provision ne peut être évaluée avec une fiabilité suffisante à la date d'arrêté des comptes, aucune provision n'est comptabilisée et une information est fournie en annexe (PCG art. 322-4 et 833-12/4).

2. Qui ne présentent pas de lien avec des situations qui existaient à la date de clôture de l'exercice : ces événements doivent donner lieu à une information dans l'annexe.

Le PCG (art. 833-2/3) précise que, « dans l'hypothèse où un événement n'ayant aucun lien direct prépondérant avec une situation existant à la clôture de l'exercice survient entre la date de clôture et la date d'établissement des comptes, une information est donnée dans l'annexe ». En application de l'article 833-1 du PCG, cette information est donnée dans l'annexe dès lors qu'elle est significative.

La **date d'établissement des comptes** doit s'entendre de la date d'arrêté des comptes par les organes compétents.

Information ou communication à l'organe appelé à statuer sur les comptes · 30563

Les événements postérieurs qui doivent faire l'objet d'une information ou d'une communication à l'organe appelé à statuer sur les comptes sont les événements importants que celui-ci doit connaître pour se prononcer sur les comptes en connaissance de cause (NEP 560 § 3).

> L'événement postérieur donne lieu à une information dans le rapport à l'organe appelé à statuer sur les comptes lorsqu'il est connu entre la date de clôture et la date d'arrêté des comptes. Il doit donner lieu à une communication complémentaire lorsqu'il survient au-delà de la date d'arrêté des comptes.

Identification des événements postérieurs

Recherche des événements postclôture · 30570

Le commissaire aux comptes met en œuvre des procédures pour identifier les événements postérieurs jusqu'à la date de signature de son rapport. Après l'émission de son rapport, le commissaire aux comptes n'a plus de démarche « active » (voir n° 30603).

> La NEP 560 fait usage de deux terminologies distinctes selon que le commissaire aux comptes a connaissance de l'événement postérieur **avant** l'émission de son rapport (dans ce cas il « identifie » l'événement) ou **après** l'émission de son rapport (dans ce cas il a simplement « connaissance » de l'événement).

Jusqu'à la date d'émission de son rapport, l'auditeur doit donc diligenter des procédures (démarche active) visant à identifier les événements éventuels ayant pu survenir. Il collecte les éléments probants permettant :

– de vérifier qu'aucun événement significatif n'est intervenu entre la date de clôture et la date de signature de son rapport ;

– de mesurer, le cas échéant, l'incidence des événements survenus sur les états financiers et/ou sur l'information financière.

> Le commissaire aux comptes est tenu à une obligation de moyens. Ainsi ne peut-il être tenu responsable si des événements ont été volontairement ou involontairement cachés et si, ayant mis en œuvre des diligences appropriées, celles-ci n'ont pas permis de les détecter.

Parmi les **procédures pouvant être mises en œuvre** pour identifier les événements postérieurs figurent (NEP 560 § 06) : · 30580

– la prise de connaissance des procédures définies par la direction en vue d'identifier les événements postérieurs ;

– la consultation des procès-verbaux et des comptes-rendus de réunions tenues, par l'organe délibérant et par les organes mentionnés à l'article L 823-16 du Code de commerce, après la date de clôture de l'exercice ;

– la prise de connaissance des situations intermédiaires et des prévisions les plus récentes (chiffre d'affaires, résultat, trésorerie, structure financière) ;

– les entretiens avec la direction aux fins de s'enquérir de leur connaissance de la survenance d'événements postérieurs ;

– les entretiens avec les personnes compétentes de l'entité sur l'évolution des procès, litiges et contentieux depuis les derniers contrôles mis en œuvre par l'auditeur.

705

AUDIT FINANCIER PAR PHASE © Éd. Francis Lefebvre

30582 Les éléments collectés par le commissaire aux comptes tout au long de l'audit des comptes, bien que non directement orientés vers l'identification des événements postérieurs, peuvent également mettre en évidence des éléments de cette nature (CNCC II § 2.2 p. 33).

30584 Enfin, conformément aux dispositions de la NEP 580 (§ 07), une **lettre d'affirmation** est demandée au représentant légal de l'entité afin que ce dernier déclare qu'à la date d'établissement de la lettre « il n'a connaissance d'aucun événement survenu depuis la date de clôture de l'exercice qui nécessiterait un traitement comptable ou une mention dans l'annexe et/ou dans le rapport de l'organe compétent à l'organe appelé à statuer sur les comptes ».

30587 **Comptes consolidés** La NEP 560 relative aux événements postérieurs à la clôture s'applique dans le cadre de l'audit des comptes consolidés.

Lorsque les auditeurs des entités réalisent un **audit de l'information comptable des entités**, le paragraphe 24 de la NEP 600 dispose :

« Dans le cadre de l'audit de l'information comptable des entités, le commissaire aux comptes ou les professionnels chargés du contrôle des comptes de ces entités, mettent en œuvre des procédures destinées à identifier les événements qui ont pu survenir dans ces dernières entre la date de clôture de leur information comptable et la date de signature du rapport sur les comptes consolidés et qui peuvent nécessiter :
– un traitement comptable approprié dans les comptes consolidés ou ;
– une information dans le rapport de l'organe compétent à l'organe appelé à statuer sur les comptes consolidés. »

Le commissaire aux comptes demande, via ses instructions, aux auditeurs des entités de mettre en œuvre les travaux permettant de lui confirmer l'absence d'événements significatifs et ce à une date la plus rapprochée possible de son rapport (CNCC NI. XI § 4.6. p. 96 s.).

S'agissant des « **autres entités** », le paragraphe 25 de la NEP 600 dispose : « Lorsque les professionnels chargés du contrôle des comptes des entités réalisent des travaux autres qu'un audit de l'information comptable de ces dernières, le commissaire aux comptes leur demande de l'informer d'événements postérieurs tels que définis ci-dessus dont ils auraient eu connaissance. »

Dans ces entités, il n'y a pas de démarche active de recherche d'événements postérieurs à la clôture de l'exercice ni de la part du commissaire aux comptes, ni de la part des auditeurs locaux. En pratique, le commissaire aux comptes précise dans ses instructions que les auditeurs de telles entités l'informent dès lors qu'ils ont connaissance d'événements postérieurs, tels que définis au paragraphe 24 de la NEP 600 (CNCC NI. XI § 4.6. p. 96 s.).

Par ailleurs, le commissaire aux comptes peut, s'il l'estime nécessaire, demander la mise en œuvre de procédures spécifiques, telles que, par exemple, consulter les procès-verbaux ou comptes-rendus des réunions tenues par la direction ou l'organe d'administration de ces entités etc.

30588 La date prévisible de signature du rapport sur les comptes consolidés doit donc être déterminée à l'avance et communiquée aux auditeurs des entités pour qu'ils puissent transmettre au commissaire aux comptes le résultat de leurs travaux ou lui communiquer l'information à une date aussi proche que possible de celle de la signature de son rapport (CNCC NI. XI § 4.6. p. 96 s.).

En pratique la CNCC précise les éléments suivants :
– les instructions adressées par la direction du groupe aux entités peuvent inclure une mention relative au traitement comptable des événements postérieurs à la clôture et à l'information à faire figurer dans le rapport de gestion du groupe au titre de ces événements ;
– le commissaire aux comptes demande, s'il l'estime nécessaire, que les auditeurs locaux obtiennent une lettre d'affirmation actualisée des éventuels événements postérieurs à la clôture.

Incidence des événements postérieurs sur la mission

30590 La NEP 560 distingue les événements postérieurs :
– identifiés par le commissaire aux comptes entre la date de clôture de l'exercice et la date d'arrêté des comptes ;
– identifiés par le commissaire aux comptes entre la date d'arrêté des comptes et la date de signature du rapport ;
– portés à la connaissance du commissaire aux comptes entre la date de signature du rapport et la date d'approbation des comptes.

Sont examinées successivement ci-après ces trois situations.

AUDIT FINANCIER PAR PHASE

Événements identifiés entre la clôture et l'arrêté des comptes Lorsqu'il **30594** identifie, entre la date de clôture de l'exercice et la date d'arrêté des comptes, un événement postérieur, le commissaire aux comptes opère la distinction suivante :
– si l'événement nécessite un traitement comptable (enregistrement comptable ou information dans l'annexe), il vérifie que cet événement a donné lieu à un traitement comptable approprié. Si tel n'est pas le cas, il en informe la direction et lui demande de modifier les comptes. En cas de refus de la direction, il en tire les conséquences sur son opinion (NEP 560 § 8 et 9) ;
– si l'événement n'a pas d'incidence sur les comptes mais nécessite qu'une information soit fournie dans le rapport de gestion, il vérifie que cette information est bien fournie. Si tel n'est pas le cas, il en informe la direction et lui demande d'apporter les modifications requises. En cas de refus de la direction, il formule une observation dans la partie de son rapport relative aux vérifications spécifiques (NEP 560 § 10 et 11).

> Un même événement postérieur à la clôture peut conduire à compléter les comptes, qu'il s'agisse de modifier les montants comptabilisés ou de compléter l'information communiquée dans l'annexe, et à en faire mention dans le rapport de gestion, en application de l'article L 232-1 du Code de commerce, relatif aux événements postérieurs à la clôture importants.
> Pour des exemples d'application ainsi que des exemples de formulation dans le rapport du commissaire aux comptes sur les comptes annuels, il convient de se reporter à la Note d'information précitée (CNCC NI. II § 3.2 p. 46 s.).

Événements identifiés entre l'arrêté des comptes et la signature du **30600** **rapport** Lorsqu'il identifie, entre la date d'arrêté des comptes et la date de signature de son rapport, un événement postérieur, le commissaire aux comptes opère la distinction suivante :
– si l'événement identifié est survenu entre la date de clôture de l'exercice et la date d'arrêté des comptes, il vérifie que celui-ci a donné lieu à un traitement comptable approprié ou à une information dans le rapport de gestion. Si tel n'est pas le cas et s'il n'est pas procédé volontairement par l'entité à un nouvel arrêté de comptes, ou si le rapport de gestion n'est pas complété, il en évalue l'**incidence sur son opinion** ou formule une **observation** dans la **partie de son rapport** relative aux vérifications spécifiques (NEP 560 § 12 et 13) ;
– si l'événement identifié est survenu entre la date d'arrêté des comptes et la date de signature de son rapport, il s'enquiert auprès de l'organe compétent de son intention de communiquer une information sur cet événement à l'organe appelé à statuer sur les comptes. Lorsqu'une telle information n'est pas prévue, le commissaire aux comptes en fait mention dans la **partie de son rapport** relative aux vérifications spécifiques (NEP 560 § 14).

> Si les comptes annuels ont été arrêtés par le conseil d'administration mais que le rapport de gestion n'a pas encore été établi, ce dernier doit inclure les événements importants survenus entre la date de clôture de l'exercice et la date à laquelle le rapport est établi. À défaut, le commissaire aux comptes formule une observation dans la partie de son rapport sur les comptes relative aux vérifications spécifiques.
> Pour des exemples d'application ainsi que des exemples de formulation dans le rapport du commissaire aux comptes sur les comptes annuels, il convient de se reporter à la Note d'information précitée (CNCC NI. II § 3.3 p. 53 s.).

Événements connus entre la signature du rapport et l'approbation des **30603** **comptes** Après la date de signature de son rapport, le commissaire aux comptes ne met plus en œuvre de procédures d'audit pour identifier les événements postérieurs (NEP 560 § 15). Néanmoins, s'il a connaissance d'événements postérieurs, le commissaire aux comptes en tire la conséquence sur la base de la distinction suivante :
– si l'événement dont il a eu connaissance est survenu entre la date de clôture de l'exercice et la date d'arrêté des comptes, il vérifie que cet événement a donné lieu à un traitement comptable approprié ou à une information dans le rapport de gestion. Si tel n'est pas le cas et s'il n'est pas procédé volontairement par l'entité à un nouvel arrêté des comptes ou si le rapport à l'organe appelé à statuer sur les comptes n'est pas complété, le commissaire aux comptes en évalue l'incidence sur son opinion ou sur la partie de son rapport relative aux vérifications spécifiques et établit un **nouveau rapport dans lequel il fait référence au rapport précédent** (NEP 530 § 16 et 17) ;

> Le commissaire aux comptes évalue l'incidence de l'événement postérieur à la clôture sur l'opinion formulée sur les comptes et sur le résultat des vérifications spécifiques figurant dans son rapport. Si, à l'issue de cette évaluation, il conclut que l'opinion antérieurement formulée et/ou la conclusion de ses

AUDIT FINANCIER PAR PHASE © Éd. Francis Lefebvre

vérifications spécifiques sont modifiées et si l'entité ne procède pas volontairement à un nouvel arrêté de ses comptes et/ou ne complète pas le rapport de l'organe compétent à l'organe appelé à statuer sur les comptes, il émet, conformément au paragraphe 17 de la NEP 560, un nouveau rapport « complet » faisant référence au précédent.

Dans l'hypothèse où l'événement postérieur affecte uniquement le rapport de l'organe compétent à l'organe appelé à statuer sur les comptes et que le rapport de l'organe compétent n'est pas modifié, conformément au paragraphe 17 de la NEP 560, le commissaire aux comptes émet un nouveau rapport « complet » faisant référence au précédent, en formulant une observation sur la sincérité du rapport de gestion dans la partie du rapport relative aux vérifications spécifiques.

Si l'entité décide de procéder à un nouvel arrêté de comptes afin d'ajuster ses comptes, de compléter l'information en annexe et de compléter également le rapport de l'organe compétent à l'organe appelé à statuer sur les comptes, bien que cela ne soit pas explicitement prévu par la NEP 560, la CNCC considère qu'un nouveau rapport « complet » sur les comptes faisant référence au précédent est émis (CNCC NI. II § 3.41.1 p. 60).

– si l'événement dont il a eu connaissance est survenu entre la date d'arrêté des comptes et la date de son rapport, il s'enquiert auprès de l'organe compétent de son intention de communiquer une information sur cet événement à l'organe appelé à statuer sur les comptes. Lorsqu'une telle information n'est pas prévue, **le commissaire aux comptes rédige une communication** dont il sera donné lecture lors de l'assemblée appelée à statuer sur les comptes ou qui sera portée à la connaissance des actionnaires (NEP 560 § 18).

Lorsque l'organe compétent de l'entité indique au commissaire aux comptes son intention de communiquer l'information à l'organe appelé à statuer sur les comptes, le commissaire aux comptes peut utilement demander à avoir connaissance du projet de communication préalablement à la réunion de l'organe appelé à statuer sur les comptes (CNCC NI. II § 3.42.1 p. 67).

En revanche, lorsqu'une telle **communication n'est pas prévue**, celle du commissaire aux comptes pourra comporter les mentions suivantes :

a) un intitulé qui précise qu'il s'agit d'une communication en qualité de commissaire aux comptes ;
b) le destinataire de la communication ;
c) une introduction qui précise :
– que l'événement est survenu postérieurement à la date d'arrêté des comptes et à la signature du rapport sur les comptes ;
– la responsabilité du commissaire aux comptes au regard de la position retenue par l'organe compétent ;
d) la description de l'événement sur la base des éléments dont il a connaissance ;
e) la date de la communication ;
f) la signature du commissaire aux comptes.

Cette communication ne peut s'assimiler à un nouveau rapport qui se substituerait au rapport sur les comptes déjà émis. Elle constitue un complément d'information relatant les faits que l'organe appelé à statuer sur les comptes doit connaître pour se prononcer sur les comptes en connaissance de cause. Dans une telle situation, la CNCC précise :

– qu'afin de s'assurer que sa communication est effectivement lue ou portée à la connaissance de l'organe appelé à statuer sur les comptes, le commissaire aux comptes peut notamment s'efforcer d'assister à la réunion de l'organe appelé à statuer sur les comptes ;
– qu'il est nécessaire que la **communication** du commissaire aux comptes soit **mentionnée au procès-verbal de la réunion**. L'article R 225-106 du Code de commerce dispose notamment que le procès-verbal de l'assemblée doit comporter la mention des « documents et rapports soumis à l'assemblée », ainsi qu'un « résumé des débats ». Il est toutefois recommandé de veiller à la preuve de cette communication dans la mesure où un « résumé des débats » n'est pas aussi précis qu'un rapport établi par le commissaire aux comptes.

Enfin, en l'absence de disposition législative ou réglementaire en ce sens, il n'apparaît pas que les associés ou actionnaires ou membres de l'organe délibérant appelés à délibérer et statuer sur toutes les questions relatives aux comptes doivent également délibérer explicitement sur la communication faite par le commissaire aux comptes.

Pour des exemples d'application ainsi que des exemples de formulation dans le rapport du commissaire aux comptes sur les comptes annuels, il convient de se reporter à la Note d'information précitée (CNCC NI. II § 3.4 p. 60 s.).

30615 La période postérieure à la date d'approbation des comptes n'est pas visée par la NEP 560 (CNCC NI. II § 3.6 p. 73). Après la tenue de l'assemblée générale, le commissaire aux comptes n'a plus aucune obligation au regard de l'opinion émise sur les comptes.

S'il a connaissance d'un événement après l'assemblée, le commissaire aux comptes rappelle aux dirigeants leurs obligations d'informations éventuelles, notamment pour les sociétés dont les titres financiers sont admis aux négociations sur un marché réglementé.

708

Documentation

Le commissaire aux comptes se réfère aux principes définis par la NEP 230 concernant la documentation de l'audit des comptes.

30650

S'agissant de l'identification des événements postérieurs à la clôture, le dossier de travail peut notamment comporter (CNCC NI. II § 4. p. 74) :
– la prise de connaissance des procédures mises en place par la direction de l'entité pour identifier les événements postérieurs à la clôture ;
– les conclusions tirées de la consultation des procès-verbaux ou des comptes rendus des réunions tenues par l'organe appelé à statuer sur les comptes, et par les organes mentionnés à l'article L 823-16 du Code de commerce après la date de clôture de l'exercice ;
– la prise de connaissance, le cas échéant, des dernières situations intermédiaires et des derniers documents prévisionnels établis par l'entité ;
– les comptes rendus d'entretiens avec les personnes compétentes de l'entité concernant l'évolution des procès, des contentieux et des litiges depuis la date d'arrêté des comptes ou celle des contrôles si elle est postérieure ;
– les comptes rendus d'entretiens avec la direction de l'entité portant sur sa connaissance de la survenance d'événements postérieurs à la clôture ;
– la description des événements postérieurs à la clôture identifiés ;
– les vérifications effectuées sur le traitement comptable ou l'information donnée par l'entité dans les comptes ;
– la justification des décisions prises lorsque les événements postérieurs à la clôture ont une incidence sur le contenu du rapport.

Lorsque le commissaire aux comptes a connaissance d'événements postérieurs à la clôture **après la date de l'émission de son rapport**, les dispositions du paragraphe 10 de la NEP 230 sont les suivantes : « Lorsque le commissaire aux comptes a connaissance, entre la date de signature de son rapport et la date d'approbation des comptes, d'un événement qui le conduit à mettre en œuvre de nouvelles procédures d'audit ou à formuler de nouvelles conclusions, il complète son dossier en y consignant :
– les circonstances de la survenance de cet événement ;
– la nature de cet événement ;
– la nature, le calendrier et l'étendue des procédures d'audit mises en œuvre en conséquence ;
– les caractéristiques qui permettent d'identifier les éléments qu'il a testés afin de préciser l'étendue des procédures mises en œuvre ;
– les résultats de ces procédures et les éléments collectés.
Il s'agit notamment d'événements postérieurs à la clôture de l'exercice. »

B. Déclarations de la direction

Principe L'auditeur obtient tout au long de sa mission les éléments suffisants et appropriés pour fonder son opinion et obtenir « l'assurance raisonnable » lui permettant de délivrer sa certification.

30780

Parmi les **techniques utilisées** pour obtenir cette assurance figure l'obtention d'informations orales ou écrites, spontanées ou en réponse à des demandes spécifiques de la part des dirigeants et salariés de l'entité.

Les informations obtenues de l'entité l'ont été pendant longtemps sous la forme d'une « lettre d'affirmation » établie par le dirigeant et contenant ses déclarations. Bien que ce terme reste en pratique communément utilisé par la doctrine et les professionnels, la norme d'exercice professionnel retient le terme de « déclarations de la direction », prenant en compte le fait que l'établissement d'une lettre d'affirmation ne constitue plus désormais la seule modalité possible de mise en œuvre de ces déclarations (voir n° 30808).

La norme d'exercice professionnel « **Déclarations de la direction** » (NEP 580) définit :
– les principes relatifs à l'utilisation par le commissaire aux comptes des déclarations de la direction obtenues au cours de l'audit ;
– les principes relatifs aux déclarations que le commissaire aux comptes estime nécessaires pour conclure sur les assertions qu'il souhaite vérifier ;
– les conséquences éventuelles que le commissaire aux comptes tire sur l'expression de son opinion du fait de la non-obtention des déclarations écrites demandées (NEP 580 § 2).

30785

AUDIT FINANCIER PAR PHASE　　　© Éd. Francis Lefebvre

Si la NEP 580 définit les éléments que la lettre d'affirmation doit a minima contenir, certaines autres normes rappellent, à titre de rappel et pour le sujet qu'elles traitent, l'obligation d'obtention de déclarations écrites du représentant légal. Il en est ainsi notamment des normes relatives à la prise en considération de la possibilité de fraudes dans l'audit des comptes et de la prise en compte du risque d'anomalies significatives dans les comptes résultant du non-respect de textes légaux et réglementaires ou de la norme relative aux obligations du commissaire aux comptes en matière de lutte contre le blanchiment des capitaux et le financement du terrorisme.

Les modalités pratiques de mise en œuvre de la NEP 580 sont développées dans la Note d'information NI. IV « Le commissaire aux comptes et les déclarations de la direction » de juin 2010.

30788　　**Objectifs**　Les déclarations de la direction constituent à la fois un élément de preuve, un procédé de confirmation complémentaire et un moyen de communication entre le commissaire aux comptes et les dirigeants.

Si les déclarations de la direction permettent parfois d'atténuer la responsabilité du commissaire aux comptes en permettant d'établir l'existence de fautes des dirigeants auteurs des comptes, et donc un partage des responsabilités, il est imprudent pour un commissaire aux comptes de limiter ses diligences au motif qu'il a obtenu des déclarations écrites des dirigeants. La Cour de cassation a déjà affirmé que les auditeurs légaux ne pouvaient invoquer un « devoir de loyauté » des dirigeants à leur encontre et qu'ils devaient vérifier leurs déclarations (Cass. com. 11-2-2003). Elle s'est même parfois (Cass. crim. 7-6-2000) fondée sur le contenu de la lettre pour considérer que les auditeurs avaient connaissance de graves anomalies et retenir de ce fait leur responsabilité (I. Dusart, L'utilisation par le commissaire aux comptes des déclarations écrites de la direction : JCP n° 15/16 14-4-2005 p. 619).

30790　　Les déclarations de la direction constituent pour l'auditeur un **procédé de confirmation complémentaire** de certains éléments : c'est un complément de preuve d'allégations verbales limitant ses doutes et ses incertitudes éventuels. Lorsque l'auditeur se heurte à une impossibilité d'aller plus loin dans ses contrôles, les déclarations justifient les positions de la direction dans les dossiers de travail et étayent, sans se substituer aux procédures de vérification, les informations obtenues et la conclusion d'audit.

Les déclarations de la direction sont notamment utiles à l'auditeur pour obtenir confirmation de certaines évaluations ou provisions pouvant présenter un caractère relativement subjectif et dépendant de la direction (par exemple en matière de provision pour risque). Il s'agit le plus souvent d'éléments ayant trait à la marche de l'entité ou d'éléments liés à des intentions des organes de direction et pour lesquels il n'existe pas, ou pas encore au moment de la vérification, de preuve écrite. Tel est le cas notamment des événements postérieurs, des litiges, de la probabilité de réaliser certains actifs, d'appréciations subjectives ou d'événements résultant de décisions des dirigeants.

30792　　Dans certaines situations, les déclarations de la direction peuvent constituer le seul élément collecté possible et donc un **élément de preuve** indispensable.

Ce sera le cas par exemple pour l'identification de fraudes avérées ou suspectées ou pour la confirmation des intentions de la direction lorsque celles-ci sous-tendent les principales hypothèses retenues pour l'établissement des estimations comptables.

30795　　Les déclarations de la direction sont également un **élément formel du dialogue** avec la direction de l'entité :
– elles rappellent à la direction de l'entité sa responsabilité dans la préparation des comptes et dans l'information communiquée à l'auditeur ;
– elles permettent à l'auditeur de faire prendre conscience à la direction de l'incidence sur les comptes d'informations qu'elle seule maîtrise ;
– elles permettent à la direction de l'entité de s'assurer que l'auditeur a tous les éléments d'information pour exprimer une opinion et éviter toute ambiguïté d'interprétation.

30800　　**Contenu**　Le commissaire aux comptes demande au représentant légal une formulation écrite des déclarations qu'il estime nécessaires pour conclure sur les assertions qu'il souhaite vérifier (NEP 580 § 06).

Le fait de demander à la direction des déclarations écrites n'affecte ni la nature ni l'étendue des autres éléments qu'il appartient au commissaire aux comptes de collecter (Note d'information NI. IV – Le commissaire aux comptes et les déclarations de la direction – juin 2010 p. 11).

Indépendamment d'autres déclarations écrites que le commissaire aux comptes estimerait nécessaires, il demande au représentant légal des déclarations écrites sur divers points prévus par la NEP 580 (n° 30805).

Lorsque l'auditeur intervient dans le cadre d'une mission autre que l'audit légal et qu'aucune norme d'exercice professionnel ne prévoit qu'une lettre d'affirmation soit demandée au représentant légal de l'entité, il nous semble que par analogie les principes définis dans la NEP 580 peuvent être utilement appliqués.

Doivent **obligatoirement** figurer dans les déclarations de la direction demandées par les commissaires aux comptes au représentant légal de l'entité contrôlée des déclarations écrites par lesquelles :

30805

– il déclare que des contrôles destinés à prévenir et à détecter les erreurs et les fraudes ont été conçus et mis en œuvre dans l'entité ;

– il estime que les **anomalies non corrigées** relevées par le commissaire aux comptes ne sont pas, seules ou cumulées, significatives au regard des comptes pris dans leur ensemble. **Un état de ces anomalies non corrigées est joint à cette déclaration écrite.** En outre, lorsque le représentant légal considère que certains éléments reportés sur cet état ne constituent pas des anomalies, il le mentionne dans sa déclaration ;

La NI. IV précise que « même si le commissaire aux comptes considère que les anomalies non corrigées sont non significatives par leur montant ou par leur nature au vu du seuil de signification qu'il a déterminé pour évaluer leur incidence sur son opinion, il est indispensable que la direction, compte tenu des informations dont elle dispose par ailleurs, confirme que les anomalies relevées par le commissaire aux comptes, seules ou cumulées, ne sont pas significatives au regard des comptes pris dans leur ensemble et ne la conduisent donc pas à modifier les comptes » (NI. IV p. 15).

Si la direction est en désaccord avec l'état des anomalies relevées lors de l'audit et non corrigées, elle devra le mentionner au commissaire aux comptes par écrit.

– il confirme lui avoir communiqué son appréciation sur le risque que les comptes puissent comporter des anomalies significatives résultant de fraudes ;

– il déclare lui avoir signalé toutes les fraudes avérées dont il a eu connaissance ou qu'il a suspectées, et impliquant la direction, des employés ayant un rôle clé dans le dispositif de contrôle interne ou d'autres personnes dès lors que la fraude est susceptible d'entraîner des anomalies significatives dans les comptes ;

– il déclare lui avoir signalé toutes les allégations de fraudes ayant un impact sur les comptes de l'entité et portées à sa connaissance par des employés, anciens employés, analystes, régulateurs ou autres ;

– il déclare avoir, au mieux de sa connaissance, appliqué les textes légaux et réglementaires ;

– il confirme, qu'au mieux de sa connaissance, les informations données au commissaire aux comptes sur l'identité des parties liées ainsi que sur les relations et transactions les concernant sont exhaustives et que le traitement comptable des relations et transactions avec les parties liées est conforme aux dispositions du référentiel comptable applicable (NEP 550 § 22) ;

La NEP 550 « Relations et transactions avec les parties liées » précise que la direction confirme également, qu'au mieux de sa connaissance, toutes les transactions avec les parties liées non mentionnées dans l'annexe ne présentent pas une importance significative ou ont été conclues aux conditions normales du marché, dans le cas où le référentiel comptable applicable prévoit de mentionner en annexe uniquement les transactions avec les parties liées présentant une importance significative et non conclues aux conditions normales du marché.

– lorsque des faits ou événements susceptibles de remettre en cause la continuité de l'exploitation de l'entité ont été identifiés, il déclare lui avoir communiqué les plans d'action définis pour l'avenir de l'entité. Il déclare en outre que ces plans d'action reflètent les intentions de la direction ;

– il déclare que les principales hypothèses retenues pour l'établissement des estimations comptables reflètent les intentions de la direction et la capacité de l'entité, à ce jour, à mener à bien les actions envisagées ;

– il déclare qu'à la date d'établissement de la lettre d'affirmation il n'a connaissance d'aucun événement survenu depuis la date de clôture de l'exercice qui nécessiterait un traitement comptable ou une mention dans l'annexe et/ou dans le rapport de l'organe compétent à l'organe appelé à statuer sur les comptes (NEP 580 § 07).

La possibilité d'adapter la formulation des déclarations de la direction prévue dans la NEP 910 dite « Norme PE » ne dispense pas le commissaire aux comptes d'obtenir les déclarations requises par le paragraphe 7 de la NEP 580 et décrites ci-avant.

Enfin, lorsqu'il sollicite une lettre d'affirmation, le commissaire aux comptes demande que le signataire précise qu'il établit cette lettre en tant que **responsable de l'établissement des comptes** (NEP 580 § 9).

AUDIT FINANCIER PAR PHASE © Éd. Francis Lefebvre

30806 En fonction des éléments probants qu'il a la possibilité de réunir, l'auditeur demande à la direction d'effectuer une déclaration sur **tout point complémentaire** lui paraissant nécessaire à la formation de son opinion.

Ces déclarations spécifiques dépendent du jugement professionnel du commissaire aux comptes et sont fonction de divers éléments tels que :
– la nature et la complexité des opérations de l'entité ;
– la complexité du référentiel comptable ;
– le contexte dans lequel l'entité évolue (pression sur les dirigeants, problèmes de continuité d'exploitation) ;
– l'existence d'événements particuliers intervenus au cours de l'exercice (litige, perte de marché…).

Des **exemples** sont donnés en annexe de la NI. IV précitée (p. 44 s.). Sans que cette liste soit exhaustive, les éléments spécifiques ci-après pourront faire l'objet d'une déclaration écrite :
– l'exhaustivité de l'enregistrement des actifs et des passifs ;
– la confirmation que les changements qui auraient pu être apportés aux méthodes d'évaluation ou dans la présentation des comptes ont été portés à la connaissance du commissaire aux comptes ;
– la constitution de provisions pour dépréciation d'un montant suffisant pour ramener les stocks invendables, inutilisables, à rotation lente ou excédant les quantités normalement vendables, à leur valeur probable de réalisation ;
– l'enregistrement de provisions d'un montant suffisant pour couvrir les pertes potentielles résultant d'engagements d'achat ou de vente fermes ;
– la mention dans l'annexe des engagements et passifs éventuels non provisionnés ;
– la mention dans l'annexe des sûretés, des restrictions sur les actifs ;
– la permanence d'application des principes comptables…

Dans le cadre de l'audit de comptes consolidés, l'auditeur peut notamment demander des déclarations écrites de la direction sur les sujets suivants (Note d'information CNCC X – Le commissaire aux comptes et l'audit des comptes consolidés – décembre 2011) :
– l'exhaustivité du périmètre de consolidation ;
– l'évaluation des actifs incorporels ;
– les provisions pour litiges ;
– l'estimation des pertes à terminaison.

30807 Plus généralement, l'auditeur se fera confirmer tout élément qu'il jugera utile de se faire confirmer : il ne doit donc pas hésiter à en demander une rédaction conforme à son attente et user de toute la flexibilité nécessaire.

Dans le cas du commissariat aux comptes, le commissaire peut de surcroît communiquer ses incertitudes à la direction par la lettre prévue à l'article L 823-16 du Code de commerce et demander au conseil d'administration arrêtant les comptes annuels de confirmer certaines informations et de les inscrire dans les procès-verbaux de sa réunion.

30808 **Modalités d'établissement** Les déclarations de la direction émanent du représentant légal de l'entité, responsable de l'établissement des comptes qui les adresse à l'auditeur. Elles sont formalisées à une date la plus proche possible de celle du rapport d'audit et ne peuvent être postérieures à celle-ci.

Les déclarations sont datées et signées. Elles doivent être adressées directement au commissaire aux comptes (NEP 580 § 9).

Les déclarations de la direction que le commissaire aux comptes estime nécessaires pour conclure sur les assertions qu'il souhaite vérifier doivent être écrites (NEP 580 § 06), une déclaration écrite étant plus probante qu'une déclaration orale.

La déclaration pourra revêtir les **formes suivantes** :
– une **lettre de la direction** adressée au commissaire aux comptes, communément appelée « lettre d'affirmation » ;

Lorsque le commissaire aux comptes sollicite une lettre d'affirmation, il demande que le signataire précise qu'il établit cette lettre en tant que responsable de l'établissement des comptes, que la lettre soit datée et signée et qu'elle lui soit envoyée directement.

Lorsqu'une des déclarations porte sur un élément spécifique des comptes qui demande des compétences techniques particulières, celle-ci peut être cosignée par le membre de la direction compétent sur le sujet (NEP 580 § 9).

712

– un **extrait de procès-verbal** d'une réunion d'un conseil d'administration, ou d'un organe de même nature, au cours de laquelle les déclarations ont été formulées ;

Lorsque des déclarations du représentant légal sont consignées dans un extrait de procès-verbal d'une réunion de l'organe chargé de l'administration, le commissaire aux comptes s'assure que la date de la réunion concernée est suffisamment proche de la date de signature de son rapport (NEP 580 § 12).

– une **lettre du commissaire aux comptes**, adressée à la direction, expliquant la façon dont il a compris ses déclarations et demandant à celle-ci d'en accuser réception et d'en confirmer le contenu (NEP 580 § 08 et 11).

Lorsque le commissaire aux comptes adresse une lettre au représentant légal, il lui demande d'en accuser réception et de confirmer par écrit son accord sur les termes exposés à une date la plus rapprochée possible de la date de signature de son rapport. Cette confirmation ne peut être postérieure à la date de signature du rapport (NEP 580 § 11).

La lettre d'affirmation peut concerner l'entité contrôlée ou un **groupe d'entités** en cas de consolidation.   **30809**

La NI. IV préconise cependant de traiter distinctement les comptes annuels et les comptes consolidés afin de mieux prendre en compte les spécificités des référentiels comptables applicables. Lorsque le commissaire aux comptes intervient sur les comptes consolidés et dans certaines filiales, la CNCC considère qu'il peut demander **une seule lettre d'affirmation pour les filiales** dont il est commissaire aux comptes, pour autant que le représentant légal et le référentiel comptable soient les mêmes dans les filiales concernées et que ses rapports soient signés à des dates très proches les unes des autres (NI. IV précitée p. 23).

Déclarations écrites complémentaires Le commissaire aux comptes d'une filiale peut être amené à obtenir une première lettre d'affirmation pour les besoins de ses travaux sur la liasse de consolidation.   **30810**

Par la suite, en vue de la certification des comptes de la filiale, le commissaire aux comptes peut demander à la direction (NI. IV p. 27 s.) :

– d'affirmer que les déclarations fournies précédemment demeurent appropriées et de fournir, le cas échant, des déclarations complémentaires mettant à jour la lettre précédente ;

– ou bien d'établir une nouvelle lettre d'affirmation.

Refus de la direction Lorsque le représentant légal refuse de fournir ou de confirmer une ou plusieurs des déclarations écrites demandées par le commissaire aux comptes, celui-ci s'enquiert auprès de lui des raisons de ce refus. En fonction des réponses formulées, le commissaire aux comptes tire les conséquences éventuelles sur l'expression de son opinion (NEP 580 § 13).   **30811**

La NI. IV précise à cet égard que « le manque de fiabilité des déclarations de la direction ou le refus de cette dernière de fournir les déclarations écrites demandées peuvent être considérés comme une limitation aux travaux du commissaire aux comptes. Dans ce cas, ce dernier détermine s'il peut y avoir des incidences sur les comptes et son opinion, ce qui peut conduire à une limitation sous forme de réserve ou de refus de certifier » (NI. IV p. 22).

Représentant légal non présent sur la période Le fait que le représentant légal en place lors de la finalisation de l'audit n'ait pas été présent pendant toute la période couverte par la lettre d'affirmation ne l'exonère pas de ses responsabilités relatives à l'établissement et à la présentation des comptes. Le commissaire aux comptes demande donc les déclarations écrites à ce représentant légal pour l'ensemble de la période couverte par son rapport (NI. IV p. 21).   **30812**

Si le représentant légal refuse de fournir des déclarations écrites, le commissaire aux comptes demande :

– aux organes visés à l'article L 823-16 du Code de commerce de prendre les mesures appropriées ;

– ou que les déclarations nécessaires à l'expression de son opinion soient consignées dans le procès-verbal d'une réunion de l'organe chargé de l'administration.

Si sa demande n'est pas satisfaite, le commissaire aux comptes en tire les conséquences éventuelles sur l'expression de son opinion.

Lorsque de telles situations ont pu être anticipées, le commissaire aux comptes peut envisager de demander des « déclarations intermédiaires » du représentant légal avant qu'il ne quitte ses fonctions, ce qui peut faciliter la signature de la lettre d'affirmation finale par le nouveau représentant légal (NI. IV p. 21).

C. Travaux de synthèse

30820 Parvenu au terme de sa mission, l'auditeur financier fait la synthèse de ses travaux préalablement à l'émission de son opinion sous forme d'un rapport.

30825 Les travaux de synthèse comprennent notamment :
– la finalisation des travaux ;
– l'établissement de la note de synthèse.

Finalisation des travaux

30830 À l'issue des travaux, la supervision finale des dossiers doit permettre au commissaire aux comptes de s'assurer que l'ensemble des travaux a été mené conformément à la planification de la mission et au programme de travail élaborés ; il ne saurait y avoir de points de discussion non résolus, ni de risque résiduel qui n'auraient fait l'objet de travaux appropriés.
Une vérification de l'éclaircissement des derniers problèmes en suspens traités dans les dossiers doit donc être effectuée pour s'assurer de l'exhaustivité des diligences et de leur cohérence.

30832 Le travail d'audit, généralement effectué en équipe, implique la délégation de la réalisation de tout ou partie des vérifications matérielles à opérer par l'associé signataire et par le responsable de mission.
Cette délégation nécessite la mise en œuvre d'une **procédure de revue** dont les modalités sont à définir par l'associé responsable (voir nᵒˢ 10705 s.).
Il convient en outre, à l'occasion de cette revue, de s'assurer que l'ensemble du programme de contrôle a été accompli et que les travaux rassemblés dans les **dossiers de travail** sont correctement **documentés** et organisés.

30834 Lorsque la mission est effectuée en **cocommissariat**, la finalisation des travaux nécessite la revue des dossiers du confrère. L'exercice du double commissariat doit en effet conduire chacun des intervenants à émettre une opinion motivée prenant en compte les travaux effectués sur l'ensemble de la mission.

30836 Enfin, pour les entités d'intérêt public, une **revue indépendante du dossier** doit être mise en œuvre préalablement à la signature des rapports sur les comptes (voir nᵒ 10715).

Établissement de la note de synthèse

30838 La note de synthèse est un document essentiel qui permet de récapituler l'ensemble de la démarche d'audit et de justifier l'opinion émise sur les comptes. Elle doit permettre d'apporter une réponse aux questions et aux axes d'intervention définis dans le plan de mission. À titre purement indicatif, la note de synthèse pourra comporter :
– un rappel des principaux enseignements tirés des procédures analytiques mises en œuvre (activité de l'entité, faits marquants de l'exercice, chiffres clés de l'exercice…) ;
– un rappel des éléments fondamentaux de la stratégie d'audit définie dans le plan de mission, et notamment des risques identifiés dans la phase de prise de connaissance générale, ainsi que les ajustements éventuels de la planification initiale en réponse aux éléments collectés lors des procédures d'audit ;
– un résumé des résultats des contrôles (forces et faiblesses de contrôle interne, points d'audit issus des contrôles, aspects juridiques et fiscaux éventuellement relevés…) ;
– un rappel du seuil de signification, du seuil de planification, du seuil de remontée des anomalies et une synthèse des ajustements et reclassements d'audit (tableau d'impact) en distinguant ceux qui ont été pris en compte par l'entité de ceux qui n'ont pas été comptabilisés ;
– une mention des incertitudes éventuelles et des changements de méthode identifiés ;
– un rappel des sujets ayant fait l'objet d'une communication aux organes mentionnés à l'article L 823-16 du Code de commerce ;
– une présentation de la nature de l'opinion et des rapports à émettre, des points à suivre sur l'exercice suivant.

© Éd. Francis Lefebvre

AUDIT FINANCIER PAR PHASE

SECTION 6

Rapport sur les comptes

Parvenu au terme de sa mission, le commissaire aux comptes émet son opinion sous forme d'un rapport. Ce rapport sur les comptes est le compte-rendu de l'exécution de sa mission.

30850

Dans le cadre de l'audit légal, la formulation de l'opinion et le contenu du rapport du commissaire aux comptes sont prévus par les textes légaux et réglementaires (C. com. art. L 823-9, L 823-10, L 225-235, L 22-10-71 ou L 226-10-1, R 823-7, R 822-56, D 823-7-1 ; NEP 700, 701, 702, 9510 et 9520).

Un rapport d'audit sur les comptes peut être émis au terme d'une mission de certification légale (n⁰ˢ 30851 s.), d'une mission d'audit entrant dans le cadre des services autres que la certification des comptes (n⁰ˢ 30964 s.) ou encore, en dehors du cadre de l'audit légal, au terme d'une mission d'audit purement contractuelle (voir n⁰ 30966).

Concernant le rapport complémentaire au comité d'audit visé au III de l'article L 823-16 du Code de commerce, voir n⁰ˢ 26500 s.

I. Rapport sur les comptes annuels et consolidés

A. Évolution du rapport d'audit

Contexte Sur le plan **international**, le rapport d'audit a évolué ces dernières années afin de mieux répondre aux attentes des utilisateurs des comptes et du rapport d'audit. Ce dernier était en effet perçu comme trop standard et insuffisamment informatif, d'où la volonté de proposer un rapport d'audit qui rende mieux compte des travaux réalisés par l'auditeur et de réduire ainsi l'« *expectation gap* » (ou « *information gap* »).

30851

Ainsi l'*International Auditing and Assurance Standards Board* (IAASB) a-t-il publié en janvier 2015 une norme ISA 700 révisée relative au rapport d'audit et applicable pour les exercices clos à compter du 15 décembre 2016. Cette norme a enrichi le rapport d'audit pour les sociétés cotées avec la description des points jugés les plus significatifs de l'audit des comptes (les « *key audit matters* » ou points clés de l'audit) et une explication sur la façon dont ils ont été traités dans le cadre de l'audit.

L'IAASB a également pris des mesures pour inciter l'auditeur à se concentrer davantage sur les questions de continuité de l'exploitation.

Par ailleurs, le *Public Company Accounting Oversight Board* (PCAOB) des États-Unis a publié en juin 2017 une nouvelle norme visant à améliorer le rapport de l'auditeur afin de le rendre plus informatif pour les investisseurs, notamment en fournissant des informations sur les éléments critiques soulevés au cours de l'audit (« *critical audit matters* »).

Au Royaume-Uni, le *Financial Reporting Council* (FRC) a aussi révisé ses normes relatives au rapport d'audit en juin 2016.

Enfin, dans le cadre de la **réforme européenne** de l'audit, la directive 2014/56 et le règlement européen 537/2014 du 16 avril 2014 ont également fait évoluer le rapport sur les comptes afin de renforcer sa valeur communicative et de mieux rendre compte des travaux réalisés par les auditeurs (voir n⁰ˢ 17875 s.).

Dispositif français En France, l'ordonnance 2016-315 du 17 mars 2016 et le décret 2016-1026 du 26 juillet 2016 ont transposé les évolutions imposées par les textes européens. L'article R 823-7 du Code de commerce, qui traite plus spécifiquement du rapport du commissaire aux comptes à l'assemblée générale ordinaire, a ainsi été modifié.

30852

Par ailleurs, afin de tenir compte des exigences des textes européens et des modifications apportées au dispositif légal français, ainsi que de l'évolution des normes ISA sur le plan international, les normes d'exercice professionnel suivantes ont été amendées :

– NEP 700 relative aux rapports sur les comptes annuels et consolidés (homologuée par arrêté du 1-10-2018 publié au JO du 7-10) ;

– NEP 570 relative à la continuité d'exploitation (homologuée par arrêté du 26-5-2017 publié au JO du 9-6).

715

AUDIT FINANCIER PAR PHASE © Éd. Francis Lefebvre

D'autres normes d'exercice professionnel ont été créées :
– NEP 701 relative à la justification des appréciations dans les rapports des commissaires aux comptes sur les comptes annuels et consolidés des entités d'intérêt public (homologuée par arrêté du 26-5-2017 publié au JO du 8-6) ;
– NEP 702 relative à la justification des appréciations dans les rapports du commissaire aux comptes sur les comptes annuels et consolidés des personnes et entités qui ne sont pas des entités d'intérêt public (homologuée par arrêté du 26-5-2017 publié au JO du 8-6) ;

Auparavant, la justification des appréciations pour l'ensemble des entités était traitée dans la NEP 705.

– NEP 9520 relative aux diligences du commissaire aux comptes relatives aux comptes annuels et consolidés présentés selon le format d'information électronique unique européen (homologuée par arrêté du 27-1-2021 publié au JO du 31-1).

30853 **Principales évolutions** Les principaux changements apportés aux rapports des commissaires aux comptes sont présentés ci-après et développés tout au long de la présente section avec des exigences spécifiques pour les rapports sur les comptes des entités d'intérêt public :
– une évolution de la structure du rapport avec, en particulier, la présentation de l'opinion du commissaire aux comptes en première partie du rapport (voir n° 30858) ;
– la confirmation que l'opinion est cohérente avec le rapport du commissaire aux comptes au comité d'audit établi pour les EIP et les sociétés de financement (voir n° 30858) ;
– l'attestation par le commissaire aux comptes qu'il n'a pas été fourni de services interdits (voir n° 30888) ;
– l'insertion d'une partie distincte en cas d'incertitude significative liée à la continuité d'exploitation (voir n° 30890) ;
– la formulation dans une partie distincte des observations ayant but d'attirer l'attention du lecteur sur une information donnée dans l'annexe des comptes (voir n° 30900) ;
– pour les EIP, la description dans la partie relative à la justification des appréciations des risques d'anomalies significatives, qui, selon le jugement professionnel du commissaire aux comptes, ont été les plus importants pour l'audit des comptes (qualifiés de « points clés de l'audit ») et une synthèse des réponses apportées par le commissaire aux comptes pour faire face à ces risques (voir n°s 30920 s.) ;
– une conclusion sur le respect dans la présentation des comptes inclus dans le rapport financier annuel, du format d'information électronique unique européen (voir n° 30931-2) ;
– pour les EIP, la communication dans le rapport de la date initiale de désignation du commissaire aux comptes et de la durée totale de sa mission sans interruption y compris les renouvellements (voir n° 30931) ;
– l'insertion d'une description plus détaillée des responsabilités respectives avec (voir n° 30932) :
• une partie rappelant les responsabilités de la direction et des personnes constituant le gouvernement d'entreprise,
• une partie rappelant les responsabilités du commissaire aux comptes relatives à l'audit des comptes.

Pour plus de détails sur les EIP définies à l'article L 820-1 du Code de commerce, voir n° 2352.

30855 **Rapport sur les comptes annuels et consolidés** La NEP 700 précise la forme et le contenu du rapport :
– sur les **comptes annuels** dans lequel le commissaire aux comptes certifie, en justifiant de ses appréciations, que les comptes annuels sont réguliers et sincères et qu'ils donnent une image fidèle du résultat des opérations de l'exercice écoulé ainsi que de la situation financière et du patrimoine de l'entité à la fin de l'exercice écoulé ;
– sur les **comptes consolidés** dans lequel le commissaire aux comptes certifie, en justifiant de ses appréciations, que les comptes consolidés sont réguliers et sincères et qu'ils donnent une image fidèle du patrimoine, de la situation financière ainsi que du résultat de l'ensemble constitué par les personnes ou entités comprises dans la consolidation.

Une note d'information de la CNCC (NI. I) mise à jour en décembre 2018 sur « Les rapports du commissaire aux comptes sur les comptes annuels et consolidés » précise les modalités pratiques de mise en œuvre de la NEP 700 et illustre les diverses situations qui peuvent conduire à l'établissement de rapports comportant réserves, refus, observations ou mentions d'informations.

Il s'agit d'un guide pratique qui n'a pas vocation à se substituer aux NEP.

Le rapport sur les comptes consolidés est distinct du rapport sur les comptes annuels dans la mesure où il répond à une obligation différente.

716

Le commissaire aux comptes précise qu'il a conduit son audit selon les normes d'exercice professionnel applicables en France. Lorsqu'il certifie les comptes avec réserve ou qu'il formule un refus de certifier, le commissaire aux comptes doit clairement exposer les raisons qui l'ont conduit à formuler cette opinion. Il quantifie, lorsque cela est possible, l'incidence des anomalies significatives identifiées et non corrigées ou, lorsque ce n'est pas le cas, indique les raisons pour lesquelles il ne peut les quantifier.

Structure des rapports Les rapports sur les comptes annuels et consolidés doivent **30856** être rédigés d'une manière **claire et non ambiguë**, et mentionnent, pour l'**ensemble des entités**, les informations suivantes (NEP 700 § 18) :
a) un titre qui indique qu'il s'agit d'un rapport de commissaire aux comptes ;
b) l'indication de l'organe auquel le rapport est destiné (par exemple à l'assemblée générale) ;
c) les parties distinctes suivantes, nettement individualisées :
– l'opinion, incluant :
• l'origine de la désignation du commissaire aux comptes,
• l'identité de la personne ou de l'entité dont les comptes sont certifiés,
• la nature des comptes, annuels ou consolidés, qui font l'objet du rapport et sont joints à ce dernier,
• la date de clôture et l'exercice auquel les comptes se rapportent,
• les règles et méthodes comptables appliquées pour établir les comptes,
– le fondement de cette opinion, comprenant :
• une sous-partie relative au référentiel d'audit incluant les normes d'exercice professionnel conformément auxquelles la mission a été accomplie,
• une sous-partie attestant qu'il n'a pas été fourni de services autres que la certification des comptes interdits visés au Code de déontologie et que le commissaire aux comptes est resté indépendant vis-à-vis de l'entité contrôlée au cours de sa mission,

> Le rapport sur les comptes atteste que la mission d'audit a été réalisée dans le respect des règles d'indépendance prévues par le Code de commerce et par le Code de déontologie de la profession de commissaire aux comptes, sur la période qui s'échelonne de la date du début de l'exercice jusqu'à la date d'émission du rapport.
> À la date de mise à jour de ce Mémento, la NEP 700 n'a pas été modifiée pour tenir compte des évolutions introduites par la loi Pacte concernant la suppression des services interdits visés au Code de déontologie : voir n° 30888.
> Dorénavant, la sous-partie relative à l'indépendance ne fait plus référence aux missions interdites par le Code de déontologie, la loi Pacte ayant supprimé (Communiqué CNCC « Adaptation des exemples de rapports sur les comptes 2020, dans le contexte de la crise liée à la pandémie de Covid-19 » – janvier 2021) :
> – pour les EIP, les interdictions non prévues par le règlement EIP ; et
> – pour les non EIP, la notion même de services interdits qui figurait jusque-là dans le code.

• le cas échéant, les motifs de la réserve, du refus ou de l'impossibilité de certifier les comptes,
– le cas échéant, les incertitudes significatives liées à des événements ou à des circonstances susceptibles de mettre en cause la continuité d'exploitation,
– le cas échéant, les observations prévues par les textes légaux et réglementaires, ainsi que toute observation utile,
– la justification des appréciations,
– dans le cas d'un rapport sur les comptes annuels, la vérification du rapport de gestion, des autres documents sur la situation financière et les comptes et des informations relevant du rapport sur le gouvernement d'entreprise adressés aux membres de l'organe appelé à statuer sur les comptes,
– dans le cas d'un rapport sur les comptes consolidés, la vérification des informations relatives au groupe données dans le rapport de gestion,
– le cas échéant, d'autres vérifications ou informations prévues par les textes légaux et réglementaires,
– le rappel des responsabilités des organes mentionnés à l'article L 823-16 du Code de commerce relatives aux comptes,
– le rappel des responsabilités du commissaire aux comptes relatives à l'audit des comptes incluant l'étendue de la mission et une mention expliquant dans quelle mesure la certification des comptes a été considérée comme permettant de déceler les irrégularités, notamment la fraude ;
d) la date du rapport ;

AUDIT FINANCIER PAR PHASE　　　　　© Éd. Francis Lefebvre

30856
(suite)

e) la signature du commissaire aux comptes, personne physique, ou, lorsque le mandat est confié à une société de commissaire aux comptes, de la personne mentionnée au premier alinéa de l'article L 822-9 du Code de commerce.

Le **rapport sur les comptes d'entités d'intérêt public** comporte en outre les autres informations suivantes, prévues par l'article 10 du règlement européen 537/2014 (NEP 700 § 19) :

– il indique la date initiale de la désignation du commissaire aux comptes et la durée totale de sa mission sans interruption, y compris les renouvellements précédents du commissaire aux comptes ;

– il confirme que l'opinion d'audit est cohérente avec le contenu du rapport complémentaire prévu au III de l'article L 823-16 du Code de commerce et destiné au comité spécialisé visé à l'article L 823-19 du Code précité. Hormis cette exigence, le rapport sur les comptes ne contient pas de références au rapport complémentaire destiné au comité spécialisé ;

– il atteste que le commissaire aux comptes n'a pas fourni de services interdits par l'article 5 § 1 du règlement européen 537/2014 ;

– il indique les services autres que la certification des comptes, qui ont été fournis par le commissaire aux comptes à l'entité contrôlée et aux entités qu'elle contrôle au sens de l'article L 233-3 du Code précité, et qui n'ont pas été communiqués dans le rapport de gestion ou l'annexe des comptes.

La structure du rapport sur les comptes, intégrant les spécificités relatives aux entités d'intérêt public définies à l'article L 820-1 du Code de commerce, peut se schématiser comme suit :

Opinion
Spécificité EIP : Cohérence avec les conclusions du rapport au comité d'audit

Fondement de l'opinion
Spécificité EIP : Le cas échéant, information sur les SACC non communiquée par l'entité

Incertitude significative liée à la continuité d'exploitation *[le cas échéant]*

Observations *[le cas échéant]*

Justification des appréciations	
Non EIP : Explicitation des appréciations	*Spécificité EIP : Points clés de l'audit*

Vérification du rapport de gestion et des autres documents adressés aux *[Membres de l'organe appelé à statuer sur les comptes]* (comptes annuels)
Vérification des informations relatives au groupe données dans le rapport de gestion (comptes consolidés)

Spécificité EIP : Informations résultant d'autres obligations légales et réglementaires

Responsabilités de la direction et des organes mentionnés au L 823-16

Responsabilités du (des) CAC relatives à l'audit des comptes

PARTIES DISTINCTES DU RAPPORT

Nous aborderons successivement les différentes parties du rapport, à savoir :

– l'opinion sur les comptes (voir n°ˢ 30858 s.) ;
– le fondement de l'opinion (voir n°ˢ 30876 s.) ;
– les incertitudes significatives liées à la continuité d'exploitation (voir n°ˢ 30890 s.) ;
– les observations (voir n°ˢ 30900 s.) ;
– la justification des appréciations (voir n°ˢ 30909 s.) ;
– les vérifications spécifiques (voir n°ˢ 30928 s.) ;
– les autres vérifications ou informations prévues par les textes légaux et réglementaires (voir n°ˢ 30931 s.) ;
– le rappel des responsabilités (voir n°ˢ 30932 s.).

Enfin, nous présenterons la forme et les modalités de communication des rapports (voir n°ˢ 30936 s.) ainsi que certains cas particuliers (voir n°ˢ 30950 s.).

B. Opinion sur les comptes

Contenu L'opinion sur les comptes est formulée par le commissaire aux comptes, conformément aux dispositions de l'article R 823-7 du Code de commerce, après avoir mis en œuvre un audit des comptes.

30858

Cette opinion fait l'objet de la **première partie** de son rapport sur les comptes annuels ou consolidés, et pour **toutes les entités** elle comprend les informations suivantes :

– l'origine de la désignation du commissaire aux comptes, l'identité de la personne ou de l'entité dont les comptes sont certifiés, la nature des comptes, annuels ou consolidés, qui font l'objet du rapport et sont joints à ce dernier, la date de clôture et l'exercice auquel les comptes se rapportent, les règles et méthodes comptables appliquées pour établir les comptes (NEP 700 § 18 c.) ;

> Pour les **micro-entreprises** dispensées d'établir une annexe, le commissaire aux comptes précise que l'entité a utilisé la possibilité ouverte par l'article L 123-16-1 du Code de commerce de ne pas établir d'annexe (voir n° 30504).

– l'expression de l'opinion sur les comptes établis conformément au référentiel comptable qui leur est applicable, en précisant, le cas échéant, que les motifs de la réserve, du refus ou de l'impossibilité de certifier figurent dans la partie du rapport relative au fondement de l'opinion (NEP 700 § 6 et 18).

> Pour les « petites entreprises » qui sont des personnes ou entités qui ne dépassent pas, à la clôture d'un exercice social, deux des trois critères définis à l'article D 221-5 du Code de commerce, deux nouvelles normes d'exercice professionnel ont été homologuées par arrêté du 6 juin 2019. La NEP 911 est relative à la mission du commissaire aux comptes nommé pour trois exercices, prévue par l'article L 823-12-1 du Code de commerce, et la NEP 912 est relative à la mission du commissaire aux comptes nommé pour six exercices. Lorsque le commissaire aux comptes intervient dans une petite entreprise en appliquant ces deux NEP, il exprime son opinion selon les dispositions des paragraphes 6 à 14 de la NEP 700 (NEP 911 § 44 ; NEP 912 § 40). Aucune disposition particulière n'est donc prévue dans le contexte des missions relatives aux « petites entreprises » concernant l'expression de l'opinion dans le rapport établi en application de l'article L 823-9 du Code de commerce.

En outre, en application de l'article 10 du règlement européen 537/2014, le commissaire aux comptes certifiant les comptes d'une **EIP** confirme la cohérence de l'opinion d'audit avec le contenu du **rapport au comité d'audit** prévu au III de l'article L 823-16 du Code de commerce. Bien que l'article 10 du règlement précité ne le prévoie pas, la CNCC considère que ce paragraphe relatif à la cohérence de l'opinion avec le rapport au comité d'audit s'applique également aux **sociétés de financement**, dès lors qu'elles ont l'obligation de se doter d'un comité d'audit (CNCC NI. I p. 93).

> Hormis cette exigence, le rapport sur les comptes ne contient pas de références au rapport complémentaire destiné au comité d'audit.

Enfin, dans le cas spécifique où les **comptes de l'exercice précédent** n'ont pas fait l'objet d'une certification par un commissaire aux comptes, le commissaire aux comptes doit le mentionner dans son rapport sur les comptes annuels au dernier paragraphe de la partie relative à l'opinion (NEP 510 § 15 ; CNCC NI. I p. 72).

Expression de l'opinion (toutes entités)

Nous examinerons successivement les différents types d'opinion qu'est susceptible d'émettre le commissaire aux comptes (C. com. art. R 823-7 et NEP 700 § 6) :

30859

– la certification sans réserve (voir n° 30860) ;
– la certification avec réserve (voir n°ˢ 30862 s.) ;
– le refus de certifier (voir n°ˢ 30870 s.) ;
– l'impossibilité de certifier (voir n°ˢ 30872 s.).

> Depuis le 29 juillet 2016, la formulation d'un refus de certifier pour limitation ou incertitudes multiples a été remplacée par la formulation d'une impossibilité de certifier : voir n°ˢ 30872 s.

1. Certification sans réserve Le commissaire aux comptes formule une certification sans réserve lorsque l'audit des comptes qu'il a mis en œuvre lui a permis d'obtenir l'assurance élevée, mais non absolue du fait des limites d'audit, et qualifiée par convention d'assurance raisonnable que les comptes, pris dans leur ensemble, ne comportent pas d'anomalie significative (C. com. art. R 823-7 ; NEP 700 § 8).

30860

AUDIT FINANCIER PAR PHASE

© Éd. Francis Lefebvre

Cette certification est possible si un certain nombre de **conditions** sont réunies, et notamment si (CNCC NI. I p. 95) :

– le commissaire aux comptes a pu mettre en œuvre, sans restriction, les diligences qu'il a estimé nécessaires selon les normes d'exercice professionnel relatives à l'audit des comptes ;

– le résultat de ses contrôles s'est révélé satisfaisant et lui a permis d'obtenir l'assurance raisonnable que les comptes sont établis selon le référentiel comptable applicable ;

– l'information donnée dans les comptes, y compris l'annexe, apparaît suffisante pour que ceux-ci donnent une image fidèle de la situation financière du résultat des opérations, de la situation financière et du patrimoine de l'entité concernée ou de l'ensemble constitué par les personnes et entités comprises dans la consolidation.

La formulation de la certification sans réserve préconisée par la CNCC pour des comptes annuels établis selon les règles et principes comptables français est la suivante : « Nous certifions que les comptes annuels sont, au regard des règles et principes comptables français, réguliers et sincères et donnent une image fidèle du résultat des opérations de l'exercice écoulé ainsi que de la situation financière et du patrimoine de la société à la fin de cet exercice. »

30862   **2. Certification avec réserve(s)**   Le commissaire aux comptes certifie les comptes avec réserve(s) :

– lorsqu'il est en **désaccord** avec le choix ou l'application des règles et méthodes comptables ;

– ou a été confronté à une **limitation** à l'étendue de ses travaux ;

– et si l'incidence de ces désaccord(s) ou limitation(s), bien que significative, est clairement circonscrite et la formulation de la réserve est suffisante pour permettre à l'utilisateur des comptes de fonder son jugement en connaissance de cause.

En revanche, la certification avec réserve pour incertitude n'est pas possible.

Sont clairement circonscrites les incidences qui, selon le jugement professionnel du commissaire aux comptes (CNCC NI. I p. 97) :

– sont limitées à des éléments, comptes ou rubriques spécifiques des comptes ;

– ne représentent pas une partie substantielle des comptes ;

– et ne sont pas fondamentales pour la compréhension de l'utilisateur des comptes.

Quelle que soit la situation, le commissaire aux comptes précise clairement dans la partie de son rapport relative au fondement de l'opinion la nature du désaccord ou de la limitation qui le conduit à formuler une ou des réserves (voir n° 30877).

30864   Le commissaire aux comptes formule une certification avec **réserve pour désaccord** (C. com. art. R 823-7 ; NEP 700 § 9) :

– lorsqu'il a identifié au cours de son audit des comptes des anomalies significatives et que celles-ci n'ont pas été corrigées ;

– que les incidences sur les comptes des anomalies significatives sont clairement circonscrites ;

– et que la formulation de la réserve est suffisante pour permettre à l'utilisateur des comptes de fonder son jugement en connaissance de cause.

Ce désaccord peut porter sur le choix ou l'application de méthodes d'évaluation ou de présentation, par exemple : une insuffisance de dépréciation des stocks, des créances ou des participations ou bien le non-respect du principe de spécialisation des exercices. Il peut également porter sur le contenu de l'annexe, et en particulier sur l'absence ou l'insuffisance d'informations, par exemple sur un litige ou sur les engagements hors bilan (CNCC NI. I p. 102 s.).

La formulation de la certification avec réserve pour désaccord préconisée par la CNCC pour des comptes annuels établis selon les règles et principes comptables français est la suivante : « Sous la (les) réserve(s) décrite(s) dans la partie Fondement de l'opinion avec réserve, nous certifions que les comptes annuels sont, au regard des règles et principes comptables français, réguliers et sincères et donnent une image fidèle du résultat des opérations de l'exercice écoulé ainsi que de la situation financière et du patrimoine de la société à la fin de cet exercice. »

Le commissaire aux comptes précise dans la partie de son rapport relative au fondement de l'opinion les **motifs** de la réserve pour désaccord (voir n° 30877).

30866   Le commissaire aux comptes formule une certification avec **réserve pour limitation** (C. com. art. R 823-7 ; NEP 700 § 11) :

– lorsqu'il n'a pas pu mettre en œuvre toutes les procédures d'audit nécessaires pour fonder son opinion sur les comptes ;

– que les incidences sur les comptes des limitations à ses travaux sont clairement circonscrites ;

720

© Éd. Francis Lefebvre — **AUDIT FINANCIER PAR PHASE** ▍

– et que la formulation de la réserve est suffisante pour permettre à l'utilisateur des comptes de fonder son jugement en connaissance de cause.

Les limitations peuvent être imposées par des événements extérieurs, ou bien imposées par les dirigeants (CNCC NI. I p. 103).

> La formulation de la certification avec réserve pour limitation préconisée par la CNCC est la même que la formulation de la certification avec réserve pour désaccord (voir n° 30864).

> De même, le commissaire aux comptes précise dans la partie de son rapport relative au fondement de l'opinion les **motifs** de la réserve pour limitation (voir n° 30877).

3. Refus de certifier   Le commissaire aux comptes formule un **refus de certifier pour désaccord** : lorsqu'il a détecté au cours de son audit des comptes des anomalies significatives, que celles-ci n'ont pas été corrigées et que (C. com. art. R 823-7 ; NEP 700 § 12) :   **30870**

– soit les incidences sur les comptes des anomalies significatives ne peuvent être clairement circonscrites ;

– soit la formulation d'une réserve n'est pas suffisante pour permettre à l'utilisateur des comptes de fonder son jugement en connaissance de cause.

Ce désaccord peut notamment porter sur le choix ou l'application de méthodes d'évaluation ou de présentation, ou bien sur le contenu de l'annexe, et en particulier sur l'absence ou l'insuffisance d'informations (CNCC NI. I p. 102 s.).

> La formulation du refus de certifier pour désaccord préconisée par la CNCC pour des comptes annuels établis selon les règles et principes comptables français est la suivante : « En raison de l'importance du (des) point(s) décrit(s) dans la partie Fondement du refus de certifier, nous sommes d'avis que les comptes annuels ne sont pas, au regard des règles et principes comptables français, réguliers et sincères et ne donnent pas une image fidèle du résultat des opérations de l'exercice écoulé ainsi que de la situation financière et du patrimoine de la société à la fin de cet exercice. »

> Les **motifs** du refus de certifier pour désaccord sont mentionnés dans la partie du rapport relative au fondement de l'opinion (voir n° 30878).

Le commissaire aux comptes qui refuse de certifier les comptes pour désaccord devra **révéler au procureur de la République**, conformément à l'article L 823-12 du Code de commerce, les faits qu'il a découverts lorsqu'ils sont susceptibles de constituer les délits suivants :

– délit de publication ou de présentation de comptes annuels ne donnant pas une image fidèle (C. com art. L 242-6, 2°, L 244-1, L 241-3, 3°, L 243-1 et L 244-5) ;

– délit de fausse information pour les sociétés dont les titres sont admis aux négociations sur un marché réglementé (C. mon. fin. art. L 465-3-2) ;

– le cas échéant délit de distribution de dividendes fictifs (C. com. art L 241-3, 2°, L 242-6, 1°, L 243-1, L 244-1 et L 244-5).

4. Impossibilité de certifier   Pour les exercices ouverts postérieurement au 29 juillet 2016, le commissaire aux comptes peut exprimer dans son opinion une impossibilité de certifier les comptes, qui était précédemment traitée dans le cadre du refus de certification pour limitation ou incertitudes multiples (C. com. art. R 823-7).   **30872**

Le commissaire aux comptes formule une **impossibilité de certifier pour limitation** lorsqu'il n'a pas pu mettre en œuvre toutes les procédures d'audit nécessaires pour fonder son opinion sur les comptes et que (C. com. art. R 823-7 ; NEP 700 § 14) :   **30873**

– soit les incidences sur les comptes des limitations à ses travaux ne peuvent être clairement circonscrites ;

– soit la formulation d'une réserve n'est pas suffisante pour permettre à l'utilisateur des comptes de fonder son jugement en connaissance de cause.

> La formulation de l'impossibilité de certifier pour limitation préconisée par la CNCC pour des comptes annuels établis selon les règles et principes comptables français est la suivante : « Nous sommes dans l'impossibilité de certifier que les comptes annuels sont, au regard des règles et principes comptables français, réguliers et sincères et donnent une image fidèle du résultat des opérations de l'exercice écoulé ainsi que de la situation financière et du patrimoine de la société à la fin de cet exercice. En effet, en raison de l'importance du (des) point(s) décrit(s) dans la partie Fondement de l'impossibilité de certifier, nous n'avons pas été en mesure de collecter les éléments suffisants et appropriés pour fonder une opinion d'audit sur ces comptes. »

> Les **motifs** de l'impossibilité de certifier pour limitation sont mentionnés dans la partie du rapport relative au fondement de l'opinion (voir n° 30879).

AUDIT FINANCIER PAR PHASE © Éd. Francis Lefebvre

Les motifs des limitations à la mise en œuvre de toutes les procédures d'audit peuvent être imposés par des événements extérieurs ou bien par les dirigeants, de la même manière que dans le cas de la certification avec réserve pour limitation (CNCC NI. I p. 104). Lorsque les limitations qui fondent l'impossibilité de certifier sont le fait de la direction, celles-ci sont susceptibles de constituer un délit d'entrave que le commissaire aux comptes doit **révéler au procureur de la République** (C. com. art. L 820-4, 2° et L 823-12).
En revanche, les motifs entraînant une impossibilité de certifier dans les cas de limitation, lorsqu'elle n'est pas le fait de l'entité, ainsi que dans le cas d'incertitudes multiples, ne conduisent pas nécessairement à une révélation de faits délictueux.

30874 Le commissaire aux comptes formule une **impossibilité de certifier pour incertitudes** lorsqu'il est dans l'impossibilité d'exprimer une opinion en raison de multiples incertitudes dont les incidences sur les comptes ne peuvent être clairement circonscrites (C. com. art. R 823-7 ; NEP 700 § 14).
Cette impossibilité de certifier se présente dans des situations exceptionnelles qui se caractérisent par l'existence simultanée de plusieurs incertitudes dont les conséquences éventuelles apparaissent particulièrement significatives, notamment au regard des comptes pris dans leur ensemble. Compte tenu de l'incidence possible de ces incertitudes de nature à pouvoir remettre en cause l'ensemble des comptes, le commissaire aux comptes peut être conduit à considérer qu'il est dans l'impossibilité d'émettre une opinion sur lesdits comptes. Ainsi, les impossibilités de certifier pour incertitudes exigent des circonstances tout à fait particulières se caractérisant par l'existence de multiples incertitudes qui :
– de par leur nombre et, le cas échéant, leurs effets potentiels liés augmentent inévitablement la probabilité de survenance d'une issue défavorable pour l'entité qui y est confrontée ;
– de par leurs conséquences possibles sur les comptes, pris dans leur ensemble, sont de nature à pouvoir remettre profondément en cause l'image qu'elles donnent des résultats, de la situation financière ou du patrimoine de l'entité à la fin de l'exercice (CNCC NI. I p. 105).
Cette situation est à apprécier au regard des risques pesant sur le patrimoine de l'entité, et notamment sur son outil de production ou d'exploitation, sur sa capacité à dégager des résultats et, de manière plus générale, sur sa capacité à poursuivre normalement ses activités.

La formulation de l'impossibilité de certifier pour incertitudes multiples préconisée par la CNCC est la même que celle relative à l'impossibilité de certifier pour limitation (voir n° 30873).
Les **motifs** de l'impossibilité de certifier pour incertitudes multiples sont mentionnés dans la partie du rapport relative au fondement de l'opinion (voir n° 30879).

Chiffres comparatifs de l'exercice précédent

30875 La présentation des chiffres de l'exercice précédent avec les comptes annuels ou consolidés est prévue par :
– le Code de commerce (art. L 123-15 et L 233-22) ;
– la norme IAS 1 révisée, relative à la présentation des états financiers ;
– la NEP 710 – Informations relatives aux exercices précédents.
Les informations comparatives relatives à l'exercice précédent apportent un éclairage supplémentaire sur les chiffres de l'exercice certifié et font **partie intégrante** des comptes de l'exercice certifié.
S'il découvre des **anomalies** dans la reprise des chiffres de l'exercice précédent et que celles-ci ont une influence directe et significative sur l'interprétation des comptes de l'exercice, le commissaire aux comptes devrait exprimer une **opinion avec réserve** (CNCC NI. I p. 72).

Par ailleurs, en application de la NEP 510, lorsque les comptes de l'exercice précédent n'ont **pas fait l'objet d'une certification** par un commissaire aux comptes, le commissaire aux comptes le mentionne dans son rapport au dernier paragraphe de la partie relative à l'opinion.

Contexte de la crise Covid-19

30875 1 Dans le contexte de la crise Covid-19, le commissaire aux comptes a pu rencontrer plusieurs situations impactant l'opinion qu'il a formulé sur les comptes 2020. La CNCC en illustre quelques-unes dans son communiqué de janvier 2021 « Adaptation des exemples de rapports sur les comptes 2020, dans le contexte de la crise liée à la pandémie de Covid-19 ».

Si la description ou la prise en compte des conséquences de la crise Covid-19 dans les comptes est erronée, le commissaire aux comptes peut être conduit à formuler une opinion avec **réserve pour désaccord** ou un **refus de certifier** (§ 09, 10, 12 et 13 de la NEP 700). Tel pourrait être le cas :
– d'une estimation comptable erronée ;
– d'une présentation comptable erronée, par exemple si des passifs financiers n'ont pas été reclassés en courants à la suite d'un « bris de covenants » ;
– lorsque, malgré l'identification d'un indice de perte de valeur, les tests de dépréciation n'ont pas été mis en œuvre ou été mis en œuvre de manière inadéquate ;
– d'informations erronées, insuffisantes ou trompeuses présentées dans l'annexe, par exemple :
• lorsque, en cas d'incertitude significative sur la continuité d'exploitation, l'information donnée n'est pas pertinente au sens du § 5.22 de la NI I3 ou en cas d'affirmation erronée ou trompeuse sur le bien-fondé du maintien de l'hypothèse de continuité d'exploitation ;
• sur la sensibilité aux variations des hypothèses (tel que prévu dans les § IAS 1.125 et IAS 1.129, à l'article 833-3/3 du règlement 2014-03 relatif au PCG et au § 424 du règlement CRC 99-02).
En outre, en raison de la crise Covid-19, le commissaire aux comptes a pu ne pas avoir été en mesure de mettre en œuvre son audit de façon satisfaisante, par exemple :
– du fait des restrictions de déplacement en France et/ou à l'étranger ;
– du fait de l'impossibilité de collecter certains éléments probants ou de réaliser des procédures alternatives satisfaisantes (par exemple s'il n'a pu assister à l'inventaire physique) ;
– s'il n'est pas en mesure d'apprécier la pertinence des hypothèses qui ont été retenues pour certaines estimations comptables par exemple, en raison d'une insuffisance de documentation fournie par l'entreprise ;
– ou en cas d'insuffisance du contrôle interne, plus particulièrement à la suite d'une dégradation de ce dernier compte tenu du contexte Covid-19.
Dans ces cas, en fonction des circonstances, le commissaire aux comptes pourra être amené à formuler une réserve pour **limitation ou** une **impossibilité de certifier** (§ 11 et 14 de la NEP 700).
Le commissaire aux comptes formule une impossibilité de conclure lorsqu'il existe de **multiples incertitudes** dont les incidences sur les comptes ne peuvent être clairement circonscrites (§ 14 de la NEP 700).

C. Fondement de l'opinion

À la suite de son opinion, le commissaire aux comptes doit intégrer dans son rapport une partie sur le fondement de cette opinion qui comprend (NEP 700 § 18 c.) :
– le cas échéant, les **motifs** de la réserve, du refus ou de l'impossibilité de certifier les comptes ; **30876**

La précision des motifs dans le paragraphe relatif au fondement de l'opinion a été introduite par la NEP 700 homologuée par arrêté du 26 mai 2017. Précédemment à l'entrée en application de cette NEP mise à jour, les motifs étaient explicités dans la partie relative à l'opinion du commissaire aux comptes.

– le **référentiel d'audit** ;
– des informations relatives à l'**indépendance** du commissaire aux comptes.

Motifs de la réserve, du refus ou de l'impossibilité de certifier les comptes

Dans la partie de son rapport relative au fondement de l'opinion, le commissaire aux comptes doit préciser les motifs d'une certification avec réserve, d'un refus de certifier ou d'une impossibilité de certifier (NEP 700 § 6). **30877**

Motifs de la réserve Lorsque le commissaire aux comptes précise les motifs de la **réserve pour désaccord**, il quantifie au mieux les incidences sur les comptes des anomalies significatives identifiées et non corrigées ou bien indique les raisons pour lesquelles il ne peut les quantifier (NEP 700 § 10). **30877 1**

Les indications chiffrées précisent généralement l'incidence sur les postes des comptes concernés et sur le résultat de l'exercice, en quantifiant au mieux l'incidence de l'anomalie non corrigée (CNCC NI. I p. 108).

Dans le cas où le commissaire aux comptes émet une **réserve pour limitation** à la certification des comptes, il doit également en préciser le motif dans son rapport (NEP 700 § 6).

AUDIT FINANCIER PAR PHASE © Éd. Francis Lefebvre

En pratique, il est d'usage que le commissaire aux comptes expose la nature de la limitation à ses travaux en précisant (CNCC NI. I p. 108) :
– les circonstances qui l'ont empêché de mettre en œuvre les procédures d'audit nécessaires pour fonder son opinion sur les comptes ;
– l'impossibilité de collecter des éléments suffisants et appropriés par des procédures d'audit complémentaires ;
– le cas échéant, le montant des postes concernés par la limitation.

30878 **Motifs du refus de certifier** Lorsque le commissaire aux comptes précise les motifs du refus de certifier pour désaccord, il quantifie, lorsque cela est possible, les incidences sur les comptes des anomalies significatives identifiées et non corrigées (NEP 700 § 13).

30879 **Motifs de l'impossibilité de certifier** En cas d'impossibilité de certifier **pour limitation**, il est d'usage que le commissaire aux comptes expose la nature de la limitation à ses travaux en précisant (CNCC NI. I p. 109) :
– les circonstances qui l'ont empêché de mettre en œuvre les procédures d'audit nécessaires pour fonder son opinion sur les comptes ;
– l'impossibilité de collecter des éléments suffisants et appropriés par des procédures d'audit complémentaires ;
– le cas échéant, le montant du (des) poste(s) concernés par la limitation.
Lorsque le commissaire aux comptes se trouve dans l'impossibilité de certifier les comptes **pour multiples incertitudes**, il est d'usage qu'il décrive ces incertitudes et qu'il précise, le cas échéant, le montant du (des) poste(s) concernés (CNCC NI. I p. 109).

Suivi de réserve(s) ou refus de certifier de l'exercice précédent

30880 Dans le cas où le commissaire aux comptes a été amené à formuler une certification avec réserve(s), un refus de certifier ou une impossibilité de certifier pour les comptes de l'exercice précédent, la rédaction de son rapport pour l'exercice suivant prend en compte les données suivantes :
– le motif de la réserve, du refus ou de l'impossibilité subsiste ou non ;
– la disparition du motif de la réserve, du désaccord ou de l'impossibilité de certifier a ou non un impact sur les comptes de l'exercice ;
– l'impact sur les soldes d'ouverture et, le cas échéant, sur le résultat de l'exercice fait ou non l'objet d'une information pertinente dans l'annexe.

30882 **Suivi d'une réserve ou d'un refus de certifier pour désaccord** Lorsque le ou les **motifs de désaccord persistent** et continuent d'affecter les comptes de l'exercice, le commissaire aux comptes formule une réserve ou un refus de certifier de même nature en précisant qu'une réserve ou un refus de certifier identique avait été formulé sur les comptes de l'exercice précédent.
Lorsque le ou **les motifs de désaccord ne subsistent plus** dans les comptes de l'exercice, les anomalies ayant été corrigées ou ayant disparu, plusieurs situations doivent être distinguées puisque l'impact dans le rapport sur les comptes va dépendre de l'impact significatif ou non des corrections effectuées dans les comptes de l'exercice ainsi que de la conformité du traitement comptable des corrections d'erreur :
– si les comptes sont affectés pour un **montant significatif** par les corrections effectuées et que le traitement comptable de la correction d'erreur est conforme aux dispositions du référentiel comptable applicable (comptabilisation, présentation et information communiquées dans l'annexe), le commissaire aux comptes estime si ce point relève d'une justification des appréciations conformément aux NEP 701 ou 702. Si tel n'est pas le cas, le commissaire aux comptes peut juger utile d'attirer l'attention du lecteur des comptes sur l'information donnée dans l'annexe en formulant une observation dans la partie dédiée de son rapport sur les comptes ;
– si les comptes sont affectés pour un montant significatif par les corrections effectuées et que le **traitement comptable** de la correction d'erreur n'est **pas conforme** au référentiel comptable applicable, le commissaire aux comptes formule une réserve pour désaccord ou un refus de certifier ;
– si les comptes de l'exercice ne sont **pas affectés pour un montant significatif** par les corrections effectuées à la suite de la réserve ou du refus de certifier au titre de l'exercice

© Éd. Francis Lefebvre

AUDIT FINANCIER PAR PHASE

précédent, il n'y a aucune incidence sur l'annexe ou sur le rapport du commissaire aux comptes (CNCC NI. I p. 111).

Suivi d'une réserve ou d'une impossibilité de certifier pour limitation

30884

Si **la limitation subsiste** sur les comptes de l'exercice, le commissaire aux comptes formule une réserve ou une impossibilité de certifier de même nature en précisant qu'une réserve ou une impossibilité de certifier identique avait été formulée sur les comptes de l'exercice précédent.

Si **la limitation à l'étendue des travaux ne subsiste plus** mais que les travaux réalisés ont fait apparaître un impact significatif sur les soldes d'ouverture et, le cas échéant, sur le résultat de l'exercice, une information pertinente doit être donnée dans l'annexe :
– si l'information n'est pas donnée ou n'est pas pertinente, le commissaire aux comptes formule une réserve pour désaccord ;
– si l'information donnée est pertinente, le commissaire aux comptes peut estimer nécessaire de justifier de ses appréciations sur ce point. Si tel n'est pas le cas il peut alors estimer utile d'attirer l'attention sur cette information dans la partie de son rapport relative aux observations.

Il n'y aura aucune incidence sur l'annexe ou sur le rapport du commissaire aux comptes si la limitation à l'étendue des travaux n'existe plus et que les travaux réalisés ont permis de s'assurer que les soldes d'ouverture ne comportaient pas d'anomalies significatives (CNCC NI. I p. 113).

Suivi d'une impossibilité de certifier pour incertitudes multiples

30886

Si les incertitudes multiples continuent d'exister, le commissaire aux comptes formule une impossibilité de certifier de même nature en précisant qu'une impossibilité identique avait été formulée sur les comptes de l'exercice précédent.

Si les incertitudes multiples n'existent plus à la fin de l'exercice, le commissaire aux comptes n'a pas à assurer dans son rapport le suivi de l'impossibilité de certifier de l'exercice précédent.

Si l'information est donnée de manière pertinente dans l'annexe et que le commissaire aux comptes n'estime pas nécessaire de justifier de ses appréciations sur ce point, il peut estimer utile d'attirer l'attention sur l'information donnée dans l'annexe sur la levée des incertitudes, dans la partie de son rapport relative aux observations (CNCC NI. I p. 115).

Référentiel d'audit

30887

Le rapport du commissaire aux comptes comporte, dans la partie distincte relative au fondement de l'opinion, « une sous-partie relative au référentiel d'audit incluant les normes d'exercice professionnel conformément auxquelles la mission a été accomplie » (NEP 700 § 19 c.).

> La formulation de la sous-partie relative au référentiel d'audit préconisée par la CNCC est la suivante : « Nous avons effectué notre audit selon les normes d'exercice professionnel applicables en France. Nous estimons que les éléments que nous avons collectés sont suffisants et appropriés pour fonder notre opinion. »

Les contrôles effectués par le commissaire aux comptes dans le cadre de sa mission sont ceux lui permettant de fonder son opinion sur les comptes. La référence aux normes d'exercice professionnel est suffisante et il n'est pas nécessaire de faire une description détaillée de ces contrôles.

Lorsque le commissaire aux comptes est dans l'impossibilité de certifier les comptes, cette sous-partie relative au référentiel d'audit est supprimée de la partie « Fondement de l'opinion » (CNCC NI. I p. 117). C'est alors dans la partie relative à la responsabilité du commissaire aux comptes que celui-ci précisera qu'il lui appartient d'effectuer un audit selon les normes d'exercice professionnel applicables en France (voir n° 30935).

Indépendance

30888

La partie « Fondement de l'opinion » du rapport sur les comptes intègre une sous-partie relative à l'indépendance du commissaire aux comptes avec des informations spécifiques à mentionner dans les rapports sur les comptes des entités d'intérêt public.

Pour les personnes et entités qui ne sont **pas des EIP**, le § 19 de la NEP 700 dispose que le commissaire aux comptes atteste qu'il n'a pas été fourni de services autres que la

AUDIT FINANCIER PAR PHASE © Éd. Francis Lefebvre

certification des comptes interdits visés au Code de déontologie et qu'il est resté indépendant vis-à-vis de l'entité contrôlée au cours de sa mission.

À la date de mise à jour de ce Mémento, cette norme n'a pas été mise à jour du fait qu'à compter du 24 mai 2019, l'article L 822-11 du Code de commerce, modifié par la loi dite Pacte précitée, ne définit plus de services interdits par le Code de déontologie.

> Pour les personnes et entités qui ne sont pas des EIP, l'article L 822-11 III dispose désormais qu'il est interdit au commissaire aux comptes d'accepter ou de poursuivre une mission de certification auprès d'une de ces entités lorsqu'il existe un risque d'autorévision ou que son indépendance est compromise et que des mesures de sauvegarde appropriées ne peuvent être mises en œuvre.
>
> Dès lors, la référence aux services interdits par le Code de déontologie mentionnée dans la NEP 700 n'a plus lieu d'être et cette norme devrait être modifiée afin de tenir compte des évolutions issues de la loi dite Pacte. Pour autant, le commissaire aux comptes doit toujours affirmer que la mission a été réalisée dans le respect des règles d'indépendance prévues par le Code de commerce et par le Code de déontologie de la profession (Communiqué CNCC « Adaptation des exemples de rapports sur les comptes 2020, dans le contexte de la crise liée à la pandémie de Covid-19 » – janvier 2021).
>
> En cas d'impossibilité de certifier, cette sous-partie relative à l'indépendance ne figure pas dans la partie relative au « Fondement de l'opinion » mais dans celle relative à la responsabilité du commissaire aux comptes (CNCC NI. I p. 117 ; voir n° 30935).

Lorsque le commissaire aux comptes certifie les comptes d'une **EIP** (C. com. art. R 823-7 ; Règl. UE 537/2014 du 16-4-2014 art. 10 ; NEP 700 § 18 et 19) :

– il atteste qu'il n'a pas été fourni de services interdits visés à l'article 5, paragraphe 1, du règlement précité et que la mission a été réalisée dans le respect des règles d'indépendance prévues par le Code de commerce et par le Code de déontologie de la profession ;

> La loi Pacte a limité les services interdits pour le commissaire aux comptes certifiant les comptes d'une EIP aux services interdits visés à l'article 5 paragraphe 1 du règlement européen précité et a ainsi supprimé les interdictions supplémentaires prévues par le Code de déontologie (C. com. art. L 822-11 II). Le Code de déontologie mis à jour par le décret 2020-292 du 21 mars 2020 tient compte de cette évolution. Comme indiqué supra, la NEP 700 devrait donc également être mise à jour en ce sens.

– le cas échéant, il indique les services autres que la certification des comptes qu'il a fournis à l'entité contrôlée et aux entités qu'elle contrôle au sens de l'article L 233-3 du Code de commerce, et qui n'ont pas été communiqués dans le rapport de gestion ou l'annexe des comptes.

En cas d'impossibilité de certifier les comptes d'une EIP, la sous-partie relative à l'indépendance est supprimée de la partie relative au fondement de l'opinion pour être mentionnée dans la partie concernant la responsabilité du commissaire aux comptes (CNCC NI. I p. 119 ; voir n° 30935).

D. Incertitude significative liée à la continuité d'exploitation

30890 La continuité d'exploitation est un principe utilisé à la fois par les dirigeants pour l'arrêté des comptes et par le commissaire aux comptes pour certifier les comptes et, le cas échéant, pour apprécier la nécessité de déclencher la procédure d'alerte (voir n°s 62200 s.).

30892 L'article R 823-7 du Code de commerce impose que le rapport sur les comptes mentionne, le cas échéant, les incertitudes significatives liées à des événements ou à des circonstances susceptibles de mettre en cause la continuité de l'exploitation. La norme d'exercice professionnel 570 relative à la continuité d'exploitation a donc été amendée afin de tenir compte de cette nouvelle obligation qui implique, le cas échéant, l'intégration d'un **paragraphe spécifique dans le rapport** sur les comptes (NEP 570 homologuée par arrêté du 26-5-2017 publié au JO du 9-6).

Cette norme a pour objet de définir les procédures d'audit que le commissaire aux comptes met en œuvre pour (NEP 570 § 2) :

– apprécier si l'établissement des comptes dans une perspective de continuité d'exploitation est approprié ; et

– déterminer s'il existe une incertitude significative liée à des événements ou à des circonstances susceptibles de mettre en cause la continuité d'exploitation.

Si au cours de son audit, le commissaire aux comptes a identifié des événements ou circonstances susceptibles de mettre en cause la continuité d'exploitation, il doit en tirer les conséquences dans son rapport (NEP 570 § 3).

Appréciation de l'établissement des comptes dans une perspective de continuité d'exploitation

Lorsque l'entité contrôlée établit ses comptes, elle est présumée poursuivre ses activités. Ses comptes sont donc établis dans une **perspective de continuité d'exploitation** (NEP 570 § 1).

30893

Cependant, le commissaire aux comptes peut identifier des événements ou circonstances susceptibles de mettre en cause la continuité d'exploitation lors de la prise de connaissance de l'entité. Dans ce cas, le commissaire aux comptes doit s'entretenir avec la direction afin de déterminer si celle-ci a évalué la capacité de l'entité à poursuivre son exploitation (NEP 570 § 6).

Par ailleurs, tout au long de sa mission, le commissaire aux comptes reste vigilant sur tout événement ou circonstance de nature financière ou opérationnelle susceptible de mettre en cause la continuité d'exploitation (NEP 570 § 9).

> Les événements ou circonstances de nature financière peuvent être, par exemple, des capitaux propres négatifs, une capacité d'autofinancement insuffisante, des incidents de paiement, une non-reconduction d'emprunts nécessaires à l'exploitation, des litiges ou contentieux pouvant avoir des incidences financières importantes.
>
> Les événements ou circonstances de nature opérationnelle peuvent être, par exemple, un départ d'employés ayant un rôle clé et non remplacés, une perte de marché important, des conflits avec les salariés, des changements technologiques ou réglementaires.

Si le commissaire aux comptes identifie de tels événements ou circonstances, il met en œuvre des procédures lui permettant de **confirmer ou d'infirmer l'existence d'une incertitude significative** sur la continuité d'exploitation. Il doit également apprécier si les plans d'action de la direction sont susceptibles de mettre fin à cette incertitude. Enfin, il demande à la direction une déclaration écrite par laquelle elle déclare que ses plans d'action reflètent ses intentions (NEP 570 § 10).

> La NEP 570 définit comme suit, dans son paragraphe 4, la notion d'incertitude significative : « Une incertitude est significative lorsque l'ampleur de son incidence potentielle et sa probabilité de réalisation sont telles que, selon le jugement du commissaire aux comptes, une information appropriée dans les comptes sur la nature et les implications de cette incertitude est nécessaire pour assurer la régularité, la sincérité et l'image fidèle des comptes. »

Sur la base des éléments ainsi collectés lors de son audit et de son jugement professionnel, le commissaire aux comptes conclut sur l'existence ou non d'une incertitude significative liée à des événements ou à des circonstances qui, pris isolément ou dans leur ensemble, sont susceptibles de mettre en cause la capacité de l'entité à poursuivre son exploitation (NEP 570 § 11).

Nous étudierons ci-après les incidences sur le rapport sur les comptes qui dépendront :
– de l'appréciation du commissaire aux comptes sur le caractère approprié ou non de l'utilisation du principe de continuité d'exploitation pour l'établissement des comptes ;
– de l'existence ou non d'une incertitude significative sur la continuité d'exploitation et de la pertinence ou non de l'information donnée par l'entité dans l'annexe sur cette incertitude.

30894

Principe de continuité d'exploitation approprié et information donnée dans l'annexe

Lorsque le commissaire aux comptes estime que l'utilisation du principe de continuité d'exploitation pour l'établissement des comptes est appropriée mais qu'il existe une incertitude significative sur la continuité d'exploitation, il s'assure qu'une **information** pertinente est **donnée dans l'annexe** (NEP 570 § 12).

30895

1. Si le commissaire aux comptes considère qu'une information **pertinente** est donnée dans l'annexe, il inclut dans son rapport une partie distincte intitulée « Incertitude significative liée à la continuité d'exploitation » située avant la justification des appréciations (C. com. art. R 823-7 ; NEP 570 § 13). Sans remettre en cause son opinion, le commissaire aux comptes attire l'attention de l'utilisateur des comptes sur l'information fournie dans l'annexe au titre de cette incertitude significative.

> La formulation de la partie relative à l'incertitude significative susceptible de mettre en cause la continuité d'exploitation préconisée par la CNCC est la suivante : « Sans remettre en cause l'opinion exprimée ci-dessus, nous attirons votre attention sur l'incertitude significative liée à des événements ou à

des circonstances susceptibles de mettre en cause la continuité d'exploitation décrite dans la note XX de l'annexe des comptes annuels *[ou : consolidés].* »

Dans certaines situations exceptionnelles, le commissaire aux comptes peut être conduit à formuler une impossibilité de certifier les comptes en raison de multiples incertitudes (CNCC NI. I p. 121 et p. 271).

2. Si le commissaire aux comptes estime que l'information donnée dans l'annexe n'est **pas pertinente** ou si celle-ci est inexistante, il formule une certification avec réserve ou un refus de certifier, conformément à la NEP 700 (NEP 570 § 14 ; voir nos 30862 et 30870).

Dans la partie de son rapport relative au fondement de l'opinion, il indique alors qu'il existe une incertitude susceptible de mettre en cause la continuité d'exploitation et que les comptes ne donnent pas d'information pertinente sur cette incertitude.

La CNCC considère que le caractère pertinent de l'information donnée dans l'annexe sur la nature et les implications de cette incertitude significative est apprécié par le commissaire aux comptes au regard de (CNCC NI. I p. 121) :
– la description des principaux faits ou situations à l'origine de cette incertitude significative ;
– la description des plans d'action engagés par la direction pour y faire face ;
– la mention qu'en conséquence l'entité pourrait ne pas être en mesure de réaliser ses actifs et de régler ses dettes dans le cadre normal de son activité.

30896 Dans la partie du rapport sur les comptes relative aux **responsabilités**, il est rappelé que :
– la responsabilité de la direction inclut notamment l'évaluation de la capacité de la société à poursuivre son exploitation et l'application appropriée du principe de continuité d'exploitation pour l'établissement des comptes ;
– la responsabilité du commissaire aux comptes inclut notamment le caractère approprié de l'application par la direction du principe de continuité d'exploitation.

Continuité d'exploitation définitivement compromise

30897 La continuité d'exploitation est définitivement compromise lorsqu'une décision de cessation d'activité a été prise ou a été formellement engagée par les dirigeants, ou lorsqu'une décision judiciaire a été prononcée visant à mettre un terme aux activités de l'entité.

Lorsque la continuité d'exploitation est définitivement compromise du fait d'une décision visant à la liquidation de la société, les comptes sont établis en **valeurs liquidatives** et le commissaire aux comptes formule une **observation** au titre du changement de méthode, dès lors qu'il en est fait mention dans l'annexe. À défaut d'une telle mention, le commissaire aux comptes en tire les conséquences sur son **opinion**.

Lorsque les comptes ne sont pas établis en valeurs liquidatives et qu'il existe des différences significatives entre ces valeurs et les valeurs nettes comptables, le commissaire aux comptes formule un refus de certifier pour désaccord conformément au § 15 de la NEP 570 et ce, quand bien même l'annexe préciserait que le principe de continuité d'exploitation doit être abandonné (CNCC NI. I p. 123).

Dans le cas particulier où l'adoption des valeurs liquidatives ne modifierait pas de façon significative les comptes, le commissaire aux comptes attire l'attention, dans la partie distincte de son rapport relative aux observations, sur l'information fournie en annexe quant aux problèmes de continuité.

Lien entre les incertitudes significatives liées à la continuité d'exploitation et la justification des appréciations

30898 Lorsque le commissaire aux comptes inclut dans son rapport le paragraphe relatif aux incertitudes significatives liées à des événements ou circonstances susceptibles de mettre en cause la continuité d'exploitation, il ne décrit pas ces incertitudes dans la partie de son rapport relative à la justification de ses appréciations (NEP 701 § 18 ; NEP 702 § 17).

Ainsi, l'insertion d'une justification des appréciations sur la continuité d'exploitation n'est possible que lorsque, en présence de faits de nature à compromettre la continuité d'exploitation relevés par le commissaire aux comptes, il a conclu qu'il n'existait pas d'incertitude significative. De plus, l'annexe doit donner une information appropriée sur la situation.

La norme ISA 570 relative à la continuité d'exploitation fait état d'une « **zone grise** » ou « *close calls* » en présence d'événements ou de conditions susceptibles de jeter un doute important sur la capacité de l'entité à poursuivre son exploitation sans pour autant qu'il **existe d'incertitudes significatives**. Dans ce cas, le commissaire aux comptes évalue si, au regard des exigences du référentiel comptable applicable, les états financiers fournissent des informations pertinentes sur ces événements ou conditions

(ISA 570.20). Le commissaire aux comptes peut estimer pertinent de faire état de cette « zone grise » dans son paragraphe de justification des appréciations, pour les EIP, s'il a considéré la continuité d'exploitation comme parmi les éléments les plus importants pour l'audit des comptes et, pour les non-EIP, s'il a considéré que son appréciation de la continuité d'exploitation pouvait être explicitée dans son rapport.

Lien avec la procédure d'alerte   Lorsque le commissaire aux comptes relève des faits de nature à compromettre la continuité d'exploitation, il met en œuvre la procédure d'alerte (voir n°s 62200 s.).

30899

E. Observations

Principes généraux

Contenu   Conformément à la faculté qui lui est donnée par l'article R 823-7 du Code de commerce, le commissaire aux comptes formule, s'il y a lieu, toute observation utile. En formulant une observation, le commissaire aux comptes **attire l'attention** du lecteur des comptes sur une information fournie dans l'annexe. Il ne peut pas dispenser d'informations dont la responsabilité relève des dirigeants (NEP 700 § 7).

30900

Ainsi, selon la CNCC, le commissaire aux comptes n'a pas à répéter une information contenue dans l'annexe. L'observation permet, au moyen d'un renvoi, d'attirer l'attention du lecteur sur un point particulier qui affecte de façon significative la compréhension des comptes et qui est décrit de manière pertinente dans l'annexe.

De plus, une information dans l'annexe ne peut en aucun cas se substituer à un traitement comptable inapproprié et une observation ne peut **pas être une réserve déguisée**.

Enfin, face à l'absence d'une information significative, le commissaire aux comptes n'a pas à se substituer à l'entité, puisqu'il ne peut pas dispenser d'informations dont la diffusion relève de la responsabilité des dirigeants. Si l'absence d'une telle information a une incidence sur la régularité, la sincérité et l'image fidèle que donnent les comptes, elle a forcément une incidence sur l'expression de l'opinion du commissaire aux comptes, sous la forme d'une réserve ou d'un refus de certifier (CNCC NI. I p. 126).

Conformément à la NEP 700 § 7, le commissaire aux comptes peut, s'il l'estime nécessaire, formuler une observation pour attirer l'attention du lecteur sur une note de l'annexe qui décrit de façon appropriée les **incidences de la crise Covid-19** sur les activités et/ou sur les comptes de l'exercice. Pour rappel, si la note de l'annexe relative à la crise Covid-19 décrit une incertitude significative sur la continuité d'exploitation, conformément à la NEP 570, le commissaire aux comptes ne formule pas une observation mais insère dans son rapport un paragraphe spécifique relatif à l'incertitude significative sur la continuité d'exploitation (Communiqué CNCC « Adaptation des exemples de rapports sur les comptes 2020, dans le contexte de la crise liée à la pandémie de Covid-19 » – janvier 2021).

Le commissaire aux comptes peut formuler une observation, systématique ou facultative, quelle que soit l'opinion qu'il a exprimée (CNCC NI. I p. 126).

Afin d'éviter toute confusion avec une réserve, un refus de certifier ou une impossibilité de certifier, la partie distincte du rapport relative aux observations est située avant la justification des appréciations, et précise que celle-ci ne remet pas en cause l'opinion exprimée par le commissaire aux comptes (CNCC NI. I p. 127).

Lorsque le commissaire aux comptes envisage de formuler une observation, il en communique les motifs aux organes mentionnés à l'article L 823-16 du Code de commerce (NEP 700 § 7).

Nature   Le commissaire aux comptes **doit** formuler systématiquement une observation lorsque des dispositions légales et réglementaires le prévoient (NEP 700 § 7). Cette situation se présente en cas de changement de méthodes comptables survenu dans les comptes annuels au cours de l'exercice (n° 30905).

30901

En revanche, le commissaire aux comptes **peut** formuler une observation :

– en cas de changement d'estimations ayant une incidence significative et de modalités d'application ;

– en cas d'incertitude significative relative au dénouement d'un litige en cours ou d'une enquête des autorités de la concurrence ne remettant pas en cause la continuité d'exploitation (voir n° 30903) ;

– en cas d'événement majeur (tel qu'une catastrophe naturelle) ayant sensiblement affecté la situation financière de l'entité ;

AUDIT FINANCIER PAR PHASE © Éd. Francis Lefebvre

– en cas de suivi d'une réserve, d'un refus ou d'une impossibilité de certifier de l'exercice précédent (voir n°s 30880 s.) ;
– en cas d'anomalies significatives dans les chiffres de l'exercice précédent repris à titre comparatif, mais qui n'affectent pas les comptes de l'exercice, et si une information pertinente est donnée dans l'annexe (CNCC NI. I p. 72).

La formulation préconisée par la CNCC de la partie du rapport relative aux observations est la suivante : « Sans remettre en cause l'opinion exprimée ci-dessus, nous attirons votre attention sur le point suivant exposé dans la note XX de l'annexe des comptes annuels *[ou : consolidés]* concernant… *[Exposer le point concerné].* »

30902 **Lien avec la justification des appréciations** Lorsque le commissaire aux comptes détermine qu'un élément concernant les comptes nécessite une justification des appréciations, alors cet élément n'est dorénavant **pas mentionné dans la partie du rapport relative aux observations**, à l'exception des cas où des dispositions légales et réglementaires le prévoient, c'est-à-dire en pratique en cas de changement « de méthode comptable (NEP 701 § 17 et NEP 702 § 16 ; CNCC NI. I p. 126). Dans le cas spécifique d'un **changement de méthode comptable** intervenu au cours de l'exercice, le commissaire aux comptes peut juger utile, dans la partie de son rapport relative à la justification des appréciations, de justifier de ses appréciations sur ce point qui doit par ailleurs faire l'objet d'une observation.

L'ancienne NEP 705 prévoyait précédemment que lorsqu'un point concernant les comptes nécessitait à la fois une observation et une justification des appréciations, ce point était évoqué respectivement dans la première partie du rapport après l'expression de l'opinion au titre de l'observation et dans la deuxième partie du rapport au titre de la justification des appréciations (Ancienne NEP 705 § 14). Cette possibilité n'était pas limitée au changement de méthode comptable.

Cas particulier des incertitudes non liées à la continuité d'exploitation

30903 Une incertitude existe lorsque les conséquences d'une situation ne peuvent être évaluées, compte tenu de l'information existante, car son dénouement dépend de la réalisation d'événements futurs (CNCC NI. I p. 128). À titre d'exemple, on peut citer le cas d'un procès ou d'un litige dont l'issue est incertaine et dont les conséquences ne peuvent être estimées car leur montant est trop incertain ou inconnu.

Les situations d'incertitude ne doivent pas être confondues avec celles qui comportent une limitation à l'étendue des travaux du commissaire aux comptes ou qui conduisent à un désaccord du commissaire aux comptes sur l'application des règles et méthodes comptables.

En présence d'incertitudes significatives, autres que celles relatives à la continuité d'exploitation, lorsqu'une information pertinente est fournie dans l'annexe et qu'il ne s'agit pas de multiples incertitudes dont les incidences sur les comptes ne peuvent être clairement circonscrites, le commissaire aux comptes détermine si ce point nécessite une **justification des appréciations**. Si ce n'est pas le cas, il peut juger utile d'attirer l'attention sur cette information dans la partie de son rapport relative aux **observations** (CNCC NI. I p. 130 s.).

Lorsque le commissaire aux comptes considère que l'information relative à l'incertitude significative non susceptible de mettre en cause la continuité d'exploitation n'est pas pertinente ou est absente de l'annexe, il exprime une réserve pour désaccord ou un refus de certifier (CNCC NI. I p. 129).

En présence de multiples incertitudes dont les incidences sur les comptes ne peuvent être clairement circonscrites, le commissaire aux comptes formule une impossibilité de certifier (NEP 700 § 14).

Cas particulier des changements comptables

30904 Les « changements comptables » comprennent (NEP 730 Changements comptables § 03) :
– les changements de méthodes comptables ;
– les changements d'estimations ou de modalités d'application ;
– les corrections d'erreur.

La NEP 730 cite également les changements d'options fiscales mais cette notion a été supprimée par le règlement ANC n° 2018-01 du 20 avril 2018 : voir Mémento Comptable n° 8455.

Pour plus de détails sur la définition des différentes typologies de changements comptables et leur traitement dans les comptes, il convient de se reporter à la Note d'information CNCC « Le commissaire aux comptes et les changements comptables » (CNCC NI. X – Juin 2011 – p. 12 s. et p. 16 s.). Cette note d'information précise également les modalités pratiques de mise en œuvre de la NEP 730 et les conséquences des changements comptables sur la rédaction du rapport du commissaire aux comptes.

© Éd. Francis Lefebvre · **AUDIT FINANCIER PAR PHASE**

Lorsque le commissaire aux comptes identifie un changement comptable il apprécie sa justification et, lorsque l'incidence sur les comptes est significative, il vérifie :
– que la traduction comptable de ce changement, y compris les informations fournies dans l'annexe est appropriée ;

Pour plus d'informations sur le traitement comptable, voir Mémento Comptable n° 8545.

– qu'une information appropriée est présentée pour rétablir la comparabilité des comptes, lorsque le référentiel comptable applicable le prévoit (NEP 730 § 05 et 06).

Pour plus d'informations sur l'incidence des changements comptables sur l'information financière, voir Mémento Comptable n° 8555 s.

Pour analyser l'incidence des changements comptables sur le rapport du commissaire aux comptes, il convient de distinguer les différentes typologies de changements comptables.

Changements de méthodes comptables Les définitions et les causes des chan- **30905** gements de méthodes comptables sont limitativement énumérées par les référentiels comptables applicables en France (IAS 8 et avis CNC n° 97-06 intégré dans le règl. ANC 2014-03 relatif au Plan Comptable Général, chapitre III, sous-section 1, art. 122-1 et 122-2).

L'impact sur le rapport du commissaire aux comptes est différent selon qu'il estime ou non que ce changement de méthodes comptables est justifié et que sa traduction comptable ou l'information fournie en annexe sont ou non appropriés. Ainsi, le commissaire aux comptes formule :
– une observation obligatoire dans son rapport sur les comptes, lorsque les changements de méthodes comptables sont justifiés et correctement traités au regard du référentiel comptable applicable, et qu'une information satisfaisante est fournie dans l'annexe ;
– ou une réserve, voire un refus de certifier lorsque les changements de méthodes comptables ne sont pas justifiés ou correctement traités comptablement, ou bien qu'aucune information satisfaisante n'est donnée dans l'annexe.

Ces dispositions issues de la NEP 730 « Changements comptables » s'appliquent de manière systématique tant dans les comptes annuels que consolidés et quelle que soit l'entité.

La NEP 730 ne conditionne pas l'obligation de formuler une observation au caractère significatif de l'effet sur les comptes présentés du changement comptable.

Le caractère obligatoire de l'observation en cas de changement de méthode comptable a été réaffirmé dans le cadre de la refonte de la NEP 700 : « Le commissaire aux comptes formule systématiquement une observation lorsque des dispositions légales et réglementaires le prévoient. Cette situation se présente, par exemple, en cas de changement de méthodes comptables survenu dans les comptes annuels au cours de l'exercice » (NEP 700 § 07).

Outre l'obligation d'insérer un paragraphe d'observations en cas de changement de méthodes comptables, il appartient au commissaire aux comptes de décider s'il justifie ou pas de ses appréciations sur ce changement dans son rapport.

L'obligation d'information relative aux changements de méthodes comptables dans le rapport de gestion ayant été supprimée par la loi 2011-525 du 17 mai 2011, la formulation d'une observation en cas de non-signalement du changement de méthodes comptables dans le rapport de gestion, telle que prévue par la NEP 730, ne trouve plus à s'appliquer.

Changements d'estimations ou de modalités d'application Les définitions **30906** des changements d'estimations ou de modalités d'application sont énumérées par les référentiels comptables applicables en France (IAS 8.5 et avis CNC n° 97-06 intégré dans le règl. ANC 2014-03 relatif au Plan Comptable Général, chapitre III, sous-section 2, art. 122-3).

Lorsque le changement est justifié, qu'il est correctement traité dans les comptes et qu'une information satisfaisante est donnée dans l'annexe, le commissaire aux comptes peut, compte tenu de l'importance relative du changement, justifier de ses appréciations sur ce point. S'il estime que ce point ne relève pas d'une justification de ses apprécia- tions, il peut formuler une observation dans son rapport sur les comptes.

Lorsque le changement n'est pas justifié, ou bien que sa traduction comptable ou l'infor- mation fournie dans l'annexe à ce titre ne sont pas appropriées, le commissaire aux comptes en tire les conséquences sur son opinion (réserve ou refus de certifier).

Corrections d'erreurs Les définitions des corrections d'erreurs sont énumérées par **30907** les référentiels comptables applicables en France (IAS 8.5 et avis CNC n° 97-06 intégré dans le règl.

AUDIT FINANCIER PAR PHASE © Éd. Francis Lefebvre

ANC 2014-03 relatif au Plan Comptable Général, chapitre III, sous-section 4, art. 122-6). Selon ces définitions, une entité peut, lors de l'établissement de ses comptes, avoir commis une erreur dans :
– le choix d'une méthode comptable (méthodes d'évaluation ou de présentation) ;
– ou l'application d'un principe comptable (erreur matérielle).
Ces erreurs doivent être corrigées dans les comptes de l'exercice au cours duquel elles sont découvertes.
Les conséquences sur le rapport du commissaire aux comptes sont alors (CNCC NI. I p. 138) :
– celles d'un changement de méthodes comptables lorsque la correction d'erreurs entraîne un changement de méthodes d'évaluation ou de présentation ;
– celles d'un changement d'estimations lorsque cette correction n'entraîne pas un changement de méthodes ;
– une réserve, voire un refus de certifier, si la correction d'erreurs n'est pas justifiée, ou si sa traduction comptable ou l'information fournie dans l'annexe à ce titre ne sont pas appropriées.

F. Justification des appréciations

30909 En application de l'article L 823-9 du Code de commerce, le commissaire aux comptes justifie dans son rapport des appréciations qu'il a portées au cours de sa mission d'audit des comptes. Cette obligation fait dorénavant l'objet de deux normes d'exercice professionnel :
– la NEP 701 « Justification des appréciations dans les rapports du commissaire aux comptes sur les comptes annuels et consolidés des entités d'intérêt public » applicable pour les exercices ouverts à compter du 17 juin 2016 ;
– la NEP 702 « Justification des appréciations dans les rapports du commissaire aux comptes sur les comptes annuels et consolidés des personnes et entités qui ne sont pas des entités d'intérêt public » applicable pour les exercices ouverts à compter du 30 juillet 2016.

> Ces normes ont été homologuées par le garde des Sceaux, par arrêté du 26 mai 2017, publié au Journal officiel du 8 juin 2017.
> Avant la refonte des rapports sur les comptes annuels et consolidés, la justification des appréciations faisait l'objet de la NEP 705.

La justification des appréciations doit permettre au destinataire du rapport de **mieux comprendre l'opinion** émise par le commissaire aux comptes sur les comptes. Cette obligation a été renforcée, pour les entités d'intérêt public, par l'article 10 du règlement européen 537/2014, auquel renvoie l'article R 823-7 du Code précité.
La justification des appréciations ne peut **en aucun cas** conduire le commissaire aux comptes à devenir un **dispensateur direct d'informations** dont la diffusion relève de la responsabilité des dirigeants de l'entité (NEP 701 et NEP 702 § 8).
Ainsi, le commissaire aux comptes ne peut pas, par la justification de ses appréciations, compléter une information qui aurait dû figurer dans l'annexe aux comptes. Il doit donc tout particulièrement veiller à la pertinence de l'information donnée dans l'annexe sur les sujets sur lesquels porte la justification des appréciations.
La justification des appréciations ne peut davantage se substituer à la nécessité (NEP 701 et NEP 702 § 7) :
– de formuler une opinion avec réserve, un refus de certifier ou une impossibilité de certifier ;
– d'insérer une partie relative aux incertitudes significatives liées à des événements ou à des circonstances susceptibles de mettre en cause la continuité d'exploitation ;
– de formuler une observation lorsque celle-ci est obligatoire.

30910
1 La justification des appréciations est applicable pour toutes les personnes ou entités soumises à la certification de leurs comptes par un contrôleur légal (C. com. art. L 823-9). Les dispositions de l'article L 823-9 du Code de commerce relatives à la justification des appréciations s'appliquent ainsi :
– aux rapports sur les **comptes annuels et consolidés** établis au titre de l'exercice et présentés à l'organe appelé à statuer sur les comptes en vue, si nécessaire, de l'approbation des comptes qu'ils accompagnent ;
– à **toutes les personnes ou entités** dans lesquelles un commissaire aux comptes est appelé à certifier les comptes en termes de « régularité, sincérité et image fidèle ».

732

© Éd. Francis Lefebvre

AUDIT FINANCIER PAR PHASE

En revanche, la justification des appréciations n'est pas applicable aux rapports entrant dans le cadre des services autres que la certification des comptes, aux rapports d'examen limité de comptes intermédiaires établis en application de dispositions légales et réglementaires ou entrant dans le cadre des services autres que la certification des comptes, aux attestations entrant dans le cadre des services autres que la certification des comptes, et aux rapports de constats résultant de procédures convenues avec l'entité entrant dans le cadre des services autres que la certification des comptes (CNCC NI. I p. 143).

Le concept de justification des appréciations et la formulation de ces dernières dans le rapport du commissaire aux comptes varient selon que l'entité dont les comptes sont contrôlés est d'intérêt public ou non.

Nous verrons successivement :
– la justification des appréciations pour les personnes et entités qui ne sont pas d'intérêt public (voir n°s 30911 s.) ;
– la justification des appréciations pour les EIP (voir n°s 30920 s.) ;
– les liens entre la justification des appréciations et les autres parties du rapport du commissaire aux comptes pour l'ensemble des entités (voir n°s 30925 s.).

Dans le contexte de la **crise liée à la pandémie de Covid-19**, la CNCC a par ailleurs estimé nécessaire de rappeler, dans tous les rapports sur les comptes 2020 (Communiqué CNCC – Adaptation des exemples de rapports sur les comptes 2020, dans le contexte de la crise liée à la pandémie de Covid-19 – Janvier 2021) :
– le contexte général de crise sur les activités et le financement des entreprises (quel que soit l'impact de la crise sur l'entité) ;
– les incidences des mesures exceptionnelles prises dans le cadre de l'état d'urgence sanitaire sur l'organisation interne des entreprises et la mise en œuvre des audits.

30910
2

L'introduction de la partie du rapport relative à la justification des appréciations / points clés de l'audit a donc été complétée comme suit :

« La crise mondiale liée à la pandémie de Covid 19 crée des conditions particulières pour la préparation et l'audit des comptes de cet exercice. En effet, cette crise et les mesures exceptionnelles prises dans le cadre de l'état d'urgence sanitaire induisent de multiples conséquences pour les entreprises, particulièrement sur leur activité et leur financement, ainsi que des incertitudes accrues sur leurs perspectives d'avenir. Certaines de ces mesures, telles que les restrictions de déplacement et le travail à distance, ont également eu une incidence sur l'organisation interne des entreprises et sur les modalités de mise en œuvre des audits.

C'est dans ce contexte complexe et évolutif que, en application des dispositions des articles L 823-9 et R 823-7 […].

Les appréciations ainsi portées s'inscrivent dans le contexte de l'audit des comptes consolidés pris dans leur ensemble et de la formation de notre opinion exprimée ci-avant. Nous n'exprimons pas d'opinion sur des éléments de ces comptes consolidés pris isolément. »

La CNCC précise qu'il s'agit d'une description générique portant sur le contexte lié à la crise Covid-19 et que cela ne constitue pas une limitation à l'étendue des travaux du commissaire aux comptes et ne se substitue pas, lorsque cela est nécessaire, à la formulation :
– d'une réserve, d'une impossibilité de certifier ou d'un refus de certifier quand le commissaire aux comptes n'a pas été en mesure de collecter les éléments suffisants et appropriés ou est en désaccord avec les comptes ;
– d'un paragraphe relatif à une incertitude significative sur la continuité d'exploitation ;
– d'une observation pour attirer l'attention du lecteur sur un paragraphe de l'annexe ;
– d'une justification des appréciations ou d'un point clé de l'audit si, par exemple, le contexte Covid-19 est une composante du risque d'anomalie significative décrit et a nécessité une adaptation de la réponse d'audit.

Entités qui ne sont pas des EIP

Détermination des appréciations
Les modalités de détermination de la justification des appréciations pour les personnes et entités qui ne sont pas d'intérêt public n'ont pas subi de modifications de fond à la suite de la refonte des rapports du commissaire aux comptes.

30911

Selon la NEP 702, la justification des appréciations constitue une explicitation de celles-ci et, ce faisant, une motivation de l'opinion émise. Les appréciations sont celles qui sont apparues les plus importantes pour le commissaire aux comptes, selon son jugement professionnel et au vu des diligences effectuées tout au long de la mission. Elles se

733

AUDIT FINANCIER PAR PHASE   © Éd. Francis Lefebvre

rapportent généralement à des éléments **déterminants pour la compréhension des comptes**. Elles pourront notamment porter sur (NEP 702 § 9) :
– les options retenues dans le choix des **méthodes comptables** ou dans leurs modalités de mise en œuvre lorsqu'elles ont des incidences majeures sur le résultat, la situation financière ou la présentation d'ensemble des comptes de l'entité ;
– les **estimations comptables** importantes, notamment celles manquant de données objectives et impliquant un jugement professionnel dans leur appréciation ;
– la **présentation d'ensemble des comptes** annuels et consolidés, qu'il s'agisse du contenu de l'annexe ou de la présentation des états de synthèse ;
– et, le cas échéant, sur les **procédures de contrôle interne** concourant à l'élaboration des comptes, que le commissaire aux comptes est conduit à apprécier dans le cadre de la mise en œuvre de sa démarche d'audit.
Pour les mêmes raisons que celles évoquées concernant les entités d'intérêt public (voir n° 30924-1), le commissaire aux comptes prend en compte les éventuelles incidences de la crise Covid-19 dans la détermination et la formulation des appréciations qu'il jugerait nécessaire de faire figurer dans son rapport (Communiqué CNCC – Adaptation des exemples de rapports sur les comptes 2020, dans le contexte de la crise liée à la pandémie de Covid-19 – Janvier 2021).

30914   **Formulation de la justification des appréciations** Une partie distincte du rapport du commissaire aux comptes est consacrée à la justification des appréciations et est située avant la partie relative aux vérifications spécifiques.
Le commissaire aux comptes formule ses appréciations par référence explicite aux dispositions des articles L 823-9 et R 823-7 du Code de commerce, et **de manière appropriée** au regard des circonstances propres à chaque cas d'espèce (NEP 702 § 11).
Le commissaire aux comptes précise en **introduction** de cette partie distincte (NEP 702 § 12) :
– que les appréciations sont celles qui, selon son jugement professionnel, ont été les plus importantes pour l'audit des comptes de l'exercice ;
– que les appréciations s'inscrivent dans le contexte de l'audit des comptes, pris dans leur ensemble, et de la formation de l'opinion formulée sur ces comptes ;
– qu'il n'est pas exprimé d'opinion sur des éléments des comptes pris isolément.
Conformément au paragraphe 13 de la NEP 702, la formulation de la justification des appréciations doit être **claire** et doit comprendre pour chaque appréciation :
– la description du sujet et la référence, si elle est possible, aux informations fournies dans les comptes annuels ou, le cas échéant, dans les comptes consolidés ;
– un résumé des diligences effectuées par le commissaire aux comptes pour fonder son appréciation.
Le cas échéant, la formulation de chaque appréciation comporte une référence aux informations fournies dans les comptes. Le commissaire aux comptes veille toutefois à ne pas être dispensateur d'informations.
Enfin, la formulation de chaque appréciation ne comporte pas de conclusion (CNCC NI. I p. 151).

30915   Selon le paragraphe 14 de la NEP 702, le commissaire aux comptes explicite ses appréciations en toutes circonstances, sauf si des textes légaux et réglementaires en empêchent la communication.
> Cette disposition anticipe le cas où la loi ou la réglementation interdirait à la direction ou au commissaire aux comptes de rendre public un point nécessitant une justification des appréciations (CNCC NI. I p. 155).

30918   Le commissaire aux comptes a la possibilité d'utiliser une formulation de **justification des appréciations moins développée** que celle prévue au paragraphe 13 de la NEP 702. Cette option est toutefois limitée aux cas suivants (NEP 702 § 15) :
– les principes comptables retenus par l'entité ou le groupe ne donnent pas lieu à plusieurs interprétations ou options possibles, y compris dans leurs modalités d'application, pour ce qui concerne les éléments significatifs du bilan et du compte de résultat ;
– il n'existe pas d'événement ou de décision intervenus au cours de l'exercice dont l'incidence sur les comptes ou la compréhension que pourrait en avoir un lecteur est apparue importante au commissaire aux comptes ;
– aucun élément significatif dans les comptes n'est constitué à partir d'estimations fondées sur des données subjectives.

734

Selon la CNCC, les « données subjectives » correspondent en pratique à des données impliquant notamment des prévisions, des hypothèses, une appréciation de la direction sur le dénouement d'opérations en cours à la date de clôture. Elles touchent généralement des éléments pouvant générer des anomalies significatives dans les comptes. De telles estimations comportant des données subjectives portent par exemple sur :
– l'évaluation des provisions pour risques ;
– l'estimation des résultats à terminaison des contrats à long terme ;
– l'évaluation de la valeur actuelle des actifs incorporels ou financiers ;
– l'évaluation des dépréciations d'actifs.
Le caractère significatif des éléments concernés est laissé au jugement du commissaire aux comptes (CNCC NI. I p. 151).

Sur la base de son jugement professionnel, le commissaire aux comptes peut adopter une **rédaction succincte** pour la justification de ses appréciations lorsqu'il intervient dans le cadre des NEP 911 et 912 relatives aux **petites entreprises** (NEP 911 § 45 et NEP 912 § 41 homologuées par arrêté du 6-6-2019).   **30919**

Les NEP 911 et 912 sont respectivement relatives :
– à la mission du commissaire aux comptes nommé pour trois exercices et prévue à l'article L 823-12-1 du Code de commerce ;
– à la mission du commissaire aux comptes nommé pour six exercices dans les petites entreprises.
Une « petite entreprise » est une personne ou entité qui ne dépasse pas, à la clôture d'un exercice social, deux des trois **critères** suivants (NEP 911 et NEP 912 § 1) :
– total du bilan : quatre millions d'euros ;
– montant du chiffre d'affaires hors taxe : huit millions d'euros ;
– nombre moyen de salariés employés au cours de l'exercice : cinquante.
Les situations visées par ces deux NEP sont définies aux paragraphes 2 à 4 de chacune d'elles.

EIP

Lorsque la mission de certification porte sur les comptes d'une entité d'intérêt public, la justification des appréciations consiste en une description des **risques d'anomalies significatives les plus importants,** y compris lorsque ceux-ci sont dus à une fraude, et indique les réponses apportées pour faire face à ces risques (C. com. art. R 823-7). Ces risques d'anomalies significatives les plus importants sont qualifiés de **points clés de l'audit** (NEP 701 § 5).   **30920**
La NEP 701 relative aux justifications des appréciations dans les rapports du commissaire aux comptes sur les comptes annuels et consolidés des EIP a été élaborée afin d'être compatible avec la norme d'audit internationale ISA 701, qui traite des points clés de l'audit dans le rapport de l'auditeur.

Sur le plan international, les points clés de l'audit sont qualifiés de « *Key Audit Matters* » (KAM).

Détermination des points clés de l'audit La NEP 701 définit les points clés de l'audit comme les points qui, selon le jugement professionnel du commissaire aux comptes, ont été les plus importants lors de l'audit des comptes annuels ou consolidés de l'exercice et font partie des **éléments communiqués au comité spécialisé** mentionné au I de l'article L 823-19 du Code de commerce (comité d'audit) ou à l'organe qui en exerce les fonctions.   **30921**
Le commissaire aux comptes sélectionne, parmi les éléments communiqués au comité d'audit, ceux ayant nécessité une **attention particulière de sa part au cours de l'audit** en prenant notamment en considération les éléments suivants (NEP 701 § 9) :
(a) les domaines qu'il considère comme présentant des risques élevés d'anomalies significatives ou des risques inhérents élevés nécessitant une démarche d'audit particulière ;

Ces risques sont identifiés conformément à la NEP 315 relative à la connaissance de l'entité et de son environnement et à l'évaluation du risque d'anomalies significatives dans les comptes.
La NEP 200 « Principes applicables à l'audit des comptes mis en œuvre dans le cadre de la certification des comptes » définit dans son paragraphe 10 le risque d'anomalies significatives :
« Le **risque d'anomalies significatives** dans les comptes est **propre à l'entité** ; il existe **indépendamment de l'audit** des comptes. Il se subdivise en risque inhérent et risque lié au contrôle.
Le risque inhérent correspond à la possibilité que, sans tenir compte du contrôle interne qui pourrait exister dans l'entité, une anomalie significative se produise dans les comptes.
Le risque lié au contrôle correspond au risque qu'une anomalie significative ne soit ni prévenue ni détectée par le contrôle interne de l'entité et donc non corrigée en temps voulu. »

(b) les appréciations qu'il a portées sur des éléments des comptes ayant nécessité des jugements importants de la direction, tels que les estimations comptables présentant un degré élevé d'incertitude ;
(c) les incidences sur l'audit d'opérations ou d'événements importants intervenus au cours de l'exercice.
Parmi les éléments ainsi sélectionnés, le commissaire aux comptes retient ceux qu'il **juge avoir été les plus importants** pour l'audit des comptes de l'exercice et qui constituent de ce fait les points clés de l'audit (NEP 701 § 10).

> À titre d'exemple, le commissaire aux comptes peut estimer pertinent de considérer (NEP 701 § 11) :
> – le contenu et l'étendue des échanges avec le comité spécialisé mentionné au I de l'article L 823-19 du Code de commerce ou à l'organe qui en exerce les fonctions ;
> – l'importance des éléments pour la compréhension des comptes dans leur ensemble et en particulier leur caractère significatif par rapport aux comptes annuels ou consolidés ;
> – la complexité ou la subjectivité qu'implique le choix par la direction d'une méthode comptable, notamment en comparaison d'autres entités dans le même secteur ;
> – la nature et l'étendue de l'effort d'audit mis en œuvre en réponse aux risques d'anomalies significatives, notamment la nécessité de compétences spécifiques et de consultations d'experts ;
> – la nature et l'importance des difficultés rencontrées dans l'application des procédures d'audit, dans l'évaluation de leurs résultats et dans l'obtention d'éléments suffisants et appropriés pour conclure ;
> – l'importance des faiblesses de contrôle interne identifiées.

Cette démarche de détermination des points clés de l'audit pour les EIP est synthétisée comme suit dans la Note d'information n° I de la CNCC relative aux rapports du commissaire aux comptes sur les comptes annuels et consolidés :

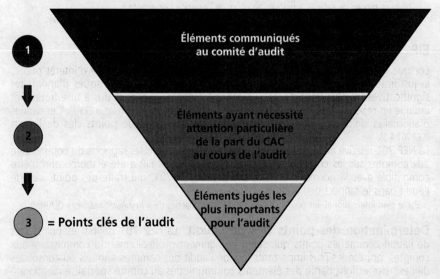

Ainsi, les points clés de l'audit présentés dans le rapport de certification d'une EIP :
– ont forcément été inclus dans le rapport du commissaire aux comptes au comité d'audit (NEP 701 § 22) et sont donc cohérents avec le contenu de ce dernier ;
– n'ont pas vocation à inclure tous les risques d'anomalies significatives identifiés lors de la planification et communiqués au comité d'audit si ces derniers ne sont pas jugés comme les plus importants pour l'audit ;

> Ainsi, même s'il existe une présomption de risque d'anomalies significatives résultant de fraudes dans la comptabilisation des produits ou qu'un contournement des contrôles par la direction peut toujours se produire, ces risques peuvent ne pas avoir été avérés ou jugés comme parmi les plus importants ; ils ne constituent donc pas nécessairement des points clés de l'audit (CNCC NI. I p. 149).

– ne doivent pas être confondus avec l'ensemble des risques de l'entreprise et notamment certains risques dits « business » qui peuvent ne pas être des risques d'audit pour les comptes et inversement.

30922 **Formulation des points clés de l'audit** Les points clés de l'audit figurent dans la partie distincte du rapport relative à la justification des appréciations du commissaire aux comptes (NEP 701 § 12). Ce dernier fait explicitement référence aux dispositions des articles L 823-9 et R 823-7 du Code de commerce et formule les points clés de l'audit de **manière appropriée** au regard des circonstances propres à chaque cas d'espèce (NEP 701 § 13).

Le commissaire aux comptes précise en **introduction** de cette partie (NEP 701 § 14) :
– que les points clés de l'audit sont des risques d'anomalies significatives qui, selon son jugement professionnel, ont été les plus importants pour l'audit des comptes de l'exercice ;
– que ces points clés de l'audit s'inscrivent dans le contexte de l'audit des comptes, pris dans leur ensemble, et de la formation de l'opinion formulée sur ces comptes ;
– qu'il n'est pas exprimé d'opinion sur des éléments des comptes pris isolément.

La formulation des points clés de l'audit doit **être claire** et comprendre (NEP 701 § 15) :
– un **sous-titre** approprié ;
– les **raisons** pour lesquelles le risque d'anomalies significatives est considéré comme l'un des plus importants de l'audit et constitue de ce fait un point clé de l'audit ;
– une **synthèse des réponses** apportées par le commissaire aux comptes pour faire face à ce risque.

Lorsque cela est pertinent au regard de la description effectuée, le commissaire aux comptes fait référence aux informations fournies dans les comptes annuels ou, le cas échéant, dans les comptes consolidés. Il veille toutefois à ne pas être dispensateur d'informations.

> Selon la CNCC, en fonction des circonstances, la description de chacun des points clés de l'audit peut également :
> – préciser l'importance relative du point considéré au regard des comptes ;
> – expliciter le risque en le reliant à un type de transaction ou un compte donné, en le rattachant soit à une assertion, soit aux comptes pris dans leur ensemble, en précisant la filiale ou le business unit concerné ;
> – le cas échéant, évoquer les spécificités du secteur d'activité ou de certaines zones géographiques, ou tout autre élément de contexte permettant de caractériser l'entité ;
> – le cas échéant, mentionner les événements ou évolutions propres à l'exercice ;
> – rappeler succinctement la méthode d'évaluation ou le principe comptable retenu.
> S'agissant de la description de la réponse du commissaire aux comptes, celle-ci doit être synthétique. Il s'agit de mettre l'accent sur les principales procédures mises en œuvre par le commissaire aux comptes face au risque spécifique décrit (CNCC NI. I p. 153).

La rédaction des points clés de l'audit doit être précise, claire et **adaptée aux spécificités de l'entité.**

> Ces nouvelles dispositions relatives aux points clés de l'audit doivent permettre d'accroître la valeur informative du rapport du commissaire aux comptes pour les lecteurs.

De plus, si le commissaire aux comptes souhaite soulever plusieurs points clés de l'audit, l'ordre de présentation de ces points au sein de son rapport relève de son jugement professionnel.

Ni la NEP 701 ni le règlement européen 537/2014 n'imposent la formulation d'une conclusion pour chaque point clé de l'audit ou une description même synthétique des résultats des travaux du commissaire aux comptes sur les risques décrits dans le rapport. Il ressort en revanche de la NEP 701 que :
– la formulation des points clés de l'audit ne doit pas conduire à exprimer une opinion sur des éléments des comptes pris isolément ;
– c'est l'ensemble des travaux d'audit effectués (y compris sur les points clés de l'audit) qui concourt à la formation de l'opinion formulée sur les comptes annuels ou consolidés pris dans leur ensemble.

30923

Selon le paragraphe 16 de la NEP 701, le commissaire aux comptes doit décrire chacun des points clés de l'audit, sauf si des textes légaux et réglementaires en empêchent la communication.

> Cette disposition anticipe le cas où la loi ou la réglementation interdirait à la direction ou au commissaire aux comptes de rendre public un point nécessitant une justification des appréciations (CNCC NI. I p. 155).

Par ailleurs, lorsque le commissaire aux comptes détermine qu'il n'y a **pas de points clés de l'audit** à décrire ou que les seuls points clés de l'audit sont ceux ayant conduit à mentionner une incertitude significative liée à la continuité d'exploitation, une certification avec réserve ou un refus de certifier, il le précise dans la partie du rapport relative aux points clés de l'audit (NEP 701 § 21).

30924 Enfin, conformément au paragraphe 22 de la NEP 701, le commissaire aux comptes communique aux organes mentionnés à l'article L 823-16 du Code de commerce les risques d'anomalies significatives qu'il considère comme des points clés de l'audit.

Dans le cas où le commissaire aux comptes estime qu'il n'existe pas de point clé de l'audit à décrire dans son rapport, il en informe également les organes précités.

30924 Contexte de la crise Covid-19
1 Compte tenu de l'ampleur et des conséquences de la crise liée à la pandémie de Covid-19, la CNCC estime que cette crise devrait être un élément de contexte à prendre systématiquement en considération pour la détermination des points clés de l'audit pour les comptes 2020 (Communiqué CNCC – Adaptation des exemples de rapports sur les comptes 2020, dans le contexte de la crise liée à la pandémie de Covid-19 – Janvier 2021).

En effet, par exemple :
– la crise a pu rendre plus difficile les appréciations portées par le commissaire aux comptes sur des éléments des comptes ayant nécessité des jugements importants de la direction, tels que les estimations comptables présentant un degré élevé d'incertitude ;
– de nouveaux points clés de l'audit ont pu être mis en évidence, comme l'appréciation du risque de liquidité ;
– le commissaire aux comptes a pu juger nécessaire de faire intervenir des experts ;
– le commissaire aux comptes a pu relever de nouvelles faiblesses de contrôle interne.
Dès lors, le commissaire aux comptes peut, dans les points clés de l'audit formulés dans son rapport, faire référence à la crise comme un élément de contexte particulier dans la description du risque d'anomalie significative ou dans la réponse apportée aux risques identifiés.
C'est par exemple le cas lorsque le commissaire aux comptes décide de formuler un point clé de l'audit sur une estimation comptable significative dont la détermination a été rendue plus complexe du fait des incertitudes liées à la crise, ou encore sur un sujet lié à la continuité d'exploitation (risque / situation de liquidité, financement…) sans pour autant avoir conclu à l'existence d'une incertitude significative liée à la continuité d'exploitation.
Le commissaire aux comptes peut également, dans sa réponse aux risques, le cas échéant, décrire les procédures d'audit alternatives mises en œuvre dans le contexte des restrictions de déplacement (Communiqué CNCC – Adaptation des exemples de rapports sur les comptes 2020, dans le contexte de la crise liée à la pandémie de Covid-19 – Janvier 2021).

Liens entre la justification des appréciations et les autres parties du rapport (EIP et non EIP)

30925 La rédaction de la partie relative à la justification des appréciations a des conséquences sur les autres parties du rapport. Ces conséquences sont les mêmes pour les rapports du commissaire aux comptes sur les comptes d'une EIP ou d'une entité qui n'est pas d'intérêt public.

30926 Le lien entre la justification des appréciations et **les observations** formulées dans son rapport a déjà été présenté au n° 30902. S'agissant du lien entre la justification des appréciations et les incertitudes significatives liées à **la continuité d'exploitation**, elles sont traitées au n° 30898.

30927 Les motivations fondant une certification avec **réserve**, un **refus** de certifier ou une **impossibilité de certifier** constituent, par nature, une justification des appréciations (NEP 701 § 19 et 20 ; NEP 702 § 18 et 19). Dans ces différents cas, le commissaire aux comptes ne décrit donc pas la motivation de l'opinion dans la partie du rapport relative à la justification des appréciations et il renvoie dans cette partie à la partie du rapport relative au fondement de l'opinion.
Cependant, la certification avec réserve ou le refus de certifier ne dispense pas le commissaire aux comptes de justifier ses appréciations sur d'autres éléments que ceux ayant motivé la réserve ou le refus de certifier.
Dans le cas d'une impossibilité de certifier, le commissaire aux comptes n'a pas à justifier ses appréciations sur d'autres éléments que ceux ayant motivé l'impossibilité de certifier.

Il précise dans la partie du rapport relative à la justification des appréciations qu'il n'y a pas lieu d'expliciter d'autres appréciations eu égard à l'impossibilité de certifier.

© Éd. Francis Lefebvre

AUDIT FINANCIER PAR PHASE

G. Vérifications spécifiques

Le commissaire aux comptes indique dans cette partie de son rapport, située après la partie relative à la justification des appréciations, qu'il a effectué les vérifications spécifiques prévues par les textes légaux et réglementaires et il présente les conclusions issues des vérifications du rapport de gestion, des informations relevant du rapport sur le gouvernement d'entreprise et des autres documents sur la situation financière et les comptes adressés aux membres de l'organe appelé à statuer sur les comptes. Il signale également dans cette partie les éventuelles irrégularités et inexactitudes portant sur les documents précités.

30928

> Dans le rapport sur les comptes consolidés, les vérifications spécifiques concernent les informations relatives au groupe données dans le rapport de gestion et la présence de la déclaration de performance extra-financière.

Rapport sur les comptes annuels S'agissant des informations données dans le **rapport de gestion et dans les autres documents sur la situation financière et les comptes** annuels, le rapport sur les comptes annuels comporte (NEP 9510 § 21) :
– une introduction par laquelle le commissaire aux comptes indique qu'il a effectué les vérifications spécifiques prévues par les textes légaux et réglementaires ;
– les conclusions exprimées sous forme d'observation, ou d'absence d'observation, sur la sincérité et la concordance avec les comptes annuels des informations données dans le rapport de gestion et dans les autres documents sur la situation financière et les comptes annuels adressés à l'organe appelé à statuer sur les comptes ;
– le cas échéant, l'attestation de la sincérité des informations relatives aux délais de paiement mentionnées à l'article D 441-6 du Code de commerce et de leur concordance avec les comptes annuels et formule, le cas échéant, ses observations ;
– le cas échéant, l'attestation de la présence de la déclaration de performance extra-financière visée à l'article L 225-102-1 du Code de commerce ;
– la mention des éventuelles irrégularités résultant de l'omission d'informations ou de documents prévus par les textes légaux et réglementaires ou par les statuts ;
– la mention des éventuelles autres inexactitudes relevées.
S'agissant des informations relevant du **rapport sur le gouvernement d'entreprise**, le rapport sur les comptes annuels comporte (NEP 9510 § 21) :
– une attestation de l'existence des informations requises par l'article L 225-37-4 du Code de commerce et, le cas échéant, de l'article L 22-10-10 du même code ;

30929

> À la date de mise à jour de ce Mémento, la NEP 9510 ne prend pas en compte la nouvelle codification introduite par l'ordonnance 2020-1142 du 16 septembre 2020 et ne mentionne que l'article L 225-37-4 du Code de commerce. À compter du 1er janvier 2021, compte tenu de la nouvelle codification, il convient de faire référence, en complément des articles L 225-37-4 à L 22-10-10 du Code de commerce pour les SA, SCA ou SE dont les titres sont admis aux négociations sur un marché réglementé.

– le cas échéant, une attestation de l'exactitude et la sincérité des informations relatives aux rémunérations et aux avantages de toute nature versés ou attribués à chaque mandataire social, fournies en application de l'article L 22-10-9 du Code de commerce ;

> À la date de mise à jour de ce Mémento, la NEP 9510 ne prend pas en compte la nouvelle codification introduite par l'ordonnance 2020-1142 du 16 septembre 2020 et mentionne encore les informations fournies en application de l'article L 225-37-3. À compter du 1er janvier 2021, ces informations sont fournies en application de l'article L 22-10-9, elles concernent les SA, SCA ou SE dont les actions sont admises aux négociations sur un marché réglementé et visent les rémunérations et avantages versés ou attribués aux mandataires sociaux ainsi que les engagements consentis en leur faveur.

– le cas échéant, les conclusions exprimées sous forme d'observation, ou d'absence d'observation, sur la conformité des informations prévues à l'article L 22-10-11 du Code de commerce, relatives aux éléments que la société a considéré susceptibles d'avoir une incidence en cas d'offre public d'achat ou d'échange, avec les documents dont elles sont issues et qui ont été communiquées au commissaire aux comptes ;

> Cette conclusion est formulée seulement lorsque la SA, SCA ou SE dont les titres sont admis aux négociations sur un marché réglementé a estimé que des éléments listés à l'article L 22-10-11 sont susceptibles d'avoir une incidence en cas d'offre publique d'achat ou d'échange.
> À la suite de la nouvelle codification introduite par l'ordonnance 2020-1142 du 16 septembre 2020, à compter du 1er janvier 2021, il convient de faire référence à l'article L 22-10-11 du Code de commerce qui reprend les dispositions figurant antérieurement à l'article L 225-37-5. À la date de mise à jour de ce Mémento, la NEP 9510 ne prend pas en compte cette nouvelle codification et ne vise que l'article L 225-37-5.

AUDIT FINANCIER PAR PHASE © Éd. Francis Lefebvre

– la mention des éventuelles irrégularités résultant de l'omission des informations relevant du rapport sur le gouvernement d'entreprise ;
– la mention des éventuelles autres inexactitudes relevées.

Les obligations relatives au rapport sur le gouvernement d'entreprise ne concernent que les rapports sur les comptes annuels des SA, SCA et SE.

En outre, lorsque le commissaire aux comptes intervient dans le cadre d'un **mandat limité à trois exercices**, tel que prévu par l'article L 823-3-2 du Code de commerce, il est **dispensé** de la réalisation des diligences et du rapport prévu aux articles L 225-235 et L 22-10-71 du Code de commerce sur les informations relevant du rapport sur le gouvernement d'entreprise (C. com. art. L 823-12-1, introduit par la loi 2019-486 du 22-5-2019, dite Pacte).

À la date de mise à jour de ce Mémento, l'article L 225-235 du Code de commerce a été abrogé par l'ordonnance 2020-1142 du 16 septembre 2020 portant création, au sein du code de commerce, d'une division spécifique aux sociétés dont les titres sont admis aux négociations sur un marché réglementé ou sur un système multilatéral de négociation. Cette abrogation est une erreur de plume, la recodification intervenant à droit constant et une partie des dispositions de l'article L 225-235 concernant toutes les sociétés anonymes, qu'elles soient cotées ou non cotées. Le projet de loi de ratification de l'ordonnance précitée prévoit ainsi que l'article L 225-235 du Code de commerce soit rétabli et dispose que les commissaires aux comptes, s'il en existe, attestent dans un rapport joint au rapport mentionné au deuxième alinéa de l'article L 225-100 de l'existence des autres informations requises par l'article L 225-37-4 du même code.

Par ailleurs, le cas échéant, le commissaire aux comptes fait état des **informations relatives à l'entité** que les textes légaux et réglementaires font obligation au commissaire aux comptes de mentionner dans son rapport, telles que les prises de participation et les prises de contrôle intervenues au cours de l'exercice, les aliénations diverses intervenues en application de la législation sur les participations réciproques et l'identité des détenteurs du capital et des droits de vote (NEP 700 § 16 ; n°s 55400 s.).

Lorsque le commissaire aux comptes intervient dans le cadre d'un mandat limité à trois exercices, tel que prévu par l'article L 823-3-2 du Code de commerce, il est dispensé de la réalisation des diligences et du rapport prévu aux articles L 233-6 et L 233-13 du Code de commerce, à savoir la mention dans son rapport sur les comptes des prises de participation et de contrôle ainsi que de l'identité des personnes détenant le capital social ou les droits de vote (C. com. art. L 823-12-1, introduit par la loi 2019-486 du 22-5-2019, dite Pacte).

Enfin, le cas échéant, cette partie du rapport sur les comptes annuels inclut la mention d'un **événement postérieur survenu** entre la date d'arrêté des comptes et la date de signature du rapport du commissaire aux comptes, lorsque l'organe compétent n'a pas l'intention de communiquer sur ce sujet (NEP 560 § 14 – Événements postérieurs à la clôture).

30930 **Rapport sur les comptes consolidés** Dans le **rapport sur les comptes consolidés**, la partie relative aux vérifications spécifiques comporte les éléments suivants (NEP 9510 § 22) :
– une introduction par laquelle le commissaire aux comptes indique qu'il a effectué les vérifications spécifiques prévues par les textes légaux et réglementaires ;
– les conclusions, exprimées sous forme d'observation, ou d'absence d'observation, sur la sincérité et la concordance avec les comptes consolidés des informations relatives au groupe données dans le rapport de gestion ;
– le cas échéant, l'attestation de la présence de la déclaration consolidée de performance extra-financière visée à l'article L 225-102-1 du Code de commerce ;
– la mention des éventuelles irrégularités résultant de l'omission d'informations ou de documents prévus par les textes légaux et réglementaires ou par les statuts ;
– la mention des éventuelles autres inexactitudes relevées.

H. Autres vérifications ou informations prévues par les textes légaux et réglementaires

30931 Le paragraphe 18 de la NEP 700 prévoit que le commissaire aux comptes intègre, le cas échéant, dans son rapport sur les comptes annuels ou consolidés, une partie relative aux autres vérifications ou informations prévues par les textes légaux et réglementaires. Cette partie est située après la partie relative aux vérifications spécifiques.

Désignation des commissaires aux comptes Pour les **entités d'intérêt public,** cette partie comporte la date initiale de désignation du commissaire aux comptes et la durée totale de sa mission sans interruption, y compris ses renouvellements précédents (Règl. européen 537/2014 art. 10 ; NEP 700 § 19).

30931 1

Format de présentation des comptes destinés à être inclus dans le rapport financier annuel (RFA) Un nouveau format d'information électronique unique (*European Single Electronic Format* – dit « ESEF ») a été introduit par la directive européenne 2004/109/CEE, dite directive « Transparence », modifiée par la directive 2013/50/UE pour la publication du rapport financier annuel des sociétés cotées sur un marché réglementé.

30931 2

Tous les émetteurs soumis à la directive « Transparence », tenus de produire un rapport financier annuel, doivent l'établir selon un format électronique unique européen (ESEF), l'objectif étant d'améliorer l'accessibilité, la facilité d'analyse et la comparabilité des états financiers consolidés qui figurent dans les rapports financiers annuels, de permettre une meilleure exploitation par les analystes et les investisseurs des informations communiquées par les sociétés et de renforcer la transparence des marchés de capitaux dans l'UE (CNCC NI. XX § 1.1.).

Les **émetteurs français concernés** par l'obligation d'établir un rapport financier annuel sont notamment (C. mon. fin. art. L 451-1-2, I et II) :
– les sociétés ayant des titres de capital admis à la négociation sur un marché réglementé européen (et notamment Euronext Paris en France) ;
– les sociétés ayant des titres de créance admis à la négociation sur un marché réglementé européen, à l'exception notamment des sociétés ayant uniquement des titres de créance de valeur nominale unitaire au moins égale à 100 000 € (ou équivalente à au moins 100 000 € pour les titres de créance libellés dans une devise autre que l'euro) ou, pour les sociétés ayant émis uniquement des titres de créance avant le 31 décembre 2010, au moins égale à 50 000 € (ou équivalente à au moins 50 000 € pour les titres de créance libellés dans une devise autre que l'euro).

Le format ESEF vise **uniquement le rapport financier annuel** prévu par la directive « Transparence » et, en France, par l'article L 451-1-2 du Code monétaire et financier.

Ce nouveau format ne s'applique donc pas aux rapports et documents suivants (CNCC NI. XX – Le commissaire aux comptes et la présentation des comptes annuels et consolidés selon le format d'information électronique unique européen – Avril 2021 – § 2.12 p. 14) :
– les rapports annuels des sociétés cotées sur Euronext Growth ou Euronext Access ;
– les rapports financiers semestriels ;
– les prospectus d'introduction en bourse ou les documents établis à l'occasion d'une offre au public de titres ;
– les documents d'enregistrement universel (DEU) et amendement de DEU qui ne font pas office de RFA ;
– les communiqués de presse dont les communiqués d'annonce des résultats.
S'agissant des émetteurs qui utilisent leur document d'enregistrement universel (« DEU ») pour publier le rapport financier annuel (« DEU faisant office de RFA »), le document d'enregistrement universel doit également être établi selon un format ESEF (Position-recommandation – DOC-2021-02 : Guide d'élaboration des documents d'enregistrement universel – Première partie, 7. Le format du document d'enregistrement universel).

Ce nouveau format ESEF, qui est défini par le règlement européen délégué 2019/815 du 17 décembre 2018, **concerne** les exercices ouverts à compter du 1er janvier 2020 avec une **faculté de report** d'application d'une année octroyée aux États membres.

L'article 222-3 du règlement général de l'AMF, modifié par l'arrêté du 29 décembre 2020, intègre les obligations relatives au format ESEF : « III. Pour les émetteurs dont les titres sont admis aux négociations sur un marché réglementé, le rapport financier annuel mentionné au I est établi, pour les exercices ouverts à compter du 1er janvier 2020 inclus, selon un format d'information électronique unique tel que défini par le règlement européen délégué n° 2019/815 du 17 décembre 2018. Toutefois, les émetteurs susmentionnés peuvent n'appliquer ce format que pour les exercices ouverts à compter du 1er janvier 2021 inclus. Dans ce cas, ils informent leurs commissaires aux comptes de leur décision de reporter l'obligation. »
Dans le cas où l'entité décide d'utiliser cette possibilité de report, il est important que le commissaire aux comptes (Communiqué CNCC – Diligences du commissaire aux comptes relatives aux comptes annuels et consolidés présentés selon le format d'information électronique unique européen – Février 2021 § 1) :
– en soit informé dès que possible et que cette décision soit confirmée à travers une déclaration écrite du représentant légal de l'entité, faite par exemple dans les lettres d'affirmation relatives aux comptes annuels et aux comptes consolidés ;

AUDIT FINANCIER PAR PHASE

© Éd. Francis Lefebvre

– mentionne cette décision dans ses rapports sur les comptes annuels et sur les comptes consolidés en précisant qu'en conséquence le rapport concerné ne comporte pas de conclusion sur le respect du format ESEF dans la présentation des comptes destinés à être inclus dans le rapport financier annuel.

En application du nouvel article R 823-7 du Code de commerce, introduit par le décret 2020-667 du 2 juin 2020, le commissaire aux comptes formule, dans son rapport sur les comptes annuels et, le cas échéant, sur les comptes consolidés, sa **conclusion sur le respect**, dans la présentation des comptes inclus dans le rapport financier annuel, du **format** d'information électronique unique.

Dans ce contexte, le H3C a adopté, le 14 janvier 2021, une **nouvelle norme d'exercice professionnel** afin de définir les travaux à réaliser par le commissaire aux comptes pour pouvoir conclure sur le respect du format ESEF dans la présentation des comptes. Cette NEP 9520 « Diligences du commissaire aux comptes relatives aux comptes annuels et consolidés présentés selon le format d'information électronique unique européen » a été homologuée par arrêté du 27 janvier 2021 publié au Journal officiel du 31 janvier 2021 et codifiée à l'article A 823-26-1 du Code de commerce.

La CNCC a par ailleurs publié en avril 2021 la **NI. XX** intitulée « Le commissaire aux comptes et la présentation des comptes annuels et consolidés selon le format d'information électronique européen ».

Pour plus de détails sur les diligences du commissaire aux comptes, voir n⁰ˢ 42427 s.

30931
3

Les paragraphes 15 et 16 de la NEP 9520 définissent la forme et le contenu de la partie du rapport sur les comptes relative à la vérification du respect du format ESEF.

À l'issue de ses travaux, le commissaire aux comptes **conclut** que la présentation des comptes annuels et, le cas échéant, des comptes consolidés, inclus ou destinés à être inclus dans le rapport financier annuel :

– soit **respecte, dans tous ses aspects significatifs**, le format ESEF ;

Le commissaire aux comptes formule une conclusion sans exception lorsque les vérifications qu'il a mises en œuvre lui ont permis d'obtenir des éléments suffisants et appropriés sur le fait que la présentation des comptes inclus ou destinés à être inclus dans le rapport financier annuel respecte, dans tous ses aspects significatifs, le format d'information électronique unique européen, c'est-à-dire (CNCC NI. XX § 4.11 p. 42) :

– le commissaire aux comptes a pu mettre en œuvre, sans restriction, les diligences qu'il a estimé nécessaires selon la NEP 9520 ;
– les éventuelles anomalies significatives qu'il a relevées à l'issue de ses travaux ont été corrigées ;
– il a considéré comme non significatives les éventuelles anomalies relevées à l'issue de ses travaux.

– soit **respecte** le format ESEF **à l'exception des anomalies significatives** dont il fait mention dans son rapport ;

Le commissaire aux comptes formule une conclusion sur le respect du format ESEF à l'exception des anomalies significatives décrites dans son rapport lorsque (CNCC NI. XX § 4.12 p. 42) :

– la présentation des comptes au format ESEF comporte une ou plusieurs anomalies significatives au regard des dispositions du règlement européen délégué 2019/815 du 17 décembre 2018 applicables. Ces anomalies significatives peuvent porter sur :
• la version lisible par l'œil humain des comptes annuels ou des comptes consolidés,
• ou sur le balisage des comptes consolidés IFRS ;
– et l'incidence de ces anomalies, bien que significative, est clairement circonscrite et la formulation des exceptions relevées est suffisante pour permettre à l'utilisateur des comptes au format ESEF de fonder son jugement en connaissance de cause.

– soit **ne respecte pas** le format ESEF en raison des **multiples anomalies significatives** relevées dont il fait mention dans son rapport ; ou

Le commissaire aux comptes formule une conclusion défavorable sur le respect du format ESEF lorsque (CNCC NI. XX § 4.13 p. 43) :

– la présentation des comptes au format ESEF comporte de multiples anomalies significatives au regard des dispositions du règlement européen délégué 2019/815 du 17 décembre 2018 applicables. Ces multiples anomalies significatives peuvent porter sur :
• la version lisible par l'œil humain des comptes annuels ou des comptes consolidés,
• ou sur le balisage des comptes consolidés IFRS ;
– et que :
• soit l'incidence de ces multiples anomalies significatives n'est pas clairement circonscrite,
• soit la formulation des exceptions n'est pas suffisante pour permettre à l'utilisateur des comptes au format ESEF de fonder son jugement en connaissance de cause.

Il n'est cependant pas exclu qu'une anomalie significative à elle seule soit d'une importance telle qu'elle aurait les mêmes effets que ceux décrits ci-dessus.

Les situations suivantes pourraient conduire à une conclusion défavorable :
– l'attribut « decimals » est erroné et mène par exemple à ce que des montants en milliers d'euros soient balisés en millions d'euros (attribut « decimals » balisé en –6 au lieu de –3) ;
– le chiffre d'affaires d'une entreprise industrielle est balisé avec une balise correspondant à des produits financiers ;
– les comptes XHTML ne correspondent pas aux comptes qui ont été audités ou sont tronqués.

L'**expression « destinés à être inclus »** dans le rapport financier annuel est utilisée lorsque le commissaire aux comptes formule sa conclusion sur le respect du format ESEF sans disposer du rapport financier annuel dans son intégralité. Dans ce cas, il précise dans son rapport sur les comptes qu'il ne lui appartient pas de vérifier que les comptes qui seront effectivement inclus par l'entité dans le rapport financier annuel déposé auprès de l'AMF correspondent à ceux sur lesquels il a réalisé ses travaux.
A contrario, si le commissaire aux comptes dispose de la version XHTML du rapport financier annuel dans son intégralité au sein du fichier zip, le terme « inclus » dans le rapport financier annuel est à utiliser en lieu et place de l'expression « destinés à être inclus » (CNCC NI. XX § 4.1 p. 41).

La **mention** « destinés à être inclus » peut être remplacée par **« inclus »** dès lors que les conditions suivantes sont réunies (CNCC NI. XX § 4.21.1 et 4.21.2 p. 44 et 46) :
– la date du rapport du commissaire aux comptes est la même que celle de la déclaration des personnes physiques qui assument la responsabilité du rapport financier annuel ; et
– le commissaire aux comptes a pu vérifier que les comptes sur lesquels il a effectué ses diligences sont bien ceux effectivement inclus dans le rapport financier annuel.

30931
4

Le commissaire aux comptes mentionne qu'il est dans l'**impossibilité de conclure** sur le respect, dans la présentation des comptes annuels et, le cas échéant, des comptes consolidés, inclus ou destinés à être inclus dans le rapport financier annuel, du format ESEF lorsqu'il n'a pas pu mettre en œuvre les procédures nécessaires pour vérifier ce respect. Il en fournit les raisons dans son rapport.

Cela peut être le cas dans les situations suivantes (CNCC NI. XX § 4.14 p. 43) :
– les comptes au format ESEF destinés à être inclus dans le RFA n'ont pas été communiqués à temps pour permettre l'organisation des travaux de vérification ;
– le fichier XHTML ou le fichier zip contenant les comptes au format ESEF destinés à être inclus dans le RFA ne peut être ouvert par le commissaire aux comptes ;
– la version XHTML des comptes annuels n'a pas été communiquée au commissaire aux comptes.

30931
5

La conclusion du commissaire aux comptes sur le respect du format ESEF est présentée dans la partie du rapport sur les comptes annuels et, le cas échéant, sur les comptes consolidés relative aux « **autres vérifications ou informations prévues par les textes légaux et réglementaires** ».
Le commissaire aux comptes indique qu'il a effectué ses vérifications conformément à la NEP 9520, afin de formuler sa conclusion prévue à l'article R 823-7 du Code de commerce et formule sa conclusion conformément aux dispositions du paragraphe 15 de la NEP 9520 précitées (NEP 9520 § 16).

Pour des exemples de formulation de conclusion dans le rapport sur les comptes annuels et sur les comptes consolidés ainsi que la traduction de ces exemples en anglais, voir CNCC NI. XX § 4.2. et 4.3. p. 44 s.

30931
6

Irrégularités relatives à des informations requises dans l'annexe par des textes autres que le référentiel comptable Selon la CNCC, la partie « autres vérifications ou informations prévues par les textes légaux et réglementaires » peut également comprendre, pour **toutes les entités**, la mention des irrégularités relatives à des informations requises dans l'annexe par des textes autres que le référentiel comptable applicable (CNCC NI. I p. 183 ; Bull. CNCC n° 149-2008 – CNP 2007-21).

I. Rappel des responsabilités

30932

Le rapport du commissaire aux comptes sur les comptes annuels ou consolidés comporte deux **parties** relatives aux responsabilités (NEP 700 § 19.c) :
– le rappel des responsabilités des organes mentionnés à l'article L 823-16 du Code de commerce relatives aux comptes ;

– le rappel des responsabilités du commissaire aux comptes relatives à l'audit des comptes incluant l'étendue de la mission et une mention expliquant dans quelle mesure la certification des comptes a été considérée comme permettant de déceler les irrégularités, notamment la fraude.

Ces paragraphes de responsabilités sont issus des normes internationales d'audit.

30933 Responsabilités des organes mentionnés à l'article L 823-16 du Code de commerce Le rappel des responsabilités des organes mentionnés à l'article précité, relatives aux comptes, inclut (CNCC NI. I p. 184) :

– l'établissement et l'arrêté des comptes présentant une image fidèle conformément au référentiel comptable ;

– la mise en place du contrôle interne nécessaire à l'établissement de comptes ne comportant pas d'anomalies significatives, que celles-ci proviennent de fraudes ou résultent d'erreurs ;

– l'évaluation de la capacité de l'entité à poursuivre son exploitation et l'application appropriée du principe de continuité d'exploitation pour l'établissement des comptes ;

– le cas échéant, le suivi par le comité spécialisé visé à l'article L 823-19 du Code précité :

• du processus d'élaboration financière,

• et de l'efficacité des systèmes de contrôle interne et de gestion des risques, ainsi que, le cas échéant de l'audit interne, en ce qui concerne les procédures relatives à l'élaboration et au traitement de l'information comptable et financière.

30934 Responsabilités du commissaire aux comptes Le rappel des responsabilités du commissaire aux comptes relatives à l'audit des comptes inclut notamment (CNCC NI. I p. 184) :

– l'établissement d'un rapport sur les comptes ;

– l'assurance raisonnable que les comptes pris dans leur ensemble ne comportent pas d'anomalies significatives, que celles-ci proviennent de fraudes ou résultent d'erreurs ;

– l'identification et l'évaluation des risques d'anomalies significatives ;

– la prise de connaissance du contrôle interne pertinent pour l'audit ;

– le caractère approprié des méthodes comptables retenues et le caractère raisonnable des estimations comptables ;

– le caractère approprié de l'application par la direction, du principe de continuité d'exploitation ;

– le cas échéant, la direction, la supervision et la réalisation de l'audit des comptes consolidés ;

– le cas échéant, la remise au comité spécialisé visé à l'article L 823-19 du Code précité du rapport complémentaire prévu au paragraphe III de l'article L 823-16 et de la déclaration d'indépendance prévue par l'article 6 du règlement européen 537/2014 ou l'article L 823-16 du Code précité selon le cas.

30935 La formulation des paragraphes de responsabilités est à adapter pour les entités d'intérêt public et les entités qui ne le sont pas (voir CNCC NI. I p. 330 s.). Des exemples de formulation spécifiques sont également proposés par la CNCC lorsque le commissaire aux comptes formule une impossibilité de certifier.

J. Forme et communication des rapports

Date des rapports

30936 La **date** portée sur le rapport informe le lecteur que le commissaire aux comptes a apprécié les effets des événements dont il a eu connaissance jusqu'à cette date.

La date du rapport est celle de la fin des travaux de contrôle. Il est cependant admis un laps de temps suffisant pour les travaux matériels d'établissement, de signature et d'envoi du rapport.

Elle ne peut toutefois être antérieure à celle de l'arrêté des comptes par l'organe compétent et doit respecter le délai nécessaire à l'information des membres de l'organe appelé à statuer sur les comptes.

Jusqu'à une date aussi rapprochée que possible de celle de son rapport, le commissaire aux comptes met en œuvre les diligences pour identifier les événements postérieurs, et il évalue leur incidence sur les comptes et son rapport.

© Éd. Francis Lefebvre **AUDIT FINANCIER PAR PHASE**

La NEP 230 – Documentation de l'audit des comptes pose le principe qu'à compter de **30937**
la signature du rapport, le commissaire aux comptes ne peut plus apporter de modifications de fond à son dossier. En revanche, il peut apporter des **modifications de forme**
aux éléments de documentation de ses travaux pendant un **délai** maximum de 60 jours
après la signature du rapport, son dossier devant être clôturé au plus tard à cette date
conformément au III de l'article R 823-10 du Code de commerce.

> À la date de mise à jour de ce Mémento, la NEP 230 n'a pas encore été mise à jour pour prendre en
> compte le décret 2016-1026 du 26 juillet 2016 qui a réduit le **délai** de 90 à 60 jours après la signature
> du rapport prévu à l'article R 823-7 (C. com. art. R 823-10, III).

Désaccord entre commissaires aux comptes

Si plusieurs commissaires aux comptes sont en fonctions, ils établissent et signent un **30938**
rapport commun. En cas de désaccord entre les commissaires aux comptes, le rapport
indique les différentes opinions exprimées (C. com. art. R 823-8).

> Ce désaccord doit également être indiqué dans le rapport au comité d'audit établi en application du
> III de l'article L 823-16 du Code de commerce et dont le contenu est défini par l'article 11 du règlement
> 537/2014 du 16 avril 2014.

En cas de conclusions divergentes sur les vérifications relevant de la partie « Vérifications
spécifiques » du rapport sur les comptes, la CNCC considère qu'un dispositif analogue
devrait être suivi, quand bien même ni le Code de commerce, ni les NEP ne le prévoient
(CNCC NI. I p. 199).

Selon la CNCC, l'absence de signature par l'un des deux commissaires aux comptes **30939**
du rapport sur les comptes annuels constitue une irrégularité qu'il convient (Bull. CNCC
n° 170-2012 – EJ 2012-08) :
– de porter à la connaissance de l'organe chargé de l'administration ou de la direction
et, le cas échéant, de l'organe de surveillance, en application de l'article L 823-16 du
Code de commerce ;
– et de signaler à la plus prochaine assemblée générale en application de l'article
L 823-12 du même Code.

> La CNCC considère en revanche que la signature du rapport sur les comptes par un seul des deux
> commissaires aux comptes ne constitue pas une cause de nullité de la délibération d'approbation des
> comptes (contra Mémento Sociétés commerciales n° 48294).
> Pour plus de détails sur la signature du rapport sur les comptes, voir n° 1670.

Non-obtention des documents nécessaires à l'établissement du rapport sur les comptes annuels

Lorsque les comptes n'ont pas été établis dans les délais prévus, la CNCC estime qu'il **30940**
appartient au commissaire aux comptes de mettre en œuvre une démarche active afin
de :
– rechercher auprès de la direction de l'entité les raisons du non-établissement des
comptes ;
– rappeler aux dirigeants sociaux les conséquences civiles et pénales d'une telle situation ;
– porter la situation à la connaissance des organes visés à l'article L 823-16 du Code de
commerce et, le cas échéant, du comité d'audit ;
– le cas échéant, inciter l'organe compétent à obtenir, par décision de justice, des délais
supplémentaires, afin de remplir ses obligations en matière d'établissement des comptes
(CNCC NI. I p. 84) ;
– envisager, s'il y a lieu de déclencher une procédure d'alerte.

En tout état de cause, le commissaire aux comptes doit respecter le **délai légal de dépôt** **30941**
de son rapport sur les comptes annuels quand bien même certains documents nécessaires à sa mission seraient manquants (CNCC NI. I p. 84 ; CA Paris 8-4-2005 : Bull. CNCC n° 139-2005
p. 466, Ph. Merle).
Ainsi, lorsque les comptes devant être présentés à l'organe délibérant n'ont pas été
obtenus par le commissaire aux comptes et qu'il est **convoqué** à la réunion de l'organe
appelé à statuer sur les comptes, il doit établir, dans le délai prévu par la loi pour le
dépôt de son rapport sur les comptes, un rapport dit « de **carence** », dans lequel il

745

AUDIT FINANCIER PAR PHASE   © Éd. Francis Lefebvre

informe l'organe délibérant que les comptes ne lui ayant pas été communiqués, il ne peut les certifier.

S'il n'est **pas convoqué** à la réunion de l'organe appelé à statuer sur les comptes, la CNCC considère que le commissaire aux comptes, ayant accompli les diligences décrites au n° 30940, n'établit pas de rapport à l'organe précité (CNCC NI. I p. 86).

Lorsque le commissaire aux comptes a bien obtenu les comptes devant être présentés à l'organe délibérant, mais qu'il ne dispose pas du rapport de gestion, il doit établir son rapport sur les comptes dans les délais légaux en mentionnant l'irrégularité résultant du défaut de communication du rapport de gestion dans la partie de son rapport relative aux vérifications spécifiques.

30942   Si le commissaire aux comptes obtient avant la réunion de l'assemblée les documents manquants (comptes et/ou rapport de gestion) et que les délais lui permettent de les vérifier, la CNCC recommande au commissaire aux comptes d'établir un **rapport complémentaire** qui porte selon le cas sur les comptes et/ou le rapport de gestion.

Lorsqu'un rapport de carence a été émis en raison de la non-obtention des comptes, les diligences d'identification d'événements postérieurs à la clôture telles que définies aux § 05 à 07 de la NEP 560 « Événements postérieurs à la clôture de l'exercice » s'appliquent jusqu'à la date de ce rapport complémentaire.

30943   Le commissaire aux comptes doit également s'interroger sur les conséquences du défaut d'établissement des comptes annuels et du rapport de gestion ainsi que de l'absence de soumission desdits documents à l'approbation de l'assemblée, au regard de son obligation de **révélation de faits délictueux**.

Dans les **SA**, le défaut d'établissement pour chaque exercice des comptes annuels et du rapport de gestion ainsi que le défaut de soumission desdits documents à l'approbation de l'assemblée générale annuelle sont pénalement sanctionnés (C. com. art. L 242-8 et L 242-10). Toutefois, aucune précision n'est donnée sur le **point de départ** de la constitution de ces infractions depuis que le défaut de réunion de l'assemblée générale dans le délai de six mois à compter de la clôture n'est plus sanctionné pénalement (Loi 2012-387 du 22-3-2012). La CNCC considère que l'injonction de réunir une assemblée générale pour l'approbation des comptes non suivie d'effet peut constituer le point de départ de la constitution de ces faits délictueux. À défaut d'une telle injonction, la CNCC estime que « la constitution de ces faits délictueux déclenchant l'obligation de révélation au procureur de la République relève de l'appréciation personnelle du commissaire aux comptes au regard notamment du délit d'obstacle à la mission du commissaire aux comptes » (Bull. CNCC n° 172-2013 – EJ 2012-118).

Dans les **SAS**, le défaut d'établissement pour chaque exercice des comptes annuels est sanctionné pénalement (C. com. art. L 242-8, sur renvoi de l'article L 244-1). Toutefois, pour les SAS pluripersonnelles, aucune précision n'est donnée sur le point de départ de la constitution de l'infraction (pour les Sasu l'article L 227-9 prévoit que l'associé unique approuve les comptes dans le délai de 6 mois à compter de la clôture de l'exercice). La CNCC considère que la constitution du fait délictueux déclenchant l'obligation de révélation au procureur de la République relève de l'appréciation personnelle du commissaire aux comptes au regard notamment du délit d'obstacle à sa mission (Bull. CNCC n° 172-2013 – EJ 2012-118).

Dans les **SARL**, le défaut d'établissement des comptes annuels et du rapport de gestion ainsi que le défaut de soumission desdits documents à l'approbation de l'assemblée des associés est sanctionné pénalement (C. com. art. L 241-4 et L 241-5).

Communication des rapports

30944   En ce qui concerne les SA et les SCA (C. com. art. R 225-89, al. 1), les SNC (C. com. art. R 221-7, al. 1) et les SARL (C. com. art. R 223-18, al. 1), tout actionnaire a le **droit de prendre connaissance du rapport** du commissaire aux comptes pendant le délai de 15 jours qui précède la date de la réunion.

Toutefois, pour les sociétés dont les actions sont admises aux négociations sur un marché réglementé, les rapports des commissaires aux comptes sur les comptes annuels et consolidés doivent être établis dans un délai minimum de 21 jours avant cette assemblée (C. com. art. R 22-10-23 à compter du 1-1-2021 ; dispositions figurant antérieurement à l'article R 225-73-1 abrogé) et dans un délai maximum de 4 mois à compter de la clôture des comptes lorsqu'ils sont inclus dans le rapport financier annuel (C. mon. fin. art. L 451-1-2, I).

Lorsque l'assemblée est convoquée dans le cadre des dispositions de l'article L 233-32 du Code de commerce (offres publiques d'acquisition), le délai de 21 jours est ramené à 15 jours avant l'assemblée des actionnaires.

Concernant les dates d'établissement des rapports des commissaires aux comptes dans les sociétés dont les actions sont admises aux négociations sur un marché réglementé, voir également n° 42450.

Pour les SAS, ce sont les statuts qui déterminent les formes et conditions de décisions prises collectivement (C. com. art. L 227-9).

Enfin, pour les personnes de droit privé non commerçantes ayant une activité économique, ce sont les statuts qui déterminent les formes et conditions de décisions prises par l'organe appelé à statuer sur les comptes.

30944
1

Depuis le 21 juillet 2019, la loi de simplification, de clarification et d'actualisation du droit des sociétés 2019-744 du 19 juillet 2019 réintègre pour les SA et SCA la **nullité des délibérations** de l'assemblée générale en cas de défaut de présentation du rapport du commissaire aux comptes sur les comptes annuels ou consolidés à l'assemblée générale. En effet, le premier alinéa de l'article L 225-121 du Code de commerce, modifié par l'article 19 de la loi précitée, dispose dorénavant que les délibérations prises par les assemblées en violation des deuxième et troisième alinéas du I de l'article L 225-100 sont nulles.

Préalablement à l'entrée en vigueur de la loi précitée, le défaut de présentation du rapport sur les comptes annuels ou consolidés du commissaire aux comptes à l'assemblée n'entraînait pas la nullité des délibérations. En effet, l'article L 225-121, alinéa 1 sanctionnait seulement par la nullité les délibérations prises par les assemblées en violation du deuxième alinéa de l'article L 225-100, c'est-à-dire en cas de défaut de présentation du rapport de gestion ou du rapport sur le gouvernement d'entreprise.

La modification de l'article L 225-100, alinéa 3 opérée par l'ordonnance 2004-1382 du 20 décembre 2004 permettant de sanctionner par la nullité les délibérations de l'assemblée en cas de défaut de présentation du rapport sur les comptes annuels ou consolidés n'avait pas été prise en compte par le législateur pour la rédaction de l'article L 225-121 du Code de commerce. Ainsi, l'article L 225-100, alinéa 3 du Code de commerce n'était pas visé par les nullités prévues à l'article L 225-121 du même Code jusqu'à ce que le dispositif soit rectifié par la loi 2019-744 du 19 juillet 2019 (CNCC NI. I p. 199).

30945

La loi n'obligeant pas les commissaires aux comptes à présenter eux-mêmes leur rapport à l'organe appelé à statuer sur les comptes, ledit rapport pourrait être simplement lu par le président de cet organe ou par toute personne qu'il désigne.

Dépôt au greffe

30946

Les rapports du commissaire aux comptes sur les comptes annuels et, le cas échéant, sur les comptes consolidés doivent être déposés **par la société** au greffe du tribunal de commerce dans le mois qui suit l'approbation des comptes annuels par l'assemblée ou dans les deux mois suivant cette approbation lorsque ce dépôt est effectué par voie électronique (C. com. art. L 232-21 à L 232-23 et R 123-111). Cependant, la loi dite Pacte du 22 mai 2019 a apporté des précisions quant à la publication du rapport du commissaire aux comptes dans le cadre du dispositif permettant aux micro-entreprises, aux petites entreprises et aux moyennes entreprises de bénéficier, en application de l'article L 232-25 du Code de commerce, de mesures d'allègement dans la publicité de leurs comptes.

Ainsi, pour les comptes afférents aux exercices clos à compter du 23 mai 2019, les mesures suivantes sont prévues concernant le rapport du commissaire aux comptes (C. com. art. L 232-25 modifié et art. L 232-26 nouveau) :

– lorsque les **micro-entreprises**, au sens de l'article L 123-16-1 du Code de commerce, font usage de la faculté prévue à l'article L 232-25 de ne pas rendre public leurs comptes annuels, le rapport des commissaires aux comptes n'est pas rendu public (C. com. art. L 232-26 introduit par la loi dite Pacte) ;

Les sociétés mentionnées à l'article L 123-16-2 du Code de commerce et celles dont l'activité consiste à gérer des titres de participations et de valeurs mobilières sont exclues de ce dispositif de confidentialité des comptes.

– lorsque les **petites entreprises**, au sens de l'article L 123-16 du Code de commerce, font usage de la faculté prévue à l'article L 232-25 de ne pas rendre public leur compte de résultat, les documents rendus publics ne sont **pas** accompagnés du **rapport des**

commissaires aux comptes. Ils comportent une **mention précisant** si les commissaires aux comptes ont certifié les comptes sans réserve, avec réserves, s'ils ont refusé de les certifier, s'ils ont été dans l'incapacité de les certifier ou si leur rapport fait référence à quelque question que ce soit sur laquelle ils ont attiré spécialement l'attention sans pour autant assortir la certification de réserves (C. com. art. L 232-26 introduit par la loi dite Pacte).

Les sociétés mentionnées à l'article L 123-16-2 et les sociétés appartenant à un groupe, au sens de l'article L 233-16, ne peuvent pas faire usage de cette faculté de confidentialité.

Préalablement aux clarifications apportées par la loi dite Pacte, la Commission des études juridiques de la CNCC, après avoir pris l'attache de la Chancellerie et du Conseil national des greffiers des tribunaux de commerce, ne s'opposait pas à ce que les dirigeants des petites entreprises concernées procèdent, sous leur responsabilité et dans le cadre de la mise en œuvre de l'article L 232-25 du Code de commerce, au dépôt distinct du compte de résultat et le retirent des comptes joints au rapport du commissaire aux comptes (Bull. CNCC n° 188-2017 p. 538 – EJ 2016-46). La garde des Sceaux confirmait ainsi que la société qui entendait bénéficier de la confidentialité des comptes annuels ou du compte de résultat en informait son commissaire aux comptes afin que celui-ci lui remette une version du rapport à laquelle ne sont pas joints les documents couverts par la confidentialité la position de la CNCC (Rép. Duby-Muller : AN 6-3-2018 p. 1951 n° 14).

– lorsque les **moyennes entreprises**, au sens de l'article L 123-16 du Code de commerce, font usage de la faculté prévue à l'article L 232-25 de rendre publique une présentation simplifiée de leur bilan et de leur annexe, la présentation simplifiée n'a **pas** à être accompagnée du **rapport des commissaires aux comptes**. Lorsque la moyenne entreprise souhaite bénéficier de la faculté de présentation simplifiée de son bilan et de leur annexe, la publication de la présentation simplifiée doit être accompagnée d'une **mention précisant** le caractère abrégé de cette publication, le registre auprès duquel les comptes annuels ont été déposés et si un avis sans réserve, un avis avec réserve ou un avis défavorable a été émis par le commissaire aux comptes. Dans le cas où le commissaire aux comptes ne peut émettre un avis, ou si le rapport du commissaire aux comptes fait référence à une quelconque question sur laquelle il a attiré l'attention sans pour autant émettre un avis, cela doit également être mentionné (C. com. art. L 232-25, al. 3 et 4 introduits par la loi dite Pacte).

Les moyennes entreprises appartenant à un groupe au sens de l'article L 233-16 du Code de commerce sont exclues de ce dispositif. De même les entreprises visées à l'article L 123-16-2 du Code de commerce ne peuvent pas bénéficier de cette faculté de présentation simplifiée.

30947 Dans les sociétés commerciales, l'assemblée générale ordinaire (ou l'organe équivalent) peut autoriser, sur proposition de l'organe chargé de l'administration ou de l'organe chargé de la direction de la société, les **commissaires aux comptes** à **adresser directement** les rapports sur les comptes annuels et, le cas échéant, sur les comptes consolidés, au greffe du tribunal de commerce (C. com. art. L 823-8-1). Il peut être mis un terme à cette autorisation selon les mêmes formes. Les dispositions légales visées n'imposent pas au commissaire aux comptes d'accepter cette mission et il pourra donc décider de la refuser (Bull. CNCC n° 168-2012 – EJ 2012-100).

L'article L 823-8-1 du Code de commerce vise « les rapports devant faire l'objet d'un dépôt et les documents qui y sont joints, ainsi que la copie des documents afférents à leur acceptation de mission ou à leur démission ».

Dans un courrier en date du 16 octobre 2012 adressé à la CNCC, la Chancellerie précise que seuls les rapports et documents préparés par le commissaire aux comptes sont concernés par l'autorisation de dépôt prévue à l'article L 823-8-1 du Code précité (CNCC Bull. 168-2012 p. 670 s.).

30948 Le **contrôle** du respect de l'obligation de dépôt au greffe par la société n'est pas prévu, en tant que tel, par la loi et ne fait donc pas partie des vérifications spécifiques incombant au commissaire aux comptes (CNCC NI. I p. 208).

Lorsque le commissaire aux comptes a connaissance, ou est informé, que les comptes n'ont pas été déposés au greffe, il en tire les conséquences en matière :
– de révélation de fait délictueux (C. com. art. L 823-12 et R 247-3) ;
– de communication à effectuer à l'organe compétent (C. com. art. L 823-16) ;
– de communication à la plus prochaine assemblée générale (C. com. art. L 823-12).

Le comité des normes professionnelles de la CNCC a précisé les diligences à mettre en œuvre par le commissaire aux comptes lorsqu'il est avisé par un courrier du greffe du tribunal du non-dépôt des comptes par l'entité dans laquelle il détient le mandat (Bull. CNCC n° 168-2012 – CNP 2011-15).

Dans l'hypothèse où la société indique à son commissaire aux comptes qu'elle a régularisé la situation, ce dernier demande une copie du document matérialisant la réception par le greffe du dépôt des comptes et l'inclut dans son dossier. Par ailleurs, il procède à la révélation du fait délictueux auprès du procureur de la République et peut préciser dans le courrier adressé au parquet que la société a procédé à la régularisation.

Lorsque la société indique au commissaire aux comptes qu'elle va procéder à la régularisation, ce dernier documente son dossier en y indiquant la réponse de la société et lui demande de lui communiquer, dans les meilleurs délais, la copie du document matérialisant la réception par le greffe du dépôt des comptes. Par ailleurs, il procède à la révélation du fait délictueux auprès du procureur de la République et, si dans l'intervalle il a reçu le document matérialisant la régularisation, il peut indiquer dans ce courrier que la société a procédé à la régularisation. À réception de ce document, il complète son dossier.

Dans les deux situations précitées, l'irrégularité ayant été réparée, le commissaire aux comptes peut, dans la mesure où l'information ne présenterait plus d'intérêt pour les membres de l'organe délibérant, s'abstenir de la signaler à cet organe.

Enfin, dans l'hypothèse où le commissaire aux comptes ne pourrait obtenir la copie du document matérialisant la réception par le greffe du dépôt des comptes ou bien lorsque la société lui indique qu'elle n'entend pas procéder à la régularisation, il effectue sans délai la révélation du fait délictueux au procureur de la République. Par ailleurs, le commissaire aux comptes communique cette irrégularité à l'organe compétent et à la plus prochaine réunion de l'organe délibérant par une communication ad hoc (CNCC NI. I p. 209).

Langue de rédaction du rapport

L'article 2 de la Constitution de la République française indique que « la langue de la République est le français ». Ainsi, le rapport du commissaire aux comptes sur les comptes annuels ou consolidés est établi en français.

30949

Lorsqu'une entité a besoin d'un rapport de certification rédigé en anglais, la CNCC considère que ce rapport ne peut être qu'une traduction non signée du commissaire aux comptes (Bull. CNCC n° 178-2015 p. 207). En effet, la signature permet à une personne de s'identifier dans un acte et d'exprimer son approbation du contenu du document. De plus, l'apposition d'une signature sur un rapport lui confère la qualité d'être un original. Or, dans ce cas particulier, l'original est représenté par la version française du rapport de certification.

La traduction du rapport est précédée d'un avertissement rappelant qu'il s'agit d'une traduction libre d'un rapport original écrit en français en application des règles professionnelles et du cadre juridique applicables en France (CNCC NI. I p. 186).

K. Cas particuliers

Refus d'approbation des comptes par l'organe délibérant

L'organe délibérant peut refuser d'approuver les comptes de l'exercice qui lui sont soumis. Dans ce cas, une copie de la délibération de l'assemblée est déposée au greffe du tribunal de commerce dans le mois qui suit la délibération relative à l'approbation des comptes (ou dans les deux mois si le dépôt est effectué par voie électronique).

30950

Dans la situation décrite ci-dessus, le commissaire aux comptes n'a pas de rapport complémentaire à émettre sur les comptes de l'exercice. En effet, le commissaire aux comptes est seul juge de l'opinion à émettre et, de la même manière, l'organe délibérant est souverain et peut ne pas suivre l'opinion du commissaire aux comptes.

En l'absence de nouvelle réunion de l'organe délibérant et dans l'hypothèse où :
- les comptes de l'exercice ont été certifiés sans réserve ;
- les comptes ne sont pas déposés au greffe du tribunal de commerce du fait du refus d'approbation ;
- le résultat n'a pas été affecté et demeure dans un compte spécifique des capitaux propres, le fait que les comptes n'aient pas été approuvés par l'organe délibérant n'a pas d'**incidence sur l'opinion du commissaire aux comptes** sur les comptes de l'exercice suivant.

30954

La CNCC recommande toutefois que l'annexe comporte une information sur la comptabilisation du résultat de l'exercice précédent.

Dans tous les cas, une information doit être donnée dans le **rapport de gestion**. Si ce n'est pas le cas, le commissaire aux comptes sera amené à formuler une observation sur

AUDIT FINANCIER PAR PHASE © Éd. Francis Lefebvre

la sincérité des informations données dans le rapport de gestion dans la partie de son rapport sur les comptes annuels relative aux vérifications spécifiques (CNCC NI. I p. 202).

Modification des comptes par l'organe délibérant ou à sa demande

30956 Lorsque l'organe délibérant demande que des comptes modifiés lui soient à nouveau présentés, ces comptes modifiés et arrêtés par l'organe compétent sont soumis au contrôle du commissaire aux comptes, qui est conduit à établir un **nouveau rapport** sur les comptes modifiés, qui se substitue à son précédent rapport.

Lorsque l'organe délibérant apporte en séance des modifications aux comptes qui lui ont été soumis, la CNCC considère que l'émission d'un nouveau rapport, faisant référence au rapport précédent auquel il se substitue, est préférable car elle permet que les comptes finalement approuvés et diffusés ne soient différents de ceux certifiés. Ce nouveau rapport est émis en lieu et place des observations sur les modifications prévues par les articles L 232-21 (SNC), L 232-22 (SARL), L 232-23 (sociétés par actions) du Code de commerce.

Afin qu'aucune confusion ne soit possible quant à l'objet et à la nature du nouveau rapport émis, ce dernier devrait contenir (CNCC NI. I p. 202) :
– une référence au premier rapport en précisant sa date ;
– la nature de la première opinion exprimée sur les comptes et un rappel synthétique du fondement de cette opinion en cas de réserve, de refus ou d'impossibilité de certifier ;
– les circonstances dans lesquelles les comptes ont été modifiés ;
– la nature et le montant des modifications apportées aux comptes ;
– la date de ce nouveau rapport.

Modification des comptes après la tenue de la réunion de l'organe délibérant

30960 Pour des comptes établis selon les principes comptables français, la CNCC considère qu'il n'est pas possible à une assemblée générale de modifier des comptes précédemment publiés, pour des raisons de sécurité juridique des tiers liées aux mesures de publicité, et pour des motifs tenant au respect de la réglementation comptable (CNCC NI. I. p. 205).

La CNCC estime en revanche possible la modification des comptes **antérieure à leur publication**, sous réserve que cette modification ne porte pas atteinte à des droits acquis (dividendes en particulier). Dès lors, il appartient au commissaire aux comptes d'apprécier le bien-fondé de la rectification des comptes proposée à l'assemblée et d'en tirer les conséquences appropriées pour la rédaction de son rapport (CNCC NI. I. p. 206).

Concernant la possibilité de correction de l'ouverture de comptes établis selon le référentiel IFRS, voir CNCC NI XVII « Les interventions du commissaire aux comptes relatives au prospectus » § 3.32 p.40.

II. Rapport d'audit financier en dehors des missions d'audit légal

Rapport d'audit dans le cadre des services autres que la certification des comptes

30964 La NEP DDL 9010 étant devenue caduque depuis le 17 juin 2016, les modalités pratiques des prestations d'audit fournies par les commissaires aux comptes à la demande de l'entité sont précisées dans un **avis technique** « Audit entrant dans le cadre des services autres que la certification des comptes fournis à la demande de l'entité » joint en annexe du Communiqué CNCC « Référence aux normes ou à la doctrine pour les services autres que la certification des comptes fournis à la demande de l'entité » publié en juillet 2016. Cet avis technique constitue la **doctrine professionnelle** de la CNCC relative à ces interventions.

À l'issue de son audit, le commissaire aux comptes formule son opinion selon le référentiel comptable ou les critères convenus au regard desquels les informations financières ont été établies.

Lorsque l'audit porte sur des **comptes établis selon un référentiel conçu pour donner une image fidèle** tel que les référentiels comptables applicables en France, le commissaire aux comptes déclare qu'à son avis ces comptes présentent, ou non, sincèrement, dans tous leurs aspects significatifs, le patrimoine, la situation financière, le résultat des opérations de l'entité ou du groupe ou du périmètre défini, au regard du référentiel indiqué.

Dans les **autres cas**, et notamment lorsque l'audit porte sur des états comptables ou des éléments de comptes, il déclare qu'à son avis les informations financières ont été établies, ou non, dans tous leurs aspects significatifs, conformément au référentiel indiqué ou aux critères définis.

Dans tous les cas, le commissaire aux comptes formule :
– une opinion favorable sans réserve ;
– une opinion favorable avec réserve ;
– une opinion défavorable ;
– ou une impossibilité de formuler une opinion.

> À la différence des rapports établis sur une base légale, le rapport d'audit émis dans le cadre des services autres que la certification des comptes ne comprend qu'une seule partie relative à l'expression de l'opinion sur les comptes. De plus, la justification des appréciations n'est pas applicable aux rapports entrant dans le cadre de services autres que la certification des comptes (CNCC NI. I p. 143).
> Pour plus de détails sur le rapport d'audit dans le cadre des SACC, voir n°s 49230 s.

Lorsque l'entité a désigné **plusieurs commissaires aux comptes**, le rapport d'audit est signé par chaque commissaire aux comptes dès lors qu'il porte sur des informations financières de l'entité établies conformément aux référentiels comptables appliqués pour répondre à ses obligations légales ou réglementaires françaises d'établissement des comptes, et que ces informations :
– ont été arrêtées par l'organe compétent ;
– ou sont destinées à être communiquées au public.

Dans les autres cas, le rapport d'audit peut être signé par l'un des commissaires aux comptes.

Il appartient au commissaire aux comptes qui établit seul le rapport :
– d'informer préalablement les autres commissaires aux comptes de l'objet du rapport d'audit ;
– de leur en communiquer une copie.

30965

La CNCC s'appuie sur une décision du Conseil constitutionnel pour estimer que l'établissement d'un rapport d'audit, relevant de services autres que la certification des comptes, rédigé en langue anglaise et destiné à figurer dans un prospectus, n'enfreint pas les dispositions de l'article 2 de la Constitution (Cons. const. 6-12-2001 n° 2001-452 DC : D. 2002 som. p. 1952 obs. V. Bertile).

La CNCC recommande que le commissaire aux comptes veille, le cas échéant, à ce que la traduction en français des réserves qu'il aurait été amené à formuler dans son rapport établi en anglais soit correctement reprise dans le résumé en français du prospectus établi en application des dispositions prévues à l'article L 412-1 du Code monétaire et financier (CNCC NI. I. p. 187).

Autre rapport d'audit

30966

Depuis le 24 mai 2019, date de l'entrée en vigueur de l'article 23 de la loi 2019-486, dite Pacte, un commissaire aux comptes peut, en dehors ou dans le cadre d'une mission légale, fournir des services et des attestations, dans le respect des dispositions du Code de commerce, de la réglementation européenne et des principes définis par le Code de déontologie de la profession (C. com. art. L 820-1-1 nouveau).

Il peut dès lors, **en qualité de commissaire aux comptes**, réaliser un audit contractuel dans une entité qui n'a pas désigné de commissaire aux comptes, sans détenir de mandat dans les entités qui, le cas échéant, contrôlent ou sont contrôlées par l'entité dans laquelle il intervient. Cette prestation est détaillée aux n°s 75500 s.

© Éd. Francis Lefebvre

AUDIT FINANCIER PAR CYCLE

CHAPITRE 3

Audit financier par cycle

Plan du chapitre §§

SECTION 1
Achats/fournisseurs 31200
A. Connaissance des opérations 31250
B. Évaluation du contrôle interne 31350
C. Contrôles de substance
sur les comptes du cycle « achats » 31490

SECTION 2
Immobilisations corporelles
et incorporelles 31600
A. Connaissance des opérations 31650
B. Évaluation du contrôle interne 31750
C. Contrôles de substance
sur les comptes du cycle
« immobilisations » 31880

SECTION 3
Immobilisations financières 31920
A. Connaissance des opérations 31925
B. Évaluation du contrôle interne 31965
C. Contrôles de substance
sur les comptes du cycle
« immobilisations financières » 31970

SECTION 4
Ventes/clients 32000
A. Connaissance des opérations 32050
B. Évaluation du contrôle interne 32150
C. Contrôles de substance
sur les comptes du cycle « ventes » 32250

SECTION 5
Stocks et en-cours
de production 32350
A. Connaissance des opérations 32360
B. Évaluation du contrôle interne 32450
C. Contrôles de substance
sur les comptes du cycle
« stocks et en-cours » 32570

SECTION 6
Trésorerie 32700
A. Connaissance des opérations 32750
B. Évaluation du contrôle interne 32850
C. Contrôles de substance
sur les comptes du cycle
« trésorerie » 32950

SECTION 7
Emprunts et dettes financières 33350
A. Connaissance des opérations 33400
B. Évaluation du contrôle interne 33500
C. Contrôles de substance
sur les comptes du cycle
« emprunts et dettes » 33550

SECTION 8
Fonds propres 33750
A. Connaissance des opérations 33800
B. Évaluation du contrôle interne 33880
C. Contrôles de substance
sur les comptes du cycle
« fonds propres » 33920

SECTION 9
Provisions pour risques
et charges 33940
A. Connaissance des opérations 33942
B. Évaluation du contrôle interne 33952
C. Contrôles de substance
sur les comptes du cycle
« provisions pour risques
et charges » 33954

SECTION 10
Personnel et organismes sociaux 34000
A. Connaissance des opérations 34050
B. Évaluation du contrôle interne 34140
C. Contrôles de substance
sur les comptes du cycle
« personnel » 34240

SECTION 11
Impôts et taxes 34350
A. Connaissance des opérations 34390
B. Évaluation du contrôle interne 34470
C. Contrôles de substance
sur les comptes du cycle
« impôts et taxes » 34500

SECTION 12
Autres créances et autres dettes 34600
A. Connaissance des opérations 34640
B. Évaluation du contrôle interne 34720
C. Contrôles de substance
sur les comptes du cycle
« autres créances et autres dettes » 34760

753

AUDIT FINANCIER PAR CYCLE   © Éd. Francis Lefebvre

31000 Ce chapitre a pour objet non pas de développer une approche de l'audit financier mais de montrer comment, en pratique, les grandes étapes de la démarche d'audit s'appliquent à chaque cycle.

31005 L'**approche** par cycle permet d'éviter le piège qui consisterait à considérer chacune des grandes étapes de la démarche d'audit comme une mission indépendante, d'introduire, en pratique, un **chaînage logique** entre les différentes phases de l'audit et de donner à l'exécution de la mission un maximum de pertinence et d'efficacité.

Pour que ce résultat soit atteint, il convient de préserver la cohérence qui doit exister entre les travaux par cycle et la démarche d'ensemble de l'audit financier.

Principes de mise en œuvre de l'approche par cycle

31010 Les travaux par cycle peuvent s'inscrire dans la démarche d'ensemble de l'audit financier dès lors :
– qu'ils déclinent pour chacun des cycles une démarche fondée sur l'approche par les risques ;
– que les travaux menés dans un cycle particulier sont réalisés en coordination avec les travaux mis en œuvre dans les autres cycles.

31013 **Approche par les risques et travaux par cycle** Le travail mis en œuvre dans un cycle donné doit comporter les deux éléments fondamentaux de la démarche d'audit fondée sur l'approche des risques : une composante prise de connaissance et planification des travaux permettant de déterminer des procédures d'audit répondant aux risques identifiés, une composante finalisation concluant sur l'existence ou non d'anomalies significatives au niveau du cycle.

31015 En **amont**, le travail par cycle comporte une **phase de planification** qui permet à l'auditeur, d'une part, d'acquérir une connaissance d'ensemble des opérations constitutives du cycle, sur le plan tant économique que juridique, comptable et financier, d'autre part, d'évaluer l'organisation et les procédures mises en place pour traiter ces opérations. L'auditeur est alors en mesure d'identifier les risques d'anomalies significatives pesant sur les assertions à partir de la détermination du risque inhérent et du risque lié au contrôle interne. Sur cette base, il définit les tests de procédures et les contrôles de substance sur les comptes qui ramènent à un niveau acceptable le risque d'audit.

31018 En **aval**, les travaux effectués sur chacun des cycles doivent donner lieu à l'établissement de synthèses partielles statuant sur la présence ou non d'anomalies significatives dans le cycle examiné. Ces synthèses partielles ne seraient bien entendu d'aucune utilité si elles restaient « enterrées » au niveau des cycles. Elles doivent tout au contraire donner lieu à une remontée dans la **synthèse globale** : leur sommation constituera in fine le fondement de l'opinion de l'auditeur sur la régularité, la sincérité et l'image fidèle des états financiers.

31020 **Coordination de la démarche entre les différents cycles** L'approche des contrôles par cycle est fondée sur un **découpage de l'activité** de l'entité par **catégories d'opérations** correspondant à ses principales fonctionnalités. Ce découpage présente inévitablement un caractère quelque peu arbitraire. Il n'y a pas « un » découpage par cycle, mais sans doute autant de découpages par cycle qu'il y a d'auditeurs financiers : l'un souhaitera contrôler le portefeuille d'effets à recevoir avec les opérations de trésorerie, tel autre rattachera cet examen au cycle des ventes, etc. Il est non moins évident que les fonctionnalités associées aux différents cycles ne sont jamais cloisonnées, mais tout au contraire liées les unes avec les autres : ainsi ne peut-on dissocier les achats des stocks de matières premières, ni les stocks de produits finis des ventes, ni les ventes des encaissements, etc.

Cette interdépendance, plus ou moins marquée selon le découpage retenu, a pour corollaire la nécessité absolue que les informations recueillies lors des travaux accomplis sur un cycle donné soient répercutées autant que de besoin sur les autres cycles. Les développements qui suivent permettront d'illustrer par de nombreux exemples le caractère impératif de ces échanges d'informations entre les différents cycles.

© Éd. Francis Lefebvre   **AUDIT FINANCIER PAR CYCLE** ▮

Enchaînement dans un cycle des phases de l'audit financier

La cohérence de la démarche entreprise au sein de chaque cycle suppose que celle-ci soit axée sur les **assertions d'audit**, qui doivent servir de fil conducteur aux travaux mis en œuvre.

31040

Prise de connaissance générale La phase de prise de connaissance par cycle permet à l'auditeur de compléter et de mettre à jour les éléments de connaissance dont il dispose sur chaque cycle contrôlé et qui figurent en principe dans le dossier permanent par cycle. Elle est aussi l'occasion pour lui d'analyser d'une manière plus fine les **opérations de l'exercice**, au travers d'une analyse indiciaire ciblée qui vient compléter la revue analytique préliminaire mise en œuvre lors de la planification de la mission. À l'issue de cette première phase, l'auditeur a surtout acquis des connaissances sur l'entité auditée. Mais il a également identifié un certain nombre de **risques** inhérents au cycle contrôlé, et se trouve de ce fait en position d'attente par rapport au contrôle interne de l'entité, dont il souhaite apprécier :
– la capacité à prévenir, détecter ou corriger les erreurs potentielles qu'il a identifiées ;
– et les points de contrôle qu'il devra tester et sur lesquels il pourra s'appuyer pour réduire le risque d'anomalies significatives dans les comptes.

31045

Évaluation des procédures L'évaluation du risque lié au contrôle est au cœur de la revue du contrôle interne à laquelle se livre ensuite l'auditeur, dont on sait qu'elle revêt un caractère essentiel pour certains cycles (les ventes par exemple), moins affirmé ou très secondaire pour certains autres (les fonds propres par exemple). L'approche de l'auditeur, au cours de cette deuxième phase, consiste à évaluer les procédures associées aux principales fonctionnalités du cycle examiné, en vue :
1° de déterminer les points forts sur lesquels il a l'intention de s'appuyer pour réduire le risque d'anomalies significatives dans les états financiers. Ces points forts font l'objet de tests de procédures permettant de vérifier leur fonctionnement effectif ;
2° d'identifier les insuffisances éventuelles de procédures, et d'en déduire les menaces que celles-ci induisent sur les assertions d'audit. L'auditeur, à ce stade, ne s'interroge plus sur des erreurs potentielles : il cherche à identifier les **erreurs possibles**, qui résultent de la combinaison du risque inhérent et du risque lié au contrôle, et qui sont susceptibles de porter atteinte aux assertions sur lesquelles il doit fonder sa certification.

31050

Contrôles de substance sur les comptes Lorsque, lors de son évaluation du risque d'anomalies significatives, le commissaire aux comptes a identifié un risque inhérent élevé qui requiert une démarche d'audit particulière, il met en œuvre des contrôles de substance qui répondent spécifiquement à ce risque (NEP 330, § 18). L'importance des contrôles de substance mis en œuvre pour un cycle donné sera logiquement, pour les assertions concernées par les procédures, inversement proportionnelle à la qualité du contrôle interne ressortant de la phase précédente. Pour les cycles peu concernés par les procédures, et pour certaines assertions, seuls les contrôles de substance seront néanmoins susceptibles d'apporter à l'auditeur les éléments probants nécessaires à la délivrance de son opinion. Dans tous les cas de figure, il appartiendra à celui-ci de mettre en œuvre les travaux nécessaires pour que son risque d'audit, c'est-à-dire le risque d'émettre sur les comptes une opinion erronée, soit ramené à un niveau acceptable.

31055

Remarque préliminaire On ne saurait trop souligner que l'intérêt d'une démarche axée sur les assertions est de faire appel à la capacité de réflexion et de raisonnement (« l'esprit critique ») de l'auditeur financier. L'objet des développements qui suivent est d'en fournir une **illustration pratique**. Ils ne sauraient en aucun cas prétendre à une quelconque exhaustivité, les analyses et contrôles suggérés devant, par définition, faire l'objet des **adaptations nécessaires** en fonction des caractéristiques spécifiques de l'entité dans laquelle l'auditeur est appelé à intervenir.
En outre, pour plus de détails sur les demandes de confirmation directe et sur les procédures analytiques, voir respectivement nᵒˢ 26260 s. et 26200 s.

31065

755

AUDIT FINANCIER PAR CYCLE　　　© Éd. Francis Lefebvre

SECTION 1

Achats/fournisseurs

31200　Cette section porte sur le contrôle des comptes d'achat et des comptes de tiers associés.
Sont abordées la connaissance des opérations, la revue des procédures et la mise en œuvre des contrôles de substance. Pour tout complément d'information sur les aspects comptables du cycle, on pourra se reporter au Mémento Comptable n⁰ˢ 15430 s. (achats), 96300 s. (autres charges externes), 15000 s. (dettes d'exploitation).

A. Connaissance des opérations

31250　L'auditeur doit acquérir une connaissance générale des opérations du cycle. Ce n'est qu'à cette condition qu'il pourra analyser de manière pertinente les opérations intervenues durant l'exercice.

Connaissance générale

31255　La prise de connaissance générale complète et met à jour les informations à caractère permanent collectées soit lors de la mise en place de la mission de l'exercice, soit lors des contrôles mis en œuvre au cours des exercices précédents. Elle porte sur les opérations, l'environnement externe, l'organisation interne et les méthodes et principes comptables de l'entité contrôlée.

Ces éléments sont en principe classés dans un dossier permanent par cycle, sous la rubrique correspondant au cycle examiné.

31257　**Opérations**　L'auditeur recense les caractéristiques essentielles des achats, ainsi que l'importance des différents flux financiers concernés qui leur sont associés. Il prend également connaissance des difficultés et risques que ces opérations engendrent pour l'entité, ainsi que des contraintes d'organisation qu'elles impliquent.

Exemple : l'**achat de prestations intellectuelles** peut occasionner des litiges concernant les droits d'utilisation des travaux résultant de ces prestations. Ce type d'achat nécessite en conséquence une définition technique précise et une formalisation juridique appropriée de l'acte d'achat. L'achat de prestations intellectuelles peut donc avoir un impact indirect sur l'organisation de l'entité en rendant nécessaire la présence d'un service ad hoc et de juristes spécialisés.

Les particularités de l'audit des opérations en devises sont abordées dans le cycle Trésorerie (n⁰ˢ 32700 s.).

31260　**Environnement externe**　L'auditeur prend connaissance :
– des **marchés** sur lesquels l'entité intervient : marchés mondiaux, marchés locaux, marchés avec cotation régulière (matières premières), marchés donnant lieu à des fluctuations de prix significatives ;
– des **partenaires** et des **modes d'approvisionnement** : principaux fournisseurs (volumes des transactions, taille, secteur), principaux intermédiaires (mode de rémunération, nature des relations contractuelles, etc.) ;
– de l'**environnement juridique** : formalisation des relations avec les partenaires, nature des différents contrats et leurs incidences comptables (analyse des contrats et démarche de reconnaissance des charges, documentation du cycle de contractualisation, capacité des personnes morales, obligations des parties, preuve de l'acceptation notamment du prix dans les contrats de service, conditions générales et conditions particulières, bonne information sur les nouvelles dispositions légales, problèmes de dépendance, gestion des promesses unilatérales, conditions juridiques des partenariats tels que les accords d'exclusivité avec certains fournisseurs...). Il convient d'être attentif aux éventuels déséquilibres significatifs, l'imprévisibilité, l'inexécution du contrat, les actions interrogatoires, les pactes de préférence, la violence économique, le rôle important du juge dans l'exécution du contrat... ;
– des **contraintes législatives et réglementaires** éventuelles : obligations et normes spécifiques, autorisations administratives, conditions de transport... ;
– des contraintes ou particularités fiscales : régimes de TVA, accises, droits de douane, contributions spécifiques...

756

Organisation interne L'auditeur s'intéresse à l'organisation mise en place et notamment aux différents services intervenant dans les opérations du cycle, à leurs attributions respectives et à leur place dans l'organisation générale de l'entité. Pour le cycle achats/fournisseurs, ces services seront généralement les suivants : **31263**
– services initiateurs des besoins et de la demande d'achat ;
– service(s) des achats ;
– service(s) réception ;
– entrepôt ;
– service comptable (comptabilité fournisseurs et comptabilité générale) ;
– service(s) intervenant dans le déclenchement des paiements des fournisseurs.

Méthodes et principes comptables L'auditeur prend notamment connaissance des principes appliqués en matière de comptabilisation des opérations, et plus particulièrement du mode d'enregistrement des opérations en devises, des retenues de garantie, des avances et acomptes… **31266**

La prise de connaissance des méthodes comptables permet également à l'auditeur d'identifier les changements de méthodes comptables intervenus ou à venir. **31267**

> Pour plus de détails sur les changements de méthodes comptables et leur incidence sur le rapport du commissaire aux comptes, voir n⁰ˢ 30904 s.

Procédures analytiques

Les procédures analytiques sont réalisées chaque année et permettent à l'auditeur de prendre connaissance de l'activité et des principales opérations particulières de l'exercice au travers d'une revue indiciaire des comptes et d'entretiens avec les représentants de l'entité. **31270**

> Ces travaux ont vocation à être classés dans le dossier de contrôle annuel de l'auditeur.

Les procédures analytiques propres au cycle « achats » comportent généralement les **travaux** suivants : **31273**
– établissement d'un comparatif avec l'exercice précédent des comptes généraux fournisseurs et des achats et charges externes ;
– réalisation d'une analyse comparative des charges de l'exercice par compte, par groupe de comptes ou par rubrique en les comparant avec les données de l'exercice précédent, et si possible avec le budget de l'exercice ;
– examen de l'évolution des ratios les plus pertinents (délai moyen de règlement notamment) ;
– obtention d'explications sur les variations les plus significatives.

B. Évaluation du contrôle interne

La procédure « achats » recouvre généralement les **fonctionnalités** suivantes : **31350**
– expression des besoins ;
– déclenchement de la commande ;
– réception des biens ou services ;
– enregistrement des achats et des dettes fournisseurs ;
– mise en paiement des factures.

> Sont décrites ci-après, à partir des principaux risques potentiels liés au cycle examiné, les mesures de contrôle interne mises en place usuellement dans les entités. N'est pas rappelée à ce stade la méthodologie de l'évaluation du contrôle interne exposée aux n⁰ˢ 28450 s.

Expression des besoins

Objectifs Le contrôle interne doit garantir que les besoins sont correctement déterminés, que l'entité ne réalise pas d'achats inutiles ou frauduleux et que les commandes nécessaires sont correctement lancées. **31360**

Risques potentiels Une mauvaise identification des besoins peut occasionner soit une rupture de stock, soit la constitution de stocks pléthoriques. **31363**

AUDIT FINANCIER PAR CYCLE © Éd. Francis Lefebvre

La **rupture de stock** peut entraîner un retard ou un arrêt de fabrication générant soit des surcoûts, soit une sous-activité. Elle peut également avoir pour conséquence des retards de livraison aux clients et être à l'origine de litiges.

La constitution d'un **stock trop important** majore les coûts de stockage et crée un risque de détérioration des stocks. Il en résulte un risque de dépréciation, d'autant plus important que l'entité peine à trouver rapidement des débouchés en nombre suffisant pour les écouler.

Dans le cas d'achats non stockables, la **surévaluation des besoins** a une incidence directe sur les charges de l'entité, sans qu'il y ait véritablement de contrepartie.

Les anomalies dans la détermination des besoins peuvent intervenir sous plusieurs formes. Il peut s'agir d'une défaillance du **système de calcul** des besoins, d'une **mauvaise retranscription** des besoins en demandes d'achat, de la réalisation de **fraudes** internes tendant à surévaluer un besoin en vue de favoriser un fournisseur, de la validation des besoins par une personne n'ayant pas la **compétence** ou les pouvoirs requis en interne, etc.

31366 **Mesures usuelles de contrôle interne** Les procédures de contrôle interne généralement mises en place pour couvrir les risques mentionnés ci-dessus sont les suivantes :
– procédure formalisée permettant de **recenser** systématiquement et périodiquement **les besoins** de l'entité ;
– suivi des besoins n'ayant pas encore donné lieu à l'émission d'une demande d'achat ;
– existence de pouvoirs clairs et pertinents pour la **validation des demandes** d'achat ;
– mise en place d'un contrôle du respect des **pouvoirs** définis par la direction ;
– existence d'une **piste d'audit** permettant, à partir d'une demande d'achat, de vérifier le processus de détermination des besoins et, inversement, à partir d'une expression des besoins, de retrouver la demande d'achat correspondante ;
– mise en œuvre de **tests** visant à s'assurer du bon fonctionnement de la procédure par la réalisation de sondages sur la correcte transformation d'une expression de besoins en demandes d'achat et par l'examen de la justification de demandes d'achat par des besoins ;
– existence d'une **séparation** adéquate **des fonctions** (par exemple, une personne qui valide les besoins ne doit pas, en principe, passer de commandes) ;
– surveillance de l'évolution des **stocks** et de leur dépréciation afin de mettre en évidence les dérives éventuelles.

31369 **Assertions d'audit concernées** Une mauvaise identification des besoins peut avoir une incidence directe sur l'**évaluation** des stocks et des en-cours de production (valorisation et dépréciation).

Déclenchement de la commande

31385 **Objectifs** Le contrôle interne doit garantir que les achats sont réalisés dans les conditions optimums de qualité, de prix et de délai.

31388 **Risques potentiels** On dénombre quatre principaux risques liés au déclenchement de la commande :
– le déclenchement d'achats à des **prix supérieurs au marché**. Dans ce cas, les biens achetés sont trop chers, entraînant une surévaluation des charges. Cette surévaluation a un impact direct sur l'évaluation des stocks et peut rendre nécessaire leur dépréciation ;

S'il s'agit de biens non stockables ou de prestations de services, la surévaluation des achats entraîne une diminution de la rentabilité, sans incidence toutefois sur l'établissement des comptes à la clôture.

– le déclenchement d'achats par une **personne non habilitée**, situation qui peut avoir pour conséquence des achats injustifiés ou non pertinents ;
– le déclenchement d'achats en l'absence d'une **trésorerie** suffisante ;

Dans les cas extrêmes, l'entité peut se retrouver en cessation de paiements, menaçant par là même la continuité de son exploitation.

– le recours à des **fournisseurs** qui ne présentent pas de garanties suffisantes : l'entité achète auprès d'un fournisseur dont la situation financière est fragile, qui risque de s'avérer défaillant et de ne pas respecter ses engagements.

Si un acompte a déjà été versé, il conviendra d'envisager sa dépréciation. La nécessité de s'adresser à un nouveau fournisseur est susceptible d'occasionner un retard entraînant de nouveaux risques et difficultés.

758

Mesures usuelles de contrôle interne Les procédures de contrôle interne **31391**
permettant de couvrir les risques potentiels mentionnés ci-dessus sont les suivantes :
– procédures d'**appel d'offres** permettant d'obtenir, à qualité égale, les meilleurs prix possibles ;
– prise de connaissance de la **situation financière des fournisseurs** préalablement à la passation de la commande, et si nécessaire mise en œuvre de garanties, notamment en cas de versement d'acomptes ;
– définition de **pouvoirs** précis **d'engagement des dépenses** et mise en place d'un contrôle pour s'assurer du respect des règles édictées ;
– mise en place d'une **piste d'audit** permettant de s'assurer que toute commande envoyée à un fournisseur a bien fait l'objet initialement d'une demande d'achat et d'une expression de besoin ;
– instauration d'un **contrôle de gestion et d'un contrôle budgétaire**, permettant de vérifier que l'entité a les moyens financiers de lancer tel ou tel achat, et de fournir à la direction, en tant que de besoin, les éléments nécessaires à un arbitrage.

Assertions d'audit concernées Les procédures relatives au déclenchement de la **31394**
commande peuvent avoir une incidence essentiellement sur l'**évaluation** des actifs : avances et acomptes versés (défaillance du fournisseur), stocks (retard de livraison, prix d'achat surévalués), et même totalité des actifs en cas de remise en cause de la continuité d'exploitation (contrôle de gestion et contrôle budgétaire insuffisants).

Réception des biens ou services

Objectifs Le contrôle interne doit garantir que : **31410**
– les biens réceptionnés ne peuvent être acceptés s'ils n'ont pas été effectivement commandés ;
– les biens réceptionnés correspondent aux quantités et spécificités mentionnées sur la commande ;
– les biens réceptionnés ne sont pas endommagés ;
– les livraisons sont réalisées dans les délais prévus par la commande ;
– les réceptions sont enregistrées dès leur acceptation et les biens correspondants protégés.

Risques potentiels Les principaux risques liés à la réception des biens ou services **31413**
achetés sont :
– la réception de **biens** qui **n'ont pas été commandés**. Cette réception peut entraîner la constitution de stocks inutiles et par conséquent susceptibles d'être dépréciés ;
– la réception de biens pour des **quantités différentes** des quantités commandées. Dans ce cas, l'entité risque soit d'avoir des stocks pléthoriques, pouvant subir une dépréciation, soit de connaître des ruptures de stock, qui peuvent occasionner des difficultés dans le processus de production, ou dans les relations avec les clients ;
– la réception de biens **endommagés** ou présentant une **qualité insuffisante**, situation qui engendre des difficultés d'écoulement des stocks achetés et par conséquent des dépréciations ;
  En cas de livraison de stocks non conformes à un client, l'entreprise pourrait d'ailleurs être confrontée à un litige l'obligeant à comptabiliser une provision pour risque ou une dépréciation de créance.
– le **défaut d'enregistrement des réceptions**. Lorsque le suivi administratif des réceptions n'est pas maîtrisé par l'entité, celle-ci n'est pas en mesure de valider les factures qui lui sont présentées par les fournisseurs. Elle aura par ailleurs d'importantes difficultés pour estimer les factures non parvenues lors de la clôture des comptes.

Mesures usuelles de contrôle interne Les procédures de contrôle interne **31416**
permettant de couvrir les risques potentiels qui pèsent sur la réception des biens ou services sont notamment :
– la **comparaison** systématique des réceptions avec les commandes correspondantes, et la mise en œuvre d'une procédure de traitement des écarts ;
– la mise en œuvre d'un **contrôle de la qualité** par une personne disposant d'une compétence technique suffisante ;
– la **séparation des fonctions** de commande, de réception et de contrôle qualité afin de prévenir une fraude provenant d'une seule personne ;

AUDIT FINANCIER PAR CYCLE

© Éd. Francis Lefebvre

– la **définition de pouvoirs** d'acceptation des réceptions, prévoyant l'intervention de niveaux hiérarchiques plus élevés en fonction de la présence ou non d'un litige et en fonction de son importance financière ;
– la mise en œuvre de **procédures de relance** des fournisseurs en retard ;
– l'**enregistrement** systématique des entrées dans le système informatique et/ou l'émission d'un bon de réception classé chronologiquement.

31419 **Assertions d'audit concernées** Les risques relatifs à la réception des biens et services ont une incidence sur plusieurs assertions :
– l'**évaluation** des stocks et des créances clients ;
– la **régularité** des achats, lorsque l'entité éprouve des difficultés pour confirmer ou infirmer la prise en charge de certaines livraisons, notamment parce que les réceptions ne sont pas correctement enregistrées ou recensées ;
– la **séparation des exercices**, si l'entité ne parvient pas à estimer les factures non parvenues à la clôture.

Enregistrement des achats et des dettes fournisseurs

31435 **Objectifs** Le contrôle interne doit garantir un enregistrement correct des dettes et des achats dès la réception des biens ou services.

31438 **Risques potentiels** Les risques relatifs à l'enregistrement des achats et des dettes peuvent trouver à se matérialiser par :
– la perte de factures reçues ;
– des difficultés de recensement des factures non parvenues concernant des livraisons ou prestations déjà réalisées avant la date de clôture ;
– des retards de traitement des factures ;
– des erreurs d'imputation comptable ;
– l'enregistrement de factures ne concernant pas l'entité ;
– l'enregistrement de factures pour des prestations non encore réalisées ;
– l'enregistrement de fausses factures destinées à détourner des fonds ;
– la survenance de problèmes informatiques gênant la prise en compte du journal des achats dans la comptabilité générale.

31441 **Mesures usuelles de contrôle interne** Les procédures de contrôle interne permettant de couvrir les risques potentiels mentionnés ci-dessus sont notamment :
– la mise en place d'un processus de détermination des réceptions non encore facturées (biens et prestations) ;
– la transmission systématique au service comptable de toutes les factures dès leur arrivée dans l'entité, pour que celui-ci puisse soit les enregistrer immédiatement en comptabilité, soit simplement les répertorier, et relancer en tant que de besoin les services chargés de les contrôler ;
– la mise en œuvre périodique d'un contrôle de l'interface entre le journal des achats et la comptabilité générale, pour détecter d'éventuelles anomalies informatiques dans les transferts d'informations ;
– le maintien d'une compétence suffisante du personnel chargé de saisir les factures ;
– la mise en place d'une procédure pertinente et rapide de validation des factures : rapprochement des factures avec les bons de réception et les bons de commande, validation formalisée des factures de prestations de services par les personnes ayant compétence pour les apprécier.

31444 **Assertions d'audit concernées** Les risques présentés ci-dessus peuvent affecter les assertions suivantes :
– l'**exhaustivité** des enregistrements, en cas de perte de facture ;
– la **régularité** des enregistrements, dès lors que sont enregistrées de fausses factures ou des factures ne concernant pas l'entité ;
– la **séparation des exercices**, en cas de recensement insuffisant des factures non parvenues à la clôture, d'enregistrement de factures pour des prestations ou livraisons non réalisées.

AUDIT FINANCIER PAR CYCLE

Paiement des factures

Objectifs Le contrôle interne doit garantir que :   **31460**
– seules sont payées les factures concernant l'entité, qui sont conformes à la commande et qui correspondent à une livraison effective satisfaisante ;
– les factures sont payées dans les délais contractuels et ne sont payées qu'une seule fois.

Risques potentiels Les risques relatifs à la mise en paiement peuvent recouvrir :   **31463**
– le paiement d'une facture correspondant à une prestation non satisfaisante, non réalisée, ou qui ne concerne pas l'entité ;
– le paiement avec retard de factures validées, pouvant générer des litiges avec les fournisseurs (intérêts de retard, pénalités, arrêts de livraison).

Mesures usuelles de contrôle interne Les procédures de contrôle interne   **31466**
permettent de couvrir les risques potentiels mentionnés ci-dessus sont notamment :
– la définition de pouvoirs en matière de bon à payer et la mise en place d'un contrôle de ces pouvoirs ;
– le déclenchement des règlements sur la base de factures originales et l'estampillage des factures payées.

Assertions d'audit concernées Les risques présentés ci-dessus ont une incidence   **31469**
essentiellement sur la **régularité** des enregistrements.

Remarque Certains des risques issus du cycle « achats/fournisseurs » n'entraînent pas de   **31472**
menace particulière sur les assertions liées au cycle « achats ». Ils peuvent en revanche avoir une **incidence sur d'autres cycles**, principalement sur les stocks et les provisions. Ce constat démontre la nécessaire transversalité des contrôles (voir n° 31020).

C. Contrôles de substance sur les comptes du cycle « achats »

À ce stade de sa démarche, l'auditeur a dû évaluer les risques effectifs qui pèsent sur les   **31490**
assertions présentant une importance particulière pour le cycle examiné. Les contrôles de substance vont porter :
– d'une part, sur ces assertions, étant précisé que l'importance des procédures d'audit complémentaires est inversement proportionnelle aux éléments probants issus de l'évaluation du contrôle interne ;
    Dans certains cas cependant, la mise en œuvre de contrôles de substance ne pourra remédier aux faiblesses de contrôle interne détectées, et l'auditeur devra en tirer les conséquences dans son opinion.
– d'autre part, sur les assertions qui relèvent par essence de contrôles de substance et non des tests de procédures, comme l'assertion relative à la présentation des comptes et à l'information fournie en annexe.

Les contrôles de l'auditeur pourront porter notamment sur :   **31496**
– l'exhaustivité des enregistrements ;
– la régularité des enregistrements ;
– la séparation des exercices ;
– l'existence des soldes ;
– l'évaluation des soldes ;
– la présentation des comptes et l'information fournie en annexe.
    Les contrôles suggérés ci-après sont donnés à titre indicatif. L'auditeur devra adapter la démarche proposée au cas particulier de l'entité contrôlée.

Exhaustivité des enregistrements

Pour tester l'exhaustivité des enregistrements, l'auditeur met généralement en œuvre   **31499**
une **confirmation directe** des fournisseurs. Ceux-ci sont sélectionnés, non pas en fonction des soldes de clôture, mais en fonction des flux de l'exercice.
    Dans l'hypothèse d'un taux de réponse faible, l'auditeur peut mettre en œuvre des procédures d'audit alternatives consistant à examiner la justification des soldes des fournisseurs n'ayant pas répondu.

AUDIT FINANCIER PAR CYCLE © Éd. Francis Lefebvre

L'auditeur s'intéresse également aux soldes de comptes fournisseurs débiteurs, qui peuvent résulter d'un double règlement ou d'une facture non enregistrée.

Régularité des enregistrements

31502 Pour valider le rattachement à l'entité des opérations enregistrées, l'auditeur procède à des **sondages** sur la **justification** des charges comptabilisées sur la période. Il oriente ses sondages à partir de l'analyse indiciaire à laquelle il a procédé (voir n° 31273).

Séparation des exercices

31505 Pour apprécier le rattachement des charges à la bonne période, l'auditeur met en œuvre les **sondages** suivants :
– sondage sur les derniers achats de l'exercice afin de s'assurer que ces achats se rapportent tous à l'exercice clos ;
– sondage sur les premiers achats de l'exercice suivant afin de s'assurer que la comptabilisation de certaines charges n'a pas été différée sur l'exercice suivant ;
– sondage sur les dernières réceptions de l'exercice pour s'assurer que les dernières entrées ont bien été comptabilisées en charges sur l'exercice, et sur les premières réceptions de stocks de l'exercice suivant pour vérifier que les charges correspondantes n'ont pas été enregistrées sur l'exercice clos ;
– sondage sur les avoirs obtenus des fournisseurs au cours de l'exercice suivant afin de s'assurer qu'ils ne correspondent pas à des transactions de l'exercice audité ;
– examen des remises et ristournes à recevoir par l'entité au titre des volumes d'achats réalisés pour vérifier qu'elles ont bien été enregistrées à la clôture ;
– examen de la justification des comptes de factures non parvenues afin de vérifier qu'elles correspondent à des prestations ou des livraisons réalisées au cours de l'exercice ;
– contrôle de cohérence par comparaison avec l'exercice précédent des principales catégories de charges faisant l'objet de factures non parvenues en fin d'exercice.

Existence des soldes fournisseurs

31510 L'auditeur peut examiner la justification des comptes fournisseurs en procédant aux travaux suivants :
– examen du rapprochement entre la balance auxiliaire fournisseurs et la balance générale, puis vérification de la justification des écarts pouvant exister ;
– réalisation de sondages sur des comptes fournisseurs pour s'assurer que chaque composante des soldes sélectionnés est justifiée et concerne bien l'entité.

Évaluation des soldes fournisseurs

31513 L'auditeur recense les dettes libellées en devises et vérifie qu'elles ont fait l'objet d'une réévaluation correcte à la clôture.

Présentation et information fournie en annexe

31516 L'auditeur s'assure notamment qu'il n'y a pas compensation entre les soldes débiteurs et les soldes créditeurs. Il vérifie par ailleurs que les informations significatives relatives au cycle « achats » sont données en annexe : ventilation des dettes, engagements de crédit-bail mobilier, clause de réserve de propriété, délais de paiement, etc.

SECTION 2

Immobilisations corporelles et incorporelles

31600 Cette section porte sur le contrôle de toutes les opérations concernant les immobilisations corporelles et incorporelles.

762

© Éd. Francis Lefebvre   **AUDIT FINANCIER PAR CYCLE**

Sont abordées la connaissance des opérations, la revue des procédures et la mise en œuvre des contrôles de substance sur ces comptes. Pour tout complément d'information sur les aspects comptables du cycle, on pourra se reporter au Mémento Comptable nᵒˢ 25000 s.

A. Connaissance des opérations

L'auditeur doit acquérir une connaissance générale des opérations du cycle « immobilisations corporelles et incorporelles ». Ce n'est qu'à cette condition qu'il pourra analyser de manière pertinente les opérations intervenues durant l'exercice.   **31650**

Connaissance générale

La prise de connaissance générale complète et met à jour les informations à caractère permanent collectées soit lors de la mise en place de la mission de l'exercice, soit lors des contrôles mis en œuvre au cours des exercices précédents. Elle porte sur les opérations, l'environnement externe, l'organisation interne et les méthodes et principes comptables de l'entité contrôlée.   **31660**

Ces éléments sont en principe classés dans un dossier permanent par cycle, sous la rubrique correspondant au cycle examiné.

Opérations   L'auditeur recense les principaux moyens matériels d'exploitation nécessités par l'activité ainsi que leurs caractéristiques. Ces moyens comprendront le plus souvent :   **31663**
– les **bâtiments** : l'auditeur recense les différents emplacements géographiques, leur fonction, leur importance, leur valeur, la nature juridique des occupations (locataire, propriétaire), l'état des bâtiments, les garanties les grevant (en particulier les hypothèques), les charges d'entretien, etc. ;
– les **matériels** : l'auditeur recense la nature des matériels, leur coût, leur valeur d'assurance, leur niveau de technicité, leur durée de vie, leur exposition à l'obsolescence, la nature juridique de leur détention (propriété, location, crédit-bail), les garanties les grevant (nantissement), les charges d'entretien qui sont nécessaires, etc.

Environnement externe   Les préoccupations de l'auditeur sont les mêmes que pour le cycle « achats ». Le lecteur se reportera sur ce point au nᵒ 31260.   **31666**

Organisation interne   L'organisation mise en place repose en partie sur les mêmes services que ceux déjà évoqués pour le cycle des achats et fournisseurs, auxquels il convient d'ajouter les services chargés de la maintenance des immobilisations ainsi que les services juridiques et fiscaux (achat d'immobilisations incorporelles : marques, brevets…).   **31669**

Méthodes et principes comptables   L'auditeur prend notamment connaissance :   **31672**
– des principales modalités d'application du règlement sur les actifs (Plan comptable titre III, chapitre 1, section 1) ;
– des modes et taux d'**amortissement** retenus pour les différentes catégories d'immobilisations ;
– du **traitement adopté** pour les grosses réparations, frais de recherche et développement, pièces de rechange et de sécurité, dépenses de création de marque, etc. ;
– des méthodes utilisées pour **distinguer les charges des immobilisations**.

La prise de connaissance des méthodes comptables permet également à l'auditeur d'identifier les changements de méthodes comptables intervenus ou à venir.   **31674**

Pour plus de détails sur les changements de méthodes comptables et leur incidence sur le rapport du commissaire aux comptes, voir nᵒˢ 30904 s.

Procédures analytiques

Les procédures analytiques sont réalisées chaque année et permettent à l'auditeur de prendre connaissance de l'activité et des principales opérations particulières de l'exercice au travers d'une revue indiciaire des comptes et d'entretiens avec les représentants de l'entité.   **31690**

Ces travaux ont vocation à être classés dans le dossier de contrôle annuel de l'auditeur.

763

AUDIT FINANCIER PAR CYCLE © Éd. Francis Lefebvre

31693 Les procédures analytiques propres aux immobilisations corporelles et incorporelles comportent généralement les **travaux** suivants :
– établissement d'un état faisant apparaître les soldes d'ouverture et de clôture, et les mouvements de l'exercice (pour les valeurs brutes et les amortissements) ;
– établissement d'un état recensant les amortissements pratiqués en application des textes fiscaux (amortissements dérogatoires…) et, le cas échéant, des subventions d'équipement obtenues ;
– rapprochement des totaux obtenus avec les postes concernés du bilan et du compte de résultat ;
– contrôle de la cohérence de l'évolution des immobilisations avec le budget, la politique d'investissement et les axes de développement définis par la direction générale ;
– contrôle de la cohérence des dotations aux amortissements : évolution par catégorie de comptes du ratio dotation/valeur brute et explication des variations significatives ;
– obtention d'explications sur les variations les plus significatives.

B. Évaluation du contrôle interne

31750 La procédure « immobilisations » recouvre généralement les fonctionnalités suivantes :
– détermination et réalisation des investissements ;
– suivi et protection des immobilisations ;
– enregistrement des immobilisations.
Les risques et les points de contrôle interne des phases relatives au déclenchement de la commande à la réception, à l'enregistrement et au paiement des factures sont sensiblement similaires à ceux déjà présentés pour les mêmes phases du cycle « achats/fournisseurs ». On se reportera sur ces différents points aux nᵒˢ 31385 s.

> Sont décrites ci-après, à partir des principaux risques potentiels liés au cycle examiné, les mesures de contrôle interne mises en place usuellement dans les entités. N'est pas rappelée à ce stade la méthodologie de l'évaluation du contrôle interne exposée aux nᵒˢ 28450 s.

Détermination et réalisation des investissements

31760 **Objectifs** Le contrôle interne doit garantir que les immobilisations nécessaires à l'activité de l'entité sont correctement appréhendées, et que sont respectés les critères de rentabilité, les orientations et la politique budgétaire définis par la direction de l'entité.

31763 **Risques potentiels** Des faiblesses dans le processus de choix des investissements à engager peuvent entraîner l'acquisition d'immobilisations non nécessaires à l'activité ou ne présentant pas des critères de rentabilité suffisants. Une dépréciation doit être constatée pour tirer la conséquence de ces situations.

31766 **Mesures usuelles de contrôle interne** Les procédures de contrôle interne permettant de couvrir le risque d'investissements inadaptés consistent essentiellement dans la mise en place d'un contrôle budgétaire des investissements, dans la formalisation d'études de rentabilité établies préalablement à toute commande et dans la définition de pouvoirs spécifiques d'engagement des dépenses d'immobilisations (signature de la demande d'achat et du bon de commande).

31769 **Assertions d'audit concernées** L'acquisition d'immobilisations non rentables ou non utiles pour l'activité peut avoir une incidence directe sur l'**évaluation** des immobilisations.

Suivi et protection des immobilisations

31790 **Objectifs** Le contrôle interne doit garantir que :
– tous les mouvements d'immobilisations sont recensés dans un registre spécifique ;
– les immobilisations sont protégées contre le vol et la destruction et font l'objet d'un entretien régulier ;
– les immobilisations comptabilisées sont identifiées physiquement.

Risques potentiels Un contrôle interne insuffisant en matière de suivi et de protec- **31793**
tion des immobilisations entraîne le risque :
– d'une perte de maîtrise de l'inventaire des immobilisations et par conséquent de la
justification des comptes d'immobilisations ;
– de fonctionnement défectueux des immobilisations ;
– de vol ou de détérioration des immobilisations.

Mesures usuelles de contrôle interne Les procédures de contrôle interne **31796**
permettant de couvrir les risques potentiels mentionnés ci-dessus peuvent reposer
notamment :
– sur une procédure d'**inventaire** permanent des immobilisations appuyée par un inventaire physique périodique (inventaires tournants ou inventaire annuel) ;
– sur l'existence d'un service de **maintenance** disposant de procédures spécifiques et
garantissant l'état de fonctionnement du matériel ;
– sur la mise en place de couvertures d'**assurances** appropriées ;
– sur l'existence de procédures spécifiques de **désinvestissement** (mises au rebut,
cessions) comportant notamment la définition des personnes habilitées à mettre en
œuvre ces opérations.

Assertions d'audit concernées Un mauvais suivi administratif des immobilisations **31799**
et une protection insuffisante du parc peuvent avoir une incidence sur :
– l'**existence** des soldes d'immobilisations : certaines immobilisations, présentes en
comptabilité, peuvent ne plus avoir de réalité physique à la suite d'une cession, d'une
mise au rebut ou d'un vol ;
– l'**évaluation** des immobilisations : le mauvais état, la détérioration ou l'obsolescence
des immobilisations risquent de ne pas être pris en compte sur le plan comptable par le
biais d'une dépréciation appropriée.

Enregistrement des immobilisations

Objectifs Le contrôle interne doit garantir que les immobilisations sont correctement **31820**
enregistrées et évaluées en comptabilité.

Risques potentiels Les anomalies relatives à l'enregistrement des immobilisations **31823**
peuvent se traduire par les risques suivants :
– non-enregistrement (factures non reçues ou perdues) ou enregistrement en charges
de factures d'immobilisations ;
– comptabilisation dans les immobilisations de factures correspondant à des dépenses
courantes ;
– amortissement des immobilisations sur la base de modes et de taux non conformes
aux principes comptables de la société.

Mesures usuelles de contrôle interne Les procédures de contrôle interne **31826**
permettant de couvrir les risques potentiels mentionnés ci-dessus sont notamment :
– la mise en œuvre de contrôle des imputations comptables et d'analyse des charges
d'entretien permettant de sécuriser la distinction entre les charges d'entretien et les
immobilisations ;
– le renforcement du processus de détermination des taux et modes d'amortissement
pour toute nouvelle acquisition ;
– le recensement des mouvements physiques d'immobilisations et la comparaison périodique de ces mouvements physiques avec les mouvements comptables.

Assertions d'audit concernées Les risques mentionnés ci-dessus sont susceptibles **31829**
d'avoir une incidence sur :
– l'**exhaustivité** des immobilisations enregistrées si des factures ne sont pas reçues ou
sont enregistrées en charges ;
– la **régularité** des immobilisations enregistrées si des charges sont comptabilisées en
immobilisations ;
– l'**évaluation** des soldes d'amortissement dans l'hypothèse d'anomalies dans les taux
d'amortissement retenus.

C. Contrôles de substance sur les comptes du cycle « immobilisations »

31880 À ce stade de sa démarche, l'auditeur a dû porter une évaluation sur un certain nombre d'assertions qui, le plus souvent, présentent une importance particulière pour le cycle examiné. Les contrôles de substance vont porter :
– d'une part, sur ces assertions, étant précisé que l'importance des procédures d'audit complémentaires est inversement proportionnelle aux éléments probants issus de l'évaluation du contrôle interne ;

Dans certains cas cependant, la mise en œuvre de contrôles de substance ne pourra remédier aux faiblesses de contrôle interne détectées, et l'auditeur devra en tirer les conséquences dans son opinion.

– d'autre part, sur les assertions qui relèvent par essence des contrôles de substance et non des tests de procédures, comme l'assertion relative à la présentation des comptes et à l'information fournie en annexe.

31886 Les contrôles de l'auditeur pourront porter notamment sur :
– l'exhaustivité des enregistrements ;
– la régularité des enregistrements ;
– l'existence des soldes ;
– l'évaluation des soldes.
L'auditeur mettra généralement en œuvre un certain nombre de procédures d'audit complémentaires, concernant essentiellement les aspects fiscaux relatifs aux immobilisations.

Les contrôles suggérés ci-après sont donnés à titre indicatif. L'auditeur devra adapter la démarche proposée au cas particulier de l'entité contrôlée.

Exhaustivité des enregistrements

31889 Pour vérifier la comptabilisation des investissements en immobilisations, l'auditeur peut réaliser un test sur les charges d'exploitation, plus particulièrement sur les charges d'entretien, afin de s'assurer qu'elles ne comportent pas de dépenses immobilisables. Il a également la possibilité d'identifier physiquement un certain nombre d'immobilisations, par exemple à l'occasion d'une visite ou d'un inventaire de stocks, et de vérifier que celles-ci apparaissent effectivement dans les comptes d'immobilisations.

Régularité des enregistrements

31892 La régularité des opérations affectant les immobilisations comptabilisées à l'actif du bilan peut être contrôlée :
– par un test visant à vérifier, pour les principales **acquisitions** de l'exercice : le caractère immobilisable de la dépense portée en compte d'immobilisations, la propriété juridique des immobilisations, la conformité des taux et modes d'amortissement retenus avec les principes comptables généraux et les principes arrêtés par l'entité, enfin la date retenue comme point de départ de l'amortissement ;
– par un examen des pièces justificatives (acte notarié, procès-verbal de mise au rebut, facture de cession) des **sorties** d'immobilisations significatives de l'exercice.

Existence des soldes

31895 Pour valider les soldes, l'auditeur peut procéder au rapprochement du fichier des immobilisations avec la comptabilité et à un **sondage** sur l'**existence physique** des principales immobilisations.
Il peut également procéder à des confirmations directes :
– demande de confirmation de propriété foncière aux bureaux de conservation des hypothèques ;
– obtention d'un état des privilèges et nantissements (informations à fournir dans l'annexe sur les engagements hors bilan liés aux immobilisations).

La réponse du greffe permet par ailleurs de s'assurer que les matériels en crédit-bail ne figurent pas dans les immobilisations.

L'auditeur peut également contrôler dans ce cadre la justification des comptes d'avances et acomptes versés.

Évaluation des soldes

31898 L'évaluation des soldes des comptes de valeurs brutes est réalisée par le biais des contrôles sur acquisitions (voir ci-dessus, n° 31892). S'agissant des amortissements, l'auditeur procède :
– à l'examen des principes retenus par l'entité pour s'assurer qu'ils sont cohérents avec ceux de l'exercice précédent ;
– à la vérification par sondages des taux et modes d'amortissement retenus pour les immobilisations acquises au cours des exercices antérieurs ;
– au contrôle du calcul de la dotation aux amortissements pratiquée sur les principales immobilisations acquises au titre de l'exercice ;
– au contrôle du calcul des amortissements dérogatoires.

31901 L'auditeur effectue un travail particulier sur les **immobilisations en cours**. Il s'assure notamment qu'elles ne doivent pas donner lieu à la constatation d'un amortissement.
Enfin, sur la base d'entretiens avec la direction ou avec des responsables appropriés, l'auditeur s'assure qu'aucune immobilisation ne doit subir de dépréciation complémentaire pour des raisons d'obsolescence, d'usure ou de détériorations diverses.

Autres contrôles

31903 Dans le cadre des contrôles de substance sur les immobilisations corporelles et incorporelles, l'auditeur peut également procéder :
– à l'examen de l'application des modes et taux d'amortissement au regard de la réglementation fiscale ;
– au contrôle du calcul et du traitement fiscal des plus ou moins-values sur cessions ;
– au contrôle du traitement de la TVA sur les cessions ;
– au recoupement des sorties d'immobilisations avec les produits et charges exceptionnels.

SECTION 3

Immobilisations financières

31920 Cette section porte sur le contrôle des comptes d'immobilisations financières et sur les comptes de résultat associés.

> Sont abordées la connaissance des opérations, la revue des procédures et la mise en œuvre des contrôles de substance sur ces comptes. Pour tout complément d'information sur les aspects comptables du cycle, on pourra se reporter au Mémento Comptable n°s 35000 s. (portefeuille-titres).

A. Connaissance des opérations

31925 L'auditeur doit acquérir une connaissance générale des opérations concernant les immobilisations financières. Ce n'est qu'à cette condition qu'il pourra analyser de manière pertinente les opérations intervenues durant l'exercice.

Connaissance générale

31930 La prise de connaissance générale complète et met à jour les informations à caractère permanent collectées soit lors de la mise en place de la mission de l'exercice, soit lors des contrôles mis en œuvre au cours des exercices précédents. Elle porte sur les opérations, l'environnement externe, l'organisation interne et les méthodes et principes comptables de l'entité contrôlée.

> Ces éléments sont en principe classés dans un dossier permanent par cycle, sous la rubrique correspondant au cycle examiné.

31935 **Opérations** L'auditeur prend connaissance :
– des opérations sur titres de participation (fréquence des opérations, secteurs d'activité, rentabilité des titres détenus...) ;

AUDIT FINANCIER PAR CYCLE

© Éd. Francis Lefebvre

– des créances rattachées aux participations (objet des prêts, nature, durée, taux d'intérêt, clauses particulières...) ;
– des prêts accordés aux membres du personnel (objet, conditions...) ;
– des autres immobilisations financières.

31940 **Organisation interne** L'auditeur prend connaissance de l'organisation éventuellement mise en place en interne pour suivre ces opérations si elles sont nombreuses.

31945 **Méthodes et principes comptables** L'auditeur prend notamment connaissance des principes régissant :
– l'évaluation des titres de participation ;
– la prise en compte dans le temps des produits liés aux immobilisations financières ;
– la distinction entre titres immobilisés et valeurs mobilières de placement.

31950 La prise de connaissance des méthodes comptables permet également à l'auditeur d'identifier les changements de méthodes comptables intervenus ou à venir.

Pour plus de détails sur les changements de méthodes comptables et leur incidence sur le rapport du commissaire aux comptes, voir n° 30904 s.

Procédures analytiques

31955 Les procédures analytiques sont réalisées chaque année et permettent à l'auditeur de prendre connaissance de l'activité et des principales opérations particulières de l'exercice au travers d'une revue indiciaire des comptes et d'entretiens avec les représentants de l'entreprise.

Ces travaux ont vocation à être classés dans le dossier de contrôle annuel de l'auditeur.

31960 Les procédures analytiques réalisées sur les comptes du cycle « immobilisations financières » comportent généralement :
– l'établissement d'un état faisant apparaître les soldes d'ouverture et de clôture, et les mouvements de l'exercice (pour les valeurs brutes et les dépréciations) ;
– le rapprochement des totaux obtenus avec les postes concernés du bilan et du compte de résultat ;
– le comparatif avec l'exercice précédent des revenus générés par les immobilisations financières ;
– l'obtention d'explications sur les évolutions les plus significatives.

B. Évaluation du contrôle interne

31965 Les procédures de contrôle interne concernant les immobilisations financières sont constituées essentiellement par les procédures d'engagements (pouvoirs) et de suivi comptable. Les procédures de suivi comptable sont appréciées et testées dans le cadre des contrôles de substance sur les comptes.

Ainsi les éléments probants obtenus sur ce cycle sont-ils d'une manière générale presque exclusivement obtenus au travers de contrôles de substance.

C. Contrôles de substance sur les comptes du cycle « immobilisations financières »

31970 Les contrôles de l'auditeur pourront notamment porter sur :
– la séparation des exercices ;
– l'existence des soldes ;
– l'évaluation des soldes ;
– la présentation des comptes et l'information donnée en annexe.
L'auditeur mettra généralement en œuvre un certain nombre de procédures d'audit complémentaires, concernant essentiellement les aspects fiscaux relatifs aux immobilisations financières.

Les contrôles suggérés ci-après sont donnés à titre indicatif. L'auditeur devra adapter la démarche proposée au cas particulier de l'entité contrôlée.

768

© Éd. Francis Lefebvre

AUDIT FINANCIER PAR CYCLE

Séparation des exercices

L'auditeur s'assure que les produits se rattachant aux immobilisations financières ont été correctement évalués à la clôture (dividendes à recevoir, intérêts courus, etc.).

31975

Existence des soldes

L'auditeur contrôle la justification des soldes en fonction des titres de propriété et des contrats de prêts. Les prêts aux filiales ou aux membres du personnel peuvent faire l'objet d'une confirmation directe des intéressés.

31980

Évaluation des soldes

L'auditeur examine l'évaluation des titres de participation et des créances rattachées pour valider les montants de dépréciation éventuellement comptabilisés. Il réalise généralement cette étude sur la base des derniers comptes disponibles, des cours de bourse ou des diverses informations que l'entité lui aurait transmises et qu'il aurait estimé suffisamment fiables pour être prises en compte.

Pour les participations en difficulté, l'auditeur s'interroge sur les engagements de soutien pouvant exister, afin d'apprécier si les risques éventuels ont donné lieu à la constatation des dépréciations nécessaires.

L'auditeur apprécie également les chances de recouvrement des prêts et porte une opinion sur le niveau des dépréciations comptabilisées.

31985

Présentation des comptes et informations données en annexe

L'auditeur vérifie qu'il n'y a pas compensation au compte de résultat des plus-values et moins-values sur les titres immobilisés. Il s'assure par ailleurs que les informations significatives requises figurent en annexe : méthode d'évaluation des titres, ventilation des immobilisations financières entre court et long terme, informations sur les éléments relevant de plusieurs postes du bilan, informations sur les filiales et participations, inventaire des valeurs mobilières à la clôture de l'exercice, engagements financiers pris au bénéfice des filiales, etc.

31990

Autres contrôles

L'auditeur procède au contrôle des aspects fiscaux liés aux produits des immobilisations financières (quote-part des opérations en commun, dividendes, intérêts…).

31995

SECTION 4

Ventes/clients

Cette section porte sur le contrôle des comptes de ventes et des comptes de tiers associés.

32000

Sont abordées la connaissance des opérations, la revue des procédures et la mise en œuvre des contrôles de substance sur ces comptes. Pour tout complément d'information sur les aspects comptables du cycle, on pourra se reporter au Mémento Comptable n° 10000 s. (produits et créances d'exploitation).

A. Connaissance des opérations

L'auditeur doit acquérir une connaissance générale des opérations du cycle « ventes/clients ». Ce n'est qu'à cette condition qu'il pourra analyser de manière pertinente les opérations intervenues durant l'exercice.

32050

Connaissance générale

La prise de connaissance générale complète et met à jour les informations à caractère permanent collectées soit lors de la mise en place de la mission de l'exercice, soit lors des

32055

769

AUDIT FINANCIER PAR CYCLE

© Éd. Francis Lefebvre

contrôles mis en œuvre au cours des exercices précédents. Elle porte sur les opérations, l'environnement externe, l'organisation interne et les méthodes et principes comptables de l'entité contrôlée.

Ces éléments sont en principe classés dans un dossier permanent par cycle, sous la rubrique correspondant au cycle examiné.

32063   **Opérations**   L'auditeur recense notamment :
– les **produits commercialisés** par l'entité : leur nature (biens matériels, prestations de services, location...), leur provenance (marchandises achetées ou production, sous-traitance...), etc. ;
– les procédés de vente ou **canaux de distribution** utilisés par l'entité : vente directe sur commande avec livraison, vente en magasin, vente par des représentants, vente par un réseau de distribution, vente par correspondance, etc. ;
– les différentes catégories de contrats et leurs incidences comptables (analyse des contrats et démarche de reconnaissance des produits, documentation du cycle de contractualisation, capacité des personnes morales, obligations des parties, preuve de l'acceptation notamment du prix dans les contrats de service, conditions générales et conditions particulières, bonne information sur les nouvelles dispositions légales, problèmes de dépendance et de violence économique, gestion des promesses uni-latérales, conséquences comptables des phases précontractuelles et, le cas échéant, de l'inexécution des contrats...) ;
– les **activités annexes** : prêts de matériels, consignation, transport... ;
– les **garanties** données (durée, modalités de mise en jeu, impact financier...).

32066   **Environnement externe**   L'auditeur prend connaissance :
– des **partenaires** de l'entité : clients (volume d'affaires, taille, secteur...), intermédiaires divers (relations contractuelles, mode de rémunération...) ;
– des **marchés** sur lesquels intervient l'entité ;
– du **cadre législatif et réglementaire** qui s'applique aux opérations réalisées par l'entité.

32069   **Organisation interne**   L'auditeur s'intéresse à l'organisation mise en place et notamment aux différents services intervenant dans les opérations du cycle, à leurs attributions respectives et à leur place dans l'organisation générale de l'entité.
Pour le cycle « ventes/clients », les services concernés comprendront généralement :
– le service commercial ;
– l'administration des ventes ;
– le service expédition ;
– l'entrepôt ;
– le service comptable (comptabilité clients et comptabilité générale) ;
– le service intervenant dans l'encaissement et la relance des créances clients.

32072   **Méthodes et principes comptables**   L'auditeur prend notamment connaissance :
– des faits générateurs du transfert de propriété et du transfert des risques à l'acheteur (départ usine, livraison domicile...) ;
– des méthodes de calcul des dépréciations de créances clients ;
– des principes de comptabilisation retenus pour les créances en devises, les cessions « Dailly », les retenues de garantie, etc.

32074   La prise de connaissance des méthodes comptables permet également à l'auditeur d'identifier les changements de méthodes comptables intervenus ou à venir.

Pour plus de détails sur les changements de méthodes comptables et leur incidence sur le rapport du commissaire aux comptes, voir nᵒˢ 30904 s.

Procédures analytiques

32090   Les procédures analytiques sont réalisées chaque année et permettent à l'auditeur de prendre connaissance de l'activité et des principales opérations particulières de l'exercice au travers d'une revue indiciaire des comptes et d'entretiens avec les représentants de l'entité.

Ces travaux ont vocation à être classés dans le dossier de contrôle annuel de l'auditeur.

770

AUDIT FINANCIER PAR CYCLE

Les procédures analytiques réalisées sur les comptes de ventes et les comptes clients **32093**
comportent généralement les **travaux** suivants :
– établissement d'un comparatif avec l'exercice précédent des comptes généraux clients
et des ventes ;
– rapprochement des totaux obtenus avec les postes concernés du bilan et du compte
de résultat ;
– réalisation d'une analyse comparative des ventes de l'exercice par compte ou par
groupe de comptes en les comparant avec les données de l'exercice précédent, et si
possible avec le budget de l'exercice ;
– réalisation d'une analyse comparative des ventes de l'exercice par zone de ventes
(France/export), par type de produits, en volume et en valeur, en les comparant avec les
données de l'exercice précédent, et si possible avec le budget de l'exercice ;
– examen de l'évolution des ratios les plus pertinents (délai moyen de règlement notamment) ;
– examen de l'évolution des créances douteuses et des provisions : calcul des ratios
créances douteuses/total des créances clients et provisions pour créances douteuses/
montant des créances douteuses ;
– obtention d'explications sur les principales évolutions.

B. Évaluation du contrôle interne

La procédure « ventes/clients » recouvre généralement les **fonctionnalités suivantes** : **32150**
– acceptation et traitement des commandes ;
– émission et enregistrement des factures ;
– suivi des comptes clients.

> Sont décrites ci-après, à partir des principaux risques potentiels liés au cycle examiné, les mesures de
> contrôle interne mises en place usuellement dans les entités. N'est pas rappelée à ce stade la méthodo-
> logie de l'évaluation du contrôle interne exposée aux n°s 28450 s.

Acceptation et traitement des commandes

Objectifs   Le contrôle interne doit garantir que : **32160**
– l'entité peut honorer les commandes acceptées dans les conditions stipulées ;
– les commandes acceptées correspondent à des clients solvables ;
– les commandes sont traitées dans des délais raisonnables.

Risques potentiels   Le processus examiné présente essentiellement les risques **32163**
suivants :
– acceptation de commandes à des **conditions** financières ou techniques **défavorables**,
pouvant générer ultérieurement des pertes ;
– acceptation d'une commande provenant d'un **client insolvable** ;
– non-transmission de l'acceptation d'une commande au **service** production ou au
service expédition, risquant d'entraîner des **retards de livraison** et les conséquences qui
peuvent en découler (pénalités, annulation de commande, litiges clients…).

Mesures usuelles de contrôle interne   Les procédures de contrôle interne géné- **32166**
ralement mises en place pour couvrir les risques potentiels mentionnés ci-dessus sont :
– la **définition de pouvoirs** pertinents d'acceptation des commandes, et la mise en
œuvre d'un contrôle du respect de ces pouvoirs ;
– la réalisation d'**enquêtes préliminaires** sur la solvabilité des clients et l'établissement
d'une liste des clients à risque ;
– le contrôle du **processus de transmission des commandes** au service production ou
au service expédition ;
– l'**enregistrement des commandes** dans un carnet de commandes et la décrémentation
du carnet au fur et à mesure des livraisons ou réalisations des prestations, de manière à
suivre l'évolution des engagements pris.

Assertions d'audit concernées   Les risques mentionnés ci-dessus peuvent avoir **32169**
une incidence sur :
– l'**exhaustivité** de la prise en compte des pertes ou charges relatives à des commandes
acceptées ;

771

AUDIT FINANCIER PAR CYCLE © Éd. Francis Lefebvre

– l'**exhaustivité** de la prise en compte des litiges clients liés à un retard ou à un mauvais traitement des commandes ;
– l'**évaluation** des créances clients présentant un risque de recouvrement.

Émission et enregistrement des factures

32180 **Objectifs** Le contrôle interne doit garantir :
– que les livraisons réalisées font l'objet d'un suivi correct ;
– que les factures sont établies et enregistrées correctement et rapidement sur les bases contractuelles de la commande client.

32183 **Risques potentiels** Les principaux risques liés à l'émission et à l'enregistrement des factures sont que :
– des livraisons aux clients ne soient pas recensées, ou le soient avec retard, empêchant ou retardant ainsi le déclenchement de la facturation ;
– des clients déclarent ne pas avoir reçu des biens qui leur ont effectivement été livrés ;
– des biens non encore livrés ou des prestations non encore réalisées soient facturés ;
– des factures émises ne soient pas enregistrées au journal des ventes ;
– la survenance de problèmes informatiques gêne la reprise du journal des ventes en comptabilité générale ;
– des factures ou avoirs soient émis sans justification (notamment à la suite de fraudes).

Le risque d'anomalies significatives résultant de fraudes dans la comptabilisation des produits est d'ailleurs présumé par la NEP 240 « Prise en considération de la possibilité de fraudes lors de l'audit des comptes » (§ 19), ce qui constitue la seule présomption de fraude posée par les NEP à ce jour.

32186 **Mesures usuelles de contrôle interne** Les moyens permettant de couvrir les risques potentiels mentionnés ci-dessus sont notamment :
– la **numérotation** (manuelle/automatique) des factures et des bons de livraison et la mise en place d'un contrôle de séquentialité des enregistrements ;
– la **séparation des fonctions** commerciale, facturation et comptabilisation ;
– l'**émargement par le client d'un bon d'expédition** et le retour de ce document au service expédition afin de justifier la livraison ;
– la mise en place d'une **piste d'audit** permettant de contrôler la procédure en passant aisément de la facture au bon de livraison, et inversement ;
– la mise en œuvre d'une procédure spécifique pour les **émissions d'avoirs** ;
– l'instauration d'une procédure de contrôle permanent de l'**interface entre le journal des ventes et la comptabilité**.

32189 **Assertions d'audit concernées** Les risques mentionnés ci-dessus peuvent avoir une incidence sur :
– l'**exhaustivité** des factures émises et des factures enregistrées, en cas de recensement imparfait des livraisons, de mauvaise liaison entre les livraisons et la facturation, d'une interface défectueuse entre le journal des ventes et la comptabilité générale… ;
– l'**évaluation** des créances clients, si l'entité ne parvient pas à justifier a posteriori auprès du client les livraisons réalisées ;
– l'**existence** des créances clients et du chiffre d'affaires, en cas d'émission de factures non justifiées ;
– la **séparation des exercices**, en cas de décalage entre les livraisons et/ou les prestations et la facturation.

Suivi des comptes clients

32200 **Objectifs** Le contrôle interne doit garantir :
– que les comptes clients sont correctement suivis et analysés ;
– que les retards de règlement font l'objet de relances rapides et régulières ;
– que les litiges commerciaux sont rapidement identifiés et traités ;
– que les créances clients font l'objet de dépréciations traduisant correctement les risques de non-recouvrement.

772

Risques potentiels Un suivi défectueux des comptes clients peut occasionner : **32203**
– un retard dans la procédure de relance, imputable au manque de clarté des comptes clients ;
– la non-détection de retards de règlement, qui de ce fait ne sont pas traités ;
– l'insuffisance de dépréciation des créances douteuses.

Mesures usuelles de contrôle interne Les procédures de contrôle interne géné- **32206**
ralement mises en œuvre pour couvrir les risques potentiels mentionnés sont :
– l'analyse régulière des comptes clients ;
– l'examen périodique d'une balance âgée et la relance systématique des clients présen-tant des retards de règlement ;
– la séparation des tâches de relance et de dépréciation.

Assertions d'audit concernées Les défaillances existant dans la procédure de suivi **32209**
des comptes clients sont susceptibles d'avoir une incidence sur les assertions d'**existence** et d'**évaluation** des créances clients.

C. Contrôles de substance sur les comptes du cycle « ventes »

À ce stade de sa démarche, l'auditeur a dû porter une évaluation sur un certain nombre **32250**
d'assertions qui, le plus souvent, présentent une importance particulière pour le cycle examiné. Les contrôles de substance vont porter :
– d'une part, sur ces assertions, étant précisé que l'importance des procédures d'audit complémentaires est inversement proportionnelle aux éléments probants issus de l'éva-luation du contrôle interne ;
  Dans certains cas cependant, la mise en œuvre de contrôles de substance ne pourra remédier aux faiblesses de contrôle interne détectées et l'auditeur devra en tirer les conséquences dans son opinion.
– d'autre part, sur les assertions qui relèvent par essence des contrôles de substance et non des tests de procédures, comme l'assertion relative à la présentation des comptes.

Les contrôles de l'auditeur pourront porter notamment sur : **32254**
– l'exhaustivité des enregistrements ;
– la séparation des exercices ;
– l'existence des soldes ;
– l'évaluation des soldes ;
– la présentation des comptes et l'information donnée en annexe.
  Les contrôles proposés ci-après sont donnés à titre indicatif. L'auditeur devra adapter la démarche proposée au cas particulier de l'entité contrôlée.

Exhaustivité des enregistrements

Afin de valider l'exhaustivité des produits enregistrés, l'auditeur doit se fonder essentiel- **32257**
lement sur l'analyse du contrôle interne. Il peut également tirer parti de la procédure de **confirmation directe** des principaux clients (voir n° 32263).

Séparation des exercices

Pour apprécier si les produits sont rattachés à la bonne période, l'auditeur met générale- **32260**
ment en œuvre :
– des sondages sur les produits comptabilisés en fin d'exercice et sur les produits comptabi-lisés sur l'exercice suivant, pour vérifier le rattachement de ces produits au bon exercice ;
– des sondages sur les avoirs post-clôture, pour s'assurer qu'ils concernent exclusivement l'exercice suivant, ou à défaut qu'ils ont fait l'objet d'une écriture de régularisation à la clôture ;
– un examen de la justification des comptes de produits constatés d'avance, factures à établir et avoirs à établir ;
– des sondages sur les dernières sorties de stocks de l'exercice et sur les premières sorties de stocks de l'exercice suivant, pour s'assurer qu'elles ont bien donné lieu à une factu-ration.

773

Existence des soldes

32263 Les travaux de justification des soldes clients comportent généralement :
– la mise en œuvre d'une **confirmation directe** des principaux clients. Ceux-ci sont sélectionnés en fonction de l'importance des soldes de clôture ;

En l'absence de réponse, l'auditeur met en œuvre des procédures d'audit alternatives consistant à examiner la justification des soldes des clients n'ayant pas répondu et, si possible, le règlement des créances clients.

– un examen du rapprochement entre la balance auxiliaire clients et la balance générale ;
– des sondages sur la justification et l'encaissement des effets à recevoir (sondage sur l'apurement, contrôle physique des effets, etc.).

Évaluation des soldes

32266 L'auditeur examine le récapitulatif des créances douteuses établi par l'entité et le calcul des provisions correspondantes. Il s'assure de l'exhaustivité du recensement des créances douteuses à partir de l'étude d'une balance clients présentant les soldes en fonction de leur ancienneté (balance âgée) et à partir des impayés survenus en fin d'exercice ou sur l'exercice suivant.

L'auditeur s'informe également auprès du service commercial des litiges clients en cours, et de leur incidence financière éventuelle.

Il vérifie le cas échéant le calcul de la provision pour garantie (normalement comptabilisée en provisions pour risques et charges).

S'agissant des créances en **devises**, l'auditeur recense les créances libellées en devises et vérifie qu'elles ont fait l'objet d'une réévaluation correcte à la clôture.

Présentation et informations

32269 L'auditeur s'assure notamment qu'il n'y a pas de compensation entre les créances clients et les comptes clients créditeurs, qui doivent être normalement comptabilisés au passif du bilan. Il vérifie également que l'annexe comporte les informations requises présentant un caractère significatif : ventilation des créances, effets à recevoir, clause de réserve de propriété, ventilation du chiffre d'affaires, opérations avec les entreprises liées, etc.

SECTION 5

Stocks et en-cours de production

32350 Cette section porte sur le contrôle des comptes de stocks, en-cours de production et sur les comptes de variation de stocks et en-cours.

Sont abordées la connaissance des opérations, la revue des procédures et la mise en œuvre des contrôles de substance sur ces comptes. Pour tout complément d'information sur les aspects comptables du cycle, on pourra se reporter au Mémento Comptable n⁰ˢ 20000 s.

A. Connaissance des opérations

32360 L'auditeur doit acquérir une connaissance générale des opérations du cycle. Ce n'est qu'à cette condition qu'il pourra analyser de manière pertinente les opérations intervenues durant l'exercice.

Connaissance générale

32370 La prise de connaissance générale complète et met à jour les informations à caractère permanent collectées soit lors de la mise en place de la mission de l'exercice, soit lors des contrôles mis en œuvre au cours des exercices précédents. Elle porte sur les opérations, l'environnement externe, l'organisation interne et les méthodes et principes comptables de l'entité contrôlée.

Ces éléments sont en principe classés dans un dossier permanent par cycle, sous la rubrique correspondant au cycle examiné.

Opérations L'auditeur prend connaissance : **32373**
– des opérations de **production**, et en particulier des différents stades de la production, de la durée des cycles de production, des difficultés de production rencontrées, etc. ;
– des circuits d'**approvisionnement** de matières premières, marchandises, matières consommables, pièces de rechange, etc. ;
– des niveaux de **stocks** et d'**en-cours de production** généralement détenus par l'entité ;
– des détentions de **stocks pour le compte de tiers** ;
– du mode de **suivi des quantités** (inventaires permanents, intermittents, périodicité des inventaires physiques…) ;
– des **lieux de stockage** (emplacement géographique des magasins, entrepôts…).

Environnement externe L'auditeur doit s'informer des réglementations spéci- **32376** fiques susceptibles de s'appliquer aux stocks de l'entité (produits dangereux), ainsi que des contraintes particulières de stockage (produits susceptibles de vols, péremption, conditionnements spécifiques…), etc.

Organisation interne L'auditeur s'intéresse à l'organisation mise en place et **32379** notamment aux différents services intervenant dans les opérations du cycle, à leurs attributions respectives et à leur place dans l'organisation générale de l'entité. Pour le cycle « stocks et en-cours de production », les services concernés comprennent généralement :
– les magasins de stockage ;
– le service réception ;
– le service expédition ;
– le service de gardiennage.

Méthodes et principes comptables L'auditeur prend connaissance : **32382**
– des méthodes de **valorisation** des stocks et en-cours, et notamment de la formation des coûts de revient et du mode de prise en compte des écarts d'incorporation lorsque l'entité utilise des prix standard ;
– des méthodes retenues pour la **dépréciation** des stocks.
  À ce stade, l'auditeur apprécie la conformité des principes retenus avec la réglementation comptable, ainsi que la permanence des méthodes par rapport à l'année précédente.

La prise de connaissance des méthodes comptables permet également à l'auditeur **32384** d'identifier les changements de méthodes comptables intervenus ou à venir.
  Pour plus de détails sur les changements de méthodes comptables et leur incidence sur le rapport du commissaire aux comptes, voir n⁰ 30904 s.

Procédures analytiques

Les procédures analytiques sont réalisées chaque année et permettent à l'auditeur de **32400** prendre connaissance de l'activité et des principales opérations particulières de l'exercice au travers d'une revue indiciaire des comptes et d'entretiens avec les représentants de l'entité.
  Ces travaux ont vocation à être classés dans le dossier de contrôle annuel de l'auditeur.

Les procédures analytiques réalisées sur les stocks et en-cours de production comportent **32403** généralement :
– l'obtention ou l'établissement d'un état récapitulatif des stocks et en-cours (valeurs brutes et provisions), par catégorie et par site, en comparaison avec l'année précédente. L'auditeur s'assure de la concordance avec les états financiers des totaux ressortant de cet état ;
– l'examen de ratios permettant de mesurer l'importance des stocks en nombre de jours de production, pour les produits finis, intermédiaires et en-cours, ou en nombre de jours d'achat, pour les matières premières et les marchandises ;
– l'examen de l'évolution du taux moyen de provision, globalement, puis par catégorie de stocks ;
– l'obtention des explications nécessaires sur les évolutions les plus significatives.

B. Évaluation du contrôle interne

32450 Les procédures du cycle « stocks et en-cours de production » recouvrent généralement les fonctionnalités suivantes :
- production ;
- suivi des quantités en stocks et protection physique des stocks ;
- valorisation et dépréciation des stocks.

Sont décrites ci-après, à partir des principaux risques potentiels liés au cycle examiné, les mesures de contrôle interne mises en place usuellement dans les entités. N'est pas rappelée à ce stade la méthodologie de l'évaluation du contrôle interne exposée aux nos 28450 s.

Production

32460 **Objectifs** Le contrôle interne doit notamment garantir que les lancements en production visent à produire des biens utiles à l'entité ou destinés à être vendus et que les en-cours de production sont correctement suivis et évalués à la clôture.

32463 **Risques potentiels** Parmi les risques majeurs associés à la production figurent :
- le lancement de productions pour des biens sans **débouchés**, qui doivent de ce fait être dépréciés ;
- l'obtention de biens de **qualité** inférieure aux attentes internes ou aux attentes du marché ;
- l'absence de visibilité sur la **réalité des en-cours** de production ;
- la présence d'anomalies dans le calcul des **coûts de production** des biens stockés.

32466 **Mesures usuelles de contrôle interne** Les procédures de contrôle interne généralement mises en place pour couvrir les risques potentiels mentionnés ci-dessus sont les suivantes :
- les procédures permettant de **recenser** systématiquement et périodiquement **les besoins** de l'entité (voir l'identification des besoins dans le cycle « achats/fournisseurs », nos 31360 s.) ;
- la définition et la mise en place d'un programme d'**assurance qualité** ;
- la mise en place d'une **comptabilité analytique** permettant de suivre en permanence les en-cours de production, d'en connaître la valeur et de calculer de manière fiable les coûts de production des produits stockés.

32469 **Assertions d'audit concernées** Les assertions d'audit concernées par les risques potentiels mentionnés ci-dessus sont plus particulièrement l'**existence** et l'**évaluation** des stocks et en-cours de production.

Suivi des quantités et protection physique des stocks

32485 **Objectifs** Le contrôle interne doit garantir principalement :
- que les mouvements de stocks sont justifiés et autorisés ;
- que les mouvements de stocks sont tous enregistrés et qu'ils le sont sur la bonne période ;
- que le décompte des quantités en stocks lors des inventaires physiques périodiques est effectué de manière satisfaisante (définition et mise en place de procédures d'inventaire physique fiables) ;
- que l'inventaire permanent, s'il existe, est fiable.

32488 **Risques potentiels** Les principaux risques liés au suivi des quantités en stocks sont :
- l'existence de **mouvements non enregistrés**, qui font perdre à l'inventaire permanent sa fiabilité ;
- le **décalage** d'un exercice sur l'autre d'une entrée ou d'une sortie de stocks ;
- un suivi insuffisant des stocks entreposés **à l'extérieur** de la société (sous-traitants, dépositaires...) ;
- le **vol** ou le **coulage** de stocks ;
- la **confusion** des stocks appartenant à l'entité avec ceux appartenant à des tiers.

Mesures usuelles de contrôle interne Les procédures de contrôle interne géné-   **32491**
ralement mises en place pour couvrir les risques potentiels mentionnés ci-dessus comportent habituellement :
– la mise en place de procédures de limitation des **accès aux lieux de stockage** (fermeture des magasins, limitation des personnes autorisées à entrer dans le magasin…) ;
– la **justification** systématique des mouvements (existence de bons d'entrée et bons de
réception) et la tenue d'un système d'**inventaire permanent** ;
– la mise en œuvre de procédures d'**inventaires tournants** en cours d'année de manière
à vérifier la fiabilité de l'inventaire, ou d'inventaire exhaustif en fin d'exercice ;
– la mise en œuvre d'inventaires physiques à **échéances** périodiques et l'exploitation
appropriée des écarts constatés avec l'inventaire permanent s'il existe ;
– la **séparation** physique des stocks appartenant à des tiers et des stocks appartenant à
l'entité ;
– le suivi et le contrôle des stocks localisés **à l'extérieur** de l'entité.

Assertions d'audit concernées La principale assertion d'audit concernée par les   **32494**
risques potentiels mentionnés ci-dessus est l'**existence des stocks**, qui est remise en cause
en cas d'inadaptation du suivi quantitatif des stocks.

Valorisation et dépréciation des stocks

Objectifs Le contrôle interne doit principalement garantir :   **32510**
– que tous les articles rentrés en stocks sont valorisés conformément aux méthodes
arrêtées par l'entité ;
– que tous les articles en stocks font l'objet d'un calcul de dépréciation à la clôture
conformément aux méthodes arrêtées par l'entité.

Risques potentiels Les principaux risques potentiels identifiés sont liés à l'existence   **32513**
de procédures administratives et comptables défectueuses ou complexes qui soit conduisent à des anomalies dans le calcul des coûts de production ou des coûts d'achat, soit
ne permettent pas d'apprécier de manière systématique les articles devant faire l'objet
d'une dépréciation.

Mesures usuelles de contrôle interne Les risques potentiels mentionnés ci-   **32516**
dessus sont le plus souvent traités par la mise en place d'une procédure de **calculs
automatiques** des coûts de production et des dépréciations reposant sur la mise en
œuvre d'algorithmes informatiques. L'efficacité du traitement automatisé est alors fonction, d'une part, de la qualité des principes de calcul retenus, d'autre part, de la qualité
des données entrées dans le système. L'auditeur procédera donc par **sondages** pour
valider ces deux points.

Une bonne identification des besoins dans le cadre de la procédure « achats » permet également de
sécuriser la valorisation des stocks (voir n°s 31360 s.).

Assertions d'audit concernées L'assertion relative à l'**évaluation** est la principale   **32519**
assertion concernée par les procédures de valorisation et de dépréciation des stocks.

C. Contrôles de substance sur les comptes
du cycle « stocks et en-cours »

À ce stade de sa démarche, l'auditeur a dû porter une évaluation sur un certain nombre   **32570**
d'assertions qui le plus souvent présentent une importance particulière pour le cycle
examiné. Les contrôles de substance vont porter :
– d'une part, sur ces assertions, étant précisé que l'importance des procédures d'audit
complémentaires est inversement proportionnelle aux éléments probants issus de l'évaluation du contrôle interne ;

Dans certains cas cependant, la mise en œuvre de contrôles de substance ne pourra remédier aux
faiblesses de contrôle interne détectées, et l'auditeur devra en tirer les conséquences dans son opinion.

– d'autre part, sur les assertions qui relèvent par essence des contrôles de substance et
non des tests de procédures, comme l'assertion relative à la présentation des comptes.

AUDIT FINANCIER PAR CYCLE © Éd. Francis Lefebvre

32576 Les contrôles de l'auditeur pourront porter notamment sur :
– l'existence des soldes ;
– l'évaluation des soldes.

L'auditeur mettra généralement en œuvre un certain nombre de procédures d'audit complémentaires, concernant essentiellement les aspects fiscaux relatifs aux stocks.

Les contrôles suggérés ci-après sont donnés à titre indicatif. L'auditeur devra adapter la démarche proposée au cas particulier de l'entité contrôlée.

Existence des soldes

32579 Le contrôle de cette assertion repose essentiellement sur la validation de l'inventaire de clôture des stocks et en-cours. L'auditeur inclut donc en principe dans son programme de travail :
– l'assistance à l'inventaire physique des stocks et en-cours de clôture ;

Dans l'hypothèse où l'entité procède par inventaires tournants, l'auditeur contrôle que tous les articles ont fait l'objet d'un comptage au moins une fois dans l'exercice.

– le rapprochement par sondages des quantités inventoriées avec l'état final du stock ;
– la vérification de l'absence de stocks appartenant à des tiers dans les stocks valorisés au bilan ;

Ce contrôle peut s'appuyer sur une demande de confirmation adressée aux fournisseurs concernés.

– le contrôle que les stocks appartenant à l'entité et en dépôt à l'extérieur sont bien recensés dans l'inventaire final valorisé.

Ce contrôle peut s'appuyer sur une demande de confirmation adressée aux entreprises dépositaires du stock.

Évaluation des soldes

32582 Pour valider cette assertion, l'auditeur procède généralement à des contrôles sur la valorisation des stocks et en-cours et sur leur dépréciation. Les contrôles sur la valorisation peuvent comporter des tests portant sur le calcul de la valorisation pour un échantillon d'articles ou d'en-cours correspondant aux principales valeurs. L'auditeur vérifie le respect des principes de valorisation arrêtés par l'entité. En cas de valorisation des stocks en prix standard, l'auditeur examine les écarts d'incorporation et apprécie leur traitement comptable. Sur une sélection d'articles, l'auditeur peut mettre en œuvre une comparaison des valorisations unitaires de l'exercice avec celles de l'exercice précédent, puis analyser les variations les plus significatives.

32584 S'agissant des dépréciations des stocks et en-cours, l'auditeur peut contrôler la correcte application des méthodes appliquées par l'entité, sur la base d'une revue des algorithmes informatiques et/ou d'un sondage sur une sélection d'articles. L'auditeur s'assure également que la valeur de réalisation est supérieure ou égale au coût de revient. Il vérifie également la cohérence des dépréciations entre les en-cours, les produits intermédiaires et les produits finis d'un même processus de production.

Autres contrôles

32586 L'auditeur peut également réaliser :
– un contrôle des **provisions** à caractère fiscal (provision pour hausse des prix, provision pour fluctuation des cours des matières premières...) ;
– un contrôle du traitement fiscal des provisions pour rotations lentes.

SECTION 6

Trésorerie

32700 Cette section porte sur le contrôle des comptes de trésorerie (y compris les comptes en devises) et sur les comptes de résultat associés.

Sont abordées la connaissance des opérations, la revue des procédures et la mise en œuvre des contrôles de substance sur ces comptes. Pour tout complément d'information sur les aspects comptables du cycle, on pourra se reporter au Mémento Comptable n⁰ˢ 40650 s. (schéma usuel de comptabilisation des opérations de trésorerie courantes), n⁰ˢ 40295 s. (évaluation des créances et dettes en monnaie étrangère) et n⁰ˢ 41975 s. (achats et ventes de devises à terme).

778

A. Connaissance des opérations

32750 L'auditeur doit acquérir une connaissance générale des opérations du cycle « trésorerie ». Ce n'est qu'à cette condition qu'il pourra analyser de manière pertinente les opérations intervenues durant l'exercice.

Connaissance générale

32770 La prise de connaissance générale complète et met à jour les informations à caractère permanent collectées soit lors de la mise en place de la mission de l'exercice, soit lors des contrôles mis en œuvre au cours des exercices précédents. Elle porte sur les opérations, l'environnement externe, l'organisation interne et les méthodes et principes comptables de l'entité contrôlée.

> Ces éléments sont en principe classés dans un dossier permanent par cycle, sous la rubrique correspondant au cycle examiné.

32773 **Opérations** L'auditeur recense les caractéristiques essentielles des opérations de trésorerie, leur fréquence, les flux financiers concernés. Il prend également connaissance des difficultés et risques que ces opérations engendrent pour l'entité, ainsi que des contraintes d'organisation qu'elles impliquent. La prise de connaissance concerne les opérations courantes de trésorerie (émission et encaissement de chèques, virements, opérations de caisse, etc.), les lignes de crédit consenties à l'entité, les opérations de placement et les opérations spécifiques de trésorerie (couverture de change, gestion de la trésorerie d'un groupe…).

La prise de connaissance porte également, le cas échéant, sur les opérations en devises réalisées par l'entité, qui sont notamment susceptibles d'inclure :
– des opérations d'exploitation courantes (achats, ventes, investissements, valeurs mobilières) ;
– la gestion de la trésorerie en devises (comptes bancaires en devises, caisses) ;
– la mise en œuvre de couvertures de change (opérations à terme, instruments financiers…) ;
– etc.

32776 **Environnement externe** L'auditeur prend connaissance des marchés financiers sur lesquels l'entité intervient, ainsi que de ses principaux partenaires (banques, intermédiaires, etc.).

32779 **Organisation interne** L'auditeur s'intéresse à l'organisation mise en place et notamment aux différents services intervenant dans les opérations de trésorerie, à leurs attributions respectives et à leur place dans l'organisation générale de l'entité : service trésorerie, service de placement, services spécifiques (gestion du risque de change, prévisions de trésorerie…). Concernant la gestion et la maîtrise des opérations en devises, l'existence de compétences spécifiques et de services dédiés constitue également des facteurs à prendre en compte.

32782 **Méthodes et principes comptables** L'auditeur prend notamment connaissance des principes régissant :
– la comptabilisation des opérations de banque ;
– la distinction entre titres immobilisés/valeurs mobilières de placement, etc. ;
– la conversion des dettes et des créances en devises ;
– la classification des gains et pertes de change ;
– la prise en compte du risque de change ;
– la comptabilisation des instruments financiers et le traitement du résultat latent sur ces instruments à la clôture, etc.

32784 La prise de connaissance des méthodes comptables permet également à l'auditeur d'identifier les changements de méthodes comptables intervenus ou à venir.

> Pour plus de détails sur les changements de méthodes comptables et leur incidence sur le rapport du commissaire aux comptes, voir nos 30904 s.

AUDIT FINANCIER PAR CYCLE © Éd. Francis Lefebvre

Procédures analytiques

32800 Les procédures analytiques sont réalisées chaque année et permettent à l'auditeur de prendre connaissance de l'activité et des principales opérations particulières de l'exercice au travers d'une revue indiciaire des comptes et d'entretiens avec les représentants de l'entité.

Ces travaux ont vocation à être classés dans le dossier de contrôle annuel de l'auditeur.

32805 Les procédures analytiques réalisées sur les comptes du cycle « trésorerie » comportent généralement :
– l'établissement d'un comparatif des comptes bancaires et des comptes de caisse avec l'exercice précédent ;
– la revue du tableau de financement ;
– l'obtention d'explications sur les nouveaux comptes ouverts durant l'exercice ;
– la détermination de la fonction de chaque compte et l'identification des opérations et/ou des services qui le concernent ;
– l'établissement d'un comparatif des charges et produits composant le résultat financier de l'entité, et l'obtention d'explications sur ses principales composantes ainsi que sur les variations les plus significatives ;
– la réalisation, si nécessaire, de renvois d'informations vers d'autres cycles (emprunts notamment) ;
– l'obtention d'explications sur l'évolution des soldes ;
– le recensement des actifs et passifs en devises à la clôture ;
– l'examen de l'évolution des principales devises (en cours moyen, en cours de clôture) ;
– l'examen de l'évolution du résultat de change et le contrôle de sa cohérence au regard des flux d'opérations et de l'évolution des devises.

B. Évaluation du contrôle interne

32850 Les fonctionnalités attachées aux procédures de trésorerie sont :
– les paiements ;
– les encaissements.

Sont décrites ci-après, à partir des principaux risques potentiels liés au cycle examiné, les mesures de contrôle interne mises en place usuellement dans les entités. N'est pas rappelée à ce stade la méthodologie de l'évaluation du contrôle interne exposée aux nos 28450 s.

Ne sont pas abordés les aspects spécifiques à certains environnements, tels que la gestion du risque de taux.

Le cas échéant, l'auditeur analyse les procédures mises en œuvre par l'entité pour gérer et maîtriser son risque de change, en particulier sur les sujets suivants :
– la séparation des fonctions de décideur des opérations de couverture de change et de réalisation desdites opérations ;
– la définition de pouvoirs pour la réalisation d'opérations sur des instruments financiers de couverture, etc.

Paiements

32870 **Objectifs** Le contrôle interne doit garantir :
– que les paiements réalisés sont tous justifiés par des opérations initiées par l'entité ;
– que les paiements sont enregistrés correctement et rapidement dans les comptes de trésorerie ;
– que les carnets de chèques, les caisses et les autres moyens de paiement sont protégés.

32873 **Risques potentiels** Les risques potentiels sont essentiellement :
– les mises en paiement sans justification, réalisées en double ou réalisées par virement sur des comptes erronés ;
– le défaut d'enregistrement de certains paiements ;
– le vol de chèques ou d'espèces.

32876 **Mesures usuelles de contrôle interne** Les procédures de contrôle interne généralement mises en place pour couvrir les risques mentionnés ci-dessus comprennent :
– des définitions de pouvoirs limitant strictement le nombre de personnes ayant **accès aux chèques** et ayant la possibilité de faire des virements ;

© Éd. Francis Lefebvre

AUDIT FINANCIER PAR CYCLE

– l'adjonction à toutes les préparations de règlements des **pièces justificatives** de paiement ;
– l'apposition systématique d'un **bon à payer** sur chaque pièce justificative de paiement, donné par une personne bénéficiant d'un pouvoir suffisant ;
– l'**estampillage** systématique de la pièce justificative (par exemple avec la mention « Payé »), de manière à éviter les doubles règlements ;
– la limitation des personnes ayant **accès aux coordonnées bancaires des fournisseurs** et le contrôle strict des coordonnées utilisées pour les paiements ;
– la mise à jour régulière des **pouvoirs bancaires** remis aux banques ;
– le contrôle de l'exhaustivité de la comptabilisation des paiements par établissement d'**états de rapprochement bancaire** périodiques supervisés par une personne indépendante ;
– la protection physique des **caisses** et des **formules de chèque**.

Assertions d'audit concernées Les risques mentionnés ci-dessus ont une incidence sur :

32879

– l'**exhaustivité** des paiements enregistrés ;
– la **régularité** des paiements, la réalisation des risques potentiels pouvant entraîner la réalisation de paiements indus.

Encaissements

Objectifs Le contrôle interne doit garantir :

32895

– que les chèques reçus sont rapidement remis en banque pour encaissement ;
– que les encaissements sont recensés exhaustivement ;
– que les encaissements sont enregistrés correctement et rapidement dans les comptes de trésorerie ;
– que les fonds correspondants sont mis à la disposition de l'entité dans les délais les plus rapides.

Risques potentiels Les risques potentiels généralement liés au risque de fraude relatifs aux opérations d'encaissement sont essentiellement :

32898

– les détournements, pertes ou remises tardives de chèques reçus ;
– le non-enregistrement de chèques ou virements reçus ;
– l'enregistrement fictif d'encaissements.

S'agissant des obligations du commissaire aux comptes dans le cadre de la lutte contre le blanchiment des capitaux et le financement du terrorisme, voir nᵒˢ 62090-1 s.

Mesures usuelles de contrôle interne Les procédures de contrôle interne permettant généralement de couvrir les risques mentionnés ci-dessus sont :

32902

– la **comptabilisation systématique** des chèques reçus par une personne indépendante de celle chargée des remises en banque ;
– la **séparation des fonctions** de réception du courrier, de remise en banque des chèques, de tenue des comptes de trésorerie et de tenue des comptes clients ;
– le **rapprochement** des chèques reçus et des chèques enregistrés ;
– le contrôle de l'exhaustivité de l'enregistrement et de la réalité des encaissements par l'établissement d'**états de rapprochements bancaires** périodiques supervisés par une personne indépendante.

Assertions d'audit concernées Les risques mentionnés ci-dessus sont susceptibles d'avoir une incidence sur les assertions d'**exhaustivité** et de **régularité** des enregistrements relatifs aux encaissements.

32905

C. Contrôles de substance sur les comptes du cycle « trésorerie »

À ce stade de sa démarche, l'auditeur a dû porter une évaluation sur un certain nombre d'assertions qui, le plus souvent, présentent une importance particulière pour le cycle examiné. Les contrôles de substance vont porter :

32950

– d'une part, sur ces assertions, étant précisé que l'importance des procédures d'audit complémentaires est inversement proportionnelle aux éléments probants issus de l'évaluation du contrôle interne ;

Dans certains cas cependant, la mise en œuvre de contrôles de substance ne pourra remédier aux faiblesses de contrôle interne détectées, et l'auditeur devra en tirer les conséquences dans son opinion.

– d'autre part, sur les assertions qui relèvent par essence des contrôles de substance et non des tests de procédures, comme l'assertion relative à la présentation des comptes.

32953 Les contrôles de l'auditeur pourront notamment porter sur :
– la séparation des exercices ;
– l'existence des soldes ;
– l'évaluation des soldes ;
– la présentation des comptes et l'information fournie en annexe.

L'auditeur mettra généralement en œuvre un certain nombre de procédures d'audit complémentaires, concernant essentiellement les aspects fiscaux relatifs aux opérations de trésorerie.

Les contrôles suggérés ci-après sont donnés à titre indicatif. L'auditeur devra adapter la démarche proposée au cas particulier de l'entité contrôlée.

Séparation des exercices

32956 À partir des rapprochements bancaires, l'auditeur vérifie que les mouvements de trésorerie sont comptabilisés sur le bon exercice. Il vérifie également la prise en compte des intérêts bancaires non échus ainsi que les intérêts courus non échus sur certaines valeurs mobilières.

Existence des soldes

32959 Les procédures d'audit mises en œuvre par l'auditeur peuvent comporter notamment :
– le contrôle des **états de rapprochements bancaires** ;
– la **confirmation directe des banques** en relation avec l'entité, en vue d'obtenir la validation de diverses informations : signataires habilités à réaliser des opérations, engagements pris ou reçus par l'entité, soldes des différents comptes ouverts par l'entité (y compris les soldes des comptes d'emprunts), montant des parts sociales, etc. ;

Le rapprochement de la liste des personnes théoriquement investies d'un pouvoir de signature avec les réponses apportées à la demande de confirmation de banques fait souvent apparaître la nécessité d'une actualisation de l'information mise à la disposition de la banque.

– le **contrôle des caisses**, consistant notamment à examiner la feuille d'inventaire et à tester la justesse du journal de caisse au jour de l'intervention ;
– le contrôle de la justification et de l'apurement des valeurs à l'encaissement (chèques, effets…) ;
– l'examen de la justification des valeurs mobilières à partir des relevés des dépositaires des titres.

L'auditeur s'assure également que tous les comptes de virements internes sont soldés à la clôture.

Évaluation des soldes

32962 Le contrôle de l'évaluation des soldes nécessite le plus souvent :
– le contrôle de la conversion au cours de clôture des soldes de banques et caisses en devises ;
– l'examen de la valeur à la clôture du portefeuille de valeurs mobilières et le contrôle de l'enregistrement des provisions nécessaires.

L'auditeur contrôle également les écarts de conversion comptabilisés à la clôture. Il s'assure que les écarts de conversion actifs donnent lieu à la constitution d'une provision pour perte de change (sauf en cas de constitution d'une couverture de change adéquate par ailleurs).

L'auditeur examine le traitement comptable des instruments financiers utilisés, notamment la comptabilisation des opérations et le traitement du résultat latent à la clôture.

Présentation des comptes et informations fournies en annexe

32965 L'auditeur s'assure que les soldes créditeurs de banques sont bien comptabilisés dans le poste « Emprunts et dettes au passif ». Il vérifie par ailleurs que les informations significatives

© Éd. Francis Lefebvre

AUDIT FINANCIER PAR CYCLE

requises figurent bien en annexe : engagements financiers, principes d'évaluation, éléments fongibles, etc.

Autres contrôles

En complément de ces différents contrôles, une attention particulière pourra être apportée par l'auditeur aux aspects fiscaux spécifiques pouvant être liés à certains placements (obligations, bons) ainsi qu'aux écarts de conversion et provisions pour risque de change.

32968

SECTION 7

Emprunts et dettes financières

Cette section porte sur le contrôle des comptes d'emprunts et dettes financières et sur les comptes de charges financières associés.

33350

> Sont abordées la connaissance des opérations, la revue des procédures et la mise en œuvre des contrôles de substance sur les comptes. Pour tout complément d'information sur les aspects comptables du cycle, on pourra se reporter au Mémento Comptable n°s 40940 s.

A. Connaissance des opérations

L'auditeur doit acquérir une connaissance générale des opérations d'emprunts et dettes financières. Ce n'est qu'à cette condition qu'il pourra analyser de manière pertinente les opérations intervenues durant l'exercice.

33400

Connaissance générale

La prise de connaissance générale complète et met à jour les informations à caractère permanent collectées soit lors de la mise en place de la mission de l'exercice, soit lors des contrôles mis en œuvre au cours des exercices précédents. Elle porte sur les opérations, l'environnement externe, l'organisation interne et les méthodes et principes comptables de l'entité contrôlée.

33420

> Ces éléments sont en principe classés dans un dossier permanent par cycle, sous la rubrique correspondant au cycle examiné.

Opérations L'auditeur prend connaissance :
– de la nature et de l'origine des emprunts et dettes financières contractés (objet des financements, types d'emprunts, devises, échéancier, contrepartie, conditions de remboursement, taux…) ;
– des garanties données sur emprunts ou « covenants » ;
– des confirmations éventuelles à produire auprès des banques (ratios covenants…) ;
– de la gestion du risque de taux.

33423

Environnement externe L'auditeur prend connaissance des partenaires financiers de l'entité (établissements financiers, organismes étatiques, etc.).

33426

Procédures analytiques

Les procédures analytiques sont réalisées chaque année et permettent à l'auditeur de prendre connaissance de l'activité et des principales opérations particulières de l'exercice au travers d'une revue indiciaire des comptes et d'entretiens avec les représentants de l'entité.

33445

> Ces travaux ont vocation à être classés dans le dossier de contrôle annuel de l'auditeur.

Les procédures analytiques réalisées sur les comptes du cycle « emprunts et dettes financières » consistent généralement dans la réalisation des travaux suivants :
– établissement (ou obtention) d'un tableau de variation des emprunts et dettes financières présentant les soldes en début et en fin d'exercice et les mouvements de l'exercice ;

33450

783

AUDIT FINANCIER PAR CYCLE   © Éd. Francis Lefebvre

– rapprochement avec le tableau de financement ;
– établissement d'un comparatif avec l'exercice précédent des charges financières des emprunts (en liaison avec les procédures analytiques réalisées dans le cadre du cycle « trésorerie », voir n° 32800) ;
– obtention d'explications sur les évolutions les plus significatives.

B. Évaluation du contrôle interne

33500 Les procédures de contrôle interne concernant les emprunts et dettes financières sont constituées essentiellement par les procédures d'engagements (pouvoirs) et de suivi comptable.
Les engagements contractuels pris en matière de nouveaux emprunts ne posent pas, sauf cas particulier, de difficultés, les établissements de crédit obtenant généralement la signature d'une personne représentant de manière incontestable la direction générale. Quant aux procédures de suivi comptable, elles sont appréciées et testées à l'occasion des contrôles de substance sur les comptes.

Ainsi les éléments probants obtenus sur ce cycle sont-ils, d'une manière générale, presque exclusivement obtenus au travers de contrôles de substance.

C. Contrôles de substance sur les comptes du cycle « emprunts et dettes »

33550 Les contrôles de l'auditeur pourront porter notamment sur :
– la séparation des exercices ;
– l'existence des soldes ;
– l'évaluation des soldes ;
– la présentation des comptes et l'information donnée en annexe.
L'auditeur mettra généralement en œuvre un certain nombre de procédures d'audit complémentaires concernant les aspects fiscaux et risques de taux sur les emprunts et dettes.

Les contrôles suggérés ci-après sont donnés à titre indicatif. L'auditeur devra adapter la démarche proposée au cas particulier de l'entité contrôlée.

Séparation des exercices

33560 L'auditeur vérifie que les intérêts ont fait l'objet des régularisations comptables adéquates à la clôture (comptabilisation des charges d'intérêts à payer et/ou des charges d'intérêts constatées d'avance...).

Existence des soldes

33570 L'auditeur valide les soldes d'emprunt, d'une part, à partir des contrats d'emprunts et de leur tableau d'amortissement, d'autre part, à partir de la confirmation directe des établissements bancaires (voir n° 32959).
L'auditeur examine également la justification des comptes courants d'associés ou des sociétés du même groupe.

Évaluation des soldes

33580 L'auditeur vérifie que la conversion à la clôture des emprunts en devises est conforme aux principes comptables.

Présentation des comptes et informations données en annexe

33590 L'auditeur contrôle que les informations significatives requises figurent bien en annexe : engagements pris ou reçus au titre des emprunts (hypothèques, nantissements), échéancier global des emprunts, informations sur les emprunts obligataires éventuels, etc.

© Éd. Francis Lefebvre

AUDIT FINANCIER PAR CYCLE

Autres contrôles

L'auditeur procède également aux contrôles suivants :
– examen du traitement fiscal des intérêts non déductibles sur comptes courants d'associés ;
– examen du risque de taux.

33600

SECTION 8

Fonds propres

Cette section porte sur le contrôle des fonds propres et des comptes de résultat associés.

33750

> Selon le PCG (titre 4, chapitre 4, section 1), les fonds propres comprennent les capitaux propres et les autres fonds propres.
>
> Sont abordées la connaissance des opérations, la revue des procédures et la mise en œuvre des contrôles de substance sur les comptes. Pour tout complément d'information sur les aspects comptables du cycle « fonds propres », on pourra se reporter au Mémento Comptable n°s 55000 s.

A. Connaissance des opérations

L'auditeur doit acquérir une connaissance générale des opérations relatives aux fonds propres. Ce n'est qu'à cette condition qu'il pourra analyser de manière pertinente les opérations intervenues durant l'exercice.

33800

Connaissance générale

La prise de connaissance préliminaire complète et met à jour les informations à caractère permanent collectées soit lors de la mise en place de la mission de l'exercice, soit lors des contrôles mis en œuvre au cours des exercices précédents. Elle porte sur les opérations, l'environnement externe, l'organisation interne et les méthodes et principes comptables de l'entité contrôlée.

33810

> Ces éléments sont en principe classés dans un dossier permanent par cycle, sous la rubrique correspondant au cycle examiné.

Opérations   L'auditeur examine les opérations réalisées au cours des dernières années par la société : augmentations du capital par apport en numéraire, par apport en nature, émissions d'actions avec bons de souscription, émissions d'emprunts convertibles ou de titres participatifs, etc.

33815

Environnement externe   L'auditeur prend connaissance des aspects concernant les partenaires de la société, à savoir d'un côté les actionnaires, qui participent aux opérations en tant que souscripteurs, et de l'autre les intermédiaires, qui montent et réalisent les opérations. Il prend également connaissance des spécificités législatives et réglementaires relatives aux fonds propres et s'appliquant à l'activité de l'entité ou à sa forme juridique.

33818

Procédures analytiques

Les procédures analytiques sont réalisées chaque année et permettent à l'auditeur de prendre connaissance de l'activité et des principales opérations particulières de l'exercice au travers d'une revue indiciaire des comptes et d'entretiens avec les représentants de l'entité.

33835

> Ces travaux ont vocation à être classés dans le dossier de contrôle annuel de l'auditeur.

Les procédures analytiques réalisées sur les comptes de fonds propres consistent généralement dans un comparatif des soldes concernés avec ceux de l'exercice précédent et dans l'obtention d'explications sur les variations de l'exercice.
L'auditeur prendra également connaissance des procès-verbaux de conseil d'administration ou de surveillance ainsi que de ceux concernant les assemblées générales.

33840

AUDIT FINANCIER PAR CYCLE © Éd. Francis Lefebvre

B. Évaluation du contrôle interne

33880 Le contrôle interne des opérations relatives aux fonds propres ne présente pas d'intérêt compte tenu du très faible nombre d'opérations. Les éléments probants obtenus sur ce cycle relèvent exclusivement de contrôles de substance sur les comptes.

C. Contrôles de substance sur les comptes du cycle « fonds propres »

33920 Les contrôles de substance sur les comptes de capitaux propres et autres fonds propres consistent essentiellement dans la réalisation de contrôles relatifs aux assertions de régularité des enregistrements et d'existence des soldes. L'auditeur procède également à des procédures d'audit complémentaires qui portent notamment sur les aspects juridiques et fiscaux.

Régularité des enregistrements

33921 L'auditeur vérifie notamment :
– que l'affectation du résultat est conforme à la décision de l'assemblée générale ordinaire et aux statuts ;
– que les dispositions relatives à la dotation à la réserve légale sont respectées ;
– que les autres mouvements qui ont affecté les fonds propres depuis la clôture de l'exercice précédent sont justifiés : variations du capital, réévaluation éventuelle, prime d'émission, distribution de réserve en dehors de l'assemblée ordinaire, etc. ;
– que les réintégrations de subventions sont conformes aux principes comptables et aux règles fiscales et que les conditions éventuelles sont effectivement remplies ;
– que les dotations et reprises de provisions réglementées sont justifiées et conformes à la réglementation fiscale ; il vérifie par ailleurs le traitement fiscal de ces provisions, etc.

Existence des soldes

33922 L'auditeur contrôle les positions à la clôture des différents postes des capitaux propres, y compris les postes n'ayant pas connu de variation durant l'exercice. Il vérifie que les capitaux propres, le cas échéant, ne sont pas tombés à un niveau inférieur à la moitié du capital social (voir nᵒˢ 57650 et 61312).

D'une manière générale, les contrôles d'existence sur les capitaux propres doivent permettre de ne pas perdre l'historique des postes de capitaux propres tels que le montant du capital, des primes d'émission ou des réserves spéciales de plus-values à long terme, dont la société et son auditeur doivent impérativement conserver la mémoire.

Autres contrôles

33923 L'auditeur procède également à l'examen des aspects fiscaux relatifs aux distributions de dividendes, à la constitution de la réserve spéciale, au suramortissement de subventions, etc., en vue de détecter les anomalies éventuelles qui pourraient engendrer des risques pour l'entité contrôlée.

SECTION 9

Provisions pour risques et charges

33940 Cette section porte sur le contrôle des comptes de provisions inscrites au passif (autres que les provisions réglementées) et sur les comptes de produits et charges associés.

Sont abordées la connaissance des opérations, la revue des procédures et la mise en œuvre des contrôles de substance sur ces comptes. Pour tout complément d'information sur les aspects comptables du cycle, on pourra se reporter au Mémento Comptable nᵒˢ 48000 s. (provisions pour risques et charges).

© Éd. Francis Lefebvre

AUDIT FINANCIER PAR CYCLE

Malgré la disparition du libellé « Provisions pour risques et charges » du PCG, nous utiliserons ce terme pour faciliter la compréhension du lecteur d'autant que, d'une part, ce même Plan comptable général a conservé les termes « Provisions pour risques » et « Provisions pour charges » pour les sous-comptes composant le solde des provisions et que, d'autre part, ce terme est toujours utilisé sur le plan fiscal. La provision pour risque de change est étudiée avec les écarts de conversion dans le cycle Trésorerie (n⁰ˢ 32700 s.).

A. Connaissance des opérations

L'auditeur doit acquérir une connaissance générale des provisions pour risques et charges. Le premier objectif sera de bien identifier les opérations concernées.   **33942**

Connaissance générale

La prise de connaissance générale complète et met à jour les informations à caractère permanent collectées soit lors de la mise en place de la mission de l'exercice, soit lors des contrôles mis en œuvre au cours des exercices précédents. Elle porte sur la nature des activités de l'entité et des obligations légales, réglementaires ou autres, qu'elles génèrent (exemple : obligations de démantèlement), le contexte économique, social et politique ainsi que les méthodes et principes comptables de l'entité contrôlée.   **33944**

Ces éléments sont en principe classés dans un dossier permanent par cycle, sous la rubrique correspondant au cycle examiné.

Opérations L'auditeur prend connaissance des opérations faisant l'objet de provisions pour risques et charges : provisions pour restructuration, provisions pour litiges, provisions pour garantie, etc. Il complète son information en fonction des sujets qui concernent l'entité.   **33946**

Principes et méthodes L'auditeur prend connaissance des méthodes et principes appliqués par l'entité en matière de provisions pour risques et charges.
La prise de connaissance des méthodes comptables permet également à l'auditeur d'identifier les changements de méthodes comptables intervenus ou à venir.   **33948**

Pour plus de détails sur les changements de méthodes comptables et leur incidence sur le rapport du commissaire aux comptes, voir n⁰ˢ 30904 s.

Procédures analytiques

Les procédures analytiques sont réalisées chaque année et permettent à l'auditeur de prendre connaissance de l'activité et des principales opérations particulières de l'exercice au travers d'une revue indiciaire des comptes et d'entretiens avec les représentants de l'entité.   **33950**

Ces travaux ont vocation à être classés dans le dossier de contrôle annuel de l'auditeur.

Les procédures analytiques réalisées sur les comptes de provisions pour risques et charges comportent généralement les travaux suivants :
– établissement d'un état des provisions pour risques et charges faisant apparaître les soldes d'ouverture et de clôture, et les mouvements de l'exercice ;
– obtention d'explications sur les évolutions les plus significatives et, le cas échéant, sur les absences d'évolutions.

Ces travaux ont vocation à être classés dans le dossier de contrôle annuel de l'auditeur.

B. Évaluation du contrôle interne

Les procédures de contrôle interne concernant les provisions pour risques et charges sont étroitement liées aux procédures des autres cycles. L'auditeur doit ainsi faire le lien avec les travaux réalisés notamment sur les cycles « personnel », « ventes/clients », « achats/fournisseurs » et « impôts et taxes ». Il s'attache plus particulièrement à valider l'assertion d'exhaustivité des passifs. Il en résulte que les éléments collectés issus des travaux mis en œuvre sur ce cycle proviennent pour l'essentiel de contrôles de substance sur les comptes.   **33952**

787

L'auditeur trouvera par ailleurs une indication précieuse sur la fiabilité des procédures de l'entité dans ce domaine en comparant les montants enregistrés précédemment avec les montants effectivement supportés au cours de l'exercice lors du dénouement du litige ou de l'évènement ayant donné lieu à la constitution de la provision.

C. Contrôles de substance sur les comptes du cycle « provisions pour risques et charges »

33954 Les contrôles de l'auditeur pourront porter notamment sur :
– l'exhaustivité des enregistrements ;
– la séparation des exercices ;
– la présentation des comptes et l'information donnée en annexe.

Les contrôles suggérés ci-après sont donnés à titre indicatif. L'auditeur devra adapter la démarche proposée au cas particulier de l'entité contrôlée.

Exhaustivité des enregistrements

33956 L'auditeur procède à la demande d'informations auprès des avocats avec lesquels l'entité est en relation. Il obtient de la direction juridique la liste des litiges en cours, notamment des demandes produites à l'encontre de l'entité. L'auditeur fait le lien avec les travaux réalisés sur d'autres cycles. Il obtient également confirmation des dirigeants qu'il n'existe pas, à leur connaissance, de risques susceptibles de devoir faire l'objet d'une provision ou d'un complément de provision qui n'aurait pas été constaté dans les comptes.

Séparation des exercices

33958 L'auditeur examine notamment le fait générateur des risques et charges provisionnés et les événements postérieurs à la clôture de l'exercice.

Présentation des comptes et informations données en annexe

33960 S'agissant plus particulièrement des mouvements de provisions pour risques et charges, l'auditeur procède aux contrôles suivants :
– vérification que les mouvements de l'exercice sont justifiés par les comptes de dotations et reprises correspondants ;
– validation du classement des dotations et reprises au compte de résultat en fonction de la nature des coûts provisionnés (exploitation, financier, exceptionnel) ;
– contrôle de la cohérence entre le classement des reprises de provisions et le classement des dépenses effectivement supportées.

L'auditeur procède également au contrôle du **traitement fiscal** des dotations et reprises de provisions comptabilisées.

L'auditeur s'assure également que l'information figurant dans l'annexe permet au lecteur des comptes de comprendre et mesurer les risques auxquels est exposée l'entité.

Autres contrôles

33962 L'auditeur s'assure que les passifs comptabilisés sont justifiés conformément aux principes comptables applicables.

SECTION 10

Personnel et organismes sociaux

34000 Cette section porte sur le contrôle des comptes de frais de personnel et sur les comptes de tiers associés.

Sont abordées la connaissance des opérations, la revue des procédures et la mise en œuvre des contrôles de substance sur les comptes. Pour tout complément d'information sur les aspects comptables du cycle, on pourra se reporter au Mémento Comptable n°s 16620 s.

A. Connaissance des opérations

L'auditeur doit acquérir une connaissance générale du cycle « personnel et organismes sociaux ». Ce n'est qu'à cette condition qu'il pourra analyser de manière pertinente les opérations intervenues durant l'exercice. **34050**

Connaissance générale

La prise de connaissance générale complète et met à jour les informations à caractère permanent collectées soit lors de la mise en place de la mission de l'exercice, soit lors des contrôles mis en œuvre au cours des exercices précédents. Elle porte sur les opérations, l'environnement externe, l'organisation interne et les méthodes et principes comptables de l'entité contrôlée. **34055**

> Ces éléments sont en principe classés dans un dossier permanent par cycle, sous la rubrique correspondant au cycle examiné.

Opérations L'auditeur examine les opérations de l'entité en matière de ressources humaines sous plusieurs aspects : **34065**
– **embauches** (fréquence, types de contrats) ;
– **départs** (nature, fréquence) ;
– **plans sociaux** (accord de préretraite, convention de conversion, etc.) ;
– durée du **temps de travail** et modalités d'application pratique ;
– politique de **rémunération** (structure de la rémunération, stock-options, avantages en nature, modalités de calcul et de paiement de la rémunération, etc.) ;
– régime de **congés payés** et de financement des **retraites**.
L'auditeur prend également connaissance des accords particuliers signés dans l'entité (intéressement, accord dérogatoire de participation, plan d'épargne entreprise, etc.).

Environnement extérieur L'auditeur recense les spécificités de l'entité au regard de son activité, d'un point de vue législatif et réglementaire (conventions collectives applicables) et au regard du marché de l'emploi compte tenu des compétences auxquelles elle fait appel. **34071**

Organisation interne L'auditeur s'intéresse à l'organisation interne mise en place et notamment aux différents services intervenant dans les opérations du cycle, à leurs attributions respectives et à leur place dans l'organisation générale de l'entité. Pour le cycle « personnel », les opérations sont généralement traitées par la direction des ressources humaines. En cas d'implantations multisites, l'auditeur examine la répartition des différents aspects de la fonction « personnel » entre le siège et ses établissements. L'auditeur prend également connaissance des organismes de représentation du personnel existant dans l'entreprise (comité social et économique notamment). **34074**

Méthodes et principes comptables L'auditeur prend notamment connaissance : **34077**
– de la méthode de calcul de la provision pour congés payés ;
– de la méthode de calcul de la part variable des salaires ;
– de la position comptable prise en matière d'indemnités de départ à la retraite.

La prise de connaissance des méthodes comptables permet également à l'auditeur d'identifier les changements de méthodes comptables intervenus ou à venir. **34080**

> Pour plus de détails sur les changements de méthodes comptables et leur incidence sur le rapport du commissaire aux comptes, voir n°s 30904 s.

Procédures analytiques

Les procédures analytiques sont réalisées chaque année et permettent à l'auditeur de prendre connaissance de l'activité et des principales opérations particulières de l'exercice au travers d'une revue indiciaire des comptes et d'entretiens avec les représentants de l'entité. **34090**

> Ces travaux ont vocation à être classés dans le dossier de contrôle annuel de l'auditeur.

AUDIT FINANCIER PAR CYCLE　　　© Éd. Francis Lefebvre

34095 Les procédures analytiques réalisées sur les comptes du cycle « personnel » comportent généralement les travaux suivants :
– établissement d'un comparatif des comptes liés au personnel et aux organismes sociaux avec l'exercice précédent ;

> On distinguera pour les comptes de bilan les comptes à classer à l'actif et les comptes à classer au passif.

– rapprochement de ces comptes avec les postes concernés du bilan et du compte de résultat ;
– examen de la cohérence de l'évolution des charges de personnel avec l'évolution des effectifs ;
– examen de la cohérence des taux moyens de charges sociales avec ceux de l'exercice précédent pour les principaux comptes de charges ;
– obtention d'explications sur les évolutions les plus significatives ;
– examen des procès-verbaux du comité social et économique pour identifier ou obtenir des informations complémentaires concernant des opérations particulières projetées ou en cours de réalisation.

B. Évaluation du contrôle interne

34140 Les procédures du cycle « personnel » recouvrent notamment les fonctionnalités suivantes :
– gestion et suivi des effectifs ;
– établissement et enregistrement de la paie.

> Sont décrites ci-après, à partir des principaux risques potentiels liés au cycle examiné, les mesures de contrôle interne mises en place usuellement dans les entités. N'est pas rappelée à ce stade la méthodologie de l'évaluation du contrôle interne exposée aux n°s 28450 s.

Gestion et suivi des effectifs

34155 **Objectifs**　Le contrôle interne doit essentiellement garantir que toutes les personnes embauchées et inscrites dans l'effectif assument réellement une activité professionnelle au sein de l'entité, et que les embauches et les sorties d'effectif sont réalisées conformément à la législation.

34158 **Risques potentiels**　Au regard des préoccupations spécifiques de l'auditeur, les principaux risques pouvant provenir d'un suivi insuffisant des mouvements d'effectif sont essentiellement :
– le maintien dans les effectifs de personnes licenciées ou ayant quitté l'entité, pouvant entraîner l'émission et le règlement d'une paie non justifiée ;
– la mise en œuvre de licenciements en contravention avec les lois et les règlements, susceptibles, de ce fait, d'entraîner l'apparition de litiges prud'homaux.

34161 **Mesures usuelles de contrôle interne**　Les procédures de contrôle interne généralement mises en œuvre pour couvrir les risques mentionnés ci-dessus sont :
– la définition de **pouvoirs** et de procédures appropriés pour réaliser des licenciements, etc. ;
– l'intervention de **juristes spécialisés** en droit du travail pour tout acte engageant l'entité (rédaction d'un contrat de travail, procédure de licenciement, mise en œuvre d'un plan social, etc.) ;
– la mise en œuvre de **sécurités** spécifiques dans la mise à jour des paramètres de la paie pour fiabiliser la mise à jour des données existantes et éviter la saisie de données injustifiées.

34164 **Assertions d'audit concernées**　Les assertions d'audit pouvant être affectées par l'insuffisance de ces procédures sont :
– la **régularité** de l'enregistrement des charges (paiement de personnes n'appartenant plus à l'entité, avantages injustifiés accordés au personnel...) ;
– l'**exhaustivité** de l'enregistrement des litiges (par exemple, non-identification de licenciements contestés, susceptibles de générer des litiges et une condamnation de l'entité).

© Éd. Francis Lefebvre | AUDIT FINANCIER PAR CYCLE

Établissement et enregistrement de la paie

Objectifs de contrôle interne Le contrôle interne doit principalement apporter l'assurance :   **34180**
– que les personnes sont payées conformément à leur contrat de travail et aux décisions de la direction ;
– que les opérations de paie sont enregistrées correctement et rapidement ;
– que les charges sociales ainsi que les charges fiscales assises sur les salaires sont correctement acquittées.

Risques potentiels Les opérations de réalisation et d'enregistrement de la paie sont susceptibles d'occasionner :   **34183**
– des erreurs dans la détermination des éléments variables de la paie ou une collecte trop tardive des éléments nécessaires à son établissement ;
– la non-conformité de certaines paies aux contrats de travail des salariés ou la mise en œuvre d'augmentations non décidées par la direction ;
– le versement de salaires à des personnes n'appartenant pas ou n'appartenant plus à l'entité ;
– l'enregistrement tardif ou le non-enregistrement des opérations de paie en comptabilité ;
– des décalages dans la prise en compte des éléments variables de la paie dès lors que ceux-ci ne sont pas recensés de manière fiable ;
– des erreurs dans le calcul des charges sociales.

Mesures usuelles de contrôle interne Les procédures de contrôle interne généralement mises en place pour couvrir les risques mentionnés ci-dessus comportent habituellement :   **34186**
– la mise en place d'un contrôle d'exhaustivité de la remontée des éléments variables de paie ;
– la mise en place d'un contrôle de la qualité des informations communiquées au service paie, puis saisies dans le logiciel de paie ;
– le contrôle de l'interface entre le logiciel de paie et le système comptable ;
– la mise en place d'une procédure d'évaluation et de contrôle des éléments variables de la paie qui sont à provisionner à la clôture ;
– la mise en place de procédures de rapprochement des différentes bases.

Assertions d'audit concernées Les assertions d'audit pouvant être affectées par les déficiences d'établissement et d'enregistrement de la paie sont essentiellement :   **34189**
– la régularité de l'enregistrement des charges de personnel (des personnes sont payées alors qu'elles n'appartiennent pas à l'effectif) ;
– la séparation des exercices (le rattachement des charges à la bonne période pouvant par exemple pâtir d'une mauvaise évaluation des éléments variables de la paie restant à payer à la clôture de l'exercice).

C. Contrôles de substance sur les comptes du cycle « personnel »

À ce stade de sa démarche, l'auditeur a dû porter une évaluation sur un certain nombre d'assertions qui, le plus souvent, présentent une importance particulière pour le cycle examiné. Les contrôles de substance vont porter :   **34240**
– d'une part, sur ces assertions, étant précisé que l'importance des procédures d'audit complémentaires est inversement proportionnelle aux éléments probants issus de l'évaluation du contrôle interne ;

> Dans certains cas cependant, la mise en œuvre de contrôles de substance ne pourra remédier aux faiblesses de contrôle interne détectées, et l'auditeur devra en tirer les conséquences dans son opinion.

– d'autre part, sur les assertions qui relèvent par essence des contrôles de substance et non des tests de procédures, comme l'assertion relative à la présentation des comptes.

791

AUDIT FINANCIER PAR CYCLE © Éd. Francis Lefebvre

34242 Les contrôles de l'auditeur pourront porter notamment sur :
– la séparation des exercices ;
– l'existence des soldes ;
– la présentation des comptes et l'information fournie en annexe.
L'auditeur mettra généralement en œuvre un certain nombre de procédures d'audit complémentaires concernant les aspects juridiques réglementaires liés au cycle « personnel ».

Les contrôles suggérés ci-après sont donnés à titre indicatif. L'auditeur devra adapter la démarche proposée au cas particulier de l'entité contrôlée.

Séparation des exercices

34243 L'auditeur vérifie la cohérence des charges à payer comptabilisées à la clôture et examine la justification des principales d'entre elles.

Existence des soldes

34246 L'auditeur met en œuvre les travaux suivants :
– rapprochement des charges de personnel comptabilisées avec le livre de paie et la DSN (déclaration sociale nominative) ;
– examen du règlement sur l'exercice suivant des salaires, primes ou indemnités restant à payer à la clôture ;
– contrôle de la provision pour congés payés ;
– contrôle des montants provisionnés au titre de la rémunération variable ;
– contrôle du calcul de l'intéressement et de la participation.

Présentation des comptes et informations fournies en annexe

34249 L'auditeur vérifie qu'il n'y a pas compensation entre les dettes et les créances. Il s'assure par ailleurs que les informations significatives requises figurent bien en annexe : indemnités de départ à la retraite, rémunération des dirigeants, effectifs, etc.

Autres contrôles

34252 L'auditeur procède également :
– à l'examen des rémunérations et avantages alloués aux dirigeants et mandataires sociaux, et aux cinq ou dix personnes les mieux rémunérées ;
– à la recherche et à l'examen des risques et litiges à caractère social liés notamment aux contentieux avec le personnel et avec les organismes sociaux.

SECTION 11

Impôts et taxes

34350 Cette section porte sur le contrôle des comptes d'impôts et taxes et sur les comptes de tiers associés.

Sont abordées la connaissance des opérations, la revue des procédures et la mise en œuvre des contrôles de substance sur ces comptes. Pour tout complément d'information sur les aspects comptables du cycle, on pourra se reporter au Mémento Comptable n°s 16230 s. (impôts, taxes et versements assimilés) et 52595 s. (impôts sur le résultat).

A. Connaissance des opérations

34390 L'auditeur doit acquérir une connaissance générale du cycle « impôts et taxes ». Ce n'est qu'à cette condition qu'il pourra analyser de manière pertinente les opérations intervenues durant l'exercice.

792

Connaissance générale

La prise de connaissance générale complète et met à jour les informations à caractère **34400**
permanent collectées soit lors de la mise en place de la mission de l'exercice, soit lors des
contrôles mis en œuvre au cours des exercices précédents. Elle porte sur les opérations,
l'environnement externe, l'organisation interne et les méthodes et principes comptables
de l'entité contrôlée.

> Ces éléments sont en principe classés dans un dossier permanent par cycle, sous la rubrique correspon-
> dant au cycle examiné.

Opérations L'auditeur prend notamment connaissance : **34408**
– des spécificités fiscales de l'activité de l'entité (en matière de TVA, ou de contribution
économique territoriale, par exemple) ;
– des spécificités fiscales liées à la forme juridique de l'entité ;
– des opérations particulières ayant une incidence fiscale : conclusion d'une convention
d'intégration fiscale avec une société mère ou avec des filiales, création d'une filiale
ayant la forme juridique d'une société de personnes, création d'un établissement stable
à l'étranger, distribution de réserves, amortissement du capital, etc.

Principes et méthodes L'auditeur examine les méthodes et principes fiscaux appliqués **34411**
par l'entité (traitement des congés payés, position retenue sur les principales provisions pour
risques et charges, sur la distinction entre charges et immobilisations, etc.).

La prise de connaissance des méthodes comptables permet également à l'auditeur **34413**
d'identifier les changements de méthodes comptables intervenus ou à venir.

> Pour plus de détails sur les changements de méthodes comptables et leur incidence sur le rapport du
> commissaire aux comptes, voir n°s 30904 s.

Procédures analytiques

Les procédures analytiques sont réalisées chaque année et permettent à l'auditeur de **34425**
prendre connaissance de l'activité et des principales opérations particulières de l'exercice
au travers d'une revue indiciaire des comptes et d'entretiens avec les représentants de
l'entité.

> Ces travaux ont vocation à être classés dans le dossier de contrôle annuel de l'auditeur.

Les procédures analytiques réalisées sur les comptes du cycle « impôts et taxes » compor- **34430**
tent généralement :
– l'établissement d'un comparatif avec l'exercice précédent des comptes liés aux impôts
et taxes ;
> On distinguera pour les comptes de bilan les comptes à classer à l'actif et les comptes à classer au passif.
– l'obtention d'explications sur les évolutions les plus significatives.

B. Évaluation du contrôle interne

Les procédures de contrôle interne concernant les impôts et taxes sont étroitement liées **34470**
à la qualité des procédures d'autres cycles.

> Ainsi, à titre d'exemple, la fiabilité du compte de TVA collectée est-elle étroitement liée à la procédure
> « ventes/clients ».

Il en résulte que les éléments collectés issus des travaux réalisés sur ce cycle proviennent
pour l'essentiel de contrôles de substance sur les comptes.

C. Contrôles de substance sur les comptes du cycle « impôts et taxes »

Les contrôles de l'auditeur pourront notamment porter sur : **34500**
– l'exhaustivité des enregistrements ;
– la séparation des exercices ;
– l'existence des soldes et la régularité des enregistrements.

AUDIT FINANCIER PAR CYCLE   © Éd. Francis Lefebvre

L'auditeur mettra généralement en œuvre un certain nombre de procédures d'audit complémentaires de nature fiscale.

Les contrôles suggérés ci-après sont donnés à titre indicatif. L'auditeur devra adapter la démarche proposée au cas particulier de l'entité contrôlée.

Exhaustivité des enregistrements

34503 L'auditeur prend connaissance des contrôles fiscaux réalisés récemment et de leur incidence éventuelle sur les charges à payer.

Séparation des exercices

34506 L'auditeur vérifie la cohérence des charges à payer comptabilisées à la clôture et en examine la justification par sondages.

Existence des soldes et régularité des enregistrements

34509 L'auditeur peut notamment réaliser :
– un contrôle de la charge d'impôt sur les sociétés : examen de la justification des réintégrations et déductions (notamment par rapport à l'exercice précédent), contrôle du calcul de l'impôt, contrôle éventuel de l'impôt résultant de l'intégration fiscale ;
– un contrôle du rapprochement entre le chiffre d'affaires déclaré et le chiffre d'affaires comptabilisé et un contrôle de position des comptes de TVA.

Autres contrôles

34512 L'auditeur peut également procéder aux contrôles suivants :
– vérification par sondages que l'entreprise traite correctement les situations particulières générant un traitement fiscal spécifique (par exemple les prestations de services vendues à l'export, les livraisons à soi-même, les cessions d'immobilisations, etc.) ;
– examen du traitement des opérations d'import et d'export au regard de la TVA.

SECTION 12

Autres créances et autres dettes

34600 Cette section porte sur le contrôle des comptes de créances, dettes, produits et charges non examinés dans les autres cycles.

Sont abordées la connaissance des opérations, la revue des procédures et la mise en œuvre des contrôles de substance sur ces comptes. Pour tout complément d'information sur les aspects comptables du cycle, on pourra notamment se reporter au Mémento Comptable n°s 41020 s. (charges à répartir et charges à étaler), n°s 12045 s. (subventions d'exploitation), n°s 56440 s. (subventions d'investissement à recevoir), n°s 52030 s. (distinction résultat courant/résultat exceptionnel) et n°s 96300 s. (autres charges de gestion courante).

Par ailleurs, les particularités de l'audit des opérations en devises sont abordées dans le cycle Trésorerie (n°s 32700 s.).

A. Connaissance des opérations

34640 L'auditeur doit acquérir une connaissance générale des autres créances, dettes, produits et charges. Le premier objectif sera de bien identifier ces opérations.

L'utilisation d'un logiciel d'aide à la révision opérant un découpage par cycle des comptes de la balance permet d'être assuré de n'oublier aucun compte dans la mise en œuvre de l'audit.

Connaissance générale

34655 La prise de connaissance générale complète et met à jour les informations à caractère permanent collectées soit lors de la mise en place de la mission de l'exercice, soit lors des contrôles mis en œuvre au cours des exercices précédents. Elle porte sur les opérations et les méthodes et principes comptables de l'entité contrôlée.

© Éd. Francis Lefebvre

AUDIT FINANCIER PAR CYCLE

Ces éléments sont en principe classés dans un dossier permanent par cycle, sous la rubrique correspondant au cycle examiné.

Opérations   L'auditeur prend connaissance des opérations donnant lieu à la comptabilisation d'autres créances, dettes, produits et charges telles que la détention des comptes courants. **34658**
Il complète son information en fonction des sujets qui concernent l'entité et recense les différentes catégories de créances, dettes, produits et charges significatifs supportés par l'entité et qui n'ont pas déjà été abordés au cours des cycles précédents.
Les autres créances comprennent notamment des comptes de subventions à recevoir ainsi que des créances diverses provenant d'opérations diverses (ventes d'immobilisations, indemnités d'assurance, dommages et intérêts, etc.).

> Pour plus de détails sur la comptabilisation des opérations de régularisation, voir Mémento Comptable n°s 45000 s.

Principes et méthodes   L'auditeur prend connaissance des principes et méthodes comptables appliqués par l'entité et notamment les principes retenus en matière de rattachement des autres produits et charges à chaque exercice. Il vérifie notamment les principes de comptabilisation retenus pour les anciennes charges différées ou à étaler en application du règlement sur les actifs. **34661**

La prise de connaissance des méthodes comptables permet également à l'auditeur d'identifier les changements de méthodes comptables intervenus ou à venir. **34663**

> Pour plus de détails sur les changements de méthodes comptables et leur incidence sur le rapport du commissaire aux comptes, voir n°s 30904 s.

Procédures analytiques

Les procédures analytiques sont réalisées chaque année et permettent à l'auditeur de prendre connaissance de l'activité et des principales opérations particulières de l'exercice au travers d'une revue indiciaire des comptes et d'entretiens avec les représentants de l'entité. **34680**

> Ces travaux ont vocation à être classés dans le dossier de contrôle annuel de l'auditeur.

Les procédures analytiques réalisées sur les comptes du cycle des autres créances et dettes comportent généralement les travaux suivants :
– état comparatif des autres créances et dettes ainsi que des charges et produits correspondants ;
– justification des principaux soldes ;
– obtention d'explications sur les évolutions les plus significatives.

B. Évaluation du contrôle interne

Les procédures de contrôle interne concernant les autres créances, dettes, produits et charges sont étroitement liées aux procédures des autres cycles avec lesquels l'auditeur doit faire le lien. **34720**

> Ainsi, pour les comptes clients créditeurs, l'auditeur pourra utiliser les travaux du cycle « ventes/clients », notamment pour valider les assertions d'exhaustivité des passifs et de séparation des exercices.

Il en résulte que les éléments collectés issus des travaux réalisés sur ce cycle proviennent pour l'essentiel de contrôles de substance sur les comptes.

C. Contrôles de substance sur les comptes du cycle « autres créances et autres dettes »

Les contrôles de l'auditeur pourront porter notamment sur : **34760**
– l'exhaustivité des enregistrements ;
– l'existence des soldes ;
– la séparation des exercices ;
– la régularité des enregistrements ;
– la présentation des comptes et l'information donnée en annexe.

AUDIT FINANCIER PAR CYCLE © Éd. Francis Lefebvre

Les contrôles suggérés ci-après sont donnés à titre indicatif. L'auditeur devra adapter la démarche proposée ainsi que son programme de travail au cas particulier de l'entité contrôlée.

Exhaustivité des enregistrements

34763 Le contrôle de l'exhaustivité des enregistrements est réalisé pour l'essentiel en établissant un lien avec les travaux réalisés sur d'autres cycles (voir n° 34720).

Existence des soldes

34765 L'auditeur examine la justification des montants inscrits au bilan.
Concernant par exemple les subventions à recevoir (« autres créances »), l'auditeur pourra mettre en œuvre les travaux suivants :
– vérification que les subventions sont définitivement acquises en se fondant sur l'analyse des contrats ou notifications de subventions ;
– obtention d'une confirmation directe des organismes ayant attribué des subventions à l'entité.

Séparation des exercices

34766 L'auditeur examine par sondages les opérations post-clôture pour s'assurer qu'elles ne se rapportent pas à l'exercice audité.

Régularité des enregistrements

34767 L'auditeur contrôle par sondages la nature et la justification des charges et produits comptabilisés.
Il valide le traitement comptable retenu.

Présentation des comptes et informations données en annexe

34768 L'auditeur examine la pertinence des classements comptables retenus (notamment distinction entre le résultat courant et le résultat exceptionnel).

Autres contrôles

34770 L'auditeur s'assure que les autres créances et autres dettes comptabilisées sont justifiées conformément aux principes comptables applicables. Il vérifie le cas échéant le traitement fiscal retenu.

TITRE II

Contextes spécifiques d'audit

CHAPITRE 1

Audit des personnes ou entités faisant appel aux marchés financiers

Plan du chapitre

	§§			§§
SECTION 1			D. Mission des commissaires	
Environnement légal			aux comptes	41900
et réglementaire	41050		II. Autres opérations de marché	42000
I. Présentation et organisation			A. Document d'enregistrement	
des marchés	41060		universel	42010
A. Marchés réglementés	41060		B. Opérations d'émission	42100
B. Marchés non réglementés	41100		C. Offres publiques	42200
II. Réglementation des marchés	41200		D. Sortie de la cote	42220
A. Autorités de marché	41200		**SECTION 3**	
B. Textes réglementant l'accès			**Obligation d'information**	
aux marchés	41225		**à la charge des sociétés cotées**	42300
SECTION 2			I. Généralités	42300
Opérations de marché	41600		II. Informations périodiques	42400
I. Processus d'introduction			A. Nature de l'obligation	42400
en bourse	41605		B. Information périodique annuelle	42405
A. Unification des procédures			C. Information périodique semestrielle	42460
d'introduction en bourse	41610		D. Information périodique trimestrielle	42500
B. Établissement du prospectus	41700		E. Autres informations périodiques	42550
C. Finalisation de la procédure			III. Informations permanentes	42700
d'introduction	41800		IV. Diffusion et archivage	42800

Définition d'un prospectus

Les prospectus sont des documents juridiques publiés par les entreprises à l'intention des investisseurs potentiels et qui portent sur les valeurs mobilières qu'elles émettent et sur elles-mêmes.

Outre les informations qu'ils contiennent sur les valeurs mobilières, les prospectus fournissent des renseignements détaillés sur les activités de l'entreprise, ses finances et la structure de son actionnariat. Les prospectus constituent donc une source d'information primordiale pour les investisseurs et sont un instrument essentiel pour les entreprises qui souhaitent lever des fonds sur les marchés de valeurs mobilières de l'UE.

41000

Règles européennes concernant les prospectus

La **première directive « Prospectus »** (Dir. 2003/71/CE) a été adoptée en 2003 pour harmoniser les règles d'information à l'occasion d'une émission ou cotation d'instruments financiers en Europe et révisée en 2009. À ce titre, la notion d'appel public à l'épargne (« APE ») et le statut des sociétés qui faisaient « APE » ont été supprimés par l'ordonnance 2009-80 du 22 janvier 2009. Afin de s'aligner sur le droit communautaire et notamment sur la directive 2003/71/CE, la notion d'appel public à l'épargne a été remplacée par les notions d'offre au public de titres financiers et d'admission de titres financiers sur un marché réglementé.

41001

AUDIT DES PERSONNES OU ENTITÉS FAISANT APPEL AUX MARCHÉS FINANCIERS © Éd. Francis Lefebvre

41002 **Directive Prospectus 2** La révision de la directive 2003/71/CE a été réalisée par la directive 2010/73/UE du 24 novembre 2010 et introduit ou modifie un certain nombre de dispositions.

Ces dispositions ont été transposées dans le Code monétaire et financier par l'ordonnance 2012-1240 du 8 novembre 2012. La réforme a également été complétée par les décrets 2012-1242 et 2012-1243 du 8 novembre 2012 et l'arrêté du 21 février 2013 modifiant le règlement général de l'AMF.

À la suite de la révision de la directive Prospectus, et de l'entrée en vigueur des règlements délégués (UE) 486/2012 du 30 mars 2012, (UE) 862/2012 du 4 juin 2012, (UE) 759/2013 du 30 avril 2013, (UE) 382/2014 du 7 mars 2014 et (UE) 2016/301 du 30 novembre 2015 modifiant le règlement CE 809/2004, un certain nombre de modifications ont été introduites :

– le **seuil d'offre au public nécessitant l'élaboration d'un prospectus visé par l'AMF** est relevé à 5 millions d'euros, sauf pour les introductions en bourse sur le compartiment offre au public d'Euronext Growth Paris pour lesquelles le seuil de 2,5 millions d'euros est maintenu ;

– de **nouvelles dispenses à l'obligation d'établissement d'un prospectus** sont prévues, notamment pour les offres « en cascade » faites par des investisseurs : les investisseurs qui revendent les titres peuvent utiliser le prospectus établi par l'émetteur sous réserve que ce dernier exprime son consentement exprès dans le prospectus ;

– de **nouveaux schémas d'information proportionnée** prennent en compte la taille de l'entreprise et la quantité d'information dont les marchés disposent déjà afin de réduire les coûts administratifs supportés par les émetteurs qui établissent un prospectus lorsqu'ils lèvent des capitaux ;

Ces schémas s'appliquent, sur décision de l'entreprise, pour les émissions faites par les sociétés d'une capitalisation de moins de 100 millions d'euros ou ne dépassant pas certains critères de taille et les émissions avec droit préférentiel de souscription réalisées par les sociétés cotées sur un marché réglementé ou sur Euronext Growth.

– le **schéma du document d'enregistrement relatif aux actions** doit être appliqué aux autres titres donnant accès au capital de l'émetteur par voie de conversion ou d'échange, lorsque les actions sous-jacentes ne sont pas déjà admises à la négociation sur un marché réglementé ;

– un **supplément au prospectus** doit être produit dans un certain nombre de situations décrites, de manière minimale, dans le règlement délégué (UE) 382/2014.

Par ailleurs, afin d'assurer une **meilleure comparabilité**, le contenu des prospectus de base, des conditions définitives et des résumés au prospectus a été encadré par le règlement délégué du 30 mars 2012.

À la suite de l'entrée en vigueur de cette directive, l'ESMA, également appelée « Autorité européenne des marchés financiers » (AEMF), a mis en ligne sur son site des questions-réponses actualisées.

41003 **Règlement Prospectus 3** Une nouvelle révision de la directive Prospectus, pan important de l'**Union des marchés de capitaux** (UMC) en tant que « porte d'entrée » pour le financement par les marchés, a été annoncée en janvier 2015 par la Commission européenne et publiée le 30 novembre 2015. Le nouveau règlement sur les prospectus a pour objectifs de permettre aux petites entreprises de recourir aux marchés des capitaux plus aisément et à moindre coût et de simplifier la présentation de l'information, particulièrement pour trois types d'émetteurs : les PME, les émetteurs fréquents et les émetteurs obligataires.

Le règlement (UE) 2017/1129 du 14 juin 2017 révisant la directive Prospectus a été publié au Journal officiel de l'Union européenne le 30 juin 2017. Ce règlement est d'application directe et, à la différence de la directive 2003/71/CE qui le précédait, il ne nécessite donc pas de transposition en droit national.

L'essentiel des dispositions du règlement est entré en application le 21 juillet 2019. Par exception, certaines dispositions relatives aux cas de dispenses à l'obligation d'établir un prospectus s'appliquent respectivement depuis le 21 juillet 2017 et le 21 juillet 2018 (voir ci-dessous).

Le règlement est complété par les règlements délégués (UE) 2021/979 et (UE) 2019/980 publiés par la Commission européenne le 14 mars 2019, le règlement délégué (UE) 2021/528 publié par la Commission européenne le 16 décembre 2020 et un certain nombre de recommandations (*guidelines*) et de questions-réponses (« Q&As ») publiés par l'ESMA. Il est également modifié par le règlement (UE) 2019/2115 du 27 novembre 2019 et le règlement (UE) 2021/337 du 16 février 2021 (n° 41225).

Dans ce contexte, le législateur français et l'AMF ont fait évoluer les textes applicables en France. Cette évolution a notamment pour objectif de supprimer les transpositions des précédentes directives Prospectus dans le Code monétaire et financier et le règlement général de l'AMF (**transposition dite « négative »**).

Les **dispositions applicables dès le 20 juillet 2017** concernent la possibilité de faire admettre des titres sur un marché réglementé sans établir de prospectus. Elles prévoient ainsi que l'obligation de publier un prospectus ne s'applique pas à l'admission à la négociation sur un marché réglementé des titres fongibles dans un plafond de moins de 20 % par an. Au préalable, ce taux était de 10 % et ne concernait que les actions de la même catégorie déjà admises.

Les **dispositions applicables dès le 21 juillet 2018** concernent la possibilité de faire une offre au public sans établir de prospectus, le seuil étant décidé par chaque État membre et ne pouvant dépasser 8 millions d'euros. En France, le seuil national à partir duquel une offre de titres doit faire l'objet d'un prospectus a ainsi été relevé à 8 millions d'euros avec l'obligation d'établir, sous ce seuil, un document d'information synthétique pour les offres de titres non cotés ouvertes au public et un document d'information pour les offres au public sur le marché Euronext Growth prévu par les règles de marché et revu par les services de l'opérateur de marché.

L'essentiel des **autres dispositions** est entré en application le **21 juillet 2019** et porte sur :

– la mise en place au niveau européen d'un « **document d'enregistrement universel** » (*Universal Registration Document* ou URD), proche du dispositif français du « document de référence », qui permet au marché de disposer d'une information annuelle complète et consolidée et aux entreprises de bénéficier d'une procédure accélérée d'approbation lorsqu'elles intègrent ce document dans un prospectus ;

– l'instauration de **nouveaux schémas adaptés** pour :

• les émissions secondaires afin de mieux tenir compte de l'information périodique et permanente déjà disponible,

• les PME cotées sur les marchés non réglementés (dont les nouveaux « marchés de croissance des PME ») et aux offres de sociétés non cotées ;

– une information englobant les thématiques **extra-financières et stratégiques** ;

– une meilleure sélectivité et présentation des **facteurs de risque**, qui devront faire l'objet d'une catégorisation, les facteurs les plus importants étant présentés en premier ;

– une refonte complète du résumé, limité à 7 pages compréhensibles (et jusqu'à 10 pages dans certaines circonstances) et ne devant pas comporter plus de quinze facteurs de risque.

41010

Après avoir abordé l'environnement légal et réglementaire des personnes ou entités faisant appel aux marchés financiers (n°s 41050 s.), seront examinés successivement les contextes d'intervention et les diligences du commissaire aux comptes dans le domaine :

– des obligations d'informations préalables aux opérations financières (n°s 41600 s.) au travers notamment du processus de l'introduction en bourse (n°s 41610 s.) et des opérations de marché spécifiques (n°s 42000 s.) ;

– des obligations d'informations périodiques (n° 42400) et permanentes (n° 42700).

Nous aborderons pour finir les modalités de diffusion et d'archivage (n° 42800).

Les particularités de la mission du commissaire aux comptes liées au fait que les entités dont les titres financiers sont admis aux négociations sur un marché réglementé sont qualifiées d'entités d'intérêt public par l'article L 820-1 depuis le 17 juin 2016, à la suite de la transposition en France de la réforme européenne de l'audit, sont traitées dans le présent Mémento au niveau de chaque thématique concernée. Il conviendra notamment de se reporter aux développements relatifs à la nomination des commissaires aux comptes (voir n°s 2350 s.), à la durée maximale du mandat (voir n°s 2380 s.), aux services interdits et aux services autres que la certification des comptes (voir n°s 3680 s.), au rapport sur les comptes (voir n°s 30850 s.), aux comités d'audit et au rapport complémentaire au comité d'audit (voir n°s 26470 s.).

Par ailleurs, les relations entre l'AMF et les commissaires aux comptes sont présentées aux n°s 8115 s.

Enfin, les relations dans le cadre des contrôles et enquêtes de l'AMF avec les commissaires aux comptes figurent aux n°s 5470 s.

AUDIT DES PERSONNES OU ENTITÉS FAISANT APPEL AUX MARCHÉS FINANCIERS © Éd. Francis Lefebvre

SECTION 1

Environnement légal et réglementaire

41050 Les valeurs mobilières (actions ordinaires, valeurs mobilières donnant accès au capital social ou à l'attribution de titres de créance…) peuvent faire l'objet de négociations sur des marchés très différents. Les critères permettant de les différencier sont :
– l'impact sur le financement des émetteurs (marchés primaire et secondaire) ;
– le mode de règlement ou de dénouement des opérations (marchés au comptant, à terme, dérivés) ;
– le mécanisme des prix (marchés réglementés, marchés libres, systèmes alternatifs de négociation, bilatéraux ou multilatéraux).

> Compte tenu du rapprochement des marchés vers un vaste marché financier européen, nous n'aborderons ici que les marchés réglementés ou non réglementés, dans lesquels l'intervention du commissaire aux comptes est prévue ou possible.

Avant de présenter les marchés et la manière dont ils sont réglementés, il convient de distinguer l'offre au public de titres financiers et l'admission à la négociation de ces titres sur les marchés réglementés.

Définitions

41051 La **notion d'offre au public** est définie par l'article 2 du règlement (UE) 2017/1129. L'offre au public de titres financiers est constituée par l'une des opérations suivantes :
– une communication adressée sous quelque forme et par quelque moyen que ce soit à des personnes et présentant une information suffisante sur les conditions de l'offre et sur les titres à offrir, de manière à mettre un investisseur en mesure de décider d'acheter ou de souscrire ces valeurs mobilières ;
– un placement de valeurs mobilières par des intermédiaires financiers.

Le règlement Prospectus précité a étendu la définition de l'offre au public et y fait entrer des offres qui jusqu'à présent n'étaient pas considérées comme des offres au public en droit français. À titre d'exemple, les placements privés (offres de titres financiers à des gestionnaires de portefeuille pour compte de tiers, à des investisseurs qualifiés ou à moins de 150 personnes) ou les offres relatives au financement participatif sont dorénavant considérées comme des offres au public.

À défaut d'autorisation spéciale de la loi, un émetteur ne peut procéder qu'aux offres au public mentionnées à l'article L 411-2 du Code monétaire et financier, c'est-à-dire (C. mon. fin. art. L 411-1 et L 411-2 modifiés par l'ordonnance 2019-1067 du 21-10-2019) :
– une offre à moins de 150 personnes ou des investisseurs qualifiés ;
– une offre de financement participatif sous réserve, pour les SAS, de l'autorisation et des conditions définies par les articles L 227-2 et L 227-2-1 du Code de commerce et, sous réserve de la limitation par l'article D 547-1 du Code monétaire et financier, des offres ouvertes aux conseillers en investissements participatifs ;
– une offre de titres de capital à ses associés existants (y compris s'ils sont plus de 149 personnes).

> Pour plus de détails sur les personnes autorisées à procéder à des offres au public de titres financiers, voir la position-recommandation AMF 2020-06 du 17 juin 2020 (Guide d'élaboration des prospectus et de l'information à fournir en cas d'offre au public ou d'admission de titres financiers).

Valeurs mobilières hors champ du règlement Prospectus

41052 Le règlement Prospectus (art. 1 § 2) prévoit que certains types de valeurs mobilières sont hors champ du règlement Prospectus et **dispense les émetteurs concernés de publier un prospectus en cas d'offre au public** (voir n° 41701).

Dérogations complémentaires prévues par le règlement Prospectus

41053 Le règlement Prospectus (art. 1 § 4 et 5) prévoit que **certaines opérations d'offre au public ou d'admission à la négociation sur un marché réglementé** sont exemptées de prospectus (voir n°s 41702 s.).

802

I. Présentation et organisation des marchés

A. Marchés réglementés

Définition

L'article L 421-1, I du Code monétaire et financier définit un marché réglementé d'instruments financiers comme « un système multilatéral qui assure ou facilite la rencontre, en son sein et selon des règles non discrétionnaires, de multiples intérêts acheteurs et vendeurs exprimés par des tiers sur des instruments financiers, d'une manière qui aboutisse à la conclusion de contrats portant sur les instruments financiers admis à la négociation dans le cadre des règles et systèmes de ce marché ». Il est reconnu et fonctionne conformément aux dispositions du chapitre I du titre II du livre IV du Code monétaire et financier.

41060

Un tel marché est géré par une entreprise de marché, dont les conditions de fonctionnement sont fixées par le Code monétaire et financier (C. mon. fin. art. L 421-2).

L'article 56 de la directive 2014/65/CE (dite « directive MIF 2 ») portant modification de la directive 2004/39/CE concernant les marchés d'instruments financiers (dite « directive MIF ») et entré en application le 3 janvier 2017 autorise chaque État membre à conférer le statut de « marché réglementé » aux marchés établis sur son territoire qui se conforment à sa réglementation nationale. L'AEMF – Autorité européenne des marchés financiers (ESMA – *European Securities and Markets Authority*) – publie et tient à jour sur son site Internet la liste des marchés réglementés qui lui a été notifiée par les États membres. La liste établie par la France fait état de trois marchés réglementés gérés par l'entreprise française de marché, Euronext Paris SA :
– un marché actions (Euronext Paris) ;
– deux marchés de produits dérivés : le marché des options négociables de Paris (Monep) et le marché à terme international de France (Matif), regroupés sous l'appellation Euronext Liffe.

Euronext Paris

Le marché Euronext Paris est un marché réglementé d'instruments financiers au comptant créé le 21 février 2005 à la suite de la fusion des premier, second et nouveau marchés de la bourse de Paris.

41070

> Euronext est une bourse paneuropéenne réunissant les bourses de Paris, Amsterdam, Bruxelles, Lisbonne, Dublin (depuis 2017), Oslo (depuis 2019) et Milan (depuis avril 2021) dans une société holding de droit néerlandais, Euronext NV. En France, Euronext SA, opérateur de marché, filiale d'Euronext NV, organise les transactions sur la place parisienne.

Présentation Tous les instruments financiers qui étaient négociés sur le premier marché (réservé aux très grandes entreprises), le second marché (sociétés de taille inférieure) et le nouveau marché ont été automatiquement transférés sur le marché Euronext Paris qui constitue une cote officielle au sens de la directive 2001/34 du 28 mai 2001 concernant l'admission de valeurs mobilières à la cote officielle et l'information à publier sur ces valeurs. Les sociétés dont les titres sont admis aux négociations sur ce marché sont classées par ordre alphabétique et réparties en trois compartiments :
– compartiment A : capitalisation boursière supérieure à 1 milliard d'euros ;
– compartiment B : capitalisation boursière comprise entre 150 millions d'euros et 1 milliard d'euros ;
– compartiment C : capitalisation boursière inférieure à 150 millions d'euros.

41072

> Ces trois compartiments ont été mis en place le 21 février 2005 à Paris. Par un avis en date du 8 février 2005, Euronext a publié la liste des valeurs réparties en ces différents compartiments (Avis Euronext Paris n° 2005-0570, 8-2-2005).

Cette classification est sans incidence sur les obligations légales et réglementaires des sociétés et de leurs commissaires aux comptes. Les entreprises appartenant aux compartiments « B » et « C » d'Euronext Paris et au marché Euronext Growth sont regroupées sous le vocable « valeurs moyennes » afin de permettre à l'AMF d'instaurer une doctrine adaptée à la taille de ces entreprises.

> À ce titre, Euronext a créé en mai 2013 la filiale EnterNext dédiée à la promotion et au développement des marchés boursiers propres aux PME-ETI.

AUDIT DES PERSONNES OU ENTITÉS FAISANT APPEL AUX MARCHÉS FINANCIERS © Éd. Francis Lefebvre

Il s'agit des entreprises dont la capitalisation boursière est inférieure à 1 milliard d'euros (compartiments B et C de ses marchés réglementés européens et Euronext Growth).

La distinction entre les valeurs françaises, les valeurs de la zone euro et les valeurs internationales est maintenue. De même, un compartiment spécial regroupe les entreprises faisant l'objet d'une procédure de redressement ou de liquidation judiciaire. Enfin un compartiment dit « marché de professionnels » regroupe les titres admis sans offre préalable de titres au public, par « cotation technique » (c'est-à-dire sans levée de fonds préalable) ou à la suite d'un placement privé auprès d'investisseurs qualifiés.

41074   Conditions d'admission Les sociétés sont soumises aux règles d'introduction en bourse, qui comportent notamment :

– l'exigence d'une diffusion « suffisante » de titres dans le public au plus tard au moment de l'admission ;

Le caractère suffisant est réputé atteint soit lorsque au moins 25 % du capital souscrit est réparti dans le public, soit lorsqu'en raison du nombre élevé de titres d'une même catégorie et de l'étendue de leur diffusion dans le public, un fonctionnement régulier du marché est assuré avec un pourcentage plus faible, qui ne peut toutefois être inférieur à 5 % du capital souscrit représenté par la catégorie de titres concernée et qui doit représenter au moins 5 millions d'euros sur la base du prix de souscription (Règles de marché Euronext, novembre 2020, livre I). Les sociétés qui ne pourront répondre à ces exigences pour être admises sur Euronext opteront alors pour une introduction sur Euronext Growth (voir n° 41112).

– l'exigence de disposer, pour les trois derniers exercices précédant la demande d'admission, d'états financiers annuels audités publiés ou déposés auprès des organismes compétents, ou de comptes pro forma audités. Si le dernier exercice a été clos plus de neuf mois avant la date de l'admission aux négociations, l'émetteur doit avoir publié ou déposé des comptes semestriels (Règles de marché Euronext, novembre 2020, livre I, 6302/1).

41076   Obligations d'information Les sociétés admises aux négociations sur le marché réglementé d'Euronext Paris sont toutes soumises aux mêmes obligations d'information périodiques et permanentes. Conformément à la directive 2004/109/CE dite « Transparence », les informations périodiques sont constituées :

– par les comptes annuels et, le cas échéant, consolidés, qui doivent être certifiés par le commissaire aux comptes et être publiés dans les quatre mois qui suivent la clôture de l'exercice (voir n°s 42405 s.) ;

Les comptes consolidés sont obligatoirement établis en IFRS depuis l'entrée en vigueur du règlement CE 1606/2002 du 19 juillet 2002 sur l'application des normes comptables internationales.

– par des comptes semestriels qui font l'objet d'un rapport d'examen limité du commissaire aux comptes sur la conformité des comptes avec les principes qui leur sont applicables, définis dans le référentiel comptable et qui doivent être publiés dans les trois mois suivant la fin du premier semestre de leur exercice (voir n°s 42460 s.).

Ces documents sont accompagnés d'une déclaration des personnes physiques qui en assument la responsabilité.

En conséquence des modifications apportées en 2013 à la directive Transparence, l'obligation de publier une information financière trimestrielle a été supprimée. Les émetteurs qui le souhaitent peuvent décider de publier volontairement une information financière trimestrielle ou intermédiaire (voir n°s 42500 s.).

Les informations permanentes obligent chaque émetteur à porter le plus tôt possible à la connaissance du public tout fait susceptible d'avoir une incidence significative sur le cours d'un instrument financier sauf exception justifiée par l'atteinte aux intérêts légitimes de la société qu'induirait cette publication et par la capacité de l'émetteur de préserver la confidentialité. S'ajoutent également à ces informations permanentes celles qui sont relatives au franchissement de seuils, aux opérations réalisées par les dirigeants sur les titres de la société et aux pactes d'actionnaires.

Pour plus de détails, voir n°s 42700 s.

Monep et Matif

41090   Le Monep (marché des options négociables de Paris) et le marché à terme international de France (Matif) sont deux marchés réglementés d'instruments financiers à terme, gérés par Euronext Paris.

© Éd. Francis Lefebvre   **AUDIT DES PERSONNES OU ENTITÉS FAISANT APPEL AUX MARCHÉS FINANCIERS**

B. Marchés non réglementés

Les marchés non réglementés sont ceux pour lesquels la France n'a fait aucune notifica- **41100**
tion auprès de la Commission européenne. Conformément à l'article L 424-1 du Code
monétaire et financier, sans avoir la qualité de marché réglementé, les systèmes multilatéraux de négociation (SMN) peuvent être gérés par un prestataire de services d'investissement, autre qu'une société de gestion de portefeuille, agréé pour fournir le service
d'investissement ou par une entreprise de marché autorisée à cet effet par l'AMF.

Les **systèmes multilatéraux de négociation** agréés en France qui admettent à la négociation des actions sont :
– **Euronext Growth**, système multilatéral de négociation organisé au sens de l'article
525-1 du Règlement général de l'AMF (nᵒˢ 41110 s.) ;
– **Euronext Access**, marché non réglementé **géré** par Euronext Paris SA sur lequel les
valeurs se négocient au comptant (nᵒˢ 41140 s.).

Les sociétés françaises peuvent également émettre des titres financiers sur d'autres
marchés non réglementés en Europe, par exemple le marché Euro MTF de la bourse de
Luxembourg.

Euronext Growth (anciennement Alternext)

Présentation   Ouvert le 17 mai 2005, Alternext (devenu Euronext Growth) a été créé **41110**
par Euronext Paris dans le but de répondre aux besoins des entreprises désireuses de
faire appel à des capitaux mais ne disposant pas des moyens nécessaires pour être cotées
sur Eurolist (devenu Euronext en 2008). Il se présente comme un marché intermédiaire
entre Euronext et Euronext Access (anciennement « Marché Libre »), créé dans l'esprit
de la directive sur les services en investissements qui favorise l'émergence de marchés
non réglementés (Ansa, décembre 2004, nᵒ 04-070, La nouvelle organisation des marchés boursiers – La réforme
de la cote). Par décision du 23 mai 2017, l'AMF a approuvé les modifications des règles
Alternext prenant en compte l'introduction du nom d'usage commercial « Euronext
Growth ». Ce changement de dénomination n'a cependant pas entraîné de modification
de statut du marché concerné, qui reste un système multilatéral de négociation au sens
de la directive européenne sur les marchés des instruments financiers (MIF).

Bien qu'il ne soit pas « réglementé » au sens de l'article L 421-1 du Code monétaire et
financier, Euronext Growth n'en est pas moins **régulé** et son fonctionnement est régi
par des règles qui lui sont propres. Euronext Growth est un « **système multilatéral de
négociation organisé** » au sens de l'article 525-1 du Règlement général de l'AMF, c'est-
à-dire que :
– ses règles de fonctionnement sont approuvées par l'AMF à sa demande ;
– il rend compte quotidiennement à l'AMF des ordres portant sur les instruments financiers admis sur son système reçu des membres du système ;
– il prévoit une procédure d'offre publique obligatoire.

De plus, Euronext Growth est un système multilatéral de négociation soumis aux dispositions du paragraphe II de l'article L 433-3 du Code monétaire et financier (C. mon. fin.
art. L 412-1, III).

Les règles de fonctionnement des marchés Euronext Growth (applicables aux marchés Euronext Growth
Bruxelles, Lisbonne, Dublin et Paris et comprenant une partie « règles harmonisées » applicables à tous
les marchés listés ci-avant et une partie « règles non harmonisées » applicables marché par marché)
ont été publiées par avis d'Euronext 2005-0001 du 9 mai 2005 et approuvées par l'AMF dans une
décision rendue le 27 juin 2006. Les principales modifications apportées à ces règles de fonctionnement
sont les suivantes :
– les règles d'Alternext Paris ont été modifiées afin d'introduire la faculté pour Euronext de **retirer
l'agrément d'un** *listing sponsor* (voir nᵒ 41112) sous certaines conditions, de clarifier les sanctions applicables aux membres d'Alternext en cas de manquements à leurs obligations et de tenir compte des
nouvelles dispositions législatives applicables en matière d'**offre publique**. Ces modifications ont été
approuvées par l'AMF en février 2011 ;
– en juillet 2012, les règles d'Alternext ont été mises à jour pour prendre en compte les modifications
relatives aux **conditions d'admission d'obligations**. Ces modifications ont été approuvées par l'AMF
dans une décision rendue le 10 décembre 2013 ;
– en janvier 2015, par approbation de l'AMF dans une décision du 17 février 2015, les règles d'Alternext
ont été modifiées en vue d'introduire des règles spécifiques relatives au placement privé de titres de
créance ;

805

AUDIT DES PERSONNES OU ENTITÉS FAISANT APPEL AUX MARCHÉS FINANCIERS © Éd. Francis Lefebvre

– en juin 2016, par approbation de l'AMF dans une décision du 27 juin 2016, les règles d'Alternext ont été modifiées pour prendre en compte le règlement européen sur les abus de marché (aussi appelé « règlement MAR ») qui est entré en application le 3 juillet 2016 et dont les dispositions s'appliquent également aux émetteurs cotés sur un système multilatéral de négociation (Alternext et Marché Libre) ;

– en janvier 2018, par approbation de l'AMF dans une décision du 11 janvier 2018, les règles d'Euronext Growth ont été modifiées afin d'y renforcer l'obligation pour les émetteurs de disposer d'un LEI (*Legal Entity Identifier*, tel que défini par la norme ISO 17442). Ces règles des marchés Euronext Growth sont entrées en vigueur le 15 janvier 2018.

À la date de mise à jour de ce Mémento, les règles des marchés Euronext Growth en vigueur sont celles publiées au 9 novembre 2020 et entrées en vigueur le 30 novembre 2020.

Euronext Growth offre aux PME des conditions simplifiées d'accès au marché et réalise une adaptation de leurs obligations d'information.

La loi tendant à favoriser l'accès au crédit des petites et moyennes entreprises et à améliorer le fonctionnement des marchés financiers a rendu plus accessible le transfert de la cotation d'une société cotée sur Euronext mais pour laquelle la cotation sur Euronext devient trop coûteuse, vers Euronext Growth. Pour plus de précisions sur les modalités de ce transfert, se référer au n° 41114 et aux questions-réponses de l'AMF sur le transfert vers Euronext Growth d'une société cotée sur Euronext (Position-Recommandation AMF 2010-03 modifiée le 29-4-2021).

41112 **Conditions d'admission pour une émission de titres de capital** Les sociétés souhaitant s'introduire sur Euronext Growth doivent disposer d'un historique de deux années de comptes et peuvent adopter le référentiel comptable de leur choix. Ces sociétés doivent également disposer d'un *listing sponsor*, spécialiste financier reconnu et agréé par Euronext, qui accompagne la société lors de son introduction mais également durant les premières années de sa vie boursière.

Trois procédures d'admission peuvent être engagées (Règles des marchés Euronext Growth § 3.1 et § 3.2) :

– l'admission concomitante à une **offre au public** : la société doit mettre au minimum 2,5 millions d'euros à la disposition du marché et publier un document d'information soumis à un contrôle préalable d'Euronext si l'offre au public est inférieure à 8 millions d'euros ou un prospectus soumis à l'approbation de l'AMF si l'offre est supérieure ou égale à 8 millions d'euros (voir n° 41700) ;

– l'admission consécutive à **une opération de placement privé** préalable de titres nouveaux au cours de l'année précédant la date prévue de première admission pour un montant d'au moins 2,5 millions d'euros auprès d'au moins trois investisseurs ;

– l'**admission directe** aux négociations pour les émetteurs admis à la cote ou aux négociations d'un marché éligible (conformément à l'annexe 1 des Règles des marchés Euronext Growth). La société peut demander son admission si elle justifie d'une diffusion de ces titres dans le public pour une valeur d'au moins 2,5 millions d'euros.

41113 **Conditions d'admission pour une émission de titres de créance** Les sociétés souhaitant faire admettre des titres de créance sur Euronext Growth n'ont pas d'obligation de disposer d'un nombre minimum d'années de comptes. Elles peuvent adopter le référentiel comptable de leur choix. Ces sociétés doivent, comme pour les introductions de titres de capital sur Euronext Growth, disposer d'un *listing sponsor*. Néanmoins, il existe des cas de dispenses, notamment pour la première admission de titres de créance émis dans le cadre d'un placement privé (voir n° 41112).

Trois procédures d'admission peuvent être engagées (Règles des marchés Euronext Growth § 3.1 et § 3.3) :

– l'admission concomitante à une **offre au public** : la société doit mettre au minimum 5 millions d'euros à la disposition du marché et publier un document d'information soumis à un contrôle préalable d'Euronext si l'offre au public est inférieure à 8 millions d'euros ou un prospectus soumis à l'approbation de l'AMF si l'offre est supérieure ou égale à 8 millions d'euros (voir n° 41700) ;

Les émetteurs ayant la qualité de PME (voir Règles de marché Euronext Growth § 3.3.4 définition) demandant l'admission aux négociations de titres de créance à la suite d'une offre au public doivent obtenir, et rendre publique dans leur documentation d'offre, une notation, portant sur l'émetteur ou l'émission, d'une agence de notation financière dûment enregistrée ou certifiée par l'Autorité européenne des marchés financiers.

© Éd. Francis Lefebvre   **AUDIT DES PERSONNES OU ENTITÉS FAISANT APPEL AUX MARCHÉS FINANCIERS**

– l'admission consécutive à une **opération de placement privé** : l'émetteur doit émettre à la date de l'admission un montant nominal d'au moins 200 000 € ;
– l'**admission directe** aux négociations pour les émetteurs admis à la cote ou aux négociations d'un marché éligible (conformément aux Règles des marchés Euronext Growth ann. 1). La société peut demander son admission si elle justifie d'une diffusion de ces titres dans le public pour une valeur d'au moins 200 000 €.

Possibilité de transfert vers Euronext Growth d'une société cotée sur Euronext   41114

La loi 2009-1255 du 19 octobre 2009 tendant à favoriser l'accès au crédit des petites et moyennes entreprises et à améliorer le fonctionnement des marchés financiers prévoit la possibilité pour une société cotée sur un marché réglementé de demander l'admission aux négociations de ses instruments financiers sur un système multilatéral de négociation organisé. Le dispositif législatif et réglementaire encadrant la possibilité de transfert repose sur les éléments suivants :
– la capitalisation boursière de l'émetteur doit être inférieure à un milliard d'euros ;
– une réunion de l'assemblée générale des actionnaires doit se tenir au minimum deux mois avant l'éventuel transfert afin de statuer sur ledit projet ;
– l'émetteur doit informer le public de son projet via la diffusion de deux communiqués :
1. Le premier informant le public deux mois au moins avant la date envisagée pour le transfert.
2. Le second, postérieur à l'assemblée ayant statué sur le transfert, étant également requis dès que l'organe de direction de l'émetteur décide la mise en œuvre effective du transfert.
Ces deux communiqués précisent les raisons de l'opération souhaitée et ses conséquences (notamment juridiques, financières, comptables, etc.) pour les actionnaires et le public. Ils comportent également le calendrier prévisionnel de l'opération (C. mon. fin. art. L 421-14 et RG AMF 223-36).
La loi prévoit le maintien, pendant trois ans, du droit des offres publiques et du droit relatif aux franchissements de seuils applicables sur les marchés réglementés (C. mon. fin. art. L 433-5).

> La possibilité de mettre en œuvre une offre publique de retrait, suivie le cas échéant d'un retrait obligatoire, demeure sans limitation de durée.
> Pour préciser les modalités de transfert, l'Autorité des normes comptables a publié, le 28 juillet 2010, un règlement (n° 2010-01) et une recommandation (n° 2010-01) sur la transition vers le référentiel comptable français pour l'établissement des comptes consolidés. Les sociétés dont les titres sont transférés d'Euronext vers Euronext Growth n'ont en effet plus l'obligation d'appliquer les normes comptables internationales.
> L'AMF a pour sa part publié une liste de questions-réponses sur le transfert vers Euronext Growth d'une société cotée sur Euronext (Position-recommandation AMF 2010-03 modifiée le 29-4-2021). Dans ce document, l'AMF précise notamment les conditions du transfert, l'information à fournir à l'actionnaire et au public ainsi que les modalités de transition vers le référentiel comptable français.

Obligations d'information sur l'information périodique   41116

Les sociétés cotées sur Euronext Growth ne sont pas tenues de communiquer leurs résultats selon les normes IFRS, ni de publier de comptes trimestriels ou même de soumettre les comptes semestriels à un examen limité. Elles sont cependant soumises à des obligations d'informations périodiques prévues par les règles de marché.
L'obligation d'information périodique comprend :
– pour les émetteurs de **titres de capital** (Règles des marchés Euronext Growth, 4.2.1) :
• la publication des états financiers annuels (comptes consolidés, le cas échéant), du rapport de gestion (en dehors des dispenses de rapport de gestion prévues à l'article L 232-1 du Code de commerce) et des rapports des contrôleurs légaux sur les comptes précités dans les quatre mois suivant la clôture de l'exercice.
• la publication dans les quatre mois après la fin du deuxième trimestre d'un rapport semestriel couvrant les six premiers mois de l'exercice, incluant les états financiers semestriels (consolidés, le cas échéant) et un rapport d'activité ;

> Les règles des marchés Euronext Growth ne prévoient pas de rapport des commissaires aux comptes sur ce rapport semestriel. L'intervention des contrôleurs légaux pourra cependant être réalisée à la demande de la société dans le cadre de services autres que la certification des comptes (SACC).
> Pour plus d'informations, se reporter à la Position-recommandation AMF 2016-05 qui rappelle aux sociétés cotées sur Euronext Growth leurs obligations d'information périodique et aux n°s 42300 s.

AUDIT DES PERSONNES OU ENTITÉS FAISANT APPEL AUX MARCHÉS FINANCIERS © Éd. Francis Lefebvre

– pour les émetteurs de **titres de créance** (Règles des marchés Euronext Growth, 4.2.2), la publication des états financiers annuels (comptes consolidés, le cas échéant), du rapport de gestion et des rapports des contrôleurs légaux sur les comptes précités dans les quatre mois suivant la clôture de l'exercice.

Les émetteurs qui ont conduit un placement privé de titres de créance pour une valeur nominale d'au moins 100 000 € (ou l'équivalent dans une autre devise) et ont demandé l'admission sur Euronext Growth des titres de créance correspondants dans le cadre d'un tel placement privé doivent publier leurs états financiers annuels dans les six mois suivant la fin de l'exercice comptable.

Les émetteurs qui ont exclusivement des titres de créance admis sur un marché Euronext Growth n'ont pas à publier de rapport semestriel.

Par ailleurs, dans son guide de l'information périodique (Position-recommandation 2016-05 modifiée le 29-4-2021, § 20.1), l'AMF :

– rappelle que les sociétés dont les titres financiers sont cotés sur Euronext Growth doivent respecter les obligations d'information périodique prévues par les règles du marché. Elles sont également assujetties à l'obligation de rendre publique, dès que possible, toute information privilégiée (voir n° 41117) ;

– rappelle que les sociétés cotées sur Euronext Growth peuvent publier volontairement une information trimestrielle (ou intermédiaire), voire des comptes trimestriels ou intermédiaires ;

– invite les sociétés dont les titres sont cotés sur Euronext Growth à respecter les positions et recommandations relatives à l'information trimestrielle, au communiqué d'annonce de résultats annuels ou semestriels ainsi qu'aux indicateurs alternatifs de performance des émetteurs dont les titres sont admis à la négociation sur un marché réglementé.

41117 **Obligation des émetteurs sur l'information permanente et la gestion des informations privilégiées** Les obligations prévues par le règlement (UE) 596/2014 du 16 avril 2014 sur les abus de marché, entré en application le 3 juillet 2016, sont applicables aux émetteurs dont les titres sont cotés sur Euronext Growth (voir n° 42700 s.). L'obligation d'information permanente impose aux sociétés de communiquer au marché toute information susceptible d'avoir un impact sur leur cours de bourse et de déclarer les transactions réalisées par les dirigeants, notamment le franchissement à la hausse ou à la baisse de seuils de participation représentant 50 % ou 95 % du capital ou des droits de vote (RG AMF 223-15-1), ou encore les opérations excédant un montant cumulé de 20 000 € (RG AMF 223-23), calculé par dirigeant sur l'année civile. Cette information doit être donnée dans un délai de trois jours (Règl. (UE) 596/2014 art. 19 § 1) de bourse suivant celui où l'émetteur en a connaissance (à la date de rédaction de ce Mémento, les règles des marchés Euronext Growth, 4.3.1 n'ont pas été mises à jour).

L'émetteur communique à Euronext, au moins deux jours de négociation avant leur réalisation, toute information relative à des opérations affectant les titres admis qu'Euronext juge nécessaire pour faciliter le fonctionnement équitable, ordonné et efficace du marché. Ces informations sont communiquées en temps utile et avant l'événement affectant des titres ou l'opération sur titres de telle sorte que les mesures techniques appropriées puissent être prises (Règles des marchés Euronext Growth, 4.5.1). Les opérations visées incluent (sans limitation) :

– modification du nombre de titres admis ;

– modification des droits de souscription, d'attribution ou de répartition ;

– toute émission ou souscription d'instruments financiers ;

– détachement de dividendes ou de coupons ;

– ouverture d'une période d'option de paiement du dividende en titres ou en espèces ;

– procédure d'échange de titres avec rompus ou avec changement de code valeur ;

– remboursement contractuel de titres de créance ;

– toute restructuration à caractère obligatoire (par exemple, une division d'actions, un regroupement d'actions, un remboursement en tout ou partie des titres) ;

– toute restructuration volontaire avec ou sans élément optionnel (par exemple, offre publique, offre de souscription, offre de rachat…) ;

– toute distribution en nature (par exemple, dividende en actions, émission de droits…) ou en espèces (par exemple, dividende en numéraire) ;

– toute annonce de non-paiement de coupons ou de dividendes en espèces ;

– tout prospectus (ou document d'information équivalent) relatif à une offre au public ;

– tout rapport sur l'avancement d'une liquidation et toute décision ayant trait à une quelconque faillite, cessation de paiements (même temporaire) ou situation d'insolvabilité (ou toute procédure équivalente) ;
– toute modification de la raison sociale ;
– l'admission aux négociations des titres sur tout marché réglementé ou sur tout autre marché organisé (Règles des marchés Euronext Growth, 4.5.1).
L'émission d'instruments financiers assimilables à une catégorie déjà admise donne lieu en outre à une demande d'admission, dès qu'ils sont émis en cas d'offre au public et dans un délai maximum de 90 jours dans tous les autres cas (Règles des marchés Euronext Growth, 4.5.2).
Enfin, un mode de cotation novateur, soit en continu comme les grandes valeurs, soit au *fixing*, c'est-à-dire une fois par jour, favorise la liquidité du marché.
L'AMF veille à la régularité des opérations effectuées sur des instruments financiers lorsqu'ils sont admis sur des systèmes multilatéraux de négociation (C. mon. fin. art. L 621-9, I) et peut sanctionner les abus des acteurs de ces marchés (C. mon. fin. art. L 621-15).
Enfin, les obligations relatives aux relations entre l'AMF et les commissaires aux comptes, mentionnées à l'article L 621-22, VI du Code monétaire et financier s'appliquent aussi aux sociétés dont les titres financiers sont offerts au public sur un système multilatéral de négociation soumis aux dispositions du II de l'article L 433-3 (Euronext Growth).

> Un amendement à l'article L 621-22 du Code monétaire et financier a été déposé à l'assemblée nationale dans le cadre du projet de loi portant diverses dispositions d'adaptation au droit de l'Union européenne dans le domaine des transports, de l'environnement, de l'économie et des finances (loi DDADUE 2021).
> Cet amendement vise à mettre en conformité l'article L 621-22 du Code monétaire et financier avec le droit européen, soit l'obligation au commissaire aux comptes des émetteurs dont les titres sont admis à la négociation sur le marché réglementé ou sur Euronext Growth, de signaler à l'AMF toute information sur une société qu'ils contrôlent et pouvant entraîner (i) une violation significative des dispositions législatives, réglementaires ou administratives qui fixent, le cas échéant, les conditions d'agrément ou qui régissent de manière spécifique la poursuite des activités de cette société, (ii) un risque ou un doute sérieux concernant la continuité de l'exploitation de cette société, (iii) un refus d'émettre un avis d'audit sur les états financiers ou l'émission de cette société.
> À la date de mise à jour de ce Mémento, le projet de loi DDADUE 2021 a été adopté par le Sénat le 19 mai 2021, mais la loi n'a pas encore été promulguée.

Euronext Access (anciennement Marché libre)

Présentation Le Marché libre (devenu Euronext Access) est un marché non réglementé **géré** par Euronext Paris SA sur lequel les valeurs se négocient au comptant. Il permet aux sociétés de petite taille de financer leur croissance en procédant à une offre au public de titres financiers dans des conditions réglementaires très souples, mais offrant peu de garanties aux investisseurs. Avant le 19 juin 2017, Euronext Access était désigné sous le vocable « Marché libre » ; ce changement n'a cependant pas entraîné de modification de statut du marché concerné, qui reste un système multilatéral de négociation au sens de la directive européenne sur les marchés des instruments financiers (MIF).

41140

> Le 19 juin 2017, les règles d'Euronext Access ont été publiées par Euronext Paris et, à la date de mise à jour de ce Mémento, la dernière version en vigueur date du 17 août 2020. Elles détaillent notamment l'admission aux négociations des titres, les obligations permanentes, les règles de négociation, la suspension de la négociation, la radiation et certaines dispositions particulières.

Les émetteurs ont le **choix** entre une admission sur le segment d'Euronext Access dit « normal » ou sur le segment Euronext Access +.
Euronext Access + est ouvert uniquement pour des titres de capital et des titres de fonds ou sociétés d'investissement de type fermé. Les émetteurs sont soumis sur Euronext Access + à certaines obligations supplémentaires de communication et ont l'obligation de nommer un *listing sponsor* sur une base permanente. L'objet d'Euronext Access + est de faciliter le transfert vers le marché Euronext Growth et l'accès aux capitaux. À l'entrée en vigueur des règles d'Euronext Access, les émetteurs sont affectés d'office au segment normal, à moins que l'émetteur ne demande expressément à intégrer Euronext Access + en apportant les éléments probants nécessaires et en se conformant aux obligations associées à Euronext Access +.

AUDIT DES PERSONNES OU ENTITÉS FAISANT APPEL AUX MARCHÉS FINANCIERS © Éd. Francis Lefebvre

Les émetteurs peuvent faire le choix d'Euronext Access + au moment de leur première admission sur Euronext Access ou peuvent passer du segment normal à Euronext Access + dès qu'ils remplissent les conditions correspondantes.

41142 **Obligation des émetteurs sur l'information permanente et la gestion des informations privilégiées** Les obligations prévues par le règlement (UE) 596/2014 du 16 avril 2014 sur les abus de marché, entré en application le 3 juillet 2016, sont applicables aux émetteurs dont les titres sont cotés sur Euronext Access (voir nos 42700 s.).

L'AMF a publié un guide de l'information permanente et de la gestion de l'information privilégiée (Position-recommandation AMF 2016-08 modifiée le 29-4-2021).

Par ailleurs, les règles d'Euronext Access (§ 3.1) prévoient les obligations suivantes de communication et de notification :
– maintenir à jour un site internet contenant des informations générales sur ses activités, son mode de gouvernance et ses points de contact, et mettre en ligne sur son site internet l'information privilégiée en application du règlement sur les abus de marché ;
– établir des états financiers selon les normes comptables nationales ou selon les normes internationales d'information financière (IFRS) et publier sur son site ses états financiers annuels établis dans les délais prévus par la réglementation locale (voir no 41144) ;
– rendre compte à Euronext des changements intervenus dans la composition de son équipe de direction et dans la composition de ses organes de direction et de surveillance, ainsi que de tout changement de bénéficiaire effectif devant être rendu public en application du règlement sur les abus de marché. L'information doit être notifiée à Euronext dès sa mise en ligne sur le site de l'émetteur ;
– remettre à Euronext en décembre de chaque année un certificat dont l'objet est de confirmer, entre autres, qu'il s'est conformé et continuera d'être en conformité avec le règlement sur les abus de marché et que les changements apportés à son équipe de direction, ses organes de direction et de surveillance et ses actionnaires ont dûment été notifiés à Euronext ;
– communiquer à Euronext, au moins deux jours de négociation avant leur réalisation, toute information relative à des opérations affectant les titres admis qu'Euronext juge nécessaire pour faciliter le fonctionnement équitable, ordonné et efficace du marché ;
– disposer de son LEI (*Legal Entity Identifier*, tel que défini par la norme ISO 17442) tout au long de la période pendant laquelle ses instruments financiers sont admis aux négociations sur Euronext Access.

41144 **Obligation des émetteurs sur l'information périodique** Les émetteurs des titres négociés sur le segment normal d'Euronext Access ne sont **pas tenus aux obligations** attachées à l'admission aux négociations sur un marché réglementé. Leurs obligations sont celles imposées par leur forme sociale. En revanche, les émetteurs dont les titres sont admis aux négociations sur Euronext Access + doivent publier :
– un rapport annuel dans les 4 mois après la fin de l'exercice incluant :
• les états financiers annuels audités (consolidés, le cas échéant),
• le rapport de gestion,
• les rapports des commissaires aux comptes afférents aux états financiers annuels ;
– un rapport semestriel dans les 4 mois après la fin du second semestre de l'exercice incluant :
• les états financiers semestriels (consolidés, le cas échéant),
• un rapport d'activité afférent à ces états financiers semestriels.
Les modalités d'inscription sur Euronext Access sont fixées par Euronext Paris dans les règles d'Euronext Access entrées en vigueur le 17 août 2020.

© Éd. Francis Lefebvre AUDIT DES PERSONNES OU ENTITÉS FAISANT APPEL AUX MARCHÉS FINANCIERS

Tableau récapitulatif des différents marchés Euronext Paris

41170

	LES DIFFÉRENTS MARCHÉS EURONEXT PARIS		
	EURONEXT	EURONEXT GROWTH	EURONEXT ACCESS
Nature du marché	Réglementé	Système multilatéral de négociation	
Demandeur de l'admission	Émetteur	Émetteur	Émetteur
Nature de l'opération d'introduction	Admission aux négociations sur un marché réglementé, offre au public Cession et/ou augmentation de capital, cotation directe (compartiment professionnel)	Offre au public	Placement privé préalable 2,5 M€ auprès d'au moins trois investisseurs qualifiés	Offre au public, placement privé ou admission technique
Diffusion minimum de titres et/ou de capital dans le public	25 % de titres dans le public ou 5 % minimum du capital représentant au moins 5 M€	Au moins 2,5 M€	Pas de diffusion (investisseurs qualifiés seulement)	Segment normal : pas de minimum Access + : au moins 1 M€
Document à rédiger	Prospectus	Prospectus si offre au public supérieure ou égale à 8 M€ ; document d'information si offre au public inférieure à ce montant	Document d'information ou « offering circular »	Prospectus si offre au public supérieure ou égale à 8 M€ ; document d'information si offre au public inférieure à ce montant
Approbation de l'AMF	Obligatoire	Obligatoire si offre au public supérieure ou égale à 8 M€	Non	Obligatoire si offre au public supérieure ou égale à 8 M€
Présence PSI*	Obligatoire	Obligatoire	Non	Listing sponsor obligatoire pour toute admission de titres de capital et base permanente pour Euronext Access +
Listing sponsor**	Non	Oui	Oui	
Historique des comptes	– 3 années de comptes certifiés – plus derniers comptes semestriels, si plus de 9 mois après la clôture	– 2 années de comptes certifiés – plus les comptes semestriels publiés si plus de 9 mois après la clôture		Deux derniers exercices (si l'ancienneté le permet) et audités pour un exercice pour Euronext Access +
Normes comptables pour les comptes consolidés	IFRS obligatoires	Normes françaises ou IFRS		Normes françaises ou IFRS
Décision d'admission	Euronext peut rejeter la demande d'admission		
Information financière périodique	Comptes annuels audités et semestriels revus	Comptes annuels audités et semestriels non audités publiés sur le site de la société et le site Euronext		Dernier exercice audité pour Euronext Access +

811

LES DIFFÉRENTS MARCHÉS EURONEXT PARIS			
	EURONEXT	EURONEXT GROWTH	EURONEXT ACCESS
Franchissement de seuils à déclarer	5 %, 10 %, 15 %, 20 %, 25 %, 30 %, 33 %, 50 %, 66 %, 90 %, 95 % du capital et/ou des droits de vote	50 % et 95 % du capital ou des droits de vote	Néant
Mode de cotation	Continu $^{(1)}$ de 9 h à 17 h 35 ou *fixing* à 11 h 30 et 16 h 30		*Fixing* à 11 h 30 et 16 h 30

* PSI : prestataire de services d'investissement (banques, sociétés de bourse…).
** *Listing sponsor* : spécialiste de l'introduction en bourse obligatoire ; liste disponible sur www.euronext.com.
(1) Pour les valeurs dont les transactions sont supérieures à 2 500 € par an ou si un membre assure le rôle de fournisseur de liquidité.

Source actualisée par nos soins : site Internet www.euronext.com.

II. Réglementation des marchés

A. Autorités de marché

Régulateurs français

41200 Le marché financier français est placé sous l'autorité et la responsabilité de deux instances, l'Autorité des marchés financiers (AMF) et l'Autorité de contrôle prudentiel et de résolution (ACPR).

41216 **Autorité des marchés financiers** La loi de sécurité financière du 1er août 2003 a institué l'Autorité des marchés financiers (AMF) qui s'est substituée à la Commission des opérations de bourse (COB) et au Conseil des marchés financiers (CMF). L'AMF, autorité publique indépendante, dotée de la personnalité morale, a pour mission de veiller à la protection de l'épargne investie dans les instruments financiers donnant lieu à une offre au public ou à une admission aux négociations sur un marché réglementé et dans tous autres placements offerts au public. Elle veille également à l'information des investisseurs et au bon fonctionnement des marchés d'instruments financiers. Elle apporte également son concours à la régulation de ces marchés aux échelons européen et international (C. mon. fin. art. L 621-1).

La composition et les règles de fonctionnement de l'AMF sont fixées par les articles L 621-2 à L 621-5-5 du même code.

Afin d'assurer sa mission, l'AMF dispose d'un pouvoir :

– de réglementation et de décision (C. mon. fin. art. L 621-6 à L 621-7-2) ;
– d'autorisation de certaines opérations portant sur des instruments financiers (C. mon. fin. art. L 621-8 à L 621-8-2) ;
– de veille et surveillance (C. mon. fin. art. L 621-8-4) ;
– de contrôle et d'enquête (C. mon. fin. art. L 621-9 à L 621-12-1) ;
– d'injonction et de demande auprès du président du tribunal de grande instance de mise en œuvre de mesures d'urgence (C. mon. fin. art. L 621-13 à L 621-14) ;
– de sanctions (C. mon. fin. art. L 621-15 à L 621-17-1-1) ;
– de déclaration d'opérations suspectes (C. mon. fin. art. L 621-17-3 à L 621-17-7).

L'AMF est par ailleurs dotée de diverses compétences nécessaires à l'exercice de sa mission de régulation des marchés (C. mon. fin. art. L 621-18 à L 621-20-9). Elle s'assure notamment du respect des dispositions réglementaires relatives aux publications devant être effectuées par les émetteurs et dispose du pouvoir de demander une modification de ces publications. Elle est également habilitée à recevoir les réclamations et plaintes entrant dans son champ de compétence et à mener des enquêtes à la demande d'autorités étrangères exerçant des compétences analogues.

Elle établit chaque année différents rapports (rapport sur le gouvernement d'entreprise et la rémunération des dirigeants, rapport au Président de la République et au Parlement dit « rapport annuel »).

Les relations de l'AMF avec les commissaires aux comptes sont régies par les articles L 621-22 à L 621-25 du Code monétaire et financier.

Pour plus de précisions sur le statut, la composition, les compétences et les pouvoirs de l'AMF, voir n°s 8100 s.

Autorité de contrôle prudentiel et de résolution Créée par l'ordonnance du 21 janvier 2010, l'Autorité de contrôle prudentiel est issue du rapprochement entre les autorités d'agrément – CEA (Comité des entreprises d'assurance) et CECEI (Comité des établissements de crédit et des entreprises d'investissement) – et de contrôle – Commission bancaire et Acam (Autorité de contrôle des assurances et des mutuelles) – des secteurs de la banque et de l'assurance. L'ACP est une autorité indépendante, adossée à la Banque de France. Sa création répond à l'objectif de mise en place d'une autorité de supervision forte, disposant d'une vision globale du secteur financier (banque et assurance).

41217

L'Autorité de contrôle prudentiel (ACP) est devenue l'Autorité de contrôle prudentiel et de résolution (APCR) par la loi de séparation et de régulation des activités bancaires du 26 juillet 2013.

Sa mission principale est de veiller à la préservation de la stabilité financière et à la protection des clients des banques, des assurés et des bénéficiaires des contrats d'assurance.

L'ACPR est notamment chargée de l'agrément et du contrôle des établissements bancaires et des organismes d'assurance. Elle est également chargée de la surveillance de leur situation financière. Elle contrôle en particulier le respect des exigences de solvabilité par les établissements de crédit, les entreprises d'investissement, les compagnies financières, les établissements de paiement, les entreprises d'assurance et de réassurance, les mutuelles et les institutions de prévoyance. Elle veille au respect des règles relatives à la préservation de la liquidité pour les entreprises du secteur bancaire. Elle s'assure que les institutions du secteur de l'assurance sont en mesure de tenir à tout moment les engagements qu'elles ont pris envers leurs assurés, bénéficiaires ou entreprises réassurées.

Par ailleurs, l'ACPR veille au respect, par les entreprises soumises à son contrôle, de l'ensemble des règles destinées à assurer la protection de la clientèle. Elle s'assure également de l'adéquation des procédures et moyens mis en œuvre par les entreprises contrôlées pour s'y conformer.

Elle coopère également avec l'AMF, par le biais d'un pôle commun. L'imbrication entre les produits de banque, d'assurance et d'épargne et le développement d'acteurs à même de les distribuer rendent nécessaire une coordination étroite entre l'ACPR et l'AMF.

Enfin, l'ACPR représente la France au niveau des instances internationales de l'assurance et de la banque, en étroite coopération avec les autres services de la Banque de France ainsi que les services compétents de l'État.

Pour la réalisation de ses missions, l'ACPR dispose d'un pouvoir de contrôle, du pouvoir de prendre des mesures de police administrative et d'un pouvoir de sanction. Elle peut en outre porter à la connaissance du public toute information qu'elle estime nécessaire à l'accomplissement de ses missions, sans que lui soit opposable le secret professionnel.

Pour plus de détails sur l'Autorité de contrôle prudentiel et de résolution, voir n°s 8160 s.

Régulateurs européens

Régulateurs nationaux Les régulateurs de marché sont des autorités publiques indépendantes liées par des accords de réciprocité leur permettant de compléter leur mission d'un pays à l'autre. Les régulateurs des pays de l'environnement d'Euronext comprennent :

41220

– l'AFM (*Autoriteit Financiële Markten*) à Amsterdam ;
– la FSMA (*Financial Services and Markets Authority*) à Bruxelles ;
– la CMVM (*Comissão do Mercado de Valores Mobiliarios*) à Lisbonne ;
– la FCA (*Financial Conduct Authority*) à Londres ;
– la CBI (*Central Bank of Ireland*) à Dublin ;
– l'AMF (Autorité des marchés financiers) à Paris.

Ces régulateurs ont signé un accord sur la coordination de la régulation, du contrôle et de la surveillance d'Euronext (voir n° 41070).

41221 **ESMA** L'AEMF (Autorité européenne des marchés financiers) – *European Securities and Markets Authority* (ESMA) – a remplacé, à compter du 1er janvier 2011, le Comité des régulateurs européens – CESR (*Committee of European Securities Regulators*). C'est une autorité indépendant de l'Union européenne qui a pour missions :
– de contribuer au maintien de la stabilité du système financier européen en assurant l'intégrité, la transparence, l'efficacité et le bon fonctionnement des marchés ;
– d'améliorer la protection des investisseurs. En particulier, l'ESMA encourage la coordination de la supervision des régulateurs nationaux.
La nouvelle autorité européenne de surveillance des marchés financiers a été créée dans le cadre de la mise en place du système européen de surveillance financière, visant à renforcer la surveillance des marchés financiers en Europe et à rétablir la confiance dans le système financier. Outre l'ESMA, ce dispositif a conduit à la création de nouvelles autorités comme l'Autorité bancaire européenne (*European Banking Authority*), l'Autorité européenne des assurances et des pensions professionnelles – *European Insurance and Occupational Pensions Authority* (EIOPA) –, ainsi que le Comité européen des risques systémiques – *European System of Financial Supervision* (ESFS).
L'ESMA s'est vu confier des pouvoirs accrus par rapport à ceux dont disposait le CESR. L'ESMA dispose notamment du pouvoir de superviser et de sanctionner les agences de notation, du droit d'interdire les produits qui font courir un risque sur la stabilité financière de l'Union. Elle peut prendre des mesures réglementaires contraignantes en application des directives et des règlements européens.
Les travaux de l'ESMA sur la législation en matière de valeurs mobilières contribueront à l'élaboration d'un code unique de règles en Europe, avec pour objectifs d'assurer le traitement uniforme des investisseurs au sein de l'Union européenne, de permettre un niveau de protection adéquat des investisseurs grâce à une réglementation et une supervision efficaces et de promouvoir pour les prestataires de services financiers des conditions égales de concurrence, tout en assurant leur supervision de manière efficace et efficiente en termes de coût.

B. Textes réglementant l'accès aux marchés

Sources légales et réglementaires

41225 L'offre au public et l'admission des titres émis par une société aux négociations sur un marché réglementé s'inscrivent dans le cadre des dispositions du règlement européen (UE) 2017/1129 concernant le prospectus à publier en cas d'offre au public de valeurs mobilières ou en vue de l'admission de valeurs mobilières à la négociation sur un marché réglementé, et abrogeant la directive 2003/71/CE (ci-après le « **règlement (UE) 2017/1129** » ou « **règlement Prospectus** »). Le règlement Prospectus est complété par :
– le règlement délégué (UE) 2019/979 concernant les informations financières clés dans le résumé d'un prospectus, la publication et le classement des prospectus, les communications à caractère promotionnel sur les valeurs mobilières, les suppléments au prospectus et le portail de notification, et abrogeant le règlement délégué (UE) 382/2014 et le règlement délégué (UE) 2016/301 (ci-après le « **règlement délégué (UE) 2019/979** ») ;
– le règlement délégué (UE) 2019/980 en ce qui concerne le contenu, l'examen et l'approbation du prospectus à publier en cas d'offre au public de valeurs mobilières ou en vue de l'admission de valeurs mobilières à la négociation sur un marché réglementé, et abrogeant le règlement CE 809/2004 (ci-après le « **règlement délégué (UE) 2019/980** ») ;
– et le règlement délégué (UE) 2021/528 du 16 décembre 2020 complétant le règlement (UE) 2017/1129 en ce qui concerne les informations à inclure au minimum dans le document à publier afin de bénéficier d'une exemption à l'obligation de publier un prospectus dans le cadre d'une offre publique d'acquisition par voie d'offre publique d'échange, d'une fusion ou d'une scission (ci-après le « **règlement délégué 2021/528** »).
Le règlement Prospectus est également modifié par :
– le règlement (UE) 2019/2115 du 27 novembre 2019 qui, afin d'alléger les contraintes administratives et les coûts pesant sur les émetteurs cotés sur un marché de croissance des PME, et d'encourager ainsi le financement par le marché de ces émetteurs :

• introduit l'obligation de publier un prospectus pour une société non cotée qui demande à être admise à la négociation sur un marché réglementé à la suite d'une offre publique d'échange, d'une fusion ou d'une scission,

• modifie l'article 14 du règlement Prospectus pour permettre aux émetteurs dont les titres de capital sont admis à la négociation sur un marché réglementé ou un marché de croissance des PME sans interruption depuis au moins les 18 derniers mois et qui chercheraient à émettre des valeurs mobilières donnant accès à des titres de capital fongibles avec des titres de capital existants émis précédemment d'utiliser le prospectus simplifié, et

• modifie l'annexe V, le point II et rend systématique la déclaration sur le fonds de roulement dans la note relative aux valeurs mobilières concernant le prospectus de croissance de l'union, quel que soit le montant de la capitalisation boursière de l'émetteur ;

– et le règlement (UE) 2021/337 du 16 février 2021 qui, afin de soutenir la reprise après le grave choc économique causé par la pandémie de Covid-19, adoptent des modifications sous le nom de « train de mesures de relance par les marchés des capitaux » applicables à compter du 18 mars 2021 jusqu'au 31 décembre 2022. En particulier, un nouveau type de prospectus simplifié, appelé « prospectus de relance de l'Union », a été créé. Destiné aux sociétés cotées sur un marché réglementé ou sur un marché de croissance des PME (comme Euronext Growth), ce prospectus, plus court, devrait permettre à ces sociétés de lever plus facilement des capitaux pour répondre à leurs besoins de financement, tout en veillant à ce que des informations adéquates soient fournies aux investisseurs.

Sont également à prendre en compte les orientations et questions-réponses de l'ESMA ainsi que les dispositions du Code de commerce, du Code monétaire et financier et enfin du règlement général et des instructions publiées par l'AMF.

41228

Le règlement Prospectus et ses règlements délégués associés précisent le contenu du prospectus et fixent les règles de son élaboration. Le règlement général et la doctrine de l'AMF définissent la procédure à suivre, et, plus particulièrement, les informations complémentaires à fournir par les entreprises qui demandent l'admission de titres financiers aux négociations sur un marché réglementé.

L'AMF a publié un guide d'élaboration des prospectus et information à fournir en cas d'offre au public ou d'admission de titres financiers (Position-recommandation AMF 2020-06 modifiée le 29-4-2021), ainsi qu'un guide d'élaboration des documents d'enregistrement universel (Position-recommandation AMF 2021-02 modifiée le 29-4-2021).

En outre, les modalités de dépôt et de publication des prospectus et des documents d'enregistrement universel sont précisées dans l'instruction AMF 2019-21 modifiée le 29 avril 2021.

Cette doctrine AMF peut être consultée sur le site de cet organisme (www.amf-france.org). Elle a vocation à préciser les modalités d'application du règlement Prospectus ou du règlement général de l'AMF et est régulièrement mise à jour.

Terminologie des instructions et règlements

Le(s) document(s) remis auprès de l'AMF en vue d'une offre au public ou de l'admission des titres aux négociations sur un marché réglementé peu(ven)t prendre différentes appellations qu'il convient de préciser.

41240

Le **projet de prospectus** soumis à l'approbation de l'AMF peut être composé d'un document unique ou de plusieurs documents distincts.

41242

Lorsqu'il est composé de plusieurs documents, le prospectus comporte :

– un document d'enregistrement ou un document d'enregistrement universel pour les émetteurs fréquents ;

– une note relative aux valeurs mobilières ;

– un résumé.

Ces documents constituent le prospectus (voir n⁰ˢ 41700 s.).

Le **prospectus** contient les informations nécessaires qui sont importantes pour permettre à un investisseur d'évaluer en connaissance de cause l'actif et le passif, les profits et pertes, la situation financière et les perspectives de l'émetteur et des garants éventuels, les droits attachés aux valeurs mobilières et les raisons de l'émission et son incidence sur l'émetteur (Règl. (UE) 2017/1129 art. 6 § 1).

41245

Les informations à faire figurer sont définies dans les annexes du règlement délégué (UE) 2019/980, en fonction de la nature des valeurs mobilières concernées, des conditions de l'émission et du statut de l'émetteur (voir nᵒˢ 41720 s.).

Le prospectus peut être émis pour une opération ponctuelle ou bien dans le cadre d'un programme d'offre qui permet d'émettre, d'une manière continue ou répétée, pendant une période d'émission déterminée, des titres autres que les titres de capital, y compris des bons de souscription d'actions et des bons d'option couverts appartenant à une même catégorie et sous quelque forme que ce soit. On parle, dans ce second cas, de « **prospectus de base** » (Règl. (UE) 2017/1129 art. 8).

41250 Le **document d'enregistrement** est un élément du prospectus, émis lors de l'admission des titres financiers aux négociations sur un marché réglementé, contenant toutes les informations relatives à l'émetteur (Règl. (UE) 2017/1129 art. 6 § 3). Il ne contient aucune information sur les titres financiers qui font l'objet de l'offre au public ou de l'admission aux négociations sur un marché réglementé.

41255 Le **document d'enregistrement universel** (anciennement « document de référence ») est un document défini à l'article 9 du règlement (UE) 2017/1129, non obligatoire, qui peut être établi, pour chaque exercice financier, par tout émetteur dont les valeurs mobilières sont admises à la négociation sur un marché réglementé ou un système multilatéral de négociation (MTF).

En France, sont principalement concernés Euronext, Euronext Growth (compartiment offre au public et placement privé) et Euronext Access.

Il décrit l'organisation, les activités, la situation financière, les résultats, les perspectives, le gouvernement et la structure de l'actionnariat de l'entreprise et il contient au minimum l'ensemble des informations exigées par l'annexe 2 du règlement délégué (UE) 2019/980. Dans le respect des conditions fixées par l'article 9 du règlement (UE) 2017/1129, le document d'enregistrement universel permet de bénéficier du **statut d'émetteur fréquent** et de la **procédure d'approbation accélérée**.

L'approbation de ce document, qui peut prendre la forme d'un **rapport annuel** adressé aux actionnaires, est possible s'il comporte l'ensemble des informations requises. Le document d'enregistrement universel permet alors à l'entreprise, pour toute opération de marché intervenant dans le **délai** maximum d'un an, de se limiter à publier une note sur les valeurs mobilières faisant référence aux informations préalablement approuvées par l'AMF et n'ayant pas subi de modification. À défaut, l'entreprise devra fournir un prospectus avec l'ensemble des informations requises (voir nᵒˢ 42010 s.).

Le document d'enregistrement universel est « approuvé » par l'AMF préalablement à sa publication tant que l'émetteur n'a pas émis pendant deux exercices successifs un document d'enregistrement universel. Il est « déposé » au-delà de ce délai (Règl. (UE) 2017/1129 art. 9 § 2). Avant l'entrée en vigueur du règlement (UE) 2017/1120 le 21 juillet 2019, ce délai était de trois ans, sachant que l'article 9 dudit règlement Prospectus prévoit que les émetteurs qui, avant le 21 juillet 2019, ont fait approuver un document d'enregistrement établi conformément à l'annexe I du règlement CE 809/2004 au moins deux exercices financiers de suite et qui ont par la suite déposé ou fait approuver un tel document d'enregistrement tous les ans ont le droit de déposer un document d'enregistrement.

Afin d'accompagner les sociétés, l'AMF publie un guide d'élaboration des documents d'enregistrement universel (Position-recommandation DOC-2021-02 modifiée le 29-4-2021). Ce document a pour objet de :
– présenter la réglementation applicable aux documents d'enregistrement universel déposés auprès de l'AMF depuis le 21 juillet 2019 ;
– préciser la façon dont les émetteurs présentent les informations requises dans leur document d'enregistrement universel ;
– et regrouper les positions et recommandations de l'AMF et de l'Autorité européenne des marchés financiers (*European Securities and Markets Authority*, ESMA) en la matière.

41256 À la suite du dépôt ou de l'approbation d'un document d'enregistrement universel, l'émetteur peut, à tout moment, actualiser les informations qu'il contient en déposant auprès de l'AMF un **amendement à son document d'enregistrement universel**, selon le même schéma d'approbation que le document amendé (Règl. (UE) 2017/1129 art. 9 § 7).

41257 Lorsque, dans le cas de ses missions de contrôle, l'AMF constate, dans le contenu du document d'enregistrement universel (ou de son amendement), une omission substantielle ou une inexactitude substantielle susceptible d'induire le public en erreur sur des faits et circonstances indispensables à une évaluation en connaissance de cause de *l'émetteur, elle en informe l'émetteur, qui doit déposer sans retard injustifié un **amendement au document d'enregistrement universel** (Règl. (UE) 2017/1129 art. 9 § 9).*

La **note relative aux valeurs mobilières** est un élément du prospectus comportant des informations sur les caractéristiques des valeurs mobilières dont l'émetteur sollicite la cotation.

41260

> Lors d'une émission d'actions admises aux négociations sur un marché réglementé, c'est dans la note relative aux valeurs mobilières que seront insérées les déclarations sur le fonds de roulement net et sur le niveau des capitaux propres et de l'endettement.

Le **résumé** fournit les informations clés dont les investisseurs ont besoin pour comprendre la nature et les risques de l'émetteur, du garant, et des valeurs mobilières offertes ou admises à la négociation sur un marché réglementé. Il doit être lu en combinaison avec les autres parties du prospectus afin d'aider les investisseurs lorsqu'ils envisagent d'investir dans ces valeurs mobilières (Règl. (UE) 2017/1129 art. 7).

41265

SECTION 2

Opérations de marché

Les sociétés qui envisagent de procéder à une offre au public de titres financiers ou à une admission de leurs titres sur un marché réglementé sont soumises à la délivrance d'une information préalable sur leur organisation, leur situation financière et l'évolution de leur activité, ainsi que sur les caractéristiques de l'opération, par l'intermédiaire de la publication d'un prospectus, soumis à l'approbation de l'AMF, permettant aux investisseurs de se prononcer sur l'opportunité de l'opération projetée.

41600

Seront successivement abordés :
- le processus d'introduction en bourse (n°s 41610 s.) ;
- les autres opérations de marché (n°s 42000 s.).

I. Processus d'introduction en bourse

Sont traités dans les développements qui suivent :
- les principes généraux de la procédure (n°s 41610 s.) ;
- l'établissement du prospectus requis pour l'introduction (n°s 41700 s.) ;
- la finalisation de la procédure d'introduction (n°s 41800 s.) ;
- la mission du commissaire aux comptes (n°s 41900 s.).

41605

A. Unification des procédures d'introduction en bourse

La procédure d'introduction en bourse a été unifiée par l'instruction COB 2002-05 qui a réformé et harmonisé la procédure de contrôle de l'information financière et de délivrance du visa par l'AMF. Ses dispositions ont été reprises dans le règlement général de l'AMF et complétées par les précisions apportées par l'instruction AMF 2019-21 du 6 décembre 2019, modifiée le 29 avril 2021 qui remplace l'instruction AMF 2016-04 du 21 octobre 2016 et l'instruction 2005-11 du 13 décembre 2005.

41610

La réforme de l'appel public à l'épargne (voir n° 41001) a eu pour effet la disparition du statut d'émetteur faisant appel public à l'épargne. Cette spécificité française a été supprimée au profit des notions européennes d'admission sur un marché réglementé et d'offre au public d'instruments financiers. L'exigence d'un prospectus approuvé par l'AMF est de ce fait maintenue dès lors qu'il y a :
- admission de valeurs mobilières aux négociations sur un marché réglementé (Euronext Paris) ;
- offre au public de valeurs mobilières, que ce soit sur le marché réglementé, Euronext Growth ou Euronext Access.

41614

AUDIT DES PERSONNES OU ENTITÉS FAISANT APPEL AUX MARCHÉS FINANCIERS © Éd. Francis Lefebvre

B. Établissement du prospectus

Conditions d'établissement du prospectus

41700 **Nature de l'obligation** Conformément à l'article 3 du règlement (UE) 2017/1129, un prospectus doit être mis à disposition des investisseurs dans les deux cas suivants :
– des valeurs mobilières (titres de capital ou titres autres que de capital) font l'objet d'une **offre au public d'un montant supérieur ou égal à 8 millions d'euros**, sur une période de douze mois glissants, et lorsque l'émetteur ne bénéficie pas, par ailleurs d'un cas de dispense à l'obligation d'établir un prospectus au titre de l'offre au public (sur le calcul du seuil de 8 millions d'euros, voir n° 41703) ;

> Les personnes ou entités qui réalisent des offres de titres financiers au public d'un **montant inférieur à 8 millions d'euros** communiquent aux investisseurs préalablement à la souscription un document d'information synthétique pour les offres de titres non cotés ouvertes au public (RG AMF 212-44 et Instruction AMF 2018-07).

> Par ailleurs, lorsque les titres financiers, objet de l'offre et en dispense de prospectus, font l'objet d'une **première demande** d'admission aux négociations sur Euronext Growth, les personnes ou entités qui procèdent à l'introduction en bourse sur ce marché publient et tiennent à la disposition de toute personne intéressée un document d'information, établi sous sa responsabilité, conformément aux règles de ce marché et soumis à un contrôle préalable de l'entreprise de marché, soit Euronext (RG AMF art. 212-43, II).

– des valeurs mobilières font l'objet d'une demande d'**admission à la négociation sur un marché réglementé** et lorsque l'émetteur ne bénéficie d'aucun cas de dispense à l'obligation d'établir un prospectus au titre de l'admission.

> Le prospectus peut également être établi sur une base volontaire lorsque le montant total de l'offre est inférieur à 8 M€ ou lorsque l'émetteur ne souhaite pas bénéficier de dispense de prospectus. Ce prospectus est alors soumis à toutes les dispositions du règlement Prospectus (Règl. (UE) 2017/1129 art. 4).

> La position-recommandation AMF 2020-06 sur le guide d'élaboration des prospectus précise quels sont les prospectus établis volontairement qui peuvent être soumis aux dispositions du règlement Prospectus.

Un prospectus, principal vecteur de communication de la société en direction des investisseurs, n'est publié que si l'autorité de contrôle compétente concernée l'a approuvé ou a approuvé toutes ses parties (Règl. (UE) 2017/1129 art. 20). En France, l'AMF s'acquitte des missions résultant du règlement (UE) 2017/1129 et veille à l'application des dispositions de celui-ci.

41701 **Valeurs mobilières non soumises au règlement (UE) 2017/1129 dit « Prospectus »** L'obligation de publier un prospectus ne s'applique pas pour les offres au public et admissions sur un marché réglementé des valeurs mobilières suivantes (Règl. UE 2017/1129 art. 1 § 2) :
– les parts émises par des organismes de placement collectif du type autre que fermé ;

> En France, cela concerne, notamment, les OPCVM, les fonds d'investissement à vocation générale, les fonds de capital investissement, les OPCI, les fonds de fonds alternatifs, les fonds professionnels à vocation générale, les organismes professionnels de placement collectif immobilier, les fonds professionnels spécialisés, les fonds professionnels de capital investissement ou encore les fonds d'épargne salariale.

– les titres autres que de capital émis par un État membre ou par l'une des autorités régionales ou locales d'un État membre, par les organisations publiques internationales auxquelles adhèrent un ou plusieurs États membres, par la Banque centrale européenne ou par les banques centrales des États membres ;
– les parts de capital dans les banques centrales des États membres ;
– les valeurs mobilières inconditionnellement et irrévocablement garanties par un État membre ou par l'une des autorités régionales ou locales d'un État membre ;
– les valeurs mobilières émises par des associations bénéficiant d'un statut légal ou par des organismes à but non lucratif, reconnus par un État membre, en vue de se procurer les moyens nécessaires à la réalisation de leurs objectifs non lucratifs ;
– les parts de capital non fongibles dont le but principal est de donner au titulaire le droit d'occuper un appartement ou une autre forme de propriété immobilière ou une partie de ceux-ci, lorsque les parts ne peuvent être vendues sans renoncer au droit qui s'y rattache.

De même, sont hors champ du règlement Prospectus les émissions de titres qui ne sont pas des valeurs mobilières au sens de la directive MIF2 (Dir. 2014/65/UE) ou qui ne sont pas des parts de fonds fermés, le règlement (UE) 2017/1129 (Prospectus) limitant sa compétence à ces deux catégories de titres.

Ainsi, l'offre au public de parts sociales de banques mutualistes et coopératives, de certificats mutualistes des sociétés mutuelles d'assurance et de parts sociales de sociétés coopératives constituées sous la forme de sociétés anonymes, des SCPI, des SEF et des GFI relève d'un régime d'information des investisseurs prévu par des règles nationales spécifiques et qui n'est pas encadré par des dispositions européennes. Le législateur national a cependant permis qu'ils puissent faire l'objet d'offres au public. Il délègue au règlement général de l'AMF le soin d'en définir les modalités.

Offre au public – dispense d'établissement du prospectus L'obligation de publier un prospectus ne s'applique pas aux offres de valeurs mobilières suivantes, à moins qu'une demande d'admission sur un marché réglementé n'ait été demandée (Règl. (UE) 2017/1129 art. 1 § 4) : **41702**
– les offres de valeurs mobilières adressées uniquement aux investisseurs qualifiés ;
– les offres de valeurs mobilières adressées à moins de 150 personnes physiques ou morales, autres que des investisseurs qualifiés, par État membre ;
– une offre de valeurs mobilières dont la valeur nominale unitaire s'élève au moins à 100 000 € ;
– les offres de valeurs mobilières adressées à des investisseurs qui acquièrent ces valeurs pour un montant total d'au moins 100 000 € par investisseur et par offre distincte ;
– les actions émises en substitution d'actions de même catégorie déjà émises si l'émission des nouvelles actions n'entraîne pas d'augmentation du capital souscrit ;
– les valeurs mobilières offertes dans le cadre de transactions spécifiques (offre publique d'échange, fusion, scission) ;

Un document contenant des informations décrivant la transaction et son incidence sur l'émetteur dit « document d'exemption » doit néanmoins être mis à la disposition du public dans le cadre de ses transactions. Les informations minimums à inclure dans ce document sont précisées par le règlement délégué (UE) 2021/528 du 16 décembre 2020 (voir n°s 42204 s.).

– les dividendes payés aux actionnaires existants sous la forme d'actions de la même catégorie que celles donnant droit à ces dividendes, pour autant qu'un document contenant des informations sur le nombre et la nature des actions ainsi que sur les raisons et les modalités de l'offre soit mis à disposition ;
– les valeurs mobilières financières offertes, attribuées ou devant être attribuées aux administrateurs ou aux salariés anciens ou existants par leur employeur ou par une entreprise liée, pour autant qu'un document contenant des informations sur le nombre et la nature des valeurs mobilières ainsi que sur les raisons et les modalités de l'offre ou de l'attribution soit mis à disposition ;
– les titres autres que de capital émis de manière continue ou répétée par un établissement de crédit, lorsque le montant agrégé total dans l'Union des titres offerts est inférieur à 75 millions d'euros par établissement de crédit calculé sur une période de douze mois pour autant que ces titres ne soient pas subordonnés, convertibles ou échangeables et ne confèrent pas le droit de souscrire à d'autres titres de valeurs mobilières.

Offre au public – Calcul du seuil de 8 millions d'euros Un prospectus doit être mis à disposition des investisseurs lorsque le montant offert est supérieur ou égal à 8 millions d'euros (voir n° 41700). Ce seuil se calcule de la manière suivante : **41703**
– il inclut le montant agrégé total des offres dans l'Union européenne, soit le plafond de l'offre au public et non pas le montant finalement levé ;
– il est calculé sur une période de douze mois précédant la nouvelle offre ;
– il exclut, d'une part, les types d'offres au public de titres financiers cités à l'article 1er, paragraphe 4, du règlement Prospectus, à moins qu'une demande d'admission sur le marché réglementé n'ai été effectuée, et, d'autre part, les offres pour lesquelles aucune contrepartie monétaire n'est demandée.

Pour plus d'informations, se reporter à la position-recommandation AMF 2020-06 modifiée le 29 avril 2021 relative à l'élaboration des prospectus et information à fournir en cas d'émission et d'admission de titres financiers.

41704 **Admission à la négociation sur un marché réglementé – Dispenses d'établissement du prospectus** L'obligation de publier un prospectus ne s'applique pas non plus aux opérations conduisant à l'admission aux négociations sur un marché réglementé lorsque (Règl. (UE) 2017/1129 art. 1 § 5) :

1. La demande d'admission concerne les **titres fongibles suivants dans un plafond de moins de 20 % par an** :

– les valeurs mobilières fongibles avec des valeurs mobilières déjà admises à la négociation sur le même marché réglementé, pour autant qu'elles représentent, sur une période de douze mois, moins de 20 % du nombre de valeurs mobilières déjà admises à la négociation sur le même marché réglementé ;

– les actions résultant de la conversion ou de l'échange d'autres valeurs mobilières, ou de l'exercice des droits conférés par d'autres valeurs mobilières, lorsque ces actions sont de même catégorie que celles déjà admises à la négociation sur le même marché réglementé, pour autant qu'elles représentent, sur une période de douze mois, moins de 20 % du nombre d'actions de la même catégorie déjà admises à la négociation sur le même marché réglementé.

L'article 1, paragraphe 6 du règlement (UE) 2017/1129 précise que ces deux dérogations ne sont pas cumulables si ce cumul est susceptible de conduire à l'admission immédiate ou différée à la négociation sur un marché réglementé sur une période de douze mois de plus de 20 % du nombre d'actions de même catégorie déjà admises à la négociation sur le même marché réglementé, sans qu'un prospectus ne soit publié.

Dans le guide d'élaboration des prospectus et information à fournir en cas d'offre au public ou d'admission de titres financiers (Position-recommandation AMF 2020-06), l'AMF indique le mode de calcul de ces 20 % et donne des exemples.

2. L'admission résulte des **transactions spécifiques suivantes** :

– actions émises en substitution d'actions de même catégorie déjà admises à la négociation sur le même marché réglementé, si l'émission de ces nouvelles actions n'entraîne pas d'augmentation du capital souscrit ;

– titres autres que de capital émis d'une manière continue ou répétée par un établissement de crédit, lorsque le montant agrégé total dans l'Union européenne des titres offerts est inférieur à 75 000 000 € par établissement de crédit calculé sur une période de douze mois, pour autant que ces titres : (i) ne soient pas subordonnés, convertibles ou échangeables, et (ii) ne confèrent pas le droit de souscrire à d'autres types de valeurs mobilières ou d'en acquérir et ne soient pas liés à un instrument dérivé ;

– valeurs mobilières résultant de la conversion ou de l'échange d'autres valeurs mobilières, de fonds propres ou d'engagements éligibles par une autorité de résolution [...] ;

– valeurs mobilières offertes dans le cadre d'une offre publique d'acquisition par voie d'offre publique d'échange ;

– valeurs mobilières offertes, attribuées ou devant être attribuées à l'occasion d'une fusion ou d'une scission ;

– actions offertes, attribuées ou devant être attribuées gratuitement aux actionnaires existants, et les dividendes payés sous la forme d'actions de la même catégorie que celles donnant droit à ces dividendes pour autant que ces actions soient de la même catégorie que celles déjà admises à la négociation sur un marché réglementé ;

– valeurs mobilières offertes, attribuées ou devant être attribuées aux administrateurs ou aux salariés anciens ou existants par leur employeur ou par une entreprise liée pour autant que ces actions soient de la même catégorie que celles déjà admises à la négociation sur un marché réglementé.

Les cinq dernières dispenses de prospectus ci-dessus requièrent néanmoins la mise à disposition préalable d'un document contenant des informations décrivant la transaction et son incidence sur l'émetteur dit « document d'exemption ». Les informations minimums à inclure dans ce document sont précisées par le règlement délégué (UE) 2021/528 du 16 décembre 2020 (voir nᵒˢ 42204 s.).

3. Les valeurs mobilières sont **déjà admises à la négociation sur un autre marché réglementé depuis plus de dix-huit mois**.

Par ailleurs, aucun prospectus n'est dû en cas de demande d'admission, sans offre au public concomitante, sur Euronext Growth ou sur Euronext Access (voir nᵒ 41700).

41710 **Langue du prospectus** L'article 27 du règlement (UE) 2017/1129 laisse aux autorités compétentes de l'Union européenne le choix de la langue ou des langues acceptées pour un prospectus.

L'article 212-12 du règlement général de l'AMF prévoit que les langues acceptées par l'AMF pour l'établissement et la mise à disposition d'un prospectus, d'un document d'enregistrement et d'un document d'enregistrement universel sont le **français** et l'**anglais**. Par ailleurs, lorsque le prospectus est rédigé en anglais, le résumé, lorsqu'il est exigé (voir n° 41719), doit être traduit et disponible en français.

L'actuelle rédaction de l'article 212-12 du règlement général de l'AMF autorise la rédaction du résumé en anglais dans certains cas particuliers, notamment :
– lorsque l'offre au public de titres financiers est réalisée dans un ou plusieurs États membres de l'UE, à l'exclusion de la France et ne donne pas lieu à une admission aux négociations sur un marché réglementé en France ;
– quand l'admission de titres financiers aux négociations sur un marché réglementé dans un ou plusieurs États membres de l'UE, à l'exclusion de la France, et ne donne pas lieu à une offre au public en France ; ou
– l'admission de titres de capital aux négociations sur le compartiment mentionné de l'article 516-5 du même règlement.

La modification de la rédaction de cet article permet plus de souplesse aux émetteurs français qui ne se sont pas introduits en bourse sur la base d'une documentation en anglais.

Afin d'assurer une information minimale et suffisante du public français, l'AMF propose de maintenir l'exigence d'établir un résumé en français lorsque l'offre au public est faite en toute ou partie en France.

Dans son communiqué du 23 avril 2015 relatif à l'assouplissement du régime linguistique applicable au prospectus et à ses incidences sur les rapports du commissaire aux comptes devant figurer dans le prospectus, la CNCC a estimé que l'établissement d'un rapport d'audit (ou d'examen limité) en langue anglaise destiné à figurer dans un prospectus n'enfreint pas les dispositions de l'article 29 de la Constitution et est donc possible. Dans ce cas, il appartient à l'émetteur d'établir un jeu de comptes en anglais pour les besoins du prospectus et le commissaire aux comptes est conduit, dans le respect des dispositions des avis techniques de la CNCC, audits ou examen limité entrant dans le cadre des services autres que la certification des comptes, à **établir et signer un rapport d'audit ou d'examen limité directement en anglais sur les comptes concernés**.

Présentation du prospectus Le prospectus, établi pour les besoins d'une opération relevant de l'offre au public ou de l'admission de titres financiers aux négociations sur un marché réglementé, peut être présenté sous la forme d'un **document unique** qui est composé (Règl. (UE) 2017/1129 art. 6 § 3 et 10) :

41712

– d'une table des matières ;
– d'un résumé qui expose les principales caractéristiques de l'émetteur, des garants éventuels et des instruments financiers qui font l'objet de l'opération (voir n° 41718) ;
– d'une rubrique « facteurs de risque » dont le contenu est déterminé par l'article 16 du règlement (UE) 2017/1129 (voir n° 41719) ;
– et des informations minimales prévues par les annexes au règlement délégué (UE) 2019/980 (voir n° 41720).

Le prospectus peut également être composé de plusieurs documents distincts comprenant :

– un **document d'enregistrement**, ou, pour les émetteurs dit « fréquents », un **document d'enregistrement universel** (voir n°s 42010 s.). Ce document contient notamment les informations financières historiques de l'émetteur et, le cas échéant, des informations financières pro forma ainsi que les rapports émis par le commissaire aux comptes sur ces informations, conformément aux dispositions du règlement délégué (UE) 2019/980 (ann. 1 à 10) (voir n°s 41905 s.) ;
– une **note relative aux valeurs mobilières** qui comprend les informations relatives aux valeurs mobilières qui font l'objet de l'offre au public ou dont l'admission aux négociations sur un marché réglementé est demandée. Cette note contient, notamment, les déclarations de l'émetteur sur le fonds de roulement net et sur le niveau des capitaux propres et de l'endettement. Conformément aux dispositions de l'article 212-15 du règlement général de l'AMF, le commissaire aux comptes met en œuvre des vérifications particulières sur ces informations (voir n°s 41950 s.) ;
– un **résumé** qui expose les principales caractéristiques de l'émetteur, des garants éventuels et des instruments financiers qui font l'objet de l'opération (voir n° 41718).

821

Contenu du prospectus

41713 **Contenu minimum** Qu'il soit constitué d'un document unique ou de plusieurs documents (voir n° 41712), le prospectus doit comporter un **résumé** (voir n° 41718).

Il doit également comprendre :

– une section sur les **facteurs de risque** visés à l'article 16 du règlement Prospectus. Les informations minimales prévues par les annexes relatives à l'émetteur peuvent inclure les facteurs de risque pour autant que ces facteurs de risque restent indentifiables en tant que section distincte (voir n° 41719) ;

– les informations minimales prévues dans les **annexes** du règlement délégué (UE) 2019/980 pour les documents d'enregistrement, les notes relatives aux valeurs mobilières et les informations supplémentaires à inclure dans le prospectus selon la nature des instruments et des transactions envisagés (voir la liste des annexes au n° 41720).

Les orientations de l'ESMA sur les facteurs de risque (ESMA 31-62-1293) ont été publiées le 1er octobre 2019 dans toutes les langues officielles de l'Union européenne. Elles s'appliquent à partir du 4 décembre 2019.

En complément, les orientations de l'ESMA relatives aux obligations d'information dans le cadre du règlement Prospectus (ESMA 32-382-1138) et la position-recommandation AMF 2021-02 modifiée le 29 avril 2021 donnent des éclaircissements sur la façon de présenter les informations. Elles précisent également le niveau de détails à fournir.

Lorsque l'autorité compétente estime que le projet de prospectus ne respecte pas les normes en matière d'exhaustivité, de compréhensibilité et de cohérence nécessaires à son approbation et/ou que des modifications ou un complément sont nécessaires, elle en informe l'émetteur et elle indique clairement les modifications ou compléments d'informations qui sont nécessaires (Règl. (UE) 2017/1129 art. 20 § 4).

Les **informations chiffrées**, notamment celles relatives aux informations prévisionnelles, doivent être issues d'un système ou d'une source vérifiable. Les hypothèses retenues pour l'établissement de ces informations doivent être décrites et l'émetteur doit préciser si elles comportent des intentions ou des estimations susceptibles de ne pas être réalisées.

Le prospectus peut incorporer des informations par référence à un ou plusieurs documents, prévues à l'article 19 du règlement (UE) 2017/1127 et lorsque ces informations ont été déposées auprès de l'AMF.

Ces informations peuvent être les suivantes :

– documents approuvés par une autorité compétente ou déposés auprès de celle-ci ;
– documents relatifs à certaines transactions (offre publique d'échange, fusion, scission) ;
– informations réglementées ;
– informations financières annuelles ou intermédiaires ;
– rapports d'audit et états financiers ;
– rapports de gestion ;
– rapports sur le gouvernement d'entreprise ;
– rapports sur la détermination de la valeur d'un actif ou d'une société ;
– rapports relatifs à la rémunération des mandataires sociaux ;
– acte constitutif et statuts.

Dans ce cas, un tableau de correspondance doit être fourni afin de permettre aux investisseurs de retrouver facilement des informations déterminées et le prospectus contient des liens hypertextes vers tous les documents qui contiennent les informations incorporées par référence (Règl. (UE) 2017/1129 art. 19 § 2).

41715 **Dispenses d'informations** L'AMF peut dispenser l'émetteur d'inclure certaines informations dans le prospectus, si elle estime que l'une des conditions suivantes est remplie (Règl. (UE) 2017/1129 art. 18) :

– la divulgation de ces informations est contraire à l'intérêt public ;
– la divulgation de ces informations porterait un préjudice grave à l'émetteur ou au garant éventuel, alors que l'absence de publication n'est pas de nature à induire en erreur le public sur des faits et des circonstances dont la connaissance est indispensable à une évaluation de l'émetteur ou du garant éventuel, ainsi que des droits attachés aux valeurs mobilières sur lesquelles porte le prospectus ;
– ces informations sont d'une importance mineure au regard d'une offre spécifique ou de l'admission spécifique à la négociation sur un marché réglementé et n'influenceraient pas l'évaluation de la situation financière et des perspectives de l'émetteur, de l'offreur ou du garant éventuel.

Résumé Le résumé fournit les **informations clés** dont les investisseurs ont besoin pour comprendre la nature et les risques de l'émetteur, du garant et des valeurs mobilières offertes ou admises à la négociation sur un marché réglementé et il doit être lu en combinaison avec les autres parties du prospectus afin d'aider les investisseurs lorsqu'ils envisagent d'investir dans ces valeurs mobilières (Règl. (UE) 2017/1129 art. 7 § 1).

41718

Ce résumé comprend quatre sections distinctes et son contenu est normé. Le règlement indique également qu'il revêt la forme d'un document court, rédigé de manière concise et d'une **longueur** maximale de sept pages de **format** A4 (une page supplémentaire si le prospectus comporte des informations sur le garant). Son **contenu** doit être exact, loyal, clair et non trompeur.

La **première section** du résumé est une introduction qui comprend des avertissements indiquant :
– que le résumé doit être lu comme une introduction au prospectus ;
– que toute décision d'investir dans les valeurs mobilières concernées doit être fondée sur un examen de l'intégralité du prospectus par l'investisseur ;
– le cas échéant, que l'investisseur peut perdre tout ou partie du capital investi et que, si l'engagement n'est pas limité au montant de l'investissement, l'investisseur peut perdre davantage que le capital investi ;
– que, si une action concernant l'information contenue dans le prospectus est intentée devant un tribunal, l'investisseur plaignant peut, selon le droit national, avoir à supporter les frais de traduction du prospectus avant le début de la procédure judiciaire ;
– qu'une responsabilité civile n'incombe qu'aux personnes qui ont présenté le résumé, y compris sa traduction, que pour autant que le contenu du résumé soit trompeur, inexact ou incohérent, lu en combinaison avec les autres parties du prospectus, ou qu'il ne fournisse pas les informations clés permettant d'aider les investisseurs lorsqu'ils envisagent d'investir dans ces valeurs mobilières (Règl. (UE) 2017/1129 art. 7 § 5).

La **seconde section** est une brève description de l'émetteur (Règl. (UE) 2017/1129 art. 7 § 6) qui inclut notamment la présentation des informations financières historiques ou chiffres clés, dont le contenu est précisé dans les annexes I à VI du règlement délégué (UE) 2019/979.

La **troisième section** décrit les valeurs mobilières (Règl. (UE) 2017/1129 art. 7 § 7).

La **quatrième section** décrit l'offre et/ou l'admission (Règl. (UE) 2017/1129 art. 7 § 8).

L'émetteur présente dans le résumé les principaux facteurs de risque spécifiques à l'émetteur (et, le cas échéant, au garant) et aux valeurs mobilières mentionnés dans le prospectus. Cette présentation doit être succincte. Le **nombre total de facteurs de risque** ne peut être supérieur à quinze (Règl. (UE) 2017/1129 art. 7 § 10).

Le résumé n'est pas requis lorsque le prospectus porte sur l'admission à la négociation sur un marché réglementé de titres autres que de capital, pour autant que (Règl. (UE) 2017/1129 art. 7 § 1 al. 2) :
– ces titres soient destinés à être négociés uniquement sur un marché réglementé, ou un segment spécifique de ce marché, auquel seuls les investisseurs qualifiés peuvent avoir accès aux fins de négociation de ces titres ;
– ces titres aient une valeur nominale unitaire au moins égale à 100 000 €.

Pour plus d'informations, se reporter au guide AMF d'élaboration des prospectus et information à fournir en cas d'émission et d'admission de titres financiers (Position-recommandation AMF 2021-02 modifiée le 29-4-2021).

Facteurs de risque L'objectif premier de l'inclusion des facteurs de risque dans le prospectus est de veiller à ce que les investisseurs évaluent dûment ces risques et prennent leur décision d'investissement en pleine connaissance de cause.

41719

En application de l'article 16 du règlement (UE) 2017/1129, la société doit :
– évaluer l'importance des facteurs de risque en fonction de la probabilité de les voir se matérialiser et de l'ampleur estimée de leur impact négatif ;
– présenter les facteurs de risque dans un nombre limité de catégories en fonction de leur nature ;
– mentionner en premier, dans chaque catégorie, les facteurs de risque les plus importants ;
– décrire de manière adéquate chaque facteur de risque, en expliquant de quelle manière il affecte l'émetteur (ou les valeurs mobilières offertes ou proposées à la négociation).

Cet article précise par ailleurs la façon dont les risques doivent être présentés dans le prospectus. Il énonce notamment les **trois caractéristiques** suivantes :
– **spécifique** : seuls les risques spécifiques à l'émetteur et/ou aux valeurs mobilières et qui sont importants pour la prise d'une décision d'investissement doivent être inclus dans le prospectus ;

– **corroboré** : les facteurs de risque doivent être corroborés par le contenu de l'ensemble du prospectus, soit, le cas échéant, du document d'enregistrement et de la note d'opération ;

– **important** : l'importance de chaque facteur de risque est évaluée en fonction de la probabilité qu'il se matérialise et de l'ampleur estimée de son impact négatif ; la description de chaque facteur de risque doit être adéquate en expliquant de quelle manière le facteur de risque affecte l'émetteur ou les valeurs mobilières et la description de l'ensemble des facteurs de risque fait l'objet d'un nombre limité de catégories en fonction de leur nature.

Par ailleurs, l'ESMA a publié des orientations précisant comment rédiger ces facteurs de risque. Ces orientations sont destinées aux autorités compétentes ; elles visent à aider les autorités à examiner la spécificité, l'importance ainsi que la présentation des facteurs de risque en différentes catégories en fonction de leur nature.

Les orientations de l'ESMA sur les facteurs de risque (ESMA 31-62-1293) ont été publiées le 1er octobre 2019 dans toutes les langues officielles de l'Union européenne. Elles s'appliquent à partir du 4 décembre 2019.

41720 **Annexes** La liste des annexes figurant dans le règlement délégué (UE) 2019/980 est la suivante.

Documents d'enregistrement

– Annexe 1 : Document d'enregistrement pour les titres de capital ;
– Annexe 2 : Document d'enregistrement universel ;
– Annexe 3 : Document d'enregistrement pour les émissions secondaires de titres de capital ;
– Annexe 4 : Document d'enregistrement pour les parts d'organismes de placement collectif de type fermé ;
– Annexe 5 : Document d'enregistrement pour les certificats représentatifs d'actions ;
– Annexe 6 : Document d'enregistrement pour les titres autres que de capital destiné aux investisseurs de détail ;
– Annexe 7 : Document d'enregistrement pour les titres autres que de capital destiné au marché de gros ;
– Annexe 8 : Document d'enregistrement pour les émissions secondaires de titres autres que de capital ;
– Annexe 9 : Document d'enregistrement pour les titres adossés à des actifs ;
– Annexe 10 : Documents d'enregistrement pour les titres autres que de capital émis par des pays tiers ou leurs autorités régionales ou locales.

Notes relatives aux valeurs mobilières

– Annexe 11 : Note relative aux valeurs mobilières pour les titres de capital ou les parts émises par des organismes de placement collectif de type fermé ;
– Annexe 12 : Note relative aux valeurs mobilières pour les émissions secondaires de titres de capital ou de parts émises par des organismes de placement collectif de type fermé ;
– Annexe 13 : Note relative aux valeurs mobilières pour les certificats représentatifs d'actions ;
– Annexe 14 : Note relative aux valeurs mobilières pour les titres autres que de capital destinés aux investisseurs de détail (dont la valeur nominale des titres est inférieure à 100 000 €) ;
– Annexe 15 : Note relative aux valeurs mobilières pour les titres autres que de capital destinés au marché de gros (dont la valeur nominale des titres est supérieure ou égale à 100 000 €) ;
– Annexe 16 : Note relative aux valeurs mobilières pour les émissions secondaires de titres autres que de capital ;
– Annexe 17 : Titres donnant lieu à des obligations de paiement ou de livraison liées à un actif sous-jacent.

Informations supplémentaires à inclure dans le prospectus

– Annexe 18 : Action sous-jacente ;
– Annexe 19 : Titres adossés à des actifs ;
– Annexe 20 : Informations financières pro forma ;
– Annexe 21 : Garanties ;
– Annexe 22 : Consentement.

Prospectus de croissance de l'Union
– Annexe 23 : Résumé spécifique pour le prospectus de croissance de l'Union ;
– Annexe 24 : Document d'enregistrement du prospectus de croissance de l'Union pour les titres de capital ;
– Annexe 25 : Document d'enregistrement du prospectus de croissance de l'Union pour les titres autres que de capital ;
– Annexe 26 : Note relative aux valeurs mobilières du prospectus de croissance de l'Union pour les titres de capital ;
– Annexe 27 : Note relative aux valeurs mobilières du prospectus de croissance de l'Union pour les titres autres que de capital.

Autres catégories d'informations
– Annexe 28 : Liste des informations supplémentaires pouvant figurer dans les conditions définitives ;
– Annexe 29 : Liste des émetteurs spécialistes.

Prospectus de relance de l'Union
– Annexe 5 bis : Informations minimales à inclure dans le prospectus de relance de l'Union.

> Le règlement (UE) 2017/1129 a été modifié temporairement par le règlement (UE) 2021/337 du Parlement européen et du Conseil publié le 16 février 2021 en ce qui concerne le prospectus de relance de l'Union. Ces dispositions sont applicables à compter du 18 mars 2021 jusqu'au 31 décembre 2022.

Plan type du document d'enregistrement L'annexe 1 du règlement délégué (UE) 2019/980 décrit l'information minimum à inclure dans le document d'enregistrement relatif à l'émission d'actions. Cette annexe correspond au document d'enregistrement le plus complet et le plus astreignant sur le plan de la quantité et du degré de détail des informations requises. **41730**

Des annexes moins lourdes sont prévues, notamment pour les documents d'enregistrement pour les émissions secondaires (voir n° 41737) de titres de capital et de titres autres que de capital et pour les émissions de titres sur le marché de croissance (voir n° 41737).

> Le plan type fourni par l'annexe 1 comporte **vingt et une sections** :
> 1. Personnes responsables, informations provenant de tiers, rapports d'experts et approbation de l'autorité compétente
> 2. Contrôleurs légaux des comptes
> 3. Facteurs de risque
> 4. Informations concernant l'émetteur
> 5. Aperçu des activités
> 6. Structure organisationnelle
> 7. Examen de la situation financière et du résultat
> 8. Trésorerie et capitaux
> 9. Environnement réglementaire
> 10. Informations sur les tendances
> 11. Prévisions ou estimations du bénéfice
> 12. Organes d'administration, de direction, de surveillance et direction générale
> 13. Rémunération et avantages
> 14. Fonctionnement des organes d'administration et de direction
> 15. Salariés
> 16. Principaux actionnaires
> 17. Transactions avec des parties liées
> 18. Informations financières concernant l'actif et le passif, la situation financière et les résultats de l'émetteur
> 19. Informations supplémentaires
> 20. Contrats importants
> 21. Documents accessibles au public

Plan type de la note relative aux valeurs mobilières L'annexe 11 du règlement délégué (UE) 2019/980 décrit l'information minimum à inclure dans la note relative aux valeurs mobilières pour les titres de capital à l'émission d'actions ou les parts émises par des organismes de placement collectif de type fermé. Cette annexe correspond à la note relative aux valeurs mobilières la plus complète et la plus astreignante sur le plan de la quantité et du degré de détail des informations requises. **41735**

Des annexes moins lourdes sont prévues notamment pour les notes relatives aux valeurs pour les émissions secondaires (voir n° 41737) de titres de capital et de titres autres que de capital et pour les émissions de titres sur le marché de croissance (voir n° 41737).

Le plan type fourni par l'annexe 11 comporte **dix sections** :
1. Personnes responsables, informations provenant de tiers, rapports d'experts et approbation de l'autorité compétente
2. Facteurs de risque
3. Informations essentielles
4. Informations sur les valeurs mobilières destinées à être offertes/admises à la négociation
5. Modalités et conditions de l'offre de valeurs mobilières au public
6. Admission à la négociation et modalités de négociation
7. Détenteurs de valeurs mobilières souhaitant les vendre
8. Dépenses liées à l'émission/à l'offre
9. Dilution
10. Informations supplémentaires

41736   Régime d'information simplifié pour les émissions secondaires de titres
Ce régime s'applique :
– aux émetteurs cotés depuis au moins dix-huit mois sur un marché réglementé ou sur un marché de croissance et qui :
• émettent des valeurs mobilières fongibles avec des valeurs mobilières existantes émises précédemment,
• émettent des titres autres que de capital ou des titres donnant accès à des titres de capital fongibles avec des titres de capital existants de l'émetteur déjà admis à la négociation ;
– aux émetteurs dont les valeurs mobilières sont offertes au public et admises à la négociation sur un marché de croissance des PME sans interruption depuis au moins deux ans, qui se sont pleinement conformés à leurs obligations en matière d'information et de divulgation et sollicitent l'admission à la négociation sur un marché réglementé de valeurs mobilières fongibles avec des valeurs mobilières existantes émises précédemment (Règl. (UE) 2017/1129 art. 14).

Le prospectus qu'ils établissent est donc allégé de certaines informations. En contrepartie de ces allégements, les émetteurs publient un résumé des informations rendues publiques au cours des douze derniers mois au titre du règlement Abus de marché qui sont pertinentes à la date du prospectus. Ce résumé doit être présenté sous une forme concise et compréhensible qui facilite l'analyse et ne doit pas être une copie des informations déjà publiées en vertu de ce règlement. Le résumé est présenté selon un nombre limité de catégories en fonction du sujet.

41737   Régime d'information simplifié pour les PME et les prospectus du marché de croissance   Le règlement Prospectus prévoit un régime d'information simplifié pour les PME. Le prospectus correspondant est dit « de croissance ». Il est destiné à faciliter l'accès des PME au financement sur les marchés de capitaux dans l'Union européenne. Un prospectus standard a ainsi été mis en place afin de limiter le coût d'établissement du prospectus.
Ce régime peut être utilisé pour un prospectus d'offre au public par :
a) les petites et moyennes entreprises ou « PME » correspondant à l'une des catégories suivantes :
– les sociétés qui, d'après leurs derniers comptes annuels ou consolidés publiés, présentent au moins deux des trois caractéristiques suivantes : un nombre moyen de salariés inférieur à 250 personnes sur l'exercice financier, un total du bilan ne dépassant pas 43 millions d'euros et un chiffre d'affaires net annuel ne dépassant pas 50 millions d'euros,
– les sociétés dont la capitalisation boursière moyenne a été inférieure à 200 millions d'euros sur la base des cotations de fin d'exercice au cours des trois dernières années civiles ;
b) les émetteurs, autres que les PME, dont les valeurs sont négociées ou seront négociées sur un marché de croissance à condition que leur capitalisation boursière moyenne soit inférieure à 500 millions d'euros, ce montant étant calculé sur la base des cours de clôture de fin d'année pour les trois années civiles précédentes ;
c) les émetteurs, autres que ceux visés aux points a) et b), lorsque le montant total dans l'Union de l'offre au public de valeurs mobilières ne dépasse pas 20 millions d'euros, ce montant étant calculé sur une période de 12 mois et à condition que ces émetteurs n'aient pas de valeurs mobilières négociées sur un système multilatéral de négociation

(MTF), et que le nombre moyen de leurs salariés n'ait pas été supérieur à 499 au cours de l'exercice financier précédent ;

d) les offreurs de valeurs mobilières émises par les émetteurs visés aux points a) et b).

Il ne peut pas être utilisé par une société dont les titres sont déjà admis à la négociation sur un marché réglementé (Règl. (UE) 2017/1129 art. 15).

Le contenu du prospectus est précisément défini par les annexes 23 à 27 du règlement délégué 2019/980.

Prospectus de relance de l'Union Un nouveau type de prospectus simplifié, appelé « prospectus de relance de l'Union », a été créé. Prévues par le règlement (UE) 2021/337 du Parlement européen et du Conseil du 16 février 2021, les dispositions sont **applicables** à compter du 18 mars 2021 jusqu'au 31 décembre 2022.

41738

Destiné aux sociétés cotées sur un marché réglementé ou sur un marché de croissance des PME, ce prospectus simplifié devrait permettre aux sociétés de lever plus facilement des capitaux pour répondre à leurs besoins de financement. Les conditions d'application du régime sont identiques à celles énoncées ci-dessus.

Le prospectus de relance de l'Union revêt la forme d'un document unique :

– de taille limitée (30 pages au maximum de format A4 pour le prospectus dont 2 pages pour le résumé), présenté et mis en page d'une manière qui en rend la lecture aisée (caractères de taille lisible) ;

– disponible pour des augmentations de capital allant jusqu'à 150 % du capital de sociétés cotées depuis au moins les 18 derniers mois et qui émettent des actions fongibles avec des actions existantes émises précédemment ; et

– approuvé par l'autorité compétente dans un délai réduit à sept jours ouvrables. L'émetteur informe l'AMF au moins cinq jours ouvrables avant la date envisagée du dépôt d'une demande d'approbation.

Le résumé et le prospectus doivent inclure une **description des impacts économiques et financiers de la crise sanitaire sur l'émetteur**. Ainsi, une déclaration sur les effets anticipés de la crise ainsi que des informations sur la stratégie et les objectifs financiers et non financiers à long terme devra être fournie, y compris, si cela est pertinent, une référence spécifique à l'incidence économique et financière éventuelle de la pandémie de Covid-19 sur l'émetteur et à l'incidence future attendue de cette dernière. Cette description sera d'au moins 400 mots dans le prospectus et de 200 mots dans le résumé.

L'annexe au règlement (UE) 2021/337 précise le **contenu du prospectus** :

– l'identification de la société émettrice des actions ;

– la description des facteurs de risque importants qui sont propres à l'émetteur ou aux actions offertes au public et/ou admises à la négociation sur un marché réglementé ;

– les états financiers publiés au cours de la période de douze mois précédant l'approbation du prospectus ;

– tout changement significatif de la situation financière du groupe survenu depuis la fin du dernier exercice pour lequel des états financiers audités ou des informations financières intermédiaires ont été publiés ;

– la politique de l'émetteur en matière de distribution de dividendes et toute restriction applicable à cet égard, ainsi qu'en matière de rachat d'actions ;

– la description des tendances récentes ;

– la perception d'aides d'État ;

– la description de l'offre, ses raisons, l'utilisation prévue du produit d'émission et la dilution qu'elle engendre ;

– une déclaration sur le fonds de roulement net et une déclaration sur le niveau des capitaux propres et de l'endettement à une date ne remontant pas à plus de 90 jours avant la date du prospectus de relance de l'Union ;

– des informations sur tout intérêt lié à l'émission, notamment les conflits d'intérêts.

Responsabilité des différents intervenants

Concernant la responsabilité des différents intervenants lors d'opérations faisant l'objet d'un prospectus, le règlement (UE) 2017/1129 précise la responsabilité des émetteurs et le règlement général de l'AMF, celle des contrôleurs légaux et des prestataires de services d'investissement.

41740

Émetteur Le prospectus identifie clairement les **personnes responsables** au titre du prospectus et, le cas échéant, de tout supplément à celui-ci, par leur nom et leur fonction

41745

827

ou, dans le cas des personnes morales, par leur dénomination et leur siège statutaire, et contient une déclaration de leur part attestant que, à leur connaissance, les informations contenues dans le prospectus sont conformes à la réalité et ne comportent pas d'omission de nature à en altérer la portée (Règl. (UE) 2017/1129 art. 11).

Conformément à l'article 212-14 du règlement général de l'AMF, « les personnes mentionnées au II de l'article L 412-1 du Code monétaire et financier confirment, par une attestation, à l'AMF que, à leur connaissance, les données du prospectus dont ils sont responsables sont conformes à la réalité et ne comportent pas d'omission de nature à en altérer la portée ».

La position-recommandation AMF 2021-02 « Guide d'élaboration des documents d'enregistrement universel » précise qu'il est à la charge de l'émetteur d'identifier toutes les personnes responsables des informations contenus dans le document d'enregistrement, ou d'une partie seulement de ces informations, auquel cas il convient d'indiquer de quelle partie il s'agit. Lorsqu'il s'agit de personnes physiques, y compris des membres des organes d'administration, de direction ou de surveillance de l'émetteur, il appartiendra à l'émetteur de préciser leur nom et fonction ; lorsqu'il s'agit de personnes morales, d'indiquer leur dénomination et leur siège statutaire.

Le contenu de cette attestation de responsabilité est désormais normé par le règlement délégué (UE) 2019/980. Par conséquent, les dispositions de l'article 212-14 du règlement général de l'AMF, qui prévoyaient de faire référence à la lettre de fin de travaux des commissaires aux comptes, ont été supprimées dans le règlement général de l'AMF.

L'article L 412-1, II du Code monétaire et financier dispose : « II.- La responsabilité de l'ensemble des informations fournies dans un prospectus établi par l'émetteur en application du règlement (UE) 2017/1129 du 14 juin 2017 et dans tout supplément à celui-ci incombe à l'émetteur. »

L'attestation est datée d'au plus deux jours de négociation avant la date d'approbation du prospectus. La nouvelle rédaction de l'article 212-20 du règlement général de l'AMF, entrée en vigueur le 22 novembre 2019, dispose que « les attestations signées remises à l'AMF et relatives à la version définitive du prospectus sont datées de deux jours de négociation au plus avant l'approbation ».

Des modèles d'attestation sont disponibles en annexe 1 de l'instruction AMF 2019-21 sur les modalités de dépôt et de diffusion du prospectus qui remplace l'instruction AMF 2016-04 traitant de l'information à diffuser en cas d'offre au public ou d'admission aux négociations de titres financiers sur un marché réglementé.

41748 **Contrôleurs légaux** L'article 212-15 du règlement général de l'AMF prévoit que les contrôleurs légaux des comptes se prononcent sur la régularité, la sincérité et l'image fidèle des comptes annuels, consolidés ou intermédiaires qui ont fait l'objet d'un audit ou d'un examen limité et qui sont présentés dans un prospectus, un document d'enregistrement ou un document d'enregistrement universel ou, le cas échéant, dans leurs amendements ou leurs suppléments.

Lorsque les comptes intermédiaires sont résumés, les contrôleurs légaux se prononcent sur leur conformité au référentiel comptable.

En juillet 2019, l'AMF a lancé une consultation publique sur la modification de sa doctrine à la suite de l'entrée en application du règlement Prospectus. Dans ce cadre, l'AMF propose de maintenir l'exigence de la lettre de fin de travaux prévue à l'article 212-15, II, paragraphe 2 du règlement général de l'AMF.

Les contrôleurs légaux attestent que les informations financières pro forma, éventuellement présentées dans un prospectus, un document d'enregistrement, un document d'enregistrement universel ou, le cas échéant, leurs amendements ou leurs suppléments, ont été adéquatement établies sur la base indiquée et que le référentiel comptable utilisé est conforme aux méthodes comptables appliquées par l'émetteur.

Ils procèdent à une lecture d'ensemble des autres informations contenues dans le prospectus ou dans le document d'enregistrement, le document d'enregistrement universel ainsi que, le cas échéant, dans leurs amendements ou leurs suppléments.

Ces vérifications et cette lecture d'ensemble sont effectuées conformément à la doctrine professionnelle applicable en France à cette mission (voir n°s 41900 s.).

Les contrôleurs légaux établissent à destination de l'émetteur une **lettre de fin de travaux** (RG AMF art. 212-15) dans laquelle ils font état des rapports émis figurant dans le prospectus, le document d'enregistrement, un document d'enregistrement universel ou, le cas échéant, leurs amendements ou leurs suppléments. Ils indiquent, au terme de leur lecture d'ensemble et des éventuelles vérifications particulières effectuées, leurs éventuelles observations. La lettre de fin de travaux est datée d'au plus deux jours de négociation avant la date d'approbation par l'AMF ou de dépôt auprès de l'AMF en fonction du document concerné (voir n° 41985).

> Pour plus d'informations, se reporter au guide AMF d'élaboration des prospectus et information à fournir en cas d'émission et d'admission de titres financiers (Position-recommandation AMF 2021-02).

Une copie de la lettre de fin de travaux est transmise par l'émetteur à l'AMF préalablement, selon le cas, à l'approbation du prospectus, au dépôt ou à l'approbation du document d'enregistrement ou du document d'enregistrement universel, au dépôt des amendements ou approbation des suppléments. Si la lettre contient des observations, l'AMF en tire les conséquences dans l'instruction du prospectus.

En cas de difficulté, les commissaires aux comptes d'un émetteur français peuvent interroger l'AMF sur toute question relative à l'information financière contenue dans un prospectus, un document d'enregistrement, un document d'enregistrement universel ou, le cas échéant, leurs amendements ou leurs suppléments.

La lettre de fin de travaux des contrôleurs légaux n'est pas requise pour les prospectus établis en vue de l'offre au public ou de l'admission sur un marché réglementé de titres de créance, dès lors qu'ils ne donnent pas accès au capital, ou en vue de l'admission de titres financiers sur le compartiment mentionné à l'article 516-5 (RG art. 212-15), c'est-à-dire les prospectus émis dans le cadre d'une émission obligataire ou d'une admission aux négociations sur le compartiment privé du marché réglementé.

> Cet article 516-5 du règlement général de l'AMF dispose : « L'entreprise de marché peut mettre en place un compartiment ouvert aux personnes qui sollicitent l'admission de leurs instruments financiers aux négociations sur un marché réglementé, sans émission ni cession dans le public lorsque des titres de capital ou des titres donnant ou pouvant donner accès, directement ou indirectement, au capital ou aux droits de vote de ces émetteurs ne sont pas déjà admis aux négociations sur un marché réglementé français. Les émetteurs ne peuvent solliciter le transfert de leurs instruments financiers hors du compartiment mentionné au premier alinéa qu'à l'occasion d'une émission ou d'une cession d'instruments financiers dans le public donnant lieu à l'établissement d'un prospectus. »

Prestataires de services d'investissement Les prestataires de services d'investissement ont vocation à appuyer l'émetteur dans sa démarche d'admission de titres financiers. Ils ont donc un rôle de placement des titres auprès du public et des investisseurs institutionnels et/ou de conseil auprès de l'émetteur. **41755**

La nouvelle rédaction de l'article 212-16 du règlement général de l'AMF, en vigueur depuis le 22 novembre 2019, précise les modalités d'émission de l'attestation des prestataires de services d'investissement.

> En juillet 2019, l'AMF avait lancé une consultation publique sur la modification de sa doctrine à la suite de l'entrée en application du règlement Prospectus. Dans ce cadre, l'AMF proposait de maintenir l'exigence d'une attestation des prestataires de services d'investissement en prévoyant les allégements suivants :
> – seul(s) le ou les prestataires de services d'investissement qui dirigent le placement établiront une attestation ;
> – suppression de la période transitoire de trois ans après l'introduction en bourse pendant laquelle un prestataire de services d'investissement devait attester de l'ensemble des informations contenues dans le prospectus, désormais limitée aux informations relatives aux titres offerts.

Ainsi, la nouvelle version de l'article 212-16, I du règlement général de l'AMF prévoit que :
– lorsqu'un ou plusieurs prestataires de services d'investissement dirigent le placement des titres de capital lors de leur **première admission aux négociations sur un marché réglementé**, le ou les prestataires de services doivent confirmer à l'AMF, par une attestation, avoir effectué les diligences professionnelles d'usage et que ces diligences n'ont révélé dans le contenu du prospectus aucune inexactitude ni aucune omission significative de nature à induire l'investisseur en erreur ou à fausser son jugement ;
– à l'issue de la première admission de titres de capital aux négociations sur un marché réglementé, l'attestation du ou des prestataires de services d'investissement ne porte que sur les modalités de l'opération et sur les caractéristiques des titres financiers qui font l'objet de l'opération, telles que décrites dans le prospectus ou la note relative aux titres de capital suivant le cas.

Pour les offres au public sur Euronext Growth ou Euronext Access ou les offres au public sans cotation, l'article 212-16 du règlement général de l'AMF en vigueur depuis le 22 novembre 2019 prévoit que lorsqu'un ou des prestataires de services d'investissement dirige(nt) le placement de capital **qui ne sont pas admis aux négociations sur un marché**

AUDIT DES PERSONNES OU ENTITÉS FAISANT APPEL AUX MARCHÉS FINANCIERS © Éd. Francis Lefebvre

réglementé lors d'une offre au public, le ou les prestataires de services d'investissement confirme(nt), par une attestation à l'AMF, avoir effectué les diligences professionnelles d'usage et n'avoir relevé dans le contenu du prospectus aucune inexactitude ou omission significative de nature à induire l'investisseur en erreur ou à fausser son jugement.

Pour une introduction en bourse sur Euronext Growth, l'article 212-16 du règlement général de l'AMF prévoit que lorsqu'une ou des personnes morales ou entités, prestataires de services d'investissement ou non, qui sont agréées par l'entreprise de marché ou le prestataire de services d'investissement gestionnaires d'un **système multilatéral de négociation organisé** au sens de l'article 524-1 du règlement général de l'AMF (Euronext Growth), participent sur ce système à une offre au public sur des titres de capital, cette ou ces personnes morales ou entités attestent auprès de l'AMF avoir effectué les diligences professionnelles d'usage et n'avoir décelé dans le contenu du prospectus aucune inexactitude ni aucune omission significative de nature à induire l'investisseur en erreur ou à fausser son jugement.

Pour les règles applicables aux *listing sponsors* et notamment les tâches et responsabilités lors de la première admission aux négociations, il convient de se référer aux règles d'Euronext Growth (ann. IV point (v) et (vi)).

Pour ces opérations sur Euronext Growth, lorsque les diligences professionnelles d'usage sont effectuées par des personnes ou entités qui n'ont pas la qualité de prestataires de services d'investissement (c'est-à-dire le *listing sponsor*), les prestataires de services d'investissement qui sont susceptibles d'intervenir dans l'offre au public ne sont pas tenus d'attester auprès de l'AMF que ces diligences ont été effectuées.

La confirmation du prestataire de services d'investissement pour l'ensemble de ces opérations est fournie à l'AMF préalablement à la délivrance du visa.

Toutefois, ces dispositions ne s'appliquent pas au prospectus établi en vue de l'admission de titres financiers sur le compartiment mentionné à l'article 516-5 du règlement général de l'AMF (compartiment professionnel).

Enfin, les prestataires de services d'investissement doivent s'assurer que les personnes physiques placées sous leur autorité ou agissant pour leur compte disposent des qualifications et de l'expertise appropriées ainsi que d'un niveau de connaissances suffisant (RG AMF art. 312-4). Ces vérifications s'appliquent aux gérants au sens de l'article précité, aux responsables de la compensation d'instruments financiers au sens dudit article, aux responsables du post-marché au sens dudit article et aux personnes visées à l'article 312-21 du règlement général de l'AMF (RG AMF art. 312-3).

La définition du contenu des connaissances minimales devant être acquises par ces personnes, la définition et la vérification des modalités des examens qui valident l'acquisition des connaissances minimales et la certification de ces examens incombent à l'AMF sur avis du Haut Conseil certificateur de place (RG AMF art. 312-5, II ; voir n° 8110).

C. Finalisation de la procédure d'introduction

41800 La finalisation du processus d'introduction en bourse consiste dans le dépôt du dossier, puis l'approbation par l'AMF du prospectus.

Dépôt du dossier

41810 Tout projet de prospectus doit être déposé sous une forme électronique permettant les recherches auprès de l'AMF. L'instruction AMF 2019-21 précise la documentation nécessaire à l'instruction du dossier (voir n° 41815).

Est examinée ci-après la procédure correspondant à une première admission. Si la société procède à une opération de marché consécutivement à l'introduction en bourse, voir n° 42000 s.

41813 Lorsque l'émetteur n'a aucune valeur mobilière encore admise à la négociation sur un marché réglementé, **l'AMF notifie à l'émetteur sa décision** concernant l'approbation du prospectus, dans les vingt jours ouvrables qui suivent le dépôt du projet de prospectus. Ce délai n'est applicable que pour le dépôt initial du projet de prospectus. Lorsque l'AMF estime que le projet de prospectus ne respecte pas les normes en matière d'exhaustivité, de compréhensibilité et de cohérence et que des modifications ou compléments d'informations sont nécessaires, alors le délai des dépôts ultérieurs est de dix jours ouvrables (Règl. (UE) 2017/1129 art. 3 et 4).

830

© Éd. Francis Lefebvre — AUDIT DES PERSONNES OU ENTITÉS FAISANT APPEL AUX MARCHÉS FINANCIERS

41815 Le dépôt n'est **recevable** que s'il est accompagné de la documentation fixée par l'instruction AMF 2019-21. À la date de mise à jour de ce Mémento, l'AMF a précisé, dans la consultation publique du Guide d'élaboration des prospectus et information à fournir en cas d'émission et d'admission de titres financiers, une instruction (AMF 2019-21) prenant en compte l'entrée en vigueur du règlement (UE) 2017/1129 et précisant la documentation nécessaire à l'instruction du dossier devait être publiée.

Préalablement à l'approbation du document d'enregistrement, l'émetteur remet également à l'AMF (Inst. AMF 2019-21 art. 4) :
– une version signée de la déclaration des personnes responsables du projet de prospectus, datée d'au plus deux jours de négociation avant la date d'approbation du projet du document d'enregistrement ou du prospectus dans sa version définitive ;
– une copie de la lettre de fin de travaux des commissaires aux comptes datée d'au plus deux jours de négociation avant la date d'approbation du projet du document d'enregistrement ou du prospectus dans sa version définitive.

Le prestataire de services dépose, dans le même délai, son attestation auprès de l'AMF.

Des modèles de déclaration des personnes responsables du projet de prospectus sont disponibles en annexe 1 de l'instruction AMF 2019-21 sur les modalités de dépôt et de diffusion du prospectus.

41835 Lorsque des **émetteurs étrangers** procèdent à une offre au public ou à une admission de titres financiers aux négociations sur différents marchés réglementés des pays membres de l'Union européenne, le prospectus visant à obtenir l'admission de leurs titres financiers aux négociations sur un marché réglementé en France peut être rédigé dans une langue usuelle en matière financière autre que le français, à condition d'être conforme au règlement (UE) 2017/1129. Dans certains cas, il doit être accompagné d'un **résumé traduit en français** (voir n° 41710). Lorsque l'admission aux négociations est sollicitée sur le compartiment mentionné à l'article 516-5 du règlement général de l'AMF, la traduction en français du résumé n'est pas obligatoire.

Approbation par l'AMF

41840 **Conditions d'octroi** Après avoir constaté que le dossier satisfait aux exigences réglementaires et après avoir reçu les attestations des différents intervenants, l'AMF notifie son approbation, qui doit figurer de manière visible dans l'encart du prospectus publié (Règl. délégué (UE) 2019/980 art. 45).

L'approbation de l'AMF est subordonnée à la vérification par l'AMF que le document d'enregistrement est complet, cohérent et compréhensible.

Pour les émetteurs déjà admis, le délai d'instruction et la notification du visa sont de dix jours de négociation suivant la délivrance de l'avis de dépôt (Règl. (UE) 2017/1129 art. 3 et 4).

41850 **Information contenue dans le prospectus** Si, au cours de sa mission, l'AMF constate que le projet de document d'enregistrement ou de prospectus ne répond pas aux normes en matière d'exhaustivité, de compréhensibilité et de cohérence nécessaires à son approbation ou que des modifications ou un complément d'information sont nécessaires, l'AMF en informe, par écrit et par voie électronique, l'émetteur qui sollicite l'admission à la négociation sur le marché réglementé (Règl. délégué (UE) 2019/980 art. 45).

41855 **Vérifications complémentaires** L'AMF peut également, préalablement à l'approbation, demander des investigations complémentaires aux **contrôleurs légaux** ou une révision effectuée par un **cabinet spécialisé extérieur**, si elle estime que les diligences des contrôleurs de la société sont insuffisantes (RG AMF art. 212-20).

Les investigations complémentaires sont réalisées suivant un programme de travail faisant référence aux normes de révision appliquées et soumis à l'accord préalable de l'AMF, qui est destinataire du rapport des experts.

41857 **Décision d'approbation** L'AMF notifie par écrit et par voie électronique sa décision relative à l'approbation du projet au terme de l'instruction du dossier, c'est-à-dire dès que possible et au plus tard à la clôture des activités le jour où la décision est prise (Règl. délégué (UE) 2019/980 art. 45 § 3).

En cas de **refus** d'approbation, l'AMF notifie sa décision à l'émetteur en indiquant la raison de ce refus (Règl. (UE) 2017/1129). Le refus d'approbation sur un prospectus définitif est susceptible de recours devant la cour d'appel de Paris (CA Paris 25-4-2000 n° 1999/22757, SA Élevage et Patrimoine : RJDA 11/00 n° 994).

En aucun cas, l'approbation ne constitue une appréciation quelconque de l'AMF sur l'**opportunité de l'opération** ou la **qualité des titres offerts**.

41859 **Publication du prospectus** Selon les dispositions de l'article 21 du règlement (UE) 2017/1129, le prospectus est réputé être mis à la disposition du public dès lors qu'il est publié sous forme électronique sur l'un des sites internet suivants :
– le site internet de l'émetteur ;
– le site internet des intermédiaires financiers qui placent ou vendent les valeurs mobilières concernées, y compris ceux chargés du service financier ;
– le site internet du marché réglementé où l'admission à la négociation est demandée ou, lorsque aucune admission à la négociation sur un marché réglementé n'est sollicitée, le site internet de l'opérateur du système multilatéral de négociation (en France, il s'agit d'Euronext).

Le prospectus est publié dans une **section dédiée du site internet**, facilement accessible lorsque l'on entre sur ledit site. Il peut être téléchargé et imprimé ; son format électronique permet les recherches mais pas les modifications.

Les documents qui contiennent des informations incorporées par référence dans le prospectus, les suppléments et/ou les conditions définitives y afférents et une copie séparée du résumé sont accessibles dans la même section que le prospectus, y compris par des liens hypertextes si nécessaire.

La copie séparée du résumé indique clairement le prospectus auquel il se rapporte.

Tous les prospectus approuvés restent à la disposition du public sous forme électronique pendant au moins 10 ans après leur publication sur les sites internet visés ci-dessus.

Dans le cas d'une première offre au public d'une catégorie d'actions qui est admise à la négociation sur un marché réglementé pour la première fois, la diffusion du prospectus dans le public doit intervenir au moins six jours ouvrables avant la clôture de l'offre.

41865 **Durée de validité du prospectus** Un prospectus, qu'il consiste en un document unique ou en des documents distincts, reste valable douze mois après son approbation, pour des offres au public ou des admissions à la négociation sur un marché réglementé, pour autant qu'il soit complété par tout supplément (Règl. (UE) 2017/1129 art. 12 § 1).

Un supplément au prospectus, à soumettre à l'approbation de l'AMF, est requis pour tout fait nouveau significatif ou toute erreur ou inexactitude substantielle concernant les informations contenues dans le prospectus, qui est susceptible d'influencer l'évaluation des valeurs mobilières et survient ou est constaté entre le moment de l'approbation du prospectus et la clôture de l'offre ou le début de la négociation sur un marché réglementé, si cet événement intervient plus tard (Règl. (UE) 2017/1129 art. 23 § 1) : l'AMF délivre alors son approbation dans un délai de 5 jours ouvrables.

Lorsque le prospectus se rapporte à une offre au public de valeurs mobilières, les investisseurs qui ont déjà accepté d'acheter des valeurs mobilières ou d'y souscrire avant que le supplément ne soit publié ont le droit de retirer leur acceptation pendant deux jours ouvrables après la publication du supplément, à condition que le fait nouveau significatif (ou l'erreur ou inexactitude substantielle) soit survenu ou ait été constaté avant la clôture de l'offre ou la livraison des valeurs mobilières, si cet événement intervient plus tôt. Ce délai peut être prorogé par l'émetteur ou l'offreur. La date à laquelle le droit de rétractation prend fin est précisée dans le supplément.

41870 **Octroi d'un passeport unique** Une innovation de la directive « Prospectus » 2003/71/CE amendée et du règlement CE 809/2004 modifié réside dans le fait que le visa octroyé par l'autorité de marché compétente est valable sur tout le **territoire** de l'Union européenne sans qu'il soit besoin de délivrer un visa complémentaire.

Cette mesure a pour objectif de faciliter les offres transfrontalières.

L'AMF (ou l'autorité compétente de l'État membre d'origine) notifie un **certificat d'approbation** à l'autorité compétente de l'État membre d'accueil, attestant que le prospectus a été établi conformément au règlement (UE) 2017/1129. Ce certificat est accompagné d'une copie électronique du prospectus. La délivrance de ce certificat a lieu sur demande de l'émetteur dans un délai d'un jour ouvrable suivant la réception de cette demande ou, lorsque la demande est soumise avec le projet de prospectus, dans un délai d'un jour ouvrable suivant l'approbation du prospectus.

© Éd. Francis Lefebvre   **AUDIT DES PERSONNES OU ENTITÉS FAISANT APPEL AUX MARCHÉS FINANCIERS**

La même procédure est suivie pour tout supplément au prospectus (Règl. (UE) 2017/1129 art. 25).

Sanctions administratives de l'AMF Les pouvoirs de l'AMF ont été renforcés par la loi de régularisation bancaire et financière (Loi 2010-1249 du 22-10-2010). La directive européenne 2014/57/UE relative aux sanctions pénales des abus de marché, entrée en application le 3 juillet 2016 et transposée par la loi 2016-1691 dite « Sapin 2 » du 9 décembre 2016, a complété ce dispositif en ajoutant des dispositions spécifiques sur le montant des sanctions administratives et les critères de détermination du niveau de sanctions. L'article L 621-15 du Code monétaire et financier, qui prévoit depuis la loi du 22 octobre 2010 des sanctions significatives, a donc été modifié à la marge, notamment pour introduire le critère du chiffre d'affaires.

41880

La Commission des sanctions de l'AMF peut prononcer, après une procédure contradictoire, des sanctions pécuniaires et/ou disciplinaires à l'encontre de l'émetteur et/ou des dirigeants ou de toute personne qui, notamment, s'est livrée ou a tenté de se livrer à une opération d'initié, ou s'est livrée à la diffusion de fausses informations, ou à une manipulation de cours lors d'une opération d'offre publique de titres financiers et/ou de titres financiers admis à la négociation sur un marché réglementé, sur Euronext Growth ou sur Euronext Access.

> Sont également concernés les manquements aux obligations résultant des règlements européens entrant dans le champ de compétence de l'AMF.

Le montant de ces **sanctions pécuniaires** doit être en rapport avec la gravité des manquements commis et en relation avec les avantages ou les profits tirés de ces manquements. Il ne peut être supérieur à 100 millions d'euros ou 10 fois le montant de l'avantage retiré du manquement si celui-ci peut être déterminé (C. mon. fin. art. L 621-15, III). S'agissant plus spécifiquement des manquements visés au III bis de l'article L 621-15 du Code monétaire et financier, le **montant** est **plafonné** à 15 % du chiffre d'affaires annuel total (voir n° 15765).

L'AMF peut suspendre, pendant 10 jours de négociation consécutifs au plus, une offre au public ou l'admission aux négociations sur un marché réglementé de titres financiers, chaque fois qu'elle soupçonne raisonnablement que l'opération est contraire aux dispositions législatives ou réglementaires qui lui sont applicables (C. mon. fin. art. L 621-8-1 et RG AMF art. 213-1). L'AMF peut interdire une offre au public ou l'admission aux négociations sur un marché réglementé de titres financiers (C. mon. fin. art. L 621-8-1 et RG AMF art. 213-2).

> Sur les pouvoirs de sanctions de l'AMF, voir n° 15765.
> Sur la responsabilité administrative du commissaire aux comptes, voir n° 15520.
> Sur les sanctions pénales pour abus de marché, voir n° 42326.

Ces décisions sont susceptibles de faire l'objet d'un recours devant le Conseil d'État pour les décisions relatives aux agréments ou aux sanctions ou d'un recours devant la cour d'appel de Paris pour les autres décisions (C. mon. fin. art. L 621-30 et R 621-45, II).

D. Mission des commissaires aux comptes

Cadre d'intervention

Historique La mission incombant au commissaire aux comptes dans le cadre d'une procédure d'admission ou d'émission des titres de l'entreprise auditée sur un marché réglementé fait historiquement l'objet de l'**ancienne norme 6-801** du référentiel normatif de la CNCC, antérieur à la loi de sécurité financière, relevant désormais de la doctrine professionnelle de la Compagnie nationale des commissaires aux comptes, pour autant que ses principes ne soient pas contraires aux lois et règlements. Les **difficultés** rencontrées **dans la mise en œuvre de cette norme** et la nécessité de préciser les rôles et responsabilités des différents intervenants à une opération d'introduction avaient conduit la COB (devenue l'AMF) et la CNCC à mettre en place des **mesures transitoires** formalisées le 4 avril 2001. Le dispositif arrêté définissait, sur un certain nombre de points sensibles, les contrôles devant être mis en œuvre par les commissaires aux comptes préalablement à la délivrance du visa. Il se substituait à l'ancienne norme CNCC, le temps de sa révision, mais ne pouvait présupposer des principes qui seraient définitivement retenus dans la norme révisée.

41900

833

AUDIT DES PERSONNES OU ENTITÉS FAISANT APPEL AUX MARCHÉS FINANCIERS © Éd. Francis Lefebvre

Ce dispositif transitoire a été remis en cause par la directive 2003/71/CE dite « directive Prospectus » et par le règlement général de l'AMF qui instituent, pour les commissaires aux comptes, des diligences complémentaires donnant lieu, le cas échéant, à la rédaction de rapports à inclure dans le prospectus et d'une lettre de fin de travaux à destination de l'émetteur.

À la date de mise à jour de ce Mémento, les dispositions transitoires de l'ancienne norme 6-801 sur le prospectus, et notamment les modèles d'attestation des commissaires aux comptes à inclure dans le prospectus, ne sont donc plus applicables. Par ailleurs, la CNCC a publié une note d'information sur les interventions du commissaire aux comptes relative au prospectus en juillet 2015 (voir n° 41902).

41902 **Note d'information sur les interventions du commissaire aux comptes relative au prospectus** Cette note d'information a été publiée en juillet 2015 (CNCC NI. XVII). En l'absence de norme d'exercice professionnel, la note d'information :
– remplace l'ancienne norme 6-801 et ses dispositions transitoires ;
– remplace les précédents communiqués publiés par la CNCC sur ces sujets ;

L'application du règlement CE 809/2004 mettant en œuvre la directive Prospectus 2003/71/CE – Incidences pratiques pour les commissaires aux comptes (Communiqué CNCC du 1-6-2005 : Bull. CNCC n° 138-2005, chr. 43).

L'homologation du règlement général de l'AMF – Incidences pratiques pour les commissaires aux comptes (Communiqué CNCC du 13-9-2005 : Bull. CNCC n° 139-2005, chr. 85).

Les lettres de fin de travaux – Précisions quant au champ d'application et déclinaison d'exemples en fonction des différents documents couverts (Communiqué CNCC du 15-1-2007 : Bull. CNCC n° 144-2006, chr. 157).

– reprend les communiqués du 9 novembre 2005 relatifs aux vérifications particulières du commissaire aux comptes sur la « déclaration sur le fonds de roulement net » et la « déclaration sur le niveau des capitaux propres et de l'endettement », contenues dans une note d'opération (Communiqué CNCC : Bull. CNCC n° 140-2005, chr. 132 et communiqué de presse AMF).

La note d'information a pour objectifs :
– de rappeler le cadre général régissant l'établissement d'un prospectus et son contrôle par le commissaire aux comptes ;
– de préciser les travaux à mettre en œuvre par le commissaire aux comptes en fonction de la nature des informations présentées dans le prospectus et de concourir, ce faisant, à la bonne information des professionnels ;
– d'être un instrument d'accompagnement destiné à aider les professionnels dans l'exercice de leur mission ;
– de proposer des outils en français et, le cas échéant, en anglais pour faciliter la mise en œuvre pratique des travaux du commissaire aux comptes. Ces outils sont disponibles sur le site de la CNCC.

La NI. XVII a été complétée par un communiqué publié par la CNCC en février 2020 mettant à jour les informations requises concernant la lettre de mission, les lettres de fin de travaux, les lettres d'affirmation ainsi que les exemples de rapports (Bull. CNCC n° 197-2020 – Communiqué CNCC sur le nouveau règlement Prospectus).

À la date de mise à jour de ce Mémento, cette note d'information est en cours de refonte par la CNCC afin de prendre en compte les évolutions liées à l'entrée en vigueur du règlement Prospectus le 21 juillet 2019 et des publications de l'ESMA et de l'AMF qui s'y rapportent.

41903 **Rôle du commissaire aux comptes selon le règlement général de l'AMF**
Le rôle, les diligences et le contenu des rapports et de la lettre de fin de travaux à émettre par le commissaire aux comptes lorsque la société publie un prospectus, un document d'enregistrement ou un document d'enregistrement universel ou, le cas échéant, dans tout supplément, amendement ou rectification de ceux-ci sont définis par l'article 212-15 du règlement général de l'AMF (voir n° 41748).

Dans ce cadre, les commissaires aux comptes :
– sont appelés à se prononcer sur la régularité, la sincérité et l'image fidèle de l'**information historique** (comptes annuels, consolidés ou intermédiaires) incluse dans ces documents (n°s 41905 s.) ;

Les diligences à mettre en œuvre dans ce cadre sont, selon le cas, les diligences d'audit ou d'examen limité de la mission récurrente annuelle. Lorsque les comptes intermédiaires sont résumés, les contrôleurs légaux se prononcent sur leur conformité au référentiel comptable.

834

AUDIT DES PERSONNES OU ENTITÉS FAISANT APPEL AUX MARCHÉS FINANCIERS

– attestent que les **informations financières pro forma** (nᵒˢ 41925 s.), éventuellement présentées dans les documents précités, ont été adéquatement établies sur la base indiquée et que la base comptable utilisée est conforme aux méthodes comptables appliquées par l'émetteur ;

Depuis l'entrée en vigueur le 21 juillet 2019 du nouveau règlement Prospectus, le commissaire aux comptes n'atteste plus les informations financières prévisionnelles ou estimées présentées dans ces documents.

– doivent vérifier que les **informations sur la situation financière et les comptes** de l'émetteur, données dans le prospectus, le document d'enregistrement, le document d'enregistrement universel ou leurs amendements, **concordent** avec ces comptes ou avec les données de base de la comptabilité dont elles sont issues (nᵒˢ 41940 s.) ;

– opèrent une simple **lecture d'ensemble** des autres informations afin de signaler les informations contenues dans le prospectus qui leur apparaîtraient manifestement incohérentes (nᵒˢ 41945 s.) ;

– mettent en œuvre des vérifications particulières sur la **déclaration sur le fonds de roulement net** et sur le **niveau des capitaux propres et de l'endettement** lorsque l'émetteur demande l'admission sur un marché réglementé ou procède à des opérations d'offre au public sur des actions, des valeurs négociables assimilables à des actions ou à des valeurs mobilières donnant accès au capital social (nᵒˢ 41950 s.) ;

Dans le cadre du régime d'information simplifié pour les PME et des prospectus de croissance dont la liste des informations à fournir dans la note d'opération est indiqué à l'annexe V du règlement Prospectus, le règlement délégué (UE) 2019/980 précise que ces déclarations sont requises uniquement pour les titres de capital émis par des sociétés dont la capitalisation est supérieure à 200 millions d'euros.

Le règlement (UE) 2019/2115 du 27 novembre 2019 a cependant modifié l'annexe V, point II du règlement Prospectus et rend désormais systématique la déclaration sur le fonds de roulement dans la note relative aux valeurs mobilières concernant le prospectus de croissance de l'Union, quel que soit le montant de la capitalisation boursière de l'émetteur.

– émettent au terme de leurs travaux une **lettre de fin de travaux** qui est adressée à l'émetteur (nᵒˢ 41985 s.).

Les obligations de ces trois derniers points ne s'appliquent pas au prospectus établi en vue de l'offre au public ou de l'admission sur un marché réglementé de titres de créance, dès lors qu'ils ne donnent pas accès au capital, ou en vue de l'admission de titres financiers sur le compartiment mentionné à l'article 516-5 (compartiment professionnel).

Sont présentés ci-après, pour chacune des interventions prévues par le règlement général de l'AMF, les diligences et les rapports dont l'exécution et l'établissement incombent au commissaire aux comptes.

Contrôle des informations financières historiques

41905 Les diligences du commissaire aux comptes diffèrent selon qu'il intervient sur des informations financières historiques correspondant à celles qui ont déjà été publiées ou différentes des informations financières historiques publiées.

Intervention sur des informations historiques précédemment publiées

41906 L'objectif de l'intervention du commissaire aux comptes sur les informations financières historiques précédemment publiées est de vérifier qu'elles correspondent aux comptes précédemment audités ou ayant fait l'objet d'un examen limité et que les rapports établis à l'époque sur ces comptes sont correctement repris dans le prospectus.

Lorsque l'entité dont les titres sont admis aux négociations sur un marché réglementé depuis plus de trois ans inclut dans son prospectus les **comptes complets** des trois derniers exercices et les rapports correspondants, initialement établis par le commissaire aux comptes ou par un confrère l'ayant précédé, le commissaire aux comptes de l'entité, en fonction lors de la publication du prospectus, vérifie que les comptes inclus dans ce dernier correspondent à ceux que lui ou son prédécesseur a certifiés ou examinés et que les rapports qui les accompagnent sont bien ceux que lui ou son prédécesseur a établis initialement sur ces comptes.

Les comptes complets consolidés sont établis conformément au référentiel IFRS. Si la société n'établit pas de comptes consolidés, les comptes à présenter sont des comptes annuels établis conformément aux règles et principes comptables français, le cas échéant, complétés d'un tableau de flux de trésorerie (Règl. délégué (UE) 2019/980 ann. I, 18.1.) qui doit alors faire l'objet de diligences spécifiques par les contrôleurs légaux.

Le règlement Prospectus prévoit un régime d'information simplifié pour les PME (Règl. délégué (UE) 2019/980 ann. 23 à 27) qui n'ont que les deux derniers exercices à inclure dans le prospectus (voir nᵒˢ 41720 et 41737).

835

AUDIT DES PERSONNES OU ENTITÉS FAISANT APPEL AUX MARCHÉS FINANCIERS © Éd. Francis Lefebvre

Lorsque l'émetteur présente seulement dans son prospectus les **comptes et le rapport du dernier exercice** et se réfère, pour les comptes des deux exercices précédents et les rapports correspondants du commissaire aux comptes, à la présentation qui en est faite dans un ou plusieurs autres prospectus, le commissaire aux comptes vérifie que les comptes du dernier exercice inclus dans le prospectus sur lequel il intervient sont bien ceux qu'il a certifiés ou examinés et que le rapport qui les accompagne est bien celui qu'il a établi sur ces comptes. Il vérifie par ailleurs que les références relatives aux comptes et rapports des deux exercices précédents sont correctes.

41907 **Intervention sur des informations financières historiques différentes des informations financières historiques publiées** En application du règlement délégué (UE) 2019/980 (ann. I point 18.1.4), « les dernières informations financières historiques auditées, contenant des informations comparatives pour l'exercice précédent, doivent être établies et présentées sous une forme correspondant au référentiel comptable qui sera adopté dans les prochains états financiers annuels que publiera l'émetteur, compte tenu des normes, des méthodes et de la législation comptables applicables à ces états financiers annuels ».

Les comptes différents des comptes historiques publiés peuvent notamment correspondre :

– à des comptes préparés pour les besoins du prospectus selon un autre référentiel que celui utilisé à l'origine pour présenter les comptes d'une période donnée (cas du retraitement conformément au référentiel IFRS, pour les besoins d'une introduction en bourse par exemple, de comptes préparés à l'origine conformément au référentiel national) ;

– à des comptes ayant fait l'objet de l'application rétrospective d'un changement de méthode comptable conformément aux dispositions de la norme IAS 8 ;

> On rappelle que la norme IAS 8 prévoit que si une entité change de méthode comptable lors de la première application d'une norme ou d'une interprétation qui ne prévoit pas de dispositions transitoires spécifiques, ou décide de changer de méthodes comptables, elle doit appliquer ce changement de manière rétrospective.

– à un jeu de comptes unique préparé pour les besoins du prospectus et présentant en colonnes les comptes des trois derniers exercices avec les notes annexes correspondantes, pour en assurer une présentation plus lisible.

Pour réaliser cette intervention, le commissaire aux comptes met en œuvre des procédures d'audit complémentaires lui permettant de vérifier :

– dans le cadre de l'application d'un nouveau référentiel, la correcte application des retraitements rendus nécessaires par l'application de ce nouveau référentiel, leur exhaustivité ainsi que la présentation d'ensemble des comptes établis selon ce référentiel ;

– dans le cadre de l'application de la norme IAS 8, la correcte application des retraitements rendus nécessaires, ainsi que la présentation d'ensemble de l'information comparative retraitée relative aux exercices précédents.

Dans la situation d'un émetteur faisant le choix de présenter un jeu de comptes unique établi selon le même référentiel pour plusieurs exercices, la CNCC considère qu'il appartient au commissaire aux comptes de mettre en œuvre les diligences prévues par la NEP 560 « Événements postérieurs à la clôture de l'exercice » en vue d'identifier les événements postérieurs devant donner lieu à un enregistrement dans les états de synthèse ou faire l'objet d'une information dans l'annexe du jeu de comptes établi pour les besoins du prospectus.

> Par ailleurs, le commissaire aux comptes vérifie également que l'annexe comporte une information appropriée sur :
> – les dates auxquelles les comptes annuels ou consolidés des exercices considérés présentés aux actionnaires ont été arrêtés par l'organe compétent ;
> – le fait que les événements postérieurs à ces dates n'ont pas été pris en compte dans les états de synthèse, ou ne l'ont été que dans ceux de l'exercice le plus récent présenté, ou encore qu'ils l'ont été dans les états de synthèse de chacun des exercices présentés ;
> – le cas échéant, les erreurs identifiées et le traitement retenu pour l'établissement du jeu de comptes unique.

Il établit un **rapport** indiquant si, à son avis, les comptes préparés pour les besoins du prospectus présentent sincèrement, dans tous leurs aspects significatifs, le patrimoine, la situation financière, ainsi que du résultat de l'entité contrôlée conformément au référentiel comptable applicable pour les besoins du prospectus.

Rapport des commissaires aux comptes établi pour les besoins d'une introduction en bourse Le rapport des commissaires aux comptes sur les comptes différents des comptes historiques publiés et établis spécifiquement pour les besoins du prospectus relève de l'avis technique de la CNCC – Audit entrant dans le cadre des services autres que la certification des comptes fournis à la demande de l'entité, avis technique annexé au communiqué CNCC de juillet 2016 sur la disparition du concept de diligences directement liées à la mission de commissaire aux comptes.

41911

Le comité des normes professionnelles de la CNCC a notamment indiqué que les rapports d'audit à émettre sur des comptes consolidés établis spécifiquement pour les besoins du prospectus relèvent de la NEP 9010 « Audit entrant dans le cadre de diligences directement liées à la mission de commissaire aux comptes », désormais remplacée par l'avis technique précité. Par conséquent, le comité des normes professionnelles est d'avis que rien n'interdit au commissaire aux comptes d'exprimer dans son rapport établi selon les dispositions de l'ancienne NEP 9010 (désormais remplacée par l'avis technique précité) une opinion d'audit portant sur les trois exercices présentés dans le jeu de comptes consolidés.

> Un exemple de rapport avait été proposé dans la note d'information sur les interventions du commissaire aux comptes relatives au prospectus (CNCC NI. XVII – juillet 2015 p. 155). Depuis, un communiqué a été publié par le CNCC en février 2020 afin de mettre en exergue les nouvelles mises à jour relatives à la lettre de mission, les lettres de fin de travaux, les lettres d'affirmation ainsi que les rapports prenant en compte les conséquences de la disparition du concept de diligences directement liées (Bull. CNCC n° 197-2020 – Communiqué CNCC sur le nouveau règlement Prospectus). La note d'information XVII fera prochainement l'objet d'une actualisation d'ensemble afin de tenir compte des évolutions du cadre réglementaire notamment avec le règlement Prospectus du 21 juillet 2019 et des publications de l'ESMA et de l'AMF qui s'y rapportent.

Contrôle des informations financières prévisionnelles ou estimées

Nature des obligations de l'entité L'entité n'a pas l'obligation d'inclure des prévisions ou estimations de bénéfice dans son prospectus. En revanche, lorsqu'elle décide de le faire, ces informations doivent être élaborées sur une base qui les rend comparables aux informations financières historiques et elles doivent être accompagnées des principales hypothèses sur lesquelles elles sont fondées.

41915

> Le règlement délégué (UE) 2019/980 définit :
> – la « prévision du bénéfice » comme « une déclaration qui énonce expressément ou indique implicitement un chiffre donné ou un chiffre minimum ou maximum correspondant au niveau probable des profits ou des pertes pour l'exercice en cours ou les exercices suivants, ou qui contient des données sur la base desquelles les profits ou les pertes futurs peuvent être calculés, même si aucun chiffre particulier n'est indiqué, ni le mot "bénéfice" employé » (art. 1, point d) ;
> – l'« estimation du bénéfice » comme « une prévision du bénéfice qui concerne le bénéfice d'un exercice clos pour lequel le résultat n'a pas encore été publié » (art. 1, point c).

Concernant la notion de prévision et la différence avec les tendances et les objectifs, l'ESMA apporte des éléments de précisions pour définir ce qui s'apparente à des prévisions ou à des estimations de bénéfice (« *Questions & Answers Prospectuses* » ESMA 31-62-780 – avril 2019 mis à jour par les « *Questions & Answers Prospectus Regulation* » ESMA 31-62-1258 – mai 2021).

> La notion de « prévisions » au sens du règlement européen a fait l'objet d'une position de l'AMF en date du 10 juillet 2006 (Position AMF 2006-17) et de questions-réponses en date du 23 octobre 2007 (Position AMF 2007-17). Dans le cadre d'une consultation publique sur la modification de doctrine AMF à la suite de l'entrée en application du règlement Prospectus, l'Autorité des marchés financiers a repris les dispositions du règlement délégué dans le nouveau Guide d'élaboration des prospectus et de l'information à fournir en cas d'offre au public ou d'admission de titres financiers (Position-recommandation AMF DOC-2020-06).

Selon les **recommandations du CESR** publiées en février 2005, mises à jour par l'ESMA (*European Securities and Markets Authority*) (ESMA/2013/319) et reprises dans la consultation publique de l'ESMA sur les *Drafts Guidelines on Disclosure Requirements under the Prospectus Regulation* (ESMA 32-62-1239), puis remplacées par les nouvelles *Guidelines* de l'ESMA *On disclosure requirements under the Prospectus Regulation* (ESMA 32-382-1138, mars 2021), les **estimations ou prévisions** de bénéfice doivent être :

– **compréhensibles** : les estimations et les prévisions du bénéfice doivent contenir des informations dont la complexité et l'étendue ne doivent pas être excessives afin que les investisseurs puissent les comprendre ;

– fiables : les prévisions du bénéfice doivent être basées sur une analyse approfondie de l'activité de l'émetteur et correspondre à la stratégie et à des projets réels et non hypothétiques, ainsi qu'à l'évaluation actuelle des risques ;

– comparables : les estimations et les prévisions du bénéfice doivent pouvoir être justifiées par une comparaison avec les chiffres réalisés présentés sous la forme d'informations financières historiques ;

– pertinentes : les estimations et les prévisions du bénéfice doivent être susceptibles d'influencer les décisions économiques des investisseurs et elles doivent être fournies en temps utile de manière à pouvoir influencer ces décisions et à aider les investisseurs à confirmer ou corriger leurs évaluations ou appréciations antérieures.

Remarque. Les émetteurs désignent parfois leurs informations financières prospectives par le **concept d'« objectifs » ou de « guidance »**, qui ne figure pas dans le règlement européen et qui ne constitue souvent pas une véritable prévision de bénéfice. Les émetteurs doivent cependant se poser la question de savoir si, au-delà de la terminologie choisie par eux, les objectifs présentés ne répondent pas en réalité à la définition d'une prévision de bénéfice au sens du règlement européen, les obligeant à énoncer les principales hypothèses sous-jacentes et à inclure un rapport des contrôleurs légaux.

Ce concept d'« objectifs » a été défini lors des travaux du groupe de travail Lepetit en avril 2000 : « Les objectifs traduisent de façon chiffrée et synthétique les effets attendus de la stratégie arrêtée par les organes dirigeants, que ce soit en termes commerciaux (par exemple : part de marché ou croissance du chiffre d'affaires…) ou en termes financiers (par exemple : retour sur capitaux engagés, résultat par action…). Ils expriment donc des buts que les responsables de l'entreprise se sont fixés en fonction de leur anticipation des conditions économiques prévalentes, souvent exprimées de façon normative, et des moyens qu'ils ont décidé de mettre en œuvre. Ils peuvent être à long terme ou à court terme (objectifs opérationnels à échéance rapprochée nécessaires pour mettre en œuvre la stratégie) et sont habituellement traduits dans un plan d'action (ou « *business plan* ») pluriannuel, qui peut lui-même se décliner en plans annuels dont les aspects financiers seront traduits en budgets. »

Les obligations de publication des prévisions antérieurement publiées sont définies par le règlement délégué (UE) 2019/980 et varient en fonction de plusieurs critères :

– l'émetteur de titre de capital est tenu d'inclure obligatoirement dans son document d'enregistrement universel et/ou dans son prospectus les prévisions et/ou estimations déjà publiées et valides. Si ces prévisions ou estimations ne sont plus valides à la date de publication du prospectus, il est tenu de le mentionner dans le prospectus et d'expliquer pourquoi elles ne sont plus valides (Règl. délégué (UE) 2019/980 ann. 1 § 11.1) ;

– lorsque le prospectus concerne une émission primaire de titres de créance destinés aux investisseurs de détail (« *retail* »), l'émetteur est tenu de publier dans le prospectus les prévisions ou estimations déjà existantes (Règl. délégué (UE) 2019/980 ann. 6 § 8.1) ;

– les autres émissions de titres de créance, c'est-à-dire les émissions sur le marché de gros (« *wholesale* »), et/ou les émissions secondaires sont libres de choisir d'inclure ou non les prévisions et estimations dans le prospectus (Règl. délégué (UE) 2019/980 ann. 7 § 8.1).

Compte tenu de la différenciation entre objectifs et prévisions, les entreprises qui mettent à jour des informations prospectives communiquées antérieurement doivent :

– annoncer clairement toute modification de la stratégie et des objectifs précédemment affichés ;

– confirmer ou infirmer périodiquement les tendances ainsi que l'avancement par rapport au plan de marche (par exemple, niveau de retour sur investissement ou sur capitaux employés), lorsqu'elles ont communiqué des objectifs chiffrés ;

– actualiser régulièrement leurs données prévisionnelles lorsqu'elles ont communiqué des prévisions détaillées (voir rapport Lepetit sur les avertissements sur résultats, avril 2000).

41916 **Intervention des commissaires aux comptes sur les prévisions ou estimations de bénéfice prévue par les textes européens et le règlement général de l'AMF** Le règlement délégué (UE) 2019/980 ne prévoit pas de diligence du commissaire aux comptes sur les prévisions ou estimations de bénéfice, la suppression du rapport des commissaires aux comptes sur ces informations financières prospectives, précédemment prévu par le règlement CE 809/2004, ayant été considérée comme une mesure de simplification de l'établissement d'un prospectus. En revanche, ces informations financières prospectives incluses dans le prospectus restent couvertes par les diligences de lecture d'ensemble (voir n° 41945) dont le commissaire aux comptes fait état dans sa lettre de fin de travaux (voir n° 41985).

AUDIT DES PERSONNES OU ENTITÉS FAISANT APPEL AUX MARCHÉS FINANCIERS

Intervention des commissaires aux comptes sur les prévisions de bénéfice à la demande de l'émetteur

41917

Bien que le rapport du commissaire aux comptes sur les prévisions de bénéfice ne soit plus prévu par les textes européens, les émetteurs peuvent souhaiter une intervention spécifique du commissaire aux comptes. Dans ce cadre, l'objectif de l'intervention des commissaires aux comptes sur les informations financières prévisionnelles est de s'assurer que :

– les prévisions de bénéfice sont issues d'un processus d'analyse approfondi des activités, des stratégies, des plans et des risques inhérents à l'émetteur et reflètent fidèlement cette analyse. Le commissaire aux comptes vérifie notamment que la justification des hypothèses significatives par la direction n'est pas incohérente avec ce qu'il connaît de l'émetteur au regard de ses travaux d'audit sur les diverses estimations et tests de dépréciation mis en œuvre dans le cadre de l'établissement des comptes historiques ;

– l'établissement de ces prévisions a été correctement documenté. Le commissaire aux comptes s'enquiert, notamment, du processus de validation suivi pour l'établissement de ces informations ;

– les principales hypothèses retenues par l'émetteur pour établir les prévisions sont correctement décrites dans le prospectus, permettant ainsi à l'utilisateur de l'information d'apprécier le degré d'incertitude qui lui est attaché et dans quelle mesure ces incertitudes peuvent influencer les prévisions de bénéfice. Le commissaire aux comptes n'a pas à apprécier le caractère raisonnable des hypothèses retenues ;

– les prévisions reflètent les hypothèses décrites dans le prospectus. Le commissaire vérifie que les calculs ont été correctement effectués sur la base des hypothèses décrites ;

– les méthodes comptables utilisées pour la préparation des prévisions de bénéfice sont conformes à celles suivies pour l'établissement des informations financières historiques.

> Le commissaire aux comptes prend connaissance des opérations ou événements intervenus entre la date d'établissement des prévisions de bénéfice et la date de signature de son rapport. Il vérifie, notamment, que ceux-ci ne sont pas de nature à pouvoir remettre en cause les hypothèses retenues.

Dans ce contexte, le commissaire aux comptes devrait à notre avis émettre un rapport qui sera inclus dans le prospectus et qui comportera notamment :

– un titre indiquant qu'il s'agit du rapport du commissaire aux comptes sur des prévisions de bénéfice ;

– la mention de l'organe auquel le rapport est destiné et qui est généralement le responsable du prospectus ;

– un paragraphe introductif rappelant sa qualité de commissaire aux comptes et précisant que le rapport est émis à la demande de l'émetteur, ainsi que l'identification de l'émetteur et des informations faisant l'objet de son intervention ;

– la description des rôles respectifs de l'organe compétent de l'entité pour établir les prévisions de bénéfice et les hypothèses significatives qui les sous-tendent et du rôle du commissaire aux comptes ;

– la description des procédures mises en œuvre selon la doctrine professionnelle de la Compagnie nationale des commissaires aux comptes qui lui ont permis d'obtenir l'assurance raisonnable que les prévisions de bénéfice ont été adéquatement établies sur la base indiquée,

– le rappel du caractère incertain des prévisions de bénéfice et du fait que le commissaire aux comptes n'exprime aucune conclusion sur la possibilité de leur réalisation ;

– l'expression de sa conclusion sur les modalités d'établissement des prévisions de bénéfice. Il indique ainsi si, à son avis :

• les prévisions de bénéfice ont été adéquatement établies sur la base indiquée ;

• la base comptable utilisée aux fins de ces prévisions de bénéfice est conforme aux méthodes comptables appliquées par l'émetteur pour la préparation des informations financières historiques ;

– la formulation, s'il y a lieu, en précisant qu'elles ne remettent pas en cause sa conclusion, de toutes observations utiles dans un paragraphe distinct inséré après l'expression de sa conclusion, dont l'objectif est d'attirer l'attention du lecteur sur une information des notes explicatives aux prévisions de bénéfice, contenues dans le prospectus ;

– une mention indiquant que le rapport est émis aux seules fins :

• du dépôt ou de l'approbation du document d'enregistrement universel par l'AMF,

• et, le cas échéant, de l'admission aux négociations sur un marché réglementé, et/ou d'une offre au public, d'actions ou de titres de créance de valeur nominale unitaire

inférieure à 100 000 € de la société en France et dans les autres pays de l'Union européenne dans lesquels le prospectus approuvé par l'AMF serait notifié,
• et ne peut être utilisé dans un autre contexte ;
– la date du rapport, qui est la plus proche possible de celle de l'approbation par l'AMF du prospectus ;
– le cas échéant, la signature sociale des sociétés de commissaires aux comptes ;
– la signature du commissaire aux comptes de l'émetteur.
Le rapport des commissaires aux comptes est inséré dans le prospectus.

Un exemple de rapport sur les prévisions de bénéfice est communiqué au paragraphe 14.4 de la NI. XVII.

À la date de la mise à jour de ce Mémento, la note d'information XVII est en cours de révision. Toutefois, un communiqué de la CNCC a été publié en février 2020, mettant à jour les différents modèles de rapports de la NI, dont celui sur les prévisions de bénéfice (Bull. CNCC n° 197-2020 – Communiqué CNCC sur le nouveau règlement Prospectus, § 2.31). Il convient de rajouter que ce rapport est émis à la demande de l'entité et de mettre à jour les références aux textes européens.

41918 **Intervention des commissaires aux comptes sur les estimations de bénéfice à la demande de l'émetteur** Bien que le rapport du commissaire aux comptes sur les estimations de bénéfice ne soit plus prévu par les textes européens, les émetteurs peuvent souhaiter une intervention spécifique du commissaire aux comptes. Dans ce cadre, l'objectif de l'intervention des commissaires aux comptes sur les informations financières estimées est de s'assurer que :
– les estimations de bénéfice sont issues d'un processus d'analyse approfondi des activités, des stratégies, des plans et des risques inhérents à l'émetteur et reflètent fidèlement cette analyse ;
– l'établissement de ces estimations a été correctement documenté. Le commissaire aux comptes s'enquiert, notamment, du processus de validation suivi pour l'établissement de ces informations ;
– les estimations de bénéfice ne dépendent pas d'hypothèses sous-jacentes ;

Selon les recommandations du CESR publiées en février 2005 et mises à jour par l'ESMA (*European Securities and Markets Authority*) (ESMA/2013/319), contrairement aux prévisions, les estimations de résultats ne sont pas censées dépendre, dans la même mesure, des hypothèses sous-jacentes. En effet, dans ce cas, les hypothèses sont remplacées par des estimations, lesquelles font référence à des transactions économiques qui ont déjà eu lieu.

– les estimations ont été adéquatement établies sur la base indiquée ;
– les méthodes comptables utilisées pour la préparation des estimations de bénéfice sont conformes à celles suivies pour l'établissement des informations financières historiques.
Le rapport des commissaires aux comptes sur les informations financières estimées comporte les mêmes éléments que le rapport des commissaires aux comptes sur les informations financières prévisionnelles à l'exception des informations relatives à la responsabilité de l'organe compétent de l'entité relatif aux hypothèses significatives (voir ci-dessus) ; les estimations de bénéfice ne doivent pas dépendre d'hypothèses sous-jacentes.

Le rapport des commissaires aux comptes est inséré dans le prospectus.

Un exemple de rapport sur les prévisions de bénéfice est communiqué au paragraphe 14.4 de la NI. XVII.

À la date de la mise à jour de ce Mémento, la NI. XVII est en cours de révision. Toutefois, un communiqué de la CNCC a été publié en février 2020, mettant à jour les différents exemples de rapports de la NI, dont celui sur les prévisions de bénéfice (Bull. n° CNCC 197-2020 – Communiqué CNCC sur le nouveau règlement Prospectus, § 2.31). Il convient de rajouter que ce rapport est émis à la demande de l'entité et de mettre à jour les références aux textes européens.

41920 **Opération financière sur la base de données financières estimées** Le règlement délégué (UE) 2019/980, en supprimant le rapport des commissaires aux comptes sur les prévisions et estimations de bénéfice, a abrogé l'attestation du responsable indiquant que comptables ou contrôleurs légaux indépendants conviennent que cette information financière est substantiellement conforme aux chiffres définitifs qui seront publiés dans les prochains états financiers annuels vérifiés et que les contrôleurs légaux le confirment.
Cette attestation impliquant une mention spécifique dans la lettre de fin de travaux, ou un rapport spécifique du commissaire aux comptes lorsque la lettre de fin de travaux n'est pas requise, était prévue par le règlement délégué (UE) 862/2012 de la Commission

du 4 juin 2012, pris en application de la directive 2010/73/UE (Dir. Prospectus révisée) et modifiant le paragraphe 13.2 de l'annexe I du règlement CE 809/2004.

Dans sa nouvelle « Position-recommandation – Guide de l'information périodique des sociétés cotées » (Position-recommandation AMF 2016-05 du 29-4-2021), l'AMF indique notamment que :
– toute information financière sur le patrimoine, la situation financière ou les performances de la société, allant au-delà du chiffre d'affaires, délivrée à compter de la date de clôture de l'exercice ou du semestre et avant la date d'arrêté par l'organe compétent des comptes afférents à cet exercice, devrait être systématiquement qualifiée de « résultats (ou données financières) estimés », à l'exclusion de toute autre terminologie ;
– la communication doit faire apparaître le degré d'implication, dans l'examen de ces données ou résultats estimés, de l'organe compétent pour l'arrêt des comptes, ainsi que la date prévue d'arrêté officiel des comptes par le même organe ;
– lors de la publication ultérieure des comptes semestriels ou annuels arrêtés par l'organe compétent accompagnés du rapport des commissaires aux comptes, si ceux-ci font apparaître des écarts significatifs par rapport aux données estimées précédemment publiées, l'AMF recommande que ces écarts soient spécifiquement expliqués.

Contrôle des informations financières pro forma

Nature des obligations de l'entité dans le cadre de l'établissement d'un prospectus (ou d'un document d'enregistrement, document d'enregistrement universel) 41925

Le règlement délégué (UE) 2019/980 prévoit trois cas dans lesquels, pour des prospectus de titre de capital, des **informations financières pro forma doivent être établies** :
– en cas de modification significative des valeurs brutes d'un émetteur à la suite d'une transaction déterminée telle qu'une variation de plus de 25 % d'un ou de plusieurs indicateurs de son activité (Règl. délégué (UE) 2019/980 art. 1, e) ;

Une liste non exhaustive d'indicateurs est fournie par les recommandations de l'ESMA dans les orientations ESMA 32-382-1138, paragraphe 86 (chiffre d'affaires, résultat, total de bilan, etc.).

– lorsque l'émetteur est réputé avoir un historique financier complexe si : (a) au moment de l'établissement du prospectus, les informations visées dans les annexes pertinentes ne donnent pas une représentation exacte de l'entreprise de l'émetteur ; (b) l'inexactitude visée au point a) nuit à la capacité des investisseurs à effectuer une évaluation en connaissance de cause conformément aux articles 6, paragraphe 1, et 14, paragraphe 2, du règlement (UE) 2017/1129 ; (c) des informations supplémentaires relatives à une entité autre que l'émetteur sont nécessaires aux investisseurs pour qu'ils puissent effectuer une évaluation en connaissance de cause conformément aux articles 6, paragraphe 1, et 14, paragraphe 2, du règlement (UE) 2017/1129 ;

Ces conditions, fixées à l'article 18 du règlement délégué (UE) 2019/980, sont cumulatives.

– ou lorsque cet émetteur a pris un engagement financier important : « Un engagement financier important est un accord contraignant en vertu duquel doit être réalisée une transaction qui est susceptible de donner lieu à une variation de plus de 25 % d'un ou de plusieurs indicateurs de la taille de l'activité de l'émetteur » (Règl. délégué (UE) 2019/980 art. 18 § 4).

Dans le choix des indicateurs à utiliser, il est indiqué dans la position-recommandation AMF 2021-02 qu'au-delà des agrégats listés ci-dessus (orientations ESMA 32-392-1138, § 86), les indicateurs retenus doivent être des indicateurs pertinents et appropriés au regard de l'émetteur qui établit l'information financière pro forma. À ce titre, l'AMF recommande aux émetteurs de s'appuyer sur les indicateurs issus de leurs états financiers sur lesquels ils communiquent habituellement et rappelle que la seule utilisation d'indicateurs alternatifs de performance pour le calcul du seuil de 25 % ne semble pas appropriée.

Les **informations à produire** sont décrites dans l'annexe 20 du règlement délégué (UE) 2019/980 et des précisions sont données dans les « *Frequently Asked Questions* » de l'ESMA.

Ces informations comprennent :
– une introduction qui indique, notamment, à quelle fin les informations financières pro forma ont été établies et la période couverte par ces informations ;
– un compte de résultat enregistrant l'opération au premier jour du dernier exercice clos et/ou de la période intermédiaire la plus récente présentée ;
– un bilan enregistrant l'opération à la clôture du dernier exercice clos et/ou de la période intermédiaire la plus récente : lorsque la transaction est intervenue au cours du

dernier exercice ou de la dernière période présentée, le bilan pro forma n'est pas requis dans la mesure où les comptes historiques reflètent déjà la transaction ;
– des notes d'accompagnement qui indiquent les hypothèses de construction.

Les informations sont présentées en colonnes faisant apparaître les informations historiques non ajustées, les ajustements liés à la méthode comptable, les ajustements pro forma et les informations pro forma en résultant.

La troisième partie de la position-recommandation AMF 2021-02 relative au guide d'élaboration des documents d'enregistrement universel rappelle le cadre réglementaire général et propose des orientations sur certains thèmes clés relatifs à l'obligation de fournir des informations financières pro forma, à leur présentation et à leur préparation comptable. La recommandation AMF 2013-08 relative à l'information pro forma est ainsi annulée à compter du 8 janvier 2021 et reprise dans la position-recommandation précitée.

La présente position-recommandation a été mise à jour à la suite de l'entrée en application du règlement (UE) 2017/1129 dit « Prospectus » et de ses règlements délégués ainsi que de la publication des orientations de l'ESMA relatives aux obligations d'information dans le cadre du règlement Prospectus (ESMA 32-382-1138).

41930 **Intervention des commissaires aux comptes** Lorsque, en application du règlement délégué (UE) 2019/680 ou du règlement général de l'AMF, l'émetteur fournit des informations financières pro forma, le commissaire aux comptes :
– prend connaissance de l'environnement, de l'opération ou de l'événement ayant conduit l'émetteur à préparer des informations financières pro forma ainsi que du processus de leur établissement ;
– évalue les procédures mises en place par l'émetteur pour le choix des conventions retenues et l'établissement de ces informations financières pro forma.

En outre, le commissaire aux comptes :
– vérifie que la période pour laquelle l'émetteur publie les informations financières pro forma est conforme au règlement délégué (UE) 2019/980 ou au règlement général de l'AMF ;
– vérifie que les informations financières sous-jacentes sont correctement extraites de la source indiquée dans le prospectus, qui précise si elles ont fait ou pas l'objet d'un audit ou d'un examen limité. Le commissaire aux comptes n'a pas à mettre en œuvre de vérifications particulières sur les informations financières sous-jacentes. Toutefois, lorsque celles-ci ont fait l'objet d'un rapport mettant en évidence des désaccords, des incertitudes ou des limitations, il en apprécie l'incidence éventuelle sur les informations financières pro forma ;
– vérifie que les ajustements pro forma sont appropriés et complets au regard de l'objet pour lequel les informations financières pro forma sont présentées.

Il vérifie notamment que lesdits ajustements :
– sont conformes aux dispositions du règlement délégué (UE) 2019/980 qui prévoit que ceux-ci doivent :
• être clairement mis en évidence et expliqués,
• présenter tous les effets significatifs directement attribuables à la transaction,
• pouvoir être étayés par des faits,
• être conformes aux principes comptables de l'émetteur ;
– sont corroborés par les éléments collectés dans le cadre de ses contrôles, par exemple par un rapport d'évaluation, un contrat d'acquisition ou de cession de titres ou par l'harmonisation des principes comptables ;
– reflètent les conventions retenues et traduisent les effets de l'opération sous-jacente.

Enfin, le commissaire aux comptes :
– vérifie que les calculs effectués sur la base des conventions décrites sont arithmétiquement corrects, tant pour les ajustements que pour la colonne pro forma en tant que résultante des retraitements appliqués aux informations financières sous-jacentes ;
– apprécie la présentation des informations financières pro forma au regard des dispositions du règlement délégué (UE) 2019/980.

41935 **Rapport des commissaires aux comptes** Le rapport des commissaires aux comptes sur les informations financières pro forma comporte notamment :
– un titre qui indique qu'il s'agit du rapport du commissaire aux comptes sur des informations financières pro forma ;

41935
(suite)

– la mention de l'organe auquel le rapport est destiné et qui est généralement le responsable du prospectus ;

– un paragraphe introductif rappelant leur qualité de commissaire aux comptes et le texte réglementaire prévoyant leur intervention, ainsi que l'identification de l'émetteur et des informations faisant l'objet de leur intervention ;

– la description de l'opération ou de l'événement qui a généré le besoin de préparer des informations financières pro forma ;

– le fait que les informations financières pro forma décrivent, de par leur nature même, une situation hypothétique et ne sont pas nécessairement représentatives de la situation financière ou des performances qui auraient pu être constatées si l'opération ou l'événement était survenu à une date antérieure à celle de sa survenance réelle ou envisagée ;

– l'objectif des informations financières pro forma et leurs limites ;

– la description des rôles respectifs de l'organe compétent de l'entité pour établir les informations financières pro forma et du commissaire aux comptes ;

– les diligences mises en œuvre selon la doctrine professionnelle de la Compagnie nationale des commissaires aux comptes relative à cette mission ;

– le rappel du fait que :

• les travaux mis en œuvre ne comportent pas d'examen des informations historiques sous-jacentes non ajustées retenues pour l'établissement des informations pro forma,

• ces travaux ont consisté principalement à vérifier que les bases à partir desquelles ces informations pro forma ont été établies concordent avec les documents sources tels que décrits dans les notes explicatives aux informations financières pro forma, à examiner les éléments probants justifiant les retraitements pro forma et à s'entretenir avec la direction de la société pour collecter les informations et les explications estimées nécessaires ;

– l'expression de sa conclusion sur les processus d'établissement des informations financières pro forma. Il indique ainsi si, à son avis, les informations financières pro forma ont été établies correctement et sur la base indiquée, et si cette base est conforme aux méthodes comptables appliquées par l'émetteur pour l'établissement de ses derniers ou prochains états financiers ;

– la formulation, s'il y a lieu, en précisant qu'elles ne remettent pas en cause sa conclusion, de toutes les observations utiles dans un paragraphe distinct inséré après l'expression de sa conclusion, dont l'objectif est d'attirer l'attention du lecteur sur une information des notes explicatives aux informations financières pro forma, contenues dans le prospectus ;

On note que le point 1.2 de l'annexe 1 du règlement délégué (UE) 2019/980 ne prévoit pas de mentionner ces observations dans la déclaration des personnes responsables du document d'enregistrement.

– une mention indiquant que le rapport est émis aux seules fins :

• du dépôt du document d'enregistrement (ou document d'enregistrement universel) auprès de l'AMF ou de l'approbation du document d'enregistrement (ou document d'enregistrement universel) par l'AMF,

Pour les fusions, scissions, apports partiels d'actifs et offre publique d'échange, la formulation de cette mention doit être adaptée si le rapport des commissaires aux comptes sur l'information financière pro forma est inclus dans le document d'exemption prévu au règlement délégué (UE) 2021/528 du 16 décembre 2020 (nos 42204 s.).

• et, le cas échéant, de l'admission aux négociations sur un marché réglementé, et/ou d'une offre au public, de titres financiers de la société en France et dans les autres pays de l'Union européenne dans lesquels le prospectus visé par l'AMF serait notifié,

• et ne peut être utilisé dans un autre contexte ;

– la date du rapport, qui est la plus proche possible de celle de l'approbation par l'AMF du prospectus ;

– le cas échéant, la signature sociale des sociétés de commissaires aux comptes ;

– la signature de chaque commissaire aux comptes exerçant à titre individuel ou, le cas échéant, de celui ou de ceux des commissaires aux comptes associés, actionnaires ou dirigeants de la société de commissaires aux comptes qui ont participé à l'établissement du rapport.

Le rapport des commissaires aux comptes est inséré dans le prospectus.

À la date de la mise à jour de ce Mémento, la NI. XVII est en cours de révision. Toutefois, un communiqué de la CNCC a été publié en février 2020, mettant à jour les différents exemples de rapports de la note d'information, dont celui sur les informations financières pro forma (Bull. n° CNCC 197-2020 – Communiqué CNCC sur le nouveau règlement Prospectus, § 2.51).

AUDIT DES PERSONNES OU ENTITÉS FAISANT APPEL AUX MARCHÉS FINANCIERS   © Éd. Francis Lefebvre

Contrôle de concordance des informations sur la situation financière

41940   Les commissaires aux comptes vérifient que les informations sur la situation financière et les comptes contenues dans le prospectus concordent avec les informations financières historiques.

La notion d'information sur la situation financière et les comptes recouvre les informations chiffrées « isolées » contenues dans un prospectus qui sont :
– directement extraites des informations financières historiques, c'est-à-dire les comptes ayant fait l'objet d'un rapport d'audit ou d'examen limité, en particulier :
• les comptes annuels (ou consolidés),
• les comptes intermédiaires (semestriels et, le cas échéant, trimestriels) ;
– rapprochables des données de la comptabilité ayant servi à l'établissement des informations historiques ayant fait l'objet d'un rapport ;
– directement extraites des prévisions ou estimations de bénéfice, ou des informations financières pro forma incluses dans le prospectus en application du règlement Prospectus et ayant fait l'objet d'un rapport spécifique des commissaires aux comptes.

Le commissaire aux comptes fait état de ces vérifications dans la lettre de fin de travaux. Lorsque le commissaire aux comptes relève des incohérences ou des anomalies significatives dans les vérifications susvisées, il en informe le responsable du prospectus et lui demande d'apporter les modifications requises. Lorsque ce dernier refuse de procéder aux modifications demandées, le commissaire aux comptes en évalue l'incidence sur sa lettre de fin de travaux en termes d'éventuelles observations à y formuler.

Lecture d'ensemble des autres informations

41945   Les commissaires aux comptes procèdent à la lecture d'ensemble des informations contenues dans le prospectus en vue d'identifier, parmi les informations ne portant pas sur la situation financière et les comptes (les autres informations), celles qui lui apparaîtraient **manifestement incohérentes**.

Sans avoir à en vérifier le bien-fondé, ni avoir à effectuer de vérifications particulières sur ces autres informations, le commissaire aux comptes exerce son esprit critique lorsqu'il procède à leur lecture :
– d'une part, en s'appuyant sur sa connaissance de l'entité, de son environnement et des éléments collectés au cours de l'audit des comptes et sur les conclusions auxquelles l'ont conduit les contrôles qu'il a menés ;
– d'autre part, en tenant compte des explications qui accompagnent ces autres informations et permettant la compréhension, en particulier au regard des conditions et des principes retenus pour leur élaboration.

Le **caractère incohérent** des informations ne portant pas sur la situation financière et les comptes provient de leur aspect contradictoire, ou illogique, avec d'autres informations données dans le prospectus ou d'autres informations provenant de l'émetteur (diffusées ou non au public) ou d'autres faits, principalement de nature historique, dont le commissaire aux comptes a connaissance du fait de sa connaissance générale de l'émetteur, du secteur d'activité dans lequel il opère, de son expérience acquise lors de son audit des comptes.

Ce caractère peut ainsi provenir de l'omission d'informations sans lesquelles les informations données peuvent induire le lecteur en erreur.

Le **caractère manifeste** des incohérences implique que celles-ci sont suffisamment grossières ou évidentes pour être visibles ou identifiables par les commissaires aux comptes sans investigation particulière.

Serait ainsi manifestement incohérente une information sur une forte prise de parts de marché par rapport aux concurrents, alors que le chiffre d'affaires de l'exercice diminue, ou encore l'affirmation d'une politique drastique de réduction des coûts pour l'exercice, non confirmée par les données chiffrées inscrites dans les comptes annuels.

Si, ayant lu l'ensemble du prospectus, les commissaires aux comptes relèvent des incohérences manifestes parmi les informations ne portant pas sur la situation financière et les comptes, ils s'en **entretiennent avec la direction** de l'entité responsable du prospectus en vue de lui demander, le cas échéant, d'apporter à l'information présentée les modifications qui s'imposent.

Si les incohérences manifestes identifiées ne sont pas corrigées, les commissaires aux comptes les mentionnent dans leur lettre de fin de travaux.

Vérifications particulières

41950

Le règlement général de l'AMF mentionne dans son article 212-15 que le commissaire aux comptes peut être amené à effectuer des vérifications particulières. Au vu du communiqué de l'AMF du 9 novembre 2005, les « vérifications particulières » prévues à l'article 212-15 du règlement général de l'AMF portent notamment sur la **déclaration de fonds de roulement net** et sur la **déclaration sur le niveau des capitaux propres et de l'endettement**.

Ces vérifications particulières viennent compléter sur ces deux points la lecture d'ensemble.

Les déclarations de l'émetteur sur le fonds de roulement et le niveau des capitaux propres doivent être incluses dans les prospectus d'offre au public ou d'émission ou admission sur un marché réglementé d'actions (Règl. délégué (UE) 2019/980 ann. 11 ou 12 si l'émetteur utilise les ann. « émissions secondaires » ou ann. 26 si l'émetteur utilise l'ann. « prospectus de croissance »).

Dans le cadre des prospectus de croissance, l'annexe 26 du règlement délégué (UE) 2019/980 précise que ces déclarations ne sont à communiquer que pour les émetteurs dont la capitalisation boursière est supérieure à 200 M€. Le règlement (UE) 2019/2115 du 27 novembre 2019 a cependant modifié le règlement Prospectus et rend désormais systématique la déclaration sur le fonds de roulement dans la note relative aux valeurs mobilières concernant le prospectus de croissance de l'Union, quel que soit le montant de la capitalisation boursière de l'émetteur.

1. Déclaration de fonds de roulement net L'émetteur doit « fournir une déclaration attestant que, de son point de vue, son fonds de roulement net est suffisant au regard de ses besoins actuels ou, dans la négative, expliquant comment il se propose d'apporter le complément nécessaire » (Règl. délégué (UE) 2019/980 ann. 11 ou 12 si l'émetteur utilise les ann. « émissions secondaires » ou ann. 26 si l'émetteur utilise l'ann. « prospectus de croissance »).

41960

La déclaration sur le fonds de roulement net prend en compte une dimension prospective, avec un horizon de douze mois. Elle est notamment sous-tendue par des éléments prévisionnels, certes non nécessairement publiés mais qui doivent être élaborés sur la base d'un processus structuré et documenté.

La déclaration est établie sur une base consolidée et selon les méthodes comptables de l'émetteur utilisées pour ses comptes historiques.

En complément, les orientations de l'ESMA relatives aux obligations d'information dans le cadre du règlement Prospectus (ESMA 32-382-1138) donnent des éclaircissements sur la façon de déterminer si la déclaration sur le fonds de roulement net doit être sans réserve ou assortie de réserves. Elles précisent également le contenu d'une déclaration sur le fonds de roulement assortie de réserves et les règles de calcul du fonds de roulement net et des besoins actuels. En outre, des précisions sont apportées concernant les établissements de crédit et les entreprises d'assurances et de réassurance.

L'objectif de l'**intervention des commissaires aux comptes** est de leur permettre d'apprécier si l'information donnée sur le fonds de roulement net :
– est cohérente avec son appréciation du bien-fondé de l'utilisation par la direction de la convention comptable de continuité de l'exploitation pour l'établissement des comptes ;
– a été établie sur une base consolidée et selon les méthodes comptables utilisées pour les comptes historiques de l'émetteur ;
– a été élaborée à l'issue d'un processus structuré.

41965

La vérification de la déclaration sur le fonds de roulement net vient en complément de la lecture d'ensemble. La nature et l'étendue des vérifications à réaliser doivent être adaptées à la situation de chaque émetteur. Elles sont fondées en principe sur :
– une prise de connaissance des processus mis en place pour l'élaboration de la déclaration sur le fonds de roulement net ;
– des entretiens avec la direction permettant d'obtenir toute explication nécessaire ;
– des contrôles de cohérence et des procédures arithmétiques.

Lorsque le commissaire aux comptes relève des incohérences ou des anomalies significatives dans les déclarations susvisées, il en informe le responsable du prospectus et lui demande d'apporter les modifications requises. Lorsque ce dernier refuse de procéder aux modifications demandées, le commissaire aux comptes en évalue l'incidence sur sa lettre de fin de travaux en termes d'éventuelles observations à y formuler.

En l'absence d'observations, le commissaire aux comptes, conformément aux dispositions prévues à l'article 212-15 du règlement général de l'AMF, n'exprime aucune conclusion explicite sur les déclarations de l'émetteur sur le fonds de roulement net.

AUDIT DES PERSONNES OU ENTITÉS FAISANT APPEL AUX MARCHÉS FINANCIERS © Éd. Francis Lefebvre

41967

2. Niveau des capitaux propres et de l'endettement L'émetteur doit « fournir une déclaration sur le niveau des capitaux propres et de l'endettement (qui distingue les dettes cautionnées ou non et les dettes garanties ou non) à une date ne remontant pas à plus de 90 jours avant la date d'établissement du document ». Le terme « endettement » recouvre également les dettes indirectes et les dettes éventuelles (Règl. délégué (UE) 2019/980 ann. 11 ou 12 si l'émetteur utilise les ann. « émissions secondaires » ou ann. 26 si l'émetteur utilise l'ann. « prospectus de croissance »).

Le règlement délégué précise également : « Dans le cas de modifications importantes du niveau des capitaux propres et de l'endettement de l'émetteur au cours de la période de 90 jours, des informations supplémentaires doivent être fournies au moyen d'une description circonstanciée de ces modifications ou d'une mise à jour des chiffres. »

En complément, les orientations de l'ESMA relatives aux obligations d'information dans le cadre du règlement Prospectus (ESMA 32-382-1138 § 166 s.) précisent les informations qui doivent être présentées par l'émetteur dans la déclaration sur le niveau des capitaux propres et la déclaration sur le niveau de l'endettement. Elles clarifient également le niveau de détail à fournir et donnent des précisions pour les établissements de crédit et les entreprises d'assurances et de réassurance. Enfin, les orientations de l'ESMA précisent comment doit être présentée l'information lorsque l'activité de l'émetteur a récemment subi un changement ou lorsque l'émetteur est confronté à un changement à venir.

41970

Lorsque la déclaration sur le niveau des capitaux propres et de l'endettement est présentée à une date :

– identique à celle de la clôture des comptes ayant fait l'objet d'un audit ou d'un examen limité, le commissaire aux comptes rapproche directement les montants figurant dans la déclaration sur le niveau des capitaux propres et de l'endettement avec les comptes ayant fait l'objet d'un audit ou d'un examen limité ;

– postérieure à celle de la clôture des comptes ayant fait l'objet d'un audit ou d'un examen limité, le commissaire aux comptes met en œuvre des vérifications particulières qui consistent à :

• prendre connaissance des procédures mises en place par l'émetteur pour identifier les changements significatifs intervenus depuis la date des dernières informations financières historiques publiées et les procédures mises en place pour identifier les créanciers correspondant à l'endettement présenté à la date de la déclaration,

• rapprocher les éléments figurant sur la déclaration avec les données sous-tendant la comptabilité,

• s'entretenir avec la direction pour obtenir toute explication nécessaire, notamment les procédures mises en place pour identifier les créanciers à la date de la déclaration,

• effectuer des contrôles de cohérence et mettre en œuvre des procédures analytiques,

• obtenir une lettre d'affirmation sur l'absence de changements significatifs intervenus depuis la date des dernières informations financières publiées autres que ceux ayant fait l'objet de renseignements complémentaires dans la déclaration sur le niveau de capitaux propres et de l'endettement de l'émetteur.

À la différence de la déclaration sur le fonds de roulement net, la déclaration sur le niveau des capitaux propres et de l'endettement est fondée sur des données historiques. En l'absence de définition précise du règlement général, il est important que l'émetteur définisse le périmètre de sa déclaration ainsi que les éléments qu'elle contient et, en particulier, ce que recouvrent les dettes indirectes et les dettes éventuelles.

Lorsque le commissaire aux comptes relève des incohérences ou des anomalies significatives dans les déclarations susvisées, il en informe le responsable du prospectus et lui demande d'apporter les modifications requises. Lorsque ce dernier refuse de procéder aux modifications demandées, le commissaire aux comptes en évalue l'incidence sur sa lettre de fin de travaux en termes d'éventuelles observations à y formuler.

En l'absence d'observations, le commissaire aux comptes, conformément aux dispositions prévues à l'article 212-15 du règlement général de l'AMF, n'exprime aucune conclusion explicite sur les déclarations de l'émetteur sur le niveau des capitaux propres et de l'endettement.

Finalisation des travaux

41975

Événements postérieurs Les commissaires aux comptes s'entretiennent avec la direction sur la possibilité que soient survenus des événements postérieurs significatifs, susceptibles d'affecter soit les informations incluses dans le prospectus et sur lesquelles

846

il a émis des rapports, soit les autres informations sur lesquelles porte sa lecture d'ensemble. Si de tels événements se sont produits, il distingue :

– les événements postérieurs survenus entre la date du rapport sur les informations financières historiques les plus récentes incluses dans le prospectus et la date de la lettre de fin de travaux ;

Il s'assure qu'une information pertinente est donnée dans le prospectus. À défaut, si cet événement a une incidence sur les informations financières pro forma, il en tire les conséquences sur son rapport inclus dans le prospectus et, le cas échéant, si cet événement affecte les autres informations, il en tire les conséquences sur sa lettre de fin de travaux.

– les événements postérieurs survenus entre la date de la lettre de fin de travaux et la date de la clôture de l'offre ou du début de la négociation sur le marché réglementé.

Après la date de la lettre de fin de travaux, le commissaire aux comptes ne met plus en œuvre de procédures pour identifier les événements postérieurs. S'il a connaissance d'un tel événement, il s'enquiert auprès de l'émetteur de son intention de communiquer sur cet événement dans un supplément en application des dispositions de l'article 23 du règlement (UE) 2017/1129. À défaut, le commissaire aux comptes en informe le gouvernement d'entreprise en application de l'article L 823-16 du Code de commerce et l'AMF en application de l'article L 621-22 du Code monétaire et financier.

Lettre d'affirmation Au terme de leurs travaux et, le cas échéant, avant la signature de leurs rapports sur les comptes sur les informations financières pro forma et de leur lettre de fin de travaux, les commissaires aux comptes obtiennent du ou des responsables du prospectus une lettre d'affirmation, à une date la plus rapprochée possible de la date de signature de ses rapports établis pour les besoins du prospectus et de sa lettre de fin de travaux et ne peut être postérieure à cette dernière. **41980**

La lettre d'affirmation rappelle notamment :

– que la responsabilité des informations contenues dans le prospectus incombe au signataire de l'émetteur ;

– que les déclarations faites dans la lettre d'affirmation émise pour les besoins de l'audit ou de l'examen limité des comptes de la période la plus récente présentée dans le prospectus sont toujours valides, sauf à apporter les précisions nécessaires si certaines affirmations sont à modifier ;

– que tous les procès-verbaux, retranscrits dans les registres ou en projet, des assemblées générales et réunions de l'organe compétent tenues depuis l'établissement du dernier rapport d'audit ou d'examen limité ont été mis à la disposition des commissaires aux comptes ;

– que tous les événements significatifs survenus postérieurement à la date du dernier rapport des commissaires aux comptes ont été pris en compte dans le prospectus ;

– que la déclaration sur le fonds de roulement net incluse dans le prospectus prend en compte la situation future que les dirigeants ont estimé la plus probable à la date où cette information a été établie et que les actions prises ou qu'ils envisagent de prendre ne contredisent pas les hypothèses retenues ;

Les prévisions ou estimations de bénéfice peuvent également être couvertes par cette affirmation, si le commissaire aux comptes a émis un rapport sur les prévisions ou les estimations de bénéfice à la demande de l'entité (se référer aux n⁰ˢ 41915 s.).

– que les informations pro forma incluses dans le prospectus ont été établies en retenant les conventions les plus appropriées pour refléter l'effet sur les informations historiques de l'opération ou de l'événement sous-jacent à leur établissement.

Pour une opération donnée, le document d'enregistrement, le document d'enregistrement universel ou les amendements ou supplément et la note d'opération peuvent être dissociés dans le temps. Il pourra dans ce cas être établi une lettre d'affirmation pour chacune des lettres de fin de travaux émise sur ces documents.

Lettre de fin de travaux La lettre de fin de travaux émise à l'intention de la direction de l'émetteur est une lettre privée qui n'est pas incluse dans le prospectus. En application du règlement général de l'AMF, l'émetteur doit transmettre la lettre de fin de travaux à l'AMF et indiquer, dans sa propre attestation, qu'il l'a reçue de ses commissaires aux comptes. **41985**

La lettre de fin de travaux indique que les commissaires aux comptes ont mis en œuvre les diligences qu'ils ont estimé nécessaires au regard de la doctrine professionnelle de la Compagnie nationale des commissaires aux comptes applicable à cette mission. Elle fait état des rapports émis par les commissaires aux comptes et figurant dans le prospectus, qu'il s'agisse de rapports préexistants ou de rapports établis dans le cadre du contrôle du prospectus.

La lettre de fin de travaux précise :

– que les commissaires aux comptes ont effectué une lecture d'ensemble du prospectus ;
– le cas échéant, que des vérifications particulières ont été mises en œuvre sur la déclaration de fonds de roulement net et sur la déclaration du niveau des capitaux propres et de l'endettement ;
– que la lettre de fin de travaux, adressée à l'émetteur en application de l'article 212-15 du règlement général de l'AMF, est émise dans le cadre de l'offre au public et/ou de l'admission des titres financiers à la négociation sur un marché réglementé en France et dans les autres pays de l'Union européenne dans lesquels le prospectus visé par l'AMF sera notifié et ne peut pas être utilisée dans un autre contexte ;
– que les juridictions françaises ont compétence exclusive pour connaître de tout litige pouvant résulter de la lettre de fin de travaux, qui est soumise au droit français.

> Cette clause de compétence légale et de juridiction est nécessaire, compte tenu du système du « passeport unique » introduit par la directive Prospectus, qui permet l'utilisation du prospectus sur d'autres places européennes.

Les commissaires aux comptes font état, dans la lettre de fin de travaux, de leurs observations ainsi que des incohérences manifestes qu'ils ont relevées et qui n'ont pas été corrigées par l'émetteur.

> À la date de mise à jour de ce Mémento, la NI. XVII est en cours de refonte par la CNCC afin de prendre en compte les évolutions liées à l'entrée en vigueur du règlement Prospectus le 21 juillet 2019. Un communiqué a d'ores et déjà été publié par le CNCC en février 2020 afin de prendre en compte les nouvelles mises à jour relatives à la lettre de mission, les lettres de fin de travaux, les lettres d'affirmation ainsi que les rapports (Bull. CNCC n° 197-2020 – Communiqué CNCC sur le nouveau règlement Prospectus).

En revanche, la déclaration des personnes responsables du document d'enregistrement ou du prospectus est désormais normée par le règlement délégué (UE) 2019/980 qui ne prévoit pas de mentionner ces observations, contrairement aux précédentes dispositions de l'instruction AMF 2016-04 applicable jusqu'au 20 juillet 2019.

> Le prospectus peut en outre être composé d'un document d'enregistrement ou d'un document d'enregistrement universel et d'une note d'opération. Lorsque l'émission du prospectus est postérieure à l'émission du document d'enregistrement ou d'un document d'enregistrement universel et de leurs amendements ou suppléments éventuels, le commissaire aux comptes émet :
> – une lettre de fin de travaux sur le document d'enregistrement ou le document d'enregistrement universel de base ou les amendements ou suppléments éventuels ;
> – et une lettre de fin de travaux sur le prospectus comprenant le résumé, le document d'enregistrement ou le document d'enregistrement universel, ainsi que les amendements ou suppléments éventuels et la note d'opération.
> Dans cette seconde lettre, il indique que le document d'enregistrement ou le document d'enregistrement universel de base ou les amendements ou suppléments éventuels ont fait l'objet d'une lettre de fin de travaux antérieure de sa part. Il n'a donc pas à rappeler dans la lettre de fin de travaux sur le prospectus les rapports qui étaient inclus dans le document d'enregistrement ou le document d'enregistrement universel de base ou les amendements ou suppléments éventuels, dans la mesure où ils étaient déjà mentionnés dans la première lettre de fin de travaux. En revanche, pour ce qui concerne la lecture d'ensemble qu'il met en œuvre, celle-ci couvre l'ensemble du prospectus et, par exemple, dans le cas d'un amendement d'un document d'enregistrement universel, elle couvre l'amendement et le document d'enregistrement universel, ainsi que les précédents amendements, le cas échéant.
> Des exemples de lettres de fin de travaux applicables pour chacun des documents listés ci-dessus sont fournis en annexe de la note d'information précitée. À noter que la CNCC a publié en février 2020 un communiqué mettant à jour les lettres de fin de travaux, ainsi que les rapports (Bull. CNCC n° 197-2020 – Communiqué CNCC sur le nouveau règlement Prospectus).

La lettre de fin de travaux porte sur la version définitive et doit être datée d'au plus de deux jours de négociation avant la date d'approbation du prospectus par l'AMF ou la date d'enregistrement du document dans sa version définitive.

II. Autres opérations de marché

42000 Dans le cadre d'une offre au public ou d'une admission de titres financiers aux négociations sur un marché réglementé, la société peut procéder à diverses opérations sur le marché boursier. Le dépôt d'un document dit « d'enregistrement universel » (n°s 42010 s.) lui permet d'alléger la procédure applicable pour réaliser des opérations d'émission sur le marché boursier (n° 42100) ou pour procéder à des offres publiques d'achat, d'échange ou de retrait (n° 42200). Enfin les conditions de sortie de la cote feront l'objet d'un dernier développement (n° 42220).

A. Document d'enregistrement universel

Le document de référence a été créé en 1987 à l'initiative de la COB (devenue l'AMF), afin de répondre à un double objectif :
– accélérer le processus d'instruction des dossiers d'opérations financières ;
– encourager l'harmonisation du contenu des rapports annuels des sociétés et renforcer la qualité de l'information publiée.
Jusqu'au 20 juillet 2019, le document de référence est émis par des émetteurs français en vertu de l'article 212-13 du règlement général de l'AMF. Depuis le 21 juillet 2019, le **document de référence** est le **document d'enregistrement universel** et est régi par l'article 9 du règlement (UE) 2017/1129.

42010

Établissement du document d'enregistrement universel

Caractère facultatif L'établissement d'un document d'enregistrement universel constitue une faculté pour les émetteurs. Le considérant 30 du règlement (UE) 2017/1129 indique qu'il est un document polyvalent qui peut être utilisé pour toute offre au public ou pour une admission sur un marché réglementé de titres de capital et autres que de capital. Il présente l'émetteur en fournissant aux investisseurs et aux analystes les informations dont ils ont besoin au minimum pour juger en connaissance de cause des activités, de la situation financière, du résultat, des perspectives, du gouvernement d'entreprise et de son actionnariat.
Ce document d'enregistrement universel peut être un document spécifique qui suit le schéma décrit par le règlement délégué (UE) 2019/980 ou un document plus complet, incluant à la fois les dispositions prévues par le règlement délégué européen, les dispositions prévues dans le cadre du rapport annuel à l'assemblée générale des actionnaires et toute autre information dans l'objectif pour l'émetteur de pouvoir réaliser des opérations financières ultérieures dans un bref délai, sur la base d'une simple note d'opération et d'un résumé, le tout constituant les prospectus (voir n° 41712). Dans tous les cas, une table de concordance doit être fournie, entre les rubriques du document préparé par l'émetteur et celles du document d'enregistrement universel tel qu'il est défini dans le règlement délégué européen (Règl. délégué (UE) 2019/980 art. 24 § 5).

42012

Textes applicables Le contenu du document d'enregistrement universel est précisé par :
– l'article 9 du règlement (UE) 2017/1129 sur les prospectus ;
– l'annexe 2 du règlement délégué (UE) 2019/980, qui complète le règlement Prospectus.
Ces textes sont complétés par :
– les orientations de l'ESMA relatives aux obligations d'information dans le cadre du règlement prospectus (ESMA 32-382-1138) ;
– les *Questions and Answers on the Prospectus Regulation* de l'ESMA mises à jour en mai 2021 (ESMA/2019/ESMA 31-62-1258) ;
– l'instruction de l'AMF 2019-21 relative aux modalités de dépôt et de publication des prospectus ;
– le guide d'élaboration des documents d'enregistrement universel, publié par l'AMF sous la position-recommandation AMF 2021-02 en janvier 2021 et modifié en avril 2021, qui contient ses interprétations pour l'application des règlements européens Prospectus ;
– le guide d'élaboration des prospectus et information à fournir en cas d'offre au public ou d'admission de titres financiers, publié par l'AMF sous la position-recommandation AMF 2020-06 en juin 2020 et modifié en avril 2021.

42016

Contenu Sous réserve des informations spécifiques aux titres émis, les informations minimales requises par le règlement délégué européen précité correspondent aux éléments d'information de l'annexe 2 dudit règlement.

42018

AUDIT DES PERSONNES OU ENTITÉS FAISANT APPEL AUX MARCHÉS FINANCIERS © Éd. Francis Lefebvre

Cette annexe :
– précise que l'émetteur doit fournir les informations requises à l'annexe 1 ;
– complète le format de la déclaration du responsable pour que ce document d'enregistrement universel puisse être utilisé aux fins d'une offre au public de valeurs mobilières ou de l'admission de valeurs mobilières à la négociation sur un marché réglementé, s'il est complété par des amendements, le cas échéant, et une note d'opération et le résumé approuvés.

Outre ces informations, les émetteurs peuvent inclure dans leur document d'enregistrement universel certains rapports prévus par la loi et être dispensés de la publication séparée de certaines informations.

D'une manière plus générale, les émetteurs souhaitant utiliser leur document d'enregistrement universel comme rapport annuel doivent y inclure l'ensemble des documents devant être présentés à l'assemblée générale des actionnaires.

Les émetteurs ont cependant la liberté d'établir un document d'enregistrement universel dit « spécifique » contenant les informations requises par les sources mentionnées ci-dessus et complété, à l'initiative de l'émetteur, par des informations supplémentaires sans que le contenu de ce document ne comporte alors nécessairement l'ensemble des informations du rapport annuel.

Par ailleurs, l'émetteur qui souhaite être dispensé des obligations de publication mentionnées aux articles 221-1-1° et 241-2 du règlement général de l'AMF peut les inclure dans son document d'enregistrement universel.

La publication des honoraires des contrôleurs légaux prévue à l'article 222-8 du règlement général de l'AMF a été abrogée par l'arrêté du 27 février 2017.

Enfin, l'ensemble des **informations financières prévisionnelles ou estimées** données aux analystes doit être repris dans le document d'enregistrement universel et, lorsque la société a publié un plan de développement (*business plan*), l'AMF demande que soient présentées les réalisations, l'**analyse des écarts** par rapport aux prévisions et les éventuelles corrections à apporter aux prévisions antérieures, sans nécessairement établir un nouveau plan de développement (voir n°s 41915 s.).

Signalons également que l'AMF recommande que les sociétés établissant un document d'enregistrement universel y incluent le rapport spécial des commissaires aux comptes sur les conventions réglementées (Recommandation AMF 2012-05 sur les assemblées générales d'actionnaires des sociétés cotées du 2-7-2012 mise à jour le 5-10-2018 et le 21-4-2021).

42020 **Délai de publication** Il n'existe pas de délai imposé par la réglementation pour la publication du document d'enregistrement universel. En pratique cependant, le document d'enregistrement universel est généralement publié avant l'assemblée générale annuelle. En outre, lorsque le document d'enregistrement universel déposé auprès de l'AMF ou approuvé par cette dernière est rendu public quatre mois après la fin de l'exercice financier de l'émetteur et qu'il contient toutes les informations exigées dans le rapport financier annuel, l'émetteur est dispensé d'une publication séparée du rapport financier annuel, sous réserve de diffuser, par voie électronique, un communiqué indiquant la mise à disposition du document d'enregistrement universel et d'archiver ce document sur son site internet ou sur un site référencé d'archivage. Depuis le 1er janvier 2015, le rapport financier annuel doit en effet être **tenu à la disposition du public pendant dix ans** (C. mon. fin. art. L 451-1-2, I modifié par la loi 2014-1662 du 30-12-2014).

Un exemple de communiqué de presse de publication du document d'enregistrement universel ou de ses amendements figure en annexe 11 du guide relatif au dépôt de l'information réglementée auprès de l'AMF et à sa diffusion, guide mis à jour le 26 mars 2019 (voir n° 42804).

S'agissant des émetteurs qui utilisent leur document d'enregistrement universel (DEU) pour publier le rapport financier annuel (« DEU faisant office de RFA »), le document d'enregistrement universel devra également être établi selon un format ESEF (Position-recommandation – DOC-2021-02 : Guide d'élaboration des documents d'enregistrement universel – Première partie, 7. Le format du document d'enregistrement universel ; voir n° 42412).

42030 **Amendement du document d'enregistrement universel** À la suite du dépôt ou de l'approbation du document d'enregistrement universel, l'émetteur peut procéder à des amendements réguliers déposés auprès de l'AMF pour **actualiser les informations** contenues dans le document d'enregistrement universel (Règl. délégué (UE) 2019/980 art. 9 § 7).

L'actualisation des informations contenues dans le document d'enregistrement universel consiste notamment à :
– mettre à jour l'intégralité des rubriques définies à l'annexe 1 du règlement délégué (UE) 2019/980 pour tout fait nouveau relatif à l'organisation, à l'activité, aux risques, à la situation financière et aux résultats de l'émetteur. À ce titre, l'amendement décrit

850

a minima toute l'information sensible publiée par la société depuis le dépôt ou l'approbation du document d'enregistrement universel au titre de l'actualisation de la rubrique « Événements récents » ;
– inclure le rapport financier semestriel s'il a été publié ainsi que, le cas échéant, une actualisation ou une confirmation des prévisions éventuelles et des tendances ;
– prendre en compte, si applicables, les remarques formulées par l'AMF dans le cadre de la revue du document d'enregistrement universel.

Lorsqu'un émetteur dépose ou fait approuver un document d'enregistrement universel en français auprès de l'AMF, il peut également déposer ou faire approuver ce document dans une langue usuelle en matière financière dans les conditions fixées par l'instruction AMF 2019-21. Dans ce cas, les amendements successifs sont rédigés en français et dans la même langue usuelle en matière financière (RG AMF art. 212-13).

Lorsqu'un amendement du document d'enregistrement universel est déposé dans les trois mois qui suivent la fin du premier semestre (voir n° 42400) et comprend le rapport financier semestriel visé à l'article 5 de la directive 2004/109/CE (directive Transparence), l'émetteur est dispensé de la publication séparée de ces informations (Règl. délégué (UE) 2019/980 art. 9 § 12). Dans ce cas, l'émetteur diffuse, conformément à l'article 221-3, un communiqué précisant les modalités de mise à disposition de ces actualisations (RG AMF art. 212-13).

Lettre de fin de travaux En application de l'article 212-15 du Règlement général de l'AMF, les commissaires aux comptes établissent une **lettre de fin de travaux** sur le prospectus, le document d'enregistrement, le document d'enregistrement universel et, le cas échéant, leurs amendements ou suppléments (sur les lettres de fin de travaux, voir n° 41985). **42031**

Responsabilité du document d'enregistrement universel Les responsables du document d'enregistrement universel attestent que, à leur connaissance, les informations contenues dans celui-ci sont conformes à la réalité et ne comportent pas d'omission de nature à en altérer la portée (Règl. (UE) 2017/1129 art. 11 § 1). Les informations qui doivent être mentionnées dans cette attestation sont précisées dans le règlement délégué (UE) 2019/980 (ann. 2 point 1.2 et ann. 1 point 1.2). **42040**

On note que les annexes 1 et 2 du règlement délégué (UE) 2019/980 ne prévoient pas que cette déclaration fasse référence aux travaux des commissaires aux comptes restitués dans la lettre de fin de travaux, ni ne mentionne les observations présentes dans cette lettre.

Le responsable est un dirigeant de l'émetteur, soit selon le cas :
– le président du directoire pour les sociétés à conseil de surveillance et directoire ;
– le gérant pour les sociétés en commandite ;
– le président-directeur général ou, si les fonctions sont dissociées, le directeur général ou un directeur général délégué pour les sociétés à conseil d'administration.

L'attestation du responsable du document d'enregistrement universel a une portée plus générale que les attestations devant être produites dans le cadre des rapports financiers annuels ou semestriels, puisqu'elle indique que le document ne contient pas d'omission de nature à en altérer la portée, alors que les attestations relatives aux informations périodiques indiquent que les comptes donnent une image fidèle du patrimoine, de la situation financière et du résultat de la société et des sociétés du groupe, et que le rapport de gestion ou le rapport semestriel d'activité présente un tableau fidèle de l'activité.

Compte tenu de ces éléments, lorsque le rapport financier annuel ou semestriel est inclus dans un document d'enregistrement universel ou un amendement dudit document, l'attestation du document d'enregistrement universel ne suffit pas à satisfaire aux exigences réglementaires. Il est donc nécessaire de produire une attestation fusionnant les deux.

Des modèles d'attestations du responsable du document d'enregistrement universel sont disponibles dans l'instruction AMF 2019-21. Des modèles d'attestations du responsable du rapport financier annuel ou semestriel sont disponibles dans le guide AMF de l'information périodique (Position-recommandation AMF 2016-05). À la date de mise à jour de ce Mémento, ces documents ont été mis à jour par l'AMF pour prendre en compte l'entrée en vigueur du règlement (UE) 2017/1129 en date du 21 juillet 2019.

Dépôt et approbation du document d'enregistrement universel

Contrôle Tout comme le prospectus d'admission (voir n°s 41700 s.), le document d'enregistrement universel fait l'objet d'une procédure de contrôle de l'AMF, qui peut demander toute information complémentaire ou toute explication ou justification jugée utile. **42050**

AUDIT DES PERSONNES OU ENTITÉS FAISANT APPEL AUX MARCHÉS FINANCIERS © Éd. Francis Lefebvre

Si l'AMF constate des omissions substantielles ou inexactitudes substantielles susceptibles d'induire le public en erreur sur des faits et circonstances indispensables à une évaluation en connaissance de cause de l'émetteur, ce dernier doit alors déposer, sans retard injustifié, un amendement au document d'enregistrement universel (Règl. (UE) 2017/1129 art. 9).

Les éventuelles observations de l'AMF n'entraînant pas de demande d'amendement doivent être prises en compte par l'émetteur dans les documents d'enregistrement universel ultérieurs.

42055 **Approbation de l' AMF** La procédure de visa comporte deux mécanismes distincts de contrôle : un contrôle a priori **lors de l'approbation** du document d'enregistrement universel et un contrôle a posteriori **lors du dépôt** du document d'enregistrement universel.

Tout émetteur qui choisit d'établir un **document d'enregistrement** universel pour chaque exercice le soumet à l'approbation de l'AMF en vue de son **contrôle**, qui intervient **préalablement** à sa publication. Elle peut demander toute information complémentaire ainsi que toute explication ou justification qu'elle juge utile.

Après avoir fait approuver un document d'enregistrement universel pour **deux exercices consécutifs**, l'émetteur peut déposer les documents d'enregistrement universel ultérieurs auprès de l'AMF, qui les contrôle a posteriori (Règl. (UE) 2017/1129 art. 9 § 2).

Les émetteurs qui, avant le 21 juillet 2019, ont fait approuver par l'AMF un document d'enregistrement établi conformément à l'annexe I du règlement CE 809/2004 au moins deux exercices financiers de suite et qui ont par la suite fait approuver un tel document d'enregistrement tous les ans ont le droit de déposer un document d'enregistrement universel sans approbation préalable conformément à la clause du grand-père prévue à l'article 9, paragraphe 2, deuxième alinéa du règlement (UE) 2017/1129.

Les amendements au document d'enregistrement universel sont également déposés auprès de l'AMF et ne font pas l'objet d'une approbation, quelle que soit la procédure (approbation ou dépôt) suivie pour le document d'enregistrement universel (Règl. (UE) 2017/1129 art. 9 § 7).

L'instruction AMF 2019-21, modifiée le 21 avril 2021, liste les documents à déposer pour une approbation ou l'enregistrement d'un document d'enregistrement universel.

42060 **Diffusion** Une fois approuvé ou déposé sans approbation, le document d'enregistrement universel ainsi que ses amendements sont publiés sans retard injustifié et mis à la disposition du public sous forme électronique. Ils sont publiés dans une section dédiée du site internet de l'émetteur, facilement accessible. Ils peuvent être téléchargés et imprimés ; leur format électronique permet les recherches mais pas les modifications (Règl. (UE) 2017/1129 art. 9 § 4).

42065 **Validité** Un document d'enregistrement universel reste valable pour être utilisé en tant que partie constitutive d'un prospectus douze mois après son approbation par l'AMF ou après son dépôt auprès de l'AMF (Règl. (UE) 2017/1129 art. 12 § 3).

B. Opérations d'émission

42100 Les principales opérations de marché sur le capital ou les titres de créance concernent :
– les **émissions de titres simples**, par exemple à l'occasion d'une augmentation de capital permettant l'entrée de nouveaux partenaires ;
– les **émissions de titres de créance**, et plus particulièrement les emprunts à moyen terme négociables (EMTN) ou les émissions obligataires.

Les opérations de placements privés d'instruments financiers (absence de demande d'admission des titres aux négociations sur un marché réglementé) ne font pas l'objet d'un prospectus approuvé par l'AMF. Ces opérations conduisent en règle générale à la demande des partenaires financiers des émetteurs, à l'émission par le commissaire aux comptes d'une lettre de confort et sont présentées aux n°s 68610 s.

La procédure applicable pour la mise en œuvre de ces opérations de marché est relativement voisine de la procédure d'admission, tant en termes de responsabilité des différentes parties que de déroulement de la procédure.

Pour plus de détails, le lecteur pourra se reporter aux développements précédents relatifs au processus de l'introduction en bourse (n°s 41700 s.).

852

Outre le contenu de l'information, la différence essentielle tient à la présence ou non d'un document d'enregistrement universel permettant d'alléger la procédure d'approbation par l'AMF (voir n⁰ˢ 42010 s.).

Information du public

Établissement d'un prospectus Les sociétés qui procèdent à une offre au public, au sens de l'article L 411-1 du Code monétaire et financier, ou font procéder à l'admission aux négociations sur un marché réglementé de titres financiers, doivent au préalable publier et tenir à la disposition de toute personne intéressée un document d'information, appelé « prospectus ». **42110**

> Un prospectus doit être établi dès lors que la société procède à une offre au public, qu'il s'agisse d'une offre au public de titres financiers, admis ou non sur un marché réglementé, ou d'une demande d'admission sur un marché réglementé. Le règlement (UE) 2017/1129 a cependant introduit des dérogations à l'établissement d'un prospectus, qui sont présentées aux n⁰ˢ 41700 s.
> Sur le prospectus établi en vue d'une introduction en bourse, voir n⁰ 41700.

Le règlement (UE) 2017/1129 complété du règlement délégué (UE) 2019/980 définissent le type d'**information** que doivent contenir le prospectus et les différents **documents** qui le composent (voir n⁰ 42120). Le prospectus doit contenir toutes les informations qui, compte tenu de la nature particulière de l'émetteur et des titres financiers qui font l'objet de l'offre au public ou dont l'admission aux négociations sur un marché réglementé est demandée, sont nécessaires pour permettre aux investisseurs d'évaluer en connaissance de cause :
– l'actif et le passif, les profits et pertes, la situation financière et les perspectives de l'émetteur et des garants éventuels des titres financiers qui font l'objet de l'opération ;
– les droits attachés à ces titres financiers et les raisons de l'émission et son incidence sur l'émetteur (Règl. (UE) 2017/1129 art. 6 § 1).

Langue du prospectus L'article 212-12 du Règlement général de l'AMF prévoit que les langues acceptées par l'AMF, au sens de l'article 27 du règlement (UE) 2017/1129, pour l'établissement et la mise à disposition d'un prospectus sont le français ou l'anglais. Néanmoins, afin d'assurer une information minimale et suffisante du public français, l'AMF propose de maintenir l'exigence d'établir un résumé en français lorsque l'offre au public est faite en tout ou partie en France. **42112**

> Pour plus de détails, se reporter au n⁰ 41710.

Éléments constituant le prospectus Le prospectus peut être établi sous la forme d'un seul document unique ou de plusieurs documents distincts (Règl. (UE) 2017/1129 art. 6 § 3). Dans ce dernier cas, il doit comporter : **42120**
– un document d'enregistrement (ou document d'enregistrement universel pour les émetteurs dits « fréquents ») qui comprend les informations relatives à l'émetteur ;
– une note relative aux valeurs mobilières qui comprend les informations relatives aux valeurs mobilières offertes au public ou proposées à la négociation sur un marché réglementé ;
– et un résumé.
Pour une offre au public ou une admission aux négociations sur un marché, si **la société ne dispose pas d'un document d'enregistrement universel**, l'ensemble des données de base doit être établi et soumis à l'approbation de l'AMF.
Les **sociétés qui établissent chaque année**, après la publication des comptes de l'exercice écoulé, **un document d'enregistrement universel** approuvé par l'AMF, ou simplement déposé si la société a déjà soumis deux documents d'enregistrement universel consécutifs, peuvent choisir de n'établir au moment de l'opération financière qu'une note d'opération et un résumé. Ces éléments forment le prospectus.
Le prospectus peut également incorporer des informations par référence à un ou plusieurs documents diffusés antérieurement ou simultanément par voie électronique, dès lors qu'il s'agit d'une information prévue par l'article 19 du règlement (UE) 2017/1129 et que cette information a été approuvée par l'AMF ou déposée auprès de cette dernière.
Un tableau de correspondance doit alors être fourni afin de permettre aux investisseurs de retrouver facilement des informations déterminées et le prospectus contient des liens

AUDIT DES PERSONNES OU ENTITÉS FAISANT APPEL AUX MARCHÉS FINANCIERS © Éd. Francis Lefebvre

hypertextes vers tous les documents qui contiennent les informations incorporées par référence (Règl. (UE) 2017/1129 art. 19 § 2).

Toutefois, le résumé ne peut incorporer des informations par référence (Règl. (UE) 2017/1129 art. 7 § 11).

Pour plus de détails sur le contenu détaillé du prospectus, se reporter aux n°s 41713 s.

Mise en œuvre de l'émission

42130 **Approbation** Le prospectus ne peut être mis à la disposition du public que s'il a **au préalable** été approuvé par l'AMF. La société doit transmettre à l'AMF son projet de prospectus, accompagné de la documentation nécessaire à l'instruction du dossier dont le contenu est défini à l'article 42 du règlement délégué (UE) 2019/980 et dans l'instruction AMF 2019-21, modifiée le 29 avril 2021, relative aux modalités de dépôt et de publication des prospectus.

Ce visa [approbation] de l'AMF n'implique aucune appréciation sur l'opportunité ou le bien-fondé de l'opération et a pour objet uniquement de certifier la pertinence et la cohérence de l'information publiée, sans fournir d'attestation sur les éléments comptables et financiers (CA Paris 7-7-1995 : RJDA 8-9/95 n° 988 ; CA Paris 19-5-1995 : RJDA 11/98 n° 1235).

Lorsque l'AMF estime que le projet de prospectus ne respecte pas les normes en matière d'exhaustivité, de compréhensibilité et de cohérence nécessaires à son approbation et/ou que des modifications ou un complément d'information sont nécessaires, elle en informe la personne ayant déposé le projet de prospectus dans les dix jours (ou 20 jours pour la première demande d'admission) de négociation qui suivent le dépôt du projet de prospectus (Règl. (UE) 2017/1129 art. 20 § 2, 3 et 4). Le dépôt peut être considéré comme irrecevable pour de simples insuffisances formelles.

Ce délai est réduit à cinq jours ouvrables pour un prospectus qui consiste en des documents distincts, établi par les émetteurs fréquents (Règl. (UE) 2017/1129 art. 20 § 6 et art. 11 § 11) :
– s'ils informent l'AMF cinq jours avant le dépôt d'une demande d'approbation ;
– et déposent ou soumettent pour approbation chaque document d'enregistrement universel, confirment par écrit à l'AMF qu'à leur **connaissance** toutes les informations réglementées qu'ils devaient divulguer en vertu de la directive Transparence (Dir. 2004/109/CE) et du règlement Abus de marché (Règl. (UE) 596/2014) ont été déposées et publiées ;
– lorsque l'AMF a procédé à la revue, l'émetteur ait modifié son document d'enregistrement universel.

Une fois approuvés, les éléments constitutifs du prospectus sont transmis à l'AMF et mis à la disposition du public par l'émetteur ou la personne qui sollicite l'admission à la négociation sur un marché réglementé (Règl. (UE) 2017/1129 art. 21 § 1).

La diffusion du projet de prospectus a lieu dans les mêmes conditions que pour le dépôt d'un projet de prospectus à l'occasion d'une première admission (voir n°s 41800 s.).

Toutefois, le délai de diffusion ne se compte pas en jours de négociation. Il doit avoir lieu le plus tôt possible, dans un délai raisonnable, avant le début ou au plus tard au début de l'offre au public ou de l'admission à la négociation sur le marché réglementé des valeurs mobilières concernées (Règl. (UE) 2017/1129 art. 21 § 1).

Le défaut d'approbation préalable constitue une irrégularité susceptible de porter atteinte au droit des épargnants.

Sur les pouvoirs de l'AMF dans ce cadre, voir le Code monétaire et financier article L 621-14.

Le refus d'approbation par l'AMF est susceptible de recours devant la cour d'appel de Paris (C. mon. fin. art. L 621-30 et R 621-45, II ; CA Paris 25-4-2000 ; Règl. (UE) 2017/1129 art. 40).

42140 **Mise à jour du prospectus** Tout fait nouveau significatif ou toute erreur ou inexactitude concernant les informations contenues dans le prospectus, qui est susceptible d'influencer l'évaluation des valeurs mobilières et survient ou est constaté entre le moment de l'approbation du prospectus et la clôture de l'offre ou, le cas échéant, le début de la négociation sur un marché réglementé si cet événement intervient plus tard, est mentionné sans retard injustifié dans un **supplément au prospectus** (Règl. (UE) 2017/1129 art. 23 § 1).

854

L'article 18 du règlement délégué (UE) 2019/979 prévoit certains cas dans lesquels le supplément est obligatoire notamment lorsque :
– l'émetteur a publié une prévision ou une estimation de bénéfice après l'approbation du prospectus, lorsque l'inclusion dans le prospectus d'une prévision ou d'une estimation de bénéfice est exigée en vertu du règlement délégué (UE) 2019/980 ;
– une modification d'une prévision ou d'une estimation du bénéfice, ou son retrait, figure dans le prospectus ;
– un changement de contrôle, concernant l'émetteur ou l'émetteur des valeurs mobilières sous-jacentes, intervient ;
– des tiers font une nouvelle offre publique d'acquisition, ou lorsque le résultat d'une offre publique d'acquisition devient disponible ;
– le fonds de roulement net déclaré dans le prospectus devient suffisant ou insuffisant pour les besoins actuels de l'émetteur ;
– l'émetteur sollicite l'admission à la négociation sur au moins un marché réglementé supplémentaire dans au moins un État membre supplémentaire ou a l'intention de faire une offre au public de valeurs mobilières dans au moins un État membre supplémentaire qui n'est pas mentionné dans le prospectus ;
– un nouvel engagement financier important est susceptible de donner lieu à une modification significative des valeurs brutes ;
– le montant nominal total du programme d'offre est augmenté.

Conformément à l'article 23 du règlement (UE) 2017/1129, ce supplément est approuvé dans un **délai** de cinq jours ouvrables. Ce document est publié selon les mêmes modalités que le prospectus initial.

Le résumé et, le cas échéant, toute traduction de celui-ci donnent également lieu à l'établissement d'un supplément, si cela s'avère nécessaire pour tenir compte des nouvelles informations figurant dans le supplément.

Suspension ou interdiction de l'opération L'AMF peut suspendre une offre au public ou une admission aux négociations sur un marché réglementé pendant dix jours de négociation consécutifs au plus lorsqu'elle a des motifs raisonnables de soupçonner qu'une offre au public ou qu'une admission aux négociations sur un marché réglementé est contraire aux dispositions législatives et réglementaires qui lui sont applicables (RG AMF art. 213-1 ; Règl. (UE) 2017/1129 art. 32 § 1 d).

L'AMF peut également interdire une offre au public ou une admission aux négociations sur un marché réglementé :
– lorsqu'elle a des motifs raisonnables de soupçonner qu'une offre au public est contraire aux dispositions législatives et réglementaires qui lui sont applicables ;
– ou lorsqu'elle constate qu'un projet d'admission aux négociations sur un marché réglementé est contraire aux dispositions législatives ou réglementaires qui lui sont applicables (RG AMF art. 213-2 ; Règl. (UE) 2017/1129 art. 32 § 1 e).

42145

Mission du commissaire aux comptes

Le document d'enregistrement universel et les prospectus établis dans le cadre des opérations de marché font l'objet d'une lettre de fin de travaux et, le cas échéant, de rapports spécifiques, selon la nature de l'information financière donnée dans le document d'enregistrement universel, du ou des commissaires aux comptes.

42150

Vérification des informations financières et établissement des rapports Le commissaire aux comptes vérifie la concordance des informations sur la situation financière et les comptes contenues dans le prospectus avec :
– les informations financières historiques, c'est-à-dire les comptes ayant fait l'objet d'un rapport d'audit ou d'examen limité ou les données de la comptabilité ayant servi à l'établissement des informations financières historiques ayant fait l'objet d'un rapport ;
– le cas échéant, les informations financières pro forma incluses dans le prospectus en application du règlement délégué (UE) 2019/980 (art. 1 et ann. 20) et ayant fait l'objet d'un rapport spécifique du commissaire aux comptes.
Concernant les vérifications des informations financières et l'établissement des rapports, le lecteur pourra se reporter à nos développements concernant les contrôles mis en œuvre par le commissaire aux comptes lors de l'introduction en bourse, qui sont transposables à ces opérations (voir nos 41900 s.).

42154

42156 **Vérification des autres informations** Conformément à l'article 212-15 du Règlement général de l'AMF, les commissaires aux comptes procèdent à une lecture d'ensemble des autres informations. Cette lecture doit leur permettre de relever parmi les informations ne portant pas sur la situation financière et les comptes celles qui leur apparaîtraient manifestement incohérentes.

Concernant les vérifications des autres informations, le lecteur pourra se reporter à nos développements concernant le contrôle mis en œuvre par le commissaire aux comptes lors de l'introduction en bourse, qui sont transposables à ces opérations (voir n°s 41945 s.).

42158 **Vérifications particulières dans le cadre de la note d'opération en cas d'émission d'actions sur le marché réglementé** Le règlement délégué (UE) 2019/980 prévoit, dans ses annexes relatives aux valeurs mobilières pour les émissions de titres de capital ou de parts émises par des organismes de placement collectif de type fermé (ann. 11, 12 et 26), que l'émetteur fournit une déclaration sur le **fonds de roulement net** et une déclaration sur le **niveau des capitaux propres et de l'endettement**. La déclaration sur le fonds de roulement net prend en compte une dimension prospective, avec un horizon de douze mois et est sous-tendue par des éléments prévisionnels, alors que la déclaration sur le niveau des capitaux propres et de l'endettement est fondée sur des données historiques (voir n° 41960).

> Sur la nature de l'information qui doit sous-tendre la déclaration sur le fonds de roulement et la documentation qui doit l'étayer, voir le communiqué de la CNCC précité, du 9 novembre 2005 (Bull. CNCC n° 140-2005, chr. 132) : ce communiqué est intégralement repris dans la note d'information XVII de la CNCC – Les interventions du commissaire aux comptes relatives au prospectus, en cours de refonte pour prendre en compte l'entrée en vigueur du règlement (UE) 2017/1129 à la date de mise à jour de ce Mémento.

42160 **Vérifications spécifiques dans le cadre d'une fusion, d'une scission ou d'un apport partiel d'actifs** Lorsqu'une opération de fusion, de scission ou d'apport partiel d'actifs est faite par offre au public ou avec une demande d'admission des titres sur un marché réglementé d'un nombre de titres financiers représentant au moins 20 % des titres financiers de même catégorie déjà admis, l'article 1 du règlement (UE) 2017/1129 prévoit que l'offreur ou l'émetteur de titres peut être dispensé de l'obligation d'établir un prospectus pour autant qu'un document contenant des informations décrivant la transaction et son incidence sur l'émetteur soit mis à la disposition du public.

Le règlement délégué (UE) 2021/528 du 16 décembre 2020 précise les informations minimums à inclure dans ce document dit « **document d'exemption** » dans le cadre d'une offre publique d'acquisition par voie d'offre publique d'échange, d'une fusion ou d'une scission.

> Le document d'exemption remplace, ainsi, le précédent « document E ».
>
> Conformément à l'article 2 du règlement (UE) 2019/2115 du 27 novembre 2019 modifiant le règlement Prospectus, le document d'exemption qui vaut dispense de prospectus ne peut être établi que si les conditions suivantes sont réunies :
>
> – les titres de capital de l'entité absorbante (ou de l'entité faisant l'objet de la scission) ont déjà été admis à la négociation sur un marché réglementé avant la transaction ; et
>
> – il ne s'agit pas d'une acquisition inversée au sens du paragraphe B19 de la norme internationale d'information financière IFRS 3, Regroupements d'entreprises, adoptée par le règlement CE 1126/2008 de la Commission.

L'article 212-34 du Règlement général de l'AMF, modifié en novembre 2019 pour prendre en compte l'entrée en vigueur du règlement (UE) 2017/1129, précise que quarante-cinq jours avant la date prévue pour la tenue de la première assemblée générale extraordinaire d'actionnaires appelée à se prononcer sur une opération de fusion, de scission ou d'apport d'actifs, le document d'exemption est transmis à l'AMF.

Ce document contient les renseignements et est mis à la disposition du public conformément aux modalités prévues par une instruction dans un délai de quinze jours pour les opérations d'apports d'actifs ou d'un mois pour les opérations de fusion et de scission précédant la date des assemblées générales extraordinaires appelées à autoriser l'opération ou précédant la date de réalisation de l'opération si aucune assemblée générale d'actionnaires n'est appelée à se prononcer.

La section 5 de l'instruction AMF 2019-21, modifiée le 29 avril 2021, précise que le contenu du document d'exemption présentant l'impact de la fusion, l'apport d'actifs ou la scission prévu à l'article 1er, paragraphes 4 g) et 5 f) du règlement Prospectus est défini par le règlement délégué (UE) 2021/528 du 16 décembre 2020 (voir n° 42208).

À la suite de mise à jour de la règlementation pour prendre en compte l'entrée en vigueur du règlement Prospectus, l'article 212-34 du Règlement général de l'AMF et l'instruction AMF 2019-21 ne prévoient plus que le commissaire aux comptes émette une lettre de fin de travaux sur les documents de fusion, de scission ou d'apport partiel d'actifs. En effet, le document d'exemption est uniquement « transmis » préalablement à l'AMF qui a la possibilité de revoir ce document, mais il n'y a plus d'approbation formelle.

Néanmoins, ces opérations sont souvent structurantes pour les sociétés visées et une information transparente et de qualité est importante pour la confiance des marchés.

À la date de mise à jour de ce Mémento, l'AMF souhaiterait que ces opérations restent soumises à des diligences de la part des commissaires aux comptes : les textes pourraient donc évoluer en faveur du maintien de la lettre de fin de travaux pour les opérations de fusion, de scission ou d'apport partiel d'actifs. À notre avis, ce maintien devra être conditionné à un ancrage a minima réglementaire et à la réalisation d'une revue du document d'exemption de la part de l'AMF.

C. Offres publiques

Définitions

Une offre publique est une procédure d'acquisition de titres visant soit à prendre le contrôle du capital d'une société cotée, soit à prendre ou à renforcer une participation dans une société cotée.

42200

Pour une étude détaillée des offres publiques, on pourra se reporter au Mémento Sociétés commerciales n°s 64760 s.

L'offre publique peut être **volontaire** lorsqu'elle est déposée à l'initiative de l'émetteur mais devient **obligatoire** en cas de franchissement de certains seuils.

La loi 2014-384 du 29 mars 2014 visant à « reconquérir l'économie réelle » (dite « loi Florange ») a entraîné des modifications du livre III du Code monétaire et financier et du Règlement général de l'AMF (Arrêté du 27-6-2014 modifiant le RG AMF).

Trois mesures majeures ont été prises afin de protéger les émetteurs contre les prises de contrôle rampantes et/ou inamicales :

– instauration d'un seuil de caducité d'une offre pour les sociétés dont les titres sont admis aux négociations sur un marché réglementé (offre volontaire et offre obligatoire) et pour les sociétés dont les titres sont admis aux négociations sur un système multilatéral de négociation organisé – SMNO/Euronext Growth (offre volontaire) ; une offre est caduque de plein droit si elle ne permet pas à l'initiateur d'obtenir, à l'issue de l'offre, un nombre d'actions représentant une fraction de capital ou de droits de vote supérieure à 50 % (C. mon. fin. art. L 433-1-2). Sur l'impact de la caducité des actions, voir RG AMF article 231-9 ;

– abaissement du seuil dit « de vitesse d'acquisition » (marché réglementé uniquement). La loi abaisse de 2 à 1 % la quotité de capital ou de droits de vote dont la variation à la hausse dans une période de 12 mois consécutifs entraîne l'obligation de déposer une offre publique pour les personnes détenant entre 30 et 50 % des droits de vote d'une société dont les actions sont admises aux négociations sur un marché réglementé (C. mon. fin. art. L 433-3). Ce dispositif ne s'applique pas si l'augmentation de la participation supérieure à 1 % n'a pas dépassé 2 % dans les 12 mois précédant l'entrée en vigueur de la loi (soit le 1er juillet 2014) ;

– renforcement des droits du comité d'entreprise (CE) de la cible en cas d'offre publique (marché réglementé et SMNO) ; audition par le CE de l'auteur de l'offre et éventuelle intervention d'un expert-comptable au moment du dépôt de cette dernière, information-consultation du CE de la cible préalablement à l'avis motivé du conseil, obligation périodique de compte rendu au CE relatif à la mise en œuvre et au respect des engagements, postérieurement à la prise de contrôle par l'auteur de l'offre, le cas échéant (C. trav. art. L 2323-21 s.).

Cette disposition est entrée en vigueur pour les OPA déposées depuis le 1er juillet 2014.

Il résulte de cette réglementation que, pour les sociétés dont les actions sont admises aux négociations sur un **marché réglementé**, le dépôt d'une offre publique est obligatoire lorsque (C. mon. fin. art. L 433-3 ; RG AMF art. 234-1 à 234-10) :

– l'initiateur, agissant seul ou de concert, franchit le seuil de détention de 30 % du capital ou des droits de vote ;

– l'initiateur, agissant seul ou de concert, détient déjà entre 30 et 50 % du capital, et augmente sa participation de plus de 1 % (auparavant 2 %) en capital ou en droits de vote, en moins de douze mois consécutifs ;

AUDIT DES PERSONNES OU ENTITÉS FAISANT APPEL AUX MARCHÉS FINANCIERS © Éd. Francis Lefebvre

– l'initiateur, agissant seul ou de concert, détient directement ou indirectement un nombre compris entre 30 et 50 % du nombre total des titres de capital ou des droits de vote d'une société, dont l'offre est devenue caduque en application de l'article 231-9, I, et augmente cette détention, en capital ou en droits de vote.

Pour les sociétés dont les titres sont admis aux négociations sur un **SMNO (Euronext Growth)**, le seuil a été instauré à 50 %, depuis la loi 2010-1249 du 22 octobre 2010, (RG AMF art. 235-2).

> Le Règlement général de l'AMF prévoit toutefois des dérogations au dépôt obligatoire d'un projet d'offre publique dont certaines visent à la fois les marchés réglementés et SMNO (art. 234-9) et d'autres uniquement les SMNO (art. 235-3).

Le **prix proposé par l'initiateur** doit être au moins égal au prix le plus élevé payé par lui sur une période de douze mois précédant le fait générateur de l'obligation de dépôt du projet d'offre publique. L'AMF peut demander ou autoriser une modification du prix dans certains cas (C. mon. fin. art. L 433-3, I).

42201 **Offre publique d'achat et/ou d'échange** Une offre publique est une opération par laquelle une personne (morale, voire physique) annonce publiquement aux actionnaires d'une société cible qu'elle s'engage irrévocablement à acquérir leurs titres contre une somme en espèces, dans le cadre d'une offre publique d'achat (**OPA**) ou en échange d'autres titres (émis ou à émettre) dans le cadre d'une offre publique d'échange (**OPE**). Il peut également arriver qu'une **offre** soit **mixte**, le règlement s'effectuant en partie en titres et en partie en espèces.

Une offre publique peut être une **offre alternative**, lorsque l'initiateur laisse le choix à l'actionnaire de la société cible de recevoir, en échange de ses titres, un règlement en numéraire, en titres ou les deux, ou une offre unique dans le cas contraire (RG AMF art. 231-8).

42202 **Offre publique de retrait, procédure de retrait obligatoire et procédure de garantie de cours** Une **offre publique de retrait** (**OPR**) est une opération par laquelle un ou plusieurs actionnaires, détenant plus de 95 % des droits de vote d'une société cotée, font connaître publiquement leur intention d'acheter le solde des titres qu'ils ne détiennent pas. Dans ce cas, l'actionnaire minoritaire a le choix d'apporter ses titres à l'actionnaire majoritaire, sans y être obligé. Symétriquement, un actionnaire minoritaire a la faculté de demander le dépôt d'un projet d'offre publique de retrait lorsqu'un actionnaire (ou des actionnaires majoritaires agissant de concert) détient au moins 95 % des droits de vote de cette société (voir les art. 236-1 à 236-7 du règlement général de l'AMF).

Une procédure de **retrait obligatoire** (**RO**) peut être demandée à l'issue de toute offre publique (OPA, OPE, OPR…) par l'actionnaire majoritaire s'il possède plus de 95 % du capital et des droits de vote. Les titres des actionnaires minoritaires sont alors cédés de plein droit à l'actionnaire majoritaire moyennant une indemnisation avant radiation de l'ensemble des titres du marché.

Pour toute procédure de retrait obligatoire, un expert indépendant est désigné par la société pour apporter une appréciation sur le prix proposé et les conditions de retrait obligatoire, afin notamment d'éviter des conflits d'intérêts au sein de l'organe compétent, ou les inégalités de traitement entre actionnaires (voir les articles 237-1 à 237-19 du Règlement général de l'AMF).

Dans le cas du retrait obligatoire à l'issue d'une offre publique de retrait, le prix est au moins égal au prix de l'offre publique de retrait. Il lui est supérieur si des événements susceptibles d'influer sur la valeur des titres concernés sont intervenus depuis la déclaration de conformité de l'offre publique de retrait.

La **procédure de garantie de cours** a été supprimée par la loi 2010-1249 du 22 octobre 2010 (suppression de l'article L 433-3, II et III du Code monétaire et financier en vigueur jusqu'au 1-2-2011).

> Cette procédure prévoyait le lancement d'une procédure de garantie de cours lorsqu'une personne acquérait un bloc de titres d'une société cotée lui conférant la majorité (50 %) du capital ou des droits de vote. Ainsi, pendant dix jours de bourse minimum, cette personne s'engageait à acheter tous les titres qui lui étaient présentés au même prix que celui auquel l'acquisition du bloc de contrôle avait été réalisée.

Procédure à respecter

42204

Dans le cas d'une offre publique d'acquisition par voie d'offre publique d'échange, l'article 1er du règlement (UE) 2017/1129 prévoit que l'offreur ou l'émetteur des titres peut être dispensé de l'obligation d'établir un prospectus « pour autant qu'un document contenant des informations décrivant la transaction et son incidence sur l'émetteur soit mis à la disposition du public ».

Le IV de l'article L 621-8 du Code monétaire et financier maintient une obligation de dépôt de ce document auprès de l'AMF lorsque la fusion, la scission, l'apport donnent lieu à l'admission sur le marché réglementé de 20 % de titres supplémentaires par rapport à ceux déjà admis. Ce document est transmis à l'AMF (RG AMF art. 212-34) :

– quarante-cinq jours avant la date prévue pour la tenue de la première assemblée générale extraordinaire d'actionnaires appelée à se prononcer sur une fusion, une scission ou un apport d'actifs ;

– ou quarante-cinq jours avant la date de réalisation de l'opération si aucune assemblée générale d'actionnaires n'est appelée à se prononcer.

Le règlement délégué (UE) 2021/528 du 16 décembre 2020 précise les informations minimums à inclure dans ce document dit « **document d'exemption** » dans le cadre d'une offre publique d'acquisition par voie d'offre publique d'échange, d'une fusion ou d'une scission.

> Conformément à l'article 2 du règlement (UE) 2019/2115 du 27 novembre 2019 modifiant le règlement Prospectus, le document d'exemption qui vaut dispense de prospectus ne peut être établi que si les conditions suivantes sont réunies :
> – les titres de capital de l'entité absorbante (ou de l'entité faisant l'objet de la scission) ont déjà été admis à la négociation sur un marché réglementé avant la transaction ; et
> – il ne s'agit pas d'une acquisition inversée au sens du paragraphe B19 de la norme internationale d'information financière IFRS 3, Regroupements d'entreprises, adoptée par le règlement CE 1126/2008 de la Commission.

42205

La société initiatrice doit établir une **note d'information** et la société cible une **note en réponse**, chacune d'entre elles étant soumise au visa de l'AMF puis largement diffusée. Par ailleurs, les informations relatives aux caractéristiques, notamment juridiques, financières et comptables (le **document « autres informations »**), de l'initiateur et de la société visée, doivent être déposées auprès de l'AMF et mises à la disposition du public. Le document d'exemption est inclus dans le document « autres informations ».

L'AMF a publié l'instruction 2006-07 relative aux offres publiques d'acquisition. Par ailleurs, la section 5 de l'instruction 2019-21 modifiée le 29 avril 2021 relative aux modalités de dépôt et de publication des prospectus complète l'article 212-34 du règlement général de l'AMF concernant le contenu du document d'exemption de fusion, apports d'actifs ou scission ou en cas d'une offre publique d'échange (voir n° 42204).

42206

Le **projet d'offre** est déposé à l'AMF par un ou plusieurs prestataires de services d'investissement agréés et agissant pour le compte du ou des initiateurs.

> Ce projet d'offre précise :
> – les objectifs et intentions de l'initiateur ;
> – le nombre et la nature des titres de la société visée qu'il détient déjà seul ou de concert ou peut détenir à sa seule initiative ainsi que la date et les conditions auxquelles leur acquisition a été réalisée au cours des douze derniers mois ou peut être réalisée à l'avenir ;
> – le prix ou la parité d'échange auxquels l'initiateur offre d'acquérir les titres, les éléments qu'il a retenus pour les fixer et les conditions de paiement ou d'échange prévues ;
> – éventuellement, les conditions prévues en application des articles 231-9, II à 231-12 ;
> – si le seuil de caducité prévu au 1° de l'article 231-9, I est applicable à l'offre, le nombre d'actions et de droits de vote que ce seuil représente à la date de dépôt de l'offre et éventuellement les raisons pour lesquelles l'initiateur demande à l'AMF qu'il soit fait application du 2° de l'article 231-9, I ;
> – les modalités précises selon lesquelles seront acquis les instruments financiers de la société visée et, le cas échéant, l'identité du prestataire de services d'investissement désigné pour les acquérir pour le compte de l'initiateur ;
> – le cas échéant, les engagements et intentions spécifiques de l'initiateur formalisés dans le cadre de la procédure d'information consultation du comité social et économique de la société visée prévue à l'article L 2312-46 du Code du travail, ainsi que les restructurations envisagées et leurs conséquences.

AUDIT DES PERSONNES OU ENTITÉS FAISANT APPEL AUX MARCHÉS FINANCIERS © Éd. Francis Lefebvre

Le projet d'offre est accompagné :
– du projet de note d'information établi par l'initiateur, seul ou conjointement avec la société visée. Dans les cas prévus à l'article 261-1, le projet de note d'information de l'initiateur ne peut être établi conjointement avec la société visée sauf en cas de retrait obligatoire ;
– des déclarations préalables effectuées auprès d'instances habilitées à autoriser l'opération envisagée (RG AMF art. 231-13).

Dans tous les cas, la **version électronique** du projet de note d'information est transmise à l'AMF aux fins de mise en ligne sur son site. L'AMF publie alors un avis de dépôt, qui marque le début de la période d'offre (RG AMF art. 231-14).

À partir de cette date et jusqu'à la publication des résultats, les sociétés concernées doivent respecter toutes les obligations et interdictions auxquelles les soumet la réglementation des offres publiques.

Le président de l'AMF est en droit de demander à l'entreprise de marché assurant le fonctionnement du marché réglementé (Euronext Paris) sur lequel sont admis les titres de la société visée de suspendre la négociation des titres de la société visée. Depuis le 1er octobre 2009, il peut faire la même demande auprès de la personne qui gère un système multilatéral de négociation (RG AMF art. 231-15).

Dès le début de la période de l'offre, le projet de note d'information est tenu **à la disposition du public** au siège de l'initiateur (et de la société visée s'il a été établi conjointement) et auprès du ou des établissements présentateurs de l'offre. Il est également publié sur le site de l'initiateur (et de la société visée, s'il a été établi conjointement). Un communiqué doit également être diffusé au plus tard lors du dépôt du projet d'offre à l'AMF (RG AMF art. 231-16 et 231-17).

Sur le contenu du projet de note d'information établi par l'initiateur, voir l'article 231-18 du Règlement général de l'AMF ainsi que l'instruction AMF 2006-07.

42207   La société visée dépose auprès de l'AMF un **projet de note en réponse** au plus tard le cinquième jour de négociation suivant la publication de la déclaration de conformité de l'AMF.

Par exception, lorsqu'un expert indépendant est désigné en application de l'article 261-1, la société visée dépose le projet de note en réponse au plus tard le vingtième jour de négociation suivant le début de la période d'offre.

La **version électronique** du projet de note en réponse est transmise à l'AMF aux fins de mise en ligne sur son site. Un communiqué doit également être diffusé au plus tard lors du dépôt du projet de note en réponse à l'AMF (RG AMF art. 231-26).

Sur le contenu du projet de note en réponse de la société visée, voir l'article 231-19 du Règlement général de l'AMF ainsi que l'instruction AMF 2006-07.

42208   Les « **autres informations** », relatives aux caractéristiques, notamment juridiques, financières et comptables, de l'initiateur et de la société visée, sont déposées auprès de l'AMF et mises à la disposition du public, au plus tard la veille du jour de l'ouverture de l'offre (RG AMF art. 231-28). Le contenu des « autres informations » de l'initiateur et de la société visée est précisé par les articles 5 et 6 de l'instruction AMF 2006-07.

En complément, la section 5 de l'instruction 2019-21 modifiée le 29 avril 2021 précise que le contenu du document d'exemption prévu à l'article 1er, paragraphes 4 f) et 5 e) du règlement Prospectus est défini par le règlement délégué (UE) 2021/528 du 16 décembre 2020.

Lorsque l'AMF constate une omission ou une inexactitude significative dans le contenu de ces autres informations, elle en informe, selon le cas, l'initiateur ou la société visée, qui doivent déposer auprès de l'AMF les rectifications apportées.

Est significative toute omission ou inexactitude, au regard du règlement ou des instructions de l'AMF, qui est susceptible de fausser manifestement l'appréciation par l'investisseur de l'opération envisagée. Ces rectifications sont mises à la disposition du public, dans les meilleurs délais (RG AMF art. 231-29).

L'article 2 du règlement délégué (UE) 2021/528 indique que le document d'exemption contient :
– les informations pertinentes qui sont nécessaires pour permettre aux investisseurs de comprendre : les perspectives de l'émetteur et, selon le type de transaction, de la société visée, de la société acquise ou de la société scindée, ainsi que tout changement important intervenu dans les activités et la situation financière de chacune de ces sociétés depuis la fin de l'exercice financier précédent ;
– les droits attachés aux titres de capital ; et
– une description de la transaction et son incidence sur l'émetteur.

Les informations à inclure au minimum sont précisées :
– en annexe I du règlement délégué ;
– en annexe II du règlement délégué si le document d'exemption se rapporte à une offre publique d'acquisition par voie d'offre publique d'échange selon les conditions précisées à l'article 2 du règlement précité.

> Si les titres de capital sont offerts au public ou seront admis à la négociation sur un marché réglementé, et qu'ils sont fongibles avec des titres de capital déjà admis à la négociation sur un marché réglementé et ne représentent pas plus de 10 % de ceux-ci, le document d'exemption ne contient que les informations à inclure au minimum visées aux sections 1, 3 et 5 et aux points 2.2 et 4.2 de l'annexe I du présent règlement.

Le règlement délégué (UE) 2021/528 indique également que :
– des informations peuvent être **incorporées par référence** dans un document d'exemption lorsqu'elles ont été publiées antérieurement ou simultanément par voie électronique (art. 3) ;
– lorsque l'émetteur de titres de capital a un **historique financier complexe** ou a pris un **engagement financier important**, au sens de l'article 18, respectivement paragraphes 3 et 4, du règlement délégué (UE) 2019/980, le document d'exemption contient toutes les informations visées à l'annexe I ou, selon le cas, à l'annexe II du présent règlement relatives à l'entité autre que l'émetteur, comme si cette entité était l'émetteur des titres de capital, dans la mesure où les investisseurs ont besoin de ces informations pour prendre une décision d'investissement en connaissance de cause (art. 4) ;
– le document d'exemption est établi dans une langue acceptée par l'autorité compétente (art. 5).

> L'article 212-12 du règlement général de l'AMF précise que les langues acceptées par l'AMF, au sens de l'article 27 du règlement Prospectus, pour l'établissement et la mise à disposition d'un prospectus, d'un document d'enregistrement ou d'un document d'enregistrement universel sont le **français** et l'**anglais**.

42209

L'AMF dispose d'un **délai** de dix jours de négociation suivant le début de la période de l'offre **pour apprécier la conformité du projet** d'offre aux dispositions législatives et réglementaires qui lui sont applicables et délivrer une déclaration de conformité.
L'AMF dispose d'un **délai** de cinq jours de négociation suivant le dépôt du projet de note en réponse **pour délivrer son visa** dans les conditions prévues à l'article 231-20.

> Sur les critères permettant à l'AMF d'apprécier la conformité du projet aux dispositions législatives et réglementaires applicables, voir les articles 231-21 et 231-22 de son Règlement général.
>
> L'AMF est en droit de demander toutes justifications, informations complémentaires et garanties appropriées. Le délai est alors suspendu jusqu'à réception des éléments (RG AMF art. 231-20 et 231-26).

La **diffusion au public** de la note d'information établie par l'initiateur et visée par l'AMF, seul ou conjointement avec la société visée, doit intervenir avant l'ouverture de l'offre et au plus tard le deuxième jour de négociation suivant la déclaration de conformité.

> Sur les modalités de la diffusion, voir l'article 231-27 du Règlement général de l'AMF.
>
> Sur les déclarations des dirigeants, voir n° 42790.

Mission du commissaire aux comptes

42210

Ni l'article 231-18 du Règlement général de l'AMF relatif au projet de note d'information de l'initiateur, ni l'article 231-19 du même règlement relatif à la note en réponse de la société visée ne prévoit de lettre de fin de travaux des commissaires aux comptes. En conséquence, les commissaires aux comptes n'ont **pas de diligence** à effectuer sur ces **notes d'information**.
Concernant les « **autres informations** » relatives aux caractéristiques, notamment juridiques, financières et comptables de l'initiateur et de la société visée **dans le cadre d'une offre publique d'échange (OPE)**, l'article 231-28 du Règlement général de l'AMF prévoit que les rapports des **contrôleurs légaux des comptes de l'initiateur** et de la société visée soient également déposés auprès de l'AMF et que les contrôleurs légaux de l'initiateur procèdent à une lecture d'ensemble de ces autres informations de l'initiateur et, le cas échéant, de leurs actualisations ou rectifications. Ils établissent à destination de l'initiateur de l'offre une **lettre de fin de travaux**, dans laquelle ils font état des rapports émis et indiquent, au terme de leur lecture d'ensemble et des éventuelles vérifications particulières effectuées, leurs éventuelles observations.

L'article 231-28, III du RG AMF précise « pour l'application de la dispense prévue à l'article 1 du règlement (UE) 2017/1129 aux paragraphes 4, point f) et 5, point e) » : ces articles visent uniquement les valeurs mobilières offertes dans le cadre d'une offre publique d'acquisition par voie d'offre publique d'échange.

Sur les diligences à mener dans le cadre de cette lecture d'ensemble, voir n°s 41945 et 41985.

Une copie de cette lettre de fin de travaux est transmise à l'AMF par l'initiateur de l'offre.

Les commissaires aux comptes de la société cible n'émettent pas de lettre de fin de travaux.

La note d'information XVII de la CNCC « Les interventions du commissaire aux comptes relatives au prospectus », propose un exemple de lettre de fin de travaux sur les autres informations déposées auprès de l'AMF par l'initiateur d'une OPE. À la date de mise à jour de ce Mémento, cette note d'information est en cours de refonte par la CNCC afin de prendre en compte les évolutions liées à l'entrée en vigueur du règlement Prospectus le 21 juillet 2019.

42212 En cas d'**augmentation de capital réalisée dans le cadre d'une offre publique d'échange**, les dispositions de l'article L 225-147 du Code de commerce relatives à la vérification des apports en nature ne sont pas applicables lorsque :

– les actions de la société initiatrice de l'offre sont admises aux négociations sur un marché réglementé ;

– les titres échangés sont ceux d'une société dont les actions sont admises aux négociations sur un marché réglementé d'un État partie à l'accord sur l'Espace économique européen ou d'un État membre de l'OCDE (C. com. art. L 22-10-54 créé par l'ordonnance 2020-1142 du 16-9-2020 ; ancien article L 225-148).

L'augmentation de capital intervient dans les conditions prévues aux articles L 225-129 à L 225-129-6 et à l'article L 22-10-49 du Code de commerce (voir n°s 56600 s.) et ne donne pas lieu, notamment, à l'intervention d'un commissaire aux apports. Toutefois, les commissaires aux comptes doivent exprimer leur **avis sur les conditions et les conséquences** de l'émission dans le prospectus diffusé à l'occasion de sa réalisation et dans le rapport à la première assemblée générale ordinaire qui suivra l'émission (C. com. art. L 22-10-54 créé par l'ordonnance 2020-1142 du 16-9-2020 ; ancien article L 225-148).

Cette intervention pourra être menée au regard de l'avis technique de la CNCC publié en novembre 2014 – Intervention du commissaire aux comptes en application des dispositions de l'article L 225-148 du Code de commerce (abrogé par l'ordonnance précitée, désormais L 22-10-54 du Code de commerce). Cet avis technique ne tient pas compte de l'ordonnance 2020-1142 du 16 septembre 2020 portant création, au sein du Code de commerce, d'un chapitre relatif aux sociétés dont les titres sont admis aux négociations sur un marché réglementé ou sur un système multilatéral de négociation et du décret 2020-1742 du 29 décembre 2020 pris pour son application. La CNCC a toutefois mis à jour l'exemple de rapport joint à cet avis technique afin de prendre en compte les évolutions législatives et réglementaires précitées (Communiqué CNCC sur l'ordonnance 2020-1142 du 16-9-2020).

D. Sortie de la cote

42220 Lorsque les titres financiers de l'émetteur ne sont pas ou ont cessé d'être négociés sur un marché réglementé, les obligations liées au statut de sociétés procédant à une admission de titres financiers aux négociations sur un marché réglementé prennent fin.

Les radiations peuvent être **volontaires ou involontaires** et on distingue cinq catégories de radiations :

– les radiations liées à un redressement ou à une liquidation judiciaire ;

– les radiations liées à la mise en œuvre d'une procédure ordonnée de retrait par les émetteurs étrangers ;

– les retraits résultant d'une fusion-absorption sans qu'aucune offre publique préalable n'ait été mise en œuvre ;

En France, une fusion ne donne en effet pas nécessairement lieu à une offre publique et donc, a fortiori, à une offre en espèces. Les articles 234-8, 234-9 et 236-6, 2° du Règlement général de l'AMF prévoient en effet dans ce cas précis des dérogations à l'obligation de déposer respectivement un projet d'offre publique et un projet d'offre publique de retrait.

– les retraits via une offre publique de retrait suivie d'un retrait obligatoire (OPRO) intervenant à la suite d'une prise de contrôle (OPA, OPE, offres publiques mixtes) ;

– enfin, la fermeture du capital initiée par un majoritaire contrôlant la société depuis plus d'un an, par le biais d'une offre publique.

Par ailleurs, les règles d'Euronext ont été modifiées en juin 2015 pour prendre en compte le cas de radiation des marchés Euronext Paris en cas de faible liquidité. Un émetteur peut demander la radiation de ses titres de capital à l'issue d'une offre publique simplifiée, pour autant qu'il démontre que :

– l'initiateur de l'offre liée à la radiation détient 90 % au moins des droits de vote associés aux titres de capital de l'émetteur à la date de la demande de radiation (le cas échéant, les actionnaires agissent de concert) ;

– sur les 12 derniers mois (calendaires) précédant sa demande de radiation, le montant total négocié sur les titres de capital de l'émetteur représente moins de 0,5 % de la capitalisation boursière de l'émetteur (voir article P 1.4.2. du livre II des règles particulières applicables aux marchés réglementés français).

Les commissaires aux comptes n'ont pas de diligences particulières à effectuer dans ce cadre.

Pour les émetteurs dont les titres sont admis sur Euronext Growth, les cas de radiation sont précisés dans les règles de marché Euronext Growth (version entrée en vigueur le 9-11-2020, partie I chap. 5 et partie II chap. 6).

Concernant les obligations de publication des informations périodiques des sociétés radiées, l'AMF indique, dans le guide de l'information périodique des sociétés cotées sur un marché réglementé, que (Position-recommandation AMF 2016-05 modifiée le 29-4-2021) :

– les sociétés ne sont plus tenues de publier les informations périodiques lorsque leurs titres ne sont plus admis aux négociations sur un marché réglementé ;

– en cas de radiation des titres consécutive à un retrait obligatoire, l'AMF considère que lorsque le délai de recours expire avant la date limite de publication du rapport financier annuel ou semestriel, l'obligation de publication dudit rapport tombe. Dans les autres cas, les émetteurs doivent publier leurs comptes.

Par ailleurs, si la société conserve des titres cotés sur Euronext Growth, Euronext Access ou une autre plateforme de négociation, elle demeure tenue aux obligations d'information applicables à cette plateforme sans préjudice de l'obligation d'information permanente qui découle de l'application du règlement Abus de marché.

SECTION 3

Obligation d'information à la charge des sociétés cotées

I. Généralités

Une fois introduites sur un marché boursier, les personnes dont les titres financiers sont admis aux négociations sur un marché réglementé sont tenues de produire un certain nombre d'**informations réglementées**.

42300

Parallèlement, la communication financière est devenue un enjeu stratégique pour les entreprises et un élément clé de la transparence du marché, gage de confiance des investisseurs.

L'émetteur est dans l'obligation de donner une **image exacte, précise et sincère** de sa situation financière (sur les sanctions de l'AMF ou pour abus de marché applicables, voir n°s 41880 et 42326), en appliquant les principes clés de la communication financière que sont l'égalité de traitement de l'information et l'obligation de porter à la connaissance du public tout fait susceptible, s'il était connu, d'avoir une influence sur le cours de bourse.

Les textes légaux et réglementaires des dernières années offrent un cadre précis d'une information dite « réglementée ».

Textes de base

Le règlement européen sur les abus de marché (voir n°s 42700 s.) et le titre II « Information périodique et permanente » du livre 2 du Règlement général de l'AMF mettent à la charge des émetteurs des obligations d'information périodique et permanente obligatoires à l'intention du public.

42310

AUDIT DES PERSONNES OU ENTITÉS FAISANT APPEL AUX MARCHÉS FINANCIERS © Éd. Francis Lefebvre

À ces dispositions s'ajoutent notamment :

– le **guide AMF de l'information périodique des sociétés cotées sur un marché réglementé** (Position-recommandation AMF 2016-05 modifiée le 29-4-2021) qui a pour objet de rappeler quelles sont les principales obligations des sociétés cotées relatives à l'information périodique et de regrouper les positions et recommandations de l'AMF et de l'ESMA en la matière ;

– le **guide AMF d'élaboration des documents d'enregistrement universel** (Position-recommandation AMF 2021-02 modifiée le 29-4-2021) qui a pour objet de présenter la réglementation applicable aux documents d'enregistrement universel déposés auprès de l'AMF depuis le 21 juillet 2019 et de préciser la façon dont les émetteurs présentent les informations requises dans leur document d'enregistrement universel. Ce guide regroupe également les positions et recommandations de l'AMF et de l'ESMA en la matière ;

– le **guide AMF de l'information permanente et de la gestion de l'information privilégiée** (Position-recommandation AMF 2016-08 modifiée le 29-4-2021) qui a pour objet, d'une part, de rappeler quelles sont les principales obligations liées à l'information permanente des émetteurs et à la gestion de l'information privilégiée, y compris pour leurs dirigeants et, d'autre part, de regrouper les positions et recommandations de l'AMF et de l'ESMA en la matière. Le guide cite notamment des décisions de la Commission des sanctions et d'autres décisions formant jurisprudence, rendues sous l'empire de textes antérieurs, afin d'illustrer l'interprétation de certains concepts repris par le règlement européen Abus de marché, mais susceptibles d'à l'avenir de donner lieu à une interprétation différente ;

– le **guide AMF d'élaboration des prospectus et information à fournir en cas d'offre au public et d'admission de titres financiers** (Position-recommandation AMF 2020-06 modifiée le 29-4-2021) qui a pour objet de présenter :

• l'information à fournir, en application du règlement (UE) 2017/1129 du 14 juin 2017 (le règlement « Prospectus ») dans les prospectus approuvés par l'AMF à compter du 21 juillet 2019,

• les informations à fournir en cas de dispense de prospectus,

• les positions et recommandations de l'AMF en matière d'émission et d'admission de titres de capital. En complément de la présentation des dispositions relevant du Règlement Prospectus, de ses règlements délégués, de la loi (Code monétaire et financier), de décrets et du règlement général de l'AMF, ce guide regroupe également les positions et recommandations de l'AMF et de l'ESMA en la matière ;

– les **positions** et **recommandations** non reprises dans les guides précédemment cités, notamment :

• le guide relatif aux interventions des émetteurs cotés sur leurs propres titres et aux mesures de stabilisation (Position-recommandation AMF 2017-04),

• la recommandation sur les assemblées générales de sociétés cotées (Recommandation AMF 2012-05),

• la recommandation en matière de gouvernement d'entreprise et de rémunération des dirigeants (Recommandation AMF 2012-02),

• les questions-réponses de l'AMF sur le transfert vers Euronext Growth d'une société cotée sur Euronext (Position-recommandation AMF 2010-03),

• l'instruction 2019-21 relative aux modalités de dépôt et de publication des prospectus,

• l'instruction 2011-04 relative aux modalités de communication des opérations de cession temporaire portant sur des actions,

• l'instruction 2006-07 relative aux offres publiques.

Par ailleurs, le Code de commerce impose aux sociétés cotées sur un marché réglementé des obligations d'information spécifiques, en particulier à l'occasion de l'approbation de leurs comptes annuels (voir nᵒˢ 54100 s.).

42315 L'ordonnance 2020-1142 du 16 septembre 2020, prise en application de l'article 75 de la loi dite Pacte, crée un nouveau chapitre X au sein du titre II du livre II du Code de commerce qui est dédié aux sociétés dont les titres sont admis aux négociations sur un marché réglementé ou sur un système multilatéral de négociation (dites « sociétés cotées »). Les règles spécifiques aux sociétés cotées sont dès lors dissociées des dispositions du droit commun applicables aux sociétés anonymes et aux sociétés en commandite par actions pour être regroupées dans un nouveau chapitre qui leur est spécifiquement dédié. L'objectif de cette recodification est de restituer au droit commun des sociétés sa lisibilité et sa cohérence tout en permettant d'identifier plus aisément les règles propres aux sociétés cotées. Le rapport au Président sur ladite ordonnance précise que cette réforme est réalisée à droit constant.

Les dispositions de l'ordonnance sont entrées en vigueur au 1ᵉʳ janvier 2021 (Ord. 2020-1142 art. 19). Le décret 2020-1742 du 29 décembre 2020 procède quant à lui à une recodification, également à droit constant, des dispositions propres aux sociétés cotées dans la partie réglementaire du Code de commerce.

Les sociétés dont les actions sont admises aux négociations sur un marché réglementé doivent notamment :

– disposer d'un site Internet dédié aux obligations d'information de leurs actionnaires (C. com. art. R 22-10-1 créé par le décret 2020-1742 du 29-12-2020 ; antérieurement art. R 210-20 abrogé) ;

© Éd. Francis Lefebvre   **AUDIT DES PERSONNES OU ENTITÉS FAISANT APPEL AUX MARCHÉS FINANCIERS**

– publier certains documents (tels que les rapports des commissaires aux comptes) sur ce site Internet au plus tard 21 jours avant la tenue de l'assemblée générale (C. com. art. R 22-20-23 créé par le décret précité ; antérieurement art. R 225-73-1 abrogé) ;

– publier le résultat des votes dans les 15 jours suivant la réunion de l'assemblée (C. com. art. R 22-10-30 créé par le décret précité ; antérieurement art. R 225-106-1 abrogé) ;

Champ d'application

Les dispositions du titre II du livre 2 du Règlement général de l'AMF s'appliquent à **42320**
l'**ensemble des titres financiers** admis aux négociations sur un marché réglementé.
Sont visées :

– toute personne physique ou personne morale dont les titres financiers sont admis aux négociations sur un marché réglementé, ainsi que les dirigeants de l'émetteur, de l'entité ou de la personne morale concernés (RG AMF art. 221-1) ;

– toute personne physique ou morale qui prépare, pour son compte, une opération financière susceptible d'avoir une incidence significative sur le cours d'un instrument financier ou sur la situation et les droits des porteurs de cet instrument financier (RG AMF art. 223-6).

> Lorsque l'émetteur a sollicité ou approuvé la négociation de ses titres financiers sur un système multilatéral de négociation opérant sur le territoire français (Euronext Growth et Euronext Access) s'il s'agit d'un titre financier négocié exclusivement sur un système multilatéral de négociation ou lorsque l'émetteur a approuvé la négociation de ses titres financiers sur un système organisé de négociation opérant sur le territoire français s'il s'agit d'un titre financier exclusivement négocié sur un système organisé de négociation, le terme « information réglementée » désigne le descriptif des programmes de rachat d'actions mentionné à l'article 241-2 du règlement général de l'AMF, le communiqué précisant les modalités de mise à disposition d'un prospectus, d'un document d'enregistrement ou d'un document d'enregistrement universel et l'information privilégiée publiée en application du règlement européen sur les abus de marché (RG AMF art. 221-1).

L'**information** réglementée **requise** des sociétés dont les titres sont admis aux négocia- **42325**
tions sur un marché réglementé est définie à l'article 221-1, 1° du Règlement général de l'AMF, sous la forme d'une liste de documents et informations **périodiques** (n°s 42400 s.) et **permanentes** (n°s 42700 s.), faisant l'objet de réglementations spécifiques prévues par le Règlement général de l'AMF. Ces documents et informations réglementés comprennent :

– le rapport financier annuel (RG AMF art. 222-3) ;

– le rapport financier semestriel (RG AMF art. 222-4) ;

– le rapport sur les paiements aux gouvernements prévu aux articles L 225-102-3 et L 22-10-37 du Code de commerce ;

– les informations et rapports mentionnés à l'article 222-9 du RG AMF sur le gouvernement d'entreprise ;

– l'information mensuelle relative au nombre total de droits de vote et d'actions composant le capital social de la société (RG AMF art. 223-16) ;

– le descriptif des programmes de rachat d'actions propres (RG AMF art. 241-2) ;

– le communiqué précisant les modalités de mise à disposition d'un prospectus, d'un document d'enregistrement ou d'un document d'enregistrement universel (RG AMF art. 221-1) ;

– l'information privilégiée publiée en application de l'article 17 du règlement sur les abus de marché (Règl. (UE) 596/2014) ;

– un communiqué précisant les modalités de mise à disposition ou de consultation des informations préparatoires à l'assemblée générale, mentionnées à l'article R 225-83 du Code de commerce ;

– les informations publiées par les sociétés en application de l'article 223-21 du Règlement général concernant toute modification des droits attachés aux instruments financiers émis et toute nouvelle émission d'emprunt ;

– la déclaration relative à l'autorité compétente en application de l'article 222-1 ;

– les informations relatives à un franchissement de seuil de participation devant être transmises à l'AMF en application des articles L 233-7-II du Code de commerce et L 223-14, I, premier alinéa.

> **Suppression de l'obligation de publier une information financière trimestrielle.** En conséquence des modifications apportées en 2013 à la directive Transparence, l'obligation de publier une information financière trimestrielle pour les sociétés dont les titres de capital sont admis aux négociations sur un marché réglementé a été supprimée. Cette suppression a été motivée, d'une part, par la volonté

d'alléger les obligations de communication des petits et moyens émetteurs pour qui cette publication pouvait constituer une charge importante sans pour autant être nécessaire à la protection des investisseurs et, d'autre part, par le constat que cette obligation était susceptible de favoriser un horizon de court terme et de décourager l'investissement à long terme.

Sanctions pénales des abus de marché

42326 La loi 2013-672 du 26 juillet 2013 de séparation et de régulation des activités bancaires a élargi le champ des abus de marché. Elle étend le champ des abus de marché pouvant donner lieu au prononcé d'une sanction administrative ou pénale à la tentative de manipulation de cours ou de diffusion de fausse information, la manipulation du calcul d'un indice financier, les abus portant sur un instrument financier négocié sur un système multilatéral de négociation ou sur un contrat commercial relatif à des marchandises et lié à un ou plusieurs instruments financiers.

La loi 2016-819 du 21 juin 2016 réformant le système de répression des abus de marché a complété le dispositif, la France ayant ainsi transposé avant la date limite du 3 juillet 2016 la directive européenne 2014/57 du 16 avril 2014 renforçant les sanctions pénales des abus de marché. Utilisant la liberté ouverte aux États membres, elle fait le choix d'un **système nettement plus répressif** que les minima imposés par le texte européen et prévoit des peines maximales identiques à tous les abus de marché.

Est puni de cinq ans d'**emprisonnement** (au lieu de deux ans pour le délit d'initié et un an pour le délit de communication d'information privilégiée antérieurement) et d'une **amende** de 100 millions d'euros dont le montant peut être porté au-delà de ce chiffre, jusqu'au décuple du montant de l'avantage retiré, sans que l'amende puisse être inférieure à cet avantage, le fait, pour toute personne (C. mon. fin. art. L 465-1 à L 465-3-5) :

Lorsque le délit est organisé en bande organisée, la peine maximale d'emprisonnement est portée à 10 ans (C. mon. fin. art. L 465-3-5, III).

– de faire usage d'une information privilégiée en réalisant, pour elle-même ou pour autrui, soit directement, soit indirectement, une ou plusieurs opérations avant que le public ait connaissance de ces informations (**délit d'initié**) (C. mon. fin. art. L 465-1) ;

– de recommander ou de tenter la réalisation d'une ou de plusieurs opérations sur les instruments financiers auxquels l'information privilégiée se rapporte ou d'inciter à la réalisation de telles opérations sur le fondement de cette information privilégiée et de faire usage de cette recommandation ou de cette incitation (**délit de divulgation illicite d'information privilégiée**) (C. mon. fin. art. L 465-2) ;

– de communiquer la recommandation ou l'incitation en sachant qu'elle est fondée sur une information privilégiée (**manipulation de marché**) (C. mon. fin. art. L 465-2) ;

– de **communiquer une information privilégiée à un tiers** à moins qu'elle ne prouve que cette communication intervient dans le cadre normal de sa profession ou de ses fonctions, y compris lorsqu'elle relève d'un sondage de marché (C. mon. fin. art. L 465-3) ;

– de réaliser une opération, de passer un ordre ou d'adopter un comportement qui donne ou est susceptible de donner des indications trompeuses sur l'offre, la demande ou le cours d'un instrument financier ou qui fixe ou est susceptible de fixer à un niveau anormal ou artificiel le cours d'un instrument financier, sauf s'il est fondé sur un motif légitime ou conforme à une pratique de marché admise (**manipulation de cours**) (C. mon. fin. art. L 465-3-1) ;

– de diffuser, par tout moyen, des informations qui donnent des indications fausses ou trompeuses sur la situation ou les perspectives d'un émetteur ou sur l'offre, la demande ou le cours d'un instrument financier ou qui fixent ou sont susceptibles de fixer le cours d'un instrument financier à un niveau anormal ou artificiel (**diffusion de fausse information**) (C. mon. fin. art. L 465-3-2) ;

– de fournir ou de transmettre des données ou des informations fausses ou trompeuses utilisées pour calculer un indice de référence ou des informations de nature à fausser le cours d'un instrument financier ou d'un actif auquel est lié un tel indice (**manipulation d'indice**) (C. mon. fin. art. L 465-3-3).

Conformément à l'article L 465-3-4 du Code monétaire et financier, sont concernés par ces sanctions les faits relatifs à des titres admis aux négociations sur un **marché réglementé** ou sur un système multilatéral de négociation (**Euronext Growth ou Euronext Access**), ou des titres pour lesquels une demande d'admission sur de tels marchés a été présentée, ainsi que sur les instruments financiers dont le cours ou la valeur dépend du cours ou de la valeur d'un titre précédemment mentionné.

© Éd. Francis Lefebvre   **AUDIT DES PERSONNES OU ENTITÉS FAISANT APPEL AUX MARCHÉS FINANCIERS**

À la suite de la décision du Conseil constitutionnel emportant interdiction de cumul des poursuites pénales et administratives à l'encontre d'une même personne pour des mêmes faits (Cons. const. 18-3-2015 n⁰ˢ 2014-453/454 QPC et 2015-462 QPC : RJDA 5/15 n° 355), l'article L 465-3-6 du Code monétaire et financier a repris cette interdiction de cumul des poursuites pénales et administratives et organise un régime de concertation entre le parquet national financier et l'AMF.

Pour plus de précisions sur les sanctions de l'AMF, se reporter au n° 41880.

En cas d'échec de la concertation, l'arbitrage du procureur général près la cour d'appel de Paris interviendra (voir n° 14520).

II. Informations périodiques

A. Nature de l'obligation

Textes de base

Les sociétés dont les titres financiers sont admis aux négociations sur un marché réglementé ont l'obligation de publier, en application des dispositions du Code de commerce, du Code monétaire et financier et du Règlement général de l'AMF, diverses informations périodiques. La nature et la forme de ces informations périodiques ont été modifiées par la **loi Breton du 26 juillet 2005**. Cette loi a en effet transposé en droit national les dispositions de la directive 2004/109 du 15 décembre 2004 sur l'harmonisation des obligations de transparence concernant l'information sur les émetteurs dont les valeurs mobilières sont admises aux négociations sur un marché réglementé, communément appelée « directive Transparence ».

Depuis l'ordonnance 2009-80 du 22 janvier 2009 relative à l'appel public à l'épargne, les dispositions du Code de commerce et notamment l'article L 232-7 dudit Code renvoient aux dispositions du Code monétaire et financier, notamment à son article L 451-1-2.

La directive Transparence du 15 décembre 2004 a par la suite été modifiée par la directive 2013/50/UE (JOUE 2013 L 294), transposée dans le Code monétaire et financier par la loi 2014-1662 du 30 décembre 2014 portant diverses dispositions d'adaptation de la législation au droit de l'Union européenne en matière économique et financière (dite « loi DDADUE »). Ainsi, depuis le 1ᵉʳ janvier 2015, le délai de publication des rapports financiers semestriels est allongé de deux à trois mois (voir n° 42460) et l'obligation de publier des informations financières trimestrielles est supprimée (voir n° 42500).

42400

Périodicité de l'information comptable et financière

L'information comptable et financière est annuelle (n⁰ˢ 42405 s.), semestrielle (n° 42460) et, si les émetteurs le souhaitent, trimestrielle (n° 42500).

L'information obligatoire est publiée conjointement, d'une part, conformément aux dispositions du Code de commerce et, d'autre part, conformément à celles du Code monétaire et financier. Seront successivement présentés ces deux référentiels qui donnent lieu à des interventions différenciées des commissaires aux comptes selon la nature de l'information.

À noter que l'obligation de produire cette information comptable et financière périodique ne s'applique pas :

– aux États parties à l'accord sur l'Espace économique européen et à leurs collectivités territoriales ;

– à la Banque centrale européenne et aux banques centrales des États parties à l'accord sur l'Espace économique européen ;

– aux organismes internationaux à caractère public dont l'un des États parties à l'accord sur l'Espace économique européen fait partie ;

– aux émetteurs de titres de créance inconditionnellement et irrévocablement garantis par l'État ou par une collectivité territoriale française ;

– aux entités qui émettent uniquement des titres de créance admis à la négociation sur un marché réglementé, dont la valeur nominale est au moins égale à 100 000 € ou, pour

42402

les titres de créance libellés dans une devise autre que l'euro, dont la valeur nominale unitaire est équivalente à au moins 100 000 € à la date de l'émission (C. mon. fin. art. L 451-1-4).

Elle s'applique aux émetteurs de titres de capital et de titres de créance dont la valeur unitaire est inférieure à 100 000 € admis aux négociations sur un marché réglementé.

La valeur nominale unitaire de 100 000 € (au lieu de 50 000 €), au-dessus de laquelle l'émetteur est exempté de l'information périodique prévue à l'article L 451-1-4 du Code monétaire et financier pour les titres de créance, est issue de la directive 2010/73/UE.

Tableau récapitulatif des obligations relatives aux informations réglementées

42403

Informations réglementées (RG AMF art. 221-1)	Négociation de titres financiers sur un marché réglementé (Règl. délégué (UE) 2019/980)		
	Titres de capital	Titres de créance < 100 000 € valeur nominale	Titres de créance ≥ 100 000 € valeur nominale (1)
Rapport financier annuel (RG AMF art. 222-3)	Oui	Oui	Non
Rapport financier semestriel (RG AMF art. 222-4)	Oui	Oui	Non
Rapport sur les sommes versées aux gouvernements pour les entreprises extractives (C. com. art. L 225-102-3 et 22-10-37)	Oui	Oui	Oui
Informations et rapports mentionnés à l'article 222-9 du RG AMF sur le gouvernement d'entreprise (C. com. art. L 225-37 et RG AMF art. 221-1)	Oui (2)	Oui (2)	Oui (2)
Information relative au nombre total de droits de vote et au nombre d'actions composant le capital social (RG AMF art. 223-16)	Oui	NA	NA
Descriptif des programmes de rachat (RG AMF art. 241-1 et 241-2)	Oui	NA	NA
Communiqué précisant les modalités de mise à disposition d'un prospectus, document d'enregistrement ou document d'enregistrement universel (RG AMF art. 221-1)	Oui	Oui	Oui
Information privilégiée publiée en application de l'article 17 du règlement (UE) 596/2014 sur les abus de marché	Oui	Oui	Oui
Communiqué précisant les modalités de mise à disposition ou de consultation des informations mentionnées à l'article R 225-83 du Code de commerce	Oui (2)	NA	NA
Informations publiées en application des articles 9, paragraphe 7 et 23 du règlement (UE) 2017/1129 (amendement ou supplément du prospectus)	Oui	Oui	Oui
Déclaration relative au choix de l'autorité compétente pour le contrôle de l'information périodique (RG AMF art. 221-1)	Oui	Oui	Oui
Déclarations des franchissements de seuils (C. com. art. L 233-7 s.)	Oui (2)	Non	Non

(1) Si aucun autre instrument financier de l'émetteur mentionné aux I et II de l'article L 451-1-2 n'est admis aux négociations sur un marché réglementé (selon C. mon. fin. art. L 451-1-4).
(2) Pour les émetteurs ayant leur siège social en France.

En outre, d'autres obligations incombent aux sociétés dont les titres sont admis aux négociations sur un marché réglementé, telles que l'obligation d'établir des comptes consolidés en normes IFRS ou l'obligation de mettre en place un comité d'audit au sens de l'article L 823-19 du Code de commerce sauf dérogations prévues à l'article L 823-20 du même code (voir nos 26472 s.).

868

B. Information périodique annuelle

Obligations à la charge des sociétés

Comptes annuels Comme toutes les sociétés, les personnes morales dont les titres financiers sont admis aux négociations sur un marché réglementé ont l'obligation d'établir annuellement des comptes individuels et, le cas échéant, des comptes consolidés. Elles sont, selon la règle générale, tenues de déposer ces comptes au greffe accompagnés du rapport de gestion, du rapport des organes sociaux sur le contrôle interne et la gestion des risques, et des rapports y afférents des commissaires aux comptes.

42405

> Pour plus de détails sur la publicité des comptes annuels, se reporter aux n°s 76800 s. du Mémento Sociétés commerciales.

Dans le cas des sociétés dont les actions sont admises aux négociations sur un marché réglementé, les comptes annuels **approuvés**, revêtus de l'attestation des commissaires aux comptes, doivent par ailleurs être **publiés au Balo** au plus tard dans les quarante-cinq jours qui suivent l'approbation des comptes par l'assemblée générale ordinaire (C. com. art. R 232-11).

Les comptes annuels, au sens de l'article R 232-11, comprennent :
- les comptes annuels : bilan, compte de résultat, annexe ;
- le projet d'affectation de résultat ;
- pour les sociétés qui en établissent : les comptes consolidés (bilan, compte de résultat, annexe comprenant la liste des sociétés comprises dans le périmètre de consolidation).

> Sans préjudice des obligations issues du règlement Abus de marché, dont l'article 17 dispose que tout émetteur doit rendre publiques, dès que possible, les informations privilégiées qui concernent directement ledit émetteur, l'AMF recommande aux sociétés dont les titres financiers sont admis aux négociations sur un marché réglementé de publier, à titre d'information périodique, un communiqué sur les comptes consolidés de l'exercice, ou du semestre écoulé, dès qu'ils sont disponibles. Au sens de cette recommandation, les comptes consolidés sont considérés comme disponibles dès lors qu'ils ont été arrêtés par le conseil d'administration ou examinés par le conseil de surveillance. Dans les structures duales, l'AMF recommande que le conseil de surveillance examine dans un délai aussi bref que possible les comptes arrêtés par le directoire. Pour les sociétés qui n'établissent pas de comptes consolidés, cette recommandation s'applique aux comptes sociaux. La publication de ce communiqué devrait être faite par voie de diffusion effective et intégrale (Position-recommandation AMF 2016-05 – Guide de l'information périodique des sociétés cotées modifié le 29-4-2021 § 2.1.2).

> En outre, lors de la publication du communiqué de presse d'annonce des résultats, les comptes peuvent avoir donné lieu à un rapport d'audit ou d'examen limité (ou être en cours). L'AMF recommande aux sociétés dont les titres sont admis aux négociations sur un marché réglementé d'indiquer la situation de leurs comptes au regard du processus de certification par les commissaires aux comptes (comptes certifiés ou non) à l'occasion de la publication du communiqué sur les comptes de l'exercice écoulé requis au titre de l'obligation d'information permanente (Position-recommandation AMF 2016-05 – Guide de l'information périodique des sociétés cotées modifié le 29-4-2021 § 2.2.1).

> Concernant les obligations relatives aux avertissements sur résultats, voir n° 42710.

Les sociétés dont les actions sont admises aux négociations sur un marché réglementé sont toutefois dispensées de cette obligation lorsque les comptes ont été approuvés sans modification : si les comptes sont disponibles à l'identique dans le rapport financier annuel prévu par l'article L 451-1-2 du Code monétaire et financier, la publication peut alors se limiter à insérer dans les mêmes délais au Balo un avis mentionnant la référence (C. com. art. R 232-11, al. 6).

> Il existe une incertitude sur la portée de cette dispense qui, si l'on s'en tient à la lettre du texte de l'article R 232-11, alinéa 6, ne concernerait que les comptes consolidés. L'Ansa a cependant indiqué que le texte actuel est appliqué aussi bien aux comptes annuels qu'aux comptes consolidés (Ansa n° 08-017 – mai 2008).

Rapport financier annuel Le rapport financier annuel est régi par les dispositions de l'article L 451-1-2, I du Code monétaire et financier. **Publié** dans les quatre mois de la clôture de l'exercice social et déposé auprès de l'AMF, il comprend :
- les comptes annuels et consolidés ;

42410

> Un émetteur qui souhaite inclure une **information financière pro forma** dans un rapport financier annuel ou un rapport financier semestriel présentera ces informations de manière volontaire (le caractère obligatoire de la réglementation Prospectus ne concerne que le prospectus ou le document d'enregistrement universel) et le rapport des commissaires aux comptes n'est pas requis. L'émetteur devra cependant suivre les principes de construction de l'information financière pro forma prévus par la

recommandation AMF 2021-02 relative à l'élaboration des documents d'enregistrement universel. Si le rapport financier annuel ou le rapport financier semestriel est inclus, ou incorporé par référence, dans un prospectus ou un document d'enregistrement universel, un rapport des commissaires aux comptes sur l'information financière pro forma est requis (Position-recommandation AMF 2021-02 – Guide d'élaboration des documents d'enregistrement universel § 2.1 p. 77).

– le rapport de gestion ;

Concernant le contenu du rapport de gestion inclus dans le rapport financier annuel et les informations complémentaires permettant d'être conforme au contenu du rapport de gestion présenté à l'assemblée générale des actionnaires, voir nº 42420.

– la déclaration des personnes responsables des comptes ;

Ces personnes attestent qu'à leur connaissance les comptes sont établis conformément aux normes comptables applicables et donnent une image fidèle du patrimoine, de la situation financière et du résultat de l'émetteur et de l'ensemble des entreprises comprises dans la consolidation et que le rapport de gestion présente un tableau fidèle de l'évolution des affaires, des résultats et de la situation financière de l'émetteur et de l'ensemble des entreprises comprises dans la consolidation ainsi qu'une description des principaux risques et incertitudes auxquels ils sont confrontés (RG AMF art. 222-3, 4º).

La position-recommandation AMF 2016-05 précitée intègre un modèle de déclaration au paragraphe 9.3.

– les rapports des commissaires aux comptes sur les comptes annuels et consolidés.

Le rapport financier annuel est **tenu à la disposition du public pendant dix ans** (C. com. art. L 451-1-2, I).

La loi 2014-1662 du 30 décembre 2014 a modifié ce délai de mise à disposition de cinq à dix ans depuis le 1er janvier 2015.

En cas de manquement aux obligations prévues à l'article L 451-1-2 du Code de commerce, des **sanctions pécuniaires** peuvent être prononcées (voir nºˢ 15765 et 42326).

42412 **Publication du rapport financier annuel** Un nouveau **format d'information électronique unique** (*European Single Electronic Format*, **dit ESEF**) a été introduit par la directive 2004/109-CE du Parlement européen et du Conseil dite « directive Transparence » modifiée par la directive 2013/50/UE pour la publication du rapport financier annuel des sociétés cotées sur un marché réglementé.

Tous les émetteurs soumis à la directive Transparence, tenus de produire un rapport financier annuel (RFA), doivent l'établir selon un format électronique unique européen (ESEF).

Les **émetteurs français concernés** par l'obligation d'établir un rapport financier annuel sont notamment (C. mon. fin. art. L 451-1-2, I et II) :

– les sociétés ayant des titres de capital admis à la négociation sur un marché réglementé européen (et notamment Euronext Paris en France) ;

– les sociétés ayant des titres de créance admis à la négociation sur un marché réglementé européen, à l'exception notamment des sociétés ayant uniquement des titres de créance de valeur nominale unitaire au moins égale à 100 000 € (ou équivalente à au moins 100 000 € pour les titres de créance libellés dans une devise autre que l'euro) ou, pour les sociétés ayant émis uniquement des titres de créance avant le 31 décembre 2010, au moins égale à 50 000 € (ou équivalente à au moins 50 000 € pour les titres de créance libellés dans une devise autre que l'euro).

Le **format ESEF vise uniquement** le rapport financier annuel prévu par la directive Transparence et, en France, par l'article L 451-1-2 du Code monétaire et financier. Ce nouveau **format ne s'applique donc pas** aux rapports et documents suivants (CNCC NI. XX – Le commissaire aux comptes et la présentation des comptes annuels et consolidés selon le format d'information électronique unique européen – avril 2021, § 2.12 p. 14) :

– les rapports annuels des sociétés cotées sur Euronext Growth ou Euronext Access ;

– les rapports financiers semestriels ;

– les prospectus d'introduction en bourse ou les documents établis à l'occasion d'une offre au public de titres ;

– les documents d'enregistrement universel (DEU) et amendement de DEU qui ne font pas office de RFA ;

– les communiqués de presse dont les communiqués d'annonce des résultats.

S'agissant des émetteurs qui utilisent leur document d'enregistrement universel (« DEU ») pour publier le rapport financier annuel (« **DEU faisant office de RFA** »), le document d'enregistrement universel devra également être établi selon un format ESEF

© Éd. Francis Lefebvre — AUDIT DES PERSONNES OU ENTITÉS FAISANT APPEL AUX MARCHÉS FINANCIERS

(Position-recommandation DOC-2021-02 : Guide d'élaboration des documents d'enregistrement universel – Première partie, 7. Le format du document d'enregistrement universel).

L'introduction de ce nouveau format ESEF, qui est défini par le règlement européen délégué 2019/815, concerne les exercices ouverts à compter du 1er janvier 2020 et a notamment pour objectif d'améliorer l'accessibilité, la facilité d'analyse et la comparabilité des états financiers consolidés qui figurent dans les rapports financiers annuels (Communiqué CNCC – Diligences du commissaire aux comptes relatives aux comptes annuels et consolidés présentés selon le format d'information électronique unique européen – février 2021).

Pour autant, une faculté de report d'application d'une année de cette obligation a été octroyée aux États membres, afin d'en faire bénéficier leurs émetteurs. Ce report optionnel d'un an est prévu par l'article 222-3, III du règlement général de l'AMF (Communiqué de presse H3C/CNCC du 11-12-2020). Ainsi, cette obligation s'impose aux émetteurs français pour les exercices ouverts à compter du 1er janvier 2021.

Le format d'information électronique est défini par le règlement européen délégué 2019/815 du 17 décembre 2018. Conformément à l'article 3 dudit règlement, la totalité du rapport financier annuel doit être préparée en utilisant le langage XHTML et, s'il inclut des comptes consolidés IFRS, la société est tenue de baliser ces comptes consolidés IFRS en utilisant le langage XBRL.

Lexique :

« XHTML » (*Extensible HyperText Markup Language*) est un langage permettant de combiner un fichier HTML avec des balises XML.

« HTML » (*HyperText Markup Language*) est un langage de balisage d'hypertexte.

« XML » (*Extensible Markup Language*) est un standard permettant d'étiqueter les données incluses dans un fichier par rapport à un référentiel (Schéma ou Taxonomie).

« XBRL » est un standard dérivé du standard XML et spécialisé pour la représentation de données financières. Le standard XBRL utilise des référentiels (taxonomies) qui sont développés par les normalisateurs comptables (l'IASB pour les IFRS, le FASB pour les US GAAP) pour baliser des informations financières qui peuvent ainsi être exploitées par des programmes dédiés. À la différence d'une donnée transcrite dans un format HTML ou PDF, une donnée en XBRL peut être extraite et exploitée par un programme informatique en conservant l'ensemble contextuel de cette information (date, période, devise, unité, référence à la norme comptable…).

Pour plus de détails sur les **règles applicables** aux émetteurs concernant l'établissement du rapport financier annuel selon le format ESEF et sur les **contrôles de l'AMF**, voir CNCC NI. XX – Le commissaire aux comptes et la présentation des comptes annuels et consolidés selon le format d'information électronique unique européen – avril 2021, § 2.2 p. 14 s.

En outre, l'AMF a publié sur son site internet la liste des contrôles qu'elle met en place : https://www.amf-france.org/fr/actualites-publications/dossiers-thematiques/esef/esef-vos-questions-frequentes

En application de l'article R 823-7 du Code de commerce modifié par le décret 2020-667 du 2 juin 2020, le commissaire aux comptes formule sa conclusion sur le respect du format ESEF dans la présentation des comptes inclus dans le rapport financier annuel (voir nos 42425 s.)

Lien entre le rapport financier et le document d'enregistrement universel   42415

Le document d'enregistrement universel peut faire office de rapport financier annuel aux **conditions** suivantes (RG AMF art. 212-13 ; Position-recommandation AMF 2016-05 – Guide de l'information périodique des sociétés cotées modifié le 29-4-2021, § 3.7) :

– il est déposé auprès de l'AMF et publié dans un délai de quatre mois suivant la clôture de l'exercice de la société ;

– il comporte toutes les informations exigées dans le rapport financier annuel ;

– il indique clairement qu'il comprend le rapport financier annuel ;

– il précise les rubriques qui le constituent, en insérant une table de concordance ;

– il doit être mis en ligne sur le site internet de la société et sur celui de l'AMF ;

– sa mise en ligne est annoncée par un communiqué de presse électronique, qui précise qu'il inclut le rapport financier annuel ;

Un exemple de communiqué de presse figure en annexe 11 du guide publié par l'AMF relatif au dépôt de l'information réglementée auprès de l'AMF et à sa diffusion.

– le responsable du document d'enregistrement universel rédige son attestation selon le modèle défini à l'annexe 1 de l'instruction AMF DOC-2019-21 ;

– il inclut les comptes sociaux ainsi que le rapport des commissaires aux comptes s'y rapportant dans leur intégralité.

42420 Lien entre le rapport financier annuel et le rapport annuel de gestion

Pour les sociétés dont le siège social est en France, le rapport de gestion inclus dans le rapport financier annuel **doit contenir** au minimum :

– les informations mentionnées à l'article L 225-100-1 du Code de commerce :

• une analyse objective et exhaustive de l'évolution des affaires, des résultats et de la situation financière de la société, notamment de sa situation d'endettement, au regard du volume et de la complexité des affaires,

• dans la mesure nécessaire à la compréhension de l'évolution des affaires, des résultats ou de la situation de la société, des indicateurs clés de performance de nature financière et, le cas échéant, de nature non financière ayant trait à l'activité spécifique de la société, notamment les informations relatives aux questions d'environnement et de personnel,

• une description des principaux risques et incertitudes auxquels elle est confrontée,

• lorsque cela est pertinent pour l'évaluation de son actif, de son passif, de sa situation financière et de ses pertes ou profits, des indications sur ses objectifs et sa politique concernant la couverture de chaque catégorie principale de transactions prévues pour lesquelles il est fait usage de la comptabilité de couverture, ainsi que son exposition aux risques de prix, de crédit, de liquidité et de trésorerie. Ces indications comprennent l'utilisation par l'entreprise des instruments financiers ;

– les informations mentionnées à l'article L 22-10-35 du Code de commerce créé par l'ordonnance 2020-1142 du 16 septembre 2020 :

• des indications sur les risques financiers liés aux effets du changement climatique et la présentation des mesures que prend l'entreprise pour les réduire en mettant en œuvre une stratégie bas carbone dans toutes les composantes de son activité,

• les principales caractéristiques des procédures de contrôle interne et de gestion des risques mises en place par la société relatives à l'élaboration et au traitement de l'information comptable et financière ;

– les informations relatives à l'utilisation d'un programme de rachat d'actions (Règl. général AMF art. 241-3). L'article L 225-211 du Code de commerce prévoit par ailleurs que l'émetteur indique dans son rapport de gestion le nombre des actions achetées et vendues au cours de l'exercice, les cours moyens des achats et des ventes, le montant des frais de négociation, le nombre des actions inscrites au nom de la société à la clôture de l'exercice et leur valeur évaluée au cours d'achat, ainsi que leur valeur nominale pour chacune des finalités, le nombre des actions utilisées, les éventuelles réallocations dont elles ont fait l'objet et la fraction du capital qu'elles représentent ;

– et les informations mentionnées au II de l'article L 225-100-1 et au dernier aliéna de l'article L 22-10-35 du Code de commerce relatifs au rapport de gestion consolidé lorsque l'émetteur est tenu d'établir des comptes consolidés.

Le rapport financier annuel, ou le document d'enregistrement universel, le cas échéant, peut servir de **rapport présenté à l'assemblée générale des actionnaires**, s'il est complété des informations et éléments exigés par le Code de commerce. Le rapport de gestion figurant dans le rapport financier annuel doit être complété notamment par les éléments suivants :

– la participation des salariés au capital social (C. com. art. L 225-102) ;

– la déclaration de performance extra-financière (C. com. art. L 225-102-1, III et L 22-10-36) ;

– la description des installations Seveso (C. com. art. L 225-102-2) ;

– le plan de vigilance (C. com. art. L 225-102-4) ;

– le cas échéant, le rapport du président sur les paiements aux gouvernements (C. com. art. L 225-102-3 et L 22-10-37) ;

– l'activité des filiales et des participations et l'indication des prises de participation (C. com. art. L 233-6) ;

– le récapitulatif des opérations réalisées par les dirigeants sur les titres de la société (Règl. général AMF art. 223-26 en application de l'article L 621-18-2 du Code monétaire et financier) ;

– les prises de participation significatives dans des sociétés ayant leur siège en France (C. com. art. L 233-6) ;

– les informations relatives aux délais de paiement des fournisseurs et clients (C. com. art. D 441-6) ;

– la situation de la société durant l'exercice écoulé, son évolution prévisible, les événements importants survenus entre la date de la clôture de l'exercice et la date à laquelle il est établi, ses activités en matière de recherche et de développement. Il y est fait mention des succursales existantes (C. com. art. L 232-1, II) ;

– un tableau des résultats financiers de la société au cours de chacun des cinq derniers exercices (C. com. art. R 225-102, al. 2) ;
– le descriptif du programme de rachat d'actions (Règl. général AMF art. 241-3). Par ailleurs, l'article L 225-211 du Code de commerce prévoit que l'émetteur indique dans son rapport de gestion : le nombre des actions achetées et vendues au cours de l'exercice, les cours moyens des achats et des ventes, le montant des frais de négociation, le nombre des actions inscrites au nom de la société à la clôture de l'exercice et leur valeur évaluée au cours d'achat, ainsi que leur valeur nominale pour chacun des objectifs, le nombre des actions utilisées, les éventuelles réallocations dont elles ont fait l'objet et la fraction du capital qu'elles représentent ;
– le rapport sur le gouvernement d'entreprise (C. com. art. L 225-37 ; Règl. général AMF art. 222-9) ;
– le montant des prêts interentreprises consentis dans le cadre de l'article L 511-6, 3 bis du Code monétaire et financier ;
– les ajustements en cas d'émission de valeurs mobilières donnant accès au capital (C. com. art. L 228-99 et R 228-91) ;
– l'indication de l'aliénation d'actions effectuée en vue de la régularisation des participations réciproques (C. com. art. R 233-19, al. 2) ;
– l'avis du comité d'entreprise sur les modifications de l'organisation économique ou juridique (C. com. art. L 225-105, al. 5).
Le rapport annuel doit également être complété des autres informations devant être mises à disposition des actionnaires dont :
– le texte des projets de résolutions soumis à l'assemblée générale ;
– le rapport spécial des commissaires aux comptes sur les conventions réglementées ;
– le montant des dividendes qui ont été mis en distribution au titre des trois exercices précédents (CGI art. 243 bis) ;
– l'indication des franchissements de seuils et la répartition du capital (C. com. art. L 233-13).
Voir position-recommandation AMF 2016-05 – Guide de l'information périodique § 3.8. « Rapport de gestion : contenu ».

Mission des commissaires aux comptes

Conclusion sur le respect du format ESEF Textes de référence. En France, **42425**
l'article R 823-7 du Code de commerce, modifié par le décret 2020-667 du 2 juin 2020, dispose que les commissaires aux comptes « formulent leur conclusion sur le respect, dans la présentation des comptes inclus dans le rapport financier annuel mentionné au I de l'article L 451-1-2 du Code monétaire et financier, du format d'information électronique unique défini par le règlement européen délégué 2019/815 du 17 décembre 2018 ».

Ce nouveau format d'information électronique unique (dit « ESEF ») vise uniquement la publication du rapport financier annuel prévu par la directive 2004/109-CE dite « directive Transparence » et en France, par l'article L 451-1-2 du Code monétaire et financier (voir n° 42412).

Dans ce contexte, une nouvelle **norme d'exercice professionnel** (NEP 9520) concernant les diligences du commissaire aux comptes relatives aux comptes annuels et consolidés présentés selon le format d'information électronique unique européen a été homologuée par arrêté du 27 janvier 2021, publié au journal officiel du 31 janvier 2021.

Cette NEP a pour objet de définir :
– les diligences relatives aux comptes annuels et, le cas échéant, aux comptes consolidés présentés selon le format ESEF ;
– les incidences des éventuelles anomalies relevées ; et
– la forme et le contenu de la partie du rapport sur les comptes relative à ces diligences (NEP 9520 § 02).

La CNCC a par ailleurs publié en avril 2021 une **note d'information n° XX** intitulée « Le commissaire aux comptes et la présentation des comptes annuels et consolidés selon le format d'information électronique européen ».

Cette note d'information est un guide pratique à l'intention des professionnels et elle leur permet de :
– disposer des différents textes applicables aux émetteurs et aux contrôleurs légaux, aux plans européen et national ;
– cerner le champ des émetteurs tenus de produire un rapport financier annuel selon un format électronique unique européen ;
– connaître les principales obligations incombant à l'émetteur français ;
– comprendre les différentes étapes de la mission du commissaire aux comptes et leurs modalités de mise en œuvre ;

AUDIT DES PERSONNES OU ENTITÉS FAISANT APPEL AUX MARCHÉS FINANCIERS © Éd. Francis Lefebvre

– appliquer la notion de caractère significatif dans le contexte de la vérification ESEF ;
– maîtriser les incidences des éventuelles anomalies relevées ;
– formuler sa conclusion dans son rapport sur les comptes, conformément aux dispositions de la NEP 9520 ;
– disposer d'outils pratiques incluant des exemples de formulation dans le rapport sur les comptes ainsi que des exemples de mentions susceptibles d'être insérées dans les déclarations écrites du représentant légal de l'entité.

42426 **Conclusion du commissaire aux comptes sans disposer du rapport financier annuel.** La NEP 9520 précise dans son introduction que les diligences du commissaire aux comptes portent sur les comptes annuels et, le cas échéant, sur les comptes consolidés au format ESEF destinés à être inclus dans le rapport financier annuel. Ainsi, le commissaire aux comptes peut formuler sa conclusion sur le respect de ce format sans nécessairement disposer du rapport financier annuel, dès lors que ces comptes lui ont été communiqués par l'entité et que ses contrôles ont été réalisés conformément à la NEP 9520. Il revient ensuite à l'entité d'inclure lesdits comptes dans le rapport financier annuel (NEP 9520 § 01).

Dans le cas où le commissaire aux comptes formule sa conclusion sur le respect du format ESEF sans disposer du rapport financier annuel au format ESEF dans son intégralité, la NEP prévoit que le commissaire aux comptes demande au représentant légal de l'entité une déclaration écrite : voir n° 42441.

42427 **Diligences du commissaire aux comptes.** Les diligences du commissaire aux comptes sur le respect du format ESEF dans la présentation des comptes inclus dans le rapport financier annuel recouvrent quatre volets :
– la prise de connaissance des éléments du contrôle interne pertinents pour la préparation des comptes présentés selon le format ESEF (voir n° 42428) ;
– les diligences relatives au format XHTML (voir n° 42429) ;
– les diligences relatives au balisage des comptes consolidés (voir n°s 42430 s.) ;
– la demande d'une déclaration écrite au représentant légal de l'entité pour lui confirmer que les comptes annuels, et, le cas échéant, les comptes consolidés au format ESEF sont ceux inclus dans le rapport financier annuel (voir n° 42441).

42428 **Prise de connaissance des éléments du contrôle interne.** Afin d'appréhender les éléments du contrôle interne pertinents pour la préparation des comptes annuels et, le cas échéant, des comptes consolidés au format ESEF, le commissaire aux comptes prend notamment connaissance des éléments suivants (NEP 9520 § 03) :
– le processus de préparation de ces comptes ;
– la façon dont l'entité s'est assurée de la compétence des personnes internes ou externes à l'entité en charge de préparer ces comptes ;
– les outils informatiques utilisés ;
– les contrôles conçus et mis en œuvre par l'entité pour prévenir, détecter ou corriger les anomalies dans la présentation des comptes selon le format ESEF.
Pour ce faire, le commissaire aux comptes prend notamment connaissance des éléments suivants (CNCC NI. XX § 3.21 p. 19) :
– l'**environnement de contrôle**, qui se traduit par le comportement de la direction, son degré de sensibilité et les actions qu'elle mène en matière de contrôle interne « ESEF » ;
– les **moyens techniques et humains** mis en place par l'entité pour identifier les risques liés à la conversion au format ESEF des comptes arrêtés par l'organe compétent et pour définir les actions à mettre en œuvre en réponse à ces risques ;
– le **système d'information** relatif à la préparation des comptes selon le format ESEF ;
– les **principaux moyens** mis en œuvre par l'entité pour s'assurer du bon fonctionnement du contrôle interne « ESEF », ainsi que la manière dont sont mises en œuvre les **actions correctives**.

Si l'entité sous-traite la préparation des comptes selon le format ESEF partiellement ou complètement à un prestataire externe, voir CNCC NI. XX § 3.21 p. 19-20.

Le commissaire aux comptes s'intéresse notamment aux processus et procédures de contrôle interne mis en place par l'entité pour (CNCC NI. XX § 3.21 p. 20) :
– identifier les éléments de la taxonomie à retenir pour réaliser le balisage des comptes consolidés, déterminer les extensions et les ancrages qui seront intégrés au balisage, en particulier si cette étape a été réalisée à travers la formalisation d'un « *mapping* » ou table de concordance entre les états primaires de l'entité et la taxonomie IFRS, que ce *mapping* ait été réalisé en interne par la direction ou sous-traité à un prestataire externe ;

874

Pour réaliser le balisage des comptes, l'approche la plus communément rencontrée consiste à ce que l'entité réalise un exercice de *mapping* préalable des comptes sur Excel (avec des conseils, le cas échéant). Ce *mapping* préalable des comptes sur Excel consiste à choisir pour chaque montant ou information à baliser le concept IFRS approprié dans la taxonomie ESEF en vigueur ou, si aucun concept de la taxonomie de base ne reflète fidèlement le montant à baliser, créer une extension, c'est-à-dire un concept / étiquette personnalisé(e) correspondant au montant à baliser, et l'ancrer à un élément de la taxonomie de base (CNCC NI. XX § 3.23.3 p. 36).

– préparer les comptes selon le format ESEF soit au travers d'un système d'information intégré à son processus de clôture dont il a la charge de l'implémentation et du paramétrage, soit en sous-traitant la préparation des comptes selon le format ESEF à un prestataire externe ;
– s'assurer que les comptes consolidés selon le format ESEF ont été correctement balisés, notamment :
• contrôles destinés à vérifier que les balises paramétrées dans l'outil de balisage correspondent bien à celles déterminées lors du *mapping*, y compris pour les extensions et ancrages,
• contrôles des modifications et des versions successives réalisés par l'entité pour s'assurer que les projets itératifs des comptes selon le format ESEF conservent le balisage tel qu'il a été validé dans la version précédente. Ces contrôles peuvent être particulièrement pertinents pour le commissaire aux comptes lorsqu'il a déjà réalisé des contrôles de substance sur les versions précédentes. Dans ce cas, le commissaire aux comptes peut choisir de tester ces contrôles afin d'adopter une approche pertinente et efficace ;
– s'assurer que les comptes selon le format ESEF respectent les spécifications techniques du règlement européen délégué 2019/815 ;
Les « règles de validation » ou points de contrôle informatique préconisés par l'ESMA dans son « ESEF *Reporting Manual* » peuvent être intégrés dans les logiciels liés à l'ESEF et être utilisés par l'entité dans le cadre de ses propres contrôles. Le cas échéant, le commissaire aux comptes prend connaissance de la façon dont la direction a réagi aux erreurs ou alertes identifiées par les contrôles de validation, en effet le résultat de certains contrôles des règles de validation peut faire apparaître des anomalies potentielles sur le balisage ; le commissaire aux comptes pourra alors s'appuyer sur ces contrôles pour adapter la nature et l'étendue de ses propres travaux.
– s'assurer de la concordance des comptes établis selon le format ESEF, y compris la version de ces comptes lisible par l'œil humain, avec ceux ayant été arrêtés par l'organe compétent.
Il convient que le commissaire aux comptes acquière une compréhension des **contrôles informatiques généraux pertinents** pour la préparation des comptes au format ESEF et des contrôles internes pertinents relatifs aux applications informatiques.

Diligences relatives au format XHTML. Le commissaire aux comptes vérifie que les **42429** comptes annuels et, le cas échéant, les comptes consolidés sont préparés au format XHTML et qu'ils correspondent à ceux qui ont fait l'objet de son audit (NEP 9520 § 04).
Le commissaire aux comptes contrôle, lorsqu'il ouvre le fichier .zip établi par l'entité contenant les comptes selon le format ESEF, que le dossier nommé « Reports » contient bien un fichier XHTML. Une fois ouvert sur un navigateur internet, ce fichier doit permettre d'afficher les comptes annuels et, le cas échéant, les comptes consolidés en lecture directe (CNCC NI. XX § 3.22 p. 21). Deux situations sont à distinguer :
– si le fichier XHTML s'ouvre, une **version des comptes lisible par l'œil humain** s'affiche. Le commissaire aux comptes vérifie alors que cette version des comptes annuels et, le cas échéant, des comptes consolidés qui apparaît en lecture directe correspond aux comptes arrêtés par l'organe compétent et ayant fait l'objet de son audit ;
– si le fichier XHTML ne s'ouvre pas dans un navigateur internet standard, le commissaire aux comptes en fait part à l'entité. Si l'entité n'est pas en mesure de lui communiquer un fichier lisible, le commissaire aux comptes mentionne dans son rapport sur les comptes qu'il est dans l'**impossibilité de conclure** sur le respect, dans la présentation des comptes annuels et, le cas échéant, des comptes consolidés inclus ou destinés à être inclus dans le rapport financier annuel, du format ESEF (voir n° 42445).
La validité technique des fichiers XHTML est de la seule responsabilité de l'émetteur. Le contrôle de cette validité technique n'entre pas dans le champ de la mission du commissaire aux comptes (CNCC NI. XX § 3.2 p. 18).

Diligences relatives au balisage des comptes consolidés. Le commissaire aux comptes **42430** met en œuvre les procédures définies aux paragraphes 9 à 12 de la NEP 9520 lui permettant d'obtenir des éléments suffisants et appropriés pour apprécier le respect des règles de balisage définies par le règlement européen délégué 2019/815 applicables aux comptes consolidés (NEP 9520 § 05).

La NEP précise que le commissaire aux comptes met en œuvre les procédures :
– sur **toutes les informations définies au 1 de l'annexe II du règlement** européen précité que ledit règlement requiert de baliser (NEP 9520 § 06) ;

Les balisages obligatoires pour les émetteurs sont, dans les états financiers consolidés IFRS, tous les nombres exprimés dans une monnaie déclarée fournis dans l'état de situation financière, l'état du résultat net et des autres éléments du résultat global, l'état des variations des capitaux propres et l'état des flux de trésorerie (Règl. européen 2019/815, annexe 2, 1.).

Le paragraphe 6 de la NEP 9520 prévoit ainsi que le commissaire aux comptes **contrôle exhaustivement toutes les balises de ces états financiers primaires** (CNCC NI. XX § 3.23.3 p. 22).

– sur les **informations définies aux 2 et 3 de l'annexe II du règlement** européen précité que ledit règlement requiert de baliser ou sur les informations des comptes consolidés balisées sur **une base volontaire**. Pour ce faire, il sélectionne les informations à contrôler sur la base de son jugement professionnel et de son analyse du risque d'anomalies significatives, les informations visées afin d'en contrôler les balises (NEP 9520 § 07).

Le paragraphe 07 de la NEP :
– vise les informations des états financiers consolidés balisées sur une base volontaire ;
– vise les informations définies aux 2. et 3. de l'annexe II du règlement européen délégué 2019/815 que ledit règlement requiert de baliser ;
– et prévoit ainsi que le commissaire aux comptes sélectionne, sur la base de son jugement professionnel et de son analyse du risque d'anomalies significatives, les informations visées aux deux alinéas précédents afin d'en contrôler les balises.

Ce contrôle couvre les balises relatives aux informations figurant dans les notes aux états financiers que le règlement requiert de baliser ainsi que sur les informations balisées volontairement par l'émetteur. Il n'a pas à couvrir l'intégralité des balises concernées. Le commissaire aux comptes peut en effet s'appuyer sur son jugement professionnel et son analyse du risque d'anomalies significatives pour sélectionner les informations à contrôler dans les notes aux états financiers (CNCC NI. XX § 3.23.3 p. 22 s.).

42431   Le commissaire aux comptes utilise les **seuils de signification définis pour son audit** des comptes pour déterminer l'étendue des procédures à mettre en œuvre sur les informations balisées définies au paragraphe 7 de la NEP 9520 et pour évaluer l'incidence des anomalies relevées sur les comptes présentés selon le format d'information électronique unique européen. Pour ce faire, le commissaire aux comptes applique les principes définis dans la NEP 450 « Évaluation des anomalies relevées au cours de l'audit » (NEP 9520 § 08).

Conformément au paragraphe 8 de la NEP 9520, les seuils de signification définis pour l'audit des comptes sont utilisés pour appliquer la notion de caractère significatif dans le contexte de la vérification du format ESEF. Dans ce contexte, la notion de caractère significatif, dans sa dimension quantitative et qualitative, est appliquée par le commissaire aux comptes pour (CNCC NI. XX § 3.23.2 p. 24-25) :
– planifier ses diligences relatives au balisage des informations visées par le paragraphe 07 de la NEP 9520 et sélectionner ainsi, sur la base de son jugement professionnel et de son analyse du risque d'anomalies significatives, celles sur lesquelles porteront ces diligences ; et
– évaluer l'incidence des anomalies relevées sur le respect, dans la présentation des comptes destinés à être inclus dans le rapport financier annuel, du format ESEF.

Les **anomalies potentielles** dans la présentation des comptes au format ESEF peuvent être de différentes natures avec, par exemple :
– les anomalies portant sur la présentation des comptes annuels et/ou consolidés au format XHTML : par exemple, une ou plusieurs informations figurant dans les comptes arrêtés par l'organe compétent ne figurent pas dans les informations apparaissant en lecture directe par l'œil humain en XHTML ou encore une ou plusieurs informations apparaissant en lecture directe par l'œil humain en XHTML ne concordent pas avec les comptes arrêtés par l'organe compétent, etc. ;
– les anomalies attachées au risque de non-exhaustivité du balisage : par exemple, un ou plusieurs montants présentés dans les états primaires consolidés IFRS ne sont pas balisés, etc. ;
– les anomalies attachées au risque d'inexactitude du balisage : par exemple, une ou plusieurs informations balisées ne correspondent pas aux informations incluses dans les comptes consolidés IFRS arrêtés par l'organe compétent, etc. ;
– d'autres anomalies relevant du risque de non-respect des règles relatives au balisage : pour les besoins de son évaluation du risque d'anomalies significatives dans les informations balisées, le commissaire aux comptes peut également tenir compte d'autres risques liés au non-respect des règles relatives au balisage fixées par l'annexe IV du règlement européen délégué 2019/815 ou du manuel de *reporting* de l'ESMA, qui relèveraient d'anomalies autres que la non-exhaustivité ou que l'inexactitude du balisage.

Pour plus de détails sur les anomalies potentielles dans la présentation des comptes au format ESEF, voir CNCC NI. XX point 3.23.2 p. 25-26.

Le commissaire aux comptes applique la notion de caractère significatif dans le cadre de ses travaux sur le respect du format ESEF de manière similaire avec la manière dont il applique cette notion dans le cadre de son audit des états financiers arrêtés par l'organe compétent. Toutefois, la CNCC considère qu'il peut être utile pour le commissaire aux comptes, lors de son évaluation du risque d'anomalies significatives et de la détermination des procédures à mettre en œuvre au titre du respect du format ESEF, de tenir compte de la nature de certaines anomalies pouvant exister dans la présentation des comptes au format ESEF.

En effet, une information considérée comme non significative dans le cadre de l'audit des comptes arrêtés par l'organe compétent en raison de sa faible valeur monétaire pourrait, dans certains cas, donner lieu à un risque d'anomalie significative dans le cadre de la présentation des comptes au format ESEF (CNCC NI. XX § 3.23.2 p. 26).

42436

Les paragraphes 9 à 12 de la NEP 9520 définissent les **procédures à mettre en œuvre** par le commissaire aux comptes sur les informations balisées dans les comptes consolidés. Le commissaire aux comptes **identifie et évalue le risque d'anomalies significatives** dans les comptes consolidés présentés selon le format ESEF. Pour ce faire, il tient compte (NEP 9520 § 09) :

– de sa compréhension des éléments du contrôle interne de l'entité pertinents pour la préparation des comptes au format ESEF acquise à l'issue de la mise en œuvre des diligences définies au paragraphe 3 de la NEP 9520 (voir n° 42428) ; et

– des risques de non-exhaustivité et d'inexactitude liés au balisage des informations (voir n° 42431).

La CNCC précise que le commissaire aux comptes peut choisir d'évaluer la conception et la mise en œuvre des contrôles de l'entité, y compris ceux relatifs aux services fournis par le prestataire de services, le cas échéant, lorsqu'il estime (CNCC NI. XX § 3.23.3 p. 27) :

– qu'ils contribuent à prévenir le risque d'anomalies significatives dans la présentation des comptes selon le format ESEF ;

– que les tests réalisés sur l'efficacité des contrôles concernés lui permettront de réduire l'étendue des contrôles de substance à mettre en œuvre sur les informations balisées.

L'évaluation par le commissaire aux comptes de la conception et de la mise en œuvre des contrôles de l'entité consiste à apprécier si un contrôle, seul ou en association avec d'autres, est théoriquement en mesure de prévenir, de détecter ou de corriger les anomalies significatives dans la présentation des comptes selon le format ESEF.

Le commissaire aux comptes **vérifie pour chaque information balisée contrôlée** que le choix des éléments de la taxonomie retenus est approprié ou les extensions créées sont pertinentes, que les attributs de la balise sont corrects et que les liens de présentation, de calcul, des libellés et de définition entre ces attributs sont corrects (NEP 9520 § 10 ; voir CNCC NI. XX § 3.23.3 p. 28 s.).

Afin de vérifier les informations balisées, la CNCC précise que le **commissaire aux comptes doit disposer** du fichier de *mapping* établi par l'entité (voir n° 42427) et du fichier .zip établi par l'entité contenant les comptes annuels et, le cas échéant, les comptes consolidés au format XHTML. Il convient qu'il puisse ouvrir ce fichier .zip afin de réaliser ces travaux sur le fichier XHTML. Ce fichier XHTML doit inclure non seulement les états primaires mais également les notes de l'annexe.

Dans sa note d'information n° XX, la CNCC détaille les **diligences** du commissaire aux comptes relatives (CNCC NI. XX § 3.23.3 p. 29 s.) :

– à l'**exhaustivité** du balisage au sein des états financiers en XHTML ;

– au **choix** des éléments de taxonomie retenus ;

– à la pertinence des **extensions** créées ;

– aux **attributs** et **caractéristiques** des balises ;

– aux **éléments racine** dans les bases de liens de présentation ;

– aux **liens de présentation**, de calcul, des **libellés** et de **définition**.

Lorsque le commissaire aux comptes choisit de **s'appuyer sur certains des contrôles mis en œuvre par l'entité**, il applique les principes définis dans la NEP 330 « Procédures d'audit mises en œuvre par le commissaire aux comptes à l'issue de son évaluation des risques » (NEP 9520 § 11).

Le commissaire aux comptes peut ainsi décider de s'appuyer sur les éléments de contrôle interne mis en place par l'émetteur pour réduire l'étendue de ses contrôles de substance sur le balisage, dès lors que l'efficacité de ces contrôles a pu être démontrée.

La CNCC précise dans sa note d'information précitée que le fait de s'appuyer sur les contrôles mis en œuvre par l'entité n'est pas antinomique avec l'exigence du paragraphe 06 de la NEP 9520 de contrôler toutes les informations des états primaires. Le commissaire aux comptes peut s'appuyer sur l'**efficacité**

des contrôles informatiques généraux pertinents pour la préparation des comptes au format ESEF et des contrôles pertinents relatifs aux applications informatiques du système d'information utilisés par l'entité pour préparer les comptes au format ESEF. Pour ce faire, il réalise des tests de procédures afin de collecter des éléments suffisants et appropriés montrant que les contrôles de l'entité ont fonctionné efficacement (CNCC NI. XX § 3.23.3 p. 35).

Le commissaire aux comptes veille à **documenter dans son dossier** les travaux effectués sur la dernière version du .zip, c'est-à-dire celle qui tient compte, le cas échéant, des modifications demandées par le commissaire aux comptes pour pouvoir conclure positivement, et ce afin de vérifier que les modifications qu'il a demandées sont prises en compte par l'émetteur et l'absence de modification du balisage validé en amont (CNCC NI. XX § 3.23.3 p. 37).

Lorsque le commissaire aux comptes envisage de **faire appel à un expert,** notamment en matière de technologies de l'information, il applique les principes définis dans la NEP 620 « Intervention d'un expert » (NEP 9520 § 12).

Le commissaire aux comptes a besoin d'un niveau de compétences suffisant sur la réglementation ESEF et veille à ce que les professionnels qui interviennent dans le cadre des travaux réalisés sur cet aspect aient la compétence suffisante et appropriée pour réaliser leurs diligences conformément à la NEP 9520. Le commissaire aux comptes peut utilement (CNCC NI. XX § 3.23.3 p. 38) :
– faire appel à des experts de la taxonomie ESEF, du langage XBRL ou des systèmes d'information dans le cadre de ses travaux sur le format électronique des comptes, et notamment sur le balisage ;
– ou intégrer dans son équipe des spécialistes de son cabinet.
En particulier, l'intervention d'experts ou de spécialistes de la taxonomie ESEF peut se révéler utile lors de la revue du *mapping* des comptes (pour apprécier notamment le caractère approprié des concepts IFRS choisis dans la taxonomie ESEF, ou des extensions retenues) en amont de l'intervention finale sur le fichier .zip.
Le recours à des experts ne limite toutefois pas la responsabilité du commissaire aux comptes sur l'opinion qu'il exprime sur le respect du format ESEF des comptes au regard des exigences du règlement européen délégué 2019/815.

Pour plus d'informations sur l'**organisation pratique** des travaux mis en œuvre sur les informations balisées dans les comptes consolidés (calendrier des travaux, documentation, recours à des experts), voir CNCC NI. XX § 3.23.3 p. 36.

42441 **Déclaration écrite.** Dans le cas où le commissaire aux comptes ne dispose pas du rapport financier annuel, il demande au représentant légal de l'entité une déclaration écrite par laquelle ce dernier confirme que les comptes annuels et, le cas échéant, les comptes consolidés au format ESEF, qui lui ont été soumis et sur la base desquels il a effectué ses contrôles, sont ceux qui seront inclus dans le rapport financier annuel (NEP 9520 § 13).

Pour des exemples de mentions à insérer dans les déclarations écrites au représentant légal de l'entité selon que l'entité applique la réglementation ESEF ou qu'elle décide d'utiliser la possibilité de report offerte par l'article 222-3, III du règlement général de l'AMF, voir CNCC NI. XX § 3.34 p. 38 s.

42444 **Incidences des éventuelles anomalies relevées.** La NEP 9520 précise les incidences des éventuelles anomalies relevées par le commissaire aux comptes. Elle dispose dans son paragraphe 14 que le commissaire aux comptes :
– communique aux personnes qui assument la responsabilité des comptes annuels et, le cas échéant, des comptes consolidés présentés selon le format ESEF les anomalies qu'il a relevées autres que celles qui sont manifestement insignifiantes ;
– s'en entretient avec ces personnes et, s'il l'estime nécessaire, réalise des travaux complémentaires pour confirmer ou non l'existence de telles anomalies.

En pratique, le commissaire aux comptes pourra utiliser le « seuil de remontée des anomalies » qui est couramment défini dans le cadre de l'audit des comptes (pour plus de détails, voir CNCC NI. XX § 3.3 p. 40).

Si le commissaire aux comptes conclut que ces **anomalies sont confirmées,** il demande les modifications nécessaires. À défaut de modification, il en tire les conséquences dans sa conclusion (NEP 9520 § 14).

Pour évaluer l'incidence des anomalies relevées, sur le respect, dans la présentation des comptes destinés à être inclus dans le rapport financier annuel, du format ESEF, le commissaire aux comptes utilise les seuils de signification définis pour son audit des comptes (voir n° 42431).
S'agissant de l'évaluation de l'incidence des anomalies relevées non corrigées sur les comptes présentés selon le format ESEF, le commissaire aux comptes peut utilement procéder par analogie avec l'évaluation qu'il aurait été amené à réaliser dans le cadre de son audit des comptes arrêtés par l'organe compétent s'il avait identifié une anomalie similaire dans ces comptes (pour plus de détails, voir CNCC NI. XX § 3.3 p. 40).

Forme et contenu de la partie du rapport sur les comptes relative à la vérification du respect du format ESEF. Les paragraphes 15 et 16 de la NEP 9520 définissent la forme et le contenu de la partie du rapport sur les comptes relative à la vérification du respect du format ESEF.

42445

À l'issue de ses travaux, le commissaire aux comptes conclut que la présentation des comptes annuels et, le cas échéant, des comptes consolidés inclus ou destinés à être inclus dans le rapport financier annuel :

– soit **respecte**, dans tous ses aspects significatifs, le format ESEF ;

– soit **respecte** le format ESEF **à l'exception des anomalies significatives** dont il fait mention dans son rapport ;

– soit **ne respecte pas** le format ESEF en raison des multiples anomalies significatives relevées dont il fait mention dans son rapport.

> L'expression « destinés à être inclus » (dans le rapport financier annuel) est utilisée lorsque le commissaire aux comptes formule sa conclusion sur le respect du format ESEF sans disposer du rapport financier annuel dans son intégralité. Dans ce cas, il précise qu'il ne lui appartient pas de vérifier que les comptes qui seront effectivement inclus par l'entité dans le rapport financier annuel déposé auprès de l'AMF correspondent à ceux sur lesquels il a réalisé ses travaux (CNCC NI. XX § 4.1 p. 42).

Lorsque le commissaire aux comptes n'a pas pu mettre en œuvre les procédures nécessaires pour vérifier le respect du format ESEF dans la présentation des comptes annuels et, le cas échéant, des comptes consolidés inclus ou destinés à être inclus dans le rapport financier annuel, il mentionne qu'il est dans l'**impossibilité de conclure** sur le respect. Il en fournit les raisons dans son rapport (NEP 9520 § 15).

La conclusion du commissaire aux comptes sur le respect du format ESEF est présentée dans la partie du rapport sur les comptes annuels et, le cas échéant, sur les comptes consolidés relative aux « **autres vérifications ou informations prévues par les textes légaux et réglementaires** ». Il indique qu'il a effectué ses vérifications conformément à la NEP 9520, afin de formuler sa conclusion prévue à l'article R 823-7 du Code de commerce et formule sa conclusion conformément aux dispositions du paragraphe 15 de la NEP 9520 précitées (NEP 9520 § 6).

> Pour des exemples de formulation de conclusion dans le rapport sur les comptes annuels et sur les comptes consolidés ainsi que la traduction de ces exemples en anglais, voir CNCC NI. XX § 4.2. et 4.3 p. 44 s.

Cocommissariat aux comptes. La NEP 9520 précise que lorsque la mission de contrôle légal est dévolue à plusieurs commissaires aux comptes, ceux-ci conviennent entre eux de la répartition des diligences sur les comptes annuels (le cas échéant, sur les comptes consolidés) présentés selon le format ESEF. Chaque commissaire aux comptes procède à une revue des diligences mises en œuvre par les cocommissaires aux comptes, ce qui lui permet d'apprécier si les diligences mises en œuvre correspondent à celles définies lors de la répartition et/ou si les diligences ont permis de collecter des éléments suffisants et appropriés sur lesquels il pourra fonder sa conclusion sur les comptes annuels (le cas échéant, sur les comptes consolidés) présentés selon le format ESEF.

42446

Cette revue des diligences permet également à chacun d'entre eux d'apprécier si la conclusion à laquelle les cocommissaires aux comptes ont abouti est pertinente et cohérente (NEP 9520 § 17).

Les commissaires aux comptes communiquent ensemble et de manière concertée avec les personnes qui assument la responsabilité des comptes annuels et, le cas échéant, des comptes consolidés présentés selon le format ESEF (NEP 9520 § 18).

> Les modalités d'organisation des travaux entre cocommissaires aux comptes feront l'objet d'une publication ultérieure par la CNCC (CNCC NI. XX § 3.4 p. 41).

Autres aspects de la mission des commissaires aux comptes La mission de certification confiée aux commissaires aux comptes, à l'exception de la mission du commissaire aux comptes sur la présentation des comptes annuels et consolidés selon le format d'information électronique unique européen, est la mission classique mise en œuvre dans toutes les sociétés sur les comptes.

42450

> On observera toutefois que, depuis le décret 2010-684 du 23 juin 2010, l'établissement des rapports des commissaires aux comptes dans les sociétés dont les actions sont admises aux négociations sur un marché réglementé fait l'objet de délais spécifiques :
> – les rapports à l'assemblée ordinaire sont à établir en vue de leur publication sur le site Internet de l'entité contrôlée au moins 21 jours avant la date de cette assemblée ; s'agissant plus particulièrement

AUDIT DES PERSONNES OU ENTITÉS FAISANT APPEL AUX MARCHÉS FINANCIERS © Éd. Francis Lefebvre

des rapports sur les comptes annuels et consolidés, ce délai ne peut par ailleurs excéder la fin du quatrième mois suivant la clôture, compte tenu de l'intégration de ces deux rapports dans le rapport financier annuel ;

– les rapports à l'assemblée extraordinaire sont à établir, en vue de leur publication sur le site Internet de l'entité contrôlée, au moins 21 jours avant la date de cette assemblée et au plus tard à la date de convocation de cette assemblée ; en particulier, lorsque l'avis de réunion précédant l'assemblée vaut avis de convocation, les rapports à l'assemblée extraordinaire doivent être établis dans le délai imparti pour l'émission de cet avis, soit 35 jours au moins avant la date d'assemblée.

Précision. L'obligation de déposer les rapports à l'assemblée extraordinaire au plus tard à la date de convocation de cette assemblée résulte du second alinéa de l'article R 225-89 du Code de commerce, qui prévoit que tout actionnaire a le droit de prendre connaissance du rapport du commissaire aux comptes à compter de la convocation de l'assemblée extraordinaire ou de l'assemblée spéciale, disposition qui ne figure pas dans l'alinéa premier du même article relatif aux assemblées ordinaires. Il sera toutefois de bonne pratique pour le commissaire aux comptes d'émettre sans tarder ses rapports à l'assemblée ordinaire, une fois lancé l'avis de convocation à cette assemblée, dans la mesure où, en application de l'article R 225-88 du Code de commerce, tout actionnaire peut demander la communication de ces documents.

Lorsque l'assemblée est convoquée dans le cadre des dispositions de l'article L 233-32 du Code de commerce (offres publiques d'acquisition), le délai de 21 jours est ramené à 15 jours avant la date de l'assemblée.

On se reportera aux développements abordés dans ce Mémento concernant notamment l'audit des comptes annuels (voir plus particulièrement n°s 25112 s. sur la notion d'audit financier, n°s 27101 s. sur l'audit financier par phase), le rapport de gestion (voir n°s 54150 s.) et le rapport sur le gouvernement d'entreprise avec notamment les informations relatives à la rémunération des dirigeants (voir n°s 55900 s.).

Les aspects particuliers à l'audit des comptes consolidés sont développés aux n°s 45000 s.

C. Information périodique semestrielle

Obligations à la charge des sociétés

42460 Avant l'ordonnance 2009-80 du 22 janvier 2009 relative à l'appel public à l'épargne, les sociétés dont les titres sont admis aux négociations sur un marché réglementé étaient soumises à deux référentiels d'obligations d'informations :

– le Code de commerce (art. L 232-7 et R 232-13) ;

– le Code monétaire et financier dont les dispositions sont développées dans le Règlement général de l'AMF.

Désormais, les articles L 232-7 et R 232-13 du Code de commerce renvoient aux dispositions de l'article L 451-1-2 du Code monétaire et financier, pris en application de la directive Transparence du 15 décembre 2004.

On remarque que l'article L 232-7 du Code de commerce, qui renvoie aux I, III, VII de l'article L 451-1-2 du Code monétaire et financier, vise les sociétés dont les actions sont admises aux négociations sur un marché réglementé, alors que l'article L 451-1-2 du Code monétaire et financier vise, quant à lui, les émetteurs français dont des titres de capital, ou des titres de créance, sont admis aux négociations sur un marché réglementé.

Le **Code monétaire et financier** prévoit dans son article L 451-1-2 que les émetteurs de titres de capital ou de créance admis aux négociations sur un marché réglementé publient et déposent auprès de l'AMF un **rapport financier semestriel dans les trois mois** suivant la fin du premier semestre de leur exercice.

La loi 2014-1162 du 30 décembre 2014 a transposé la directive 2013/50/UE modifiant la directive Transparence du 15 décembre 2004 et a notamment allongé le délai de publication des rapports financiers semestriels de deux à trois mois depuis le 1er janvier 2015.

Ce rapport financier semestriel comprend :

– des comptes condensés ou des comptes complets pour le semestre écoulé, présentés, le cas échéant, sous une forme consolidée ;

– un rapport semestriel d'activité ;

Ce rapport indique au moins les événements importants survenus pendant les six premiers mois de l'exercice et leur incidence sur les comptes semestriels. Il comporte une description des principaux risques et incertitudes pour les six mois restant de l'exercice. Pour les émetteurs d'actions, le rapport semestriel d'activité fait également état des principales transactions entre parties liées en mentionnant au moins les éléments suivants :

– les transactions entre parties liées qui ont eu lieu durant les six premiers mois de l'exercice en cours et ont influé significativement sur la situation financière ou les résultats de l'émetteur au cours de cette période ;

– toute modification affectant les transactions entre parties liées décrites dans le dernier rapport annuel qui pourrait influer significativement sur la situation financière ou les résultats de l'émetteur durant les six premiers mois de l'exercice en cours.

S'ils ne sont pas tenus d'établir des comptes consolidés, les émetteurs d'actions rendent publiques au moins les transactions entre parties liées mentionnées au 10° de l'article R 233-14 du Code de commerce (RG AMF art. 222-6).

– une déclaration des personnes physiques assumant la responsabilité de ce document ;

Ces personnes attestent qu'à leur connaissance les comptes sont établis conformément aux normes comptables applicables et donnent une image fidèle du patrimoine, de la situation financière et du résultat de l'émetteur ou de l'ensemble des entreprises comprises dans la consolidation et que le rapport semestriel d'activité présente un tableau fidèle des informations prévues par l'article 222-6 du Règlement général de l'AMF (RG AMF art. 222-4, 3°).

La position-recommandation AMF 2016-05 – Guide de l'information périodique des sociétés cotées intègre un modèle de déclaration au paragraphe 9.3.

– le rapport d'examen limité des commissaires aux comptes.

Lorsque les dispositions légales qui sont applicables à l'émetteur n'exigent pas que les comptes semestriels fassent l'objet d'un rapport des contrôleurs légaux ou statutaires, l'émetteur le mentionne dans son rapport (RG AMF art. 222-4, 4°).

En cas de manquement aux obligations prévues à l'article L 451-1-2 du Code de commerce, des **sanctions pécuniaires** peuvent être prononcées (voir n° 15765).

42465

En application de l'article 222-4 du Règlement général de l'AMF, tous les émetteurs de titres de capital ou de titres de créance dont la valeur nominale des titres est inférieure à 100 000 € doivent établir et publier des **comptes condensés ou complets semestriels**, présentés sous une forme consolidée, le cas échéant, en faisant application soit de la norme IAS 34, soit de l'article 222-5 du Règlement général de l'AMF.

L'article 222-5 du règlement indique les éléments que doivent contenir au minimum les comptes semestriels lorsque l'émetteur n'a pas l'obligation d'établir des comptes consolidés ou de respecter les normes internationales :

– un bilan ;

– un compte de résultat ;

– un tableau de variation des capitaux propres ;

– un tableau des flux de trésorerie ;

– une annexe.

Ces comptes peuvent être condensés et l'annexe ne comporter qu'une sélection des notes annexes les plus significatives.

Selon le comité juridique de l'Ansa (Association nationale des sociétés anonymes), bien qu'aucune disposition expresse des textes n'oblige le conseil d'administration à se réunir afin d'arrêter ou d'examiner les comptes semestriels, la publication de ces comptes sans que le conseil (ou le comité d'audit si la société, en application de l'article L 823-19 du Code de commerce, est soumise à l'obligation d'en instaurer un, ou encore si le conseil a mis en place un tel comité) en ait pris connaissance serait une pratique imprudente et à déconseiller très nettement. Il serait contraire aux principes du gouvernement d'entreprise que les administrateurs soient informés des résultats semestriels après le marché (Ansa CJ 4-10-2006).

Afin d'assurer la comparabilité, les comptes semestriels doivent comporter les éléments suivants (RG AMF 222-5, II) :

– le bilan à la fin de la période intermédiaire concernée et le bilan à la date de clôture de l'exercice précédent ;

– le compte de résultat cumulé du début de l'exercice à la fin de la période intermédiaire, le compte de résultat pour la même période de l'exercice précédent, ainsi que le compte de résultat de l'exercice précédent ;

– le tableau des variations de capitaux propres cumulées du début de l'exercice à la fin de la période intermédiaire, ainsi que le tableau des variations de capitaux propres pour la même période de l'exercice précédent ;

– un tableau des flux de trésorerie cumulés du début de l'exercice à la fin de la période intermédiaire, ainsi que le tableau des flux pour la même période de l'exercice précédent.

Un émetteur qui souhaite inclure une **information financière pro forma** dans un rapport financier annuel ou un rapport financier semestriel présentera ces informations de manière volontaire (le caractère obligatoire de la réglementation Prospectus ne concerne que le prospectus ou le document d'enregistrement universel) et le rapport des commissaires aux comptes n'est pas requis. L'émetteur devra cependant suivre les principes de construction de l'information financière pro forma prévus par recommandation AMF 2021 relative à l'élaboration des documents d'enregistrement universel. Si le rapport financier annuel ou le rapport financier semestriel est inclus ou incorporé par référence dans un prospectus ou un document d'enregistrement universel, un rapport des commissaires aux comptes sur l'information financière pro forma est requis (Position-recommandation AMF 2021-02 – Guide d'élaboration des documents d'enregistrement universel § 2.1 p. 77).

Mission des commissaires aux comptes

42470 Le champ d'intervention du commissaire aux comptes doit se comprendre au regard des dispositions du Code monétaire et financier.

Le **Code monétaire et financier** prévoit un examen limité des comptes semestriels (art. L 451-1-2 et RG AMF art. 222-4). Par ailleurs, l'article L 451-1-2 du Code monétaire et financier a été modifié par l'ordonnance 2009-80 du 22 janvier 2009 pour prévoir le contrôle des autres informations incluses dans le rapport semestriel d'activité.

L'article L 451-1-2, III du Code monétaire et financier indique : « Les commissaires aux comptes font état, dans leur rapport d'examen limité, de leurs conclusions sur le contrôle des comptes complets ou condensés et de leurs observations sur la sincérité et la concordance avec ces comptes des informations données dans le rapport semestriel d'activité. »

42475 Le contrôle des comptes semestriels prend la forme d'un **examen limité** de comptes intermédiaires, mené conformément à la **norme d'exercice professionnel** relative à l'examen limité de comptes intermédiaires en application de dispositions légales ou réglementaires (NEP 2410), publiée par un arrêté du 29 novembre 2007 et amendée par arrêté du 12 mai 2021. Cette NEP est applicable aux exercices ouverts depuis le 1er janvier 2008. Cette norme régit l'examen limité des comptes figurant dans le rapport semestriel, mais ne définit pas les diligences du commissaire aux comptes sur les « autres » informations contenues dans ledit rapport et prévues par l'article L 451-1-2, III du Code monétaire et financier.

42480 **Diligences du commissaire aux comptes sur les comptes semestriels**
Lorsqu'il conduit un examen limité de comptes intermédiaires, le commissaire aux comptes met en œuvre des procédures moins étendues que celles requises pour les besoins de la certification. Il obtient l'assurance, moins élevée que celle obtenue dans le cadre d'un audit des comptes réalisé pour les besoins de la certification, que les comptes intermédiaires ne comportent pas d'anomalies significatives (assurance modérée).

L'examen limité de comptes intermédiaires consiste essentiellement, pour le commissaire aux comptes, à s'entretenir avec la direction et à mettre en œuvre des procédures analytiques.

La norme présente les obligations incombant au commissaire aux comptes relatives notamment :
– à l'établissement d'une lettre de mission ;
– à la prise de connaissance de l'entité et de son environnement, y compris son contrôle interne et l'évaluation du risque d'anomalies significatives dans les comptes ;
– aux entretiens avec la direction ;
– aux procédures analytiques ;
– à l'obtention de déclarations du représentant légal ;
– aux éléments qui doivent être communiqués à la direction ;
– à la documentation des travaux.

42485 **Diligences du commissaire aux comptes sur le rapport semestriel d'activité** Conformément à l'article L 451-1-2 du Code monétaire et financier (voir n° 42470), le commissaire aux comptes doit s'assurer, conformément à la doctrine de la CNCC figurant dans l'ancienne norme 5-102 « Tableau d'activité et de résultats et rapport semestriel » :

« – que le rapport satisfait quant à son contenu à l'ensemble des obligations d'information prévues par les textes légaux et réglementaires ;
– que les informations contenues dans ce rapport sont sincères et concordent avec les comptes intermédiaires ».

En application de l'article 222-6 du Règlement général de l'AMF, le rapport semestriel d'activité indique au moins les événements importants survenus pendant les six premiers mois de l'exercice et leur incidence sur les comptes semestriels. Il comporte également une description des principaux risques et des principales incertitudes pour les six mois restants de l'exercice. Pour les émetteurs d'actions, le rapport semestriel d'activité fait également état des principales transactions entre parties liées en mentionnant au moins les éléments suivants :

1°) Les transactions entre parties liées qui ont eu lieu durant les six premiers mois de l'exercice en cours et ont influé significativement sur la situation financière ou les résultats de l'émetteur au cours de cette période.

2°) Toute modification affectant les transactions entre parties liées décrites dans le dernier rapport annuel qui pourrait influer significativement sur la situation financière ou les résultats de l'émetteur durant les six premiers mois de l'exercice en cours.

Il est précisé que, s'ils ne sont pas tenus d'établir des comptes consolidés, les émetteurs d'actions rendent publiques au moins les transactions entre parties liées mentionnées au 10° de l'article R 233-14 du Code de commerce.

À la date de mise à jour de ce Mémento, il n'existe pas de norme d'exercice professionnel homologuée traitant des diligences du commissaire aux comptes sur les informations semestrielles « autres » que les comptes.

Rapport du commissaire aux comptes

42490

À la date de mise à jour de ce Mémento, la Compagnie nationale des commissaires aux comptes a publié deux exemples de rapports semestriels des commissaires aux comptes sur l'information financière semestrielle.

Se référer au bulletin CNCC n° 201 de mars 2021 (Communiqué CNCC – Information financière semestrielle dans le contexte Covid-19 – février 2021).

Ce rapport du commissaire aux comptes se décompose en trois parties :
– une partie introductive ;

Le comité des normes professionnelles de la CNCC a estimé qu'il convenait désormais de ne faire référence qu'à l'article L 451-1-2 du Code monétaire et financier dans l'introduction du rapport au titre de l'examen limité des comptes semestriels.

À la date de mise à jour de ce Mémento, les exemples de rapports publiés par la CNCC intègrent un paragraphe relatif à la crise mondiale liée à la pandémie de Covid-19.

– une partie relative à l'opinion exprimée sur les comptes : comme requis par la NEP 2410, le commissaire aux comptes formule :
- soit une conclusion sans réserve,
- soit une conclusion avec réserve,
- soit une conclusion défavorable,
- soit une impossibilité de conclure ;

Selon que l'examen limité porte sur des comptes complets ou des comptes condensés/résumés, présentés, le cas échéant, sous une forme consolidée, la conclusion émise par le commissaire aux comptes est formulée différemment :

– lorsque l'examen limité de comptes intermédiaires porte sur des comptes complets, présentés, le cas échéant, sous une forme consolidée, le commissaire aux comptes se prononce sur la régularité, la sincérité et l'image fidèle des comptes ;

– lorsque l'examen limité de comptes intermédiaires porte sur des comptes condensés, présentés, le cas échéant, sous une forme consolidée, le commissaire aux comptes se prononce sur la conformité des comptes avec les principes qui leur sont applicables, définis dans le référentiel comptable.

– une partie relative aux éventuelles observations sur les informations données dans le rapport semestriel d'activité commentant les comptes semestriels.

Dans cette partie, le commissaire aux comptes mentionne ses observations (ou absences d'observation) sur la sincérité de ces informations et leur concordance avec les comptes semestriels consolidés condensés (/résumés).

Les dispositions de l'article L 823-9 du Code de commerce relatives à la justification des appréciations ne s'appliquent pas aux rapports d'examen limité de comptes intermédiaires établis en application des dispositions légales et réglementaires (voir n° 30910-1).

Sanction du défaut de publication des documents du premier semestre

42495

Le **Code monétaire et financier** ne prévoit aucune sanction en cas de publication tardive ou de non-publication du rapport semestriel.

L'article L 621-18 du Code précité dispose que « l'Autorité des marchés financiers s'assure que les publications prévues par les dispositions législatives ou réglementaires sont régulièrement effectuées par les émetteurs mentionnés à l'article L 451-1-2 ou les émetteurs dont les titres sont admis aux négociations sur un système multilatéral de négociation qui se soumet aux dispositions du II de l'article L 433-3 (Euronext Growth) », mais ne prévoit pas de sanction. Il en est de même pour le Règlement général de l'AMF.

AUDIT DES PERSONNES OU ENTITÉS FAISANT APPEL AUX MARCHÉS FINANCIERS © Éd. Francis Lefebvre

Afin de s'assurer du respect des obligations précitées, l'AMF, après les avoir relancées, publie la liste des sociétés françaises cotées sur Euronext Paris n'ayant pas respecté leurs obligations de diffusion et/ou de dépôt auprès de l'AMF de leurs rapports financiers semestriels.

Toutefois, l'article R 247-1 du Code de commerce sanctionne d'une contravention de 5e classe le fait pour le président, l'administrateur, le directeur général ou le gérant d'une société dont les actions sont admises à la négociation sur un marché réglementé de n'avoir pas procédé aux publications prévues aux articles R 232-11 et R 232-13 dudit code, ce dernier visant la publication du rapport financier semestriel dans le délai de quatre mois après la fin du semestre.

Ainsi, seul le **défaut de publication** du rapport semestriel prévu par le Code de commerce est sanctionné pénalement (il n'existe pas d'infractions pour publication tardive).

La **publication tardive** comme le **défaut de publication** du rapport semestriel constituent dans tous les cas des **irrégularités** à signaler à l'organe de direction, de surveillance ainsi que, le cas échéant, au comité d'audit, en application des dispositions de l'article L 823-16 du Code de commerce, et à l'assemblée générale en application des dispositions de l'article L 823-12 du Code de commerce.

L'article L 823-12 prévoit explicitement que les irrégularités sont signalées à la plus prochaine assemblée générale (ou réunion de l'organe compétent). Le rapport semestriel du commissaire aux comptes, dont la loi ne prévoit pas qu'il soit destiné à l'assemblée générale, n'est donc pas adapté à la communication de cette irrégularité.

Cette irrégularité devra en conséquence faire l'objet d'une **communication spécifique** à l'assemblée générale.

Par ailleurs, il convient de tenir compte des dispositions de l'article L 621-22, IV du Code monétaire et financier qui précisent que les commissaires aux comptes de sociétés dont les titres financiers sont admis aux négociations sur un marché réglementé doivent transmettre à l'Autorité des marchés financiers les conclusions du rapport qu'ils envisagent de présenter à l'assemblée générale en application de l'article L 823-12 du Code de commerce.

Pour plus de détails sur la notion d'irrégularité, se reporter au n° 61250.

En conséquence, **en cas de non-respect des délais**, il incombe au commissaire aux comptes de :
– signaler à l'AMF le non-respect du délai par l'entité ;
– signaler à la plus prochaine assemblée générale le non-respect du délai de publication.

En cas de défaut de publication du rapport semestriel, il incombe au commissaire aux comptes de :
– signaler à l'AMF le non-respect du délai et le défaut de publication par l'entité ;
– signaler à la plus prochaine assemblée générale le défaut de publication ;
– et révéler ce défaut au procureur de la République (infraction pénale).

Les dirigeants encourent également des risques de sanctions par la Commission des sanctions de l'AMF pour manquement à leurs obligations de publication.

D. Information périodique trimestrielle

42500 Depuis le 1er janvier 2015, l'article 9 de la loi 2014-1662 du 30 décembre 2014, dite « loi DDADUE », a transposé la directive 2013/50/UE modifiant la directive Transparence du 15 décembre 2004 et a notamment **supprimé l'obligation de publier une information financière trimestrielle** pour les sociétés dont les titres sont admis aux négociations sur un marché réglementé (abrogation du IV de l'article L 451-1-2 du Code monétaire et financier).

Les émetteurs qui le souhaitent peuvent continuer à publier une information financière trimestrielle et l'**AMF** a publié à leur intention les **recommandations** suivantes, reprises dans le Guide de l'information périodique (Position-recommandation AMF 2016-05 – Guide de l'information périodique des sociétés cotées mise à jour en avril 2021 § 10) :
– la décision de communiquer une information financière trimestrielle ou intermédiaire est de la responsabilité de l'émetteur ;
– l'émetteur doit adopter une ligne de conduite claire et stable dans le temps sur ce sujet et la présenter dans le calendrier de publication qu'il communique sur son site internet de début d'année ;

© Éd. Francis Lefebvre — AUDIT DES PERSONNES OU ENTITÉS FAISANT APPEL AUX MARCHÉS FINANCIERS

– l'information financière trimestrielle ou intermédiaire publiée doit être exacte, précise et sincère ;

Le format de cette information est laissé à l'appréciation des émetteurs mais l'AMF recommande qu'elle soit accompagnée d'un commentaire qui indique les conditions dans lesquelles l'activité a été exercée et rappelle notamment les opérations et les événements importants du trimestre ou de la période afin d'éclairer les données financières et de permettre ainsi aux investisseurs d'appréhender au mieux la situation de l'émetteur et/ou du groupe.

Par ailleurs, les indicateurs trimestriels chiffrés présentés doivent suivre les principes comptables appliqués par le groupe.

– l'émetteur doit veiller à respecter le principe d'égalité d'accès à l'information entre les différentes catégories d'investisseurs, en application de l'article 223-10-1 du règlement général de l'AMF selon lequel « tout émetteur doit assurer au public un accès égal et dans les mêmes délais aux sources et canaux d'information que l'émetteur ou ses conseils mettent spécifiquement à la disposition des analystes financiers, en particulier à l'occasion d'opérations financières » ;

Dès lors, si une société communique une information financière trimestrielle ou intermédiaire à certains investisseurs, analystes ou partenaires financiers, par exemple dans le cadre de « roadshows », de rendez-vous individuels ou collectifs ou dans le cadre de contrats de financement, dans quelque pays que ce soit, cette information doit immédiatement être portée à la connaissance du public sous la forme d'un communiqué, diffusé selon les modalités prévues aux articles 221-3 et suivants du règlement général de l'AMF.

– l'émetteur doit vérifier si l'information financière trimestrielle ou intermédiaire est constitutive d'une information privilégiée au sens de l'article 7, paragraphe 1 du Règlement Abus de marché et, si tel est le cas, il doit porter cette information à la connaissance du public, dès que possible, conformément au règlement Abus de marché précité.

L'AMF attire par ailleurs l'attention des émetteurs sur les risques liés à l'absence totale de communication financière pendant une trop longue période et rappelle que cette absence d'information n'est pas favorable au bon fonctionnement du marché.

L'AMF recommande aux sociétés qui font le choix de ne pas publier d'information financière trimestrielle ou intermédiaire de veiller tout particulièrement au respect de leur obligation d'information permanente afin de contribuer à améliorer la confiance des investisseurs dans la transparence de la communication financière de l'émetteur. Cela permet notamment aux sociétés de ne pas être confrontées à une situation où elles doivent publier en urgence un avertissement sur résultats ou dans laquelle des informations susceptibles d'être qualifiées de privilégiées auraient été diffusées à certains acteurs sans respecter le principe d'égalité d'accès à l'information.

L'AMF recommande aux sociétés dont les titres financiers sont admis à la négociation sur un marché réglementé de publier, dès que possible après la clôture de l'exercice et au plus tard fin février, ou dans un délai de soixante jours suivant la clôture, l'information sur le chiffre d'affaires annuel de l'exercice écoulé accompagnée d'un comparatif, à défaut d'avoir publié leurs résultats annuels à cette date.

Toutefois, l'émetteur peut ne pas procéder à la publication isolée du chiffre d'affaires, s'il estime qu'elle n'est pas pertinente, compte tenu de la nature de son activité, ou qu'elle risque d'induire en erreur le marché.

Mission des commissaires aux comptes

42510

Le contrôle de l'information financière trimestrielle n'est pas explicitement prévu, puisqu'il ne constitue ni une vérification spécifique, ni une information adressée aux actionnaires à l'occasion de l'assemblée générale.

Le Comité des normes professionnelles de la CNCC a précisé qu'il n'existait aucune obligation légale pour le commissaire aux comptes de vérifier cette information financière trimestrielle. Mais, s'il apparaît, à la lecture de ces informations, que certaines d'entre elles sont manifestement erronées ou manquantes, il appartient au commissaire aux comptes de s'en entretenir avec la direction, et, le cas échéant, avec le conseil d'administration, et de demander les rectifications qui lui semblent nécessaires. Il appartient également au commissaire aux comptes, notamment s'il n'est pas donné une suite favorable à sa demande, d'en tirer les conséquences, au regard de ses obligations de communication des irrégularités et inexactitudes au conseil d'administration et à l'assemblée générale et, le cas échéant, de révélation des faits délictueux au procureur de la République.

AUDIT DES PERSONNES OU ENTITÉS FAISANT APPEL AUX MARCHÉS FINANCIERS © Éd. Francis Lefebvre

Par ailleurs, le guide de lecture de l'article L 621-22 du Code monétaire et financier élaboré par l'AMF et la CNCC précise que le commissaire aux comptes doit transmettre à l'AMF, dès que possible, l'information relative à toute irrégularité ou inexactitude qu'il aurait relevée et qui pourrait faire l'objet d'une mention dans son rapport à l'assemblée (Bull. CNCC n° 149-2008, chr. 22).

On pourra également se référer au communiqué de la CNCC du 24 novembre 2010 relatif à la mention, le cas échéant, des travaux des commissaires aux comptes à l'occasion de la publication de l'information financière trimestrielle.

E. Autres informations périodiques

42550 Les autres informations périodiques portent uniquement sur le rapport sur le gouvernement d'entreprise.

La loi 2012-387 du 22 mars 2012 relative à la simplification du droit et à l'allégement des démarches administratives a supprimé le **document d'information annuel**, précédemment prévu à l'article L 451-1-1 du Code monétaire et financier, qui compilait toutes les informations publiées ou rendues publiques au cours des douze derniers mois dans un ou plusieurs États parties à l'accord sur l'Espace économique européen ou dans un ou plusieurs pays tiers.

Honoraires des commissaires aux comptes

42570 L'article 222-8 du Règlement général de l'AMF, prévoyant la communication des honoraires des commissaires aux comptes, a été abrogé par arrêté du 27 février 2017 portant homologation de modifications du Règlement général de l'AMF. Ainsi, l'instruction 2006-10 est obsolète.

À noter, les honoraires des contrôleurs légaux doivent être communiqués dans les annexes aux comptes annuels ou consolidés en normes françaises ou internationales conformément aux règlements de l'Autorité des normes comptables : voir n°s 9750 s.

Gouvernance, contrôle interne et gestion des risques

42580 En application de l'article L 621-18-3 du Code monétaire et financier et de l'article 222-9 du Règlement général de l'AMF, les personnes morales dont les titres financiers sont admis aux négociations sur un marché réglementé sont tenues de rendre publics chaque année les rapports mentionnés par les articles L 225-37, L 22-10-9, L 22-10-10, L 22-10-11, L 225-68, L 22-10-20 et L 22-10-71 du Code de commerce ainsi que, le cas échéant, les informations mentionnées au 2e et au dernier alinéa de l'article L 22-10-35 du même code.

Les personnes morales concernées sont les sociétés anonymes et les sociétés en commandite par actions (voir n° 55805) qui rendent publiques les informations mentionnées aux articles L 226-10-1 et L 22-10-78 du Code de commerce dans les mêmes conditions.

L'Autorité des marchés financiers peut prévoir que cette obligation est également applicable, dans les conditions et selon les modalités fixées par son Règlement général, aux sociétés ayant un siège statutaire en France et dont les titres financiers sont offerts au public sur un système multilatéral de négociation soumis aux dispositions du II de l'article L 433-3 du Code monétaire et financier (Euronext Growth).

Ces rapports et informations concernent :
– le rapport sur le gouvernement d'entreprise ;
Pour plus de détails, se reporter aux n°s 55800 s.

– le rapport des commissaires aux comptes sur le rapport sur le gouvernement d'entreprise (C. com. art. L 22-10-71 créé par l'ordonnance 2020-1142 du 16-9-2020) ;
– les informations du rapport de gestion relatives aux principales caractéristiques des procédures de contrôle interne et de gestion des risques mises en place par la société relatives à l'élaboration et au traitement de l'information financière (C. com. art. L 22-10-35, 2°). Le rapport consolidé de gestion mentionne les principales caractéristiques des systèmes de contrôle interne et de gestion des risques pour l'ensemble des entreprises comprises dans la consolidation (C. com. art. L 22-10-35, dernier alinéa).
Par ailleurs, le Règlement général de l'AMF (art. 222-9) précise :
– que les sociétés anonymes (et sociétés en commandite par actions) dont les titres financiers sont admis aux négociations sur un marché réglementé doivent rendre publics les informations requises par le rapport sur le gouvernement d'entreprise et le rapport du commissaire aux comptes sur ce rapport, selon les modalités fixées à l'article 221-3

886

et, au plus tard, le jour du dépôt au greffe du tribunal de commerce du rapport de gestion ;

> La transposition de la directive Transparence impose à l'émetteur d'assumer la diffusion effective et intégrale par voie électronique de l'information réglementée soit par ses propres moyens, soit en ayant recours à un diffuseur professionnel (RG AMF art. 221-3 et 221-4, III).

– que les autres personnes morales françaises rendent publiques les informations requises par le rapport sur le gouvernement d'entreprise dans les mêmes conditions que les SA et SCA, si elles sont tenues de déposer leurs comptes au greffe du tribunal de commerce et dès l'approbation des comptes annuels de l'exercice précédent dans le cas contraire.

Lorsque les émetteurs établissent un document d'enregistrement universel conformément à l'article 9, paragraphe 12, du règlement 2017/1129 du 14 juin 2017, ce document peut comprendre les rapports et informations ci-avant. Ils sont alors dispensés des modalités de diffusion prévues à l'article 222-9 du Règlement général de l'AMF.

III. Informations permanentes

Dès lors qu'une information revêt les caractéristiques d'une information privilégiée, elle entre dans le champ de l'obligation de communication de l'information permanente des émetteurs. Les risques liés à une utilisation indue d'une information privilégiée ont conduit à l'élaboration d'une réglementation visant à prévenir de potentiels manquements tant de la part des dirigeants que de la part de tiers à qui une information privilégiée est transmise. Ces obligations sont prévues essentiellement par le règlement (UE) 596/2014 sur les abus de marché (dit « **règlement MAR** » ou « **règlement Abus de marché** »), qui est entré en application le 3 juillet 2016. Complété par des règlements délégués de la Commission européenne, il instaure de nouvelles règles applicables à toute personne, aux émetteurs, à leurs dirigeants et aux prestataires de services d'investissement.

42700

> Ces nouvelles dispositions entraînent un certain nombre de modifications du Code monétaire et financier, du Règlement général de l'AMF ainsi que de certaines positions ou recommandations de l'AMF :
> – une partie des dispositions du règlement MAR – prévoyant notamment les **mesures administratives** et les **sanctions** dont doivent disposer les régulateurs financiers européens, les montants des sanctions pécuniaires et les critères de détermination des sanctions – a été rédigée comme dans une directive, afin de laisser une marge de manœuvre aux États membres (voir n° 42326). Ces dispositions ont conduit à modifier les articles L 621-14 et L 621-15 du Code monétaire et financier ;
> – les autres dispositions du règlement MAR, notamment relatives à la **définition des abus de marché**, sont rédigées de manière à s'appliquer directement, comme c'est normalement le cas d'un règlement européen. En conséquence, l'entrée en application du règlement MAR a imposé de supprimer les dispositions françaises qui étaient présentes dans le livre 6 du Règlement général de l'AMF.

L'AMF publie un guide qui a pour objet de rappeler les principales obligations liées à l'information permanente des émetteurs et à la gestion de l'information privilégiée, y compris pour leurs dirigeants, et de regrouper les positions et recommandations de l'AMF et de l'ESMA en la matière (Position-recommandation AMF 2016-08 – Guide de l'information permanente et de la gestion de l'information privilégiée – modifié le 29-4-2021).

En complément du règlement MAR, l'AMF demande aux émetteurs dont les titres financiers sont admis ou font l'objet d'une demande d'admission aux négociations sur un marché réglementé ou sur un système multilatéral de négociation (Euronext Growth et Euronext Access) de respecter d'autres grands principes de communication financière (Position-recommandation AMF 2016-08 – Guide de l'information permanente et de la gestion de l'information privilégiée § 1.5) :

– l'**information** donnée au public doit être **exacte, précise et sincère** (RG AMF art. 223-1), c'est-à-dire exempte d'erreurs ;

– les émetteurs doivent veiller à respecter le **principe de l'égalité d'accès à l'information** :

• entre les analystes et le public, en application de l'article 223-10-1 du règlement général de l'AMF selon lequel « tout émetteur doit assurer en France un accès égal et dans les mêmes délais aux sources et canaux d'information que l'émetteur ou ses conseils mettent spécifiquement à la disposition des analystes financiers, en particulier à l'occasion d'opérations financières », et

AUDIT DES PERSONNES OU ENTITÉS FAISANT APPEL AUX MARCHÉS FINANCIERS © Éd. Francis Lefebvre

• entre les différentes places de cotation sur lesquelles les titres sont négociés, en application de l'article 223-8 du règlement général de l'AMF qui dispose que « tout émetteur doit assurer en France de manière simultanée une information identique à celle qu'il donne à l'étranger dans le respect des dispositions de l'article 223-1 ».

Dès lors, si une société communique une information financière à certains investisseurs, analystes ou partenaires financiers (par exemple lors de *roadshows*, de rendez-vous individuels ou collectifs ou dans le cadre de contrats de financement) dans quelque pays que ce soit, cette information doit également être mise à la disposition du public. S'il s'agit d'une information privilégiée, elle doit être diffusée sous la forme d'un communiqué dans les conditions fixées par l'article 17 de MAR et selon les modalités prévues aux articles 221-3 et suivants du règlement général de l'AMF ;

– le principe de loyauté doit être respecté dans le **choix du support de communication de l'information** : la répartition de l'information entre différents supports ne doit pas faire perdre à celle-ci son caractère exact, précis et sincère ; ainsi, lorsqu'un support conçu pour une plus large diffusion comporte des indications susceptibles d'induire le public en erreur, la circonstance que la portée de ces indications pouvait être rectifiée par la consultation de supports de diffusion plus limitée ne saurait être utilement invoquée.

L'information permanente porte sur :

– les informations privilégiées et opérations envisagées par une personne pour son propre compte sur des instruments financiers (n° 42705) ;

– les déclarations de franchissement de seuils et les déclarations d'intention ou de changements d'intention (n° 42730) ;

– les pactes d'actionnaires (n° 42740) ;

– les opérations réalisées par les dirigeants et d'autres personnes sur les titres de l'émetteur (n° 42745) ;

– les listes d'initiés (n° 42750) ;

– les autres informations (n° 42760) ;

– les déclarations d'intention en cas d'actes préparatoires au dépôt d'une offre publique d'acquisition (n° 42790).

Information privilégiée et opérations envisagées

42705 **Nature de l'obligation** En application de l'article 17.1 du règlement MAR, tout émetteur rend publiques, dès que possible, les **informations privilégiées** qui concernent directement ledit émetteur. Cette obligation s'applique :

– aux émetteurs dont l'admission à la négociation des instruments financiers a été sollicitée ou approuvée sur un marché réglementé dans un État membre ;

– aux émetteurs dont l'admission à la négociation des instruments financiers a été sollicitée ou approuvée sur un système multilatéral de négociation (MTF) dans un État membre, s'il s'agit d'un instrument négocié exclusivement sur un système multilatéral de négociation ;

– et aux émetteurs dont l'admission à la négociation des instruments financiers a été approuvée sur un système organisé de négociation (OTF pour *Organised Trading Facilities*) dans un État membre, s'il s'agit d'un instrument négocié exclusivement sur un système organisé de négociation.

En France, sont principalement concernés Euronext, Euronext Growth (compartiment offre au public et placement privé) et Euronext Access. À la date de mise à jour de ce Mémento, il n'existe pas d'OTF en France.

Par ailleurs, toute personne qui prépare pour son compte une opération financière susceptible d'avoir une incidence significative sur le cours d'un instrument financier ou sur la situation des porteurs de cet instrument doit, dès que possible, porter à la connaissance du public les caractéristiques de cette opération (RG AMF art. 223-6).

42706 **Définition de la notion d'information privilégiée** L'article 7 du règlement MAR donne la définition suivante : « Une information à **caractère précis** qui n'a pas été rendue publique, qui concerne, directement ou indirectement, un ou plusieurs émetteurs, ou un ou plusieurs instruments financiers, et qui, si elle était rendue publique, serait susceptible d'**influencer de façon sensible** le cours des instruments financiers concernés ou le cours d'instruments financiers dérivés qui leur sont liés [...]. »

888

© Éd. Francis Lefebvre   AUDIT DES PERSONNES OU ENTITÉS FAISANT APPEL AUX MARCHÉS FINANCIERS

Si des informations importantes sont communiquées oralement ou par écrit à un ou plusieurs investisseurs sélectionnés, ces informations doivent être soit communiquées à tous les autres investisseurs auxquels cette offre s'adresse, soit incluses dans le prospectus ou dans un supplément dans le cas où la publication est requise (Règl. (UE) 2017/1129 art. 22 § 5).

L'information doit être **portée à la connaissance du public** le plus tôt possible sous la forme d'un communiqué diffusé selon les modalités fixées à l'article 221-3 du Règlement général (RG AMF art. 223-9).

> Lorsqu'une personne a été amenée à faire état publiquement de ses intentions et que, par la suite, ces dernières ne sont plus conformes à sa déclaration initiale, elle est tenue de porter rapidement à la connaissance du public ses nouvelles intentions (RG AMF art. 223-7).

L'AMF recommande aux émetteurs de disposer de procédures internes leur permettant d'évaluer si une information est de nature privilégiée ou non, afin de déterminer si cette information, d'une part, peut être transmise et/ou utilisée et, d'autre part, doit être communiquée au public, et dans l'affirmative, à quel moment (Position-recommandation AMF 2016-08).

Différé de publication d'une information privilégiée   **42707**

Aux termes de l'article 17.4 du règlement MAR, l'émetteur « peut, sous sa propre responsabilité, **différer la publication d'une information privilégiée** » s'il remplit les trois conditions cumulatives suivantes :

– la publication immédiate est susceptible de porter atteinte aux intérêts légitimes de l'émetteur ;

> L'AMF estime qu'un émetteur ne peut se contenter de se référer à son intérêt social pour justifier le différé de publication d'une information privilégiée, afin de ne pas vider de sa substance l'obligation d'information permanente. Il ne saurait non plus invoquer un intérêt ou un principe vague et général tel que le secret des affaires ou l'intérêt économique, commercial ou stratégique de l'émetteur (Position-recommandation AMF 2016-08 § 1.2.2.1).
>
> L'ESMA a publié des orientations donnant une **liste indicative des intérêts légitimes** des émetteurs ainsi que des situations dans lesquelles un différé de publication d'une information privilégiée, bien que justifié par l'existence d'un intérêt légitime, est susceptible d'induire le public en erreur.
>
> L'AMF a décidé de se conformer à ces orientations, qui sont reprises dans sa Position-recommandation AMF 2016-08 § 1.2.2.1.
>
> Ainsi, les situations dans lesquelles la publication immédiate des informations privilégiées est susceptible de porter atteinte aux intérêts légitimes des émetteurs pourraient comprendre, sans s'y limiter, les **cas** suivants :
>
> a. L'émetteur mène encore des négociations dont le résultat est susceptible d'être compromis en cas de publication immédiate. Ces négociations peuvent concerner, par exemple, une fusion, une acquisition, une scission, l'achat ou la cession d'actifs significatifs ou de branches d'activités, une restructuration ou une réorganisation.
>
> b. Il existe un danger grave et imminent menaçant la viabilité financière de l'émetteur mais n'entrant pas dans le champ d'application du droit applicable en matière d'insolvabilité, et la publication immédiate des informations privilégiées est susceptible de fortement porter atteinte aux intérêts des actionnaires existants et potentiels en compromettant le résultat des négociations visant à assurer le redressement financier de l'émetteur.
>
> c. L'information privilégiée concerne des décisions prises ou des contrats conclus par l'organe de direction de l'émetteur nécessitant, en vertu du droit national ou des statuts de l'émetteur, l'approbation d'un autre organe de l'émetteur, autre que l'assemblée générale de ses actionnaires, afin de devenir effectifs, sous réserve que :
>
> – la publication immédiate de cette information, avant qu'une décision définitive ne soit prise, soit susceptible d'empêcher le public d'évaluer correctement l'information en cause ; et que
>
> – l'émetteur ait pris les mesures nécessaires pour qu'une décision définitive soit prise le plus rapidement possible.
>
> d. L'émetteur a mis au point un produit ou une invention et la publication immédiate de cette information est susceptible de porter atteinte aux droits de propriété intellectuelle de l'émetteur.
>
> e. L'émetteur compte acheter ou vendre une participation significative dans une autre entité et la publication d'une telle information est susceptible de perturber la mise en œuvre de ce plan.
>
> f. Une opération précédemment annoncée nécessite l'approbation d'une autorité publique et cette approbation est soumise à des exigences supplémentaires, et la publication immédiate de ces exigences est susceptible de détériorer la capacité de l'émetteur à les respecter et, en conséquence, est susceptible d'empêcher l'achèvement de l'opération.

– le retard de publication n'est pas susceptible d'induire le public en erreur ;

Les situations dans lesquelles le retard de la publication des informations privilégiées est susceptible d'induire le public en erreur incluent au moins les cas suivants (Position-recommandation AMF 2016-08 § 1.2.2.1.) :

a. L'information privilégiée dont l'émetteur compte retarder la publication est sensiblement différente de l'annonce publique précédemment faite par l'émetteur quant au sujet auquel l'information privilégiée se rapporte.

b. L'information privilégiée dont l'émetteur compte retarder la publication concerne le fait que les objectifs financiers de l'émetteur ne seront probablement pas atteints, si ces objectifs ont précédemment été annoncés publiquement.

c. L'information privilégiée dont l'émetteur compte retarder la publication est contraire aux attentes du marché, si ces attentes sont basées sur des signaux que l'émetteur a précédemment envoyés au marché, tels que des entretiens, des tournées de promotion ou tout autre type de communication organisé par l'émetteur ou avec son approbation.

– l'émetteur est en mesure d'assurer la confidentialité de ladite information.

L'AMF recommande à l'émetteur de :

– mettre en place des dispositifs efficaces pour empêcher l'accès à cette information par des personnes dont les fonctions au sein de l'émetteur ne justifient pas un tel accès ou ne le rendent pas indispensable ;

– prendre les mesures nécessaires pour veiller à ce que toute personne ayant accès à cette information ait pris connaissance des obligations légales et réglementaires liées audit accès et soit avertie des sanctions applicables en cas d'utilisation ou de transmission indue de cette information ;

– mettre en place les dispositifs nécessaires permettant une publication immédiate, exacte, précise et sincère de cette information dans le cas où il ne parviendrait plus à en assurer la confidentialité.

Conformément à l'article 17.4 du règlement MAR, lorsqu'un émetteur a différé la publication d'une information privilégiée, il en **informe l'AMF a posteriori**, immédiatement après la publication de l'information. Dans sa notification, l'émetteur identifie l'information privilégiée qui a fait l'objet du différé. L'article 4.3 du règlement d'exécution 2016/1055 du 29 juin 2016 relatif aux modalités techniques de publication et de report des informations privilégiées prévoit les informations qui doivent être fournies. En application de l'instruction DOC-2016-07, l'ensemble de ces informations doivent être transmises à l'AMF par écrit, sous forme électronique, à l'adresse suivante : differepublication@amf-france.org.

L'AMF peut, à sa discrétion et en complément, décider de solliciter, auprès de l'émetteur qui a différé la publication d'une information privilégiée et l'en a informée au moment où la publication est finalement intervenue, des explications écrites sur la manière dont les trois conditions permettant le différé ont été satisfaites. L'émetteur est tenu de répondre sans délai à cette demande d'explications en précisant notamment les raisons qui ont motivé le différé de publication de l'information privilégiée et, plus généralement, la façon dont les trois conditions exigées par MAR ont été respectées.

L'AMF se réserve le droit de demander aux émetteurs ou personnes mentionnés précédemment la publication, dans des délais appropriés, des informations qu'elle juge utiles à la protection des investisseurs et au bon fonctionnement du marché et, à défaut, de procéder elle-même à la publication (RG AMF art. 223-10).

Tout changement significatif qui concerne des informations privilégiées déjà rendues publiques et qui entre dans les prévisions de l'article 17 du règlement 596/2014 du 16 avril 2014 sur les abus de marché est soumis à l'obligation de publication prévue par cet article (RG AMF art. 223-5).

42710 Informations diffusées Les informations diffusées peuvent être classées selon deux types d'informations : l'information sur les résultats comptables et financiers et les avertissements sur résultats.

S'agissant de l'**information sur les résultats comptables et financiers,** il faut distinguer l'information sur les prévisions ou estimation de résultats de celle sur les résultats.

Le règlement délégué (UE) 2019/980 impose une information sur les tendances (par exemple, pour un document d'enregistrement pour les titres de capital, voir annexe 1, section 10), mais laisse à l'émetteur l'initiative de communiquer une prévision ou une estimation de bénéfice (par exemple, pour un document d'enregistrement pour les titres de capital, voir annexe 1, section 11.2).

Concernant les informations prévisionnelles ou estimées, voir n°s 41915 s.

La stricte confidentialité qui marque la période précédant l'arrêté des comptes annuels ou semestriels par les organes sociaux doit faire place à la publication des **résultats** dès la tenue de ladite réunion (voire avant si leur confidentialité ne peut être assurée ou si ces chiffres corrigent des données prévisionnelles diffusées antérieurement ou déjà connues). La publication doit, selon l'AMF, intégrer la diffusion des informations

42710
(suite)

nécessaires à une correcte interprétation des résultats publiés (annonce des changements de méthodes comptables ou de périmètre et de leur impact, par exemple ; voir Mémento Comptable n° 81565).

L'AMF a rappelé qu'au titre de l'obligation d'information permanente, il incombe aux sociétés, dès l'arrêté des comptes par le conseil d'administration ou l'examen par le conseil de surveillance, de diffuser un communiqué présentant les résultats annuels ou semestriels. Ce communiqué est diffusé par voie électronique selon les modalités définies par l'article 221-3 de son Règlement général (voir la Position-recommandation AMF 2016-05 et 2016-08), dont les principales mesures sont rappelées ci-dessous :

– l'AMF recommande aux émetteurs d'indiquer la situation de leurs comptes au regard du processus de certification par les commissaires aux comptes (comptes certifiés ou non) à l'occasion de la publication du communiqué sur les comptes de l'exercice écoulé requis au titre de l'obligation d'information permanente ;

– les sociétés cotées doivent diffuser de manière effective et intégrale au titre de leur obligation d'information permanente un communiqué sur les comptes de l'exercice dès que ceux-ci sont disponibles. Les comptes consolidés sont considérés comme disponibles dès lors qu'ils ont été arrêtés par le conseil d'administration ou examinés par le conseil de surveillance. Dans les structures duales, l'AMF recommande que le conseil de surveillance examine dans un délai aussi bref que possible les comptes arrêtés par le directoire. Pour les sociétés qui n'établissent pas de comptes consolidés, cette recommandation s'applique aux comptes sociaux. La publication de ce communiqué devrait être faite par voie de diffusion effective et intégrale.

Le communiqué peut ne comporter que les éléments significatifs des comptes et les commentaires appropriés. Il est important dans tous les cas que le communiqué mentionne le résultat net et des informations bilancielles. Si des informations plus complètes sur les comptes sont disponibles sur le site de l'émetteur, le lecteur du communiqué doit en être informé par une mention dans le communiqué. Il est également nécessaire que l'émetteur précise la date d'arrêté par le conseil d'administration ou d'examen des comptes par le conseil de surveillance dans le communiqué de résultats afin que le public puisse s'assurer de l'absence de délai entre la réunion d'arrêté des comptes du conseil d'administration (ou d'examen des comptes) par le conseil de surveillance et la publication des résultats. L'AMF recommande aux émetteurs de faire précéder l'annonce de leurs résultats annuels, semestriels ou trimestriels d'une **période d'embargo** pendant laquelle ils se refusent à donner aux analystes financiers et aux investisseurs des informations nouvelles sur la marche de leurs affaires et leurs résultats. La durée de cette période doit être adaptée aux spécificités de chaque émetteur, en tenant compte notamment de la plus ou moins grande rapidité de publication des résultats. Les émetteurs sont encouragés à fixer et faire connaître au marché une période maximale qui tient compte du processus de centralisation et de compilation de l'information comptable, afin de ne pas interrompre exagérément le nécessaire dialogue avec le marché. À titre indicatif, une période d'embargo de quinze jours avant la publication des résultats paraît satisfaisante.

L'AMF précise que cette période d'embargo sur les résultats ne dispense toutefois pas l'émetteur de fournir au marché des informations sur tout fait relevant de l'obligation d'information permanente, ni ne l'empêche d'apporter, dans le respect du règlement européen sur les abus de marché, toute information nécessaire au marché en réponse à des déclarations ou informations publiques le mettant en cause (Position-recommandation AMF 2016-05 § 1.6.1).

– l'AMF rappelle aux émetteurs de s'abstenir de divulguer le communiqué sur les résultats pendant les heures de bourse ;

– les émetteurs devraient mentionner sur leur communiqué la date et l'heure de sa diffusion ;

– si les titres de l'émetteur sont traités sur un autre marché réglementé, il est recommandé à l'émetteur d'adapter la politique de diffusion de sa communication pour éviter de divulguer des faits nouveaux importants pendant que ce marché est ouvert ;

– l'AMF recommande que, à l'occasion de la diffusion par voie de presse écrite, l'émetteur avertisse le lecteur qu'une information complète sur les résultats de l'exercice est disponible sur son site Internet ;

– l'AMF recommande la mise en ligne des présentations à destination des analystes financiers et investisseurs systématiquement et sans délai, au plus tard au début des réunions concernées.

S'agissant des **avertissements sur les résultats**, l'AMF recommande aux émetteurs d'être particulièrement vigilants quant au respect de l'obligation de communiquer dès que possible une information privilégiée, lorsqu'ils constatent que les résultats ou d'autres indicateurs de performance qu'ils anticipent :

– devraient s'écarter des résultats ou autres indicateurs de performance anticipés par le marché même si l'émetteur n'a pas communiqué d'objectifs ou de prévisions au marché ou qu'il n'existe pas de consensus de marché ;

– et que ces résultats ou autres indicateurs de performance seraient susceptibles d'influencer de façon sensible le cours des instruments financiers de cet émetteur ou le cours d'instruments financiers dérivés qui leur sont liés.

L'AMF recommande aux émetteurs d'être particulièrement vigilants quant au respect de l'obligation de communiquer dès que possible dès lors qu'ils constatent que le marché

AUDIT DES PERSONNES OU ENTITÉS FAISANT APPEL AUX MARCHÉS FINANCIERS © Éd. Francis Lefebvre

ne dispose pas des informations nécessaires lui permettant d'apprécier correctement l'impact de la stratégie annoncée, de ses déterminants économiques propres ou de son degré de sensibilité aux variables exogènes sur ses performances.

Au-delà de l'explication ponctuelle attendue, le contenu de cette communication devrait également privilégier les éléments qualitatifs et d'ordre stratégique ainsi que les mesures que la société a prévu de prendre, le cas échéant, afin que le marché puisse apprécier sa capacité à maîtriser les évènements.

Voir position-recommandation AMF 2016-08 Guide de l'information permanente et de la gestion de l'information privilégiée § 1.4.2 Avertissement sur résultat (*profit warning*).

42720 Modalités de diffusion En application de l'article 223-9 du Règlement général de l'AMF, toute information mentionnée aux articles 223-2 à 223-7 de ce règlement est portée à la connaissance du public sous la forme d'un communiqué diffusé effectivement et intégralement par voie électronique selon les modalités fixées à l'article 221-3. L'accès à cette information doit être le même pour tous. Le public doit avoir accès dans les mêmes délais aux sources et canaux d'information mis à la disposition des analystes financiers par les émetteurs ou leurs conseils (RG AMF art. 223-10-1).

Il existe cependant une dérogation, lorsque l'opération est une première admission sur un marché réglementé ou sur un système multilatéral de négociation organisé (Euronext Growth) de titres de capital, les analystes financiers désignés au sein des établissements membres du syndicat en charge de la réalisation de l'opération ou au sein du groupe auquel appartiennent ces établissements peuvent se voir communiquer des informations préalablement à leur diffusion dans le public sous réserve du respect des dispositions de l'article 315-1 et dans les conditions précisées par voie d'instruction (voir Instruction AMF 2020-05 – Accès des analystes financiers, désignés au sein des établissements membres du syndicat, aux informations en amont de la publication du prospectus).

Depuis le 3 juillet 2016, date d'entrée en vigueur du règlement (UE) 596/2014 du 16 avril 2014 sur les abus de marché (dit « **règlement MAR** »), l'émetteur coté sur Euronext Growth s'assure de la diffusion effective et intégrale de l'information périodique et permanente selon les mêmes modalités que l'émetteur coté sur un marché réglementé.

42725 Contrôle de l'AMF L'AMF dispose d'un pouvoir d'appréciation et de contrôle des informations diffusées. Elle peut ordonner aux émetteurs de procéder à des publications rectificatives dans le cas où des inexactitudes ou omissions auraient été relevées. Elle peut exiger des émetteurs et des personnes préparant une opération, ainsi que des personnes ayant fait état de cette intention, la publication, dans des délais appropriés, des informations qu'elle juge utiles à la **protection des investisseurs** et au **bon fonctionnement du marché**. À défaut, elle peut procéder elle-même à la publication des informations manquantes (RG AMF art. 223-10).

Sur les **sanctions pécuniaires** qui peuvent être prononcées par l'AMF, voir n° 41880.

Déclaration de franchissement de seuils et déclaration d'intention

42730 Les informations relatives au franchissement de seuils lors du calcul de la détention du capital social et sur les déclarations d'intention prévues par les articles L 233-7 à L 233-10 du Code de commerce doivent être portées à la connaissance du public par l'intermédiaire de l'AMF. Les personnes franchissant les seuils de détention sont tenues d'informer l'AMF avant la clôture des négociations, au plus tard le quatrième jour de négociation suivant le franchissement du seuil de participation (C. com. art. L 233-7 et RG AMF art. 223-14).

Pour une présentation détaillée des obligations d'information en matière de franchissement de seuil et du calcul de ces seuils, se reporter aux n°s 55440 s.

Sur les sanctions pécuniaires pouvant être prononcées par l'AMF en cas de manquement aux obligations relatives à l'article L 233-7 du Code de commerce, se reporter au n° 41880.

42732 Déclaration de franchissement de seuil L'information donnée à l'AMF comprend notamment (RG AMF art. 223-14, II) :
– l'identité du déclarant ;
– le cas échéant, l'identité de la personne habilitée à exercer les droits de vote pour le compte du déclarant ;
– la date et l'origine du franchissement de seuil ;
– la situation résultant de ce franchissement de seuil en termes d'actions et de droits de vote ;

892

– le cas échéant, la nature de l'assimilation aux actions ou aux droits de vote possédés par le déclarant résultant de l'application de l'article L 233-9 du Code de commerce ainsi que, s'il y a lieu, les principales caractéristiques des instruments financiers et des accords mentionnés aux 4° et 4° bis du I de l'article L 233-9 du code précité ;

> Le 4° du I de l'article L 233-9 du code précité vise les actions déjà émises (ou droits de vote) que la personne tenue à l'obligation de déclaration, ou l'une des personnes mentionnées aux 1° à 3° de l'article précité est en droit d'acquérir à sa seule initiative, immédiatement ou à terme, en vertu d'un accord ou d'un instrument financier mentionné à l'article L 211-1 du Code monétaire et financier.
>
> Le 4° bis du I de l'article L 233-9 a été introduit par la loi 2012-387 du 22 mars 2012 relative à la simplification du droit et à l'allègement des démarches administratives et a été modifié par l'ordonnance 2015-1576 du 3 décembre 2015.
>
> Les actions déjà émises (ou les droits de vote) sur lesquelles porte tout accord ou instrument financier mentionné à l'article L 211-1 du Code monétaire et financier, donnant **droit à un règlement physique ou à un règlement en espèces**, et ayant pour la personne tenue à l'obligation de déclaration, ou l'une des personnes mentionnées aux 1° et 3° de l'article L 233-9, un effet économique similaire à la possession desdites actions, sont **assimilées aux actions et droits de vote détenus** par la personne tenue à l'information.
>
> L'ordonnance 2015-1576 du 3 décembre 2015 a étendu le dispositif aux instruments et accords donnant lieu à un règlement physique et non plus exclusivement à un règlement en espèces.

– le cas échéant, l'ensemble des sociétés contrôlées au sens de l'article L 233-3 du code précité par l'intermédiaire desquelles les actions et droits de vote sont détenus ;
– le cas échéant, le nombre d'actions acquises suite à une cession temporaire d'actions ;
– la signature de la personne tenue à la déclaration.

42734

La déclaration précise en outre (RG AMF art. 223-14, III) :
« 1° Le nombre de titres donnant accès à terme à des actions à émettre et aux droits de vote qui y seront attachés, notamment des bons de souscription d'actions, des bons d'option, des obligations convertibles en actions, ou des obligations convertibles ou échangeables en actions nouvelles ou existantes ;
2° Lorsque les conditions posées au 4° du I de l'article L 233-9 du Code de commerce ne sont pas remplies, les actions déjà émises que le déclarant peut acquérir, en vertu d'un accord ou d'un instrument financier, notamment les options mentionnées au dernier alinéa du II de l'article 223-11, dans le cas prévu audit article. »

42736

En application de l'article 223-14, IV du RG de l'AMF, lorsque le 4° du I de l'article L 233-9 du Code de commerce est applicable ou dans les cas prévus au III, la déclaration comporte en outre une description de chaque type d'**accord** ou d'**instrument financier**, en précisant notamment :
1° La date d'échéance ou d'expiration de l'instrument ou de l'accord.
2° Le cas échéant, la date ou la période à laquelle les actions seront ou pourront être acquises.
3° La dénomination de l'émetteur de l'action concerné.
4° Les principales caractéristiques de cet instrument ou de l'accord, notamment :
– les conditions dans lesquelles cet instrument ou accord donne le droit d'acquérir des actions ;
– le nombre maximal d'actions auxquelles l'instrument ou l'accord donne droit ou que le porteur ou bénéficiaire peut acquérir, sans compensation avec le nombre d'actions que cette personne est en droit de vendre en vertu d'un autre instrument financier ou d'un autre accord.
En application de l'article 223-14, V du RG de l'AMF, lorsque le 4° bis du I de l'article L 233-9 du Code de commerce est applicable, le déclarant fournit une description de chaque type d'**accord** ou d'instrument financier à **règlement physique** dans les conditions prévues au IV ainsi qu'une description de chaque type d'accord ou d'instrument financier **réglé en espèces**, en précisant notamment :
1° La date d'échéance ou d'expiration de l'instrument ou de l'accord.
2° La dénomination de l'émetteur de l'action concerné.
3° Les principales caractéristiques de l'instrument ou de l'accord, notamment le nombre maximal d'actions sur lesquelles il est indexé ou référencé, sans compensation avec le nombre d'actions sur lesquelles la personne tenue à l'obligation de déclaration détient une position courte en vertu de tout accord ou instrument financier réglé en espèces.
4° Le delta de l'instrument ou de l'accord, utilisé pour déterminer le nombre d'actions et de droits de vote assimilés par le déclarant.

AUDIT DES PERSONNES OU ENTITÉS FAISANT APPEL AUX MARCHÉS FINANCIERS © Éd. Francis Lefebvre

Le formulaire de déclaration de franchissement de seuil et d'intention (C. com. art. L 233-7 et L 233-9 ; RG AMF art. 223-11 s.) a été mis à jour par l'AMF le 4 septembre 2017. Il est disponible à l'annexe I de l'instruction AMF 2008-02 relative aux déclarations de franchissement de seuil de participation.

42738 La personne tenue à l'information prévue au premier alinéa du I de l'article L 233-7 précise en outre dans sa déclaration (C. com. art. L 233-7, I, al. 3) :
– le nombre de titres possédés par le déclarant donnant accès à terme au capital ainsi que les droits de vote qui y sont attachés ;
– les actions déjà émises que cette personne peut acquérir, en vertu d'un accord ou d'un instrument financier mentionné à l'article L 211-1 du Code monétaire et financier, sans préjudice des dispositions des 4° et 4° bis du I de l'article L 233-9 du Code de commerce. Il en est de même pour les droits de vote que cette personne peut acquérir dans les mêmes conditions.

42739 **Déclaration d'intention** Lorsque les actions de la société sont admises aux négociations sur un marché réglementé, la personne tenue à l'information telle que décrite ci-dessus doit en outre déclarer, à l'occasion des franchissements de seuil du dixième, des trois vingtièmes, du cinquième ou du quart du capital ou des droits de vote, les **objectifs** qu'elle a l'intention de poursuivre au cours des six mois à venir. Cette **déclaration d'intention** précise les modes de financement de l'acquisition, si l'acquéreur agit seul ou de concert, ses intentions quant au dénouement des accords et instruments mentionnés aux 4° et 4° bis du I de l'article L 233-9 s'il est partie à de tels accords ou instruments, s'il envisage d'arrêter ses achats ou de les poursuivre, d'acquérir ou non le contrôle de la société, la stratégie qu'il envisage vis-à-vis de l'émetteur et les opérations pour la mettre en œuvre ainsi que tout accord de cession temporaire ayant pour objet les actions et les droits de vote. Elle précise si l'acquéreur envisage de demander sa nomination ou celle d'une ou de plusieurs personnes comme administrateur, membre du directoire ou du conseil de surveillance. Le Règlement général de l'AMF précise le contenu de ces éléments en tenant compte, le cas échéant, du niveau de participation et des caractéristiques de la personne qui procède à la déclaration (C. com. art. L 233-7, VII, al. 1 et 2).
Cette déclaration est adressée à la société dont les actions ont été acquises et à l'Autorité des marchés financiers au plus tard avant la clôture des négociations du **quatrième jour de bourse suivant le jour du franchissement du seuil de participation** (C. com. art. R 233-1-1). Cette information est portée à la connaissance du public dans les conditions fixées par l'article 223-17 du Règlement général de l'Autorité des marchés financiers (voir n° 55555).
Enfin, les sociétés dont les actions sont admises aux négociations sur un marché réglementé d'un État partie à l'accord sur l'Espace économique européen ou sur un système multilatéral de négociation soumis aux dispositions du II de l'article L 433-3 du Code monétaire et financier (Euronext Growth) publient sur leur site Internet et transmettent à l'AMF, à la fin de chaque mois, **le nombre total des droits de vote** et le **nombre d'actions composant le capital social s'ils ont varié par rapport à ceux publiés antérieurement** (RG AMF art. 223-16 et C. com. art. L 233-8, II).
Sur la mission du commissaire aux comptes, se reporter aux n° 55640 s.
Sur les sanctions pécuniaires pouvant être prononcées par l'AMF en cas de manquement aux obligations relatives aux articles L 233-7 et L 233-8 II du Code de commerce, se reporter au n° 41880.

Pactes d'actionnaires

42740 Toute clause d'une convention prévoyant des conditions préférentielles de cession ou d'acquisition d'actions admises aux négociations sur un marché réglementé et portant sur au moins 0,5 % du capital ou des droits de vote de la société qui a émis ces actions doit être **transmise dans un délai de cinq jours de bourse** à compter de la signature de la convention ou de l'avenant introduisant la clause concernée, à la société et à l'Autorité des marchés financiers.
À défaut de transmission, les effets de cette clause sont suspendus, et les parties déliées de leurs engagements, en période d'offre publique.
La société et l'Autorité des marchés financiers doivent également être informées de la date à laquelle la clause prend fin (C. com. art. L 233-11).

© Éd. Francis Lefebvre — AUDIT DES PERSONNES OU ENTITÉS FAISANT APPEL AUX MARCHÉS FINANCIERS

Les informations mentionnées à l'article L 233-11 du Code de commerce sont portées à la connaissance du public par l'AMF (RG AMF art. 223-18).

Pour plus d'informations, on pourra se reporter au Mémento Sociétés commerciales n°s 66303 s. et 69100 s.

En dehors des obligations pouvant résulter de leurs obligations en matière de signalement d'irrégularités et d'inexactitudes (voir n° 61260), les commissaires aux comptes n'ont aucune diligence particulière à effectuer dans ce cadre.

Opérations des dirigeants et d'autres personnes sur les titres de la société

42745

En application de l'article L 621-18-2 du Code monétaire et financier, sont tenus de déclarer les opérations réalisées sur les titres de l'émetteur dont le montant cumulé est égal ou supérieur à 20 000 € pour l'année civile en cours (RG AMF art. 223-23) :

L'article 19.8 de règlement MAR fixe ce seuil à 5 000 €. Toutefois, conformément à l'article 19.9, l'AMF a décidé de porter ce seuil à 20 000 €. Ce montant est calculé en additionnant les opérations effectuées par les personnes mentionnées aux a, b ou au b de l'article L 621-18-2 du Code monétaire et financier.

– les membres du conseil d'administration, du directoire, du conseil de surveillance, le directeur général, le directeur général unique, le directeur général délégué ou le gérant (C. mon. fin. art. L 621-18-2, I a) ;
– les personnes qui, d'une part, au sein de l'émetteur, ont le pouvoir de prendre des décisions de gestion concernant son évolution et sa stratégie et ont, d'autre part, un accès régulier à des informations privilégiées concernant directement ou indirectement cet émetteur (C. mon. fin. art. L 621-18-2, I b) ;
– les personnes ayant, dans des conditions définies par l'article R 621-43-1 du Code monétaire et financier, des liens étroits avec les personnes mentionnées ci-dessus.

Ce dispositif, issu du règlement « Abus de marché » (également appelé « règlement MAR »), entré en application le 3 juillet 2016, a modifié la précédente directive « Abus de marché » :
– les dispositions du règlement MAR s'appliquent aux émetteurs dont les titres sont admis aux négociations sur un marché réglementé, **mais aussi** aux émetteurs cotés sur un **système multilatéral de négociation** (Euronext Growth et Euronext Access) ;

Auparavant, le Règlement général avait étendu le champ d'application des dispositions « Abus de marché » aux sociétés dont les titres financiers sont admis aux négociations sur un système multilatéral de négociation organisé (Euronext Growth).

– les personnes soumises à l'obligation déclarative **transmettent leurs déclarations** à l'AMF et à l'émetteur dans les trois jours ouvrés, à compter de la date de la transaction (contre cinq jours antérieurement) ;
– la liste des transactions à déclarer est prévue par l'article 19.7 du règlement MAR et, l'article 10 du règlement délégué (UE) 2016/523 du 10 mars 2016 relatif aux transactions des dirigeants devant faire l'objet d'une notification, donne une liste non exhaustive d'opérations qui donnent lieu à une déclaration.

Conformément à l'instruction de l'AMF 2016-06 sur les opérations des dirigeants et des personnes mentionnées à l'article 19 du règlement européen sur les abus de marché, la **déclaration** doit être **transmise** à l'AMF exclusivement **par voie électronique** via l'extranet dédié « ONDE ».

Pour plus de précisions, nous vous invitons à vous reporter au Guide AMF de l'information permanente et de la gestion de l'information privilégiée (Position-recommandation 2016-08 § 2.2.5).

L'article L 621-18-2 du Code monétaire et financier pose un principe d'information de l'assemblée générale des actionnaires et renvoie au Règlement général de l'AMF pour la détermination des modalités de communication.

L'article 223-26 du Règlement général dispose que le **rapport de gestion** présente un état récapitulatif des opérations mentionnées à l'article L 621-18-2 du Code monétaire et financier réalisées au cours du dernier exercice et ayant fait l'objet d'une déclaration.

L'état récapitulatif visé par l'article 223-26 du Règlement général donne une information nominative pour chaque dirigeant. Les émetteurs peuvent cependant présenter, de manière agrégée, les opérations effectuées par un dirigeant et les personnes qui lui sont liées au cours du dernier exercice. L'identité des personnes liées n'est pas mentionnée dans l'état récapitulatif (Position-recommandation 2016-08 précitée § 2.2.6).

En application de l'article L 823-10, alinéa 2 du Code de commerce, le commissaire aux comptes vérifie la sincérité et la concordance avec les comptes annuels des informations

AUDIT DES PERSONNES OU ENTITÉS FAISANT APPEL AUX MARCHÉS FINANCIERS © Éd. Francis Lefebvre

données dans le rapport de gestion sur la situation financière et les comptes annuels. S'agissant des informations ne portant pas sur la situation financière et les comptes (« autres informations »), il vérifie qu'elles ne font pas apparaître d'incohérence manifeste dans le cadre d'une lecture d'ensemble.

Sur la mission du commissaire aux comptes dans le cadre du rapport de gestion, voir n°s 54255 s.

Listes d'initiés

42750 Le règlement européen sur les abus de marché (« règlement MAR ») rappelle que les listes d'initiés ont pour objet de protéger l'intégrité des marchés financiers. Elles **permettent** notamment :
– à l'émetteur de conserver le contrôle de l'information privilégiée qui le concerne ;
– aux personnes initiées d'avoir connaissance des obligations et des sanctions qui leur sont applicables ;
– et à l'Autorité des marchés financiers de détecter et d'enquêter sur d'éventuels abus de marché.

Conformément aux articles 18.1 et 18.7 du règlement MAR, les obligations afférentes aux listes d'initiés **s'appliquent** :
– aux émetteurs dont l'admission à la négociation des instruments financiers a été sollicitée ou approuvée sur un marché réglementé dans un État membre ;
– aux émetteurs dont l'admission à la négociation des instruments financiers a été sollicitée ou approuvée sur un système multilatéral de négociation dans un État membre s'il s'agit d'un instrument négocié exclusivement sur un système multilatéral de négociation ;
– aux émetteurs dont l'admission à la négociation des instruments financiers a été approuvée sur un système organisé de négociation dans un État membre s'il s'agit d'un instrument négocié exclusivement sur un système organisé de négociation (il n'existe pas de système organisé de négociation en France à la date de mise à jour de ce Mémento) ;
– et à toute personne agissant au nom ou pour le compte de ces émetteurs. L'article 18.2 du règlement MAR précise dans ce cas que « lorsqu'une autre personne agissant au nom ou pour le compte de l'émetteur se charge d'établir et de mettre à jour la liste d'initiés, l'émetteur demeure pleinement responsable du respect du présent article. L'émetteur garde toujours un droit d'accès à la liste d'initiés ».

Les **émetteurs** ou toute personne agissant en leur nom ou pour leur compte **doivent** :
– établir, dans un format électronique, une liste d'initiés ;

Chaque information privilégiée doit faire l'objet d'une liste dédiée, qui précise quelles personnes ont eu accès à une information.

Pour éviter que les mêmes personnes ne figurent de manière répétée dans différentes sections des listes d'initiés, les émetteurs peuvent décider d'ajouter une section supplémentaire à la liste d'initiés (liste des initiés permanents). Cette liste des initiés permanents ne devrait inclure que les personnes qui, par la nature de leurs fonctions ou de leur position, ont **en permanence accès** à l'ensemble des informations privilégiées que possède l'émetteur.

– mettre cette liste d'initiés à jour rapidement conformément au paragraphe 4 de l'article 18 du règlement MAR (y compris la date et l'heure de la mise à jour, le changement de motif de l'inscription sur la liste) ;
– communiquer cette liste à l'AMF dès que possible à la demande de celle-ci et par voie électronique ;
– conserver la liste d'initiés et les versions précédentes pendant une période d'au moins cinq ans après son établissement ou sa mise à jour ;
– prendre toutes les mesures raisonnables pour s'assurer que les personnes figurant sur la liste d'initiés reconnaissent par écrit les obligations légales et réglementaires correspondantes et aient connaissance des sanctions applicables aux opérations d'initiés et à la divulgation illicite d'informations privilégiées.

Pour plus de précisions, nous vous invitons à vous reporter au Guide AMF de l'information permanente et de la gestion de l'information privilégiée (Position-recommandation 2016-08 § 3.1) et au règlement d'exécution (UE) 2016/347 du 10 mars 2016 relatif au format des listes d'initiés et à ses mises à jour.

L'Ansa a également publié en septembre 2017 et mis à jour en décembre 2018 un guide pratique du traitement de l'information privilégiée par les émetteurs. Ce guide présente notamment en annexe des modèles d'avis d'inscription, d'un mandataire social, salarié, tiers prestataires de services, sur une section de la liste d'initiés.

Dans son guide de l'information permanente et de la gestion de l'information privilégiée, l'AMF considère que, compte tenu du caractère non limitatif du texte européen, les

896

© Éd. Francis Lefebvre   AUDIT DES PERSONNES OU ENTITÉS FAISANT APPEL AUX MARCHÉS FINANCIERS

commissaires aux comptes de l'émetteur sont également visés par l'obligation d'inscription sur la liste d'initiés et donc d'établir une liste d'initiés.

> Pour mémoire, avant l'entrée en application du règlement MAR, le 3 juillet 2016, seules les missions de nature contractuelle demeuraient dans le champ d'application du régime des listes d'initiés.

Autres informations

Les autres informations pour lesquelles l'AMF exige une information du public sont de plusieurs natures : les informations relatives aux projets de modification des statuts (n° 42765), les informations relatives au rachat par la société de ses propres actions (n° 42770) et les autres informations (n° 42780).

42760

Modification des statuts Cette information relative aux projets de modification des statuts concerne les émetteurs ayant l'obligation légale de fournir l'information périodique décrite aux n°s 42400 s. Ces derniers doivent **communiquer sans délai**, et au plus tard à la date de la convocation de l'assemblée générale, à l'AMF, ainsi qu'aux personnes qui gèrent des marchés réglementés de l'Espace économique européen sur lesquels leurs titres sont admis aux négociations, tout projet de modification de leurs statuts (RG AMF art. 223-19).

42765

Sont concernées par cette obligation :
– toute société dont le siège statutaire est situé en France et dont les actions sont admises aux négociations sur un marché réglementé français ou pour lesquelles une demande d'admission sur un tel marché a été présentée ;
– toute société dont le siège statutaire est situé en France et dont les actions sont admises aux négociations sur un marché réglementé d'un État membre de l'Union européenne ou partie à l'accord sur l'Espace économique européen, autre que la France, ou pour lesquelles une demande d'admission aux négociations sur un tel marché a été présentée ;
– toute société dont le siège statutaire est situé dans un État membre de l'Union européenne ou partie à l'accord sur l'Espace économique européen, autre que la France, et dont les actions sont admises aux négociations sur un marché réglementé français ou pour lesquelles une demande d'admission aux négociations sur un tel marché a été présentée (RG AMF art. 223-20).

En dehors des obligations pouvant résulter de leurs obligations en matière de signalement d'irrégularités et d'inexactitudes (voir n° 61260), les commissaires aux comptes n'ont aucune diligence particulière à effectuer dans ce cadre.

Rachat par la société de ses propres actions Les émetteurs qui souhaitent procéder au rachat de leurs actions doivent y être autorisés par leur assemblée générale dans les conditions définies aux articles L 22-10-62, L 225-209-2, L 22-10-63 et R 225-151 du Code de commerce. Cette autorisation définit les finalités et modalités de l'opération.

42770

> La loi 98-546 du 2 juillet 1998 a permis aux sociétés dont les actions sont admises aux négociations sur un marché réglementé de racheter leurs propres actions pour leur permettre d'améliorer la gestion financière de leurs fonds propres. La loi Warsmann du 22 mars 2012 a étendu le régime de rachat d'actions aux SMNO (Euronext Growth).

Dans le cas où les actions sont admises à la négociation ou font l'objet d'une demande d'admission sur un marché réglementé ou un SMN ou sont négociées sur un SMN, les rachats sont soumis aux dispositions visant à interdire les abus de marché. Les conditions d'intervention sont posées pour l'essentiel par le règlement (UE) 596/2014 du 16 avril 2014 sur les abus de marché et le règlement délégué (UE) 2016/1052 de la Commission européenne.

> Pour plus de détails, se reporter aux n°s 57630 s.

L'information préalable du public sur les programmes de rachat d'actions se fait dans le cadre d'un **descriptif du programme**, établi selon les modalités fixées aux articles 241-1 et suivants du Règlement général de l'AMF (C. mon. fin. art. L 451-3). Ce descriptif n'est pas visé par l'AMF.

> Ce descriptif comprend :
> – la date de l'assemblée générale des actionnaires qui a autorisé le programme de rachat ou qui est appelée à l'autoriser ;
> – la répartition par objectif des titres de capital détenus au jour de la publication du descriptif du programme ;

897

– le ou les objectifs du programme de rachat ;
– le montant maximum alloué aux programmes de rachat d'actions, le nombre maximal et les caractéristiques des titres que l'émetteur se propose d'acquérir ainsi que le prix maximum d'achat ;
– la durée du programme de rachat.

L'émetteur est toutefois dispensé de la publication du descriptif du programme de rachat d'actions si le rapport financier annuel, le document d'enregistrement ou le document d'enregistrement universel qu'il a établi comprend l'intégralité des informations requises et est rendu public avant la mise en œuvre d'un tel programme. Il doit alors publier un communiqué précisant les modalités de mise à disposition de ce descriptif. Ce communiqué est diffusé de façon effective et intégrale (voir RG AMF art. 241-3).

Par ailleurs, les émetteurs pour lesquels un rachat de titres est en cours de réalisation doivent informer le marché, au plus tard le septième jour de négociation suivant la date d'exécution, de toutes les opérations effectuées dans le cadre du programme de rachat (Règl. délégué (UE) 2016/1052 art. 3.2).

Ces informations sont établies selon les modalités précisées dans l'instruction AMF 2017-03 du 2 février 2017 et doivent faire l'objet d'un communiqué mis en ligne sur le site de l'émetteur (RG AMF art. 241-4). Elles sont tenues à la disposition du public pendant cinq ans.

Les émetteurs doivent en outre informer l'AMF, selon une périodicité qui ne peut être supérieure à un mois, des achats, cessions, transferts et annulations qu'ils ont réalisés (C. com. art. L 22-10-62 créé par l'ordonnance 2020-1142 du 16-9-2020 et RG AMF art. 241-4).

L'AMF a publié un guide relatif aux interventions des émetteurs cotés sur leurs propres titres et aux mesures de stabilisation (Position-recommandation AMF 2017-04 créé le 2-2-2017 et modifié le 29-4-2021) et une instruction AMF 2017-03 sur les modalités de déclaration des opérations réalisées dans le cadre des interventions des émetteurs cotés sur leurs propres titres et des mesures de stabilisation.

Ni le Code monétaire et financier, ni le Règlement général de l'AMF ne prévoient d'intervention du commissaire aux comptes.

Sur les diligences à effectuer dans le cadre des dispositions du Code de commerce, voir n⁰ˢ 57717 s.

42780 **Autres informations** Ces autres informations concernent les émetteurs ayant l'obligation légale de fournir l'information périodique décrite aux n⁰ˢ 42150 s. et sont relatives à (RG AMF art. 223-21) :
– toute modification des droits attachés aux différentes catégories d'actions, y compris les droits attachés aux instruments dérivés émis par l'émetteur et donnant accès aux actions dudit émetteur ;
– toute modification des conditions de l'émission susceptibles d'avoir une incidence directe sur les droits des porteurs des instruments financiers autres que des actions.

En dehors des obligations pouvant résulter de leurs obligations en matière de signalement d'irrégularités et d'inexactitudes (voir n⁰ 61260), les commissaires aux comptes n'ont aucune diligence particulière à effectuer dans ce cadre.

Déclarations d'intention d'actes préparatoires d'OPA

42790 Afin d'éviter que le marché ne soit perturbé par des rumeurs d'offres publiques, l'AMF peut demander aux personnes dont elle a des motifs raisonnables de penser qu'elles préparent, seules ou de concert, au sens de l'article L 233-10 du Code de commerce, une offre publique d'acquisition, d'informer, dans un délai qu'elle fixe, le public de leurs intentions (RG AMF art. 223-32).

Il en est ainsi, notamment, en cas de discussions entre les émetteurs concernés ou de désignation de conseils, en vue de la préparation d'une offre publique. L'information est portée à la connaissance du public par voie de communiqué effectif et intégral soumis préalablement à l'appréciation de l'AMF.

Lorsque les personnes mentionnées à l'article 223-32 déclarent avoir l'**intention de déposer un projet d'offre**, l'AMF fixe la date à laquelle elles doivent publier un communiqué portant sur les caractéristiques du projet d'offre ou, selon le cas, déposer un projet d'offre.

Lorsque les caractéristiques du projet d'offre n'ont pas été communiquées ou lorsqu'un projet d'offre n'a pas été déposé dans le délai mentionné par l'AMF, les personnes concernées sont réputées ne pas avoir l'intention de déposer un projet d'offre et sont soumises aux dispositions de l'article 223-35 (RG AMF art. 223-33).

Lorsqu'elles déclarent ne pas avoir l'intention de déposer un projet d'offre, ou lorsqu'elles sont réputées ne pas avoir une telle intention du fait de l'absence de dépôt d'un projet d'offre dans le délai fixé par l'AMF, les personnes mentionnées à l'article 223-32 ne peuvent, pendant un délai de six mois à compter de leur déclaration ou de l'échéance du délai prévu par l'AMF, procéder au dépôt d'un projet d'offre, sauf si elles justifient de modifications importantes dans l'environnement, la situation ou l'actionnariat des personnes concernées, y compris l'émetteur lui-même.

Durant le délai pendant lequel ces personnes doivent informer le public de leur intention, l'article 223-35 du Règlement général de l'AMF leur impose les obligations suivantes :
– ne pas se placer dans une situation les obligeant à déposer un projet d'offre ;
– lorsqu'elles viennent à accroître d'au moins 2 % le nombre de titres de capital donnant accès au capital ou aux droits de vote de l'émetteur concerné qu'elles possèdent, en faire immédiatement la déclaration et indiquer les objectifs qu'elles ont l'intention de poursuivre jusqu'à l'échéance de ce délai.

En dehors des obligations pouvant résulter de leurs obligations en matière de signalement d'irrégularités et d'inexactitudes (voir n° 61260), les commissaires aux comptes n'ont aucune diligence particulière à effectuer dans ce cadre.

IV. Diffusion et archivage

Contrôle des publications

L'AMF procède au contrôle systématique des publications, afin de relancer les sociétés défaillantes. Elle assure la publication de ces retards sur son site Internet. Il est impératif, dans le cas où la société estime ne pas pouvoir être en mesure de procéder à l'une ou l'autre publication obligatoire dans les délais requis par les textes, de prendre contact, préalablement à l'échéance fixée, avec les services compétents de l'AMF.

42800

> Cette prise de contact s'imposera, par exemple, en cas de report de l'assemblée générale des actionnaires.

Il appartient également à l'émetteur d'informer le public de ce retard par voie de communiqué. En outre, l'absence de publication constitue une irrégularité qui, si elle est relevée par les commissaires aux comptes, doit être signalée par ces derniers à la plus prochaine assemblée générale (C. com. art. L 823-12, al. 1), au comité d'audit (C. com. art. L 823-16) ainsi qu'à l'AMF (voir le guide des relations CAC-AMF publié par l'AMF).

Informations concernées

Pour les émetteurs dont les titres financiers sont admis aux négociations sur un marché réglementé, les informations périodiques exposées ci-dessus relèvent de l'information réglementée dont les modalités de diffusion et d'archivage sont régies par les articles 221-1 à 221-6 du Règlement général de l'AMF.

42802

> En complément des informations réglementées mentionnées dans le présent chapitre, font également partie de l'information réglementée et sont donc soumises aux mêmes obligations de diffusion et d'archivage les informations relatives :
> – au rapport sur les paiements aux gouvernements prévu aux articles L 225-102-3 et L 22-10-37 du Code de commerce ;
> – au nombre total de droits de vote et au nombre d'actions composant le capital social, mentionné à l'article 223-16 du Règlement général ;
> – au descriptif des programmes de rachat mentionné à l'article 241-2 du Règlement général ;
> – au communiqué précisant les modalités de mise à disposition d'un prospectus, d'un document d'enregistrement ou d'un document d'enregistrement universel ;
> – à l'information privilégiée publiée en application de l'article 17 du règlement sur les abus de marché ;
> – au communiqué qui précise les modalités de mise à disposition ou de consultation des informations préalables à toute assemblée générale, mentionnées à l'article R 225-83 du Code de commerce ;
> – au communiqué mensuel regroupant les informations concernant les rachats d'actions mentionnées au 1° du I de l'article 241-4 du Règlement général qui ont été rendues publiques par l'émetteur au cours du mois écoulé ;
> – à la modification des droits attachés aux instruments financiers émis et à toute nouvelle émission d'emprunt.

L'importance de la qualification d'information réglementée réside dans les modalités de diffusion qui y sont attachées.

Dès lors qu'une information relève de l'information réglementée, elle doit impérativement faire l'objet d'une diffusion effective et intégrale au sens de l'article 221-3 du Règlement général afin que le marché y ait effectivement accès.

Diffuseurs

42804 La diffusion peut être réalisée par l'émetteur lui-même ou bien par l'intermédiaire d'un diffuseur professionnel respectant les modalités de diffusion du Règlement général et inscrite sur une liste publiée par l'AMF (RG AMF art. 221-4).

Un modèle de bulletin d'inscription sur la liste des diffuseurs a été mis à jour le 4 février 2019 par l'AMF et précise le contenu du dossier à déposer en vue de cette inscription. La liste des diffuseurs est publiée sur le site Internet de l'AMF.

On pourra consulter :
– le guide relatif au dépôt de l'information réglementée dont la dernière mise à jour date du 26 mars 2019 (ce guide est disponible sur le site de l'AMF dans la rubrique Publications / Guides professionnels) ;
– l'instruction AMF 2007-03 sur les modalités de dépôt de l'information réglementée par voie électronique.

On pourra également se référer au guide AMF de l'information périodique des sociétés cotées sur un marché réglementé (Position-recommandation AMF 2016-05 mise à jour le 29-4-2021).

Le recours à un diffuseur professionnel permet à l'émetteur de bénéficier d'une présomption de diffusion effective et intégrale. Les diffuseurs doivent attester à l'AMF, sur la base d'un audit de son organisation et de ses systèmes d'information, qu'il satisfait aux critères de diffusion.

Modalités de diffusion

42806 Les émetteurs dont les titres sont admis aux négociations sur un marché réglementé doivent procéder directement ou par l'intermédiaire du diffuseur professionnel à la **diffusion effective et intégrale par voie électronique** de l'information réglementée telle que définie ci-dessus, et la déposer auprès de l'AMF lors de sa diffusion (RG AMF art. 221-3).

La diffusion effective et intégrale s'entend comme une diffusion permettant (RG AMF art. 221-4, II) :
– d'atteindre le plus large public possible et dans un délai aussi court que possible entre sa diffusion en France et dans les autres États membres de l'Union européenne ou parties à l'accord sur l'Espace économique européen ;
– de transmettre l'information réglementée aux médias dans son intégralité et d'une manière qui garantisse la sécurité de la transmission, minimise le risque de corruption des données et d'accès non autorisé et apporte toute certitude quant à la source de l'information transmise ;
– pour le public, d'identifier clairement l'émetteur concerné, l'objet de l'information réglementée ainsi que l'heure et la date de sa transmission par l'émetteur.

L'émetteur doit remédier le plus tôt possible à toute défaillance ou interruption de la transmission des informations réglementées et ne peut être tenu responsable des défaillances ou dysfonctionnements systémiques des médias auxquels les informations réglementées ont été transmises.

L'AMF a publié un guide mis à jour le 26 mars 2019 relatif au dépôt de l'information réglementée (voir n° 42804) et une instruction AMF 2007-03 sur les modalités de dépôt de l'information réglementée par voie électronique. On pourra également se référer au guide AMF de l'information périodique des sociétés cotées sur un marché réglementé (Position-recommandation AMF 2016-05 mise à jour le 29-4-2021).

L'AMF recommande aux émetteurs, en complément de leur communication financière par voie électronique, de procéder également à une communication financière **par voie de presse écrite** selon le rythme et les modalités de présentation qu'ils estiment adaptés au type de titres financiers émis, à leur actionnariat et à sa taille, ainsi qu'à la circonstance que ses titres financiers sont admis aux négociations sur le compartiment mentionné à l'article 516-5 du règlement général de l'AMF. L'AMF recommande que, à l'occasion de cette diffusion par voie de presse écrite, l'émetteur avertisse le lecteur qu'une information complète sur ses résultats est disponible sur son site internet (Position-recommandation AMF 2016-05 § 19.5).

Les objectifs de la communication financière par voie de presse écrite sont les suivants :
– être un outil privilégié de mise en relation des sociétés cotées avec leur actionnariat ;
– permettre aux actionnaires d'apprécier les performances opérationnelles et financières des sociétés ainsi que leurs perspectives d'évolution ;

Éd. Francis Lefebvre — AUDIT DES PERSONNES OU ENTITÉS FAISANT APPEL AUX MARCHÉS FINANCIERS

– revêtir un caractère pédagogique essentiel, en particulier lorsque la communication s'adresse aux investisseurs individuels, afin de leur permettre de saisir l'essentiel de la situation des entreprises et de replacer celle-ci dans un contexte économique global.

Modalités de dépôt à l'AMF

42808

L'information réglementée doit être diffusée conformément aux exigences réglementaires rappelées ci-dessus et également déposée de manière concomitante auprès de l'AMF.

Les sociétés qui diffusent elles-mêmes les informations réglementées doivent au moment de leur diffusion déposer ces informations sur la banque des communiqués de l'AMF (système ONDE). Les sociétés qui transmettent leurs informations réglementées à un diffuseur professionnel sont libérées de l'obligation de dépôt auprès de l'AMF, car c'est le diffuseur qui, selon le protocole de liaison applicative défini par l'AMF, effectue le dépôt des informations auprès du régulateur.

On pourra consulter le guide AMF d'élaboration des documents d'enregistrement universels (Position-recommandation AMF 2021-02 modifiée le 29-4-2021), le guide AMF de l'information périodique des sociétés cotées sur un marché réglementé (Position-recommandation AMF 2016-05) et le guide relatif au dépôt de l'information réglementée mis à jour au 26 mars 2019.

Dispense de diffusion effective et intégrale

42810

Toute information réglementée doit être diffusée dans son intégralité. Cependant, le Règlement général de l'AMF prévoit des cas de dispense pour les documents suivants :
– le rapport financier annuel ;
– le rapport financier semestriel ;
– le descriptif du programme de rachat d'actions propres ;
– le rapport sur les sommes versées aux gouvernements ;
– le rapport sur le gouvernement d'entreprise.
Ainsi, l'article 221-4, V du Règlement général de l'AMF dispose que la diffusion effective et intégrale d'un communiqué précisant les modalités de mise à disposition des documents cités ci-dessus dispense la société de la diffusion de ces documents dans leur version intégrale.

Cette dispense ne vaut que pour la diffusion et pas pour le **dépôt auprès de l'AMF**. Les sociétés doivent donc déposer ces documents dans leur intégralité auprès de l'AMF, soit par l'intermédiaire de leurs diffuseurs, parallèlement à la diffusion du communiqué de mise à disposition.

On pourra consulter le guide AMF de l'information périodique des sociétés cotées sur un marché réglementé (Position-recommandation AMF 2016-05 mise à jour le 29-4-2021).

Dispense de publication séparée de l'information réglementée

42812

Une société peut inclure une ou plusieurs informations réglementées dans un document d'enregistrement universel ou un rapport financier annuel. La société est alors dispensée de la publication séparée de ces informations.

Pour bénéficier de cette dispense de publication séparée, la société doit remplir les deux conditions suivantes :
– les informations incluses dans le document d'enregistrement universel ou le rapport financier annuel sont publiées dans les délais requis par les textes ;
– lors de la diffusion du document, la société précise la liste des informations qu'il contient.

Cas du rapport financier annuel : l'article 222-3 du RG AMF dispose que la société peut inclure, dans le rapport financier annuel, le rapport sur le gouvernement d'entreprise. La société est alors dispensée de la publication séparée de ce document.

Cas du document d'enregistrement universel : l'article 9 du règlement (UE) 2017/1129 relatif au document d'enregistrement universel permet aux sociétés d'être dispensées de la publication séparée du rapport financier annuel lorsque ces sociétés déposent ou font approuver, dans les quatre mois suivant la clôture de l'exercice, un document d'enregistrement universel contenant les informations exigées dans le rapport financier annuel (paragraphe 12 dudit article). Il est en outre rappelé que lorsqu'une société établit un document d'enregistrement universel, elle a déjà l'obligation d'y insérer le rapport sur le gouvernement d'entreprise. Elle est alors dispensée de la publication séparée de ce rapport.

L'article 9 du règlement (UE) 2017/1129 précise également que, lorsqu'un amendement du document d'enregistrement universel contient les informations dues au titre du rapport financier semestriel, la société concernée est dispensée de la publication séparée de ces informations, à condition que l'amendement soit rendue publique dans les délais de publication impartis pour le rapport financier semestriel (trois mois après la fin du premier semestre).

Afin de bénéficier de ces dispenses de publication séparée, la société diffuse un communiqué précisant les modalités de mise à disposition du document d'enregistrement universel ou de ses amendements, dans lequel elle précise les informations réglementées qui y sont incluses. Elle dépose auprès de l'AMF ce communiqué ainsi que les documents auxquels il renvoie dans leur intégralité.

On pourra consulter le guide relatif au dépôt de l'information réglementée auprès de l'AMF et à sa diffusion, reprenant la nomenclature utilisée par les diffuseurs professionnels, mis à jour le 26 mars 2019 (voir n° 42804).

Archivage

42820 Toute société dont les titres financiers sont admis aux négociations sur un marché réglementé met en ligne sur son site Internet l'information réglementée dès sa diffusion (RG AMF art. 221-3, II).

Toutes les sociétés doivent donc disposer d'un site Internet ou d'un espace hébergé par un tiers sur lequel l'information réglementée sera archivée.

S'agissant de la durée de conservation des informations financières publiées sur leur site internet, les sociétés doivent respecter l'obligation de mise à la disposition du public pendant au moins **dix ans** des documents suivants :
– le rapport financier annuel ;
– le rapport financier semestriel ;
– le rapport sur les sommes versées aux gouvernements.

Si l'information est qualifiable d'information privilégiée, les sociétés doivent également respecter les obligations issues du règlement Abus de marché qui exige que l'émetteur affiche et conserve sur son site internet, pour une **période** d'au moins cinq ans, toutes les informations privilégiées qu'il est tenu de publier (Règlement MAR art. 17).

On pourra consulter le guide AMF de l'information périodique des sociétés cotées sur un marché réglementé (Position-recommandation AMF 2016-05 mise à jour le 29-4-2021).

Dans sa position-recommandation DOC-2016-08, l'AMF recommande d'adopter une politique harmonisée et stable dans le temps par type d'information afin de respecter le principe d'information sincère.

Par ailleurs, la Direction de l'information légale et administrative (Dila), administration publique française, assure le stockage centralisé et l'archivage pour une durée de dix années de l'information réglementée qui est accessible sur le site internet www.info-financiere.fr, conformément à l'article 21 de la directive 2004/109/CE du Parlement européen et du Conseil du 15 décembre 2004 sur l'harmonisation des obligations de transparence. Le public peut avoir accès à cette information durant les dix années qui suivent le stockage de celle-ci (C. mon. fin. art. L 451-1-6).

© Éd. Francis Lefebvre

AUDIT DES COMPTES CONSOLIDÉS

CHAPITRE 2

Audit des comptes consolidés

Plan du chapitre §§

SECTION 1
Environnement légal
et réglementaire 45010
I. Obligations à la charge
des sociétés 45012
A. Établissement des documents
consolidés 45015
B. Exemptions légales 45055
1. Intégration dans un ensemble plus grand 45060
2. Non-dépassement de certains seuils 45090
3. Ensemble à consolider présentant
un intérêt négligeable 45098
4. Toutes les sociétés peuvent être
exclues de la consolidation 45099
C. Principes d'établissement
des comptes consolidés 45150
D. Sanctions du non-respect
des dispositions légales
pour les sociétés commerciales 45200
II. Particularités de la mission
de l'auditeur légal 45300
A. Diligences spécifiques liées
à l'établissement des comptes
consolidés 45305
B. Exercice collégial de la mission 45330
C. Implication dans le contrôle
des comptes des entités 45380
D. Relations avec les auditeurs internes 45490

SECTION 2
Mise en œuvre de l'audit
des comptes consolidés 45510
I. Orientation et planification
de la mission 45512
A. Prise de connaissance préalable 45520
B. Examen du périmètre
et des méthodes de consolidation 45550
1. Règles applicables 45555
2. Contrôles des commissaires
aux comptes 45590
C. Examen des règles et méthodes
comptables 45650
1. Principes comptables généraux 45651
2. Méthodes d'évaluation
et de présentation 45670
3. Méthodes spécifiques
à la consolidation 45700
D. Organisation à mettre en place
dans la société 45740
1. Éléments de base d'organisation
de la consolidation 45745
2. Contrôles des commissaires
aux comptes 45769
E. Mise en place de la mission d'audit 45780
1. Planification stratégique 45782

2. Répartition des travaux
et coordination 45810
II. Contrôle des comptes consolidés 45900
A. Contrôle du périmètre
de consolidation 45910
1. Exhaustivité du périmètre 45920
2. Coût d'acquisition des titres 45940
3. Première entrée dans le périmètre
de consolidation 45945
4. Variations ultérieures du pourcentage
d'intérêts 45968
5. Contrôles complémentaires liés
aux variations de périmètre 46010
6. Actifs destinés à être cédés et activités
abandonnées 46020
B. Contrôle des entités consolidées 46050
1. Application des principes comptables
du groupe 46060
2. Traitement des liasses
de consolidation 46070
3. Passage capitaux propres sociaux /
capitaux propres retraités 46080
4. Utilisation des travaux des auditeurs
des filiales 46090
C. Contrôle des opérations
de consolidation 46100
1. À-nouveaux et cumuls des comptes 46101
2. Élimination des transactions
intragroupe 46110
3. Contrôle ou synthèse de la fiscalité
différée 46130
4. Élimination des titres et des capitaux
propres 46140
5. Particularités des entreprises mises
en équivalence 46150
D. Variation des capitaux propres
consolidés 46200
E. Analyse détaillée du bilan
et du compte de résultat 46250
F. Revue finale des comptes
consolidés à publier 46300
G. Contrôle de l'information financière 46350
III. Achèvement de la mission 46400
A. Finalisation des travaux 46402
B. Rapport sur les comptes consolidés 46450

SECTION 3
Contrôle de l'exercice
de première consolidation
en principes français 46480

SECTION 4
Audit des comptes consolidés
lors de la transition vers
les normes IFRS 46500

903

AUDIT DES COMPTES CONSOLIDÉS

© Éd. Francis Lefebvre

45000 La norme d'exercice professionnel relative aux principes spécifiques applicables à l'audit des comptes consolidés (NEP 600), qui correspond à une adaptation de la norme ISA 600 clarifiée, a notamment trait :
– à la responsabilité et à l'implication accrues de l'auditeur du groupe, notamment dans les travaux des auditeurs des entités (voir n°s 45435 et 45380 s.) ;
– à la connaissance et à l'évaluation des auditeurs des entités par le commissaire aux comptes du groupe (voir n° 45408) ;
– à la connaissance de la structure du groupe, de ses activités, de ses entités et de leur environnement, des contrôles de groupe et du processus de consolidation (voir n° 45520) ;
– à l'évaluation et au suivi des risques d'anomalies significatives, en particulier au sein des entités importantes (voir n°s 45425 s.) ;
– à l'évaluation a priori et a posteriori du caractère suffisant et approprié des éléments collectés par le commissaire aux comptes du groupe (voir n°s 45425 s. et 45390) ;
– aux procédures analytiques à mener au niveau du groupe sur l'ensemble des entités non importantes (voir n° 45415) ;
– aux exigences renforcées en termes de communication avec les auditeurs des entités et avec les personnes en charge de la gouvernance du groupe (voir n°s 45425 s. et 45789) ;
– à la distinction entre « entités importantes » et « entités non importantes » pour la détermination des travaux à mettre en œuvre par le commissaire aux comptes du groupe (voir n°s 45415 s.) ;
– à la détermination des seuils de signification (voir n°s 45793 s.) ;
– à la documentation du dossier de travail du commissaire aux comptes du groupe (voir n° 45488).
La NEP 600 a été révisée et publiée au JO du 16 mai 2021 pour faire suite à la mise à jour de la NEP relative à la lettre de mission.
Par ailleurs, la CNCC a publié en octobre 2012 une note d'information portant sur le commissaire aux comptes et l'audit des comptes consolidés (CNCC NI. XI).

Ce recueil a pour objectifs :
– de préciser les modalités pratiques de mise en œuvre de la NEP 600 et de concourir, ce faisant, à la bonne information des professionnels ;
– d'être un instrument d'accompagnement destiné à aider les professionnels dans l'exercice de leur mission ;
– d'illustrer les paragraphes de la NEP 600 à l'aide d'exemples et d'un cas pratique ;
– de proposer des outils en français et en anglais pour faciliter la mise en œuvre pratique de la NEP 600.
Pour approfondir les points évoqués ci-après, on pourra utilement se reporter :
– au Mémento Comptes consolidés 2021 (Éditions Francis Lefebvre, à jour au 1-1-2021), pour ce qui est des règles françaises de consolidation ;
– au Mémento IFRS 2021 (Éditions Francis Lefebvre, à jour au 1-6-2020).

45005 Ce chapitre comporte quatre sections :
– la première traite de l'environnement légal et réglementaire de la consolidation (n°s 45010 s.) ;
– la deuxième traite de la mise en œuvre de l'audit des comptes consolidés établis selon le référentiel français ou conformément aux normes internationales d'information financière IFRS (n°s 45510 s.) ;
– la troisième traite du contrôle de l'exercice de première consolidation en principes français (n°s 46480 s.) ;
– la quatrième traite de l'audit des comptes consolidés lors de la transition vers les IFRS (n°s 46500 s.).

SECTION 1

Environnement légal et réglementaire

45010 Nous examinerons successivement les obligations à la charge des sociétés (n°s 45012 s.), puis les particularités de la mission de l'auditeur légal (n° 45300) en matière de consolidation.

I. Obligations à la charge des sociétés

45012

Cette première partie sera consacrée :
- à l'obligation d'établissement des documents consolidés (nᵒˢ 45015 s.) ;
- aux différents cas d'exemption prévus par la loi (nᵒˢ 45055 s.) ;
- aux principes d'établissement des comptes consolidés (nᵒˢ 45150 s.) ;
- aux sanctions applicables en cas de non-respect des dispositions légales (nᵒˢ 45200 s.).

A. Établissement des documents consolidés

45015

L'obligation d'établir et de publier des comptes consolidés s'applique à toutes les entités remplissant les critères définis par les textes. Ceux-ci prévoient l'établissement de comptes consolidés constitués d'un bilan, d'un compte de résultat et d'une annexe consolidée, ainsi que d'un rapport sur la gestion du groupe, qui doivent faire l'objet de diverses communications et publications.

Comptes consolidés

45018

L'article L 233-16 du Code de commerce, relatif à l'obligation d'établir et de publier des comptes consolidés, dispose que les sociétés commerciales établissent et publient chaque année à la diligence du conseil d'administration, du directoire, du ou des gérants, selon le cas, des comptes consolidés ainsi qu'un rapport sur la gestion du groupe, dès lors qu'elles **contrôlent de manière exclusive ou conjointe** une ou plusieurs autres entreprises.

> Ainsi, l'influence notable n'est pas prise en compte afin de déterminer si une société a l'obligation d'établir des comptes consolidés. En revanche, conformément aux dispositions de l'article L 233-17-2 du Code de commerce, les participations sur lesquelles une influence notable est exercée par la société sont bien comprises dans le périmètre de consolidation (voir nᵒˢ 45558 s.).

Le **contrôle exclusif** par une société résulte :
- soit de la détention directe ou indirecte de la majorité des droits de vote dans une autre entité ;
- soit de la désignation, pendant deux exercices successifs, de la majorité des membres des organes d'administration, de direction ou de surveillance d'une autre entité. L'entité consolidante est présumée avoir effectué cette désignation lorsqu'elle a disposé au cours de cette période, directement ou indirectement, d'une fraction supérieure à 40 % des droits de vote, et qu'aucun autre associé ou actionnaire ne détenait, directement ou indirectement, une fraction supérieure à la sienne ;
- soit du droit d'exercer une influence dominante sur une entité en vertu d'un contrat ou de clauses statutaires, lorsque le droit applicable le permet.

> L'influence dominante existe dès lors que l'entité consolidante a la possibilité d'utiliser ou d'orienter l'utilisation des actifs, passifs, et éléments de hors bilan de la même façon qu'elle contrôle ce même type d'éléments dans sa propre entité.
>
> **Cas particulier de contrôle exclusif : les entités ad hoc.** L'article 211-8 du règlement 2020-01 définit l'entité ad hoc comme « une structure juridique distincte, créée spécifiquement pour gérer une opération ou un groupe d'opérations similaires pour le compte d'une autre entité. L'entité ad hoc est structurée ou organisée de manière telle que son activité n'est en fait exercée que pour le compte de cette autre entité, par mise à disposition d'actifs ou fourniture de biens, de services ou de capitaux ».
>
> « Une entité ad hoc est comprise dans le périmètre de consolidation dès lors qu'une ou plusieurs entités contrôlées ont en substance en vertu de contrats, d'accords, de clauses statutaires, le contrôle de l'entité. » Les critères d'intégration des entités ad hoc dans le périmètre de consolidation sont précisés au nᵒ 45562. Ils peuvent être différents selon le référentiel comptable appliqué. La notion d'entité ad hoc en normes IFRS n'existe plus en tant que telle. Elle a été remplacée par la notion d'entité structurée et est traitée par la norme IFRS 10.
>
> Pour plus de précisions sur les notions de contrôle exclusif et de contrôle conjoint, voir Mémento Comptes consolidés 2021 nᵒˢ 2016 s.

Le **contrôle conjoint** est le partage du contrôle d'une entité exploitée en commun par un nombre limité d'associés ou d'actionnaires, de sorte que les politiques financières et opérationnelles résultent de leur accord.

En application du règlement CE 1606/2002 sur l'application des normes comptables internationales, adopté le 19 juillet 2002 (modifié par le règl. CE 297/2008 du 11-3-2008), les sociétés

AUDIT DES COMPTES CONSOLIDÉS © Éd. Francis Lefebvre

qui émettent des titres de capital ou de créance admis aux négociations sur un marché réglementé et qui relèvent des lois applicables dans un pays de l'Union européenne doivent préparer leurs comptes consolidés annuels conformément aux normes IFRS.

Les autres sociétés peuvent décider d'établir, sur une base volontaire, des comptes consolidés conformément au référentiel IFRS tel qu'adopté dans l'Union européenne.

45019 **Entités concernées** Toutes les **sociétés commerciales** sont en principe tenues d'établir et de publier chaque année des comptes consolidés si elles respectent les conditions prévues à l'article L 233-16 du Code de commerce (voir n° 45018). Cette obligation est effective dès lors que l'entreprise contrôlée ne peut se prévaloir de l'un des cas d'exemption prévus par la loi (voir n°s 45055 s.).

45020 Les **établissements publics de l'État** ont par ailleurs l'obligation d'établir et de publier des comptes consolidés s'ils contrôlent une ou plusieurs personnes morales ou s'ils exercent sur elles une influence notable (Loi 85-11 du 3-1-1985 art. 13).

Cette obligation ne s'impose pas lorsque l'ensemble constitué par l'établissement public et les personnes morales qu'il contrôle ne dépasse pas, pendant deux exercices successifs sur la base des derniers comptes annuels arrêtés, deux des trois critères suivants (Décret 86-221 du 17-2-1986 art. 13 modifié par le décret 2005-747 du 1-7-2005) :
– nombre moyen de salariés permanents : 250 ;
– montant hors taxe du chiffre d'affaires : 30 000 000 € ;
– total du bilan : 15 000 000 €.

Dans un courrier adressé à la CNCC en date du 9 février 2015, le ministère des affaires sociales, de la santé et des droits des femmes ainsi que le ministère des finances et des comptes publics ont précisé que l'obligation d'établir et de publier des comptes consolidés ne s'imposait pas aux établissements publics de santé (EPS).

Enfin, pour les exercices ouverts à compter du 1er janvier 2016, les **comités sociaux et économiques** qui contrôlent des entités, au sens de l'article L 233-16 du Code de commerce, et dont l'ensemble ainsi constitué dépasse deux des trois seuils suivants doivent établir des comptes consolidés dans les conditions prévues à l'article L 233-18 du Code de commerce (C. trav. art. L 2315-67 et D 2315-40) :
– effectif de salariés : 50 ;
– ressources annuelles définies à l'article D 2315-33 du Code du travail : 3 100 000 € ;

Les ressources annuelles sont égales au total :
– du montant de la subvention de fonctionnement prévue à l'article L 2315-61 ;
– du montant des ressources mentionnées à l'article R 2312-50, à l'exception des produits de cession d'immeubles pour les revenus mentionnés au 8° dudit article ;
– après déduction, le cas échéant, du montant versé au comité central d'entreprise ou au comité interentreprises en vertu de la convention prévue respectivement aux articles D 2326-7 et R 2312-44.

– total du bilan : 1 550 000 €.

L'effectif de salariés du comité social et économique s'apprécie à la clôture d'un exercice (C. trav. art. D 2315-40).

Les prescriptions comptables relatives à ces comptes consolidés sont fixées par un règlement de l'Autorité des normes comptables (Règl. ANC n° 2015-10 du 26-11-15).

S'agissant des **associations** ainsi que des **organisations syndicales et professionnelles**, voir n°s 85190 et 85191.

45021 **Date d'établissement des comptes consolidés** Conformément à l'article 111-6 du règlement 2020-01, les comptes à incorporer dans les comptes consolidés sont établis à une même date, qui est généralement la date de clôture des comptes de l'entité consolidante, et concernent la même période.

45022 Toutefois, les comptes consolidés peuvent être établis à une **date différente de celle des comptes annuels de la société consolidante**.

Dans ce cas, la consolidation doit être effectuée à la date retenue par la majorité des entités comprises dans la consolidation pour leurs comptes individuels.

Si la date de clôture d'une entité comprise dans le périmètre de consolidation n'est pas antérieure, ou postérieure, de plus de trois mois à la date de clôture des comptes consolidés, il n'est pas nécessaire d'établir des comptes intermédiaires, mais il doit être tenu compte, pour l'établissement des comptes consolidés, des événements importants survenus entre la date de clôture de leur bilan et la date de clôture du bilan consolidé.

© Éd. Francis Lefebvre

AUDIT DES COMPTES CONSOLIDÉS ▌

L'article 111-6 du règlement 2020-01 a introduit la possibilité d'intégrer dans la consolidation les comptes des entités consolidées ayant une date de clôture postérieure de moins de trois mois à la date de clôture retenue par le groupe (le règlement CRC 99-02 autorisait uniquement, au § 202, l'inclusion des comptes ayant une date de clôture antérieure de trois mois au plus).

Si la date de clôture de l'exercice d'une entité comprise dans la consolidation est antérieure ou postérieure de plus de trois mois à la date de clôture de l'exercice de consolidation, ceux-ci sont établis sur la base de comptes intérimaires contrôlés par un commissaire aux comptes ou, s'il n'en est point, par un professionnel chargé du contrôle des comptes.

Le niveau de diligences à mettre en œuvre sur les comptes intérimaires est variable en fonction du poids relatif des entreprises concernées et des zones de risques (Bull. CNCC n° 77-1990 p. 112).

Concernant la date d'établissement des comptes, la norme IFRS 10 « États financiers consolidés » contient les dispositions suivantes :

– « la date de clôture des états financiers de la société mère et de ses filiales utilisés pour la préparation des états financiers consolidés doit être la même. Lorsque la date de clôture de la société mère et celle d'une filiale sont différentes, la filiale prépare, pour les besoins de la consolidation, des informations financières supplémentaires en date des états financiers de la société mère pour permettre à cette dernière de consolider l'information financière de la filiale, à moins que ce ne soit impraticable » (§ B92) ;

– « s'il est impraticable pour la filiale de préparer les informations financières supplémentaires, la société mère doit consolider l'information financière présentée dans les états financiers les plus récents de la filiale, ajustés pour prendre en compte l'effet des transactions ou événements importants qui se sont produits entre la date des états financiers de la filiale et celle des états financiers consolidés. L'intervalle entre ces deux dates ne doit en aucun cas excéder trois mois, et la durée des périodes de présentation de l'information financière ainsi que l'intervalle entre les dates de clôture doivent demeurer les mêmes d'une période à l'autre » (§ B93).

Il appartiendra aux commissaires aux comptes de s'assurer que la décision de fixer la date de consolidation à une date différente de celle des comptes annuels de la société consolidante ne risque pas d'être prise contrairement à l'intérêt général de la société, dans l'unique dessein de favoriser l'actionnaire majoritaire, ce qui pourrait constituer un abus de droit.

En tout état de cause, les commissaires aux comptes de la société consolidante seront conduits à procéder à un nouvel audit de ces comptes à la date de consolidation afin d'être en mesure d'exprimer une opinion sur les comptes consolidés.

Il convient cependant d'attirer l'attention sur certains risques et certaines difficultés qui rendent le recours à cette possibilité généralement délicat et parfois même peu souhaitable :

– défaut de traitement des événements postérieurs à la date de clôture des comptes de la société mère, éventuellement mis en évidence à l'occasion du nouvel audit ;

– difficulté à présenter à l'assemblée générale annuelle de la société des comptes consolidés suffisamment récents pour être utilisables, ou difficulté à les auditer avant l'assemblée si la date de leur établissement est trop proche de celle de l'assemblée.

Arrêté des comptes consolidés   La certification des comptes consolidés par le **45023** commissaire aux comptes ne peut s'appuyer que sur des comptes arrêtés par l'organe compétent de l'entité, tel que le conseil d'administration, le directoire, les gérants ou pour ce qui concerne les SAS, le président ou les dirigeants désignés à cet effet par les statuts (C. com. art. L 227-1, al. 3 ; CNCC NI. I – déc. 2018 – § 2.22).

Rapport sur la gestion du groupe

Comme pour les comptes annuels, l'**organe d'administration** ou le **gérant** a l'obligation **45025** d'établir un rapport sur la gestion du groupe. Celui-ci « expose la situation de l'ensemble constitué par les entreprises comprises dans la consolidation, son évolution prévisible, les événements importants survenus entre la date de clôture de l'exercice de consolidation et la date à laquelle les comptes consolidés sont établis ainsi que ses activités en matière de recherche et de développement. Ce rapport peut être inclus dans le rapport de gestion mentionné à l'article L 232-1 » (C. com. art. L 233-26).

Les informations du rapport de gestion annuel visé à l'article L 232-1 du Code de commerce et du rapport sur la gestion du groupe peuvent donc être regroupées dans un document unique.

Sur les mentions devant figurer dans le rapport sur la gestion du groupe, voir n° 54220.

Les sociétés commerciales qualifiées de petites entreprises et **exemptées d'établir un rapport de gestion** en application du IV de l'article L 232-1 du Code de commerce restent tenues d'établir un

907

AUDIT DES COMPTES CONSOLIDÉS © Éd. Francis Lefebvre

rapport sur la gestion du groupe en cas d'établissement de comptes consolidés (CNCC NI. XVIII – déc. 2018 p. 89).

Les entités soumises à l'obligation d'établir une **déclaration de performance extra-financière consolidée** (voir n° 54205 § 5.1) insèrent cette dernière dans le rapport sur la gestion du groupe.

Tout comme les comptes consolidés, le rapport sur la gestion du groupe doit être présenté à l'assemblée des actionnaires ou associés (C. com. art. L 225-100, al. 2).

S'agissant du comité social et économique, lorsqu'il établit les comptes consolidés, il établit un rapport sur les activités et la gestion financière qui porte sur l'ensemble constitué par le comité social et économique et les entités qu'il contrôle (C. trav. art. L 2315-69).

Communication des comptes consolidés

45028 **Associés et actionnaires** Dans les SA et les SCA, les comptes consolidés et le rapport sur la gestion du groupe sont mis à disposition des actionnaires, et leur sont envoyés sur demande, conformément aux articles L 225-115 et R 225-83 du Code de commerce.

Les associés des SARL, des SNC et des SCS ont le droit d'obtenir communication desdits documents conformément aux articles L 223-26 et R 223-15 (pour les SARL), L 221-7 et R 221-7 (pour les SNC) et L 222-2 et R 222-1 (pour les SCS).

Dans les SAS, les textes légaux et réglementaires ne prévoient pas d'obligation de communication des comptes consolidés et du rapport sur la gestion du groupe aux associés ; il convient donc de se référer aux dispositions prévues dans les statuts sur ce sujet.

Les comptes consolidés et le rapport sur la gestion du groupe faisant partie des documents transmis aux actionnaires ou aux associés avant l'assemblée, ils doivent également être transmis au **comité social et économique** (C. trav. art. L 2312-25).

45030 **Commissaires aux comptes** Comme les comptes annuels et le rapport de gestion, les comptes consolidés et le rapport sur la gestion du groupe doivent être tenus à la disposition des commissaires aux comptes un mois au moins **avant la convocation de l'assemblée des actionnaires ou associés** appelés à statuer sur les comptes annuels de la société (C. com. art. R 221-6, 223-28 et 232-1), soit au moins quarante-cinq jours avant la tenue de ladite assemblée.

45032 Selon une réponse ministérielle (Bull. CNCC n° 24-1976 p. 484), ce **délai** est **impératif** et le commissaire aux comptes ne saurait y renoncer, son inobservation constituant une faute susceptible d'engager la responsabilité civile et pénale des dirigeants sociaux.

Toutefois, la doctrine tempère cette position et tient compte de la notion de mission permanente du commissaire aux comptes, qui lui permet normalement d'effectuer une partie de ses travaux avant le conseil d'administration. Il est donc admis que le délai de mise à disposition des commissaires aux comptes puisse être en partie réduit, avec l'accord de ces derniers (Bull. CNCC n° 24-1976 p. 541).

45034 **Approbation par l'assemblée générale** L'assemblée générale ordinaire des SA et SCA approuve les comptes consolidés, en application des dispositions de l'article L 225-100 du Code de commerce. En revanche les SARL, SAS, SNC ne sont pas visées par ce texte.

Il n'est pas possible, selon la Commission des études juridiques de la CNCC, de dissocier dans deux assemblées séparées l'approbation des comptes annuels et des comptes consolidés (Bull. CNCC n° 129 p. 167). L'arrêté des comptes consolidés par le conseil peut en revanche être dissocié de l'arrêté des comptes annuels de la société mère (voir Mémento Comptes consolidés 2021 n° 9215).

S'agissant du cas des **SAS à associé unique (SASU)**, des dispositions spécifiques sont prévues à l'alinéa 3 de l'article L 227-9 du Code de commerce concernant l'approbation des comptes : « Dans les sociétés ne comprenant qu'un seul associé, le rapport de gestion, les comptes annuels et le cas échéant les comptes consolidés sont arrêtés par le président. L'associé unique approuve les comptes, après rapport du commissaire aux comptes s'il en existe un, dans le délai de six mois à compter de la clôture de l'exercice. L'associé unique ne peut déléguer ses pouvoirs. Ses décisions sont répertoriées dans un registre. Lorsque l'associé unique, personne physique, assume personnellement la présidence de la société, le dépôt, dans le même délai, au registre du commerce et des sociétés de l'inventaire et des comptes annuels dûment signés vaut approbation des comptes sans que l'associé unique ait à porter au registre prévu à la phrase précédente le récépissé délivré par le greffe du tribunal de commerce. » Dès lors, dans les SASU, l'associé unique approuve les comptes consolidés (CNCC Bull. 2014-82 et Com. Ansa n° 06-058, oct. 2006).

Sous-groupes exemptés Certains groupes sont exemptés d'établir des comptes consolidés du fait de leur **appartenance à un ensemble plus grand** publiant des comptes consolidés (voir n° 45060).

45036

En application de l'article R 233-15, 3° du Code de commerce, les comptes de l'ensemble plus grand doivent être mis à la disposition des actionnaires ou des associés de la société exemptée dans les conditions et dans les délais prévus aux articles R 225-88 et R 225-89 dudit code ; s'ils sont établis dans une langue autre que le français, ils doivent être accompagnés de leur traduction en langue française.

Publication des comptes consolidés

Dépôt au greffe La législation prévoit, pour les sociétés par actions (C. com. art. L 232-23), les SARL (C. com. art. L 232-22), et les SNC dont les associés indéfiniment responsables sont des SARL ou des sociétés par actions (C. com. art. L 232-21), le dépôt au greffe du tribunal de commerce des comptes consolidés, du rapport sur la gestion du groupe et du rapport des commissaires aux comptes sur les comptes consolidés. Le dépôt est à réaliser dans le **délai** d'un mois qui suit l'approbation des comptes annuels par l'assemblée générale ou dans les deux mois suivant cette approbation lorsqu'il est effectué par voie électronique.

45040

La loi 2012-387 de simplification du droit et d'allégement des démarches administratives du 22 mars 2012 a supprimé le dépôt au greffe du tribunal de commerce du rapport de gestion pour les sociétés par actions autres que celles dont les titres sont admis aux négociations sur un marché réglementé ou un système multilatéral de négociations organisé, les SARL et les SNC dont les associés sont des SARL ou des sociétés par actions. Cette dispense de dépôt au greffe ne vise cependant pas le rapport sur la gestion du groupe.

Sur le nombre d'exemplaires à déposer au greffe du tribunal de commerce, voir également n° 30946.

Comme pour les comptes annuels, le dépôt incombe à la société et n'a pas à être contrôlé en tant que tel par les commissaires aux comptes. Toutefois, si ces derniers sont informés de l'**absence de dépôt** ou d'un dépôt tardif, par exemple par une relance du greffe, ils doivent en tirer les conséquences en matière de révélation de fait délictueux et de communication à effectuer à l'organe compétent (C. com. art. L 823-16) et à la plus prochaine assemblée générale (C. com. art. L 823-12).

45042

Pour plus de précisions sur les diligences à mettre en œuvre par le commissaire aux comptes, voir n° 30948.

Sociétés dont les actions sont admises aux négociations sur un marché réglementé Les sociétés dont les actions sont admises aux négociations sur un marché réglementé (voir n°s 41060 s.) doivent **publier au Balo**, dans les quarante-cinq jours qui suivent l'approbation des comptes par l'assemblée générale ordinaire, les comptes consolidés revêtus de l'attestation des commissaires aux comptes (C. com. art. R 232-11).

45045

Les sociétés sont dispensées de cette obligation de publication lorsque les comptes ont été approuvés sans modification par l'assemblée générale ordinaire. Si les comptes sont disponibles à l'identique dans le rapport financier annuel prévu par l'article L 451-1-2 du Code monétaire et financier, la publication peut alors se limiter à insérer dans les mêmes délais au Balo un avis mentionnant la référence de la publication du rapport financier annuel incluant le rapport des commissaires aux comptes (C. com. art. R 232-11).

Par ailleurs, les émetteurs français dont des titres de capital ou des titres de créance sont admis aux négociations sur un marché réglementé doivent établir un **rapport financier semestriel** (C. mon. fin. art. L 451-1-2, III).

45046

Pour plus de détails, voir n°s 42460 s. et 42500 s.

Concernant les obligations des émetteurs en matière d'information permanente, voir également n°s 42700 s.

S'agissant des **établissements publics de l'État**, les modalités de publication des comptes consolidés établis selon les règles comptables françaises sont précisées dans une instruction budgétaire et comptable de la Direction générale des finances publiques (DGFiP Inst. n° 8-017-M9 du 3-4-2008). De plus, une note commune de la DGFiP et de la CNCC apporte des précisions concernant la consolidation des établissements publics de l'État soumis aux règles de la comptabilité publique (Bull. CNCC n° 155-2009 p. 462 s.).

45048

AUDIT DES COMPTES CONSOLIDÉS   © Éd. Francis Lefebvre

B. Exemptions légales

45055 Selon les articles L 233-17 et L 233-17-1 du Code de commerce, les sociétés commerciales tenues d'établir et de publier des comptes consolidés (voir n°s 45018 s.) sont exemptées de cette obligation :

– lorsqu'elles sont elles-mêmes sous le contrôle d'une entreprise qui les inclut dans ses comptes consolidés et publiés (n°s 45060 s.) ;

> Le bénéfice de cette exemption est limité aux sociétés qui n'émettent pas de valeurs mobilières admises aux négociations sur un marché réglementé ou de titres de créance négociables (C. com. art. L 233-17). Voir également n° 45061.

– lorsque l'ensemble constitué par une société et les entreprises qu'elle contrôle ne dépasse pas certains seuils (n°s 45090 s.) ;

> Pour les exercices ouverts à compter du 1er janvier 2016, cette exemption ne peut plus s'appliquer si une des sociétés ou entreprises du groupe appartient à l'une des catégories définies à l'article L 123-16-2 (voir n°s 45090 s.). Au préalable, le bénéfice de cette exemption était limité aux sociétés n'émettant pas de valeurs mobilières admises aux négociations sur un marché réglementé ou de titres de créance négociables.

– lorsque toutes les entreprises contrôlées de manière exclusive ou conjointe présentent tant individuellement que collectivement un intérêt négligeable (n° 45098) ;

> Cette exemption est applicable à toutes les sociétés commerciales, y compris les sociétés émettant des valeurs mobilières admises aux négociations sur un marché réglementé ou des titres de créance négociables.

– lorsque toutes les entreprises qu'une société contrôle de manière exclusive ou conjointe peuvent être exclues de la consolidation en vertu de l'article L 233-19 (n° 45099).

> Cette dernière possibilité d'exemption a été introduite par l'ordonnance 2015-900 et s'applique pour les exercices ouverts à compter du 1er janvier 2016.

1. Intégration dans un ensemble plus grand

Principes

45060 Selon l'article L 233-17 du Code de commerce, lorsqu'un groupe de sociétés est sous le contrôle d'une **entreprise qui l'inclut dans ses comptes consolidés et publiés**, il peut être exempté d'établir et de publier des comptes consolidés, sous certaines conditions précisées par l'article R 233-15 du Code de commerce, si :

– le contrôle exercé par l'entreprise consolidant l'ensemble plus grand est un **contrôle exclusif ou conjoint**, une influence notable n'étant pas suffisante pour justifier l'exemption ;

> Cette remarque n'exclut cependant pas la possibilité d'être exempté de l'établissement de comptes consolidés lorsque les comptes de l'entreprise sont inclus par mise en équivalence dans un ensemble plus grand, ce qui peut être le cas par exemple si l'État d'origine de l'entreprise consolidant l'ensemble plus grand n'a pas opté pour la possibilité offerte par la 7e directive européenne et n'autorise pas la méthode de l'intégration proportionnelle (Bull. CNCC n° 111-1998 p. 424).

– l'inclusion des comptes du sous-groupe exempté est effectuée dans des **comptes consolidés** et non dans de simples comptes combinés (Bull. CNCC n° 102-1996 p. 300) ;

– l'inclusion des comptes du sous-groupe exempté concerne l'ensemble des sociétés du sous-groupe et non seulement les comptes de la société exemptée.

> Les filiales de la société exemptée peuvent être laissées en dehors de la consolidation dans les conditions prévues à l'article L 233-19 du Code de commerce, dans le cas où leur intégration ne modifierait que de façon négligeable l'image fidèle du groupe, à condition que la société consolidante, sous contrôle de ses commissaires aux comptes, justifie sa position dans l'annexe. En revanche, l'absence de consolidation de la totalité du sous-groupe constitué par la société exemptée et ses filiales rendrait l'exemption caduque, la condition relative à l'inclusion des comptes du sous-groupe dans un ensemble plus grand n'étant plus vérifiée (Bull. CNCC n° 79-1990 p. 381).
>
> Le CNC et la CNCC ont rappelé, dans un communiqué commun du 22 septembre 2004, que l'ensemble des conditions d'exemption prévues par le décret ne peuvent être présupposées au plan général et qu'elles doivent être appréciées au cas par cas (Bull. CNCC n° 135-2004 p. 441).

Les sociétés émettant des valeurs mobilières ou des titres de créance admis aux négociations sur un **marché réglementé ne peuvent pas bénéficier de cette exemption** prévue à l'article L 233-17 du Code de commerce. Ces sociétés doivent donc établir des comptes consolidés conformément au référentiel IFRS.

© Éd. Francis Lefebvre

AUDIT DES COMPTES CONSOLIDÉS

La Commission des études juridiques et la Commission des études comptables de la CNCC ont apporté des précisions sur l'obligation d'établissement de comptes consolidés pour une **société dont les titres ont été radiés de la cote** postérieurement à la clôture de l'exercice mais antérieurement à la date d'arrêté des comptes (CNCC Bull. 190 – juin 2018 – EJ 2017-40 et EC 2017-09 p. 297).

Dans le cas d'espèce étudié, pour une société A intégrée dans un ensemble consolidé plus grand qui établit et publie des comptes consolidés au titre de l'exercice N, si les titres de la société A sont radiés de la cote postérieurement à la clôture de l'exercice N, la CNCC estime que les conditions cumulatives du 1° de l'article L 233-17 du Code de commerce ne sont pas remplies pour permettre à la société A d'être exemptée de l'établissement de comptes consolidés au titre de l'exercice clos le 31 décembre N.

Conditions complémentaires à respecter

Opposition des associés L'exemption ne peut bénéficier à la société contrôlée par un ensemble plus grand en cas d'opposition de la part d'un ou de plusieurs actionnaires ou associés représentant au moins le dixième du capital social de l'entreprise contrôlée (C. com. art. L 233-17, 1°).

45061

Établissement et publication des comptes de l'ensemble plus grand Le 1° de l'article R 233-15 du Code de commerce prévoit que les comptes consolidés de l'ensemble plus grand d'entreprises dans lequel le sous-groupe est inclus doivent être établis en conformité avec :
– les principes comptables français définis aux articles L 233-16 à L 233-28 du Code de commerce ;
– ou les dispositions prises par les États pour l'application de la directive 2013/34/UE du 26 juin 2013 ;
– ou les principes et les règles offrant un niveau d'exigence équivalent aux dispositions des articles L 233-16 à L 233-28 ou à celles de la directive précitée (lorsque l'État concerné n'est pas tenu de se conformer à cette directive).

45062

> *Précisions* **a.** La conformité avec les mesures prises pour l'application de la directive est appréciée sur la base du respect général des dispositions minimales fixées dans cette directive. Elle vise non seulement les méthodes de présentation des comptes consolidés – ordre, intitulé et position des postes (Bull. CNCC n° 77-1990 p. 112) –, mais aussi les règles générales d'évaluation et la pertinence des informations données. Le même principe vaut en matière d'« équivalence », cette notion devant être appréciée essentiellement par référence à la directive, et non par rapport aux législations nationales (Bull. CNCC n° 70-1987 p. 18).
>
> **b.** Le Code de commerce prévoit que les **normes comptables internationales** sont équivalentes aux règles comptables relatives aux comptes consolidés prévues par le Code de commerce (Règles françaises ou règles comptables de la directive 2013/34/UE du 26-6-2013).
> Ainsi, dès lors que les comptes consolidés d'une entité étrangère dans lesquels les comptes d'un sous-groupe français sont inclus sont établis en conformité avec les normes comptables internationales ou avec des règles comptables équivalentes à ces dernières (ce qui est le cas des principes comptables généralement admis aux États-Unis d'Amérique – **US GAAP**), le sous-groupe français entre dans le périmètre visé à l'article R 233-15 du Code de commerce pour bénéficier de l'exemption d'établissement de comptes consolidés, sous réserve de respecter l'ensemble des conditions énoncées par cet article (Bull. CNCC n° 178-2015, EJ 2014-86 et EC 2014-37 p. 331).
> Dans une décision 2008/961/CE du 12 décembre 2008, la Commission européenne a considéré qu'à compter du 1er janvier 2009 les principes comptables généralement admis aux États-Unis et au Japon étaient équivalents aux IFRS adoptés par l'Union européenne, en ce qui concerne les états financiers consolidés annuels et semestriels. De même, par décision d'exécution du 11 avril 2012 (Décision 2012/194/UE), les normes et principes comptables chinois, canadiens et coréens ont été considérés comme équivalents aux IFRS à compter du 1er janvier 2012.
> Pour plus de détails sur les comptes de l'ensemble plus grand établis en IFRS, voir Mémento Comptes consolidés 2021 n° 9208-6.
> **c.** Cas d'une société publiant des comptes consolidés aux États-Unis : une société tenue d'établir des comptes consolidés en application de l'article L 233-16 du Code de commerce ne peut pas bénéficier d'une exemption de publication de comptes consolidés en France au motif qu'elle est cotée au Nasdaq et qu'elle publie des comptes consolidés en US GAAP auprès de la SEC (Bull. CNCC 171-2013 – EJ 2012-63). En effet, le Nasdaq n'est pas considéré comme un marché réglementé au sens de l'article L 233-17 et la société concernée n'est pas sous le contrôle d'une entreprise qui l'inclut dans ses comptes consolidés et publiés.
> **d.** Par ailleurs, les comptes consolidés de l'ensemble plus grand doivent être publiés (C. com. art. L 233-17, 1°).

AUDIT DES COMPTES CONSOLIDÉS © Éd. Francis Lefebvre

45063 **Certification des comptes** Les comptes consolidés de l'ensemble plus grand d'entreprises dans lequel le sous-groupe est inclus doivent être, selon la législation applicable à la société qui les établit, **certifiés par les professionnels indépendants** chargés du contrôle des comptes (C. com. art. R 233-15, 2°).

45064 **Mise à disposition et traduction** Les comptes consolidés de l'ensemble plus grand d'entreprises dans lequel le sous-groupe est inclus doivent être mis **à la disposition des actionnaires ou des associés de la société exemptée** dans les conditions et les délais prévus aux articles R 225-88 et R 225-89 du Code de commerce. S'ils sont établis dans une langue autre que le français, ils sont accompagnés de leur **traduction** en français (C. com. art. R 233-15).

Dans l'hypothèse où les comptes de l'ensemble plus grand sont mis à la disposition des actionnaires postérieurement à l'assemblée générale de la société exemptée (mère du sous-groupe), cette dernière ne répond pas aux obligations légales fixées pour bénéficier de l'exemption d'établissement de comptes consolidés et elle se trouve donc dans l'obligation d'établir des comptes consolidés pour son sous-groupe. La Commission des études juridiques (CEJ 2008-101 : Bull. CNCC n° 154 p. 394 s.) a considéré que la production d'une lettre d'affirmation de la société mère de l'ensemble plus grand attestant la mise à disposition de comptes consolidés après l'assemblée générale de sa fille ne peut compenser l'absence de comptes consolidés.

45065 **Informations complémentaires** Lorsque les comptes consolidés sont établis par une société ayant son **siège en dehors de l'Union européenne** ou partie à l'accord sur l'Espace économique européen, ils doivent être complétés de toutes les informations d'importance significative concernant la situation patrimoniale et financière et le résultat du sous-ensemble constitué par la société exemptée, ses filiales et ses participations (C. com. art. R 233-15).

Ces **informations** portent notamment sur le montant de l'actif immobilisé, le montant net du chiffre d'affaires, le résultat de l'exercice, le montant des capitaux propres et le nombre des membres du personnel employés en moyenne au cours de l'exercice ; elles sont données soit dans l'annexe aux comptes consolidés de l'ensemble plus grand d'entreprises, soit dans l'annexe aux comptes annuels de la société exemptée. Dans ce dernier cas, elles sont établies selon les principes et méthodes conformes aux règles françaises.

45068 **Justification dans l'annexe** Les sociétés bénéficiant des possibilités d'exemption dans les conditions prévues à l'article R 233-15 du Code de commerce doivent justifier dans l'annexe du respect desdites conditions (n°s 45061 s.).

Diligences des commissaires aux comptes

45070 Il résulte des dispositions décrites ci-dessus que, dans le cadre de leur mission de certification des comptes annuels, les commissaires aux comptes des sociétés concernées doivent mettre en œuvre les diligences nécessaires leur permettant de s'assurer de l'**exhaustivité des informations requises**, notamment dans l'annexe.

Ils auront par ailleurs à s'assurer de la réalisation effective des conditions permettant l'exemption et de la pertinence des justifications fournies. Leurs diligences porteront notamment sur les points examinés ci-après.

45071 **Absence d'opposition des actionnaires** Le bénéfice de l'exemption étant subordonné à l'absence d'opposition d'actionnaires représentant au moins 10 % du capital social, le commissaire aux comptes procédera pour s'en assurer à l'examen des procès-verbaux de conseil d'administration et d'assemblée générale, et obtiendra de la direction générale une lettre d'affirmation relative à l'absence d'opposition.

45072 **Conformité aux mesures d'application de la directive 2013/34/UE** Il convient de distinguer selon que la société mère a son siège :
– en France ;
– dans un pays membre de l'Union européenne ayant mis en application la directive précitée ;
– dans un pays membre de l'Union européenne n'ayant pas mis en application la directive précitée ou dans un pays tiers.

45073 Si la **société** consolidante de l'ensemble plus grand est **française**, la certification par un ou plusieurs commissaires aux comptes constitue un élément probant déterminant dans

912

l'appréciation, par le commissaire aux comptes de la société exemptée, de la conformité de ces comptes avec les règles françaises de consolidation, et donc avec la directive 2013/34/UE.

45074 Si la **société** consolidante de l'ensemble plus grand est située dans un **pays membre de l'Union européenne ayant mis en application la directive 2013/34/UE**, le commissaire aux comptes de l'entreprise exemptée devra s'assurer que la directive européenne, relative au contrôle légal, a également été mise en application.

45075 Si la **société** consolidante de l'ensemble plus grand est située dans un **pays membre de l'Union européenne n'ayant pas encore mis en application la directive 2013/34/UE**, ou dans un **pays tiers**, le commissaire aux comptes doit vérifier ou obtenir l'assurance que les comptes consolidés sont établis en respectant des conditions équivalentes à celles résultant de ladite directive.

45076 **Présentation des informations propres aux ensembles plus grands établis en dehors de l'UE** Le commissaire aux comptes de la société exemptée dont la société mère a son siège en dehors de l'Union européenne s'assure que les informations significatives, relatives à l'ensemble formé par la société exemptée, par ses filiales et participations, sont données :
– soit dans l'annexe aux comptes consolidés de l'ensemble plus grand d'entreprises ;
– soit dans l'annexe aux comptes annuels de la société exemptée. Il vérifie, dans ce dernier cas, que les informations données sont établies selon les principes et les méthodes prévus par les articles L 233-16 à L 233-25 du Code de commerce.

L'absence de cette information supplémentaire, expressément prévue par l'article R 233-15 du Code de commerce, est de nature à conduire le commissaire aux comptes à considérer que les conditions nécessaires à l'exemption ne sont pas toutes remplies.

45077 **Certification et publication des comptes** Le commissaire aux comptes de la société exemptée s'assure que les comptes consolidés de l'ensemble plus grand d'entreprises sont, selon la législation applicable à la société qui les établit, certifiés par des **professionnels indépendants** chargés du contrôle et **publiés**.

45078 Le terme « certifiés » vise l'expression d'une opinion d'audit, quelle qu'elle soit, et non pas uniquement une certification sans réserve. Bien entendu, le commissaire aux comptes devra examiner avec attention les cas où l'opinion émise comporte une réserve, une impossibilité ou un refus de certifier.

Au cas où le commissaire aux comptes n'aurait pu obtenir d'assurance raisonnable quant à la nature précise de la mission effectuée ou quant à l'indépendance des professionnels chargés du contrôle des comptes, il est conduit à considérer que les conditions nécessaires à l'exemption ne sont pas toutes remplies, et à en tirer les conséquences en termes de formulation du rapport sur les comptes annuels et de révélation des faits délictueux (voir n°s 45200 s.).

45079 **Communication des comptes de l'ensemble plus grand** La société exemptée doit communiquer à ses commissaires aux comptes et à ses actionnaires les comptes consolidés de l'ensemble plus grand dans lequel sont repris ses comptes.
Les **commissaires aux comptes** de la société exemptée demandent à ses dirigeants de leur communiquer ces comptes, dans des délais compatibles avec la réalisation de leurs diligences et avec le dépôt de leur rapport sur les comptes annuels.

Si cette communication n'est pas possible dans les délais mentionnés ci-dessus, ou si le commissaire aux comptes n'a pu obtenir d'assurance de la part du groupe sur ses intentions, il est dans l'impossibilité de se prononcer sur les justifications de l'exemption contenues dans l'annexe des comptes annuels de la société concernée.

45080 La même démarche est adoptée pour ce qui concerne la mise à la disposition des **actionnaires** des comptes consolidés :
– le commissaire aux comptes vérifie que la mise à disposition est conforme aux conditions et délais prévus par les articles R 225-88 et R 225-89 du Code de commerce, ou obtient l'assurance qu'elle le sera ;
– il vérifie que cette mise à disposition est effectuée en langue française, ou obtient l'assurance qu'elle le sera.

AUDIT DES COMPTES CONSOLIDÉS

© Éd. Francis Lefebvre

Au cas où le commissaire aux comptes constaterait, a posteriori, le non-respect des assurances qui lui avaient été fournies quant à la communication des comptes consolidés et leur mise à disposition des actionnaires, il est conduit à en tirer les conséquences (voir n°s 45200 s.).

45081 **Justification de l'exemption dans l'annexe** Le commissaire aux comptes s'assure que la justification de l'exemption est bien exposée dans l'annexe aux comptes annuels de la société exemptée.

Il doit par ailleurs obtenir de la part des dirigeants de la société une **lettre d'affirmation** l'assurant que les dispositions légales et réglementaires sont (ou seront) respectées.

Si les diligences effectuées amènent le commissaire aux comptes à estimer que le non-établissement des comptes consolidés n'est pas justifié, il doit en tirer la conséquence dans son rapport sur les comptes annuels et en matière de révélation (voir n° 45200).

2. Non-dépassement de certains seuils

Principes

45090 Selon l'article L 233-17 du Code de commerce, lorsque pendant **deux exercices successifs**, un groupe ne dépasse pas, sur la base des derniers comptes annuels arrêtés, deux des trois seuils définis par les articles L 123-16 et R 233-16 du Code de commerce, il est exempté d'établir des comptes consolidés. Les seuils précités sont les suivants :
– total du bilan : 24 M€ ;
– montant net du chiffre d'affaires : 48 M€ ;
– nombre moyen de salariés : 250.

Par ailleurs, les sociétés **ne peuvent pas bénéficier de cette exemption** d'établissement de comptes consolidés si une société ou entreprise du groupe appartient à l'une des catégories définies à l'article L 123-16-2 du Code de commerce, à savoir (C. com. art. L 233-17 modifié par l'ordonnance 2015-900 du 23-7-2015) :
– les établissements de crédit et les sociétés de financement mentionnés à l'article L 511-1 du Code monétaire et financier ainsi que les établissements de paiement et les établissements de monnaie électronique mentionnés à l'article L 521-1 du même Code ;
– les entreprises d'assurances et de réassurance mentionnées aux articles L 310-1 et L 310-1-1 du Code des assurances, les organismes de sécurité sociale mentionnés à l'article L 114-8 du Code de la sécurité sociale, les institutions de prévoyance et leurs unions régies par le titre III du livre IX du Code de la sécurité sociale et les mutuelles et unions de mutuelles régies par le livre II du Code de la mutualité ;
– les personnes et les entités dont les titres financiers sont admis aux négociations sur un marché réglementé ;
– les personnes et les entités qui font appel à la générosité publique au sens de la loi 91-772 du 7 août 1991.

Fluctuations au-delà et en deçà des seuils

45091 Le tableau suivant précise la manière dont s'applique dans le temps l'obligation d'établir des comptes consolidés en fonction des fluctuations au-delà et en deçà des seuils sur un ou deux exercices.

Dépassement de 2 seuils sur 3		Obligation d'établir des comptes consolidés en année N [1]
Année N – 2	Année N – 1	Année N
Oui	Oui	Oui (établissement)
Oui	Non	Oui (établissement)
Non	Oui	Oui (établissement)
Non	Non	Non (exemption)
[1] Que les seuils soient dépassés ou non en N.		

Périmètre à retenir Selon la doctrine CNCC, afin d'apprécier la possibilité pour un groupe d'être exempté d'établir et de publier des comptes consolidés pour l'exercice N, en application du 2° de l'article L 233-17 du Code de commerce, il convient de retenir pour le calcul du dépassement de seuils en N – 1 et N – 2 le **périmètre du groupe tel qu'il existe en N** (Bull. CNCC n° 167-2012 – EJ 2012-56).

914

À titre d'exemple, la Commission des études juridiques de la CNCC a précisé le périmètre à retenir en cas d'acquisition, et de cession de sociétés ou de diminution d'activité au sein d'un groupe de la façon suivante :
– si un groupe non soumis à l'obligation d'établir des comptes consolidés acquiert en N une filiale importante, compte tenu de cette acquisition, le groupe doit apprécier le dépassement des seuils au titre des exercices N – 1 et N – 2 en prenant en considération les comptes de la nouvelle filiale sur ces exercices. Si les seuils d'exemption sont dépassés, soit au titre de l'exercice N – 1, soit au titre de l'exercice N – 2, le groupe devra établir dès l'exercice N des comptes consolidés ;
– si un groupe tenu d'établir des comptes consolidés cède une filiale importante en N, celle-ci n'est plus à prendre en considération pour l'appréciation du dépassement des seuils d'exemption en N – 1 et N – 2. Ainsi, sur la base de ce nouveau périmètre si les seuils ne sont pas dépassés, le groupe est exempté de consolidation au titre de N ;
– si un groupe a une baisse d'activité sur l'exercice N qui lui permettrait sur cet exercice d'être en dessous des seuils d'exemption, alors que sur la base des exercices N – 1 et/ou N – 2 les seuils sont dépassés, le groupe doit établir des comptes consolidés au titre de l'exercice N.
Enfin, s'agissant de la possibilité pour un groupe nouvellement constitué sur une année N, la CNCC considère qu'il peut bénéficier, l'année de sa constitution, de l'exemption d'établir et de publier des comptes consolidés. La Commission des études juridiques a considéré que l'exemption prévue par l'article L 233-17 du Code de commerce devait être appliquée en considérant, sur la base du périmètre de l'année N, les comptes annuels arrêtés au titre de N – 1 et N – 2, les sociétés n'existant pas devant, le cas échéant, être retenues pour un montant nul (Bull. CNCC nº 151 p. 558 s.).

Précisions concernant le calcul des seuils

Modalités de calcul Le total du bilan, le chiffre d'affaires net et le nombre moyen de salariés sont calculés globalement pour l'ensemble des entreprises concernées selon la méthode définie à l'article D 123-200 du Code de commerce (C. com. art. R 233-16), à savoir :
– le total du bilan est égal à la somme des montants nets des éléments d'actif ;
– le montant net du chiffre d'affaires est égal au montant des ventes de produits et services liés à l'activité courante, diminué des réductions sur ventes, de la taxe sur la valeur ajoutée et des taxes assimilées ;
– le nombre moyen de salariés employés au cours de l'exercice est égal à la moyenne arithmétique des effectifs à la fin de chaque trimestre de l'année civile, ou de l'exercice comptable lorsque celui-ci ne coïncide pas avec l'année civile, liés à l'entreprise par un contrat de travail.

45092

Le calcul à effectuer pour chaque critère précité consiste à additionner, à partir des comptes annuels, les chiffres de la société mère à ceux des entreprises contrôlées, c'est-à-dire celles qui se trouvent sous **contrôle exclusif ou conjoint**. Les entreprises sur lesquelles la société mère n'exerce qu'une influence notable ne sont pas retenues dans le calcul des seuils (Bull. CNCC nº 171-2013 – EC 2013-24).

Pour les **exercices ouverts à compter du 9 février 2020**, le décret 2020-101 du 7 février 2020 modifie les dispositions de l'article D 123-200 et les modalités de détermination du nombre de salariés. Ainsi, le dernier alinéa dudit article précise que « sauf disposition contraire, le nombre moyen de salariés est apprécié selon les modalités prévues au I de l'article L 130-1 du Code de la sécurité sociale. Par dérogation, il est apprécié sur le dernier exercice comptable lorsque celui-ci ne correspond pas à l'année civile précédente ». L'article L 130-1-I du Code de la sécurité sociale dispose que l'effectif salarié annuel de l'employeur, y compris lorsqu'il s'agit d'une personne morale comportant plusieurs établissements, correspond à la moyenne du nombre de personnes employées au cours de chacun des mois de l'année civile précédente.

L'article R 130-1 du Code de la sécurité sociale apporte des précisions quant aux catégories de personnes incluses dans l'effectif et les modalités de leur décompte.

Comptes annuels arrêtés Par ailleurs, il a été rappelé plusieurs fois par la CNCC que « les chiffres à retenir sont les chiffres cumulés ou agrégés tels qu'ils ressortent des **derniers comptes annuels arrêtés** des entreprises intéressées » (Bull. CNCC nº 171-2013 – EC 2013-24 nº 81-1991 p. 137 et nº 90-1993 p. 271). Ainsi :
– il n'est pas possible de retenir un montant de chiffre d'affaires tenant compte d'un prorata déterminé à partir de la date de prise de contrôle d'une entreprise ou de retenir des chiffres calculés après éliminations en fonction du pourcentage d'intérêts détenu ;
– dans le cas de l'existence de dates de clôture décalées au niveau des filiales, les chiffres à retenir pour ces dernières correspondent à ceux des derniers comptes annuels arrêtés (Bull. CNCC nº 171-2013 – EC 2013-24) ;
– il n'est pas possible d'éliminer les opérations internes au groupe, ni de procéder à des retraitements des comptes sociaux pour apprécier le non-dépassement de seuils et se

45093

AUDIT DES COMPTES CONSOLIDÉS   © Éd. Francis Lefebvre

dispenser, le cas échéant, d'établir des comptes consolidés : cela conduirait à admettre le commencement de la mise en œuvre d'un processus de consolidation, dont l'aboutissement serait de pouvoir se fonder sur des comptes consolidés pro forma pour apprécier précisément la satisfaction des conditions d'exemption de leur établissement (Bull. CNCC n° 107-1997 p. 434).

45094 Lorsque le groupe comprend des **filiales situées à l'étranger**, il conviendra de s'assurer que les agrégats utilisés pour le calcul des seuils d'exemption (chiffre d'affaires et total du bilan) sont construits conformément aux dispositions de l'article D 123-200 du Code de commerce. Dans le cas contraire, il conviendra de les retraiter et les commissaires aux comptes seront particulièrement vigilants et attentifs lors de l'acquisition de filiales afin d'analyser les méthodes de construction de leur chiffre d'affaires et de leur bilan, afin d'éviter le risque de compensation abusive.

45096 Si le commissaire aux comptes constate que la société, bien que répondant aux critères de consolidation, n'a pas établi de comptes consolidés, il lui appartient d'en tirer les conséquences en matière de révélation de faits délictueux auprès du procureur de la République (voir n°s 45200 s.). De plus, le commissaire aux comptes devra signaler l'irrégularité à la plus prochaine assemblée générale en application de l'article L 823-12 du Code de commerce et la porter à la connaissance des organes visés à l'article L 823-16 du Code précité.

Sur la possibilité de régularisation de l'absence de nomination d'un deuxième commissaire aux comptes, voir n° 2190.

3. Ensemble à consolider présentant un intérêt négligeable

45098 Sous réserve d'en **justifier dans l'annexe** des comptes annuels, les sociétés soumises à l'obligation d'établir et de publier des comptes consolidés et un rapport sur la gestion du groupe sont exemptées de cette obligation lorsque toutes les entreprises contrôlées de manière exclusive ou conjointe, au sens de l'article L 233-16, présentent, tant individuellement que collectivement, un **intérêt négligeable** (C. com. art. L 233-17-1 modifié par l'ordonnance 2015-900 du 23-7-2015).

Pour les exercices ouverts à compter du 1er janvier 2016, la notion d'influence notable n'étant plus retenue pour déclencher l'obligation d'établir des comptes consolidés, elle a également été supprimée de l'article L 233-17-1.

Dans sa rédaction antérieure, l'article L 233-17-1 disposait en effet que l'exemption s'appliquait lorsque toutes les entreprises contrôlées de manière exclusive ou conjointe ou dans lesquelles la société exerçait une influence notable, au sens du même article L 233-16, présentaient, tant individuellement que collectivement, un intérêt négligeable.

Sur la notion de contrôle exclusif ou conjoint, voir n° 45018.

L'intérêt négligeable s'apprécie par rapport à l'objectif défini à l'article L 233-21 du Code de commerce, à savoir la régularité et la sincérité des comptes consolidés et l'image fidèle donnée du patrimoine, de la situation financière ainsi que du résultat de l'ensemble constitué par les entreprises comprises dans la consolidation.

Cette exemption s'applique à toutes les sociétés, aucune restriction n'étant prévue pour les sociétés émettant des valeurs mobilières admises aux négociations sur un marché réglementé ou des titres de créance négociables.

4. Toutes les sociétés peuvent être exclues de la consolidation

45099 Sous réserve d'en justifier dans l'annexe des comptes annuels, les sociétés soumises à l'obligation d'établir et de publier des comptes consolidés et un rapport sur la gestion du groupe sont exemptées de cette obligation si toutes les entreprises qu'elles contrôlent, de manière exclusive ou conjointe au sens de l'article L 233-16, peuvent être exclues de la consolidation en vertu de l'article L 233-19 du Code de commerce (C. com. art. L 233-17-1 modifié par l'ordonnance 2015-900 du 23-7-2015). Cette nouvelle exemption s'applique pour les exercices ouverts à compter du 1er janvier 2016.

Les exclusions du périmètre de consolidation prévues par l'article L 233-19 du Code de commerce sont les suivantes :

« I. Sous réserve d'en justifier dans l'annexe établie par la société consolidante, une filiale ou une participation est laissée en dehors de la consolidation lorsque des restrictions

916

© Éd. Francis Lefebvre — **AUDIT DES COMPTES CONSOLIDÉS**

sévères et durables remettent en cause substantiellement le contrôle ou l'influence exercée par la société consolidante sur la filiale ou la participation ou les possibilités de transfert de fonds par la filiale ou la participation.

II. Sous la même réserve, une filiale ou une participation peut être laissée en dehors de la consolidation lorsque :

– les actions ou parts de cette filiale ou participation ne sont détenues qu'en vue de leur cession ultérieure ;

– la filiale ou la participation ne représente, seule ou avec d'autres, qu'un intérêt négligeable par rapport à l'objectif défini à l'article L 233-21 ;

– les informations nécessaires à l'établissement des comptes consolidés ne peuvent être obtenues sans frais excessifs ou dans des délais compatibles avec ceux qui sont fixés en application des dispositions de l'article L 233-27. »

C. Principes d'établissement des comptes consolidés

45150

Depuis le 1er janvier 2005, **deux corps de règles** s'appliquent en France pour l'établissement des comptes consolidés :

– les règles françaises pour les sociétés non cotées sur un marché réglementé et qui n'ont pas opté pour le référentiel IFRS ;

> Les principes d'établissement des comptes consolidés des sociétés commerciales et des entreprises publiques ont été fixés en France par le règlement 2020-01 (remplaçant le Règl. CRC 99-02 pour les exercices ouverts à compter du 1-1-2021).
>
> Ce règlement regroupe dans un règlement unique les règlements 99-02 (sociétés commerciales et entreprises publiques), 99-07 (secteur bancaire) et 2000-05 (secteur des assurances). En pratique, ce texte présente d'une part des dispositions générales et d'autre part des dispositions sectorielles applicables par les entreprises du secteur bancaire ou du secteur des assurances.
>
> Par ailleurs, les règles applicables aux coopératives agricoles (Règl. CRC 2002-13) sont reprises sous la forme de deux chapitres intégrés dans le Livre III (relatif aux comptes combinés), même si les ajouts portent à la fois sur les comptes consolidés et les comptes combinés de ces entités, tandis que les particularités du secteur HLM font l'objet de quelques ajouts spécifiques (art. 232-5 et quelques commentaires infra-réglementaires).

– les normes IFRS applicables obligatoirement aux sociétés dont les titres (actions ou obligations) sont admis aux négociations sur un marché réglementé, et sur option pour les autres sociétés.

Application du règlement 2020-01

45160

Le règlement 2020-01 a défini un nouveau référentiel comptable français pour les comptes consolidés. Celui-ci s'inspire à la fois des anciennes règles françaises et des règles internationales (référentiel IFRS et US GAAP), avec lesquelles des différences subsistent néanmoins.

Application des normes IFRS

45161

Les obligations des entreprises en matière de normes comptables internationales ont été précisées par le règlement 1602/2002 adopté le 19 juillet 2002 par le Conseil de l'UE et le Parlement européen. L'article 4 de ce règlement dispose que « pour chaque exercice commençant le 1er janvier 2005 ou après cette date, les sociétés régies par le droit national d'un État membre sont tenues de préparer leurs comptes consolidés conformément aux normes comptables internationales adoptées [...] si, à la date de clôture de leur bilan, leurs titres sont admis à la négociation sur le marché réglementé d'un État membre au sens de l'article 1er, point 13, de la directive 93/22/CEE [...] ».

> Une présentation des diligences d'audit à mettre en œuvre dans le cadre de la première application des normes IFRS figure aux nos 46500 s.

Comptes établis selon un autre référentiel

45170

En plus des comptes consolidés établis selon le règlement 2020-01 ou selon le référentiel IFRS, la société consolidante peut souhaiter établir et publier un jeu de comptes consolidés selon un référentiel comptable différent, si, par exemple, elle est elle-même consolidée par une société étrangère, ou si ses actions sont cotées sur un marché étranger ne reconnaissant pas les règles françaises. Elle peut également ressentir cette

AUDIT DES COMPTES CONSOLIDÉS

© Éd. Francis Lefebvre

nécessité, d'une manière plus générale, pour les besoins de sa politique de communication financière.

Dans cette situation, il est admis que les commissaires aux comptes puissent émettre un rapport d'audit.

Pour plus de détails, voir n° 46466.

Les comptes établis selon un autre référentiel ne peuvent se substituer aux comptes établis selon le référentiel applicable en France. Il est d'ailleurs interdit au commissaire aux comptes de certifier, dans le rapport de certification présenté à l'assemblée générale ordinaire annuelle, des comptes établis selon un référentiel autre que celui applicable en France.

Les groupes souhaitant établir des comptes consolidés selon un référentiel autre que les IFRS ou le règlement 2020-01 doivent, en conséquence, publier un double jeu de comptes.

D. Sanctions du non-respect des dispositions légales pour les sociétés commerciales

45200 Le défaut d'établissement et/ou de communication aux actionnaires ou associés des comptes consolidés est sanctionné pénalement. Il peut également entraîner l'application du délit d'entrave. En outre, les délibérations de l'assemblée peuvent être annulées.

Non-établissement et non-communication des comptes consolidés

45202 « Est puni d'une **amende** de 9 000 € le fait, pour les membres du directoire, du conseil d'administration ou les gérants des sociétés visées à l'article L 233-16, sous réserve des dérogations prévues à l'article L 233-17, de ne pas établir et adresser aux actionnaires ou associés, dans les délais prévus par la loi, les comptes consolidés. Le tribunal peut en outre ordonner l'insertion du jugement, aux frais du condamné, dans un ou plusieurs journaux » (C. com. art. L 247-1, II).

Dans le cas particulier des **SAS**, la CNCC considère que, conformément aux dispositions de l'alinéa 2 de l'article L 227-1 du Code de commerce, il revient au président de la société de faire établir des comptes consolidés.

Les actionnaires et associés peuvent demander au président du tribunal de commerce statuant en référé d'enjoindre sous astreinte aux dirigeants sociaux de leur communiquer les comptes consolidés et le rapport sur la gestion du groupe ou de désigner un mandataire chargé de procéder à cette communication (C. com. art. L 238-1).

L'article L 238-1 n'est cependant pas applicable aux SAS (C. com. art. L 227-1).

45203 Le défaut d'établissement ou de communication aux actionnaires ou associés dans les délais légaux des comptes consolidés constitue un délit, entraînant l'**obligation pour les commissaires aux comptes de révéler** au procureur de la République ce fait délictueux, conformément à l'article L 823-12, alinéa 2 du Code de commerce, et de signaler l'irrégularité à la plus prochaine assemblée.

Lorsque les conditions ayant motivé le non-établissement des comptes consolidés ne sont pas ou sont imparfaitement remplies, la situation est en principe assimilable à un défaut d'établissement des comptes consolidés.

Non-dépôt au greffe

45204 Le fait de ne pas déposer au greffe les comptes consolidés et le rapport sur la gestion du groupe est puni de l'amende prévue par le cinquième alinéa de l'article 131-13 du Code pénal pour les contraventions de cinquième classe commises en récidive (C. com. art. R 247-3).

Nullité des délibérations de l'assemblée

45205 Conformément aux dispositions de l'article L 225-121, alinéa 1, du Code de commerce, le défaut de présentation des comptes consolidés entraîne la nullité de plein droit des délibérations de l'assemblée. Une assemblée au titre de laquelle les comptes consolidés n'ont pas été communiqués aux actionnaires dans les quinze jours qui la précèdent peut être annulée, mais elle n'est pas nulle de plein droit (C. com. art. L 225-121, al. 2).

© Éd. Francis Lefebvre   **AUDIT DES COMPTES CONSOLIDÉS** ▮

Délit d'entrave au fonctionnement du comité social et économique et du comité de groupe

45208

L'article L 2331-1 du Code du travail prévoit, pour l'ensemble des groupes de sociétés, la constitution d'un comité de groupe. Le terme « groupe de sociétés » désigne l'ensemble formé par une entreprise dominante dont le siège social est situé sur le territoire français et les entreprises qu'elle contrôle ou sur lesquelles elle exerce une influence notable.

Le rôle du comité de groupe est d'assurer aux représentants du personnel une information plus complète à un niveau supérieur à celui de l'entreprise dans laquelle ces derniers exercent leurs fonctions. À ce titre, le comité de groupe reçoit communication des comptes consolidés et du rapport des commissaires aux comptes (C. trav. L 2332-1).

De même, en application de l'article L 2312-25 du Code du travail, dans les sociétés commerciales, les comptes consolidés et le rapport des commissaires aux comptes sont transmis au comité social et économique.

45210

La non-communication des comptes consolidés et du rapport des commissaires aux comptes au comité social et économique ou au comité de groupe constitue un délit d'entrave à son fonctionnement (C. trav. art. L 2317-1 et L 2335-1).

> Le comité de groupe, doté de la personnalité civile, peut dans ce cas introduire une action en justice pour défendre les intérêts dont il a la charge.

II. Particularités de la mission de l'auditeur légal

45300

Le rôle du commissaire aux comptes lorsque l'entreprise est dans l'obligation d'établir des comptes consolidés résulte de l'application à ce contexte particulier des textes généraux qui définissent sa mission (n⁰ˢ 45305 s.).

Les conditions d'exercice de la mission sont néanmoins marquées :
– par les diligences spécifiques liées à l'établissement des comptes consolidés (n⁰ˢ 45305 s.) ;
– par l'exercice collégial de la mission (n⁰ˢ 45330 s.) ;
– par l'implication du commissaire aux comptes de la société qui consolide dans le contrôle des entités incluses dans la consolidation (n⁰ˢ 45380 s.) ;
– par la relation avec le service d'audit interne dont sont généralement munies les sociétés qui établissent des comptes consolidés (n⁰ˢ 45490 s.).

A. Diligences spécifiques liées à l'établissement des comptes consolidés

45305

La certification des comptes consolidés par le commissaire aux comptes et le contrôle du rapport sur la gestion du groupe sont visés aux articles L 823-9 et L 823-10 du Code de commerce.

Certification des comptes consolidés

45308

L'article L 823-9 du Code de commerce dispose que « lorsqu'une personne ou une entité **établit des comptes consolidés**, les commissaires aux comptes certifient en justifiant de leurs appréciations que les comptes consolidés sont réguliers et sincères et donnent une image fidèle du patrimoine, de la situation financière ainsi que du résultat de l'ensemble constitué par les personnes et entités comprises dans la consolidation. Sans préjudice des dispositions du quatrième alinéa de l'article L 823-14, la certification des comptes consolidés est délivrée notamment après examen des travaux des commissaires aux comptes des personnes et entités comprises dans la consolidation ou, s'il n'en est point, des professionnels chargés du contrôle des comptes desdites personnes et entités ».

Les comptes consolidés peuvent être **considérés comme « établis »**, au sens de l'article L 823-9 du Code de commerce, lorsque l'organe compétent de l'entité consolidante les a arrêtés afin de les faire approuver par l'organe délibérant ou de les mettre à disposition

AUDIT DES COMPTES CONSOLIDÉS   © Éd. Francis Lefebvre

des actionnaires, associés ou membres puis de les diffuser à un large public ou les publier au greffe (CNCC NI. I – Les rapports du commissaire aux comptes sur les comptes annuels et consolidé – décembre 2018 – § 2.12.1).

> La notion d'« arrêté » par l'organe compétent désigne l'acceptation des comptes consolidés par ce dernier, matérialisée par une inscription à l'ordre du jour de la réunion de l'organe compétent et par une délibération dûment constatée au procès-verbal.

Les comptes consolidés ainsi que le rapport sur la gestion du groupe doivent alors être communiqués aux commissaires aux comptes en vue de la certification des comptes consolidés.

45309 Il résulte de ce qui précède que, dans le cadre de la certification des comptes consolidés, les **responsabilités des commissaires aux comptes** peuvent être mises en parallèle avec celles concernant les comptes individuels. Ainsi, l'intervention des commissaires aux comptes apporte aux informations comptables consolidées le même niveau d'assurance qu'aux informations figurant dans les comptes individuels. Les mêmes formules sont utilisées dans les rapports et attestations, et le même niveau de responsabilité est assumé par les commissaires aux comptes. Les commissaires aux comptes disposent, pour la mise en œuvre de leurs missions, des pouvoirs généraux d'investigation attachés à leur fonction, notamment lorsqu'ils interviennent dans des groupes de sociétés (voir n°s 9195 s.). De même, ils ne sont redevables, tout comme en matière de certification des comptes annuels, que d'une obligation de moyens (voir n° 7660).

45310 Pour apprécier la **nécessité de soumettre des comptes consolidés à la certification** du commissaire aux comptes, trois situations sont à distinguer :
– l'entité est astreinte à publier des comptes consolidés : les comptes consolidés doivent être certifiés par au moins deux commissaires aux comptes (voir n° 45330) ;

> L'article L 233-16 du Code de commerce fait obligation aux sociétés commerciales d'établir et de publier des comptes consolidés ainsi qu'un rapport sur la gestion du groupe dès lors qu'elles contrôlent de manière exclusive ou conjointe une ou plusieurs autres entreprises, dans les conditions définies au II dudit article (voir n°s 45018 s.). La loi prévoit certaines exemptions à cette obligation, précisées à l'article L 233-17 du Code de commerce (voir n°s 45055 s.).

– l'entité publie volontairement des comptes consolidés (voir n° 45310) ;
– l'entité établit volontairement des comptes consolidés pour des besoins spécifiques, sans toutefois les publier (voir n° 45311).

> Il convient de noter que la directive comptable unique 2013/34/UE ne fait pas de distinction selon qu'il s'agit de comptes consolidés ou de comptes combinés, la combinaison n'étant qu'une modalité de la consolidation.

45311 Lorsqu'une entité non astreinte à publier des comptes consolidés **décide volontairement d'établir des comptes consolidés et de les publier**, l'obligation de certification des comptes consolidés est prévue par l'article L 233-28 du Code de commerce (CNCC NI. I – décembre 2018 § 2.12.2 B).

La société doit se conformer aux articles L 233-16 et L 233-18 à L 233-27 du Code de commerce qui concernent l'établissement des comptes consolidés et du rapport sur la gestion du groupe sous la responsabilité de l'organe compétent, les méthodes de consolidation, les règles d'établissement et le contenu des comptes consolidés, le contenu du rapport sur la gestion du groupe et la mise à disposition du commissaire aux comptes de ces documents.

> En revanche, la publication volontaire de comptes consolidés par une entité n'emporte pas pour cette dernière l'obligation de désigner un deuxième commissaire aux comptes pour certifier ces comptes consolidés (voir n° 45330).

45312 Pour des besoins spécifiques, par exemple pour un banquier ou un nombre limité d'intéressés ou encore à l'occasion d'un changement d'actionnaire, une entité non astreinte à publier des comptes consolidés peut décider **volontairement d'établir des comptes consolidés, sans toutefois les publier**. Dans ce cas, la CNCC considère que ces comptes n'ont pas à être « certifiés » par le commissaire aux comptes au sens de l'article L 823-9 du Code de commerce (CNCC NI. I – déc. 2018 § 2.12.2. C).

> L'arrêté desdits comptes par l'organe compétent n'est alors pas une obligation et ils peuvent être établis sous la responsabilité de la direction générale. L'audit de ces comptes relève alors de **services autres que la certification des comptes**.

© Éd. Francis Lefebvre

AUDIT DES COMPTES CONSOLIDÉS

S'agissant de la notion de « **publication** » des comptes consolidés, la CNCC apporte les précisions suivantes :

– la **présentation à l'organe délibérant** de comptes consolidés établis volontairement par une entité doit par précaution être considérée comme impliquant une publication dès lors qu'il est probable qu'il en résultera un dépôt au greffe, même si ces comptes consolidés n'ont pas été soumis à l'approbation de l'assemblée générale. Dans ce cas, il est nécessaire que les comptes consolidés ainsi qu'un rapport sur la gestion du groupe soient préalablement arrêtés par l'organe compétent et fassent l'objet d'un rapport du commissaire aux comptes, conformément aux dispositions de la NEP 700 ;

– la **communication** d'informations financières, en particulier les comptes consolidés, à **un nombre limité d'intéressés** dans le cadre de relations contractuelles avec l'entité ne constitue pas une publication, dans la mesure où cette communication se fait sous le sceau de la confidentialité. Cependant, la qualification de publication ne peut être définitivement écartée si, par exemple, tout cocontractant de l'entité pouvait à sa demande obtenir communication de comptes consolidés ou si l'entité utilisait cette diffusion pour favoriser des relations contractuelles nouvelles.

Dans cet esprit, une entité qui, dans le cadre de ses relations d'affaires avec ses banquiers, communique des informations sur son activité, ses résultats prévisionnels, ses comptes annuels ou consolidés, ne procède pas à une « publication » de ces informations. Ces informations sont en effet adressées à un nombre limité de personnes ayant entre elles un intérêt commun et il est attendu que les destinataires de ces informations en préservent le caractère confidentiel. Dès lors, la CNCC considère qu'il n'y a pas publication de comptes consolidés, au sens de l'article L 233-28 du Code de commerce, par l'entité qui les établit volontairement pour ses besoins de gestion et qu'il n'est pas nécessaire de les faire certifier.

L'entité peut néanmoins demander au commissaire aux comptes d'émettre une opinion d'audit sur des comptes consolidés établis pour répondre à des besoins spécifiques de gestion et destinés à une diffusion restreinte, dans le cadre de services autres que la certification des comptes.

Avant de répondre favorablement à la demande qui lui est faite, le commissaire aux comptes s'informe des raisons qui la motivent et du contexte dans lequel elle s'inscrit. En cas de réponse favorable, ce contexte et le fait que ces comptes accompagnés du rapport du commissaire aux comptes n'ont pas vocation à être distribués largement sont rappelés dans la lettre de mission.

Dans l'hypothèse où les comptes seraient établis sous la responsabilité de la direction, la CNCC considère que le commissaire aux comptes devrait rappeler dans son rapport le contexte d'établissement de ces comptes consolidés et le fait qu'ils n'ont pas été arrêtés par l'organe compétent.

Vérification spécifique

En matière de consolidation, la notion de vérification spécifique recouvre la vérification de « la sincérité et la concordance avec les comptes consolidés des informations données dans le **rapport sur la gestion du groupe** » (C. com. art. L 823-10).

Lorsque l'entité est soumise aux dispositions de l'article L 225-102-1 du Code de commerce, l'article L 823-10 du Code de commerce requiert que le commissaire aux comptes atteste que la **déclaration de performance extra-financière** prévue par cet article figure, selon le cas, dans le rapport de gestion ou dans le rapport sur la gestion du groupe. Il n'appartient pas au commissaire aux comptes de vérifier la sincérité et la concordance avec les comptes des informations présentées dans la déclaration (voir n° 54297).

45315

B. Exercice collégial de la mission

Nomination d'un deuxième commissaire aux comptes

L'obligation de nommer au moins deux commissaires aux comptes s'applique à **toutes les personnes et entités** astreintes à publier des comptes consolidés (C. com. art. L 823-2).

Elle entraîne la nomination de deux commissaires aux comptes suppléants dans les cas où la nomination d'un commissaire aux comptes suppléant s'impose (voir n° 2135).

Il convient de noter que lorsqu'une entité n'ayant pas l'obligation de publier ses comptes consolidés décide de le faire, elle n'est pas soumise à l'obligation de nommer deux commissaires aux comptes (Étude juridique de la CNCC, Nomination et cessation des fonctions du commissaire aux comptes, octobre 2008 § 13) (voir n° 2134).

45330

AUDIT DES COMPTES CONSOLIDÉS © Éd. Francis Lefebvre

La CNCC a rappelé qu'une SARL, n'ayant pas l'obligation légale de nommer un commissaire aux comptes pour certifier ses comptes annuels, doit cependant désigner deux commissaires aux comptes dès lors qu'elle a l'obligation légale d'établir et de publier des comptes consolidés (Bull. CNCC n° 132-2003 p. 662).

45335 En cas de dépassement des seuils entraînant l'obligation d'établir des comptes consolidés, pour que le second commissaire puisse accomplir sa mission, il convient que sa nomination intervienne **suffisamment tôt**, c'est-à-dire de préférence avant la fin de l'exercice au titre duquel doivent être établis les premiers comptes consolidés et au plus tard à la date à laquelle ces comptes ont été établis par le conseil d'administration (Bull. CNCC n° 145-2007 p. 148).

Principes fondamentaux de l'exercice collégial

45360 **Contribution équilibrée à la réalisation de la mission** Les principes régissant l'exercice du double commissariat sont inscrits dans la NEP 100 : « Lorsque l'audit des comptes mis en œuvre en vue de certifier les comptes d'une entité est réalisé par plusieurs commissaires aux comptes, ces derniers constituent l'organe de contrôle légal des comptes. » L'exercice de la mission ainsi confiée implique que chacun des commissaires aux comptes participe et contribue de manière **équilibrée** à sa réalisation, et notamment qu'ils se livrent ensemble à un examen contradictoire des conditions et des modalités d'établissement des comptes.

La répartition des travaux entre les cocommissaires aux comptes doit également être régulièrement **modifiée** pour tout ou partie en cours de mission de manière concertée entre les commissaires aux comptes.

Le Haut Conseil a publié le 9 février 2012 un avis qui apporte des précisions en matière de répartition de travaux entre cocommissaires aux comptes : voir n°s 4320 s.

45362 **Appartenance à des structures d'exercice professionnel distinctes** Conformément à l'article 24 du Code de déontologie de la profession mis à jour par le décret 2020-292 du 21 mars 2020, les cocommissaires aux comptes d'une personne ou d'une entité doivent appartenir à des structures d'exercice professionnel distinctes, c'est-à-dire n'ayant pas de dirigeants communs, n'entretenant pas entre elles de liens capitalistiques ou financiers et n'appartenant pas au même réseau (sur la notion de réseau, voir n° 3742).

Le caractère distinct des structures d'exercice professionnel s'apprécie dans chaque cas d'espèce (voir avis du H3C du 1-7-2008).

Mise en œuvre de l'exercice collégial

45370 Les modalités de mise en œuvre de la répartition des travaux peuvent être synthétisées comme suit (CNCC NI. XI « Le commissaire aux comptes et l'audit des comptes consolidés » p. 29) :

Nature des travaux	Réalisation des travaux
Travaux de planification	
– Prise de connaissance de l'entité, de l'ensemble consolidé et de son environnement – Identification des entités importantes[16] – Évaluation du risque d'anomalies significatives au niveau des comptes consolidés pris dans leur ensemble – Détermination du ou des seuils de signification, au niveau du groupe et des entités	Chaque commissaire aux comptes[17] => aux fins de définir et de formaliser, avec l'autre commissaire aux comptes, de manière concertée : • leur approche d'audit • le plan de mission • le programme de travail
Sur la base des travaux ci-avant : – définition de la nature des travaux à mettre en œuvre sur les entités pour répondre aux risques identifiés – appréciation si les éléments susceptibles d'être collectés à partir de ces travaux pourront être suffisants et appropriés – formalisation et structuration des échanges entre les commissaires aux comptes et les auditeurs des entités, notamment via les instructions d'audit	Les commissaires aux comptes ensemble
– Connaissance des auditeurs locaux	Répartition de manière concertée

922

AUDIT DES COMPTES CONSOLIDÉS

Nature des travaux	Réalisation des travaux
Mise en œuvre des procédures d'audit conformément au plan de mission et définies dans le programme de travail[18]	
– Contrôles groupe – Processus de consolidation – Procédures analytiques mises en œuvre sur les entités non importantes – Travaux réalisés sur l'information comptable des entités consolidées[19]	Répartition de manière concertée entre les commissaires aux comptes

[16] L'identification des entités importantes contribue à l'identification du risque d'anomalies significatives au niveau des comptes consolidés.
[17] Chaque commissaire aux comptes veille à respecter les dispositions du § 05 de la NEP 100.
[18] Se reporter au § 06 de la NEP 100.
[19] Se reporter au 2.332 a) de la présente note d'information.

Nature des travaux	Réalisation des travaux
Tout au long de la mission	
En fonction des éléments collectés lors de la mise en œuvre des procédures d'audit : – appréciation, tout au long de la mission, si leur évaluation du risque d'anomalies significatives reste appropriée – modification, le cas échéant : • de la nature • du calendrier • ou de l'étendue des travaux planifiés[20]	Les commissaires aux comptes ensemble
Examen contradictoire	
– Revue des travaux mis en œuvre par les cocommissaires aux comptes[21] – Évaluation du caractère suffisant et approprié des éléments collectés[22] – Documentation dans son dossier des éléments de la revue permettant d'étayer son appréciation des travaux effectués par les cocommissaires aux comptes[23]	Chaque commissaire aux comptes
Finalisation de l'audit	
– Procédures analytiques permettant la revue de cohérence d'ensemble des comptes consolidés[24] et [25] – Vérification de la sincérité et de la concordance avec les comptes consolidés des informations données à l'occasion de l'approbation des comptes[26]	Chaque commissaire aux comptes
Communication aux organes mentionnés à l'article L 823-16 du Code de commerce[27]	Les commissaires aux comptes, ensemble et de manière concertée

[20] Se reporter au § 09 de la NEP 100.
[21] Se reporter au § 10 de la NEP 100.
[22] Se reporter au § 11 de la NEP 100.
[23] Se reporter au § 12 de la NEP 100.
[24] Se reporter au 2.3 de la note d'information de la CNCC NI. VIII « Le commissaire aux comptes et les procédures analytiques ».
[25] Se reporter au § 15 de la NEP 100.
[26] Se reporter au § 16 de la NEP 100.
[27] Se reporter au § 17 de la NEP 100.

Organisation de la mission Il appartient aux cocommissaires aux comptes de déterminer ensemble, de manière concertée, les principes d'organisation de leur mission. Dans son avis du 9 février 2012, le H3C précise que certains travaux doivent être mis en œuvre par chacun des commissaires aux comptes, ensemble ou séparément, et ne peuvent pas être répartis.
Il en est ainsi :
– de la prise de connaissance de l'entité, de l'évaluation du risque d'anomalies significatives au niveau des comptes et de la détermination des seuils de signification ;
– du processus de répartition des travaux ;
– de la revue des travaux réalisés par les autres commissaires aux comptes ;

45371

923

AUDIT DES COMPTES CONSOLIDÉS © Éd. Francis Lefebvre

– des procédures analytiques permettant la revue de la cohérence d'ensemble des comptes ;
– de la vérification de la sincérité et de la concordance avec les comptes des documents adressés aux membres de l'organe appelé à statuer sur les comptes ;
– des communications avec les organes mentionnés à l'article L 823-16 du Code de commerce et avec la direction de l'entité.

> Les principes applicables, la nature des interventions et des travaux devant donner lieu à une répartition équilibrée et régulièrement modifiée, ainsi que les critères susceptibles de justifier une répartition inégale des travaux sont également précisés par le H3C dans l'avis précité (voir nᵒˢ 4320 s.).

45372 **Élaboration du plan de mission** Le plan de mission doit être réalisé, de manière concertée, lors de la phase préparatoire de la mission. Il comprend notamment la nature et le volume des travaux, le budget des honoraires correspondants, les modalités d'organisation de la mission, et doit faire état :
– des zones de risques et de la manière dont elles sont couvertes ;
– du volume des travaux prévus, des budgets d'honoraires correspondants et de leur répartition entre les membres du collège ;
– de l'impact des événements non liés à l'exploitation courante (changements dans la structure du groupe, changement de réglementation comptable...) ;
– des seuils de signification retenus et de la manière dont ceux-ci ont été déterminés.

> L'élaboration du plan de mission doit permettre d'éviter les situations de déséquilibre et assurer à chaque commissaire aux comptes la mise en œuvre de diligences lui permettant d'être en mesure de certifier les comptes (Avis du H3C du 22-5-2006).

45373 Le plan de mission formalisé doit également prendre en compte l'organisation de la consolidation du groupe et dépend du niveau de centralisation des opérations de consolidation.

> Ainsi, dans un groupe fortement décentralisé, il peut être envisagé de répartir les travaux de coordination et de contrôle des comptes par secteurs d'activité ou par zones géographiques, seules les opérations centrales au niveau de la société consolidante étant réparties par types d'opération de consolidation (cumul des comptes, élimination des comptes réciproques, écritures d'impôts différés, analyse de certains postes, etc.). Dans tous les cas, la revue analytique des comptes contrôlés sera effectuée en commun.

45374 **Échange d'informations et revue croisée des travaux** L'échange d'informations et la revue croisée des travaux permettent à chacun des commissaires aux comptes d'obtenir le degré d'assurance nécessaire pour formuler ses conclusions.

L'échange d'informations doit avoir lieu tout au long du déroulement de la mission afin de garantir la coordination des opérations d'audit menées par le collège.

La revue croisée des travaux doit permettre de s'assurer :
– que les travaux mis en œuvre :
• correspondent à ceux définis lors de la répartition ou décidés lors de la réévaluation du risque d'anomalies significatives au niveau des assertions,
• ont permis de collecter des éléments suffisants et appropriés pour fonder l'opinion sur les comptes ;
– que les conclusions tirées des travaux réalisés par chaque commissaire aux comptes sont pertinentes et cohérentes (NEP 100 § 11).

En pratique, il sera généralement pertinent de prévoir des dates d'intervention communes pour la finalisation du dossier, afin de permettre une meilleure communication mutuelle sur l'avancement des travaux, sur le traitement des opérations complexes qui peuvent avoir des impacts sur les travaux de plusieurs membres du collège et, de façon générale, sur la formation de l'opinion commune.

C. Implication dans le contrôle des comptes des entités

Fondements

45380 **Responsabilité personnelle des commissaires aux comptes de la mère** La mission de certification des comptes consolidés appartenant aux commissaires aux comptes de la société consolidante, leur responsabilité ne saurait être dégagée ou atténuée par le fait que les comptes de certaines entreprises du groupe ont été certifiés par d'autres professionnels indépendants. Les commissaires aux comptes de la société consolidante doivent ainsi être en mesure de contrôler eux-mêmes certaines étapes de la consolidation.

AUDIT DES COMPTES CONSOLIDÉS

La directive « Audit » 2006/43/CE du 17 mai 2006 prévoit que le contrôleur légal du groupe supporte la responsabilité pleine et entière du rapport de contrôle pour ce qui concerne les comptes consolidés (art. 27). La directive 2014/56/UE, dans le cadre de la réforme de l'audit et modifiant la directive précitée 2006/43/CE, maintient cette position (Dir. art. 27).

Obligation d'examen des travaux L'examen des travaux effectués par les commissaires aux comptes intervenant dans les filiales de la société consolidante est explicitement **prévu par la loi** : « [...] la certification des comptes consolidés est délivrée notamment après examen des travaux des commissaires aux comptes des personnes et entités comprises dans la consolidation ou, s'il n'en est point, des professionnels chargés du contrôle des comptes desdites personnes et entités » (C. com. art. L 823-9).
45382

Le champ et les pouvoirs d'investigations du commissaire aux comptes sont étendus à « l'ensemble des personnes et entités comprises dans la consolidation » (C. com. art. L 823-14).

Depuis la loi de sécurité financière, les commissaires aux comptes de la personne morale consolidante et les commissaires aux comptes des sociétés consolidées sont les uns à l'égard des autres libérés du secret professionnel (voir n°s 5395 s.).

La NEP 600 relative aux principes spécifiques applicables à l'audit des comptes consolidés (JO 3-8-2011) précise que le commissaire aux comptes :

– « apprécie la pertinence des éléments transmis par les professionnels chargés du contrôle des comptes des entités ;

– échange avec les professionnels chargés du contrôle des comptes des entités, les directions des entités ou la direction de l'entité consolidante sur les éléments importants relevés ;

– évalue la nécessité de revoir d'autres éléments de la documentation des travaux des professionnels chargés du contrôle des comptes des entités ;

– conçoit, dès lors que les travaux mis en œuvre au niveau des entités sont estimés insuffisants, les procédures complémentaires à mettre en œuvre par les professionnels chargés du contrôle des comptes des entités ou par le commissaire aux comptes » (NEP 600 § 29).

Connaissance des professionnels chargés du contrôle des comptes des entités

Principe L'audit de comptes consolidés fait fréquemment intervenir des professionnels locaux, et notamment des professionnels étrangers lorsqu'il s'agit d'entreprises établies hors de France.
45385

Le commissaire aux comptes doit évaluer la possibilité d'utiliser, pour les besoins de l'audit des comptes consolidés, les éléments collectés et les conclusions émises par les professionnels chargés du contrôle des comptes des entités (NEP 600 § 11).

Pour ce faire, il examine :

– l'identité de ces professionnels et la nature de la mission qui leur a été confiée, leur qualification professionnelle et leur compétence ;

– leur compréhension des règles d'indépendance et de déontologie applicables à l'audit des comptes consolidés et leur capacité à les respecter ;

– la possibilité qu'il a d'être impliqué dans les travaux qui seront réalisés par ces professionnels pour les besoins de l'audit des comptes consolidés ;

– l'existence d'un système de surveillance de leur profession dans l'environnement réglementaire des entités (NEP 600 § 10).

À l'issue de cet examen, si le commissaire aux comptes estime qu'il ne peut utiliser pour les besoins de l'audit des comptes consolidés les travaux des professionnels chargés du contrôle des comptes des entités, il **adapte son niveau d'implication** dans les travaux requis et, si besoin, réalise lui-même ces travaux (NEP 600 § 11).

Cas particulier des confrères étrangers Les normes de travail et les règles d'éthique des professionnels étrangers n'étant pas nécessairement identiques à celles en vigueur en France, les modalités d'application décrites ci-avant peuvent poser des problèmes particuliers qui ne se résolvent que progressivement avec l'harmonisation internationale de la profession. Les difficultés rencontrées pourront notamment porter sur :
45390

– l'étendue de la levée du **secret professionnel**. L'article L 822-15 du Code de commerce, déliant entre eux de l'obligation au secret professionnel les commissaires aux comptes des entreprises consolidées et ceux de la société mère, ne s'applique à strictement parler qu'aux professionnels jouissant du statut de commissaire aux comptes.
45392

AUDIT DES COMPTES CONSOLIDÉS © Éd. Francis Lefebvre

L'extension de la levée du secret au bénéfice de professionnels étrangers dotés d'un statut équivalent à celui du commissaire aux comptes, bien qu'elle semble admise en pratique par la CNCC, mériterait l'ajout d'une précision dans le texte de l'article L 822-15 du Code de commerce afin de lever sur le sujet toute ambiguïté (voir nº 5400). Si, à l'inverse, les normes professionnelles applicables au confrère étranger ne lui permettent pas de communiquer avec les commissaires aux comptes de la société consolidante, ou ne l'autorisent pas à laisser examiner ses dossiers de travail, il convient que les commissaires aux comptes de la société consolidante procèdent eux-mêmes aux travaux jugés nécessaires ou en tirent les conséquences sur la formulation de leur opinion ;

45395 – l'appréciation de l'**indépendance** des auditeurs étrangers. L'indépendance des auditeurs s'apprécie non seulement par rapport à l'entreprise consolidée, mais également par rapport à la société consolidante. Par conséquent, il convient de faire préciser par ces confrères qu'ils sont bien indépendants par rapport à ces deux niveaux. Un autre domaine de difficulté est la définition même de l'indépendance, qui peut varier d'un pays à l'autre. Les commissaires aux comptes de la société consolidante pourront utilement se référer à une approche internationale établie par l'*International Federation of Accountants / International Ethics Standards Board for Accountants (International Code of Ethics for Professional Accountants)* qui établit des règles minimales, acceptables du point de vue des critères français ;

Une déclaration des confrères précisant qu'ils se conforment à ces règles, ou une enquête auprès de l'institution professionnelle pour déterminer si les règles locales sont en accord avec la définition internationale susvisée, pourra répondre aux besoins des commissaires aux comptes de la société consolidante.

45398 – la définition des **normes de travail**. Dans l'hypothèse où les normes de travail en vigueur dans le pays où exerce le professionnel étranger ne sont pas connues des commissaires aux comptes de la société consolidante, ou sont notoirement insuffisantes, ceux-ci devront au minimum faire référence aux normes internationales d'audit (*International Standards of Auditing*), établies par l'*International Federation of Accountants / International Audit and Assurance Standards Board*, et demander aux confrères étrangers de s'y conformer.

Collaboration des entités du périmètre de consolidation

45400 **Accès à l'information** Dans sa note d'information, la CNCC rappelle (CNCC NI. XI – oct. 2012 § 2.2.) :
– qu'aux termes de l'alinéa 1 de l'article L 823-14 le pouvoir d'investigation du commissaire aux comptes de l'entité consolidante concerne l'ensemble des entités comprises dans la consolidation ;
– que, conformément aux dispositions de l'alinéa 3 de l'article L 823-9 du Code de commerce, le commissaire aux comptes procède à un « examen des travaux des commissaires aux comptes des personnes et entités comprises dans la consolidation ou, s'il n'en est point, des professionnels chargés du contrôle des comptes desdites personnes et entités ».
Ainsi, en vue de l'acceptation de la mission, le commissaire aux comptes vérifie qu'il sera en mesure de collecter les éléments suffisants et appropriés pour fonder son opinion sur les comptes consolidés, et notamment :
– qu'il aura accès à toute l'information nécessaire auprès de la direction du groupe et des auditeurs des entités ;
– qu'il aura la possibilité d'être impliqué dans les travaux de ces auditeurs (CNCC NI. XI – oct. 2012 § 2.2.).

Sur la levée du secret professionnel entre le commissaire aux comptes et les auditeurs des entités, voir nᵒˢ 5395 s.

45407 **Confraternité et assistance réciproque** Le Code de déontologie de la profession précise que, « dans le respect des obligations attachées à leur activité professionnelle, les commissaires aux comptes entretiennent entre eux des rapports de confraternité. Ils se gardent de tout acte ou propos déloyal à l'égard d'un confrère ou susceptible de ternir l'image de la profession.
Ils s'efforcent de résoudre à l'amiable leurs différends professionnels. Si nécessaire, ils recourent à la conciliation du président de leur compagnie régionale ou, s'ils appartiennent à des compagnies régionales distinctes, des présidents de leur compagnie respective » (CDP art. 8 modifié par le décret 2020-292 du 21-3-2020).

926

Les commissaires aux comptes de la société consolidante ne peuvent avoir de pouvoir d'autorité vis-à-vis de leurs confrères, professionnels indépendants, qui interviennent sur les comptes des filiales ou participations consolidées : ce serait contraire à la règle d'égalité qui préside à leurs rapports. Des relations étroites et confraternelles doivent être la règle dans les rapports entre les différents intervenants qui s'abstiendront de toute critique d'ordre personnel dans l'exercice de leurs missions respectives. Les contacts et informations réciproques doivent être encouragés sur une base périodique. Il convient de rechercher une mise en œuvre progressive de méthodes et programmes de contrôle homogènes.

Les professionnels chargés du contrôle des entités consolidées doivent apporter un **concours actif** aux commissaires aux comptes de la société consolidante. Ils doivent, par exemple, les tenir informés des problèmes rencontrés dès qu'ils sont identifiés, s'ils peuvent avoir une incidence sur le bon déroulement du programme de certification des comptes consolidés : impossibilité partielle de respecter les instructions initiales, changements de principes comptables, retards envisagés, événements postérieurs à la clôture, etc. (ancienne norme CNCC 2-501 § 16).

45408

À l'inverse, il se peut, dans certaines situations, que les commissaires aux comptes de la société consolidante détiennent des renseignements dont, à leur connaissance, le confrère ne dispose pas et qui, s'ils étaient connus de ce dernier, pourraient avoir une incidence sur sa certification. Ces informations devront alors faire l'objet d'une communication appropriée par les commissaires aux comptes de la société consolidante.

45410

Sur la portée de la levée du secret professionnel, voir n°s 5395 s.

Enfin, si des difficultés sont rencontrées localement par les commissaires aux comptes des entreprises consolidées, ceux-ci doivent pouvoir compter sur l'aide des commissaires aux comptes de la société consolidante. Ceux-ci pourront généralement intervenir auprès de la société mère pour qu'elle aplanisse les **difficultés internes** rencontrées et, en particulier, fasse adopter des budgets d'intervention compatibles avec la bonne exécution des travaux estimés nécessaires.

45413

Détermination des travaux à mettre en œuvre

Diligences à réaliser sur les entités consolidées Une pluralité d'intervenants au sein du groupe peuvent comporter des facteurs favorables : l'intervention de confrères, sur le plan local, permet une meilleure démultiplication des travaux et une plus grande souplesse d'intervention ; celle-ci va de pair avec une bonne connaissance du cadre d'activité de l'entreprise, qui favorise l'émission d'avis et de recommandations adaptés. Il importe cependant que les commissaires aux comptes d'une société appelée à publier des comptes consolidés définissent, pour chaque entité, le **niveau minimum** de diligences qui devra être assuré.

45415

Des niveaux différenciés de diligences sont mis en œuvre pour chaque entreprise consolidée en fonction de son poids relatif et du risque qu'elle représente (NEP 600 § 17 à 20) :
– pour les **entités importantes en raison de leur contribution individuelle** au regard des comptes consolidés, un audit de l'information comptable de l'entité est mis en œuvre ;
– pour les **entités importantes en raison de l'importance du risque d'anomalies significatives** que leur information comptable peut faire peser sur les comptes consolidés, une ou plusieurs des diligences suivantes sont mises en œuvre :
• un audit de l'information comptable de l'entité en utilisant le ou les seuil(s) de signification défini(s) au niveau des comptes de cette dernière,
• un audit d'un ou de plusieurs soldes de comptes, de catégories d'opérations ou d'autres éléments d'information sur lesquels un risque élevé d'anomalies significatives a été identifié,
• des procédures d'audit spécifiques en réponse au risque élevé d'anomalies significatives ;
– pour les « **entités non importantes** » au regard des comptes consolidés : des procédures analytiques au niveau des comptes consolidés sont mises en œuvre.
Le commissaire aux comptes apprécie si les éléments susceptibles d'être collectés sur la base :
– des travaux réalisés sur l'information comptable des entités importantes ;
– des travaux réalisés sur le processus d'établissement des comptes consolidés et sur les contrôles conçus dans l'entité consolidante et mis en œuvre dans l'ensemble consolidé pour les besoins de l'établissement des comptes consolidés ;

45415
(suite)

– des procédures analytiques effectuées au niveau des comptes consolidés ;
pourront être suffisants et appropriés pour fonder son opinion sur les comptes consolidés.
Dans le cas contraire, il sélectionne des entités non importantes au regard des comptes consolidés et met en œuvre, par lui-même ou par les professionnels chargés du contrôle des comptes des entités, une ou plusieurs des diligences suivantes :
– un audit ou un examen limité de l'information comptable de l'entité ;
– ou un audit de l'un ou de plusieurs soldes de comptes, catégories d'opérations ou d'autres éléments d'information ;
– ou des procédures spécifiques.
La détermination des travaux à mettre en œuvre au niveau des entités est guidée par l'arbre de décision suivant, présenté en page 51 de la NI. XI « Le commissaire aux comptes et l'audit des comptes consolidés » :

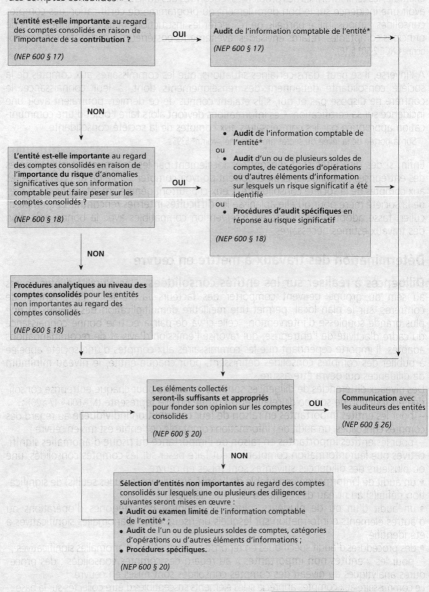

Dans le cadre des entités consolidées, l'information comptable correspond généralement à la liasse de consolidation concourant à l'établissement des comptes consolidés.

AUDIT DES COMPTES CONSOLIDÉS

Répartition des tâches Il convient de distinguer les opérations de consolidation des contrôles effectués sur les comptes individuels.

Le contrôle des **opérations de consolidation** au sens strict, cumuls, écritures de consolidation, de retraitement, et élaboration des comptes consolidés, est du domaine exclusif du contrôle des commissaires aux comptes de la société consolidante.

En ce qui concerne les **tests sur l'efficacité des contrôles** conçus par l'entité consolidante et mis en œuvre dans l'ensemble consolidé pour les besoins de l'établissement des comptes consolidés, la NEP 600 précise qu'ils peuvent être réalisés par le commissaire aux comptes de la société consolidante ou par les professionnels chargés du contrôle des comptes des entités (NEP 600 § 16).

S'agissant des autres contrôles réalisés au niveau des entités incluses dans le périmètre de consolidation, le commissaire aux comptes de la mère s'appuie sur les travaux réalisés par les professionnels chargés du contrôle des comptes de ces entités. Toutefois, s'il estime qu'il ne peut utiliser pour les besoins de l'audit des comptes consolidés les travaux des professionnels chargés du contrôle des comptes des entités, il **adapte son niveau d'implication** dans les travaux requis et, si besoin, réalise lui-même ces travaux (NEP 600 § 11).

45420

Instructions d'audit Le commissaire aux comptes communique suffisamment à l'avance ses instructions aux professionnels chargés du contrôle des comptes des entités. Les **instructions d'audit** définissent les travaux à réaliser, l'utilisation qui en sera faite ainsi que le format et le contenu de la communication entre les professionnels chargés du contrôle des comptes des entités et le commissaire aux comptes. Cette communication comprend également (NEP 600 § 26) :

– « la demande faite aux professionnels chargés du contrôle des comptes des entités de confirmer qu'ils coopéreront avec le commissaire aux comptes dans le cadre des conditions d'utilisation de leurs travaux, telles que définies dans les instructions ;
– les dispositions des règles de déontologie applicables à l'audit des comptes consolidés, en particulier, en matière d'indépendance ;
– dans le cas d'un audit ou d'un examen limité de l'information comptable des entités, le ou les seuils de signification (voir n° 45793) ;
– le risque élevé d'anomalies significatives identifié par le commissaire aux comptes au niveau des comptes consolidés résultant de fraudes ou d'erreurs qui doit être pris en considération par les professionnels chargés du contrôle des comptes des entités ;
– la demande d'informer, en temps utile, le commissaire aux comptes de tout autre risque élevé d'anomalies significatives à considérer au niveau des comptes consolidés résultant de fraudes ou d'erreurs dans les entités ainsi que les procédures mises en œuvre pour répondre à ce risque ;
– la liste des parties liées préparée par la direction de l'entité consolidante, complétée de l'identité de toute autre partie liée dont le commissaire aux comptes a connaissance ;
– la demande aux professionnels chargés du contrôle des comptes des entités de communiquer au commissaire aux comptes, dès qu'ils en ont connaissance, l'existence de toute partie liée non identifiée par celui-ci ou par la direction de l'entité consolidante. Le commissaire aux comptes apprécie, le cas échéant, si l'existence de ces parties liées doit être communiquée aux professionnels chargés du contrôle des comptes des autres entités ».

Usuellement, les instructions d'audit comprennent également :
1° une liste des entreprises consolidées, distinguant les entreprises intégrées de celles mises en équivalence et précisant dans chaque cas :
– le niveau minimum de diligences exigé (audit de l'information comptable, audit de certains postes, examen limité),
– les coordonnées du professionnel indépendant chargé de la mission,
– les coordonnées des responsables financiers de la filiale ou participation au niveau local et au siège,
– l'identification du commissaire aux comptes de la société consolidante chargé de la coordination (il est fréquent de ventiler cette tâche par zones géographiques ou par activités au sein du collège des commissaires aux comptes),
– le type de rapport demandé (opinion d'audit pour les besoins consolidés et/ou légaux, avis dans le cadre d'examen limité ou d'examen analytique) ;
2° les règles à respecter pour la consolidation. Il s'agit principalement du plan comptable groupe ou du manuel des principes comptables du groupe, ainsi que des instructions spécifiques à la consolidation :
– liasse normalisée de consolidation et guide d'utilisation,
– instructions pour effectuer le rapprochement des comptes intragroupe,

45425

929

AUDIT DES COMPTES CONSOLIDÉS © Éd. Francis Lefebvre

– instructions pour déterminer les résultats internes à éliminer sur stocks ou cessions d'actifs immobilisés,
– instructions pour suivre les informations relatives aux éléments d'actif ayant fait l'objet d'une cession interne ;
3° le calendrier des opérations de clôture et de certification des comptes consolidés. Ce calendrier doit prévoir en outre les références exactes des destinataires des différentes communications demandées aux confrères. Les commissaires aux comptes devront donc s'assurer de l'adéquation de leur calendrier avec les délais de publication des comptes décidés par la société consolidante ;
4° les modèles de documents permettant la remontée d'informations complètes et normalisées. Ces annexes et modèles pourront notamment comprendre :
– un modèle de lettre d'acceptation de la mission,
– un modèle type d'analyse des temps prévus d'intervention et de suivi des temps réels,
– un plan type de rapport intérimaire : en accord avec le groupe, il peut être décidé de retenir des thèmes spécifiques de révision sur lesquels une attention particulière devra être portée par l'ensemble des réviseurs intervenant dans le groupe,
– un modèle d'avis sur la liasse,
– un modèle de rapport définitif,
– un plan type de note de synthèse,
– un questionnaire standard de contrôle des normes.
Le modèle de rapport définitif est particulièrement important et doit comporter de façon systématique :
• l'identification des informations contrôlées (indication des chiffres clés permettant de s'assurer que l'avis porte bien sur la liasse de consolidation visée) ;
• la confirmation des normes de travail appliquées ;
• la référence aux principes comptables du groupe ;
• l'opinion du confrère sur les informations contrôlées, complétée éventuellement d'un avis sur certaines informations annexes propres à la consolidation (rapprochements des comptes réciproques, profits intragroupe sur stocks, etc.) ;
• lieu, date et signature.

45435   Implication dans l'approche des risques La NEP 600 impose une implication du commissaire aux comptes dans l'évaluation des risques effectuée par les professionnels chargés du contrôle des comptes des entités importantes.
La nature, le calendrier et l'étendue des travaux requis pour cette implication dépendent de l'appréciation faite par le commissaire aux comptes sur ces professionnels (voir n° 45385).

Ces travaux comprennent au minimum (NEP 600 § 21) :
– « un échange d'informations avec le professionnel chargé du contrôle des comptes ou la direction de l'entité sur les activités de celle-ci qui sont importantes pour l'ensemble consolidé ;
– un échange d'informations avec le professionnel chargé du contrôle des comptes de l'entité sur le risque d'anomalies significatives dues à des fraudes ou des erreurs ; et
– une revue de la documentation du professionnel chargé du contrôle des comptes de l'entité relative au risque élevé d'anomalies significatives. Cette documentation peut prendre la forme d'une synthèse justifiant ses conclusions ».

Lorsqu'un risque élevé d'anomalies significatives a été identifié au niveau d'une entité pour laquelle les travaux sont réalisés par un professionnel chargé du contrôle des comptes de celle-ci, le commissaire aux comptes :
– évalue le caractère approprié des procédures d'audit complémentaires à mettre en œuvre pour répondre spécifiquement à ce risque ;
– détermine s'il est nécessaire, en fonction de l'appréciation qu'il porte sur ce professionnel, qu'il soit impliqué dans la mise en œuvre des procédures complémentaires (NEP 600 § 22).

45436   Pour l'application de ces obligations imposées par la norme, la CNCC apporte les précisions suivantes dans sa note d'information (CNCC NI. XI – oct. 2012 § 3.7.) :
1. Le commissaire aux comptes met en œuvre des travaux lui permettant d'identifier l'ensemble des risques significatifs et d'évaluer le caractère approprié des travaux à mettre en œuvre en réponse à ces risques.
Selon la CNCC, l'implication du commissaire aux comptes dans les travaux réalisés par les auditeurs des entités tient compte de l'importance de l'entité, de l'existence avérée ou possible d'un risque significatif et de sa connaissance des auditeurs des entités.

« Le commissaire aux comptes s'attache ainsi à obtenir dès que possible une connaissance :
– des principales activités opérationnelles des entités importantes ;
– du risque d'anomalies significatives identifié au niveau de ces entités en portant une attention particulière à la documentation obtenue de l'auditeur de l'entité sur les risques significatifs (exhaustivité de ces risques et procédures d'audit complémentaires pour y répondre).

AUDIT DES COMPTES CONSOLIDÉS

45436
(suite)

Dans la plupart des cas, ces travaux sont mis en œuvre au moyen des instructions d'audit. Le commissaire aux comptes peut toutefois être conduit à effectuer ces travaux préalablement à l'envoi de ces instructions, par exemple, lorsqu'il s'agit :
– du premier audit du groupe ;
– de l'entrée dans le périmètre du groupe d'une entité importante ;
– d'une entité particulièrement importante ;
– d'opérations significatives et inhabituelles intervenues ou prévues au sein de l'entité au cours de la période » (CNCC NI. XI – oct. 2012 § 3.7.).

2. Pour les « **entités importantes** », le commissaire aux comptes met en œuvre au minimum les travaux suivants :
– « un échange d'informations avec l'auditeur de l'entité voire également, dans certaines circonstances, avec la direction de l'entité sur les activités de l'entité importante pour l'ensemble consolidé ;

En pratique, cet échange porte notamment sur :
– l'analyse des principales sources de revenus, des niveaux de rentabilité et de la structure financière des principales activités opérationnelles ;
– les évolutions importantes du contrôle interne, notamment du système d'information ;
– les modifications majeures de l'environnement réglementaire.

– un échange d'informations avec l'auditeur de l'entité sur le risque d'anomalies significatives dues à des fraudes ou des erreurs dans l'information comptable de l'entité ;
– une revue de la documentation de l'auditeur de l'entité relative aux risques significatifs ; et
– une évaluation du caractère approprié des procédures d'audit complémentaires qui permettent de répondre spécifiquement à ces risques ».
Compte tenu de sa connaissance de l'auditeur local, le commissaire aux comptes peut décider de mettre en œuvre un ou plusieurs des travaux suivants en complément de ceux prévus par la norme d'exercice professionnel, par exemple :
– revoir l'approche d'audit mise en œuvre par l'auditeur de l'entité et son plan de mission,
– identifier et évaluer le risque d'anomalies significatives au niveau de l'information comptable de l'entité,
– concevoir et exécuter des procédures d'audit complémentaires ;
– participer à la réunion de synthèse ou à d'autres réunions importantes entre l'auditeur de l'entité et la direction de l'entité ;
– revoir certaines sections de la documentation de l'auditeur de l'entité ».

Ces diligences peuvent nécessiter une visite sur place, en France ou à l'étranger, pour **rencontrer les confrères** et la direction de l'entreprise concernée, lorsque l'importance de l'entité dans la consolidation et l'analyse des risques le justifient.

3. Pour les « **entités non importantes** », pour lesquelles les procédures analytiques réalisées au niveau du groupe ne seraient pas suffisantes, le commissaire aux comptes évalue, selon son jugement professionnel, de quelle façon il souhaite s'impliquer dans les travaux effectués par les auditeurs de ces entités.

« Son niveau d'implication dépendra notamment de la connaissance qu'a le commissaire aux comptes de l'auditeur de l'entité. Par exemple, lorsque ce dernier évolue dans un environnement réglementaire qui ne fait pas l'objet de contrôle par un organe de supervision, ou bien lorsque le commissaire aux comptes estime que l'auditeur de l'entité manque de compétences sectorielles, le commissaire aux comptes peut décider d'être plus impliqué dans les travaux réalisés par l'auditeur de l'entité et mettre en œuvre un ou plusieurs des travaux détaillés ci-dessus » (CNCC NI. XI – oct. 2012 § 3.7.).

Ainsi, pour les entités « non importantes », les commissaires aux comptes de la société consolidante peuvent **limiter leur examen** à des procédés minimaux s'ils possèdent déjà un degré d'assurance raisonnable que les confrères se conforment à des procédures strictes de contrôle qualité et mettent en œuvre des diligences appropriées dans l'exercice de leur mission, et si l'entité ne comporte pas de risque particulier. Ils peuvent, en effet, entretenir une relation permanente et officielle avec les confrères intervenant dans les filiales, concrétisée par des procédures, par exemple de contrôle qualité, qui leur apportent un tel degré d'assurance.
En fonction de ces éléments, l'auditeur pourra retenir **une ou plusieurs** des **modalités** suivantes :
– simple lecture des rapports rédigés par les confrères sur les entités consolidées concernées, ces rapports pouvant être le rapport sur les comptes annuels, le rapport spécial sur les conventions réglementées et le rapport sur le contrôle interne, ou encore les communications formelles effectuées au titre de l'article L 823-16 du Code de commerce ;

– prise de connaissance du programme de travail suivi par les confrères et du budget d'heures qui en résulte ;
– discussion sur les techniques de vérification utilisées et les problèmes rencontrés ;
– exploitation des réponses à un questionnaire de contrôle élaboré par les commissaires aux comptes de la société consolidante et adressé aux confrères ;
– revue partielle ou approfondie des dossiers de travail des confrères.

45440 **Éléments à recevoir des auditeurs des entités consolidées** Conformément à la NEP 600, le commissaire aux comptes demande aux professionnels chargés du contrôle des comptes des entités de lui communiquer les éléments pertinents pour fonder son opinion sur les comptes consolidés (NEP 600 § 27). Cette communication comprend :
– « la confirmation par les professionnels chargés du contrôle des comptes des entités du respect des règles de déontologie applicables à l'audit des comptes consolidés, en particulier celles relatives à l'indépendance et à la compétence professionnelle ;
– la confirmation par les professionnels chargés du contrôle des comptes des entités du respect des instructions reçues du commissaire aux comptes ;
– l'identification de l'information comptable des entités sur laquelle les professionnels chargés du contrôle des comptes ont réalisé leurs travaux ;
– les cas de non-respect des textes légaux et réglementaires susceptibles de conduire à des anomalies significatives dans les comptes consolidés ;
– un état des anomalies non corrigées sur l'information comptable des entités. Cet état n'inclut pas les anomalies qui sont en dessous du seuil des anomalies manifestement insignifiantes ;
– les indicateurs révélant des biais possibles de la part de la direction ;
– une description des faiblesses significatives de contrôle interne identifiées au niveau des entités ;
– les autres faits significatifs que les professionnels chargés du contrôle des comptes des entités ont communiqués ou vont communiquer aux membres des organes de direction et de surveillance des entités, y compris les fraudes (réelles ou suspectées) impliquant les directions des entités ou des employés ayant un rôle clé dans le dispositif de contrôle interne ou toute autre fraude qui pourrait entraîner une anomalie significative dans l'information comptable des entités ;
– tout autre élément important estimé pertinent pour le commissaire aux comptes, y compris les points particuliers mentionnés dans les lettres d'affirmation signées par les directions des entités ;
– la synthèse des points relevés, les conclusions ou l'opinion des professionnels chargés du contrôle des comptes des entités ».

45443 **Revue des travaux** Les interventions des commissaires aux comptes de la société consolidante, durant la période d'exécution des missions par les confrères, comportent l'exploitation des différents rapports ou communications fournis par ceux-ci ainsi que l'examen des travaux qu'ils effectuent.

S'il estime qu'il ne peut utiliser les travaux réalisés, le commissaire aux comptes de l'entité mère **adapte son niveau d'implication** dans les travaux requis et, si besoin, réalise lui-même ces travaux (NEP 600 § 11).

45445 1° L'exploitation des **rapports ou communications des confrères**. À réception des confirmations d'acceptation de la mission et des budgets d'intervention prévus, les commissaires aux comptes de la société consolidante portent un jugement sur l'adéquation des objectifs et des moyens mis en œuvre et prennent toute mesure utile en temps voulu pour remédier aux insuffisances de moyens éventuellement constatées ou signalées par les confrères.

45446 L'exploitation des rapports intérimaires sur l'évaluation du contrôle interne et les problèmes de clôture envisagés par les confrères font généralement l'objet d'une synthèse, rédigée par les commissaires aux comptes à l'attention de la direction du groupe, afin que celle-ci puisse prendre les mesures correctrices nécessaires.

45448 Les liasses sur lesquelles apparaissent des problèmes de certification ou des propositions d'ajustement sont exploitées sans délai afin de ne pas retarder le calendrier de clôture des comptes consolidés. En cas de difficulté importante, des réunions techniques associant la direction du groupe, celle de l'entité consolidée concernée et les confrères peuvent être utilement organisées à l'initiative des commissaires aux comptes de la société consolidante.

© Éd. Francis Lefebvre   **AUDIT DES COMPTES CONSOLIDÉS** ▋

2° L'examen des **travaux des confrères.** La phase préparatoire de la mission conduit normalement à dresser la liste des entreprises examinées par les confrères et à déterminer, dans chaque cas, les procédures d'examen à utiliser : implication dans l'évaluation des risques effectuée par les professionnels chargés du contrôle des comptes des entités importantes, revue des dossiers de travail, revue d'un questionnaire de contrôle, discussion sur les techniques de contrôle utilisées et les problèmes rencontrés, voire simple lecture des rapports reçus pour les entités non importantes au regard des comptes consolidés, s'ajoutant aux procédures analytiques (voir n° 45425).

45455

Les entités qui représentent un pourcentage significatif des totaux consolidés, ou celles qui présentent des risques élevés au plan de la certification, doivent logiquement faire l'objet de procédures systématiques d'examens approfondis des travaux mis en œuvre par les confrères (revue de dossiers ou questionnaire de contrôle suivant le cas). Les entités non importantes peuvent être couvertes par de telles procédures extensives sur une base de rotation pluriannuelle. Le commissaire aux comptes peut aussi limiter ses travaux, si les éléments collectés par ailleurs sont suffisants et appropriés pour fonder son opinion sur les comptes consolidés, à des procédures analytiques.

45456

Ces procédures d'examen doivent être planifiées de façon telle que les conclusions qui en découlent puissent être disponibles avant la fin des travaux sur les comptes consolidés de l'exercice.
Cela suppose généralement, au sein du collège des commissaires aux comptes, une séparation adéquate des tâches ainsi qu'une délégation optimale auprès de collaborateurs compétents.

45460

Synthèse des travaux Lors de la synthèse des travaux de coordination et d'examen de l'exécution des missions des confrères, les commissaires aux comptes de la société consolidante comparent la nature et l'étendue des travaux réalisés avec ceux initialement prévus lors de la phase préparatoire de la mission et mettent à jour, en fonction des écarts constatés, l'état décrivant l'étendue de l'audit consolidé, en cumulant les chiffres clés des totaux consolidés (chiffre d'affaires, résultat, total du bilan, capitaux propres…) par grandes catégories de contrôle (audit ou examen limité de l'information comptable de l'entité, audit de l'un ou de plusieurs soldes de comptes, catégories d'opérations ou d'autres éléments d'information, procédures spécifiques). Ils s'assurent que les travaux réellement effectués sont suffisants pour pouvoir exprimer une opinion sans réserve sur les comptes consolidés et doivent, ce faisant, tenir compte des opinions exprimées par leurs confrères dans leurs rapports.

45470

Trois **raisons** principales peuvent justifier des **réserves ou refus de certifier** de la part des confrères :
– une limitation à l'étendue de leurs travaux ;
– un désaccord sur les principes comptables (application d'un mauvais principe ou mauvaise application d'un principe) ;
– une incertitude.

45474

Dans certains cas, les motifs invoqués n'entraînent **pas de conséquence sur l'opinion** à exprimer sur les comptes consolidés. Par exemple :
– le motif de la réserve ou du refus de certifier, valable sur les comptes annuels d'une entité consolidée, peut se révéler sans portée significative au regard des totaux consolidés ;
– une limitation apportée aux diligences d'un confrère peut être sans effet si les commissaires aux comptes de la société consolidante ont pu avoir accès directement à l'information concernée ;
– le désaccord sur l'application d'un principe comptable ou d'une méthode d'évaluation peut être corrigé lors de l'élaboration des comptes consolidés par une écriture d'ajustement spécifique ;
– une incertitude, signalée au plan local, telle que la remise en cause éventuelle du principe de continuité de l'exploitation dans une filiale en perte, peut être levée si, par exemple, les commissaires aux comptes de la société consolidante obtiennent des dirigeants du groupe les assurances nécessaires quant à la poursuite de l'exploitation.

45475

D'autres situations peuvent en revanche avoir une **incidence sur les comptes consolidés.** Les commissaires aux comptes de la société consolidante doivent alors en tenir compte pour exprimer une opinion sur les comptes consolidés.

45476

933

AUDIT DES COMPTES CONSOLIDÉS   © Éd. Francis Lefebvre

Les erreurs ou désaccords signalés par les confrères et non corrigés par la société consolidante font l'objet d'un récapitulatif sur une base consolidée et sont agrégés, le cas échéant, avec les ajustements affectant les comptes de la société consolidante. Ce total est ensuite comparé aux seuils de signification préalablement établis afin de déterminer l'impact sur l'opinion des commissaires aux comptes.

45479 **Événements postérieurs à la remise des rapports des confrères** Suivant l'organisation retenue pour l'arrêté des comptes consolidés, un **délai** de quelques jours ou de plusieurs mois peut séparer la date de signature du rapport sur les comptes consolidés de la date des rapports émis par les confrères sur les entités consolidées.

45482 Dans ce laps de temps, des événements postérieurs majeurs peuvent se produire dans une filiale ou une participation consolidée, qui nécessiteraient soit une **correction du bilan et/ou du compte de résultat consolidés** (ce peut être le cas d'un litige important résolu dans cette période pour un montant significativement différent de la provision initialement constatée), soit une **information complémentaire** en annexe (il peut s'agir, par exemple, d'un changement de périmètre de consolidation majeur dans un sous-groupe).

45485 La direction du groupe n'étant pas nécessairement informée elle-même en temps utile de ces événements, il convient de mettre en place, entre les commissaires aux comptes de la société consolidante et les confrères, une **procédure** de confirmation de l'absence d'événements postérieurs significatifs, à la date la plus rapprochée possible de la signature du rapport sur les comptes consolidés. Pour pouvoir répondre à cette demande de confirmation, il convient que les confrères enquêtent eux-mêmes auprès de l'entité contrôlée à cette même date.

La date prévisible de signature du rapport sur les comptes consolidés doit donc être déterminée à l'avance et communiquée aux confrères responsables de l'audit des entreprises consolidées.

L'exploitation des informations reçues des confrères relatives à des événements postérieurs se fait en conformité avec la norme d'exercice professionnel NEP 560 de la CNCC consacrée aux « événements postérieurs à la clôture de l'exercice », et peut impliquer, suivant la nature et l'importance relative des événements :
– une modification du bilan et/ou du compte de résultat consolidé ;
– un complément d'information dans l'annexe consolidée et dans le rapport de gestion du groupe ;
– le cas échéant, une incidence sur l'opinion émise par les commissaires aux comptes de la société consolidante.

45488 **Documentation** Les commissaires aux comptes de la société consolidante font figurer dans leur **dossier de travail** les renseignements suivants, en application du paragraphe 33 de la NEP 600 :
– « une analyse des entités, le conduisant à déterminer celles qui sont ou non importantes ;
– la nature des travaux réalisés sur l'information comptable des entités ;
– la nature, le calendrier et l'étendue de l'intervention du commissaire aux comptes dans les travaux réalisés par les professionnels chargés du contrôle des comptes des entités importantes, y compris la revue éventuelle, par le commissaire aux comptes, de tout ou partie de la documentation des professionnels chargés du contrôle des comptes de ces entités et de leurs conclusions ;
– les communications écrites entre le commissaire aux comptes et les professionnels chargés du contrôle des comptes des entités relatives aux demandes du commissaire aux comptes ».

D. Relations avec les auditeurs internes

Utilisation des travaux de l'audit interne

45490 Le commissaire aux comptes peut utiliser les travaux de l'audit interne en tant qu'éléments collectés au titre des assertions qu'il souhaite vérifier. Les relations des commissaires aux comptes avec l'audit interne sont définies par la norme d'exercice professionnel NEP 610 « Prise de connaissance et utilisation des travaux de l'audit interne », qui a pour objet de définir les principes relatifs à :
– la prise de connaissance par le commissaire aux comptes de l'audit interne ;
– l'utilisation par le commissaire aux comptes des travaux réalisés par l'audit interne.
En effet, l'existence d'un audit interne peut apporter une aide importante aux commissaires aux comptes dans la réalisation de leurs travaux d'audit. Le développement de

934

© Éd. Francis Lefebvre   **AUDIT DES COMPTES CONSOLIDÉS** ▌

relations régulières permet de s'informer mutuellement, dans le respect des règles de secret professionnel, des éléments pouvant avoir un impact sur l'approche d'audit, et contribue à l'efficacité de la mission d'audit.

Mise en œuvre de la coopération avec l'audit interne

45495
Lors de la phase d'orientation et de planification, les commissaires aux comptes doivent (NEP 610 § 5 à 7) :
– acquérir une connaissance suffisante des activités de l'audit interne ;
– procéder à une évaluation de la fonction d'audit interne lorsqu'il s'avère que les activités de celle-ci peuvent être utiles à certains aspects de la mission d'audit.

Seront notamment pris en compte les critères suivants :
• place dans l'organisation : statut de l'audit interne dans l'entité et incidence sur son objectivité,
• nature et étendue des travaux confiés à l'audit interne,
• compétence technique des auditeurs internes : politiques de recrutement et de formation, niveau d'expérience et de qualification professionnelles,
• savoir-faire : existence de manuels d'audit interne, de programmes de travail et de dossiers de travail appropriés.

45498
Si les commissaires aux comptes envisagent d'utiliser les travaux de l'audit interne, ils doivent (NEP 610 § 5 à 7) :
– discuter de façon régulière avec l'audit interne afin de déterminer un plan de travail permettant d'atteindre des objectifs convergents ;
– évaluer et revoir les travaux de l'audit interne pour s'assurer de leur adéquation avec leurs propres objectifs.
Cela revient à apprécier si :
– la nature et l'étendue de ces travaux répondent aux besoins de l'audit ;
– ces travaux ont été réalisés par des personnes disposant d'une qualification professionnelle et d'une expérience suffisante et ont été revus et documentés ;
– une solution appropriée a été apportée aux problématiques mises en évidence par les travaux de l'audit interne ;
– les rapports ou autres documents de synthèse établis par l'audit interne sont cohérents avec les résultats des travaux réalisés par ce dernier.

SECTION 2

Mise en œuvre de l'audit des comptes consolidés

45510
L'organisation de l'audit de la consolidation est étroitement liée à l'organisation retenue par le groupe pour l'élaboration des comptes consolidés.
Les phases de déroulement de l'audit des comptes consolidés sont similaires à celles appliquées pour l'audit des comptes annuels à savoir :
– l'orientation et la planification de la mission (n⁰ˢ 45515 s.) ;
– la mise en œuvre du contrôle des comptes consolidés (n⁰ˢ 45900 s.) ;
– l'achèvement de la mission (n⁰ˢ 46400 s.).

I. Orientation et planification de la mission

45512
S'agissant tout d'abord de la lettre de mission relative à l'audit des comptes consolidés, la NEP 600 précise que les dispositions de la NEP relative à la lettre de mission doivent être appliquées (NEP 600 § 05).
Lorsque le commissaire aux comptes d'une personne ou d'une entité qui établit des comptes consolidés ou combinés est également commissaire aux comptes d'une ou plusieurs personnes ou entités du même ensemble, il apprécie s'il convient d'établir une **lettre de mission commune** à plusieurs de ces personnes ou entités. Lorsque le commissaire aux comptes choisit d'établir une lettre de mission commune, il demande à la

935

AUDIT DES COMPTES CONSOLIDÉS   © Éd. Francis Lefebvre

personne ou à l'entité mère de lui confirmer par écrit que les personnes ou les entités de l'ensemble ont donné leur accord sur le contenu de la lettre de mission pour ce qui les concerne (NEP 210 § 05).

45515 La phase d'orientation et de planification doit permettre de préparer la mission et d'identifier les risques afin de construire la démarche d'audit. Comme pour la certification des comptes annuels, et compte tenu du volume des informations à obtenir ou à maîtriser, cette étape de la démarche est particulièrement importante et complexe pour la première certification des comptes consolidés. Elle comporte une prise de connaissance préalable du groupe (n⁰ˢ 45520 s.), un examen du périmètre et des méthodes de consolidation (n⁰ˢ 45550 s.), la revue des principes et méthodes comptables (n⁰ˢ 45650 s.), la revue des procédures internes de consolidation (n⁰ˢ 45740 s.) et enfin la mise en place de la mission d'audit au vu de l'ensemble des éléments recueillis (n⁰ˢ 45780 s.).

A. Prise de connaissance préalable

Prise de connaissance générale du groupe et évaluation du risque d'anomalies significatives

45520 **Prise de connaissance de l'ensemble consolidé et de son environnement** Pour exécuter sa mission, le commissaire aux comptes « acquiert une connaissance suffisante de l'entité, notamment de son contrôle interne, afin d'identifier et évaluer les risques d'anomalies significatives dans les comptes et afin de concevoir et mettre en œuvre des procédures d'audit permettant de fonder son opinion sur les comptes » (NEP 315 § 1).

Afin d'identifier et d'évaluer le risque d'anomalies significatives au niveau des comptes consolidés, la NEP 600 prévoit que le commissaire aux comptes prenne connaissance (NEP 600 § 07) :

– « de l'ensemble consolidé et des entités qui le constituent, de leurs activités, et de leur environnement, du processus d'élaboration des comptes consolidés défini par l'entité consolidante et des instructions adressées par sa direction aux entités de l'ensemble consolidé ;

– des contrôles conçus par l'entité consolidante et mis en œuvre dans l'ensemble consolidé pour les besoins de l'établissement des comptes consolidés ».

Cette prise de connaissance lui permet ainsi :

– « d'identifier les entités importantes pour l'audit des comptes consolidés en fonction de l'importance de leur contribution individuelle ou de l'importance du risque d'anomalies significatives que l'information comptable de ces entités peut faire peser sur les comptes consolidés ;

– d'évaluer le risque d'anomalies significatives dans les comptes consolidés résultant de fraudes ou d'erreurs ».

Lors de sa prise de connaissance, le commissaire aux comptes tient également compte des informations recueillies avant l'acceptation de son mandat (NEP 600 § 08).

45521 **Nature des informations recherchées** Les informations recherchées par les commissaires aux comptes portent généralement :

– sur la structure du groupe et l'importance relative des entreprises qui le composent : organigramme, inventaire des participations, secteurs d'activité, chiffres significatifs ;

– sur la nature et l'importance des transactions intragroupe ;

– sur le référentiel comptable applicable aux comptes consolidés (IFRS, règl. 2020-01) ;

– sur les principes comptables retenus pour l'établissement des comptes consolidés ;

– sur l'organisation de la consolidation : traitement centralisé/décentralisé de l'information, système d'information, procédures ;

– sur les événements exceptionnels de l'exercice ;

– sur l'appréciation qualitative des équipes internes de consolidation : compétence, formation, maîtrise du référentiel comptable utilisé, effectif.

45522 **Modalités de la prise de connaissance** La prise de connaissance est généralement obtenue par le commissaire aux comptes :

– au travers de contacts avec les dirigeants et avec les responsables financiers et comptables des entreprises consolidées ;

936

© Éd. Francis Lefebvre

AUDIT DES COMPTES CONSOLIDÉS

– par l'analyse des comptes consolidés des exercices précédents, s'ils existent ;
– par l'analyse des comptes annuels et rapports de gestion des exercices précédents pour les différentes entités consolidées ;
– par l'examen des procès-verbaux des conseils d'administration des sociétés consolidées importantes ;
– par l'analyse des rapports émis dans le passé par les contrôleurs internes et des professionnels chargés du contrôle des comptes des entités ;
– par la revue des budgets, plans de développement, plans de financement relatifs au groupe ;
– par la lecture des diverses publications internes décrivant les activités du groupe.

L'auditeur pourra également rechercher des sources d'information externes lui permettant de prendre connaissance :
• de rapports publiés par des groupes exerçant des activités similaires,
• de la presse financière et des revues spécialisées dans les secteurs d'activité du groupe.

Revue des systèmes de traitement de l'information

45530 Les commissaires aux comptes réaliseront leur prise de connaissance de l'environnement informatique de la consolidation en analysant le processus de consolidation et en prenant connaissance du système informatique de traitement de la consolidation.

45531 **Analyse du processus de consolidation** L'auditeur s'attachera à décomposer le processus de consolidation et à identifier les contrôles réalisés ou programmés aux différentes étapes de ce processus. Il identifiera également le mode de traitement automatique ou manuel utilisé pour chacune des étapes. Le processus peut généralement être décomposé en **cinq étapes**.

45532 La **première étape** concerne la **collecte des comptes annuels et informations annexes** pour les entreprises intégrées, la collecte des résumés des comptes annuels et des informations annexes pour les entreprises mises en équivalence.

45533 Lors de la **deuxième étape**, les **retraitements** sont effectués soit par l'entreprise consolidée, soit par le service central de consolidation. Ils sont enregistrés, entité par entité, sur un journal des retraitements permettant de centraliser compte par compte l'effet des retraitements en les ventilant, d'une part, à l'ouverture de la période comptable considérée et, d'autre part, sur les mouvements de la période. Il est essentiel en effet, à ce niveau, de pouvoir justifier que le bilan d'ouverture retraité est conforme au bilan de clôture de la période précédente.

45534 La **troisième étape** permet d'établir les **comptes annuels retraités** de chaque société consolidée (addition des comptes annuels et des écritures de retraitement).

45535 Lors de la **quatrième étape** est effectué le **cumul des comptes annuels retraités** de la société consolidante avec ceux des entreprises intégrées globalement, des quotes-parts de chaque poste correspondant aux pourcentages de contrôle direct ou indirect de la société consolidante dans les entités intégrées proportionnellement.
Les états annexes des liasses sont aussi cumulés pour les besoins du tableau de financement et de l'annexe.

45536 La **cinquième étape** permet d'**établir les comptes consolidés** par le calcul et la passation des écritures de consolidation, dont les écritures liées aux mises en équivalence.

Ces écritures sont enregistrées de même que pour les retraitements, dans un journal de consolidation, ventilant les écritures ayant un effet sur le bilan d'ouverture et celles constituant des mouvements de la période.

45537 **Prise de connaissance du système informatique** L'utilisation de l'informatique dans le processus de consolidation s'est généralisée. Elle permet notamment :
– d'améliorer la fiabilité et d'automatiser la majorité des opérations matérielles en réalisant une économie de pointages et de recoupements ;
– de faciliter des sous-consolidations éventuelles ;
– d'obtenir un gain de temps et de délai souvent important.

AUDIT DES COMPTES CONSOLIDÉS   © Éd. Francis Lefebvre

45538 Les fonctions de base des logiciels d'aide à la consolidation comportent généralement les mécanismes suivants :
– saisie des liasses de consolidation et contrôles de cohérence des données ;
– conversions monétaires ;
– calcul des pourcentages de contrôle et des pourcentages d'intérêts ;
– édition des comptes cumulés ;
– enregistrement des écritures de retraitement et de consolidation ;
– restitution de ces écritures sous forme de journaux ;
– édition d'états d'anomalies (par exemple, mise en évidence des comptes intragroupe non soldés) ;
– édition des comptes consolidés et des contributions de chaque entité ;
– tenue d'une véritable comptabilité de consolidation (journal, balance, grand-livre).

45539 Ces fonctions de base sont parfois assorties de **fonctions complémentaires** permettant de générer automatiquement :
– les écritures de retraitement ou de consolidation, ce qui peut diminuer de manière très significative la charge de saisie (élimination des provisions à caractère fiscal, retraitement de location-financement) ;
– les éléments nécessaires à l'établissement du tableau de financement par l'analyse des flux de trésorerie ;
– les éléments nécessaires à l'analyse des variations des capitaux propres consolidés ;
– le calcul de l'impact des changements de périmètre et/ou des méthodes de consolidation ;
– le calcul de l'impact des changements de parités monétaires.

45540 Quelles que soient les fonctionnalités du logiciel utilisé, l'auditeur commencera par prendre connaissance du logiciel de consolidation utilisé. Il s'assurera notamment qu'il s'agit d'un **logiciel connu et audité**.

Dans le cas où le logiciel de consolidation ne serait **pas un standard** du marché, l'auditeur appréciera s'il convient de faire intervenir une équipe d'audit informatique afin de s'assurer que le logiciel remplit de façon fiable toutes les fonctions essentielles à la consolidation.

45542 D'une manière plus précise, la phase de prise de connaissance devrait permettre à l'auditeur de porter une **première appréciation** :
– sur la fiabilité des fichiers de base comportant les informations nécessaires à la consolidation ;
– sur l'adéquation du paramétrage aux besoins de la société consolidante ;
Une attention particulière sera apportée aux modifications récentes de paramétrage.
– sur la rigueur dont font preuve les intervenants dans l'application des procédures d'utilisation ;
– sur le niveau de contrôle automatisé que permet le logiciel utilisé.

B. Examen du périmètre et des méthodes de consolidation

45550 Le commissaire aux comptes doit vérifier l'appartenance au périmètre de consolidation de toutes les entreprises dont les comptes doivent être inclus dans les comptes consolidés. Il doit par ailleurs vérifier le choix de la méthode de consolidation retenue (intégration globale, intégration proportionnelle ou mise en équivalence).
Seront abordés :
– les règles applicables en matière de périmètre et de méthodes de consolidation (nos 45555 s.) ;
– les contrôles mis en œuvre par le commissaire (nos 45590 s.).

1. Règles applicables

45555 Les règles applicables permettent de définir :
– l'étendue du périmètre de consolidation (nos 45558 s.) ;
– les modes de consolidation à retenir (nos 45580 s.).
L'ensemble des règles applicables fait l'objet de tableaux de synthèse présentés aux nos 45588 et 45589.

© Éd. Francis Lefebvre   AUDIT DES COMPTES CONSOLIDÉS

Les normes IFRS 10 (États financiers consolidés), IFRS 11 (Partenariats), IFRS 12 (Informations à fournir sur les intérêts détenus dans d'autres entités), IAS 27 révisée (États financiers individuels) et IAS 28 révisée (Participations dans des entreprises associées et des coentreprises) sont applicables obligatoirement en Europe aux exercices ouverts à compter du 1er janvier 2014.

45556

Ces nouvelles normes :
– modifient la définition du contrôle et retiennent une définition unique du contrôle pour les entités ad hoc et pour les entreprises « classiques » ;
– suppriment la méthode de l'intégration proportionnelle pour les entreprises sous contrôle conjoint, qui devront dorénavant être consolidées par mise en équivalence (sauf exceptions) ;
– établissent une liste conséquente d'informations à fournir en annexe (IFRS 12).

L'entrée en vigueur de ces nouvelles normes de consolidation a introduit des différences significatives dans la définition du périmètre et des modes de consolidation entre les principes français et les normes IFRS.

Définition du périmètre de consolidation

Principe En dehors des cas d'exclusion très limités, le périmètre de consolidation doit comprendre, selon le règlement 2020-01 (art. 211-1) et le référentiel IFRS (IFRS 10 § 20, IAS 28 § 16 et IFRS 11 § 20 et 24), l'entreprise consolidante ainsi que les entreprises sur lesquelles elle exerce, directement ou indirectement :
– un contrôle exclusif ;
– un contrôle conjoint ;
– ou une influence notable.

45558

Pour rappel, l'influence notable n'est en revanche plus retenue pour apprécier l'obligation d'établir des comptes consolidés (voir n° 45018).

Concernant les cas d'exclusion du périmètre de consolidation, voir n°ˢ 45567 s.

Le **contrôle exclusif** consiste, selon l'article 211-3 du règlement 2020-01, dans le pouvoir de diriger les politiques financières et opérationnelles d'une entité afin de tirer avantage de ses activités. En IFRS, la définition du contrôle est différente depuis l'entrée en vigueur de la norme IFRS 10. Ainsi, IFRS 10 § 6 édicte qu'« un investisseur contrôle une entité émettrice lorsqu'il est exposé ou qu'il a droit à des rendements variables en raison de ses liens avec l'entité émettrice et qu'il a la capacité d'influer sur ces rendements du fait du pouvoir qu'il détient sur celle-ci ». Le pouvoir d'influer sur les rendements variables repose sur la capacité actuelle de l'investisseur à diriger les activités pertinentes de l'entreprise, à savoir les activités qui ont une incidence importante sur ses rendements (IFRS 10 § 10).

45559

Pour plus de détails, voir Mémento IFRS 2021 n°ˢ 15010 s.

Le **contrôle conjoint** consiste, selon l'article 211-4 du règlement 2020-01, dans le partage du contrôle d'une entreprise exploitée en commun par un nombre limité d'associés ou d'actionnaires, de sorte que les politiques financière et opérationnelle résultent de leur accord unanime. En IFRS, la définition, bien que formulée différemment, repose sur ce même principe d'accord unanime des participants au contrôle (IFRS 11 § 7) : « Le contrôle conjoint s'entend du partage contractuellement convenu du contrôle exercé sur une entreprise, qui n'existe que dans le cas où les décisions concernant les activités pertinentes requièrent le consentement unanime des parties partageant le contrôle. »

En pratique, le contrôle conjoint résulte d'un accord contractuel entre les associés ou actionnaires se partageant le contrôle, qui fixe la liste des décisions stratégiques de nature financière et opérationnelle, ou des décisions concernant les activités pertinentes, qui nécessitent l'accord **unanime** des partenaires.

L'**influence notable** est, selon le règlement 2020-01 (art. 211-5) et IAS 28 (§ 3), le pouvoir de participer aux politiques financière et opérationnelle d'une entreprise sans en détenir le contrôle. L'influence notable sur les politiques financière et opérationnelle d'une entreprise est présumée lorsque l'entreprise consolidante dispose, directement ou indirectement, d'une fraction au moins égale à 20 % des droits de vote de cette entreprise (Règl. 2020-01 art. 211-5 et IAS 28 § 5).

L'article L 233-17-2 du Code de commerce, introduit par l'ordonnance 2015-900 du 23 juillet 2015, dispose également que l'influence sur la gestion et la politique financière d'une entreprise est présumée lorsqu'une société dispose, directement ou indirectement, d'une fraction au moins égale au cinquième des droits de vote de cette entreprise.

AUDIT DES COMPTES CONSOLIDÉS © Éd. Francis Lefebvre

45560 Pour analyser en pratique l'existence et la nature du contrôle ou de l'influence exercés sur une société, les **critères retenus** sont :

1. Un **critère de droit**, qui est constitué par le **pourcentage de contrôle**. Celui-ci traduit le lien de dépendance juridique entre la société consolidante et chaque entreprise dont elle détient directement ou indirectement des titres. Il est exprimé en pourcentage des droits de vote détenus, directement ou indirectement (Règl. 2020-01 art. 211-6 et IFRS 10 § 11) ;

En principes français, le pourcentage de contrôle correspond à la somme des **droits de vote** attachés aux actions détenues par l'entreprise consolidante et par toutes les entreprises qu'elle contrôle de manière exclusive (Règl. 2020-01 art. 211-6).

En IFRS, pour le calcul du pourcentage de contrôle, il convient également de prendre en compte les droits de vote potentiels qui résultent par exemple des options d'achat d'actions, des obligations convertibles en actions ou d'instruments analogues, dès lors que ces droits de vote potentiels sont substantifs (IFRS 10 § B47-B50), c'est-à-dire que le porteur de ces droits a la capacité pratique de les exercer. Le pourcentage de contrôle ne doit pas être confondu avec le **pourcentage d'intérêt**, qui sert de base au calcul de la quote-part revenant à la société consolidante dans les résultats postérieurs à l'acquisition des entités consolidées et qui permet de dégager les intérêts minoritaires. Il est exprimé en pourcentage de capital détenu directement ou indirectement par la société consolidante.

2. Des **critères de fait**, pouvant résulter par exemple de la désignation des membres des organes de direction, ou de contrats assurant à une société le contrôle (Règl. 2020-01 art. 211-3 et IFRS 10 § B38 s.).

En principes français, le contrôle de fait résulte de la désignation, pendant deux exercices successifs, de la majorité des membres des organes d'administration ou de direction (Règl. 2020-01 art. 211-3). Il est également présumé lorsque le groupe est l'actionnaire détenant le plus de droits de vote pendant au moins deux exercices successifs, et sous réserve de détenir au moins 40 % des droits de vote.

En IFRS, le contrôle de fait est caractérisé si l'entreprise consolidante a le pouvoir de désigner la majorité des membres des organes d'administration ou de direction ou celui de réunir la majorité des droits de vote, y compris au travers des droits de vote potentiels (IFRS 10 § B38 à B50). La norme IFRS 10 ne requiert donc pas, contrairement aux principes français, que ce pouvoir soit effectivement exercé.

L'ensemble des critères utilisés est récapitulé dans les tableaux de synthèse présentés aux nᵒˢ 45588 (règles françaises) et 45589 (normes IFRS).

45562 Les **entités ad hoc** (telles qu'elles sont définies à l'article 211-8 du règlement 2020-01) constituent un cas particulier de **contrôle exclusif contractuel**, exercé en dépit d'un pourcentage de participation très faible ou nul. Les textes prévoient explicitement leur consolidation dès lors qu'une entité consolidée en a le contrôle. L'existence du contrôle s'apprécie, d'une part, au regard de l'économie d'ensemble de l'opération à laquelle l'entité ad hoc participe, d'autre part, de la relation entre la société consolidée et cette entité.

Les critères/indicateurs suivants doivent être pris en compte dans l'appréciation du contrôle d'une entité ad hoc :

1. L'entreprise dispose en réalité des pouvoirs de décision, assortis ou non des pouvoirs de gestion sur l'entité ad hoc ou sur les actifs qui la composent, même si ces pouvoirs ne sont pas effectivement exercés. Elle a par exemple la capacité de dissoudre l'entité, d'en changer les statuts, ou au contraire de s'opposer formellement à leur modification.

2. L'entreprise a, de fait, la capacité de bénéficier de la majorité des avantages économiques de l'entité, que ce soit sous forme de flux de trésorerie ou de droit à une quote-part d'actif net, de droit de disposer d'un ou de plusieurs actifs, de droit à la majorité des actifs résiduels en cas de liquidation.

3. L'entreprise supporte la majorité des risques relatifs à l'entité ; tel est le cas si les investisseurs extérieurs bénéficient d'une garantie, de la part de l'entité ou de l'entreprise, leur permettant de limiter de façon importante leur prise de risque.

La norme IFRS 10, en supprimant l'interprétation SIC 12, a fait disparaître du référentiel IFRS la notion d'entité ad hoc pour la remplacer par la notion d'**entités structurées**. Selon IFRS 12, une entité structurée est une « entité conçue de telle manière que les droits de vote ou droits similaires ne constituent pas le facteur déterminant pour établir qui contrôle l'entité. C'est notamment le cas lorsque les droits de vote concernent uniquement des tâches administratives et que les activités pertinentes sont dirigées au moyen d'accords contractuels ». L'appréciation du contrôle sur une entité structurée se fera plus particulièrement en suivant les indications des § B51 et suivants de la norme IFRS 10.

Pour plus de détails, voir Mémento IFRS 2021 nᵒ 15175.

45563 **Entités ad hoc issues d'opérations de cessions de créances** En principes français (mais pas en IFRS), le pouvoir de décision est le critère déterminant permettant de décider de l'exclusion ou de l'inclusion de ces entités dans le périmètre de consolidation.

© Éd. Francis Lefebvre   **AUDIT DES COMPTES CONSOLIDÉS** ▌

Ainsi, contrairement aux autres entités ad hoc, la conservation de la majorité des risques et avantages attachés aux créances cédées ne suffit pas pour consolider. Elle constitue une simple présomption de conservation du contrôle.

En IFRS, pour l'analyse du contrôle, aucune distinction n'est faite selon que l'entité structurée est issue d'une opération de cession de créances ou non.

Exclusion du périmètre de consolidation Les motifs d'exclusion du périmètre **45564** de consolidation ne sont pas les mêmes en principes français et en IFRS.

Exclusions en principes français Doit être **obligatoirement exclue** du périmètre **45567** de consolidation une entreprise contrôlée ou sous influence notable (Règl. 2020-01 art. 212-1) :
– pour laquelle des **restrictions sévères et durables** remettent en cause substantiellement le contrôle ou l'influence exercés sur cette entreprise par la société consolidante ou les **possibilités de transferts de trésorerie** entre cette entreprise et une autre entreprise du périmètre de consolidation ;

> Tel peut être le cas par exemple des filiales situées dans des pays à haute instabilité politique (Bull. CNCC n° 68-1987 p. 493).

– qui, **dès son acquisition**, est achetée uniquement en vue d'une **cession ultérieure** dans un avenir proche.

Peuvent être **exclues à titre facultatif** du périmètre de consolidation (avec justification **45568** obligatoire en annexe) les entreprises (C. com. art. L 233-19) :
– ne présentant, seules ou avec d'autres, qu'un **intérêt négligeable** par rapport à l'objectif d'image fidèle des comptes consolidés ;

> L'intérêt négligeable concerne les entreprises prises individuellement, mais il convient aussi d'examiner l'impact de l'ensemble des entreprises exclues sur les comptes consolidés (Règl. 2020-01 art. 211-1).

– pour lesquelles les informations nécessaires à la consolidation ne peuvent être obtenues sans **frais excessifs** ou dans des délais compatibles avec l'arrêté des comptes consolidés.

> Cette situation doit, en tout état de cause, n'être qu'exceptionnelle et temporaire, et ne doit pas remettre en cause l'image fidèle donnée par les comptes consolidés.

Référentiel IFRS Il n'est pas possible d'exclure du périmètre de consolidation des **45569** entités au seul motif que des **restrictions sévères et durables** remettent en cause leur capacité à transférer des fonds à l'entreprise consolidante.

> Seul le fait de démontrer la perte du contrôle ou de l'influence notable d'une telle entité peut conduire à une exclusion du périmètre de consolidation.

De plus, les filiales qui, dès leur acquisition, sont **détenues en vue d'une cession ultérieure** ne sont pas exclues du périmètre de consolidation.

> Les filiales qui répondent aux critères de classement en actifs détenus en vue de la vente tels que définis par IFRS 5 sont consolidées conformément à IFRS 10 jusqu'à la date de perte effective du contrôle. Toutefois, les actifs et passifs de ces filiales doivent être évalués et présentés selon les dispositions d'IFRS 5 (voir n° 46020).

En revanche, les titres des entreprises associées et des coentreprises qui répondent aux critères de classement en **actifs détenus en vue de la vente** tels que définis par IFRS 5 ne sont plus mis en équivalence (IAS 28 § 20) et sont comptabilisés conformément aux dispositions de la norme IFRS 5.

> Sur les dispositions de la norme IFRS 5, voir n° 46020 et Mémento IFRS 2021 n° 36951 s.

Les entreprises ne présentant qu'un **intérêt négligeable** peuvent être exclues du périmètre de consolidation.

> La norme IAS 1 (§ 29 s.) précise en effet que le référentiel IFRS ne s'applique qu'aux éléments significatifs.

De plus, peuvent être exclues à titre facultatif du périmètre de consolidation les **participations** dans des entreprises associées ou des coentreprises **détenues par des organismes de capital-risque**, des organismes de placement collectif, des trusts ou des entreprises similaires, à condition que ces participations soient évaluées à la juste valeur par résultat (IAS 28 § 18).

Lorsque l'entreprise établissant des comptes consolidés est une **entité d'investissement** **45570** au sens de la norme IFRS 10, elle ne doit pas consolider ses investissements dans des

AUDIT DES COMPTES CONSOLIDÉS © Éd. Francis Lefebvre

filiales, mais les **évaluer à la juste valeur en contrepartie du résultat**, conformément à la norme IFRS 9. Cette exemption à la consolidation est obligatoire.

> IFRS 10 § 27 définit une entité d'investissement comme « une entité qui : (a) obtient des fonds d'un ou de plusieurs investisseurs, à charge pour elle de leur fournir des services de gestion d'investissements ; (b) déclare à ses investisseurs qu'elle a pour objet d'investir des fonds dans le seul but de réaliser des rendements sous forme de plus-values en capital et/ou de revenus d'investissement ; (c) évalue et apprécie la performance de la quasi-totalité de ses investissements sur la base de la juste valeur ».
>
> L'exemption de consolidation concerne toutes les filiales de l'entité d'investissement, à l'exception des filiales qui fournissent des services liés aux activités d'investissement. Ces filiales doivent être consolidées par intégration globale (IFRS 10 § 32).
>
> L'exemption de consolidation s'applique aux comptes consolidés de l'entité d'investissement, mais pas aux comptes consolidés établis par la mère de l'entité d'investissement (qui devrait donc consolider par intégration globale toutes les filiales de l'entité d'investissement), à moins que la mère ne soit elle-même une entité d'investissement.

Modes de consolidation

45580 **Définitions** En principes français, les modes de consolidation à appliquer en fonction de la nature du contrôle exercé sont définis à l'article L 233-18 du Code de commerce et aux articles R 233-3 et R 233-4 du Code de commerce, ainsi qu'à l'article 221-1 du règlement 2020-01. Ils comprennent l'intégration globale, l'intégration proportionnelle et la mise en équivalence.

En IFRS, les modes de consolidation sont définis par IFRS 10 (États financiers consolidés), IAS 28 (Participations dans des entreprises associées et des coentreprises) et IFRS 11 (Partenariats). Les méthodes de consolidation prévues par les normes IFRS sont :
– l'intégration globale, pour la consolidation des filiales ;
– et la mise en équivalence, pour les entreprises associées et les coentreprises.

> La norme IFRS 11 (Partenariats) a supprimé la méthode de l'intégration proportionnelle pour les coentreprises. Cependant, cette norme identifie certains partenariats comme des « entreprises communes », par opposition aux coentreprises. Une entreprise commune est un partenariat dans lequel les parties qui exercent un contrôle conjoint sur l'entreprise ont des droits sur les actifs, et des obligations au titre des passifs, relatifs à celle-ci (IFRS 11 § 15). Si le partenariat est qualifié d'entreprise commune, chaque « coparticipant » comptabilise sa quote-part de droits dans les actifs et d'obligations au titre des passifs, ainsi que sa quote-part de produits et de charges générés par l'activité du partenariat, aboutissant à une méthode de consolidation proche de l'intégration proportionnelle.
>
> Les cas d'entreprise commune structurée au travers d'un véhicule juridique distinct devraient être relativement rares.

45581 **L'intégration globale** consiste à :
– intégrer dans les comptes de l'entreprise consolidante les éléments du bilan et du résultat de l'entreprise consolidée après retraitements éventuels ;
– répartir les capitaux propres et le résultat entre les intérêts de l'entreprise consolidante et les intérêts des autres actionnaires ou associés, dits « intérêts minoritaires » ;
– éliminer les opérations et comptes entre l'entreprise intégrée globalement et les autres entreprises consolidées.

45582 **L'intégration proportionnelle** consiste à :
– intégrer dans les comptes de l'entreprise consolidante la fraction représentative de ses intérêts dans les comptes de l'entreprise consolidée après retraitements éventuels (aucun intérêt minoritaire n'est constaté) ;
– éliminer les opérations et comptes entre l'entreprise intégrée proportionnellement et les autres entreprises consolidées.

45583 **La mise en équivalence** consiste à :
– substituer à la valeur comptable des titres détenus la quote-part des capitaux propres, y compris le résultat de l'exercice déterminé d'après les règles de consolidation ;
– éliminer les opérations et comptes entre l'entreprise mise en équivalence et les autres entreprises consolidées.

45584 **Principe** Les entreprises faisant l'objet d'un **contrôle exclusif** sont consolidées selon la méthode de l'intégration globale.

Les entreprises faisant l'objet d'un **contrôle conjoint** sont consolidées selon la méthode de l'intégration proportionnelle.

En IFRS, la méthode de l'intégration proportionnelle a été supprimée au profit de la mise en équivalence. Néanmoins, si l'entreprise sous contrôle conjoint répond à la définition d'une entreprise commune, la méthode de consolidation sera proche d'une intégration proportionnelle (voir n° 45580).

Les entreprises qui font l'objet d'une **influence notable** sont consolidées selon la méthode de la mise en équivalence.

En IFRS, la mise en équivalence sera également appliquée aux entreprises sous contrôle conjoint qui répondent à la définition d'une coentreprise.

Ces notions sont récapitulées dans les tableaux présentés aux n°s 45588 (règles françaises) et 45589 (normes IFRS).

Cas des activités dissemblables Les commentaires IR1 et IR4 de l'article 221-1 **45585** du règlement 2020-01 imposent de consolider les entreprises contrôlées appartenant à des **secteurs d'activité différents**, même si les comptes sont structurés de manière différente des autres entreprises incluses dans le périmètre de consolidation.

Par ailleurs, l'article 282-9 du règlement précité impose dans ce cas de fournir en annexe une information sectorielle appropriée. Ce cas s'applique notamment aux établissements financiers contrôlés par des groupes industriels.

Des précisions sur ce sujet ont par ailleurs été apportées par la COB (Bull. COB décembre 2000), confirmées par l'avis n° 2001-A du 29 janvier 2001 du comité d'urgence du CNC : « Les comptes des filiales bancaires et d'assurances doivent être intégrés dans les comptes consolidés d'un groupe industriel et commercial selon la nature des opérations réalisées par la filiale et non selon la nature qu'elles auraient dans les comptes relatifs à l'activité principale du groupe. »

En IFRS, il en est de même, une filiale ne pouvant être exclue du périmètre de consolidation parce que ses activités sont dissemblables de celles des autres entités du groupe.

Tableaux de synthèse

Les critères de détermination du périmètre et de choix des méthodes de consolidation, **45588** **en principes français**, sont synthétisés dans le tableau suivant (ce tableau, extrait du Guide CNCC, Contrôle des comptes consolidés, février 2002 p. 73, a été complété par nos soins) :

Entreprises concernées	À consolider ?	Méthodes de consolidation		
		Intégration globale	Intégration proportionnelle	Mise en équivalence
Entreprises sur lesquelles la société consolidante exerce un **contrôle exclusif** :				
– détention directe ou indirecte de la majorité des droits de vote ;	Oui	x		
– désignation de la majorité des membres des organes d'administration, de direction, ou de surveillance [1] ;	Oui	x		
– influence dominante en vertu d'un contrat ou de clauses statutaires ; l'influence dominante existe dès lors que l'entreprise consolidante a la possibilité d'utiliser ou d'orienter l'utilisation des actifs de la même façon qu'elle contrôle ses propres actifs.	Oui	x		
Entreprises sur lesquelles l'entreprise consolidante exerce un **contrôle conjoint**. Deux éléments sont nécessaires : – aucun associé ou actionnaire n'est susceptible à lui seul de pouvoir exercer un contrôle exclusif en imposant ses décisions aux autres ; – et un accord contractuel qui prévoit le contrôle conjoint sur l'activité économique de l'entreprise exploitée en commun.	Oui		x	

AUDIT DES COMPTES CONSOLIDÉS © Éd. Francis Lefebvre

Entreprises concernées	À consolider ?	Méthodes de consolidation		
		Intégration globale	Intégration proportionnelle	Mise en équivalence
Entreprises sur lesquelles l'entreprise consolidante exerce une **influence notable** : – représentation dans les organes de direction ou de surveillance ; – participation aux décisions stratégiques ; – existence d'opérations interentreprises importantes ; – échange de personnel de direction ; – liens de dépendance technique ; – présomption en cas de détention directe ou indirecte d'au moins 20 % des droits de vote.	Oui			x
Entreprises subissant des restrictions sévères et durables, remettant en cause le **contrôle** ou l'**influence** exercée par la société consolidante.	Non	(à justifier dans l'annexe) (information en annexe)		
Entités ad hoc dont une entreprise incluse dans le périmètre de consolidation détient le contrôle sans forcément détenir d'actions ou de parts sociales.	Oui	x		
Entreprises dans lesquelles les participations ne sont, dès leur acquisition, détenues qu'en vue de leur **cession ultérieure**.	Non			

(1) En IFRS, le pouvoir de désigner la majorité des membres des organes d'administration ou de direction suffit pour caractériser un contrôle de fait. En principes français, ce pouvoir doit être effectivement exercé pendant deux exercices successifs (voir n° 45560).

45589   Les critères de détermination du périmètre et de choix des méthodes de consolidation, **en normes IFRS**, sont synthétisés dans le tableau suivant :

Entreprises concernées	À consolider ?	Méthodes de consolidation		
		Intégration globale	Quote-part dans les actifs, passifs et éléments de résultat	Mise en équivalence
Entreprises sur lesquelles la société consolidante exerce un **contrôle exclusif** : – détention directe ou indirecte de la majorité des droits de vote (1) ;	Oui	x		
– désignation de la majorité des membres des organes d'administration, de direction, ou de surveillance, dès lors que ces organes sont les véritables organes de gouvernance de l'entreprise (2) ;	Oui	x		
– pouvoir de décision en vertu d'un contrat ou de clauses statutaires ; ce pouvoir de décision aboutit au contrôle dès lors qu'il permet à l'entreprise consolidante d'influer, à son profit, sur les rendements variables de la filiale, par exemple en ayant la capacité à diriger les activités pertinentes de la filiale.	Oui	x		
Entreprises sur lesquelles l'entreprise consolidante exerce un **contrôle conjoint**. Deux éléments sont nécessaires : – aucun associé ou actionnaire n'est susceptible à lui seul de pouvoir exercer un contrôle exclusif en imposant ses décisions aux autres ; – et un accord contractuel qui prévoit le contrôle conjoint sur les activités pertinentes de l'entreprise exploitée en commun.	Oui			x

944

AUDIT DES COMPTES CONSOLIDÉS

45589
(suite)

Entreprises concernées	À consolider ?	Méthodes de consolidation		
		Intégration globale	Quote-part dans les actifs, passifs et éléments de résultat	Mise en équivalence
Entreprises sur lesquelles l'entreprise consolidante exerce un **contrôle conjoint** tout en ayant des **droits directs** sur les actifs et des **obligations directes** au titre des **passifs** de l'entreprise (entreprises qualifiées d'**entreprises communes**).	Oui		x	
Entreprises sur lesquelles l'entreprise consolidante exerce une **influence notable** : – représentation dans les organes de direction ou de surveillance ; – participation aux décisions stratégiques ; – existence d'opérations interentreprises importantes ; – échange de personnel de direction ; – liens de dépendance technique ; – présomption en cas de détention directe ou indirecte d'au moins 20 % des droits de vote.	Oui			x
Entreprises subissant des restrictions sévères et durables, remettant en cause le **contrôle** ou l'**influence** exercée par la société consolidante [3].	Non	(à justifier dans l'annexe) (information en annexe)		
Entités structurées dont une entreprise incluse dans le périmètre de consolidation détient le contrôle sans forcément détenir d'actions ou de parts sociales.	Oui	x		
Entreprises dans lesquelles les participations ne sont, dès leur acquisition, détenues qu'en vue de leur **cession ultérieure**.	Oui	Qualification d'activité abandonnée au sens d'IFRS 5 : présentation regroupée en base de bilan des actifs, des passifs, et présentation de la contribution au compte de résultat sur une seule ligne Résultat après impôt des activités abandonnées		
Entreprises associées et coentreprises dont les titres répondent à la définition d'**actifs détenus en vue de la vente** selon IFRS 5.	Non			
Entreprises associées et coentreprises détenues par des organismes de capital-risque ou des entreprises similaires	Oui		x	x
	Non	Choix possible		
Filiales détenues par une **entité d'investissement** dans les comptes consolidés de cette entité d'investissement [4].	Non	Comptabilisation des titres détenus à leur juste valeur par résultat		

[1] En IFRS, pour déterminer le pourcentage de contrôle, il convient de tenir compte de certains droits de vote potentiels (voir n° 45560).
[2] En IFRS, le pouvoir de désigner la majorité des membres des organes d'administration ou de direction suffit pour caractériser un contrôle de fait. En principes français, ce pouvoir doit être effectivement exercé pendant deux exercices successifs (voir n° 45560).
[3] En IFRS, contrairement aux principes français, la seule impossibilité de transférer des fonds n'entraîne pas l'exclusion du périmètre de consolidation. Seule la limitation à l'exercice du contrôle peut entraîner cette exclusion (voir n° 45569).
[4] Les entités d'investissement (IFRS 10 § 27) ne doivent pas consolider leurs participations, mais les évaluer à leur juste valeur par résultat. Cette disposition ne concerne toutefois pas les filiales des entités d'investissement qui fournissent des services liés aux activités d'investissement (IFRS 10 § 32), qui doivent être consolidées par intégration globale. Dans les comptes consolidés de la mère d'une entité d'investissement, l'ensemble des filiales doit être consolidé par intégration globale, y compris les filiales de l'entité d'investissement, si la mère qui établit les comptes consolidés n'est pas une entité d'investissement.

AUDIT DES COMPTES CONSOLIDÉS © Éd. Francis Lefebvre

2. Contrôles des commissaires aux comptes

45590 L'analyse du périmètre et des méthodes de consolidation doit être effectuée **le plus tôt possible** par les commissaires aux comptes, afin que les éventuelles différences d'appréciation entre les commissaires aux comptes et la direction du groupe puissent être traitées dans les délais, et que les mesures correctrices nécessaires soient prises (envoi de la liasse de consolidation, instructions, paramétrage du logiciel...).

Les contrôles effectués consistent à recenser les participations afin de contrôler l'exhaustivité du périmètre et les méthodes de consolidation appliquées. Le cas échéant, l'auditeur valide les exemptions retenues par la société.

Ces contrôles seront documentés dans le **dossier permanent de la consolidation**. Celui-ci regroupera notamment l'organigramme et une fiche juridique par entreprise du groupe, retraçant l'historique et la composition du capital, ainsi que diverses informations relatives au choix des méthodes de consolidation et au contrôle de la société.

Ces fiches juridiques seront mises à jour annuellement lors de la phase intérimaire.

Contrôle du périmètre et des méthodes de consolidation

45595 **Recensement des participations** Cet inventaire s'avère parfois complexe en pratique. L'information peut être déjà disponible si les services comptables ou juridiques disposent d'un organigramme détaillé du groupe. Dans le cas contraire, il convient :
– d'analyser les éléments du compte-titres de participation de l'ensemble des entités consolidées en les comparant à l'organigramme du groupe et aux comptes de l'exercice précédent s'ils existent ;
– d'analyser les postes « Autres titres de participation » et « Valeurs mobilières de placement » ;
– de compléter cette analyse par un examen de la composition du capital de chacune des entreprises ainsi identifiées afin de s'assurer que toutes les actions ou parts sociales ont été prises en compte.

Cette analyse permet d'identifier les participations conjointes, réciproques ou croisées, et d'établir un organigramme faisant apparaître à la fois les pourcentages de contrôle et les pourcentages d'intérêts.

45597 **Identification des entités ad hoc** Les contrôles suivants peuvent être mis en œuvre pour identifier les entités ad hoc qui devraient être intégrées dans le périmètre de consolidation :
– identification des variations à la baisse des postes d'actifs par rapport à l'exercice précédent, pouvant traduire la mise en place d'une opération « déconsolidante » ;
– discussion avec la société sur les principaux modes de financement des actifs mis en place au cours de l'exercice ;
– évolution des frais financiers et honoraires de conseil ;
– appréciation de la substance de l'opération, après qu'elle a été identifiée, et notamment de l'identité de la structure détenant les risques et avantages liés aux actifs ;
– obtention de l'ensemble des contrats liés à l'opération ;
– obtention des contrats définitifs, le caractère « déconsolidant » d'une opération de financement pouvant être remis en cause si le niveau ou le mode de rémunération revient à ne pas transférer les risques et avantages liés aux actifs.

Les commissaires aux comptes s'appuieront par ailleurs sur la **lettre d'affirmation**, signée par la direction de la société, pour obtenir l'assurance de la prise en compte dans les comptes consolidés de l'exhaustivité des entités ad hoc.

45600 **Contrôles complémentaires** Les principaux contrôles complémentaires pouvant être effectués dès la phase d'orientation et de planification consistent à :
– vérifier la classification effectuée entre entreprises intégrées globalement, entreprises intégrées proportionnellement, entreprises mises en équivalence et autres titres de participation, par référence aux règles énoncées ;
– vérifier le calcul des pourcentages de contrôle déterminés par l'entreprise (consistant par exemple à refaire le calcul des pourcentages de droits de vote) ;
– s'assurer qu'il n'y a pas de changement non justifié par rapport à l'exercice précédent ;

© Éd. Francis Lefebvre   **AUDIT DES COMPTES CONSOLIDÉS** ▮

– s'assurer, en cas de participations circulaires, que les calculs des pourcentages de contrôle reflètent correctement les limitations de droits de vote imposées par la législation ;
– analyser les engagements donnés ou reçus sur les titres de participation ;
– vérifier la date de prise ou de perte de contrôle ou d'influence notable.

> Le contrôle des dates d'entrée et de sortie de périmètre doit si possible être effectué lors de la phase préliminaire, afin d'anticiper l'obtention des informations financières intermédiaires permettant la comptabilisation et le contrôle des mouvements de périmètre, ainsi que la préparation d'éventuels comptes pro forma (voir nᵒˢ 45950 et 45982).

Validation des exemptions

Exemption pour restriction d'accès aux informations (règles françaises uniquement) : la société devra justifier envers ses commissaires aux comptes que les coûts nécessaires à l'obtention d'une information fiable sont excessifs au regard de l'importance de l'entreprise concernée dans les comptes consolidés, ou que sa consolidation entraînerait des retards inacceptables dans l'élaboration des comptes consolidés. **45601**

Exemption d'entreprises non significatives au regard des comptes consolidés : l'intérêt négligeable sera apprécié par rapport : **45602**
– au poids relatif en termes de chiffre d'affaires, de contribution au résultat du groupe, de capitaux propres, de total du bilan ;
– à l'effet présumé, sur les comptes de la participation « consolidable », des éliminations et retraitements de consolidation.

> Il convient de souligner que ces éléments sont appréciés par rapport à l'ensemble du groupe et non par rapport à la seule société mère.

C. Examen des règles et méthodes comptables

L'examen des règles et méthodes comptables conduit l'auditeur à s'interroger sur l'application des principes comptables généraux (nᵒ 45651), sur les méthodes d'évaluation et de présentation retenues par la société (nᵒˢ 45670 s.) et sur l'application des méthodes spécifiques en matière d'établissement des comptes consolidés (nᵒ 45700). **45650**

1. Principes comptables généraux

L'article L 233-21 du Code de commerce dispose que « les comptes consolidés doivent être réguliers et sincères et donner une **image fidèle** du patrimoine, de la situation financière ainsi que du résultat de l'ensemble constitué par les entreprises comprises dans la consolidation ». **45651**
Par ailleurs, l'article 271-1 du règlement 2020-01 précise que « les méthodes comptables du groupe visent à donner une **représentation homogène** de l'ensemble formé par les entités incluses dans le périmètre de consolidation, en tenant compte des caractéristiques propres à la consolidation et des objectifs d'information financière propres aux comptes consolidés ».

En dehors des principes généraux applicables, certains **principes comptables** donnent lieu à une application spécifique en matière de consolidation : **45652**
– le principe de régularité, de sincérité et d'image fidèle ;
– le principe de prédominance de la substance sur l'apparence (dans les comptes consolidés IFRS uniquement) ;
– le principe d'homogénéité des comptes consolidés et d'autonomie des comptes consolidés par rapport aux comptes sociaux ;
– le principe de comparabilité.
En IFRS, les principes fondamentaux sur lesquels reposent les états financiers sont énoncés dans le cadre conceptuel. Ces principes sont proches des principes français, avec quelques divergences.
Par ailleurs, les principes de consolidation applicables sont spécifiquement abordés dans la norme IFRS 10 pour les filiales, IFRS 11 pour les partenariats et IAS 28 pour les entreprises associées et les partenariats qualifiés de coentreprise.

947

En IFRS, le principe de prédominance de la substance sur l'apparence, principe qui existait dans le règlement CRC 99-02 et qui a été supprimé dans le règlement 2020-01, est un principe de base de la préparation des états financiers. Il est ainsi systématiquement retenu par l'IASB pour l'élaboration des normes et des interprétations. De plus, il est également fait usage de ce principe dans le cas où le référentiel IFRS ne prévoit aucune disposition sur un sujet particulier.

Image fidèle

45653 Conformément à l'article L 233-21 du Code de commerce, l'obligation d'établir des comptes consolidés donnant une image fidèle de la situation financière, du patrimoine et du résultat du groupe rend nécessaires :
– l'identification des **liens** entre les entreprises du groupe, l'analyse des relations de **contrôle** et d'**influence** et la détermination du périmètre et des méthodes de consolidation ;
– le choix de **méthodes comptables** appropriées permettant de donner une image fidèle, que ces méthodes soient celles issues du plan comptable général ou celles expressément prévues, pour les comptes consolidés, par le règlement 2020-01 ;
– la mise en place d'une **organisation** fiable et efficace permettant de collecter les informations nécessaires à l'établissement des comptes consolidés et notamment de l'annexe.

En IFRS, il en est de même.

45654 Le législateur n'a prévu aucune **infraction** spécifique liée à la présentation de comptes consolidés ne donnant pas, pour chaque exercice, une image fidèle du résultat des opérations de l'exercice, de la situation financière et du patrimoine.

Cependant, la publication de comptes consolidés ne donnant pas une image fidèle peut être assimilée à la **publication d'une information mensongère** sur la situation de la société.

Paradoxalement, les dirigeants qui procéderaient à une telle publication ne sont pas punissables en l'absence de texte le prévoyant expressément, mais les commissaires aux comptes qui auraient confirmé des informations mensongères le sont sur le fondement de l'article L 820-7 du Code de commerce. L'extension du délit prévu par cet article à l'information consolidée a été en effet confirmée dans un arrêt de la Cour de cassation (Cass. crim. 2-4-1990 : Bull. CNCC n° 80-1990 p. 488 s.).

45655 Par ailleurs, pour les sociétés dont les actions sont admises aux négociations sur un **marché réglementé**, différents délits ou infractions spécifiques peuvent être reprochés aux dirigeants ayant sciemment publié une information trompant le marché (C. mon. fin. art. L 465-1 s.).

Prédominance de la substance sur l'apparence

45656 Le règlement 2020-01 a supprimé du référentiel comptable français le principe de prédominance de la substance sur l'apparence qui existait avec le règlement CRC 99-02 (§ 300).

En pratique, la suppression du principe de prédominance de la substance sur l'apparence devrait avoir des conséquences nombreuses, conduisant à un alignement plus marqué avec les comptes sociaux.

Ce principe, retenu par le référentiel IFRS (Cadre conceptuel § 4.59s), vise à privilégier, dans la présentation et l'évaluation des comptes, la **réalité économique et juridique** des transactions par rapport à leur apparence juridique.

Ce principe ne conduit pas à une remise en cause systématique de la qualification juridique des actes. Il vise au contraire à **analyser les actes juridiques au-delà de leur qualification formelle**, afin de déterminer la nature réelle de l'engagement juridique et donc de transcrire au plan comptable l'économie de l'opération. Ce principe trouve particulièrement à s'appliquer dans le cas d'opérations complexes comme celles qui conduiraient par exemple une entité non propriétaire d'un actif à percevoir les principaux bénéfices qu'il génère.

Homogénéité et autonomie des comptes consolidés

45660 **Homogénéité des comptes consolidés** En principes français, le principe d'homogénéité des comptes consolidés résulte de l'article L 233-22 du Code de commerce : « Les comptes consolidés sont établis selon les principes comptables et les règles d'évaluation du présent code compte tenu des aménagements indispensables résultant des caractéristiques propres aux comptes consolidés par rapport aux comptes

© Éd. Francis Lefebvre   **AUDIT DES COMPTES CONSOLIDÉS**

annuels et de la présentation de l'ensemble consolidé comme une entité économique unique. »

« Les éléments d'actif et de passif, les éléments de charge et de produit compris dans les comptes consolidés sont évalués selon des méthodes homogènes, sauf si les retraitements nécessaires sont de coût disproportionné et d'incidence négligeable sur le patrimoine, la situation financière et le résultat consolidés. »

Ce principe est confirmé à l'article 271-5 du règlement 2020-01.

En IFRS, les états financiers consolidés sont préparés en utilisant des méthodes comptables homogènes pour des transactions et autres événements semblables dans des circonstances similaires (IFRS 10 § B87).

L'application de règles de comptabilisation et d'évaluation homogènes s'impose lorsqu'une situation se présente de façon similaire dans plusieurs entreprises concernées, quels que soient les pays concernés, et quel que soit le mode de contrôle exercé.   **45661**

Autonomie par rapport aux comptes sociaux L'article 271-5 du règlement 2020-01 précise par ailleurs que les méthodes choisies pour le groupe peuvent être différentes de celles appliquées par la société mère. Les méthodes appliquées par le groupe peuvent en effet être :   **45662**
– conformes au PCG, mais différentes de celles appliquées par les sociétés dans leurs comptes individuels (comptabilisation des engagements de retraites, constatation des résultats à l'avancement) ;
– situées au-delà des dispositions du plan comptable général, autorisées ou imposées par le règlement 2020-01 (élimination d'écritures passées pour la seule application des législations fiscales, valorisation des stocks en retenant la méthode « premier sorti / dernier rentré » ou LIFO…).

L'autonomie des comptes consolidés n'autorise en aucune manière la **traduction différente** d'une même situation dans les comptes individuels et dans les comptes consolidés.   **45663**

Comparabilité et informations pro forma

En principes français, le règlement 2020-01 prévoit la mention en annexe d'informations spécifiques dans le cas de variations significatives dans le périmètre de consolidation (art. 282-8), ainsi qu'en cas de changement comptable (art. 282-2).   **45666**
En IFRS, le cadre conceptuel (§ 2.24s) prévoit que les utilisateurs doivent être en mesure de comparer les états financiers d'une entité dans le temps afin d'identifier les tendances de sa situation financière et de sa performance.

La norme IFRS 3 (§ B64 (q)) prévoit une information pro forma similaire à celle demandée par les règles françaises dans le cas de variations significatives du périmètre de consolidation.
La norme IFRS 5, quant à elle, prévoit une présentation et une évaluation spécifique au bilan et au compte de résultat en cas de sortie de périmètre, permettant d'assurer une comparabilité avec les exercices futurs.

Une information pro forma permettant d'assurer la comparabilité des comptes est également **requise par l'AMF**, dès lors que les impacts de variations de périmètre ou de changement de méthode sont significatifs.   **45667**

Le caractère significatif est présumé lorsque l'impact est d'au moins 25 % sur les comptes. L'information pro forma requise par l'AMF est similaire à celle demandée par le règlement 2020-01 et par IFRS 3 (Recommandation AMF n° 2013-08).
Dans le cas d'un changement de méthode comptable, la norme IAS 8 § 22 prévoit de retraiter les comptes de tous les exercices présentés. De ce fait, la présentation d'informations pro forma pour les exercices précédents n'a pas lieu d'être.

2. Méthodes d'évaluation et de présentation

Choix des méthodes

Anticipation Pour répondre au principe d'homogénéité des comptes consolidés (n° 45660), les **retraitements** nécessaires, lorsqu'ils sont significatifs, doivent être pratiqués sur les comptes des entreprises consolidées.   **45670**

949

AUDIT DES COMPTES CONSOLIDÉS   © Éd. Francis Lefebvre

45671   La revue et la validation des principes et méthodes retenus par l'entreprise doivent impérativement intervenir lors de la phase préliminaire de l'intervention du commissaire aux comptes, les choix de méthode pouvant avoir un impact sur le niveau et la nature des informations à recueillir auprès des entreprises consolidées.

45672   Il convient en particulier d'identifier à ce stade les **changements comptables prévisibles** afin de s'assurer de la mise en œuvre par le groupe des moyens nécessaires à l'élaboration de l'information comparative.

45673   **Options à prendre au niveau du groupe**   La présentation des documents de synthèse consolidés et la détermination du résultat consolidé doivent obéir aux règles fixées par la société consolidante dans le respect des principes comptables généralement admis en France pour les sociétés non cotées et du référentiel IFRS pour les sociétés cotées et les sociétés non cotées ayant opté pour le référentiel IFRS. Ceux-ci laissent cependant une gamme d'options possibles concernant les modes d'évaluation et de présentation des actifs, passifs, charges et produits.

45674   En principes français, le groupe devra notamment définir :
– le traitement des subventions d'investissement et de leur amortissement ;
– le mode d'évaluation du portefeuille-titres non consolidé ;
– le mode d'évaluation des stocks et travaux en cours ;
– le mode d'évaluation des créances et dettes en monnaies étrangères ;
– la politique de dépréciation des comptes clients et autres débiteurs ;
– les provisions ;
– les notions de chiffre d'affaires, d'éléments exceptionnels, d'autres produits et charges opérationnels, etc. ;
– le mode de comptabilisation des contrats à long terme ;
– le mode de comptabilisation des coûts d'emprunt dans le coût d'entrée des actifs ;
– les modalités de calcul des résultats par action ;
– le mode de comptabilisation des instruments financiers ;
– le mode d'évaluation et de comptabilisation des engagements de retraite et prestations assimilées ;
– les impôts différés ;
– le traitement comptable des stock-options accordées aux salariés.
En IFRS, le groupe devra aussi préciser l'option retenue concernant notamment :
– le mode d'évaluation des immobilisations corporelles et incorporelles ou de certaines catégories d'entre elles ;
– le mode d'évaluation des immeubles de placement.
Il conviendra également de préciser le traitement comptable notamment des opérations suivantes, non mentionnées dans le référentiel IFRS :
– le mode de comptabilisation des regroupements d'entités sous contrôle commun ;
– les variations de valeur de la dette résultant des engagements de rachat d'intérêts minoritaires ;
– le mode de comptabilisation des quotas d'émission de gaz à effet de serre.

45675   L'obligation d'apprécier de manière unique les risques et les charges dans les comptes individuels et les comptes consolidés (voir n° 45663) interdit :
– de constater une provision pour risque dans les comptes individuels et de ne pas la constater dans les comptes consolidés (sauf exceptions vues ci-après) ;
– de retenir des modes d'amortissement différents pour des biens identiques, sauf à rapporter la preuve de conditions d'exploitation différentes ;
– d'opter pour des durées d'amortissement différentes entre les comptes annuels et les comptes consolidés, sauf raisons fiscales (amortissement dérogatoire) dont l'incidence est à éliminer dans les comptes consolidés.

45676   Certains retraitements peuvent toutefois être nécessaires pour tenir compte :
– de l'appréciation différente pouvant être portée sur certaines situations, selon que l'on se place au niveau d'une entité consolidée ou au niveau du groupe (perte de change couverte au niveau du groupe) ;
– de l'application de règles de comptabilisation particulières (provisions pour retraites).

Méthodes de référence obligatoirement applicables dans les comptes consolidés (règles françaises)

45677

En principes français, parmi les méthodes optionnelles, certaines sont qualifiées de méthodes de référence (antérieurement méthodes préférentielles). Ce terme recouvre des méthodes optionnelles, considérées comme permettant de fournir une meilleure information financière. L'**option** pour une méthode de référence est **irréversible**, les changements de méthodes devant obligatoirement, depuis l'avis du CNC n° 97-06 relatif aux changements comptables, être justifiés par la recherche d'une meilleure information financière.

> Le règlement ANC 2018-08 du 20 avril 2018, relatif aux changements comptables, a supprimé la notion de méthode préférentielle et l'a remplacée par la notion de méthode de référence.

Le règlement 2020-01, applicable aux exercices ouverts à compter du 1er janvier 2021, a rendu obligatoire certaines méthodes comptables, auparavant optionnelles, dans les comptes consolidés :
– retraitement des contrats de crédit-bail (et assimilés) (voir n° 45678) ;
– étalement des frais d'émission et des primes d'émission et de remboursement des emprunts (voir n° 45684) ;
– comptabilisation en charges des frais d'établissement (voir n° 45684-1) ;
– activation des coûts de développement (répondant à certaines conditions) et de sites internet, et des frais accessoires d'acquisition (voir n° 45684-2).

Retraitement des contrats de crédit-bail (et assimilés) Il est rendu obligatoire par le règlement 2020-01.

45678

En pratique, ces contrats sont comptabilisés chez le preneur au bilan sous forme d'une immobilisation et de l'emprunt correspondant et au compte de résultat sous forme d'une dotation aux amortissements et d'une charge financière. Ils sont comptabilisés sous la forme d'un prêt chez le bailleur, générateur de produits d'intérêts.

> Les contrats concernés sont ceux qui remplissent au moins une des conditions suivantes (Règl. 2020-01 art. 272-2) :
> – existence d'une option d'achat dont l'exercice est jugé hautement probable lors de la conclusion du contrat ;
> – durée du contrat couvrant l'essentiel de la durée de vie du bien ;
> – valeur actualisée des paiements minimaux proche de la valeur vénale du bien ab initio.

En cas d'opération de cession-bail aboutissant à un contrat de crédit-bail (ou assimilé), il convient de retraiter les comptes comme si la cession n'avait jamais eu lieu : on élimine le résultat de la cession et l'on poursuit l'amortissement du bien selon le rythme initial (Règl. 2020-01 art. 272-3).

Ce retraitement, désormais obligatoire, implique le **recensement de l'ensemble des contrats** de location du groupe et des échéanciers correspondants et une analyse des contrats de location visant à déterminer la nécessité d'une éventuelle requalification en contrat de crédit-bail (et assimilés).

45680

> Ce travail, ainsi que son contrôle par les commissaires aux comptes, peut utilement être anticipé lors de la phase préliminaire, par la constitution d'un dossier permanent des contrats et des échéanciers de retraitements à effectuer sur l'ensemble de la durée des contrats.
> En IFRS, en application de la norme IFRS 16, qui est applicable aux exercices ouverts à compter du 1er janvier 2019, le preneur comptabilise à l'actif un droit d'utilisation du bien loué, en contrepartie d'une dette correspondant à l'obligation de verser des loyers sur la durée estimée du contrat (en pratique, la distinction entre contrats de location simple et contrats de location-financement est supprimée pour les preneurs, et quasiment tous les contrats de location sont comptabilisés à l'actif).

Provision des coûts des prestations de retraite et assimilées Le règlement 2020-01 n'a pas rendu obligatoire cette méthode dans les comptes consolidés qui prévoit de doter une provision pour les coûts de prestations de retraite et des prestations assimilées. Ces coûts sont alors systématiquement pris en compte dans le résultat sur la durée d'activité des salariés.

45681

> Même si cette méthode n'est pas appliquée par le groupe, celui-ci devra recenser l'ensemble des engagements contractés à ce titre, pour en indiquer l'incidence en annexe.

Conformément à la recommandation 2013-02 de l'ANC et à la norme IAS 19 relative aux avantages octroyés au personnel, cette obligation nécessite la mise en place d'une

45682

AUDIT DES COMPTES CONSOLIDÉS © Éd. Francis Lefebvre

évaluation actuarielle dans l'ensemble des sociétés consolidées, s'appuyant sur une démarche homogène : définition d'un taux d'actualisation, recensement de l'ensemble des avantages accordés, etc.

En IFRS, la comptabilisation des engagements de retraite et prestations assimilées est obligatoire (voir IAS 19).

45683 **Méthode à l'avancement** Pour les opérations partiellement exécutées à la clôture de l'exercice, dont le résultat à terminaison peut être évalué de manière fiable, le règlement 2020-01 a supprimé le caractère « préférentiel » de la méthode à l'avancement.

En IFRS, il n'existe pas de choix de méthode comptable. IFRS 15 adopte un modèle de reconnaissance du chiffre d'affaires unique, s'appliquant aux contrats de construction, aux ventes de biens et aux prestations de services, fondé sur le transfert au client du contrôle du bien ou service promis.

45684 **Étalement des frais d'émission et des primes d'émission et de remboursement** Le règlement 2020-01 (art. 272-4) impose désormais l'étalement systématique des frais d'émission et des primes de remboursement et d'émission sur la durée de vie de l'emprunt.

En pratique, le règlement 2020-01 pose le principe selon lequel ces montants doivent être répartis d'une manière appropriée aux modalités de remboursement, mais laisse le choix entre un étalement linéaire et l'utilisation d'une méthode actuarielle, voire une autre méthode jugée plus pertinente, en cohérence avec le profil d'amortissement de l'emprunt. Cette méthode était jugée « préférentielle » par le règlement CRC 99-02 (remplacé par le règlement 2020-01), mais les modalités d'étalement n'étaient pas précisées.

En IFRS, les frais d'émission et les primes, relatifs à des passifs comptabilisés selon la méthode du coût amorti, entrent dans la détermination du taux d'intérêt effectif (IFRS 9, § 5.1.1). Cette méthode revient à étaler les frais et primes en résultat de manière actuarielle sur la durée de vie du passif.

45684 **Comptabilisation obligatoire en charges des frais d'établissement** Le
1 règlement 2020-01 oblige désormais un groupe à comptabiliser en charges de période les frais d'établissement (frais de constitution, de transformation et de premier établissement ; art. 272-5).

45684 **Comptabilisation obligatoire à l'actif des coûts de développement**
2 **(répondant à certaines conditions) et de création de sites internet, ainsi que les frais accessoires d'acquisition** Le règlement 2020-01 oblige désormais un groupe à comptabiliser à l'actif les coûts de développement répondant à certaines conditions et les coûts de création de site internet (art. 272-6).

En IFRS, les coûts de développement répondant à certaines conditions sont obligatoirement activés (norme IAS 38, § 5739/01/1700).

Sans changement par rapport au règlement CRC 99-02 (§ 303), l'article 272-6 du règlement 2020-01 précise que les droits de mutation, honoraires ou commissions, et frais d'actes liés à l'acquisition d'un actif (frais accessoires d'acquisition) doivent obligatoirement être inscrits à l'actif (exception faite des actifs financiers évalués à la valeur de marché à chaque arrêté comptable).

En IFRS, les frais accessoires liés à l'acquisition sont obligatoirement compris dans le coût des actifs, que ce soit les actifs incorporels (IAS 38, § 27b), les actifs corporels (IAS 16, § 16b), ou les immeubles de placement (IAS 40, § 20).

45685 **Prise en compte des gains de change latents** Le règlement 2020-01 a supprimé la méthode qui existait dans le règlement CRC 99-02, et qui préconisait l'enregistrement en résultat au cours de la période à laquelle ils se rapportent des écarts de conversion des actifs et passifs monétaires libellés en devises, sauf lorsqu'ils font l'objet d'une couverture de change.

En IFRS, les écarts de conversion sont obligatoirement comptabilisés en résultat (IAS 21 § 28).

Autres points

45686 **Élimination des écritures « fiscales »** En dehors des retraitements d'homogénéité, le retraitement des comptes individuels en vue d'éliminer les écritures passées pour la seule application des législations fiscales est obligatoire. Ces écritures à éliminer comprennent (Règl. 2020-01 art. 272-1) :

© Éd. Francis Lefebvre

AUDIT DES COMPTES CONSOLIDÉS

– « la constatation ou la reprise d'amortissements dérogatoires lorsqu'une entreprise applique un système d'amortissement dégressif prévu par la législation fiscale, tout en estimant nécessaire de conserver comptablement un mode d'amortissement linéaire ;
– la constitution ou la reprise de provisions réglementées ;
– la comptabilisation en résultat de l'impact des changements de méthodes. Dans les comptes consolidés, l'impact du changement déterminé à l'ouverture, après effet d'impôt, est imputé en "report à nouveau" à l'ouverture de l'exercice ».

En IFRS, il en est de même afin de se conformer aux normes IAS 8 (Changements comptables), IAS 16 (Immobilisations corporelles) et IAS 37 (Provisions).

Entreprises appartenant à un secteur d'activité distinct « Lorsqu'une entreprise appartenant à un secteur différent du secteur d'activité principal du groupe applique des règles comptables qui sont particulières à ce secteur, parce que prenant en considération des règles juridiques ou des natures de droit générées par des contrats propres à cette activité, ces règles comptables sont maintenues dans les comptes consolidés » (Règl. 2020-01 art. 271-4).

45687

Dans ce cas, un manuel spécifique de consolidation doit être mis en place et une information particulière est à indiquer en annexe (comptes synthétiques des entreprises concernées notamment ; Règl. 2020-01 art. 282-9).

Réévaluations pratiquées dans les comptes individuels En principes français, l'article 273-2 du règlement 2020-01 prévoit que les réévaluations, légales ou libres, pratiquées par une entreprise consolidée, sauf lorsqu'elles visent à tenir compte des effets liés à une inflation forte, doivent :
– soit être annulées ;
– soit entraîner une réévaluation générale pour l'ensemble du groupe.

45688

La mise en place d'une réévaluation générale doit être anticipée, car elle nécessite l'intervention d'experts, ainsi que la diffusion d'instructions spéciales vis-à-vis des entreprises consolidées. Une attention particulière doit être portée par les commissaires aux comptes, à l'absence de double emploi entre les réévaluations pratiquées dans les comptes individuels et les écarts d'évaluation et d'acquisition comptabilisés lors de la première consolidation.

En IFRS, les normes IAS 16 (Immobilisations corporelles), IAS 38 (Immobilisations incorporelles) et IAS 40 (Immeubles de placement) autorisent la réévaluation (en contrepartie des capitaux propres pour les immobilisations corporelles et incorporelles et en contrepartie du résultat pour les immeubles de placement). Contrairement aux principes français, il est possible de limiter la réévaluation à certaines catégories d'immobilisations corporelles ou incorporelles. S'agissant des immobilisations incorporelles, l'application de la méthode de la réévaluation nécessite en outre que les immobilisations incorporelles à réévaluer fassent l'objet de transactions sur un marché actif. En revanche, la réévaluation constituant une méthode comptable en IFRS, elle ne peut être pratiquée de manière ponctuelle comme en principes français ; elle doit donc être pratiquée régulièrement. Dans le cas où la méthode retenue dans les comptes IFRS est celle du coût, les réévaluations pratiquées dans les comptes individuels sont annulées.

Informations à mentionner dans l'annexe

Le règlement 2020-01 prévoit un nombre important d'informations obligatoires en annexe. Comme pour le bilan et le résultat consolidés, le principe d'importance relative s'applique, mais nécessite au préalable l'analyse du caractère significatif des informations (voir n° 46302).

45689

En IFRS, les informations à fournir en annexes sont plus nombreuses et plus détaillées.

3. Méthodes spécifiques à la consolidation

Certaines méthodes spécifiques à la consolidation nécessitent une anticipation des travaux par les commissaires aux comptes dès la phase préliminaire, dans le double objectif de réduire les temps de contrôle lors de la phase finale, et de s'assurer de la mise en place par le groupe des procédures nécessaires à l'obtention des informations requises pour effectuer les retraitements. Il s'agit notamment de la comptabilisation des impôts différés et des méthodes de conversion des comptes des entreprises consolidées étrangères.

45700

953

AUDIT DES COMPTES CONSOLIDÉS © Éd. Francis Lefebvre

Impôts différés sur les résultats

45710 **Règles générales** L'évaluation des impôts différés, traitée en principes français par le règlement 2020-01 (art. 272-7 à 272-14) et dans le référentiel IFRS par la norme IAS 12, est fondée sur les **notions** suivantes :
- l'approche bilancielle et la conception étendue ;
- la méthode du report variable ;
- la règle de la symétrie.

45711 Les notions d'**approche bilancielle** et de **conception étendue** traduisent le principe que toute différence entre la valeur comptable d'un actif ou d'un passif et sa valeur fiscale constitue une différence temporaire et doit faire l'objet de la constatation d'un impôt différé.
Les seules exceptions concernent (Règl. 2020-01 art. 272-10 et 272-11) :
- les écarts d'acquisition lorsque leur amortissement n'est pas déductible fiscalement ;
- les écarts d'évaluation portant sur des actifs incorporels, qui généralement ne sont pas amortis et ne peuvent être cédés séparément de l'entreprise acquise ;

   Cette exception n'est prévue que par les principes français. La norme IAS 12 ne prévoit aucune exception pour cette catégorie de différences.

- les actifs, amortissables au plan fiscal sur un montant inférieur à leur coût, dont la valeur fiscale de sortie ne tiendra pas compte de ce différentiel d'amortissements, bien que ces achats soient une source de différences temporaires (cas des voitures de tourisme) ;
- l'écart, pour les entreprises consolidées situées dans des pays à haute inflation, entre la valeur fiscale des actifs non monétaires et leur valeur corrigée des effets de la forte inflation, suivant la méthode retenue par le groupe ;

   Cette exception n'est prévue que par les principes français. La norme IAS 12 ne prévoit aucune exception pour cette catégorie de différences.

- les distributions de dividendes prévues par la société consolidante et incluses dans ses capitaux propres ;
- les distributions de dividendes incluses dans les capitaux propres des sociétés consolidées, sauf pour les impôts non récupérables portant sur des distributions décidées ou probables.

   Cette exception, prévue par les principes français, présente des divergences avec l'exception prévue par IAS 12 en la matière.

45712 L'application de la méthode du **report variable** implique que le taux d'impôt et les règles fiscales utilisés pour l'évaluation des actifs et passifs d'impôt différé sont ceux résultant des textes fiscaux en vigueur à la clôture de l'exercice et qui seront applicables lorsque la différence future se réalisera.
L'effet des variations de taux d'impôt et de règles fiscales sur les actifs et passifs d'impôt différé existants affecte le résultat, même lorsque la contrepartie de ceux-ci a été comptabilisée à l'origine directement en capitaux propres.

   En IFRS, le principe de symétrie est appliqué de manière plus systématique. En conséquence, les effets liés aux variations de taux d'impôt affectent les capitaux propres lorsque la comptabilisation initiale de l'impôt avait eu pour contrepartie les capitaux propres.

45713 La **règle de la symétrie** implique que la contrepartie de l'actif ou du passif d'impôt différé soit traitée comme l'opération qui en est à l'origine :
- en général les variations d'impôt différé affectent le résultat ;
- lorsque l'opération affecte les capitaux propres, la contrepartie de l'impôt différé affecte directement les capitaux propres (impact à l'ouverture en cas de changement de méthode comptable) ;
- l'impôt différé mis en évidence lors de la détermination des écarts d'évaluation dans le cadre d'une acquisition d'entreprise par le groupe vient augmenter ou diminuer la valeur de l'écart d'acquisition.

45714 **Comptabilisation des impôts différés** La comptabilisation des impôts différés passe par les étapes suivantes :

45715 1) **Compensation des actifs et des passifs** pour chaque entité fiscale : les actifs et passifs d'impôts différés, quelle que soit leur échéance, doivent être compensés lorsqu'ils concernent une même entité fiscale.

954

En pratique, une analyse de la situation de chaque filiale ou de chaque groupe fiscal doit être effectuée en examinant, notamment, la répartition des impôts différés par dates d'échéance, par taux et par types d'opération sous-jacente.

2) Comptabilisation des actifs nets d'impôts à condition qu'ils puissent être considérés comme recouvrables. **45716**

En cas d'évolution des hypothèses, l'impact est à comptabiliser en résultat. Dans tous les cas, afin de faciliter le suivi de la charge d'impôt, il convient de suivre l'intégralité des actifs d'impôts différés, comptabilisés ou non.

En termes de présentation, dans le modèle de bilan proposé par l'article 281-1 du règlement 2020-01, les impôts différés actifs et passifs sont désormais regroupés avec les autres créances et les autres dettes, avec un renvoi en bas de page précisant le montant des impôts différés.

3) Absence d'actualisation des impôts différés. Les actifs et passifs d'impôts différés ne sont pas actualisés (Règl. 2020-01 art. 272-12 et IAS 12 § 53). **45717**

Informations à mentionner dans l'annexe Ces informations sont nombreuses et peuvent être difficiles à obtenir auprès des entreprises consolidées. Elles comprennent : **45718**
– l'indication du montant des actifs d'impôts différés non comptabilisés, avec une indication de la date la plus lointaine d'expiration ;
– la justification de la comptabilisation d'un actif d'impôt différé lorsque l'entreprise a connu une perte fiscale récente ;
– la ventilation des actifs et passifs d'impôts différés comptabilisés par grandes catégories (différences temporaires, crédits d'impôts ou reports fiscaux déficitaires) ;
– la ventilation entre impôts différés et impôts exigibles ;
– le rapprochement entre la charge d'impôt totale comptabilisée dans le résultat et la charge d'impôt théorique calculée (preuve d'impôt) ;

En principes français, en dehors de ces cas prévus explicitement par le règlement 2020-01 (art. 282-27), il convient bien entendu d'expliciter en annexe les modalités d'évaluation des impôts différés.

Contrôles à effectuer sur l'impôt Les contrôles à réaliser par les commissaires aux comptes sur les impôts différés lors de la phase d'orientation et de planification sont essentiels, car ils permettent notamment d'évaluer la capacité du groupe à comptabiliser les impôts différés avec fiabilité et à élaborer l'information financière requise par les textes. **45719**

Ces contrôles peuvent se dérouler comme suit : **45720**
– prise de connaissance et validation des **principes** retenus par le groupe ;
– recensement des **impôts différés par entité fiscale** et appréciation du risque ;
– analyse du **manuel de procédure** de consolidation et de principes comptables (s'il existe) ou analyse des instructions écrites en tenant lieu ;

Cette analyse a pour but de vérifier :
• la conformité des modalités retenues avec la législation française et les principes comptables généralement admis, en particulier dans le cas d'application de normes internationales,
• la possibilité de faire remonter les informations nécessaires à l'évaluation et à l'analyse des impôts différés à partir de la liasse de consolidation.

– vérification des **procédures de contrôle** mises en place par le service de consolidation afin de s'assurer que les informations reçues des entités consolidées sont exactes, exhaustives et correspondent aux opérations effectuées.

Lors d'une prise de connaissance (première consolidation), il conviendra d'obtenir les éléments suivants : **45721**
– les particularités comptables et fiscales du secteur (en particulier s'il existe un plan comptable professionnel ou des aides fiscales particulières) ;
– la nature et le montant des retraitements effectués en consolidation ;
– les modalités de prise en compte des filiales étrangères et les retraitements d'homogénéisation effectués tant en valeur brute qu'en matière d'impôts différés ;
– la situation fiscale des différentes entités consolidées et le montant des impôts différés constatés par société ;

AUDIT DES COMPTES CONSOLIDÉS © Éd. Francis Lefebvre

– les particularités fiscales des différents pays d'implantation du groupe ;
– le périmètre d'intégration fiscale et les modalités de prise en compte des profits d'intégration.

Ces informations devront être consignées dans un **dossier permanent de suivi des situations fiscales** et des sources d'imposition différée pour l'ensemble des sociétés consolidées, par le biais par exemple d'une fiche de suivi fiscal établie pour chaque entité consolidée.

Conversion des comptes d'entreprises étrangères

45730 Les méthodes de conversion des comptes d'entreprises étrangères sont définies en principes français par les articles 272-15 à 272-26 du règlement 2020-01 et dans le référentiel IFRS par la norme IAS 21, et diffèrent en fonction du **caractère autonome** ou non de l'entité consolidée :
– la monnaie de fonctionnement des filiales autonomes est en général celle dans laquelle elle tient ses comptes ;
– la monnaie de fonctionnement d'une filiale non autonome est en général celle de l'entreprise dont elle dépend.

Une entreprise n'est pas autonome lorsque son exploitation fait partie intégrante des activités d'une autre entreprise qui établit ses comptes dans une autre monnaie. Il peut s'agir par exemple d'une filiale vendant uniquement des biens importés auprès d'une autre entreprise du groupe et remettant à celle-ci les produits générés, ou encore des « holdings de pays », qui sont considérés comme des extensions de l'exploitation de l'entreprise consolidante.

45732 La conversion des comptes :
– de la monnaie locale vers la monnaie de fonctionnement, lorsque celle-ci est différente, est faite selon la méthode du cours historique ;

L'impact lié à l'utilisation de la méthode du cours historique, applicable lorsque les comptes de l'entité étrangère ne sont pas tenus dans la monnaie fonctionnelle, est désormais comptabilisé dans les capitaux propres (et non plus en résultat, comme avec le règlement CRC 99-02).

– de la monnaie de fonctionnement vers la monnaie de l'entreprise consolidante, lorsque celle-ci est différente, est faite selon la méthode du cours de clôture.

45733 En principes français, dans le cas particulier des filiales établissant leurs comptes dans la monnaie d'un pays à forte inflation, cette monnaie ne peut servir de monnaie de fonctionnement, même si la filiale peut être considérée comme autonome, et des corrections particulières sont à effectuer (Règl. 2020-01 art. 272-23).
Au contraire, en IFRS, IAS 21 (§ 14 et 42) impose le passage par la monnaie locale même si celle-ci est une monnaie d'un pays à forte inflation.

Contrôles à effectuer lors de la phase préliminaire

45734 Les principaux travaux à mettre en œuvre lors de la phase préliminaire sont les suivants :
– validation de la monnaie de fonctionnement des entités étrangères, par appréciation de leur caractère autonome ou non ;
– identification des éventuels instruments de couverture des investissements à l'étranger mis en place par le groupe ;
– validation de la mise en place des procédures nécessaires à la remontée des informations nécessaires à la conversion :
• transmission par le service de consolidation aux filiales non autonomes de liasses de consolidation permettant le contrôle du passage de la monnaie locale à la monnaie de fonctionnement,
• instructions spécifiques aux services comptables des filiales non autonomes ainsi qu'à leurs auditeurs.

45735 Dans le cas particulier des filiales établissant leurs comptes dans la monnaie d'un pays à forte inflation, il est nécessaire de prévoir dès la phase d'orientation et de planification la remontée des informations utiles à la conversion des comptes, et notamment les indices reflétant les variations générales des prix du pays.

D. Organisation à mettre en place dans la société

Après une description des éléments constitutifs de l'organisation à mettre en place dans la société (n° 45745), seront décrits les principaux contrôles que le commissaire aux comptes peut mettre en œuvre pour la valider (n° 45769).

45740

1. Éléments de base d'organisation de la consolidation

Afin d'assurer la fiabilité et l'homogénéité des informations utilisées pour la consolidation, la société consolidante doit prévoir l'élaboration de documents formalisant :
– les principes et méthodes appliqués par le groupe : **manuel des règles et principes comptables** ;
– les informations nécessaires à l'élaboration du bilan, du compte de résultat et de l'annexe consolidés : **liasses de consolidation** ;
– les modalités d'établissement des comptes consolidés : **manuel de consolidation** ;
– les modalités de remontée d'information des filiales et les travaux spécifiques qu'elles doivent réaliser : **instructions de consolidation.**

45745

> La qualité de ces documents conditionne fortement celle des comptes consolidés. Ils doivent donc être analysés dès la phase d'orientation et de planification par les commissaires aux comptes.

Manuel des règles et principes comptables

La présentation des documents de synthèse consolidés et la détermination du résultat consolidé doivent obéir aux règles fixées par la société consolidante dans le respect du règlement 2020-01 (sociétés non cotées) ou du référentiel IFRS (sociétés cotées et sociétés non cotées ayant opté pour les IFRS). Dans beaucoup de groupes, cet objectif sera atteint dès lors que les entreprises consolidées respectent, pour l'élaboration de leurs comptes annuels, le manuel des principes comptables et des règles d'évaluation défini par la société consolidante.

45751

Il se peut cependant que certains principes utilisés pour établir les comptes annuels des entreprises consolidées ne puissent être ceux définis par la société consolidante pour l'élaboration des comptes consolidés, notamment en raison d'obligations comptables particulières des filiales, liées à la localisation, au secteur d'activité ou aux exigences de la société les contrôlant (entreprises mises en équivalence ou intégrées proportionnellement).

45752

Les **objectifs du manuel** des principes comptables et des règles d'évaluation sont les suivants :
– lister l'ensemble des règles et méthodes comptables que devront respecter les comptes des entreprises consolidées, soit directement, soit par voie de retraitement ;
– décrire, poste par poste, le contenu des lignes des états des liasses types de consolidation.

45753

Le manuel des principes comptables devra traiter de l'ensemble des options prises par le groupe en termes de méthodes d'évaluation et de présentation et comporter la nomenclature des comptes à respecter pour l'alimentation des liasses de consolidation. Il comprend ainsi au minimum :
– un plan de comptes codifié ;
– le détail des méthodes d'évaluation retenues par le groupe ;
– les règles de conversion des comptes des entreprises étrangères ;
– les principes relatifs aux opérations de consolidation : retraitements des écritures fiscales, des contrats de location-financement, traitement des opérations internes au groupe, etc.

45754

Liasses de consolidation

La liasse « type » constitue généralement le **support normalisé** sur lequel les entités consolidées transmettent à la société consolidante les informations nécessaires à la réalisation de la consolidation.

45755

AUDIT DES COMPTES CONSOLIDÉS © Éd. Francis Lefebvre

La liasse de consolidation peut être utilisée aussi bien en fin d'exercice pour la consolidation annuelle que pour les consolidations intermédiaires (dans ce dernier cas, le manuel de consolidation aura précisé la liste des états à fournir sur une base intercalaire). Elle permet, en outre, de rassembler l'ensemble des informations qui concourent à l'élaboration de l'annexe consolidée. Elle varie selon le mode de consolidation de la société.

45756 **Entreprises intégrées** La liasse « type » comprend les états suivants :
– le bilan et le compte de résultat, présentés selon le format retenu pour la consolidation ;
– les états de comptes intragroupe : soldes de bilan et de compte de résultat, titres de participation consolidés, dividendes reçus des entreprises consolidées, variations de provisions sur titres de participation consolidés, stocks intragroupe et éléments nécessaires pour le calcul des marges à éliminer, engagements donnés au profit d'entreprises consolidées, cessions intragroupe d'actifs immobilisés et plus ou moins-values dégagées, provisions pour risques constituées sur les entreprises consolidées ;
– l'état détaillé des variations du capital et des réserves de la société (en nombre d'actions et en valeur, en indiquant éventuellement les différentes natures d'actions ou de parts) ;
– les informations relatives aux flux nécessaires à l'établissement du tableau de financement consolidé par l'analyse des flux de trésorerie ;
– l'information relative aux contrats de crédit-bail (et assimilés) ;
– l'état des bases d'impôts différés : différences entre la valeur comptable et la valeur fiscale des actifs et des passifs.

45757 Des états standards peuvent aussi tenir lieu de **support pour l'annexe**. Les éléments suivants pourront ainsi être reportés sur de tels états :
– le calcul des impositions différées et « preuve » d'impôt ;
– les informations requises par secteurs d'activité et/ou par zones géographiques ;
– l'effectif moyen ;
– l'état de variation de l'actif immobilisé ;
– l'état de variation des emprunts et dettes auprès d'établissements de crédit ;
– l'état détaillé de variation des provisions ;
– l'état des engagements hors bilan.

La normalisation de ces états facilite grandement leur traitement cumulé au niveau du département consolidation (qu'il soit opéré manuellement ou à l'aide de l'outil informatique).

45758 **Entreprises mises en équivalence** La liasse est simplifiée pour les entreprises mises en équivalence : afin d'alléger la procédure pour ces entreprises, les informations qui leur sont demandées peuvent prendre la forme d'une liasse limitée aux éléments nécessaires soit à l'élaboration des comptes consolidés eux-mêmes, soit à la rédaction d'une note de l'annexe consolidée précisant les chiffres clés des comptes annuels des entreprises mises en équivalence.

45759 **Mise en œuvre des retraitements de consolidation** Les retraitements de consolidation peuvent être effectués soit par l'entité consolidée, soit par le service central de consolidation.

La première solution permet, éventuellement, de faire certifier les comptes retraités par les commissaires aux comptes ou par les réviseurs locaux. En cas d'utilisation de progiciels de consolidation capables d'effectuer les retraitements (et aussi la conversion des comptes libellés en monnaies étrangères), ces travaux peuvent être réalisés par le service central de consolidation. Dans ce cas, les entreprises consolidées doivent faire parvenir au service central toutes les informations nécessaires pour effectuer les traitements.

Manuel de consolidation

45760 Le manuel de consolidation est un document principalement destiné au service de consolidation de la société consolidante qui formalise en particulier les choix qu'elle effectue dans le cadre des options laissées ouvertes par la législation. Il peut cependant être diffusé en tout ou partie à des échelons comptables décentralisés, en particulier lorsque ces derniers effectuent eux-mêmes des sous-consolidations. Le manuel de consolidation, normalisé dans son contenu, fera l'objet d'audits périodiques.

958

© Éd. Francis Lefebvre · **AUDIT DES COMPTES CONSOLIDÉS**

45761

Le manuel doit comporter **au minimum** les **informations** suivantes :
– la présentation des documents de synthèse consolidés (bilan, compte de résultat, annexe et éventuellement tableau de financement) destinés à la publication externe ;
– la présentation des documents consolidés supplémentaires considérés comme nécessaires pour la gestion interne ;
– l'organigramme des entreprises composant l'ensemble consolidé ;
– la définition du rôle du service de consolidation et de celui des entités consolidées ;
– le calendrier de consolidation ;
– le détail des principes et méthodes de consolidation retenus par la société consolidante.

Ce détail portera en particulier sur :
• les choix effectués en matière de périmètre et de méthodes de consolidation, et la justification de ces choix ;
• les instructions concernant la date d'établissement des comptes lorsque des entreprises du groupe clôturent leurs comptes à une date différente ;
• les règles retenues pour affecter l'écart de première consolidation et pour comptabiliser sa partie non affectée ;
• les instructions concernant les conversions ;
• les procédures d'identification et de réconciliation des transactions et soldes intragroupe en cours d'exercice et à la clôture, ainsi que les méthodes utilisées pour éliminer les impacts de ces transactions sur le résultat (marges en stock, résultats de cessions internes, etc.) ;
• les principes à respecter pour tenir compte des effets d'impôts sur les éliminations de consolidation pratiquées ;
• les méthodes et principes retenus en l'absence de précisions dans le référentiel comptable utilisé. Ainsi, en IFRS, des précisions peuvent être apportées sur :
– la comptabilisation des engagements de rachat d'intérêts minoritaires et des regroupements d'entités sous contrôle commun ;
– la définition de l'efficacité des couvertures ;
– les modalités de réalisation des tests de dépréciation des immobilisations corporelles et incorporelles ;
– les modalités de détermination de la charge résultant de paiements sur base d'actions en application d'IFRS 2 et, le cas échéant, de la prise en compte d'une décote liée à des contraintes d'incessibilité…

45762

Une fois élaboré, le manuel de consolidation doit être **tenu à jour** en vue d'incorporer les changements intervenus dans la structure de l'ensemble à consolider ou dans les principes, méthodes et procédures utilisés.

Calendrier de consolidation

45763

Le calendrier de consolidation est un des documents de base constituant le manuel de consolidation. Il fixe les dates limites d'établissement et d'envoi, par les entités consolidées, des documents nécessaires à la consolidation et définit les délais d'établissement des comptes consolidés.
Il doit être communiqué :
– à tous les responsables de la consolidation : service central de consolidation, responsables dans les entités consolidées ;
– aux services comptables des entités consolidées qui produisent l'information comptable nécessaire à la consolidation ;
– aux directions générales des entités consolidées ainsi qu'aux services d'audit interne ou de contrôle de gestion ;
– aux commissaires aux comptes de la société consolidante et à ceux (ou aux autres réviseurs) des autres entités consolidées.

L'objectif final du processus de consolidation étant la publication des comptes consolidés, le calendrier de consolidation sera établi « à rebours », en fonction de la date de publication des comptes consolidés du groupe. Il regroupera généralement les opérations par grandes phases de la consolidation.

45764

Les **opérations de préconsolidation** comprennent :
– la définition du périmètre de consolidation et de la méthode de consolidation retenue pour chaque entité ;
– l'arrêté de comptes des entreprises consolidées ;
– l'élaboration des liasses de consolidation par les entreprises consolidées ;
– les opérations de retraitement ;
– la conversion en euros des comptes des entreprises étrangères.

959

AUDIT DES COMPTES CONSOLIDÉS   © Éd. Francis Lefebvre

45765   Les **opérations de consolidation** comprennent :
– le cumul des comptes ;
– l'élimination des comptes et transactions intragroupe ;
– les autres éliminations et écritures diverses de consolidation ;
– l'édition des comptes consolidés : bilan, compte de résultat, annexe et éventuellement tableau de financement ;
– l'élaboration du rapport de gestion sur les comptes consolidés.

45766   Les **opérations de contrôle** comprennent :
– le contrôle des comptes des entités consolidées par les commissaires aux comptes ou à défaut par d'autres réviseurs ;
– le contrôle et la certification des comptes consolidés par les commissaires aux comptes de la société consolidante.

Instructions de consolidation

45767   Les éléments du manuel de consolidation qui fixent les modalités de remontée des informations par les filiales consolidées (procédures de réconciliation des transactions intragroupe, mode opératoire d'alimentation de la liasse de consolidation, calendrier de remontée des informations, etc.) sont regroupés dans des instructions de consolidation envoyées par la société consolidante à l'ensemble des sociétés consolidées.

Dans ces instructions, le service consolidation attire l'attention des filiales sur les nouveautés ou points particuliers de l'exercice.

2. Contrôles des commissaires aux comptes

Contrôle du manuel, des liasses et des instructions

45769   Les commissaires aux comptes se font communiquer le plan comptable groupe, le manuel des principes comptables, les liasses types et le manuel de consolidation (ou les instructions écrites en tenant lieu), afin :
– d'examiner leur contenu pour vérifier leur **conformité avec le référentiel comptable utilisé** ;

Leur examen portera notamment sur :
• les critères de définition du périmètre,
• le choix des méthodes de consolidation,
• l'information à fournir dans les comptes consolidés,
• les options comptables retenues en consolidation qui diffèrent des règles comptables appliquées dans les comptes annuels.

– de prendre connaissance des autres dispositions du manuel de consolidation et d'apprécier leur **validité technique** ;

L'examen portera notamment sur :
• l'annulation des comptes et opérations intragroupe,
• les méthodes de conversion des entreprises étrangères,
• le traitement des écarts d'acquisition et d'évaluation,
• le traitement des intérêts minoritaires.

– de s'assurer que le plan comptable groupe et la liasse de consolidation sont conçus de façon à bien faire remonter les **informations nécessaires** pour la réalisation de la consolidation ;
– de s'assurer que, dans le cas où les comptes consolidés doivent intégrer des informations pro forma (voir n° 45666), la société consolidante a mis en place les **procédures** permettant le recueil des informations nécessaires ;

S'il est nécessaire de produire des informations pro forma, les commissaires aux comptes veilleront à mettre en place les procédures de coordination auprès des confrères chargés de l'audit des entités consolidées permettant de fiabiliser l'information correspondante. Ils veilleront notamment à la planification d'un audit des situations intermédiaires des entités entrant ou sortant du périmètre de consolidation.

– de s'assurer que les **informations sectorielles** demandées dans la liasse sont suffisantes pour pouvoir fournir in fine une analyse sectorielle satisfaisante en annexe.

Examen critique du calendrier de consolidation

45770 Les commissaires aux comptes de la société consolidante doivent également prendre connaissance au plus tôt du calendrier de consolidation afin de s'assurer de son caractère réaliste et de planifier leurs propres travaux de vérification en fonction de ce calendrier. Ils s'assurent que ce dernier a été communiqué aux confrères intervenant dans les entreprises consolidées et que ceux-ci sont a priori en mesure de le respecter.

E. Mise en place de la mission d'audit

45780 Conformément à la norme d'exercice professionnel NEP 300 relative à la planification de l'audit, la planification consiste à prévoir :
– « l'approche générale des travaux ;
– les procédures d'audit à mettre en œuvre par les membres de l'équipe d'audit ;
– la nature et l'étendue de la supervision des membres de l'équipe d'audit et la revue de leurs travaux ;
– la nature et l'étendue des ressources nécessaires pour réaliser la mission, y compris le recours éventuel à des experts ;
– le cas échéant, la coordination des travaux avec les interventions d'experts ou d'autres professionnels chargés du contrôle des comptes des entités comprises dans le périmètre de consolidation ».

1. Planification stratégique

45782 La planification stratégique est fondée sur une analyse des risques et la détermination de seuils de signification. Elle a pour objectif l'élaboration d'un plan de mission.

Analyse des risques

45783 L'analyse des risques couvre notamment :
– les risques liés à l'**audit des comptes individuels** entrant dans le périmètre de consolidation. Ces risques sont examinés pour chaque entité significative ;

L'auditeur s'intéresse en particulier :
• à la nature de l'activité,
• à l'existence de transactions ne faisant pas l'objet d'un traitement répétitif et pour lesquelles il est nécessaire de recourir à des estimations comptables,
• au suivi des erreurs relevées lors des exercices précédents.
Sur la nature des travaux réalisés par le commissaire aux comptes de la mère en relation avec les auditeurs des entités comprises dans le périmètre de consolidation, voir n°s 45415 s.

– les risques liés à l'existence d'**autres intervenants** dans le groupe pour lesquels il est nécessaire de vérifier le respect des normes de comportement professionnel, notamment en matière d'indépendance et de compétence, ainsi que l'application satisfaisante des diligences professionnelles lors de la réalisation de leurs travaux ;

Sur la prise de connaissance des auditeurs des entités comprises dans le périmètre de consolidation, voir n°s 45385 s.

– les risques liés au **processus de consolidation**.
Ces risques peuvent avoir pour origine :
• une organisation insuffisante pour permettre la transmission des informations nécessaires au service de consolidation dans des conditions respectant la fiabilité et les délais ;
• un système comptable inadapté ne donnant pas toutes les garanties requises pour vérifier le processus de consolidation ;
• le recours à des principes comptables groupe contraires aux règles et pratiques généralement reconnues ou dont la mise en œuvre peut s'avérer difficile en raison de l'organisation comptable des entreprises constituant le groupe ;
• l'existence d'opérations inhabituelles réalisées à l'intérieur du groupe ou avec des tiers, notamment cession d'actif, variation du périmètre de consolidation et opérations de restructuration ;
• la complexité de certains traitements.

La phase de planification est fondamentale pour identifier le degré d'exposition du groupe à ces différents risques et la démarche d'audit à adopter.

AUDIT DES COMPTES CONSOLIDÉS © Éd. Francis Lefebvre

45784 L'analyse des risques doit également intégrer l'analyse de l'impact des **événements non liés à l'exploitation courante** du groupe :
– changements dans la structure du groupe (participations nouvelles ou cédées, opérations juridiques intragroupe, augmentations ou diminutions du pourcentage de détention directe ou indirecte, etc.) ;
– variations des parités monétaires ;
– transactions inhabituelles pour lesquelles il n'existe pas de règles comptables normalisées ;
– changements de principes comptables ;
– restructurations industrielles ;
– développements à l'étranger ;
– modifications des règles fiscales applicables.

45785 Les conséquences de ces événements sur le programme général de travail doivent être appréciées suffisamment tôt pour permettre le déroulement harmonieux du calendrier prévu ; il peut, par exemple, s'avérer nécessaire de dégager des moyens complémentaires pour vérifier ces transactions ou s'assurer que les explications adéquates sont fournies dans l'annexe consolidée.

Réponses à l'évaluation des risques

45786 Dans la phase de planification, le commissaire aux comptes définit les réponses à l'évaluation des risques d'anomalies significatives au niveau des comptes consolidés.
Le commissaire aux comptes détermine :
– « les tests à réaliser, le cas échéant, sur l'efficacité des contrôles conçus par l'entité consolidante et mis en œuvre dans l'ensemble consolidé pour les besoins de l'établissement des comptes consolidés ;
– la nature, le calendrier et l'étendue des travaux à réaliser sur l'information comptable établie par les entités pour les besoins de l'audit des comptes consolidés ;
– la nature et l'étendue de son implication dans les travaux réalisés par les professionnels chargés du contrôle des comptes des entités pour les besoins de l'audit des comptes consolidés ainsi que le calendrier correspondant » (NEP 600 § 15).

45787 **Tests sur l'efficacité des contrôles conçus par l'entité consolidante**
Par ailleurs, il convient de planifier les tests sur l'efficacité des contrôles conçus par l'entité consolidante.
« Le commissaire aux comptes réalise ou demande aux professionnels chargés du contrôle des comptes des entités de réaliser des tests sur l'efficacité des contrôles conçus par l'entité consolidante et mis en œuvre dans l'ensemble consolidé pour les besoins de l'établissement des comptes consolidés dans les cas suivants :
– lorsque les travaux à réaliser sur le processus d'établissement des comptes consolidés ou sur l'information comptable des entités reposent sur l'hypothèse selon laquelle ces contrôles fonctionnent efficacement ;
– lorsqu'il considère que les seuls contrôles de substance ne permettent pas de réduire le risque d'audit à un niveau suffisamment faible pour obtenir l'assurance recherchée » (NEP 600 § 16).

45788 **Nature et étendue des travaux sur l'information comptable établie par les entités pour les besoins de l'audit des comptes consolidés** En ce qui concerne la nature et l'étendue des travaux sur l'information comptable établie par les entités pour les besoins de l'audit des comptes consolidés, voir nᵒˢ 45415 s.

45789 **Nature et étendue de l'implication du commissaire aux comptes dans les travaux réalisés par les professionnels chargés du contrôle des comptes des entités** La nature et l'étendue de l'implication du commissaire aux comptes dans les travaux réalisés par les professionnels chargés du contrôle des comptes des entités doivent également être planifiées.
« Le commissaire aux comptes est impliqué dans l'évaluation des risques effectuée par les professionnels chargés du contrôle des comptes des entités importantes. La nature, le calendrier et l'étendue des travaux requis pour cette implication dépendent de l'appréciation faite par le commissaire aux comptes sur ces professionnels, selon les critères énoncés au paragraphe 10 de la présente norme. Ils comprennent au minimum :
– un échange d'informations avec le professionnel chargé du contrôle des comptes ou la direction de l'entité sur les activités de celle-ci qui sont importantes pour l'ensemble consolidé ;
– un échange d'informations avec le professionnel chargé du contrôle des comptes de l'entité sur le risque d'anomalies significatives dues à des fraudes ou des erreurs ; et

AUDIT DES COMPTES CONSOLIDÉS

– une revue de la documentation du professionnel chargé du contrôle des comptes de l'entité relative au risque élevé d'anomalies significatives. Cette documentation peut prendre la forme d'une synthèse justifiant ses conclusions. »

Sur le sujet particulier des procédures d'audit en réponse au risque élevé d'anomalies significatives, le paragraphe 22 de la NEP 600 indique : « Lorsqu'un risque élevé d'anomalies significatives a été identifié au niveau d'une entité pour laquelle les travaux sont réalisés par un professionnel chargé du contrôle des comptes de celle-ci, le commissaire aux comptes :

– évalue le caractère approprié des procédures d'audit complémentaires à mettre en œuvre pour répondre spécifiquement à ce risque ;

– détermine s'il est nécessaire, en fonction de l'appréciation qu'il porte sur ce professionnel, qu'il soit impliqué dans la mise en œuvre des procédures complémentaires » (NEP 600 § 21).

Sur l'implication du commissaire aux comptes dans l'approche des risques des entités incluses dans la consolidation, voir également n°s 45435 s.

Processus de consolidation En réponse à son évaluation du risque d'anomalies significatives lié au processus de consolidation, le commissaire aux comptes conçoit et met en œuvre des procédures d'audit complémentaires qui lui permettent (NEP 600 § 23) :

– « d'évaluer l'exhaustivité du périmètre de consolidation ;

– d'apprécier le caractère approprié, exact et exhaustif des écritures de consolidation et évaluer s'il existe des facteurs de risques de fraudes ou des indicateurs révélant des biais possibles de la part de la direction de l'entité consolidante ;

– d'évaluer si l'information comptable des entités a été correctement retraitée, lorsque celle-ci n'est pas préparée dans le même référentiel comptable que celui retenu pour établir les comptes consolidés ;

– de vérifier que l'information comptable communiquée par les professionnels chargés du contrôle des comptes des entités est celle reprise dans les comptes consolidés ;

– d'évaluer si les retraitements nécessaires ont été effectués conformément au référentiel comptable applicable lorsque la date de clôture des comptes des entités est différente de celle de l'entité consolidante ».

45790

Fixation des seuils de signification

L'audit des comptes consolidés, comme l'audit des comptes individuels, donne lieu à la détermination de plusieurs seuils de signification.

Ainsi, le commissaire aux comptes détermine (NEP 600 § 12 à 14) :

– le seuil de signification au niveau des comptes consolidés pris dans leur ensemble (n° 45794) ;

– le cas échéant, des seuils de signification au niveau des comptes consolidés de montants inférieurs pour certaines catégories d'opérations, certains soldes de comptes ou certaines informations fournies dans l'annexe aux comptes consolidés (n° 45795) ;

– le seuil de signification au niveau des comptes de chaque entité dont l'information comptable doit faire l'objet, pour les besoins de l'audit des comptes consolidés, d'un audit ou d'un examen limité ; ce seuil est toujours inférieur au seuil de signification déterminé au niveau des comptes consolidés pris dans leur ensemble (n° 45796) ;

– le seuil en dessous duquel des anomalies sont manifestement insignifiantes au regard des comptes consolidés pris dans leur ensemble (n° 45797).

Lorsque les comptes d'une entité font l'objet d'un audit en application des textes légaux et réglementaires, des statuts, ou de toute autre obligation et que le commissaire aux comptes estime, sur la base des critères définis au paragraphe 10 de la norme (voir n° 45408), qu'il pourra utiliser ces travaux pour ses propres besoins, il apprécie le caractère approprié du seuil de signification déterminé par le professionnel chargé du contrôle des comptes de l'entité au niveau des comptes de l'entité pris dans leur ensemble.

Lorsque le professionnel chargé du contrôle des comptes d'une entité définit un montant inférieur au seuil de signification pour la mise en œuvre de ses procédures d'audit, tel que défini dans la norme d'exercice professionnel relative aux « anomalies significatives et seuil de signification », le commissaire aux comptes en apprécie le caractère approprié.

Pour une étude détaillée des seuils applicables, voir n°s 25475 s.

45793

Seuil de signification au niveau des comptes consolidés pris dans leur ensemble Ce seuil est le montant à partir duquel les commissaires aux comptes estiment que l'ensemble des erreurs constatées est susceptible d'entacher l'image fidèle que doit donner l'information financière consolidée. Comme pour les comptes annuels, la

45794

AUDIT DES COMPTES CONSOLIDÉS © Éd. Francis Lefebvre

détermination du seuil de signification fait appel au **jugement professionnel** et ne procède pas d'une analyse purement mécanique.

Néanmoins, la littérature professionnelle propose plusieurs critères quantitatifs qui peuvent être utilisés dans certaines circonstances par le commissaire aux comptes, pour guider son jugement. Ces critères quantitatifs se réfèrent généralement à un pourcentage appliqué à des agrégats jugés pertinents.

L'étendue des travaux est fixée par référence à ce seuil. En effet, les travaux d'audit doivent apporter suffisamment d'éléments probants pour fonder l'assurance raisonnable que des erreurs significatives n'affectent pas les comptes consolidés.

45795 **Seuils de signification au niveau des comptes consolidés de montants inférieurs pour certaines catégories d'opérations, certains soldes de comptes ou certaines informations fournies dans l'annexe aux comptes consolidés** Le cas échéant, le commissaire aux comptes peut déterminer des seuils de signification au niveau des comptes consolidés de montants inférieurs pour certaines catégories d'opérations, certains soldes de comptes ou certaines informations fournies dans l'annexe aux comptes consolidés. Cela peut s'avérer nécessaire si, dans les circonstances spécifiques du groupe, il existe des flux particuliers d'opérations, des soldes de comptes ou des informations fournies dans les états financiers du groupe pour lesquels on pourrait raisonnablement s'attendre à ce que des anomalies de montants inférieurs au seuil de signification fixé pour les états financiers du groupe pris dans leur ensemble influencent les décisions économiques des utilisateurs prises sur la base des états financiers du groupe.

45796 **Seuil de signification au niveau des comptes de chaque entité dont l'information comptable doit faire l'objet, pour les besoins de l'audit des comptes consolidés, d'un audit ou d'un examen limité** Afin de réduire à un niveau suffisamment faible la probabilité que les anomalies cumulées non corrigées et non détectées dans les états financiers du groupe soient supérieures au seuil de signification fixé pour les états financiers du groupe pris dans leur ensemble, le seuil de signification au niveau d'une entité doit être inférieur à celui fixé pour les états financiers du groupe pris dans leur ensemble.

Lorsque les auditeurs des entités effectuent un audit pour les besoins de l'audit des comptes consolidés, l'équipe affectée à l'audit du groupe doit évaluer le caractère approprié du seuil de planification fixé pour la réalisation des travaux au niveau de l'entité.

Sur la notion de seuil de planification, voir n° 25608.

Si une entité est soumise à un audit par la loi, la réglementation ou une autre raison, et que l'équipe affectée à l'audit du groupe décide d'utiliser cet audit pour fournir des éléments probants pour l'audit du groupe, cette dernière doit déterminer si sont satisfaisants :
– le seuil de signification fixé pour les états financiers de l'entité pris dans leur ensemble ;
– et le seuil de planification fixé pour la réalisation des travaux au niveau de l'entité.

Il est rare, à l'intérieur d'un groupe, que toutes les entreprises consolidées contribuent de façon équivalente aux comptes consolidés. De ce fait, et compte tenu de l'analyse des risques, il est fréquent que l'étendue des diligences requises pour les besoins de la certification des comptes consolidés varie selon l'importance relative de chaque entreprise. Cette approche, qui permet de réduire le coût de l'audit des comptes consolidés, suppose au préalable d'avoir classé la population des entreprises consolidées en fonction du risque d'audit présenté par chacune d'elles et de leur contribution aux comptes du groupe.

Les **agrégats** les plus souvent utilisés pour mesurer la contribution de chaque entreprise sont :
– le chiffre d'affaires ;
– le résultat ;
– les capitaux propres ;
– le total du bilan.

45797 **Seuil en dessous duquel des anomalies sont manifestement insignifiantes au regard des comptes consolidés pris dans leur ensemble** Ce seuil de remontée des points d'audit définit un montant minimum en deçà duquel les ajustements en provenance des entreprises consolidées ne sont pas remontés en synthèse.

AUDIT DES COMPTES CONSOLIDÉS

La **fixation de ce seuil** est également une question de jugement professionnel. Mais il est très largement dépendant de la structure du groupe et des risques inhérents à l'activité des différentes entreprises. En effet, un groupe constitué de nombreuses petites entreprises, qui, prises individuellement, ne sont pas significatives, sera conduit à choisir un seuil relativement bas. À l'inverse, un groupe ayant peu de filiales, mais dont le poids individuel est important, pourra retenir un seuil de signification plus important pouvant, dans certains cas, être très proche du seuil fixé pour les comptes consolidés.

D'autres éléments peuvent, dans certaines circonstances, influer sur le choix de ce seuil de signification :
• la structure du groupe et l'identification des risques spécifiques qui peuvent rendre nécessaire la fixation de plusieurs seuils de signification différents par catégorie d'entreprises consolidées ;
• la volonté de la société consolidante qui peut souhaiter avoir une connaissance approfondie des anomalies relevées dans l'ensemble du groupe ;
• le désir des commissaires aux comptes d'obtenir le maximum d'informations afin, notamment, de rédiger une lettre de recommandations incluant des points qui, bien que non significatifs sur les comptes de l'exercice, révèlent des faiblesses de procédures importantes.

En définitive, le choix du seuil de signification pour la remontée des ajustements en provenance des entreprises consolidées est une opération délicate qui doit tenir compte des deux contraintes suivantes :
– fixer le seuil à un niveau suffisamment bas pour que des informations suffisantes remontent des entreprises consolidées et permettent de détecter des ajustements qui, cumulés au niveau groupe, seraient significatifs ;
– ne pas fixer le seuil à un niveau trop bas afin d'éviter d'être submergé par un nombre trop important d'ajustements mineurs dont le suivi peut s'avérer difficile et inutile.

Fixation des seuils de planification

Définition Lors de la planification de l'audit, le commissaire aux comptes détermine un ou des seuils de planification de la mission.
Le seuil de planification est un seuil d'un montant inférieur au seuil de signification utilisé par le commissaire aux comptes pour définir la nature et l'étendue de ses travaux. Le seuil de planification est fixé à un montant tel qu'il permet de réduire à un niveau acceptable le risque que le montant des anomalies relevées non corrigées et des anomalies non détectées excède le seuil de signification.

45798

Détermination du ou des seuils de planification La détermination du seuil de planification ne relève pas du seul calcul arithmétique mais également du jugement professionnel. Lorsqu'il détermine ce seuil, le commissaire aux comptes s'appuie sur la connaissance qu'il a de l'entité, mise à jour au cours de la mise en œuvre des procédures d'évaluation des risques, et prend en compte le risque d'anomalies dans les comptes de l'exercice en cours au vu, notamment, de la nature et de l'étendue des anomalies relevées au cours des audits précédents. Le seuil de planification est inférieur au seuil de signification. Il est généralement déterminé en appliquant un pourcentage à ce dernier. Si le commissaire aux comptes a estimé nécessaire de fixer un ou des seuils de signification de montants inférieurs pour certains flux d'opérations, soldes de comptes ou informations, il détermine pour ce ou chacun de ces seuils de signification un seuil de planification.

45799

Plan de mission

À la fin de ces travaux, les commissaires aux comptes de la société consolidante établissent le plan de mission relatif à l'audit des comptes consolidés. Les **éléments de base** qui doivent figurer dans le plan de mission comprennent :
– la détermination des seuils de signification pour les besoins de la certification consolidée et l'identification des domaines significatifs ;
– l'appréciation des principes et méthodes de consolidation retenus ;
– l'appréciation des risques relatifs à la fiabilité des informations données par les entreprises pour les besoins de la consolidation ;
– les méthodes et moyens à utiliser pour évaluer le contrôle interne du système et des procédures de consolidation.
À titre d'**exemple**, le plan de mission peut être structuré sur la base des distinctions suivantes : éléments ayant un impact sur l'approche d'audit, approche d'audit, modalités

45801

965

AUDIT DES COMPTES CONSOLIDÉS   © Éd. Francis Lefebvre

d'intervention et annexes. Les principaux éléments correspondant à ces différents points sont repris ci-après.

45802 **Éléments ayant un impact sur l'approche d'audit** Pourront être repris dans cette partie du plan de mission :
– les événements ayant affecté la situation de l'entreprise au cours de l'exercice ;
– les principales données chiffrées de l'exercice : données comparatives et commentaires ;
– les changements de méthodes ou de principes comptables (décidés par l'entreprise ou résultant de la réglementation) ;
– l'évolution du groupe sur ses marchés ;
– le rappel de l'environnement de contrôle, à savoir notamment :
• les méthodes de collecte de l'information et la fiabilité des informations transmises,
• les procédures de retraitement prévues,
• les méthodes de traitement de l'information,
• les moyens de traitement de l'information,
• les caractéristiques du management ;
– les attentes particulières du client ou des utilisateurs des états financiers.

45803 **Approche d'audit** Les éléments repris dans cette partie seront fonction des risques identifiés. Ils pourront notamment comprendre :
– le niveau de revue nécessaire dans les entités consolidées et le niveau d'examen des travaux des réviseurs des comptes individuels ;
– la description des opérations particulières pouvant avoir un impact sur les comptes consolidés et la description des travaux à réaliser ;
– la description synthétique des principaux travaux prévus ;
– la définition des seuils de signification pour :
• les ajustements des comptes individuels,
• les ajustements sur les retraitements de consolidation.
   Il conviendra de distinguer les ajustements ou reclassements provenant d'erreurs matérielles ou de différences d'appréciation des ajustements techniques qui pourraient avoir une incidence sur l'ensemble des filiales consolidées.

45804 **Modalités d'intervention** Cette partie du plan de mission est consacrée à la définition :
– de l'équipe d'intervention ;
– de l'équipe de coordination ;
– des rapports à prévoir et des dates clefs ;
– du budget.
Ces modalités d'intervention doivent tenir compte des contraintes de délais induites par le calendrier de consolidation arrêté par le groupe, que ce soit pour la définition de l'approche générale ou pour celle du calendrier d'intervention des commissaires aux comptes de la société consolidante et des réviseurs des entités consolidées.

45805 **Annexes** Le plan de mission pourra notamment comporter les annexes suivantes :
– présentation du groupe (avec un organigramme mettant en évidence le poids relatif de chaque filiale et les réviseurs des entités consolidées) ;
– organisation de la consolidation ;
– principes comptables groupe et règles de consolidation ;
– coordination des interventions des réviseurs (niveau de revue par entité et modèle d'instructions) ;
– budget détaillé par intervenant et par nature de travaux.

2. Répartition des travaux et coordination

Cocommissaires aux comptes

45810 Dans le cadre de la répartition des travaux entre les cocommissaires aux comptes (voir n°s 45360 s.), les moyens à mettre en œuvre pour réaliser le plan de mission retenu sont formalisés dans des plannings d'intervention et des programmes de travail détaillés, qui

966

tiennent compte du calendrier mis en place par le groupe et des différents sites où s'effectueront les contrôles.

Auditeurs des entités consolidées

45811 La coordination des travaux d'audit des entités consolidées constitue un élément fondamental de la phase d'orientation et de planification. Lors de cette phase, les principaux travaux à mettre en œuvre par les commissaires aux comptes de la société consolidante sont :
– la définition des travaux qui sont de la responsabilité des commissaires aux comptes du groupe et de ceux incombant aux auditeurs des filiales ;
– le recensement des commissaires aux comptes ou réviseurs contractuels des entités consolidées, l'évaluation de leur compétence professionnelle et des budgets d'audit dont ils disposent pour effectuer leurs travaux ;
– l'émission d'instructions précises aux auditeurs des filiales (nature et étendue des travaux à effectuer, seuils de signification groupe, calendrier, remontée des synthèses, revue des événements postérieurs) ;
– la transmission des principes comptables du groupe à tous les auditeurs.

Sur les relations du commissaire aux comptes avec les auditeurs des entités consolidées, voir n°s 45380 s.

II. Contrôle des comptes consolidés

45900 Le contrôle des comptes consolidés doit être mis en œuvre selon un plan qui suit le processus d'établissement des comptes consolidés, à savoir :
– le contrôle du périmètre de consolidation (n°s 45910 s.) ;
– le contrôle des données chiffrées de base, c'est-à-dire le contrôle des comptes individuels des entités consolidées (n°s 46050 s.) ;
– le contrôle des opérations de consolidation (n°s 46100 s.) ;
– le contrôle global de la variation des capitaux propres consolidés (n°s 46200 s.) ;
– la revue analytique du bilan et du compte de résultat (n°s 46250 s.) ;
– la revue finale des comptes consolidés à publier (n°s 46300 s.) ;
– le contrôle de l'information financière (n°s 46350 s.).

A. Contrôle du périmètre de consolidation

45910 Les contrôles liés à l'exhaustivité et aux variations du périmètre de consolidation sont fondamentaux, dans la mesure où la détermination du périmètre conditionne pour une large part la substance et le contenu des comptes consolidés. Ils sont traités ci-après sur la base des distinctions suivantes :
– contrôle de l'exhaustivité du périmètre (n°s 45920 s.) ;
– contrôle de la détermination des prix d'acquisition (n°s 45940 s.) ;
– contrôle de la première entrée dans le périmètre de consolidation (n°s 45945 s.) ;
– contrôle des variations ultérieures des pourcentages de contrôle (n°s 45968 s.) ;
– contrôles complémentaires liés aux variations de périmètre (n°s 46010 s.).
Un développement complémentaire sera consacré aux actifs destinés à être cédés et aux activités abandonnées (n°s 46020 s.).

Les développements qui suivent montrent que la comptabilisation des variations du périmètre de consolidation diffère selon les modalités de ces variations.

1. Exhaustivité du périmètre

45920 Le commissaire aux comptes **complète** durant la phase de contrôle **les travaux réalisés en phase d'orientation et de planification** sur la définition du périmètre de consolidation et des méthodes de consolidation (voir n° 45550), afin de s'assurer notamment qu'aucune prise de participation n'affecte le périmètre ou les méthodes de consolidation retenues. Ce travail conduit les commissaires aux comptes à vérifier, à la date de clôture, la bonne application des dispositions telles qu'elles ont été précédemment rappelées (voir n° 45588).

967

AUDIT DES COMPTES CONSOLIDÉS © Éd. Francis Lefebvre

Les contrôles portent, d'une part, sur le périmètre retenu et les méthodes effectivement appliquées et, d'autre part, sur les mentions obligatoires de l'annexe, lorsque certaines options sont utilisées.

45921 Les **diligences mises en œuvre** par les commissaires aux comptes en vue de contrôler l'exhaustivité du périmètre consistent pour l'essentiel :
– à obtenir des dirigeants et des responsables comptables et financiers de l'entreprise consolidante une information sur les prises ou cessions de participation depuis la revue préliminaire ;
– à analyser les éléments du compte-titres de participation de l'ensemble des entités consolidées en les comparant à l'organigramme du groupe ;
– à mettre en œuvre, pour les mouvements intervenus depuis la phase de planification (voir n° 45595), les diligences nécessaires ;
– à s'assurer que l'annexe donne toutes les informations utiles sur les entreprises retenues et les modifications éventuelles par rapport à l'exercice précédent, conformément aux dispositions applicables, et notamment que les motifs d'exclusion sont précisés dans l'annexe ;
– à s'assurer que les règles applicables concernant les différences de dates de clôture entre les comptes consolidés et les entreprises consolidées ont été respectées (C. com. art. L 233-25 pour les principes français, IFRS 10 § B92s et IAS 28 § 33s pour le référentiel IFRS) ;
– à mettre à jour les contrôles réalisés lors de la phase de planification de la mission concernant les entités ad hoc (voir n° 45597).

2. Coût d'acquisition des titres

45940 Le commissaire aux comptes s'attachera à examiner les modalités de détermination du coût d'acquisition des titres des sociétés consolidées.
En principes français, le coût d'acquisition est **défini** aux articles 231-2 et suivants du règlement 2020-01. Il est composé :
– de la rémunération remise au vendeur (liquidités, actifs ou titres estimés à leur juste valeur), éventuellement corrigée des effets de l'actualisation si le paiement est différé ou étalé ;
– de l'ensemble des coûts directement imputables à l'acquisition ;
– de l'ajustement probable du prix d'acquisition, lorsque celui-ci peut être estimé de façon fiable à la date d'acquisition.
En IFRS, la norme IFRS 3 révisée (applicable obligatoirement aux exercices ouverts à compter du 1er juillet 2009) est passée d'une logique de coûts (incluant les coûts directs liés à l'acquisition) à une logique de prix payé pour l'acquisition des titres. Les coûts directs liés à l'acquisition sont obligatoirement comptabilisés en charges dans le compte de résultat. En revanche, les frais d'émission de titres émis en rémunération de l'acquisition sont obligatoirement imputés sur les capitaux propres (IAS 32 § 35).

À la date de prise de contrôle, la quote-part de titres qui était, le cas échéant, antérieurement détenue est réévaluée à la juste valeur, en contrepartie du résultat. Cette méthode revient à considérer que la quote-part de titres antérieurement détenue est vendue, avec dégagement d'un résultat de cession, et rachetée immédiatement dans le cadre du regroupement. Cette revalorisation impacte mécaniquement le montant du *goodwill*.

La norme IFRS 3 révisée fournit également des précisions sur la distinction à opérer entre les éléments qui font partie du regroupement et ceux qui correspondent à une transaction annexe. Ainsi, le fait que le montant payé aux cédants soit, sur le plan juridique, lié à l'acquisition des titres ne signifie pas pour autant que ce montant sera, sur le plan comptable, analysé en totalité comme faisant partie du prix payé pour les titres. Par exemple, il convient d'analyser les paiements réalisés au profit des vendeurs lorsque ces derniers continuent à travailler dans la société acquise, afin de déterminer s'ils représentent une partie du prix d'acquisition ou si, au contraire, ces paiements rémunèrent un service (rendu postérieurement à l'acquisition) à comptabiliser en charges.

45941 En cas de **correction ultérieure** du prix d'acquisition, liée à la réalisation de clauses d'ajustement de prix, le coût d'acquisition doit, en principes français, être ajusté avec les répercussions correspondantes sur l'écart d'acquisition et ce, sans limite de temps (c'est-à-dire y compris après l'expiration du délai d'affectation).
Pour chaque acquisition, le commissaire aux comptes s'attachera à vérifier le respect des règles énoncées ci-dessus.

© Éd. Francis Lefebvre

AUDIT DES COMPTES CONSOLIDÉS

En IFRS, la norme IFRS 3 révisée prévoit que les compléments de prix sont évalués à la juste valeur à la date de prise de contrôle, même s'ils ont un caractère éventuel. Seuls les ajustements de prix au cours du délai d'affectation, résultant de nouvelles informations permettant d'affiner l'évaluation à la date de prise de contrôle, impactent le prix d'acquisition (et l'écart d'acquisition). En tout état de cause, l'écart d'acquisition ne peut pas être modifié après la fin du délai d'affectation (sauf en cas de correction d'erreur). Dans ce cas, les effets des réestimations des compléments de prix sont comptabilisés en résultat de période.

Les **diligences à mettre en œuvre par les auditeurs** consistent :
– à prendre connaissance du **protocole d'acquisition** de titres et à identifier notamment :
• les modalités de paiement (nature de la contrepartie – trésorerie ou titres –, étalement du paiement dans le temps),
• les composantes variables du prix d'acquisition,
• les composantes conditionnelles du prix d'acquisition ;
– à s'assurer que le coût d'acquisition des titres intègre :
• les frais accessoires à l'acquisition, pour leur montant net d'impôt (principes français),
• les composantes variables et conditionnelles du prix d'acquisition,
• une actualisation des paiements différés, si l'impact est significatif ;
– à valider, pour les composantes variables du prix d'acquisition, la cohérence des estimations intégrées dans le prix de revient ;
– à s'assurer, pour les composantes conditionnelles du prix d'acquisition, que celles-ci sont intégrées dans le prix d'acquisition ;
– à valider, pour les acquisitions rémunérées par émission de titres, que la valeur retenue pour les titres émis correspond à la juste valeur des titres à la date d'émission ;
– à valider, pour les acquisitions libellées en devises, que le cours retenu pour la conversion est le cours à la date d'entrée dans le périmètre de consolidation, ou éventuellement le cours de la couverture.

45942

3. Première entrée dans le périmètre de consolidation

Principes généraux

Date d'entrée En principes français, le règlement 2020-01 définit ainsi la date d'entrée dans le périmètre de consolidation (art. 211-10). « Cette date peut correspondre :
– soit à la **date d'acquisition des titres** ;
– soit à la **date de prise de contrôle** ou d'influence notable, si l'acquisition a eu lieu en plusieurs fois ;
– soit à la **date prévue par le contrat** si celui-ci prévoit le transfert du contrôle à une date différente de celle du transfert des titres.
Le fait qu'un contrat comporte une clause de rétroactivité ne suffit pas à placer le transfert du contrôle à une date différente de celle du transfert des titres. »
En IFRS, la date de première consolidation (ou date d'acquisition) est la même qu'en principes français. En effet, selon IFRS 3 révisée (§ 8), la date d'acquisition est la date à laquelle l'acquéreur obtient effectivement le contrôle de l'entreprise acquise.

> Le commissaire aux comptes s'attachera, grâce à la lecture du protocole d'accord, à contrôler le respect de ces règles.

45945

Identification et évaluation des actifs et passifs acquis (y compris impôts différés) L'identification et l'évaluation des actifs et passifs acquis sont réalisées conformément :
– aux articles 231-7 et 232-1 du règlement 2020-01 en principes français ;
– aux § 10 s. de la norme IFRS 3 révisée en IFRS.

45948

Critères d'identification En principes français (Règl. 2020-01 art. 231-7), les actifs et passifs identifiables de l'entreprise acquise, y compris les éléments incorporels, sont des éléments susceptibles d'être évalués séparément dans des conditions permettant un suivi de leur valeur. Pour les actifs incorporels, tel peut être notamment le cas des brevets, marques, et relations contractuelles avec les clients.
En IFRS, les critères d'identification retenus par la norme IFRS 3 révisée sont similaires.

45950

AUDIT DES COMPTES CONSOLIDÉS © Éd. Francis Lefebvre

45952 **Évaluation des actifs et passifs identifiables** En principes français (Règl. 2020-01 art. 232-1), la **valeur d'entrée** correspond au prix que l'entité acquéreuse aurait accepté de payer si elle avait acquis les actifs et passifs séparément, étant par ailleurs précisé que l'évaluation de la valeur d'entrée d'un actif tient compte de l'utilisation envisagée par l'acquéreur. En IFRS (IFRS 3 révisée § 18 s.), les actifs et passifs identifiables sont évalués à la **juste valeur** (sauf exceptions).

> La juste valeur correspond au prix qui serait reçu pour la vente d'un actif ou payé pour le transfert d'un passif lors d'une transaction normale entre des intervenants du marché à la date d'évaluation (IFRS 3 révisée, ann. A).

Ainsi, contrairement aux principes français, il est interdit de prendre en compte l'usage prévu par l'acquéreur pour déterminer la juste valeur en IFRS.

45953 **Prise en compte des impôts différés.** L'écart entre la valeur comptable des actifs et passifs ainsi identifiés et la valeur d'entrée constitue l'**écart d'évaluation**. Les dettes et créances d'impôt différé attachées à ces écarts d'évaluation, calculées sur la base des différences entre les valeurs fiscales des actifs et passifs concernés et les valeurs auxquelles ils sont entrés en consolidation, doivent également être prises en compte.

45954 D'une manière générale, le service consolidation devra **justifier** et documenter, pour chaque acquisition :
– les valeurs d'entrée retenues ;
– la méthode retenue pour l'établissement de ces valeurs d'entrée.

> On rappelle que la société consolidante n'a pas pour obligation de figer les valeurs d'entrée à la date de première consolidation. Elle dispose d'un « délai d'affectation » pour finaliser l'identification et l'évaluation des actifs et passifs identifiables :
> – courant jusqu'à la clôture de l'exercice suivant l'exercice de première consolidation en principes français (Règl. 2020-01 art. 231-10) ;
> – de 12 mois à compter de la date d'acquisition en IFRS (IFRS 3 révisée § 45 s.).

45955 **Traitement de l'écart d'acquisition** L'écart résiduel entre le coût d'acquisition des titres et la quote-part de l'acquéreur dans la juste valeur des actifs et passifs identifiables acquis constitue l'écart d'acquisition.

En IFRS, la norme IFRS 3 révisée (applicable obligatoirement aux exercices ouverts à compter du 1er juillet 2009) prévoit, sur option applicable acquisition par acquisition, de déterminer un « *goodwill* complet », c'est-à-dire un *goodwill* comprenant également la part des minoritaires (les intérêts minoritaires étant dans ce cas évalués à la juste valeur à la date de prise de contrôle).

1. Écart d'acquisition positif
En principes français, le règlement 2020-01 précise, à l'article 231-11, les modalités suivantes de **comptabilisation de l'écart d'acquisition** :
– un écart d'acquisition positif est inscrit à l'actif du bilan consolidé et doit être amorti lorsqu'il existe une limite prévisible à sa durée d'utilisation ;
– l'écart d'acquisition est amorti sur sa durée d'utilisation prévisible, lorsque cette dernière peut être déterminée de manière fiable, ou sur une période de 10 ans dans le cas où la durée d'utilisation ne peut pas être déterminée de manière fiable.
En IFRS, les écarts d'acquisition positifs ne sont pas amortis, mais ils sont soumis à des tests de dépréciation conformément à la norme IAS 36.

2. Écart d'acquisition négatif
En principes français (Règl. 2020-01 art. 231-12), dans le cas particulier où l'**écart** d'acquisition constaté est **négatif**, celui-ci est comptabilisé au passif du bilan consolidé, en provisions pour risques et charges. Cet écart est rapporté au résultat selon un plan de reprise de provision sur une durée qui doit refléter les hypothèses retenues et les conditions déterminées lors de l'acquisition. L'origine de cet écart d'acquisition peut correspondre :
– à des charges de restructuration futures rendues nécessaires, par exemple, par la mise aux normes techniques du groupe d'une usine ;
– à un abattement de valeur pour des pertes à venir ;
– à la réalisation d'une bonne affaire par la société acquéreuse.
Néanmoins, le règlement 2020-01 limite la valeur des actifs incorporels à celle résultant d'un marché actif dès lors que celle-ci conduit à créer ou à augmenter un écart d'acquisition négatif.

En IFRS, l'écart d'acquisition négatif est comptabilisé en résultat (§ 34). Il n'existe pas de limitation comme en principes français en ce qui concerne la comptabilisation des actifs incorporels.

> Avant de comptabiliser en résultat l'écart d'acquisition négatif (normes IFRS), il convient de s'assurer que les différents paramètres aboutissant à un tel résultat sont correctement identifiés et évalués. Ainsi, la norme IFRS 3 § 36 impose de vérifier au préalable les différentes composantes du prix d'acquisition ainsi que la correcte évaluation des actifs et passifs identifiables acquis.

Diligences du commissaire aux comptes Les contrôles de l'auditeur légal   **45957**
consistent notamment :
– à analyser les valeurs d'entrée des actifs et passifs identifiables de l'entreprise acquise, au regard :
• de la destination de ces actifs et passifs (uniquement en principes français),
• de la méthode d'estimation retenue,
• de la fiabilité des évaluations issues de cette méthode ;
– à contrôler la répartition de la valeur d'entrée entre capitaux propres « groupe » et intérêts minoritaires ;
– à valider le calcul de l'écart d'acquisition résiduel et sa comptabilisation ;
– à obtenir les analyses des dirigeants et des responsables comptables et financiers sur la justification de l'écart d'acquisition positif ou négatif, et apprécier la validité du traitement comptable suivi.

Entreprise contrôlée depuis plusieurs exercices

En principes français, l'article 211-11 du règlement 2020-01 définit la **méthode** à appli-   **45958**
quer pour la première consolidation d'une entreprise contrôlée depuis plusieurs exercices : « Lorsqu'une entité contrôlée exclusivement et non consolidée ne peut plus être considérée comme non significative, elle est incluse dans le périmètre de consolidation. Son entrée dans le périmètre est alors comptabilisée comme si elle avait été consolidée depuis la date de prise de contrôle par l'entité consolidante. Toutefois, les résultats accumulés de cette entité depuis sa prise de contrôle ne sont pas comptabilisés en réserves à l'ouverture de l'exercice mais en résultat, après déduction des dividendes reçus par le groupe et le cas échéant de l'amortissement et la dépréciation de l'écart d'acquisition. »

> Ces dispositions s'appliquent notamment dans le cas où une entreprise contrôlée était laissée en dehors du périmètre de consolidation, par exemple en raison de son intérêt négligeable. Lorsque les réserves accumulées par la filiale depuis la prise de contrôle sont significatives, l'impact de l'entrée tardive dans le périmètre de consolidation relève d'une correction d'erreur et doit être traité comme tel.

En IFRS, aucune disposition particulière n'est prévue pour la première consolidation d'une entité contrôlée depuis plusieurs exercices. À notre avis, un traitement identique à celui prévu pour les principes français pourrait être appliqué (mis à part l'amortissement de l'écart d'acquisition), en application des dispositions de la norme IAS 8 relatives aux changements d'estimations.

Les **diligences du commissaire aux comptes** consisteront notamment :   **45959**
– à analyser les valeurs d'entrée des actifs et des passifs, ainsi que l'écart d'acquisition à la date de prise de contrôle effectif de la société ;
– à valider le calcul du résultat consolidé de l'entreprise depuis la date de prise de contrôle et sa répartition entre résultat de l'exercice et résultat des exercices antérieurs ;
– à valider la comptabilisation de l'impact des exercices antérieurs au compte de résultat et l'information dans l'annexe aux comptes consolidés.

Méthode optionnelle applicable aux regroupements entre entités sous contrôle commun (principes français)

Par **dérogation aux principes d'identification et de valorisation des actifs et passifs** (voir   **45960**
nᵒˢ 45950 s. et 45952 s.), le règlement 2020-01 (art. 232-9) permet l'utilisation d'une méthode dérogatoire consistant à comptabiliser les actifs et passifs de l'entreprise acquise pour leur valeur comptable retraitée aux normes du groupe, et à ne pas faire apparaître d'écart d'acquisition en imputant celui-ci sur les capitaux propres.

> Cette méthode n'existe pas en IFRS.

AUDIT DES COMPTES CONSOLIDÉS   © Éd. Francis Lefebvre

45961 Les **conditions d'application** de cette méthode dérogatoire, applicable (opération par opération) aux regroupements entre entreprises sous contrôle commun, peuvent être résumées ainsi :
– l'entreprise acquéreuse et l'entreprise acquise sont sous le contrôle d'une même entreprise extérieure au périmètre de consolidation ;
– après l'acquisition, l'entreprise acquéreuse et l'entreprise acquise demeurent sous le contrôle de cette même entreprise ;
– l'opération est réalisée par émission d'actions, de parts ou d'instruments donnant accès de façon certaine au capital de l'acquéreur et éventuellement, par une rémunération en espèces et assimilées qui ne peut être supérieure à 10 % du montant total des émissions ;
– le contrôle n'est pas transitoire. La notion de contrôle transitoire doit être analysée en tenant compte de l'objectif qui préside à l'acquisition. Lorsque, dès l'acquisition, il existe un engagement préalable de cession ou d'introduction en bourse qui conduit, s'il se réalise, à une perte du contrôle, le contrôle est considéré comme transitoire.

45962 Les **commissaires aux comptes** s'attacheront principalement :
– à s'assurer que la transaction est bien réalisée entre entités sous contrôle commun ;
– à contrôler les modalités de rémunération des vendeurs, et à s'assurer que les éventuels paiements ne représentent pas plus de 10 % de l'émission des titres de sociétés consolidées réalisée à l'occasion de l'opération ;

Ce contrôle peut s'appuyer sur une recherche des instruments qui pourraient être assimilés à des espèces tels que les certificats de valeur garantie (CVG) et les instruments dilutifs. L'auditeur s'assurera qu'aucun dividende exceptionnel n'est versé au vendeur.

– à s'assurer que la substance de l'opération n'a pas été remise en cause ;
– à contrôler que les retraitements d'homogénéisation des comptes de l'entreprise acquise ont été intégralement comptabilisés ;
– à valider le calcul de l'écart imputé sur les capitaux propres consolidés.

Prise de contrôle d'une entreprise par lots successifs

45963 En principes français, la méthode de première consolidation d'une entreprise dont la société consolidante a pris le contrôle par lots successifs n'est pas différente de la méthode à retenir pour une société dont la prise de contrôle s'est effectuée par une transaction unique. L'identification et l'évaluation des actifs et passifs acquis sont réalisées à la date de prise de contrôle effectif, comme s'il s'agissait d'une transaction unique.

L'écart d'acquisition est donc égal à la différence entre le cumul des coûts d'acquisition et la quote-part totale de l'acquéreur dans les justes valeurs des actifs et passifs identifiables acquis déterminés à la date de prise de contrôle.

En IFRS, la norme IFRS 3 § 42 prévoit que les titres antérieurement détenus sont réévalués à leur juste valeur à la date de prise de contrôle en contrepartie du résultat. L'écart d'acquisition est alors déterminé en une seule fois, à la date de prise de contrôle, par référence à la juste valeur des actifs et passifs identifiables acquis à cette date.

45964 Les **diligences des commissaires aux comptes** consistent essentiellement :
– en règles françaises, à valider le calcul du coût d'acquisition total des titres, en contrôlant chacune des transactions (voir n° 45942) ;
– en IFRS, à valider le calcul du prix d'acquisition total des titres, en contrôlant notamment la correcte évaluation à la juste valeur de la quote-part antérieurement détenue à la date de prise de contrôle et l'évaluation des intérêts minoritaires (selon la méthode retenue par l'acquéreur pour la transaction) ;
– à analyser les clauses contractuelles de la prise de contrôle, afin de déterminer la date de prise de contrôle effectif ;
– à mettre en œuvre les contrôles correspondant à la valorisation des actifs et passifs identifiables et à la détermination de l'écart d'acquisition (voir n° 45957).

4. Variations ultérieures du pourcentage d'intérêts

45968 Les variations ultérieures des pourcentages d'intérêts peuvent avoir des origines diverses : augmentation du pourcentage d'intérêts du fait d'une acquisition complémentaire de titres auprès des minoritaires ou d'une augmentation de capital inégalement souscrite,

© Éd. Francis Lefebvre   AUDIT DES COMPTES CONSOLIDÉS

diminution du pourcentage d'intérêts du fait d'une cession de titres aux minoritaires ou de la non-souscription à une augmentation de capital, que cette diminution entraîne la perte du contrôle ou non.

Augmentation du pourcentage d'intérêts

45970 L'augmentation du pourcentage d'intérêts dans une entreprise consolidée **doit s'apprécier différemment**, selon que cette augmentation entraîne ou non un changement dans la méthode de consolidation. Sont examinées ci-après :
– les augmentations de pourcentage d'intérêts sans incidence sur la méthode de consolidation en cas d'intégration globale ;
– les augmentations de pourcentage d'intérêts sans incidence sur la méthode de consolidation en cas d'intégration proportionnelle ;
– les augmentations de pourcentage d'intérêts sans incidence sur la méthode de consolidation en cas de mise en équivalence ;
– les augmentations de pourcentage d'intérêts entraînant un changement de méthode de consolidation ;
– les diligences à mettre en œuvre par le commissaire aux comptes.

45971 **Augmentation sans incidence sur la méthode d'intégration globale** En principes français, le règlement 2020-01 (art. 242-1) indique quel doit être le traitement d'une augmentation du pourcentage de détention d'une entreprise déjà intégrée globalement. Les principes généraux en sont :
– la constatation d'un écart d'acquisition complémentaire déterminé sans remise en cause des évaluations des actifs et passifs identifiés déterminées à la date de prise de contrôle exclusif ;
– l'imputation de l'écart dégagé, s'il est négatif, sur l'écart d'acquisition positif constaté lors de la première consolidation, après analyse de ses causes et la prise en compte d'éventuelles dépréciations. Si un solde négatif subsiste, celui-ci est comptabilisé conformément aux principes rappelés au n° 45955.
En IFRS, selon la norme IFRS 10 § B96, l'impact des variations de pourcentage d'intérêts sans perte de contrôle est constaté en capitaux propres (pas d'écart d'acquisition complémentaire).
Le fait qu'une transaction d'acquisition complémentaire auprès d'un actionnaire minoritaire se fasse à un prix inférieur à la quote-part de valeur comptable des actifs et passifs comptabilisés, hors *goodwill*, est un indicateur que ces actifs et passifs ont pu perdre de la valeur. Un test de dépréciation, portant sur ces actifs et passifs *goodwill* inclus, doit alors être mis en œuvre.

45972 Les **diligences du commissaire aux comptes**, dans cette hypothèse, consistent :
– à contrôler la détermination de l'écart d'acquisition complémentaire ou le montant constaté en capitaux propres (en IFRS) ;
– à s'assurer, si le prix d'acquisition est inférieur à la valeur comptable des intérêts minoritaires acquis, que les tests de dépréciation nécessaires des actifs et passifs de l'entreprise concernée ont été réalisés et que les dépréciations éventuelles sont comptabilisées.

45973 **Augmentation sans incidence sur la méthode d'intégration proportionnelle**
En principes français, l'article 261-2 du règlement 2020-01 précise que, en cas d'augmentation du pourcentage d'intérêts d'une entreprise consolidée par intégration proportionnelle, sans aboutir à un contrôle exclusif, un **traitement identique** à celui prévu pour l'intégration globale est retenu. Il convient de noter que la quote-part antérieurement détenue ne fait l'objet d'aucune réévaluation.
En IFRS, la question n'a pas lieu d'être, du fait de la suppression de la méthode de l'intégration proportionnelle par la norme IFRS 11.

45974 **Augmentation sans incidence sur la méthode de mise en équivalence** En principes français, les modalités de constatation de la variation du pourcentage de participation dans une entreprise mise en équivalence sont présentées à l'article 262-5 du règlement 2020-01 : « L'entreprise précédemment mise en équivalence reste consolidée

973

AUDIT DES COMPTES CONSOLIDÉS © Éd. Francis Lefebvre

par mise en équivalence ; dans ce cas, la valeur des titres mis en équivalence et, le cas échéant, l'écart d'acquisition sont modifiés comme suit :
– lors d'une opération d'acquisition complémentaire, la mise en équivalence de nouveaux titres suit la même règle que celle qui s'applique lors de la première consolidation. Le nouvel écart d'acquisition est comptabilisé conformément aux articles 231-11 et 231-12. L'écart de réévaluation éventuel de la valeur d'équivalence antérieure est porté directement dans les capitaux propres consolidés […]. »
En IFRS, aucun texte ne traite spécifiquement de l'augmentation du pourcentage d'intérêts dans une entité associée ou une coentreprise. En pratique, un écart d'acquisition complémentaire doit, à notre avis, être comptabilisé. Cet écart d'acquisition pourrait être déterminé soit par rapport aux valeurs comptables antérieures des actifs et passifs mis en équivalence, soit par application de la méthode de la réestimation partielle.

45975 **Augmentation avec changement de la méthode de consolidation** Le traitement à retenir en consolidation est identique selon que l'entreprise était antérieurement consolidée par mise en équivalence ou par intégration proportionnelle, et selon que la nouvelle méthode est l'intégration proportionnelle ou l'intégration globale.
En principes français, le traitement est le suivant (Règl. 2020-01 art. 241-1 et 241-2) :
– **réévaluation des valeurs d'entrée** des actifs et passifs à la date de prise de contrôle ;
– calcul d'un **écart d'acquisition complémentaire**, correspondant à la quote-part acquise ;
– comptabilisation de l'**écart de réévaluation** par rapport à la quote-part des capitaux propres anciennement consolidée par mise en équivalence ou intégration proportionnelle dans les capitaux propres.
En IFRS, la norme IFRS 3 révisée § 42 (applicable obligatoirement aux exercices ouverts à compter du 1er juillet 2009) prévoit que les titres antérieurement détenus sont réévalués à leur juste valeur à la date de prise de contrôle en contrepartie du résultat. L'écart d'acquisition est alors déterminé en une seule fois, à la date de prise de contrôle, par référence à la juste valeur des actifs et passifs identifiables acquis à cette date.

45976 La **date d'acquisition** correspond à la date de prise de contrôle effectif, total ou conjoint, de l'entreprise concernée (voir n° 45945).
Le résultat de la société concernée devra être intégré :
– selon l'ancienne méthode de consolidation pour la période allant de l'ouverture de l'exercice à la date de prise de contrôle définie ci-dessus ;
– selon la nouvelle méthode de consolidation, de la date de prise de contrôle à la date de clôture.

> Il en résulte la nécessité, pour l'entreprise concernée, d'établir une situation intermédiaire à une date proche de la date de prise de contrôle.

45977 Les **diligences du commissaire aux comptes**, dans cette hypothèse, consistent principalement :
– à valider les nouvelles valeurs d'entrée (n°s 45948 s.) ;
– à valider le calcul de l'écart d'acquisition complémentaire, ainsi que le calcul de la variation de valeur de la quote-part anciennement consolidée, à comptabiliser dans les capitaux propres ;
– à s'assurer que les éléments précédents ont été établis en respectant la date de prise de contrôle.

Diminution du pourcentage d'intérêts sans sortie du périmètre

45978 **Diminution sans modification de la méthode de consolidation** En principes français, les modalités de comptabilisation d'une cession partielle sans modification de la méthode de consolidation sont décrites à l'article 242-5 du règlement 2020-01 :
« Dans le cas d'une cession partielle de titres d'une entreprise restant consolidée par intégration globale, l'ensemble des éléments concourant à la détermination de la plus ou moins-value (y compris une quote-part de l'écart d'acquisition et de l'écart de conversion) est pris en compte au prorata de la quote-part cédée au regard de la quote-part détenue avant cession, pour déterminer le résultat de cession. »

> Le principe est identique si l'entreprise cédée était consolidée par intégration proportionnelle ou par mise en équivalence.

974

© Éd. Francis Lefebvre

AUDIT DES COMPTES CONSOLIDÉS ▮

Ainsi, les modalités de détermination du prix de cession et de la dernière valeur consolidée des titres cédés sont identiques à celles applicables à une cession totale d'une entreprise consolidée (voir n°s 45981 s.).

En IFRS, selon la norme IFRS 10 § B96 (applicable obligatoirement aux exercices ouverts à compter du 1er juillet 2009), l'impact des variations de pourcentage d'intérêts sans perte de contrôle est constaté en capitaux propres (pas de résultat de cession).

Diminution avec modification de la méthode de consolidation Lorsque la cession partielle entraîne une modification de la méthode de consolidation, le traitement de la cession est identique à celui retenu pour la cession totale de titres (voir n° 45981).

45979

> En IFRS, la perte de contrôle est un événement jugé suffisamment important pour justifier, au-delà de la décomptabilisation des actifs et passifs de la filiale, la comptabilisation en résultat des *Other Comprehensive Income* recyclables et la réévaluation par résultat des titres éventuellement conservés (IFRS 10 § 25 et B97 s.).
>
> Autrement dit, et contrairement aux règles françaises, le fait de passer d'un contrôle exclusif à une influence notable conduit à considérer que le groupe a cédé la totalité de sa participation dans la filiale avant d'acquérir une participation dans une entité mise en équivalence.

Contrôles possibles de l'auditeur légal Les commissaires aux comptes valideront la date de perte de contrôle exclusif ou conjoint, le calcul du prix de cession et la dernière valeur consolidée des titres cédés (voir n° 45987). Ils s'assureront que le compte de résultat de l'entreprise cédée est intégré :

45980

– par intégration globale ou proportionnelle jusqu'à la date de cession ;
– par intégration proportionnelle ou mise en équivalence de la date de cession jusqu'à la date de clôture de l'exercice.

Si la cession est une cession temporaire de titres sans perte de contrôle, suivie d'un rachat dans un bref délai, ils s'assureront :
– qu'en consolidation les effets de cette cession temporaire n'ont pas été pris en compte dans le calcul du pourcentage d'intérêt ;
– que la cession, enregistrée dans les comptes sociaux, a été annulée en consolidation ;
– que la valeur initiale des titres a été reconstituée, puis a fait l'objet d'une élimination pour le montant d'origine dans le processus de consolidation.

Diminution du pourcentage d'intérêts avec sortie du périmètre

Dès lors qu'une cession d'un pourcentage de détention ne permet plus à l'entreprise consolidante d'exercer a minima une influence notable dans une entreprise consolidée, celle-ci doit être sortie du périmètre de consolidation.

45981

Date de sortie du périmètre La date à retenir est la date à laquelle la société consolidante perd le **contrôle ou l'influence notable** qu'elle avait sur l'entreprise concernée. Ce principe est le même dans les principes français (Règl. 2020-01 art. 242-2) et dans le référentiel IFRS (IFRS 10 § 25 et IAS 28 § 22).

45982

> La définition de la date de sortie du périmètre est primordiale. En effet, comme la date d'entrée dans le périmètre de consolidation, elle définit :
> – la date jusqu'à laquelle doit être intégré au résultat consolidé le résultat de l'entreprise cédée ;
> – la date à laquelle doit être calculée la dernière valeur consolidée de l'entreprise cédée, base de calcul de la plus-value de cession.

Prix de cession Le prix de cession retenu en consolidation ne correspond pas systématiquement au prix de cession enregistré dans les comptes sociaux.

45984

Si le paiement est réalisé en liquidités ou équivalent de liquidités, le prix de cession retenu en consolidation représente la **juste valeur de ces liquidités**, à savoir :
– la valeur nominale de celles-ci, dans le cas d'un paiement immédiat ;
– la valeur actualisée des flux de liquidités attendus, dans le cas d'un paiement différé et si les effets de l'actualisation sont significatifs.

Si le paiement est effectué par apport d'autres actifs, le prix de cession correspondra à la **juste valeur des actifs** reçus en échange.

Dernière valeur en consolidation des titres cédés La dernière valeur en consolidation des titres cédés, c'est-à-dire la valeur à partir de laquelle sera calculé le

45985

975

AUDIT DES COMPTES CONSOLIDÉS

© Éd. Francis Lefebvre

résultat de cession, correspond au cumul des éléments suivants (Règl. 2020-01 art. 242-3 et IFRS 10 § B97 à B99) :
– les actifs et passifs de l'entité cédée (pour la part du groupe), y compris la part du groupe dans le résultat de l'entreprise depuis l'ouverture de l'exercice jusqu'à la date de cession ;
– la valeur nette comptable, à la date de cession, de l'écart d'acquisition relatif aux titres cédés (incluant en principes français, lorsque l'écart d'acquisition est amortissable, un amortissement pour la période allant de l'ouverture de l'exercice à la date de cession).

45986 **Résultat de cession consolidé** Le résultat de cession consolidé correspond à la différence entre le prix de cession et la dernière valeur consolidée des titres cédés, tels que définis aux paragraphes précédents, ajustée du montant des réserves de conversion relatives à l'entité cédée, pour la part du groupe.

En normes IFRS, le résultat de cession est également ajusté des autres éléments du résultat global (*Other Comprehensive Income*) inscrits dans les capitaux propres consolidés et relatifs aux actifs et passifs de l'entité concernée, dès lors que ces éléments auraient impacté le résultat en cas de cession séparée.

Les plus et moins-values constatées dans les comptes sociaux des sociétés qui détenaient les titres cédés doivent être éliminées, en contrepartie de la comptabilisation de la plus ou moins-value consolidée.

Dans le cas où une participation résiduelle (non consolidée) est conservée, celle-ci est évaluée :
– en principes français (Règl. 2020-01 art. 242-6), à la quote-part de capitaux propres consolidés à la date de déconsolidation (y compris quote-part correspondante dans l'écart d'acquisition résiduel) ;
– en IFRS, à la juste valeur (IFRS 10 § 25). Le résultat de cession comprend donc la réestimation des titres conservés à la juste valeur.

45987 **Contrôles possibles de l'auditeur légal** Les commissaires aux comptes prendront connaissance du protocole de cession de titres, notamment :
– des modalités de paiement et d'étalement du paiement ;
– des composantes variables du prix de cession ;
– des composantes conditionnelles du prix de cession.
Ils valideront la date de perte de contrôle ou d'influence notable sur l'entreprise concernée.
Ils s'assureront que le prix de cession calculé correspond à la juste valeur de la rémunération reçue ou à recevoir, et notamment qu'il intègre :
– les effets de l'actualisation des paiements s'ils sont significatifs ;
– les composantes variables du prix de cession si elles peuvent faire l'objet d'une estimation fiable et prudente ;
– les composantes conditionnelles du prix de cession si la condition a été réalisée.
Ils valideront la détermination de la dernière valeur en consolidation des titres cédés et des autres éléments impactant le résultat de cession, et notamment :
– la part de résultat de l'entité cédée à la date de cession ;
– l'amortissement de l'écart d'acquisition prorata temporis (uniquement en principes français) ;
– l'ensemble des écarts de conversion liés à l'entreprise cédée ;
– les autres éléments du résultat global (*Other Comprehensive Income*) relatifs à l'entreprise considérée (uniquement en IFRS) et devant faire l'objet d'un recyclage en résultat à la date de cession.
Enfin, ils s'assureront qu'aucune écriture de consolidation relative à l'entreprise cédée ne subsiste au bilan consolidé.

Autres variations du pourcentage d'intérêts

45989 Dans le cas de la présentation des actifs ou passifs nets d'une entreprise consolidée sur une ligne distincte du bilan consolidé, les commissaires aux comptes s'assurent du respect des faits générateurs prévus à l'article 242-2 du règlement 2020-01, à savoir :
– intervention de l'accord de cession avant la date de clôture ;
– transfert effectif du contrôle avant la date d'arrêté des comptes.

45990 **Augmentation et réduction de capital** Les variations de pourcentages d'intérêts liés à une augmentation de capital inégalement souscrite ou à une réduction de capital

© Éd. Francis Lefebvre

AUDIT DES COMPTES CONSOLIDÉS

inégalement répartie entre le groupe et les autres actionnaires sont assimilées à des **acquisitions** et à des **cessions partielles de titres**.

Elles font donc l'objet des opérations de consolidation prévues dans le cadre d'une acquisition complémentaire ou d'une cession partielle de titres.

Reclassement de titres à l'intérieur d'un groupe Le reclassement de titres à l'intérieur d'un groupe, entre deux sociétés consolidées par intégration globale, est traité à l'article 242-9 du règlement 2020-01.

45991

Le **principe** est celui de l'élimination de la plus ou moins-value interne résultant de la cession. Par ailleurs, les modifications de pourcentages d'intérêts liées au transfert des titres constituent un reclassement entre les réserves consolidées et les intérêts minoritaires.

> Dans le cas où le reclassement des titres se fait entre une société intégrée globalement ou proportionnellement et une société intégrée proportionnellement ou par mise en équivalence, l'on considère qu'il existe une transaction avec des tiers extérieurs au groupe. Dans ce cas, l'opération doit être traitée comme une cession ou une acquisition.

En IFRS, selon la norme IFRS 10, l'impact d'un reclassement de titres à l'intérieur d'un groupe est comptabilisé en capitaux propres, comme en principes français.

Contrôles possibles de l'auditeur légal En cas de transaction concernant deux sociétés consolidées par intégration globale, les commissaires aux comptes s'assurent :

45993

– que les effets de cette cession interne ont été neutralisés ;
– que la valeur d'origine des titres transférés a été rétablie ;
– que la variation des capitaux propres groupe résultant de l'opération a été constatée en contrepartie des intérêts minoritaires.

En cas de transaction ne concernant pas deux sociétés intégrées globalement, les commissaires aux comptes mettent en œuvre les contrôles liés aux acquisitions ou aux cessions de titres (voir nᵒˢ 45972 et 45980).

Déconsolidation sans cession ni dilution

Dans certains cas, une société peut être sortie du périmètre de consolidation sans que cette déconsolidation soit due à une cession partielle ou totale ou à une dilution. Les causes de cette déconsolidation sont généralement :

45994

– un passage de la société en dessous des seuils minimaux de consolidation définis par le groupe ;
– des restrictions sévères et durables qui sont apparues et qui remettent en cause substantiellement le contrôle ou l'influence notable exercée sur cette entreprise.

Dans ce cas, **aucun résultat de cession** ne doit être constaté (Règl. 2020-01 art. 242-11), et la valeur des titres de la société concernée doit être figée au bilan consolidé pour un montant égal à la dernière valeur consolidée des titres considérés, telle que définie dans le cadre d'une cession classique (voir nᵒ 45985).

Toutefois, si la dernière valeur consolidée correspond à un montant négatif, ce montant ne peut être maintenu au passif que si l'entité consolidante a une obligation actuelle d'assumer les pertes de l'entité dont elle a perdu le contrôle sans cession. En cas d'impossibilité de maintenir le passif au bilan, celui-ci est repris en contrepartie du résultat.

L'auditeur légal peut notamment :

45995

– s'assurer que la valeur de l'actif net (y compris l'écart d'acquisition) de l'entreprise concernée a été figée. Il convient d'être particulièrement vigilant aux :
• éventuelles dépréciations concernant la société consolidée, qui n'auraient pas été formellement affectées par une écriture de consolidation,
• provisions qui seraient dans le même cas ;
– s'assurer que la valeur des titres ainsi figée ne doit pas être dépréciée, notamment en cas de pertes récurrentes.

Création d'une coentreprise

Une coentreprise est une société sur laquelle deux ou plusieurs partenaires exercent un contrôle conjoint, et dont l'objet est l'exploitation en commun par les partenaires d'une ou de plusieurs activités.

45996

977

AUDIT DES COMPTES CONSOLIDÉS   © Éd. Francis Lefebvre

45997 **Création nouvelle, sans apport d'actif ni d'activité** La création d'une coentreprise, par apport en capital et sans apport d'activité, dans le but de développer une activité en partenariat, ne présente pas de difficulté particulière. La consolidation de la nouvelle société, du fait du contrôle conjoint, devra conduire à l'intégration proportionnelle en principes français, et à la mise en équivalence en IFRS.

45998 **Apport d'une branche d'activité** En principes français, selon le règlement 2020-01 (art. 231-6), la création d'une coentreprise (par exemple à 50 %) par apport de titres ou d'une branche d'activité, que cette coentreprise soit une société nouvelle ou une société déjà existante en dehors du groupe, revient à :
– céder 50 % des titres ou des actifs concernés par l'apport ;
– acquérir 50 % des apports réalisés par le partenaire hors groupe.
Le traitement de ces deux opérations est exposé ci-après.
Le **traitement de la cession** donne lieu :
– à la détermination du prix de vente des actifs apportés à la coentreprise, égal à la quote-part cédée de la juste valeur de ces actifs, telle que définie contractuellement entre les partenaires ;
– à la détermination de la dernière valeur consolidée des actifs et passifs apportés (voir n° 45985), et à la sortie de la consolidation de la quote-part cédée ;
– à la comptabilisation du résultat consolidé de la cession.
Le **traitement de l'acquisition** donne lieu :
– à la détermination du coût d'acquisition, qui correspond à la quote-part acquise par le groupe de la juste valeur des actifs et passifs apportés par le partenaire, définie contractuellement ;
– à la comptabilisation des actifs et passifs acquis, pour leur quote-part d'intégration proportionnelle, selon les mêmes principes qui président à l'entrée dans le périmètre de consolidation d'une entreprise contrôlée exclusivement (voir n° 45945).

45999 En IFRS, il existe deux traitements comptables possibles, l'IASB ayant reconnu l'existence d'une incohérence entre les différents textes IFRS :
– le premier traitement, identique à celui retenu en principes français, est fondé sur l'interprétation SIC 13. Le résultat de cession d'un actif à une coentreprise doit être comptabilisé, dans les comptes consolidés IFRS du coentrepreneur cédant, à hauteur de la quote-part qui est détenue par l'autre (ou les autres) coentrepreneur(s) ;
– le second traitement est fondé sur la norme IFRS 10 (applicable aux exercices ouverts à compter du 1er juillet 2009). Dans ce cas, la perte de contrôle conduit à réévaluer la quote-part conservée à la juste valeur en contrepartie du résultat et à dégager l'intégralité de la plus-value de cession (comme si la totalité de la participation avait été cédée).
En septembre 2014, l'IASB a publié un amendement à IFRS 10 et IAS 28 « *Sale or Contribution of Assets between an Investor and its Associate or Joint Venture* », prévoyant le traitement applicable à ces cessions. La méthode fondée sur l'interprétation SIC 13 sera appliquée si les actifs cédés ou transférés ne constituent pas une activité au sens de la norme IFRS 3. Si les actifs cédés constituent une activité, le résultat dégagé lors du transfert sera total, conformément à IFRS 10. Cet amendement, initialement applicable aux exercices ouverts à compter du 1er janvier 2016, a vu sa date d'application obligatoire différée (à une date non précisée).

46003 **Importance des pactes d'actionnaires** Dans le cadre d'une coentreprise, le commissaire aux comptes prendra connaissance des éventuels pactes d'actionnaires et de leurs clauses particulières.
En effet, ceux-ci peuvent avoir une incidence forte sur les comptes consolidés. Il conviendra notamment d'étudier :
– les dispositions spécifiques relatives à la direction et l'administration de la société. En effet, celles-ci peuvent attribuer à la société consolidante un contrôle exclusif, ou bien seulement une influence notable, alors que le capital de la société est également réparti ;
– les dispositions relatives au partage du résultat. Celui-ci peut être :
• fixé selon des pourcentages différents du pourcentage de détention (dividendes « préciputaires »),
• variable en fonction des apports d'affaires respectifs des partenaires ;
La quote-part de la société consolidante dans les capitaux propres de la filiale sera alors différente de sa quote-part dans le résultat.

© Éd. Francis Lefebvre

AUDIT DES COMPTES CONSOLIDÉS ▮

– les dispositions relatives aux modalités de règlement des désaccords entre les partenaires et de sortie d'un des partenaires de la coentreprise, afin de vérifier qu'aucun des partenaires ne dispose dans les faits d'un contrôle exclusif.

5. Contrôles complémentaires liés aux variations de périmètre

Suivi ultérieur des prix d'acquisition ou de cession

Les prix d'acquisition ou de cession d'une entreprise consolidée peuvent ne pas être définitifs lors de la première consolidation ou lors de la déconsolidation. Ils peuvent en effet être soumis à des composantes variables ou conditionnelles.

46010

Les commissaires aux comptes pourront s'assurer, en principes français, que les variations ultérieures du prix d'acquisition (ou compléments de prix) sont comptabilisées en **modification de la valeur des titres** et entraînent :
– une modification de l'écart d'acquisition, dès lors que la variation de prix :
• soit intervient après le délai d'évaluation des actifs et passifs identifiables,
• soit provient d'une composante variable du prix d'acquisition,
• soit provient d'une composante conditionnelle non rattachée à un actif ou un passif identifiable (par exemple de certificats de valeur garantie) ;
– une modification des écarts d'évaluation, dès lors que la modification de prix est rattachée à un actif ou un passif identifiables (par exemple effet de la garantie de passif) et qu'elle intervient dans le délai d'évaluation des actifs et passifs identifiables.
Ils contrôleront par ailleurs la **comptabilisation en résultat** des variations ultérieures des prix de cession.
En IFRS (IFRS 3 révisée § 45 s.), les compléments de prix sont évalués à la juste valeur à la date de prise de contrôle, même s'ils ont un caractère éventuel. Les ajustements de ces compléments de prix au cours du délai d'affectation (c'est-à-dire la période maximum de 12 mois suivant la date de prise de contrôle) doivent être analysés afin de déterminer :
– si l'ajustement est lié à de nouveaux éléments intervenus depuis la prise de contrôle : dans ce cas, l'ajustement est enregistré en résultat ;
– si l'ajustement résulte de nouvelles informations collectées permettant d'affiner l'évaluation à la date de prise de contrôle : dans ce cas, l'ajustement a pour contrepartie le prix d'acquisition (et donc l'écart d'acquisition).
Dans tous les cas, si le complément de prix est versé en instruments de capitaux propres, aucun ajustement n'est comptabilisé.
Les ajustements au-delà du délai d'affectation (conduisant à une rémunération complémentaire en trésorerie) sont constatés en résultat.
En tout état de cause, l'écart d'acquisition n'est pas modifié après la fin du délai d'affectation.

46011

Suivi ultérieur des valeurs d'entrée

Le commissaire aux comptes procède à un suivi des valeurs d'entrée des actifs et passifs identifiables. À cet effet :
– il valide la correcte prise en compte des changements d'estimation dans le délai d'affectation ;
– il valide la comptabilisation d'éventuelles dépréciations si la valeur nette consolidée d'un actif devient inférieure à la valeur d'utilité, appréciée en fonction de la destination de l'actif considéré.

46012

Suivi des écarts d'acquisition

Les commissaires aux comptes doivent procéder chaque année à un suivi des écarts d'acquisition. Ce suivi doit principalement concerner les modifications de la valeur brute des écarts d'acquisition constatées, ainsi que l'estimation de la juste valeur de ces écarts d'acquisition.

46013

Modification de la valeur brute de l'écart d'acquisition Les commissaires aux comptes analysent les origines de cette modification et valident le traitement comptable retenu, selon que cette modification résulte :

46014

979

AUDIT DES COMPTES CONSOLIDÉS   © Éd. Francis Lefebvre

– d'une modification du coût d'acquisition ;
– d'une modification des valeurs d'entrée des actifs et passifs identifiables ;
– de correction d'erreurs dans l'appréciation de la valeur d'entrée de l'entreprise concernée.

46015 **Vérification de la juste valeur de l'écart d'acquisition** Cette appréciation devra être effectuée par rapport aux conditions déterminées lors de l'acquisition. Le commissaire aux comptes devra notamment étudier l'opportunité :
– d'un amortissement exceptionnel de l'écart d'acquisition, en cas de dépréciation de sa valeur ;
– d'une nouvelle durée résiduelle d'amortissement, si les conditions d'exploitation ont changé (uniquement en principes français).

6. Actifs destinés à être cédés et activités abandonnées

Principes français

46020 En principes français, il existe des dispositions spécifiques dans les comptes consolidés sur la présentation des cessions de titres et de branches d'activités d'une entreprise intégrée globalement.
Hormis ce cas particulier, ce sont les dispositions générales d'évaluation, de comptabilisation, de présentation et d'information qui s'appliquent.

> Le règlement 2020-01 définit une branche d'activité comme une division d'une entité qui constitue, du point de vue de l'organisation, une exploitation autonome, c'est-à-dire un ensemble capable de fonctionner par ses propres moyens (art. 231-1).

46024 **Présentation des cessions de titres et de branches d'activités d'une entreprise intégrée globalement** En principes français, les cessions de titres et de branches d'activités d'une entreprise intégrée globalement réalisées à la clôture de l'exercice peuvent être présentées au compte de résultat de deux manières différentes (Règl. 2020-01 art. 242-2 et 242-4) :
– poursuite de l'inclusion ligne à ligne dans le compte de résultat des charges et produits relatifs à la filiale (ou à l'activité) cédée ou arrêtée ;
– ou présentation sur une seule ligne du compte de résultat de la quote-part du groupe dans le résultat net de la filiale (ou de l'activité) cédée ou arrêtée.

> Une information appropriée doit dans ce dernier cas être fournie en annexe (Règl. 2020-01 art. 282-8).

Par ailleurs, si des accords de cession sont intervenus à la date de clôture de l'exercice et que le transfert du contrôle est effectué avant la date d'arrêté des comptes, les actifs et passifs de la filiale ou de la branche d'activité en cours de cession peuvent être regroupés sur une ligne distincte du bilan consolidé intitulée « **actifs ou passifs nets en cours de cession** ». Le compte de résultat est également présenté suivant les modalités définies ci-dessus pour les cessions de titres et de branches d'activités réalisées à la clôture de l'exercice.

> Dans ce cas, une note annexe précise les conditions et la date d'achèvement de l'opération de cession.

46026 **Contrôles possibles de l'auditeur légal** Les commissaires aux comptes s'assureront qu'une information appropriée a été fournie en annexe :
– lorsque les résultats liés aux cessions de titres et de branches d'activités réalisées à la clôture de l'exercice ont été présentés au compte de résultat sur une seule ligne ;
– lorsque les actifs, passifs et résultats liés aux cessions de titres et de branches d'activités en cours de cession à la clôture (accord de cession intervenu à la clôture et transfert du contrôle avant la date d'arrêté des comptes) ont été présentés au bilan et au compte de résultat sur une seule ligne.

Référentiel IFRS

46030 En IFRS, la norme IFRS 5 traite spécifiquement :
– de la classification et de l'évaluation au bilan des actifs destinés à être cédés ;
– de la présentation au compte de résultat des activités abandonnées.

980

© Éd. Francis Lefebvre

AUDIT DES COMPTES CONSOLIDÉS

Définition des actifs destinés à être cédés Il convient de rappeler que la norme IAS 1 (§ 60) impose, sauf exceptions, de présenter séparément au bilan les actifs courants et non courants, et les passifs courants et non courants. **46032**

> Si les actifs (et les passifs) courants sont précisément définis par la norme, les actifs (et les passifs) non courants sont définis par défaut : « Tous les autres actifs doivent être classés en tant qu'actifs non courants. »

Les dispositions relatives à la classification et à la présentation prévues par la norme IFRS 5 s'appliquent non seulement à tous les actifs non courants destinés à être cédés, mais également à tous les groupes d'actifs destinés à être cédés.

> Selon la définition de la norme IFRS 5, un groupe destiné à être cédé est « un groupe d'actifs destinés à être cédés, par la vente ou d'une autre manière, ensemble en tant que groupe dans une transaction unique, et les passifs directement liés à ces actifs qui seront transférés lors de la transaction. Le groupe inclut le *goodwill* acquis lors d'un regroupement d'entreprises si le groupe est une unité génératrice de trésorerie à laquelle un *goodwill* a été attribué [...] ou s'il s'agit d'une activité au sein d'une telle unité génératrice de trésorerie ». Ces groupes d'actifs peuvent donc aussi contenir des actifs courants.
> Par exemple, lorsqu'une entité décide de vendre sa participation dans une filiale, le groupe destiné à être cédé comprend non seulement les actifs non courants consolidés issus de cette filiale, y compris l'écart d'acquisition, mais également les actifs courants et passifs consolidés selon la méthode de l'intégration globale.

Conditions à remplir pour le classement d'un actif non courant comme détenu en vue de la vente IFRS 5 (§ 6) édicte un principe général de classement : « Une entité doit classer un actif non courant (ou un groupe destiné à être cédé) comme détenu en vue de la vente si sa valeur comptable est recouvrée principalement par le biais d'une transaction de vente plutôt que par l'utilisation continue. » **46034**

> Ainsi, une entité ne doit pas classer comme détenu en vue de la vente un actif non courant qui doit être abandonné (c'est-à-dire mis au rebut).

Pour apprécier si la valeur comptable d'un actif non courant sera recouvrée principalement par le biais d'une transaction de vente, IFRS 5 pose deux conditions :
– l'actif doit être disponible en vue de la vente immédiate dans son état actuel, sous réserve uniquement des conditions qui sont habituelles et coutumières pour la vente de tels actifs ou groupes destinés à être cédés ;
– la vente de cet actif non courant doit être hautement probable.

> La norme IFRS 5 précise par ailleurs les critères qui permettent de considérer qu'une vente est hautement probable :
> – la direction à un niveau approprié (par exemple, le conseil d'administration dans une SA) doit s'être engagée dans un plan de vente de l'actif ;
> – un programme actif pour trouver un acheteur et finaliser le plan doit avoir été lancé ;
> – l'actif doit être activement commercialisé à un prix qui est raisonnable par rapport à sa juste valeur actuelle ;
> – la vente doit pouvoir être conclue – et ainsi aboutir à la décomptabilisation de l'actif – dans un délai d'un an à compter de la date de sa classification dans la catégorie des actifs destinés à être vendus, sauf exceptions prévues par la norme ;
> – les mesures nécessaires pour finaliser le plan doivent indiquer qu'il est improbable que des changements notables soient apportés au plan ou que celui-ci soit retiré.

Date de classement d'un actif non courant détenu en vue de la vente Un actif non courant doit être classé au bilan comme « détenu en vue de la vente » à la date à laquelle tous les critères prévus par la norme IFRS 5 sont remplis. **46036**

> Si ces critères sont remplis entre la date de clôture et la date d'arrêté des comptes, aucune classification au bilan ne doit être effectuée. Seules des informations spécifiques sur la transaction de vente envisagée devront être fournies en annexe aux états financiers.

Présentation au bilan d'un actif non courant détenu en vue de la vente Une entité doit présenter un actif non courant classé comme « détenu en vue de la vente » et les actifs d'un groupe destiné à être cédé classé comme « détenu en vue de la vente » séparément des autres actifs du bilan. De même, les passifs d'un groupe destiné à être cédé classé comme « détenu en vue de la vente » doivent être présentés séparément des autres passifs du bilan. Par ailleurs, ces actifs et ces passifs ne doivent pas être compensés entre eux. **46038**

> En pratique, cela revient à isoler sur une seule ligne distincte de l'actif du bilan l'ensemble des actifs non courants et groupes d'actifs classés comme détenus en vue de la vente et sur une seule ligne

AUDIT DES COMPTES CONSOLIDÉS © Éd. Francis Lefebvre

distincte au passif du bilan l'ensemble des passifs directement liés aux groupes d'actifs destinés à être cédés. Ainsi, les actifs et les passifs classés comme détenus en vue de la vente devront être présentés sur la dernière ligne du bilan, au sein du sous-total des éléments courants.

Cette présentation distincte au bilan doit être effectuée uniquement pour l'exercice au cours duquel les actifs non courants et groupes ont été classés comme détenus en vue de la vente. Ainsi, les périodes comparatives du bilan ne doivent pas être retraitées.

46040 **Évaluation d'un actif non courant détenu en vue de la vente** Le grand principe d'évaluation est qu'un actif non courant classé comme détenu en vue de la vente doit être évalué au montant le plus faible entre sa valeur comptable et sa juste valeur diminuée des coûts de la vente.

Il existe cependant des exceptions à ce principe. Les règles d'évaluation d'IFRS 5 ne s'appliquent pas à certains actifs, qui restent évalués conformément à leurs normes « d'origine ». Sont notamment concernés les actifs d'impôt différé (voir IAS 12), les actifs rattachés aux avantages du personnel (voir IAS 19), les actifs financiers entrant dans le champ d'application de la norme IFRS 9, les immeubles de placement comptabilisés à la juste valeur (voir IAS 40).

Par ailleurs, le classement d'un actif non courant comme détenu en vue de la vente entraîne l'arrêt des amortissements pour cet actif. Cela tient au fait que la valeur comptable de l'actif sera désormais recouvrée principalement par une vente, plutôt que par son utilisation continue.

46042 **Définition des activités abandonnées** La notion d'« activités abandonnées » est la deuxième notion reprise dans le titre de la norme IFRS 5, après celle d'« actifs non courants détenus en vue de la vente ». Or, sans être totalement déconnectées, ces deux notions ne sont pas symétriques.

Le classement en activité abandonnée peut s'appliquer soit à des activités que le groupe cède, soit à des activités auxquelles le groupe met un terme. En cas de cession, le classement en actif destiné à être cédé est généralement un préalable à la présentation en activités abandonnées lorsque cette cession n'a pas encore eu lieu.

Ainsi, pour qu'une activité puisse être présentée en activité abandonnée, toutes les conditions suivantes doivent être remplies :
– la cession intervenue ou à venir concerne un groupe destiné à être cédé correspondant à une composante de l'entité ;
– et ce groupe destiné à être cédé :
• représente une ligne d'activité ou une région géographique principale et distincte,
• fait partie d'un plan unique et coordonné pour se séparer d'une ligne d'activité ou d'une région géographique principale,
• et/ou est une filiale acquise exclusivement en vue de la revente.

Ainsi, un actif non courant mis au rebut, à céder ou cédé de manière isolée ne peut jamais répondre à la définition d'une activité abandonnée. Par ailleurs, une activité peut devoir être présentée comme abandonnée au compte de résultat alors qu'aucun actif ni passif du groupe ne figure de manière distincte au bilan. Tel est le cas lorsque la cession, portant sur une composante de l'entité, est effective avant la date de clôture (c'est-à-dire les actifs et les passifs liés du groupe ont été décomptabilisés) ou lorsque l'activité concernée (correspondant également à une composante de l'entité) a été arrêtée, et non cédée.

Dans la pratique, il est parfois difficile de déterminer si la cession (ou l'abandon) envisagée ou réalisée conduit à se séparer d'une composante de l'entité qui satisfait aux caractéristiques d'une activité abandonnée énoncées dans IFRS 5. La norme ne donne en effet aucun critère de taille. Seul le jugement permet donc d'apprécier si une entité est face à une activité abandonnée au sens de la norme.

Ce jugement doit tenir compte de la notion d'importance relative présente dans le cadre conceptuel. Selon ce principe, l'information est significative si son omission ou son inexactitude peut influencer les décisions économiques que les utilisateurs prennent sur la base des états financiers. Il convient donc d'apprécier si le fait de ne pas présenter le groupe destiné à être cédé de manière séparée au compte de résultat nuit à l'image fidèle que doivent donner les états financiers.

46044 **Présentation au compte de résultat des activités abandonnées** Le classement en activités abandonnées entraîne la présentation, sur une ligne distincte du compte de résultat, du « résultat net des activités abandonnées ». Ce résultat net est présenté après le « résultat net des activités poursuivies » et avant le « résultat net ».

Dans le détail, cette ligne spécifique du compte de résultat comprend :
– les produits générés par l'activité abandonnée (quelle que soit leur nature), ainsi que les charges directement attribuables à l'activité, nets d'impôt, pour l'ensemble de la période présentée ;
– les pertes de valeur éventuellement constatées lors de l'évaluation du groupe destiné à être cédé classé comme détenu en vue de la vente selon les dispositions de la norme IFRS 5 ;
– le résultat de cession lors de la décomptabilisation effective des actifs et passifs liés du groupe.

La ligne « résultat net des activités abandonnées » doit être isolée au compte de résultat au titre des activités abandonnées classées comme telles au cours de la dernière période présentée. Contrairement à ce qui est requis pour la présentation au bilan des groupes destinés à être cédés classés comme détenus en vue de la vente, IFRS 5 exige également de faire un comparatif au niveau du compte de résultat pour la présentation du résultat des activités abandonnées, de telle sorte que le périmètre du résultat des activités pour-suivies soit comparable pour tous les exercices présentés.

Si une activité est classée comme abandonnée en N (dernière période présentée), alors les résultats dégagés par cette activité en N – 1 et N – 2 (périodes comparatives présentées) doivent également être isolés sur une ligne spécifique du compte de résultat consolidé, qui est donc retraité par rapport aux publications antérieures.

L'analyse du montant unique présenté au compte de résultat au titre du résultat net dégagé par les activités abandonnées devra être présentée soit au compte de résultat, soit dans les notes (solution la plus fréquemment retenue).

Présentation des activités abandonnées dans le tableau des flux de trésorerie   Sauf dans le cas où l'activité abandonnée correspond à une filiale acquise exclusivement en vue de sa revente, les flux de trésorerie nets attribuables aux activités d'exploitation, d'investissement et de financement des activités abandonnées devront être présentés de manière distincte, soit directement dans le tableau de variations des flux de trésorerie, soit dans les notes annexes (idem pour les périodes antérieures présentées). **46046**

Impact sur le résultat par action   En application de la norme IAS 33 sur le résultat par action, le résultat de base par action ainsi que le résultat dilué par action doivent être présentés au titre du résultat dégagé par les activités abandonnées. Cette information est à présenter soit au bas du compte de résultat, soit dans les notes annexes. **46047**

Impact d'IFRS 5 sur les cessions partielles de titres   Dans le cas d'une cession partielle de titres avec perte du contrôle d'une filiale, la perte de contrôle entraîne la décomptabilisation de la filiale. Cela justifie la classification en tant que groupe destiné à être cédé de la totalité des actifs et passifs de la filiale en tant que détenus en vue de la vente, lorsque tous les critères de classement sont remplis. **46048**
De plus, toute filiale représentative d'une activité au sens de la norme IFRS 5, et dont les actifs et passifs sont classés comme détenus en vue de la vente en application d'IFRS 5, doit être classée en activité abandonnée au compte de résultat, quels que soient le pourcentage d'intérêts et le niveau d'influence conservés après la perte du contrôle.

Contrôles possibles de l'auditeur légal   Les commissaires aux comptes pren-dront connaissance notamment des projets de la direction relatifs à la vente d'actifs non courants (ou de groupes d'actifs destinés à être cédés) et/ou à l'arrêt d'activités. **46049**

Ces projets peuvent porter par exemple sur la cession d'actifs isolés, d'une branche d'activité, d'une filiale…

Ils analyseront ces projets afin de déterminer si les critères requis par la norme IFRS 5 pour classer des actifs non courants comme détenus en vue de la vente ou comme des activités abandonnées sont remplis à la date de clôture.

Si ces critères sont remplis entre la date de clôture et la date d'arrêté des comptes, les commissaires aux comptes s'assureront que des informations sur la transaction de vente envisagée sont fournies en annexe.

Ils analyseront également les activités cédées ou arrêtées sur l'exercice afin de déterminer si ces opérations sont des activités abandonnées au sens d'IFRS 5.
Ils valideront, le cas échéant, l'évaluation et la présentation retenues dans le bilan, le compte de résultat et le tableau de flux de trésorerie.
Ils s'assureront enfin que le résultat de base par action et le résultat dilué par action sont présentés au titre du résultat dégagé par les activités abandonnées.

AUDIT DES COMPTES CONSOLIDÉS　　　　　　　　© Éd. Francis Lefebvre

B. Contrôle des entités consolidées

46050　Le contrôle des entités consolidées regroupe :
– la vérification de l'application, par les entités consolidées, des principes comptables du groupe (n⁰ˢ 46060 s.) ;
– le contrôle de la correcte intégration des données de base figurant dans les liasses de consolidation (n⁰ˢ 46070 s.) ;
– le contrôle de la variation des capitaux propres consolidés (n⁰ˢ 46080 s.) ;
– l'examen des conclusions et/ou des travaux des auditeurs des filiales (n⁰ˢ 46090 s.).

1. Application des principes comptables du groupe

46060　Les entités consolidées se doivent de respecter les règles comptables en vigueur localement. Cependant, afin de respecter le principe d'homogénéité des comptes consolidés, les comptes présentés en liasse de consolidation doivent être conformes au plan comptable du groupe et respecter les principes comptables du groupe, tels que définis dans le manuel des principes comptables (voir n⁰ 45751).

46061　Le commissaire aux comptes s'assurera donc :
– que les différences de plan comptable, identifiées lors de la phase préliminaire, ont été retraitées dans la liasse de consolidation, ou que la liasse de consolidation intègre les informations nécessaires à la comptabilisation des retraitements ;
– que les différences de principes comptables, identifiées lors de la phase préliminaire, ont été retraitées dans la liasse de consolidation, ou que la liasse de consolidation intègre les informations nécessaires à la comptabilisation des retraitements.

Pour réaliser ces contrôles, le commissaire aux comptes pourra s'appuyer :
• sur les conclusions des auditeurs des filiales concernant le respect du plan comptable et des principes comptables du groupe ;
• sur sa connaissance des principales règles comptables et fiscales en vigueur localement.

2. Traitement des liasses de consolidation

46070　Les informations contenues dans les liasses de consolidation des entités consolidées peuvent correspondre, selon que l'organisation retenue pour la consolidation est centralisée ou décentralisée :
– soit aux comptes sociaux de l'entité consolidée ;
– soit aux comptes retraités de l'entité consolidée.

Organisation centralisée de la consolidation

46071　Le commissaire aux comptes de la consolidation doit s'assurer que la liasse de consolidation :
– est conforme aux comptes audités par l'auditeur de la filiale ;
– fournit l'ensemble des informations nécessaires à la réalisation des opérations de consolidation ;
– est correctement intégrée dans le logiciel de consolidation.

46072　Pour cela, il peut vérifier :
– la concordance entre les données principales de la liasse de consolidation (grands agrégats du bilan et du compte de résultat) et les données non retraitées intégrées dans le logiciel de consolidation ;
– la concordance entre les données principales de la liasse de consolidation et les données présentées par l'auditeur de la filiale dans sa note de synthèse sur les comptes ;
– l'exhaustivité du renseignement des annexes de la liasse.

En cas de doute, le commissaire aux comptes ne doit pas hésiter à contacter l'auditeur de la filiale pour obtenir une confirmation.

Organisation décentralisée de la consolidation

46073　En cas de décentralisation, les comptes des liasses de consolidation sont des comptes déjà retraités pour les besoins de la consolidation. Le commissaire aux comptes doit procéder aux mêmes contrôles de concordance que ceux présentés ci-dessus.

984

AUDIT DES COMPTES CONSOLIDÉS

Sur les retraitements effectués, les travaux sont répartis entre le commissaire aux comptes de l'entreprise consolidante et les auditeurs des filiales. Ils ont pour objectif d'obtenir l'assurance :
– que tous les retraitements nécessaires à l'établissement des comptes consolidés selon des méthodes homogènes et selon les principes comptables retenus pour la consolidation ont été identifiés ;
– que les retraitements nécessaires ont été correctement effectués ;
– que les retraitements des exercices précédents ont été correctement repris.

46074

Les **auditeurs de la filiale** sont les principaux contrôleurs des retraitements de consolidation dans le cadre d'une organisation décentralisée de la consolidation. Les contrôles qu'ils devront mettre en œuvre sont les suivants :
– vérifier l'exhaustivité et l'exactitude des retraitements effectués par référence aux principes comptables retenus par le groupe ;
– s'assurer que les retraitements pratiqués obéissent à :
• la nécessité d'utiliser des méthodes d'évaluation homogènes,
• l'obligation d'éliminer l'incidence des écritures passées pour la seule application des législations fiscales,
• l'application des méthodes de référence adoptées par le groupe pour ses comptes consolidés,
• l'obligation de comptabiliser des impôts différés ;
– rapprocher les soldes d'ouverture avec les retraitements de l'exercice précédent et s'assurer qu'il n'existe ni omissions ni ajouts ;
– apprécier la cohérence entre les comptes retraités de l'exercice et ceux de l'exercice précédent ;
– vérifier les rapprochements entre :
• le résultat retraité et le résultat social,
• les capitaux propres retraités et les capitaux propres sociaux ;
– joindre à la note de synthèse destinée au commissaire aux comptes de l'entreprise consolidante les tableaux de rapprochement définis ci-dessus, accompagnés de commentaires sur les retraitements opérés.

46075

Dans le cadre d'une organisation décentralisée de la consolidation, les **commissaires aux comptes de l'entreprise consolidante** s'assureront :
– que les auditeurs des entités consolidées ont mis en œuvre les diligences définies ci-dessus ;
– que les retraitements opérés sur les comptes des différentes filiales l'ont été de façon homogène.

46076

3. Passage capitaux propres sociaux / capitaux propres retraités

Le contrôle de la **variation individuelle des capitaux propres retraités** des entités consolidées est un élément essentiel du contrôle des comptes consolidés. En effet, cette analyse est absolument nécessaire au bouclage global des capitaux propres consolidés (voir n° 46200), dont la cohérence d'ensemble permet d'obtenir une assurance raisonnable de l'absence d'erreur technique dans les opérations de consolidation.
Ce contrôle repose principalement sur :
– le contrôle des retraitements de consolidation ;
– la justification de la variation des capitaux propres retraités de la filiale par le résultat retraité de l'exercice et les autres opérations touchant les capitaux propres (dividendes versés, augmentations ou réductions de capital, opérations de fusion ou d'apports, etc.).

46080

Contrôle des retraitements de consolidation

Dans le cadre d'une **organisation décentralisée** de la consolidation, l'essentiel des travaux de contrôle des retraitements de consolidation est réalisé par les auditeurs des entités consolidées (voir n° 46075).
Les commissaires aux comptes de l'entité consolidante doivent néanmoins contrôler la correcte comptabilisation des retraitements complémentaires éventuellement réalisés par le service consolidation.

46081

985

AUDIT DES COMPTES CONSOLIDÉS © Éd. Francis Lefebvre

46082 Dans le cadre d'une **organisation centralisée**, le commissaire aux comptes de l'entité consolidante devra mettre lui-même en œuvre les travaux de contrôle des retraitements. Dans un cas comme dans l'autre, il est nécessaire de contrôler la pertinence du **maintien des écritures** de consolidation antérieures. Il convient en conséquence que soient assurés :
– le suivi des valeurs de consolidation ;
– la conservation de l'historique des retraitements de consolidation, permettant d'apprécier si leur fondement reste d'actualité.

Tableau de variation des capitaux propres retraités

46083 L'élaboration d'un tableau de variation des capitaux propres retraités est indispensable pour chaque entité consolidée. Certains logiciels de consolidation produisent de tels documents, qui doivent servir de base à l'audit des comptes consolidés.
Le tableau de variation des capitaux propres doit être conçu de manière à permettre :
– le passage des capitaux propres sociaux aux capitaux propres retraités ;
– le passage des capitaux propres d'ouverture aux capitaux propres de clôture.

4. Utilisation des travaux des auditeurs des filiales

46090 Les commissaires aux comptes de l'entreprise consolidante réalisent un examen des travaux réalisés par les auditeurs des filiales (voir n° 46091) et en opèrent la synthèse (voir n°⁵ 46092 s.). Ces travaux sont complétés par une appréhension des événements postérieurs à la clôture (voir n°⁵ 46096 s.). L'ensemble de ces travaux doit être documenté (voir n° 46098).
Sur ce point, voir également les n°⁵ 45425 s.

Examen des travaux des auditeurs des filiales

46091 Le commissaire aux comptes organise un examen des travaux des auditeurs des filiales, selon les modalités définies en phase préliminaire. Cet examen peut prendre la forme d'une revue des dossiers de contrôle ou d'un questionnaire de contrôle, et, dans tous les cas, le commissaire aux comptes doit exploiter les documents qu'il a demandés aux auditeurs des filiales dans ses instructions d'audit.
L'examen des notes de synthèse émises par les auditeurs des entités consolidées peut également conduire le commissaire aux comptes de l'entreprise consolidante à organiser des travaux complémentaires non prévus initialement lors de la phase préliminaire, s'il estime que les éléments collectés ne sont pas suffisants et appropriés.

Notamment, des incohérences, des imprécisions ou des erreurs dans les notes de synthèse peuvent orienter ces travaux complémentaires. Ceux-ci pourront donner lieu :
• à des questions précises posées à l'auditeur de la filiale concernée, sur un point douteux ;
• à la mise en œuvre de diligences complémentaires, réalisées par le commissaire aux comptes de l'entreprise consolidante, en se faisant communiquer directement, lorsque cela est possible, les documents supports de ces travaux ;
• à une revue des dossiers de contrôle de l'auditeur de l'entreprise concernée.

Synthèse des travaux réalisés par les auditeurs

46092 **Étendue des travaux d'audit réalisés** Le commissaire aux comptes établit un récapitulatif de l'étendue des travaux réalisés (audit ou examen limité de l'information comptable de l'entité, audit de l'un ou de plusieurs soldes de comptes, catégories d'opérations ou d'autres éléments d'information, procédures spécifiques) par les auditeurs de chaque filiale. Il apprécie, en fonction de ces travaux et des chiffres clés de chaque entité, l'étendue de l'audit de la consolidation et son caractère suffisant pour émettre une opinion sans réserve sur les comptes consolidés.

46093 **Synthèse des erreurs et désaccords** Sur la base des notes de synthèse reçues des auditeurs des filiales, le commissaire aux comptes de l'entreprise consolidante établit un récapitulatif des erreurs ou désaccords relevés par les auditeurs des entités consolidées. Il apprécie leur caractère significatif au regard des seuils de signification préalablement déterminés pour la certification des comptes consolidés.

Ce récapitulatif devra être présenté aux responsables de l'établissement des comptes consolidés, et les commissaires aux comptes devront leur **proposer les ajustements et reclassements nécessaires** à la correction de ces anomalies. Les commissaires aux comptes cumuleront ensuite l'impact global des anomalies et désaccords non corrigés en consolidation et le total des anomalies et désaccords constatés dans les comptes de l'entreprise consolidante ; ils apprécieront ce cumul au regard du seuil de signification établi pour la certification des comptes consolidés, afin d'en déterminer l'impact sur la formulation de leur opinion.

Synthèse des incertitudes et limitations rencontrées par les auditeurs

46094

Les auditeurs des filiales ont pu rencontrer des limitations à leurs travaux, ou des incertitudes, de nature à entraîner de leur part une réserve sur les comptes locaux, une impossibilité ou un refus de certifier. Dans ce cas, le commissaire aux comptes de l'entreprise consolidante doit apprécier :
– si les limitations rencontrées par les auditeurs remettent en cause l'étendue des travaux de l'audit des comptes consolidés, au regard du poids des entités concernées dans la consolidation ;
– si les incertitudes, significatives au niveau local, le sont également au niveau consolidé, compte tenu des seuils de signification préalablement définis.

Dans le cas où les limitations ou les incertitudes remettraient en cause la fiabilité de l'audit des comptes consolidés, le commissaire aux comptes de l'entreprise consolidante doit mettre en œuvre des diligences complémentaires de nature à lever l'incertitude ou la limitation.

46095

Si cette possibilité est exclue, l'auditeur doit en tenir compte dans son opinion sur les comptes consolidés.

Appréhension des événements postérieurs

Les paragraphes 24 et 25 de la NEP 600 indiquent : « Dans le cadre de l'audit de l'information comptable des entités, le commissaire aux comptes ou les professionnels chargés du contrôle des comptes de ces entités mettent en œuvre des procédures destinées à identifier les événements qui ont pu survenir dans ces dernières entre la date de clôture de leur information comptable et la date de signature du rapport sur les comptes consolidés et qui peuvent nécessiter :
– un traitement comptable approprié dans les comptes consolidés ; ou
– une information dans le rapport de l'organe compétent à l'organe appelé à statuer sur les comptes consolidés.
Lorsque les professionnels chargés du contrôle des comptes des entités réalisent des travaux autres qu'un audit de l'information comptable de ces dernières, le commissaire aux comptes leur demande de l'informer d'événements postérieurs tels que définis ci-dessus dont ils auraient eu connaissance. »
Le commissaire aux comptes de l'entreprise consolidante doit recueillir auprès des auditeurs des filiales consolidées, avant la signature du rapport sur les comptes consolidés, une note sur les événements postérieurs à la clôture affectant les entités consolidées, telle que définie dans les instructions de coordination de l'audit des comptes consolidés.

46096

L'ensemble de ces notes sera synthétisé, et le commissaire aux comptes de l'entreprise consolidante appréciera l'impact de ces événements postérieurs à la clôture au regard du seuil de signification défini pour la certification des comptes consolidés. En cas de besoin, il pourra informer les responsables de l'établissement des comptes consolidés de l'incidence de ces événements sur les comptes consolidés. Il devra tenir compte de l'intégration ou non de ces événements aux états financiers consolidés dans la formulation de son opinion.

46097

Documentation des travaux

Les commissaires aux comptes documentent dans leur dossier de travail la nature et l'étendue des interventions qu'ils ont réalisées sur les travaux mis en œuvre par les professionnels chargés du contrôle des comptes des entités consolidées et des communications écrites intervenues avec ces professionnels (voir n° 45488).

46098

AUDIT DES COMPTES CONSOLIDÉS © Éd. Francis Lefebvre

C. Contrôle des opérations de consolidation

46100 Le contrôle des opérations de consolidation porte sur :
– les à-nouveaux et cumuls des comptes (nos 46101 s.) ;
– l'élimination des comptes, transactions et résultats intragroupe (nos 46110 s.) ;
– la prise en compte de la fiscalité différée (nos 46130 s.) ;
– l'élimination des titres et capitaux propres (nos 46140 s.).
Le cas particulier des sociétés mises en équivalence fera l'objet d'un développement distinct (nos 46150 s.).

1. À-nouveaux et cumuls des comptes

Contrôle des à-nouveaux des écritures de consolidation

46101 De la même manière que pour le contrôle des retraitements de consolidation ayant un impact sur le montant des capitaux propres retraités des entités, le commissaire aux comptes s'assure que l'à-nouveau des écritures de consolidation est conforme aux écritures définitives enregistrées à la clôture des comptes consolidés N – 1.

Contrôle des cumuls de comptes

46103 Les commissaires aux comptes ont pour **objectif** de s'assurer que :
– la sommation porte sur les comptes de toutes les entreprises retenues dans le périmètre de consolidation selon les méthodes d'intégration globale et proportionnelle ;
– les montants repris pour chaque entreprise sont les montants retraités apparaissant sur la liasse de consolidation faisant l'objet des contrôles des commissaires aux comptes de l'entreprise considérée ;
– les montants repris pour les entreprises intégrées proportionnellement sont issus du pourcentage de contrôle correspondant ;
– le contenu des postes cumulés est homogène ;
– les cumuls sont arithmétiquement corrects.

46104 Les commissaires aux comptes peuvent notamment :
– pointer, pour certains chiffres clés (total actif, chiffre d'affaires, capitaux propres, résultats), le détail des comptes cumulés avec la liste des entreprises consolidées par intégration et avec les liasses retraitées contrôlées ;
– vérifier, pour les entreprises intégrées proportionnellement, les montants calculés en fonction du pourcentage de contrôle correspondant ;
– vérifier ou refaire les additions de postes des documents de synthèse et des états annexes ;
– s'assurer, si l'entreprise consolidante n'utilise pas des liasses standards de consolidation normalisant le contenu des états de synthèse et de l'annexe, du caractère homogène de présentation des comptes annuels et des cumuls pratiqués.

2. Élimination des transactions intragroupe

46110 Les commissaires aux comptes ont pour objectif de s'assurer qu'aucun compte, opération ou résultat intragroupe ne subsiste dans les postes du bilan et du compte de résultat consolidés, à l'exception des titres de participation et capitaux propres, dont l'élimination fait l'objet d'un traitement particulier.

La correcte élimination de ces opérations repose essentiellement sur les procédures de recensement des opérations internes mises en œuvre par les entités et le service consolidation.

Élimination des opérations sans impact sur le résultat

46111 On peut distinguer les entreprises intégrées globalement et les entreprises intégrées proportionnellement.

46112 **Entreprises intégrées globalement** Les commissaires aux comptes peuvent notamment :
– vérifier l'égalité et l'élimination :
• des postes réciproques au bilan,
• des opérations intragroupe qui n'ont pas d'incidence sur le résultat consolidé ;

988

© Éd. Francis Lefebvre   **AUDIT DES COMPTES CONSOLIDÉS**

– apprécier l'analyse réalisée par le service consolidation sur les montants non éliminés et la pertinence du traitement retenu dans les comptes consolidés :
• différences dans les dates de clôture des comptes,
• inégalités des soldes entre les partenaires ;
– vérifier, pour ce qui concerne les effets intragroupe escomptés, que l'élimination des effets à payer correspondants a été effectuée par l'inscription du concours bancaire au bilan consolidé.

Entreprises intégrées proportionnellement Les commissaires aux comptes peuvent notamment :   **46113**
– vérifier que l'élimination des comptes et transactions est effectuée à concurrence de la fraction revenant au groupe ;
– porter une attention particulière aux éliminations d'opérations internes concernant une ou plusieurs entreprises intégrées proportionnellement :
• respect de la règle d'élimination pour la quote-part d'intégration proportionnelle la plus faible,
• prise en compte éventuelle des clauses particulières des pactes d'actionnaires.

Ces procédures de contrôle viennent généralement conclure l'examen préalable du contrôle interne mis en place par le groupe, dont les éléments essentiels doivent figurer dans le manuel de consolidation (voir n° 45760).   **46114**

Élimination des opérations avec impact sur le résultat

Les commissaires aux comptes doivent s'assurer que seuls ont été retenus dans les comptes consolidés les résultats provenant d'opérations réalisées avec les tiers et qu'en consé-quence les dividendes versés entre sociétés du groupe, les plus et moins-values de cession intragroupe d'immobilisations amortissables et non amortissables, les profits et pertes sur stocks, les profits et pertes sur autres opérations réciproques (cession de valeurs mobilières de placement, cession de titres, rachat interne de créances, vente interne de stocks ayant le caractère d'immobilisations pour la société acquéreuse, charges internes étalées sur plusieurs exercices, etc.) ont été éliminés.   **46115**

Les commissaires aux comptes devront identifier les opérations intragroupe sur lesquelles des résultats sont dégagés et s'assurer de l'élimination de ces résultats.   **46116**

Dividendes intragroupe Les dividendes reçus sont éliminés du résultat consolidé par la contrepartie des réserves consolidées. Les impôts de distribution sont constatés dans le compte de résultat sur la base des distributions prévues. Les commissaires aux comptes doivent s'assurer que le **recensement** des dividendes versés à l'intérieur du groupe a été exhaustif.   **46117**

Marges intragroupe comprises dans les stocks Les commissaires aux comptes déterminent l'étendue de leurs contrôles en fonction des conclusions de leur évaluation du contrôle interne, l'exhaustivité de l'élimination ne pouvant être assurée que si les procédures d'identification des stocks et marges sont adéquates. Les commissaires aux comptes sont conduits à :   **46118**
– apprécier la procédure utilisée pour identifier les stocks intragroupe ;
– contrôler l'application des principes retenus par le groupe ;
– s'assurer que les achats-ventes intragroupe, par rapport à l'exercice précédent, n'accusent pas une forte hausse susceptible de générer des stocks groupe ;
– vérifier les transactions proches de la clôture de l'exercice ;
– s'informer sur la manière dont ont été traités les cas d'impossibilité d'identification du stock intragroupe (rotation rapide des stocks, etc.) ;
– analyser les cas de marges négatives pour déterminer s'il y a lieu de constituer une provision pour dépréciation des stocks dans les comptes consolidés.

Résultats internes sur cessions d'immobilisations Les contrôles concernent les nouvelles transactions mais également les transactions antérieures.   **46119**
S'agissant des **nouvelles transactions**, l'auditeur est amené :
– à recueillir dans les dossiers de consolidation les cessions d'actifs significatives entre entreprises consolidées et vérifier la réciprocité des opérations ;

989

AUDIT DES COMPTES CONSOLIDÉS © Éd. Francis Lefebvre

– à contrôler les écritures enregistrées en s'assurant que l'élimination des plus ou moins-values de cession a pour contrepartie la valeur d'actif du bien ;
– à s'assurer que les effets des éliminations pratiquées ont été affectés, le cas échéant, aux intérêts minoritaires pour la quote-part leur revenant ;
– à s'assurer, lorsque les transactions éliminées ont généré une moins-value dans les comptes sociaux, que cette moins-value ne correspond pas à une dépréciation réelle de l'actif immobilisé.

S'agissant des **anciennes transactions**, l'auditeur est amené :
– à s'assurer qu'elles ont été correctement reprises et que les écritures de l'exercice les concernant sont justes ;
– à s'assurer que les immobilisations sur lesquelles porte l'élimination des résultats internes existent toujours à la clôture des comptes.

46120 **Élimination des incidences fiscales** Les commissaires aux comptes s'assureront que les effets fiscaux des opérations intragroupe ayant un impact sur le résultat ont été éliminés, au même titre que les opérations elles-mêmes, par la constatation d'un impôt différé.

En IFRS, le principe d'élimination des résultats internes n'intègre pas les conséquences fiscales desdits retraitements. Les différences temporaires liées à l'élimination des résultats internes sont traitées conformément aux dispositions de la norme IAS 12 (IFRS 10 § B86c).

Élimination des engagements hors bilan

46121 Les engagements hors bilan réciproques entre sociétés consolidées doivent être éliminés (voir nos 46110 s.). Il est en effet logique, dans la mesure où la dette bancaire est constatée au bilan consolidé, que les engagements réciproques de garantie, reçus et donnés, soient éliminés des engagements hors bilan consolidés.

Le processus de contrôle par les commissaires aux comptes est identique à celui décrit précédemment.

Cas particulier des provisions intragroupe

46123 Le traitement approprié des provisions intragroupe suppose que soit connue l'**origine** de la provision et que soit déterminé le **traitement** qui s'imposerait dans une société unique. Ainsi :
– les dépréciations de créances douteuses sur les entreprises consolidées sont à éliminer ;
– les dépréciations de titres des entreprises consolidées sont à éliminer si elles sont comptabilisées sur la base d'une évaluation de la quote-part de capitaux propres de l'entreprise concernée, mais à conserver si elles traduisent un risque sur participations au niveau du groupe ;
– les provisions maintenues au niveau du groupe ont le caractère de provisions pour risques, et doivent donc être reclassées comme telles (elles figurent en dépréciations dans les bilans des entités consolidées).

3. Contrôle ou synthèse de la fiscalité différée

Contrôle de la fiscalité différée par société

46130 Le contrôle de la fiscalité différée par société est réalisé soit par les auditeurs des filiales, dans le cadre d'une organisation décentralisée du processus de consolidation, soit par les auditeurs de la consolidation. En tout état de cause, les auditeurs des filiales auront la charge du contrôle du recensement des bases d'impôts différés liées aux différences entre les valeurs fiscales et comptables des actifs et passifs.

46131 Le contrôle des impôts différés par le commissaire aux comptes repose sur **quatre axes principaux** :
– le contrôle de l'exhaustivité du recensement des bases d'impôts différés ;
– le contrôle du calcul des soldes d'impôts différés au bilan, par application aux bases d'impôts différés du taux d'imposition prévu pour l'exercice de retournement de la différence temporaire ;
– l'analyse du caractère recouvrable des impôts différés actifs ainsi calculés ;
– le contrôle de la cohérence de la charge d'impôt différé.

990

© Éd. Francis Lefebvre **AUDIT DES COMPTES CONSOLIDÉS** ▌

Les contrôles proposés ci-après sont applicables dans le cadre d'une organisation centralisée du processus de consolidation. Dans le cadre d'une organisation décentralisée, l'auditeur de la filiale devra prendre à son compte ces contrôles.

Exhaustivité du recensement des bases d'impôts différés L'auditeur doit en particulier : **46132**
– s'assurer que le résultat fiscal et le recensement des différences temporaires ont été validés par l'auditeur de la filiale ;
– valider le report de ces différences temporaires dans l'état de calcul des impôts différés pour chaque société ;
– s'assurer, sur la base des travaux réalisés en phase de planification (voir nos 45710 s.), que les différences entre les valeurs comptables consolidées et fiscales des actifs et passifs ont bien été reportées dans l'état de calcul des impôts différés par société ;
– contrôler le calcul des soldes d'impôts différés au bilan (taux d'impôts retenus, pertinence des échéanciers, contrôle arithmétique).

Recouvrabilité des actifs d'impôts différés Les impôts différés actifs nets, par **46133** échéance, doivent être analysés afin d'apprécier leur recouvrabilité. Le commissaire aux comptes sera particulièrement vigilant quant aux impôts différés liés aux déficits reportables, dont le maintien à l'actif est lié aux perspectives bénéficiaires de la filiale.

Contrôle de la cohérence de la charge d'impôt retraitée La cohérence peut **46134** être contrôlée par la mise en œuvre :
– d'une reconstitution de la variation des soldes d'impôts différés au bilan à partir de la variation imputable à l'évolution de la base et de la variation imputable au changement de taux ;
– d'un contrôle de la preuve d'impôt retraitée.

Contrôle de l'impôt différé dans les comptes consolidés

Les commissaires aux comptes de l'entreprise consolidante doivent s'assurer de la cohé- **46135** rence des soldes d'impôts différés inscrits au bilan et au compte de résultat consolidés :
– en vérifiant que les soldes d'impôts différés au bilan et au compte de résultat consolidés correspondent au cumul des impôts différés par société ;
– en contrôlant la cohérence de la variation des soldes d'impôts différés inscrits au bilan par rapport au montant constaté en résultat ;
Cette analyse sera menée en intégrant :
• les effets des variations de change ;
• les effets des changements de méthode, le cas échéant.
– en contrôlant la construction de la preuve d'impôt consolidée à partir des preuves d'impôt individuelles ;
– en contrôlant la cohérence de la preuve d'impôt consolidée.

4. Élimination des titres et des capitaux propres

Principes généraux d'élimination des titres

Les **premiers contrôles** de l'élimination des titres sont réalisés à la date d'entrée des **46140** entreprises consolidées dans le périmètre de consolidation (voir n° 45957). Une élimination correcte des titres et des capitaux propres est subordonnée à une correcte détermination de l'écart d'acquisition.

Lors des **exercices suivants**, les commissaires aux comptes s'assurent essentiellement de **46141** la justification des capitaux propres consolidés (voir n° 46080) et de l'absence, dans les titres non consolidés, de titres relatifs à des entités du périmètre de consolidation.

Suivi des écarts d'acquisition

En principes français, les écarts d'acquisition sont amortis lorsqu'il existe une limite prévi- **46142** sible à leur utilisation, ou repris par résultat s'ils ont été constatés au passif, à compter de la date d'acquisition.

AUDIT DES COMPTES CONSOLIDÉS © Éd. Francis Lefebvre

L'écart d'acquisition positif, lorsqu'il existe une limite prévisible à sa durée d'utilisation, est amorti de manière linéaire sur la durée prévisible d'utilisation lorsque cette dernière peut être déterminée de manière fiable, ou sur dix ans dans le cas contraire.

L'écart d'acquisition négatif doit pour sa part être rapporté au résultat sur une durée qui « doit refléter les hypothèses retenues et les conditions déterminées lors de l'acquisition » (Règl. 2020-01 art. 231-12).

Afin de contrôler les valeurs des écarts d'acquisition et des écarts d'évaluation lors des consolidations suivantes, les commissaires aux comptes mettent en œuvre les contrôles proposés au n° 46012 sur le suivi ultérieur des valeurs d'entrée dans le périmètre.

En IFRS, les écarts d'acquisition positifs ne sont pas amortis. Ils font l'objet d'un test de dépréciation conformément à la norme IAS 36. Les écarts d'acquisition négatifs sont comptabilisés en résultat de l'exercice d'acquisition.

Cas particuliers

46143 **Intérêts minoritaires débiteurs** En principes français (Règl. 2020-01 art. 252-1), dans le cas où la part des pertes revenant aux intérêts minoritaires devient supérieure à leur part dans les capitaux propres, l'auditeur s'assure que l'excédent est pris en charge par la société consolidante (sauf accord particulier conclu avec les actionnaires minoritaires leur imposant de combler les pertes).

En IFRS, la norme IFRS 10 prévoit que le résultat complet (comprenant le résultat et les éléments constatés directement dans les capitaux propres) soit affecté aux intérêts minoritaires sur la base du pourcentage d'intérêt et ce, même si cela conduit à la présentation d'intérêts minoritaires débiteurs en cas de pertes.

46144 **Titres d'autocontrôle** En principes français, le traitement à retenir pour les titres de capital de l'entreprise consolidante détenus par elle-même ou par des entreprises intégrées est défini par l'article R 233-6 du Code de commerce : « Les titres représentatifs du capital de la société consolidante détenus par les sociétés consolidées sont classés selon la destination qui leur est donnée dans ces sociétés.

Les titres immobilisés sont portés distinctement en diminution des capitaux propres consolidés. Les titres de placement sont maintenus dans l'actif consolidé. »

En IFRS, les titres d'autocontrôle sont systématiquement comptabilisés en diminution des capitaux propres consolidés, quel que soit leur classement dans les comptes individuels (IAS 32 § 33).

46145 Les commissaires aux comptes obtiendront des responsables de l'établissement des comptes consolidés et/ou des auditeurs des filiales concernées l'information et les justificatifs sur la destination des titres de la société consolidante détenus (uniquement en principes français).

Par ailleurs, les commissaires aux comptes devront s'assurer :
– que l'information nécessaire est donnée en annexe ;
– que les actions propres comptabilisées en diminution des capitaux propres consolidés ont été neutralisées dans le calcul du résultat consolidé par action.

46146 **Options d'achat ou stock-options avec engagement de rachat** En principes français, selon l'article 252-4 du règlement 2020-01, si, dans le cadre d'un programme de « stock-options », une entreprise faisant partie du périmètre de consolidation s'est engagée à racheter des actions d'une autre entreprise contrôlée, ces actions sont considérées comme restant détenues par le groupe et sont valorisées au moment du rachat à leur valeur comptable avant cession. Toute différence avec cette valeur est comptabilisée en charges (et non en écart d'acquisition). Elle est provisionnée dès lors qu'elle devient probable en fonction de l'évolution, à la clôture de l'exercice, des critères servant de base au calcul du prix de rachat.

46147 Les commissaires aux comptes s'attacheront à analyser les **modalités d'attribution des actions**, desquelles dépendra le traitement en consolidation.

Si l'attribution se fait **sans augmentation de capital** :
– par attribution d'actions déjà détenues par le groupe et consolidées, il conviendra de s'assurer du maintien, pour la consolidation, du pourcentage de détention ;

– par attribution d'actions acquises auprès de minoritaires, il conviendra de valider la détermination de l'écart d'acquisition lié à l'acquisition des parts de minoritaires, puis de s'assurer que l'attribution aux salariés a été traitée conformément au principe des cessions temporaires de titres.

Si l'attribution se fait **avec augmentation de capital** :

– et si l'entreprise concernée est détenue à 100 %, les commissaires aux comptes s'assureront du maintien, pour la consolidation, de ce pourcentage d'intérêt conformément au traitement des cessions temporaires de titres ;

– et si des minoritaires détiennent une partie du capital de l'entreprise concernée, l'opération conduit à diminuer la part des intérêts minoritaires pour l'attribuer aux salariés. Le traitement en consolidation doit donc être similaire à celui de l'attribution d'actions acquises auprès des minoritaires : calcul d'un écart d'acquisition, puis traitement de la cession temporaire de titres.

En IFRS, les programmes de « stock-options » sont comptabilisés conformément à la norme IFRS 2. Les augmentations de pourcentage d'intérêt liées au rachat d'actions sont traitées conformément au n° 45971.

46148

5. Particularités des entreprises mises en équivalence

Les commissaires aux comptes ont pour objectif de s'assurer du respect des règles suivantes :

– élimination de la valeur brute des titres de participation, réestimation des capitaux propres retraités de l'entreprise mise en équivalence, comptabilisation de l'écart d'acquisition et de la quote-part dans les capitaux propres retraités et dans le résultat retraité de l'exercice ;

– élimination des résultats entre entreprises intégrées et entreprises mises en équivalence (stocks, immobilisations…).

Si les capitaux propres retraités d'une entreprise mise en équivalence deviennent négatifs, la valeur des titres détenus doit être retenue pour une valeur nulle.

Si la société consolidante a garanti les engagements de l'entreprise consolidée, ou s'est engagée à lui fournir un soutien financier supplémentaire, une provision pour risque doit être constituée.

46150

Les commissaires aux comptes peuvent notamment mettre en œuvre les **diligences** suivantes :

– s'assurer de l'exhaustivité des entreprises mises en équivalence par référence au périmètre de consolidation défini ;

– s'assurer éventuellement du retraitement préalable des comptes des entreprises mises en équivalence ;

– obtenir le détail des écritures passées concernant la mise en équivalence des titres ;

– vérifier le bien-fondé des écritures de substitution par référence :

• aux capitaux propres retraités et au résultat retraité,

• au pourcentage d'intérêt détenu par la société consolidante,

• à la valeur brute des titres détenus ;

– vérifier l'élimination des dividendes reçus des entreprises mises en équivalence ;

– s'assurer que le traitement de l'écart d'acquisition est conforme à la réglementation en vigueur et homogène avec celui retenu pour les entreprises intégrées ;

– examiner les transactions intervenues pendant l'exercice pour s'assurer de la bonne élimination des résultats internes au groupe ;

– pour les entreprises mises en équivalence ayant des capitaux propres négatifs, s'assurer que la valeur nette des titres détenus est ramenée à zéro et que des provisions pour risques ont été constituées, si nécessaire.

46151

D. Variation des capitaux propres consolidés

Le contrôle de la variation des capitaux propres a pour objectifs de valider la cohérence de l'évolution des capitaux propres consolidés et de s'assurer de la concordance des capitaux propres consolidés avec le cumul des capitaux propres des sociétés du périmètre de consolidation.

46200

AUDIT DES COMPTES CONSOLIDÉS © Éd. Francis Lefebvre

Cumul des capitaux propres consolidés

46201 Les commissaires aux comptes s'assurent que les capitaux propres consolidés (totaux, part du groupe et minoritaires) correspondent bien à la somme des capitaux propres déterminés pour chaque entreprise du périmètre de consolidation.

Variation globale des capitaux propres

46202 Les commissaires aux comptes doivent contrôler le tableau de variation globale des capitaux propres consolidés, en établissant en cas de besoin un tableau détaillé. Celui-ci constitue un contrôle clé de la consolidation et permet à l'auditeur de faire le lien avec l'ensemble de ses travaux.

46203 Le tableau de variation globale des capitaux propres consolidés peut prendre la forme suivante, qui fait ressortir la nature des principaux événements pouvant affecter les capitaux propres, ainsi que leur incidence sur la part revenant respectivement à la société consolidante et aux intérêts minoritaires :

	Événements	Part du groupe	Part des minoritaires	Commentaires
	Capitaux propres de l'ensemble (N − 1)	X	X	− Solde à l'ouverture (N − 1)
-	Affectation du résultat consolidé (N − 1)	X		− Dividendes société mère (N/N − 1) − Impôts de distribution société mère (N/N − 1)
-	Affectation du résultat des filiales		X	− Dividendes versés aux minoritaires − Impôts de distribution des filiales (en principe sans impact, car provisionné en consolidation)
+ /-	Impact des provisions réglementées	X	X	− A priori extournées en consolidation
+ /-	Changements comptables	X	X	− Incidence des changements de méthode (et également des corrections d'erreur en IFRS ; voir n° 46252)
+	Augmentation de capital de la société consolidante	X		
+	Augmentation de capital des entreprises intégrées globalement		X	− Pour la part souscrite par les minoritaires
+ /-	Écarts de conversion	X	X	− Dotation à la différence de conversion sur entreprises étrangères selon la méthode du taux de clôture
+ /-	Entrée dans le périmètre de consolidation	X	X	− Quote-part des capitaux propres revenant aux minoritaires − Écart d'acquisition imputé sur les capitaux propres par application de la méthode dérogatoire (principes français)
+ /-	Sortie du périmètre de consolidation	X	X	− Quote-part des capitaux propres revenant aux minoritaires − Impact de l'annulation des imputations des écarts d'acquisition sur les capitaux propres des entreprises cédées
+ /-	Acquisition partielle de titres		X	− Quote-part rachetée aux minoritaires
+ /-	Cessions partielles de titres		X	− Quote-part vendue aux minoritaires
-	Titres d'autocontrôle	X		− Variation de la valeur comptable des titres de la société consolidante détenus par des sociétés intégrées [1]

994

© Éd. Francis Lefebvre — AUDIT DES COMPTES CONSOLIDÉS

	Événements	Part du groupe	Part des minoritaires	Commentaires
+	Plus et moins-values internes sur cessions d'immobilisations constatées en capitaux propres			– Concerne les éléments peu significatifs pour lesquels la valeur historique de l'immobilisation n'a pas été conservée
+ /-	Réévaluation d'actifs (uniquement en IFRS sur option, voir IAS 16 et 38)	X	X	– Profits résultant de la réévaluation des actifs concernés
+ /-	Placements d'actions (non gérés en trading) évalués volontairement à la juste valeur par OCI (uniquement en IFRS, voir IFRS 9)	X	X	– Profit ou perte résultant de l'évaluation porté en capitaux propres – Reclassement éventuel à l'intérieur des capitaux propres (mais pas en résultat) lors de la vente
+ /-	Couverture de flux de trésorerie (uniquement en IFRS, voir IFRS 9)	X	X	– Profit ou perte porté en capitaux propres – Transfert en résultat dans la période au cours de laquelle les éléments couverts affectent le résultat
+ /-	Écarts actuariels sur régimes à prestations définies (uniquement en IFRS, voir IAS 19)	X	X	– Gains et pertes actuariels sur régimes à prestations définies
+	Transactions dont le paiement est fondé sur des actions et qui sont réglées en instruments de capitaux propres (uniquement en IFRS, voir IFRS 2)	X	X	– Augmentation des capitaux propres correspondant à la juste valeur des biens et services reçus
+ /-	Autres mouvements	X	X	
=	Capitaux propres consolidés à la clôture			

(1) En principes français, seuls les titres de la société consolidante inscrits en immobilisations financières dans les comptes individuels des sociétés intégrées sont comptabilisés en déduction des capitaux propres.

E. Analyse détaillée du bilan et du compte de résultat

46250 L'analyse du bilan et du compte de résultat consolidés relève de la technique de l'examen analytique. Elle doit permettre aux commissaires aux comptes de s'assurer :
– du respect des règles de présentation des documents de synthèse consolidés (conformément aux articles 281-1 à 281-3 du règlement 2020-01 en principes français et à la norme IAS 1 en IFRS) ;
– de la comparabilité avec l'exercice précédent ;
– de la cohérence de l'ensemble des comptes consolidés.

46251 L'analyse détaillée des comptes consolidés est susceptible de **mettre en évidence d'éventuelles anomalies** que les contrôles sur le processus de consolidation n'auraient pas mises en évidence, et notamment :
– des éliminations des titres incomplètes (titres de sociétés consolidées dans les immobilisations financières) ;
– des transactions internes non éliminées (plus ou moins-value interne de cession d'immobilisations, réévaluations suite à des opérations de restructurations, etc.) ;
– des erreurs dans la détermination de la charge d'impôt consolidée.

46252 Cet examen analytique permettra également de **préparer le contrôle de l'annexe** aux comptes consolidés. En effet, la compréhension des principales variations des postes du bilan et du compte de résultat permettra d'apprécier la pertinence des informations données dans l'annexe, notamment sur les éléments suivants :
– impact des variations de périmètre, et nécessité ou non de présenter des informations pro forma ;
– impact des changements de méthode ;
En principes français, les comptes présentés en comparatif sont ceux qui ont été publiés au titre des périodes antérieures. Ils ne sont donc pas modifiés en cas de changement de méthode. L'impact du

AUDIT DES COMPTES CONSOLIDÉS   © Éd. Francis Lefebvre

changement de méthode est calculé à la date d'ouverture de la période au cours de laquelle le changement intervient et les comptes des périodes antérieures retraités conformément à la nouvelle méthode
doivent être présentés de manière pro forma, soit dans une colonne spécifique des états financiers
(différente de la colonne des comptes comparatifs antérieurement publiés), soit en annexe.
En IFRS (voir IAS 8), l'impact du changement de méthode est calculé à la date d'ouverture du bilan le
plus ancien présenté en comparatif et imputé sur les capitaux propres d'ouverture à cette date. Les
comptes des périodes antérieures présentés en comparatif sont retraités après application rétrospective
de la nouvelle méthode.
Néanmoins, certains changements de méthode résultant de l'application d'une nouvelle norme ou
interprétation devront être comptabilisés de manière prospective si la norme concernée le prévoit spécifiquement. Pour déterminer de quelle manière le changement de méthode doit être comptabilisé, il
convient de se reporter au chapitre « Dispositions transitoires » de la norme concernée.

– impact des corrections d'erreur ;
En principes français, l'impact des corrections d'erreur est comptabilisé en résultat de la période au
cours de laquelle elles ont été découvertes (sauf si l'erreur a eu un impact sur les capitaux propres). Le
retraitement des données comparatives est présenté de manière pro forma en annexe.
En IFRS (voir IAS 8), l'impact de la correction d'erreur est calculé à la date d'ouverture du bilan le plus
ancien présenté en comparatif et imputé sur les capitaux propres d'ouverture à cette date. Les comptes
des périodes antérieures présentés en comparatif sont retraités comme si l'erreur n'avait jamais été
commise.

– impact des changements de modalités ou d'estimation, et nécessité ou non de présenter des informations en annexe ;
En principes français et en IFRS, l'impact des changements d'estimation est constaté en résultat de
manière prospective.

– analyse de la charge d'impôt consolidée ;
– information sur les titres d'autocontrôle.

46253 S'agissant de la nécessité de présenter des informations en raison des variations de périmètre ou des changements de méthode, ces points doivent de préférence être appréhendés durant la phase préliminaire, compte tenu des besoins de collecte d'informations
complémentaires que ces obligations entraînent.

F. Revue finale des comptes consolidés à publier

46300 Les comptes consolidés à publier doivent être établis :
– en principes français, conformément aux dispositions définies dans le titre VIII du règlement 2020-01 « Modèles d'états financiers consolidés et contenu de l'annexe » ;
– en IFRS, conformément aux dispositions de la norme IAS 1 « Présentation des états
financiers ».

Bilan et compte de résultat

46301 La revue finale des comptes consolidés à publier doit permettre au commissaire aux
comptes de s'assurer :
– de la concordance des comptes définitifs avec les documents de travail ;
– de la prise en compte des corrections d'audit acceptées par la société ;
– de la prise en compte des corrections de présentation éventuelles identifiées à l'étape
précédente (voir n° 46250).

Annexe

46302 En principes français, l'article 282-1 du règlement 2020-01 définit ainsi les principes
généraux d'établissement de l'annexe aux comptes consolidés : « L'annexe aux comptes
consolidés comprend des informations complémentaires à celles qui sont présentées au
niveau des états de synthèse.
Ces informations permettent aux utilisateurs des comptes consolidés d'apprécier le patrimoine, la situation financière ainsi que le résultat de l'ensemble constitué des entités
comprises dans la consolidation. Les informations sont présentées dans l'annexe dans
l'ordre selon lequel les postes auxquels elles se rapportent sont présentés dans les états
de synthèse.

Ces informations requises par le présent règlement ne sont pas limitatives et sont à compléter, le cas échéant, dès lors que certains éléments propres à la situation du groupe peuvent apparaître comme significatifs pour les utilisateurs des comptes consolidés. En revanche, celles qui ne présentent pas un caractère significatif ne sont pas à fournir. »
Ainsi, les informations spécifiquement demandées par le règlement précité ne sont pas limitatives, et un groupe doit en conséquence compléter ces informations dès lors que certains éléments significatifs seraient nécessaires aux lecteurs des états financiers consolidés.

En IFRS, la norme IAS 1 (§ 112 s.) définit la base de présentation des notes annexes et indique en particulier :
– la structure à retenir ;
– l'information à fournir sur les méthodes comptables ;
– les sources principales d'incertitude relative aux estimations à fournir ;
– les autres informations à fournir.

Par ailleurs, chaque norme IAS ou IFRS prescrit des informations à indiquer en annexe.

Ainsi, les informations requises en IFRS sont nettement plus nombreuses et plus détaillées que celles prévues par les principes français, par exemple pour les paiements en actions et assimilés (voir IFRS 2), les regroupements d'entreprises (voir IFRS 3 révisée), les instruments financiers (voir IFRS 7), les engagements de retraite (voir IAS 19), les parties liées (voir IAS 24), les dépréciations d'actifs (voir IAS 36)…

Le commissaire aux comptes a donc pour **objectifs** de :   **46303**
– vérifier que les informations requises sont présentées dans l'annexe, dès lors qu'elles sont significatives ;
– s'assurer que toute autre information de caractère significatif utile à la compréhension des comptes y figure ;
– s'assurer que les informations contenues dans l'annexe ne sont pas présentées sous une forme prêtant à équivoque et pouvant tromper le lecteur dans l'appréciation qu'il peut faire des comptes et de la situation du groupe.

Les commissaires aux comptes utiliseront un questionnaire type de contrôle de l'annexe aux comptes consolidés, dont des exemples sont fournis dans le Guide de contrôle précité sur le contrôle des comptes consolidés.

L'annexe aux comptes consolidés doit notamment fournir des **informations** sur les   **46304**
éléments suivants :
– règles et méthodes retenues pour l'établissement des comptes consolidés (Règl. 2020-01 art. 282-2 pour les principes français et IAS 1 § 112 s. pour le référentiel IFRS) ;
– détermination du résultat par action : l'annexe aux comptes consolidés doit décrire les méthodes de détermination des résultats par action, qui sont détaillées à la norme IAS 33 ;

L'article 323-5 du règlement 2020-01 a supprimé la rubrique « Résultat par action », laquelle n'est plus obligatoire que pour les sociétés cotées sur Euronext Growth.

– explication des postes du bilan, du compte de résultat et du hors-bilan consolidés et de leurs variations (Règl. 2020-01 art. 282-19 à 282-30 pour les principes français) ;

Les informations requises incluent notamment une explication des postes présentés au niveau du bilan et du compte de résultat, ainsi que leur décomposition. Lorsque le règlement n'a rien prévu concernant un poste des états financiers, la même information que celle prévue pour les comptes sociaux doit être fournie (sous réserve d'éventuels retraitements liés à l'application des méthodes retenues par le groupe).

– informations sectorielles (Règl. 2020-01 art. 282-9 à 282-11 pour les principes français et IFRS 8 pour le référentiel IFRS) ;
– informations pro forma sur les variations de périmètre (Règl. 2020-01 art. 282-7 pour les principes français et IFRS 3 § B64 (q) pour le référentiel IFRS) ;
– autres informations, et notamment :
• mention des événements postérieurs à la clôture significatifs (Règl. 2020-01 art. 282-14 pour les principes français et IAS 10 pour le référentiel IFRS),
• informations sur les entités ad hoc non consolidées (uniquement en principes français ; Règl. 2020-01 art. 282-5) et, plus généralement, en IFRS, sur les risques découlant des investissements dans des participations consolidées ou non (IFRS 12),
• informations relatives aux transactions avec les entreprises liées non consolidées par intégration globale ou proportionnelle et aux avantages accordés aux dirigeants (Règl. 2020-01 art. 282-15 et 282-16 pour les principes français et IAS 24 pour le référentiel IFRS).

Tableau des flux de trésorerie

46307 Le tableau des flux de trésorerie fait partie intégrante des comptes consolidés, au même titre que l'annexe. Il est défini aux articles 282-41 à 282-44 du règlement 2020-01 (principes français) et dans la norme IAS 7 (référentiel IFRS).
Le commissaire aux comptes doit s'assurer :
– que l'entité a correctement défini les composantes de la trésorerie et des équivalents de trésorerie et a présenté un rapprochement entre les montants de son tableau des flux de trésorerie et les éléments équivalents présentés au bilan ;
– que le tableau donne une image fidèle de la nature des flux de trésorerie selon qu'ils constituent des flux d'exploitation, d'investissement ou de financement.

G. Contrôle de l'information financière

Rapport de gestion

46350 Outre leur mission de certification des comptes consolidés, les commissaires aux comptes vérifient la sincérité et la concordance avec les comptes consolidés des informations données dans le rapport sur la gestion du groupe. Les contrôles à réaliser sont identiques à ceux prévus pour le rapport de gestion des comptes individuels. Ils sont définis par la norme d'exercice professionnel relative aux « diligences du commissaire aux comptes relatives au rapport de gestion, aux autres documents sur la situation financière et les comptes et aux informations relevant du rapport sur le gouvernement d'entreprise adressés aux membres de l'organe appelé à statuer sur les comptes ».

Autres informations

46351 Le commissaire aux comptes, dans le cadre de l'examen des informations financières adressées aux actionnaires, devra procéder à une lecture approfondie des informations, autres que les comptes consolidés et le rapport de gestion, diffusées dans le document final présentant les comptes consolidés (« plaquette »).
Les commissaires aux comptes devront notamment s'assurer :
– de la cohérence de ces informations par rapport aux comptes consolidés et à leur connaissance de l'environnement général de l'entreprise et des événements de la période ;
– de la concordance des informations chiffrées à caractère financier avec les comptes consolidés ;
– de la sincérité et du caractère non trompeur de ces informations.

III. Achèvement de la mission

46400 L'achèvement de la mission de contrôle des comptes consolidés comporte :
– la mise en œuvre des travaux de finalisation (nos 46402 s.) ;
– l'établissement des rapports (nos 46450 s.).
Les aspects relatifs à la communication avec les dirigeants ne présentent pas de caractère particulier. Ils sont examinés aux nos 26450 s.

A. Finalisation des travaux

Synthèse avec le cocommissaire aux comptes

46402 À l'issue de l'audit, les cocommissaires aux comptes se réunissent afin de **mettre en commun leurs conclusions** sur les différents travaux qu'ils s'étaient répartis. Cette réunion a pour **objectifs** :
– de s'assurer que l'ensemble du plan d'audit a été réalisé par le collège des commissaires aux comptes ;
– de s'approprier l'ensemble des problèmes techniques rencontrés et la façon dont ils ont été résolus ;

© Éd. Francis Lefebvre

AUDIT DES COMPTES CONSOLIDÉS

– de lister les ajustements non comptabilisés et d'apprécier leur caractère significatif au regard des seuils fixés pour la certification des comptes consolidés ;
– d'identifier le cas échéant les points en suspens nécessitant une information complémentaire ;
– d'échanger leurs points de vue sur les états financiers consolidés et sur le rapport sur la gestion du groupe, afin d'identifier les domaines dans lesquels l'information financière n'est pas satisfaisante ;
– de discuter des domaines nécessitant une prise de position et une décision finale du collège des commissaires aux comptes.

La mise en commun des conclusions par les cocommissaires aux comptes s'accompagne d'une revue réciproque des travaux.

À l'issue de cette réunion, les commissaires aux comptes ont pour objectifs, afin de **46404** finaliser leurs travaux :
– d'obtenir les documents manquants ;
– de convaincre les responsables de comptabiliser des corrections des comptes consolidés éventuellement nécessaires si le montant total des anomalies dépasse le seuil de signification fixé pour les comptes consolidés ;
– d'obtenir les modifications de l'information financière qui apparaissent nécessaires.

Questionnaire de fin de mission

Les commissaires aux comptes complètent un questionnaire de fin de mission qui leur **46406** permet de s'assurer que l'ensemble des diligences d'audit a été mis en œuvre et que les événements significatifs ont été pris en compte. Ce questionnaire permet de matérialiser la revue de ces diligences par le signataire des comptes consolidés.

Lettre d'affirmation

Les commissaires aux comptes, dans la construction de leur opinion sur les comptes **46408** consolidés, ont pu utiliser des déclarations orales de la direction comme des éléments probants. À la fin de leur mission, ils obtiennent une confirmation écrite des déclarations de la direction. Cette confirmation prendra la forme d'une lettre d'affirmation, adressée par la direction aux commissaires aux comptes à une date la plus rapprochée possible de la date de signature de son rapport.

Cette confirmation est recueillie par les commissaires aux comptes conformément à la **46410** norme d'exercice professionnel NEP 580. Les commissaires aux comptes s'assureront que la lettre d'affirmation leur apporte une confirmation sur chaque élément significatif des comptes consolidés pour lesquels une recherche d'éléments probants est difficile à mettre en œuvre.

Le contenu de la lettre d'affirmation peut principalement concerner : **46415**
– la définition du périmètre de consolidation, et notamment :
• l'absence d'entités ad hoc non consolidées et pour lesquelles aucune information n'est donnée dans l'annexe aux comptes consolidés,
• l'absence de contrats de portage non mentionnés dans l'annexe aux comptes consolidés,
• la justification des méthodes de consolidation qui apparaîtraient non conformes aux règles décrites (voir nos 45585 s.),
• l'absence de participations non consolidées sur lesquelles le groupe exerce au minimum une influence notable ;
– l'exhaustivité des engagements hors bilan ;
– l'exhaustivité du recensement des risques, soit par comptabilisation dans les comptes consolidés, soit par la production d'une information adéquate en annexe ;
– l'existence d'événements postérieurs à la clôture significatifs.

Note de synthèse

Après avoir levé les points en suspens et traité les problèmes résiduels (voir n° 46402), les **46420** commissaires aux comptes établissent une synthèse de leurs travaux, justifiant leur opinion sur les comptes consolidés.

999

AUDIT DES COMPTES CONSOLIDÉS © Éd. Francis Lefebvre

46422 Cette synthèse devra inclure :
– une analyse des faits significatifs et de leur incidence sur les comptes ;
– la revue des problèmes techniques rencontrés et la façon dont ils ont été résolus ;
– la synthèse des ajustements comptabilisés et non comptabilisés ;
– la justification de la décision finale prise par les commissaires aux comptes dans les domaines nécessitant une prise de position ;
– la justification de l'opinion à délivrer sur les comptes consolidés, qui doit prendre en compte :
• la conclusion sur les risques significatifs identifiés dans le plan de mission,
• les ajustements non comptabilisés,
• les points nécessitant une prise de position,
• les opinions émises par les confrères sur les comptes des sociétés consolidées (voir n° 46454),
• l'opinion formulée sur les comptes annuels de la société consolidante (voir n° 46452).
Les paragraphes 28 à 30 de la NEP 600 indiquent : « Le commissaire aux comptes collecte les **éléments suffisants et appropriés** sur la base :
– des procédures d'audit réalisées sur le processus d'établissement des comptes consolidés ;
– des travaux réalisés par lui-même et par les professionnels chargés du contrôle des comptes des entités sur l'information comptable de ces dernières.
Le commissaire aux comptes :
– apprécie la pertinence des éléments transmis par les professionnels chargés du contrôle des comptes des entités tels que mentionnés dans le paragraphe 27 ;
– échange avec les professionnels chargés du contrôle des comptes des entités, les directions des entités ou la direction de l'entité consolidante sur les éléments importants relevés ;
– évalue la nécessité de revoir d'autres éléments de la documentation des travaux des professionnels chargés du contrôle des comptes des entités ;
– conçoit, dès lors que les travaux mis en œuvre au niveau des entités sont estimés insuffisants, les procédures complémentaires à mettre en œuvre par les professionnels chargés du contrôle des comptes des entités ou par le commissaire aux comptes.
Le commissaire aux comptes évalue l'incidence sur son opinion d'audit de :
– l'ensemble des anomalies non corrigées autres que celles manifestement insignifiantes ;
– toute situation où il n'a pas été possible de collecter des éléments suffisants et appropriés. »

B. Rapport sur les comptes consolidés

46450 Les principes relatifs à l'établissement des rapports d'audit financier, dans un contexte d'audit légal, sont définis par la norme d'exercice professionnel « Rapport du commissaire aux comptes sur les comptes annuels et consolidés » (NEP 700). On se reportera aux n°s 30850 s. en ce qui concerne la forme et le contenu du rapport ainsi que les évolutions induites par la transposition en France de la réforme européenne de l'audit, aux n°s 30944 s. s'agissant de la communication des rapports et au n° 30946 concernant leur dépôt au greffe.
On se limitera à examiner un certain nombre d'aspects spécifiques à l'établissement du rapport sur les comptes consolidés :
– existence de réserves sur les comptes annuels de la société mère ou des entreprises entrant dans le périmètre de consolidation ;
– utilisation des travaux de confrères pour se former une opinion sur les comptes consolidés ;
– arrêté des comptes consolidés selon un référentiel comptable différent du référentiel national ;
– utilisation du rapport des commissaires aux comptes dans un pays étranger ;
– exercice de première publication en principes français.

© Éd. Francis Lefebvre

AUDIT DES COMPTES CONSOLIDÉS

Réserves sur les comptes annuels de la société consolidante

Les commissaires aux comptes de la société consolidante qui ont exprimé des réserves sur les comptes annuels de la société consolidante sont parfois conduits à s'interroger sur l'attitude à retenir pour les comptes consolidés.

46452

Les règles d'évaluation applicables aux comptes consolidés sont les mêmes que celles applicables aux comptes annuels, à l'exception des cas où des options sont ouvertes par les textes.

Il convient d'insister sur la cohérence nécessaire entre les positions prises au niveau des comptes annuels et celles retenues dans les comptes consolidés. En effet, il est clair qu'un ensemble de faits ou une même situation ne peuvent être analysés de manière différente et conduire à des conclusions divergentes dans les deux jeux de comptes, à l'exception des cas où :

46453

– la réserve devient techniquement non fondée dans les comptes consolidés : par exemple, réserve portant sur l'insuffisance de dépréciation dans les comptes annuels d'un compte réciproque éliminé en consolidation ;
– la réserve devient non significative au niveau consolidé, parce qu'elle se trouve compensée par d'autres ajustements de sens contraire portant sur les comptes annuels des entreprises consolidées, ou parce qu'elle se trouve relativisée par l'accroissement des volumes lié au processus de consolidation.

Prise en compte des travaux des confrères

Le fait que certaines entreprises consolidées aient été contrôlées par des confrères n'a pas de conséquence sur la formulation retenue dans la description de la mission effectuée par les commissaires aux comptes de la société consolidante. En effet, la mission de certification des comptes consolidés appartient aux commissaires aux comptes de la société consolidante, et leur **responsabilité** ne saurait en rien être atténuée ou dégagée par le fait que les comptes de certaines entreprises du groupe ont été certifiés par d'autres professionnels indépendants. De ce fait, il ne doit pas y avoir de référence, dans le rapport sur les comptes consolidés, aux travaux effectués par des confrères.

46454

Dans certains **cas extrêmes**, les commissaires aux comptes de la société consolidante n'auront pu, dans les **délais** requis et malgré leur demande, avoir accès aux informations qu'ils estimaient indispensables, que ce soit par la procédure d'examen des travaux des confrères ou par leurs travaux propres. Ils seront alors conduits à faire état de la limitation apportée à leurs travaux. Ils préciseront, dans ce cas, les circonstances qui les ont empêchés de mettre en œuvre les diligences jugées utiles, l'impossibilité d'obtenir des éléments probants suffisants par d'autres procédures de contrôle et le poids relatif des actifs ou résultats soustraits à leurs contrôles.

46455

Dans leur rapport, les commissaires aux comptes de la société consolidante prennent la **responsabilité directe de l'opinion qu'ils expriment** et des motifs qui la fondent. De ce fait, ils ne peuvent reprendre, en la lui imputant nommément, telle opinion émise par un commissaire aux comptes d'une entreprise consolidée.

46456

La décision de formuler ou non, dans le rapport sur les comptes consolidés, une **réserve**, une impossibilité ou un **refus de certifier** concernant une entreprise contrôlée par un confrère, appartient aux seuls commissaires aux comptes de la société consolidante. Elle est **indépendante de la décision prise par les confrères** intervenant dans les sociétés consolidées.

Si une **réserve** a été **formulée par un confrère**, les commissaires aux comptes de la société consolidante doivent apprécier si cette réserve doit être reprise dans les comptes consolidés.

46457

Dans certains cas, la réserve sera **maintenue**, voire cumulée avec les irrégularités de même nature relevées dans les autres sociétés du groupe. Dans d'autres, elle deviendra **techniquement non fondée**, par exemple si elle porte sur une provision ayant vocation à être éliminée en consolidation, ou si l'ajustement se compense au niveau consolidé avec des ajustements de sens inverse.

1001

AUDIT DES COMPTES CONSOLIDÉS   © Éd. Francis Lefebvre

46458 À l'inverse, les commissaires aux comptes de la société consolidante peuvent, en fonction de leurs propres critères de jugement, décider de formuler dans leur rapport sur les comptes consolidés une **réserve**, une impossibilité ou un **refus de certifier relatifs à une entreprise consolidée**, alors même que le confrère a exprimé une opinion sans réserve sur les comptes annuels de cette dernière.

Comptes consolidés établis selon un autre référentiel

46465 En plus des comptes consolidés établis selon les principes français (Règl. 2020-01) ou selon le référentiel IFRS, la société consolidante peut souhaiter établir et publier un jeu de comptes consolidés selon un référentiel comptable différent, par exemple dans le cas où elle est elle-même **consolidée par une société étrangère** ou dans le cas où ses **actions** sont **cotées sur un marché étranger ne reconnaissant pas les règles françaises**, ou plus généralement pour les besoins de sa **politique de communication financière**.

46466 Jusqu'au 16 juin 2016, les commissaires aux comptes sollicités par l'entreprise contrôlée pour émettre un rapport d'audit ou d'examen limité sur des comptes établis dans un autre référentiel se référaient respectivement à la norme d'exercice professionnel relative à l'audit entrant dans le cadre de diligences directement liées à la mission de commissaire aux comptes (NEP 9010) et à la norme d'exercice professionnel relative à l'examen limité entrant dans le cadre de diligences directement liées à la mission de commissaire aux comptes (NEP 9020).

Depuis le 17 juin 2016, date d'entrée en vigueur de l'ordonnance 2016-315 transposant en France la réforme européenne de l'audit, le concept de DDL a été supprimé et les commissaires aux comptes sont autorisés à réaliser les services n'entrant pas dans le cadre des interdictions définies à l'article L 822-11 du Code de commerce. Ils peuvent ainsi réaliser des prestations d'audit ou d'examen limité, dans le cadre des « services autres que la certification des comptes », si conformément aux dispositions de l'article L 822-11, la prestation fournie n'entre pas :

– dans les services portant atteinte à l'indépendance des commissaires aux comptes qui sont définis par le Code de déontologie auxquels s'ajoutent,

– pour les EIP, dans les services mentionnés au paragraphe 1 de l'article 5 du règlement européen 537/2014 du 16 avril 2014. Pour les EIP, le comité d'audit devra également approuver les « services autres que la certification des comptes ».

Les modalités pratiques des audits et examens limités réalisés à la demande de l'entité sont précisées dans les avis techniques « Audit entrant dans le cadre des services autres que la certification des comptes fournis à la demande de l'entité » et « Examen limité entrant dans le cadre des services autres que la certification des comptes fournis à la demande de l'entité » joints en annexe du communiqué CNCC « Référence aux normes ou à la doctrine pour les services autres que la certification des comptes fournis à la demande de l'entité » publié en juillet 2016.

Ces avis techniques constituent dorénavant la doctrine professionnelle de la CNCC relative à ces interventions.

46470 Dans le cas où l'audit porte sur des **informations fournies à des autorités gouvernementales, de tutelle ou autres**, il appartiendra au commissaire aux comptes d'apprécier, au cas particulier, si l'intervention demandée est susceptible d'entrer dans le cadre d'un audit, d'un examen limité ou bien s'il doit établir une attestation.

Cas d'utilisation du rapport dans un autre pays

46471 Dans certains cas, l'entité peut informer le commissaire aux comptes que son rapport et les comptes sur lesquels il porte sont destinés à être utilisés hors de France et lui demander une traduction dudit rapport dans la langue du pays de destination.

Dans cette situation, le commissaire aux comptes ne devrait accéder à la demande de l'entité qu'après avoir vérifié que la traduction des comptes est correctement effectuée et précisé dans la version traduite :

– qu'il s'agit d'une traduction libre d'un rapport original émis en français ;

– que ce rapport est établi en application des règles professionnelles et du cadre juridique applicable en France (CNCC NI. I § 11.12).

46472 Pour le cas où un émetteur choisirait d'inclure dans un prospectus une traduction du rapport de certification des comptes ou choisirait de demander aux commissaires aux

1002

© Éd. Francis Lefebvre — **AUDIT DES COMPTES CONSOLIDÉS**

comptes d'établir, pour les besoins du prospectus en anglais, un rapport d'audit ou d'examen limité en anglais sur des comptes en anglais, il convient de se reporter au communiqué publié par la CNCC relatif à l'assouplissement du régime linguistique applicable au prospectus et ses incidences sur les rapports du commissaire aux comptes (Bull. CNCC 178-2015 p. 207 ; voir n°s 41900 s.).

Communication

La NEP 600 indique que le commissaire aux comptes communique à la direction de l'entité consolidante, au niveau de responsabilité approprié :
– les **faiblesses du contrôle interne** qu'il estime d'une importance suffisante pour mériter l'attention (NEP 600 § 31). Cette communication est réalisée conformément aux dispositions de la NEP 265 « Communication des faiblesses du contrôle interne » (voir n°s 26490 s.) ;

46473

> Sont visées les faiblesses du contrôle interne conçu par l'entité consolidante et mis en œuvre dans l'ensemble consolidé pour les besoins de l'établissement des comptes consolidés mais également les faiblesses du contrôle interne des entités.

– les **fraudes** qu'il a identifiées ou qui ont été portées à sa connaissance par le professionnel chargé du contrôle des comptes d'une entité, ou les informations qu'il a obtenues sur l'existence possible d'une fraude.

De manière générale, le commissaire aux comptes applique les dispositions de la norme d'exercice professionnel relative aux communications avec les organes mentionnés à l'article L 823-16 du Code de commerce (voir n°s 26480 s.). Il communique les éléments suivants :
– une présentation d'ensemble des travaux à réaliser sur l'information comptable des entités et de son implication dans les travaux à réaliser par les professionnels chargés du contrôle des comptes des entités sur l'information comptable des entités importantes ;
– les difficultés qu'il a rencontrées, liées à la qualité des travaux réalisés par le professionnel chargé du contrôle des comptes d'une entité ;
– toute limitation dans la mise en œuvre des procédures d'audit estimées nécessaires pour l'audit des comptes consolidés, par exemple lorsque le commissaire aux comptes n'a pu avoir accès à toute l'information demandée ;
– les faiblesses du contrôle interne visées au paragraphe 31 de la NEP qu'il estime significatives ;
– les fraudes avérées ou suspectées.

> À ce titre sont visées les fraudes impliquant :
> – la direction de l'entité consolidante, la direction des entités, les employés ayant un rôle clé dans les contrôles conçus par l'entité consolidante et mis en œuvre dans l'ensemble consolidé pour les besoins de l'établissement des comptes consolidés ;
> – ou d'autres personnes lorsque la fraude a entraîné une anomalie significative dans les comptes consolidés.

SECTION 3

Contrôle de l'exercice de première consolidation en principes français

Les personnes morales qui établissent et publient pour la première fois des comptes consolidés conformément au règlement 2020-01, en raison des obligations du Code de commerce ou sans y être tenues expressément, peuvent, selon les cas,
– soit présenter des **comptes comparatifs complets** (bilan et compte de résultat),
– soit ne **pas** présenter de comptes consolidés comparatifs.
Le règlement 2020-01 précise en effet que la présentation de comptes comparatifs n'est pas obligatoire dans le cas où il s'agit des premiers comptes consolidés préparés par un

46480

1003

AUDIT DES COMPTES CONSOLIDÉS © Éd. Francis Lefebvre

groupe nouvellement créé, un groupe établissant volontairement des comptes consolidés ou un groupe nouvellement soumis à l'obligation (Règl. précité art. 121-3).

Le règlement 2020-01 impose, pour le premier établissement des comptes consolidés, le principe d'une application normalement rétrospective, sur la base des règles et méthodes comptables applicables à la date de clôture de l'exercice du changement (autrement dit sans avoir besoin d'appliquer des règles potentiellement différentes, en fonction de la date considérée ; règl. précité art. 121-1).

Le principe général prévoyant une application rétrospective comprend néanmoins une exception pour les acquisitions d'entreprises ainsi que pour les participations mises en équivalence. En pratique, un groupe peut décider de ne pas retraiter les acquisitions d'entreprises antérieures à une date librement choisie, elle-même antérieure à la date d'ouverture de l'exercice de premier établissement des comptes consolidés, sous réserve toutefois de retraiter toutes les acquisitions postérieures (autrement dit selon une logique analogue à celle prévue par la norme IFRS 1).

En l'absence de retraitement rétrospectif, la différence positive ou négative entre la valeur comptable des titres et la quote-part correspondante de capitaux propres de l'entité est comptabilisée en capitaux propres, sans retraitement (Règl. précité art. 121-2).

En ce qui concerne la première publication de comptes consolidés conformément au référentiel IFRS, voir n°s 46500 s.

46481 Si les comptes consolidés comportent des **chiffres comparatifs**, les commissaires aux comptes vérifient que les montants figurant dans les comptes de l'exercice précédent, y compris le cas échéant dans l'annexe, ont été correctement reportés (NEP 710, Informations relatives aux exercices précédents, § 4).

46482 Que les comptes consolidés comportent ou non des comparatifs, dans la mesure où les comptes de l'exercice précédent n'ont pas fait l'objet d'une mission de certification, les commissaires aux comptes mettent en œuvre les procédures prévues par la norme d'exercice professionnel NEP 510 relative au **contrôle du bilan d'ouverture du premier exercice certifié par le commissaire aux comptes**.

Le commissaire aux comptes collecte les éléments suffisants et appropriés lui permettant de vérifier que (NEP 510 § 4) :
– les soldes de comptes du bilan d'ouverture ne contiennent pas d'anomalies significatives susceptibles d'avoir une incidence sur les comptes de l'exercice ;
– la présentation des comptes ainsi que les méthodes d'évaluation retenues n'ont pas été modifiées d'un exercice à l'autre.

Lorsque le commissaire aux comptes identifie un changement comptable intervenu au cours de l'exercice qui nécessite de présenter une information comparative pour rétablir la comparabilité des comptes, il applique les principes définis dans la norme d'exercice professionnel relative aux changements comptables (NEP 730) :
– il apprécie la justification du changement comptable (§ 05) ;
– si l'incidence du changement comptable sur les comptes est significative, il vérifie, d'une part, que la traduction comptable de ce changement, y compris les informations fournies dans l'annexe, est appropriée, d'autre part, qu'une information appropriée est présentée pour rétablir la comparabilité des comptes, lorsque le référentiel comptable applicable le prévoit (§ 06).

46483 Les **diligences des commissaires aux comptes** peuvent notamment porter sur les points suivants :
– prise de connaissance et vérification de la permanence des méthodes d'évaluation et de présentation de chaque poste ;
– examen analytique du bilan et du compte de résultat de l'exercice précédent par rapport au bilan de clôture et au compte de résultat de l'exercice ;
– vérification des capitaux propres au premier jour de l'exercice, ce qui conduira à examiner à l'ouverture les provisions, immobilisations (cessions internes, réévaluations, retraitements des amortissements…), et autres postes ou écritures pouvant influencer les comptes de résultat (stocks d'ouverture, effets des retraitements et des écritures de consolidation à l'ouverture…), de façon à être en mesure de certifier le résultat de l'exercice.

46484 Lorsqu'il se révèle **impossible** de mettre en œuvre a posteriori les procédures d'audit nécessaires à l'obtention des éléments probants suffisants et appropriés sur les soldes d'ouverture, les commissaires aux comptes, compte tenu de leur évaluation du risque

© Éd. Francis Lefebvre   AUDIT DES COMPTES CONSOLIDÉS

d'anomalies et de son incidence éventuelle sur les comptes, peuvent formuler une **réserve** ou une **impossibilité de certifier** pour limitation de l'étendue des travaux d'audit. Si, à l'issue de leurs travaux, les commissaires aux comptes concluent que les comptes de l'exercice en cours pourraient être affectés par une **anomalie significative** provenant du bilan d'ouverture, ils en apprécient l'incidence sur l'expression de leur opinion.

Lorsque les comptes de l'exercice précédent n'ont pas été soumis à un audit, les commissaires aux comptes le mentionnent dans leur rapport, même si la colonne des chiffres comparatifs comporte l'indication du fait que ceux-ci n'ont pas été audités.

SECTION 4

Audit des comptes consolidés lors de la transition vers les normes IFRS

Contexte réglementaire et institutionnel

Textes de référence   Le règlement 1602/2002 du Conseil de l'UE et du Parlement européen sur l'application des normes comptables internationales, adopté le 19 juillet 2002, dispose en son article 4 que les sociétés qui émettent des titres de capital ou de créance admis aux négociations sur un marché réglementé et qui relèvent des lois applicables dans un pays de l'Union européenne devront préparer, pour les exercices ouverts à compter du 1er janvier 2005, leurs états financiers consolidés selon les normes comptables internationales.

46500

Le 29 septembre 2003, la Commission européenne a adopté le règlement 1725/2003 approuvant l'ensemble des normes IAS et leurs interprétations existant au 14 septembre 2002, à l'exception des normes IAS 32 et IAS 39 relatives aux instruments financiers. Ce règlement est paru au JOUE (Journal officiel de l'Union européenne) du 13 octobre 2003. Depuis le 14 septembre 2002, toutes les nouvelles normes et interprétations sont adoptées individuellement après avoir franchi toutes les étapes du processus d'adoption européen, dont notamment :
– une évaluation technique par l'Efrag ;
– une adoption par l'ARC ;
– une adoption par la Commission européenne ;
– la publication d'un règlement européen au JOUE (Journal officiel de l'Union européenne).

La première norme qui a été adoptée individuellement est la norme IFRS 1 (voir n° 46505).

Enfin, le Comité européen des régulateurs des marchés de valeurs mobilières (CESR), devenu *European Securities and Markets Authority* (ESMA), a publié en décembre 2003 une recommandation relative à la transition vers les normes comptables internationales.

Entités concernées   En Europe, la phase de transition aux IFRS concerne aujourd'hui les entités qui entrent dans un processus d'admission de leurs actions ou titres de dettes à la négociation sur un marché réglementé ou qui, volontairement, font le choix d'appliquer les IFRS pour l'établissement de leurs comptes consolidés.

46501

La plupart des textes et recommandations cités ci-après ont été émis pour les sociétés dont les titres financiers sont admis aux négociations sur un marché réglementé à l'occasion de leur passage vers le référentiel IFRS. Sont, par voie de conséquence, pris comme exercices de référence l'exercice 2005, correspondant à l'exercice de première publication en IFRS, et l'exercice 2004, correspondant à l'exercice précédant la première publication en IFRS. Ces dispositions n'en restent pas moins d'actualité, dans la mesure où elles sont et resteront à notre avis très largement transposables aux entités appelées à adopter ce référentiel.

Norme IFRS 1   La norme IFRS 1 publiée par l'IASB a pour objet les modalités de première mise en œuvre des normes IFRS. Elle précise comment les émetteurs doivent

46505

1005

AUDIT DES COMPTES CONSOLIDÉS © Éd. Francis Lefebvre

présenter l'impact du passage aux nouvelles normes sur leur situation et sur leurs performances financières, ainsi que sur leurs flux de trésorerie.

La norme pose le principe de rétroactivité des retraitements et leur imputation sur les capitaux propres à la date de transition. Elle présente le corps de normes applicables ainsi que les exceptions et options possibles (voir Éditions Francis Lefebvre « IFRS 2005 » § 9700 s.).

46520 **Étude technique de la CNCC** La CNCC a réalisé une étude technique « Le commissaire aux comptes et le passage aux IFRS ». Celle-ci est subdivisée en trois titres :
– le titre I traite du cadre réglementaire et des conséquences juridiques du passage au référentiel comptable international ;
– le titre II traite de la prise en compte dans la démarche d'audit du commissaire aux comptes du passage au référentiel comptable international ;
– le titre III traite des diligences du commissaire aux comptes sur les informations communiquées au titre des exercices 2003, 2004 et 2005, selon la recommandation de l'Autorité des marchés financiers (mars 2004), et de l'incidence sur ses rapports.

Hormis le titre III relatif aux informations communiquées au titre des exercices 2003, 2004 et 2005 dans le cadre de la transition aux IFRS liée à l'entrée en vigueur du règlement européen, on peut considérer que l'essentiel de l'étude technique de la CNCC est toujours d'actualité.

Le Haut Conseil a émis sur l'étude de la CNCC un avis technique en date du 8 juin 2004 au titre de la promotion des bonnes pratiques professionnelles. Le H3C y rappelle notamment :
– que les incohérences relevées dans le rapport de gestion doivent donner lieu à communication dans la partie du rapport sur les comptes annuels relative à la vérification du rapport de gestion et non dans la partie consacrée à la « justification des appréciations » ;
– que le commissaire aux comptes n'a pas à se substituer au dirigeant pour donner l'information manquante ; le commissaire aux comptes devra toutefois, compte tenu de l'importance du sujet, alerter, selon le cas, le conseil d'administration ou le directoire et le conseil de surveillance sur l'absence de communication sur l'état de préparation au changement de référentiel ;
– que si l'entité doit établir le rapport sur les procédures de contrôle interne, le commissaire aux comptes devra signaler dans son rapport les insuffisances éventuelles relevées dans les procédures mises en place pour assurer le passage aux normes IFRS ;
– enfin que, d'une manière générale, le commissaire aux comptes doit émettre durant la période de transition tous les avis et recommandations qui lui paraissent nécessaires sans s'immiscer pour autant dans la gestion ou courir le risque d'autorévision.

Diligences à effectuer durant la phase de transition

46530 **Nature des diligences à mettre en œuvre** La CNCC rappelle dans son étude technique (§ 03) que le « commissaire aux comptes est sensible à tout élément ayant un lien avec le fonctionnement de la société dont il est appelé à certifier les comptes, notamment lorsqu'il peut avoir une incidence sur la qualité des informations comptables et financières produites ».

Dans cette perspective, la CNCC recommande au commissaire aux comptes, pour la période de transition :
– la prise de connaissance du plan de transition ;
– l'analyse de l'état d'avancement du projet ;
– la prise de connaissance des principaux impacts identifiés.

Malgré le caractère exceptionnel de la phase de transition, la mission du commissaire aux comptes reste inchangée et la prise en compte des travaux en cours et de la mesure des premiers impacts entrent dans le cadre de sa démarche générale.

46533 **Prise de connaissance du plan de transition** La CNCC a précisé que la mission du commissaire aux comptes ne consiste pas à fournir l'assurance que le plan de migration mis en place permettra un passage sans difficulté majeure vers le référentiel IFRS : le commissaire aux comptes n'émet aucun rapport d'opinion sur le plan de transition.

Prise en compte dans l'audit des points spécifiques aux comptes consolidés établis selon les normes internationales d'information financière IFRS

46560 **Démarche d'audit** La démarche d'audit applicable aux comptes consolidés établis en normes IFRS suit les mêmes principes que celle applicable aux comptes consolidés

AUDIT DES COMPTES CONSOLIDÉS

établis en référentiel français. Elle doit s'adapter à l'organisation retenue par l'entité pour l'établissement des comptes consolidés (retraitements centralisés ou décentralisés notamment), et doit permettre de garantir :
– la conformité des principes comptables et modalités d'évaluation du groupe avec les normes IFRS applicables ;
– le respect de ces principes comptables et modalités d'évaluation par l'ensemble des entités consolidées ;
– la pertinence, l'exactitude et l'exhaustivité des informations remontées par les entités du groupe en vue de l'établissement de l'annexe consolidée.

Points d'attention particuliers Les principales dispositions des normes IFRS ainsi que l'exposé des divergences avec les principes comptables français ont fait l'objet d'une publication dans le Mémento Expert IFRS 2021 (voir Mémento IFRS n°s 69000 s.), auquel il sera utile de se référer.   **46565**

Sans prétendre à l'exhaustivité, la liste ci-dessous met en évidence certains sujets sur lesquels les commissaires aux comptes devront exercer leur jugement en s'appuyant, si nécessaire, sur l'avis de spécialistes :
– périmètre de consolidation : existence de droits de vote potentiels, situations de contrôle de fait, consolidation des entités structurées (IFRS 10), réalité du contrôle conjoint sur la base d'un accord contractuel (IFRS 11), qualification d'un partenariat en tant qu'entreprise commune ;
– opérations de sortie d'actifs corporels ou financiers : contrats de location (IFRS 16), opérations de cessions de créances ou de titrisation (IFRS 9, IFRS 10) ;
– instruments financiers : classification en dettes ou capitaux propres (IAS 32), comptabilisation des instruments composés, qualification et comptabilisation des instruments de couverture (IFRS 9) ;
– regroupements d'entreprises : détermination du sens du regroupement (IFRS 3), identification et évaluation des actifs, passifs et passifs éventuels de l'acquise (IFRS 3, IAS 37, IAS 38), acquisitions par étapes (IFRS 3), traitement des paiements conditionnels (IFRS 3), variations ultérieures du pourcentage d'intérêts (IFRS 10), engagement d'achat des intérêts minoritaires (IAS 32) ;
– comptabilisation des plans de stock-options et autres paiements effectués sur base d'actions (IFRS 2) ;
– évaluation et comptabilisation des avantages au personnel, à long terme et postérieurs à l'emploi (IAS 19) ;
– évaluation et présentation des actifs long terme destinés à être cédés et des activités abandonnées (IFRS 5).

Information sur les effets de la transition aux IFRS La norme IFRS 1 prévoit que l'entité explique l'incidence de la transition du référentiel comptable antérieur aux IFRS sur sa situation financière, sa performance financière et ses flux de trésorerie présentés (IFRS 1 § 23).   **46566**

Le commissaire aux comptes s'assurera notamment que l'annexe aux comptes consolidés intègre une section relative aux effets de la transition aux IFRS, incluant notamment les rapprochements avec les comptes de l'exercice précédent établis conformément au règlement 2020-01 :
– le rapprochement entre les capitaux propres établis selon le référentiel français et selon le référentiel IFRS, à la date de transition aux IFRS (c'est-à-dire la date d'ouverture de l'exercice comparatif présenté) et à la date de clôture de l'exercice comparatif présenté ;
– le rapprochement entre le résultat net du dernier exercice établi selon les principes français et le résultat net établi selon les normes IFRS.

> IFRS 1 § 24 demande de présenter ce rapprochement pour le résultat global ou, à défaut, pour le résultat net. Dans la mesure où la notion de résultat global n'existe pas en principes français, ce rapprochement sera réalisé sur le résultat net pour toute société opérant une transition des principes français vers les normes IFRS pour l'établissement de ses comptes consolidés.

Le commissaire aux comptes s'assurera que les rapprochements sont présentés avec suffisamment de détails pour permettre aux utilisateurs de comprendre les ajustements significatifs apportés à l'état de situation financière et à l'état du résultat global (IFRS 1 § 25), et d'identifier les ajustements qui proviennent de corrections d'erreurs séparément des ajustements provenant de changements de méthode (IFRS 1 § 26).

AUDIT DES COMPTES CONSOLIDÉS　　　　© Éd. Francis Lefebvre

46567　Information sur les options retenues pour la transition aux normes IFRS

La norme IFRS 1 prévoit un principe général d'application rétrospective des IFRS lors de la transition, comme si les normes IFRS avaient toujours été appliquées. Elle prévoit cependant des exemptions à cette application rétrospective, qui peuvent être :

– des exemptions obligatoires (comptabilité de couverture, décomptabilisation des actifs financiers, transactions avec les actionnaires minoritaires…) ;

– ou des exemptions facultatives (regroupements d'entreprises, utilisation d'un coût présumé comme valeur d'entrée de certains actifs corporels et incorporels, calcul des réserves de conversion…).

Le commissaire aux comptes veillera à ce que l'information en annexe sur les effets de la transition aux normes IFRS indique les options de transition retenues par le groupe ainsi que les effets de l'application de ces options sur l'état de situation financière et l'état du résultat global.

© Éd. Francis Lefebvre — MISSIONS D'AUDIT LÉGAL DANS LES PETITES ENTREPRISES

CHAPITRE 3

Missions d'audit légal dans les petites entreprises

Plan du chapitre	§§		§§
SECTION 1		A. Principes généraux communs	47500
Environnement légal		B. Audit proportionné des comptes	47700
et réglementaire	47000	C. Établissement du rapport	
A. Textes légaux et réglementaires	47050	sur les risques lorsque le mandat	
B. Situations visées par les NEP 911		est limité à trois exercices	48050
et 912	47100	D. Diligences et rapports dont	
		le commissaire aux comptes est	
SECTION 2		dispensé lorsqu'il est nommé	
Nature et étendue de la mission	47400	pour trois exercices	48350
SECTION 3		E. Rapport sur les comptes	48450
Mise en œuvre de la mission	47470	F. Autres diligences légales	48600

SECTION 1

Environnement légal et réglementaire

Nous présenterons tout d'abord les textes légaux et réglementaires permettant de définir l'audit légal des petites entreprises, puis nous aborderons plus précisément les situations dans lesquelles cet audit peut s'appliquer ainsi que les normes d'exercice professionnelles à mettre en œuvre. **47000**

A. Textes légaux et réglementaires

Contexte et textes applicables La loi 2019-486 du 22 mai 2019, dite « loi Pacte », et le décret 2019-514 du 24 mai 2019 introduisent de nouveaux seuils concernant la désignation obligatoire d'un commissaire aux comptes afin de s'aligner sur les seuils fixés au niveau européen par la directive comptable 2013/34/UE du 26 juin 2013 et prévoient par ailleurs un nouveau dispositif concernant l'obligation de nommer un commissaire aux comptes dans les « petits groupes » (voir n°s 1871s.). **47050**

Dans ce contexte, le législateur a créé une nouvelle mission qui peut être confiée volontairement au commissaire aux comptes par les sociétés non tenues d'en désigner un et qui peut également s'appliquer dans le cadre du nouveau dispositif concernant les « petits groupes ». La **durée du mandat** de cette nouvelle mission est de trois exercices au lieu de six, le commissaire aux comptes est dispensé de certaines vérifications spécifiques et il doit par ailleurs établir un nouveau rapport sur les risques auxquels est exposée la société contrôlée (C. com. art. L 823-3-2, L 823-12-1 et L 823-12-2). Cette mission est communément désignée « **mission Alpe** » (audit légal petites entreprises). Ce **choix** reste **optionnel** et n'exclut pas la possibilité pour la société concernée de choisir plutôt une mission de certification avec un mandat de six exercices.

1009

MISSIONS D'AUDIT LÉGAL DANS LES PETITES ENTREPRISES © Éd. Francis Lefebvre

En outre, depuis le 21 juillet 2019, lorsque les **associés** ou actionnaires d'une SA, SCA, SARL, SAS, SNC ou SCS représentant au moins le **tiers du capital** social en font la **demande motivée**, les sociétés précitées sont désormais **tenues** de nommer un commissaire aux comptes pour un mandat de trois exercices, et donc pour une mission Alpe (C. com. art. L 225-218 pour les SA, L 226-6 pour les SCA, L 223-35 pour les SARL, L 227-9-1 pour les SAS, L 221-9 pour les SNC et sur renvoi de l'art. L 222-2 pour les SCS modifiés par la loi 2019-744 du 19-7-2019 de simplification, de clarification et d'actualisation du droit des sociétés).

47051 Les diligences et le formalisme qui s'attachent à cette nouvelle mission Alpe sont définis par une nouvelle norme d'exercice professionnel, la **NEP 911** « Mission du commissaire aux comptes nommé pour **trois exercices** prévue à l'article L 823-12-1 du Code de commerce », homologuée par arrêté du 6 juin 2019 et publiée au JO du 12 juin 2019. Par ailleurs, une « petite entreprise » pouvant toujours confier un mandat de six exercices à son commissaire aux comptes, une nouvelle NEP a été homologuée par l'arrêté précité, il s'agit de la **NEP 912** « Mission du commissaire aux comptes nommé pour **six exercices dans des petites entreprises** ».

B. Situations visées par les NEP 911 et 912

47100 Selon les NEP 911 et 912, une « **petite entreprise** » est une personne ou entité qui ne dépasse pas, à la clôture d'un exercice social, deux des trois **critères** suivants (NEP précitées § 1) :
– total du bilan : 4 millions d'euros ;
– montant du chiffre d'affaires hors taxe : 8 millions d'euros ;
– nombre moyen de salariés employés au cours de l'exercice : 50.
Ces seuils sont également ceux définis par le décret 2019-514 du 24 mai 2019 fixant les seuils de désignation des commissaires aux comptes des sociétés commerciales (voir n° 1871 s.).

Situations dans lesquelles le commissaire aux comptes est nommé pour trois exercices dans une petite entreprise (NEP 911)

47110 L'article L 823-3-2 du Code de commerce dispose que, par dérogation au premier alinéa de l'article L 823-3, une société peut décider de limiter la durée de son mandat à trois exercices lorsque le commissaire aux comptes est désigné par cette dernière :
– soit de manière volontaire (voir n° 47150) ;
– soit en application des premier ou dernier alinéa de l'article L 823-2-2 du Code de commerce (dispositif dit « des petits groupes » ; voir n° 47200).
Si la société fait le choix de limiter le mandat à trois exercices, l'assemblée générale devra dans une **résolution claire** préciser que la mission confiée est une mission de trois exercices car, dans tous ces cas, il est également possible de confier au commissaire aux comptes une mission de six exercices, et à défaut de précision contraire c'est le principe de nomination sur six exercices qui s'applique (Bull. CNCC n° 195-2019, Communiqué loi Pacte – Dispositions relatives aux commissaires aux comptes – 23-5-2019).

La Commission des études juridiques de la CNCC s'est prononcée sur le cas particulier d'une société qui aurait omis de désigner un commissaire aux comptes en 2018 et qui souhaiterait régulariser la situation en 2020 en désignant un commissaire aux comptes pour un mandat Alpe de trois exercices tout en lui confiant une mission complémentaire sur les exercices précédents (voir n° 2185-2).

47120 En outre, si les **dispositions statutaires** d'une société fixent la durée du mandat du commissaire aux comptes à six exercices, la CNCC considère qu'à défaut de modification de ladite disposition statutaire, il est impossible de déroger à cette durée et, par conséquent, de désigner un commissaire aux comptes pour une durée de trois exercices pour la réalisation de la mission Alpe (CNCC, Questions/réponses relatives à la loi Pacte – Octobre 2020, Question Pacte 8.2 – Bull CNCC n° 199-2020 – EJ 2019-64). Dès lors, soit la société modifie ses statuts préalablement à la désignation du commissaire aux comptes afin de pouvoir limiter son mandat à trois exercices, soit la durée du mandat est maintenue à six exercices.

47150 **Commissaire aux comptes désigné sur une base volontaire par une société qualifiée de « petite entreprise »** En l'absence d'obligation légale de nommer un commissaire aux comptes pour six exercices, une « petite entreprise » peut décider volontairement de nommer un commissaire aux comptes et si elle est constituée sous forme de société, elle a la possibilité de limiter la durée du mandat de ce dernier à trois exercices (C. com. art. L 823-3-2 et NEP 911 § 2). Dans cette situation, la NEP 911 s'applique.

A contrario, si cette « petite entreprise » n'est pas une société, la durée du mandat du commissaire aux comptes nommé sur une base volontaire ne peut pas être réduite et doit donc être de six exercices : c'est alors la NEP 912 qui s'applique (voir n° 47350).

Pour plus de détails sur les entités ayant l'obligation légale de désigner un commissaire aux comptes, voir n° 1871 s.

Commissaire aux comptes désigné par une société en application du dispositif « petit groupe »   Une **personne ou entité « tête de groupe »** a l'obligation de nommer au moins un commissaire aux comptes si elle remplit les critères définis à l'article L 823-2-2 du Code de commerce.

47200

Conformément aux dispositions de l'article L 823-2-2 du Code de commerce, une personne ou entité « **tête de groupe** » est une personne ou une entité :
– non astreinte à publier des comptes consolidés ;
– ne répondant pas à la définition d'une entité d'intérêt public (EIP) ;
– et qui forme avec les sociétés qu'elle contrôle un ensemble dépassant, à la clôture d'un exercice social, deux des trois critères suivants (C. com. art. D 823-1 et D 221-5) :
• total cumulé de leurs bilans : 4 millions d'euros ;
• montant cumulé de leurs chiffres d'affaires hors taxe : 8 millions d'euros ;
• nombre moyen cumulé de salariés employés au cours de l'exercice : 50.

Le total cumulé du bilan, le montant cumulé hors taxe du chiffre d'affaires et le nombre moyen cumulé de salariés sont déterminés en additionnant le total du bilan, le montant hors taxe du chiffre d'affaires et le nombre moyen de salariés définis conformément aux dispositions de l'article D 123-200 du Code de commerce (C. com. art. D 823-1).

Sur les modalités de calcul des seuils, voir n° 1871.

La notion de contrôle s'entend du contrôle direct ou indirect au sens de l'article L 233-3 du Code de commerce (NEP 911 § 3).

Une personne ou une entité tête de groupe est **tenue de désigner** au moins un commissaire aux comptes si elle remplit les critères définis ci-avant, mais elle est **exemptée** de cette obligation si elle est elle-même contrôlée par une personne ou une entité qui a désigné un commissaire aux comptes (C. com. art. L 823-2-2, al. 2).

Pour plus de détails sur la notion de « petit groupe », voir également n°s 1871 s.

Si cette « tête de groupe » est une **société** répondant à la définition de petite entreprise, elle **peut choisir** de limiter le mandat de son commissaire aux comptes à trois exercices et ce dernier met alors en œuvre les diligences définies par la NEP 911 (C. com. art. L 823-3-2 et NEP 911 § 3).

Si cette entité tête de groupe est une petite entreprise qui n'a **pas** la forme de **société**, la durée du mandat est obligatoirement de six exercices et c'est alors la NEP 912 qui s'applique (voir n° 47350).

Les **sociétés contrôlées** par une entité tête de groupe ont également l'obligation de désigner au moins un commissaire aux comptes lorsqu'elles **dépassent**, à la clôture d'un exercice social, deux des trois critères suivants (C. com. art. L 823-2-2, al. 3 et D 823-1-1, al. 1) :
– total du bilan : 2 millions d'euros ;
– montant du chiffre d'affaires hors taxe : 4 millions d'euros ;
– nombre moyen de salariés employés au cours de l'exercice : 25.

Ces sociétés contrôlées **peuvent alors choisir** de limiter le mandat du commissaire aux comptes à une durée de trois exercices et cette mission est alors réalisée conformément à la NEP 911 (C. com. art. L 823-3-2 et NEP 911 § 4).

Si la société choisit de nommer un commissaire aux comptes sur six exercices, c'est alors la NEP 912 qui s'applique.

Sort du mandat Alpe en cas de dépassement des seuils propres à une entité   En cas de dépassement des seuils de nomination du commissaire aux comptes propres à une entité pendant un mandat Alpe de trois exercices, ce mandat se poursuit jusqu'à son terme selon les modalités de la mission Alpe prévues à l'article L 823-12-1 du Code de commerce. La durée du mandat reste donc de trois exercices et ce n'est qu'à l'expiration du mandat Alpe que devra être désigné un commissaire aux comptes pour une durée de six exercices en application du premier alinéa de l'article L 823-3 du Code de commerce (CNCC Questions/réponses relatives à l'application de la loi Pacte – Octobre 2020, question Pacte 8.3 – EJ 2019-58).

47210

MISSIONS D'AUDIT LÉGAL DANS LES PETITES ENTREPRISES © Éd. Francis Lefebvre

47250 **Commissaire aux comptes désigné à la demande des associés ou actionnaires représentant au moins le tiers du capital social** En outre, lorsque les associés ou actionnaires d'une SA, SCA, SARL, SAS, SNC ou SCS représentant au moins le tiers du capital social en font la demande motivée, les sociétés précitées sont désormais **tenues de nommer un commissaire aux comptes pour un mandat de trois exercices**, et donc pour une mission Alpe (C. com. art. L 225-218 pour les SA, L 226-6 pour les SCA, L 223-35 pour les SARL, L 227-9-1 pour les SAS, L 221-9 pour les SNC et sur renvoi de l'art. L 222-2 pour les SCS).

47300 **Cas particulier des mandats en cours** La NEP 911 est également applicable aux mandats de commissaires aux comptes en cours qui se poursuivent jusqu'à leur terme selon les modalités de la mission Alpe dans le respect des conditions fixées par l'article 20 de la loi 2019-486 du 22 mai 2019, dite « loi Pacte » (NEP 911 § 5).

En effet, les sociétés, quelles que soient leurs formes (SA, SCA, SE, SAS, SARL, SNC, SCS), qui ne dépassent pas, pour le dernier exercice clos antérieurement à l'entrée en vigueur de l'article 20 de la loi dite « loi Pacte », les seuils fixés par le décret 2019-514 du 24 mai 2019 pour deux des trois critères de total bilan, de chiffre d'affaires ou de nombre moyen de salariés (4/8/50) peuvent, **en accord avec leur commissaire aux comptes**, choisir que ce dernier exécute son mandat jusqu'à son terme selon les modalités définies à l'article L 823-12-1 du Code de commerce, à savoir selon les modalités de la mission Alpe (Loi précitée art. 20, II). Le mandat se poursuit donc jusqu'à sa date d'expiration mais selon de nouvelles modalités.

> Cette **faculté** d'exécuter la mission du commissaire aux comptes selon les modalités de la mission Alpe jusqu'au terme de son mandat est **offerte pour chacun des exercices du mandat en cours**. Ce choix peut donc librement intervenir, en accord avec le commissaire aux comptes, au cours des deuxième, troisième, quatrième, cinquième et sixième exercices, s'il n'a pas été opéré au cours du premier exercice du mandat (CNCC Questions/réponses relatives à la loi Pacte – octobre 2020, question Pacte 1.10 – EJ 2019-76).
>
> La CNCC précise que c'est la « **direction** » de la société qui peut décider de faire évoluer, pour la durée restant à courir du mandat, l'exercice de la mission selon les modalités Alpe, en accord avec le commissaire aux comptes (CNCC Questions/réponses relatives à la loi Pacte – octobre 2020, question 8.1 – Bull. CNCC n° 200-2020 – EJ 2019-104).
>
> À notre avis, ce changement des modalités de mise en œuvre de la mission en accord avec le commissaire aux comptes sera à formaliser dans une nouvelle **lettre de mission**.

Situations dans lesquelles le commissaire aux comptes est nommé pour six exercices dans une petite entreprise (NEP 912)

47350 Comme indiqué ci-dessus, la mission Alpe sur trois exercices est optionnelle et elle n'exclut pas la possibilité de choisir une certification avec un mandat de six exercices. La NEP 912 s'applique pour l'intervention du commissaire aux comptes dans les « petites entreprises » définies au n° 47100 lorsque le mandat est d'une durée de six exercices.

Les situations visées par cette norme peuvent couvrir la désignation d'un commissaire aux comptes par une petite entreprise en l'absence d'obligation légale, donc sur une **base volontaire**, ou en application du dispositif « **petit groupe** » dans l'entité tête de groupe et les sociétés contrôlées par cette dernière.

> À titre d'exemple, une SA répondant à la définition d'une « petite entreprise » et n'ayant pas l'obligation légale de désigner un commissaire aux comptes peut en nommer un sur une base volontaire et lui confier :
> – soit une mission pour un mandat de six exercices (NEP 912) ;
> – soit une mission pour un mandat de trois exercices (NEP 911).
> De même, une SAS qualifiée de « petite entreprise », et désignant un commissaire aux comptes en raison de sa qualité de société « tête de groupe » en application du premier alinéa de l'article L 823-2-2 du Code de commerce, peut choisir de le désigner sur une durée de trois ou six exercices.

La dérogation prévue à l'article L 823-3-2 du Code de commerce qui permet de réduire la durée du mandat du commissaire aux comptes à trois exercices au lieu de six **ne s'applique qu'aux sociétés**. Ainsi, pour une « petite entreprise » qui n'est pas constituée sous forme de société et qui décide, malgré l'absence d'obligation légale, de désigner un commissaire aux comptes volontairement, le mandat de ce dernier est obligatoirement de six exercices (C. com. art. L 823-3-2 ; NEP 912 § 2).

Dans le cadre du dispositif « petit groupe », selon le même principe, une entité « tête de groupe » qui n'est pas une société ne peut pas limiter la durée du mandat du commissaire aux comptes à trois exercices (C. com. art. L 823-3-2 ; NEP 912 § 3).

© Éd. Francis Lefebvre **MISSIONS D'AUDIT LÉGAL DANS LES PETITES ENTREPRISES**

Le paragraphe 5 de la NEP 912 dispose que le commissaire aux comptes peut appliquer la NEP 912 aux **mandats en cours** au 27 mai 2019 dans les sociétés, quelles que soient leurs formes, qui ne dépassent pas, pour le dernier exercice clos antérieurement à cette date, deux des trois critères définissant les petites entreprises (total du bilan de 4 millions d'euros, chiffres d'affaires de 8 millions d'euros et nombre moyen de salariés de 50), et qui en font le choix en accord avec lui.

47355

À notre avis, ce choix du commissaire aux comptes d'appliquer la NEP 912 aux mandats en cours sera à formaliser dans une nouvelle **lettre de mission**.

SECTION 2

Nature et étendue de la mission

La nature et l'étendue de la mission du commissaire aux comptes désigné au sein d'une petite entreprise diffèrent selon la durée de son mandat.

47400

Mission Alpe trois exercices Lorsque la durée du mandat du commissaire aux comptes est limitée à trois exercices, sa mission comprend toujours la **mission de certification** des comptes avec l'émission d'un rapport sur les comptes annuels et, le cas échéant, sur les comptes consolidés (C. com. art. L 823-12-1, al. 1, NEP 911 § 6).

47420

Les diligences à mettre en œuvre par le commissaire aux comptes sont adaptées et proportionnées à la petite entreprise et elles sont définies par la NEP 911 qui est conçue comme une norme autonome (voir nos 47700 s.).

S'agissant du contenu du rapport sur les comptes, il respecte les dispositions prévues par la norme relative aux rapports sur les comptes du commissaire aux comptes (NEP 700) avec la possibilité d'adopter une rédaction succincte pour la justification des appréciations (voir n° 48550).

La principale nouveauté de cette mission consiste en l'établissement d'un **rapport identifiant les risques** financiers, comptables et de gestion auxquels est exposée la société (voir nos 48050 s.). Pour une entité tête de groupe, ce rapport porte sur l'ensemble que la société forme avec les sociétés qu'elle contrôle.

Enfin, si la mission comprend toujours les diligences légales qui sont confiées au commissaire aux comptes par le législateur, elles sont cependant allégées puisque ce dernier est **dispensé de la réalisation de certaines diligences et rapports**, définis à l'article L 823-12-1 du Code de commerce comme le rapport spécial sur les conventions réglementées, l'attestation des personnes les mieux rémunérées, l'attestation mécénat ou la mention des prises de participation et de contrôle dans son rapport sur les comptes (voir n° 48400).

Pour autant, le commissaire aux comptes reste notamment **soumis** aux obligations relatives à la procédure d'alerte, au signalement des irrégularités, à la révélation des faits délictueux ou à la lutte contre le blanchiment des capitaux et le financement du terrorisme (voir nos 48650 s.).

Les spécificités de cette nouvelle mission Alpe se synthétisent comme suit :

47430

Mandat du commissaire aux comptes limité à trois exercices – Mission Alpe
Réalisation de la mission conformément à la NEP 911.
Nouveau rapport identifiant les risques financiers, comptables et de gestion auxquels est exposée la société.
Mission de certification avec établissement d'un rapport sur les comptes annuels (et le cas échéant consolidés) et un audit proportionné.
Dispense de la réalisation de certaines diligences et rapports (conventions réglementées…).
La mission comprend les autres diligences légales confiées par le législateur avec notamment : – la vérification des documents adressés à l'organe statuant sur les comptes ; – la procédure d'alerte ; – le signalement des irrégularités et la révélation des faits délictueux ; – les obligations relatives à la lutte contre le blanchiment et le financement du terrorisme.

1013

47450 **Mission PE de six exercices** La mission du commissaire aux comptes comprend la **mission de certification** des comptes annuels et, le cas échéant, des comptes consolidés ainsi que les autres diligences légales qui lui sont confiées par le législateur et qui donnent lieu, lorsque les textes légaux et réglementaires le prévoient, à des restitutions spécifiques (NEP 912 § 6).

Le rapport sur les risques n'est pas applicable lorsque le commissaire aux comptes intervient dans le cadre d'une mission PE de six exercices et le commissaire aux comptes n'est pas dispensé de certains rapports et diligences comme cela est prévu dans le cadre de la mission Alpe sur trois exercices. Il reste donc tenu de réaliser l'**ensemble des vérifications spécifiques** ainsi que le rapport spécial sur les conventions réglementées.

S'agissant des diligences d'audit à mettre en œuvre, elles sont définies par la NEP 912 et sont identiques à celles définies par la NEP 911.

SECTION 3

Mise en œuvre de la mission

47470 La mise en œuvre de la mission du commissaire aux comptes d'une petite entreprise est basée sur :

– des principes généraux communs (voir n°s 47500 s.) ;
– un audit proportionné des comptes (voir n°s 47700 s.) ;
– l'établissement d'un rapport sur les risques applicable uniquement lorsque le mandat est limité à trois exercices (voir n°s 48050 s.) ;
– des dispenses de certaines diligences et rapports lorsque le mandat est limité à trois exercices (voir n°s 48350 s.) ;
– l'établissement d'un rapport sur les comptes (voir n°s 48450 s.) ;
– la réalisation des autres diligences légales (voir n°s 48600 s.).

A. Principes généraux communs

47500 **Respect des règles déontologiques** Le commissaire aux comptes respecte les dispositions du Code de déontologie de la profession. Il réalise sa mission conformément aux textes légaux et réglementaires et, s'agissant des normes d'exercice professionnel, à la NEP 911 ou NEP 912 en fonction de la mission pour laquelle il est désigné (NEP 911 et 912 § 7). Ainsi, les règles d'incompatibilité, d'interdictions et d'indépendance définies par les articles L 822-10, L 822-11, L 822-11-3, L 822-12 et L 822-13 du Code de commerce sont applicables que le commissaire aux comptes soit désigné sur trois ou six exercices (voir n°s 3500 s.).

47550 **Esprit critique** Tout au long de sa mission, le commissaire aux comptes fait preuve d'esprit critique. Ainsi, il évalue de façon critique la validité des éléments collectés au cours de ses travaux et reste attentif aux informations qui contredisent ou remettent en cause la fiabilité des éléments obtenus (NEP 911 et 912 § 8).

47600 **Jugement professionnel** Le commissaire aux comptes exerce son jugement professionnel pour décider de la nature, du calendrier et de l'étendue des travaux, proportionnés à la taille et à la complexité de l'entité, nécessaires pour fonder son opinion sur les comptes et, lorsqu'il est désigné pour trois exercices, pour établir son rapport sur les risques financiers, comptables et de gestion (NEP 911 et 912 § 9).

Pour plus de détails sur le rapport sur les risques financiers, comptables et de gestion, voir n°s 48050 s.

47650 **Implication du signataire** Le commissaire aux comptes veille à être compris du dirigeant quant à l'objectif de sa mission et aux modalités pratiques de sa réalisation. Lorsque le commissaire aux comptes fait appel à des collaborateurs, il veille à rester l'interlocuteur principal du dirigeant, notamment pour la prise de connaissance de l'entité et de son environnement et la restitution des conclusions des travaux mis en œuvre (NEP 911 et 912 § 10).

© Éd. Francis Lefebvre   **MISSIONS D'AUDIT LÉGAL DANS LES PETITES ENTREPRISES**

Application du barème d'heures La mission Alpe est soumise au barème **47670**
d'heures de travail prévu à l'article R 823-12 du Code de commerce puisque les sociétés
auxquelles elle s'adresse n'entrent pas dans le champ des exemptions prévues à l'article
R 823-17 du même code.

En application de l'article R 823-14 du Code de commerce, si le nombre d'heures de
travail normalement nécessaires à la réalisation du programme de travail apparaît excessif
ou insuffisant, le commissaire aux comptes peut saisir le président de la compagnie
régionale d'une demande de dérogation à ce nombre d'heures, (Bull. CNCC n° 198-2020 – CNP
2019-08 b, questions sur la mission Alpe (NEP 911) et les diligences du commissaire aux comptes, juill. 2020).

B. Audit proportionné des comptes

L'objectif des NEP 911 et 912 est de permettre de réaliser un audit des comptes **propor-** **47700**
tionné à la taille et à la complexité des petites entreprises avec l'émission d'une
« **assurance raisonnable** » que les comptes, pris dans leur ensemble, ne comportent pas
d'anomalies significatives.

L'assurance raisonnable est une assurance élevée mais non absolue du fait des limites de
l'audit qui résultent notamment de l'utilisation des techniques de sondages, des limites
inhérentes au contrôle interne, et du fait que la plupart des éléments collectés au cours
de la mission conduisent davantage à des présomptions qu'à des certitudes. Le commissaire aux comptes est vigilant sur tout événement ou circonstance susceptible de mettre
en cause la **continuité d'exploitation** et apprécie si l'établissement des comptes dans
une perspective de continuité d'exploitation est approprié (NEP 911 et 912 § 14).

Lorsque l'entité a **recours aux services d'un expert-comptable**, le commissaire aux
comptes prend contact avec l'expert-comptable pour s'informer du contenu de la
mission qui lui a été confiée. S'il envisage d'utiliser les **travaux de l'expert-comptable**,
le commissaire aux comptes se fait communiquer les travaux réalisés et apprécie s'ils
peuvent contribuer à la formation de son opinion sur les comptes. En fonction de cette
appréciation, il détermine les procédures d'audit supplémentaires dont la mise en œuvre
lui paraît nécessaire (NEP 911 et 912 § 15).

Une mission régie par les NEP 911 et 912 comprend toujours les **étapes** suivantes :
– la prise de connaissance destinée à évaluer les risques d'anomalies significatives ;
– l'envoi d'une lettre de mission, au plus tard à l'issue de la prise de connaissance ;
– la rédaction d'un plan de mission ;
– la définition d'un seuil de signification ;
– la réalisation des procédures d'audit ;
– la finalisation de la mission.

Si les grandes étapes d'une mission réalisée selon les NEP 911 et 912 sont similaires à
celle d'une mission d'audit légal dite « classique » sur six exercices, elles comprennent
cependant un certain nombre d'**allègements**. Nous vous présentons ci-après les principaux d'entre eux pour ce qui relève de l'audit de comptes.

Prise de connaissance Le commissaire aux comptes acquiert une connaissance **47720**
suffisante de l'entité de son environnement dans le but d'identifier et d'évaluer le risque
d'anomalies significatives dans les comptes, qu'elles résultent d'erreurs ou de fraudes.
Le commissaire aux comptes a recours en priorité aux **procédures analytiques** et aux
entretiens qui peuvent être menés avec le dirigeant et le cas échéant les personnes
appropriées au sein de l'entité (NEP 911 et 912 § 16 et 17).

Le commissaire aux comptes prend ainsi connaissance :
– du secteur d'activité de l'entité et de la nature plus ou moins complexe de ses activités ;
– de ses objectifs et de sa stratégie ;
– de sa structure juridique ;
– de son organisation et de son financement ;
– des textes légaux et réglementaires applicables, notamment en matière de référentiel comptable ;
– des éléments du contrôle interne pertinents pour l'audit ;
– des relations et transactions avec les parties liées ;
– de l'importance des estimations comptables ;
– de l'existence de procès, contentieux ou de litiges.

Les procédures analytiques consistent à apprécier des informations financières à partir de leurs corrélations
avec d'autres informations, issues ou non des comptes, ou avec des données antérieures, postérieures ou

1015

MISSIONS D'AUDIT LÉGAL DANS LES PETITES ENTREPRISES © Éd. Francis Lefebvre

prévisionnelles de l'entité ou d'entités similaires et à partir de l'analyse des variations significatives ou des tendances inattendues.

Les procédures analytiques peuvent notamment permettre au commissaire aux comptes d'identifier des opérations ou des événements inhabituels ou incohérents.

Pour ce qui est de l'environnement de contrôle, le commissaire aux comptes apprécie le **comportement** et l'**éthique** professionnels du dirigeant, ainsi que son implication dans le contrôle interne (NEP 911 et 912 § 16).

47730 Lorsque le commissaire aux comptes intervient au titre de la **première année de son mandat**, il vérifie que le bilan de clôture de l'exercice précédent repris pour l'ouverture du premier exercice dont il certifie les comptes ne contient pas d'anomalies significatives susceptibles d'avoir une incidence sur les comptes de l'exercice. Lorsque les comptes de l'exercice précédent ont fait l'objet d'une certification par un commissaire aux comptes, le commissaire aux comptes prend connaissance du **dossier de travail de son prédécesseur**, s'il l'estime nécessaire (NEP 911 et 912 § 20).

Dans le cadre d'un audit dit « classique », la NEP 510 impose la prise de connaissance du dossier de travail du prédécesseur dans ce contexte (§ 6 de la NEP) alors qu'il s'agit d'une possibilité dans le cadre des NEP 911 et 912.

La certification sans réserve des comptes de l'exercice précédent constitue une présomption de régularité et sincérité du bilan d'ouverture. Si les comptes de l'exercice précédent n'ont pas fait l'objet d'une certification ou si le commissaire aux comptes n'a pas pris connaissance du dossier de travail de son prédécesseur ou n'a pas obtenu des travaux de celui-ci les éléments suffisants et appropriés estimés nécessaires, les procédures mises en œuvre pour les besoins de la certification des comptes de l'exercice peuvent lui permettre d'obtenir les éléments suffisants et appropriés pour conclure sur certains soldes de comptes du bilan d'ouverture. Lorsque ces procédures ne permettent pas au commissaire aux comptes d'obtenir les éléments suffisants et appropriés estimés nécessaires, il met en œuvre des procédures complémentaires.

Lorsque les comptes de l'exercice précédent n'ont pas fait l'objet d'une certification par un commissaire aux comptes, le commissaire aux comptes le mentionne dans son rapport.

47750 **Lettre de mission** La lettre de mission définissant les termes et conditions de l'intervention peut porter sur les trois ou les six exercices du mandat du commissaire aux comptes, selon le cas. Elle sera adaptée en cours de mandat si ce dernier l'estime nécessaire.

Elle est établie au plus tard à l'issue de la connaissance de l'entité et de son environnement et le commissaire aux comptes demande à l'entité de confirmer par écrit son accord sur les termes et conditions exposés (NEP 911 et 912 § 11).

47800 **Plan de mission** Le commissaire aux comptes, après avoir pris connaissance de l'entité et de son environnement, consigne dans un plan de mission les informations obligatoires définies par les NEP (NEP 911 et 912 § 18) :

– l'approche générale des travaux en réponse à l'évaluation du risque d'anomalies significatives dans les comptes ;

– le programme de travail définissant la nature et l'étendue des diligences estimées nécessaires ;

– le nombre d'heures de travail affectées à l'accomplissement de ces diligences ;

– le seuil de signification retenu ;

– le calendrier ;

– et les intervenants.

En revanche, comme le précise la CNCC, la NEP n'impose pas pour l'analyse du risque d'anomalies significatives :

– de détailler par assertions ;

– de distinguer en risque inhérent et en risque lié au contrôle.

Il n'est pas non plus prévu d'inclure dans le plan de mission la présomption de fraudes sur les revenus ou le principe de risques inhérents élevés qui requièrent une démarche d'audit particulière (CNCC, Décryptage mission Alpe, p. 7).

47850 **Seuil de signification** Le commissaire aux comptes détermine un seuil de signification selon son jugement professionnel et ce seuil reflète sa perception de ce qui peut influencer le jugement des utilisateurs des comptes. Il est utilisé lors de la planification, de la réalisation des procédures d'audit et lors de l'évaluation de l'incidence des anomalies détectées et non corrigées. Au cours de la mission, le commissaire aux comptes peut reconsidérer le seuil de signification s'il a connaissance de faits nouveaux ou d'évolutions de l'entité qui remettent en cause l'évaluation initiale de ce seuil (NEP 911 et 912 § 13).

Procédures d'audit Le commissaire aux comptes conçoit et met en œuvre deux types de procédures d'audit : celles réalisées en réponse à l'évaluation du risque d'anomalies significatives (NEP 911 et 912 § 21 à 26) et celles qui sont mises en œuvre indépendamment de l'évaluation du risque d'anomalies significatives (NEP 911 et 912 § 27 à 29).

47900

1. Lorsque le commissaire aux comptes met en œuvre des procédures d'audit **à la suite de son évaluation du risque d'anomalies significatives**, elles peuvent comprendre, selon son jugement professionnel :
– des tests de procédures ;
– des contrôles de substance consistant en des tests de détail et/ou des procédures analytiques ;
– une approche mixte utilisant à la fois des tests de procédures et des contrôles de substance (NEP 911 et 912 § 21).

Ainsi, comme le souligne la CNCC, le commissaire aux comptes reste juge de la stratégie d'audit à mettre en œuvre en réponse à son évaluation des risques et peut choisir, ou pas, de s'appuyer sur le contrôle interne de l'entité (Bull. CNCC n° 198-2020 – CNP 2019-08 b, questions sur la mission Alpe (NEP 911) et les diligences du commissaire aux comptes, juill. 2020).

Le commissaire aux comptes utilise une ou plusieurs des **techniques de contrôle** suivantes :
– les procédures analytiques ;
– l'inspection des enregistrements ou des documents ;
– l'inspection des actifs corporels ;
– l'observation physique ;
– la demande d'information aux personnes internes ou externes de l'entité ;
– la demande de confirmation de tiers ;
– la vérification d'un calcul ;
– la réexécution d'un contrôle.
Pour plus de détails sur chaque technique de contrôle, voir NEP 911 et 912 § 22.

Le commissaire aux comptes détermine les méthodes appropriées de sélection des éléments à contrôler : il peut décider de contrôler tous les éléments s'ils sont en petits nombres, sélectionner des éléments spécifiques ou réaliser des sondages statistiques ou non statistiques (NEP 911 et 912 § 23).

Pour ce qui est des **confirmations directes**, le commissaire aux comptes qui intervient plusieurs semaines après la clôture de l'exercice peut les remplacer par le contrôle des encaissements, des factures fournisseurs reçues ou des règlements effectués sur la période subséquente (NEP 911 et 912 § 24).

Les NEP précitées permettent également au commissaire aux comptes de n'assister à **l'inventaire physique** que dans la mesure où il estime que les stocks sont significatifs ou présentent un risque d'anomalies significatives (NEP 911 et 912 § 26).

2. En revanche, le commissaire aux comptes doit réaliser un certain nombre de **diligences indépendamment de son évaluation du risque** d'anomalies significatives. Il en est ainsi des procédures ci-après (NEP 911 et 912 § 27 à 29) :
– contrôles de substance obligatoires pour chaque compte présentant un caractère significatif ;

Selon son jugement professionnel, le commissaire aux comptes peut décider de limiter ses travaux à des procédures analytiques ou à un nombre restreint de tests de détails.

– compréhension de la justification économique d'opérations importantes qui lui semblent être en dehors des activités ordinaires de l'entité, ou qui lui apparaissent inhabituelles eu égard à sa connaissance de l'entité et de son environnement ;
– évaluation de la conformité au référentiel comptable applicable pour la présentation des comptes, notamment pour la reconnaissance des produits et y compris les informations fournies en annexe ;
– rapprochement des comptes, y compris des informations fournies dans l'annexe avec les documents comptables dont ils sont issus ;
– vérification du report des montants figurant dans les comptes de l'exercice précédent, y compris dans l'annexe ;
– examen des rapprochements bancaires à la clôture de l'exercice ;
– examen des écritures d'inventaire ;

MISSIONS D'AUDIT LÉGAL DANS LES PETITES ENTREPRISES   © Éd. Francis Lefebvre

– identification et prise en compte des événements postérieurs à la clôture ;
– revue de la cohérence d'ensemble des comptes au regard des éléments collectés tout au long de l'audit.

47950 **Finalisation de la mission** La finalisation du dossier comprend les principales étapes suivantes :

– le traitement des **anomalies relevées** au cours de la mission ;

Au cours de la mission, le commissaire aux comptes communique en temps utile, au dirigeant de l'entité ou au niveau approprié de responsabilité, les anomalies qu'il a relevées autres que celles qui sont manifestement insignifiantes. Il demande la correction de ces anomalies. À la fin de la mission, le commissaire aux comptes récapitule les anomalies non corrigées, autres que celles qui sont manifestement insignifiantes ainsi que les anomalies non corrigées relevées au cours des exercices précédents et dont les effets perdurent. Il détermine si les anomalies non corrigées, prises individuellement ou en cumulé, sont significatives (NEP 911 et 912 § 30).

– les **déclarations écrites de la direction** : les NEP précitées ne prévoient l'obtention de déclarations écrites de la direction que si le commissaire aux comptes l'estime nécessaire. En effet, les NEP prévoient que le commissaire aux comptes peut, sur la base de son jugement professionnel, demander au dirigeant de lui confirmer par écrit certaines de ses déclarations orales si au titre d'un ou de plusieurs éléments à contrôler il estime que les procédures d'audit ne lui permettent pas d'obtenir les éléments probants nécessaires pour fonder son opinion sur les comptes (NEP 911 et 912 § 31) ;

Si le dirigeant refuse, le commissaire aux comptes s'enquiert des raisons de ce refus et, en fonction des réponses formulées, en tire les conséquences éventuelles sur l'expression de son opinion sur les comptes.

Si l'obtention d'une lettre d'affirmation n'est pas obligatoire dans le cadre de la mission Alpe et relève du jugement professionnel du commissaire aux comptes, la CNCC rappelle toutefois (Bull. CNCC nº 198-2020 – CNP 2019-08 c, questions sur la mission Alpe (NEP 911) et les autres normes et obligations, juill. 2020) :

– qu'il existe des situations où le seul élément collecté que le commissaire aux comptes est en droit d'attendre est une déclaration de la direction. Ce sera le cas par exemple pour l'identification de fraudes avérées ou suspectées. Ce sera également le cas pour obtenir la confirmation des intentions de la direction lorsque celles-ci sous-tendent les principales hypothèses retenues pour l'établissement des estimations comptables ;

– que la NEP 560 prévoit notamment d'interroger la direction sur sa connaissance de la survenance d'événements postérieurs à la clôture des comptes. Dans la mesure où ces déclarations constituent des éléments collectés importants et qu'il ne dispose pas d'autres éléments pour vérifier qu'il a identifié tous les événements concernés, le commissaire aux comptes demande à la direction une confirmation écrite qu'elle n'a connaissance d'aucun événement survenu depuis la date de clôture de l'exercice qui nécessiterait un traitement comptable ou une mention dans l'annexe et/ou dans le rapport de l'organe compétent à l'organe appelé à statuer sur les comptes.

– l'**émission du rapport sur les comptes** et lorsque son mandat est limité à trois exercices, l'émission du rapport sur les risques : voir nᵒˢ 48050 s. ;
– les **autres diligences** légales prévues par le législateur et confiées au commissaire aux comptes : voir nᵒˢ 48600 s.

47980 **Communications avec les organes mentionnés à l'article L 823-16** C'est selon son jugement professionnel et au moment qu'il juge approprié au regard de l'importance du sujet que le commissaire aux comptes porte à la connaissance du dirigeant ou d'un autre organe de direction ou de l'organe collégial chargé de l'administration ou de l'organe de surveillance (NEP 911 et 912 § 32) :

– l'étendue et le calendrier des travaux d'audit ;
– ses commentaires éventuels sur les pratiques comptables de l'entité susceptibles d'avoir une incidence significative sur les comptes ;
– le cas échéant, les événements ou circonstances identifiés susceptibles de mettre en cause la continuité d'exploitation ;
– les modifications qui lui paraissent devoir être apportées aux comptes devant être arrêtés ou aux autres documents comptables ;
– les irrégularités et les inexactitudes qu'il aurait découvertes ;
– les conclusions auxquelles conduisent les observations et rectifications ci-dessus sur les résultats de la période comparés à ceux de la période précédente ;
– les motifs de l'observation, de la certification avec réserve, du refus de certifier ou de l'impossibilité de certifier qu'il envisage, le cas échéant, de formuler dans son rapport sur les comptes.

© Éd. Francis Lefebvre   **MISSIONS D'AUDIT LÉGAL DANS LES PETITES ENTREPRISES**

Il doit toutefois communiquer par écrit les éléments importants relatifs à sa mission, lorsqu'il considère qu'une communication orale ne serait pas appropriée ou lorsque les dispositions légales ou réglementaires le prévoient spécifiquement.

Documentation des travaux   Le commissaire aux comptes constitue son dossier **48000** de travail dans le respect de l'article R 823-10 du Code de commerce en l'adaptant à la taille et aux caractéristiques de l'entité contrôlée en tenant compte du principe de proportionnalité (NEP 911 et 912 § 53).

> Ce dossier permet à toute personne ayant une expérience dans la pratique de l'audit sans avoir participé à la mission d'être en mesure de comprendre la démarche adoptée, les travaux effectués, l'opinion émise et le rapport sur les risques financiers, comptables et de gestion (NEP 911 et 912 § 54).

En particulier, le commissaire aux comptes formalise dans son dossier (NEP 911 et 912 § 55) :
– les échanges intervenus avec le dirigeant de l'entité ou avec d'autres interlocuteurs au titre des éléments collectés au cours de sa mission pour l'élaboration du rapport sur les risques financiers, comptables et de gestion lorsque son mandat est limité à trois exercices ;
– les échanges verbaux avec les organes mentionnés à l'article L 823-16 du Code de commerce et la date de ces échanges ainsi qu'une copie de ses communications écrites.

C. Établissement du rapport sur les risques lorsque le mandat est limité à trois exercices

Lorsque la **durée de son mandat est limitée à trois exercices**, outre le rapport sur les **48050** comptes, le commissaire aux comptes établit, à destination des dirigeants, un rapport identifiant les risques financiers, comptables et de gestion auxquels est exposée la société (C. com. art. L 823-12-1 modifié par la loi dite « loi Pacte »).

Principes généraux

Identification des risques   C'est dans le cadre de sa démarche de certification des **48100** comptes que le commissaire aux comptes identifie les risques financiers, comptables et de gestion auxquels est exposée l'entité et qu'il estime d'une importance suffisante pour être portés à l'attention du dirigeant (NEP 911 § 34). En vue de l'élaboration de son rapport sur les risques, le commissaire aux comptes est attentif tout au long de sa mission de certification aux risques précités (NEP 911 § 34).

> Lorsque le commissaire aux comptes intervient dans une entité tête de groupe, voir n° 48250.

Forme et contenu du rapport   La NEP 911 précise que le contenu et la forme du **48120** rapport sur les risques sont adaptés à l'entité :
– selon le jugement professionnel du commissaire aux comptes ;
– sur la base des risques financiers, comptables et de gestion identifiés lors des travaux mis en œuvre et que ce dernier estime d'une importance suffisante pour être portés à l'attention du dirigeant (NEP 911 § 47).

> Selon la CNCC, les cas où une société n'est exposée à aucun risque financier, ni aucun risque comptable, ni aucun risque de gestion, doivent être rares et ne peuvent concerner que des sociétés sans activité, sans litiges et sans risque de cyber-sécurité. Néanmoins, dans un tel cas, rare et circonstancié, la CNCC considère que le commissaire aux comptes établit un rapport sur les risques qui ne fait état d'aucun risque (Bull. CNCC n° 197-2020 – CNP 2019-08 A : Questions sur le rapport sur les risques financiers, comptables et de gestion, janv. 2020).

Le commissaire aux comptes s'assure également de la cohérence du rapport sur les risques avec l'opinion émise sur les comptes (NEP 911 § 48).

> S'agissant de la cohérence entre d'une part la **justification des appréciations** figurant dans le rapport sur les comptes et d'autre part le rapport sur les risques, la CNCC rappelle que la justification des appréciations n'a pas pour objectif de porter à la connaissance des actionnaires les risques financiers, comptables et de gestion, mais de permettre au destinataire du rapport sur les comptes de mieux comprendre l'opinion émise par le commissaire aux comptes.
>
> Elle considère donc que le commissaire aux comptes prend en considération les options retenues dans le choix des méthodes comptables ou dans leurs modalités de mise en œuvre ou les estimations comptables importantes ayant fait l'objet d'une justification des appréciations, qui « consiste en une

1019

MISSIONS D'AUDIT LÉGAL DANS LES PETITES ENTREPRISES © Éd. Francis Lefebvre

explicitation de celles-ci et, ce faisant, en une motivation de l'opinion émise » (NEP 702 § 4), et vérifie que ces appréciations ne sont pas incohérentes avec le contenu du rapport sur les risques.

Les options ou estimations comptables faisant l'objet d'une justification des appréciations ne doivent pas être confondues avec les risques financiers, comptables et de gestion de l'entreprise susceptibles de figurer dans le rapport sur les risques. Ainsi, certains risques dits « business » (par exemple une concentration du chiffre d'affaires sur quelques clients) peuvent ne pas être des options ou estimations comptables de l'exercice. Par ailleurs, le commissaire aux comptes peut opter pour une rédaction succincte de la justification de ses appréciations au sein de son rapport sur les comptes annuels (Bull. CNCC n° 197-2020 – CNP 2019-08 A précité).

Contrairement au rapport sur les comptes, le contenu du rapport sur les risques n'est donc pas précisément défini par la NEP 911 et en ce sens, il ne s'agit donc **pas** d'un **rapport normé**.

Selon la CNCC, ce rapport s'apparente ainsi à un diagnostic de performance sur mesure, adapté aux risques spécifiques à l'entreprise, et elle illustre de la manière suivante les **trois catégories de risques** citées par les textes (CNCC, Décryptage mission Alpe, juin 2019, p. 9) :
– risques financiers : analyse de ratios/indicateurs financiers (marge, excédent brut d'exploitation, capacité d'autofinancement, etc.) ;
– risques comptables : appréciation du contrôle interne, de l'organisation comptable, du système d'information, etc. ;
– risques de gestion : application des textes légaux et réglementaires, appréciation des risques opérationnels, sociaux, fiscaux, du risque cyber, etc.

La NEP 911 ne précise pas le calendrier d'établissement du rapport sur les risques, étant toutefois précisé que le commissaire aux comptes s'assure de la cohérence de ce rapport avec l'opinion émise sur les comptes. La CNCC estime en conséquence que le rapport sur les risques est établi pour chaque exercice par le commissaire aux comptes concomitamment au rapport sur les comptes et à une date la plus proche possible de celui-ci (Bull. CNCC n° 197-2020 – CNP 2019-08 A précité).

Conformément à l'article R 823-7-2 du Code de commerce, introduit par le décret 2020-292 du 21 mars 2020, le rapport identifiant les risques financiers, comptables et de gestion auxquels est exposée la société est signé par le commissaire aux comptes, personne physique, ou, lorsque le mandat est confié à une société de commissaires aux comptes, par la personne mentionnée au premier alinéa de l'article L 822-9 du Code précité.

Le rapport sur les risques est donc un rapport écrit, daté et signé (C. com. art. R 823-7-2 et CNCC, CNP 2019-08 A précité).

48150 **Formulation de recommandations** S'il le juge nécessaire, le commissaire aux comptes formule dans son rapport sur les risques des recommandations visant à réduire les risques identifiés et tenant compte de la taille de l'entité et de ses caractéristiques, dans le respect des règles d'indépendance et de non-immixtion dans la gestion (NEP 911 § 49). Il échange alors avec le dirigeant sur les risques identifiés pour s'assurer de la pertinence des recommandations formulées (NEP 911 § 51).

La CNCC précise qu'à la suite de sa prise de connaissance du rapport sur les risques, le dirigeant peut souhaiter recourir aux services de son commissaire aux comptes pour approfondir les risques relatés dans ce rapport et obtenir des recommandations supplémentaires dans le cadre de SACC (services autres que la certification des comptes) confiés à ce dernier. Dans ce cas, le commissaire aux comptes veillera à respecter la règle de non-immixtion dans la gestion ainsi qu'à ne pas se placer en situation d'autorévision (Bull. CNCC n° 198-2020 – CNP 2019-08 b, questions sur la mission Alpe (NEP 911) et les diligences du commissaire aux comptes, juillet 2020).

48200 **Destinataire du rapport** Le rapport sur les risques est remis aux **dirigeants** de la société et tenu, par ceux-ci, à la disposition des organes d'administration ou de surveillance et de leurs membres (C. com. art R 823-7-2 introduit par le décret 2020-292 du 21-3-2020).

La NEP 911 précise également que ce rapport est établi à destination des dirigeants et que tout ou partie de ce dernier peut être communiqué aux autres organes visés à l'article L 823-16 du Code de commerce, à savoir le conseil d'administration, l'organe de direction ou le conseil de surveillance de la société, en fonction de l'importance des risques et selon le jugement professionnel du commissaire aux comptes (NEP 911 § 52).

Quant à la communication du rapport sur les risques à un tiers, elle peut être effectuée par le dirigeant, s'il le juge utile, mais pas par le commissaire aux comptes qui est tenu au secret professionnel.

Dès lors, la CNCC attire l'attention sur le fait que le rapport sur les risques doit être rédigé de telle façon qu'un tiers n'ayant pas participé à l'entretien avec le dirigeant puisse en comprendre la portée (Bull. CNCC n° 197-2020 – CNP 2019-08 A, janv. 2020).

Diligences complémentaires pour les sociétés « tête de groupe »

48250

Lorsque le commissaire aux comptes intervient dans une entité « tête de groupe », en application de l'article L 823-12-1, al. 1, le rapport sur les risques porte sur l'**ensemble que l'entité forme avec les sociétés qu'elle contrôle** et il met donc en œuvre les diligences complémentaires suivantes :
– il est attentif aux risques financiers, comptables et de gestion auxquels sont exposées les **sociétés contrôlées** par l'entité tête de groupe et qu'il pourrait identifier au cours de sa mission de certification des comptes de l'entité tête de groupe, notamment lors de la prise de connaissance des activités du groupe et lors du contrôle des immobilisations financières et des informations en annexe (NEP 911 § 35) ;
– il **demande** aux commissaires aux comptes des sociétés contrôlées nommés pour un mandat de trois exercices la communication des rapports sur les risques financiers, comptables et de gestion auxquels ces sociétés sont exposées (NEP 911 § 36).

> La CNCC précise que la communication de documents entre les commissaires aux comptes des sociétés contrôlées significatives nommés pour un mandat Alpe et les commissaires aux comptes de la « tête de petit groupe » nommés pour un mandat Alpe porte uniquement sur le rapport sur les risques financiers, comptables et de gestion. Il n'est pas prévu de réciprocité. En l'absence de texte le permettant, le commissaire aux comptes de la « tête de petit groupe » ne peut communiquer de documents aux commissaires aux comptes des sociétés contrôlées significatives du « petit groupe » (CNCC, Questions/réponses relatives à la loi Pacte – Octobre 2020, Question Pacte 8.6 – EJ 2019-100).
> En l'absence de rapports financiers, comptables et de gestion ou si ces rapports ne sont pas disponibles dans des délais compatibles avec l'établissement du rapport sur les risques par le commissaire aux comptes de l'entité tête de groupe, ce dernier apprécie, selon son jugement professionnel, s'il doit compléter les informations recueillies dans le cadre de sa mission de certification des comptes de l'entité tête de groupe par :
> – des entretiens avec les dirigeants des sociétés contrôlées ;
> – et/ou des échanges avec les commissaires aux comptes des sociétés contrôlées, libérés du secret professionnel en application de l'article L 822-15, al. 3 (NEP 911 § 37).
> La CNCC précise qu'il appartient au commissaire aux comptes de l'entité tête de groupe d'exercer son jugement professionnel pour déterminer l'étendue des diligences complémentaires à mettre en œuvre en application du § 37 de la NEP 911. À cet effet, le commissaire aux comptes veillera à se faire communiquer toute information qu'il estime utile sur le périmètre des sociétés contrôlées notamment lors de l'acceptation du mandat (Bull. CNCC n° 198-2020 – CNP 2019-08 b, questions sur la mission Alpe (NEP 911) et les diligences du commissaire aux comptes, juill. 2020).
> Pour plus de détails sur la levée du secret professionnel entre les commissaires aux comptes dans les petits groupes, voir n°s 5395 s.

Enfin, le rapport sur les risques portant sur l'ensemble que l'entité tête de groupe forme avec les sociétés qu'elle contrôle, le commissaire aux comptes mentionne les **sources d'information** utilisées (NEP 911 § 50).

D. Diligences et rapports dont le commissaire aux comptes est dispensé lorsqu'il est nommé pour trois exercices

48350

La loi dite « loi Pacte » a prévu que le commissaire aux comptes soit dispensé de la mise en œuvre de certaines vérifications spécifiques lorsqu'il intervient dans le cadre de la mission Alpe pour un mandat de trois exercices. Il est ainsi dispensé des diligences et rapports mentionnés aux articles L 233-19, L 223-27, L 223-34, L 223-42, L 225-40, L 225-42, L 225-88, L 225-90, L 225-103, L 225-115, L 225-135, L 225-235, L 225-244, L 226-10-1, L 227-10, L 232-3, L 232-4, L 233-6, L 233-13, L 237-6 et L 239-2 du Code de commerce (C. com. art. L 823-12-1, al. 2).

> À la date de mise à jour de ce Mémento, l'article L 225-235 du Code de commerce a été abrogé par l'ordonnance 2020-1142 du 16 septembre 2020 portant création, au sein du Code de commerce, d'une division spécifique aux sociétés dont les titres sont admis aux négociations sur un marché réglementé ou sur un système multilatéral de négociation. Cette abrogation est une erreur de plume, la recodification intervenant à droit constant et une partie des dispositions de l'article L 225-235 concernant toutes les sociétés anonymes, qu'elles soient cotées ou non cotées. Le projet de loi de ratification

MISSIONS D'AUDIT LÉGAL DANS LES PETITES ENTREPRISES   © Éd. Francis Lefebvre

de l'ordonnance précitée prévoit ainsi que l'article L 225-235 du Code de commerce soit rétabli et dispose que les commissaires aux comptes, s'il en existe, attestent dans un rapport joint au rapport mentionné au deuxième alinéa de l'article L 225-100 de l'existence des autres informations requises par l'article L 225-37-4 du même code.

48400   Le tableau suivant récapitule les dispenses précitées :

Code de commerce	Sociétés concernées	Nature de l'intervention
Conventions réglementées		
Articles L 223-19, L 225-40, L 225-88 et L 227-10	SARL, SA, SCA et SAS	Rapport spécial sur les conventions réglementées. Voir n°s 52430 s.
Articles L 225-42 et L 225-90	SA et SCA [(1)]	Rapport du commissaire aux comptes permettant de couvrir la nullité des conventions conclues sans autorisation préalable du conseil. Voir n°s 52438 s.
Convocation de l'assemblée générale par le commissaire aux comptes		
Articles L 223-27 et L 225-103	SARL, SA et SCA [(1)]	Convocation de l'assemblée générale par le commissaire aux comptes en cas de carence des organes de direction. Voir n°s 62800 s.
Opérations sur le capital		
Article L 223-34	SARL	Rapport du commissaire aux comptes en cas de réduction du capital. Voir n°s 57680 s.
Article L 225-135	SA, SCA [(1)] et SAS [(2)]	Rapport du commissaire aux comptes en cas d'augmentation du capital par émission d'actions ordinaires avec suppression du droit préférentiel de souscription et d'utilisation d'une délégation de pouvoir ou de compétence par l'organe compétent, pour procéder à une augmentation du capital avec suppression de droit préférentiel de souscription. Voir n°s 56790 s.
Attestations spécifiques du commissaire aux comptes		
Article L 225-115	SA et SCA [(1)]	Attestations spécifiques du commissaire aux comptes sur : – le montant global des rémunérations versées aux personnes les mieux rémunérées ; – le montant global des versements effectués en application des 1 et 4 de l'article 238 bis du Code général des impôts ainsi que de la liste des actions nominatives de parrainage, de mécénat. Voir n°s 56230 s.
Rapport sur le gouvernement d'entreprise		
Articles L 225-235 [(3)] et L 226-10-1	SA et SCA	Vérification du rapport sur le gouvernement d'entreprise ou des informations relevant de ce rapport. Voir n°s 55900 s.
Transformation des sociétés par actions		
Article L 225-244	SA, SCA [(1)] et SAS [(2)]	Rapport du commissaire aux comptes attestant que les capitaux propres sont au moins égaux au capital social dans le cadre de la décision de transformation d'une société par actions. Voir n°s 60160 s.
Prévention des difficultés des entreprises		
Articles L 232-3 et L 232-4	Sociétés commerciales (salariés > 300 ou CA ≥ 18 M€)	Intervention du commissaire aux comptes sur les documents liés à la prévention des difficultés des entreprises (*documents d'information financière prévisionnelle et rapports d'analyse*). Voir n°s 54865 s.

1022

Code de commerce	Sociétés concernées	Nature de l'intervention
Informations spécifiques dans le rapport du commissaire aux comptes		
Articles L 233-6 et L 233-13	Sociétés commerciales	Mention dans le rapport sur les comptes des prises de participation et de contrôle visées à l'article L 233-6 ainsi que de l'identité des personnes détenant le capital social ou les droits de vote conformément à l'article L 233-13. Voir n⁰ˢ 55640 s.
Capitaux propres de la société inférieurs à la moitié du capital social		
Article L 223-42	SARL	Convocation de l'assemblée générale devant statuer sur la dissolution anticipée de la société dans les conditions visées à l'article L 223-42. Voir n⁰ˢ 61312 s.
Cession d'actif d'une société en liquidation		
Article L 237-6	Sociétés commerciales	Autorisation du commissaire aux comptes dans le cadre de la cession de tout ou partie de l'actif d'une société en liquidation aux personnes visées à l'article L 237-6.
Évaluation des parts et actions louées		
Article L 239-2	Sociétés commerciales	Location d'actions ou de parts sociales : intervention du commissaire aux comptes sur l'évaluation effectuée sur la base de critères tirés des comptes sociaux.

[1] Sur renvoi de l'article L 226-1 du Code de commerce.
[2] Sur renvoi de l'article L 227-1 du Code de commerce.
[3] Sur le maintien de l'article L 225-235 du Code de commerce, voir n⁰ 48350.

L'exemption de plusieurs obligations légales ne veut pas dire que les vérifications spécifiques que le commissaire aux comptes doit mettre en œuvre sur les documents communiqués aux associés n'existent plus. En effet, les **documents établis par l'entité quand bien même elle n'en aurait plus l'obligation**, tels que le rapport de gestion pour les petites entreprises pouvant bénéficier d'une dispense, et communiqués aux organes appelés à statuer sur les comptes doivent être vérifiés par le commissaire aux comptes en application de l'article L 823-10 du Code de commerce (CNCC, Décryptage mission Alpe, juin 2019).

Rapport spécial et dispositions statutaires Dans le cadre de la mission Alpe, **48430** en application de l'article L 823-12-1 du Code de commerce, le commissaire aux comptes est dispensé de l'établissement du rapport spécial sur les conventions réglementées.
Si un rapport du commissaire aux comptes sur les conventions réglementées est prévu dans les statuts de la société, le commissaire aux comptes peut accepter de l'établir. Cette mission sera alors qualifiée de SACC autre que ceux requis par la législation nationale ou la législation de l'UE. Dans ce cas, le titre de ce rapport ne peut pas comporter le qualificatif « spécial » qui est réservé au rapport requis par les textes légaux et réglementaires. Il s'agira dès lors d'un « rapport sur les conventions réglementées » dont la rédaction peut s'inspirer, en l'adaptant, des exemples proposés et liés à la NI. IX – Le rapport spécial du commissaire aux comptes sur les conventions et engagements réglementés. Dans cette hypothèse, la CNCC considère que le dirigeant de la société n'établit pas de rapport spécial (Bull. CNCC n⁰ 198-2020 – CNP 2019-08 d, Mission Alpe et rapport spécial, juillet 2020 ; CNCC, Questions/réponses relatives à la loi Pacte – Octobre 2020, Question Pacte 8.5 – EJ 2019-97 et EJ 2019-17).

Sur l'absence de diligences à mettre en œuvre par le commissaire aux comptes lorsqu'il incombe au dirigeant d'une petite entreprise d'établir le rapport spécial, voir n⁰ 48625.

E. Rapport sur les comptes

Comme rappelé ci-avant, la mission du commissaire aux comptes nommé dans des **48450** petites entreprises, qu'elle soit sur une durée de trois exercices ou de six exercices, comprend la mission de certification des comptes annuels, et, le cas échéant, des comptes consolidés lorsque l'entité décide sur une base volontaire de publier de tels comptes, prévue à l'article L 823-9 du Code de commerce et dont il rend compte dans son rapport sur les comptes annuels, et, le cas échéant, dans son rapport sur les comptes consolidés (NEP 911 et 912 § 6).

48500 **Respect de l'article L 823-9 du Code de commerce** Le commissaire aux comptes établit le rapport sur les comptes annuels dans lequel il certifie que les comptes sont réguliers et sincères et donnent une image fidèle du résultat des opérations de l'exercice écoulé ainsi que de la situation financière et du patrimoine de la personne ou de l'entité à la fin de cet exercice (C. com. art. L 823-9, al. 1, NEP 911 § 43 et NEP 912 § 39).

Lorsque la personne ou l'entité décide sur une base volontaire de publier des comptes consolidés, le commissaire aux comptes établit un rapport sur les comptes consolidés dans lequel il certifie que les comptes consolidés sont réguliers et sincères et donnent une image fidèle du patrimoine, de la situation financière ainsi que du résultat de l'ensemble constitué par les personnes et entités comprises dans la consolidation (C. com. art. L 823-9, al. 2, NEP 911 § 43 et NEP 912 § 39).

48520 **Formulation de l'opinion** Le commissaire aux comptes est tenu d'exprimer son opinion sur les comptes selon les dispositions des paragraphes 6 à 14 de la norme d'exercice professionnel 700 relative aux rapports du commissaire aux comptes sur les comptes annuels et consolidés (NEP 911 § 44 et NEP 912 § 40).

Pour plus de détails sur le contenu de l'opinion du commissaire aux comptes sur les comptes, voir nos 30858 s.

48550 **Justification des appréciations** Lorsqu'il applique la NEP 911 ou 912, le commissaire aux comptes peut, sur la base de son jugement professionnel, adopter une rédaction succincte de la justification de ses appréciations (NEP 911 § 45 et NEP 912 § 41).

48560 **Contenu du rapport** Concernant le contenu du rapport sur les comptes, les dispositions du paragraphe 18 de la NEP 700 doivent être respectées (NEP 911 § 46 et NEP 912 § 42).

La CNCC met à disposition des commissaires aux comptes un pack Alpe proposant des outils pour réaliser la mission Alpe ainsi qu'un exemple de rapport sur les comptes.

F. Autres diligences légales

48600 Les autres diligences légales présentées ci-après s'appliquent aux commissaires aux comptes nommés dans des petites entreprises, quelle que soit la durée de leur mandat (trois exercices ou six exercices).

48620 **Contrôle des documents adressés à l'organe statuant sur les comptes** Le commissaire aux comptes procède au contrôle des documents adressés à l'organe appelé à statuer sur les comptes en mettant en œuvre les diligences prévues par la norme d'exercice professionnel 9510 « Diligences du commissaire aux comptes relatives au rapport de gestion, aux autres documents sur la situation financière et les comptes et aux informations relevant du rapport sur le gouvernement d'entreprise adressés aux membres de l'organe appelé à statuer sur les comptes » (NEP 911 § 38 et NEP 912 § 34).

Pour plus de détails sur le contrôle des documents adressés à l'organe statuant sur les comptes, voir chapitre « Autres vérifications spécifiques » (nos 54100 s.).

48625 S'agissant plus particulièrement du **rapport spécial sur les conventions réglementées établi par le dirigeant** et adressé aux actionnaires ou associés, la CNCC précise que ledit rapport ne constitue pas un « document relatif à la situation financière et aux comptes » au regard de la NEP 9510 mais un « autre document ».

En effet, le rapport établi par le dirigeant sur les conventions réglementées n'a pas pour objectif d'expliciter les comptes de l'exercice soumis à l'approbation des actionnaires (ou des associés) mais de les informer sur certaines conventions dites « réglementées » afin qu'ils statuent sur celles-ci.

Dès lors, le rapport spécial établi par le dirigeant ne fait pas l'objet de contrôles de la part du commissaire aux comptes (Bull. CNCC no 198-2020 – CNP 2019-08 d, Mission Alpe et rapport spécial, juillet 2020).

48650 **Irrégularités et révélation de faits délictueux** Le commissaire aux comptes est tenu de signaler à la prochaine assemblée générale ou réunion de l'organe compétent les irrégularités et inexactitudes relevées au cours de l'accomplissement de sa mission. Il révèle au procureur de la République les faits délictueux dont il a eu connaissance, sans que sa responsabilité puisse être engagée par cette révélation (C. com. art. L 823-12, NEP 911 § 39 et NEP 912 § 34).

Lutte contre le blanchiment des capitaux et le financement du terrorisme   **48700**
Le commissaire aux comptes met également en œuvre les diligences prévues par la norme d'exercice professionnel 9605 sur les obligations du commissaire aux comptes relatives à la lutte contre le blanchiment des capitaux et le financement du terrorisme (NEP 911 § 40 et NEP 912 § 35).

Procédure d'alerte   Lorsque le commissaire aux comptes relève, à l'occasion de   **48750**
l'exercice de sa mission, des faits de nature à compromettre la continuité de l'exploitation, il met en œuvre les dispositions prévues par les textes légaux et réglementaires relatives à la procédure d'alerte et il en tire les conséquences éventuelles sur son rapport sur les comptes. La continuité d'exploitation est appréciée sur une période de douze mois à compter de la clôture de l'exercice (NEP 911 § 41 et NEP 912 § 36).

Autres diligences légales confiées par le législateur   Plus généralement, le   **48760**
commissaire aux comptes met en œuvre les autres diligences légales confiées par le législateur (NEP 911 § 42 et NEP 912 § 37).

CHAPITRE 4

Missions d'audit dans le cadre des services autres que la certification des comptes (SACC)

Plan du chapitre	§§
SECTION 1 **Évolution du cadre d'intervention du commissaire aux comptes**	49000
SECTION 2 **Contexte d'intervention**	49010
SECTION 3 **Mise en œuvre de la mission**	49200

SECTION 1

Évolution du cadre d'intervention du commissaire aux comptes

L'établissement d'informations comptables intermédiaires peut résulter d'une obligation légale ou réglementaire. Il peut aussi résulter d'une **démarche volontaire** de l'entité contrôlée.

49000

Ainsi un groupe de sociétés peut-il avoir besoin de faire auditer, sur une base volontaire, les comptes intermédiaires, éventuellement consolidés, d'entités comprises, ou destinées à entrer, dans le périmètre de consolidation.

Ne seront développées dans ce chapitre que les missions d'audit réalisées dans le cadre des services autres que la certification des comptes (SACC) et résultant d'une démarche volontaire de l'entité contrôlée.

Les services autres que la certification des comptes traités dans ce chapitre se caractérisent par le fait qu'ils ne résultent pas d'une disposition légale ou réglementaire, mais d'une **demande de l'entité** contrôlée.

49004

Avant le 17 juin 2016, date d'entrée en vigueur de l'ordonnance 2016-315 du 17 mars 2016 transposant la réforme européenne de l'audit en France, ces prestations étaient réalisées dans le cadre des diligences directement liées à la mission de commissaire aux comptes qui faisaient l'objet de neuf normes d'exercice professionnel. Ce concept de diligences directement liées à la mission de commissaire aux comptes a été supprimé par l'ordonnance précitée.

Le commissaire aux comptes d'une entité peut fournir des « services autres que la certification des comptes » sous réserve que leur fourniture ne contrevienne pas aux dispositions régissant l'exercice du commissariat aux comptes et notamment aux règles d'indépendance.

Sur la notion de SACC, voir également n° 68000.

Ainsi, lorsque le commissaire aux comptes certifie les comptes d'une **entité d'intérêt public**, il lui est interdit de fournir directement ou indirectement à cette entité, et aux personnes ou entités qui la contrôlent ou qui sont contrôlées par elle au sens des I et II de l'article L 233-3 et dont le siège social est situé dans l'Union européenne, les services mentionnés au paragraphe 1 de l'article 5 du règlement 537/2014 du 16 avril 2014 (C. com. art. L 822-11, II ; voir nos 3744 s.).

> En outre, une approche risque/sauvegarde s'applique concernant les services qui ne sont pas dans la liste des services interdits par le règlement européen afin d'analyser les risques de perte d'indépendance et/ou d'autorévision ainsi que les mesures de sauvegarde pouvant être mises en œuvre : voir n° 3755.
>
> Pour les EIP, les SACC doivent également faire l'objet d'un processus d'approbation par le comité d'audit et du respect du plafonnement des honoraires relatifs à ces services (C. com. art. L 822-11-2 ; voir n° 26470).

De plus, il est interdit au commissaire aux comptes d'accepter ou de poursuivre une mission de certification auprès d'une personne ou d'une entité qui n'est **pas une entité d'intérêt public** lorsqu'il existe un risque d'autorévision ou que son indépendance est compromise et que des mesures de sauvegarde appropriées ne peuvent être mises en œuvre (C. com. art. L 822-11, III ; voir nos 3748 s.).

> Lorsque le commissaire aux comptes réalise un audit contractuel dans une entité qui n'a pas désigné de commissaire aux comptes et qu'il n'exerce pas de mandat dans les entités qui, le cas échéant, la contrôlent ou sont contrôlées par elle, voir nos 75500 s.

49005 La NEP DDL 9010 étant devenue caduque depuis le 17 juin 2016, les modalités pratiques des prestations d'audit fournies par les commissaires aux comptes à la demande de l'entité sont précisées dans un **avis technique** « Audit entrant dans le cadre des services autres que la certification des comptes fournis à la demande de l'entité » joint en annexe du communiqué CNCC « Référence aux normes ou à la doctrine pour les services autres que la certification des comptes fournis à la demande de l'entité » publié en juillet 2016. Cet avis technique constitue dorénavant la **doctrine professionnelle** de la CNCC relative à ces interventions.

> Ce document a été établi sur la base de l'ancienne NEP DDL 9010 tout en tenant compte des nouvelles dispositions de l'ordonnance 2016-315 du 17 mars 2016.

Les commissaires aux comptes pourront également utiliser les **normes d'audit** des comptes « mis en œuvre dans le cadre de la certification des comptes » (NEP 200 à 730) à l'exception des normes 700, 701 et 702 relatives aux rapports sur les comptes et à la justification des appréciations (Communiqué CNCC précité).

49009 Lorsque le commissaire aux comptes réalise des services autres que la certification des comptes à la demande de la personne ou entité dont il certifie les comptes, il est soumis aux dispositions des titre I et II du Code de déontologie modifié par le décret 2020-292 du 21 mars 2020 :

– titre I : dispositions communes applicables aux commissaires aux comptes dans l'exercice de leur activité professionnelle ;

– titre II : dispositions complémentaires applicables aux commissaires aux comptes dans l'exercice de leur activité professionnelle pour le compte de la personne ou de l'entité dont il certifie les comptes.

> Ces dispositions sont détaillées dans le cadre du chapitre Statut du contrôleur légal du titre I de la partie I du présent Mémento (nos 3500 s. et 5900 s.).

SECTION 2

Contexte d'intervention

49010 L'entité, en dehors de ses obligations légales, peut avoir besoin de produire des informations financières ayant fait l'objet d'un contrôle externe, afin de renforcer la **sécurité financière** pour l'utilisateur et la crédibilité de ces dernières (Avis technique CNCC précité § Introduction).

Pour les entreprises qui n'ont pas l'obligation légale ou réglementaire de les établir, les informations financières intermédiaires constituent un **outil de gestion ou de communication** accroissant leur crédibilité et la compréhension de leur fonctionnement par leurs interlocuteurs, par exemple les banques.

Les informations financières intermédiaires permettent par ailleurs de répondre à une demande accrue d'informations financières pertinentes et établies avec une plus grande périodicité. Leur production a en effet pour conséquence une **amélioration** qualitative et quantitative **de l'information des associés ou actionnaires,** des tiers et des acteurs des marchés financiers.

> Ainsi les comptes intermédiaires permettent-ils de comparer les résultats intermédiaires avec ceux des périodes précédentes et donc de réagir aux évolutions de la période sans attendre la fin de l'exercice. Les utilisateurs des comptes intermédiaires (actionnaires, fournisseurs, tiers, investisseurs...) peuvent dès lors mieux appréhender la capacité de l'entreprise à engendrer des flux de trésorerie et juger de la situation financière de l'entreprise.

Le besoin de produire des informations financières ayant fait l'objet d'un contrôle externe peut également résulter d'**événements exceptionnels**, par exemple une opération d'acquisition, une prise de participation, une demande d'ouverture de crédit..., qui requièrent l'appréciation de la situation de l'entreprise à une date autre que la fin de l'exercice.

L'entité demande un rapport d'audit lorsqu'elle a besoin d'un rapport dans lequel l'auditeur formule une opinion à l'issue de diligences lui ayant permis d'obtenir l'assurance élevée, mais non absolue du fait des limites inhérentes à l'audit, qualifiée par convention d'« assurance raisonnable », que les informations financières ne comportent pas d'anomalies significatives (Avis technique CNCC précité § Introduction). Ce rapport peut être demandé par une entité à son commissaire aux comptes.

49020

Domaine d'intervention et rôle de la direction

Le rapport d'audit ne peut porter que sur des **informations financières établies par la direction** de l'entité et, si elles sont destinées à être adressées à l'organe délibérant de cette entité, arrêtées par l'organe compétent (Avis technique CNCC précité § 1).

49100

Le commissaire aux comptes n'est pas un dispensateur direct d'informations. Il est donc fondamental que les éléments faisant l'objet de l'audit soient établis par la direction ou un organe compétent. Le rapport du commissaire aux comptes rappelle d'ailleurs les rôles respectifs de la direction ou de l'organe compétent pour établir les informations financières et du commissaire aux comptes pour formuler une opinion sur celles-ci.
Si par ailleurs il le juge nécessaire, le commissaire aux comptes peut, préalablement à l'émission de son rapport, demander à la direction de lui adresser une **lettre d'affirmation** confirmant que les informations financières ont été établies sous son autorité.

49105

> Cette possibilité résulte du § 2 de l'avis technique précité qui prévoit que les normes d'audit, et en particulier la norme 580 relative aux déclarations de la direction, sont applicables à ce type de mission. Sur le contenu, l'utilisation et le mode de rédaction de la lettre d'affirmation, le lecteur pourra se référer aux n°s 30780 s.

Selon les besoins spécifiques de l'entité, les **informations financières** peuvent être celles **de l'entité** elle-même ou celles **d'autres entités** (Avis technique CNCC précité § Introduction).

49110

> Le commissaire aux comptes peut ainsi émettre un rapport d'audit sur des informations financières relatives à l'entité ou à une entité contrôlée par celle-ci ou à une entité qui la contrôle, dans la mesure où il respecte les dispositions du Code de commerce, du Code de déontologie de la profession et, pour les EIP, du règlement européen 537/2014 quant à son indépendance (voir n° 49004). Concernant la nécessaire vigilance sur les conditions requises pour accepter cette mission et notamment la compréhension du contexte de la demande, voir n°s 49120 s.
> Lorsque le commissaire aux comptes réalise un audit contractuel dans une entité qui n'a pas désigné de commissaire aux comptes et qu'il n'exerce pas de mandat dans les entités qui, le cas échéant, contrôlent ou sont contrôlées par l'entité faisant l'objet de l'audit contractuel, voir n°s 75500 s.

Ces informations financières sont des comptes, des états comptables ou des éléments des comptes (Avis technique CNCC précité § 1).
Les **comptes**, qui comprennent un bilan, un compte de résultat, une annexe et éventuellement un tableau des flux de trésorerie, sont des comptes d'une seule entité, des comptes consolidés ou combinés ou encore des comptes établis selon un périmètre d'activité défini pour des besoins spécifiques. Ils concernent soit un exercice complet, soit une autre période définie. Ils sont établis selon le référentiel comptable appliqué pour les comptes annuels de l'entité ou pour les comptes consolidés du groupe ou selon un autre référentiel comptable reconnu.

49115

Il faut entendre par « référentiel reconnu » un référentiel composé d'un ensemble de conventions comptables utilisées pour l'établissement des comptes et s'appliquant à tous les éléments significatifs de ceux-ci. Des conventions comptables extraites de plusieurs référentiels et utilisées conjointement ne constituent pas un « référentiel comptable reconnu ». Ainsi en irait-il par exemple d'états financiers établis en appliquant des normes comptables étrangères pour certains postes et les principes du plan comptable général français pour d'autres postes.

Lorsque l'entreprise adopte un référentiel comptable, il est essentiel pour l'auditeur de déterminer si ledit référentiel est ou non conçu pour donner une « image fidèle » dans la mesure où cette distinction sera déterminante pour la formulation de son opinion (voir n° 49234).

Les comptes peuvent être également établis selon des critères convenus et décrits dans des notes explicatives annexées (Avis technique CNCC précité § 1).

Les **états comptables** sont établis à partir des informations provenant de la comptabilité ou des comptes de l'entité mais ne constituent pas des comptes. Ils comprennent dans tous les cas des notes explicatives décrivant notamment les principes d'élaboration retenus. Ils peuvent être établis selon les périmètres, les périodes et les référentiels définis ci-dessus (Avis technique CNCC précité § 1).

Ainsi, un bilan, un compte de résultat, une liasse fiscale, une liasse de consolidation ou un tableau des flux de trésorerie, accompagnés de notes explicatives, peuvent constituer des états comptables.

Les **éléments de comptes** sont constitués par des soldes de comptes, des catégories d'opérations, ou un détail de ces derniers, ou des informations fournies dans l'annexe des comptes, accompagnés de notes explicatives décrivant notamment les principes d'élaboration retenus. Ils peuvent être établis selon les périmètres, les périodes et les référentiels définis ci-dessus (Avis technique CNCC précité § 1).

Ainsi une balance auxiliaire, une balance âgée ou un état des stocks accompagnés de notes explicatives peuvent-ils constituer des éléments des comptes.

Lorsque l'audit demandé porte sur des éléments des comptes, le commissaire aux comptes ne peut le réaliser que si les comptes auxquels ils se rapportent ont fait l'objet d'un audit (Avis technique CNCC précité § 1).

Conditions requises

49120 Compte tenu de la diversité des interventions possibles, le commissaire aux comptes fait preuve d'une **grande vigilance** lorsqu'il est sollicité pour la mise en œuvre d'un audit entrant dans le cadre des services autres que la certification des comptes fournis à la demande de l'entité.

Ainsi, avant d'accepter la mission, le commissaire aux comptes se fait préciser le contexte de la demande pour s'assurer que les conditions de son intervention et l'utilisation prévue du rapport d'audit sont compatibles avec les dispositions du Code de déontologie de la profession et, le cas échéant, du règlement européen 537/2014 (Avis technique CNCC précité § 1).

49121 Dans certaines entités, les textes légaux et réglementaires imposent des procédures d'autorisation pour les services autres que la certification des comptes non interdits. Notamment, l'article L 822-11-2 du Code de commerce prévoit que le commissaire aux comptes peut fournir ces services à l'entité d'intérêt public dont il certifie les comptes, ou aux personnes ou entités qui la contrôlent ou qui sont contrôlées par elle au sens des I et II de l'article L 233-3, à condition que ceux-ci soient **approuvés par le comité d'audit** (voir n°s 3781 s.).

49122 Le commissaire aux comptes vérifie également que les conditions de son intervention, notamment les délais pour mettre en œuvre les travaux d'audit, sont compatibles avec les **ressources** dont il dispose (Avis technique CNCC précité § 1).

49124 Dans tous les cas, le commissaire aux comptes n'est pas obligé· d'accepter la demande qui lui est faite : il peut toujours **refuser l'intervention** (Avis technique CNCC précité § 1).

Cocommissariat

49150 Lorsque l'entité a désigné plusieurs commissaires aux comptes, le rapport d'audit est **signé par chaque commissaire aux comptes** dès lors qu'il porte sur des informations financières de l'entité établies conformément aux référentiels comptables appliqués pour répondre à ses obligations légales ou réglementaires françaises d'établissement des

© Éd. Francis Lefebvre   MISSIONS D'AUDIT DANS LE CADRE DES SERVICES AUTRES QUE LA CERTIFICATION DES COMPTES (SACC)

comptes, et que ces informations soit ont été arrêtées par l'organe compétent, soit sont destinées à être communiquées au public.

Dans les autres cas, le rapport d'audit peut être **signé par l'un des commissaires aux comptes**.

Il appartient, alors, au commissaire aux comptes qui établit seul le rapport d'informer préalablement les autres commissaires aux comptes de l'objet du rapport d'audit et de leur en communiquer une copie (Avis technique CNCC précité § 5).

SECTION 3

Mise en œuvre de la mission

Dans cette section, nous traiterons de la lettre de mission, de l'accomplissement des diligences ainsi que de la finalisation des travaux.

49200

Lettre de mission

Le nouvel article R 823-17-1 du Code de commerce, introduit par le décret 2020-292 du 21 mars 2020, dispose que, pour les missions autres que la certification des comptes et pour les prestations, une lettre de mission doit être établie par les parties préalablement à la réalisation de la mission ou de la prestation. Elle précise notamment les engagements des parties et le montant des honoraires, qui tiennent compte de l'importance des diligences à mettre en œuvre.

49210

> Le commissaire aux comptes peut compléter sa lettre de mission relative à sa mission légale. Dans cette hypothèse, il est établi soit une lettre de mission révisée qui se substitue à la précédente, soit un avenant à la lettre de mission, conformément aux principes de la NEP relative à la lettre de mission (NEP 210 § 07).
>
> La CNCC considère que si le commissaire aux comptes a une connaissance suffisamment précise de la nature et de l'étendue des travaux à mettre en œuvre au moment de l'établissement de la lettre de mission « générale », il est possible d'y insérer les interventions au titre des DDL (Réponse Commission d'application des normes professionnelles n° 2008-27 du 10-9-2009). Cette position s'applique également aux services autres que la certification des comptes.
>
> Pour plus d'informations sur la lettre de mission, voir nos 27540 s.
>
> En outre, concernant les services autres que la certification des comptes de nature contractuelle, la lettre de mission pourra utilement prévoir une **limitation de responsabilité** de l'auditeur en montant (tenant compte par exemple du montant des honoraires de la mission) et aussi dans le temps, en prévoyant contractuellement le point de départ de la prescription et un délai abrégé de prescription au-delà duquel sa responsabilité contractuelle ne pourra plus être recherchée.

Diligences du commissaire aux comptes

Le commissaire aux comptes réalise les travaux d'audit en respectant **toutes les normes d'exercice professionnel relatives à l'audit des comptes** réalisé pour les besoins de la certification des comptes, à l'exception des normes 700 et 705 relatives aux rapports sur les comptes annuels et consolidés et à la justification des appréciations (Avis technique CNCC précité § 2).

49220

Lorsque l'audit demandé porte sur des états comptables ou des éléments de comptes, le commissaire aux comptes applique ces normes au contenu des états ou éléments concernés (Avis technique CNCC précité § 2).

> Ainsi pour évaluer le risque d'anomalies significatives, déterminer les travaux d'audit à mettre en œuvre et évaluer l'incidence sur son opinion des anomalies détectées et non corrigées, le commissaire aux comptes détermine-t-il un seuil de signification, non pas pour les comptes pris dans leur ensemble, mais pour les éléments objets de son audit : le seuil correspond de ce fait au montant au-delà duquel le jugement de l'utilisateur des informations financières sur lesquelles porte l'audit est susceptible d'être influencé.
>
> Pour les exercices qui ont été ouverts à compter du 26 juillet 2012, le commissaire aux comptes doit par ailleurs déterminer un seuil de planification inférieur au seuil de signification en vue de définir la nature et l'étendue de ses travaux (Norme d'exercice professionnel du 19-7-2012 relative à l'application de la notion de caractère significatif lors de la planification et de la réalisation de l'audit).

1031

49222 Le commissaire aux comptes utilise sa connaissance de l'entité concernée et de son environnement et les travaux qu'il a déjà réalisés pour les besoins de la certification des comptes ; il met en œuvre les travaux complémentaires qu'il estime nécessaires pour obtenir l'assurance raisonnable que les informations financières, prises dans leur ensemble, ne comportent pas d'anomalies significatives (Avis technique CNCC précité § 2).

Le commissaire aux comptes se montre particulièrement attentif à la conformité de l'établissement des informations comptables intermédiaires avec le référentiel retenu ou avec les critères décrits dans les notes explicatives qui les accompagnent.

Le cas échéant, il porte également une attention particulière :
– au respect du principe de permanence des méthodes par référence aux comptes annuels ;
– au respect du principe de continuité de l'exploitation ;
– à la prise en compte des événements postérieurs susceptibles d'avoir une incidence significative sur les informations comptables intermédiaires telles qu'elles ont été établies ;
– à la qualité de l'information fournie dans l'annexe ou dans les notes explicatives.

49224 Enfin, lorsque l'entité demande au commissaire aux comptes un rapport d'audit sur des éléments des comptes qui sont établis à une date postérieure aux derniers comptes ayant fait l'objet d'un audit, le commissaire aux comptes met en œuvre des travaux sur ces éléments et les autres éléments des comptes en relation avec ceux-ci pour la période non couverte par les derniers comptes ayant fait l'objet d'un audit (Avis technique CNCC précité § 2).

Le risque attaché à cette mission est la probabilité que l'élément de comptes audité soit **lié à d'autres rubriques** des comptes. C'est pour cette raison que, comme nous l'avons vu, le préalable à ce type de mission est que les comptes auxquels il se rapporte aient fait l'objet d'un audit (voir n° 49110). Par ailleurs, il est impératif que le commissaire aux comptes, en tant que de besoin, ne limite pas ses travaux à la seule rubrique auditée, mais qu'il prenne en compte les rubriques interdépendantes susceptibles d'avoir une incidence significative sur les informations donnant lieu à son opinion, par exemple, les comptes de ventes et de trésorerie si la rubrique visée est constituée par les comptes clients (Doctrine professionnelle de la CNCC : ancienne norme CNCC 2-607 § 24).

49226 Le commissaire aux comptes vérifie que les informations fournies dans l'annexe des comptes ou dans les notes explicatives des états comptables ou des éléments de comptes permettent aux utilisateurs d'en comprendre la portée et d'éviter toute confusion avec les comptes annuels ou consolidés de l'entité faisant l'objet de la certification du commissaire aux comptes en application de l'article L 823-9 du Code de commerce (Avis technique CNCC précité § 2).

Finalisation des travaux

49230 **Niveau d'assurance** Les missions d'audit entrant dans le cadre des services autres que la certification des comptes fournis à la demande de l'entité relèvent par définition des missions d'audit. Elles donnent lieu à la délivrance d'une assurance **raisonnable** que les informations financières ne présentent pas d'anomalies significatives.

49232 **Contenu** Le commissaire aux comptes établit un rapport qui comporte les informations suivantes (Avis technique CNCC précité § 4) :
– un titre qui indique qu'il s'agit d'un rapport d'audit ;
– l'identité du destinataire du rapport au sein de l'entité ou l'indication de l'organe auquel le rapport est destiné ;
– le rappel de la qualité de commissaire aux comptes ;
– l'identification de l'entité concernée ;
– la nature des informations financières qui font l'objet du rapport et sont jointes à ce dernier ;
– la période concernée ;
– les rôles respectifs de la direction ou de l'organe compétent de l'entité concernée pour établir les informations financières et du commissaire aux comptes pour formuler une opinion sur celles-ci ;
– lorsque les informations financières ne sont pas établies selon un référentiel comptable reconnu, toutes remarques utiles permettant au destinataire final de mesurer la portée et les limites du rapport ;
– la nature et l'étendue des travaux mis en œuvre dans le cadre de l'audit ;
– l'opinion du commissaire aux comptes exprimée par rapport au référentiel comptable ou aux critères retenus pour la préparation des informations financières qui font l'objet du rapport ;

- le cas échéant, ses observations ;
- la date du rapport ;
- l'identification et la signature du commissaire aux comptes.

La CNCC a élaboré deux exemples de rapport, le premier applicable à des comptes complets établis selon un référentiel conçu pour donner une image fidèle, le second applicable soit à des comptes complets établis selon un référentiel « ad hoc », soit à des comptes résumés, soit à des états comptables, soit enfin à des éléments de comptes (Avis technique CNCC précité § 6).

Opinion   À l'issue de son audit, le commissaire aux comptes formule son opinion selon le référentiel comptable ou les critères convenus au regard desquels les informations financières ont été établies.   **49234**

Lorsque l'audit porte sur des comptes établis selon un référentiel conçu pour donner une image fidèle telle que les référentiels comptables applicables en France, le commissaire aux comptes déclare si à son avis ces comptes présentent, ou non, sincèrement, dans tous leurs aspects significatifs, le patrimoine, la situation financière, le résultat des opérations de l'entité ou du groupe ou du périmètre défini, au regard du référentiel indiqué.

Dans les autres cas, et notamment lorsque l'audit porte sur des états comptables ou des éléments de comptes, il déclare si à son avis les informations financières ont été établies, ou non, dans tous leurs aspects significatifs, conformément au référentiel indiqué ou aux critères définis.

Dans tous les cas, le commissaire aux comptes formule :
- une opinion favorable sans réserve ;
- ou une opinion favorable avec réserve ;
- ou une opinion défavorable ;
- ou une impossibilité de formuler une opinion (Avis technique CNCC précité § 3).

Le commissaire aux comptes formule une **opinion favorable, sans réserve**, lorsque l'audit des informations financières qu'il a mis en œuvre lui a permis d'obtenir l'assurance raisonnable que celles-ci, prises dans leur ensemble, ne comportent pas d'anomalies significatives (Avis technique CNCC précité § 3).   **49236**

Le commissaire aux comptes formule une **opinion favorable avec réserve pour désaccord** :   **49238**
- lorsqu'il a identifié au cours de son audit des anomalies significatives et que celles-ci n'ont pas été corrigées ;
- que les incidences sur les informations financières des anomalies significatives sont clairement circonscrites ;
- et que la formulation de la réserve est suffisante pour permettre à l'utilisateur des informations financières de fonder son jugement en connaissance de cause.

Le commissaire aux comptes précise dans ce cas les motifs de la réserve pour désaccord. Il quantifie au mieux les incidences des anomalies significatives identifiées et non corrigées ou indique les raisons pour lesquelles il ne peut les quantifier.

Le commissaire aux comptes formule une **opinion favorable avec réserve pour limitation** :   **49239**
- lorsqu'il n'a pas pu mettre en œuvre toutes les procédures d'audit nécessaires pour fonder son opinion ;
- que les incidences sur les informations financières des limitations à ses travaux sont clairement circonscrites ;
- et que la formulation de la réserve est suffisante pour permettre à l'utilisateur des informations financières de fonder son jugement en connaissance de cause (Avis technique CNCC précité § 3).

Le commissaire aux comptes formule une **opinion défavorable** :   **49240**
- lorsqu'il a détecté au cours de son audit des anomalies significatives et que celles-ci n'ont pas été corrigées, et que :
• soit les incidences sur les informations financières des anomalies significatives ne peuvent pas être clairement circonscrites,
• soit la formulation d'une réserve n'est pas suffisante pour permettre à l'utilisateur des informations financières de fonder son jugement en connaissance de cause.

Le commissaire aux comptes précise les motifs de l'opinion défavorable. Il quantifie, lorsque cela est possible, les incidences sur les informations financières des anomalies significatives identifiées et non corrigées (Avis technique CNCC précité § 3).

49242 Le commissaire aux comptes exprime son **impossibilité de formuler une opinion :**
– lorsqu'il n'a pas pu mettre en œuvre toutes les procédures d'audit nécessaires pour fonder son opinion, et que :
• soit les incidences sur les informations financières des limitations à ses travaux ne peuvent être clairement circonscrites,
• soit la formulation d'une réserve n'est pas suffisante pour permettre à l'utilisateur des informations financières de fonder son jugement en connaissance de cause.
Le commissaire aux comptes exprime également une impossibilité de formuler une opinion lorsqu'il existe de multiples incertitudes dont les incidences sur les informations financières ne peuvent être clairement circonscrites (Avis technique CNCC précité § 2).

49244 **Observations** Lorsqu'il émet une opinion favorable sans réserve ou avec réserve, le commissaire aux comptes formule, s'il y a lieu, toutes observations utiles.
En formulant une observation, le commissaire aux comptes **attire l'attention** sur une information fournie dans l'annexe ou dans les notes explicatives. Il ne peut pas dispenser d'informations dont la diffusion relève de la responsabilité des dirigeants.
Les observations sont formulées dans un paragraphe distinct, inséré après l'opinion.
Le commissaire aux comptes formule systématiquement une observation **en cas d'incertitude sur la continuité de l'exploitation** (Avis technique CNCC précité § 2).

© Éd. Francis Lefebvre

MISSIONS D'EXAMEN LIMITÉ

TITRE III

Missions
d'examen limité

© Éd. Francis Lefebvre   **MISSIONS D'EXAMEN LIMITÉ** ▐

Plan du titre	§§
SECTION 1 **Définition**	49710
SECTION 2 **Contexte d'intervention**	49750
SECTION 3 **Mise en œuvre**	49810
SECTION 4 **Formulation de la conclusion**	49900

Bien qu'elles soient le plus souvent confiées à l'auditeur financier, les missions d'examen limité n'en constituent pas moins une technique de contrôle distincte qui ne peut être confondue avec l'audit financier (nos 49710 s.).

49700

Nous étudierons ci-après les missions d'examen limité mises en œuvre par un commissaire aux comptes, soit dans le cadre de la NEP 2410 relative à l'examen limité de comptes intermédiaires en application de dispositions légales ou réglementaires, soit dans le cadre des services autres que la certification des comptes (SACC) lorsqu'il intervient à la demande de l'entité dont il certifie les comptes.

> En pratique, les deux types de mission ne diffèrent en rien en ce qui concerne les modalités de leur mise en œuvre : les seules différences entre les interventions effectuées dans le cadre de dispositions légales et réglementaires et celles effectuées dans le cadre de SACC tiennent au contexte d'intervention et, dans une moindre mesure, à la formalisation de la conclusion (voir n° 49810).

Après avoir défini la notion d'examen limité (nos 49710 s.), nous exposerons le contexte d'intervention (nos 49750 s.), puis les principales caractéristiques de mise en œuvre de ce type de mission (nos 49810 s.) et enfin les modalités à respecter pour la formulation de la conclusion (nos 49900 s.).

49705

▐ **SECTION 1** ▐

Définition

Objectif des missions d'examen limité

Les missions d'examen limité constituent des **missions d'assurance** : elles ont pour objectif de permettre au commissaire aux comptes d'obtenir l'assurance, moins élevée que celle obtenue dans le cadre d'un audit des comptes réalisé pour les besoins de la certification, que les comptes ou les informations financières ne comportent pas d'anomalies significatives. Cette assurance, qualifiée d'**assurance modérée**, permet de formuler une conclusion, sous forme négative, selon laquelle il n'a pas été relevé d'anomalies significatives dans les comptes ni dans les informations financières pris dans leur ensemble (NEP 2410 § 09 et 10).

49710

Nature des travaux mis en œuvre

Les missions d'examen limité poursuivant l'obtention d'une assurance modérée, et non d'une assurance raisonnable comme dans le cadre de l'audit, il en résulte logiquement qu'elles impliquent la mise en œuvre de **procédures moins étendues** que celles requises pour un audit des comptes réalisé pour les besoins de la certification (NEP 2410 § 07) : l'examen limité consiste essentiellement, pour le commissaire aux comptes, à s'entretenir avec la direction et à mettre en œuvre des procédures analytiques (NEP 2410 § 08).

49715

Spécificité de l'examen limité

Les paragraphes qui précèdent font clairement apparaître que l'examen limité constitue une **technique à part entière**, et non une technique particulière d'audit financier. Une

49720

1037

MISSIONS D'EXAMEN LIMITÉ © Éd. Francis Lefebvre

mission d'examen limité n'est en aucune façon une mission d'audit à laquelle des limitations ont été apportées. Elle ne peut pas davantage se substituer à une mission d'audit avec impossibilité de conclure.

SECTION 2

Contexte d'intervention

Examen limité de comptes intermédiaires en application de dispositions légales et réglementaires

49750 **Cadre normatif** Les missions d'examen limité de comptes intermédiaires établis en application de dispositions légales et réglementaires sont régies par la **norme d'exercice professionnel 2410**.

Cette norme s'applique à l'examen limité des comptes semestriels établis et publiés par les sociétés dont les titres sont admis aux négociations sur un marché réglementé en application des articles L 232-7 du Code de commerce et L 451-1-2, III du Code monétaire et financier (voir n° 42460).

49755 **Domaine d'intervention** Les comptes intermédiaires peuvent être des comptes complets ou des comptes condensés et présentés le cas échéant sous forme consolidée (NEP 2410 § 01).

49760 **Conditions d'intervention requises** Dans la mesure où les missions d'examen limité de comptes intermédiaires répondent à la mise en œuvre d'une obligation légale, aucune condition particulière d'intervention n'est requise et le commissaire aux comptes ne peut en principe refuser la mission.

49765 **Cocommissaires aux comptes** Lorsque l'entité a désigné plusieurs commissaires aux comptes, le rapport d'examen limité des comptes intermédiaires établis et publiés en application des articles L 232-7 du Code de commerce et L 451-1-2, III du Code monétaire et financier est signé par chaque commissaire aux comptes.

Le Haut Conseil du commissariat aux comptes a précisé que l'examen limité des comptes semestriels prévu par les articles L 232-7 et L 451-1-2, III du Code monétaire et financier doit être réalisé par tous les commissaires aux comptes et que cette intervention doit faire l'objet d'une répartition équilibrée et régulièrement modifiée (Avis H3C du 9-2-2012 sur la répartition des travaux entre cocommissaires aux comptes, § II.2.1).

Examen limité entrant dans le cadre légal des SACC

49770 Les modalités pratiques des prestations d'examen limité fournies par les commissaires aux comptes à la demande de l'entité sont précisées dans un **avis technique** « Examen limité entrant dans le cadre des services autres que la certification des comptes fournis à la demande de l'entité » joint en annexe du communiqué CNCC « Référence aux normes ou à la doctrine pour les services autres que la certification des comptes fournis à la demande de l'entité » publié en juillet 2016. Cet avis technique constitue la **doctrine professionnelle** de la CNCC relative à ces interventions.

Ce document a été établi sur la base de l'ancienne NEP DDL 9020 tout en tenant compte des nouvelles dispositions de l'ordonnance 2016-315 du 17 mars 2016.

Les commissaires aux comptes peuvent également utiliser la **norme d'exercice professionnel 2410** (voir n°s 49810 s.).

Pour les examens limités entrant dans le cadre des SACC fournis à la demande de l'entité, le commissaire aux comptes fait donc référence aux normes d'exercice professionnel applicables en France ainsi qu'à la doctrine professionnelle de la CNCC relative à cette intervention.

49775 Le commissaire aux comptes d'une entité peut être amené à réaliser, à la demande de cette dernière, des travaux en vue de réaliser des rapports d'examen limité d'informations financières pour répondre à des besoins spécifiques. Selon ces besoins spécifiques, ces informations financières peuvent être celles **de l'entité elle-même ou celles d'autres entités** (Avis technique précité § Introduction).

© Éd. Francis Lefebvre   **MISSIONS D'EXAMEN LIMITÉ**

Le champ d'application des entités concernées a été étendu puisque avant la transposition de la réforme européenne de l'audit en France, le commissaire aux comptes n'était autorisé à émettre un rapport d'audit que sur des informations financières relatives à l'entité ou à une entité contrôlée par celle-ci ou à une entité qui la contrôlait, au sens des I et II de l'article L 233-3 du Code de commerce (Ancienne NEP 9020 § 06).

Le commissaire aux comptes peut effectuer les travaux si la prestation fournie est conforme aux dispositions de l'article L 822-11 du Code de commerce (absence de risque d'autorévision, indépendance non compromise et, s'agissant des EIP, prestation non interdite par l'article 5.1. du règlement européen 537/2014 du 16-4-2014) et si les dispositions du Code de déontologie sont respectées (voir n°s 3744 s. et 3748 s.).

Domaine d'intervention   L'examen limité ne peut porter que sur des **informations**   **49780**
financières établies par la direction de l'entité concernée et, si celles-ci sont destinées à être adressées à l'organe délibérant de cette entité, arrêtées par l'organe compétent (Avis technique précité § 1).

Ces informations sont des comptes, des états comptables ou des éléments de comptes :
– les **comptes** comprennent un bilan, un compte de résultat, une annexe et éventuellement un tableau de flux de trésorerie. Il peut s'agir des comptes d'une seule entité, de comptes consolidés ou combinés, ou encore de comptes établis pour un périmètre d'activité défini pour des besoins spécifiques ;

Les comptes concernent un exercice complet ou une autre période définie ; ils sont établis selon le référentiel comptable appliqué pour les comptes annuels de l'entité ou pour les comptes consolidés du groupe ou selon un autre référentiel comptable reconnu ou encore selon des critères convenus et décrits dans des notes explicatives annexées (Avis technique précité § 1).

– les **états comptables** sont établis à partir d'informations provenant de la comptabilité ou des comptes de l'entité, mais ne constituent pas des comptes. Ils comprennent dans tous les cas des notes explicatives décrivant notamment les principes d'élaboration retenus (Avis technique précité § 1). Ils sont établis selon les périmètres, les périodes et référentiels définis ci-dessus pour les comptes ;

Ainsi un bilan, un compte de résultat, une liasse fiscale, une liasse de consolidation ou un tableau de flux de trésorerie, accompagnés de notes explicatives, peuvent constituer des états comptables.

– les **éléments de comptes** sont constitués par des soldes de comptes, des catégories d'opérations ou un détail de ces derniers, ou des informations fournies dans l'annexe des comptes, accompagnés de notes explicatives décrivant notamment les principes d'élaboration retenus (Avis technique précité § 1). Ils sont établis selon les périmètres, les périodes et référentiels définis ci-dessus pour les comptes.

Ainsi une balance auxiliaire, une balance âgée ou un état de stocks accompagnés de notes explicatives peuvent constituer des éléments de comptes.

Conditions d'intervention requises   Le commissaire aux comptes se fait préciser   **49785**
le **contexte de la demande** pour s'assurer que les conditions de son intervention et l'utilisation prévue du rapport d'examen limité sont compatibles avec les dispositions du Code de déontologie de la profession et, le cas échéant, du règlement européen 537/2014 (§ 1 de l'avis technique précité).

Dans certaines entités, les textes légaux et réglementaires imposent des procédures d'autorisation pour les services autres que la certification des comptes non interdits. Notamment, l'article L 822-11-2 du Code de commerce prévoit que le commissaire aux comptes peut fournir ces services à l'entité d'intérêt public dont il certifie les comptes, ou aux personnes ou entités qui la contrôlent ou qui sont contrôlées par elle au sens des I et II de l'article L 233-3 du même Code, à condition que ceux-ci soient **approuvés par le comité d'audit**.

Le commissaire aux comptes s'assure également que les conditions de son intervention, notamment les délais pour mettre en œuvre les travaux qu'il estime nécessaires, sont compatibles avec les **ressources** dont il dispose (Avis technique précité § 1).

Enfin, lorsque l'examen limité demandé porte sur des **éléments des comptes**, le commissaire aux comptes ne peut le réaliser que si les comptes auxquels ils se rapportent ont fait l'objet d'un audit ou d'un examen limité (Avis technique précité § 1).

Dans tous les cas, le commissaire aux comptes **peut refuser** l'intervention (Avis technique précité § 1).

MISSIONS D'EXAMEN LIMITÉ   © Éd. Francis Lefebvre

49790 **Cocommissaires aux comptes** Lorsque l'entité a désigné plusieurs commissaires aux comptes, le rapport d'examen limité est signé par chaque commissaire aux comptes dès lors qu'il porte sur des informations financières de l'entité établies conformément aux référentiels comptables appliqués pour répondre à ses obligations légales ou réglementaires françaises d'établissement des comptes et que ces informations ont été arrêtées par l'organe compétent ou sont destinées à être communiquées au public.

> Le Haut Conseil du commissariat aux comptes a précisé que les interventions entrant dans le cadre des diligences directement liées à la mission (désormais dans le cadre des SACC) et nécessitant l'intervention obligatoire de tous les commissaires aux comptes sont à répartir entre les cocommissaires aux comptes. Le Haut Conseil estime que l'équilibre de la répartition de ces interventions doit donner lieu à une appréciation distincte (Avis H3C du 9-2-2012 sur la répartition des travaux entre cocommissaires aux comptes, § II.3).

Dans les autres cas, le rapport d'examen limité peut être signé par un seul des commissaires aux comptes. Il appartient alors au commissaire aux comptes sollicité pour la mission d'informer préalablement les autres commissaires aux comptes de l'objet du rapport d'examen limité et de leur en communiquer une copie (Avis technique précité § 5).

SECTION 3

Mise en œuvre

Principes

49810 L'avis technique relatif à l'examen limité entrant dans le cadre des SACC fournis à la demande de l'entité précise (§ 2) que le commissaire aux comptes réalise les travaux d'examen limité en respectant les dispositions de la norme d'exercice professionnel relative à l'examen limité de comptes intermédiaires en application de dispositions légales ou réglementaires (NEP 2410), à l'exception des dispositions relatives à la forme du rapport et aux conclusions formulées par le commissaire aux comptes.

Il en résulte que les modalités de mise en œuvre des missions d'examen limité ne diffèrent pas selon que l'intervention découle d'une obligation légale ou d'une demande de l'entreprise : les modalités de mise en œuvre des deux types de mission sont les mêmes en matière d'évaluation du risque d'anomalies significatives, d'élaboration d'une lettre de mission et de diligences.

Anomalies significatives

49820 **Risque d'anomalie significative** Tout au long de ses travaux, le commissaire aux comptes :
– fait preuve d'esprit critique et tient compte du fait que certaines situations peuvent conduire à des anomalies significatives dans les comptes ;
– exerce son jugement professionnel, notamment pour décider de la nature, du calendrier et de l'étendue des procédures d'examen limité à mettre en œuvre, et pour conclure à partir des éléments collectés (NEP 2410 § 06).

49825 **Seuil de signification** Pour déterminer le seuil ou les seuils de signification et évaluer l'incidence des anomalies détectées sur sa conclusion, le commissaire aux comptes qui met en œuvre une mission d'examen limité applique les principes définis par la norme d'exercice professionnel relative aux anomalies significatives et au seuil de signification applicables à l'audit des comptes réalisé pour les besoins de la certification (NEP 2410 § 11).

Lorsque l'examen limité porte sur des états comptables ou des éléments de comptes, le commissaire aux comptes applique cette norme au contenu des états ou éléments concernés (Avis technique précité § 2).

> Ainsi, pour évaluer le risque d'anomalies significatives, déterminer les travaux d'examen limité à mettre en œuvre et évaluer l'incidence sur sa conclusion des anomalies détectées et non corrigées, le commissaire aux comptes détermine un seuil de signification non au niveau des comptes pris dans leur ensemble, mais en fonction du montant au-delà duquel le jugement de l'utilisateur des **informations financières sur lesquelles porte l'examen limité** est susceptible d'être influencé.

© Éd. Francis Lefebvre

MISSIONS D'EXAMEN LIMITÉ

Le commissaire aux comptes doit par ailleurs déterminer un seuil de planification inférieur au seuil de signification en vue de définir la nature et l'étendue de ses travaux (Norme d'exercice professionnel du 19-7-2012 relative à l'application de la notion de caractère significatif lors de la planification et de la réalisation de l'audit).

Documentation   Le commissaire aux comptes consigne dans son dossier les éléments suffisants et appropriés pour fonder ses conclusions (NEP 2410 § 39).

49828

Lettre de mission

Le commissaire aux comptes définit les termes et conditions de l'examen limité dans la lettre de mission établie conformément aux principes définis dans la norme d'exercice professionnel relative à la lettre de mission (NEP 2410 § 12).

49830

La lettre de mission mentionne ainsi l'objectif et l'étendue du contrôle légal et des autres interventions dont la réalisation est connue au moment de l'établissement de la lettre de mission et que le commissaire aux comptes entend mener en application des dispositions légales et réglementaires. Elle mentionne également que d'autres interventions requises par les dispositions légales ou réglementaires seront susceptibles d'être réalisées selon les circonstances ou la survenance d'événements affectant la personne ou l'entité. En outre, la lettre de mission comporte le budget d'honoraires de la mission de contrôle légal et des autres interventions dont la réalisation est connue au moment de l'établissement de la lettre de mission ainsi que, le cas échéant, la répartition de ce budget entre les cocommissaires aux comptes, et les conditions de facturation (NEP 210 § 06).

Diligences

Nature des diligences   L'examen limité n'est **pas un audit** (voir n° 49720). Sans doute les diligences d'examen limité sont-elles susceptibles d'inclure certaines techniques utilisées plus spécifiquement dans les missions d'audit. Mais, en règle générale, les procédures spécifiques requises en audit, telles que l'évaluation du système comptable et du contrôle interne, la vérification des comptes par sondages, l'obtention d'éléments recueillis au moyen d'inspections, d'observations et de confirmations externes (clients, fournisseurs, banques) ne sont pas mises en œuvre dans le cadre d'un examen limité.

49835

En pratique, les procédures réalisées dans le cadre de l'examen limité, outre la prise de connaissance de l'entité (n° 49840), consistent essentiellement, pour le commissaire aux comptes, à s'entretenir avec la direction (n° 49845) et à mettre en œuvre des procédures analytiques (n° 49850). Le commissaire aux comptes accomplit par ailleurs un certain nombre de diligences complémentaires (n°s 49855 s.) et obtient systématiquement des déclarations écrites de la direction (n° 49865).

Prise de connaissance de l'entité   Le commissaire aux comptes acquiert une connaissance suffisante de l'entité et de son environnement, y compris de son contrôle interne, afin d'identifier et d'évaluer le risque d'anomalies significatives dans les comptes, éléments de comptes ou états comptables et afin de concevoir et mettre en œuvre des procédures lui permettant de fonder sa conclusion.

49840

La prise de connaissance devra donc être réalisée en fonction de l'objet de l'examen limité. Ainsi sera-t-elle plus étendue si l'examen limité porte sur des comptes que s'il se limite à l'examen d'un élément de comptes, par exemple les comptes clients et comptes de provisions les concernant.

Lorsqu'au cours de l'audit des comptes de l'exercice précédent ou de l'examen limité des comptes intermédiaires précédents, le commissaire aux comptes a collecté des éléments relatifs à la prise de connaissance de l'entité et de son environnement et à l'évaluation du risque d'anomalies significatives dans les comptes, il assure un suivi des facteurs de risque identifiés lors de ces contrôles (NEP 2410 § 14).

Pour ce faire, le commissaire aux comptes :

– relève notamment, dans son dossier de l'exercice précédent :
- les faiblesses significatives du contrôle interne,
- les risques inhérents élevés qui requièrent une démarche particulière,
- les anomalies significatives, corrigées ou non ;

– s'enquiert auprès de la direction des changements survenus depuis la période précédente susceptibles d'affecter la pertinence des informations recueillies. Il s'agit notamment de changements survenus au titre des éléments du contrôle interne, de la nature des activités de l'entité, du choix des méthodes comptables appliquées ou de tout autre

1041

MISSIONS D'EXAMEN LIMITÉ © Éd. Francis Lefebvre

événement qu'elle estime susceptible d'avoir une incidence déterminante sur l'activité de l'entité ou sur la préparation des comptes intermédiaires (NEP 2410 § 15).

Lorsque le commissaire aux comptes intervient au titre de la première année de son mandat et qu'il n'a pas réalisé préalablement d'audit des comptes de l'entité :

– il prend connaissance de l'entité et de son environnement à partir de la revue des dossiers de son prédécesseur ou, le cas échéant, du cocommissaire aux comptes. Il s'intéresse particulièrement :

• aux facteurs identifiés par le prédécesseur ou, le cas échéant, par le cocommissaire aux comptes comme pouvant engendrer des anomalies significatives dans les comptes, et

• à leur évaluation du risque d'anomalies significatives réalisée pour les besoins de ces contrôles ;

– il s'enquiert auprès de la direction des changements survenus depuis la période précédente susceptibles d'affecter la pertinence des informations recueillies (NEP 2410 § 16).

49845 **Entretiens avec la direction** Le commissaire aux comptes s'entretient, principalement avec les membres de la direction en charge des aspects financiers et comptables, des éléments concernant :

– leur appréciation du risque que les comptes comportent des anomalies significatives résultant de fraudes ;

– l'évolution des procédures mises en place pour identifier les risques de fraude dans l'entité et pour y répondre ;

– leur connaissance éventuelle de fraudes avérées, suspectées ou simplement alléguées concernant l'entité ;

– l'évolution des procédures conçues et mises en œuvre dans l'entité visant à assurer le respect des textes légaux et réglementaires ;

– les anomalies relevées par le commissaire aux comptes que celui-ci estime significatives et devant à ce titre être corrigées et les anomalies qu'il estime non significatives ;

– la survenance, jusqu'à une date aussi rapprochée que possible de la date de signature de son rapport d'examen limité, d'événements postérieurs à la clôture de la période tels que définis dans la norme d'exercice professionnel applicable à l'audit des comptes réalisé pour les besoins de la certification ;

– les changements comptables tels que définis dans la norme d'exercice professionnel applicable à l'audit des comptes réalisé pour les besoins de la certification, survenus au cours de la période contrôlée ;

– les opérations non courantes, en raison de leur importance ou de leur nature, ou complexes réalisées au cours de la période contrôlée ;

– les hypothèses retenues pour procéder aux estimations comptables, les intentions de la direction et la capacité de l'entité à mener à bien les actions envisagées ;

– le traitement comptable des opérations avec les parties liées ;

– les faits ou événements susceptibles de remettre en cause la continuité d'exploitation de l'entité, et, le cas échéant, les plans d'actions qu'elle a définis pour l'avenir de l'entité ;

– tout autre élément qu'il estime utile pour fonder sa conclusion sur les comptes intermédiaires (NEP 2410 § 17).

49850 **Procédures analytiques** Dans le cadre de l'examen limité, le commissaire aux comptes met en œuvre des procédures analytiques en appliquant les principes définis dans la norme d'exercice professionnel relative aux procédures analytiques applicable à l'audit des comptes réalisé pour les besoins de la certification (NEP 2410 § 18).

49855 **Diligences complémentaires** Le commissaire aux comptes **rapproche** les comptes intermédiaires avec les documents comptables dont ils sont issus.

Lorsque le commissaire aux comptes identifie des éléments susceptibles de mettre en cause la continuité d'exploitation :

– il prend connaissance, si elle existe, de l'évaluation faite par la direction de la capacité de l'entité à poursuivre son exploitation et en apprécie la pertinence. Si la direction n'a pas formalisé cette évaluation, le commissaire aux comptes s'enquiert auprès d'elle des raisons qui l'ont conduite à établir les comptes dans une perspective de continuité d'exploitation ;

– il apprécie, le cas échéant, le caractère approprié des informations données à cet égard dans l'annexe des comptes.

Lorsqu'il intervient dans le cadre des SACC, le commissaire aux comptes vérifie que les informations fournies dans l'annexe des comptes ou dans les notes explicatives des états comptables ou des éléments de comptes permettent aux utilisateurs d'en comprendre la portée et d'éviter toute confusion avec les comptes annuels ou consolidés ainsi qu'avec les comptes intermédiaires faisant l'objet de contrôles résultant d'une obligation légale.

Le commissaire aux comptes consulte les **procès-verbaux** ou les **comptes rendus** des réunions tenues par l'organe appelé à statuer sur les comptes, par l'organe d'administration ou de surveillance et par la direction, afin d'identifier les délibérations ou décisions pouvant avoir une incidence sur les comptes.

Il peut également estimer utile de mettre en œuvre d'autres procédures telles que des inspections d'enregistrements ou de documents ou des vérifications de calculs (NEP 2410 § 19-22).

Cas particulier de l'examen limité d'éléments de comptes Lorsque l'examen limité porte sur des éléments de comptes, les diligences effectuées ne peuvent être envisagées en dissociant les éléments examinés des autres éléments de comptes en relation avec ceux-ci. Il en résulte, en particulier, que lorsque l'entité demande au commissaire aux comptes un rapport d'examen limité sur des éléments des comptes qui sont établis à une date postérieure aux derniers comptes ayant fait l'objet d'un audit ou d'un examen limité, le commissaire aux comptes met en œuvre des travaux sur ces éléments et les autres éléments des comptes en relation avec ceux-ci pour la période non couverte par les derniers comptes ayant fait l'objet d'un audit ou d'un examen limité (Avis technique précité § 2).

49860

Déclarations du représentant légal Le commissaire aux comptes applique les principes de la norme d'exercice professionnel relative aux déclarations de la direction applicable à l'audit des comptes réalisé pour les besoins de la certification.

49865

Indépendamment d'autres déclarations écrites que le commissaire aux comptes estimerait nécessaires, il demande au représentant légal des déclarations écrites par lesquelles celui-ci :
– déclare que des contrôles destinés à prévenir et à détecter les erreurs et les fraudes ont été conçus et mis en œuvre dans l'entité ;
– déclare lui avoir signalé toutes les fraudes avérées dont il a eu connaissance ou qu'il a suspectées, dès lors que la fraude est susceptible d'entraîner des anomalies significatives dans les comptes ;
– estime que les anomalies non corrigées relevées par le commissaire aux comptes ne sont pas, seules ou cumulées, significatives au regard des comptes pris dans leur ensemble. Un état de ces anomalies non corrigées est joint à cette déclaration écrite. En outre, lorsque le représentant légal responsable des comptes considère que certains éléments reportés sur cet état ne constituent pas des anomalies, il le mentionne dans sa déclaration ;
– confirme lui avoir communiqué son appréciation sur le risque que les comptes puissent comporter des anomalies significatives résultant de fraudes ;
– déclare avoir, au mieux de sa connaissance, appliqué les textes légaux et réglementaires ;
– déclare qu'à ce jour il n'a connaissance d'aucun événement survenu depuis la date de clôture de la période qui nécessiterait un traitement comptable (NEP 2410 § 23 et 24).

Communication Le commissaire aux comptes communique à la direction, au niveau de responsabilité approprié, et à l'organe d'administration et de surveillance les éléments prévus dans les normes d'exercice professionnel applicables à l'audit des comptes réalisé pour les besoins de la certification (NEP 2410 § 25).

49870

SECTION 4

Formulation de la conclusion

Émission du rapport

Dans tous les cas, le rapport émis à l'issue d'un examen limité de comptes comporte une conclusion écrite exprimant une assurance formulée sous une **forme négative**. Sur la base des travaux effectués, le commissaire aux comptes déclare qu'il n'a relevé à

49900

l'occasion de ses contrôles aucune information indiquant que les comptes ne « donnent pas une image fidèle » au regard du référentiel comptable applicable.

Le contenu et la formalisation de la conclusion présentent des différences selon que le rapport intervient dans le cadre de l'examen limité de comptes intermédiaires ou bien dans le cadre de diligences directement liées à la mission.

Examen limité de comptes intermédiaires

49905 **Contenu du rapport** Le commissaire aux comptes établit un rapport qui comporte les informations suivantes (NEP 2410 § 26) :

a) un titre qui indique qu'il s'agit d'un rapport de commissaire aux comptes ;

b) l'indication de l'organe auquel le rapport est destiné ;

c) une introduction qui précise :

– l'origine de sa nomination,

– la nature des comptes intermédiaires, individuels ou consolidés, le cas échéant condensés qui font l'objet du rapport et sont joints à ce dernier,

– l'entité dont les comptes font l'objet d'un examen limité,

– la période sur laquelle ils portent,

– les rôles respectifs de l'organe compétent de l'entité pour établir les comptes intermédiaires et du commissaire aux comptes ;

d) un paragraphe décrivant les procédures mises en œuvre par le commissaire aux comptes dans le cadre de son examen limité ;

e) la formulation de la conclusion du commissaire aux comptes ;

f) la date du rapport ;

g) le cas échéant, la signature sociale de la société de commissaires aux comptes ;

h) la signature du commissaire aux comptes exerçant à titre individuel ou, le cas échéant, de celui ou de ceux des commissaires aux comptes associés, actionnaires ou dirigeants de la société de commissaires aux comptes qui ont participé à l'établissement du rapport.

Concernant l'adaptation des exemples de rapports d'examen limité afin de prendre en compte les particularités du contexte de la crise liée à la pandémie de Covid-19, voir Bull. CNCC n° 201-2021, Communiqué sur l'information financière semestrielle dans le contexte Covid-19, février 2021.

49910 **Formulation de la conclusion** La formulation de la conclusion **diffère tout d'abord** selon l'objet de l'examen limité des comptes intermédiaires :

– lorsque l'examen limité des comptes intermédiaires porte sur des **comptes complets**, présentés le cas échéant sous une forme consolidée, le commissaire aux comptes se prononce sur la **régularité**, la **sincérité** et l'**image fidèle** des comptes (NEP 2410 § 27) ;

– lorsque l'examen limité des comptes intermédiaires porte sur des **comptes condensés**, présentés le cas échéant sous une forme consolidée, le commissaire aux comptes se prononce sur la **conformité** des comptes avec les principes qui leur sont applicables, définis dans le référentiel comptable (NEP 2410 § 28).

49915 La formulation de la conclusion **diffère ensuite** en fonction des résultats obtenus par le commissaire aux comptes au terme de son examen limité de comptes intermédiaires :

a) Le commissaire aux comptes formule une **conclusion sans réserve** lorsque l'examen limité des comptes intermédiaires qu'il a mis en œuvre lui a permis d'obtenir l'assurance modérée que les comptes, pris dans leur ensemble, ne comportent pas d'anomalies significatives.

b) Le commissaire aux comptes formule une **conclusion avec réserve** :

– lorsqu'il a identifié au cours de l'examen limité des comptes intermédiaires des anomalies significatives et que celles-ci n'ont pas été corrigées ;

– ou lorsqu'il n'a pas pu mettre en œuvre toutes les procédures nécessaires pour fonder sa conclusion sur les comptes intermédiaires ;

et que :

– les incidences sur les comptes intermédiaires des anomalies significatives ou des limitations à ses travaux sont clairement circonscrites ;

– la formulation de la réserve est suffisante pour permettre à l'utilisateur des comptes de fonder son jugement en connaissance de cause.

c) Le commissaire aux comptes formule une **conclusion défavorable** :

– lorsqu'il a détecté au cours de l'examen limité des comptes intermédiaires des anomalies significatives et que celles-ci n'ont pas été corrigées ;

et que :
– les incidences sur les comptes intermédiaires des anomalies significatives ne peuvent être clairement circonscrites, ou la formulation d'une réserve n'est pas suffisante pour permettre à l'utilisateur des comptes de fonder son jugement en connaissance de cause.

d) Le commissaire aux comptes formule une **impossibilité de conclure** :
– lorsqu'il n'a pas pu mettre en œuvre toutes les procédures nécessaires pour fonder sa conclusion sur les comptes ;
et que :
– les incidences sur les comptes intermédiaires des limitations à ses travaux ne peuvent être clairement circonscrites ;
– ou la formulation d'une réserve n'est pas suffisante pour permettre à l'utilisateur des comptes intermédiaires de fonder son jugement en connaissance de cause.

Le commissaire aux comptes formule également une impossibilité de conclure lorsqu'il existe de multiples incertitudes dont les incidences sur les comptes ne peuvent être clairement circonscrites.

Observations Lorsqu'il émet une conclusion sans réserve, le commissaire aux comptes formule, s'il y a lieu, toutes observations utiles dans un paragraphe distinct inséré après la conclusion. L'observation a pour but d'attirer l'attention du lecteur des comptes intermédiaires sur une information fournie dans l'annexe. Une observation sur les informations fournies en annexe est obligatoire en cas d'incertitude sur la continuité de l'exploitation ou bien de changement de méthodes comptables survenu au cours de la période.

49920

Le commissaire aux comptes ne peut pas dispenser d'informations dont la diffusion relève de la responsabilité des dirigeants.

Examen limité entrant dans le cadre des SACC

Contenu du rapport Le commissaire aux comptes établit un rapport qui comporte les informations suivantes (Avis technique précité § 4) :

49930

a) un titre qui indique qu'il s'agit d'un rapport d'examen limité ;
b) l'identité du destinataire du rapport au sein de l'entité ou l'indication de l'organe auquel le rapport est destiné ;
c) une introduction qui précise :
– le rappel de la qualité de commissaire aux comptes,
– l'identification de l'entité concernée,
– la nature des informations financières qui font l'objet du rapport et sont jointes à ce dernier,
– la période concernée,
– les rôles respectifs de la direction ou de l'organe compétent de l'entité concernée pour établir les informations financières et du commissaire aux comptes pour formuler une conclusion sur celles-ci,
– lorsque les informations financières ne sont pas établies selon un référentiel comptable reconnu, toutes remarques utiles permettant au destinataire final de mesurer la portée et les limites du rapport,
d) la nature et l'étendue des travaux mis en œuvre dans le cadre de l'examen limité ;
e) la conclusion du commissaire aux comptes exprimée par rapport au référentiel comptable ou aux critères retenus pour la préparation des informations financières qui font l'objet du rapport ;
f) le cas échéant, ses observations ;
g) la date du rapport ;
h) l'identification et la signature du commissaire aux comptes.

Si l'on compare le contenu de ce rapport avec celui qui est établi dans le cadre de l'examen de comptes intermédiaires (n° 49905), on relève quelques différences qui sont liées à la différence de contexte d'intervention :
– le destinataire du rapport au sein de l'entité peut ne pas être un organe social (il peut s'agir par exemple de la direction) et doit donc être identifié ;
– l'entité faisant l'objet de l'examen limité doit être précisée, lorsque l'on se trouve dans le cadre des SACC, puisqu'il ne s'agit pas nécessairement de l'entité contrôlée (voir n° 49775) ;
– dans le cadre de SACC, toute précision nécessaire sur le référentiel utilisé pour établir l'information revue doit être apportée lorsque celui-ci n'est pas un référentiel reconnu.

1045

MISSIONS D'EXAMEN LIMITÉ   © Éd. Francis Lefebvre

49935 **Formulation de la conclusion** La formulation de la conclusion **diffère tout d'abord** selon l'objet de l'examen limité entrant dans le cadre des SACC :
– lorsque l'examen limité porte sur des comptes établis selon un **référentiel conçu pour donner une image fidèle** tel que les référentiels comptables applicables en France, le commissaire aux comptes déclare qu'à l'issue de son examen limité, il n'a pas relevé d'anomalies significatives de nature à remettre en cause le fait que les comptes **présentent sincèrement le patrimoine, la situation financière ou le résultat des opérations** de l'entité, du groupe ou du périmètre défini, au regard du référentiel indiqué (Avis technique précité § 3) ;
– dans les **autres cas**, il déclare qu'à l'issue de son examen limité, il n'a pas relevé d'anomalies significatives de nature à remettre en cause la **conformité** des informations financières au référentiel indiqué ou aux critères définis (Avis technique précité § 3).

> Cette seconde catégorie de conclusions s'impose donc pour les comptes qui ne sont pas établis selon un référentiel conçu pour donner une image fidèle ainsi que pour les états comptables et les éléments de comptes.

49940 La formulation de la conclusion **diffère ensuite** en fonction des résultats obtenus par le commissaire aux comptes au terme de son examen limité de comptes intermédiaires :
a) Le commissaire aux comptes formule une **conclusion sans réserve** lorsque l'examen limité des comptes, états comptables ou éléments de comptes qu'il a mis en œuvre lui a permis d'obtenir l'assurance modérée que ceux-ci, pris dans leur ensemble, ne comportent pas d'anomalies significatives (Avis technique précité § 3).
b) Le commissaire aux comptes formule une **conclusion avec réserve** :
– lorsqu'il a identifié au cours de l'examen limité des anomalies significatives et que celles-ci n'ont pas été corrigées ;
– ou lorsqu'il n'a pas pu mettre en œuvre toutes les procédures nécessaires pour fonder sa conclusion ;
et que :
– les incidences sur les informations financières des anomalies significatives ou des limitations à ses travaux sont clairement circonscrites ;
– la formulation de la réserve est suffisante pour permettre à l'utilisateur des informations financières de fonder son jugement en connaissance de cause (Avis technique précité § 3).
c) Le commissaire aux comptes formule une **conclusion défavorable** :
– lorsqu'il a détecté au cours de l'examen limité des anomalies significatives et que celles-ci n'ont pas été corrigées ;
et que :
– les incidences sur les informations financières des anomalies significatives ne peuvent être clairement circonscrites, ou la formulation d'une réserve n'est pas suffisante pour permettre à l'utilisateur des informations financières de fonder son jugement en connaissance de cause (Avis technique précité § 3).
d) Le commissaire aux comptes formule une **impossibilité de conclure** :
– lorsqu'il n'a pas pu mettre en œuvre toutes les procédures nécessaires pour fonder sa conclusion ;
et que :
– les incidences sur les informations financières des limitations à ses travaux ne peuvent être clairement circonscrites ;
– ou la formulation d'une réserve n'est pas suffisante pour permettre à l'utilisateur des informations financières de fonder son jugement en connaissance de cause.
Le commissaire aux comptes formule également une impossibilité de conclure lorsqu'il existe de multiples incertitudes dont les incidences sur les informations financières ne peuvent être clairement circonscrites (Avis technique précité § 3).

49945 **Observations** Lorsqu'il émet une conclusion sans réserve, le commissaire aux comptes formule, s'il y a lieu, toutes observations utiles dans un paragraphe distinct inséré après la conclusion. L'observation a pour but d'attirer l'attention du lecteur des informations financières sur une information fournie dans l'annexe ou dans les notes explicatives. Une observation est obligatoire en cas d'incertitude sur la continuité de l'exploitation.

> Le commissaire aux comptes ne peut pas dispenser d'informations dont la diffusion relève de la responsabilité des dirigeants.

1046

TROISIÈME PARTIE

Autres missions et prestations du commissaire aux comptes

© Éd. Francis Lefebvre

VÉRIFICATIONS SPÉCIFIQUES ANNUELLES

TITRE I

Vérifications spécifiques annuelles

© Éd. Francis Lefebvre

NOTIONS GÉNÉRALES

CHAPITRE 1

Notions générales

Plan du chapitre	§§
SECTION 1 **Caractéristiques**	50150
SECTION 2 **Conditions de mise en œuvre**	50250
SECTION 3 **Communications du commissaire aux comptes**	50403

Les vérifications spécifiques annuelles sont des diligences auxquelles le commissaire aux **50100**
comptes doit satisfaire en application de dispositions légales ou réglementaires particulières. Ces diligences se traduisent, pour l'auditeur légal, par des travaux spécifiques dont la nécessité est indépendante des opérations mises en œuvre par l'entité contrôlée et des faits relevés par l'auditeur dans le cadre de ses contrôles.

Les sections de ce chapitre sont consacrées aux notions générales, à savoir : **50105**
– une présentation générale des vérifications spécifiques annuelles (voir n°s 50150 s.) ;
– les principales conditions de leur mise en œuvre (voir n°s 50250 s.) ;
– les différentes natures de communications effectuées par l'auditeur après l'accomplissement de ses diligences (voir n°s 50403 s.).
Les vérifications spécifiques sont par la suite détaillées dans les chapitres 2 et 3 du présent titre relatifs aux conventions réglementées ainsi qu'aux autres vérifications spécifiques.

SECTION 1

Caractéristiques

Présentation des vérifications spécifiques annuelles

Liste Les vérifications spécifiques annuelles sont **strictement imposées et définies** par **50150**
la loi.

La quasi-totalité des vérifications spécifiques annuelles sont issues du livre II et du titre 2 **50155**
du livre VIII du Code de commerce. Elles portent sur :
– les documents et rapports prévus dans le cadre de la prévention des difficultés des entreprises (voir n°s 54650 s.) ;
– le rapport financier semestriel (C. com. art. L 232-7 qui renvoie au C. mon. fin. art. L 451-1-2) ;
– les conventions réglementées (C. com. art. L 223-19, L 225-38, L 225-86, L 226-10 et L 227-10) ;
– les actions détenues par les administrateurs ou membres du conseil de surveillance, lorsque les statuts prévoient la détention d'un nombre déterminé d'actions (C. com. art. L 225-26 et L 225-73) ;
– l'égalité entre les actionnaires, associés ou membres de l'organe compétent (C. com. art. L 823-11) ;
– le rapport de gestion et, pour les entités soumises à l'obligation de fournir cette information, les rémunérations et avantages de toute nature versés à chaque mandataire social (C. com. art. L 823-10) ;

1051

NOTIONS GÉNÉRALES © Éd. Francis Lefebvre

– les documents adressés aux actionnaires ou associés à l'occasion de l'assemblée générale appelée à statuer sur les comptes (C. com. art. L 823-10) ;

– le montant global des rémunérations versées aux cinq ou dix personnes les mieux rémunérées (C. com. art. L 225-115, 4°) ;

– le rapport sur le gouvernement d'entreprise du conseil d'administration ou du conseil de surveillance établi dans les SA et les SCA, en application des articles L 225-37 ou L 225-68 du Code de commerce (C. com. art. L 225-235, L 22-10-71, L 226-10-1 et L 22-10-78) ;

Sur le maintien de l'article L 225-235 dans le Code de commerce, voir n° 50212.

– les prises de participation et de contrôle et l'identité des personnes détenant le capital (C. com. art. L 233-6 s.) ;

– le montant global des sommes ouvrant droit aux déductions fiscales visées aux 1 à 5 de l'article 238 bis du CGI (C. com. art. L 225-115, 5° modifié par la loi 2019-1479 du 28-12-2019).

Des **vérifications spécifiques complémentaires** sont incluses dans le livre IV du Code de commerce et le Code monétaire et financier :

– le livre IV du Code de commerce comprend une vérification spécifique portant sur le contrôle de l'information donnée dans le rapport de gestion sur les délais de paiement (C. com. art. L 441-14 et D 823-7-1 ; voir n° 56518) ;

– le Code monétaire et financier comprend une vérification spécifique portant sur la composition de l'actif dans le cadre des informations périodiques publiées par les OPCVM (C. mon. fin. art. L 214-17 ; voir n° 80190) ;

– le Code monétaire et financier dans sa partie législative et réglementaire et, le cas échéant, le Règlement général de l'AMF imposent notamment des vérifications spécifiques des commissaires aux comptes sur :

• les dispositions prises par le prestataire de services d'investissement pour satisfaire à ses obligations en matière de protection des avoirs en instruments financiers des clients (C. mon. fin. art. L 533-10 et articles 312-6 s. du Règlement général de l'AMF),

• l'information publiée dans l'annexe aux comptes annuels ou le cas échéant à leurs comptes annuels consolidés ou dans le rapport de gestion sur les implantations et activités incluses dans le périmètre de consolidation des établissements de crédit, compagnies financières et sociétés de financement autres que les sociétés de gestion de portefeuille, dans chaque État ou territoire hors du territoire français (C. mon. fin. art. L 511-45 V ; voir n° 78335),

• l'information devant figurer dans le « rapport annuel » et relatif à la prise en compte des critères sociaux, environnementaux et de qualité de gouvernance dans leur politique d'investissement des sociétés d'assurances régies par le Code des assurances, mutuelles régies par le Code de la mutualité, institutions de prévoyance régies par le Code de la sécurité sociale et autres formes d'entité (C. mon. fin. art. L 533-22-1, al. 3).

Sur la communication des irrégularités et des inexactitudes à l'assemblée générale, voir n°s 61250 s.

50158 **Finalité** Les vérifications spécifiques ont chacune une finalité propre, que l'on retrouve le plus souvent dans le texte légal qui les institue.

Au-delà de cette diversité, les vérifications spécifiques ont en commun d'être fondées sur la **préoccupation du législateur** de promouvoir, au sein des entreprises, un certain nombre de **règles de fonctionnement** qui lui paraissent essentielles, sous contrôle du commissaire aux comptes.

Ces mises à contribution ne font cependant pas du commissaire aux comptes un « gardien de toute la légalité » de la vie sociétaire (voir n° 50180).

Obligations du commissaire aux comptes

50180 **Caractère limitatif des vérifications spécifiques** Les vérifications spécifiques annuelles ont un caractère limitatif en ce sens que, leur fondement commun étant le respect de dispositions légales ou réglementaires, il n'y a pas de vérifications spécifiques sans texte.

Les dispositions légales précisent l'étendue de la mission à réaliser. Le commissaire aux comptes ne doit pas s'engager dans un audit juridique, fiscal ou social qui dépasserait le cadre de sa mission. Cette délimitation des vérifications spécifiques permet également de limiter l'étendue de sa responsabilité (voir cependant n° 61272).

Champ d'application

50190 **Vérifications spécifiques annuelles issues du livre VIII du Code de commerce** Les vérifications spécifiques issues des articles L 823-9 à L 823-12 du Code de commerce s'appliquent à toutes les **personnes et entités ayant un commissaire aux**

comptes, sur renvoi de l'article L 820-1 du Code de commerce, sous réserve des dispositions qui leur sont propres (voir n° 7220).

Ce principe connaît toutefois une **exception** lorsque la mission du commissaire aux comptes n'inclut pas la certification des comptes.

Ces vérifications spécifiques comprennent : **50193**
– la vérification de la sincérité et de la concordance avec les comptes annuels des informations données dans le **rapport de gestion** et, le cas échéant, des rémunérations et avantages de toute nature versés à chaque mandataire social (C. com. art. L 823-10) ;
– la vérification de la sincérité et de la concordance avec les comptes annuels des informations données dans les **documents adressés aux actionnaires ou associés** sur la situation financière et les comptes annuels (C. com. art. L 823-10) ;
– le respect du principe de l'**égalité entre les actionnaires, associés ou membres de l'organe compétent** (C. com. art. L 823-11).

Autres vérifications spécifiques Les autres vérifications et informations spéci- **50195**
fiques prévues principalement par le Code de commerce ne bénéficient pas de la portée générale conférée par l'article L 820-1 dudit Code aux vérifications spécifiques liées à la mission générale. Leur portée est en conséquence directement liée au texte de loi qui les institue et elle peut être limitée par l'article L 823-12-1 du Code de commerce, introduit par la loi 2019-486 du 22 mai 2019, dite « loi Pacte » qui dispense les commissaires aux comptes de réaliser certaines vérifications spécifiques lorsque la durée du mandat est limitée à trois exercices en application de l'article L 823-3-2 du Code de commerce.

Les autres vérifications spécifiques portent sur les informations suivantes et il est précisé ci-après lorsque les dispenses prévues par l'article L 823-12-1 du Code de commerce s'appliquent :
– les actions détenues par les administrateurs ou membres du conseil de surveillance, lorsque les statuts prévoient la détention d'un nombre déterminé d'actions (C. com. art. L 225-26 et L 225-73) ;
– les conventions réglementées (C. com. art. L 223-19, L 225-38, L 225-86, L 226-10 et L 227-10) ;

Le commissaire aux comptes est cependant dispensé de cette vérification spécifique lorsque la durée du mandat est limitée à trois exercices en application de l'article L 823-3-2 du Code de commerce (C. com. art. L 823-12-1).

– les informations relatives aux prises de participation et de contrôle et à l'identité des personnes détenant le capital (C. com. art. L 233-6 s.) ;

En application de l'article L 823-12-1 du Code de commerce, le commissaire aux comptes est cependant dispensé des diligences et rapports prévus aux articles L 233-6 et L 233-13 du code précité lorsque la durée du mandat est limitée à trois exercices en application de l'article L 823-3-2 du Code de commerce.

– les informations relatives aux aliénations d'actions effectuées en vue de la régularisation des participations réciproques (C. com. art. R 233-19) ;
– le rapport financier semestriel (C. com. art. L 232-7 qui renvoie au C. mon. fin. art. L 451-1-2) ;
– les documents et rapports prévus dans le cadre de la prévention des difficultés des entreprises (n°s 54650 s.) ;

En application de l'article L 823-12-1 du Code de commerce, le commissaire aux comptes est cependant dispensé des diligences et rapports prévus aux articles L 232-3 et L 232-4 du code précité lorsque la durée du mandat est limitée à trois exercices en application de l'article L 823-3-2 du Code de commerce.

– le rapport sur le gouvernement d'entreprise du conseil d'administration ou du conseil de surveillance établi dans les SA et les SCA, en application des articles L 225-37 ou L 225-68 du Code de commerce (C. com. art. L 225-235, L 22-10-71, L 226-10-1 et L 22-10-78) ;

Le commissaire aux comptes est cependant dispensé des diligences et rapports relatif au rapport sur le gouvernement d'entreprise, telles que prévus aux articles L 225-235 et L 226-10-1 du Code de commerce lorsque la durée du mandat est limitée à trois exercices en application de l'article L 823-3-2 du Code de commerce (C. com. art. L 823-12-1).

Sur le maintien de l'article L 225-235 dans le Code de commerce, voir n° 50212.

– les informations relatives aux délais de paiement (C. com. art. L 441-14) ;
– le montant global des rémunérations versées aux cinq ou dix personnes les mieux rémunérées (C. com. art. L 225-115, 4°) ;

NOTIONS GÉNÉRALES

© Éd. Francis Lefebvre

Le commissaire aux comptes est cependant dispensé de cette vérification spécifique lorsque la durée du mandat est limitée à trois exercices en application de l'article L 823-3-2 du Code de commerce (C. com. art. L 823-12-1).

– le montant global des versements effectués en application des 1 à 5 de l'article 238 bis du CGI (C. com. art. L 225-115, 5° modifié par la loi 2019-1479 du 28-12-2019) ;

La loi 2019-1479 du 28 décembre 2019 modifie l'article L 225-115, 5° et remplace la référence aux versements effectués en application des « 1 et 4 de l'article 238 bis du Code général des impôts » par ceux effectués en application des « 1 à 5 de l'article 238 bis du Code général des impôts ».

Le commissaire aux comptes est cependant dispensé de cette vérification spécifique lorsque la durée du mandat est limitée à trois exercices en application de l'article L 823-3-2 du Code de commerce (C. com. art. L 823-12-1).

– les informations périodiques publiées par les OPCVM (C. mon. fin. art. L 214-17).

50198 **1.** Le contrôle de la **détention d'actions** par les administrateurs et les membres du conseil de surveillance est institué par les articles L 225-26 et L 225-73 du Code de commerce, ce qui le rend applicable à toutes les sociétés anonymes dès lors que les statuts exigent cette détention. La délivrance de l'attestation relative au montant global des **rémunérations** versées aux cinq ou dix personnes les mieux rémunérées (C. com. art. L 225-115, 4°), et de l'attestation relative aux versements effectués en application des 1 et 5 de l'article 238 bis du CGI (C. com. art. L 225-115, 5°) est quant à elle applicable aux SA et aux SCA, sous réserve des dispenses précitées lorsque la durée du mandat du commissaire aux comptes est limitée à trois exercices (voir n°s 48350 s.).

Pour plus de détails, voir n°s 56100 s.

50200 **2.** La procédure des **conventions réglementées** est attachée au statut juridique de chaque entité. Sous réserve des dispenses précitées, lorsque la durée du mandat du commissaire aux comptes est limitée à trois exercices, les vérifications spécifiques correspondantes n'interviennent de ce fait que dans les sociétés à responsabilité limitée dotées d'un commissaire aux comptes, dans les sociétés par actions (SA et SCA, SAS dotées d'un commissaire aux comptes), dans les personnes morales de droit privé non commerçantes ayant une activité économique et dans certaines entités en raison de dispositions législatives ou réglementaires spécifiques (voir n° 53100).

Pour plus de détails, voir n°s 52100 s.

50205 **3.** Au-delà de certains seuils, la prise de participation et la prise de contrôle ainsi que l'identité des personnes détenant le capital social ou les droits de vote font l'objet de vérifications et d'informations spécifiques du commissaire aux comptes sous réserve des dispenses précitées lorsque la durée du mandat du commissaire aux comptes est limitée à trois exercices.

Les **prises de participation** dans une société qui aboutissent au dépassement des seuils de l'article L 233-6 du Code de commerce ou les **prises de contrôle** d'une société font l'objet dans toutes les sociétés commerciales d'une information dans le rapport de gestion ainsi que dans le rapport sur les comptes annuels du commissaire aux comptes lorsqu'il n'est pas dispensé de cette diligence, sous peine de sanction pénale (C. com. art. L 247-1).

Pour plus de détails sur les **seuils** dont le dépassement entraîne une obligation d'information, voir n°s 55460 s.

50206 **4.** L'identité des **personnes détenant le capital social ou les droits de vote** au-delà des seuils de l'article L 233-7 du Code de commerce vise les sociétés dont les actions sont admises aux négociations sur un marché réglementé ou sur un marché d'instruments financiers admettant aux négociations des actions pouvant être inscrites en compte chez un intermédiaire habilité (Euronext Growth, par exemple). Elle doit faire l'objet d'une mention dans le rapport de gestion et dans le rapport sur les comptes annuels du commissaire aux comptes, sous peine de sanction pénale (C. com. art. L 247-2).

Pour plus de détails sur les **seuils** dont le dépassement entraîne une obligation d'information, voir n°s 55555 s.

50207 **5.** Lorsqu'une société doit aliéner sa participation pour se conformer aux règles des articles L 233-29 et L 233-30 du Code de commerce relatifs à l'interdiction des **participations réciproques,** cette information est portée à la connaissance des actionnaires par les rapports du conseil d'administration ou du directoire et du commissaire aux comptes

1054

© Éd. Francis Lefebvre

NOTIONS GÉNÉRALES ▮

lors de l'assemblée suivante (C. com. art. R 233-19, al. 2). Cette obligation est applicable à toutes les sociétés par actions.

Pour plus de détails, voir n°s 55505 s.

6. Le Code monétaire et financier prévoit dans son article L 451-1-2 que les émetteurs de titres de capital ou de créance admis aux négociations sur un marché réglementé publient et déposent auprès de l'AMF un **rapport financier semestriel dans les trois mois** suivant la fin du premier semestre de leur exercice (depuis le 1er janvier 2015, ce délai de publication a été allongé de deux à trois mois par la loi 2014-1662 du 30 décembre 2014).

50208

On remarque que l'article L 232-7 du Code de commerce, qui renvoie aux I, III, IV de l'article L 451-1-2 du Code monétaire et financier, vise les sociétés dont les actions sont admises aux négociations sur un marché réglementé, alors que l'article L 451-1-2 du Code monétaire et financier vise, quant à lui, les émetteurs français dont des titres de capital, ou des titres de créance, sont admis aux négociations sur un marché réglementé, les exceptions étant définies à l'article L 451-1-4 du Code monétaire et financier.

Ce rapport financier semestriel comprend des comptes condensés (présentés, le cas échéant, sous une forme consolidée), un rapport semestriel d'activité, une déclaration des personnes physiques assumant la responsabilité de ce document et le rapport d'examen limité des commissaires aux comptes.

L'article L 451-1-2 du Code monétaire et financier prévoit que « les commissaires aux comptes font état, dans leur rapport d'examen limité, de leurs conclusions sur le contrôle des comptes complets ou condensés et de leurs observations sur la sincérité et la concordance avec ces comptes des informations données dans le rapport semestriel d'activité ».

Pour plus de détails, voir n°s 42460 s.

7. L'établissement de **documents d'information prévisionnels** est obligatoire dans les sociétés commerciales (C. com. art. L 232-2) qui, à la clôture d'un exercice social, ont réalisé un chiffre d'affaires égal ou supérieur à 18 millions d'euros ou qui comptent, avec les sociétés dont elles détiennent directement ou indirectement plus de la moitié du capital, trois cents salariés ou plus (C. com. art. R 232-2).

50210

Lorsqu'il n'est pas dispensé de cette diligence par l'article L 823-12-1 du Code de commerce, le commissaire aux comptes est conduit, dans ces entités, à délivrer un rapport en cas de non-établissement des documents prévisionnels ou d'observations à formuler sur le rapport commentant les données figurant dans ces documents (C. com. art. L 232-3 à L 232-4).

Pour plus de détails, voir n°s 54650 s.

Concernant les obligations des établissements de crédit, des entreprises d'assurances, des personnes morales de droit privé non commerçantes ayant une activité économique, des GIE, des entreprises publiques et des organismes collecteurs de la participation des employeurs à l'effort de construction, voir n°s 54675 s.

8. Le **rapport sur le gouvernement d'entreprise** du conseil d'administration ou du conseil de surveillance établi en application des articles L 225-37 ou L 225-68 du Code de commerce concerne les sociétés anonymes, les sociétés en commandite par actions et les sociétés européennes, que leurs titres financiers soient admis aux négociations sur un marché réglementé ou non.

50212

Les dispositions des articles précités sont rendues applicables aux SCA par l'article L 226-10-1 du Code de commerce et aux SE par l'article L 228-7 qui renvoie aux dispositions de la section 2 du chapitre V du titre II du Code de commerce.

L'intervention du commissaire aux comptes concernant le rapport sur le gouvernement d'entreprise ou les informations relevant de ce rapport est définie aux articles L 225-235 et L 226-10-1 du Code de commerce, et le cas échéant aux articles L 22-10-71 et L 22-10-78 du même code, ainsi qu'à l'article L 823-10 du même code.

Pour plus de détails, voir n°s 55800 s.

À la date de mise à jour de ce Mémento, l'article L 225-235 du Code de commerce a été abrogé par l'ordonnance 2020-1142 du 16 septembre 2020 portant création, au sein du Code de commerce, d'une division spécifique aux sociétés dont les titres sont admis aux négociations sur un marché réglementé ou sur un système multilatéral de négociation. Cette abrogation est une erreur de plume, la recodification intervenant à droit constant et une partie des dispositions de l'article L 225-235 concernant toutes les sociétés anonymes, qu'elles soient cotées ou non cotées. Le projet de loi de ratification de l'ordonnance précitée prévoit ainsi que l'article L 225-235 du Code de commerce soit rétabli et

NOTIONS GÉNÉRALES © Éd. Francis Lefebvre

dispose que les commissaires aux comptes, s'il en existe, attestent dans un rapport joint au rapport mentionné au deuxième alinéa de l'article L 225-100 de l'existence des autres informations requises par l'article L 225-37-4.

50213 9. Les sociétés dont les comptes annuels sont certifiés par un commissaire aux comptes doivent fournir dans leur rapport de gestion des informations relatives aux **délais de paiement** définies à l'article D 441-6 du Code de commerce (anciennement article D 441-4 du même code) (C. com. art. L 441-14).

Le ministère de la justice a précisé que l'ensemble des entités soumises à l'article L 441-14 et tenues d'établir un rapport annuel doivent remplir cette obligation, quand bien même ledit rapport serait formellement régi par une disposition autre que l'article L 232-1 du Code de commerce (courrier du ministère de la justice reçu le 26 mai 2010 par la CNCC – consultable sur le portail professionnel de la CNCC – www.cncc.fr).

Le commissaire aux comptes atteste, dans le rapport sur les comptes, de la sincérité des informations mentionnées à l'article D 441-6 et de leur concordance avec les comptes annuels et présentent leurs observations, le cas échéant (C. com. art. D 823-7-1).

Pour plus de détails, voir nos 56522 s.

50215 10. Enfin, les interventions et vérifications spécifiques dans les documents périodiques publiés par les **OPCVM** ne résultent pas d'une disposition du Code de commerce mais de dispositions du Code monétaire et financier et du Règlement général de l'AMF.

L'article L 214-17 du Code monétaire et financier prévoit « un contrôle du commissaire aux comptes sur la composition de l'actif ».

Dans son Règlement général, l'AMF impose une périodicité trimestrielle de la composition de l'actif dans les OPCVM dont l'actif est supérieur à 80 millions d'euros et indique que ce document est « attesté » par les commissaires aux comptes (RG AMF art. 411-125).

La CNCC a publié un avis technique, remplaçant l'ancienne norme 5-111, concernant l'intervention du commissaire aux comptes sur la composition de l'actif de l'OPCVM chaque semestre ou chaque trimestre, selon les caractéristiques de l'OPCVM (Bull. CNCC nº 171-2013 p. 321). Ce document précise que le commissaire aux comptes formalise ses conclusions dans une attestation. Il conclut sur la **cohérence** des informations figurant dans le document établi par l'entité avec la connaissance de l'OPCVM qu'il a acquise dans le cadre de sa mission de certification des comptes annuels.

SECTION 2

Conditions de mise en œuvre

50250 Sont étudiées ici :
– la place des vérifications spécifiques annuelles dans la démarche d'ensemble du commissaire aux comptes lorsqu'il n'est pas dispensé de la réalisation de certaines d'entre elles ;
– les obligations liées à la mise en œuvre de ces vérifications spécifiques.

Place des vérifications spécifiques

50260 **Inclusion dans la mission permanente** Les vérifications spécifiques annuelles sont des diligences non consécutives à une opération décidée par l'entité contrôlée ou à tel événement survenu dans cette entité. Elles appartiennent de ce fait à la mission permanente du commissaire aux comptes.

Les diligences liées à des opérations décidées par l'entité ou à des faits survenus dans l'entité sont examinées dans le titre II de cette troisième partie (interventions liées à des faits ou à des opérations).

Le fait qu'elles soient indépendantes de la survenance de tel fait ou de telle opération ne signifie pas que les vérifications spécifiques annuelles sont applicables à l'ensemble des entités contrôlées par un commissaire aux comptes : encore faut-il que ladite entité entre dans le champ d'application de la vérification spécifique annuelle concernée (voir supra nos 50190 s.).

50265 **Liens entre vérifications spécifiques et mission de certification** À la différence de la démarche d'audit, qui est structurée par phases intervenant les unes après

© Éd. Francis Lefebvre

NOTIONS GÉNÉRALES ▮

les autres jusqu'à l'émission du rapport de certification, les vérifications spécifiques annuelles sont réalisées **à tout moment** dès lors que les documents sur lesquels elles portent sont disponibles. Du fait de la permanence de la mission, cette caractéristique n'est pas neutre, notamment en cas d'interruption de la mission : alors que le commissaire aux comptes n'a pas à délivrer de rapport de certification si son mandat vient à terme avant la clôture de l'exercice, il est tenu de rendre compte de sa mission de vérifications spécifiques **jusqu'à la cessation de ses fonctions** en émettant, le cas échéant, un rapport sur les irrégularités ou sur d'autres faits qu'il serait amené à constater, comme la mise en cause de la continuité d'exploitation (voir n° 2670).

Certains contrôles, nécessaires à l'accomplissement des vérifications spécifiques, relèvent également de la mission de certification des comptes annuels ou lui sont étroitement associés. D'autres vérifications spécifiques peuvent, en revanche, déborder le cadre de la mission de certification. **50270**

Les **contrôles communs** à la certification des comptes et aux vérifications spécifiques annuelles comprennent notamment : **50273**
– les contrôles relatifs à la vérification des informations d'ordre comptable et financier contenues dans les documents adressés aux actionnaires et dans le rapport de gestion, dont le commissaire aux comptes doit contrôler la concordance avec les comptes annuels ;
– les contrôles afférents aux mouvements de titres et à la structure du capital social et l'obligation d'information relative aux prises de participation et à la détention du capital social.

D'une manière plus générale, et sans pour autant que les diligences mises en œuvre de part et d'autre puissent être qualifiées de communes, il existe fréquemment une interaction de fond entre les vérifications spécifiques et les diligences d'audit, l'auditeur mettant à profit toutes les connaissances tirées de la démarche d'audit dans la mise en œuvre des vérifications spécifiques, et inversement. Ainsi, l'examen des informations réunies sur l'identification des parties liées et des opérations réalisées avec celles-ci lui permettra également d'avoir connaissance d'opérations réalisées avec ces personnes qui peuvent constituer des conventions réglementées. De même, la revue des procès-verbaux du conseil réalisée dans le cadre des vérifications spécifiques est-elle utile au contrôle des titres de participation et à la revue des faits marquants qui fait partie intégrante des procédures analytiques.

Les **vérifications spécifiques susceptibles de déborder le cadre de la certification des comptes** concernent par exemple le contrôle de l'égalité entre les actionnaires et des actions détenues par les administrateurs et les membres du conseil de surveillance. **50275**

De son côté, la mission de certification des comptes comporte tout un ensemble de diligences indépendantes des vérifications spécifiques, telles que, par exemple, le contrôle des états de rapprochement bancaire.

Obligations liées aux vérifications spécifiques annuelles

Diligences à mettre en œuvre Le détail des diligences à mettre en œuvre par le commissaire aux comptes est propre à chacune des vérifications spécifiques. Les diligences devront donc être **définies au cas par cas** par le commissaire aux comptes, en fonction de l'objectif poursuivi. **50280**
Nous détaillerons dans les deux chapitres suivants, qui sont consacrés à l'étude de chacune des vérifications spécifiques en particulier, les diligences à mettre en œuvre par le commissaire aux comptes.

On rappelle que, si les vérifications spécifiques impliquent des contrôles de légalité, il n'en résulte pas que le commissaire aux comptes est « le gardien de toute la légalité » de l'entité contrôlée. Il n'a pas à exercer de démarche active pour s'assurer du respect de l'ensemble des textes légaux et réglementaires applicables à l'entité qu'il contrôle (voir n° 61272).
Le commissaire aux comptes peut, pour ses vérifications spécifiques, utiliser un **questionnaire** lui permettant de recenser soit en cours de mission, soit à l'issue de la mission toutes les diligences à mettre en œuvre pour répondre à l'objectif de sa mission.

Application des principes de la mission d'audit Tout en étant régies par des textes propres à chaque vérification, les diligences du commissaire aux comptes donnent lieu à l'application des règles générales qui caractérisent la mission d'audit. Il en est ainsi en particulier, d'une part, pour ce qui concerne la collecte des éléments probants et la **50295**

1057

NOTIONS GÉNÉRALES © Éd. Francis Lefebvre

documentation des travaux, d'autre part, en ce qui concerne la nature des obligations et de la responsabilité du commissaire aux comptes.

50298 1. S'agissant de la **documentation des travaux,** les obligations sont posées par la NEP 230 « Documentation de l'audit des comptes ».
Le commissaire aux comptes doit consigner dans ses dossiers de travail la documentation permettant de justifier :
– la planification de l'audit dont les principaux éléments sont formalisés dans le plan de mission et de programme de travail ;
– la nature, le calendrier et l'étendue des procédures d'audit effectuées ;
– les caractéristiques qui permettent d'identifier les éléments qu'il a testés afin de préciser l'étendue des procédures mises en œuvre ;
– les résultats de ces procédures et les éléments collectés ;
– les problématiques concernant les éléments significatifs des comptes qui ont été relevées au cours de l'audit et les conclusions du commissaire aux comptes sur ces problématiques.

50305 Dans le **dossier juridique permanent** figureront les informations relatives aux vérifications spécifiques qui pourront être réutilisées au cours des exercices suivants.
Il s'agira notamment :
– des informations relatives à la composition des organes de l'entité, aux actions détenues par les administrateurs et par les membres du conseil de surveillance, aux conventions soumises à la procédure des conventions réglementées ;
– des informations relatives aux prises de participation et à la détention du capital social.
Selon le principe général, ces informations doivent faire l'objet d'une actualisation annuelle (voir n° 25915).

50308 Dans le **dossier annuel** figureront les informations relatives aux vérifications spécifiques de l'exercice qui ne présentent d'intérêt que pour l'exercice contrôlé.
Sous réserve des dispenses précitées lorsque la durée du mandat du commissaire aux comptes est limitée à trois exercices, ces informations comprendront notamment les diligences afférentes au montant global des rémunérations, au montant des versements effectués en application des 1 à 5 de l'article 238 bis du CGI et, d'une manière générale, la documentation propre aux diligences de l'exercice (feuilles de travail, synthèse des constatations et conclusions, etc.).

50315 2. Les principes généraux qui régissent les **responsabilités civile, pénale et disciplinaire** du commissaire aux comptes sont applicables à la mise en œuvre des vérifications spécifiques. Notamment, le commissaire aux comptes n'est en principe tenu qu'à une **obligation de moyens,** et la responsabilité des informations et documents soumis à son contrôle incombe aux dirigeants de l'entité. Un certain nombre de points méritent cependant d'être signalés.

50318 En **matière civile,** le commissaire aux comptes est, par exception, tenu à une **obligation de résultat** pour ce qui concerne :
– le contrôle des règles relatives aux actions détenues par les administrateurs et les membres du conseil de surveillance lorsque les statuts exigent cette détention dans la SA contrôlée ;
– le contrôle de la régularité des modifications statutaires des sociétés commerciales ;
– la présentation d'un rapport spécial sur les conventions dont il a eu connaissance, si le commissaire aux comptes n'est pas dispensé de cette obligation en application de l'article L 823-12-1 du Code de commerce lorsque la durée du mandat du commissaire aux comptes est limitée à trois exercices (voir n° 12265).
Pour les autres vérifications spécifiques, la jurisprudence considère que le commissaire aux comptes a une simple obligation de moyens ; celui-ci a donc tout intérêt à pouvoir justifier de l'existence de ses diligences pour assurer sa défense, ce qui suppose qu'il documente son dossier de travail en conséquence.

50325 En **matière pénale,** l'auditeur veillera à respecter son obligation au **secret professionnel.** Il sera particulièrement attentif à l'obligation de révélation des irrégularités relevées qui présenteraient un caractère délictueux. Enfin, il aura connaissance des sanctions pénales qui lui sont applicables :

© Éd. Francis Lefebvre

NOTIONS GÉNÉRALES

– en cas de confirmation d'informations mensongères, qui seraient par exemple conte-nues dans le rapport de gestion ou dans les documents adressés aux actionnaires (voir n° 13665) ;
– pour défaut d'information sur les prises de participation réalisées par une société commerciale (voir n° 13730) ;
– pour défaut d'information sur l'identité des détenteurs du capital social par les sociétés dont les actions sont admises aux négociations sur un marché réglementé ou sur un marché d'instruments financiers (voir n° 13745).

L'obligation qui incombe au commissaire aux comptes sur ces deux derniers points est concomitante avec celle des dirigeants de la société, qui doivent également donner ces informations dans le rapport de gestion.

SECTION 3

Communications du commissaire aux comptes

Nature des communications émises

Le commissaire aux comptes formule une conclusion adaptée aux travaux effectués et au niveau d'assurance requis. **50403**

Ainsi, dans son rapport sur les comptes annuels, le commissaire aux comptes fait état de ses observations (ou absence d'observations) sur la **sincérité** et la **concordance** avec les comptes annuels des informations données dans le rapport de gestion et dans les documents adressés aux actionnaires sur la situation financière et les comptes annuels. **50406**

De même, à la suite du contrôle des informations sur la situation financière incluses dans le rapport semestriel d'activité, le commissaire aux comptes mentionne ses observations (ou absence d'observa-tions) sur la sincérité de ces informations et leur concordance avec les comptes semestriels ayant fait l'objet d'un examen limité.

Pour les sociétés soumises à l'obligation de publier des informations relatives aux rému-nérations et avantages en nature versés à chaque mandataire social, en application des dispositions de l'article L 22-10-9 du Code de commerce (ancien article L 225-37-3 abrogé au 1-1-2021), le commissaire aux comptes atteste spécialement l'**exactitude** et la **sincérité** desdites informations.

Sous réserve des dispenses précitées lorsque la durée du mandat du commissaire aux comptes est limitée à trois exercices, en application des 4° et 5° de l'article L 225-115 du Code de commerce, et sur la base des travaux qu'il a effectués, le commissaire aux comptes formule ses observations (ou absence d'observations) sur la **concordance** avec la comptabilité ayant servi de base à l'établissement des comptes annuels : **50408**
– du montant global des rémunérations versées aux personnes les mieux rémunérées ;
– et du montant global des versements effectués en application des 1 à 5 de l'article 238 bis du CGI.

La loi 2019-1479 du 28 décembre 2019 modifie l'article L 225-115, 5° du Code de commerce et remplace la référence aux versements effectués en application des « 1 et 4 de l'article 238 bis du Code général des impôts » par ceux effectués en application des « 1 à 5 de l'article 238 bis du Code général des impôts ».

Le commissaire aux comptes atteste la **cohérence** des informations sur la composition de l'actif social des OPCVM, dans le cadre des informations périodiques publiées par ces derniers. **50410**

Dans le cadre de certaines vérifications spécifiques, le commissaire aux comptes donne aux membres de l'organe délibérant des **éléments d'informations**. Tel est le cas notam-ment concernant les conventions réglementées, les prises de participation et de contrôle ou l'identité des détenteurs du capital, sous réserve des dispenses précitées lorsque la durée du mandat du commissaire aux comptes est limitée à trois exercices. **50412**

1059

NOTIONS GÉNÉRALES © Éd. Francis Lefebvre

50414 Enfin, dans le cas par exemple de ses diligences relatives au respect de l'égalité entre actionnaires ou de la détention des actions par les administrateurs ou les membres du conseil de surveillance, le commissaire aux comptes ne formule les conclusions de ses travaux que s'il a relevé des **irrégularités** devant être portées à la connaissance des organes compétents et de l'assemblée générale.

Forme des communications émises

50440 La mise en œuvre des vérifications spécifiques aboutit, le plus souvent, à une communication à l'assemblée générale. Ce n'est cependant pas toujours le cas.

Sous réserves des dispenses de diligences prévues à l'article L 823-12-1 du Code de commerce pour les commissaires aux comptes dont la durée du mandat est limitée à trois exercices, on peut distinguer, selon la forme de communication qui leur est associée :
– les vérifications spécifiques donnant lieu à l'émission systématique d'un rapport ;
– les vérifications spécifiques donnant lieu à l'émission systématique d'une attestation ;
– les vérifications spécifiques donnant lieu à une communication systématique dans le rapport sur les comptes annuels ;
– les vérifications qui ne donnent lieu à communication dans un rapport que dans le seul cas de survenance d'une irrégularité.

50445 **Émission systématique d'un rapport** L'émission d'un rapport intervient à l'issue :
– de l'examen limité des comptes semestriels et de la vérification du rapport semestriel d'activité ;
– de la vérification des conventions réglementées.

Pour rappel, le commissaire aux comptes est dispensé des diligences relatives aux conventions réglementées lorsque la durée de son mandat est limitée à trois exercices (C. com. art. L 823-12-1).

50450 **Émission systématique d'une attestation** Une attestation est établie par le commissaire aux comptes à l'issue :
– de la vérification du montant global des rémunérations des 5 ou 10 personnes les mieux rémunérées ;

Toutefois, aucune attestation n'est prévue en cas d'effectif inférieur à 5 salariés.
Pour rappel, le commissaire aux comptes est dispensé de cette vérification lorsque la durée de son mandat est limitée à trois exercices (C. com. art. L 823-12-1).

– de la vérification du montant des versements effectués en application des 1 et 4 de l'article 238 bis du CGI ;

Aucune attestation n'est cependant émise si le montant de ces versements est nul.
Pour rappel, le commissaire aux comptes est dispensé de cette vérification lorsque la durée de son mandat est limitée à trois exercices (C. com. art. L 823-12-1).

– de la vérification des informations figurant dans la composition de l'actif des OPCVM ;
– de la vérification de la protection des fonds et avoirs de la clientèle des entreprises d'investissement (C. mon. fin. art. L 533-10, II, 6° et arrêtés des 2-7-2007 et 11-12-2013).

50455 **Insertion systématique d'un développement dans le rapport sur les comptes annuels et consolidés** Les mentions relatives aux vérifications spécifiques figurent dans la partie du rapport du commissaire aux comptes sur les comptes annuels ou consolidés dénommée vérifications spécifiques.

50460 1. La partie du **rapport sur les comptes annuels** relative aux vérifications spécifiques comporte notamment :
– des conclusions exprimées sous forme d'observation, ou d'absence d'observation, sur la sincérité et la concordance avec les comptes annuels des informations données dans le rapport de l'organe compétent à l'organe appelé à statuer sur les comptes et, le cas échéant, dans les autres documents adressés à l'organe appelé à statuer sur les comptes sur la situation financière et les comptes annuels ;

Lorsqu'il n'a pas d'observation à formuler, le commissaire aux comptes doit le formuler expressément selon le libellé suivant : « Nous n'avons pas d'observation à formuler sur la sincérité et la concordance avec les comptes annuels des informations données dans le rapport de gestion du conseil d'administration (du directoire, des gérants) et dans les documents adressés aux actionnaires (associés) sur la situation financière et les comptes annuels. »

© Éd. Francis Lefebvre

NOTIONS GÉNÉRALES

Les observations relatives à la sincérité et à la concordance seront libellées en ces termes : « La sincérité et la concordance avec les comptes annuels des informations données dans le rapport de gestion du conseil d'administration (du directoire, des gérants) et dans les documents adressés aux actionnaires (associés) sur la situation financière et les comptes annuels appellent de notre part les observations suivantes. »

Enfin, concernant les établissements de crédit et les sociétés de financement qui fournissent des informations sur leurs implantations et leurs activités, incluses dans leur périmètre de consolidation, dans leur rapport de gestion ou dans un document distinct présenté à l'assemblée générale (C. mon. fin. art. L 511-45), la conclusion du commissaire aux comptes est alors incluse dans la conclusion sur les vérifications et informations spécifiques figurant dans la partie du rapport sur les comptes relative aux vérifications spécifiques (Bull. CNCC n° 172-2014).

– le cas échéant, les conclusions relatives à la vérification du rapport du conseil sur le gouvernement d'entreprise (ou aux informations relatives au gouvernement d'entreprise figurant dans une section spécifique du rapport de gestion pour les SA à conseil d'administration) en application des articles L 225-235, L 22-10-71, L 226-10-1, L 22-10-78 du Code de commerce (voir n° 55975).

Pour rappel, le commissaire aux comptes est dispensé de cette vérification lorsque la durée de son mandat est limitée à trois exercices (C. com. art. L 823-12-1).

Sur le maintien de l'article L 225-235 dans le Code de commerce, voir n° 50212.

Ces conclusions sont précédées d'un premier paragraphe indiquant que le commissaire aux comptes a procédé, conformément aux normes d'exercice professionnel applicables en France, aux vérifications spécifiques prévues par la loi.

50465 **2.** Dans le **rapport sur les comptes consolidés,** la vérification spécifique porte uniquement « sur la sincérité et la concordance avec les comptes consolidés des informations relatives au groupe données dans le rapport de gestion » (NEP 700 § 17 « Rapport du commissaire aux comptes sur les comptes annuels et consolidés »).

50470 **Absence de mention systématique** Un certain nombre de vérifications spécifiques ne donnent lieu à l'émission d'un rapport particulier ou à l'insertion d'une mention dans le rapport sur les comptes annuels qu'à partir du moment où, soit une irrégularité ou inexactitude a été constatée par le commissaire aux comptes dans la mise en œuvre de ses diligences, soit l'événement devant donner lieu à une information du commissaire aux comptes est intervenu.

L'absence de rapport ou de mention est alors une **assurance implicite** de l'absence d'irrégularité résultant des contrôles effectués, ou d'informations à donner en application des dispositions légales.

50478 Tel est le cas en ce qui concerne le contrôle du respect de l'**égalité entre les actionnaires,** la **détention des actions** par les administrateurs et les membres du conseil de surveillance lorsque les statuts prévoient la détention d'un nombre déterminé d'actions : aucune communication particulière n'est à effectuer en l'absence d'irrégularité. En présence d'une irrégularité, le commissaire aux comptes en fait état, en application des articles L 823-12 et L 823-16 du Code de commerce, dans les mêmes conditions que pour les autres irrégularités (voir n° 61250 s.).

50480 En matière d'information donnée par l'entreprise sur les **délais de paiement,** le commissaire aux comptes formule ses conclusions dans la partie de son rapport relative aux vérifications spécifiques sous forme d'observations ou d'absence d'observations sur la sincérité et la concordance des informations prévues à l'article D 441-6 du Code de commerce avec les comptes annuels. Il communique par ailleurs son rapport au ministre chargé de l'économie dans le seul cas où il constate des manquements significatifs répétés de l'entreprise à ses obligations en matière de délai de paiement (voir n° 56530).

S'agissant du contrôle des informations relatives aux **prises de participation et de contrôle,** à l'identité des **détenteurs du capital** et aux aliénations intervenues en application de la législation sur les participations réciproques, une mention est à insérer dans la partie du rapport relative aux vérifications spécifiques sur les comptes si, et seulement si, des évènements devant donner lieu à une information de l'entité contrôlée dans son rapport de gestion sont intervenus.

Dans cette hypothèse, lorsque le rapport de gestion donne, conformément à la loi, une information complète, le commissaire aux comptes peut s'y référer pour éviter de répéter l'information détaillée dans son rapport. Il utilise la phrase suivante : « En application de la loi, nous nous sommes assurés

NOTIONS GÉNÉRALES

© Éd. Francis Lefebvre

50480
(suite)

que les diverses informations relatives aux prises de participation et de contrôle et à l'identité des détenteurs du capital (ou des droits de vote) et (le cas échéant) aux participations réciproques vous ont été communiquées dans le rapport de gestion. »

Si le rapport de gestion ne donne pas les informations prévues par la loi concernant ces différents points, il appartient au commissaire aux comptes de signaler l'absence d'information dans la partie du rapport relative aux vérifications spécifiques et de donner lui-même l'information minimum qui résulte de l'application stricte de la loi. Dans ce cas, il indiquera notamment le franchissement des seuils sans indication des pourcentages ; ainsi il ne fera pas mention des variations entre deux seuils (CNCC NI. I « Les rapports du commissaire aux comptes sur les comptes annuels et consolidés » – décembre 2018 p. 178).

Pour rappel, le commissaire aux comptes est dispensé des vérifications prévues aux articles L 233-6 et L 233-13 du Code de commerce lorsque la durée de son mandat est limitée à trois exercices (C. com. art. L 823-12-1).

Des principes analogues s'appliquent à la vérification des documents et des rapports prévus dans le cadre de la **prévention des difficultés des entreprises** : le commissaire aux comptes « n'a l'obligation d'établir un rapport que si ses travaux l'ont conduit à relever des irrégularités ou des anomalies significatives qu'il lui appartient de porter à la connaissance des organes de l'entité visés par la loi. L'absence de rapport conduit donc à considérer implicitement que le commissaire aux comptes n'a pas relevé d'irrégularités ou d'anomalies significatives lors de l'exécution des travaux » (CNCC NI. XIII – janv. 2020 § 2.31.1).

Pour rappel, le commissaire aux comptes est dispensé de cette vérification lorsque la durée de son mandat est limitée à trois exercices (C. com. art. L 823-12-1).

© Éd. Francis Lefebvre — CONTRÔLE DES CONVENTIONS RÉGLEMENTÉES

CHAPITRE 2

Contrôle des conventions réglementées

Plan du chapitre	§§		§§
SECTION 1		A. Sociétés anonymes et sociétés	
Présentation générale		en commandite par actions	52550
de la procédure	52110	B. SARL	52750
A. Principes généraux	52200	C. SAS	52850
B. Mission du commissaire		D. Personnes morales de droit privé	
aux comptes	52350	non commerçantes ayant	
		une activité économique	
SECTION 2		et certaines associations	
Mise en œuvre de la procédure		subventionnées	53000
dans les entités concernées	52500	E. Autres entités	53100

La réglementation des conventions est issue de la confrontation de deux principes qui régissent la vie des entités dotées de la personnalité morale : le principe de la **liberté contractuelle**, qui résulte de la capacité à contracter de ces entités, et le principe de la **prééminence de l'intérêt social**, qui interdit à ces entités d'agir dans un sens contraire aux intérêts qui leur sont propres.

Les règles introduites dans le dispositif légal ont toujours eu pour objet d'éviter que des personnes pouvant contracter au nom d'une personne morale, et notamment les dirigeants, puissent faire passer leurs intérêts avant ceux de cette personne morale. Le législateur a procédé en définissant les conventions sensibles, susceptibles de donner lieu à des abus ; il leur a ensuite appliqué un ou plusieurs mécanismes destinés à empêcher ou à faire censurer celles de ces opérations qui pourraient aller à l'encontre de l'intérêt social.

Au-delà de ces principes communs tendant à régir les conflits d'intérêts, les **règles** mises en place par le législateur sont **susceptibles de varier** de manière très significative d'une entité à l'autre.

52100

SECTION 1

Présentation générale de la procédure

Seront successivement examinés :
- les principes généraux de la procédure des conventions réglementées (voir n°s 52200 s.) ;
- le rôle du commissaire aux comptes dans la procédure (voir n°s 52350 s.).

52110

A. Principes généraux

Évolutions législatives

L'introduction de la notion de convention réglementée dans le dispositif légal remonte à la loi sur les sociétés commerciales du 24 juillet 1867. Le dispositif a par la suite été

52200

CONTRÔLE DES CONVENTIONS RÉGLEMENTÉES © Éd. Francis Lefebvre

modifié par une succession de textes législatifs qui ont étendu le périmètre des conventions et renforcé la procédure de contrôle. Les objectifs fondamentaux de ces différents textes légaux demeurent de contrôler les relations privilégiées qui peuvent s'instaurer entre une entité et ses dirigeants ou ses associés importants afin d'éviter les **conflits d'intérêts** et d'assurer l'information de tous les associés ou actionnaires sur ces relations. Les lois successives font apparaître une évolution importante de la procédure.

Le dispositif de 1867 avait pour but premier de **protéger les actionnaires** contre les agissements de certains dirigeants, pouvant être tentés de conclure ou de faire conclure par la société des conventions les avantageant au détriment de la collectivité. Le principe retenu pour garantir le respect de l'égalité entre les actionnaires était d'imposer l'autorisation préalable par l'assemblée des opérations sensibles.

Le dispositif a par la suite évolué avec notamment l'élargissement des personnes intéressées et des entités visées (Loi du 24-7-1966, loi NRE du 15-5-2001, loi de sécurité financière du 1-8-2003) et l'extension de la procédure des conventions réglementées aux engagements pris au bénéfice des dirigeants (« loi Breton » du 26-7-2005 et « loi Tepa » du 21-8-2007).

Plus récemment, l'ordonnance 2014-863 du 31 juillet 2014 a modifié les textes légaux relatifs aux conventions réglementées dans les sociétés anonymes et la loi pour la croissance, l'activité et l'égalité des chances du 6 août 2015, dite « loi Macron », a soumis à des conditions de performance les engagements de retraite à prestations définies des dirigeants des sociétés cotées.

Enfin, la loi 2019-486 du 22 mai 2019, dite « loi Pacte », a ajusté le dispositif déjà en place dans les sociétés anonymes notamment afin de transposer la directive dite « Droit des actionnaires » du 12 mai 2017 et l'ordonnance 2019-1234 du 27 novembre 2019, prise en application de cette loi, a supprimé le régime spécifique des engagements réglementés.

Entités soumises à la procédure

52210   La procédure des conventions réglementées ne fait pas partie des vérifications spécifiques, attachées à la mission générale, qui sont étendues par l'article L 820-1 du Code de commerce à toutes les entités soumises au contrôle légal : elle reste liée au **statut juridique de chaque entité**. Toutefois, compte tenu des extensions successives du périmètre d'application de la procédure, le dispositif des conventions réglementées concerne désormais une grande majorité des entités dotées de la personnalité morale.

Nous présentons ci-après les entités qui sont soumises à l'**établissement d'un rapport spécial** du commissaire aux comptes sur les conventions réglementées, étant précisé que s'agissant des SA, SCA, SE, SARL et SAS qui, conformément aux dispositions de l'article L 823-3-2 du Code de commerce introduit par la loi 2019-486 dite « loi Pacte », ont choisi de limiter le mandat de leur commissaire aux comptes à trois exercices, ce dernier est dispensé de l'établissement du rapport spécial sur les conventions réglementées en application de l'alinéa 2 de l'article L 823-12-1 du Code précité :

– SA (C. com. art. L 225-38 à L 225-43 ; art. L 225-86 à L 225-91) ;

– sociétés européennes (C. com. art. L 229-7, al. 1) ;

– SARL (C. com. art. L 223-19 à L 223-21) à l'exception des EURL dont le gérant est associé unique (C. com. art. L 223-19, al. 3) ;

– SAS (C. com. art. L 227-10 à L 227-12) à l'exception des Sasu (C. com. art. L 227-10, al. 4) ;

– sociétés en commandite par actions (C. com. art. L 225-38 à L 225-43, sur renvoi de l'art. L 226-10 du même Code) ;

– personnes morales de droit privé non commerçantes ayant une activité économique (C. com. art. L 612-5), dont font partie les associations ayant une activité économique, les sociétés civiles ayant une activité économique et les opérateurs de compétences (Opco), qui remplacent les organismes paritaires collecteurs agréés (Opca) ;

– fondations reconnues d'utilité publique (FRUP) (article 8 des nouveaux statuts types approuvés par le Conseil d'État le 19-6-2018, qui renvoie à l'article L 612-5 du Code de commerce) ;

– associations, visées à l'article L 612-4 du Code de commerce, ayant reçu annuellement des autorités administratives ou d'un Epic des subventions dont le montant global excède 153 000 euros (C. com. art. L 612-5) ;

– sociétés coopératives agricoles et unions de coopératives agricoles (C. com. art. L 225-38 à L 225-43 sur renvoi de l'art. L 529-1 du Code rural) ;

1064

CONTRÔLE DES CONVENTIONS RÉGLEMENTÉES

– sociétés coopératives et sociétés coopératives européennes pour les conventions n'ayant pas pour objet la mise en œuvre des statuts (Loi 47-1775 du 10-9-1947 art. 27 et loi de sécurité financière 2003-706 du 1-8-2003 art. 123) ;
– établissements de crédit et sociétés de financement (C. com. art. L 225-38 à L 225-43 sur renvoi de l'art. L 511-39 du Code monétaire et financier qui depuis l'ordonnance 2013-544 du 27-6-2013 vise également les sociétés de financement) ;
– sociétés civiles de placement immobilier et sociétés d'épargne forestière (C. mon. fin. art. L 214-106 issu de l'ordonnance 2013-676 du 25-7-2013) ;
– institutions de prévoyance, leurs unions et fédérations (CSS art. R 931-3-24 à R 931-3-28, A 931-3-8 et A 931-3-9) ;
– institutions de retraite complémentaire et leurs fédérations (CSS art. R 922-30, R 922-31, R 931-3-26 et R 931-3-28) ;
– mutuelles et leurs unions (C. mutualité art. L 114-32 à L 114-37) ;
– sociétés d'assurances mutuelles du Code des assurances (C. ass. art. R 322-57) ;
– organisations syndicales et professionnelles sous la forme d'association subventionnée ou ayant une activité économique (C. com. art. L 612-5) ;
– comités interprofessionnels du logement (CCH art. L 313-31) ;
– sociétés d'exercice libéral (Loi 90-1258 du 31 décembre 1990 art. 1 et 12, modifiée par la loi 2001-420 du 15 mai 2001) ;
– comité social et économique (C. trav. art. L 2315-70) ;
– grands ports maritimes (C. transports art. R 5312-20 et R 5312-21).

Les autres entités ne sont pas soumises à l'établissement d'un rapport spécial sur les conventions réglementées. Les procédures propres aux entités concernées sont exposées aux n°s 52500 s. Les développements ci-après ont pour objet de faire ressortir les éléments clés de ces procédures.

Personnes intéressées

Qualité de la personne Dans les entités soumises à la procédure des conventions réglementées, le législateur isole un certain nombre d'opérations sensibles en vue de les soumettre à une procédure particulière.
Le premier élément de référence utilisé pour définir ces opérations est la **qualité de la personne intéressée au sein de l'entité**. Le législateur détermine, pour les entités soumises à la procédure, des personnes « intéressées », qui sont des dirigeants ou des associés susceptibles d'influer sur les décisions de ces entités. Les personnes intéressées varient ainsi en fonction des textes applicables à chaque entité.

52215

Pour les personnes intéressées dans les SA et SCA, voir n°s 52575 s.
Pour les personnes intéressées dans les SARL, voir n° 52760.
Pour les personnes intéressées dans les SAS, voir n° 52860.
Pour les personnes intéressées dans les personnes morales de droit privé non commerçantes ayant une activité économique et certaines associations subventionnées, voir n° 53025.

Les personnes physiques dont les qualités ne sont pas expressément prévues par les textes précités, par exemple un directeur technique (directeur comptable et financier, directeur juridique, directeur marketing…) ou un liquidateur.

Concernant le liquidateur, les dispositions des articles L 237-1 et suivants du Code de commerce relatifs à la liquidation amiable ou sur décision judiciaire ne prévoient pas de procédure de contrôle des conventions réglementées entre la société et le liquidateur.

Les personnes visées doivent être **en fonctions** lors de la conclusion de la convention. Les conventions conclues **après** la cessation des fonctions ne sont donc pas soumises à la procédure des conventions réglementées (Cass. soc. 3-5-2012 n° 10-20.998 : RJDA 7/12 n° 688, Bull. Joly 2012 p. 562 note H. Barbier). Cependant, il ne faut pas qu'il y ait fraude à la loi : démission, par exemple, peu avant la conclusion de la convention dans l'intention d'éluder les prescriptions légales (CNCC NI. IX § 2.141 c) et Cass. com. 5-1-2016 n° 14-18.688 : RJDA 3/16 n° 205).
Il en est de même pour les conventions conclues avant la nomination d'une personne aux fonctions de direction ou d'administration.

52216

Le renouvellement de ces conventions, y compris par tacite reconduction, alors que la personne visée est cette fois en fonction est néanmoins soumis à cette procédure. Pour plus de détails concernant la tacite reconduction, voir n° 52485.

Une convention qui serait conclue **avant** la nomination d'une personne aux fonctions de direction ou d'administration, dans le dessein de l'exclure du champ d'application des conventions réglementées, pourrait cependant être annulée si elle était **entachée de**

1065

CONTRÔLE DES CONVENTIONS RÉGLEMENTÉES   © Éd. Francis Lefebvre

fraude (Cass. com. 5-1-2016 n° 14-18.688 : RJDA 3/16 n° 205). En l'espèce, un avenant au contrat de travail, prévoyant l'allocation d'une indemnité en cas de licenciement, avait été conclu avec un salarié juste avant qu'il ne soit nommé directeur général de la société. La Haute Juridiction a considéré que cet avenant avait pour cause non pas le contrat de travail qui liait le salarié à la société mais la nomination de ce dernier aux fonctions de directeur général et que ce document avait été daté avant sa nomination afin de l'exclure de la procédure des conventions réglementées. La Cour de cassation a jugé que l'avenant, intervenu en fraude des dispositions légales régissant les conventions réglementées et ayant eu des conséquences dommageables pour la société compte tenu de l'important contentieux généré entre les parties, devait être annulé.

Pour des raisons identiques à celles exposées précédemment, si l'actionnaire visé est passé **sous le seuil de 10 % des droits de vote** au moment de la conclusion de la convention, cette dernière n'est pas soumise à la procédure des conventions réglementées (Étude juridique CNCC – Les conventions entre les entités et les personnes intéressées, mai 2004, p. 42 et Cass. com. 5-1-2016 n° 14-18.688 : RJDA 3/16 n° 205). Il en irait de même pour une société ayant perdu le contrôle d'un actionnaire détenant plus de 10 % des droits de vote.

52217   Dans le cas particulier d'une convention réglementée conclue avec un administrateur en fonction mais dont le **mandat prend fin**, alors que la convention reste en vigueur et poursuit ses effets, l'obligation d'informer les actionnaires cesse à compter de l'exercice ouvert après celui au cours duquel a pris fin le mandat (CNCC NI. IX – Le rapport spécial du commissaire aux comptes sur les conventions et engagements réglementés – février 2018 § 2.141 d)).

52218   Le législateur définit, par rapport à ces personnes intéressées, les critères qui conduiront à faire entrer une convention dans le champ des conventions réglementées, étant précisé que les critères retenus peuvent varier d'une entité à l'autre.

Ces critères peuvent comprendre : la **participation directe** de la personne intéressée à la convention (n° 52219), son **intérêt indirect** à la convention (n° 52220), sa participation à la convention par **personne interposée** (n° 52225), ou simplement sa présence à une fonction de **direction dans l'entité partenaire** à la convention (n° 52230).

Par ailleurs, pour les SA et SCA, le rapport sur le gouvernement d'entreprise doit mentionner les conventions intervenues, directement ou par personne interposée, entre d'une part une société contrôlée au sens de l'article L 233-3 du Code de commerce et d'autre part ses dirigeants ou principaux actionnaires, sauf lorsqu'elles portent sur des opérations courantes et conclues à des conditions normales (voir n° 55815).

52219   **Opérations intervenant directement avec les personnes intéressées**   Les personnes intéressées s'entendent en règle générale des administrateurs, des directeurs généraux, des gérants, des représentants permanents des personnes morales au sein des conseils, etc. ; les **actionnaires** détenant une fraction des droits de vote supérieure à 10 % et les sociétés contrôlant au sens de l'article L 233-3 du Code de commerce, des actionnaires détenant au moins 10 % des droits de vote sont également visés dans certaines entités parmi lesquelles figurent notamment les sociétés anonymes (voir n°s 52580 s.) et les SAS (voir n° 52860).

52220   **Opérations conclues indirectement**   Il y a **intérêt indirect** chaque fois qu'une personne intéressée doit tirer profit d'une opération ou d'une entreprise sans toutefois être partie à la convention. Cette notion est particulièrement difficile à définir et relève avant tout des circonstances de chaque cas d'espèce (voir I. Parachkévova, L'intérêt indirect dans les conventions réglementées, Bull. Joly 2016, p. 450).

D'après l'Étude juridique de la CNCC sur les conventions dans les entités et les personnes intéressées (EJ mai 2004 § 32) : « La notion d'intérêt indirect est, comme l'expression même le suggère, extrêmement souple ; il s'agit de cas d'espèce et de dosage : l'intérêt indirect ne sera pris en considération que s'il apparaît suffisamment important pour infléchir la conduite du dirigeant intéressé et pour rendre la convention suspecte. » L'intérêt indirect de l'administrateur sera donc apprécié proportionnellement à l'importance de la convention et à la part de profit que celui-ci pourra recueillir indirectement.

La note d'information CNCC relative au rapport spécial des commissaires aux comptes sur les conventions et engagements réglementés reprend cette position et rappelle que la **preuve** doit être faite de l'**intérêt indirect** de la personne visée par les textes. Cette note d'information ainsi que l'étude CNCC de février 2014 sur les conventions courantes et réglementées fournissent des exemples de situations d'intérêt indirect (CNCC NI. IX – février 2018 § 1.121 f), Étude CNCC février 2014 – Annexe 1).

© Éd. Francis Lefebvre

CONTRÔLE DES CONVENTIONS RÉGLEMENTÉES

L'AMF propose quant à elle de retenir la définition suggérée par la Chambre de commerce et d'industrie de Paris en la modifiant toutefois pour intégrer les personnes « susceptibles de tirer avantage » de la convention : « est considérée comme étant indirectement intéressée à une convention à laquelle elle n'est pas partie la personne qui, en raison des liens qu'elle entretient avec les parties et des pouvoirs qu'elle possède pour infléchir leur conduite, en tire ou est susceptible d'en tirer un avantage » (Recommandation AMF 2012-05 du 29-4-2021 – proposition n° 4.2).

La notion d'intérêt indirect s'applique dans les **SA et SCA** mais n'est pas prévue par les textes légaux dans les SARL, les SAS, les personnes morales de droit privé non commerçantes ayant une activité économique et associations subventionnées visées à l'article L 612-4 du Code de commerce.

Opérations conclues avec les dirigeants par personne interposée Cette **52225** notion recouvre la situation dans laquelle le dirigeant ou l'associé intéressé n'est pas, en apparence, partie à la convention, mais est, en fait, le cocontractant véritable qui retire le bénéfice de la convention. L'interposition de personne existe notamment lorsqu'il y a convention de **prête-nom**, qui intervient quand un « individu promet d'agir au compte d'autrui mais en dissimulant sous sa propre personnalité le véritable intéressé à l'opération projetée » (Dalloz Dr. Civ. V° Mandat, n° 402). Cette convention constitue un cas évident d'interposition de personne.

La notion de personne interposée est applicable dans la majorité des entités soumises à la procédure de contrôle des conventions réglementées (SA, SCA, SAS, SARL, personnes morales de droit privé non commerçantes ayant une activité économique et associations subventionnées visées à l'article L 612-4 du Code de commerce).

La **distinction** entre l'intérêt indirect et l'interposition de personne n'est pas toujours facile à opérer. L'intérêt indirect se mesure aux effets de la convention. Dans l'interposition de personne, le bénéficiaire ultime est véritablement partie au contrat dont il retire un intérêt personnel. La question de l'interposition de personne a fait l'objet de nombreuses réponses de la CNCC, dont il ressort notamment qu'une présomption irréfragable d'interposition de personne frappe le conjoint, les ascendants, les descendants, mais que la preuve de l'interposition est à rapporter dans les autres cas (Bull. CNCC n° 6-1972 p. 285 ; n° 13-1974 p. 73 ; n° 19-1975 p. 355 ; n° 31-1978 p. 363 ; n° 38-1980 p. 246).

L'Étude juridique CNCC « Les conventions entre les entités et les personnes intéressées » (mai 2004) cite à titre d'**exemples** les cas suivants d'interposition de personne (p. 49 de l'étude) :
– « administrateur ou directeur général faisant consentir par sa société un prêt à un tiers qui lui avait aussitôt octroyé un prêt du même montant ;
– président-directeur général d'une société exerçant également la profession de négociant en matériaux dans une exploitation individuelle et qui fournit quasi exclusivement des entrepreneurs ayant conclu des contrats importants avec la société qu'il préside et dont l'objet principal est la construction ;
– conventions passées avec des associations qui ne constituent pas des entreprises au sens juridique du terme et ne sont donc pas soumises à la procédure de l'article L 225-38, al. 3, mais pourraient l'être en vertu du 2e alinéa si elles servaient de prête-nom ».

Un problème souvent posé concerne les prêts accordés par une société anonyme à une SCI : le fait qu'une société anonyme accorde un prêt à une SCI qui compte parmi ses associés l'un de ses administrateurs « ne constitue pas en lui-même une convention interdite. Il faut prouver que la SCI s'interpose entre la SA et l'administrateur, autrement dit que ce dernier est le bénéficiaire ultime du prêt. Il s'agit d'une question de fait et la détention d'une fraction même importante du capital social ne constitue pas, en elle-même, la preuve d'interposition de personne » (Étude juridique CNCC « Les conventions entre les entités et les personnes intéressées », mai 2004 p. 49).

Opérations conclues avec des entreprises ayant un « dirigeant commun » **52230**
avec l'entité soumise à la procédure des conventions réglementées Ainsi, une opération conclue par une société anonyme entre dans le périmètre des conventions réglementées dès lors qu'elle est conclue avec une entreprise dont le propriétaire, l'associé indéfiniment responsable, le gérant, l'administrateur, le membre du conseil de surveillance ou, de façon générale, le dirigeant, est en même temps directeur général, directeur général délégué, administrateur, membre du directoire ou membre du conseil de surveillance de cette société (C. com. art. L 225-38, al. 3 et L 225-86, al. 3).

Cette notion de « dirigeant commun » est applicable dans les SA et les SCA (voir n° 52577), les SARL (voir n° 52760), les personnes morales de droit privé non commerçantes ayant une activité économique et les associations subventionnées visées à l'article L 612-4 du Code de commerce (voir n° 53025) mais non dans les SAS (sauf dispositions statutaires).

1067

CONTRÔLE DES CONVENTIONS RÉGLEMENTÉES   © Éd. Francis Lefebvre

La procédure des conventions réglementées s'applique aux conventions passées entre une société française et une **société étrangère** ayant des dirigeants communs, la notion de dirigeant devant être appréciée dans la société étrangère par comparaison avec le concept français (CNCC NI. IX – février 2018 § 1.121 e) et Bull. CNCC. n° 136-2004 p. 706).

Ainsi une avance de trésorerie effectuée par une SA française à une SARL roumaine dont le gérant est également administrateur de la SA peut constituer une convention réglementée, sauf si elle présente les caractéristiques d'une opération courante conclue à des conditions normales (voir n° 52255).

Forme et objet des conventions

52235 Les textes n'opèrent pas de distinction fondée sur l'objet ou la forme des conventions.

Les conventions peuvent être **écrites ou orales** : la Cour de cassation a jugé que, dans le silence des textes, le respect de la forme écrite n'était pas nécessaire (Cass. com. 27-2-2001 n° 98-14.206 : RJDA 6/01 n° 702, Rev. sociétés 2001 p. 827 note J.-F. Barbiéri).

La note d'information de la CNCC souligne cependant que les obligations de communication relatives aux conventions semblent imposer le respect de la forme écrite (CNCC NI. IX – février 2018 § 1.131).

Pour une définition juridique de la notion de convention : voir Étude juridique de la CNCC sur les conventions entre les entités et les personnes intéressées, mai 2004, § 42 et Étude CNCC sur les conventions réglementées et courantes (février 2014) p. 9.

Nature des conventions

52240 **Catégories d'opérations** La qualité du cocontractant qui traite avec la société auditée permet d'identifier un certain nombre de conventions sensibles. Toutes ces opérations ne constituent pas cependant des conventions « réglementées ». Le législateur distingue **trois catégories d'opérations**, auxquelles doit être appliqué un traitement différencié, d'ailleurs susceptible de varier selon la forme juridique de l'entité concernée. Ce sont :
– les conventions interdites ;
– les conventions dites libres qui portent sur des opérations courantes et qui sont conclues à des conditions normales et dans certaines entités sur les conventions conclues avec des filiales à 100 % (ou équivalent) ;
– les conventions réglementées.

La classification des conventions est indépendante du nombre de parties à la convention : les conventions réglementées peuvent être conclues entre deux ou plusieurs parties ou résulter d'un acte collectif visant à satisfaire l'intérêt de tous les participants.

52245 **Conventions interdites** Les conventions interdites sont des conventions dont la conclusion est prohibée car elles risquent d'être préjudiciables à la société (par exemple : caution accordée par la société à un dirigeant personne physique pour un emprunt personnel).

Ces conventions ne sont pas systématiquement constitutives d'un délit pénal mais le commissaire aux comptes est amené à s'interroger sur cette éventualité lorsqu'il rencontre ce type de conventions dans l'exercice de sa mission.

52248 Le législateur n'a pas prévu de conventions interdites dans toutes les **entités** : elles sont notamment prévues dans les sociétés à responsabilité limitée (C. com. art. L 223-21), dans les sociétés anonymes (C. com. art. L 225-43 et L 225-91), dans les sociétés en commandite par actions (C. com. art. L 226-10) et dans les sociétés par actions simplifiées (C. com. art. L 227-12).

La notion de convention interdite n'existe pas dans les personnes morales de droit privé non commerçantes ayant une activité économique et dans les sociétés civiles de placement immobilier (SCPI). Néanmoins, quand bien même une convention ne serait pas interdite, le commissaire aux comptes pourra être amené à apprécier si elle n'est pas susceptible de recevoir une qualification pénale.

Certaines entités particulières, telles que les mutuelles et leurs unions ou les institutions de prévoyance et leurs unions, peuvent être soumises à des dispositions spécifiques concernant les conventions interdites.

52250 Dans certaines entités, le régime des conventions interdites applicable dans la société anonyme se superpose avec un **dispositif dérogatoire ou complémentaire**.

Ainsi les **conventions de prêts** sont-elles possibles sous certaines conditions dans les établissements financiers. Dans les sociétés coopératives agricoles (voir n° 53123 s.), le législateur renvoie au régime des conventions réglementées des sociétés anonymes, mais autorise les administrateurs à se faire octroyer

1068

un prêt pour une durée inférieure à un an (statuts types de coopérative agricole). Dans les sociétés d'HLM (voir n⁰ˢ 53220 s.), le Code de la construction et de l'habitation interdit aux administrateurs et aux personnes rémunérées par les sociétés d'HLM la conclusion d'un certain nombre de conventions, qui s'ajoutent à la liste de celles prévues par l'article L 225-43 du Code de commerce pour les sociétés anonymes.

Conventions dites « libres » Ces conventions tirent leur nom du fait qu'elles ne **52255** sont pas soumises à la procédure d'autorisation ou d'approbation qui caractérise les conventions réglementées.
Lorsque des conventions libres existent dans une forme juridique, elles correspondent à des conventions non interdites, intervenues entre l'entité contrôlée et une personne intéressée (voir n⁰ˢ 52215 s.), et présentent la double caractéristique de porter sur des opérations « **courantes** » et d'être « conclues à des **conditions normales** ».

Les qualités de convention « courante » et « conclue à des conditions normales » constituent une condition nécessaire mais non suffisante pour qu'une convention soit « libre ». Lorsque le législateur n'établit aucune distinction, les conventions courantes conclues à des conditions normales restent en principe soumises à la réglementation. Tel est le cas par exemple dans les personnes morales de droit privé non commerçantes pour les conventions courantes et conclues à des conditions normales qui, en raison de leur objet ou de leur implication financière, sont significatives pour l'une au moins des parties (C. com. art. L 612-5).

Dans les SA et SCA (ainsi que dans les entités pour lesquelles les textes renvoient aux dispositions des articles L 225-39 et L 225-87), sont également exclues de la procédure des conventions réglementées les **conventions conclues entre deux sociétés dont l'une détient**, directement ou indirectement, **la totalité du capital de l'autre**, le cas échéant déduction faite du nombre minimum d'actions requis pour satisfaire aux exigences de l'article 1832 du Code civil ou des articles L 225-1, L 22-10-1, L 22-10-2 et L 226-1 du Code de commerce (voir n⁰ˢ 52267 s.).

Sur la procédure applicable aux conventions courantes et conclues à des conditions normales, voir n⁰ 52278.

À ce stade, il convient de préciser les notions d'opérations courantes et de conditions normales.

Constituent des **opérations courantes** les opérations entrant dans le cadre de l'objet **52256** social et de l'activité habituelle de la société.
Le seul fait d'entrer dans l'objet social n'est pas suffisant pour qualifier l'opération de courante, il faut que l'opération visée soit habituelle. L'aspect « usuel », la fréquence, la répétitivité sont des critères permettant de qualifier une opération de courante. Il convient également de prendre en compte les circonstances liées à l'opération, de même que sa nature, son importance juridique, ses conséquences économiques ou sa durée. Ainsi, selon la jurisprudence, la qualification d'opération courante ne devrait pas être retenue pour des conventions de crédit-bail, des cessions immobilières ou des transferts d'actifs apparaissant comme des opérations isolées ou « lourdes », et ce même si l'objet social de la société concernée prévoit ce type d'opération (CNCC Étude sur les conventions réglementées et courantes – février 2014 p. 11).

Pour des exemples d'opérations courantes, voir la Note d'information CNCC n⁰ IX de février 2018 § 1.132 a). S'agissant des avances en compte courant conclues avec des actionnaires minoritaires ayant une participation supérieure à 10 % et qui ne sont pas prévues par les statuts de la société, le comité juridique de l'Ansa considère que ces conventions ne relèvent pas des conventions courantes puisqu'elles ne sont ni fréquentes ni habituelles. Cependant, dans certaines sociétés, notamment de nature familiale ou faisant appel au financement participatif, ce mode de financement peut relever d'une pratique courante et être jugé habituel. Dans ce cas, le comité juridique de l'Ansa estime que le caractère courant desdites conventions pourra être admis (Ansa n⁰ 20-023, nov. 2020).

Pour mémoire, s'agissant des conventions de compte courant d'associés consenties au sein d'un groupe de sociétés, c'est-à-dire entre sociétés liées entre elles par un contrôle direct ou indirect, la CNCC a précisé que celles-ci pouvaient être qualifiées de courantes au sens de l'article L 225-39 (voir n⁰ 52270). Dans tous les cas, comme développé ci-après, outre le caractère courant, la conclusion à des conditions normales reste à apprécier.

Les **conventions** sont considérées comme **conclues à des conditions normales** lors- **52257** qu'elles sont :
– habituellement conclues par la société avec des tiers ;
– généralement conclues dans un même secteur d'activité ou pour un même type d'opération (CNCC Étude sur les conventions réglementées et courantes p. 12 ; NI. IX – février 2018 § 1.132 b) ; Rép. Lebas : AN 4-3-1969 p. 870).

CONTRÔLE DES CONVENTIONS RÉGLEMENTÉES   © Éd. Francis Lefebvre

Par conditions, on entend les clauses de la convention telles que celles concernant l'objet, le prix, les délais de règlement et les garanties accordées (CNCC Étude précitée, fév. 2014 p. 12).

Pour des exemples d'opérations conclues à des conditions normales, voir la Note d'information CNCC n° IX (CNCC Étude précitée 2014 p. 12 et NI. IX – février 2018 § 1.132 b)).

Sur le fait de considérer que la conclusion d'une convention à titre gratuit ne s'analyse pas comme une convention conclue à des conditions normales, voir n° 53037.

Sur la notion de facturation forfaitaire, voir n° 52270.

52258 La notion de convention courante et normale fait l'objet d'une appréciation particulière dans les **groupes** de sociétés (voir n° 52265).

52260 **Conventions réglementées** Comme indiqué ci-dessus (voir n°s 52215 s.), les **conventions réglementées**, entendues au sens strict, englobent les conventions qui sont conclues entre une entreprise assujettie à la procédure des conventions réglementées et l'une des personnes visées par le législateur, dès lors que cette convention ne figure pas parmi celles dont la conclusion est libre ou au contraire prohibée (voir n°s 52245 s.). Sauf exception, ces conventions ont en commun de donner lieu à une approbation par l'organe délibérant de l'entité concernée. Dans certains cas, elles nécessitent également l'autorisation préalable de l'organe d'administration de la société (voir n° 52280).

On observe que la notion de convention réglementée englobe, dans certaines entités (personnes morales de droit privé non commerçantes, associations subventionnées...), la totalité des conventions intervenues avec l'une des personnes intéressées : la loi ne distinguant pas au sein des conventions la notion de convention courante et conclue à des conditions normales, toutes les conventions sont soumises à la procédure, et sont donc à ranger dans la catégorie des conventions réglementées.

Pour des exemples de conventions réglementées, voir l'Étude CNCC sur les conventions réglementées et courantes (février 2014) p. 13 s.

52262 **Cas particulier des prêts interentreprises** Les sociétés commerciales dont les comptes sont certifiés par un commissaire aux comptes ou qui ont désigné volontairement un commissaire aux comptes dans les conditions définies au II de l'article L 823-3 du Code de commerce peuvent consentir, dans certaines conditions, des prêts à moins de trois ans à des microentreprises, des petites et moyennes entreprises ainsi que des entreprises de taille intermédiaire avec lesquelles elles entretiennent des liens économiques le justifiant (C. mon. fin. art. L 511-6 point 3 bis modifié par la loi 2019-486 du 22-5-2019, dite « Pacte »).

Avant l'entrée en vigueur de la loi dite « Pacte », les prêts interentreprises ne pouvaient être consentis que par les sociétés par actions et les SARL et leur durée était limitée à deux ans : ils peuvent dorénavant être octroyés par l'ensemble des sociétés commerciales répondant aux critères définis supra et sur une durée de trois ans au lieu de deux.

Les **conditions d'octroi** de ces prêts sont définies aux articles R 511-2-1-1 à R 511-2-1-3 du Code monétaire et financier.

Ce dispositif ne s'applique pas aux prêts et aux avances en comptes courants octroyés aux entreprises au sein d'un même groupe en application de l'article L 511-7 du Code monétaire et financier (C. mon. fin. art. R 511-2-1-1, III).

Les notions de microentreprise, de PME et d'ETI sont définies par le décret 2008-1354 du 18 décembre 2008 :

– une microentreprise est une entreprise dont l'effectif est inférieur à 10 personnes et dont le chiffre d'affaires ou le total du bilan annuel n'excède pas 2 millions d'euros ;

– une PME est une entreprise dont l'effectif est inférieur à 250 personnes et dont le chiffre d'affaires annuel n'excède pas 50 millions d'euros ou dont le total de bilan n'excède pas 43 millions d'euros ;

– une ETI est une entreprise qui n'appartient pas à la catégorie des PME, dont l'effectif est inférieur à 5 000 personnes et dont le chiffre d'affaires annuel n'excède pas 1 500 millions d'euros ou dont le total de bilan n'excède pas 2 000 millions d'euros.

Les prêts ainsi accordés sont formalisés dans un contrat de prêt soumis, selon le cas, aux articles L 225-38 à L 225-40 ou aux articles L 223-19 et L 223-20 du Code de commerce qui imposent la procédure des conventions réglementées dans les SA à conseil d'administration et dans les SARL.

La procédure des conventions réglementées s'impose donc lorsque lesdites **entités octroient des prêts** interentreprises, et ce même si le cocontractant ne fait pas partie des « personnes intéressées » visées aux articles L 225-38 et L 223-19 et sous réserve des dispositions des articles L 225-39 et L 223-20 relatives aux opérations courantes conclues à des conditions normales (voir également en ce sens Comité juridique de l'Ansa n° 16-004).

L'article L 511-6 3 bis du Code monétaire et financier n'impose pas spécifiquement la mise en œuvre de la procédure des conventions réglementées pour la société prêteuse, seuls les prêts « accordés » étant visés.

En revanche, le législateur n'ayant pas visé les dispositions applicables aux SA à directoire et conseil de surveillance et aux SAS, ces entités n'ont pas l'obligation de soumettre l'octroi des prêts interentreprises à la procédure des conventions réglementées si les conditions définies aux articles L 225-86 à L 225-90 (pour la SA à conseil de surveillance) et L 227-10 (pour la SAS) ne sont par ailleurs pas réunies. Il en est de même concernant la SCA, l'article L 511-6 du Code monétaire et financier ne revoyant pas à l'article L 226-10 du Code de commerce.

Par ailleurs, pour les SA, l'article L 511-6, point 3 bis ne renvoie qu'aux articles L 225-38 à L 225-40 du Code de commerce mais pas à l'article L 225-40-1 du même code qui impose le réexamen annuel des conventions anciennes.

Enfin, le montant des prêts ainsi consentis est également communiqué dans le rapport de gestion de la société prêteuse et fait l'objet d'une attestation du commissaire aux comptes (voir n° 54208).

Conventions dans les groupes

52265 Les **groupes de sociétés**, par leur nature, favorisent le développement des conventions réglementées (dirigeants communs, transactions intragroupe). La pratique en a tiré la conséquence qu'il convenait de prendre en compte l'existence même des groupes, pour déterminer le caractère courant et le caractère normal des conditions des conventions intervenant entre deux sociétés d'un même groupe (CNCC NI. IX – février 2018 § 1.141 a)).

Une étude de février 2014 sur les conventions réglementées et courantes a été établie par la CNCC, en concertation avec le H3C, l'AMF, l'Afep et le Medef, afin notamment de préciser la qualification des conventions réglementées ou courantes au sein d'un groupe.

Cette étude fait suite à la recommandation AMF n° 2012-05 du 2 juillet 2012 qui préconisait la clarification de la notion de « convention courante conclue à des conditions normales » au travers d'une actualisation de l'étude réalisée en 1990 par la CNCC sur les conventions intragroupe.

Sur la base de décisions de jurisprudence et de la doctrine CNCC issue de l'Étude juridique de mai 2004 et de la Note d'information n° IX de décembre 2016 sur les conventions réglementées, cette étude propose une analyse du caractère « libre » ou « réglementé » et de nombreux exemples de conventions intragroupe.

Pour plus de détails sur des exemples de conventions intragroupe, se référer aux n°s 52270 s.

52267 **Filiales à 100 %** Faisant notamment suite aux préconisations de l'AMF, le législateur a réduit le périmètre des conventions réglementées dans les sociétés anonymes en considérant que les conventions conclues entre une société mère et ses filiales à 100 % n'engendraient pas de véritables conflits d'intérêts.

Ainsi, sont exclues de la procédure des conventions réglementées les **conventions conclues entre deux sociétés dont l'une détient**, directement ou indirectement, **la totalité du capital de l'autre**, le cas échéant déduction faite du nombre minimum d'actions requis pour satisfaire aux exigences de l'article 1832 du Code civil ou des articles L 225-1, L 22-10-1, L 22-10-2 et L 226-1 du Code de commerce (C. com. art. L 225-39 et L 225-87, modifiés par l'ordonnance 2020-1142 du 16-9-2020).

Cette disposition est applicable aux **SA, SCA et SE** ainsi qu'aux entités dont les textes renvoient aux articles L 225-39 ou L 225-87 du Code de commerce, telles que les coopératives (Loi du 10-9-1947 art. 27), les établissements de crédit et les sociétés de financement (C. mon. fin. art L 511-39).

Pour plus de détails, se référer à la mise en œuvre de la procédure dans les SA, SCA aux n°s 52592 s.

52268 **Absence de « dirigeants communs »** L'absence de « dirigeants communs » au sein d'un groupe n'est pas une condition suffisante pour échapper au formalisme des conventions réglementées, un intérêt indirect à prendre en compte pouvant exister (voir n° 52220).

52270 **Exemples de conventions intragroupe** 1. Le caractère normal des conditions pratiquées sur les **transactions commerciales courantes** au sein d'un groupe (achats, ventes, sous-traitance, prestations...) doit intégrer les paramètres particuliers propres au groupe, qui font que la notion de conditions normales au sein d'un groupe n'équivaut

CONTRÔLE DES CONVENTIONS RÉGLEMENTÉES © Éd. Francis Lefebvre

52270
(suite)

pas à la pratique d'un tarif strictement identique à celui pratiqué pour les tiers (CNCC NI. IX – février 2018 § 1.142 a)).

> « Le prix payé à la société venderesse ou prestataire de services ne se limite pas à la somme déboursée par l'acquéreur ou par le bénéficiaire ; il s'y ajoute les contreparties, quelquefois difficilement chiffrables, consistant en avantages divers, résultant de l'appartenance au groupe (approvisionnements privilégiés, facilités de trésorerie, utilisation de la marque du groupe dans les relations commerciales, etc.) » (Bull. COB juin 1981 p. 6).

2. La facturation de **frais communs au groupe** au prix de revient ou avec une marge raisonnable destinée à couvrir les frais indirects non affectés peut être considérée comme courante et normale au sein d'un groupe (CNCC NI. IX – février 2018 § 1.142 b) et Bull. CNCC nº 149-2008 p. 119).

En revanche, des tarifications forfaitaires, non fondées sur des éléments objectifs de coûts, ne sauraient constituer des conditions normales. Le caractère normal des refacturations pourrait également être remis en cause par l'absence de justification de taux de marge différents selon les sociétés du groupe, de modification de méthodologie dans le temps ou de répartition à l'évidence non équitables (CNCC Étude précitée, fév. 2014 p. 25).

> La cour d'appel de Paris a réaffirmé le principe selon lequel dans le cadre de groupes de sociétés, les opérations telles que location d'immeuble, détachement de personnel et engagements de frais communs constituent des opérations courantes dans un groupe (CA Paris 17-10-2003 nº 02-3107 : RJDA 3/04 nº 314, Bull. Joly 2004 p. 224 nº 35). Cependant, par prudence et dans un souci de protection des intérêts sociaux, certains groupes soumettent certaines de ces opérations à la procédure des conventions réglementées.

Par ailleurs, il convient de distinguer de la facturation de frais communs de groupe les opérations relevant du **prêt de main-d'œuvre** (mise à disposition d'une entreprise utilisatrice d'un salarié pour une durée déterminée). Ces opérations de prêt de main-d'œuvre doivent en effet respecter différentes conditions de forme et de fond imposées par la législation en vigueur et elles ne doivent pas poursuivre un but lucratif. Conformément aux dispositions de l'article L 8241-1 du Code du travail, la facturation de prêt de main-d'œuvre n'est constituée que des salaires versés au salarié, des charges sociales afférentes et des frais professionnels remboursés à l'intéressé au titre de la mise à disposition. Ledit article ne prévoit pas la facturation de frais de gestion supportés par la société prestataire.

> Comme indiqué supra, la refacturation de frais communs de groupe (réalisation au profit d'une ou de plusieurs sociétés du groupe de prestations de nature administrative, juridique ou de conseils divers) peut inclure une marge raisonnable.

3. Les transactions portant sur des **immobilisations corporelles, incorporelles ou financières**, sauf si elles sont significatives pour la société, peuvent être considérées comme courantes au sein d'un groupe ; le caractère normal sera présumé pour un prix correspondant à un prix de marché (CNCC Étude précitée, fév. 2014 p. 27 et NI. IX – février 2018 § 1.142 e)).

4. Le caractère courant des **transactions financières** (prêts, avances, cautionnements, gestion de pool de trésorerie, etc.) peut être présumé. L'appréciation du caractère normal, qui est plus délicate, prendra en compte l'importance des montants, les possibilités financières des sociétés intéressées, le taux pratiqué au regard de la nature de l'opération et de sa durée par rapport aux conditions pratiquées tant à l'intérieur qu'à l'extérieur du groupe (CNCC NI. IX – février 2018 § 1.142 e)).

> « Ces taux sont généralement déterminés en fonction du coût moyen du crédit obtenu par la société mère sur le marché des capitaux, et ils seront dans ce cas assez proches de ceux du marché pour la société mère, c'est-à-dire généralement inférieurs à ceux que pourrait obtenir une société filiale prise isolément. Mais la société peut également consentir des prêts sur ses capitaux propres et il est possible, dans ce cas, qu'elle fasse bénéficier sa filiale d'un taux privilégié par rapport au taux du marché, compte tenu de sa position dominante lui permettant de contrôler le risque et de retirer de cette opération un avantage indirect. La normalité du taux d'intérêt des prêts et avances entre sociétés du groupe doit donc s'apprécier moins en fonction de son montant que du traitement égalitaire de toutes les sociétés du groupe » (Cahier de l'Ifec « Les conventions réglementées », nº 32 p. 49 ; D. Ohl « Prêts et avances entre sociétés d'un même groupe », Litec, 1982).
>
> Ainsi a-t-il été jugé qu'une convention de trésorerie comprenant des avances estimées non excessives par rapport au chiffre d'affaires, au niveau d'endettement global de la société prêteuse, et prévoyant une rémunération en fonction des taux en vigueur sur le marché interbancaire peut être considérée comme courante et conclue à des conditions normales (CA Versailles ch. réunies 18-4-2002 : JCP éd. E. 2002, 1639, nº 3).

© Éd. Francis Lefebvre   **CONTRÔLE DES CONVENTIONS RÉGLEMENTÉES** ▌

5. Les conventions d'**intégration fiscale** sont très variées et leur caractère courant ou réglementé est à examiner au cas par cas (CNCC NI. IX – février 2018 § 1.142 g)).

L'étude CNCC sur les conventions réglementées et courantes du mois de février 2014 précise que la convention d'intégration fiscale s'analyse dans les groupes comme une opération courante mais que le caractère normal de cette convention soulève des interrogations.

Au vu de la jurisprudence, pour que les conditions puissent être qualifiées de normales, la convention d'intégration doit prévoir de façon explicite les modalités conduisant à la **neutralité**, et ce non seulement pendant la durée de vie de l'intégration mais aussi lors de la **sortie du régime**. La sortie d'une filiale de la convention ne doit pas avoir de conséquence préjudiciable pour la filiale (Étude CNCC 2014 précitée p. 29 s.).

> L'étude CNCC précise ainsi qu'est considérée comme normale une convention dite neutre, c'est-à-dire une convention équilibrée qui répartit de façon équitable les conséquences du régime et qui, pour le moins, n'est pas de nature à placer la filiale dans une situation moins bonne que celle qui aurait été la sienne en l'absence d'option pour le régime de l'intégration.
>
> La mise en place d'un tel principe pose généralement peu de problèmes pendant la période d'intégration. En revanche, des difficultés peuvent survenir en cas de rupture d'intégration notamment si l'ex-filiale a transféré à la société mère ses déficits fiscaux, déficits qu'elle ne sera plus en mesure d'utiliser après sa sortie d'intégration.
>
> À titre d'**exemple**, le tribunal de commerce a considéré « que la convention, qui ne prévoyait en cas de sortie qu'une concertation non engageante entre les parties afin d'examiner les conséquences engendrées par une telle situation, était déséquilibrée. Au demeurant, la convention était abusive et conférait un avantage excessif à la partie qui du fait de sa position économique se trouvait en mesure de l'imposer à l'autre ». (T. com. de Paris du 18-11-2004 n° 2003-023988-1).

6. Les **abandons de créances**, **subventions** et **prêts sans intérêt** constituent des conventions réglementées, qu'il y ait ou non une clause de retour à meilleure fortune (CNCC NI. IX – février 2018 § 1.143 a)).

> Ces conventions ne peuvent en effet être présumées habituelles (Étude CNCC précitée, fév. 2014 p. 23). Elles pourraient toutefois être exclues du périmètre des conventions réglementées dans le cas particulier où elles seraient conclues par une SA, SCA ou SE avec une filiale détenue à 100 % (voir n° 52267).

7. S'agissant de la prise en charge par une société mère des **dommages environnementaux** causés par une filiale (voir n° 52200), la procédure des conventions réglementées ne s'applique qu'au niveau de la société mère, seule cette dernière prenant un engagement vis-à-vis de sa filiale (Étude CNCC précitée, fév. 2014 p. 23).

52272

Les travaux menés par un **groupe de place initié par l'AMF** sur la tenue des assemblées générales des sociétés cotées ont donné lieu à l'émission par celle-ci de deux recommandations concernant les conventions intervenant dans les groupes de sociétés :

– la clarification de la notion de « convention courante conclue à des conditions normales » au travers d'une actualisation de l'étude réalisée en 1990 par la CNCC sur les conventions intragroupe, afin que les dirigeants disposent d'un **guide** leur permettant de mieux apprécier cette notion (Recommandation AMF n° 2012-05 du 2-7-2012 – proposition n° 19) ;

> À la suite de cette recommandation, la CNCC a publié une « Étude sur les conventions réglementées et courantes » datée de février 2014 et disponible sur le site de la CNCC (www.cncc.fr).
>
> Cette étude a fait l'objet d'une concertation entre la CNCC, le H3C, l'AMF, l'Afep et le Medef.

– la mise en place dans les sociétés cotées d'une **charte interne** qui définirait, en accord avec les commissaires aux comptes, les critères retenus par la société pour qualifier une convention et la soumettre à la procédure des conventions réglementées. Cette charte serait alors soumise à l'approbation du conseil d'administration de la société et rendue publique (Recommandation AMF n° 2012-05 du 29-4-2021 – proposition n° 4.1).

> À noter que la loi 2019-486 du 22 mai 2019, dite « loi Pacte », a introduit, dans les SA et SCA dont les actions sont admises aux négociations sur un marché réglementé, une procédure d'évaluation des conventions courantes (voir n°s 52278 et 52610).

Procédure applicable

52275

Le régime applicable aux différentes catégories d'opérations dans les entités soumises au régime des conventions réglementées est variable selon l'entité concernée et fait l'objet de la section 2 de ce chapitre. On se limitera ici à exposer les points fondamentaux de ces procédures, puis à évoquer les principales difficultés d'application susceptibles de se présenter dans les entités concernées.

1073

CONTRÔLE DES CONVENTIONS RÉGLEMENTÉES © Éd. Francis Lefebvre

52278 **Conventions courantes conclues à des conditions normales** S'agissant des procédures d'informations applicables aux conventions portant sur des opérations courantes et conclues à des conditions normales, la loi 2011-525 du 17 mai 2011 a supprimé les obligations d'information relatives à ces conventions dans les **SA, SCA et SAS** (obligations issues de la « loi NRE » du 15 mai 2001).

Cependant, depuis l'entrée en vigueur de la loi 2019-486 du 22 mai 2019, dite « Pacte », dans les **SA et SCA** dont les **actions** sont **admises aux négociations sur un marché réglementé**, le conseil d'administration (ou de surveillance) doit mettre en place une **procédure permettant d'évaluer** régulièrement si les conventions portant sur des opérations courantes et conclues à des conditions normales remplissent bien ces conditions (pour plus de détails, voir n° 52610).

Dans les **SARL**, aucune disposition légale ne prévoit de communication relative aux conventions courantes conclues à des conditions normales.

Pour les **personnes morales de droit privé non commerçantes** ayant une activité économique, l'organe délibérant n'a pas à statuer sur les conventions courantes conclues à des conditions normales qui, en raison de leur objet ou de leurs implications financières, ne sont significatives pour aucune des parties.

En revanche, les conventions courantes conclues à des conditions normales et présentant un caractère significatif pour l'une des parties sont assimilées aux autres conventions réglementées et doivent en conséquence être mentionnées dans le rapport spécial sur lequel statue l'organe délibérant de la personne morale de droit privé non commerçante ayant une activité économique ou de l'association subventionnée.

52280 **Conventions réglementées** S'agissant des **conventions réglementées**, elles donnent lieu à autorisation préalable dans certaines sociétés et font l'objet, sauf exception, d'une approbation par l'organe délibérant :

– les **conventions autorisées** sont les conventions soumises préalablement à leur conclusion à l'autorisation du conseil d'administration ou du conseil de surveillance (C. com. art. L 225-38 pour les SA à conseil d'administration ; L 225-86 pour les SA à directoire et conseil de surveillance et L 226-10 pour les sociétés en commandite par actions). Les personnes directement ou indirectement intéressées ne peuvent prendre part ni au vote ni aux délibérations du conseil sur l'autorisation ;

Pour plus de détails sur la procédure d'autorisation préalable applicable dans les sociétés anonymes et les sociétés en commandite par actions, voir n° 52670.

Cette procédure d'autorisation préalable peut également être prévue dans les statuts, notamment pour les sociétés par actions simplifiées. Par ailleurs, certaines entités particulières, telles que les mutuelles et leurs unions ainsi que les institutions de retraite complémentaire et leurs fédérations, peuvent également être soumises à des procédures spécifiques d'autorisation préalable.

– les **conventions approuvées** sont celles qui ont fait l'objet d'une approbation par l'organe délibérant. Dans les sociétés anonymes, ces conventions auront été autorisées préalablement par le conseil d'administration ou le conseil de surveillance. Dans les autres formes juridiques de sociétés (par exemple les SAS, les personnes morales de droit privé non commerçantes), il n'y a pas, sauf dispositions statutaires contraires, d'autorisation préalable à prévoir avant de soumettre la convention à l'approbation de l'organe délibérant.

Dans les sociétés unipersonnelles, la procédure d'approbation par l'assemblée générale est remplacée par la consignation de la convention sur le registre des décisions :
– lorsqu'elle est conclue entre la société et l'associé unique, qu'il soit ou non gérant, dans les EURL (C. com. art. L 223-19, al. 3) ;
– lorsqu'elle est conclue directement ou par personne interposée entre la société et son dirigeant, son associé unique ou, s'il s'agit d'une société actionnaire, la société la contrôlant au sens de l'article L 233-3 dans les SASU (C. com. art. L 227-10, al. 4).

52285 **Risques d'omission** La procédure des conventions réglementées permet de limiter le risque que soient conclues des conventions contraires à l'intérêt social ; sa mise en œuvre présente en revanche un risque majeur d'omissions dans le suivi de la procédure applicable. Les principaux risques d'omission concernent :

52288 • **le défaut d'information du président** : pour que la convention soit soumise aux procédures de contrôle, le président du conseil d'administration ou du conseil de surveillance doit avoir été informé de la convention. Le devoir d'information pèse sur la personne directement ou indirectement intéressée dans les sociétés anonymes et les sociétés en commandite par actions.

1074

Le défaut d'information peut avoir pour conséquence de masquer aux dirigeants et à l'assemblée générale l'existence d'une convention contraire à l'intérêt social.

52290 • le **défaut d'autorisation préalable** de la convention : dans les sociétés où il existe une autorisation préalable de l'organe de direction, la conclusion de conventions sans autorisation préalable peut être source de nullité de la convention.

L'annulation de la convention peut être prononcée et la responsabilité de l'intéressé peut être recherchée si la convention a des effets préjudiciables pour la société. Dans les sociétés anonymes, la nullité d'une convention réglementée conclue sans autorisation du conseil d'administration peut être couverte par un vote de l'assemblée générale intervenant sur rapport spécial du commissaire aux comptes exposant les circonstances en raison desquelles la procédure d'autorisation n'a pas été suivie (C. com. art. L 225-42, al. 3 ; voir n° 52675).

Pour plus de détails sur l'action en nullité, il convient de se reporter à l'Étude juridique CNCC « Les conventions entre les entités et les personnes intéressées » de mai 2004, pages 94 et suivantes.

Sur les propositions formulées par l'AMF lorsque l'autorisation préalable n'a pu être donnée, voir n° 52673 (Rapport sur les assemblées d'actionnaires des sociétés cotées et Recommandation n° 2012-05).

52292 • le **défaut d'approbation de la convention** par l'assemblée générale : la non-approbation par l'assemblée générale peut résulter d'une absence de demande d'approbation et le droit à l'information des membres de l'assemblée est alors méconnu. La convention peut également être soumise pour approbation à l'assemblée générale et donner lieu à un vote défavorable. Enfin, le défaut d'approbation peut résulter d'une approbation irrégulière : ce sera notamment le cas lorsque les délibérations ont été prises en l'absence (ou insuffisance) de rapport spécial du commissaire aux comptes ou dans des conditions de quorum et de majorité non réglementaires (CNCC NI. IX – février 2018 § 2.121 e)).

Dans les sociétés anonymes, les conventions approuvées par l'assemblée, comme celles qu'elle désapprouve, produisent néanmoins leurs effets à l'égard des tiers, sauf lorsqu'elles sont annulées dans le cas de fraude (C. com. art. L 225-41, al. 1 et L 225-89, al. 1). Comme le défaut d'autorisation, et même en l'absence de fraude, les conséquences préjudiciables à la société des conventions désapprouvées peuvent être mises à la charge de l'intéressé et, éventuellement, des autres membres du conseil d'administration ou du directoire (C. com. art. L 225-41, al. 2 et L 225-89, al. 2). Une approbation irrégulière par l'assemblée entraîne les mêmes conséquences qu'un refus d'approbation.

52295 • le **déclassement abusif** de certaines conventions réglementées en conventions portant sur des opérations courantes et conclues à des conditions normales : lorsque la personne concernée par la convention est le dirigeant ou l'un de ses proches, il peut être tentant de ne pas soumettre à la procédure d'autorisation ou d'approbation une convention à laquelle elle est directement ou indirectement intéressée. Il peut également arriver que l'organe d'administration décide de déclasser des conventions réglementées un peu sensibles en conventions libres.

Les conséquences du déclassement abusif sont les mêmes que l'absence de suivi de la procédure.

52305 • les **difficultés pratiques** de mise en œuvre de la procédure : l'augmentation du nombre de personnes intéressées a également pour conséquence l'accroissement significatif du nombre d'administrateurs ou d'associés ne pouvant plus prendre part au vote soit au sein du conseil d'administration ou du conseil de surveillance, soit en assemblée générale.

Dans la pratique, les sociétés devront revoir les modalités d'application de la procédure, qui peuvent avoir pour conséquence, en fonction du nombre d'administrateurs ou d'actionnaires concernés, de ne faire participer au vote que les seuls actionnaires minoritaires.

Le vote distinct pour chaque convention permet cependant, dans certains cas, d'éviter la situation dans laquelle aucun administrateur ou associé n'est en mesure de participer au vote d'une résolution globale, du fait d'une communauté d'intérêts dans l'autorisation et/ou l'approbation de l'une ou l'autre des conventions objets de la résolution.

B. Mission du commissaire aux comptes

52350 Les développements qui suivent sont consacrés :
– à la nature de l'intervention ;
– aux travaux du commissaire aux comptes ;
– à l'émission des rapports ;
– à la présentation de cas particuliers.

CONTRÔLE DES CONVENTIONS RÉGLEMENTÉES © Éd. Francis Lefebvre

Nature de l'intervention

52370 **Textes applicables** Le commissaire aux comptes intervient dans le respect du **dispositif légal propre à chaque entité** concernant les conventions réglementées et met en œuvre les diligences qu'il estime nécessaires au regard de la doctrine professionnelle de la CNCC relative à cette mission.

Les particularités propres à chaque entité sont exposées aux n°s 52500 s.

En application de l'alinéa 2 de l'article L 823-12-1 du Code de commerce, le commissaire aux comptes est toutefois **dispensé** de la réalisation des diligences et rapports relatifs aux conventions réglementées dans les SA, SCA, SE, SARL et SAS qui, conformément aux dispositions de l'article L 823-3-2 du Code de commerce introduit par la loi 2019-486 du 22 mai 2019, dite « Pacte », ont choisi de limiter la durée du mandat de leur commissaire aux comptes à trois exercices.

La dispense porte également sur le rapport mentionné aux articles L 225-42 et L 225-90 du Code de commerce qui permet de couvrir la nullité des conventions conclues sans autorisation préalable du conseil dans les SA, SCA et SE.

Dans les entités pour lesquelles les textes légaux et réglementaires n'imposent pas l'établissement d'un rapport spécial sur les conventions réglementées, les **statuts** peuvent néanmoins prévoir une procédure de contrôle des conventions et un rapport du commissaire aux comptes. Dans ce cas, le commissaire aux comptes ne peut se voir imposer par les statuts l'établissement d'un rapport spécial sur les conventions réglementées. Il peut cependant choisir de répondre favorablement à la demande de la société et établir un rapport sur ces conventions dans le cadre des services autres que la certification des comptes non requis par les textes légaux et réglementaires. Toutefois, le titre de ce rapport ne peut pas comporter le qualificatif « spécial », qui est réservé au rapport requis par les textes. Sa rédaction pourra s'inspirer, en les adaptant, des exemples proposés par la CNCC (CNCC NI. IX – février 2018 – § 1.4 et § 4.1).

52374 Une **note d'information** a été publiée par la CNCC concernant le rapport spécial du commissaire aux comptes sur les conventions et engagements réglementés (CNCC NI. IX – février 2018). Elle ne tient pas compte de l'abrogation par l'ordonnance 2019-1234 du 27 novembre 2019 des articles L 225-42-1 et L 225-90-1 du Code de commerce relatifs aux engagements réglementés : sur ce sujet, voir Communiqué CNCC sur l'ordonnance 2019-1234 et le décret 2019-1235 – janvier 2020 et Précisions sur les engagements – mars 2020 (Bull. CNCC n° 197-2020).

La note d'information est un guide pratique qui constitue un instrument d'accompagnement du commissaire aux comptes mais il n'a pas de valeur normative. Il rappelle les textes légaux et réglementaires applicables et précise les modalités pratiques de mise en œuvre des travaux du commissaire aux comptes, estimés nécessaires au regard de la doctrine professionnelle de la CNCC relative à cette intervention. Enfin, cet ouvrage précise les règles de forme et de communication des rapports et fournit des exemples de rapports adaptés aux formes juridiques des entités.

52378 **Objectifs de l'intervention** L'intervention du commissaire aux comptes doit permettre d'accroître la **transparence** de l'information donnée aux membres de l'organe délibérant (actionnaires, associés...).

Par l'intermédiaire de son rapport spécial, le commissaire aux comptes informe les membres de l'organe délibérant sur les caractéristiques et modalités essentielles des conventions et engagements dont il a été avisé ou qu'il a découverts à l'occasion de sa mission. Il fournit, le cas échéant, toutes autres indications permettant aux actionnaires d'apprécier l'intérêt qui s'attachait à la conclusion des conventions et engagements analysés (C. com. art. R 225-31, 6°).

Ainsi le commissaire aux comptes a-t-il une **mission d'information** mais il n'a pas à se prononcer, dans son rapport, sur l'utilité, la pertinence, les conditions économiques et les éventuels engagements souscrits lors de la conclusion de ces conventions.

Toutefois, en raison de son obligation de révélation définie à l'article L 823-12 du Code de commerce, il lui appartiendra dans le cadre de sa revue des dispositions de ces conventions, quand bien même la procédure d'approbation aurait été mise en œuvre conformément aux dispositions régissant les conventions réglementées, d'apprécier si, le cas échéant, celles-ci ne seraient pas susceptibles d'entrer dans le cadre des préventions dudit article.

CONTRÔLE DES CONVENTIONS RÉGLEMENTÉES

Travaux du commissaire aux comptes

Détection des conventions Le commissaire aux comptes n'a **pas de recherche systématique** à mener pour identifier des conventions concernées par la loi. Il est cependant attentif, lors de ses travaux, à leur existence possible et peut ainsi avoir connaissance, lors de sa mission générale ou de ses autres interventions, de conventions qui auraient dû être soumises à la procédure prévue par la loi, les règlements ou les statuts (CNCC NI. IX – février 2018 § 3.21 s.).

52390

> Ainsi, **lors de la prise de connaissance de l'entité**, le commissaire aux comptes collecte les informations qui lui seront utiles pour mener ses travaux sur les conventions (par exemple, pour les sociétés par actions : la liste des mandataires sociaux ainsi que les mandats et fonctions exercés dans d'autres entités, les actionnaires disposant d'une fraction des droits de vote supérieure à 10 % ou, s'il s'agit d'une société actionnaire, la société la contrôlant au sens de l'article L 233-3 du Code de commerce, les informations relatives aux parties liées, les informations obtenues sur la justification économique de certaines opérations dans le cadre de la mise en œuvre de la NEP 240 relative à la prise en considération de la possibilité de fraudes).
>
> **Lors de la mise en œuvre des tests de procédures et des contrôles de substance**, le commissaire aux comptes est également attentif aux opérations qui sortent de l'activité courante ainsi qu'aux opérations conclues à des conditions particulières, bien que faisant partie de l'activité courante de la société (CNCC NI. IX – février 2018 § 3.212).
>
> L'examen des informations réunies sur l'identification des **parties liées** et des opérations réalisées avec celles-ci lui permettra également d'avoir connaissance d'opérations réalisées avec ces personnes qui peuvent constituer des conventions réglementées ou non. À ce titre, le commissaire aux comptes effectue les rapprochements qu'il estime utiles et nécessaires pour lui permettre de recouper entre elles les diverses informations qui lui ont été communiquées étant précisé que la définition des parties liées diffère de la notion d'entités visées et de personnes intéressées en matière de conventions (CNCC NI. IX – février 2018 § 3.213). Par ailleurs, l'AMF recommande aux sociétés cotées de faire, s'il existe, le lien dans la note de l'annexe aux comptes consolidés relative aux parties liées avec l'information présentée au titre des conventions réglementées (Recommandation AMF 2012-05 du 29-4-2021 proposition n° 4.12).
>
> De la même manière, les procédures d'audit mises en œuvre dans le cadre du risque de **fraudes** peuvent permettre au commissaire aux comptes de découvrir des conventions réglementées ou interdites.

Lorsque le commissaire aux comptes n'a pas été informé ou n'a pas découvert, au cours de sa mission, de conventions, il apprécie s'il convient d'obtenir des dirigeants une **lettre d'affirmation** confirmant l'absence de convention (CNCC NI. IX – février 2018 § 3.221 a)). Il en est de même concernant l'exhaustivité des conventions dont il a été avisé.

52393

> Le commissaire aux comptes se reporte également au rapport spécial de l'exercice précédent pour vérifier qu'il a bien été avisé des conventions déjà approuvées par l'organe délibérant et qui se sont poursuivies au cours de l'exercice écoulé conformément aux obligations légales ou statutaires (CNCC NI. IX – février 2018 § 3.221 a)).

Obtention des informations relatives aux conventions réglementées

52398

Pour les conventions dont il a été avisé ou qu'il aurait découvertes, le commissaire aux comptes obtient les informations qui doivent figurer dans son rapport, en application des articles R 223-17 (SARL), R 225-31 (SA à conseil d'administration), R 225-58 (SA à directoire) et R 612-6 du Code de commerce (personnes morales de droit privé non commerçantes), ou des statuts pour les autres entités.

Dans sa **lettre de mission**, il rappelle aux dirigeants la nature des informations qu'ils devront lui transmettre afin de pouvoir établir son rapport.

> Les **informations à communiquer** au commissaire aux comptes varient en fonction de la forme juridique de l'entité. En application des textes précités, elles comprennent :
> – l'énumération des conventions et engagements soumis à l'approbation de l'assemblée générale (ou de l'organe délibérant) ;
> – le nom des personnes visées par la loi, les règlements ou les statuts ;
> – la nature et l'objet desdits conventions et engagements ;
> – les modalités essentielles de ces conventions et engagements, notamment l'indication des prix ou tarifs pratiqués, des ristournes et commissions consenties, des délais de paiement accordés, des intérêts stipulés, des sûretés conférées ;
> – les motifs retenus par le conseil justifiant de l'intérêt de ces conventions et engagements pour la société (pour les SA, SCA et SE ainsi que les entités dont les textes de référence renvoient aux articles du Code de commerce régissant les conventions réglementées dans les SA) ; et,
> – le cas échéant, toute autre information permettant à l'organe délibérant d'apprécier l'intérêt qui s'attachait à la conclusion de ces conventions et engagements : voir n° 52688 ;

CONTRÔLE DES CONVENTIONS RÉGLEMENTÉES © Éd. Francis Lefebvre

– les conventions et engagements conclus et autorisés au cours d'exercices antérieurs dont l'exécution a été poursuivie au cours du dernier exercice et qu'il appartient au conseil d'examiner en application, selon le cas, de l'article L 225-40-1 ou L 225-88-1 du Code de commerce ainsi que, le cas échéant, toutes indications permettant aux actionnaires d'apprécier l'intérêt qui s'attache au maintien des conventions et engagements énumérés pour la société (pour les SA, SCA et SE ainsi que les entités dont les textes de référence renvoient aux articles du Code de commerce régissant les conventions réglementées dans les SA) : voir n° 52688 ;

– l'importance des fournitures livrées ou des prestations fournies et le montant des sommes versées ou reçues au cours de l'exercice, en exécution des conventions et engagements conclus et autorisés au cours d'exercices antérieurs dont l'exécution s'est poursuivie au cours du dernier exercice (pour les SA, les SCA et les SARL).

52399 Le commissaire aux comptes peut également estimer nécessaire de demander la confirmation que toutes les informations entrant dans le champ d'application des conventions réglementées lui ont été communiquées conformément au Code de commerce (NI. IV – Le commissaire aux comptes et les déclarations de la direction – juin 2010 p. 49).

52400 **Vérification de la concordance des informations** Le commissaire aux comptes vérifie la concordance des informations obtenues avec les documents de base dont elles sont issues (CNCC NI. IX – février 2018 § 3.221 b)).

La CNCC précise que « le commissaire aux comptes peut examiner :
– les conventions (prêt, garantie, rémunération…) ;
– le cas échéant, la délibération de l'organe compétent autorisant la convention ;
– les pièces comptables qui permettent le suivi de l'exécution de la convention et le chiffrage des sommes versées ou reçues au cours de l'exercice ».

52402 **Motivation de l'autorisation et examen annuel des conventions antérieures** Dans les SA, les SCA, les sociétés européennes et les entités dont les textes de référence renvoient au dispositif de contrôle prévu aux articles L 225-38 et L 225-86 du Code de commerce, le commissaire aux comptes vérifie :
– que l'autorisation donnée par le conseil est motivée, à savoir que, pour chaque convention, l'intérêt pour la société est justifié et notamment que les conditions financières sont précisées (voir n° 52671) ;
– que le conseil a procédé au réexamen annuel des conventions conclues et autorisées au cours d'exercices antérieurs dont l'exécution a été poursuivie (voir n° 52682).

52405 **Conventions non autorisées préalablement** Dans les entités soumises à la procédure d'autorisation préalable par le conseil, lorsque le commissaire aux comptes découvre des conventions pour lesquelles il n'y a pas eu respect de la procédure d'autorisation préalable, il met en œuvre les diligences décrites précédemment (voir n° 52398). Il demande, par ailleurs, aux dirigeants les raisons pour lesquelles ces conventions n'ont pas été soumises à la procédure (CNCC NI. IX – février 2018 § 3.221 d)).

L'absence d'autorisation préalable de l'organe de direction peut résulter :
– d'un oubli ;
– d'une autorisation jugée non nécessaire à la suite d'une classification de la convention en convention courante conclue à des conditions normales ;
– d'une autorisation irrégulièrement donnée (absence de quorum, participation au vote du dirigeant concerné) ;
– de l'impossibilité d'autoriser la convention (ensemble des dirigeants concernés par la convention).

52408 Si le commissaire aux comptes estime que ces conventions relèvent de la procédure des conventions réglementées, il établit un rapport spécial pour informer l'assemblée générale de ces conventions (voir n° 52438 et n° 52675).

52413 **Documentation** Dans son dossier de travail, le commissaire aux comptes documente les travaux mis en œuvre au titre des conventions réglementées (CNCC NI. IX – février 2018 § 3.23).

52415 **Convention présentant un caractère délictueux ou susceptible de constituer une opération de blanchiment ou de financement du terrorisme** Lorsque le commissaire aux comptes estime qu'une convention dont il a été informé ou qu'il a découverte a été conclue pour des raisons d'intérêt personnel, et présente de ce

1078

fait un caractère délictueux, cette convention doit faire l'objet d'une **révélation au procureur de la République** (CNCC NI. IX – février 2018 § 3.25 s.).

La jurisprudence a considéré qu'un dirigeant qui s'était octroyé un important complément de rémunération pour fin de mandat sans respecter la procédure des conventions réglementées pouvait être condamné pour **abus de biens sociaux** (Cass. crim. 25-9-2019 n° 18-83.113 : RJDA 12/19 n° 766).

Dans le cas d'espèce, les indemnités perçues par un dirigeant de SAS au titre d'un plan de sauvegarde pour l'emploi ou d'un dispositif de départ anticipé à la retraite devaient être soumises, en application des statuts, à la procédure des conventions réglementées prévue pour les sociétés anonymes. Les conventions ne pouvaient pas être considérées comme des opérations courantes, conclues à des conditions normales, puisqu'elles avaient été consenties à l'intéressé à des conditions « particulièrement favorables » et que l'organisation de son licenciement lui permettait de bénéficier d'une somme supérieure à six millions d'euros.

L'intéressé n'avait pas soumis les conventions à l'autorisation préalable du conseil de surveillance en occultant les conséquences financières détaillées et personnelles entraînées pour la société. Il s'était ainsi délibérément abstenu de se soumettre à la procédure destinée à prévenir les conflits d'intérêts.

La Chambre criminelle en a déduit que ces éléments étaient suffisants pour que la cour d'appel retienne que le délit d'abus de biens sociaux avait été commis (Bull. CNCC n° 197-2020 – Note Ph. Merle qui précise qu'on ne peut conclure de cet arrêt que le seul défaut du respect de la procédure des conventions réglementées permet de caractériser un abus de bien social mais qu'il peut constituer un indice, et qui attire l'attention des commissaires aux comptes sur la nécessité de s'interroger, dans ce type de situation, sur le point de savoir s'ils n'ont pas à effectuer une révélation de faits délictueux au procureur de la République).

De même, le commissaire aux comptes procède à une déclaration de soupçons auprès de Tracfin s'il soupçonne ou a de bonnes raisons de soupçonner que la convention, qu'il en ait été informé ou qu'il l'ait découverte, est susceptible de constituer une opération de blanchiment de capitaux ou de fraude fiscale ou constitue une opération de financement du terrorisme.

Rapport

Contenu Le rapport spécial du commissaire aux comptes porte sur les conventions réglementées dont il a été avisé ou qu'il a découvertes au cours de ses travaux. Dans ce rapport, le commissaire aux comptes donne aux membres de l'organe délibérant les différents éléments leur permettant de porter un jugement éclairé, mais il n'exprime aucune opinion sur l'utilité ou le bien-fondé de la conclusion des conventions (voir n° 52378). Ainsi, l'organe délibérant ne peut être influencé lors de sa délibération par le jugement du commissaire aux comptes.

52430

Pour plus de détails sur le contenu du rapport spécial en application des dispositions réglementaires applicables aux SA/SCA, aux SARL et aux personnes morales de droit privé non commerçantes ayant une activité économique, voir respectivement n°s 52688, 52795 et 53065.

Structure du rapport La CNCC propose des exemples de rapports adaptés aux différentes formes juridiques d'entités (CNCC NI. IX – février 2018 § 5 et Bull. CNCC n° 160-2010 p. 596 s.).

52431

Dans l'**introduction** de son rapport, le commissaire aux comptes :
– présente l'objet de son rapport ;
– rappelle les responsabilités du commissaire aux comptes et celles des membres de l'organe délibérant ;
– décrit les diligences qui ont été mises en œuvre.

52432

Dans la **première partie du rapport**, relative aux conventions soumises à l'approbation de l'organe délibérant, le commissaire aux comptes fait état :
– des conventions autorisées, intervenues ou passées au cours de l'exercice écoulé (voir n° 52436) ;

52433

S'agissant du rapport spécial présenté en N + 1 à l'assemblée statuant sur les comptes de l'exercice N, sont ici visées les conventions autorisées, intervenues ou passées au cours de l'exercice N.

– des conventions autorisées, intervenues ou passées depuis la clôture pour autant qu'il en ait été avisé (voir n° 52437) ;

S'agissant du rapport spécial présenté en N + 1 à l'assemblée statuant sur les comptes de l'exercice N, sont ici visées les conventions autorisées, intervenues ou passées en N + 1 depuis la clôture de l'exercice N.

CONTRÔLE DES CONVENTIONS RÉGLEMENTÉES © Éd. Francis Lefebvre

– des conventions non autorisées préalablement (voir n° 52438) ;

S'agissant du rapport spécial présenté en N + 1 à l'assemblée statuant sur les comptes de l'exercice N, sont ici visées toutes les conventions portées à la connaissance du commissaire aux comptes ou découvertes par le commissaire aux comptes qui n'ont pas suivi la procédure d'autorisation préalable prévue par les textes ou par les statuts.

– des conventions des exercices antérieurs non approuvées par l'organe délibérant (refus d'approbation – voir n° 52440) ;

S'agissant du rapport spécial présenté en N + 1 à l'assemblée statuant sur les comptes de l'exercice N, sont ici visées les conventions dont l'approbation a été refusée par l'organe délibérant tenu au cours de l'exercice N ou pendant un exercice antérieur à l'exercice N, dès lors que la société souhaite les soumettre à nouveau à l'approbation de l'organe délibérant. Si la société ne souhaite pas les soumettre à nouveau à l'approbation de l'organe délibérant, le commissaire aux comptes fait état de ces conventions dans une troisième partie du rapport spécial (voir n° 52434).

– des conventions des exercices antérieurs non soumises à l'approbation de l'organe délibérant lors d'une précédente réunion (voir n° 52441).

S'agissant du rapport spécial présenté en N + 1 à l'assemblée statuant sur les comptes de l'exercice N, sont ici visées les conventions autorisées, intervenues ou passées non soumises à l'approbation d'une assemblée antérieure à l'assemblée statuant sur les comptes de l'exercice N.

Précisions La CNCC précise dans sa note d'information sur le rapport spécial que la notion de « conventions autorisées, intervenues ou passées » utilisée dans ses exemples de rapports concerne (CNCC NI. IX – février 2018 § 4.112) :
– les conventions « autorisées » pour les entités dans lesquelles une procédure d'autorisation préalable des conventions est prévue par la loi (SA, SCA) ou par les statuts ;
– les conventions « intervenues » dans les SARL et les SAS (sauf dispositions statutaires prévoyant une procédure d'autorisation préalable) ;
– les conventions « passées » dans les personnes morales de droit privé non commerçantes ayant une activité économique et certaines associations conventionnées (sauf dispositions statutaires prévoyant une procédure d'autorisation préalable).

Sur la base des propositions de l'AMF relatives aux assemblées générales des sociétés cotées, visant notamment à améliorer la lisibilité de l'information produite dans le rapport spécial, la CNCC précise que le fait de classer les conventions selon la structure suivante :
– conventions conclues avec les actionnaires ;
– conventions conclues avec des sociétés ayant des dirigeants communs, en précisant les liens capitalistiques entre les sociétés ;
– conventions conclues avec les dirigeants,
peut constituer une « bonne pratique » pour l'ensemble des entités dans lesquelles la rédaction du rapport spécial est requise, et non pas uniquement pour les sociétés cotées.

La CNCC a précisé que cette présentation en trois parties avait vocation à s'appliquer pour chacune des deux grandes rubriques du rapport spécial : conventions soumises à approbation et conventions déjà approuvées.
Pour plus de détails sur les recommandations AMF concernant le rapport spécial sur les conventions réglementées, voir n° 52689.

52434 Dans la **deuxième partie du rapport**, relative aux conventions déjà approuvées par l'organe délibérant, le commissaire aux comptes mentionne :
– les conventions approuvées au cours d'exercices antérieurs (voir n° 52443) ;

S'agissant du rapport spécial présenté en N + 1 à l'assemblée statuant sur les comptes de l'exercice N, sont ici visées les conventions approuvées par une assemblée tenue au cours d'un exercice antérieur à N.

– les conventions approuvées au cours de l'exercice écoulé (voir n° 52444) ;

S'agissant du rapport spécial présenté en N + 1 à l'assemblée statuant sur les comptes de l'exercice N, sont ici visées les conventions autorisées et conclues [autorisées / intervenues / passées] et déjà approuvées par une assemblée tenue au cours de l'exercice N.

– les conventions approuvées depuis la clôture de l'exercice écoulé (voir n° 52446).

S'agissant du rapport spécial présenté en N + 1 à l'assemblée statuant sur les comptes de l'exercice N, sont ici visées les conventions approuvées par une assemblée tenue en N + 1 avant l'assemblée statuant sur les comptes.

Cette deuxième partie du rapport ne concerne que les entités qui ont l'obligation légale ou statutaire de présenter à l'organe délibérant les conventions déjà approuvées par cet organe.

© Éd. Francis Lefebvre — **CONTRÔLE DES CONVENTIONS RÉGLEMENTÉES**

Cette partie **ne concerne** donc **pas** :
– les SAS (sauf dispositions statutaires prévoyant que le commissaire aux comptes est avisé des conventions approuvées antérieurement et poursuivant leurs effets) ;
– les personnes morales de droit privé non commerçantes ayant une activité économique et certaines associations subventionnées (sauf existence de dispositions légales spécifiques – entités gestionnaires d'établissements sociaux et médico-sociaux – ou de dispositions statutaires prévoyant que le commissaire aux comptes est avisé des conventions approuvées antérieurement et poursuivant leurs effets).

Le cas échéant, sont relatées dans une **troisième partie du rapport** les conventions :
– autorisées, intervenues ou passées au cours des exercices antérieurs ;
– dont l'exécution se poursuit ;
– qui figuraient dans le rapport spécial mais dont l'approbation a été refusée par l'organe délibérant, dès lors que la société ne souhaite pas les soumettre à nouveau à l'approbation de l'organe délibérant (CNCC NI. IX – février 2018 – § 4.23).

Le rapport spécial du commissaire aux comptes précise alors la date à laquelle l'organe délibérant a refusé l'approbation de ces conventions.

Conventions soumises à l'approbation de l'organe délibérant (première partie du rapport) Le rapport spécial relate toutes les conventions dont le commissaire aux comptes a été avisé, même s'il estime que certaines d'entre elles ne constituent pas, compte tenu de leur nature ou de la qualité des parties prenantes, des conventions réglementées (CNCC NI. IX – février 2018 § 4.21 ; Bull. CNCC n° 160-2010 p. 596 s. ; Bull. CNCC n° 181-2016, Communiqué CNCC sur les nouvelles dispositions relatives au rapport sur les conventions et engagements réglementés).

52435

Le commissaire aux comptes n'a pas à déclasser une convention. Cette initiative appartient au conseil d'administration ou au conseil de surveillance. En revanche, si un déclassement est fait en méconnaissance des textes régissant la procédure des conventions réglementées, le commissaire aux comptes doit intervenir (voir n° 52490).

Pour chaque convention, le commissaire aux comptes fournit dans son rapport les informations prévues par le Code de commerce pour les SARL (art. R 223-17), les SA à conseil d'administration (art. R 225-31), les SA à directoire (art. R 225-58), les personnes morales de droit privé non commerçantes ayant une activité économique et certaines associations subventionnées (art. R 612-6), ou par les dispositions statutaires pour les SAS et autres entités (voir n° 52398 et n° 52688 pour les SA).

Dans les SAS, en l'absence de dispositions statutaires précises, la CNCC considère que les informations à donner dans le rapport spécial sur les conventions réglementées peuvent être les suivantes : entité cocontractante (le cas échéant), personne concernée, nature et objet de la convention, modalités (CNCC NI. IX – février 2018 § 4.21).

En cas d'absence de conventions, le commissaire aux comptes établit un rapport spécial pour indiquer à l'organe délibérant qu'aucune convention n'a été portée à sa connaissance et qu'il n'en a pas découvert au cours de sa mission.

Le commissaire aux comptes appréciera s'il convient d'obtenir des dirigeants confirmation de l'absence de conventions dans la **lettre d'affirmation**.

Dans les SA, les SCA, les sociétés européennes et les entités dont les textes de référence renvoient au dispositif de contrôle prévu aux articles L 225-38 et L 225-86 du Code de commerce, si le conseil n'a pas motivé l'autorisation donnée pour les conventions réglementées, une irrégularité est mentionnée dans le rapport spécial au niveau de chaque convention concernée (voir n° 52671).

Enfin, pour les sociétés soumises au contrôle de l'AMF, cette dernière a publié la recommandation 2012-05 qui formule des propositions destinées à améliorer l'information fournie par le commissaire aux comptes dans son rapport spécial.

Ces propositions sont détaillées au n° 52689 dans le cadre de la présentation des dispositions afférentes aux SA et SCA.

1. Conventions autorisées, intervenues ou passées au cours de l'exercice écoulé. Le commissaire aux comptes signale dans la première partie de son rapport spécial toutes les conventions autorisées, intervenues ou passées au cours de l'exercice écoulé (sur la distinction entre ces différents termes, voir n° 52433).

52436

La loi dite « loi Sapin 2 » (Loi 2016-1691 du 9-12-2016) a précisé que le président du conseil d'administration (ou de surveillance) donne avis aux commissaires aux comptes de toutes les conventions **autorisées et conclues** et soumet celles-ci à l'approbation de l'assemblée générale (C. com. art. L 225-40 et L 225-88, al. 2). Ce sont donc bien les conventions autorisées et conclues qui doivent faire l'objet du rapport spécial du commissaire aux comptes et ce dernier n'a pas à mentionner les conventions autorisées mais non

1081

CONTRÔLE DES CONVENTIONS RÉGLEMENTÉES © Éd. Francis Lefebvre

conclues à la date d'établissement de son rapport spécial. Dans le cas où le commissaire aux comptes a été avisé de conventions autorisées mais non encore conclues, il les reprend dans son rapport spécial, conformément à la doctrine CNCC (CNCC NI. IX – février 2018, p. 103).

52437 **2. Conventions autorisées, intervenues ou passées depuis la clôture de l'exercice.** Selon la CNCC, ce n'est qu'exceptionnellement que le commissaire aux comptes relate les conventions autorisées, intervenues ou passées entre la date de clôture de l'exercice et la date d'élaboration de son rapport (sur la distinction entre ces différents termes, voir n° 52433) : le commissaire aux comptes doit avoir été avisé de ces conventions et estimer être en mesure de les analyser en temps utile (CNCC NI. IX – février 2018 § 4.212 et Bull. CNCC n° 160-2010 – EJ 2010-74 p. 661).

La **position de l'AMF** est plus affirmée sur ce sujet puisqu'elle propose que « toute convention réglementée significative autorisée et conclue postérieurement à la date de clôture de l'exercice soit soumise à l'approbation de la plus prochaine assemblée, sous réserve que le commissaire aux comptes ait eu le temps d'analyser cette convention dans des délais compatibles avec l'émission de son rapport » (Rapport AMF sur les assemblées d'actionnaires de sociétés cotées et Recommandation AMF 2012-05 du 29-4-2021 – proposition n° 4.11).

52438 **3. Conventions non autorisées préalablement.** Dans les entités soumises à la procédure d'autorisation préalable du conseil, le commissaire aux comptes signale les conventions non autorisées préalablement qu'elles aient été **portées à sa connaissance** par l'organe compétent, qui souhaite que ces conventions soient soumises à l'approbation de l'organe délibérant pour couvrir leur nullité, ou qu'elles aient été **découvertes par le commissaire aux comptes lors de ses travaux.**

Il peut s'agir de conventions de l'exercice écoulé ou antérieures à l'exercice écoulé non autorisées préalablement et non approuvées par l'organe délibérant.

La nullité due à l'absence d'autorisation préalable peut être couverte par un vote de l'assemblée intervenant sur rapport spécial du commissaire aux comptes (C. com. art. L 225-42 pour les SA à conseil d'administration, art. L 225-90 pour les SA à conseil de surveillance et art. L 226-10 pour les SCA). Outre les indications prévues par les articles R 225-31 (SA à conseil d'administration), R 225-58 (SA à conseil de surveillance) du Code de commerce ou par les dispositions statutaires, le rapport spécial expose les **circonstances en raison desquelles la procédure d'autorisation n'a pas été suivie.**

La CNCC précise également dans sa note d'information n° IX que, dans les sociétés soumises à une procédure d'autorisation préalable, le commissaire aux comptes signale dans son rapport spécial l'irrégularité constituée par le non-respect de la procédure d'autorisation en faisant référence à l'article L 823-12 (sauf si la convention n'a pu être autorisée du fait qu'elle concerne tous les membres de l'organe compétent).

Enfin, si la convention a été autorisée postérieurement à son exécution, le commissaire aux comptes en fait état dans son rapport en indiquant la date de l'autorisation *a posteriori* (voir également la recommandation AMF au n° 52673).

52439 Dans la majorité des cas, les conventions non autorisées sont relatées dans la première partie du rapport spécial mais elles peuvent également être présentées dans un **rapport distinct.**

La CNCC propose un exemple de rapport distinct relatif aux conventions non autorisées préalablement (CNCC NI. IX – février 2018 § 5 et Bull. CNCC n° 160-2010 p. 596 s.).

52440 **4. Conventions des exercices antérieurs non approuvées (refus d'approbation) par l'organe délibérant.** Le commissaire aux comptes présente dans son rapport spécial les conventions autorisées, intervenues ou passées au cours des exercices antérieurs (sur la distinction entre ces différents termes, voir n° 52433) :
– qui figuraient dans le rapport spécial ;
– dont l'approbation a été refusée par l'organe délibérant ;
– et qui ont néanmoins produit leurs effets à l'égard des tiers au cours de l'exercice écoulé.
Ces conventions sont signalées dans la première partie du rapport dès lors que la société souhaite les soumettre à nouveau à l'approbation de l'organe délibérant. Si tel n'est pas le cas, le commissaire aux comptes fait état de ces conventions dans une troisième partie de son rapport spécial qui traitera des conventions autorisées, intervenues ou passées au cours des exercices antérieurs dont l'approbation a été refusée par l'organe délibérant et dont l'exécution s'est poursuivie au cours de l'exercice.

CONTRÔLE DES CONVENTIONS RÉGLEMENTÉES

© Éd. Francis Lefebvre

5. Conventions des exercices antérieurs non soumises à l'approbation de l'organe délibérant lors d'une précédente réunion. Le commissaire aux comptes présente dans son rapport spécial les conventions autorisées, intervenues ou passées au cours des exercices antérieurs (sur la distinction entre ces différents termes, voir n° 52433) qui :
– n'ont pas été soumises à l'approbation de l'organe délibérant ;
– et ont néanmoins produit leurs effets à l'égard des tiers au cours de l'exercice écoulé.
Ces conventions sont signalées tant que leur exécution se poursuit car l'absence d'approbation peut encore être couverte par un vote de l'organe délibérant.

52441

> La CNCC observe que ce cas reste rare dans la pratique (CNCC NI. IX – février 2018 § 4.215 et Bull. CNCC n° 160-2010 p. 596 s.).
> Sur les conséquences de l'absence d'approbation, voir n° 52292.

Conventions déjà approuvées par l'organe délibérant (deuxième partie du rapport) La présentation des conventions déjà approuvées par l'organe délibérant dans le rapport spécial du commissaire aux comptes ne concerne que les entités qui ont l'obligation légale ou statutaire de présenter à l'organe délibérant les conventions déjà approuvées par cet organe (voir n° 52434).

52442

> Selon le même principe que pour les conventions soumises à l'approbation de l'organe délibérant, le commissaire relate toutes les conventions dont il a été avisé, quand bien même il estime que certaines ne constituent pas, de par leur nature ou de par les parties contractantes, des conventions réglementées.

Les conventions déjà approuvées par l'organe délibérant sont relatées dans le rapport spécial à titre informatif et l'assemblée n'a pas à statuer à nouveau sur ces conventions ni à prendre acte de leur poursuite (Bull. CNCC n° 161-2011 – EJ 2010-150).

> Voir également n° 52692 pour la recommandation AMF sur ce sujet.

Le commissaire aux comptes rappelle l'existence des conventions déjà approuvées et fournit les informations prévues par les textes légaux et réglementaires (C. com. art. R 225-31, 7° et R 225-58, 6° pour les SA et les SCA ; C. com. art. R 223-17, 5° pour les SARL).

> Pour les SA et les SCA, voir n° 52688.
> Pour les SARL, voir n° 52795.

Les textes légaux et réglementaires ne prévoient pas la mention, dans le rapport spécial du commissaire aux comptes, des personnes visées et de leurs fonctions pour les conventions déjà approuvées par l'organe délibérant. L'AMF recommande cependant que ces informations soient précisées dans le rapport spécial du commissaire aux comptes des sociétés cotées et la CNCC considère que la proposition du régulateur peut constituer une « bonne pratique » pour l'ensemble des entités dans lesquelles la rédaction du rapport spécial sur les conventions réglementées est requise (Recommandation AMF n° 2012-05 du 29-4-2021 – proposition n° 4.10 et Communiqué CNCC – Points d'attention pour l'établissement du rapport spécial – déc. 2012).

Par ailleurs, dans les SA, les SCA, les sociétés européennes et les entités dont les textes de référence renvoient au dispositif de contrôle prévu aux articles L 225-38 et L 225-86 du Code de commerce, si le conseil n'a pas procédé au réexamen annuel des conventions conclues et autorisées au cours d'exercices antérieurs dont l'exécution a été poursuivie, le commissaire aux comptes signale l'irrégularité dans son rapport spécial (voir n° 52682).

Enfin, lorsque le commissaire aux comptes n'a été avisé d'aucune convention déjà approuvée par l'organe délibérant dont l'exécution se serait poursuivie au cours de l'exercice écoulé et qu'il n'en a pas découvert lors de sa mission, il fait état de cette situation dans son rapport spécial.

1. Conventions approuvées au cours d'exercices antérieurs. Le commissaire aux comptes présente dans cette sous-partie les conventions déjà approuvées par l'organe délibérant au cours d'exercices antérieurs **dont l'exécution s'est poursuivie** au cours de l'exercice écoulé et, dans certains cas, **sans exécution** au cours de l'exercice écoulé.

52443

La CNCC considère que les conventions déjà approuvées par l'organe délibérant et **n'ayant pas eu d'exécution** au cours de l'exercice peuvent ne pas être reprises dans le rapport spécial du commissaire aux comptes si les conditions suivantes sont réunies (CNCC NI. IX – février 2018 § 4.221 b) et Bull. CNCC n° 160-2010 – EJ 2010-75 p. 658) :
– les actionnaires disposent d'une information sur ces conventions (ou engagements) soit dans le rapport de gestion, soit dans l'annexe ;

1083

CONTRÔLE DES CONVENTIONS RÉGLEMENTÉES © Éd. Francis Lefebvre

– le commissaire aux comptes n'a pas été avisé de la poursuite de l'exécution de ces conventions ;
– la position retenue est constante et s'applique de façon homogène à l'ensemble des conventions ou engagements anciens sans exécution.

> Le commissaire aux comptes doit émettre un rapport même si des conventions préalablement autorisées et approuvées n'ont pas donné lieu à exécution au cours de l'exercice, dès lors qu'il a été avisé de la poursuite de ces conventions et ce quand bien même aucune convention n'a été conclue au cours de l'exercice (Bull. CNCC 161-2011 – EJ 2010-150).

52444 **2. Conventions approuvées au cours de l'exercice écoulé.** Le commissaire aux comptes présente dans cette sous-partie les conventions autorisées et conclues [autorisées / intervenues / passées] et déjà approuvées au cours de l'exercice écoulé sur rapport spécial du commissaire aux comptes (que ce soit lors de la réunion d'approbation des comptes ou lors d'une autre réunion de l'organe délibérant).

> Le commissaire aux comptes attachera une attention particulière aux conventions approuvées au cours d'un exercice précédent pour une durée déterminée et renouvelées par tacite reconduction. Le renouvellement de la convention par tacite reconduction ne constitue pas la poursuite de la convention antérieure mais la conclusion d'une nouvelle convention qui doit être soumise à la procédure d'autorisation, le cas échéant, et d'approbation. À défaut, une telle convention devra être considérée comme une convention non autorisée (voir n° 52485).

Le rapport spécial rappelle la date de réunion de l'organe délibérant ayant approuvé les conventions ainsi que la date du rapport spécial établi sur ces conventions.

> Des exemples de rapports spécifiques ont été développés par la CNCC pour les rapports spéciaux présentés lors d'une réunion de l'organe délibérant différente de la réunion d'approbation des comptes (CNCC NI. IX – février 2018 § 5 et Bull. CNCC n° 160-2010 – Communiqué CNCC du 10-12-2010 relatif aux exemples de rapport spécial).

52446 **3. Conventions approuvées depuis la clôture de l'exercice écoulé.** Les conventions approuvées par l'organe délibérant depuis la clôture de l'exercice écoulé sur rapport spécial du commissaire aux comptes sont rappelées dans la deuxième partie du rapport spécial présenté à l'assemblée d'approbation des comptes, en précisant la date d'approbation par l'organe délibérant de ces conventions et la date du rapport spécial établi à cette occasion.

> À titre d'exemple, le rapport spécial établi en juin N et présenté à l'assemblée générale qui statue sur l'approbation des comptes de l'exercice clos le 31 décembre N – 1 mentionnera en « Conventions approuvées depuis la clôture de l'exercice écoulé » :
> – une convention autorisée en janvier N ;
> – et approuvée sur rapport spécial du commissaire aux comptes par une assemblée tenue en avril N avant l'assemblée d'approbation des comptes tenue par hypothèse en juin N.
> Cette situation reste rare dans la pratique.

52450 **Conventions courantes conclues à des conditions normales** En cas de conventions courantes conclues à des conditions normales, tout dépend du dispositif applicable à l'entité concernée :
– dans les SA, les SCA, les SAS, les SARL et les entités dont le régime des conventions réglementées renvoie aux articles L 225-38 et suivants du Code de commerce, les conventions courantes conclues à des conditions normales sont libres, et donc non soumises à la procédure de contrôle : les conventions ne sont pas, dans cette première hypothèse, mentionnées dans le rapport spécial ;
– dans les personnes morales de droit privé non commerçantes ayant une activité économique et les associations subventionnées, les conventions courantes et conclues à des conditions normales constituent des conventions réglementées sauf dans le cas particulier où elles ne sont significatives pour aucune des parties en raison de leur objet ou de leurs implications financières (voir n° 52278) : hormis ce cas, elles sont en conséquence mentionnées dans le rapport spécial du commissaire aux comptes.

52455 **Absence ou insuffisance de rapport** L'absence de rapport spécial du commissaire aux comptes entraîne la **nullité de la délibération de l'organe délibérant** mais pas la nullité de la convention (CNCC NI. IX – décembre 2016 § 5). Les conséquences préjudiciables de la convention pour l'entité seront mises à la charge de l'intéressé et, le cas échéant, à la charge des dirigeants ayant autorisé sa conclusion (voir n° 52292).

© Éd. Francis Lefebvre | CONTRÔLE DES CONVENTIONS RÉGLEMENTÉES

Il est considéré qu'il y a **insuffisance** du rapport spécial du commissaire aux comptes lorsqu'il ne contient pas toutes les mentions prévues par les articles R 223-17 (SARL), R 225-31 (SA à conseil d'administration), R 225-58 (SA à directoire), ou R 612-6 du Code de commerce pour les personnes morales de droit privé non commerçantes ayant une activité économique, ou enfin par les dispositions statutaires. **52458**

La jurisprudence considère qu'un rapport insuffisant empêche l'assemblée générale de se prononcer en connaissance de cause pour approuver une convention (CA Aix 15-5-1991 : Dr. sociétés 1991, n° 279). Par conséquent, la délibération de l'assemblée générale sur la convention est annulable, en application de l'article L 235-1, al. 2 du Code de commerce.

La **responsabilité civile** du commissaire aux comptes peut être engagée en cas de défaut ou d'insuffisance du rapport spécial. **52459**

> Pour plus de précisions, se reporter à l'étude juridique CNCC de mai 2004 relative aux conventions entre les entités et les personnes intéressées.
>
> Sur l'exonération de la responsabilité du commissaire aux comptes dans la mesure où les manquements qui lui étaient reprochés dans la présentation de son rapport spécial sur les conventions réglementées n'étaient pas la cause du préjudice né de la conclusion de ces conventions, voir Cass. com. 26 février 2013 n° 11-22.531 : RJDA 5/13 n° 426, Bull. CNCC n° 170-2013 p. 255 note Ph. Merle.

Communication du rapport Le rapport spécial est déposé au siège social de l'entité dans les délais fixés par la loi, le règlement ou les statuts. **52460**

Pour les **SA** et **SCA**, ce **délai** est de quinze jours au moins avant la tenue de l'assemblée générale d'approbation des comptes (C. com. art. R 225-89 et R 225-161). Pendant ce délai, les actionnaires peuvent prendre connaissance du rapport spécial au siège social.

> À compter de la date de convocation de l'assemblée et jusqu'au cinquième jour inclusivement avant la réunion, tout actionnaire titulaire de titres nominatifs ou de titres au porteur peut demander que lui soit adressé le rapport spécial (C. com. art. R 225-83, 6° et R 225-89).

Toutefois, les **sociétés dont les actions sont admises aux négociations sur un marché réglementé** doivent publier sur un site internet dédié pendant une période ininterrompue d'au moins vingt et un jours précédant l'assemblée des informations et documents destinés aux actionnaires, dont les rapports des commissaires aux comptes (C. com. art. R 22-10-23 applicable à compter du 1-1-2021 ; dispositions figurant anciennement à l'article R 225-73-1 abrogé). Le rapport spécial doit alors être établi, pour ces sociétés, dans un délai minimum de vingt et un jours avant l'assemblée.

> Pour les spécificités des sociétés dont les actions sont admises aux négociations sur un marché réglementé, voir n° 42450.

Lorsque la société établit un document d'enregistrement universel, y inclure le rapport spécial afin de permettre à un actionnaire d'accéder rapidement à l'information pertinente (Recommandation AMF 2012-05 du 29-4-2021- proposition 4.13).

> Elle propose également de présenter les conventions conclues par une filiale au sens du 2° de l'article L 225-37-4 du Code de commerce dans le document d'enregistrement universel (Recommandation AMF 2012-05 du 29-4-2021 – proposition 4.4).

Dans les **SAS**, en l'absence de dispositions légales et réglementaires relatives à la communication du rapport spécial, les statuts peuvent librement fixer les modalités de présentation du rapport.

Dans les **SARL**, les textes légaux et réglementaires fixent un délai de communication concernant les rapports des commissaires aux comptes sur les comptes annuels mais ne précisent pas les modalités de communication du rapport spécial. La CNCC recommande que, par analogie avec les règles de communication du rapport sur les comptes annuels, le rapport spécial soit adressé aux associés quinze jours au moins avant la date de l'assemblée (CNCC NI. IX – février 2018 § 4.134).

Enfin, dans les **personnes morales de droit privé non commerçantes ayant une activité économique** et les **associations** visées à l'article L 612-4 du Code de commerce, en l'absence de dispositions légales et réglementaires relatives à la communication du rapport spécial, les statuts peuvent librement fixer les modalités de présentation du rapport.

Le rapport spécial n'est pas déposé au greffe du tribunal de commerce comme cela est prévu pour le rapport sur les comptes annuels et pour le rapport sur les comptes consolidés de certaines sociétés. **52461**

CONTRÔLE DES CONVENTIONS RÉGLEMENTÉES © Éd. Francis Lefebvre

Cas particuliers

52470 Certaines circonstances peuvent conduire à s'interroger sur le contenu du rapport à émettre par le commissaire aux comptes, voire sur la nécessité d'émettre un rapport. Ainsi en est-il notamment en cas de :
– transformation en une autre forme juridique ;
– fusion ;
– liquidation amiable ;
– sauvegarde, redressement judiciaire ;
– liquidation judiciaire.

Enfin, seront abordées certaines situations pouvant affecter la convention telles que la modification, l'avenant, la résiliation, le renouvellement, la reconduction tacite d'une convention ou son déclassement.

52472 **Transformation de la société** La CNCC observe que la transformation ne peut pas avoir pour conséquence de faire naître des obligations qui n'existaient pas avant que la transformation soit effectuée (Bull. CNCC n° 163-2011 – EJ 2010-130).

Ainsi, dans l'hypothèse où la nouvelle forme juridique impose l'émission d'un rapport spécial sur les conventions réglementées, alors que cette obligation n'existait pas sous la forme antérieure, le rapport sur les conventions réglementées ne doit couvrir que les opérations effectuées pendant la partie de l'exercice postérieure à la transformation.

Selon le même principe, la CNCC a fait évoluer sa doctrine concernant le contenu du rapport spécial sur les conventions réglementées en cas de transformation d'une entité soumise à l'établissement d'un rapport du commissaire aux comptes sur les conventions réglementées en une entité soumise à l'établissement d'un tel rapport mais selon des règles différentes. Elle considère que l'**obligation de respecter des règles différentes** ne peut **pas être rétroactive** (voir n° 52473).

Il convient donc de distinguer les trois cas suivants en fonction des règles qui s'appliquent concernant le rapport sur les conventions réglementées à l'issue de l'assemblée générale extraordinaire de transformation.

52473 1. Lorsqu'une entité soumise à l'établissement d'un rapport du CAC sur les conventions réglementées se transforme en une entité non soumise à l'établissement d'un tel rapport, le commissaire aux comptes n'a aucun rapport sur les conventions réglementées à présenter, même sur la partie de l'exercice antérieure à la transformation.

> La CNCC confirme ainsi la position précédemment adoptée dans la réponse de la Commission des études juridiques publiée dans le Bulletin CNCC n° 137-2005, page 124.
> À titre d'exemple, dans le cas de la transformation d'une SA en Sasu, le commissaire aux comptes n'a pas de rapport spécial à émettre.
> Le commissaire aux comptes peut cependant choisir de répondre favorablement à la demande de la société et établir un rapport sur ces conventions dans le cadre des services autres que la certification des comptes non requis par les textes légaux et réglementaires.

2. Lorsqu'une entité non soumise à l'établissement d'un rapport du commissaire aux comptes sur les conventions réglementées se transforme en une entité soumise à l'établissement d'un tel rapport, seules les conventions autorisées et conclues postérieurement à la transformation sont présentées dans le rapport spécial du commissaire aux comptes.

3. Enfin, dans le cas où une entité soumise à l'établissement d'un rapport du commissaire aux comptes sur les conventions réglementées se transforme en une entité également soumise à l'établissement d'un tel rapport mais selon des **règles différentes**, la CNCC considère que l'obligation de respecter les règles de la nouvelle forme juridique ne peut pas être rétroactive (Bull. CNCC n° 163-2011 – EJ 2010-130). Ainsi le rapport sur les conventions réglementées, établi dans le respect des nouvelles règles, ne doit-il couvrir que les conventions autorisées et conclues postérieurement à la transformation.

> Cette position constitue un changement de doctrine.

Par exception, les conventions conclues avant la transformation qui ont été notifiées au commissaire aux comptes sont mentionnées dans le rapport spécial sur les conventions réglementées.

> Dans l'exemple d'une transformation de SAS en SA sur l'exercice N, si le commissaire aux comptes est avisé de conventions réglementées conclues en N, avant la transformation de la société, et non encore approuvées par l'organe délibérant, il les mentionne dans son rapport spécial.

CONTRÔLE DES CONVENTIONS RÉGLEMENTÉES

Fusion de sociétés Les conventions conclues dans la société absorbée poursuivent **52474** leurs effets dans la société absorbante du fait de la transmission universelle de patrimoine : il n'y a donc pas lieu de mettre en œuvre à nouveau la procédure lors de la fusion si, par exemple, des administrateurs communs existent entre la société absorbante et la société absorbée. Le commissaire aux comptes de la société absorbante mentionne dans son rapport spécial l'ensemble des conventions réglementées conclues par la société absorbée et qui restent qualifiables comme telles après la fusion. En revanche, il ne mentionne pas les conventions qui n'ont plus le caractère de conventions réglementées du fait de la disparition d'administrateurs communs ou d'administrateurs bénéficiaires d'une convention dite réglementée (CNCC NI. IX – février 2018 § 2.142 b) et Bull. CNCC n° 87-1992 p. 490).

Liquidation amiable de l'entité La liquidation ne met pas fin aux fonctions du **52476** commissaire aux comptes (C. com. art. L 237-16) ; toutefois, dans le régime de la liquidation conventionnelle, les statuts ou la décision de l'assemblée générale extraordinaire peuvent mettre fin à sa mission. Dans cette dernière hypothèse, aucun rapport n'est à émettre par le commissaire aux comptes.

Si la mission du commissaire aux comptes se poursuit, le rapport spécial est établi par ce dernier selon les modalités usuelles applicables à l'entité contrôlée (Bull. CNCC n° 85-1992 p. 181).

Contrairement à la transformation ou à la fusion, la liquidation n'a pas d'effet sur les règles applicables à la société qui en fait l'objet mais seulement sur le contexte de leur mise en œuvre. On observe en particulier que, pour la période postérieure à la mise en liquidation, seules sont susceptibles d'entrer dans le champ d'application de la procédure et du rapport spécial les conventions conclues soit avec les actionnaires détenant plus de 10 % des droits de vote, soit avec les sociétés contrôlant ceux-ci au sens de l'article L 233-3 du Code de commerce. En effet, le liquidateur amiable ayant été substitué aux organes de direction et d'administration, il n'y a plus lieu de mentionner d'autres conventions dans le rapport spécial.

Sur le fait que le liquidateur n'est pas une personne visée par la procédure des conventions réglementées, voir n° 52225.

Redressement judiciaire Le redressement judiciaire ne remet pas en cause la pour- **52478** suite du mandat du commissaire aux comptes et n'a d'incidence sur le contenu du rapport spécial que si l'administrateur judiciaire est substitué aux organes de direction et d'administration. En cas de substitution, les règles applicables sont analogues à celles qui s'appliquent en cas de liquidation amiable (voir n° 52476).

Liquidation judiciaire S'agissant de la poursuite du mandat de commissaire aux **52480** comptes en cas de procédure de liquidation judiciaire, voir n° 2475.

Modification, avenant, résiliation, renouvellement, tacite reconduction **52485** **d'une convention** Toute **modification**, tout **avenant**, tout **renouvellement** d'une convention existante doit être considéré comme une convention nouvelle, éventuellement soumise à contrôle si elle n'est pas courante et si les conditions n'en sont pas normales (CNCC NI. IX – février 2018 § 2.141 g)).

Il en va de même en principe des **conventions à exécution successive**, dès lors qu'elles sont soumises à une procédure de contrôle : ce contrôle est normalement maintenu tout au long de l'exécution de la convention, et la procédure est réitérée, si besoin, à chaque exercice (CNCC Étude juridique « Les conventions entre les entités et les personnes intéressées » – mai 2004, p. 60).

À notre avis, la **révision pour imprévision** (clauses dites de « hardship » et de « material adverse change » que l'on peut notamment rencontrer dans les contrats d'acquisitions ou de cessions d'entreprises) qui résulte d'un changement de circonstances imprévisible entre la promesse et la signature du contrat conformément à l'article 1195 du Code civil pourrait avoir des conséquences sur la procédure de contrôle des conventions réglementées dès lors qu'il en résulte une modification du contrat ou qu'elle entraîne la conclusion d'un avenant et que les conditions liées aux personnes visées et à la nature de la convention sont toujours considérées comme relevant du champ des conventions réglementées. Ainsi, une nouvelle approbation par l'organe délibérant peut s'avérer nécessaire.

Notons également s'agissant des **contrats-cadres et d'application** prévus à l'article 1111 du Code civil que dès lors qu'ils sont soumis à la procédure de contrôle des conventions réglementées, à notre avis la procédure de contrôle s'appliquera au niveau du contrat-cadre et à chaque nouveau contrat d'application.

CONTRÔLE DES CONVENTIONS RÉGLEMENTÉES

© Éd. Francis Lefebvre

La **convention renouvelée** donne naissance à une **nouvelle convention** dont le contenu est identique à la précédente mais dont la durée devient indéterminée (C. civ. art. 1214) sauf précision contraire des parties. Il en va de même d'une convention à durée déterminée qui se renouvelle par **tacite reconduction** (C. civ. art. 1214 et 1215).

L'article 1215 du Code civil dispose : « lorsqu'à l'expiration du terme d'un contrat conclu à durée déterminée, les contractants continuent d'en exécuter les obligations, il y a tacite reconduction. Celle-ci produit les mêmes effets que le renouvellement du contrat ».

L'article 1214 du Code civil prévoit : « le contrat à durée déterminée peut être renouvelé par l'effet de la loi ou par l'accord des parties et le renouvellement donne naissance à un nouveau contrat à durée indéterminée dont le contenu est identique au précédent mais dont la durée est indéterminée ».

La tacite reconduction donne donc naissance à un nouveau contrat qui doit être soumis à la procédure des conventions réglementées, sauf si ce contrat ne relève plus des dispositions de la procédure des conventions réglementées (voir également en ce sens Bull. CNCC n° 163-2011 – EJ 2011-46 ; CNCC NI. IX – février 2018 § 2.141 h) ; Bull. CNCC n° 172-2013 – EJ 2013-02).

Un accord de **résiliation** d'une convention est également considéré comme une nouvelle convention soumise à la procédure des conventions réglementées (Bull. CNCC n° 172-2013 – EJ 2013-57).

52489 **Changement de personne physique occupant les fonctions de dirigeant**
Selon la CNCC, le caractère réglementé d'une convention est lié aux fonctions occupées au sein des sociétés, indifféremment de la personne physique qui les occupe. Le changement de personne physique occupant les fonctions de dirigeant n'a ainsi pas d'incidence sur la nature de la convention et celle-ci peut être traitée comme une convention qui se poursuit et non pas comme une convention nouvelle (Bull. CNCC n° 172-2013 – EJ 2013-21).

À titre d'exemple, pour une convention réglementée conclue entre les SA A et B, le directeur général de A étant également administrateur de B, le remplacement du dirigeant de A n'implique pas une nouvelle procédure d'autorisation et d'approbation de la convention dans la mesure où la personne remplaçante conserve les mêmes fonctions au sein des sociétés A et B. Cette convention est donc présentée dans le rapport spécial du commissaire aux comptes comme une convention déjà approuvée par l'assemblée générale et dont les effets se poursuivent.

Concernant l'information à donner dans le rapport spécial pour cette convention, la CNCC rappelle que l'AMF recommande la mention des personnes visées par les conventions qui se poursuivent et que cette information constitue un éclairage utile aux actionnaires, même si elle n'est pas strictement requise par la loi. S'il est tenu compte de cette recommandation, le commissaire aux comptes précise alors dans son rapport le nom du nouveau « dirigeant commun » concerné par la convention. À notre avis, il peut également mentionner le nom de la personne occupant précédemment les fonctions de dirigeant en précisant la date de cessation desdites fonctions sur l'exercice.

52490 **Déclassement de conventions** Le déclassement d'une convention réglementée en convention portant sur des opérations courantes et conclues à des conditions normales est de la compétence exclusive du conseil d'administration ou du conseil de surveillance qui doit se prononcer au cas par cas.

Le vote de l'assemblée sur le rapport de gestion entraîne acceptation des déclassements opérés par le conseil, sans modalité particulière (CNCC NI. IX – février 2018 § 2.14 i) et Bull. CNCC n° 85-1992 p. 175).

En cas de déclassement par le conseil d'administration ou le conseil de surveillance de conventions réglementées en conventions courantes et conclues à des conditions normales, les diligences du commissaire aux comptes doivent lui permettre de vérifier que le déclassement est fondé (en ce sens, Bull. CNCC n° 82-1991 p. 260) et que celui-ci n'a pas pour finalité d'occulter des transactions vis-à-vis de l'assemblée générale.

Si le commissaire aux comptes partage l'appréciation de l'entité concernant ce déclassement, la convention concernée n'a plus à figurer dans le rapport spécial.

Si toutefois l'information relative au déclassement de la convention ne figure pas dans le rapport de gestion, ou dans tout autre document destiné aux membres de l'organe délibérant, le commissaire aux comptes signale le déclassement de la convention dans son rapport spécial (CNCC NI. IX – février 2018 § 4.15).

Selon la CNCC, la décision de l'organe compétent peut être portée à la connaissance du commissaire aux comptes au cours de l'exercice écoulé et jusqu'à l'établissement de son rapport spécial.

En cas de désaccord du commissaire aux comptes avec le déclassement réalisé par le conseil d'administration ou de surveillance, la convention est maintenue dans le rapport spécial.

La CNCC considère que, si aucune des modalités de la convention n'a été modifiée, il est possible de la considérer comme une convention réglementée qui s'est poursuivie. Si, au contraire, certaines modalités de la convention ont été modifiées, le commissaire aux comptes devrait la considérer (dans les SA et les SCA) comme une convention non autorisée préalablement (CNCC NI. IX – février 2018 § 4.15 et Bull. CNCC n° 97-1995 p. 104).

SECTION 2

Mise en œuvre de la procédure dans les entités concernées

52500 Sont abordés dans cette section les détails des différentes procédures de traitement des conventions prévues par le législateur. Seront successivement abordées :
– les sociétés anonymes et sociétés en commandite par actions (n°s 52550 s.) ;
– les SARL (n°s 52750 s.) ;
– les sociétés par actions simplifiées (n°s 52850 s.) ;
– les personnes morales de droit privé non commerçantes ayant une activité économique et les associations subventionnées par l'État et les collectivités locales (n°s 53000 s.) ;
– les autres entités (n°s 53100 s.) dans lesquelles est instituée une procédure de convention réglementée : sociétés coopératives agricoles, sociétés civiles de placements immobiliers (SCPI), sociétés d'assurances, sociétés anonymes d'habitation à loyer modéré (sociétés d'HLM), associations de caractère professionnel ou interprofessionnel collectant la participation des employeurs à l'effort de construction, organismes collecteurs des fonds de la formation professionnelle, établissements de crédit et sociétés de financement, mutuelles, et institutions de prévoyance.

En dépit de certaines harmonisations apportées par le législateur aux dispositions régissant les conventions réglementées, les développements qui suivent font apparaître de multiples différences dans les procédures applicables d'une entité à l'autre. Les plus importantes d'entre elles sont récapitulées dans un tableau de synthèse établi pour les formes juridiques les plus répandues (voir n° 53450).

A. Sociétés anonymes et sociétés en commandite par actions

52550 Les développements qui suivent s'appliquent à la **société anonyme** avec conseil d'administration et à la société anonyme avec directoire et conseil de surveillance.

Dans les sociétés anonymes **avec conseil d'administration**, les conventions réglementées sont régies par les articles L 225-38 à L 225-43, R 225-30, R 225-31 et R 225-161 du Code de commerce.

Dans les sociétés anonymes **avec directoire et conseil de surveillance**, les conventions réglementées sont régies par les articles L 225-86 à L 225-91, R 225-57, R 225-58 et R 225-161 du Code de commerce.

Dans les sociétés anonymes dont les actions sont admises aux négociations sur un **marché réglementé**, à compter du 1er janvier 2021, les articles L 22-10-12, L 22-10-13 et R 22-10-17 (SA à conseil d'administration) ainsi que L 22-10-29, L 22-10-30 et R 22-10-19 du Code de commerce (SA à conseil de surveillance) définissent les obligations relatives à la procédure d'évaluation des conventions portant sur des opérations courantes et conclues à des conditions normales ainsi qu'à la publication sur leur site internet des informations sur les conventions réglementées (dispositions figurant précédemment aux articles L 225-39, L 225-40-2, L 225-87, L 225-88-2, R 225-30-1 et R 225-57-1 du même code).

Cette nouvelle codification fait suite à l'ordonnance 2020-1142 du 16 septembre 2020 qui crée un nouveau chapitre X du titre II du livre II dans la partie législative du Code de commerce, intitulé « Des sociétés dont les titres sont admis aux négociations sur un marché réglementé ou un système multilatéral de négociation ». Les spécificités applicables aux sociétés cotées sont ainsi transférées dans ce chapitre à compter du 1er janvier 2021 et cette réforme est réalisée à droit constant. Le décret 2020-1742 du 29 décembre 2020 procède quant à lui à une recodification, également à droit constant, des dispositions propres aux sociétés cotées dans la partie réglementaire du Code de commerce.

CONTRÔLE DES CONVENTIONS RÉGLEMENTÉES　　　© Éd. Francis Lefebvre

52555　Le régime décrit s'applique également aux **sociétés en commandite par actions**, sur renvoi de l'article L 226-10 aux articles L 225-38 à L 225-43, L 22-10-12 et L 22-10-13 du Code de commerce.

> Les règles exposées ci-après peuvent être appliquées à la société en commandite par actions, étant précisé qu'une différence subsiste au niveau des personnes visées par la réglementation du fait de l'organisation de la direction dans cette forme de société (voir n°s 52575 s.).

Personnes intéressées

52575　**Principes**　Dans une SA, sont concernées par la procédure les conventions qui font intervenir directement, indirectement ou par personne interposée :
– les administrateurs, membres du directoire, membres du conseil de surveillance, directeurs généraux, directeurs généraux délégués et les actionnaires détenant une fraction des droits de vote supérieure à 10 %. Lorsque l'actionnaire est une personne morale, la société la contrôlant, au sens de l'article L 233-3 du Code de commerce, est également concernée ;
– les représentants permanents des personnes morales administrateurs ou nommées au conseil de surveillance, que les articles L 225-20 et L 225-76 du Code de commerce soumettent aux mêmes obligations et responsabilités que les administrateurs ou membres du conseil de surveillance en nom personnel.

> Les personnes visées doivent être en fonction lors de la conclusion de la convention (voir n° 52215).
> Sur la notion d'intérêt indirect, voir n° 52220.
> Sur la notion d'interposition de personne, voir n° 52225.

Dans une **SCA**, les personnes visées à l'article L 226-10 du Code de commerce sont les gérants, les membres du conseil de surveillance, les actionnaires disposant d'une fraction des droits de vote supérieure à 10 % et les sociétés contrôlant des actionnaires personnes morales au sens de l'article L 233-3 du Code de commerce.

52577　Par ailleurs, entrent dans le champ de la procédure les conventions faisant intervenir les entreprises dans lesquelles le directeur général, l'un des directeurs généraux délégués ou l'un des administrateurs, des membres du directoire ou du conseil de surveillance de la société, est propriétaire, associé indéfiniment responsable, gérant, administrateur, membre du conseil de surveillance ou, de façon générale, dirigeant (C. com. art. L 225-38, al. 3 pour les SA à CA et L 225-86, al. 3 pour les SA à CS).

> Le terme « **entreprise** » permet de viser les conventions conclues non seulement avec une autre société commerciale ou civile mais également celles conclues avec un groupement d'intérêt économique et, plus généralement, toute personne morale de droit privé ayant une activité économique ainsi que les entreprises individuelles ordinaires (CNCC NI. IX – février 2018 § 1.121 e)).
> **Précisions.** Dans la SCA, sont visées les conventions intervenant entre une société et une entreprise si l'un des gérants ou l'un des membres du conseil de surveillance de la société est propriétaire, associé indéfiniment responsable, gérant, administrateur, directeur général, membre du directoire ou membre du conseil de surveillance de l'entreprise (C. com. art. L 226-10, al. 2).
> L'alinéa 2 de l'article L 226-10 du Code de commerce ne reprend pas la formulation de l'alinéa 3 de l'article L 225-38 et L 225-86 : « ou, de façon générale, dirigeant de cette entreprise ».
> La stricte interprétation de cet alinéa 2 conduirait à considérer que n'est pas soumise à autorisation du conseil de surveillance de la société en commandite par actions la convention intervenue entre cette société et une société anonyme dont un directeur général délégué non administrateur serait simultanément gérant ou membre du conseil de surveillance de la société en commandite par actions. Toutefois, la Commission des études juridiques de la CNCC considère à ce sujet « qu'une application littérale des dispositions de l'article L 226-10 du Code de commerce ne correspond pas à l'esprit des textes qui régissent les conventions réglementées dans la mesure où le directeur général délégué est, comme le directeur général, un mandataire social et dispose des mêmes pouvoirs que lui ». En conclusion, un directeur général délégué doit être considéré, selon elle, comme un dirigeant intéressé de la société cocontractante de la SCA (CNCC NI. IX – février 2018 § 1.122 b) et Bull. CNCC n° 161-2011, p. 101).

52580　**Actionnaires détenant plus de 10 % des droits de vote**　L'actionnaire détenant plus de 10 % des droits de vote et, s'il s'agit d'une société actionnaire, la société le contrôlant au sens de l'article L 233-3 du Code de commerce entrent également dans le champ d'application de la procédure des conventions réglementées.

1090

© Éd. Francis Lefebvre

CONTRÔLE DES CONVENTIONS RÉGLEMENTÉES

52583

La doctrine considère :
– que le seuil de 10 % des droits de vote s'apprécie lors de la conclusion de la convention (CNCC NI. IX – février 2018 § 1.121 c) ; P. Le Cannu, « Les conventions réglementées après la loi 2001-420 du 15 mai 2001 » : Bull. Joly 2001 nº 165) ;
– que seuls les droits de vote détenus directement doivent être pris en compte (CNCC NI. IX – février 2018 § 1.121 c) ; Bull. CNCC nº 126-2002 p. 261) ;
– qu'un actionnaire privé de droit de vote, à un titre quelconque, n'est pas concerné (CNCC NI. IX – février 2018 § 1.121 c)) ;
– que les situations de concert, de groupe ou de conventions de vote ne sont pas visées (CNCC NI. IX – février 2018 § 1.121 c)).
S'agissant du décompte des droits de vote dans une situation de démembrement de titres (entre usufruit et nue-propriété), l'Ansa considère qu'il convient d'ajouter aux droits de vote détenus en propriété ceux exercés en application de l'usufruit (Ansa 20-044 déc. 2020).

> À titre d'exemple, si un actionnaire détient 7 % du capital d'une SA en pleine propriété et détient d'autres actions par sa qualité concomitante d'usufruitier (4 % par exemple), l'Ansa estime qu'une convention conclue par cet actionnaire entre dans le champ d'application de la procédure des conventions réglementées définie à l'article L 225-38 du Code de commerce puisqu'en en ajoutant les droits de vote exercés au titre de l'usufruit il franchit le seuil de 10 % des droits de vote.

Contrôle au sens de l'article L 233-3 du Code de commerce On rappelle que le contrôle visé à l'article L 233-3 peut consister, pour une société :
– à détenir directement ou indirectement une fraction du capital social d'une société lui conférant la majorité des droits de vote dans les assemblées générales ;
– à disposer seule de la majorité des droits de vote dans une société, en vertu d'un accord conclu avec d'autres associés ou actionnaires et qui n'est pas contraire à l'intérêt de la société ;
– à déterminer en fait, par les droits de vote dont elle dispose, les décisions dans les assemblées générales d'une autre société ;
– à disposer du pouvoir de nommer ou de révoquer, lorsqu'elle est associée ou actionnaire de cette société, la majorité des membres des organes d'administration, de direction ou de surveillance de la société ;
– à disposer, directement ou indirectement, d'une fraction des droits de vote supérieure à 40 % dans une société sans qu'aucun autre associé ou actionnaire ne détienne directement ou indirectement une fraction supérieure à la sienne.

52588

Compte tenu de l'imprécision des textes, la Compagnie nationale des commissaires aux comptes a saisi la Chancellerie pour lui demander de clarifier la notion de « contrôle au sens de l'article L 233-3 ». La Chancellerie a répondu, sous la réserve traditionnelle de l'interprétation souveraine des cours et tribunaux, en considérant que le renvoi exprès à l'article L 233-3 du Code de commerce « conduit nécessairement à ne pas s'arrêter à la première société, étant précisé qu'à chaque niveau, il s'agit de la société qui contrôle. La société contrôlante est ainsi une société qui fait partie de la chaîne des détentions directes et indirectes de l'actionnaire ou qui exerce sur ce dernier un contrôle de fait ou par le moyen d'une convention de vote ».
Par prudence, la CNCC conseille donc aux commissaires aux comptes d'adopter une conception assez large de la notion de contrôle et d'appliquer la procédure aux conventions conclues avec toute société faisant partie de la chaîne de contrôle, donc non seulement avec sa « grand-mère », mais aussi avec son « arrière-grand-mère » et au-delà.
Concernant par ailleurs l'**action de concert**, la Chancellerie estime que l'usage du singulier retenu pour la rédaction de l'article L 225-383 conduit à considérer que le législateur n'a pas entendu viser le contrôle conjoint par une ou plusieurs sociétés et que par conséquent le III de l'article L 233-3 n'est pas visé (Lettre du 16-7-2002 au président de la CNCC : Bull. CNCC nº 126-2002 p. 145).

52590

Exclusion des conventions mères/filles à 100 % Depuis le 3 août 2014, sont exclues du périmètre des conventions réglementées des sociétés anonymes les conventions conclues entre deux sociétés dont l'une détient, directement ou indirectement, la **totalité du capital** de l'autre, le cas échéant déduction faite du nombre minimum d'actions requis pour satisfaire aux exigences de l'article 1832 du Code civil ou des articles

52592

1091

CONTRÔLE DES CONVENTIONS RÉGLEMENTÉES

© Éd. Francis Lefebvre

L 225-1, L 22-10-1, L 22-10-2 et L 226-1 du Code de commerce (C. com. art. L 225-39 et L 225-87 modifiés par l'ordonnance 2020-1142 du 16-9-2020).

Cette exclusion ne peut bénéficier qu'aux SA, SCA, SE et entités dont les textes propres renvoient aux articles L 225-39 ou L 225-87 du Code de commerce.

Ainsi, lorsque la société mère et la filiale détenue à 100 % (ou équivalent, voir n° 52594) sont des SA (ou SCA, SE) la convention conclue entre ces dernières est exclue du champ des conventions réglementées aussi bien chez la mère que chez la fille.

Les autres formes juridiques telles que les SAS et les SARL ne peuvent bénéficier de l'exclusion, ce qui n'empêche cependant pas une SA concluant une convention avec ces sociétés d'exclure ladite convention de la procédure des conventions réglementées, sous réserve que les conditions de détention visées aux articles L 225-39 ou L 225-87 soient respectées.

> À titre d'illustration, une convention conclue entre une société mère SA et une Sasu n'est pas une convention réglementée pour la société mère SA (elle bénéficie de l'exclusion) alors que les nouveaux textes ne sont pas applicables à la filiale Sasu. Dans cette situation, le traitement de la convention n'est donc pas réciproque chez la mère et la fille.

52594 Le dispositif légal prévoit que la société doit détenir la totalité du capital de l'autre société, déduction faite des actions détenues pour satisfaire les obligations relatives au nombre **minimum légal d'actionnaires** (dans la limite d'une action par actionnaire/associé).

> L'article 1832 du Code civil dispose qu'une société est instituée par deux ou plusieurs personnes.
>
> L'article L 225-1 du Code de commerce dispose qu'une SA est constituée entre deux associés ou plus. Par dérogation à l'article L 225-1, pour les sociétés dont les actions sont admises aux négociations sur un marché réglementé ou sur un système multilatéral de négociation, le nombre des associés ne peut être inférieur à sept (C. com. art. L 22-10-2, à compter du 1-1-2021 ; dispositions figurant anciennement à l'article L 225-1 du même code).
>
> L'article L 226-1 du même code impose au minimum trois associés commanditaires dans les SCA.

Si le nombre d'actionnaires/associés est supérieur au nombre minimum légalement obligatoire du fait de la forme juridique de l'entité, l'exclusion ne pourra pas s'appliquer. En effet, le texte ne prévoit pas d'exception à cette règle et s'agissant d'un texte dérogatoire au droit commun, il doit à notre avis être d'interprétation stricte.

Suivant le même principe, si du fait d'exigences statutaires relatives au nombre d'actionnaires ou d'administrateurs devant détenir des actions, le nombre d'actionnaires est supérieur aux exigences légales, les dispositions des articles L 225-38 ou L 225-86 seront applicables, quand bien même ces actionnaires ou administrateurs ne disposeraient des actions que dans le cadre d'un prêt d'actions qui leur serait consenti par l'actionnaire principal.

La détention de la totalité du capital peut être directe ou indirecte et la CNCC considère que la détention indirecte de 100 % doit se comprendre comme la détention de 100 % de 100 %, la notion de 100 % s'appréciant à chaque palier (CNCC NI. IX – février 2018 – § 1.121. h)).

52596 À titre d'illustration, la procédure des conventions réglementées n'est donc pas applicable pour une société mère SA lorsqu'elle conclut une convention avec une filiale :

– SA dont les actions ne sont pas admises aux négociations sur un marché réglementé ou un système multilatéral de négociation dont elle détient la totalité du capital sauf une action ;

– SA dont les actions sont admises aux négociations sur un marché réglementé ou un système multilatéral de négociation dont elle détient la totalité du capital sauf six actions détenues par six autres actionnaires ;

– SCA dont elle détient la totalité du capital sauf deux actions détenues par deux autres actionnaires ;

– SNC ou SCS dont elle détient la totalité du capital sauf une action ;

– SAS ou SARL dont elle détient strictement la totalité du capital (les textes légaux prévoyant la possibilité d'un associé unique pour ces formes juridiques de sociétés).

Dans les groupes multinationaux, si la filiale est une société étrangère, elle doit impérativement être détenue en totalité par la société mère pour que cette convention puisse bénéficier de l'exclusion chez la société mère (CNCC NI. IX – février 2018 § 1.121 h)).

CONTRÔLE DES CONVENTIONS RÉGLEMENTÉES

Natures de conventions

Conventions interdites À peine de nullité, il est interdit aux administrateurs, **52600**
membres du directoire, membres du conseil de surveillance, autres que des personnes
morales de contracter, sous quelque forme que ce soit, des **emprunts** auprès de la
société, de se faire consentir par elle un **découvert**, en compte courant ou autrement,
ainsi que de faire cautionner ou avaliser par elle leurs engagements envers les tiers (C. com.
art. L 225-43 et L 225-91). Il en va de même pour le directeur général, les directeurs généraux
délégués, les représentants permanents des personnes morales administrateurs.

Ainsi, une avance sur redevances de brevet à un administrateur constitue une convention interdite.

Pour des illustrations de conventions interdites : voir la note d'information CNCC (NI. IX – février 2018 § 1.134 e)).

L'interdiction s'applique également aux conjoints, ascendants et descendants des
personnes visées par les articles L 225-43 (SA avec conseil d'administration) et L 225-91
du Code de commerce (SA avec directoire et conseil de surveillance) ainsi qu'à toute
personne interposée.

On rappellera que les avances consenties à une entité contrôlée par une des personnes visées aux
articles précités ne constituent une convention interdite que si l'opération a pour objet de réaliser un
prêt ou une avance à leur profit par personne interposée.

Par **exception**, l'interdiction ne s'applique pas si la société exploite un établissement **52605**
bancaire ou financier, aux opérations courantes de ce commerce conclues à des conditions normales (C. com. art. L 225-43, al. 2 et L 225-91, al. 3).

Conventions portant sur des opérations courantes et conclues à des **52610**
conditions normales Les conventions portant sur des opérations courantes et
conclues à des conditions normales ne sont pas soumises au dispositif de contrôle prévu
par les articles L 225-38 (SA à conseil d'administration), L 225-86 (SA à conseil de surveillance) et L 226-10 (SCA).
La loi de simplification et d'amélioration de la qualité du droit du 17 mai 2011 a supprimé
l'obligation de communication relative aux conventions courantes significatives et
conclues à des conditions normales dans les SA, les SCA et les SAS.

Sur la notion d'opérations courantes et conclues à des conditions normales, voir n° 52255.

Depuis l'entrée en vigueur de la loi 2019-486 du 22 mai 2019, dite « loi Pacte », dans les
SA et SCA dont les **actions** sont **admises aux négociations sur un marché réglementé**,
le conseil d'administration (ou de surveillance) doit mettre en place une **procédure**
permettant d'évaluer régulièrement si les conventions portant sur des opérations
courantes et conclues à des conditions normales remplissent bien ces conditions. Les
personnes directement ou indirectement intéressées à l'une de ces conventions ne participent pas à son évaluation (C. com. art. L 22-10-12 et L 22-10-29 à compter du 1-1-2021 ; dispositions
figurant anciennement aux articles L 225-39 et L 225-87 du même code).
La description de la procédure mise en place par la société et de sa mise en œuvre doit
figurer dans le rapport sur le gouvernement d'entreprise des sociétés concernées (C. com.
art. L 22-10-10 à compter du 1-1-2021 ; dispositions figurant anciennement à l'article L 225-37-4 du même code).

Conventions réglementées Les conventions réglementées sont des conventions **52613**
qui interviennent directement ou par personne interposée entre la société et les
personnes intéressées visées par les articles L 225-38 et L 225-86 (voir n°s 52575 s.), dès
lors qu'elles ne sont pas interdites, qu'elles ne sont pas courantes et conclues à des
conditions normales, et qu'elles ne sont pas conclues entre deux sociétés dont l'une
détient 100 % du capital de l'autre.
La procédure vise également les conventions dans lesquelles les personnes visées par les
textes sont indirectement intéressées (C. com. art. L 225-38, al. 1 et 2). Dans sa recommandation
2012-05 du 29 avril 2021, l'Autorité des marchés financiers propose, pour l'application
de la notion de personne indirectement intéressée, de retenir la définition suivante :
« est considérée comme étant indirectement intéressée à une convention à laquelle elle
n'est pas partie la personne qui, en raison des liens qu'elle entretient avec les parties et
des pouvoirs qu'elle possède pour infléchir leur conduite, en tire ou est susceptible d'en
tirer un avantage » (proposition n° 4.2).

Voir également sur la notion d'intérêt indirect n° 52220.

Enfin, en application du 3 bis de l'article L 511-6 du Code monétaire et financier, les
prêts accordés entre entreprises, conformément audit article, sont également soumis à

CONTRÔLE DES CONVENTIONS RÉGLEMENTÉES — © Éd. Francis Lefebvre

la procédure visée aux articles L 225-38 à L 225-40 du Code de commerce pour les SA à conseil d'administration (voir n° 52262).

52615 **Cas particulier de la rémunération des dirigeants** L'évolution du régime relatif aux engagements pris en faveur des dirigeants dans les sociétés dont les titres sont admis aux négociations sur un marché réglementé est traitée aux n°s 52695 s.

Pour le reste, l'analyse nécessite de distinguer d'une part les rémunérations qui ont un caractère institutionnel et qui dès lors relèvent d'une procédure spécifique, telles que par exemple les rémunérations déterminées par le conseil au titre du mandat de président, ou qui résultent d'une délibération d'assemblée, telles que les rémunérations allouées aux administrateurs, et d'autre part les rémunérations qui ont un caractère conventionnel. S'agissant de la rémunération accordée au président, au directeur général et aux directeurs généraux délégués ainsi qu'aux membres du directoire au titre de leur mandat social, elle n'est pas soumise à la procédure des conventions réglementées.

Cette rémunération est en effet déterminée par le conseil d'administration, ou de surveillance, conformément aux articles L 225-47 et L 225-53 du Code de commerce (art. L 225-63 et L 225-81 pour les SA à CS). Cette procédure spéciale exclut l'application du régime de droit commun des conventions réglementées.

Par ailleurs, dans les sociétés dont les actions sont admises aux négociations sur un marché réglementé :
– la rémunération du président du conseil d'administration, du directeur général et des directeurs généraux délégués est déterminée dans les conditions prévues à l'article L 22-10-8 (C. com. art. L 22-10-16 et L 22-10-17 à compter du 1er janvier 2021 ; dispositions figurant anciennement aux articles L 225-47 et L 225-53 du même code) ;
– la fixation du mode et du montant de la rémunération de chacun des membres du directoire et la détermination par le conseil de surveillance de la rémunération de son président et de son vice-président sont effectuées dans les conditions prévues à l'article L 22-10-26 (C. com. art. L 22-10-19 et L 22-10-25 à compter du 1-1-2021 ; dispositions figurant anciennement aux articles L 225-63 et L 225-81 du même code).

De même, la rémunération allouée aux administrateurs ou aux membres du conseil de surveillance en application des articles L 225-45 et L 225-83 du Code de commerce (rémunération qualifiée de jetons de présence précédemment à l'entrée en vigueur de la loi dite « Pacte ») n'est pas concernée par la procédure des conventions réglementées.

Le montant global de cette rémunération est en effet approuvé par l'assemblée générale et la répartition est décidée par le conseil d'administration ou de surveillance, conformément aux articles L 225-45 et L 225-83 du Code de commerce.

Dans les sociétés dont les actions sont admises aux négociations sur un marché réglementé, cette répartition est déterminée dans les conditions prévues aux articles L 22-10-8 ou L 22-10-26 (C. com. art. L 22-10-14 et L 22-10-27 à compter du 1-1-2021 ; dispositions figurant anciennement aux articles L 225-45 et L 225-83 du même code).

Les options de souscription ou d'achat d'actions et les attributions gratuites d'actions au profit des dirigeants sociaux sont également exclues car elles font l'objet d'une procédure spécifique (C. com. art. L 225-185 et L 225-197-1).

Dans les sociétés dont les actions sont admises aux négociations sur un marché règlementé, l'attribution d'options donnant droit à la souscription ou à l'achat d'actions à un mandataire social s'effectue dans les conditions prévues aux articles L 22-10-8, L 22-10-26 ou L 22-10-76 (C. com. art. L 22-10-57 à compter du 1-1-2021 ; dispositions figurant anciennement à l'article L 225-185 du même code).

La rémunération des dirigeants peut par ailleurs inclure des avantages en nature ou des compléments de retraite qui sont quant à eux soumis à la procédure des conventions réglementées s'ils ne s'analysent pas comme des « compléments de rémunération ».

Selon une jurisprudence constante, un avantage ou complément de retraite peut être qualifié de « complément de rémunération » s'il réunit les conditions suivantes :
– l'avantage consenti est la contrepartie de services particuliers rendus à la société ;
– cet avantage est proportionné à ces services ;
– il doit, enfin, ne pas constituer une charge excessive pour la société.

En revanche, si cet avantage en nature ou ce complément de retraite s'analyse en une indemnité particulière (par exemple une **indemnité conventionnelle de départ**), il est soumis à la procédure de contrôle des conventions réglementées (CNCC NI. IX. – février 2018 § 1.133 b)). De même est soumise à la procédure de contrôle une indemnité résultant d'une clause de non-concurrence.

S'agissant de l'assurance chômage de type GSC (garantie sociale des chefs et dirigeants d'entreprise), la CNCC estime qu'une telle garantie constitue un avantage en nature déterminé par le conseil d'administration ou le directoire et qu'elle n'est pas soumise à la procédure des conventions réglementées (CNCC Étude « Les conventions réglementées et courantes » – février 2014).

Enfin, les rémunérations suivantes sont **soumises à la procédure** des conventions réglementées (CNCC NI. IX. – février 2018 § 1.133 b) s.) :

– les rémunérations exceptionnelles allouées par le conseil pour des missions ou mandats confiés aux administrateurs ou aux membres du conseil de surveillance (C. com. art. L 225-46 et L 225-84) ;

Dans les sociétés dont les actions sont admises aux négociations sur un marché réglementé, ces rémunérations sont allouées dans les conditions prévues aux articles L 22-10-8 et L 22-10-26 du Code de commerce et sont donc soumises au dispositif relatif à la politique de rémunération et au vote des actionnaires sur cette dernière (C. com. art. L 22-10-15 et L 22-10-28 à compter du 1-1-2021 ; dispositions figurant anciennement aux articles L 225-46 et L 225-84 du même code).

Ainsi, pour ces sociétés, compte tenu de la rédaction des dispositions précitées, il est à notre avis nécessaire de maintenir à la fois la procédure des conventions réglementées et le dispositif de vote des actionnaires dans le cadre du say on pay.

– la souscription d'un contrat d'assurance-vie au profit du président ou d'un administrateur sauf si elle s'inscrit dans un accord collectif couvrant l'ensemble d'une même catégorie de salariés (CNCC Étude « Les conventions réglementées et courantes » – février 2014).

Il en va de même des modifications substantielles apportées au contrat de travail d'un administrateur ou d'un membre du directoire après sa nomination et autres que celles s'appliquant à l'ensemble du personnel (CNCC Étude « Les conventions réglementées et courantes » – février 2014).

Le contrat de travail conclu avec un administrateur avant son entrée en fonction n'est pas soumis à la procédure des conventions réglementées.

Néanmoins, dans un arrêt n° 14-18.688 du 5 janvier 2016, la Cour de cassation a considéré qu'une convention intervenue entre une société et son dirigeant peut être annulée si elle est entachée de fraude pour avoir été conclue dans le dessein de l'exclure du champ d'application des conventions réglementées (voir n° 52215).

Traitement des conventions interdites

52620 La nullité des conventions interdites étant d'ordre public, le juge, en cas d'action en nullité, prononcera la **nullité** de ces conventions. La responsabilité civile des administrateurs pourra également être mise en cause, le cas échéant.

52625 Ces conventions devraient à notre avis faire l'objet d'un rapport ad hoc du commissaire aux comptes à la prochaine assemblée.

Si la convention interdite constitue par ailleurs un abus des biens sociaux, des sanctions pénales sont applicables (C. com. art. L 242-6, 3°) et le commissaire devra révéler les faits au procureur de la République.

Procédure applicable aux conventions réglementées

52670 **Autorisation de la convention** **Principe de l'autorisation préalable** Les personnes directement et indirectement intéressées informent le conseil dès qu'elles ont connaissance d'une convention à laquelle la procédure de contrôle s'applique. Les conventions doivent faire l'objet d'une autorisation préalable à leur conclusion par le conseil d'administration ou le conseil de surveillance (C. com. art L 225-38 et L 225-86). L'autorisation doit être **préalable** et elle doit donc être donnée avant la conclusion de la convention. La convention ne peut donc pas être autorisée avec effet rétroactif (CNCC NI. IX – février 2018 § 2.121 b)).

L'autorisation doit être **expresse** et suppose une véritable délibération, avec discussion contradictoire. Elle ne peut ainsi résulter de la simple exécution d'un contrat. Il est également nécessaire que chaque convention fasse l'objet d'une **délibération particulière**.

L'administrateur ou le membre du conseil de surveillance directement ou indirectement intéressé ne peut prendre part **ni aux délibérations ni au vote** sur l'autorisation sollicitée (C. com. art. L 225-40, al. 1 et L 225-88, al. 1 modifiés par la loi 2019-486, dite « Pacte »).

La notion de personne indirectement intéressée a été introduite par la loi dite « Pacte » ainsi que le fait de ne pas prendre part aux délibérations sur l'autorisation de la convention.

S'agissant de la prise en compte de la personne intéressée dans le **calcul du quorum** au conseil d'administration autorisant la convention réglementée, la CNCC considérait, préalablement à l'introduction par la loi Pacte de l'impossibilité de participer aux délibérations, que l'interdiction formulée par l'article

CONTRÔLE DES CONVENTIONS RÉGLEMENTÉES

© Éd. Francis Lefebvre

L 225-40 ne portant pas sur le droit de participer à la délibération, mais seulement sur le droit de vote lui-même, elle n'avait donc pas d'incidence sur le quorum (CNCC NI. IX – février 2018 § 2.121 b).

Suivant cette logique, les articles L 225-40 (SA à conseil d'administration) et L 225-88 (SA à directoire et conseil de surveillance) ayant été modifiés afin que les personnes intéressées à la convention ne puissent pas prendre part aux délibérations, il nous paraît prudent de ne pas les prendre en compte pour le calcul du quorum (voir également en ce sens Mémento Sociétés commerciales n° 52794 ; contra position Ansa n° 21-012 de mars 2021 qui considère que l'absence de participation au débat n'empêche pas de constater la présence de l'intéressé et que, si ce dernier reste dans la salle de réunion, il n'y a pas lieu de le retirer du quorum alors que, s'il quitte la réunion, il convient de recalculer le quorum).

L'AMF recommande par ailleurs de veiller à ce qu'un administrateur en situation de conflit d'intérêts même potentiel sur un sujet à l'ordre du jour du conseil ne prenne part ni aux délibérations, ni au vote. Il en est notamment ainsi en cas de vote sur une convention réglementée intéressant un actionnaire avec lequel l'administrateur entretient des liens le plaçant en **situation de conflit d'intérêts** même potentiel, par exemple lorsqu'il a été nommé sur proposition de cet actionnaire (Recommandation AMF DOC-2012-05 du 29-4-2021 – proposition n° 4.3).

52671 **Motivation de l'autorisation** L'ordonnance 2014-863 du 31 juillet 2014 a renforcé la transparence du dispositif en introduisant l'obligation pour le conseil d'administration (ou le conseil de surveillance) de motiver son autorisation préalable en justifiant de l'**intérêt de la convention** pour la société, notamment en précisant les **conditions financières** qui y sont attachées (C. com. art. L 225-38 et L 225-86).

Cette disposition s'applique depuis le 3 août 2014 à toutes les entités régies par les articles L 225-38 et L 225-86 du Code de commerce, à savoir les SA mais également les SCA (par renvoi de l'article L 226-10), les sociétés européennes et les entités dont les dispositions propres renvoient à ces articles.

L'AMF avait formulé cette recommandation de modification des textes légaux dans le cadre de son rapport sur les assemblées générales des sociétés cotées (Recommandation AMF 2012-05 du 2-7-2012).

Depuis le 1er juin 2015, le président du conseil communique les motifs justifiant de l'intérêt des conventions au commissaire aux comptes et ce dernier les reprend dans son rapport spécial (C. com. art. R 225-30, R 225-31, R 225-57 et R 225-58).

Conformément à la doctrine CNCC, le commissaire aux comptes vérifie que l'autorisation donnée par le conseil est motivée, à savoir que l'intérêt pour la société est justifié et notamment que les conditions financières sont précisées (Bull. CNCC n° 181-2016, Communiqué CNCC sur les nouvelles dispositions relatives au rapport sur les conventions et engagements réglementés). Pour ce faire, le commissaire aux comptes prend connaissance de la notification qui lui a été transmise par le président du conseil et peut utilement se référer aux informations qu'il a collectées lors de l'examen des procès-verbaux des réunions du conseil.

En cas de non-respect par le conseil d'administration (ou de surveillance) de l'obligation de motivation prévue aux articles L 225-38 et L 225-86 du Code de commerce, le commissaire aux comptes signale cette irrégularité dans son rapport spécial pour chaque convention concernée (Bull. CNCC n° 178-2015 p. 214 s., Communiqué sur le décret du 18-5-2015 pour les dispositions relatives aux conventions réglementées).

L'AMF recommande également que les commissaires aux comptes formulent des observations dans leur rapport spécial en cas d'insuffisance de motifs, tout en précisant que ces derniers n'ont pas à se prononcer sur l'opportunité ou sur l'utilité de la conclusion de la convention (Recommandation AMF 2012-05 du 29-4-2021 – proposition n° 4.5).

52673 **Recommandations AMF relatives à la procédure d'autorisation** Dans sa recommandation 2012-05 du 29 avril 2021, l'AMF formule les recommandations suivantes pour les sociétés cotées :

– les **administrateurs** en situation de **conflit d'intérêts**, même potentiel, de par les liens entretenus avec un actionnaire, ne devraient prendre part ni aux délibérations ni au vote d'autorisation de la convention intéressant cet actionnaire (proposition n° 4.3) ;

– lorsque la conclusion de la convention réglementée est susceptible d'avoir un **impact très significatif** sur le bilan ou les résultats de la société et/ou du groupe, l'AMF souhaite inciter le conseil d'administration à nommer un **expert indépendant**. Le régulateur propose que cette expertise soit alors mentionnée dans le rapport spécial et rendue publique sous réserve, le cas échéant, des éléments pouvant porter atteinte au secret des affaires (proposition n° 4.6) ;

Selon la CNCC, si le recours à un expert indépendant est décidé par le conseil, le commissaire aux comptes peut utilement le mentionner dans son rapport spécial. Cependant, il n'appartient pas au commissaire aux comptes de rendre publics les éléments contenus dans le rapport de cet expert (Communiqué CNCC – Points d'attention pour l'établissement du rapport spécial – déc. 2012).

– lorsqu'une convention réglementée a été conclue sans avoir été autorisée préalablement par le conseil d'administration, l'AMF propose que ce dernier **ratifie a posteriori** la convention, et ce avant qu'elle ne soit soumise à l'approbation de l'assemblée (proposition n° 4.7).

Cette proposition ne s'applique pas lorsque tous les administrateurs sont en conflit d'intérêts et ne peuvent donc pas prendre part au vote relatif à son autorisation.

Cette ratification a posteriori peut être mentionnée par le commissaire aux comptes lorsqu'il relate dans son rapport spécial les conventions non autorisées préalablement (Communiqué CNCC – Points d'attention pour l'établissement du rapport spécial – déc. 2012). En tout état de cause, cette ratification a posteriori équivaut à une absence d'autorisation préalable (voir n° 52438).

Absence d'autorisation Les conventions conclues **sans avoir été autorisées** préalablement par le conseil d'administration ou le conseil de surveillance peuvent être **annulées** si elles ont eu des conséquences préjudiciables pour la société.   **52675**

Ainsi ont été annulées les conventions conclues illégalement et ayant entraîné des conséquences dommageables pour la société dès lors que, sans ces conséquences, les capitaux propres de la société, loin de devenir négatifs, seraient demeurés largement supérieurs à la moitié du capital social (T. com. Paris 2e ch. 20-6-2006 : RJDA 3/07 n° 273, Bull. Joly sociétés 12/06 n° 12, p. 1434).

Pour plus de détails sur l'action en nullité, il convient de se reporter à la Note d'information CNCC n° IX de décembre 2016 (§ 2.121 b) s.) et à l'Étude juridique CNCC « Les conventions entre les entités et les personnes intéressées » de mai 2004 (p. 94 s.).

Sur les recommandations AMF de ratification a posteriori par le conseil des conventions non autorisées, voir n° 52673.

L'action en nullité **se prescrit** par trois ans à compter de la date de la convention. En cas de dissimulation, le point de départ du délai de prescription est reporté au jour où elle a été révélée (C. com. art. L 225-42, al. 2 et art. L 225-90, al. 2).

Dans un arrêt du 8 février 2011, la Cour de cassation a modifié sa jurisprudence concernant l'appréciation du point de départ de la prescription de l'action en nullité d'une convention réglementée (Cass. com. 8-2-2011 n° 10-11.896 : RJDA 4/11 n° 324). Avant cet arrêt, selon la jurisprudence, la prescription ne commençait à courir qu'à compter de la révélation de la convention à l'assemblée générale.

La Cour de cassation considère dans cet arrêt que s'il y a eu volonté de dissimulation – ce qui suppose la présence d'un élément intentionnel –, le point de départ de la prescription de l'action en nullité est fixé **au jour où celui qui agit a eu connaissance de la convention.**

Un arrêt de la Cour d'appel de Paris (9-10-2012 n° 11/11123 : JCP E 2013 n° 23.1325) a précisé que la volonté de dissimulation est caractérisée par une « intention délibérée de cacher », pouvant notamment se manifester par des « actes positifs et délibérés de dissimulation » de « l'existence ou du contenu de la convention ». Dès lors que ces actes ont perduré jusqu'à la cessation du mandat du dirigeant bénéficiaire de la convention, il importe peu que les commissaires aux comptes aient eu connaissance de cette dernière et que celle-ci ait reçu application durant une longue période.

Cependant, la nullité **peut être couverte** par un vote de l'assemblée générale statuant sur le rapport spécial du commissaire aux comptes, qui précisera notamment les circonstances en raison desquelles la procédure d'autorisation n'a pu être respectée (C. com. art. L 225-42, al. 3 et L 225-90, al. 3).

Il ne peut donc pas y avoir régularisation de la convention s'il n'y a pas eu de rapport spécial (Cass. com. 25-3-2003 : RJDA 2/04 n° 180) ou si le rapport est insuffisant et notamment s'il n'expose pas les clauses essentielles de la convention litigieuse ni les circonstances à raison desquelles la procédure d'autorisation n'a pas été suivie (Cass. com. 21-11-2000 : RJDA 3/01 n° 334 ; Cass com. 20-11-2007 n° 1272 F-D : BRDA 23/07 p. 4 et Bull. CNCC n° 149-2008 p. 91, note Ph. Merle qui insiste sur la nécessité du respect des conditions posées par l'article L 225-42 du Code de commerce pour que l'assemblée générale puisse être pleinement informée afin de pouvoir régulariser en toute connaissance de cause la convention).

Par ailleurs, la Cour de cassation a précisé, à plusieurs reprises, le domaine de l'action en nullité des conventions réglementées.

Dans une décision récente (Cass. com. 3-4-2013 n° 12-15492 : RJDA 7/13 n° 645, Rev. sociétés 2013 p. 560 note A. Reygrobellet), la Cour de cassation estime que la prescription triennale de l'article L 225-42, al. 2 du Code de commerce et la prescription de l'action en responsabilité de l'article L 223-19 du même code ne sont pas applicables lorsque l'action en nullité d'une convention réglementée est fondée sur la violation des lois ou principes régissant la nullité des contrats (au cas particulier, fraude et illicéité de la cause).

En revanche, dès lors que l'action est fondée sur l'inobservation de dispositions applicables aux conventions réglementées dans une SA (en l'espèce, absence d'autorisation régulière du conseil d'administration), la prescription de l'article L 225-42, al. 2 s'applique, et non celle de l'article L 235-9 régissant l'action en nullité des actes de la société (Cass. com. 21-1-2014 n° 12-29.452 : RJDA 4/14 n° 353, Bull. Joly 2014 p. 166 note B. Dondero).

Sur la jurisprudence relative au non-respect de la procédure des conventions réglementées et aux abus de biens sociaux, voir n° 52415.

| | CONTRÔLE DES CONVENTIONS RÉGLEMENTÉES | © Éd. Francis Lefebvre |

52680 Lorsque tous les **administrateurs** sont **concernés** par l'autorisation de la convention et que, par conséquent, ils ne peuvent pas prendre part au vote, le commissaire aux comptes établit un rapport en application de l'alinéa 3 des articles L 225-42 et L 225-90 du Code de commerce (CNCC NI. IX – février 2018 § 2.121 b) et Bull. CNCC n° 161-2011 p. 96 – EJ 2010-76).

Un seul administrateur non concerné par la convention pourrait valablement prendre part au vote (CNCC NI. IX – février 2018 p. 2.121 b)).

52681 **Publicité des conventions pour les SA/SCA dont les actions sont admises aux négociations sur un marché réglementé** Les SA et SCA dont les actions sont admises aux négociations sur un marché réglementé doivent **publier sur leur site internet** des informations sur les conventions réglementées, **au plus tard** au moment de la conclusion de celles-ci (C. com. art. L 22-10-13 et L 22-10-30 à compter du 1-1-2021 ; dispositions figurant précédemment aux articles L 225-40-2 et L 225-88-2 du même code).

Les informations à publier sont les suivantes (C. com. art. R 22-10-17 et R 22-10-19 à compter du 1-1-2021 ; dispositions figurant anciennement aux articles R 225-30-1 et R 225-57-1 du même code) :
– le nom ou la dénomination sociale de la personne directement ou indirectement intéressée ;
– la nature de sa relation avec la société ;
– la date et les conditions financières de la convention ;
– toute information nécessaire pour évaluer l'intérêt de la convention pour la société et les actionnaires, y compris minoritaires, qui n'y sont pas directement ou indirectement intéressés. Ces informations comportent notamment l'objet de la convention et l'indication du rapport entre son prix pour la société et le dernier bénéfice annuel de celle-ci.
Toute personne intéressée peut demander au président du tribunal, statuant en référé, d'enjoindre, le cas échéant sous astreinte, au conseil de publier ces informations.

52682 **Examen par le conseil des conventions antérieures** Le conseil d'administration (ou de surveillance) doit examiner **chaque année** les conventions conclues et autorisées au cours d'exercices antérieurs dont l'exécution a été poursuivie au cours du dernier exercice et communiquer lesdites conventions au commissaire aux comptes, s'il en existe (C. com. art. L 225-40-1 et L 225-88-1 créés par l'ordonnance 2014-863 du 31-7-2014).

Il ne s'agit pas de soumettre ces conventions à une nouvelle procédure d'autorisation mais à un « réexamen annuel » (terme employé par le rapport au Président de la République sur l'ordonnance précitée) qui pourrait conduire le conseil à considérer que l'ampleur des conventions est telle que des dispositions s'imposent sur la poursuite de ces conventions ou leur renégociation, et à en informer la direction de la société (Communiqué CNCC sur les différents aspects de l'ordonnance 2014-863 – octobre 2014 – § 1.2).

En tout état de cause, en application de l'article 1193 du Code civil, les contrats ne peuvent être modifiés ou révoqués que du consentement mutuel des parties, ou pour les causes que la loi autorise.

S'agissant des diligences à mettre en œuvre par le commissaire aux comptes, la CNCC précise qu'elles consistent à vérifier le respect de l'obligation de réexamen annuel des conventions précitées, ce qui suppose a minima que ce réexamen soit mentionné dans un procès-verbal du conseil.
En l'absence d'un tel réexamen, le commissaire aux comptes sera amené à signaler une irrégularité dans son rapport spécial (Bull. CNCC n° 181-2016, Communiqué CNCC sur les nouvelles dispositions relatives au rapport sur les conventions et engagements réglementés).

Les conventions examinées par le conseil sont énumérées dans le rapport spécial du commissaire aux comptes et, le cas échéant, ce dernier fournit dans son rapport toutes indications permettant aux actionnaires d'apprécier l'intérêt qui s'attache au maintien de ces conventions pour la société (voir n° 52688).

52683 L'AMF considère par ailleurs que, dans le cadre de la revue annuelle par le conseil d'administration des conventions réglementées dont l'effet perdure dans le temps, les sociétés devraient faire état de cette revue et de ses **conclusions dans le rapport annuel** ou le **document de référence**, en précisant notamment (Recommandation AMF 2012-05 du 29-4-2021 – proposition n° 4.9) :
– les règles de calcul et d'ajustement dans le temps des conditions financières prévues pour chacune des conventions autorisées au cours d'un exercice précédent et dont l'exécution :
• a été poursuivie au cours du dernier exercice, ou
• est susceptible d'être poursuivie, ou
• interviendra au cours d'exercices futurs ;

1098

– une information particulière pour les conventions dont le montant ou les conditions financières ont connu une évolution substantielle, liée par exemple à l'indexation ;
– les conventions ne répondant plus, selon le conseil, à la qualification de convention réglementée.

Rapport spécial sur les conventions
52684

Il convient de distinguer les trois situations suivantes :
– l'établissement du rapport spécial sur les conventions réglementées en l'absence de désignation d'un commissaire aux comptes (voir n° 52685) ;
– l'établissement d'un rapport spécial sur les conventions réglementées en présence d'un commissaire aux comptes désigné pour six exercices (voir n°s 52686 s.) ;
– la dispense d'établissement du rapport spécial sur les conventions réglementées lorsque le commissaire aux comptes est désigné pour trois exercices (voir n° 52690).

Rapport spécial sur les conventions réglementées en l'absence de commissaire aux comptes
52685

Depuis l'entrée en vigueur des dispositions de l'article 9 de la loi 2019-486, dite « loi Pacte », certaines SA et SCA n'ont plus l'obligation de désigner un commissaire aux comptes lorsqu'elles ne dépassent pas les seuils fixés par décret.
L'alinéa 3 des articles L 225-40 et L 225-88 dispose dorénavant que si aucun commissaire aux comptes n'a été désigné, le rapport spécial sur les conventions réglementées est **établi par le président** du conseil. Il en est de même concernant le rapport destiné à couvrir la nullité d'une convention non autorisée préalablement par le conseil (C. com. art. L 225-42 et L 225-90).

Rapport spécial sur les conventions réglementées en présence d'un commissaire aux comptes désigné pour six exercices
52686

Le président du conseil d'administration (ou de surveillance) donne **avis aux commissaires aux comptes** des conventions et engagements **autorisés et conclus** en application de l'article L 225-38 (C. com. art. R 225-30 et R 225-57, al. 1).

> L'ajout du terme « et conclus » par la loi 2016-1691 du 9 décembre 2016 relative à la transparence, à la lutte contre la corruption et à la modernisation de la vie économique clarifie le fait que le président du conseil n'a pas l'obligation d'aviser le commissaire aux comptes des conventions autorisées et non conclues. Seules les conventions autorisées et conclues doivent être soumises à l'approbation de l'assemblée et faire l'objet du rapport spécial du commissaire aux comptes (voir également n° 52436). Dans le cas où le commissaire aux comptes a été avisé de conventions autorisées mais non encore conclues, il les reprend dans son rapport spécial, conformément à la doctrine CNCC (CNCC NI. IX – février 2018, p. 103).

Le commissaire aux comptes doit être informé dans le délai d'un mois à compter de la conclusion des conventions autorisées.
Le président du conseil d'administration (ou de surveillance) lui communique également les motifs retenus par le conseil justifiant de l'intérêt pour la société de chaque convention et engagement autorisé (C. com. art. R 225-30 et R 225-57, al. 1).
Le président du conseil d'administration (ou de surveillance) soumet les conventions autorisées et conclues en application de l'article L 225-38 à l'approbation de l'assemblée générale (C. com. art. L 225-40 et L 225-88, al. 2).
Quant aux conventions et engagements conclus et autorisés au cours d'exercices antérieurs et dont l'exécution a été poursuivie au cours du dernier exercice, le dirigeant informe le commissaire aux comptes dans le délai d'un mois à compter de la clôture de l'exercice (C. com. art. R 225-30, al. 2).

> Pour les diligences à mettre en œuvre par le commissaire aux comptes, voir également n°s 52390 s.

De plus, les articles L 225-40-1 et L 225-88-1 du Code de commerce prévoient expressément que les conventions conclues et autorisées au cours d'exercices antérieurs dont l'exécution s'est poursuivie au cours du dernier exercice et examinées chaque année par le conseil d'administration (ou de surveillance) sont communiquées au commissaire aux comptes, s'il en existe, pour les besoins de l'établissement de son rapport spécial sur les conventions réglementées.

Établissement du rapport spécial du commissaire aux comptes
52688

Les commissaires aux comptes désignés sur six exercices présentent un rapport spécial sur les conventions réglementées à l'assemblée, qui statue sur ce rapport (C. com. art. L 225-40 et L 225-88, al. 3).

> Les modalités d'établissement du rapport spécial du commissaire aux comptes sont développées aux n°s 52430 s.

CONTRÔLE DES CONVENTIONS RÉGLEMENTÉES © Éd. Francis Lefebvre

Dans les SA et SCA, en application des articles R 225-31 et R 225-58 du Code de commerce, le rapport spécial du commissaire aux comptes contient :

1° L'énumération des conventions et engagements soumis à l'approbation de l'assemblée générale.

2° Le nom des administrateurs intéressés.

3° Le nom du directeur général ou des directeurs généraux délégués intéressés.

4° La désignation du ou des actionnaires intéressés disposant d'une fraction des droits de vote supérieure à 10 % et, s'il s'agit d'une société actionnaire, de la société la contrôlant au sens de l'article L 233-3.

5° La nature et l'objet de ces conventions et engagements.

6° Les modalités essentielles de ces conventions et engagements, notamment l'indication des prix ou tarifs pratiqués, des ristournes et commissions consenties, des délais de paiement accordés, des intérêts stipulés, des sûretés conférées, les motifs justifiant de l'intérêt de ces conventions et engagements pour la société, retenus par le conseil d'administration en application du dernier alinéa de l'article L 225-38 et, le cas échéant, toutes autres indications permettant aux actionnaires d'apprécier l'intérêt qui s'attachait à la conclusion des conventions et engagements analysés.

> La mention des motifs retenus par le conseil pour justifier de l'intérêt des conventions pour la société a été introduite par le décret 2015-545 du 18 mai 2015.
>
> Le commissaire aux comptes exerce son jugement professionnel pour déterminer si, le cas échéant, des informations complémentaires à celles figurant dans les motivations qui lui ont été communiquées seraient utiles à l'information des actionnaires pour apprécier l'intérêt qui s'attachait à la conclusion des conventions et engagements (Bull. CNCC n° 181-2016, Communiqué CNCC sur les nouvelles dispositions relatives au rapport sur les conventions et engagements réglementés).

7° L'énumération des conventions et engagements conclus et autorisés au cours d'exercices antérieurs dont l'exécution a été poursuivie au cours du dernier exercice et qui ont été examinés par le conseil d'administration en application de l'article L 225-40-1, ainsi que, le cas échéant, toutes indications permettant aux actionnaires d'apprécier l'intérêt qui s'attache au maintien des conventions et engagements énumérés pour la société, l'importance des fournitures livrées ou des prestations de services fournies et le montant des sommes versées ou reçues au cours de l'exercice, en exécution de ces conventions et engagements.

> Le 7° de l'article R 225-31 a été complété par le décret 2015-545 du 18 mai 2015 afin d'introduire la mention, le cas échéant, de toutes **indications permettant aux actionnaires d'apprécier** l'intérêt qui s'attache au maintien des conventions et engagements conclus et autorisés au cours d'exercices antérieurs et dont l'exécution a été poursuivie.
>
> Cette modification fait suite à l'obligation pour le conseil de procéder à un examen annuel de ces conventions. Cependant, les textes légaux et réglementaires n'imposent pas à ce dernier de justifier l'intérêt qui s'attache au maintien des conventions et de transmettre cette justification au commissaire aux comptes.
>
> Compte tenu de ces éléments et de l'emploi du terme « le cas échéant », la CNCC considère que le commissaire aux comptes exerce son **jugement professionnel** pour déterminer si des informations complémentaires à celles qui lui ont été communiquées seraient utiles à l'information des actionnaires pour apprécier l'intérêt qui s'attache au maintien des conventions et engagements. Elle estime que cela peut être le cas, notamment, lorsque le commissaire aux comptes a connaissance d'événements particuliers de nature à affecter de façon notable les conditions et circonstances qui prévalaient lors de la conclusion des conventions, par exemple les circonstances économiques. Il peut alors utilement demander aux dirigeants de lui communiquer par écrit les éléments pris en compte par le conseil lors du réexamen pour justifier du maintien de ces conventions. Il mentionne dans son rapport les informations ainsi obtenues ou indique ne pas les avoir obtenues (Communiqué CNCC précité, janvier 2016).

52689 **L'AMF recommande** l'application des propositions suivantes concernant le rapport spécial des commissaires aux comptes (Recommandation AMF 2012-05 du 29-4-2021 – proposition n° 4.10) :

– améliorer le contenu de l'information présentée dans le rapport spécial afin de permettre aux actionnaires de mieux apprécier les enjeux et l'intérêt des conventions conclues ;

– préciser les personnes visées par les conventions ainsi que leurs fonctions, y compris pour les conventions qui se poursuivent ;

> Cette information est déjà fournie dans le rapport spécial concernant les conventions soumises à l'approbation de l'assemblée mais n'est pas requise par les textes légaux et réglementaires pour les conventions déjà approuvées. La CNCC considère cependant que la mention des personnes visées et de leurs

fonctions, pour les conventions déjà approuvées, ne présente pas de difficultés et peut éclairer utilement les actionnaires (Communiqué CNCC – Points d'attention pour l'établissement du rapport spécial – déc. 2012).

– clarifier la présentation du rapport spécial, en le structurant en trois parties :
• les conventions conclues avec les actionnaires,
• les conventions conclues avec des sociétés ayant des dirigeants communs, en précisant les liens capitalistiques entre les sociétés (pourcentages de détention),
• les conventions conclues avec les autres dirigeants ;

La classification des conventions selon ce critère doit en tout état de cause s'insérer dans chacune des deux grandes rubriques du rapport spécial, à savoir les conventions soumises à l'approbation de l'assemblée et les conventions déjà approuvées (Communiqué CNCC – Points d'attention pour l'établissement du rapport spécial – déc. 2012). Cette présentation pourra ainsi être retenue si elle permet une meilleure lecture des conventions présentées dans le rapport.

– présenter les éléments financiers des conventions réglementées en distinguant les produits, les charges ou les engagements et en précisant les montants en jeu.

La CNCC précise que ces propositions relatives au rapport spécial et à l'amélioration de sa lisibilité peuvent constituer de « bonnes pratiques » pour l'ensemble des entités où la rédaction de ce rapport est requise (Communiqué CNCC précité).

De plus, dans sa recommandation 2012-05, modifiée le 24 octobre 2017 (voir n° 52673), l'AMF préconise de :

– demander aux commissaires aux comptes de formuler des observations dans leur rapport spécial en cas d'insuffisance de motifs sur l'intérêt attaché à la convention, étant précisé que le commissaire aux comptes n'apprécie ni l'opportunité ni l'utilité de la conclusion de la convention (proposition n° 29) ;

– modifier la partie réglementaire du Code de commerce afin que le rapport spécial des commissaires aux comptes mentionne les modalités de calcul des conditions financières des conventions et leurs conditions d'ajustement dans le temps (proposition n° 33) ;

L'AMF propose également que le rapport spécial rappelle ces informations pour les conventions déjà autorisées dont l'exécution a été poursuivie au cours du dernier exercice ou est susceptible d'être poursuivie ou encore interviendra au cours d'exercices futurs.

Dispense de rapport spécial sur les conventions réglementées en présence d'un commissaire aux comptes désigné pour trois exercices Lorsque la durée du mandat du commissaire aux comptes est limitée à trois exercices, conformément aux dispositions de l'article L 823-3-2 du Code de commerce, le commissaire aux comptes est dispensé de la réalisation des diligences et rapports mentionnés aux articles L 225-40, L 225-42, L 225-88 et L 225-90 du Code de commerce (C. com. art. L 823-12-1 introduit par la loi 2019-486, dite « Pacte »). Dans ce cas, le commissaire aux comptes n'a donc plus à établir le rapport spécial sur les conventions réglementées ainsi que le rapport destiné à couvrir la nullité des conventions conclues sans autorisation préalable du conseil et dans lequel il expose les circonstances en raison desquelles la procédure d'autorisation n'a pas été suivie.

> Les articles L 225-40 et L 225-88 du Code de commerce disposent : « Les commissaires aux comptes ou, s'il n'en a pas été désigné, le président du conseil d'administration, présentent, sur ces conventions, un rapport spécial à l'assemblée, qui statue sur ce rapport. »
> Dès lors, à notre avis, lorsque le commissaire aux comptes n'établit pas son rapport sur les conventions réglementées en application de l'article L 823-12-1 du Code de commerce, il appartient au président du conseil de l'établir afin que l'assemblée puisse statuer sur ce rapport.

52690

Approbation de l'assemblée générale Les conventions autorisées et conclues sont soumises à l'approbation de l'assemblée générale qui statue sur le rapport spécial du commissaire aux comptes ou, s'il n'en a pas été désigné, du président du conseil (C. com. art. L 225-40 et L 225-88, al. 3, modifiés par la loi 2019-486, dite « loi Pacte »).

> Comme développé supra, lorsque la durée de son mandat est limitée à trois exercices, le commissaire aux comptes est dispensé de la réalisation des diligences et rapports mentionnés aux articles L 225-40, L 225-42, L 225-88 et L 225-90 du Code de commerce (C. com. art. L 823-12-1 introduit par la loi 2019-486, dite « loi Pacte »).

Le dernier alinéa des articles L 225-40 et L 225-88 du Code de commerce dispose que la personne directement ou indirectement intéressée à la convention ne peut pas prendre part au vote. Ses actions ne sont pas prises en compte pour le calcul de la majorité.

> Depuis l'entrée en vigueur de la loi dite « Pacte », l'exclusion du vote est étendue aux personnes indirectement intéressées.

52691

CONTRÔLE DES CONVENTIONS RÉGLEMENTÉES   © Éd. Francis Lefebvre

Par ailleurs, les dispositions de l'alinéa 4 des articles L 225-40 et L 225-88, dans leur rédaction anté-rieure à la loi Pacte, indiquaient expressément que les actions de l'intéressé n'étaient pas prises en compte pour le calcul du quorum et cette mention a été supprimée par la loi précitée.

Compte tenu de cette modification, la CNCC considère que les actions ne sont pas prises en compte pour le calcul de la majorité mais le sont désormais pour le **calcul du quorum** (Bull. CNCC n° 195-2019, Communiqué CNCC sur la loi n° 2019-486 du 22-5-2019 relative à la croissance et la transformation des entreprises – septembre 2019).

L'étude d'impact du projet de loi Pacte ainsi que les rapports parlementaires confirment l'intention du législateur d'intégrer les actions des personnes intéressées dans le calcul du quorum (Étude d'impact p. 614 ; Rapport AN n° 1237 t. 2 p. 216 ; Rapport Sén. n° 254 t.1 p. 780). L'objectif était de permettre de voter de manière utile sur une convention dès la première convocation de l'assemblée.

L'Ansa s'est interrogée sur la portée de la suppression de la mention du quorum à l'alinéa 4 de l'article L 225-40 compte tenu, d'une part, des règles de droit commun en matière de quorum fixées par l'article L 225-98, qui dispose que l'assemblée générale ordinaire ne délibère valablement sur première convocation que si les actionnaires présents ou représentés possèdent au moins le cinquième des actions ayant le droit de vote, et d'autre part du fait que le maintien des actions des intéressés dans le calcul du quorum n'est pas expressément prévu par l'article L 225-40. Elle conclut que l'intention du législateur étant manifeste, la suppression de la référence au quorum peut valablement être interprétée de façon autonome, la comparaison entre le texte avant et après modification par la loi Pacte condui-sant à la prise en compte des actions en cause dans le calcul du quorum (Ansa 19-044 – juillet 2019).

A contrario, les auteurs du Mémento Sociétés Commerciales concluent que si l'on veut choisir la **voie de la prudence**, il est préférable de continuer à inclure les actions des personnes directement ou indirectement intéressées dans le calcul du quorum : ils s'appuient ainsi sur les dispositions de droit commun de l'alinéa 2 de l'article L 225-98 du Code de commerce et sur le fait que les articles L 225-40 et L 225-88 n'incluent pas expressément les actions des personnes intéressées dans le calcul du quorum (voir Mémento Sociétés Commerciales n° 52835).

La CNCC précise que les conventions peuvent être soumises à l'approbation d'une **assemblée ordinaire ne statuant pas sur les comptes**, dès lors que le rapport spécial du commissaire aux comptes a été établi et déposé dans le délai réglementaire, c'est-à-dire quinze jours avant la réunion de l'assemblée (CNCC NI. IX – février 2018 § 2.121 e)). Les conven-tions peuvent également être soumises à l'approbation d'une assemblée extraordinaire statuant sur rapport spécial du commissaire aux comptes.

Lorsqu'une **convention est significative** pour l'une des parties et concerne, directement ou indirectement, un dirigeant ou un actionnaire, l'AMF incite les sociétés à soumettre une résolution séparée au vote des actionnaires (Recommandation AMF n° 2012-05 du 29-4-2021 – proposition n° 4.11).

52692   Qu'elles soient **approuvées ou non** par l'assemblée générale, les conventions produisent leurs effets sauf si elles sont annulées pour fraude. Alors que le défaut d'autorisation préalable du conseil d'administration ou du conseil de surveillance entraîne un risque général d'annulation, ce n'est que dans l'hypothèse d'une fraude que peut avoir lieu l'annulation d'une convention non approuvée par l'assemblée. Cette conséquence souligne bien le pouvoir de contrôle réduit de l'assemblée générale au regard des conventions contraires à l'intérêt social.

Toutefois, les conséquences préjudiciables à la société des conventions désapprouvées peuvent être mises à la charge de l'intéressé et des autres administrateurs ou membres du directoire (C. com. art. L 225-41 et L 225-89). Il est ainsi procédé à un rééquilibrage de la convention au profit de la société, solution beaucoup plus satisfaisante que le prononcé d'une nullité.

Les **conventions déjà approuvées** par l'assemblée générale, qui sont relatées dans le rapport spécial du commissaire aux comptes, ne sont pas soumises à une nouvelle appro-bation de l'assemblée (CNCC NI. IX – février 2018 § 2.121 e) et Bull. CNCC n° 161-2011 p. 98).

Ces conventions ne sont relatées dans le rapport du commissaire aux comptes qu'à titre informatif et l'assemblée n'a pas à statuer à nouveau ni à prendre acte de leur poursuite puisque aucun texte ne prévoit cette procédure.

Engagements pris en faveur des mandataires sociaux dans les sociétés cotées

52695   **Ancien dispositif relatif aux engagements réglementés** Pour mémoire, avant l'entrée en vigueur de l'ordonnance 2019-1234 du 27 novembre 2019, dans les SA et SCA dont **les titres** étaient admis aux négociations sur un marché réglementé, les

engagements pris au bénéfice des « dirigeants » et correspondant à des éléments de rémunération, des indemnités ou des avantages de toute nature dus ou susceptibles d'être dus à raison de la cessation ou du changement de fonctions ou postérieurement à celles-ci étaient **soumis à la procédure des conventions réglementées**, en application des articles abrogés L 225-42-1 et L 225-90-1 pour les SA et sur renvoi de l'article L 226-10 pour les SCA.

Les « dirigeants » visés étaient le président du conseil d'administration, les directeurs généraux, les directeurs généraux délégués, les membres du directoire et les gérants des sociétés en commandite par actions sur renvoi de l'article L 226-10 du Code de commerce.

Les engagements concernés étaient ceux dus ou susceptibles d'être dus à raison de la cessation ou du changement des fonctions ou postérieurement à celles-ci et portant notamment sur :
– des éléments de rémunération : compléments de rémunération ;
– des indemnités : primes de départ, indemnités de licenciement, indemnités de non-concurrence ;
– des engagements de retraite ;
– des avantages : notion large permettant de prendre en considération certains avantages en nature, les promesses de rachat d'actions, ou le traitement des options de souscription ou d'achat d'actions exerçables au moment du départ ou postérieurement. Cette liste n'était pas exhaustive.

Les engagements concernés étaient ceux pris par la société elle-même ainsi que ceux pris par toute société qu'elle contrôle et par la société qui la contrôle au sens des II et III de l'article L 233-16 du Code de commerce.

L'ensemble des engagements précités était soumis à la procédure de contrôle classique des conventions réglementées visée aux articles L 225-38 (ou L 225-86) et L 225-40 à L 225-42 (ou L 225-88 à L 225-90) du Code de commerce.

En outre, une procédure renforcée s'appliquait puisque ces engagements devaient être assortis de conditions de performance du bénéficiaire, appréciées au regard de celles de la société, et soumis à une procédure spécifique d'autorisation et d'approbation (pour plus de détails sur cette ancienne procédure, voir CNCC NI IX – février 2018 – § 2.132 e).

Deux types d'engagements étaient cependant exclus de la procédure renforcée liée aux conditions de performance (C. com. art. L 225-42-1, al. 6) :
– les engagements pris au titre d'une obligation de non-concurrence ; et
– les engagements répondant aux caractéristiques des régimes collectifs et obligatoires de retraite et de prévoyance visés par l'article L 242-1 du même Code (C. com. art. L 225-42-1, al. 6).

Nouveau dispositif introduit par l'ordonnance 2019-1234 pour les SA et SCA dont les actions sont admises aux négociations sur un marché réglementé

52700

L'ordonnance 2019-1234 du 27 novembre 2019 relative à la rémunération des mandataires sociaux des sociétés cotées a été prise en application de l'article 198 de la loi 2019-486 du 22 mai 2019, dite « loi Pacte », afin de transposer la directive 2017/36/CE du 17 mai 2017, dite « directive droit des actionnaires » et de créer un dispositif unifié encadrant la rémunération des dirigeants des sociétés cotées.

La volonté du législateur était de « **fusionner** dans le **dispositif unique et contraignant** de la politique de rémunération » les deux dispositifs qui coexistaient dans le droit français, à savoir :
– d'une part, la procédure de contrôle visée aux anciens articles L 225-42-1 et L 225-90-1, abrogés par ladite ordonnance, qui disposaient que les engagements permettant de rémunérer un dirigeant au moment d'un changement de fonction ou de son départ, ou postérieurement à ce dernier, devaient être soumis à la procédure des conventions réglementées ;
– et, d'autre part, la procédure de vote des actionnaires sur la rémunération des dirigeants (« say on pay ») introduite par la loi Sapin 2 de décembre 2016 (C. com. art. L 22-10-8, L 22-10-26 et L 22-10-34 à compter du 1-1-2021 ; dispositions figurant anciennement aux articles L 225-37-2, L 225-82-2 et L 225-100 du même code).

Il en résulte l'abrogation, avec effet immédiat au jour de l'ordonnance, des articles L 225-42-1 et L 225-90-1 du Code de commerce relatifs aux engagements réglementés. À compter des assemblées générales statuant sur le premier exercice clos après le 28 novembre 2019, les engagements de cette nature (voir n° 52695) pris au bénéfice des mandataires sociaux des SA et SCA dont les actions sont admises aux négociations sur un marché réglementé sont **soumis aux votes ex ante et ex post** prévus par l'ordonnance.

Sur les votes ex ante et ex post, voir également n° 55829 et 55840.

La **politique de rémunération** présentée dans le rapport sur le gouvernement d'entreprise pour chaque mandataire social mentionne les **caractéristiques principales** et les

CONTRÔLE DES CONVENTIONS RÉGLEMENTÉES   © Éd. Francis Lefebvre

conditions de résiliation des engagements (C. com. art. R 22-10-14, R 22-10-18 et R 22-10-40 à compter du 1-1-2021 ; dispositions figurant anciennement aux articles R 225-29-1, R 225-56-1 et R 226-1-1 du même code) :
– pris par la société elle-même ou par toute société contrôlée ou qui la contrôle (au sens des II et III de l'article L 233-16) ; et
– correspondant à des éléments de rémunération, des indemnités ou des avantages dus ou susceptibles d'être dus à raison de la cessation ou d'un changement de fonctions, ou postérieurement à celles-ci, ou des droits conditionnels octroyés au titre d'engagements de retraite à prestations définies répondant aux caractéristiques des régimes mentionnés aux articles L 137-11 et L 137-11-2 du Code de la sécurité sociale.

Lorsque la société attribue des engagements et droits conditionnels, la politique de rémunération précise également les **critères** clairs, détaillés et variés, de nature financière et, le cas échéant, non financière, y compris relatifs à la responsabilité sociale et environnementale de l'entreprise, **qui conditionnent leur attribution** et la manière dont ces critères contribuent aux objectifs de la politique de rémunération.

Ces critères ne s'appliquent pas aux engagements correspondant :
– à des indemnités en contrepartie d'une clause interdisant au bénéficiaire, après la cessation de ses fonctions dans la société, l'exercice d'une activité professionnelle concurrente portant atteinte aux intérêts de la société ; ou
– aux engagements répondant aux caractéristiques des régimes collectifs et obligatoires de retraite et de prévoyance visés à l'article L 242-1 du Code de la sécurité sociale.

Cette politique de rémunération fait l'objet d'un projet de résolution **soumis à l'approbation de l'assemblée générale** des actionnaires : les engagements précités sont donc soumis au **vote ex ante** contraignant (C. com. art. L 22-10-8, 5-37-2, L 22-10-26 et L 22-10-76 à compter du 1-1-2021 ; dispositions figurant anciennement aux articles L 225-37-2, L 225-82-2 et L 226-8-1 du même code).

Pour les SCA, le projet de résolution est soumis à l'approbation de l'assemblée générale ordinaire et à l'accord des commandités donné, sauf clause contraire, à l'unanimité.

Aucun élément de rémunération, de quelque nature que ce soit, ne peut être déterminé, attribué ou versé par la société, ni aucun engagement correspondant à des éléments de rémunération, des indemnités ou des avantages dus ou susceptibles d'être dus à raison de la prise, de la cessation ou du changement des fonctions ou postérieurement à l'exercice de celles-ci, ne peut être pris par la société s'il n'est **pas conforme à la politique de rémunération** approuvée ou, en son absence, aux rémunérations ou aux pratiques mentionnées au dernier alinéa du II (C. com. art. L 22-10-8, III, L 22-10-26, III et L 22-10-76, III à compter du 1-1-2021 ; dispositions figurant anciennement aux articles L 225-37-2, III, L 225-82-2, III et L 226-8-1, III du même code).

Enfin, le **rapport sur le gouvernement d'entreprise** des SA et SCA dont les actions sont admises aux négociations sur un marché réglementé présente « les engagements de toute nature pris par la société et correspondant à des éléments de rémunération, des indemnités ou des avantages dus ou susceptibles d'être dus à raison de la prise, de la cessation ou du changement des fonctions ou postérieurement à l'exercice de celles-ci, notamment les engagements de retraite et autres avantages viagers, en mentionnant, dans des conditions et selon des modalités fixées par décret, les modalités précises de détermination de ces engagements et l'estimation du montant des sommes susceptibles d'être versées à ce titre » (C. com. art. L 22-10-9, I-4°, L 22-10-20 et L 22-10-78, al. 2 à compter du 1-1-2021 ; dispositions figurant anciennement aux articles L 225-37-3, I-4°, L 225-68 et L 226-10-1 du même code).

Ces informations sont présentées pour chaque mandataire social, y compris les mandataires sociaux dont le mandat a pris fin et ceux nouvellement nommés au cours de l'exercice écoulé. Elles sont soumises au **vote ex post** des actionnaires conformément aux dispositions des articles L 22-10-34 et L 22-10-77 du Code de commerce.

52710 Compte tenu du nouveau régime mis en place par l'ordonnance précitée dans les SA et SCA dont les actions sont admises aux négociations sur un marché réglementé pour les exercices clos après le 28 novembre 2019, les engagements anciennement visés aux articles L 225-42-1 et L 225-90-1 du Code de commerce, à savoir les engagements dus ou susceptibles d'être dus à raison de la cessation ou du changement des fonctions de dirigeant ou postérieurement à celles-ci, n'ont **plus à figurer dans le rapport spécial** des commissaires aux comptes, **quelle que soit la date à laquelle ils ont été pris** (Bull. CNCC n° 197-2020, Communiqué CNCC sur l'ordonnance 2019-1234 et le décret 2019-1235 – janvier 2020 ; Précisions sur les engagements – mars 2020).

Selon la CNCC, le rapport spécial mentionne cependant les engagements de cette nature qui figurent dans le contrat de travail du dirigeant mandataire social (Communiqué CNCC précité).

1104

À notre avis, la modification du contrat de travail dont bénéficierait un dirigeant mandataire social devrait également suivre la procédure de contrôle des conventions réglementées prévue à l'article L 225-38 du Code de commerce.

L'Ansa précise également qu'il est **inutile que la société avise le commissaire aux comptes** de ces engagements selon le régime de l'article L 225-40 du Code de commerce (Ansa n° 20-004 – Réunion du 8-1-2020). Elle considère qu'il n'y a pas lieu d'appliquer la procédure des conventions réglementées de l'article L 225-38 du Code de commerce aux engagements relevant de l'ancien article L 225-42-1 (ou L 225-90-1 selon le cas) dans une société dont les actions sont admises aux négociations sur un marché réglementé, en raison du régime unifié et de portée globale institué par l'article L 22-10-8 du Code de commerce (ancien article L 225-37-2 abrogé à compter du 1-1-2021), qui déroge au régime général applicable aux autres sociétés anonymes (les engagements en cause sont expressément mentionnés à l'article R 22-10-14 du Code de commerce ; ancien article R 225-29-1 abrogé à compter du 1-1-2021).

La CNCC et l'Ansa partagent donc la position selon laquelle le rapport spécial des exercices clos après le 28 novembre 2019 n'a plus à mentionner les engagements relevant de l'ancien dispositif.

Dans la pratique, certaines sociétés peuvent considérer que certains engagements avaient un caractère conventionnel et constituaient des conventions réglementées soumises à la procédure de contrôle mentionnée à l'article L 225-38 ou L 225-86, selon le cas, avec une autorisation du conseil en application de ces articles. Dès lors, ces conventions ont été reprises dans le rapport spécial du commissaire aux comptes.

Dans tous les cas, ces éléments font partie intégrante de la politique de rémunération et doivent figurer à ce titre dans le rapport sur le gouvernement d'entreprise.

SA/SCA dont seuls les titres de créances sont admis aux négociations sur un marché réglementé

52720

Les articles L 225-42-1 et L 225-90-1 du Code de commerce ont été abrogés par l'ordonnance 2019-1234 du 27 novembre 2019 pour toutes les sociétés, que ces dernières aient des titres de créance ou de capital admis aux négociations sur un marché réglementé.

À compter des assemblées générales statuant sur le premier exercice clos après le 28 novembre 2019, les engagements de cette nature pris au bénéfice des mandataires sociaux des SA et SCA dont les actions sont admises aux négociations sur un marché réglementé sont soumis aux votes ex ante et ex post prévus par l'ordonnance précitée mais le législateur n'a prévu aucune disposition spécifique concernant l'encadrement des rémunérations des mandataires sociaux dans les sociétés dont seuls les titres de créance sont admis aux négociations sur un marché réglementé.

Ainsi, ces sociétés sortent du champ d'application des informations relatives à la rémunération des mandataires sociaux à faire figurer au sein du rapport sur le gouvernement d'entreprise et ne sont plus soumises au say on pay contraignant ou encore au dispositif des engagements réglementés.

Néanmoins, si les sociétés dont les titres de créance admis aux négociations sur un marché réglementé et qui déposent ou enregistrent un document universel de référence (URD) auprès de l'AMF doivent continuer à produire une information sur la rémunération et avantages versés à ces personnes conformément à l'annexe 1, section 13 « Rémunérations et avantages », du règlement délégué (UE) 2019/980 du 14 mars 2019.

Comme l'indique l'Ansa, dans une société dont les actions sont admises aux négociations sur un marché réglementé, avec un vote combiné du conseil et de l'assemblée générale sur un rapport qui englobe l'ensemble des éléments de rémunération actuelle et future, le régime de say on pay constitue un régime unifié et de portée globale qui déroge expressément à la procédure de contrôle des conventions réglementées visée aux articles L 225-38 et L 225-86 (Ansa n° 20-004 – janvier 2020).

Ce régime dérogatoire n'ayant pas été mis en place par l'ordonnance précitée dans les sociétés dont seuls les titres de créance sont admis aux négociations sur un marché réglementé, à notre avis, les engagements liés à la cessation des fonctions de dirigeants dans ces sociétés doivent être analysés au regard des dispositions et de la jurisprudence relatives aux sociétés non cotées et détaillés au n° 52615. Ainsi, si l'engagement pris n'est pas assimilable à un complément de rémunération, il doit suivre la procédure de contrôle des conventions réglementées prévue à l'article L 225-38 ou L 225-86, étant précisé que les indemnités particulières telles que les indemnités conventionnelles de départ et les indemnités résultant de clause de non-concurrence sont considérées comme devant être soumises à ladite procédure.

CONTRÔLE DES CONVENTIONS RÉGLEMENTÉES   © Éd. Francis Lefebvre

52730 **Engagements figurant dans le contrat de travail d'un salarié accédant à des fonctions de dirigeant** Antérieurement à l'abrogation du régime des engagements réglementés par l'ordonnance précitée, le dispositif de contrôle prévu aux articles L 225-42-1 et L 225-90-1 du Code de commerce concernait également les engagements contenus dans les stipulations des contrats de travail, conclus avec la société cotée ou une société contrôlée ou qui la contrôle au sens des II et III de l'article L 233-16 du Code de commerce, des salariés accédant à des fonctions de dirigeant, en application des anciens articles L 225-22-1 et L 225-79-1 du Code de commerce.

Ces dispositions ne concernaient que les sociétés anonymes dont les titres étaient admis aux négociations sur un marché réglementé et n'étaient pas applicables aux sociétés en commandite par actions. Les fonctions de dirigeant visées étaient celles de président, directeur général, directeur général délégué et membres du directoire.

Les stipulations du contrat de travail concernées étaient celles correspondant, le cas échéant, à des éléments de rémunération, des indemnités ou des avantages dus ou susceptibles d'être dus à raison de la cessation ou du changement des fonctions, ou postérieurement à celles-ci, ou des engagements de retraite à prestations définies répondant aux caractéristiques des régimes mentionnés aux articles L 137-11 et L 137-11-2 du Code de la sécurité sociale pour la période d'exercice du mandat social. Seuls les engagements relatifs aux fonctions de dirigeant étaient visés et non ceux relatifs aux fonctions de salarié (Ansa n° 08-014).

Les augmentations de salaire ou modifications des modalités de rémunération ne se rattachant pas aux cas visés ci-dessus n'étaient pas concernées (CNCC NI IX § 1.153 c. ; Bull. CNCC n° 139 – septembre 2005 p. 482).

À compter des assemblées générales statuant sur le premier exercice clos après le 28 novembre 2019, à la suite de l'abrogation des articles L 225-42-1 et L 225-90-1 du Code de commerce, les articles L 225-22-1 et L 225-79-1 du Code de commerce ont été modifiés par l'ordonnance susmentionnée et, à compter du 1er janvier 2021, recodifiés à droit constant aux articles L 22-10-4 et L 22-10-23 du Code de commerce. Ces articles disposent que, dans les sociétés dont les **actions** sont admises aux négociations **sur un marché réglementé**, en cas de nomination aux fonctions de président, de directeur général ou de directeur général délégué, d'une personne liée par un contrat de travail à la société ou à toute société contrôlée ou qui la contrôle au sens des II et III de l'article L 233-16, les dispositions dudit contrat correspondant, le cas échéant, à des éléments de rémunération, des indemnités ou des avantages dus ou susceptibles d'être dus à raison de la cessation ou du changement de ces fonctions ou postérieurement à celles-ci, ou des engagements de retraite à prestations définies répondant aux caractéristiques des régimes mentionnés aux articles L 137-11 et L 137-11-2 du Code de la sécurité sociale **pour la période d'exercice du mandat social** sont soumises au régime prévu au IV de l'article L 22-10-8 du Code de commerce, ou de l'article L 22-10-26, selon le cas (anciens articles L 225-37-2 et L 225-82-2 du Code de commerce abrogés à compter du 1-1-2021). Cela implique que les éléments de rémunération, indemnités, avantages et engagements précités sont déterminés, attribués, ou pris par **délibération du conseil** d'administration, ou du conseil de surveillance, selon le cas. Dans la mesure où ils sont liés au mandat social, ils relèvent de la procédure du say on pay.

Lorsque le conseil d'administration se prononce sur un élément ou un engagement au bénéfice de son président, d'un directeur général ou d'un directeur général délégué, les personnes intéressées ne peuvent prendre part ni aux délibérations ni au vote sur l'élément ou l'engagement concerné (C. com. art. L 22-10-8, IV).

Les articles L 22-10-4 et L 22-10-23 du Code de commerce ne visent donc plus la procédure des conventions réglementées. Toutefois, à notre avis, si, à la suite de la nomination du salarié aux fonctions de dirigeant, le contrat de travail le liant à la société et stipulant les engagements précités était modifié, la procédure de droit commun des conventions réglementées devrait être suivie.

Sur les conditions de cumul d'un mandat social et d'un contrat de travail dans une société commerciale, voir Mémento Sociétés commerciales n°s 11500 s.

B. SARL

52750 Les développements qui suivent s'appliquent aux sociétés à responsabilité limitée pluripersonnelles. Les entreprises unipersonnelles à responsabilité limitée (EURL) font l'objet d'un régime dérogatoire (voir n° 52800).

© Éd. Francis Lefebvre — CONTRÔLE DES CONVENTIONS RÉGLEMENTÉES

Dans les sociétés à responsabilité limitée pluripersonnelles, les conventions réglementées sont régies par les articles L 223-19 à L 223-21 et R 223-16, R 223-17 et R 223-26 du Code de commerce.

Personnes intéressées

52760

Les personnes visées par la réglementation sont :
– le ou les gérants, les associés (C. com. art. L 223-19, al. 1) ;
– les sociétés dont un associé indéfiniment responsable, gérant, administrateur, directeur général, membre du directoire ou du conseil de surveillance est simultanément gérant ou associé de la SARL (C. com. art. L 223-19, al. 5).

Les personnes visées doivent être en fonction lors de la conclusion de la convention (voir n° 52215).

La CNCC considère qu'au-delà de la stricte lecture des dispositions de l'alinéa 5 de l'article L 223-19, le directeur général délégué qui est, comme le directeur général, un mandataire social et qui dispose des mêmes pouvoirs que lui, doit également être considéré comme un dirigeant intéressé de la société cocontractante de la SARL (CNCC NI. IX – février 2018 § 1.124 c) et Bull. CNCC n° 161-2011 p. 101).

L'utilisation par la loi du terme « société » plutôt que du terme « entreprise », utilisé pour les sociétés anonymes, conduit à conclure que les conventions passées avec un GIE ou une association, qui ne sont pas des sociétés, ne relèvent pas de cette procédure (CNCC NI. IX – février 2018 § 1.124 c)).

Natures de conventions

Conventions interdites À peine de nullité, il est interdit au gérant ou aux associés autres que des personnes morales de contracter, sous quelque forme que ce soit, des emprunts auprès de la société, de se faire consentir par elle un découvert, en compte courant ou autrement, ainsi que de faire cautionner ou avaliser par elle leurs engagements envers les tiers. L'interdiction s'applique aux représentants légaux des personnes morales associées ainsi qu'aux conjoints, ascendants et descendants des associés ou gérants ainsi qu'à toute personne interposée (C. com. art. L 223-21, al. 1 et 2).

52765

Par **exception**, si la société exploite un établissement financier, cette interdiction ne s'applique pas aux opérations courantes de ce commerce conclues à des conditions normales (C. com. art. L 223-21, al. 3).

52768

Conventions portant sur des opérations courantes et conclues à des conditions normales Ces conventions sont exclues du champ d'application des conventions réglementées et ne doivent faire l'objet d'aucune information particulière, que ce soit aux associés ou au commissaire aux comptes.

52770

Sur la notion d'opérations courantes et de conclusion à des conditions normales, voir n°ˢ 52255 s.

Conventions réglementées Les conventions soumises à approbation sont celles intervenues directement ou par personne interposée entre la société et les personnes citées ci-dessus (n° 52760).

52775

En revanche, les conventions dans lesquelles ces personnes ont un intérêt indirect ne sont pas visées. Sur la notion d'interposition de personne, voir n° 52225.

Par ailleurs, en application du 3 bis de l'article L 511-6 du Code monétaire et financier, les prêts accordés entre entreprises, conformément audit article, sont également soumis à la procédure visée aux articles L 223-19 et L 223-20 du Code de commerce (voir n° 52262).

Cas particulier de la rémunération du gérant Dans un arrêt du 4 mai 2010, la Cour de cassation a jugé que la détermination de la rémunération du gérant d'une société à responsabilité limitée par l'assemblée des associés ne constituait pas une convention réglementée et que le gérant, s'il était associé, pouvait prendre part au vote (Cass. com. 4-5-2010 n° 09-13.205 : RJDA 8-9/10 n° 859).

52776

Cette décision de la Chambre commerciale permet ainsi de mettre un terme à l'incertitude doctrinale et jurisprudentielle qui demeurait sur ce sujet. On rappelle que la Commission des études juridiques de la CNCC considérait précédemment que, dans l'attente d'une décision claire de la Cour de cassation, il était prudent d'appliquer à la rémunération du gérant de SARL la procédure des conventions réglementées et d'écarter le gérant du vote de la résolution concernant sa rémunération (Bull. CNCC n° 150-2008 p. 304).

1107

CONTRÔLE DES CONVENTIONS RÉGLEMENTÉES © Éd. Francis Lefebvre

S'agissant de l'allocation d'une **prime exceptionnelle** à l'associé majoritaire d'une SARL au titre de ses fonctions de gérant et qui constituait une rémunération pour un travail effectué, la Cour de cassation a également jugé qu'elle ne s'analysait pas comme une convention réglementée visée à l'article L 223-19 du Code de commerce mais comme la fixation de sa rémunération. Dès lors, l'associé concerné pouvait participer au vote décidant de cette prime exceptionnelle (Cass. com. 31-3-2021 n° 19-12.057 : RJDA 7/21 n° 490).

Traitement des conventions interdites

52778 La **nullité** des conventions interdites étant d'ordre public, le juge, en cas d'action en nullité, prononcera la nullité de ces conventions. La responsabilité civile des gérants sera mise en cause, le cas échéant.

52780 Ces conventions doivent à notre avis faire l'objet d'un rapport ad hoc du commissaire aux comptes à la plus prochaine assemblée.

Si la convention interdite constitue par ailleurs un détournement des biens sociaux, des sanctions pénales sont applicables (C. com. art. L 241-3, 4°) et le commissaire devra révéler les faits au procureur de la République.

Procédure applicable aux conventions réglementées

52785 Il faut distinguer selon que la SARL est dotée ou non d'un commissaire aux comptes.

52788 **Absence de commissaire aux comptes** Lorsque la société n'a pas de commissaire aux comptes, le gérant présente à l'assemblée (ou joint aux documents communiqués aux associés en cas de consultation écrite) un rapport sur les conventions conclues, directement ou par personne interposée, entre la société et les personnes visées à l'article L 223-19 du Code de commerce (voir n° 52760). Il n'y a pas d'autorisation préalable de la convention.

Par exception, lorsque le gérant non associé souhaite conclure une convention avec la SARL, celle-ci doit être approuvée par l'assemblée, préalablement à sa conclusion (C. com. art. L 223-19, al. 2).

52790 L'assemblée statue sur ce rapport, étant précisé que l'associé ou le gérant intéressé ne peut pas prendre part au vote et que ses parts ne sont pas prises en compte dans le calcul du quorum (C. com. art. L 223-19, al. 1 in fine).

52792 Les conventions non approuvées produisent néanmoins leurs effets, à charge pour le gérant et l'associé contractant de supporter individuellement ou solidairement les conséquences du contrat préjudiciable à la société (C. com. art. L 223-19, al. 4).

L'annulation pour fraude des conventions non soumises à approbation ou désapprouvées n'est pas prévue comme dans les sociétés anonymes.

52794 **Présence d'un commissaire aux comptes** Lorsque la société est dotée d'un commissaire aux comptes désigné sur une durée de six exercices, celui-ci présente à l'assemblée (ou joint aux documents communiqués aux associés en cas de consultation écrite) un **rapport spécial** sur les conventions réglementées conclues entre la société et les personnes visées à l'article L 223-19 du Code de commerce (voir n° 52760).

Toutefois, lorsque la **durée du mandat** du commissaire aux comptes est **limitée à trois exercices**, conformément aux dispositions de l'article L 823-3-2 du Code de commerce, le commissaire aux comptes est dispensé de la réalisation des diligences et rapports mentionnés à l'article L 223-19 du Code de commerce (C. com. art. L 823-12-1 introduit par la loi 2019-486, dite « Pacte »). Dans ce cas, le commissaire aux comptes n'a donc pas à établir le rapport spécial sur les conventions réglementées.

À notre avis, il incombe alors au gérant d'établir le rapport sur les conventions.

52795 En application de l'article R 223-17 du Code de commerce, lorsque le commissaire aux comptes établit un rapport spécial sur les conventions réglementées intervenues dans la SARL, il contient les **informations** suivantes :

1° L'énumération des conventions soumises à l'approbation de l'assemblée des associés.

2° Le nom des gérants ou associés intéressés.

3° La nature et l'objet de ces conventions.

4° Les modalités essentielles de ces conventions, notamment l'indication des prix ou tarifs pratiqués, des ristournes et commissions consenties, des délais de paiement accordés, des intérêts stipulés, des sûretés conférées et, le cas échéant, de toutes autres indications permettant aux associés d'apprécier l'intérêt qui s'attachait à la conclusion des conventions analysées.

5° L'importance des fournitures livrées ou des prestations de services fournies ainsi que le montant des sommes versées ou reçues au cours de l'exercice en exécution des conventions conclues au cours d'exercices antérieurs.

52796 Le gérant doit aviser le commissaire aux comptes des conventions visées à l'article L 223-19 dans le délai d'un mois à compter de leur conclusion (C. com. art. R 223-16, al. 1). S'agissant des conventions conclues au cours d'exercices antérieurs qui se sont poursuivies au cours de l'exercice, le commissaire aux comptes doit être informé de cette situation dans le mois qui suit l'ouverture de l'exercice (C. com. art. R 223-16, al. 2).

Pour les diligences à mettre en œuvre par le commissaire aux comptes, voir nos 52390 s.

Pour les délais de communication du rapport du commissaire aux comptes, voir n° 52460.

52800 **Cas particulier des SARL unipersonnelles (EURL)** Lorsque la convention est conclue avec l'associé unique, elle est consignée sur le registre des décisions (C. com. art. L 223-19, al. 3). Le commissaire aux comptes n'a donc **pas de rapport spécial** à émettre sur cette convention et n'a pas à la mentionner dans le rapport spécial éventuellement établi (CNCC NI. IX – février 2018 § 2.123 c).

En revanche, le commissaire aux comptes mentionne dans son **rapport spécial** les conventions réglementées intervenues entre une EURL et une personne autre que l'associé unique, à savoir le gérant lorsqu'il n'est pas associé unique, ou une société ayant des dirigeants communs.

Les conventions intervenant entre l'EURL et son gérant, non associé unique, doivent être approuvées préalablement par l'associé lorsque la société n'a pas de commissaire aux comptes. Lorsque la société est dotée d'un commissaire aux comptes, la convention fait l'objet du rapport spécial du commissaire aux comptes et elle est soumise à l'approbation de l'associé unique (CNCC NI. IX – février 2018 § 1.412 et Bull. CNCC n° 162-2011 – EJ 2010-143 et EJ 2016-68).

Aucun rapport spécial du commissaire aux comptes sur les conventions réglementées n'est cependant requis lorsque le mandat de ce dernier est limité à trois exercices (voir n° 52794).

Enfin, en l'absence de conventions dans une EURL, deux cas sont à distinguer (CNCC NI. IX – février 2018 § 2.123 c) et CNCC – EJ 2016-68) :

– si l'associé unique est également le gérant de l'EURL et qu'aucune convention réglementée n'est intervenue, la CNCC estime qu'il n'est pas nécessaire d'établir un rapport spécial pour informer l'associé unique et gérant de l'absence de convention ;

– si l'associé unique n'est pas le gérant de l'EURL, le commissaire aux comptes établit un rapport spécial mentionnant l'absence de conventions, sauf dans le cas où le mandat de ce dernier est limité à trois exercices (voir n° 52794).

C. SAS

52850 Les développements qui suivent sont applicables aux sociétés par actions simplifiées (SAS). Les sociétés par actions simplifiées unipersonnelles (Sasu) font toutefois l'objet d'un régime dérogatoire (voir n° 52940).

Les conventions réglementées sont régies dans les sociétés par actions simplifiées par les articles L 227-10 à L 227-12 du Code de commerce.

Par ailleurs, des dispositions statutaires particulières peuvent renforcer les procédures relatives aux conventions réglementées et il appartient au commissaire aux comptes d'accorder une attention particulière au contenu des statuts sur ce sujet.

Personnes intéressées

52860 **Principe** Les personnes visées par la réglementation sont : le président, les dirigeants de la société, les actionnaires disposant d'une fraction des droits de vote supérieure à 10 % et les sociétés contrôlant des sociétés actionnaires au sens de l'article L 233-3 (C. com. art. L 227-10, al. 1).

CONTRÔLE DES CONVENTIONS RÉGLEMENTÉES   © Éd. Francis Lefebvre

Lorsque le président de la SAS est une personne morale, la CNCC considère que les conventions intervenues entre les dirigeants de ladite personne morale et la SAS entrent dans le champ des conventions réglementées (Bull. CNCC 164-2011 - EJ 2011-23).

Contrairement au dispositif applicable dans les SA, les conventions conclues avec une entreprise dans laquelle les dirigeants de la SAS pourraient occuper des fonctions de dirigeant (notion de dirigeants communs, voir n° 52230) ne sont pas visées par la procédure des conventions réglementées.

En ce qui concerne la détermination du pourcentage de 10 % des droits de vote, voir n° 52580.

Sur la détermination des sociétés exerçant un contrôle sur un actionnaire au sens de l'article L 233-3 du Code de commerce, voir n° 52588.

Sur la nécessité que les personnes visées soient en fonction lors de la conclusion de la convention, voir n° 52215.

Par ailleurs, l'article L 227-7 du Code de commerce dispose : « Lorsqu'une personne morale est nommée président ou dirigeant d'une société par actions simplifiée, les dirigeants de ladite personne morale sont soumis aux mêmes conditions et obligations et encourent les mêmes responsabilités civile et pénale que s'ils étaient président ou dirigeant en leur nom propre, sans préjudice de la responsabilité solidaire de la personne morale qu'ils dirigent. »

La Commission des études juridiques de la CNCC considère que le représentant personne physique de la personne morale, présidente d'une SAS, est également une personne visée : il est soumis aux mêmes conditions et obligations que s'il était président en nom propre de la SAS. Cette analyse résulte de la combinaison des articles L 227-10 et L 227-7 du Code de commerce.

52865   **Identification des dirigeants**   Il faut se reporter aux statuts de la société pour déterminer les personnes qui exercent une fonction de dirigeant.

En cas de silence des statuts, la doctrine considère que la qualification de dirigeant peut être attribuée à une personne qui n'est pas désignée comme telle mais qui exerce des pouvoirs comparables à ceux d'un administrateur.

Dans son étude juridique sur les SAS, la CNCC précise que « la notion de dirigeant est liée à celle de pouvoir de direction et à celle d'exercice effectif d'un pouvoir de direction ou d'administration » (EJ SAS, septembre 2010 § 240).

Ainsi la CNCC considère-t-elle que sont des dirigeants de la SAS, « le président, le cas échéant le directeur général, le directeur général délégué, les membres de l'organe collégial institué par les statuts qui a des fonctions de même nature que celles d'un conseil d'administration, quelle que soit sa dénomination ».

Natures de conventions

52875   **Conventions interdites**   L'article L 227-12 du Code de commerce renvoie aux dispositions de l'article L 225-43 dudit code. À peine de nullité, il est donc interdit au président et aux dirigeants de la société autres que des personnes morales de contracter, sous quelque forme que ce soit, des emprunts auprès de la société, de se faire consentir par elle un découvert, en compte courant ou autrement, ainsi que de faire cautionner ou avaliser par elle leurs engagements envers les tiers. Il en va de même pour le directeur général, les directeurs généraux délégués, les représentants permanents des personnes morales nommées président ou dirigeant de la société. L'interdiction s'applique également aux conjoints, ascendants et descendants des personnes visées ci-dessus ainsi qu'à toute personne interposée.

Par exception, cette interdiction n'est pas applicable lorsque la société exploite un établissement bancaire ou financier et qu'il s'agit d'opérations courantes conclues à des conditions normales (C. com. art. L 225-43, al. 2).

52878   **Conventions portant sur des opérations courantes conclues à des conditions normales**   Sont des conventions libres dans les sociétés par actions simplifiées les conventions courantes conclues à des conditions normales (voir n°s 52255 s.).

La loi de simplification et d'amélioration de la qualité du droit a supprimé l'obligation de communication relative aux conventions courantes significatives et conclues à des conditions normales dans les SA, les SCA et les SAS.

52885   **Conventions réglementées**   Les conventions réglementées sont les conventions ni interdites ni libres, intervenant directement ou par personne interposée entre la société et les personnes intéressées citées ci-dessus (voir n°s 52860 s.).

À la différence des sociétés anonymes et des sociétés en commandite par actions, les conventions dans lesquelles ces personnes ont un intérêt indirect ne sont pas visées.

Sur la notion d'interposition de personne, voir n° 52225.

L'exclusion du champ d'application des conventions réglementées des conventions conclues par une société avec une filiale détenue à 100 % n'est pas applicable aux SAS.

Cas particulier de la rémunération du dirigeant

52887

Le Code de commerce ne prévoit pas la fixation des rémunérations des dirigeants de la SAS par un organe social particulier : les conditions de fixation de ces rémunérations dépendent des statuts et leur attribution est de nature purement contractuelle. La rémunération d'un dirigeant dans la SAS est donc soumise au régime des conventions réglementées sauf toutefois, à notre avis, lorsqu'elle est fixée par décision collective des associés ou qu'elle résulte de dispositions statutaires.

La Commission des études juridiques de la CNCC, se fondant sur un arrêt de la Cour de cassation (Cass. com. n° 13-24-889 du 4-11-2014 : RJDA 3/15 n° 200), considère que lorsque la rémunération du président de la SAS est statutairement fixée par une décision collective des associés, la procédure des conventions réglementées n'a pas à s'appliquer car elle ferait double emploi avec la décision des associés (CNCC EJ 2017-53). La commission précise toutefois que lorsque les statuts prévoient que la rémunération du président est fixée par un autre organe, tel que le conseil de surveillance, la procédure des conventions réglementées doit s'appliquer, sauf si la convention peut être qualifiée d'opération courante conclue à des conditions normales. Le fait que la rémunération du président soit fixée par le conseil de surveillance, conformément aux dispositions statutaires, ne permet pas de l'exclure du dispositif de contrôle des conventions réglementées puisque, dans ce cas, la rémunération n'est pas fixée par une décision collective des associés (statuts, assemblée ou acte unanime).

Même si les statuts de la SAS autorisent le président à fixer lui-même sa rémunération et à la communiquer à l'assemblée générale d'approbation des comptes pour ratification, cette ratification ne permet ni de considérer que la rémunération a été fixée par l'assemblée, ni de considérer qu'elle a été suffisamment informée pour approuver en connaissance de cause cette rémunération. La procédure des conventions réglementées doit donc être impérativement suivie (Bull. CNCC n° 144-2006 p. 712).

Traitement des conventions interdites

La nullité des conventions interdites étant d'ordre public, le juge, en cas d'action en nullité, doit prononcer la **nullité** de ces conventions. La responsabilité civile du président et des dirigeants sera mise en cause, le cas échéant.

52890

Ces conventions doivent à notre avis faire l'objet d'un rapport ad hoc par le commissaire aux comptes (si la SAS en est dotée – voir C. com. art. L 227-9-1) à la plus prochaine assemblée.

52895

Si la convention interdite constitue par ailleurs un détournement des biens sociaux, des sanctions pénales sont applicables (C. com. art. L 242-6, 3° sur renvoi de l'art. L 244-1) et le commissaire devra révéler les faits au procureur de la République.

Procédure applicable aux conventions réglementées

SAS dotées d'un commissaire aux comptes dont la durée du mandat est de six exercices

52925

À la différence des sociétés anonymes et en commandite par actions, il n'existe pas d'autorisation préalable pour les conventions réglementées dans les SAS.

Les statuts pourraient néanmoins prévoir une telle autorisation.

Lorsque les statuts d'une SAS prévoient une autorisation préalable de la convention (au cas d'espèce, il s'agissait d'une SAS dotée d'un directoire et d'un conseil de surveillance), l'autorisation préalable de la convention par le conseil de surveillance est un élément constitutif de son consentement. La cession d'actions réalisée par les membres du directoire sans cette autorisation préalable encourt l'annulation pour violation de l'article 1108 du Code civil selon lequel le consentement de la partie qui s'oblige est une condition essentielle de la validité du contrat (CA Paris 12 juin 2007 : BRDA 17/07 n° 1).

Le commissaire aux comptes établit un rapport spécial sur les conventions réglementées et présente son rapport aux associés en application de l'article L 227-10, al. 1 du Code de commerce. Les modalités de communication des conventions réglementées au

52930

CONTRÔLE DES CONVENTIONS RÉGLEMENTÉES © Éd. Francis Lefebvre

commissaire aux comptes ne sont pas précisées par les textes légaux et réglementaires applicables aux SAS.

> La CNCC considère que c'est au président de la SAS ou à l'intéressé qu'il incombe d'aviser le commissaire aux comptes de la conclusion de conventions réglementées. Si les statuts ne définissent pas les modalités d'information, le commissaire aux comptes les précise dans sa lettre de mission et peut s'inspirer des dispositions applicables aux sociétés anonymes (CNCC NI. IX – février 2018 § 2.122 a)).

La partie réglementaire du Code de commerce n'ayant pas prévu les mentions qui devaient figurer dans le rapport spécial du commissaire aux comptes d'une SAS, il faut sur ce point se reporter en priorité aux statuts. Si ceux-ci sont silencieux, les mentions du rapport spécial pourraient, par analogie, être identiques à celles du rapport spécial dans les sociétés anonymes. En toute hypothèse, l'information donnée dans le rapport doit être suffisamment précise pour identifier les parties, l'objet et les conditions de la convention. À défaut, l'approbation par les associés de ces conventions ne pourrait pas se faire en pleine connaissance de cause.

52931 Ni la loi ni le décret n'ont prévu que le président de la SAS avise le commissaire aux comptes des **conventions approuvées antérieurement et poursuivant leurs effets** au cours de l'exercice social. Le commissaire aux comptes n'a donc **pas d'obligation de les mentionner** dans son rapport spécial, sauf dispositions statutaires contraires (Bull. CNCC n° 136-2004 p. 723).

52932 À la différence de la réglementation applicable à la société anonyme, celle qui s'impose à la SAS ne prévoit pas que doivent être écartés du vote les associés intéressés par la convention. Ce sont en effet les statuts, et non la loi, qui organisent, le cas échéant, les modalités de vote à retenir pour les associés intéressés (C. com. art. L 227-9, al. 1).

52935 Les conventions non approuvées produisent leurs effets, à charge pour l'intéressé, le président et les autres dirigeants d'en supporter les conséquences préjudiciables pour la société (C. com. art. L 227-10, al. 3).

> Aucune annulation des conventions n'est envisagée alors que, pour les sociétés anonymes, l'annulation pour fraude d'une convention approuvée ou désapprouvée est prévue par le législateur.

52937 **SAS dotées d'un commissaire aux comptes dont le mandat est limité à trois exercices** Lorsque la durée du mandat du commissaire aux comptes est limitée à trois exercices, conformément aux dispositions de l'article L 823-3-2 du Code de commerce, le commissaire aux comptes est dispensé de la réalisation des diligences et rapports mentionnés à l'article L 227-10 du Code de commerce (C. com. art. L 823-12-1 introduit par la loi 2019-486, dite « Pacte »). Dans ce cas, le commissaire aux comptes n'a donc plus à établir le rapport spécial sur les conventions réglementées et il incombe, à notre avis, au président d'établir le rapport sur les conventions.

52940 **SAS non dotées d'un commissaire aux comptes** Lorsqu'en application de l'article L 227-9-1 du Code de commerce institué par la « loi LME » du 4 août 2008, la SAS n'est pas dotée d'un commissaire aux comptes, la procédure ne diffère de celle décrite aux paragraphes 52925 s. qu'en ce qui concerne l'établissement du rapport, qui incombe alors au président de la SAS (C. com. art. L 227-10, al. 1).

> Le contenu du rapport pourra donc être identique à celui du rapport spécial établi par le commissaire aux comptes dans les sociétés anonymes et aucune disposition spécifique n'impose un rappel des conventions antérieures.

52945 **Cas particuliers des Sasu** Lorsque la société ne dispose que d'un associé unique (Sasu), il est seulement fait mention au **registre des décisions** des conventions intervenues directement ou par personne interposée entre la société et son dirigeant (C. com. art. L 227-10, al. 4).

Le commissaire aux comptes, s'il en existe un, n'émet pas de rapport sur ces conventions.

> En tout état de cause, rien n'interdit, lorsque l'associé unique n'est pas le dirigeant, que les statuts prévoient une autorisation préalable ou une approbation de l'associé unique.
> Les statuts peuvent également prévoir que ces conventions soient communiquées au commissaire aux comptes pour émettre un rapport ; à la demande de la société, ce dernier peut alors établir un rapport sur ces conventions (voir n° 52370).

L'alinéa 4 de l'article L 227-10 du Code de commerce ne visant que les conventions intervenues entre la société et son dirigeant, la CNCC a interrogé la Chancellerie sur la

© Éd. Francis Lefebvre — CONTRÔLE DES CONVENTIONS RÉGLEMENTÉES

procédure applicable pour une convention intervenue entre la Sasu et son associé unique, non dirigeant. La Chancellerie a précisé que « lorsqu'une convention est passée entre la société et son associé unique non dirigeant, celle-ci n'a pas à figurer sur le registre. Le commissaire aux comptes n'a pas davantage à établir de rapport, ce dernier étant destiné à garantir l'information des associés, ce qui, dans l'hypothèse envisagée, ne se justifie nullement » (Bull. CNCC n° 132-2003 p. 573).

Ce point a été clarifié à la suite de la loi 2016-1691 du 9 décembre 2016, dite « loi Sapin 2 », qui autorise le Gouvernement à prendre par ordonnance, dans un délai de douze mois à compter de la promulgation de la loi, les mesures permettant la modification de l'article L 227-10 du Code de commerce afin que les conventions intervenues entre l'associé unique, ou une société le contrôlant, et la Sasu ne donnent lieu qu'à une mention au registre des décisions. L'ordonnance 2017-747 du 4 mai 2017 a modifié l'article 227-10 du Code de commerce en ce sens.

D. Personnes morales de droit privé non commerçantes ayant une activité économique et certaines associations subventionnées

53000 Une innovation importante de la « loi NRE » du 15 mai 2001 a été d'instaurer un régime spécial pour les conventions réglementées conclues soit par des personnes morales de droit privé non commerçantes ayant une activité économique, soit par les associations subventionnées par les autorités administratives visées à l'article L 612-4 du Code de commerce (voir n° 53013). Pour la définition des autorités administratives, voir n° 2248.

L'article L 612-5 du Code de commerce traite de la même manière les conventions dans les personnes morales de droit privé non commerçantes ayant une activité économique et dans les associations subventionnées.

53005 Les conditions d'établissement du rapport du commissaire aux comptes sont définies aux articles R 612-6 et R 612-7 du Code de commerce.

Entités soumises à la procédure

53010 **Personnes morales de droit privé non commerçantes** Constituent des personnes morales de droit privé non commerçantes ayant une activité économique : les sociétés civiles, les associations, les sociétés civiles de moyens, les sociétés civiles professionnelles, les Sica civiles, les exploitations agricoles à responsabilité limitée, les centres de formation d'apprentis, les centres de réinsertion par l'activité économique, les établissements de transfusion sanguine, les comités nationaux, régionaux et locaux des pêches maritimes et d'élevage, les sociétés coopératives d'intérêt collectif pour l'accession à la propriété ainsi que les sociétés coopératives maritimes constituées sous la forme civile.

Les GIE sont des entités sui generis qui font l'objet d'une réglementation spécifique sous le titre 5 du livre 2 du Code de commerce. On ne peut donc, à notre avis, les rattacher à la catégorie des personnes morales de droit privé non commerçantes ayant une activité économique (en ce sens, CNCC NI. IX – février 2018 § 1.423 et Bull. CNCC n° 130-2003 p. 350).

La question est toutefois controversée. Pour certains auteurs, tous les GIE relèvent de la procédure visée à l'article L 612-5 du Code de commerce (Revue fiduciaire FH 2926 p. 11). Pour d'autres, la procédure est applicable aux GIE à objet civil, qui relèvent de la catégorie des personnes morales de droit privé non commerçantes ayant une activité économique (en ce sens, J.-J. Daigre dans « Renforcement de la transparence », § 140, publié dans l'ouvrage collectif « Les nouvelles régulations économiques » Collection Carré droit, Litec 2002 ; BRDA 10/01 p. 24).

53013 **Associations subventionnées** Les associations subventionnées visées à l'article L 612-4 du Code de commerce sont les associations qui reçoivent une subvention annuelle globale d'un montant de 153 000 euros de la part des autorités administratives. Pour la définition des autorités administratives, voir n° 2248.

Pour plus de détails sur les spécificités des conventions réglementées dans les associations subventionnées, il convient de se reporter au « Guide du commissaire aux comptes dans les associations, fondations et autres organismes sans but lucratif » de la CNCC Édition 2016 (§ 5.2 de la partie I.1 Associations).

1113

CONTRÔLE DES CONVENTIONS RÉGLEMENTÉES   © Éd. Francis Lefebvre

Personnes intéressées

53025 Cas général Les personnes concernées par la procédure sont (C. com. art. R 612-5, al. 1 et 2) :
– les administrateurs ;
– les mandataires sociaux ;

Dans une société civile, les mandataires sociaux sont les gérants. Pour les autres formes, il convient de se reporter aux statuts pour savoir qui assure le rôle de mandataire social. En règle générale, le mandataire social est la personne qui représente la société et qui a le pouvoir de l'engager.

– les « autres personnes morales » dont un associé indéfiniment responsable, un gérant, un administrateur, le directeur général, un directeur général délégué, un membre du directoire ou du conseil de surveillance, un actionnaire disposant d'une fraction de vote supérieure à 10 %, est simultanément administrateur ou assure un rôle de mandataire social de ladite personne morale.

Sont visées, depuis la modification de l'article L 612-5 par l'ordonnance 2008-1345 du 18 novembre 2008, les autres personnes morales et non plus seulement les sociétés.
On observe que les personnes morales contrôlant la personne morale actionnaire ne sont pas visées.

53030 Cas particulier des établissements sociaux et médico-sociaux L'article L 313-25 du Code de l'action sociale et des familles complète et précise le dispositif de l'article L 612-5 exposé ci-avant. Les personnes visées sont :
– les administrateurs ;
– les cadres dirigeants salariés et les directeurs des établissements sociaux et médico-sociaux ;
– les membres de la famille des administrateurs, des cadres dirigeants et des directeurs qui sont salariés par le même organisme gestionnaire.

La CNCC précise que les critères à mettre en œuvre pour identifier ces personnes sont (CNCC NI. IX – février 2018 § 1.214 et Bull. CNCC n° 157-2010 p. 205 s.) :
– l'autonomie dans la gestion de l'emploi du temps ;
– la faculté de prendre seul des décisions (à rapprocher des pouvoirs fixés dans les statuts pour les différents organes sociaux de l'entité) ;
– le niveau le plus élevé de la rémunération.

Natures de conventions

53035 Conventions interdites La procédure instaurée par l'article L 612-5 du Code de commerce ne définit aucune convention interdite.

53037 Conventions courantes conclues à des conditions normales La « loi NRE » ne distinguait pas des autres conventions les conventions courantes conclues à des conditions normales. En conséquence, la notion de convention dite libre n'existait pas dans ces entités, et toutes les conventions conclues avec une personne intéressée entraient donc dans le champ d'application de la procédure des conventions réglementées.
La loi de sécurité financière a ajouté un alinéa à l'article L 612-5 du Code de commerce qui exclut de la procédure des conventions réglementées les conventions courantes conclues à des conditions normales et non significatives pour aucune des parties en raison de leur objet ou de leurs implications financières.
En revanche, les conventions courantes conclues à des conditions normales qui en raison de leur objet ou de leurs implications financières sont significatives pour l'une au moins des parties restent soumises à la procédure des conventions réglementées.
La CNCC considère que (Bull. CNCC n° 157- 2010 – EJ 2009-18 p. 203) :
– les legs et les dons manuels ne sont pas des conventions car ils résultent d'un acte unilatéral et non d'un contrat ;
– a contrario, l'octroi d'une subvention constitue une convention qui est réglementée dès lors qu'existe l'un des liens d'intérêts prévus par la loi ;
– la gratuité d'une convention n'est pas considérée comme une condition normale. Ainsi, une convention de commodat ou prêt d'usage est soumise à la procédure de contrôle et relatée dans le rapport spécial du commissaire aux comptes.

Sur les notions d'opérations courantes et de conclusion à des conditions normales, voir également n°s 52255 s.

CONTRÔLE DES CONVENTIONS RÉGLEMENTÉES

Conventions réglementées Les conventions réglementées comprennent l'ensemble des conventions conclues directement ou par personne interposée entre l'entité et l'un de ses administrateurs ou l'un de ses mandataires sociaux, ou avec une autre personne morale dans laquelle ces personnes occupent des fonctions de direction (voir n° 53025).

53040

> On observera que les conventions dans lesquelles les personnes visées ci-dessus ont un intérêt indirect se situent hors du champ d'application du dispositif.
> Sur la notion d'interposition de personne, voir n° 52225.

Cas particulier des établissements sociaux et médico-sociaux La Commission juridique de la CNCC considère que les rémunérations versées aux personnes visées définies ci-avant pour les établissements sociaux et médico-sociaux (voir n° 53030) entrent dans le champ de la procédure des conventions réglementées (Bull. CNCC n° 157-2010 p. 205 s.).

53042

Procédure applicable aux conventions réglementées

Principe Toutes les conventions, hormis les conventions courantes conclues à des conditions normales et non significatives pour aucune des parties en raison de leur objet ou de leurs implications financières, sont soumises à cette procédure puisque les textes n'opèrent aucune autre distinction.

53050

> La loi ne définit pas de conventions interdites (voir n° 53035).

Les textes n'ont pas prévu de procédure d'information du représentant légal par les personnes intéressées à la convention. En revanche, le représentant légal a l'obligation d'informer le commissaire aux comptes, s'il en existe un, ou, à défaut, les adhérents.

53055

Entités dotées d'un commissaire aux comptes Le représentant légal de la personne morale doit aviser le commissaire aux comptes dans le délai d'un mois à compter du jour de la conclusion des conventions (C. com. art. R 612-7).

53058

Le commissaire aux comptes met alors en œuvre les diligences qu'il estime nécessaires au regard de la doctrine professionnelle de la CNCC relative à cette mission (voir n° 52390 s.).

53060

Le commissaire aux comptes établit un rapport spécial sur ces conventions qu'il présente à l'organe délibérant, c'est-à-dire, en règle générale, à l'assemblée générale.

53062

> Le commissaire aux comptes, lors de sa prise de connaissance de l'entité, s'assurera que les statuts ont donné une définition de l'organe délibérant. L'organe délibérant est celui qui approuve les comptes. « Il faut préciser à cet égard que l'organe qui se contente dans certaines associations de voter le rapport moral et financier ne se confond pas nécessairement avec l'organe délibérant chargé d'approuver les comptes » (E. du Pontavice, « Le commissariat aux comptes en milieu associatif » : Bull. CNCC n° 65-1985 p. 136).

Le contenu du **rapport spécial** est fixé par l'article R 612-6 du Code de commerce. Il comprend :
– l'énumération des conventions soumises à l'approbation de l'organe délibérant ou jointes aux documents communiqués aux adhérents en l'absence d'organe délibérant ;
– le nom des administrateurs intéressés ou des personnes intéressées assurant un rôle de mandataire social ;

53065

> Les rémunérations versées aux mandataires sociaux relèvent de la procédure des conventions réglementées. Il en va de même des remboursements de frais de déplacement des administrateurs, qui constituent un élément du contrat conclu entre l'intéressé et l'association (Bull. CNCC n° 132-2003 p. 637).

– la désignation de la personne ayant passé une convention dans les conditions de l'alinéa 2 de l'article L 612-5 ;
– la nature et l'objet desdites conventions ;
– les modalités essentielles de ces conventions, notamment l'indication des prix ou tarifs pratiqués, des ristournes et commissions consenties, des délais de paiement accordés, des intérêts stipulés, des sûretés conférées et, le cas échéant, toutes autres indications permettant à l'organe délibérant ou aux adhérents d'apprécier l'intérêt qui s'attachait à la conclusion des conventions analysées.

> À la différence de l'article R 225-31 du Code de commerce qui prévoit le contenu du rapport dans les sociétés anonymes, l'article précité ne prévoit aucune disposition pour les conventions antérieures. En

1115

CONTRÔLE DES CONVENTIONS RÉGLEMENTÉES　　　© Éd. Francis Lefebvre

l'absence de disposition expresse, le rapport spécial dans les personnes morales de droit privé et assimilées n'a donc pas à faire état de ces conventions (sauf cas particulier des établissements sociaux et médico-sociaux traité ci-après).

53066 Dans le cas particulier des **établissements sociaux et médico-sociaux**, l'article R 314-59 du Code de l'action sociale et des familles précise que, outre les conventions passées dans l'année, les conventions qui doivent être déclarées et portées à la connaissance des autorités de tarification sont « **celles qui, bien que conclues lors des exercices précédents, ont toujours cours** ». Ainsi, le commissaire aux comptes doit mentionner dans son rapport spécial les conventions conclues lors des exercices précédents et ayant toujours cours, dans la mesure où il devrait en être avisé (Bull. CNCC n° 157-2010 p. 205 s.).

Par ailleurs, dans le cas d'une association comportant plusieurs activités, dont une activité d'établissement social et médico-social, la CNCC considère que le rapport spécial sur les conventions réglementées doit faire état des conventions qualifiées de réglementées pour la partie de l'activité consacrée au secteur social et médico-social en application de l'article L 313-25 du Code de l'action sociale et des familles ainsi que pour celles relevant des autres activités en application de l'article L 612-5 du Code de commerce (Bull. CNCC n° 171-2013 – EJ 2012-73).

53068 Une fois qu'il a pris connaissance de ce rapport, l'organe délibérant approuve ou désapprouve les conventions qui y sont mentionnées.

Lorsque l'entité n'a pas d'organe délibérant, le commissaire aux comptes joint son rapport aux documents communiqués aux adhérents. En ce cas, il n'existe qu'une procédure d'information des adhérents, aucune approbation n'étant requise de leur part par les textes (en ce sens, BRDA 10/01 p. 12).

53070 **Entités non dotées d'un commissaire aux comptes** Si l'entité concernée par la procédure n'est pas dotée d'un commissaire aux comptes, le représentant légal présente son rapport spécial à l'organe délibérant qui statue après en avoir pris connaissance.

Lorsque l'entité n'a pas d'organe délibérant, il joint son rapport aux documents communiqués aux adhérents. Il n'y a alors qu'une information de l'assemblée des adhérents.

53075 **Conventions non approuvées** Les conventions non approuvées produisent leurs effets. Leurs conséquences préjudiciables peuvent être mises à la charge, individuellement ou solidairement, de l'administrateur ou de la personne assurant le rôle de mandataire social (C. com. art. L 612-5, al. 5).

E. Autres entités

53100 Sont examinés ci-après les principes généraux applicables dans les autres entités juridiques soumises à la procédure des conventions réglementées ainsi que les principales particularités du régime applicable.

On examinera successivement :
– les sociétés coopératives agricoles et unions coopératives agricoles (n°s 53105 s.) ;
– les sociétés civiles de placement immobilier et les sociétés d'épargne forestière (n°s 53150 s.) ;
– les sociétés d'assurances (n°s 53190 s.) ;
– les sociétés anonymes d'habitations à loyer modéré (n°s 53220 s.) ;
– les organismes collecteurs de la participation à l'effort de construction (n°s 53250 s.) ;
– les organismes collecteurs de fonds de la formation professionnelle (n°s 53290 s.) ;
– les établissements de crédit et les sociétés de financement (n° 53320) ;
– les mutuelles et leurs unions (n° 53350) ;
– les institutions de prévoyance et leurs unions (n° 53400) ;
– les institutions de retraite complémentaire et leurs fédérations (n°s 53435 s.) ;
– les comités d'entreprise (n° 53440) ;
– les grands ports maritimes (n° 53442) ;
– les fondations reconnues d'utilité publique (n° 53445).

Sociétés coopératives agricoles et unions coopératives agricoles

53105 En application de l'article L 529-1, al. 2 du Code rural, les sociétés coopératives agricoles et les unions de coopératives agricoles sont soumises à la procédure des conventions réglementées des sociétés anonymes avec, toutefois, quelques adaptations liées aux spécificités du secteur de la coopération agricole.

Ces adaptations se trouvent dans le Code rural mais également dans les statuts types de sociétés coopératives agricoles homologués par arrêté du ministère de l'agriculture. Ces statuts types ont une valeur impérative. Ils constituent un élément du statut légal particulier des coopératives agricoles.

Pour une étude détaillée sur ce sujet, on se reportera à l'étude n° 4 de la Commission de la coopération agricole de la CNCC, « Conventions dans les organismes coopératifs agricoles » ainsi qu'à l'étude de G. Gourlay, « Sociétés coopératives agricoles, fonctionnement de la société », J.-Cl. Stés, Fasc. 170-50, à jour au 1er juillet 2001.

Personnes concernées Sont concernés par la procédure des conventions réglemen-   **53110**
tées dans les sociétés coopératives (C. com. art. L 225-38 sur renvoi de l'art. L 529-1, al. 2 du Code rural) :
– les administrateurs, membres du directoire, membres du conseil de surveillance et les actionnaires détenant une fraction des droits de vote supérieure à 10 %. Lorsque l'actionnaire est une personne morale, la société la contrôlant, au sens de l'article L 233-3 du Code de commerce, est également concernée ;
– les représentants permanents des personnes morales membres du conseil de surveil-lance (sur renvoi de l'art. R 524-39 du Code rural à l'art. L 225-76 du Code de commerce), qui sont soumis aux mêmes obligations et responsabilités que les administrateurs en nom personnel.
Sont également soumises à cette procédure les conventions conclues entre la société coopérative agricole et une entreprise dans laquelle l'une des personnes visées ci-dessus est propriétaire, associée indéfiniment responsable, gérant, administrateur, membre du conseil de surveillance ou, de façon générale, dirigeant de cette entreprise.

En ce qui concerne la détermination du pourcentage de 10 %, voir n° 52580. Sur la détermination des sociétés exerçant un contrôle sur un actionnaire au sens de l'article L 233-3 du Code de commerce, voir n° 52588.

Ne sont **pas visés** par la réglementation :   **53112**
– les représentants permanents des personnes morales administrateurs, en l'absence d'un renvoi similaire à l'article L 225-20 du Code de commerce ;
– les directeurs généraux qui, dans une société coopérative agricole, ont le statut de salarié et n'ont pas la qualité de mandataire social.

Nature des conventions Sont réglementées dans les sociétés coopératives les   **53120**
conventions qui ne sont ni interdites ni libres et qui sont conclues directement, indirecte-ment ou par personne interposée avec l'une des personnes visées ci-dessus (voir n°s 53110 et 53112).

S'agissant des **conventions interdites**, des aménagements sont apportés à l'application   **53123**
de l'article L 225-43 du Code de commerce, édictant les conventions interdites pour les sociétés anonymes, par les statuts types : il est interdit aux administrateurs autres que les personnes morales de contracter, sous quelque forme que ce soit, des emprunts auprès de la société, de se faire consentir par elle un découvert dont la durée dépasse une année ainsi que de faire cautionner ou avaliser par elle leurs engagements envers des tiers. En revanche, un administrateur peut se faire consentir un découvert pour une durée inférieure à un an. De même, les statuts types de sociétés coopératives agricoles (art. 25.5) écartent de l'interdiction les emprunts susceptibles d'être consentis à l'occasion d'opérations résultant normalement des engagements régulièrement contractés par les intéressés.

S'agissant des **conventions libres**, les dispositions de l'article L 225-39 du Code de   **53125**
commerce s'appliquent sur renvoi de l'article L 529-1, al. 2 du Code rural. Sont donc totalement libres dans les sociétés coopératives les conventions courantes conclues à des conditions normales.
Par ailleurs, les conventions conclues entre la société coopérative agricole ou l'union et ses associés coopérateurs ayant pour objet la mise en œuvre des statuts ne sont pas soumises au régime des conventions réglementées.

Procédures applicables aux conventions Sous réserve de l'adaptation du   **53130**
domaine des conventions interdites évoqué ci-dessus (voir n° 53123), les conventions conclues en méconnaissance des textes sont nulles et les règles applicables sont les mêmes que dans les sociétés anonymes (voir n°s 52620 s.).

CONTRÔLE DES CONVENTIONS RÉGLEMENTÉES © Éd. Francis Lefebvre

53135 Les procédures d'information, d'autorisation et d'approbation des conventions réglementées sont identiques à celles suivies dans les sociétés anonymes (voir n° 52680). La
personne intéressée ne peut pas prendre part au vote d'autorisation (art. 25.2 des statuts
types).

Les conventions, même désapprouvées par l'assemblée générale, produisent leurs effets à l'égard des
tiers, sauf lorsqu'elles sont annulées dans le cas de fraude (application des dispositions de l'article L 225-41 du Code
de commerce sur renvoi de l'article 25.3 des statuts types).

Sociétés civiles de placement immobilier et sociétés d'épargne forestière

53150 Les sociétés civiles de placement immobilier (SCPI) ont pour objet exclusif l'acquisition et
la gestion d'un patrimoine immobilier locatif grâce à l'émission de parts dans le public.
Les sociétés d'épargne forestière (SEF) ont pour objet principal l'acquisition et la gestion
d'un patrimoine forestier.
La gérance des SCPI et des SEF doit être assurée par une société de gestion de portefeuille mentionnée à l'article L 532-9 du Code monétaire et financier (C. mon. fin art. L 214-98
issu de l'ordonnance 2013-676 du 25-7-2013).

53155 Les conventions réglementées dans les SCPI et les SEF sont régies par l'article L 214-106
du Code monétaire et financier issu de l'ordonnance 2013-676 du 25 juillet 2013 (ces
dispositions relevaient précédemment de l'article L 214-76 du Code précité).

53160 **Personnes concernées** Sont visés par la réglementation la société de gestion et
tout associé de cette dernière.

53163 **Nature des conventions** La réglementation ne fait pas état de conventions interdites. Le législateur n'a pas davantage distingué des autres conventions les conventions
courantes et conclues à des conditions normales, ce qui a pour conséquence que toutes
les conventions sans exception sont soumises à la procédure de l'article L 214-106 du
Code monétaire et financier.
Les conventions réglementées sont donc toutes les conventions intervenues entre :
– la SCPI ou la SEF et la société de gestion ;
– la SCPI ou la SEF et un associé de la société de gestion.
Le législateur n'opère pas de distinction entre les conventions intervenues directement,
indirectement ou par personne interposée. Seules sont visées par le dispositif les conventions directement conclues (CNCC NI. IX – février 2018 § 1.322).

53165 **Procédure applicable** Dans une SCPI ou une SEF, le conseil de surveillance est
chargé d'assister la société de gestion. Il opère à toute époque de l'année les vérifications
et contrôles qu'il estime nécessaires et peut se faire communiquer tout document ou
demander à la société de gestion un rapport sur la situation de la SCPI ou de la SEF
(C. mon. fin. art. L 214-99 issu de l'ordonnance 2013-676 du 25-7-2013). Il émet un avis sur les propositions
de résolutions soumises par la société de gestion à l'assemblée générale de la SCPI ou
de la SEF (Règl. général AMF art. 422-199).

53168 En l'absence de précision des textes, la Compagnie nationale des commissaires aux
comptes estime que la société et le commissaire aux comptes doivent déterminer conventionnellement l'organe (président du conseil d'administration de la société de gestion,
président du conseil de surveillance de la SCPI ou de la SEF) devant assurer la transmission
des informations au commissaire aux comptes.

53170 **Contenu du rapport** Le rapport spécial du commissaire aux comptes doit mentionner les conventions conclues au cours de l'exercice.
S'agissant des conventions conclues et autorisées au cours d'exercices antérieurs qui
poursuivent leurs effets, la CNCC considère qu'elles n'ont pas à être reprises dans le
rapport spécial, l'article L 214-106 du Code monétaire et financier ne le prévoyant pas,
contrairement à l'article R 225-31 du Code de commerce qui prévoit la mention des
conventions antérieures dans le rapport spécial établi de la société anonyme (CNCC NI. IX
– février 2018 § 1.322).

L'assemblée générale des porteurs de parts **approuve** les conventions **postérieurement** **53175**
à leur conclusion sur la base des rapports du conseil de surveillance et du commissaire
aux comptes. Les conséquences préjudiciables d'une convention désapprouvée sont
mises à la charge de la société de gestion responsable ou de tout associé de cette
dernière (C. mon. fin. art. L 214-106, al. 2).

Sociétés d'assurances

Principe Les entreprises françaises pratiquant l'assurance et la réassurance, mention- **53190**
nées à l'article L 310-1 et au 1° de l'article L 310-1-1 du Code des assurances, doivent
être constituées sous forme de société anonyme ou de société d'assurance mutuelle
(C. ass. art. L 322-1).
La procédure des conventions réglementées des sociétés anonymes s'applique donc aux
sociétés d'assurances constituées sous cette forme.
Par ailleurs, des dispositions particulières sont ajoutées à cette procédure par le Code
des assurances pour les sociétés anonymes d'assurance (voir n° 83305) ainsi que pour les
sociétés d'assurance mutuelle (voir n°s 83310 s.)

Sociétés anonymes d'habitations à loyer modéré

Les sociétés anonymes d'habitations à loyer modéré (sociétés d'HLM ou encore nommées **53220**
ESH – Entreprises sociales pour l'habitat) sont régies par les dispositions du livre 2 du
Code de commerce et par les dispositions spéciales du Code de la construction et de
l'habitation (articles L 423-10 à L 423-11-3).
La procédure des conventions réglementées des sociétés anonymes s'applique donc à
ces sociétés.

> Les articles L 423-10 et L 423-11 du Code de la construction et de l'habitation ont été modifiés par la
> loi 2006-872 du 13 juillet 2006 et ne comportent plus de dispositions spécifiques concernant les
> conventions interdites.

Organismes collecteurs de la participation à l'effort de construction

La loi du 13 juillet 2006 portant engagement national pour le logement (dite « loi ENL ») **53250**
a rendu applicable aux CIL (comités interprofessionnels du logement) les dispositions du
Code de commerce portant sur les conventions réglementées en modifiant le Code de
la construction et de l'habitation. L'article L 313-31 du Code de la construction et de
l'habitation rend ainsi applicables aux administrateurs et aux salariés des organismes
collecteurs agréés les dispositions du premier alinéa de l'article L 423-11 dudit Code,
lequel renvoie aux articles L 225-38 et suivants du Code de commerce applicables aux
sociétés anonymes.

> Un arrêté du 28 octobre 2016 a retiré depuis le 31 décembre 2016 l'agrément des comités interprofes-
> sionnels du logement à collecter la participation des employeurs à l'effort de construction.

Organismes collecteurs des fonds de la formation professionnelle

Les opérateurs de compétences (Opco), qui remplacent les organismes paritaires collec- **53290**
teurs agréés (Opca) sont soumis à la procédure des conventions réglementées applicable
aux personnes morales de droit privé non commerçantes ayant une activité économique,
régie par les articles L 612-5, R 612-6 et R 612-7 du Code de commerce (CNCC NI. IX – février
2018 § 1.310).

En outre, en application de l'article L 6332-2-1 du Code du travail, le cumul des fonctions **53292**
d'administrateur d'un Opco et d'administrateur ou de salarié d'un établissement de
crédit doit être porté à la connaissance des instances paritaires de l'opérateur de compétences ainsi qu'à celle du commissaire aux comptes qui établit un rapport spécial.

> La CNCC considère qu'en l'absence de disposition expresse ou de renvoi à l'article L 612-5 du Code
> de commerce, le rapport spécial sur le cumul de mandat visé à l'article L 6332-2-1 du Code du travail
> ne relève pas de la procédure des conventions réglementées. Ce rapport prend la forme d'un rapport
> ad hoc adressé aux instances paritaires de l'opérateur de compétence, intitulé « Rapport spécial sur le
> cumul de mandat visé à l'article L 6332-2-1 du Code du travail » (CNCC NI. IX – février 2018 § 1.310).
> Le non-respect des dispositions de l'article L 6332-2-1 du Code du travail n'est pas sanctionné pénalement.

CONTRÔLE DES CONVENTIONS RÉGLEMENTÉES © Éd. Francis Lefebvre

Établissements de crédit et sociétés de financement

53320 **Principe** Le I de l'article L 511-39 du Code monétaire et financier renvoie aux articles L 225-38 à L 225-43 du Code de commerce qui régissent la procédure des conventions réglementées dans les sociétés anonymes. Ce régime est donc applicable à tous les établissements de crédit et à toutes les sociétés de financement (voir n°s 52550 s.).

L'article L 511-39 s'applique aux sociétés de **caution mutuelle** qui figurent dans la catégorie des sociétés financières et sont soumises à ce titre à la réglementation bancaire. Elles doivent donc désigner un ou plusieurs commissaires aux comptes (C. mon. fin. art. L 511-38) qui dans le cadre de leur mission établissent un rapport spécial sur les conventions réglementées en vertu de l'article L 511-39 du Code monétaire et financier (Bull. CNCC n° 138-2005 p. 297).

En revanche, les **succursales** d'établissements de crédit, qui sont des entités n'ayant ni la personne morale, ni d'organe délibérant chargé de l'approbation des comptes et dont les comptes sont arrêtés par les dirigeants responsables au sens de la loi bancaire, ne sont pas des établissements de crédit au sens de l'article L 511-11 du Code monétaire et financier et ne sont donc pas soumises à l'obligation relative aux conventions réglementées résultant du I de l'article L 511-39 du Code monétaire et financier (Bull. CNCC n° 160-2010 p. 664).

Néanmoins, en application du II de l'article L 511-39, introduit par l'ordonnance 2015-558 du 21 mai 2015, certaines succursales ont une obligation de communication des conventions définies audit article auprès de l'établissement de crédit dont elles dépendent. Sont concernées les succursales établies sur le territoire français d'établissements de crédit ayant leur siège social dans un État qui n'est ni membre de l'UE, ni partie à l'accord de l'Espace économique européen.

Dans ce cas, les personnes mentionnées au second alinéa de l'article L 511-13 du code précité, à savoir les personnes assurant la direction effective de ces succursales, communiquent à l'organe de l'établissement de crédit dont dépend la succursale qui exerce des fonctions de surveillance équivalentes à celles d'un conseil d'administration ou d'un conseil de surveillance, les conventions suivantes préalablement à leur conclusion (C. mon. fin. art. L 511-39, II) :

– toute convention intervenant directement ou par personne interposée entre l'établissement de crédit dont dépend la succursale et l'une des personnes mentionnées au second alinéa de l'article L 511-13, ainsi que toute convention à laquelle l'une de ces personnes est indirectement intéressée ;

– toute convention intervenant entre l'établissement de crédit dont dépend la succursale et une entreprise dont l'une des personnes mentionnées au second alinéa de l'article L 511-13 est propriétaire, associée indéfiniment responsable, gérante, administrateur, membre du conseil de surveillance ou, de façon générale, dirigeante.

Cette obligation de communication ne s'applique pas aux opérations courantes et conclues à des conditions normales.

53330 **Particularités** La procédure applicable dans les établissements de crédit et les sociétés de financement connaît deux particularités liées aux spécificités de fonctionnement de certains établissements de crédit (C. mon. fin. art. L 511-39, I, al. 2) :

– lorsque ces entités ne tiennent pas d'assemblée générale, le rapport spécial du commissaire aux comptes est soumis au conseil d'administration qui approuve définitivement ces conventions ;

– les prêts consentis à des administrateurs de caisses régionales ou locales de crédit agricole mutuel font l'objet d'une procédure particulière dans laquelle les commissaires aux comptes ne sont pas appelés à intervenir.

Ces prêts sont consentis sur délibération motivée des conseils d'administration et autorisation de la Caisse nationale de crédit agricole ou de la caisse régionale. Le rapport spécial est émis, non pas par le commissaire aux comptes mais par le comptable public ou par l'organisme chargé de l'approbation des comptes (C. mon. fin. art. L 511-39, I, al. 3).

Mutuelles et unions de mutuelles

53350 **Principe** Le Code de la mutualité publié par l'ordonnance 2001-350 du 19 avril 2001 a instauré dans les mutuelles une procédure des conventions réglementées calquée sur celle applicable aux sociétés anonymes après modifications introduites par la loi NRE du 15 mai 2001. Les dispositions en la matière sont incluses dans les articles L 114-32 à L 114-37 dudit Code.

Dans l'ancien Code de la mutualité, le législateur n'avait procédé qu'à une interdiction de certaines conventions (art. L 125-7).

Pour plus de détails sur les dispositions relatives aux mutuelles et unions de mutuelles, voir n°s 83325 s.

Institutions de prévoyance et unions d'institutions de prévoyance

53400 La procédure applicable dans les institutions de prévoyance résulte des articles R 931-3-22 à R 931-3-28 et des articles A 931-3-8 et A 931-3-9 du Code de la sécurité sociale. La procédure s'applique également aux unions d'institutions de prévoyance.

Pour plus de détails sur les dispositions relatives aux instituts de prévoyance et unions d'instituts de prévoyance, voir n°s 83320 s.

Institutions de retraite complémentaire et fédérations d'institutions de retraite complémentaire

53435 Le dispositif des conventions réglementées en vigueur au sein des institutions de retraite complémentaire est régi par les articles R 922-30 et R 922-31 du Code de la sécurité sociale depuis le décret 2004-965 du 9 septembre 2004.

Conventions réglementées Conformément aux dispositions de l'article R 922-30 **53436** du Code la sécurité sociale, les conventions suivantes sont soumises à l'autorisation préalable du conseil d'administration :
– conventions intervenant entre une institution de retraite complémentaire ou une fédération ou toute personne morale à qui elle a délégué tout ou partie de sa gestion et l'un de ses dirigeants ;
– conventions auxquelles un dirigeant est indirectement intéressé ou dans lesquelles il traite avec l'institution de retraite complémentaire ou la fédération par personne interposée ;
– conventions passées entre une institution de retraite complémentaire ou une fédération et toute personne morale, si l'un des dirigeants de l'institution de retraite complémentaire ou de la fédération est propriétaire, associé indéfiniment responsable, gérant, administrateur, directeur général, membre du directoire ou du conseil de surveillance de cette personne morale.

Des règles plus rigoureuses peuvent être prévues par les statuts des institutions de retraite complémentaire et des fédérations.

Procédures applicables Les articles R 931-3-26 à R 931-3-28 du Code de la sécu- **53437** rité sociale sont applicables aux conventions conclues par les dirigeants d'une institution de retraite complémentaire ou d'une fédération (CSS art. R 922-31).

Toutefois, les compétences attribuées à la commission paritaire par ces articles sont exercées par le comité d'approbation des comptes dans les institutions de retraite complémentaire et par la commission paritaire élargie dans les fédérations.

Les articles R 931-3-26 et R 931-3-28 du Code de la sécurité sociale traitent des nullités et des effets à l'égard des tiers.

Si une convention non autorisée préalablement par le conseil d'administration est conclue, elle peut être annulée si elle a eu des conséquences préjudiciables pour la société (CSS art. R 931-3-26, al. 1). L'action en nullité se prescrit par trois ans à compter de la date de la convention. En cas de dissimulation, le point de départ du délai de prescription est reporté au jour où elle a été révélée (CSS art. R 931-3-26, al. 2). Toutefois, cette nullité peut être couverte par un vote de la commission paritaire ou de l'assemblée générale intervenant sur le rapport spécial du commissaire aux comptes qui précise notamment les circonstances pour lesquelles la procédure d'autorisation n'a pu être respectée (CSS art. R 931-3-26, al. 3).

Les conventions approuvées ou non approuvées produisent leurs effets sauf si elles sont annulées dans le cas de fraude. Les conséquences préjudiciables à l'institution ou l'union d'institutions des conventions désapprouvées peuvent être mises à la charge du dirigeant intéressé et des autres dirigeants (CSS art. R 931-3-28, al. 1 et 2).

L'article R 931-3-27 du Code de la sécurité sociale prévoit que :
– le président du conseil d'administration donne avis aux commissaires aux comptes de toutes les conventions autorisées dans un délai d'un mois à compter de leur conclusion ;
– le commissaire aux comptes présente sur ces conventions un rapport spécial dont le contenu est défini par l'article A 931-3-9 du Code de la sécurité sociale.

La CNCC préconise pour les institutions de retraite complémentaire et leurs unions (CNCC **53438** NI. IX – février 2018 § 2.323 et Bull. CNCC n° 154-2009 p. 403 s.) :
– la mention dans le rapport spécial de la poursuite des conventions antérieurement autorisées ;
– l'exclusion du rapport spécial des conventions courantes conclues à des conditions normales.

CONTRÔLE DES CONVENTIONS RÉGLEMENTÉES

© Éd. Francis Lefebvre

Cette position a été confirmée par un courrier du ministère du travail, des relations sociales, de la famille et de la solidarité, et de la ville en date du 2 avril 2009.

Comité social et économique

53440 Le trésorier du comité social et économique ou, le cas échéant, le commissaire aux comptes présente un **rapport sur les conventions** passées directement, indirectement ou par personne interposée, entre le comité social et économique et l'un de ses membres (C. trav. art. L 2315-70 introduit par l'ordonnance 2017-1386 du 22-9-2017). Ce rapport est présenté aux membres élus du comité social et économique lors de la réunion en séance plénière d'approbation des comptes.

La CNCC considère que, les dispositions légales faisant référence aux « conventions passées », les conventions antérieures dont l'exécution se poursuit n'ont pas à être présentées dans le rapport du commissaire aux comptes (CNCC NI. IX – février 2018 – § 1.314), sauf dispositions statutaires spécifiques.

Grands ports maritimes

53442 La procédure de contrôle des conventions est définie aux articles R 5312-20 et R 5312-21 du Code des transports, créés par le décret 2014-1670 du 30 décembre 2014.

Ainsi, « aucune convention ne peut, sans l'autorisation du conseil de surveillance, être conclue directement ou par personne interposée entre le grand port maritime et un membre de ce conseil ou du directoire, ou une société ou organisme que ce membre contrôle au sens de l'article L 233-3 du Code de commerce, ou dont il est actionnaire disposant d'une fraction de vote supérieure à 5 %, ou dont il est responsable, gérant, administrateur, ou, de façon générale, dirigeant » (C. transports art. R 5312-20).

> Les dispositions ci-dessus ne sont pas applicables aux conventions portant sur des opérations courantes et conclues à des conditions normales. Toutefois, ces dernières conventions sont communiquées par le membre intéressé du conseil de surveillance ou du directoire au président du conseil de surveillance, au commissaire du Gouvernement et à l'autorité chargée du contrôle économique et financier. La liste de ces conventions et leur objet sont communiqués par le président aux membres du conseil de surveillance et aux commissaires aux comptes.
>
> Il en est de même pour toute convention conclue entre l'établissement portuaire et une société ou un organisme mentionné dans les déclarations prévues à l'article R 5312-19.

Le président du conseil de surveillance informe les commissaires aux comptes de toute autorisation de convention. Les commissaires aux comptes présentent, sur ces conventions, un rapport spécial au commissaire du gouvernement et à l'autorité chargée du contrôle économique et financier (C. transports art. R 5312-21).

Fondations reconnues d'utilité publique

53445 Les fondations ont été créées par la loi 87-571 du 23 juillet 1987 sur le développement du mécénat. Cette loi régit les fondations reconnues d'utilité publique (FRUP) et des dispositions particulières sont contenues dans les modèles de statuts types.

De **nouveaux statuts types** des FRUP ont été approuvés en Conseil d'État le 19 juin 2018 et l'article 8 de ces statuts précise dorénavant l'étendue de la mission du commissaire aux comptes en indiquant que ce dernier exerce les missions mentionnées aux articles L 823-9, L 612-3 et L 612-5 du Code de commerce.

> Les nouveaux statuts sont applicables aux fondations créées postérieurement à leur publication sur le site internet de la direction de l'information légale et administrative et aux fondations dont les délibérations approuvant les modifications apportées à leurs statuts postérieures à cette même publication.

L'article L 612-5 du Code de commerce prévoit la présentation par le commissaire aux comptes à l'organe délibérant d'un rapport sur les conventions passées :

– directement ou par personne interposée entre la personne morale et l'un de ses administrateurs ou l'une des personnes assurant un rôle de mandataire social ;

– entre la personne morale et une autre personne morale dont un associé indéfiniment responsable, un gérant, un administrateur, le directeur général, un directeur général délégué, un membre du directoire ou du conseil de surveillance, un actionnaire disposant d'une fraction des droits de vote supérieure à 10 %, est simultanément administrateur ou assure un rôle de mandataire social de ladite personne morale.

CONTRÔLE DES CONVENTIONS RÉGLEMENTÉES

Les dispositions de cet article ne sont pas applicables aux conventions courantes conclues à des conditions normales qui, en raison de leur objet ou de leurs implications financières, ne sont significatives pour aucune des parties.

Ainsi, pour les FRUP appliquant les nouveaux statuts types approuvés en Conseil d'État le 19 juin 2018 (voir ci-dessus), le commissaire aux comptes établit un **rapport sur les conventions réglementées** conformément à l'article L 612-5 du Code de commerce.

La réponse de la commission des études juridiques de la CNCC concluant à l'absence de rapport spécial du commissaire aux comptes sur les conventions réglementées est ainsi invalidée pour les fondations reconnues d'utilité publique précitées (CNCC EJ 2013-98, février 2018).

53450

PRINCIPALES DIVERGENCES DU RÉGIME LÉGAL DES CONVENTIONS APPLICABLES AUX FORMES JURIDIQUES USUELLES					
	SA	SCA	SAS pluripersonnelle	SARL pluripersonnelle	PMDP NC [1]
Conventions portant sur des opérations courantes et conclues à des conditions normales					
Définition de conventions courantes conclues à des conditions normales	OUI (L 225-39 et L 225-87)	OUI (L 226-10)	OUI (L 227-11)	OUI (L 223-20)	OUI (L 612-5)
Communication par le président des conventions courantes significatives	NON	NON	NON	NON	OUI [6] (L 612-5 et R 612-7)
Mention des conventions courantes significatives dans le rapport spécial	NON	NON	NON	NON	OUI [8] (L 612-5)
Procédure d'évaluation des conventions portant sur des opérations courantes et conclues à des conditions normales	OUI [7] (L 22-10-12 et L 22-10-29)	OUI [7] (L 226-10)	NON	NON	NON
Conventions réglementées					
Exclusion des conventions conclues avec une société détenue à 100 % (ou équivalent)	OUI (L 225-39 et L 225-87)	OUI (L 226-10)	NON	NON	NON
Prise en compte de l'intérêt indirect	OUI (L 225-38 et L 225-86)	OUI (L 226-10)	NON	NON	NON
Prise en compte de la notion de personne interposée	OUI (L 225-38 et L 225-86)	OUI (L 226-10)	OUI (L 227-10)	OUI (L 223-19)	OUI (L 612-5)
Prise en compte de la société contrôlant la société actionnaire disposant de plus de 10 % des droits de vote	OUI (L 225-38 et L 225-86)	OUI (L 226-10)	OUI (L 227-10)	NON	N/A
Prise en compte des conventions avec des entités ayant des « dirigeants communs » (voir n° 52230)	OUI (L 225-38 et L 225-86)	OUI (L 226-10)	NON	OUI (L 223-19)	OUI (L 612-5)
Procédure d'autorisation préalable et motivée des conventions réglementées	OUI (L 225-38 et L 225-86)	OUI (L 226-10)	NON [2]	NON [5]	NON [2]
Procédure de régularisation des conventions non autorisées préalablement [3]	OUI (L 225-42 et L 225-90)	OUI (L 226-10)	N/A	N/A	N/A

1123

CONTRÔLE DES CONVENTIONS RÉGLEMENTÉES © Éd. Francis Lefebvre

53450
(suite)

PRINCIPALES DIVERGENCES DU RÉGIME LÉGAL DES CONVENTIONS APPLICABLES AUX FORMES JURIDIQUES USUELLES					
	SA	SCA	SAS pluripersonnelle	SARL pluripersonnelle	PMDP NC [1]
Conventions portant sur des opérations courantes et conclues à des conditions normales					
Conventions réglementées portées à la connaissance de la direction par l'intéressé	OUI (L 225-40 et L 225-88)	OUI (L 226-10)	Non prévue	Non prévue	Non prévue
Conventions réglementées portées à la connaissance du commissaire aux comptes [4] par l'entité contrôlée	OUI (L 225-40 et L 225-88, R 225-30 et R 225-57)	OUI (L 226-10 et L 226-1)	Non prévue	OUI (R 223-16)	OUI (R 612-7)
Examen annuel des conventions antérieures	OUI (L 225-40-1 et L 225-88-1)	OUI (L 226-10)	NON	NON	NON
Mention des conventions antérieures dans le rapport spécial	OUI (R 225-30)	OUI (R 226-1)	NON [2]	OUI (R 223-16 et L 225-57)	NON [2]
Conventions interdites					
Définition de conventions interdites	OUI (L 225-43 et L 225-91)	OUI (L 226-10)	OUI (L 227-12)	OUI (L 223-21)	NON

[1] Personnes morales de droit privé non commerçantes ayant une activité économique.
[2] Sauf disposition statutaire.
[3] Les conventions non autorisées préalablement peuvent être annulées si elles ont eu des conséquences dommageables pour la société. La nullité peut être couverte par un vote de l'assemblée générale intervenant sur rapport spécial des commissaires aux comptes exposant les circonstances en raison desquelles la procédure d'autorisation n'a pas été suivie.
[4] S'il en existe un et que son mandat n'est pas limité à trois exercices.
[5] Sauf disposition statutaire ou en l'absence de commissaire aux comptes et si le gérant est non associé (approbation préalable de l'assemblée).
[6] Le représentant légal a l'obligation d'aviser le commissaire aux comptes des conventions visées à l'article L 612-5 du Code de commerce dans le délai d'un mois à compter du jour de la conclusion de ces conventions (C. com. art. R 612-7).
[7] Cette procédure d'évaluation des conventions portant sur des opérations courantes et conclues à des conditions normales ne vise que les SA et SCA dont les actions sont admises aux négociations sur un marché réglementé (C. com. art. L 22-10-12 pour la SA à conseil d'administration, L 22-10-29 pour la SA à conseil de surveillance, L 226-10 pour la SCA).
[8] Mention des conventions courantes significatives pour l'une au moins des parties.

© Éd. Francis Lefebvre   AUTRES VÉRIFICATIONS SPÉCIFIQUES

CHAPITRE 3

Autres vérifications spécifiques

Plan du chapitre	§§		
SECTION 1		**SECTION 5**	
Rapport de gestion	54150	**Prises de participation**	
I. Élaboration du rapport		**et de contrôle**	55400
de gestion	54170	A. Réglementation applicable	55440
A. Entités concernées	54170	B. Mission du commissaire	
B. Contenu du rapport de gestion	54185	aux comptes	55640
C. Communication du rapport		**SECTION 6**	
de gestion	54230	**Rapport sur le gouvernement**	
D. Sanctions relatives au rapport		**d'entreprise**	55800
de gestion	54237	I. Élaboration du rapport	
II. Mission du commissaire		sur le gouvernement	
aux comptes	54255	d'entreprise	55802
SECTION 2		A. Aspects généraux	55802
Documents annuels adressés		B. Contenu du rapport	55810
aux membres de l'organe		II. Mission du commissaire	
appelé à statuer sur les comptes	54390	aux comptes	55900
A. Documents adressés ou mis		**SECTION 7**	
à disposition	54420	**Vérifications spécifiques**	
B. Mission du commissaire		**diverses**	56050
aux comptes	54530	A. Actions détenues	
SECTION 3		par les administrateurs	56060
Documents liés à la prévention		1. Obligation de détention d'actions	56100
des difficultés	54650	2. Mission du commissaire aux comptes	56150
A. Documents prévisionnels	54655	B. Attestation des rémunérations	56230
B. Documents d'information		1. Établissement du relevé	
financière et prévisionnelle	54750	des rémunérations	56245
C. Mission du commissaire		2. Mission du commissaire aux comptes	56320
aux comptes	54865	C. Montant ouvrant droit à réduction	
SECTION 4		d'impôt (CGI art. 238 bis)	56400
Égalité entre les actionnaires	55000	1. Établissement de l'attestation	56435
A. Notion d'égalité entre		2. Mission du commissaire aux comptes	56460
les actionnaires	55002	D. Informations sur les délais	
B. Mission du commissaire		de paiement	56518
aux comptes	55035	1. Délais de paiement et obligations	
		des entités	56518
		2. Mission du commissaire aux comptes	56526

54100 Toutes les vérifications spécifiques incombant au commissaire aux comptes ont pour point commun de conduire l'auditeur légal à s'assurer de la régularité de certaines opérations mises en œuvre dans l'entreprise. Le rôle du commissaire aux comptes va d'ailleurs, dans certains cas, au-delà du simple contrôle de légalité : ainsi, dans la vérification spécifique exercée sur les conventions réglementées, qui fait l'objet du chapitre précédent, la mission du commissaire aux comptes est autant une mission d'information que de contrôle à proprement parler.

En dépit de cet objectif commun, les vérifications spécifiques se caractérisent aussi par leur diversité : à chacune d'entre elles correspond un aspect particulier du fonctionnement

1125

AUTRES VÉRIFICATIONS SPÉCIFIQUES

© Éd. Francis Lefebvre

de l'entreprise, sur lequel le législateur a ressenti le besoin de garantir le respect des règles ou pressenti l'existence d'une difficulté. À chaque vérification spécifique correspondent en conséquence un objectif particulier, des modalités de mise en œuvre adaptées et l'émission d'une assurance appropriée par l'auditeur légal.

54102 C'est à l'examen de ces particularités que sera consacré ce chapitre, dans lequel seront successivement traités :
– le contrôle du rapport de gestion (n°s 54150 s.) ;
– le contrôle des documents annuels adressés aux actionnaires (n°s 54390 s.) ;
– l'examen des documents liés à la prévention des difficultés des entreprises (n°s 54650 s.) ;
– le contrôle de l'égalité entre les actionnaires (n°s 55000 s.) ;
– le contrôle de l'information relative aux prises de participation et à la détention du capital (n°s 55400 s.) ;
– le contrôle des informations relevant du rapport sur le gouvernement d'entreprise (n°s 55800 s.) ;
– les vérifications spécifiques diverses, qui portent sur les actions d'administrateurs, l'attestation des personnes les mieux rémunérées, et enfin l'examen du montant des sommes ouvrant droit à la réduction d'impôt visée par l'article 238 bis du CGI (n°s 56050 s.) ;
– le contrôle des informations relatives aux délais de paiement (n°s 56518 s.).
Le contrôle des conventions réglementées fait l'objet du chapitre précédent (n°s 52100 s.).

SECTION 1

Rapport de gestion

54150 Le rapport de gestion s'entend de tout document écrit par lequel les dirigeants ou les organes chargés de la direction de l'entité rendent compte à l'organe délibérant de leur gestion au cours de l'exercice écoulé et communiquent toutes informations significatives sur l'entité et sur ses perspectives d'évolution. Le rapport de gestion a vocation à accompagner les comptes annuels. Son établissement incombe aux organes qui ont la charge de les arrêter.
Dans les entités établissant des comptes consolidés, le contenu du rapport de gestion vise également la gestion du groupe. Il peut faire l'objet d'un rapport distinct, mais il peut également être inclus dans le rapport de gestion annuel sur la situation et l'activité de la société pendant l'exercice écoulé.

S'agissant du rapport de gestion contenu dans le rapport financier annuel des sociétés dont les titres sont admis aux négociations sur un marché réglementé, voir n° 42420 s.

I. Élaboration du rapport de gestion

A. Entités concernées

54170 Il n'y a pas de texte unique prévoyant l'établissement d'un rapport de gestion pour l'ensemble des formes juridiques. Les dirigeants qui ont la charge d'établir le rapport de gestion doivent donc rechercher les textes légaux et réglementaires applicables à leur entité.

En cas de **changement de mandataires sociaux** en cours d'exercice, l'établissement du rapport de gestion est à la seule charge des nouveaux dirigeants, dès leur désignation. Rien n'interdit cependant d'exiger des anciens dirigeants, préalablement à leur départ, la rédaction d'un rapport sur l'activité de la société à l'usage exclusif des nouveaux administrateurs pour la période de l'exercice antérieure à la cessation de leurs fonctions (A. Theimer, « L'établissement du rapport général en cas de changement de mandataires sociaux en cours d'année », JCP Éd. E, 2005 p. 1573).

Ces textes, lorsqu'ils existent, ne donnent pas de définition homogène du contenu de ce rapport, qui est donc susceptible de varier en fonction de la forme juridique de l'entité.

54171 Pour les **sociétés commerciales**, l'article L 232-1 du Code de commerce constitue la base commune du contenu des rapports de gestion. Des mentions complémentaires sont

1126

© Éd. Francis Lefebvre

AUTRES VÉRIFICATIONS SPÉCIFIQUES

prévues pour les sociétés anonymes, notamment lorsqu'elles ont des titres financiers admis aux négociations sur un marché réglementé (voir n°s 54200 s.).

Les sociétés commerciales visées sont les sociétés en nom collectif, les sociétés en commandite simple, les sociétés à responsabilité limitée, les sociétés anonymes, les sociétés par actions simplifiées et les sociétés en commandite par actions.

La loi 2018-727 du 10 août 2018 pour un État au service d'une société de confiance a modifié les dispositions du IV de l'article L 232-1 du Code de commerce afin de **dispenser** les sociétés commerciales qualifiées de **petites entreprises** d'établir un rapport de gestion. Ces dispositions sont applicables pour les rapports afférents aux exercices clos à compter du 11 août 2018 (Loi 2018-727 du 10-8-2018 art. 55, V).

54172

La rédaction antérieure de l'article L 232-1 du Code de commerce exemptait de l'obligation d'établir un rapport de gestion uniquement les SARL et SAS dont l'associé unique, personne physique, assumait personnellement la gérance ou la présidence, et qui étaient qualifiées de petites entreprises.

S'agissant des seuils définissant les petites entreprises, pour cette dispense d'établir un rapport de gestion, ils ont été relevés par le décret 2019-539 du 29 mai 2019 afin de les aligner avec ceux prévus par la directive européenne 2013/34/UE du 26 juin 2013. Ainsi, depuis le 30 mai 2019, pour être qualifiée de petite entreprise, la société ne doit pas dépasser, au titre du dernier exercice comptable clos et sur une base annuelle, deux des trois **seuils** suivants (C. com. art. L 123-16 et D 123-200) :
– total du bilan : 6 000 000 euros ;
– montant net du chiffre d'affaires : 12 000 000 euros ;
– nombre moyen de salariés employés au cours de l'exercice : 50.

Antérieurement à l'entrée en vigueur du décret 2019-359, les seuils de bilan et de chiffre d'affaires étaient respectivement fixés à 4 et 8 millions d'euros par l'article D 123-200.

Lorsqu'une entreprise dépasse ou cesse de dépasser deux de ces trois seuils, cette circonstance n'a d'incidence que si elle se produit pendant deux exercices consécutifs.

Les **modalités de calcul** du total du bilan, du chiffre d'affaires et du nombre de salariés sont définies à l'article D 123-200 du Code de commerce.

Le total du bilan est égal à la somme des montants nets des éléments d'actif.

Le montant net du chiffre d'affaires est égal au montant des ventes de produits et services liés à l'activité courante, diminué des réductions sur ventes, de la TVA et des taxes assimilées.

Pour les **exercices ouverts à compter du 9 février 2020**, le décret 2020-101 du 7 février 2020 modifie les dispositions de l'article D 123-200 du Code de commerce et introduit de nouvelles **modalités de calcul du seuil d'effectif salarié** en renvoyant au I de l'**article L 130-1 du Code de la sécurité sociale**. Le nombre moyen de salariés correspond dès lors à la moyenne du nombre de personnes employées au cours de chacun des mois de l'année civile précédente ou du dernier exercice comptable lorsque celui-ci ne correspond pas à l'année civile précédente (C. com. art. D 123-200 al. 7 modifié par le décret 2020-101 du 7-2-2020 renvoyant à CSS art. L 130-1 I créé par la loi 2019-486 dite « Pacte » du 22-5-2019).

L'article R 130-1 du Code de la sécurité sociale apporte des précisions quant aux catégories de personnes incluses dans l'effectif et les modalités de leur décompte.

Pour mémoire, antérieurement à l'entrée en vigueur des modifications apportées par le décret 2020-101 à l'article D 123-200, le nombre moyen de salariés employés au cours de l'exercice était égal à la moyenne arithmétique des effectifs à la fin de chaque trimestre de l'année civile, ou de l'exercice comptable lorsque celui-ci ne coïncidait pas avec l'année civile, liés à l'entreprise par un contrat de travail.

Certaines sociétés sont toutefois expressément **exclues du bénéfice de cette dispense** d'établir un rapport de gestion (C. com. art. L 232-1, IV et L 123-16-2).

Les sociétés exclues sont :
– les établissements de crédit et sociétés de financement mentionnés à l'article L 511-1 du Code monétaire et financier ainsi que les établissements de paiement et les établissements de monnaie électronique mentionnés à l'article L 521-1 du même code ;
– les entreprises d'assurances et de réassurance mentionnées aux articles L 310-1 et L 310-1-1 du Code des assurances, les fonds de retraite professionnelle supplémentaire mentionnés à l'article L 381-1 du même code, les institutions de retraite professionnelle supplémentaire mentionnées à l'article L 942-1 du Code de la sécurité sociale, les mutuelles ou unions mentionnées à l'article L 214-1 du Code de la mutualité, les organismes de sécurité sociale mentionnés à l'article L 114-8 du Code de la sécurité sociale, les institutions de prévoyance et leurs unions régies par le titre III du livre IX du Code de la sécurité sociale ainsi que les mutuelles et unions de mutuelles régies par le livre II du Code de la mutualité ;

AUTRES VÉRIFICATIONS SPÉCIFIQUES

© Éd. Francis Lefebvre

– les personnes et entités dont les titres financiers sont admis aux négociations sur un marché réglementé ;

– les personnes et entités qui font appel à la générosité publique au sens de la loi 91-772 du 7 août 1991 relative au congé de représentation en faveur des associations et des mutuelles et au contrôle des comptes des organismes faisant appel à la générosité publique ;

– les sociétés dont l'activité consiste à gérer des titres de participation ou des valeurs mobilières.

La Commission des études juridiques de la CNCC s'est interrogée sur le périmètre que recouvre la notion de société « dont l'activité consiste à **gérer des titres de participation ou des valeurs mobilières** » (Bull. CNCC n° 194-2019 – EJ 209-09 p. 369).

En prenant en considération les définitions présentées dans la directive 2013/34/UE et en l'absence de précisions dans le rapport au Président de la République relatif à l'ordonnance 2015-900 du 23 juillet 2015 sur les obligations comptables des commerçants, la CNCC estime que la notion « d'activité consistant à gérer des titres de participation ou des valeurs mobilières » concerne les entreprises d'investissement et les entreprises de participations financières telles que définies par la directive précitée.

Ainsi, les entreprises d'investissement sont :

– les entreprises dont l'objet unique est de placer leurs fonds dans diverses valeurs mobilières, immobilières et d'autres actifs dans le seul but de répartir leurs risques d'investissement et de faire bénéficier leurs actionnaires des résultats de la gestion de leurs avoirs ;

– les entreprises associées aux entreprises d'investissement à capital fixe si l'objet unique de ces entreprises liées est d'acquérir des actions entièrement libérées émises par ces entreprises d'investissement, sans préjudice de l'article 22, paragraphe 1 de la directive 2012/30/UE.

Les entreprises de participations financières sont les entreprises dont l'objet unique est la prise de participations dans d'autres entreprises ainsi que la gestion et la mise en valeur de ces participations sans que ces entreprises s'immiscent directement ou indirectement dans la gestion de ces entreprises, sans préjudice des droits que les entreprises de participations financières détiennent en leur qualité d'actionnaire.

Certaines des sociétés commerciales en dessous des seuils prévus à l'article L 232-1 du Code de commerce pourraient bénéficier de la dispense d'établir un rapport de gestion mais leurs **dispositions statutaires** prévoient l'établissement d'un tel rapport.

Dans cette situation, la Commission des études juridiques de la CNCC considère qu'il convient de distinguer (Bull. CNCC n° 194-2019 p. 367 – EJ 2018-90) :

– les sociétés dont les dispositions statutaires renvoient aux **dispositions légales en vigueur** et prévoient ainsi l'établissement d'un rapport de gestion conformément à l'article L 232-1 du Code de commerce ou « en application de la loi ». Dans ce cas, elles peuvent bénéficier de la dispense d'établir un rapport de gestion prévue au IV de l'article précité si elles en remplissent les conditions ;

La Commission des études juridiques de la CNCC rappelle que la dispense de rapport de gestion prévue par la loi reste une faculté et non une disposition impérative. Une société peut décider volontairement d'établir un rapport de gestion et le présenter à l'organe délibérant (voir n° 54305).

– les sociétés dont **les dispositions statutaires prévoient expressément l'établissement d'un rapport de gestion**, sans préciser que cette obligation s'applique conformément aux dispositions de l'article L 232-1 du Code de commerce ou « en application de la loi ». Dans ce cas, l'obligation d'établir un rapport de gestion demeure et les sociétés concernées ne peuvent pas bénéficier de la dispense prévue au IV de l'article L 232-1 du Code de commerce. Si elles souhaitent être dispensées d'établir un rapport de gestion, elles doivent procéder à une modification de leurs statuts.

Le comité juridique de l'Ansa partage cette position et précise que le contenu légal du rapport de gestion doit être respecté, même sur une base exclusivement statutaire (Ansa n° 19-016).

54174 Pour les **personnes morales de droit privé non commerçantes** ayant une activité économique, l'alinéa 2 de l'article R 612-2 du Code de commerce prévoit que les dirigeants doivent soumettre à l'approbation de l'organe délibérant un rapport de gestion, sans toutefois fixer le contenu de ce document.

54176 Pour les **groupements d'intérêt économique**, aucune disposition régissant leur fonctionnement ne prévoit l'obligation pour leurs dirigeants d'établir un rapport de gestion.

54178 Pour les **sociétés civiles**, l'article 1856 du Code civil impose aux gérants de produire aux associés un rapport écrit d'ensemble sur l'activité de la société.

© Éd. Francis Lefebvre

AUTRES VÉRIFICATIONS SPÉCIFIQUES

54180

Des textes **divers** prévoient également l'établissement d'un rapport de gestion notamment par les établissements de crédit, les sociétés de financement et les entreprises d'investissement (C. com. art. L 232-1, sur renvoi C. mon. fin. art. L 511-35), par les mutuelles (C. mutualité art. L 114-17), par les institutions de prévoyance (CSS art. R 931-3-11), par les sociétés coopératives agricoles (C. rural art. L 524-6-2) et par les sociétés civiles de placement immobilier et les sociétés d'épargne forestière (C. mon. fin. art. L 214-109).

Concernant l'obligation d'information des établissements de crédit, des entreprises d'investissement, des compagnies financières holding et des compagnies financières holding mixtes sur les implantations et activités, incluses dans le périmètre de consolidation, dans chaque État et chaque territoire, voir II du chapitre « Secteur bancaire » (nᵒˢ 78335 s.).

54181

Le **comité social et économique**, créé par l'ordonnance 2017-1386 du 22 septembre 2017, doit être mis en place dans chaque entreprise conformément aux dispositions transitoires définies à l'article 9 de ladite ordonnance. Ce nouveau comité, qui fusionne les instances représentatives du personnel, doit établir un rapport présentant les informations qualitatives sur ses activités et sur sa gestion financière (C. trav. art. L 2315-69).

54182

Indépendamment des textes légaux et réglementaires, l'obligation d'émettre un rapport de gestion peut résulter de dispositions statutaires ou de la volonté des dirigeants de l'entité.

B. Contenu du rapport de gestion

54185

Nous présenterons tout d'abord le contenu de base du rapport de gestion prévu à l'article L 232-1 pour l'ensemble des sociétés commerciales puis nous détaillerons les mentions complémentaires prévues pour certaines formes juridiques de sociétés, pour les sociétés dépassant certains seuils ou pour les sociétés dont les titres sont admis aux négociations sur un marché réglementé.

Pour les sociétés civiles, l'article 1856 du Code civil précise les grandes lignes du contenu du rapport de gestion (rapport écrit d'ensemble sur l'activité de l'année ou de l'exercice écoulé, avec indication des bénéfices réalisés ou prévisibles et des pertes encourues ou prévues).

S'agissant plus particulièrement des sociétés civiles de placement immobilier (SCPI) et des sociétés d'épargne forestière, l'article L 214-109 du Code monétaire et financier, issu de l'ordonnance du 25 juillet 2013, précise que le rapport de gestion de la société de gestion expose la situation de la société durant l'exercice écoulé, son évolution prévisible ainsi que les événements importants intervenus entre la date de la clôture de l'exercice et la date à laquelle il est établi. Par ailleurs, le contenu du rapport est détaillé par l'article 422-227 du règlement général de l'AMF.

Contenu de base pour les sociétés commerciales

54190

Dans les sociétés commerciales, le rapport de gestion sur les comptes annuels contient, en application du II de l'article L 232-1 du Code de commerce :
– un exposé de la situation de la société durant l'exercice écoulé ;
– l'évolution prévisible de la situation de la société ;
– les événements importants survenus entre la date de clôture de l'exercice et la date d'établissement du rapport de gestion ;
– les activités en matière de recherche et de développement ;
– la mention des succursales existantes.

Selon la CNCC, si les capitaux propres sont devenus inférieurs à la moitié du capital social au cours de l'exercice, le rapport de gestion doit mentionner ce fait ainsi que l'obligation de convoquer une assemblée générale extraordinaire dans les quatre mois de l'approbation des comptes (Bull. CNCC nᵒ 134-2004 p. 335 ; CNCC NI. I décembre 2018 p. 312).

54192

Le rapport de gestion des sociétés commerciales contient également :
– un compte rendu de l'activité et des résultats de l'ensemble de la société, des filiales de la société et des sociétés qu'elle contrôle par branche d'activité (C. com. art. L 233-6, al. 2) ;
– les prises de participation représentant, notamment, plus du vingtième, du dixième, du cinquième, du tiers, de la moitié ou des deux tiers du capital ou des droits de vote d'une société, ou la prise de contrôle d'une société (C. com. art. L 233-6 et L 247-1) ;

Pour plus de détails sur les prises de participation, voir nᵒˢ 55460 s.

1129

AUTRES VÉRIFICATIONS SPÉCIFIQUES

© Éd. Francis Lefebvre

– le montant global de certaines charges non déductibles fiscalement visées au 4 de l'article 39 du CGI (CGI art. 223 quater) ;

– l'indication des dividendes des trois exercices précédents, en distinguant ceux éligibles à l'abattement de 40 % et ceux non éligibles à cet abattement et ventilés par catégorie d'actions ou de parts (CGI art. 243 bis) ;

– la réintégration du montant de certaines dépenses dans les bénéfices imposables à la suite d'un redressement fiscal définitif (CGI art. 223 quinquies) ;

– le cas échéant, la décision de l'Autorité de la concurrence sanctionnant une pratique anticoncurrentielle (C. com. art L 464-2, I, al. 5).

Mentions complémentaires

54200   Outre les informations devant figurer dans le rapport de gestion des sociétés commerciales (nᵒˢ 54190 s.), des mentions complémentaires sont prévues par ailleurs pour les sociétés dont les comptes annuels sont certifiés par un commissaire aux comptes (1), pour les sociétés par actions (2), pour les sociétés par actions ayant la forme de sociétés anonymes ou de sociétés en commandite par actions (3), pour les SA (et, sur renvoi, SCA, SARL et SNC) (4), pour les sociétés soumises à l'établissement d'une déclaration de performance extra-financière (5), pour les sociétés dont les titres sont admis aux négociations sur un marché réglementé (6), pour les sociétés commerciales qui consentent des prêts interentreprises (7) et enfin pour les SA, SCA et SAS dépassant les seuils et soumises à l'obligation d'établir un plan de vigilance (8).

Ces mentions ont un caractère cumulatif.

L'ordonnance 2020-1142 du 16 septembre 2020, prise en application de l'article 75 de la loi dite Pacte, crée un nouveau chapitre X au sein du titre II du livre II du Code de commerce qui est dédié aux sociétés dont les titres sont admis aux négociations sur un marché réglementé ou sur un système multilatéral de négociation (dites « sociétés cotées »). Les règles spécifiques aux sociétés cotées sont dès lors dissociées des dispositions du droit commun applicables aux sociétés anonymes et aux sociétés en commandite par actions pour être regroupées dans un nouveau chapitre qui leur est spécifiquement dédié. L'objectif de cette recodification est de restituer au droit commun des sociétés sa lisibilité et sa cohérence tout en permettant d'identifier plus aisément les règles propres aux sociétés cotées. Le rapport au Président sur ladite ordonnance précise que cette réforme est réalisée à droit constant.

Les dispositions de l'ordonnance sont entrées en vigueur au 1ᵉʳ janvier 2021 (Ord. précitée art. 19). Le décret 2020-1742 du 29 décembre 2020 procède quant à lui à une recodification, également à droit constant, des dispositions propres aux sociétés cotées dans la partie réglementaire du Code de commerce.

54201   **1. Mentions pour les sociétés dont les comptes annuels sont certifiés par un commissaire aux comptes**   Pour ces sociétés, le rapport de gestion doit comprendre des informations sur les délais de paiement de leurs fournisseurs et de leurs clients suivant des modalités définies par l'article D 441-6 du Code de commerce : voir développements au nᵒ 56522.

54202   **2. Mentions pour les sociétés par actions**   Pour l'ensemble des sociétés par actions (SA, SCA et SAS), le rapport de gestion doit comprendre :

– l'indication de l'aliénation d'actions effectuée en vue de la régularisation des participations réciproques (C. com. art. R 233-19) ;

– le nom des sociétés contrôlées et la part du capital et des droits de vote de la société qu'elles détiennent (Actions « d'autocontrôle » ; C. com. art. L 233-13) ;

– les acquisitions et cessions par la société de ses **propres actions** en vue d'une cession à ses salariés (C. com. art. L 225-211) ;

Cette information regroupe le nombre des actions achetées et vendues au cours de l'exercice par application des articles L 225-208, L 22-10-62, L 225-209-2, L 228-12 et L 228-12-1, les cours moyens des achats et des ventes, le montant des frais de négociation, le nombre des actions inscrites au nom de la société à la clôture de l'exercice et leur valeur évaluée au cours d'achat, ainsi que leur valeur nominale pour chacune des finalités, le nombre des actions utilisées, les éventuelles réallocations dont elles ont fait l'objet et la fraction du capital qu'elles représentent (C. com. art. L 225-211).

– les ajustements pratiqués en cas d'émission de valeurs mobilières donnant accès au capital (C. com. art. L 228-99 et R 228-91).

La société appelée à attribuer les titres de capital ou les valeurs mobilières y donnant accès doit prendre les mesures nécessaires à la protection des intérêts des titulaires des droits ainsi créés si elle décide de procéder à l'émission, sous quelque forme que ce soit, de nouveaux titres de capital avec droit préférentiel de souscription réservé à ses actionnaires, de distribuer des réserves, en espèces ou en nature, et

© Éd. Francis Lefebvre

AUTRES VÉRIFICATIONS SPÉCIFIQUES

des primes d'émission ou de modifier la répartition de ses bénéfices par la création d'actions de préférence (C. com. art. L 228-99).

Ces mesures peuvent notamment consister à procéder à un ajustement des conditions de souscription, des bases de conversion, des modalités d'échange ou d'attribution initialement prévues de façon à tenir compte de l'incidence des opérations effectuées.

Dans ce cas, le rapport de l'organe compétent rend compte des éléments de calcul et des résultats de l'ajustement (C. com. art. R 228-91).

3. Mentions pour les sociétés anonymes et sociétés en commandite par actions 3.1. Pour **toutes les SA et SCA**, le rapport de gestion doit comprendre :

54203

– lorsque l'assemblée est appelée à délibérer sur des modifications de l'organisation économique ou juridique de la société sur lesquelles le comité d'entreprise a été consulté, l'avis de ce dernier (C. com. art. L 225-105, al. 5) ;

L'article L 225-105 précité ne tient pas compte du remplacement du comité d'entreprise par le comité social et économique. Sur l'application de cette disposition au comité social et économique des entreprises, voir Mémento Sociétés commerciales n° 83085.

– l'état de la participation des salariés au capital social au dernier jour de l'exercice et la proportion du capital que représentent les actions détenues par le personnel de la société et par le personnel des sociétés qui lui sont liées au sens de l'article L 225-180 du Code de commerce, dans le cadre d'un plan d'épargne d'entreprise prévu par les articles L 3332-1 à L 3334-16 du Code du travail et par les salariés et anciens salariés dans le cadre des FCPE (C. com. art. L 225-102, al. 1).

Depuis le 8 août 2015, sont également prises en compte les actions nominatives détenues directement par les salariés en application de l'article L 225-197-1 du Code de commerce (actions attribuées gratuitement), des articles L 225-187 et L 225-196 du Code de commerce dans leur rédaction antérieure à l'entrée en vigueur de la loi 2001-152 sur l'épargne salariale, de l'article L 3324-10 du Code du travail, de l'article 31-2 de l'ordonnance 2014-948 relative à la gouvernance et aux opérations sur le capital des sociétés à participation publique et de l'article 11 de la loi 86-912 relative aux modalités des privatisations, dans sa rédaction antérieure à l'entrée en vigueur de l'ordonnance 2014-948 précitée (C. com. art. L 225-102, al. 1).

La Compagnie nationale des commissaires aux comptes considère que l'absence de participation des salariés au capital constitue une information « sur l'état de la participation des salariés » devant être mentionnée comme telle dans le rapport de gestion.

Enfin, pour toutes les SA et SCA, doit être joint au rapport de gestion le tableau faisant apparaître notamment les **résultats** de la société au cours de chacun des **cinq derniers exercices** (C. com. art. R 225-102 ; Mémento Sociétés commerciales n° 46492).

3.2. Pour les sociétés anonymes et en commandite par actions qui exploitent une installation figurant sur la liste prévue à l'article L 515-36 du Code de l'environnement (**installations classées** susceptibles de créer, par danger d'explosion ou d'émanation de produits nocifs, des risques très importants pour la santé ou la sécurité des populations voisines et pour l'environnement), la loi du 30 juillet 2003 relative à la prévention des risques technologiques a inséré dans le Code de commerce un article L 225-102-2 imposant à leurs dirigeants de faire état dans leur rapport de gestion des informations suivantes :

– politique menée pour la prévention du risque d'accident technologique ;

– capacité de la société à couvrir sa responsabilité civile vis-à-vis des biens et des personnes du fait de l'exploitation de ces installations ;

– moyens prévus pour assurer la gestion de l'indemnisation des victimes en cas d'accident technologique engageant sa responsabilité.

4. Mentions complémentaires applicables à certaines sociétés Pour les SA (et, sur renvoi, SCA, SARL et SNC), l'article L 225-100-1, I du Code de commerce prévoit l'insertion des éléments suivants :

54204

– une analyse objective et exhaustive de l'évolution des affaires, des résultats et de la situation financière de la société, notamment de sa situation d'endettement au regard du volume et de la complexité des affaires avec, le cas échéant, des renvois aux montants indiqués dans les comptes annuels et des explications supplémentaires y afférentes (C. com. art. L 225-100-1, I-1°) ;

– dans la mesure nécessaire à la compréhension de l'évolution des affaires, des résultats ou de la situation de la société, des indicateurs clefs de performance de nature financière et, le cas échéant, de nature non financière ayant trait à l'activité spécifique de la société,

1131

AUTRES VÉRIFICATIONS SPÉCIFIQUES

© Éd. Francis Lefebvre

notamment des informations relatives aux questions d'environnement et de personnel avec, le cas échéant, des renvois aux montants indiqués dans les comptes annuels et des explications supplémentaires y afférentes (C. com. art. L 225-100-1, I-2°) ;

Pour les sociétés établissant une DPEF, ces indicateurs sont donnés dans cette déclaration.

– une description des principaux risques et incertitudes auxquels la société est confrontée (C. com. art. L 225-100-1, I-3°) ;

– lorsque cela est pertinent pour l'évaluation de son actif, de son passif, de sa situation financière et de ses pertes ou profits, des indications sur ses objectifs et sa politique concernant la couverture de chaque catégorie principale de transactions prévues pour lesquelles il est fait usage de la comptabilité de couverture, ainsi que sur son exposition aux risques de prix, de crédit, de liquidité et de trésorerie. Ces indications comprennent l'utilisation par l'entreprise des instruments financiers (C. com. art. L 225-100-1, I-4°).

54205 **5. Déclaration de performance extra-financière** La déclaration de performance extra-financière a été introduite par la directive 2014/95/UE du 22 octobre 2014 relative à la publication d'informations non financières et d'informations relatives à la diversité par certaines grandes entreprises et certains groupes. Elle a été transposée en France par l'ordonnance 2017-1180 du 19 juillet 2017, prise en application de l'article 216 de la loi 2017-86 du 27 janvier 2017 relative à l'égalité et à la citoyenneté. Le décret 2017-1265 du 9 août 2017 précise les conditions d'application de ces dispositions applicables aux rapports afférents aux exercices ouverts à compter du 1er septembre 2017.

Les textes précités ont ainsi fait évoluer le dispositif dit « Grenelle II », qui imposait précédemment la présence d'informations RSE dans le rapport de gestion.

Perspectives d'évolutions européennes. Dans le cadre du pacte vert pour l'Europe (*Green Deal* européen), un plan d'action a été mis en place autour des trois grands enjeux suivants :
– réorienter les flux de capitaux vers des activités et des investissements durables ;
– intégrer systématiquement la durabilité dans la gestion des risques ;
– favoriser la transparence, le long terme et la durabilité dans les activités financières et économiques.

Ce pacte vert et de finance durable pour l'Europe vise à transformer l'Union en une économie moderne, compétitive et économe en ressources, caractérisée par l'absence d'émission nette de gaz à effet de serre d'ici à 2050.

En outre, la fiabilisation et l'obtention d'une assurance sur les informations non financières constituent une attente forte pour l'ensemble des parties prenantes (sociétés, investisseurs, autorités de régulation...).

Dans ce contexte, trois textes clés viennent en soutien des objectifs de développement durable de l'Union européenne et restructurent les exigences en matière de *reporting* de « durabilité » (*Sustainability Reporting*) :

1. Le **règlement « Taxonomie »**, qui définit, selon des critères techniques, les activités contributives à la durabilité et qui impose des informations à fournir (voir § 5.6).

2. Le **règlement « SFDR »** (*Sustainable Finance Disclosure Regulation*), qui exige un *reporting* ESG (environnement, social et gouvernance) des investisseurs et une transparence sur les aspects ESG des produits qu'ils proposent à leurs clients.

3. La **proposition de directive « CSRD »** (*Corporate Sustainability Reporting Directive*), visant à renforcer les exigences de la directive 2014/95 précitée sur les informations non financières avec notamment :

– une extension du champ d'application à toutes les grandes entreprises au sens de la directive comptable, et à toutes les sociétés cotées sur des marchés réglementés à l'exception des microentreprises cotées, soit, au niveau européen, plus de 49 000 entreprises concernées ;

Les grandes entreprises visées seraient ainsi celles dépassant deux des trois critères suivants : 250 salariés, total bilan de 20 M€ et chiffres d'affaires de 40 M€.

– des exigences de déclaration plus détaillées ;

– une obligation de déclaration conformément à des normes européennes de *reporting* obligatoires qui seront élaborées par l'Efrag (*European Financial Reporting Advisory Group*) ;

– une information centralisée dans le rapport de gestion avec un format digital imposé reposant sur un système de classification (*Tagging*), afin que l'information soit lisible par ordinateur ;

© Éd. Francis Lefebvre

AUTRES VÉRIFICATIONS SPÉCIFIQUES

54205
(suite)

– la possibilité d'appliquer des normes adaptées et proportionnées pour les PME ;
– une nouvelle exigence de vérification obligatoire sur le *reporting* durabilité (vérification d'assurance modérée).

À la date de mise à jour de ce Mémento, le texte législatif n'est pas définitif et des évolutions sont donc susceptibles d'intervenir à la suite des négociations avec le Parlement européen et le Conseil européen. Par la suite, la directive adoptée devra être transposée en droit français.

D'après la proposition de directive, le nouveau dispositif devrait s'appliquer à compter des rapports publiés en 2024 sur les exercices ouverts à compter du 1er janvier 2023.

Nous vous présenterons donc le texte législatif final et sa transposition en France dans le cadre de la prochaine édition de ce Mémento.

À présent, nous détaillerons ci-après les entités concernées par l'obligation d'établir une DPEF dans le dispositif français tel qu'il ressort des textes applicables à la date de mise à jour de ce Mémento (§ 5.1.) puis le contenu de cette DPEF (§ 5.2.), les obligations de publicité (§ 5.3.), l'attestation requise du commissaire aux comptes (§ 5.4.) et l'intervention d'un organisme tiers indépendant (§ 5.5.). Enfin, nous présenterons l'évolution attendue du dispositif avec le règlement européen dit Taxonomie (§ 5.6.).

5.1 Entités concernées. Les articles L 225-102-1 et, le cas échéant, L 22-10-36 du Code de commerce prévoient qu'une déclaration de performance extra-financière soit insérée dans le rapport de gestion pour :

– les sociétés dont les **titres sont admis** aux négociations sur un marché réglementé et dépassant les seuils suivants fixés par l'article R 22-10-29 du Code de commerce :
• 20 millions d'euros de total bilan ou 40 millions d'euros de montant net de chiffre d'affaires,
• et 500 salariés permanents employés au cours de l'exercice ;

À compter du 1er janvier 2021, c'est le nouvel article L 22-10-36 du Code de commerce, créé par l'ordonnance 2020-1142 du 16 septembre 2020, qui impose aux sociétés dont les titres sont admis aux négociations sur un marché réglementé et dépassant certains seuils l'application des dispositions de l'article L 225-102-1 du Code de commerce relatives à la déclaration de performance extra-financière et à la déclaration consolidée de performance extra-financière.

De même, depuis le 1er janvier 2021, l'article R 22-10-29 du même code fixe les seuils applicables aux sociétés dont les titres sont admis aux négociations sur un marché réglementé qui étaient précédemment visées à l'article R 225-104.

– les sociétés dont les **titres ne sont pas admis** aux négociations sur un marché réglementé et dépassant les seuils suivants fixés par l'article R 225-104 du Code de commerce :
• 100 millions d'euros de total bilan ou de montant net de chiffre d'affaires,
• et 500 salariés permanents employés au cours de l'exercice.

Pour les **modalités de calcul** du **total du bilan**, du chiffre d'affaires et des salariés, les articles R 225-104 et R 22-10-29 renvoient aux alinéas 5 et 6 de l'article D 123-200 du Code de commerce.

S'agissant du bilan et du chiffre d'affaires, les modalités de calcul sont les suivantes :
– le total du bilan est égal à la somme des montants nets des éléments d'actif ;
– le montant net du chiffre d'affaires est égal au montant des ventes de produits et services liés à l'activité courante, diminué des réductions sur ventes, de la taxe sur la valeur ajoutée et des taxes assimilées (C. com. art. D 123-200).

Quant aux modalités de calcul du **nombre de salariés**, elles évoluent de la manière suivante à la suite du décret 2020-101 du 7 février 2020 :
– antérieurement aux exercices ouverts à compter du 9 février 2020, l'article D 123-200 du Code de commerce précise que « le nombre moyen de salariés employés au cours de l'exercice est égal à la moyenne arithmétique des effectifs à la fin de chaque trimestre de l'année civile, ou de l'exercice comptable lorsque celui-ci ne coïncide pas avec l'année civile, liés à l'entreprise par un contrat de travail » (C. com. art. D 123-200 modifié par le décret 2019-539 du 29-5-2019). Tous les salariés employés liés à l'entreprise par un contrat de travail sont visés et les salariés ne sont pas limités aux salariés permanents liés à l'entreprise par un contrat de travail à durée indéterminée ;
– pour les **exercices ouverts à compter du 9 février 2020**, l'article D 210-21 du Code de commerce, créé par le décret 2020-101 du 7 février 2020, dispose :
• d'une part, que l'effectif salarié est déterminé selon les dispositions du dernier alinéa de l'article D 123-200, également modifié par le décret susmentionné. Ainsi, « sauf disposition contraire, le nombre moyen de salariés est apprécié selon les modalités prévues au I de l'article L 130-1 du Code de la sécurité sociale. Par dérogation, il est apprécié sur le dernier exercice comptable lorsque celui-ci ne correspond pas à l'année civile précédente (C. com. art. D 123-200, al. 7 modifié par le décret 2020-100 du 7-2-2020). L'effectif salarié annuel de l'employeur, y compris lorsqu'il s'agit d'une personne morale comportant plusieurs établissements, correspond à la moyenne du nombre de personnes employées au cours de chacun des mois de l'année civile précédente (CSS art. L 130-1 I créé par la loi 2019-486 dite « Pacte » du 22-5-2019),

AUTRES VÉRIFICATIONS SPÉCIFIQUES

© Éd. Francis Lefebvre

54205
(suite)

• et, d'autre part, que les catégories de personnes incluses dans l'effectif de salariés permanents sont les salariés à temps plein, titulaires d'un contrat à durée indéterminée.

Les **seuils** de bilan, de chiffre d'affaires et de salariés mentionnés ci-avant sont à apprécier sur une **base** :

– **consolidée**, selon le référentiel comptable applicable lorsque l'entité établit des comptes consolidés (C. com. art. L 225-102-1, II) ;

Lorsque la société établit une déclaration consolidée de performance extra-financière :

– ces informations portent sur l'ensemble du **périmètre de consolidation** conformément à l'article L 233-16 du Code de commerce (C. com. art. L 225-102-1, III) ;

– les textes n'imposent pas de communiquer une information détaillée par entité contrôlée, même dans le cas où les entités dépasseraient les seuils déclenchant l'obligation d'établir une déclaration de performance extra-financière.

Lorsqu'une entité, non astreinte à l'établissement de comptes consolidés, en **établit volontairement**, deux cas de figure sont à distinguer.

1. Si l'entité prépare des comptes consolidés qui ne sont pas destinés à être publiés mais à répondre seulement à des besoins spécifiques sans présentation à l'organe délibérant, la CNCC estime alors, selon une doctrine constante, que l'entité n'a pas à élaborer un rapport sur la gestion du groupe, vecteur de publication de la DPEF consolidée. Ainsi, en l'absence de publication de comptes consolidés et d'obligation d'établissement d'un rapport sur la gestion du groupe, la CNCC estime que l'entité n'a pas à établir de DPEF consolidée.

2. A contrario, lorsque l'entité prépare des comptes consolidés et les présente à l'organe délibérant, ce qui implique une publication desdits comptes consolidés qui s'accompagne de l'obligation d'établissement d'un rapport sur la gestion du groupe, et que l'entité, d'une part, dépasse les seuils déclenchant l'obligation de publier une DPEF consolidée et, d'autre part, ne tombe pas dans un cas d'exemption prévu à l'article L 225-102-1, IV, la CNCC considère que l'entité doit alors intégrer la DPEF consolidée dans son rapport sur la gestion du groupe (Bull. CNCC n° 193-2019 – EJ 2018-48, Avis technique CNCC « Déclaration de performance extra-financière : Intervention du commissaire aux comptes – Intervention de l'OTI » – janvier 2020, §1.11.4, D.).

– **individuelle**, lorsque l'entité n'établit pas de comptes consolidés ;

– **le cas échéant, combinée**, dans des cas limitativement énumérés par la loi : tel est le cas pour les entreprises d'assurances et de réassurance, les sociétés mutuelles d'assurance, les institutions de prévoyance (et leurs unions) ainsi que les mutuelles (et leurs unions) (C. ass. art. L 310-1-1-1 ; CSS art. L 931-7-3 ; C. mut. art. L 114-17).

Lorsque l'entité entre dans le champ d'application de la DPEF mais n'est pas une entreprise d'assurances et de réassurance, une société mutuelle d'assurance, une institution de prévoyance (et ses unions) ou une mutuelle (et ses unions) et qu'elle choisit d'établir volontairement des comptes combinés, la CNCC considère qu'en l'absence de textes spécifiques, il n'y a pas lieu de se référer à une base combinée pour apprécier le seuil de déclenchement de l'obligation d'établissement d'une DPEF (Bull. CNCC n° 193-2019 – EJ 2018-80 B, Avis technique précité § 1.11.4, B.).

Enfin, le dispositif prévoit des **exemptions** à l'obligation d'établir une déclaration de performance extra-financière. C'est le cas lorsque les sociétés définies au I ou au II de l'article L 225-102-1 et à l'article L 22-10-36 du Code de commerce sont **sous le contrôle d'une autre société** qui les inclut dans ses comptes consolidés conformément à l'article L 233-16 du Code de commerce, à condition que la société contrôlante :

– soit établie en France et publie une déclaration consolidée sur la performance extra-financière conformément au II de l'article L 225-102-1 ; ou

– soit établie dans un autre État membre de l'Union européenne et publie une telle déclaration en application de la législation dont elle relève (C. com. art. L 225-102-1, IV).

Plusieurs précisions sont apportées par la CNCC concernant les possibilités d'exemption d'établir une DPEF conformément au IV de l'article L 225-102-1 du Code de commerce :

1. Lorsqu'une entité entrant dans le champ du dispositif de la DPEF et dépassant les seuils est **contrôlée par une entité non soumise au dispositif de la DPEF** (par exemple une SAS) qui publie des comptes consolidés obligatoires ou volontaires et qui décide volontairement de publier une DPEF consolidée, l'entité contrôlée ne peut pas être exemptée d'établir sa propre DPEF (Bull. CNCC n° 193-2019 – EJ 2018-81, Avis technique précité §1.11.4, B.).

La CNCC considère en effet que l'exemption prévue au IV de l'article L 225-102-1 ne peut pas s'appliquer lorsque l'entité contrôlante n'est pas légalement soumise à la DPEF.

2. Lorsqu'un réseau d'établissements de crédit est doté d'un organe central qui établit des comptes consolidés sur l'ensemble qu'il constitue avec les entreprises qu'il contrôle ou sur lesquelles il exerce une influence notable, qu'il établit et publie une DPEF sur le périmètre consolidé incluant des entités actionnaires sans pour autant les contrôler au sens de l'article L 233-16 du Code de commerce, alors les **entités actionnaires** doivent

© Éd. Francis Lefebvre

AUTRES VÉRIFICATIONS SPÉCIFIQUES

54205
(suite)

établir leur propre DPEF et ne peuvent en être dispensées au sens de l'article L 225-102-1, IV du Code de commerce (Bull. CNCC n° 193-2019 – EJ 2018-80 A, Avis technique précité, § 1.11.4, C.).

3. Les textes spécifiques aux entreprises d'assurances et de réassurance, aux sociétés mutuelles d'assurance, aux institutions de prévoyance ainsi qu'aux mutuelles prévoient le constat du dépassement des seuils, le cas échéant sur une base consolidée ou combinée. Cependant, seules les sociétés **contrôlées au sens de l'article L 233-16** du Code de commerce incluses dans le périmètre de consolidation ou de combinaison peuvent bénéficier de l'exemption d'établissement d'une DPEF individuelle prévue à l'article L 225-102-1, IV (Bull. CNCC n° 193-2019 – EJ 2018-80 B, Avis technique précité, § 1.11.4, E.).

Dès lors, les entités comprises dans le périmètre de combinaison mais non contrôlées au sens de l'article L 233-16 du Code de commerce ne sont pas dispensées d'établissement et de publication d'une DPEF individuelle.

Il en est de même pour les entités incluses dans des comptes combinés établis à titre volontaire. La Commission des études juridiques de la CNCC considère qu'il convient de retenir une lecture stricte de l'exemption prévue par l'article L 255-102-1, IV du Code de commerce aussi bien en cas d'établissement de comptes combinés que de comptes consolidés (Avis technique précité, § 1.11.4, E.).

Les **entités qui ont l'obligation d'établir une déclaration** de performance extra-financière sont récapitulées ci-après :

a. Les sociétés dont les titres sont admis aux négociations sur un **marché réglementé**, visées à l'article L 22-10-36 du Code de commerce (anciennement visées au 1° du I de l'article L 225-102-1), ainsi que **certaines entités spécifiquement visées** par l'ordonnance 2017-1180 :

Entités concernées	Obligation d'établir une déclaration de performance extra-financière si les seuils suivants sont dépassés (C. com. art. R 22-10-29 à compter du 1-1-2021 ; dispositions figurant antérieurement à l'article R 225-104)
– les SA dont les titres sont admis aux négociations sur un marché réglementé (C. com. art. L 22-10-36 à compter du 1-1-2021 ; C. com. art. L 225-102-1, I, 1° précédemment) ; – les SCA dont les titres sont admis aux négociations sur un marché réglementé (sur renvoi de l'art. L 226-1 du code précité) ; – les SE ayant leur siège social en France dont les titres sont admis aux négociations sur un marché réglementé (C. com. art. L 229-1) ; – les établissements de crédit qui revêtent la forme sociale de SA, SCA, SARL ou SAS ainsi que les sociétés de financement, les entreprises d'investissement, les entreprises mères de sociétés de financement et les sociétés financières holding qui revêtent l'une des formes sociales précitées et dont les titres sont admis à la négociation sur un marché réglementé (C. mon. fin. art. L 511-35, al. 2) ; – les entreprises d'assurances et de réassurance mentionnées aux articles L 310-1 et L 310-1-1 du Code des assurances et qui revêtent la forme de SA (C. ass. art. L 310-1-1, al. 1).	– 20 millions d'euros de total bilan ou 40 millions d'euros de chiffre d'affaires ; – et 500 salariés.

b. Les sociétés dont les titres ne sont pas admis aux négociations sur un **marché réglementé**, telles que **visées à l'article L 225-102-1** du Code de commerce, ainsi que **certaines entités spécifiquement visées** par l'ordonnance 2017-1180 :

Entités concernées	Obligation d'établir une déclaration de performance extra-financière si les seuils suivants sont dépassés (C. com. art. R 225-104)
– les SA dont les titres ne sont pas admis aux négociations sur un marché réglementé (C. com. art. L 225-102-1, I) ; – les SCA dont les titres ne sont pas admis aux négociations sur un marché réglementé (sur renvoi de l'art. L 226-1 du code précité) ; – les SE ayant leur siège social en France dont les titres ne sont pas admis aux négociations sur un marché réglementé (C. com. art. L 229-1) ;	– 100 millions d'euros de total bilan ou de chiffre d'affaires ; – et 500 salariés.

1135

AUTRES VÉRIFICATIONS SPÉCIFIQUES

54205
(suite)

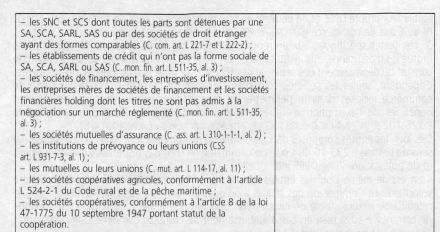

– les SNC et SCS dont toutes les parts sont détenues par une SA, SCA, SARL, SAS ou par des sociétés de droit étranger ayant des formes comparables (C. com. art. L 221-7 et L 222-2) ;
– les établissements de crédit qui n'ont pas la forme sociale de SA, SCA, SARL ou SAS (C. mon. fin. art. L 511-35, al. 3) ;
– les sociétés de financement, les entreprises d'investissement, les entreprises mères de sociétés de financement et les sociétés financières holding dont les titres ne sont pas admis à la négociation sur un marché réglementé (C. mon. fin. art. L 511-35, al. 3) ;
– les sociétés mutuelles d'assurance (C. ass. art. L 310-1-1-1, al. 2) ;
– les institutions de prévoyance ou leurs unions (CSS art. L 931-7-3, al. 1) ;
– les mutuelles ou leurs unions (C. mut. art. L 114-17, al. 11) ;
– les sociétés coopératives agricoles, conformément à l'article L 524-2-1 du Code rural et de la pêche maritime ;
– les sociétés coopératives, conformément à l'article 8 de la loi 47-1775 du 10 septembre 1947 portant statut de la coopération.

Les **entités exclues** du dispositif RSE sont notamment (Avis technique CNCC DPEF – janvier 2020 – § 1.43) :
– les SAS et SARL, sauf celles qui sont des établissements de crédit, ou des sociétés de financement, des entreprises d'investissement, des entreprises mères de sociétés de financement ou des sociétés financières holding ;
– les sociétés civiles immobilières (SCI) ;
– les groupements d'intérêt économique (GIE) ;
– les établissements de paiement et établissements de monnaie électronique ;
– les établissements publics administratifs (EPA) et établissements publics à caractère industriel et commercial (Epic) ;
– les associations et fondations ;
– les sociétés d'assurance mutuelle (SAM) ;
  Ces sociétés étaient soumises au dispositif RSE dans le dispositif précédent dit « Grenelle II », mais elles sont dorénavant exclues du dispositif de DPEF (C. ass. art. L 322-26-2-2).
– les sociétés de groupe d'assurance mutuelle (SGAM) ;
– les unions mutualistes de groupe (UMG) ;
– les sociétés de groupe assurantiel de protection sociale (SGAPS).

La Commission des études juridiques de la CNCC considère que les unions mutualistes de groupe (UMG), les sociétés de groupe d'assurance mutuelle (SGAM) et les sociétés de groupe assurantiel de protection sociale (SGAPS) sont des entités sui generis qui ne sont pas soumises au dispositif de la déclaration de performance extra-financière (Bull. CNCC n° 193-2019 – EJ 2018-82, Avis technique précité, § 1.43).

5.2 Contenu de la déclaration. La déclaration de performance extra-financière présente, dans la mesure nécessaire à la compréhension de la situation de la société, de l'évolution de ses affaires, de ses résultats économiques et financiers et des incidences de son activité des informations sur la manière dont la société prend en compte les conséquences sociales et environnementales de son activité (C. com. art. L 225-102-1, III).

La déclaration peut renvoyer, le cas échéant, aux informations mentionnées dans le **plan de vigilance** (voir n° 54209).

Pour les sociétés dont les titres sont admis aux négociations sur un marché réglementé dépassant les seuils précités et pour les entités spécifiquement visées par l'ordonnance 2017-1180 (voir tableau a. ci-dessus § 5.1.), en complément des informations mentionnées au III de l'article L 225-102-1 du Code de commerce, la déclaration de performance extra-financière et la déclaration consolidée de performance extra-financière présentent les effets de leur activité quant au respect des droits de l'Homme et à la lutte contre la corruption et l'évasion fiscale (C. com. art. L 22-10-36, al. 2 créé par l'ordonnance 2020-1142 du 16-9-2020, à compter du 1-1-2021 ; dispositions figurant antérieurement à l'article L 225-102-1 III du même code).

La déclaration **comprend** ainsi :
• les principaux éléments constitutifs prévus à l'article R 225-105, I du Code de commerce, à savoir :
– une présentation du modèle d'affaires de l'entité ou, le cas échéant, de l'ensemble des entités pour lesquelles l'entité établit des comptes consolidés,

AUTRES VÉRIFICATIONS SPÉCIFIQUES

– une description des principaux risques liés à l'activité de l'entité ou, le cas échéant, de l'ensemble des entités, couvrant les champs sociaux, environnementaux et, le cas échéant, de respect des droits de l'Homme et de lutte contre la corruption et l'évasion fiscale, y compris lorsque cela s'avère pertinent et proportionné, les risques créés par ses relations d'affaires, ses produits ou ses services,

54205
(suite)

> Le respect des droits de l'Homme et la lutte contre la corruption et l'évasion fiscale sont des champs complémentaires imposés aux sociétés dont les titres sont admis aux négociations sur un **marché réglementé** dépassant les seuils précités ainsi que **certaines entités spécifiquement visées** par l'ordonnance 2017-1180 (voir tableau a. ci-dessus § 5.1.).

– une description des **politiques** appliquées par l'entité ou, le cas échéant, l'ensemble des entités, incluant, le cas échéant, les procédures de diligence raisonnables mises en œuvre pour prévenir, identifier et atténuer la survenance de ces risques,

> Pour les sociétés de gestion de portefeuille, des dispositions plus détaillées sont par ailleurs prévues par l'article L 533-22-1 du Code monétaire et financier.

– les **résultats** de ces politiques, incluant des **indicateurs clés de performance**.

Lorsque la société n'applique pas de politique en ce qui concerne un ou plusieurs de ces risques, la déclaration comprend une explication claire et motivée des raisons le justifiant ;

• les informations relatives :

– aux conséquences sur le changement climatique de l'activité de la société et de l'usage des biens et services qu'elle produit,

– à ses engagements sociétaux en faveur du développement durable, de l'économie circulaire, de la lutte contre le gaspillage alimentaire, de la lutte contre la précarité alimentaire, du respect du bien-être animal et d'une alimentation responsable, équitable et durable,

– aux accords collectifs conclus dans l'entreprise et à leurs impacts sur la performance économique de l'entreprise ainsi que sur les conditions de travail des salariés,

– aux actions visant à lutter contre les discriminations et à promouvoir les diversités et aux mesures prises en faveur des personnes handicapées (C. com. art. L 225-102-1, III-al. 2) ;

• **lorsqu'elles sont pertinentes** au regard des principaux risques ou des politiques associées, les informations relatives aux résultats et indicateurs clés de performance prévues au II de l'article R 225-105 du Code de commerce, à savoir :

A. Pour **toutes les sociétés** mentionnées au I de l'article L 225-102-1 ou au premier alinéa de l'article L 22-10-36, les informations suivantes :

Informations sociales :

a) Emploi :
– l'effectif total et la répartition des salariés par sexe, par âge et par zone géographique ;
– les embauches et les licenciements ;
– les rémunérations et leur évolution.

b) Organisation du travail :
– l'organisation du temps de travail ;
– l'absentéisme.

c) Santé et sécurité :
– les conditions de santé et de sécurité au travail ;
– les accidents du travail, notamment leur fréquence et leur gravité, ainsi que les maladies professionnelles.

d) Relations sociales :
– l'organisation du dialogue social, notamment les procédures d'information et de consultation du personnel et de négociation avec celui-ci ;
– le bilan des accords collectifs, notamment en matière de santé et de sécurité au travail.

e) Formation :
– les politiques mises en œuvre en matière de formation, notamment en matière de protection de l'environnement ;
– le nombre total d'heures de formation.

f) Égalité de traitement :
– les mesures prises en faveur de l'égalité entre les femmes et les hommes ;
– les mesures prises en faveur de l'emploi et de l'insertion des personnes handicapées ;
– la politique de lutte contre les discriminations.

Informations environnementales :

a) Politique générale en matière environnementale :
– l'organisation de la société pour prendre en compte les questions environnementales et, le cas échéant, les démarches d'évaluation ou de certification en matière d'environnement ;

AUTRES VÉRIFICATIONS SPÉCIFIQUES © Éd. Francis Lefebvre

54205
(suite)

– les moyens consacrés à la prévention des risques environnementaux et des pollutions ;
– le montant des provisions et garanties pour risques en matière d'environnement, sous réserve que cette information ne soit pas de nature à causer un préjudice sérieux à la société dans un litige en cours.
b) Pollution :
– les mesures de prévention, de réduction ou de réparation de rejets dans l'air, l'eau et le sol affectant gravement l'environnement ;
– la prise en compte de toute forme de pollution spécifique à une activité, notamment les nuisances sonores et lumineuses.
c) Économie circulaire :
i) Prévention et gestion des déchets :
– les mesures de prévention, de recyclage, de réutilisation, d'autres formes de valorisation et d'élimination des déchets ;
– les actions de lutte contre le gaspillage alimentaire.
ii) Utilisation durable des ressources :
– la consommation d'eau et l'approvisionnement en eau en fonction des contraintes locales ;
– la consommation de matières premières et les mesures prises pour améliorer l'efficacité dans leur utilisation ;
– la consommation d'énergie, les mesures prises pour améliorer l'efficacité énergétique et le recours aux énergies renouvelables ;
– l'utilisation des sols.
d) Changement climatique :
– les postes significatifs d'émissions de gaz à effet de serre générés du fait de l'activité de la société, notamment par l'usage des biens et services qu'elle produit ;
– les mesures prises pour l'adaptation aux conséquences du changement climatique ;
– les objectifs de réduction fixés volontairement à moyen et long terme pour réduire les émissions de gaz à effet de serre et les moyens mis en œuvre à cet effet.
e) Protection de la biodiversité : les mesures prises pour préserver ou restaurer la biodiversité.
Informations sociétales :
a) Engagements sociétaux en faveur du développement durable :
– l'impact de l'activité de la société en matière d'emploi et de développement local ;
– l'impact de l'activité de la société sur les populations riveraines ou locales ;
– les relations entretenues avec les parties prenantes de la société et les modalités du dialogue avec celles-ci ;
– les actions de partenariat ou de mécénat.
b) Sous-traitance et fournisseurs :
– la prise en compte dans la politique d'achat des enjeux sociaux et environnementaux ;
– la prise en compte dans les relations avec les fournisseurs et les sous-traitants de leur responsabilité sociale et environnementale.
c) Loyauté des pratiques : les mesures prises en faveur de la santé et de la sécurité des consommateurs.
B. Pour les sociétés mentionnées au premier alinéa de l'article L 22-10-36 du Code de commerce, les **informations complémentaires** suivantes :
1° Informations relatives à la lutte contre la corruption : les actions engagées pour prévenir la corruption.
2° Informations relatives aux actions en faveur des droits de l'Homme :
a) Promotion et respect des stipulations des conventions fondamentales de l'Organisation internationale du travail relatives :
– au respect de la liberté d'association et du droit de négociation collective ;
– à l'élimination des discriminations en matière d'emploi et de profession ;
– à l'élimination du travail forcé ou obligatoire ;
– à l'abolition effective du travail des enfants.
b) Autres actions engagées en faveur des droits de l'Homme.
Enfin, les sociétés dont les titres sont admis aux négociations sur un marché réglementé se reporteront aux **recommandations formulées par l'AMF** sur la responsabilité sociale, sociétale et environnementale (AMF Doc. 2016-13 du 28-11-2016).

La déclaration de performance extra-financière présente les données observées au cours de l'**exercice clos** et, le cas échéant, au cours de l'**exercice précédent**, de façon à permettre une comparaison entre ces données (C. com. art. R 225-105-1, I).
Enfin, lorsque la société se conforme volontairement à un **référentiel** national ou international, elle le mentionne en indiquant les préconisations de ce référentiel qui ont été retenues et les modalités de consultation de ce dernier (C. com. art. R 225-105-1, II).
Lorsque le **rapport de gestion ne comporte pas la déclaration** prévue au I ou au II de l'article L 225-102-1 du Code de commerce, toute personne intéressée peut demander au président du tribunal statuant en référé d'enjoindre, le cas échéant sous astreinte, au

1138

54205
(suite)

conseil d'administration ou au directoire, selon le cas, de communiquer les informations mentionnées au III de l'article L 225-102-1 ou à l'article L 22-10-36 du Code de commerce (C. com. art. L 225-102-1, VI, al. 2 et L 22-10-36, al. 3).

Lorsqu'il est fait droit à la demande, l'astreinte et les frais de procédure sont à la charge, individuellement ou solidairement selon le cas, des administrateurs ou des membres du directoire.

5.3 Publication. Sans préjudice des **obligations de publicité applicables au rapport de gestion**, la déclaration de performance extra-financière est mise à la libre disposition du public et rendue aisément accessible sur le **site internet de la société** dans un délai de huit mois à compter de la clôture de l'exercice et pendant une durée de cinq années (C. com. art. R 225-105-1).

5.4 Attestation du commissaire aux comptes. Le commissaire aux comptes atteste de la présence de la déclaration de performance extra-financière dans le rapport de gestion (C. com. art. L 823-10, al. 4).

Les diligences à mettre en œuvre par le commissaire aux comptes sont développées au n° 54297.

5.5 Vérification par un OTI. Les informations de cette déclaration de performance extra-financière font l'objet d'une vérification par un organisme tiers indépendant, pour les sociétés qui excèdent 100 millions d'euros de total bilan ou de chiffre d'affaires et 500 salariés (C. com. art. L 225-102-1 V, art. précité sur renvoi des art. L 22-10-36 et R 225-105-2).

La CNCC a publié en janvier 2020 un avis technique relatif à l'intervention de l'organisme tiers indépendant prévue à l'article L 225-102-1 du Code de commerce qui actualise l'avis technique « Déclaration de performance extra-financière : Intervention du commissaire aux comptes – Intervention de l'OTI » publié en décembre 2018, à la suite de la première mise en œuvre du dispositif (Bull. CNCC n° 197-2020, Avis technique CNCC « Intervention du commissaire aux comptes – Intervention de l'OTI : Déclaration de performance extra-financière » – janvier 2020).

La mission de l'organisme tiers indépendant est détaillée aux n°s 70200 s.

5.6 Évolution attendue du dispositif avec le règlement européen dit Taxonomie. Le règlement européen 2020/852 du 18 juin 2020 sur l'établissement d'un cadre visant à favoriser les investissements durables (dit règlement Taxonomie) a été publié au JOUE du 22 juin 2020 et il s'inscrit dans le cadre d'un ensemble de plans d'action mis en place pour répondre au pacte vert européen (*Green Deal* européen).

L'objectif de la Taxonomie est plus particulièrement d'**orienter les flux de financement d'investissements** vers les activités les plus contributives aux objectifs de développement durable de l'Union européenne en imposant aux acteurs économiques un exercice d'analyse de positionnement par rapport à une trajectoire européenne et en fournissant aux investisseurs une grille d'identification des activités les plus contributrices à cette transition.

Le règlement dit Taxonomie s'applique aux acteurs des marchés financiers qui mettent à disposition des produits financiers et aux entreprises qui sont soumises à l'obligation de publier une déclaration non financière ou une déclaration non financière consolidée (règl. précité art. 1). Il s'applique également aux mesures adoptées par les États membres ou par l'Union et qui imposent des exigences aux acteurs des marchés financiers ou aux émetteurs en ce qui concerne les produits financiers ou obligations d'entreprise qui sont mis à disposition comme étant durables sur le plan environnemental (règl. précité art. 1).

L'obligation de transparence des entreprises dans les déclarations non financières, définie à l'article 8 dudit règlement, s'applique à toute entreprise soumise à l'obligation de publier des informations non financières conformément à l'article 19 bis ou à l'article 29 bis de la directive 2013/34/UE.

En application de l'article 19 bis de la directive précitée, sont ainsi visées les **grandes entreprises** qui sont des entités d'intérêt public dépassant, à la date de clôture de leur bilan, le critère du nombre moyen de 500 salariés sur l'exercice.

Une « grande entreprise » est définie par l'article 3 de la directive précitée comme une entreprise qui, à la date de clôture du bilan, dépasse les limites chiffrées d'au moins deux des trois critères suivants :
a) total du bilan : 20 000 000 € ;
b) chiffre d'affaires net : 40 000 000 € ;
c) nombre moyen de salariés au cours de l'exercice : 250.

En application de l'article 29 bis précité, sont visées les entités d'intérêt public qui sont des **entreprises mères d'un grand groupe** dépassant, à la date de clôture de leur bilan, sur une base consolidée, le critère du nombre moyen de 500 salariés sur l'exercice.

Un « grand groupe » est défini par l'article 3 de la directive précitée comme un groupe composé d'une entreprise mère et d'entreprises filiales comprises dans une consolidation et qui, à la date de clôture

AUTRES VÉRIFICATIONS SPÉCIFIQUES　　　　　© Éd. Francis Lefebvre

du bilan de l'entreprise mère, dépasse, sur une base consolidée, les limites chiffrées d'au moins deux des trois critères suivants :
a) total du bilan : 20 000 000 € ;
b) chiffre d'affaires net : 40 000 000 € ;
c) nombre moyen de salariés au cours de l'exercice : 250.
Sur la notion d'EIP, voir n° 2352.

Conformément aux dispositions de l'article 8 du règlement précité, les entreprises soumises à l'obligation de publier des informations non financières incluent dans leur déclaration non financière dans quelle mesure leurs activités sont associées à des activités économiques durables sur le plan environnemental. En particulier, les entreprises non financières **publient** (règl. précité art. 8) :
– la part de leur chiffre d'affaires provenant de produits ou de services associés à des activités économiques pouvant être considérées comme durables sur le plan environnemental au titre des articles 3 et 9 du règlement précité ;
– la part de leurs dépenses d'investissement (CapEx) et la part de leurs dépenses d'exploitation (OpEx) liées à des actifs ou à des produits associés à des activités économiques pouvant être considérées comme durables sur le plan environnemental au titre des articles 3 et 9 du règlement précité.

Les **objectifs environnementaux** définis par l'article 9 du règlement précité sont les suivants :
a) l'atténuation du changement climatique ;
b) l'adaptation au changement climatique ;
c) l'utilisation durable et la protection des ressources aquatiques et marines ;
d) la transition vers une économie circulaire ;
e) la prévention et la réduction de la pollution ;
f) la protection et la restauration de la biodiversité et des écosystèmes.

En outre, l'article 3 du règlement dit Taxonomie dispose qu'une **activité économique peut être considérée comme durable** sur le plan environnemental si :
a) elle contribue substantiellement à un ou plusieurs des objectifs environnementaux énoncés à l'article 9 du règlement ;
b) ne cause de préjudice important à aucun des objectifs environnementaux énoncés à l'article 9, conformément à l'article 17 du règlement ;
c) est exercée dans le respect des garanties minimales prévues à l'article 18 du règlement ; et
d) est conforme aux critères d'examen technique établis par la Commission conformément à l'article 10, paragraphe 3, à l'article 11, paragraphe 3, à l'article 12, paragraphe 2, à l'article 13, paragraphe 2, à l'article 14, paragraphe 2, ou à l'article 15, paragraphe 2 du règlement.

Le premier acte délégué, définissant les critères d'examen technique pour les activités économiques pouvant être considérées comme contribuant substantiellement à l'atténuation du changement climatique et à l'adaptation à celui-ci, a été adopté le 4 juin 2021. Un autre acte délégué, relatif aux critères d'examen technique pour les quatre autres objectifs environnementaux cités supra, sera élaboré et adopté ultérieurement.

En application de l'article 8 du règlement, un acte délégué est également attendu afin de préciser le contenu et la présentation des informations à publier par les entreprises financières et non financières, ainsi que la méthodologie qu'elles doivent suivre à cet effet.

L'obligation d'information relative à la Taxonomie s'applique à compter du 1er janvier 2022, au titre de l'exercice 2021, pour les deux objectifs concernant le changement climatique.

Les quatre autres objectifs environnementaux seront à prendre en compte à compter du 1er janvier 2023, au titre de l'exercice 2022.

Des précisions restent toutefois attendues, pour cette première année de *reporting*, s'agissant d'un texte d'application assez complexe pour les entreprises.

54206　　**6. Mentions pour les SA et SCA dont les titres sont admis aux négociations sur un marché réglementé**　L'ordonnance 2017-1162 du 12 juillet 2017 a réorganisé l'information à mentionner dans le rapport de gestion pour les SA et SCA dont les titres sont admis aux négociations sur un marché réglementé :
– les informations relatives aux rémunérations et avantages de toute nature versés ou attribués à chaque mandataire social ainsi qu'aux engagements pris au bénéfice de ces

mandataires sont désormais présentées dans le rapport sur le gouvernement d'entreprise (voir n° 55830) ;

– les informations précédemment fournies dans le rapport du président, d'une part, concernant le contrôle interne et la gestion des risques et, d'autre part, en matière de risques financiers liés aux effets du changement climatique sont désormais présentées dans le rapport de gestion (voir ci-dessous) ;

– les éléments susceptibles d'avoir une incidence en cas d'offre publique sont fournis dans le rapport sur le gouvernement d'entreprise (voir n° 55845).

Les rapports de gestion des sociétés précitées doivent contenir les précisions suivantes :

1) les informations visées au n° 54204 (point 4) ci-dessus (C. com. art. L 225-100-1, I) ;

2) la mention des personnes physiques ou morales détenant directement ou indirectement plus du vingtième, du dixième, des trois vingtièmes, du cinquième, du quart, du tiers, de la moitié, des deux tiers du capital, des dix-huit vingtièmes ou des dix-neuf vingtièmes du capital social ou des droits de vote aux assemblées générales ainsi que les modifications intervenues au cours de l'exercice. Le rapport indique le nom des sociétés contrôlées et la part du capital de la société qu'elles détiennent (C. com. art. L 233-13) ;

3) des indications sur les risques financiers liés aux effets du **changement climatique** et la présentation des mesures que prend l'entreprise pour les réduire en mettant en œuvre une stratégie bas carbone dans toutes les composantes de son activité (C. com. art. L 22-10-35, 1° à compter du 1-1-2021 ; dispositions figurant anciennement à l'article L 225-100-1, I, 4° abrogé) ;

Ces informations sont distinctes de la déclaration de performance extra-financière visée à l'article L 225-102-1 du Code de commerce et sont donc à fournir dans le rapport de gestion de l'ensemble des SA et SCA dont les titres sont admis aux négociations sur un marché réglementé.

4) les principales caractéristiques des procédures de **contrôle interne** et de gestion des risques mises en place par la société relatives à l'élaboration et au traitement de l'information comptable et financière (C. com. art. L 22-10-35, 2° à compter du 1-1-2021 ; dispositions figurant anciennement à l'article L 225-100-1, I, 5° abrogé) ;

L'article L 621-18-3 du Code monétaire et financier prévoit une obligation de publicité de ces informations sur les procédures de contrôle interne et de gestion des risques relatives à l'information comptable et financière : les modalités de publicité sont définies par l'article 222-9 du règlement général de l'AMF (voir n° 55860).

Précisions sur le cadre de référence de l'AMF et son guide d'application

Le groupe de place créé par l'AMF sur le contrôle interne a présenté en mai 2006 un cadre de référence sur le dispositif de contrôle interne pour les sociétés dont les titres sont admis aux négociations sur un marché réglementé, complété en janvier 2007 par un « guide d'application pour les procédures de contrôle interne relatives à l'élaboration et au traitement de l'information financière et comptable publiée ».

a. Cadre de référence AMF. Le cadre de référence est basé sur des principes généraux et non sur des règles contraignantes. Il n'a pas vocation à être imposé aux sociétés, ni à se substituer à des réglementations spécifiques (par exemple réglementation applicable aux établissements de crédit). Il précise que le dispositif de contrôle interne vise à assurer :

– la conformité aux lois et règlements ;

– l'application des instructions et des orientations fixées par la direction générale ou le directoire ;

– le bon fonctionnement des processus internes de la société, notamment ceux concourant à la sauvegarde de ses actifs ;

– la fiabilité des informations financières et, d'une façon générale, la maîtrise de ses activités, l'efficacité de ses opérations et l'utilisation efficiente de ses ressources.

Par ailleurs, le dispositif, adapté aux caractéristiques de chaque société, doit prévoir :

– une organisation comportant une définition claire des responsabilités, disposant des ressources et des compétences adéquates et s'appuyant sur des procédures, des systèmes d'information, des outils et des pratiques appropriés ;

– la diffusion en interne d'informations pertinentes, fiables dont la connaissance permet à chacun d'exercer ses responsabilités ;

– un système visant à recenser et à analyser les principaux risques identifiables au regard des objectifs de la société et à s'assurer de l'existence de procédures de gestion de ces risques ;

– des activités de contrôle proportionnées aux enjeux propres à chaque processus et conçues pour réduire les risques susceptibles d'affecter la réalisation des objectifs de la société ;

– une surveillance permanente du dispositif de contrôle interne ainsi qu'un examen régulier de son fonctionnement (Ifaci, Le dispositif de contrôle interne : cadre de référence, 9-5-2006).

L'AMF, dans sa recommandation du 22 juillet 2010 sur le cadre de référence des dispositifs de gestion des risques et de contrôle interne, incite l'ensemble des sociétés dont les titres financiers sont admis aux négociations sur un marché réglementé en France à utiliser ce cadre de référence et son guide d'application.

AUTRES VÉRIFICATIONS SPÉCIFIQUES © Éd. Francis Lefebvre

En tout état de cause, l'AMF recommande aux émetteurs de préciser s'ils appliquent ou non et pour tout ou partie son cadre de référence et/ou s'ils s'appuient sur son guide d'application. En cas d'application partielle, les sociétés devraient identifier clairement les domaines ou processus clés de contrôle interne et de gestion des risques qu'elles ont appliqués, compte tenu de la nature de leurs activités, de leur taille et de leur mode d'organisation (Guide de l'information périodique des sociétés cotées – DOC-2016-05 § 4.4.2). L'AMF précise également que les mêmes principes de transparence s'appliquent à l'utilisation de tout autre référentiel que l'émetteur choisit ou est tenu d'appliquer sur le plan international et qui devra alors être présenté (Guide de l'information périodique des sociétés cotées – DOC-2016-05 § 4.4.2).

Enfin, l'AMF rappelle que toute société cotée sur un marché étranger et qui publie une information sur ce marché est tenue de publier simultanément une information équivalente à destination du marché français (Guide de l'information périodique des sociétés cotées – DOC-2016-05 § 4.4.4).

Tel est notamment le cas des sociétés cotées aux États-Unis et qui appliquent de ce fait les dispositions de la loi Sarbanes-Oxley.

b. **Guide d'application.** Le guide d'application n'a pas un caractère obligatoire ou normatif, il vise à permettre aux sociétés ou entités qui le souhaiteraient, en particulier les sociétés dont les titres sont admis aux négociations sur un marché réglementé, de procéder par comparaison à une analyse interne de leurs procédures de contrôle interne. Il repose sur des principes et points clés d'analyse. Son approche est centrée sur les éléments concourant à l'élaboration et au traitement de l'information comptable et financière publiée.

L'AMF a publié à destination des valeurs moyennes et petites (« VaMP ») un guide simplifié de mise en œuvre du cadre de référence mis à jour en juillet 2010 à la suite de la transposition de directives européennes qui imposent de nouvelles obligations en matière de gestion des risques et qui prévoient les missions du comité d'audit (document consultable sur le site de l'AMF).

Ces sociétés doivent également préciser si elles se sont appuyées sur ce guide pour la rédaction du rapport et mettre l'accent sur les éléments et informations susceptibles d'avoir un impact significatif sur leur patrimoine ou leurs résultats.

Les valeurs moyennes et petites sont celles ayant à la date de clôture de leur exercice social une capitalisation boursière inférieure ou égale à 1 milliard d'euros : sont visées les valeurs des compartiments B et C (Position de l'AMF précitée).

Pour plus de précisions, les émetteurs peuvent également se référer au guide **AMF de l'information périodique** des sociétés cotées sur un marché réglementé (AMF DOC-2016-05 § 4.3 s.).

5) une **déclaration de performance extra-financière** pour les sociétés dépassant certains seuils (C. com. art. L 225-102-1, I, L 22-10-36, R 225-104 et R 22-10-29 ; voir n° 54205 § 5) ;

6) des informations sur les risques de marché (taux, change, actions) et sur les risques pays (Recommandation COB 89-01) ;

7) le cas échéant, des informations sur la transition vers les normes IFRS pour les comptes consolidés ;

8) des informations sur les opérations réalisées par les dirigeants sur les titres de la société (C. mon. fin. art. L 621-18-2 et 223-26 du RG AMF).

54208   **7. Prêts interentreprises consentis**   Les **sociétés commerciales** dont les comptes font l'objet d'une certification par un commissaire aux comptes ou qui ont désigné volontairement un commissaire aux comptes dans les conditions définies au II de l'article L 823-3 du Code de commerce peuvent, dans certaines conditions, octroyer des prêts à moins de trois ans à certaines entreprises avec lesquelles elles sont économiquement liées (C. mon. fin. art. L 511-6 3 bis modifié par la loi 2019-486 du 22-5-2019, dite « Pacte »).

Avant l'entrée en vigueur le 24 mai 2019 de l'article 95 de la loi dite « Pacte », les prêts interentreprises étaient limités aux sociétés par actions et aux SARL : ils sont dorénavant étendus à l'ensemble des sociétés commerciales répondant aux critères définis supra.

Les conditions d'octroi de ces prêts sont définies au 3 bis de l'article L 511-6 du code précité ainsi qu'aux articles R 511-2-1-1 et suivants du même code.

Concernant l'application de la procédure des conventions réglementées, voir n° 52262.

Le montant des prêts consentis est communiqué dans le rapport de gestion et fait l'objet d'une attestation du commissaire aux comptes (C. mon. fin. art. L 511-6 3 bis).

« Le commissaire aux comptes est avisé annuellement des contrats de prêts en cours consentis en vertu du 3 bis de l'article L 511-6. Dans une déclaration jointe au rapport de gestion, le commissaire aux comptes atteste, pour chaque contrat, du montant initial et du capital restant dû de ces contrats de prêts ainsi que du respect des dispositions qui les régissent » (C. mon. fin. art. R 511-2-1-3). Dans un avis technique en date du 15 juin 2017, la CNCC précise les travaux mis en œuvre par le commissaire aux comptes dans le cadre de cette attestation et propose un exemple d'attestation.

1142

© Éd. Francis Lefebvre

AUTRES VÉRIFICATIONS SPÉCIFIQUES

8. Plan de vigilance La loi 2017-399 du 27 mars 2017 relative au devoir de vigilance des sociétés mères et des entreprises donneuses d'ordre impose à certaines entités d'établir et de mettre en œuvre de manière effective un plan de vigilance. Sont concernées les sociétés qui emploient, à la clôture de deux exercices consécutifs, au moins (C. com. art. L 225-102-4, I) :

54209

– 5 000 salariés en leur sein et dans leurs filiales directes ou indirectes dont le siège social est fixé sur le territoire français ; ou

– 10 000 salariés en leur sein et dans leurs filiales directes ou indirectes dont le siège social est fixé sur le territoire français ou à l'étranger.

Les sociétés contrôlées qui dépassent les seuils peuvent être exemptées de l'obligation si la société qui les contrôle établit et met en œuvre un plan de vigilance relatif à l'activité de la société et de l'ensemble des sociétés qu'elle contrôle.

L'article L 225-102-4 du Code de commerce est applicable aux SA ainsi qu'aux SCA sur renvoi de l'article L 226-1 du Code de commerce. S'agissant des SAS, l'article L 225-102-4 du Code de commerce leur est également applicable sur renvoi de l'article L 227-1 du même code.

Dans les observations du Gouvernement devant le Conseil constitutionnel, ce périmètre des sociétés soumises aux obligations posées par la loi relative au devoir de vigilance était confirmé comme suit : « Ces obligations s'appliqueront aux sociétés anonymes mais aussi aux sociétés en commandite par actions et aux sociétés par actions simplifiées, conformément aux renvois prévus par les articles L 226-1 et L 227-1 du Code de commerce. » En outre, le rapport adressé en janvier 2020 au ministère de l'économie et des finances par le Conseil général de l'économie sur l'évaluation de la mise en œuvre de la loi 2017-399 du 27 mars 2017 relative au devoir de vigilance précise que l'article L 225-102-4 du Code de commerce doit s'appliquer aux SAS (contra, voir Ansa n° 17-028 du 3-5-2017).

Le plan comporte les mesures de vigilance raisonnable propres à identifier les risques et à prévenir les atteintes graves envers les droits humains et les libertés fondamentales, la santé et la sécurité des personnes ainsi que l'environnement, résultant (C. com. art. L 225-102-4, I) :

– des activités de la société ;

– de celles des sociétés qu'elle contrôle directement ou indirectement, au sens du II de l'article L 233-16 du Code de commerce ;

– ainsi que des activités des sous-traitants ou fournisseurs avec lesquels elle entretient une relation commerciale établie, lorsque ces activités sont rattachées à cette relation.

Le plan comprend les mesures suivantes :

1° une cartographie des risques destinée à leur identification, leur analyse et leur hiérarchisation ;

2° des procédures d'évaluation régulière de la situation des filiales, des sous-traitants ou fournisseurs avec lesquels est entretenue une relation commerciale établie, au regard de la cartographie des risques ;

3° des actions adaptées d'atténuation des risques ou de prévention des atteintes graves ;

4° un mécanisme d'alerte et de recueil des signalements relatifs à l'existence ou à la réalisation des risques, établi en concertation avec les organisations syndicales représentatives dans ladite société ;

5° un dispositif de suivi des mesures mises en œuvre et d'évaluation de leur efficacité.

Un décret peut compléter les mesures de vigilance prévues ci-dessus et préciser les modalités d'élaboration et de mise en œuvre du plan de vigilance.

Le plan a vocation à être élaboré en association avec les parties prenantes de la société, le cas échéant, dans le cadre d'initiatives pluripartites au sein de filières ou à l'échelle territoriale.

Le plan de vigilance et le compte rendu de sa mise en œuvre effective sont rendus publics et **inclus dans le rapport de gestion** (C. com. art. L 225-102-4, I).

Concernant le non-respect des obligations relatives à cette loi, voir n° 54242.

Rapport sur la gestion du groupe

Contenu du rapport sur la gestion du groupe Dans les sociétés commerciales, le rapport sur la gestion du groupe expose la situation de l'ensemble constitué par les entreprises comprises dans la consolidation, son évolution prévisible, les événements importants survenus entre la date de clôture de l'exercice de consolidation et la date à laquelle les comptes consolidés sont établis ainsi que les activités en matière de recherche et de développement (C. com. art. L 233-26).

54220

Ce rapport peut être inclus dans le rapport annuel de gestion (C. com. art. L 233-26 in fine).

Les sociétés commerciales qualifiées de petites entreprises et **exemptées d'établir un rapport de gestion** en application du IV de l'article L 232-1 du Code de commerce restent tenues d'établir un rapport sur la gestion du groupe en cas d'établissement de comptes consolidés (CNCC NI. XVIII précitée p. 89).

1143

AUTRES VÉRIFICATIONS SPÉCIFIQUES © Éd. Francis Lefebvre

Le rapport sur la gestion du groupe, lorsqu'il est distinct du rapport de gestion annuel, doit comprendre les mêmes informations que le rapport de gestion des sociétés commerciales (C. com. art. L 225-100-1, II). À cet effet, il comportera :

– une analyse objective et exhaustive de l'évolution des affaires, des résultats et de la situation financière de l'ensemble des entreprises comprises dans la consolidation, notamment de leur situation d'endettement au regard du volume et de la complexité des affaires avec, le cas échéant, des renvois aux montants indiqués dans les comptes annuels et des explications supplémentaires y afférentes ;

– dans la mesure nécessaire à la compréhension de l'évolution des affaires, des résultats ou de la situation des entreprises comprises dans la consolidation, des indicateurs clefs de performance de nature financière et, le cas échéant, de nature non financière ayant trait aux activités des sociétés, notamment des informations relatives aux questions d'environnement et de personnel avec, le cas échéant, des renvois aux montants indiqués dans les comptes annuels et des explications supplémentaires y afférentes ;

– une description des principaux risques et incertitudes auxquels l'ensemble des entreprises comprises dans la consolidation sont confrontées ;

– pour les sociétés dont les titres sont admis aux négociations sur un marché réglementé, des indications sur les risques financiers liés aux effets du changement climatique et la présentation des mesures que prennent les entreprises pour les réduire en mettant en œuvre une stratégie bas carbone dans toutes les composantes de leurs activités ;

– pour les sociétés dont les titres sont admis aux négociations sur un marché réglementé, les principales caractéristiques des procédures de contrôle interne et de gestion des risques mises en place par l'ensemble des entreprises comprises dans la consolidation relatives à l'élaboration et au traitement de l'information comptable et financière ;

– lorsque cela est pertinent pour l'évaluation de l'actif, du passif, de la situation financière et des pertes ou profits, des indications sur les objectifs et la politique concernant la couverture de chaque catégorie principale de transactions prévues pour lesquelles il est fait usage de la comptabilité de couverture, ainsi que sur l'exposition aux risques de prix, de crédit, de liquidité et de trésorerie. Ces indications comprennent l'utilisation par l'ensemble des entreprises comprises dans la consolidation des instruments financiers.

Les entités soumises à l'obligation d'établir une **déclaration de performance extra-financière consolidée** (voir n° 54205 § 5.1) insèrent cette dernière dans le rapport sur la gestion du groupe.

Enfin, pour les groupes dont la société consolidante est une SA ou une SCA, un tableau faisant apparaître notamment les résultats du groupe au cours de chacun des cinq derniers exercices est joint au rapport de gestion (C. com. art. R 225-102).

54222 **Délai d'établissement** Aucun texte ne fixe de délai d'établissement de ce rapport. En pratique, le délai d'établissement du rapport de gestion est conditionné par le délai fixé pour la communication de ce rapport (voir n°s 54230 s.).

C. Communication du rapport de gestion

54230 Le rapport de gestion doit être communiqué aux commissaires aux comptes, à l'organe délibérant et au conseil de surveillance dans les SA à directoire et conseil de surveillance.

54232 **Commissaire aux comptes** Il appartient à la direction de l'entité de communiquer le rapport de gestion au commissaire aux comptes dans les conditions déterminées par les textes réglementaires ou les statuts.

S'agissant des **sociétés commerciales**, le rapport de gestion et le rapport sur la gestion du groupe sont tenus, au siège social, à la disposition des commissaires aux comptes un mois au moins avant la convocation de l'assemblée des associés ou des actionnaires appelés à statuer sur les comptes annuels de la société (C. com. art. R 232-1).

Dans le cas des **SARL** à associé unique, des dispositions particulières sont prévues par l'article R 223-28 du Code de commerce. Le rapport de gestion et le rapport sur la gestion du groupe sont tenus à la disposition du commissaire aux comptes, au siège social, un mois au moins avant :

– la date limite prévue pour leur envoi à l'**associé unique** par l'article R 223-25 (cette date limite d'envoi est de six mois à compter de la clôture de l'exercice) ;

– le dépôt au registre du commerce et des sociétés, par l'**associé unique seul gérant** de la société, des documents mentionnés au deuxième alinéa de l'article L 233-31 (ce dépôt intervient dans un délai de 6 mois à compter de la date de la clôture de l'exercice).

Pour plus de détails et des exemples pratiques, voir CNCC NI. XVIII « Vérifications spécifiques » – décembre 2018 § 3.2.

Pour les **personnes morales de droit privé non commerçantes** ayant une activité économique, le rapport de gestion est transmis aux commissaires aux comptes quarante-cinq jours au moins avant la réunion à laquelle ils doivent être approuvés (C. com. art. R 612-2, al. 2).

Le délai fixé est de 45 jours après la clôture de l'exercice pour les sociétés civiles de placement immobilier et les sociétés d'épargne forestière (C. mon. fin. art. R 214-138 et R 214-144).

Le respect de ce délai n'est pas toujours assuré dans la pratique, notamment dans les sociétés fermées, dont le secrétariat juridique est assuré par un intervenant extérieur. La violation du texte n'en constitue pas moins une irrégularité. Le commissaire aux comptes, en tout état de cause, doit émettre son rapport sur les comptes annuels même s'il n'a pas reçu le rapport de gestion dans ce délai. Il doit toujours déposer son rapport sur les comptes annuels quinze jours avant la tenue de l'assemblée générale d'approbation des comptes dans les SA et SCA non cotées, SNC et SCS notamment (voir n° 12620 pour la mise en cause du professionnel n'ayant pas respecté cette obligation).

Dans les entités régies par des textes légaux ou réglementaires ou des statuts ne prévoyant aucun délai, les dirigeants devront respecter un délai suffisant pour que le commissaire aux comptes, d'une part, effectue ses diligences et, d'autre part, fasse procéder, le cas échéant, aux rectifications nécessaires (Doctrine professionnelle de la CNCC : ancienne norme CNCC 5-106, § 07, al. 3).

Organe délibérant   Lorsque le **délai** de communication du rapport de gestion à l'organe délibérant est expressément prévu, il doit être respecté.   **54234**

Dans les sociétés commerciales, le délai de communication du rapport de gestion aux associés ou actionnaires est de quinze jours avant la tenue de l'assemblée générale (C. com. art. R 221-7 pour les SNC, art. R 223-18 pour les SARL, art. R 225-89 pour les SA et SCA).

Dans les sociétés dont les actions sont admises aux négociations sur un marché réglementé, le rapport de gestion doit être publié sur le **site Internet** de la société au plus tard le vingt et unième jour avant l'assemblée (C. com. art. R 22-10-23 à compter du 1-1-2021 ; dispositions figurant antérieurement à l'article R 225-73-1 abrogé). De plus, ces entités doivent établir un rapport financier annuel incluant le rapport de gestion dans les quatre mois suivant la clôture de l'exercice (C. mon. fin. art. L 451-1-2).

Concernant la possibilité que le rapport financier annuel puisse servir de rapport de gestion présenté à l'organe délibérant, voir n° 42420.

S'agissant des **personnes morales de droit privé non commerçantes** exerçant une activité économique, le rapport de gestion est soumis à l'approbation de l'organe délibérant au plus tard dans les six mois de la clôture de l'exercice (C. com. art. R 612-2).

Conseil de surveillance   Dans une SA à directoire et conseil de surveillance, le directoire doit présenter le rapport de gestion au conseil de surveillance, aux fins de vérification et de contrôle, dans un délai de trois mois à compter de la clôture de l'exercice (C. com. art. L 225-68 et R 225-55).   **54235**

Information des tiers   Depuis la publication de la loi 2012-387 de simplification du droit et d'allégement des démarches administratives le 22 mars 2012, le rapport de gestion n'a plus à être déposé au greffe du tribunal de commerce par les SNC dont les associés sont des SARL ou des sociétés par actions, ni par les SARL et les sociétés par actions dont les titres ne sont pas admis aux négociations sur un marché réglementé ou sur un système multilatéral de négociation organisé (C. com. art. L 232-21 à L 232-23).   **54236**

L'obligation de dépôt au greffe du rapport de gestion demeure donc pour les sociétés dont les titres sont admis aux négociations sur un marché réglementé ou sur un système multilatéral de négociation organisé.

Dans les sociétés non astreintes à l'obligation de dépôt, le rapport de gestion doit cependant être **tenu à la disposition** de toute personne qui en fait la demande.

Une copie du rapport de gestion est délivrée à toute personne, à ses frais, au siège de la société sur simple demande. Les frais de délivrance ne peuvent excéder le coût de la reproduction. L'intéressé est avisé, lors de sa demande, du montant total des frais à acquitter dont le paiement préalable peut être exigé (C. com. art. R 232-19-1, R 232-20-1, R 232-21-1 créés par le décret 2014-1063 du 18-9-2014).

Concernant les obligations spécifiques de publication de la **déclaration de performance extra-financière** insérée dans le rapport de gestion des entités visées par les articles L 225-102-1 et L 22-10-36 du Code de commerce, voir n° 54205 § 5.3.

AUTRES VÉRIFICATIONS SPÉCIFIQUES

© Éd. Francis Lefebvre

D. Sanctions relatives au rapport de gestion

54237 **Défaut d'établissement ou communication tardive du rapport de gestion**
Le défaut d'établissement du rapport de gestion est **sanctionné pénalement** dans les SARL, les SA, les SCA et les SAS : sont punis d'une amende de 9 000 € les dirigeants qui n'ont pas établi le rapport de gestion (C. com. art. L 241-4 pour les SARL ; C. com. art. L 242-8 pour les SA et les SCA sur renvoi de l'art. L 243-1 ; C. com. art. L 242-8 sur renvoi de l'art. L 244-1 pour les SAS).

Dans les SNC, les SCS et les SARL, le défaut de rapport de gestion et sa non-communication aux associés dans les conditions et délais prévus par les textes **peuvent entraîner la nullité** de l'assemblée (C. com. art. L 221-7 pour les SNC ; L 221-7 sur renvoi de l'art. L 222-2 pour les sociétés en commandite simple ; L 223-26, al. 2 pour les SARL).

Les associés et actionnaires des sociétés commerciales ne pouvant obtenir le rapport de gestion disposent du droit d'obtenir **une injonction de faire** auprès du président du tribunal de commerce statuant en référé (C. com. art. L 238-1).

En outre, cette irrégularité est mentionnée dans la partie relative aux vérifications spécifiques du rapport sur les comptes annuels du commissaire aux comptes.

54241 **Non-soumission du rapport de gestion à l'approbation de l'assemblée**
Dans une SA ou une SCA, les dirigeants sont punis d'un emprisonnement de six mois et d'une amende de 9 000 € pour ne pas avoir soumis à l'approbation de l'assemblée générale ordinaire les comptes annuels et le rapport de gestion (C. com. art. L 242-10 pour les SA et les SCA sur renvoi de l'art. L 243-1).

Aucune sanction pénale n'est prévue pour le président de la SAS.

De plus, la non-présentation du rapport de gestion à l'assemblée générale ordinaire d'une SA ou d'une SCA **entraîne la nullité** des délibérations prises par l'assemblée (C. com. art. L 225-100 et L 225-121 pour la SA et L 225-121 sur renvoi de l'art. L 226-1 pour la SCA).

Dans une SARL, les gérants sont punis d'une **amende** de 9 000 € pour ne pas soumettre à l'approbation de l'assemblée des associés ou de l'associé unique l'inventaire, les comptes annuels et le rapport de gestion établis pour chaque exercice (C. com. art. L 241-5).

La peine de six mois d'emprisonnement pour les gérants de SARL a été supprimée par la loi 2012-387 du 22 mars 2012 relative à la simplification du droit et à l'allégement des démarches administratives.

54242 **Rapport de gestion incomplet** Lorsque le rapport de gestion ne contient pas les mentions prévues au premier alinéa de l'article L 225-102 et la déclaration de performance extra-financière prévue au I ou au II de l'article L 225-102-1 du Code de commerce et à l'article L 22-10-36, toute personne intéressée peut demander au président du tribunal statuant en référé d'**enjoindre sous astreinte** au conseil d'administration ou au directoire, selon le cas, de communiquer ces informations (C. com. art. L 225-102, al. 3, L 225-102-1, VI et L 22-10-36, al. 3).

Lorsqu'il est fait droit à la demande, l'astreinte et les frais de procédure sont à la charge des administrateurs ou des membres du directoire, selon le cas.

Les informations concernées sont les suivantes :
– l'état de la participation des salariés au capital social au dernier jour de l'exercice et la proportion du capital que représentent (C. com. art. L 225-102, al. 1) :
• les actions détenues par le personnel de la société et par le personnel des sociétés qui lui sont liées au sens de l'article L 225-180 du Code de commerce, dans le cadre d'un plan d'épargne d'entreprise prévu par les articles L 3332-1 à L 3334-16 du Code du travail et par les salariés et anciens salariés dans le cadre des FCPE,
• les actions nominatives directement détenues par les salariés en incluant notamment les actions attribuées à titre gratuit (pour plus de détails, voir nº 54203) ;
– dans la mesure nécessaire à la compréhension de la situation de la société, de l'évolution de ses affaires, de ses résultats économiques et financiers et des incidences de son activité, la déclaration de performance extra-financière mentionnée aux I et II présente des informations sur la manière dont la société prend en compte les conséquences sociales et environnementales de son activité, ainsi que, pour les sociétés mentionnées au 1º du I, les effets de cette activité quant au respect des droits de l'Homme et à la lutte contre la corruption et l'évasion fiscale.
La déclaration comprend notamment des informations relatives aux conséquences sur le changement climatique de l'activité de la société et de l'usage des biens et services qu'elle produit, à ses engagements sociétaux en faveur du développement durable, de l'économie circulaire, de la lutte contre le gaspillage alimentaire, de la lutte contre la précarité alimentaire, du respect du bien-être animal et d'une alimentation responsable, équitable et durable, aux accords collectifs conclus dans l'entreprise et à leurs impacts sur la performance économique de l'entreprise ainsi que sur les conditions de travail

1146

© Éd. Francis Lefebvre

AUTRES VÉRIFICATIONS SPÉCIFIQUES

des salariés, aux actions visant à lutter contre les discriminations et promouvoir les diversités et aux mesures prises en faveur des personnes handicapées (C. com. art. L 225-102-1, III).

Par ailleurs, s'agissant des sociétés commerciales, des **sanctions pénales** sont prévues en cas de non-respect des obligations d'information en matière de prise de participation ou de contrôle, de compte-rendu de l'activité et des résultats de l'ensemble de la société, des filiales et des sociétés contrôlées par branche d'activité ainsi que de l'identité des détenteurs du capital ou des droits de vote (voir n°s 55475, 55485 et 55610).

Enfin, s'agissant des obligations issues de la loi relative au **devoir de vigilance** des sociétés mères (voir n° 54209), une mise en demeure de respecter ces obligations peut être adressée à la société concernée et si celle-ci s'abstient de prendre les mesures nécessaires, le juge, saisi par l'auteur de la mise en demeure, peut ensuite prononcer une injonction (C. com. art. L 225-102-4, II).

Par ailleurs, le manquement à ces obligations engage la responsabilité de son auteur et l'oblige à réparer le préjudice dans les conditions prévues aux articles 1240 et 1241 du Code civil. L'action en responsabilité est introduite par toute personne justifiant d'un intérêt à agir à cette fin (C. com. art. L 225-102-5).

Les dispositions du II de l'article L 225-102-4 et de l'article L 225-102-5 s'appliquent à compter du rapport de gestion portant sur le premier exercice ouvert après le 29 mars 2017 (Loi 2017-399 art. 4).

Non-respect des obligations de dépôt au greffe Pour les sociétés soumises à l'obligation de dépôt au greffe (voir n° 54236), le non-respect de cette obligation est sanctionné pénalement par une amende de 5e classe de 1 500 € au plus et de 3 000 € au plus en cas de récidive (C. com. art. R 247-3). **54244**

Pour plus de détails sur le non-respect des obligations de dépôt au greffe, voir n° 30948.

II. Mission du commissaire aux comptes

Nature de l'intervention

Sources En application des articles L 820-1 et L 823-10, alinéas 2 et 3 du Code de commerce, le commissaire aux comptes vérifie, **dans toutes les personnes et entités**, la **sincérité et la concordance** avec les comptes annuels des informations données dans le rapport de gestion du conseil d'administration, du directoire ou de tout organe de direction, et dans les documents adressés aux actionnaires ou associés sur la situation financière et les comptes annuels. Il vérifie, le cas échéant, la sincérité et la concordance avec les comptes consolidés des informations données dans le rapport sur la gestion du groupe. **54255**

En application de l'article R 823-7, dans son rapport à l'assemblée générale ordinaire, le commissaire aux comptes **fait état de ses observations** sur la sincérité et la concordance avec les comptes des informations données dans le rapport de gestion de l'exercice et dans les documents adressés aux actionnaires sur la situation financière de la société et de l'ensemble des entreprises comprises dans la consolidation.

En ce qui concerne les **sociétés dispensées** de l'obligation d'établir un rapport de gestion en application de l'article L 232-1, IV du Code de commerce, le Comité des normes professionnelles de la CNCC a estimé que la formulation de la partie du rapport sur les comptes annuels « Vérifications spécifiques » devait être aménagée pour ne plus inclure une conclusion spécifique sur le rapport de gestion puisque non requis (Bull. CNCC n° 170-2013 – CNP 2012-10, p. 279). En outre, les diligences à accomplir par le commissaire aux comptes d'une société commerciale pouvant bénéficier de la dispense d'établir un rapport de gestion prévue à l'article L 232-1, IV mais décidant volontairement d'établir un document similaire sont précisées dans une réponse du Comité des normes professionnelles de la CNCC (Bull. CNCC n° 194-2019 p. 357 – Réponse CNP n° 2019-03) : voir n° 54305.

Par ailleurs, les articles L 441-14 et D 823-7-1 du Code de commerce disposent que le commissaire aux comptes atteste, dans **les sociétés**, de la sincérité des informations relatives aux **délais de paiement** mentionnées à l'article D 441-6 du Code de commerce et de leur concordance avec les comptes annuels, et présente ses observations, le cas échéant.

Cette obligation concerne les sociétés dont les comptes sont certifiés par un commissaire aux comptes et qui ne sont **pas exemptées de l'établissement du rapport de gestion** (Avis technique CNCC précité § 1.31 et NI. XVIII « Vérifications spécifiques » – décembre 2018 p. 77).

AUTRES VÉRIFICATIONS SPÉCIFIQUES   © Éd. Francis Lefebvre

54257 **Principes fondamentaux et modalités d'application** Les diligences relatives au rapport de gestion sont définies dans la norme d'exercice professionnel 9510 « Diligences du commissaire aux comptes relatives au rapport de gestion, aux autres documents sur la situation financière et les comptes et aux informations relevant du rapport sur le gouvernement d'entreprise adressés aux membres de l'organe appelé à statuer sur les comptes », homologuée par arrêté du 1er octobre 2018.

La CNCC a également publié une note d'information relative aux vérifications spécifiques mise à jour en décembre 2018 : ce document explicite notamment les modalités pratiques de réalisation des travaux du commissaire aux comptes relatifs au rapport de gestion, aux autres documents sur la situation financière et les comptes et aux informations relevant du rapport sur le gouvernement d'entreprise adressées aux membres de l'organe appelé à statuer sur les comptes (CNCC NI. XVIII – décembre 2018).

54258 Les diligences du commissaire aux comptes portent, dans toutes les entités, sur le rapport de gestion et les autres documents sur la situation financière et les comptes adressés aux membres de l'organe appelé à statuer sur les comptes ou mis à leur disposition.
Ces documents peuvent être :
– prévus par les textes légaux et réglementaires applicables à l'entité ;
– prévus par les statuts de l'entité ;
– ou établis à l'initiative de l'entité et communiqués au commissaire aux comptes avant la date d'établissement de son rapport sur les comptes (NEP 9510 § 04).

54260 **Lien entre le rapport de gestion et le rapport sur le gouvernement d'entreprise** Conformément à l'article L 225-37, alinéa 6 du Code de commerce, les sociétés anonymes à conseil d'administration peuvent intégrer les informations relatives au rapport sur le gouvernement d'entreprise dans une section spécifique du rapport de gestion (voir n° 55805).

Pour plus de détails sur les diligences spécifiques du commissaire aux comptes relatives au rapport sur le gouvernement d'entreprise, voir n° 55935.

54280 **Distinction des informations contenues dans le rapport de gestion** L'intervention du commissaire aux comptes repose sur une distinction fondamentale dans le contenu du rapport de gestion.
La norme d'exercice professionnel distingue ainsi les catégories d'informations suivantes (NEP 9510 § 06) :
– les « **informations sur la situation financière et les comptes** » (voir n° 54290) ;

La NEP 9510 précise (§ 05) qu'il s'agit des informations extraites des comptes ou de celles qui peuvent être rapprochées des données ayant servi à l'établissement de ces comptes. Ces informations peuvent être constituées de données chiffrées ou de commentaires et précisions portant sur ces comptes.

Il en est ainsi, à titre d'exemple, de la répartition du chiffre d'affaires par produits, du détail de l'évolution de certaines charges, des ratios d'endettement et autres ratios financiers, du résultat opérationnel de chaque unité de production, du montant des factures fournisseurs et clients communiqué dans le cadre des obligations relatives aux délais de paiement.

Entrent également dans la catégorie des informations sur la situation financière et les comptes les informations pro forma extraites des comptes annuels ou consolidés ou les informations financières pro forma communiquées dans un prospectus en application des dispositions européennes, lorsque ces informations ont fait l'objet d'un examen de la part du commissaire aux comptes en application du règlement susmentionné (CNCC NI. XVIII précitée p. 114).

En revanche, des informations intitulées « pro forma » mais qui ne répondent pas aux caractéristiques ci-dessus ne constituent pas des informations sur la situation financière et les comptes annuels mais des « Autres informations » (voir ci-dessous). Par exemple, une information dite « pro forma » sur l'évolution du chiffre d'affaires à parité monétaire constante appartient à la catégorie des « Autres informations ».

– les « **autres informations** » qui ne sont pas extraites des comptes annuels et, le cas échéant, des comptes consolidés ou qui ne peuvent être rapprochées de données ayant servi à l'établissement de ces comptes (NEP 9510 § 07 ; voir n° 54296).

Ces autres informations peuvent être de natures et d'origines diverses. Il peut s'agir, par exemple, de perspectives d'avenir, d'informations de source externe, d'informations juridiques ou économiques, etc. Par leur nature même elles constituent souvent des commentaires et expriment les opinions et points de vue des dirigeants.

Ainsi, à titre d'illustration, les informations suivantes entrent dans cette catégorie :
– carnet de commandes ;
– volumes vendus ;

1148

© Éd. Francis Lefebvre

AUTRES VÉRIFICATIONS SPÉCIFIQUES

– nombre de connexions enregistrées par une société Internet ;
– taux d'occupation des lits pour un groupe hôtelier ;
– nombre d'abonnés d'une société du secteur des télécommunications ;
– création de valeur actionnariale ;
– informations prospectives ;
– informations de source externe (parts de marché…) ;
– informations relatives au début du nouvel exercice, qui ne sont pas extraites de comptes intermédiaires ayant fait l'objet d'un audit ou d'un examen limité de la part du commissaire aux comptes ;
– informations pro forma non extraites des comptes annuels ou consolidés ou non issues de comptes pro forma communiquées dans un prospectus en application des dispositions du règlement européen (CE) n° 809/2004.

S'agissant du cas spécifique de la **déclaration de performance extra-financière**, voir n° 54297.

Diligences sur les « informations sur la situation financière et les comptes »

54290

Le commissaire aux comptes :
– fait état de ses observations sur la **sincérité** et la **concordance** avec les comptes des informations sur la situation financière et les comptes ;
– atteste, dans les sociétés, de la sincérité des informations relatives aux délais de paiement mentionnées à l'article D 441-6 du Code de commerce et de leur concordance avec les comptes annuels, et présente ses observations, le cas échéant.

Pour ce faire, il vérifie notamment :
– que ces informations reflètent la situation de l'entité et l'importance relative des événements enregistrés dans les comptes telles qu'il les connaît à la suite des travaux menés au cours de sa mission. Le cas échéant, il apprécie l'incidence éventuelle sur la sincérité des informations des réserves, du refus ou de l'impossibilité de certifier qu'il envisage de formuler dans le rapport sur les comptes (NEP 9510 § 06) ;
– que chaque information significative concorde avec les comptes dont elle est issue ou avec les données ayant servi à l'établissement de ces comptes (NEP 9510 § 06).

La CNCC propose les définitions suivantes concernant les notions de concordance et de sincérité dans sa note d'information relative aux vérifications spécifiques (CNCC NI. XVIII § 4.33.2) :
– la **concordance** est la reprise à l'identique dans un document d'un chiffre ou d'une information figurant dans un autre document dont il est extrait. La concordance suppose qu'il y ait au moins deux chiffres ou informations à comparer. Elle ne peut pas être appréciée isolément ;
– une information est **présentée de manière sincère** si elle reflète fidèlement, dans tous leurs aspects significatifs, les situations ou événements qu'elle a vocation à traduire, c'est-à-dire qu'elle traduit la réalité et ne comporte pas d'omission de nature à influencer le jugement des utilisateurs des comptes sur l'entité ou sur son fonctionnement, ou leur prise de décision.

Par ailleurs, afin de déterminer quelles sont les **informations significatives** portant sur la situation financière et les comptes figurant dans le rapport de gestion, le commissaire aux comptes exerce son jugement professionnel en considérant les facteurs suivants (CNCC NI. XVIII § 4.33.2) :
– les aspects quantitatifs, tels que l'importance relative de l'information par rapport aux comptes ou postes des comptes auxquels elle se rapporte ;
– les aspects qualitatifs de l'information vis-à-vis des utilisateurs (par exemple un indicateur clef de performance) ;
– la sensibilité de l'information (par exemple une transaction avec une partie liée).

Diligences sur les « autres informations »

54296

Le commissaire aux comptes n'a pas à vérifier les « autres informations » du rapport de gestion (voir n° 54280) qui ne sont pas extraites des comptes, ou qui ne peuvent en être rapprochées (NEP 9510 § 08).

La lecture de ces informations lui permet toutefois de relever des **incohérences manifestes**. À ce titre, il doit exercer son **esprit critique** et s'appuyer sur sa connaissance de l'entité, de son environnement et des éléments collectés au cours de l'audit et sur les conclusions auxquelles l'ont conduit les contrôles qu'il a menés (NEP 9510 § 08).

Dans sa note d'information relative aux vérifications spécifiques, la CNCC apporte les précisions suivantes concernant les notions de « caractère incohérent » et de « caractère manifeste » (CNCC NI. XVIII § 4.33.3) :
1. « Le **caractère incohérent** des autres informations présentées s'apprécie en tenant compte de leur aspect contradictoire ou sans logique, avec :
– d'autres informations données dans les documents adressés aux actionnaires à l'occasion de la réunion de l'organe délibérant appelé à statuer sur les comptes ;

AUTRES VÉRIFICATIONS SPÉCIFIQUES © Éd. Francis Lefebvre

– d'autres informations provenant de l'entité ou d'autres faits, principalement de nature historique, dont le commissaire aux comptes a connaissance du fait de sa connaissance générale de l'entité, du secteur d'activité dans lequel elle opère, de son expérience acquise lors de son audit des comptes. »
2. « Une **incohérence est manifeste** du fait de son caractère grossier ou évident. Elle est identifiable par le commissaire aux comptes sans investigation particulière. Le caractère manifeste d'une incohérence est lié à la personne qui va le percevoir. Ainsi :
– ce qui est manifeste pour un commissaire aux comptes, du fait de la nature de ses fonctions et donc de sa connaissance professionnelle, ne l'est pas forcément pour un utilisateur « ordinaire » de l'information ;
– s'agissant, par exemple, des vertus thérapeutiques d'un nouveau produit ou molécule, ce qui est manifeste pour un médecin ou un pharmacien ne l'est vraisemblablement pas pour un commissaire aux comptes.
Serait manifestement incohérente pour le commissaire aux comptes une information sur une forte prise de parts de marché par rapport aux concurrents, alors que le chiffre d'affaires de l'exercice diminue dans un marché stable, ou encore l'affirmation d'une politique drastique de réduction des coûts pour l'exercice, non confirmée par les données chiffrées inscrites dans les comptes. »

Les informations sur les principales caractéristiques des **procédures de contrôle interne** relatives à l'élaboration et au traitement de l'information comptable et financière étant désormais présentées dans le rapport de gestion, le commissaire aux comptes leur applique les diligences précitées relatives aux « autres informations » prévues par la NEP 9510 (Communiqué de la CNCC sur le rapport sur le gouvernement d'entreprise et le rapport de gestion du mois de septembre 2017).

Les commissaires aux comptes n'ont donc plus à conclure sur les procédures de contrôle interne relatives à l'élaboration et au traitement de l'information comptable et financière présentées dorénavant dans le rapport de gestion (précédemment dans le rapport du président sur le contrôle interne et la gestion des risques qui a été supprimé par l'ordonnance 2017-1162 du 12-7-2017).

54297 **Cas spécifique de la déclaration de performance extra-financière** Lorsque l'entité est soumise aux dispositions de l'article L 225-102-1 du Code de commerce, l'article L 823-10 du Code de commerce requiert que le commissaire aux comptes atteste que la déclaration de performance extra-financière prévue par cet article figure, selon le cas, dans le rapport de gestion ou dans le rapport sur la gestion du groupe. Il n'appartient pas au commissaire aux comptes de vérifier la sincérité et la concordance avec les comptes des informations présentées dans la déclaration (C. com. art. L 823-10, al. 4).
Les diligences du commissaire aux comptes concernant la déclaration précitée relèvent par ailleurs de la NEP 9510 et sont explicitées par la CNCC dans son avis technique relatif à la déclaration de performance extra-financière du mois de janvier 2020.
Ainsi, le commissaire aux comptes :
– vérifie la **présence de la déclaration** de performance extra-financière dans le rapport de gestion ou de la déclaration consolidée de performance extra-financière au sein des informations relatives au groupe données dans le rapport de gestion (NEP 9510 § 09) ;
Le commissaire aux comptes **vérifie que la déclaration de performance extra-financière comprend** (Bull. CNCC nº 197-2020, Avis technique CNCC sur la déclaration de performance extra-financière – janvier 2020) :
– les principaux éléments constitutifs prévus à l'article R 225-105, I du Code de commerce : voir nº 54205 § 5.2 ;
– quels que soient les principaux risques présentés conformément aux obligations réglementaires, les informations requises par le 2ᵉ alinéa du III de l'article L 225-102-1 du Code de commerce ou, à défaut, la raison de leur absence : voir 54205 § 5.2 ;
– les informations requises aux I et II de l'article R 225-105-1 du Code de commerce : voir nº 54205 § 5.2.
L'absence d'un des éléments mentionnés ci-avant constitue une irrégularité.
La CNCC précise que le commissaire aux comptes n'a pas à vérifier la présence de toutes les informations relatives aux résultats et indicateurs clés de performance prévues au II de l'article R 225-105 du Code de commerce, dans la mesure où elles ne sont à donner que lorsqu'elles sont pertinentes au regard des principaux risques ou des politiques associées (Avis technique précité).
Les différents éléments de la déclaration de performance extra-financière pouvant être présentés dans une même partie ou dans des parties distinctes du rapport de gestion, le commissaire aux comptes vérifie qu'ils sont identifiés au sein du rapport de gestion comme faisant partie de la déclaration de performance extra-financière, par exemple au moyen d'une table de correspondance (Avis technique précité).

– procède à la **lecture des déclarations** précitées afin de relever, le cas échéant, les informations qui lui apparaîtraient manifestement incohérentes (NEP 9510 § 08) ;
Lorsqu'il procède à cette lecture, le commissaire aux comptes exerce son esprit critique en s'appuyant sur :
– sa connaissance de l'entité ou, le cas échéant, du groupe, de ses activités, de son environnement ;

1150

© Éd. Francis Lefebvre

AUTRES VÉRIFICATIONS SPÉCIFIQUES

– des éléments collectés au cours de l'audit ; et
– les informations relatives aux travaux et au rapport de l'OTI qu'il a pu obtenir, le cas échéant.

Si des informations lui apparaissent manifestement incohérentes, il s'en entretient avec la direction et, s'il l'estime nécessaire, met en œuvre d'autres procédures pour conclure :
– s'il existe effectivement une inexactitude ou une irrégularité dans la déclaration de performance extra-financière ;
– s'il existe une anomalie significative dans les comptes ;
– s'il doit mettre à jour sa connaissance de l'entité et de son environnement.

Lorsque la déclaration contient des informations sur la situation financière et les comptes, le commissaire aux comptes vérifie en application du paragraphe 6 de la NEP 9510 la sincérité de ces informations et la concordance de chaque information significative avec les comptes dont elle est issue ou avec les données ayant servi à l'établissement de ces comptes.

Certaines entités n'établissent pas de déclaration de performance extra-financière car elles bénéficient de l'**exemption prévue au IV de l'article L 225-102-1** du Code de commerce (voir nº 54205 § 5.1). Dans cette situation, le commissaire aux comptes vérifie que :
– ladite entité contrôlante est soumise en application de la réglementation en vigueur dans le pays à la publication de comptes consolidés et d'une déclaration de performance extra-financière consolidée ; et
– l'entité qui bénéficie de l'exemption est incluse dans le périmètre des comptes consolidés.

Le commissaire aux comptes n'a à vérifier ni la publication effective de la déclaration consolidée au niveau de l'entité contrôlante, ni la bonne prise en compte par celle-ci des informations relatives à l'entité exemptée.

L'**absence de déclaration** de performance extra-financière dans le rapport de gestion, ou, le cas échéant, dans le rapport sur la gestion du groupe, alors que l'entité est soumise à cette obligation, constitue une **irrégularité** en rapport avec le rapport de gestion et le commissaire aux comptes la signale dans son rapport sur les comptes annuels et, le cas échéant, dans son rapport sur les comptes consolidés.

Autres diligences Le commissaire aux comptes vérifie que le rapport de gestion comprend **toutes les informations** requises par les textes légaux et réglementaires et, le cas échéant, par les statuts (NEP 9510 § 10).

> Il effectue cette vérification en référence à la liste des informations obligatoires. Il porte une attention particulière aux informations dont l'omission fait l'objet d'une sanction pénale, telle que l'inobservation des prescriptions relatives aux filiales et participations (C. com. art. L 247-1).

Le commissaire aux comptes vérifie également avec une attention particulière les informations permettant d'opérer la comparaison entre les exercices.

54300

Cas spécifique d'une société commerciale dispensée de l'obligation d'établir un rapport de gestion et décidant d'en établir un « volontairement » Lorsqu'une société commerciale pouvant bénéficier de la dispense d'établir un rapport de gestion prévue à l'article L 232-1, IV décide volontairement d'établir un document similaire et le communique à son commissaire aux comptes avant la date d'établissement de son rapport, la CNCC précise les diligences mises en œuvre par ce dernier en distinguant les deux situations suivantes (Bull. CNCC nº 194-2019 p. 357 – Réponse CNP nº 2019-03) :

1. Lorsque le document est établi avec **référence explicite à l'article L 232-1 et aux textes légaux et réglementaires** applicables à la société, le commissaire aux comptes met en œuvre :
– les diligences visées au § 10 de la NEP 9510 : voir nº 54300 ;
– les diligences relatives aux informations sur la situation financière et les comptes visées au § 06 de la NEP 9510 : voir nº 54290 ;
– et les diligences sur les autres informations visées par le § 08 de la NEP 9510 : voir nº 54296.

2. Lorsque le document est d'un **contenu libre** et est assimilable à un document sur la situation financière et les comptes, afin d'éviter toute ambiguïté, la CNCC recommande que l'intitulé « rapport de gestion » ne soit pas utilisé ou que la société explique clairement que ce document n'est pas établi en application des dispositions de l'article L 232-1 du Code de commerce et des textes légaux et réglementaires applicables à la société. Le commissaire aux comptes met alors en œuvre :

54305

1151

AUTRES VÉRIFICATIONS SPÉCIFIQUES   © Éd. Francis Lefebvre

– les diligences relatives aux informations sur la situation financière et les comptes visées au § 06 de la NEP 9510 : voir n° 54290 ;
– et les diligences sur les autres informations visées par le § 08 de la NEP 9510 : voir n° 54296.

Le contenu du document étant libre, le commissaire aux comptes n'a pas à mentionner, dans la partie « Vérifications spécifiques » de son rapport sur les comptes, d'irrégularités résultant de l'omission d'informations dans ce document. Le cas échéant, il reste tenu de signaler les irrégularités relatives aux autres documents sur la situation financière et les comptes, tels que le texte des résolutions. Par ailleurs, les sociétés pouvant bénéficier de la dispense d'établir un rapport de gestion selon l'article L 232-1, IV du Code de commerce n'étant pas tenues de fournir les informations relatives aux délais de paiement, le commissaire aux comptes n'a donc pas d'attestation à établir à cet effet.

Incidence des éventuelles inexactitudes et irrégularités relevées

54310 Les paragraphes 17 à 20 de la NEP 9510 définissent l'incidence des éventuelles inexactitudes et irrégularités relevées par le commissaire aux comptes dans le rapport de gestion mais également dans les autres documents sur la situation financière et les comptes ou dans les informations relevant du rapport sur le gouvernement d'entreprise.

Le commissaire aux comptes peut en effet relever des éléments qui pourraient constituer :
– des **inexactitudes**, c'est-à-dire des informations qui ne concordent pas avec les comptes ou avec les données ayant servi à l'établissement des comptes, qui ne sont pas conformes avec les documents et informations dont elles sont issues, qui ne sont pas exactes ou qui ne sont pas sincères ;
– des **irrégularités** résultant de l'omission d'informations ou de documents prévus par les textes légaux et réglementaires ou par les statuts.

Il doit alors s'en entretenir avec la direction et, s'il l'estime nécessaire, mettre en œuvre d'autres procédures pour conclure :
– s'il existe effectivement une inexactitude ou une irrégularité dans le rapport de gestion, les autres documents sur la situation financière et les comptes ou les informations relevant du rapport sur le gouvernement d'entreprise ;
– s'il existe une anomalie significative dans les comptes ;
– s'il doit mettre à jour sa connaissance de l'entité et de son environnement.

Lorsqu'à l'issue de ses travaux il conclut qu'il existe des inexactitudes ou des irrégularités, il **demande** alors à la direction **de les modifier**. À défaut de modification, il détermine si les inexactitudes ou irrégularités relevées sont susceptibles d'influencer le jugement des utilisateurs des comptes sur l'entité ou leur prise de décision et donc d'avoir une **incidence sur son rapport** sur les comptes.

La CNCC considère que, dans le cas d'**omission d'informations** prévues par la loi, il existe une forte présomption que l'irrégularité correspondante soit susceptible d'influencer le jugement des utilisateurs des comptes sur l'entité ou leur prise de décision et donc d'avoir une incidence sur le rapport sur les comptes (CNCC NI. XVIII précitée § 5.22).

En outre, le commissaire aux comptes communique aux **organes mentionnés à l'article L 823-16** du Code de commerce les inexactitudes ou irrégularités non corrigées et les informe de l'incidence qu'elles peuvent avoir sur son rapport sur les comptes.

À défaut de correction, le commissaire aux comptes en tire les conséquences éventuelles dans son rapport sur les comptes.

Sur les modalités de communication avec les organes visés à l'article L 823-16 du Code de commerce, voir n°s 26450 s.

Pour les entités d'intérêt public, le **rapport complémentaire au comité d'audit** établi par le commissaire aux comptes indique les cas importants supposant le non-respect avéré ou suspecté des dispositions légales, réglementaires ou statutaires, identifiés au cours de l'audit et jugés pertinents compte tenu de la mission du comité d'audit (C. com. art. L 823-16, III ; voir n°s 26500 s.).

Si par ailleurs l'irrégularité présente un **caractère délictueux**, le commissaire aux comptes met en œuvre la **révélation** au procureur de la République visée à l'article L 823-12 du Code de commerce.

Enfin, dans les sociétés dont les titres sont admis aux négociations sur un marché réglementé, le commissaire aux comptes porte à la connaissance de l'AMF les inexactitudes et irrégularités signalées à l'assemblée (voir n° 8128).

1152

S'agissant des **informations manifestement incohérentes**, susceptibles d'être relevées par le commissaire aux comptes lorsqu'il procède à la lecture des « autres informations », contenues dans le rapport de gestion, les autres documents sur la situation financière ou les comptes et les informations relevant du rapport sur le gouvernement d'entreprise, celles-ci n'ont d'incidence sur la rédaction de la partie « Vérifications spécifiques » du rapport sur les comptes que lorsque le commissaire aux comptes considère qu'elles correspondent à des inexactitudes ou irrégularités et qu'il estime que ces inexactitudes ou irrégularités sont susceptibles d'influencer le jugement des utilisateurs des comptes sur l'entité ou leur prise de décision.

Formulation des conclusions et contenu du rapport

54315 Les conclusions du commissaire au compte à la suite des diligences relatives au rapport de gestion sont formulées dans le rapport sur les comptes (NEP 9510 § 02).

Formulation des conclusions dans le rapport sur les comptes annuels

54317 Le rapport sur les comptes annuels comporte une partie relative à la vérification du rapport de gestion, des autres documents sur la situation financière et les comptes, et des informations relevant du rapport sur le gouvernement d'entreprise : cette partie est appelée « **Vérifications spécifiques** ».

Elle comporte une introduction précisant que le commissaire aux comptes a procédé, conformément aux normes d'exercice professionnel applicables en France, aux vérifications spécifiques prévues par les textes légaux et réglementaires. S'agissant plus particulièrement des informations données dans le rapport de gestion, le commissaire aux comptes :
– exprime ses conclusions sous forme d'**observations**, ou d'**absence d'observation**, sur **la sincérité et la concordance** avec les comptes annuels des informations données dans le rapport de gestion ;
– le cas échéant, atteste de la sincérité des informations relatives aux **délais de paiement** mentionnées à l'article D 441-6 du Code de commerce et de leur concordance avec les comptes annuels et formule, le cas échéant, ses observations ;
– le cas échéant, atteste de la **présence de la déclaration de performance extra-financière** visée à l'article L 225-102-1 du Code de commerce ;
– mentionne les éventuelles irrégularités résultant de l'omission d'informations ou de documents prévus par les textes légaux et réglementaires ou par les statuts ;
– mentionne les éventuelles autres inexactitudes relevées (NEP 9510 § 21).

Formulation des conclusions dans le rapport sur les comptes consolidés

54320 Dans le rapport sur les comptes consolidés, la partie relative à la vérification des informations relatives au groupe données dans le rapport de gestion comporte les éléments suivants (NEP 9510 § 22) :
– une introduction par laquelle le commissaire aux comptes indique qu'il a effectué les vérifications spécifiques prévues par les textes légaux et réglementaires ;
– les conclusions, exprimées sous forme d'observations, ou d'absence d'observation, sur la sincérité et la concordance avec les comptes consolidés des informations relatives au groupe données dans le rapport de gestion ;
– le cas échéant, l'attestation de la présence de la déclaration consolidée de performance extra-financière visée à l'article L 225-102-1 du Code de commerce ;
– la mention des éventuelles irrégularités résultant de l'omission d'informations ou de documents prévus par les textes légaux et réglementaires ou par les statuts ;
– la mention des éventuelles autres inexactitudes relevées.

AUTRES VÉRIFICATIONS SPÉCIFIQUES   © Éd. Francis Lefebvre

SECTION 2

Documents annuels adressés aux membres de l'organe appelé à statuer sur les comptes

54390   Sont concernés par la présente section les « documents adressés », à l'occasion de la réunion de l'organe délibérant appelé à statuer sur les comptes, aux membres dudit organe.

S'agissant du terme « **documents adressés** », il recouvre les documents destinés aux membres de l'organe appelé à statuer sur les comptes, à savoir les documents adressés (obligatoirement ou sur demande), communiqués, mis à disposition ou publiés sur le site internet visés à l'article R 22-10-23 du Code de commerce (ancien art. R 225-73-1 du Code de commerce abrogé depuis le 1-1-2021) à l'occasion de la réunion de l'organe délibérant appelé à statuer sur les comptes (CNCC Note d'information n° XVIII relative aux vérifications spécifiques – décembre 2018 p. 5).

> Les membres des organes délibérants ne sont pas forcément des « actionnaires », compte tenu de la nature des liens qu'ils entretiennent avec l'entité concernée : il s'agira d'associés, dans les SAS, SARL et sociétés de personnes, d'adhérents dans les associations, de sociétaires dans les mutuelles...
> Dans les développements qui suivent, le terme d'actionnaires recouvre ainsi l'ensemble des personnes précitées.
> De même, en fonction de la forme juridique de l'entité concernée, l'organe délibérant correspond à l'assemblée générale, à la collectivité des associés, à l'assemblée des membres ou des adhérents.
> Dans les développements qui suivent, le terme d'assemblée générale recouvre l'ensemble des organes délibérants précités.

54400   Avant d'examiner la mission du commissaire aux comptes, qui porte sur la vérification des documents **sur la situation financière et les comptes** adressés aux membres de l'organe appelé à statuer sur les comptes, on rappellera brièvement les obligations propres aux différentes catégories de personnes morales concernant les « documents adressés » aux membres de l'organe appelé à statuer sur les comptes.

A. Documents adressés ou mis à disposition

Contexte d'élaboration

54420   **Enjeu**   L'assemblée générale ordinaire d'approbation des comptes est un moment essentiel dans la vie d'une entité, puisque ses membres sont appelés à s'y prononcer sur la gestion des dirigeants, et à statuer sur les comptes qui, d'une part, retracent l'évolution de l'entité sur l'exercice écoulé, d'autre part, donnent la photographie de son patrimoine à la date de clôture. La **qualité de l'information** remise aux actionnaires revêt donc une importance particulière, notamment vis-à-vis des **actionnaires minoritaires**, dont les exigences en matière de **transparence** et d'information ont pris une importance accrue, compte tenu des scandales qui ont ébranlé ces temps derniers le monde de la bourse et de la finance. Par ailleurs, tout comme le rapport de gestion, les documents adressés aux actionnaires peuvent être un instrument privilégié de communication pour le gouvernement d'entreprise. Le commissaire aux comptes devra en conséquence prêter toute l'attention qu'il mérite à cet aspect de sa mission.

54425   **Obligations légales et réglementaires**   Le détail des documents à communiquer aux actionnaires varie avec la forme juridique des entités concernées. Pour les sociétés commerciales, la liste des documents à mettre à la disposition des actionnaires est précisée par le Code de commerce pour chaque forme de société. Pour les autres entités, les textes applicables sont souvent succincts quant à la nature de ces documents.

54427   **Obligations statutaires**   Les statuts peuvent également prévoir une obligation supplémentaire d'information vis-à-vis des actionnaires ou associés.

Obligations communes aux entités désignant un commissaire aux comptes

54430

En vue de sa désignation, le commissaire aux comptes informe par écrit la personne dont il se propose de certifier les comptes de son **affiliation à un réseau**, national ou international, qui n'a pas pour activité exclusive le contrôle légal des comptes et dont les membres ont un intérêt économique commun. Le cas échéant, il l'informe également du montant global des honoraires perçus par ce réseau au titre des services autres que la certification des comptes ainsi que de la nature de ces services fournis par ce réseau à la personne ou à l'entité dont le commissaire aux comptes se propose de certifier les comptes, aux personnes ou entités qui la contrôlent ou qui sont contrôlées par elle, au sens des I et II de l'article L 233-3. Les informations relatives au montant global des honoraires perçus sont intégrées aux documents mis à la disposition des actionnaires en application de l'article L 225-108 (C. com. art. L 820-3).

> Ces informations relatives aux honoraires sont actualisées chaque année par le commissaire aux comptes et sont mises, au siège de la personne contrôlée, à la disposition des associés et actionnaires et, pour les associations, des adhérents et donateurs.
>
> Pour plus de détails sur la publication des honoraires du commissaire aux comptes, voir n° 3793 s.

Lorsque le commissaire aux comptes a vérifié, au cours des deux derniers exercices précédant sa désignation, des opérations d'apport ou de fusion de la société ou de celles qu'elle contrôle au sens des I et II de l'article L 233-16 du Code de commerce, le projet de résolution proposant sa nomination à l'assemblée générale doit en faire état (C. com. art. L 823-1, I-al. 4).

> Interrogée sur les conséquences de l'absence de cette mention, la Commission des études juridiques de la CNCC (Bull. CNCC n° 158-2010 – EJ 2009-123 p. 432) a estimé que le commissaire aux comptes doit présenter à l'assemblée générale un rapport signalant cette irrégularité ainsi que le risque d'action en nullité. Il peut présenter la possibilité de régulariser la situation. Cette régularisation pourra être faite par l'adoption par une prochaine assemblée générale d'une résolution rappelant l'intervention antérieure comme commissaire aux apports et confirmant sa désignation comme commissaire aux comptes ainsi que les autres résolutions antérieures prises sur son rapport par l'assemblée générale depuis sa nomination.

Sociétés en nom collectif et sociétés en commandite simple

54435

Préalablement à l'assemblée annuelle, les associés ont le droit d'obtenir communication (C. com. art. L 221-7, al. 1 et 2 pour les SNC ; C. com. art. L 222-2 pour les SCS ; C. com. art. R 221-7 pour les SNC et R 222-1 pour les SCS) :
– de l'inventaire ;
– des comptes annuels ;
– du rapport de gestion ;
– du texte des résolutions proposées ;
– des rapports du commissaire aux comptes sur les comptes annuels et, le cas échéant, consolidés ;
– des comptes consolidés et du rapport sur la gestion du groupe, le cas échéant.

Sociétés à responsabilité limitée

54437

Les associés ont le droit d'obtenir communication pour les trois derniers exercices (C. com. art. L 223-26, al. 4 et R 223-15) :
– de l'inventaire ;
– des comptes annuels ;
– du rapport de gestion ;
– du texte des résolutions proposées ;
– des rapports du commissaire aux comptes ;
– des comptes consolidés et du rapport sur la gestion du groupe lorsque la SARL a l'obligation légale d'établir des comptes consolidés.

> Pour plus de détails sur le droit à l'information des associés d'une SARL préalablement à la réunion de l'assemblée appelée à statuer sur les comptes, voir CNCC NI. XVIII précitée p. 13 s.

Sociétés anonymes et sociétés en commandite par actions

54440

Préalablement à l'assemblée générale ordinaire annuelle, il convient de distinguer les documents qui doivent être mis à disposition des actionnaires (1), ceux qui leur sont communiqués avec l'envoi d'une formule de procuration (2) et enfin les documents qui leur sont adressés sur leur demande (3).

> Pour plus de détails sur le droit à l'information des actionnaires d'une SA préalablement à la réunion de l'assemblée appelée à statuer sur les comptes, voir CNCC NI. XVIII précitée p. 17 s.

AUTRES VÉRIFICATIONS SPÉCIFIQUES © Éd. Francis Lefebvre

54442 1. Les **documents à tenir à disposition** des actionnaires au siège social ou au lieu de la direction administrative avant la réunion de l'assemblée annuelle statuant sur l'approbation des comptes comprennent les documents et renseignements suivants mentionnés aux articles L 225-115, L 225-116 et R 225-83 du Code de commerce :
a) les comptes annuels et, le cas échéant, les comptes consolidés (C. com. art. R 225-83, 6º) ;
b) les rapports du conseil d'administration, du conseil de surveillance, du directoire ou du gérant (C. com. art. L 225-115, 2º ; C. com. art. R 225-83, 4º) ;
c) les rapports des commissaires aux comptes, s'il en existe : rapport sur les comptes annuels et les comptes consolidés (le cas échéant), rapport spécial sur les conventions réglementées et, le cas échéant, rapports spéciaux établis dans le cadre de l'établissement des documents prévisionnels et du déclenchement de la procédure d'alerte (C. com. art. L 225-115, 6º ; C. com. art. R 225-83, 6º) ;
d) le texte et l'exposé des motifs des projets de résolution présentés par le conseil d'administration ou le directoire ou le gérant (C. com. art. L 225-115, 3º ; C. com. art. R 225-83, 2º) ;
e) le cas échéant, le texte des projets de résolution présentés par les actionnaires et la liste des points ajoutés à leur demande à l'ordre du jour (C. com. art. R 225-83, 3º) ;
f) les nom et prénoms usuels soit des administrateurs et directeurs généraux, soit des membres du directoire ou du conseil de surveillance ainsi que, le cas échéant, l'indication des autres sociétés dans lesquelles ces personnes exercent des fonctions de gestion, de direction, d'administration ou de surveillance (C. com. art. L 225-115, 1º ; C. com. art. R 225-83, 1º) ;
g) lorsque l'ordre du jour prévoit la nomination de nouveaux membres du conseil d'administration, du directoire ou du conseil de surveillance, des renseignements relatifs aux candidats (les nom, prénoms usuels et âge des candidats, leurs références et leurs activités professionnelles au cours des cinq dernières années, les emplois ou fonctions occupés dans la société par les candidats et le nombre d'actions de la société dont ils sont titulaires ou porteurs) (C. com. art. L 225-115, 3º ; C. com. art. R 225-83, 5º) ;
h) le montant global, certifié exact par les commissaires aux comptes, s'il en existe, des rémunérations versées aux cinq ou dix personnes les mieux rémunérées selon que l'effectif est ou non d'au moins 250 salariés (C. com. art. L 225-115, 4º modifié par loi 2019-486 du 22-5-2019, dite « Pacte ») ;

Depuis le 1er janvier 2020, le seuil de salariés est d'au moins 250 au lieu de plus de 200 précédemment à cette date. Concernant les modifications des modalités de calcul des effectifs, voir nº 56252.

i) le montant global, certifié par les commissaires aux comptes, s'il en existe, des sommes ouvrant droit aux réductions d'impôt de l'article 238 bis du CGI ainsi que de la liste des actions nominatives de parrainage, de mécénat (C. com. art. L 225-115, 5º modifié par loi 2019-1479 du 28-12-2019) ;
j) la liste des actionnaires (C. com. art. L 225-116 ; C. com. art. R 225-90, al. 2).
Par ailleurs, dans les sociétés par actions dont l'effectif dépasse 300 salariés pendant douze mois consécutifs, le dernier bilan social accompagné de l'avis du comité social et économique prévu à l'article L 2312-28 du Code du travail est adressé aux actionnaires ou mis à leur disposition dans les mêmes conditions que les documents prévus aux articles L 225-108 et L 225-115 du Code de commerce (C. trav. art. L 2312-32).

Pour plus de détails sur le bilan social, voir Mémento Social nº 9310.
Sur les informations nécessaires si l'ordre du jour comporte la nomination d'un commissaire aux comptes, voir nº 54430.

54444 2. Certains **documents** doivent être **joints à toute formule de procuration** adressée aux actionnaires, y compris par voie électronique (C. com. art. R 225-81) :
a) l'ordre du jour de l'assemblée ;
b) le texte des projets de résolution présentés par le conseil d'administration ou le directoire, selon le cas, ainsi que le texte des projets de résolution présentés par des actionnaires et les points ajoutés, le cas échéant, à l'ordre du jour à leur demande dans les conditions prévues aux articles R 225-71 à R 225-74, R 22-10-21, R 22-10-22 et R 22-10-23 ;
c) un exposé sommaire de la situation de la société pendant l'exercice écoulé ;
d) une formule de demande d'envoi des documents et renseignements mentionnés à l'article R 225-83, informant l'actionnaire qu'il peut demander à bénéficier des dispositions du troisième alinéa de l'article R 225-88 ;
e) un formulaire de vote par correspondance comportant le rappel des dispositions de l'article L 225-107 ;

1156

f) le rappel de manière très apparente des dispositions des articles L 225-106 et
L 22-10-39 à L 22-10-42 ;

g) l'indication que l'actionnaire, à défaut d'assister personnellement à l'assemblée, peut
choisir entre l'une des trois formules suivantes :
– donner une procuration dans les conditions de l'article L 225-106,
– voter par correspondance,
– adresser une procuration à la société sans indication de mandat ;

h) l'indication qu'en aucun cas l'actionnaire ne peut retourner à la société à la fois la
formule de procuration et le formulaire de vote par correspondance.

3. Enfin, conformément à l'article R 225-88 du Code de commerce, les actionnaires **54446**
peuvent **demander à la société de leur adresser** les renseignements visés aux articles
R 225-81 et R 225-83 du Code de commerce.

> Les documents visés sont détaillés supra au n° 54442 (hors points i) à k)) et au n° 54444.

Sociétés par actions simplifiées L'article L 227-1 du Code de commerce excluant **54450**
l'application des articles L 225-108 et L 225-115 du code précité, les associés doivent
organiser eux-mêmes dans les statuts, ou dans des conventions extrastatutaires, les
modalités d'exercice de leur droit à l'information.

> À cet effet, ils peuvent s'inspirer des dispositions prévues par ces articles ou bien en adopter d'autres.

Autres entités Il faut se reporter aux textes régissant le fonctionnement juridique de **54460**
ces entités. Ainsi, pour les sociétés civiles de placement immobilier et les sociétés
d'épargne forestière, l'article R 214-144 du Code monétaire et financier prévoit la liste
des documents et renseignements adressés ou mis à disposition des associés.

> L'article R 214-144 du Code monétaire et financier dispose que les documents et renseignements
> suivants sont adressés ou mis à la disposition de tout associé au plus tard quinze jours avant la réunion
> de l'assemblée :
> – le rapport de la société de gestion ;
> – le ou les rapports du conseil de surveillance ;
> – le ou les rapports des commissaires aux comptes ;
> – la ou les formules de vote par correspondance ou par procuration ;
> – s'il s'agit de l'assemblée générale ordinaire prévue au premier alinéa de l'article L 214-103 : le bilan,
> le compte de résultat, l'annexe et, le cas échéant, les rapports du conseil de surveillance et des commis-
> saires aux comptes.
> Lorsque l'ordre du jour comporte la désignation du conseil de surveillance, la convocation mentionne :
> – les nom, prénoms usuels et âge des candidats, leurs références professionnelles et leurs activités au
> cours des cinq dernières années ;
> – les emplois ou fonctions occupés dans la société par les candidats et le nombre de parts dont ils
> sont titulaires.

Pour les autres entités, en l'absence de précision des textes, il faut se reporter aux dispositions statutaires et au règlement intérieur lorsqu'il existe.

Modalités de mise à disposition

Sociétés en nom collectif et sociétés en commandite simple Les comptes **54475**
annuels, le rapport de gestion, le texte des projets de résolution, le rapport du commissaire aux comptes sur les comptes annuels, et, le cas échéant, les comptes consolidés, le
rapport sur la gestion du groupe et le rapport du commissaire aux comptes sur les
comptes consolidés sont adressés aux associés quinze jours avant la tenue de l'assemblée
générale (C. com. art. R 221-7, al. 1).
L'inventaire, quant à lui, est mis à la disposition des associés dans les quinze jours qui
précèdent la tenue de l'assemblée générale (C. com. art. R 221-7, al. 2).

> Les dispositions de l'article R 221-7 du Code de commerce relatives aux SNC sont applicables aux SCS
> sur renvoi de l'article R 222-1 du même code.

Par exception, les dispositions susvisées ne sont pas applicables lorsque tous les associés
sont gérants (C. com. art. R 221-7, al. 3).

Sociétés à responsabilité limitée Les comptes annuels, le rapport de gestion, le **54478**
texte des projets de résolution, le rapport du commissaire aux comptes sur les comptes
annuels, et, le cas échéant, les comptes consolidés, le rapport sur la gestion du groupe et

AUTRES VÉRIFICATIONS SPÉCIFIQUES © Éd. Francis Lefebvre

le rapport du commissaire aux comptes sur les comptes consolidés sont adressés aux associés quinze jours au moins avant la tenue de l'assemblée générale (C. com. art. R 223-18, al. 1). L'inventaire, quant à lui, est mis à la disposition des associés dans les quinze jours qui précèdent la tenue de l'assemblée générale (C. com. art. R 223-18, al. 2).

54480 **Sociétés anonymes et sociétés en commandite par actions** S'agissant des documents et renseignements mentionnés aux articles L 225-115 et R 225-83 du Code de commerce (voir n° 54442, points a) à j)), ils sont **mis à la disposition** des actionnaires, à compter du jour de la convocation de l'assemblée et au moins quinze jours avant sa tenue (C. com. art. R 225-83 et R 225-89). Ils ne peuvent cependant prendre connaissance du rapport des commissaires aux comptes que pendant le délai de quinze jours qui précède la réunion de l'assemblée (C. com. art. R 225-89). Il en est de même concernant la liste des actionnaires, dont la mise à disposition est prévue par l'article L 225-116 du Code de commerce (C. com. art. R 225-90).

En ce qui concerne les documents et renseignements **envoyés** aux actionnaires sur leur demande et mentionnés aux articles R 225-81 et R 225-83 du code précité (voir n° 54446), l'article R 225-88 dispose que cette demande doit être présentée à compter de la date de convocation de l'assemblée et jusqu'au cinquième jour inclusivement avant la réunion.

Les actionnaires peuvent cependant, par une demande unique, obtenir de la société l'envoi des documents et renseignements visés aux articles R 225-81 et R 225-83 à l'occasion de chacune des assemblées d'actionnaires ultérieures (C. com. art. R 225-88, al. 3).

Le législateur n'a pas prévu que tous les documents mentionnés à l'article L 225-115 du Code de commerce (voir n° 54442) soient envoyés aux actionnaires.

On constate que certains documents entrent dans le champ d'application des articles L 225-115 et R 225-83 du Code de commerce. Dans ce cas, il faut considérer qu'ils doivent à la fois être mis à la disposition des actionnaires et envoyés sur leur demande. Ces documents sont : les comptes annuels, les comptes consolidés, les rapports du conseil d'administration ou du directoire et du conseil de surveillance, selon le cas, et des commissaires aux comptes, le texte et l'exposé des motifs des résolutions proposées, la liste des administrateurs ou des membres du directoire et du conseil de surveillance ainsi que des renseignements concernant les candidats au conseil d'administration ou au conseil de surveillance, selon le cas.

Concernant les sociétés dont les actions sont admises aux négociations sur un **marché réglementé**, elles publient sur le site internet les informations et documents suivants, pendant une période ininterrompue commençant au plus tard le vingt et unième jour précédant l'assemblée (C. com. art. R 22-10-23 à compter du 1-1-2021 ; dispositions figurant antérieurement à l'article R 225-73-1 du même code) :

a) l'avis de réunion publié au Balo mentionné à l'article R 22-10-22 ;

b) le nombre total de droits de vote existant et le nombre d'actions composant le capital de la société à la date de la publication de l'avis mentionné à l'article R 22-10-22, en précisant, le cas échéant, le nombre d'actions et de droits de vote existant à cette date pour chaque catégorie d'actions ;

c) les documents destinés à être présentés à l'assemblée, au regard notamment des dispositions des articles L 225-115 et R 225-83 ;

d) le texte des projets de résolution qui seront présentés à l'assemblée par le conseil d'administration ou le directoire, selon le cas ;

e) les formulaires de vote par correspondance et de vote par procuration ou le document unique prévu par le troisième alinéa de l'article R 225-76, sauf dans les cas où la société adresse ces formulaires à tous ses actionnaires.

Lorsque, pour des raisons techniques, ces formulaires ne peuvent être rendus accessibles sur son site internet, la société indique sur celui-ci les lieux et conditions dans lesquels ils peuvent être obtenus. Elle les envoie à ses frais à tout actionnaire qui en fait la demande.

La société publie sans délai sur son site internet le texte des projets de résolution présentés par les actionnaires et la liste des points ajoutés à l'ordre du jour à leur demande.

Pour chaque point inscrit à l'ordre du jour, la société peut également publier un commentaire du conseil d'administration ou du directoire, selon le cas.

54482 **Sociétés par actions simplifiées** Les statuts ou le règlement intérieur doivent en principe prévoir les délais de mise à disposition et d'envoi des documents tels que ceux-ci ont été librement définis (voir n° 54450).

À défaut, à notre avis, le délai de 15 jours imposé dans les autres entités par les dispositions légales pourrait servir de référence pour apprécier si la mise à disposition est intervenue dans un délai suffisant.

© Éd. Francis Lefebvre — AUTRES VÉRIFICATIONS SPÉCIFIQUES

Autres entités Il faut se reporter aux textes régissant le fonctionnement juridique de ces entités. Dans les sociétés civiles de placement immobilier et les sociétés d'épargne forestière, les documents et renseignements sont adressés aux associés au plus tard quinze jours avant la réunion de l'assemblée (C. mon. fin. art. R 214-144).

54484

Pour les entités dont les textes ne prévoient pas expressément la liste de documents devant être mis à la disposition des associés ainsi que les modalités de mise à disposition, il convient de se reporter aux dispositions statutaires. Dans le silence des statuts, le délai doit être suffisant, notamment pour que le commissaire aux comptes puisse effectuer ses diligences et demander, le cas échéant, la modification de ces documents.

À défaut de précision statutaire, le délai de 15 jours imposé dans les autres entités par les dispositions légales pourrait à notre avis servir de référence pour apprécier si la mise à disposition est intervenue dans un délai suffisant.

Sanctions du défaut de mise à disposition ou de communication

Sociétés en nom collectif et sociétés en commandite simple La violation des dispositions relatives au droit à l'information des associés peut entraîner l'annulation de l'assemblée générale (C. com. art. L 221-7, al. 2).

54500

Le non-respect des délais prévus à l'article R 221-7 du Code de commerce est sanctionné par une amende de 1 500 € et, en cas de récidive, de 3 000 € (C. com. art. R 247-3 renvoyant au Code pénal art. 131-13, 5°).

En outre, tout intéressé peut, au titre de la procédure d'injection de faire, obtenir la communication de ces documents (C. com. art. L 238-1).

Sociétés à responsabilité limitée La violation des dispositions relatives au droit à l'information des associés peut entraîner l'annulation des délibérations de l'assemblée générale (C. com. art. L 223-26, al. 2).

54502

Aucune sanction pénale n'est prévue par les textes pour le défaut de mise à disposition des documents. Cela étant, tout intéressé peut, au titre de la procédure d'**injonction de faire**, obtenir la communication de ces documents (C. com. art. L 238-1).

Sociétés anonymes et sociétés en commandite par actions La violation des dispositions relatives au droit à l'information des actionnaires peut entraîner l'annulation de l'assemblée générale si ces derniers n'ont pas été en mesure d'exercer leur droit de communication préalable à la réunion (C. com. art. L 225-121, al. 2).

54504

Aucune sanction pénale ne peut plus être prononcée à l'encontre des dirigeants en cas de non-respect des délais de mise à disposition au siège social des documents prévus par les articles L 225-115, L 225-116, L 225-117 et R 225-83 du Code de commerce.

Les actionnaires qui ne peuvent obtenir communication des documents visés aux articles L 225-115 à L 225-118 du Code de commerce peuvent demander au président du tribunal de commerce, statuant en référé, d'enjoindre sous astreinte les dirigeants à communiquer lesdits documents ou de désigner un mandataire chargé de procéder à cette communication (C. com. art. L 238-1).

Sociétés par actions simplifiées La nullité de l'assemblée générale pour défaut de mise à disposition des associés des documents, dans les délais mentionnés dans les statuts ou le règlement intérieur, peut être prononcée à la demande de tout intéressé en application de l'article L 227-9, alinéa 4. C'est une nullité relative, laissée à l'appréciation du juge.

54506

B. Mission du commissaire aux comptes

Nature de l'intervention

Source Le commissaire aux comptes vérifie la sincérité et la concordance avec les comptes annuels des informations données dans les documents adressés aux actionnaires ou associés sur la situation financière et les comptes annuels (C. com. art. L 823-10).

54530

Norme applicable Le commissaire aux comptes applique la norme d'exercice professionnel 9510 « Diligences du commissaire aux comptes relatives au rapport de gestion,

54532

1159

AUTRES VÉRIFICATIONS SPÉCIFIQUES © Éd. Francis Lefebvre

aux autres documents sur la situation financière et les comptes et aux informations relevant du rapport sur le gouvernement d'entreprise adressés aux membres de l'organe appelé à statuer sur les comptes » homologuée par arrêté du garde des Sceaux en date du 1er octobre 2018.

54550 **Entités concernées** L'obligation de contrôle des documents sur la situation financière et les comptes, adressés aux membres de l'organe appelé à statuer sur les comptes, s'applique à toutes les personnes et entités dotées d'un commissaire aux comptes, sous réserve des dispositions qui leur sont propres.

L'ordonnance du 8 septembre 2005 relative au commissariat aux comptes a transféré dans le titre 2 intitulé « Des commissaires aux comptes » du livre 8 du Code de commerce toutes les dispositions concernant l'exercice de la mission du commissaire aux comptes qui figuraient auparavant dans le livre 2 relatif aux sociétés par actions. Ces dispositions s'appliquent dans toutes les personnes et entités ayant l'obligation légale de nommer un commissaire aux comptes ou l'ayant nommé volontairement.

Il en résulte que si des documents sur la situation financière et les comptes annuels sont mis à la disposition des actionnaires, le commissaire aux comptes est tenu de les contrôler, sauf cas très particulier dans lequel sa mission n'inclurait pas la certification des comptes (voir n° 50190).

Diligences

54555 **Documents concernés** La norme d'exercice professionnel 9510 traite des **documents sur la situation financière et les comptes** adressés aux membres de l'organe appelé à statuer sur les comptes ou mis à leur disposition, que ces documents soient (NEP 9510 § 04) :
– prévus par les textes légaux ou réglementaires applicables à l'entité ;
– prévus par les statuts de l'entité ;
– ou établis à l'initiative de l'entité et communiqués au commissaire aux comptes avant la date d'établissement de son rapport ;
La NEP 9510 ne définit pas les « documents sur la situation financière et les comptes » adressés aux membres de l'organe appelé à statuer sur les comptes mais la CNCC considère qu'il s'agit de documents (CNCC NI. XVIII – Vérifications spécifiques – décembre 2018 § 4.31.1) :
– à caractère **rétrospectif** ;
– dont l'objectif est d'**expliciter les comptes** annuels ou consolidés soumis aux actionnaires ;
– et qui ne font pas déjà l'objet d'un rapport ou d'une attestation de la part du commissaire aux comptes.
À titre d'exemple, les textes des projets de résolution présentés par le conseil d'administration d'une SA peuvent être qualifiés d'autres documents sur la situation financière et les comptes adressés aux actionnaires appelés à statuer sur les comptes.
En revanche, le **bilan social**, qui est un document incluant notamment des informations issues des comptes (frais de personnel, montant global de la réserve de participation...) mais qui a pour objectif non pas d'expliciter les comptes de l'exercice soumis à l'approbation des actionnaires mais d'informer les membres du comité social et économique, **ne constitue pas** un document relatif à la situation financière et aux comptes annuels ou consolidés.
La NI. XVIII précitée propose une classification des différents documents.

54558 **Nature des informations contrôlées** Les informations contenues dans les documents sur la situation financière et les comptes adressés aux membres de l'organe compétent appelé à statuer sur les comptes donnent lieu à une distinction entre « informations sur la situation financière et les comptes » et « autres informations » (NEP 9510 § 05 à NEP 9510 § 09).
1. Les « **informations sur la situation financière et les comptes** » regroupent les informations qui soit sont extraites des comptes annuels ou consolidés, soit peuvent être rapprochées des données ayant servi à l'établissement de ces comptes. Ces informations peuvent être constituées de données chiffrées ou de commentaires et précisions sur ces comptes (NEP 9510 § 05).
2. Les « **autres informations** » regroupent les informations qui ne sont pas extraites des comptes annuels ou consolidés, ou qui ne peuvent être rapprochées des données ayant servi à l'établissement de ces comptes (NEP 9510 § 07).

AUTRES VÉRIFICATIONS SPÉCIFIQUES

Diligences relatives aux informations sur la situation financière et les comptes **1. Contrôles de concordance** Le commissaire aux comptes vérifie que chaque information significative sur la situation financière et les comptes contenues dans les documents adressés aux actionnaires concorde avec les comptes annuels et, le cas échéant, consolidés ou avec les données ayant servi à l'établissement de ces comptes (NEP 9510 § 06). **54568**

Ces contrôles s'appuient sur les travaux effectués lors de l'audit des comptes de l'exercice écoulé.

2. Contrôles de sincérité Le commissaire aux comptes apprécie si les informations sur la situation financière et les comptes contenues dans les documents adressés aux actionnaires reflètent la situation de l'entité et l'importance relative des événements enregistrés dans les comptes telles qu'il les connaît à la suite des travaux menés au cours de sa mission (NEP 9510 § 06). Le cas échéant, il apprécie l'incidence éventuelle sur la sincérité des informations des réserves, du refus ou de l'impossibilité de certifier qu'il envisage de formuler dans le rapport sur les comptes.

Concernant la notion de concordance et de présentation sincère, voir n° 54290.

Diligences relatives aux autres informations Le commissaire aux comptes n'a pas à vérifier les « autres informations » (voir n° 54558) contenues dans les documents sur la situation financière et les comptes adressés aux membres de l'organe appelé à statuer sur les comptes. Sa lecture de ces autres informations lui permet toutefois de relever, parmi les informations sans lien avec la situation financière et les comptes annuels, celles qui lui apparaissent **manifestement incohérentes**. **54570**

La NEP 9510 précise que le commissaire aux comptes doit exercer son esprit critique en s'appuyant sur sa connaissance de l'entité, de son environnement et des éléments collectés au cours de l'audit et sur les conclusions auxquelles l'ont conduit les contrôles qu'il a menés.

Sur les notions de « caractère incohérent » et de « caractère manifeste », voir n° 54296.

Autres diligences Le commissaire aux comptes s'assure que les autres documents sur la situation financière et les comptes adressés aux membres de l'organe appelé à statuer sur les comptes comprennent toutes les informations requises par les obligations légales, réglementaires et statutaires incombant à l'entité. **54572**

Incidence des éventuelles inexactitudes et irrégularités relevées

L'incidence des éventuelles inexactitudes et irrégularités relevées par le commissaire aux comptes est définie par la NEP 9510 et est développée au n° 54310. **54590**

Formulation des conclusions Le commissaire aux comptes : **54610**
– exprime ses conclusions sous forme d'**observations**, ou d'**absence d'observation**, sur **la sincérité et la concordance** avec les comptes annuels des informations données dans les autres documents sur la situation financière et les comptes adressés à l'organe appelé à statuer sur les comptes ;
– mentionne les éventuelles irrégularités résultant de l'omission d'informations ou de documents prévus par les textes légaux et réglementaires ou par les statuts ;
– mentionne les éventuelles autres inexactitudes relevées (NEP 9510 § 21).

Lorsque des erreurs et omissions constituent des violations de texte, elles doivent faire l'objet d'une communication selon les modalités de communication par le commissaire aux comptes des irrégularités et inexactitudes à l'assemblée générale ou à l'organe compétent (voir n° 61300). **54620**

Si par ailleurs l'irrégularité présente un **caractère délictueux**, le commissaire aux comptes met en œuvre la **révélation** au procureur de la République visée à l'article L 823-12 du Code de commerce.

Enfin, dans les sociétés dont les titres sont admis aux négociations sur un marché réglementé, le commissaire aux comptes porte à la connaissance de l'AMF les inexactitudes et irrégularités signalées à l'assemblée (voir n° 8128).

AUTRES VÉRIFICATIONS SPÉCIFIQUES   © Éd. Francis Lefebvre

SECTION 3

Documents liés à la prévention des difficultés

54650   L'obligation d'établir des documents d'information financière et prévisionnelle s'inscrit dans le cadre de la loi du 1er mars 1984 (C. com. art. L 232-2 à L 232-4 et L 612-2) relative à la prévention des difficultés des entreprises.

54653   Les documents visés comprennent une situation de l'actif réalisable et disponible, valeurs d'exploitation exclues, et du passif exigible, un compte de résultat prévisionnel, qui sont élaborés semestriellement, un tableau de financement établi en même temps que le bilan annuel et un plan de financement prévisionnel. Dans les sociétés anonymes, les documents prévisionnels sont analysés dans des rapports écrits sur l'évolution de la société, établis par le conseil d'administration ou le directoire.

Le commissaire aux comptes a reçu une mission de vérification spécifique portant sur le contrôle de ces documents. Pour autant, cette mission ne lui incombe que s'il est nommé pour un mandat de six exercices. En effet, l'article L 823-12-1 du Code de commerce, modifié par la loi 2019-486 du 22-5-2019, dite « Pacte », **dispense** le commissaire aux comptes nommé pour un mandat limité à trois exercices de la réalisation des diligences et rapports prévus aux articles L 232-3 et L 232-4 du code précité concernant les documents liés à la prévention des difficultés des entreprises (voir n° 54865).

54654   Une première partie sera consacrée à l'établissement des documents prévisionnels. Une seconde partie traitera des diligences mises en œuvre par le commissaire aux comptes.

A. Documents prévisionnels

Contexte

54655   L'élaboration des documents prévisionnels entre dans le cadre du dispositif mis en place par le législateur pour prévenir les difficultés des entreprises. Elle est fondée sur l'idée, difficilement contestable, que la meilleure manière de surmonter une difficulté est, si possible, de l'**anticiper** et, en toute hypothèse, d'être capable d'en maîtriser les conséquences.

L'objectif du législateur est donc d'une certaine manière de créer à la charge des entreprises les plus importantes l'obligation d'établir un minimum de prévisions avec un point d'étape en milieu d'exercice.

54657   Dans les faits, cette **obligation** est **vécue de manière assez formelle** par les entreprises : elles estiment souvent soit que l'obligation légale ne leur apporte rien par rapport à un système de prévision interne plus sophistiqué, qui ne peut être réutilisé en l'état pour remplir l'obligation légale et que l'obligation légale qui ne s'inscrit pas dans une vision consolidée pour les groupes de sociétés a peu de sens économique, soit qu'elle n'a aucun sens compte tenu de l'aléa pesant sur la composante fondamentale que constitue leur chiffre d'affaires.

Sans écarter complètement ces deux arguments, on peut leur objecter :

– qu'il suffit d'organiser le retraitement des données prévisionnelles du système interne pour établir à moindre effort les documents prévus par la loi ;

– que le caractère aléatoire du résultat ne peut suffire à justifier l'absence de prévisions, dans la mesure où, d'une part, les charges sont le plus souvent parfaitement prévisibles et où, d'autre part, l'introduction de la flexibilité dans l'approche budgétaire permet justement d'appréhender de manière très rapide l'impact des dérapages qui peuvent survenir par rapport aux prévisions.

Il ne peut donc qu'être conseillé aux entreprises de définir, éventuellement en concertation avec leur commissaire aux comptes, la stratégie et l'organisation à adopter pour se conformer de manière aussi efficace que possible à l'obligation imposée par la loi.

1162

AUTRES VÉRIFICATIONS SPÉCIFIQUES

Entités concernées

54675

Les entités concernées par l'établissement de ces documents d'information financière et prévisionnelle le sont en application de textes qui leur sont propres mais qui opèrent pour la plupart un renvoi aux articles L 232-2 à L 232-4 et R 232-2 à R 232-7 du Code de commerce, qui constituent les textes de base. Sont tenus d'établir des documents prévisionnels, dès lors qu'est atteint à la clôture d'un exercice le seuil de trois cents salariés, ou que le chiffre d'affaires hors taxe est au moins égal à 18 millions d'euros :
– toutes les **sociétés commerciales** (C. com. art. L 232-2 à L 232-4 et R 232-2 à R 232-7) ;
– les **groupements d'intérêt économique** (C. com. art. L 251-13 renvoyant aux art. L 232-2 à L 232-4 du même code et art. R 251-2 renvoyant aux art. R 232-2 à R 232-7 du code précité) ;
– les **personnes morales de droit privé non commerçantes ayant une activité économique** (C. com. art. L 612-2 et R 612-3) ;

> Les mutuelles relevant de cette catégorie sont de fait également soumises à l'obligation d'établir des documents prévisionnels (voir, en ce sens, Bull. CNCC n° 148-2007 p. 614).
> Les taxes collectées par une association pour être redistribuées ne doivent pas être prises en compte pour le calcul du seuil de ressources.

– les **établissements publics de l'État** et les **entreprises nationales** (Loi du 1-3-1984 art. 32 et décret du 1-3-1985 art. 34).

Précisions relatives aux seuils. Les salariés pris en compte pour le calcul du seuil de trois cents **salariés** sont ceux qui, par un contrat de travail à durée indéterminée, sont liés à la société et aux sociétés dont cette dernière détient directement ou indirectement plus de la moitié du capital. Le nombre de salariés est égal à la moyenne arithmétique des effectifs à la fin de chaque trimestre de l'année civile ou de l'exercice comptable lorsque celui-ci ne coïncide pas avec l'année civile (C. com. art. R 232-2, al. 3 dans sa rédaction antérieure au décret 2020-100 du 7-2-2020).

Pour les **exercices ouverts à compter du 9 février 2020**, le décret susmentionné modifie l'alinéa 3 de l'article R 232-2 du Code de commerce :
– la notion de salariés « permanents » est introduite et il est ainsi précisé que les salariés pris en compte pour le calcul du seuil de trois cents salariés sont les salariés **permanents** liés à la société et aux sociétés dont cette dernière détient directement ou indirectement plus de la moitié du capital ;

> Conformément aux dispositions du nouvel article D 210-21 du Code de commerce, auxquelles renvoie l'article R 232-2 du même code, les catégories de personnes incluses dans l'effectif de salariés permanents sont les salariés :
> • à temps plein ;
> • titulaires d'un **contrat à durée indéterminée**.

– l'effectif est déterminé conformément aux dispositions de l'article D 210-21, créé par le décret précité, qui renvoient à celles du dernier alinéa de l'article D 123-200.

> Ainsi, « sauf disposition contraire, le nombre moyen de salariés est apprécié selon les modalités prévues au I de l'article **L 130-1 du Code de la sécurité sociale**. Par dérogation, il est apprécié sur le dernier exercice comptable lorsque celui-ci ne correspond pas à l'année civile précédente » (C. com. art. D 123-200 al. 7 modifié par décret 2020-101 du 7-2-2020).
> Le I de l'article L 130-1 du Code de la sécurité sociale dispose que l'effectif salarié annuel de l'employeur, y compris lorsqu'il s'agit d'une personne morale comportant plusieurs établissements, correspond à la **moyenne du nombre de personnes employées au cours de chacun des mois** de l'année civile précédente. L'article R 130-1 du Code de la sécurité sociale apporte des précisions quant aux catégories de personnes incluses dans l'effectif et les modalités de leur décompte.

Le montant net du **chiffre d'affaires** correspond au montant des ventes de produits et services liés à l'activité courante de la société diminué des réductions sur ventes, de la taxe sur la valeur ajoutée et des taxes assimilées (C. com. art. R 232-2, al. 4).

Interrogée sur le cas d'un exercice social d'une durée différente de 12 mois, la Commission des études juridiques de la CNCC (Bull. CNCC n° 158-2010 – EJ 2009-185 p. 428) considère que « dès lors que les seuils sont dépassés à la clôture d'un exercice, la production des documents prévus par les dispositions légales et réglementaires s'impose, quelle que soit la durée de l'exercice. [...] Peu importe donc que l'exercice soit supérieur ou inférieur à 12 mois, il convient de prendre en compte le chiffre d'affaires total sans calcul prorata temporis ».

La Commission des études juridiques précise également qu'à la lecture des textes légaux et réglementaires, le dépassement des seuils fixés pour établir les documents prévisionnels n'a pas à être constaté par l'assemblée générale. Les dirigeants des sociétés concernées

AUTRES VÉRIFICATIONS SPÉCIFIQUES

© Éd. Francis Lefebvre

doivent donc produire lesdits documents sans attendre une telle constatation (Bull. CNCC n° 165-2012 – EJ 2011-83).

54690 Les **entreprises d'assurances et de réassurance et les établissements de crédit** sont régis par la loi du 1er mars 1984. Celle-ci, à l'article 59 modifié par l'ordonnance du 18 septembre 2000, prévoit qu'« un décret en Conseil d'État adaptera, pour les banques et les entreprises de réassurance, les dispositions des articles L 232-2 et L 232-7 du Code de commerce précité, en particulier la forme et le contenu des documents qui doivent être établis. L'application de la présente loi aux entreprises d'assurances et de capitalisation s'effectue dans les conditions prévues par l'article L 310-3 du Code des assurances ». À ce jour, aucun décret n'est venu apporter de précisions, ce qui conduit l'ensemble des banques et établissements financiers à ne pas établir de documents prévisionnels.

Les **compagnies financières** et les **sociétés de gestion** qui ne réalisent pas les opérations de banque visées à l'article L 311-1 du Code monétaire et financier ne peuvent se prévaloir des dispositions de l'article 59 de la loi du 1er mars 1984. Elles sont donc tenues d'établir des documents prévisionnels, dès lors qu'elles ont dépassé les seuils visés par l'article L 232-2.

54693 **Établissement volontaire des documents prévisionnels** Les documents prévisionnels peuvent être établis **en l'absence de toute obligation légale** par les dirigeants d'une entité qui ne dépasserait pas les seuils, en vue d'améliorer leur gestion et leur information financière. Il n'y aurait alors aucune obligation pour ces entités de les communiquer au commissaire aux comptes, celui-ci pouvant toutefois en avoir connaissance en exerçant son droit de communication (C. com. art. L 823-13).

Cette absence d'obligation de communication des documents au commissaire aux comptes découle du fait que, contrairement aux vérifications spécifiques concernant le rapport de gestion ou les documents adressés aux actionnaires, le contrôle des documents prévisionnels ne fait pas partie des dispositions dont l'application est généralisée par l'article L 820-1 du Code de commerce à l'ensemble des entités soumises, à titre obligatoire ou volontaire, au contrôle légal (voir n° 52210).

54700 **Cessation de l'obligation d'établissement** L'obligation d'établir des documents prévisionnels cesse, pour la plupart des entités concernées, lorsque pendant deux exercices successifs ni l'un ni l'autre des **seuils** d'assujettissement n'est dépassé ou atteint.

Cette règle est applicable :
– aux sociétés commerciales (C. com. art. R 232-2, al. 2) ;
– aux groupements d'intérêt économique (C. com. art. R 251-2 renvoyant à l'art. R 232-2, al. 2) ;
– aux personnes morales de droit privé non commerçantes ayant une activité économique (C. com. art. R 612-3) ;
– aux établissements publics et sociétés nationales (Décret du 1-3-1985 art. 34, al. 2).

Le législateur a utilisé le verbe « dépasser » pour les personnes morales de droit privé non commerçantes, les établissements publics de l'État et les entreprises nationales alors que pour les autres entités il a utilisé l'expression « ne remplit plus », ce qui implique pour les premières que lorsque l'un des deux seuils est atteint, mais non dépassé, l'obligation d'établissement subsiste. Il ne semble pas y avoir de fondement juridique à cette distinction.

54710 En pratique, l'entité doit continuer à établir les documents prévisionnels au titre du premier et du second exercice pour lesquels les seuils ne sont plus atteints ou dépassés, car ce n'est qu'à la clôture du second exercice que pourra être constaté le non-dépassement pendant deux exercices successifs.

Modalités

54720 **Principes d'établissement** Les principes d'établissement des documents prévisionnels sont fixés par l'article R 232-5 du Code de commerce. Ils concernent l'ensemble des documents prévisionnels et doivent être respectés par toutes les entités concernées. Ils comprennent :

54723 – la **comparabilité des exercices** : les règles de présentation et les méthodes utilisées pour l'élaboration des documents ne peuvent être modifiées d'une période à l'autre sans que cela ne soit justifié dans les rapports les accompagnant. Ces rapports doivent décrire l'incidence des modifications.

© Éd. Francis Lefebvre   **AUTRES VÉRIFICATIONS SPÉCIFIQUES**

Les postes de la situation de l'actif réalisable et disponible, valeurs d'exploitation exclues, et du passif exigible comportent l'indication du chiffre relatif aux postes correspondants des deux semestres précédents. Les postes du tableau de financement, du plan de financement prévisionnel et du compte de résultat prévisionnel comportent l'indication du chiffre relatif au poste correspondant de l'exercice précédent ;

– la **mention des informations prévues par le Code de commerce** : les documents **54725** prévisionnels font apparaître, chacun en ce qui le concerne, la situation de trésorerie de la société, ses résultats prévisionnels ainsi que ses moyens et prévisions de financement. S'il y a lieu, des informations complémentaires sont fournies en vue de permettre le rapprochement des données qu'ils contiennent de celles des comptes annuels. Le compte de résultat prévisionnel peut comporter une ou plusieurs variantes lorsque des circonstances particulières le justifient.

Des informations complémentaires découlant notamment du caractère aléatoire des prévisions contenues dans le plan de financement et le compte de résultat prévisionnel peuvent permettre le rapprochement de ces données avec les comptes annuels.

Caractère interne et confidentiel des documents prévisionnels Le législa- **54728** teur n'a pas souhaité que les documents prévisionnels soient communiqués aux associés et aux tiers. Ils ne font, par ailleurs, l'objet d'aucune publicité et d'aucun dépôt.

La diffusion des documents prévisionnels est limitée aux commissaires aux comptes, au comité social et économique et, le cas échéant, au conseil de surveillance. Le commissaire aux comptes est tenu au secret professionnel (C. com. art. L 822-15) et l'article L 2312-25 du Code du travail confère un caractère confidentiel à ces documents d'information prévisionnelle et financière.

Délai de communication Chaque document doit être communiqué au commis- **54730** saire aux comptes, au comité d'entreprise et, le cas échéant, au conseil de surveillance dans les huit jours de son établissement (C. com. art. R 232-6).

Cette disposition ne tient pas compte du remplacement du comité d'entreprise par le comité social et économique. Sur son application au comité social et économique des entreprises, voir Mémento Sociétés commerciales nº 97051.

B. Documents d'information financière et prévisionnelle

Classification

Ces documents d'information financière et prévisionnelle sont de nature rétrospective et **54750** prospective. Ils sont annuels ou semestriels.

Les documents **rétrospectifs** sont la situation de l'actif réalisable et disponible et du **54752** passif exigible et le tableau de financement. La situation de l'actif réalisable et disponible est établie chaque semestre, le tableau de financement est annuel.

Les documents **prospectifs** sont le compte de résultat prévisionnel et le plan de finance- **54755** ment. Le compte de résultat prévisionnel est revu à la fin du premier semestre, le plan de financement prévisionnel est annuel.

Il faut ajouter à ces documents les rapports d'analyse de ces documents rédigés par **54758** l'organe de direction compétent.

Situation de l'actif et du passif

Contenu Aucune indication n'est donnée sur le contenu de la situation de l'actif réali- **54765** sable et disponible et du passif exigible, hors celle figurant à l'article R 232-5 du Code de commerce (voir nº 54720). Le Code de commerce précise toutefois que sont exclues de l'actif réalisable et disponible les valeurs d'exploitation.
Trois interprétations de ces notions peuvent être retenues (pour une étude approfondie, voir Mémento Comptable nºˢ 66190 s.).

Selon une **première interprétation**, il ne faut pas donner un contenu extensif aux **54768** notions d'actif et de passif mais au contraire retenir les concepts d'actif disponible et de

1165

AUTRES VÉRIFICATIONS SPÉCIFIQUES

© Éd. Francis Lefebvre

passif exigible tels qu'ils sont définis dans le cadre de la cessation des paiements par l'article L 631-1 du Code de commerce, en prenant en compte les réserves de crédit et les moratoires accordés par les créanciers au débiteur. Cette approche revient à reconnaître une acception unique à des textes légaux dont l'un concourt à prévenir les difficultés des entreprises et l'autre à les résoudre (voir Bull. CNCC n° 59-1985 p. 390 et Mémento Comptable n° 66190). L'actif réalisable et disponible se limite alors à l'existant en caisse et en banque, majoré du réalisable susceptible d'une conversion immédiate en disponible, c'est-à-dire, en pratique, les actifs tels que créances et placements immédiatement mobilisables. En application de l'article L 631-1 du Code de commerce, sont par ailleurs pris en compte les réserves de crédit et les moratoires accordés par les créanciers soit en majoration de l'actif disponible, soit en minoration du passif exigible.

Cette première interprétation, sans doute la meilleure sur le plan juridique, pose des problèmes pratiques de détermination du passif échu et, selon les propres termes de la CNCC, s'avère décevante sur le plan de la technique comptable.

54770 Une **deuxième interprétation** consiste à retenir toutes les créances, toutes les dettes quelles que soient les échéances et les disponibilités, comme le ferait un administrateur judiciaire ou un mandataire judiciaire. Cette approche, qui ne prend pas en compte l'absence de liquidité de certains actifs et, à l'inverse, les passifs à moyen et long terme ne paraît pas en adéquation avec l'objectif poursuivi par les dispositions légales.

54772 Enfin, une **troisième interprétation** retient les créances et les dettes dont les échéances sont à moins d'un an et les disponibilités.

Cette interprétation est préconisée par l'Ifec (Revue éco. et compt. n° 155, juin 1986 p. 39). Elle correspond à l'interprétation la plus fréquemment retenue en pratique.

54775 **Présentation** Les textes ne prévoient pas de modèle obligatoire à respecter dans la présentation des éléments.

54778 **Délai d'établissement** La situation de l'actif réalisable et disponible est établie semestriellement dans les quatre mois qui suivent la clôture de chacun des semestres (C. com. art. R 232-3, 1°).

Tableau de financement

54780 **Contenu** Hormis les principes communs d'établissement mentionnés à l'article R 232-5 du Code de commerce (voir n° 54720), ce sont les précisions de l'ancien plan comptable général qui permettent d'en définir le contenu.

Le tableau de financement est établi pour permettre l'analyse des mouvements comptables affectant le patrimoine de l'entreprise. Il s'agit d'une analyse fonctionnelle des flux.

Il comprend deux parties :
– un tableau des emplois et ressources ;
– un tableau des variations du fonds de roulement net global.

Pour une étude détaillée du contenu du tableau de financement, on se reportera au Mémento Comptable n° 65850.

54783 **Présentation** Les textes ne prévoient pas de modèle obligatoire à respecter dans la présentation des éléments. Le modèle fourni par le PCG est le plus souvent utilisé.

54785 **Délai d'établissement** Le tableau de financement est établi annuellement, en même temps que les comptes annuels, dans les quatre mois qui suivent la clôture de l'exercice écoulé (C. com. art. R 232-3, 2°-a).

Dans les sociétés anonymes à directoire (C. com. art. L 225-68, al. 5 et R 225-55), les comptes annuels devant être arrêtés dans les trois mois de la clôture de l'exercice, il en sera de même pour le tableau de financement (Mémento Comptable n° 65735).

Plan de financement prévisionnel

54800 **Présentation** Il n'existe pas de modèle obligatoire d'établissement du plan de financement prévisionnel. Les entreprises peuvent donc se reporter aux rubriques du modèle de tableau de financement préconisé par l'ancien plan comptable général de 1982.

© Éd. Francis Lefebvre

AUTRES VÉRIFICATIONS SPÉCIFIQUES

Contenu Le plan de financement prévisionnel respecte les principes communs énoncés par l'article R 232-5 du Code de commerce (voir n° 54720).

Il a pour objectif de synthétiser le résultat des réflexions et analyses conduites par le dirigeant sur la définition de la stratégie de l'entreprise et ses relations avec ses partenaires financiers. Il présente les objectifs de l'entreprise et les ressources financières à mettre en œuvre pour les atteindre.

> En pratique, les entreprises utilisent la présentation retenue pour le tableau de financement (voir n° 54780 ; Mémento Comptable n°s 66440 s.).

54802

Délai d'établissement Il est établi annuellement au plus tard à l'expiration du quatrième mois qui suit l'ouverture de l'exercice en cours (C. com. art. R 232-3, 2°-b)).

54805

Compte de résultat prévisionnel

Présentation Il n'existe pas de modèle de présentation obligatoire pour le compte de résultat prévisionnel. En pratique, les entreprises peuvent opter pour le modèle du PCG, ou définir un cadre adapté aux besoins de leur gestion interne.

> Pour une étude détaillée du contenu du compte de résultat prévisionnel, se reporter au Mémento Comptable n° 66285.

54820

Contenu Le compte de résultat prévisionnel doit respecter les principes communs mentionnés à l'article R 232-5 du Code de commerce (voir n° 54720). La Compagnie nationale des commissaires aux comptes recommande que le contenu soit le plus proche possible de celui du compte de résultat social (ancienne NI. X p. 40). Les prévisions devraient porter sur douze mois, ou sur l'exercice en cas de clôture en cours d'année civile.

Le compte de résultat prévisionnel peut comporter une ou plusieurs variantes lorsque des circonstances particulières le justifient ou bien lorsque des hypothèses équivalentes en probabilité aboutissent à des résultats significativement différents (Recommandation 1.17 de l'ordre des experts-comptables).

Le compte de résultat prévisionnel est **révisé obligatoirement** entre le septième et le dixième mois qui suivent l'ouverture du second semestre de l'exercice. Il ne paraît pas nécessaire de le réviser avant, sauf si les hypothèses initiales sont modifiées ou si les réalisations s'écartent de façon significative des prévisions.

> Un nouveau rapport d'analyse doit être joint au compte de résultat prévisionnel révisé.

54822

Délai d'établissement Il est établi annuellement au plus tard à l'expiration du quatrième mois qui suit l'ouverture de l'exercice en cours. Par ailleurs, il fait l'objet d'une révision dans les quatre mois qui suivent l'ouverture du second semestre de l'exercice (C. com. art. R 232-3, 2°-c)).

54825

Rapports

Finalité Les rapports complètent et commentent l'information donnée par les documents prévisionnels. Ils décrivent les conventions comptables, les méthodes utilisées et les hypothèses retenues et en justifient la pertinence et la cohérence (C. com. art. R 232-4).

54840

Lien avec les documents chiffrés On considère que chaque rapport constitue « un tout indissociable » avec le document d'information auquel il se rapporte, compte tenu de la rédaction de l'article R 232-4 du Code de commerce qui, d'une part, précise que le rapport est joint au document et, d'autre part, indique que le rapport :
– complète, commente l'information contenue dans ces documents ;
– décrit les conventions comptables et les méthodes utilisées ;
– justifie la pertinence et la cohérence des hypothèses retenues.

Il est possible que le rapport d'analyse concerne plusieurs documents à la condition que l'analyse de chacun de ces documents soit clairement identifiée dans le rapport.

L'établissement du compte de résultat prévisionnel révisé et de la situation de l'actif réalisable et disponible et du passif exigible au terme du premier semestre de l'exercice donne lieu à l'émission de nouveaux rapports.

54842

1167

AUTRES VÉRIFICATIONS SPÉCIFIQUES

© Éd. Francis Lefebvre

C. Mission du commissaire aux comptes

Nature de l'intervention

54865 Les différents textes qui fondent l'obligation d'établir les documents prévisionnels envisagent de façon identique la mission du commissaire aux comptes : en cas de non-observation des obligations d'établissement des documents d'information prévisionnelle et des rapports d'analyse, ou si les informations données dans les rapports appellent des observations, le commissaire aux comptes doit le signaler dans un rapport adressé aux dirigeants.

Le commissaire aux comptes est néanmoins **dispensé** des diligences et rapports mentionnés aux articles L 232-3 et L 232-4 du Code de commerce si, en application de l'article L 823-3-2 du même code, il est nommé pour un mandat limité à trois exercices. Dans cette situation, il n'a donc pas à établir de rapport sur les documents liés à la prévention des difficultés des entreprises (C. com. art. L 823-12-1, al. 2 modifié par la loi 2019-486 du 22-5-2019, dite « Pacte »).

Cette dispense s'applique à compter du premier exercice clos postérieurement au 26 mai 2019 (Loi dite « Pacte » du 22-5-2019 art. 20, II).

Elle s'applique également lorsque la société commerciale ne dépasse pas deux des trois seuils fixés par décret pour le dernier exercice clos antérieurement à l'entrée en vigueur de l'article 20 de la loi dite « Pacte » et choisit, en accord avec son commissaire aux comptes, de poursuivre le mandat jusqu'au terme selon les modalités définies pour une mission limitée à trois exercices (Loi dite « Pacte » du 22-5-2019 art. 20, II).

54870 Les principes fondamentaux et les modalités d'application de l'intervention du commissaire aux comptes sont développés dans la note d'information CNCC « Continuité d'exploitation de l'entité : Le commissaire aux comptes et la prévention ou le traitement des difficultés des entreprises – alerte du commissaire aux comptes » (CNCC NI. III – janvier 2012). Cette intervention, lorsque les textes l'imposent au commissaire aux comptes, a pour objectif de signaler :

– le non-respect par l'entité de ses obligations de communication des documents et rapports d'analyse prévus par les articles L 232-2 à L 232-4 du Code de commerce ;

– les anomalies significatives relevées dans ces documents et rapports d'analyse et affectant la pertinence et la cohérence d'ensemble des informations données.

Diligences du commissaire aux comptes lorsque son mandat est de six exercices

54895 **Diligences de base** Le commissaire aux comptes détermine, selon son jugement professionnel et au regard de sa connaissance générale de l'entité acquise à l'occasion de sa mission générale, la nature et l'étendue des travaux à mettre en œuvre pour vérifier la pertinence et la cohérence des informations contenues dans les documents et les rapports d'analyse au regard de leur objectif de prévention des difficultés de l'entité.

La nature et l'étendue des travaux du commissaire aux comptes dépendent ainsi de la situation financière de l'entité, des conditions dans lesquelles celle-ci est amenée à poursuivre ses activités, ainsi que de l'existence éventuelle de facteurs de risque susceptibles d'affecter la continuité de son exploitation.

Il appartient au commissaire aux comptes nommé pour un mandat de six exercices de s'assurer que :

– les rapports d'analyse joints aux documents complètent et commentent l'information donnée par ceux-ci ;

– ces rapports décrivent les conventions comptables, les méthodes utilisées et les hypothèses retenues et en justifient la pertinence et la cohérence ;

– les modifications éventuelles des règles de présentation et des méthodes d'élaboration des documents sont justifiées et leur incidence décrite ;

– les documents sont présentés avec les données comparatives des périodes précédentes ;

– les documents ont été établis selon les conventions comptables, les méthodes et les hypothèses décrites dans les rapports d'analyse.

1168

Diligences propres aux documents rétrospectifs S'agissant des documents à caractère rétrospectif (tableau de financement et situation de l'actif réalisable et disponible et du passif exigible), le commissaire aux comptes vérifie la pertinence de la présentation des documents établis par l'entité et des méthodes retenues pour leur établissement.

54898

Il vérifie en outre la concordance des éléments chiffrés contenus dans ces documents avec les données de la comptabilité dont ils sont issus (CNCC NI. III – janvier 2020 § 2.31.1 p. 199).

Diligences propres aux documents prévisionnels S'agissant des documents à caractère prévisionnel (compte de résultat et plan de financement), le commissaire aux comptes, en s'appuyant sur sa connaissance générale de l'entité, apprécie si la justification de la pertinence et de la cohérence des hypothèses retenues par la direction est fondée (CNCC NI. III – janvier 2020 § 2.31.1 p. 199).

54900

Communication et rapport du commissaire aux comptes lorsque son mandat est de six exercices

Forme de l'assurance émise Le commissaire aux comptes établit un rapport :
– en cas de non-respect par l'entité de ses obligations de communication des documents et rapports d'analyse ;
– lorsque les documents et les rapports d'analyse appellent des observations de sa part.
L'absence de rapport conduit donc à l'**assurance implicite** que le commissaire aux comptes n'a pas relevé d'irrégularités ou d'anomalies significatives lors de l'exécution de ses travaux (CNCC NI. III – janvier 2020 § 2.31.1 p.199).

54920

Contenu du rapport Le rapport du commissaire aux comptes comporte, outre un intitulé et le destinataire (CNCC NI. III – janvier 2020 § 2.31.1 p.200) :
– l'identification des documents et rapports d'analyse joints au rapport ;
– l'organe compétent de l'entité responsable de l'établissement de ces documents et rapports ;
– les objectifs de l'intervention du commissaire aux comptes ;
– la nature et l'étendue des travaux effectués ;
– la référence à la doctrine professionnelle de la CNCC ;
– une conclusion sous forme d'observations ;
– la date, l'adresse et l'identification du ou des signataires du rapport.

54925

Le commissaire aux comptes joint à son rapport les documents et rapports d'analyse sur lesquels il formule des observations.

Non-respect des obligations de communication de documents En cas de non-respect par l'entité de ses obligations de communication au commissaire aux comptes des documents et rapports d'analyse, deux situations sont à distinguer :
– lorsque le commissaire aux comptes a néanmoins pu effectuer ses travaux dans les délais qui lui sont impartis (voir n° 54930) pour faire connaître ses observations éventuelles, il n'a l'obligation d'établir un rapport que s'il a relevé des anomalies significatives ;
– s'il n'a pas pu effectuer ses travaux, il établit un rapport signalant que les documents ne lui ont pas été communiqués dans les délais prévus. Dans ce cas, il fait référence dans son rapport à l'article L 823-12 du Code de commerce (CNCC NI. III – janvier 2020 § 2.31.1 p. 199).

54928

Communication du rapport Le rapport du commissaire aux comptes est communiqué, dans le mois qui suit l'expiration du délai prévu pour l'établissement des documents et rapports d'analyse par l'entité, à l'organe compétent ainsi qu'au comité d'entreprise (C. com. art. R 232-7, al. 1).

54930

Cette disposition ne tient pas compte du remplacement du comité d'entreprise par le comité social et économique. Sur son application au comité social et économique des entreprises, voir Mémento Sociétés commerciales n° 97051.

Dans les sociétés anonymes et les personnes morales de droit privé non commerçantes ayant une activité économique, il est donné connaissance de ce rapport à la prochaine assemblée générale ou réunion de l'organe délibérant (C. com. art. L 232-3, al. 2 et L 612-2, al. 4). Dans les autres entités, le commissaire aux comptes peut demander que son rapport soit adressé aux associés ou porté à la connaissance de l'assemblée des associés (C. com.

AUTRES VÉRIFICATIONS SPÉCIFIQUES © Éd. Francis Lefebvre

art. L 232-4) : la communication par l'organe de direction compétent intervient alors dans un délai de huit jours à compter de la réception du rapport (C. com. art. R 232-7, al. 2).

La CNCC considère toutefois qu'en application de l'article L 823-12 du Code de commerce et de la doctrine de la CNCC, le rapport du commissaire aux comptes est porté à la connaissance de la plus prochaine assemblée des associés (CNCC NI. III – janvier 2020 § 2.31.1 p. 199).

SECTION 4
Égalité entre les actionnaires

55000 L'article L 823-11 du Code de commerce dispose que « les commissaires aux comptes s'assurent que l'égalité a été respectée entre les actionnaires, associés ou membres de l'organe compétent ».

Avant d'exposer les modalités de mise en œuvre de la mission du commissaire aux comptes, il convient de préciser la notion d'égalité entre les actionnaires.

A. Notion d'égalité entre les actionnaires

Définition du principe

55002 **Champ d'application** La notion d'égalité entre les actionnaires a une portée beaucoup plus large que ne le laisse supposer la terminologie utilisée, qui semble en restreindre l'application aux sociétés par actions.

55004 Le principe d'égalité entre les membres d'une même entité n'est pas réservé aux sociétés par actions. Il peut en effet résulter :
– de lois applicables ayant une portée générale, et notamment du Code civil qui prévoit et organise l'égalité entre les membres des sociétés ;

L'article 1843-2 du Code civil dispose que les droits de chaque associé dans le capital sont proportionnels à ses apports. L'article 1844 prévoit que tout associé a le droit de participer aux décisions collectives. Enfin, l'article 1844-1 pose le principe que, sauf clause contraire, la part de chaque associé dans les bénéfices et dans les pertes est proportionnelle à sa participation au capital, étant précisé qu'est nulle toute clause qui exonérerait totalement un associé des pertes, ou lui attribuerait la totalité des bénéfices.

– de dispositions d'application particulières à certaines entités, par exemple les dispositions contenues dans le livre II du Code de commerce pour les sociétés commerciales ;

Ainsi l'article L 242-23 du Code de commerce sanctionne-t-il pénalement le fait pour le président ou les administrateurs d'une société par actions quelle que soit sa forme (SA, SCA sur renvoi de l'art. L 243-1, SAS sur renvoi de l'art. L 244-1 ou société européenne sur renvoi de l'art. L 244-5) de procéder à une réduction de capital sans respecter l'égalité entre les actionnaires.

– de dispositions statutaires, dès lors qu'elles ne constituent pas une violation de textes légaux.

55006 Le **terme actionnaire** doit être transposé aux membres des différentes entités concernées par le principe d'égalité, en retenant l'appellation propre à la forme juridique concernée : associé, sociétaire, adhérent..., qu'il s'agisse de personnes physiques ou morales, dès lors que ceux-ci ont vocation à participer aux décisions collectives.

On conservera néanmoins le terme actionnaire dans les développements qui suivent, en tenant pour acquise la mise en œuvre de la transposition éventuellement nécessaire.

55008 **Droits protégés** Les droits protégés par le principe d'égalité entre les membres ou les actionnaires se définissent au regard de droits que la loi, le règlement ou les statuts leur accordent sur le fondement de l'objet qui les lie. Il en résulte que le principe d'égalité entre les membres d'une personne morale ne saurait être limité aux seuls droits pécuniaires : parmi ces droits figurent sans doute des droits comme le droit à la participation aux bénéfices, mais aussi le droit de participer aux assemblées, ou encore le droit à une information équitable.

1170

AUTRES VÉRIFICATIONS SPÉCIFIQUES

Enjeu Le principe d'égalité entre les actionnaires a pour but d'éviter qu'un actionnaire soit désavantagé par rapport aux autres par une opération susceptible de porter atteinte à ses droits. Il s'agit également de le protéger contre toutes les formes d'abus dont pourrait se rendre coupable un groupe de membres ou d'associés au sein d'une personne morale pour s'approprier le pouvoir, cet abus pouvant aussi bien consister en une rupture de traitement dans le domaine de l'information qu'en une entorse directe, souvent plus difficile à masquer, à ses droits pécuniaires. Il est évident, à une époque où le **droit des minoritaires** tend à s'organiser de manière systématique, et tient de ce fait une place croissante dans les préoccupations des dirigeants, que le respect du principe d'égalité constitue un aspect majeur du fonctionnement des sociétés. Il est donc particulièrement important que les dirigeants, et les actionnaires eux-mêmes, avec l'aide éventuelle du commissaire aux comptes, apprennent à connaître les limites, parfois délicates à identifier, qui séparent ce qui est permis de ce qui ne peut être admis.

55012

Limites du principe

Dérogation Le respect du principe d'égalité entre les membres d'une même entité juridique n'équivaut pas à un nivellement systématique des droits conférés à l'ensemble des membres. Le **législateur** a d'ailleurs envisagé dans certaines circonstances une rupture de l'égalité entre actionnaires. Il en est ainsi notamment pour :
– le droit de vote double pouvant être attribué par les statuts aux actions nominatives entièrement libérées et au nom du même porteur depuis deux ans (C. com. art. L 225-123) ;
– dans les sociétés dont les actions sont admises aux négociations sur un marché réglementé, le droit de vote double dont bénéficient de droit les actions entièrement libérées pour lesquelles il est justifié d'une inscription nominative depuis deux ans au nom du même actionnaire, sauf clause contraire des statuts adoptée postérieurement à la promulgation de la loi 2014-384 du 29 mars 2014 visant à reconquérir l'économie réelle (C. com. art. L 22-10-46 à compter du 1-1-2021 ; dispositions figurant anciennement à l'article L 225-123) ;
– la création d'actions de catégories différentes ou d'actions de préférence conférant des droits politiques ou économiques différents aux détenteurs de ces actions par rapport aux détenteurs d'actions ordinaires ou d'autres catégories d'actions de préférence ;
– l'exclusion des intéressés dans le vote d'approbation d'apports en nature ou d'octroi d'avantages particuliers lors de la constitution de sociétés anonymes (C. com. art. L 225-10) ;
– l'exclusion des personnes intéressées lors de l'approbation d'une convention réglementée dans une société anonyme (C. com. art. L 225-40, al. 4 et L 225-88, al. 4). Les actions de la personne directement ou indirectement intéressée à la convention ne sont pas prises en compte pour le calcul de la majorité (C. com. art. L 225-40, al. 4 modifié par la loi 2019-486 du 22-5-2019, dite « Pacte »).

55015

Ainsi, dans les sociétés par actions, la qualité d'actionnaire confère-t-elle des droits irréductibles de nature pécuniaire ou non, qui sont en principe identiques pour chaque détenteur d'actions. Du fait des dispositions légales précitées, les statuts ou l'assemblée générale (en forme extraordinaire) peuvent déroger à ce principe en toute légalité en créant plusieurs catégories d'actionnaires, par exemple celle de porteurs d'actions de préférence. Le principe d'égalité des actionnaires oblige à respecter l'égalité à l'intérieur d'une même catégorie d'actionnaires mais non à conférer les mêmes droits à deux catégories différentes d'actionnaires (pour une étude des différentes catégories, voir Mémento Sociétés commerciales nos 67700 s.).

Dans la SAS, où une très large place est laissée à la liberté individuelle, on peut penser que les juges, lorsqu'ils seront saisis, entendront de façon moins stricte le principe d'égalité que dans les sociétés par actions traditionnelles.

Violation du principe En dehors des dérogations expressément prévues par la loi, les statuts ou l'assemblée des actionnaires, les dirigeants doivent impérativement respecter le principe d'égalité entre les actionnaires. Le fait de retirer, restreindre ou attribuer des droits à certains actionnaires constitue une **rupture de l'égalité**. Il peut notamment être porté atteinte au principe d'égalité entre les actionnaires lorsque la société procède à une :
– suppression illicite des droits de vote et d'accès aux assemblées ;
– répartition des dividendes ou des résultats non conforme aux dispositions statutaires ;
– inégalité des droits pour les porteurs d'une même catégorie d'actions ;
– violation des règles relatives à l'exercice du droit préférentiel de souscription ;

55020

1171

AUTRES VÉRIFICATIONS SPÉCIFIQUES

© Éd. Francis Lefebvre

– violation des dispositions statutaires relatives au droit d'agrément portant sur des cessions d'actions ;
– violation des dispositions statutaires dans certaines entités, relatives à l'exclusion, à l'aliénation des participations, à la suspension des droits pécuniaires ou non pécuniaires des actionnaires ;
– violation du droit à l'information préalable nécessaire à la prise de décision collective.

55022 **Rupture consentie de l'égalité** Lorsque le législateur affirme le respect du principe de l'égalité entre actionnaires, c'est en vue de les protéger. Ceux-ci disposent néanmoins librement de leur intérêt protégé par la loi. Ainsi, en cas de réduction du capital motivée par des pertes, un ou plusieurs actionnaires peuvent formellement accepter de supporter seuls tout ou partie de la réduction du capital social, dès lors que ce consentement est explicite, certain, non équivoque et donné librement et en connaissance de cause (Bull. CNCC n° 8-1972 p. 541 ; Mémento Sociétés commerciales n° 51801). Il en est de même lorsque certains actionnaires renoncent volontairement à la perception de dividendes ou d'acomptes sur dividendes.

55025 **Sanctions** Les sanctions relatives au non-respect du principe d'égalité peuvent être civiles ou pénales :
– la responsabilité civile des dirigeants peut être mise en cause par tout intéressé ayant subi un préjudice du fait de la violation du principe d'égalité ;

Les administrateurs d'une société anonyme ont ainsi été condamnés pour avoir organisé une réduction de capital permettant le rachat à moindres frais d'actions de minoritaires qui, en l'espèce, avaient agi individuellement pour demander réparation du préjudice qu'ils avaient subi personnellement (Cass. com. 8-11-2005, JCP éd. E. 2006, n° 1497).

– les atteintes portées par les dirigeants au principe d'égalité entre actionnaires sont **pénalement sanctionnées** par les dispositions du Code de commerce. Les sanctions sont spécifiques à chaque violation et sont précisées à la suite des règles applicables à l'opération concernée.

Toutefois, le consentement de l'actionnaire à la rupture de l'égalité dans le cadre de l'application de dispositions tendant manifestement à la protection des intérêts des actionnaires ne serait pas répréhensible, le consentement de l'actionnaire faisant disparaître l'infraction (Merle et Vitu, Traité de droit criminel n° 424).

B. Mission du commissaire aux comptes

Nature de l'intervention

55035 En application de l'article L 823-11 du Code de commerce, il entre dans la mission permanente du commissaire aux comptes de s'assurer du respect de l'égalité entre les actionnaires.

Depuis l'entrée en vigueur de l'article L 820-1 du Code de commerce, la vérification du respect de l'égalité entre les actionnaires fait partie des règles relatives au contenu de base de la mission du commissaire aux comptes (n° 7218). Il en résulte que cette vérification est à mettre en œuvre, sous réserve des dispositions qui leur sont propres, dans toutes les personnes morales où est nommé un commissaire aux comptes.

55038 Les principes fondamentaux et les modalités d'application de l'intervention du commissaire aux comptes sont développés dans la note d'information CNCC relative aux vérifications spécifiques (CNCC NI. XVIII § 6.1).

Diligences

55050 **Vérification inhérente à la démarche** La vérification de l'égalité entre les actionnaires est inhérente à la démarche du commissaire aux comptes.

L'exercice d'une mission à caractère permanent emporte la mise en œuvre de diligences dont certaines, indépendamment des objectifs spécifiques de contrôle qu'elles poursuivent, sont de nature à lui permettre d'avoir connaissance de situations ou de faits pouvant être constitutifs de cas de rupture d'égalité (CNCC NI. XVIII § 6.13).

AUTRES VÉRIFICATIONS SPÉCIFIQUES

Devoir de vigilance Tout au long de sa mission, le commissaire aux comptes doit être attentif au risque de rupture de l'égalité entre les actionnaires, que ce soit lors de l'audit des comptes ou lors de ses interventions définies par la loi.

55055

En pratique, son contrôle s'effectuera lors du contrôle des conventions réglementées ou lorsque la société réalise une opération particulière pour laquelle son intervention est requise (suppression du droit préférentiel de souscription, réduction du capital social, distribution d'un acompte sur dividendes…).

Le commissaire aux comptes n'est pas tenu de mettre en œuvre des procédures spécifiques pour détecter les cas de rupture, il lui appartient néanmoins de s'assurer que les cas dont il aurait eu connaissance au cours de l'exercice de sa mission ne sont pas illicites.

55060

Lorsqu'il découvre des cas de rupture, le commissaire aux comptes doit alors considérer la nature et les circonstances du cas afin de déterminer si les dispositions prévues en la matière par la loi ou les statuts de la société sont respectées (CNCC NI. XVIII § 6.13).

Le commissaire aux comptes qui acquiert la conviction que l'égalité entre les actionnaires n'a pas été respectée doit s'en entretenir avec les dirigeants de la société. Il apprécie alors les informations qui lui sont communiquées et en tire les conséquences qui lui semblent appropriées.

55065

Communication et rapport

Destinataires La constatation d'une rupture illicite de l'égalité entre les actionnaires ou entre les membres d'une personne morale par le commissaire aux comptes doit faire l'objet d'une communication aux organes visés à l'article L 823-16 du Code de commerce ainsi qu'à l'assemblée générale.

55070

La communication aux **organes mentionnés à l'article L 823-16** du Code de commerce sera effectuée dans le respect de la norme d'exercice professionnel 260 « Communications avec les organes mentionnés à l'article L 823-16 du Code de commerce » (voir n⁰ˢ 26450 s.).

55072

La communication à l'**assemblée générale** sera effectuée en application de l'article L 823-12 du Code de commerce (voir n⁰ˢ 61300 s.).

55074

Dans les sociétés dont les titres sont admis aux négociations sur un marché réglementé, le commissaire aux comptes porte également à la connaissance de l'AMF les inexactitudes et irrégularités signalées à l'assemblée (voir n⁰ 8128).

Enfin, lorsqu'il intervient auprès d'une entité d'intérêt public, le commissaire aux comptes l'invite à enquêter conformément aux dispositions de l'article 7 du règlement (UE) 537/2014 (voir n⁰ 61270).

Forme de l'assurance Le commissaire aux comptes ne formule les conclusions de ses travaux que lorsqu'il a relevé des irrégularités qu'il doit porter à la connaissance des organes compétents et de l'assemblée générale. L'absence de mention d'irrégularités conduit à émettre une assurance implicite que le commissaire aux comptes n'a pas relevé d'atteinte à l'égalité entre les actionnaires dans le courant de ses travaux (CNCC NI. XVIII § 6.14).

55078

Révélation Parallèlement aux diligences exposées aux paragraphes précédents, le commissaire aux comptes s'assure que l'irrégularité constatée n'est pas constitutive d'un **fait délictueux**. La qualification de fait délictueux emporte l'obligation pour le commissaire aux comptes de révéler l'irrégularité au procureur de la République, conformément aux prescriptions de l'article L 823-12, al. 2 du Code de commerce, dans les conditions prévues par la bonne pratique professionnelle relative à la révélation des faits délictueux d'avril 2014.

55080

Pour plus de précisions, on pourra se reporter aux n⁰ˢ 61530 s.

AUTRES VÉRIFICATIONS SPÉCIFIQUES   © Éd. Francis Lefebvre

SECTION 5

Prises de participation et de contrôle

55400 D'une manière générale, une prise de participation ou de contrôle est, au premier degré, un **événement majeur** de la vie d'une société, et le législateur a estimé légitime d'imposer à celle-ci qu'elle informe ses associés de cet événement et les tienne ultérieurement au courant de l'évolution de cette participation.

Au second degré, les prises de participation entre différentes sociétés peuvent avoir pour effet de créer, directement ou indirectement, des **liens de contrôle réciproque ou d'autocontrôle** de nature à compromettre l'autonomie supposée de ces sociétés. Le législateur a donc jugé opportun d'apporter des limitations aux participations croisées et de limiter les effets de l'autocontrôle. Il a par ailleurs complété le dispositif en exigeant des sociétés concernées qu'elles échangent entre elles les informations nécessaires au respect des règles édictées, et qu'elles fournissent à leurs associés les éléments indispensables pour pouvoir apprécier la situation de leur société.

Dans le cadre de ce dispositif, le législateur a confié au commissaire aux comptes le soin de contrôler les informations données par les sociétés dans le rapport de gestion annuel présenté à leurs associés.

55405 La mission confiée au commissaire aux comptes sera exposée après avoir opéré un rappel de la réglementation applicable.

A. Réglementation applicable

55440 Quatre grandes catégories d'informations liées aux prises de participation et de contrôle sont à donner par les sociétés commerciales dans le rapport de gestion présenté à leurs associés ou actionnaires. Selon le cas, ce rapport doit, en effet, faire état :
– des prises de participation intervenues durant l'exercice (n°s 55460 s.) ;
– des aliénations d'actions effectuées par la société pour se mettre en conformité avec la législation sur les participations croisées (n°s 55505 s.) ;
– de l'identité des détenteurs du capital (n°s 55555 s.) ;
– d'informations sur l'autocontrôle de la société (n°s 55630 s.).

Prises de participation ou de contrôle

55460 **Nature de l'obligation** Lorsqu'une société a pris, au cours d'un exercice, une participation dans une société ayant son siège social sur le territoire de la République française représentant plus du vingtième, du dixième, du cinquième, du tiers ou de la moitié du capital ou des droits de vote de cette société ou s'est assuré le contrôle d'une telle société, il en est fait mention dans le rapport présenté aux associés sur les opérations de l'exercice et, le cas échéant, dans le rapport des commissaires aux comptes (C. com. art. L 233-6, al. 1). Doit être ajouté aux seuils définis par l'article L 233-6 le seuil des deux tiers qui figure dans l'article L 247-1 prévoyant des sanctions pénales pour défaut d'information sur ce point dans le rapport de gestion. Cette obligation est applicable à **toutes les sociétés commerciales**.

55465 **Opérations concernées** L'obligation d'information concerne toutes les prises de participation ou de contrôle ayant pour effet d'aboutir, compte tenu des titres déjà en possession de la société, soit au **dépassement** de l'un **des seuils** rappelés plus haut (n° 55460), soit à une **prise de contrôle** au sens de l'article L 233-3.

On rappelle qu'une société est considérée en contrôler une autre au sens de l'article L 233-3 :
a) lorsqu'elle détient directement ou indirectement une fraction du capital lui conférant la majorité des droits de vote dans les assemblées générales de cette société ;
b) lorsqu'elle dispose seule de la majorité des droits de vote dans cette société en vertu d'un accord conclu avec d'autres associés ou actionnaires et qui n'est pas contraire à l'intérêt de la société ;
c) lorsqu'elle détermine en fait, par les droits de vote dont elle dispose, les décisions dans les assemblées générales de cette société ;

© Éd. Francis Lefebvre **AUTRES VÉRIFICATIONS SPÉCIFIQUES** ▌

d) lorsqu'elle est associée ou actionnaire de cette société et dispose du pouvoir de nommer ou de révoquer la majorité des membres des organes d'administration, de direction ou de surveillance de cette société.

Elle est présumée exercer ce contrôle lorsqu'elle dispose, directement ou indirectement, d'une fraction des droits de vote supérieure à 40 % et qu'aucun autre associé ou actionnaire ne détient directement ou indirectement une fraction supérieure à la sienne.

L'énoncé de cette obligation peut faire l'objet des commentaires suivants : **55467**
– **tout dépassement de seuil** doit être mentionné ; il ne peut y avoir d'exception fondée sur l'absence de caractère significatif de la valeur financière de l'investissement ou bien sur le caractère confidentiel de l'opération (Bull. CNCC n° 105-1997 p. 111) ;

Inversement, la société ne doit informer ses actionnaires que des participations dépassant l'un des seuils cités ci-dessus ou bien aboutissant à contrôler une société au sens de l'article L 233-3 du Code de commerce. Elle n'a pas d'obligation légale d'informer l'assemblée générale des autres prises de participation. Le franchissement à la baisse des seuils ne donne lieu à aucune obligation d'information.

– le dépassement de seuils doit s'entendre d'un dépassement **en capital ou en droits de vote**. Cette interprétation résulte de l'article L 247-1 du Code de commerce qui sanctionne le non-respect de cette obligation d'information, et qui introduit la notion de droit de vote, absente de l'article L 233-6 ;
– l'information n'est obligatoire que pour les prises de participation dans le capital de sociétés « ayant leur siège social sur le **territoire** de la République française ». Toutefois, cette obligation incombe à la société qui, par l'intermédiaire d'une société étrangère, contrôlerait, au sens de l'article L 233-3 du Code de commerce, une société de droit français (Bull. CNCC n° 81-1991 p. 147).

Informations à porter dans le rapport de gestion Le conseil d'administration, **55475**
le directoire ou le gérant d'une société rend compte dans son rapport de la prise de participation ayant abouti à un dépassement de seuil. L'information à mentionner dans le rapport de gestion porte sur la dénomination sociale, le siège social, la forme et l'objet social, le nombre de titres acquis et le pourcentage du capital détenu, la valeur de l'acquisition et les conditions financières particulières.

Le rapport de gestion doit par ailleurs rendre compte de l'activité et des résultats de l'ensemble de la société, des filiales de la société et des sociétés qu'elle contrôle par branche d'activité. Lorsque cette société établit et publie des comptes consolidés, ce rapport peut être inclus dans le rapport sur la gestion du groupe mentionné à l'article L 233-26 (C. com. art. L 233-6).

Sanctions Le non-respect de ces dispositions est passible d'une peine d'emprisonne- **55485**
ment de deux ans et d'une amende de 9 000 € pour les présidents, les administrateurs, les directeurs généraux ou les gérants de toute société qui n'auront pas, d'une part, fait mention dans le rapport annuel présenté aux associés sur les opérations de l'exercice, d'une prise de participation ou de contrôle dans une société ayant son siège sur le territoire de la République française et, d'autre part, qui n'auront pas, dans le même rapport, rendu compte de l'activité et des résultats de l'ensemble de la société, des filiales de la société et des sociétés qu'elle contrôle par branche d'activité (C. com. art. L 247-1, I).

On notera que le commissaire aux comptes est puni des mêmes peines que les dirigeants pour ne pas avoir fait figurer dans son rapport les mentions prévues à l'article L 233-6.

Participations réciproques

Nature de l'interdiction Le régime des participations réciproques est encadré par **55505**
les articles L 233-29 et L 233-30 du Code de commerce qui réglementent respectivement les participations réciproques pouvant intervenir entre une société par actions et une autre société, et une société autre qu'une société par actions et une société par actions.

Les participations réciproques sont libres lorsqu'aucune des deux sociétés n'a la forme de société par actions.

Une **société par actions** ne peut posséder d'actions d'une autre société si celle-ci détient **55508**
déjà une fraction de son capital supérieure à 10 %. À défaut d'accord, celle qui a la partie la plus faible du capital social de l'autre doit aliéner son investissement (C. com. art. L 233-29). Si les participations sont de la même importance, chacune des sociétés doit réduire son investissement, de telle sorte qu'il n'excède pas 10 % du capital de l'autre.

1175

AUTRES VÉRIFICATIONS SPÉCIFIQUES

© Éd. Francis Lefebvre

Lorsqu'une société est tenue d'aliéner les actions d'une autre société, l'aliénation doit intervenir dans le délai d'un an à compter de l'information faite en application du premier alinéa de l'article L 233-7 du Code de commerce et cette société ne peut, de son chef, exercer son droit de vote (C. com. art. L 233-29, al. 1 et 2 et R 233-17).

55510 Lorsqu'une **société d'une forme autre** que par actions compte parmi ses associés une société par actions, il faut distinguer selon que la participation est supérieure ou, au contraire, inférieure ou égale à 10 % :
– si la société par actions détient une fraction de son capital supérieure à 10 %, la société d'une forme autre que par actions ne peut détenir d'actions émises par la première ;
– si la société par actions détient une fraction de son capital égale ou inférieure à 10 %, la société d'une autre forme ne peut détenir qu'une fraction égale ou inférieure à 10 % des actions émises par la première.

Si la société d'une autre forme vient à en posséder une fraction plus importante, elle doit aliéner l'excédent dans le délai d'un an à compter de la date à laquelle les actions que la société est tenue d'aliéner sont entrées dans son patrimoine et elle ne peut, du chef de cet excédent, exercer le droit de vote (C. com. art. L 233-30, al. 3 et 4 et R 233-18).

55515 **Obligation d'information dans le rapport de gestion** Lorsqu'une société doit aliéner sa participation pour se conformer aux règles des articles L 233-29 et L 233-30 relatifs à l'interdiction des participations réciproques, cette information est portée à la connaissance des actionnaires par les rapports du conseil d'administration ou du directoire et du commissaire aux comptes lors de l'assemblée suivante (C. com. art. R 233-19, al. 2). Cette obligation est applicable à toutes les sociétés par actions.

55535 **Sanctions** Les dirigeants qui ne prendraient pas les mesures nécessaires pour faire respecter les règles relatives aux participations réciproques irrégulières pourraient être condamnés au versement d'une amende de 18 000 € (C. com. art. L 247-3).

Détenteurs du capital ou des droits de vote

55555 **Nature de l'obligation** En fonction des informations reçues en application des articles L 233-7 et L 233-12, le rapport présenté aux actionnaires sur les opérations de l'exercice mentionne l'identité des personnes physiques ou morales détenant directement ou indirectement plus du vingtième, du dixième, des trois vingtièmes, du cinquième, du quart, du tiers, de la moitié, des deux tiers, des dix-huit vingtièmes ou des dix-neuf vingtièmes du capital social ou des droits de vote aux assemblées générales (C. com. art. L 233-13, al. 1).

Nous présenterons tout d'abord les obligations d'information qui pèsent sur les détenteurs du capital ou des droits de vote en application, d'une part, de l'article L 233-7 (n°s 55556 s.) et, d'autre part, de l'article L 233-12 du Code de commerce (n°s 55562 s.) puis les obligations d'information pour la société concernée dans son rapport de gestion (voir n° 55600) et enfin les sanctions afférentes au non-respect de ces obligations (n° 55610).

55556 1. Déclaration sur le franchissement de seuils. En application de l'article L 233-7 du Code de commerce, toute personne physique ou morale agissant seule ou de concert détenant, **directement ou indirectement**, dans une société des actions qui :
– d'une part, sont admises aux négociations sur un marché réglementé d'un État partie à l'accord sur l'Espace économique européen ou sur un marché d'instruments financiers admettant aux négociations des actions pouvant être inscrites en compte chez un intermédiaire mentionné à l'article L 211-3 du Code monétaire et financier ; et qui,
– d'autre part, représentent plus du vingtième, du dixième, des trois vingtièmes, du cinquième, du quart, des trois dixièmes, du tiers, de la moitié, des deux tiers, des dix-huit vingtièmes ou des dix-neuf vingtièmes du capital ou des droits de vote
doit informer ladite société du **nombre total d'actions ou de droits de vote** qu'elle possède, au plus tard avant la clôture des négociations du quatrième jour de bourse suivant le jour du franchissement du seuil de participation (C. com. art. L 233-7, l-al. 1 et art. R 233-1).

L'information doit également être donnée, dans le même délai, lorsque la participation en capital ou en droits de vote dans ladite société devient inférieure aux seuils mentionnés ci-dessus (C. com. art. L 233-7, l-al. 2).

Sur les sanctions applicables en cas de non-respect des dispositions de l'article L 233-7 du Code de commerce, voir n° 55610.

AUTRES VÉRIFICATIONS SPÉCIFIQUES

De plus, la personne tenue à l'information prévue au premier alinéa de l'article L 233-7 du Code de commerce précise en outre dans sa déclaration, **de manière séparée** (C. com. art. L 233-7, I-al. 3) :
a) le nombre de titres qu'elle possède donnant accès à terme aux actions à émettre et les droits de vote qui y seront attachés ;
b) les actions déjà émises qu'elle peut acquérir, en vertu d'un accord ou d'un instrument financier mentionné à l'article L 211-1 du Code monétaire et financier, sans préjudice des dispositions du 4° et du 4° bis du I de l'article L 233-9 du Code de commerce. Il en est de même pour les droits de vote que cette personne peut acquérir dans les mêmes conditions.

55557

La personne physique ou morale tenue à l'information visée au paragraphe précédent informe également l'**Autorité des marchés financiers**, dans un délai (au plus tard le quatrième jour de négociation suivant le franchissement du seuil de participation) et selon des modalités fixés par le règlement général de l'AMF (RG AMF art. 223-14), à compter du franchissement du seuil de participation, lorsque les actions de la société sont admises aux négociations sur un marché réglementé ou sur un marché d'instruments financiers autre qu'un marché réglementé, à la demande de la personne qui gère ce marché d'instruments financiers (C. com. art. L 233-7, II). Dans ce dernier cas, l'information due à la société et à l'AMF peut ne porter que sur une partie des seuils mentionnés au I de l'article L 233-7 du Code de commerce, dans les conditions fixées par le règlement général de l'Autorité des marchés financiers.

55558

La déclaration est transmise à l'AMF selon les modalités prévues dans l'instruction 2007-03 du 27 avril 2007. Elle est portée à la connaissance du public par l'AMF dans un délai de trois jours de négociation suivant la réception de la déclaration complète (RG AMF art. 223-14).

L'article 223-11 du règlement général de l'AMF précise les modalités de calcul des seuils de participation.

L'annexe I de l'instruction AMF 2008-02 du 8 février 2008 relative aux déclarations de franchissement de seuils propose des modèles types de déclarations de franchissement de seuils et de déclarations par les teneurs de marché. Ces modèles ont été mis à jour le 4 septembre 2017 afin de prendre en compte les dispositions de l'ordonnance 2015-1576 du 3 décembre 2015.

Pour les sociétés ayant décidé d'être **transférées d'Euronext vers Euronext Growth**, la personne tenue à l'information mentionnée au I de l'article L 233-7 informe également l'AMF, dans un délai et selon les modalités fixés par son règlement général, à compter du franchissement du seuil de participation, pendant une **durée** de trois ans à compter de la date à laquelle ces actions ont cessé d'être admises aux négociations sur un marché réglementé.

55560

Cette information est portée à la connaissance du public dans les conditions fixées par le règlement général de l'Autorité des marchés financiers (C. com. art. L 233-7-1 et RG AMF art. 223-15-2).

Lorsque les **actions** de la société sont admises aux négociations sur un **marché réglementé** d'un État partie à l'accord sur l'Espace économique européen (et notamment en France), la personne tenue à l'information mentionnée au I de l'article L 233-7 (voir n°s 55556 et 55557) doit en outre déclarer, à l'occasion des franchissements de seuil du dixième, des trois vingtièmes, du cinquième ou du quart du capital ou des droits de vote, les **objectifs qu'elle a l'intention de poursuivre** au cours des six mois à venir.

55561

Dans cette déclaration d'intention, la personne précise (C. com. art. L 233-7, VII modifié par loi 2012-387 du 22-3-2012 relative à la simplification du droit et à l'allègement des démarches administratives) :
– les modes de financement de l'acquisition ;
– si l'acquéreur agit seul ou de concert ;
– s'il envisage d'arrêter ses achats ou de les poursuivre, d'acquérir ou non le contrôle de la société, la stratégie qu'il envisage vis-à-vis de l'émetteur et les opérations pour la mettre en œuvre ;
– ses intentions quant au dénouement des accords et instruments mentionnés aux 4° et 4° bis du I de l'article L 233-9, si elle est partie à de tels accords ou instruments ;
– tout accord de cession temporaire ayant pour objet les actions et les droits de vote ;
– si elle envisage de demander sa nomination ou celle d'une ou de plusieurs personnes comme administrateur, membre du directoire ou du conseil de surveillance.
Le règlement général de l'AMF précise le contenu de ces éléments en tenant compte, le cas échéant, du niveau de participation et des caractéristiques de la personne qui

AUTRES VÉRIFICATIONS SPÉCIFIQUES © Éd. Francis Lefebvre

procède à la déclaration. Cette déclaration est adressée à la société dont les actions ont été acquises et doit parvenir à l'Autorité des marchés financiers au plus tard avant la clôture des négociations du cinquième jour de bourse suivant le jour du franchissement du seuil de participation. Cette information est portée à la connaissance du public dans les conditions fixées par le règlement général de l'Autorité des marchés financiers.

> En cas de changement d'intention dans le délai de six mois à compter du dépôt de cette déclaration, une nouvelle déclaration motivée doit être adressée à la société et à l'AMF sans délai et portée à la connaissance du public dans les mêmes conditions.

La loi 2014-384 du 29 mars 2014 dite « loi Florange » impose, à compter du 29 juillet 2014, à toute personne physique ou morale, actionnaire d'une société dont le siège social est établi en France, et dont les actions sont admises aux négociations sur un marché réglementé d'un État membre de l'Union européenne ou d'un autre État partie à l'accord sur l'Espace économique européen, agissant seule ou de concert au sens de l'article L 233-10 du Code de commerce, venant à détenir, directement ou indirectement, plus des trois dixièmes du capital ou des droits de vote, ou détenant, directement ou indirectement, un nombre compris entre trois dixièmes et la moitié du capital ou des droits de vote et qui, en moins de douze mois consécutifs, augmente sa détention en capital ou en droits de vote d'au moins un centième du capital ou des droits de vote de la société, d'en informer immédiatement l'Autorité des marchés financiers et de déposer un projet d'offre publique en vue d'acquérir une quantité déterminée des titres de la société (C. mon. fin. art. L 433-3). À défaut d'avoir procédé à ce dépôt, les titres détenus par cette personne au-delà des trois dixièmes ou au-delà de sa détention augmentée de la fraction d'un centième susmentionnée du capital ou des droits de vote sont privés du droit de vote.

55562 **2. Notification pour les sociétés contrôlées par une société par actions.** L'article L 233-12 du Code de commerce impose à une société contrôlée directement ou indirectement par une société par actions de notifier à cette dernière et à chacune des sociétés participant au contrôle le montant des participations qu'elle détient directement ou indirectement dans leur capital respectif et les variations de ce montant.

> Ces notifications sont faites dans le **délai** d'un mois à compter soit du jour où la prise de contrôle a été connue de la société pour les titres qu'elle détenait avant cette date, soit du jour de l'opération pour les acquisitions ou aliénations ultérieures.

Sur les sanctions pénales applicables en cas de non-respect des dispositions de l'article L 233-12 du Code de commerce, voir n° 55610.

55565 **Opérations concernées** L'obligation d'information ne s'applique qu'aux détenteurs d'actions de sociétés ayant leur siège social sur le territoire de la République française et admises aux négociations sur un marché réglementé d'un État partie à l'accord sur l'Espace économique européen ou sur un marché d'instruments financiers admettant aux négociations des actions pouvant être inscrites en compte chez un intermédiaire mentionné à l'article L 211-3 du Code monétaire et financier (C. com. art. L 233-7, I-al. 1).
Ne sont pas concernés par les obligations d'information visées aux I et II de l'article L 233-7 (C. com. art. L 233-7, V) :
– les teneurs de marché lorsqu'ils franchissent le seuil du vingtième du capital à condition qu'ils n'interviennent pas dans la gestion de l'émetteur dans les conditions fixées par le règlement général de l'AMF ;
– les personnes contrôlées au sens de l'article L 233-3 par une entité soumise également à l'obligation d'information de l'article L 233-7 ou contrôlée par une entité soumise à cette obligation.

> Sur les actions exclues de cette obligation d'information, voir également n° 55580.

55580 **Modalités de détermination des seuils** Des modalités de prise en compte des actions et des droits de vote au numérateur et au dénominateur ont été définies.
1. Pour déterminer si le détenteur des actions dépasse les seuils définis par la loi, sont à **prendre en compte au numérateur** (C. com. art. L 233-9, I) :
1° Les actions ou les droits de vote possédés par d'autres personnes pour le compte de cette personne.
2° Les actions ou les droits de vote possédés par les sociétés que contrôle cette personne au sens de l'article L 233-3 (sur cette notion, voir n° 55465).

1178

AUTRES VÉRIFICATIONS SPÉCIFIQUES

3° Les actions ou les droits de vote possédés par un tiers qui agit de concert avec cette personne.

> On rappelle que sont considérées comme agissant de concert les personnes « qui ont conclu un accord en vue d'acquérir, de céder ou d'exercer des droits de vote pour mettre en œuvre une politique commune vis-à-vis de la société ou pour obtenir le contrôle de cette société » (art. L 233-10, I). Par ailleurs, dans une situation d'offre publique d'acquisition, sont également considérées comme agissant de concert (C. com. art. L 233-10-1) :
> – les personnes qui ont conclu un accord avec l'auteur d'une offre publique visant à obtenir le contrôle de la société ;
> – les personnes qui ont conclu un accord avec la société qui fait l'objet de l'offre afin de faire échouer cette offre.

4° Les actions déjà émises que cette personne ou l'une des personnes mentionnées ci-dessus est en droit d'acquérir à sa seule initiative, immédiatement ou à terme, en vertu d'un accord ou d'un instrument financier mentionné à l'article L 211-1 du Code monétaire et financier. Il en va de même pour les droits de vote que cette personne peut acquérir dans les mêmes conditions.

> L'information donnée dans le rapport de gestion concernera l'identité tant du nu-propriétaire que de l'usufruitier (Bull. CNCC n° 75-1989 p. 366).
> Pour l'application du 4° du I de l'article L 233-9 du Code de commerce, la personne tenue à l'information prend en compte le nombre maximal d'actions déjà émises qu'elle est en droit d'acquérir à sa seule initiative, immédiatement ou à terme, en vertu d'un accord ou d'un instrument financier, sans compensation avec le nombre d'actions que cette personne est en droit de céder en vertu d'un autre accord ou instrument financier (RG AMF art. 223-11 modifié par arrêté du 3-12-2015).
> Les instruments financiers mentionnés au 4° du I de l'article L 233-9 du Code de commerce sont notamment (RG AMF art. 223-11) :
> 1° Les obligations échangeables ou remboursables en actions.
> 2° Les contrats à terme.
> 3° Les options, qu'elles soient exerçables immédiatement ou à terme, et quel que soit le niveau du cours de l'action par rapport au prix d'exercice de l'option.
> Lorsque l'option ne peut être exercée que sous condition que le cours de l'action atteigne un seuil précisé au contrat, elle est assimilée aux actions dès que ce seuil est atteint ; à défaut, elle relève de l'information mentionnée au troisième alinéa du I de l'article L 233-7 du Code de commerce.

4° bis Les actions déjà émises sur lesquelles porte tout accord ou instrument financier mentionné à l'article L 211-1 du Code monétaire et financier ayant pour cette personne ou l'une des personnes mentionnées aux 1° et 3° un effet économique similaire à la possession desdites actions, que cet accord ou instrument financier donne droit à un règlement physique ou à un règlement en espèces. Il en va de même pour les droits de vote sur lesquels porte, dans les mêmes conditions, tout accord ou instrument financier.

> Depuis le 1er octobre 2012, les instruments dérivés à dénouement monétaire sont assimilés aux actions ou aux droits de vote possédés par la personne tenue à l'information prévue au I de l'article L 233-7 du Code de commerce au même titre que les instruments à dénouement physique (C. com. art. L 233-9 modifié par la loi 2012-387 du 22-3-2012 relative à la simplification du droit et à l'allégement des démarches administratives). Ces modifications sont intervenues à la suite des prises de participation rampantes opérées par Wendel dans Saint-Gobain et par LVMH dans Hermès.
> L'article L 233-9 renvoie au règlement général de l'AMF pour fixer les conditions et modalités d'application de nouveau cas d'assimilation, et définir en particulier les conditions dans lesquelles un accord ou instrument financier est considéré comme ayant un effet économique similaire à la possession d'actions. L'article 223-11 du RG de l'AMF donne à ce titre une liste indicative d'instruments financiers et accords pouvant être concernés.

5° Les actions dont cette personne a l'usufruit.

6° Les actions ou les droits de vote possédés par un tiers avec lequel cette personne a conclu un accord de cession temporaire portant sur ces actions ou droits de vote.

> Parmi ces accords de cession temporaire figurent les options d'achat, dont la prise en compte pour l'application du régime juridique des déclarations de franchissement de seuils est identique, qu'elles puissent être exercées uniquement à maturité, durant toute leur vie ou à échéance prédéterminée.

7° Les actions déposées auprès de cette personne, à condition que celle-ci puisse exercer les droits de vote qui leur sont attachés comme elle l'entend en l'absence d'instructions spécifiques des actionnaires.

8° Les droits de vote que cette personne peut exercer librement en vertu d'une procuration en l'absence d'instructions spécifiques des actionnaires.

Ne sont **pas assimilés aux actions ou aux droits de vote** possédés par la personne tenue à l'information (C. com. art. L 233-9, II modifié par ord. 2015-1576 du 3-12-15) :

55580
(suite)

AUTRES VÉRIFICATIONS SPÉCIFIQUES

© Éd. Francis Lefebvre

– les actions détenues par les OPCVM ou certains placements collectifs ou les Sicaf gérés par une société de gestion de portefeuille contrôlée par cette personne au sens de l'article L 233-3 du Code de commerce, dans les conditions fixées par le règlement général de l'AMF sauf exceptions prévues par ce même règlement (RG AMF art. 223-12) ;

– les actions détenues dans un portefeuille géré par un prestataire de services d'investissement contrôlé par cette personne au sens de l'article L 233-3 du Code de commerce dans le cadre du service de gestion de portefeuille pour le compte de tiers, dans les conditions fixées par le règlement général de l'AMF, sauf exceptions prévues par ce même code (C. com. art. L 233-9, II).

Enfin, **ne sont pas pris en compte** les actions, accords et instruments financiers (C. com. art. L 233-7, IV modifié par ord. 2015-1576 du 3-12-15) :

– acquis aux seules fins de compensation, de règlement ou de livraison, à court terme, d'instruments financiers ;

– détenus par les teneurs de comptes conservateurs dans le cadre de leur activité ;

– détenus par un prestataire de services d'investissement dans son portefeuille de négociation au sens de l'article 11 de la directive 2006/49/CE du Parlement et du Conseil du 14 juin 2006 sur l'adéquation des fonds propres des entreprises d'investissement et des établissements de crédit, à condition que (RG AMF art. 223-13) : d'une part, ces actions représentent une quotité du capital ou des droits de vote de l'émetteur inférieure ou égale à 5 % et que, d'autre part, les droits de vote attachés à ces actions ne soient pas exercés ni autrement utilisés pour intervenir dans la gestion de l'émetteur ;

Pour le calcul de ce seuil, sont pris en compte les actions et les droits de vote détenus ainsi que les actions et les droits de vote assimilés en application de l'article L 223-9 du Code de commerce, lesquels sont rapportés au nombre total d'actions composant le capital de la société et au nombre total de droits de vote attachés à ces actions (RG AMF art. 223-13 modifié par arrêté du 3-12-2015).

– remis aux membres du Système européen de banques centrales ou par ceux-ci dans l'exercice de leurs fonctions d'autorités monétaires, dans les conditions fixées par le RG de l'AMF ;

– acquis à des fins de stabilisation conformément au règlement 596/2014 du 16 avril 2014 sur les abus de marché, pour autant que les droits de vote attachés auxdites actions ne soient pas exercés ni utilisés autrement pour intervenir dans la gestion de l'émetteur.

2. Sont à **prendre en compte au dénominateur**, en application de l'article 223-11 du règlement général de l'AMF, le nombre total d'actions composant le capital de la société et le nombre total de droits de vote attachés à ces actions. Le nombre total de droits de vote, dénommé nombre de droits de vote théoriques, est calculé sur la base de l'ensemble des actions auxquelles sont attachés des droits de vote, y compris les actions privées de droits de vote.

L'AMF, dans une publication du 17 juillet 2007, a précisé la notion de droits de vote théoriques : il s'agit non seulement des droits de vote qui peuvent être exercés en assemblée, ce qui comprend bien évidemment les droits de vote double, mais également les droits de vote suspendus. La notion de suspension correspond à la notion de privation de droits de vote, résultant par exemple d'une sanction prononcée par un tribunal (fondée par exemple sur l'art. L 233-14 du Code de commerce) ou d'une privation de plein droit, à l'instar de celle qui frappe les actions autodétenues, les actions d'autocontrôle ou les actions correspondant à une participation réciproque non encore régularisée, etc. (AMF Questions-réponses du 17-7-2007 sur les nouvelles modalités de calcul des franchissements de seuils de participation).

55600 **Contenu du rapport de gestion** « En fonction des informations reçues en application des articles L 233-7 et L 233-12, le rapport présenté aux actionnaires sur les opérations de l'exercice mentionne l'identité des personnes physiques ou morales détenant directement ou indirectement plus du vingtième, du dixième, des trois vingtièmes, du cinquième, du quart, du tiers, de la moitié, des deux tiers, des dix-huit vingtièmes ou des dix-neuf vingtièmes du capital social ou des droits de vote aux assemblées générales. Il fait également apparaître les modifications intervenues au cours de l'exercice [...]. Il en est fait mention, le cas échéant, dans le rapport des commissaires aux comptes » (C. com. art. L 233-13).

L'information visée à l'article L 233-13 est fournie en fonction des informations et notifications reçues par la société en application des articles L 233-7 et L 233-12 du Code de commerce.

Comme développé supra, les obligations d'information par les détenteurs du capital ou des droits de vote, en application de l'article L 233-7, sont à destination des sociétés dont les **actions sont admises aux négociations sur un marché réglementé** ou sur un marché d'instruments financiers admettant aux **négociations des actions pouvant être inscrites en compte chez un intermédiaire habilité** (voir n⁰ˢ 55556 s.).

1180

© Éd. Francis Lefebvre

AUTRES VÉRIFICATIONS SPÉCIFIQUES

En revanche, toutes les sociétés par actions (que les actions soient admises ou non sur un marché réglementé) peuvent recevoir des notifications des sociétés contrôlées en application de l'article L 233-12 (voir nº 55562).

Dans le rapport de gestion doivent figurer (C. com. art. L 233-13) :

– **l'identité des personnes** physiques ou morales, y compris celle des intermédiaires financiers, détentrices du capital ou des droits de vote ;

Cette information est à fournir chaque année même en l'absence de variation d'une année sur l'autre (Bull. CNCC nº 71-1988 p. 335 s.).

– **les modifications** intervenues au cours de l'exercice.

L'information donnée concerne les opérations intervenues jusqu'à la date de clôture de l'exercice, étant toutefois rappelé que le rapport de gestion doit signaler les événements importants survenus entre la date de clôture et la date où ce rapport est établi (CNCC NI. I – décembre 2018 p. 178).

Sanctions Les dirigeants d'une société tenue à l'obligation de donner une information concernant l'identité des détenteurs du capital dans le rapport de gestion et qui n'auraient pas respecté cette obligation peuvent être soumis au versement d'une **amende de 18 000 €** (C. com. art. L 247-2, III). La même peine est applicable au commissaire aux comptes (C. com. art. L 247-2, IV).

55610

Des sanctions civiles, pénales et administratives frappent également les détenteurs de titres qui n'ont pas satisfait à l'obligation d'information prévue à l'article L 233-7.

Sanction civile : en cas de manquement à l'obligation de déclaration, les actions, excédant la fraction qui aurait dû être déclarée, seront privées du droit de vote pour toute assemblée générale qui se tiendra jusqu'à l'expiration d'un délai de deux ans suivant la date de régularisation de la notification (C. com. art. L 233-14, al. 1). En ce sens a été jugée recevable la décision d'un bureau de l'assemblée générale estimant qu'un groupe d'actionnaires agissant de concert avait franchi un seuil sans le déclarer, qui avait privé de droits de vote les actionnaires concernés (CA Versailles 27-6-2007 : BRDA 14/07 p. 2 du 9-8-2007).

Il a été également jugé que la déclaration du franchissement du seuil de 20 % ne faisant pas état du franchissement antérieur de celui de 10 % ne régularise pas l'omission d'information sur le franchissement de seuil intervenu précédemment (Cass. com. 10-05-2006 : Dalloz 2006 p. 1457 note A. Lienhard).

Le tribunal de commerce dans le ressort duquel la société a son siège social peut, sur demande du président de la société ou de l'Autorité des marchés financiers, suspendre pour une durée n'excédant pas cinq ans tout ou partie des droits de vote de l'actionnaire n'ayant pas procédé à la déclaration du franchissement de seuil ou n'ayant pas respecté le contenu de la déclaration d'intention (C. com. art. L 233-14, al. 3).

Sanction pénale : les personnes physiques et les dirigeants des personnes morales tenues aux obligations d'information visées à l'article L 233-7 qui ne les ont pas respectées peuvent être soumis au versement d'une amende de 18 000 € (C. com. art. L 247-2, I). Est puni de la même peine le fait, pour les présidents, les administrateurs, les membres du directoire, les gérants ou les directeurs généraux d'une société, de s'abstenir de procéder aux notifications auxquelles cette société est tenue, en application de l'article L 233-12, du fait des participations qu'elle détient dans la société par actions qui la contrôle.

Sanction administrative : depuis l'entrée en vigueur de l'ordonnance 2015-1576 du 5 décembre 2015, la Commission des sanctions de l'AMF peut prononcer des sanctions pécuniaires spécifiques, d'un montant maximum de 100 millions d'euros ou de 5 % du chiffre d'affaires annuel total, en cas de manquements aux obligations de déclaration de franchissement de seuils prévues à l'article L 233-7 (pour plus de détails, voir nº 15765).

Autocontrôle

Nature de l'obligation Il y a autocontrôle lorsqu'une société assure son propre contrôle par l'intermédiaire d'une ou de plusieurs autres sociétés dont elle détient elle-même directement ou indirectement le contrôle. L'obligation d'information sur l'autocontrôle est applicable à la généralité des **sociétés par actions** (voir Mémento Sociétés commerciales nº 79280). Les sociétés d'une autre forme ne sont pas visées.

L'obligation est applicable quel que soit le pourcentage détenu par la société contrôlée. L'information est à donner annuellement.

55630

Contenu du rapport de gestion « En fonction des informations reçues en application des articles L 233-7 et L 233-12, le rapport présenté aux actionnaires sur les opérations de l'exercice […] indique le **nom des sociétés contrôlées** et la **part du capital** ou des droits de vote de la société qu'elles détiennent. Il en est fait mention, le cas échéant, dans le rapport des commissaires aux comptes » (C. com. art. L 233-13).

55632

L'article L 233-7 impose aux personnes qui prennent des participations dans les sociétés cotées d'informer celles-ci (voir nº 55555).

1181

AUTRES VÉRIFICATIONS SPÉCIFIQUES

© Éd. Francis Lefebvre

L'article L 233-12 impose à une société contrôlée directement ou indirectement par une société par actions de notifier à cette dernière et à chacune des sociétés participant au contrôle le montant des participations qu'elle détient directement ou indirectement dans leur capital respectif et les variations de ce montant.

55635 **Sanctions** Est puni d'une **amende** de 18 000 € le fait, pour les présidents, les administrateurs, les membres du directoire, les gérants ou les directeurs généraux d'une société, d'omettre de faire mention dans le rapport présenté aux actionnaires sur les opérations de l'exercice du nom des sociétés contrôlées et de la part du capital de la société que ces sociétés détiennent, dans les conditions prévues par l'article L 233-13 (C. com. art. L 247-2, II). Le commissaire aux comptes qui aurait omis cette mention dans son rapport est passible de la même peine (C. com. art. L 247-2, IV).

La même peine est également applicable aux dirigeants des sociétés qui se seront abstenus de procéder aux notifications prévues à l'article L 233-12 (voir n° 55630).

B. Mission du commissaire aux comptes

Nature de la mission

55640 L'**obligation d'information** du commissaire aux comptes relative aux prises de participation (voir n°ˢ 55460 s.) est explicitement prévue par l'article L 233-6, alinéa 1 du Code de commerce.

L'obligation d'information du commissaire aux comptes relative aux aliénations d'actions intervenues en régularisation des participations réciproques (voir n°ˢ 55505 s.) est prévue par l'article R 233-19, alinéa 2 du Code de commerce.

L'information par le commissaire aux comptes relative à l'identité des personnes physiques ou morales détenant le capital social ou les droits de vote (voir n°ˢ 55555 s.) et l'autocontrôle (voir n°ˢ 55630 s.) relève de l'article L 233-13 du Code de commerce.

Les principes fondamentaux et les modalités d'application de l'intervention du commissaire aux comptes sont développés dans l'ancienne norme CNCC 5-109 « Prise de participation et de contrôle et identité des personnes détenant le capital social ». La note d'information CNCC relative aux rapports du commissaire aux comptes sur les comptes annuels et consolidés traite également de ce sujet (p. 174 s.).

Si, en application de l'article L 823-3-2 du Code de commerce, le commissaire aux comptes exerce un mandat d'une durée limitée à trois exercices, il est **dispensé** des diligences et rapports mentionnés aux articles L 233-6 et L 233-13 du code précité (C. com. art. L 823-12-1 modifié par la loi 2019-486 du 22-5-2019, dite « Pacte » ; voir n° 55750).

Cette dispense s'applique également lorsque la société commerciale ne dépasse pas deux des trois seuils fixés par décret pour le dernier exercice clos antérieurement à l'entrée en vigueur de l'article 20 de la loi dite « Pacte » et choisit, en accord avec son commissaire aux comptes, de poursuivre le mandat jusqu'au terme selon les modalités définies pour une mission limitée à trois exercices (Loi dite « Pacte » du 22-5-2019 art. 20, II).

Diligences

55680 Sous réserve des dispenses dont il bénéficie en application de l'article L 823-12-1 précité, le commissaire aux comptes met en œuvre les diligences lui permettant de s'assurer que les informations données dans le rapport de gestion :
– satisfont aux obligations d'information prévues par les textes ;
– sont conformes aux documents établis ou reçus par la société (Doctrine professionnelle de la CNCC : ancienne norme CNCC 5-109 § 10).

Outre les informations recueillies au cours de l'audit des comptes annuels, le commissaire aux comptes demande communication des notifications reçues ou établies par l'entité en application des articles L 233-7 et L 233-12 du Code de commerce et des documents éventuellement obtenus par la société sur l'identification des détenteurs de titres au porteur, en application des articles L 228-2 à L 228-3-1 du Code de commerce (Doctrine professionnelle de la CNCC : ancienne norme CNCC 5-109 § 11).

55685 Le commissaire aux comptes attire l'attention des dirigeants sur la nécessité de cette communication dans un délai raisonnable afin de lui permettre, le cas échéant, de faire procéder aux rectifications nécessaires dans le rapport de gestion.

© Éd. Francis Lefebvre

AUTRES VÉRIFICATIONS SPÉCIFIQUES

Rapport lorsque le mandat du commissaire aux comptes est de six exercices

55700

L'information concernant les prises de participation et de contrôle et, le cas échéant, l'identité des personnes détenant le capital ou les droits de vote et l'autocontrôle figure dans deux documents :
– le rapport de gestion de l'organe de direction ;
– le rapport sur les comptes annuels du commissaire aux comptes.

La mention figure plus précisément dans la partie du rapport sur les comptes annuels, intitulée « Vérifications spécifiques ». L'absence de mention dans le rapport du commissaire aux comptes vaut assurance implicite qu'aucune prise de participation ou franchissement de seuil n'est à signaler. Dès qu'une opération donnant lieu à information est intervenue sur l'exercice, une assurance doit être émise par le commissaire aux comptes dans son rapport sur les comptes annuels.

55705

En application de la NEP relative au rapport du commissaire aux comptes sur les comptes annuels et consolidés, le cas échéant, le commissaire aux comptes fait état, dans la partie de son **rapport sur les comptes annuels** relative aux **vérifications spécifiques**, « des informations que les textes légaux et réglementaires font obligation au commissaire aux comptes de mentionner dans son rapport, telles que les prises de participation et les prises de contrôle intervenues au cours de l'exercice, les aliénations diverses intervenues en application de la législation sur les participations réciproques et l'identité des personnes détenant le capital et les droits de vote » (NEP 700 § 16).

55708

Sociétés ayant l'obligation d'établir un rapport de gestion Lorsque l'information donnée dans le rapport de gestion est **conforme à la loi**, la CNCC considère que le commissaire aux comptes peut s'y référer dans son rapport pour éviter de répéter une information détaillée dans le rapport de gestion (CNCC NI. I « Les rapports du commissaire aux comptes sur les comptes annuels et consolidés » – décembre 2018 p. 178). La CNCC propose alors les exemples de formulation suivants dans la partie du rapport sur les comptes annuels relative à la vérification du rapport de gestion (NI. précitée p. 174) :
– pour les **sociétés commerciales** dont les actions ne sont pas admises aux négociations sur un marché réglementé ou sur un marché d'instruments financiers admettant aux négociations des actions pouvant être inscrites en compte chez un intermédiaire habilité : « En application de la loi, nous nous sommes assurés que les diverses informations relatives aux prises de participation et de contrôle (le cas échéant, et aux participations réciproques) vous ont été communiquées dans le rapport de gestion » ;

En l'absence de prises de participation ou de contrôle intervenues au cours de l'exercice, aucune mention n'est nécessaire. La mention des participations réciproques n'est applicable que dans les sociétés par actions, lorsque l'information requise sur les participations réciproques a été dûment signalée dans le rapport de gestion.

– pour les **sociétés** dont les actions sont admises aux négociations sur un **marché réglementé** ou sur un marché d'instruments financiers admettant aux négociations des actions pouvant être inscrites en compte chez un intermédiaire habilité : « En application de la loi, nous nous sommes assurés que les diverses informations relatives aux prises de participation et de contrôle et à l'identité des détenteurs du capital ou des droits de vote (le cas échéant, et aux participations réciproques) vous ont été communiquées dans le rapport de gestion » ;
– pour les **sociétés commerciales autres** que les sociétés par actions visées ci-dessus : « En application de la loi, nous nous sommes assurés que les diverses informations relatives aux prises de participation et de contrôle vous ont été communiquées dans le rapport de gestion. »

Cette formulation s'applique lorsqu'il y a eu au cours de l'exercice des prises de participation ou de contrôle, au sens des articles L 233-6 et L 247-1 du Code de commerce et que celles-ci ont été dûment signalées dans le rapport de gestion.

55720

Si le rapport de gestion donne de façon **incomplète** ou **omet les informations** imposées par la loi, le commissaire aux comptes formule dans la partie de son rapport relative à la vérification du rapport de gestion une observation faisant état de l'irrégularité constatée (voir n° 61312).

AUTRES VÉRIFICATIONS SPÉCIFIQUES © Éd. Francis Lefebvre

Il lui appartient par ailleurs de **donner l'information** omise ou incomplète dans la partie de son rapport relative à la vérification du rapport de gestion :
– mention des informations relatives aux prises de participation (C. com. art. L 233-6, al. 1) ;
– mention des informations relatives aux aliénations d'actions intervenues en régularisation des participations réciproques (C. com. art. R 233-19, al. 2) ;
– mention des informations relatives à l'identité des personnes physiques ou morales détenant le capital social ou les droits de vote et à l'autocontrôle (C. com. art. L 233-13).

Selon la CNCC, il n'appartient pas au commissaire aux comptes de fournir des informations plus détaillées que nécessaire sur les pourcentages de détention, ni de faire mention de variations entre différents seuils : le commissaire aux comptes ne donne que l'information minimum résultant de l'application stricte de la loi (CNCC NI. I « Les rapports du commissaire aux comptes sur les comptes annuels et consolidés » – décembre 2018 p. 178).

Si l'irrégularité a une incidence sur les comptes annuels dès lors que les participations auraient dû être mentionnées dans l'annexe, en application de l'article R 123-196, 9° du Code de commerce, elle doit également être mentionnée dans la partie du rapport relative à l'opinion sur les comptes annuels (en ce sens, Bull. CNCC n° 105-1997 p. 111).

55725 Comme les dirigeants sociaux, le commissaire aux comptes est passible de sanctions pénales lorsqu'il n'a pas effectué ces mentions (C. com. art. L 247-1 et L 247-2 ; voir n°s 55610 et 55635). En revanche, il n'entre pas dans la mission du commissaire aux comptes de vérifier que les déclarations de franchissement de seuils dans les sociétés dont les titres sont admis aux négociations sur un marché réglementé sont régulièrement effectuées par les personnes tenues d'y procéder. Sa responsabilité administrative ne peut être recherchée à ce titre.

55730 **Sociétés dispensées d'établir un rapport de gestion** En ce qui concerne les **sociétés dispensées de l'obligation d'établir un rapport de gestion** en application de l'article L 232-1, IV du Code de commerce, la CNCC a saisi la Chancellerie aux fins de préciser si les dirigeants des sociétés ainsi dispensées restent tenus de fournir les informations requises par l'article L 233-6 à leurs associés et, dans la négative, d'indiquer les incidences sur le rapport du commissaire aux comptes (CNCC NI. I précitée p. 179).
Dans l'attente de la réponse à cette saisine, la CNCC considère, par précaution, qu'il appartient au commissaire aux comptes de donner lui-même, dans son rapport, l'information minimum qui résulte de l'application stricte de la loi (voir n° 55720).

Rapport lorsque le mandat du commissaire aux comptes est limité à trois exercices

55750 Lorsque le mandat du commissaire aux comptes est limité à trois exercices, dans les conditions prévues à l'article L 823-3-2 du Code de commerce, celui-ci :
– est **dispensé** de l'obligation d'information prévue aux articles L 233-6 et L 233-13 du code précité et il n'a donc pas à mentionner dans son rapport sur les comptes les informations relatives aux prises de participation et de contrôle ainsi qu'à l'identité des personnes détenant le capital social ou les droits de vote (C. com. art. L 823-12-1 modifié par la loi 2019-486 du 22-5-2019, dite « Pacte ») ;

Cette dispense s'applique à compter du premier exercice clos postérieurement au 26 mai 2019 (Loi dite « Pacte » du 22-5-2019 art. 20, II).

Elle s'applique également lorsque la société commerciale ne dépasse pas deux des trois seuils fixés par décret pour le dernier exercice clos antérieurement à l'entrée en vigueur de l'article 20 de la loi dite « Pacte » et choisit, en accord avec son commissaire aux comptes, de poursuivre le mandat jusqu'au terme selon les modalités définies pour une mission limitée à trois exercices (Loi dite « Pacte » du 22-5-2019 art. 20, II).

– reste **soumis aux dispositions de l'article R 233-19** du Code de commerce et mentionne les informations relatives aux **aliénations d'actions** intervenues en régularisation des participations réciproques.

© Éd. Francis Lefebvre

AUTRES VÉRIFICATIONS SPÉCIFIQUES

SECTION 6

Rapport sur le gouvernement d'entreprise

55800

Cette section traitera successivement :
- du rapport sur le gouvernement d'entreprise (nᵒˢ 55802 s.) ;
- de la mission dévolue par la loi aux commissaires aux comptes de la société (voir nᵒˢ 55900 s.).

I. Élaboration du rapport sur le gouvernement d'entreprise

A. Aspects généraux

55802

Le rapport sur le gouvernement d'entreprise a été introduit par l'ordonnance 2017-1162 du 12 juillet 2017, prise en application de la loi dite « Sapin II » du 9 décembre 2016. Ces textes sont entrés en vigueur pour les rapports afférents aux exercices ouverts à compter du 1ᵉʳ janvier 2017.

Champ d'application de l'obligation légale

55805

Dans les **sociétés anonymes, les sociétés en commandite par actions** et les **sociétés européennes**, le conseil d'administration (ou le conseil de surveillance) présente à l'assemblée générale ordinaire statuant sur les comptes un rapport sur le gouvernement d'entreprise joint au rapport de gestion (C. com. art. L 225-37, al. 6, L 225-68, al. 6 et L 226-10-1 ; pour la société européenne par renvoi de l'article L 229-7 du Code de commerce aux dispositions de la section 2 du chapitre V du titre II du livre II du Code de commerce).

Cette obligation s'applique à toutes les SA, SCA et SE, que leurs titres soient admis aux négociations sur un marché réglementé ou non.

S'agissant des SA, SCA et SE qualifiées de « **petites entreprises** » au sens de l'article L 123-16 du Code de commerce et pour lesquelles la loi 2018-727 du 10 août 2018 a supprimé l'obligation légale d'établir un rapport de gestion, la Commission des études juridiques de la CNCC considère que ces sociétés restent soumises à l'obligation d'établir et de communiquer à l'assemblée un rapport sur le gouvernement d'entreprise, la rédaction de l'alinéa 6 de l'article L 225-37 du Code de commerce n'ayant pas été modifiée par la loi précitée.

Dans les sociétés anonymes à conseil d'administration, les informations correspondant au rapport sur le gouvernement d'entreprise peuvent être fournies dans une section spécifique du rapport de gestion (C. com. art. L 225-37, al. 6).

Par ailleurs, pour les **personnes morales** ayant leur siège statutaire en France et dont les titres financiers sont admis aux négociations sur un **marché réglementé**, l'article L 621-18-3 du Code monétaire et financier prévoit une obligation de publicité des informations requises par le rapport sur le gouvernement d'entreprise ainsi que, le cas échéant, des informations mentionnées au 2ᵉ et au dernier alinéa de l'article L 22-10-35 du Code de commerce dans les conditions fixées par le règlement général de l'AMF.

Les informations mentionnées 2° et au dernier alinéa de l'article L 22-10-35 sont celles sur les procédures de contrôle interne et de gestion des risques relatives à l'information comptable et financière.
Sur les modalités de publicité définies par l'AMF, voir nᵒ 55860.

B. Contenu du rapport

55810

Nous présenterons tout d'abord le contenu de base du rapport sur le gouvernement d'entreprise, prévu aux articles L 225-37, L 225-68 et L 226-10-1 du Code de commerce pour l'ensemble des SA, SCA et SE, puis nous détaillerons les mentions complémentaires prévues pour les sociétés dont les titres sont admis aux négociations sur un marché réglementé et pour les sociétés dont les actions sont admises aux négociations sur un marché réglementé.

1185

AUTRES VÉRIFICATIONS SPÉCIFIQUES

© Éd. Francis Lefebvre

Contenu de base pour toutes les SA, SCA et SE

55815
Dans toutes les SA, SCA et SE, le rapport sur le gouvernement d'entreprise contient, en application des articles L 225-37-4 et L 225-68 du Code de commerce, les éléments suivants relatifs à la **gouvernance** :
– la liste de l'ensemble des mandats et fonctions exercés dans toute société par chaque mandataire durant l'exercice (C. com. art. L 225-37-4, 1º et L 225-68, al. 6) ;

La liste comprend l'ensemble des mandats et fonctions exercés au sein de la société et des sociétés du groupe ou des sociétés tierces françaises ou étrangères (Rép. Zochetto, Sén. 7-11-2002, p. 2664 : Bull. CNCC nº 128-2002 p. 559). En revanche, ne sont pas pris en compte les mandats et fonctions exercés dans des entités autres que des sociétés.

À notre avis, les mandats détenus par les représentants des personnes morales administrateurs doivent être également mentionnés dans le rapport sur le gouvernement d'entreprise et ce, quelle que soit la forme de la personne morale dans laquelle ils sont détenus.

– les conventions intervenues, directement ou par personne interposée, entre :
• d'une part, l'un des mandataires sociaux ou l'un des actionnaires disposant d'une fraction des droits de vote supérieur à 10 % d'une société,
• et, d'autre part, une autre société contrôlée par la première au sens de l'article L 233-3 du Code de commerce (C. com. art. L 225-37-4, 2º modifié par la loi 2019-486 du 22-5-2019, dite « Pacte » et L 225-68, al. 6).

La loi dite « Pacte » a modifié l'article L 225-37-4, 2º afin de remplacer la notion de détention directe ou indirecte de plus de la moitié du capital (C. com. art. L 225-37-4, 2º dans sa version antérieure à la loi Pacte) par la notion de contrôle telle que définie par l'article L 233-3 du Code de commerce.

Les conventions précitées portant sur des opérations courantes et conclues à des conditions normales n'ont pas à être mentionnées.

Cette obligation d'information des actionnaires porte sur des conventions qui ne sont pas visées par la procédure des conventions réglementées, la société fournissant l'information n'intervenant pas dans la convention.

Le législateur considère que « les enjeux de telles conventions peuvent s'avérer significatifs (en cas d'exécution d'une prestation de conseil par exemple) pour la société mère, la société détenue par cette dernière et leurs actionnaires, alors que jusqu'à présent ces derniers n'étaient pas même informés de leur existence et, de ce fait, se retrouvaient privés de la faculté d'exercer un contrôle » (Rapport au Président de la République relatif à l'ord. 2014-863 du 31-7-2014 – Chapitre III).

Selon l'Ansa, seules les conventions intervenues durant l'exercice sont à mentionner faute de précision des textes (Ansa réponse du comité juridique nº 14-063 du 3-12-2014).

– un tableau récapitulatif des délégations en cours de validité accordées par l'assemblée générale des actionnaires dans le domaine des augmentations de capital social, par application des articles L 225-129-1 et L 225-129-2 du Code de commerce. Ce tableau fera apparaître l'utilisation faite en cours d'exercice de ces délégations (C. com. art. L 225-37-4, 3º et L 225-68, al. 6) ;
– à l'occasion du premier rapport ou en cas de modification, le choix fait de l'une des deux modalités d'exercice de la direction générale prévues à l'article L 225-51-1 du Code de commerce (C. com. art. L 225-37-4, 4º et L 225-68, al. 6) ;

Cette dernière obligation ne concerne que les sociétés anonymes, l'article L 225-51-1 n'étant pas applicable aux SCA.

55816
Le rapport sur le gouvernement d'entreprise inclut également, pour les SA à conseil de surveillance, les **observations du conseil de surveillance** sur le rapport du directoire et sur les comptes de l'exercice (C. com. art. L 225-68, al. 6).

55818
Les informations suivantes sont à mentionner dans le rapport sur le gouvernement d'entreprise pour toutes les SCA, SA et SE :
– la décision prise par le conseil d'administration ou le conseil de surveillance concernant les **options donnant droit à la souscription ou à l'achat d'actions** attribuées aux mandataires sociaux et conduisant :
• soit à l'interdiction pour les intéressés de lever ces options avant la cessation de leurs fonctions,
• soit à la détermination d'une quantité d'actions issues de levées d'options qu'ils sont tenus de conserver au nominatif jusqu'à la cessation de leurs fonctions (C. com. art. L 225-185, al. 4 modifié par l'ordonnance 2019-1234 du 27-11-2019) ;
– la décision prise par le conseil d'administration ou le conseil de surveillance concernant les **actions attribuées gratuitement** aux mandataires sociaux et conduisant :

© Éd. Francis Lefebvre — AUTRES VÉRIFICATIONS SPÉCIFIQUES

• soit à l'interdiction pour les intéressés de céder ces actions avant la cessation de leurs fonctions,

• soit à la détermination d'une quantité d'actions qu'ils sont tenus de conserver au nominatif jusqu'à la cessation de leurs fonctions (C. com. art. L 225-197-1, II-al. 4 modifié par l'ordonnance 2019-1234 du 27-11-2019).

Les informations précitées, relatives à la levée des options et à la cession des actions gratuites, figuraient antérieurement dans le rapport de gestion et sont à mentionner dans le rapport sur le gouvernement d'entreprise à compter des assemblées générales statuant sur le premier exercice clos après le 28 novembre 2019 (Ord. 2019-1234 du 27-11-2019, art. 4).

Mentions complémentaires pour les SA, SCA et SE dont les titres sont admis aux négociations sur un marché réglementé

55820

Outre les informations devant figurer dans le rapport sur le gouvernement d'entreprise de toute SA, SCA et SE, des mentions complémentaires sont prévues pour les sociétés précitées dont les titres sont admis à la négociation sur un marché réglementé.

À compter du 1er janvier 2021, à la suite de l'ordonnance 2020-1142 du 16 septembre 2020 et du décret 2020-1742 du 29 décembre 2020, ces informations complémentaires sont codifiées dans le chapitre X du titre II du livre II du Code de commerce intitulé « des sociétés dont les titres sont admis aux négociations sur un marché réglementé ou sur un système multilatéral de négociation ».

L'ordonnance précitée, prise en application de l'article 75 de la loi dite Pacte, regroupe ainsi dans un chapitre spécifique les règles propres aux sociétés cotées afin de les identifier plus aisément et de restituer au droit commun des sociétés sa lisibilité et sa cohérence. Le rapport au Président sur ladite ordonnance précise que cette réforme est réalisée à droit constant.

Le décret 2020-1742 du 29 décembre 2020 procède quant à lui à une recodification, également à droit constant, des dispositions propres aux sociétés cotées dans la partie réglementaire du Code de commerce.

Informations complémentaires relatives à la gouvernance Pour les SA, SCA et SE dont les **titres** sont **admis** aux négociations sur un **marché réglementé**, les informations suivantes sont mentionnées :

55825

1. La composition, ainsi que les conditions de préparation et d'organisation des **travaux du conseil** (C. com. art. L 22-10-10 1°, L 22-10-20 et L 22-10-78, al. 1 à compter du 1-1-2021 ; dispositions figurant anciennement aux articles L 225-37-4, 5°, L 225-68, al. 6 et L 226-10-1, al. 1).

2. Lorsque les SA, SCA et SE dont les titres sont admis aux négociations sur un marché réglementé **dépassent deux des trois seuils** définis à l'article R 22-10-29 du Code de commerce (soit un total de bilan de 20 millions d'euros, un chiffre d'affaires net de 40 millions d'euros, un nombre moyen de salariés permanents de 250 ; dispositions figurant antérieurement au 1-1-2021 à l'article R 225-104 du Code de commerce), une description de la **politique de diversité** appliquée aux membres du conseil d'administration (ou de surveillance) au regard de critères tels que l'âge, le sexe ou les qualifications et l'expérience professionnelle, ainsi qu'une description des objectifs de cette politique, de ses modalités de mise en œuvre et des résultats obtenus au cours de l'exercice écoulé (C. com. art. L 22-10-10, 2°, L 22-10-20 et L 22-10-78, al. 1 à compter du 1-1-2021 ; dispositions figurant anciennement aux articles L 225-37-4, 6°, L 225-68, al. 6 et L 226-10-1, al. 1).

La loi 2011-103 du 27 janvier 2011 relative à la représentation équilibrée des femmes et des hommes au sein des conseils d'administration et de surveillance et à l'égalité professionnelle prévoit que la proportion des administrateurs de chaque sexe dans les sociétés dont les actions sont admises aux négociations sur un marché réglementé ne peut être inférieure à 40 % depuis le 1er janvier 2017 (Loi 2011-103 du 27-1-2011 art. 5 ; C. com. art. L 22-10-3 et L 22-10-21 à compter du 1-1-2021 ; dispositions figurant anciennement aux articles L 225-18-1 et L 225-69-1). Lorsque le conseil d'administration (ou de surveillance) est composé au plus de huit membres, l'écart entre le nombre des administrateurs (ou membres du conseil de surveillance) de chaque sexe ne peut être supérieur à deux.

S'agissant des sociétés non cotées, le dispositif a été complété par la loi 2014-873 du 4 août 2014 sur l'égalité entre les femmes et les hommes. Depuis le 1er janvier 2017, les sociétés qui pour le troisième exercice consécutif emploient 500 salariés et présentent un montant net de chiffre d'affaires ou de total de bilan d'au moins 50 millions d'euros sont également soumises à l'obligation de respecter une proportion d'au moins 40 % d'administrateurs (ou de membres du conseil de surveillance) de chaque sexe (Loi 2014-873 art. 67, C. com. art. L 225-18-1, L 225-69-1 et L 226-4-1). Le décompte des trois premiers exercices pour les sociétés non cotées s'effectue à partir de l'exercice 2014.

Depuis le 1er janvier 2020, le seuil relatif au nombre de salariés est abaissé à 250.

AUTRES VÉRIFICATIONS SPÉCIFIQUES

© Éd. Francis Lefebvre

55825
(suite)

La loi 2019-486 du 22 mai 2019, dite « Pacte », renforce le dispositif de sanctions relatif au non-respect des obligations de représentation équilibrée hommes/femmes dans la composition des conseils. Elle supprime les dispositions qui écartaient la nullité des délibérations de sorte que la nullité d'une nomination irrégulière entraîne désormais la nullité des délibérations auxquelles a pris part le membre du conseil en question (C. com. art. L 225-18-1, L 225-69-1, L 226-4-1, L 22-10-3 et L 22-10-21).

Depuis le 7 septembre 2018, la description de la politique de diversité est complétée par des informations sur la manière dont la société recherche une représentation équilibrée des femmes et des hommes **au sein du comité mis en place**, le cas échéant, **par la direction générale** en vue de l'assister régulièrement dans l'exercice de ses missions générales et sur les résultats en matière de mixité dans les 10 % de postes à plus forte responsabilité (C. com. art. L 22-10-10, 2°, L 22-10-20 et L 22-10-78, al. 1 à compter du 1-1-2021 ; dispositions figurant anciennement aux articles L 225-37-4 6°, L 225-68, al. 6 et L 226-10-1, al. 1).

L'Ansa considère qu'au regard des termes utilisés par le législateur ne devrait être visé que le « Comex », à l'exclusion des comités du conseil et des autres comités mis en place par la direction générale afin de traiter de sujets particuliers et/ou ponctuels (Ansa n° 18-039).

Si la société n'applique pas une telle politique, le rapport comprend une explication des raisons le justifiant.

Pour les sociétés qui se réfèrent au code de gouvernance Afep-Medef, ce dernier recommande que (Code Afep-Medef révisé en janvier 2020 § 7.1 et 7.2) :

– sur proposition de la direction générale, le conseil détermine des objectifs de mixité au sein des instances dirigeantes ;

– la direction générale présente au conseil les modalités de mise en œuvre des objectifs, avec un plan d'action et l'horizon de temps dans lequel ces actions seront menées ;

– la direction générale informe annuellement le conseil des résultats obtenus (Code Afep-Medef § 7.1) ;

– le conseil décrive dans le rapport sur le gouvernement d'entreprise la politique de mixité appliquée aux instances dirigeantes ainsi que les objectifs de cette politique, leurs modalités de mise en œuvre, les résultats obtenus au cours de l'exercice écoulé, en incluant, le cas échéant, les raisons pour lesquelles les objectifs n'auraient pas été atteints et les mesures prises pour y remédier (Code Afep-Medef § 7.2).

Pour le Haut Comité de gouvernement d'entreprise (HCGE), la notion d'instances dirigeantes vise les comités exécutifs, les comités de direction et plus largement l'encadrement supérieur. Le HCGE précise qu'il appartient à chaque conseil de déterminer un périmètre pertinent et ambitieux qui intègre a minima le comité exécutif ou de direction ou tout comité similaire (Guide d'application du code Afep/Medef de janvier 2020).

3. Des éventuelles limitations apportées aux pouvoirs du directeur général (C. com. art. L 22-10-10, 3°, L 22-10-20 et L 22-10-78, al. 1 à compter du 1-1-2021 ; dispositions figurant anciennement aux articles L 225-37-4, 7°, L 225-68, al. 6 et L 226-10-1, al. 1).

4. Des précisions relatives au **code de gouvernement d'entreprise** auquel se réfère la société (C. com. art. L 22-10-10, 4°, L 22-10-20 et L 22-10-78, al. 1 à compter du 1-1-2021 ; dispositions figurant anciennement aux articles L 225-37-4, 8°, L 225-68, al. 6 et L 226-10-1, al. 1). Lorsqu'une société se réfère volontairement à un code de gouvernement d'entreprise élaboré par les organisations représentatives des entreprises (tel que le Code Afep-Medef sur « le gouvernement d'entreprise des sociétés cotées » ou le Code de gouvernement d'entreprise Middlenext pour les valeurs moyennes et petites), elle précise les dispositions qui ont été écartées et les raisons pour lesquelles elles l'ont été. Se trouve de surcroît précisé le lieu où ce code peut être consulté. Si une société ne se réfère pas à un tel code de gouvernement d'entreprise, ce rapport indique les règles retenues en complément des exigences requises par la loi et explique les raisons pour lesquelles la société a décidé de n'appliquer aucune disposition d'un Code de gouvernement d'entreprise élaboré par les organisations représentatives des entreprises (C. com. art. L 22-10-10, 4°, L 22-10-20 et L 22-10-78, al. 1 à compter du 1-1-2021 ; dispositions figurant anciennement aux articles L 225-37-4, 8°, L 225-68, al. 6 et L 226-10-1, al. 1).

Selon le Code Afep-Medef révisé en janvier 2020, les explications fournies lorsqu'une recommandation du code n'est pas appliquée doivent être compréhensibles, pertinentes et circonstanciées. Elles doivent également être étayées et adaptées à la situation particulière de la société et indiquer, de manière convaincante, en quoi cette spécificité justifie la dérogation. Les mesures alternatives adoptées ainsi que, le cas échéant, les actions qui permettent de maintenir la conformité avec l'objectif poursuivi par la disposition concernée du code doivent être indiquées.

Lorsqu'une société entend mettre en œuvre à l'avenir une recommandation qu'elle écarte provisoirement, le code précité considère qu'elle doit mentionner quand cette situation temporaire prendra fin.

© Éd. Francis Lefebvre

AUTRES VÉRIFICATIONS SPÉCIFIQUES

Enfin, les sociétés indiquent dans une rubrique ou un tableau spécifique les recommandations qu'elles n'appliquent pas et les explications afférentes (Code Afep-Medef janvier 2020 § 27.1).

Afin de s'assurer de l'application effective de la règle « appliquer ou expliquer », l'Afep et le Medef ont constitué un Haut Comité de suivi de l'application du code de gouvernement d'entreprise des sociétés cotées. Le code précise que si « une société décide de ne pas suivre les recommandations du Haut Comité, elle doit mentionner dans son rapport annuel document de référence l'avis de ce dernier et les raisons pour lesquelles elle aurait décidé de ne pas y donner suite » (Code Afep-Medef janvier 2020 § 27.2).

5. Des informations sur les modalités particulières relatives à la **participation des actionnaires à l'assemblée** générale (ou le renvoi aux dispositions des statuts qui prévoient ces modalités) (C. com. art. L 22-10-10, 5°, L 22-10-20 et L 22-10-78, al. 1 à compter du 1-1-2021 ; dispositions figurant anciennement aux articles L 225-37-4, 9°, L 225-68, al. 6 et L 226-10-1, al. 1).

Sont visés le mode de fonctionnement et les principaux pouvoirs de l'assemblée générale des actionnaires, ainsi qu'une description des droits des actionnaires et des modalités de l'exercice de ces droits (voir la dir. 2006/46 du 14-6-2006 art. 46 bis, 1-e).

Informations complémentaires susceptibles d'avoir une incidence en cas d'offre publique

55826

Pour les sociétés dont les titres sont admis aux négociations sur un marché réglementé, le rapport visé à l'article L 225-37 expose et, le cas échéant, explique les éléments suivants lorsqu'ils sont susceptibles d'avoir une incidence en cas d'offre publique (C. com. art. L 22-10-11, L 22-10-20 et L 22-10-78, al. 1 à compter du 1-1-2021 ; dispositions figurant anciennement à l'article L 225-37-5 abrogé ainsi qu'aux articles L 225-68, al. 6 et L 226-10-1, al. 1) :

– la structure du capital de la société ;
– les restrictions statutaires à l'exercice des droits de vote et aux transferts d'actions ou les clauses des conventions portées à la connaissance de la société en application de l'article L 233-11 ;
– les participations directes ou indirectes dans le capital de la société dont elle a connaissance en vertu des articles L 233-7 et L 233-12 ;
– la liste des détenteurs de tout titre comportant des droits de contrôle spéciaux et la description de ceux-ci ;
– les mécanismes de contrôle prévus dans un éventuel système d'actionnariat du personnel quand les droits de contrôle ne sont pas exercés par ce dernier ;
– les accords entre actionnaires dont la société a connaissance et qui peuvent entraîner des restrictions au transfert d'actions et à l'exercice des droits de vote ;
– les règles applicables à la nomination et au remplacement des membres du conseil d'administration ou du directoire ainsi qu'à la modification des statuts de la société ;
– les pouvoirs du conseil d'administration ou du directoire, en particulier l'émission ou le rachat d'actions ;
– les accords conclus par la société qui sont modifiés ou prennent fin en cas de changement de contrôle de la société, sauf si cette divulgation, hors les cas d'obligation légale de divulgation, portait gravement atteinte à ses intérêts ;
– les accords prévoyant des indemnités pour les membres du conseil d'administration ou du directoire ou les salariés, s'ils démissionnent ou sont licenciés sans cause réelle et sérieuse ou si leur emploi prend fin en raison d'une offre publique d'achat ou d'échange.

Mentions complémentaires pour les SA, SCA et SE dont les actions sont admises aux négociations sur un marché réglementé

55827

Les SA, SCA et SE dont les **actions** sont admises aux négociations sur un marché réglementé sont tenues de faire figurer des informations complémentaires relatives à la **rémunération des mandataires sociaux** dans leur rapport sur le gouvernement d'entreprise.

L'ordonnance 2019-1234 du 27 novembre 2019 relative à la rémunération des mandataires sociaux des sociétés cotées et le décret 2019-1235 en date du même jour ont enrichi l'information à mentionner dans le rapport sur le gouvernement d'entreprise et modifié le périmètre des sociétés concernées par cette obligation d'information, en lien avec la mise en œuvre d'un nouveau dispositif d'approbation par l'assemblée générale de la rémunération des mandataires sociaux (« say on pay »).

L'ordonnance précitée, prise en application de l'article 198 de la loi 2019-486 dite « Pacte » du 22 mai 2019, transpose la directive européenne 2017/828 du 17 mai 2017 dite « Directive droit des actionnaires » et renforce l'encadrement de la rémunération des mandataires sociaux des sociétés cotées en créant un dispositif unifié et contraignant (voir également n° 52700 concernant la suppression des engagements réglementés).

1189

AUTRES VÉRIFICATIONS SPÉCIFIQUES　　　　　© Éd. Francis Lefebvre

Les dispositions développées ci-après concernent les **SA, SCA et SE dont les actions sont admises à la négociation sur un marché réglementé** et ne visent donc pas :

– les SA, SCA et SE dont des titres autres que des actions sont admis aux négociations sur un marché réglementé ;

L'ordonnance susmentionnée a en effet remplacé la notion de « titres » admis aux négociations sur un marché réglementé par celle « d'actions » admises aux négociations sur un tel marché.

Les sociétés dont les titres de créance admis aux négociations sur un marché réglementé et qui déposent ou enregistrent un document universel de référence (URD) auprès de l'AMF doivent cependant continuer à produire une information sur la rémunération et les avantages versés à ces personnes conformément à l'Annexe 1, section 13 « rémunérations et avantages » du règlement délégué (UE) 2019/980 du 14 mars 2019.

– les SA, SCA et SE dont les actions ne sont pas admises aux négociations sur un marché réglementé qui sont contrôlées, au sens de l'article L 233-16, par une société dont les actions sont admises sur un tel marché.

Jusqu'aux assemblées générales statuant sur un exercice clos au plus tard le 28 novembre 2019 (Ord. 2019-1234 du 27-11-2019 art. 4), les SA et SCA dont les titres n'étaient pas admis aux négociations sur un marché réglementé mais qui étaient contrôlées, au sens de l'article L 233-16 du Code de commerce, par une société dont les titres étaient admis aux négociations sur un marché réglementé mentionnaient dans le rapport sur le gouvernement d'entreprise les informations relatives aux rémunérations et avantages prévues aux deuxième et troisième alinéas de l'article L 225-37-3, pour chacun de leurs mandataires sociaux détenant au moins un mandat dans de telles sociétés (C. com. art. L 225-37-3, al. 1 et L 225-68, al. 6 dans leur version antérieure à l'ordonnance précitée).

Depuis les assemblées générales statuant sur le premier exercice clos après le 28 novembre 2019, les sociétés dont les actions ne sont pas admises aux négociations sur un marché réglementé et contrôlées par une société dont les actions sont admises sur un tel marché n'ont donc plus l'obligation de publier des informations sur les rémunérations des mandataires sociaux dans leur rapport sur le gouvernement d'entreprise.

55828 **Informations relatives à la politique de rémunération** L'ordonnance 2019-1234 du 27 novembre 2019 précise que, dans les **SA et SCA dont les actions** sont admises aux négociations sur un marché réglementé, la politique de rémunération des mandataires sociaux est présentée dans le rapport sur le gouvernement d'entreprise et son contenu est défini par le décret 2019-1235 daté du même jour.

À la suite de l'ordonnance 2020-1142 du 16 septembre 2020 et du décret 2020-1742 du 29 décembre 2020, à compter du 1er janvier 2021, les dispositions relatives à la politique de rémunération des mandataires sociaux ont été transférées, à droit constant, dans le chapitre X du titre II du livre II du Code de commerce (C. com. art. L 22-10-8 et R 22-10-14 pour les SA à conseil d'administration ; C. com. art. L 22-10-26 et R 22-10-18 pour les SA à directoire et conseil de surveillance ; C. com. art. L 22-10-76 et R 22-10-40 pour les SCA ; dispositions figurant anciennement aux articles L 225-37-2, R 225-29-1, L 225-82-2, R 225-56-1, L 226-8-1 et R 226-1-1 abrogés).

Ces dispositions s'appliquent également aux sociétés européennes en application de l'article L 229-7 du Code de commerce.

La politique de rémunération des mandataires sociaux doit être **conforme à l'intérêt social** de la société, contribuer à sa **pérennité** et s'inscrire dans sa **stratégie commerciale**. Elle décrit toutes les composantes de la rémunération fixe et variable et explique le processus de décision suivi pour sa détermination, sa révision et sa mise en œuvre (C. com. art. L 22-10-8, L 22-10-26 et L 22-10-76 à compter du 1-1-2021 ; dispositions figurant anciennement aux articles L 225-37-2, L 225-82-2 et L 226-8-1 abrogés).

Dans une SA, la politique de rémunération des mandataires sociaux est établie par le conseil d'administration ou de surveillance selon le cas.

Dans une SCA, les éléments de cette politique s'appliquant aux gérants sont établis par les associés commandités délibérant, sauf clause contraire des statuts, à l'unanimité. Cette décision est prise après avis consultatif du conseil de surveillance et en tenant compte, le cas échéant, des principes et conditions prévus par les statuts. Toutefois, les statuts peuvent prévoir que ces éléments sont établis par le conseil de surveillance. Les éléments de cette politique s'appliquant aux membres du conseil de surveillance sont établis par le conseil de surveillance.

Cette politique est présentée de manière **claire et compréhensible** dans le rapport sur le gouvernement d'entreprise.

Elle contient les informations suivantes relatives à l'**ensemble des mandataires sociaux** (C. com. art. R 22-10-14 pour les SA à conseil d'administration, R 22-10-18 pour les SA à directoire et conseil de surveillance et R 22-10-40 pour les SCA à compter du 1-1-2021 ; dispositions figurant anciennement aux articles R 225-29-1, I, R 225-56-1 et I, R 226-1-1, I abrogés) :

AUTRES VÉRIFICATIONS SPÉCIFIQUES

55828
(suite)

1° La manière dont elle respecte l'intérêt social et contribue à la stratégie commerciale ainsi qu'à la pérennité de la société.

2° Le processus de décision suivi pour sa détermination, sa révision et sa mise en œuvre, y compris les mesures permettant d'éviter ou de gérer les conflits d'intérêts et, le cas échéant, le rôle du comité de rémunération ou d'autres comités concernés.

3° Dans le processus de décision suivi pour sa détermination et sa révision, la manière dont les conditions de rémunération et d'emploi des salariés de la société sont prises en compte.

4° Les méthodes d'évaluation à appliquer aux mandataires sociaux pour déterminer dans quelle mesure il a été satisfait aux critères de performance prévus pour la rémunération variable et la rémunération en actions.

5° Les critères de répartition de la somme fixe annuelle allouée par l'assemblée générale aux administrateurs ou aux membres du conseil de surveillance.

6° Lorsque la politique de rémunération est modifiée, la description et l'explication de toutes les modifications substantielles, et la manière dont sont pris en compte les votes les plus récents des actionnaires sur la politique de rémunération et sur les informations mentionnées au I de l'article L 22-10-9 et, le cas échéant, les avis exprimés lors de la dernière assemblée générale.

7° Les modalités d'application des dispositions de la politique de rémunération aux mandataires sociaux nouvellement nommés ou dont le mandat est renouvelé, dans l'attente, le cas échéant, de l'approbation par l'assemblée générale des modifications importantes de la politique de rémunération, mentionnée au II de l'article L 22-10-8.

8° Lorsque le conseil d'administration ou le conseil de surveillance prévoit des dérogations à l'application de la politique de rémunération conformément au deuxième alinéa du III de l'article L 22-10-8, les conditions procédurales en vertu desquelles ces dérogations peuvent être appliquées et les éléments de la politique auxquels il peut être dérogé.

En outre, la politique de rémunération présentée dans le rapport sur le gouvernement d'entreprise précise les éléments suivants pour **chaque mandataire social** (C. com. art. R 22-10-14, II pour les SA à conseil d'administration, R 22-10-18, II pour les SA à directoire et conseil de surveillance, R 22-10-40, II et IV pour les SCA à compter du 1-1-2021 ; dispositions figurant anciennement aux articles R 225-29-1, II, R 225-56-1, II et R 226-1-1, II et IV) :

1° Les éléments fixes, variables et exceptionnels composant la rémunération totale et les avantages de toute nature qui peuvent lui être accordés en raison du mandat concerné, ainsi que leur importance respective.

> Les textes visant les rémunérations accordées à raison du mandat social, l'Ansa estime qu'ils n'imposent pas de mentionner dans la politique de rémunération les informations relatives au salaire qui pourrait être accordé dans le cadre d'un contrat de travail, sous réserve que ce contrat n'englobe pas les fonctions de mandataire social (Ansa n° 20-004 – janvier 2020). Une information sur la durée du contrat de travail, les périodes de préavis et les conditions de révocation ou de résiliation applicables doit cependant être fournie (cf. 5° infra).

2° Lorsque la société attribue une rémunération en actions, les périodes d'acquisition et, le cas échéant, de conservation des actions applicables après l'acquisition et la manière dont la rémunération en actions contribue aux objectifs de la politique de rémunération.

3° Les périodes de report éventuelles et, le cas échéant, la possibilité pour la société de demander la restitution d'une rémunération variable.

4° Lorsque la société attribue des éléments de rémunération variable, les critères clairs, détaillés et variés, de nature financière et non financière, y compris, le cas échéant, relatifs à la responsabilité sociale et environnementale de l'entreprise, qui conditionnent leur attribution et la manière dont ces critères contribuent aux objectifs de la politique de rémunération.

5° La durée du ou des mandats et, le cas échéant, des contrats de travail ou de prestations de services passés avec la société, les périodes de préavis et les conditions de révocation ou de résiliation qui leur sont applicables.

6° Les caractéristiques principales et les conditions de résiliation des engagements pris par la société elle-même ou par toute société contrôlée ou qui la contrôle, au sens des II et III de l'article L 233-16, et correspondant à des éléments de rémunération, des indemnités ou des avantages dus ou susceptibles d'être dus à raison de la cessation ou d'un changement de fonctions, ou postérieurement à celles-ci, ou des droits conditionnels octroyés au titre d'engagements de retraite à prestations définies répondant aux caractéristiques des régimes mentionnés aux articles L 137-11 et L 137-11-2 du Code de la sécurité sociale.

AUTRES VÉRIFICATIONS SPÉCIFIQUES   © Éd. Francis Lefebvre

7° Lorsque la société attribue des engagements et droits conditionnels, les critères clairs, détaillés et variés, de nature financière et, le cas échéant, non financière, y compris relatifs à la responsabilité sociale et environnementale de l'entreprise, qui conditionnent leur attribution et la manière dont ces critères contribuent aux objectifs de la politique de rémunération. Ces critères ne s'appliquent pas aux engagements correspondant à des indemnités en contrepartie d'une clause interdisant au bénéficiaire, après la cessation de ses fonctions dans la société, l'exercice d'une activité professionnelle concurrente portant atteinte aux intérêts de la société, ou aux engagements répondant aux caractéristiques des régimes collectifs et obligatoires de retraite et de prévoyance visés à l'article L 242-1 du Code de la sécurité sociale.

55828
1

Par ailleurs, l'AMF observe que, dans le contexte de la pandémie de Covid-19 et de l'incertitude sur les objectifs stratégiques des émetteurs, certaines sociétés indiquent dans leur politique de rémunération que leur conseil conserve un certain **pouvoir de discrétion** concernant l'attribution des rémunérations sur politique de rémunération (Rapport AMF 2020 sur le gouvernement d'entreprise et la rémunération des sociétés cotées § 2.3.). Le régulateur considère qu'un juste équilibre doit être trouvé entre la transparence de la politique de rémunération et une certaine marge de manœuvre qui peut être conservée par le conseil. Il précise qu'il appartient aux sociétés de circonscrire précisément, au sein de la politique de rémunération, la latitude laissée au conseil, dans le respect des dispositions légales applicables. L'AMF relève que ce choix ne saurait, en effet, aboutir à ne pas fixer de façon cohérente et rigoureuse le cadre de la politique de rémunération, ni aboutir à ne pas respecter les dispositions réglementaires fixant les informations relatives à la politique de rémunération à présenter dans le rapport sur le gouvernement d'entreprise. L'AMF précise enfin qu'il lui semble important que les sociétés concernées justifient dans leur politique de rémunération la nécessité d'une telle flexibilité.

55829

Pour les SA et les SCA dont les actions sont admises aux négociations sur un marché réglementé, la politique de rémunération des mandataires sociaux fait l'objet d'un projet de résolution soumis à l'approbation de l'assemblée générale des actionnaires, et dans les SCA à l'accord des commandités donné, sauf clause contraire, à l'unanimité (C. com. art. L 22-10-8, II, L 22-10-26, II et L 22-10-76, II à compter du 1-1-2021 ; dispositions figurant anciennement aux articles L 225-37-2, II, L 225-82-2, II et L 226-8-1, II abrogés). Ce **vote ex ante** intervient chaque année et lors de chaque modification importante dans la politique de rémunération.

Ces dispositions s'appliquent également aux sociétés européennes en application de l'article L 229-7 du Code de commerce.

Les dispositions issues de l'ordonnance 2019-1234 et détaillées ci-après s'appliquent à compter des assemblées générales statuant sur le premier exercice clos après le 28 novembre 2019.

Antérieurement, le vote ex ante imposé par le Code de commerce concernait les SA dont les titres étaient admis aux négociations sur un marché réglementé. Il est dorénavant étendu aux SCA et la notion de société cotée se définit à présent au regard des « actions » admises aux négociations sur un marché réglementé et non plus des « titres » admis aux négociations sur un tel marché.

Tous les mandataires sociaux sont concernés par ce vote, y compris les administrateurs qui étaient précédemment exclus du dispositif.

L'AMF recommande aux sociétés de rédiger des résolutions distinctes pour chaque catégorie de dirigeant dès lors que les principes et les critères de détermination, de répartition et d'attribution des éléments de rémunération propres à ces derniers sont distincts et/ou que la portée du vote exprimé par les actionnaires est différente (Recommandation AMF 2012-02).

Aucun élément de rémunération des mandataires sociaux ne peut être déterminé, attribué ou versé par la société s'il n'est pas conforme à une politique de rémunération approuvée ou en son absence aux rémunérations ou aux pratiques existantes. Il en est de même concernant les engagements pris par la société (C. com. art. L 22-10-8, III, L 22-10-26, III et L 22-10-76, III à compter du 1-1-2021 ; dispositions figurant anciennement aux articles L 225-37-2, III, L 225-82-2, III et L 226-8-1, III abrogés). Tout versement, toute attribution ou tout engagement effectué ou pris en méconnaissance de ces dispositions est **nul**.

Toutefois, les sociétés sont autorisées, dans des « circonstances exceptionnelles » et sous certaines conditions, à « déroger temporairement à la politique de rémunération » si cette **dérogation** est conforme à l'intérêt social et nécessaire pour garantir la pérennité ou la viabilité de la société (C. com. art. L 22-10-8, III, al. 2, L 22-10-26, III, al. 2 et L 22-10-76, III, al. 2 à compter du 1-1-2021 ; dispositions figurant anciennement aux articles L 225-37-2, III, al. 2, L 225-82-2, III, al. 2 et L 226-8-1, III, al. 2 abrogés).

Les conditions procédurales en vertu desquelles ces dérogations peuvent être appliquées et les éléments de la politique auxquels il est dérogé sont présentés dans le rapport sur le gouvernement d'entreprise (voir n° 55828).

L'AMF relève que, parmi les **situations** qualifiées d'**exceptionnelles**, un certain nombre, comme la modification sensible du périmètre du groupe ou la réalisation d'une opération transformante, peuvent, sauf exception, n'être que la résultante de la mise en œuvre de la stratégie du groupe. Ces situations pourraient, par conséquent, être anticipées sans que cela ne nécessite de modification de la politique de rémunération.

Par ailleurs, elle rappelle que les critères légaux sont très exigeants pour déroger à la politique de rémunération et qu'une simple référence à des circonstances exceptionnelles n'est pas suffisante. Selon l'AMF, la crise sanitaire liée au Covid-19 est une circonstance exceptionnelle qui ne justifie pas, à elle seule, de déroger à la politique de rémunération telle qu'approuvée par les actionnaires. Dès lors, le régulateur considère que les sociétés qui n'auraient pas prévu des dérogations à l'application de la politique de rémunération et les « conditions procédurales en vertu desquelles ces dérogations peuvent être appliquées » ne pourront attribuer des rémunérations différentes de celles prévues dans leur politique de rémunération qu'après avoir obtenu un nouveau vote sur leur politique de rémunération (Rapport AMF 2020 sur le gouvernement d'entreprise et la rémunération des sociétés cotées § 2.3.)

Lorsque le conseil d'administration se prononce sur un élément ou un engagement au bénéfice de son président, d'un directeur général ou d'un directeur général délégué, les personnes intéressées ne peuvent prendre part ni aux délibérations ni au vote sur l'élément ou l'engagement concerné (C. com. art. L 22-10-8, IV à compter du 1-1-2021 ; dispositions figurant anciennement à l'article L 225-37-2, IV).

Pour les **SA**, si l'assemblée générale **n'approuve pas** le projet de résolution et qu'elle a précédemment approuvé une politique de rémunération dans les conditions prévues à l'article L 22-10-8 (SA à conseil d'administration) ou L 22-10-26 du Code de commerce (SA à conseil de surveillance), celle-ci continue de s'appliquer et le conseil d'administration (ou de surveillance) soumet à l'approbation de la prochaine assemblée générale des actionnaires, dans les conditions prévues aux articles L 225-98 et L 22-10-32 du Code de commerce, un projet de résolution présentant une politique de rémunération révisée et indiquant de quelle manière ont été pris en compte le vote des actionnaires et, le cas échéant, les avis exprimés lors de l'assemblée générale (C. com. art. L 22-10-8, II et L 22-10-26, II à compter du 1-1-2021 ; dispositions figurant anciennement aux articles L 225-37-2, II et L 225-82-2, II abrogés).

En l'absence de politique de rémunération précédemment approuvée dans les conditions de l'article L 22-10-8 ou de l'article L 22-10-26 du Code de commerce, la rémunération est déterminée conformément à la rémunération attribuée au titre de l'exercice précédent ou, en l'absence de rémunération attribuée au titre de l'exercice précédent, conformément aux pratiques existant au sein de la société. Dans ce cas, le conseil soumet à l'approbation de la prochaine assemblée générale des actionnaires, dans les conditions prévues aux articles L 225-98 et L 22-10-32, un projet de résolution présentant une politique de rémunération révisée et indiquant de quelle manière ont été pris en compte le vote des actionnaires et, le cas échéant, les avis exprimés lors de l'assemblée générale (C. com. art. L 22-10-8, II et L 22-10-26, II à compter du 1-1-2021 ; dispositions figurant anciennement aux articles L 225-37-2, II et L 225-82-2, II abrogés).

Pour les **SCA**, dans le cas où la résolution ne serait pas approuvée et qu'une politique de rémunération a été précédemment approuvée dans les conditions de l'article L 22-10-76 du Code de commerce, le projet de résolution présentant une politique de rémunération révisée indique de quelle manière ont été pris en compte le vote des actionnaires et des commandités et, le cas échéant, les avis exprimés lors de l'assemblée générale. Il est soumis à l'approbation de la prochaine assemblée générale ordinaire et à l'accord des commandités donné, sauf clause contraire, à l'unanimité.

En l'absence de politique de rémunération précédemment approuvée dans les conditions prévues au présent article, si l'assemblée générale des actionnaires et les commandités n'approuvent pas le projet de résolution, la rémunération est déterminée conformément à la rémunération attribuée au titre de l'exercice précédent ou, en l'absence de rémunération attribuée au titre de l'exercice précédent, conformément aux pratiques existant au sein de la société, et un projet de résolution présentant une politique de rémunération révisée et indiquant de quelle manière ont été pris en compte le vote des actionnaires et des commandités et, le cas échéant, les avis exprimés lors de l'assemblée générale est soumis à l'approbation de la prochaine assemblée générale ordinaire et à l'accord des commandités donné, sauf clause contraire, à l'unanimité (C. com. art. L 22-10-76, II à compter du 1-1-2021 ; dispositions figurant anciennement à l'article L 226-8-1, II).

Informations relatives à la rémunération de chaque mandataire social   55830

L'ordonnance 2019-1234 du 27 novembre 2019 relative à la rémunération des mandataires sociaux des sociétés cotées a également modifié les informations à mentionner

AUTRES VÉRIFICATIONS SPÉCIFIQUES © Éd. Francis Lefebvre

55830
(suite)

concernant la rémunération de chaque mandataire social à compter des assemblées générales statuant sur le premier **exercice clos après le 28 novembre 2019**.

Ainsi, le rapport sur le gouvernement d'entreprise des SA et SCA dont les actions sont admises aux négociations sur un marché réglementé doit présenter, de manière claire et compréhensible, les informations suivantes **pour chaque mandataire social** (C. com. art. L 22-10-9, I, L 22-10-20 et L 22-10-78, al. 2 à compter du 1-1-2021 ; dispositions figurant anciennement aux articles L 225-37-3, I, L 225-68, al. 6 et L 226-10-1) :

Les mandataires sociaux visés par les textes sont :
– pour les SA : président du conseil d'administration, directeur général, directeurs généraux délégués, directeur général unique, administrateurs, membres du directoire et du conseil de surveillance ;
– pour les SCA : gérants et membres du conseil de surveillance.
Les informations doivent également être fournies pour les mandataires sociaux dont le mandat a pris fin et ceux nouvellement nommés au cours de l'exercice écoulé.
Ces nouvelles dispositions s'appliquent également aux sociétés européennes en application de l'article L 229-7 du Code de commerce.

1° La **rémunération totale** et les **avantages** de toute nature, en distinguant les éléments fixes, variables et exceptionnels, y compris sous forme de titres de capital, de titres de créance ou de titres donnant accès au capital ou donnant droit à l'attribution de titres de créance de la société ou des sociétés mentionnées aux articles L 228-13 et L 228-93, **versés** à raison du mandat au cours de l'exercice écoulé, **ou attribués** à raison du mandat au titre du même exercice, en indiquant les principales conditions d'exercice des droits, notamment le prix et la date d'exercice et toute modification de ces conditions.

2° La proportion relative de la rémunération **fixe et variable**.

3° L'utilisation de la possibilité de demander la **restitution** d'une rémunération variable.

4° Les **engagements** de toute nature pris par la société et correspondant à des éléments de rémunération, des indemnités ou des avantages dus ou susceptibles d'être dus à raison de la prise, de la cessation ou du changement des fonctions ou postérieurement à l'exercice de celles-ci, notamment les engagements de retraite et autres avantages viagers, en mentionnant, dans des conditions et selon des modalités fixées par décret, les modalités précises de détermination de ces engagements et l'estimation du montant des sommes susceptibles d'être versées à ce titre.

S'agissant des engagements de retraite (autres que les régimes de retraite de base et les régimes de retraite complémentaire obligatoires) ou des autres avantages viagers pris par la société au bénéfice de ses mandataires sociaux, l'information doit préciser, pour chaque mandataire social, les éléments constitutifs essentiels desdits engagements ou avantages, et en particulier (C. com. art. D 22-10-16 à compter du 1-1-2021 ; dispositions figurant antérieurement à l'article D 225-29-3 abrogé) :

a. Pour les engagements de retraite et assimilés, et tout autre avantage versé au titre de la cessation de fonctions en tout ou partie sous forme de rente, lorsque ces engagements sont à la charge de la société :
• l'intitulé de l'engagement considéré ;
• la référence aux dispositions légales permettant d'identifier la catégorie de régime correspondant ;
• les conditions d'entrée dans le régime et les autres conditions pour pouvoir en bénéficier ;
• les modalités de détermination de la rémunération de référence fixée par le régime concerné et servant à calculer les droits des bénéficiaires ;
• le rythme d'acquisition des droits ;
• l'existence éventuelle d'un plafond, son montant ou les modalités de détermination de celui-ci ;
• les modalités de financement des droits ;
• le montant estimatif de la rente à la date de clôture de l'exercice, établi selon les modalités suivantes :
– la rente est estimée sur une base annuelle,
– elle prend en compte l'ancienneté acquise par le mandataire dans ses fonctions à la date de clôture de l'exercice,
– le cas échéant, elle est assise sur la base des rémunérations telles qu'elles ont été constatées au cours du ou des derniers exercices,
– elle est calculée, indépendamment des conditions de réalisation de l'engagement, comme si le mandataire social pouvait en bénéficier à compter du lendemain de la clôture de l'exercice,

AUTRES VÉRIFICATIONS SPÉCIFIQUES

55830
(suite)

– l'estimation de la rente distingue, le cas échéant, la part de celle-ci accordée dans le cadre d'un régime mentionné à l'article L 137-11 du Code de la sécurité sociale (« retraites chapeaux ») de celle versée dans le cadre d'un autre régime mis en place par la société.

Les charges fiscales et sociales associées à l'engagement considéré mises à la charge de la société.

b. Pour ce qui concerne les autres avantages viagers :
• l'intitulé de l'avantage viager considéré ;
• le montant estimatif de l'avantage viager, évalué sur une base annuelle à la date de clôture ;
• les modalités de financement de l'avantage viager ;
• les charges fiscales et sociales associées à cet avantage mises à la charge de la société.

5° Toute rémunération versée ou attribuée par une entreprise comprise dans le **périmètre de consolidation** au sens de l'article L 233-16.

Selon l'Ansa, les dispositions du 5° précitées et l'article L 22-10-34, III du Code de commerce (ancien article L 225-100, III du même code) qui prévoient le vote ex post individuel sur les éléments fixes, variables et exceptionnels composant la rémunération totale et les avantages de toute nature (voir n° 55840), semblent inclure la communication des éventuels salaires versés à un titre autre que le mandat social (pour les dirigeants exécutifs).

Le comité juridique de l'Ansa précise qu'il s'agit d'une mention informative, au nom de la transparence, non décisionnelle dans la mesure où l'éventuel vote ex post défavorable de l'assemblée ne peut avoir d'effet direct sur l'application des dispositions d'un contrat de travail (Ansa n° 20-004 – janvier 2020).

6° Pour le président du conseil d'administration, le directeur général et chaque directeur général délégué les **ratios** entre :
– le niveau de rémunération de chacun de ces dirigeants ; et
– d'une part, la rémunération **moyenne**, sur une base équivalent temps plein, des salariés de la société autres que les mandataires sociaux, d'autre part, la rémunération **médiane** des salariés de la société, sur une base équivalent temps plein, autres que les mandataires sociaux.

Précisions a. Tous les **mandataires sociaux** ne sont pas visés par le calcul des ratios susmentionnés. Pour les SA à conseil d'administration, le I de l'article L 22-10-9 du Code de commerce vise expressément le président du conseil d'administration, le directeur général et chaque directeur général délégué. S'agissant des SA à directoire et des SCA, en application des articles L 22-10-20 et L 22-10-78 du même code, le rapport sur le gouvernement d'entreprise inclut les informations mentionnées à l'article L 22-10-9 en les adaptant à la forme de SA à directoire ou de SCA. À notre avis, sont alors visés pour le calcul des ratios :
– le président du conseil de surveillance, les membres du directoire ou le directeur général unique dans une SA à directoire ;
– le président du conseil de surveillance et les gérants dans une SCA.

b. En ce qui concerne la **rémunération moyenne et médiane des salariés**, le 6° du I de l'article L 22-10-9 du Code de commerce ne vise que les salariés de la société qui établit le rapport sur le gouvernement d'entreprise. Toutefois, le Code Afep-Medef recommande que les sociétés qui n'ont pas ou peu de salariés par rapport à l'effectif global en France prennent en compte un périmètre plus représentatif par rapport à la masse salariale ou les effectifs en France des sociétés dont elles ont le contrôle exclusif au sens de l'article L 233-16, II du Code de commerce. Le code de gouvernance précise que 80 % des effectifs en France peut être considéré comme un périmètre significatif (Code Afep-Medef révisé en janvier 2020 § 26.2).

S'agissant de l'**AMF**, elle rappelle qu'en application de la loi, les sociétés concernées doivent présenter les ratios au périmètre des « salariés de la société » mais elle les incite, en complément, à retenir un ratio d'équité sur la base d'un périmètre jugé représentatif par la société avec des précisions à apporter quant à la définition de ce périmètre et la justification de son caractère représentatif (Rapport AMF 2020 sur le gouvernement d'entreprise et la rémunération des dirigeants des sociétés cotées).

c. L'**Afep** a également publié des lignes directrices afin d'expliciter sa lecture des éléments de rémunération à prendre en compte tant au numérateur qu'au dénominateur pour établir les ratios précités (Afep – Lignes directrices sur les multiples de rémunérations – février 2021). Elle propose en outre un modèle de tableau de présentation des ratios.

d. Enfin, le rapport sur le gouvernement d'entreprise 2020 publié par l'**AMF** contient également les recommandations suivantes concernant les ratios dits d'équité :
– présenter une information plus transparente afin qu'elle soit utile aux investisseurs et qu'elle permette de nourrir le dialogue avec les parties prenantes ;
– préciser si la rémunération retenue pour le calcul du ratio correspond à la rémunération totale due ou attribuée au titre de l'exercice ou versée ou attribuée au cours de l'exercice ;
– indiquer le montant des rémunérations qu'elles prennent en référence ;

1195

AUTRES VÉRIFICATIONS SPÉCIFIQUES　　　　　　　　　　　　© Éd. Francis Lefebvre

– préciser les éléments pris en compte dans la rémunération et, si elle ne correspond pas à la rémunération totale, justifier pourquoi les autres éléments de rémunération ne sont pas retenus en rappelant les montants concernés. L'AMF relève que la loi demande de préciser « le niveau de la rémunération de chacun de ces dirigeants », sans qu'il ne soit prévu qu'une partie seulement de cette rémunération soit prise en considération. Si une société fait le choix de ne pas prendre en compte tout ou partie de ces éléments, l'AMF recommande qu'elle justifie ce choix et explique quels éléments de rémunérations n'ont pas été pris en compte en en rappelant les montants. Enfin, les rémunérations long terme étant particulièrement importantes, les sociétés devraient présenter dans le détail la méthodologie retenue et son application concrète ;

– présenter le ratio par fonction, puis par personne, et commenter les évolutions de la gouvernance, en mentionnant les dates de création, suppression, occupation des fonctions ainsi que les noms des personnes ayant occupé ou occupant ces fonctions.

7° L'**évolution** annuelle de la rémunération, des performances de la société, de la rémunération moyenne sur une base équivalent temps plein des salariés de la société, autres que les dirigeants, et des ratios mentionnés au 6°, au cours des cinq exercices les plus récents au moins, présentés ensemble et d'une manière qui permette la comparaison.

La société doit publier l'évolution de ces ratios au cours des cinq exercices des plus récents au moins, présentés ensemble et d'une manière qui permette la comparaison.

Afin de permettre la compréhension de cette évolution au cours des années, l'AMF recommande aux sociétés de présenter les évolutions de périmètre (acquisitions/cessions) et de retenir les indicateurs de performance habituellement utilisés dans leur communiqué de résultats (Rapport AMF 2020 sur le gouvernement d'entreprise et la rémunération des dirigeants des sociétés cotées).

8° Une explication de la manière dont la rémunération totale respecte la politique de rémunération adoptée, y compris la manière dont elle contribue aux performances à long terme de la société, et de la manière dont les critères de performance ont été appliqués.

Afin d'améliorer la présentation de l'appréciation des conditions de performance, l'AMF invite les émetteurs à utiliser un **nouveau tableau type** (Rapport AMF 2020 sur le gouvernement d'entreprise et la rémunération des dirigeants des sociétés cotées). Selon l'AMF, ce tableau a vocation à s'appliquer aux rémunérations variables annuelles ainsi qu'aux nombreuses rémunérations soumises au respect des conditions de performance. Il s'agit notamment des rémunérations de long terme, de la part acquise de la retraite, des indemnités de départ ainsi que de certaines rémunérations exceptionnelles.

9° La manière dont le vote de la dernière assemblée générale ordinaire prévu au I de l'article L 22-10-34 a été pris en compte (vote ex post).

10° Tout écart par rapport à la procédure de mise en œuvre de la politique de rémunération et toute dérogation appliquée conformément au deuxième alinéa du III de l'article L 22-10-8, y compris l'explication de la nature des circonstances exceptionnelles et l'indication des éléments spécifiques auxquels il est dérogé.

11° L'application des dispositions du second alinéa de l'article L 225-45 (suspension de la rémunération des administrateurs lorsque le conseil ne se conforme pas aux règles de mixité dans sa composition).

Lorsque le conseil d'administration n'est pas composé conformément au premier alinéa de l'article L 225-18-1 du Code de commerce, c'est-à-dire que la proportion des administrateurs de chaque sexe est inférieure à 40 % dans les sociétés dont les actions sont admises aux négociations sur un marché réglementé, le versement de la rémunération prévue au premier alinéa de l'article L 225-45 du code précité, à savoir le versement d'une somme fixe annuelle aux administrateurs par l'assemblée générale, est suspendu. Le versement est rétabli lorsque la composition du conseil d'administration devient régulière, incluant l'arriéré depuis la suspension (C. com. art. L 225-45, al. 2).

Les informations mentionnées aux I et II de l'article L 22-10-9 du Code de commerce sont mises gratuitement à la disposition du public sur le **site internet** de la société pour une durée de dix ans. Sans préjudice du troisième alinéa du II de l'article R 22-10-15, ce délai peut être prolongé (C. com. art. R 22-10-15 à compter du 1-1-2021 ; dispositions figurant antérieurement à l'article R 225-29-2 abrogé).

Dans le cas où le rapport sur le gouvernement d'entreprise **ne comprend pas les mentions** prévues à l'article L 22-10-9 du Code de commerce, voir n° 55858.

55835 S'agissant des informations relatives aux rémunérations et avantages, l'AMF formule également des recommandations dans son rapport 2020 sur le gouvernement d'entreprise et la rémunération des dirigeants des sociétés cotées. Par ailleurs, les émetteurs peuvent se référer au guide d'élaboration des documents d'enregistrement universel (Position-recommandation AMF DOC-2021-02 : Guide d'élaboration des documents d'enregistrement universel).

Les principales recommandations sont les suivantes :

– pour les sociétés dont les actions sont cotées sur un marché réglementé, l'AMF recommande de présenter les rémunérations de chacun des mandataires sociaux sous la forme de **tableaux récapitulatifs**, conformément aux modèles reproduits en annexe 2 du guide AMF sur le document d'enregistrement universel, ou en présentant des informations équivalentes. Elle recommande également de fournir des explications nécessaires et utiles notamment au regard des principes applicables dans les codes de gouvernement d'entreprise. En particulier, lorsque l'émetteur n'applique pas certaines recommandations des codes, il devra expliquer les raisons qui motivent cette décision ;

– concernant l'**augmentation de la rémunération**, l'AMF rappelle qu'en application de l'article 25.3.1 du Code Afep-Medef « la rémunération fixe ne doit en principe être revue qu'à intervalle de temps relativement long [...]. En cas d'augmentation significative de la rémunération, les raisons de cette augmentation sont explicitées ». Ainsi, lorsqu'une société justifie l'augmentation de la rémunération fixe ou la rémunération totale par des études comparatives, l'AMF recommande d'apporter des explications circonstanciées, par exemple en donnant les caractéristiques du panel de sociétés comparables retenu (Rapport AMF 2020 sur le gouvernement d'entreprise et la rémunération des dirigeants des sociétés cotées, nov. 2020, point 3.1) ;

– pour toutes les **rémunérations soumises à condition de performance**, l'AMF recommande que les sociétés :

• distinguent chacun des critères utilisés en indiquant s'il s'agit d'un critère quantifiable ou qualitatif,

• indiquent de manière précise les critères qualitatifs utilisés pour la détermination de la partie variable de la rémunération ou indiquent, a minima, que certains critères qualitatifs ont été préétablis et définis de manière précise mais ne sont pas rendus publics pour des raisons de confidentialité,

• indiquent le niveau de réalisation attendu des objectifs quantifiables utilisés pour la détermination de la partie variable de la rémunération ou indiquent, a minima, que le niveau de réalisation de ces critères quantifiables a été établi de manière précise mais n'est pas rendu public pour des raisons de confidentialité dès lors que la nature des critères quantifiables est présentée,

• présentent de manière claire et précise la clé de répartition des critères retenus pour la détermination de la partie variable de la rémunération,

• indiquent le plafond de la rémunération variable soit par un pourcentage de la rémunération fixe, soit par un montant numéraire maximum pour celles qui ne versent pas de rémunération fixe,

• donnent une information claire et précise sur la mise en œuvre de clauses d'ajustement affectant le calcul ou le paiement de certains éléments de la rémunération et veillent à ce que le caractère préétabli des critères ayant permis de déterminer ces éléments ne soit pas remis en cause ;

– au moment du calcul de la **rémunération variable annuelle** qui doit être versée, l'AMF recommande que :

• les sociétés précisent clairement a minima pour chaque objectif quantifiable le niveau de réalisation atteint,

• le conseil d'administration ou de surveillance justifie sa décision lorsque la part de la rémunération variable annuelle attribuée sur la base de la performance observée des critères qualitatifs s'écarte significativement du rapport initialement fixé et devient prépondérante par rapport à la partie reposant sur la performance des critères quantifiables. Cette situation doit rester exceptionnelle et la justification apportée doit permettre d'en comprendre la motivation ;

– concernant les **rémunérations exceptionnelles**, l'AMF recommande aux sociétés de distinguer précisément les raisons de l'octroi de la rémunération fixe, variable et celles de la rémunération exceptionnelle (Rapport AMF 2020 sur le gouvernement d'entreprise et la rémunération des dirigeants des sociétés cotées, nov. 2020, point 3.3) ;

– les recommandations AMF relatives aux **ratios dits d'équité** sont présentées au n° 55830.

Enfin, sur les **éléments de rémunération susceptible d'être dus en cas de départ**, si le départ du dirigeant mandataire social en cas de départ en retraite n'entraîne pas la perte systématique de la totalité de la rémunération variable pluriannuelle, l'AMF recommande la mise en place d'un mécanisme d'acquisition prorata temporis. En revanche, en cas de révocation, de non-renouvellement du mandat ou de démission (sauf si le non-renouvellement ou la démission sont motivés par le départ en retraite ou l'invalidité), elle recommande d'exclure tout versement de la rémunération variable pluriannuelle, sauf justification particulière (Rapport AMF 2020 sur le gouvernement d'entreprise et la rémunération des dirigeants des sociétés cotées, nov. 2020, point 3.5).

55840

L'ordonnance 2019-1234 du 27 novembre 2019 a décomposé en deux volets le vote ex post sur la rémunération des mandataires sociaux des SA et SCA dont les actions sont admises aux négociations sur un marché réglementé :

Ces votes s'appliquent à compter des assemblées générales statuant sur le premier exercice clos après le 28 novembre 2019. Ces dispositions s'appliquent également aux sociétés européennes en application de l'article L 229-7 du Code de commerce.

Antérieurement, le vote ex post concernait les SA et SE dont les titres étaient admis aux négociations sur un marché réglementé.

1. Un **vote ex post global** portant sur les informations présentées dans le rapport sur le gouvernement d'entreprise relatives aux rémunérations de tous les mandataires sociaux

AUTRES VÉRIFICATIONS SPÉCIFIQUES

© Éd. Francis Lefebvre

55840
(suite)

pour l'exercice écoulé (C. com. art. L 22-10-34, II pour les SA et L 22-10-77, I pour les SCA à compter du 1-1-2021 ; dispositions figurant antérieurement à l'article L 225-100 et à l'article L 226-8-2 abrogé) ;

Tous les mandataires sociaux sont visés, y compris ceux dont le mandat a pris fin et ceux nouvellement nommés au cours de l'exercice écoulé. Les administrateurs et membres du conseil de surveillance sont concernés par ce vote ex post global.

L'assemblée générale ordinaire statue sur un projet de résolution portant sur les informations mentionnées au I de l'article L 22-10-9 du Code de commerce (voir n° 55830). Dans les SCA, les rémunérations sont soumises à l'approbation de l'assemblée générale et à l'accord des commandités donné, sauf clause contraire, à l'unanimité.

L'ordonnance précitée prévoit une nouvelle sanction lorsque l'assemblée générale ordinaire n'approuve pas le projet de résolution puisque :

– le conseil d'administration ou le conseil de surveillance doit soumettre une politique de rémunération révisée, tenant compte du vote des actionnaires, à l'approbation de la prochaine assemblée générale ; et

– le versement de la somme allouée aux membres du conseil d'administration ou de surveillance pour l'exercice en cours en application du premier alinéa de l'article L 225-45 ou de l'article L 225-83 est suspendu jusqu'à l'approbation de la politique de rémunération révisée. Lorsqu'il est rétabli, il inclut l'arriéré depuis la dernière assemblée générale.

Lorsque l'assemblée générale n'approuve pas le projet de résolution présentant la politique de rémunération révisée, la somme suspendue ne peut être versée, et les mêmes effets que ceux associés à la désapprobation du projet de résolution s'appliquent.

2. Un **vote ex post individuel** pour chaque dirigeant mandataire social sur les éléments fixes, variables et exceptionnels composant la rémunération totale et les avantages de toute nature versés au cours de l'exercice écoulé ou attribués au titre du même exercice (C. com. art. L 22-10-34, II pour les SA et L 22-10-77, II pour les SCA à compter du 1-1-2021 ; dispositions figurant antérieurement à l'article L 225-100 et à l'article L 226-8-2 abrogé).

Les **dirigeants mandataires sociaux visés** sont le président du conseil d'administration, le directeur général, le directeur général délégué, le président du conseil de surveillance, le président du directoire et autres membres du directoire ou le directeur général unique (C. com. art. L 22-10-34 et L 22-10-77). Les administrateurs et membres du conseil de surveillance ne sont pas visés par le vote ex post individuel. Ce vote ex post individuel fait l'objet d'une **résolution distincte** pour chaque dirigeant mandataire social concerné.

Le comité juridique de l'Ansa considère que rien n'interdit de regrouper les intéressés par catégorie si celle-ci est homogène : par exemple, les directeurs généraux délégués ou les membres du directoire. Il attire cependant l'attention sur les conséquences d'un vote négatif sur le versement de la rémunération variable ou exceptionnelle des intéressés (Ansa n° 2020-004 – janvier 2020).

L'ordonnance 2020-1142 du 16 septembre 2020 portant création, au sein du Code de commerce, d'une division spécifique aux sociétés dont les titres sont admis aux négociations sur un marché réglementé ou sur un système multilatéral de négociation a abrogé l'article L 226-8-2 du Code de commerce prévoyant le vote ex post dans les SCA pour recodifier cette obligation au sein de l'article L 22-10-77 du même code. Comme le précise le rapport au Président de la République relatif à l'ordonnance précitée, cette recodification devait intervenir à droit constant mais à la suite d'une **erreur de plume**, l'article L 22-10-77 vise les éléments fixes, variables et exceptionnels composant la rémunération totale et les avantages de toute nature « versés au titre de l'exercice antérieur » et non plus « versés au cours de l'exercice écoulé ou attribués au titre du même exercice » comme prévu par l'article L 226-8-2 abrogé.

Compte tenu de cette erreur, le projet de loi de ratification de l'ordonnance précitée prévoit de modifier les dispositions du II de l'article L 22-10-77 afin de rétablir la rédaction qui figurait dans l'article L 226-8-2 abrogé.

À notre avis, il convient donc de considérer que, dans le SCA, le vote ex post individuel vise bien les éléments composant la rémunération totale et les avantages de toute nature versés au cours de l'exercice écoulé ou attribués au titre du même exercice et d'appliquer le dispositif à droit constant.

Les éléments de rémunération variable ou exceptionnelle attribués au titre de l'exercice écoulé au président du conseil d'administration ou du conseil de surveillance, au directeur général, aux directeurs généraux délégués, au président du directoire, aux autres membres du directoire ou au directeur général unique, ne peuvent être versés qu'après approbation par l'assemblée générale des éléments de rémunération de la personne concernée (C. com. art. L 22-10-34, III pour les SA et L 22-10-77, II pour les SCA à compter du 1-1-2021 ; dispositions figurant antérieurement à l'article L 225-100 et à l'article L 226-8-2 abrogé). Les éléments fixes de rémunération restent acquis en cas de vote négatif.

Selon l'AMF, en cas de vote ex post négatif, la pratique consistant à exclure de la sanction de non-versement les rémunérations en actions attribuées au titre de l'exercice écoulé au dirigeant mandataire social pose question au regard des dispositions du Code de commerce et de l'intention du législateur (Rapport AMF 2020 sur le gouvernement d'entreprise et la rémunération des dirigeants des sociétés cotées § 5.2).

1198

Procédure d'évaluation des conventions portant sur des opérations courantes et conclues à des conditions normales Pour les SA et SCA dont les actions sont admises aux négociations sur un marché réglementé, la loi 2019-486 du 22 mai 2019, dite « Pacte », prévoit désormais que le rapport sur le gouvernement d'entreprise contienne la description de la **procédure** mise en place par le conseil d'administration ou de surveillance de la société en application des articles L 22-10-12 et L 22-10-29 du Code de commerce et de sa mise en œuvre (C. com. art. L 22-10-10, 6° à compter du 1-1-2021 ; dispositions figurant antérieurement à l'article L 225-37-4, 11°). Cette procédure vise à évaluer régulièrement si les **conventions portant sur des opérations courantes et conclues à des conditions normales** remplissent bien ces conditions. Cette mesure adoptée par la loi dite « Pacte » précitée répond aux exigences de la directive européenne 2017/828 du 17 mai 2017.

55845

L'Ansa considère que la **description du dispositif** mis en place et de sa mise en œuvre, prévue dans le rapport sur le gouvernement d'entreprise, n'emporte pas une description détaillée de tout le *process* de contrôle interne de passation et recensement des conventions courantes. Elle doit permettre de justifier d'une information suffisante du conseil pour s'assurer du maintien de critères et de *process* appropriés.

Elle pourrait notamment mettre en évidence (Communication Ansa 19-061 – décembre 2019) :
– la politique générale de la société, avec la référence à des catégories de conventions ;
– la périodicité du dispositif ;
– les indicateurs qui pourraient concrétiser une modification du contexte de négociation de la transaction ;
– la contribution des *process* existants ;
– les conditions de mise en œuvre au sein de l'entreprise avec l'identification de l'instance qui fournit les éléments d'évaluation au conseil ;
– les suites données, le cas échéant, par le conseil au *reporting* qui lui est fait.

Pour les conditions relatives aux conventions portant sur des opérations courantes et conclues à des conditions normales et la mise en œuvre de la politique d'évaluation, voir n°s 52255 s.

Responsabilité

La responsabilité de l'établissement du rapport sur le gouvernement d'entreprise incombe au conseil d'administration ou au conseil de surveillance.

55855

Préalablement à l'entrée en application de l'ordonnance 2017-1162 du 12 juillet 2017, le rapport sur le gouvernement d'entreprise et le contrôle interne était établi par le président du conseil et faisait l'objet d'une approbation par le conseil.

Le rapport sur le gouvernement d'entreprise étant établi par le conseil, l'ordonnance précitée ne prévoit pas d'approbation du rapport par ce dernier dans les sociétés anonymes. Néanmoins, l'article L 226-10-1 du Code de commerce applicable aux SCA maintient l'exigence d'une approbation du rapport sur le gouvernement d'entreprise par le conseil.

Défaut de présentation du rapport ou rapport incomplet

La non-présentation du rapport sur le gouvernement d'entreprise à l'assemblée générale ordinaire entraîne la **nullité des délibérations** prises par l'assemblée (C. com. art. L 225-100, al. 2 pour la SA et L 225-121, al. 1 sur renvoi de l'art. L 226-1 pour la SCA).

55858

En outre, le cas échéant, la responsabilité civile des administrateurs ou membres du conseil de surveillance pourrait être recherchée, dans les conditions de droit commun, dès lors que serait caractérisée une faute en lien de causalité avec un préjudice (en ce sens, Rép. min. Lenoir : Bull. CNCC n° 137-2005 p. 93).

Par ailleurs, lorsque le rapport sur le gouvernement d'entreprise ne contient pas les mentions prévues aux articles L 22-10-9, L 225-37-4 et L 22-10-10 du Code de commerce, toute personne intéressée peut demander au président du tribunal statuant en référé d'**enjoindre sous astreinte** au conseil d'administration ou au directoire, selon le cas, de communiquer ces informations (C. com. art. L 225-102, al. 3 et 4 sur renvoi de l'article L 225-37-4, dernier alinéa ainsi que des articles L 22-10-9, et L 22-10-10, dernier alinéa à compter du 1-1-2021).

Lorsqu'il est fait droit à la demande, l'astreinte et les frais de procédure sont à la charge des administrateurs ou des membres du directoire, selon le cas.

Les informations prévues aux articles L 22-10-9, L 225-37-4 et L 22-10-10 du Code de commerce sont présentées ci-dessus et correspondent aux informations relatives aux rémunérations (voir n° 55830) et à la gouvernance (voir n°s 55815 et 55825).

AUTRES VÉRIFICATIONS SPÉCIFIQUES © Éd. Francis Lefebvre

Le risque d'image et de crédibilité de l'entreprise en cas de défaut de présentation du rapport sur le gouvernement d'entreprise ou de son caractère incomplet peut également être significatif.

> Le non-respect des dispositions légales relatives à l'établissement du rapport sur le gouvernement d'entreprise constitue en tout état de cause une irrégularité qui sera signalée par le commissaire aux comptes dans son rapport (voir nº 55975).
>
> Par ailleurs, les sociétés ne remplissant pas leurs obligations sont citées par l'AMF dans le rapport publié chaque année, en application de l'article L 621-18-3 du Code monétaire et financier, sur le gouvernement d'entreprise et le contrôle interne.

Diffusion du rapport

55860 Le rapport sur le gouvernement d'entreprise étant joint au rapport de gestion, il suit le même régime de dépôt que le rapport de gestion (en ce sens, Lettre de la Chancellerie du 18-2-2004 : Bull. CNCC nº 133-2004 p. 51 ; Avis du CCRCS de mars 2004 : Bull. CNCC nº 133-2004 p. 625, ces textes traitent du rapport du président sur le contrôle interne mais le principe peut à notre avis être appliqué au rapport sur le gouvernement d'entreprise).

Le rapport sur le gouvernement d'entreprise doit ainsi :
– être adressé aux actionnaires s'ils en font la demande, et tenu à leur disposition au siège social de la société (C. com. art. R 225-83) ;
– être **déposé au greffe** dans le mois qui suit l'approbation des comptes annuels par l'assemblée générale ordinaire, ou dans les deux mois suivant cette approbation lorsque ce dépôt est effectué par voie électronique, pour les sociétés devant déposer leur rapport de gestion au greffe, à savoir les sociétés dont les titres sont admis aux négociations sur un marché réglementé ou sur un système multilatéral de négociation organisé (voir nº 54236).

Dans les sociétés dont les actions sont admises aux négociations sur un marché réglementé, le rapport sur le gouvernement d'entreprise est publié sur le site internet de la société au moins 21 jours avant l'assemblée générale ordinaire (C. com. art. R 22-10-23 à compter du 1-1-2021 ; dispositions figurant antérieurement à l'article R 225-73-1 abrogé).

Par ailleurs, des **obligations de publicité** sont prévues par l'article L 621-18-3 du Code monétaire et financier et l'article 222-9 du règlement général de l'AMF. Il résulte de ces articles que :
– les SA et SCA dont le siège est situé en France et dont les titres financiers sont admis aux négociations sur un marché réglementé doivent rendre publics, selon les modalités fixées à l'article 221-3, les informations requises par le rapport sur le gouvernement d'entreprise, et le rapport du commissaire aux comptes sur ce rapport, au plus tard le jour du dépôt au greffe du tribunal de commerce du rapport de gestion ;

> L'émetteur doit s'assurer de la diffusion **effective et intégrale** par voie électronique de l'information réglementée soit par ses propres moyens, soit en ayant recours à un diffuseur professionnel (RG AMF art. 221-3 et 221-4, II).

– les autres personnes morales françaises rendent publiques les informations requises par le rapport sur le gouvernement d'entreprise dans les mêmes conditions que les SA et SCA, si elles sont tenues de déposer leurs comptes au greffe du tribunal de commerce et dès l'approbation des comptes annuels de l'exercice précédent dans le cas contraire. Les émetteurs qui établissent un document d'enregistrement universel doivent y inclure ces mêmes rapports ou informations. Ils sont alors dispensés des modalités de diffusion précitées (RG AMF art. 222-9).

Enfin, pour les **SCA**, que leurs titres soient admis sur un marché réglementé ou non, le rapport sur le gouvernement d'entreprise est rendu public (C. com. art. L 226-10-1, al. 2 et L 22-10-78, al. 3).

> Les modalités de cette publicité ne sont cependant pas précisées lorsque les titres ne sont pas admis aux négociations sur un marché réglementé.

II. Mission du commissaire aux comptes

Nature de l'intervention

55900 **Définition de la mission** L'intervention du commissaire aux comptes concernant le rapport sur le gouvernement d'entreprise ou les informations relevant de ce rapport est définie aux articles L 225-235 et L 226-10-1 du Code de commerce, et, le cas échéant, aux articles L 22-10-71 et L 22-10-78, ainsi qu'à l'article L 823-10 du même code.

1200

À la date de mise à jour de ce Mémento, l'article L 225-235 du Code de commerce a été abrogé par l'ordonnance 2020-1142 du 16 septembre 2020 portant création, au sein du Code de commerce, d'une division spécifique aux sociétés dont les titres sont admis aux négociations sur un marché réglementé ou sur un système multilatéral de négociation. Cette abrogation est une erreur de plume, la recodification intervenant à droit constant et une partie des dispositions de l'article L 225-235 concernant toutes les sociétés anonymes, qu'elles soient cotées ou non cotées. Le projet de loi de ratification de l'ordonnance précitée prévoit ainsi que l'article L 225-235 du Code de commerce soit rétabli et dispose que les commissaires aux comptes, s'il en existe, attestent dans un rapport joint au rapport mentionné au deuxième alinéa de l'article L 225-100 de l'existence des autres informations requises par l'article L 225-37-4.

Cette précision s'applique pour l'ensemble des développements présentés ci-après.

Le commissaire aux comptes **atteste de l'existence** (C. com. art. 225-235, L 22-10-71, L 226-10-1 et L 22-10-78) :

– des informations requises par l'article L 225-37-4 du Code de commerce (informations sur la gouvernance détaillées au n° 55815) ;

– et des informations requises par l'article L 22-10-10 du même code lorsque les titres de la société sont admis aux négociations sur un marché réglementé (informations complémentaires relatives à la gouvernance présentées au n° 55825) ;

– ainsi que des informations mentionnées à l'article L 22-10-9 du même code lorsque les actions de la société sont admises aux négociations sur un marché réglementé (informations relatives aux rémunérations et avantages précisées au n° 55830).

Pour les SA, SCA et SE dont les titres sont admis aux négociations sur un marché réglementé, le commissaire aux comptes présente également ses **observations** sur le rapport sur le gouvernement d'entreprise en ce qui concerne les informations mentionnées à l'article L 22-10-11 du Code de commerce (C. com. art. L 22-10-71 et L 22-10-78, al. 4).

Les informations susceptibles d'avoir une incidence en cas d'offre publique requises par l'article L 22-10-11 sont détaillées au n° 55826.

Par ailleurs, l'article **L 823-10 du Code de commerce** dispose que le commissaire aux comptes **atteste spécialement l'exactitude et la sincérité** des informations relatives aux rémunérations et aux avantages de toute nature versés à chaque mandataire social.

Cette attestation n'est dorénavant requise que dans les SA, SCA et SE dont les actions sont admises aux négociations sur un marché réglementé puisque seules ces dernières sont tenues de fournir dans leur rapport sur le gouvernement d'entreprise l'information requise par l'article L 22-10-9 du Code de commerce quant aux rémunérations et aux avantages de toute nature versés ou attribués à chaque mandataire social.

Les SA, SCA et SE dont les actions ne sont pas admises aux négociations sur un marché réglementé qui sont contrôlées, au sens de l'article L 233-16, par une société dont les actions sont admises aux négociations sur un tel marché n'ont plus à mentionner dans leur rapport sur le gouvernement d'entreprise les informations relatives aux rémunérations des mandataires sociaux qui détiennent au moins un mandat dans de telles sociétés.

Conformément à l'article 4 de l'ordonnance 2019-1234 du 27 novembre 2019, ces dispositions sont applicables à compter des assemblées générales statuant sur le premier exercice clos après le 28 novembre 2019.

55902 **Dispense** Lorsque la **durée du mandat** du commissaire aux comptes est limitée à **trois exercices**, conformément aux dispositions prévues à l'article L 823-3-2 du Code de commerce, ce dernier est dispensé des diligences et du rapport prévus aux articles L 225-235 et L 226-10-1 du même code (C. com. art. L 823-12-1, al. 2).

Cette dispense s'applique à compter du premier exercice clos postérieurement au 26 mai 2019 (Loi dite « Pacte » du 22-5-2019 art. 20, II). Elle s'applique également lorsque la société commerciale ne dépasse pas deux des trois seuils fixés par décret pour le dernier exercice clos antérieurement à l'entrée en vigueur de l'article 20 de la loi dite « Pacte » et choisit, en accord avec son commissaire aux comptes, de poursuivre le mandat jusqu'au terme selon les modalités définies pour une mission limitée à trois exercices (Loi dite « Pacte » du 22-5-2019 art. 20, II).

Sur l'erreur de plume relative à l'abrogation de l'article L 225-235, voir n° 55900.

55905 Les diligences à mettre en œuvre par le commissaire aux comptes, lorsqu'il n'en est pas dispensé par l'article L 823-12-1 précité, sont définies par la **NEP 9510** « Diligences du commissaire aux comptes relatives au rapport de gestion, aux autres documents sur la situation financière et les comptes et aux informations relevant du rapport sur le gouvernement d'entreprise adressés aux membres de l'organe appelé à statuer sur les comptes », homologuée par arrêté du 1er octobre 2018.

AUTRES VÉRIFICATIONS SPÉCIFIQUES © Éd. Francis Lefebvre

Cette NEP ayant été homologuée par arrêté du 1er octobre 2018, elle ne tient pas compte des impacts de l'ordonnance 2019-1234 susmentionnée, notamment quant aux entités concernées par l'obligation de fournir une information relative aux rémunérations dans leur rapport sur le gouvernement d'entreprise (voir n° 55827 s.).

55912 Entités concernées Les dispositions des articles L 225-37, L 225-68, L 226-10-1 et L 229-7 relatives à l'obligation d'établir un rapport sur le gouvernement d'entreprise s'appliquent aux sociétés anonymes, aux sociétés en commandite par actions (SCA) et aux sociétés européennes (voir n° 55805).

La loi n'a pas prévu de mission spécifique du commissaire aux comptes sur les informations rendues publiques par les autres personnes morales dont les titres financiers sont admis aux négociations sur un marché réglementé relevant des dispositions de l'article L 621-18-3 du Code monétaire et financier (voir n° 55805).

Cependant, si l'entité choisit d'inclure ces informations dans son rapport de gestion, les diligences prévues par la NEP 9510 doivent être mises en œuvre par le commissaire aux comptes. À notre avis, ces informations relèvent alors de la catégorie des « autres informations » ne s'agissant pas d'informations sur la situation financière et les comptes. Dès lors, conformément au § 08 de la NEP 9510, les obligations du commissaire aux comptes sont les suivantes : « Le commissaire aux comptes procède à la lecture des autres informations afin de relever, le cas échéant, celles qui lui apparaîtraient manifestement incohérentes. Il n'a pas à vérifier ces autres informations. Lorsqu'il procède à cette lecture, le commissaire aux comptes exerce son esprit critique en s'appuyant sur sa connaissance de l'entité, de son environnement et des éléments collectés au cours de l'audit et sur les conclusions auxquelles l'ont conduit les contrôles qu'il a menés. »

Diligences du commissaire aux comptes

55935 La NEP 9510 précise les diligences à mettre en œuvre par le commissaire aux comptes sur les informations relevant du rapport sur le gouvernement d'entreprise, ces informations pouvant être présentées :
– dans le rapport sur le gouvernement d'entreprise joint au rapport de gestion ;
– ou fournies au sein d'une section spécifique du rapport de gestion, dans les sociétés anonymes à conseil d'administration qui ont fait ce choix.

55936 Le paragraphe 12 de la NEP 9510 explicite tout d'abord les diligences mises en œuvre par le commissaire aux comptes afin d'attester, en application des articles L 225-235 et L 22-10-71 (SA) ou L 226-10-1 et L 22-10-78 (SCA) ainsi que de l'article L 823-10, alinéa 2 du Code de commerce, de l'existence, de l'exactitude et de la sincérité des informations requises par l'article L 22-10-9 du Code de commerce (ancien article L 225-37-3 abrogé à compter du 1-1-2021) sur les rémunérations et avantages de toute nature versés ou attribués aux mandataires sociaux ainsi que sur les engagements consentis en leur faveur.

Les informations précitées ne visent que les SA, SCA et SE dont les actions sont admises aux négociations sur un marché réglementé.
Sur l'erreur de plume relative à l'abrogation de l'article L 225-235, voir n° 55900.

Pour les sociétés tenues de présenter les informations précitées, la NEP précise que le commissaire aux comptes vérifie la présence des informations requises et que celles-ci :
– concordent avec les comptes ou avec les données ayant servi à l'établissement de ces comptes ;
– concordent avec les éléments recueillis par la société auprès des entreprises contrôlées par elle qui sont comprises dans le périmètre de consolidation ;

La NEP 9510 n'ayant pas été mise à jour à la suite des ordonnances 2019-1234 et 2020-1142, respectivement du 27-11-19 et du 16-09-20, elle fait toujours référence à la concordance des informations précitées avec les éléments recueillis par la société auprès des sociétés qu'elle contrôle ou de la société qui la contrôle, lorsque des rémunérations, avantages ou engagements sont versés ou consentis par ces sociétés.
Cependant, la nouvelle formulation des dispositions du 5° de l'article L 225-37-3, reprises au 5° de l'article L 22-10-9 du même code à compter du 1er janvier 2021, ne conduit plus à faire référence aux éléments recueillis par la société auprès de la société qui la contrôle puisqu'elle vise désormais « toute rémunération versée ou attribuée par une entreprise comprise dans le périmètre de consolidation au sens de l'article L 233-16 ».
La CNCC a adapté la rédaction de la partie correspondante du rapport du commissaire aux comptes sur les comptes annuels en ce sens.

– sont cohérentes avec la connaissance qu'il a acquise de la société à la suite des travaux menés au cours de sa mission.

1202

AUTRES VÉRIFICATIONS SPÉCIFIQUES

La NEP 9510 dispose que le commissaire aux comptes vérifie que les **informations requises par l'article L 22-10-8** ou l'**article L 22-10-26** du Code de commerce (dispositions figurant antérieurement au 1-1-2021 aux articles L 225-37-2 et l'article L 225-82-2 du Code de commerce abrogés) ont été fournies (NEP 9510 § 13). **55937**

> Depuis l'entrée en vigueur de l'ordonnance 2019-1234 du 27 novembre 2019, les informations requises par les articles précités s'appliquent aux SA, SCA et SE dont les actions sont admises aux négociations sur un marché réglementé et concernent la **politique de rémunération** des mandataires sociaux, dont le contenu est défini aux articles R 22-10-14, R 22-10-18 ou R 22-10-40 (anciens articles R 225-29-1, R 225-56-1 et R 226-1-1 abrogés à compter du 1-1-2021), et qui fait l'objet d'un projet de résolution soumis à l'approbation de l'assemblée générale des actionnaires (voir n°s 55828 et 55829).
>
> Antérieurement à l'ordonnance précitée, les informations requises par les articles L 225-37-2 et L 225-82-2 concernaient les projets de résolution relatifs à la rémunération totale et aux avantages de toute nature attribuables respectivement aux président, directeurs généraux ou directeurs généraux délégués ou bien aux membres du directoire, ou au directeur général unique et aux membres du conseil de surveillance, à raison de leur mandat. Ces informations étaient dues par les SA, SCA et SE dont les titres étaient admis aux négociations sur un marché réglementé.

Dans les SA, SCA et SE dont les titres sont admis aux négociations sur un marché réglementé, afin de formuler ses observations sur les informations mentionnées à l'**article L 22-10-11** du Code de commerce (informations requises avant le 1-1-2021 par l'ancien article L 225-37-5 abrogé) relatives aux éléments que la société a considéré comme susceptibles d'avoir une **incidence en cas d'offre publique d'achat ou d'échange**, le commissaire aux comptes : **55938**
– vérifie la **conformité** de ces informations avec les documents et informations dont elles sont issues et qui lui ont été communiqués ;
– demande une déclaration de la direction confirmant lui avoir fourni l'ensemble des informations qu'elle a identifiées (NEP 9510 § 14).

Afin d'attester de l'existence des informations requises par les **articles L 225-37-4 et**, le cas échéant, **L 22-10-10** du Code de commerce, portant notamment sur le **fonctionnement des organes d'administration et de direction** de l'entité, le commissaire aux comptes vérifie leur **présence** au sein des informations sur le gouvernement d'entreprise (NEP 9510 § 15). **55939**

S'agissant des **informations autres** que celles requises par les articles L 22-10-9 et L 22-10-11 du Code de commerce (anciens articles L 225-37-3 et L 225-37-5 abrogés à compter du 1-1-2021), le commissaire aux comptes procède à leur lecture afin de relever, le cas échéant, celles qui lui apparaîtraient **manifestement incohérentes**. Il n'a pas à vérifier ces informations (NEP 9510 § 15). **55940**

> Lorsqu'il procède à cette lecture, le commissaire aux comptes exerce son esprit critique en s'appuyant sur sa connaissance de l'entité, de son environnement et des éléments collectés au cours de l'audit et sur les conclusions auxquelles l'ont conduit les contrôles qu'il a menés.

Incidence des éventuelles inexactitudes et irrégularités relevées

L'incidence des éventuelles inexactitudes et irrégularités relevées par le commissaire aux comptes sur les informations relevant du rapport sur le gouvernement d'entreprise est définie par la NEP 9510 et est développée au n° 54310. **55950**

Formulation des conclusions du commissaire aux comptes

Le commissaire aux comptes formule ses conclusions sur les informations relevant du rapport sur le gouvernement d'entreprise dans la partie du **rapport sur les comptes annuels** relative à la vérification du rapport de gestion, des autres documents sur la situation financière et les comptes et des informations relevant du rapport sur le gouvernement d'entreprise (NEP 9510 § 2). Cette partie du rapport est appelée « Vérifications spécifiques ». **55975**

S'agissant des informations relevant du rapport sur le gouvernement d'entreprise, pour les sociétés dans lesquelles le commissaire aux comptes est désigné sur une durée de six exercices, le rapport comporte :
a. Une attestation de l'existence des informations requises par les articles L 225-37-4 et, le cas échéant, L 22-10-10 ainsi que, le cas échéant, L 22-10-9 du Code de commerce.

AUTRES VÉRIFICATIONS SPÉCIFIQUES © Éd. Francis Lefebvre

À compter du 1er janvier 2021, les dispositions de l'article L 225-37-4 sont en effet complétées par celles de l'article L 22-10-10 lorsque les **titres de la société sont admis** aux négociations sur un marché réglementé (Ord. 2020-1142 du 16-9-2020).

En outre, pour les SA, SCA et SE dont les **actions sont admises** aux négociations sur un marché réglementé, l'attestation du commissaire aux comptes couvre également les informations requises par l'article L 22-10-9 du Code de commerce concernant les rémunérations des mandataires sociaux.

b. Le cas échéant, une attestation de l'exactitude et la sincérité des informations fournies en application de l'article L 22-10-9 du Code de commerce sur les rémunérations et avantages de toute nature versés ou attribués à chaque mandataire social ainsi que sur les engagements consentis en leur faveur.

Cette attestation s'applique uniquement pour les SA, SCA et SE dont les actions sont admises aux négociations sur un marché réglementé.

c. Le cas échéant, les conclusions exprimées sous forme d'observations, ou d'absence d'observation, sur la conformité des informations prévues à l'article L 22-10-11 du Code de commerce, relatives aux éléments que la société a considéré susceptibles d'avoir une incidence en cas d'offre publique d'achat ou d'échange, avec les documents dont elles sont issues et qui ont été communiquées au commissaire aux comptes.

Cette attestation s'applique pour les SA, SCA et SE dont les titres sont admis aux négociations sur un marché réglementé.

d. La mention des éventuelles irrégularités résultant de l'omission des informations relevant du rapport sur le gouvernement d'entreprise.

e. La mention des éventuelles autres inexactitudes relevées.

55985 Lorsqu'il est appelé à formuler des observations, le commissaire aux comptes détermine si celles-ci doivent conduire à une **communication aux organes mentionnés à l'article L 823-16 du Code de commerce** (voir nos 61330 s. et 26450 s.) et, le cas échéant, aux autorités de contrôle de la société.

La norme d'exercice professionnel relative aux communications avec les organes mentionnés à l'article L 823-16 du Code de commerce définit les modalités de ces communications (voir nos 26450 s.).

SECTION 7

Vérifications spécifiques diverses

56050 Cette dernière section a pour objet de présenter les vérifications spécifiques à mettre en œuvre concernant :

– le contrôle de la détention d'actions par les administrateurs (nos 56060 s.) ;

– la production de l'attestation sur le montant global des rémunérations versées aux cinq ou dix personnes les mieux rémunérées (nos 56230 s.) ;

– le contrôle des versements effectués en application des 1 à 5 de l'article 238 bis du CGI (nos 56400 s.) ;

– le contrôle des informations données par les sociétés sur les délais de paiement des fournisseurs et clients (nos 56520 s.).

A. Actions détenues par les administrateurs

56060 La loi de modernisation de l'économie du 4 août 2008 a supprimé depuis le 1er janvier 2009 l'obligation qu'avaient les administrateurs et les membres du conseil de surveillance de détenir des actions de la société. Elle prévoit que seuls les statuts pourront leur imposer une telle obligation (C. com. art. L 225-25 et L 225-72).

Cette vérification spécifique ne s'applique donc que si les statuts imposent aux administrateurs et aux membres du conseil de surveillance de détenir des actions de la société. Elle ne concerne pas les membres du directoire, qui peuvent être choisis en dehors des actionnaires (C. com. art. L 225-59, al. 3).

56062 Le législateur a confié au commissaire aux comptes, s'il en existe un, le soin de vérifier que les administrateurs et les membres du conseil de surveillance respectent l'obligation statutaire de détention d'actions.

1204

© Éd. Francis Lefebvre   AUTRES VÉRIFICATIONS SPÉCIFIQUES ▮

1. Obligation de détention d'actions

Présentation générale

Principe Les statuts peuvent imposer que chaque administrateur ou membre du **56100**
conseil de surveillance soit propriétaire d'un nombre d'actions qu'ils déterminent (C. com.
art. L 225-25, al. 1 et L 225-72, al. 1).
Si au jour de sa nomination un administrateur ou un membre du conseil de surveillance
n'est pas propriétaire du nombre d'actions requis, une régularisation est néanmoins
possible dans un délai de six mois à compter du jour où la nomination est intervenue
(C. com. art. L 225-25, al. 2 et L 225-72, al. 2).

Exceptions La possibilité que les statuts imposent une détention d'actions n'est pas **56102**
applicable :
– aux **actionnaires salariés nommés administrateurs** en application de l'article L 225-23,
alinéa 3 du Code de commerce ou membres du conseil de surveillance en application
de l'article L 225-71 du même code (C. com. art. L 225-25 et L 225-72, al. 3) ;
– aux **salariés nommés administrateurs**, en application des articles L 225-27 et
L 225-27-1 du code précité, ou membres du conseil de surveillance, en application des
articles L 225-79 et L 225-79-2 (C. com. art. L 225-25 et L 225-72, al. 3) ;
– aux **administrateurs représentant les salariés ou l'État dans les sociétés relevant du
secteur public** (Mémento Sociétés commerciales n° 40230).
Pour des raisons essentiellement pratiques, il est également admis que l'obligation statutaire de détention d'actions ne s'applique pas au **représentant permanent** (Mémento
Sociétés commerciales n° 39803).

Nombre d'actions requis Le nombre d'actions dont chaque administrateur ou **56115**
membre du conseil de surveillance doit être propriétaire est librement **fixé par les statuts**
(C. com. art. L 225-25, al. 1 et L 225-72, al. 1). Dans le silence des statuts, l'administrateur ou le
membre du conseil de surveillance peut ne pas être actionnaire de la société.

> Les dispositions statutaires relatives aux seuils minimaux de détention d'actions sont applicables même
> en cas d'opération modifiant les statuts (réduction, élévation du montant nominal...).

Toute **modification** du nombre d'actions requis doit faire l'objet d'une décision de l'assemblée générale extraordinaire.

Nature des actions Les dispositions du Code de commerce ne donnent aucune **56117**
précision quant à la nature des actions exigées pour la qualité d'administrateur ou de
membre du conseil de surveillance. Il peut donc s'agir indifféremment d'actions en capital ou de jouissance, d'actions intégralement ou partiellement libérées. Toutefois, les
statuts peuvent déterminer les conditions auxquelles doivent répondre ces actions.

Propriété des actions La qualité de propriétaire des actions mentionnée à l'article **56120**
L 225-25 du Code de commerce exclut celle d'usufruitier ou les actions dont l'administrateur ou le membre du conseil de surveillance serait copropriétaire en indivision avec
d'autres. En revanche, l'administrateur ou le membre du conseil de surveillance peut
faire état d'actions obtenues grâce à un prêt de consommation qui a pour effet de
transférer la propriété de la chose prêtée, à charge pour son bénéficiaire de restituer, à
l'expiration du prêt, des actions de même nature et de même valeur (C. civ. art. 1892 et 1893 ;
Mémento Sociétés commerciales n° 39346).

> **Remarque** : La validité de cette opération a été discutée dans la mesure où le prêt pourrait être qualifié
> de convention interdite au sens de l'article L 225-43 du Code de commerce. Toutefois, la Commission
> des études juridiques de la CNCC considère que le prêt de consommation d'actions consenti par une
> société à l'un de ses administrateurs afin de lui permettre de devenir administrateur de l'une de ses
> filiales n'entre pas dans le champ d'application de l'article précité (Bull. CNCC n° 113-1999 p. 150 ; dans le même
> sens, Rép. Marini : Sén. 26-10-2000, p. 3710 n° 26594).

En application de l'article 222 du Code civil, le régime matrimonial n'a aucune incidence
sur la propriété des actions.

AUTRES VÉRIFICATIONS SPÉCIFIQUES

© Éd. Francis Lefebvre

Sanctions

56122 Les sanctions applicables en matière de détention d'actions par les administrateurs concernent le non-respect par ces personnes de l'obligation statutaire, dans le cas où les statuts prévoiraient un nombre d'actions que doit détenir un administrateur ou un membre du conseil de surveillance.

56125 L'administrateur ou le membre du conseil de surveillance qui ne détiendrait pas le **nombre d'actions requis** par les statuts dispose d'un délai de six mois pour procéder à une **régularisation** (C. com. art. L 225-25, al. 2 et L 225-72, al. 2). À l'issue de ce délai, il est réputé démissionnaire d'office.

Le maintien en fonctions de l'administrateur ou du membre du conseil de surveillance concerné peut conduire à la nullité des délibérations postérieures à l'expiration du délai de six mois si le nombre d'administrateurs ou de membres du conseil de surveillance devenait inférieur au minimum requis par la loi (Mémento Sociétés commerciales n° 39349).

2. Mission du commissaire aux comptes

Nature de l'intervention

56150 L'article L 225-26 du Code de commerce (art. L 225-73 pour les sociétés anonymes à conseil de surveillance) confie au commissaire aux comptes, s'il en existe un, la responsabilité de veiller au respect des dispositions prescrites aux sociétés en matière de détention d'actions par les administrateurs et membres du conseil de surveillance.

La mission de contrôle qui incombe au commissaire aux comptes en application des articles L 225-26 et L 225-73 relève par exception d'une obligation de résultat et non d'une obligation de moyens (voir n° 12265).

56155 Les principes fondamentaux et les modalités d'application de l'intervention du commissaire aux comptes sont développés dans l'ancienne norme CNCC 5-104 « Actions détenues par les administrateurs ou les membres du conseil de surveillance ».

Cette intervention a pour objectif de vérifier qu'**à tout moment** la société se conforme à ses obligations et respecte les dispositions statutaires relatives aux obligations des administrateurs.

On rappelle que le droit de communication du commissaire aux comptes permet à celui-ci de prendre connaissance de toutes les décisions prises par les organes dirigeants ou délibérants et qu'il a la possibilité de prendre une copie des procès-verbaux signés des délibérations (voir n° 9180 s.).

Diligences

56180 Le commissaire aux comptes doit vérifier :

– que les dispositions statutaires relatives aux actions dont les administrateurs ou les membres du conseil de surveillance doivent être propriétaires sont conformes à la loi ;

L'obligation de détention d'actions ne peut être appliquée ni aux actionnaires salariés nommés membres du conseil d'administration ou de surveillance en application des articles L 225-23 et L 225-71 du Code de commerce, ni aux salariés nommés membres du conseil d'administration ou de surveillance en application des articles L 225-27, L 225-27-1, L 225-79 et L 225-79-2 du même code (exclusions prévues respectivement par les articles L 225-25 et L 225-72 du Code de commerce).

– que les administrateurs ou les membres du conseil de surveillance sont détenteurs du nombre d'actions requis par les statuts (avec un délai de régularisation de six mois à compter de leur nomination).

À cet effet, il s'assure que les actions sont inscrites en compte chez l'émetteur ou auprès d'un intermédiaire habilité.

Communication et rapport

56195 **Forme de l'assurance** Le commissaire aux comptes ne formule les conclusions de ses travaux que s'il a relevé des irrégularités devant être portées à la connaissance des organes compétents et de l'assemblée générale. L'absence de mention d'irrégularités vaut assurance implicite de l'absence d'anomalie. La constatation d'irrégularités conduit le commissaire à effectuer les communications appropriées auprès des organes mentionnés à l'article L 823-16 et de l'assemblée.

Communication auprès des organes mentionnés à l'article L 823-16 Le **56198** constat par le commissaire aux comptes d'**irrégularités** au regard des actions dont doivent être propriétaires les administrateurs et membres du conseil de surveillance doit faire l'objet d'une information à l'organe collégial chargé de l'administration ou à l'organe chargé de la direction et de l'organe de surveillance, ainsi que, le cas échéant, au comité spécialisé (organes visés à l'article L 823-16 du Code de commerce). La norme d'exercice professionnel relative aux communications avec les organes mentionnés à l'article L 823-16 du Code de commerce définit les modalités de ces communications (voir nᵒˢ 26450 s. et 61330 s.).

Le conseil d'administration ou le conseil de surveillance ainsi informé doit procéder aux **régularisations** appropriées.

Communication à l'assemblée Le commissaire doit en outre signaler l'irrégularité **56200** à la plus prochaine assemblée générale ou réunion de l'organe compétent (C. com. art. L 823-12).

Compte tenu de la nature de l'irrégularité, son signalement doit intervenir en principe sous la forme d'une communication ad hoc distincte du rapport sur les comptes annuels (voir nᵒˢ 61300 s.).

> Le cas échéant, l'irrégularité devra également être signalée aux autorités de contrôle de l'entité (voir nᵒ 8128).
>
> Enfin, lorsqu'il intervient auprès d'une entité d'intérêt public, le commissaire aux comptes l'invite à enquêter conformément aux dispositions de l'article 7 du règlement (UE) 537/2014 (voir nᵒ 61270).

B. Attestation des rémunérations

L'établissement de cette attestation résulte de l'article L 225-115, 4ᵒ du Code de **56230** commerce qui prévoit pour les actionnaires le droit d'obtenir communication « du montant global, certifié exact par les commissaires aux comptes, des rémunérations versées aux personnes les mieux rémunérées, le nombre de ces personnes étant de dix ou cinq selon que l'effectif du personnel est ou non d'au moins 250 salariés ».

> Le droit de communication des actionnaires emporte le droit de prendre une copie du relevé attesté par le commissaire aux comptes concernant les trois derniers exercices (C. com. art. L 225-117).
>
> Depuis le 1ᵉʳ janvier 2020, à la suite des modifications apportées par la loi 2019-486 du 22 mai 2019, dite « Pacte », le seuil de salariés est d'au moins 250 au lieu de plus de 200 précédemment à cette date.

Toutefois, lorsque le commissaire aux comptes est nommé pour un mandat limité à trois exercices conformément aux dispositions de l'article L 823-3-2 du Code de commerce, l'article L 823-12-1 du même code dispense ce dernier d'établir cette attestation.

> Cette dispense s'applique à compter du premier exercice clos postérieurement au 26 mai 2019 (Loi dite « Pacte » du 22-5-2019 art. 20, II).
>
> Elle s'applique également lorsque la société commerciale ne dépasse pas deux des trois seuils fixés par décret pour le dernier exercice clos antérieurement à l'entrée en vigueur de l'article 20 de la loi dite « Pacte » et choisit, en accord avec son commissaire aux comptes, de poursuivre le mandat jusqu'au terme selon les modalités définies pour une mission limitée à trois exercices (Loi dite « Pacte » du 22-5-2019 art. 20, II).

On examinera les règles applicables à l'établissement du relevé des rémunérations **56235** (nᵒˢ 56245 s.) puis la mission confiée au commissaire aux comptes (nᵒˢ 56330 s.).

1. Établissement du relevé des rémunérations

Champ d'application

Sociétés concernées Les sociétés concernées par l'obligation d'établir un relevé des **56245** rémunérations sont les sociétés anonymes (C. com. art. L 225-115, 4ᵒ) et les sociétés en commandite par actions (C. com. art. L 226-1, al. 2).

> Les sociétés par actions simplifiées ne sont pas visées puisque l'article L 227-1, alinéa 3 du Code de commerce exclut l'application des articles L 225-17 à L 225-126.

L'établissement de ce relevé est de la responsabilité de l'organe compétent de la société (le conseil d'administration ou le directoire dans une SA et le gérant dans une SCA).

AUTRES VÉRIFICATIONS SPÉCIFIQUES

© Éd. Francis Lefebvre

56250 Le nombre de personnes visées par le relevé est de cinq lorsque l'effectif du personnel est inférieur à 250 salariés, et de dix lorsque l'effectif est d'au moins 250 salariés.

Depuis le 1er janvier 2020, à la suite des modifications apportées par la loi 2019-486 du 22 mai 2019, dite « Pacte », le seuil de salariés est d'au moins 250 au lieu de plus de 200 précédemment à cette date. Aucun relevé n'est à produire si le nombre de personnes pouvant être retenues comme personnes les mieux rémunérées (voir n° 56255) ne dépasse pas cinq (CNCC NI. XVI – décembre 2012 § 6.81.3).

56252 Effectif du personnel Le mode de calcul de l'effectif dans le cadre de l'établissement de l'attestation sur les meilleures rémunérations n'est pas précisé par une disposition spécifique d'un texte législatif ou réglementaire.

Selon la doctrine CNCC, l'effectif du personnel se détermine :
– en prenant en compte les salariés à plein temps, les salariés à temps partiel, les salariés travaillant à l'étranger dans des succursales de la société et les salariés mis à disposition d'autres sociétés ;
– en retenant l'effectif **moyen au cours de l'année** et non pas l'effectif à la clôture de l'exercice (CNCC NI. XVI – décembre 2012 § 6.81.3).

Si à la clôture de l'exercice, l'effectif n'est pas supérieur à cinq, mais s'il est supérieur en moyenne à cinq, la société est tenue d'établir le relevé. En revanche, si la société a employé en moyenne quatre personnes pendant l'exercice mais a, par ailleurs, employé sept personnes différentes, selon la CNCC, elle n'est pas tenue dans ce cas d'établir le relevé des personnes les mieux rémunérées (Bull. CNCC n° 88-1992 p. 638).

Par ailleurs, dans la note d'information précitée, la CNCC considère que, pour les salariés qui ont été embauchés en cours d'exercice, il y a lieu, en pratique, de diviser le total du nombre de mois durant lesquels ils ont été employés par le nombre de mois de l'exercice. En cas d'entrée ou de sortie en cours de mois, ce calcul est fait en jours. Le quotient ainsi obtenu doit être arrondi à l'unité inférieure.

Les modalités de calcul du seuil d'effectif évoluent cependant pour les **exercices ouverts à compter du 9 février 2020**, le décret 2020-101 du 7 février 2020 ayant notamment créé un nouvel article D 225-104-2 qui spécifie que, pour le relevé des rémunérations prévu au 4° de l'article L 225-115 du même code, le seuil d'effectif salarié est apprécié à la date de la clôture du dernier exercice.

56255 Personnes les mieux rémunérées Les personnes les mieux rémunérées comprennent les membres de **l'effectif du personnel**, tels qu'ils sont définis ci-dessus, ainsi que d'autres personnes ne faisant pas partie de l'effectif du personnel, mais **rémunérées par la société**, à savoir :
– les personnes non salariées de la société et les membres de professions libérales qui prêtent un concours exclusif et permanent à la société (D. adm. 4 C 452 n° 4) ;
– les personnes recevant des commissions ou les administrateurs ou membres du conseil de surveillance recevant des rémunérations allouées au titre de l'article L 225-45 (ou art. L 225-83 pour les SA ou SCA à conseil de surveillance) ;
– les personnes dont les salaires sont refacturés par une autre société du groupe (voir n° 56305).

Notion de rémunération

56290 La rémunération portée sur le relevé est la rémunération brute globale versée aux personnes les mieux rémunérées dont le contenu comporte des sommes d'origines diverses. Doivent également être prises en considération les sommes refacturées au titre de la rémunération au sein d'un groupe.

56292 Rémunération brute versée La rémunération devant figurer sur le relevé est la rémunération brute mise à disposition soit par paiement effectif, soit par inscription sur un compte courant. Les sommes portées dans un compte de provision, d'attente ou de régularisation ne constituent pas des sommes effectivement versées (CNCC NI. XVI – décembre 2012 § 6.81.4 ; Bull. CNCC n° 14-1974 p. 243).

Lorsque la rémunération est versée dans une devise étrangère, le cours de change doit être celui appliqué à la société, au transfert de chaque versement, par l'intermédiaire agréé chargé de procéder au transfert (Rép. Lebas AN 4-4-1969 n° 3574).

Ces rémunérations versées ne correspondent pas aux montants figurant sur le relevé fiscal des frais généraux ou dans le rapport de gestion des sociétés dont les titres sont admis aux négociations sur un marché réglementé.

1208

Rémunération globale   La rémunération figurant sur le relevé est la rémunération **56295**
globale des cinq ou dix personnes les mieux rémunérées. À l'époque, le législateur n'avait
pas voulu que les actionnaires soient informés du montant perçu individuellement par ces
personnes (Rép. Maujouan du Gasset : JO Déb. AN 4-10-1982 n° 20833 p. 1380 : Bull. CNCC n° 49-1983 p. 102).

> Depuis la loi NRE, cette position a évolué pour les sociétés dont les actions sont admises aux négocia-
> tions sur un marché réglementé puisque le montant de la rémunération et des avantages de toute
> nature versés ou attribués à raison du mandat à chaque mandataire social constitue une information
> devant figurer dans le rapport sur le gouvernement d'entreprise (C. com. art. L 22-10-9, L 22-10-20, L 22-10-78).

Éléments inclus dans la rémunération   Il s'agit de toutes les sommes et avan-   **56300**
tages perçus quelles que soient leur forme et leur qualification, à l'exception des
remboursements non forfaitaires (Rép. Lebas : JO Déb. AN 4-4-1969, p. 868 ; Bull. Fédération des commissaires aux comptes n° 17 p. 23).
Sont compris dans la rémunération :
– les salaires bruts ;

> Les pensions de retraite constituent un complément de rémunération qui doit entrer dans le montant
> global, certifié par le commissaire aux comptes, des rémunérations versées aux personnes les mieux
> rémunérées (Bull. CNCC n° 23-1976 p. 339 ; A. Charveriat, Attribution d'une retraite à un dirigeant : Revue de jurisprudence Dalloz
> 1992 p. 439).

– les commissions, honoraires et rémunérations alloués aux administrateurs ou membres
du conseil de surveillance des articles L 225-45 ou L 225-83 du Code de commerce ;
– les allocations et indemnités diverses (prime de bilan, treizième mois, indemnités de
congés payés, prime d'expatriation…), à l'exception des remboursements de frais non
forfaitaires ;
– le montant des avantages en nature ;
– les remboursements de frais personnels.

Éléments exclus de la rémunération   N'entrent pas dans la rémunération :   **56302**
– les frais de voyage et de déplacement remboursés sur une base non forfaitaire ;
– les dépenses et les charges afférentes aux véhicules et autres biens ainsi qu'aux
immeubles non affectés à l'exploitation ;
– les indemnités de licenciement et de fin de carrière (Bull. CNCC n° 88-1992 – EJ 92-150 p. 640 s.) ;

> Les indemnités de licenciement ne constituent pas un salaire ou un complément de rémunération mais
> une indemnité de nature délictuelle.
> Les indemnités de fin de carrière, ou indemnités de départ, ne sont pas constitutives d'un complément
> de rémunération lorsque leur attribution n'est pas prévue dans les statuts de la société ou bien lors de
> la nomination de l'intéressé, s'il s'agit d'un administrateur, ou dans le contrat de travail, s'il s'agit d'un
> salarié (D Bureau, J-Cl. Stés Fasc. 130-40 n° 51 s.).

Refacturation intragroupe   La société dans laquelle le personnel est mis à disposi-   **56305**
tion par le groupe retient les sommes versées à l'entité qui rémunère le personnel
concerné.
L'entité qui refacture le personnel ne prend alors en considération que les rémunérations
restant à sa charge (CNCC NI. XVI – décembre 2012 – § 6.81.4).

> Dans le cas d'une refacturation par une filiale étrangère de la quote-part de rémunération du dirigeant
> exerçant dans une société mère française, la CNCC considère que, compte tenu de la généralité de la
> rédaction de l'article L 225-115 du Code de commerce, cette rémunération doit bien être prise en
> compte dans l'établissement de l'attestation des personnes les mieux rémunérées (Bull. CNCC n° 173-2014
> p. 90 – EJ 2013-29).

Lorsque le remboursement se fait dans le cadre d'une redevance globale ne distinguant   **56308**
pas entre le montant de la rémunération afférente à la mise à disposition de la personne
et d'autres prestations, le commissaire aux comptes de la société facturée demande
qu'une ventilation de la redevance soit faite entre les différentes prestations. Dans l'hypothèse où la société ne serait pas en mesure de fournir cette ventilation, il apprécie s'il
est en mesure ou non d'attester le relevé établi par la société (Ancienne NI. IX « Les vérifications
spécifiques » § 2.7.2).

2. Mission du commissaire aux comptes

Les développements présentés ci-après ne sont applicables que **lorsque le commissaire**   **56320**
aux comptes n'est pas dispensé de l'intervention prévue par le 4° de l'article L 225-115

AUTRES VÉRIFICATIONS SPÉCIFIQUES

© Éd. Francis Lefebvre

du Code de commerce en application de l'article L 823-12-1 du Code de commerce, à savoir lorsqu'il n'est pas désigné pour un mandat de trois exercices conformément aux dispositions de l'article L 823-3-2 du Code de commerce.

Nature de l'intervention

56330 Ni la loi ni le décret ne précisent les diligences à mettre en œuvre par le commissaire aux comptes pour procéder à cette vérification spécifique. Celui-ci peut se référer à la NEP 9510 relative aux « diligences du commissaire aux comptes relatifs au rapport de gestion, aux autres documents sur la situation financière et les comptes et aux informations relevant du rapport sur le gouvernement d'entreprise adressés aux membres appelés à statuer sur les comptes » (voir n° 54568) ainsi qu'à la doctrine CNCC développée sur ce sujet dans la note d'information XVI « Le commissaire aux comptes et les attestations » (décembre 2012).

Cette note d'information propose également un exemple d'attestation.

56332 Cette intervention a pour objectif de vérifier la **concordance** du montant des rémunérations versées aux 10 ou 5 personnes les mieux rémunérées, figurant sur le document établi par la société, avec la comptabilité ayant servi de base à l'établissement des comptes annuels de l'exercice écoulé.

Le législateur n'a pas exigé du commissaire aux comptes qu'il porte une appréciation motivée sur ces rémunérations. Si tel avait été le cas, le commissaire aux comptes aurait été doté d'une fonction d'arbitre des rémunérations et des compétences des dirigeants. Une telle mission aurait excédé sa mission de respect des règles de fonctionnement de la société en liaison avec le contrôle des comptes (Rép. Maujouan du Gasset : JO Déb. AN 4-10-1982 n° 20833 p. 1380 ; Bull. CNCC n° 49-1983 p. 102).

Travaux du commissaire aux comptes

56350 La vérification spécifique liée à l'attestation des rémunérations illustre la complémentarité des relations entre les contrôles d'audit et les vérifications spécifiques. Dans le cadre de l'audit des comptes annuels, le commissaire aux comptes réalise des contrôles sur le poste des rémunérations. Ces contrôles l'aident à s'assurer que le montant global des rémunérations à attester concorde avec les informations recueillies.

56352 Afin d'établir l'attestation requise par le 4° de l'article L 225-115 du Code de commerce, le commissaire aux comptes effectue les rapprochements nécessaires entre le montant global des rémunérations versées aux personnes les mieux rémunérées et la comptabilité ou les informations ayant un lien avec la comptabilité dont il est issu et vérifie qu'il concorde avec les éléments ayant servi de base à l'établissement des comptes annuels de l'exercice clos. Il vérifie en outre l'exactitude arithmétique du calcul de ce montant (CNCC NI. XVI – décembre 2012 § 6.82.2).

Communication et attestation

56370 Aucune règle de forme n'est imposée par le législateur quant aux modalités d'établissement du document attesté. La doctrine CNCC précise que l'attestation délivrée prend la forme d'un document daté et signé par le commissaire aux comptes, auquel est joint le document établi, daté et signé par la direction de l'entité qui comprend les informations objet de l'attestation (CNCC NI. XVI – décembre 2012 § 6.82.3).

Le commissaire aux comptes ne pouvant être dispensateur d'informations, il ne peut se prononcer que sur un document établi, sous leur responsabilité, par les dirigeants. Il n'est par ailleurs pas possible que le commissaire aux comptes délivre son attestation en apposant sa signature directement sur le document établi par l'entité (CNCC NI. XVI – décembre 2012 § 3.71).

56372 Selon la doctrine de la CNCC, une attestation établie en application de textes légaux et réglementaires comporte les informations suivantes (CNCC NI. XVI – décembre 2012 § 3.71) :
a) un titre ;
b) l'identité du destinataire de l'attestation au sein de l'entité ;
c) une introduction comportant :
– le rappel de la qualité de commissaire aux comptes,
– le rappel du texte légal ou réglementaire applicable.

d) un paragraphe rappelant les responsabilités respectives de l'entité et du ou des commissaires aux comptes et, le cas échéant, les limites connues lors de l'acceptation de l'intervention ;

e) un paragraphe portant sur la nature et l'étendue des travaux mis en œuvre et comportant :
- une référence à la doctrine professionnelle de la Compagnie nationale des commissaires aux comptes relative à cette intervention,
- une description de la nature et de l'étendue des travaux.

f) une conclusion adaptée aux travaux effectués et au niveau d'assurance requis ;

g) le cas échéant, une mention de liaison avec le texte légal ou réglementaire ;

h) le cas échéant, une clause de restriction d'utilisation, de diffusion ou de citation ;

i) le cas échéant, toutes autres remarques utiles permettant au destinataire final de mesurer la portée et les limites de l'attestation ;

j) la date de l'attestation ;

k) l'adresse et l'identification du ou des signataires de l'attestation.

Conclusion L'exemple d'attestation publiée par la CNCC dans sa note d'information **56374** (CNCC NI. XVI – décembre 2012 § 6.83) propose la formulation d'une conclusion **sans observation**, d'une conclusion **avec observation** et d'une **impossibilité de conclure**.

Lorsque le commissaire aux comptes constate que le montant global des rémunérations versées ne concorde pas avec la comptabilité ayant servi de base à l'établissement des comptes annuels de l'exercice concerné, le commissaire aux comptes demande aux dirigeants de la société de le corriger préalablement à l'émission de son attestation. À défaut, il formule une observation dans son attestation (CNCC NI. XVI – décembre 2012 § 6.82.3).

Cette position constitue une évolution de la doctrine CNCC qui considérait précédemment que, dans cette situation, le commissaire aux comptes était dans l'impossibilité d'émettre son attestation (Doctrine professionnelle de la CNCC : ancienne norme CNCC 5-108).

La certification des comptes annuels avec réserve(s) ou le refus de certifier peuvent avoir une incidence sur les informations à attester et, le cas échéant, le commissaire aux comptes formule une impossibilité de conclure (CNCC NI. précitée § 6.82.3).

L'**attestation** est envoyée au siège social de la société dans un délai permettant à celle-**56375** ci de mettre à la disposition des actionnaires ce document, dans le délai de quinze jours précédant la tenue de l'assemblée générale (C. com. art. R 225-89).

Pour les sociétés dont les actions sont admises aux négociations sur un marché réglementé, cette attestation doit être publiée sur le site Internet de la société au moins 21 jours avant l'assemblée (C. com. art. R 22-10-23 à compter du 1-1-2021 ; dispositions figurant antérieurement à l'article R 225-73-1 abrogé).

Irrégularité Lorsque le montant des rémunérations versées aux personnes les mieux **56378** rémunérées n'est pas communiqué aux actionnaires, ou lorsqu'il leur est communiqué sans que le commissaire aux comptes ait délivré son attestation, le commissaire aux comptes signale l'irrégularité à l'organe compétent en application de l'article L 823-16 du Code de commerce (CNCC NI. précitée § 6.82.1). Si cette dernière n'a pas été régularisée, le commissaire aux comptes doit procéder à la communication prévue par l'article L 823-12 du Code de commerce auprès de l'assemblée générale (voir n°s 61300 s.). L'irrégularité est alors signalée dans la partie du rapport sur les comptes annuels relative aux vérifications spécifiques (CNCC NI. précitée § 6.82.1 ; voir n° 61312).

Le défaut de mise à disposition de l'attestation dans les délais n'entraîne plus l'application de sanctions pénales depuis la loi NRE du 15 mai 2001, dont l'article 122 a abrogé l'article L 242-14 du Code de commerce. En revanche, la même loi donne la possibilité aux actionnaires d'astreindre les dirigeants, par obtention d'une ordonnance de référé, à procéder à cette communication (C. com. art. L 238-1) : voir n° 54504.

C. Montant ouvrant droit à réduction d'impôt
(CGI art. 238 bis)

Tout actionnaire a le droit d'obtenir communication du montant global, certifié par les **56400** commissaires aux comptes, s'il en existe, des versements effectués en application des

AUTRES VÉRIFICATIONS SPÉCIFIQUES　　　　　　© Éd. Francis Lefebvre

alinéas 1 à 5 de l'article 238 bis du CGI ainsi que de la liste des actions nominatives de parrainage, de mécénat (C. com. art. L 225-115, 5° modifié par l'art. 134 de la loi 2019-1479 du 28-12-19).

La loi 2019-1479 du 28 décembre 2019 modifie l'article L 225-115 5° et remplace la référence aux versements effectués en application des « 1 et 4 de l'article 238 bis du CGI » par ceux effectués en application des « 1 à 5 de l'article 238 bis du CGI ».

Cette communication emporte le droit de prendre copie du relevé attesté par le commissaire aux comptes concernant les trois derniers exercices (C. com. art. L 225-117 modifié par l'art. 134 de la loi 2019-1479 du 28-12-2019).

Toutefois, lorsque le commissaire aux comptes est nommé pour un mandat limité à trois exercices conformément aux dispositions de l'article L 823-3-2 du Code de commerce, l'article L 823-12-1 du même code **dispense** ce dernier des diligences et rapports prévus au 5° de l'article L 225-115.

Cette dispense s'applique à compter du premier exercice clos postérieurement au 26 mai 2019 (Loi dite « Pacte » du 22-5-2019 art. 20, II).

Elle s'applique également lorsque la société commerciale ne dépasse pas deux des trois seuils fixés par décret pour le dernier exercice clos antérieurement à l'entrée en vigueur de l'article 20 de la loi dite « Pacte » et choisit, en accord avec son commissaire aux comptes, de poursuivre le mandat jusqu'au terme selon les modalités définies pour une mission limitée à trois exercices (Loi dite « Pacte » du 22-5-2019 art. 20, II).

56405　On examinera les règles applicables à l'établissement du relevé des versements effectués en application des 1 à 5 de l'article 238 bis du CGI ouvrant droit à réduction d'impôt (nᵒˢ 56435 s.) puis la mission confiée au commissaire aux comptes lorsqu'il n'en est pas dispensé en application de l'article L 823-12-1 du Code de commerce (nᵒˢ 56470 s.).

1. Établissement de l'attestation

Sociétés visées

56435　Les sociétés visées par l'attestation des versements effectués en application de l'article 238 bis du CGI sont les **sociétés anonymes** (C. com. art. L 225-115, 5° modifié par la loi du 28-12-2019) et les **sociétés en commandite par actions** (C. com. art. L 226-1, al. 2).

Les sociétés par actions simplifiées ne sont pas visées puisque l'article L 227-1, alinéa 3 du Code de commerce exclut l'application des articles L 225-17 à L 225-126.

L'établissement de ce relevé est de la responsabilité de la direction de la société.

Sommes concernées

56440　Seules les **dépenses de mécénat** ouvrant droit à la réduction d'impôt prévue aux 1 à 5 de l'article 238 bis du Code général des impôts sont concernées par les vérifications spécifiques du commissaire aux comptes. Les sommes visées par cet article ne concernent que des **dépenses de mécénat**. Les versements relatifs à des actions de parrainage n'ont donc pas à être attestés par le commissaire aux comptes (Bull. CNCC n° 77-1990 p. 121 ; CNCC NI. XVI – décembre 2012 § 6.91.3).

Pour le détail des dépenses de mécénat ouvrant droit à la réduction d'impôt prévue aux 1 à 5 de l'article 238 bis du CGI, voir Mémento Fiscal n° 10695 et CNCC NI. précitée annexe 8.3.

Montants à prendre en compte

56450　Il s'agit du montant des **sommes comptabilisées** et non pas des seuls montants effectivement déduits fiscalement au cours de l'exercice ouvrant droit à déduction (Mémento Comptable n° 18590). Cela permet que l'information dont bénéficient les actionnaires soit la plus complète possible.

L'article L 225-115, 5° du Code de commerce exige que l'information relative au montant des versements effectués soit donnée globalement. Il n'y a pas lieu de la classer par nature de versement.

2. Mission du commissaire aux comptes

56460　Les développements présentés ci-après ne sont applicables que **lorsque le commissaire aux comptes n'est pas dispensé** de l'intervention prévue par le 5° de l'article L 225-115

© Éd. Francis Lefebvre   **AUTRES VÉRIFICATIONS SPÉCIFIQUES**

du Code de commerce en application de l'article L 823-12-1 du Code de commerce, à savoir lorsqu'il n'est pas désigné pour un mandat de trois exercices conformément aux dispositions de l'article L 823-3-2 du Code de commerce.

Nature de l'intervention

Source   Ni la partie légale ni la partie réglementaire du Code de commerce ne précisent les diligences à mettre en œuvre par le commissaire aux comptes pour procéder à cette vérification spécifique. Celui-ci pourra se référer à la NEP 9510 relative aux « diligences du commissaire aux comptes relatifs au rapport de gestion, aux autres documents sur la situation financière et les comptes et aux informations relevant du rapport sur le gouvernement d'entreprise adressés aux membres appelés à statuer sur les comptes » (voir n° 54568) ainsi qu'à la doctrine CNCC développée sur ce sujet dans la note d'information « Le commissaire aux comptes et les attestations » (CNCC NI. XVI – décembre 2012).

56470

Cette note d'information propose également un exemple d'attestation.

Objectif   L'objectif de l'intervention est pour le commissaire aux comptes de s'assurer de la concordance des chiffres mentionnés dans le relevé au titre des versements effectués en application des 1 à 5 de l'article 238 bis du CGI avec la comptabilité ayant servi de base à l'établissement des comptes annuels de l'exercice concerné.

56472

Travaux du commissaire aux comptes

Montant global des sommes ouvrant droit à réduction d'impôt   Dans le cadre de l'audit des comptes annuels, le commissaire aux comptes réalise des contrôles sur les postes de charges dans lesquels sont incluses les dépenses visées aux 1 à 5 de l'article 238 bis du CGI. Afin d'établir l'attestation requise par le 5° de l'article L 225-115 du Code de commerce, le commissaire aux comptes effectue les rapprochements nécessaires entre le montant global des versements effectués en application des 1 à 5 de l'article 238 bis du CGI et la comptabilité dont il est issu et vérifie qu'il concorde avec les éléments ayant servi de base à l'établissement des comptes annuels de l'exercice clos. Il vérifie, en outre, l'exactitude arithmétique du calcul de ce montant (CNCC NI. XVI – décembre 2012 § 6.92.2).

56480

Liste relative aux actions de mécénat et de parrainage   Le commissaire aux comptes n'a aucune vérification spécifique à réaliser sur la liste relative aux actions de mécénat et de parrainage. Toutefois, s'il a connaissance du fait qu'elle n'est pas établie ou comporte des informations manifestement incohérentes, il lui appartient d'en tirer les conséquences appropriées au regard de ses obligations de communication des irrégularités et inexactitudes, conformément aux dispositions des articles L 823-16 et L 823-12 du Code de commerce (CNCC NI. XVI – décembre 2012 § 6.92.1).

56490

Le commissaire aux comptes signale l'irrégularité aux organes visés à l'article L 823-16 du Code de commerce et, si cette dernière n'est pas régularisée, il procède à la communication prévue par l'alinéa 1 de l'article L 823-12 auprès de l'assemblée générale (voir n° 56515).

Communication et attestation

Le législateur n'a pas prévu de formalisme pour la délivrance de la certification du commissaire aux comptes. La doctrine CNCC précise que l'attestation délivrée prend la forme d'un document daté et signé par le commissaire aux comptes, auquel est joint le document établi, daté et signé par la direction de l'entité qui comprend les informations objet de l'attestation (CNCC NI. XVI – décembre 2012 § 6.92.3).

56505

La matérialisation de cette attestation s'inspire ainsi de l'ancienne NEP DDL relative aux attestations (NEP 9030). Le commissaire aux comptes ne pouvant être dispensateur d'informations, il ne peut se prononcer que sur un document établi, sous leur responsabilité, par les dirigeants. Il n'est par ailleurs pas possible que le commissaire aux comptes délivre son attestation en apposant sa signature directement sur le document établi par l'entité (CNCC NI. XVI – décembre 2012 § 3.71).

Les informations devant figurer dans une attestation établie en application de textes légaux et réglementaires sont précisées au n° 56372 de ce Mémento.

56508

AUTRES VÉRIFICATIONS SPÉCIFIQUES   © Éd. Francis Lefebvre

56509 **Conclusion** L'exemple d'attestation publiée par la CNCC dans sa note d'information (CNCC NI. XVI – décembre 2012 § 6.93) propose la formulation d'une conclusion **sans observation**, d'une conclusion **avec observation** et d'une **impossibilité de conclure**.

Lorsque le commissaire aux comptes constate que le montant global des sommes ouvrant droit à réduction d'impôt ne concorde pas avec la comptabilité ayant servi de base à l'établissement des comptes annuels de l'exercice concerné, le commissaire aux comptes demande aux dirigeants de la société de le corriger préalablement à l'émission de son attestation. À défaut, il formule une observation dans son attestation (CNCC NI. XVI – décembre 2012 § 6.92.3).

> Cette position constitue une évolution de la doctrine CNCC qui considérait précédemment que dans cette situation le commissaire aux comptes était dans l'impossibilité d'émettre son attestation (Doctrine professionnelle de la CNCC : ancienne norme CNCC 5-110 § 08).

La certification des comptes annuels avec réserve(s) ou le refus de certifier peuvent avoir une incidence sur les informations à attester et, le cas échéant, le commissaire aux comptes formule une impossibilité de conclure.

56510 **L'attestation** est envoyée au siège de la société dans un délai permettant à celle-ci de mettre à la disposition des actionnaires ce document, dans le délai de quinze jours précédant la convocation de l'assemblée générale (C. com. art. R 225-89).

> Pour les sociétés dont les actions sont admises aux négociations sur un marché réglementé, cette attestation doit être publiée sur le site Internet de la société au moins 21 jours avant l'assemblée (C. com. art. R 22-10-23 à compter du 1-1-2021 ; dispositions figurant antérieurement à l'article R 225-73-1 abrogé).

56512 **Caractère systématique de l'attestation** Dès lors que la société a comptabilisé des sommes ouvrant droit à ces réductions d'impôt, et ce, que le montant soit significatif ou non, le commissaire aux comptes doit émettre, sauf s'il s'estime dans l'impossibilité de le faire, cette attestation. Il ne dispose d'aucun pouvoir d'appréciation pour décider de l'opportunité de sa délivrance (Bull. CNCC n° 111-1998 p. 451 et CNCC NI. XVI – décembre 2012 § 6.91.1).

Dans l'hypothèse où le montant de ces sommes serait nul, l'attestation ne serait pas émise puisque la société n'a pas à établir et à communiquer aux actionnaires de document faisant état d'un montant nul (Bull. CNCC n° 107-1997 p. 456 et CNCC NI. XVI – décembre 2012 § 6.91.1).

56515 **Irrégularité** Lorsque le relevé des versements n'est pas communiqué aux actionnaires ou lorsqu'il leur est communiqué sans que le commissaire aux comptes ait délivré son attestation, le commissaire aux comptes **signale l'irrégularité** à l'organe compétent en application de l'article L 823-16 du Code de commerce (CNCC NI. précitée § 6.92.1). Si cette dernière n'a pas été régularisée, le commissaire aux comptes doit procéder à la communication prévue par l'article L 823-12 du Code de commerce auprès de l'assemblée générale et, lorsqu'il intervient auprès d'une entité d'intérêt public, il l'invite à enquêter conformément aux dispositions de l'article 7 du règlement (UE) 537/2014 (voir n°s 61270 s.). L'irrégularité est ainsi signalée dans la partie du rapport sur les comptes annuels relative aux vérifications spécifiques (voir n° 61312).

> Le défaut de mise à disposition de l'attestation dans les délais n'entraîne plus l'application de sanctions pénales depuis la loi NRE dont l'article 122 a abrogé l'article L 242-14 du Code de commerce. En revanche, cette loi donne la possibilité aux actionnaires d'astreindre les dirigeants, grâce à l'obtention judiciaire d'une injonction de faire, à procéder à cette communication (C. com. art. L 238-1) : voir n° 54504.

D. Informations sur les délais de paiement

1. Délais de paiement et obligations des entités

56518 Le champ d'application du dispositif relatif aux délais de paiement est très large puisque sont concernées les transactions entre « toute personne exerçant des activités de production, de distribution ou de services » et « tout acheteur » (C. com. art. L 441-1, II modifié par ord. 2019-359 du 24-4-2019).

> Cet article précise les dispositions relatives au respect des délais de paiement et s'applique quelle que soit la forme juridique de l'entité.

© Éd. Francis Lefebvre | **AUTRES VÉRIFICATIONS SPÉCIFIQUES** ▮

56520

Depuis la loi 2008-776 de modernisation de l'économie (« **LME** ») du 4 août 2008, le législateur a mis en place un dispositif visant à réduire les délais de paiement et à renforcer la transparence ainsi que la pertinence des informations communiquées à ce sujet. Ainsi, l'article L 441-10 du Code de commerce dispose que :
– à défaut de délai convenu entre les parties, le délai de règlement **supplétif** ne peut dépasser 30 jours après la date de réception des marchandises ou d'exécution de la prestation demandée (C. com. art. L 441-10, I-al. 1) ;
– en cas de délais de paiement **conventionnellement fixés entre les parties,** ceux-ci ne peuvent pas dépasser 60 jours après la date d'émission de la facture, ou 45 jours fin de mois après la date d'émission de la facture (C. com. art. L 441-10, I-al. 2 et 3). Pour les **factures périodiques** au sens du 3 du I de l'article 289 du CGI, ce délai ne peut dépasser 45 jours après la date d'émission de la facture (C. com. art. L 441-10, I-al. 4) ;

1. Selon le 3 du I de l'article 289 du CGI, une facture « peut être établie de manière périodique pour plusieurs livraisons de biens ou prestations de services distinctes réalisées au profit d'un même acquéreur ou preneur pour lesquelles la taxe devient exigible au cours d'un même mois civil. Cette facture est établie au plus tard à la fin de ce même mois ».

Par exemple, si un professionnel livre à son client plusieurs fois dans le mois et émet une facture récapitulative à la fin du mois, alors une livraison qu'il aura effectuée le 2 mars, et facturée le 31 mars, devra être payée au plus tard le 15 mai.

2. Par dérogation au I de l'article L 441-10 et aux 1° à 3° du II de l'article L 441-11 du Code de commerce, le délai convenu entre les parties pour le paiement des achats effectués en franchise de la taxe sur la valeur ajoutée, en application de l'article 275 du Code général des impôts, de biens destinés à faire l'objet d'une livraison en l'état hors de l'Union européenne, ne peut dépasser quatre-vingt-dix jours après la date d'émission de la facture. Le délai convenu entre les parties est expressément stipulé par contrat et ne doit pas constituer un abus manifeste à l'égard du créancier (C. com. art. L 441-12, al. 1).

– les **professionnels d'un secteur** peuvent, dans certains cas, convenir de **modifier le plafond légal** fixé pour les délais de paiement conventionnels (C. com. art. L 441-11, I). Pour plus de détails, voir Mémento Concurrence consommation n°s 28280 s.
Certains **secteurs** restent soumis à des **dispositions spécifiques** définies au II de l'article L 441-11 du Code de commerce, comme :
– le **transport** routier de marchandises, la location de véhicules avec ou sans conducteur, la commission de transport, les activités de transitaire, d'agent maritime et de fret aérien, de courtier de fret et de commissionnaire en douane : les délais de paiement convenus ne peuvent dépasser 30 jours après la date d'émission de la facture (C. com. art. L 441-11, II-5°) ;
– les achats de bétail sur pied destiné à la consommation et de viandes fraîches dérivées : les délais de paiement convenus ne peuvent dépasser vingt jours après le jour de livraison (C. com. art. L 441-11, II-2°). Pour plus de détails sur les secteurs concernés, voir Mémento Concurrence consommation n°s 28340 s.

Lorsqu'une **procédure d'acceptation ou de vérification** permettant de certifier la conformité des marchandises ou des services est prévue au contrat, la durée de cette procédure d'acceptation ou de vérification ne peut avoir pour effet ni d'augmenter la durée, ni de décaler le point de départ du délai maximal de paiement prévu au deuxième, troisième et quatrième alinéas du I de l'article L 441-10 du Code de commerce, à moins qu'il n'en soit expressément stipulé autrement par contrat et pourvu que cela ne constitue pas une clause ou pratique abusive, au sens de l'article L 441-16 alinéa 6 ou de l'article L 442-1 du code précité (C. com. art. L 441-10, III).

S'agissant des dispositions spécifiques applicables dans le cadre des **marchés publics,** voir Avis technique CNCC relatif aux délais de paiement (version actualisée de juillet 2017).

Information présentée dans le rapport de gestion

56521

Sociétés concernées Les sociétés dont les comptes annuels sont certifiés par un commissaire aux comptes communiquent des informations sur les délais de paiement de leurs fournisseurs et de leurs clients dans le rapport de gestion (C. com. art. L 441-14 créé par l'ordonnance 2019-359 du 24-4-2019, anciennement C. com. art. L 411-6-1, et art. D 441-6 modifié par le décret 2021-211 du 24-2-2021, anciennement art. D. 441-4).
Cette obligation de communication concerne donc les **sociétés** dont les comptes sont certifiés par un commissaire aux comptes et qui ne sont pas exemptées de l'établissement du rapport de gestion (Avis technique CNCC précité § 1.31 et NI. XVIII « Vérifications spécifiques » – décembre 2018 p. 77). Les entités telles que les associations, les GIE ou les établissements publics ne sont donc pas visées par l'obligation de communication des informations relatives aux

AUTRES VÉRIFICATIONS SPÉCIFIQUES   © Éd. Francis Lefebvre

délais de paiement. Ces entités restent cependant soumises aux obligations en matière de respect des délais de paiement.

Afin d'expliciter les obligations d'information issues de la LME, le ministère de l'économie et le ministère de la justice avaient par ailleurs apporté les précisions suivantes dans une lettre adressée à la CNCC en date du 20 avril 2010 :
– l'ensemble des **sociétés soumises** aux dispositions de l'article L 441-6-1 du Code de commerce (devenu art. L 441-14 avec ord. 2019-359 du 24-4-2019) et tenues d'établir un « rapport annuel » sont concernées, même si ce rapport de gestion est régi par une autre disposition que l'article L 232-1 du Code de commerce (tel est le cas par exemple des sociétés coopératives agricoles) ;
– les **sociétés non soumises à l'établissement d'un rapport annuel** sont exclues du dispositif.
Pour plus de détails sur les sociétés commerciales dispensées de l'obligation d'établir un rapport de gestion, voir n° 54172.
La Commission des études juridiques de la CNCC confirme d'ailleurs que les sociétés pouvant bénéficier de la dispense d'établir un rapport de gestion selon l'article L 232-1, IV du Code de commerce ne sont pas tenues de fournir les informations relatives aux délais de paiement (Bull. CNCC n° 194-2019 p. 367 – EJ 2018-90).
S'agissant des sociétés établissant volontairement un rapport de gestion. Voir n° 54305.
S'agissant des **SPPICAV** et des **Sicav**, les articles L 214-7-3, L 214-24-32 et L 214-67 du Code monétaire et financier les dispensent de l'obligation d'information sur les délais de paiement dans le rapport de gestion. Elles restent néanmoins soumises à des obligations en matière de respect de délais de paiement.

56522   Contenu de l'information   Pour les comptes afférents aux exercices ouverts à compter du 1er juillet 2016, les sociétés précitées doivent présenter dans leur rapport de gestion (C. com. art. D 441-6 modifié par le décret 2020-211 du 24-2-2021 à compter du 27-2-2021 ; dispositions figurant antérieurement à l'article D 441-4 du même code) :
1° pour les **fournisseurs**, le nombre et le montant total hors taxe ou toute taxe comprise des factures reçues non réglées à la date de clôture de l'exercice dont le terme est échu ; ce montant est ventilé par tranches de retard et rapporté en pourcentage au montant total des achats de l'exercice ;
2° pour les **clients**, le nombre et le montant total hors taxe ou toute taxe comprise des factures émises non réglées à la date de clôture de l'exercice dont le terme est échu ; ce montant est ventilé par tranches de retard et rapporté en pourcentage au chiffre d'affaires de l'exercice.

Les informations à fournir dans le rapport de gestion par les sociétés précitées ont ainsi évolué depuis les comptes afférents aux exercices ouverts à compter du 1er juillet 2016. Préalablement, seule la décomposition à la clôture des deux derniers exercices du solde des dettes à l'égard des fournisseurs par date d'échéance était à présenter.
Sur le périmètre des informations à communiquer concernant les délais de paiement pour les sociétés du secteur bancaire et pour les sociétés d'assurance et de réassurance, voir respectivement n°s 78380 et 83470.

Par dérogation, la société peut présenter, en lieu et place des informations mentionnées supra, le nombre et le montant cumulés des factures reçues et émises ayant connu un retard de paiement au cours de l'exercice et la ventilation de ce montant par tranches de retard. Elle les rapporte aux nombre et montant total des factures, respectivement reçues et émises dans l'année.
Les sociétés précisent si les montants mentionnés sont présentés hors taxe ou toute taxe comprise.
Les retards sont déterminés à partir des délais de paiement contractuels, ou en l'absence de délais contractuels spécifiques, des délais légaux applicables.
Si les sociétés excluent les factures relatives à des dettes et créances litigieuses ou non comptabilisées, elles l'indiquent en commentaire et mentionnent le nombre et le montant total des factures concernées.
Les **tableaux** utilisés pour présenter les informations sont établis selon un **modèle** fixé par l'arrêté du 20 mars 2017 pris en application de l'article D 441-6 du Code de commerce.

Le ministère de la justice a confirmé que la réforme des délais de paiement était applicable (Courrier de la Chancellerie à la CNCC en date du 20-4-2010 : Bull. CNCC n° 160-2010 p. 613 s.) :
– aux fournisseurs **intragroupes** (voir également CNCC NI. XVIII – décembre 2018 p. 78) ;
– aux dettes envers des fournisseurs **étrangers** liés à des sociétés françaises par des contrats internationaux ;
– et aux sociétés soumises à l'une des procédures amiables ou collectives prévues au livre VI du Code de commerce, sous réserve des dispositions du livre VI du Code de commerce qui prévoient des délais dérogatoires, voire une interdiction du paiement de certaines créances.
La CNCC considère que tout retraitement opéré dans le tableau devrait être signalé en commentaire sous le tableau dans un souci de transparence de l'information (CNCC NI. XVIII – décembre 2018 p. 78).

Sanctions

56523

L'article 123 de la loi 2014-344 du 17 mars 2014 relative à la consommation a renforcé la lutte contre les retards de paiement en introduisant un régime de sanctions administratives. La loi 2016-1691 du 9 décembre 2016 relative à la transparence, à la lutte contre la corruption et à la modernisation de la vie économique a renforcé les sanctions encourues pour les personnes morales.

Ainsi, depuis le 11 décembre 2016, le montant maximal des **amendes administratives** est passé de 375 000 euros à 2 millions d'euros pour les personnes morales et il reste 75 000 euros pour les personnes physiques. Sont passibles de sanctions (C. com. art. L 441-16 créé par l'ordonnance 2019-359 du 24-4-2019 – anciennement art. L 443-1 du même code) :

– le fait de ne pas respecter les plafonds légaux des délais de paiement (délais conventionnels, délai supplétif, délais spécifiques à certains secteurs d'activités ou produits : voir n° 56520) ;

> Les délais de paiement visés sont ceux prévus au I de l'article L 441-10, aux 1°, 2°, 3°, b du 4°, 5°, a et b du 6°, 7°, 8°, 9° et a et b du 10° du II de l'article L 441-11, à l'article L 441-12 et à l'article L 441-13.

– le défaut de mention dans les conditions de règlement des mentions prévues au II de l'article L 441-10 et le fait de fixer un taux ou des conditions d'exigibilité des pénalités de retard selon des modalités non conformes aux prescriptions de l'article L 441-10, II du Code de commerce ;

– le fait de ne pas respecter les modalités de computation des délais de paiement convenues entre les parties conformément aux deuxième, troisième et quatrième alinéas du I de l'article L 441-10 du code précité ;

– toutes clauses ou pratiques ayant pour effet de retarder abusivement le point de départ des délais de paiement mentionnés à l'article L 441-16 du code précité.

Le montant des amendes administratives encourues est **doublé en cas de réitération** du manquement dans un délai de deux ans à compter de la date à laquelle la première décision de sanction est devenue définitive (C. com. art. L 441-16, al. 7).

La décision de sanction administrative prononcée est **publiée** aux frais de la personne concernée sur le site internet de la DGCCRF (C. com. art. L 470-2, V). Toutefois, l'administration doit préalablement avoir informé la personne sanctionnée, lors de la procédure contradictoire fixée au IV, de la nature et des modalités de la publicité envisagée.

Enfin, tout manquement aux dispositions du I de l'article L 441-9 est désormais passible d'une **amende administrative** de 75 000 € pour une personne physique et de 375 000 € pour une personne morale. Le maximum de l'amende encourue est porté à 150 000 € pour une personne physique et 750 000 € pour une personne morale en cas de réitération du manquement dans un délai de deux ans à compter de la date à laquelle la première décision de sanction est devenue définitive (C. com. art. L 441-9, II modifié par ord. 2019-359 du 24-4-2019).

> La sanction pénale des articles 121-2 et 131-41 du Code pénal prévue en cas de facturation non conforme est désormais substituée par une amende administrative de même montant.
>
> Les dispositions du I de l'article L 441-9 sont relatives aux conditions de **facturation** de tout achat de produits ou de toute prestation de services pour une activité professionnelle et aux **mentions à faire figurer sur la facture** (nom des parties, date de règlement, conditions d'escompte, taux des pénalités, montant de l'indemnité forfaitaire, adresse de facturation de l'acheteur et du vendeur si celle-ci est différente de leur adresse, numéro du bon de commande s'il a été préalablement établi par l'acheteur...). Les nouvelles dispositions relatives aux règles de facturation sont à respecter par les professionnels pour toutes les factures émises à compter du 1er octobre 2019.

56524

S'agissant des **pénalités** exigibles en cas de dépassement des délais de paiement, celles-ci ont été également renforcées : le taux des pénalités de retard prévu par les parties pour les contrats conclus à compter du 1er janvier 2009 ne peut être inférieur à trois fois le taux d'intérêt appliqué par la Banque centrale européenne à son opération de refinancement la plus récente majoré de 10 points (C. com. art. L 441-10, II).

> Dans ce cas, le taux applicable pendant le premier semestre de l'année concernée est le taux en vigueur au 1er janvier de l'année en question. Pour le second semestre de l'année concernée, il est le taux en vigueur au 1er juillet de l'année en question.

Par ailleurs, depuis le 1er janvier 2013, une indemnité forfaitaire due en cas de retard de paiement : « tout professionnel en situation de retard de paiement est de plein droit débiteur, à l'égard du créancier, d'une indemnité forfaitaire pour frais de recouvrement,

AUTRES VÉRIFICATIONS SPÉCIFIQUES   © Éd. Francis Lefebvre

dont le montant est fixé par décret » (C. com. art. L 441-10, II). Cette indemnité forfaitaire est fixée à 40 € (C. com. art. D 441-5).

Lorsque les frais de recouvrement exposés sont supérieurs au montant de cette indemnité forfaitaire, le créancier peut demander une indemnisation complémentaire, sur justification. Toutefois, le créancier ne peut invoquer le bénéfice de ces indemnités lorsque l'ouverture d'une procédure de sauvegarde, de redressement ou de liquidation judiciaire interdit le paiement à son échéance de la créance qui lui est due.

2. Mission du commissaire aux comptes

Respect des délais de paiement

56526 S'agissant du **respect des dispositions relatives aux délais de paiement**, l'intervention du commissaire aux comptes s'inscrit dans le cadre de la NEP 250 relative à la « prise en compte du risque d'anomalies significatives dans les comptes résultant du non-respect de textes légaux et réglementaires » (Avis technique CNCC précité du 28-7-2017).

Ainsi, conformément aux dispositions de la NEP 250 (§ 07), « lorsque le commissaire aux comptes identifie des textes légaux et réglementaires qui ne sont pas relatifs à l'établissement et à la présentation des comptes mais dont le non-respect peut avoir des conséquences financières pour l'entité, telles que des amendes ou des indemnités à verser, ou encore peut mettre en cause la continuité d'exploitation :
– il s'enquiert auprès de la direction du respect de ces textes ;
– il prend connaissance de la correspondance reçue des autorités administratives et de contrôle pour identifier les cas éventuels de non-respect des textes ».

Informations mentionnées à l'article D 441-6 du Code de commerce

56528 En ce qui concerne les informations mentionnées à l'article D 441-6 du Code de commerce (anciennement art. D 441-4), le commissaire aux comptes atteste, dans son rapport sur les comptes annuels, de la sincérité de ces informations et de leur concordance avec les comptes annuels et présente ses observations, le cas échéant (C. com. art. L 441-14 créé par ord. 2019-359 du 24-4-2019, anciennement art. L 441-6-1 et D 823-7-1).

Le décret 2021-211 du 24 février 2021 modifiant le Code de commerce et portant mise en cohérence de dispositions réglementaires a recodifié les informations relatives aux délais de paiement devant figurer dans le rapport de gestion.
Ainsi, depuis le 27 février 2021 (date d'entrée en vigueur du décret précité), ces informations sont mentionnées à l'article D 441-6 du Code de commerce et non plus à l'article D 441-4 du même code.

S'agissant d'informations présentées dans le rapport de gestion, le commissaire aux comptes met en œuvre les diligences prévues par la NEP 9510 au titre des « informations sur la situation financière et les comptes annuels » contenues dans le rapport de gestion (voir n° 54290).

Dans son avis technique du 28 juillet 2017, la CNCC précise qu'en pratique le commissaire aux comptes peut :
– prendre connaissance des procédures mises en place pour produire les informations requises ;
– vérifier la **concordance** avec la comptabilité du montant des factures présentées en application de l'article D 441-6 du Code de commerce ;
– vérifier la cohérence avec les données sous-tendant la comptabilité du nombre de factures concernées ;
– vérifier la correcte ventilation desdites factures par tranches de retard ;
– contrôler arithmétiquement le rapport en pourcentage entre le montant des factures par tranches de retard et le chiffre d'affaires ou les achats de l'exercice (à adapter si l'information est donnée en cumulé sur l'exercice) ;
– vérifier que toutes les informations prévues par l'article D 441-6 du code précité sont fournies ;
– vérifier que les retards de paiement sont déterminés à partir des délais de paiement contractuels, ou en l'absence de délais contractuels, des délais légaux applicables ;
– si l'information présentée exclut certaines factures non comptabilisées ou litigieuses, apprécier la sincérité du classement desdites factures et vérifier que la société a mentionné le nombre et le montant total des factures concernées.

Le commissaire aux comptes adapte la nature de ses travaux et leur étendue en fonction des systèmes d'information propres à la société et en fonction des contrôles réalisés lors de l'audit des comptes.

Les conclusions du commissaire aux comptes sont formulées dans la partie de son rapport sur les comptes annuels relative à la vérification du rapport de gestion, **sous forme d'attestation** de la sincérité et de la concordance avec les comptes des informations prévues à l'article D 441-6 du Code de commerce, et de formulation, le cas échéant, d'observations.

Sur l'incidence dans le rapport de gestion des difficultés pour définir le périmètre des informations sur les délais de paiement pour les sociétés dans le secteur bancaire et dans le secteur de l'assurance, voir respectivement nᵒˢ 78380 et 83470.

Le paragraphe 21 de la NEP 9510, telle qu'homologuée par arrêté du 1er octobre 2018, a précisé qu'une **attestation spécifique** devait être formulée dans le rapport sur les comptes annuels concernant les informations mentionnées à l'article D 441-6 du Code de commerce (anciennement article D 441-4).

Le commissaire aux comptes **formule des observations** lorsque les informations relatives aux délais de paiement :
– ne concordent pas avec la comptabilité ;
– ne sont pas cohérentes avec les données sous-tendant la comptabilité ;
– ne sont pas présentées de façon sincère.

L'avis technique précité propose des exemples de formulation de conclusions avec observations.

Par ailleurs, lorsque les **informations** relatives aux délais de paiement sont **incomplètes** ou ne sont **pas communiquées** dans le rapport de gestion, le commissaire aux comptes signale l'irrégularité dans son rapport.

L'avis technique précité propose des exemples de formulation du signalement de l'irrégularité.

Enfin, s'agissant du cas particulier d'une société pouvant bénéficier de la dispense d'établir un rapport de gestion mais décidant d'émettre **volontairement** un « rapport » ou un « document sur la situation financière et les comptes » communiqué au commissaire aux comptes avant la date d'établissement de son rapport, les deux situations suivantes sont à distinguer (Bull. CNCC nº 194-2019 p. 357 – CNP 2019-03) :
– si le document établi fait explicitement référence aux textes légaux et réglementaires applicables à la société concernant le rapport de gestion, il présente dès lors les informations relatives aux délais de paiement et le commissaire aux comptes en atteste la sincérité et la concordance avec les comptes dans son rapport ;
– si le document établi est un « document sur la situation financière et les comptes » avec un contenu libre, les informations relatives aux délais de paiement ne sont pas requises et le commissaire aux comptes n'a pas à présenter d'attestation sur ces dernières dans son rapport.

56529

Afin d'éviter toute ambiguïté sur la teneur de ce document, la CNCC recommande dans ce cas que la société n'utilise pas l'intitulé de « rapport de gestion » ou qu'elle explique clairement que ce dernier n'est pas établi en application des textes légaux et réglementaires applicables à la société.

Voir également nº 54305.

Communication des manquements au ministre de l'économie

Pour les **grandes entreprises et entreprises de taille intermédiaire** (ETI), le commissaire aux comptes doit adresser son attestation au ministre chargé de l'économie si elle démontre, de façon répétée, des manquements significatifs de la société aux prescriptions du I de l'article L 441-10 ou du 5º du II de l'article L 441-11 (C. com art. L 441-14 créé par ord. 2019-359 du 24-4-2019 – anciennement art. L 441-6-1 du même code).

56530

Pour plus de détails sur les prescriptions relatives aux délais de paiement du I de l'article L 441-10 ou du 5º du II de l'article L 441-11 du Code de commerce, voir nº 56520.

Les grandes entreprises et les ETI sont définies par l'article 51 de la loi 2008-776 du 4 août 2008 et l'article 3 du décret 2008-1354 comme les entreprises :
– qui occupent plus de 250 personnes ;
– et dont le chiffre d'affaires est supérieur à 50 M€ ou dont le total bilan est supérieur à 43 M€.

Le commissaire aux comptes adresse son rapport sur les comptes annuels au ministre chargé de l'économie si, à l'occasion de la rédaction dudit rapport, des manquements significatifs et répétés apparaissent au vu des informations communiquées par la société dans le rapport de gestion (Bull. CNCC nº 163-2011 – Réponse CNP 2011-01 p. 580 ; Avis technique précité p. 14 s.).

Le comité des normes professionnelles de la CNCC précise que seul le rapport sur les comptes annuels est à transmettre par le commissaire aux comptes au ministre chargé de l'économie. Il ne convient donc pas de joindre le rapport de gestion de la société concernée.

AUTRES VÉRIFICATIONS SPÉCIFIQUES

© Éd. Francis Lefebvre

Même si les informations présentées dans le rapport de gestion sont sincères et concordent avec les comptes, et ne conduisent donc pas le commissaire aux comptes à formuler une observation dans la partie de son rapport relative à la vérification du rapport de gestion, ce dernier doit transmettre son rapport au ministre chargé de l'économie, dès lors que les informations communiquées par la société font apparaître des manquements significatifs et répétés (Bull. CNCC n° 164-2011 – Réponse CNP 2011-01 ; Avis technique précité p. 14).

Compte tenu de l'objectif poursuivi par le législateur, l'appréciation du caractère « significatif et répété » des manquements prévus au deuxième alinéa de l'article L 441-14 du Code de commerce relève du jugement professionnel du commissaire aux comptes.

La Chancellerie a rappelé dans sa réponse du 20 avril 2010 que l'obligation du commissaire aux comptes tendait à « permettre d'identifier les acteurs qui font de leurs retards de paiement une véritable politique d'entreprise préjudiciable à leurs fournisseurs ».

Le comité des normes professionnelles de la CNCC précise que les manquements peuvent être considérés comme « répétés » lorsqu'ils sont constatés, en lecture directe dans le rapport de gestion, sur au moins **deux exercices consécutifs**. Pour apprécier le caractère significatif de ces manquements, le commissaire aux comptes peut retenir des critères tels que le pourcentage que représentent les soldes fournisseurs ou clients ayant dépassé le délai prévu ou l'importance des retards en nombre de jours ou en montant (Bull. CNCC n° 163-2011 – Réponse CNP 2011-01, Avis technique précité).

Communication des irrégularités

56532
Le commissaire aux comptes a également l'obligation de **communiquer les irrégularités** à l'organe collégial chargé de l'administration ou à l'organe chargé de la direction et à celui de surveillance, ainsi que, le cas échéant, au comité spécialisé (C. com. art. L 823-16).

En application de la NEP 9510 précitée, le commissaire aux comptes porte à la connaissance de ces organes les informations relatives aux délais de paiement fournies dans le rapport de gestion qui ne concordent pas avec les comptes ou qui ne peuvent pas être rapprochées des données ayant servi à l'établissement de ces comptes ou qui ne sont pas sincères ainsi que les omissions d'information prévues par l'article D 441-6 du Code de commerce.

Le paragraphe 19 de cette norme indique :
« À défaut de correction, il en tire les conséquences éventuelles dans son rapport sur les comptes. »

En cas de **non-respect des textes** légaux et réglementaires relatifs aux délais de paiement, autres que l'omission des informations mentionnées à l'article D 441-6, le commissaire aux comptes considère si le non-respect relève de son obligation de signalement à la plus prochaine assemblée générale (ou réunion de l'organe compétent) des irrégularités et inexactitudes relevées au cours de l'accomplissement de la mission et, lorsqu'il intervient auprès d'une entité d'intérêt public, il l'invite à enquêter conformément aux dispositions de l'article 7 du règlement (UE) 537/2014 (C. com. art. L 823-12 ; voir également n° 61270).

Les sanctions pénales relatives au non-respect des délais de paiement ont été supprimées par la loi 2014-626 du 18 juin 2014 pour les faits commis postérieurement au 20 juin 2014.

De même, depuis l'ordonnance 2019-359 du 24 avril 2019, les sanctions relatives aux conditions de facturation et aux mentions à faire figurer sur la facture ne sont plus des sanctions pénales mais administratives (voir n° 56523).

Enfin, des manquements significatifs et répétés en matière de délais de paiement doivent conduire le commissaire aux comptes à s'interroger sur la **continuité d'exploitation** de l'entité contrôlée et, le cas échéant, sur le lancement de la procédure d'alerte.

Sanction

56538
Le dispositif légal ne prévoit aucune sanction à l'encontre de l'entreprise qui ne donnerait pas l'information requise par l'article L 441-14 du Code de commerce ni à l'encontre du commissaire aux comptes qui n'établirait pas de rapport. Ces manquements seraient toutefois de nature à engager leur **responsabilité civile**, dès lors qu'un fournisseur ou un client lésé estimerait que, par exemple, le non-établissement du rapport du commissaire aux comptes est au moins pour partie responsable du préjudice subi. En outre, concernant le commissaire aux comptes, il n'est peut-être pas impossible que sa responsabilité disciplinaire puisse être recherchée.

Concernant les faits délictueux relatifs aux délais de paiement, voir n° 56532 et n° 56523.

TITRE II

Interventions liées à des faits et des opérations

TITRE II

Interventions liées
des faits
et des opérations

CHAPITRE 1

Opérations concernant le capital social et les émissions de valeurs mobilières

Plan du chapitre	§§		
SECTION 1 **Libération d'une augmentation** **du capital par compensation** **avec des créances**	56610	**SECTION 5** **Accès au capital en faveur** **des salariés**	57300
A. Principales modalités	56620	A. Augmentation du capital réservée aux adhérents d'un plan d'épargne d'entreprise	57310
B. Intervention du commissaire aux comptes	56680	B. Attribution d'options de souscription ou d'achat d'actions	57340
SECTION 2 **Augmentation du capital avec** **suppression du droit** **préférentiel de souscription**	56730	C. Attribution d'actions gratuites existantes ou à émettre	57370
A. Principales modalités	56735	D. Émission de bons de souscription de parts de créateur d'entreprise (BSPCE)	57400
B. Intervention du commissaire aux comptes	56790	E. Évaluation des titres détenus dans le cadre d'un plan d'épargne d'entreprise	57420
SECTION 3 **Opérations concernant** **les actions de préférence**	56880	**SECTION 6** **Réduction du capital**	57500
A. Principales modalités	56885	A. Principales modalités	57550
B. Intervention du commissaire aux comptes	56990	B. Intervention du commissaire aux comptes	57680
SECTION 4 **Émission de valeurs mobilières** **donnant accès au capital** **ou donnant droit à l'attribution** **de titres de créance**	57150	**SECTION 7** **Rachat d'actions en application** **des dispositions de l'article** **L 225-209-2 du Code** **de commerce**	57800
A. Principales modalités	57160	A. Principales modalités	57810
B. Intervention du commissaire aux comptes	57230	B. Intervention du commissaire aux comptes	57900

56600

Ce chapitre est consacré aux opérations concernant le capital et les émissions de valeurs mobilières devant faire l'objet d'un rapport du commissaire aux comptes en application des textes légaux et réglementaires, notamment car elles sont susceptibles de modifier les statuts et les droits des associés. Aussi font l'objet d'un rapport du commissaire aux comptes les opérations suivantes :

– augmentation du capital libérée par compensation avec des créances (n°s 56620 s.) ;
– augmentation du capital avec suppression du droit préférentiel de souscription (n°s 56730 s.) ;
– émission et conversion d'actions de préférence (n°s 56880 s.) ;
– émission de valeurs mobilières complexes ayant un effet dilutif (n°s 57150 s.) ;

OPÉRATIONS CONCERNANT LE CAPITAL SOCIAL ET LES ÉMISSIONS DE VALEURS MOBILIÈRES © Éd. Francis Lefebvre

– dans le cadre des régimes d'accès au capital en faveur des salariés (augmentation du capital, actions gratuites, stock-options…) (nos 57300 s.) ;
– réduction du capital (nos 57500 s.) ;
– ou encore rachat d'actions dans le cadre des dispositions de l'article L 225-209-2 du Code de commerce (nos 57800 s.).

La loi 2019-486 du 22 mai 2019 relative à la croissance et la transformation des entreprises (dite « loi Pacte ») distingue désormais les situations requérant l'intervention :
– **du commissaire aux comptes de l'entité « s'il en existe »**, c'est-à-dire uniquement si l'entité a désigné un commissaire aux comptes pour une mission de certification des comptes (voir n° 56602) ;
– d'un **commissaire aux comptes désigné spécialement** à cet effet alors que l'entité n'est pas dotée d'un commissaire aux comptes pour une mission de certification des comptes (voir n° 56603).

Les opérations concernant le capital et les émissions de valeurs mobilières devant faire l'objet d'un rapport du commissaire aux comptes ont récemment fait l'objet d'autres modifications législatives et réglementaires :
– la loi 2019-744 du 19 juillet 2019 de simplification, de clarification et d'actualisation du droit des sociétés, dite « loi Soilihi », a notamment supprimé l'obligation de consultation périodique des actionnaires en vue de se prononcer sur une augmentation de capital réservée aux salariés (voir n° 57312) ;
– l'ordonnance 2019-1067 du 21 octobre 2019 a notamment modifié le régime des offres au public (voir n° 56742) ;
– l'ordonnance 2020-1142 du 16 septembre 2020, entrée en vigueur le 1er janvier 2021 (art. 19 de l'ordonnance), a eu pour objets d'une part, de dissocier les dispositions de droit commun applicables aux sociétés non cotées du droit spécial applicable aux sociétés cotées, afin de restituer au droit commun des sociétés sa lisibilité et sa cohérence et, d'autre part, de regrouper, au sein d'une partie spécifique, les règles propres aux sociétés cotées (sociétés dont les titres sont admis aux négociations sur un marché réglementé ou sur un système multilatéral de négociation) afin d'en identifier le régime plus aisément (C. com. art. L 22-10-1 s.). Le décret 2020-1742 du 29 décembre 2020 a poursuivi le même objectif en ce qui concerne des textes réglementaires régissant ces mêmes sociétés (BRDA 20/20 n° 22 et 4/21 n° 25). Ainsi, certaines dispositions relatives aux opérations sur le capital et à l'émission de valeurs mobilières ont été regroupées dans ce nouveau chapitre dédié aux sociétés cotées.

La CNCC a publié le 19 janvier 2021 un communiqué présentant ces modifications et a, en conséquence, actualisé sur son portail Sidoni les exemples de rapports relatifs aux opérations sur le capital qui le nécessitaient (Bull. CNCC n° 201-2021).

56601 **Aucune intervention du commissaire aux comptes n'est prévue** en cas :
– d'augmentation du capital par émission d'actions ordinaires sans suppression du droit préférentiel de souscription libérée par apport en numéraire ;
– d'augmentation du capital par incorporation de réserves, bénéfices ou primes d'émission effectuée par émission d'actions ordinaires ;
– d'augmentation du capital par émission d'actions ordinaires libérée par apport en nature (voir CNCC NI. V Tome 3 § 3.12).

Par ailleurs, depuis la publication de l'ordonnance 2014-863 du 31 juillet 2014 et du décret 2015-545 du 18 mai 2015, **l'intervention du commissaire aux comptes n'est plus requise** en cas :
– d'émission de valeurs mobilières ayant la nature de titres de créance donnant droit à l'attribution d'autres titres de créance ou donnant accès à des titres de capital existants (voir n° 57173) ;
– d'inscription dans les statuts des modalités de rachat des actions de préférence (voir n° 56947) ;
– de rachat d'actions de préférence en application de dispositions statutaires (voir n° 56975).

56602 **Opérations nécessitant l'intervention du commissaire aux comptes de l'entité** En application de la loi Pacte, l'intervention du commissaire aux comptes de l'entité est requise en cas :
– d'augmentation du capital avec suppression du droit préférentiel de souscription (C. com. art. L 225-135, al. 3) ;

1224

– d'utilisation d'une délégation de pouvoir ou de compétence par l'organe compétent pour procéder à une augmentation du capital (C. com. art. L 225-135, al. 4) ;

> L'article L 823-12-1 du Code de commerce précise que le commissaire aux comptes dont la durée du mandat est limitée à trois exercices (mission Alpe) est dispensé de la réalisation des diligences et rapports mentionnés notamment à l'article L 225-135 du Code de commerce (C. com. art. L 823-12-1, al. 2). Toutefois, la CNCC a précisé qu'en cas d'augmentation du capital réalisée en application des articles L 225-136, 2°, L 225-138 et L 225-138-1 du Code de commerce, le commissaire aux comptes nommé pour un mandat de trois exercices (mission Alpe) n'est pas dispensé des diligences et rapports prévus pour ces opérations qui sont réalisées avec suppression du droit préférentiel de souscription (CNCC Questions/réponses relatives à la loi Pacte – octobre 2020, question 8.4 – EJ 2019-84).

– d'utilisation de la délégation consentie par l'assemblée générale extraordinaire au conseil d'administration ou au directoire pour fixer la liste des bénéficiaires au sein de catégories de personnes répondant à des caractéristiques déterminées et le nombre de titres à attribuer à chacun d'eux dans les conditions de l'article L 225-138 du Code de commerce (C. com. art. L 225-138, I-al. 2) ;
– de réduction du capital (C. com. art. L 225-204, al. 2) ;
– d'autorisation d'attribution d'options de souscription ou d'achat d'actions (C. com. art. L 225-177, al. 1).

Le commissaire aux comptes présente également à l'assemblée générale un rapport spécial sur les conditions du rachat des actions de l'entité intervenu en application de l'article L 225-209-2 du Code de commerce et leur utilisation au cours du dernier exercice clos (C. com. art. L 225-209-2, al. 14).

Par ailleurs, les porteurs d'actions de préférence constitués en assemblée spéciale peuvent demander à l'un des commissaires aux comptes de l'entité d'établir un rapport spécial comportant son avis sur le respect par la société des droits particuliers attachés aux actions de préférence (C. com. art. L 228-19).

Les dispositions de la loi Pacte modifiant les articles précités pour tenir compte du fait que la désignation d'un commissaire aux comptes n'est désormais plus systématique sont applicables à compter du premier exercice clos postérieurement à la publication du décret 2019-514 du 24 mai 2019 intervenue le 26 mai 2019 et au plus tard le 1er septembre 2019 (Loi Pacte art. 20, II).

> La Commission des études juridiques de la CNCC considère que la date limite du 1er septembre 2019 a été insérée dans la loi Pacte dans l'hypothèse où le décret n'aurait pas été publié avant cette date. Le décret ayant été publié le 26 mai 2019, la CNCC est d'avis que cette date du 1er septembre 2019 ne trouve donc pas à s'appliquer et que de ce fait l'article 20 de la loi Pacte s'applique à compter du premier exercice clos postérieurement au 26 mai 2019 (voir CNCC – Questions-réponses relatives à l'application de la loi Pacte, octobre 2019).

Opérations nécessitant la désignation d'un commissaire aux comptes afin de réaliser certaines opérations Lorsque la société n'a pas désigné de commissaire aux comptes pour une mission de certification des comptes, la loi Pacte prévoit néanmoins l'obligation de faire intervenir un commissaire aux comptes **désigné spécialement à cet effet, selon les modalités prévues à l'article L 225-228** du Code de commerce, pour réaliser certaines opérations limitativement prévues par les textes. La CNCC a publié un avis technique spécifique à cette mission (CNCC Avis technique relatif aux opérations sur les valeurs mobilières confiées à un commissaire aux comptes – octobre 2019). Les opérations concernées par cette intervention sont les suivantes :

56603

– attribution gratuite d'actions de la société au profit des membres du personnel de la société (C. com. art. L 225-197-1, al. 1 ; voir n° 57390) ;
– autorisation d'attribution d'options donnant droit à la souscription d'actions consenties au bénéfice de membres du personnel salarié de la société (C. com. art. L 225-177, al. 4 ; voir n° 57360) ;
– augmentation du capital par voie d'offre au public ou par voie d'offre visée au 1° de l'article L 411-2 du Code monétaire et financier (C. com. art. L 225-136, 2° ; voir n° 56791) ;
– augmentation du capital au profit d'une ou de plusieurs personnes nommément désignées ou catégories de personnes répondant à des caractéristiques déterminées (C. com. art. L 225-138, II ; voir n° 56791) ;
– constatation de la libération des actions en cas d'augmentation du capital par compensation avec des créances liquides et exigibles sur la société – certificat du dépositaire (C. com. art. L 225-146, al. 2 ; voir n° 56648) ;

OPÉRATIONS CONCERNANT LE CAPITAL SOCIAL ET LES ÉMISSIONS DE VALEURS MOBILIÈRES © Éd. Francis Lefebvre

– rachat par la société de ses propres actions en vue de les offrir ou de les attribuer aux salariés, aux actionnaires ou dans le cadre d'opérations de restructuration (C. com. art. L 225-209-2, al. 11 ; voir n° 57910).

Sur l'entrée en vigueur de ces nouvelles dispositions issues de la loi Pacte, voir n° 56602.

Sur les émissions de valeurs mobilières dilutives, voir n° 57230.

Sur les émissions réservées aux salariés, voir n° 57327.

Pour toutes ces interventions, le commissaire aux comptes est désigné selon les modalités prévues à l'article L 225-228 du Code de commerce. Ainsi, il appartient à la société, préalablement à l'opération, de réunir l'organe délibérant afin de procéder à la désignation du commissaire aux comptes chargé d'effectuer la mission spécifique concernée (CNCC Avis technique relatif aux opérations sur les valeurs mobilières confiées à un commissaire aux comptes – octobre 2019 et Bull. CNCC n° 197-2020 – EJ 2019-42 et EJ 2019-57).

L'Ansa considère que rien n'interdit à l'assemblée générale ordinaire de nomination du commissaire aux comptes de se tenir bien en amont du projet d'émission concernée et même à un moment où ce projet ne serait qu'éventuel ; par exemple, lors d'une assemblée générale ordinaire annuelle et pour la période allant jusqu'à la prochaine assemblée générale annuelle (Comité juridique Ansa novembre 2019 n° 19-057).

56605 La CNCC a décidé de traiter les opérations concernant le capital et les émissions de valeurs mobilières dans une note d'information unique intitulée « Interventions du commissaire aux comptes relatives aux opérations concernant le capital social et les émissions de valeurs mobilières ». Cette note d'information (NI. V) est composée de plusieurs tomes.

Six tomes ont d'ores et déjà été publiés :
– Tome 1 « Réduction du capital » ;
– Tome 2 « Libération d'une augmentation du capital par compensation avec des créances » ;
– Tome 3 « Augmentation du capital par émission d'actions ordinaires avec suppression du droit préférentiel de souscription » ;
– Tome 4 « Régime d'accès au capital en faveur des salariés » ;
– Tome 5 « Actions de préférence » ;
– Tome 6 « Émissions de valeurs mobilières complexes ».

Cette note d'information a par ailleurs été complétée de six avis techniques :
– Avis technique portant sur les « opérations relatives aux certificats coopératifs d'investissement et aux certificats coopératifs d'associés » publié en juillet 2013 ;
– Avis technique relatif à la mission de l'expert indépendant en application des dispositions de l'article L 225-209-2 du Code de commerce (octobre 2014) ;
– Avis technique : intervention du commissaire aux comptes en application des dispositions de l'article L 225-148 (désormais art. L 22-10-54) du Code de commerce (novembre 2014), voir n° 42212 ;
– Avis technique relatif à l'intervention du commissaire aux comptes lors de la réunion ordinaire de l'organe délibérant appelé à autoriser le rachat d'actions en application des dispositions de l'article L 225-209-2 du Code de commerce (octobre 2019) ;
– Avis technique relatif à l'intervention du commissaire aux comptes en application des dispositions de l'article L 225-209-2, alinéa 14 du Code de commerce sur les conditions dans lesquelles les actions ont été rachetées et utilisées au cours du dernier exercice clos (mars 2015) ;
– Avis technique relatif aux opérations sur les valeurs mobilières confiées à un commissaire aux comptes (octobre 2019).

SECTION 1

Libération d'une augmentation du capital par compensation avec des créances

56610 Dans le cadre de la libération d'une augmentation du capital par compensation avec des créances, le commissaire aux comptes doit vérifier l'exactitude de l'arrêté de compte et s'assurer en particulier que les créances correspondantes sont certaines et liquides. Par ailleurs, lorsqu'il lui est demandé d'établir le certificat du dépositaire, le commissaire aux comptes vérifie également que les créances devant servir à la compensation sont exigibles. L'objectif poursuivi par le législateur, en instaurant ces vérifications, est d'éviter qu'il soit procédé à une **augmentation du capital fictive**. Avant d'examiner les diligences mises

1226

en œuvre par le commissaire aux comptes dans le cadre ainsi défini (n°s 56680 s.), il est important d'avoir une bonne compréhension des textes légaux et réglementaires applicables (n°s 56620 s.).

> La Compagnie nationale des commissaires aux comptes a publié une note d'information sur le sujet en juin 2010, mise à jour en décembre 2011 (CNCC NI. V Tome 2 « Libération d'une augmentation du capital par compensation avec des créances »).

A. Principales modalités

Nature de l'opération

Définition Les sociétés peuvent décider d'augmenter leur capital par émission d'actions ordinaires ou, de préférence, par l'exercice de droits attachés à des valeurs mobilières donnant accès au capital ou enfin par majoration du montant nominal des titres de capital existants (C. com. art. L 225-127). Une augmentation du capital peut également résulter de l'émission de valeurs mobilières composées dont le titre primaire est une action (C. com. art. L 228-91).

56620

Les actions nouvelles sont libérées soit en numéraire y compris par compensation avec des créances liquides et exigibles sur la société, soit par apport en nature, soit par incorporation de réserves, bénéfices ou primes d'émission, soit par échange de titres lors d'une fusion ou d'une scission (C. com. art. L 225-128, al. 2).

La libération par compensation avec des créances constitue un mode particulier de libération des apports en numéraire.

> L'augmentation du capital libérée par compensation avec des créances est considérée comme un apport en numéraire et ne doit pas être confondue avec l'**apport en nature d'une créance**. Cette dernière opération suit le régime de l'article L 225-8 ou de l'article L 225-147 du Code de commerce et doit à ce titre faire l'objet d'un rapport d'un commissaire aux apports. La créance apportée est alors inscrite à l'actif du bilan par l'effet du transfert de propriété et son apporteur est rémunéré par des actions.
>
> La libération par compensation avec des créances est possible quelles que soient les modalités selon lesquelles l'augmentation du capital est réalisée : émission d'actions ou élévation du montant nominal de l'action (voir, en ce sens, CNCC NI. V Tome 2 § 3.9).
>
> Concernant la libération par compensation du solde du capital initial, voir CNCC NI. V Tome 2 § 3.3.

Contrairement à l'apport direct de numéraire, la libération d'une augmentation du capital par compensation avec des créances nécessite l'intervention d'un commissaire aux comptes (C. com. art. R 225-134).

> Les augmentations du capital libérées par compensation avec des créances, pour lesquelles le Code de commerce prévoit l'application des dispositions de l'article R 225-134, sont celles réalisées par l'émission d'actions ordinaires, d'actions de préférence ainsi que de valeurs mobilières dont le titre primaire est une action (dans le cas où le titre primaire n'est pas une action, voir § 3.2 de la NI. V Tome 2).

Objectifs de l'opération La libération d'une augmentation du capital par compensation avec des créances peut correspondre à un objectif, variable selon la situation financière de l'entreprise. Une situation fréquente est l'incorporation de comptes courants mis à la disposition de la société par les associés et devenus indisponibles compte tenu de l'évolution de la structure financière de la société. L'incorporation au capital, fiscalement peu coûteuse, permet alors d'adapter la présentation des capitaux propres à la taille de la société.

56622

La libération par incorporation de créances peut également avoir pour objectifs :
– d'assainir la situation financière de la société en transformant une dette exigible en capital non saisissable par les créanciers ou, dans le cadre d'une procédure de sauvegarde ou de redressement judiciaire, afin de permettre la mise en œuvre d'un plan de continuation ;
– de faire entrer un créancier dans le capital (participation plus active d'un fournisseur dans la gestion de son débiteur) ;
– d'opérer un renforcement de majorité (incorporation du compte courant d'un associé), etc.

> D'une manière plus générale, l'augmentation du capital libérée par compensation avec des créances dispense la société d'avoir à rechercher les fonds nécessaires auprès de nouveaux actionnaires. L'opération a, en outre, pour avantage d'être simple puisqu'elle se traduit seulement par une écriture de bilan, sans aucun transfert de fonds.

56624 **Conditions** La libération d'une augmentation du capital par compensation avec des créances nécessite que les quatre conditions requises par la compensation légale soient remplies à la date de souscription, à savoir (C. civ. art. 1347 s.) :
– la compensation doit concerner deux personnes dont l'une se trouve débitrice envers l'autre ;
– la créance et la dette doivent avoir l'une et l'autre pour objet des choses fongibles, c'est-à-dire qui se pèsent ou se comptent (l'argent par exemple) ;
– la créance doit être certaine : elle doit avoir une existence actuelle et incontestable ;
– la créance doit être liquide : elle peut être évaluée dans une monnaie qui a cours légal ;
– la créance doit être exigible : elle doit être échue au jour de la souscription, c'est-à-dire que son titulaire doit être en droit de contraindre son débiteur au paiement sans qu'aucun obstacle ne l'en empêche.

56626 **Contextes particuliers** En cas de pertes cumulées supérieures à la moitié du capital social (Mémento Sociétés commerciales n°s 76610 s.), rien ne s'oppose à ce qu'une augmentation du capital soit libérée par compensation avec des créances (CNCC NI. V Tome 2 § 3.4 et Bull. CNCC n° 56-1984 p. 527).
En revanche, la compensation n'est plus admise à compter du jour de la cessation des paiements (Bull. CNCC n° 56-1984 p. 528). Par ailleurs, elle n'est possible à compter du jugement ouvrant une procédure de sauvegarde que si les créances sont connexes, c'est-à-dire s'il peut être démontré que la compensation légale était acquise et pouvait être opérée avant la date d'ouverture de la procédure (C. com. art. L 622-7). Toutefois, l'article 37 de l'ordonnance du 12 mars 2014 a modifié les dispositions de l'article L 626-3 du Code de commerce en autorisant les associés ou les actionnaires souscrivant à une augmentation de capital prévue par le projet de plan à bénéficier de la compensation à concurrence de leur créance admise et dans la limite des réductions dont elles sont l'objet dans le projet de plan.

> Pour l'augmentation du capital libérée par compensation avec des créances dans le cadre d'un plan arrêté à l'occasion d'une procédure de sauvegarde ou d'une procédure de redressement judiciaire par des créanciers, voir également n° 56640 et CNCC NI. V Tome 2 § 3.5 s.

Modalités de mise en œuvre

56628 **Entités concernées** Les entités dans lesquelles il peut y avoir libération du capital par compensation avec des créances sont les **sociétés par actions** : sociétés anonymes, sociétés en commandite par actions sur renvoi de l'article L 226-1 du Code de commerce et sociétés par actions simplifiées sur renvoi de l'article L 227-1 du Code de commerce.

> Les développements ci-dessous font référence aux textes applicables aux sociétés anonymes. Sauf mention contraire, ils sont transposables aux sociétés en commandite par actions et aux sociétés par actions simplifiées.

56629 **Cas particulier de la SARL** Bien que le Code de commerce ne l'ait pas prévu expressément, la jurisprudence (CA Riom 22-11-1928 : DP 1930. II. 121, note Pic et CA Versailles, 13e ch., 25-10-1990 : Bull. Joly 1991.76, note Jeantin) ainsi que deux réponses ministérielles (JO AN 31-10-1969 p. 3157 et 7-5-1970 p. 1583) reconnaissent la possibilité de libérer l'augmentation du capital d'une société à responsabilité limitée par compensation avec une créance liquide et exigible. Dans ce cas, il n'est pas prévu l'établissement d'un arrêté de compte, ni par conséquent l'intervention d'un commissaire aux comptes. Toutefois, une société à responsabilité limitée peut demander à son commissaire aux comptes l'établissement d'un rapport relatif à l'exactitude de l'arrêté des comptes et un rapport valant certificat du dépositaire.
Préalablement à l'entrée en vigueur de l'ordonnance 2016-315 du 17 mars 2016, cette intervention pouvait être réalisée par le commissaire aux comptes dans le cadre des diligences directement liées à la mission de commissaire aux comptes. La CNCC considérait qu'il pouvait alors utiliser la NEP 9030 (Attestations entrant dans le cadre de DDL) pour l'établissement d'un rapport attestant de l'exactitude de l'arrêté de compte et la NEP 9040 (Constats à l'issue de procédures convenues entrant dans le cadre de DDL) pour l'établissement d'un rapport valant certificat du dépositaire (Note d'information précitée § 3.1).

Depuis le 17 juin 2016, le concept de DDL a été supprimé du Code de commerce mais l'intervention précitée pourra toujours être fournie dans la mesure où elle n'entre pas dans les services portant atteinte à l'indépendance du commissaire aux comptes qui sont définis dans le Code de déontologie et, s'agissant des entités d'intérêt public, dans les services mentionnés au paragraphe 1 de l'article 5 du règlement européen 537/2014 du 16 avril 2014.

Si le commissaire aux comptes accepte d'effectuer l'intervention demandée par l'entité, il peut alors se référer aux avis techniques suivants :

– Avis technique « Attestations entrant dans le cadre des services autres que la certification des comptes fournis à la demande de l'entité » (Annexe 3 du Communiqué CNCC de juillet 2016 « Référence aux normes ou à la doctrine pour les services autres que la certification des comptes fournis à la demande de l'entité » ; voir n° 68100) ;

– Avis technique « Procédures convenues avec l'entité entrant dans le cadre des services autres que la certification des comptes fournis à la demande de l'entité » (Annexe 4 du communiqué précité ; voir n° 68200).

Conditions préalables à toute augmentation du capital

56630

Ces conditions sont exposées dans le cadre de la section 2 du présent chapitre (voir n° 56751).

Obligation de proposer une augmentation du capital réservée aux salariés

56633

De la même manière que précédemment cette obligation est développée dans la section 2 (voir n° 56752).

Augmentation du capital avec suppression du droit préférentiel de souscription

56635

L'augmentation du capital libérée par compensation avec des créances peut intervenir dans le cadre d'une augmentation du capital avec suppression du droit préférentiel de souscription. Les dispositions spécifiques à cette modalité d'émission sont alors applicables (voir n°s 56730 s.).

Décision d'augmentation du capital

56640

Comme toute augmentation du capital en numéraire, l'augmentation du capital libérée par compensation avec des créances résulte d'une décision de l'**assemblée générale extraordinaire** prise sur la base d'un rapport établi par le conseil d'administration ou le directoire (ou l'organe équivalent – C. com. art. L 225-129).

Le contenu du rapport de l'organe compétent est déterminé par l'article R 225-113 du Code de commerce.

Lorsque l'opération a lieu avec suppression du droit préférentiel de souscription, le rapport de l'organe compétent comporte également les informations prévues à l'article R 225-114 du Code précité (voir n°s 56730 s.) ainsi que les informations prévues à l'article R 225-115 du Code de commerce si l'assemblée fixe elle-même toutes les modalités de l'opération.

L'assemblée peut déléguer au conseil d'administration ou au directoire le pouvoir de fixer les modalités de l'émission (C. com. art. L 225-129-1) ou sa compétence pour décider de l'augmentation du capital (C. com. art. L 225-129-2) (sur les différentes notions de délégation, voir n°s 56756 s.). Dans les **sociétés dont les titres de capital sont admis aux négociations sur un marché réglementé ou sur un système multilatéral de négociation organisé**, le conseil d'administration (ou le directoire) peut alors, en application de l'article L 22-10-49 du Code de commerce, subdéléguer à son directeur général (ou à son président) le pouvoir de décider la réalisation de l'augmentation du capital ainsi que celui d'y surseoir.

Dans les Sasu et les EURL, l'associé unique ne peut déléguer ses pouvoirs (C. com. art. L 227-9 et L 223-31, al. 3).

La particularité d'une augmentation du capital libérée par compensation avec des créances est de rendre nécessaire l'établissement d'un **arrêté de compte** et de donner lieu à l'établissement d'un **certificat du dépositaire distinct** (C. com. art. L 225-146 et R 225-134).

Lorsque l'opération d'augmentation du capital libérée par compensation avec des créances se déroule dans le cadre d'un plan arrêté à l'occasion d'une **procédure de sauvegarde** les dispositions des articles L 225-146 et R 225-134 s'appliquent également. Dès lors, les libérations d'actions par compensation avec des créances sont constatées par un certificat du notaire ou d'un commissaire aux comptes et les créances font l'objet d'un arrêté de comptes certifié exact par le commissaire aux comptes (Réponse de la Chancellerie du 24-11-2010 publiée par la CNCC dans le Bulletin n° 161-3-2011 p. 47 ; voir également CNCC NI. V Tome 2 § 3.10).

Arrêté de compte

56643

L'arrêté de compte, établi par l'organe compétent, porte sur les créances d'un montant égal ou supérieur à celui de l'augmentation du capital qui doit être libérée par compensation.

OPÉRATIONS CONCERNANT LE CAPITAL SOCIAL ET LES ÉMISSIONS DE VALEURS MOBILIÈRES © Éd. Francis Lefebvre

Sont ici désignés par le terme « organe compétent » le conseil d'administration, le directoire ou le directeur général unique dans une société anonyme, le gérant d'une société en commandite par actions, le président d'une société par actions simplifiée ou celui ou ceux des dirigeants que les statuts de la société par actions simplifiée ont désignés pour établir l'arrêté de compte.

Subdélégation : à notre avis, lorsque le conseil d'administration ou le directoire a subdélégué son pouvoir de décider la réalisation de l'émission (voir n° 56640), l'établissement de l'arrêté de compte s'inscrit, sauf disposition contraire, dans les pouvoirs subdélégués. Il appartient alors au subdélégataire d'établir l'arrêté de compte.

Pour les **sociétés dont les titres ne sont pas admis aux négociations sur un marché réglementé**, une lecture stricte de l'article R 225-134 du Code de commerce interdit toute délégation du conseil d'administration ou du directoire à son président pour procéder à l'arrêté de compte.

La créance peut être de nature financière (compte courant, prêt) ou commerciale (par exemple fournisseur).

La créance donnant lieu à l'augmentation du capital est appréciée à sa valeur nominale. S'il s'agit d'une créance en devises étrangères, elle est convertie au cours de change à la date de l'arrêté de compte. Cette date est la plus proche possible de la signature du bulletin de souscription (CNCC NI. V Tome 2 § 2.23.2). Une perte ou un profit de change, égal à la différence de taux de change entre la date d'enregistrement des opérations et la date de souscription, est éventuellement constatée (Mémento Comptable n° 55365).

L'arrêté de compte doit être certifié exact par le commissaire aux comptes (C. com. art. R 225-134).

56644 **Forme et date de l'arrêté de compte** Les textes légaux et réglementaires ne précisent pas la forme que l'arrêté de compte doit prendre. Il peut s'agir (CNCC NI. V Tome 2 § 1.36.2) :

– du **procès-verbal** de la réunion de l'organe compétent au cours de laquelle il a été procédé à l'arrêté de compte ;

– d'un extrait du procès-verbal de la réunion de l'organe compétent faisant état de la décision d'arrêté de compte, indiquant le montant arrêté et signé par le représentant légal de l'entité ;

– d'un document annexé au procès-verbal de la réunion de l'organe compétent ;

– de **tout document**, par exemple un courrier, **signé par le représentant légal de l'entité**.

L'arrêté de compte doit en principe être établi à la **date de souscription** figurant sur chacun des bulletins de souscription élaborés conformément aux dispositions de l'article R 225-128 du Code de commerce et correspondant à des actions dont la libération par compensation des créances est prévue.

Lorsqu'il est nécessaire de réunir l'organe compétent (cas d'un organe collégial), l'arrêté de compte est souvent établi, pour des raisons pratiques, antérieurement à la date de souscription. Dans ce cas, le solde du compte doit être maintenu pour chaque créancier à hauteur du montant dont l'utilisation est envisagée pour la libération par compensation de créances. De ce fait, un contrôle par le commissaire aux comptes des éventuels événements ou mouvements de la période postérieure s'avère généralement nécessaire, afin de vérifier que la créance existe et reste liquide jusqu'à la date de souscription (CNCC NI. V Tome 2 § 1.36.3).

Lorsque plusieurs créanciers participent à l'augmentation du capital, il peut être établi un arrêté de compte pour chacun d'eux ou un arrêté de compte global détaillant le montant arrêté pour chaque créancier (CNCC NI. V Tome 2 § 1.36.2).

L'arrêté de compte est joint au rapport du commissaire aux comptes (voir n° 56705).

56645 **Comptabilisation de l'opération** La comptabilisation de la libération de l'augmentation du capital par compensation avec des créances suit les règles applicables aux augmentations du capital en numéraire (Mémento Comptable n° 55360). Le schéma d'enregistrement comptable est le suivant :

– augmentation du capital : débit du compte « actionnaires – capital appelé non versé » par le crédit des comptes « capital » et « prime d'émission » ;

– compensation de la créance : annulation de la dette de la société par le débit du compte de tiers correspondant, solde du compte « actionnaires – capital appelé non versé » par son crédit.

Par mesure de simplification, et dans la mesure où ces opérations sont simultanées, il n'apparaît pas nécessaire de mouvementer le compte « actionnaires – capital appelé non versé ».

1230

Constatation de la libération du capital La libération de l'augmentation du capital par compensation avec des créances est constatée par un certificat du notaire ou du commissaire aux comptes, qui tient lieu de **certificat du dépositaire** (C. com. art. L 225-146).

La loi Pacte prévoit que lorsque la société n'a pas désigné de commissaire aux comptes pour une mission de certification des comptes, elle peut **désigner un commissaire aux comptes spécialement à cet effet** selon les modalités prévues à l'article L 225-228 du Code de commerce (C. com. art. L 225-146, al. 2).

Sur la date d'entrée en vigueur de ces nouvelles dispositions, voir n° 56603.

La créance doit impérativement satisfaire aux conditions suivantes :
– liquidité : existence certaine et montant déterminé ;
– exigibilité : terme échu au jour de la libération de la souscription.
La compensation de la créance intervient à la date de la souscription (voir n° 56644). Selon la règle générale, la libération doit être au minimum du quart de la valeur nominale et de l'intégralité de la prime d'émission éventuelle (C. com. art. L 225-144, al. 1).

Dans la quasi-totalité des cas, **le certificat est émis par le commissaire aux comptes** plutôt que par un notaire qui peut estimer qu'il n'entre pas dans ses attributions d'opérer la vérification comptable d'un arrêté de compte.

56648

La **réalisation définitive** de l'augmentation du capital a lieu à la date d'émission du certificat par le dépositaire qui constate la réalisation de l'augmentation du capital (C. com. art. R 225-135). Lorsque l'augmentation comporte des libérations par apport en numéraire et par compensation de créances, il y a établissement de deux certificats du dépositaire, l'un par le commissaire aux comptes ou le notaire, l'autre par le dépositaire du numéraire. La date à retenir pour la réalisation de l'augmentation est la plus tardive.

56650

Formalités Depuis l'entrée en vigueur de la loi de finances 2019 (Loi 2018-1317 du 28-12-2018), certaines augmentations de capital, qui étaient préalablement soumises au droit fixe d'enregistrement de 375 € (ou 500 € pour les sociétés ayant un capital après apport d'au moins 225 000 €), sont désormais enregistrées gratuitement (voir Mémento Fiscal n°s 66500 s.). L'augmentation de capital doit en outre faire l'objet d'une information du public et donne donc lieu à l'accomplissement des formalités prévues par les textes. Ces dernières sont exposées dans le cadre de la section 2 du présent chapitre, relative aux augmentations du capital avec suppression du droit de souscription (voir n° 56780).

56652

Sanctions Le Code de commerce ne prévoit pas de sanction pénale spécifique concernant la libération d'actions par compensation avec des créances. En revanche sont applicables les sanctions relatives aux modifications du capital, prévues par les articles L 242-17, L 242-20 et L 242-21 du Code de commerce (voir n° 56785).

Ces sanctions sont applicables lorsqu'il apparaît que la créance objet de la compensation n'est en fait pas liquide, ou n'est pas exigible ou que son montant s'avère finalement inférieur à celui figurant dans l'arrêté de compte.

56655

B. Intervention du commissaire aux comptes

Nature de l'intervention

Rapport relatif à l'exactitude de l'arrêté de compte Dans les sociétés par actions, le commissaire aux comptes intervient obligatoirement pour certifier l'arrêté de compte établi par l'organe compétent (C. com. art. R 225-134).

En l'absence de texte légal ou réglementaire le prévoyant, il n'y a pas d'intervention d'un commissaire aux comptes pour certifier l'arrêté de compte établi par l'organe compétent concernant les SA, SAS et SCA non tenues de désigner un commissaire aux comptes pour une mission de certification des comptes en application des articles L 225-218, L 227-9-1 et L 226-6 du Code de commerce modifiés par la loi dite Pacte, et n'ayant pas choisi d'en désigner un volontairement.

Il en va de même en principe dans les **entités autres que les sociétés par actions** en l'absence de texte légal ou réglementaire.

Toutefois, des dispositions statutaires peuvent prévoir l'intervention du commissaire aux comptes en cas de libération par compensation avec des créances. En l'absence de dispositions statutaires l'entité peut également demander au commissaire aux comptes d'intervenir. Dans ces deux hypothèses, préalablement au 17 juin 2016, le commissaire aux comptes réalisait son intervention dans le cadre des

56680

OPÉRATIONS CONCERNANT LE CAPITAL SOCIAL ET LES ÉMISSIONS DE VALEURS MOBILIÈRES © Éd. Francis Lefebvre

normes « DDL » et notamment de la NEP 9030 – Attestations entrant dans le cadre de diligences directement liées à la mission de commissaire aux comptes (CNCC NI. V Tome 2 § 3.1). Depuis le 17 juin 2016, le concept de DDL ayant été supprimé à la suite de la réforme de l'audit, le commissaire aux comptes intervient dans le cadre des services autres que la certification des comptes et à la demande de l'entité. Les modalités pratiques de réalisation des attestations sont dorénavant définies par l'avis technique « Attestations entrant dans le cadre des services autres que la certification des comptes fournis à la demande de l'entité » joint en annexe 3 du communiqué CNCC précité de juillet 2016 : voir n° 68100.

56681 **Certificat du dépositaire** Lorsque la société décide de ne pas recourir à un notaire, le commissaire aux comptes ou, lorsque la société n'a pas désigné de commissaire aux comptes pour une mission de certification des comptes, un commissaire aux comptes désigné spécialement à cet effet (voir n° 56648) établit à la demande des dirigeants de la société le certificat du dépositaire (C. com. art. L 225-146, al. 2 modifié par la loi Pacte).

Sur la date d'entrée en vigueur de ces dispositions, voir n° 56602 sur renvoi du n° 56603.

La loi 2019-744 du 19 juillet 2019 de simplification, de clarification et d'actualisation du droit des sociétés reprend cette possibilité pour les sociétés par actions simplifiées qui ne dépassent pas les seuils de nomination d'un commissaire aux comptes (C. com. art. L 227-9-1). Les diligences à accomplir sont précisées par la NI. V Tome 2 « Libération d'une augmentation du capital par compensation avec des créances » § 2 et s.

En revanche, le commissaire aux comptes spécialement désigné n'a pas à certifier l'exactitude de l'arrêté de compte : voir n° 56680.

Si l'opération s'accompagne d'une suppression du droit préférentiel de souscription, le commissaire aux comptes met par ailleurs en œuvre les diligences prévues en cas d'augmentation du capital par émission d'actions ordinaires avec suppression du droit préférentiel de souscription (Note d'information précitée Tome 3 ; voir n°s 56730 s.).

Risques particuliers

56685 Les risques particuliers liés à ce type d'augmentation du capital tiennent à la non-libération du capital en raison de l'existence d'éléments de nature à affecter la réalité, la quotité ou l'exigibilité de la créance, tels que des opérations en suspens, des comptes débiteurs ou des opérations postérieures à la date d'arrêté de compte (CNCC NI. V Tome 2 § 2.22).

Modalités et mise en œuvre de l'intervention

56688 **Planification des contrôles** Lorsqu'il est informé d'une opération d'augmentation du capital par compensation avec des créances, le commissaire aux comptes doit demander la communication de l'arrêté de compte établi par l'organe compétent dans les meilleurs délais. Il doit en effet disposer du temps nécessaire pour mettre en œuvre les contrôles lui permettant de vérifier la réalité de la créance.

Sur la notion d'« organe compétent », voir n° 56643.

Par ailleurs, lorsque l'arrêté de compte est établi avant la date de souscription effective, le commissaire aux comptes attire l'attention des dirigeants sur la nécessité de maintenir la créance à un niveau suffisant pour que la libération de l'augmentation envisagée ne soulève pas de difficulté (voir n° 56644).

Selon le principe général, le commissaire aux comptes documente l'ensemble de ses travaux, son dossier devant comporter les éléments suffisants pour attester des contrôles effectués et justifier de la conclusion émise.

Le commissaire aux comptes collecte les documents et examine les informations concernant l'augmentation du capital pour vérifier que la société a respecté les règles générales applicables aux augmentations du capital en numéraire. D'une manière plus générale, le professionnel, en sa qualité de commissaire aux comptes de la société, ne peut se désintéresser de la régularité de l'opération projetée. Il profitera vraisemblablement des premiers contacts pour effectuer quelques contrôles qui porteront notamment sur l'entière libération du capital de la société.

56690 **Examen de l'arrêté de compte** Le commissaire aux comptes vérifie l'exactitude de l'arrêté de compte en s'assurant que les **créances** concernées sont **certaines** dans leur existence et **déterminées** dans leur montant. Le commissaire aux comptes est donc

1232

OPÉRATIONS CONCERNANT LE CAPITAL SOCIAL ET LES ÉMISSIONS DE VALEURS MOBILIÈRES

appelé à ce stade à vérifier la liquidité de la créance même s'il ne se prononce pas sur ce caractère en tant que tel. Il peut également, particulièrement s'il est appelé à établir le certificat du dépositaire, en vérifier l'exigibilité (voir n° 56695).

Afin de vérifier l'arrêté de compte le commissaire aux comptes procède notamment (CNCC NI. V Tome 2 § 2.23.2) :
– au contrôle des écritures comptables ;
– au contrôle arithmétique de l'arrêté de compte ;
– à l'examen des pièces justificatives.
Le commissaire aux comptes met en œuvre des procédures afin de vérifier qu'il n'existe pas d'opérations non prises en compte.
Lorsque la date de l'arrêté ne correspond pas à la date des contrôles, le commissaire aux comptes vérifie qu'entre les deux dates aucune opération, susceptible d'altérer la nature des créances, n'est intervenue.

Pour ce faire, il peut notamment demander une déclaration écrite du représentant légal de l'entité.

Lorsque les créances sont libellées en devise, le commissaire aux comptes vérifie que le taux de conversion utilisé est celui du jour de l'arrêté de compte (voir n° 56643).

Conclusion des travaux Si le commissaire aux comptes considère que l'arrêté de **56692** compte n'est pas exact, il invite le conseil d'administration ou le directoire à établir un nouvel arrêté de compte. En l'absence d'établissement d'un nouvel arrêté de compte, le commissaire aux comptes établit un rapport dans lequel il refuse de certifier l'exactitude de l'arrêté de compte (CNCC NI. V Tome 2 § 2.23.2).

Certificat du dépositaire À la demande de la société, le commissaire aux comptes **56695** ou, lorsque la société n'a pas désigné de commissaire aux comptes pour une mission de certification des comptes, un commissaire aux comptes désigné spécialement à cet effet (voir n° 56648) peut établir le certificat du dépositaire constatant la libération d'actions par compensation avec des créances (C. com. art. L 225-146, al. 2 modifié par la loi Pacte). À cet effet, le commissaire aux comptes vérifie l'existence et la réalité du bulletin de souscription qui mentionne l'intention du souscripteur de libérer ses actions par compensation avec sa créance. Il vérifie également le caractère **liquide** et **exigible** des créances concernées.

Afin de vérifier l'exigibilité des créances, le commissaire aux comptes peut notamment examiner les conditions de paiement telles qu'elles figurent dans les conditions générales de vente ou les clauses figurant dans les contrats, notamment, d'emprunts (CNCC NI. V Tome 2 § 2.23.2). Il peut également s'enquérir auprès de la direction de la société de l'existence éventuelle de clauses ou d'événements empêchant de réclamer l'exécution du débiteur et affectant l'exigibilité de la créance, telles que les conventions de blocage d'un compte courant.

Le commissaire aux comptes vérifie la traduction comptable de la compensation avec des créances dans les livres de la société permettant de constater la libération des actions et la réalisation définitive de l'augmentation du capital.

Communication et rapports

Rapport relatif à l'exactitude de l'arrêté de compte Le rapport établi par le **56700** commissaire aux comptes est nécessairement écrit et doit respecter la forme prévue par la note d'information précitée (voir n° 56705). La date du rapport du commissaire aux comptes est comprise entre la date d'établissement de l'arrêté de compte par le conseil d'administration ou le directoire et la réalisation de l'augmentation du capital social.

Ce rapport n'est pas destiné aux actionnaires ; il est adressé à l'organe compétent.
Dans le cas d'une pluralité d'arrêtés de comptes, le commissaire aux comptes peut n'émettre qu'un seul rapport dès lors qu'il est en mesure de vérifier, pour chaque arrêté de compte, le caractère liquide de la créance destinée à être compensée. Dans ce cas, le commissaire aux comptes ne peut se limiter à des sondages portant seulement sur quelques arrêtés de comptes ; en revanche, les contrôles effectués sur chacun de ces arrêtés peuvent être réalisés par sondages (CNCC NI. V Tome 2 § 2.23.2).

Contenu du rapport Le rapport comporte, pour l'essentiel (CNCC NI. V Tome 2 § 2.41) : **56705**
– le rappel de la qualité de commissaire aux comptes du signataire et de la mise en œuvre de l'intervention en conformité avec l'article R 225-134 du Code de commerce ;
– l'identification de l'arrêté de compte, qui doit être joint au rapport et dont la date est précisée ;

1233

OPÉRATIONS CONCERNANT LE CAPITAL SOCIAL ET LES ÉMISSIONS DE VALEURS MOBILIÈRES © Éd. Francis Lefebvre

– la mention des responsabilités respectives de l'organe compétent et du commissaire aux comptes au regard de l'arrêté de compte et de sa certification ;
– la description des diligences mises en œuvre conformément à la doctrine profession-nelle de la Compagnie nationale des commissaires aux comptes relative à cette mission ;
– une conclusion, qui est exprimée sous la forme d'une certification de l'exactitude (« Nous certifions l'exactitude de cet arrêté de compte s'élevant à ... euros »), d'un refus de certification de l'exactitude (« En raison des constatations ci-dessus précisées, nous sommes d'avis que l'arrêté de compte établi par ... [*organe compétent*] s'élevant à ... euros n'est pas exact ») ou d'une impossibilité de certifier l'exactitude de l'arrêté de compte (« En raison des faits exposés ci-dessus, nous ne sommes pas en mesure de certifier si l'arrêté de compte établi par ... [*organe compétent*] s'élevant à ... euros est exact »).

La CNCC exclut la possibilité pour le commissaire aux comptes d'établir une certification de l'arrêté de compte avec réserve (CNCC NI. précitée § 2.23.2).

56708 **Certificat du dépositaire** Le commissaire aux comptes de la société ou, lorsque la société n'a pas désigné de commissaire aux comptes pour une mission de certification des comptes, un commissaire aux comptes désigné spécialement à cet effet (voir n° 56648), appelé à constater la libération d'actions par compensation avec des créances, établit un certificat qui tient lieu de certificat du dépositaire (C. com. art. L 225-146, al. 2). Ce document, adressé au représentant légal de la société, comporte principalement (CNCC NI. V Tome 2 § 2.51) :
– le rappel de la qualité de commissaire aux comptes du signataire ;
– la mention que le certificat est établi conformément à l'article L 225-146, alinéa 2 du Code de commerce et qu'il tient donc lieu de certificat du dépositaire ;
– la description des diligences mises en œuvre en application de la doctrine profession-nelle de la Compagnie nationale des commissaires aux comptes relative à cette mission.

Aucun document n'est à annexer au certificat.

SECTION 2

Augmentation du capital avec suppression du droit préférentiel de souscription

56730 Dans le cadre d'une augmentation du capital avec suppression du droit préférentiel de souscription, le commissaire aux comptes doit veiller à ce que les actionnaires, privés de leur droit préférentiel de souscription et subissant une dilution de leur droit, disposent, pour prendre leur décision, de toutes les informations prévues par le Code de commerce. Une bonne compréhension de l'opération (n°s 56735 s.) lui est nécessaire pour déterminer les diligences à mettre en œuvre et établir son rapport (n°s 56790 s.).

La CNCC a publié en juin 2011 et mis à jour en septembre 2015 le troisième tome de la note d'informa-tion V relatif aux « augmentations du capital social par émission d'actions ordinaires avec suppression du droit préférentiel de souscription » (CNCC NI. V Tome 3 – Septembre 2015).

A. Principales modalités

Nature de l'opération

56735 **Droit préférentiel de souscription** Le droit préférentiel de souscription est le droit accordé à chaque actionnaire de participer aux augmentations du capital, réalisées par une société, **à libérer en numéraire**, c'est-à-dire en espèces ou par compensation avec des créances. Ce droit, proportionnel à la quote-part détenue par chaque action-naire pour que l'égalité soit respectée, est instauré par l'article L 225-132 du Code de commerce. On parle d'un droit préférentiel de souscription **à titre irréductible**.

1234

OPÉRATIONS CONCERNANT LE CAPITAL SOCIAL ET LES ÉMISSIONS DE VALEURS MOBILIÈRES

Le droit préférentiel de souscription a pour objet de compenser financièrement la dilution en droits pécuniaires (quote-part de l'actif net revenant à chaque action et dividende) et en droits de vote à laquelle s'exposent les actionnaires s'ils ne souscrivent pas à l'augmentation du capital. Si l'assemblée générale extraordinaire qui a décidé l'augmentation du capital le prévoit expressément, les titres de capital non souscrits à titre irréductible peuvent l'être par les actionnaires qui ont exercé la totalité de leurs droits de souscription à titre préférentiel (C. com. art. L 225-133) : on parle alors de souscription à **titre réductible**.

La **prime d'émission** poursuit la même finalité que le droit préférentiel de souscription, avec la suppression duquel elle est généralement combinée. En effet, la prime d'émission est la contrepartie des avantages que les nouveaux actionnaires recueillent dans l'actif social (avantages non exprimés dans la valeur nominale). La prime, appelée communément « droit d'entrée », vise à rétablir l'égalité entre les anciens et les nouveaux actionnaires. Elle se justifie particulièrement en cas d'augmentation du capital social avec suppression du droit préférentiel de souscription (Mémento Sociétés commerciales n° 49721).

56737 L'assemblée a la **possibilité de supprimer le droit préférentiel de souscription** pour tout ou partie d'une augmentation du capital projetée (C. com. art. L 225-135). La suppression du droit préférentiel de souscription peut n'être que partielle et porter seulement sur une ou plusieurs tranches d'actions. Dans tous les cas, il convient que soit respectée une procédure particulière, décrite ci-après, qui inclut l'intervention du commissaire aux comptes de la société.

56740 En application de l'article L 225-132, al. 4 du Code de commerce, il est également possible pour les actionnaires de **renoncer individuellement à leur droit préférentiel de souscription** : les actionnaires peuvent approuver un projet d'augmentation du capital sans pour autant être obligés d'y souscrire. La renonciation peut être faite au profit de bénéficiaires dénommés ou non. Il s'agit alors d'une augmentation du capital avec maintien du droit préférentiel de souscription, pour laquelle les textes légaux et réglementaires ne prévoient aucune intervention du commissaire aux comptes.

Les modalités de la renonciation sont prévues aux articles R 225-122 et R 22-10-34 du Code de commerce : pour plus d'informations, voir § 1.16 CNCC NI. V Tome 3.

56742 **Bénéficiaires de la suppression du droit préférentiel** L'assemblée générale extraordinaire peut supprimer le droit préférentiel de souscription :
– **au profit d'une ou de plusieurs personnes nommément désignées** (C. com. art. L 225-138) ou catégories de **personnes répondant à des caractéristiques déterminées** (C. com. art. L 225-138 et art. L 225-138-1) ; auquel cas l'augmentation du capital est dite « réservée » ;

Sur la notion de catégories de personnes répondant à des caractéristiques déterminées, voir revue mensuelle de l'AMF n° 8, novembre 2004, p. 79 et CNCC NI. V Tome 3 § 1.15.3.

Dans le cadre de la suppression du droit préférentiel de souscription en faveur d'une ou de plusieurs catégories de personnes répondant à des caractéristiques fixées par l'assemblée générale extraordinaire, celle-ci peut déléguer au conseil d'administration ou au directoire le soin d'arrêter la liste précise des bénéficiaires au sein de cette ou de ces catégories, ainsi que le nombre de titres à attribuer à chacun d'eux dans les limites d'un plafond global (C. com. art. L 225-138).

Concernant les augmentations du capital réservées aux salariés, voir n° 57310 s.

– **sans indication des bénéficiaires**, qu'il s'agisse de personnes ou de catégories de personnes répondant à des caractéristiques déterminées, en cas d'émission **par une offre au public ou par une offre de « placement privé »** visée au 1° de l'article L 411-2 du **Code monétaire et financier** (C. com. art. L 225-136 et L 22-10-52).

Sur la notion d'offre au public, voir CNCC NI. V Tome 3 § 1.15.4.

L'entrée en vigueur du règlement européen 2017/1129 du 14 juin 2017 dit « Prospectus » le 21 juillet 2019 a conduit à la modification des règles françaises en matière d'offre au public de titres financiers. L'ordonnance 2019-1067 du 21 octobre 2019 a notamment supprimé les cas de dérogation à l'offre au public prévus par le Code monétaire et financier. Il en résulte une extension de la notion d'offre au public qui comprend des offres qui étaient auparavant exclues de la définition retenue par les anciens articles L 411-1 et L 411-2. Ainsi, les placements privés, quoique dispensés de prospectus, sont considérés comme des offres au sens du règlement « Prospectus » (BRDA 22/19 n° 28).

L'offre par placement privé visée au 1° de l'article L 411-2 du Code monétaire et financier s'adresse « exclusivement à un cercle restreint d'investisseurs agissant pour compte propre ou à des investisseurs qualifiés. Un investisseur qualifié est une personne définie au point e) de l'article 2 du règlement (UE) 2017/1129 du 14 juin 2017. Un cercle restreint d'investisseurs est composé de personnes, autres que des investisseurs qualifiés, dont le nombre est inférieur à un seuil fixé par décret ».

OPÉRATIONS CONCERNANT LE CAPITAL SOCIAL ET LES ÉMISSIONS DE VALEURS MOBILIÈRES © Éd. Francis Lefebvre

La définition d'« investisseurs qualifiés » donnée par l'article 2 du règlement UE précité est la suivante : « les personnes ou les entités qui sont énumérées à l'annexe II, section I, points 1) à 4), de la directive 2014/65/UE et les personnes ou entités qui sont traitées à leur propre demande comme des clients professionnels, conformément à la section II de ladite annexe, ou qui sont reconnues en tant que contreparties éligibles conformément à l'article 30 de la directive 2014/65/UE, à moins qu'elles n'aient conclu un accord pour être traitées comme des clients non professionnels conformément à la section I, quatrième alinéa, de ladite annexe. Aux fins de l'application de la première phrase du présent point, si l'émetteur en fait la demande, les entreprises d'investissement et les établissements de crédit lui communiquent la classification de leurs clients, sous réserve du respect de la législation sur la protection des données applicable ».

56745 La suppression du droit préférentiel au profit de personnes dénommées peut être utilisée pour faciliter l'entrée d'un nouvel actionnaire dans le capital de la société, pour apurer une dette importante par sa conversion en actions au profit du créancier ou, encore, pour placer une émission d'actions auprès d'investisseurs institutionnels.

Par ailleurs, la faculté de ne pas désigner les bénéficiaires de la suppression du droit préférentiel est réservée aux seules **sociétés, cotées ou non, réalisant une augmentation du capital en procédant à une offre au public** ou en procédant, dans la limite de 20 % du capital social par an, à une **offre visée au 1° de l'article L 411-2 du Code monétaire et financier** (C. com. art. L 225-136 et Mémento Sociétés commerciales n° 50260). Ce régime particulier a pour but de faciliter le placement des émissions d'actions auprès des investisseurs institutionnels.

56748 Les opérations d'augmentation du capital avec suppression du droit préférentiel de souscription au profit de bénéficiaires non dénommés ont connu ces dernières années un certain **succès** dans les sociétés cotées désireuses de lever des fonds sur le marché international des capitaux, avec le plus souvent des primes d'émission intéressantes pour la société.

Cette pratique prive néanmoins les actionnaires en place de la possibilité de souscrire des actions nouvelles à un prix généralement inférieur au cours de bourse, ou de monnayer leurs droits sur le marché. L'opération n'est alors équitable que si le prix d'émission est fixé à un montant voisin du cours de bourse, de telle sorte que les nouveaux souscripteurs ne soient pas avantagés par rapport aux anciens actionnaires ; or, cette condition est souvent difficile à réaliser surtout en période de hausse des cours (Mémento Sociétés commerciales n° 50365).

On observe également que si l'opération est avantageuse (prix d'émission inférieur au cours de bourse), l'augmentation du capital est très rapidement souscrite et les « petits porteurs » comme le public sont souvent supplantés par les investisseurs institutionnels plus diligents ou mieux placés qu'eux.

Afin de pallier cette difficulté, l'article L 22-10-51 du Code de commerce autorise les sociétés dont les titres de capital sont admis aux négociations sur un marché réglementé à prévoir que l'augmentation du capital que l'assemblée générale extraordinaire est appelée à décider ou autoriser en application de l'article L 225-135 du Code de commerce comporte un **délai de priorité de souscription** en faveur des actionnaires dont la durée minimale est de trois jours de bourse (C. com. art. R 225-131). La faculté d'appréciation et de fixation de ce délai peut être déléguée au conseil d'administration ou au directoire (C. com. art. L 22-10-51).

Règles de mise en œuvre

56750 **Entités concernées** Les entités concernées par la suppression du droit préférentiel de souscription sont les sociétés anonymes (C. com. art. L 225-135), les sociétés en commandite par actions (sur renvoi de l'art. L 226-1) et les sociétés par actions simplifiées (sur renvoi de l'art. L 227-1 dudit code).

56751 **Conditions préalables à toute augmentation du capital** 1. Le capital doit être **intégralement libéré** avant toute émission d'actions nouvelles à libérer en numéraire à peine de nullité de l'opération (C. com. art. L 225-131, al. 1 et L 225-149-3, al. 2).

Cet article vise les émissions d'actions et non les augmentations du capital. Il est donc envisageable de procéder à une augmentation du capital par élévation du nominal (sous réserve de l'accord unanime des actionnaires / associés en application de l'article L 225-130, al. 2 du Code de commerce), quand bien même le capital ne serait pas totalement libéré (CNCC NI. V Tome 3 § 1.22.1).

Remarque : lorsque l'assemblée délègue son pouvoir ou sa compétence (voir n⁰ˢ 56756 s.), cette condition n'a pas à être satisfaite lors de l'assemblée mais lors de l'utilisation de la délégation par le conseil d'administration ou le directoire (voir, en ce sens, Bull. CNCC n° 96-1994 p. 731).

2. Par ailleurs, toute augmentation du capital par **offre au public**, réalisée moins de deux ans après la constitution de la société sans offre au public, doit être précédée d'une vérification de l'actif et du passif ainsi que, le cas échéant, des avantages particuliers consentis par un commissaire aux apports. Ces dispositions ne sont pas applicables aux offres au public mentionnées au 1° ou au 2° de l'article L 411-2 du Code monétaire et financier ou à l'article L 411-2-1 du même code (C. com. art. L 225-131, al. 3 modifié par l'ordonnance 2019-1067 du 21-10-2019 modifiant les dispositions relatives aux offres au public de titres).

Pour plus d'informations, voir CNCC NI. V Tome 3 § 1.22.2.

3. Concernant les conditions relatives au maintien du droit des porteurs d'actions de préférence ou de valeurs mobilières ou de catégorie de titres en voie d'extinction, voir § 1.22.3 et suivants de la NI. précitée.

Obligation de proposer une augmentation du capital réservée aux salariés   56752

Lors de toute augmentation du capital en numéraire d'une société qui a des salariés, l'assemblée générale extraordinaire doit se prononcer sur un projet de résolution tendant à réaliser une augmentation du capital réservée aux adhérents à un plan d'épargne d'entreprise dans les conditions prévues aux articles L 3332-18 à L 3332-24 du Code du travail (C. com. art. L 225-129-6, al. 1).

Pour de plus amples informations sur cette obligation et sur les **cas de dérogation**, voir n⁰ˢ 57310 s.

Le non-respect de cette obligation est sanctionné par la nullité de la décision d'augmentation du capital, en application de l'article L 225-149-3, al. 2 du Code de commerce (voir, en ce sens, n° 57330).

L'action en nullité, fondée sur l'article L 225-149-3 du Code de commerce, se prescrit par trois mois à compter de la date de l'assemblée générale suivant la décision d'augmentation du capital (C. com. art. L 235-9).

La Cour de cassation a admis que le vote sur la seule résolution proposant de réserver aux salariés une augmentation de capital, qui n'avait pas été soumise à la précédente assemblée statuant sur la résolution tendant à l'augmentation de capital, suffit à régulariser cette augmentation de capital, sans qu'il y ait lieu à une nouvelle délibération sur cette première résolution (Cass. com. 28-11-2018 n° 16-28.358 : BRDA 24/18 n° 4).

Décision d'augmentation du capital   56754

L'assemblée générale extraordinaire est seule compétente pour décider, sur rapport du conseil d'administration ou du directoire, une augmentation du capital, mais elle peut **déléguer cette compétence** au conseil d'administration ou au directoire (C. com. art. L 225-129). Par ailleurs, lorsque l'assemblée décide une augmentation du capital elle peut **déléguer** au conseil d'administration ou au directoire **le pouvoir** d'en fixer les modalités (C. com. art. L 225-129-1).

Notions de délégation   56756

Les articles L 225-129-1 et L 225-129-2 du Code de commerce régissent respectivement la délégation de pouvoir et la délégation de compétence. La distinction, souvent délicate, peut généralement être opérée au vu de la décision d'augmentation du capital elle-même, de la durée de la délégation et de la volonté des actionnaires. Si un doute subsiste, le critère essentiel demeure la **volonté des actionnaires**, qui sont les mieux qualifiés pour déterminer l'étendue de la délégation consentie. Ainsi, pour éviter toute ambiguïté, il est souvent prudent de demander à la société de préciser dans la résolution le type de délégation envisagée et le terme fixé (Comité juridique Ansa janvier 2008 n° 08-003). Ces mêmes informations doivent figurer dans le rapport de l'organe compétent.

1. Délégation de pouvoir.   56757

Lorsque l'assemblée décide de l'augmentation du capital et délègue son pouvoir, il s'agit avant tout d'une décision prise par l'assemblée qui, sauf cas de nécessité devant être justifié, doit être respectée. L'assemblée s'attend donc à ce que le conseil d'administration ou le directoire en fasse usage au moment opportun, selon les modalités qu'elle aura fixées et dans les délais qu'elle a impartis (CNCC NI. V Tome 3 § 1.24.1).

Cependant, même sans texte et sans précision dans la délégation, le délégataire peut être conduit à surseoir à la mise en œuvre de l'augmentation si celle-ci est manifestement contraire aux intérêts du délégant, voire être tenu de la différer ou d'y renoncer si la réalisation de l'émission est contraire à

OPÉRATIONS CONCERNANT LE CAPITAL SOCIAL ET LES ÉMISSIONS DE VALEURS MOBILIÈRES © Éd. Francis Lefebvre

l'intérêt social, à charge pour lui d'en fournir l'explication à la prochaine assemblée (Comité juridique Ansa janvier 2008 n° 08-003).

Remarque : Il convient de ne pas confondre la délégation de pouvoir avec la **délégation d'exécution matérielle** : cette dernière intervient lorsque l'assemblée fixe toutes les modalités de l'opération, y compris le prix d'émission des actions pour laisser à l'organe compétent le soin de fixer les conditions accessoires de l'opération. Celui-ci n'a alors qu'une fonction d'exécution et non pas de décision. Tel est le cas, par exemple, lorsque l'assemblée confère tous pouvoirs au conseil pour :
– recevoir les bulletins de souscription ;
– recueillir les versements correspondants ;
– procéder au retrait des fonds ;
– constater la réalisation définitive de l'opération ;
– procéder à la modification des statuts ;
– accomplir tout acte ou formalité.

56758　**2. Délégation de compétence.** Lorsque l'assemblée délègue sa compétence, il s'agit avant tout d'une autorisation donnée par l'assemblée qui laisse le soin au conseil d'administration ou au directoire de décider de faire usage de la délégation. L'assemblée ne s'attend donc pas nécessairement à ce que l'organe compétent en fasse usage. En fonction notamment des conditions propres à la société et de celles du marché, le conseil d'administration ou le directoire peut faire usage de la délégation et décider de procéder à une ou plusieurs augmentations du capital, selon les modalités fixées et dans les délais impartis par l'assemblée (CNCC NI. V Tome 3 § 1.24.1).

56760　**3. Subdélégation.** Par ailleurs, dans les sociétés dont les titres de capital sont admis aux négociations sur un marché réglementé ou sur un système multilatéral de négociation organisé, l'article L 22-10-49 du Code de commerce prévoit que le conseil d'administration peut déléguer dans les limites qu'il aura préalablement fixées au directeur général ou, en accord avec ce dernier, à un ou plusieurs directeurs généraux délégués, le pouvoir de décider la réalisation de l'émission ainsi que celui d'y surseoir. Le directoire peut déléguer les mêmes pouvoirs à son président ou, en accord avec celui-ci, à l'un de ses membres.

Pour l'Ansa, en cas d'augmentation de capital réservée à une catégorie de personnes, la faculté de déterminer le nom des bénéficiaires et la répartition des titres peut être subdéléguée aux organes de direction dans les sociétés anonymes « cotées ». Il en est de même du pouvoir de fixer le prix définitif, lorsque l'assemblée générale a défini une méthode de calcul (Ansa – Comité juridique, nov. 2018, 18-056). Par ailleurs, l'Ansa estime que les possibilités ouvertes au conseil d'administration ou au directoire par l'article L 225-134 du Code de commerce en cas d'insuffisance de souscription peuvent être déléguées aux organes de direction (Ansa – Comité juridique, déc. 2018, 18-059).
Pour plus de précisions, voir Mémento Sociétés commerciales n⁰ˢ 50262 et 50701.

56765　**4. Durée de validité des délégations.** La durée de validité générale des délégations est de 5 ans pour une délégation de pouvoir et de 26 mois pour une délégation de compétence.

La durée de la délégation de compétence est fixée à l'article L 225-129-2 du Code de commerce.
L'article L 225-129-1 du Code de commerce ne fixe pas expressément de **durée pour l'utilisation de la délégation de pouvoir.** En l'absence de précision dans la résolution approuvée par l'assemblée générale, la CNCC considère que cette délégation est donnée pour une durée qui ne peut excéder cinq ans. Cette durée correspond au délai maximum de réalisation d'une augmentation du capital figurant à l'article L 225-129 du Code de commerce (CNCC NI. V Tome 3 § 1.24).

En revanche, lorsque la délégation de pouvoir ou de compétence est consentie dans le cadre de l'article L 225-138 du Code de commerce (suppression du droit préférentiel de souscription au profit d'une ou de plusieurs personnes nommément désignées ou catégories de personnes répondant à des caractéristiques déterminées : voir n° 56742), la durée maximale de la délégation est réduite, en application du III de l'article précité, à 18 mois.

Pour le cas spécifique des **augmentations du capital réservées aux adhérents d'un PEE** dans le cadre de l'article L 225-138-1 du Code de commerce, voir n° 57325.
Ces délais sont des **délais maximaux** et l'assemblée générale peut fixer un délai plus court.

56768　**Modalités de vote** Dans le cas où ils sont déjà actionnaires, les bénéficiaires nommément désignés ne peuvent pas prendre part au vote supprimant en leur faveur le droit préférentiel de souscription. Le quorum et la majorité sont donc calculés déduction faite de leurs actions (C. com. art. L 225-138, I).

1238

© Éd. Francis Lefebvre   OPÉRATIONS CONCERNANT LE CAPITAL SOCIAL ET LES ÉMISSIONS DE VALEURS MOBILIÈRES

Les actionnaires appartenant à une catégorie de personnes n'étant pas visés expressément par l'article L 225-138, I, ils peuvent à notre avis prendre part au vote.

Rapports à l'assemblée Quand l'assemblée générale extraordinaire décide ou autorise une augmentation du capital avec suppression du droit préférentiel de souscription, elle statue après avoir pris connaissance du **rapport du conseil d'administration ou du directoire** et de **celui du commissaire aux comptes, s'il en existe un** (C. com. art. L 225-135 modifié par la loi Pacte). Cependant, le contenu de ces rapports diffère selon que l'assemblée décide ou non de déléguer au conseil d'administration ou au directoire sa compétence ou le soin de fixer les modalités de l'opération envisagée (C. com. art. L 225-135).

56770

Concernant l'intervention du commissaire aux comptes et le contenu de ses rapports, voir n° 56790.

1. Augmentation du capital avec suppression du droit préférentiel sans délégation. Lorsque les modalités de l'augmentation du capital réservée sont arrêtées par l'assemblée générale extraordinaire, le **rapport** établi par le **conseil d'administration** ou le **directoire** (C. com. art. L 225-135) doit contenir :

56772

– toutes indications utiles sur la marche des affaires sociales depuis le début de l'exercice en cours (et sur l'exercice précédent si l'assemblée n'a pas encore statué sur les comptes) (C. com. art. R 225-113) ;
– le montant maximal et les motifs de l'augmentation du capital proposée (C. com. art. R 225-113 et R 225-114) ;
– les motifs de la proposition de suppression du droit préférentiel (C. com. art. R 225-114) ;
– les modalités de placement des nouvelles actions (C. com. art. R 225-114, art. L 225-136 et L 225-138, II) ;
– le cas échéant, le nom des attributaires des nouvelles actions ou les caractéristiques des catégories de personnes attributaires ainsi que le nombre d'actions attribuées à chacun ou les modalités d'attribution des titres (C. com. art. R 225-114 et art. L 225-138, I) ;
– le prix d'émission avec sa justification (C. com. art. R 225-114 ; voir n° 56777) ;
– l'**incidence** de l'émission proposée sur la situation des titulaires de titres de capital (et de valeurs mobilières donnant accès au capital), en particulier en ce qui concerne leur quote-part des capitaux propres à la clôture du dernier exercice (C. com. art. R 225-115) ;
– et, pour les sociétés dont les titres sont admis aux négociations sur un marché réglementé, l'incidence théorique sur la valeur boursière actuelle de l'action, telle qu'elle résulte de la moyenne des vingt séances de bourse précédentes.

Pour plus de précisions, voir CNCC NI. V Tome 3 § 1.25.4 à 1.25.9.

Si, en application de l'article L 225-135-1, l'assemblée générale extraordinaire décide que le capital social pourra être augmenté dans les trente jours de la clôture de la souscription dans la limite de 15 % de l'émission initiale (« **surallocation** ») et selon les mêmes modalités, l'incidence de l'émission proposée sur la situation des titulaires de titres de capital et de valeurs mobilières donnant accès au capital social devra prendre en compte ce montant complémentaire potentiel.

L'information relative à l'incidence de l'émission sur la situation des titulaires de titres de capital (et de valeurs mobilières donnant accès au capital) et l'information relative à l'incidence théorique sur la valeur boursière sont données en tenant compte de l'ensemble des titres émis susceptibles de donner accès au capital (C. com. art. R 225-115 et R 22-10-31).

Si la clôture du dernier exercice est antérieure de **plus de six mois** à l'opération envisagée, l'incidence de l'émission sur la situation de l'actionnaire doit être appréciée au vu d'une situation financière intermédiaire établie selon les mêmes méthodes et suivant la même présentation que le dernier bilan annuel (C. com. art. R 225-115, al. 1).

Remarques : 1. L'article R 225-115, al. 1 du Code de commerce n'envisage que l'hypothèse d'une augmentation du capital social réalisée au cours du second semestre de l'exercice social. Pour l'Ansa (Comité juridique janvier-février 1997, n° 2870), l'établissement d'une situation intermédiaire pour le calcul des capitaux propres est, par analogie, souhaitable lorsque l'augmentation du capital intervient entre la date de clôture de l'exercice et la date d'arrêté des comptes par l'organe compétent. En effet, le montant des capitaux propres n'est connu avec précision qu'à partir de l'arrêté des comptes intervenant souvent plusieurs mois après la date de clôture et l'objectif reste d'assurer l'information des actionnaires à l'aide de renseignements à jour.

2. Par ailleurs, lorsqu'une augmentation du capital intervient **au cours de l'exercice de création de la société**, la CNCC estime que, si la constitution de la société n'est pas antérieure de plus de six mois à l'opération envisagée et si aucun exercice social ayant donné lieu à un arrêté des comptes annuels n'a été clôturé, les capitaux propres à prendre en compte sont ceux existant lors de la constitution (ces derniers devant correspondre au capital social, hors le cas rare de la création d'une prime d'émission au moment de la constitution).

1239

OPÉRATIONS CONCERNANT LE CAPITAL SOCIAL ET LES ÉMISSIONS DE VALEURS MOBILIÈRES © Éd. Francis Lefebvre

Si, en revanche, la **constitution de la société est antérieure de plus de six mois** à l'augmentation du capital envisagée et si aucun exercice social ayant donné lieu à un arrêté de comptes annuels n'a été clôturé depuis la constitution, la CNCC recommande que les capitaux propres pris en compte soient issus d'une situation intermédiaire qu'il appartient à la société d'établir (EJ 2009-140 : Bull. CNCC n° 158-2010 p. 424).

3. Enfin, pour calculer l'incidence de l'émission, les **données sociales** doivent obligatoirement être utilisées dans le rapport du conseil d'administration ou du directoire sous peine de constituer une irrégularité à mentionner dans le rapport du commissaire aux comptes. Néanmoins, les données consolidées peuvent être utilisées dans ce rapport, en complément des données sociales, dans la mesure où ces données consolidées fourniraient une information plus pertinente à l'assemblée générale extraordinaire afin de décider ou d'autoriser l'opération d'augmentation du capital social (EJ 2010-154 : Bull. CNCC n° 162-2011 p. 257).

56775 **2. Augmentation du capital avec suppression du droit préférentiel et avec délégation.** Le **rapport établi par le conseil d'administration** ou le directoire **destiné à l'assemblée générale extraordinaire** qui décide ou autorise l'augmentation du capital (C. com. art. L 225-135) doit contenir :

– toutes indications utiles sur la marche des affaires sociales depuis le début de l'exercice en cours (et sur l'exercice précédent si l'assemblée n'a pas encore statué sur les comptes) (C. com. art. R 225-113) ;
– le montant maximal et les motifs de l'augmentation du capital proposée (C. com. art. R 225-113 et R 225-114) ;
– les motifs de la proposition de suppression du droit préférentiel (C. com. art. R 225-114) ;
– les modalités de placement des nouvelles actions (C. com. art. R 225-114, art. L 225-136 et L 225-138, II) ;
– le cas échéant, le nom des attributaires des nouvelles actions ou les caractéristiques des catégories de personnes attributaires (C. com. art. R 225-114 et L 225-138, I) ;
– le cas échéant, le nombre d'actions attribuées à chacun ou les modalités d'attribution des titres (C. com. art. R 225-114 et art. L 225-138, I) ;
– le prix d'émission ou les modalités de sa détermination, avec leur justification (C. com. art. R 225-114 ; voir n° 56777).

56776 Par ailleurs, lors de l'**utilisation de la délégation** consentie par l'assemblée, le **conseil d'administration** ou le directoire établit un **rapport complémentaire** mis à disposition des actionnaires et destiné à la prochaine assemblée générale ordinaire. Il y décrit (C. com. art. R 225-116) :

– les conditions définitives de l'opération qui doivent être conformes à l'autorisation donnée par l'assemblée générale incluant le choix des éléments de calcul retenus pour la fixation du prix d'émission et son montant définitif ;
– le cas échéant, le nom des attributaires des nouvelles actions ou les caractéristiques des catégories de personnes attributaires ainsi que le nombre d'actions attribuées à chacun ou les modalités d'attribution des titres (C. com. art. R 225-114 et art. L 225-138, I) ;
– l'**incidence** de l'émission proposée sur la situation des titulaires de titres de capital et de valeurs mobilières donnant accès au capital, en particulier en ce qui concerne leur quote-part des capitaux propres à la clôture du dernier exercice ;
– et, pour les sociétés dont les titres sont admis aux négociations sur un marché réglementé, l'incidence théorique sur la valeur boursière actuelle de l'action, telle qu'elle résulte de la moyenne des vingt séances de bourse précédentes.

Pour plus de précisions, voir CNCC NI. V Tome 3 § 1.25.4 à 1.25.9.

Remarques : 1. Si, en application de l'article L 225-135-1, l'assemblée générale extraordinaire avait décidé que le capital social pourra être augmenté dans les trente jours de la clôture de la souscription dans la limite de 15 % de l'émission initiale (« **surallocation** ») et selon les mêmes modalités, l'incidence de l'émission proposée sur la situation des titulaires de titres de capital et de valeurs mobilières donnant accès au capital social devra prendre en compte ce montant complémentaire potentiel.

2. L'information relative à l'incidence de l'émission sur la situation des titulaires de titres de capital (et de valeurs mobilières donnant accès au capital) et l'information relative à l'incidence théorique sur la valeur boursière sont données en tenant compte de l'ensemble des titres émis susceptibles de donner accès au capital (C. com. art. R 225-115 et R 22-10-31).

3. Si la clôture du dernier exercice est antérieure de **plus de six mois** à l'opération envisagée, ou si l'augmentation du capital intervient avant l'arrêté des comptes du dernier exercice clos, l'incidence de l'émission sur la situation de l'actionnaire doit être appréciée au vu d'une situation financière intermédiaire établie selon les mêmes méthodes et suivant la même présentation que le dernier bilan annuel (voir n° 56772).

4. En cas de **subdélégation** (voir n° 56760 et EJ 2011-09 : Bull. CNCC n° 163-2011 p. 595) lors d'une émission d'actions ordinaires avec suppression du droit préférentiel de souscription, consentie par le conseil

1240

d'administration ou le directoire ayant bénéficié d'une délégation de pouvoir ou de compétence, l'établissement du rapport complémentaire devant être établi en application des articles L 225-129-5 et R 225-116 du Code de commerce par le conseil d'administration ou le directoire ne peut pas être subdélégué au subdélégataire. En sens inverse, voir l'avis n° 21-019 du Comité juridique de l'Ansa.

Lors de l'**utilisation de la délégation**, le commissaire aux comptes établit également un rapport complémentaire, voir n° 56836.

Prix d'émission   Les textes légaux et réglementaires comportent peu de dispositions relatives au prix d'émission des actions dans le cadre d'une augmentation du capital avec suppression du droit préférentiel de souscription.   **56777**

Le prix d'émission ne peut être inférieur à la valeur nominale des actions (ou au pair, lorsque les statuts ne fixent pas de nominal), conformément aux dispositions de l'article L 225-128 du Code de commerce.

Par ailleurs, dans les sociétés dont les actions sont admises aux négociations sur un marché réglementé et dans la mesure où les actions à émettre (de manière immédiate ou différée) sont assimilables à celles déjà émises, le prix d'émission des actions à émettre dans le cadre d'une offre au public ou d'une offre visée au 1° de l'article L 411-2 du Code monétaire et financier (voir n° 56742 s.) est au moins égal à la **moyenne pondérée des cours des trois dernières séances de bourse précédant sa fixation, éventuellement diminuée d'une décote maximale de 10 %** (C. com. art. L 225-136, L 22-10-52 et R 22-10-32 qui recodifie l'ancien article R 225-119 désormais abrogé).

De plus, dans la limite de 10 % du capital social par an, l'assemblée générale extraordinaire peut autoriser le conseil d'administration ou le directoire à fixer le prix d'émission selon des modalités qu'elle détermine au vu d'un rapport du conseil d'administration ou du directoire, et d'un rapport du commissaire aux comptes.

Enfin, les modalités de détermination du prix d'émission des actions à émettre dans le cadre de l'épargne salariale doivent respecter les dispositions prévues par le Code du travail.

Concernant les **modalités de détermination du prix** d'émission des actions à émettre **dans le cadre de l'épargne salariale**, voir n° 57327.

Dans les autres cas, le prix d'émission ou les conditions de fixation de ce prix sont déterminés par l'assemblée générale extraordinaire sur rapport du conseil d'administration ou du directoire (C. com. art. L 225-136, 1° et L 225-138, II).

Publicité   En application de l'article R 225-135 du Code de commerce, l'augmentation du capital libérée en numéraire est réalisée à la date du certificat du dépositaire. Elle doit faire l'objet d'une information du public et donne donc lieu à compter de cette date à l'accomplissement des formalités suivantes :   **56780**
– insertion dans un journal d'annonces légales du lieu du siège social (C. com. art. R 210-9) ;
– dépôt au greffe du tribunal de commerce dans le délai d'un mois des documents prescrits par les articles R 123-105 et R 123-107 du Code de commerce, à savoir :
• une copie certifiée conforme du procès-verbal d'assemblée générale extraordinaire ayant autorisé l'augmentation du capital social,
• en cas de délégation par l'assemblée, une copie certifiée conforme de la décision de l'organe compétent de réaliser l'augmentation du capital,
• un exemplaire certifié conforme des statuts mis à jour ;
– inscription modificative au registre du commerce et des sociétés dans le délai d'un mois (C. com. art. R 123-66) ;
– insertion au Bodacc par le greffier du tribunal de commerce dans les huit jours de l'inscription correspondante (C. com. art. R 123-159 et R 123-161).

Depuis l'entrée en vigueur de la loi de finances 2019 (Loi 2018-1317 du 28-12-2018), certaines augmentations du capital qui étaient préalablement soumises au droit fixe d'enregistrement de 375 € (ou 500 € pour les sociétés ayant un capital après apport d'au moins 225 000 €) sont désormais enregistrées gratuitement (voir Mémento Fiscal n° 66500 s.).

Sanctions   1. Le régime des **nullités et injonctions** relatives aux augmentations du capital a été refondu par la loi 2012-387 du 22 mars 2012. Désormais, les dispositions de l'article L 225-149-3 du Code de commerce distinguent :   **56785**
– les décisions prises en violation de certaines dispositions régissant les augmentations du capital qui sont sanctionnées d'une nullité obligatoire. Sont ainsi visées les décisions prises en violation des dispositions des articles énumérés à l'alinéa 2 de l'article L 225-149-3 du Code de commerce ;

OPÉRATIONS CONCERNANT LE CAPITAL SOCIAL ET LES ÉMISSIONS DE VALEURS MOBILIÈRES © Éd. Francis Lefebvre

Par exemple sont nulles les décisions d'augmentation du capital en numéraire prises en violation de l'article L 225-131, al. 1 (libération préalable intégrale du capital – n° 56751) ou de l'article L 225-129-6, al. 1 (obligation permanente de proposer une augmentation du capital réservée aux salariés – n° 56752).

– les décisions prises en violation des dispositions des articles L 225-129 à L 225-150 et L 233-32 du Code de commerce qui ne sont pas sanctionnées par une nullité obligatoire mais qui peuvent faire l'objet d'une annulation (nullité facultative).

Peuvent être annulées les décisions prises en violation de l'article L 225-131, al. 2 (vérification de l'actif et du passif en cas d'émission par offre au public moins de 2 ans après la constitution de la société – n° 56751). Voir, pour un exemple d'annulation de l'opération pour fraude, Cass. com. 16-4-2013 n° 09-10.583 : RJDA 7/13 n° 641.

L'action en nullité, fondée sur l'article L 225-149-3 du Code de commerce, **se prescrit par** trois mois à compter de la date de l'assemblée générale suivant la décision d'augmentation du capital (C. com. art. L 235-9).

Par ailleurs, les rapports et formalités liés aux augmentations du capital et pouvant donner lieu à une **injonction de faire** ont été élargis.

Il s'agit notamment des rapports du conseil d'administration ou du directoire, des rapports du commissaire aux comptes prévus aux articles L 225-136 (augmentation du capital par voie d'offre au public – voir n° 56742) et L 225-138 (augmentation du capital réservée à des personnes dénommées ou catégorie de personnes – voir n° 56742).

Aux termes de l'alinéa 4 de l'article L 225-149-3 du Code de commerce, certaines dispositions sont expressément exclues du régime des sanctions (C. com. art. L 225-127, L 225-128, L 225-132, al. 1, L 225-135, al. 1, L 225-140).

56786 2. En outre, différentes **sanctions pénales** sont prévues par les articles L 242-17 à L 242-21 du Code de commerce. Ainsi, la **mention d'informations inexactes** par les dirigeants dans le rapport présenté à l'assemblée devant décider la suppression du droit préférentiel est un délit puni de deux ans d'emprisonnement et d'une amende de 18 000 € (C. com. art. L 242-20). La sanction est la même pour le commissaire aux comptes qui aurait confirmé ces informations.

Par ailleurs, le non-respect des règles relatives à la libération des actions de numéraire (à hauteur d'un quart au moins de leur valeur nominale, C. com. art. L 225-144, al. 1) est passible d'une amende de 150 000 € (C. com. art. L 242-17, al. 1). Il en va de même en cas de non-respect des règles relatives à la libération intégrale du capital antérieurement souscrit (C. com. art. L 242-17, al. 1). Ces peines peuvent être doublées si la société procède à une offre au public des actions ou coupures d'actions (C. com. art. L 242-17, al. 2).

Par ailleurs, est puni d'une amende de 150 000 € le fait de négocier des actions de numéraire pour lesquelles le versement de la moitié n'a pas été effectué (C. com. art. L 242-3 sur renvoi de l'art. L 242-21).

Ces sanctions sont applicables aux SA ainsi qu'aux SCA et SAS sur renvoi respectivement des articles L 243-1 et L 244-1 du Code de commerce.

Le fait d'avoir établi ou publié la valeur d'actions de numéraire pour lesquelles le versement du quart n'a pas été effectué n'est plus sanctionné à la suite de l'abrogation de l'article L 242-4 du Code de commerce par la loi 2012-387 du 22 mars 2012.

56787 3. Enfin, la **responsabilité civile** des dirigeants et du commissaire aux comptes peut être mise en jeu lorsque l'omission ou l'insuffisance du rapport ne permettent pas aux actionnaires de se prononcer en connaissance de cause.

La dissimulation à un tiers invité à participer à une augmentation du capital de l'existence de risques importants encourus par la société émettrice en raison d'un procès en cours engage la responsabilité des dirigeants et les expose, d'une part, à devoir verser des dommages et intérêts à ce tiers et, d'autre part, à la réparation du préjudice qu'il a subi du fait de leur réticence fautive. Pour un exemple, voir un arrêt de la Cour de cassation qui a retenu également la responsabilité du commissaire aux comptes car il s'était contenté d'entériner les informations qu'il avait reçues sans s'enquérir de l'existence de litiges en cours (Cass. com. 11-7-2000 : RJDA 12/00 n° 1120 ; Bull. CNCC n° 121-2000 p. 106, Ph. Merle).

B. Intervention du commissaire aux comptes

Nature de l'intervention

56790 **Textes applicables** Dans les sociétés par actions, l'intervention du commissaire aux comptes de la société, en cas d'augmentation du capital par émission d'actions ordinaires avec suppression du droit préférentiel de souscription, est prévue par les articles

L 225-135, L 225-136, L 22-10-52 et L 225-138 du Code de commerce selon les modalités fixées par les articles R 225-114 à R 225-116 et R 22-10-31 du Code de commerce.

Sur les opérations nécessitant l'intervention d'un commissaire aux comptes spécialement désigné à cet effet, en application des articles L 225-136, 1° et L 225-138, II, pour les **sociétés par actions** (SAS, SA, SCA) qui n'ont pas désigné de commissaire aux comptes pour une mission de certification des comptes, voir n° 56791.

Dans les **entités autres que les sociétés par actions**, en l'absence de texte légal ou réglementaire, des dispositions statutaires peuvent prévoir l'intervention du commissaire aux comptes en cas d'augmentation de leur capital avec suppression du droit préférentiel de souscription. Par ailleurs, en l'absence de dispositions statutaires, l'entité peut demander au commissaire aux comptes d'intervenir. Dans ce cas, jusqu'au 16 juin 2016 le commissaire aux comptes examinait et mettait en œuvre la demande de l'entité au regard des NEP relatives aux diligences directement liées à la mission (CNCC NI. V Tome 3 § 1.21). Depuis le 17 juin 2016, le concept de DDL ayant été supprimé à la suite de la réforme de l'audit, le commissaire aux comptes peut intervenir à la demande de l'entité dans le cadre des services autres que la certification des comptes (SACC) réalisés à la demande de l'entité sous réserve du respect des dispositions relatives à son indépendance (voir n° 3739 s.).

Société n'ayant pas désigné de commissaire aux comptes pour une mission de certification des comptes

56791

La loi Pacte prévoit l'obligation de faire intervenir un commissaire aux comptes **désigné spécialement à cet effet**, selon les modalités prévues à l'article **L 225-228** du Code de commerce, en cas d'émission d'actions avec suppression du droit préférentiel de souscription :
– augmentation de capital par voie d'offre au public ou par voie d'offre visée au 1° de l'article L 411-2 du Code monétaire et financier (C. com. art. L 225-136, 1°) ;
– augmentation de capital au profit d'une ou de plusieurs personnes nommément désignées ou catégories de personnes répondant à des caractéristiques déterminées (C. com. art. L 225-138, II).

L'intervention du commissaire aux comptes désigné spécialement est requise que l'opération soit réalisée avec ou sans délégation de pouvoir ou de compétence mais uniquement **à l'occasion de la réunion de l'organe délibérant qui décide ou autorise l'augmentation du capital**. Ainsi, la Commission des études juridiques de la CNCC a précisé que, en cas de délégation accordée par l'assemblée, les textes légaux et réglementaires ne prévoient pas de rapport complémentaire du commissaire aux comptes désigné spécialement lorsque l'organe compétent utilise la délégation de pouvoir ou de compétence (CNCC – Questions-réponses relatives à l'application de la loi Pacte, octobre 2019).

Dans le cadre des augmentations du capital avec suppression du droit préférentiel de souscription, le Code de commerce prévoit une **exception à l'intervention des commissaires aux comptes**.

56792

En effet, le commissaire aux comptes n'a pas à établir de rapport à destination de l'assemblée générale extraordinaire qui décide ou autorise, avec une délégation de pouvoir ou de compétence à l'organe compétent, une augmentation du capital avec suppression du droit préférentiel de souscription dans le cas mentionné au premier alinéa de l'article L 22-10-52 du Code de commerce (Loi 2011-525 du 17-7-2011).

Les opérations visées sont les émissions par une société dont les titres sont admis aux négociations sur un marché réglementé, par une offre au public ou par un placement privé, d'actions assimilables à celles déjà émises à un prix qualifié de réglementé (voir n° 56777). L'article R 22-10-32 du Code de commerce prévoit que le prix d'émission doit être au moins égal à la moyenne pondérée des cours des trois dernières séances de bourse précédant sa fixation, et que cette moyenne peut être diminuée d'une décote maximale de 10 %.

En revanche, ces textes prévoient bien l'intervention du commissaire aux comptes lorsque l'organe compétent utilise la délégation.

Pour un exemple de rapport à utiliser dans ce cas particulier, voir CNCC NI. V Tome 3 § 3.15.

Conditions d'intervention

56795

Les conditions d'intervention du commissaire aux comptes sont décrites dans le tome 3 « Augmentation du capital par émission d'actions ordinaires avec suppression du droit préférentiel de souscription » de la note d'information n° V « Les interventions du commissaire aux comptes relatives aux opérations concernant le capital social et les émissions de valeurs mobilières » de la CNCC publiée en juin 2011, mise à jour en septembre 2015.

OPÉRATIONS CONCERNANT LE CAPITAL SOCIAL ET LES ÉMISSIONS DE VALEURS MOBILIÈRES © Éd. Francis Lefebvre

Le commissaire aux comptes a principalement pour mission de s'assurer que l'**égalité entre les actionnaires** a été respectée et que ceux-ci sont à même de prendre une décision en toute connaissance de cause. On rappelle que la suppression du droit préférentiel de souscription, et l'entrée de nouveaux actionnaires dans le capital, a pour conséquence de diminuer le poids des anciens actionnaires dans la société et peut entraîner une dilution de leur patrimoine.

En aucun cas, le commissaire aux comptes ne se prononce sur l'opportunité de l'opération.

Modalités de mise en œuvre de l'intervention

56800 Nous aborderons tout d'abord la planification des contrôles (n° 56802) puis les contrôles préalables à mettre en œuvre (n° 56805) et enfin les contrôles du commissaire aux comptes lorsque l'augmentation du capital avec suppression du droit préférentiel de souscription intervient sans délégation (n°s 56810 s.) ou avec délégation de pouvoir ou de compétence (n°s 56835 s.).

56802 **Planification des contrôles** Les textes légaux et réglementaires ne prévoient pas de délai de mise à disposition du rapport du conseil d'administration ou du directoire au commissaire aux comptes. Le rapport de l'organe compétent doit être transmis au commissaire aux comptes dans un délai lui permettant d'effectuer ses contrôles, sachant que, dans les sociétés anonymes et les sociétés en commandite par actions, son rapport doit être mis à disposition des actionnaires à compter de la date de convocation et au moins quinze jours avant la réunion de l'assemblée générale devant statuer sur l'opération (délai allongé à vingt et un jours pour les sociétés dont les actions sont « cotées » – voir n° 56865).

Dans l'hypothèse où le commissaire aux comptes n'obtiendrait pas communication du rapport de l'organe compétent, il ne pourrait qu'établir un rapport de carence.

56805 **Contrôles préalables** Le commissaire aux comptes, dans un premier temps, collecte les documents et examine les informations concernant l'opération.

Ainsi, lors de l'intervention du commissaire aux comptes **à l'occasion de l'assemblée** appelée à statuer sur le projet d'augmentation du capital, les documents concernés sont (CNCC NI. V Tome 3 § 2.23.1) :
– le rapport de l'organe compétent à l'assemblée sur le projet d'augmentation du capital ;
– le projet de texte des résolutions soumis à l'assemblée ;
– la situation financière intermédiaire, lorsque l'assemblée n'est pas appelée à déléguer son pouvoir ou sa compétence et que l'opération intervient plus de six mois après la clôture de l'exercice ou avant l'arrêté des comptes du dernier exercice clos (voir n° 56772) ;
– tout autre document que le commissaire aux comptes estime utile pour comprendre le contexte de l'émission et le déroulement qui est envisagé par la société (pacte d'actionnaires, protocole, contrat d'émission, statuts à jour...).

Lors de l'intervention du commissaire aux comptes **à l'occasion de l'utilisation par le conseil d'administration ou le directoire de la délégation** de pouvoir ou de compétence conférée par l'assemblée, les documents concernés sont (CNCC NI. V Tome 3 § 2.23.1) :
– le rapport complémentaire de l'organe compétent à l'assemblée sur l'utilisation de la délégation ;
– le procès-verbal de l'assemblée ayant décidé ou autorisé l'augmentation du capital ;
– le procès-verbal de l'organe compétent utilisant la délégation conférée par l'assemblée ;
– la situation financière intermédiaire, lorsque l'opération intervient plus de six mois après la clôture de l'exercice ou avant l'arrêté des comptes du dernier exercice clos (voir n° 56772).

56807 Dans un second temps, le commissaire aux comptes considère le respect par la société des règles générales applicables aux augmentations du capital en numéraire par émission d'actions ordinaires avec suppression du droit préférentiel de souscription (voir n° 56751). Le commissaire aux comptes prend également en considération les autres obligations relatives à certaines augmentations du capital, en particulier, l'obligation de proposer une augmentation du capital réservée aux adhérents d'un plan d'épargne d'entreprise (voir n° 56752).

1244

Augmentation du capital avec suppression du droit préférentiel de sous-cription sans délégation En application des articles R 225-115, al. 2 et R 22-10-31 du Code de commerce, dans le cadre d'une augmentation du capital sans délégation, le commissaire aux comptes :

– vérifie et certifie la sincérité des informations tirées des comptes de la société sur lesquelles il donne son avis ;

– donne son avis sur :

• la proposition de suppression du droit préférentiel,

• le choix des éléments de calcul du prix d'émission et sur son montant,

• l'incidence de l'émission sur la situation des titulaires de titres de capital et de valeurs mobilières donnant accès au capital appréciée par rapport aux capitaux propres,

• le cas échéant, l'incidence de l'émission sur la valeur boursière de l'action.

> À notre avis, ces mêmes diligences sont à réaliser par le commissaire aux comptes spécialement désigné dans le cadre des dispositions des articles L 225-136, 1° et L 225-138, II du Code de commerce.

56810

1. Contrôle du rapport du conseil d'administration ou du directoire. Lorsque l'augmen-tation du capital intervient sans délégation de pouvoir ou de compétence, les contrôles du commissaire aux comptes, relatifs au rapport du conseil d'administration ou du direc-toire, consistent à (CNCC NI. V Tome 3 § 2.23.2 B) :

– vérifier que les informations prévues aux articles R 225-113, R 225-114, R 225-115 et, le cas échéant, R 22-10-31 du Code de commerce (voir n° 56772) figurent dans le rapport de l'organe compétent ;

> Pour plus de précisions, voir CNCC NI. V Tome 3 § 2.23.2 E.

– vérifier que les informations données, notamment sur les motifs de l'augmentation du capital et de la proposition de suppression du droit préférentiel de souscription, sont de nature à permettre aux actionnaires de se prononcer en connaissance de cause ;

– apprécier la justification du choix des éléments de calcul retenus pour la fixation du prix d'émission et de son montant, et si l'information donnée à ce titre dans le rapport de l'organe compétent est de nature à permettre aux actionnaires de se prononcer en connaissance de cause ;

> Pour plus de précisions, voir n° 56820.

– vérifier la sincérité des informations chiffrées fournies dans le rapport et tirées des comptes de la société ou, le cas échéant, d'une situation financière intermédiaire ;

> Pour plus de précisions, voir n° 56825.

– apprécier l'information relative à l'incidence de l'émission proposée sur la situation des titulaires de titres de capital et de valeurs mobilières donnant accès au capital appréciée par rapport aux capitaux propres de la société, sur la base des derniers comptes annuels ou, le cas échéant, d'une situation financière intermédiaire et, dans les sociétés dont les titres sont admis aux négociations sur un marché réglementé, relative à l'incidence de l'émission sur la valeur boursière de l'action.

> Pour plus de précisions sur le calcul de l'incidence de l'émission, voir CNCC NI. V Tome 3 § 1.25.6 et 1.25.7.
>
> Pour plus de précisions sur l'appréciation de l'information sur l'incidence de l'émission, voir CNCC NI. V Tome 3 § 2.23.2 H.

56815

2. Justification du prix d'émission. Le conseil d'administration ou le directoire doit justi-fier dans son rapport le prix d'émission et ce, quand bien même l'émission serait effec-tuée à la valeur nominale.

Le commissaire aux comptes doit apprécier la justification du choix des éléments de calcul retenus pour la fixation du prix d'émission et de son montant, et si l'information donnée à ce titre dans le rapport de l'organe compétent est de nature à permettre aux actionnaires de se prononcer en connaissance de cause sur l'opération proposée. Par ailleurs, le commissaire aux comptes doit vérifier l'exactitude des calculs fournis par l'or-gane compétent dans son rapport (CNCC NI. V Tome 3 § 2.23.2 F).

> Dans son rapport, le commissaire aux comptes doit se prononcer sur la cohérence de la prime d'émis-sion. Une prime trop élevée pourrait avoir pour effet d'évincer certains actionnaires. Cette pratique est considérée dans certains cas comme un « indice de fraude » (Cass. com. 12-5-1995 : Bull. civ. IV n° 129). En effet, le contrat de souscription impose aux dirigeants de diffuser toutes les informations nécessaires à une bonne connaissance de la situation sociale, particulièrement en cas de suppression du droit préférentiel.

56820

OPÉRATIONS CONCERNANT LE CAPITAL SOCIAL ET LES ÉMISSIONS DE VALEURS MOBILIÈRES © Éd. Francis Lefebvre

Dans certains cas, le commissaire aux comptes peut ne pas être en mesure de conclure sur le choix des éléments de calcul du prix d'émission et sur son montant, notamment lorsque le prix est convenu entre les parties ou résulte de négociations et n'est pas justifié dans le rapport de l'organe compétent (voir CNCC NI. V Tome 3 § 3.7) ou bien lorsque le prix repose sur des hypothèses présentant un fort degré d'aléas ou s'inscrit dans un contexte très volatil (voir CNCC NI. V Tome 3 § 3.8).

Le prix d'émission peut également être fixé par un expert mandaté par la société. Dans ce cas, lorsque le commissaire aux comptes n'a pas été en mesure d'effectuer ses travaux ou, lorsque le prix n'est pas justifié dans le rapport de l'organe compétent, le commissaire aux comptes peut également ne pas pouvoir conclure sur le choix des éléments de calcul du prix d'émission et sur son montant (voir CNCC NI. V Tome 3 § 3.9).

56825   **3. Vérification de la sincérité des informations chiffrées.** La vérification de la sincérité des informations chiffrées, tirées des comptes ou d'une situation financière intermédiaire, a notamment pour objectif de contrôler les données utilisées pour la présentation de l'incidence de l'émission proposée sur la situation des titulaires de titres de capital et de valeurs mobilières donnant accès au capital.

De plus, lorsque la détermination du prix d'émission des actions est fondée sur des informations chiffrées tirées des comptes ou d'une situation financière intermédiaire, la vérification de la sincérité de ces informations chiffrées permet également au commissaire aux comptes de vérifier les éléments pris en compte dans le calcul du prix d'émission.

Enfin, des informations chiffrées tirées des comptes peuvent également être utilisées par la société pour communiquer des informations relatives à la marche des affaires sociales. Les travaux à effectuer par le commissaire aux comptes diffèrent selon que les informations chiffrées proviennent des comptes ou bien d'une situation financière intermédiaire (CNCC NI. V Tome 3 § 2.23.2 G).

56827   **a. Informations chiffrées tirées des comptes annuels et, le cas échéant, consolidés ayant fait l'objet d'un audit.** Le commissaire aux comptes vérifie que les informations chiffrées utilisées sont effectivement tirées des comptes qu'il a précédemment certifiés.

> Remarque : Lorsque les comptes, dont sont tirées les informations chiffrées figurant dans le rapport de l'organe compétent, n'ont pas encore été approuvés par l'organe délibérant, il en fait état dans son rapport relatif à l'augmentation du capital.

Lorsque ces comptes ont été certifiés avec réserves ou ont fait l'objet d'un refus de certifier, le commissaire aux comptes apprécie si les motifs de la réserve ou du refus de certifier ont notamment une incidence sur le prix d'émission ou sur le calcul de l'incidence de l'émission proposée ou, le cas échéant, sur le calcul de l'incidence de l'émission sur la valeur boursière de l'action. Si tel est le cas, il en fait rappel dans son rapport et exprime une impossibilité de conclure.

> Pour des exemples de formulation, voir CNCC NI. V § 3.3.

De même, lorsque des incertitudes ont été décrites de façon pertinente dans l'annexe des comptes et qu'une observation a été formulée à ce titre dans le rapport sur les comptes, le commissaire aux comptes en fait rappel dans son rapport relatif à l'augmentation du capital.

> Pour plus d'informations, voir CNCC NI. V § 3.10.

Dans l'hypothèse où les comptes du dernier exercice n'ont pas encore été arrêtés par l'organe compétent, mais que des comptes provisoires existent et que les travaux d'audit du commissaire aux comptes, visant à la certification de ces comptes sont en cours, il en fait état dans son rapport relatif à l'augmentation du capital.

> Pour plus d'informations, voir CNCC NI. V § 3.5.

56830   **b. Informations chiffrées tirées d'une situation financière intermédiaire.** Pour vérifier cette situation financière intermédiaire, le commissaire aux comptes prend en considération les travaux décrits aux paragraphes 14 à 18 de la NEP 2410 « Examen limité de comptes intermédiaires en application de dispositions légales ou réglementaires » et peut notamment (CNCC NI. V Tome 3 § 2.23. G) :

– s'entretenir avec les membres de la direction en charge des aspects comptables et financiers ;

– vérifier que la situation financière intermédiaire a été établie selon les mêmes principes comptables et les mêmes méthodes d'évaluation et de présentation que ceux retenus pour l'élaboration des derniers comptes annuels et, le cas échéant, consolidés ;

– mettre en œuvre des procédures analytiques sur la situation financière intermédiaire. Pour ce faire, il peut notamment se référer à la NEP 520 « Procédures analytiques » et à la note d'information de la CNCC, NI. VIII « Le commissaire aux comptes et les procédures analytiques ».

Par ailleurs, le commissaire aux comptes peut estimer utile d'obtenir une lettre d'affirmation concernant la situation financière intermédiaire.

L'intervention du commissaire aux comptes sur la situation financière intermédiaire **ne donne pas lieu à l'établissement d'un rapport spécifique distinct** de celui relatif à l'augmentation du capital avec suppression du droit préférentiel de souscription. Le résultat des contrôles effectués est relaté dans le rapport relatif à l'augmentation du capital sous forme d'observation ou d'absence d'observation sur la sincérité des informations chiffrées tirées de la situation financière intermédiaire.

Remarque : La formulation d'une observation met alors le commissaire aux comptes dans l'impossibilité de conclure, notamment sur le calcul de l'incidence de l'émission proposée sur la situation des titulaires de titres de capital et de valeurs mobilières donnant accès au capital, en particulier pour ce qui concerne leur quote-part des capitaux propres (voir CNCC NI. V Tome 3 § 2.23. G).

Lorsque les comptes de l'exercice précédent ont été certifiés avec réserves ou ont fait l'objet d'un refus de certifier, le commissaire aux comptes apprécie si les motifs de la réserve ou du refus de certifier ont une incidence sur la situation financière intermédiaire et, le cas échéant, en tire les conséquences sur la rédaction du rapport relatif à l'augmentation du capital.

Pour ce faire, voir CNCC NI. V Tome 3 § 3.3.

De même, en présence d'incertitudes décrites de manière pertinente dans l'annexe des comptes de l'exercice précédent, lorsque le commissaire aux comptes a formulé une observation dans le rapport sur ces comptes, il en apprécie les incidences éventuelles sur la rédaction du rapport relatif à l'augmentation du capital.

Pour ce faire, voir CNCC NI. V Tome 3 § 3.10.

Augmentation du capital avec suppression du droit préférentiel de souscription avec délégation

56835

En cas d'augmentation du capital avec délégation, le commissaire aux comptes de la société établit deux rapports : le premier destiné à l'assemblée qui décide ou autorise l'émission (sauf exception mentionnée au n° 56792) et le second, dit « rapport complémentaire », mis à disposition des actionnaires lors de l'utilisation de la délégation par le conseil d'administration ou le directoire.

Quelle que soit la nature de la délégation consentie par l'assemblée (de pouvoir ou de compétence), le commissaire aux comptes doit présenter deux rapports (EJ 2009-177 : Bull. CNCC n° 158-2010 p. 420).

Dans l'hypothèse où la société n'a pas désigné de commissaire aux comptes pour une mission de certification des comptes, le commissaire aux comptes désigné spécialement pour effectuer la mission prévue aux articles L 225-136, 1° et L 225-138, II du Code de commerce émet **uniquement** le rapport destiné à l'assemblée qui décide ou autorise l'émission. Sur l'absence d'intervention du commissaire aux comptes désigné spécialement au moment de l'utilisation de la délégation, voir n° 56791.

Dans son rapport destiné à l'assemblée appelée à statuer sur une augmentation du capital avec délégation, le commissaire aux comptes (CNCC NI. V Tome 3 § 2.12.1) :
– donne son avis sur les modalités de détermination du prix d'émission des actions, sous réserve de l'examen ultérieur des conditions effectives de l'augmentation du capital ;
– indique qu'il n'exprime pas d'avis sur les conditions définitives de l'augmentation du capital et, que par voie de conséquence, il n'exprime pas non plus d'avis sur la proposition de suppression du droit préférentiel de souscription.

À notre avis, ces mêmes diligences sont à réaliser par le commissaire aux comptes spécialement désigné dans le cadre des dispositions des articles L 225-136, 1° et L 225-138, II du Code de commerce.

Au moment de l'**utilisation de la délégation** par le conseil d'administration ou le directoire en vertu de la délégation de pouvoir ou de compétence accordée par l'assemblée générale extraordinaire, le commissaire aux comptes :

56836

– vérifie :
• la conformité de l'opération au regard de l'autorisation donnée par l'assemblée,
• la sincérité des informations tirées des comptes de la société sur lesquelles il donne son avis ;

OPÉRATIONS CONCERNANT LE CAPITAL SOCIAL ET LES ÉMISSIONS DE VALEURS MOBILIÈRES © Éd. Francis Lefebvre

– donne son avis sur :
- le choix des éléments de calcul du prix d'émission et sur son montant définitif,
- l'incidence de l'émission sur la situation des titulaires de titres de capital et de valeurs mobilières donnant accès au capital appréciée par rapport aux capitaux propres,
- le cas échéant, l'incidence de l'émission sur la valeur boursière de l'action,
- la suppression du droit préférentiel.

Le contenu du rapport du commissaire aux comptes est fixé par l'article R 225-116 du Code de commerce. Bien que le texte de l'article R 225-116, al. 2 du Code de commerce ne prévoie explicitement ni la vérification de la sincérité des informations tirées des comptes de la société sur lesquelles le commissaire aux comptes donne son avis, ni l'avis sur la suppression du droit préférentiel de souscription, ni l'avis sur l'incidence de l'émission sur la valeur boursière de l'action, par analogie avec les dispositions figurant à l'article R 225-115 (en cas d'absence de délégation de pouvoir ou de compétence, voir n° 56815), la CNCC considère que cette vérification et ces avis interviennent également en cas d'utilisation d'une délégation de pouvoir ou de compétence (voir CNCC NI. V Tome 3 § 2.12.2).

Les textes légaux et réglementaires ne prévoient pas d'intervention du commissaire aux comptes spécialement désigné dans le dispositif Pacte au moment de l'usage de la délégation (voir n° 56835).

56837 **1. Contrôle du rapport du conseil d'administration ou du directoire.** Lorsque l'augmentation du capital intervient avec délégation de pouvoir ou de compétence, les contrôles du commissaire aux comptes, sur le rapport du conseil d'administration ou du directoire destiné à l'assemblée appelée à décider ou à autoriser l'augmentation du capital et à déléguer son pouvoir ou sa compétence, consistent notamment à vérifier (CNCC NI. V Tome 3 § 2.23.2 C) :

– que les informations prévues aux articles R 225-113 et R 225-114 du Code de commerce (voir n° 56775) figurent dans le rapport du conseil d'administration ou du directoire ;

– que les informations données, en particulier sur les motifs de l'augmentation du capital et de la proposition de suppression du droit préférentiel de souscription, ainsi que sur les modalités de détermination du prix d'émission, sont de nature à permettre aux actionnaires de se prononcer en connaissance de cause (voir n° 56840).

Concernant les **incidences du résultat des contrôles du commissaire aux comptes sur la rédaction de la conclusion de son rapport**, voir CNCC NI. V Tome 3 § 2.24.2.

Lorsque l'organe compétent a fait usage de la délégation de pouvoir ou de compétence qui lui a été conférée par l'organe délibérant, les contrôles du commissaire aux comptes relatifs au rapport de l'organe compétent consistent à (CNCC NI. V Tome 3 § 2.23.2 D) :

– vérifier que les informations prévues aux articles R 225-115, R 225-116 et, le cas échéant, R 22-10-31 du Code de commerce (voir n° 56776) figurent dans le rapport de l'organe compétent ;

Pour plus de précisions, voir CNCC NI. V Tome 3 § 2.23.2 E.

– vérifier la conformité des modalités de l'opération au regard de l'autorisation donnée par l'assemblée ;

– apprécier la justification du choix des éléments de calcul retenus pour la fixation du prix d'émission et de son montant définitif ;

Pour plus de précisions, voir n° 56840.

– vérifier la sincérité des informations chiffrées fournies dans le rapport de l'organe compétent et tirées des comptes de la société ou, le cas échéant, d'une situation financière intermédiaire ;

Pour plus de précisions, voir n° 56825.

– apprécier l'information relative à l'incidence de l'émission proposée sur la situation des titulaires de titres de capital et de valeurs mobilières donnant accès au capital appréciée par rapport aux capitaux propres de la société, sur la base des derniers comptes annuels ou, le cas échéant, d'une situation financière intermédiaire et, dans les sociétés dont les titres sont admis aux négociations sur un marché réglementé, relative à l'incidence de l'émission sur la valeur boursière de l'action.

Pour plus de précisions sur le calcul de l'incidence de l'émission, voir CNCC NI. V Tome 3 § 1.25.6 et 1.25.7.

Pour plus de précisions sur l'appréciation de l'information relative à l'incidence de l'émission, voir CNCC NI. V Tome 3 § 2.23.2 H.

Concernant les **incidences du résultat des contrôles du commissaire aux comptes sur la rédaction de la conclusion de son rapport,** voir CNCC NI. V Tome 3 § 2.24.3.

2. Justification des modalités de détermination du prix d'émission et de son montant. Lorsque l'opération intervient avec délégation de pouvoir ou de compétence, le commissaire aux comptes vérifie que les informations données, dans le rapport du conseil d'administration ou du directoire à l'assemblée, sur les modalités de détermination du prix d'émission sont de nature à permettre aux actionnaires de se prononcer en connaissance de cause. Dans certaines circonstances (voir n° 56820), il peut ne pas être en mesure de conclure sur les modalités de détermination du prix d'émission.

Lorsque le conseil d'administration ou le directoire utilise une délégation, le commissaire aux comptes vérifie que le prix d'émission des actions est déterminé selon les modalités fixées par l'assemblée (CNCC NI. V Tome 3 § 2.23.2 F). De plus, il apprécie la justification du choix des éléments de calcul retenus pour la fixation du prix d'émission et de son montant définitif fournis dans le rapport par le conseil d'administration ou le directoire et vérifie l'exactitude des calculs. Le cas échéant, il prend en compte l'incidence des observations formulées dans le rapport présenté à l'organe délibérant appelé à décider ou autoriser l'augmentation du capital (voir, en ce sens, CNCC NI. V Tome 3 § 3.14).

Établissement et communication des rapports

Le rapport établi par le commissaire aux comptes est **distinct** selon que l'assemblée **56845** délègue, ou non, sa compétence ou ses pouvoirs au conseil d'administration ou au directoire.

Cas de l'augmentation du capital sans délégation Le rapport du commissaire **56847** aux comptes, destiné à l'assemblée appelée à décider d'une augmentation du capital avec suppression du droit préférentiel de souscription, en l'absence de délégation, comporte les informations suivantes (CNCC NI. V Tome 3 § 2.31.1) :
a) un intitulé ;
b) les destinataires du rapport (les membres de l'organe délibérant) ;
c) une introduction comportant :
• le rappel de sa qualité de commissaire aux comptes,
• le rappel du texte légal applicable,
• éventuellement, le contexte et les principales modalités de l'opération ;
d) un paragraphe rappelant les responsabilités respectives de l'organe compétent et du (des) commissaire(s) aux comptes ;
e) un paragraphe portant sur les travaux effectués et comportant :
• une référence à la doctrine professionnelle de la Compagnie nationale des commissaires aux comptes relative à cette mission,
• une mention indiquant les diligences effectuées ;
f) des conclusions formulées sous la forme d'absence d'observation, ou au contraire d'observations, ces observations conduisant à une impossibilité de conclure ;
g) le cas échéant, le signalement des irrégularités autres que celles affectant la conclusion du rapport ;
h) la date du rapport ;
i) l'adresse et l'identification du (des) signataire(s) du rapport.

Cas de l'augmentation du capital avec délégation Le rapport du commis- **56850** saire aux comptes destiné à l'assemblée appelée à déléguer au conseil d'administration ou au directoire le pouvoir de fixer les modalités de l'émission d'actions ordinaires ou la compétence pour décider une augmentation du capital avec suppression du droit préférentiel de souscription comporte les informations suivantes (CNCC NI. V Tome 3 § 2.31.2 A) :
a) un intitulé ;
b) les destinataires du rapport (les membres de l'organe délibérant) ;
c) une introduction comportant :
• le rappel de sa qualité de commissaire aux comptes,
• le rappel du texte légal applicable,
• éventuellement, le contexte et les principales modalités de l'opération ;
d) un paragraphe rappelant les responsabilités respectives de l'organe compétent et du (des) commissaire(s) aux comptes ;

OPÉRATIONS CONCERNANT LE CAPITAL SOCIAL ET LES ÉMISSIONS DE VALEURS MOBILIÈRES © Éd. Francis Lefebvre

e) un paragraphe portant sur les travaux effectués et comportant :
• une référence à la doctrine professionnelle de la Compagnie nationale des commissaires aux comptes relative à cette mission,
• une mention indiquant les diligences effectuées ;
f) des conclusions formulées sous la forme d'absence d'observation, ou au contraire d'observations ;
g) une mention de l'impossibilité de donner un avis sur les conditions définitives de l'augmentation du capital et du fait qu'un rapport complémentaire sera établi lors de la réalisation de l'augmentation du capital ;
h) le cas échéant, le signalement des irrégularités autres que celles affectant la conclusion du rapport ;
i) la date du rapport ;
j) l'adresse et l'identification du (des) signataire(s) du rapport.

56855 Le **rapport complémentaire du commissaire aux comptes sur l'augmentation du capital déléguée** comporte les informations suivantes (CNCC NI. V Tome 3 § 2.31.2 B) :
a) un intitulé ;
b) les destinataires du rapport (les membres de l'organe délibérant) ;
c) un paragraphe d'introduction comportant :
• le rappel de sa qualité de commissaire aux comptes,
• le rappel du texte réglementaire applicable,
• une référence à l'assemblée ayant autorisé cette délégation et au rapport établi à cette occasion ;
d) un paragraphe rappelant les responsabilités respectives de l'organe compétent et du (des) commissaire(s) aux comptes ;
e) un paragraphe portant sur les travaux effectués et comportant :
• une référence à la doctrine professionnelle de la Compagnie nationale des commissaires aux comptes relative à cette mission,
• une mention indiquant les diligences effectuées ;
f) des conclusions formulées sous la forme d'absence d'observation, ou au contraire d'observations, ces observations conduisant à une impossibilité de conclure ;
g) le cas échéant, le signalement des irrégularités autres que celles affectant la conclusion du rapport ;
h) la date du rapport ;
i) l'adresse et l'identification du (des) signataire(s) du rapport.
Sur l'absence d'intervention du commissaire aux comptes désigné spécialement pour effectuer la mission prévue aux articles L 225-136, 1° et L 225-138, II du Code de commerce au moment de l'utilisation de la délégation, voir n° 56791.

56860 **Mentions des irrégularités** En application de l'article L 823-12 du Code de commerce, le commissaire aux comptes signale à la plus prochaine assemblée les irrégularités et inexactitudes relevées au cours de l'accomplissement de sa mission.
Dès lors que l'irrégularité concerne les modalités de mise en œuvre et d'application des textes légaux et réglementaires relatifs aux opérations sur le capital, elle est signalée dans le rapport du commissaire aux comptes relatif à l'opération.
Pour des exemples de formulation des irrégularités, voir CNCC NI. V Tome 3 § 2.33.4.

56865 **Date et communication des rapports** 1. En application de l'article R 225-89, al. 2 du Code de commerce, **pour toutes les sociétés anonymes et toutes les sociétés en commandite par actions dont les actions ne sont pas admises aux négociations sur un marché réglementé**, le rapport du commissaire destiné à l'assemblée qui décide ou autorise une augmentation du capital avec suppression du droit préférentiel de souscription doit être mis à disposition des actionnaires à compter de la convocation et au moins quinze jours avant l'assemblée générale extraordinaire.
L'article R 225-89 du Code de commerce n'est pas applicable aux **sociétés par actions simplifiées**. Dans ces sociétés, la mise à disposition de ces rapports intervient selon les délais fixés par les statuts.
Par ailleurs, lorsque **les actions d'une société anonyme ou d'une société en commandite par actions sont admises aux négociations sur un marché réglementé**, l'article R 22-10-23 du Code de commerce prévoit qu'au plus tard le vingt et unième jour précédant l'assemblée, la société publie, sur le site Internet prévu à l'article R 22-10-1 du

1250

© Éd. Francis Lefebvre   OPÉRATIONS CONCERNANT LE CAPITAL SOCIAL ET LES ÉMISSIONS DE VALEURS MOBILIÈRES

même code, diverses informations incluant notamment le rapport du conseil d'administration ou du directoire et le rapport du commissaire aux comptes.

2. Le **rapport complémentaire** du commissaire aux comptes, lorsque le conseil d'administration ou le directoire ou, le cas échéant, le subdélégataire, fait usage de la délégation conférée par l'assemblée, est immédiatement mis à disposition des actionnaires au siège social de la société et au plus tard dans les quinze jours de la réunion du conseil d'administration ou du directoire. De plus, ce rapport est porté à la connaissance de la plus prochaine réunion de l'assemblée.

Remarque : En cas de subdélégation (voir nº 56760) lors d'une émission d'actions ordinaires avec suppression du droit préférentiel de souscription, consentie par le conseil d'administration ou le directoire ayant bénéficié d'une délégation de pouvoir ou de compétence, l'établissement du rapport complémentaire devant être établi en application des articles L 225-129-5 et R 225-116 du Code de commerce par le conseil d'administration ou le directoire ne peut pas être subdélégué au subdélégataire. Le **point de départ du délai de quinze jours** suivant la réunion du conseil d'administration ou du directoire prévu à l'article R 225-116, alinéa 3, pour la mise à disposition des actionnaires du rapport du commissaire aux comptes, court à compter de la date à laquelle le subdélégataire rend compte au délégataire puisque c'est à ce moment que l'organe compétent a connaissance de l'usage de la délégation (EJ 2011-09 : Bull. CNCC nº 163-2011 p. 595).

SECTION 3

Opérations concernant les actions de préférence

L'introduction en droit français des actions de préférence résulte de l'ordonnance **56880** 2004-604 du 24 juin 2004 relative aux valeurs mobilières et de son décret d'application 2005-12 du 10 février 2005 – dont l'objectif était d'unifier le régime d'émission des valeurs mobilières. Auparavant, les sociétés par actions avaient déjà la possibilité d'offrir des valeurs mobilières assorties de droits particuliers de nature pécuniaire ou politique : les actions de priorité, les actions à droit de vote double, les actions à dividende prioritaire sans droit de vote. L'ordonnance du 24 juin 2004 a supprimé la faculté d'émettre ces différents titres, qui relèvent désormais de la catégorie des titres en voie d'extinction (C. com. art. L 228-29-8). Leurs porteurs bénéficient d'un droit préférentiel à la souscription d'actions de préférence (C. com. art. L 228-29-9). Dans la pratique, on constate que ces titres en voie d'extinction ont été convertis en actions de préférence comportant les mêmes droits.

L'ordonnance 2014-863 du 31 juillet 2014, elle-même complétée par le décret 2015-545 du 18 mai 2015 et la loi dite Pacte, est venue modifier le régime des actions de préférence, notamment le régime de rachat des actions de préférence en renvoyant au droit commun de rachat des actions ordinaires.

Après avoir rappelé les caractéristiques des actions de préférence, seront exposées les **56882** différentes opérations auxquelles peuvent être soumises les actions de préférence ainsi que pour chacune la nature de l'intervention du commissaire aux comptes.

A. Principales modalités

Généralités

Entités concernées L'émission des actions de préférence peut être réalisée par **56885** toutes les sociétés par actions : sociétés anonymes, sociétés en commandite par actions, sociétés par actions simplifiées.

Certains praticiens se sont demandé si la liberté contractuelle accordée par le législateur aux associés des SAS pour créer des actions assorties de droits particuliers n'était pas remise en cause par la création des actions de préférence. La Commission des études juridiques de la CNCC considère que lorsqu'il s'agit d'accorder des droits spécifiques de nature extra-pécuniaire dans une SAS, telles des actions à droit de vote multiple, aucune disposition légale n'impose de recourir à la création d'actions de

1251

OPÉRATIONS CONCERNANT LE CAPITAL SOCIAL ET LES ÉMISSIONS DE VALEURS MOBILIÈRES © Éd. Francis Lefebvre

préférence. Leur création est laissée à l'appréciation des associés. En revanche, si ceux-ci souhaitent créer des actions sans droit de vote, ils doivent nécessairement créer des actions de préférence puisque les règles applicables aux SAS ne permettent pas de créer des actions sans droit de vote (Bull. CNCC n° 139-2005 p. 476). Enfin, lorsqu'il s'agit d'accorder des droits pécuniaires attachés aux actions, les actionnaires peuvent décider ou non de créer des actions de préférence, étant précisé que la création d'actions de préférence permet de sécuriser ce type d'émission.

56887 Définition Le capital d'une société peut être constitué d'actions ordinaires et/ou d'actions de préférence.

Une action ordinaire dispose d'un droit de vote, le cas échéant double, et d'un droit au dividende.

Une action de préférence est une action qui n'est pas une action ordinaire.

C'est **une action, avec ou sans droit de vote, assortie de droits particuliers de toute nature, à titre temporaire ou permanent**, distincts de ceux attachés aux actions ordinaires (C. com. art. L 228-11).

Il convient de ne pas confondre les droits particuliers attachés aux actions de préférence avec les droits particuliers liés à la personne à laquelle ils sont conférés. Lorsque les droits sont attachés aux actions, ces droits sont de fait transférés en cas de cession des actions. Lorsque les droits sont attachés à la personne à laquelle ils sont conférés, ces droits ne se transmettent pas automatiquement avec les actions et peuvent être accordés à une personne qui n'est pas actionnaire.

56890 Droit de vote Le droit de vote peut être aménagé, suspendu ou supprimé pendant un délai déterminé ou déterminable (C. com. art. L 228-11, al. 2).

Cependant, les actions de préférence sans droit de vote ne peuvent pas représenter plus de la moitié du capital social et, dans les sociétés dont les actions sont admises aux négociations sur un marché réglementé, cette proportion est ramenée au quart du capital social (C. com. art. L 228-11, al. 3). Le non-respect de ces dispositions fait encourir la nullité de l'émission ayant dépassé la limite imposée par le texte (C. com. art. L 228-11, al. 4).

Pour une présentation détaillée, se reporter au Mémento Sociétés commerciales n°s 67781 s.

La loi de modernisation de l'économie du 4 août 2008 et l'ordonnance 2008-1145 du 6 novembre 2008 étaient venues compléter l'article L 228-11 par un nouvel alinéa ainsi rédigé : « Par dérogation aux articles L 225-132 et L 228-91, les actions de préférence sans droit de vote à l'émission auxquelles est attaché un droit limité de participation aux dividendes, aux réserves ou au partage du patrimoine en cas de liquidation, sont privées de droit préférentiel de souscription pour toute augmentation du capital en numéraire, sous réserve de stipulation contraire des statuts. »

La CNCC considère que seules les actions de préférence auxquelles est attaché un droit limité de participation aux **dividendes créées** sans droit de vote sont privées du droit préférentiel de souscription, ce qui conduit à considérer, sauf stipulations contraires des statuts, que les actions de préférence émises sans droit de vote sont dépourvues de droit préférentiel de souscription même si, au cours de leur existence, elles recouvrent un droit de vote. Par ailleurs, les actions de préférence émises avec un droit de vote conservent un droit préférentiel de souscription même si au cours de leur existence elles sont privées du droit de vote (CNCC NI. V Tome 5 § 1.41).

Concernant les actions de préférence émises à compter de la publication de la loi 2019-486 du 22 mai 2019 relative à la croissance et la transformation des entreprises, dite **loi Pacte**, c'est-à-dire à compter du 23 mai 2019, l'article L 228-11 dernier alinéa du Code de commerce prévoit désormais que le droit préférentiel de souscription est supprimé pour toute action de préférence comportant des droits financiers limités, dépourvue ou non de droit de vote, sous réserve des dispositions statutaires.

Concernant la possibilité d'émettre des actions de préférence à droit de vote double, la CNCC considère qu'en application des dispositions de l'article L 225-123 du Code de commerce, une société anonyme ou une société en commandite par actions constituée depuis moins de deux ans ne peut pas émettre ce type d'actions (voir, en ce sens, CNCC NI. V Tome 5 § 2.31.4). En revanche, ces dispositions ne sont pas applicables dans une société par actions simplifiée.

56895 Droits particuliers attachés aux actions de préférence Les droits particuliers attachés aux actions de préférence peuvent être permanents ou temporaires, de nature pécuniaire ou politique et ne sont pas nécessairement quantifiables.

Concernant le sort des actions assorties de droits temporaires à l'échéance, voir CNCC NI. V Tome 5 § 3.32.

1252

La notion de droits particuliers n'exclut pas que les actions de préférence soient assorties d'obligations ou de restrictions (par exemple la suppression du droit de vote).

Les **droits pécuniaires** peuvent consister en un dividende majoré ou un dividende prioritaire.

Les **droits politiques** accordés peuvent correspondre, en pratique, à une information financière renforcée, à l'attribution de postes ou à des pouvoirs de nomination dans les organes de direction et d'administration, etc.

Pour une présentation plus détaillée, se reporter au Mémento Sociétés commerciales n°s 67792 s. Voir également § 1.2 du tome 5 de la CNCC NI. V.

Les droits particuliers peuvent être exercés dans une société autre que la société émettrice. Ils pourront être exercés dans une société qui possède directement ou indirectement plus de la moitié du capital social de l'émettrice ou dans la société dont l'émettrice possède directement ou indirectement plus de la moitié du capital social (C. com. art. L 228-13, al. 1). L'émission devra dans ce cas être autorisée par l'assemblée générale extraordinaire de la société appelée à émettre les actions de préférence et par celle de la société dans laquelle les droits sont exercés (C. com. art. L 228-13, al. 2).

Création des actions de préférence

Les actions de préférence peuvent être créées soit lors de la constitution de la société, soit au cours de son existence (C. com. art. L 228-11, al. 1). La création des actions de préférence correspond à l'inscription dans les statuts de la société des caractéristiques des actions de préférence. Cette création relève, conformément aux dispositions de l'article L 225-96 du Code de commerce, de la compétence exclusive de l'assemblée générale constitutive ou de l'assemblée extraordinaire et ne peut être déléguée. Ainsi, la **définition dans les statuts des droits attachés aux actions de préférence** doit-elle intervenir préalablement à l'émission de ces actions.
56900

La loi Pacte a modifié l'article L 228-11 du Code de commerce, lequel prévoit désormais que les droits attachés aux actions de préférence émises par les sociétés dont les actions sont admises aux négociations sur un marché réglementé ou sur un système multilatéral de négociation sont définis dans le respect des articles L 225-122 à L 225-125 du Code de commerce. Cette modification a pour effet de supprimer pour l'avenir le renvoi au principe de proportionnalité du droit de vote pour les actions de préférence émises par des sociétés non cotées. Les SA, SAS et SCA non cotées peuvent désormais émettre des actions de préférence à droit de vote multiple ou encore à droit de vote double sans avoir à respecter les conditions prévues pour ces dernières par l'article L 225-123 (libération des actions et inscription au nominatif pendant deux ans).

Voir BRDA 10/19 du 17-5-2019, p. 21 et Semaine Juridique Entreprise et Affaires n° 26, 27-6-2019, 1320. Pour plus de précisions, voir Mémento Sociétés commerciales n°s 67783 s.

Modification des caractéristiques des actions de préférence Par un courrier en date du 7 mai 2012, la Chancellerie a indiqué à la CNCC que toute modification des droits particuliers attachés aux actions de préférence devait s'analyser comme une conversion de ces actions en actions d'une autre catégorie (Bull. CNCC n° 166-2012). Ainsi, en cas de modification d'une ou de plusieurs caractéristiques d'une catégorie d'actions de préférence, il convient de mettre en œuvre la procédure applicable en cas de conversion d'actions de préférence en actions de préférence d'une autre catégorie (voir n° 56950).
56905

Pour des précisions, voir CNCC NI. V Tome 5 § 8.1.

Émission d'actions de préférence

Conditions préalables Les conditions préalables à toute augmentation du capital et les obligations relatives à certaines augmentations du capital, telles qu'elles sont prévues par les textes légaux et réglementaires, sont également susceptibles de s'appliquer en cas d'émission d'actions de préférence (voir n°s 56751 s.).
56910

Décision L'émission d'actions de préférence relève de la **compétence de l'assemblée générale extraordinaire** des actionnaires qui peut déléguer ses pouvoirs ou sa compétence dans les conditions de droit commun (C. com. art. L 228-12, I-al. 1).
56912

Sur les différentes notions de délégation, voir n°s 56756 s.

L'émission d'actions de préférence ne doit pas être confondue avec la conversion d'actions abordée au n° 56950.

OPÉRATIONS CONCERNANT LE CAPITAL SOCIAL ET LES ÉMISSIONS DE VALEURS MOBILIÈRES © Éd. Francis Lefebvre

Préalablement à l'émission des actions de préférence, les statuts de la société doivent définir les droits attachés aux actions de préférence. Pour les sociétés dont les actions sont admises aux négociations sur un marché réglementé ou sur un système multilatéral de négociation, ces droits sont définis dans le respect des articles L 225-122 à L 225-125 du Code de commerce (C. com. art. L 228-11, al. 1 ; voir n° 56900).

En effet, la délégation ne peut inclure la définition des caractéristiques des actions de préférence qui relève de la seule compétence de l'assemblée, voir n° 56900.

56915 Modalités de vote En cas de suppression du droit préférentiel de souscription au profit de personnes nommément désignées, les bénéficiaires, dans le cas où ils sont déjà actionnaires, ne peuvent pas prendre part au vote supprimant en leur faveur le droit préférentiel de souscription. Le quorum et la majorité sont donc calculés déduction faite de leurs actions (C. com. art. L 225-138, I).

Les actionnaires appartenant à une catégorie de personnes n'étant pas visées expressément par l'article L 225-138, I, ils peuvent à notre avis prendre part au vote.

56920 Rapports à l'assemblée Quand l'assemblée générale extraordinaire décide ou autorise une émission d'actions de préférence, avec maintien ou suppression du droit préférentiel de souscription, elle statue après avoir pris connaissance du rapport du conseil d'administration ou du directoire et de celui du commissaire aux comptes (C. com. art. L 228-12, I-al. 1 et R 228-17) et, le cas échéant, au vu du rapport du commissaire aux apports.

Sur les notions de droit préférentiel de souscription et de suppression du droit préférentiel de souscription, voir n° 56735 s.

Concernant l'intervention du commissaire aux comptes et le contenu de ses rapports, voir n° 57000.

Sur la nécessité d'un rapport du commissaire aux apports (communément appelé commissaire aux avantages particuliers), voir n° 56928.

Le contenu de ces rapports diffère selon que :
– l'assemblée décide ou non de déléguer au conseil d'administration ou au directoire sa compétence ou le soin de fixer les modalités de l'opération envisagée ;
– l'émission est proposée avec maintien ou suppression du droit préférentiel de souscription.

En effet, en application de l'article R 228-17 du Code de commerce, le **rapport du conseil d'administration ou du directoire** indique les caractéristiques des actions de préférence et précise l'incidence de l'opération sur la situation des titulaires de titres de capital et de valeurs mobilières donnant accès au capital. Il est en outre conforme aux règles posées par les articles R 225-113 et R 225-114 du Code de commerce ainsi que, selon les cas, par les articles R 225-115, R 225-116 et R 22-10-31 du même code (voir n° 56770 s.).

56922 1. Cas de l'émission d'actions de préférence sans délégation. Lorsque les modalités de l'émission des actions de préférence sont arrêtées par l'assemblée générale extraordinaire, le rapport établi par le conseil d'administration ou le directoire doit contenir (C. com. art. R 228-17 renvoyant aux art. R 225-113, R 225-114, R 225-115 et R 22-10-31) :
– les caractéristiques des actions de préférence (C. com. art. R 228-17) ;
– toutes indications utiles sur la marche des affaires sociales depuis le début de l'exercice en cours (et sur l'exercice précédent si l'assemblée n'a pas encore statué sur les comptes) (C. com. art. R 225-113) ;
– le montant maximal et les motifs de l'émission proposée (C. com. art. R 225-113 et R 225-114) ;
– le prix d'émission des actions de préférence avec sa justification (C. com. art. R 225-114) ;
– l'**incidence** de l'émission proposée sur la situation des titulaires de titres de capital et de valeurs mobilières donnant accès au capital, en particulier en ce qui concerne leur quote-part des capitaux propres à la clôture du dernier exercice (C. com. art. R 228-17 et R 225-115) ;
– et, pour les sociétés dont les titres sont admis aux négociations sur un marché réglementé, l'incidence théorique sur la valeur boursière actuelle de l'action, telle qu'elle résulte de la moyenne des vingt séances de bourse précédentes (C. com. art. R 22-10-31).

Remarques : 1. Le rapport du conseil d'administration ou du directoire doit contenir la **justification** du prix d'émission des actions de préférence et ce quand bien même l'émission est proposée avec maintien du droit préférentiel de souscription. Les textes légaux et réglementaires ne prévoient pas de dispositions spécifiques relatives au prix d'émission des actions de préférence. Le prix d'émission des actions ne peut être inférieur au montant du nominal ou au pair. Par ailleurs, les dispositions relatives aux augmentations du capital sont susceptibles de s'appliquer (voir n° 56777).

2. Les **caractéristiques des actions de préférence** sont inscrites dans les statuts (voir n° 56900 s.). Pour autant cela n'exonère pas le conseil d'administration ou le directoire de les présenter dans son rapport.

3. Si la clôture du dernier exercice est antérieure de **plus de six mois** à l'opération envisagée, ou si l'émission intervient avant l'arrêté des comptes du dernier exercice clos, l'incidence de l'émission sur la situation de l'actionnaire doit être appréciée au vu d'une situation financière intermédiaire établie selon les mêmes méthodes et suivant la même présentation que le dernier bilan annuel (voir n° 56772).

4. Si, en application de l'article L 225-135-1, l'assemblée générale extraordinaire décide que l'émission pourra être augmentée dans les trente jours de la clôture de la souscription dans la limite de 15 % de l'émission initiale (« **surallocation** ») et selon les mêmes modalités, l'incidence de l'émission proposée sur la situation des titulaires de titres de capital et de valeurs mobilières donnant accès au capital social devra prendre en compte ce montant complémentaire potentiel.

5. L'information relative à l'incidence de l'émission sur la situation des titulaires de titres de capital (et de valeurs mobilières donnant accès au capital) et l'information relative à l'incidence théorique sur la valeur boursière sont données en tenant compte de l'ensemble des titres émis susceptibles de donner accès au capital (C. com. art. R 225-115 et R 22-10-31).

6. Pour plus de précisions sur les informations contenues dans le rapport du conseil d'administration ou du directoire, voir CNCC NI. V Tome 3 § 1.25.4 à 1.25.9.

Par ailleurs, lorsque l'opération est proposée **avec suppression du droit préférentiel de souscription**, le rapport du conseil d'administration doit en outre comporter les informations suivantes :

— les motifs de la proposition de suppression du droit préférentiel (C. com. art. R 225-114) ;
— les modalités de placement des nouvelles actions (C. com. art. R 225-114, art. L 225-136 et L 225-138, II) ;
— le cas échéant, le nom des attributaires ou les caractéristiques des catégories de personnes attributaires ainsi que le nombre d'actions de préférence attribuées à chacun ou les modalités d'attribution des titres (C. com. art. R 225-114 et art. L 225-138, I).

56923

2. Cas de l'émission d'actions de préférence avec délégation. Le **rapport établi par le conseil d'administration** ou le directoire **destiné à l'assemblée générale extraordinaire** qui décide ou autorise l'émission d'actions de préférence doit contenir (C. com. art. R 228-17 renvoyant aux art. R 225-113 et R 225-114) :

— les caractéristiques des actions de préférence (C. com. art. R 228-17) ;
— toutes indications utiles sur la marche des affaires sociales depuis le début de l'exercice en cours (et sur l'exercice précédent si l'assemblée n'a pas encore statué sur les comptes) (C. com. art. R 225-113) ;
— le montant maximal et les motifs de l'émission proposée (C. com. art. R 225-113 et R 225-114) ;
— le prix d'émission des actions de préférence ou les modalités de sa détermination, avec leur justification (C. com. art. R 225-114).

56925

> **Remarques** : 1. Concernant les **modalités de détermination** du prix d'émission des actions de préférence, voir les remarques formulées au n° 56922.
> 2. Concernant les **caractéristiques** des actions de préférence, voir les remarques formulées au n° 56922.
> 3. Pour plus de précisions sur les informations contenues dans le rapport du conseil d'administration ou du directoire, voir CNCC NI. V Tome 3 § 1.25.4 à 1.25.9.

Par ailleurs, lorsque l'opération est proposée **avec suppression du droit préférentiel de souscription**, le rapport du conseil d'administration doit comporter les informations complémentaires détaillées au n° 56923.

Lors de l'**utilisation de la délégation** consentie par l'assemblée, le **conseil d'administration** ou le directoire établit un **rapport complémentaire** mis à disposition des actionnaires et destiné à la prochaine assemblée générale ordinaire. Il y décrit (C. com. art. R 225-116) :

— les conditions définitives de l'opération qui doivent être conformes à l'autorisation donnée par l'assemblée générale incluant la justification du choix des éléments de calcul retenus pour la fixation du prix d'émission et son montant définitif ;
— l'**incidence** de l'émission proposée sur la situation des titulaires de titres de capital et de valeurs mobilières donnant accès au capital, en particulier en ce qui concerne leur quote-part des capitaux propres à la clôture du dernier exercice ;
— et, pour les sociétés dont les titres sont admis aux négociations sur un marché réglementé, l'incidence théorique sur la valeur boursière actuelle de l'action, telle qu'elle résulte de la moyenne des vingt séances de bourse précédentes.

56926

OPÉRATIONS CONCERNANT LE CAPITAL SOCIAL ET LES ÉMISSIONS DE VALEURS MOBILIÈRES © Éd. Francis Lefebvre

Par ailleurs, en cas de suppression du droit préférentiel de souscription au profit d'une ou de plusieurs personnes nommément désignées ou catégorie de personnes répondant à des caractéristiques déterminées (C. com. art. L 225-138, I), le rapport comporte en outre le nom des attributaires ou les caractéristiques des catégories de personnes attributaires ainsi que le nombre d'actions de préférence attribuées à chacun ou les modalités d'attribution des titres (C. com. art. R 225-114).

Pour plus d'informations sur les différentes informations contenues dans le rapport du conseil d'administration ou du directoire, voir CNCC NI. V Tome 3 § 1.25.4 à 1.25.9.

Remarques : 1. Concernant l'incidence de l'émission, notamment si la **clôture du dernier exercice est antérieure de plus de six mois** à l'opération envisagée, voir les remarques 3, 4 et 5 formulées au n° 56922.

2. En cas de **subdélégation** (voir n° 56760 et EJ 2011-09 : Bull. CNCC n° 163-2011 p. 595) consentie par le conseil d'administration ou le directoire ayant bénéficié d'une délégation de pouvoir ou de compétence, l'établissement du rapport complémentaire devant être établi en application des articles L 225-129-5 et R 225-116 du Code de commerce par le conseil d'administration ou le directoire ne peut pas être subdélégué au subdélégataire (contra avis du Comité juridique de l'Ansa n° 21-019).

Lors de l'**utilisation de la délégation**, le commissaire aux comptes établit également un rapport complémentaire (voir n°s 57012 s.).

56928 3. Lorsque l'**émission** des actions de préférence est **réservée à une ou plusieurs personnes nommément désignées**, un **commissaire aux apports chargé d'apprécier les avantages particuliers** est désigné. Ce commissaire aux apports ne peut réaliser ou avoir réalisé depuis trois ans de mission au sein de la société (C. com. art. L 228-15 modifié par l'art. 100 de la loi dite Pacte applicable aux actions de préférence émises à compter de sa publication et par l'art. 30 de la loi 2019-744 du 19-7-2019 de simplification, de clarification et d'actualisation du droit des sociétés applicable depuis le 21-7-2019).

L'ancien article L 228-15 prévoyait l'intervention du commissaire aux apports pour les émissions réservées à un ou plusieurs **actionnaires** nommément désignés. Le garde des Sceaux avait indiqué dans une réponse ministérielle du 24 août 2004 : « L'article L 228-15 vise les actionnaires déjà existants et **les actionnaires qui le deviennent au moment de la souscription** à condition toutefois que ces actionnaires soient nommément désignés. » La modification de l'article L 228-15 introduite par la loi Pacte va dans le sens de cette position de la Chancellerie puisque l'intervention du commissaire aux apports est désormais requise pour les émissions réservées « à une ou plusieurs personnes nommément désignées ».

La loi 2019-744 précitée a quant à elle fixé à trois ans, au lieu de cinq, la durée pendant laquelle le commissaire aux apports ne peut réaliser ou avoir réalisé de mission au sein de la société.

Par ailleurs, l'article L 228-15 du Code de commerce fait référence à des personnes nommément désignées et ne vise pas les catégories de personnes répondant à des caractéristiques déterminées. Ainsi, l'émission d'actions de préférence au profit d'une **catégorie de personnes** satisfaisant à des critères déterminés ne rend pas obligatoire la procédure de vérification des avantages particuliers. Pour autant, la CNCC considère que si les critères définissant la catégorie des bénéficiaires des actions de préférence sont tellement précis qu'il devient aisé d'identifier nommément les personnes qui bénéficieront de l'avantage, la procédure de vérification des avantages particuliers devra être appliquée, l'utilisation d'une notion de catégorie de personnes n'empêchant pas de connaître nommément les bénéficiaires (voir CNCC NI. V Tome 5 § 9.1).

Le commissaire aux apports a pour missions de décrire et d'apprécier les avantages particuliers ou les droits particuliers attachés aux actions de préférence. Lorsque les droits particuliers sont quantifiables, il en indique le mode d'évaluation retenu et pourquoi il a été retenu et justifie que la valeur de ces droits correspond au moins à la valeur nominale des actions de préférence à émettre, augmentée éventuellement de la prime d'émission (C. com. art. R 225-136).

Pour plus de détails concernant la nature de l'intervention du commissaire aux apports, voir CNCC NI. V Tome 5 § 9.2 ainsi que le guide professionnel de la CNCC « La mission du commissaire aux apports chargé d'apprécier les avantages particuliers attachés aux actions de préférence ».

Par dérogation, **lorsque l'émission porte sur des actions de préférence relevant d'une catégorie ayant déjà fait l'objet d'une émission réservée à des personnes nommément désignées**, l'évaluation des avantages particuliers qui en résulte est faite par le commissaire aux comptes dans son rapport relatif à l'émission des actions, prévu à l'article L 228-12 du Code de commerce (C. com. art. L 228-15, al. 3).

Dans sa réponse du 3 octobre 2012 (Bull. CNCC n° 168-2012 p. 667), la Chancellerie a précisé que « la **dérogation** prévue par le 3e alinéa de l'article L 228-15 du Code de commerce ne trouve à s'appliquer que si la première émission est intervenue dans les conditions prévues à l'alinéa 1, c'est-à-dire si un commissaire aux apports est intervenu. En conséquence et sous réserve de l'interprétation souveraine des tribunaux, dans l'hypothèse d'une première émission d'actions de préférence d'une certaine catégorie au profit de tous les actionnaires puis d'une nouvelle émission d'actions de la même catégorie au profit d'actionnaires nommément désignés, l'alinéa 3 de l'article L 228-15 n'a pas vocation à s'appliquer lors de la nouvelle émission. C'est donc un commissaire aux apports qui devra intervenir lors de cette émission afin de garantir l'égalité des actionnaires et d'informer ceux-ci sur la nature et l'évaluation des avantages consentis au moment où ils devront se prononcer sur ladite émission ».

Pour ce faire, le commissaire aux comptes examine l'information donnée dans le rapport du conseil d'administration ou du directoire sur l'évaluation de l'incidence de l'émission envisagée sur les droits des porteurs actuels des actions de préférence de la catégorie concernée émises antérieurement. Les dispositions de l'alinéa 3 de l'article R 225-136 du Code de commerce, régissant la mission du commissaire aux avantages particuliers, ne s'appliquent pas lorsque le commissaire aux comptes effectue la mission visée à l'alinéa 3 de l'article L 228-15 du même Code (CNCC NI. V Tome 5 § 9.3). Lorsque les droits particuliers sont quantifiables, il apprécie le mode d'évaluation et sa justification figurant dans le rapport du conseil d'administration ou du directoire et vérifie « que la valeur des droits particuliers correspond au moins à la valeur nominale des actions de préférence à émettre augmentée éventuellement de la prime d'émission ».

Pour plus de détails, voir CNCC NI. V Tome 5 § 9.3 ainsi que le guide professionnel « La mission du commissaire aux apports chargé d'apprécier les avantages particuliers attachés aux actions de préférence » publié par la CNCC.

4. Cas particuliers. Lorsque la société envisage d'émettre des **valeurs mobilières donnant accès au capital** (avec un effet dilutif) **et incluant des actions de préférence**, elle applique cumulativement les textes légaux et réglementaires régissant l'émission d'actions de préférence et ceux se rapportant à l'émission de valeurs mobilières (voir n°s 57150 s.).

56930

Pour établir le rapport relatif à cette opération, le commissaire aux comptes effectue les travaux se rapportant à l'émission d'actions de préférence et ceux concernant l'émission de valeurs mobilières (voir n°s 57300 s.). Pour plus de détails, voir CNCC NI. V Tome 5 § 8.5.

Par ailleurs, la CNCC considère « qu'il apparaît prudent que la procédure des avantages particuliers s'applique à l'ensemble des émissions d'actions de préférence, qu'elles soient immédiates ou potentielles, dès lors qu'elles sont au bénéfice d'actionnaires nommément désignés, que cette qualité d'actionnaire résulte d'un état actuel ou d'un état futur lié à la souscription des actions de préférence ou à l'attribution de telles actions en vertu d'un droit attaché à un titre primaire » (CNCC NI. V Tome 5 § 8.5).

La loi Pacte a remplacé le terme « actionnaires nommément désignés » par celui de « personnes nommément désignées » (voir n° 56928).

En outre, lorsque le titre primaire de la valeur mobilière est une obligation et que la société n'a pas établi deux bilans régulièrement approuvés, elle applique les dispositions de l'article L 228-39, alinéa 1 du Code de commerce (voir n° 57175).

Publicité L'émission d'actions de préférence avec maintien du droit préférentiel de souscription est soumise aux formalités préalables de publicité prévues aux articles R 225-120 et R 225-124 à R 225-126 du Code de commerce.

56935

En revanche, l'émission réalisée avec suppression du droit préférentiel de souscription n'est soumise à aucune publicité préalable (C. com. art. R 225-121).

Concernant la publicité devant être réalisée après l'émission, voir n° 56780.

Sanction Les sanctions relatives aux augmentations du capital sont applicables en cas d'émission d'actions de préférence, l'alinéa 1 de l'article L 228-12 du Code de commerce renvoyant aux articles L 225-129 à L 225-129-6 du Code de commerce (voir n°s 56785 s.).

56937

Par ailleurs, toute émission d'actions de préférence ayant pour effet de porter la proportion des actions de préférence sans droit de vote au-delà des limites légales peut être annulée (C. com. art. L 228-11, al. 4 ; voir n° 56890).

Enfin, l'absence de convocation de l'assemblée spéciale des porteurs d'actions de préférence, lorsqu'elle s'avère nécessaire, peut en application des dispositions de l'alinéa 2 de l'article L 225-99 du Code de commerce faire obstacle à la décision d'émission des actions de préférence.

Inscription dans les statuts des modalités de conversion des actions de préférence

56940 Les actions de préférence peuvent être converties en actions ordinaires ou en actions de préférence d'une autre catégorie (C. com. art. L 228-14, al. 1).

Les **modalités de conversion** des actions de préférence peuvent être inscrites dans les statuts (C. com. art. L 228-12, I).

Cette possibilité permet aux sociétés de définir par avance les modalités de conversion et d'éviter ainsi d'avoir à réunir l'assemblée en cas de nécessité de convertir les actions.

56942 En cours de vie sociale, l'assemblée générale extraordinaire se prononce sur l'inscription dans les statuts des modalités de conversion des actions de préférence au vu d'un rapport du conseil d'administration ou du directoire et d'un rapport du commissaire aux comptes (C. com. art. R 228-20).

Dans le cas particulier où l'inscription dans les statuts des modalités de conversion porte sur des actions de préférence déjà émises, voir CNCC NI. V Tome 5 § 8.2.

Le rapport du conseil d'administration ou du directoire, destiné à l'assemblée statuant sur l'inscription dans les statuts de telles modalités, indique, en application des dispositions de l'article R 228-20 du Code de commerce, les modalités :

– de conversion des actions de préférence ;

– de mise à disposition des actionnaires des rapports complémentaires du conseil d'administration ou du directoire et du commissaire aux comptes prévus à l'article R 228-18 du Code de commerce.

Remarques : 1. L'article R 228-20 n'impose pas au conseil d'administration ou au directoire de justifier les modalités de conversion des actions de préférence figurant dans son rapport.

2. Sur l'intervention du commissaire aux comptes, voir n°s 57025 s.

56943 Lorsque les conversions d'actions de préférence interviennent en application de dispositions statutaires, les actionnaires en sont informés par un rapport complémentaire du conseil d'administration ou du directoire et par un rapport complémentaire du commissaire aux comptes (voir n°s 56950 s.). Ces rapports sont communiqués selon les modalités fixées par les statuts (C. com. art. R 228-20).

56945 En cas de **modification d'une ou de plusieurs modalités de conversion** des actions de préférence par l'assemblée, postérieurement à leur inscription initiale dans les statuts, face au silence des textes, la CNCC estime « qu'il paraît logique que le parallélisme des formes s'applique et que les modifications des modalités de conversion des actions de préférence soient adoptées selon les mêmes procédures que celles qui ont présidé à la décision de leur inscription dans les statuts. Par conséquent, il appartient au commissaire aux comptes de présenter un rapport à la réunion de l'organe délibérant appelé à statuer sur la ou les modifications envisagées ».

Pour un exemple de rapport, voir CNCC NI. V Tome 5 § 8.2.

Inscription dans les statuts des modalités de rachat des actions de préférence

56947 L'ordonnance 2014-863 du 31 juillet 2014, complétée du décret 2015-545 du 18 mai 2015, est venue profondément modifier le régime du rachat des actions de préférence.

Pour des informations concernant le **nouveau régime** du rachat des actions de préférence introduit par l'ordonnance du 31 juillet 2014, voir n°s 56975 s.

Ainsi, désormais, conformément aux dispositions de l'article L 228-12, III du Code de commerce, l'**inscription dans les statuts** des modalités de rachat doit intervenir préalablement à la souscription desdites actions.

Concernant les personnes susceptibles d'être à l'initiative de ce rachat, voir n° 56970.

En outre, l'inscription dans les statuts des modalités de rachat des actions de préférence ne fait plus l'objet d'une intervention spécifique du commissaire aux comptes.

Les modalités de rachat des actions de préférence constituent dans ce cas une des caractéristiques des actions de préférence et sont appréciées par le commissaire aux comptes lors de l'émission des actions concernées.

De même, lorsque les rachats d'actions de préférence interviennent en application de dispositions statutaires, le commissaire aux comptes n'a plus à établir de rapport.

© Éd. Francis Lefebvre   OPÉRATIONS CONCERNANT LE CAPITAL SOCIAL ET LES ÉMISSIONS DE VALEURS MOBILIÈRES

Conversion d'actions

Modalités Les actions de préférence peuvent être converties en actions ordinaires ou   **56950**
en actions de préférence d'une autre catégorie (C. com. art. L 228-14, al. 1). Par ailleurs, les
actions ordinaires peuvent être converties en actions de préférence.
La conversion peut résulter de la mise en œuvre de dispositions statutaires (voir n° 56940)
ou d'une décision de l'assemblée (C. com. art. L 228-12, I-al. 1). Elle est réalisée selon les modalités fixées par l'article R 228-18 du Code de commerce.
La conversion des actions peut ne pas avoir d'incidence sur le capital (tel est le cas, par
exemple, lorsque le rapport de conversion est de un pour un), mais peut également
conduire à une réduction ou une augmentation du capital.

> Lorsque la conversion conduit à une augmentation du capital ou à une réduction du capital, le commis-
> saire aux comptes n'a pas à établir d'autre rapport que celui relatif à la conversion des actions (voir
> n° 57035).

Lorsque la conversion aboutit à une réduction du capital non motivée par des pertes,
en application de l'article L 228-14 du Code de commerce, les créanciers ont un droit
d'opposition (voir n° 57615).

Décision L'assemblée générale extraordinaire est seule compétente pour décider, au   **56952**
vu du rapport du conseil d'administration ou du directoire et du rapport du commissaire
aux comptes, la conversion des actions (C. com. art. L 228-12, I-al. 1 et R 228-18). L'assemblée
peut déléguer son pouvoir ou sa compétence dans les conditions fixées par les articles
L 225-129 à L 225-129-6 du Code de commerce.

> Concernant les différentes notions de délégations, voir n°s 56756 s.

Lorsque la conversion intervient en application de dispositions statutaires, l'assemblée
générale s'est déjà prononcée sur l'inscription dans les statuts des modalités de conversion des actions (voir n° 56942) et elle n'a donc pas à se prononcer à nouveau sur la
conversion des actions. Les actionnaires sont informés des conversions intervenues par
un rapport du conseil d'administration ou du directoire et un rapport du commissaire
aux comptes.

Rapports Le contenu du rapport du conseil d'administration ou du directoire diffère   **56955**
selon que la conversion est proposée à l'assemblée avec ou sans délégation ou résulte
de disposition statutaire.
Lorsque l'assemblée ne délègue ni son pouvoir ni sa compétence, le rapport du conseil
d'administration ou du directoire indique (C. com. art. R 228-18) :
– les conditions de la conversion des actions ;
– les modalités de calcul du rapport de conversion et les modalités de sa réalisation ;
– l'incidence de l'opération sur la situation des titulaires de titres de capital et de valeurs
mobilières donnant accès au capital telle que définie au premier alinéa de l'article
R 225-115 du Code de commerce ;
– le cas échéant, les caractéristiques des actions de préférence issues de la conversion.

> **Remarques** : 1. L'article R 228-18 du Code de commerce n'impose pas au conseil d'administration ou
> au directoire de justifier les modalités de calcul du rapport de conversion.
> 2. Les caractéristiques des actions de préférence sont inscrites dans les statuts (voir n°s 56900 s.). Pour
> autant cela n'exonère pas le conseil d'administration ou le directoire de les présenter dans son rapport.
> 3. L'incidence de l'opération sur la situation des titulaires de titres de capital et de valeurs mobilières
> donnant accès au capital est déterminée selon les mêmes modalités qu'en cas d'augmentation du
> capital avec suppression du droit préférentiel de souscription du fait du renvoi à l'article R 225-115 du
> Code de commerce. De ce fait, si la **clôture du dernier exercice est antérieure de plus de six mois** à
> l'opération envisagée, ou si la conversion intervient avant l'arrêté des comptes du dernier exercice clos,
> l'incidence de l'opération sur la situation de l'actionnaire doit être appréciée au vu d'une situation
> financière intermédiaire établie selon les mêmes méthodes et suivant la même présentation que le
> dernier bilan annuel. Pour plus d'informations, voir n° 56772.

Lorsque l'assemblée délègue son pouvoir ou sa compétence, le rapport du conseil d'ad-   **56957**
ministration ou du directoire destiné à l'assemblée appelée à se prononcer sur le projet
de conversion indique (CNCC NI. V Tome 5 § 5.14.1A) :
– les conditions de la conversion des actions ;
– les modalités de calcul du rapport de conversion et les modalités de sa réalisation ;
– le cas échéant, les caractéristiques des actions de préférence issues de la conversion.

1259

Remarques : 1. Les dispositions de l'article R 228-18 du Code de commerce ne prévoient pas de distinction quant au contenu du rapport du conseil d'administration ou du directoire selon que l'émission est proposée avec ou sans délégation. Pour autant, la CNCC considère que les mentions figurant dans ce rapport peuvent varier selon qu'il est demandé ou non à l'assemblée de déléguer ses pouvoirs ou sa compétence (CNCC NI. V Tome 5 § 5.14.1).

2. Pour des précisions concernant le contenu du rapport, voir les remarques apportées au n° 56955.

Lorsque le conseil d'administration ou le directoire fait usage de la délégation de pouvoir ou de compétence, il établit un rapport complémentaire décrivant les conditions définitives de l'opération intervenue conformément à l'autorisation donnée par l'assemblée. Le rapport comporte en outre les informations prévues à l'article R 225-115, à savoir (CNCC NI. V Tome 5 § 5.14.1A) :

– les conditions définitives de l'opération ;

– les modalités de calcul du rapport de conversion et le rapport de conversion définitif ;

– l'incidence de l'opération sur la situation des titulaires de titres de capital et de valeurs mobilières donnant accès au capital telle que définie au premier alinéa de l'article R 225-115 du Code de commerce.

Il en va de même **lorsque la conversion intervient en application de dispositions statutaires** (voir n° 56940).

Pour des précisions concernant le contenu du rapport complémentaire du conseil d'administration ou du directoire, voir les remarques apportées au n° 56955.

56960 Par ailleurs, **lorsque l'opération de conversion** (d'actions de préférence d'une catégorie en une autre catégorie d'actions de préférence ou d'actions ordinaires en actions de préférence) **est réalisée au profit d'une ou de plusieurs personnes nommément désignées,** le commissaire aux comptes ou, selon le cas, un commissaire aux apports, est chargé d'apprécier les droits particuliers attachés aux actions de préférence, en application des dispositions de l'article L 228-15 du Code de commerce.

Sur la notion de personnes nommément désignées, voir n° 56928.

L'appréciation des droits est réalisée :

– par le **commissaire aux comptes,** lorsque les actions issues de la conversion appartiennent à une catégorie d'actions de préférence ayant déjà fait l'objet d'une émission réservée à des personnes nommément désignées ;

– par un **commissaire aux apports,** lorsque les actions issues de la conversion appartiennent à une catégorie d'actions de préférence n'ayant pas déjà fait l'objet d'une émission réservée à des personnes nommément désignées.

Concernant l'évaluation des avantages particuliers, voir également n° 56928.

Lorsque l'appréciation des droits particuliers attachés aux actions de préférence est réalisée par le commissaire aux comptes, elle est effectuée dans le rapport établi à l'occasion de la conversion des actions.

Sur l'intervention du commissaire aux comptes, voir n° 56928.

56962 **Droits de vote** L'article L 228-15, alinéa 2 du Code de commerce stipule que « les titulaires d'actions devant être converties en actions de préférence de la catégorie à créer ne peuvent, à peine de nullité de la délibération, prendre part au vote sur la création de cette catégorie et les actions qu'ils détiennent ne sont pas prises en compte pour le calcul du quorum et de la majorité, à moins que l'ensemble des actions ne fassent l'objet d'une conversion en actions de préférence ».

56965 **Publicité** Il n'existe pas de règles spécifiques relatives à la publicité des décisions de conversion d'actions. L'article L 228-12, alinéa 3 du Code de commerce stipule qu'« à tout moment de l'exercice en cours et au plus tard lors de la première réunion suivant la clôture de celui-ci, le conseil d'administration ou le directoire constate, s'il y a lieu, le nombre et le montant nominal des actions issues de la conversion des actions de préférence, au cours de l'exercice écoulé, et apporte les modifications nécessaires aux clauses des statuts relatives au montant du capital social et au nombre des titres qui le composent. »

Rachat d'actions de préférence

56970 L'ordonnance 2014-863 du 31 juillet 2014 et le décret 2015-545 du 18 mai 2015 sont venus modifier le régime du rachat des actions de préférence. Selon le rapport au

© Éd. Francis Lefebvre OPÉRATIONS CONCERNANT LE CAPITAL SOCIAL ET LES ÉMISSIONS DE VALEURS MOBILIÈRES

Président de la République relatif à l'ordonnance précitée, le régime a été modifié afin de rendre les actions de préférence plus attractives pour les investisseurs et favoriser ainsi le développement du financement à long terme des entreprises (voir chapitre VI dudit rapport). Par ailleurs, des modifications ont été apportées afin de tenir compte des dispositions des articles 40 et 43 de la 2ᵉ directive européenne.

Dans sa rédaction antérieure à l'ordonnance du 31 juillet 2014, l'article L 228-12 du Code de commerce prévoyait que les modalités de rachat des actions de préférence pouvaient être fixées soit par l'assemblée générale extraordinaire, statuant sur la base d'un rapport du conseil et d'un rapport du commissaire aux comptes, soit par les statuts, les actions de préférence pouvant alors être rachetées à l'initiative de la société ou du porteur.

L'ordonnance du 31 juillet 2014 opère une distinction claire entre, d'un côté, le régime des actions de préférence pouvant être rachetées, désormais, selon le régime de droit commun du rachat par la société de ses propres actions (et non plus par décision d'assemblée générale extraordinaire) et, d'un autre côté, le régime des actions pouvant être rachetées à la seule initiative de la société selon les modalités fixées dans les statuts.

Toutefois, la loi 2019-486 du 22 mai 2019 relative à la croissance et la transformation des entreprises (dite loi Pacte) modifie une nouvelle fois les dispositions relatives à l'initiative de ce rachat en distinguant selon que les actions de la société sont admises ou non aux négociations sur un marché réglementé (voir n° 56975).

Concernant l'inscription dans les statuts des modalités de rachat, voir n° 56947.

Rachat des actions de préférence en application des dispositions de droit commun

56972

L'article L 228-12, II du Code de commerce, institué par l'ordonnance du 31 juillet 2014, dispose que les actions de préférence peuvent être rachetées dans les conditions et selon les modalités prévues aux articles L 225-204 à L 225-214 du Code de commerce, c'est-à-dire selon le régime de droit commun des rachats d'actions.

> Pour des précisions sur le régime commun du rachat par la société de ses propres actions, se référer aux n°ˢ 57630 et 57800 et s. ainsi qu'au Mémento Sociétés commerciales n°ˢ 68910 s.
>
> Lorsque le rachat interviendra dans le cadre de l'article L 225-209-2 du Code de commerce (voir sur ce point particulier n°ˢ 57800 s.), il conviendra de cumuler ces dispositions avec celles prévues audit article.

Aussi, les limites et contraintes liées à la détention par la société de ses propres actions telles que prévues par l'article L 225-210 du Code de commerce s'appliquent.

> Pour plus de détails, voir n° 57860.

Par ailleurs les finalités auxquelles doivent répondre le rachat des actions de préférence sont expressément prévues à l'article L 228-12-1, I du Code de commerce qui renvoie également sur ce point aux dispositions de droit commun : « Les actions de préférence rachetées sont utilisées aux fins prévues aux articles L 225-204 à L 225-214. »

> Lorsque la société décide de procéder au rachat de ses propres actions en vue de les annuler (C. com. art. L 225-207), la CNCC considère que le respect de l'égalité entre les actionnaires impose de proposer le rachat à tous les porteurs d'actions de la catégorie visée et non pas à tous les actionnaires. Par ailleurs, si la réduction du capital est non motivée par des pertes, le droit d'opposition des créanciers s'applique. Pour plus de précisions, voir CNCC NI. V Tome 5 § 6.12.2.
>
> Sur l'intervention du commissaire aux comptes, voir n°ˢ 57070 s.

Ainsi, à défaut de stipulation particulière dans les statuts, le rachat des actions de préférence fait désormais l'objet d'une décision d'assemblée générale ordinaire et non plus d'assemblée extraordinaire. L'assemblée qui décide ou autorise le rachat des actions de préférence se prononce au vu d'un rapport du conseil d'administration ou du directoire et d'un rapport du commissaire aux comptes (C. com. art. R 228-19). Le rapport du conseil d'administration comporte les informations suivantes :

– les conditions du rachat ;
– les justifications et les modalités de calcul retenues du prix proposé ;
– l'incidence de l'opération sur la situation des titulaires de titres de capital et de valeurs mobilières donnant accès au capital telle que définie au premier alinéa de l'article R 225-115 du Code de commerce.

> Il convient de noter que le rachat d'actions est sans incidence sur la situation des titulaires de titres de capital et de valeurs mobilières donnant accès au capital. Cette absence d'incidence doit être indiquée dans le rapport du conseil d'administration ou du directoire.
>
> Sur l'intervention du commissaire aux comptes, voir n°ˢ 57070 s.

1261

OPÉRATIONS CONCERNANT LE CAPITAL SOCIAL ET LES ÉMISSIONS DE VALEURS MOBILIÈRES © Éd. Francis Lefebvre

56975 **Rachat des actions de préférence en application de dispositions statutaires** L'article L 228-12, III du Code de commerce inséré par l'ordonnance du 31 juillet 2014 et modifié par la loi Pacte dispose que lorsque les statuts qui créent une catégorie d'actions de préférence ont prévu, préalablement à leur souscription, le principe du rachat et en ont organisé les modalités (voir n° 56947), outre les conditions de droit commun relatives aux acquisitions par une société de ses propres actions (voir n° 57860), les conditions suivantes doivent également être satisfaites :

– l'acquisition ne peut être réalisée qu'au moyen de sommes distribuables au sens de l'article L 232-11 ou du produit d'une nouvelle émission de titres de capital effectuée en vue de ce rachat (C. com. art. L 228-12, III-1°) ;

– la valeur de la réserve visée au troisième alinéa de l'article L 225-210 est calculée par référence à la valeur nominale des seules actions de préférence rachetées. Cette réserve ne peut, sauf en cas de réduction du capital souscrit, être distribuée aux actionnaires. Elle ne peut être utilisée que pour augmenter le capital par incorporation de réserves (C. com. art. L 228-12, III-2°) ;

> La société doit disposer de réserves, autres que la réserve légale, d'un montant au moins égal à la valeur de l'ensemble des actions qu'elle possède (C. com. art. L 225-210, al. 3).
>
> Pour des précisions, voir Mémento Sociétés commerciales n°s 68924 s.

– lorsque les statuts prévoient le versement d'une prime en faveur des actionnaires à la suite du rachat, cette prime ne peut être prélevée que sur des sommes distribuables au sens de l'article L 232-11 ou sur une réserve prévue à cette fin autre que celle prévue à l'alinéa précédent. Cette réserve ne peut, sauf en cas de réduction du capital souscrit, être distribuée aux actionnaires. Elle ne peut être utilisée que pour augmenter le capital par incorporation de réserves, pour couvrir les frais d'émission des actions de préférence ou pour effectuer le versement d'une prime en faveur des détenteurs d'actions de préférence rachetables (C. com. art. L 228-12, III-3°) ;

– concernant les **actions de préférence émises à compter de la publication de la loi Pacte**, c'est-à-dire à compter du 23 mai 2019 (Loi Pacte art. 100, II), l'article L 228-12, III-4° du Code de commerce modifié prévoit que :

• dans les sociétés dont les actions sont admises aux négociations sur un **marché réglementé**, le rachat est à l'initiative exclusive de la société ou à l'initiative conjointe de la société et du détenteur de l'action de préférence,

• dans les sociétés dont les actions ne sont **pas admises sur un marché règlementé**, les statuts déterminent, préalablement à la souscription, si le rachat peut avoir lieu à l'initiative exclusive de la société, à l'initiative conjointe de la société et du détenteur ou à l'initiative exclusive du détenteur, suivant les conditions et délais qu'ils précisent.

Pour les actions de préférence émises préalablement à la publication de la loi Pacte, les dispositions de l'ancien article L 228-12, III-4° du Code de commerce (issu de ord. du 31-7-2014) demeurent applicables et prévoient que le **rachat** est à l'**initiative exclusive de la société**.

> L'ordonnance du 31 juillet 2014 ne prévoit pas de mesure transitoire concernant les actions de préférence rachetables à l'initiative du porteur, en circulation à la date de sa publication.

– en aucun cas ces opérations ne peuvent porter atteinte à l'égalité d'actionnaires se trouvant dans la même situation (C. com. art. L 228-12, III-5°).

> Sur ce point particulier, la même analyse que celle figurant au n° 57850 peut être menée.

56976 Lorsque le rachat intervient en application de dispositions statutaires, le conseil d'administration ou le directoire (ou sur délégation de l'une des personnes mentionnées à l'article L 22-10-49) dresse un avis de rachat tenu à la disposition des actionnaires, quinze jours au moins avant la réalisation de l'opération, à l'adresse du siège social et au greffe du tribunal de commerce dans le ressort duquel est situé ce siège.

Cet avis indique les modalités essentielles du rachat définies en conformité avec les stipulations statutaires, et notamment (C. com. art. R 228-22-1) :

1° la ou les catégories d'actions de préférence concernées ;

2° le nombre maximum d'actions de préférence susceptibles d'être rachetées ;

3° le prix ou ses modalités de détermination ;

4° le montant maximum des sommes distribuables au sens de l'article L 232-11 susceptibles d'être affectées à ce rachat, ou, le cas échéant, le montant maximum du produit d'une nouvelle émission de titres de capital effectuée en vue de ce rachat ;

5° la valeur maximum de la réserve mentionnée au 2° du III de l'article L 228-12 et constituée en vue de ce rachat ;

1262

© Éd. Francis Lefebvre — OPÉRATIONS CONCERNANT LE CAPITAL SOCIAL ET LES ÉMISSIONS DE VALEURS MOBILIÈRES

6° le cas échéant, le montant maximum de la prime mentionnée au 3° du III de l'article L 228-12, ainsi que le montant des sommes distribuables ou de la réserve sur lesquelles cette prime est prélevée.

Comme indiqué au n° 56947, les textes légaux et réglementaires ne prévoient pas l'établissement d'un rapport du commissaire aux comptes lors du rachat des actions de préférence conformément aux dispositions statutaires.

Les **règles de détention des actions rachetées** en application des dispositions statutaires sont précisées à l'article L 228-12-1, II du Code de commerce. Ainsi, les actions de préférence rachetées peuvent être conservées dans les conditions de droit commun de détention par la société de ses propres actions.

> Ces modalités sont prévues aux articles L 225-210 à L 225-214. Pour une présentation de ces conditions, voir n° 57860 et le Mémento Sociétés commerciales n°s 68924 s.

Elles peuvent être cédées ou transférées par tous moyens.

Par ailleurs, si les statuts le prévoient, elles peuvent également être annulées dans le cadre d'une réduction de capital. Dans ce cas, il est fait application des dispositions relatives au droit d'opposition des créanciers telles que définies à l'article L 225-205 du Code de commerce (voir n° 57615), sauf si la réserve prévue à l'article L 228-12 (voir n° 56975) est affectée au remboursement des créanciers, le solde pouvant ensuite être distribué aux actionnaires.

> **Remarques** : Lorsque les statuts prévoient l'annulation des actions rachetées, la réduction du capital n'est qu'une conséquence de la détention par la société de ses propres actions. Par conséquent, le commissaire aux comptes n'a pas à établir de rapport au titre de la réduction du capital (CNCC NI. V Tome 5 § 6.13.2).
>
> En revanche, lorsque les statuts ne prévoient pas l'annulation des actions rachetées et qu'ultérieurement l'assemblée décide ou autorise une réduction du capital par annulation des actions de préférence précédemment rachetées, le commissaire aux comptes établit alors le rapport sur la réduction du capital tel que prévu par l'article L 225-204 du Code de commerce.

56977

Protection des titulaires d'actions de préférence

Les textes légaux et réglementaires prévoient différentes mesures de protection des titulaires d'actions de préférence et notamment la **constitution des porteurs d'actions de préférence en assemblée spéciale** (C. com. art. L 225-99). Cette mesure confère à l'assemblée spéciale des porteurs un droit de refus de toute décision de l'assemblée qui aurait pour objet de modifier les droits relatifs à la catégorie d'actions dont ils sont porteurs. Ainsi, la CNCC considère que la tenue de l'assemblée spéciale est obligatoire (à moins que les modifications n'aient été préalablement prévues dans les statuts) que les titulaires d'actions de préférence voient leurs droits réduits ou, à l'inverse, qu'ils soient avantagés par la décision de conversion ou de modification des droits attachés aux actions de préférence (EJ 2005-176 : Bull. CNCC n° 143-2006 p. 515).

> Pour plus de détails, voir CNCC NI. V Tome 5 § 1.3 s.

L'approbation de l'assemblée spéciale des porteurs n'est en revanche pas requise **en cas de modification ou d'amortissement du capital**. Cependant, les porteurs d'actions de préférence doivent être informés de l'incidence de ces opérations sur leurs droits par l'assemblée (C. com. art. L 228-16).

Par ailleurs, **en cas de fusion ou de scission**, les actions de préférence de la société absorbée ou scindée peuvent être échangées contre des actions des sociétés bénéficiaires du transfert de patrimoine comportant des droits particuliers équivalents, ou selon une parité d'échange spécifique tenant compte des droits particuliers abandonnés. En l'absence d'échange contre des actions conférant des droits particuliers équivalents, la fusion ou la scission est soumise à l'approbation de l'assemblée spéciale prévue à l'article L 225-99 (C. com. art. L 228-17).

En outre, l'assemblée spéciale des porteurs d'actions de préférence peut donner mission à l'un des commissaires aux comptes de la société, s'il en existe, d'établir un **rapport spécial sur le respect par la société de leurs droits** (C. com. art. L 228-19) (voir n° 56602).

> Sur l'intervention du commissaire aux comptes, voir n° 57100.

56980

1263

OPÉRATIONS CONCERNANT LE CAPITAL SOCIAL ET LES ÉMISSIONS DE VALEURS MOBILIÈRES © Éd. Francis Lefebvre

Tableau de synthèse relatif à l'intervention du commissaire aux comptes et/ou d'un commissaire aux apports

56985 Extrait du tome 5 de la note d'information CNCC V. § 1.5, étant précisé que la loi Pacte a remplacé la notion d'actionnaires nommément désignés par celle de **personnes nommément désignées** (voir n° 56928).

Opérations	Intervention du commissaire aux comptes	Intervention du commissaire aux apports
Création des actions de préférence (c'est-à-dire inscription dans les statuts des caractéristiques des actions de préférence)		
– À la constitution de la société		
• Sans émission concomitante des actions de préférence de la catégorie créée	Non	Non
• Avec émission concomitante des actions de préférence de la catégorie créée		
- l'émission **est** réservée à un ou plusieurs actionnaires nommément désignés	Non	Oui
- l'émission **n'est pas** réservée à un ou plusieurs actionnaires nommément désignés	Non	Non
– En cours de vie sociale		
• Sans émission concomitante des actions de préférence de la catégorie créée	Non	Non
• Avec émission concomitante des actions de préférence de la catégorie créée	Voir ci-dessous « Émission d'actions de préférence avec maintien ou avec suppression du droit préférentiel de souscription »	
Émission d'actions de préférence avec maintien du droit préférentiel de souscription		
– d'une nouvelle catégorie	Oui	Non
– d'une catégorie déjà émise	Oui	Non
Émission d'actions de préférence avec suppression du droit préférentiel de souscription		
– d'une nouvelle catégorie		
• l'émission **est** réservée à un ou plusieurs actionnaires nommément désignés	Oui	Oui
• l'émission **n'est pas** réservée à un ou plusieurs actionnaires nommément désignés	Oui	Non
– d'une catégorie déjà émise		
• l'émission **est** réservée à un ou plusieurs actionnaires nommément désignés	Oui, le commissaire aux comptes effectue également la mission relative aux avantages particuliers	Non
• l'émission **n'est pas** réservée à un ou plusieurs actionnaires nommément désignés	Oui	Non
Inscription dans les statuts des modalités de conversion des actions de préférence	Oui	Non
Inscription dans les statuts des modalités de rachat des actions de préférence	Non	Non
Conversion des actions de préférence en application de dispositions statutaires (d'actions de préférence en actions ordinaires, d'actions de préférence d'une catégorie en une autre catégorie d'actions de préférence)	Oui	Oui/Non (voir n° 56960)

1264

© Éd. Francis Lefebvre — OPÉRATIONS CONCERNANT LE CAPITAL SOCIAL ET LES ÉMISSIONS DE VALEURS MOBILIÈRES

Opérations	Intervention du commissaire aux comptes	Intervention du commissaire aux apports
Conversion des actions sur décision ou autorisation de l'organe délibérant		
– d'actions de préférence en actions ordinaires	Oui	Non
– d'actions de préférence en actions de préférence d'une nouvelle catégorie		
• la conversion **est** réservée à un ou plusieurs actionnaires nommément désignés	Oui	Oui
• la conversion **n'est pas** réservée à un ou plusieurs actionnaires nommément désignés	Oui	Non
– d'actions de préférence en actions de préférence d'une catégorie déjà émise		
• la conversion **est** réservée à un ou plusieurs actionnaires nommément désignés	Oui, le commissaire aux comptes effectue également la mission relative aux avantages particuliers	Non
• la conversion **n'est pas** réservée à un ou plusieurs actionnaires nommément désignés	Oui	Non
Rachat des actions de préférence sur décision ou autorisation de l'organe délibérant	Oui	Non
Rachat des actions de préférence en application de dispositions statutaires	Non	Non

B. Intervention du commissaire aux comptes

56990 Dans les sociétés par actions, conformément aux dispositions de l'article L 228-12, I du Code de commerce, le commissaire aux comptes intervient lorsque la société qu'il contrôle émet ou convertit des actions de préférence. La CNCC a précisé que lorsqu'une société par actions qui n'a pas désigné de commissaire aux comptes en vue de certifier ses comptes souhaite **émettre** des actions de préférence avec suppression du droit préférentiel de souscription, l'intervention d'un commissaire aux comptes désigné, selon les modalités prévues à l'article L 225-228 du Code de commerce, est requise (CNCC, avis technique, Missions relatives aux opérations sur valeurs mobilières confiées à un commissaire aux comptes – octobre 2019).

De même le commissaire aux comptes intervient lorsque l'assemblée générale extraordinaire se prononce sur le rachat des actions de préférence (C. com. art. R 228-19).

Par ailleurs, lorsque l'assemblée se prononce sur l'inscription dans les statuts des modalités de conversion des actions de préférence, l'alinéa 2 de l'article R 228-20 du Code de commerce prévoit que le commissaire aux comptes donne son avis sur les modalités de conversion.

Enfin, en application de l'article L 228-19 du Code de commerce, l'un des commissaires aux comptes de la société, s'il en existe, peut également être amené à émettre un rapport sur le respect des droits particuliers des porteurs d'actions de préférence.

Concernant les sociétés par actions simplifiées créées depuis le 1er janvier 2009, qui n'ont pas l'obligation, en application de l'article L 227-9-1 du Code de commerce, de désigner un commissaire aux comptes, la Commission des études juridiques de la CNCC (Bull. CNCC n° 156-2009 p. 700) a considéré qu'en cas d'émission, de conversion, de rachats d'actions de préférence, les dispositions des articles L 228-12, L 228-15 et R 228-17 à R 228-20 du Code de commerce relatives à l'intervention du commissaire aux comptes ne trouvaient pas à s'appliquer. Dès lors, et sous réserve que les associés de la société par actions simplifiée n'aient pas choisi de désigner volontairement un commissaire aux comptes, ces opérations étaient réalisées sans le contrôle d'un commissaire aux comptes. Toutefois, depuis l'entrée en vigueur de la loi dite Pacte, lorsqu'une société par actions n'ayant pas désigné de commissaire aux comptes en vue de certifier ses comptes envisage d'augmenter son capital par l'émission d'actions de préférence avec suppression du droit préférentiel de souscription, l'intervention d'un commissaire aux comptes désigné selon les modalités prévues à l'article L 225-228 du Code de commerce est requise (voir supra).

1265

OPÉRATIONS CONCERNANT LE CAPITAL SOCIAL ET LES ÉMISSIONS DE VALEURS MOBILIÈRES © Éd. Francis Lefebvre

Émission des actions de préférence

57000 **Textes applicables** L'intervention du commissaire aux comptes en cas d'émission d'actions de préférence est prévue à l'article L 228-12, I du Code de commerce, selon les modalités fixées à l'article R 228-17, alinéa 2 du Code de commerce. Le commissaire aux comptes donne son avis sur l'augmentation du capital envisagée, sur les caractéristiques des actions de préférence et sur l'incidence de l'opération sur la situation des titulaires de titres de capital et de valeurs mobilières donnant accès au capital social telle que définie au premier alinéa de l'article R 225-115 du Code de commerce. Le cas échéant, ce rapport est conforme aux règles posées par l'article R 225-114, ainsi que, selon les cas, par les articles R 225-115, R 225-116 et R 22-10-31 du Code précité.

L'incidence de l'émission est donc décrite en particulier par rapport à la quote-part de capitaux propres des titulaires de titres de capital et de valeurs mobilières donnant accès au capital à la clôture du dernier exercice.

Si la clôture est antérieure de **plus de six mois** à l'opération envisagée, l'incidence est appréciée au vu d'une situation financière intermédiaire établie selon les mêmes méthodes et suivant la même présentation que le dernier bilan annuel. Dans les sociétés dont les titres sont admis aux négociations sur un marché réglementé est en outre indiquée lorsque l'émission est proposée avec suppression du droit préférentiel de souscription l'incidence théorique sur la valeur boursière actuelle de l'action telle qu'elle résulte de la moyenne des vingt séances de bourse précédentes. Ces informations sont également données en tenant compte de l'ensemble des titres émis susceptibles de donner accès au capital.

L'intervention du commissaire aux comptes est effectuée lorsque les actions de préférence sont émises en cours de vie sociale, que l'émission soit réalisée avec maintien ou suppression du droit préférentiel de souscription. En revanche, cette intervention n'est pas requise **lorsque l'émission a lieu lors de la constitution de la société.**

57002 **Conditions d'intervention** Les conditions d'intervention du commissaire aux comptes sont décrites au § 2.2 du Tome 5 « Actions de préférence » de la note d'information CNCC n° V. « Les interventions du commissaire aux comptes relatives aux opérations concernant le capital social et les émissions de valeurs mobilières » publiée en juillet 2012 et mise à jour en juin 2016.

Le commissaire aux comptes doit s'assurer que les actionnaires disposent de toute l'information nécessaire afin de prendre leur décision.

57005 **Planification des contrôles** Les textes légaux et réglementaires ne prévoient pas de délai de mise à disposition du rapport du conseil d'administration ou du directoire au commissaire aux comptes. Le rapport du conseil d'administration ou du directoire doit être transmis au commissaire aux comptes dans un délai lui permettant d'effectuer ses contrôles, sachant que dans les sociétés anonymes son rapport doit être mis à disposition aux actionnaires à compter de la date de convocation et au moins quinze jours avant la réunion de l'assemblée générale devant statuer sur l'opération (délai allongé à vingt et un jours pour les sociétés dont les actions sont « cotées » – voir n° 57020).

Dans l'hypothèse où il n'obtiendrait pas communication du rapport du conseil d'administration ou du directoire, le commissaire aux comptes ne pourrait qu'établir un rapport de carence.

57007 **Contrôles préalables** Le commissaire aux comptes, dans un premier temps, recueille et analyse les documents et informations relatifs à l'opération (voir n° 56805).

Dans un second temps, il considère le respect par la société des règles relatives à l'émission d'actions de préférence ainsi que des règles générales applicables aux augmentations du capital (voir n° 56751).

Le commissaire aux comptes prend également en considération les autres obligations relatives à certaines augmentations du capital, en particulier, l'obligation de proposer une augmentation du capital réservée aux adhérents d'un plan d'épargne d'entreprise (voir n° 56752).

57010 **Travaux du commissaire aux comptes** L'intervention du commissaire aux comptes diffère selon que l'émission est proposée avec maintien ou suppression du droit préférentiel de souscription et selon que l'assemblée délègue ou non ses pouvoirs ou sa compétence.

© Éd. Francis Lefebvre — OPÉRATIONS CONCERNANT LE CAPITAL SOCIAL ET LES ÉMISSIONS DE VALEURS MOBILIÈRES

1. Lorsque l'émission d'actions de préférence intervient avec maintien du droit préférentiel de souscription

a) En l'**absence de délégation** de pouvoir ou de compétence, dans le rapport destiné à l'assemblée appelée à statuer sur l'opération, le commissaire aux comptes, en application des dispositions de l'article R 228-17, alinéa 2 du Code de commerce, se prononce sur (CNCC NI. V Tome 5 § 2.21.1) :

– les caractéristiques des actions de préférence ;
– l'incidence de l'opération sur la situation des titulaires de titres de capital et de valeurs mobilières donnant accès au capital telle que définie à l'article R 225-115, alinéa 1 du Code de commerce ;
– l'augmentation du capital envisagée.

> Le commissaire aux comptes n'a pas à se prononcer sur les **modalités de détermination** du prix et son montant. En effet, la CNCC considère que l'expression « le cas échéant », figurant à l'article R 228-17, alinéa 2 du Code de commerce, conduit à appliquer les dispositions des articles R 225-114, R 225-115, R 225-116 et R 22-10-31 du même Code relatives au rapport du commissaire aux comptes, uniquement dans l'hypothèse où l'émission intervient avec suppression du droit préférentiel de souscription (voir CNCC NI. V Tome 5 § 2.21.1).

Les contrôles du commissaire aux comptes consistent alors à :

– vérifier que les informations prévues par les textes (voir n° 56922) figurent dans le rapport de l'organe compétent ;
– vérifier que les informations données, notamment sur les motifs de l'augmentation du capital et les caractéristiques des actions de préférence, sont de nature à permettre aux actionnaires de se prononcer en connaissance de cause (voir n° 56922) ;
– vérifier la sincérité des informations chiffrées fournies dans le rapport et tirées des comptes de la société ou, le cas échéant, d'une situation financière intermédiaire ;
– apprécier l'information relative à l'incidence de l'émission proposée sur la situation des titulaires de titres de capital et de valeurs mobilières donnant accès au capital appréciée par rapport aux capitaux propres de la société, sur la base des derniers comptes annuels ou, le cas échéant, d'une situation financière intermédiaire.

> Pour des **précisions** concernant :
> – la vérification de la sincérité des informations chiffrées tirées des comptes ou d'une situation financière intermédiaire, voir n°s 56825 s. ;
> – l'appréciation de l'information sur l'incidence de l'émission, voir CNCC NI. V Tome 5 § 2.23.2 H ;
> – le calcul de l'incidence de l'émission, voir CNCC NI. V Tome 3 § 1.25.6 et 1.25.7.

Concernant les **incidences du résultat des contrôles du commissaire aux comptes sur la rédaction de la conclusion de son rapport**, voir CNCC NI. V Tome 5 § 2.22.4.

57012

b) **Lorsque l'émission est proposée avec délégation** de pouvoir ou de compétence, le commissaire aux comptes établit deux rapports : le premier destiné à l'assemblée qui décide ou autorise l'émission et le second, dit rapport complémentaire, mis à disposition des actionnaires lors de l'utilisation de la délégation par le conseil d'administration ou le directoire.

Dans son **rapport destiné à l'assemblée appelée à statuer sur cette délégation**, le commissaire aux comptes se prononce sur (CNCC NI. V Tome 5 § 2.21.1) :

– les caractéristiques des actions de préférence ;
– l'augmentation du capital envisagée.

> Le commissaire aux comptes n'a pas à se prononcer sur les modalités de détermination du prix (voir remarques apportées au n° 57010).

Les contrôles du commissaire aux comptes consistent ainsi notamment à vérifier :

– que les informations prévues par les textes (voir n° 56925) figurent dans le rapport du conseil d'administration ou du directoire ;
– que les informations données, notamment sur les motifs de l'augmentation du capital et les caractéristiques des actions de préférence, sont de nature à permettre aux actionnaires de se prononcer en connaissance de cause.

> Sur les caractéristiques des actions de préférence, voir n° 56900.

Concernant **les incidences du résultat des contrôles du commissaire aux comptes sur la rédaction de la conclusion de son rapport**, voir CNCC NI. V Tome 5 § 2.22.4.

Lorsque le conseil d'administration ou le directoire utilise la délégation de pouvoir ou de compétence, dans le rapport complémentaire qu'il établit, le commissaire aux comptes se prononce sur :

– la conformité de l'opération au regard de l'autorisation donnée par l'assemblée ;

57013

1267

OPÉRATIONS CONCERNANT LE CAPITAL SOCIAL ET LES ÉMISSIONS DE VALEURS MOBILIÈRES © Éd. Francis Lefebvre

– l'incidence de l'opération sur la situation des titulaires de titres de capital et de valeurs mobilières donnant accès au capital telle que définie de l'article R 225-115, alinéa 1 du Code de commerce ;
– l'augmentation du capital sur laquelle les actionnaires se sont déjà prononcés (CNCC NI. V Tome 5 § 2.21.1).

Les contrôles du commissaire aux comptes consistent alors à :
– vérifier que les informations prévues par les textes (voir n° 56926) figurent dans le rapport du conseil d'administration ou du directoire ;
– vérifier la conformité des modalités de l'opération au regard de l'autorisation donnée par l'assemblée ;
– vérifier la sincérité des informations chiffrées fournies dans le rapport du conseil d'administration ou du directoire et tirées des comptes de la société ou, le cas échéant, d'une situation financière intermédiaire (voir n° 56825) ;
– apprécier l'information relative à l'incidence de l'émission proposée sur la situation des titulaires de titres de capital et de valeurs mobilières donnant accès au capital appréciée par rapport aux capitaux propres de la société, sur la base des derniers comptes annuels ou, le cas échéant, d'une situation financière intermédiaire.

Pour des **précisions** concernant :
– l'appréciation de l'information sur l'incidence de l'émission, voir CNCC NI. V Tome 3 § 2.23.2 H ;
– le calcul de l'incidence de l'émission, voir CNCC NI. V Tome 3 § 1.25.6 et 1.25.7.
Concernant les incidences du résultat des contrôles du commissaire aux comptes sur la rédaction de la conclusion de son rapport, voir CNCC NI. V Tome 5 § 2.22.4.

57015 2. Par ailleurs, **lorsque l'émission intervient avec suppression du droit préférentiel de souscription**, le renvoi fait dans l'article R 228-17 du Code de commerce aux articles R 225-114, R 225-115, R 225-116 et R 22-10-31 du même Code conduit le commissaire aux comptes à donner en outre son avis sur les **modalités de détermination du prix d'émission** des actions de préférence et son montant, la proposition de suppression du droit préférentiel de souscription ainsi que, le cas échéant, sur l'incidence de l'émission sur la valeur boursière de l'action (CNCC NI. V Tome 5 § 2.21.2).

En effet, la CNCC considère que l'expression « le cas échéant », figurant à l'article R 228-17, alinéa 2 du Code de commerce, conduit à appliquer les dispositions des articles R 225-114, R 225-115 et R 225-116 du même Code relatives au rapport du commissaire aux comptes, uniquement dans l'hypothèse où l'émission intervient avec suppression du droit préférentiel de souscription (voir CNCC NI. V Tome 5 § 2.21.1).

Le commissaire aux comptes vérifie par ailleurs que le rapport du conseil d'administration ou du directoire comporte en outre les informations complémentaires détaillées au n° 56923.

Concernant l'intervention du commissaire aux comptes, en l'absence de délégation, voir n°s 57010 et 56810 s., et en cas de délégation de pouvoir ou de compétence, voir n°s 57012 s. et 56835 s.

57017 3. En outre, **lorsque l'émission est réservée à des personnes nommément désignées**, et qu'il s'agit d'une catégorie d'actions qui a déjà fait l'objet d'une émission réservée à des personnes nommément désignées, le commissaire aux comptes donne également son avis sur l'évaluation des avantages particuliers présentée dans le rapport de l'organe compétent (voir n° 56928).

Sur la notion de personnes nommément désignées, voir n° 56928.
En application de l'alinéa 3 de l'article L 228-15 du Code de commerce, l'appréciation des avantages particuliers réalisée par le commissaire aux comptes est relatée dans son rapport sur l'émission.

Lorsque l'assemblée délègue son pouvoir ou sa compétence, la CNCC considère que cette appréciation est relatée dans le rapport établi à l'occasion de l'assemblée appelée à se prononcer sur l'émission des actions de préférence et non pas dans celui établi lors de l'utilisation de la délégation (CNCC NI. V Tome 5 § 2.21.2).

57018 4. Enfin, concernant la mission du commissaire aux comptes lorsque concomitamment à l'émission des actions de préférence, il est prévu d'**inscrire dans les statuts des modalités de conversion** des actions de préférence, voir n°s 57025 s.

57020 **Contenu et date du rapport** Le rapport établi par le commissaire aux comptes est **distinct** selon que l'assemblée délègue, ou non, sa compétence ou ses pouvoirs au conseil d'administration ou au directoire, que l'émission est réalisée avec maintien ou

1268

suppression du droit préférentiel de souscription (voir n⁰ˢ 57010 s.). La structure des rapports du commissaire aux comptes est la même que celle des rapports émis par le commissaire aux comptes en cas d'augmentation du capital avec suppression du droit préférentiel de souscription (voir n⁰ˢ 56847 à 56855).

> Pour des exemples de rapports, voir CNCC NI. V Tome 5 § 2.4, étant précisé que certains exemples ont été modifiés à la suite de l'ordonnance 2020-1142 du 16 septembre 2020 et de son décret d'application 2020-1742 du 29 décembre 2020 (voir Bull. CNCC n° 201-2021 – Communiqué CNCC sur les textes précités). Concernant la mention des irrégularités relevées, voir CNCC NI. V Tome 5 § 2.23.2 et n° 56860.

Concernant la **date de mise à disposition des rapports**, les règles applicables sont les mêmes que celles relatives aux augmentations du capital avec suppression du droit préférentiel de souscription (voir n° 56865).

Inscription dans les statuts des modalités de conversion des actions de préférence

Textes applicables   En application des dispositions de l'article R 228-20, alinéa 2, du Code de commerce le commissaire aux comptes donne son avis sur ces modalités de conversion. | **57025**

Cette intervention est effectuée lorsque l'inscription dans les statuts des modalités de conversion des actions de préférence intervient **en cours de vie sociale**. En revanche, elle n'a pas à être effectuée lorsque ces modalités sont définies par les statuts lors de la création de la société.

Les textes ne prévoyant pas que le conseil d'administration ou le directoire justifie dans son rapport les modalités de conversion (voir n° 56942), l'avis du commissaire aux comptes porte sur la présentation de ces modalités dans le rapport du conseil d'administration ou du directoire (CNCC NI. V Tome 5 § 3.21).

Conditions d'intervention   Les conditions d'intervention du commissaire aux comptes sont décrites au § 3.2 du Tome 5 « Actions de préférence » de la note d'information CNCC n° V « Les interventions du commissaire aux comptes relatives aux opérations concernant le capital social et les émissions de valeurs mobilières » mise à jour en juin 2016. | **57027**

Le commissaire aux comptes doit s'assurer que les actionnaires disposent de toute l'information nécessaire afin de prendre leur décision.

Travaux du commissaire aux comptes   Afin de donner son avis sur l'inscription dans les statuts des modalités de conversion des actions de préférence, le commissaire aux comptes (CNCC NI. V Tome 5 § 3.22.3) : | **57030**
– vérifie que le rapport du conseil d'administration ou du directoire contient les informations prévues à l'article R 228-20 du Code de commerce, à savoir les modalités :
• de conversion des actions de préférence,
• de mise à disposition des actionnaires des rapports complémentaires de cet organe et du commissaire aux comptes prévus à l'article R 228-18 du Code de commerce ;
– apprécie si la présentation de ces informations est de nature à éclairer les actionnaires ;
– vérifie que les modifications statutaires envisagées respectent les textes légaux et réglementaires applicables.

> **Remarque** : Lorsque l'inscription dans les statuts des modalités de conversion des actions de préférence est concomitante à l'émission des actions de préférence ou à la conversion d'actions, le commissaire aux comptes effectue également les diligences relatives à l'émission des actions de préférence (voir n⁰ˢ 57000 s.) ou à la conversion des actions (voir n⁰ˢ 57035 s.). Il peut dans ces cas choisir d'établir un rapport unique ou deux rapports distincts (voir CNCC NI. V Tome 5 § 2.41 ou 5.41).

Lorsque par la suite le conseil d'administration ou le directoire réalise, en application de telles dispositions statutaires, une opération de conversion d'actions de préférence, le commissaire aux comptes établit le rapport complémentaire prévu à l'article R 228-18 du Code de commerce (voir n° 57052).

Contenu et date du rapport   Le rapport du commissaire aux comptes sur l'inscription dans les statuts des modalités de conversion des actions de préférence comporte les informations suivantes : | **57032**
a. un intitulé ;
b. les destinataires du rapport (les membres de l'organe délibérant) ;

1269

c. un paragraphe d'introduction comportant :
– le rappel de sa qualité de commissaire aux comptes,
– le rappel du texte réglementaire applicable ;
d. un paragraphe rappelant les responsabilités respectives de l'organe compétent et du (des) commissaire(s) aux comptes ;
e. un paragraphe portant sur les travaux effectués et comportant :
– une référence à la doctrine professionnelle de la Compagnie nationale des commissaires aux comptes relative à cette mission,
– une mention indiquant les diligences effectuées ;
f. une conclusion formulée sous la forme d'absence d'observation, ou au contraire d'observations ;
g. le cas échéant, le signalement des irrégularités autres que celles affectant la conclusion du rapport ;
h. la date du rapport ;
i. l'adresse et l'identification du (des) signataire(s) du rapport.
Concernant la **date de mise à disposition des rapports**, les règles applicables sont les mêmes que celles relatives aux émissions d'actions de préférence, voir n° 57020.

Inscription dans les statuts des modalités de rachat des actions de préférence

57033 Comme indiqué précédemment (n° 56947) l'ordonnance 2014-863 du 31 juillet 2014, complétée par le décret 2015-545 du 18 mai 2015 puis par la loi Pacte, est venue profondément modifier le régime du rachat des actions de préférence.
Ainsi, désormais, l'inscription dans les statuts des modalités de rachat des actions de préférence ne fait plus l'objet d'une intervention spécifique du commissaire aux comptes. Les modalités de rachat des actions de préférence constituent dans ce cas une des caractéristiques des actions de préférence et sont appréciées par le commissaire aux comptes lors de l'émission des actions concernées.
De même, lorsque les rachats d'actions de préférence interviennent en application de dispositions statutaires, le commissaire aux comptes n'a plus à établir de rapport.

Conversion d'actions

57035 **Textes applicables** L'intervention du commissaire aux comptes en cas de conversion d'actions est prévue par l'article L 228-12, I du Code de commerce selon les modalités fixées par l'article R 228-18, alinéa 2. Le commissaire aux comptes donne son avis sur la conversion ainsi que sur l'incidence de l'opération sur la situation des titulaires de titres de capital et de valeurs mobilières donnant accès au capital social telle que définie au premier alinéa de l'article R 225-115 du Code de commerce : l'incidence de l'émission est donc décrite en particulier par rapport à la quote-part de capitaux propres des titulaires de titres de capital et de valeurs mobilières donnant accès au capital à la clôture du dernier exercice.

> Si la clôture est antérieure de plus de six mois à l'opération envisagée, l'incidence est appréciée au vu d'une situation financière intermédiaire établie selon les mêmes méthodes et suivant la même présentation que le dernier bilan annuel (voir n° 56772). Cette information est également donnée en tenant compte de l'ensemble des titres émis susceptibles de donner accès au capital.

Par ailleurs, le commissaire aux comptes indique si les modalités de calcul du rapport de conversion sont exactes et sincères (C. com. art. R 228-18, al. 2).

> **Remarque** : Lorsque l'application du rapport de conversion conduit à une augmentation du capital ou à une réduction du capital, le commissaire aux comptes n'a pas à établir d'autre rapport que celui prévu par l'article L 228-12, I-alinéa 1 du Code de commerce. En particulier, les rapports prévus aux articles L 225-135 et suivants du Code de commerce, en cas d'augmentation du capital et, à l'article L 225-204 du même code, en cas de réduction du capital, n'ont pas lieu d'être établis. En effet, la CNCC considère que dans le rapport sur la conversion des actions, le commissaire aux comptes donne son avis sur l'opération, avis qui comporte nécessairement une appréciation des modalités de mise en œuvre de la conversion et de ses éventuelles conséquences sur le capital social (CNCC NI. V Tome 5 § 5.21).

57037 **Conditions d'intervention** Les conditions d'intervention du commissaire aux comptes sont décrites au § 5.2 du Tome 5 « Actions de préférence » de la note d'information n° V « Les interventions du commissaire aux comptes relatives aux opérations

© Éd. Francis Lefebvre   OPÉRATIONS CONCERNANT LE CAPITAL SOCIAL ET LES ÉMISSIONS DE VALEURS MOBILIÈRES

concernant le capital social et les émissions de valeurs mobilières » de la CNCC mise à jour en juin 2016.
Le commissaire aux comptes doit s'assurer que les actionnaires disposent de toute l'information nécessaire afin de prendre leur décision.

Planification des contrôles Les textes légaux et réglementaires ne prévoient pas **57040**
de délai de mise à disposition du rapport du conseil d'administration ou du directoire au commissaire aux comptes. Le rapport du conseil d'administration ou du directoire doit être transmis au commissaire aux comptes dans un délai lui permettant d'effectuer ses contrôles, sachant que, dans les sociétés anonymes, lorsque la conversion intervient sur décision de l'assemblée, son rapport doit être mis à disposition aux actionnaires à compter de la date de convocation et au moins quinze jours avant la réunion de l'assemblée générale devant statuer sur l'opération (délai allongé à vingt et un jours pour les sociétés dont les actions sont admises aux négociations sur un marché réglementé – voir n° 57065).
Dans le cas où la conversion intervient en application de dispositions statutaires, les modalités de mise à disposition du rapport du conseil d'administration ou du directoire et du commissaire aux comptes sont inscrites dans les statuts (voir n° 56942).
Dans l'hypothèse où il n'obtiendrait pas communication du rapport du conseil d'administration ou du directoire, le commissaire aux comptes ne pourrait qu'établir un rapport de carence.

Travaux du commissaire aux comptes L'intervention du commissaire aux comp- **57045**
tes diffère selon que la conversion est proposée à l'assemblée avec ou sans délégation ou résulte de la mise en œuvre de dispositions statutaires.
1. En l'absence de délégation, dans son **rapport destiné à l'assemblée appelée à se prononcer sur le projet de conversion**, le commissaire aux comptes (C. com. art. R 228-18) :
– donne son avis sur la conversion envisagée ;
– donne son avis sur la présentation de l'incidence de la conversion proposée sur la situation des titulaires de titres de capital et de valeurs mobilières donnant accès au capital appréciée par rapport aux capitaux propres ;
– le cas échéant, donne son avis sur la présentation des caractéristiques des nouvelles actions de préférence issues de la conversion ;
– indique si les modalités de calcul du rapport de conversion sont exactes et sincères ;
– le cas échéant, apprécie les avantages particuliers.
Pour ce faire, le commissaire aux comptes (CNCC NI. V Tome 5 § 5.22.3) :
– vérifie que le rapport du conseil d'administration ou du directoire contient les informations prévues à l'article R 228-18 du Code de commerce (voir n° 56955) ;
– apprécie si leur présentation est de nature à éclairer les actionnaires ;
– apprécie si les modalités de calcul du rapport de conversion sont exactes et sincères ;
– apprécie l'information relative à l'incidence de la conversion proposée sur la situation des titulaires de titres de capital et de valeurs mobilières donnant accès au capital ;
– le cas échéant, apprécie les avantages particuliers (voir n° 56960).

Remarques : 1. Afin d'apprécier la sincérité et l'exactitude des modalités de calcul du rapport de conversion, le commissaire aux comptes vérifie que les informations données à ce titre dans le rapport du conseil d'administration ou du directoire sont de nature à permettre aux actionnaires de se prononcer en connaissance de cause.
2. Bien que le commissaire aux comptes n'ait pas à se prononcer sur la sincérité des informations chiffrées tirées des comptes ou d'une situation financière intermédiaire, la CNCC considère (CNCC NI. V Tome 5 § 5.22.3 c) qu'afin de pouvoir donner son avis sur la présentation de l'incidence de la conversion, le commissaire aux comptes doit mettre en œuvre les travaux destinés à **vérifier la sincérité des informations chiffrées**.
3. Pour des précisions concernant :
– la vérification de la sincérité des informations chiffrées tirées des comptes ou d'une situation financière intermédiaire, voir n° 56825 ;
– l'appréciation de l'information sur l'incidence de la conversion proposée sur la situation des titulaires de titres de capital et de valeurs mobilières donnant accès au capital appréciée par rapport aux capitaux propres, voir CNCC NI. V Tome 3 § 2.23.2 H ;
– le calcul de l'incidence de la conversion, voir CNCC NI. V Tome 3 § 1.25.6 et 1.25.7.

Concernant les **incidences du résultat des contrôles du commissaire aux comptes sur la rédaction de la conclusion de son rapport**, voir CNCC NI. V Tome 5 § 5.22.4.

OPÉRATIONS CONCERNANT LE CAPITAL SOCIAL ET LES ÉMISSIONS DE VALEURS MOBILIÈRES © Éd. Francis Lefebvre

57047 2. **Lorsque l'assemblée délègue** son pouvoir ou sa compétence, dans le rapport établi à l'occasion de l'assemblée appelée à se prononcer sur le projet, le commissaire aux comptes (CNCC NI. V Tome 5 § 5.21.1) :

– conclut sur les modalités de calcul du rapport de conversion données dans le rapport du conseil d'administration ou du directoire ;

– le cas échéant, conclut sur la présentation des caractéristiques des nouvelles actions de préférence qui seront issues de la conversion ;

– exprime, du fait même que toutes les modalités de l'opération de conversion ne sont pas fixées, l'impossibilité de donner un avis sur les conditions définitives dans lesquelles l'opération de conversion sera réalisée ou décidée ;

– précise qu'il établira un rapport complémentaire lors de l'utilisation de la délégation par le conseil d'administration ou le directoire ;

– le cas échéant, apprécie les avantages particuliers (voir n° 56960).

Pour ce faire, le commissaire aux comptes :

– vérifie que le rapport du conseil d'administration ou du directoire contient les informations prévues par l'article R 228-18 du Code de commerce (voir n° 56957) ;

– apprécie si leur présentation est de nature à éclairer les actionnaires sur l'opération de conversion proposée ;

– le cas échéant, apprécie les avantages particuliers (voir n° 56960).

Concernant les **incidences du résultat des contrôles du commissaire aux comptes sur la rédaction de la conclusion de son rapport**, voir CNCC NI. V Tome 5 § 5.22.4.

57050 **Lorsque le conseil d'administration ou le directoire fait usage de la délégation** de pouvoir ou de compétence, le commissaire aux comptes (CNCC NI. V Tome 5 § 5.21.1) :

– indique s'il a ou pas des observations à formuler sur la conformité des modalités de l'opération au regard de la délégation donnée par l'organe délibérant et des indications fournies à celui-ci ;

– donne son avis sur la conversion effectuée, compte tenu du rapport de conversion définitif ;

– donne son avis sur l'incidence de la conversion sur la situation des titulaires de titres de capital et de valeurs mobilières donnant accès au capital appréciée par rapport aux capitaux propres ;

– le cas échéant, donne son avis sur la présentation des caractéristiques des nouvelles actions de préférence issues de la conversion ;

– indique si les modalités de calcul du rapport de conversion sont exactes et sincères.

Les travaux du commissaire aux comptes consistent alors à :

– vérifier la conformité des modalités de l'opération au regard de l'autorisation donnée par l'assemblée et des indications fournies à celle-ci ;

– vérifier que le rapport complémentaire du conseil d'administration ou du directoire décrit les conditions définitives de l'opération établies conformément à l'autorisation donnée par l'assemblée ;

– vérifier que ce rapport comporte, en outre, les informations prévues par l'article R 228-18 du Code de commerce (voir n° 56957) ;

– apprécier si leur présentation est de nature à éclairer les actionnaires sur l'opération de conversion ;

– apprécier l'information relative à l'incidence de la conversion sur la situation des titulaires de titres de capital et de valeurs mobilières donnant accès au capital ;

– apprécier si les modalités de calcul du rapport de conversion sont exactes et sincères.

Remarques : 1. Concernant l'appréciation de la sincérité et l'exactitude des modalités de calcul du rapport de conversion, voir les remarques apportées au n° 57045.

2. Bien que le commissaire aux comptes n'ait pas à se prononcer sur la sincérité des informations chiffrées tirées des comptes ou d'une situation financière intermédiaire, la CNCC considère (CNCC NI. V Tome 5 § 5.22.3 c) qu'afin de pouvoir donner son avis sur la présentation de l'incidence de la conversion, le commissaire aux comptes doit mettre en œuvre les travaux destinés à **vérifier la sincérité des informations chiffrées**.

3. Pour des **précisions** concernant :

– la vérification de la sincérité des informations chiffrées tirées des comptes ou d'une situation financière intermédiaire, voir n° 56825 ;

– l'appréciation de l'information sur l'incidence de la conversion, voir CNCC NI. V Tome 3 § 2.23.2 H ;

– le calcul de l'incidence de la conversion, voir CNCC NI. V Tome 3 § 1.25.6 et 1.25.7.

1272

Concernant **les incidences du résultat des contrôles du commissaire aux comptes sur la rédaction de la conclusion de son rapport**, voir CNCC NI. V Tome 5 § 5.22.4.

3. Lorsque la conversion des actions de préférence intervient en application de dispositions statutaires, le commissaire aux comptes (CNCC NI. V Tome 5 § 5.21.2) :
– indique s'il a ou pas des observations à formuler sur la conformité des modalités de la conversion au regard des dispositions statutaires ;
– donne son avis sur la conversion effectuée ;
– donne son avis sur l'incidence de la conversion sur la situation des titulaires de titres de capital et de valeurs mobilières donnant accès au capital appréciée par rapport aux capitaux propres ;
– indique si les modalités de calcul du rapport de conversion sont exactes et sincères.
Ainsi, pour établir son rapport le commissaire aux comptes :
– vérifie la conformité des modalités de la conversion au regard des dispositions statutaires ;
– vérifie que le rapport du conseil d'administration ou du directoire comporte les informations prévues par l'article R 228-18 du Code de commerce (voir n° 56957) ;
– apprécie l'information relative à l'incidence de la conversion sur la situation des titulaires de titres de capital et de valeurs mobilières donnant accès au capital ;
– apprécie si les modalités de calcul du rapport de conversion sont exactes et sincères.
    Remarques : 1. Afin d'apprécier la sincérité et l'exactitude des modalités de calcul du rapport de conversion, le commissaire aux comptes vérifie que les dispositions statutaires ont été correctement appliquées.
    2. Pour plus de précisions concernant l'incidence de la conversion, voir remarques apportées au n° 57050.

57052

Contenu du rapport Le rapport établi par le commissaire aux comptes est **distinct** selon que l'assemblée délègue, ou non, sa compétence ou ses pouvoirs au conseil d'administration ou au directoire ou encore si la conversion résulte de dispositions statutaires.
1. Ainsi, le rapport du commissaire aux comptes établi en l'absence de délégation comporte les informations suivantes :
a) un intitulé ;
b) les destinataires du rapport (les membres de l'organe délibérant) ;
c) une introduction comportant :
– le rappel de sa qualité de commissaire aux comptes,
– le rappel du texte législatif applicable,
– éventuellement, le contexte et les principales modalités de l'opération de conversion ;
d) un paragraphe rappelant les responsabilités respectives de l'organe compétent et du commissaire aux comptes ;
e) un paragraphe portant sur les vérifications comportant :
– une référence à la doctrine de la Compagnie nationale des commissaires aux comptes relative à cette mission,
– une mention indiquant les diligences effectuées ;
f) des conclusions formulées sous la forme d'absence d'observation, ou au contraire d'observations, ces observations conduisant à une impossibilité de conclure ;
g) le cas échéant, l'appréciation des avantages particuliers ;
h) le cas échéant, le signalement des irrégularités autres que celles affectant la conclusion du rapport ;
i) la date du rapport ;
j) l'adresse et l'identification du (des) signataire(s) du rapport.

57055

2. Le rapport du commissaire aux comptes à l'assemblée appelée à déléguer ses pouvoirs ou sa compétence au conseil d'administration ou au directoire comporte les informations suivantes :
a) un intitulé ;
b) les destinataires du rapport (les membres de l'organe délibérant) ;
c) une introduction comportant :
– le rappel de sa qualité de commissaire aux comptes,
– le rappel du texte législatif applicable,
– éventuellement, le contexte et les principales modalités de l'opération ;
d) un paragraphe rappelant les responsabilités respectives de l'organe compétent et du commissaire aux comptes ;

57057

OPÉRATIONS CONCERNANT LE CAPITAL SOCIAL ET LES ÉMISSIONS DE VALEURS MOBILIÈRES © Éd. Francis Lefebvre

e) un paragraphe portant sur les vérifications comportant :
– une référence à la doctrine professionnelle de la Compagnie nationale des commissaires aux comptes relative à cette mission,
– une mention indiquant les diligences effectuées ;
f) des conclusions formulées sous la forme d'absence d'observation, ou au contraire d'observations ;
g) une mention de l'impossibilité de donner un avis sur les conditions définitives de l'opération de conversion et du fait qu'un rapport complémentaire sera émis lors de la réalisation de la conversion des actions de préférence ;
h) le cas échéant, l'appréciation des avantages particuliers ;
i) le cas échéant, le signalement des irrégularités autres que celles affectant la conclusion du rapport ;
j) la date du rapport ;
k) l'adresse et l'identification du (des) signataire(s) du rapport.

57060 Lorsque le conseil d'administration ou le directoire fait usage de la délégation, le rapport complémentaire du commissaire aux comptes sur l'opération de conversion des actions comporte les informations suivantes :
a) un intitulé ;
b) les destinataires du rapport (les membres de l'organe délibérant) ;
c) un paragraphe d'introduction comportant :
– le rappel de sa qualité de commissaire aux comptes,
– le rappel du texte réglementaire applicable,
– une référence à la réunion de l'organe délibérant ayant autorisé cette délégation et au rapport spécial émis à cette occasion ;
d) un paragraphe rappelant les responsabilités respectives de l'organe compétent et du commissaire aux comptes ;
e) un paragraphe portant sur les vérifications comportant :
– une référence à la doctrine de la Compagnie nationale des commissaires aux comptes relative à cette mission,
– une mention indiquant les diligences effectuées ;
f) des conclusions formulées sous la forme d'absence d'observation, ou au contraire d'observations, ces observations conduisant à une impossibilité de conclure ;
g) le cas échéant, le signalement des irrégularités autres que celles affectant la conclusion du rapport ;
h) la date du rapport ;
i) l'adresse et l'identification du (des) signataire(s) du rapport.
Il en va de même **lorsque la conversion des actions de préférence résulte de la mise en œuvre de dispositions statutaires.**

57065 **Date du rapport** Lorsque la conversion intervient sur décision de l'assemblée, concernant la **date de mise à disposition des rapports,** les règles applicables sont les mêmes que celles relatives aux augmentations du capital avec suppression du droit préférentiel de souscription (voir n° 56865).

57067 Par ailleurs, lorsque la conversion intervient en application de dispositions statutaires, conformément aux dispositions de l'article R 228-20 du Code de commerce, les modalités de mise à disposition du rapport du commissaire aux comptes sont fixées dans les statuts (voir n° 56942).

Rachat des actions de préférence

57069 **Préalable** Les dispositions de l'ordonnance du 31 juillet 2014 et du décret 2015-545 du 18 mai 2015 ont profondément modifié le régime du rachat des actions de préférence. La loi 2019-486 du 22 mai 2019 relative à la croissance et la transformation des entreprises (dite loi Pacte) a une nouvelle fois modifié ce régime concernant les personnes susceptibles d'être à l'initiative de ce rachat pour les actions de préférence émises à compter de la publication de la loi (voir n°s 56970 s.). Désormais, les actions de préférence peuvent être rachetées :
– soit selon le régime de droit commun du rachat par la société de ses propres actions (voir n° 56972) ;

1274

© Éd. Francis Lefebvre · OPÉRATIONS CONCERNANT LE CAPITAL SOCIAL ET LES ÉMISSIONS DE VALEURS MOBILIÈRES

– soit, lorsque les statuts qui créent la catégorie d'actions de préférence ont prévu, préalablement à leur souscription, le principe du rachat (voir n° 56975) :
• dans les sociétés dont les actions **sont admises sur un marché réglementé**, à l'initiative exclusive de la société ou à l'initiative conjointe de la société et du détenteur de l'action de préférence,
• dans les sociétés dont les actions **ne sont pas admises sur un marché réglementé**, selon les modalités fixées dans les statuts préalablement à leur souscription, à l'initiative exclusive de la société, à l'initiative conjointe de la société et du détenteur ou à l'initiative exclusive du détenteur, suivant les conditions et délais précisés dans les statuts (voir n° 56975).

Pour le rachat des actions de préférence émises avant la publication de la loi Pacte, voir n° 56975.

Les modifications apportées par l'ordonnance du 31 juillet 2014 et son décret d'application ont eu des conséquences sur les modalités d'intervention du commissaire aux comptes qui notamment n'a plus à intervenir lorsque le rachat intervient en application de dispositions statutaires (C. com. art. R 228-19 dans sa rédaction issue du décret précité du 18-5-2015).

Textes applicables Lorsque le rachat intervient **dans le cadre des dispositions de droit commun** (c'est-à-dire dans le cadre des dispositions des articles L 225-204 à L 225-214 du Code de commerce), l'intervention du commissaire aux comptes est prévue par l'article R 228-19 du Code de commerce. Le commissaire aux comptes donne son avis sur l'offre de rachat ainsi que sur l'incidence de l'opération sur la situation des titulaires de titres de capital et de valeurs mobilières donnant accès au capital telle que définie au premier alinéa de l'article R 225-115 et indique si les modalités de calcul du prix de rachat sont exactes et sincères. 57070

> Remarques : Le commissaire aux comptes n'a pas de rapport à émettre lorsque le rachat intervient dans le cadre des dispositions de l'article L 225-208 du Code de commerce puisque dans le cadre des dispositions de cet article la décision du rachat ne relève pas de la compétence de l'assemblée.
> Par ailleurs, lorsque le rachat intervient en application des dispositions de l'article L 225-209-2 du Code de commerce (voir section 7 du présent chapitre), il appartient au commissaire aux comptes d'établir également le rapport visé par cet article.
> Enfin, dans l'hypothèse où l'assemblée déciderait ou autoriserait une réduction du capital par annulation des actions achetées, il appartiendra au commissaire aux comptes d'**établir le rapport sur la réduction du capital** (sauf si le rachat intervient dans le cadre de l'article L 225-209-2 du Code de commerce – voir section 7).

En revanche, le décret précité du 18 mai 2015 ayant modifié l'article R 228-19 du Code de commerce les rachats d'actions de préférence intervenant **en application de dispositions statutaires** ne donnent plus lieu à une intervention spécifique du commissaire aux comptes.

> Remarques : Lorsque les statuts prévoient l'annulation des actions rachetées, la réduction du capital n'est qu'une conséquence de la détention par la société de ses propres actions. Par conséquent, le commissaire aux comptes n'a pas à établir de rapport au titre de la réduction du capital (CNCC NI. V Tome 5 § 6.13.2).

En revanche, lorsque les statuts ne prévoient pas l'annulation des actions rachetées et qu'ultérieurement l'assemblée décide ou autorise une réduction du capital par annulation des actions de préférence précédemment rachetées, le commissaire aux comptes établit alors le rapport sur la réduction du capital tel que prévu par l'article L 225-204 du Code de commerce.

Conditions d'intervention Les conditions d'intervention du commissaire aux comptes sont décrites au § 6.2 du Tome 5 « Actions de préférence » de la note d'information CNCC n° V « Les interventions du commissaire aux comptes relatives aux opérations concernant le capital social et les émissions de valeurs mobilières » mise à jour en juin 2016. 57072
Le commissaire aux comptes doit s'assurer que les actionnaires disposent de toute l'information nécessaire afin de prendre leur décision.

Planification des contrôles Les textes légaux et réglementaires ne prévoient pas de délai de mise à disposition du rapport du conseil d'administration ou du directoire au commissaire aux comptes. Le rapport du conseil d'administration ou du directoire doit être transmis au commissaire aux comptes dans un délai lui permettant d'effectuer ses contrôles, sachant que, dans les sociétés anonymes, lorsque le rachat intervient sur décision de l'assemblée, son rapport doit être mis à disposition des actionnaires à compter 57075

1275

OPÉRATIONS CONCERNANT LE CAPITAL SOCIAL ET LES ÉMISSIONS DE VALEURS MOBILIÈRES © Éd. Francis Lefebvre

de la date de convocation et au moins quinze jours avant la réunion de l'assemblée générale devant statuer sur l'opération (délai allongé à vingt et un jours pour les sociétés dont les actions sont admises aux négociations sur un marché réglementé – voir n° 57095). Dans l'hypothèse où il n'obtiendrait pas communication du rapport du conseil d'administration ou du directoire, le commissaire aux comptes ne pourrait qu'établir un rapport de carence.

57080 **Travaux du commissaire aux comptes** Lorsque le rachat des actions de préférence intervient en application d'une décision ou d'une autorisation de l'assemblée, le commissaire aux comptes donne son avis sur l'offre de rachat ainsi que sur l'incidence de l'opération sur la situation des titulaires de titres de capital et de valeurs mobilières donnant accès au capital telle que définie au premier alinéa de l'article R 225-115 du Code de commerce et indique si les modalités de calcul du prix de rachat sont exactes et sincères (n° 57070). Pour ce faire, le commissaire aux comptes (CNCC NI. V Tome 5 § 6.22.3) :
– vérifie que le rapport de l'organe compétent contient les informations prévues à l'article R 228-19 du Code de commerce (voir n° 56972) ;
– apprécie si leur présentation est de nature à éclairer les actionnaires ;
– apprécie l'information donnée relative à l'incidence du rachat proposé sur la situation des titulaires de titres de capital et, le cas échéant, de valeurs mobilières donnant accès au capital ;
– apprécie si les modalités de calcul du prix de rachat sont exactes et sincères.

> **Remarques** : 1. Afin d'apprécier la sincérité et l'exactitude des modalités de calcul du prix de rachat, le commissaire aux comptes apprécie si les informations communiquées dans le rapport de l'organe compétent sur les conditions du rachat, ainsi que sur les justifications et sur les modalités de calcul du prix proposé au titre du rachat sont de nature à permettre à l'actionnaire de se prononcer en connaissance de cause et il vérifie les calculs effectués.
> 2. Il convient de noter que le rachat d'actions est sans incidence sur la situation des titulaires de titres de capital et de valeurs mobilières donnant accès au capital. Cette absence d'incidence doit être indiquée dans le rapport du conseil d'administration ou du directoire.

57090 **Contenu du rapport** La structure du rapport est identique à celle relative au rapport émis à l'assemblée en cas de conversion d'actions en l'absence de délégation (voir n° 57055), à l'exception de l'appréciation des avantages particuliers non applicables en cas de rachat.

57095 **Date du rapport** Lorsque le rachat intervient sur décision de l'assemblée, concernant la date de mise à disposition des rapports, les règles applicables sont les mêmes que celles relatives aux augmentations du capital avec suppression du droit préférentiel de souscription (voir n° 56865).

Respect des droits particuliers des porteurs d'actions de préférence

57100 **Textes applicables** Les porteurs d'actions de préférence constitués en assemblée spéciale peuvent demander à l'un des commissaires aux comptes de la société, s'il en existe, un rapport spécial comportant son avis sur le respect par la société des droits particuliers attachés aux actions de préférence et indiquant, le cas échéant, la date à partir de laquelle ces droits ont été méconnus (C. com. art. L 228-19 et R 228-22) (voir n° 56602).

> Les frais relatifs à l'établissement de ce rapport sont à la charge de la société (C. com. art. R 228-22).

57102 **Conditions d'intervention** Les conditions d'intervention du commissaire aux comptes sont décrites au § 7.2 du Tome 5 « Actions de préférence » de la note d'information n° V « Les interventions du commissaire aux comptes relatives aux opérations concernant le capital social et les émissions de valeurs mobilières » de la CNCC publiée en juillet 2012 et mise à jour en juin 2016.

57105 **Travaux du commissaire aux comptes** Afin d'établir le rapport prévu à l'article L 228-19 du Code de commerce, le commissaire aux comptes (CNCC NI. V Tome 5 § 7.22) :
– prend connaissance des dispositions statutaires relatives aux actions de préférence et plus particulièrement de celles relatives aux droits des porteurs de ces actions ;

© Éd. Francis Lefebvre OPÉRATIONS CONCERNANT LE CAPITAL SOCIAL ET LES ÉMISSIONS DE VALEURS MOBILIÈRES

– s'enquiert auprès de la société de sa connaissance éventuelle de cas de non-respect des droits de porteurs des actions de préférence ;
– prend en considération les irrégularités qu'il aurait relevées au cours de l'exercice de sa mission et qui sont susceptibles de correspondre à des cas de non-respect des droits des porteurs des actions de préférence ;
– effectue les contrôles (par exemple des re-calculs) qu'il estime nécessaires en la circonstance.

Date du rapport Le rapport est tenu à la disposition des actionnaires, au siège social, quinze jours au moins avant la date de l'assemblée spéciale au cours de laquelle il est présenté (C. com. art. R 228-22).

57107

SECTION 4

Émission de valeurs mobilières donnant accès au capital ou donnant droit à l'attribution de titres de créance

L'ordonnance 2004-604 du 24 juin 2004 a simplifié le régime d'émission des obligations composées en supprimant les catégories particulières de titres au profit d'une catégorie unique, celle des valeurs mobilières donnant accès au capital ou donnant droit à l'attribution de titres de créance (C. com. art. L 228-91 s.).
Les **valeurs mobilières** donnant accès au capital ou donnant droit à l'attribution de titres de créance **émises antérieurement** à l'entrée en vigueur de l'ordonnance sont désormais régies par les articles L 228-29-8 et suivants du Code de commerce (dispositions applicables aux catégories de titres en voie d'extinction), sous réserve du maintien des droits des titulaires définis par le contrat d'émission, lorsque celui-ci est antérieur à l'entrée en vigueur de l'ordonnance (Ord. 24-6-2004 art. 64-II).
L'ordonnance 2014-863 du 31 juillet 2014 est venue modifier dans un souci de clarification le régime des **valeurs mobilières complexes**.

57150

Après un rappel des caractéristiques des valeurs donnant accès au capital ou donnant droit à l'attribution de créance (nᵒˢ 57160 s.), sera examinée l'intervention du commissaire aux comptes en cas d'émission de ces valeurs mobilières (nᵒˢ 57230 s.).

57155

A. Principales modalités

Généralités

Uniformisation du régime des valeurs mobilières complexes En créant les « valeurs mobilières donnant accès au capital ou donnant droit à l'attribution de titres de créance », l'ordonnance 2004-604 du 24 juin 2004, dans un souci de simplification, a unifié le régime des valeurs mobilières complexes, dites « composées ou hybrides », du fait que leur émission est assortie d'un droit à souscription ou à attribution d'une autre valeur mobilière.
La pratique financière, qui s'est développée depuis l'introduction par la loi 85-132 du 14 décembre 1985 du régime applicable à ces titres, a conduit à un développement particulièrement significatif du nombre des valeurs mobilières composées.
Les valeurs mobilières composées sont désormais définies de façon globale et non plus exhaustive et la loi prévoit un **corps de règles générales** applicables à toute émission ainsi que des règles spécifiques destinées à protéger les titulaires de ces valeurs mobilières.

Il résulte de cette unification du régime d'émission de ces valeurs mobilières donnant accès au capital ou donnant droit à l'attribution de titres de créance que l'émission des obligations convertibles ou

57160

1277

OPÉRATIONS CONCERNANT LE CAPITAL SOCIAL ET LES ÉMISSIONS DE VALEURS MOBILIÈRES © Éd. Francis Lefebvre

échangeables contre des actions, des obligations à bons de souscription d'actions et des bons de souscription autonomes ne fait plus l'objet d'une réglementation spécifique, celle-ci ayant été abrogée par l'ordonnance. Leur émission se fait désormais en application des articles L 228-91 à L 228-106 du Code de commerce. Les titres émis antérieurement, qui se trouvent de ce fait appelés à disparaître, sont régis par les nouvelles dispositions, sous réserve du maintien des droits des titulaires définis par le contrat d'émission.

57163 **Modification du régime des valeurs mobilières complexes** L'ordonnance 2014-863 du 31 juillet 2014 est venue en premier lieu, selon le rapport au Président de la République relatif à ladite ordonnance, **sécuriser la catégorie des « titres de créance innomés »**. En effet, de nombreuses valeurs mobilières représentatives d'un droit de créance (tels les warrants, les titres subordonnés à durée indéterminée...) sont utilisées sur les marchés financiers sans être visées par le Code de commerce.

Jusqu'alors, seuls les obligations et les titres participatifs étaient visés par le Code de commerce.

L'ordonnance a ainsi créé dans le code une section consacrée aux valeurs mobilières représentatives d'un droit de créance dans leur ensemble (section 4 du chapitre VIII du titre II du livre II du Code de commerce).

Au sein de la section ainsi créée figurent d'une part les « titres innomés » visés à l'article L 228-36-A et d'autre part les deux sous-sections préexistantes relatives aux obligations et aux titres participatifs dont les régimes juridiques restent inchangés.

L'ordonnance précise par ailleurs que ces valeurs mobilières peuvent être émises selon les dispositions du Code de commerce (s'il s'agit d'obligations ou de titres participatifs) ou, si elles ne sont pas visées par le code (tels les titres « innomés »), dans les conditions prévues par les statuts ou le contrat d'émission (nouvel article L 228-36-A).

57164 L'ordonnance du 31 juillet 2014 a, par ailleurs, à nouveau modifié dans un souci de clarification le **régime des valeurs mobilières complexes**.

Jusqu'à la publication de cette ordonnance, les émissions de valeurs mobilières composées relevaient de la compétence exclusive de l'assemblée générale extraordinaire, statuant sur la base d'un rapport du commissaire aux comptes, sans distinction entre les valeurs mobilières complexes à effet dilutif et celles qui en étaient dépourvues. L'ordonnance allège désormais la charge de l'assemblée en restreignant son intervention à la seule **émission de titres complexes ayant un effet dilutif**.

Les émissions de titres de créance donnant droit à l'attribution d'autres titres de créance ou donnant accès à des titres de capital existants sont désormais autorisées dans les conditions prévues à l'article L 228-40 s'il s'agit d'émettre des obligations ou des titres participatifs ou dans les autres cas (voir n° 57163), dans les conditions prévues par les statuts ou le contrat d'émission (C. com. art. L 228-92).

Elle a également modifié et a complété les dispositions de l'article L 228-93 autorisant une société par actions à émettre des valeurs mobilières donnant accès à des titres de capital ou des titres de créance existants ou à émettre par une société contrôlante ou contrôlée et préciser les modalités de protection des droits des actionnaires de ces entités.

Enfin, l'ordonnance précitée ouvre la possibilité pour une société d'émettre des **valeurs mobilières donnant accès à des titres de capital existants ou donnant droit à l'attribution des titres de créance d'une autre société** dont elle ne possède pas le contrôle (nouvel article L 228-94 du Code de commerce).

Enfin, l'ordonnance est venue clarifier la législation applicable à la **protection des porteurs** de valeurs mobilières composées (voir n° 57210).

57165 **Définitions** En application de l'article L 228-91 du Code de commerce, « les sociétés par actions peuvent émettre des valeurs mobilières donnant accès au capital ou donnant droit à l'attribution de titres de créance ». Ces valeurs se décomposent en :
– un titre primaire (une action, une obligation, ou une autre valeur mobilière) ;
– une ou plusieurs opérations (conversion, échange, remboursement, présentation de bon) ;
– un titre final, constitué soit d'un titre de capital, soit d'un titre de créance.

Les valeurs mobilières donnant ou pouvant donner accès au capital ou aux droits de vote sont classées dans le Code monétaire et financier en « titres de capital » avec les actions ordinaires et les actions de préférence (C. mon. fin. art. L 212-1-A) par opposition avec les obligations simples et les titres participatifs classés en titres de créance (C. mon. fin. art. L 213-5 et L 213-32).

1278

Remarque : Les titres de capital ne peuvent être convertis ou transformés en titres de créance, une telle opération entraînant une perte des droits des actionnaires : ainsi l'émission d'actions convertibles en obligations est interdite. Toute clause contraire est réputée non écrite (C. com. art. L 228-91, al. 3).

Une valeur mobilière composée peut donner accès au capital d'une société contrôlante ou contrôlée selon les dispositions prévues à l'article L 228-93 du Code de commerce. Par ailleurs, en application des dispositions des articles L 228-93 et L 228-94 du Code de commerce, une valeur mobilière peut donner accès à des titres de capital existants ou à des titres de créance émis par une autre société avec ou sans lien capitalistique avec la société émettant la valeur mobilière.

Exemples de valeurs mobilières La pratique financière, qui s'est développée depuis l'introduction par la loi 85-132 du 14 décembre 1985 du régime applicable à ces titres, a conduit à un développement particulièrement significatif du nombre des valeurs mobilières composées.

57167

Les valeurs mobilières composées comprennent notamment :
– les bons de souscription autonomes (BSA) ;
– les actions à bons de souscription d'actions (ABSA) ;
– les actions à bons de souscription d'obligations (ABSO) ;
– les obligations avec bons de souscription d'actions (OBSA) ;
– les obligations convertibles en actions (OCA) ;
– les obligations remboursables en actions (ORA) ;
– les obligations à bons de souscription remboursables (OBSAR) ;
– les obligations convertibles en actions à bons de souscription d'actions (OCABSA) ;
– les obligations remboursables en actions à bons de souscription d'actions (ORABSA) ;
– les obligations à option de conversion ou d'échange en actions nouvelles ou existantes (OCEANE).

Ce recensement, non exhaustif, des valeurs mobilières composées relevant aujourd'hui du régime des articles L 228-91 à L 228-106 du Code de commerce démontre l'imagination des financiers, qui n'est pas sans créer des **risques de conflits d'intérêts** entre les porteurs de ces titres et les actionnaires.

Réglementation

Textes applicables Le Code monétaire et financier précise à l'article L 212-7 que les règles relatives à l'émission des valeurs mobilières donnant accès au capital ou donnant droit à l'attribution de titres de créance sont fixées par les articles L 228-91 à L 228-106 du Code de commerce. Ces articles décrivent les modalités d'émission et les droits attachés à ces valeurs mobilières. Ils sont complétés des dispositions réglementaires prévues aux articles R 228-87 à R 228-96 dudit code ainsi que celles prévues à l'article R 225-117.

57170

Sont **exclus** de ce régime **les titres participatifs et les « obligations sèches »**, dont les régimes juridiques font l'objet de dispositions spécifiques dans le Code de commerce (C. com. art. L 228-36 s.).

Par ailleurs, lorsque le titre primaire de la valeur mobilière composée est une action (ordinaire ou de préférence) ou une obligation, les dispositions applicables aux actions (ordinaire ou de préférence) ou obligations s'appliquent également.

Champ d'application Les valeurs mobilières donnant accès au capital ou donnant droit à l'attribution de titres de créance peuvent être émises par toute société par actions, que ces actions soient ou non admises aux négociations sur un marché réglementé (C. com. art. L 228-91, al. 1).

57172

Par ailleurs, une société par actions peut émettre des valeurs mobilières donnant accès à des titres de capital à émettre par la société qui possède directement ou indirectement plus de la moitié de son capital (société mère) ou par la société dont elle possède directement ou indirectement plus de la moitié du capital (société filiale) (C. com. art. L 228-93, al. 1).

L'émission de ces valeurs mobilières doit alors être autorisée, à peine de nullité, par l'assemblée générale extraordinaire de la société appelée à émettre ces valeurs mobilières et par celle de la société au sein de laquelle les droits sont exercés (C. com. art. L 228-93, al. 2).

Enfin, une société par actions peut émettre des valeurs mobilières donnant accès à des titres de capital existants ou donnant droit à l'attribution de titres de créance d'une autre société (C. com. art. L 228-94, al. 1).

Modalités d'émission des valeurs mobilières sans effet dilutif

57173 **Procédure** 1. L'émission de valeurs mobilières qui sont des titres de créance donnant droit à l'attribution d'autres titres de créance (par exemple une OBSO) ou donnant accès à des titres de capital existants (par exemple une obligation convertible ou échangeable en actions existantes) est désormais autorisée par le conseil d'administration ou le directoire, sauf clause contraire des statuts par application de l'article L 228-40, s'il s'agit d'émettre des obligations ou des titres participatifs. S'il s'agit d'autres valeurs mobilières représentatives d'un droit de créance (voir n°s 57163 s.), leur émission sera autorisée dans les conditions prévues par les statuts ou le contrat d'émission en vertu de l'article L 228-36-A (C. com. art. L 228-93, al. 3).

Ces émissions ne donnent plus lieu à l'exercice du **droit préférentiel de souscription** à la suite de la modification des articles L 228-91 et L 228-92 du Code de commerce par l'ordonnance du 31 juillet 2014.

Désormais, le droit préférentiel de souscription ne bénéficie aux actionnaires qu'en cas d'émission par la société de valeur mobilière à effet dilutif (nouvelle rédaction de l'article L 228-92, al. 2).

L'**intervention du commissaire aux comptes** en cas d'émission de titres de cette nature n'est, en conséquence, plus exigée.

57174 2. Les dispositions de l'ordonnance du 31 juillet 2014 ont également retenu un principe identique de répartition des compétences dans le cadre d'émissions de valeurs mobilières **au sein d'un groupe de sociétés** et plus généralement d'émissions de valeurs mobilières donnant accès à des titres de capital existants ou donnant droit à l'attribution de titres de créance **d'une autre société**.

En effet, désormais, les émissions de valeurs mobilières ayant la nature de titres de créance donnant accès à des titres de capital existants ou donnant droit à l'attribution d'autres titres de créance (donc sans effet dilutif) d'une société du groupe ou de toute autre société sont autorisées dans les conditions prévues par l'article L 228-40 en cas d'émission d'obligations ou de titres participatifs, ou dans les autres cas, dans les conditions que détermine la société émettrice conformément aux dispositions de l'article L 228-36-A (C. com. art. L 228-93, al. 6 et L 228-94, al. 3).

Ces émissions ne donnent pas lieu à l'exercice du droit préférentiel de souscription à la suite de la modification des articles L 228-91 et L 228-92 du Code de commerce par l'ordonnance du 31 juillet 2014.

Désormais, le droit préférentiel de souscription ne bénéficie aux actionnaires qu'en cas d'émission par la société de valeur mobilière à effet dilutif (nouvelle rédaction de l'article L 228-92, al. 2).

L'**intervention du commissaire aux comptes** n'est pas requise à l'occasion de telles émissions.

Modalités d'émission des valeurs mobilières à effet dilutif

57175 **Conditions préalables à l'émission de valeurs mobilières à effet dilutif** 1. En cas d'**émission de valeurs mobilières, dont le titre primaire est une action**, à libérer en numéraire, les dispositions de l'article L 225-131 du Code de commerce relatives à la **libération intégrale du capital** avant toute émission d'actions nouvelles à libérer en numéraire s'appliquent sous peine de nullité de l'opération (C. com. art. L 225-131, al. 1 et L 225-149-3, al. 2 ; voir n° 56751).

De même, en application de l'article L 228-39, al. 2 du Code de commerce, l'**émission de valeurs mobilières, dont le titre primaire est une obligation**, est interdite aux sociétés dont le capital n'est pas intégralement libéré (sauf si l'émission est réservée aux salariés ou si les actions non libérées ont été réservées aux salariés).

2. Par ailleurs, toute **émission de valeurs mobilières donnant accès au capital par offre au public**, réalisée moins de deux ans après la constitution de la société sans offre au public, doit être précédée d'une vérification de l'actif et du passif ainsi que, le cas échéant, des avantages particuliers consentis par un commissaire aux apports (C. com. art. L 225-131, al. 2). Ces dispositions ne sont pas applicables aux offres au public mentionnées au 1° ou au 2° de l'article L 411-2 du Code monétaire et financier ou à l'article L 411-2-1 du même code (C. com. art. L 225-131, al. 3 modifié par l'ordonnance 2019-1067 du 21-10-2019 modifiant les dispositions relatives aux offres au public de titres).

Pour plus d'informations, voir CNCC NI. V Tome 6 § 2.22.3 et Tome 3 § 3.17.

Dans la mesure où le commissaire nommé en application de l'article L 228-39 du Code de commerce ne fournit pas un service mais délivre une conclusion sur la conformité des règles et principes comptables appliqués dans un état comptable, la CNCC considère que la mission relative à la vérification de l'actif et du passif peut être effectuée par le commissaire aux comptes de la société émettrice. La CNCC estime en outre que l'objectif et la nature de la mission du commissaire à la vérification de l'actif et du passif en application de l'article L 228-39 du Code de commerce sont compatibles avec la mission confiée à un commissaire aux comptes nommé ponctuellement dans le cadre de l'émission des obligations convertibles (Bull. CNCC n° 202-2021 – EJ 2018-14 et EP 2020-01 ; Comité juridique Ansa octobre 2020 n° 20-036).

3. En outre, l'**émission de valeurs mobilières, dont le titre primaire est une obligation**, par une société par actions n'ayant pas établi deux bilans régulièrement approuvés par les actionnaires doit être précédée d'une vérification de l'actif et du passif par un commissaire aux apports (C. com. art. L 228-39, al. 1).

Pour de plus amples informations sur cette obligation et sur l'intervention du commissaire aux apports, voir CNCC NI. V Tome 6 § 8.

4. Enfin, en cas d'**émission de valeurs mobilières incluant des actions de préférence**, l'inscription dans les statuts des droits attachés aux actions de préférence doit intervenir préalablement à la décision ou à l'autorisation d'émission par l'assemblée. Si l'émission est réservée à personnes nommément désignées et qu'il s'agit de la première émission à personnes nommément désignées de cette catégorie d'actions de préférence, l'émission requiert l'intervention d'un commissaire aux apports chargé d'apprécier les avantages particuliers attachés à ces actions (voir n° 56928).

5. Concernant les conditions relatives au maintien des droits de porteurs de valeurs mobilières, d'actions de préférence ou encore de titre en voie d'extinction, voir CNCC NI. V Tome 6 § 2.22.6 s.

Obligation de proposer une augmentation du capital réservée aux salariés   57177

Lorsque l'émission de valeurs mobilières donne immédiatement ou à terme lieu à une augmentation du capital à libérer en numéraire, dans une société qui a des salariés, l'assemblée générale extraordinaire doit se prononcer sur un projet de résolution tendant à réaliser une augmentation du capital réservée aux adhérents à un plan d'épargne d'entreprise (C. com. art. L 225-129-6, al. 1 ; Bull. CNCC n° 136-2004 p. 708).

Pour de plus amples informations et cas de dérogation de cette obligation, se référer aux n°s 57310 s.

Le non-respect de cette obligation est sanctionné par la nullité de la décision de l'émission, en application de l'article L 225-149-3, al. 2 du Code de commerce (voir, en ce sens, n° 57330).

Droit préférentiel de souscription   57178

L'ordonnance du 31 juillet 2014 est venue modifier le droit préférentiel de souscription des actionnaires. Désormais, le droit préférentiel de souscription bénéficiant aux actionnaires sur les valeurs mobilières complexes émises par la société n'est plus automatique (abrogation des 2e et 3e alinéas de l'article L 228-91).

Un tel droit ne bénéficie désormais plus qu'aux actionnaires d'une même société émettrice de valeurs mobilières qui sont des titres de capital ou de valeurs mobilières donnant accès à des titres de capital à émettre de la société (C. com. art. L 228-92, al. 2).

Il n'existe plus de DPS pour les émissions de valeurs mobilières sans effet dilutif – voir n° 57173.

Ce principe est transposé à l'émission, au sein d'un groupe, de valeurs mobilières avec effet dilutif. Désormais les actionnaires de la société appelée à émettre les titres de capital ont, proportionnellement au montant de leurs actions, un droit de préférence à la souscription de ces valeurs mobilières (C. com. art. L 228-93, al. 4).

Pour plus de précisions, voir n° 57180.

Ce droit est régi par les dispositions de droit commun applicables au **droit préférentiel de souscription** des actionnaires (C. com. art. L 228-93, al. 4 renvoyant aux art. L 225-132 à L 225-141). Les décisions qui seraient prises en violation de ces dispositions sont nulles (C. com. art. L 228-95).

Procédure   57179

1. Les émissions des valeurs mobilières qui sont des titres de capital donnant accès à d'autres titres de capital ou donnant droit à l'attribution de titres de créance et les émissions de valeurs mobilières donnant accès à des titres de capital à émettre relèvent de la compétence de l'**assemblée générale extraordinaire** qui décide ou autorise l'opération après avoir eu connaissance des rapports du conseil d'administration (ou du directoire) et du commissaire aux comptes (C. com. art. L 228-92, al. 1).

OPÉRATIONS CONCERNANT LE CAPITAL SOCIAL ET LES ÉMISSIONS DE VALEURS MOBILIÈRES © Éd. Francis Lefebvre

La Commission des études juridiques de la CNCC considère qu'en application des dispositions légales actuelles la décision d'émettre des valeurs mobilières appartient à l'assemblée générale extraordinaire des actionnaires et que les textes actuellement en vigueur ne prévoient pas la possibilité de créer des valeurs mobilières lors de l'élaboration des statuts (Bull. CNCC n° 158-2010 p. 425).

Concernant le cas particulier de l'émission de bons d'offre (bons émis en période d'offre au public), voir CNCC NI. V Tome 6 § 7.

L'assemblée peut déléguer son pouvoir ou sa compétence au conseil d'administration dans les conditions prévues aux articles L 225-129-1 à L 225-129-5 du Code de commerce.

Concernant les notions de délégation de pouvoir, de compétence, de subdélégation, voir n° 56756 s.

57180 **2.** Lorsque l'assemblée souhaite émettre des **valeurs mobilières donnant accès à des titres de capital à émettre d'une société du groupe**, l'émission doit également, à peine de nullité, être autorisée par l'assemblée de la société dans laquelle les droits seront exercés (C. com. art. L 228-93).

On entend ici par société du groupe une société ayant un lien capitalistique direct ou indirect d'au moins 50 % (donc société mère ou fille) avec la société émettant les valeurs mobilières (C. com. art. L 228-93, al. 1).

Dans cette hypothèse, les actionnaires de la société appelée à émettre de nouveaux titres de capital bénéficient d'un **droit préférentiel de souscription** à ces valeurs mobilières (C. com. art. L 228-93, al. 4).

Ainsi, l'émission de valeurs mobilières qui sont des titres de capital donnant accès à des titres de capital à émettre d'une société du groupe confère-t-elle un droit préférentiel de souscription de ces valeurs mobilières concurrent aux actionnaires de plusieurs sociétés. Dans ce cas, les assemblées qui autorisent ces émissions doivent, à peine de nullité de la décision d'émission, autoriser la suppression du droit préférentiel de souscription des actionnaires dans l'une ou plusieurs de ces sociétés (C. com. art. L 228-93, al. 5).

Ainsi, par exemple en cas d'émission par une société mère d'ABSA donnant accès à des actions à émettre d'une filiale, les actionnaires de la mère et de la fille bénéficient-ils d'un DPS concurrent aux ABSA à émettre. Si l'émission est réservée à certains actionnaires de la mère, les assemblées de la mère et de la fille doivent se prononcer sur la suppression du DPS des actionnaires des deux sociétés.

En revanche l'émission de valeurs mobilières qui sont des titres de créance donnant accès à des titres de capital à émettre d'une société du groupe confère-t-elle un droit préférentiel de souscription de ces valeurs mobilières aux actionnaires de la société émettrice des titres de capital et non aux actionnaires de la société émettrice de la valeur mobilière. Pour autant l'émission doit être autorisée par l'assemblée des deux sociétés.

Pour plus de détails, voir CNCC NI. V Tome 6 § 5.1.

57181 **3.** L'émission de **valeurs mobilières** qui sont des titres de capital **donnant accès à d'autres titres de capital existants ou donnant droit à l'attribution de titres de créance d'une autre société** (groupe ou hors groupe) est autorisée par l'assemblée générale de la société émettant les valeurs mobilières.

Comme indiqué précédemment, le droit préférentiel de souscription ne bénéficie qu'aux actionnaires de la société appelée à émettre ces valeurs mobilières (C. com. art. L 228-92 et L 228-94).

Par ailleurs, compte tenu de la rédaction du 3e alinéa de l'article L 228-93 et du 4e alinéa de l'article L 228-94, une telle émission ne nécessite pas l'approbation de l'assemblée de la société dans laquelle les droits seront exercés.

Cette position est en cohérence avec celle qui était retenue par l'Ansa avant la publication de l'ordonnance en cas d'émission de valeurs mobilières donnant accès à des actions existantes d'une société du groupe. L'Ansa indiquait alors que lorsque les actions de la société contrôlée ou contrôlante, auxquelles les valeurs mobilières donneraient accès, sont déjà détenues par la société émettrice des valeurs mobilières, s'agissant d'un transfert de titres, l'assemblée de la société émettrice des actions n'a pas à être réunie (voir, en ce sens, Comité juridique Ansa n° 10-205 du 7-4-2010).

Pour plus de détails, voir § 6 du tome 6 de la note d'information CNCC V.

57182 **Modalités de vote** En cas de suppression du droit préférentiel de souscription au profit de personnes nommément désignées, dans le cas où ils sont déjà actionnaires, les bénéficiaires ne peuvent pas prendre part au vote supprimant en leur faveur le droit préférentiel de souscription. Le quorum et la majorité sont donc calculés déduction faite de leurs actions (C. com. art. L 225-138, I sur renvoi de l'art. L 228-93, al. 4).

Les actionnaires appartenant à une catégorie de personnes n'étant pas visées expressément par l'article L 225-138, I, ils peuvent à notre avis prendre part au vote.

OPÉRATIONS CONCERNANT LE CAPITAL SOCIAL ET LES ÉMISSIONS DE VALEURS MOBILIÈRES

Renonciation implicite des actionnaires Conformément aux dispositions du **57187**
6e alinéa de l'article L 225-132 du Code de commerce, la décision d'émission de valeurs
mobilières donnant accès au capital emporte renonciation automatique des actionnaires
à leur droit préférentiel de souscription aux titres de capital auxquels les valeurs mobilières donnent droit.

> Le contrat d'émission peut prévoir que les valeurs mobilières et les titres de capital auxquels elles
> donnent droit ne peuvent être cédés et négociés qu'ensemble (C. com. art. L 228-91, al. 2).

Ainsi un actionnaire qui ne souscrit pas à l'émission de valeurs mobilières donnant accès
au capital renonce-t-il à pouvoir souscrire aux actions auxquelles les valeurs mobilières
donnent droit.

Rapports à l'assemblée Quand l'assemblée générale extraordinaire décide ou **57190**
autorise une émission de valeurs mobilières dilutives avec maintien ou suppression du
droit préférentiel de souscription, elle statue après avoir pris connaissance du rapport
du conseil d'administration ou du directoire et de celui du commissaire aux comptes.
Cependant, **le contenu de ces rapports diffère** selon que l'assemblée décide ou non de
déléguer au conseil d'administration ou au directoire sa compétence ou le soin de fixer
les modalités de l'opération envisagée et selon la nature des valeurs mobilières émises.

> Concernant l'intervention du commissaire aux comptes et le contenu de ses rapports, voir nos 57230 s.

1. Cas de l'émission de valeurs mobilières sans délégation. Lorsque les modalités de **57192**
l'émission de valeurs mobilières dilutives, réalisée avec maintien ou suppression du droit
préférentiel de souscription, sont arrêtées par l'assemblée générale extraordinaire, le
rapport établi par le conseil d'administration ou le directoire doit contenir (C. com.
art. R 225-117 renvoyant aux art. R 225-113, R 225-114, R 225-115 et R 22-10-31) :
– toutes indications utiles sur la marche des affaires sociales depuis le début de l'exercice
en cours (et sur l'exercice précédent si l'assemblée n'a pas encore statué sur les comptes)
(C. com. art. R 225-113) ;
– les caractéristiques des valeurs mobilières donnant droit à l'attribution de titres de
créance ou donnant accès au capital, les modalités d'attribution des titres de créance ou
de capital auxquels ces valeurs mobilières donnent droit, ainsi que les dates auxquelles
peuvent être exercés les droits d'attribution (C. com. art. R 225-117) ;
– le montant maximal et les motifs de l'émission proposée (C. com. art. R 225-113 et R 225-114) ;
– le cas échéant, les motifs de la proposition de suppression du droit préférentiel (C. com.
art. R 225-114) ;
– en cas de suppression du droit préférentiel de souscription, les modalités de placement
des nouvelles actions (C. com. art. R 225-114, L 225-136 et L 225-138, II) ;
– en cas de suppression du droit préférentiel de souscription, le cas échéant, le nom des
attributaires ou les caractéristiques des catégories de personnes attributaires ainsi que le
nombre de valeurs mobilières attribuées à chacun ou les modalités d'attribution des titres
(C. com. art. R 225-114 et L 225-138, I) ;
– le prix d'émission des valeurs mobilières donnant accès au capital ou les modalités de
sa détermination, avec leur justification (C. com. art. R 225-114 ; voir n° 56777) ;
– l'**incidence** de l'émission proposée sur la situation des titulaires de titres de capital et
de valeurs mobilières donnant accès au capital, en particulier en ce qui concerne leur
quote-part des capitaux propres à la clôture du dernier exercice (C. com. art. R 225-115) ;
– et, pour les sociétés dont les titres sont admis aux négociations sur un marché réglementé, l'incidence théorique sur la valeur boursière actuelle de l'action, telle qu'elle
résulte de la moyenne des vingt séances de bourse précédentes (C. com. art. R 22-10-31).

> Pour plus de précisions sur les différentes informations contenues dans le rapport du conseil, voir CNCC
> NI. V Tome 3 § 1.25.4 à 1.25.8.
> **Remarques** : 1. Le rapport du conseil d'administration ou du directoire doit contenir la **justification du
> prix** d'émission des valeurs mobilières et ce quand bien même l'émission est proposée avec maintien
> du droit préférentiel de souscription. Par ailleurs, le rapport doit également contenir la justification du
> prix d'émission des actions à émettre immédiatement ou à terme sur laquelle le commissaire doit
> donner son avis. Enfin, le rapport comprend également le prix d'émission des titres de créance inclus,
> le cas échéant, dans les valeurs mobilières donnant accès au capital, mais ce, sans que le commissaire
> aux comptes ait à se prononcer sur cette information. Pour plus de précisions, voir n° 56777 et § 2.24.6
> de la NI. V Tome 6.
> 2. L'information relative à l'incidence de l'émission sur la situation des titulaires de titres de capital (et
> de valeurs mobilières donnant accès au capital) et l'information relative à l'incidence théorique sur la

OPÉRATIONS CONCERNANT LE CAPITAL SOCIAL ET LES ÉMISSIONS DE VALEURS MOBILIÈRES © Éd. Francis Lefebvre

valeur boursière sont données en tenant compte de l'ensemble des titres émis susceptibles de donner accès au capital (C. com. art. R 225-115 et R 22-10-31).

3. Si la **clôture du dernier exercice** est **antérieure de plus de six mois** à l'opération envisagée, ou si l'émission intervient avant l'arrêté des comptes du dernier exercice clos, l'incidence de l'émission sur la situation de l'actionnaire doit être appréciée au vu d'une situation financière intermédiaire établie selon les mêmes méthodes et suivant la même présentation que le dernier bilan annuel (voir n° 56772).

4. Si, en application de l'article L 225-135-1, l'assemblée générale extraordinaire décide que l'émission pourra être augmentée dans les trente jours de la clôture de la souscription dans la limite de 15 % de l'émission initiale (« **surallocation** ») et selon les mêmes modalités, l'incidence de l'émission proposée sur la situation des titulaires de titres de capital et de valeurs mobilières donnant accès au capital social devra prendre en compte ce montant complémentaire potentiel.

57195 **2. Cas de l'émission de valeurs mobilières avec délégation.** Le rapport établi par le conseil d'administration ou le directoire destiné à l'assemblée générale extraordinaire qui décide ou autorise l'émission de valeurs mobilières (autres que celles composées uniquement de titres de créance) doit contenir (C. com. art. R 225-117 renvoyant aux art. R 225-113 et R 225-114) :

– toutes indications utiles sur la marche des affaires sociales depuis le début de l'exercice en cours (et sur l'exercice précédent si l'assemblée n'a pas encore statué sur les comptes) (C. com. art. R 225-113) ;

– les caractéristiques des valeurs mobilières donnant droit à l'attribution de titres de créance ou donnant accès au capital, les modalités d'attribution des titres de créance ou de capital auxquels ces valeurs mobilières donnent droit, ainsi que les dates auxquelles peuvent être exercés les droits d'attribution (C. com. art. R 225-117) ;

– le montant maximal et les motifs de l'émission proposée (C. com. art. R 225-113 et R 225-114) ;

– le cas échéant, les motifs de la proposition de suppression du droit préférentiel (C. com. art. R 225-114) ;

– en cas de suppression du droit préférentiel de souscription, les modalités de placement des nouvelles actions (C. com. art. R 225-114, L 225-136 et L 225-138, II) ;

– en cas de suppression du droit préférentiel de souscription, le cas échéant, le nom des attributaires des nouvelles actions ou les caractéristiques des catégories de personnes attributaires ainsi que le nombre d'actions attribuées à chacun ou les modalités d'attribution des titres (C. com. art. R 225-114 et art. L 225-138, I) ;

– le prix d'émission des valeurs mobilières donnant accès au capital ou les modalités de sa détermination, avec leur justification (C. com. art. R 225-114 ; voir n° 56777).

57197 Par ailleurs, lors de l'**utilisation de la délégation** consentie par l'assemblée, le conseil d'administration ou le directoire établit un **rapport complémentaire** mis à disposition des actionnaires et destiné à la prochaine assemblée générale ordinaire. Il y décrit (C. com. art. R 225-116 et R 225-117) :

– les conditions définitives de l'opération qui doivent être conformes à l'autorisation donnée par l'assemblée générale incluant le choix des éléments de calcul retenus pour la fixation du prix d'émission et son montant définitif ;

– en cas de suppression du droit préférentiel de souscription, le cas échéant, le nom des attributaires ou les caractéristiques des catégories de personnes attributaires ainsi que le nombre de valeurs mobilières attribuées à chacun ou les modalités d'attribution des titres (C. com. art. R 225-114 et art. L 225-138, I) ;

– l'**incidence** de l'émission proposée sur la situation des titulaires de titres de capital et de valeurs mobilières donnant accès au capital, en particulier en ce qui concerne leur quote-part des capitaux propres à la clôture du dernier exercice ;

– et, si la société est cotée sur un marché réglementé, l'incidence théorique sur la valeur boursière actuelle de l'action, telle qu'elle résulte de la moyenne des vingt séances de bourse précédentes.

Pour plus d'informations, voir CNCC NI. V Tome 3 § 1.25.4 à 1.25.8.

Remarques : 1. Une « **surallocation** » peut également être décidée par l'assemblée générale extraordinaire (voir n° 56772).

2. Concernant l'obligation d'une situation financière intermédiaire si la **clôture du dernier exercice** est **antérieure de plus de six mois** à l'opération envisagée, ou si l'augmentation du capital intervient avant l'arrêté des comptes du dernier exercice clos, voir n° 56772.

3. L'information relative à l'incidence de l'émission sur la situation des titulaires de titres de capital (et de valeurs mobilières donnant accès au capital) et l'information relative à l'incidence théorique sur la

valeur boursière sont données en tenant compte de l'ensemble des titres émis susceptibles de donner accès au capital (C. com. art. R 225-115 et R 22-10-31).

4. **Subdélégation** : En cas de subdélégation (voir n° 56760) consentie par le conseil d'administration ou le directoire ayant bénéficié d'une délégation de pouvoir ou de compétence, l'établissement du rapport complémentaire devant être établi en application des articles L 225-129-5 et R 225-116 du Code de commerce par le conseil d'administration ou le directoire ne peut pas être subdélégué au subdélégataire (EJ 2011-09 : Bull. CNCC n° 163-2011 p. 595 ; contra avis du Comité juridique de l'Ansa n° 21-019).

Lors de l'**utilisation de la délégation**, le commissaire aux comptes établit lui aussi un rapport complémentaire, voir n° 57256.

Publicité L'émission de valeurs mobilières donnant accès au capital avec maintien du droit préférentiel de souscription est soumise aux formalités préalables de publicité prévues aux articles R 225-120 et R 225-124 à R 225-126 du Code de commerce.

57200

En revanche, l'émission réalisée avec suppression du droit préférentiel de souscription n'est soumise à aucune publicité préalable (C. com. art. R 225-121).

Concernant la publicité devant être réalisée après l'émission, voir n° 56780.

Augmentation du capital différée L'augmentation du capital qui résulte de l'exercice de droits attachés aux valeurs mobilières est réalisée selon des formalités simplifiées (C. com. art. L 225-149, al. 1). À titre d'exemple, la libération par compensation avec des créances d'actions, titres secondaires auxquels la valeur mobilière donne droit, ne donne pas lieu à l'établissement d'un arrêté de compte par le conseil d'administration et, de fait, à sa certification par le commissaire aux comptes et à l'établissement d'un certificat du dépositaire.

57202

Pour des précisions, voir NI. V Tome 2 § 3.2.

Par ailleurs, l'augmentation du capital résultant de l'exercice des droits attachés aux valeurs mobilières donnant accès au capital est définitivement réalisée du seul fait de l'exercice des droits et, le cas échéant, des versements correspondants (C. com. art. L 225-149, al. 2).

Le conseil d'administration (ou le directoire) constate à tout moment de l'exercice en cours ou, au plus tard, lors de sa première réunion suivant la clôture de celui-ci le nombre et le montant nominal des actions attribuées au cours de l'exercice écoulé et apporte les modifications nécessaires aux clauses statutaires relatives au montant du capital social et au nombre de titres représentatifs de ce capital (C. com. art. L 225-149, al. 3).

Sanctions 1. En application de l'article L 228-95 du Code de commerce, « sont nulles les décisions prises en violation du deuxième alinéa de l'article L 228-92 et des troisième et quatrième alinéas de l'article L 228-93 ». Les dispositions dont le défaut de respect est ainsi sanctionné par une nullité obligatoire sont les suivantes :

57205

– dans une société, en cas d'émission avec effet dilutif, le défaut d'attribution d'un droit de préférence à la souscription de ces valeurs mobilières proportionnel au montant de leurs actions aux actionnaires. Ce droit est régi par les dispositions applicables au droit de préférence à la souscription attaché aux titres de capital conformément aux articles L 225-132 à L 225-141 ;

Concernant les sanctions applicables en cas de non-respect des dispositions prévues aux articles L 225-132 s., voir n° 56785.

– au sein d'un groupe :

• le défaut d'approbation par l'assemblée générale extraordinaire des actionnaires de la société émettrice des valeurs mobilières conformément aux articles L 225-129 à L 225-129-6 des émissions de valeurs mobilières qui sont des titres de capital donnant accès à d'autres titres de capital existants ou donnant droit à l'attribution de titres de créance,

• le défaut d'attribution d'un droit de préférence à la souscription de ces valeurs mobilières proportionnel au montant de leurs actions aux actionnaires de la société appelée à émettre les titres de capital visés au premier alinéa de l'article L 228-93. Ce droit est régi par les dispositions applicables au droit de préférence à la souscription attaché aux titres de capital conformément aux articles L 225-132 à L 225-141.

2. Par ailleurs, en application du 2e alinéa de l'article L 228-93 du Code de commerce, à peine de nullité, les émissions de valeurs mobilières donnant accès à des titres de capital à émettre au sein d'un groupe doivent être autorisées par l'assemblée générale extraordinaire de la société appelée à émettre ces valeurs mobilières et par celle de la

OPÉRATIONS CONCERNANT LE CAPITAL SOCIAL ET LES ÉMISSIONS DE VALEURS MOBILIÈRES © Éd. Francis Lefebvre

société au sein de laquelle les droits sont exercés, dans les conditions prévues au premier alinéa de l'article L 228-92 (voir n° 57180).

3. En outre, en application du 5e alinéa de l'article L 228-93 dans les cas où l'émission de valeurs mobilières confère un droit préférentiel de souscription concurrent aux actionnaires de plusieurs sociétés, les assemblées qui autorisent ces émissions doivent, à peine de nullité de la décision d'émission, autoriser la suppression du droit préférentiel de souscription des actionnaires dans l'une ou plusieurs de ces sociétés (voir n° 57180).

4. Enfin, en application de l'article L 228-104 du Code de commerce « les délibérations ou stipulations prises en violation des articles L 228-98 à L 228-101 et L 228-103 sont nulles ».

Les articles L 228-98 à L 228-103 comportent les diverses mesures destinées à protéger les porteurs de valeurs mobilières donnant accès au capital et à assurer le maintien de leurs droits (voir n° 57210 s.).

Protection des porteurs de valeurs mobilières

57210 **Règles de protection** 1. La protection des **porteurs de valeurs mobilières donnant accès au capital** fait l'objet d'un corps de règles spécifiques (C. com. art. L 228-98 à L 228-106) dont le non-respect par l'assemblée générale entraîne, dans la plupart des cas, nullité des délibérations (C. com. art. L 228-104).

L'ordonnance 2014-863 du 31 juillet 2014 est venue renforcer les règles de protection des porteurs de valeurs mobilières donnant accès au capital.

Ces mesures de protection visent à permettre aux titulaires de valeurs mobilières donnant accès au capital, lorsque la société souhaite réaliser certaines opérations, de pouvoir s'exprimer comme s'ils étaient déjà actionnaires mais également à maintenir leurs droits. Une des premières mesures consiste au **groupement des porteurs** de valeurs mobilières donnant accès au capital **en une masse** qui jouit de la personnalité civile et qui est soumise pratiquement aux mêmes règles que la masse des obligataires (C. com. art. L 225-103).

Cette masse des porteurs de valeurs mobilières peut être amenée, le cas échéant, à autoriser les modifications du contrat d'émission.

Le commissaire aux comptes n'a pas de rapport à présenter lors de cette assemblée. En revanche, s'il constatait des irrégularités, il devrait les communiquer à la plus prochaine assemblée générale (Bull. CNCC n° 140-2005 p. 706).

Les principales **autres dispositions de ce régime de protection** des porteurs sont les suivantes :

– impossibilité pour la société émettrice, sauf autorisation par le contrat d'émission ou par une modification du contrat d'émission par l'assemblée générale des titulaires de valeurs mobilières donnant accès au capital, de modifier sa forme juridique, son objet social. En outre, elle ne peut modifier les règles de répartition du capital, ou amortir son capital, ni créer d'actions de préférence entraînant une telle modification ou un tel amortissement (C. com. art. L 228-98, al. 2) sans cette même autorisation et sous réserve de prendre des mesures pour maintenir les droits des titulaires de valeurs mobilières donnant accès au capital dans les conditions définies à l'article L 228-99 (voir ci-après) ;

La loi 2019-486 du 22 mai 2019 relative à la croissance et la transformation des entreprises (dite loi Pacte) a par ailleurs supprimé le 3e alinéa de l'article L 228-98 du Code de commerce qui prévoyait que « sous ces mêmes réserves, elle peut cependant créer des actions de préférence ». La doctrine s'était interrogée sur la lecture à retenir de ce 3e alinéa et avait considéré qu'il s'agissait d'une redondance avec le 2e alinéa lequel autorise déjà l'émission d'actions de préférence selon les conditions auxquelles renvoie à son tour le 3e alinéa (La Semaine juridique Entreprise et affaires n° 26 du 17-6-2019, 1320). Cette suppression clarifie ainsi la compréhension de ce texte.

– obligation pour la société émettrice de prendre des mesures de protection des intérêts des titulaires de ces valeurs mobilières si elle décide de procéder à l'émission de nouveaux titres de capital avec maintien du droit préférentiel de souscription, de distribution de réserves ou de modification de la répartition des bénéfices par création d'actions de préférence (C. com. art. L 228-99), étant précisé que le contrat d'émission peut désormais prévoir des mesures de protection supplémentaires destinées à tous les porteurs (C. com. art. L 228-99, al. 7) ;

– obligation pour la société émettrice de prévoir des modalités d'ajustement du nombre d'actions auxquelles les valeurs mobilières donnent droit, dans le cas où la société émettrice viendrait à racheter ses propres actions (C. com. art. L 228-99, al. 8, base légale donnée à l'article R 228-90 par l'ordonnance précitée) ;

© Éd. Francis Lefebvre — OPÉRATIONS CONCERNANT LE CAPITAL SOCIAL ET LES ÉMISSIONS DE VALEURS MOBILIÈRES

– en cas de fusion ou de scission ou d'apport partiel d'actifs placé sous le régime des scissions de la société émettrice de ces valeurs mobilières, les droits des titulaires sont transmis à la société absorbante ou bénéficiaire de la scission. L'approbation par l'assemblée générale extraordinaire du projet de fusion ou de scission emporte renonciation par les actionnaires, en faveur des titulaires de valeurs mobilières donnant accès différé au capital, à leur droit préférentiel de souscription (C. com. art. L 228-101) ;

– impossibilité, sauf disposition contraire du contrat d'émission ou dissolution anticipée résultant d'une fusion ou d'une scission, d'imposer le rachat ou le remboursement des droits des titulaires de ces valeurs mobilières (C. com. art. L 228-102) ;

– droit de participation, sans voix délibérative, aux assemblées générales d'actionnaires pour les représentants des masses (C. com. art. L 228-105, al. 4) ;

– droit de communication des documents sociaux transmis ou mis à la disposition des actionnaires (C. com. art. L 228-105, al. 1) dans les conditions prévues aux articles R 225-92 à R 225-94 du Code de commerce (sur renvoi de l'art. L 228-95).

Pour de plus amples informations, voir CNCC NI. V Tome 6 § 1.5.

2. Il n'existe pas de mesure de protection spécifique pour les **porteurs de valeurs mobilières donnant droit à l'attribution de titres de créance qui ne sont pas composées uniquement de titres de créance** (par exemple ABSO).

En revanche, les **porteurs de valeurs mobilières donnant droit à l'attribution de titres de créance et composées uniquement de titres de créance** (par exemple OBSO) bénéficient des mesures de protection prévues par les articles L 228-38 à L 228-90 du Code de commerce pour les porteurs d'obligations : regroupement au sein d'une masse, obligation dans certains cas de faire délibérer l'assemblée des porteurs et remboursement des obligations en cas de dissolution anticipée de la société.

Pour de plus amples informations, voir CNCC NI. V Tome 6 § 1.5.

Valeurs émises antérieurement à la publication de l'ordonnance du 24 juin 2004 Les droits des porteurs de valeurs mobilières composées émises avant l'entrée en vigueur de l'ordonnance du 24 juin 2004 sont régis par les nouvelles dispositions, sous réserve du maintien des droits des titulaires définis par le contrat d'émission (Ord. 24-6-2004 art. 64). **57215**

Modification du contrat d'émission

La société peut souhaiter modifier le contrat d'émission de valeurs mobilières précédemment émises, lorsque notamment les conditions de marché rendent le prix d'émission non attractif. En application de l'article L 228-103, al. 2, les assemblées générales des titulaires de ces valeurs mobilières (voir n° 57210) sont appelées à autoriser toutes modifications au contrat d'émission et à statuer sur toute décision touchant aux conditions de souscription ou d'attribution de titres de capital déterminées au moment de l'émission. Ce dispositif ne prévoit ni la convocation du commissaire aux comptes aux assemblées générales des titulaires des valeurs mobilières ni la présentation d'un rapport du commissaire aux comptes. **57220**

Toutefois, la Commission des études juridiques de la CNCC (EJ 2005-115 : Bull. CNCC n° 140-2005 p. 705) considère que, par le parallélisme des formes, la modification du contrat d'émission devrait être adoptée selon les mêmes modalités que celles relatives à l'émission. Ainsi dans le cas d'une émission de valeurs mobilières à effet dilutif (voir n° 57179), il appartient au conseil d'administration ou au directoire ainsi qu'au commissaire aux comptes d'établir un rapport destiné à l'assemblée devant statuer sur la modification du contrat.

Pour de plus amples informations, et notamment un exemple de rapport du commissaire aux comptes, voir CNCC NI. V Tome 6 § 4.4 et 4.5.

Par ailleurs, dans le cas où la modification du contrat concernerait la prorogation de la durée d'exercice de bons de souscription d'actions alors que certains titulaires ont déjà exercé leur droit de souscription, la Commission des études juridiques de la CNCC considère (EJ n° 2008-57 : Bull. CNCC n° 152-2008 p. 691) que la modification du contrat est possible, sauf si des manœuvres délibérées ont été exercées pour inciter certains titulaires de bons à céder ou exercer leurs droits.

1287

OPÉRATIONS CONCERNANT LE CAPITAL SOCIAL ET LES ÉMISSIONS DE VALEURS MOBILIÈRES © Éd. Francis Lefebvre

B. Intervention du commissaire aux comptes

57230 Le commissaire aux comptes, dans le cadre de l'intervention définie par l'article L 228-92 du Code de commerce, contribue à la **protection des actionnaires**. Sa contribution se poursuit dans le cadre de sa mission générale par la communication à l'assemblée générale des irrégularités dans le déroulement du processus d'émission.

Avant l'ordonnance du 31 juillet 2014, le commissaire aux comptes devait intervenir lors de toute émission de valeurs mobilières donnant accès au capital ou donnant droit à l'attribution de titres de créance, sans distinction entre les valeurs mobilières à effet dilutif et celles qui en étaient dépourvues.

Depuis la publication de cette ordonnance, la compétence de l'assemblée générale étant limitée aux émissions de valeurs mobilières à effet dilutif (voir nos 57164 s.), le commissaire aux comptes ne doit émettre un rapport que lors de l'émission de valeurs mobilières qui sont des titres de capital donnant accès à des titres de capital ou donnant droit à l'attribution de titres de créance ainsi que lors de toute émission de valeur mobilière donnant accès à des titres de capital à émettre. Cette intervention est requise qu'il y ait ou non suppression du droit préférentiel de souscription et délégation ou absence de délégation.

> La CNCC considère que lorsqu'une société par actions qui n'a pas désigné de commissaire aux comptes en vue de certifier ses comptes souhaite émettre des valeurs mobilières avec suppression du droit préférentiel de souscription, l'intervention d'un commissaire aux comptes désigné, selon les modalités prévues à l'article L 225-228 du Code de commerce, est requise (Bull. CNCC n° 196-2019, avis technique – Missions relatives aux opérations sur valeurs mobilières confiées à un commissaire aux comptes – octobre 2019 et Bull. CNCC n° 197-2020 – EJ 2019-42 et EJ 2019-57).

En revanche la majorité du Comité juridique de l'Ansa considère qu'en ce qui concerne la nécessité de prévoir l'intervention d'un commissaire aux comptes ad hoc, en raison du renvoi général au régime du droit préférentiel de souscription attaché aux actions (C. com. art. L 228-92), il n'y a pas lieu de faire une distinction entre les opérations avec maintien du droit préférentiel de souscription et celles prévoyant sa suppression. Le Comité estime en outre que la nomination ponctuelle d'un commissaire aux comptes sera toujours requise pour les besoins de l'émission du rapport sur les modalités du prix d'émission de la valeur secondaire visé à l'article R 225-117, alinéa 3 du Code de commerce (Comité juridique Ansa novembre 2019 n° 19-058).

Par ailleurs, dans le cas où une société émettrait des valeurs mobilières donnant accès à des titres de capital à émettre d'une société dans laquelle il exerce son mandat, le commissaire aux comptes pourra également être appelé à se prononcer sur la suppression du droit préférentiel aux valeurs mobilières composées à émettre (voir n° 57180).

> Pour plus de détails, voir § 5 et § 6 du tome 6 de la Note d'information CNCC V.

Enfin, la Commission des études juridiques de la CNCC a indiqué qu'« en cas d'émission de valeurs mobilières dilutives (c'est-à-dire donnant accès au capital), les dispositions du II de l'article L 225-138 du Code de commerce modifié par la loi Pacte s'appliquent : un rapport établi par un commissaire aux comptes est requis, qu'il y ait ou non délégation » (CNCC – Questions-réponses relatives à l'application de la loi Pacte, juillet 2019).

> Sur la date d'entrée en vigueur de ces nouvelles dispositions issues de la loi Pacte, voir n° 56602 sur renvoi du n° 56603.

Nature de l'intervention

57235 **Textes applicables** Dans les sociétés par actions, l'article L 228-92 du Code de commerce prévoit l'**intervention du commissaire aux comptes** pour toute émission de valeurs mobilières dilutives donnant accès au capital ou donnant droit à l'émission de titres de créance (voir n° 57179) selon les modalités fixées par l'article R 225-117 du Code de commerce. Cet article précise que l'intervention des commissaires aux comptes en cas d'émission de valeurs mobilières régie par les articles R 225-113 et R 225-114 ainsi que, selon les cas, par les articles R 225-115, R 225-116 et R 22-10-31 du Code précité.

> Pour plus de détails sur l'intervention du commissaire en cas d'émission de valeurs mobilières donnant accès à des titres de capital à émettre d'une société du groupe (voir n° 57180) et en cas d'émission de valeurs mobilières qui sont des titres de capital donnant accès à d'autres titres de capital existants ou donnant droit à l'attribution de titres de créance d'une autre société (groupe ou hors groupe – voir n° 57181), nous vous invitons à vous référer aux § 5 et § 6 du tome 6 de la note d'information CNCC V.
> Concernant les **sociétés par actions simplifiées**, qui n'ont pas l'obligation, en application de l'article L 227-9-1 du Code de commerce, de désigner un commissaire aux comptes, la Commission des études

juridiques de la CNCC (Bull. CNCC n° 156-2009 p. 700) considère qu'en cas d'émission de valeurs mobilières donnant accès au capital ou donnant droit à l'attribution de titres de créance, les dispositions des articles L 228-92 et R 225-117 du Code de commerce, relatives à l'intervention du commissaire aux comptes, ne trouvent pas à s'appliquer. Dès lors, et sous réserve que les associés de la société par actions simplifiée n'aient pas choisi de désigner volontairement un commissaire aux comptes, ces opérations sont réalisées sans le contrôle d'un commissaire aux comptes.

Concernant l'intervention du commissaire aux comptes dans le cadre spécifique des dispositions des articles L 233-32 et L 233-33 du Code de commerce relatifs aux offres publiques, voir CNCC NI. V Tome 6 § 6.

Conditions d'intervention Les conditions d'intervention du commissaire aux comptes sont décrites dans le tome 6 « Émission de valeurs mobilières donnant accès au capital ou donnant droit à l'attribution de titres de créances » de la note d'information n° V « Les interventions du commissaire aux comptes relatives aux opérations concernant le capital social et les émissions de valeurs mobilières » de la CNCC mise à jour en septembre 2015.

57237

Le commissaire aux comptes doit s'assurer que les actionnaires disposent de toute l'information nécessaire afin de prendre leur décision.

Modalités de mise en œuvre de l'intervention

Planification des contrôles Les textes légaux et réglementaires ne prévoient pas de délai de mise à disposition du rapport du conseil d'administration ou du directoire au commissaire aux comptes. Le rapport du conseil d'administration ou du directoire doit être transmis au commissaire aux comptes dans un délai lui permettant d'effectuer ses contrôles, sachant que dans les sociétés anonymes son rapport doit être mis à disposition aux actionnaires à compter de la date de convocation et au moins quinze jours avant la réunion de l'assemblée générale devant statuer sur l'opération (ce délai est de 21 jours pour les sociétés dont les actions sont admises aux négociations sur un marché réglementé – voir n° 57285).

57240

Dans l'hypothèse où le commissaire aux comptes n'obtiendrait pas communication du rapport de l'organe compétent, il ne pourrait qu'établir un rapport de carence.

Contrôles préalables Le commissaire aux comptes, dans un premier temps, recueille et analyse les documents et informations relatifs à l'opération.

57245

Ainsi, dans le cadre de son intervention **pour l'assemblée** appelée à statuer sur le projet d'émission, le commissaire aux comptes doit obtenir notamment :
– le rapport de l'organe compétent à l'assemblée sur le projet d'émission ;
– le projet de texte des résolutions soumis à l'assemblée ;
– la situation financière intermédiaire, lorsque l'assemblée n'est pas appelée à déléguer son pouvoir ou sa compétence et que l'opération intervient plus de six mois après la clôture de l'exercice ou avant l'arrêté des comptes du dernier exercice clos (voir n° 56772) ;
– tout autre document que le commissaire aux comptes estime utile pour comprendre le contexte de l'émission et le déroulement qui est envisagé par la société (pacte d'actionnaires, protocole, contrat d'émission, statuts à jour…).

Dans le cadre de son intervention **lors de l'utilisation par le conseil d'administration ou le directoire de la délégation** conférée par l'assemblée, le commissaire aux comptes doit obtenir notamment :
– le rapport complémentaire de l'organe compétent à l'assemblée sur l'utilisation de la délégation ;
– le procès-verbal de l'organe compétent utilisant la délégation conférée par l'assemblée ;
– le procès-verbal de l'assemblée ayant décidé ou autorisé l'émission ;
– la situation financière intermédiaire, lorsque l'opération intervient plus de six mois après la clôture de l'exercice ou avant l'arrêté des comptes du dernier exercice clos (voir n° 56772).

Lorsque la société n'a pas désigné de commissaire aux comptes pour une mission de certification des comptes et qu'elle est tenue d'en désigner un, selon les modalités prévues par l'article L 225-228 du Code de commerce, pour l'intervention prévue à l'article L 225-138, II du même Code modifié par la loi Pacte (lequel s'applique aux émissions de valeurs mobilières dilutives, voir n° 57230), la Commission des études juridiques de la CNCC considère que, en cas de délégation accordée par l'assemblée, les textes légaux et réglementaires ne prévoient pas de rapport complémentaire du commissaire aux comptes lorsque l'organe compétent utilise la délégation de pouvoir ou de compétence (voir n° 56791 et CNCC – Questions-réponses relatives à l'application de la loi Pacte, octobre 2019). L'intervention du commissaire aux comptes désigné spécialement est donc requise que l'opération soit réalisée avec ou sans délégation de pouvoir ou de compétence mais uniquement à l'occasion de la réunion de l'organe délibérant qui décide ou autorise l'augmentation du capital.

57247 Dans un second temps, le commissaire aux comptes s'assure du respect par la société des règles relatives à l'émission envisagée ainsi que les règles générales applicables aux augmentations du capital ou aux émissions d'obligations lorsque le titre primaire de la valeur mobilière est une action ou une obligation (voir n° 57175).

Le commissaire aux comptes prend également en considération les autres obligations relatives à certaines augmentations du capital, en particulier, l'obligation de proposer une augmentation du capital réservée aux adhérents d'un plan d'épargne d'entreprise (voir n° 57177).

57249 Nous étudierons successivement l'intervention du commissaire aux comptes dans le cadre d'une émission de valeurs mobilières sans délégation (n° 57250 s.) et d'une émission de valeurs mobilières avec délégation (n° 57255 s.).

57250 **1. Cas de l'émission de valeurs mobilières dilutives sans délégation.** En application de l'article R 225-117 du Code de commerce, dans le cadre d'une émission de valeurs mobilières dilutives donnant accès au capital ou droit à l'attribution de titres de créances avec maintien ou suppression du droit préférentiel de souscription et sans délégation, le commissaire aux comptes :

– vérifie et certifie la sincérité des informations tirées des comptes de la société sur lesquelles il donne son avis ;

– donne son avis sur :

• la proposition de suppression du droit préférentiel ou l'émission proposée selon que l'opération est proposée avec suppression ou maintien du droit préférentiel de souscription,

• le choix des éléments de calcul du prix d'émission des actions à émettre immédiatement ou à terme et sur son montant,

• l'incidence de l'émission sur la situation des titulaires de titres de capital et de valeurs mobilières donnant accès au capital appréciée par rapport aux capitaux propres,

• le cas échéant, l'incidence de l'émission sur la valeur boursière de l'action.

57252 Lorsque l'émission de valeurs mobilières dilutives donnant accès au capital ou donnant droit à l'attribution de titres de créance intervient avec maintien ou avec suppression du droit préférentiel de souscription et sans délégation, les **contrôles du commissaire aux comptes, relatifs au rapport du conseil d'administration ou du directoire** destiné à l'assemblée appelée à décider l'émission, consistent à (CNCC NI. V Tome 6 § 3.23.2 A) :

– vérifier que les informations relatives aux caractéristiques des valeurs mobilières dilutives donnant accès au capital ou droit à l'attribution de titres de créance, aux modalités d'attribution des titres de capital ou de créance auxquels ces valeurs mobilières donnent droit, ainsi qu'aux dates auxquelles peuvent être exercés les droits d'attribution, prévues à l'article R 225-117 du Code de commerce, figurent dans le rapport du conseil d'administration ou du directoire ;

Pour plus de précisions, voir CNCC NI. V Tome 6 § 3.23.2 C.

– vérifier que les informations prévues aux articles R 225-113, R 225-114, R 225-115 et le cas échéant R 22-10-31 du Code de commerce figurent dans le rapport du conseil d'administration ou du directoire (voir n° 57192) ;

– vérifier que les informations données, notamment sur les motifs de l'émission et, le cas échéant, de la proposition de suppression du droit préférentiel de souscription, sont de nature à permettre aux actionnaires de se prononcer en connaissance de cause ;

– apprécier la justification du choix des éléments de calcul retenus pour la fixation du prix d'émission des actions à émettre immédiatement ou à terme et son montant et si l'information donnée à ce titre dans le rapport du conseil d'administration ou du directoire est de nature à permettre aux actionnaires de se prononcer en connaissance de cause (voir n° 57253) ;

© Éd. Francis Lefebvre — OPÉRATIONS CONCERNANT LE CAPITAL SOCIAL ET LES ÉMISSIONS DE VALEURS MOBILIÈRES ▐

– vérifier la sincérité des informations chiffrées fournies dans le rapport et tirées des comptes de la société ou, le cas échéant, d'une situation financière intermédiaire (voir nᵒˢ 56825 s.) ;

– apprécier l'information relative à l'incidence de l'émission proposée sur la situation des titulaires de titres de capital et de valeurs mobilières donnant accès au capital appréciée par rapport aux capitaux propres de la société, sur la base des derniers comptes annuels ou, le cas échéant, d'une situation financière intermédiaire et, dans les sociétés dont les titres sont admis aux négociations sur un marché réglementé, sur la valeur boursière de l'action.

> Pour plus de précisions concernant l'appréciation de l'information sur l'incidence de l'émission, voir CNCC NI. V Tome 3 § 2.23.2 H.
> Pour plus de précisions sur le calcul de l'incidence de l'émission, voir CNCC NI. V Tome 3 § 1.25.6 et 1.25.7.

Concernant les **incidences du résultat des contrôles du commissaire aux comptes sur la rédaction de la conclusion de son rapport**, voir CNCC NI. V Tome 6 § 3.24 et Tome 3 § 2.24.1.

57253

En application des dispositions de l'article R 225-114 du Code de commerce le conseil d'administration ou le directoire doit **justifier** dans son rapport **le prix d'émission** des titres de capital à émettre immédiatement ou à terme ou les modalités de sa détermination et ce quand bien même l'émission intervient avec maintien du droit préférentiel de souscription.

Lorsque la valeur mobilière composée a pour titre primaire une action et/ou qu'elle donne accès au capital, le commissaire aux comptes, en application des dispositions de l'article R 225-117 du Code de commerce, doit se prononcer sur la justification du prix d'émission de l'action et/ou des actions auxquelles les valeurs mobilières émises donnent droit immédiatement ou à terme ou sur les modalités de leur détermination.

> Le commissaire aux comptes se prononce sur le prix d'émission des actions contenues dans la valeur mobilière.
> Pour de plus amples informations, voir nᵒ 56820.

2. Cas de l'émission de valeurs mobilières dilutives avec délégation. Dans le cadre d'une émission de valeurs mobilières dilutives donnant accès au capital ou droit à l'attribution de titres de créances avec maintien ou suppression du droit préférentiel de souscription et avec délégation, le commissaire aux comptes de la société établit deux rapports : le premier destiné à l'assemblée qui décide ou autorise l'émission et le second, rapport complémentaire mis à disposition des actionnaires lors de l'utilisation de la délégation par le conseil d'administration ou le directoire.

57255

> En revanche, dans l'hypothèse où la société n'a pas désigné de commissaire aux comptes pour une mission de certification des comptes, le commissaire aux comptes désigné spécialement pour effectuer la mission prévue à l'article L 225-138, II du Code de commerce dont les dispositions sont applicables aux émissions de valeurs mobilières dilutives (voir nᵒ 57230) émet uniquement le rapport destiné à l'assemblée qui décide ou autorise l'émission. Sur l'absence d'intervention du commissaire aux comptes désigné spécialement au moment de l'utilisation de la délégation, voir nᵒˢ 56791 et 57245.

Dans son **rapport destiné à l'assemblée** appelée à statuer sur une émission de valeurs mobilières dilutives avec délégation, le commissaire aux comptes (CNCC NI. V Tome 6 § 3.13.1) :

– donne son avis sur les modalités de détermination du prix d'émission des actions à émettre immédiatement ou à terme, sous réserve de l'examen ultérieur des conditions effectives de l'émission ;

– indique qu'il n'exprime pas d'avis sur les conditions définitives de l'émission et que, par voie de conséquence, il n'exprime pas non plus d'avis sur la proposition de suppression du droit préférentiel de souscription ou sur l'émission proposée selon que l'opération est proposée avec suppression ou maintien du droit préférentiel de souscription.

Au moment de l'**utilisation de la délégation** par le conseil d'administration ou le directoire en vertu de la délégation de pouvoir ou de compétence accordée par l'assemblée générale extraordinaire, le commissaire aux comptes :

57256

– vérifie :

• la conformité de l'opération au regard de l'autorisation donnée par l'assemblée,

• la sincérité des informations tirées des comptes de la société sur lesquelles il donne son avis ;

1291

OPÉRATIONS CONCERNANT LE CAPITAL SOCIAL ET LES ÉMISSIONS DE VALEURS MOBILIÈRES © Éd. Francis Lefebvre

– donne son avis sur :
• le choix des éléments de calcul du prix d'émission des actions à émettre immédiatement ou à terme et sur son montant définitif,
• l'incidence de l'émission sur la situation des titulaires de titres de capital et de valeurs mobilières donnant accès au capital appréciée par rapport aux capitaux propres,
• le cas échéant, la valeur boursière de l'action,
• la suppression du droit préférentiel ou l'émission proposée selon que l'opération est proposée avec suppression ou maintien du droit préférentiel de souscription.

Le contenu du rapport du commissaire aux comptes est fixé par l'article R 225-116 du Code de commerce qui ne prévoit explicitement ni la vérification de la sincérité des informations tirées des comptes de la société sur lesquelles le commissaire aux comptes donne son avis, ni l'avis sur la suppression du droit préférentiel de souscription ou sur l'émission proposée et sur l'incidence de l'émission sur la valeur boursière de l'action. Cependant, par analogie avec les dispositions figurant à l'article R 225-115 (en cas d'absence de délégation de pouvoir ou de compétence, voir n° 56815) et avec celles figurant à l'article R 225-117 du Code de commerce, la CNCC considère que cette vérification et ces avis interviennent également en cas d'utilisation d'une délégation de pouvoir ou de compétence (voir CNCC NI. V Tome 6 § 3.13.2).

Sur l'absence d'intervention du commissaire aux comptes désigné spécialement pour effectuer la mission prévue à l'article L 225-138, II du Code de commerce au moment de l'utilisation de la délégation, voir n°s 56791, 57245 et 57255.

57257 Les **contrôles du commissaire aux comptes sur le rapport du conseil d'administration ou du directoire** destiné à l'assemblée appelée à décider ou à autoriser l'émission et à déléguer son pouvoir ou sa compétence consistent notamment à vérifier que (CNCC NI. V Tome 6 § 3.23.2 B) :
– les informations relatives aux caractéristiques des valeurs mobilières donnant accès au capital ou donnant droit à l'attribution de titres de créance, aux modalités d'attribution des titres de capital ou de créance auxquels ces valeurs mobilières donnent droit, ainsi qu'aux dates auxquelles peuvent être exercés les droits d'attribution, prévues à l'article R 225-117 du Code de commerce, figurent dans le rapport du conseil d'administration ou du directoire ;
– les informations prévues aux articles R 225-113 et R 225-114 du Code de commerce figurent dans le rapport du conseil d'administration ou du directoire (voir n° 57195) ;
– les informations données, en particulier sur les motifs de l'émission et, le cas échéant, de la proposition de suppression du droit préférentiel de souscription, ainsi que sur les modalités de détermination du prix d'émission des actions à émettre immédiatement ou à terme, sont de nature à permettre aux actionnaires de se prononcer en connaissance de cause.
Concernant les **incidences du résultat des contrôles du commissaire aux comptes sur la rédaction de la conclusion de son rapport**, voir CNCC NI. V Tome 6 § 3.24 et Tome 3 § 2.24.2.

57258 Lorsque le conseil d'administration ou le directoire fait usage de la délégation de pouvoir ou de compétence qui lui a été conférée par l'assemblée, les contrôles du commissaire aux comptes relatifs au rapport complémentaire du conseil d'administration ou du directoire consistent à :
– vérifier que les informations prévues aux articles R 225-115, R 225-116 et, le cas échéant, R 22-10-31 du Code de commerce figurent dans le rapport du conseil d'administration ou du directoire (voir n° 57197) ;

Pour plus de précisions, voir CNCC NI. V Tome 6 § 3.23.2 C.

– vérifier la conformité des modalités de l'opération au regard de l'autorisation donnée par l'assemblée ;
– apprécier la justification du choix des éléments de calcul retenus pour la fixation du prix d'émission des actions à émettre (ou émises) immédiatement ou à terme et son montant définitif (voir n° 57253) ;
– vérifier la sincérité des informations chiffrées fournies dans le rapport du conseil d'administration ou du directoire et tirées des comptes de la société ou, le cas échéant, d'une situation financière intermédiaire (voir n°s 56825 s.) ;
– apprécier l'information relative à l'incidence de l'émission proposée sur la situation des titulaires de titres de capital et de valeurs mobilières donnant accès au capital appréciée par rapport aux capitaux propres de la société, sur la base des derniers comptes annuels

1292

ou, le cas échéant, d'une situation financière intermédiaire et, dans les sociétés dont les titres sont admis aux négociations sur un marché réglementé, sur la valeur boursière de l'action.

> Pour plus de précisions sur l'appréciation de l'information sur l'incidence de l'émission, voir CNCC NI. V Tome 3 § 2.23.2 H.
>
> Pour plus de précisions sur le calcul de l'incidence de l'émission, voir CNCC NI. V Tome 3 § 1.25.6 et 1.25.7.

Concernant les **incidences du résultat des contrôles du commissaire aux comptes sur la rédaction de la conclusion de son rapport**, voir CNCC NI. V Tome 6 § 3.24 et Tome 3 § 2.24.3.

> Sur l'absence d'intervention du commissaire aux comptes désigné spécialement pour effectuer la mission prévue à l'article L 225-138, II du Code de commerce au moment de l'utilisation de la délégation, voir nos 56791, 57245 et 57255.

Établissement et communication des rapports

57280

Le rapport établi par le commissaire aux comptes est **distinct** selon que l'assemblée délègue, ou non, sa compétence ou ses pouvoirs au conseil d'administration ou au directoire (voir nos 57250 s.). La structure des rapports du commissaire aux comptes est la même que celle des rapports émis par le commissaire aux comptes en cas d'augmentation du capital avec suppression du droit préférentiel de souscription.

Ainsi, concernant les informations contenues dans le rapport du commissaire aux comptes :

– en cas d'émission de valeurs mobilières sans délégation de pouvoir ou de compétence, voir n° 56847 ;

– en cas d'émission de valeurs mobilières avec délégation de pouvoir ou de compétence, voir n° 56850 pour le rapport à destination de l'assemblée et n° 56855 pour le rapport complémentaire.

> Pour des exemples de rapports, voir CNCC NI. V Tome 6 § 9.1, étant précisé que certains exemples ont été modifiés à la suite de l'ordonnance 2020-1142 du 16 septembre 2020 et de son décret d'application 2020-1742 du 29 décembre 2020 (voir Bull. CNCC n° 201-2021, Communiqué CNCC sur les textes précités).

Mentions des irrégularités En application de l'article L 823-12 du Code de commerce, le commissaire aux comptes signale à la plus prochaine assemblée les irrégularités et inexactitudes relevées au cours de l'accomplissement de sa mission.

57282

Dès lors que l'irrégularité concerne les modalités de mise en œuvre et d'application des textes légaux et réglementaires relatifs aux opérations sur le capital, elle est signalée dans le rapport du commissaire aux comptes relatif à l'opération.

> Pour des exemples de formulation des irrégularités, voir CNCC NI. V Tome 3 § 2.33.4.

Date et communication des rapports Les règles applicables sont les mêmes que celles relatives aux augmentations du capital avec suppression du droit préférentiel de souscription (voir n° 56865).

57285

> SECTION 5

Accès au capital en faveur des salariés

Cette section est consacrée aux opérations d'accès au capital en faveur des salariés, dans le cadre :

57300

– d'augmentation du capital réservée aux adhérents d'un plan d'épargne d'entreprise (nos 57310 s.) ;

– d'attribution d'options de souscription ou d'achat d'actions (nos 57340 s.) ;

– d'attribution d'actions gratuites existantes ou à émettre (nos 57370 s.) ;

– d'émission de bons de souscription de parts de créateurs d'entreprises (nos 57400 s.).

Cette section traite également de l'évaluation des titres détenus dans le cadre d'un plan d'épargne d'entreprise (nos 57420 s.).

OPÉRATIONS CONCERNANT LE CAPITAL SOCIAL ET LES ÉMISSIONS DE VALEURS MOBILIÈRES © Éd. Francis Lefebvre

A. Augmentation du capital réservée aux adhérents d'un plan d'épargne d'entreprise

Contexte de l'opération

57310 **Principe** 1. Lors de toute décision ou autorisation d'une **augmentation du capital social par apport en numéraire**, sauf si elle résulte de l'émission préalable de valeurs mobilières donnant accès au capital social, l'assemblée générale extraordinaire doit se prononcer sur un projet de résolution tendant à la réalisation d'une augmentation du capital social réservée aux adhérents d'un plan d'épargne d'entreprise dans les conditions prévues aux articles L 3332-18 à L 3332-24 du Code du travail, **lorsque la société a des salariés** (C. com. art. L 225-129-6, al. 1).

Les décisions ou autorisations ayant pour effet d'obliger l'assemblée à se prononcer sur un projet de résolution tendant à la réalisation d'une augmentation du capital en faveur des salariés sont :
– l'émission ou l'élévation de la valeur nominale d'actions ordinaires ou de préférence **libérées en numéraire** ;
– l'émission de valeurs mobilières complexes dilutives (voir n° 57164) ;
– l'autorisation d'attribution d'options de **souscription** d'actions.
En revanche, les décisions ou autorisations suivantes ne sont pas soumises à l'obligation du 1er alinéa de l'article L 225-129-6 du Code de commerce :
– l'émission ou l'élévation de la valeur nominale d'actions ordinaires ou de préférence **libérées par incorporation des réserves, bénéfice ou prime d'émission** ;
– l'émission de valeurs mobilières complexes non dilutives (voir n° 57164) ;
– l'autorisation d'attribution d'options d'**achat** d'actions et d'attribution d'actions gratuites existantes ou à émettre ;
– une augmentation du capital par apport en nature ;
– le paiement du dividende ou d'acompte sur dividendes en actions…
Par ailleurs, les augmentations du capital qui découlent de l'exercice de droits attachés à des valeurs mobilières préalablement émises et donnant accès au capital ne sont pas visées. En effet, lorsque les droits attachés à des valeurs mobilières préalablement émises sont exercés et aboutissent à une augmentation du capital social, il n'est pas nécessaire de réunir à nouveau une assemblée générale extraordinaire pour lui demander de se prononcer en faveur d'une augmentation du capital social réservée aux salariés (en ce sens, Bull. CNCC n° 136-2004 p. 708).
Concernant la **possibilité de déroger à cette obligation** (dite « obligation permanente ») et les modifications apportées par la loi 2019-744 du 19 juillet 2019, voir n° 57315.

Selon la Cour de cassation, il résulte de l'article L 225-138, I du Code de commerce que la suppression du droit préférentiel de souscription pour les besoins de la réalisation d'une augmentation de capital réservée doit être soumise au vote de l'assemblée (Cass. com. 25-9-2012 n° 11-17.256 Sté Lioser c/ Sté ITM région parisienne F : RJDA 12/12 n° 1088). Si cette question n'est pas inscrite à l'ordre du jour, la résolution litigieuse ayant décidé l'augmentation de capital doit être annulée.

57312 **2. Régime antérieur** : L'article L 225-129-6 du Code de commerce prévoyait une **obligation triennale** de consultation de l'assemblée générale extraordinaire sur un projet de résolution tendant à réaliser une augmentation du capital en faveur des salariés dans les conditions prévues aux articles L 3332-18 à L 3332-24 du Code du travail, lorsque les actions détenues par le personnel de la société et des sociétés qui lui sont liées au sens de l'article L 225-180 du Code de commerce représentaient moins de 3 % du capital, au vu du rapport de gestion prévu à l'article L 225-102 dudit code. Concernant la **possibilité de déroger à cette obligation** (dite « obligation périodique ») prévue par le régime applicable antérieurement à l'entrée en vigueur de la loi 2019-744 du 19 juillet 2019 de simplification, de clarification et d'actualisation du droit des sociétés (voir n° 57315). Le délai de trois ans courait à compter de la dernière assemblée s'étant prononcée sur un projet d'augmentation du capital réservée aux adhérents d'un plan d'épargne d'entreprise, qu'elle se soit prononcée sur une telle opération dans le cadre du 1er alinéa ou du 2e alinéa de l'article L 225-129-6 du Code de commerce (Bull. CNCC n° 124-2001 p. 522).
Ce délai était repoussé à cinq ans si une assemblée s'est prononcée, dans les conditions prévues au 1er alinéa de l'article L 225-129-6 du Code de commerce, depuis moins de 3 ans sur un projet tendant à la réalisation d'une augmentation du capital en faveur de salariés (C. com. art. L 225-129-6, al. 2).
Nouveau régime : Le I de l'article 20 de la loi 2019-744 du 19 juillet 2019 de simplification, de clarification et d'actualisation du droit des sociétés a supprimé le deuxième

1294

OPÉRATIONS CONCERNANT LE CAPITAL SOCIAL ET LES ÉMISSIONS DE VALEURS MOBILIÈRES

alinéa de l'article L 225-129-6 prévoyant l'**obligation triennale**. En conséquence, les sociétés anonymes, les sociétés en commandite par actions et les sociétés par actions simplifiées ne sont plus soumises à cette obligation triennale à compter du 21 juillet 2019 (CNCC – Flash Info sur la loi 2019-744, juillet 2019).

3. La loi de simplification, de clarification et d'actualisation du droit des sociétés (Loi 2019-744 du 19-7-2019) a par ailleurs modifié **le régime de dérogation** prévu par l'article L 225-129-6 du Code de commerce, lequel prévoit désormais que l'obligation permanente (n° 57310) n'est pas applicable aux sociétés contrôlées au sens de l'article L 233-16 du même Code lorsque l'assemblée générale de la société qui les contrôle a décidé ou a autorisé, par délégation, une augmentation de capital, dans les conditions prévues au deuxième alinéa de l'article L 3344-1 du Code du travail, dont peuvent bénéficier les salariés des sociétés contrôlées (C. com. art. L 225-129-6, al. 2 modifié par loi 2019-744 du 19-7-2019). Ainsi, il n'est plus nécessaire, comme le prévoyait le régime antérieur, que la société contrôlante ait déjà mis en place un plan d'épargne d'entreprise pour qu'une entité contrôlée puisse bénéficier de la dérogation (CNCC – Flash Info sur la loi 2019-744, juillet 2019). Pour rappel, l'obligation triennale a été supprimée (voir n° 57312).

57315

Entités concernées L'obligation permanente s'impose aux sociétés par actions : sociétés anonymes, sociétés en commandite par actions (sur renvoi de l'art. L 226-1 du Code de commerce) et sociétés par actions simplifiées (sur renvoi de l'art. L 227-1 du Code de commerce).

57320

> **Remarque** : L'obligation triennale, applicable antérieurement à l'entrée en vigueur de la loi de simplification, de clarification et d'actualisation du droit des sociétés du 19 juillet 2019 qui l'a supprimée, s'imposait également à ces entités. Concernant les difficultés soulevées par son application antérieurement à l'entrée en vigueur de la loi de simplification, voir la réponse ministérielle Brunel (JO AN 30-3-2004 p. 2570) et le commentaire de la CNCC sur cette réponse (Bull. CNCC n° 136-2004 p. 714 ; Rép. Zocchetto : JO Sénat 3-1-2008 p. 38 ; CNCC NI. V Tome 4 § 1.31.2).
>
> Par ailleurs, l'obligation permanente s'impose aux sociétés par actions même si elles n'ont pas encore mis en place un plan d'épargne d'entreprise (Bull. CNCC n° 124-2001 p. 521).

Absence de salarié L'obligation permanente ne s'applique que dans les sociétés ayant des salariés.

57322

> L'obligation périodique (désormais supprimée : voir n° 57312) s'appliquait dès lors que la société appartenait à un groupe qui avait des salariés quand bien même ladite société n'avait pas de salarié.

Décision L'augmentation du capital réservée aux salariés entre dans la catégorie des augmentations de capital réservées à une catégorie de personnes (C. com. art. L 225-138), tout en étant régie par des dispositions particulières telles que celles décrites dans l'article L 225-138-1 du Code de commerce (voir n° 56742).

57325

Parmi ces particularités figure la **durée de validité** de la délégation qui n'est pas soumise au délai spécifique de 18 mois prévu pour les émissions réservées à une catégorie de personnes (C. com. art. L 225-138, III ; voir n° 56765) mais aux durées de validité générales des délégations prévues aux articles L 225-129 et L 225-129-2 du Code de commerce, à savoir 5 ans en cas de délégation de pouvoir ou 26 mois en cas de délégation de compétence.

> En effet, l'article L 225-138-1, al. 1 du Code de commerce exclut expressément l'application de l'article L 225-138, III.

Dispositions relatives au prix d'émission Le prix d'émission ou les modalités de détermination du prix sont déterminés par l'assemblée générale extraordinaire sur rapport du conseil d'administration (ou du directoire) et du commissaire aux comptes (voir n° 56770).

57327

> **Remarque** : Lorsqu'une société par actions n'a pas désigné de commissaire aux comptes pour une mission de certification des comptes, la loi 2019-486 du 22 mai 2019 dite « loi Pacte » prévoit néanmoins l'intervention d'un commissaire aux comptes désigné, selon les modalités prévues à l'article L 225-228 du Code de commerce, lorsque la société souhaite réaliser une augmentation du capital avec suppression du droit préférentiel de souscription au profit d'une ou de plusieurs personnes nommément désignées ou catégories de personnes répondant à des caractéristiques déterminées (C. com. art. L 225-138, II modifié). La Commission des études juridiques de la CNCC considère à ce titre que cette nouvelle obligation vise les augmentations de capital réservées aux salariés (CNCC – Questions-réponses relatives à l'application de la loi Pacte, octobre 2019).

OPÉRATIONS CONCERNANT LE CAPITAL SOCIAL ET LES ÉMISSIONS DE VALEURS MOBILIÈRES © Éd. Francis Lefebvre

En application de l'article L 225-138-1 du Code de commerce, le prix de souscription est déterminé dans les conditions définies aux articles L 3332-18 à L 3332-24 du Code du travail.

Ainsi, dans les **sociétés dont les titres ne sont pas admis à la négociation sur un marché réglementé**, le prix d'émission ne peut être ni supérieur au prix de cession, ni inférieur de plus de 30 % à celui-ci ou 40 % si la durée d'indisponibilité prévue par le plan est supérieure ou égale à dix ans (ces plafonds étaient respectivement fixés à 20 % et 30 % avant l'entrée en vigueur de la loi Pacte).

Le prix de cession est déterminé « conformément aux méthodes objectives retenues en matière d'évaluation d'actions en tenant compte, selon une pondération appropriée à chaque cas, de la situation nette comptable, de la rentabilité et des perspectives d'activité de l'entreprise. Ces critères sont appréciés, le cas échéant, sur une base consolidée ou, à défaut, en tenant compte des éléments financiers issus de filiales significatives. À défaut, le prix de cession est déterminé en divisant par le nombre de titres existants le montant de l'actif net réévalué d'après le bilan le plus récent ». À compter du 3e exercice clos et dans les sociétés employant moins de cinq cents salariés, le prix de cession des titres peut être déterminé, au choix de la société, selon l'une des deux méthodes précitées (C. trav. art. L 3332-20).

Par ailleurs, dans les **sociétés dont les titres sont admis à la négociation sur un marché réglementé**, le prix d'émission ne peut être ni supérieur au prix de cession, ni inférieur de plus de 30 % à celui-ci ou 40 % si la durée d'indisponibilité prévue par le plan est supérieure ou égale à dix ans (ces plafonds étaient respectivement fixés à 20 % et 30 % avant l'entrée en vigueur de la loi Pacte). Le prix de cession est égal à la moyenne des cours cotés des vingt dernières séances de bourse précédant le jour de la décision fixant la date d'ouverture de la souscription (C. trav. art. L 3332-19).

57330 **Sanction** Toute décision d'augmentation du capital par apport en numéraire prise en violation du premier alinéa de l'article L 225-129-6 du Code de commerce est nulle (C. com. art. L 225-149-3, al. 2).

> L'action en nullité fondée sur l'article L 225-149-3 se prescrit par trois mois à compter de la date de l'assemblée générale suivant la décision d'augmentation du capital (C. com. art. L 235-9).
> Sur la possibilité de régularisation, voir n° 56752.

> Le non-respect de l'obligation imposée par le second alinéa de l'article L 225-129-6 du Code de commerce (consultation périodique de l'assemblée générale) qui a été supprimé par la loi de simplification, de clarification et d'actualisation du 19 juillet 2019 n'était pas sanctionné mais pouvait donner lieu à une injonction de convoquer une assemblée en application du 2e alinéa de l'article L 238-6 du Code de commerce.

Intervention du commissaire aux comptes

57335 L'intervention du commissaire aux comptes est identique à celle qu'il accomplit lorsque la catégorie de personnes visée est composée de personnes autres que des salariés (voir n°s 56790 s.).

> Pour plus d'informations, voir CNCC NI. V Tome 4 § 1.2 et suivants.
> Des exemples de rapports sont présentés dans le tome 4 de la NI. CNCC V. étant précisé que certains exemples ont été modifiés à la suite de l'ordonnance 2020-1142 du 16 septembre 2020 et de son décret d'application 2020-1742 du 29 décembre 2020 (voir Bull. CNCC n° 201-2021, Communiqué CNCC sur les textes précités).
> Sur l'obligation de désigner un commissaire aux comptes selon les modalités prévues à l'article L 225-228 du Code de commerce pour les besoins de l'opération lorsque la société n'a pas désigné de commissaire aux comptes pour une mission de certification des comptes, voir n°s 56791 et 57327.

Par ailleurs, le commissaire aux comptes doit établir son rapport même si le rapport du conseil d'administration ou du directoire recommande à l'assemblée générale extraordinaire de ne pas se prononcer en faveur de la résolution tendant à réserver une augmentation du capital social en faveur des salariés.

En outre, la Commission des études juridiques de la CNCC a rappelé que le commissaire aux comptes doit, en application de l'article L 225-138, II du Code de commerce, présenter un rapport à l'assemblée, et ce quand bien même l'assemblée générale entend déléguer sa compétence au conseil d'administration ou au directoire (Bull. CNCC n° 148-2007 p. 604).

En l'absence de rapport du commissaire aux comptes, la délibération de l'assemblée générale extraordinaire se prononçant en faveur ou en défaveur de la résolution peut être annulée (C. com. art. L 225-149-3, al. 3).

© Éd. Francis Lefebvre   OPÉRATIONS CONCERNANT LE CAPITAL SOCIAL ET LES ÉMISSIONS DE VALEURS MOBILIÈRES

L'Ansa s'est interrogée sur le risque de sanction dans le cas d'une Sasu non dotée d'un commissaire aux comptes souhaitant procéder à une augmentation de capital avec maintien du droit préférentiel de souscription et ne souhaitant pas désigner de commissaire aux comptes, l'associé unique sachant qu'il va rejeter le projet de résolution réservant une augmentation de capital aux salariés. Selon le Comité juridique de l'Ansa, aucune disposition ne prévoit la nullité de la décision d'augmentation de capital prise par l'assemblée générale ou l'actionnaire unique ayant rejeté un projet de résolution présenté en application de l'article L 225-129-6 du Code de commerce, sans qu'un rapport du commissaire aux comptes, désigné ponctuellement, n'ait été établi. Cette nullité n'est donc pas encourue et, au demeurant, seul un minoritaire (inexistant en cas de Sasu) pourrait former une action en nullité (Comité juridique Ansa juin 2020 n° 20-022).

Non-respect des obligations   Le non-respect de l'obligation liée à une décision ou à une autorisation d'augmentation du capital posée à l'article L 225-129-6, alinéa 1 du Code de commerce constitue une irrégularité que le commissaire aux comptes signale soit dans le rapport établi à l'occasion de la décision ou de l'autorisation de l'augmentation du capital concernée, soit par une communication ad hoc, si l'augmentation du capital concernée ne nécessite pas d'intervention du commissaire aux comptes (par exemple, en cas d'émission d'actions ordinaires avec maintien du droit préférentiel de souscription). **57337**

Pour des exemples de formulation d'irrégularité, voir CNCC NI. V Tome 4 § 1.31.1.

B. Attribution d'options de souscription ou d'achat d'actions

Contexte de l'opération

Nature de l'opération   L'opération consiste à attribuer des options de souscription d'actions ou des options d'achat d'actions à des bénéficiaires définis par les textes légaux (voir n° 57347). Les options de souscription ou d'achat d'actions (**stock option plan**) permettent aux bénéficiaires de souscrire ou d'acheter les actions à des conditions avantageuses. **57340**

Entités concernées   Les sociétés anonymes (C. com. art. L 225-177 et suivants) et les sociétés en commandite par actions (C. com. art. L 226-1, al. 2), qu'elles soient cotées ou non, ainsi que les sociétés par actions simplifiées (C. com. art. L 227-1, al. 3) peuvent consentir à leur personnel des options de souscription ou d'achat d'actions. **57343**

Obligations préalables   En application des dispositions de l'article L 225-179 du Code de commerce, la société qui souhaite attribuer des **options d'achat d'actions** doit préalablement procéder à leur rachat dans les conditions fixées par les articles L 225-208 ou L 22-10-62 du Code de commerce (voir n° 57630). **57345**

Ce rachat peut également être effectué en application des dispositions de l'article L 225-209-2 du Code de commerce (voir n°s 57800 s.).

Bénéficiaires des options   Les bénéficiaires potentiels des options de souscription ou d'achat d'actions, définis par les articles L 225-177, L 225-179, L 225-180 et L 225-185 du Code de commerce, sont les salariés et les dirigeants (président, directeur général, directeurs généraux délégués, membres du directoire, ou gérants). **57347**

1. Plus précisément, il s'agit des **salariés** :
– de la société ou certains d'entre eux (C. com. art. L 225-177 et L 225-179) ;
– des sociétés ou GIE dont au moins 10 % du capital ou des droits de vote sont détenus directement ou indirectement par la société qui consent les options (C. com. art. L 225-180, 1°) ;
– des sociétés ou GIE qui détiennent directement ou indirectement au moins 10 % du capital ou des droits de vote de la société qui consent les options, sous réserve que les actions de cette dernière soient admises aux négociations sur un marché réglementé (C. com. art. L 225-180, 2° et dernier al. des art. L 225-177 et L 225-179) ;
– des sociétés ou GIE dont au moins 50 % du capital ou des droits de vote sont détenus directement ou indirectement par une société détenant elle-même au moins 50 % du capital de la société qui consent les options sous réserve que les actions de cette dernière soient admises aux négociations sur un marché réglementé (C. com. art. L 225-180, 3° et dernier al. des art. L 225-177 et L 225-179) ;

1297

OPÉRATIONS CONCERNANT LE CAPITAL SOCIAL ET LES ÉMISSIONS DE VALEURS MOBILIÈRES © Éd. Francis Lefebvre

– d'une entreprise contrôlée, directement ou indirectement, exclusivement ou conjointement, par un organe central, des organes centraux ou les établissements de crédit ou les sociétés de financement qui lui ou leur sont affiliés (C. com. art. L 225-180, III) ;

– des entités dont le capital est détenu pour plus de 50 %, directement ou indirectement, exclusivement ou conjointement, par un organe central, des organes centraux ou des établissements ou sociétés affiliés (C. com. art. L 225-180, III).

2. Concernant les **dirigeants**, dans le respect des conditions posées par l'article L 22-10-58 du Code de commerce, il s'agit du président du conseil d'administration, du directeur général, des directeurs généraux délégués, des membres du directoire ou du gérant (voir n° 57350) :

– de la société (C. com. art. L 225-185, al. 4) ;

– d'une société qui est liée à la société dans laquelle ils exercent leur mandat dans les conditions de l'article L 225-180 du Code de commerce, sous réserve que les actions de la société qui procède à l'attribution soient admises aux négociations sur un marché réglementé (C. com. art. L 225-185, al. 5).

3. Enfin, en cas d'options de souscription uniquement, il s'agit également des **mandataires sociaux personnes physiques** :

– de la société, qui ont participé avec des salariés à sa constitution, pendant les deux ans qui suivent son immatriculation (C. com. art. L 225-185, al. 1) ;

– de la société, dont la majorité des droits de vote ont été acquis avec les salariés en vue d'en assurer la continuation, pendant les deux ans à compter du rachat (C. com. art. L 225-185, al. 2).

57350   **Limites** 1. Les articles L 225-182 et R 225-143 du Code de commerce indiquent que le nombre total des options ouvertes et non encore levées ne peut donner droit à sous-crire un nombre d'actions excédant le tiers du capital. Toutefois, s'agissant d'options d'achat d'actions, ce nombre est limité à 10 %.

En effet, en application des dispositions de l'article L 225-179 du Code de commerce, l'attribution d'options d'achat d'actions implique un achat préalable par la société de ses propres actions (voir n° 57345). Or, en application des dispositions de l'article L 225-210 du même Code, la société ne peut pas posséder plus de 10 % de ses propres actions ou, s'il existe plusieurs catégories d'actions, plus de 10 % de chacune des catégories (CNCC NI. V Tome 4 § 2.11.5).

L'article L 225-182 du Code de commerce indique également qu'il ne peut être attribué d'options de souscription ou d'achat d'actions à des salariés ou aux mandataires sociaux possédant plus de 10 % du capital.

Cette limite est appréciée au moment où les options sont attribuées, quand bien même si en les exerçant elles conduisent des salariés ou des mandataires sociaux à détenir plus de 10 % du capital (CNCC NI. V Tome 4 § 2.11.5). Par ailleurs, la CNCC considère que la stricte lecture de l'article précité conduit à estimer que seule la détention directe est à prendre en compte pour apprécier la limite de 10 % (Bull. CNCC n° 149-2008 – EJ n° 2007-97 p. 112).

Enfin, lorsque des options de souscription d'actions sont attribuées aux mandataires sociaux personnes physiques dans un délai de deux ans après la création d'une société ou le rachat de la majorité du capital d'une société par ses mandataires sociaux avec ses salariés (C. com. art. L 225-185), la limite de détention d'actions au-delà de laquelle il ne peut leur être consenti des options de souscription d'actions est portée au tiers du capital.

57352   2. Dans les **sociétés dont les titres sont admis aux négociations sur un marché régle-menté**, des options de souscription ou d'achat d'actions ne peuvent être attribuées aux dirigeants que si la société remplit au titre de l'exercice au cours duquel sont attribuées ces options, au moins une des conditions suivantes (C. com. art. L 22-10-58) :

– la société procède à une attribution d'options ou à une attribution d'actions gratuites au bénéfice de l'ensemble de ses salariés et d'au moins 90 % de l'ensemble des salariés de ses filiales françaises ;

– la société met en place un accord d'intéressement ou un accord de participation déro-gatoire ou volontaire au bénéfice de l'ensemble de ses salariés et d'au moins 90 % de l'ensemble des salariés de ses filiales françaises.

Pour plus d'informations, se reporter au Mémento Sociétés commerciales n° 69407.

57355   **Décision** L'assemblée générale extraordinaire statuant sur le rapport du conseil d'ad-ministration ou du directoire, et sur le rapport du commissaire aux comptes (voir n° 57360), peut autoriser le conseil d'administration ou le directoire à consentir des options donnant droit à la souscription ou à l'achat d'actions (C. com. art. L 225-177, al. 1 et L 225-179, al. 1).

Concernant les sociétés qui n'ont pas désigné de commissaire aux comptes pour une mission de certifi-cation des comptes, voir n° 57360.

Dans ce cas, l'assemblée :
– fixe le délai pendant lequel cette autorisation peut être utilisée, ce délai ne pouvant excéder 38 mois (C. com. art. L 225-177, al. 1 et L 225-179, al. 1) ;
– détermine les modalités de fixation du prix de souscription ou d'achat des actions (C. com. art. L 225-177, al. 4 et L 225-179, al. 2) ;
– fixe le délai pendant lequel les options pourront être exercées (C. com. art. L 225-183, al. 1).

On observera que le Code de gouvernance Afep-Medef recommande que le conseil d'administration définisse un pourcentage maximum d'options pouvant être attribuées aux dirigeants mandataires sociaux exécutifs et que ce pourcentage soit mentionné sous forme d'un sous-plafond dans la résolution proposée au vote de l'assemblée (art. 25.3.3 du code révisé en janvier 2019).

Par ailleurs, ce code recommande également que les plans prévoient des conditions de performance exigeantes à satisfaire sur une période de plusieurs années consécutives (art. 25.3.3).

Pour plus d'informations, se reporter au Mémento Sociétés commerciales nº 69403.

La décision de l'assemblée doit être précédée d'un rapport du conseil d'administration ou du directoire contenant, en outre, les indications suivantes (C. com. art. R 225-144, al. 1) :
– les motifs de l'ouverture des options ;
– les modalités proposées pour la fixation du prix de souscription ou d'achat.

Concernant la possibilité de modifier une ou plusieurs caractéristiques du plan, voir CNCC NI. V Tome 4 § 2.32.

Chaque année, un **rapport spécial** du conseil d'administration ou du directoire informe l'assemblée générale ordinaire des opérations réalisées en vertu des dispositions prévues aux articles L 225-177 à L 225-186 du Code de commerce (C. com. art. L 225-184, al. 1).

Pour plus d'informations, se reporter au Mémento Sociétés commerciales nº 69470 et au Tome 4 de la NI. CNCC V § 2.11.8 B.

Dans une société dont les actions sont admises aux négociations sur un marché réglementé, les options ne peuvent être consenties (C. com. art. L 22-10-56) :
– dans le délai de dix séances de bourse précédant la date à laquelle les comptes consolidés annuels et intermédiaires ou, à défaut, les comptes annuels et semestriels sont rendus publics, ainsi que le **jour de la publication** ;
– dans le délai compris entre la date à laquelle les organes sociaux de la société ont connaissance d'une information privilégiée au sens de l'article 7 du règlement UE 596/2014 du Parlement européen et du Conseil du 16 avril 2014 sur les abus de marché (règlement relatif aux abus de marché) et abrogeant la directive 2003/6/CE du Parlement européen et du Conseil et les directives 2003/124/CE, 2003/125/CE et 2004/72/CE de la commission, et la **date à laquelle cette information est rendue publique**.

Ces modifications s'appliquent aux options consenties par une décision d'assemblée qui interviendrait postérieurement à la publication de la loi précitée. Pour plus d'informations, se reporter au Mémento Sociétés commerciales nºs 69551 s.

Dispositions relatives au prix de souscription ou d'achat des actions

57357

1. Dans les sociétés dont les **actions ne sont pas admises aux négociations sur un marché réglementé**, le prix de souscription ou d'achat des actions est déterminé conformément aux méthodes objectives retenues en matière d'évaluation d'actions en tenant compte, selon une pondération appropriée à chaque cas, de la situation nette comptable, de la rentabilité et des perspectives d'activité de l'entreprise. Ces critères sont appréciés, le cas échéant, sur une base consolidée ou, à défaut, en tenant compte des éléments financiers issus des filiales significatives. À défaut, le prix de souscription ou d'achat des actions est déterminé en divisant par le nombre de titres existants le montant de l'actif net réévalué, calculé d'après le bilan le plus récent (C. com. art. L 225-177, al. 4 et L 225-179, al. 2).

2. Dans les sociétés dont les **actions sont admises aux négociations sur un marché réglementé**, le prix de souscription ou d'achat des actions ne peut pas être inférieur à 80 % de la moyenne des cours cotés aux vingt séances de bourse précédant le jour où l'option est consentie (C. com. art. L 225-177, al. 4 et L 225-179, al. 2).

On notera que le Code Afep-Medef recommande qu'aucune décote ne soit appliquée en cas d'attribution des options aux dirigeants mandataires sociaux (art. 25.3.3 du code révisé en janvier 2020).

3. Pour toutes les sociétés, en cas d'**options d'achat d'actions**, le prix de l'action au jour où l'option est consentie ne peut pas être inférieur à 80 % du cours moyen d'achat des actions détenues par la société au titre des articles L 225-208 et L 22-10-62 du Code de commerce (C. com. art. L 225-179, al. 2).

OPÉRATIONS CONCERNANT LE CAPITAL SOCIAL ET LES ÉMISSIONS DE VALEURS MOBILIÈRES © Éd. Francis Lefebvre

4. Le jour où les options sont consenties, le conseil d'administration ou le directoire fixe le prix de souscription ou d'achat des actions selon les modalités déterminées par l'assemblée.

Le prix de souscription ou d'achat des actions ne peut être modifié pendant la durée de l'option (C. com. art. L 225-181) sauf exceptions prévues au 2e alinéa de l'article L 225-181 du Code de commerce. Pour plus de détails, voir CNCC NI. V Tome 4 § 2.11.9 B.

Intervention du commissaire aux comptes

57360 **Textes applicables** L'intervention du commissaire aux comptes, en cas d'attribution d'options de souscription ou d'achat d'actions, est prévue par l'article L 225-177 du Code de commerce selon les modalités fixées à l'article R 225-144 du même Code. Le commissaire aux comptes donne son avis sur les modalités proposées pour la fixation du prix de souscription ou d'achat des actions (C. com. art. R 225-144, al. 2).

Lorsque la société n'a pas désigné de commissaire aux comptes pour une mission de certification des comptes, la loi Pacte prévoit désormais l'intervention d'un commissaire aux comptes désigné par la société selon les modalités prévues à l'article L 225-228 du Code de commerce, à l'effet de réaliser cette mission (C. com. art. L 225-177, al. 4).

Sur la date d'entrée en vigueur de ces dispositions, voir n° 56602 sur renvoi du n° 56603.

57362 **Conditions d'intervention** Les conditions d'intervention du commissaire aux comptes sont décrites dans le Tome 4 « Régime d'accès au capital en faveur des salariés » de la note d'information CNCC n° V « Les interventions du commissaire aux comptes relatives aux opérations concernant le capital social et les émissions de valeurs mobilières » mise à jour en avril 2016.

57365 **Travaux du commissaire aux comptes** 1. Les travaux du commissaire aux comptes consistent à :

– vérifier que le rapport de l'organe compétent à l'assemblée générale contient les informations prévues par les dispositions réglementaires, à savoir :
• les motifs de l'ouverture des options,
• les modalités proposées pour la fixation du prix de souscription ou d'achat,
• le délai pendant lequel l'autorisation de l'assemblée peut être utilisée,
• le délai pendant lequel les options pourront être exercées ;

Concernant ces deux derniers points, en l'absence de précision dans les textes légaux et réglementaires, ces informations peuvent figurer dans le rapport de l'organe compétent ou dans le texte des résolutions soumises à l'assemblée.

– examiner les modalités proposées pour la fixation du prix de souscription ou d'achat des actions et pour ce faire apprécier si ces modalités sont conformes aux dispositions légales (voir n° 57357) et si la présentation de ces modalités dans le rapport de l'organe compétent est de nature à permettre aux actionnaires de se prononcer en connaissance de cause sur l'opération ;

– donner un avis sur les modalités proposées pour la fixation du prix de souscription ou d'achat des actions.

Aucune disposition légale ou réglementaire n'exige de rapport complémentaire du commissaire aux comptes au jour où l'organe compétent consent les options (Bull. CNCC n° 109-1998 p. 68). Cependant, dans le cadre de sa mission générale, le commissaire aux comptes ne peut se désintéresser des conditions auxquelles les options auront été consenties. Celles-ci pourraient être sources d'irrégularités à signaler par le commissaire aux comptes à la plus prochaine assemblée générale.

2. Concernant le rapport établi chaque année par l'organe compétent (voir n° 57355) dans le cadre des dispositions de l'article L 225-184 du Code de commerce, celui-ci fait l'objet de vérifications spécifiques de la part du commissaire aux comptes dont le résultat est relaté dans la partie de son rapport sur les comptes relative à la vérification du rapport de gestion et des documents adressés aux membres de l'organe appelé à statuer sur les comptes (CNCC NI. V Tome 4 § 2.22.3 B).

57367 **Contenu et date du rapport** Le rapport du commissaire aux comptes destiné à l'assemblée appelée à autoriser l'attribution d'options de souscription ou d'achat d'actions comporte les informations suivantes (CNCC NI. V Tome 4 § 2.23.1) :
– un intitulé ;
– les destinataires du rapport ;

OPÉRATIONS CONCERNANT LE CAPITAL SOCIAL ET LES ÉMISSIONS DE VALEURS MOBILIÈRES

– un paragraphe d'introduction comportant :
• le rappel de sa qualité de commissaire aux comptes ;
• le rappel des textes légaux et réglementaires applicables ;
– éventuellement, un paragraphe décrivant le contexte et les principales modalités de l'opération ;
– un paragraphe rappelant les responsabilités respectives de l'organe compétent et du commissaire aux comptes ;
– un paragraphe portant sur les vérifications et comportant :
• une référence à la doctrine de la Compagnie nationale des commissaires aux comptes relative à cette mission,
• une mention indiquant les diligences mises en œuvre ;
• une conclusion, assortie, le cas échéant, d'observations ;
– le cas échéant, la mention des irrégularités ;
– la date du rapport ;
– l'adresse et l'identification du (des) signataire(s) du rapport.
Concernant le **délai de communication du rapport** du commissaire aux comptes, en l'absence de dispositions particulières prévues par les textes légaux et réglementaires, il convient de se référer aux dispositions relatives à la mise à disposition ou à la communication des rapports du commissaire aux comptes en cas de réunion extraordinaire de l'assemblée. Ainsi, le rapport doit être établi :
– à compter de la convocation de l'assemblée et au minimum 21 jours avant sa réunion pour les sociétés anonymes et les sociétés en commandite par actions dont les actions sont admises aux négociations sur un marché réglementé (C. com. art. R 22-10-23) ;
– à compter de la convocation de l'organe délibérant et au minimum 15 jours avant l'assemblée pour les sociétés anonymes et les sociétés en commandite par actions dont les actions ne sont pas admises aux négociations sur un marché réglementé (C. com. art. R 225-89) ;
– dans les délais fixés par les statuts pour les sociétés par actions simplifiées.

C. Attribution d'actions gratuites existantes ou à émettre

Contexte de l'opération

Nature de l'opération   La loi de finances pour 2005 a mis à disposition des entreprises un nouvel instrument de rémunération des salariés et mandataires sociaux, l'attribution gratuite d'actions insérée dans les articles L 225-197-1 à L 225-197-5 du Code de commerce. La société qui prévoit l'attribution gratuite d'actions s'engage unilatéralement envers les bénéficiaires et a donc tout intérêt à préciser avec soin les modalités qui conditionneront l'attribution définitive des actions.
La **loi 2015-990 du 6 août 2015** pour la croissance, l'activité et l'égalité des chances économiques, dite « loi Macron », a profondément remanié le régime juridique mais également fiscal et social des attributions gratuites d'actions. Ces **modifications s'appliquent** aux actions gratuites dont l'attribution a été autorisée par une décision d'assemblée postérieure à la publication de la loi précitée.

57370

Entités concernées   Les sociétés anonymes (C. com. art. L 225-197-1) et les sociétés en commandite par actions (C. com. art. L 226-1, al. 2), qu'elles soient cotées ou non, ainsi que les sociétés par actions simplifiées (C. com. art. L 227-1, al. 3) peuvent attribuer gratuitement des actions.

57372

Bénéficiaires   Les bénéficiaires potentiels de l'attribution d'actions gratuites, définis par les articles L 225-197-1 et L 225-197-2 du Code de commerce, sont les salariés et les dirigeants (président, directeur général, directeurs généraux délégués, membres du directoire, ou gérants).

57375

1. Plus précisément, il s'agit des **salariés** :
– de la société ou certains d'entre eux (C. com. art. L 225-197-1, I) ;
– des sociétés ou GIE dont au moins 10 % du capital ou des droits de vote sont détenus directement ou indirectement par la société qui attribue les actions (C. com. art. L 225-197-2, I-1°) ;

1301

OPÉRATIONS CONCERNANT LE CAPITAL SOCIAL ET LES ÉMISSIONS DE VALEURS MOBILIÈRES © Éd. Francis Lefebvre

– des sociétés ou GIE qui détiennent directement ou indirectement au moins 10 % du capital ou des droits de vote de la société qui attribue les actions, sous réserve que les actions de cette dernière soient admises aux négociations sur un marché réglementé (C. com. art. L 225-197-2, I-2°) ;

– des sociétés ou GIE dont au moins 50 % du capital ou des droits de vote sont détenus directement ou indirectement par une société détenant elle-même au moins 50 % du capital de la société qui attribue les actions sous réserve que les actions de cette dernière soient admises aux négociations sur un marché réglementé (C. com. art. L 225-197-2, I-3°) ;

– d'une entreprise contrôlée, directement ou indirectement, exclusivement ou conjointement, par un organe central, des organes centraux ou les établissements de crédit ou les sociétés de financement qui lui ou leur sont affiliés (C. com. art. L 225-197-2, II) ;

– des entités dont le capital est détenu pour plus de 50 %, directement ou indirectement, exclusivement ou conjointement, par un organe central, des organes centraux ou les établissements de crédit ou les sociétés de financement qui lui ou leur sont affiliés (C. com. art. L 225-197-2, II).

2. Concernant les **dirigeants**, dans le respect des conditions posées par l'article L 22-10-60 du Code de commerce, il s'agit du président du conseil d'administration, du directeur général, des directeurs généraux délégués, des membres du directoire ou du gérant (voir n° 57382) :

– de la société (C. com. art. L 225-197-1, II-al. 1) ;

– d'une société liée dans les conditions de l'article L 225-197-2 du Code de commerce, sous réserve que les actions de la société qui procède à l'attribution soient admises aux négociations sur un marché réglementé (C. com. art. L 225-197-1, II-al. 2).

57380 **Limites** 1. Le **nombre total des actions attribuées gratuitement** ne peut excéder 10 % du capital de la société apprécié à la date de la décision d'attribution des actions par l'organe compétent (C. com. art. L 225-197-1, I-al. 2).

Dans les sociétés ne dépassant pas, à la clôture d'un exercice social, les seuils définissant les petites et moyennes entreprises prévus à l'article 2 de l'annexe à la recommandation 2003/361/ CE de la Commission, du 6 mai 2003, concernant la définition des micro, petites et moyennes entreprises, les statuts peuvent prévoir, dans le cas d'attributions gratuites d'actions à certaines catégories des membres du personnel salarié de la société uniquement, un pourcentage plus élevé, qui ne peut toutefois excéder 15 % du capital social à la date de la décision d'attribution des actions par le conseil d'administration ou le directoire (C. com. art. L 225-197-1, I-al. 2 modifié par l'ordonnance 2020-1142 du 16-9-2020).

Les seuils fixés à l'article 2 de l'annexe à la recommandation européenne 2003/361/CE du 6 mai 2003 sont les suivants :

– petites entreprises : 10 à moins de 50 salariés et un chiffre d'affaires ou un total de bilan supérieur à 2 et inférieur à 10 millions d'euros ;

– moyennes entreprises : 50 à moins de 250 salariés et un chiffre d'affaires ou un total de bilan supérieur à 10 millions et inférieur à 43 millions d'euros.

L'aménagement statutaire précité n'est pas applicable aux sociétés dont les actions sont admises aux négociations sur un marché réglementé (C. com. art. L 22-10-59, I).

Ne sont pas prises en compte dans les pourcentages susmentionnés les actions qui n'ont pas été définitivement attribuées au terme de la période d'acquisition prévue au sixième alinéa de l'article L 225-197-1 ainsi que les actions qui ne sont plus soumises à l'obligation de conservation prévue au septième alinéa du même article (C. com. art. L 225-197-1, I-al. 2).

Les pourcentages visés à l'article L 225-197-1, alinéa 2 du Code de commerce sont portés à 30 % lorsque l'attribution d'actions gratuites bénéficie à l'ensemble des membres du personnel salarié de la société. Au-delà du pourcentage de 10 % ou de 15 %, l'écart entre le nombre d'actions distribuées à chaque salarié ne peut être supérieur à un rapport de un à cinq (C. com. art. L 225-197-1, I-al. 3 introduit par la loi 2015-990 du 6-8-2015). Par ailleurs, il ne peut pas être attribué d'actions gratuites aux salariés et aux mandataires sociaux détenant chacun plus de 10 % du capital (C. com. art. L 225-197-1, II).

Enfin, l'attribution d'actions gratuites ne peut pas avoir pour effet que les salariés et les mandataires sociaux détiennent chacun plus de 10 % du capital (C. com. art. L 225-197-1, II).

57382 2. Dans les **sociétés dont les titres sont admis aux négociations sur un marché réglementé**, des actions gratuites ne peuvent être attribuées aux dirigeants que si la société remplit, au titre de l'exercice au cours duquel sont attribuées ces actions, au moins une des conditions suivantes (C. com. art. L 22-10-60) :

– la société procède à une attribution d'options ou à une attribution d'actions gratuites au bénéfice de l'ensemble de ses salariés et d'au moins 90 % de l'ensemble des salariés de ses filiales françaises ;

© Éd. Francis Lefebvre OPÉRATIONS CONCERNANT LE CAPITAL SOCIAL ET LES ÉMISSIONS DE VALEURS MOBILIÈRES ▌

– la société met en place un accord d'intéressement ou un accord de participation dérogatoire ou volontaire au bénéfice de l'ensemble de ses salariés et d'au moins 90 % de l'ensemble des salariés de ses filiales françaises ;

– l'ensemble des salariés éligibles de la société et au moins 90 % de l'ensemble des salariés éligibles de ses filiales au sens de l'article L 233-1 du Code de commerce et relevant de l'article L 210-3 du même Code bénéficient d'un versement effectué dans les conditions prévues au 1° de l'article L 3332-11 du Code du travail (C. com. art. L 22-10-60).

Pour plus d'informations, se reporter au Mémento Sociétés commerciales n°s 69407 et 70001 s.

Décision La décision d'attribuer gratuitement des actions relève de la compétence de l'assemblée générale extraordinaire qui, statuant sur le rapport du conseil d'administration ou du directoire et sur le rapport du commissaire aux comptes, autorise le conseil ou le directoire à attribuer les actions gratuitement (C. com. art. L 225-197-1).

57385

Concernant les sociétés qui n'ont pas désigné de commissaire aux comptes pour une mission de certification des comptes, voir n° 57390.

Dans ce cas l'assemblée :

– fixe le pourcentage maximal du capital social pouvant être attribué (dans les limites indiquées aux n°s 57380 s.) (C. com. art. L 225-197-1, I-al. 2) ;

On notera que le Code de gouvernance Afep-Medef recommande que le conseil d'administration définisse un pourcentage maximum d'actions pouvant être attribuées aux dirigeants mandataires sociaux et que ce pourcentage soit mentionné sous forme d'un sous-plafond dans la résolution proposée au vote de l'assemblée (art. 25.3.3 du code révisé en janvier 2020).

Par ailleurs, ce Code recommande également que les plans prévoient des conditions de performance exigeantes à satisfaire sur une période de plusieurs années consécutives (art. 25.3.3).

Pour plus d'informations, se reporter au Mémento Sociétés commerciales n° 69402.

– fixe le délai pendant lequel cette autorisation peut être utilisée, ce délai ne pouvant excéder trente-huit mois (C. com. art. L 225-197-1, I-al. 4) ;

– détermine la durée minimale d'acquisition des droits par les bénéficiaires des actions gratuites, cette durée ne pouvant être inférieure à un an (C. com. art. L 225-197-1, I-al. 6, modifié par la loi Macron du 6-8-2015) ;

– le cas échéant, fixe la durée minimale de conservation des actions gratuites, cette durée, courant à compter de l'attribution définitive, étant précisé que la durée cumulée des périodes d'acquisition et de conservation ne peut être inférieure à deux ans (C. com. art. L 225-197-1, I-al. 8 introduit par la loi Macron).

Les modifications induites par la loi Macron s'appliquent aux actions gratuites dont l'attribution a été autorisée par une décision d'assemblée postérieure à la publication de la loi précitée.

En outre, le Comité juridique de l'Ansa considère que la répartition des pouvoirs entre les organes sociaux dans les SA est strictement fixée par le Code de commerce et que les sociétés ne peuvent y déroger. Or, l'article L 225-197-1 du même code confère au seul conseil (ou au directoire) le pouvoir d'arrêter les conditions et critères de l'attribution gratuite des actions. Si la détermination d'un plafond particulier d'actions pour les mandataires sociaux est permise, l'assemblée générale extraordinaire ne saurait prévoir les autres conditions précises d'attribution. À défaut, l'Urssaf et l'administration fiscale pourraient estimer que l'opération n'est pas conforme aux dispositions du Code de commerce et dès lors requalifier l'attribution en complément de salaire. La majorité du Comité juridique considère que dans les SAS, les dispositions spéciales de l'article L 225-197-1 sont précises et confèrent à l'organe d'administration le pouvoir de fixer les conditions d'attribution. Il en résulte que selon l'article L 227-1, le président ou, lorsque les statuts le prévoient, les dirigeants ou un organe d'administration désignés à cette fin par les statuts ou ponctuellement par l'assemblée générale extraordinaire peuvent exercer ce pouvoir (Comité juridique Ansa novembre 2020 n° 20-040).

Les actions attribuées peuvent être des actions existantes ou des actions à émettre, ordinaires ou de préférence.

Pour plus de détails, voir Mémento Sociétés commerciales n°s 70071 s.

Lorsque l'attribution porte sur des actions à émettre, l'autorisation donnée par l'assemblée générale extraordinaire emporte de plein droit, au profit des bénéficiaires des actions attribuées gratuitement, renonciation des actionnaires à leur droit préférentiel de souscription. L'augmentation de capital correspondante est définitivement réalisée du seul fait de l'attribution définitive des actions aux bénéficiaires (C. com. art. L 225-197-1, I-al. 5).

La décision de l'assemblée est précédée d'un rapport du conseil d'administration ou du directoire, toutefois les textes légaux et réglementaires ne fixent pas le contenu de ce rapport. Dans ce contexte, il est vraisemblable, selon la CNCC, que ce rapport décrive les modalités de l'opération envisagée (CNCC NI V Tome 4 § 3.11.7 A).

1303

Chaque année, un **rapport spécial** informe l'assemblée générale ordinaire des opérations d'attributions gratuites d'actions réalisées en vertu des dispositions prévues aux articles L 225-197-1 à L 225-197-3 du Code de commerce (C. com. art. L 225-197-4, al. 1).

Pour plus d'informations, se reporter au Mémento Sociétés commerciales n° 70150 et au Tome 4 de la NI. CNCC V § 3.11.7 B).

Intervention du commissaire aux comptes

57390 **Texte applicable** L'intervention du commissaire aux comptes de la société, en cas d'attribution d'actions gratuites existantes ou à émettre, est prévue par l'article L 225-197-1 du Code de commerce.

Lorsque la société n'a pas désigné de commissaire aux comptes pour une mission de certification des comptes, la loi Pacte prévoit désormais l'intervention d'un commissaire aux comptes désigné par la société selon les modalités prévues à l'article L 225-228 du Code de commerce, à l'effet de réaliser cette mission (C. com. art. L 225-197-1 modifié par la loi Pacte du 22-5-2019).

Sur la date d'entrée en vigueur de ces dispositions, voir n° 56602 sur renvoi du n° 56603.

57392 **Conditions d'intervention** Les conditions d'intervention du commissaire aux comptes sont décrites dans le Tome 4 « Régime d'accès au capital en faveur des salariés » de la note d'information n° V « Les interventions du commissaire aux comptes relatives aux opérations concernant le capital social et les émissions de valeurs mobilières » de la CNCC publiée en juillet 2011 et mise à jour en avril 2016.

57395 **Travaux du commissaire aux comptes** 1. Les textes légaux et réglementaires ne fixent pas le contenu du rapport du commissaire aux comptes. Dans ce contexte, selon la CNCC, les travaux du commissaire aux comptes peuvent consister à (CNCC NI. V Tome 4 § 3.22.1) :

– vérifier que la demande d'autorisation d'attributions d'actions gratuites faite à l'assemblée par l'organe compétent s'inscrit dans le cadre des dispositions des articles L 225-197-1 à L 225-197-5 du Code de commerce ;

– rendre compte, dans son rapport, de ses éventuelles observations sur le contenu du rapport de l'organe compétent.

Le commissaire aux comptes n'a pas à se prononcer sur l'opportunité de l'opération.

Par ailleurs, il est à noter que les textes légaux et réglementaires n'exigent pas de rapport complémentaire du commissaire aux comptes lorsque l'organe compétent attribue les actions gratuites.

2. Concernant le rapport établi chaque année par l'organe compétent (voir n° 57385) dans le cadre des dispositions de l'article L 225-197-4 du Code de commerce, celui-ci fait l'objet de vérifications spécifiques de la part du commissaire aux comptes dont le résultat est relaté dans la partie de son rapport sur les comptes relative à la vérification du rapport de gestion et des documents adressés aux membres de l'organe appelé à statuer sur les comptes (CNCC NI. V Tome 4 § 3.22.2).

57397 **Contenu et date du rapport** Le rapport du commissaire aux comptes destiné à l'assemblée appelée à autoriser l'attribution d'actions gratuites comporte les informations suivantes (CNCC NI. V Tome 4 § 3.23.1) :

– un intitulé ;

– les destinataires du rapport ;

– un paragraphe d'introduction comportant :

• le rappel de sa qualité de commissaire aux comptes,

• le rappel du texte légal applicable ;

– éventuellement, un paragraphe décrivant le contexte et les principales modalités de l'opération ;

– un paragraphe rappelant les responsabilités respectives de l'organe compétent et du commissaire aux comptes ;

– un paragraphe portant sur les vérifications et comportant :

• une référence à la doctrine de la Compagnie nationale des commissaires aux comptes relative à cette mission,

• une mention indiquant les diligences mises en œuvre ;

– une conclusion, assortie, le cas échéant, d'observations ;

OPÉRATIONS CONCERNANT LE CAPITAL SOCIAL ET LES ÉMISSIONS DE VALEURS MOBILIÈRES

– le cas échéant, la mention des irrégularités ;
– la date du rapport ;
– l'adresse et l'identification du (des) signataire(s) du rapport.

Concernant le **délai de communication du rapport** du commissaire aux comptes, en l'absence de dispositions particulières prévues par les textes légaux et réglementaires, il convient de se référer aux dispositions relatives à la mise à disposition ou à la communication des rapports du commissaire aux comptes en cas de réunion extraordinaire de l'assemblée. Ainsi, le rapport doit être établi :
– à compter de la convocation de l'assemblée et au minimum 21 jours avant sa réunion pour les sociétés anonymes et les sociétés en commandite par actions dont les actions sont admises aux négociations sur un marché réglementé (C. com. art. R 22-10-23) ;
– à compter de la convocation de l'organe délibérant et au minimum 15 jours avant l'assemblée pour les sociétés anonymes et les sociétés en commandite par actions dont les actions ne sont pas admises aux négociations sur un marché réglementé (C. com. art. R 225-89) ;
– dans les délais fixés par les statuts pour les sociétés par actions simplifiées.

D. Émission de bons de souscription de parts de créateur d'entreprise (BSPCE)

Contexte de l'opération

Nature de l'opération L'opération consiste, dans une société par actions, sous réserve du respect des conditions posées par l'article 163 bis G du Code général des impôts, à attribuer aux membres du personnel salarié et/ou aux dirigeants soumis au régime fiscal des salariés et/ou aux membres du conseil d'administration, du conseil de surveillance ou de tout organe statutaire équivalent d'une SAS (voir n° 57407), des bons de souscription de parts de créateur d'entreprise, ces bons donnant accès au capital de la société émettrice dans les conditions fixées par l'article 163 bis G du Code général des impôts. Ces bons sont assortis d'un régime fiscal et social particulier (CNCC NI. V Tome 4 § 4.11).

57400

La loi 2015-990 du 6 août 2015 pour la croissance, l'activité et l'égalité des chances économiques (loi Macron), puis la loi Pacte du 22 mai 2019 ont modifié le régime juridique mais également fiscal et social des BSPCE. Ces modifications apportées par chacune de ces deux lois s'appliquent aux BSPCE attribués à compter de la publication respective de chacune d'elles.

Entités concernées Les sociétés par actions peuvent attribuer des BSPCE sous réserve de respecter les conditions prévues par l'article 163 bis G, II du Code général des impôts. Ainsi :
– la société doit être passible en France de l'impôt sur les sociétés ;
– le capital de la société doit être détenu directement et de manière continue pour 25 % au moins par des personnes physiques ou par des personnes morales elles-mêmes directement détenues pour 75 % au moins de leur capital par des personnes physiques ;
– la société ne doit pas avoir été créée dans le cadre d'une concentration, d'une restructuration, d'une extension ou d'une reprise d'activités préexistantes (sauf si elle répond aux conditions prévues par le I de l'article 39 quinquies H du CGI dans sa rédaction antérieure à l'article 30 de la loi 2018-1317 du 28 décembre 2018 de finances pour 2019 et sauf dérogation indiquée ci-dessous) ;
– pour les sociétés dont les titres sont admis aux négociations sur un marché d'instruments financiers français ou d'un État partie à l'accord sur l'Espace économique européen dont le fonctionnement est assuré par une entreprise de marché ou un prestataire de services d'investissement autre qu'une société de gestion de portefeuille ou tout autre organisme similaire étranger, leur capitalisation boursière doit être inférieure à 150 millions d'euros ;

57405

Par dérogation, les sociétés qui viennent à dépasser le seuil de capitalisation boursière de 150 millions d'euros peuvent continuer d'attribuer des BSPCE pendant les 3 ans qui suivent ce dépassement (CGI art. 163 bis G, II bis-1°) sous réserve de continuer à respecter les autres conditions posées par l'article 163 bis G, II du Code général des impôts.
Les modalités de détermination de la capitalisation boursière sont fixées par l'article 91 ter A de l'annexe 2 du CGI.

1305

OPÉRATIONS CONCERNANT LE CAPITAL SOCIAL ET LES ÉMISSIONS DE VALEURS MOBILIÈRES © Éd. Francis Lefebvre

– l'immatriculation de la société au registre du commerce et des sociétés doit dater de moins de 15 ans.

Pour plus de précisions, se référer au Tome 4 de la NI. CNCC V § 4.12.1

Par ailleurs, par dérogation depuis la loi Macron du 6 août 2015, une société créée dans le cadre d'une concentration, d'une restructuration, d'une extension ou d'une reprise d'activités préexistantes peut attribuer des bons, sous réserve des conditions suivantes (CGI art. 163 bis G, I-3°) :

– toutes les sociétés prenant part à l'opération répondent aux conditions présentées ci-dessus, prévues aux 1 à 5 du II de l'article 163 bis G du CGI ;

– le respect de la condition relative au montant de la capitalisation boursière est appré-cié, à la suite de l'opération, en faisant masse de la capitalisation de l'ensemble des sociétés issues de l'opération qui répondent aux conditions du présent article ;

– le respect de la condition relative à la date de l'immatriculation est apprécié, pour les sociétés issues de l'opération, en tenant compte de la date d'immatriculation de la plus ancienne des sociétés ayant pris part à l'opération.

57407 **Bénéficiaires** Les bénéficiaires potentiels de l'émission de BSPCE sont définis par l'ar-ticle 163 bis G, II du Code général des impôts. Il s'agit des membres du personnel salarié et des dirigeants soumis au régime fiscal des salariés :

– de la société émettrice des bons ;

– des sociétés dont la société émettrice des bons détient au moins 75 % du capital ou des droits de vote.

Dans ce cas, les filiales doivent également respecter les conditions prévues par l'article 163 bis G, II du Code général des impôts et présentées au n° 57405 à l'exception du critère de détention du capital (CGI art. 163 bis G, II-al. 3°). Par ailleurs, la condition relative à la capitalisation boursière est appréciée en faisant masse de la capitalisation de la société émettrice et de celle de ses filiales dont le personnel bénéficie des attributions au cours des 12 derniers mois (CGI art. 163 bis G, II bis 4°).

Depuis la publication de la loi Pacte le 23 mai 2019, les BSPCE peuvent être également attribués aux membres du conseil d'administration, du conseil de surveillance ou, en ce qui concerne les SAS, de tout organe statutaire équivalent de la société émettrice des bons ou des sociétés dont la société émettrice des bons détient au moins 75 % du capital ou des droits de vote (CGI art. 163 bis G, II et C. com. art. L 225-44 et L 225-85 modifiés par loi 2019-486 du 22-5-2019).

L'Ansa s'est interrogée sur la possibilité d'attribuer des BSPCE à un administrateur personne morale. La majorité du Comité juridique considère que l'article L 225-44 du Code de commerce en visant les bons mentionnés à l'article 163 bis G du Code général des impôts renvoie à un régime spécifiquement réservé aux personnes physiques. Il ne peut donc s'agir des administrateurs personnes morales. Par ailleurs le Comité juridique de l'Ansa considère que la question de savoir s'il faut faire état de la rémunération du représentant permanent ne se pose pas car seule la personne physique qu'il représente a vocation à percevoir une rémunération au titre du mandat social. Compte tenu de l'absence de précision sur un éventuel régime fiscal applicable à ces bons s'ils étaient attribués à une personne morale, il a été jugé opportun par l'Ansa de demander la position de l'administration fiscale (Comité juridique Ansa septembre 2020 n° 20-031).

Par dérogation, en cas de décès du bénéficiaire, ses héritiers peuvent exercer les bons dans un délai de six mois à compter du décès (CGI art. 163 bis G, II bis-2°).

57410 **Décision** L'article 163 bis G, II du Code général des impôts indique que les bons sont émis dans les conditions prévues aux articles L 228-91 et L 228-92 du Code de commerce. Il s'agit donc de valeurs mobilières donnant accès à des titres de capital à émettre avec suppression du droit préférentiel de souscription dont l'émission doit être autorisée par l'assemblée générale extraordinaire. Celle-ci se prononce sur le rapport du conseil d'administration ou du directoire et sur le rapport du commissaire aux comptes. Le contenu du rapport de l'organe compétent est défini à l'article R 225-117 du Code de commerce.

Pour de plus amples informations, il convient de se référer aux n°s 57192 s.

57412 **Dispositions relatives au prix de souscription** L'article 163 bis G, III du Code général des impôts indique que le prix de souscription est fixé au jour de l'attribution par l'assemblée générale extraordinaire, sur le rapport du conseil d'administration ou du directoire et sur le rapport des commissaires aux comptes, ou, sur délégation de l'assem-blée générale extraordinaire, par le conseil d'administration ou le directoire selon le cas.

Il est au moins égal, lorsque la société émettrice a procédé dans les six mois précédant l'attribution du bon à une augmentation de capital par émission de titres conférant des droits équivalents à ceux résultant de l'exercice du bon, au prix d'émission des titres concernés alors fixé. Pour les BSPCE attribués à compter de la publication de la loi Pacte le 23 mai 2019, ce prix est diminué, le cas échéant, d'une décote correspondant à la perte de la valeur économique du titre depuis cette émission (CGI art. 163 bis G, III modifié par loi 2019-486 du 22-5-2019).

Intervention du commissaire aux comptes

57415

Comme indiqué au n° 57410, les BSPCE sont des valeurs mobilières donnant accès à des titres de capital à émettre. L'intervention du commissaire aux comptes en cas d'autorisation d'émission de BSPCE est abordée aux n°s 57230 s.

La Commission des études juridiques de la CNCC a indiqué qu'« en cas d'émission de valeurs mobilières dilutives (c'est-à-dire donnant accès au capital), les dispositions du II de l'article L 225-138 du Code de commerce modifié par la loi Pacte s'appliquent : un rapport établi par un commissaire aux comptes est requis qu'il y ait ou non délégation. Il en est de même en cas d'émission de BSPCE permettant de souscrire à des actions nouvelles » (Bull. CNCC n° 197-2020, EJ 2019-42/ EJ 2019-57). Ainsi, en cas d'émission de BSPCE par une société n'ayant pas désigné de commissaire aux comptes, un commissaire aux comptes devra être désigné, selon les modalités prévues à l'article L 225-228 du Code de commerce pour les besoins de la réalisation de l'opération (voir n° 57230).

Sur la date d'entrée en vigueur de ces nouvelles dispositions issues de la loi Pacte, voir n° 56602 sur renvoi du n° 56603.

Le commissaire aux comptes devra en outre s'assurer que la société respecte bien les conditions d'attribution des BSPCE prévues à l'article 163 G bis du Code général des impôts (voir n°s 57405 s.).

Des exemples de rapports sont proposés au § 4.4 du Tome 4 de la note d'information CNCC V.

E. Évaluation des titres détenus dans le cadre d'un plan d'épargne d'entreprise

Contexte

57420

Dans les **sociétés dont les titres ne sont pas admis aux négociations sur un marché réglementé**, l'évaluation des titres de la société détenus dans le cadre d'un plan d'épargne d'entreprise doit être déterminée conformément aux méthodes définies à l'article L 3332-20 du Code du travail selon les dispositions de l'article R 3332-22 dudit code.

Les alinéas 1 à 3 de l'article L 3332-20 du Code du travail précisent :

« Lorsque les titres ne sont pas admis aux négociations sur un marché réglementé, le prix de cession est déterminé conformément aux méthodes objectives retenues en matière d'évaluation d'actions en tenant compte, selon une pondération appropriée à chaque cas, de la situation nette comptable, de la rentabilité et des perspectives d'activité de l'entreprise. Ces critères sont appréciés, le cas échéant, sur une base consolidée ou, à défaut, en tenant compte des éléments financiers issus de filiales significatives.

À défaut, le prix de cession est déterminé en divisant par le nombre de titres existants le montant de l'actif net réévalué d'après le bilan le plus récent. Celui-ci est ainsi déterminé à chaque exercice sous le contrôle du commissaire aux comptes.

À compter du troisième exercice clos, le prix de cession des titres émis par des entreprises employant moins de cinq cents salariés peut être déterminé, au choix de l'entreprise, selon l'une des méthodes décrites aux deux alinéas précédents. »

Ces titres sont évalués par l'entreprise **au moins une fois par exercice** et chaque fois qu'un événement ou une série d'événements intervenus au cours d'un exercice sont susceptibles de conduire à une évolution substantielle de la valeur des actions de la société.

Cette évaluation est contrôlée par le commissaire aux comptes (C. trav. art. R 3332-23, al. 1).

Par ailleurs, l'alinéa 2 de l'article R 3332-23 du Code du travail précise qu'il est procédé à une **évaluation des titres par un expert au moins tous les cinq ans** et que cette évaluation est facultative dans les sociétés employant moins de cinq cents salariés, dont les titres sont évalués en divisant le montant de l'actif net réévalué d'après le bilan le plus récent par le nombre de titres existants.

OPÉRATIONS CONCERNANT LE CAPITAL SOCIAL ET LES ÉMISSIONS DE VALEURS MOBILIÈRES © Éd. Francis Lefebvre

Intervention du commissaire aux comptes

57465 **Conditions d'intervention** Les conditions de l'intervention du commissaire aux comptes prévue à l'article R 3332-23 du Code du travail sont décrites dans le Tome 4 « Régime d'accès au capital en faveur des salariés » de la note d'information n° V « Les interventions du commissaire aux comptes relatives aux opérations concernant le capital social et les émissions de valeurs mobilières » de la CNCC publiée en juillet 2011 et mise à jour en avril 2016.

57467 **Travaux du commissaire aux comptes** Le commissaire aux comptes doit s'assurer que l'évaluation des titres effectuée par la société, ou, le cas échéant, l'expert, a été effectuée en respectant les règles fixées aux articles L 3332-20 et R 3332-23 du Code du travail.

Pour cela, le commissaire aux comptes doit obtenir le rapport d'évaluation effectué par la société ainsi que, le cas échéant, la copie du rapport de l'expert.

Les travaux du commissaire aux comptes peuvent notamment consister à (CNCC NI. V Tome 4 § 5.22) :

« – vérifier que l'évaluation faite par la société comporte une description et une justification appropriées de la méthode d'évaluation appliquée, des éléments chiffrés utilisés, ainsi que des changements de méthode éventuels ;

– prendre connaissance du rapport de l'expert lorsque celui-ci est intervenu à la demande de la société, en application des textes légaux et réglementaires ;

– lorsqu'il s'agit d'une évaluation d'actions et que la société a retenu une méthode multicritères :

• apprécier si les critères retenus pour l'évaluation des actions sont appropriés et si la pondération de ces critères est cohérente, compte tenu de l'activité de la société et du secteur dans lequel elle opère,

• vérifier que les critères définis et leur pondération ont été correctement appliqués pour la détermination de la valeur des titres ;

– lorsqu'il s'agit d'une évaluation d'actions et que la société a retenu la méthode de l'actif net réévalué :

• apprécier si les critères retenus pour l'évaluation des actions sont appropriés compte tenu de l'activité de la société et du secteur dans lequel elle opère,

• vérifier que les critères définis ont été correctement appliqués pour la détermination de la valeur des titres ;

– vérifier, lorsqu'il ne s'agit pas d'actions mais d'autres valeurs mobilières, que l'évaluation est effectuée selon des méthodes communément admises pour le type de valeurs mobilières concernées ;

– vérifier la permanence de la méthode d'évaluation retenue par la société et, en cas de changement de méthode d'évaluation, apprécier la justification donnée par la société ;

– vérifier la concordance des éléments chiffrés utilisés avec les données issues de la comptabilité de la société et, le cas échéant, de ses filiales significatives ;

– apprécier, à la date de l'évaluation, la cohérence des éléments qui ne sont pas issus de la comptabilité avec les documents qui lui ont été communiqués et sur la base de sa connaissance générale de la société acquise à l'occasion de sa mission de certification des comptes ;

– vérifier les calculs effectués dans le cadre de l'évaluation des titres par la société ;

– s'informer, jusqu'à la date de son rapport, de la survenance de faits ou événements susceptibles d'affecter de façon significative l'évaluation des titres ».

57469 Dans le cas où l'évaluation retenue par la société est significativement divergente de celle définie par l'expert, le commissaire aux comptes analyse les causes de la divergence constatée.

Compte tenu de sa connaissance générale de la société et des vérifications effectuées dans le cadre de la présente intervention, le commissaire aux comptes apprécie, selon son jugement professionnel, si l'évaluation faite par la société lui paraît acceptable (CNCC NI. V Tome 4 § 5.22).

57472 **Contenu et date du rapport** En l'absence de précision dans les textes, le rapport du commissaire aux comptes est adressé à l'organe compétent de la société (conseil d'administration, directoire...).

© Éd. Francis Lefebvre   OPÉRATIONS CONCERNANT LE CAPITAL SOCIAL ET LES ÉMISSIONS DE VALEURS MOBILIÈRES

Le rapport comporte les informations suivantes (CNCC NI. V. Tome 4 § 5.23.1) :
– un intitulé ;
– le destinataire du rapport ;
– un paragraphe d'introduction comportant :
• le rappel de sa qualité de commissaire aux comptes,
• le rappel des textes légaux et réglementaires applicables,
• les responsabilités respectives de l'entité et du commissaire aux comptes au regard de l'évaluation des titres effectuée et de son contrôle,
• l'identification de l'évaluation jointe au rapport ;
– un paragraphe portant sur les travaux effectués et comportant :
• la référence à la doctrine professionnelle de la Compagnie nationale des commissaires aux comptes relative à cette mission,
• une description des diligences effectuées ;
– une conclusion assortie, le cas échéant, d'observations ;
– le cas échéant, la mention des irrégularités ;
– la date du rapport ;
– l'adresse et l'identification du (des) signataire(s) du rapport.
Les textes légaux et réglementaires ne prévoient aucune date pour l'évaluation des titres par la société et aucun **délai pour l'établissement du rapport du commissaire aux comptes**.

SECTION 6

Réduction du capital

Dans le cadre d'une opération de réduction du capital, le commissaire aux comptes doit veiller à la régularité des causes et conditions de l'opération envisagée et au respect de l'égalité entre les actionnaires. Une bonne compréhension de l'opération de réduction du capital (n°s 57550 s.) lui est nécessaire pour déterminer les diligences à mettre en œuvre et pour établir son rapport (n°s 57680 s.).   **57500**

A. Principales modalités

Nature de l'opération

Motifs de l'opération L'opération de réduction du capital est souvent liée à la constatation de pertes : elle constitue alors une mesure d'assainissement financier.   **57550**
L'opération de réduction du capital peut également intervenir sans être motivée par des pertes, par exemple dans le cadre :
– de l'achat par une société de ses propres actions et de leur annulation en vue d'effectuer une distribution d'une partie de son actif aux actionnaires ;
– de l'affectation du montant de la réduction du capital social à un compte de prime d'émission ;
– de l'achat par la société d'un petit nombre d'actions en vue de favoriser une opération financière, par exemple une augmentation du capital.

> Le rachat d'actions permet ainsi par exemple d'éviter les rompus, ou de rendre plus simple le rapport d'échange, rendant l'opération financière plus facile à mettre en œuvre.

Modalités de réduction du capital L'opération de réduction du capital peut être réalisée selon les deux modalités suivantes dont chacune doit respecter l'exigence d'égalité entre les actionnaires.   **57555**
La **réduction de la valeur nominale des actions** est de plus en plus fréquemment utilisée en raison, notamment, de la suppression d'un nominal légal minimum. Lorsque les statuts ne comportent pas de mention de valeur nominale, la décision de réduction du capital, non accompagnée d'une décision de réduction du nombre des actions, entraîne automatiquement une diminution du « pair » des actions (Mémento Sociétés commerciales n° 52000).

1309

OPÉRATIONS CONCERNANT LE CAPITAL SOCIAL ET LES ÉMISSIONS DE VALEURS MOBILIÈRES © Éd. Francis Lefebvre

Dans la mesure où la valeur nominale est désormais librement fixée par les actionnaires, le procédé consistant à **diminuer le nombre d'actions** tend à être utilisé à titre subsidiaire.

La diminution du nombre d'actions peut résulter de l'annulation des actions appartenant à un ou plusieurs actionnaires déterminés, par exemple à la suite d'une attribution de biens sociaux ou d'un rachat par la société de ses propres actions (Mémento Sociétés commerciales nº 52010).

57560 **Affectation de la réduction du capital** La réduction du capital peut être notamment affectée à un compte de prime d'émission ou à un autre compte de capitaux propres, à la distribution d'actifs aux actionnaires ou associés, ou enfin à l'annulation d'actions.

57565 **1. Affectation à un compte de prime d'émission.** Dans le cas d'une opération de réduction du capital non motivée par des pertes, le montant de la réduction du capital envisagée peut être affecté à un compte de prime d'émission. Le montant de la réduction s'analyse dès lors, comme la prime d'émission, en un complément d'apport laissé à la libre disposition de la société. Les créanciers de la société disposent dans ce cas, pour faire opposition, d'un délai de vingt jours dans une société par actions (voir nº 57615), et d'un mois dans une SARL (voir nº 57617), courant à compter de la date du dépôt au greffe du procès-verbal autorisant l'opération.

Une société peut également avoir recours à ce procédé dans le cadre de la réalisation d'une opération de fusion lorsque le montant de l'augmentation du capital de la société absorbante est supérieur à la valeur des apports. La réduction du capital permet de rétablir l'équilibre entre les valeurs d'apport et la valeur nominale des actions émises en rémunération de ces apports.

La Chancellerie, dans un courrier adressé au président de la Compagnie nationale des commissaires aux comptes, a précisé que cette opération se traduisait par « la création d'une prime d'émission dont la valeur peut être réintégrée postérieurement à la fusion. L'augmentation du capital social de la société absorbante doit correspondre à la valeur nominale diminuée conformément aux dispositions prévues dans le traité d'apport » (Bull. CNCC nº 140-2005 p. 570).

57570 **2. Affectation à un autre compte de capitaux propres.** Lorsque **la réduction du capital porte sur des pertes certaines** issues de comptes approuvés par l'organe délibérant, le montant de la réduction du capital peut être imputé sur le compte de report à nouveau.

L'article L 123-13, alinéa 2 du Code de commerce définit la notion de perte comme la différence négative entre deux agrégats comptables du compte de résultat (les produits et les charges) ou comme une variation négative des capitaux propres entre l'ouverture et la clôture d'un exercice et non par référence au niveau des capitaux propres comparés au capital social. Ainsi, une réduction du capital est motivée par des pertes dès lors que les pertes ont été constatées quand bien même, après affectation de ces pertes, les capitaux propres demeureraient supérieurs à la moitié du capital.

Ce procédé peut être utilisé afin de faciliter la réalisation matérielle de l'opération en conférant un chiffre entier à la valeur nominale de l'action, en diminuant les rompus en cas d'échange d'actions.

Si la logique conduit à imputer les pertes réalisées en priorité sur les réserves existantes avant de procéder à un apurement par réduction du capital social, aucun texte n'interdit de procéder directement à une réduction du capital social sans avoir préalablement imputé celles-ci sur les réserves existantes, bien que ce procédé ne paraisse pas conforme à la logique et à la pratique (Bull. CNCC nº 127-2002 p. 357).

Fiscalement, la réduction du capital par imputation des pertes ne fait pas obstacle au report des déficits sur les exercices ultérieurs et ne supporte qu'un droit fixe (Mémento Fiscal nº 66995).

Lorsque la **réduction du capital porte sur des pertes incertaines**, la CNCC a considéré à plusieurs reprises que celle-ci était en principe irrégulière. En effet, pour être régulière, la réduction du capital ne peut porter que sur des pertes constatées dans les comptes annuels sur lesquels l'organe délibérant a statué, et non pas sur des pertes constatées sur la base d'une situation intermédiaire, ou bien encore sur des pertes prévisionnelles. Toutefois, la CNCC considère qu'une réduction du capital décidée en considération de **pertes prévisionnelles** ou de pertes certaines mais issues de comptes non encore approuvés par l'organe délibérant n'est pas illicite dès lors qu'elle est affectée au compte prime d'émission ou au compte de réserve spéciale. Par ailleurs, les pertes définitives doivent être affectées, après leur approbation, au poste de capitaux propres où a été enregistré l'excédent de la réduction du capital, et le solde, s'il en existe un, doit rester dans le principe indisponible ou être incorporé au capital (CNCC NI. V Tome 1 § 1.14.1).

1310

OPÉRATIONS CONCERNANT LE CAPITAL SOCIAL ET LES ÉMISSIONS DE VALEURS MOBILIÈRES

3. Distribution aux actionnaires. La réduction du capital peut correspondre à une distribution aux actionnaires d'une partie de l'actif lorsque la dimension de la société ou son volume d'activité ne justifie plus le montant de son capital social. Cette hypothèse de réduction du capital est envisageable même en cas de pertes sociales, les créanciers pouvant alors préserver leurs droits par l'exercice d'une opposition devant le président du tribunal de commerce dans un délai de vingt jours à compter du dépôt au greffe du procès-verbal de l'assemblée générale extraordinaire (C. com. art. R 225-152).

57580

En pratique, cette opération est rare car elle entraîne des charges fiscales lourdes, les sommes étant, sauf exception, soumises au même régime d'imposition que les dividendes. La réduction du capital en l'absence de pertes ne doit pas être confondue avec l'amortissement du capital, opération dans laquelle les sommes versées aux actionnaires à titre d'avance sur les sommes qui leur seront dues en fin de société sont imputées sur les bénéfices ou les réserves sans que le montant du capital soit diminué.

4. Annulation d'actions ou de parts. Les modalités d'annulation des actions, opération assimilée à un partage partiel d'actif social au profit des vendeurs des actions rachetées (PCG art. 942-27), varient selon que le prix de rachat fixé est (Mémento Comptable n° 55510) :
– inférieur à la valeur nominale globale des actions rachetées. Dans ce cas, le montant de la réduction du capital est égal à cette valeur nominale globale. La différence est inscrite dans un compte de capitaux propres (compte 104) ;
– supérieur à la valeur nominale des actions rachetées. Le montant de la réduction du capital est égal à cette valeur nominale. L'excédent est affecté à un compte de réserves distribuables.

57585

Règles de mise en œuvre

Entités concernées Les opérations de réduction du capital sont régies par les articles L 225-204 à L 225-217 et R 225-150 à R 225-158 du Code de commerce dans les sociétés anonymes ainsi que dans les sociétés en commandite par actions et les sociétés par actions simplifiées sur renvoi respectivement des articles L 227-1 et L 226-1 dudit code.

57590

S'agissant des sociétés européennes, l'article L 229-1, alinéa 2 du Code de commerce dispose : « la société européenne est régie par les dispositions du règlement (CE) 2157/2001 du Conseil du 8 octobre 2001 relatif au statut de la société européenne, celles du présent chapitre et celles applicables aux sociétés anonymes non contraires à celles-ci ».

Dans les sociétés anonymes dont les actions sont admises aux négociations sur un marché réglementé ou sur un système multilatéral de négociation soumis aux dispositions du II de l'article L 433-3 du Code monétaire et financier, les opérations de réduction du capital sont également régies par les articles L 22-10-61 à L 22-10-65 et R 22-10-37. Ces articles sont également applicables aux sociétés en commandite par actions dont les actions sont admises aux négociations sur ces marchés par renvoi des articles L 226-1 et R 226-1 du même code.

Compte tenu de l'entrée en vigueur de l'ordonnance du 16 septembre 2020, certaines dispositions propres aux sociétés « cotées » ont été regroupées au sein d'un titre du Code de commerce dédié. Ainsi, l'article L 225-209 a été abrogé et recodifié dans l'article L 22-10-62 du Code de commerce.

Dans les sociétés à responsabilité limitée, les dispositions relatives à la réduction du capital figurent aux articles L 233-34 et R 233-35 du Code de commerce.

Il convient de noter que lorsque la mission de contrôle légal est effectuée dans le cadre des dispositions de l'article L 823-12-1 du Code de commerce (mission Alpe) dans une société par actions, le commissaire aux comptes n'est pas dispensé de l'établissement du rapport prévu à l'article L 225-204 du Code de commerce.

En revanche lorsque la mission Alpe est effectuée dans une SARL, le commissaire aux comptes est dispensé de l'établissement du rapport prévu à l'article L 223-34 du même code. En effet, l'article L 823-12-1, alinéa 2 dispose : « Le commissaire aux comptes est dispensé de la réalisation des diligences et rapports mentionnés aux articles L 223-19, L 223-27, L 223-34, L 223-42, L 225-40, L 225-42, L 225-88, L 225-90, L 225-103, L 225-115, L 225-135, L 225-244, L 226-10-1, L 227-10, L 22-10-71, L 232-3, L 232-4, L 233-6, L 233-13, L 237-6 et L 239-2. »

Dans les entités autres que les sociétés par actions et les sociétés à responsabilité limitée, en l'absence de texte légal ou réglementaire, des dispositions statutaires peuvent prévoir l'intervention du commissaire aux comptes en cas de réduction de leur capital. Par

OPÉRATIONS CONCERNANT LE CAPITAL SOCIAL ET LES ÉMISSIONS DE VALEURS MOBILIÈRES © Éd. Francis Lefebvre

ailleurs, en l'absence de dispositions statutaires l'entité peut demander au commissaire aux comptes d'intervenir. Dans ce cas, il examine cette demande au regard de la réglementation et de la doctrine professionnelle relatives aux services autres que la certification des comptes.

57600 **Décision de l'organe compétent** Dans les **sociétés anonymes**, seule l'assemblée générale extraordinaire est compétente pour autoriser ou décider une réduction du capital (C. com. art. 225-204).

Dans les **sociétés en commandite par actions**, la décision de réduction du capital relève d'une part de l'assemblée générale extraordinaire des associés commanditaires (C. com. art. L 225-204 et L 225-96 et suivants), et d'autre part de la décision collective des associés commandités (C. com. art. L 226-11, al. 1).

Dans les **sociétés par actions simplifiées** la réduction du capital résulte, selon le cas, de la décision collective des associés ou de la décision de l'associé unique (C. com. art. L 227- 9).

Dans les sociétés anonymes et dans les sociétés en commandite par actions, la décision de l'organe délibérant est prise sur le **rapport de l'organe compétent** (C. com. art. R 225-89, al. 2).

L'article R 225-89 n'est pas applicable aux sociétés par actions simplifiées.

Toutefois, **les textes légaux et réglementaires ne précisent pas le contenu de ce rapport** (CNCC NI. V Tome 1 § 1.22.1).

57605 L'organe délibérant peut choisir de **déléguer la réalisation de l'opération** à l'organe compétent.

Cette délégation est prévue spécifiquement par le premier alinéa de l'article L 225-204 du Code de commerce.

Dans ce cas, la délégation :
– précise les modalités de l'opération de réduction ;
– le montant maximum de la réduction ;
– détermine le procédé de réduction du capital retenu (diminution du montant nominal ou du nombre des actions).

Il est à observer que dans une Sasu, en application de l'article L 227-9, alinéa 3 du Code de commerce, l'associé unique ne peut pas déléguer ses pouvoirs. Les décisions prises en contravention de cette interdiction pourraient être annulées à la demande de tout intéressé (C. com. art. L 227-9, al. 4). Il peut cependant confier à l'organe compétent (président ou autre) l'exécution de la décision qu'il a prise.

57608 Dans les **sociétés à responsabilité limitée**, la réduction du capital doit être autorisée par l'assemblée des associés statuant dans les conditions exigées pour la modification des statuts ou par la décision de l'associé unique (C. com. art. L 223-34).

La décision de l'organe délibérant est prise sur le rapport du gérant (C. com. art. R 223-19).

Toutefois, les textes légaux et réglementaires **ne précisent pas** le contenu du rapport du gérant (CNCC NI. V Tome 1 § 1.22.2).

57610 **Préservation de l'égalité entre les actionnaires ou associés** La réduction du capital envisagée ne doit pas porter atteinte à l'égalité entre les actionnaires (C. com. art. L 225-204 pour les sociétés par actions et art. L 223-34 pour les sociétés à responsabilité limitée).

On note que par nature la réduction du capital n'est pas susceptible de porter atteinte à l'égalité des actionnaires ou associés lorsqu'elle intervient dans une Sasu ou dans une EURL.

Pour plus d'informations, lorsqu'il existe différentes catégories d'actions ou de valeurs mobilières, voir CNCC NI. V Tome 1 § 1.25 s.

La CNCC considère à cet égard que, si l'article L 225-204 du Code de commerce relatif à la réduction du capital, prévoyant qu'« en aucun cas elle [la réduction du capital] ne peut porter atteinte à l'égalité des actionnaires », pose un principe protégeant les droits et l'égalité des associés, il peut néanmoins y être dérogé avec leur accord unanime. Ainsi, la réduction du capital d'une SA ou d'une SAS, imputée exclusivement sur la participation de l'associé minoritaire, est licite à condition que la décision ait été prise à l'unanimité des associés (Bull. CNCC n° 188-2017 – EJ 2017-30).

Une réduction du capital social, proposée sous la condition suspensive que les actionnaires se retirant répondent positivement à l'offre de rachat de leurs actions, serait frappée de nullité sur le fondement de l'article 1304-2 du Code civil qui prévoit qu'« est nulle l'obligation contractée sous une condition dont la réalisation dépend de la seule volonté du débiteur ».

Sur la préservation de l'égalité des associés dans le cas d'une SARL qui rachète ses propres actions dans le cadre des dispositions de l'article L 223-34, al. 4 du Code de commerce, voir CNCC NI. V Tome 1 § 1.30.

De la même façon, l'attribution d'éléments d'actif à un actionnaire déterminé contre annulation de ses actions et réduction du capital social est possible, sous réserve qu'elle ait été décidée à l'unanimité des actionnaires (Mémento Sociétés commerciales n° 51801).

Dans les sociétés par actions, le non-respect du principe d'égalité entre les actionnaires est **sanctionné** par une amende de 30 000 € prévue par l'article L 242-23 du Code de commerce.

En revanche, dans les SARL, aucune sanction pénale n'est prévue en cas de non-respect de l'égalité des associés à l'occasion d'une réduction du capital. Mais les associés victimes de la rupture d'égalité pourraient réclamer, sur le terrain civil, des dommages-intérêts en réparation de leur préjudice.

Protection des créanciers Dans les sociétés par actions, la lecture a contrario de l'article L 225-205 du Code de commerce interdit aux créanciers de s'opposer à la réduction du capital motivée par des pertes, l'opération étant destinée à assainir la situation financière de la société. Quand l'opération est justifiée par d'autres motifs que des pertes, les créanciers peuvent exercer un **droit d'opposition** reconnu par l'article L 225-205 du Code de commerce.

57615

> Lorsque la réduction du capital social est consécutive à l'acquisition des actions d'un actionnaire exclu, conformément aux dispositions statutaires, le droit d'opposition des créanciers doit être respecté bien qu'inadapté à la circonstance (Comité juridique de l'Ansa du 5-5-2004 n° 04-040).

Le droit d'opposition est ouvert au représentant de la masse des obligataires et aux créanciers sociaux dont la créance est née antérieurement au dépôt au greffe de la décision de l'assemblée générale extraordinaire. L'opposition doit revêtir la forme d'une assignation et être formée dans les vingt jours du dépôt au greffe (Mémento Sociétés commerciales n° 51930).

La préservation des droits des créanciers implique que le commencement des opérations de réduction du capital soit suspendu au sort des oppositions. L'opération pourra donc se dérouler :

– à l'expiration du délai de vingt jours ouvrables, à compter du dépôt au greffe du procès-verbal de l'assemblée générale extraordinaire, pour former opposition si le droit n'a été invoqué par aucun créancier ;

– après que le tribunal a statué en premier ressort dans le sens d'un rejet de la demande d'opposition ;

– après l'exécution de la décision du tribunal saisi, si celui-ci a fait droit à la demande du ou des opposants.

Dans la mesure où l'exercice de leur droit d'opposition par les créanciers n'a pas pour effet de suspendre la décision de l'assemblée ni les droits des actionnaires en découlant, il peut être prudent que l'assemblée se borne à autoriser le conseil d'administration ou le directoire à réaliser l'opération ou à prévoir que la décision de l'assemblée soit soumise à la condition suspensive de l'absence d'opposition ou à celle que les oppositions n'excèdent pas un montant déterminé (Mémento Sociétés commerciales n° 51931).

Dans les sociétés à responsabilité limitée, les textes légaux et réglementaires ne prévoient pas de mesure de protection des créanciers en cas de réduction du capital motivée par des pertes.

57617

Lorsque la réduction du capital n'est pas motivée par des pertes, les créanciers peuvent exercer un **droit d'opposition** (C. com. art. L 223-34). Les créanciers dont la créance est antérieure à la date de dépôt au greffe du procès-verbal de la délibération décidant la réduction du capital non motivée par des pertes peuvent former opposition à la décision. Cette faculté d'opposition est d'un mois à compter de la date de dépôt au greffe du procès-verbal de la décision de réduction du capital (C. com. art. R 223-35).

Publicité La copie du procès-verbal de la délibération ayant décidé ou autorisé la réduction du capital doit être déposée, dans un délai d'un mois, au greffe du tribunal de commerce.

57620

Lorsque l'opération est réalisée, la société doit procéder aux formalités requises en cas de modification des statuts, le cas échéant (voir n° 56780 et Mémento Sociétés commerciales n°s 85500 s.).

OPÉRATIONS CONCERNANT LE CAPITAL SOCIAL ET LES ÉMISSIONS DE VALEURS MOBILIÈRES © Éd. Francis Lefebvre

En cas de non-respect de l'obligation de publicité au RCS, les décisions de réduction du capital prises par l'organe compétent sur délégation de l'assemblée peuvent être annulées (C. com. art. L 225-204, al. 3).

Cas particuliers

57630 **Achat par la société de ses propres actions** Dans les sociétés par actions, l'achat par une société de ses propres actions est encadré par les articles L 225-207 à L 225-217 et L 22-10-62 du Code de commerce.

Les différents cas d'achat par une société de ses propres actions sont :
– l'achat d'un nombre déterminé d'actions en vue de les annuler (C. com. art. L 225-207) ;
– l'achat par une société dont les actions ne sont pas admises aux négociations sur un marché réglementé ou sur un système multilatéral de négociation soumis aux dispositions du II de l'article L 433-3 du Code monétaire et financier en vue de leur attribution aux salariés de la société dans le cadre de la participation au résultat, de leur attribution gratuite, de leur attribution dans le cadre de l'exercice d'options de souscription ou d'achat d'actions (C. com. art. L 225-208 modifié par loi 2019-744 du 19-7-2019). Préalablement à la publication le 21 juillet 2019 de la loi de simplification, de clarification et d'actualisation du droit des sociétés du 19 juillet 2019, les dispositions de l'article L 225-208 du Code de commerce visaient l'ensemble des sociétés par actions sans distinction ;
– l'achat d'actions par une société dont les actions sont admises aux négociations sur un marché réglementé ou sur un système multilatéral de négociation soumis aux dispositions du II de l'article L 433-3 du Code monétaire et financier (C. com. art. L 22-10-62) ;
– l'achat d'actions par une société dont les actions ne sont pas admises aux négociations sur un marché réglementé ou sur un système multilatéral de négociation soumis aux dispositions du II de l'article L 433-3 du Code monétaire et financier (C. com. art. L 225-209-2 ; voir n° 57632) ;
– l'achat d'actions à la suite d'une transmission universelle de patrimoine ou d'une décision de justice (C. com. art. L 225-213) ;
– l'achat d'un petit nombre d'actions effectué pour faciliter une augmentation du capital, une émission de valeurs mobilières donnant accès au capital, une fusion ou une scission (C. com. art. R 225-156).
Sont également prévus :
– l'achat d'actions effectué en cas de refus d'agrément d'un nouvel actionnaire (C. com. art. L 228-24) ;
– l'achat d'actions effectué en cas de nullité de la société ou d'actes et délibérations postérieurs à sa constitution (C. com. art. L 235-6).
Pour une présentation détaillée, voir CNCC NI. V Tome 1 § 1.29.1 s. ainsi que le Mémento Sociétés commerciales n°s 68910 s. et 52070 s.

Une réduction du capital par annulation des actions ainsi rachetées est possible sous certaines conditions.

Ainsi l'assemblée générale ayant décidé la réduction du capital non motivée par des pertes peut autoriser le conseil d'administration ou le directoire, dans un délai fixé (C. com. art. R 225-154), à acheter un nombre d'actions déterminé afin de les annuler (C. com. art. L 225-207). Les modalités de ce rachat sont fixées par les articles R 225-153 à R 225-158 du Code de commerce.
L'article R 22-10-39 du Code de commerce prévoit que « les dispositions des articles R 225-153 à R 225-155 et R 22-10-38 ne sont pas applicables aux opérations réalisées en application de l'article L 22-10-62 ».

57631 Dans les **sociétés dont les actions sont admises aux négociations sur un marché réglementé** (par exemple Euronext) ou sur un système multilatéral de négociation soumis aux dispositions du II de l'article L 433-3 du Code monétaire et financier (dit « SMNO », par exemple Euronext Growth), l'assemblée peut autoriser le conseil d'administration ou le directoire à acheter pour une durée maximale de dix-huit mois un nombre d'actions représentant jusqu'à 10 % du capital de la société (C. com. art. L 22-10-62, al. 1 qui remplace l'ancien article L 225-209, désormais abrogé).

Lorsque les actions sont rachetées pour favoriser la liquidité dans les conditions définies par le règlement général de l'AMF, le nombre d'actions pris en compte pour le calcul de la limite de 10 % correspond au nombre d'actions achetées, déduction faite du nombre d'actions revendues pendant la durée de l'autorisation (C. com. art. L 22-10-62, al. 2). Le conseil d'administration ou le directoire peuvent déléguer au directeur général (au président pour le directoire) ou, en accord avec ces derniers, à un ou plusieurs directeurs généraux délégués ou à un membre du directoire les pouvoirs nécessaires pour réaliser l'opération mentionnée au premier alinéa de l'article L 22-10-62 du Code de commerce (C. com. art. L 22-10-62, al. 3).

L'assemblée peut décider ou autoriser l'organe compétent à annuler les actions ainsi rachetées dans la limite de 10 % du capital de la société par périodes de vingt-quatre

© Éd. Francis Lefebvre — OPÉRATIONS CONCERNANT LE CAPITAL SOCIAL ET LES ÉMISSIONS DE VALEURS MOBILIÈRES

mois (C. com. art. L 22-10-62, al. 4 et 7). Dans ce cas, l'assemblée statue sur la base d'un rapport des commissaires aux comptes (C. com. art. L 22-10-62, dernier al.).

57632 Un dispositif analogue à celui des sociétés cotées a été introduit, par la loi de finances rectificative pour 2012, pour les **sociétés dont les actions ne sont pas admises aux négociations sur un marché réglementé** ou sur un système multilatéral de négociation soumis aux dispositions du II de l'article L 433-3 du Code monétaire et financier (C. com. art. L 225-209-2). Ce régime est présenté à la section 7 du présent chapitre (voir nᵒˢ 57800 s.).

57635 Dans les **sociétés à responsabilité limitée**, l'achat par la société de ses propres parts est interdit. Par exception, l'organe délibérant ayant décidé une réduction du capital non motivée par des pertes peut autoriser le gérant à acheter un nombre déterminé de parts sociales en vue de les annuler (C. com. art. L 223-34, al. 4).

> Les modalités de cet achat sont fixées par l'article R 223-34 du Code de commerce.
> Pour une présentation détaillée, voir CNCC NI. V Tome 1 § 1.30 s.

Réduction du capital en dessous du minimum légal

57640 Le capital social ne peut être réduit en deçà du seuil légal que si l'opération est suivie :
– d'une augmentation corrélative de capital ayant pour effet de le rehausser au niveau du minimum légal ;
– ou d'une transformation en une société de forme juridique différente dans laquelle les textes légaux et réglementaires ne prévoient pas de minimum pour le montant du capital.

> Lorsque les pertes excèdent le montant du capital, ce dernier peut être réduit à zéro à condition que la réduction soit suivie d'une augmentation suffisante (voir nᵒ 57648).

La réduction du capital à un montant inférieur au seuil légal est sanctionnée par la possibilité pour toute personne intéressée de demander au tribunal de commerce de prononcer la dissolution de la société sur le fondement de l'article L 224-2, alinéa 2 du Code de commerce. Cette mesure sera toutefois écartée si, au jour du jugement, la situation est régularisée.

> Dans les SAS (depuis la loi LME du 4 août 2008) ainsi que les SARL (depuis l'entrée en vigueur de la loi 2003-721 sur l'initiative économique), le montant du capital social est librement fixé par les statuts.

« Coup d'accordéon »

57645 Afin d'absorber des pertes antérieurement constatées, il est d'usage que les sociétés procèdent à une augmentation du capital suivie d'une réduction du capital. Cette opération est communément appelée « coup d'accordéon ».
Cette opération a pour objectif de faire disparaître les pertes figurant en report à nouveau débiteur et donc incluses à ce titre dans les capitaux propres. On distingue deux cas :
– **capitaux propres positifs** : le mécanisme consiste à augmenter le capital par incorporation de réserves du montant des pertes puis de réduire le capital de ce même montant afin de les apurer ;

> Ce procédé ne modifie pas le montant des capitaux propres mais fait disparaître le report à nouveau débiteur.

– **capitaux propres négatifs** : il faut alors reconstituer les capitaux propres en augmentant le capital en numéraire à hauteur du montant des pertes, soit par apport en espèces, soit par compensation de créances. L'opération est suivie d'une réduction du capital afin d'apurer les pertes.

> Lorsque le « coup d'accordéon » survient dans les sociétés dont les titres sont admis aux négociations sur un marché réglementé, l'AMF se réserve le droit de demander à la société de nommer un expert indépendant pour apprécier l'équité de la contribution demandée aux actionnaires au regard de celle demandée aux autres partenaires de la société devant contribuer au plan de restructuration de la société (Bull. COB décembre 1994 p. 74).

57648 Lorsque **le montant des pertes excède le capital et les réserves**, il est fréquent que les sociétés procèdent à un « coup d'accordéon » à l'envers, consistant à réduire leur capital à un montant inférieur au minimum légal, réglementaire ou statutaire, voire à un montant nul, avant de procéder à une nouvelle augmentation du capital. Cette opération est acceptable dès lors qu'elle n'a lieu que pendant un instant de raison, et à la condition de ne pas constituer un abus de majorité. Elle n'est dès lors possible que sous la condition suspensive d'une augmentation du capital destinée à rétablir le montant minimum légal,

1315

OPÉRATIONS CONCERNANT LE CAPITAL SOCIAL ET LES ÉMISSIONS DE VALEURS MOBILIÈRES © Éd. Francis Lefebvre

réglementaire ou statutaire, explicitement mentionnée dans le rapport de l'organe compétent à l'organe délibérant et dans le texte des résolutions proposées à la réunion de l'organe délibérant devant statuer sur la réduction du capital (CNCC NI. V Tome 1 § 3.4).

La **réduction du capital à zéro** aboutit à exclure de la société tous les associés anciens, qui disposent toutefois, en principe (Cass. com. 18-6-2002 : RJDA 10/02 n° 1038 ; Bull. Joly 2002 § 259 p. 1221), d'un droit préférentiel à la souscription des actions nouvelles, si l'augmentation est réalisée par apport en numéraire, afin qu'ils puissent, s'ils le souhaitent, rester dans la société pour participer à sa recapitalisation.

Selon la Cour de cassation, si l'opération a pour objet d'assurer la pérennité de l'entreprise, elle n'est pas contraire à l'intérêt social et ne peut être considérée comme portant atteinte aux droits des actionnaires, dans la mesure où elle place les minoritaires et les majoritaires dans la même situation et où elle ne fait que sanctionner leur obligation de contribuer aux pertes dans la limite de leurs apports. Cependant, l'opération est annulable si elle est constitutive d'un abus de majorité. Tel est le cas si elle n'a pas eu pour seul objectif de satisfaire à l'obligation légale de recapitaliser la société mais a aussi permis de ne pas honorer des engagements pris envers le cédant (Cass. com. 28-2-2006 : Dr. sociétés 2006 n° 75, H. Hovasse). Le maintien du droit préférentiel de souscription n'est aucunement imposé par les textes, même concomitamment à une réduction du capital à zéro (S. Sylvestre, note sous Cass. com. 18-6-2002 : Bull. Joly 2002 § 259 p. 1221).

57650 **Perte de la moitié du capital social** Dans les sociétés par actions et dans les sociétés à responsabilité limitée, en application respectivement des articles L 225-248 et L 223-42 du Code de commerce, la société est tenue, au plus tard à la clôture du deuxième exercice suivant celui au cours duquel la constatation des pertes est intervenue, de réduire son capital d'un montant au moins égal à celui des pertes qui n'ont pas pu être imputées sur les réserves, si, dans ce délai, les capitaux propres n'ont pas été reconstitués à concurrence d'une valeur au moins égale à la moitié du capital social (voir n° 61312).

B. Intervention du commissaire aux comptes

Nature de l'intervention

57680 **Textes applicables** L'intervention du commissaire aux comptes, s'il en existe un, est impérative en cas de réduction du capital, quelles que soient les modalités de cette réduction, et résulte :

– pour les sociétés par actions des articles L 225-204, al. 2 modifié (Loi 2019-486 du 22-5-2019, dite Pacte, art. 20 V) et R 225-156, al. 3 du Code de commerce (voir n° 56602) ;

– pour les SARL de l'article L 223-34 du Code de commerce lorsque le commissaire aux comptes de l'entité a été désigné pour un mandat de six exercices. En revanche, les dispositions de l'article L 223-34 du Code de commerce ne s'appliquent pas lorsque le commissaire aux comptes a été désigné pour un mandat de trois exercices conformément aux dispositions de l'article L 823-3-2 du Code de commerce (C. com. art. L 823-12-1, al. 2 modifié par la loi Pacte).

Pour les sociétés anonymes cotées ayant décidé de l'achat d'une partie de leurs actions, l'annulation de ces dernières devra, en outre, être précédée d'un rapport établi par le commissaire aux comptes, à destination des actionnaires (C. com. art. L 22-10-62).

Dans les **entités autres que les sociétés par actions et les sociétés à responsabilité limitée**, en l'absence de texte légal ou réglementaire, des dispositions statutaires peuvent prévoir l'intervention du commissaire aux comptes en cas de réduction de leur capital. Par ailleurs, en l'absence de dispositions statutaires l'entité peut demander au commissaire aux comptes d'intervenir. Dans ces deux hypothèses, jusqu'au 16 juin 2016 le commissaire aux comptes examinait et mettait en œuvre la demande de l'entité au regard des NEP relatives aux diligences directement liées à la mission, et notamment de la NEP 9030 « Attestations entrant dans le cadre de diligences directement liées à la mission de commissaire aux comptes » (CNCC NI. V Tome 1 § 1.21). Depuis le 17 juin 2016, le concept de DDL ayant été supprimé à la suite de la réforme de l'audit, le commissaire aux comptes peut intervenir à la demande de l'entité dans le cadre des services autres que la certification des comptes (SACC) réalisés à la demande de l'entité sous réserve du respect des dispositions relatives à son indépendance (voir n°s 3739 s.).

Les modalités pratiques de réalisation des attestations sont dorénavant définies par l'avis technique « Attestations entrant dans le cadre des services autres que la certification des comptes fournis à la demande de l'entité » joint en annexe 3 du communiqué CNCC précité de juillet 2016 : voir n° 68100.

1316

Conditions d'intervention Les conditions d'intervention du commissaire aux comptes sont décrites dans le tome 1 « Réduction du capital » de la note d'information n° V « Les interventions du commissaire aux comptes relatives aux opérations concernant le capital social et les émissions de valeurs mobilières » de la CNCC publiée en juillet 2010 et mise à jour en décembre 2011.

57685

L'intervention du commissaire aux comptes a pour but d'examiner si les causes et les conditions de l'opération de réduction du capital envisagée sont régulières (C. com. art. L 225-204). Dans ce cadre, le commissaire aux comptes doit notamment s'assurer que l'égalité entre les actionnaires est respectée (sauf dans le cas des Sasu et des EURL).

57688

Travaux du commissaire aux comptes

Planification des contrôles
Dans les sociétés par actions, les textes légaux et réglementaires ne prévoient pas de délai pour la communication du projet de réduction du capital aux commissaires aux comptes. Le projet de réduction du capital doit être transmis au commissaire aux comptes par les dirigeants sociaux dans un délai lui permettant d'effectuer ses contrôles, sachant que son rapport doit être mis à disposition des actionnaires à compter de la date de convocation et au moins quinze jours avant la réunion de l'assemblée générale devant statuer sur l'opération (délai passant à 21 jours pour les sociétés dont les actions sont « cotées » – voir n° 57735).
Dans les SARL, en application de l'article R 223-33 du Code de commerce, le projet de résolution du capital est communiqué au commissaire aux comptes quarante-cinq jours au moins avant la date de réunion de l'assemblée des associés appelée à statuer sur le projet.

57700

Analyse de l'opération
Le commissaire aux comptes vérifie si les causes et les conditions de l'opération de réduction du capital sont régulières et conformes aux dispositions applicables.

57705

Contrôle du respect de l'égalité entre les actionnaires ou associés
Le commissaire aux comptes doit également mettre en œuvre les diligences lui permettant de s'assurer que l'opération ne porte pas atteinte à l'égalité entre les actionnaires ou associés.

57710

Voir également n° 57610.

On rappelle qu'en cas de réduction du capital dans une **Sasu** ou dans une **EURL**, le concept d'égalité des actionnaires ou des associés ne peut trouver à s'appliquer.
Par ailleurs, diverses opérations de réduction du capital ne sont que la conséquence, éventuellement imposée par les textes légaux et réglementaires, de l'achat d'actions effectué à des fins ou dans des circonstances déterminées. De ce fait, ces opérations de réduction du capital **ne sont pas de nature à porter atteinte à l'égalité des actionnaires**.

Il s'agit des réductions du capital par l'annulation des actions, notamment :
– acquises dans le cadre des dispositions de l'article L 22-10-62 du Code de commerce (achat par une société dont les actions sont admises aux négociations sur un marché réglementé, ou par une société par actions dont les actions ne sont pas admises aux négociations sur un marché réglementé en vue de leur attribution aux fins mentionnées à l'article L 3332-1 du Code du travail) ;
– reçues dans le cadre d'une opération de fusion ou assimilée ou d'une décision de justice et annulées en application de l'article L 225-213 du Code de commerce ;
– acquises dans le cadre de l'article L 225-208 du Code de commerce (achat en vue de l'attribution aux salariés de la société dans le cadre de la participation au résultat, de l'attribution gratuite, de l'attribution dans le cadre de l'exercice d'options d'achat ou de souscription d'actions) et annulées en application de l'article L 225-214 du même Code ;
– acquises en application des dispositions de l'article L 235-6 du même Code (en cas de nullité de la société ou d'actes et délibérations postérieurs à sa constitution).

Enfin, en cas d'achat d'un petit nombre d'actions pour les annuler, en vue de faciliter une augmentation du capital, une émission de valeurs mobilières donnant accès au capital, une fusion ou une scission (C. com. art. R 225-156), les textes légaux et réglementaires écartent l'application des dispositions relatives à l'obligation de faire l'offre d'achat à tous les actionnaires et les formalités de publicité s'y rapportant. Ces conditions spécifiques permettent de réaliser ces opérations en dérogeant au principe d'égalité des actionnaires ou associés (CNCC NI. V Tome 1 § 2.23.2).

OPÉRATIONS CONCERNANT LE CAPITAL SOCIAL ET LES ÉMISSIONS DE VALEURS MOBILIÈRES © Éd. Francis Lefebvre

57713 **Contrôle du montant du capital** Lorsque l'opération est réalisée en application de l'article L 225-204 ou de l'article L 223-34 du Code de commerce, le commissaire aux comptes, lorsqu'il en existe, vérifie en particulier que la réduction ne ramène pas le montant du capital en deçà du **capital minimum** ressortant des textes légaux, réglementaires ou statutaires.

> Pour plus d'informations concernant les dispositions relatives au capital minimum, voir CNCC NI. V Tome 1 § 1.35.
> Dans l'hypothèse où le projet de réduction du capital conduirait à un capital d'un montant inférieur au minimum légal, réglementaire ou statutaire, si ce n'est à un montant nul, voir nᵒˢ 57640 s.

57715 **Diligences spécifiques en cas de réduction du capital motivée par des pertes** Lorsqu'une réduction du capital est décidée en considération de pertes certaines, mais issues de comptes non encore approuvés par l'organe délibérant, ou de pertes prévisionnelles, et affectée au compte prime d'émission ou au compte de réserve spéciale, le commissaire aux comptes vérifie que le montant de la réduction, qui excède les pertes des exercices antérieurs approuvés par l'organe délibérant, est cohérent avec les pertes de l'exercice non encore approuvées par l'organe délibérant, et celles prévisionnelles de l'exercice en cours (CNCC NI. V Tome 1 § 2.23.4 ; voir nᵒ 57570).

57717 **Diligences spécifiques en cas de réduction du capital par annulation d'actions achetées** Lorsque la réduction de capital résulte d'annulation d'actions achetées, le commissaire aux comptes doit vérifier que les dispositions légales et réglementaires ont bien été respectées, par exemple :
– lorsque la réduction du capital intervient **dans le cadre de l'article L 225-207 du Code de commerce** (voir nᵒ 57630), le commissaire aux comptes contrôle que l'offre d'achat des actions à annuler est faite à tous les actionnaires et vérifie que les dispositions relatives au droit d'opposition des créanciers sont respectées. À ce titre, il peut, par exemple, demander une copie de l'avis inséré dans un journal d'annonces légales (CNCC NI. V Tome 1 § 2.23.6) ;
– lorsque la réduction du capital résulte de l'annulation d'actions achetées **dans le cadre des dispositions prévues par l'article L 22-10-62 du Code de commerce** (voir nᵒ 57631), le commissaire aux comptes vérifie que l'organe délibérant a autorisé l'organe compétent à acheter un nombre d'actions représentant jusqu'à 10 % du capital de la société. En application des dispositions de l'article R 225-151 du Code de commerce, le plafond de l'opération est fixé en nombre maximal de titres et en montant maximal. Le commissaire aux comptes vérifie également que l'annulation des actions s'inscrit dans le cadre des finalités de l'achat définies par l'organe délibérant et dans la limite de 10 % du capital de la société par périodes de vingt-quatre mois.

> Pour une présentation détaillée des diligences à mener dans les différents cas de réduction du capital par annulation d'actions achetées, voir CNCC NI. V Tome 1 § 2.23.6 s.

Établissement et communication du rapport

57720 **Contenu du rapport** Le rapport établi par le commissaire aux comptes sur la réduction du capital comporte les informations suivantes (CNCC NI. V Tome 1 § 2.31) :
– un intitulé ;
– les destinataires du rapport ;
– un paragraphe d'introduction comportant :
• le rappel de sa qualité de commissaire aux comptes,
• le rappel du texte légal ou réglementaire applicable à la réduction du capital envisagée,
• les objectifs de son intervention ;
– le cas échéant, un paragraphe décrivant le contexte et les principales modalités de l'opération (voir nᵒ 57725) ;
– un paragraphe portant sur les travaux effectués et comportant :
• une référence à la doctrine de la Compagnie nationale des commissaires aux comptes relative à cette mission,
• une description des diligences mises en œuvre ;
– une conclusion formulée sous la forme d'absence d'observation, ou au contraire d'observations, à exprimer sur les causes et conditions de l'opération. Lorsque la réduction du capital est effectuée en application de l'article R 225-156, la conclusion formulée

© Éd. Francis Lefebvre — OPÉRATIONS CONCERNANT LE CAPITAL SOCIAL ET LES ÉMISSIONS DE VALEURS MOBILIÈRES

sous la forme d'absence d'observation, ou au contraire d'observations, porte également sur l'opportunité et les modalités de l'achat d'actions envisagé ;
– le cas échéant, la mention des irrégularités ;
– la date du rapport ;
– l'adresse et l'identification du (des) signataire(s) du rapport.

La note d'information CNCC propose 10 exemples de rapports (CNCC NI. V Tome 1 § 4.1).

Paragraphe relatif au contexte et aux principales modalités de l'opération Le paragraphe décrivant **le contexte et les principales modalités de l'opération** de réduction du capital est inséré dans le rapport du commissaire aux comptes lorsqu'il le juge utile et pour autant que les conditions ci-dessous décrites soient respectées. Ce paragraphe a pour objectif de rappeler aux membres de l'organe délibérant, le cas échéant, les circonstances particulières, décrites dans le rapport de l'organe compétent à l'organe délibérant, dans lesquelles la réduction du capital s'inscrit. Conformément à la doctrine constante de la CNCC, le commissaire aux comptes ne peut pas être un dispensateur d'informations. De ce fait, il ne peut, dans ce paragraphe, faire état d'une information qui n'aurait pas été préalablement communiquée par l'organe compétent à l'organe délibérant (CNCC NI. V Tome 1 § 2.33.4). **57725**

Ce paragraphe est susceptible d'être utilisé, notamment dans les cas ci-après :
– réduction du capital motivée par des pertes supportée par un actionnaire/associé ou un bloc d'actionnaires/d'associés ;
– réduction du capital motivée par des pertes, incluant des pertes futures ;
– réduction du capital ayant pour effet de ramener le capital à un montant inférieur au minimum légal, statutaire ou réglementaire, sous condition suspensive d'une augmentation du capital ;
– réduction du capital déléguée à l'organe compétent ;
– réduction du capital, par annulation d'actions achetées dans le cadre de l'article L 22-10-62 du Code de commerce, déléguée à l'organe compétent ;
– réduction du capital par annulation d'un nombre déterminé d'actions acquises en application de l'article L 225-207 du Code de commerce ;
– réduction du capital dans une société par actions en application de l'article L 225-214 du Code de commerce (annulation d'actions acquises en application des dispositions de l'article L 225-208, en vue de les attribuer aux salariés, et non attribuées dans le délai d'un an) ;
– réduction du capital par annulation dans les conditions prévues à l'article L 225-213 du Code de commerce ;
– réduction du capital par annulation d'un petit nombre d'actions acquises en vue de les annuler pour faciliter une opération financière (article R 225-156 du Code de commerce) ;
– réduction du capital par annulation d'actions acquises dans les conditions prévues à l'article L 235-6 du Code de commerce (nullité de la société ou d'actes et délibérations postérieurs à sa constitution) ;
– réduction du capital par annulation d'un nombre déterminé de parts acquises dans les conditions prévues à l'article L 223-34 du Code de commerce en vue de les annuler.
Pour l'ensemble de ces situations la CNCC donne, au § 2.33.4 de la note d'information CNCC n° V, des propositions de formulations.

Mentions des irrégularités En application de l'article L 823-12 du Code de commerce, le commissaire aux comptes signale à la plus prochaine réunion de l'organe délibérant les irrégularités et inexactitudes relevées au cours de l'accomplissement de sa mission. **57730**
Dès lors que l'irrégularité concerne les modalités de mise en œuvre et d'application des textes légaux et réglementaires relatifs aux opérations sur le capital, elle est signalée dans le rapport du commissaire aux comptes relatif à l'opération.

Date et communication du rapport Le rapport du commissaire aux comptes est daté du jour de l'achèvement des travaux (CNCC NI. V Tome 1 § 2.32). **57735**
Dans les **sociétés par actions**, dont les actions ne sont pas admises aux négociations sur un marché réglementé, en application de l'article R 225-150 du Code de commerce, le rapport du commissaire aux comptes est adressé aux actionnaires ou mis à leur disposition quinze jours au moins avant la réunion de l'assemblée appelée à statuer sur l'opération.

En cas de mise à disposition tardive du rapport du commissaire aux comptes dans une société anonyme ou une société en commandite par actions, se référer au paragraphe 1.33.1 du tome 1 de la NI. V.

Dans les sociétés par actions dont les actions sont admises aux négociations sur un marché réglementé, en application de l'article R 22-10-23 du Code de commerce, la

1319

OPÉRATIONS CONCERNANT LE CAPITAL SOCIAL ET LES ÉMISSIONS DE VALEURS MOBILIÈRES © Éd. Francis Lefebvre

société doit publier au plus tard vingt et un jours avant l'assemblée, sur son site Internet, diverses informations incluant notamment le rapport de l'organe compétent et le rapport du commissaire aux comptes.

Ainsi, les rapports doivent être établis à compter de la convocation et au minimum vingt et un jours avant l'assemblée.

Dans les **sociétés à responsabilité limitée** autres qu'unipersonnelles, l'article R 223-19 du Code de commerce prévoit, en cas de convocation d'une assemblée autre que l'assemblée annuelle, la communication du rapport du commissaire aux comptes aux associés au moins quinze jours avant la date de l'assemblée.

Dans les **EURL**, les dispositions de l'article R 223-19 du Code de commerce n'étant pas applicables, le rapport est daté du jour de l'achèvement des travaux, sans que cette date soit nécessairement antérieure de quinze jours à celle prévue pour la décision de l'associé unique.

57740 **Absence de rapport du commissaire aux comptes** Selon la Cour de cassation, « les dispositions de l'article L 225-204, alinéa 2 du Code de commerce, qui prévoient l'établissement d'un rapport par le commissaire aux comptes sur les causes et conditions de la réduction du capital et sa communication aux actionnaires préalablement à la tenue de l'assemblée générale, ne sont pas prescrites à peine de nullité » (Cass. com. 15-3-2017 n° 15-50.021 : Bull. CNCC n° 186-2017 note Ph. Merle, Bull. Joly 2017 p. 311 note J.-F. Barbièri). Cette solution est cependant critiquée par la doctrine qui regrette que le droit à l'information des actionnaires soit ainsi réduit à néant à l'occasion d'une opération qui peut avoir des conséquences fâcheuses pour eux.

SECTION 7

Rachat d'actions en application des dispositions de l'article L 225-209-2 du Code de commerce

57800 La loi de finances rectificative pour 2012 (Loi 2012-354 du 14-3-2012) a élargi les possibilités pour les sociétés dont les actions ne sont pas admises aux négociations sur un marché réglementé ou sur un système multilatéral de négociation soumis aux dispositions du II de l'article L 433-3 du Code monétaire et financier (SMNO) de procéder au rachat de leurs propres actions (C. com. art. L 225-209-2). Ce régime est applicable depuis la publication du décret relatif à la mission de l'expert indépendant (Décret 2014-543 : JO 26-5-2014).

Ce programme de rachat d'actions est inspiré de celui prévu pour les sociétés dont les actions sont admises aux négociations sur un marché réglementé (Euronext, par exemple : voir n° 41060 s.) ou sur un système multilatéral de négociation soumis aux dispositions du II de l'article L 433-3 du Code monétaire et financier (Euronext Growth, par exemple : voir n° 41110 s.). Voir également n° 57631.

Ce régime s'ajoute aux dispositions préexistantes pour les opérations de rachat en vue de leur attribution aux salariés, prévues à l'article L 225-208 du Code de commerce, ou en vue de les annuler, prévues à l'article L 225-207 du Code de commerce (n° 57630).

57801 La loi précitée prévoit deux interventions du commissaire aux comptes :
– l'une à l'occasion de l'assemblée appelée à décider ou à autoriser le rachat des actions ;

La loi Pacte du 22 mai 2019 a modifié l'alinéa 11 de l'article L 225-209-2 du Code de commerce pour prévoir la désignation d'un commissaire aux comptes à l'effet de réaliser cette mission lorsque l'entité n'a pas désigné de commissaire aux comptes pour une mission de certification des comptes (voir n° 57830).

– l'autre à l'occasion de l'assemblée générale annuelle.

Une bonne compréhension des modalités du nouveau dispositif est nécessaire (n° 57810) pour déterminer les diligences à mettre en œuvre par le commissaire aux comptes et pour l'établissement de ses rapports (n° 57900).

1320

La CNCC a publié trois avis techniques concernant le rachat d'actions en application des dispositions de l'article L 225-209-2 du Code de commerce :
– avis technique relatif à la mission de l'expert indépendant ;
– avis technique relatif à l'intervention du commissaire aux comptes lors de la réunion ordinaire de l'organe délibérant appelé à autoriser le rachat d'actions ;
– avis technique relatif à l'intervention du commissaire aux comptes sur les conditions dans lesquelles les actions ont été rachetées et utilisées au cours du dernier exercice clos.

A. Principales modalités

Nature de l'opération

Finalités du rachat Les sociétés dont les actions ne sont pas admises aux négociations sur un marché réglementé ou sur Euronext Growth peuvent être autorisées à racheter leurs propres actions pour les offrir ou les attribuer :
– **dans l'année de leur rachat** et dans la limite de 10 % du capital de la société, aux bénéficiaires d'une opération mentionnée à l'article L 225-208 (voir n° 57630) ou intervenant dans le cadre des articles L 3332-1 et suivants du Code du travail relatifs au plan d'épargne d'entreprise (C. com. art. L 225-209-2, al. 2 et 6) ;
– **dans les deux ans de leur rachat** et dans la limite de 5 % du capital de la société, en paiement ou en échange d'actifs acquis par la société dans le cadre d'une opération de croissance externe, de fusion, de scission ou d'apport (C. com. art. L 225-209-2, al. 3 et 7) ;
– **dans les cinq ans de leur rachat** et dans la limite de 10 % du capital de la société, aux actionnaires qui manifesteraient à la société l'intention de les acquérir à l'occasion d'une procédure de mise en vente organisée par la société elle-même dans les trois mois qui suivent chaque assemblée générale ordinaire annuelle (C. com. art. L 225-209-2, al. 4 et 6).
L'assemblée générale ordinaire précise les finalités de l'opération. Elle peut autoriser le conseil d'administration ou le directoire, selon le cas, à utiliser les actions rachetées pour une autre des finalités prévues à l'article L 225-209-2, al. 8 modifié par la loi 2019-744 du 19 juillet 2019 applicable à compter de l'entrée en vigueur de ladite loi, soit le 21 juillet 2019.

57810

Sort des actions rachetées À défaut d'avoir été utilisées pour l'une des finalités prévues et dans les délais impartis, les actions rachetées sont annulées de plein droit (C. com. art. L 225-209-2, al. 10).
À tout moment, les actions rachetées peuvent être annulées dans la limite de 10 % du capital de la société par périodes de vingt-quatre mois. Dans ce cas, la réduction de capital est autorisée ou décidée par l'assemblée générale extraordinaire qui peut déléguer au conseil d'administration ou au directoire, selon le cas, tous pouvoirs pour la réaliser (C. com. art. L 225-209-2, al. 15).

57815

Règles de mise en œuvre

Sociétés concernées L'article L 225-209-2 du Code de commerce vise les sociétés anonymes, les sociétés en commandite par actions (sur renvoi de l'art. L 226-2) et les sociétés par actions simplifiées (sur renvoi de l'art. L 227-3) dont les actions ne sont pas admises aux négociations sur un marché réglementé ou sur un système multilatéral de négociation qui se soumet aux dispositions législatives ou réglementaires visant à protéger les investisseurs contre les opérations d'initiés, les manipulations de cours et la diffusion de fausses informations.

57820

Nomination d'un expert indépendant L'alinéa 11 de l'article L 225-209-2 du Code de commerce indique que « l'assemblée générale ordinaire statue au vu d'un rapport établi par un expert indépendant, dans des conditions définies par décret en Conseil d'État [...] ».
L'article R 225-160-1 du même Code précise que « l'expert mentionné à l'article L 225-209-2 est désigné à l'unanimité des actionnaires ou, à défaut, par le président du tribunal de commerce statuant sur requête à la demande des dirigeants sociaux ».
Par ailleurs, cet article indique que l'expert « est choisi parmi les commissaires aux comptes inscrits sur la liste prévue au I de l'article L 822-1 ou parmi les experts inscrits sur les

57825

1321

OPÉRATIONS CONCERNANT LE CAPITAL SOCIAL ET LES ÉMISSIONS DE VALEURS MOBILIÈRES © Éd. Francis Lefebvre

listes établies par les cours et tribunaux. Il ne doit pas présenter avec la société des liens portant atteinte à son indépendance au sens de l'article L 822-11-3 ».

La CNCC considère que le commissaire aux comptes de la société concernée ne peut pas effectuer la mission de l'expert indépendant visée aux articles L 225-209-2 et R 225-160-1 du Code de commerce sans enfreindre les interdictions figurant à l'article 18 du Code de déontologie de la profession de commissaire aux comptes mis à jour avec le décret 2020-292 du 21 mars 2020 (Bull. CNCC n° 176-2014 p. 537, avis technique CNCC – Mission de l'expert indépendant en application des dispositions de l'article L 225-209-2 – p. 8).

57827 **Rapport de l'expert** Le rapport de l'expert indique les modalités d'évaluation adoptées pour déterminer la valeur minimale et la valeur maximale du prix de rachat de ces actions et les motifs pour lesquels elles ont été retenues (C. com. art. R 225-160-2).

Pour plus de précisions sur la mission de l'expert indépendant (démarche, acceptation de la mission, travaux, exemple de rapport...), il convient de se reporter à l'avis technique CNCC relatif à cette intervention (Bull. CNCC n° 176-2014 p. 537).

Le rapport de l'expert est déposé au siège social quinze jours au moins avant la date de l'assemblée générale appelée à se prononcer sur le rachat. Il est tenu **à la disposition** des actionnaires et **des commissaires aux comptes** qui peuvent en prendre connaissance ou obtenir la délivrance d'une copie intégrale ou partielle (C. com. art. R 225-160-3).

57830 **Décision** L'assemblée générale ordinaire statue au vu d'un rapport établi par un expert indépendant et sur un rapport spécial des commissaires aux comptes de la société, ou, si la société n'a pas désigné de commissaire aux comptes pour une mission de certification des comptes, d'un commissaire aux comptes désigné à cet effet selon les modalités prévues aux articles L 225-228 ou/et L 22-10-66 du Code de commerce (C. com. art. L 225-209-2, al. 11 modifié par la loi Pacte).

L'assemblée précise les finalités de l'opération (voir n° 57810). Elle définit le nombre maximal d'actions dont elle autorise l'acquisition, le prix ou les modalités de fixation du prix ainsi que la durée de l'autorisation, qui ne peut excéder douze mois (C. com. art. L. 225-209-2, al. 8).

57835 **Délégation** Le conseil d'administration peut déléguer au directeur général ou, en accord avec ce dernier, à un ou plusieurs directeurs délégués les pouvoirs nécessaires pour réaliser ces opérations. Le directoire peut déléguer à son président ou, avec son accord, à un ou plusieurs de ses membres les pouvoirs nécessaires à l'effet de les réaliser (C. com. art. L 225-209-2, al. 13).

Par ailleurs, les personnes désignées rendent comptent au conseil d'administration ou au directoire de l'utilisation faite de ce pouvoir dans les conditions prévues par ces derniers (C. com. art. L 225-209-2, al. 13).

57840 **Rapport à l'assemblée** L'article L 225-209-2 du Code de commerce ne prévoit pas que l'assemblée qui décide ou autorise le rachat par la société de ses propres actions statue sur rapport du conseil d'administration (ou du directoire).

Pour autant, selon la CNCC, il paraît prudent, notamment du fait de la nécessité d'expliquer aux actionnaires les raisons pour lesquelles il leur est demandé d'approuver l'autorisation de rachat d'actions, que le conseil d'administration (ou le directoire) « établisse un document écrit (rapport, exposé des motifs, projets de texte de résolutions, projets de procès-verbal des décisions de l'organe délibérant...) comportant les informations nécessaires à la prise de décision des actionnaires, incluant notamment, le prix ou les modalités de sa fixation dans la fourchette donnée par l'expert indépendant » (Bull. CNCC n° 196-2019, avis technique CNCC – octobre 2019 – p. 9).

57845 **Prix de rachat** L'assemblée générale ordinaire, sur la base du rapport de l'expert (voir n° 57827) et du rapport du commissaire aux comptes (voir n°s 57900 s.), fixe le prix ou les modalités de fixation du prix de rachat des actions (C. com. art. L 225-209-2, al. 8 et 11).

L'alinéa 12 de l'article L 225-209-2 du Code de commerce précise que le prix des actions ne peut, **à peine de nullité**, être supérieur à la valeur la plus élevée, ni inférieur à la valeur la moins élevée figurant dans le rapport d'évaluation de l'expert indépendant communiqué à l'assemblée générale.

1322

Conditions du rachat Le rachat par la société de ses propres actions doit être réalisé dans le respect des conditions de rachat prévues à l'article L 225-209-2 du Code de commerce. Ainsi :

– le nombre d'actions achetées ne doit pas dépasser les plafonds prévus selon les finalités du rachat (voir n° 57810) ;
– le prix des actions achetées doit être compris dans la fourchette fixée par l'expert indépendant (voir n° 57845) ;
– le prix des actions rachetées doit être acquitté au moyen d'un prélèvement sur les réserves dont l'assemblée générale a la disposition en vertu du deuxième alinéa de l'article L 232-11 du Code de commerce (C. com. art. L 225-209-2, al. 9).

> À noter qu'une société ne peut concrètement acquitter le prix de rachat de ses actions par prélèvement sur les réserves. Le paiement de ce prix ne peut être réalisé que par l'utilisation de la trésorerie dont elle dispose.
> En conséquence, la CNCC estime qu'à défaut de pouvoir respecter à la lettre le mode opératoire décrit au neuvième alinéa de l'article L 225-209-2 du Code de commerce, il convient de se référer à l'esprit du texte. Le paiement du prix des actions achetées par prélèvement sur les réserves dont l'assemblée générale a la disposition suppose que le montant desdites réserves soit au moins égal au prix à payer pour l'achat des actions. Selon la CNCC, une société ne peut donc acheter ses propres actions, en application de l'article précité, que si elle possède, lors de l'exercice de l'autorisation de rachat, des réserves, dont l'organe délibérant a la disposition, d'un montant au moins égal au prix des actions achetées (Bull. CNCC n° 196-2019, avis technique CNCC – octobre 2019 – p. 6 s.).

Avant l'entrée en vigueur de la loi de simplification, de clarification et d'actualisation du droit des sociétés (Loi 2019-744 du 19-7-2019), ces opérations ne pouvaient porter, en aucun cas, atteinte à l'égalité des actionnaires (C. com. art. L 225-209-2, al. 17). Cette disposition a été supprimée par la loi précitée.

> Jusqu'alors la doctrine constante de la CNCC recommandait que la société propose le rachat et la revente d'actions à tous les actionnaires détenteurs de la catégorie d'actions concernées, au même prix pour tous, pour une date d'opération donnée et qu'elle prévoie un mécanisme équitable de réduction proportionnelle des offres ou des demandes en cas de réponses excédant l'offre de rachat ou l'offre de vente (Avis technique CNCC, dans sa version de janvier 2015 – p. 7 s.).
> Elle précisait cependant qu'un accord unanime des actionnaires ou bien un mécanisme de renonciations individuelles permettrait également le respect de l'égalité entre les actionnaires.
> Dans ces conditions aucun actionnaire ne serait lésé, chacun ayant la possibilité soit de renoncer individuellement, soit d'acheter, soit de vendre, à des conditions identiques à une date donnée pour tous les détenteurs d'une même catégorie d'actions.
> Si ces conditions n'étaient pas respectées, la CNCC estimait que le principe d'égalité entre les actionnaires serait rompu. Le commissaire aux comptes serait alors dans l'obligation, après s'en être entretenu avec l'organe compétent de l'entité, de signaler cette irrégularité à l'organe délibérant statuant sur l'opération concernée.

Conditions de la détention La société doit également respecter les **règles de droit commun relatives aux acquisitions par une société de ses propres actions**, fixées notamment par l'article L 225-210 du Code de commerce. Ainsi :

– la société ne peut posséder, directement ou par l'intermédiaire d'une personne agissant en son propre nom, mais pour le compte de la société, plus de 10 % du total de ses propres actions, ni plus de 10 % d'une catégorie déterminée (C. com. art. L 225-210, al. 1) ;
– ces actions doivent être mises sous la forme nominative, à l'exception des actions rachetées pour favoriser la liquidité des titres de la société, et entièrement libérées lors de l'acquisition. À défaut, les membres du conseil d'administration ou du directoire, selon le cas, sont tenus, dans les conditions prévues à l'article L 225-251 et au premier alinéa de l'article L 225-256 de libérer les actions (C. com. art. L 225-210, al. 1) ;
– l'acquisition d'actions de la société ne peut avoir pour effet d'abaisser les capitaux propres à un montant inférieur à celui du capital augmenté des réserves non distribuables (C. com. art. L 225-210, al. 2) ;

> À noter, les réserves non distribuables comprennent la réserve légale et s'il en existe les réserves statutaires.

– la société doit disposer de réserves, autres que la réserve légale, d'un montant au moins égal à la valeur de l'ensemble des actions qu'elle possède (C. com. art. L 225-210, al. 3) ;

> Pour des précisions, voir Mémento Sociétés commerciales n°s 68920 s.
> Par ailleurs, la Commission des études juridiques de la CNCC estime que si les capitaux propres sont inférieurs à la moitié du capital, la société ne peut pas procéder à l'acquisition de ses actions (Bull. CNCC n° 134-2004 p. 352).

OPÉRATIONS CONCERNANT LE CAPITAL SOCIAL ET LES ÉMISSIONS DE VALEURS MOBILIÈRES © Éd. Francis Lefebvre

– les actions possédées par la société ne donnent pas droit aux dividendes et sont privées de droits de vote (C. com. art. L 225-210, al. 4) ;

– en cas d'augmentation du capital par souscription d'actions en numéraire, la société ne peut exercer par elle-même le droit préférentiel de souscription. L'assemblée générale peut décider de ne pas tenir compte de ces actions pour la détermination des droits préférentiels de souscription attachés aux autres actions. À défaut, les droits attachés aux actions possédées par la société doivent être, avant la clôture du délai de souscription, soit vendus en bourse, soit répartis entre les actionnaires au prorata des droits de chacun (C. com. art. L 225-210, al. 5).

Par ailleurs, la société a l'obligation de tenir un registre des achats et des ventes effectués en application de l'article L 225-209-2 du Code de commerce (C. com. art. L 225-211, al. 1).

57870 **Rapport de gestion** L'article L 225-211, alinéa 2 du Code de commerce indique que le conseil d'administration (ou le directoire) doit mentionner dans son rapport de gestion plusieurs informations relatives aux achats et ventes réalisés en application de l'article L 225-209-2 du Code de commerce. Ainsi, le rapport de gestion doit indiquer :

– le nombre des actions achetées et vendues au cours de l'exercice ;

– les cours moyens des achats et des ventes ;

– le montant des frais de négociation ;

– le nombre des actions inscrites au nom de la société à la clôture de l'exercice ;

– leur valeur évaluée au cours d'achat, ainsi que leur valeur nominale pour chacune des finalités ;

– le nombre des actions utilisées, les éventuelles réallocations dont elles ont fait l'objet et la fraction du capital qu'elles représentent.

Concernant l'intervention du commissaire aux comptes à l'assemblée générale annuelle, voir n°s 57960 s.

B. Intervention du commissaire aux comptes

Nature de l'intervention

57900 L'intervention du commissaire aux comptes dans le cadre des dispositions de l'article L 225-209-2 du Code de commerce est prévue à l'occasion de :

– l'assemblée qui décide ou autorise le rachat ;

– l'assemblée générale annuelle.

Ces interventions ont fait l'objet de deux avis techniques publiés par la CNCC en janvier et mars 2015 :

– avis technique relatif à l'intervention du commissaire aux comptes lors de la réunion ordinaire de l'organe délibérant appelé à autoriser le rachat d'actions (actualisé en octobre 2019) ;

– avis technique relatif à l'intervention du commissaire aux comptes sur les conditions dans lesquelles les actions ont été rachetées et utilisées au cours du dernier exercice clos.

57910 **Textes applicables** 1. L'intervention du commissaire aux comptes dans le cadre de l'autorisation de rachat par la société de ses propres actions est prévue au 11e alinéa de l'article L 225-209-2 du Code de commerce (voir n° 57830).

La loi Pacte prévoit que, lorsque la société autorisant le rachat n'a pas désigné de commissaire aux comptes pour une mission de certification des comptes, cette intervention est réalisée par un commissaire aux comptes désigné à cet effet selon les modalités prévues à l'article L 225-228 du Code de commerce (C. com. art. L 225-209-2, al. 11 modifié par loi 2019-486 du 22-5-2019).

On notera que l'article L 225-209-2 du Code de commerce ne fait pas mention de l'intervention du commissaire aux comptes en cas d'annulation des actions rachetées. En conséquence, le commissaire aux comptes n'a pas à établir de rapport à l'assemblée décidant ou autorisant la réduction du capital par annulation des actions rachetées (Bull. CNCC n° 196-2019, avis technique CNCC – octobre 2019 – p. 13).

On observera que l'article L 22-10-62, qui prévoit un régime similaire pour les sociétés dont les actions sont admises aux négociations sur un marché réglementé ou sur Euronext Growth, précise explicitement à son dernier alinéa qu'en cas d'annulation des actions achetées, la réduction de capital est autorisée ou décidée par l'assemblée générale extraordinaire qui statue sur la base d'un rapport spécial établi par les commissaires aux comptes sur l'opération envisagée.

2. Par ailleurs, l'intervention du commissaire aux comptes à l'assemblée générale ordinaire annuelle sur les conditions dans lesquelles les actions ont été rachetées et utilisées au cours du dernier exercice clos est prévue au 14e alinéa de l'article L 225-209-2.

© Éd. Francis Lefebvre — **OPÉRATIONS CONCERNANT LE CAPITAL SOCIAL ET LES ÉMISSIONS DE VALEURS MOBILIÈRES** ▌

Le terme « utilisées » figurant à l'alinéa ci-dessus recouvre (Avis technique CNCC – Intervention du CAC lors de la réunion annuelle – mars 2015 – p. 5) :
– les attributions, dans l'année de leur rachat, aux bénéficiaires d'une opération mentionnée à l'article L 225-208 du Code de commerce ou intervenant dans le cadre des articles L 3332-1 et suivants du Code du travail ;
– l'utilisation, dans les deux ans de leur rachat, en paiement ou en échange d'actifs acquis par la société dans le cadre d'une opération de croissance externe, de fusion, de scission ou d'apport ;
– la revente, dans les cinq ans de leur rachat, aux actionnaires qui manifesteraient à la société l'intention de les acquérir à l'occasion d'une procédure de mise en vente organisée par la société elle-même dans les trois mois qui suivent chaque réunion ordinaire annuelle de l'organe délibérant ;
– les annulations de ces actions effectuées en application des dispositions de l'alinéa 10 de l'article L 225-209-2 du Code de commerce ;
– les réaffectations effectuées pour une autre des finalités prévues en application des dispositions de l'alinéa 16 de l'article précité ;
– les annulations effectuées en application des dispositions de l'alinéa 15 de l'article précité.

La loi Pacte prévoit qu'à la différence de l'intervention du commissaire aux comptes prévue à l'alinéa 11 de l'article L 225-209-2 du Code de commerce, celle prévue à l'alinéa 14 n'est requise que si la société en a désigné un (voir n° 56602).

Objectifs 1. Dans son rapport à l'assemblée qui autorise ou décide le rachat par la **57920** société de ses propres actions, le commissaire aux comptes doit faire connaître son appréciation sur les conditions de fixation du prix d'acquisition (alinéa 11 de l'article précité).
2. Lors de l'assemblée générale ordinaire annuelle, le commissaire aux comptes présente un rapport spécial sur les conditions dans lesquelles les actions ont été rachetées et utilisées au cours du dernier exercice clos (alinéa 14 de l'article précité).

Mise en œuvre de l'intervention

Planification des contrôles Les textes légaux et réglementaires ne prévoient pas de **57930** délai de mise à disposition du rapport du conseil d'administration ou du directoire au commissaire aux comptes. Le rapport de l'organe compétent doit être transmis au commissaire aux comptes dans un délai lui permettant d'effectuer ses contrôles, sachant que, dans les sociétés anonymes et les sociétés en commandite par actions, son rapport doit être mis à disposition des actionnaires à compter de la date de convocation et au moins quinze jours avant la réunion de l'assemblée générale devant statuer sur l'opération.
En revanche, l'article R 225-160-3 du Code de commerce prévoit que le rapport de l'expert indépendant soit déposé au siège social quinze jours au moins avant la date d'assemblée générale appelée à se prononcer sur le rachat. Ce rapport est mis à disposition du commissaire aux comptes (voir n° 57827).

Travaux du commissaire aux comptes 1. Dans le cadre de son **intervention à** **57940** **l'assemblée décidant ou autorisant le rachat**, le commissaire aux comptes va, notamment (Bull. CNCC n° 196-2019, avis technique CNCC – octobre 2019 – p. 14 s.) :
– prendre connaissance du document écrit préparé par l'organe compétent (rapport, exposé des motifs, projet de texte des résolutions, projet de procès-verbal des décisions de l'organe délibérant...) ;
– vérifier que ce document comporte bien toutes les informations prévues par les textes à l'alinéa 8 de l'article L 225-209-2 du Code de commerce (finalités du rachat, nombre maximal d'actions, prix ou modalités de sa fixation, durée de l'autorisation – voir n°s 57830 et 57840) ;
– prendre connaissance du rapport de l'expert indépendant ;
– vérifier que le prix proposé par l'organe compétent (ou les modalités de fixation du prix) est bien compris dans la fourchette figurant dans le rapport de l'expert (voir n° 57845) ;
Le commissaire aux comptes est notamment attentif à la sensibilité des paramètres qui permettent de déterminer le prix au regard de sa connaissance générale de la société et du secteur dans lequel elle opère.
– utiliser le rapport de l'expert indépendant et les informations données dans le document écrit préparé par l'organe compétent pour apprécier les conditions de fixation du prix d'acquisition (voir n° 57920) ;
– apprécier si les modalités de réalisation de l'opération envisagée sont de nature à respecter l'égalité entre les actionnaires.

OPÉRATIONS CONCERNANT LE CAPITAL SOCIAL ET LES ÉMISSIONS DE VALEURS MOBILIÈRES © Éd. Francis Lefebvre

57950 Pour apprécier les travaux de l'expert indépendant, le commissaire aux comptes peut utilement se référer à la NEP 620 « Intervention d'un expert » et notamment demander une copie de la lettre de mission établie par ce dernier afin de mieux appréhender le contexte dans lequel l'évaluation a été réalisée, le type de contrôles effectués et la date de l'évaluation.

Selon la doctrine de la CNCC, lors de l'examen du rapport de l'expert indépendant, le commissaire aux comptes est attentif à (Bull. CNCC n° 196-2019, avis technique CNCC – octobre 2019 p. 15) :

– la cohérence du diagnostic (forces/faiblesses/opportunités/menaces) figurant dans le rapport de l'expert indépendant avec sa propre connaissance générale de la société acquise à l'occasion de sa mission de certification ;

– la justification du choix des méthodes d'évaluation écartées et retenues ;

– la pertinence des paramètres utilisés ;

– l'amplitude et la cohérence de la fourchette de valeurs retenue avec les conclusions du diagnostic ;

– la liste des documents consultés et des personnes rencontrées.

57960 2. Dans le cadre de son **intervention à l'assemblée générale ordinaire annuelle** sur les conditions dans lesquelles les actions ont été rachetées et utilisées au cours du dernier exercice clos, le commissaire aux comptes vérifie que les actions ont été rachetées, revendues ou utilisées dans le respect des dispositions des textes légaux à la date de ces opérations et conformément à l'autorisation de l'organe délibérant.

Pour ce faire il peut notamment vérifier que :

– l'organe compétent a respecté les modalités de rachat au regard de l'autorisation donnée par l'assemblée (prix ou modalités de fixation du prix, durée de l'autorisation, quotités d'actions à racheter – voir n° 57840) ;

– l'organe compétent a respecté les finalités de rachat fixées par l'assemblée ;

– à défaut d'utilisation pour la ou les finalités dans les délais impartis à chacune, soit une décision de l'organe délibérant (réunion ordinaire) est intervenue pour les utiliser pour une autre des finalités prévues à l'article L 225-209-2 du Code de commerce, soit les actions ont été annulées de plein droit ;

– les modalités mises en œuvre par la société pour les rachats et reventes l'ont été dans le respect de l'égalité entre les actionnaires.

57990 **Contenu des rapports** 1. Le rapport du commissaire aux comptes destiné à la **réunion de l'organe délibérant appelé à autoriser le rachat d'actions** comporte les informations suivantes (Bull. CNCC n° 196-2019, avis technique CNCC – octobre 2019 p. 15 s.) :

a) un intitulé ;

b) les destinataires du rapport (les membres de l'organe délibérant) ;

c) une introduction comportant :

• le rappel de sa qualité de commissaire aux comptes,

• le rappel du texte légal applicable,

• éventuellement, le contexte et les principales modalités de l'opération ;

d) un paragraphe rappelant la responsabilité du (des) commissaire(s) aux comptes ;

e) un paragraphe portant sur les travaux effectués et comportant :

• une référence à la doctrine professionnelle de la Compagnie nationale des commissaires aux comptes relative à cette mission,

• une mention indiquant les diligences effectuées ;

f) des conclusions formulées sous la forme d'absence d'observation, ou au contraire d'observations ;

g) le cas échéant, le signalement des irrégularités autres que celles affectant la conclusion du rapport ;

h) la date du rapport ;

i) l'adresse et l'identification du (des) signataire(s) du rapport.

2. Le rapport du commissaire aux comptes, destiné à la **réunion ordinaire annuelle** de l'organe délibérant sur les conditions dans lesquelles les actions ont été rachetées et utilisées au cours du dernier exercice clos comporte les informations suivantes (Avis technique CNCC – mars 2015 – p. 8) :

a) un intitulé ;

b) les destinataires du rapport (les membres de l'organe délibérant) ;

1326

c) une introduction comportant :
• le rappel de sa qualité de commissaire aux comptes,
• le rappel du texte légal applicable,
• le rappel de l'autorisation de rachat d'actions donnée par l'organe délibérant ;
d) un paragraphe rappelant les responsabilités respectives de la société et du (des) commissaire(s) aux comptes ;
e) un paragraphe portant sur les travaux effectués et comportant :
• une référence à la doctrine professionnelle de la Compagnie nationale des commissaires aux comptes relative à cette mission,
• une mention indiquant les diligences effectuées ;
f) des conclusions formulées sous la forme d'absence d'observation, ou au contraire d'observations ;
g) le cas échéant, le signalement des irrégularités autres que celles affectant la conclusion du rapport ;
h) la date du rapport ;
i) l'adresse et l'identification du (des) signataire(s) du rapport.

Date de mise à disposition des rapports S'agissant du délai de mise à disposition des rapports du commissaire aux comptes, en l'absence de dispositions particulières prévues par les textes légaux et réglementaires, il convient de se référer aux dispositions relatives à la mise à disposition ou à la communication des rapports du commissaire aux comptes à la réunion ordinaire annuelle de l'assemblée. Ainsi, le rapport doit être établi :
– à compter de la convocation de l'organe délibérant et au minimum 15 jours avant l'assemblée pour les sociétés anonymes et les sociétés en commandite par actions (C. com. art. R 225-89) ;
– dans les délais fixés par les statuts pour les sociétés par actions simplifiées.

58000

© Éd. Francis Lefebvre

OPÉRATIONS RELATIVES AUX DIVIDENDES

CHAPITRE 2

Opérations relatives aux dividendes

Plan du chapitre		§§
SECTION 1	**SECTION 2**	
Acomptes sur dividendes 58550	**Paiement en actions**	59000
I. Généralités 58555	I. Généralités	59050
II. Intervention du commissaire	II. Intervention du commissaire	
aux comptes 58750	aux comptes	59300

Le dividende est la quote-part de résultat ou de réserves que l'assemblée générale décide **58500**
de répartir entre les associés ou actionnaires. Cette répartition intervient **après approbation des comptes annuels** et constatation de l'existence de sommes distribuables (C. com.
art. L 232-12). De manière usuelle, le dividende est versé aux associés sous forme de **numéraire.**

> Il est toutefois possible de procéder à un paiement du dividende en nature (voir Mémento Sociétés commerciales § 76460 s.). Afin de garantir l'égalité des actionnaires, une évaluation des biens par un expert est à notre avis indispensable. Par ailleurs, lorsque des biens de nature différente sont proposés au titre du paiement de l'acompte sur dividendes, un accord unanime des actionnaires sur les distributions respectives est nécessaire.

Le législateur a également prévu la possibilité pour les entreprises de distribuer des
acomptes sur dividendes. Par ailleurs, il a autorisé que le paiement du dividende ou de
l'acompte sur dividendes soit effectué non en numéraire mais sous forme de **remise
d'actions.** Dans un cas comme dans l'autre, il a rendu obligatoire l'intervention d'un
commissaire aux comptes.

SECTION 1

Acomptes sur dividendes

Cette première section comporte deux parties, respectivement consacrées à la présenta- **58550**
tion des opérations de distributions d'acomptes sur dividendes (n⁰ˢ 58555 s.) et aux diligences que doit mettre en œuvre le commissaire aux comptes en cette circonstance
(n⁰ˢ 58750 s.).

I. Généralités

L'article L 232-12, al. 2 et 3 du Code de commerce dispose : « [...] lorsqu'un bilan établi **58555**
au cours ou à la fin de l'exercice et certifié par un commissaire aux comptes fait apparaître que la société, depuis la clôture de l'exercice précédent, après constitution des
amortissements et provisions nécessaires, déduction faite s'il y a lieu des pertes antérieures ainsi que des sommes à porter en réserve en application de la loi ou des statuts
et compte tenu du report bénéficiaire, a réalisé un bénéfice, il peut être distribué des
acomptes sur dividendes avant l'approbation des comptes de l'exercice. Le montant de

1329

OPÉRATIONS RELATIVES AUX DIVIDENDES © Éd. Francis Lefebvre

ces acomptes ne peut excéder le montant du bénéfice défini au présent alinéa. Ils sont répartis aux conditions et suivant les modalités fixées par décret en Conseil d'État. Tout dividende versé en violation des dispositions des règles ci-dessus énoncées est un dividende fictif. »

58560 L'article R 232-17, pris en application de l'article L 232-12 du Code de commerce, apporte les précisions suivantes : « Dans les cas prévus au deuxième alinéa de l'article L 232-12, le conseil d'administration, le directoire ou les gérants, selon le cas, ont qualité pour décider de répartir un acompte à valoir sur le dividende et pour fixer le montant et la date de la répartition. »

58562 Les acomptes sur dividendes apparaissent donc comme des **sommes à valoir** sur les dividendes d'un exercice déterminé, réparties par anticipation entre les associés avant l'approbation et, le cas échéant, l'établissement des comptes de l'exercice auquel ils se rapportent.

Le droit aux dividendes appartient à celui qui est associé à la date de la décision prise par l'assemblée générale de distribuer tout ou partie des bénéfices réalisés au cours de l'exercice. Ainsi, sauf accord contractuel, les dividendes ne peuvent se répartir prorata temporis entre le cédant et le cessionnaire, lorsque la cession a eu lieu avant la décision de l'assemblée générale (Cass. com. 9-6-2004 : Bull. Joly nov. 2004 p. 1403).

58563 Selon la Commission des études juridiques de la CNCC, la distribution d'un acompte sur dividendes qui serait réservée à une **catégorie d'actions** est licite sous réserve que la renonciation à la perception de l'acompte soit formulée d'une manière expresse par les détenteurs des autres catégories d'actions (Bull. CNCC n° 167-2012 – EJ 2012-06).

Elle rappelle ainsi que la Cour de cassation a considéré en 2004 que les dispositions de l'article 1844-1 du Code civil n'interdisaient pas à un associé de renoncer totalement ou partiellement aux dividendes auxquels il avait droit au titre d'un exercice clos, sous réserve que cette renonciation soit expresse et ne résulte pas de l'interprétation du seul comportement de l'associé (Cass. com. 26-5-2004 n° 03-11.471 : RJDA 10/04 n° 1120).

La même solution est donc retenue dans le cadre de la renonciation à perception d'un acompte sur dividendes. Cette renonciation doit être formulée de manière expresse et peut résulter d'un vote unanime des associés (Bull. CNCC n° 167-2012 – EJ 2012-06).

58564 Les distributions d'acomptes sur dividendes sont à distinguer des distributions de réserves déjà constituées au titre d'exercices dont les comptes ont été approuvés. Ces distributions de réserves sont alors décidées par l'assemblée et ne nécessitent pas de rapport du commissaire aux comptes (CNCC NI. XII – oct. 2012 p. 21).

Sociétés concernées

58570 Les dispositions de l'article L 232-12 du Code de commerce relatives aux acomptes sur dividendes s'appliquent aux diverses formes de sociétés commerciales : les sociétés anonymes, les sociétés en commandite par actions, les sociétés par actions simplifiées, les sociétés en nom collectif, les sociétés en commandite simple et les sociétés à responsabilité limitée.

Dans les sociétés civiles, il convient de se reporter aux dispositions statutaires, aucune disposition légale et réglementaire ne régissant la possibilité de distribuer des acomptes sur dividendes.

Concernant les particularités des sociétés civiles de placement immobilier (SCPI), voir la note d'information de la CNCC sur « le commissaire aux comptes et les opérations relatives aux dividendes » (CNCC NI. XII – oct. 2012 p. 19), étant précisé que les dispositions relatives aux acomptes sur dividendes des SCPI ont été recodifiées dans l'article L 214-103 du Code monétaire et financier par l'ordonnance 2013-676 du 25 juillet 2013.

Intérêt et risques

58580 Le mécanisme des acomptes sur dividendes permet aux sociétés de **faire bénéficier rapidement leurs associés des bons résultats** qu'elles ont enregistrés. Il est aussi fréquemment employé dans les groupes pour accélérer la remontée des résultats vers la société mère, notamment afin d'assurer le financement d'opérations particulières ou lui permettre d'assurer le financement de sa propre politique de distribution.

Il peut encore être utilisé en vue d'assurer aux associés de la société le versement d'un **revenu plus régulier,** par exemple en fractionnant en deux ou plusieurs parts sensiblement égales le dividende versé au titre d'une année donnée.

58585

Le **risque fondamental** lié à la distribution d'un acompte sur dividendes est que le bénéfice supposé sur lequel est fondé son versement n'existe pas, ou s'évanouisse en tout ou partie avant la clôture de l'exercice de référence.

Or, un acompte sur dividendes versé pour un montant supérieur à celui du bénéfice distribuable est susceptible d'être qualifié de **dividende fictif,** dont la distribution rend passible d'un emprisonnement de cinq ans et d'une amende de 375 000 euros son auteur, à savoir selon le cas :
– les gérants d'une SARL (C. com. art. L 241-3, 2°) ainsi que les gérants de fait de telles sociétés (C. com. art. L 241-9) ;
– les présidents, les administrateurs, les directeurs généraux d'une société anonyme (C. com. art. L 242-6, 1°), les membres du directoire et du conseil de surveillance (C. com. art. L 242-6 sur renvoi de l'art. L 242-30), les directeurs généraux délégués (renvoi de l'article L 248-1 aux dispositions applicables aux directeurs généraux des SA) et les dirigeants de fait des sociétés anonymes (C. com. art. L 246-2) ;
– les gérants d'une société en commandite par actions (C. com. art. L 243-1) ainsi que les dirigeants de fait de ces sociétés (C. com. art. L 246-2) ;
– le président et les dirigeants d'une société par actions simplifiée (C. com. art. L 242-6, 1° sur renvoi de L 244-1) ainsi que les dirigeants de fait de ces sociétés (sur renvoi de l'article L 244-4 du Code de commerce).

58587

De plus, si la distribution a été effectuée en violation des dispositions de l'article L 232-12 du Code de commerce et que les actionnaires ou porteurs de parts avaient connaissance du caractère irrégulier de la distribution au moment de celle-ci, ou ne pouvaient l'ignorer compte tenu des circonstances, la société peut exiger des bénéficiaires une **restitution des acomptes sur dividendes** indûment perçus (C. com. art. L 232-17).

> Comme pour tout délit, la réunion de l'élément légal (C. com. art. L 232-12) et de l'élément matériel (le versement de l'acompte) ne suffit pas à caractériser l'infraction. Encore faut-il que soit prouvé le **caractère intentionnel** de l'irrégularité commise, faute de quoi l'élément moral manque à la constitution du délit. Ainsi en est-il notamment lorsque le bénéfice régulièrement constaté en cours d'exercice se retrouve anéanti à la clôture de l'exercice du fait d'une évolution défavorable qui ne pouvait être prévue à la date d'établissement du bilan. Dans cette situation, le délit de distribution de dividendes fictifs n'est pas constitué et les acomptes échappent à toute restitution de la part des bénéficiaires (Mémento Sociétés commerciales n° 76427 et CNCC NI. XII – oct. 2012 p. 26).

58588

La **vérification de la consistance du bénéfice** justifiant le versement de l'acompte sur dividendes occupe donc logiquement une place importante dans la réglementation mise en place par le législateur.

Règles de mise en œuvre

58600

Le versement d'un acompte sur dividendes nécessite :
– l'établissement d'un bilan (n° 58605) ;
– l'existence d'un bénéfice distribuable (n° 58620) ;
– l'intervention d'un commissaire aux comptes (n° 58630) ;
– l'intervention de l'organe compétent de la société (n° 58635).

58605

Établissement d'un bilan Le versement d'un acompte sur dividendes suppose l'établissement d'un « bilan établi au cours ou à la fin de l'exercice » (C. com. art. L 232-12).

> Selon la doctrine de la CNCC, il s'agit d'un bilan social et non d'un bilan consolidé (CNCC NI. XII – oct. 2012 p. 23).

Bien que le terme de « bilan » soit seul utilisé par le texte légal, on voit mal comment en pratique la société pourrait s'abstenir d'un **compte de résultat.** L'établissement du compte de résultat paraît également nécessaire pour la réalisation des contrôles réalisés par le commissaire aux comptes dans le cadre de cette intervention.

La CNCC considère ainsi dans sa note d'information sur les opérations relatives aux dividendes que « si un compte de résultat n'était pas "spontanément" établi par la société, le commissaire aux comptes appelé à examiner le bilan servant de base à la

OPÉRATIONS RELATIVES AUX DIVIDENDES © Éd. Francis Lefebvre

distribution des acomptes sur dividendes serait, selon toute vraisemblance, conduit à requérir son établissement » (CNCC NI. XII – oct. 2012 p. 23).

L'établissement d'une **annexe** paraît également hautement souhaitable, ne serait-ce que pour apporter toutes précisions nécessaires quant aux modalités d'établissement du bilan et du compte de résultat.

58610 Le dispositif légal n'impose pas de **date** pour l'établissement de ce bilan.

Souvent, l'acompte sera versé entre la date de clôture et la date d'approbation des comptes de l'exercice de référence, ce qui permettra d'utiliser les documents établis à la clôture de l'exercice. Rien n'interdit cependant de procéder à la distribution d'un acompte en cours d'exercice, ce qui implique alors l'établissement d'un bilan établi à une date intermédiaire.

> Il est clair à cet égard que plus la situation interviendra tôt dans la période, plus le risque d'évaporation du bénéfice dégagé par la situation sera significatif.

D'une manière générale, la CNCC considère que la date à laquelle le bilan servant de base à la distribution de l'acompte sur dividendes est établi ne doit pas être trop éloignée de la date à laquelle la décision de distribution est prise et que le commissaire aux comptes devra apprécier cette antériorité au regard des caractéristiques de la société et de son activité (CNCC NI. XII – oct. 2012 p. 28).

58615 S'agissant des **modalités d'établissement** de ce bilan, l'article L 232-12 du Code de commerce précise explicitement que doivent être pris en compte les amortissements et provisions nécessaires ainsi que les dotations de réserves prévues par la loi ou par les statuts (par exemple dotation à la réserve légale ou à un compte de réserve réglementé). Bien que le texte ne le spécifie pas, il est impératif que la situation respecte le **principe de permanence des méthodes**, et donc que les modalités d'évaluation et de présentation utilisées pour l'établir correspondent à celles retenues pour les comptes annuels.

> Selon l'ancienne note d'information de la CNCC (NI n° 20 « Les dividendes » 1992 p. 14), les seuls changements de méthode possibles ne peuvent donc théoriquement résulter que de l'anticipation d'un changement de méthode à mettre en œuvre à la date de clôture.

58617 Les textes légaux et réglementaires ne définissent ni l'**organe habilité à établir le bilan** en vue de la distribution d'acomptes sur dividendes, ni la **procédure à respecter** pour établir ce bilan.

Selon la doctrine de la CNCC (CNCC NI. XII – oct. 2012 p. 23), le bilan servant de base à la distribution d'acomptes sur dividendes peut être établi sous la responsabilité de la direction de la société et n'est pas obligatoirement « arrêté » par l'organe habilité à décider la distribution d'acomptes sur dividendes (conseil d'administration, directoire, gérants…).

> La CNCC se réfère à la position de l'Ansa sur ce sujet (Avis du Comité juridique de l'Ansa n° 325 du 5-4-1995). En l'absence de procédure d'arrêté du bilan par le conseil d'administration, ce dernier ne se réunit alors que pour décider de la distribution d'acomptes sur dividendes.
>
> Le commissaire aux comptes peut alors souhaiter s'assurer de la responsabilité prise par la direction sur le bilan établi en obtenant, par exemple, un exemplaire signé de ce bilan ou une déclaration écrite à laquelle il est annexé (CNCC NI. XII – oct. 2012 p. 38).

Dans certaines circonstances, le commissaire aux comptes peut également estimer nécessaire que l'organe habilité à décider la distribution d'acomptes sur dividendes procède à un « arrêté » officiel du bilan (CNCC NI. XII – oct. 2012 p. 23). Dans ce cas, l'organe concerné est appelé, dans un premier temps, à arrêter le bilan et, dans un second temps, à décider la distribution de l'acompte.

> La CNCC estimait précédemment (Bull. CNCC n° 122-2001 p. 308) qu'une chronologie adaptée de l'opération permettait de maintenir le principe d'une réunion unique de l'organe compétent : pour autant que le commissaire aux comptes ait mis en œuvre préalablement sa mission d'audit sur un projet de bilan, l'arrêté des comptes par l'organe compétent, la certification des comptes et la décision de distribution pouvaient se succéder sans difficultés dans le cadre d'une réunion unique tenue par cet organe en présence du commissaire aux comptes.

58620 **Existence d'un bénéfice distribuable** Le versement d'un acompte sur dividendes suppose l'existence d'un bénéfice distribuable. Selon l'article L 232-12 du Code de commerce, le **montant** de l'acompte est au plus égal au résultat de la période écoulée depuis la clôture de l'exercice précédent, après constitution des amortissements et provisions nécessaires, minoré des pertes antérieures ainsi que des sommes à porter en réserve en application de la loi ou des statuts et majoré du report à nouveau bénéficiaire.

1332

OPÉRATIONS RELATIVES AUX DIVIDENDES

La **prise en compte du report à nouveau** dans la détermination du bénéfice distribuable peut conduire à s'interroger sur la portée de l'article L 232-12 du Code de commerce lorsque celui-ci spécifie par ailleurs que doit être retenu le bénéfice apparu « depuis la clôture de l'exercice précédent ». En fait, l'intérêt essentiel de cette précision est de consacrer l'**impossibilité de prendre en compte les réserves** de la société pour apprécier le montant de l'acompte sur dividendes pouvant être légitimement versé. Elle semble également induire que doit être **exclu** tout versement d'acompte avant la clôture du **premier exercice social** (CNCC NI. XII – oct. 2012 p. 28, avis du comité juridique de l'Ansa n° 266 du 1-12-1993 et Bull. CNCC n° 93-1994 p. 131).

58623

> La possibilité de distribuer un acompte sur dividendes en se fondant sur les réserves antérieures a été supprimée par la loi du 30 décembre 1981 prise en application de la deuxième directive de l'Union européenne. Il en résulte en pratique qu'une société souhaitant préserver au maximum sa capacité de recourir à la distribution d'acomptes sur l'exercice suivant préférera affecter les résultats de l'exercice en report à nouveau plutôt que dans un compte de réserve.
>
> L'article L 232-11 du Code de commerce définit les sommes distribuables comme le montant du bénéfice de l'exercice, diminué des pertes antérieures, ainsi que des sommes à porter en réserve en application de la loi ou des statuts, et augmenté du report bénéficiaire. Il nous paraît résulter de ces dispositions que le report bénéficiaire ne peut être confondu avec le bénéfice de l'exercice et qu'il représente la part du bénéfice du ou des exercices antérieurs dont la décision d'affectation a été différée par l'assemblée générale des actionnaires ou associés à un exercice ultérieur. L'existence d'un report bénéficiaire ne peut ainsi résulter que d'une décision d'affectation de tout ou partie du résultat d'un exercice, approuvée par une assemblée générale ordinaire, au compte de report à nouveau. En conséquence, dans l'hypothèse où une assemblée générale n'approuverait pas des comptes ou se prononcerait contre la décision d'affectation d'un résultat bénéficiaire qui lui serait soumise par l'organe de direction et déciderait de maintenir le résultat en instance d'affectation, ce montant ne pourrait être utilisé afin de procéder à une distribution d'acompte sur dividendes.

Tout acompte versé en contradiction avec ce dispositif encourt la qualification de **dividende fictif** (C. com. art. L 232-12, al. 3) : il est dès lors susceptible d'être restitué à la société (C. com. art. L 232-17, 1°).

58625

> Sur les sanctions pénales attachées aux dividendes fictifs, voir n° 58585.
>
> Sur les situations n'impliquant pas une qualification de dividendes fictifs si la procédure décrite à l'article L 232-12 du Code de commerce a été respectée, voir n° 58800.
>
> Sur la réparation du préjudice causé par le remboursement d'un acompte sur dividendes, voir Cass. 1e civ. 20-3-2014 n° 13-11.841 : Bull. Joly 2014 p. 370 note D. Poracchia.

Intervention d'un commissaire aux comptes

L'article L 232-12 du Code de commerce prévoit l'intervention d'un commissaire aux comptes. Ce principe figure dans les dispositions communes aux diverses sociétés commerciales (Chapitre 2, titre III du livre II du Code de commerce). Il en résulte que **toute société,** qu'elle ait ou non désigné un commissaire aux comptes, que la désignation éventuelle de celui-ci résulte ou non d'une obligation légale, doit impérativement recourir à la certification d'un bilan par un commissaire aux comptes si elle entend procéder à la distribution d'un acompte sur dividendes.

58630

> Ainsi, une **société qui ne serait pas dotée d'un commissaire aux comptes,** telle qu'une SARL ou une SAS en dessous des seuils exigeant la nomination d'un commissaire aux comptes, et qui souhaiterait procéder à une distribution d'acompte sur dividendes, devrait en désigner un afin de réaliser l'intervention prévue à l'article L 232-12 du Code de commerce (CNCC NI. XIII – oct. 2012 p. 24 et Bull. CNCC n° 156-2009 p. 700).
>
> Par ailleurs, l'article L 232-12 du Code de commerce faisant référence à « un » commissaire aux comptes, cette intervention n'est pas obligatoirement réalisée par le commissaire aux comptes de la société en charge de la certification des comptes.

Dans une société dotée de **plusieurs commissaires aux comptes,** qui décide de ne pas faire appel à un commissaire aux comptes « extérieur » pour réaliser l'intervention prévue par l'article L 232-12 du Code de commerce, la CNCC préconise que cette intervention soit confiée au collège des commissaires aux comptes afin de conserver l'exercice collégial qui existe pour la mission de certification des comptes.

58632

Intervention de l'organe compétent de la société

Enfin, la distribution d'un acompte sur dividendes suppose l'intervention de l'organe compétent de la société, en application de l'article R 232-17 du Code de commerce : il s'agira, selon la forme de la société, du **conseil d'administration,** du **directoire** ou des **gérants,** ou bien de l'organe en tenant lieu pour les sociétés dans lesquelles n'existe aucun de ces trois organes.

58635

1333

OPÉRATIONS RELATIVES AUX DIVIDENDES © Éd. Francis Lefebvre

Ainsi, dans la **SAS**, l'organe compétent est le président, sauf disposition contraire des statuts. L'article L 227-1 alinéa 3 du Code de commerce dispose en effet que « ... les attributions du conseil d'administration ou de son président sont exercées par le président de la SAS ou celui de ses dirigeants que les statuts désignent à cet effet » (en ce sens, CNCC NI. XII – oct. 2012 p. 25 et Bull. CNCC n° 122-2001 p. 352).

C'est à cet organe compétent ainsi déterminé qu'il appartient de décider la **distribution** et de définir le montant et la date de la répartition (C. com. art. R 232-17).

58650 La **décision de distribution** est prise par l'organe compétent au vu du bilan certifié prévu par l'article L 232-12 du Code de commerce après avoir constaté que le bilan fait apparaître un bénéfice distribuable au moins égal au montant de l'acompte dont la distribution est envisagée.

58655 Il n'y a plus de **minimum** à respecter en ce qui concerne le montant de l'acompte versé.

58658 Le dispositif légal ne donne aucune indication quant à la **formalisation de la décision** de distribution. A fortiori, aucune disposition n'existe concernant la publicité ou la communication de cette décision aux bénéficiaires.

58665 En ce qui concerne les **modalités de versement** de l'acompte, la date de paiement sera librement fixée par l'organe de direction, aucun délai n'étant imposé. Enfin celui-ci, tout comme en matière de dividendes, pourra, dans les sociétés par actions, prévoir le paiement de l'acompte sur dividendes en actions (voir n°s 59220 s.).

58670 S'agissant des conséquences comptables d'une distribution d'acomptes sur dividendes, voir Mémento Comptable n° 36390.

Cas particulier : distribution au titre du bénéfice N + 1

58685 Une société peut souhaiter distribuer en N + 1 un acompte sur dividendes au titre du bénéfice dégagé en N + 1 alors que les comptes de l'exercice N ne sont pas encore approuvés.

À titre d'illustration, la société peut souhaiter distribuer fin mars 2016 un acompte sur dividendes au titre du bénéfice dégagé sur la période allant du 1er janvier au 28 février 2016, alors que les comptes de l'exercice clos au 31 décembre 2015 n'ont pas encore été approuvés par l'assemblée générale.

Selon la doctrine CNCC, cette distribution n'est possible que si les comptes de l'exercice N ont été arrêtés par l'organe compétent et si le commissaire aux comptes a terminé ses travaux d'audit desdits comptes (CNCC NI. XII – oct. 2012 p. 52).

Les conditions à respecter pour ce type de distribution ont ainsi été revues par la CNCC et cette position est contraire à celle précédemment exprimée dans le Bulletin CNCC n° 88 de décembre 1992 (p. 614).

Selon le cas, la perte de l'exercice N doit alors être prise en compte dans le montant distribuable au titre de l'exercice N + 1 tandis que le bénéfice de l'exercice N ne doit pas l'être.

Le montant maximum des acomptes distribuables au titre du bénéfice N + 1 est alors égal au bénéfice dégagé depuis l'ouverture de l'exercice N + 1 minoré, le cas échéant, du report à nouveau négatif figurant dans les comptes N, de la perte du même exercice (N), s'il en existe une, et des sommes à porter en réserve en application de la loi ou des statuts au titre du résultat de N + 1.

Les décisions qui seront prises par l'assemblée appelée à statuer sur les comptes de l'exercice N ne peuvent être anticipées et il n'est donc pas possible de prendre en compte le report à nouveau et le bénéfice N qui ne serait pas distribué (CNCC NI. XII – oct. 2012 p. 52 s.).

Cette position nous paraît discutable. En effet, s'il ne semble pas possible de prendre en compte au titre d'une distribution d'acompte sur dividendes de l'exercice N + 1 le résultat en instance d'affectation de l'exercice N, aucune disposition de l'article L 232-12 du Code de commerce ne limite le pouvoir de l'organe dirigeant à majorer le montant de la distribution d'acompte prévue au titre de N + 1 de tout ou partie du report à nouveau figurant au bilan de l'exercice N, issu de l'affectation du compte de résultat d'exercices antérieurs à N, tant qu'il n'aura pas procédé à l'arrêté des projets de résolutions, en particulier celui relatif à l'affectation du résultat, à soumettre à l'organe délibérant. C'est, à notre avis, seulement à cette date que le report à nouveau deviendra indisponible pour procéder à une distribution d'acompte sur dividendes, son éventuelle distribution relevant alors du seul pouvoir de l'organe délibérant. Dans cette hypothèse, l'organe délibérant devra évidemment être informé de ce prélèvement et de la minoration du montant du report à nouveau distribuable pour la détermination de la distribution sur laquelle il sera appelé à se prononcer au titre de l'exercice N.

II. Intervention du commissaire aux comptes

L'intervention d'un commissaire aux comptes en cas de distribution d'acomptes sur dividendes est prévue par l'article L 232-12 du Code de commerce. La note d'information de la CNCC « Le commissaire aux comptes et les opérations relatives aux dividendes » regroupe les éléments constitutifs de la doctrine professionnelle de la Compagnie nationale des commissaires aux comptes (CNCC NI. XII – oct. 2012).

> Il n'existe pas de norme d'exercice professionnel relative à l'intervention d'un commissaire aux comptes dans le cadre d'une distribution d'acomptes sur dividendes.

Objectif de l'intervention

L'objectif de l'intervention du commissaire aux comptes prévue par l'article L 232-12 du Code de commerce en cas de distribution d'acomptes sur dividendes est de certifier que le bilan, établi par la société en vue de la distribution d'un acompte sur dividendes, fait apparaître un **bénéfice net distribuable,** tel que défini par la loi, **au moins égal au montant des acomptes** sur dividendes dont la distribution est envisagée.

Le « bénéfice net distribuable » s'entend du bénéfice réalisé depuis la date de clôture de l'exercice précédent après constitution des amortissements et provisions nécessaires, et déduction faite, s'il en existe, des pertes antérieures (report à nouveau débiteur), des sommes à porter en réserve, en application de la loi ou des statuts, et après prise en compte du report à nouveau bénéficiaire (créditeur).

Selon la doctrine de la CNCC, l'objectif du commissaire aux comptes n'est **pas** d'exprimer **une opinion sur l'ensemble du bilan** établi pour les besoins de la distribution des acomptes sur dividendes, ce qui impliquerait la mise en œuvre d'un audit effectué conformément aux normes d'exercice professionnel (CNCC NI. XII – oct. 2012 p. 33 s.).

Ainsi, dans le rapport qu'il établit à l'occasion de la distribution d'acomptes sur dividendes, le commissaire aux comptes ne certifie pas le bilan établi pour les besoins de cette distribution mais exprime une conclusion sur le montant du bénéfice distribuable, tel que défini par l'article L 232-12 du Code de commerce, par rapport au montant des acomptes sur dividendes dont la distribution est envisagée (voir n° 58825).

Les obligations de **révélation des faits délictueux** et de signalement des **irrégularités et inexactitudes** mentionnés à l'article L 823-12 du Code de commerce ne visent pas directement l'intervention prévue à l'article L 232-12 du Code de commerce. Selon la doctrine de la CNCC, elles ne s'imposent que si l'intervention est réalisée par le commissaire aux comptes de la société (CNCC NI. XII – oct. 2012 p. 35).

> Cette position est confirmée par la bonne pratique professionnelle (BPP) concernant la révélation des faits délictueux qui précise que l'obligation de révélation des faits délictueux concerne les faits découverts par le commissaire aux comptes au sein de l'entité dont il est commissaire aux comptes, qu'ils soient découverts à l'occasion de la réalisation de la mission proprement dite ou d'autres travaux autorisés (Pratique professionnelle relative à la révélation des faits délictueux identifiée comme BPP par le H3C – avril 2014 § 4.1.).

Le commissaire aux comptes qui réalise l'intervention prévue à l'article L 232-12 du Code de commerce, qu'il soit commissaire aux comptes de la société ou qu'il intervienne ponctuellement pour l'accomplissement de cette intervention, est soumis aux obligations relatives à la lutte contre le **blanchiment des capitaux** et le **financement du terrorisme** (voir n° 62092).

Le commissaire aux comptes obtient le **bilan** ainsi que le compte de résultat établi par la société en vue de la distribution des acomptes sur dividendes.

> Sur la nécessité pour la société d'établir un compte de résultat, voir n° 58605.

Il se fait également communiquer par la direction de la société et/ou de l'organe habilité à décider la distribution des acomptes sur dividendes, sous forme écrite, le montant de l'**acompte sur dividendes** dont la distribution est envisagée.

Le commissaire aux comptes adapte la nature et l'**étendue de ses travaux** en fonction (CNCC NI. XII – oct. 2012 p. 35 s.) :
– de sa connaissance du système d'information relatif à l'élaboration de l'information financière ;

OPÉRATIONS RELATIVES AUX DIVIDENDES © Éd. Francis Lefebvre

– de l'**écart existant** entre le montant des acomptes sur dividendes dont la distribution est envisagée et le montant du bénéfice disponible à cet effet, les travaux pouvant être sensiblement allégés lorsque le bénéfice disponible pour la distribution des acomptes est très supérieur au montant des acomptes envisagés, un écart faible impliquant, a contrario, des travaux approfondis ;
– de l'opinion exprimée sur les comptes de l'exercice précédent et des facteurs de risques identifiés lors des derniers contrôles, s'il est commissaire aux comptes de la société ;
– de la prise de connaissance des comptes de l'exercice précédent et des rapports du commissaire aux comptes sur les comptes annuels, lorsqu'il n'est pas commissaire aux comptes de la société ;
– des éléments de changements survenus depuis la période précédente et susceptibles d'affecter la pertinence des informations recueillies.

Selon les précisions apportées par la note d'information précitée, si l'**écart** entre le montant du bénéfice net distribuable et le montant de l'acompte envisagé est **important** et que :
– le risque lié au contrôle interne est jugé faible ;
– l'entité établit régulièrement des comptes intermédiaires et présente un historique de résultats positifs ;
– les comptes des exercices précédents ont été certifiés sans réserve,
les travaux du commissaire aux comptes pourraient principalement consister en des procédures analytiques et des entretiens avec la direction.
Si en revanche l'écart entre le montant du bénéfice net distribuable et le montant de l'acompte envisagé est faible, voire inexistant, les travaux mis en œuvre par le commissaire aux comptes devraient consister en des procédures d'audit des éléments contributifs (CNCC NI. XII – oct. 2012 p. 37).

58790 Le programme de contrôle doit tirer la conséquence du fait que l'objectif du commissaire est de certifier un niveau de résultat, et non de valider des flux ou une présentation de comptes. Le commissaire aux comptes oriente en conséquence ses **contrôles** vers la recherche (CNCC NI. XII – oct. 2012 p. 36) :
– des surévaluations d'actifs ;
– des sous-évaluations de passifs.
Il porte également une attention particulière (CNCC NI. XII – oct. 2012 p. 36 s.) :
– à la permanence des méthodes comptables et de leurs modalités d'application ;
– à l'incidence des méthodes spécifiques à l'arrêté des comptes intermédiaires retenues, lorsque le bilan intermédiaire est le premier à être établi par la société et qu'il existe plusieurs méthodes ;
– à la conformité des règles et méthodes utilisées aux principes comptables applicables en France ;
– à l'indépendance des exercices (ou des périodes) ;
– à l'existence d'éventuels engagements non pris en compte, alors qu'ils auraient dû être inscrits au passif.

58800 Le commissaire aux comptes est attentif aux **risques** résultant (CNCC NI. XII – oct. 2012 p. 37) :
– de l'incidence d'**événements intervenus postérieurement** à la date d'établissement du bilan intermédiaire et **antérieurement** à la date du rapport ;
– de la possibilité que le **bénéfice définitif** de l'exercice devienne **inférieur** au montant de la distribution d'acomptes sur dividendes envisagée, compte tenu par exemple de la saisonnalité de l'activité, de prévisions de résultats défavorables ou de l'incidence éventuelle de certains événements attendus.
Si le commissaire aux comptes a connaissance de tels éléments, il s'en entretient avec l'organe habilité à décider la distribution d'acomptes sur dividendes et en tire les conséquences éventuelles dans son rapport, sous forme d'observation (voir n° 58830).

> **Précisions** Selon la CNCC, ne sont **pas considérés comme dividendes fictifs** les acomptes sur dividendes distribués dans le respect des conditions posées par l'article L 232-12 du Code de commerce, quand bien même (Bull. CNCC n° 165-2012 – EJ 2011-53) :
> – le résultat définitif de l'exercice au titre duquel ces acomptes sur dividendes ont été distribués s'avère d'un montant inférieur à celui des acomptes sur dividendes distribués ;
> – des événements postérieurs à la date de clôture du bilan établi pour cette distribution d'acomptes mais antérieurs à la date du rapport du commissaire aux comptes et à la date de décision de distribution

© Éd. Francis Lefebvre   **OPÉRATIONS RELATIVES AUX DIVIDENDES**

desdits acomptes sont survenus, qui auraient pour effet de faire apparaître un montant distribuable inférieur à celui des acomptes sur dividendes si un bilan était établi à la date de décision de distribution ;
– les prévisions de résultats de l'exercice au titre duquel la distribution d'acomptes sur dividendes est envisagée sont d'un montant inférieur à celui des acomptes.

Le commissaire aux comptes peut estimer nécessaire d'obtenir des **déclarations écrites de la direction,** par exemple sous forme de lettre d'affirmation, et de se faire ainsi confirmer l'absence de survenance, jusqu'à la date de son rapport, de faits ou d'événements susceptibles d'affecter, de manière significative, le montant du bénéfice net distribuable au sens de l'article L 232-12 du Code de commerce (CNCC NI. XII – oct. 2012 p. 38). **58810**

> Lorsque le bilan n'a pas été arrêté par l'organe habilité à décider la distribution d'acomptes sur dividendes, le commissaire aux comptes peut estimer nécessaire que la direction établisse une déclaration écrite à laquelle le bilan est annexé (voir n° 58617).

Rapport du commissaire aux comptes

Forme et contenu   Le rapport est un écrit qui doit être daté. Le bilan est joint au rapport. Le nom de l'organe habilité à décider la distribution des acomptes sur dividendes ainsi que le nom de l'organe ayant établi le bilan servant de base à la distribution envisagée sont indiqués dans le rapport. **58825**

Dans son rapport, le commissaire aux comptes porte une **conclusion** sur le montant du bénéfice distribuable, tel que défini par l'article L 232-12 du Code de commerce, par rapport au montant de l'acompte sur dividendes dont la distribution est envisagée. **58830**
Le commissaire aux comptes formule une conclusion **favorable** lorsqu'il est en mesure de certifier que le bénéfice distribuable ressortant du bilan établi en vue de la distribution est au moins égal au montant des acomptes sur dividendes dont la distribution est envisagée. Dans le cas contraire, il formule une conclusion **défavorable** qui peut provenir de désaccords, de limitations ou d'incertitudes.

> La note d'information précitée propose des exemples de rapports adaptés à ces différents cas de figure (CNCC NI. XII – oct. 2012 p. 42 s.).

Dans certaines circonstances, le commissaire aux comptes peut formuler une conclusion favorable assortie d'une **observation** ne remettant pas en cause sa conclusion. Ce peut être le cas lorsqu'il a connaissance d'événements postérieurs à la date d'établissement du bilan qui rendent le bénéfice distribuable, à la date de distribution, inférieur au montant des acomptes sur dividendes, ou bien lorsqu'il identifie que, par exemple pour des raisons de saisonnalité de l'activité, le bénéfice définitif de l'exercice sera inférieur au montant des acomptes envisagés, et qu'après s'en être entretenu avec l'organe habilité à décider la distribution d'acomptes sur dividendes, ce dernier maintient sa volonté de décider une distribution d'acomptes sur dividendes.

> L'observation formulée dans le rapport du commissaire aux comptes ne remet pas en cause la conclusion favorable donnée dans le rapport puisque le montant du bénéfice distribuable, apprécié à la date du bilan établi en vue de la distribution, est bien au moins égal au montant des acomptes sur dividendes dont la distribution est envisagée.

Date et communication   Le rapport du commissaire aux comptes est daté du jour de l'achèvement de ses travaux. **58835**
Selon la doctrine CNCC, ce rapport doit être antérieur à la décision de distribution d'acomptes sur dividendes prise par l'organe habilité (CNCC NI. XII – oct. 2012 p. 40 et Bull. CNCC n° 164 –2011 – EJ 2011-36).

> Cette position, qui se déduit de l'enchaînement des opérations décrites par les articles L 232-12 et R 232-17 du Code de commerce, est contraire à la position précédemment exprimée par la CNCC (Ancienne note d'information de décembre 1992 et Bull. CNCC n° 122-2001 p. 312).
> Les textes légaux et réglementaires ne fixent aucun délai entre la communication du rapport du commissaire aux comptes à l'organe habilité à prendre la décision de distribution d'un acompte sur dividendes et ladite décision.

Conséquences d'une conclusion défavorable   Si la société prenait la décision de procéder au versement de l'acompte nonobstant la conclusion défavorable (ou l'impossibilité de conclure) du rapport du commissaire aux comptes chargé de l'intervention prévue à l'article L 232-12 du Code de commerce, elle commettrait un fait délictueux susceptible d'être qualifié de distribution de dividendes fictifs. Ce délit étant sanctionné **58845**

OPÉRATIONS RELATIVES AUX DIVIDENDES

© Éd. Francis Lefebvre

pénalement, le commissaire aux comptes de la société devrait en opérer la révélation au procureur de la République (C. com. art. L 823-12) et signaler l'irrégularité correspondante aux organes visés à l'article L 832-16 du Code de commerce (voir n° 26450 s.) et à la prochaine assemblée (CNCC NI. XII – oct. 2012 p. 50 s.).

> Pour rappel, un commissaire aux comptes inscrit réalisant l'intervention prévue à l'article L 232-12 du Code de commerce mais n'étant pas le commissaire aux comptes de la société n'a pas d'obligation de révélation de faits délictueux (voir n° 58775).

58850 **Diffusion** Le bilan est logiquement communiqué à l'**organe social compétent** pour décider la distribution. En l'absence de disposition légale spécifique, le rapport du commissaire aux comptes, tout comme le bilan établi en vue de procéder au versement de l'acompte, n'a pas vocation à faire l'objet d'une diffusion plus large.

> À notre avis, cette règle présente même un caractère impératif dès lors que l'organe social compétent s'est abstenu de procéder à un véritable arrêté comptable du bilan concerné. Une exception à ce principe ne pourrait intervenir que dans la mesure où les comptes établis à l'occasion de la distribution entreraient dans un cadre plus large (comptes annuels, situation intermédiaire...) dont les règles propres devraient alors être respectées.

SECTION 2

Paiement en actions

59000 Après une présentation de l'opération de paiement de dividendes en actions (n°s 59050 s.), seront examinées les diligences que doit mettre en œuvre le commissaire aux comptes dans cette circonstance (n°s 59300 s.).

I. Généralités

59050 La procédure de paiement du dividende en actions est régie par les articles L 232-18 à L 232-20 du Code de commerce dont nous rappelons ci-après les principales dispositions.

59055 « Dans les **sociétés par actions,** les statuts peuvent prévoir que l'assemblée statuant sur les comptes de l'exercice a la faculté d'accorder à chaque actionnaire, pour tout ou partie du dividende mis en distribution ou des acomptes sur dividendes, une option entre le paiement du dividende ou des acomptes sur dividendes en numéraire ou en actions » (C. com. art. L 232-18, al. 1).

59058 Le Code de commerce apporte par ailleurs un certain nombre de précisions en ce qui concerne la **fixation du prix d'émission.**

« Le prix des actions émises dans les conditions prévues à l'article L 232-18 ne peut être inférieur au nominal.

Dans les sociétés dont les actions sont admises aux négociations sur un **marché réglementé,** le prix d'émission ne peut être inférieur à 90 % de la moyenne des cours cotés aux vingt séances de bourse précédant le jour de la décision de mise en distribution diminuée du montant net du dividende ou des acomptes sur dividendes.

Dans les **autres sociétés,** le prix d'émission est fixé, au choix de la société, soit en divisant le montant de l'actif net calculé d'après le bilan le plus récent par le nombre de titres existants, soit à dire d'expert désigné en justice à la demande du conseil d'administration ou du directoire, selon le cas. L'application des règles de détermination du prix d'émission est vérifiée par le commissaire aux comptes, s'il en existe, qui présente un rapport spécial à l'assemblée générale visée à l'article L 232-18 » (C. com. art. L 232-19, al. 1 à 3).

> L'article L 232-19 du Code de commerce a été modifié par l'article 20 de la loi 2019-486 du 22 mai 2019, dite Pacte, afin de préciser que la vérification de l'application des règles de détermination du prix d'émission est réalisée par le commissaire aux comptes de la société seulement s'il en existe un. Cette précision s'applique à compter du premier exercice clos postérieurement au 26 mai 2019.

1338

OPÉRATIONS RELATIVES AUX DIVIDENDES

Le paiement en actions peut être envisagé non seulement pour les **dividendes**, mais également pour les **acomptes sur dividendes**. Il en résulte dans ce dernier cas des modalités spécifiques (voir n°s 59220 s.).
En revanche, par définition, le paiement en actions ne peut pas intervenir dans les sociétés qui ne revêtent pas la forme de sociétés par actions.

59065

Intérêt et risques

Le paiement d'un dividende ou d'un acompte sur dividendes en actions peut présenter à la fois des avantages et des inconvénients, tant pour l'actionnaire bénéficiaire du dividende que pour la société versante.

59070

C'est en tout état de cause une **option proposée** aux actionnaires et ces derniers restent libres de choisir entre le paiement du dividende en actions ou en numéraire.

S'agissant de l'**actionnaire**, il a la faculté de choisir entre la perception d'un revenu et, selon la stratégie suivie par les autres actionnaires, le renforcement ou le maintien de sa participation au capital de la société. Ainsi un particulier ou la société mère d'un groupe trouveront-ils dans ce processus une opportunité de renforcer sans sortie de fonds le montant de la participation qu'ils détiennent dans une société ou dans une filiale.

59075

La motivation de l'actionnaire reste cependant limitée par l'absence d'**incitation fiscale**. En outre, les règles fixées par la loi pour la détermination du **prix d'émission** ne présenteront pas toujours un attrait suffisant pour l'investisseur au regard des opportunités qui peuvent découler du simple jeu des fluctuations boursières.

S'agissant de la **société**, elle trouve dans le paiement du dividende en actions à la fois un moyen de préserver sa **trésorerie** et de réaliser une **augmentation de capital** avec beaucoup de souplesse – chaque actionnaire est libre de sa décision – et un formalisme minimum. La société peut même, le cas échéant, encaisser des fonds, dans la mesure où l'assemblée peut décider d'arrondir au nombre immédiatement supérieur le nombre d'actions reçues par les actionnaires, moyennant le versement d'une soulte (C. com. art. L 232-19, al. 4).

59080

Il est rappelé que la société n'a pas à acquitter, en cas de paiement du dividende en actions, la taxe de 3 % sur les distributions de dividendes applicable pour toutes les distributions intervenues à compter du 17 août 2012 (CGI art. 235 ter ZCA).

Quel que soit son intérêt potentiel, la mise en œuvre de la procédure de paiement du dividende en actions n'est pas exempte de dangers. Deux principaux **écueils** doivent être évités.

59085

Il faut que l'alternative proposée à l'actionnaire respecte un certain équilibre, autrement dit que le **prix** soit **fixé de manière pertinente.** Le non-respect de cette condition pourrait rapidement transformer en désavantage majeur l'opportunité supposée tirée de la mise en place de l'option.

59087

Serait désavantagé par exemple un actionnaire obligé pour convenance personnelle d'encaisser son dividende en numéraire, qui constaterait une dilution sévère de sa participation du fait d'une sous-évaluation significative des actions émises.

L'**option** doit être **proposée à tous les actionnaires** sans exception (C. com. art. L 232-18, al. 3), faute de quoi le principe d'égalité entre les actionnaires ne serait pas respecté. Ainsi en irait-il si les conditions de mise en œuvre du processus aboutissaient à traiter de manière différenciée les détenteurs d'une même catégorie d'actions, en vue d'en favoriser un ou plusieurs au détriment des autres.

59088

La loi permet néanmoins à l'assemblée générale de décider que le paiement du dividende interviendra par la souscription d'actions de la catégorie correspondant au dividende reçu (voir n° 59155).

Il n'est donc pas étonnant que le législateur ait introduit dans le dispositif légal un certain nombre de mesures destinées à éviter que le paiement d'un dividende ou d'un acompte sur dividendes en actions ne donne lieu à ce type de déviations.

59090

Mise en œuvre

Le paiement d'un dividende ou d'un acompte sur dividendes en actions n'est possible que dans la mesure où la société versante satisfait deux conditions préalables (n° 59120).

59110

OPÉRATIONS RELATIVES AUX DIVIDENDES © Éd. Francis Lefebvre

Il nécessite par ailleurs que les modalités de l'offre de paiement en actions soient conformes à la réglementation (n° 59130). Il suppose enfin une décision appropriée de l'assemblée générale de la société (n° 59160).

59115 **Conditions préalables** Le paiement du dividende ou d'un acompte sur dividendes en actions a pour préalable l'existence d'un dispositif statutaire ad hoc et la libération intégrale du capital.

59120 Une première condition à vérifier pour pouvoir effectuer le paiement d'un dividende ou d'un acompte sur dividendes en actions est que cette **procédure** soit **prévue par les statuts de la société.**

Certains auteurs estiment toutefois possible (Mémento Sociétés commerciales n° 76467) que, sans avoir recouru à cette modification, l'assemblée générale autorise au coup par coup le paiement du dividende en actions, dès lors que s'est tenue préalablement une assemblée générale mixte ou extraordinaire, ayant permis aux actionnaires de se prononcer sur la modalité de versement envisagée et éventuellement aux minoritaires de s'y opposer.

Pour la CNCC, la procédure décrite ci-dessus ne semble pas contraire à l'objectif du législateur mais elle estime que, compte tenu des dispositions de l'article L 232-18 du Code de commerce et en l'absence de décision des tribunaux sur la question, il est prudent d'inscrire préalablement dans les statuts la faculté pour l'assemblée de proposer aux associés le paiement des dividendes ou des acomptes sur dividendes en actions (CNCC NI. XII – oct. 2012 p. 79).

59125 Une seconde condition est que le **capital de la société** soit **entièrement libéré.** Cette condition est impérative. Si elle n'était pas satisfaite, l'augmentation de capital social serait nulle de plein droit (C. com. art. L 225-131, al. 1).

59130 **Conformité à la réglementation** Les modalités prévues pour le paiement du dividende en actions doivent être conformes à la réglementation : les conditions réglementaires de détermination du prix doivent être respectées et, par ailleurs, l'option de paiement du dividende en actions ne doit pas être réservée aux titulaires d'une catégorie d'actions.

59135 Le prix d'émission des actions destinées à être remises en paiement du dividende ne peut être inférieur à la valeur nominale des actions (C. com. art. L 232-19, al. 1) ou au pair lorsque les statuts n'ont pas fixé de valeur nominale des actions (CNCC NI. XII – oct. 2012 p. 83). La **détermination du prix d'émission** diffère selon qu'il s'agit d'une société dont les actions sont ou non admises aux négociations sur un marché réglementé.

59140 – Pour les sociétés dont les actions sont admises aux négociations sur un **marché réglementé,** le prix d'émission des actions nouvelles ne peut être inférieur à 90 % de la **moyenne des cours cotés** aux vingt séances de bourse précédant le jour de la décision de mise en distribution, diminuée du montant net du dividende ou des acomptes sur dividendes (C. com. art. L 232-19, al. 2).

Pour l'Ansa (Comité juridique du 1-6-1994, n° 298), le cours quotidien retenu par la société peut être soit le cours d'ouverture, soit le cours de fermeture, mais celui qui est choisi doit être conservé.

Si moins de deux cotations sont intervenues, il conviendrait (Bull. COB n° 191, avril 1986 p. 5 s.) d'avoir recours, comme pour les sociétés dont les actions ne sont pas admises aux négociations sur un marché réglementé (voir n° 59143), à un expert désigné en justice à la demande du conseil d'administration.

Dans le cadre d'une distribution de dividendes, la décision de distribution étant prise par l'assemblée, c'est la date de celle-ci qui servira de référence pour le calcul de la moyenne des vingt derniers cours de bourse (CNCC NI. XII – oct. 2012 p. 84).

À notre avis, dans le cadre d'une distribution d'acomptes sur dividendes, la date à retenir pour le décompte des vingt derniers cours de bourse est la date du conseil d'administration (ou de l'organe qui en tient lieu) décidant la distribution de l'acompte.

59143 – Pour les sociétés dont les actions ne sont **pas** admises aux négociations sur un **marché réglementé,** le prix d'émission est fixé, au choix de la société, soit à dire d'expert désigné en justice à la demande du conseil d'administration ou de l'organe en tenant lieu, soit en divisant par le **nombre de titres** existants l'**actif net** tel qu'il ressort du bilan le plus récent (C. com. art. L 232-19, al. 3).

© Éd. Francis Lefebvre   **OPÉRATIONS RELATIVES AUX DIVIDENDES**

Selon la doctrine CNCC, lorsque la méthode de l'actif net est utilisée, l'article L 232-19 du Code de commerce faisant état du « bilan le plus récent », c'est le bilan qui fait partie des comptes annuels soumis à l'approbation de la même assemblée que celle qui décide la distribution de dividendes qui est utilisé pour la détermination de l'actif net servant de base à la détermination du prix d'émission des actions (CNCC NI. XII – oct. 2012 p. 85).

59150

L'**actif net** à retenir doit correspondre aux **capitaux propres** définis par l'article R 123-191 du Code de commerce, c'est-à-dire à « la somme algébrique des apports, des écarts de réévaluation, des bénéfices autres que ceux pour lesquels une décision de distribution est intervenue, des pertes, des subventions d'investissement et des provisions réglementées ». Le montant ainsi déterminé doit être retraité de la décision d'affectation du résultat. Le montant des capitaux propres utilisé pour déterminer le prix d'émission doit prendre en compte la distribution de dividendes soumise à l'assemblée.

Aucun autre ajustement ne doit lui être apporté. Pour la CNCC, les éventuelles plus-values latentes ne peuvent être prises en compte (CNCC NI. XII – oct. 2012 p. 85).

Selon la doctrine CNCC, si une **augmentation ou une réduction du capital** intervient entre la clôture de l'exercice ayant donné lieu à l'établissement du bilan utilisé pour la détermination des capitaux propres et la date d'assemblée décidant la distribution de dividendes, il est cohérent de prendre en compte l'incidence de ces opérations à la fois dans le montant des capitaux propres et dans le nombre d'actions servant de base à la détermination du prix d'émission des actions (CNCC NI. XII – oct. 2012 p. 85).

L'**option** pour le paiement du dividende en actions doit être **offerte à l'ensemble des actionnaires,** toutes catégories d'actions confondues (C. com. art. L 232-18, al. 3). En revanche, l'assemblée a la faculté de décider que le paiement interviendra par souscription d'actions de la même catégorie que celles qui ont donné droit au dividende (C. com. art. L 232-18, al. 2).

59155

Ne sont concernés que les actionnaires stricto sensu. Les ayants droit aux dividendes n'ayant pas cette qualité en sont exclus (CNCC NI. XII – oct. 2012 p. 90). Ainsi, c'est le nu-propriétaire qui doit exercer l'option et recevoir le paiement éventuel du dividende, et non l'usufruitier (CNCC NI. XII – oct. 2012 p. 90 et Bull. CNCC n° 88-1992 p. 630). Enfin, selon la règle générale, les actions détenues par la société, directement ou par l'intermédiaire d'une personne agissant pour le compte de la société, n'ouvrent pas droit à dividendes (C. com. art. L 225-210, al. 4).

Décision de l'organe compétent   Le paiement d'un dividende ou acompte sur dividendes en actions nécessite que soit prise une décision appropriée : seule l'**assemblée générale ordinaire statuant sur les comptes de l'exercice écoulé** a en effet compétence pour proposer et fixer les modalités de l'option proposée aux actionnaires, ce qui peut apparaître comme un niveau minimum si l'on considère que la décision prise arrête le principe d'une **augmentation du capital social** à hauteur du montant du dividende qui fera l'objet d'un paiement en actions.

59160

L'actionnaire ne peut donc exiger le paiement de son dividende en actions en l'absence de décision de l'assemblée générale.

L'assemblée peut ouvrir l'**option de paiement** sur la **totalité ou une partie** du dividende en actions (C. com. art. L 232-18, al. 1).

59165

Lorsque le montant du dividende auquel a droit l'actionnaire ne correspond pas à un nombre entier d'actions, l'actionnaire peut recevoir le nombre d'actions immédiatement inférieur complété d'une **soulte en espèces** ou, si l'assemblée générale l'a demandé, le nombre d'actions immédiatement supérieur, en versant la différence en numéraire (C. com. art. L 232-19, al. 4).

Exemple n° 1 : **nombre d'actions arrondi au nombre inférieur.**

59168

Un actionnaire a droit à un dividende de 1 euro par action. Il détient cinquante actions. Le montant total de son dividende est de 50 euros.

L'actionnaire opte pour le paiement de son dividende en actions. Les actions émises ont une valeur de 20 euros.

L'actionnaire recevra deux actions d'une valeur nominale de 20 euros complétés par une soulte de 10 euros, versée par la société.

Exemple n° 2 : **nombre d'actions arrondi au nombre supérieur.**

59170

Un actionnaire a droit à un dividende de 1 euro par action. Il détient cinquante actions. Le montant total de son dividende est de 50 euros.

OPÉRATIONS RELATIVES AUX DIVIDENDES © Éd. Francis Lefebvre

L'actionnaire opte pour le paiement de son dividende en actions. Les actions émises ont une valeur nominale de 30 euros et l'assemblée décide que les actions ne seront attribuées que par nombre pair.
L'actionnaire devra verser une soulte de dix euros à la société pour obtenir le paiement de son dividende en actions.

> Cette possibilité n'est ouverte que si elle a été prévue par l'assemblée générale. Par ailleurs, l'arrondissement au nombre d'actions inférieur doit être retenu lorsque l'actionnaire ayant opté pour le paiement en actions s'abstient de verser la soulte dans le délai qui lui est imparti (Bull. COB n° 159-1983 p. 6).

59175 L'assemblée fixe un **délai** qui ne peut pas être supérieur à trois mois pour permettre aux actionnaires de faire connaître leur choix (C. com. art. L 232-20, al. 1). Cependant, en cas d'augmentation du capital, le conseil d'administration ou l'organe qui en tient lieu peut suspendre l'exercice du droit d'obtenir le paiement du dividende en actions pendant un délai qui ne peut excéder trois mois (C. com. art. L 232-20, al. 2).

59180 En l'absence de dispositions particulières, l'**information des actionnaires** sur la possibilité d'opter pour le paiement du dividende en actions s'effectue en général par simple lettre.

> Pour écarter le risque d'actions en responsabilité susceptibles d'être introduites par un actionnaire qui, faute d'une information suffisante, n'aurait pu exercer l'option, la société aura tout intérêt à porter une attention particulière au mode de communication utilisé, par exemple l'envoi d'un courrier en recommandé avec avis de réception dans les sociétés non cotées. Dans les sociétés cotées, la COB, devenue l'AMF, recommande la publication d'un communiqué (Bull. COB n° 240, octobre 1990 p. 3 s. et p. 40).

59185 L'actionnaire doit exercer son **option** dans le délai qui lui est imparti. Celle-ci porte obligatoirement **sur la totalité du dividende** ouvrant droit à paiement en actions (voir Mémento Sociétés commerciales n° 76483).
La demande de paiement du dividende en actions a pour conséquence la réalisation de l'**augmentation du capital social** (C. com. art. L 232-20, al. 1).

> Le paiement d'un dividende par remise de titres de participation détenus en portefeuille ou par distribution des actions de la société constitue un paiement de dividendes en nature et non pas un paiement de dividendes en actions. En effet, la procédure des articles L 232-18 et suivants du Code de commerce n'envisage le paiement que par émission d'actions nouvelles et non par remise de titres détenus par la société.

59190 L'**augmentation du capital** résultant du paiement du dividende en actions bénéficie d'un **formalisme allégé.** Le législateur a en effet expressément dispensé cette procédure des formalités de publicité, de dépôt des fonds et de contrôle des souscriptions visées aux articles L 225-142, L 225-144, al. 2 et L 225-146 du Code de commerce, l'augmentation de capital étant réputée réalisée du seul fait de la demande de paiement du dividende en actions accompagnée éventuellement du versement de la soulte nécessaire en cas d'arrondissement au nombre d'actions immédiatement supérieur (C. com. art. L 232-20). Les formalités prévues à l'article L 225-143 du Code de commerce relatives à l'établissement de bulletins de souscription doivent en revanche être respectées.

> La constatation de l'augmentation de capital et la mise à jour des statuts sont assurées lors de la réunion du premier conseil d'administration (ou de l'organe en tenant lieu) suivant l'expiration du délai fixé par l'assemblée générale, sans qu'il soit nécessaire de convoquer à cet effet une assemblée générale extraordinaire.

59195 Dans la logique de cet allégement des formalités, le législateur a soustrait la procédure de paiement du dividende en actions aux **sanctions pénales** prévues pour la généralité des augmentations de capital par l'article L 242-17 du Code de commerce (voir n° 56786).

59198 Les mesures de protection en faveur des **porteurs de titres de capital ou de valeurs mobilières** donnant accès au capital et des **bénéficiaires d'options d'achat ou de souscription d'actions** prévues aux articles L 228-99 et L 225-181 du Code de commerce ne s'appliquent pas en cas de paiement des dividendes (ou d'acomptes sur dividendes) en actions (CNCC NI. XII – oct. 2012 p. 102).
Par ailleurs, l'assemblée générale extraordinaire n'a pas à se prononcer sur un projet de résolution tendant à la réalisation d'une **augmentation du capital réservée aux salariés** en application de l'alinéa 1 de l'article L 225-129-6 du Code de commerce en cas de paiement des dividendes (ou d'acomptes sur dividendes) en actions (CNCC NI. XII – oct. 2012 p. 103).

© Éd. Francis Lefebvre

OPÉRATIONS RELATIVES AUX DIVIDENDES

Règles particulières

Les règles applicables au paiement d'un acompte sur dividendes en actions ne diffèrent pas sensiblement de celles qui sont applicables au dividende lui-même. Le paiement d'un acompte sur dividendes en actions présente néanmoins des **particularités** liées au fait qu'il résulte de la combinaison de deux opérations, la mise en œuvre d'un acompte sur dividendes et le paiement de cet acompte en actions.

59220

La première particularité est d'ordre **chronologique.** Par définition, le paiement d'un acompte sur dividendes est antérieur à l'assemblée appelée à statuer sur les comptes, alors que le paiement d'un dividende en actions ne peut être décidé que par cette assemblée. Dès lors, la seule solution permettant le versement d'un acompte sur dividendes en actions est d'en autoriser le principe lors de l'**assemblée générale statuant sur les comptes de l'exercice précédent** (en ce sens, Bull. COB n° 256, mars 1992 p. 22 et Bull. CNCC n° 88-1992 p. 614 s. et CNCC NI. XII – oct. 2012 p. 30).

Selon la CNCC, cette assemblée fixe alors le prix d'émission des actions susceptibles d'être remises en paiement des acomptes sur dividendes ainsi que le délai pour exercer l'option (CNCC NI. XII – oct. 2012 p. 91).

Dans une société dont les actions ne sont pas admises aux négociations sur un marché réglementé, si le prix d'émission des actions est déterminé selon la méthode de l'actif net, le prix d'émission sera déterminé sur la base des capitaux propres ressortant des comptes annuels soumis à l'approbation de l'assemblée décidant l'option de paiement en actions.

59225

La seconde particularité tient au **cumul de deux réglementations.** La procédure applicable à la mise en œuvre d'un acompte sur dividendes doit être suivie, ce qui implique l'établissement d'un bilan, l'intervention d'un commissaire aux comptes et une décision de distribution du conseil d'administration ou de l'organe qui en tient lieu. S'applique en outre l'ensemble des dispositions relatives à la procédure de paiement du dividende en actions, auxquelles il conviendra d'apporter les adaptations rendues nécessaires par la spécificité du calendrier.

59230

Traitement comptable

La situation diffère selon qu'il s'agit d'un dividende ou d'un acompte sur dividendes, voir Mémento Comptable n° 3177 et n° 2995-1.

59235

II. Intervention du commissaire aux comptes

L'alinéa 3 de l'article L 232-19 du Code de commerce prévoit l'intervention du commissaire aux comptes afin de vérifier, dans les sociétés dont les actions ne sont pas admises aux négociations sur un marché réglementé, l'application des règles de détermination du prix d'émission des actions à émettre dans le cadre de l'offre de paiement du dividende (ou de l'acompte sur dividendes) en actions.

Cette intervention n'a pas fait l'objet d'une norme d'exercice professionnel et le commissaire aux comptes pourra se référer à la note d'information « Le commissaire aux comptes et les opérations relatives aux dividendes » (CNCC NI. XII – oct. 2012), qui regroupe les éléments constitutifs de la doctrine de la CNCC relative à la distribution d'acomptes sur dividendes et au paiement du dividende en actions.

59300

Selon la doctrine CNCC, l'article L 232-19 du Code de commerce visant « le » commissaire aux comptes, l'intervention prévue à cet article doit être mise en œuvre par le **commissaire aux comptes de la société.**

Pour une société par actions qui envisage le paiement du dividende en actions alors qu'elle n'a pas de commissaire aux comptes, il n'est pas besoin de procéder à la désignation ponctuelle d'un commissaire aux comptes pour réaliser l'intervention prévue à l'article L 232-19 du Code de commerce (CNCC NI. XII – oct. 2012 p. 93).

La loi 2019-486 du 22 mai 2019, dite Pacte, a amendé l'article L 232-19 du Code de commerce afin de préciser que l'application des règles de détermination du prix d'émission est vérifiée par le commissaire aux comptes uniquement s'il en existe un.

Dans une situation de cocommissariat aux comptes, la CNCC précise qu'il appartient aux cocommissaires aux comptes d'accomplir l'intervention précitée.

59310

OPÉRATIONS RELATIVES AUX DIVIDENDES　　　© Éd. Francis Lefebvre

59316 Les **obligations du commissaire** en termes de diligences et de rapport diffèrent selon que les actions de la société auditée sont ou non admises aux négociations sur un marché réglementé.

59320 1. Dans les sociétés dont les actions ne sont **pas** admises aux négociations sur un **marché réglementé,** le commissaire aux comptes, s'il existe, vérifie, en application de l'article L 232-19 du Code de commerce, l'application des règles de détermination du prix d'émission des actions. Cette mission incombe au commissaire aux comptes non seulement si la société opte pour la désignation d'un expert mais encore si le prix d'émission est obtenu en divisant le montant de l'actif net calculé d'après le bilan le plus récent par le nombre de titres existants.

59321 Que le prix soit ou non déterminé par un expert, l'intervention du commissaire donne lieu à l'émission d'un **rapport** sur l'application des règles de détermination du prix d'émission des actions.

59325 2. Dans les sociétés dont les actions sont admises aux négociations sur un **marché réglementé,** l'intervention du commissaire aux comptes n'est pas prévue par l'article L 232-19 du Code de commerce et les textes ne prévoient pas l'établissement d'un rapport particulier (CNCC NI. XII – oct. 2012 p. 93 s.).

En l'absence de mission spécifique confiée par la loi au commissaire aux comptes dans les sociétés dont les actions sont admises aux négociations sur un marché réglementé, les diligences éventuellement réalisées par le commissaire aux comptes ne peuvent relever que de la mission générale et se rattachent alors, à notre avis, aux **vérifications spécifiques.**

> On voit mal cependant comment le commissaire aux comptes pourrait purement et simplement se désintéresser du paiement du dividende en actions dans ce type de sociétés, compte tenu de la mission qui lui est impartie en matière d'égalité entre les actionnaires par l'article L 823-11 du Code de commerce.
> Sur les diligences pouvant être mises en œuvre par le commissaire aux comptes, voir nº 59375 et sur la mention des irrégularités, voir nº 59394.

Mise en œuvre de la mission

59355 **Vérification des conditions de l'opération**　Le commissaire aux comptes vérifie que les conditions nécessaires au paiement du dividende en actions sont réunies, à savoir :

– que les statuts prévoient la faculté pour l'assemblée de proposer le paiement du dividende en actions (voir nº 59120) ;
– que le capital est intégralement libéré (voir nº 59125) ;
– que le prix d'émission d'actions n'est pas inférieur à leur valeur nominale (voir nº 59135) ;
– que l'ouverture de l'option a été proposée à l'ensemble des actionnaires (voir nº 59155) ;
– que l'augmentation du capital social est bien réalisée dans le délai fixé par l'assemblée générale, qui ne peut pas excéder trois mois après la tenue de celle-ci (C. com. art. L 232-20, al. 1) ;
– que le nombre d'actions attribuées à chaque actionnaire est correctement déterminé et que les règles applicables en matière de rompus ont été bien respectées (voir nº 59165).

> Dans le cas du paiement d'un acompte sur dividendes en actions, le commissaire aux comptes vérifie également que l'assemblée qui a approuvé les comptes de l'exercice clos antérieurement à celui au titre duquel la distribution des acomptes est envisagée a autorisé l'option du paiement des acomptes sur dividendes en actions (voir nº 59225).

59360 **Vérification des modalités de détermination du prix d'émission**　Ces diligences varient en fonction du contexte de l'intervention.

59365 Dans les **sociétés** dont les actions ne sont pas admises aux négociations sur un marché réglementé et **qui font appel à un expert,** le commissaire aux comptes s'assure que l'expert a bien été désigné par décision de justice à la demande du conseil d'administration ou de l'organe qui en tient lieu.

> En l'absence de précision légale ou réglementaire, il semble possible de considérer que la désignation résulte d'une décision du président du tribunal de commerce statuant sur requête (CNCC NI. XII – oct. 2012 p. 85).

© Éd. Francis Lefebvre   **OPÉRATIONS RELATIVES AUX DIVIDENDES** ▌

Il n'entre pas dans la mission du commissaire aux comptes d'émettre une opinion sur l'opportunité de l'option offerte par la société de recourir à un expert, ni sur la valeur retenue par l'expert. Le commissaire prend cependant connaissance du rapport ou des conclusions de l'expert et relève, le cas échéant, sur la base de sa connaissance de la société, de ses activités et de ses caractéristiques financières, les erreurs et/ou incohérences qui lui apparaîtraient manifestes (CNCC NI. XII – oct. 2012 p. 96).

> Cette situation pourrait survenir dans le cas où la valeur déterminée par l'expert serait manifestement de nature à occasionner une rupture de l'égalité entre les actionnaires.

Dans les **sociétés** dont les actions ne sont pas admises aux négociations sur un marché réglementé et **qui déterminent elles-mêmes le prix d'émission** en divisant par le nombre de titres existants le montant de l'**actif net** calculé d'après le bilan le plus récent, le commissaire s'assure : **59370**

– que le bilan utilisé pour le calcul du prix d'émission des actions est conforme à celui qui fait partie des comptes annuels soumis à l'approbation de l'assemblée (voir n° 59143) ;

– que l'actif net retenu correspond aux capitaux propres ressortant du bilan susmentionné et déterminés par le plan comptable général (C. com. art. R 123-191) sans rectification d'aucune sorte de ces chiffres à l'exception de la déduction du montant des dividendes dont la distribution est soumise à l'approbation de l'assemblée et des retraitements liés aux éventuelles opérations sur le capital intervenues entre la date de clôture des comptes servant de base au calcul du prix d'émission et la date de l'assemblée décidant la distribution du dividende (voir n° 59150) ;

> Sur l'incidence d'un refus de certifier ou de réserves sur le bilan de référence, voir n° 59413.

– que le nombre de titres retenus correspond bien à la réalité, à savoir celui qui existe au moment de la détermination du prix d'émission ;

– que le calcul arithmétique du prix d'émission est exact.

À notre avis, dans les sociétés dont les actions sont admises aux négociations sur un **marché réglementé**, l'intervention du commissaire aux comptes consiste à vérifier que les règles de détermination du prix d'émission prévues par l'article L 232-19 du Code de commerce ont été respectées et en particulier que la moyenne des cours cotés à partir de laquelle est fixé le prix d'émission est déterminée par rapport au jour de la décision de mise en distribution (et non du jour de la mise en paiement) par l'assemblée. **59375**

Aucun rapport du commissaire aux comptes n'est requis par les textes légaux (voir n° 59394).

À l'issue de ses travaux, le commissaire aux comptes peut estimer nécessaire d'obtenir des **déclarations écrites** de la direction, sous la forme par exemple d'une lettre d'affirmation, notamment lorsque le prix est fixé selon la méthode de l'actif net (CNCC NI. XII – oct. 2012 p. 96). **59378**

Cas particulier de la distribution d'acomptes sur dividendes payés en actions **59380**

Comme nous l'avons vu (n° 59230), les réglementations relatives à la distribution d'un acompte sur dividendes et au paiement du dividende en actions s'appliquent **cumulativement**. Le commissaire aux comptes devra donc mettre en œuvre les **diligences propres à ces deux opérations** telles qu'elles résultent de la doctrine de la CNCC et prendre en compte les particularités liées à la chronologie spécifique de cette opération (voir n° 59225).

La **principale adaptation** apportée à l'intervention résultera du fait que lors de l'assemblée autorisant le paiement d'un acompte sur dividendes en actions, les modalités du paiement ne seront pas connues. Le contrôle du commissaire à ce stade pourra donc seulement tendre à vérifier que les conditions préalables (dispositions statutaires ad hoc, libération du capital) sont bien remplies. Les autres diligences interviendront lors de la décision de mise en œuvre de la distribution de l'acompte. **59383**

> En l'absence de tenue d'assemblée lors de l'ouverture effective de l'option, le commissaire aux comptes veillera tout particulièrement à l'information des actionnaires par le conseil d'administration ou l'organe de la société habilité à prendre la décision de distribution.

1345

OPÉRATIONS RELATIVES AUX DIVIDENDES © Éd. Francis Lefebvre

Rapport et communications

59390 Les **obligations du commissaire aux comptes** varient selon le contexte de l'opération. On peut distinguer :
– le paiement du dividende en actions dans les sociétés dont les actions sont admises aux négociations sur un marché réglementé ;
– le paiement du dividende en actions dans les autres sociétés ;
– le cas particulier du paiement d'un acompte sur dividendes en actions.

59394 **Paiement du dividende en actions dans les sociétés cotées** Dans les sociétés dont les actions sont admises aux négociations sur un marché réglementé, aucune mention n'est à donner par le commissaire aux comptes lorsque l'opération n'appelle aucune remarque particulière. En revanche, si l'opération appelle des observations, le commissaire aux comptes devra effectuer la communication appropriée à l'organe compétent et à l'assemblée générale : il s'agira le plus souvent de la **mention d'une irrégularité** (C. com. art. L 823-12 et art. L 823-16).

Il pourrait en être ainsi dans le cas d'un paiement du dividende en actions donnant lieu par exemple à un abus de majorité caractérisé.

Le support de la communication de l'irrégularité sera fonction de sa nature conformément aux règles exposées au n° 61312. Il s'agira en règle générale d'un rapport ad hoc.

59396 **Paiement du dividende en actions dans les autres sociétés par actions** Le paiement du dividende en actions dans les sociétés dont les actions ne sont pas admises aux négociations sur un marché réglementé donne lieu dans tous les cas à l'émission d'un rapport par le commissaire aux comptes. La conclusion est formulée sous la forme d'observations ou d'absence d'observations sur l'application des règles de détermination du prix d'émission des actions.

59410 Le **rapport** est écrit. Il est daté et signé par le commissaire et ne comporte pas d'annexe. Il fait notamment état de l'organe compétent pour déterminer le prix d'émission des actions à émettre à l'occasion du paiement du dividende ou des acomptes sur dividendes en actions et du choix de la méthode retenue. Il précise également que les travaux mis en œuvre par le commissaire aux comptes ont notamment consisté à vérifier que le prix d'émission des actions est déterminé conformément aux règles prévues par la loi.

59413 Les exemples de rapports proposés par la CNCC dans la note d'information précitée conduisent à distinguer **deux types de rapport** en fonction de la situation rencontrée :
– lorsque les contrôles effectués n'ont fait ressortir **aucune anomalie,** le commissaire émet un rapport qui rappelle les règles de détermination du prix d'émission retenues et constate l'absence d'observations ;
– dans l'**hypothèse contraire,** le commissaire émet un rapport qui rappelle les règles de détermination du prix d'émission et détaille les observations qu'il doit formuler. Celles-ci peuvent porter soit sur le calcul du prix lui-même (retraitement non justifié des capitaux propres, inexactitude du décompte d'actions, erreur manifeste de détermination du prix par l'expert…), soit sur le non-respect de certaines dispositions réglementaires, soit enfin sur le bilan qui a servi de base au calcul du prix.

Lorsque le bilan utilisé pour déterminer le prix des actions a fait l'objet de réserves ou d'un refus de certifier, le commissaire en effectue le rappel dans son rapport et en apprécie les conséquences sur le montant des capitaux propres et sur la détermination du prix (exemples proposés dans la note d'information de la CNCC précitée, p. 89 s.).

59415 En l'absence de précision légale, la CNCC estime que le respect du droit de communication des actionnaires doit conduire le commissaire aux comptes à déposer son rapport au siège social quinze jours au moins avant la date de l'assemblée générale, sous réserve de dispositions particulières prévues par les statuts (CNCC NI. XII – oct. 2012 p. 97).

© Éd. Francis Lefebvre

OPÉRATIONS DE TRANSFORMATION

CHAPITRE 3

Opérations de transformation

Plan du chapitre	§§

	§§			§§
SECTION 1		C.	Mission du commissaire	
Généralités	60100		à la transformation	60350
A. Notion de transformation	60120		**SECTION 3**	
B. Notions connexes	60140		**Transformation d'une SARL**	60500
C. Intervention des commissaires		A.	Présentation générale	60530
aux comptes ou à la transformation	60160	B.	Mission du commissaire	
SECTION 2			aux comptes	60640
Transformation d'une société			**SECTION 4**	
en société par actions	60200		**Transformation des sociétés**	
A. Présentation générale	60220		**par actions**	60730
B. Nomination du commissaire		A.	Présentation générale	60750
à la transformation	60300	B.	Mission du commissaire	
			aux comptes	60910

SECTION 1

Généralités

La notion même de transformation doit être définie (n⁰ˢ 60120 s.), afin notamment de la **60100**
distinguer de certaines notions connexes (n⁰ˢ 60140 s.).
Il convient également de situer, dès à présent, le cadre général de l'intervention des
commissaires aux comptes et à la transformation (n⁰ˢ 60160 s.).

A. Notion de transformation

Définition

Transformer une société consiste à passer d'une forme juridique de société à une autre. **60120**
Cette opération, dès lors qu'elle est régulière, n'entraîne pas la création d'une personne
morale nouvelle (C. com. art. L 210-6, al. 1).
La transformation résulte soit d'un choix volontaire des associés, soit d'un impératif législatif.

Effets de la transformation

La transformation d'une société entraîne sans contestation possible l'application des **60122**
règles de fonctionnement régissant la nouvelle forme juridique retenue pour la société.
Le **point de départ** de l'application des nouvelles règles peut en revanche susciter des
interrogations.

> Ainsi la transformation d'une société à responsabilité limitée en société anonyme peut-elle conduire à
> se demander s'il convient d'établir, au titre de l'exercice de la transformation, le rapport du gérant
> pour la partie d'exercice antérieure à la transformation et le rapport du conseil d'administration pour
> la période suivant la transformation, ou bien le rapport unique du conseil d'administration établi en
> application des règles de la société anonyme pour la totalité de l'exercice.

Selon la Compagnie nationale des commissaires aux comptes, à compter de l'assemblée
générale extraordinaire décidant la transformation, les règles applicables à la nouvelle

1347

OPÉRATIONS DE TRANSFORMATION

© Éd. Francis Lefebvre

forme juridique prennent le relais des règles propres à l'ancienne forme juridique de la société (CNCC NI. VI – juil. 2018 p. 9).

Dans l'exemple cité plus haut, la seconde solution s'impose donc.

Concernant les effets de la transformation sur le rapport spécial du commissaire aux comptes sur les conventions et engagements réglementés, voir nᵒˢ 52472 s.

La transformation intervient à la date de l'assemblée générale extraordinaire qui en décide mais n'est toutefois **opposable aux tiers** qu'après achèvement des formalités de publicité.

60124 La transformation d'une société a également des effets sur le **mandat du commissaire aux comptes**. Une distinction doit être faite selon que la société, dans sa nouvelle forme, est tenue ou non d'avoir un commissaire aux comptes.

1. Transformation en une forme de société non tenue d'avoir un commissaire aux comptes

Si, dans sa nouvelle forme, la société n'a pas l'obligation d'avoir un commissaire aux comptes, selon la doctrine CNCC :

– **le mandat** du commissaire aux comptes en place dans la société avant sa transformation **prend fin** au jour de la transformation (CNCC NI. VI – juil. 2018 p. 11 et Bull. CNCC nᵒ 159-2010 – EJ 2010-09 p. 559). Jusqu'à cette date, il doit remplir ses différentes obligations telles que le signalement des irrégularités ;

Ce principe s'applique au mandat du commissaire aux comptes, qu'il découle d'une désignation obligatoire ou d'une désignation volontaire.

La cessation des fonctions du commissaire aux comptes intervenant au jour de la transformation, si la transformation intervient après la date de clôture de l'exercice N mais avant l'assemblée appelée à statuer sur les comptes dudit exercice, le commissaire aux comptes n'a pas à rendre compte de sa mission de certification au titre de l'exercice N (CNCC NI. VI – juil. 2018 p. 11).

– les associés peuvent décider, lors de la réunion de l'assemblée décidant la transformation, de conserver le commissaire aux comptes en place alors que cette désignation n'est pas imposée par les textes légaux applicables à la nouvelle forme de la société : la CNCC considère qu'un nouveau mandat de six exercices devra alors lui être confié (CNCC NI. VI – juil. 2018 p. 12). On peut toutefois relever une **divergence apparente** entre cette position et celle par ailleurs retenue par la CNCC dans d'autres situations d'extinction de l'obligation de nommer un commissaire aux comptes (voir ci-dessous).

Ainsi, en cas de franchissement à la baisse des seuils déclenchant l'obligation de nommer un commissaire aux comptes dans une SARL, il n'est pas mis fin au mandat en cours du commissaire aux comptes (voir nᵒˢ 2485 s.) et il en est de même pour le mandat en cours du deuxième commissaire aux comptes lorsque l'entité cesse d'avoir l'obligation d'établir des comptes consolidés (voir nᵒ 2488).

À notre **avis**, le mandat pourrait se poursuivre jusqu'au terme initialement prévu puisque aucune modification n'intervient dans la personnalité morale de la société.

2. Transformation en une forme de société tenue d'avoir un commissaire aux comptes

Si la nouvelle forme de la société impose d'avoir un commissaire aux comptes, le mandat du commissaire aux comptes en place avant la transformation se poursuit jusqu'à son terme (CNCC NI. VI – juil. 2018 p. 12 et Bull. CNCC nᵒ 159-2010 – EJ 2010-09 p. 559).

Ce principe s'applique au mandat du commissaire aux comptes, qu'il découle d'une désignation obligatoire ou d'une désignation volontaire.

Rétroactivité

60125 La transformation ne peut pas avoir d'effet rétroactif (CNCC NI. VI – juil. 2018 p. 10).

Le ministre de la justice a estimé dans une réponse ministérielle (Rép. Sergheraert : JO Déb. AN 15-12-1979 p. 11999 ; Bull. CNCC nᵒ 37-1980 p. 64) qu'une décision des organes sociaux ne peut remettre en cause rétroactivement les règles de fonctionnement de la société telles qu'elles s'imposaient à tous avant leur modification. La Commission des études juridiques de la CNCC a confirmé qu'il est impossible de conférer un caractère rétroactif à une décision de transformation d'une société en une société d'une autre forme (EJ 2010-09 : Bull. CNCC nᵒ 159-2010 p. 559).

Caractère impératif

60128 Il ne peut pas être substitué de procédures conventionnelles de transformation à celles prévues par les textes.

C'est ainsi que doit être considérée comme entachée de nullité la transformation d'une SARL en société anonyme réalisée par acte notarié signé par l'ensemble des associés (Bull. CNCC nᵒ 53-1984 p. 119).

© Éd. Francis Lefebvre   **OPÉRATIONS DE TRANSFORMATION** ▮

B. Notions connexes

Transformation et changement de nature juridique

La transformation se différencie d'un changement de nature juridique de groupement, qui consiste pour une société commerciale à décider d'exercer son activité dans le cadre d'une autre structure juridique (par exemple, sous la forme d'une association). En ce cas, il y a extinction du contrat initial et constitution d'une personne morale nouvelle, par novation.

60140

Transformation et adaptation du mode de fonctionnement

Il faut distinguer la transformation en société d'une autre forme juridique des cas suivants qui n'entraînent qu'une adaptation du mode de fonctionnement sans changement de nature :
– société anonyme à conseil d'administration adoptant le système dual avec directoire et conseil de surveillance ou optant pour une présidence dissociée ;
– société anonyme ayant recours au mode d'exercice libéral (Bull. CNCC n° 95-1994 p. 309) ;
– société anonyme adoptant un système de capital variable : la variabilité du capital social ne constitue qu'une modification statutaire (Bull. CNCC n° 26-1977 p. 267).

60145

C. Intervention des commissaires aux comptes ou à la transformation

Transformations pour lesquelles les textes prévoient une intervention

Le législateur a prévu l'intervention soit d'un commissaire aux comptes, soit d'un commissaire à la transformation dans les cas énumérés ci-après :
1. « Lorsqu'une société de quelque forme que ce soit qui n'a **pas de commissaire aux comptes se transforme en société par actions** », un commissaire à la transformation chargé d'apprécier la valeur des biens composant l'actif social et les avantages particuliers doit être nommé, en application de l'article L 224-3 du Code de commerce. Le commissaire à la transformation atteste dans son rapport que les capitaux propres sont au moins égaux au capital social (C. com. art. R 224-3) (voir n°s 60200 s.).
2. La décision de **transformation d'une SARL** en une autre forme de société doit être précédée du rapport d'un commissaire aux comptes inscrit sur la situation de la société (C. com. art. L 223-43, al. 3).

> Si la société à responsabilité limitée qui fait l'objet de la transformation est dotée d'un commissaire aux comptes, celui-ci peut être retenu pour cette mission (voir n°s 60500 s.).

Si la SARL se transforme en société par actions et n'a pas de commissaire aux comptes, l'intervention d'un commissaire à la transformation est également requise (C. com. art. L 224-3).
3. Enfin, pour la **transformation d'une société par actions** en toute forme de société, autre qu'une SNC et en dehors du cas spécifique de la transformation d'une SA en société européenne (voir ci-dessous), une intervention est prévue par les textes dans les situations ci-après :
– si la société par actions qui se transforme dispose d'un **commissaire aux comptes nommé pour un mandat de six exercices** en application du premier alinéa de l'article L 823-3 du Code de commerce, ce dernier établit le rapport prévu à l'article L 225-244 du code précité et atteste que les capitaux propres sont au moins égaux au capital social (C. com. art. L 225-244 modifié par la loi 2019-486 du 22-5-2019, dite Pacte, qui s'applique aux transformations des sociétés anonymes et, sur renvoi, des sociétés en commandite par actions et des sociétés par actions simplifiées ; voir n°s 60730 s.) ;

> Dans le cas où la société par actions qui se transforme dispose d'un **commissaire aux comptes nommé pour un mandat limité à trois exercices** en application de l'article L 823-3-2 du Code de commerce, ce dernier est alors **dispensé** de la réalisation des diligences et du rapport mentionnés à l'article L 225-244 du Code de commerce (C. com. art. L 823-12-1 inséré par la loi dite Pacte précitée).
> En outre, les sociétés qui ne dépassent pas, pour le dernier exercice clos antérieurement à l'entrée en vigueur de l'article 20 de la loi dite Pacte, les deux des trois seuils fixés à l'article D 221-5 du Code de

60160

1349

OPÉRATIONS DE TRANSFORMATION   © Éd. Francis Lefebvre

commerce peuvent en accord avec leur commissaire aux comptes choisir que ce dernier exécute son mandat jusqu'à son terme selon les modalités définies pour la mission de trois exercices. Dans cette situation particulière, bien que le commissaire aux comptes soit nommé pour un mandat de six exercices, la mission se poursuivant selon les modalités d'un mandat de trois exercices, la dispense du rapport mentionné à l'article L 225-244 du code précité s'applique également.

L'article 20 de la loi dite Pacte s'applique à compter du premier exercice clos postérieurement au 26 mai 2019.

– si la société par actions qui se transforme **ne dispose pas d'un commissaire aux comptes** et se transforme en une autre forme de société par actions (SA, SCA, SAS), l'intervention d'un commissaire à la transformation prévue par l'article L 224-3 du Code de commerce est alors requise.

Dans le cas où une société par actions non dotée d'un commissaire aux comptes se transforme en une forme de société autre qu'une société par actions (par exemple en SARL), aucune intervention d'un commissaire à la transformation n'est prévue par les textes légaux et réglementaires.

Dans le **cas particulier** de la **transformation d'une SA en société européenne**, l'intervention du commissaire aux comptes de la société n'est pas requise mais l'article L 225-245-1 du Code de commerce prévoit l'intervention d'un ou de plusieurs commissaires à la transformation désignés par décision de justice (voir n° 60773).

60162   **Transformations pour lesquelles les textes ne prévoient pas d'intervention**   Pour les transformations suivantes, le dispositif légal ne prévoit pas l'intervention d'un commissaire aux comptes ou d'un commissaire à la transformation :

– transformation d'une société par actions (SA, SCA, SAS) dotée d'un commissaire aux comptes ou non en SNC ;
– transformation d'une société par actions (SA, SCA, SAS) dotée d'un commissaire aux comptes dont le mandat est limité à trois exercices en toute forme de société sauf en société européenne ;
– transformation d'une société par actions qui n'a pas de commissaire aux comptes en une forme de société qui n'est pas une société par actions (SARL, SCS, société civile) ;
– transformation d'une société en commandite simple, société en nom collectif ou société civile, ayant un commissaire aux comptes, en société par actions (SA, SCA, SAS) ;
– transformation d'une société en commandite simple, société en nom collectif ou société civile dotée d'un commissaire aux comptes ou non en société en commandite simple, société en nom collectif, société civile ou en société à responsabilité limitée.

Dans certaines situations, la CNCC estime qu'il peut être souhaitable de recourir volontairement à l'intervention d'un professionnel en vue d'éclairer les associés sur les conditions et les conséquences de la transformation qui leur est proposée et que, pour les sociétés dotées d'un commissaire aux comptes, l'intervention volontaire peut être confiée à ce dernier (CNCC NI. VI – juil. 2018 p. 73 et Bull. CNCC n° 159-2010 – EJ 2010-10 p. 554).

À titre d'exemple, la Commission des études juridiques de la CNCC considère qu'en cas de transformation de SNC, SCS et de société civile en société par actions, et notamment si la transformation intervient à une date éloignée de la clôture des comptes annuels, un contrôle de la valeur des biens composant l'actif social et/ou des avantages particuliers peut être confié au commissaire aux comptes (EJ 2010-10 et 2010-10 bis : Bull. CNCC n° 159-2010 p. 554).

Préalablement à l'entrée en vigueur de l'ordonnance 2016-315 du 17 mars 2016, cette intervention pouvait être réalisée par le commissaire aux comptes dans le cadre des diligences directement à la mission de commissaire aux comptes. Depuis le 17 juin 2016, le concept de DDL a été supprimé du Code de commerce mais l'intervention précitée pourra toujours être fournie dans le cadre de services autres que la certification des comptes dans la mesure où elle ne porte pas atteinte à l'indépendance du commissaire aux comptes et qu'elle n'est pas visée dans les services interdits par le Code de déontologie ainsi que par le règlement européen 537/2014 (pour les EIP).

60165   Les interventions obligatoires de commissaires à la transformation ou de commissaires aux comptes depuis la loi de sécurité financière sont récapitulées dans le tableau ci-après.

1350

© Éd. Francis Lefebvre   **OPÉRATIONS DE TRANSFORMATION** ▮

60165
(suite)

Ancienne forme juridique	Nouvelle forme juridique	Dispositif applicable	Rapport établi par
Transformation d'une SARL			
SARL dotée d'un commissaire aux comptes	SA, SCA, SAS, SNC, SCS, société civile	Rapport L 223-43 Voir n°s 60500 s.	Un commissaire aux comptes
SARL non dotée d'un commissaire aux comptes	SNC, SCS, société civile	Rapport L 223-43 Voir n°s 60500 s.	Un commissaire aux comptes
SARL non dotée d'un commissaire aux comptes	SA, SCA, SAS	Rapport L 223-43 Voir n°s 60500 s. et rapport L 224-3 (1) Voir n°s 60200 s.	Un commissaire aux comptes Un commissaire à la transformation
Transformation d'une société par actions			
SA, SAS, SCA dotées d'un commissaire aux comptes avec un mandat de six exercices	SA, SAS, SCA, SARL, SCS, société civile	Rapport L 225-244 Voir n°s 60730 s.	Le commissaire aux comptes de la société
SA, SAS, SCA dotées d'un commissaire aux comptes avec un mandat limité à trois exercices	SA, SAS, SCA, SARL, SCS, société civile	Pas d'intervention prévue par la loi (4) Voir n°s 60730 s.	-
SA, SAS, SCA non dotées d'un commissaire aux comptes	SA, SAS, SCA	Rapport L 224-3 Voir n°s 60730 s.	Un commissaire à la transformation
SA, SAS, SCA non dotées d'un commissaire aux comptes	SARL, SCS, société civile	Pas d'intervention prévue par la loi (5) Voir n°s 60730 s.	-
SA, SAS, SCA (dotées d'un commissaire aux comptes ou non)	SNC	Pas d'intervention prévue par la loi (2) (3)	-
SA dotée d'un commissaire aux comptes ou non	Société européenne	Rapport L 225-245-1 Voir n° 60773	Un commissaire à la transformation
Transformation d'autre forme de société			
SNC, SCS, sociétés civiles dotées d'un commissaire aux comptes	SA, SAS, SCA	Pas d'intervention prévue par la loi (3)	-
SNC, SCS, sociétés civiles non dotées d'un commissaire aux comptes	SA, SAS, SCA	Rapport L 224-3 Voir n°s 60200 s.	Un commissaire à la transformation
SNC, SCS, sociétés civiles dotées ou non d'un commissaire aux comptes	SARL, SNC, SCS, société civile	Pas d'intervention prévue par la loi (3)	-

(1) La mission du commissaire à la transformation (C. com. art. L 224-3) et la mission sur la situation de la société qui doit être réalisée par un commissaire aux comptes inscrit (C. com. art. L 223-43) peuvent être réalisées par le même professionnel, à condition que celui-ci ait la qualité de commissaire aux comptes inscrit. Dans un tel cas, un seul rapport est établi (C. com. art. L 224-3, al. 1).
(2) La transformation en SNC nécessite l'accord de tous les associés. En ce cas, aucune intervention n'est exigée (C. com. art. L 225-245).
(3) Dans le cas où la société est dotée d'un commissaire aux comptes, une intervention volontaire pourra être confiée à ce dernier (voir n° 60162).
Concernant la position du CCRCS sur l'intervention du commissaire aux comptes d'une SNC se transformant en SAS, voir n° 60303.
(4) Dans le cas où la société par actions qui se transforme est dotée d'un commissaire aux comptes nommé pour un mandat limité à trois exercices en application de l'article L 823-3-2 du Code de commerce, ce dernier est dispensé de la réalisation des diligences et du rapport mentionné à l'article L 225-244 du même code (C. com. art. L 823-12-1 inséré par la loi 2019-486 du 22-5-2019, dite Pacte)
(5) Dans le cas où la société par actions se transforme en une société autre qu'une société par actions et qu'elle n'est pas dotée d'un commissaire aux comptes, aucune intervention d'un commissaire à la transformation n'est prévue par les textes légaux et réglementaires.

1351

OPÉRATIONS DE TRANSFORMATION

© Éd. Francis Lefebvre

SECTION 2

Transformation d'une société en société par actions

60200 Dans cette section, sont abordés :
- les aspects généraux de ce type de transformation (n°s 60220 s.) ;
- la nomination du commissaire à la transformation (n°s 60300 s.) ;
- la mission du commissaire à la transformation (n°s 60350 s.).

Pour les spécificités relatives à la transformation des sociétés à responsabilité limitée, il conviendra également de se reporter aux n°s 60500 s.

Pour les spécificités relatives à la transformation des sociétés par actions, il conviendra également de se reporter aux n°s 60730 s.

A. Présentation générale

Contexte de l'opération

60220 **Motif de la transformation** La transformation d'une société en société par actions peut résulter d'une **volonté des associés** (admission des titres de la société sur un marché réglementé, souhait d'émettre des actions de préférence pour faciliter l'accès d'investisseurs au capital social de la société, organisation flexible de la société par actions simplifiée...) ou être **imposée** (par exemple afin d'échapper à la dissolution suite au **dépassement du seuil de cent associés** pour une SARL) (C. com. art. L 223-3).

60225 **Intérêt de l'intervention d'un commissaire à la transformation** Lorsqu'elle porte par exemple sur la transformation d'une société en nom collectif non dotée d'un commissaire aux comptes en société par actions, l'opération a pour conséquence de faire passer les associés d'un régime de responsabilité indéfinie et solidaire à un régime de responsabilité limitée au montant des apports de chaque actionnaire. Or, le capital social est traditionnellement considéré comme le gage des créanciers, il constitue la contre-partie de la responsabilité des actionnaires. Dans cette optique, il est nécessaire, afin d'assurer la **protection des actionnaires et des créanciers**, que la valeur des biens composant le capital social de la société à transformer soit appréciée par un professionnel extérieur.

Conditions préalables à la transformation

60240 Dans tous les cas, les associés qui souhaitent procéder à la transformation devront, d'une part, respecter les règles de transformation spécifiques au régime juridique de la société initiale et, d'autre part, se conformer aux dispositions de l'article L 224-3, al. 1 du Code de commerce, qui prévoit la **nomination d'un commissaire à la transformation** lorsque la société transformée n'est pas dotée d'un commissaire aux comptes.

Ainsi la transformation d'une SARL qui n'a pas de commissaire aux comptes en SA nécessitera-t-elle à la fois l'intervention d'un commissaire aux comptes inscrit, prévue dans les cas de transformation de SARL (C. com. art. L 223-43, al. 3), et l'intervention du commissaire à la transformation, obligatoire en cas de transformation d'une société non dotée d'un commissaire aux comptes en société par actions, étant précisé que le commissaire à la transformation peut être investi des deux missions par la société en application de l'article L 224-3, al. 1.

Pour plus de détails, voir la note d'information CNCC relative au commissaire aux comptes et à la transformation de société (CNCC NI. VI – juil. 2018 p. 57).

Pour plus de détails sur les conditions préalables à la transformation, voir NI. CNCC VI – juil. 2018 p. 15 s.

60242 La société doit également satisfaire aux conditions propres à la forme de la société dans laquelle elle se transforme.

Lors d'une transformation d'une société en SA, **le capital social** doit respecter un **montant minimal** de 37 000 euros (Mémento Sociétés commerciales n° 37550).

Si une augmentation de capital est nécessaire pour parvenir à ce minimum légal, elle doit être réalisée antérieurement à l'opération de transformation.

Dans la pratique, on constate qu'elle a lieu au cours de l'assemblée générale extraordinaire de transformation. L'ordre du jour prévoit dans un premier point l'augmentation du capital social et, dans un second, la transformation de la société, sous condition suspensive de la réalisation de l'augmentation de capital social.

Depuis le 1er janvier 2009 (à la suite de la loi de modernisation de l'économie du 4 août 2008), le capital social des SAS est librement fixé par les statuts. Ainsi, lors d'une transformation en SAS, il sera nécessaire de s'assurer que le montant du capital social respecte bien le montant fixé par les statuts.

L'objet social de la société transformée doit pouvoir être exercé sous la forme de société **60245**
par actions (Mémento Sociétés commerciales n° 37530) et le nombre minimum d'associés doit être respecté.

Depuis le 12 mai 2016, une SA doit comporter au moins deux associés (C. com. art. L 225-1). Toutefois, si les actions de la société sont admises aux négociations sur un marché réglementé ou sur un système multilatéral de négociation, le nombre d'associés doit être au minimum de sept (C. com. art. L 22-10-2 à compter du 1-1- 2021 ; dispositions figurant précédemment à l'article L 225-1 du même code).

Biens composant l'actif social et les avantages particuliers Lorsqu'une **60250**
société se transforme en société par actions, les associés doivent statuer sur l'évaluation des biens et l'octroi des avantages particuliers et ils ne peuvent les réduire qu'à l'unanimité (C. com. art. L 224-3). Les biens composant l'actif social et les avantages particuliers doivent être appréciés par un commissaire à la transformation (voir n°s 60418 s.).

À défaut d'approbation expresse des associés, mentionnée au procès-verbal, la transformation est nulle (C. com. art. L 224-3, al. 3).

Effets de la transformation

La transformation régulière de la société en société par actions n'entraîne pas la constitu- **60255**
tion d'une personne morale nouvelle.

Associés Les associés de l'ancienne forme juridique deviennent automatiquement **60260**
associés de la nouvelle forme juridique et leurs droits anciens sont remplacés par des droits équivalents dans la nouvelle forme juridique adoptée.

Dirigeants Il est mis fin aux fonctions du gérant (ou autres organes sociaux). Il sera **60263**
remplacé par un conseil d'administration ou un directoire dans une société anonyme, par un gérant dans une société en commandite par actions et par un président dans une SAS. Si le gérant de la société transformée est nommé gérant de la nouvelle forme juridique de société, son mandat dans la forme de société précédente expire à l'issue de l'assemblée générale extraordinaire de transformation.

Créanciers Les créanciers antérieurs à la transformation ne voient pas leurs droits **60270**
modifiés. Dans les sociétés de personnes se transformant en société par actions, les associés restent tenus de toutes les dettes de la société nées antérieurement à sa transformation. Les sûretés constituées antérieurement à la transformation sont maintenues, sauf clause contraire de l'acte constitutif de ces sûretés.

Commissaire aux comptes La transformation peut avoir une incidence sur le **60275**
mandat du commissaire aux comptes selon que la nouvelle forme de la société est tenue ou non d'avoir un commissaire aux comptes (voir n° 60124).

Sur les entités tenues de désigner un commissaire aux comptes, voir n°s 1871 s.

B. Nomination du commissaire à la transformation

Modalités

Le principe est que la nomination d'un commissaire à la transformation n'intervient que **60300**
si la société à transformer en société par actions n'est **pas dotée d'un commissaire aux comptes** : l'article L 224-3 du Code de commerce dispose en effet que « lorsqu'une

OPÉRATIONS DE TRANSFORMATION © Éd. Francis Lefebvre

société de quelque forme que ce soit qui n'a pas de commissaire aux comptes se transforme en société par actions, un ou plusieurs commissaires à la transformation, chargés d'apprécier sous leur responsabilité la valeur des biens composant l'actif social et les avantages particuliers, sont désignés, sauf accord unanime des associés, par décision de justice, à la demande des dirigeants sociaux ou de l'un d'eux ».

La nomination d'un commissaire à la transformation est ainsi obligatoire dans les sociétés par actions simplifiées qui ne sont pas dotées d'un commissaire aux comptes et qui souhaitent se transformer en une autre forme de société par actions (CNCC NI. VI – juil. 2018 p. 22 et Bull. CNCC n° 159-2010 – EJ 2010-10 p. 554).

60303 La modification de l'article L 224-3 du Code de commerce par la loi 2016-1691 du 9 décembre 2016 relative à la transparence, à la lutte contre la corruption et à la modernisation de la vie économique (dite « loi Sapin 2 ») a clarifié les conditions dans lesquelles un commissaire à la transformation doit être désigné pour les sociétés se transformant en sociétés par actions. Préalablement à cette modification, l'article L 224-3 précisait que le commissaire aux comptes de la société pouvait être désigné commissaire à la transformation, alors que le premier alinéa dudit article indiquait par ailleurs que seules les sociétés non dotées d'un commissaire aux comptes étaient visées par l'obligation de désigner un commissaire à la transformation.

La rédaction de l'article L 224-3 du Code de commerce, issue de la loi dite « Sapin 2 », permet ainsi de corriger cette incohérence en supprimant la disposition selon laquelle le commissaire aux comptes de la société peut être désigné commissaire à la transformation.

Cette clarification consacre donc le fait qu'une société qui se transforme en société par actions et qui est **dotée d'un commissaire aux comptes** (par obligation légale ou volontairement) n'a pas à désigner de commissaire à la transformation ni à confier cette mission à son commissaire aux comptes.

Les modifications apportées par la loi dite « Sapin 2 » consacrent ainsi l'arrêt de la Cour de cassation du 8 avril 2008 (Cass. com. n° 06-15.193 : RJDA 7/08 n° 817) qui conduisait à considérer que toutes les sociétés, quelle que soit leur forme, qui ont un commissaire aux comptes, que celui-ci ait été désigné en application d'une obligation légale ou de manière volontaire, n'avaient pas à désigner un commissaire à la transformation, ni à confier cette mission à leur commissaire aux comptes lorsqu'elles se transforment en société par actions (CNCC NI. VI – juil. 2018 p. 22 s.).

Le Comité de coordination du registre du commerce (CCRCS) avait adopté une position contraire dans un avis du 25 octobre 2012 en considérant que la dispense de désignation d'un commissaire à la transformation dans le cas d'une transformation d'une SNC dotée d'un commissaire aux comptes en une SAS ne signifiait pas pour autant une dispense de l'établissement du rapport visé à l'article L 224-3 du Code de commerce sur la valeur des biens composant l'actif social et les avantages particuliers (Avis CCRCS n° 2012-038). Le CCRCS estimait ainsi que, dans le cas précité, la société devait faire établir par son commissaire aux comptes le rapport mentionné à l'article L 224-3. Cette position du CCRCS est dorénavant contraire à la nouvelle rédaction de l'article L 224-3.

Toutefois, si une société dotée d'un commissaire aux comptes souhaite se transformer en société par actions, elle a la possibilité de **confier de façon volontaire une mission de commissaire à la transformation** à son commissaire aux comptes.

Au vu des éléments résultant de la mission du commissaire à la transformation, la CNCC estime que la mission du commissaire à la transformation ne comportant pas d'évaluation et ne concourant pas à l'élaboration de l'information comptable de l'entité, il n'y a pas de risque d'autorévision (CNCC – CEP 2017- 21-1-2019).

Il appartient au commissaire aux comptes qui se verrait confier une mission sur la transformation de façon volontaire par l'entité dont il audite les comptes de s'assurer, conformément aux dispositions de l'article 5 du Code de déontologie, que ladite mission, telle que définie dans la lettre de mission, n'est pas susceptible de remettre en cause son indépendance en conduisant à un risque de conflit d'intérêts. Si la mission de commissaire à la transformation est réalisée au bénéfice d'une entité d'intérêt public (EIP), cette mission contractuelle devra être rendue conformément aux règles applicables aux EIP et devra notamment être préalablement approuvée par le comité d'audit conformément aux dispositions de l'article L 822-11-2 du Code de commerce.

60304 Le commissaire à la transformation est **choisi** parmi les commissaires aux comptes ou parmi les experts inscrits sur une des listes établies par les cours et tribunaux (C. com. art. R 22-10-7 à compter du 1-1- 2021 ; dispositions figurant antérieurement à l'article R 225-7 abrogé).

60305 La Chancellerie considère que « l'**accord unanime des associés** » constitue une procédure de désignation du commissaire à la transformation, applicable à toutes les sociétés indépendamment des procédures de délibération prévues par les textes régissant le

© Éd. Francis Lefebvre — OPÉRATIONS DE TRANSFORMATION

fonctionnement juridique de ces entités. En effet, soit la désignation du commissaire à la transformation résulte de l'accord unanime des associés, soit l'unanimité n'est pas acquise et, dans ce cas, les dirigeants de la société saisissent le président du tribunal de commerce statuant sur requête pour nommer un commissaire à la transformation (CNCC NI. VI – juil. 2018 p. 24 et Rép. Jacquat : JO Déb. AN 4-11-2002 n° 42 p. 4062).

La **forme de l'accord** unanime des associés peut varier selon la nature des sociétés à transformer. Dans une SARL, la consultation écrite des associés ou l'expression de leur consentement dans un acte est possible si ces modalités de prise de décision sont prévues dans les statuts (C. com. art. L 223-27, al. 1).

Si la société transformée est une SARL non dotée d'un commissaire aux comptes, le commissaire à la transformation peut être chargé de l'établissement du **rapport sur la situation de la société** prévu par le 3e alinéa de l'article L 223-43 du Code de commerce en cas de transformation d'une société à responsabilité limitée. Dans ce cas, il n'est rédigé qu'un seul rapport (C. com. art. L 224-3, al. 1). **60308**

La nomination du commissaire à la transformation doit respecter les mêmes **conditions** que la nomination des commissaires aux apports (C. com. art. R 22-10-7 à compter du 1-1-2021 ; dispositions figurant antérieurement à l'article R 225-7 abrogé). Le commissaire à la transformation peut être choisi soit sur la liste des commissaires aux comptes prévue à l'article L 822-1 du Code de commerce, soit sur les listes des experts judiciaires établies par les cours et tribunaux. Toutefois, si les associés veulent confier au commissaire à la transformation la mission prévue en cas de transformation d'une SARL par l'article L 223-43 du Code de commerce (appréciation de la situation de la SARL avant sa transformation), celui-ci doit nécessairement être inscrit sur la liste des commissaires aux comptes (Bull. CNCC n° 99-1995 p. 381). **60310**

Obligations déontologiques

Le commissaire à la transformation est soumis aux **incompatibilités prévues à l'article L 822-11-3** du Code de commerce pour le commissaire aux comptes (C. com. art. L 224-3 modifié par la loi 2016-1691 du 9-12-2016 dite « loi Sapin 2 »).
Ces incompatibilités visent : **60315**
– le fait de prendre, recevoir ou conserver un intérêt auprès de la personne ou de l'entité dont les comptes sont certifiés ou auprès d'une personne qui la contrôle ou qui est contrôlée par elle, au sens des I et II de l'article L 233-3 ;
– le fait d'avoir des liens personnels, financiers et professionnels, tels que définis par le Code de déontologie de la profession de commissaire aux comptes ;
– la détention, par les associés, les salariés qui participent à la mission et toute autre personne qui participe à la mission ainsi que les personnes qui leur sont étroitement liées, d'intérêts substantiels et directs dans la personne ou l'entité dont les comptes sont certifiés ou la réalisation de transaction portant sur un instrument financier émis, garanti ou autrement soutenu par cette personne ou entité, sauf s'il s'agit d'intérêts détenus par l'intermédiaire d'organismes de placement collectif diversifiés, y compris de fonds gérés tels que des fonds de pension ou des assurances sur la vie.

La loi précitée a ainsi revu les incompatibilités applicables au commissaire à la transformation, ce dernier étant précédemment soumis aux incompatibilités spéciales de l'article L 225-224 du Code de commerce qui avait été abrogé par la loi de sécurité financière du 1er août 2003. La CNCC considérait toutefois que lorsqu'un commissaire aux comptes était désigné commissaire à la transformation, il devait respecter les règles générales d'indépendance régissant sa profession, même si l'article L 225-224 avait été abrogé et non remplacé (CNCC NI. VI – juil. 2018 p. 25 et Bull. CNCC n° 159-2010 p. 558).

Le commissaire à la transformation est également astreint au **secret professionnel**, en application de l'article 226-13 du Code pénal.

Il en résulte qu'une fois sa mission terminée, le commissaire à la transformation ne peut répondre aux questions qui lui seraient posées par les dirigeants, ni réaliser de diligences postérieures, sauf si une ordonnance rendue par le président du tribunal de commerce lui confiait une mission complémentaire (Bull. CNCC n° 87-1992 p. 504).
Concernant le cas d'un commissaire à la transformation devenant commissaire aux comptes de l'entité, voir également n° 60320.

S'agissant de la possibilité pour un commissaire à la transformation d'être par la suite nommé commissaire aux comptes de l'entité, le Haut Conseil estimait dans un avis du 9 mai 2012 qu'au vu des dispositions de l'article L 224-3 du Code de commerce, et **60320**

OPÉRATIONS DE TRANSFORMATION

© Éd. Francis Lefebvre

notamment de la possibilité qu'elles ouvraient de désigner le commissaire aux comptes de la société comme commissaire à la transformation, il n'existait pas d'incompatibilité de principe entre les deux missions et qu'un commissaire à la transformation pouvait être nommé commissaire aux comptes de l'entité. Le H3C rappelait que le commissaire aux comptes devait toutefois, préalablement à l'acceptation de sa mission, analyser sa situation au regard des dispositions du Code de déontologie (Avis H3C 2012-06 du 9-5-2012).

La loi 2016-1691 du 9 décembre 2016 (« loi Sapin 2 ») a supprimé la disposition selon laquelle le commissaire aux comptes de la société peut être désigné commissaire à la transformation, afin de clarifier le fait que seules les sociétés non dotées d'un commissaire aux comptes se transformant en sociétés par actions devaient désigner un commissaire à la transformation.

Par ailleurs, ladite loi soumet le commissaire à la transformation aux incompatibilités relatives au commissaire aux comptes visées à l'article L 822-11-3 du Code de commerce. À notre avis, la mission de commissaire à la transformation prévue par l'article L 224-3 du Code de commerce ne peut engendrer de perte d'indépendance pour un commissaire aux comptes dont la nomination est envisagée. L'analyse à mener par le commissaire aux comptes pressenti sur sa situation au regard des dispositions du Code de déontologie et de la section 2 du titre II du livre VIII du Code de commerce porte donc sur les autres prestations antérieures qu'il a éventuellement réalisées. Une analyse de ces prestations doit en principe être effectuée par le professionnel avant son acceptation de la mission de commissaire à la transformation (voir n° 60315).

Le commissaire aux comptes d'une société qui est intervenu en qualité de commissaire à la transformation précédemment à sa nomination de commissaire aux comptes n'est cependant pas délié du secret professionnel vis-à-vis d'un nouveau dirigeant pour les éléments dont il aurait eu connaissance au cours de sa mission de commissaire à la transformation (Bull. CNCC n° 173-2014 – EJ 2012-97).

Si, lors de son intervention comme commissaire à la transformation, le professionnel était par ailleurs commissaire aux comptes de la société, il serait alors délié du secret professionnel à l'égard du nouveau dirigeant (Réponse précitée de la Commission des études juridiques de la CNCC).

C. Mission du commissaire à la transformation

Définition de la mission

60350 **Fondement légal et normatif** La mission du commissaire à la transformation est prévue aux articles L 224-3 et R 224-3 du Code de commerce.

Le commissaire à la transformation, s'il est un commissaire aux comptes, met en œuvre ses diligences au regard de la doctrine professionnelle de la Compagnie nationale des commissaires aux comptes qui figure dans la note d'information « Le commissaire aux comptes et la transformation des sociétés » (CNCC NI. VI – juil. 2018).

Il n'existe pas de norme d'exercice professionnel relative aux opérations de transformation.

60355 **Nature de la mission** Le commissaire à la transformation apprécie sous sa responsabilité la valeur des biens composant l'actif social et, le cas échéant, les avantages particuliers stipulés (C. com. art. L 224-3). Il atteste que le montant des capitaux propres est au moins égal au montant du capital social, à la date de son rapport sur la transformation (C. com. art. R 224-3).

La mission de commissaire à la transformation ne relève pas de la mission de commissaire aux comptes telle qu'elle est définie à la section 2 du chapitre III du livre VIII de la partie législative du Code de commerce. Selon la doctrine de la CNCC, confirmée par la bonne pratique professionnelle identifiée par le H3C concernant la révélation des faits délictueux, les obligations de signalement des irrégularités ou de révélation de faits délictueux (C. com. art. L 823-12) ne sont donc pas applicables au commissaire à la transformation non commissaire aux comptes de l'entité (CNCC NI. VI – juil. 2018 p. 28 ; CNCC – Pratique professionnelle relative à la révélation des faits délictueux au procureur de la République – avril 2014 – § 3.3.).

En revanche, s'agissant des obligations relatives à la lutte contre le blanchiment des capitaux et le financement du terrorisme, elles s'appliquent à tout commissaire aux comptes inscrit intervenant dans le cadre d'une mission de commissariat à la transformation (voir n°s 62092 et 62093).

60365 **Responsabilité** Depuis la loi du 17 juin 2008, l'action en responsabilité à l'encontre du commissaire à la transformation se prescrit, en application du droit commun, au

1356

© Éd. Francis Lefebvre   **OPÉRATIONS DE TRANSFORMATION**

terme d'un délai de cinq ans (C. civ. art. 2224) alors que celle exercée à l'encontre du commissaire aux comptes se prescrit au terme d'un délai de trois ans (C. com. art. L 225-254 sur renvoi de l'art. L 822-18 dudit code).

La cour d'appel de Metz s'est prononcée en faveur d'une durée de prescription triennale en cas d'action en responsabilité civile à l'encontre du commissaire aux comptes exerçant une mission de commissaire à la transformation, avec un délai de prescription qui court à compter du rapport à la transformation (CA Metz 1ᵉ ch. 19-9-2013 : Bull. CNCC 172-2013 p. 617 note Ph. Merle). Dans cet arrêt, la Cour considère également que le commissaire aux comptes, personne physique agissant en qualité d'associé, d'actionnaire ou de dirigeant d'une société titulaire d'un mandat de commissaire aux comptes répond personnellement des actes professionnels qu'il accomplit au nom de cette société, quelle qu'en soit la forme (voir également nº 12886 sur l'arrêt Logex : Cass. com. 23-3-2010 nº 09-10.791 : RJDA 7/10 nº 759). La cour d'appel de Grenoble confirme que le régime dérogatoire de la prescription triennale doit s'appliquer à l'action en responsabilité engagée à l'encontre du commissaire aux comptes à l'occasion de toute mission légale de contrôle, en particulier lorsqu'il a été désigné comme commissaire à la transformation pour remplir les missions obligatoires de contrôle prévues par les articles L 223-43 et L 224-3 du Code de commerce (CA Grenoble ch. com. 12-9-2019).

Le TGI de Marseille se prononce quant à lui sur la durée de prescription concernant l'intervention ponctuelle d'un commissaire aux comptes en qualité de commissaire à la transformation. Les juges marseillais relèvent tout d'abord que la SARL n'était pas soumise à l'obligation de désigner un commissaire aux comptes puisqu'elle n'atteignait pas les seuils existants avant l'entrée en vigueur de la loi dite Pacte. Dès lors, ils estiment que le commissaire aux comptes est intervenu ponctuellement en qualité de commissaire à la transformation si bien que, dans le cadre de cette mission particulière, l'action en responsabilité civile est soumise à la prescription quinquennale de droit commun (TGI Marseille 1ᵉ ch. civ. 11-10-2018). Dans sa décision, le tribunal relève également concernant l'étendue de la mission du commissaire à la transformation qu'il n'appartenait pas à ce dernier d'émettre des réserves quant à l'opération de transformation envisagée ou d'évaluer la valeur des parts sociales.

La Cour de cassation, dans un arrêt de 2013, rejette le pourvoi formé contre une décision de la cour d'appel de Rouen qui avait considéré que, bien que le commissaire à la transformation n'ait pas pour mission de certifier les comptes, il lui appartient, dans le cadre de son « devoir de fiabilité », expression nouvelle employée par la cour d'appel et reprise par la Cour de cassation, de s'assurer que la situation financière de la société soumise à son appréciation ne comporte pas d'anomalie telle que le montant des capitaux propres, à la date d'émission de son rapport, ne répondait pas aux exigences légales (Cass. com. 10-12-2013 nº 11-22.188, Sté MMA IARD c/ Chedru : Bull. CNCC 173-2014 p. 48 note Ph. Merle, RJDA 3/14 nº 249). Dans le cas d'espèce, le commissaire à la transformation avait établi un rapport attestant que le montant des capitaux propres était au moins égal au montant du capital social alors qu'un audit réalisé quelques mois plus tard a fait apparaître une situation nette négative justifiée par la nécessité qu'il y aurait eu de comptabiliser avant l'opération de transformation une provision pour charges. La chambre commerciale considère que le commissaire à la transformation aurait dû s'interroger sur le caractère déficitaire de l'activité et laisse entendre que les diligences accomplies ont été insuffisantes.

Modalités de l'intervention

Acceptation de la mission Le commissaire à la transformation contacte les dirigeants de la société afin de prendre connaissance de l'entreprise et de comprendre le contexte économique et juridique dans lequel la transformation est envisagée.

S'il estime pouvoir accomplir la mission, il convient avec les dirigeants des modalités de son intervention. Ceux-ci doivent faire l'objet d'une **lettre de mission** (CNCC NI. VI – juil. 2018 p. 26).

60395

Prise de connaissance Le commissaire à la transformation utilise, en l'adaptant à la nature de son intervention, la démarche de prise de connaissance générale de l'entité et de son environnement utilisée par un commissaire aux comptes dans le cadre de sa mission (CNCC NI. VI – juil. 2018 p. 28).

Le commissaire à la transformation obtient les comptes de l'entité et les rapports de l'organe compétent à l'assemblée.

60400

Situation comptable intermédiaire La demande d'établissement d'une situation comptable intermédiaire est laissée à l'**appréciation du commissaire à la transformation**

60405

1357

OPÉRATIONS DE TRANSFORMATION © *Éd. Francis Lefebvre*

en fonction de la connaissance générale qu'il a acquise de l'entité et de ses activités et de la date de clôture des derniers comptes annuels (CNCC NI. VI – juil. 2018 p. 28).

> Dans une situation où les capitaux propres de l'entité sont inférieurs au montant du capital social à la date de clôture des derniers comptes annuels et où les profits postérieurs à cette date amènent les capitaux propres à un montant au moins égal au capital social, la CNCC recommande que le commissaire à la transformation demande l'établissement, sous la responsabilité de l'organe compétent de l'entité, d'une situation comptable intermédiaire (CNCC NI. VI – juil. 2018 p. 28).

60410 Dans l'hypothèse où une situation comptable intermédiaire a été établie par l'entité, sans l'avoir été sous la responsabilité de l'organe compétent, le commissaire à la transformation vérifie la responsabilité prise par la direction en obtenant, par exemple, un exemplaire signé de cette situation ou une déclaration écrite à laquelle elle est annexée (CNCC NI. VI – juil. 2018 p. 30).

60415 **Planification de la mission** Dans le cadre de la planification de sa mission, le commissaire à la transformation prend notamment en considération :
– l'utilisation qu'il peut faire des travaux réalisés, le cas échéant, par l'expert-comptable dans le respect des conditions d'utilisation des travaux d'autres professionnels (NEP 630 – Utilisation des travaux d'un expert-comptable intervenant dans l'entité) ;
– l'importance relative de l'**écart** apparaissant dans les derniers comptes annuels **entre le montant des capitaux propres et le montant du capital social** ;
– la survenance d'événements, entre la date des derniers comptes annuels et la date de son rapport sur la transformation, susceptibles d'affecter de manière significative la **valeur comptable des éléments entrant dans la détermination des capitaux propres** (CNCC NI. VI – juil. 2018 p. 28).

60418 **Appréciation des biens composant l'actif social** L'appréciation des biens composant l'actif social consiste en un contrôle des éléments constitutifs du patrimoine de la société, notamment en termes d'existence, de droits et obligations et d'évaluation (CNCC NI. VI – juil. 2018 p. 29).
Ce contrôle consiste notamment à :
– « vérifier l'existence et la nature des biens composant l'actif et que la société est bien titulaire des droits correspondants ;
– vérifier la réalité des éléments de passif et qu'il n'existe pas d'élément significatif, en particulier des risques ou engagements, qui ne serait pas comptabilisé au passif du bilan ;
– prendre connaissance des règles et méthodes comptables appliquées par la société et vérifier que celles-ci sont conformes aux principes comptables applicables en France et sont régulièrement appliquées » (CNCC NI. VI – juil. 2018 p. 29).
Il vérifie plus particulièrement que :
– « la valeur des différents éléments d'actif et de passif est déterminée conformément aux principes comptables applicables en France ;
– la détermination du résultat est effectuée dans le respect des règles comptables applicables aux éléments entrant directement ou indirectement dans sa formation ».

60420 **Appréciation des avantages particuliers** Le commissaire à la transformation apprécie les avantages particuliers sur lesquels les associés sont appelés à se prononcer et qui figurent donc dans le projet de résolutions à l'assemblée ou dans le projet de modification des statuts.
Le commissaire à la transformation analyse la nature de ces avantages particuliers et vérifie qu'ils ne sont pas interdits par la loi, ni contraires à l'intérêt de la société. Il apprécie leur incidence pour l'associé dans la société transformée (CNCC NI. VI – juil. 2018 p. 29).

60425 **Capitaux propres égaux au montant du capital social** Le commissaire à la transformation vérifie à partir des derniers comptes ou de la situation comptable intermédiaire, et après avoir réalisé les contrôles appropriés, que le montant des capitaux propres est au moins égal au montant du capital social. La CNCC précise que les capitaux propres à considérer comprennent les éléments suivants : capital, prime d'émission et primes assimilées, écart de réévaluation, résultat de l'exercice, subventions d'investissement, provisions réglementées, réserves (réserve légale, réserves statutaires, réserves contractuelles, réserves réglementées), report à nouveau (CNCC NI. VI – juil. 2018 p. 30). Lorsque le

OPÉRATIONS DE TRANSFORMATION

résultat est un bénéfice, il ne doit être retenu que pour son montant après déduction des sommes pour lesquelles une décision de distribution est intervenue.

> La Compagnie nationale des commissaires aux comptes considère qu'il n'est pas possible de prendre en compte des plus-values latentes (CNCC NI. VI – juil. 2018 p. 14). Elle a précisé, par ailleurs, qu'une clause de retour à meilleure fortune ne doit pas être prise en compte pour la détermination du montant des capitaux propres puisque, s'agissant d'une obligation sous condition résolutoire, elle ne figure pas au bilan (CNCC NI. VI – juil. 2018 p. 14 et Bull. CNCC n° 63-1986 p. 321). De même, elle a plusieurs fois rappelé que « d'une manière générale, les notions de « capital » et de « capitaux propres » ne requièrent pas, pour la détermination de leurs montants, de prendre en compte les rubriques telles que « Capital souscrit non appelé » ou « Capital souscrit appelé non versé » figurant à l'actif du bilan » (CNCC NI. VI – juil. 2018 p. 14 et Bull. CNCC n° 126-2002 p. 255).

Afin de s'assurer que le montant des capitaux propres est au moins égal au capital social, le commissaire à la transformation tient compte, dans la détermination de la nature et de l'étendue de ses travaux, de l'importance relative de l'**écart entre le montant des capitaux propres et celui du capital social.**

60427

Il s'assure qu'aucun fait ou événement susceptible d'affecter de manière significative la **valeur comptable des éléments entrant dans la détermination des capitaux propres** n'est survenu entre la date des derniers comptes annuels ou de la situation comptable intermédiaire et la date de son rapport sur la transformation (CNCC NI. VI – juil. 2018 p. 30). À cet effet, il met en œuvre des diligences appropriées du type de celles prévues par la NEP 560 relative aux événements postérieurs à la clôture de l'exercice.

60428

Le commissaire à la transformation s'attache notamment à appréhender la survenance de risques, l'existence d'engagements ou la réalisation de pertes de nature à remettre en cause le montant des capitaux propres.

> La Cour de cassation a ainsi retenu que le commissaire à la transformation devait s'assurer que la situation financière de la société soumise à son appréciation ne comporte pas d'anomalie telle que le montant des capitaux propres, à la date d'émission de son rapport, ne répondrait pas aux exigences légales (Cass. com. 10-12-2013 n° 11-22.188, Sté MMA IARD c/ Chedru ; voir n° 60365).
>
> La Haute Juridiction approuve ainsi la décision de la cour d'appel qui considérait que l'accomplissement normal de la mission du commissaire à la transformation aurait dû lui permettre de constater la nécessité de prendre en compte la provision pour charge litigieuse et que la non-comptabilisation de cette provision avait nécessairement une incidence sur la situation que le commissaire à la transformation devait attester.

Il ne peut tenir compte de profits postérieurs à la date de clôture des derniers comptes annuels que si une situation comptable intermédiaire, établie sous la responsabilité de l'organe compétent de l'entité, fait ressortir le résultat de la période (voir n° 60405).

Déclarations de la direction Au terme de ses travaux et avant l'émission de son rapport, le commissaire à la transformation apprécie s'il y a lieu de demander aux dirigeants une **lettre d'affirmation**, à une date la plus proche possible de celle de la signature de son rapport (CNCC NI. VI – juil. 2018 p. 30).

60435

Ces déclarations portent notamment sur la confirmation de l'absence de survenance jusqu'à la date du rapport de faits ou d'événements susceptibles d'affecter, de manière significative, la valeur comptable des éléments entrant dans la détermination des capitaux propres.

Dans l'hypothèse où une situation comptable intermédiaire a été établie par l'entité, sans l'avoir été sous la responsabilité de l'organe compétent, le commissaire à la transformation vérifie la responsabilité prise par la direction en obtenant, par exemple, un exemplaire signé de cette situation ou une déclaration écrite à laquelle elle est annexée (CNCC NI. VI – juil. 2018 p. 30).

Rapport

Contenu Dans l'introduction sont rappelés les conditions de la désignation du commissaire à la transformation, le texte applicable et les objectifs de son intervention. Un paragraphe décrit ensuite les travaux réalisés et la doctrine professionnelle applicable.

60440

> Si le commissaire à la transformation n'est pas inscrit sur la liste des commissaires aux comptes, il ne peut pas faire référence à la doctrine professionnelle applicable.

OPÉRATIONS DE TRANSFORMATION　　　　© Éd. Francis Lefebvre

60445 La conclusion est formulée sous la forme d'absence d'observation ou au contraire d'observations à exprimer sur la **valeur des biens composant l'actif social** et, le cas échéant, sur les avantages particuliers stipulés. Le commissaire à la transformation atteste que le montant des capitaux propres est au moins égal au capital social ou, à défaut, indique soit qu'il est d'avis que le montant des capitaux propres n'est pas au moins égal au capital social, soit qu'il est dans l'impossibilité de conclure (CNCC NI. VI – juil. 2018 – exemples de rapports, p. 33 s.).

> Il n'est pas nécessaire d'annexer au rapport du commissaire à la transformation la situation comptable intermédiaire, ni de préciser dans le rapport les diligences accomplies par le commissaire à la transformation lorsqu'il a demandé son établissement. On peut le regretter pour l'**information des actionnaires**, dans la mesure où ceux-ci n'ont alors aucune information sur les diligences réalisées ni sur la situation comptable intermédiaire établie ponctuellement pour l'opération de transformation.

60448 Lorsqu'une **réduction du capital** social est nécessaire pour que les capitaux propres soient au moins égaux au capital social, et que cette réduction du capital est soumise aux associés lors de la même assemblée que celle appelée à se prononcer sur la transformation, dans une résolution précédant celle relative à la transformation, le commissaire à la transformation atteste que les capitaux propres seront au moins égaux au capital social, sous réserve de la réalisation effective de la réduction du capital proposée à l'assemblée (CNCC NI. VI – juil. 2018 p. 33).

60450 **Dépôt au siège social** Lorsque le commissaire à la transformation a été **chargé de l'établissement du rapport** afférent à la transformation d'une SARL (C. com. art. L 224-3), un rapport unique rendant compte des deux missions est rédigé. En ce cas, le délai de dépôt est de quinze jours afin de respecter les délais habituels de communication aux associés des rapports du commissaire aux comptes (CNCC NI. VI – juil. 2018 p. 32).

60453 Lorsque le commissaire à la transformation n'est pas **chargé d'établir le rapport** prévu à l'article L 223-43 du Code de commerce, le rapport est tenu à la disposition des associés au siège social seulement huit jours au moins avant la date de l'assemblée générale appelée à statuer sur la transformation conformément aux dispositions de l'alinéa 2 de l'article R 224-3 du Code de commerce. En cas de consultation écrite, le rapport est transmis à la société dans les délais permettant sa communication à chacun des associés avec les textes des résolutions proposées (CNCC NI. VI – juil. 2018 p. 32).

60455 **Dépôt au greffe du tribunal de commerce** Le Code de commerce prévoit une obligation de dépôt du rapport du commissaire à la transformation au greffe du tribunal de commerce. Le rapport doit être déposé huit jours au moins avant la date de l'assemblée appelée à statuer sur la transformation ou, en cas de consultation écrite, huit jours avant la date limite prévue pour la réponse des associés (C. com. art. R 123-105, dernier alinéa).

60458 **Absence de rapport** L'absence de rapport du commissaire à la transformation empêche les associés de la société de statuer en connaissance de cause sur l'évaluation des biens et l'octroi des avantages particuliers. Cette irrégularité, en tant que telle, est une **nullité facultative** laissée à l'appréciation du juge, selon le droit commun des nullités. La nullité absolue n'est prévue que pour le défaut d'approbation de l'évaluation des biens et des avantages particuliers (C. com. art. L 224-3).

60459 **Capitaux propres inférieurs au capital social** Si le rapport du commissaire à la transformation n'atteste pas que le montant des capitaux propres est au moins égal à celui du capital social, la décision de transformation prise par les associés est irrégulière mais, selon la CNCC, elle n'encourt pas la nullité prévue à l'alinéa 3 de l'article L 224-3 du Code de commerce, dès lors que les associés ont approuvé l'évaluation des biens et l'éventuel octroi d'avantages particuliers et que ces approbations ont été dûment mentionnées au procès-verbal (Bull. CNCC nº 179-2015 – EJ 2015-15 p. 440).

60460 **Fin de la mission** La mission du commissaire à la transformation prend fin avec le dépôt de son rapport.

© Éd. Francis Lefebvre | OPÉRATIONS DE TRANSFORMATION

SECTION 3

Transformation d'une SARL

Sont traités ici : **60500**
– les aspects généraux de ce type de transformation (n°s 60530 s.) ;
– la mission du commissaire aux comptes (n°s 60640 s.).

Pour les spécificités relatives à la transformation d'une SARL en société par actions, il conviendra également de se reporter aux n°s 60400 s.

A. Présentation générale

Contexte de l'opération

La transformation d'une société à responsabilité limitée en une autre forme de société **60530** peut être **volontaire** ou **imposée par la loi**.

La transformation entraîne une modification du **pacte social** initial puisque les conditions **60534** de fonctionnement décidées lors de la constitution de la société sont revues soit en vertu d'un choix imposé par les textes (nombre d'associés supérieur à 100, capital social en dessous du minimum statutaire, capitaux propres devenus inférieurs à la moitié du capital social entraînant une réduction du capital pour apurer les pertes), soit en vertu d'une décision volontaire liée à une restructuration du capital, à des contraintes économiques, etc.

Le changement de forme juridique risque d'entraîner dans certains cas un accroissement **60538** des **engagements des associés**. Le législateur a donc souhaité que ceux-ci puissent décider de leur maintien ou non dans la société en toute connaissance de cause. Il a confié à un commissaire aux comptes le soin de présenter un rapport sur la situation de la société.

Conditions préalables

Principes L'article L 223-43 du Code de commerce pose les conditions de la transfor- **60560** mation d'une société à responsabilité limitée.

La partie réglementaire du Code de commerce ne comporte aucune disposition complémentaire sur la mission du commissaire aux comptes.

La SARL peut se transformer en société commerciale ou en société civile sans pour autant **60565** que l'opération, dès lors qu'elle est régulière, entraîne une perte de la personnalité morale.
Si la nouvelle forme juridique a un capital minimum légal supérieur à celui de la SARL, l'augmentation de capital social par apports en numéraire doit être antérieure à la transformation mais postérieure à la libération de la totalité des parts sociales antérieurement souscrites (C. com. art. L 223-7, al. 1).
Le gérant de la SARL doit veiller au **respect des dispositions spécifiques** prévues par les textes pour l'adoption de la forme juridique souhaitée.

Désignation d'un commissaire aux comptes inscrit Quelle que soit la forme **60568** juridique retenue (société en nom collectif, société en commandite simple, société en commandite par actions, société anonyme, société par actions simplifiée), la décision de transformation doit être précédée du **rapport** d'un commissaire aux comptes inscrit **sur la situation de la société** (C. com. art. L 223-43, al. 3).

La Commission des études juridiques de la CNCC s'est prononcée dans ce sens en septembre 2010. Elle considère que l'article L 223-43, al. 3 vise la transformation d'une SARL en toute autre forme de société quelle qu'elle soit. L'article précité a un caractère autonome et n'est pas limité aux types de sociétés cités par les deux premiers alinéas de l'article L 223-43 (Bull. CNCC n° 159-2010 – EJ 2010-12 p. 564 et position confirmée dans la NI. VI – juil. 2018 p. 19 et 42).
Le ministre de la justice a également confirmé que le rapport sur la situation de la société devait bien être établi en cas de transformation d'une SARL en une société d'une autre forme, notamment une SAS (Rép. Nachury : AN 25-3-2014 p. 2851 n° 30655).

1361

OPÉRATIONS DE TRANSFORMATION © Éd. Francis Lefebvre

Ces positions contredisent ainsi la position adoptée par le Comité de coordination du registre du commerce et des sociétés (CCRCS) qui limitait l'obligation d'établir le rapport sur la situation de la société aux formes juridiques énumérées aux deux premiers alinéas de l'article L 223-43, lesquels ne mentionnent pas la société par actions simplifiée (Avis n° 99-71 du CCRCS : Bull. RCS 7-8/99).

60570 Dans le silence des textes, il n'est pas nécessaire de recourir à une décision de justice ni même à une délibération des associés pour la **désignation du commissaire**. Celle-ci peut être faite par la gérance (Mémento Sociétés commerciales n° 33100).

60575 Lorsque la société est déjà dotée d'un commissaire aux comptes, celui-ci peut prendre en charge l'établissement du rapport prévu à l'article L 223-43 du Code de commerce (CNCC NI. VI – juil. 2018 p. 45 et Bull. CNCC n° 159-2010 – EJ 2010-11 p. 563).

60578 **Cas de la transformation d'une SARL en société par actions** Lorsque la SARL n'est pas dotée d'un commissaire aux comptes et qu'elle se transforme en société anonyme, en société en commandite par actions ou en société par actions simplifiée, un commissaire à la transformation doit également être désigné conformément aux dispositions de l'article L 224-3 du Code de commerce (voir n° 60160). La mission du commissaire à la transformation (C. com. art. L 224-3) et la mission sur la situation de la société qui doit être réalisée par un commissaire aux comptes inscrit (C. com. art. L 223-43, al. 3) peuvent être réalisées par le même professionnel, à condition que celui-ci ait la qualité de commissaire aux comptes inscrit. Dans un tel cas un seul rapport est établi (C. com. art. L 224-3, al. 1).

Sur la mission du commissaire à la transformation, voir n° 60350 s.

Décision de transformation

60585 **Transformation en société de personnes** La transformation d'une société à responsabilité limitée en société de personnes (société en nom collectif ou en commandite simple) exige l'**accord unanime** des associés (C. com. art. L 223-43, al. 1).

60588 **Transformation en société par actions** La décision de transformation en société par actions relève d'une décision prise par les associés à une **majorité renforcée**, après avoir pris connaissance du rapport du commissaire aux comptes sur la situation de la société.

La décision est prise dans des conditions de majorité différentes selon la forme juridique issue de la transformation :

– décision prise à l'unanimité pour la transformation en société en commandite par actions (C. com. art. L 223-43, al. 1) ou en société par actions simplifiée (C. com. art. L 227-3) ;

La CNCC précise que dans le cas de la transformation en société par actions simplifiée, « il ne suffit pas que la décision de transformation ait été prise à l'unanimité des associés présents ou représentés lors de l'assemblée décidant la transformation, il faut que tous les associés aient été présents ou représentés et aient voté unanimement la transformation, le consentement de chacune des personnes participant au pacte social étant nécessaire » (CNCC NI. VI – juil. 2018 p. 39).

– décision prise à la majorité requise pour la modification des statuts (trois quarts des parts sociales, C. com. art. L 223-30) pour une transformation en société anonyme ; elle peut toutefois être décidée par des associés représentant la majorité des parts sociales si les capitaux propres figurant au dernier bilan excèdent 750 000 euros (C. com. art. L 223-43, al. 2).

60590 **Nullité** Toute transformation qui serait effectuée en méconnaissance des conditions de majorité ou en l'absence de rapport du commissaire aux comptes serait nulle (C. com. art. L 223-43, al. 4). L'article L 235-4 du Code de commerce prévoit que le tribunal saisi de l'action en nullité peut accorder à la société un délai pour régulariser sa situation.

Pour plus de détails sur la nullité d'une transformation irrégulière et la possibilité de régularisation, voir Note d'information CNCC VI – juillet 2018 p. 55 s.

Effets de la transformation

60595 **Associés** Les associés de l'ancienne forme juridique deviennent automatiquement associés de la nouvelle forme juridique et leurs droits anciens sont remplacés par des droits équivalents dans la nouvelle forme juridique adoptée.

1362

Gérant Si le gérant est maintenu en fonctions dans la nouvelle forme juridique adoptée, il devra être nommé pour un nouveau mandat, dont la durée devra être prévue soit par les statuts, soit par l'assemblée générale extraordinaire. En aucun cas on ne peut considérer qu'il s'agit de la poursuite dans le temps de l'ancien mandat de gérant de SARL, malgré l'identité de titre de l'organe de direction. La personne morale préexistante se trouve placée, par l'effet de la transformation, sous les règles régissant la forme de société nouvellement adoptée et les organes de direction doivent être nommés selon les règles propres de la société transformée (Bull. CNCC nº 21-1976 p. 122).

60600

Créanciers Les créanciers antérieurs à la transformation ne voient pas leurs droits modifiés.

60605

Ainsi, dans le cas d'une transformation de SARL en SNC, les associés deviennent indéfiniment et solidairement responsables de toutes les dettes sociales, y compris de celles contractées par la SARL avant l'opération de transformation.

Les sûretés constituées antérieurement à la transformation sont maintenues, sauf clause contraire de l'acte constitutif de ces sûretés.

Commissaire aux comptes La transformation de la SARL peut avoir une incidence sur le mandat du commissaire aux comptes selon que la nouvelle forme de la société est tenue ou non d'avoir un commissaire aux comptes (voir nº 60124).

60610

B. Mission du commissaire aux comptes

Définition de la mission

Fondement légal et normatif L'article L 223-43 du Code de commerce dispose que la décision de transformation d'une SARL est précédée du rapport d'un commissaire aux comptes sur la situation de la société. Cette mission n'a pas fait l'objet d'une norme d'exercice professionnel et le commissaire aux comptes met en œuvre ses diligences au regard de la doctrine professionnelle de la Compagnie nationale des commissaires aux comptes relative à cette mission.

60640

Le commissaire aux comptes pourra à ce titre se référer à la note d'information « Le commissaire aux comptes et la transformation des sociétés » (CNCC NI. VI – juil. 2018), qui regroupe les éléments constitutifs de la doctrine de la Compagnie nationale des commissaires aux comptes relative aux opérations de transformation de sociétés.

Objectif L'objectif de l'intervention du commissaire aux comptes est d'informer les associés sur la situation de la société afin que ceux-ci puissent se prononcer sur la transformation qui leur est proposée. Le commissaire aux comptes apprécie la situation de la société par référence à des critères identifiés d'ordre financier, d'exploitation et de continuité d'exploitation ainsi qu'au regard des conditions légales particulières de la nouvelle forme juridique envisagée (CNCC NI. VI – juil. 2018 p. 45).

60660

Selon la doctrine de la Compagnie, les obligations relatives au signalement des irrégularités et inexactitudes et à la révélation des faits délictueux (C. com. art. L 823-12) ne s'appliquent pas à la mission du commissaire aux comptes inscrit désigné pour accomplir la mission visée à l'article L 223-43 du Code de commerce, sauf lorsque la SARL confie cette mission à son commissaire aux comptes (CNCC NI. VI – juil. 2018 p. 46).

Concernant les obligations relatives à la lutte contre le blanchiment des capitaux et le financement du terrorisme, voir nº 60355.

Modalités de l'intervention

Acceptation de la mission Le commissaire aux comptes pressenti pour établir le rapport sur la situation de la société prend contact avec les dirigeants de la société afin de recueillir des informations sur la société, l'opération de transformation envisagée et le calendrier souhaité de l'opération. Lorsqu'il estime pouvoir accepter la mission qui lui est proposée, le commissaire aux comptes convient avec les dirigeants de la société de la nature et des conditions de son intervention. Celles-ci sont consignées dans une **lettre de mission** (CNCC NI. VI – juil. 2018 p. 44 s.).

60665

OPÉRATIONS DE TRANSFORMATION   © Éd. Francis Lefebvre

Lorsque le commissaire aux comptes pressenti est le commissaire aux comptes de la société, une lettre de mission distincte de la lettre de mission initiale est généralement établie.

60670 **Prise de connaissance** Le commissaire aux comptes possède ou acquiert une connaissance générale de la société et de ses activités, pour comprendre le contexte économique et juridique dans lequel la transformation est envisagée (CNCC NI. VI – juil. 2018 p. 47).

Lorsque le commissaire n'est pas le commissaire aux comptes de la société, il utilise, en l'adaptant à la nature de son intervention, la démarche de prise de connaissance générale de l'entreprise et de son environnement utilisée par un commissaire aux comptes dans le cadre de sa mission d'audit légal.

Le commissaire aux comptes obtient les comptes de l'entité et les rapports de l'organe compétent à l'assemblée en vue d'analyser la situation de la société.

60675 **Situation comptable intermédiaire** La demande d'établissement d'une situation ou de comptes intermédiaires est laissée à l'appréciation du commissaire aux comptes en fonction de la connaissance générale qu'il a acquise de l'entreprise et de ses activités (CNCC NI. VI – juil. 2018 p. 14 s. et p. 47) et de la date de clôture des derniers comptes annuels.

Dans l'hypothèse où une situation comptable intermédiaire a été établie par l'entité, sans l'avoir été sous la responsabilité du gérant, le commissaire aux comptes s'assure de la responsabilité prise par le gérant en obtenant, par exemple, un exemplaire signé de cette situation ou une déclaration écrite à laquelle elle est annexée (CNCC NI. VI – juil. 2018 p. 49).

60680 **Planification de la mission** Dans le cadre de la planification de sa mission, le commissaire aux comptes prend notamment en considération (CNCC NI. VI – juil. 2018 p. 48) :
– les conclusions de l'audit dont les derniers comptes annuels de la société ont pu faire l'objet ;
– l'utilisation qu'il peut faire des travaux d'autres professionnels, tel l'expert-comptable dans le respect des conditions d'utilisation des travaux d'autres professionnels (voir NEP 630 – Utilisation des travaux d'un expert-comptable intervenant dans l'entité et NEP 620 – Intervention d'un expert) ;
– l'accroissement éventuel de la responsabilité des associés eu égard à la forme juridique de la société après transformation ;
– l'existence éventuelle d'événements, de risques ou la souscription d'engagements survenus entre la date d'établissement des comptes servant de base à la transformation et la date de son rapport sur la situation de la société.

Selon la note d'information précitée, « le commissaire aux comptes procède aux contrôles qu'il estime nécessaires pour vérifier que les documents comptables qu'il entend utiliser pour la réalisation de sa mission :
– ont été établis selon les principes comptables reconnus applicables en France, régulièrement appliqués ;
– constituent une information de qualité suffisante pour son analyse de la situation de la société » (CNCC NI. VI – juil. 2018 p. 48).

60685 **Analyse de la situation de la société** Le commissaire aux comptes analyse la situation de la société, principalement au regard de caractéristiques d'ordre financier et d'exploitation, telle qu'elle ressort des derniers comptes annuels ou, le cas échéant, d'une situation comptable intermédiaire. Il s'assure notamment que la continuité d'exploitation n'est pas compromise.

Dans le cadre de son analyse, le commissaire aux comptes examine (CNCC NI. VI – juil. 2018 p. 48) :
– les éléments significatifs caractérisant la situation financière et l'état de la trésorerie de la société ;
– les agrégats caractérisant le niveau d'activité de la société, les résultats dégagés, et leur évolution ;
– les facteurs en lien avec la continuité d'exploitation.

D'une manière générale, le commissaire aux comptes se fait communiquer toute information sur l'activité de la société au cours de la période écoulée, son évolution prévisible et les événements importants survenus depuis la clôture du dernier exercice (CNCC NI. VI – juil. 2018 p. 48).

1364

OPÉRATIONS DE TRANSFORMATION

Contrôles juridiques Lorsque la SARL se transforme en société par actions, le commissaire aux comptes vérifie que les obligations juridiques relatives au nombre minimal d'actionnaires et au montant minimal du capital social sont respectées ou que des dispositions, telles qu'une augmentation du capital ou des cessions de titres, sont prévues à cet effet (CNCC NI. VI – juil. 2018 p. 49). **60690**

> Depuis la loi de modernisation de l'économie du 4 août 2008, le capital social des SAS est librement fixé par les statuts. Ainsi, lors d'une transformation en SAS, il suffira de s'assurer que le montant du capital social respecte bien le montant défini par les statuts.

Déclarations de la direction Au terme de ses travaux, le commissaire aux comptes apprécie l'utilité d'obtenir des dirigeants une lettre d'affirmation à une date la plus proche possible de celle de la signature de son rapport. Ces déclarations portent notamment sur la confirmation de l'absence de survenance de faits ou d'événements susceptibles d'affecter, de manière significative, la situation de la société. **60695**

> Dans l'hypothèse où une situation comptable intermédiaire a été établie par l'entité, le commissaire à la transformation pourra obtenir, par exemple, une déclaration écrite à laquelle cette situation est annexée (CNCC NI. VI – juil. 2018 p. 49).

Rapport

Contenu Le commissaire aux comptes ne se prononce pas sur la possibilité ou non pour la société de se transformer. Son rapport est informatif. Il fait part aux associés de son analyse de la **situation de la société** (CNCC NI. VI – juil. 2018 p. 49). L'assemblée générale reste souveraine pour se prononcer sur l'opération de transformation. **60710**

Dans l'introduction sont rappelés les conditions de la désignation du commissaire aux comptes, le texte applicable et les objectifs de l'intervention. Sont ensuite décrits les travaux réalisés et la doctrine professionnelle applicable à cette mission, ainsi que la synthèse de son analyse sur la situation de la société. **60712**

Dans la synthèse de son analyse de la situation de la société, le commissaire aux comptes fait état des **constatations** qu'il estime utile de porter à la connaissance des associés dans le cadre de l'opération de transformation. Ces constatations peuvent porter sur les éléments caractéristiques de la situation financière de la société, de son activité ou de ses résultats. **60714**

> Il n'est plus nécessaire d'annexer au rapport visé à l'article L 223-43 la situation comptable intermédiaire ni de préciser dans le rapport les diligences accomplies par le commissaire lorsqu'il a demandé leur établissement. On peut le regretter pour l'information des actionnaires, dans la mesure où ceux-ci n'ont alors aucune information sur les diligences réalisées, sur la situation comptable intermédiaire établie ponctuellement pour l'opération de transformation.

Lorsqu'une SARL non dotée d'un commissaire aux comptes se transforme en société par actions, la transformation requiert, outre l'intervention d'un commissaire aux comptes inscrit sur la situation de la société (C. com. art. L 223-43), la désignation d'un commissaire à la transformation (C. com. art. L 224-3). **60716**
Si le commissaire à la transformation a été chargé de l'établissement du rapport sur la situation de la société visé à l'article L 223-43, un seul rapport relatant les deux missions sera rédigé (C. com. art. L 224-3).

Dépôt Le rapport du commissaire aux comptes est déposé quinze jours au moins avant l'assemblée au **siège social** de la société afin de respecter les délais de communication aux associés prévus à l'article R 223-19 du Code de commerce. **60718**

> Le rapport sur la situation de la société visé à l'article L 223-43 du Code de commerce ne fait pas l'objet d'un dépôt au greffe du tribunal de commerce sauf lorsqu'il est jumelé avec le rapport du commissaire à la transformation prévu à l'article L 224-3 (Rép. Nachury : AN 25-3-2014 p. 2852 n° 30656).

Absence de rapport Une transformation effectuée en l'absence du rapport du commissaire aux comptes est nulle (voir n° 60590). **60720**

1365

OPÉRATIONS DE TRANSFORMATION © Éd. Francis Lefebvre

SECTION 4

Transformation des sociétés par actions

60730 Sont traités ici :
- les aspects généraux de ce type de transformation (n°s 60750 s.) ;
- la mission du commissaire aux comptes en cas de transformation de sociétés par actions (n°s 60910 s.).

A. Présentation générale

Contexte de l'opération

60750 Sont visées dans ce développement les transformations de sociétés anonymes, sociétés en commandite par actions et sociétés par actions simplifiées en une autre forme de société par actions, par exemple, transformation de SA en SAS. Sont également visées les transformations de société par actions en société d'une autre forme, par exemple, SA en SARL.

60753 La transformation d'une société par actions peut résulter du respect d'une **obligation légale** (capital social inférieur au minimum légal, nombre d'actionnaires inférieur au minimum légal) ou d'une **volonté des actionnaires** (transformation de SAS en SA pour pouvoir procéder à une offre au public de titres financiers ou à l'admission aux négociations sur un marché réglementé de ses actions, recherche de partage du pouvoir et des responsabilités en cas de transformation en société en commandite par actions, volonté d'adopter une structure plus souple ou mieux adaptée en cas de transformation en SAS…).

60755 La transformation entraîne une modification du **pacte social** initial puisque les conditions de fonctionnement décidées lors de la constitution de la société sont revues soit en vertu d'un choix imposé par les textes (nombre d'associés ou capital social en dessous du minimum légal, capitaux propres devenus inférieurs à la moitié du capital social entraînant une réduction du capital pour apurer les pertes), soit en vertu d'une décision volontaire, liée par exemple à une restructuration de l'actionnariat, à des contraintes économiques ou à une modification de la répartition du pouvoir.

60758 Le changement de forme juridique peut entraîner une modification importante des **conditions de fonctionnement de la société**, voire un accroissement des engagements des associés. Le législateur a donc souhaité que ceux-ci puissent décider de la transformation en toute connaissance de cause.
Dans les hypothèses de transformation en une forme de société autre que la société en nom collectif, il a exigé du commissaire aux comptes de la société qu'il présente un rapport attestant que les capitaux propres sont au moins égaux au capital social.

Dans le cas d'une transformation en société en nom collectif, le rapport du commissaire aux comptes n'est pas exigé, mais l'accord unanime des associés est requis (C. com. art. L 225-245, al. 1).

60760 Dans certaines situations, la transformation d'une société par actions (SA, SCA, SAS) peut nécessiter l'**intervention du commissaire aux comptes de la société ou d'un commissaire à la transformation**.
L'obligation d'intervention dépend des éléments suivants :
- d'une part de la présence ou non d'un commissaire aux comptes dans la société par actions qui se transforme et de la durée du mandat qui lui a été confié ;
- et d'autre part de la forme juridique de la société en laquelle se transforme la société par actions.
Nous étudierons ci-après les différents cas de transformation des sociétés par actions, en dehors des cas spécifiques que sont la transformation d'une société par actions en SNC et la transformation d'une SA en SE :
1. Lorsque la société par actions est dotée d'un commissaire aux comptes nommé pour un **mandat de six exercices**, la décision de transformation doit être précédée d'un

rapport du commissaire aux comptes attestant que les capitaux propres sont au moins égaux au capital social (C. com. art. L 225-244 modifié par la loi 2019-486 du 22-5-2019, dite Pacte).

Sur le cas particulier des mandats des commissaires aux comptes désignés sur six exercices se poursuivant jusqu'à leur terme selon les modalités d'un mandat de trois exercices, en application de l'article 20 de la loi dite Pacte, voir n° 60160.

2. Lorsque la société par actions est dotée d'un commissaire aux comptes nommé pour un **mandat de trois exercices** conformément à l'article L 823-3-2 du Code de commerce, ce dernier est dispensé de réaliser les diligences et le rapport mentionnés à l'article L 225-244 du même code (C. com. art. L 823-12-1 nouveau créé par la loi 2019-486 du 22-5-2019, dite Pacte).

3. Lorsque la société par actions n'est **pas dotée d'un commissaire aux comptes**, deux cas sont à distinguer :
– si la société par actions se **transforme en** une **société par actions** d'une autre forme, la transformation devra être précédée de la désignation d'un commissaire à la transformation chargé d'apprécier la valeur des biens composant l'actif social et les avantages particuliers et d'attester que le montant des capitaux propres est au moins égal au montant du capital social (C. com. art. L 224-3 et R 224-3) ;

Sur la mission de commissaire à la transformation, voir n° 60350.

– si la société par actions se **transforme en** une **forme de société autre** qu'une société par actions (SARL, SNC, SCS, société civile), elle n'a pas l'obligation de nommer un commissaire aux comptes pour établir le rapport de l'article L 225-244 du Code de commerce.

Comme indiqué ci-dessus, **deux cas particuliers** sont également à traiter :
– la transformation d'une société par actions en société en nom collectif qui ne nécessite pas d'intervention du commissaire aux comptes ou d'un commissaire à la transformation (C. com. art. L 225-245, al. 1) ;

Dans l'hypothèse d'une transformation en société en nom collectif, le rapport du commissaire aux comptes n'est pas exigé, mais l'accord unanime des associés est requis (C. com. art. L 225-245, al. 1).

– la transformation d'une société anonyme en société européenne : l'intervention du commissaire aux comptes de la société n'est pas requise mais l'article L 225-245-1 du Code de commerce prévoit l'intervention d'un ou de plusieurs commissaires à la transformation désignés par décision de justice (voir n° 60773).

Dispositions légales spécifiques

Les conditions applicables aux transformations des différentes formes de sociétés par actions (société anonyme, société en commandite par actions et société par actions simplifiée) sont définies dans les textes de base qui régissent ces entités.

60770

Ces textes sont applicables même si la société par actions bénéficie d'un plan de continuation et que la transformation en société d'une autre forme est rendue nécessaire par des capitaux propres inférieurs au montant du capital social (Bull. CNCC n° 110-1998 p. 253).

Transformation de SA Toute société anonyme peut se transformer en société d'une autre forme si, au moment de la transformation, elle a au moins deux ans d'existence et si elle a établi et fait approuver par les actionnaires le bilan de ses deux premiers exercices (C. com. art. L 225-243).

60771

Le délai de deux ans d'existence est calculé à compter de la date d'immatriculation au registre du commerce et des sociétés (CNCC NI. VI – juil. 2018 p. 58).

Sur l'intervention ou non d'un commissaire aux comptes lors de la transformation de la société anonyme, voir n° 60760.

Cas particulier de la transformation d'une SA en société en nom collectif

60772

Un régime dérogatoire à celui de l'article L 225-244 du Code de commerce est prévu en ce qui concerne la transformation de la société anonyme en société en nom collectif. Cette transformation nécessite l'accord de tous les associés, puisque l'opération entraîne une augmentation de leurs engagements, mais ne nécessite pas l'établissement d'un rapport par le commissaire aux comptes de la société attestant que les capitaux propres sont au moins égaux au capital social. En outre, la société n'est pas tenue d'avoir deux années d'existence ni d'avoir fait approuver les comptes annuels de ses deux premiers exercices (C. com. art. L 225-245, al. 1).

OPÉRATIONS DE TRANSFORMATION

© Éd. Francis Lefebvre

60773 **Cas particulier de la transformation d'une SA en société européenne**
L'article L 225-245-1 du Code de commerce dispose que, lors d'une transformation d'une société anonyme en société européenne, un ou plusieurs commissaires à la transformation sont nommés par décision de justice. L'alinéa 3 du même article, modifié par la loi du 3 juillet 2008 portant diverses dispositions d'adaptation du droit des sociétés au droit communautaire, précise que, en cas de transformation d'une société anonyme en société européenne, le ou les commissaires à la transformation « établissent sous leur responsabilité un rapport destiné aux actionnaires de la société se transformant attestant que la société dispose d'actifs nets au moins équivalents au capital augmenté des réserves que la loi ou les statuts ne permettent pas de distribuer ». Ce rapport se substitue à celui de l'article L 225-244, al. 1 (rapport dans lequel le commissaire aux comptes atteste que les capitaux propres sont au moins égaux au capital social).

Auparavant, la loi prescrivait aux commissaires d'attester que les capitaux propres de la société étaient au moins équivalents au capital social mais cette rédaction n'était pas conforme à celle du règlement communautaire sur la société européenne (2157/2001 du 8-10-2001 art. 37, § 6) dont les dispositions prévalent (en ce sens, voir Rép. Branger : JO Déb. Sénat 26-4-2007 p. 869 n° 24847). Cette différence de rédaction est désormais corrigée.

En l'état actuel des textes, aucune disposition n'interdit au tribunal de commerce de désigner en qualité de commissaire à la transformation les commissaires aux comptes de la société appelée à être transformée en société européenne (CNCC NI. VI – juil. 2018 p. 68).

60774 **Conditions de majorité** L'assemblée statue à des **conditions de majorité** qui sont différentes selon la forme juridique de transformation retenue :
– décision prise à l'unanimité des actionnaires pour une transformation en société en nom collectif ou en société par actions simplifiée (C. com. art. L 225-245, al. 1 et L 227-3) ;

La cour d'appel de Versailles précise que l'unanimité visée à l'article L 227-3 du Code de commerce « s'entend de la totalité des associés liés par le pacte social et pas seulement des associés présents ou représentés à l'assemblée » (CA Versailles 24-2-2005 n° 03-7294 : RJDA 6/05 n° 719).

– décision prise dans les conditions de modification des statuts (consentement de tous les commandités et majorité en nombre et en capital des commanditaires) et avec l'accord de tous les associés acceptant de devenir associés commandités pour une transformation en société en commandite simple ou par actions (C. com. art. L 225-245, al. 2) ;
– décision prise dans les conditions de modification des statuts (trois quarts des actions ou parts sociales) pour la transformation en SARL (C. com. art. L 225-245, al. 3).

60775 Lorsque la société a émis des **obligations**, des **parts bénéficiaires ou de fondateurs**, le projet de transformation doit être soumis à l'assemblée spéciale des obligataires et à celle des porteurs de parts bénéficiaires ou de fondateurs (C. com. art. L 225-244). En cas de refus de l'assemblée spéciale des obligataires, la société ne peut passer outre qu'en proposant aux porteurs d'obligations qui en feraient la demande le remboursement de leurs titres (C. com. art. L 228-72, al. 1).

L'assemblée des obligataires statue à la majorité des deux tiers des voix dont disposent les porteurs présents ou représentés (C. com. art. L 225-65, II).

60776 Conformément aux dispositions de l'article L 228-98 du Code de commerce, une société qui a **émis des valeurs mobilières** donnant accès au capital ne peut modifier sa forme, sauf si le contrat d'émission l'y autorise ou si une autorisation spécifique est obtenue dans le cadre de l'article L 228-103 du Code de commerce, relatif à l'organisation en « masse » des porteurs de valeurs mobilières donnant accès au capital (CNCC NI. VI – juil. 2018 p. 59).

60777 La décision de transformation doit faire l'objet d'un **avis publié** dans un support habilité à recevoir les annonces légales dans le département du siège social (C. com. art. R 210-3 sur renvoi des art. R 210-9, R 225-165 et L 225-244, al. 3).

60780 **Transformation de SCA** L'article L 226-1 du Code de commerce renvoie indirectement aux articles L 225-243 à L 225-245 du Code de commerce : les textes relatifs à la transformation de la société anonyme en une autre forme de société sont donc applicables in extenso à la transformation d'une société en commandite par actions (C. com. art. L 226-1, al. 2).

© Éd. Francis Lefebvre

OPÉRATIONS DE TRANSFORMATION

Cependant, des règles de majorité spécifiques sont définies par l'article L 226-14 du Code de commerce concernant la transformation de SCA en SA ou SARL : ces transformations sont décidées par l'assemblée générale extraordinaire des actionnaires commanditaires avec l'accord de la majorité d'entre eux.

Transformation de SAS L'article L 227-1 du Code de commerce renvoie également aux dispositions des articles L 225-244 à L 225-245 pour les transformations de sociétés par actions simplifiées (voir nᵒˢ 60771 s.). Toutefois, l'article L 225-243, qui exige deux années d'existence et l'approbation du bilan des deux premiers exercices, n'est plus applicable à la société par actions simplifiée depuis l'entrée en vigueur de la loi NRE du 15 mai 2001 (C. com. art. L 227-1, al. 3). **60785**

Sur l'intervention ou non d'un commissaire aux comptes ou d'un commissaire à la transformation lors des différents cas de transformation d'une société par actions simplifiée, voir nᵒ 60760.

Pour les sociétés par actions simplifiées, la loi du 15 mai 2001 a apporté une précision à la rédaction de l'article L 227-9 du Code de commerce en disposant que les attributions dévolues aux assemblées générales extraordinaires des SA en matière de transformation en une société d'une autre forme sont, dans les conditions prévues par les statuts, exercées collectivement par les associés.

Effets de la transformation

Comme nous l'avons déjà indiqué, la transformation régulière d'une société par actions n'entraîne pas la création d'un être moral nouveau (en ce sens voir, nᵒˢ 60120 s.). **60855**

Associés Les associés de l'ancienne forme juridique deviennent automatiquement associés de la nouvelle forme juridique et leurs droits anciens sont remplacés par des droits équivalents dans la nouvelle forme juridique adoptée. **60860**

Dirigeants Il est mis fin aux mandats des organes de direction à l'issue de l'assemblée générale extraordinaire au cours de laquelle ils sont remplacés par les organes de la nouvelle forme juridique retenue. Ils sont nommés pour un nouveau mandat selon les règles régissant la nouvelle forme juridique (Bull. CNCC nᵒ 21-1976 p. 122). **60865**

Créanciers Les créanciers antérieurs à la transformation ne voient pas leurs droits modifiés puisque les associés restent tenus de toutes les dettes de la société, même de celles nées avant sa transformation. Les sûretés constituées avant sont maintenues, sauf clause contraire de l'acte constitutif de ces sûretés. **60870**

Commissaire aux comptes La transformation d'une société par actions peut avoir une incidence sur la **poursuite du mandat** du commissaire aux comptes (voir nᵒ 60124). **60875**

B. Mission du commissaire aux comptes

Définition de la mission

Fondement légal et normatif L'article L 225-244 du Code de commerce prévoit l'intervention du commissaire aux comptes de la société, s'il en existe un, en cas de transformation des sociétés anonymes (et des SCA et SAS sur renvoi des art. L 226-1 et L 227-1 du Code de commerce). **60910**

Conformément à l'article L 823-12-1 du Code de commerce introduit par la loi 2019-486 du 22 mai 2019, dite Pacte, le commissaire aux comptes est cependant dispensé de cette intervention lorsqu'il est désigné pour un mandat limité à trois exercices en application de l'article L 823-3-2 du même code. Il en est également dispensé lorsqu'il est nommé pour un mandat de six exercices qui se poursuit jusqu'à son terme selon les modalités définies par l'article L 823-12-1 du Code de commerce, à savoir selon les modalités d'une mission sur trois exercices (voir nᵒ 60160).

Le commissaire aux comptes met en œuvre ses diligences au regard de la doctrine professionnelle de la Compagnie nationale des commissaires aux comptes relative à cette mission.

Il pourra à ce titre se référer à la note d'information « Le commissaire aux comptes et la transformation des sociétés » (CNCC NI. VI – juil. 2018), qui regroupe les éléments constitutifs de la doctrine de la Compagnie nationale des commissaires aux comptes relative aux opérations de transformation de

OPÉRATIONS DE TRANSFORMATION © Éd. Francis Lefebvre

sociétés. À la date de mise à jour de ce Mémento, ce document n'a cependant pas été mis à jour des impacts de la loi dite Pacte précitée.

60930 Objectif de la mission Le commissaire aux comptes atteste, en application de l'article L 225-244 du Code de commerce, que le montant des capitaux propres, à la date de son rapport sur la transformation, est au moins égal au montant du capital social.

Sur le cas particulier de la transformation d'une SA en société européenne, voir n° 60773.

60935 Dans le cadre de cette intervention, le commissaire aux comptes de la société est également soumis aux obligations définies à l'article L 823-12 concernant le signalement des **irrégularités** et la révélation des **faits délictueux** ainsi qu'aux obligations relatives à la lutte contre le **blanchiment** des capitaux et le financement du terrorisme (CNCC NI. VI – juil. 2018 p. 62).

La CNCC considère que, dans le cadre de l'intervention prévue à l'article L 225-244 du Code de commerce, la mission étant réalisée par le commissaire aux comptes de la société, les obligations relatives à la lutte contre le blanchiment des capitaux et le financement du terrorisme s'appliquent.

Modalités de l'intervention

60950 Situation comptable intermédiaire Pour accomplir son intervention, le commissaire aux comptes se fonde sur les travaux qu'il a accomplis en vue de la certification des derniers comptes annuels de la société. La demande d'établissement d'une situation comptable intermédiaire est laissée à son appréciation en fonction de sa connaissance générale de l'entreprise et de ses activités et de la date de clôture des derniers comptes annuels, du montant des capitaux propres au regard du montant du capital social ressortant des derniers comptes annuels approuvés et de la date de clôture des derniers comptes annuels par rapport à la date de transformation (CNCC NI. VI – juil. 2018 p. 62).

Dans une situation où les capitaux propres de l'entité sont inférieurs au montant du capital social à la date de clôture des derniers comptes annuels et où les profits postérieurs à cette date amènent les capitaux propres à un montant au moins égal au capital social, la CNCC recommande que le commissaire aux comptes demande l'établissement, sous la responsabilité de l'organe compétent de l'entité, d'une situation comptable intermédiaire (CNCC NI. VI – juil. 2018 p. 62).

60955 Dans l'hypothèse où une situation comptable intermédiaire a été établie par l'entité, sans l'avoir été sous la responsabilité de l'organe compétent, le commissaire aux comptes s'assure de la responsabilité prise par la direction en obtenant, par exemple, un exemplaire signé de cette situation ou une déclaration écrite à laquelle elle est annexée (CNCC NI. VI – juil. 2018 p. 64).

60958 Planification de la mission Dans le cadre de la planification de sa mission, le commissaire aux comptes prend notamment en considération :

– l'importance relative de l'**écart** apparaissant **entre le montant des capitaux propres et le montant du capital social** (CNCC NI. VI – juil. 2018 p. 63) ;

Un faible écart peut être de nature à conduire le commissaire aux comptes à procéder à des contrôles plus étendus afin d'obtenir une assurance suffisante pour que sa conclusion soit fondée.

– la survenance de faits ou d'événements susceptibles d'affecter de manière significative la valeur comptable des éléments entrant dans la détermination des capitaux propres, entre la date des derniers comptes annuels ou de la situation comptable ou des comptes intermédiaires et la date de son rapport sur la transformation. À cet effet, le commissaire aux comptes met en œuvre des diligences appropriées, du type de celles prévues par la NEP 560 « Événements postérieurs à la clôture de l'exercice » (CNCC NI. VI – juil. 2018 p. 63).

Le commissaire aux comptes s'attache notamment à appréhender la survenance de risques ou de pertes de nature à remettre en cause le montant des capitaux propres. Il ne peut tenir compte de profits postérieurs à la date de clôture des derniers comptes annuels que si une situation comptable intermédiaire établie sous la responsabilité de l'organe compétent de la société fait ressortir de tels profits (CNCC NI. VI – juil. 2018 p. 64).

60965 Contrôles juridiques En cas de transformation de société anonyme ou de société en commandite par actions, le commissaire aux comptes met en œuvre les diligences nécessaires pour s'assurer que les conditions préalables à la transformation sont bien remplies (existence depuis plus de deux ans et approbation des bilans des deux premiers exercices).

Déclarations de la direction Au terme de ses travaux et avant la signature de son rapport, le commissaire aux comptes apprécie l'utilité d'obtenir une **lettre d'affirmation** portant une date la plus rapprochée possible de celle de la signature de son rapport (CNCC NI. VI – juil. 2018 p. 64).

Ces déclarations portent notamment sur la confirmation de l'absence de survenance de faits ou d'événements susceptibles de remettre en cause le montant des capitaux propres. Dans l'hypothèse où une situation comptable intermédiaire a été établie par l'entité, sans l'avoir été sous la responsabilité de l'organe compétent, le commissaire aux comptes vérifie la responsabilité prise par la direction en obtenant, par exemple, un exemplaire signé de cette situation ou une déclaration écrite à laquelle elle est annexée (CNCC NI. VI – juil. 2018 p. 64).

60968

Rapport

Contenu Le rapport du commissaire aux comptes, après avoir rappelé les objectifs de son intervention et le texte applicable, décrit les travaux réalisés conformément à la doctrine professionnelle applicable en France.

60975

Le commissaire aux comptes formule ensuite soit une **conclusion favorable**, soit une **conclusion défavorable** pour désaccord, limitation ou incertitude.

60978

Lorsque la conclusion favorable est subordonnée à la réalisation préalable d'une **réduction du capital social** de façon à rendre les capitaux propres au moins égaux au capital social, la conclusion est formulée sous réserve de la réalisation effective de la réduction du capital proposée à l'assemblée (CNCC NI. VI – juil. 2018 p. 65).

60980

Dans l'hypothèse où serait décidée une augmentation de capital social suivie d'une réduction de capital social (coup d'accordéon) afin d'apurer les pertes, la conclusion est formulée sous réserve de la réalisation effective de l'augmentation et de la réduction du capital proposées à l'assemblée (CNCC NI. VI – juil. 2018 p. 65).

60983

Dépôt au siège social Afin de respecter l'exercice du droit à l'information des actionnaires ou associés, le rapport de transformation d'une société anonyme ou d'une société en commandite par actions est déposé au **siège social** quinze jours au moins avant la tenue de l'assemblée générale extraordinaire de transformation. Le rapport de transformation d'une SAS doit être déposé au siège dans les délais prévus par les statuts. Dans le cas où la décision de transformation est soumise à une consultation écrite des associés, lorsqu'une telle consultation est possible, le rapport est transmis à la société dans les délais permettant sa communication à chacun des associés avec le texte des résolutions proposées (CNCC NI. VI – juil. 2018 p. 65).

Le rapport du commissaire aux comptes n'a pas à être déposé au greffe du tribunal de commerce (arrêt de la Cour de cassation du 8-4-2008 : voir n° 60771).

60985

Cocommissaires Les cocommissaires aux comptes exercent leur mission et établissent leur rapport en respectant les modalités prévues par l'avis du H3C en date du 9 février 2012 relatif à la répartition des travaux entre commissaires aux comptes.

Selon cet avis, les interventions légales du commissaire aux comptes autres que la certification des comptes doivent :

– être réalisées par tous les commissaires aux comptes et faire l'objet d'une répartition équilibrée dès lors qu'elles nécessitent un nombre d'heures significatif ;

– dans le cas contraire, être réalisées par un seul commissaire aux comptes, l'autre commissaire assurant la revue des travaux.

> Le cocommissariat aux comptes intervenant généralement dans des entités d'une certaine importance, le commissariat à la transformation relèvera le plus souvent de la première catégorie de ces interventions.

60988

Irrégularités Le commissaire aux comptes de la société qui réalise cette intervention est astreint aux obligations de signalement des irrégularités visées à l'article L 823-12 du Code de commerce (CNCC NI. VI – juil. 2018 p. 62).

60990

OPÉRATIONS DE TRANSFORMATION　　　　　© Éd. Francis Lefebvre

60991 **Absence de rapport et capitaux propres inférieurs au capital social**
À la différence de la transformation d'une SARL en société d'une autre forme, le législateur n'a pas prévu la nullité de l'opération dans l'hypothèse où l'assemblée se prononcerait sans avoir eu connaissance préalable du rapport du commissaire aux comptes.

De même, si le commissaire aux comptes n'atteste pas dans son rapport que les capitaux propres sont au moins égaux au capital social (cas des capitaux propres inférieurs au capital social ou impossibilité de conclure pour le commissaire aux comptes en cas d'incertitudes ou de limitations) et que l'assemblée des actionnaires décide néanmoins de transformer la société, cette transformation n'est pas entachée de nullité (CNCC NI. VI – juil. 2018 p. 71).

Le commissaire aux comptes devrait alors signaler cette irrégularité par une communication ad hoc à l'assemblée décidant de la transformation de la société à l'issue de l'approbation de la résolution ou à la prochaine assemblée (CNCC NI. VI – juil. 2018 p. 71 s.).

Cette irrégularité n'étant pas assortie de sanction pénale, le commissaire aux comptes n'est pas tenu de procéder à une révélation au procureur de la République (CNCC NI. VI – juil. 2018 p. 72 ; Bull. CNCC n° 55-1984 p. 368 ; Bull. CNCC n° 120-2000 p. 609).

Une action en **régularisation** pourra être intentée sur le fondement de l'article L 210-7 du Code de commerce, qui dispose que tout intéressé est recevable à demander en justice que soit ordonnée la régularisation d'une modification des statuts.

© Éd. Francis Lefebvre — INTERVENTIONS CONSÉCUTIVES À DES FAITS SURVENANT DANS L'ENTITÉ

CHAPITRE 4

Interventions consécutives à des faits survenant dans l'entité

Plan du chapitre §§

SECTION 1
Irrégularités et inexactitudes 61250

SECTION 2
Révélation des faits délictueux 61530

I. Obligation de révélation
des faits délictueux 61550

A. Présentation générale 61550

B. Champ d'application 61630

II. Mise en œuvre de la révélation
des faits délictueux 61750

A. Nature des obligations
du commissaire aux comptes 61750

B. Modalités de la révélation 61890

III. Conséquences de la révélation 62000

A. Communications liées
à la révélation 62005

B. Liens avec les autres composantes
de la mission 62040

SECTION 3
**Blanchiment des capitaux
et financement du terrorisme** 62090-1

I. Obligations de vigilance
du commissaire aux comptes
avant d'accepter la relation
d'affaires 62095

A. Mesures de vigilance 62100

B. Mesures de vigilance complémentaires
dans certains cas particuliers 62110

C. Mesures de vigilance simplifiées 62113

D. Mesures de vigilance renforcées 62119

II. Obligations de vigilance
du commissaire aux comptes
au cours de la relation d'affaires 62120

A. Vigilance à l'égard des opérations
réalisées par l'entité 62120

B. Mesures de vigilance
complémentaires
dans certains cas particuliers 62124

C. Actualisation de l'évaluation
du risque de blanchiment
des capitaux et de financement
du terrorisme présenté
par la relation d'affaires
et adaptation des mesures
de vigilance 62126

D. Désignation par Tracfin
des personnes ou opérations
présentant un risque important 62140

III. Obligations de vigilance
du commissaire aux comptes
avant d'accepter de fournir
une prestation à un client
occasionnel 62141

IV. Obligations de déclaration 62150

V. Obligations de mise en place
de procédures et de mesures
de contrôle interne au sein
de la structure d'exercice
professionnel 62180

VI. Obligations de conservation
des documents et informations 62190

SECTION 4
Procédure d'alerte 62200

I. Présentation 62250

A. Notions générales 62252

B. Champ d'application 62360

II. Mise en œuvre de la procédure
d'alerte 62400

A. Déclenchement de la procédure 62420

B. Déroulement de la procédure 62540

C. Contexte de la crise du Covid-19 62680

D. Suite et fin de la procédure 62682

SECTION 5
**Convocation de l'assemblée
générale en cas de carence** 62800

A. Présentation générale de la mission 62810

B. Mise en œuvre de la mission 62915

SECTION 6
Autres interventions 63050

I. Visa des déclarations
de créances 63100

A. Modalités de la déclaration
de créance 63120

B. Diligences du commissaire
aux comptes du créancier 63195

II. Demande d'information
du comité social et économique 63300

A. Rôle du comité social
et économique 63320

B. Mission du commissaire
aux comptes 63370

III. Liste des créances détenues
par les membres des comités
de créanciers 63500

1373

INTERVENTIONS CONSÉCUTIVES À DES FAITS SURVENANT DANS L'ENTITÉ © Éd. Francis Lefebvre

61200 Le commissaire aux comptes peut être amené, en application des textes légaux et réglementaires, à intervenir au regard de faits particuliers survenus au sein de l'entité dont il certifie les comptes.

Seront traités successivement dans le cadre de ce chapitre :
– le signalement des irrégularités et inexactitudes (n⁰ˢ 61250 s.) ;
– la révélation des faits délictueux (n⁰ˢ 61530 s.) ;
– la déclaration de soupçon et les obligations relatives au blanchiment des capitaux et au financement du terrorisme (n⁰ˢ 62090-1 s.) ;

> Les obligations du commissaire aux comptes en matière de lutte contre le blanchiment des capitaux et le financement du terrorisme visent toute mission exercée par le commissaire aux comptes ou toute prestation fournie par ce dernier pour un client dans le cadre d'une relation d'affaires ou pour un client occasionnel, qu'il réalise ou non la mission de contrôle légal de la personne ou de l'entité pour laquelle il intervient et qu'il exerce en nom propre ou au sein d'une société (voir n⁰ 62092). En outre, certaines obligations s'imposent même en l'absence de faits survenant dans l'entité (voir n⁰ 62095 s.).

– le déclenchement de la procédure d'alerte (n⁰ˢ 62400 s.) ;
– la convocation de l'assemblée générale en cas de carence (n⁰ˢ 62800 s.) ;
– les autres interventions telles que le visa des déclarations de créances, la demande d'information du comité social et économique et l'attestation des créances dans le cadre de la procédure de sauvegarde (n⁰ˢ 63050 s.).

SECTION 1

Irrégularités et inexactitudes

61250 Il est rappelé qu'il s'agit dans cette section de traiter des irrégularités et inexactitudes communiquées aux organes visés par les dispositions des articles L 823-12 et L 823-16, étant entendu que les irrégularités et inexactitudes ayant une incidence sur l'opinion sur les comptes sont traitées par la NEP 250 « Prise en compte du risque d'anomalies significatives dans les comptes résultant du non-respect des textes légaux et réglementaires » ainsi que par l'avis technique : « Le commissaire aux comptes et le respect des textes légaux et réglementaires publié par la CNCC ».

Les obligations relatives aux irrégularités et inexactitudes imposées par les textes légaux et réglementaires aux commissaires aux comptes concernent :
– l'information des organes visés à l'article L 823-16 du Code de commerce ;
– le signalement à la plus prochaine réunion de l'organe délibérant (C. com. art. L 823-12, al. 1) ;

> Des dispositions spécifiques sont par ailleurs prévues par l'article 7 du règlement UE 537/2014 lorsque le commissaire aux comptes intervient auprès d'une EIP.

– le cas échéant, le signalement à l'Autorité des marchés financiers (C. mon. fin. art. L 621-22), à l'Autorité de contrôle prudentiel et de résolution et à la Banque centrale européenne (C. mon. fin. art. L 612-44).

61251 **Commissaires aux comptes et missions concernés par les obligations de signalement** L'obligation de signalement des irrégularités et inexactitudes s'applique à tout commissaire aux comptes nommé dans une entité en vue d'exercer une mission de contrôle légal des comptes. Elle s'applique également aux autres missions confiées à un commissaire aux comptes inscrit sur la liste visée à l'article L 822-1 du Code de commerce dès lors qu'un texte spécifique le prévoit. Le commissaire aux comptes qui exerce une mission de contrôle légal des comptes peut être amené à réaliser d'autres missions au sein de l'entité dans laquelle il exerce son mandat.

Ces missions comprennent l'ensemble des **interventions** du commissaire aux comptes suivantes :
– la certification des comptes prévue à l'article L 823-9 du Code de commerce et dans ce cadre, la vérification des valeurs et documents comptables de l'entité dont il est chargé de certifier les comptes et le contrôle de la conformité de sa comptabilité aux règles en vigueur ;
– la vérification de certaines informations données dans le rapport de gestion et dans les documents adressés aux actionnaires ou associés (C. com. art. L 823-10, al. 2 et 3) ;

1374

© Éd. Francis Lefebvre   INTERVENTIONS CONSÉCUTIVES À DES FAITS SURVENANT DANS L'ENTITÉ

– pour les personnes ou entités soumises à l'article L 225-102-1 du Code de commerce, l'attestation que les déclarations prévues par cet article figurent, selon le cas, dans le rapport de gestion ou dans le rapport sur la gestion du groupe (C. com. art. L 823-10, al. 4) ;
– la vérification du respect de l'égalité entre les actionnaires (C. com. art. L 823-11).

Sont également visées par l'obligation de signalement les **autres missions** confiées au commissaire aux comptes qui exerce la mission de contrôle légal dont la **réalisation** est **expressément confiée** au commissaire aux comptes par :
– la législation nationale (par exemple : procédure des conventions réglementées et procédure d'alerte) ;
– des dispositions du droit de l'Union européenne qui ont un effet direct en droit national.

Enfin, il appartient au commissaire aux comptes de signaler les irrégularités ou inexactitudes relevées à l'occasion de son intervention dans le cadre des **SACC contractuels** réalisés à la demande de l'entité.

Le législateur a expressément prévu que l'obligation de signalement soit applicable aux commissaires aux comptes désignés, en dehors de la mission de contrôle légal des comptes :
– dans une **Carpa** dans le cadre de la mission de vérification des enregistrements comptables des opérations et des états récapitulatifs annuels des règlements transmis à la Chancellerie en matière d'aide juridique (art. 30 de la loi du 10-7-1991 qui renvoie à l'art. L 823-12 du Code de commerce) ;
– auprès des **mandataires de justice** (mission de vérification de la comptabilité spéciale) en application de l'article L 814-10-1 du Code de commerce, relatif aux mandataires de justice.

61252
Tous les commissaires aux comptes inscrits sur la liste visée à l'article L 822-1 du Code de commerce ne sont pas tenus de signaler les irrégularités et inexactitudes relevées à l'occasion de leur intervention. Les textes régissant certaines **autres missions** confiées à un commissaire aux comptes ne prévoient **pas d'obligation de signalement**. Il en est notamment ainsi :
– du commissaire aux apports, à la fusion, à la scission, ainsi que du commissaire aux avantages particuliers, y compris lorsqu'il intervient en cas d'émission d'actions de préférence au profit de personnes nommément désignées ;
– du commissaire à la transformation désigné en application de l'article L 224-3 du Code de commerce.

61254
Les modalités de communication des irrégularités et inexactitudes aux actionnaires ou aux associés ou aux adhérents de l'entité contrôlée ou à l'organe compétent analogue sont fonction de la nature de l'irrégularité ou de l'inexactitude constatée.

61256
Seront successivement examinées :
– la notion d'irrégularité et d'inexactitude ;
– les modalités de communication aux actionnaires ou aux adhérents ;
– les modalités de communication à l'organe collégial chargé de l'administration ou à l'organe chargé de la direction et l'organe de surveillance, ainsi que, le cas échéant, au comité spécialisé.
Pour les relations avec les autorités de contrôle, voir nᵒˢ 8000 s.

Notion d'irrégularité et d'inexactitude

61260
Définition   Les irrégularités et inexactitudes peuvent être définies comme suit :
– l'**irrégularité** se définit comme la non-conformité aux textes légaux ou réglementaires, aux principes édictés par le référentiel comptable applicable, ou encore aux dispositions des statuts, ou aux décisions de l'assemblée générale ;

La NI. I « Les rapports du commissaire aux comptes sur les comptes annuels et consolidés » – décembre 2018 – cite par exemple au titre des irrégularités :
– dans les sociétés commerciales tenues d'établir un rapport de gestion, l'absence dans ce rapport d'une des informations obligatoires visées à l'article L 232-1 du Code de commerce ;
– le non-établissement par une société anonyme du tableau des résultats des cinq derniers exercices, prévu par l'article R 225-102 du Code de commerce ;
– la non-reconstitution des capitaux propres dans les délais légaux lorsque les capitaux propres d'une société anonyme sont devenus inférieurs à la moitié du capital social.

1375

INTERVENTIONS CONSÉCUTIVES À DES FAITS SURVENANT DANS L'ENTITÉ © Éd. Francis Lefebvre

– l'**inexactitude** est la présentation d'un fait, non conforme à la réalité.

Une erreur dans le tableau des cinq derniers exercices précité ou une information erronée dans le rapport de gestion constituent par exemple une inexactitude.

61270 Portée de l'obligation de signalement du commissaire aux comptes

L'obligation de signalement porte sur les irrégularités et inexactitudes que le commissaire aux comptes a découvertes ou qu'il a relevées dans le cadre de l'accomplissement de sa mission dans l'entité dans laquelle il est en fonctions. La « mission » s'entend comme celle définie au n° 61251.

Les commissaires aux comptes sont tenus de **signaler** à la plus prochaine **assemblée** générale ou réunion de l'organe compétent les irrégularités et inexactitudes relevées au cours de l'accomplissement de leur mission et, lorsqu'ils interviennent auprès d'une **entité d'intérêt public**, ils invitent cette dernière à enquêter conformément aux dispositions de l'article 7 du règlement (UE) 537/2014 (C. com. art. L 823-12).

L'article 7 du règlement précité dispose que les commissaires aux comptes invitent l'EIP à enquêter sur l'affaire et à prendre des mesures appropriées pour traiter les irrégularités et éviter qu'elles ne se répètent à l'avenir. Lorsque l'entité contrôlée n'enquête pas sur l'affaire, les commissaires aux comptes informent les autorités compétentes chargées d'enquêter sur de telles irrégularités. La transmission de bonne foi à ces autorités, par les commissaires aux comptes, d'informations sur des irrégularités ne constitue pas une violation des clauses contractuelles ou des dispositions légales restreignant la transmission d'informations.

Cette obligation d'information de l'EIP (C. com. art. L 823-12, al. 1) est en vigueur depuis le 17 juin 2016. Toutefois, en l'absence de précision de ce texte quant à l'autorité auprès de laquelle un signalement devrait être opéré, les commissaires aux comptes devront, à notre avis, en cas d'irrégularité avérée, appliquer les dispositions de l'alinéa 2 de l'article L 823-12 du Code de commerce pour les faits délictueux, de l'alinéa 3 de l'article précité en cas de soupçon de blanchiment ou de financement du terrorisme et des articles L 621-22 et L 612-44 du Code monétaire et financier en cas d'irrégularité constatée dans des entités d'intérêt public relevant du périmètre de contrôle de l'AMF et/ou de l'ACPR et/ou de la Banque centrale européenne.

Par ailleurs, afin de satisfaire aux dispositions de l'article **L 823-16** du même Code, le commissaire aux comptes porte les irrégularités ou inexactitudes relevées à la connaissance, selon le cas, de l'organe collégial chargé de l'administration ou de l'organe chargé de la direction et de l'organe de surveillance, ainsi que, le cas échéant, du comité spécialisé.

Les dispositions des articles L 823-12 et L 823-16 du Code de commerce ne sont pas rigoureusement écrites de la même façon. En effet :

– l'article L 823-16, I, 3° du Code de commerce prévoit que sont communiquées par les commissaires aux comptes « les irrégularités et les inexactitudes qu'ils auraient découvertes » ;

– l'alinéa 1 de l'article L 823-12 du Code de commerce indique que sont communiquées « les irrégularités et inexactitudes relevées par eux au cours de l'accomplissement de leur mission ».

Bien que la rédaction de ces deux articles ne soit pas identique, à notre avis, les termes « irrégularités » et « inexactitudes » visés ont le même sens. L'obligation de signalement porte donc sur les irrégularités et inexactitudes que le commissaire aux comptes a découvertes ou qu'il a relevées dans le cadre de l'accomplissement de sa mission dans l'entité dans laquelle il est en fonctions.

Lorsque le commissaire aux comptes est nommé pour un mandat de trois exercices conformément aux dispositions de l'article L 823-3-2 du Code de commerce, il est également soumis aux dispositions de l'article L 823-12 du Code précité relatives au signalement à la plus prochaine assemblée générale ou réunion de l'organe compétent des irrégularités et inexactitudes relevées au cours de l'accomplissement de sa mission (C. com. art. L 823-12 et NEP 911 § 39).

Avant d'examiner les modalités de communication des irrégularités et inexactitudes à l'assemblée et à l'organe compétent de l'entité contrôlée, il convient de s'interroger :

– sur les obligations du commissaire aux comptes quant à la détection des irrégularités ;

– sur la manière dont peuvent être déterminées les irrégularités et inexactitudes devant faire l'objet de la communication.

61272 Attitude du commissaire aux comptes

Le commissaire aux comptes n'a pas pour mission de vérifier le respect par l'entité de tous les textes légaux et réglementaires qui lui sont applicables. La nature et l'étendue des diligences mises en œuvre dans chacune de ses interventions placent le commissaire aux comptes dans des positions

© Éd. Francis Lefebvre — INTERVENTIONS CONSÉCUTIVES À DES FAITS SURVENANT DANS L'ENTITÉ

différentes au regard de la possibilité de découvrir ou de relever certaines irrégularités ou inexactitudes (voir n° 61260) :
– l'auditeur légal est supposé prendre connaissance de l'environnement légal et réglementaire applicable à l'entité afin d'être attentif aux irrégularités ou inexactitudes **relevées à l'occasion de l'accomplissement de sa mission.**
Par exemple, lors de la réalisation des travaux nécessaires à l'accomplissement de sa mission, le commissaire aux comptes met en œuvre les diligences prévues par le paragraphe 10 de la NEP 9510 : « Le commissaire aux comptes vérifie que le rapport de gestion et les autres documents sur la situation financière et les comptes comprennent toutes les informations requises par les textes légaux et réglementaires et, le cas échéant, par les statuts. »
Outre les irrégularités relevées à l'occasion de la réalisation de sa mission, il se peut que des informations concernant l'entité contrôlée soient **portées à la connaissance** du commissaire aux comptes, susceptibles de constituer des irrégularités ou des inexactitudes. Le cas échéant, le commissaire aux comptes les prend en considération et apprécie s'il y a lieu de les signaler, au regard notamment de la nature de ces informations, de leur lien avec l'objet de sa mission et du contexte dans lequel elles lui ont été communiquées.

Irrégularités et inexactitudes à signaler Le commissaire aux comptes signale, 61278
à la plus prochaine assemblée générale ou à l'organe compétent analogue, les irrégularités et inexactitudes relevées par lui au cours de l'accomplissement de sa mission (C. com. art. L 823-12, al. 1).
Par ailleurs, le commissaire aux comptes porte à la connaissance de l'organe chargé de l'administration ou de l'organe chargé de la direction ou de la surveillance, ainsi que, le cas échéant, du comité spécialisé visé à l'article L 823-19 du Code de commerce les irrégularités et les inexactitudes qu'il aurait découvertes (C. com. art. L 823-16).
En fonction du moment où il relève les irrégularités ou inexactitudes et au regard du calendrier de réunion des organes de l'entité, le commissaire aux comptes recourt à son jugement professionnel pour déterminer s'il convient de signaler en premier lieu les faits à l'organe chargé de la direction ou à la prochaine assemblée. Les textes n'imposent pas de respect de chronologie particulière.

Lien entre irrégularités et obligation de révélation des faits délictueux 61286
Lorsque les irrégularités ou inexactitudes relevées sont susceptibles de constituer des faits délictueux, il appartient au commissaire aux comptes de révéler ces faits au procureur de la République.

Modalités de communication aux actionnaires

Textes de base L'article L 823-12, alinéa 1er du Code de commerce prévoit que les 61300
commissaires aux comptes sont tenus de « signaler à la plus prochaine assemblée générale ou réunion de l'organe compétent les irrégularités et inexactitudes relevées par eux au cours de l'accomplissement de leur mission ».

Entités concernées L'obligation d'informer les membres de l'assemblée générale ou 61304
de l'organe compétent des irrégularités et inexactitudes constatées par le commissaire aux comptes s'applique dans toutes les sociétés commerciales et dans toutes les personnes ou entités pour lesquelles le commissaire aux comptes, nommé par obligation légale ou volontairement, effectue sa mission conformément aux dispositions de l'article L 820-1 dudit code qui confère une portée générale à l'article L 823-12 (voir n° 61251).

Moment de la communication Les irrégularités ou inexactitudes sont communi- 61308
quées à la plus prochaine assemblée ou réunion de l'organe compétent. Il peut s'agir soit de l'assemblée générale ordinaire d'approbation des comptes, soit d'une autre assemblée générale (assemblée ordinaire réunie extraordinairement ou assemblée extraordinaire).

Support de la communication Le support de la communication est fonction de 61310
la **nature de l'irrégularité ou de l'inexactitude** relevée.

1377

Les irrégularités et inexactitudes relevées par le commissaire aux comptes dans le rapport de gestion, les autres documents sur la situation financière et les comptes et le rapport sur le gouvernement d'entreprise sont signalées dans le rapport sur les comptes.

Lorsqu'elles ne sont pas mentionnées dans le rapport sur les comptes, les irrégularités et inexactitudes font l'objet d'un signalement :
– dans le rapport concerné lorsqu'elles se rapportent à une opération particulière faisant l'objet d'un rapport du commissaire aux comptes à l'organe délibérant ;
– dans une communication ad hoc à la plus prochaine assemblée générale dans les autres cas.

L'article L 823-12 du Code de commerce n'indique pas de formalisme particulier pour cette **communication ad hoc**. La CNCC considère que leur signalement peut être effectué aussi bien par oral que par écrit (Bull. CNCC n° 155-2009 – EJ 2009-23 p. 605). Toutefois, lorsque le commissaire aux comptes ne peut être présent ou représenté à l'assemblée générale, le signalement des irrégularités ou inexactitudes nécessite d'être formalisé par écrit pour pouvoir être communiqué aux actionnaires.

La Commission juridique de la CNCC précise également que les communications ad hoc par lesquelles le commissaire aux comptes signale les irrégularités ou inexactitudes ne sont pas visées par l'article L 225-115 du Code de commerce et n'ont donc pas à être préalablement et dans un délai déterminé mises à disposition des actionnaires (Bull. CNCC n° 167-2012 – EJ 2012-03 p. 603 s.).

Par ailleurs, la communication du commissaire aux comptes (qu'elle soit écrite ou orale) doit être mentionnée dans le procès-verbal de l'assemblée générale.

L'article R 225-106 du Code de commerce précise en effet que le procès-verbal de l'assemblée générale doit comporter la mention des « documents et rapports soumis à l'assemblée » ainsi qu'un « résumé des débats ». Pour la CNCC, il est toutefois recommandé de veiller à la preuve de cette communication dans la mesure où un résumé des débats n'est pas aussi précis qu'un rapport établi par le commissaire aux comptes (Communiqué CNCC du 6-2-2009).

61312 Si l'irrégularité ou l'inexactitude concerne les états financiers, la mention de l'irrégularité ou de l'inexactitude est reprise dans la partie relative à l'opinion du rapport sur les comptes annuels présenté à l'assemblée ordinaire annuelle dans la seule mesure où l'irrégularité ou l'inexactitude a une incidence sur les états financiers faisant l'objet de la certification (Doctrine professionnelle de la CNCC : ancienne norme CNCC 5-112 § 17).

Les irrégularités et inexactitudes (Doctrine professionnelle de la CNCC : ancienne norme CNCC 5-112 § 15) sont insérées dans le rapport sous forme de réserve ou de refus de certifier, selon les cas, lorsqu'elles ont une incidence sur les comptes annuels.

Si l'irrégularité ou l'inexactitude concerne le rapport de gestion et/ou les documents adressés aux membres de l'organe appelé à statuer sur les comptes, celle-ci est signalée dans la **partie du rapport** sur les comptes intitulée « Vérifications spécifiques » (NI. I « Les rapports du commissaire aux comptes sur les comptes annuels et consolidés » p. 172 s.).

À titre d'exemple :
– une information comptable erronée donnée dans le rapport de gestion (par exemple une donnée comptable erronée dans l'exposé des activités en matière de recherche et développement) constitue une inexactitude donnant lieu, dans la partie du rapport sur les comptes intitulée « Vérifications spécifiques », à une observation concernant la sincérité et la concordance avec les comptes annuels des informations données dans le rapport de gestion ;
– l'absence dans le rapport de gestion d'une des informations obligatoires prévues par les textes légaux et réglementaires ou par les statuts constitue une irrégularité, relevée dans la partie du rapport sur les comptes intitulée « Vérifications spécifiques », et introduite par la phrase suivante : « En application de la loi, nous vous signalons que… ».

Ainsi, l'omission dans le rapport de gestion d'une société anonyme de l'information concernant l'apparition au cours de l'exercice de pertes cumulées supérieures à la moitié du capital social doit conduire le commissaire aux comptes à signaler l'irrégularité dans la partie « Vérifications spécifiques » du rapport sur les comptes annuels ;
– le non-établissement du relevé relatif au montant global des rémunérations versées aux cinq ou dix personnes les mieux rémunérées (C. com. art. L 225-115, 4°) ou au montant global des versements effectués en application des 1 à 5 de l'article 238 bis du CGI (C. com. art. L 225-115, 5°) constitue une irrégularité signalée par le commissaire aux comptes dans la partie du rapport sur les comptes annuels relative à la vérification du rapport de gestion et des documents adressés aux membres de l'organe appelé à statuer sur les comptes.

Si les irrégularités ou inexactitudes ne portent ni sur le rapport de gestion, ni sur d'autres documents adressés aux membres de l'organe appelé à statuer sur les comptes, elles ne sont plus mentionnées dans le rapport du commissaire aux comptes sur les comptes mais font l'objet :
– soit d'une communication dans le rapport concerné lorsqu'elles ont trait à une opération particulière faisant l'objet d'un rapport du commissaire aux comptes à l'organe compétent ;
– soit, si ce n'est pas le cas, d'une **communication ad hoc** à la plus prochaine assemblée générale ou à l'organe compétent (CNCC NI. I « Les rapports du commissaire aux comptes sur les comptes annuels et consolidés » – décembre 2018 p. 172 s.).

Exemples : ainsi feront l'objet d'une **communication dans le rapport concerné**, et non dans le rapport sur les comptes, les irrégularités ou inexactitudes relatives :
– aux conventions réglementées (C. com. art. L 225-42, L 225-90, L 226-10, L 227-10) ;
– aux documents d'information prévisionnels visés aux articles L 232-2, L 232-3 et L 232-4 du Code de commerce ;
– aux interventions donnant lieu à l'émission d'un rapport et n'entrant pas dans la mission générale du commissaire aux comptes (pour les irrégularités liées à l'opération concernée).
À titre d'exemple, feront l'objet d'une **communication ad hoc** du commissaire aux comptes à la plus prochaine assemblée générale :
– dans une société anonyme dont les capitaux propres sont inférieurs à la moitié du capital social :
• l'**absence de convocation** dans le délai légal de l'assemblée générale extraordinaire devant statuer sur la dissolution anticipée de la société (depuis la loi 2012-387 du 22-3-2012 relative à la simplification du droit et à l'allégement des démarches administratives, les sanctions pénales relatives à cette non-convocation ont été supprimées et le commissaire aux comptes n'a donc plus à effectuer une révélation de faits délictueux au procureur de la République),
• la **non-reconstitution des capitaux propres** dans les délais légaux (pour un exemple de formulation, voir NI. I CNCC p. 172) ;
– les **irrégularités relatives à la propriété des actions des administrateurs** lorsque les statuts prévoient la détention d'un nombre déterminé d'actions (Bull. CNCC nº 155-2009 p. 602).

Communication avec les organes visés à l'article L 823-16

Texte de base Selon l'article L 823-16, 3º du Code de commerce, « les commissaires   **61330**
aux comptes portent à la connaissance, selon le cas, de l'organe collégial chargé de l'administration ou de l'organe chargé de la direction et de l'organe de surveillance, ainsi que le cas échéant, du comité spécialisé [...] les irrégularités et les inexactitudes qu'ils auraient découvertes ».
La norme d'exercice professionnel 260 traite de la communication du commissaire aux comptes avec les organes mentionnés à l'article L 823-16 du Code de commerce et définit notamment les modalités de cette communication. Ces éléments sont développés aux nºs 26450 s. du Mémento.

L'organe chargé de l'administration correspond au conseil d'administration dans une société anonyme. L'organe chargé de la direction vise, par exemple, le directoire, le PDG ou le DG délégué dans une société anonyme, le président dans une SAS ou le gérant dans une SARL (sur les organes de direction, voir également nºs 5250 s.). L'organe chargé de la surveillance correspond, par exemple, au conseil de surveillance dans une société anonyme. Le comité spécialisé vise le comité d'audit.

Entités visées L'obligation de communication des irrégularités et inexactitudes s'ap-   **61331**
plique dans toutes les sociétés commerciales et dans toutes les personnes et entités pour lesquelles le commissaire aux comptes, nommé par obligation légale ou volontairement, effectue sa mission conformément aux dispositions des articles L 823-1 et suivants du Code de commerce.

Exercice collégial du commissariat aux comptes Lorsque la mission est réali-   **61332**
sée par plusieurs commissaires aux comptes, ces derniers « communiquent avec les organes mentionnés à l'article L 823-16 du Code de commerce ensemble et de manière concertée », comme le prévoit le paragraphe 17 de la NEP 100 « Audit des comptes réalisés par plusieurs commissaires aux comptes ».
En outre, le paragraphe 19 de la NEP précitée prévoit : « Les rapports établis par les commissaires aux comptes en application de textes légaux et réglementaires sont signés par chaque commissaire aux comptes. » Dès lors, il en est de même pour les communications qu'il appartient aux commissaires aux comptes d'effectuer en application de l'article L 823-12 du Code de commerce.

INTERVENTIONS CONSÉCUTIVES À DES FAITS SURVENANT DANS L'ENTITÉ © Éd. Francis Lefebvre

SECTION 2

Révélation des faits délictueux

61530 Le mot « révélation » provient du mot latin « revelatio », issu lui-même du verbe « revelare » qui signifie « découvrir ». La révélation consiste dans le fait de révéler, rendre public ce qui était caché, secret (Dictionnaire Robert de la langue française). Pour le commissaire aux comptes, la révélation des faits délictueux consiste à porter à la connaissance du procureur de la République un fait qui présentait, jusqu'à sa divulgation, un caractère secret.

Cette section comportera trois parties. La première sera consacrée à l'obligation de révélation des faits délictueux (nos 61550 s.), la deuxième à sa mise en œuvre (nos 61750 s.), la troisième aux conséquences de la révélation (nos 62000 s.).

I. Obligation de révélation des faits délictueux

A. Présentation générale

61550 Ne seront évoqués ici que les textes afférents à l'obligation de révélation et au non-respect de cette obligation par le commissaire aux comptes et non les délits eux-mêmes, qui peuvent être issus tant des textes spécifiques à l'entité contrôlée que de textes généraux, qui sont applicables dès lors que l'infraction commise entre dans le champ de la révélation (voir nos 61630 s.).

Évolution de l'obligation de révélation

61560 **Historique** L'obligation de révélation des faits délictueux est ancienne, puisqu'elle remonte au décret-loi du 8 août 1935, publié après une période de retentissants scandales financiers. Elle fait partie d'un corps de mesures adopté pour renforcer les pouvoirs et l'indépendance des commissaires aux comptes. Elle repose depuis cette époque sur un double mécanisme :

– l'obligation pour le commissaire aux comptes de porter à la connaissance du procureur de la République les faits délictueux dont il a connaissance ;

– la mise en œuvre de la responsabilité pénale du commissaire aux comptes qui ne procéderait pas à la révélation.

Afin de limiter les incertitudes juridiques auxquelles étaient confrontés les commissaires aux comptes, de préciser le périmètre et les modalités de mise en œuvre de cette obligation et d'organiser les relations des commissaires aux comptes avec les parquets, un groupe de travail réunissant des représentants de la Chancellerie, du H3C et de la CNCC a élaboré différentes propositions. À la suite de ses travaux, le H3C a identifié une bonne pratique professionnelle (la « BPP » dans les développements qui suivent) le 14 avril 2014 qui a été annexée à la circulaire du garde des Sceaux « relative à l'obligation de révélation des faits délictueux des commissaires aux comptes » le 18 avril 2014 (ci-après « la circulaire »).

Ces documents sont consultables sur le site du H3C (http://www.h3c.org/fiches/BPP_Revelation.htm). La notion même de bonnes pratiques professionnelles a été supprimée mais ces dernières constituent une doctrine susceptible d'aider les professionnels dès lors qu'elle n'est pas en contradiction avec les dispositions en vigueur.

61565 **Textes applicables** L'obligation de révélation et la sanction applicable figurent dans le Code de commerce :

– l'article L 823-12, al. 2 dispose que le commissaire aux comptes « révèle au procureur de la République les faits délictueux dont il a eu connaissance, sans que sa responsabilité puisse être engagée par cette révélation » ;

– l'article L 820-7 punit d'un emprisonnement de cinq ans et d'une amende de 75 000 € le fait pour toute personne exerçant les fonctions de commissaire aux comptes de ne pas révéler au procureur de la République les faits délictueux dont elle a eu connaissance.

En outre, certaines dispositions particulières prévoient expressément l'obligation de révélation pour les commissaires aux comptes investis d'une mission particulière, autre que la certification des comptes, auprès de certaines entités.

1380

© Éd. Francis Lefebvre — INTERVENTIONS CONSÉCUTIVES À DES FAITS SURVENANT DANS L'ENTITÉ

Il en est notamment ainsi du commissaire aux comptes :
– désigné dans une Carpa pour vérifier les enregistrements comptables des opérations d'aide juridique et les états récapitulatifs annuels des règlements transmis à la Chancellerie (Loi du 10-7-1991 modifiée art. 30). Cependant, lorsque le commissaire aux comptes intervient au titre de la mission relative aux dépôts et maniements des fonds au sein d'une Carpa, il n'est pas tenu de révéler les faits délictueux dont il a connaissance puisqu'aucune disposition spécifique prévoyant l'obligation de révélation n'est prévue pour cette mission (CNCC EJ 2015-90) ;
– procédant au contrôle de la comptabilité spéciale des mandataires de justice et de la représentation des fonds détenus (Avis technique « La mission du commissaire aux comptes, nommé en application de l'article L 811-11-1 du Code de commerce, auprès des administrateurs judiciaires et des mandataires judiciaires » – nov. 2014, 3.3).

L'obligation de révélation, étant sanctionnée pénalement, doit s'interpréter strictement : elle porte sur les seuls faits dont les commissaires aux comptes ont connaissance à l'occasion de leurs missions (voir n° 61645).

En l'absence de disposition expresse de textes régissant les autres missions susceptibles d'être confiées à un commissaire aux comptes (commissariat aux apports, commissariat à la fusion, commissariat à la transformation, distribution d'acomptes sur dividendes...) mettant à leur charge une obligation de révélation, ce dernier n'a donc pas de révélation à effectuer dans le cadre de ces missions.

Objectifs poursuivis L'obligation de révélation des faits délictueux par le commissaire aux comptes contribue à la prévention de la délinquance financière et au renforcement de l'indépendance et de l'autorité du commissaire aux comptes. **61568**

Ayant accès à l'ensemble des informations et documents produits par l'entité qu'il contrôle, le commissaire aux comptes occupe un poste privilégié pour constater l'existence de faits délictueux. Du fait des éléments dont il prend connaissance dans le cadre de sa mission de certification et de ses compétences spécifiques, il est par ailleurs mieux armé qu'une personne extérieure à la société pour apprécier si des anomalies détectées ne constituent que « de simples irrégularités ou inexactitudes ne procédant manifestement pas d'une **intention frauduleuse** » (Circulaire du garde des Sceaux du 18-4-2014) ou si, à l'inverse, elles sont susceptibles de constituer des faits délictueux. **61570**
Son obligation de révélation épargne donc aux auxiliaires du parquet des recherches longues et difficiles, et le conduit à apporter son **concours à la régularité de la vie des affaires**, qui intéresse non seulement l'intérêt public, mais aussi l'intérêt privé de l'entité contrôlée et de ses membres.
Certains auteurs considèrent que le rôle joué par les commissaires aux comptes permet de le considérer comme un **quasi-auxiliaire de justice**, en raison de l'extrême complexité des délits relatifs à la comptabilité rendant lente et difficile leur découverte par les organes de police (E. du Pontavice, note sous TGI Paris 14-1-1974 : Bull. CNCC n° 16-1974 p. 406).

L'obligation de révélation renforce par ailleurs **l'exigence d'indépendance et l'autorité du commissaire aux comptes**. L'obligation de révélation et la sanction qui lui est attachée découragent en effet toute collusion entre les dirigeants de l'entité contrôlée et le commissaire aux comptes. Elle conduit le professionnel à mettre, le cas échéant, son client devant ses responsabilités. Ainsi la menace de la révélation peut-elle, en dernier recours : **61573**
– vaincre les résistances des dirigeants, réticents à la mise en œuvre des régularisations demandées ;
– avoir un effet dissuasif sur les délinquants potentiels, dès lors qu'ils savent que leurs agissements pourront être révélés par le commissaire aux comptes (E. du Pontavice, préc.).

De nombreuses incertitudes tenant à la mise en œuvre du texte ont eu pour conséquence de donner lieu, de la part des professionnels, à des **comportements** manquant pour le moins d'homogénéité, voire **contradictoires**, allant de l'absence de révélation, parfois liée à la méconnaissance des textes, jusqu'à la révélation systématique de tout fait pouvant paraître suspect afin d'éviter tout risque de mise en jeu de leur responsabilité pénale, cette seconde attitude ayant pour effet de submerger les parquets d'un nombre considérable de révélations plus ou moins justifiées. **61585**

Groupe de travail tripartite Dans ce contexte, un groupe de travail tripartite Chancellerie / H3C / CNCC s'est efforcé de proposer des réponses aux questions suivantes : 1) Eu égard au positionnement de l'article L 823-12 dans une section du Code de commerce intitulée « De la mission du commissaire aux comptes », l'obligation de **61620**

révélation concerne-t-elle l'ensemble des **textes faisant l'objet d'une sanction pénale** ou est-elle limitée à des obligations dont le commissaire aux comptes contrôle le respect dans le cadre de sa mission légale ?

2) L'identification d'un « fait délictueux » suppose-t-elle l'appréciation par le commissaire aux comptes de l'**existence de l'élément moral de l'infraction** ?

C'était sans doute l'un des points les plus contestables de la circulaire de 1985 : le commissaire aux comptes n'ayant pas à qualifier le délit, il ne devrait pas avoir à apprécier l'intention coupable de l'auteur des faits délictueux.

3) La **gravité de l'infraction** doit-elle influer sur le champ de la révélation ?

Cette question est également très délicate. La révélation de faits non significatifs, ayant pour conséquence un encombrement des parquets, avait causé pour partie la restriction du champ de la révélation dans la circulaire de 1985. Or, la rédaction de l'article L 823-12 du Code de commerce laisse peu de place à une limitation de la révélation aux seuls faits significatifs, et on sait par ailleurs que les parquets souhaitent conserver leur monopole en matière de décision sur l'opportunité des poursuites.

4) Le **champ de la révélation** se limite-t-il aux faits délictueux commis dans l'entité dans laquelle le commissaire aux comptes est titulaire d'un mandat ou doit-il être étendu à tous les faits délictueux dont le commissaire aux comptes a connaissance dans l'exercice de ses fonctions ?

La question est de déterminer si l'obligation de révélation est liée au statut du commissaire aux comptes ou à son mandat. Si l'obligation était liée au statut, le commissaire aux comptes devrait en toute logique révéler :
– les faits délictueux dont il a connaissance dans le cadre d'une mission réalisée dans une entité dont il ne détient pas le mandat, par exemple lors d'un audit d'acquisition ;
– les faits délictueux dont il a connaissance dans les filiales étrangères, étant précisé que la loi pénale est susceptible de s'appliquer à des délits commis à l'étranger par des ressortissants français ou avoir une application extra-territoriale ;
– les faits délictueux au sein d'une autre entité que celle contrôlée dont le commissaire aux comptes a connaissance à l'occasion d'une confirmation directe.
On rappellera que pour la CNCC, l'obligation de révélation était liée à l'accomplissement de la mission légale, position confortée par le fait que l'obligation de révélation figure dans le Code de commerce dans une section intitulée « De la mission du commissaire aux comptes ». Il en est résulté des prises de position de la CNCC qui tendaient à restreindre le champ d'application de la révélation aux seuls faits qui interfèrent avec la mission du commissaire aux comptes dans l'entité dans laquelle il détient un mandat.

5) Le **délit de non-révélation** peut-il être constitué lorsque la méconnaissance du délit est imputable à une insuffisance de diligences du commissaire aux comptes ?

Il devrait sembler possible de déduire du principe d'application stricte du droit pénal que la responsabilité d'un commissaire aux comptes pour non-révélation ne peut être engagée que pour des faits délictueux dont il a eu connaissance, et non pour des faits dont il aurait dû avoir connaissance.
On rappellera que la chambre criminelle de la Cour de cassation (voir n° 13708) a estimé que des négligences dans la mise en œuvre de ses diligences pouvaient justifier de sanctionner pénalement un commissaire aux comptes pour non-révélation de faits délictueux. Certaines décisions jurisprudentielles laissent également planer un doute sur la nécessité d'apporter la preuve que le professionnel avait la connaissance effective des faits à révéler pour que soit constitué le délit de non-révélation (voir n° 61805).

À l'issue des travaux de ce groupe de travail et reprenant ses conclusions, le H3C, en application de l'article L 821-1 du Code de commerce, a identifié et promu le 14 avril 2014 au rang de bonne pratique professionnelle la « Pratique professionnelle relative à la révélation des faits délictueux au procureur de la République » élaborée par la Compagnie nationale des commissaires aux comptes (Bull. CNCC n° 174-2014 p. 153).

Cette BPP a été annexée à la circulaire du garde des Sceaux du 18 avril 2014 adressée aux parquets généraux et aux parquets (sur les bonnes pratiques professionnelles, voir n° 535).

B. Champ d'application

61630 Après avoir examiné les conditions qui doivent être remplies pour que les faits délictueux constatés par le commissaire aux comptes donnent lieu à l'obligation de révélation, seront étudiées différentes circonstances conduisant à ne pas mettre en œuvre cette procédure.

© Éd. Francis Lefebvre   INTERVENTIONS CONSÉCUTIVES À DES FAITS SURVENANT DANS L'ENTITÉ

Conditions de mise en œuvre de la révélation

Selon la circulaire et la BPP les dispositions de l'article L 823-12 du Code de commerce définissent l'obligation de révélation des commissaires aux comptes **sans distinction tenant à la gravité**, à la nature ou aux conséquences des faits susceptibles de revêtir une qualification pénale. En conséquence, à l'exception des simples irrégularités ou inexactitudes ne procédant **manifestement pas d'une intention frauduleuse**, tous les faits délictueux dont un commissaire aux comptes relève l'existence au cours de l'accomplissement de sa mission doivent être portés à la connaissance du procureur de la République. Selon la Chancellerie, une lecture contraire reviendrait à faire peser sur les commissaires aux comptes la responsabilité d'apprécier si des faits délictueux méritent ou non d'être révélés à l'autorité judiciaire. Or, en présence d'irrégularités susceptibles de recevoir une qualification pénale, il appartient au seul procureur de la République d'apprécier les suites à donner, qu'il s'agisse d'une décision de poursuite ou de classement sans suite.

61635

La circulaire reprend ainsi une jurisprudence établie de la Cour de cassation venue préciser la portée de cette obligation en indiquant que les commissaires aux comptes avaient l'obligation de révéler au procureur de la République, dès qu'ils en avaient connaissance dans le cadre de leur mission, les irrégularités susceptibles de recevoir une qualification pénale, même si celle-ci ne pouvait en l'état être définie avec précision (Cass. crim. 15-9-1999 n° 98-81.855 : RJDA 2/00 n° 178).

On rappellera que l'obligation de révélation s'applique, que la désignation du commissaire aux comptes résulte d'une obligation légale ou qu'elle ait été volontaire.

Conditions liées à la nature de l'infraction Pour entrer dans le champ de la révélation, les faits constatés doivent être susceptibles de recevoir une qualification pénale. La BPP précise que l'expression « faits délictueux » vise toutes les catégories d'infractions, indépendamment de leur qualification juridique de crime, de délit ou de contravention, quelle que soit la qualité ou la fonction de la personne ou de l'entité qui les a commis.

61638

Le commissaire aux comptes doit donc prendre connaissance des **textes de base** qui régissent l'entité contrôlée, en vue de déterminer les infractions qui lui sont applicables. Plus précisément, il doit se référer aux infractions expressément prévues par le **livre II du Code de commerce** pour ce qui concerne les sociétés commerciales ou par les textes de base applicables aux personnes physiques ou morales autres que commerçantes auprès desquelles le commissaire aux comptes exerce sa mission.

61640

C'est ainsi que des infractions prévues par le livre II du Code de commerce applicables aux sociétés commerciales et aux GIE ne s'appliqueront pas aux personnes morales de droit privé non commerçantes ayant une activité économique, à défaut de renvoi exprès à ces dispositions par les textes qui régissent celles-ci. Il convient donc que le commissaire aux comptes s'assure que l'infraction prévue par le Code concerne bien l'entité dans laquelle il intervient, afin de déterminer si une infraction a été effectivement commise et entre donc dans le champ de sa révélation.

À ces textes s'ajoutent les infractions visées au **livre VIII du Code de commerce** applicables à toutes les personnes et entités dotées d'un commissaire aux comptes.

Il doit également avoir une connaissance de base des dispositions du Code pénal relatives à certaines infractions de nature financière (abus de confiance et escroquerie, par exemple) ainsi que des textes spécifiques régissant l'entité contrôlée si certaines dispositions sanctionnent pénalement des faits, irrégularités ou comportements.

Conditions liées à la nature de la mission La BPP :

61645

– se fondant sur le « positionnement de l'obligation de révélation dans la section II du chapitre III relative à la mission de contrôle légal du commissaire aux comptes et la lecture de l'alinéa 2 de l'article L 823-12 en lien avec l'alinéa 1 (l'alinéa 2 qui impose l'obligation de révéler les faits délictueux s'articulant nécessairement avec l'alinéa 1 relatif à l'obligation de signaler « à la plus prochaine assemblée générale les irrégularités et inexactitudes relevées par eux au cours de l'accomplissement de leur mission ») conclut que l'obligation de révélation porte sur les seuls faits délictueux dont le commissaire aux comptes a connaissance **dans le cadre de sa mission** » ;

– rappelle dans son § 4.2 l'objectif d'un audit et les obligations de communication légales ou réglementaires qui en découlent pour le commissaire aux comptes ainsi que différentes situations toutes en lien avec sa mission ;

1383

INTERVENTIONS CONSÉCUTIVES À DES FAITS SURVENANT DANS L'ENTITÉ © Éd. Francis Lefebvre

– et recense, dans son annexe 1, les principales infractions en lien avec la mission de contrôle légal des comptes. En conséquence, le commissaire aux comptes ne devrait pas être amené à révéler des infractions n'entrant pas dans ce cadre (infractions au Code de la route, aux règles d'hygiène et de sécurité ou infractions du type harcèlement ou infractions au droit du travail par exemple). Cette précision n'est pas reprise explicitement dans la circulaire qui précise que l'obligation de révélation s'applique aux faits délictueux susceptibles d'être révélés. On peut toutefois penser que la BPP ayant été annexée à la circulaire, la Chancellerie n'a pas entendu marquer d'hostilité à la position du H3C.

La **notion de mission** recouvre tant la mission de certification, y compris la mission du commissaire aux comptes nommé pour trois exercices prévue à l'article L 823-12-1 du Code de commerce (dite mission Alpe), que l'ensemble des interventions spécifiques, autres que la certification des comptes, que le commissaire aux comptes peut être amené à réaliser dans le cadre de son mandat (opérations sur capital, commissariat aux apports dans les OPCI, distribution d'acomptes sur dividendes par exemple). Si, en conduisant de telles diligences, le commissaire aux comptes est amené à relever des incohérences, des inexactitudes, des irrégularités ou, plus généralement, l'application incorrecte de textes légaux ou réglementaires, il conviendra d'analyser si celles-ci sont susceptibles de recevoir une qualification pénale.

De même, l'obligation de révélation des faits délictueux étant liée à la mission du commissaire aux comptes, elle s'impose à lui s'il identifie des faits susceptibles de recevoir une qualification pénale lors de la réalisation de **services autres que la certification des comptes** au sein de l'entité contrôlée.

> La pratique professionnelle relative à la révélation des faits délictueux au procureur de la République indique que les DDL sont incluses dans les missions pour lesquelles le commissaire aux comptes est obligé de révéler s'il a connaissance de faits délictueux. La CNCC considère qu'il est possible de remplacer la notion de DDL par la notion de SACC (Bull. CNCC n° 189-2018 p. 104 – EJ 2016-58).

L'obligation de révélation, étant sanctionnée pénalement, doit s'interpréter strictement : elle porte sur les seuls faits dont les commissaires aux comptes ont connaissance à l'occasion de ces missions ou de missions particulières imposant une telle obligation (voir n° 61565). En conséquence, en l'absence de disposition expresse de textes régissant les autres missions susceptibles d'être confiées à un commissaire aux comptes par une entité dont il n'est pas le commissaire aux comptes (commissariat aux apports, commissariat à la fusion, commissariat à la transformation, distribution d'acomptes sur dividendes…) mettant à leur charge une obligation de révélation, ces derniers n'ont donc pas de révélation à effectuer dans le cadre de ces missions.

> Sur l'omission de faits délictueux dont le commissaire aux comptes aurait dû avoir connaissance, voir n° 13712.

61648 **Conditions liées aux conséquences des faits délictueux** Selon la circulaire, la révélation doit également intervenir sans distinction quant aux **conséquences** des faits susceptibles de revêtir une qualification pénale. Le commissaire aux comptes considère, alors, dans quelle mesure les anomalies relevées résultent de faits ou constituent des faits susceptibles de recevoir une qualification pénale, que ces faits aient présenté ou non une incidence sur les comptes annuels ou aient porté ou non préjudice à la société ou à des tiers.

> Ainsi, le commissaire aux comptes devra révéler, si et lorsqu'il en a connaissance, les tentatives de détournement dont aura été victime l'entité contrôlée ou les comptes courants débiteurs des dirigeants quand bien même cette irrégularité aurait été régularisée. Il devra également révéler les infractions à la législation régissant les droits des actionnaires ou celles relatives à la diffusion d'informations financières inexactes quand bien même de tels faits n'auraient eu aucune conséquence.

En l'attente de solutions jurisprudentielles, et en cas de doute sur la position susceptible d'être retenue par le parquet compétent, il est recommandé au commissaire aux comptes de prendre l'attache du procureur de la République ou du magistrat référent s'il en a été désigné (voir n° 61696).

61652 **Conditions liées au contexte de l'infraction** Si la personnalité de l'auteur des faits délictueux est en principe sans effet sur l'obligation de révélation, il faut en revanche prendre en compte la date de commission des faits délictueux et l'entité concernée par la révélation.

© Éd. Francis Lefebvre   INTERVENTIONS CONSÉCUTIVES À DES FAITS SURVENANT DANS L'ENTITÉ ▌

1. Auteur du fait délictueux. L'article L 823-12, al. 2 du Code de commerce étant très **61655** large dans sa rédaction, la doctrine considère que le commissaire aux comptes doit révéler les faits délictueux dont il a connaissance commis par toute personne :
– exerçant ou non un mandat social ou une fonction de direction ;
– liée ou non par un lien de subordination à l'entité contrôlée ;
– extérieure à la société, dans la mesure où les faits commis ont une incidence sur les comptes de l'entité contrôlée (Bull. CNCC nº 41-1993 p. 414) ou lui ont porté un préjudice.

> On rappellera que le Code pénal assimile à l'auteur d'une infraction, la personne qui tente de commettre un crime et dans certains cas prévus par la loi, un délit (C. pén. art. 121-4) et que la tentative est constituée dès lors que, manifestée par un commencement d'exécution, elle n'a été suspendue ou n'a manqué son effet qu'en raison de circonstances indépendantes de la volonté de son auteur (C. pén. art. 121-5). En conséquence, le commissaire aux comptes devra, selon la nature de la tentative, la révéler au même titre que le fait délictueux. Il en est de même de la complicité (C. pén. art 121-6 et 121-7). Ainsi, si les dirigeants de la personne ou de l'entité contrôlée pouvaient être considérés comme coauteurs ou complices des faits commis dans la filiale ou la société consolidée, le commissaire aux comptes serait amené à révéler les faits délictueux (Bull. CNCC nº 48-1982 p. 451 ; Bull. CNCC nº 83-1991 p. 374 ; Bull. CNCC nº 91-1993 p. 414 ; contra A. Viandier, « Sur les limites de l'obligation de révélation des faits délictueux », JCP 1982, I, 3094, nºs 20 et 21).

2. Date de commission du fait délictueux. Sont visés non seulement les faits délictueux **61658** **commis pendant le mandat** du commissaire aux comptes et dont il a connaissance, mais également les faits **antérieurs à son entrée en fonctions** sauf si ceux-ci ont été révélés par son éventuel prédécesseur (Bull. CNCC nº 35-1979 p. 363). Cette doctrine constante de la CNCC est confirmée par la BPP.
En revanche, le commissaire aux comptes qui a connaissance de faits délictueux postérieurement à la fin de son mandat n'a plus qualité pour les révéler.

3. Entité concernée par la révélation. L'obligation de révélation des faits délictueux **61660** s'applique dans toutes les **personnes et entités soumises au contrôle légal**, par application, sur renvoi de l'article L 820-1 du Code de commerce, de l'article L 823-12, al. 2, prévoyant l'obligation de révélation.
Se trouve ainsi confirmée la position traditionnelle de la profession, qui a toujours considéré que la révélation des faits délictueux faisait partie intégrante du statut du commissaire aux comptes, même lorsque la sanction de non-révélation n'était pas reprise dans le corps de textes applicables au fonctionnement de l'entité dans laquelle il intervenait.

> Certains considèrent que la révélation est l'aboutissement de la mission d'information de l'assemblée générale des irrégularités et inexactitudes (A. Viandier, précité, nº 10). D'autres auteurs considèrent qu'en vertu de cette mission le commissaire aux comptes est « la conscience juridique et morale de la société » (Intervention de J. Foyer, garde des Sceaux, lors des débats parlementaires d'adoption de la loi du 24 juillet 1966 sur les sociétés commerciales).

Mais le commissaire aux comptes peut avoir connaissance de faits délictueux au sein d'**entités autres que celles dans lesquelles il exerce son mandat**. Il peut s'agir :
– d'entités entrant dans le périmètre de consolidation de l'entité consolidante dont il assure le contrôle légal (entité elle-même, entités contrôlées ou dans lesquelles l'entité détient une influence notable), que la connaissance des faits délictueux intervienne dans le cadre de l'audit des comptes consolidés ou à l'occasion de la réalisation de services autres que la certification des comptes fournis à la demande de l'entité et non interdits par l'article L 822-11 du Code de commerce. Dans cette dernière hypothèse, notamment si les faits relevés sont susceptibles d'avoir une incidence sur les comptes consolidés, le commissaire aux comptes est tenu de les révéler selon la BPP ;

> On notera que la circulaire adopte une rédaction différente sur ce point en indiquant « lorsque le commissaire aux comptes a connaissance, dans le cadre de sa mission de certification des comptes consolidés, de faits délictueux au sein d'une entité faisant partie du périmètre de consolidation, il est tenu de les révéler au parquet compétent ». Les dispositions de la circulaire apparaissent donc plus restrictives que celles de la BPP en limitant l'obligation de révélation aux seuls faits découverts lors de la mission de certification des comptes. Cette interprétation serait conforme à celle de la doctrine de la CNCC précitée (voir nº 61645) qui précise que « lorsqu'un commissaire aux comptes effectue des travaux dans le cadre de DDL dans des sociétés qui contrôlent ou qui sont contrôlées par la société dont il est commissaire aux comptes, les faits délictueux découverts dans ces sociétés contrôlantes ou contrôlées dont il n'est pas commissaire aux comptes n'ont pas à faire l'objet d'une révélation au procureur de la République ». Toutefois, en attente de solutions jurisprudentielles, il conviendra d'observer la plus grande prudence et il ne sera sans doute pas inutile, en particulier en l'absence de commissaire aux comptes procédant à la révélation dans l'entité concernée, de se rapprocher du parquet compétent en vue de se faire valider la position à retenir.

INTERVENTIONS CONSÉCUTIVES À DES FAITS SURVENANT DANS L'ENTITÉ © Éd. Francis Lefebvre

– d'entités au sein desquelles sans y exercer un mandat légal, le commissaire aux comptes réalise des services autres que la certification des comptes (entité contrôlante, entité contrôlée non consolidée ou cible en cas de projet d'acquisition). Dans ce cas, à moins que les faits découverts n'aient une incidence sur l'entité au sein de laquelle il exerce son mandat, le commissaire aux comptes n'a pas à révéler (BPP § 4.1 ; Bull. CNCC n° 189-2018 p. 104 – EJ 2016-58) ;

– ou enfin d'entités tierces. Il peut s'agir de faits dont le commissaire aux comptes a eu connaissance, soit à l'occasion de la mise en œuvre de procédures de circularisation dans le cadre de l'audit des comptes, soit par exemple, à l'occasion de la revue des litiges dans le cadre de l'audit de banques. Dans ce cas également, le commissaire aux comptes n'est pas tenu à une obligation de révélation.

61668 **4. Caractère délibéré des faits délictueux**. Le caractère intentionnel relève de l'appréciation non pas du commissaire aux comptes mais des seuls juges.

> Le fait délictueux se distingue d'une irrégularité ou d'une inexactitude par l'intention délibérée de commettre un acte sanctionné pénalement ayant ou pouvant avoir une incidence sur les comptes annuels ou de nature à porter préjudice à l'entité contrôlée ou à un tiers. De même, la gravité du fait constaté, la nature de l'infraction (crime, délit, contravention), la nature et l'ampleur des conséquences dommageables du fait, l'auteur des faits (dirigeant social ou préposé...) sont également à prendre en considération par le commissaire aux comptes pour apprécier s'il s'agit d'une simple inexactitude ou irrégularité ne procédant manifestement pas d'une intention frauduleuse ou d'un fait devant donner lieu à révélation. Le caractère délibéré s'apprécie par rapport à des éléments objectifs démontrant la **conscience** que pouvait avoir l'auteur de l'infraction de ne pas respecter la réglementation en vigueur. La recherche du caractère délibéré a pour but de déterminer si le dirigeant a sciemment enfreint les textes.

Tant la circulaire que la BPP confirment qu'il n'appartient pas au commissaire aux comptes de procéder à la qualification de l'infraction et d'apprécier l'opportunité de révéler, à l'exception de simples irrégularités ou inexactitudes ne procédant manifestement pas d'une intention frauduleuse. Une lecture contraire des dispositions de l'article L 823-12 du Code de commerce « reviendrait à faire peser sur le commissaire aux comptes la responsabilité d'apprécier si des faits délictueux méritent ou non d'être révélés à l'autorité judiciaire. Or, en présence d'irrégularités susceptibles de recevoir une qualification pénale, il appartient au procureur de la République d'apprécier les suites à donner, qu'il s'agisse d'une décision de poursuite ou de classement sans suite ». Ce principe n'exclut pas que, en présence d'irrégularités d'une importance relative (un compte courant débiteur de faible importance, par exemple), le commissaire aux comptes invite les dirigeants sociaux à procéder ou faire procéder à une régularisation. La **régularisation** effective dans les meilleurs délais, de la part des dirigeants, lorsqu'elle est possible, constitue un indice, certes non déterminant mais précieux, de la bonne foi et d'absence d'intention délictuelle. Dans cette hypothèse, le commissaire aux comptes devra procéder à la révélation et, concomitamment ou postérieurement à celle-ci, informer le parquet que les faits ont donné lieu à régularisation.

61670 **5. Caractère significatif**. À l'exception des irrégularités ou inexactitudes ne procédant manifestement pas d'une intention frauduleuse et de faible importance, le commissaire aux comptes n'a pas à s'interroger sur le caractère significatif ou non des faits relevés. Ainsi que le précise la circulaire il ne lui appartient pas d'apprécier l'opportunité de mettre en œuvre son obligation de révélation au regard des conséquences des faits susceptibles de recevoir une qualification pénale (voir n° 61648).

La circulaire remet en cause, sur ce point, la position énoncée dans la circulaire de 1985 et la doctrine de la CNCC.

61672 **6. Territorialité**. Aux termes des dispositions de l'article 113-2 du Code pénal, « la loi pénale française est applicable aux infractions commises sur le territoire de la République. L'infraction est réputée commise sur le territoire de la République dès lors qu'un de ses faits constitutifs a eu lieu sur ce territoire ».

Toutefois, la compétence des juridictions répressives françaises peut être étendue à des faits commis à l'étranger dans certaines circonstances. En effet, la loi pénale française est applicable à quiconque s'est rendu coupable sur le territoire de la République, comme complice, d'un crime ou d'un délit commis à l'étranger si le crime ou le délit est puni à la fois par la loi française et par la loi étrangère et s'il a été constaté par une décision définitive de la juridiction étrangère (C. pén. art. 113-5, al. 1). En outre, certaines dispositions,

© Éd. Francis Lefebvre — INTERVENTIONS CONSÉCUTIVES À DES FAITS SURVENANT DANS L'ENTITÉ

notamment en matière de répression de la corruption active et passive, peuvent être d'application extraterritoriale.

Ainsi le commissaire aux comptes pourra-t-il être amené à révéler des faits commis à l'étranger et susceptibles de recevoir une qualification pénale, que ces faits aient été commis au sein de l'entité qu'il contrôle ou dans une entité faisant partie de son périmètre de consolidation.

> Le commissaire aux comptes peut, s'il a des interrogations sur ces points, les évoquer avec le procureur de la République ou son représentant afin d'apprécier la nécessité d'une révélation, étant précisé que si les dirigeants de la société où il exerce son mandat sont susceptibles d'avoir participé à la commission des faits ou si ceux-ci ont une incidence sur les comptes de la société qu'il contrôle, le commissaire aux comptes devra en tout état de cause les révéler au parquet (BPP § 2.5).

7. Faits ayant déjà fait l'objet d'un dépôt de plainte. Le commissaire aux comptes n'est pas dispensé de son obligation de révélation lorsque les faits qu'il a relevés sont déjà connus du parquet. En revanche, dans le cas où une plainte a été déposée par l'entité et que le commissaire aux comptes n'a pas lui-même constaté les faits délictueux, il n'a pas à mettre en œuvre son obligation de révélation. Ce n'est que s'il découvre, au cours des diligences qu'il estimerait nécessaires dans le cadre de sa mission, de nouveaux éléments sur les faits relevés par l'entité qu'il sera amené à procéder à une révélation au procureur de la République (BPP § 4.5).

61674

> Cette position de la BPP, qui n'est pas expressément entérinée par la circulaire, pourrait donner lieu à des difficultés de mise en œuvre, certains parquets considérant qu'aucune disposition législative n'exonère le commissaire aux comptes de son obligation de révélation dans ce cas particulier. Il conviendra, par prudence, de prendre l'attache du procureur de la République ou de ses services afin de vérifier qu'en l'absence d'éléments nouveaux par rapport à la plainte déposée, il n'y a pas lieu à procéder à une révélation.

Causes d'extinction de l'obligation de révélation

Décès Le décès de l'auteur de l'infraction entraîne l'extinction de l'action publique à son égard. Toutefois, cet événement n'éteint pas l'obligation de révélation du commissaire aux comptes. Dans la mesure où le commissaire aux comptes doit révéler des faits, et non dénoncer leur auteur, le décès de l'auteur n'a **pas d'incidence** sur l'obligation de révélation, ni sur celle de porter à la connaissance du gouvernement d'entreprise et de l'assemblée générale l'irrégularité commise (C. com. art. L 823-16 et L 823-12, al. 1).

61680

Prescription de l'action L'action publique se prescrit par vingt ans pour les crimes (CPP art. 7), six ans pour les délits (CPP art. 8) et un an pour les contraventions (CPP art. 9). Ces délais expirés, plus aucune action n'est possible à l'encontre de l'auteur du délit. Par conséquent, le commissaire aux comptes n'a plus à révéler des délits prescrits. Toutefois, le commissaire aux comptes n'est pas nécessairement en mesure de disposer de l'ensemble des éléments d'appréciation permettant de vérifier que la prescription est acquise. En outre, compte tenu de la difficulté du **calcul du point de départ de la prescription** de certaines infractions, notamment quand le fait a été dissimulé ou quand l'infraction présente un caractère continu, il est recommandé, par **prudence**, au commissaire aux comptes de le révéler au procureur de la République, en lui précisant que le fait lui paraît prescrit.

61683

Bien que l'action publique soit prescrite, l'irrégularité commise doit être portée à la connaissance du gouvernement d'entreprise et de l'assemblée générale, au titre des articles L 823-16 et L 823-12, al. 1 du Code de commerce.

Amnistie L'amnistie fait perdre au fait son caractère délictueux. Par voie de conséquence, le commissaire aux comptes n'a plus à le révéler (voir ancienne NI. n° 23, op. cit. p. 41). Toutefois, la plus grande **prudence** est requise et le commissaire aux comptes se reportera au texte de loi d'amnistie en vigueur pour s'assurer de ses conditions d'application. En effet, pour certaines infractions, elle sera accordée automatiquement, pour d'autres elle pourra être assortie de conditions (paiement d'une amende ou sursis lors du prononcé de la sanction).

61688

> Lorsque le bénéfice de l'amnistie est assorti de conditions, cela signifie que l'auteur de l'infraction doit être jugé, d'où le maintien de l'obligation du commissaire aux comptes de procéder à la révélation. En cas d'omission, il pourrait être sanctionné pénalement pour non-révélation de faits délictueux.

INTERVENTIONS CONSÉCUTIVES À DES FAITS SURVENANT DANS L'ENTITÉ © Éd. Francis Lefebvre

61690 Si un **doute** subsiste quant au champ d'application de la loi d'amnistie, en particulier en ce qui concerne la qualification exacte de l'infraction commise, le commissaire aux comptes pourra effectuer une démarche officieuse auprès du procureur de la République pour avoir confirmation du caractère amnistiable ou non du fait. S'il n'est pas amnistiable, il devra être révélé (Bull. CNCC n° 102-1996 p. 296).

61695 **Régularisation des faits** Il est admis que la régularisation n'est pas une cause d'extinction de la révélation (le repentir actif n'efface pas le délit). Il s'agit toutefois d'un acte permettant d'apprécier la bonne foi de son auteur. La doctrine et la jurisprudence considèrent de façon unanime que le commissaire aux comptes n'a pas à se faire juge de l'**opportunité des poursuites**, cette mission incombant aux seuls magistrats (Bull. CNCC n° 6-1972 p. 289 ; Bull. CNCC n° 41-1981 p. 126 ; Cass. crim. 15-9-1999 : Bull. CNCC n° 117-2000 p. 64).

La circulaire de la Chancellerie du 18 avril 2014 précise à cet égard que l'obligation de révélation s'applique également aux situations régularisées. Ce principe n'exclut pas, toutefois, que les commissaires aux comptes, en présence d'irrégularités susceptibles de réparation, enjoignent aux dirigeants sociaux d'y procéder, puis informent le parquet des faits constatés et de la régularisation intervenue.

61696 **Échanges avec l'autorité judiciaire** Consciente des difficultés auxquelles sont confrontés les commissaires aux comptes afin de satisfaire à leur obligation de révélation, la Chancellerie, dans la circulaire du 18 avril 2014, incite à :
– la généralisation de **magistrats référents** au sein de chaque parquet où le tissu local le justifie, dédiés au suivi des relations avec les commissaires aux comptes, chargés de répondre à leurs questions, en amont, sur la mise en œuvre de leur obligation et sous réserve du secret de l'enquête et de l'instruction, les informer sur les suites données à leur révélation. À défaut de désignation d'un magistrat référent, le commissaire aux comptes pourra s'adresser au procureur compétent pour la révélation ;
– la création, à l'instar de l'expérience menée au niveau de certains parquets ou parquets généraux, de **commissions de liaison**, lieux d'échanges entre magistrats et commissaires aux comptes pour examiner les évolutions législatives et réglementaires ainsi que les cas rencontrés, présentés de façon anonyme. Ces commissions ont pour objectifs de permettre d'informer les commissaires aux comptes sur la politique du parquet en matière de révélation et de recueillir des éléments d'appréciation sur différentes situations rencontrées. Les décisions rendues par ces commissions, formalisées dans un compte rendu, ne lieraient pas les juges en cas de poursuite du commissaire aux comptes mais elles pourraient être versées aux débats par le commissaire aux comptes et être prises en compte par les tribunaux.

II. Mise en œuvre de la révélation des faits délictueux

A. Nature des obligations du commissaire aux comptes

Difficultés liées à la mise en œuvre de la révélation

61750 **Multiplicité des textes répressifs** Toute activité de production, de transformation, de distribution ou de prestation de services est encadrée par des textes légaux ou réglementaires dont les dirigeants doivent tenir compte sous peine de voir leurs responsabilités civile et pénale mises en jeu. En dépit de l'adage « nul n'est censé ignorer la loi », les dirigeants et les commissaires aux comptes ne peuvent connaître l'intégralité du droit applicable. Il en résulte que des faits délictueux peuvent être commis par **méconnaissance des textes applicables**.

61755 On observe que, le plus souvent, les magistrats tiennent compte, dans leur appréciation de la responsabilité des commissaires aux comptes, de la **spécificité** et de la **technicité du secteur** dans lequel les irrégularités ont été commises. Il en résulte que, dans certaines circonstances, un commissaire aux comptes normalement diligent peut légitimement ne pas savoir que des irrégularités sont constitutives d'une infraction pénale (voir CA Lyon 2-2-2000 : Bull. CNCC n° 117-2000 p. 69).

Cet arrêt, réaliste, est conforme à l'esprit de la norme d'exercice professionnel NEP 250 « Prise en compte du risque d'anomalies significatives dans les comptes résultant du non-respect des textes légaux et réglementaires » qui pose le principe que le commissaire aux comptes doit avoir une connaissance suffisante de ces textes (NEP 250 § 06 et 07). En revanche, une connaissance des dispositions réglementaires les plus significatives d'un secteur d'activité fait partie de la prise de connaissance générale de l'entreprise par le commissaire aux comptes et de son approche d'audit par les risques (Bull. CNCC n° 90-1993 p. 281).

Imprécision de certains textes L'imprécision de certains textes pénaux entraîne leur application imparfaite parce que leur rédaction lacunaire conduit à une omission de révélation de comportements pourtant répréhensibles. **61758**

Le délit d'**abus de biens sociaux** fournit un bon exemple de cette imprécision. Une définition détaillée de ses éléments constitutifs aurait permis d'éviter les évolutions jurisprudentielles erratiques des chambres criminelle et commerciale de la Cour de cassation à propos du point de départ du délai de prescription ou de l'acte contraire à l'intérêt social (voir Y. Mayaud, Appel à la raison ou pour une approche cohérente de la prescription de l'abus de biens sociaux, D. 2004 p. 194).

Dissimulation des faits délictueux En règle générale, les dirigeants ou les préposés de la société qui commettent un délit, par exemple un détournement de fonds, essaient de masquer les faits. Si des procédures sophistiquées sont utilisées, le commissaire aura beaucoup plus de difficultés à les découvrir au cours de sa mission, même s'il a mis en œuvre des procédures visant à détecter les anomalies significatives, en application de la NEP 240. **61760**

Le fait délictueux dissimulé peut consister en la tenue d'une double comptabilité, la minoration systématique des comptes fournisseurs par l'absence d'enregistrement de certaines factures, l'enregistrement de factures sur l'exercice suivant, la majoration de l'actif résultant de l'absence de prise en compte de créances douteuses ou litigieuses. Il pourra également résulter de montages juridiques et financiers complexes pouvant faire intervenir des entités tierces en France ou à l'étranger.

Détection des faits délictueux

Absence de démarche systématique de recherche des faits délictueux **61770**

Le commissaire aux comptes n'a pas à mener de démarche systématique de recherche des faits délictueux commis au sein de l'entreprise. Il est donc tout à fait possible que certains faits délictueux ne viennent pas à sa connaissance. En effet, le commissaire aux comptes tenu par une obligation de moyens n'a pas à rechercher activement les faits délictueux commis au sein de l'entité qu'il contrôle et qui ne sont pas en relation avec le contrôle des comptes (voir CA Paris 13-9-2018 n° 16/24867 pôle 5 ch. 9 : Rev. sociétés mars 2019 p. 203 note Ph. Merle, RJDA 1/19 n° 26).

La définition des obligations du commissaire aux comptes en matière d'identification des faits délictueux ne peut en effet être dissociée de la position qu'il doit adopter en matière d'irrégularités et d'inexactitudes et de prise en compte des textes légaux et réglementaires (voir n°s 61272 s.). Le commissaire aux comptes est supposé prendre connaissance de la violation des **règles qu'il a reçues pour mission expresse de contrôler**, dans le cadre de la certification des comptes, de ses vérifications spécifiques et de ses interventions prévues par la loi ou par convention.

Ainsi peut-on rappeler qu'en application de la norme NEP 240, le commissaire aux comptes, lors de la planification et de la réalisation de son audit, identifie et évalue le risque d'anomalies significatives dans les comptes et conçoit les procédures d'audit à mettre en œuvre en réponse à cette évaluation. Ces anomalies peuvent résulter d'erreurs mais aussi de fraudes (§ 1) : le commissaire aux comptes doit conduire sa mission en gardant à l'esprit qu'**une anomalie significative résultant d'une fraude puisse exister** (§ 06). La NEP 250 demande par ailleurs au commissaire aux comptes de mettre en œuvre des procédures visant à identifier, d'une part, les cas possibles de non-respect des dispositions légales et réglementaires et, d'autre part, le risque d'anomalies significatives dans les comptes résultant du non-respect éventuel de ces textes.

Si le commissaire aux comptes n'a donc pas à mettre en œuvre de démarche systématique de recherche des faits délictueux en tant que tels, il est toutefois **tenu à un double devoir de prise de connaissance et de vigilance**.
Par ailleurs, il peut arriver que le commissaire aux comptes reçoive des dénonciations concernant les entités entrant dans le périmètre de son obligation de révélation. Dans ce cas, il apprécie dans quelle mesure il les prend en considération eu égard à la nature, au contexte de la dénonciation ainsi qu'au lien avec le cadre de sa mission. Ainsi, il n'est conduit à mener des investigations que si elles sont nécessaires à l'accomplissement de

INTERVENTIONS CONSÉCUTIVES À DES FAITS SURVENANT DANS L'ENTITÉ © Éd. Francis Lefebvre

sa mission, notamment dans le cadre de la mise en œuvre de la NEP 240 « Prise en considération de la possibilité de fraudes lors de l'audit des comptes ». Dans cette hypothèse, le commissaire aux comptes, en particulier s'il estime ne pas devoir mener d'investigations particulières, documente son analyse dans son dossier de travail.

Dès lors qu'il est confronté à une dénonciation relative à des faits entrant dans le cadre de sa mission, il est recommandé au commissaire aux comptes de mettre en œuvre les vérifications nécessaires afin d'en apprécier le sérieux.

Responsabilité du commissaire aux comptes

61780 La responsabilité du commissaire aux comptes ne peut pas, en principe, être engagée en raison d'une révélation de faits délictueux sauf si cette révélation est manifestement abusive et démontre la volonté de nuire de son auteur. En revanche, elle peut l'être pour non-révélation.

Il faut par ailleurs avoir à l'esprit que certaines juridictions tendent désormais à requalifier le délit de non-révélation en délit de complicité de l'infraction principale dès lors que la non-révélation a eu pour effet de faire perdurer une situation délictueuse dans l'entité contrôlée. Cette jurisprudence a été établie par la chambre criminelle de la Cour de cassation dans deux arrêts de principe (Cass. crim. 31-1-2007, aff. Tutrice : Bull. CNCC n° 146-2007 p. 313 ; Cass. crim. 31-1-2007 n° 06-81.258, aff. Lesage : RJDA 5/07 n° 498, Bull. CNCC n° 146-2007 p. 328, Ph. Merle).

61785 **Responsabilité liée à la révélation** L'article L 823-12, al. 2 du Code de commerce précise que les commissaires aux comptes révèlent « sans que leur responsabilité puisse être engagée par cette révélation ». La question se pose de savoir si la responsabilité du commissaire aux comptes peut être mise en cause s'il est avéré que le fait révélé n'est pas de nature délictueuse. Il est admis par la doctrine et la jurisprudence que le commissaire aux comptes ne saurait être poursuivi pour dénonciation calomnieuse en cas de classement sans suite, de relaxe ou de non-lieu. De la même façon, le commissaire aux comptes ne saurait encourir une responsabilité civile en l'absence de mauvaise foi et d'intention de nuire (TGI Rouen 25-6-2007 : Bull. CNCC n° 147 p. 132). En se soumettant à l'obligation légale de révélation, le commissaire aux comptes ne commet donc **aucune faute** (voir également en ce sens le jugement du TGI de Nanterre, condamnant pour procédure abusive le dirigeant qui avait engagé une action en responsabilité civile contre le commissaire aux comptes ayant procédé à une révélation de faits délictueux, TGI Nanterre 16-2-2005 : Bull. CNCC n° 138-2005 p. 277).

Ainsi, « même si les faits révélés par le commissaire aux comptes ont été suivis d'une ordonnance de non-lieu, le commissaire aux comptes ne saurait être poursuivi du chef de dénonciation calomnieuse, sous peine, pour l'auteur de cette poursuite, de se voir condamné lui-même pour dénonciation calomnieuse » (CA Lyon 22-11-1977 : Bull. CNCC n° 27-1977 p. 351). Doit également être relaxé « du chef de dénonciation calomnieuse le commissaire aux comptes qui s'est soumis à l'obligation légale qui était la sienne en se bornant à faire connaître, sans les déformer ni les interpréter, des faits susceptibles d'une coloration pénale à l'autorité qui paraissait investie du pouvoir de les poursuivre » (CA Paris 26-6-1984 : Bull. CNCC n° 55-1984 p. 342).

61788 Par **exception**, le principe général d'exonération de responsabilité en cas de révélation de faits délictueux ne s'applique pas lorsqu'il est établi que le commissaire aux comptes s'est rendu coupable de dol ou a fait preuve de mauvaise foi en révélant.

Pour la jurisprudence « une dénonciation ne saurait être qualifiée de calomnieuse que si elle est spontanée et faite de mauvaise foi ». Est donc relaxé de ce chef le commissaire aux comptes qui a pris le temps de la réflexion avant de révéler (TGI Boulogne-sur-Mer 19-4-1989 : Bull. CNCC n° 76-1989 p. 475). En revanche, a été relevé de ses fonctions un commissaire aux comptes qui avait procédé à dix-neuf révélations sur un même sujet (difficultés éprouvées dans l'accomplissement de sa mission) que le procureur de la République avait classées sans suite. Dès lors que la mauvaise foi du commissaire aux comptes qui s'était retranché derrière ses prérogatives légales peut être caractérisée, sa relève de fonction est justifiée (Cass. com. 14-11-1995 : Bull. CNCC n° 101-1996 p. 99).

La Cour de cassation a récemment affirmé que « si la révélation au procureur de la République, par un commissaire aux comptes, de faits délictueux dont il a connaissance, ne peut engager sa responsabilité, cette immunité cède lorsque la révélation procède d'une **intention malveillante** » (Cass. com. 15-3-2017 n° 14-26.970 : BRDA 7/17 n° 1, Bull. CNCC n° 186-2017 note Ph. Merle).

61800 **Responsabilité en cas de non-révélation** La responsabilité pénale peut être engagée contre le commissaire aux comptes qui n'aura pas révélé le fait délictueux dont

© Éd. Francis Lefebvre **INTERVENTIONS CONSÉCUTIVES À DES FAITS SURVENANT DANS L'ENTITÉ**

il a connaissance, à condition, notamment, que l'action publique ne soit pas prescrite à l'issue du délai de six ans qui, en vertu des dispositions des articles 7 et 8 du Code de procédure pénale, commence à courir à compter de la commission du délit.

La loi 2017-242 du 27 février 2017 portant réforme de la prescription en matière pénale a modifié les articles 7 et 8 du Code de procédure pénale et a allongé le délai de prescription de l'action publique de trois à six ans.

61803

Compte tenu de ses obligations et de la vigilance dont il doit faire preuve, on peut s'interroger sur la nature de la responsabilité du commissaire aux comptes lorsqu'il n'a pu constater des irrégularités présentant un caractère délictueux du fait d'une insuffisance de diligences. S'il ne fait alors aucun doute que sa responsabilité civile peut être engagée, il en va autrement pour sa responsabilité pénale puisque le délit ne peut en principe être constitué lorsque le commissaire aux comptes n'avait pas connaissance de l'infraction (voir n° 13718).

61805

Pour se prononcer, les magistrats recherchent la **preuve** de la connaissance par le commissaire aux comptes du caractère délictueux du fait pour déterminer s'il a eu l'intention de ne pas révéler. Si la **mauvaise foi** du commissaire aux comptes est établie, les tribunaux sanctionnent la non-révélation de faits délictueux (T. corr. Cherbourg 18-1-1983 : Bull. CNCC n° 51-1983 p. 348).

En revanche, si aucun élément ne permet d'établir directement cette mauvaise foi, les tribunaux recherchent parmi les diligences réalisées par le commissaire aux comptes s'ils peuvent obtenir la preuve que les diligences accomplies lui ont permis ou **auraient dû lui permettre** de connaître le fait délictueux.

La chambre criminelle de la Cour de cassation n'hésite pas à condamner le commissaire aux comptes qui, en certifiant en connaissance de cause et sur plusieurs exercices les comptes, a sciemment fourni au dirigeant, auteur principal de l'escroquerie, les moyens lui permettant de réitérer le délit. Au surplus, elle a adopté une conception très large de la notion d'élément intentionnel justifiant une condamnation pour non-révélation de fait délictueux et complicité d'escroquerie. La Cour de cassation a ainsi rejeté le pourvoi formé contre un arrêt de cour d'appel qui avait condamné un commissaire aux comptes dans de telles circonstances en déduisant l'élément intentionnel d'un défaut manifeste de diligences (Cass. crim. 31-1-2007, 1e esp. : Bull. CNCC n° 146-2007 p. 313, Ph. Merle ; Cass. crim. 18-5-2011). De même, en certifiant en connaissance de cause, durant plusieurs exercices, des comptes inexacts, comportant des écritures dont le caractère fictif ne pouvait échapper à un professionnel de la comptabilité, le commissaire aux comptes a sciemment fourni à l'auteur principal les moyens de commettre les escroqueries poursuivies et doit être condamné comme complice (Cass. crim. 31-1-2007, 2e esp.). L'instauration par la Haute Juridiction de cette présomption, très difficile à renverser, est unanimement condamnée par la doctrine (voir la note de Ph. Merle sous les arrêts précités).

Cependant, certaines décisions s'opposent à cette jurisprudence : la connaissance du fait délictueux « ne peut être présumée ni se déduire d'une négligence dans le contrôle des comptes, quelle que soit par ailleurs l'ancienneté des fonctions du commissaire aux comptes dans l'entreprise [...]. La mission du commissaire aux comptes n'est pas une mission d'enquête mais de vérification de la sincérité et de la régularité des comptes qui lui sont présentés » (CA Poitiers, chambre de l'instruction 15-1-2008 : Bull. CNCC n° 149-2009 p. 94). D'autres retiennent qu'en l'absence de volonté coupable de dissimulation, le constat de négligence dans l'exécution de la mission conduit à la relaxe du délit de non-révélation de faits délictueux mais peut être sanctionné au plan disciplinaire (T. corr. Bordeaux 19-11-1986 : Bull. CNCC n° 68-1987 p. 466).

61808

En conclusion, la responsabilité pénale du commissaire aux comptes peut être engagée dès lors que les éléments constitutifs du délit sont réunis :
- existence d'une infraction ;
- absence de révélation de faits délictueux ;
- volonté délibérée de ne pas révéler.

Toutefois, la constitution de partie civile dans une action pénale pour non-révélation de faits délictueux n'est ouverte qu'à une société contrôlée ou à ses associés. Ainsi, un créancier de la société ne peut-il pas se constituer partie civile dans une action pénale à l'encontre d'un commissaire aux comptes pour non-révélation de faits délictueux (Cass. crim. 8-03-2006 : Bull. Joly 2006, p. 1041).

1391

INTERVENTIONS CONSÉCUTIVES À DES FAITS SURVENANT DANS L'ENTITÉ © Éd. Francis Lefebvre

61810 **Sanction encourue** La non-révélation de faits délictueux est sanctionnée par une **peine d'emprisonnement** de cinq ans et une **amende** de 75 000 € (C. com. art. L 820-7). Depuis la loi 2004-204 du 9 mars 2004 (dite loi « Perben II »), la responsabilité pénale des sociétés de commissaires aux comptes peut être retenue pour cette infraction (C. pén. art. 121-2). L'amende maximale encourue pour les personnes morales est de 375 000 € (C. pén. art. 131-38).

B. Modalités de la révélation

Auteur de la révélation

61890 C'est le commissaire aux comptes **titulaire** du mandat qui est amené à révéler les faits délictueux au procureur de la République. Tant que le commissaire aux comptes suppléant n'a pas accédé aux fonctions de titulaire, il ne peut procéder à cette révélation en ses lieu et place. Le commissaire aux comptes titulaire procède à la révélation soit en son nom personnel (commissaire aux comptes personne physique), soit au titre d'associé d'une société de commissaires aux comptes (Doctrine professionnelle de la CNCC : ancienne norme CNCC 6-701, § 21).

61895 **Société de commissaires aux comptes** Le représentant légal de la société et l'associé cosignataire sont amenés à révéler. Selon l'organisation et la taille de la société, la démarche des deux signataires est conjointe (courrier commun) ou bien l'un d'entre eux révèle au nom de son confrère signataire du rapport.

Les rapports étant cosignés par le représentant légal de la société et l'associé responsable technique, la responsabilité pénale de ces deux professionnels peut être engagée en cas de non-révélation de faits délictueux. La responsabilité du représentant légal ne peut cependant à notre avis être retenue en cas de méconnaissance de l'infraction.

Depuis le 31 décembre 2005, en application de la « loi Perben II » du 9 mars 2004 qui a modifié l'article 121-2 du Code pénal et étendu le champ d'application de la responsabilité pénale des personnes morales, la responsabilité de la société de commissaires aux comptes peut être également recherchée (voir n° 14015).

61900 **Cocommissaires aux comptes** Lorsque les cocommissaires sont d'accord pour considérer que la procédure de révélation doit être engagée, la démarche est conjointe, ou bien l'un des cocommissaires aux comptes la met en œuvre au nom du collège des commissaires. En cas de désaccord des commissaires aux comptes sur l'analyse des faits, ces derniers peuvent consulter la commission de liaison, le procureur ou le magistrat référent. Si le désaccord persiste, celui qui procède à la révélation au procureur de la République lui fera part du désaccord existant au sein du collège (en ce sens, NEP 100 relative à l'audit des comptes réalisé par plusieurs commissaires aux comptes, § 13). Bien évidemment, le commissaire aux comptes aura préalablement informé son confrère de sa démarche (en ce sens, Bull. CNCC n° 52-1983 p. 518).

La CNCC considère que lorsque l'un des cocommissaires est en situation d'incompatibilité entraînant la nullité des délibérations de la société contrôlée, son confrère doit révéler cette situation au procureur de la République. À défaut, sa propre responsabilité civile et pénale pourrait être engagée (Bull. CNCC n° 101-1996 p. 133). Les heures de travail consacrées à la recherche d'incompatibilité frappant une société nommée comme second commissaire aux comptes n'ouvrent pas pour autant droit à rémunération dans la mesure où elles n'entrent pas dans le cadre de la mission (Cass. com. 18-5-2005 : Bull. CNCC n° 140-2005 p. 649, Ph. Merle).

61905 **Révélation en cas d'identification de faits délictueux dans l'ensemble consolidé** Dans l'hypothèse où le commissaire aux comptes d'une entité consolidante, soit dans le cadre de l'audit des comptes, soit lors de la réalisation de prestations de services autres que la certification des comptes, identifie des faits susceptibles de recevoir une qualification pénale, il lui appartient de les révéler selon les modalités définies par la BPP (voir n° 61660). Lorsqu'en application de l'article L 822-15 du Code de commerce le commissaire aux comptes est délié de son secret professionnel vis-à-vis du commissaire aux comptes de l'entité dans laquelle les faits ont été commis (commissaire aux comptes de l'entité consolidante ou commissaire aux comptes de l'entité consolidée), il peut échanger avec lui sur ses constatations. La concertation des commissaires aux

© Éd. Francis Lefebvre — **INTERVENTIONS CONSÉCUTIVES À DES FAITS SURVENANT DANS L'ENTITÉ**

comptes de l'entité consolidante et de l'entité consolidée pourra donner lieu à une révélation commune des faits délictueux au parquet.

Collaborateurs et experts N'étant pas personnellement titulaires du mandat, les collaborateurs et experts n'ont pas à procéder à une révélation de faits délictueux. En revanche, s'ils rencontrent, dans l'accomplissement de leur mission, des faits délictueux, ils doivent les porter à la connaissance du commissaire aux comptes titulaire qui a alors l'obligation de les révéler.

61910

Déclenchement de la procédure

Contrôle du caractère répréhensible des faits Il faut que les éléments constitutifs d'une infraction paraissent réunis pour que le commissaire aux comptes procède à une révélation.

61920

Le commissaire aux comptes n'a pas à révéler de simples soupçons. Il lui appartient, en revanche, dès lors qu'il dispose d'éléments avérés lui permettant de soupçonner l'existence de faits délictueux, de mettre en œuvre les diligences nécessaires afin de vérifier l'existence éventuelle de faits susceptibles de recevoir une qualification pénale. La révélation se distingue, sur ce point, de la déclaration de soupçon en matière de blanchiment de capitaux ou de financement du terrorisme.

Sur l'articulation de l'obligation de déclaration auprès de Tracfin avec l'obligation de révélation des délits de blanchiment au procureur de la République, voir n° 62176.

Le commissaire aux comptes s'assure par ailleurs que les faits délictueux constatés doivent donner lieu à révélation (voir n°s 61635 s.).

Le commissaire aux comptes doit, avant de se rapprocher du procureur de la République, obtenir l'assurance que les faits constatés sont répréhensibles et entrent bien dans le champ de la révélation. En revanche, il ne relève pas de la compétence du commissaire aux comptes de qualifier pénalement les faits. En cas de doute, il a tout intérêt à le lever en prenant avec le parquet un contact préalable à la démarche officielle de révélation.

Secret professionnel Le secret professionnel du commissaire aux comptes est levé dans le cadre de la révélation des faits délictueux (C. com. art. L 822-15, al. 1). Toutefois, la levée du secret est limitée à la communication des informations relatives aux faits délictueux dont le commissaire aux comptes a eu connaissance (voir n° 5672).

61925

Date de mise en œuvre L'article L 823-12, al. 2 du Code de commerce ne comporte aucun délai pour procéder à la révélation. Les auteurs s'accordent pour reconnaître un délai raisonnable au commissaire aux comptes afin que celui-ci procède, si besoin, aux vérifications nécessaires notamment lorsqu'il est confronté à des situations complexes. L'ancienne norme CNCC 6-701, § 22 précisait : « Le commissaire aux comptes qui a connaissance d'un fait délictueux procède à une révélation sinon immédiate, du moins dans un délai le plus rapide possible. »

61930

La révélation au procureur de la République doit être aussi proche que possible de la connaissance du caractère délictueux des faits. Les commissaires aux comptes doivent disposer d'un **délai raisonnable** pour réagir et décider s'il y a lieu de procéder à une révélation auprès du procureur de la République. Ce délai dépend en réalité de la complexité des faits à déceler.

61932

Dans la pratique, les tribunaux apprécient au **cas par cas** le caractère raisonnable du délai dans lequel le commissaire aux comptes a révélé ou aurait dû révéler (TGI Laval 13-10-1978 : Bull. CNCC n° 32-1978 p. 457 ; CA Besançon 24-5-1984 : Bull. CNCC n° 56-1984 p. 480). Toutefois, la chambre criminelle de la Cour de cassation a remis en cause cette tendance en affirmant que le commissaire aux comptes a l'obligation de révéler au procureur de la République, « dès qu'il en a connaissance dans le cadre de sa mission », les irrégularités (Cass. crim. 15-9-1999 : Bull. CNCC n° 117-2000 p. 64). Par cet arrêt, les magistrats semblent vouloir être informés des irrégularités sans laisser le temps aux commissaires aux comptes de s'enquérir auprès des dirigeants de leur volonté délibérée ou non d'enfreindre la loi. Toutefois, ce principe ne semble pas avoir été mis en œuvre jusqu'à ce jour par les juridictions du fond (voir, par exemple, en sens contraire, CA Caen 14-4-2000 précité). Un jugement du tribunal correctionnel de Valence a admis qu'au regard de la gravité des révélations faites au procureur de la République, de la nécessité de procéder à un minimum de vérifications et des obstacles dressés par la société, il était raisonnable qu'un mois se soit écoulé entre les déclarations d'un directeur général se reconnaissant responsable de malversations et impliquant d'autres membres de la société dans des pratiques similaires et la prise de rendez-vous chez le procureur de la République (TGI Valence, ch. corr., 1-2-2011 ; voir également note Ph. Merle, Bull. CNCC n° 161-2011 p. 82).

1393

INTERVENTIONS CONSÉCUTIVES À DES FAITS SURVENANT DANS L'ENTITÉ © Éd. Francis Lefebvre

Lorsque la révélation intervient plusieurs mois, voire plusieurs années, après la commission de l'infraction, le commissaire aux comptes peut être poursuivi pour révélation tardive (Note d'information n° 23, § 5.21 Le délai de révélation) et aussi pour complicité (voir n° 61805 ; Cass. crim. 31-1-2007, 2e esp. préc.). Ce deuxième chef de condamnation peut avoir des conséquences très préjudiciables pour le commissaire aux comptes sur le terrain civil.

61940 **Cas particulier des délits qui se poursuivent dans le temps** Dès lors qu'une infraction a été révélée, elle n'a pas à faire l'objet d'une nouvelle procédure de révélation, sauf commission d'une nouvelle infraction.

La mise en œuvre d'une nouvelle procédure ne doit évidemment pas être confondue avec les compléments d'information donnés dans le cadre de la révélation, qui peuvent être demandés au commissaire aux comptes par le procureur. On observera sur ce point que les demandes du parquet ne peuvent avoir pour effet d'exiger du commissaire aux comptes la mise en œuvre d'investigations complémentaires : la mission du commissaire aux comptes se limite à la révélation, et celui-ci n'a pas à se transformer en auxiliaire de justice en accédant à la demande du magistrat. Voir en ce sens un arrêt de la cour d'appel de Paris qui a relaxé du délit de non-révélation de faits délictueux un commissaire aux comptes qui avait refusé de fournir au procureur de la République des informations sur la situation financière de la société, en dehors de toute procédure de révélation (CA Paris 22-2-1988 : Bull. CNCC n° 71-1988 p. 308).

Néanmoins, si le délit réparé ou jugé est renouvelé ultérieurement, le commissaire aux comptes est tenu de faire une nouvelle révélation (Note d'information n° 23, § 5.22 – Réitération de la révélation).

Tel serait le cas par exemple pour un compte courant débiteur qui a fait l'objet d'une révélation, lorsque sa position s'aggrave et qu'il n'a pas fait l'objet d'un remboursement d'un exercice à l'autre.

61942 De même, dès lors que le **confrère précédent** a révélé le fait délictueux, le commissaire aux comptes en fonction peut légitimement considérer qu'il n'a pas à révéler le même fait puisque, grâce à l'intervention de celui-ci, une information judiciaire a été ouverte (en ce sens, CA Lyon 7e ch., 2-2-2000 : Bull. CNCC n° 117-2000 p. 69). En revanche, si le délit est à nouveau perpétré pendant le mandat du commissaire aux comptes en fonctions, il devra le révéler au procureur de la République.

61945 **Cas particulier de la cessation des fonctions** Le commissaire aux comptes doit procéder à la révélation des faits délictueux dont il a connaissance jusqu'à l'expiration de ses fonctions, que ce soit par démission (Bull. CNCC n° 41-1981 p. 96) ou par l'arrivée du terme de son mandat.

Si le commissaire aux comptes démissionnaire ou non renouvelé n'a pas procédé à cette révélation, il appartient à son successeur de remplir cette obligation dans la mesure où les caractéristiques du fait délictueux sont réunies, après s'être entretenu avec son prédécesseur sur les raisons de la non-révélation (voir, en ce sens, NI. n° 23 p. 78).

Formalisation de la procédure

61960 **Entretien préalable** Il est souvent souhaitable qu'avant de formaliser sa démarche de révélation le commissaire aux comptes sollicite un entretien avec le **magistrat référent**, le **procureur de la République** ou l'un de ses **substituts**.

Dans l'hypothèse où le procureur de la République, son substitut ou le magistrat référent estime qu'il n'est pas nécessaire de révéler les faits qui lui ont été rapportés, il est fortement conseillé au commissaire aux comptes d'adresser un courrier au magistrat pour lui rappeler, d'une part, les faits qui ont motivé la demande d'entretien et, d'autre part, que le parquet a estimé inutile toute révélation écrite. Le commissaire aux comptes prendra soin de conserver une copie de cette lettre dans son dossier de travail.

Dans le cas de dossiers complexes, le commissaire aux comptes pourra également recueillir l'avis de la commission de liaison s'il en a été institué une (voir n° 61696).

61965 **Révélation écrite** Le commissaire aux comptes formalise sa révélation par un écrit remis en main propre au procureur de la République contre récépissé ou la lui adresse par lettre recommandée avec accusé de réception, y compris si cette révélation a été précédée par un entretien, de façon que le commissaire aux comptes ait une preuve de la mise en œuvre de son obligation de révélation dans l'éventualité d'une action en responsabilité engagée ultérieurement à son encontre.

© Éd. Francis Lefebvre   INTERVENTIONS CONSÉCUTIVES À DES FAITS SURVENANT DANS L'ENTITÉ ▮

Le courrier de révélation fait état :
– le cas échéant, de la teneur de l'entretien préalable ;
– des faits délictueux constatés, exposés le plus clairement possible, sans toutefois les qualifier.
Des documents justificatifs peuvent être joints au courrier de révélation.

Documentation de la procédure   Outre une copie du courrier de révélation, le **61970**
commissaire aux comptes consigne dans son dossier de travail :
– le cas échéant, le contenu de son entretien préalable avec le procureur de la République ou l'un de ses substituts ;
– une feuille de travail mentionnant les faits susceptibles de recevoir une qualification pénale dont il a eu connaissance au cours de sa mission, les analyses et investigations effectuées, ses échanges avec le procureur, le magistrat référent ou la commission de liaison, la révélation faite ou, le cas échéant, les raisons pour lesquelles celle-ci a été écartée, par exemple l'absence de caractère délibéré (BPP § 7.1).

III. Conséquences de la révélation

La révélation des faits délictueux doit avoir pour conséquence une communication appro- **62000**
priée du commissaire aux comptes envers les dirigeants et les associés de l'entité concernée. Le commissaire aux comptes doit également, en tant que de besoin, tirer la
conséquence de sa démarche en matière d'alerte et de certification des comptes.

A. Communications liées à la révélation

Information des dirigeants

Communication aux organes de direction   L'article L 823-16, 3° du Code de **62005**
commerce impose au commissaire aux comptes de porter à la connaissance du conseil
d'administration, du directoire ou du conseil de surveillance « les irrégularités ou inexactitudes qu'il aurait découvertes ».
Le commissaire aux comptes n'a pas l'obligation de préciser que ce fait délictueux a
été porté, le cas échéant, à la connaissance du procureur de la République. En cas de
communication écrite avec le dirigeant de l'entité, le commissaire aux comptes demande
que son courrier soit transmis au conseil d'administration ou au directoire.

> La communication du commissaire aux comptes doit respecter les modalités prescrites par la NEP 260
> « Communication avec les organes mentionnés à l'article L 823-16 du Code de commerce ».

Contenu   Dans son rapport ou courrier, le commissaire aux comptes informe le diri- **62008**
geant que certains faits lui paraissent susceptibles de recevoir une qualification pénale.
Le cas échéant, il peut opposer le secret professionnel au dirigeant désirant obtenir une
copie de son courrier de révélation (Bull. CNCC n° 137-2005 p. 122).

> Rappelons néanmoins qu'il a été jugé que « le fait pour la société X d'avoir procédé à cette information
> (de l'organe de direction) au moyen d'une copie de son courrier au parquet ne peut être considéré
> comme un manquement au secret professionnel » (TGI Paris 6-12-1999 : Bull. CNCC n° 118-2000 p. 210).

Communication aux membres de l'organe délibérant

L'article L 823-12, al. 1 du Code de commerce prévoit que « les commissaires aux comp- **62010**
tes signalent à la plus prochaine assemblée générale les irrégularités et inexactitudes
relevées par eux au cours de l'accomplissement de leur mission ».

> Sur les modalités de cette communication, voir n° 61312.
> Voir également n° 61270 concernant les spécificités introduites par l'ordonnance 2016-315 du 17 mars
> 2016 pour les EIP.

L'interprétation littérale du texte conduit à ne donner à l'assemblée générale qu'une
information sur la nature de l'irrégularité relevée et non sur son caractère délictueux ou
la révélation effectuée.

1395

INTERVENTIONS CONSÉCUTIVES À DES FAITS SURVENANT DANS L'ENTITÉ © Éd. Francis Lefebvre

En application de l'article L 621-22 du Code monétaire et financier, les commissaires aux comptes de sociétés dont les titres financiers sont admis aux négociations sur un marché réglementé ou sont offerts au public sur un système multilatéral de négociation soumis aux dispositions du II de l'article L 433-3 (Euronext Growth) transmettent à l'**Autorité des marchés financiers** les conclusions du rapport qu'ils envisagent de présenter à l'assemblée générale en application de l'article L 823-12.

L'article L 612-44 du Code impose aux commissaires aux comptes de signaler dans les meilleurs délais à l'**Autorité de contrôle prudentiel et de résolution** et, le cas échéant, à la Banque centrale européenne, tout fait ou décision concernant les personnes soumises à son contrôle dont ils ont eu connaissance dans l'exercice de leur mission, de nature à constituer une violation des dispositions législatives ou réglementaires qui leur sont applicables et susceptibles d'avoir des effets significatifs sur la situation financière, la solvabilité, le résultat ou le patrimoine.

62013   Les motifs conduisant à la **limitation de l'information** communiquée à l'assemblée générale s'expliquent par les raisons suivantes :
– l'article L 823-12, al. 1 du Code de commerce ne contient aucune disposition imposant au commissaire aux comptes de mentionner le caractère délictueux des faits lors de la communication de l'irrégularité ;
– le procureur de la République détient seul le pouvoir de qualifier les faits et d'apprécier la suite à leur donner (classement ou poursuite) ;
– l'entité n'a pas à supporter les conséquences d'une saisine rendue publique qui serait classée ultérieurement sans suite par le procureur.

B. Liens avec les autres composantes de la mission

Révélation de faits délictueux et procédure d'alerte

62040   **Distinction**   Alerte et révélation de faits délictueux constituent **deux procédures spécifiques** obéissant à des dispositions légales bien distinctes. La procédure d'alerte n'est pas automatiquement déclenchée par la commission d'un fait délictueux par un dirigeant de l'entité contrôlée et la découverte d'un fait délictueux n'entraîne pas systématiquement le déclenchement de la procédure d'alerte.

Les procédures d'alerte et de révélation ont des sources différentes. Elles ne sont pas déclenchées par les mêmes faits, et n'entraînent pas, le cas échéant, le même type de responsabilité.

62045   La procédure d'alerte est régie par les articles L 234-1 et R 234-1 et suivants ainsi que par les articles L 612-3 et R 612-4 du Code de commerce, tandis que la révélation des faits délictueux est prévue par l'article L 823-12, al. 2 du Code de commerce.

62050   Le **déclenchement de la procédure d'alerte** résulte de « faits de nature à compromettre la continuité de l'exploitation », alors que la **révélation** est provoquée par tout fait délictueux prévu par les textes de base régissant la personne ou l'entité contrôlée et par tout autre texte dès lors qu'il a une incidence sur les comptes annuels ; le concept d'incidence sur les comptes annuels est plus large que celui de fait de nature à compromettre la continuité de l'exploitation.

Exemple : la soustraction frauduleuse au paiement de l'impôt peut avoir une incidence significative sur les comptes annuels sans pour autant mettre en cause la continuité d'exploitation de l'entité.

62055   Le **défaut de révélation des faits délictueux** dont le commissaire aux comptes a eu connaissance engage sa responsabilité pénale, mais également sa responsabilité civile et disciplinaire. À l'inverse, seule la responsabilité civile du commissaire aux comptes pourrait éventuellement être recherchée dans le cas où il n'aurait **pas déclenché la procédure d'alerte** alors qu'elle aurait dû l'être.

62058   **Autonomie des procédures**   Compte tenu des différences exposées entre les procédures et du caractère distinct de leur finalité, le déclenchement de la procédure d'alerte ne peut avoir pour effet de conduire le commissaire aux comptes à attirer l'attention du procureur de la République sur la situation économique de l'entité contrôlée (voir, sur cette question, Bull. CNCC n° 90-1993 p. 261).

Cependant, la pratique montre que souvent des faits délictueux sont commis pour tenter de dissimuler la situation financière difficile de la société. Le commissaire aux comptes pourra utilement se demander si la société ne se trouve pas dans une telle situation et s'il ne conviendrait pas de déclencher la procédure d'alerte.

Révélation et mission de certification

Incidence de la révélation sur l'émission de l'opinion

« Les motifs conduisant un commissaire aux comptes à révéler un fait délictueux n'entraînent pas nécessairement une réserve, une impossibilité de certifier ou un refus de certifier » ; de même, les motifs entraînant un refus de certifier ou une impossibilité de certifier, notamment pour limitation, ne conduisent pas nécessairement à une révélation de faits délictueux (BPP § 7.4 et CNCC NI. I – « Les rapports du commissaire aux comptes sur les comptes annuels et consolidés » – décembre 2018 p. 93). En revanche, le commissaire aux comptes ne peut entièrement dissocier ces deux aspects de sa mission.

62070

Lorsqu'il procède à une révélation, le commissaire aux comptes recherche si les éléments constitutifs de l'infraction ont une **incidence sur la présentation des comptes** et remettent en cause leur régularité, leur sincérité et l'image fidèle du résultat des opérations de l'exercice écoulé ainsi que du patrimoine et de la situation financière de l'entité contrôlée.

62075

> **Exemple** : l'omission dans le rapport de gestion du conseil d'administration ou du directoire de la mention du franchissement des seuils en cas de prise de participation ou de détention du capital social au-delà de ces seuils est sanctionnée pénalement respectivement par les articles L 247-1, I, 1° et L 247-2, III du Code de commerce. L'omission de cette information étant sans incidence sur la sincérité et l'image fidèle des comptes annuels, le commissaire aux comptes peut certifier réguliers et sincères les comptes annuels tout en mentionnant l'irrégularité dans la partie de son rapport sur les comptes annuels relative aux vérifications spécifiques. En revanche, la majoration frauduleuse d'un apport entraînant le caractère fictif du capital social remettra en cause la régularité et la sincérité des comptes annuels, et conduira le commissaire aux comptes à en tirer la conséquence appropriée sur sa mission de certification.

Incidence de l'opinion sur la révélation

En sens inverse, le commissaire aux comptes doit tirer la conséquence sur son obligation de révélation des diligences mises en œuvre sur les comptes annuels, dès lors que la régularité et la sincérité des comptes soumis à sa certification et à l'approbation de l'assemblée générale sont susceptibles de donner lieu à constitution du **délit de présentation ou de publication de comptes ne donnant pas une image fidèle**.

62080

> On rappelle que ce délit est puni de cinq ans d'emprisonnement et de 375 000 € d'amende (C. com. art. L 242-6, 2°) et qu'il est constitué par les éléments suivants :
> – condition préalable : infidélité des comptes annuels ;
> – élément matériel : présentation ou publication de comptes annuels infidèles ;
> – éléments moraux : présentation ou publication volontaire et dissimulation de la véritable situation de la société.

La mise en œuvre de la procédure de révélation est fonction de l'opinion émise par le commissaire aux comptes (Bull. CNCC n° 85-1992 p. 163).

62085

1. En cas de **certification sans réserve**, le commissaire aux comptes ne procède à aucune révélation de faits délictueux puisque la condition préalable n'existe pas.

2. En cas de **certification avec réserve**, la condition préalable n'existe pas, que l'objet en soit un désaccord (la gravité n'est pas suffisante pour remettre en cause l'image fidèle), et a fortiori une limitation liée à des événements extérieurs ou aux agissements des dirigeants.

> Selon la nature des limitations rencontrées, le commissaire aux comptes pourra toutefois être amené à révéler le délit d'entrave sanctionné par l'article L 820-4, 2° du Code de commerce.

3. En cas de **refus de certification**, celui-ci est la preuve de l'existence de l'élément matériel du délit : les faits constatés sont tels que les comptes annuels ne sont pas réguliers et sincères et ne donnent pas une image fidèle de la situation financière de la société. Dès lors, il y a bien communication des comptes infidèles à l'assemblée générale des actionnaires ou mise à disposition des actionnaires ou encore envoi à ceux-ci des comptes infidèles avant l'assemblée.

4. En cas d'une **impossibilité de certifier pour limitation**, lorsque les limitations sont volontairement **causées par les dirigeants** et que celles-ci ne sont pas levées malgré « le rapport prévu à l'article L 823-16 » du Code de commerce, le commissaire aux comptes

INTERVENTIONS CONSÉCUTIVES À DES FAITS SURVENANT DANS L'ENTITÉ © Éd. Francis Lefebvre

aura la conviction suffisante qu'un tel comportement des dirigeants est susceptible de relever d'une intention délibérée ; dès lors l'obligation de révéler s'imposera.

En revanche, « les motifs entraînant une impossibilité de certifier dans le cas de limitation, lorsqu'elle n'est pas le fait de l'entité ainsi que dans le cas d'incertitudes multiples, ne conduisent pas nécessairement à une révélation de faits délictueux » (CNCC NI. I – « Les rapports du commissaire aux comptes sur les comptes annuels et consolidés » – décembre 2018 p.107).

S'agissant de limitations **liées à des événements extérieurs** (destruction de pièces justificatives, incendie...) auxquels les dirigeants ne peuvent remédier, l'élément moral n'existe pas. Il n'y aura donc pas lieu à révélation au procureur de la République.

En cas de limitations liées à des événements extérieurs auxquels les dirigeants peuvent remédier, le commissaire aux comptes pourra demander aux dirigeants de reporter l'assemblée générale pour être à même d'accomplir sa mission. S'il se heurte à un refus, il s'interrogera sur l'intention des dirigeants de commettre le délit de présentation de comptes infidèles et procédera, le cas échéant, à une révélation auprès du procureur de la République.

SECTION 3

Blanchiment des capitaux et financement du terrorisme

62090
1
Cette section vise **toute mission exercée par le commissaire aux comptes ou toute prestation fournie** par ce dernier pour un client dans le cadre d'une relation d'affaires ou pour un client occasionnel, qu'il réalise ou non la mission de contrôle légal de la personne ou de l'entité pour laquelle il intervient et qu'il exerce en nom propre ou au sein d'une société (voir n° 62092).

Les obligations en matière de lutte contre le blanchiment des capitaux et le financement du terrorisme s'appliquent donc :
– pour la mission de contrôle légal et, le cas échéant, les autres missions confiées par la loi ou le règlement au commissaire aux comptes qui exerce la mission de contrôle légal de la personne ou de l'entité ; et
– pour les autres missions légales ou réglementaires réalisées par un commissaire aux comptes pour une personne ou une entité pour laquelle il n'exerce pas la mission de contrôle légal. Il peut s'agir, par exemple, d'une mission de commissariat aux apports, à la fusion ou à la transformation ; et
– pour les prestations qu'un commissaire aux comptes fournit à une personne ou une entité pour laquelle il exerce ou non la mission de contrôle légal. Il peut s'agir, par exemple, d'attester tous les mois d'un élément de comptes à la demande du client pour les besoins d'un tiers, d'un audit financier contractuel ou encore d'une revue de conformité à un référentiel.

En outre, certaines obligations s'imposent même en l'absence de faits survenant dans l'entité (voir nᵒˢ 62095 s.).

62090
2
Le blanchiment de capitaux peut être défini comme l'utilisation du système économique et financier aux fins de jouir légalement du produit d'activités illicites. Il peut être en lien, mais pas nécessairement, avec des systèmes sophistiqués destinés à assurer le financement d'activités terroristes.

Selon des estimations récentes de l'ONU, le produit des activités de blanchiment représente entre 2 000 et 4 000 milliards de dollars dans le monde, soit entre 2,5 et 5 % du PIB mondial. Selon différentes études menées par la Cour des comptes, les activités de blanchiment en France sont évaluées entre 60 et 150 milliards d'euros selon que l'on y intègre ou non les opérations de fraude fiscale et celles de blanchiment de ces fraudes. Les techniques utilisées en matière de blanchiment de capitaux et de financement du terrorisme sont multiformes et en constante évolution. Elles s'inscrivent de plus en plus dans une logique multiscalaire, les flux en cause pouvant être d'origine locale ou également multinationale, et s'appuient de plus en plus sur les possibilités offertes par la dématérialisation des transactions et les monnaies virtuelles. Ces agissements peuvent être le fait aussi bien de personnes souhaitant s'abstraire du respect de la législation fiscale de leur pays de résidence que de groupes criminels d'envergure variable allant du trafiquant local à des réseaux criminels d'envergure internationale bénéficiant d'expertises

INTERVENTIONS CONSÉCUTIVES À DES FAITS SURVENANT DANS L'ENTITÉ

techniques élevées dans l'ensemble des domaines nécessaires à la mise en œuvre des opérations de blanchiment.

Dans ce contexte, la lutte contre le blanchiment des capitaux passe par la mise en œuvre de dispositifs préventifs et répressifs ayant pour objectif de connaître les bénéficiaires économiques réels des fonds blanchis. Afin de répondre à cet enjeu, les pouvoirs publics ont progressivement mis en place un cadre juridique renforcé et évolutif, privilégiant une approche par les risques, centré sur la mise en place de **mesures de détections** fondées notamment sur la mise à la charge de différents intervenants professionnels d'une obligation de vigilance et d'une obligation de déclaration auprès d'un service spécialisé dépendant du ministère des finances de tout soupçon de blanchiment de capitaux ou de financement du terrorisme.

Sur les secteurs à risque et l'évolution des pratiques de blanchiment des capitaux, on se reportera utilement aux différentes informations et publications disponibles sur le site de Tracfin (www.economie. gouv.fr/tracfin/).

Le Conseil d'orientation de la lutte contre le blanchiment de capitaux et le financement du terrorisme (COLB) a également publié en septembre 2019 son **rapport d'analyse nationale des risques (ANR)** qui vise à identifier, à l'échelle nationale française, les principales menaces, vulnérabilités et le niveau de risque qui en découle pour chaque vecteur significatif du blanchiment et du financement du terrorisme. Ce rapport, à l'élaboration duquel le H3C a participé, concourt à favoriser une compréhension plus large et une meilleure appropriation des risques en matière de blanchiment de capitaux et de financement du terrorisme en France et des obligations associées.

Enfin, le H3C a publié en février 2020 une **analyse sectorielle des risques** de blanchiment des capitaux et de financement du terrorisme auxquels les professionnels placés sous sa supervision peuvent être confrontés. Ce document décline l'analyse nationale des risques précitée et a pour objectif d'identifier les principales menaces et vulnérabilités auxquelles les commissaires aux comptes peuvent être exposés en matière de blanchiment de capitaux et de financement du terrorisme.

L'ordonnance 2009-104 du 30 janvier 2009 a initialement assujetti les experts-comptables et les commissaires aux comptes aux obligations relatives à la lutte contre le blanchiment des capitaux et le financement du terrorisme (C. mon. fin. art. L 561-2, 12° et 12° bis). Cette obligation est reprise dans l'article L 823-12, al. 3 du Code de commerce.

Les autres professionnels concernés par le dispositif de lutte contre le blanchiment de capitaux et le financement du terrorisme énumérés à l'article L 561-2 du Code monétaire et financier sont notamment : les professions et organismes financiers (banques, compagnies d'assurances et mutuelles, entreprises d'investissement, changeurs manuels, intermédiaires en financement participatif), les professionnels du « jeu », les personnes se livrant au commerce de pierres précieuses, antiquités, les commissaires-priseurs, les notaires et huissiers de justice, les administrateurs et mandataires judiciaires, les sociétés de domiciliation, les avocats, les opérateurs de ventes volontaires de meubles aux enchères, les agents sportifs ainsi que les personnes intervenant, en qualité d'intermédiaire, sur le marché des quotas d'émission des gaz à effet de serre.

Plus récemment, l'ordonnance 2020-115 du 12 février 2020, prise sur le fondement de l'article 203 de la loi 2019-486 du 22 mai 2019 dite Pacte, a transposé la directive européenne 2018/843 du 30 mai 2018, dite « 5ᵉ directive anti-blanchiment » et a ainsi renforcé le dispositif national de lutte contre le blanchiment de capitaux et le financement du terrorisme. Les décrets 2020-118 et 2020-119 du 12 février 2020 ont été pris en application de ladite ordonnance.

Les commissaires aux comptes sont soumis au dispositif anti-blanchiment dès lors qu'ils interviennent **ès qualités de commissaire aux comptes** (voir n° 62092).

L'**obligation de déclaration de soupçons** est régie tant par les dispositions de l'article L 823-12 du Code de commerce insérées dans la section II du chapitre III relative à la mission de contrôle légal du commissaire aux comptes que par celles de l'article L 561-2, 12° bis insérées dans la section II du chapitre Iᵉʳ du titre VI du livre V du Code monétaire et financier relatives aux « personnes assujetties aux obligations de lutte contre le blanchiment des capitaux et le financement du terrorisme ». Le professionnel doit mettre en œuvre ces obligations dans le cadre de toutes ses missions, y compris lorsque le client est occasionnel (voir n°ˢ 62141 s.).

L'article L 823-12, al. 3 du Code de commerce dispose : « Sans préjudice de l'obligation **62091** de révélation des faits délictueux mentionnée à l'alinéa précédent, ils mettent en œuvre les obligations relatives à la lutte contre le blanchiment des capitaux et le financement du terrorisme définies au chapitre Iᵉʳ du titre VI du livre V du Code monétaire et financier. »
Les commissaires aux comptes sont soumis aux obligations suivantes :
– obligations de vigilance avant d'accepter la relation d'affaires (n°ˢ 62095 s.) ;

INTERVENTIONS CONSÉCUTIVES À DES FAITS SURVENANT DANS L'ENTITÉ © Éd. Francis Lefebvre

– obligations de vigilance au cours de la relation d'affaires (n⁰ˢ 62120 s.) ;
– obligations de vigilance avant d'accepter de fournir une prestation à un client occasionnel (n⁰ˢ 62141 s.) ;
– obligations de déclaration (n⁰ˢ 62150 s.) ;
– obligations de mise en place de procédures et de mesures de contrôle interne au sein de la structure d'exercice professionnel (n⁰ˢ 62180 s.) ;
– obligations de conservation des documents et d'information (n⁰ 62190).

62092 Les principes relatifs à la mise en œuvre des obligations de vigilance et de déclaration sont définis dans la **norme d'exercice professionnel 9605** portant sur les « obligations du commissaire aux comptes relatives à la lutte contre le blanchiment des capitaux et le financement du terrorisme ».

Cette NEP, homologuée par arrêté du 18 août 2020, a été modifiée pour faire suite à la transposition de la directive européenne 2018/843 du 30 mai 2018 (dite 5ᵉ directive anti-blanchiment). Elle se substitue ainsi à la norme homologuée par arrêté du garde des Sceaux en date du 24 octobre 2019.

L'une des principales évolutions de la NEP 9605, telle qu'homologuée par arrêté du 18 août 2020, concerne l'extension de son champ d'application : dorénavant, tout commissaire aux comptes intervenant **ès qualités de commissaire aux comptes**, quelles que soient la mission qu'il exerce ou la prestation qu'il fournit pour un client dans le cadre d'une relation d'affaires ou pour un client occasionnel, qu'il réalise ou non la mission de contrôle légal de la personne ou de l'entité pour laquelle il intervient, qu'il exerce en nom propre ou au sein d'une société, est soumis au respect du dispositif LABFT (lutte anti-blanchiment et financement du terrorisme) prévu par la NEP (NEP 9605 § 4).

À titre d'exemple, les missions légales hors mandats (commissariat aux apports et à la fusion) ainsi que les services contractuels hors mandats prévus par la loi Pacte sont soumis au dispositif.

L'intervention ès qualités de commissaire aux comptes résulte (NEP 9605 § 4) :
– des dispositions légales et réglementaires sur le fondement desquelles la mission ou la prestation est mise en œuvre ;
– de la mention de la qualité de commissaire aux comptes dans les documents de restitution de la mission ou de la prestation ;
– ou encore de la référence, dans ces documents, à l'application des normes relatives à l'exercice professionnel des commissaires aux comptes ou de la doctrine professionnelle élaborée par la Compagnie nationale des commissaires aux comptes.

Outre ces trois critères irréfragables, l'intervention ès qualités de commissaire aux comptes peut également résulter d'un faisceau d'indices parmi lesquels l'utilisation d'un papier à en-tête d'une structure ayant pour objet l'exercice du commissariat aux comptes (NEP 9605 § 4).

S'agissant des procédures et mesures de contrôle interne à mettre en place au sein de la structure d'exercice professionnel, elles sont précisées dans une **décision du H3C du 14 janvier 2010** (voir n⁰ˢ 62180 s.).

62093 La NEP 9605 précise les **définitions** suivantes afin de mieux appréhender les obligations relatives à la lutte contre le blanchiment et le financement du terrorisme :
– un **bénéficiaire effectif** désigne la ou les personnes physiques, soit qui contrôlent en dernier lieu, directement ou indirectement, le client ou le client occasionnel, soit pour laquelle une opération est exécutée ou une activité exercée (NEP 9605 § 5) ;

Les articles R 561-1 à R 561-3-0 du Code monétaire et financier définissent ce qu'on entend par bénéficiaire effectif lorsque le client ou le client occasionnel est une société, un placement collectif, une personne morale autre qu'une société ou un placement collectif, ou lorsqu'il intervient dans le cadre d'une fiducie ou d'un dispositif juridique comparable de droit étranger (voir n⁰ 62105).

Les articles R 561-1 à R 561-3 du Code monétaire et financier précisent qui est le bénéficiaire effectif lorsqu'une personne physique n'a pu être identifiée selon les critères prévus et qu'il n'y a pas de soupçon de blanchiment de capitaux ou de financement du terrorisme à l'encontre du client (voir n⁰ 62105).

– un **client** désigne la personne ou l'entité avec laquelle un commissaire aux comptes noue une relation d'affaires au sens du paragraphe 10 de la NEP 9605 (NEP 9605 § 6 ; voir infra pour la définition d'une relation d'affaires) ;
– un **client occasionnel** désigne la personne ou l'entité à laquelle un commissaire aux comptes fournit une prestation visée au paragraphe 11 de la NEP 9605 sans qu'une relation d'affaires soit nouée (NEP 9605 § 7 ; voir infra pour la définition d'une prestation) ;

1400

© Éd. Francis Lefebvre   **INTERVENTIONS CONSÉCUTIVES À DES FAITS SURVENANT DANS L'ENTITÉ** ▌

62093
(suite)

– le terme **mission** recouvre, conformément à l'article R 820-1-1 du Code de commerce (NEP 9605 § 8) :

• la mission de contrôle légal et, le cas échéant, les autres missions confiées par la loi ou le règlement au commissaire aux comptes qui exerce la mission de contrôle légal de la personne ou de l'entité,

• les autres missions légales ou réglementaires réalisées par un commissaire aux comptes pour une personne ou une entité pour laquelle il n'exerce pas la mission de contrôle légal ;

> Il peut s'agir, par exemple, d'une mission de commissariat aux apports, à la fusion ou à la transformation.

– une **personne exposée** désigne une personne physique qui est exposée à des risques particuliers en raison des fonctions politiques, juridictionnelles ou administratives (NEP 9605 § 9) :

• qu'elle exerce ou a cessé d'exercer depuis moins d'un an, ou

• qu'exercent ou ont cessé d'exercer depuis moins d'un an des membres directs de sa famille ou des personnes connues pour lui être étroitement associées.

> L'article R 561-18, I du Code monétaire et financier indique qu'une personne exposée est personne qui exerce ou a cessé d'exercer depuis moins d'un an l'une des **fonctions** suivantes :
> – chef d'État, chef de Gouvernement, membre d'un Gouvernement national ou de la Commission européenne ;
> – membre d'une assemblée parlementaire nationale ou du Parlement européen, membre de l'organe dirigeant d'un parti ou groupement politique soumis aux dispositions de la loi 88-227 du 11 mars 1988 ou d'un parti ou groupement politique étranger ;
> – membre d'une Cour suprême, d'une cour constitutionnelle ou d'une autre haute juridiction dont les décisions ne sont pas, sauf circonstances exceptionnelles, susceptibles de recours ;
> – membre d'une Cour des comptes ;
> – dirigeant ou membre de l'organe de direction d'une banque centrale ;
> – ambassadeur ou chargé d'affaires ;
> – officier général ou officier supérieur assurant le commandement d'une armée ;
> – membre d'un organe d'administration, de direction ou de surveillance d'une entreprise publique ;
> – directeur, directeur adjoint, membres du conseil d'une organisation internationale créée par un traité, ou une personne qui occupe une position équivalente en son sein.
>
> Sont considérées comme des personnes réputées être des **membres directs de la famille** des personnes exposées (C. mon. fin. art. R 561-18, II) :
> – le conjoint ou le concubin notoire ;
> – le partenaire lié par un pacte civil de solidarité ou par un contrat de partenariat enregistré en vertu d'une loi étrangère ;
> – les enfants, ainsi que leur conjoint, leur partenaire lié par un pacte civil de solidarité ou par un contrat de partenariat enregistré en vertu d'une loi étrangère ;
> – les ascendants au premier degré.
>
> Sont considérées comme des **personnes étroitement associées** aux personnes exposées (C. mon. fin. art. R 561-18, III) :
> – les personnes physiques qui, conjointement avec la personne exposée, sont bénéficiaires effectifs d'une personne morale, d'un placement collectif, d'une fiducie ou d'un dispositif juridique comparable de droit étranger ;
> – les personnes physiques qui sont les seuls bénéficiaires effectifs d'une personne morale, d'un placement collectif, d'une fiducie ou d'un dispositif juridique comparable de droit étranger connu pour avoir été établi au profit de la personne exposée ;
> – toute personne physique connue comme entretenant des liens d'affaires étroits avec la personne exposée.

– une **relation d'affaires** est une relation professionnelle nouée avec un client pour réaliser (NEP 9605 § 10) :

• des missions visées au paragraphe 8 de la NEP 9605 (voir supra), ou

• des prestations qu'un commissaire aux comptes fournit à la personne ou à l'entité pour laquelle il exerce la mission de contrôle légal, ou

• des prestations qu'un commissaire aux comptes fournit de manière **régulière** à une personne ou entité pour laquelle il n'exerce pas la mission de contrôle légal ;

> Par exemple, il peut s'agir de l'attestation tous les mois d'un élément de comptes à la demande du client pour les besoins d'un tiers.

– une **prestation**, conformément à l'article R 820-1-1 du Code de commerce, recouvre les services et attestations qui ne sont pas des missions visées au paragraphe 8 de la NEP 9605, qu'un commissaire aux comptes fournit à une personne ou entité pour laquelle il exerce ou non la mission de contrôle légal (NEP 9605 § 11).

> Il peut s'agir par exemple d'un audit financier contractuel ou encore d'une revue de conformité à un référentiel.

1401

INTERVENTIONS CONSÉCUTIVES À DES FAITS SURVENANT DANS L'ENTITÉ © Éd. Francis Lefebvre

I. Obligations de vigilance du commissaire aux comptes avant d'accepter la relation d'affaires

62095 En application des articles L 561-5, I et L 561-5-1 du Code monétaire et financier ainsi que du paragraphe 12 de la NEP 9605, les commissaires aux comptes doivent avant d'accepter une relation d'affaires :
– **identifier le client** et, le cas échéant, le **bénéficiaire effectif** de la relation d'affaires et vérifier ses éléments d'identification (n° 62100) ;
– **recueillir et analyser tout autre élément d'information** nécessaire à la connaissance du client ainsi que de l'objet et de la nature de la mission autre que le contrôle légal ou de la prestation envisagée (voir n° 62109).
Lorsque le commissaire aux comptes n'est pas en mesure de satisfaire à l'une des obligations prévues au paragraphe 12 de la NEP 9605, il **n'accepte pas la relation d'affaires** (NEP 9605 § 14).

> Cette disposition ne s'applique pas lorsque la prestation du commissaire aux comptes se rattache à une procédure juridictionnelle, y compris dans le cadre de conseils relatifs à la manière d'engager ou d'éviter une telle procédure, et lorsqu'il donne des consultations juridiques (NEP 9605 § 14).

En outre, s'il se trouve dans les conditions prévues au paragraphe 60 de la NEP 9605, il procède à une **déclaration à Tracfin** (NEP 9605 § 13 ; voir n° 62150).
Nous détaillerons les modalités de mise en œuvre des obligations définies ci-avant en précisant tout d'abord les mesures de vigilance à mettre en œuvre par le commissaire aux comptes (voir n°s 62100 s.) puis les mesures de vigilance complémentaires applicables dans certains cas particuliers (voir n°s 62110 s.), les exemptions et mesures de vigilance simplifiées (voir n°s 62113 s.) et enfin les mesures de vigilance renforcées (voir n° 62119).

A. Mesures de vigilance

Identification du client et vérification des éléments d'identification du client

62100 **Vérifications liées à l'identité du client** Avant l'acceptation de la relation d'affaires, le commissaire aux comptes identifie et vérifie les éléments d'identification du client dans les conditions suivantes (C. mon. fin. art. R 561-5 à R 561-5-2 ; NEP 9605 § 15 à 25) :
– lorsque le client est une **personne physique**, le commissaire aux comptes l'identifie par le recueil de ses nom et prénoms, ainsi que ses date et lieu de naissance (C. mon. fin. art. R 561-5, 1° ; NEP 9605 § 15) ;

> Lorsque le client est physiquement présent, le commissaire aux comptes vérifie ses éléments d'identification par la présentation de l'**original d'un document officiel** en cours de validité comportant sa photographie et par la **prise d'une copie** de ce document (C. mon. fin. art. R 561-5-1 ; NEP 9605 § 15).
> Le commissaire aux comptes peut également vérifier les éléments d'identification du client personne physique en recourant à un **moyen d'identification électronique** prévu par le Code monétaire et financier, que le client soit ou non physiquement présent (C. mon. fin. art. R 561-5-1 ; NEP 9605 § 16).
> Si le commissaire aux comptes ne peut pas vérifier les éléments d'identification récoltés grâce à la présentation de l'original d'un document officiel ou un moyen d'identification électronique énoncés ci-dessus, le commissaire aux comptes vérifie les éléments d'identification en appliquant au moins deux mesures parmi celles prévues à l'article R 561-5-2 du Code monétaire et financier. Ces mesures peuvent par exemple consister à :
> – obtenir une copie de la carte d'identité ou du passeport ;
> – et une certification conforme de ce document par un tiers indépendant habilité (NEP 9605 § 17).
> Le commissaire aux comptes demande au client personne physique s'il est **une personne exposée** (voir n° 62111). Si, en fonction des éléments qu'il a pu collecter, de sa connaissance du client, de ses activités et de son environnement, l'information obtenue lui paraît manifestement incohérente, il investigue et s'entretient avec le client. S'il conclut que le client est une personne exposée, le commissaire aux comptes applique les mesures de vigilance complémentaires décrites au paragraphe 33 de la NEP 9605 (NEP 9605 § 18 ; voir n° 62111).

– lorsque le client est une **personne morale**, le commissaire aux comptes l'identifie par le recueil de sa forme juridique, de sa dénomination, de son numéro d'immatriculation, ainsi que de l'adresse de son siège social et de celle du lieu de direction effective de

INTERVENTIONS CONSÉCUTIVES À DES FAITS SURVENANT DANS L'ENTITÉ

l'activité, si celle-ci est différente de l'adresse du siège (C. mon. fin. art. R 561-5, 2° modifié par le décret 2020-118 du 12-2-2020 ; NEP 9605 § 19) ;

Lorsque le représentant dûment habilité de la personne morale est présent, le commissaire aux comptes vérifie les éléments d'identification de cette dernière selon l'une des modalités suivantes (C. mon. fin. R 561-5-1, 4° ; NEP 9605 § 20) :

– par la communication de l'original ou de la copie de tout acte ou extrait de registre officiel datant de moins de trois mois ou extrait du Journal officiel qui mentionne sa dénomination, sa forme juridique, l'adresse de son siège social et l'identité de ses associés tenus indéfiniment ou tenus indéfiniment et solidairement des dettes sociales et dirigeants sociaux, mentionnées aux 1° et 2° de l'article R 123-54 du Code de commerce, de ses représentants légaux ou leurs équivalents en droit étranger ;

– en obtenant une copie certifiée de l'acte de registre officiel susmentionné, directement via les greffes des tribunaux de commerce ou un document équivalent en droit étranger. Le commissaire aux comptes peut également vérifier les éléments d'identification du client en recourant à un moyen d'identification électronique prévu par le Code monétaire et financier, que le représentant de la personne morale soit ou non physiquement présent.

Si le commissaire aux comptes ne peut mettre en œuvre les dispositions du paragraphe 20 de la NEP 9605 précitée, il vérifie les éléments d'identification du client en appliquant au moins deux mesures parmi celles prévues à l'article R 561-5-2 du Code monétaire et financier (NEP 9605 § 21). Celles-ci peuvent consister à :

– obtenir une copie des statuts certifiée conforme par le représentant légal ;

– et à demander un extrait K bis directement au greffe du tribunal de commerce ou un extrait du répertoire national des associations directement auprès de la préfecture ou de la sous-préfecture du siège de l'association concernée et, à Paris, auprès de la préfecture de police.

– lorsque le commissaire aux comptes exerce la mission légale de contrôle de la comptabilité autonome d'une **fiducie** ou lorsqu'il effectue pour les constituants, les fiduciaires, les bénéficiaires et, le cas échéant, le tiers au sens de l'article 2017 du Code civil une prestation en lien avec la fiducie ou un dispositif juridique comparable de droit étranger, il identifie les constituants, les fiduciaires, les bénéficiaires et, le cas échéant, le tiers au sens de l'article 2017 du Code civil ou leurs équivalents pour tout autre dispositif juridique comparable relevant d'un droit étranger par le recueil des éléments précisés à l'article R 561-5, 3° du Code monétaire et financier prévus pour les clients personnes physiques ou morales, selon le cas (C. mon. fin. art. R 561-5, 3° modifié par le décret 2020-118 du 12-02-20 ; NEP 9605 § 22) ;

Dans le cas où les bénéficiaires sont désignés par des caractéristiques ou une catégorie particulières, le commissaire aux comptes recueille les informations permettant de les identifier au moment du versement des prestations ou au moment où ils exercent leurs droits acquis (C. mon. fin. art. R 561-5, 3°).

Le commissaire aux comptes recueille en outre selon le mode de constitution du dispositif la copie du contrat de fiducie, l'extrait du Journal officiel de la loi établissant la fiducie ou tout document ou acte équivalent afférent à un dispositif juridique équivalent en droit étranger (C. mon. fin. art. R 561-5-1 ; NEP 9605 § 22).

Il vérifie les éléments d'identification des constituants, des fiduciaires, des bénéficiaires et, le cas échéant, du tiers au sens de l'article 2017 du Code civil de la fiducie ou du dispositif juridique comparable de droit étranger, selon les modalités prévues à l'article R 561-5-1, 5° du Code monétaire et financier (NEP 9605 § 23).

– lorsque le client est un **placement collectif** non doté de la personnalité morale, le commissaire aux comptes identifie le client par le recueil de sa dénomination, de sa forme juridique, de son numéro d'agrément, de son numéro international d'identification des valeurs mobilières, ainsi que de la dénomination, de l'adresse et du numéro d'agrément de la société de gestion qui le gère (C. mon. fin. art. R 561-5, 4° ; NEP 9605 § 24).

Lorsqu'il existe un soupçon de blanchiment des capitaux ou de financement du terrorisme, il vérifie ces éléments d'identification selon l'une des modalités prévues à l'article R 561-5-1 du Code monétaire et financier (recourir à un moyen d'identification électronique, par la communication de l'original ou de la copie de tout acte ou extrait de registre officiel datant de moins de trois mois, etc.). Lorsque les mesures prévues aux 1° à 4° de l'article précité ne peuvent pas être mises en œuvre, le commissaire aux comptes vérifie les éléments d'identification du client en appliquant au moins deux mesures parmi celles prévues à l'article R 561-5-2 du même code (NEP 9605 § 24).

Dans le cas où des **personnes agissant pour le compte du client** et en dehors des situations où les textes légaux et réglementaires définissent l'organe ou la personne habilité à confier la mission au commissaire aux comptes, ce dernier identifie également les personnes agissant pour le compte du client et vérifie leurs éléments d'identification selon les mêmes modalités que pour le client. Il vérifie aussi leurs pouvoirs (C. mon. fin. art. R 561-5-4 ; NEP 9605 § 25).

INTERVENTIONS CONSÉCUTIVES À DES FAITS SURVENANT DANS L'ENTITÉ © Éd. Francis Lefebvre

Identification du bénéficiaire effectif et vérification des éléments d'identification du bénéficiaire effectif

62104 Avant de détailler les obligations du commissaire aux comptes concernant l'identification et la vérification des éléments d'identification du bénéficiaire effectif, il est nécessaire de présenter comment le bénéficiaire effectif est défini par le Code monétaire et financier.

62105 **Définition du bénéficiaire effectif** Les articles R 561-1 à R 561-3-0 du Code monétaire et financier définissent ce qu'on entend par bénéficiaire effectif lorsque le client ou le client occasionnel est une société, un placement collectif, une personne morale autre qu'une société ou un placement collectif, ou lorsqu'il intervient dans le cadre d'une fiducie ou d'un dispositif juridique comparable de droit étranger.

1. Dans le cas d'une société, on entend par bénéficiaire effectif, au sens du 1° de l'article L 561-2-2 la ou les personnes physiques (C. mon. fin. art. R 561-1) :

– soit qui détiennent, directement ou indirectement, **plus de 25 % du capital ou des droits de vote** de la société ;

– soit exercent, par tout autre moyen, un **pouvoir de contrôle** sur la société au sens des 3° et 4° du I de l'article L 233-3 du Code de commerce.

Le pouvoir de contrôle de toute personne physique sur une société est défini comme suit par les 3° et 4° du I de l'article L 233-3 du Code de commerce :

– la personne détermine en fait, par les droits de vote dont elle dispose, les décisions dans les assemblées générales de cette société ;

– la personne est associée ou actionnaire de cette société et dispose du pouvoir de nommer ou de révoquer la majorité des membres des organes d'administration, de direction ou de surveillance de cette société.

> Lorsqu'aucune personne physique n'a pu être identifiée selon les critères prévus ci-dessus, et que le commissaire aux comptes n'a pas de soupçon de blanchiment de capitaux ou de financement du terrorisme à l'encontre de la société, le bénéficiaire effectif est la ou les personnes physiques ci-après ou, si la société n'est pas immatriculée en France, leur équivalent en droit étranger qui représente la société :
>
> a) le ou les gérants des SNC, SCS, SARL, SCA et des sociétés civiles ;
>
> b) le directeur général des sociétés anonymes à conseil d'administration ;
>
> c) le directeur général unique ou le président du directoire des sociétés anonymes à directoire et à conseil de surveillance ;
>
> d) le président et, le cas échéant, le directeur général des SAS.
>
> Si les représentants légaux mentionnés au a) ou au d) sont des personnes morales, le bénéficiaire effectif est la ou les personnes physiques qui représentent légalement ces personnes morales.
>
> Le bénéficiaire effectif est donc toujours une personne physique et il peut exister plusieurs bénéficiaires effectifs.

2. Dans le cas d'un placement collectif, on entend par bénéficiaire effectif, au sens du 1° de l'article L 561-2-2 la ou les personnes physiques (C. mon. fin. art. R 561-2) :

– soit qui détiennent, directement ou indirectement, plus de 25 % des parts, actions ou droits de vote du placement collectif ;

– soit exercent, par tout autre moyen, un pouvoir de contrôle au sens des 3° et 4° du I de l'article L 233-3 du Code de commerce sur le placement collectif ou, si ce dernier n'est pas une société, sur la société de gestion de ce placement collectif.

> Lorsqu'aucune personne physique n'a pu être identifiée selon les critères prévus ci-dessus, et que le commissaire aux comptes n'a pas de soupçon de blanchiment de capitaux ou de financement du terrorisme à l'encontre du placement collectif, le bénéficiaire effectif est :
>
> a) lorsque le placement collectif est une société, la ou les personnes physiques représentants légaux déterminées conformément aux dispositions de l'article R 561-1, ou lorsque ce placement collectif est géré par une société de gestion, la ou les personnes physiques dirigeant effectivement cette société de gestion au sens du 4° du II de l'article L 532-9 du Code monétaire et financier ;
>
> b) lorsque le placement collectif n'est pas une société, la ou les personnes physiques qui assurent la direction effective de la société de gestion au sens du 4° du II de l'article L 532-9 du Code précité.
>
> Les personnes physiques dirigeant effectivement une société de gestion sont celles qui possèdent l'honorabilité nécessaire et l'expérience adéquate à leur fonction, en vue de garantir la gestion saine et prudente de la société de gestion (C. mon. fin. art. L 532-9, II, 4°).

3. Dans le cas d'une personne morale qui n'est ni une société ni un organisme de placement collectif, on entend par bénéficiaire effectif au sens du 1° de l'article L 561-2-2 la ou les personnes physiques qui satisfont à l'une des conditions suivantes (C. mon. fin. art. R 561-3) :

1404

© Éd. Francis Lefebvre — INTERVENTIONS CONSÉCUTIVES À DES FAITS SURVENANT DANS L'ENTITÉ

– être titulaires, directement ou indirectement, de plus de 25 % du capital de la personne morale ;
– avoir vocation, par l'effet d'un acte juridique les ayant désignées à cette fin, à devenir titulaires, directement ou indirectement, de plus de 25 % du capital de la personne morale ;
– disposer d'un pouvoir de nommer ou de révoquer la majorité des membres des organes d'administration, de gestion, de direction ou de surveillance de la personne morale ;
– exercer par d'autres moyens un pouvoir de contrôle sur les organes d'administration, de gestion, de direction ou de surveillance de la personne morale.

Lorsqu'aucune personne physique n'a pu être identifiée selon les critères ci-dessus, et que le commissaire aux comptes n'a pas de soupçon de blanchiment de capitaux ou de financement du terrorisme à l'encontre de la personne morale, le bénéficiaire effectif est la ou les personnes physiques qui représentent légalement la personne morale. Ainsi, lorsque le client est une association, une fondation, un fonds de dotation ou un groupement d'intérêt économique, le bénéficiaire effectif est :
a) le ou les représentants légaux de l'association ;
b) le président, le directeur général ainsi que, le cas échéant, le ou les membres du directoire de la fondation ;
c) le président du fonds de dotation ;
d) la ou les personnes physiques et, le cas échéant, le représentant permanent des personnes morales, désignées administrateurs du groupement d'intérêt économique.

4. Dans le cas d'une fiducie au sens de l'article 2011 du Code civil, ou de tout autre dispositif juridique comparable de droit étranger, on entend par bénéficiaire effectif, au sens du 1° de l'article L 561-2-2, toute personne physique qui satisfait à l'une des conditions suivantes (C. mon. fin. art. R 561-3-0) :
– avoir la qualité de constituant, de fiduciaire, de bénéficiaire, de tiers protecteur dans les conditions prévues au titre XIV (« De la fiducie ») du livre III du Code civil, ou de constituant, d'administrateur, de bénéficiaire ou de protecteur dans les cas des trusts ou de tout autre dispositif juridique comparable de droit étranger ;
– détenir, directement ou indirectement, plus de 25 % des biens, des droits ou des sûretés compris dans un patrimoine fiduciaire ou dans tout autre dispositif juridique comparable relevant d'un droit étranger ;
– avoir vocation, par l'effet d'un acte juridique l'ayant désignée à cette fin, à devenir titulaire directement ou indirectement, de plus de 25 % des biens, des droits ou des sûretés compris dans le patrimoine fiduciaire ou dans tout autre dispositif juridique comparable relevant d'un droit étranger ;
– appartenir à la catégorie de personne dans l'intérêt principal de laquelle la fiducie ou tout autre dispositif juridique comparable relevant d'un droit étranger a été constitué ou opère, lorsque les personnes physiques qui en sont les bénéficiaires n'ont pas encore été désignées ;
– exercer par d'autres moyens un pouvoir de contrôle sur les biens, les droits ou les sûretés compris dans un patrimoine fiduciaire ou dans tout autre dispositif juridique comparable relevant d'un droit étranger.

Vérifications liées à l'identification du bénéficiaire effectif

62105
1

Le commissaire aux comptes doit avant l'acceptation de la relation d'affaires (C. mon. fin. art. L 561-5, I et R 561-7 ; NEP 9605 § 26 à 31) :
– **identifier le bénéficiaire effectif** de la relation d'affaires selon les modalités définies à l'article R 561-5 ;

L'identification du bénéficiaire effectif requiert de **collecter** ses nom et prénoms ainsi que ses date et lieu de naissance. Pour ce faire, le commissaire aux comptes demande à la personne ou à l'entité ces éléments d'identification.
Le commissaire aux comptes demande au représentant légal de s'enquérir auprès du bénéficiaire effectif s'il est une **personne exposée** (pour la définition d'une personne exposée, voir n° 62093).
Si, en fonction des éléments qu'il a pu collecter, de sa connaissance de la personne ou de l'entité, de ses activités et de son environnement, l'information obtenue lui paraît manifestement incohérente, il investigue et s'entretient avec le représentant légal. S'il conclut que le bénéficiaire effectif est une personne exposée, le commissaire aux comptes applique les mesures de vigilance complémentaires décrites au paragraphe 33 de la NEP 9605 (NEP 9605 § 30 ; voir n° 62111).

– **vérifier les éléments d'identification** recueillis sur le bénéficiaire effectif par des mesures adaptées au risque de blanchiment de capitaux et de financement du terrorisme présenté par la relation d'affaires.

1405

INTERVENTIONS CONSÉCUTIVES À DES FAITS SURVENANT DANS L'ENTITÉ © Éd. Francis Lefebvre

Pour ce faire, la NEP 9605 apporte les précisions suivantes (NEP 9605 § 27) :
– lorsque le client est une personne ou entité tenue de déclarer au registre du commerce et des sociétés les informations relatives au bénéficiaire effectif conformément à l'article L 561-46 du Code monétaire et financier, le commissaire aux comptes recueille directement lesdites informations contenues dans le **registre auprès de l'Inpi** (Institut national de la propriété intellectuelle). Depuis le mois d'avril 2021, l'Inpi rend accessible gratuitement, par le biais d'un site Internet dédié, l'ensemble des informations sur les bénéficiaires effectifs au format entièrement dématérialisé, facilitant ainsi la consultation et les vérifications correspondantes ;
– lorsque le commissaire aux comptes réalise une mission légale de contrôle de la comptabilité autonome d'une **fiducie**, ou lorsqu'il fournit une prestation en lien avec une fiducie ou un trust pour les constituants, les fiduciaires, les bénéficiaires et, le cas échéant, le tiers au sens de l'article 2017 du Code civil, le commissaire aux comptes recueille les informations sur le bénéficiaire effectif contenues dans le registre des fiducies ou des trusts ;
– dans les **autres cas**, le commissaire aux comptes vérifie les éléments d'identification du bénéficiaire effectif sur présentation d'un document écrit à caractère probant. À ce titre, il peut demander une copie d'un document officiel en cours de validité comportant sa photographie, mentionnant ses nom et prénoms ainsi que ses date et lieu de naissance. Il peut s'agir par exemple de la copie de la carte d'identité ou du passeport.

Si, en fonction des éléments qu'il a pu collecter, de sa connaissance de l'entité, de ses activités et de son environnement, l'**information** obtenue paraît **manifestement incohérente** au commissaire aux comptes, notamment au regard de la définition du bénéficiaire effectif visée au paragraphe 5 de la NEP 9605, il investigue et s'entretient avec le représentant légal (NEP 9605 § 28).

Le commissaire aux comptes **signale** au greffier du tribunal de commerce ou, pour les fiducies ou trusts, à la Direction générale des finances publiques, **toute divergence** qu'il constate entre les informations inscrites dans les registres précités et les informations sur le bénéficiaire effectif dont il dispose, y compris l'absence d'enregistrement de ces informations (C. mon. fin. art. L 561-47-1, al. 1 créé par l'ordonnance 2020-115 du 12-2-2020 ; NEP 9605 § 29).

Lorsque les commissaires aux comptes ont de bonne foi signalé une divergence en application de l'article L 561-47-1 :
– aucune poursuite fondée sur les articles 226-10 du Code pénal (dénonciation calomnieuse), 226-13 du Code pénal (non-respect de l'obligation de secret professionnel) et 226-14 du Code pénal (atteinte au secret professionnel) ne peut être intentée à leur encontre (C. mon. fin. art. L 561-22, I modifié par l'ordonnance 2020-115 du 12-2-2020) ;
– aucune action en responsabilité civile ne peut être intentée ni aucune sanction professionnelle prononcée à leur encontre (C. mon. fin. art. L 561-22, II modifié par l'ordonnance précitée).

Enfin, dans certains cas, le commissaire aux comptes :
– est **exempté** de l'obligation d'identification et donc de vérification de l'identité du bénéficiaire effectif (voir n° 62116) ;
– peut mettre en œuvre des **mesures simplifiées** (voir n° 62113).

62106 **Registre des bénéficiaires effectifs** Les sociétés et entités établies sur le territoire français et mentionnées à l'alinéa 1 de l'article L 561-45-1 du Code monétaire et financier créé par l'ordonnance 2020-115 du 12 février 2020 doivent déposer au greffe du tribunal de commerce pour être annexé au registre du commerce et des sociétés un **document relatif au bénéficiaire effectif** contenant les éléments d'identification et le domicile personnel de ce dernier ainsi que les modalités du contrôle qu'il exerce.

Sont tenus d'obtenir et de conserver des informations exactes et actualisées sur leurs bénéficiaires effectifs :
– les sociétés et groupements d'intérêt économique ayant leur siège dans un département français et jouissant de la personnalité morale, les sociétés commerciales dont le siège est situé hors d'un département français et qui ont un établissement dans l'un de ces départements et les autres personnes morales dont l'immatriculation au RCS est prévue par les dispositions législatives ou réglementaires (C. com. art. L 123-1, I, 2°, 3° et 5°) lorsqu'elles sont établies sur le territoire français conformément à l'article L 123-11 du Code de commerce, à l'exception des sociétés dont les titres sont admis à la négociation sur un marché réglementé en France ou dans un autre État partie à l'accord sur l'Espace économique européen ou qui sont soumises à des obligations de publicité conformes au droit de l'Union ou qui sont soumises à des normes internationales équivalentes garantissant la transparence adéquate pour les informations relatives à la propriété du capital ;
– les placements collectifs ;
– les associations, fondations, fonds de dotation, fonds de pérennité, groupements d'intérêt collectif établis sur le territoire français ainsi que les fiduciaires au sens de l'article 2011 du Code civil et les administrateurs de tout autre dispositif juridique comparable relevant d'un droit étranger.

© Éd. Francis Lefebvre   INTERVENTIONS CONSÉCUTIVES À DES FAITS SURVENANT DANS L'ENTITÉ

Ces sociétés et entités susmentionnées sont tenues de fournir notamment au commissaire aux comptes les informations relatives aux bénéficiaires effectifs recueillies dans le cadre des mesures de vigilance prévues dans le Code monétaire et financier.

Le fait pour ces sociétés et entités de ne pas fournir au commissaire aux comptes, dans le cadre des mesures de vigilance prévues aux articles L 561-4-1 à L 561-14-2 du Code monétaire et financier, ou de transmettre des informations inexactes ou incomplètes est puni des peines prévues à l'article L 574-5 du Code monétaire et financier.

Exemption d'identification et de vérification des éléments d'identification du bénéficiaire effectif Le commissaire aux comptes n'a pas l'obligation d'identifier le bénéficiaire effectif lorsque le client est une société dont les titres sont admis à la négociation sur un **marché réglementé** en France, dans un autre État membre de l'Union européenne, dans un autre État partie à l'accord sur l'Espace économique européen ou qui est soumise à des obligations de publicité conformes au droit de l'Union ou qui est soumise à des normes internationales équivalentes garantissant une transparence adéquate des informations relatives à la propriété du capital, ce dont le commissaire aux comptes est en mesure de justifier auprès de l'autorité de contrôle mentionnée à l'article L 561-36 du Code monétaire et financier (C. mon. fin. art. R 561-8 modifié par le décret 2020-118 du 12-2-2020 ; NEP 9605 § 31).

62108

Les filiales des sociétés mentionnées à l'article R 561-8 du Code monétaire et financier ne sont pas visées par cette exemption.

Recueil des autres éléments d'information nécessaires

Le commissaire aux comptes recueille et analyse tout autre élément d'information complémentaire nécessaire à la connaissance (NEP 9605 § 32) :
– de l'**objet et** de la **nature de la mission** autre que le contrôle légal ou de la prestation envisagée ;
– du **client**. Ces éléments sont :
• pour les personnes physiques, les activités professionnelles actuellement exercées,
• pour les autres personnes ou entités, leur activité économique et leur situation financière,
• pour les fiducies ou les dispositifs juridiques comparables relevant du droit étranger, la répartition des droits sur le capital ou sur les bénéfices.
Pour ce faire, le commissaire aux comptes fait usage de son jugement professionnel (NEP 9605 § 32).

62109

Voir également n° 62117 (mesures simplifiées).

B. Mesures de vigilance complémentaires dans certains cas particuliers

Situations nécessitant des mesures de vigilance complémentaires Des mesures de vigilance complémentaires sont nécessaires dans certains cas définis par l'article L 561-10 du Code monétaire et financier, tel que modifié par l'ordonnance 2020-115 du 12 février 2020 :
1° Le client, le cas échéant, son bénéficiaire effectif, le bénéficiaire d'un contrat d'assurance-vie ou de capitalisation, le cas échéant, son bénéficiaire effectif, est une **personne** qui est **exposée** à des risques particuliers en raison des fonctions politiques, juridictionnelles ou administratives qu'elle exerce ou a exercées ou de celles qu'exercent ou ont exercées des membres directs de sa famille ou des personnes connues pour lui être étroitement associées ou le deviennent en cours de relation d'affaires.

62110

Depuis le 26 juin 2017, les personnes de nationalité française sont ainsi concernées alors qu'avant cette date seuls les résidents d'autres États membres de l'UE ou d'un pays tiers étaient visés.

2° Le produit ou l'opération présente, par sa nature, un risque particulier de blanchiment de capitaux ou de financement du terrorisme, notamment lorsqu'ils favorisent l'**anonymat**.
3° L'opération est une opération pour compte propre ou pour compte de tiers effectuée avec des personnes physiques ou morales, y compris leurs filiales ou établissements ou toute autre entité, domiciliées, enregistrées ou établies dans un État ou un territoire figurant sur les **listes publiées par le Groupe d'action financière (Gafi)** parmi ceux dont

1407

INTERVENTIONS CONSÉCUTIVES À DES FAITS SURVENANT DANS L'ENTITÉ   © Éd. Francis Lefebvre

la législation ou les pratiques font obstacle à la lutte contre le blanchiment des capitaux et le financement du terrorisme **ou par la Commission européenne** en application de l'article 9 de la directive européenne 2015/849 du 20 mai 2015 relative à la prévention de l'utilisation du système financier aux fins du blanchiment de capitaux ou du financement du terrorisme.

Toutefois, des **exceptions** sont prévues et il est possible de ne pas appliquer ces mesures de vigilance complémentaires aux clients mentionnés aux 1° (personne exposée), s'il n'existe pas de soupçon de blanchiment des capitaux ou de financement du terrorisme et que ces personnes présentent un faible risque de blanchiment (C. mon. fin. art. L 561-10, al. 4).

Les catégories de personnes mentionnées au 1°, la liste des produits et des opérations mentionnées au 2°, ainsi que les mesures de vigilance complémentaires sont définies par le décret 2018-284 du 18 avril 2018 renforçant le dispositif français de lutte contre le blanchiment de capitaux et le financement du terrorisme (C. mon. fin. art. R 561-18 s.).

62111 **Personne exposée** Lorsque le bénéficiaire effectif ou le client est une personne physique exposée, la **décision** de nouer la relation d'affaires avec le client est **prise par un membre de l'organe exécutif** de la structure d'exercice du commissariat aux comptes ou toute personne habilitée à cet effet par l'organe exécutif (NEP 9605 § 33 ; C. mon. fin. art. R 561-20-2).

Toutefois, le commissaire aux comptes peut ne pas mettre en œuvre cette mesure lorsque (NEP 9605 § 33 ; C. mon. fin. art. R 561-20-2) :
– la relation d'affaires est nouée avec une personne mentionnée aux 1° à 6° bis de l'article L 561-2 du Code monétaire et financier ou une autorité publique ou un organisme public, tel que visé au paragraphe 38 de la NEP 9605 ; et

Les personnes mentionnées aux 1° à 6° bis de l'article L 561-2 du Code monétaire et financier sont notamment les établissements de crédit, les entreprises d'assurances, les mutuelles, etc.

Le paragraphe 38 de la NEP 9605 vise une autorité publique ou un organisme public, désigné comme tel en vertu du traité sur l'Union européenne, des traités instituant les Communautés, du droit dérivé de l'Union européenne, du droit public d'un État membre de l'Union européenne ou de tout autre engagement international de la France, et qui satisfait aux trois critères suivants :
– son identité est accessible au public, transparente et certaine ;
– ses activités, ainsi que ses pratiques comptables, sont transparentes ;
– il est soit responsable devant une institution de l'Union européenne ou devant les autorités d'un État membre, soit soumis à des procédures appropriées de contrôle de ses activités.

– qu'il n'existe pas de soupçon de blanchiment des capitaux ou de financement du terrorisme.

62112 **Personne physique ou morale domiciliée, enregistrée ou établie dans un État ou territoire figurant sur les listes du Gafi ou de la Commission européenne** Lorsque le commissaire aux comptes réalise une mission ou une prestation pour une personne physique ou morale domiciliée, enregistrée ou établie dans un État ou un territoire figurant sur les listes publiées par le Groupe d'action financière (Gafi) parmi ceux dont la législation ou les pratiques font obstacle à la lutte contre le blanchiment des capitaux et le financement du terrorisme ou par la Commission européenne en application de l'article 9 de la directive UE 2015/849 du 20 mai 2015 relative à la prévention de l'utilisation du système financier aux fins du blanchiment de capitaux ou du financement du terrorisme, il met en œuvre les **mesures de vigilance complémentaires** prévues par l'article R 561-20-4 du Code monétaire et financier (NEP 9605 § 34).

En application de l'article R 561-20-4, II du Code monétaire et financier modifié par le décret 2020-118 du 12 février 2020, les mesures de vigilance complémentaires, dont l'intensité varie selon une approche par les risques et qui prennent en compte les spécificités des opérations, sont les suivantes :
– la décision de nouer ou de maintenir la relation d'affaires est prise par un membre de l'organe exécutif ou toute personne habilitée à cet effet par l'organe exécutif si le client est domicilié, enregistré ou établi dans un État ou territoire mentionné au 3° de l'article L 561-10 ;
– des informations supplémentaires relatives aux éléments suivants sont recueillies : la connaissance de leur client et, le cas échéant, du bénéficiaire effectif, la nature de la relation d'affaires, l'origine des fonds et du patrimoine du client et, le cas échéant, du bénéficiaire effectif, ainsi que l'objet des opérations envisagées ou réalisées ;
– une surveillance renforcée de la relation d'affaires est mise en œuvre en augmentant le nombre et la fréquence des contrôles réalisés et en adaptant les critères et seuils en fonction desquels les opérations doivent faire l'objet d'un examen plus approfondi.

© Éd. Francis Lefebvre   INTERVENTIONS CONSÉCUTIVES À DES FAITS SURVENANT DANS L'ENTITÉ

La **liste du Gafi** a été mise à jour en juin 2021 et indique les pays présentant des déficiences stratégiques qui ne coopèrent pas avec le Gafi ou dont les progrès sont encore insuffisants et les pays présentant des déficiences stratégiques pour lesquels un plan d'action a été élaboré avec le Gafi. Les pays à haut risque sont les suivants : Albanie, Barbade, Birmanie, Botswana, Burkina Faso, Caïmans, Cambodge, Haïti, Jamaïque, Malte, Maroc, Maurice, Nicaragua, Ouganda, Pakistan, Panama, Philippines, Sénégal, Soudan du Sud, Syrie, Yémen et Zimbabwe.

La **Commission européenne** a également publié le 7 mai 2020, en application de l'article 9 de la directive UE 2015/849 du 20 mai 2015, sa liste des pays à haut risque de blanchiment des capitaux et de financement du terrorisme : Afghanistan, Bahamas, Barbade, Botswana, Cambodge, Corée du Nord, Ghana, Irak, Iran, Jamaïque, Maurice, Mongolie, Myanmar, Nicaragua, Pakistan, Panama, Syrie, Trinité-et-Tobago, Ouganda, Vanuatu, Yémen et Zimbabwe.

C. Mesures de vigilance simplifiées

Vigilance simplifiée Des mesures de vigilance simplifiées peuvent être mises en œuvre dans l'un ou l'autre des cas suivants (C. mon. fin. art. L 561-9 modifié par l'ordonnance 2020-115 du 12-2-2020) :

62113

1° Le risque de blanchiment des capitaux et de financement du terrorisme leur paraît faible.

2° Les clients, les services ou les produits figurent sur la liste des personnes, services ou produits présentant un faible risque de blanchiment de capitaux ou de financement du terrorisme et il n'existe pas de soupçon de blanchiment ou de financement du terrorisme.

Cette liste de personnes présentant un faible risque de blanchiment de capitaux ou de financement du terrorisme est mentionnée à l'article R 561-15 du Code monétaire et financier (voir n° 62116).

Le décret 2018-284 du 18 avril 2018 apporte des précisions concernant la mise en œuvre des mesures de vigilance simplifiées prévues dans les cas énoncés à l'article L 561-9 du code précité.

Pour la mise en œuvre des mesures de vigilance simplifiées, le commissaire aux comptes recueille les informations justifiant que le client, le service ou le produit présente un faible risque de blanchiment de capitaux ou de financement du terrorisme ou remplit les conditions prévues aux articles R 561-15 et R 561-16. Il s'assure tout au long de la relation d'affaires que le risque de blanchiment de capitaux ou de financement du terrorisme reste faible (C. mon. fin. art. R 561-14, al. 1 modifié par le décret 2020-118 du 12-2-2020).

Il met en place un dispositif général de surveillance et d'analyse des opérations adapté aux principales caractéristiques de leur clientèle et de leurs produits et leur permettant de détecter toute transaction inhabituelle ou suspecte. En cas d'opération suspecte, il met en œuvre ou renforce les mesures de vigilance simplifiées sauf s'il peut raisonnablement penser que la mise en œuvre de ces mesures altérerait le client. Dans les deux cas, il procède à la déclaration mentionnée à l'article L 561-15 (C. mon. fin. art. R 561-14, al. 2 modifié par le décret 2020-118 du 12-2-2020).

Lorsque **le risque** de blanchiment des capitaux et de financement du terrorisme lui **paraît faible** (C. mon. fin. art. L 561-9, 1°), le commissaire aux comptes :

– identifie et vérifie l'identité de son client selon les modalités prévues aux articles R 561-5 et R 561-5-1 et identifie et vérifie l'identité du bénéficiaire effectif selon les modalités prévues à l'article R 561-7 ;

– peut différer la vérification de l'identité de son client et du bénéficiaire effectif selon les modalités prévues à l'article R 561-6 ;

– peut simplifier les autres mesures de vigilance prévues au III de l'article R 561-5 et aux articles R 561-5-1 et R 561-6 en adaptant au risque faible identifié le moment de réalisation de ces mesures et leur fréquence de mise en œuvre, l'étendue des moyens mis en œuvre, la quantité d'informations collectées et la qualité des sources d'information utilisées ;

– est en mesure de justifier auprès de l'autorité de contrôle mentionnée à l'article R 561-36 que l'étendue des mesures de vigilance qu'il met en œuvre est adaptée aux risques qu'elle a évalués (C. mon. fin. art. R 561-14-1).

Lorsque **les personnes, les services ou les produits présentent un faible risque** de blanchiment de capitaux ou de financement du terrorisme et qu'**il n'existe pas de soupçon** de blanchiment ou de financement du terrorisme (C. mon. fin. art. L 561-9, 2°), le commissaire aux comptes met en œuvre les mesures d'identification du client et du bénéficiaire effectif selon les modalités prévues à l'article R 561-5, ainsi que les mesures prévues à l'article R 561-14 (C. mon. fin. art. R 561-14-2). Les services et produits concernés sont listés à l'article R 561-16.

1409

Vérification des éléments d'identification du client et du bénéficiaire effectif

62114
La vérification des éléments d'identification du client et, le cas échéant, du bénéficiaire effectif, peut être **différée** au plus tard jusqu'à la signature de la lettre de mission lorsque les conditions suivantes sont réunies (NEP 9605 § 35) :
– le commissaire aux comptes envisage de fournir des prestations de manière régulière à une personne ou entité pour laquelle il n'exerce pas la mission de contrôle légal ;
– le risque de blanchiment des capitaux et de financement du terrorisme présenté par la relation d'affaires lui paraît faible ;
– cela est nécessaire pour ne pas interrompre l'exercice normal de la prestation.
Lorsque le commissaire aux comptes s'aperçoit avant d'émettre la lettre de mission qu'il n'est pas en mesure de vérifier les éléments d'identification du client et, le cas échéant, du bénéficiaire effectif, il met un terme à la relation d'affaires et, s'il se trouve dans les conditions prévues au paragraphe 60 de la NEP 9605 (voir n⁰ˢ 62150 s.), procède à la déclaration à Tracfin (NEP 9605 § 36).

> Le commissaire aux comptes n'est pas soumis aux dispositions du paragraphe 36 de la NEP 9605 lorsque sa mission ou sa prestation se rattache à une procédure juridictionnelle, y compris dans le cadre de conseils relatifs à la manière d'engager ou d'éviter une telle procédure, et lorsqu'il donne des consultations juridiques (C. mon. fin. art. L 561-8, I modifié par l'ordonnance 2020-115 du 12-2-2020 ; NEP 9605 § 37).

62116
Le commissaire aux comptes n'a **pas l'obligation de vérifier les éléments d'identification** du client et du bénéficiaire effectif lorsqu'il n'a pas de soupçon de blanchiment des capitaux ou de financement du terrorisme et que le client est (C. mon. fin. R 561-15, 1⁰ à 3⁰ modifié par le décret 2020-118 du 14-2-2020 ; NEP 9605 § 38) :
– une personne mentionnée aux 1⁰ à 6⁰ bis de l'article L 561-2 du Code monétaire et financier (par exemple, les banques, les assurances, les mutuelles etc.) établie en France, dans un autre État membre de l'Union européenne, dans un État partie à l'accord sur l'Espace économique européen ; ou
– une société dont les titres sont admis à la négociation sur un marché réglementé en France, dans un autre État membre de l'Union européenne, dans un autre État partie à l'accord sur l'Espace économique européen ou qui est soumise à des obligations de publicité conformes au droit de l'Union ou qui est soumise à des normes internationales équivalentes garantissant une transparence adéquate des informations relatives à la propriété du capital. Par ailleurs, comme précisé au paragraphe 31 de la NEP 9605, il n'a pas l'obligation d'identifier le bénéficiaire effectif (voir n⁰ 62108) ; ou
– une autorité publique ou un organisme public, désigné comme tel en vertu du traité sur l'Union européenne, des traités instituant les Communautés, du droit dérivé de l'Union européenne, du droit public d'un État membre de l'Union européenne ou de tout autre engagement international de la France, et qui satisfait aux trois critères suivants :
a) son identité est accessible au public, transparente et certaine,
b) ses activités, ainsi que ses pratiques comptables, sont transparentes,
c) il est soit responsable devant une institution de l'Union européenne ou devant les autorités d'un État membre, soit soumis à des procédures appropriées de contrôle de ses activités.

Recueil des autres éléments d'information nécessaires

62117
Lorsque le **risque** de blanchiment des capitaux et de financement du terrorisme présenté par la relation d'affaires **paraît faible** au commissaire aux comptes, le recueil de tout autre élément d'information complémentaire, tel que prévu au paragraphe 32 de la NEP 9605 (voir n⁰ 62109), peut être simplifié en adaptant (C. mon. fin. art. R 561-14-1 ; NEP 9605 § 39) :
– l'étendue des moyens mis en œuvre ;
– la quantité d'informations collectées ; et
– la qualité des sources d'information utilisées.
Lorsque le client est l'une des personnes visées au paragraphe 38 de la NEP 9605 (voir n⁰ 62116) et qu'il n'y a pas de soupçon de blanchiment des capitaux ou de financement du terrorisme, le commissaire aux comptes n'a pas l'obligation de recueillir ces informations (NEP 9605 § 40).

D. Mesures de vigilance renforcées

62119

Lorsqu'au vu de la classification des **risques** et, le cas échéant, des premiers éléments collectés, le risque de blanchiment des capitaux et de financement du terrorisme présenté par la relation d'affaires lui paraît **élevé**, le commissaire aux comptes renforce les mesures de vigilance mises en œuvre sur le client, le bénéficiaire effectif et les autres éléments d'information nécessaires (C. mon. fin. art. L 561-10-1, I ; NEP 9605 § 41). La NEP prévoit que le commissaire aux comptes peut notamment :
– concernant l'identification et la vérification des **éléments d'identification du client** :
• demander un justificatif du domicile actuel du client personne physique,
• obtenir les statuts du client,
• solliciter directement des documents auprès de tiers, par exemple obtenir un extrait K bis directement auprès du greffe du tribunal de commerce ou un extrait du répertoire national des associations directement auprès de la préfecture ou de la sous-préfecture du siège de l'association concernée et, à Paris, auprès de la préfecture de police ;
– concernant l'identification et la vérification des **éléments d'identification du bénéficiaire effectif** :
• effectuer des recherches sur Internet ou s'enquérir des activités professionnelles que le bénéficiaire effectif exerce actuellement,
• lorsque le client est une personne ou entité tenue de déclarer au registre du commerce et des sociétés les informations relatives au bénéficiaire effectif conformément à l'article L 561-46 du Code monétaire et financier, demander une copie d'un document officiel en cours de validité comportant la photographie du bénéficiaire effectif en plus du recueil des informations contenues dans les registres mentionnés au paragraphe 27 de la NEP 9605 (voir n° 62105) ;
– concernant les autres éléments d'information nécessaires à la connaissance du client, **adapter la nature et l'étendue** des informations collectées et des analyses menées ;
– demander à consulter des **documents originaux** ou obtenir des **copies certifiées conformes** lorsque les originaux ne sont pas accessibles directement, par exemple lorsqu'ils sont détenus à l'étranger.

Sur la classification des risques de blanchiment des capitaux et de financement du terrorisme, qui a pour objectif de contribuer à la détermination du niveau de vigilance que le commissaire aux comptes devra exercer, voir n° 62126.

II. Obligations de vigilance du commissaire aux comptes au cours de la relation d'affaires

A. Vigilance à l'égard des opérations réalisées par l'entité

Mesures de vigilance

62120

En application de l'article L 561-6 du Code monétaire et financier, pendant toute la durée de la relation d'affaires, le commissaire aux comptes exerce une vigilance constante et pratique un **examen attentif des opérations effectuées** en veillant à ce qu'elles soient cohérentes avec la connaissance actualisée qu'il a de son client. La norme d'exercice professionnel 9605 précise que cette vigilance constante s'exerce **sans avoir à réaliser d'investigations spécifiques** ayant pour objectif de rechercher des opérations susceptibles de comporter un risque de blanchiment des capitaux ou de financement du terrorisme.

Le commissaire aux comptes procède à un examen attentif des opérations, objet des contrôles qu'il met en œuvre pour les besoins de la mission ou de la prestation fournie, en veillant à ce qu'elles soient cohérentes avec les activités professionnelles du client ou de la personne ou entité dont des opérations font l'objet des contrôles (NEP 9605 § 42).

Selon son appréciation du risque de blanchiment des capitaux ou de financement du terrorisme présenté par certaines de ces opérations, il s'enquiert de l'origine et de la destination des fonds concernés par ces opérations (NEP 9605 § 42).

INTERVENTIONS CONSÉCUTIVES À DES FAITS SURVENANT DANS L'ENTITÉ © Éd. Francis Lefebvre

62121 Les dispositions légales de l'article L 561-10-2 du Code monétaire et financier prévoient un examen renforcé de toute **opération** particulièrement **complexe** ou d'un **montant inhabituellement élevé** ou ne paraissant **pas** avoir **de justification économique ou d'objet licite.**

Dans ce cas, le commissaire aux comptes se renseigne auprès du client sur l'origine des fonds et la destination de ces sommes ainsi que sur l'objet de l'opération et l'identité de la personne qui en bénéficie (C. mon. fin. art. L 561-10-2 ; NEP 9605 § 43). Il exerce son jugement professionnel quant à la cohérence des informations collectées au regard de sa connaissance du client ou de la personne ou entité dont des opérations font l'objet des contrôles (NEP 9605 § 44).

Possibilité de simplifier les mesures de vigilance

62122 Les commissaires aux comptes peuvent mettre en œuvre des mesures de vigilance simplifiées dans l'un ou l'autre des **cas** suivants (C. mon. fin. art. L 561-9 modifié par l'ordonnance 2020-115 du 12-2-2020) :

1° Le risque de blanchiment des capitaux et de financement du terrorisme leur paraît faible.

2° Les clients, les services ou les produits figurent sur la liste des personnes, services ou produits présentant un faible risque de blanchiment de capitaux ou de financement du terrorisme et il n'existe pas de soupçon de blanchiment ou de financement du terrorisme.

La vigilance simplifiée concerne les dispositions prévues aux articles L 561-5, L 561-5-1 et L 561-6 du Code monétaire et financier (identification du client et du bénéficiaire effectif, vérification des éléments d'identification, recueil des informations relatives à l'objet et à la nature de la relation d'affaires, vigilance constante pendant la durée de la relation d'affaires et examen attentif des opérations).

Lorsque le risque de blanchiment des capitaux et de financement du terrorisme présenté par la relation d'affaires paraît faible au commissaire aux comptes, les mesures de vigilance peuvent être simplifiées en adaptant la fréquence de mise en œuvre, l'étendue des moyens mis en œuvre, la quantité d'informations collectées et la qualité des sources d'information utilisées (C. mon. fin. art. R 561-14-1, 3° ; NEP 9605 § 45).

Mesures de vigilance renforcées

62123 Par ailleurs, des mesures de vigilance renforcées sont mises en œuvre lorsque le risque de blanchiment des capitaux ou de financement du terrorisme présenté par une relation d'affaires, un produit ou une opération paraît élevé (C. mon. fin. art. L 561-10-1, I). Lorsque le risque de blanchiment des capitaux et de financement du terrorisme présenté par la relation d'affaires paraît **élevé** au commissaire aux comptes, ou lorsque le bénéficiaire effectif ou le client, personne physique, est une personne exposée, il applique, en sus des mesures de vigilance à l'égard des opérations réalisées par l'entité décrites dans la NEP 9605 (§ 42 à 44), des mesures de vigilance renforcées sur des opérations sélectionnées selon son jugement professionnel parmi celles objet des contrôles qu'il met en œuvre pour les besoins de la mission ou de la prestation.

Ces mesures de vigilance renforcées consistent à **se renseigner** sur l'objet et la cohérence économique de l'opération et l'identité de la personne qui en bénéficie et l'origine et la destination des fonds (NEP 9605 § 46).

Le commissaire aux comptes exerce son jugement professionnel pour apprécier la cohérence des informations collectées au regard de sa connaissance du client ou de la personne ou entité dont des opérations font l'objet des contrôles (NEP 9605 § 47).

Voir également n° 62121.

Le II de l'article L 561-10-1 prévoit expressément que la mise en œuvre des mesures de vigilance complémentaires ne fait pas obstacle à l'application des mesures de vigilance renforcées. Ainsi, ces deux catégories de mesures peuvent, le cas échéant, se cumuler.

B. Mesures de vigilance complémentaires dans certains cas particuliers

62124 Lorsque le commissaire aux comptes réalise une mission ou une prestation pour une personne physique ou morale domiciliée, enregistrée ou établie dans un État ou territoire

© Éd. Francis Lefebvre — INTERVENTIONS CONSÉCUTIVES À DES FAITS SURVENANT DANS L'ENTITÉ

figurant sur les listes du Gafi ou de la Commission européenne, il met en œuvre les mesures de vigilance complémentaires prévues par l'article R 561-20-4 du Code monétaire et financier (NEP 9605 § 48 ; voir n° 62112).

C. Actualisation de l'évaluation du risque de blanchiment des capitaux et de financement du terrorisme présenté par la relation d'affaires et adaptation des mesures de vigilance

62126

L'ordonnance 2016-1635 du 1er décembre 2016 clarifie et renforce les dispositions sur l'évaluation des risques conduite par les personnes assujetties.

L'article L 561-4-1 du Code monétaire et financier impose aux personnes assujetties de définir et de mettre en place des dispositifs d'identification et d'évaluation des risques de blanchiment des capitaux et de financement du terrorisme auxquels elles sont exposées ainsi qu'une politique adaptée à ces risques.

Ces **risques** doivent être **classifiés** en fonction de plusieurs critères : nature des produits ou des services offerts, conditions de transaction proposées, canaux de distribution utilisés, caractéristiques des clients, pays ou territoire d'origine ou de destination des fonds.

L'article précité ajoute que l'identification et l'évaluation des risques doivent tenir compte des facteurs inhérents aux clients et des facteurs géographiques précisés par arrêté du ministre chargé de l'économie, ainsi que des recommandations de la Commission européenne issues du rapport prévu par l'article 6 de la directive 2015/849 du 20 mai 2015, des facteurs de risque mentionnés aux annexes II et III de la directive précitée ainsi que de l'analyse des risques effectuée au plan national dans des conditions fixées par décret.

> Ce dispositif est complété par l'obligation de mettre en œuvre une organisation et des procédures internes pour lutter contre le blanchiment des capitaux et le financement du terrorisme, tenant compte de l'évaluation des risques précités : voir n° 62180.
>
> Le dispositif d'identification et d'évaluation des risques s'applique également au niveau des groupes dont l'entreprise mère a son siège social en France, conformément à l'alinéa 3 de l'article L 561-4-1 du code précité.

La NEP reprend ces éléments en précisant que la **classification des risques** de blanchiment des capitaux et de financement du terrorisme s'opère au moins selon les quatre critères suivants (NEP 9605 § 02) :
– les caractéristiques des clients ou des clients occasionnels ;
– l'activité des clients ou des clients occasionnels ;
– la localisation des clients ou des clients occasionnels et la localisation de leurs activités ;
– les missions ou prestations proposées par la structure d'exercice du commissariat aux comptes.

Cette classification contribue à la détermination du niveau de vigilance que le commissaire aux comptes devra exercer, que ce soit avant d'accepter la relation d'affaires avec un client ou de fournir une prestation à un client occasionnel et également tout au long de la relation d'affaires ou de l'exécution de la prestation.

Les mesures de vigilance sont ainsi mises en œuvre en fonction de cette évaluation des risques.

> Afin de permettre aux commissaires aux comptes de mieux identifier les menaces, les vulnérabilités et le niveau de risque, le conseil d'orientation de la lutte contre le blanchiment de capitaux et le financement du terrorisme a publié son analyse nationale des risques (ANR). Le H3C a quant à lui publié une analyse sectorielle des risques (ASR) qui permet d'attirer l'attention sur les risques de blanchiment des capitaux et de financement du terrorisme liés à une activité ou un secteur (voir également n°s 62090-1 s.).

Obligation de vigilance constante Pendant toute la durée de la relation d'affaires et dans des conditions définies par décret, le commissaire aux comptes exerce, dans la limite de ses droits et obligations, une vigilance constante et pratique un examen attentif des opérations effectuées en veillant à ce qu'elles soient cohérentes avec la connaissance actualisée qu'il a de la relation d'affaires (C. mon. fin. art. L 561-6).

62127

La nature et l'étendue des informations collectées ainsi que la fréquence de la mise à jour de ces informations et l'étendue des analyses menées sont adaptées au risque de

INTERVENTIONS CONSÉCUTIVES À DES FAITS SURVENANT DANS L'ENTITÉ © Éd. Francis Lefebvre

blanchiment de capitaux et de financement du terrorisme présenté par la relation d'affaires (C. mon. fin. art. R 561-12 ; NEP 9605 § 49).

La NEP 9605 précise que le commissaire aux comptes **recueille, met à jour et analyse** les éléments d'information qui lui permettent de conserver une connaissance appropriée du client et, le cas échéant, du bénéficiaire effectif ainsi que de l'objet et de la nature de la mission autre que le contrôle légal ou de la prestation.

Le commissaire aux comptes tient compte également des changements pertinents affectant la situation du client, et, le cas échéant, du bénéficiaire effectif, ou affectant la mission autre que le contrôle légal ou la prestation, y compris lorsque ces changements sont constatés à l'occasion du réexamen de toute information pertinente relative aux bénéficiaires effectifs, notamment en application de la réglementation relative à l'échange d'informations dans le domaine fiscal (C. mon. fin. art. R 561-12 modifié par le décret 2020-118 du 12-2-2020 ; NEP 9605 § 49).

Un arrêté publié en date du 2 septembre 2009 et pris en application de l'article R 561-12 du Code monétaire et financier précise les **éléments d'information susceptibles d'être recueillis** pendant toute la durée de la relation d'affaires aux fins d'évaluation des risques de blanchiment de capitaux et de financement du terrorisme.

Au titre de la connaissance de la situation professionnelle, économique et financière du client et, le cas échéant, du bénéficiaire effectif, les éléments suivants peuvent ainsi être recueillis :
– pour les personnes morales : la justification de l'adresse du siège social, les statuts, les mandats et pouvoirs ainsi que tout élément permettant d'apprécier la situation financière ;
– pour les personnes physiques : la justification de l'adresse du domicile à jour au moment où les éléments sont recueillis, les activités professionnelles actuellement exercées, les revenus ou tout élément permettant d'estimer les autres ressources, tout élément permettant d'apprécier le patrimoine, s'agissant des personnes mentionnées aux I, II et III de l'article R 561-18, les fonctions ou tout élément permettant d'apprécier la nature des liens existants entre ces personnes ;
– pour les structures de gestion d'un patrimoine d'affectation sans personnalité morale, d'une fiducie ou de tout autre dispositif juridique comparable relevant du droit étranger : un document justifiant la répartition des droits sur le capital ou sur les bénéfices de l'entité au nom de laquelle l'ouverture d'un compte ou l'exécution d'une opération est demandée.

Au titre de la connaissance de la relation d'affaires, les éléments pouvant être recueillis sont les suivants : le montant et la nature des opérations envisagées, la provenance des fonds, la destination des fonds ainsi que la justification économique déclarée par le client ou le fonctionnement envisagé du compte.

En fonction des éléments collectés, le commissaire aux comptes actualise si nécessaire son évaluation du risque de blanchiment des capitaux et de financement du terrorisme présenté par la relation d'affaires et adapte en conséquence les mesures de vigilance (NEP 9605 § 49).

62128 **Éléments d'identification inexacts ou non pertinents** Selon l'article R 561-11 du Code monétaire et financier, lorsque le commissaire aux comptes a de bonnes raisons de penser que l'identité du client et les éléments d'identification du client et, le cas échéant, du bénéficiaire effectif précédemment obtenus ne sont plus exacts ou pertinents, il procède de nouveau à l'identification et à la vérification des éléments d'identification. Pour ce faire, il se réfère aux diligences prévues aux paragraphes 19 à 32 de la NEP 9605 (NEP 9605 § 50 ; voir nᵒˢ 62100 s.).

62129 **Déclaration du représentant légal** S'il l'estime nécessaire, le commissaire aux comptes demande au représentant légal de la personne ou entité une déclaration confirmant qu'il n'y a pas eu, depuis les derniers éléments collectés, de modification concernant le bénéficiaire effectif et son éventuelle qualification de personne exposée ou, si le client est une personne physique, il lui demande une déclaration confirmant qu'il n'y a pas eu, depuis les derniers éléments collectés, de modification concernant son éventuelle qualification de personne exposée (NEP 9605 § 51).

62130 **Cas particuliers** Lorsque le commissaire aux comptes identifie que le bénéficiaire effectif ou le client, personne physique, est une **personne exposée**, il met en œuvre la mesure de vigilance complémentaire prévue au paragraphe 33 de la NEP 9605 pour la poursuite de la relation d'affaires (NEP 9605 § 52 ; voir nᵒ 62111).

Lorsque le commissaire aux comptes identifie, au cours de l'exécution de la mission ou de la prestation, que son client est une personne physique ou morale, domiciliée, enregistrée ou établie dans un État ou un territoire figurant sur les listes publiées par le Groupe

1414

Motif légitime de démission Lorsque le commissaire aux comptes n'est plus en mesure d'identifier le client ou, le cas échéant, le bénéficiaire effectif, ou de vérifier leurs éléments d'identification ou de recueillir, mettre à jour et analyser les éléments relatifs à la connaissance de l'objet et de la nature de la mission autre que le contrôle légal ou de la prestation, il met un terme à la relation d'affaires. Ces circonstances constituent un motif légitime de démission au sens du Code de déontologie (CDP art. 28).

En outre, s'il se trouve dans les conditions prévues au paragraphe 60 de la NEP 9605, il procède à la déclaration à Tracfin (NEP 9605 § 54 ; voir n°s 62150 s.).

Le commissaire aux comptes n'est pas soumis aux dispositions du paragraphe 54 de la NEP 9605 lorsque sa prestation se rattache à une procédure juridictionnelle, y compris dans le cadre de conseils relatifs à la manière d'engager ou d'éviter une telle procédure, et lorsqu'il donne des consultations juridiques (C. mon. fin. art. L 561-8, I modifié par l'ordonnance 2020-115 du 12-2-2020 ; NEP 9605 § 55).

62131

Plan de mission Conformément aux dispositions du paragraphe 10 de la NEP 300 qui précisent que le plan de mission décrit notamment l'orientation des travaux et les lignes directrices nécessaires à la préparation du programme de travaux, le commissaire aux comptes précise les conditions de mise en œuvre de la vigilance dans son plan de mission.

Pour cela, il peut notamment :
– mentionner l'évaluation du risque et les conséquences en termes de vigilance ;
– intégrer la vigilance dans les procédures d'audit prévues ;
– préciser les modalités de communication interne en cas d'opération posant question.

62132

D. Désignation par Tracfin des personnes ou opérations présentant un risque important

Pour les besoins des obligations de vigilance, Tracfin peut désigner aux commissaires aux comptes, pour une durée maximale de six mois renouvelable, des opérations ou des personnes qui présentent un risque important de blanchiment de capitaux ou de financement du terrorisme (C. com. art. L 561-26).

Cette désignation est portée à la connaissance des commissaires aux comptes directement, par écrit et par tout moyen de nature à conférer date certaine et à garantir la sécurité et la conservation de cette désignation, dont la durée est précisée (C. mon. fin. art. R 561-36-1).

Il est interdit, sous peine des sanctions prévues à l'article L 574-1, de porter à la connaissance des clients ou à la connaissance des tiers autres que les autorités de contrôle, les informations transmises par Tracfin.

62140

III. Obligations de vigilance du commissaire aux comptes avant d'accepter de fournir une prestation à un client occasionnel

Obtention d'informations Avant d'accepter de fournir une prestation à un client occasionnel, le commissaire aux comptes s'enquiert auprès de ce dernier de la nature de l'opération ou des opérations concernées par la prestation envisagée ainsi que de l'objet et de la nature de cette prestation (NEP 9605 § 56).

Pour une définition de la notion de client occasionnel et de prestation, voir n° 62093.

62141

Identification et vérification des éléments d'identification En application de l'article R 561-10, 7° du Code monétaire et financier, le commissaire aux comptes identifie le client occasionnel et, le cas échéant, le bénéficiaire effectif et vérifie leurs éléments d'identification lorsque la prestation envisagée concerne une opération ou des

62142

INTERVENTIONS CONSÉCUTIVES À DES FAITS SURVENANT DANS L'ENTITÉ © Éd. Francis Lefebvre

opérations liées réalisées ou envisagées par le client occasionnel (C. mon. art. L 561-5, II et R 561-10 ; NEP 9605 § 57) :
– d'un montant qui **excède 15 000 euros** ; ou
– présentant les **caractéristiques devant conduire à une déclaration** Tracfin conformément au paragraphe 60 de la NEP 9605.
À ce titre, le commissaire aux comptes met en œuvre les mesures de vigilance définies aux paragraphes 19 à 31 et 33 à 34 de la NEP 9605 (NEP 9605 § 57 ; voir nᵒˢ 62100 s.).

62143 **Mesures de vigilance renforcées** Il renforce également les mesures de vigilance lorsque l'opération ou les opérations portent sur des sommes dont il sait, soupçonne ou a de bonnes raisons de soupçonner qu'elles proviennent d'une infraction passible d'une peine privative de liberté supérieure à un an ou sont liées au financement du terrorisme visées au paragraphe 60 de la NEP 9605.
Le commissaire aux comptes **renforce ces mesures** lorsque l'opération ou les opérations liées (NEP 9605 § 57) :
– excèdent 15 000 euros **et** que le **risque** de blanchiment des capitaux et de financement du terrorisme présenté par l'opération ou les opérations liées lui paraît **élevé** ; ou
– présentent les caractéristiques visées au paragraphe 60 de la présente norme (caractéristiques devant conduire à une déclaration Tracfin).
Il renforce également les mesures de vigilance lorsque l'opération ou les opérations portent sur des sommes dont il sait, soupçonne ou a de bonnes raisons de soupçonner qu'elles proviennent d'une infraction passible d'une peine privative de liberté supérieure à un an ou sont liées au financement du terrorisme visées au paragraphe 60 de la NEP 9605.

Il peut notamment :
– concernant l'identification et la vérification des éléments d'identification du client occasionnel :
• demander un justificatif du domicile actuel du client personne physique,
• obtenir les statuts,
• solliciter directement des documents auprès de tiers, par exemple obtenir un extrait K bis directement auprès du greffe du tribunal de commerce ou un extrait du répertoire national des associations directement auprès de la préfecture ou de la sous-préfecture du siège de l'association concernée et, à Paris, auprès de la préfecture de police ;
– concernant l'identification et la vérification des éléments d'identification du bénéficiaire effectif :
• effectuer des recherches sur Internet ou s'enquérir des activités professionnelles que le bénéficiaire effectif exerce actuellement,
• lorsque le client est une personne ou entité tenue de déclarer au registre du commerce et des sociétés les informations relatives au bénéficiaire effectif conformément à l'article L 561-46 du Code monétaire et financier, demander une copie d'un document officiel en cours de validité comportant la photographie du bénéficiaire effectif en plus du recueil des informations contenues dans les registres mentionnés au paragraphe 27 de la NEP 9605 ;
– demander à consulter des documents originaux ou obtenir des copies certifiées conformes lorsque les originaux ne sont pas accessibles directement, par exemple lorsqu'ils sont détenus à l'étranger.

62144 **Refus de fournir la prestation** Lorsqu'à l'issue de ces diligences, le commissaire aux comptes n'est pas en mesure d'identifier le client occasionnel ou, le cas échéant, le bénéficiaire effectif ou de vérifier leurs éléments d'identification, il n'accepte pas de fournir la prestation.
En outre, s'il se trouve dans les conditions prévues au paragraphe 60 de la NEP 9605, il procède à la déclaration à Tracfin (NEP 9605 § 58 ; voir nᵒˢ 62150 s.).
Le commissaire aux comptes n'est pas soumis aux dispositions du paragraphe 58 de la NEP 9605 lorsque sa prestation se rattache à une procédure juridictionnelle, y compris dans le cadre de conseils relatifs à la manière d'engager ou d'éviter une telle procédure, et lorsqu'il donne des consultations juridiques (C. mon. fin. art. L 561-8, I modifié par l'ordonnance 2020-115 du 12-2-2020 ; NEP 9605 § 59).

IV. Obligations de déclaration

Obligations

62150 L'article L 561-15, I du Code monétaire et financier impose au commissaire aux comptes une obligation de déclaration auprès du service Tracfin des sommes ou opérations dont il sait, soupçonne ou a de bonnes raisons de soupçonner qu'elles proviennent d'une **infraction** passible d'une peine privative de liberté supérieure à un an ou sont liées au financement du terrorisme.

Par dérogation, lorsque les sommes ou opérations dont il sait, soupçonne ou a de bonnes raisons de soupçonner qu'elles proviennent d'une **fraude fiscale**, la déclaration est à effectuer lorsqu'on se trouve en présence d'au moins un des 16 critères suivants (définis par le décret 2009-874 du 16-7-2009, codifié à l'article D 561-32-1 du Code monétaire et financier, pris en application de l'article L 561-15, II du même Code) :

1° L'**utilisation de sociétés-écrans**, dont l'activité n'est pas cohérente avec l'objet social ou ayant leur siège social dans un État ou un territoire qui n'a pas adhéré à la norme relative à l'échange de renseignements sur demande à des fins fiscales, ou à l'adresse privée d'un des bénéficiaires de l'opération suspecte ou chez un domiciliataire au sens de l'article L 123-11 du Code de commerce.

2° La réalisation d'opérations financières par des sociétés dans lesquelles sont intervenus des **changements statutaires fréquents** non justifiés par la situation économique de l'entreprise.

3° Le **recours à l'interposition de personnes physiques** n'intervenant qu'en apparence pour le compte de sociétés ou de particuliers impliqués dans des opérations financières.

4° La réalisation d'**opérations financières incohérentes au regard des activités habituelles** de l'entreprise ou d'opérations suspectes dans des **secteurs sensibles aux fraudes à la TVA** de type carrousel, tels que les secteurs de l'informatique, de la téléphonie, du matériel électronique, du matériel électroménager, de la hi-fi et de la vidéo.

5° La progression forte et inexpliquée, sur une courte période, des sommes créditées sur les **comptes nouvellement ouverts ou jusque-là peu actifs ou inactifs**, liée, le cas échéant, à une augmentation importante du nombre et du volume des opérations ou au recours à des sociétés en sommeil ou peu actives dans lesquelles ont pu intervenir des changements statutaires récents.

6° La constatation d'**anomalies dans les factures ou les bons de commande** lorsqu'ils sont présentés comme justification des opérations financières, telles que l'absence du numéro d'immatriculation au registre du commerce et des sociétés, du numéro Siren, du numéro de TVA, de numéro de facture, d'adresse ou de dates.

7° Le recours inexpliqué à des comptes utilisés comme des comptes de passage ou par lesquels transitent de **multiples opérations tant au débit qu'au crédit, alors que les soldes des comptes sont souvent proches de zéro**.

8° Le **retrait fréquent d'espèces** d'un compte professionnel **ou leur dépôt sur un tel compte non** justifié par le niveau ou la nature de l'activité économique.

9° La **difficulté d'identifier les bénéficiaires effectifs** et les liens entre l'origine et la destination des fonds en raison de l'utilisation de comptes intermédiaires ou de comptes de professionnels non financiers comme comptes de passage, ou du recours à des structures sociétaires complexes et à des montages juridiques et financiers rendant peu transparents les mécanismes de gestion et d'administration.

10° Les opérations financières internationales sans cause juridique ou économique apparente se limitant le plus souvent à de simples **transits de fonds** en provenance ou à destination de l'étranger notamment lorsqu'elles sont réalisées avec des États ou des territoires visés au 1°.

11° Le **refus du client de produire des pièces justificatives** quant à la provenance des fonds reçus ou quant aux motifs avancés des paiements, ou l'impossibilité de produire ces pièces.

12° Le **transfert de fonds vers un pays étranger** suivi de leur rapatriement sous la forme de prêts.

13° L'**organisation de l'insolvabilité** par la vente rapide d'actifs à des personnes physiques ou morales liées ou à des conditions qui traduisent un déséquilibre manifeste et injustifié des termes de la vente.

14° L'**utilisation régulière par des personnes physiques** domiciliées et ayant une activité en France de comptes détenus par des **sociétés étrangères**.

15° Le **dépôt par un particulier de fonds sans rapport avec son activité** ou sa situation patrimoniale connues.

16° La réalisation d'une **transaction immobilière à un prix manifestement sous-évalué**.

Les sommes et opérations susvisées supposent le constat d'un flux passé, présent ou à venir et excluent les charges et produits calculés (NEP 9605 § 60).

Aucun seuil ne peut être appliqué pour justifier une absence de déclaration.

Les tentatives de telles opérations font également l'objet d'une déclaration à Tracfin. Une tentative se caractérise par un commencement d'exécution (NEP 9605 § 60).

Ces opérations ou sommes ont pu être identifiées par le commissaire aux comptes dans le cadre des mesures de vigilance mises en œuvre sur les opérations ou en dehors de ses obligations de vigilance, au cours de ses missions ou des prestations fournies (NEP 9605 § 60).

Précisions sur la notion de soupçon. Alors que l'obligation de révélation définie à l'article L 823-12, al. 2 du Code de commerce a trait à des faits établis constituant un acte ou

INTERVENTIONS CONSÉCUTIVES À DES FAITS SURVENANT DANS L'ENTITÉ © Éd. Francis Lefebvre

un comportement sanctionné par un texte pénal, la notion de soupçon ne fait pas l'objet d'une définition légale. Le Conseil d'État (CE 31-3-2004 n° 256355, Sté Nextup SA : Bull. Joly Bourse 2004 p. 627 § 121 note Ch. Cutajar) a précisé cette notion de la manière suivante : dès lors que les vérifications imposées par l'article L 563-3 ne permettent pas d'établir l'origine licite des sommes, il ne peut alors être exclu que ces sommes puissent provenir du trafic de stupéfiants ou de l'activité d'organisations criminelles. En conséquence, les personnes assujetties doivent procéder à la déclaration exigée par l'article L 562-2 du Code monétaire et financier. Il résulte de cet arrêt que lorsqu'il a un « soupçon », le commissaire aux comptes n'est pas en mesure de prouver l'existence de l'élément matériel du délit, il la soupçonne ou a de bonnes raisons de la soupçonner. On peut définir les soupçons ou les bonnes raisons de soupçonner comme la présence d'un faisceau d'éléments objectifs ou d'une multiplicité d'indices à partir desquels un professionnel normalement diligent peut s'interroger sur la licéité des opérations dont il a connaissance.

Si le commissaire aux comptes a connaissance d'éléments matériels avérés, le soupçon devient alors un « fait » qui conduit à la révélation de faits délictueux auprès du procureur de la République. L'articulation des obligations de déclaration et de révélation des faits délictueux est traitée au n° 62176.

Il en résulte que les soupçons ne correspondent pas nécessairement à des faits délictueux avérés au sens de l'article L 823-12, al. 2 du Code de commerce ou à des irrégularités au sens des articles L 823-12, al. 1 et L 823-16, 3° du même Code (NEP 9605 § 77, al. 2).

Déclarant

62155 Les commissaires aux comptes s'acquittent **personnellement** de l'obligation de déclaration mentionnée à l'article L 561-15 du Code monétaire et financier, quelles que soient les modalités de leur exercice professionnel (art. R 561-23, IV du Code précité).

En cas de **pluralité de commissaires aux comptes** signataires, chacun établit une déclaration à Tracfin, qu'ils appartiennent ou non à une même structure d'exercice du commissariat aux comptes (NEP 9605 § 61).

L'obligation de déclaration incombe donc à chaque **signataire** et non au cabinet au sein duquel le commissaire aux comptes exerce, le cas échéant, son activité professionnelle.

Lorsque le commissaire aux comptes est une personne morale, son dirigeant ou préposé peut, en application du III de l'article R 561-23 du Code monétaire et financier, prendre l'initiative de déclarer lui-même, dans des cas exceptionnels, en raison notamment de l'urgence, une opération lui paraissant devoir l'être en application de l'article L 561-15. Cette déclaration est confirmée dans les meilleurs délais par le ou les commissaires aux comptes signataires (NEP 9605 § 62).

Date du dépôt de la déclaration

62160 La déclaration doit intervenir **avant la réalisation de l'opération** (C. mon. fin. art. L 561-16, al. 1 et L 561-24).

En application des articles L 561-16 et L 561-24 du Code monétaire et financier, dans le cadre d'une mission ou d'une prestation, le commissaire aux comptes s'abstient d'effectuer toute opération – notamment recevoir, conserver ou délivrer des fonds ou valeurs – portant sur des sommes dont il sait, soupçonne ou a de bonnes raisons de soupçonner qu'elles proviennent d'une infraction passible d'une peine privative de liberté supérieure à un an ou sont liées au financement du terrorisme jusqu'à ce qu'il ait déclarée à Tracfin. Il ne peut alors procéder à la réalisation de l'opération que si Tracfin n'a pas notifié d'opposition, ou si au terme du délai d'opposition notifié par Tracfin, aucune décision du président du tribunal de grande instance (devenu tribunal judiciaire à compter du 1-1-2021) de Paris ne lui est parvenue (NEP 9605 § 71).

Dans les cas suivants, **par exception**, la déclaration doit être réalisée **sans délai après la réalisation de l'opération** (C. mon. fin. art. L 561-16, al. 2 ; NEP 9605 § 72) :
– impossibilité de surseoir à l'exécution de l'opération ;
– risque que le report de l'opération fasse obstacle à des investigations portant sur une opération suspectée de blanchiment des capitaux ou de financement du terrorisme ;
– soupçon postérieur à la réalisation de l'opération.

En pratique, le commissaire aux comptes ne se trouvera que rarement confronté à ces dispositions qui concernent certaines personnes qui sont assujetties aux obligations de lutte contre le blanchiment de capitaux et le financement du terrorisme et qui pourraient avoir une participation opérationnelle dans ce type d'opérations (par exemple dans le secteur banque ou assurance). Sa déclaration interviendra le plus souvent dans le cadre de son audit. Par exception, une telle obligation pourrait concerner le commissaire aux comptes consulté, par exemple, sur le traitement comptable à retenir pour une opération envisagée dont il soupçonne qu'elle peut entrer dans le cadre de l'article L 561-15 du Code monétaire et financier.

Mode de déclaration

62162

La déclaration à Tracfin peut être **établie par écrit ou recueillie verbalement** (C. mon. fin. art. L 561-15, VI). Dans le second cas, elle est recueillie par Tracfin en présence du ou des déclarants (C. mon. fin. art. R 561-31, II).

Dans des cas exceptionnels, le commissaire aux comptes peut réaliser sa déclaration verbalement lors d'une réunion avec un agent de Tracfin au cours de laquelle il remet les pièces ou documents justificatifs utiles venant à son appui (NEP 9605 § 63).

La déclaration à Tracfin est établie par écrit. Elle est effectuée (NEP 9605 § 63) :

– soit par voie électronique sur la plateforme Ermes (Échange de renseignements par messages en environnement sécurisé) accessible à partir du site Internet de Tracfin (www.economie.gouv.fr/tracfin) ;

> En cas d'indisponibilité d'Ermes, la déclaration peut être adressée par voie postale ou par télécopie, au moyen d'un formulaire dématérialisé, complété de façon dactylographiée (Arrêté du 6-6-2013 art. 3 et 4).

– soit au moyen d'un formulaire à télécharger sur le site Internet de Tracfin, dont le contenu est dactylographié et signé.

En application de l'article R 561-25 du Code précité, le déclarant reçoit, sauf indication contraire de sa part, un accusé de réception de la déclaration effectuée et répond à toute demande de Tracfin.

Contenu des déclarations

62164

La déclaration à Tracfin comporte les éléments prévus à l'article R 561-31, III du Code monétaire et financier et précisés par le paragraphe 64 de la NEP 9605, à savoir :

– la qualité de commissaire aux comptes ;

– l'identification et les coordonnées professionnelles du commissaire aux comptes réalisant la déclaration ;

– le cas de déclaration par référence aux cas mentionnés à l'article L 561-15 du Code monétaire et financier, visés au paragraphe 60 de la NEP 9605 ;

– les éléments d'identification du client en la possession du commissaire aux comptes, notamment la forme juridique du client et son secteur d'activité lorsqu'il s'agit d'une personne morale, son activité professionnelle et les éléments de son patrimoine lorsqu'il s'agit d'une personne physique ;

– l'objet et la nature de la mission mise en œuvre ou de la prestation fournie ;

– le descriptif de l'opération concernée et, le cas échéant, les éléments d'identification de la personne bénéficiant de l'opération qui fait l'objet de la déclaration ;

– les éléments d'analyse qui ont conduit le commissaire aux comptes à effectuer la déclaration ;

– lorsque l'opération n'a pas encore été exécutée, son délai d'exécution ;

– les pièces ou documents justificatifs utiles.

La déclaration est accompagnée, le cas échéant, de toute pièce utile à son exploitation par Tracfin (C. mon. fin. art. R 561-31, IV).

> De plus, lorsque la déclaration est écrite, elle est effectuée au moyen d'un formulaire dont les mentions ont été fixées par l'arrêté du 6 juin 2013 (C. mon. fin. art. R 561-31, I).
>
> L'article 1 de l'arrêté du 6 juin 2013 fixant les modalités de transmission de la déclaration effectuée en application de l'article L 561-15 du Code monétaire et financier et d'information du déclarant de l'irrecevabilité de sa déclaration précise que le formulaire comporte, outre les informations précitées, les informations complémentaires en possession du déclarant, notamment :
> – pour les personnes physiques, l'activité professionnelle et les éléments de patrimoine ;
> – pour les personnes morales, le numéro d'immatriculation au registre du commerce et des sociétés, la forme juridique et le secteur d'activité.

Lorsqu'une déclaration de soupçon effectuée en application de l'article L 561-15 ne satisfait pas à l'une des conditions prévues aux I, II et III de l'article R 561-31, Tracfin invite le déclarant, dans un délai de dix jours ouvrables à compter de sa réception, à régulariser sa déclaration en lui précisant les éléments à compléter (Arrêté du 6-6-2013 art. 5).

Le déclarant dispose d'un délai d'un mois à compter de cette notification, pour procéder à la régularisation. À défaut de régularisation dans ce délai, le déclarant est informé via

INTERVENTIONS CONSÉCUTIVES À DES FAITS SURVENANT DANS L'ENTITÉ © Éd. Francis Lefebvre

la plateforme Ermes ou par tout autre moyen permettant de s'assurer qu'il en a eu connaissance de l'**irrecevabilité** de sa déclaration, au plus tard dans un délai de dix jours ouvrables (C. mon. fin. art. R 561-31, V et Arrêté précité art. 5). Cette irrecevabilité emporte toutes les conséquences juridiques du défaut de dépôt d'une déclaration de soupçon (NEP 9605 § 65).

Suivi des déclarations

62166 Le commissaire aux comptes doit avertir Tracfin, sans délai, des éléments nouveaux infirmant, confortant ou modifiant la déclaration initiale (C. mon. fin. art. L 561-15, IV ; NEP 9605 § 66).

Confidentialité

62168 La déclaration à Tracfin est **confidentielle**. Il est interdit, sous peine de sanctions prévues à l'article L 574-1 du Code monétaire et financier, de porter à la connaissance de l'entité (client) ou de tiers l'existence ou le contenu de la déclaration, **à l'exception du Haut Conseil du commissariat aux comptes** (C. mon. fin. art. L 561-18). Le commissaire aux comptes ne peut, ni ne doit révéler à l'autorité judiciaire ou aux officiers de police judiciaire agissant sur délégation l'existence et le contenu d'une déclaration à Tracfin (NEP 9605 § 67). Le commissaire aux comptes ne fait pas figurer la déclaration dans son dossier de travail en raison de son caractère confidentiel (NEP 9605 § 75).

Relation avec Tracfin

62169 Le commissaire aux comptes est tenu de répondre à toute demande émanant de Tracfin, dans les délais fixés par celui-ci (NEP 9605 § 68).

Échanges d'informations

62170 L'article L 561-20 du Code monétaire et financier prévoit que les **commissaires aux comptes, les experts-comptables et les professionnels du droit qui appartiennent au même réseau** ou à une **même structure d'exercice professionnel** s'informent de l'existence et du contenu de la déclaration de soupçon prévue à l'article L 561-15 du Code précité **à condition que** l'ensemble des conditions ci-dessous soient réunies :
– les informations ne sont échangées qu'entre personnes d'un même réseau ou d'une même structure d'exercice professionnel, soumises à l'obligation de déclaration prévue à l'article L 561-15 ;
– les informations divulguées sont nécessaires à l'exercice au sein du réseau ou de la structure d'exercice professionnel, de la vigilance en matière de lutte contre le blanchiment des capitaux et le financement du terrorisme et seront exclusivement utilisées à cette fin ;
– les informations sont divulguées à une personne ou un établissement situé en France ou dans un autre État membre de l'Union européenne, dans un État partie à l'Espace économique européen ou dans un pays tiers imposant des obligations équivalentes en matière de lutte contre le blanchiment et le financement du terrorisme figurant sur une liste fixée par arrêté du ministre chargé de l'économie ;
– le traitement des informations réalisé dans ce pays garantit un niveau de protection suffisant de la vie privée et des libertés et droits fondamentaux des personnes conformément aux articles 122 et 123 de la loi 78-17 du 6 janvier 1978.
En outre, lorsque les commissaires aux comptes, les experts-comptables, les salariés autorisés à exercer la profession d'expert-comptable, les membres d'une profession juridique ou judiciaire visés au 13° de l'article L 561-2 du Code monétaire et financier, les caisses des règlements pécuniaires des avocats visés au 18° du même article et les greffiers des tribunaux de commerce interviennent pour un même client et dans une même opération ou lorsqu'ils ont connaissance, pour un même client, d'une même opération, ils peuvent **s'informer mutuellement** et par tout **moyen sécurisé** de l'existence d'une déclaration de soupçon et de son contenu (C. mon. fin. art. L 561-21 ; NEP 9605 § 70). Ces échanges d'informations ne sont autorisés que si les conditions suivantes sont réunies :
– les personnes mentionnées ci-avant sont situées en France, dans un État membre de l'Union européenne ou partie à l'accord sur l'Espace économique européen ;

© Éd. Francis Lefebvre   **INTERVENTIONS CONSÉCUTIVES À DES FAITS SURVENANT DANS L'ENTITÉ**

– lorsque l'échange d'informations implique des personnes qui ne sont pas situées en France, celles-ci sont soumises à des obligations équivalentes en matière de secret professionnel ;

– les informations échangées sont utilisées exclusivement à des fins de prévention du blanchiment de capitaux et du financement du terrorisme ;

– le traitement des informations communiquées, lorsqu'il est réalisé dans un pays tiers, garantit un niveau de protection suffisant de la vie privée et des libertés et droits fondamentaux des personnes, conformément aux articles 122 et 123 de la loi 78-17 du 6 janvier 1978.

Responsabilité du commissaire aux comptes

Mise en œuvre d'une déclaration auprès de Tracfin Conformément aux dispositions de l'article L 561-22 du Code monétaire et financier, la responsabilité du commissaire aux comptes ne peut être mise en cause pour avoir procédé à une **déclaration auprès de Tracfin**, le législateur exonérant les personnes concernées de toute responsabilité : **62172**

– aucune poursuite fondée sur les articles 226-10 (dénonciation calomnieuse), 226-13 (non-respect de l'obligation de secret professionnel) et 226-14 (atteinte au secret professionnel) du Code pénal ne peut être intentée à leur encontre lorsqu'ils ont, de bonne foi, fait la déclaration auprès de Tracfin dans les conditions prescrites par les dispositions législatives ou réglementaires applicables notamment par l'article L 561-16, ou lorsqu'ils ont communiqué des informations à Tracfin en application de l'article L 561-25 ;

– aucune action en responsabilité civile ne peut être intentée, ni aucune sanction professionnelle ou mesure préjudiciable ou discriminatoire à l'emploi (C. trav. art. L 1132-3-3, al. 2) prononcée à leur encontre lorsqu'ils ont, de bonne foi, fait la déclaration auprès de Tracfin dans les conditions prescrites par les dispositions législatives ou réglementaires applicables, notamment par l'article L 561-16, ou lorsqu'ils ont communiqué des informations à Tracfin en application de l'article L 561-25.

> Sur la responsabilité du commissaire aux comptes lorsqu'il signale une divergence en application de l'article L 561-47-1 du Code monétaire et financier, voir n° 62105-1.

Concernant le **défaut de la déclaration** prévue à l'article L 561-15, il n'existe pas de sanction pénale. **62173**

En revanche, le fait de **porter à la connaissance du propriétaire des sommes ou de l'auteur** de l'une des opérations visées à l'article L 561-15 **l'existence de la déclaration** faite auprès de Tracfin ou de donner des informations sur les suites qui lui ont été réservées est puni d'une amende de 22 500 € (C. mon. fin. art. L 574-1).

> Dans le cas où un fait conduisant le commissaire aux comptes à procéder à une déclaration de soupçon est susceptible de donner lieu à une communication aux organes visés à l'article L 823-16 du Code de commerce, le comportement du professionnel doit à notre avis s'apprécier au vu des circonstances propres à chaque cas d'espèce : si la possibilité, même lointaine, existe que l'un des membres des organes mentionnés à l'article L 823-16 soit impliqué dans les opérations suspectes, le commissaire aux comptes devra s'abstenir de toute communication.

Responsabilité pénale Il est par ailleurs évident que le **concours du professionnel** sous quelque forme que ce soit à une opération de blanchiment engagerait sa responsabilité pénale pour complicité. **62174**

> Ayant connaissance d'opérations portant sur des sommes visées par l'article L 561-15 du Code monétaire et financier (voir n° 62150), le commissaire aux comptes devra veiller à ne pas être poursuivi pour délit de complicité car, en laissant se perpétrer des actes concourant à une opération de blanchiment ou en conseillant les dirigeants pour les dissimuler, il se rendrait complice.

Si des **faits non déclarés à Tracfin** étaient constitutifs du délit de blanchiment de capitaux et étaient qualifiés comme tels par le procureur de la République, le commissaire aux comptes qui en aurait eu connaissance et n'aurait pas rempli son obligation de déclaration serait passible des sanctions prévues par l'article L 820-7 du Code de commerce en cas de non-révélation de faits délictueux (5 ans d'emprisonnement et 75 000 € d'amende), voire des sanctions prévues en matière de blanchiment par l'article 324-1 du Code pénal (5 ans d'emprisonnement et 375 000 € d'amende).

S'il s'avérait que le professionnel a eu conscience de l'origine délictueuse des produits ou revenus et la volonté de commettre l'infraction en cachant cette origine, la non-révélation ou la confirmation d'informations mensongères pourraient être assimilées, compte tenu de la définition du délit de blanchiment donnée par l'article 324-1 du Code pénal, au fait de « faciliter, par tout moyen, la justification mensongère de l'origine des biens ou des revenus » provenant de l'infraction (J.-F. Barbiéri « Les risques encourus par le commissaire aux comptes dans sa mission en matière de blanchiment » : Bull. Joly Sociétés mars 2003 p. 365).

Par ailleurs, l'article 324-2 du Code pénal prévoit que le délit de blanchiment « aggravé » est puni de 10 ans d'emprisonnement et de 750 000 € d'amende.

En application de l'article précité, le blanchiment est dit « aggravé » :
– lorsqu'il est commis de façon habituelle ou en utilisant les facilités que procure l'exercice d'une activité professionnelle ;
– lorsqu'il est commis en bande organisée.

62175 **Sanctions disciplinaires** Le non-respect des obligations en matière de lutte contre le blanchiment et le financement du terrorisme peut donner lieu à des sanctions disciplinaires dans les conditions définies au titre II du livre VIII du Code de commerce pour les commissaires aux comptes (C. mon. fin. art. L 561-36, I, 9°).

Sur la procédure disciplinaire, voir n°s 15000 s.

Par dérogation aux dispositions visées aux a) et b) du 3° du II de l'article L 824-2 du Code de commerce, le **montant de la sanction** prononcée en cas de violation des dispositions relatives à la lutte contre le blanchiment et le financement du terrorisme ne peut excéder le double du montant de l'avantage tiré de l'infraction ou, lorsqu'il n'est pas possible de déterminer celui-ci, la somme de 1 million d'euros (C. com. art. L 824-2, II).

Par ailleurs, en application du II de l'article L 561-36 du Code monétaire et financier :
– une procédure de sanction est engagée **dans tous les cas** lorsqu'il existe des faits susceptibles de constituer des **manquements graves, répétés ou systématiques** à ces obligations ;
– l'autorité compétente peut également sanctionner les dirigeants de l'assujetti ainsi que les autres personnes physiques salariées, préposées, ou agissant pour le compte de cette personne, du fait de leur **implication personnelle**, en cas de manquement aux obligations en matière de lutte contre le blanchiment et le financement du terrorisme ;
– l'autorité compétente avise le procureur de la République des procédures de sanction engagées.

Les dispositions du II de l'article L 824-1 du Code de commerce ont été modifiées en ce sens et les **organes de direction** des sociétés de commissaires aux comptes ainsi que les **autres personnes physiques** au sein de ces sociétés sont passibles des sanctions prévues à l'article L 824-3 du Code de commerce, du fait de leur implication personnelle dans les manquements aux dispositions relatives à la lutte contre le blanchiment et le financement du terrorisme.

Les personnes précitées sont passibles des sanctions suivantes (C. com. art. L 824-3, I, 1° et 2° e) :
1° l'interdiction pour une durée n'excédant pas trois ans d'exercer des fonctions de commissaire aux comptes ;
2° le paiement, à titre de sanction pécuniaire, d'une somme n'excédant pas le double du montant de l'avantage tiré de l'infraction ou, lorsqu'il est impossible de déterminer celui-ci, la somme de 1 million d'euros.

Enfin, Tracfin échange avec le H3C toute information utile à l'accomplissement de leurs missions respectives pour l'application du chapitre I du titre VI du livre V du Code monétaire et financier relatif aux obligations de lutte contre le blanchiment des capitaux et le financement du terrorisme (C. mon. fin. art. L 561-28 I). Tracfin peut ainsi informer le H3C aux fins d'éventuelles poursuites disciplinaires.

Conséquences sur l'obligation de révélation

62176 La norme d'exercice professionnel 9605 précise l'articulation de l'obligation de déclaration auprès de Tracfin avec l'obligation de révélation des délits de blanchiment au procureur de la République.

La norme distingue les « soupçons » et les « faits » :
– lorsque le commissaire aux comptes a connaissance d'opérations portant sur des sommes dont il **sait** qu'elles proviennent d'une infraction passible d'une peine privative de liberté supérieure à un an, ou qui sont liées au financement du terrorisme, ou lorsqu'il a connaissance de sommes ou opérations dont il **sait** qu'elles proviennent d'une fraude fiscale en présence d'au moins un critère défini à l'article D 561-32-1 du Code

INTERVENTIONS CONSÉCUTIVES À DES FAITS SURVENANT DANS L'ENTITÉ

monétaire et financier, il procède à une **déclaration à Tracfin et,** dans les cas où il est soumis à l'obligation de révélation des faits délictueux, **il révèle concomitamment les faits délictueux** au procureur de la République, en application de l'article L 823-12 du Code de commerce (NEP 9605 § 76) ;

– lorsque le commissaire aux comptes n'a que des **soupçons ou de bonnes raisons de soupçonner,** il procède **uniquement** à la **déclaration à Tracfin** (NEP 9605 § 77). En effet, à ce stade, le commissaire aux comptes ne sait pas si ses soupçons sont fondés car il ne dispose pas d'élément tangible. Les soupçons ne constituent pas des faits délictueux ou des irrégularités.

Il n'en reste pas moins que l'analyse du professionnel devra être faite avec beaucoup de prudence : il est en effet parfois difficile de distinguer sur-le-champ les faits et les soupçons, et il n'est pas exclu que, quelques années plus tard, un juge ait tendance à considérer qu'« à l'évidence » les soupçons auraient dû être considérés comme des faits par le commissaire aux comptes. Il pourra donc être sage, en cas de doute, de procéder à une double déclaration.

Lorsqu'il a déclaré des soupçons, le commissaire aux comptes réapprécie tout au long de l'exécution de la mission ou de la prestation fournie les éléments déclarés dès lors qu'il a connaissance d'informations venant renforcer ses soupçons ou infirmer ses soupçons et en tire les conséquences éventuelles au regard de ses obligations de révélation (NEP 9605 § 78).

En application de l'article R 561-37 du Code monétaire et financier, Tracfin doit informer par écrit et par tout moyen le déclarant de la transmission des informations au procureur de la République et ce dans un délai de quinze jours à compter de cette transmission.

Cette analyse peut être synthétisée comme suit lorsque l'intervention du commissaire aux comptes est soumise à l'obligation de révélation des faits délictueux :

	Soupçons : Existence d'un élément légal et soupçon ou bonnes raisons de soupçonner l'existence d'un élément matériel	Faits délictueux : Existence d'un élément légal et d'un élément matériel avéré
Délits relatifs au blanchiment des capitaux ou au financement du terrorisme	Déclaration auprès de Tracfin	Déclaration auprès de Tracfin et révélation au procureur de la République
Autres délits de droit commun		Révélation au procureur de la République

V. Obligations de mise en place de procédures et de mesures de contrôle interne au sein de la structure d'exercice professionnel

Obligations

Les articles L 561-32 à L 561-34 du Code monétaire et financier prévoient que les commissaires aux comptes :

62180

– mettent en place une **organisation et** des **procédures internes** pour lutter contre le blanchiment des capitaux et le financement du terrorisme, tenant compte de l'évaluation des risques prévue à l'article L 561-4-1 (voir n° 62126) ;

En tenant compte du volume et de la nature de leur activité ainsi que des risques présentés par les relations d'affaires qu'ils établissent, ils déterminent un profil de la relation d'affaires permettant d'exercer la vigilance constante prévue à l'article L 561-6 (voir n° 62120).

– désignent, en tenant compte de la taille et de la nature de leur activité, une **personne responsable** de la mise en œuvre du dispositif de lutte contre le blanchiment des capitaux et le financement du terrorisme. Cette personne doit occuper une position hiérarchique élevée et posséder une connaissance suffisante de l'exposition au risque de blanchiment de capitaux et de financement du terrorisme ;

– mettent en place des mesures de **contrôle interne** afin de veiller au respect des obligations relatives à la lutte contre le blanchiment et le financement du terrorisme ;

Pour les groupes définis à l'article L 561-33 dont l'entreprise mère a son siège social en France, cette dernière définit au niveau du groupe l'organisation et les procédures mentionnées ci-dessus et veille à leur respect.

INTERVENTIONS CONSÉCUTIVES À DES FAITS SURVENANT DANS L'ENTITÉ © Éd. Francis Lefebvre

– prennent en compte, dans leur politique de **recrutement** du personnel, les risques que présentent les personnes au regard de la lutte contre le blanchiment de capitaux et le financement du terrorisme ;

– assurent la **formation et l'information régulières de leurs personnels** en vue du respect des obligations liées à la lutte contre le blanchiment de capitaux et le financement du terrorisme.

L'article L 561-33 impose la mise en place d'une organisation et de procédures par tout cabinet appartenant à un groupe visé à cet article. Ces procédures prévoient le partage des informations au sein du groupe, y compris pour l'application de l'article L 511-34, la protection des données personnelles ainsi que les mesures de contrôle interne.

> Les conditions d'application des mesures précitées sont définies aux articles R 561-38 et suivants issus du décret 2018-284 du 18 avril 2018 renforçant le dispositif français de lutte contre le blanchiment de capitaux et le financement du terrorisme.

> La CNCC propose un exemple de manuel de procédures qui a pour objet de recenser et formaliser les procédures internes mises en place au sein de la structure d'exercice du commissariat aux comptes pour lutte contre le blanchiment des capitaux et du terrorisme (CNCC Outils NEP 9605 – Obligations du commissaire aux comptes en matière de lutte contre le blanchiment des capitaux et le financement du terrorisme – Janvier 2021).

Procédures et mesures de contrôle interne définies par le Haut Conseil

62185 Dans sa séance du 14 janvier 2010, en application de l'article R 561-38, III du Code monétaire et financier, le Haut Conseil du commissariat aux comptes a défini les procédures et mesures de contrôle interne que les commissaires aux comptes doivent mettre en place en matière de lutte contre le blanchiment des capitaux et de financement du terrorisme (Décision 2010-01).

Le Haut Conseil prévoit notamment la **désignation de correspondant(s) et responsable(s)** de la mise en place et du suivi des systèmes et des procédures, et l'élaboration d'une **classification des risques** de blanchiment et de financement du terrorisme attachés aux mandats, en fonction des caractéristiques des entités, et notamment en fonction des activités exercées par ces entités, de la localisation de ces activités, de la forme juridique et de la taille de ces entités. Le Haut Conseil précise par ailleurs les **éléments sur lesquels les procédures doivent porter**, en matière de lutte contre le blanchiment de capitaux et le financement du terrorisme, à savoir :

a) l'évaluation des risques de blanchiment et de financement du terrorisme au sein de l'entité qui les sollicite ou pour laquelle ils interviennent, au regard de la classification élaborée ;

b) la mise en œuvre des mesures de vigilance lors de l'acceptation et lors de l'exercice du mandat, dans le respect des normes d'exercice professionnel ;

c) la conservation, pendant la durée légale, des pièces relatives à l'identification de l'entité et du bénéficiaire effectif ;

d) les modalités d'échanges d'informations au sein des structures d'exercice professionnel et des réseaux, dans les conditions définies aux articles L 561-20 et L 561-21 du Code monétaire et financier ;

e) le respect de l'obligation de déclaration individuelle à Tracfin ;

f) la mise en œuvre de procédures de contrôle périodique et permanent des risques de blanchiment de capitaux et de financement du terrorisme.

Enfin, le Haut Conseil précise que les commissaires aux comptes doivent prendre en compte, dans le **recrutement** de leurs collaborateurs, les risques au regard de la lutte contre le blanchiment des capitaux et le financement du terrorisme.

> Les modalités pratiques de mise en œuvre de cette obligation n'ont fait l'objet d'aucune précision.

Les commissaires aux comptes assurent également l'**information et la formation de leurs collaborateurs**.

Lors de ses contrôles de l'activité des commissaires aux comptes, le H3C s'assure du respect des obligations en matière de lutte contre le blanchiment des capitaux et le financement du terrorisme :

– d'une part, il examine, le cas échéant, l'organisation et les procédures internes du commissaire aux comptes en matière de lutte contre le blanchiment des capitaux et le financement du terrorisme ;

– et, d'autre part, s'agissant des mandats qu'ils détiennent et qui sont examinés à l'occasion du contrôle, il analyse la nature des éventuelles diligences mises en œuvre au regard

© Éd. Francis Lefebvre — INTERVENTIONS CONSÉCUTIVES À DES FAITS SURVENANT DANS L'ENTITÉ

de l'évaluation du risque de blanchiment des capitaux et de financement du terrorisme réalisée par le commissaire aux comptes (H3C – Rapport annuel portant sur le dispositif de lutte contre le blanchiment des capitaux et le financement du terrorisme applicable aux commissaires aux comptes – 30-1-2020).

Plus précisément, ces contrôles visent à s'assurer notamment :
– de la désignation d'un responsable et d'un correspondant Tracfin ;
– de la réalisation d'une cartographie des risques liés au blanchiment des capitaux et au financement du terrorisme et de l'existence d'une classification de ces risques ;
– du respect des dispositions en matière de lutte contre le blanchiment des capitaux et le financement du terrorisme lors de l'acceptation de la mission ou de la prestation ;
– de l'existence d'une formation suffisante du commissaire aux comptes et de ses collaborateurs ;
– de la cohérence de l'évaluation des risques réalisée avec les caractéristiques des mandats concernés (secteur, activité, présence internationale notamment dans certains pays de la liste du Gafi et de l'Union européenne, opérations, dirigeants…), et de la cohérence avec les instructions du plan de mission ;
– du respect des obligations liées à l'application de la NEP 9605.

VI. Obligations de conservation des documents et informations

62190 À tout moment, en application de l'article R 561-12 du Code monétaire et financier, le commissaire aux comptes doit être en mesure de **justifier** aux autorités de contrôle de l'**adéquation des mesures de vigilance mises en œuvre aux risques de blanchiment** de capitaux et de financement du terrorisme présentés par la relation d'affaires. Il conserve dans ses dossiers les documents et informations, quel qu'en soit le support, permettant de justifier des mesures de vigilance mises en œuvre et de leur adéquation au risque de blanchiment des capitaux et de financement du terrorisme (NEP 9605 § 73).

Le commissaire aux comptes **conserve pendant cinq ans** à compter de la fin du mandat de commissariat aux comptes, de la mission ou de la prestation (NEP 9605 § 74) :
– les documents et informations relatifs à l'identification et à la vérification des éléments d'identification du client, ou du client occasionnel, et, le cas échéant, du bénéficiaire effectif ;
– les autres éléments d'information nécessaires ; ainsi que
– les documents et informations relatifs aux mesures de vigilance mises en œuvre.

Lorsque le commissaire aux comptes intervient dans le cadre d'un mandat de commissariat aux comptes, les documents concernent les trois ou six exercices du mandat.

Il **conserve également**, pendant cinq ans à compter de la fin de la mission de contrôle légal, d'une autre mission ou de la prestation, les documents et informations relatifs aux opérations, et plus particulièrement les documents consignant les caractéristiques des opérations particulièrement complexes ou d'un montant inhabituellement élevé ou ne paraissant pas avoir de justification économique ou d'objet licite (C. mon. fin. art. L 561-12 ; NEP 9605 § 74).

Des dispositions plus contraignantes s'imposent par ailleurs au commissaire aux comptes puisqu'il a une obligation de conservation des dossiers et documents de 6 ans après la cessation des fonctions (C. com. art. R 821-68 modifié à compter du 29-7-2016 par le décret 2016-1026).

Les déclarations à Tracfin, les pièces jointes, ainsi que les réponses à son droit de communication, sont conservées en dehors des dossiers en raison de leur caractère confidentiel, pendant cinq ans à compter de leur envoi (NEP 9605 § 75).

SECTION 4

Procédure d'alerte

62200 Dans beaucoup d'entreprises, le déclenchement de la procédure d'alerte est vécu comme un **moment douloureux** de la vie professionnelle. Pourtant, même si elle marque un passage le plus souvent difficile pour les dirigeants, et pour ceux qui les entourent, l'alerte peut aussi être une chance : « L'alerte est l'éveil de l'attention en vue du combat,

INTERVENTIONS CONSÉCUTIVES À DES FAITS SURVENANT DANS L'ENTITÉ © Éd. Francis Lefebvre

non la reddition ou la capitulation ; elle est l'aube propice aux redressements, non la nuit des ruines – l'alerte est porteuse d'espérance » (E. du Pontavice, Informations et débats n° 13, « Les conséquences pratiques de la loi du 1-3-1984 »).

62205 Cette section consacrée à l'alerte du commissaire aux comptes comportera une présentation de la procédure (n°s 62250 s.), puis une description de sa mise en œuvre (n°s 62400 s.).

I. Présentation

62250 Les dispositions légales relatives à la mission de certification du commissaire aux comptes figurant au titre II du livre VIII du Code de commerce n'intègrent pas les dispositions relatives à l'alerte, qui résident dans les dispositions spécifiques à certaines entités. Avant d'examiner plus avant le champ d'application de cette procédure (n°s 62360 s.), il convient de préciser la notion d'alerte (n°s 62252 s.).

A. Notions générales

62252 Seront présentés tour à tour :
– les caractéristiques de la procédure d'alerte mise en œuvre par le commissaire aux comptes ;
– les arguments couramment avancés en faveur ou à l'encontre de la procédure ;
– les procédures d'alerte mises en œuvre par d'autres organes internes ou externes à la société et les liens qu'elles peuvent entretenir avec celle déclenchée par le commissaire aux comptes.

Caractéristiques essentielles de la procédure d'alerte

62255 **Origines de la procédure** Prenant acte de l'insuffisance de la législation française en matière de prévention, la **loi du 1er mars 1984** relative à la prévention et au règlement des difficultés des entreprises a introduit en droit français des mesures préventives parmi lesquelles figure la procédure d'alerte.

La procédure d'alerte est l'une des mesures phares de la loi de 1984, qui instituait par ailleurs :
– les documents comptables prévisionnels pour les entreprises comptant plus de 300 salariés ou réalisant un chiffre d'affaires égal ou supérieur à 18 millions d'euros (hors taxe) ;
– les groupements de prévention agréés ;
– la procédure de règlement amiable ;
– la possibilité de nommer un mandataire ad hoc.

Par la suite, la procédure d'alerte a été modifiée par la loi de sauvegarde des entreprises du 26 juillet 2005. Cette loi a réformé en profondeur le droit des entreprises en difficulté, tant en matière de prévention et de traitement amiable des difficultés que de procédures collectives. Ses modalités d'application ont été précisées par le décret du 28 décembre 2005, codifiées depuis dans la partie réglementaire du Code de commerce.

L'article 162 de la loi précitée a modifié sensiblement les dispositions des articles L 234-1 et suivants du Code de commerce relatifs à l'alerte.

Les principales innovations sont :
– le caractère obligatoire et non plus facultatif de la procédure dans les associations recevant des subventions des autorités administratives ou des établissements publics à caractère industriel et commercial ;
– dans les entités dotées d'un organe d'administration et d'un organe de direction distinct (voir n°s 62550 s.), l'information du président du tribunal de commerce ou du tribunal judiciaire dès le début de la phase 2 de la procédure ;
– l'information des délégués du personnel en l'absence de comité d'entreprise ;
– enfin, la faculté pour le commissaire aux comptes de faire convoquer ou, en cas de carence des dirigeants, de convoquer lui-même une assemblée générale aux fins de lui présenter son rapport d'alerte, sans attendre la tenue de la prochaine assemblée (C. com. art. R 234-1 à R 234-4).

La loi de simplification et d'amélioration de la qualité du droit du 17 mai 2011 a également modifié les dispositions relatives à la procédure d'alerte.

© Éd. Francis Lefebvre — **INTERVENTIONS CONSÉCUTIVES À DES FAITS SURVENANT DANS L'ENTITÉ** ▮

La principale innovation du texte est l'introduction de la possibilité pour le commissaire aux comptes de suspendre puis de reprendre une procédure d'alerte dans les six mois de son déclenchement (voir n° 62494).

Éléments clés de la procédure La procédure d'alerte instituée par la loi de 1984 conduit le commissaire aux comptes à saisir, selon l'entité, soit le président de l'organe d'administration de la société, soit le dirigeant, en vue de lui demander des explications sur les faits qu'il a relevés de nature à compromettre la continuité de l'exploitation (voir n°s 62420 s.).

62258

La mise en œuvre de la procédure d'alerte par le commissaire aux comptes ne repose pas uniquement sur une **évaluation comptable et financière** de la situation de l'entité, mais doit être mise en œuvre dès lors qu'il a connaissance de faits susceptibles de remettre en cause la continuité d'exploitation. La procédure d'alerte comporte **plusieurs étapes**, qui sont définies en fonction de l'organisation de l'entité concernée (voir n°s 62540 s.). Ces étapes opèrent une graduation, le commissaire aux comptes décidant de passer à l'étape suivante de la procédure en fonction des résultats obtenus, le nombre de personnes concernées par la procédure allant en s'élargissant.

Dans la grande majorité des cas, le déclenchement de la procédure d'alerte par le commissaire aux comptes est obligatoire (voir n° 62385).

Finalité de la procédure Le but essentiel de la procédure d'alerte et des autres procédures prévues par la loi de 1984 est de privilégier le traitement **en amont** des difficultés des entreprises, et de diminuer ainsi le nombre de défaillances d'entreprises, dont on constate qu'il peut varier très sensiblement d'une époque à l'autre, et d'en limiter les conséquences dommageables sur son environnement économique et social.

62260

Selon les statistiques publiées par la Banque de France, le nombre de défaillances d'entreprises à fin janvier 2021, évalué sur douze mois glissants, s'élève à 29 899.

	Cumul 12 derniers mois (a) (données brutes)					Glissement 3 mois cvs-cjo (b)	Données mensuelles cvs-cjo		
	Jan. 20	Jan. 21	Jan. 21/Jan. 20	Fév . 21 prov.	Fév. 21/Fév. 20	Jan. 21	Nov. 20	Déc. 20	Jan. 21
Taille									
PME, dont	49 901	29 852	-40,2%	27 896	-43,2%	-22,0%	2 186	2 077	2 264
Microentreprises et taille indéterminée	47 285	28 087	-40,6%	26 250	-43,6%	-22,6%	2 067	1 940	2 130
Très petites entreprises	1 555	1 000	-35,7%	927	-40,5%	-11,6%	72	69	75
Petites entreprises	747	529	-29,2%	483	-36,6%	-7,8%	22	63	33
Moyennes entreprises	314	236	-24,8%	236	-25,1%	-1,6%	18	16	22
ETI-GE	33	47	42,4%	50	61,3%				
Ensemble	**49 934**	**29 899**	**-40,1%**	**27 946**	**-43,2%**	**-22,0%**	**2 188**	**2 079**	**2 267**

Source : Banque de France - Base Fiben. Données disponibles début mars 2021 : définitives pour janvier, provisoires pour février.
Calcul : Banque de France - Direction des Entreprises - Observatoire des entreprises
a Cumul des douze derniers mois comparé au cumul des mêmes mois un an auparavant
b Cumul des trois derniers mois comparé au cumul des trois mois précédents

Sur cette même période, le nombre de défaillances par secteur d'activité a évolué de la manière suivante :

	Cumul 12 derniers mois (a) (données brutes)					Glissement 3 mois cvs-cjo (b)	Données mensuelles cvs-cjo		
	Jan. 20	Jan. 21	Jan. 21/Jan. 20	Fév. 21 prov.	Fév. 21/Fév. 20	Jan. 21	Nov. 20	Déc. 20	Jan. 21
Secteur d'activité									
Agriculture, sylviculture et pêche (AZ)	1 366	921	-32,6%	881	-32,7%	-2,3%	78	70	104
Industrie (BE)	3 366	2 007	-40,4%	1 847	-43,9%	-31,2%	124	136	151
Construction (FZ)	10 835	5 798	-46,5%	5 407	-49,5%	-19,9%	443	398	458
Commerce ; réparation automobile (G)	10 886	6 471	-40,6%	6 027	-44,2%	-20,5%	485	477	453
Transports et entreposage (H)	2 084	1 150	-44,8%	1 067	-48,1%	-20,4%	97	83	86
Hébergement et restauration (I)	6 633	3 996	-39,8%	3 622	-44,7%	-39,6%	246	232	227
Information et communication (JZ)	1 280	857	-33,0%	810	-37,6%	-5,2%	81	73	65
Activités financières et d'assurance (KZ)	1 056	723	-31,5%	691	-33,8%	-5,4%	66	54	55
Activités immobilières (LZ)	1 583	1 137	-28,2%	1 109	-28,1%	-7,8%	98	84	112
Conseils et services aux entreprises (MN)	5 721	3 705	-35,2%	3 537	-37,5%	-13,7%	308	282	306
Enseignement, santé, action sociale et service aux ménages (P à S)	4 930	3 031	-38,5%	2 858	-39,3%	-22,3%	199	200	263
Ensemble (c)	**49 934**	**29 899**	**-40,1%**	**27 946**	**-43,2%**	**-22,0%**	**2 188**	**2 079**	**2 267**

Source : Banque de France - Base Fiben. Données disponibles début mars 2021 : définitives pour janvier, provisoires pour février.
Calcul : Banque de France - Direction des Entreprises - Observatoire des entreprises
a Cumul des douze derniers mois comparé au cumul des mêmes mois un an auparavant
b Cumul des trois derniers mois comparé au cumul des trois mois précédents
c La ligne « Ensemble » comprend des unités légales dont le secteur d'activité n'est pas connu

La procédure d'alerte du commissaire aux comptes s'inscrit ainsi dans un dispositif général de prévention des difficultés des entreprises institué à l'origine par la pratique des tribunaux de commerce et définitivement inscrit dans le cadre législatif par les lois du 26 juillet 2005 et du 17 mai 2011 et les ordonnances des 27 juin 2013 et 12 mars 2014

INTERVENTIONS CONSÉCUTIVES À DES FAITS SURVENANT DANS L'ENTITÉ © Éd. Francis Lefebvre

codifiées dans le livre VI du Code de commerce afin de prévenir l'impact économique et social des défaillances d'entreprises.

62262 La procédure d'alerte mise en œuvre par le commissaire aux comptes a plus particulièrement pour objectif de **faire prendre conscience** aux dirigeants de l'entreprise, si besoin est, des risques pesant sur la continuité d'exploitation et, le cas échéant, de la gravité de leurs difficultés. Elle est avant tout un **signal d'alarme** destiné :
– à éviter que l'entreprise ne se trouve confrontée à une crise aiguë de liquidité susceptible d'entraîner un état de cessation des paiements, que cette crise soit due à un événement externe ou propre à l'entreprise, et notamment dans ce cas à une insuffisance de capitaux propres et de réserves de crédit, conséquences de pertes accumulées ou au contraire ne permettant pas de financer dans des conditions satisfaisantes la croissance de l'entité ;
– à inciter les dirigeants de l'entreprise à prendre, avant qu'il ne soit trop tard, les mesures nécessaires pour redresser l'entreprise, sous l'égide, à partir d'un certain stade, du président du tribunal de commerce ou judiciaire et pour les entreprises d'une certaine importance du Comité interministériel de restructuration industrielle (Ciri), ainsi que pour les établissements de crédit, les entreprises de services d'investissement, les holdings financières, les entreprises d'assurances et mutuelles, de l'Autorité de contrôle prudentiel et de résolution (ACPR, C. mon. fin. art. L 612-32, L 612-33 et L 612-44).

Intérêt et risques liés à la procédure d'alerte

62270 Le bilan de la procédure d'alerte, depuis sa mise en place, il y a plus de trente ans, est en demi-teinte. Sont exposés ci-après les principaux arguments qui sont avancés pour défendre ou au contraire critiquer cette procédure.

62273 **Arguments en faveur de la procédure** Les défenseurs de la procédure mettent en avant qu'elle permet une prise de conscience par l'entité des difficultés rencontrées, que la graduation des phases confère au mécanisme toute la souplesse nécessaire, et que son caractère interne, en début de procédure, permet de préserver sa nécessaire confidentialité.

62275 1. La procédure conduit à une **prise de conscience** des difficultés réelles de l'entité contrôlée. L'information des dirigeants, par le commissaire aux comptes, des faits de nature à compromettre la continuité de l'exploitation de l'entité leur permet en effet :
– d'ouvrir les yeux, si besoin est, sur la gravité des difficultés que rencontre leur entreprise et de réfléchir sur les mesures à prendre pour assurer la poursuite de l'activité ;
– de proposer des solutions pour redresser l'entité (demande de prêts, renégociation de prêts, affacturage, demande d'abandon de créances, demande d'ouverture d'une procédure amiable de traitement des difficultés – mandat ad hoc ou conciliation – de l'entité, d'une procédure de sauvegarde avant la survenance de la cessation des paiements...).

62278 2. La **procédure** est **graduée**, ce qui permet de l'interrompre au moment le plus opportun et de ne pas alarmer prématurément l'organe de direction et les associés de l'entité.
Le dirigeant est d'abord interrogé confidentiellement par le commissaire aux comptes, et ce n'est qu'en cas d'absence de réponse, ou si les mesures de redressement proposées ne paraissent pas de nature à assurer la pérennité de l'entité, que le commissaire aux comptes demande au dirigeant soit de convoquer le conseil d'administration ou le directoire (si l'entité en est dotée), soit de convoquer l'assemblée générale pour lui présenter son rapport spécial d'alerte, afin de déplacer la prise de décision relative à la pérennité de l'entité vers un niveau décisionnel de plus en plus collectif.
Parallèlement, le commissaire aux comptes informe le président du tribunal de commerce ou judiciaire lors de certaines phases de la procédure. Dans les sociétés anonymes, l'information de l'ouverture d'une telle procédure intervient dès la fin de la première phase si les réponses apportées par les organes dirigeants n'apparaissent pas satisfaisantes (C. com. art. L 234-1). Elle intervient de manière plus complète (transmission de la réponse des organes dirigeants au président du tribunal de commerce ou du président du tribunal judiciaire) dès la fin de la première phase dans les entités auxquelles la procédure applicable est celle prévue par les articles L 234-2 et L 612-3 du Code de commerce (voir n°s 62540 s.).

62280 3. La procédure conserve un caractère interne à l'entreprise, qui permet en principe de préserver sa **confidentialité**. Le législateur n'a pas exigé que le commissaire aux comptes, lors de la constatation des faits de nature à compromettre la continuité de l'exploitation,

© Éd. Francis Lefebvre — INTERVENTIONS CONSÉCUTIVES À DES FAITS SURVENANT DANS L'ENTITÉ

informe les organismes spécialisés tels le Comité départemental pour l'étude des problèmes de financement des entreprises (Codefi), ou le Comité interministériel de restructuration industrielle (Ciri). Des informations sont par ailleurs prévues au bénéfice des autorités de contrôle (voir n° 62478).

Quand le commissaire aux comptes informe le président du tribunal de commerce ou judiciaire du déclenchement de la procédure d'alerte, la procédure peut être encore considérée comme interne car si le magistrat convoque le dirigeant de l'entité, en application des articles L 611-2 et L 611-2-1 du Code de commerce, c'est pour s'entretenir avec lui de façon informelle des difficultés de nature à compromettre la continuité de l'exploitation de l'entité et des mesures de redressement à envisager.

Arguments en défaveur de la procédure Les détracteurs de la procédure lui reprochent tout au contraire de manquer de confidentialité et de risquer d'aggraver les difficultés. **62285**

1. La procédure entraîne généralement des **fuites d'informations**, accidentelles ou volontaires. Le législateur a bien prévu que la procédure d'alerte reste confidentielle à ses différents stades. Toutefois, cette confidentialité risque d'être violée du fait d'indiscrétions et du non-respect du devoir de réserve du dirigeant lui-même, de membres du personnel appartenant, par exemple, au service courrier, lors de la réception du courrier du commissaire aux comptes, ou du secrétariat de la direction, lors de la préparation de la réponse du dirigeant. **62288**

Le risque d'atteinte à la confidentialité de la procédure se déplace ensuite au sein du conseil d'administration où des administrateurs, élus ou non par les salariés, les représentants du comité d'entreprise, le cas échéant, les délégués du personnel et, dorénavant, les représentants du comité social et économique, peuvent se livrer à des commentaires auprès des autres membres du personnel ou auprès de tiers (banquiers, partenaires commerciaux…). Enfin, l'information communiquée au président du tribunal de commerce ou du tribunal judiciaire sonne pour beaucoup de dirigeants le glas de la confidentialité de la procédure, et notamment en province, où tout finit par se savoir…

2. La procédure **aggrave la situation** de l'entité concernée. La violation du caractère confidentiel de la procédure, la communication éventuelle des documents d'information prévisionnelle, la divulgation des réponses sur la gestion sociale faites aux associés peuvent amener les tiers en relation avec l'entité à réagir pour se prémunir contre ses difficultés et, par un effet de spirale, à les accroître. **62290**

Ph. Peyramaure et P. Sardet (« L'entreprise en difficulté, prévention, restructuration, redressement », 4ᵉ éd. Delmas, 2006 p. 36) ont montré que les difficultés des entités s'accroissent de manière exponentielle dès la moindre diffusion d'informations sur les difficultés. L'officialisation des difficultés se traduit notamment par :
– une diminution du crédit fournisseur et bancaire ;
– une désaffection des clients entraînant une diminution du chiffre d'affaires ;
– une démobilisation du personnel qui devient moins productif, perd son agressivité commerciale, et tend à développer des conflits sociaux pouvant aller jusqu'à paralyser l'activité de l'entité.

La préoccupation qui doit animer le commissaire aux comptes dans l'appréciation de l'opportunité du déclenchement de la procédure d'alerte est celle de la prévention des difficultés des entreprises. Rappelons que, sauf mauvaise foi, la responsabilité du commissaire aux comptes ne saurait être engagée du fait du déclenchement de la procédure d'alerte (voir n°ˢ 62500 s.).

Autres procédures d'alerte internes ou externes

Cette section est consacrée à la procédure d'alerte déclenchée par le commissaire aux comptes. Il convient toutefois de rappeler que celui-ci n'a pas le monopole de l'alerte. Le législateur a également ouvert cette procédure : **62300**
– au comité social et économique ;

Le comité social et économique se substitue aux trois instances de représentation du personnel que sont le comité d'entreprise (CE), les délégués du personnel (DP) et le comité d'hygiène, de sécurité et des conditions de travail (CHSCT) : voir n° 62575.

– aux actionnaires ;
– au président du tribunal de commerce (ou de la chambre commerciale pour l'Alsace et la Moselle en application de l'article L 215-1 du Code de l'organisation judiciaire) ou au président du tribunal judiciaire. En effet, à la suite de l'ordonnance du 12 mars 2014 (C. com. art. L 611-2-1), les dispositions du I de l'article L 611-2 sont applicables, dans les mêmes conditions, aux personnes

INTERVENTIONS CONSÉCUTIVES À DES FAITS SURVENANT DANS L'ENTITÉ © Éd. Francis Lefebvre

morales de droit privé et aux personnes physiques exerçant une activité professionnelle agricole ou indépendante, y compris une profession libérale soumise à un statut législatif ou réglementaire ou dont le titre est protégé. Le tribunal judiciaire est compétent et son président exerce les mêmes pouvoirs que ceux conférés au président du tribunal de commerce. Toutefois, par exception, lorsque la personne physique ou morale concernée exerce la profession d'avocat, d'administrateur judiciaire, de mandataire judiciaire ou d'officier public ou ministériel, le président du tribunal judiciaire ne procède qu'à l'information de l'ordre professionnel ou de l'autorité compétente dont elle relève, sur les difficultés portées à sa connaissance relativement à la situation économique, sociale, financière et patrimoniale du professionnel ;

– aux groupements de prévention agréés.

> Les principales modalités de déclenchement de ces procédures sont exposées brièvement dans les paragraphes qui suivent. On note que les alertes déclenchées par le comité social et économique et les actionnaires, tout comme celle du commissaire aux comptes (phase 1), sont des alertes « internes », alors que les alertes déclenchées par le président du tribunal de commerce et les groupements de prévention agréés sont, par opposition, dites « externes ».
> Les critères de déclenchement des différentes alertes sont distincts et adaptés à la connaissance suppo-sée de la personne concernée sur l'activité de l'entité.

62305   **Comité social et économique**   Le comité social et économique n'a **aucune obligation** de déclencher la procédure d'alerte, c'est une faculté qui lui est offerte dans les entreprises d'au moins cinquante salariés. Son intervention étant subordonnée à la « connaissance de faits de nature à affecter de manière préoccupante la situation écono-mique de l'entreprise, il peut demander à l'employeur de lui fournir des explications » (C. trav. art. L 2312-63, al. 1 créé par l'ordonnance 2017-1386 du 22-9-2017). Le domaine d'intervention du comité social et économique en la matière apparaît donc assez large dans la mesure où le caractère préoccupant des faits est laissé à son appréciation.

Le critère de déclenchement de la procédure d'alerte du comité social et économique est économique. Cette procédure peut être déclenchée en amont ou parallèlement à celle du commissaire aux comptes.

Dans les entreprises à établissements multiples, seul le comité social et économique central d'entreprise – et non le comité social et économique d'établissement – est habilité à exercer le droit d'alerte (Cass. soc. 12-10-2005 : Bull. Joly mars 2006 p. 321, n° 67, solution concernant le comité central d'entreprise, transposable au comité social et économique). Cette décision se fonde sur la rédaction des anciens articles L 2323-50 et L 2327-2 devenus respectivement L 2312-63 et L 2316-1 du Code du travail qui disposent que l'exercice du droit d'alerte est subordonné à l'existence de faits de nature à affecter de manière préoccupante la situation économique de l'entre-prise et que le comité central social et économique est seul compétent pour exercer les attributions économiques concernant la marche générale de l'entreprise.

62310   **Actionnaires et associés**   Un ou plusieurs actionnaires représentant au moins 5 % du capital social ou une association d'actionnaires détenant sous la forme nominative depuis au moins deux ans des actions représentant au moins 5 % des droits de vote peuvent, deux fois par exercice, poser par écrit des **questions** au président du conseil d'administration ou au directoire sur tout fait de nature à compromettre la continuité de l'exploitation. La réponse des dirigeants est communiquée au commissaire aux comptes (C. com. art. L 225-232). Le critère de déclenchement de la procédure est le même que celui prévu dans la procédure applicable au commissaire aux comptes.

62315   **Président du tribunal de commerce et président du tribunal judiciaire**   Lorsqu'il résulte de tout acte, document ou procédure qu'une société commerciale, un GIE ou une entreprise individuelle, commerciale ou artisanale connaît des difficultés de nature à compromettre la continuité de l'exploitation, ses dirigeants peuvent être convoqués par le président du tribunal de commerce pour que soient envisagées les mesures propres à redresser la situation (C. com. art. L 611-2, I, al. 1). Il en est de même pour les dirigeants des personnes morales de droit privé et les personnes physiques exerçant une activité professionnelle agricole ou indépendante, y compris une profession libérale soumise à un statut législatif ou réglementaire ou dont le titre est protégé, le président du tribunal judiciaire étant alors compétent (C. com. art. L 611-2-1). Cette **convocation** permet au président du tribunal de s'entretenir avec les dirigeants sur les difficultés rencontrées

1430

par l'entité ou la personne physique et d'envisager les mesures possibles de redressement de la situation.

À l'issue de cet entretien ou si les dirigeants ne se sont pas rendus à sa convocation, le président du tribunal de commerce ou celui du tribunal judiciaire peut obtenir communication, notamment par les commissaires aux comptes, des éléments de nature à lui donner une information exacte sur la situation économique et financière du débiteur (C. com. art. L 611-2, I, al. 2 et L 611-2-1), le secret professionnel du commissaire aux comptes étant levé à cette occasion.

Pour plus de précisions sur la levée du secret professionnel, voir n°s 5720 s.

Groupements de prévention agréés Les sociétés commerciales et les personnes morales de droit privé peuvent adhérer à un groupement de prévention agréé dont la mission est de fournir à ses adhérents, de manière confidentielle, une analyse des informations comptables et financières que ceux-ci s'engagent à lui transmettre régulièrement. **62320**

Si le groupement décèle des difficultés, il en informe confidentiellement le chef d'entreprise et peut lui proposer l'intervention d'un expert.

Liens entre les différentes procédures L'alerte du commissaire aux comptes, celle du comité social et économique, du président du tribunal de commerce ou judiciaire peuvent être déclenchées de façon **autonome** et simultanément sans qu'en règle générale les autres titulaires d'un droit d'alerte en soient avertis. **62325**

Le président du tribunal de commerce ou judiciaire n'a pas à avertir le commissaire aux comptes ni le comité social et économique lorsqu'il déclenche sa procédure. Le comité social et économique transmet un exemplaire de son rapport d'alerte à l'employeur et au commissaire aux comptes mais non au président du tribunal de commerce ou judiciaire (C. trav. art. L 2312-63, al. 4). En revanche, le commissaire aux comptes doit informer le président du tribunal du déclenchement de la procédure à l'issue de la première phase de cette dernière dans les entités qui ne sont pas dotées d'un organe d'administration ou de surveillance (C. com. art. L 234-2 et L 612-3) ou à l'issue de la deuxième phase dans le cas contraire (C. com. art. L 234-1). Par ailleurs, si à l'issue de la première ou de la deuxième phase de la procédure, selon les cas, la continuité de l'exploitation demeure compromise, le commissaire aux comptes établit, à l'attention de l'organe délibérant, un rapport spécial qui est transmis au comité d'entreprise par le président du conseil d'administration ou du directoire ou le dirigeant.

Sur l'absence de mise à jour des textes afin de tenir compte du remplacement du comité d'entreprise et des délégués du personnel par le comité social et économique et sur l'application du droit de communication à ce dernier comité, voir n° 62575.

B. Champ d'application

Nécessité d'un texte spécifique

Lors de la codification de la loi du 24 juillet 1966 dans le Code de commerce, les articles L 230-1 à L 230-3 (devenus les art. L 234-1 à L 234-3) ont été transférés du titre 2 « Dispositions particulières aux diverses sociétés commerciales » au titre 3 « Dispositions communes aux diverses sociétés commerciales » du livre II du Code de commerce. Ils n'entrent pas, de ce fait, dans le champ d'application de l'article L 820-1, inclus dans le titre II du livre VIII de ce code, dont la finalité est d'unifier le statut et les conditions d'exercice de la mission du commissaire aux comptes, quelle que soit l'entité dans laquelle celui-ci intervient. **62360**

Par conséquent, les articles L 234-1 à L 234-4 du Code de commerce qui régissent la procédure d'alerte ne constituent que le régime spécifique de la procédure d'alerte des sociétés commerciales et l'application de la procédure d'alerte à d'autres entités ne peut résulter que d'un texte instituant la procédure dans les entités concernées.

Entités concernées par la procédure d'alerte

La procédure d'alerte doit être **obligatoirement déclenchée** par les commissaires aux comptes, si les conditions d'un tel déclenchement sont réunies, dans : **62385**
– les sociétés anonymes (C. com. art. L 234-1) et les autres sociétés commerciales (C. com. art. L 234-2) dans lesquelles le commissaire aux comptes est nommé soit à titre obligatoire, soit à titre facultatif, soit sur décision de justice à la demande d'associés ;

INTERVENTIONS CONSÉCUTIVES À DES FAITS SURVENANT DANS L'ENTITÉ © Éd. Francis Lefebvre

Les obligations relatives à la procédure d'alerte s'appliquent également aux commissaires aux comptes nommés pour un mandat de trois exercices, en application de l'article L 823-3-2 du Code de commerce (NEP 911 § 41 et NEP 912 § 37).

– les groupements d'intérêt économique comptant au moins cent salariés à la clôture d'un exercice, ainsi que les groupements d'intérêt économique émettant des obligations (C. com. art. L 251-15) ;

– les personnes morales de droit privé non commerçantes ayant une activité économique et répondant aux critères de seuil prévus par l'article R 612-1 du Code de commerce, visées à l'article L 612-1, al. 1 dudit code (C. com. art. L 612-3) ;

– les personnes morales de droit privé non commerçantes ayant une activité économique, ne répondant pas aux critères de seuil prévus par l'article R 612-1 du Code de commerce, visées à l'article L 612-1, al. 5 dudit code, se dotant volontairement d'un commissaire aux comptes (C. com. art. L 612-3) ;

– les associations (C. com. art. L 612-4) recevant des subventions publiques pour un montant annuel supérieur à un seuil fixé par décret (153 000 € – C. com. art. D 612-5) ;

– les sociétés d'intérêt collectif agricole n'ayant pas la forme commerciale répondant au critère du chiffre d'affaires prévu à l'article R 531-6 du Code rural (C. com. art. L 612-3 ; C. rural art. R 531-6) ;

– les coopératives agricoles (C. com. art. L 612-3) ;

– les mutuelles et unions régies par le livre II du Code de la mutualité ou, lorsqu'elles dépassent un volume d'activité fixé par décret, celles régies par le livre III de ce code, ainsi que les fédérations (C. mutualité art. L 114-40 et C. com. art. L 612-3) ;

– les institutions ou unions d'institutions de prévoyance (CSS art. R 931-3-59) ;

– les fonds de dotation, dès lors que le montant total de leurs ressources dépasse 10 000 € en fin d'exercice (art. 140, VI de la loi de modernisation de l'économie du 4-8-2008) ;

– les fondations reconnues d'utilité publique (art. 5 II de la loi 87-571 sur le développement du mécénat) ;

– les comités sociaux et économiques (C. trav. art. L 2315-74).

La liste exhaustive des entités dans lesquelles le commissaire aux comptes est susceptible de mettre en œuvre la procédure d'alerte est présentée dans la note d'information de la CNCC n° III mise à jour en janvier 2020 « Continuité d'exploitation de l'entité : prévention et traitement des difficultés – Alerte du commissaire aux comptes » § 2.21.2.

62388 La procédure d'alerte **peut être déclenchée** dans les fondations d'entreprise (Loi du 23-7-1987 art. 19-9).

62389 La procédure d'alerte ne peut plus être déclenchée dans les **établissements publics de l'État**, dans la mesure où l'article 35 du décret du 1er mars 1985 a été abrogé lors de la codification de ce décret dans la partie réglementaire du Code de commerce (en ce sens, Bull. CNCC n° 147-2007 p. 475).

L'article 35 du décret du 1er mars 1985 prévoyait, sans l'imposer, la possibilité de mise en œuvre de la procédure d'alerte dans les établissements publics de l'État sur la base des conditions applicables aux sociétés anonymes.

Une liste des entités dans lesquelles la procédure d'alerte du commissaire aux comptes n'est pas prévue par les textes est présentée dans la note d'information de la CNCC n° III mise à jour en janvier 2020 « Continuité d'exploitation de l'entité : prévention et traitement des difficultés – Alerte du commissaire aux comptes » § 2.21.6.

II. Mise en œuvre de la procédure d'alerte

62400 On exposera les questions relatives au déclenchement (n°s 62420 s.) puis au déroulement (n°s 62540 s.) de la procédure. Les spécificités liées au contexte de la crise du Covid-19 seront également traitées aux n°s 62680 s.

A. Déclenchement de la procédure

62420 Sont décrites ici les obligations du commissaire aux comptes en termes de déclenchement de la procédure, les difficultés de mise en œuvre qu'il rencontre et l'étendue de sa responsabilité. Il n'existe pas de norme d'exercice professionnel spécifique relative à la procédure d'alerte. Cependant, le commissaire aux comptes tiendra compte dans sa démarche de la norme d'exercice professionnel 570 « **Continuité d'exploitation** » homologuée par arrêté du 7 mai 2007.

La CNCC a par ailleurs publié une note d'information nº III intitulée « Continuité d'exploitation de l'entité – Prévention et traitement des difficultés – Alerte du commissaire aux comptes » mise à jour en janvier 2020.

Cette note d'information a pour objet de fournir au commissaire aux comptes un guide pratique lui permettant :
– de déterminer les entités dans lesquelles la procédure d'alerte du commissaire aux comptes est prévue, ainsi que les diverses dispositions légales et réglementaires s'y rapportant ;
– de mieux appréhender les divers aspects de son intervention, lorsque, à l'occasion de l'exercice de sa mission, il relève des faits de nature à compromettre la continuité d'exploitation ;
– de comprendre les différentes étapes de la procédure d'alerte et leurs modalités de mise en œuvre selon les types d'entités dans lesquelles il exerce son mandat ;
– de disposer d'outils pratiques incluant des exemples des différents courriers et rapports pouvant être émis par le commissaire aux comptes, et des calendriers de déroulement de la procédure.

Nature des obligations du commissaire aux comptes

Principe Le commissaire aux comptes doit déclencher la procédure d'alerte lorsqu'il relève des **faits de nature à compromettre la continuité de l'exploitation**. Selon la CNCC, les faits de nature à compromettre la continuité de l'exploitation sont ceux qui « concernent la situation financière et l'exploitation de l'entreprise et sont constitutifs d'événements de nature objective susceptibles d'affecter la poursuite de l'activité dans un avenir prévisible » (CNCC NI. III – janv. 2020 § 2.12).

62435

Le législateur a choisi d'organiser le déclenchement de la procédure à partir d'une définition « synthétique » plutôt qu'à partir d'une liste de faits qui n'aurait jamais pu être totalement exhaustive.

La continuité de l'exploitation est une convention comptable d'établissement des comptes annuels utilisée par les dirigeants pour l'établissement de ces comptes. Les commissaires aux comptes se réfèrent à cette même notion, d'une part, pour émettre une opinion sur les comptes, d'autre part, pour apprécier s'il y a lieu de déclencher la procédure d'alerte.

62438

La référence à la continuité d'exploitation pour délimiter le champ d'application des difficultés des entreprises traduit la volonté du législateur de s'en tenir à une notion déjà définie pour la présentation des comptes annuels. On observe d'ailleurs que, jusqu'à la loi du 10 juin 1994, le critère de déclenchement de la procédure d'alerte dans les personnes morales de droit privé non commerçantes ayant une activité économique était « tous faits de nature à compromettre la continuité de l'activité ». La doctrine considérant que les notions de continuité d'activité et de continuité d'exploitation étaient équivalentes, le législateur a unifié le critère de déclenchement de la procédure d'alerte par le commissaire aux comptes en substituant à l'expression « continuité de l'activité » celle de « continuité de l'exploitation » en lien avec la notion anglo-saxonne de « *going concern* ».

Sans préjudice des dispositions des articles L 234-1 à L 234-4 du Code de commerce qui régissent la procédure d'alerte, la mission de certification des comptes du commissaire aux comptes ne consiste pas à garantir la viabilité ou la qualité de la gestion de la personne ou entité contrôlée (C. com. art. L 823-10-1).

62440

Application à la procédure d'alerte À partir de la définition légale et des enseignements de la jurisprudence, il est possible d'apporter les précisions suivantes quant à l'appréciation par le commissaire aux comptes de la notion de « faits de nature à compromettre la continuité de l'exploitation » :

62443

– ces faits ne sont **pas constitutifs d'une situation irrémédiable**. Ils ne sont pas, par nature, des faits qui conduisent la société à la cessation des paiements. Toutefois, s'ils interviennent de manière brutale ou sont détectés trop tard (destruction de locaux, perte d'un client important, diminution des prêts bancaires), la continuité de l'exploitation peut être définitivement compromise ;

– les faits qui remettent en cause la continuité de l'exploitation sont rarement isolés : ils sont le plus souvent constitutifs d'un **ensemble d'événements convergents**, suffisamment préoccupants, compte tenu du contexte particulier propre à l'entité (CNCC NI. III – janv. 2020 § 2.14.2). Ce n'est pas leur constatation individuelle qui amène au déclenchement de la procédure d'alerte, mais plutôt leur accumulation et leur combinaison ;

INTERVENTIONS CONSÉCUTIVES À DES FAITS SURVENANT DANS L'ENTITÉ © Éd. Francis Lefebvre

– l'examen de ces faits doit être complété par un **jugement global** sur le fonctionnement de l'entité par le commissaire aux comptes. Il s'assure qu'il n'existe pas d'autres facteurs dont la réalisation probable permettra d'atténuer les conséquences des faits relevés (engagement de la société mère envers sa filiale, renégociation des conditions d'emprunts...).

62450 **Classification des faits de nature à compromettre la continuité de l'exploitation** La NEP 570 § 9 distingue les événements ou circonstances susceptibles de compromettre la continuité de l'exploitation selon leur nature :
– **financière** : capitaux propres négatifs, capacité d'autofinancement insuffisante, incidents de paiement, non-reconduction d'emprunts nécessaires à l'exploitation, litiges ou contentieux pouvant avoir des incidences financières importantes ;
– **opérationnelle** : départ d'employés de l'entité ayant un rôle clé et non remplacés, perte d'un marché important, conflits avec les salariés, changements technologiques ou réglementaires.

> Même si aucune liste exhaustive ne peut être établie, d'autres faits d'origines diverses tels qu'une catastrophe naturelle, une panne irrémédiable d'un outil de production, une suspension d'autorisation d'exploiter, une décision de la société mère de supprimer le soutien accordé à sa filiale, un excédent brut d'exploitation insuffisant, une sous-activité notable et continue, l'accroissement des frais financiers peuvent justifier le déclenchement immédiat d'une procédure d'alerte. Une liste plus détaillée de faits de nature à compromettre la continuité d'exploitation est disponible dans la note d'information de la CNCC nº III mise à jour en janvier 2020 « Continuité d'exploitation de l'entité – Prévention et traitement des difficultés – Alerte du commissaire aux comptes » § 2.12.

62455 **Absence d'obligation de recherche active** Le commissaire aux comptes n'a pas l'obligation de rechercher de façon active et systématique les faits de nature à compromettre la continuité de l'exploitation. Cependant, en application de la NEP 570 (§ 09), « tout au long de sa mission, le commissaire aux comptes reste **vigilant** sur tout événement ou circonstance susceptible de mettre en cause la continuité d'exploitation ». De plus, le commissaire aux comptes informe les dirigeants des faits de nature à compromettre la continuité de l'exploitation de l'entité relevés à l'occasion de l'exercice de sa mission.

> Les faits pouvant amener le commissaire aux comptes à déclencher la procédure d'alerte sont **relevés à « l'occasion de l'exercice de sa mission »** ou par son examen des documents prévisionnels établis le cas échéant par l'entité dans le cadre de la prévention des difficultés. Selon la CNCC, « l'exercice de sa mission inclut les travaux réalisés par le commissaire aux comptes au sein de l'entité dans le cadre de la certification des comptes et des services autres que la certification des comptes » (CNCC NI. III – janv. 2020 § 2.14.1). Depuis le 17 juin 2016, le concept de DDL ayant été supprimé, « l'exercice de la mission » inclut également les services fournis par le commissaire aux comptes à la demande de l'entité et qui ne sont pas interdits par l'article L 822-11 du Code de commerce.
> Dès lors que des faits susceptibles de mettre en cause la continuité d'exploitation n'ont pas été relevés, le commissaire aux comptes n'a pas à mettre en œuvre de diligences autres que celles prévues par sa mission d'audit des comptes, ou son examen des documents établis, le cas échéant, par l'entité dans le cadre de la prévention des difficultés des entreprises (CNCC NI. III – janv. 2020 § 2.24).

Le suivi des éléments qu'il possède dans son **dossier permanent**, sa connaissance générale de l'entreprise, la lecture des documents d'information prévisionnels établis par la société doivent être des éléments lui permettant de les appréhender.

62458 **Détection de faits remettant en cause la continuité de l'exploitation** Lorsque le commissaire aux comptes détecte des événements ou circonstances susceptibles de mettre en cause la continuité de l'exploitation, il met en œuvre des procédures d'audit complémentaires prévues par la NEP 570 § 10 sur la continuité d'exploitation afin d'apprécier, avec l'aide de la direction, leur incidence sur la situation de la société.

> Ainsi, le commissaire aux comptes :
> – met en œuvre des procédures lui permettant de confirmer ou d'infirmer l'existence d'une incertitude significative sur la continuité d'exploitation ;
> – apprécie si les plans d'action de la direction sont susceptibles de mettre fin à cette incertitude ;
> – demande à la direction une déclaration écrite par laquelle elle déclare que ses plans d'action reflètent ses intentions.

62460 Le commissaire aux comptes suscite un **entretien préalable** avec les dirigeants. Cette entrevue permet au commissaire aux comptes de s'informer plus complètement sur les faits relevés et de décider ensuite s'il convient de déclencher la procédure d'alerte.

1434

© Éd. Francis Lefebvre   **INTERVENTIONS CONSÉCUTIVES À DES FAITS SURVENANT DANS L'ENTITÉ** ▮

Au cours de cet entretien, il pourra expliquer et présenter au dirigeant le déroulement de la procédure d'alerte.

Il constitue une procédure d'infirmation ou de confirmation de l'incertitude dans le cadre de la démarche à mettre en œuvre par le commissaire aux comptes en cas d'identification d'événements ou de circonstances susceptibles de compromettre la continuité d'exploitation, conformément à la NEP 570.

En cas d'infirmation de l'incertitude, le commissaire aux comptes documente son dossier en ce sens et assure une vigilance continue.

Si l'entretien confirme l'incertitude, le commissaire aux comptes met en œuvre des procédures permettant d'apprécier si les mesures envisagées par la direction peuvent mettre fin à l'incertitude.

Que l'incertitude soit levée ou non, le commissaire aux comptes demande une déclaration écrite de la direction de l'entité confirmant ses intentions.

Si le commissaire aux comptes considère que les plans d'action de la direction ne sont pas de nature à mettre fin à l'incertitude relative à la continuité d'exploitation, il déclenche la procédure d'alerte.

62465 Dès lors que le commissaire aux comptes déclenche la procédure d'alerte, des **travaux spécifiques** devront être réalisés (CNCC NI. III – janv. 2020 § 2.25.1). Ils comprennent :
– l'envoi de l'information ou de la demande d'explications aux dirigeants ;
– la surveillance des délais de déclenchement des procédures et des délais de réponse ;
– l'appréciation des réponses et la mise en œuvre des travaux de contrôle complémentaires ;
– la demande de convocation de l'organe collégial chargé de l'administration ;
– l'information du président du tribunal de commerce ou du tribunal judiciaire ;
– l'information des autorités de contrôle, lorsqu'elle est requise par les textes légaux et réglementaires ;
– la demande de convocation de l'assemblée générale ;
– la rédaction d'un rapport spécial.

La mise en œuvre de la procédure d'alerte autorise le commissaire aux comptes à opérer un dépassement d'honoraires (voir n° 9948). Cependant, ces honoraires ne bénéficient pas de la préférence de paiement de l'article L 622-17 du Code de commerce (ex-« article 40 ») car, selon la Cour de cassation, ils correspondent à des prestations accomplies antérieurement à l'ouverture de la procédure collective (Cass. com. 2-10-2001 : Bull. CNCC n° 124-2001 p. 617, Ph. Merle).

62470 **Déclenchement de la procédure**   La procédure est mise en œuvre par le commissaire aux comptes.

En cas de **cocommissariat**, la procédure est en principe déclenchée par l'organe de contrôle légal des comptes que constituent les cocommissaires aux comptes. Toutefois, s'il n'y a pas unité de vue au sein du collège, chacun de ses membres peut, et donc doit s'il y a lieu, déclencher la procédure.

Cette possibilité, logique compte tenu de la responsabilité civile encourue, résulte de la norme d'exercice professionnel 100 « Audit des comptes réalisé par plusieurs commissaires aux comptes ». Selon cette norme, les commissaires aux comptes doivent procéder ensemble et de manière concertée aux communications importantes envers la direction de l'entité, et chacun d'entre eux signe les rapports établis en application de textes légaux et réglementaires. En cas de désaccord relatif au déclenchement ou à la poursuite de l'alerte, il convient donc de déclencher la procédure d'alerte même en l'absence de consensus du collège.

Selon la doctrine de la Compagnie, celui des commissaires qui décide d'engager la procédure ou de la poursuivre doit :
– conserver une trace dans son dossier de la concertation qu'il a eue avec son confrère ;
– remettre à son confrère une copie des courriers et rapports relatifs à la procédure (CNCC NI. III – janv. 2020 § 2.27.1).

En cas de désaccord relatif au contenu du rapport spécial d'alerte, ledit rapport doit contenir la conclusion de chaque commissaire aux comptes (CNCC NI. III – janv. 2020 § 2.27.1).

62473 **Interdiction d'immixtion dans la gestion**   Le commissaire aux comptes ne doit pas s'immiscer dans la gestion (C. com. art. L 823-10, al. 1).

C'est dans le respect de ce principe qu'il doit apprécier, à un moment donné, les conséquences comptables et financières des décisions de gestion prises ou envisagées par les dirigeants pour faire face à la situation (CNCC NI. III – janv. 2020 § 2.27.5).

Le **rôle** du commissaire aux comptes est seulement de s'assurer que les dirigeants :
– sont conscients des difficultés de l'entité ;
– établissent un diagnostic prenant en compte de manière réaliste les difficultés de l'entreprise ;

INTERVENTIONS CONSÉCUTIVES À DES FAITS SURVENANT DANS L'ENTITÉ © Éd. Francis Lefebvre

– ont pris ou prévoient de prendre les mesures nécessaires pour redresser l'activité de l'entité ; il analyse, en exerçant son jugement professionnel, la pertinence de ces mesures afin de pallier les difficultés rencontrées et, à défaut, en tire toutes les conséquences quant à la poursuite de la mise en œuvre de la procédure d'alerte.

En vertu du principe de non-immixtion, il est **interdit** au commissaire aux comptes de :
– donner des conseils pour remédier aux difficultés ;
– participer à la mise en œuvre des mesures.

S'il participait activement à la recherche de solutions et à leur mise en œuvre, une immixtion dans la gestion pourrait alors lui être reprochée et sa responsabilité engagée.

> Une cour d'appel justifie légalement sa décision lorsqu'elle retient que des commissaires aux comptes n'ont pas commis de faute en retenant que ceux-ci ont porté à l'attention des dirigeants et des adhérents dans leurs rapports sur les comptes et signalé à plusieurs reprises la difficulté provenant de l'importance des flux financiers entre la société mère et ses filiales et ont déclenché la procédure d'alerte. Il ne peut leur être reproché de ne pas s'être immiscés dans des décisions relevant de la gestion alors que les dirigeants de la société avaient conscience que la situation de l'entreprise exigeait des mesures draconiennes (Cass. com. 8-11-2011 : Bull. CNCC n° 165-2012 p. 117, Ph. Merle).

62478   **Information des autorités de contrôle**   Un certain nombre de dispositions légales font obligation aux commissaires aux comptes d'informer les autorités de contrôle de certaines entités lorsque surviennent des faits mettant en cause la continuité de l'exploitation.

Les commissaires aux comptes des **sociétés dont les titres financiers sont admis aux négociations sur un marché réglementé** ou sont offerts au public sur un système multi-latéral de négociation soumis aux dispositions du II de l'article L 433-3 (Euronext Growth) doivent transmettre à l'Autorité des marchés financiers une copie de la demande de délibération du conseil d'administration ou du conseil de surveillance qu'ils ont adressée au président du conseil d'administration ou du directoire (C. mon. fin. art. L 621-22, IV et VI).

Les commissaires aux comptes des **sociétés de gestion de portefeuille** sont tenus de signaler dans les meilleurs délais à l'Autorité des marchés financiers les faits dont ils ont eu connaissance dans l'exercice de leur mission et de nature à porter atteinte à la continuité de l'exploitation (C. mon. fin. art. L 621-23).

Les commissaires aux comptes des **personnes soumises au contrôle de l'Autorité de contrôle prudentiel et de résolution**, notamment les établissements de crédit, les entreprises d'assurances, de mutuelles et les institutions de prévoyance doivent informer dans les meilleurs délais ladite autorité de tout fait de nature à porter atteinte à la continuité d'exploitation (C. mon. fin. art. L 612-44, II). Il en est de même vis-à-vis de la **Banque centrale européenne** pour les commissaires aux comptes des personnes soumises à son contrôle (C. mon. fin. art. L 612-44, II modifié par la loi 2016-1691 du 9-12-2016 relative à la transparence, à la lutte contre la corruption et à la modernisation de la vie économique).

> L'Autorité de contrôle prudentiel et de résolution peut exiger des personnes soumises à son contrôle qu'elles remplacent leur commissaire aux comptes lorsque celui-ci a agi en violation des obligations qu'il tient du titre du II de l'article L 612-44 du Code de commerce, notamment l'absence de signalement à l'Autorité de contrôle prudentiel et de résolution de tout fait ou décision concernant la personne soumise à son contrôle dont il a eu connaissance dans l'exercice de sa mission de nature à porter atteinte à la continuité d'exploitation (C. com. art. L 612-44, IV modifié par l'ordonnance 2020-1635 du 21-12-2020).
>
> Par ailleurs, lorsque les commissaires aux comptes exercent leur mission dans un établissement de crédit affilié à l'un des organes centraux mentionnés à l'article L 511-30 (Crédit agricole S.A., l'organe central des caisses d'épargne et des banques populaires, la Confédération nationale du crédit mutuel), les faits et décisions de nature à porter atteinte à la continuité d'exploitation sont transmis simultanément à cet organe central (C. mon. fin. art. L 612-44, II).
>
> Enfin, en application de l'article L 114-40 du Code de la mutualité, s'agissant des mutuelles et unions de mutuelles régies par le livre II dudit code et les fédérations, « lorsque le commissaire aux comptes informe le président du tribunal judiciaire, en application de l'article L 612-3 du Code de commerce, il informe en même temps l'Autorité de contrôle prudentiel et de résolution ».

Le commissaire aux comptes d'un **fonds de dotation** doit informer l'autorité administrative en application du 4e alinéa du VI de l'article 140 de la loi de modernisation de l'économie. Il engage les démarches prévues à l'article précité sans délai (Décret 2009-158 du 11-2-2009 art. 5, al. 2).

> Lorsque le commissaire aux comptes relève, à l'occasion de l'exercice de sa mission, des faits de nature à compromettre la continuité de l'activité, il demande des explications au président du conseil d'administration, dans des conditions fixées par décret. Le président du conseil d'administration est tenu de lui répondre sous quinze jours. Le commissaire aux comptes en informe l'autorité administrative. En

cas d'inobservation de ces dispositions ou s'il constate qu'en dépit des décisions prises la continuité de l'activité demeure compromise, le commissaire aux comptes établit un rapport spécial et invite, par un écrit dont la copie est envoyée à l'autorité administrative, le président à faire délibérer sur les faits relevés le conseil d'administration convoqué dans des conditions et délais fixés par décret. Si, à l'issue de la réunion du conseil d'administration, le commissaire aux comptes constate que les décisions prises ne permettent pas d'assurer la continuité de l'activité, il informe de ses démarches l'autorité administrative et lui en communique les résultats.

La liste exhaustive des autorités de contrôle devant être informées par la mise en œuvre de la procédure d'alerte est présentée dans la note d'information de la CNCC n° III mise à jour en janvier 2020 « Continuité d'exploitation de l'entité – Prévention et traitement des difficultés – Alerte du commissaire aux comptes » § 2.25.10.

Difficultés de mise en œuvre de la procédure d'alerte

Déclenchement tardif Bien qu'investi d'une mission permanente, le commissaire aux comptes peut ne prendre conscience des faits de nature à compromettre la continuité de l'exploitation qu'au moment où ils produisent leurs effets. L'intervention soudaine des difficultés et leur incidence financière peuvent brutalement et irrémédiablement compromettre la continuité de l'entreprise (rupture commerciale à l'initiative d'un client représentant une part significative de marché, destruction de locaux à la suite d'une catastrophe naturelle) sans que le commissaire aux comptes ait eu la possibilité de réagir. **62480**

Si le dirigeant n'informe pas régulièrement le commissaire aux comptes de l'évolution des activités de l'entité, le **décalage** entre la transmission de l'information et son analyse par celui-ci ne lui permettra pas d'assumer son rôle de prévention des difficultés. En pratique, selon la nature du fait et la fréquence des contrôles du commissaire aux comptes ou de ses collaborateurs dans l'entité, la fonction de prévention assurée par le commissaire sera donc plus ou moins efficace. **62485**

Suspension ou interruption anticipée Dès lors que le président du conseil d'administration, le directoire, le dirigeant ou le conseil d'administration proposent des solutions qui paraissent de nature à assurer la pérennité de l'entité, le commissaire aux comptes arrête la procédure d'alerte. Or, il existe toujours un degré d'incertitude non quantifiable concernant le succès des mesures adoptées par l'entité, d'autant que le commissaire aux comptes doit apprécier les mesures retenues sans s'immiscer dans la gestion. **62490**

Le commissaire aux comptes peut décider d'interrompre ou de suspendre la procédure au vu des éléments qu'il a reçus et qui lui paraissent de nature à permettre de surmonter les difficultés rencontrées par l'entité contrôlée. S'il constate que les mesures mises en œuvre ne permettent pas en définitive d'assurer la continuité de l'exploitation, le commissaire aux comptes est amené à **déclencher une nouvelle procédure d'alerte** ou à **reprendre le cours de la procédure d'alerte interrompue** (voir n° 62494). **62493**

Possibilité de reprendre le cours d'une procédure d'alerte interrompue **62494**
L'article L 234-1 du Code de commerce dispose que « dans un délai de six mois à compter du déclenchement de la procédure d'alerte, le commissaire aux comptes peut en reprendre le cours au point où il avait estimé pouvoir y mettre un terme lorsque, en dépit des éléments ayant motivé son appréciation, la continuité de l'exploitation demeure compromise et que l'urgence commande l'adoption de mesures immédiates » (voir n° 62543).

Ces dispositions ont été intégrées aux articles L 234-1, L 234-2 et L 612-3 du Code de commerce relatifs à la procédure d'alerte dans les SA, SAS, SARL, SNC, SCS, SCA, les personnes morales de droit privé non commerçantes ayant une activité économique et les associations recevant des subventions publiques visées par l'article L 612-4 du Code de commerce. Ces dispositions ne sont cependant pas applicables aux groupements d'intérêt économique (GIE) régis par les dispositions de l'article L 251-15 du Code de commerce.

Responsabilité du commissaire aux comptes

Responsabilité au regard de l'entité La décision de déclencher ou non une procédure d'alerte est toujours délicate pour le commissaire aux comptes. Une attitude **62500**

INTERVENTIONS CONSÉCUTIVES À DES FAITS SURVENANT DANS L'ENTITÉ © Éd. Francis Lefebvre

alarmiste, se traduisant par des demandes d'explications trop fréquentes, voire intempestives, du commissaire aux comptes adressées au dirigeant peut sans doute nuire à l'efficacité de la procédure et provoquer au sein de la direction et du personnel de la société des indiscrétions qui, diffusées à l'extérieur, porteront atteinte à la notoriété de la société, et rendront difficile la recherche de solutions pour maintenir la pérennité de l'entité. Mais à l'inverse, le non-déclenchement d'une procédure d'alerte par le commissaire aux comptes risque de conduire l'entreprise à persister par aveuglement dans une démarche suicidaire dont elle sera la première victime, et qui portera également préjudice à son environnement.

S'agissant de la responsabilité du commissaire aux comptes, il convient d'examiner distinctement les cas de déclenchement et de non-déclenchement de la procédure.

62505 **Déclenchement de la procédure** La responsabilité des commissaires « ne peut être engagée pour les informations ou divulgations de faits auxquelles ils procèdent en exécution de leur mission » d'alerte (C. com. art. L 822-17, al. 2). Il résulte de cette disposition que la responsabilité du commissaire aux comptes **ne peut être mise en cause** lorsqu'il déclenche la procédure d'alerte (Cass. com. 3-12-1991 n° 90-14.592 : RJDA 3/92 n° 255).

Cette disposition permet au commissaire aux comptes d'apprécier en toute indépendance l'opportunité ou non du déclenchement de la procédure. En outre, cette règle empêche les dirigeants de rechercher la responsabilité du commissaire aux comptes lorsque la procédure a des conséquences défavorables pour l'entité.

62510 Par **exception** au principe de non-responsabilité, la responsabilité du commissaire aux comptes pourrait être recherchée s'il déclenchait la procédure en étant de **mauvaise foi** (en ce sens, Cass. com. 3-12-1991 : Bull. CNCC n° 85-1992 p. 142).

Jugé que si la réussite d'un plan de restructuration décidé par le conseil d'administration peut mettre en évidence une erreur d'appréciation de la situation par les commissaires aux comptes, elle ne suffit pas à démontrer que ceux-ci ont commis une faute lourde équipollente au dol, ou aient agi avec l'intention de nuire, dès lors que leurs interventions aux différentes phases de la procédure d'alerte se rattachaient à l'exercice normal de la mission qui leur était confiée (TGI Toulouse 29-6-2000 : Bull. CNCC n° 125-2002 p. 76).

62515 **Non-déclenchement de la procédure** La responsabilité civile du commissaire aux comptes pourrait être recherchée dans le cas où il n'aurait pas déclenché la procédure d'alerte, alors qu'elle aurait dû l'être ou en cas de déclenchement tardif.

Outre le fait qu'il engage sa responsabilité civile en cas de non-déclenchement ou de déclenchement tardif de la procédure d'alerte, le commissaire aux comptes encourt une responsabilité disciplinaire en cas de non-respect des délais applicables (C. com. art. L 824-1).

La faute engageant la responsabilité du commissaire aux comptes consiste en une **erreur manifeste d'appréciation** sur l'existence de faits de nature à compromettre la continuité de l'exploitation. Sa responsabilité sera effective lorsque le demandeur rapportera la preuve du lien de causalité entre la défaillance du commissaire aux comptes et le préjudice subi consécutivement au non-déclenchement ou à la mise en œuvre tardive de la procédure. Dans cette hypothèse, le commissaire aux comptes, en cas de défaillance de l'entreprise, pourra voir sa responsabilité recherchée par les organes de la procédure et voir mis à sa charge, par les tribunaux, tout ou partie de l'aggravation du passif de l'entité à compter de la date à laquelle la procédure d'alerte aurait dû être déclenchée.

Les tribunaux déboutent les demandeurs qui ne rapportent pas la preuve de la nécessité de déclencher la procédure d'alerte. Le commissaire aux comptes n'a pas commis de faute en ne déclenchant pas la procédure d'alerte à l'issue du premier exercice de la société au seul motif que celui-ci se soldait par une perte comptable due aux charges exceptionnelles de constitution de la société et d'acquisition des fonds de commerce (T. com. Nanterre 17-4-2012, n° 2010 F 1490).

De même, les tribunaux déboutent les dirigeants qui n'apportent pas la preuve que la procédure d'alerte a été interrompue pour des motifs injustifiés. Si le commissaire aux comptes a obtenu des dirigeants une réponse de nature à le rassurer sur la continuité de l'exploitation, il n'est pas tenu de déclencher la phase suivante de la procédure (en ce sens, T. com. Bobigny 17-12-1999 : Bull. CNCC n° 117-2000 p. 72). Si les *dirigeants de la société connaissent parfaitement la situation obérée de la société*, ils ne peuvent faire grief au commissaire aux comptes de ne pas avoir déclenché la procédure.

62518 Outre la mise en cause de sa responsabilité civile, les dirigeants de l'entité peuvent demander la **relève de fonctions** du commissaire aux comptes qui sera obtenue s'ils apportent la preuve que les erreurs d'appréciation ont été commises de mauvaise foi.

© Éd. Francis Lefebvre **INTERVENTIONS CONSÉCUTIVES À DES FAITS SURVENANT DANS L'ENTITÉ**

C'est ainsi qu'un commissaire aux comptes a vu une telle demande admise à son encontre pour avoir assisté au conseil d'administration lui ayant apporté des réponses et produit des justificatifs aux éléments qui lui manquaient pour apprécier la situation de la société. Les dirigeants ont rapporté la preuve que la prétendue absence de renseignements fiables sur la société n'était qu'un prétexte (Cass. com. 14-11-1995 n° 93-16.724 : RJDA 2/96 n° 235, Bull. CNCC n° 101-1996 p. 99 ; voir également CA Paris, 1e ch., section A, 26-4-2000 : Bull. CNCC n° 119-2000 p. 380).

Le préjudice subi par le demandeur s'analyse le plus souvent en une **perte de chance**. « Il devra prouver quelles auraient été les chances effectives de redresser la situation économique de l'entreprise ou de limiter son passif » si la procédure d'alerte avait été déclenchée (CA Paris, op. cit.). Généralement, la faute du commissaire aux comptes n'est cependant que l'une des causes à l'origine du préjudice subi. Le *quantum* de sa condamnation est alors apprécié en considération de cette pluralité de causes.

B. Déroulement de la procédure

Distinction selon l'organisation de la direction

62540

Le nombre de phases de la procédure d'alerte dépend de l'organisation de la direction de l'entité :

– pour les entités dotées d'un conseil d'administration ou d'un organe chargé de la direction distinct de celui chargé de l'administration, la procédure est calquée sur celle qui est applicable dans les sociétés anonymes ;

Cette précision est apportée expressément par l'article R 612-4 du Code de commerce pour les personnes morales de droit privé non commerçantes ayant une activité économique. S'agissant des SAS, cette distinction a été confirmée dans le Bulletin CNCC n° 149-2008 p. 113 ainsi que dans la note d'information III de la CNCC publiée en janvier 2020 (§ 2.25.5).

– pour les entités n'ayant pas de conseil d'administration ou d'organe chargé de la direction distinct de celui chargé de l'administration, la procédure suivie est celle décrite par les textes spécifiques ou peut être calquée sur celles des articles L 234-2 et L 612-3 du Code de commerce (pour les fondations, voir Bull. CNCC n° 115-1999 p. 495).

La note d'information CNCC n° III « Continuité d'exploitation de l'entité – Prévention et traitement des difficultés – Alerte du commissaire aux comptes » mise à jour en janvier 2020 met à la disposition des commissaires aux comptes des outils opérationnels pour la mise en œuvre de la procédure d'alerte, constitués d'exemples de courriers et de rapports pour les différents types d'entités dans lesquelles la procédure est susceptible d'être mise en œuvre à retrouver sur le site de la CNCC dans la partie documentaire SIDONI (CNCC NI. III – janv. 2020 § 3.21).

Règles communes

62543

Quel que soit le nombre de phases composant la procédure, on retiendra que :

– les **phases se déclenchent les unes après les autres**, soit parce que le commissaire aux comptes n'a pas obtenu de réponse satisfaisante, soit parce que l'organe auquel il s'est adressé n'a pas émis de réponse ou a répondu tardivement ;

– le **formalisme** de la procédure doit être respecté sous peine de rendre la procédure caduque (Bull. CNCC n° 61-1986 p. 104 ; Bull. CNCC n° 106-1997 p. 279). On relèvera en particulier que les délais sont impératifs (voir cependant n° 62565) et que le commissaire aux comptes ne peut pas se dispenser de la mise en œuvre de l'une des phases de la procédure (Bull. CNCC n° 61-1986 p. 104) ;

– la procédure peut être **interrompue** à tout moment dès lors que le commissaire aux comptes estime que les réponses apportées sont de nature à assurer la pérennité de l'activité de l'entreprise ;

– le commissaire aux comptes peut **reprendre le cours d'une procédure d'alerte** au stade où il avait estimé pouvoir la suspendre dans un délai de six mois courant à compter du déclenchement de la procédure interrompue (C. com. art. L 234-1, L 234-2 et L 612-3). Bien que les textes ne le prévoient pas expressément, il est recommandé au commissaire aux comptes qui suspend la procédure d'alerte de formaliser cette suspension par un écrit adressé aux dirigeants de l'entité, en en exposant les motifs et en rappelant, le cas échéant, que la procédure pourra être reprise au stade auquel elle a été suspendue. Il sera également prudent que le commissaire aux comptes demande aux dirigeants de le tenir régulièrement informé de l'évolution de la situation de l'entité.

1439

INTERVENTIONS CONSÉCUTIVES À DES FAITS SURVENANT DANS L'ENTITÉ © Éd. Francis Lefebvre

Antérieurement à la loi de simplification et d'amélioration de la qualité du droit du 17 mai 2011, la procédure ne pouvait pas être suspendue pour être reprise ultérieurement dès lors que les délais prévus par la loi avaient été dépassés (Doctrine professionnelle de la CNCC : ancienne norme CNCC 6-702, § 14).

La possibilité de reprendre le cours d'une procédure d'alerte antérieurement interrompue a été intégrée aux textes relatifs à la procédure d'alerte dans les SA, SAS, SARL, SNC, SCS, SCA, les personnes morales de droit privé non commerçantes ayant une activité économique et les associations recevant des subventions publiques visées par l'article L 612-4 du Code de commerce.

Cette possibilité n'a pas été intégrée dans les dispositions légales et réglementaires régissant la procédure d'alerte de certaines autres entités. Elle n'est pas applicable, notamment, aux GIE régis par les dispositions de l'article L 251-15 du Code de commerce, ni aux fonds de dotation.

La reprise d'une procédure d'alerte interrompue est possible lorsque la continuité d'exploitation demeure compromise et que l'urgence commande l'adoption de mesures immédiates.

Selon la CNCC, les éléments d'appréciation de l'urgence susceptibles de conduire le commissaire aux comptes à estimer qu'il convient de reprendre la procédure d'alerte antérieurement interrompue peuvent par exemple être la connaissance du fait que les mesures envisagées :
– n'ont pas été mises en œuvre ;
– ou ont été mises en œuvre avec retard ou partiellement ;
– ou ne produisent pas les effets escomptés (CNCC NI. III – janv. 2020 § 2.24).

La décision du commissaire aux comptes de reprendre le cours de la procédure d'alerte ou de la remettre en œuvre à partir de la première phase est prise à l'issue de l'entretien avec la direction de la société, tel que prévu au paragraphe 10 de la NEP 570 (CNCC NI. III – janv. 2020 § 2.24).

Entités dotées d'un organe d'administration et d'un organe de direction

62550 **Déroulement général de la procédure** Dans les sociétés anonymes, la procédure se compose de **quatre phases**, qui conduisent le commissaire aux comptes à intervenir successivement auprès du président du conseil d'administration (phase 1), du conseil d'administration (phase 2), de l'assemblée générale (phase 3), et enfin du président du tribunal de commerce (phase 4). La procédure applicable dans les sociétés anonymes est applicable dans les autres entités dotées d'un organe d'administration, soit sur renvoi exprès des textes les régissant (personnes morales de droit privé non commerçantes [C. com. art. L 612-4]), soit par analogie, lorsque les textes spécifiques n'ont pas prévu le détail de la procédure applicable.

Ces différentes phases sont généralement précédées d'un entretien préalable avec le dirigeant de la société, qui permet au commissaire aux comptes de s'informer plus complètement sur les faits relevés, de valider la pertinence du déclenchement de la procédure, et d'informer son client sur le déroulement et les modalités de la procédure (voir n° 62460).

Le cas échéant, le commissaire aux comptes informe également l'autorité de contrôle concernée des faits de nature à porter atteinte à la continuité de l'exploitation qu'il a relevés (voir n° 62478).

62553 Le commissaire aux comptes a la possibilité d'**interrompre** ou de **poursuivre** ses diligences à chaque stade de la procédure d'alerte, sa décision étant prise au vu des réponses reçues ou des mesures prises par l'organe concerné.

62558 **Phase 1** Le commissaire aux comptes **informe sans délai** par lettre recommandée avec AR **le président du conseil d'administration ou du directoire** des faits de nature à compromettre la continuité de l'exploitation qu'il a relevés au cours de sa mission. Le président dispose d'un délai de quinze jours suivant la réception de la demande pour répondre par lettre recommandée avec demande d'avis de réception (C. com. art. L 234-1, al. 1 et R 234-1).

Concernant les obligations d'information des commissaires aux comptes vis-à-vis de l'Autorité des marchés financiers et de l'Autorité de contrôle prudentiel et de résolution, voir n° 62478.

62560 L'**objectif** poursuivi par cette première phase est d'amener le dirigeant à prendre conscience, en tant que de besoin, de la gravité de la situation, à faire le point et à communiquer au commissaire aux comptes les mesures de redressement qu'il envisage de prendre.

1440

© Éd. Francis Lefebvre   INTERVENTIONS CONSÉCUTIVES À DES FAITS SURVENANT DANS L'ENTITÉ

62565

Si la **réponse donnée par le dirigeant** est satisfaisante, le commissaire aux comptes peut interrompre la procédure. Si la réponse n'est pas satisfaisante, ou si le dirigeant s'abstient de répondre, ou encore s'il répond hors délai, le commissaire aux comptes poursuit la procédure.

En ce qui concerne le respect du délai accordé au dirigeant pour répondre, la CNCC semble considérer que le commissaire aux comptes peut consentir un délai complémentaire de quelques jours si, ayant été prévenu, il estime que l'urgence relative de la situation l'y autorise (Bull. CNCC n° 61-1986 p. 104). Sans méconnaître le caractère parfois excessivement contraignant des délais légaux, on peut toutefois s'interroger sur la validité juridique de cette tolérance.

62567

Le dirigeant a tout intérêt à apporter un maximum de soin et de précision à sa réponse, dans la mesure où de son contenu dépend la poursuite ou non de la procédure.

La convocation d'un conseil d'administration par le président à réception du courrier déclenchant la procédure d'alerte n'a pas pour effet d'interrompre le déroulement de la procédure, quand bien même ce conseil aurait pour but de prendre les mesures nécessitées par la situation. Si le commissaire aux comptes a estimé opportun de déclencher, voire de poursuivre la procédure d'alerte, c'est qu'il a considéré qu'aucune décision antérieure de la direction ne lui apparaissait de nature à sauvegarder la continuité d'exploitation de l'entité (Bull. CNCC n° 106-1997 p. 279).

62570

La **difficulté** de cette première phase tient surtout à la pression morale qui peut être exercée sur le commissaire aux comptes pour lui demander une interruption de la procédure. Le déclenchement de la procédure d'alerte risque de rencontrer l'incompréhension du dirigeant, aux yeux duquel la continuité de l'exploitation peut sembler assurée. Le commissaire aux comptes devra examiner les arguments du dirigeant pour s'assurer qu'ils permettent de considérer que la continuité n'est pas compromise.

Il appartiendra au commissaire aux comptes de faire preuve à la fois de fermeté et de diplomatie, si le dirigeant manque d'objectivité, notamment lorsque des erreurs ont été commises (en ce sens, E. du Pontavice, op. cit. n° 44). En tout état de cause, l'argument, souvent utilisé, selon lequel la poursuite de la procédure provoquera la chute de la société, et que le commissaire en portera la responsabilité ne peut être retenu par le commissaire aux comptes.

62575

Phase 2   À défaut de réponse dans les quinze jours, ou si celle-ci n'est pas considérée comme satisfaisante, le commissaire aux comptes invite le président à **convoquer le conseil d'administration ou le conseil de surveillance** pour le faire délibérer sur les faits relevés (C. com. art. L 234-1, al. 2). Cette demande est formulée par lettre recommandée avec demande d'avis de réception dans les huit jours suivant la réception de la réponse du président du conseil ou du directoire ou bien de la constatation de l'absence de réponse dans le délai prévu. La copie de ce courrier est adressée sans délai au président du tribunal de commerce (C. com. art. L 241-1, al. 2 et R 234-2, al. 1). Le conseil d'administration ou de surveillance est alors convoqué dans les huit jours de la réception du courrier du commissaire aux comptes (C. com. art. R 234-2, al. 2). Le conseil d'administration ou de surveillance doit délibérer dans les quinze jours qui suivent la réception de la lettre de demande de convocation du conseil par le commissaire aux comptes.

En application de l'article L 621-22, IV et VI du Code monétaire et financier, les commissaires aux comptes des sociétés dont les titres financiers sont admis aux négociations sur un **marché réglementé** ou sont offerts au public sur un système multilatéral de négociation soumis aux dispositions du II de l'article L 433-3 (**Euronext Growth**) doivent transmettre à l'Autorité des marchés financiers une copie de la demande de délibération du conseil d'administration ou du conseil de surveillance qu'ils ont adressée au président du conseil d'administration ou du directoire (voir n° 62478).

Le commissaire aux comptes est convoqué à la séance du conseil d'administration ou de surveillance. Une copie des délibérations lui est transmise ainsi qu'au président du tribunal de commerce, au comité d'entreprise ou à défaut aux délégués du personnel de la société par lettre recommandée avec accusé de réception dans les huit jours suivant la tenue de la séance du conseil (C. com. art. R 234-2, dernier alinéa).

Remarque : Les dispositions des articles L 234-1 à L 234-4, R 234-1 à R 234-6 du Code de commerce concernant la procédure d'alerte n'ont pas été mises à jour à la suite de la réforme des instances représentatives du personnel par l'ordonnance 2017-1386 du 22 septembre 2017 et font toujours référence au comité d'entreprise et, le cas échéant, aux délégués du personnel. Or, l'ordonnance précitée crée une nouvelle instance, le **comité social et économique**, qui se substitue aux trois instances de représentation du personnel que sont le comité d'entreprise (CE), les délégués du personnel (DP) et le comité d'hygiène, de sécurité et des conditions de travail (CHSCT). Le comité social et économique

INTERVENTIONS CONSÉCUTIVES À DES FAITS SURVENANT DANS L'ENTITÉ © Éd. Francis Lefebvre

est obligatoire dans les entreprises dont l'effectif atteint au moins 11 salariés pendant 12 mois consécutifs (C. trav. art. L 2311-2).

Dans les entreprises déjà pourvues d'instances représentatives du personnel, le comité social et économique doit être mis en place au terme des mandats des élus, et au plus tard, le 31 décembre 2019, fin de la période transitoire (Ord. précitée art. 9, II).

Au 1er janvier 2020, tous les mandats des anciennes instances représentatives du personnel auront pris fin et le comité social et économique devra avoir été institué dans toutes les entreprises d'au moins 11 salariés.

Dans les entreprises d'au moins 11 salariés et de moins de 50 salariés, les attributions des délégués du personnel sont désormais exercées par le comité social et économique (C. trav. art. L 2312-5 et L 2312-6).

Dans les entreprises d'au moins 50 salariés, les attributions des délégués du personnel, du comité d'entreprise et du comité d'hygiène, de sécurité et des conditions de travail sont désormais exercées par le comité social et économique (C. trav. art. L 2312-8 à L 2312-84).

S'agissant de la procédure d'alerte mise en œuvre par le commissaire aux comptes, même si les articles L 234-1 à L 234-4 et R 234-1 à R 234-6 du Code de commerce font toujours référence aux anciennes instances de représentation du personnel, à notre avis, les communications prévues par les articles précités au comité d'entreprise, et, le cas échéant, aux délégués du personnel, s'appliquent également désormais au comité social et économique.

Depuis le 20 novembre 2016, le commissaire aux comptes peut demander à être entendu par le président du tribunal de commerce (C. com. art. L 234-1, al. 2).

Dans l'hypothèse où le commissaire aux comptes est entendu par le président du tribunal de commerce, ce dernier peut, « nonobstant toute disposition législative ou réglementaire contraire, obtenir communication, par les commissaires aux comptes […] des renseignements de nature à lui donner une exacte information sur la situation économique et financière du débiteur ». Les nouvelles dispositions de l'article L 234-1 prévoient en effet l'application du second alinéa du I de l'article L 611-2 du Code de commerce aux situations dans lesquelles le commissaire aux comptes demande à être entendu par le président du tribunal de commerce au cours de la procédure d'alerte.

62578 L'**objectif** de la réunion de l'organe collégial est l'analyse de la situation ainsi que l'examen des mesures à prendre pour redresser l'entreprise.

Lors de la réunion de l'organe d'administration, le président peut se trouver en position délicate s'il est désavoué par son conseil. On peut à l'inverse constater une absence d'éléments nouveaux lors de la tenue du conseil, dans la mesure où les membres du conseil peuvent être sous l'influence de leur président et épousent de ce fait les positions prises lors de la phase 1 (E. du Pontavice, op. cit. n° 44, al. 3). Dans un cas comme dans l'autre, on peut s'interroger sur l'utilité de la première phase de la procédure.

62590 **Phase 3** La troisième phase est déclenchée lorsque le conseil d'administration ne s'est pas réuni ou n'a pas pris de décision dans le délai imparti (huit jours après la réception du courrier du commissaire aux comptes demandant sa convocation) ou bien si, malgré les mesures adoptées, la continuité de l'exploitation demeure compromise.

Depuis la loi du 17 mai 2011, l'article L 234-1 du Code de commerce prévoit expressément que la troisième phase est également déclenchée si le conseil d'administration ou le conseil de surveillance n'a pas été réuni pour délibérer sur les faits relevés ou si le commissaire aux comptes n'a pas été convoqué à la séance du conseil d'administration ou du conseil de surveillance.

Le commissaire aux comptes invite, par lettre recommandée avec accusé de réception, le président du conseil d'administration ou du directoire à faire délibérer une assemblée générale sur les faits relevés. Il joint à ce courrier le **rapport spécial** qu'il a rédigé et qui sera présenté à cette assemblée générale des actionnaires (C. com. art. L 234-1, al. 3).

Depuis la mise en œuvre de la loi de sauvegarde, l'**assemblée générale doit être réunie** au plus tard dans le mois suivant la date de notification faite par le commissaire aux comptes (C. com. art. R 234-3, al. 2).

Ce délai doit, à notre avis, être respecté, que l'assemblée soit convoquée par le président du conseil d'administration ou par le commissaire aux comptes.

Avant la loi de sauvegarde des entreprises du 26 juillet 2005, il fallait attendre la plus prochaine assemblée générale pour que le président du conseil d'administration ou du directoire porte à la connaissance des actionnaires le rapport rédigé par le commissaire aux comptes. Il en résultait que si la procédure était déclenchée quelques semaines après l'assemblée générale ordinaire d'approbation des comptes, onze mois pouvaient s'écouler avant que l'assemblée ne soit informée, ce qui paraissait en contradiction avec le caractère préventif de la procédure et l'urgence de la situation.

L'obligation pour le commissaire aux comptes de convoquer l'assemblée générale en cas de défaut de convocation par le dirigeant, aux fins de lui présenter son rapport d'alerte, **a été réintroduite** par la loi de sauvegarde des entreprises. En cas de carence du dirigeant, le commissaire aux comptes convoque l'assemblée générale dans un délai

1442

INTERVENTIONS CONSÉCUTIVES À DES FAITS SURVENANT DANS L'ENTITÉ

de huit jours à compter de l'expiration du délai imparti au dirigeant. Il fixe l'ordre du jour et peut, en cas de nécessité, choisir un lieu de réunion autre que celui éventuellement prévu par les statuts, mais situé dans le même département (C. com. art. R 234-3, dernier alinéa).

Cette obligation avait vu le jour au lendemain de la publication de la loi du 1er mars 1984 mais elle avait été abrogée par la réforme de 1994.

Le **contenu du rapport spécial** du commissaire aux comptes n'est pas précisé par les textes. Un exposé détaillé et circonstancié est d'autant plus important que les actionnaires devront prendre des décisions sur la base de ce rapport. Ce rapport, après un rappel du texte légal ou réglementaire prévoyant l'intervention du commissaire aux comptes, devra indiquer :
– la présentation des faits relevés de nature à compromettre la continuité de l'exploitation ;
– la relation des différentes phases de la procédure déclenchée par le commissaire aux comptes ;
– les décisions prises à chaque phase ou la mention des irrégularités relevées lors du déroulement de la procédure.

Des exemples de rapport spécial d'alerte sont disponibles sur le site de la CNCC, dans la partie documentaire intitulée « Sidoni » (NI. III – janv. 2020 § 3.21.1 p. 215).

62595

À ce stade, l'objectif de la procédure n'est plus de susciter des analyses ou des décisions de l'organe d'administration, mais d'informer l'organe délibérant des conclusions auxquelles le commissaire aux comptes est arrivé sur la situation de la société. Après avoir pris connaissance du contenu du rapport du commissaire aux comptes, l'assemblée générale doit délibérer sur les mesures à prendre au plus tard le mois suivant la date de notification de son rapport faite par le commissaire aux comptes.

Sur les diligences à mettre en œuvre en cas d'évolution significative de la situation de l'entité entre l'émission du rapport et la date de l'assemblée générale, voir n° 62682.

62598

Phase 4 Si, à l'issue de la réunion de l'assemblée générale, le commissaire aux comptes constate que les décisions prises ne permettent pas d'assurer la continuité de l'exploitation, il informe de ses démarches le **président du tribunal de commerce** et lui en communique les résultats (C. com. art. L 234-1, al. 4).
Compte tenu de la formulation de l'article L 234-1 du Code de commerce, l'**information** du président du tribunal de commerce peut être **détaillée**. Une copie de tous les documents utiles (notamment le rapport spécial) à sa compréhension ainsi que l'exposé des motifs qui ont conduit le commissaire aux comptes à constater l'insuffisance des décisions prises sont transmis à l'appui du courrier qui lui est adressé.
Le commissaire aux comptes procède à cette information sans attendre le procès-verbal de la réunion de l'assemblée (CNCC NI. III – janv. 2020 § 2.25.2 p. 177).
Depuis le 20 novembre 2016, le commissaire aux comptes peut également demander à être **entendu par le président du tribunal de commerce** (C. com. art. L 234-1, al. 4).

Dans l'hypothèse où le commissaire aux comptes est entendu par le président du tribunal de commerce, ce dernier peut, « nonobstant toute disposition législative ou réglementaire contraire, obtenir communication, par les commissaires aux comptes [...] des renseignements de nature à lui donner une exacte information sur la situation économique et financière du débiteur » (voir n° 62575).

62610

L'**objectif** de cette dernière phase est d'informer le président du tribunal de commerce et de l'amener à prendre les mesures nécessaires, en complément de celles qu'il a pu prendre à réception du courrier d'information sur le déclenchement de la procédure (voir n° 62575). Outre la convocation des dirigeants et personnes visés à l'article L 611-2, l'autorité judiciaire peut envisager la mise en œuvre de toute mesure préventive appropriée (nomination d'un mandataire ad hoc, ouverture d'une procédure de conciliation), voire l'ouverture, à la demande du débiteur, d'une procédure de sauvegarde s'il justifie de difficultés qu'il n'est pas en mesure de surmonter (C. com. art. L 620-1). En cas d'ouverture d'une procédure de conciliation ou de nomination d'un mandataire ad hoc, cette décision doit être communiquée aux commissaires aux comptes (C. com. art. L 611-6, al. 3 et L 611-3, al. 1).

L'ouverture d'une procédure de conciliation ou de sauvegarde met fin à la procédure d'alerte déclenchée par le commissaire aux comptes (C. com. art. L 234-4).

62615

1443

INTERVENTIONS CONSÉCUTIVES À DES FAITS SURVENANT DANS L'ENTITÉ © Éd. Francis Lefebvre

En cas d'ouverture d'une procédure de sauvegarde, le débiteur peut proposer au tribunal la désignation de l'administrateur de son choix en joignant à la demande d'ouverture l'identité et l'adresse de cet administrateur (C. com. art. R 621-1, 12°).

> La sauvegarde est une procédure collective anticipée à laquelle le débiteur peut se soumettre volontairement s'il n'est pas encore en cessation des paiements. Enfin, s'il est trop tard, l'autorité judiciaire devra constater la cessation des paiements et décider l'ouverture d'une procédure de redressement ou de liquidation judiciaire.

Entités non dotées d'un organe d'administration

62630 La procédure d'alerte mise en œuvre dans les entités non dotées d'un organe d'administration est limitée à **trois phases**.

Les entités concernées sont :
– les sociétés à responsabilité limitée ;
– les sociétés en nom collectif ;
– les sociétés en commandite simple ;
– les sociétés en commandite par actions ;
– les sociétés par actions simplifiées, non dotées d'un organe d'administration par leurs statuts ;
– les personnes morales de droit privé non commerçantes ayant une activité économique, non dotées par leurs statuts d'un organe d'administration ;
– les associations subventionnées visées à l'article L 612-4 du Code de commerce.

> Le cas échéant, le commissaire aux comptes informe également l'autorité de contrôle concernée des faits de nature à porter atteinte à la continuité de l'exploitation qu'il a relevés (voir n° 62478).

Pour la procédure d'alerte mise en œuvre par le commissaire aux comptes du comité social et économique, voir n° 62679.

62635 **Phase 1** Le commissaire aux comptes demande sans délai au **dirigeant** de l'entité, par lettre recommandée AR, des **explications** sur les faits de nature à compromettre la continuité de l'exploitation qu'il a relevés lors de l'examen des documents qui lui ont été communiqués ou dont il a eu connaissance au cours de l'exercice de sa mission (C. com. art. L 234-2 et R 234-5).

62638 Le dirigeant de l'entité répond dans les quinze jours qui suivent la réception de la demande d'explication, par lettre recommandée avec demande d'avis de réception. À la différence de la réponse du président du conseil d'administration ou du directoire, l'article R 234-5, al. 2 du Code de commerce précise que cette réponse comporte une **analyse précise de la situation** et, le cas échéant, les mesures envisagées. Le dirigeant doit communiquer, dans les quinze jours suivant la réception de la demande du commissaire aux comptes et sous forme recommandée avec accusé de réception, une copie de la demande d'explication du commissaire aux comptes accompagnée de sa réponse au comité d'entreprise ou à défaut aux délégués du personnel et au conseil de surveillance, s'il en existe un.

> En ce qui concerne le respect du délai accordé au dirigeant pour répondre, la remarque formulée au n° 62565 pour les entités dotées d'un organe d'administration peut être reconduite, avec les mêmes réserves.
> Par ailleurs, sur l'absence de mise à jour des textes afin de tenir compte du remplacement du comité d'entreprise et des délégués du personnel par le comité social et économique et sur l'application du droit de communication à ce dernier comité, voir n° 62575.

62640 L'**objectif** poursuivi est d'amener le dirigeant à analyser la situation de l'entité et à la communiquer au commissaire aux comptes, cette réflexion devant conduire à proposer des mesures de redressement.

62645 Le commissaire aux comptes informe « **immédiatement** » le président du tribunal de commerce ou judiciaire du déclenchement de la procédure d'alerte.

> La loi du 17 mai 2011 a modifié l'article L 234-2 du Code de commerce, précisant que l'information du président du tribunal de commerce doit avoir lieu « dès réception de la réponse ou à défaut de réponse sous quinze jours ». Cette nouvelle rédaction consacre l'interprétation antérieure de la CNCC relative au moment auquel doit intervenir l'information du président du tribunal de commerce (Bull. CNCC n° 160-2010 p. 651).

© Éd. Francis Lefebvre — INTERVENTIONS CONSÉCUTIVES À DES FAITS SURVENANT DANS L'ENTITÉ

Cette information immédiate a lieu à l'expiration du délai de réponse du dirigeant, et ce, même si les réponses apportées permettent d'assurer la continuité de l'exploitation. Cette information se fera par lettre recommandée avec demande d'avis de réception (C. com. art. R 234-5, al. 2).

De plus, depuis le 20 novembre 2016, le commissaire aux comptes peut demander à être **entendu par le président du tribunal** (C. com. art. L 234-2, al. 1).

> Dans l'hypothèse où le commissaire aux comptes est entendu par le président du tribunal de commerce, ce dernier peut, « nonobstant toute disposition législative ou réglementaire contraire, obtenir communication, par les commissaires aux comptes [...] des renseignements de nature à lui donner une exacte information sur la situation économique et financière du débiteur » (voir n° 62575).

Le président du tribunal n'est nullement tenu de procéder à une convocation à la suite d'une information reçue sur l'existence d'une procédure d'alerte déclenchée par le commissaire aux comptes. S'il décide de procéder à une convocation, il agit en vertu des pouvoirs qu'il tire des articles L 611-2 et L 611-2-1 du Code de commerce (voir n° 62615).

62646 L'information donnée par le commissaire aux comptes au président du tribunal à ce stade de la procédure d'alerte ne porte pas atteinte au secret professionnel. En effet, l'article L 822-15 du Code de commerce prévoit expressément que le commissaire aux comptes est délié du secret professionnel à l'égard du président du tribunal de commerce ou du tribunal judiciaire dans le cadre de la mise en œuvre des dispositions légales relatives à la procédure d'alerte (CNCC NI. III – janv. 2020 § 2.21.7).

62650 **Phase 2** La deuxième étape de la procédure est déclenchée lorsque le dirigeant ne répond pas, répond hors délai, ou que le commissaire aux comptes estime que les mesures prises ne sont pas satisfaisantes.

Le commissaire aux comptes établit alors un **rapport spécial** d'alerte et invite par lettre recommandée AR le dirigeant, dans les quinze jours qui suivent la réception de la réponse ou la date d'expiration du délai imparti pour celle-ci, à faire délibérer l'assemblée générale sur celui-ci. Le rapport spécial d'alerte est joint à l'invitation du commissaire aux comptes, lequel adresse sans délai une copie de cet envoi au président du tribunal de commerce, par lettre recommandée AR. Ce rapport est transmis au comité d'entreprise ou, à défaut, aux délégués du personnel par le dirigeant dans les huit jours qui suivent sa réception (C. com. art. R 234-6, al. 2).

> Sur l'absence de mise à jour des textes afin de tenir compte du remplacement du comité d'entreprise et des délégués du personnel par le comité social et économique et sur l'application du droit de communication à ce dernier comité, voir n° 62575.

Le dirigeant procède à la convocation de l'assemblée générale qui doit être réunie au plus tard dans le mois suivant la date de demande par le commissaire aux comptes de délibération de l'assemblée générale.

En cas de carence du dirigeant, le commissaire aux comptes convoque l'assemblée générale dans un délai de huit jours à compter de l'expiration du délai imparti au dirigeant. Il fixe l'ordre du jour et peut, en cas de nécessité, choisir un lieu de réunion autre que celui éventuellement prévu par les statuts, mais situé dans le même département (C. com. art. R 234-6, dernier alinéa).

L'assemblée générale doit en tout état de cause être réunie au plus tard dans le mois suivant la date de notification faite par le commissaire aux comptes (C. com. art. R 234-6, al. 1).

> Ce délai doit être respecté, que l'assemblée soit convoquée par le président de l'entité ou par le commissaire aux comptes (CNCC NI. III – janv. 2020 § 2.25.3 p. 180).
> La loi du 17 mai 2011 a modifié l'article L 612-3 du Code de commerce, précisant que, dans les personnes morales de droit privé non commerçantes ayant une activité économique, une assemblée est convoquée si l'organe collégial n'a pas été réuni pour délibérer sur les faits relevés ou si le commissaire aux comptes n'a pas été convoqué à la séance de l'organe collégial. La convocation est émise par le commissaire aux comptes dans un délai de huit jours à compter de l'expiration du délai imparti (application de l'article R 234-6 sur renvoi de l'art. R 612-4 du Code de commerce).

62655 À l'issue de l'assemblée, si le commissaire aux comptes estime que les décisions prises permettent d'assurer la continuité de l'exploitation, il met fin à la procédure ; à défaut, il doit la poursuivre.

62658 L'**objectif** à ce stade de la procédure n'est plus d'obtenir que soient prises des mesures par la direction de l'entreprise mais d'informer l'organe délibérant des conclusions auxquelles le commissaire aux comptes est arrivé sur la situation de la société. Après

INTERVENTIONS CONSÉCUTIVES À DES FAITS SURVENANT DANS L'ENTITÉ © Éd. Francis Lefebvre

avoir pris connaissance du contenu du rapport spécial, l'assemblée doit délibérer sur les mesures à prendre.

62660 **Phase 3** Lorsque le commissaire aux comptes considère que les mesures prises par l'assemblée ne permettent pas d'assurer la continuité de l'exploitation, il informe de ses démarches le **président du tribunal de commerce ou judiciaire**, par lettre recommandée avec demande d'avis de réception.

Cette lettre comporte la copie de tous les documents utiles à l'information du président ainsi que l'exposé des raisons qui l'ont conduit à constater l'insuffisance des décisions prises (C. com. art. L 234-2, al. 3 et R 234-7).

De plus, depuis le 20 novembre 2016, le commissaire aux comptes peut demander à être **entendu par le président du tribunal** (C. com. art. L 234-2, al. 3).

> Dans l'hypothèse où le commissaire aux comptes est entendu par le président du tribunal de commerce, ce dernier peut, « nonobstant toute disposition législative ou réglementaire contraire, obtenir communication, par les commissaires aux comptes [...] des renseignements de nature à lui donner une exacte information sur la situation économique et financière du débiteur » (voir n° 62575).

L'objectif de cette dernière phase est le même que celui poursuivi dans les entités dotées d'un organe d'administration et de direction (voir n° 62610).

Groupement d'intérêt économique

62670 La procédure d'alerte mise en œuvre dans les groupements d'intérêt économique comporte **trois phases** (C. com. art. L 251-15 et R 251-3). La même procédure est applicable aux groupements européens d'intérêt économique (C. com. art. L 252-7).

> La possibilité introduite par la loi du 17 mai 2011 de reprendre le cours d'une procédure d'alerte antérieurement interrompue pour certaines entités n'a pas été intégrée dans les dispositions légales et réglementaires régissant la procédure d'alerte des GIE (voir n° 62543).

62671 **Phase 1** Le commissaire aux comptes informe les **administrateurs** des faits de nature à compromettre la continuité de l'exploitation qu'il a relevés lors de l'examen des documents qui lui ont été communiqués ou dont il a eu connaissance au cours de l'exercice de sa mission (C. com. art. L 251-15, al. 1 et R 251-3, al. 1).

> La CNCC considère qu'en dépit de l'absence de disposition légale ou réglementaire le précisant, cette information doit être effectuée sans délai et par lettre recommandée avec demande d'avis de réception (CNCC NI. III – janv. 2020 § 2.25.4 p. 183).

62672 Les administrateurs répondent, par lettre recommandée avec demande d'avis de réception, dans les quinze jours qui suivent la réception de l'information. Cette réponse comporte une **analyse précise de la situation** et, le cas échéant, les mesures envisagées. Les administrateurs communiquent au comité d'entreprise une copie de la réponse et de la demande, dans les mêmes formes et les mêmes délais.

> En ce qui concerne le respect du délai accordé au dirigeant pour répondre, la remarque formulée au n° 62565 pour les entités dotées d'un organe d'administration peut être reconduite, avec les mêmes réserves.
>
> Par ailleurs, sur l'absence de mise à jour des textes afin de tenir compte du remplacement du comité d'entreprise par le comité social et économique et sur l'application du droit de communication à ce dernier comité, voir n° 62575.

62674 Le commissaire aux comptes **informe** « immédiatement » **le président du tribunal compétent** du déclenchement de la procédure d'alerte.

Cette information immédiate a lieu à l'expiration du délai de réponse des administrateurs, et ce, même si les réponses apportées permettent d'assurer la continuité de l'exploitation. Cette information se fait par lettre remise en main propre contre récépissé au président ou à son délégataire, ou par lettre recommandée avec demande d'avis de réception (C. com. art. R 251-3, al. 2).

62675 **Phase 2** La deuxième étape de la procédure est déclenchée lorsque les administrateurs ne répondent pas, répondent hors délai, ou que le commissaire aux comptes estime que les mesures prises ne sont pas satisfaisantes.

Le commissaire aux comptes établit alors un **rapport spécial** d'alerte et invite les administrateurs, par lettre recommandée avec accusé de réception dans les quinze jours qui suivent la réception de leur réponse à la demande d'information, à faire délibérer la prochaine assemblée générale sur les faits relevés.

> En l'absence de réponse des administrateurs à la demande d'information, les textes légaux et réglementaires ne précisant pas le délai imparti au commissaire aux comptes pour adresser aux administrateurs l'invitation à faire délibérer la prochaine assemblée générale et son rapport spécial d'alerte, la CNCC considère qu'il convient de retenir la date d'expiration du délai imparti aux administrateurs pour répondre (CNCC NI. III – janv. 2020 § 2.25.4 p. 184).

Le rapport spécial d'alerte est joint à l'invitation du commissaire aux comptes par lettre recommandée avec accusé de réception. Ce rapport est transmis au comité d'entreprise par les administrateurs dans les quinze jours qui suivent sa réception (C. com. art. R 251-3, al. 3).

> Par ailleurs, sur l'absence de mise à jour des textes afin de tenir compte du remplacement du comité d'entreprise par le comité social et économique et sur l'application du droit de communication à ce dernier comité, voir n° 62575.

Contrairement à ce qui est prévu pour d'autres entités, les textes légaux et réglementaires applicables aux GIE ne fixent pas de délai pour la tenue de l'assemblée générale devant délibérer sur le rapport spécial d'alerte du commissaire aux comptes. L'article L 251-15 du Code de commerce dispose simplement que les administrateurs doivent faire délibérer la plus prochaine assemblée.

De plus, les textes ne prévoient pas expressément que le commissaire aux comptes procède à la convocation de l'assemblée en cas de carence des administrateurs.

62676 À l'issue de l'assemblée, si le commissaire aux comptes estime que les décisions prises permettent d'assurer la continuité de l'exploitation, il met fin à la procédure ; à défaut, il doit la poursuivre.

62677 L'**objectif** à ce stade de la procédure n'est plus d'obtenir que soient prises des mesures par la direction de l'entreprise mais d'informer l'organe délibérant des conclusions auxquelles le commissaire aux comptes est arrivé sur la situation de la société. Après avoir pris connaissance du contenu du rapport spécial, l'assemblée doit délibérer sur les mesures à prendre.

62678 **Phase 3** Lorsque le commissaire aux comptes considère que les mesures prises par l'assemblée ne permettent pas d'assurer la continuité de l'exploitation, il **informe** immédiatement le **président du tribunal compétent** de ses démarches et lui en communique les résultats (C. com. art. L 251-15, al. 3).

Cet envoi est effectué par lettre recommandée avec demande d'avis de réception. L'information comporte « la copie de tous les documents utiles à l'information du président ainsi que l'exposé des raisons qui l'ont conduit à constater l'insuffisance des décisions prises » (C. com. art. R 251-3, al. 4).

L'objectif de cette dernière phase est le même que celui poursuivi dans les entités dotées d'un organe d'administration et de direction (voir n° 62610).

Comité social et économique

62679 L'ordonnance 2017-1386 du 22 septembre 2017 a créé une nouvelle instance de représentation du personnel élu, le comité social et économique (CSE). L'objectif est de mettre en place une seule et même instance représentative du personnel afin de regrouper, au sein de chaque entreprise, les délégués du personnel (DP), le comité d'entreprise (CE) et le comité d'hygiène de sécurité et des conditions de travail (CHSCT) et ce, au plus tard le 1er janvier 2020. Les règles applicables au comité social et économique reprennent en grande partie celles applicables aux CE, DP et CHSCT.

> Les dispositions relatives au comité social et économique sont applicables aux employeurs de droit privé ainsi qu'à leurs salariés. Elles sont également applicables aux établissements publics à caractère industriel et commercial et aux établissements publics à caractère administratif lorsqu'ils emploient du personnel dans les conditions du droit privé (C. trav. art. L 2311-1).

Le comité social et économique doit être mis en place dans les entreprises d'au moins onze salariés et cette mise en place est obligatoire lorsque cet effectif est atteint pendant douze mois consécutifs (C. trav. art. L 2311-2).

La loi 2014-288 du 5 mars 2014 a instauré une procédure d'alerte en trois phases pour les commissaires aux comptes des comités sociaux et économiques.

INTERVENTIONS CONSÉCUTIVES À DES FAITS SURVENANT DANS L'ENTITÉ © Éd. Francis Lefebvre

Phase 1. Lorsque le commissaire aux comptes du comité social et économique relève, lors de l'examen des documents qui lui sont communiqués ou à l'occasion de l'exercice de sa mission, des faits de nature à compromettre la continuité de l'exploitation du comité social et économique, il en **informe** sans délai **le secrétaire et le président** du comité social et économique, par tout moyen propre à donner date certaine à sa réception (C. trav. art. L 2315-74 et R 2315-41 issu du décret 2017-1819 du 29-12-2017). Le secrétaire du comité social et économique répond, par tout moyen propre à donner date certaine à sa réception, dans les trente jours qui suivent la réception de l'information et il donne une analyse de la situation en précisant, le cas échéant, les mesures envisagées (C. trav. art. R 2315-42).

Phase 2. À défaut de réponse dans les trente jours, ou si celle-ci ne lui permet pas d'être assuré de la continuité d'exploitation du comité social et économique, le commissaire aux comptes invite l'employeur à réunir le comité social et économique afin que ce dernier délibère sur les faits relevés. Cette invitation est formulée par un document écrit, dans les huit jours qui suivent la réception de la réponse du secrétaire (ou la constatation de l'absence de réponse dans le délai prévu), par tout moyen propre à donner date certaine à la réception. Le commissaire aux comptes établit un **rapport spécial** qui accompagne cette invitation. Il adresse sans délai une copie de ces documents aux membres du comité social et économique et au président du tribunal judiciaire compétent (C. trav. art. L 2315-74, al. 2 et R 2315-43).

L'employeur réunit alors le comité social et économique dans les quinze jours qui suivent la réception de l'invitation du commissaire aux comptes et ce dernier est convoqué à cette réunion dans les mêmes conditions que les membres du comité. Un extrait du procès-verbal de la réunion lui est adressé ainsi qu'au président du tribunal, par tout moyen propre à donner date certaine de sa réception, dans les huit jours suivant la réunion du comité (C. trav. art. R 2315-43).

Phase 3. En l'absence de réunion du comité social et économique dans le délai prévu, en l'absence de convocation du commissaire aux comptes ou si, à l'issue de la réunion du comité social et économique, le commissaire aux comptes constate que les décisions prises ne permettent pas d'assurer la continuité de l'exploitation, il **informe**, sans délai et par tout moyen propre à donner date certaine à sa réception, **le président du tribunal judiciaire** de ses démarches et lui en communique les résultats. Cette information comporte la copie de tous les documents utiles à l'information du président du tribunal ainsi que, lorsque le commissaire aux comptes a eu connaissance de l'existence et de la teneur d'une réunion du comité social et économique, l'exposé des raisons qui l'ont conduit à constater l'insuffisance des décisions prises par le comité (C. trav. art. L 2315-74 et R 2315-44).

Le I de l'article L 611-2 du Code de commerce est applicable, dans les mêmes conditions, au comité social et économique, les pouvoirs attribués au président du tribunal de commerce étant dans ce cas exercés par le président du tribunal judiciaire (voir n° 62315).

Dans un délai de six mois à compter du déclenchement de la procédure d'alerte, le commissaire aux comptes peut reprendre le cours de la procédure au point où il avait estimé pouvoir y mettre un terme lorsque, en dépit des éléments ayant motivé son appréciation, la continuité de l'exploitation du comité social et économique demeure compromise et que l'urgence commande l'adoption de mesures immédiates.

L'article L 2315-74 n'est pas applicable lorsqu'une procédure de conciliation ou de sauvegarde a été engagée par le débiteur en application des articles L 611-6 ou L 620-1 du Code de commerce (C. trav. art. L 2315-74, al. 5).

C. Contexte de la crise du Covid-19

Phase « zéro » de la procédure d'alerte

62680 Dans le contexte de la crise du Covid-19, le H3C a incité les commissaires aux comptes appelés à mettre en œuvre la procédure d'alerte à privilégier une **phase initiale de dialogue** avec le chef d'entreprise dite « phase zéro » (Communiqué du H3C du 19-3-2020). Cette phase n'est pas réglementée par les textes légaux et réglementaires.

Le régulateur précise que cet entretien confidentiel avec le dirigeant sur les constats opérés faisant douter de la continuité d'exploitation permet d'instaurer un climat de confiance réciproque et d'envisager avec celui-ci toutes les mesures auxquelles il peut avoir recours (mesures gouvernementales exceptionnelles, report d'échéances, moratoires, médiation du crédit...). Cette démarche est **à documenter** dans le dossier de travail du commissaire aux comptes.

Dans ces « Questions/réponses » relatives aux conséquences de la crise sanitaire et économique liée à l'épidémie de Covid-19, la CNCC précise également qu'il s'agit de s'assurer que le dirigeant a connaissance des outils mis à sa disposition par l'État et des dispositifs spécifiques qui ont été aménagés par les textes d'urgence, et de savoir s'il a mis en œuvre ces moyens spécifiques (CNCC/CSOEC – Questions / Réponses précitées – 7e édition – § 2.1).

Cette démarche est basée sur l'écoute, le dialogue et la confiance réciproque entre le dirigeant et le commissaire aux comptes.

Il s'agit d'établir un diagnostic documenté des « mesures Covid-19 » avec l'entreprise pour :

– effectuer un état des lieux des activités et de la situation notamment financière de l'entreprise ;

– l'interroger sur les difficultés qu'elle anticipe ;

– s'enquérir de l'évolution de son activité et de sa trésorerie ;

– connaître ou confirmer les échéances des engagements qu'elle a contractés ;

– s'enquérir des risques sur la chaîne de financement inter-entreprises. L'entité peut respecter les échéances de paiement de ses fournisseurs mais voir ses clients ne pas respecter les échéances de leurs engagements financiers, de manière significative et répétée.

Cette démarche peut également être l'occasion d'expliquer au dirigeant les procédures de protection sous lesquelles il peut placer l'entreprise, notamment le mandat ad hoc et la conciliation.

À l'issue du diagnostic, le commissaire aux comptes exerce son jugement professionnel qu'il documente et partage ses conclusions avec le dirigeant.

Afin d'aider les professionnels à identifier les points de vigilance et les particularités dans l'analyse de la situation, qui doivent les orienter dans la mise en œuvre de la procédure d'alerte, dans le respect des textes applicables et afin de les aider à documenter leur jugement, la CNCC a publié en avril 2020 une note sur la « Mise en œuvre de la procédure d'alerte par le commissaire aux comptes dans le contexte particulier de la crise sanitaire Covid-19 et des mesures d'urgence prises par ordonnance ».

Mesure d'adaptation de la procédure d'alerte à la crise Covid-19

62681

L'article 1 de l'ordonnance 2020-596 du 20 mai 2020 portant adaptation des règles relatives aux difficultés des entreprises et des exploitations agricoles aux conséquences de l'épidémie de Covid-19 comporte des mesures complémentaires et temporaires applicables lorsqu'une procédure d'alerte a été déclenchée.

Ces mesures sont applicables en cas de mise en œuvre d'une procédure d'alerte dans les sociétés commerciales et dans les personnes morales visées par l'article L 612-3 du Code de commerce :

– les personnes morales de droit privé non commerçantes ayant une activité économique visées à l'article L 612-1 du Code de commerce ;

– toute association ayant reçu annuellement des autorités administratives, au sens de l'article 1 de la loi du 12 avril 2000, ou des établissements publics à caractère industriel et commercial une ou plusieurs subventions en numéraire dont le montant global dépasse 153 000 euros (C. com. art. L 612-4).

Elles concernent également les autres entités auxquelles s'applique la procédure d'alerte prévue par les articles L 234-1, L 234-2 et L 612-3 du Code de commerce par renvoi de texte.

Le texte précité prévoit les mesures suivantes :

– lorsqu'il apparaît que **l'urgence commande l'adoption de mesures immédiates** et que le dirigeant s'y refuse ou propose des mesures que le commissaire aux comptes estime insuffisantes, ce dernier peut en informer le président du tribunal compétent dès la première information faite, selon le cas, au président du conseil d'administration ou de surveillance ou au dirigeant.

Dans ce cas, le commissaire aux comptes informe par tout moyen et sans délai le président du tribunal de ses constats et démarches et lui adresse la copie de tous les documents utiles ainsi que l'exposé des raisons qui l'ont conduit à constater l'insuffisance des décisions prises ;

– le commissaire aux comptes peut également, à son initiative ou à la demande du président du tribunal, lui transmettre tout renseignement complémentaire de nature à lui donner une exacte information sur la situation économique et financière de l'entreprise ;

– le commissaire aux comptes peut également, et à tout moment, demander à être entendu par le président du tribunal.

1449

INTERVENTIONS CONSÉCUTIVES À DES FAITS SURVENANT DANS L'ENTITÉ © Éd. Francis Lefebvre

Dans ces trois situations, le commissaire aux comptes est délié du secret professionnel à l'égard du président du tribunal.

La CNCC considère que le commissaire aux comptes peut informer le président du tribunal sans attendre la réponse du dirigeant ou le constat de l'absence de réponse (CNCC/ CSOEC – Questions / Réponses relatives aux conséquences de la crise sanitaire et économique liée à l'épidémie de Covid-19 – 7e édition – § 2.2). En effet, le commissaire aux comptes n'a pas manqué d'apprécier la situation au regard de l'urgence et des intentions du dirigeant à la suite des échanges qu'ils ont eus, lors de la « phase zéro » de la procédure d'alerte. Ainsi, compte tenu de l'urgence de la situation, l'information peut être faite de façon concomitante à l'envoi au dirigeant du courrier de la phase 1 de la procédure d'alerte. Cette information du président du tribunal ne dispense pas le commissaire aux comptes de poursuivre les phases suivantes de la procédure d'alerte conformément aux textes applicables.

La loi 2020-1525 du 7 décembre 2020 d'accélération et de simplification de l'action publique prolonge jusqu'au **31 décembre 2021** les mesures d'adaptation de la procédure d'alerte prévues par l'ordonnance précitée.

D. Suite et fin de la procédure

Événements postérieurs à l'émission du rapport

62682 La procédure d'alerte prend fin avec la tenue de l'assemblée générale ou bien, le cas échéant, avec l'information du président du tribunal de commerce ou judiciaire et ce, sans qu'il soit nécessaire d'attendre le procès-verbal de la réunion de l'assemblée (CNCC Ni. III – janv. 2020 § 2.25.2 p. 177)

Toutefois, des événements postérieurs à l'émission du rapport spécial ou à la tenue de l'assemblée peuvent survenir, qui peuvent avoir pour effet soit d'améliorer la situation, soit au contraire de l'aggraver.

62685 **Amélioration de la situation** « Si des événements nouveaux exceptionnels font que la continuité de l'exploitation de l'entité n'est plus compromise, le commissaire aux comptes peut, en liaison avec l'information donnée par les dirigeants, porter à la connaissance de l'assemblée, en complément de son rapport, la situation nouvelle » (Doctrine professionnelle de la CNCC : ancienne norme CNCC 6-702 § 15).

En pratique, si la situation connaît une évolution favorable entre la date d'établissement du rapport spécial et la date de l'assemblée générale, en raison notamment des mesures prises par l'organe d'administration, le commissaire aux comptes peut émettre un **nouveau rapport spécial** s'il estime que ces mesures sont bien de nature à assurer la continuité de l'exploitation. Si ces événements interviennent après l'envoi du rapport spécial aux associés, et sous réserve de leur caractère acceptable par le commissaire aux comptes, celui-ci rédige un rapport complémentaire qu'il présente à l'assemblée générale (Bull. CNCC n° 80-1990 p. 516). Le commissaire aux comptes peut également demander que ses observations complémentaires sur les nouveaux événements soient consignées dans le procès-verbal de l'assemblée générale.

62690 **Aggravation de la situation** Si l'aggravation est générée par des **faits anciens** portés à la connaissance des organes de direction ou de l'organe délibérant de l'entité dans le rapport spécial, le commissaire aux comptes n'a plus à intervenir puisque tous les organes ont été dûment informés (Doctrine professionnelle de la CNCC : ancienne norme CNCC 6-702 § 13, al. 3).

62695 Si l'aggravation de la situation est générée par des **faits nouveaux** mettant en cause la continuité d'exploitation, le commissaire aux comptes apprécie s'il doit déclencher une nouvelle procédure d'alerte (Doctrine professionnelle de la CNCC : ancienne norme CNCC 6-702 § 13, al. 2).

Incidence de l'alerte sur le rapport sur les comptes annuels

62700 **Continuité d'exploitation** La convention comptable de continuité de l'exploitation constitue un élément fondamental pour la mission de certification du commissaire aux comptes. Lorsqu'une procédure d'alerte est mise en œuvre, le commissaire aux comptes est conduit nécessairement à en tirer les conséquences appropriées dans son rapport sur

1450

les comptes annuels (voir nᵒˢ 30890 s.) ainsi que dans les autres rapports et attestations qu'il peut être conduit à émettre (Doctrine professionnelle de la CNCC : ancienne norme CNCC 6-702 § 21). La mise en œuvre de la procédure d'alerte ne doit pas être mentionnée dans son rapport sur les comptes annuels.

Le commissaire aux comptes doit veiller à la cohérence entre l'éventuel déclenchement de la procédure d'alerte, son opinion sur les comptes, l'information fournie dans l'annexe et dans le rapport de gestion et enfin la lettre d'affirmation établie par les dirigeants de la société (voir en ce sens la note d'information de la CNCC nᵒ III « Continuité d'exploitation de l'entité – Prévention et traitement des difficultés – Alerte du commissaire aux comptes » mise à jour en janvier 2020 § 2.26).

Procédure en cours Quand la procédure est en cours lors de la rédaction du rapport sur les comptes annuels, trois situations sont possibles.
1. Lorsque, au vu des éléments collectés, le commissaire aux comptes estime que l'utilisation du principe de continuité d'exploitation pour l'établissement des comptes est appropriée mais qu'il existe une incertitude significative sur la continuité d'exploitation, il s'assure qu'une information pertinente est donnée dans l'annexe. Si tel est le cas, le commissaire aux comptes précise dans son rapport l'incertitude significative liée à des événements ou à des circonstances susceptibles de mettre en cause la continuité d'exploitation. Pour cela, il inclut dans son rapport une partie distincte, intitulée « Incertitude significative liée à la continuité d'exploitation », placée avant la justification de ses appréciations, dans laquelle il attire l'attention de l'utilisateur des comptes sur l'information fournie dans l'annexe au titre de cette incertitude significative (NEP 570 « Continuité d'exploitation » § 13 et NEP 700 « Rapport du commissaire aux comptes sur les comptes annuels et consolidés » § 19 c.).

Lorsque le commissaire aux comptes décide de mettre un terme à la procédure d'alerte après avoir obtenu un engagement de la société mère ou des partenaires financiers de la filiale garantissant le respect de ses obligations ou de ses engagements financiers, cette filiale aura tout avantage à faire état de cet engagement dans l'annexe de ses comptes annuels : son image en termes de continuité d'exploitation s'en trouvera confortée notamment vis-à-vis des tiers (NI. III, op. cit. § 2.26.3).

2. Si, au contraire, l'annexe ne fournit pas d'information au titre de cette incertitude significative ou si le commissaire aux comptes estime que l'information donnée n'est pas pertinente (NEP 570 § 14 ; CNCC NI. I – décembre 2018 p. 106-107 et CNCC NI. III – janv. 2020 § 2.26.3 s.) :
– il formule une certification avec réserve ou un refus de certifier conformément à la NEP 700 ; et
– il indique dans la partie de son rapport relative au fondement qu'il existe une incertitude significative susceptible de mettre en cause la continuité d'exploitation et que les comptes ne donnent pas d'information pertinente sur cette incertitude significative.
3. Enfin, lorsque les comptes sont établis dans une perspective de continuité d'exploitation, mais que le commissaire aux comptes estime que l'application par la direction du principe de continuité d'exploitation est inappropriée, il refuse de certifier les comptes (§ 15).

Les irrégularités constatées dans le déroulement de la procédure seront mentionnées dans le rapport spécial d'alerte lorsqu'un tel rapport est établi. À défaut, elles font l'objet d'une communication ad hoc à la plus prochaine assemblée générale (NI. III, op. cit. § 2.27.2). Elles n'ont pas à être répétées dans le rapport sur les comptes annuels.

Incidence des procédures préventives et collectives

Procédures préventives Les procédures préventives sont matérialisées par la nomination d'un **mandataire ad hoc** et la **conciliation**. Le mandat ad hoc est indépendant de la procédure d'alerte déclenchée par le commissaire aux comptes.

Toutefois, lorsque le commissaire aux comptes est informé par les dirigeants ou par le greffe du tribunal qu'il a été procédé à une demande de désignation d'un mandataire ad hoc auprès du président du tribunal, il doit s'interroger pour savoir si cette mesure constitue une réponse appropriée aux faits de nature à compromettre la continuité d'exploitation pour décider de mettre en œuvre ou non, poursuivre ou non la procédure d'alerte (Bull. CNCC nᵒ 119-2000 p. 382 et CNCC NI. III – janv. 2020 § 2.23.1).

La loi de sauvegarde des entreprises a complété le chapitre IV du titre III du livre II du Code de commerce par un article L 234-4 aux termes duquel les dispositions régissant la procédure d'alerte ne sont pas applicables lorsqu'une procédure de conciliation ou de sauvegarde a été engagée par les dirigeants conformément aux dispositions des titres I et II du livre VI du Code de commerce.

INTERVENTIONS CONSÉCUTIVES À DES FAITS SURVENANT DANS L'ENTITÉ © Éd. Francis Lefebvre

En conséquence, le commissaire aux comptes qui a déclenché une procédure d'alerte devra l'interrompre dès l'ouverture d'une procédure de conciliation ou de sauvegarde.

La décision d'ouverture d'une procédure de conciliation devra donc être communiquée aux commissaires aux comptes (C. com. art. L 611-6, al. 3).

Il en résulte qu'en revanche, les dispositions légales relatives à la procédure d'alerte trouvent à s'appliquer, le cas échéant, lors de l'exécution d'un accord de conciliation (CNCC NI. III – janv. 2020 § 2.23.2 p. 162).

62720 **Procédures collectives** Tant que la société n'est pas en **cessation des paiements**, la procédure d'alerte peut être déclenchée ou poursuivie. La mise en œuvre d'une procédure collective stoppe la procédure d'alerte puisque l'entité est passée de la phase préventive à la phase curative.

Lorsque dans une entité en **redressement judiciaire**, un plan de redressement est arrêté, une nouvelle procédure d'alerte pourra être déclenchée si malgré l'exécution de ce plan le commissaire aux comptes constate que la continuité d'exploitation reste compromise (Bull. CNCC nº 68-1987 p. 484 et CNCC NI. III – janv. 2020 § 2.23.4 p. 162). Cette solution est applicable lorsqu'une entité s'est trouvée en **procédure de sauvegarde** et qu'un plan de sauvegarde a été arrêté (CNCC NI. III – janv. 2020 § 2.23.3). Dans cette hypothèse, si la phase de la procédure d'alerte doit être déclenchée, et sous réserve que les administrateurs soient assistés de l'administrateur judiciaire, il est souhaitable d'inviter à la réunion du conseil d'administration le commissaire à l'exécution du plan (Bull. CNCC nº 66-1987 p. 240).

S'agissant de la poursuite du mandat du commissaire aux comptes dans le cadre d'une procédure de liquidation judiciaire de la société, voir nº 2476.

SECTION 5

Convocation de l'assemblée générale en cas de carence

62800 Dans certaines entités, et sous réserve du cas de dispense introduit par la loi dite Pacte, les textes légaux prévoient que l'assemblée est convoquée par le commissaire aux comptes en cas de carence des organes de direction. Après une présentation générale de la mission (nos 62810 s.), seront développés les aspects relatifs à sa mise en œuvre (nos 62915 s.).

A. Présentation générale de la mission

62810 La convocation de l'assemblée est en principe du ressort de l'organe de direction des entreprises et c'est par dérogation que le commissaire aux comptes peut, dans certains cas, s'approprier ce pouvoir. Il convient donc de déterminer :
– les entités concernées et la situation dans laquelle le commissaire est dispensé de la mise en œuvre de cette convocation ;
– les circonstances pouvant justifier la convocation par le commissaire aux comptes ;
– la nature des obligations du commissaire aux comptes.

Entités concernées et cas de dispense pour le commissaire aux comptes

62820 **Principe** La convocation de l'assemblée générale est en principe de la compétence de l'organe de direction de l'entité. Ainsi, dans une société à responsabilité limitée, l'assemblée est convoquée par le gérant (C. com. art. L 223-27, al. 2), tandis que dans une société anonyme, ce rôle revient au conseil d'administration ou au directoire (C. com. art. L 225-103, I).

On sait que dans une société anonyme avec directoire et conseil de surveillance, l'assemblée générale peut également être convoquée par le conseil de surveillance sans que celui-ci soit dans l'obligation de passer par le directoire (C. com. art. L 225-103, III).

1452

INTERVENTIONS CONSÉCUTIVES À DES FAITS SURVENANT DANS L'ENTITÉ

Ce pouvoir de convocation n'est cependant pas exclusif. Dans un certain nombre d'entités, le législateur l'a confié, à titre dérogatoire, à un certain nombre d'autres personnes, et notamment au commissaire aux comptes en cas de carence des organes sociaux.

62825

Entités visées La faculté subsidiaire ou dérogatoire accordée au commissaire aux comptes de convoquer l'assemblée générale en cas de carence des organes de direction ne constitue pas un élément de la mission générale du commissaire aux comptes, dans la mesure où elle ne fait pas partie des diligences dont l'application est généralisée à toutes les personnes et entités soumises au contrôle légal par l'article L 820-1 du Code de commerce. Le droit de convocation de l'assemblée reconnu au commissaire aux comptes en cas de carence des organes sociaux ne peut donc résulter que de dispositions spécifiques à chaque entité.

62830

On rappelle que l'article L 820-1 du Code de commerce, modifié par la loi 2019-486 du 22 mai 2019, dite Pacte, prévoit que, nonobstant toute disposition contraire, les dispositions du titre II du livre VIII sont applicables aux commissaires aux comptes dans l'exercice de leur activité professionnelle, quelle que soit la nature des missions ou prestations qu'ils fournissent. La convocation en cas de carence, prévue par l'article L 225-103, n'est donc pas visée par ces dispositions.

Des **dispositions spécifiques** autorisent le commissaire aux comptes à convoquer l'assemblée générale en cas de carence des dirigeants dans les entités suivantes :
– sociétés à responsabilité limitée (C. com. art. L 223-27, al. 2) ;

62833

Le commissaire aux comptes est autorisé à convoquer l'assemblée générale de la SARL en cas de décès du gérant unique à la seule fin de procéder au changement du gérant (C. com. art. L 223-27, al. 7).

– sociétés anonymes et sociétés en commandite par actions (C. com. art. L 225-103, II, 1° et R 225-162 ; art. L 226-1, al. 2) ;

Bien qu'aucun texte légal ou réglementaire n'autorise le commissaire aux comptes à convoquer l'assemblée générale d'approbation des comptes d'une SAS en cas de carence de ses dirigeants, la doctrine estime qu'il s'agit là d'une disposition du droit fondamental des sociétés, d'origine prétorienne et qui a vocation à s'appliquer dans toutes les sociétés (Bull. CNCC n° 147-2007, p. 484 qui, notamment, cite le professeur Le Cannu : « Il ne serait pas sain que la SAS soit la seule société dans laquelle le commissaire aux comptes ne puisse pas réunir les associés, alors même que ce type de société est susceptible de faire courir de grands risques aux associés. ») ; le professeur Germain et P. L. Perrin se prononcent également en ce sens, tout en précisant qu'il convient de respecter dans la SAS l'obligation de mise en demeure préalable, telle qu'elle est prévue par l'article R 225-162 du Code de commerce (« La société par actions simplifiée », Joly éd. 2010 § 668).

– mutuelles, unions et fédérations de mutuelles (C. mut. art. L 114-8, I, 2°) ;
– sociétés d'assurance mutuelle (C. ass. art. R 322-69, al. 2).
Le droit de convocation du commissaire aux comptes concerne tant l'assemblée générale ordinaire d'approbation des comptes que les assemblées générales extraordinaires et spéciales.

Dispense pour le commissaire aux comptes nommé pour trois exercices
En application de l'article L 823-12-1 du Code de commerce, introduit par la loi dite Pacte précitée, lorsque la durée du mandat du commissaire aux comptes est limitée à trois exercices (voir n° 2185), ce dernier est dispensé de la réalisation des diligences mentionnées aux articles L 223-27 et L 225-103 et dès lors il n'a plus l'obligation de **convoquer l'assemblée générale** en cas de carence des dirigeants dans les SARL, SA et SCA.

62834

Autres personnes disposant du droit de convocation Le commissaire aux comptes n'est pas la seule personne susceptible de pouvoir procéder à la convocation des organes sociaux. Le législateur a en effet confié ce pouvoir à différentes personnes définies pour chaque entité concernée.

62835

C'est ainsi que **dans les sociétés anonymes**, le pouvoir de convocation peut être exercé (C. com. art. L 225-103) :
– par un mandataire, désigné en justice, à la demande soit de tout intéressé en cas d'urgence, soit d'un ou de plusieurs actionnaires réunissant au moins 5 % du capital social, soit d'une association d'actionnaires répondant aux conditions fixées par l'article L 22-10-44 ;
– par les liquidateurs de la société ;
– par les actionnaires majoritaires en capital ou en droits de vote après une offre publique d'achat ou d'échange ou après une cession d'un bloc de contrôle ;
– par un mandataire désigné en justice, en cas d'urgence, sur demande du comité social et économique (C. trav. art. L 2312-77, al. 1).

1453

INTERVENTIONS CONSÉCUTIVES À DES FAITS SURVENANT DANS L'ENTITÉ © Éd. Francis Lefebvre

62840 Quelle que soit l'entité concernée, les personnes investies du pouvoir de convocation n'interviennent qu'à titre subsidiaire et leur compétence pour convoquer l'assemblée générale ne se recoupe pas avec celle des organes de direction. Ainsi, le **commissaire aux comptes** ne peut intervenir qu'après avoir vainement requis du gérant, du conseil d'administration ou du directoire la convocation de l'assemblée générale. Le **mandataire** désigné par voie de justice n'intervient que dans le cadre de ses compétences, telles qu'elles sont déterminées par la décision le nommant. Le **liquidateur** intervient lorsque les organes de direction ont disparu. Enfin, les **actionnaires** majoritaires en droits de vote ou en capital après une offre publique d'achat, une offre publique d'échange ou une cession de bloc de contrôle ne pourront convoquer l'assemblée générale qu'après avoir vainement requis sa convocation auprès du conseil d'administration ou du directoire.

62845 Les développements qui suivent traitent de la procédure de convocation de l'assemblée générale par le commissaire aux comptes, en cas de carence avérée des dirigeants et lorsqu'il ne bénéficie pas de la dispense prévue à l'article L 823-12-1 du Code de commerce (pour une étude détaillée des modalités de convocation de l'assemblée générale par les personnes citées ci-dessus, voir Mémento Sociétés commerciales n°s 46010 s.).

Motifs de convocation

62850 **Objectif de la procédure** La convocation de l'assemblée par le commissaire aux comptes intervenant à la place des dirigeants répond au souci du législateur d'assurer le fonctionnement normal de la société en cas de défaillance des organes de direction (nombre d'administrateurs inférieur au minimum légal, dissensions entre les administrateurs, mise en liquidation ou en sommeil de la société, etc.).
S'agissant plus particulièrement du commissaire aux comptes, le pouvoir de convoquer l'assemblée est d'autant plus opportun que le législateur l'a investi d'un devoir de communication auprès de l'assemblée générale, qui pourrait être neutralisé par la carence ou l'opposition des organes sociaux.

62855 **Justification de la convocation** La loi ne précise pas les motifs justifiant, ou nécessitant, la convocation de l'assemblée générale. La formulation de l'article L 225-103 du Code de commerce montre que l'exercice du droit de convocation ne peut être envisagé que s'il y a **carence des organes sociaux**. L'ancienne norme CNCC 6-703 « Convocation de l'organe délibérant en cas de carence des organes compétents » prévoit quant à lui l'intervention du commissaire aux comptes dans les situations où « l'intérêt général ou l'intérêt social de l'entité est en cause ».

> Contrairement au droit antérieur à la loi du 24 juillet 1966 codifiée depuis dans le Code de commerce, la convocation par le commissaire aux comptes ne résulte plus d'une situation d'urgence. Néanmoins, la convocation de l'assemblée devant être fondée sur des motifs sérieux, les commissaires aux comptes se fondent souvent, en pratique, sur cette notion (sur la responsabilité d'un commissaire aux comptes pour convocation irrégulière d'une assemblée générale, voir CA Versailles 19-1-2006 : Bull. Joly sociétés 2006 p. 705, n° 156, J.-F. Barbiéri ; voir aussi n° 62980).

62858 Les situations suivantes permettent d'illustrer, à titre d'exemple, différents cas de carence des dirigeants ou de paralysie des organes sociaux de nature à conduire le commissaire aux comptes à provoquer la convocation de l'assemblée générale, au regard de l'intérêt social ou général de l'entité, s'il ne réussit pas à l'obtenir par ailleurs des dirigeants.

> Le caractère non limitatif de ces exemples conduit à s'interroger sur la difficulté d'appréciation de l'opportunité de la convocation et sur la responsabilité du commissaire aux comptes lorsqu'il a cru devoir s'abstenir de convoquer l'assemblée.

62860 1. La **carence des dirigeants** peut notamment être constatée dans les cas suivants :

62863 – défaut de **convocation de l'assemblée d'approbation des comptes**. Lorsque les dirigeants ne convoquent pas l'assemblée générale dans le délai légal de six mois ou dans le délai statutaire pour les SAS ou sans avoir obtenu du tribunal un délai de report pour la tenue de l'assemblée générale ordinaire annuelle, le commissaire aux comptes peut convoquer cette assemblée après avoir vainement requis l'organe de direction de le faire. Les délibérations prises hors délai par l'assemblée annuelle d'approbation des comptes, en raison de la carence des organes normalement chargés de la convoquer, restent valables, aucune disposition légale ne prévoyant de sanctions civiles en pareil cas

1454

© Éd. Francis Lefebvre   INTERVENTIONS CONSÉCUTIVES À DES FAITS SURVENANT DANS L'ENTITÉ

(Cass. com. 3-1-1996 : RJDA 4/96 n° 512). En revanche, le fait de ne pas réunir dans les délais légaux l'assemblée générale ordinaire constitue une irrégularité à communiquer à la plus prochaine assemblée ou réunion de l'organe compétent ;

Sur la notion d'irrégularités et d'inexactitudes, voir n°s 61250 s.

62865

– défaut de convocation d'une assemblée dans les quatre mois de la constatation de la **perte de la moitié du capital social**. Le commissaire aux comptes doit mettre en demeure le conseil d'administration ou le directoire de convoquer l'assemblée générale extraordinaire pour se prononcer sur la dissolution de la société. En cas d'inaction de ces organes, il devra la convoquer lui-même pour qu'elle statue sur la dissolution et prenne toute décision quant à la réduction, ou à l'augmentation du capital social (Bull. CNCC n° 4-1971 p. 348) ;

62868

– défaut de **présentation du rapport spécial d'alerte**. Dans le cadre de la procédure d'alerte (voir n°s 62590 et 62650), le rapport spécial du commissaire aux comptes doit être communiqué à l'assemblée générale, convoquée par le conseil d'administration, le directoire ou dirigeant de la société dans les huit jours suivant l'invitation à faire délibérer l'assemblée générale faite par le commissaire aux comptes. L'assemblée générale devra se tenir au plus tard dans le mois suivant cette invitation. En cas de carence du conseil d'administration, directoire ou dirigeant, le commissaire aux comptes convoque lui-même l'assemblée générale dans un délai de huit jours à compter de l'expiration du délai imparti au conseil d'administration, directoire ou dirigeant (C. com. art. R 234-3 et R 234-6, dernier alinéa).

62870

2. Deux principaux cas de **paralysie des organes sociaux** peuvent se présenter, celui dans lequel le nombre d'administrateurs devient inférieur au minimum légal et celui de mésentente entre les administrateurs, qui s'accompagne souvent en pratique d'une disparition de l'affectio societatis entre les associés :

62875

– lorsque le **nombre d'administrateurs** devient **inférieur au minimum légal**, le « conseil d'administration » ne peut plus valablement prendre de décisions. Le seul pouvoir (et devoir) des administrateurs restants est de convoquer une assemblée générale ordinaire aux fins de nommer des administrateurs aux postes vacants (C. com. art. L 225-24, al. 2). En cas d'omission ou d'impossibilité de procéder à cette convocation, tout intéressé peut demander en justice la nomination d'un administrateur provisoire ayant pour mission de convoquer l'assemblée générale. Le commissaire aux comptes peut aussi, par les pouvoirs qui lui sont attribués par l'article L 225-103 du Code de commerce, procéder à cette convocation ;

Lorsque la reconstitution du conseil d'administration présente un caractère d'urgence, par exemple si elle conditionne une décision essentielle pour la société (convocation d'une assemblée générale pour décider d'une augmentation de capital social en vue d'apurer les pertes, ou en finalisation d'une procédure d'alerte…), il pourra s'avérer plus approprié pour le commissaire aux comptes de recourir à la procédure de demande de nomination d'un administrateur par voie de référé, plus rapide, plutôt que de saisir le ou les administrateurs restants et de leur accorder un délai pour convoquer l'assemblée générale, délai qu'ils peuvent ne pas respecter.

62880

– la **mésentente entre administrateurs**, qui peut aboutir au blocage de l'organe d'administration de la société, peut être un motif de convocation de l'assemblée générale par le commissaire aux comptes.

Nature des obligations du commissaire

62890

Définition de la mission « Dans les situations où le commissaire aux comptes considère que l'intérêt général ou l'intérêt social de l'entité est en cause, et après avoir vainement requis des organes compétents la convocation de l'organe délibérant, le commissaire aux comptes examine si les circonstances justifient qu'il procède à cette convocation » (Doctrine professionnelle de la CNCC : ancienne norme CNCC 6-703 « Convocation de l'organe délibérant en cas de carence des organes compétents » § 7).

Le libellé de cette norme est assez peu explicite quant au caractère facultatif ou obligatoire de la convocation de l'assemblée par le commissaire aux comptes. Par ailleurs, la loi ne définit pas explicitement les motifs pouvant conduire à la convocation de l'assemblée par le commissaire aux comptes. Cependant, dans la mesure où il ressort du dispositif légal que

1455

INTERVENTIONS CONSÉCUTIVES À DES FAITS SURVENANT DANS L'ENTITÉ © Éd. Francis Lefebvre

le commissaire convoque l'assemblée en cas de carence des organes sociaux (voir n°s 62860 s.), on peut penser que le commissaire aux comptes engagerait sa responsabilité si, en cas de carence flagrante des organes compétents et alors qu'il n'est pas dispensé de cette diligence en application de l'article L 823-12-1 du Code de commerce, il n'usait pas du pouvoir de convocation dont il est investi.

62898 Difficultés spécifiques de mise en œuvre de cette mission La carence des organes sociaux se manifeste souvent dans des entreprises dont les difficultés financières ont entraîné la mésentente des associés et la désertion des postes de direction. Il n'est donc pas rare que le commissaire aux comptes placé dans cette situation rencontre d'importantes difficultés pratiques pour :
– trouver un **interlocuteur** avec lequel faire le point sur la situation ;
– se procurer une **liste des actionnaires à jour**, en cas de modification dans le capital lorsque les actions sont nominatives ;
– déterminer un **lieu et** une **date de réunion** appropriés ;
– obtenir l'**avance des frais de tenue de l'assemblée**, qui peuvent atteindre des montants significatifs.

> Le commissaire devra néanmoins prendre garde à ne pas se laisser arrêter par ces difficultés, sa responsabilité pour non-convocation de l'assemblée générale pouvant être mise en cause si la preuve d'un préjudice subi par un associé, la société ou un tiers du fait de cette non-convocation, était rapportée (voir n° 62928).

B. Mise en œuvre de la mission

62915 On examinera les points suivants :
– convocation de l'assemblée ;
– tenue de l'assemblée ;
– responsabilité du commissaire aux comptes.

Convocation de l'assemblée

62920 Le législateur a prévu le formalisme de convocation de l'assemblée générale par le commissaire aux comptes dans le cas des sociétés anonymes et des sociétés d'assurance mutuelle.

> Pour les autres entités, en l'absence de dispositions applicables, le commissaire pourra appliquer par analogie les règles exposées ci-après, en prenant garde toutefois à l'existence éventuelle de dispositions statutaires contraires.

62925 Saisine préalable La convocation de l'assemblée par le commissaire aux comptes ne peut intervenir « qu'après avoir vainement requis sa convocation du conseil d'administration ou du directoire, selon le cas, par lettre recommandée avec demande d'avis de réception » (C. com. art. R 225-162, al. 1 et C. ass. art. R 322-69, al. 2). Si la saisine préalable des organes de direction reste sans suite, elle permet d'établir la carence des dirigeants et de fonder une éventuelle action en responsabilité à leur égard.

> On observera que le non-respect par le commissaire aux comptes de la saisine des organes de direction pourrait entraîner l'irrégularité de la convocation de l'assemblée générale et par voie de conséquence la nullité des délibérations de l'assemblée générale.

62928 Délai de convocation Hormis le cas de la procédure d'alerte, aucun délai n'est prévu pour convoquer l'assemblée générale. On peut considérer qu'il s'agit d'un **délai raisonnable** en fonction des circonstances de l'espèce. Le commissaire aux comptes doit garder à l'esprit pour l'appréciation de ce délai qu'une convocation tardive peut entraîner des conséquences préjudiciables pour les associés, la société et les tiers.

62930 Cas particulier du cocommissariat aux comptes Les cocommissaires aux comptes doivent agir d'accord entre eux pour convoquer l'assemblée générale après l'avoir vainement requis des dirigeants dans un courrier cosigné envoyé sous la forme recommandée avec demande d'avis de réception (C. com. art. R 225-162, al. 3).
En cas de **désaccord**, l'un d'eux peut demander au président du tribunal de commerce, statuant en référé, l'autorisation de procéder à cette convocation, les autres commissaires

1456

© Éd. Francis Lefebvre **INTERVENTIONS CONSÉCUTIVES À DES FAITS SURVENANT DANS L'ENTITÉ** ▌

aux comptes et le président du conseil d'administration ou du directoire dûment appelés (C. com. art. R 225-162, al. 3 et C. ass. art. R 322-69, al. 2).

L'ordonnance fixera l'ordre du jour. Elle n'est susceptible d'aucun recours (C. com. art. R 225-162, al. 3).

> Le désaccord de l'organe collégial a donc pour effet le transfert du pouvoir de convocation au président du tribunal de commerce. Le respect de cette disposition apparaît comme impératif (voir Mémento Sociétés commerciales n° 46042).

Frais de procédure Le législateur prévoit que les frais entraînés par la réunion de **62935** l'assemblée générale sont à la charge de la société (C. com. art. R 225-162, al. 4, R 234-3, al. 3 et R 234-6, al. 3, pour la procédure d'alerte).

> Cette solution se justifie du fait que la convocation de l'assemblée générale par le commissaire aux comptes résulte de la carence des dirigeants qui ne satisfont pas à leurs obligations.

Organisation de l'assemblée

Fixation de l'ordre du jour Hormis le cas de désaccord survenant au sein d'un **62955** collège (voir n° 62930), le commissaire aux comptes fixe personnellement l'ordre du jour. Il peut, en cas de nécessité, choisir un lieu de réunion autre que celui prévu dans les statuts mais situé dans le même département (C. com. art. R 225-162, al. 2, R 234-3, al. 3, R 234-6, al. 3, pour la procédure d'alerte).

Préparation du rapport L'article R 225-162, alinéa 2 du Code de commerce exige **62960** que le commissaire aux comptes précise dans son rapport les motifs de la convocation de l'assemblée générale. L'ancienne norme CNCC 6-703 précise au § 12 le plan de ce rapport, qui doit notamment rappeler :
– les responsabilités des dirigeants au regard de la convocation de l'assemblée générale ;
– la demande infructueuse adressée aux dirigeants par le commissaire aux comptes ;
– les textes légaux et réglementaires qui fondent son intervention ;
– les circonstances justifiant qu'il procède à cette convocation et le rappel de l'ordre du jour établi.

Le rapport devra par ailleurs prendre en compte les conséquences liées à la carence des **62963** dirigeants en termes d'**irrégularités** et de **faits délictueux**. Si l'on se reporte en effet aux faits motivant la demande de convocation d'une assemblée générale, on remarque que la majorité d'entre eux constituent des irrégularités dont certaines peuvent être sanctionnées pénalement. Par voie de conséquence, la convocation de l'assemblée générale par le commissaire aux comptes en cas de carence des dirigeants implique la mise en œuvre par celui-ci de ses obligations non seulement d'information des organes d'administration ou de direction et de surveillance visés à l'article L 823-16 du Code de commerce mais également, le cas échéant, de signalement à l'assemblée générale des irrégularités et inexactitudes relevées (C. com. art. L 823-16 et L 823-12, al. 1). Enfin, le commissaire aux comptes procédera, s'il y a lieu, à la révélation des faits au procureur de la République (C. com. art. L 823-12, al. 2).

Communication des irrégularités La non-réunion de l'assemblée générale ordi- **62965** naire dans les six mois de la clôture de l'exercice social ou, en cas de prorogation, dans le délai fixé par le tribunal, ainsi que la non-convocation de l'assemblée générale extra-ordinaire dans les quatre mois de la constatation de la perte de la moitié des capitaux propres constituent des irrégularités dont le commissaire aux comptes devra informer, d'une part, les organes compétents visés à l'article L 823-16 du Code de commerce et, d'autre part, l'assemblée générale (C. com. art. L 823-12, al. 1).

> Force est de constater que lorsque le commissaire aux comptes sera amené à convoquer lui-même l'assemblée générale, les délais impartis par les textes auront été dépassés.
> Sur la notion d'irrégularités et d'inexactitudes, voir n° 61250.

Il en est de même lorsque les administrateurs dont le nombre est devenu inférieur au minimum légal n'ont pas convoqué l'assemblée générale en vue de compléter l'effectif du conseil (C. com. art. L 225-24, al. 2).

Révélation de faits délictueux Depuis la loi 2012-387 du 22 mars 2012 relative à **62970** la simplification du droit et à l'allégement des démarches administratives, le non-respect du délai des six mois suivant la clôture de l'exercice pour la réunion de l'assemblée générale

1457

INTERVENTIONS CONSÉCUTIVES À DES FAITS SURVENANT DANS L'ENTITÉ © Éd. Francis Lefebvre

ordinaire n'est plus pénalement sanctionné (C. com. art. L 242-10 pour la SA et la SCA sur renvoi de l'art. L 243-1, et L 241-5 pour la SARL). Il ne constitue donc plus un délit devant être révélé par le commissaire aux comptes au procureur de la République (concernant le point de départ de la constitution de cette infraction, voir également n° 30944).

> Si l'assemblée devant se prononcer sur l'approbation des comptes ne s'est pas réunie dans le délai de 6 mois à compter de la clôture des comptes, le ministère public ou tout actionnaire peut saisir le président du tribunal compétent statuant en référé afin d'enjoindre aux dirigeants de convoquer cette assemblée ou de désigner un mandataire pour y procéder (C. com. art. L 225-100 pour la SA et L 223-26 pour la SARL).

Le fait de ne pas soumettre à l'approbation de l'assemblée générale les comptes annuels et le rapport de gestion (ainsi que l'inventaire dans une SARL) demeure toutefois sanctionné d'une amende de 9 000 €, ainsi que d'une peine d'emprisonnement de six mois dans une SA ou une SCA (C. com. art. L 242-10 pour la SA et la SCA sur renvoi de l'art. L 243-1, et L 241-5 pour la SARL). Il constitue donc un délit à signaler au procureur de la République (concernant le point de départ de la constitution de cette infraction, voir également n° 30944).

Les sanctions pénales prévues en cas de non-convocation de l'assemblée générale extraordinaire dans les quatre mois suivant l'assemblée générale ordinaire d'approbation des comptes annuels ayant constaté que les capitaux propres sont inférieurs à la moitié du capital social ont également été supprimées par la loi 2012-387 du 22 mars 2012 relative à la simplification du droit et à l'allégement des démarches administratives (abrogation des articles L 241-6 pour la SARL et L 242-29 pour la SA ainsi que la SCA et la SAS sur renvoi des articles L 243-1 et L 244-1 du Code de commerce). Le commissaire aux comptes n'a donc plus de révélation de faits délictueux à effectuer à ce titre auprès du procureur de la République.

Responsabilité du commissaire

62980   **Responsabilité pour convocation**   La convocation de l'assemblée générale par le commissaire aux comptes en cas d'inaction des dirigeants ne peut engager sa responsabilité quand elle est justifiée par un **motif sérieux** tenant à une situation d'urgence, d'intérêt social ou d'intérêt général et qu'elle vise à porter des faits ou des informations à la connaissance des associés, sans émettre de jugement. On ne peut dès lors reprocher au commissaire aux comptes de s'immiscer dans la gestion.

> L'immixtion dans la gestion pour un commissaire aux comptes se caractérise par (Doctrine professionnelle de la CNCC : ancienne norme CNCC 1-200 « Dispositions relatives à l'exercice des missions ») :
> – l'accomplissement d'actes de gestion, voire de direction de l'entité à la place des dirigeants de droit ;
> – l'émission de jugements de valeur sur la conduite des affaires de la société ou sur des opérations particulières.

Ainsi la cour d'appel de Paris a-t-elle considéré que ne constituait pas un acte d'immixtion dans la gestion le fait par le commissaire aux comptes de convoquer une assemblée générale afin de lui soumettre des solutions propres à mettre fin aux graves dissentiments existant entre les dirigeants de la société (CA Paris 22-2-1980 : GP 1980, II, 359).

> La cour d'appel de Versailles a cependant rappelé que cette immixtion ne pouvait être qu'exceptionnelle. Elle a ainsi jugé qu'un commissaire aux comptes avait commis une faute en se substituant indûment aux organes de gestion qui fonctionnaient normalement et méconnu son devoir d'impartialité et d'indépendance, en ce qu'il n'avait pas pris l'initiative de convoquer l'assemblée dans l'intérêt général mais au seul avantage et à la demande d'un groupe majoritaire d'actionnaires, au préjudice du président du conseil d'administration. La convocation a ainsi été jugée irrégulière, entraînant l'annulation de l'assemblée en vertu de l'article L 225-104 du Code de commerce. Le commissaire aux comptes a été condamné à verser une indemnité au président du conseil d'administration au titre de la perte de sa rémunération et de l'atteinte portée à sa réputation (CA Versailles 19-1-2006 : BRDA 20/06 p. 2 ; Bull. Joly sociétés 2006 p. 705, n° 156, J.-F. Barbiéri).

62985   **Responsabilité pour non-convocation ou convocation tardive**   Le manque de réaction du commissaire aux comptes en cas d'inactivité des dirigeants pourra être à l'origine d'une recherche en responsabilité dans la mesure où le commissaire aux comptes est non seulement responsable des conséquences dommageables de ses fautes et négligences (C. com. art. L 822-17, al. 1) mais également civilement responsable des infractions commises par les dirigeants et les mandataires sociaux qu'il n'aurait pas portées à la connaissance de l'assemblée générale. Son retard à convoquer l'assemblée, à l'informer des irrégularités ou inexactitudes relevées ou à révéler un délit au procureur de la

© Éd. Francis Lefebvre   INTERVENTIONS CONSÉCUTIVES À DES FAITS SURVENANT DANS L'ENTITÉ

République serait de nature à causer un **dommage** à la société, aux associés ou aux tiers, qui pourra s'analyser en une perte de chance.

> Pour éviter d'être considéré comme civilement responsable des infractions commises par les dirigeants, le commissaire aux comptes aura donc tout intérêt à convoquer l'assemblée générale après l'avoir vainement requis des dirigeants (Bull. CNCC n° 6-1972 p. 250 ; Bull. CNCC n° 21-1976 p. 41).

SECTION 6

Autres interventions

Cette dernière section est consacrée :
– au visa des déclarations de créances (n°s 63100 s.) ;
– aux demandes d'information du comité social et économique (n°s 63300 s.) ;
– à l'intervention du commissaire aux comptes dans le cadre d'une procédure de sauvegarde ou de redressement judiciaire sur la liste des créances détenues par les membres des comités de créanciers (n°s 63500 s.).

63050

I. Visa des déclarations de créances

Lorsqu'une entreprise est soumise à une **procédure de sauvegarde, de sauvegarde accélérée, de sauvegarde financière accélérée, de redressement ou de liquidation judiciaire**, le juge-commissaire peut demander au commissaire aux comptes d'une société créancière d'apposer son visa sur la déclaration de créance qu'elle doit adresser au mandataire judiciaire.

63100

> Depuis la loi du 10 juin 1994, le visa du commissaire aux comptes ou de l'expert-comptable n'est plus systématiquement apposé. Il faut désormais une demande du juge-commissaire.

L'intervention du commissaire aux comptes se situe au moment de la déclaration de la créance au mandataire judiciaire. Les diligences à mettre en œuvre par le commissaire aux comptes seront exposées (n°s 63195 s.) après un rappel des modalités selon lesquelles doit être produite la créance qui fait l'objet de la procédure (n°s 63120 s.).

63105

A. Modalités de la déclaration de créance

Procédure de déclaration de créance

Finalité La procédure de déclaration de créance est le point de passage obligé pour les créanciers d'un débiteur qui fait l'objet d'une procédure de sauvegarde, de redressement ou de liquidation judiciaire, afin de pouvoir prétendre au règlement des sommes qui leur sont dues. Les créanciers sont ainsi admis comme parties à la procédure. Par ailleurs, cela permet au tribunal de déterminer le montant du passif de l'entreprise faisant l'objet de la procédure collective.

63120

Date de la déclaration de créance La déclaration de créance doit être faite dans un délai de deux mois à compter de la publication du jugement d'ouverture au Bulletin officiel des annonces civiles et commerciales (C. com. art. R 622-24).

63135

Créances concernées Les créances visées sont celles :
– nées antérieurement au jugement d'ouverture, à l'exception des créances de salaires (C. com. art. L 622-24, al. 1) ;
– nées régulièrement après le jugement d'ouverture, autres que celles qui sont mentionnées au I de l'article L 622-17 (C. com. art. L 622-24, al. 6) et les créances alimentaires (C. com. art. L 622-24, al. 8).

63138

> Les créances exclues, qui font l'objet d'une procédure propre, correspondent aux créances nées régulièrement après le jugement d'ouverture pour les besoins du déroulement de la procédure ou de la période d'observation, ou en contrepartie d'une prestation fournie au débiteur pour son activité professionnelle, pendant cette période (C. com. art. L 622-17, I).

1459

INTERVENTIONS CONSÉCUTIVES À DES FAITS SURVENANT DANS L'ENTITÉ © Éd. Francis Lefebvre

Ces créances peuvent être assorties ou non d'une sûreté ou d'un privilège (C. com. art. L 622-24, al. 1). La déclaration des créances doit être faite alors même qu'elles ne sont pas établies par un titre (C. com. art. L 622-24, al. 4).

Contenu de la déclaration

63150 L'article L 622-25 du Code de commerce précise les mentions devant figurer dans la déclaration de créance.
Ces mentions ont été complétées par les dispositions de l'article R 622-23 du Code de commerce.

63153 **Montant et évaluation de la créance** La déclaration porte sur le montant de la créance due au jour du jugement d'ouverture avec indication des sommes à échoir et de la date de leurs échéances.
Lorsqu'il s'agit de créances en monnaie étrangère, la conversion « en euros » a lieu selon le cours du change à la date du jugement d'ouverture (C. com. art. L 622-25, al. 1 et 2).
La déclaration doit comporter les éléments de nature à prouver l'existence et le montant de la créance si elle ne résulte pas d'un titre ; elle comporte une évaluation de la créance si le montant de celle-ci n'a pas encore été fixé (C. com. art. R 622-23, 1°).
Doivent également être mentionnées les modalités de calcul des intérêts, dont le cours n'est pas arrêté. Cette indication vaut déclaration pour le montant ultérieurement arrêté (C. com. art. R 622-23, 2°).

63157 **Mention des sûretés et privilèges** Si la créance est assortie d'un privilège ou d'une sûreté, ceux-ci doivent être mentionnés dans la déclaration de créance (C. com. art. L 622-25, al. 1).

63160 **Autres mentions** Si la créance fait l'objet d'un litige, l'indication de la juridiction saisie doit être précisée (C. com. art. R 622-23, 3°).
À cette déclaration sont également joints sous bordereau les documents justificatifs ; ceux-ci peuvent être produits en copie. À tout moment, le mandataire judiciaire peut demander la production de documents qui n'auraient pas été joints (C. com. art. R 622-23, al. 4).

Certification et visa de la créance

63170 **Certification** La créance déclarée doit être certifiée sincère par le créancier, sauf si elle résulte d'un titre exécutoire.
> Un titre exécutoire peut être constitué par une décision de justice ou un acte authentique revêtu de la formule exécutoire.

63175 **Visa** Le commissaire aux comptes, ou, à défaut, l'expert-comptable, fournit son visa sur la déclaration de créance à la demande du juge-commissaire. Le refus de visa doit être motivé (C. com. art. L 622-25, al. 3 ; voir n°s 63265 s.).

63178 **Portée du visa** La jurisprudence de la Cour de cassation a précisé les limites de l'importance à attacher au visa du commissaire aux comptes :
– l'omission du visa n'est pas sanctionnée par la nullité de la déclaration de créance (Cass. com. 17-12-1996 : JCP éd. E. 1977, II, 941) ;
– le rapport émanant du commissaire aux comptes attestant du montant des créances comptabilisées par le créancier est un document qui ne peut à lui seul constituer la preuve de la réalité et de l'étendue des engagements contractés par le créancier (Cass. com. 11-10-1994 : Bull. civ. IV n° 280).

B. Diligences du commissaire aux comptes du créancier

Nature des obligations du commissaire aux comptes

63195 L'intervention du commissaire aux comptes du créancier lors d'une déclaration de créance est décrite dans la note d'information CNCC n° III « Continuité d'exploitation de l'entité – Prévention et traitement des difficultés – Alerte du commissaire aux comptes »

1460

mise à jour en janvier 2020 : « Lorsqu'en application des dispositions de l'article L 622-25 du Code de commerce, il est demandé au commissaire aux comptes de viser la déclaration de créance établie et certifiée sincère par le créancier, il procède aux contrôles lui permettant de délivrer une attestation relative au visa prévu par la loi ou de motiver le refus de visa » (CNCC NI. III – janv. 2020 § 2.31.2 p. 205).

63200 Les diligences prévues par la note d'information s'appliquent aux déclarations de créances visées à l'article L 622-25 du Code de commerce dans le cadre d'une procédure de sauvegarde, de redressement judiciaire ou de liquidation judiciaire.

L'article L 622-25 du Code de commerce est également applicable à la procédure de sauvegarde financière accélérée.

Diligences du commissaire aux comptes

63215 **Obtention de la déclaration de créance certifiée** La déclaration de créance doit être établie par l'entité qui y joint les documents justificatifs, conformément aux principes et modalités prévus par les articles L 622-24, L 622-25 et R 622-23 du Code de commerce (CNCC NI. III – janv. 2020 § 2.31.2 p. 205).

63220 La déclaration des créances doit être certifiée sincère par l'un des membres de la direction lorsqu'elle ne résulte pas d'un titre exécutoire. Elle porte sur le montant des créances dues au jour du jugement d'ouverture de la procédure judiciaire (CNCC NI. III – janv. 2020 § 2.31.2 p. 205).

63225 Enfin, le commissaire aux comptes doit obtenir communication de la déclaration de créance et des documents joints dans des délais suffisants pour pouvoir procéder aux contrôles nécessités par la délivrance de son visa (CNCC NI. III – janv. 2020 § 2.31.2 p. 206).

63230 **Contrôle de la déclaration de créance** Les diligences mises en œuvre par le commissaire sur la déclaration de créance comportent notamment :
– la vérification que la déclaration de créance comporte les informations et justificatifs prévus par les articles L 622-25 et R 622-23 du Code de commerce (CNCC NI. III – janv. 2020 § 2.31.2 p. 206) ;

Dans le cas où il constaterait des insuffisances ou omissions, le commissaire aux comptes inciterait l'entité à procéder aux rectifications nécessaires.

– la vérification que les informations contenues dans la déclaration de créance concordent avec la comptabilité et/ou les documents justificatifs (CNCC NI. III – janv. 2020 § 2.31.2 p. 206).

63235 Les procédures utilisées sont différentes selon que la déclaration de créance comprend des créances ayant fait ou non l'objet d'un titre de créance (facture, jugement, reconnaissance de dettes…).

63238 1. **Créances faisant l'objet d'un titre**. Le commissaire aux comptes :
– obtient une copie du relevé de compte du débiteur justifiant le solde (ayant motivé la déclaration de créance) tel qu'il apparaît dans la comptabilité de l'entité créancière. Ce relevé doit porter la date de l'arrêté du compte, qui doit être concomitante avec celle du jugement d'ouverture de la procédure collective ;
– se fait remettre à l'appui de ce relevé de compte les pièces justificatives des enregistrements comptables ;
– s'assure, si des compensations ont été faites (par exemple, en raison de relations clients-fournisseurs), de la validité de celles-ci en demandant le document fondant la clause de compensation, et rapproche la date de ces opérations avec celle du relevé de compte (CNCC NI. III – janv. 2020 § 2.31.2 p. 206).

63240 2. **Créances ne faisant pas l'objet d'un titre**. Si aucun titre ne vient à l'appui de la créance faisant l'objet de la déclaration, et si son montant n'est pas encore fixé, le commissaire aux comptes apprécie, sur le fondement des documents qui lui sont communiqués, le caractère raisonnable de l'évaluation réalisée (CNCC NI. III – janv. 2020 § 2.31.2 p. 207).

1461

63242 Le commissaire aux comptes vérifie également que, lors de l'établissement de sa déclaration de créance, l'entité a fait application des dispositions de la loi applicables à la conversion des créances en monnaie étrangère (CNCC NI. III – janv. 2020 § 2.31.2 p. 207).

L'alinéa 2 de l'article L 622-25 du Code de commerce précise que « lorsqu'il s'agit de créances en monnaie étrangère, la conversion en euros a lieu selon le cours du change à la date du jugement d'ouverture ».

63250 **Événements intervenus entre la date de déclaration et la date du rapport**
Le commissaire aux comptes prend en compte les événements dont il aurait connaissance, qui seraient intervenus entre la date de la déclaration de créance et la date de son rapport et qui seraient de nature à modifier la déclaration de créance, par exemple le retour impayé d'effets escomptés (CNCC NI. III – janv. 2020 § 2.31.2 p. 207).

Visa de la déclaration de créance

63265 Le commissaire aux comptes détermine si les résultats de ses contrôles lui permettent de délivrer une attestation relative au visa prévu par la loi ou doivent au contraire motiver un refus de visa.

L'inclusion, dans la déclaration de créance, d'éléments affectés d'incertitudes quant à leur principe ou leur montant, de même que l'insuffisance ou l'omission, dans la déclaration de créance, d'informations prévues par les textes constituent des circonstances justifiant un refus de visa (CNCC NI. III – janv. 2020 § 2.31.2 p. 207).

63268 **Forme du visa** Le commissaire aux comptes établit une attestation valant visa, ou refus de visa, de la déclaration de créance établie.

63270 **Contenu de l'attestation** L'attestation du commissaire aux comptes doit comporter :
– un intitulé ;
– un destinataire ;
– une introduction, rappelant sa qualité de commissaire aux comptes et le texte sur lequel se fonde son intervention, précisant l'organe compétent responsable de l'établissement de la déclaration de créance, jointe au rapport, ainsi que les objectifs de l'intervention ;
– le rappel que les diligences ont été réalisées au regard de la doctrine professionnelle de la Compagnie nationale des commissaires aux comptes relative à cette mission et la description des travaux effectués ;
– une conclusion valant visa ou refus de visa ;
– la date de l'attestation ;
– l'adresse et l'identification du ou des signataires de l'attestation (CNCC NI. III – janv. 2020 § 2.31.2 p. 207).

Des exemples d'attestation sont disponibles sur le site de la CNCC dans la partie documentaire intitulée SIDONI (NI.III – janv. 2020 § 3.13 p. 212)
En cas de cocommissariat aux comptes, l'attestation est signée par les deux commissaires aux comptes.

63275 **Formulation de la conclusion** Lorsque le commissaire aux comptes délivre son visa, sa conclusion est formulée de la façon suivante : « Sur la base de nos travaux, nous n'avons pas d'observation à formuler sur les informations figurant dans la déclaration de créance ci-jointe. La présente attestation tient lieu de visa de la déclaration de créance au sens de l'article L 622-25 du Code de commerce. » Lors d'un refus de visa, le commissaire aux comptes conclut de la façon suivante : « Sur la base de nos travaux, les informations figurant dans la déclaration de créance appellent de notre part les observations suivantes : (*décrire les observations*). En raison de ces observations, nous ne sommes pas en mesure d'attester la déclaration de créance ci-jointe. La présente attestation tient lieu de refus de visa de la déclaration de créance au sens de l'article L 622-25 du Code de commerce. »

63280 **Communication** L'attestation, destinée au mandataire judiciaire, est **remise au créancier** qui la lui transmet (CNCC NI. III – janv. 2020 § 2.31.2 p. 206). Le commissaire aux comptes ne transmet pas directement l'attestation.

INTERVENTIONS CONSÉCUTIVES À DES FAITS SURVENANT DANS L'ENTITÉ

II. Demande d'information du comité social et économique

Avant d'examiner l'étendue du devoir d'information du commissaire aux comptes (n⁰ˢ 63370 s.), une présentation rapide du rôle du comité social et économique et des pouvoirs qui lui sont dévolus par la loi permettra de mieux situer le contexte de son intervention (n⁰ˢ 63320 s.).

63300

A. Rôle du comité social et économique

Le comité social et économique a pour objet d'assurer une **expression collective des salariés** permettant la prise en compte permanente de leurs intérêts dans les décisions relatives à la gestion et à l'évolution économique et financière de l'entreprise, à l'organisation du travail, à la formation professionnelle et aux techniques de production (C. trav. art. L 2312-8, al. 1)

63320

Il est **informé et consulté** sur les questions intéressant l'organisation, la gestion et la marche générale de l'entreprise, notamment sur les mesures de nature à affecter le volume ou la structure des effectifs, la durée du travail ou les conditions d'emploi, de travail et de formation professionnelle (C. trav. art. L 2312-8, al. 2).

Missions du comité social et économique

Le comité social et économique exerce deux séries d'attributions distinctes : il exerce des attributions sociales et culturelles et des attributions d'ordre économique.

63340

Pour une étude détaillée des attributions sociales et culturelles du CSE, voir Mémento Social n⁰ 9400.

Les règles concernant les attributions économiques du comité social et économique diffèrent selon la taille de l'entreprise dans laquelle il est instauré.

Dans les entreprises d'au moins 50 salariés, les attributions économiques exercées par le comité social et économique sont les suivantes :
– les attributions dites générales dont l'expression collective des salariés et la marche générale de l'entreprise, l'analyse et la prévention des risques professionnels ou encore l'introduction de nouvelles technologies dont l'aménagement modifie les conditions de santé et de sécurité, ou les conditions de travail (C. trav. art. L 2312-8 à L 2312-16) ;
– les consultations récurrentes du comité social et économique sur les orientations stratégiques de l'entreprise, la situation économique et financière de l'entreprise et la politique sociale de l'entreprise, les conditions de travail et de l'emploi après la mise à disposition par l'employeur d'une base de données économiques et sociales (BDES) (C. trav. art. L 2312-17 à L 2312-36) ;
– les consultations ponctuelles du comité social et économique sur les méthodes de recrutement et moyens de contrôle de l'activité des salariés, les restructurations et compression d'effectifs, les licenciements collectifs pour motifs économiques, les opérations de concentration, les offres publiques d'acquisition, les procédures de sauvegarde, de redressement et de liquidation judiciaires (C. trav. art. L 2312-37 à L 2312-58) ;
– les droits d'alerte comme l'alerte aux droits des personnes, l'alerte en cas de danger grave et imminent, le droit d'alerte économique, le droit d'alerte sociale (C. trav. art. L 2312-59 à L 2312-71) ;

63345

Pour une étude du droit d'alerte économique du CSE, voir n⁰ˢ 62305 s.

– la participation du comité social et économique aux conseils d'administration ou de surveillance des sociétés (C. trav. art. L 2312-72 à L 2312-77).

Pour une étude détaillée des attributions économiques du CSE dans les entreprises de plus de 50 salariés, voir Mémento Social n⁰ˢ 9200 s.

Dans les entreprises d'au moins 11 salariés et de moins de 50 salariés, la délégation du personnel au comité social et économique a pour missions :
– de présenter les réclamations collectives ou individuelles des salariés à l'employeur concernant notamment les salaires, l'application du Code du travail et des autres dispositions légales sur la protection sociale (C. trav. art. L 2312-5, al. 1) ;

63350

1463

INTERVENTIONS CONSÉCUTIVES À DES FAITS SURVENANT DANS L'ENTITÉ © Éd. Francis Lefebvre

– de contribuer à promouvoir la santé, la sécurité et les conditions de travail dans l'entreprise et réaliser des enquêtes en matière d'accidents du travail ou de maladies professionnelles ou à caractère professionnel (C. trav. art. L 2312-5, al. 2).

Les membres de la délégation du personnel du comité social et économique peuvent alors saisir l'inspection du travail de toutes les plaintes et observations relatives à l'application des dispositions légales dont elle est chargée d'assurer le contrôle (C. trav. art. L 2312-5, al. 4).

> Pour une étude détaillée des attributions économiques du CSE dans les entreprises de plus de 11 salariés mais de moins de 50 salariés, voir Mémento Social n°s 9420 s.

B. Mission du commissaire aux comptes

Nature des obligations du commissaire aux comptes

63370 **Texte applicable** Les obligations du commissaire aux comptes, lorsqu'il est sollicité par le comité social et économique d'une entreprise d'au moins cinquante salariés, sont définies par l'article L 2312-25 du Code du travail : le commissaire aux comptes est tenu de répondre à la convocation dudit comité et d'apporter des explications sur la situation financière de l'entreprise et sur les différents postes des documents qui lui sont communiqués en application du 2° du II de l'article L 2312-25 (voir n° 63385).

63380 **Intérêt et difficultés de l'intervention du commissaire auprès du comité social et économique** La mission du commissaire aux comptes auprès du comité social et économique n'est pas exempte de difficultés, dans la mesure où le dirigeant, président de droit du comité social et économique, peut souhaiter utiliser l'intervention du commissaire aux comptes pour faire passer un certain nombre de messages au comité. Il appartiendra au commissaire aux comptes de s'y opposer et de faire prévaloir son indépendance. Une autre difficulté sera pour le commissaire aux comptes de rester dans les limites de son obligation au secret professionnel à l'égard du comité social et économique (voir n°s 63385 s.). Il devra se déclarer dans l'impossibilité de répondre à des questions ne portant pas sur les documents visés à l'article L 2312-25 du Code du travail, et prendra garde à ne pas s'immiscer dans la gestion.

> Pour une étude détaillée du secret professionnel du commissaire aux comptes à l'égard du comité social et économique et de son expert-comptable, se reporter aux n°s 5300 s.

Ces précautions étant prises, le commissaire aux comptes peut, par son indépendance et la compétence qui lui sont reconnues, jouer un rôle d'information objective pour le comité, et contribuer de ce fait à l'instauration de relations de confiance entre la représentation des salariés et la direction.

Réponses apportées aux demandes d'information

63385 **Étendue du droit d'information du comité social et économique** L'article L 2312-25 du Code du travail dispose qu'en vue de la consultation annuelle sur la situation économique et financière de l'entreprise, dans les entreprises d'au moins cinquante salariés, l'employeur met à disposition du comité social et économique (C. trav. art. L 2312-25, II, 2°) : « Pour toutes les sociétés commerciales, les **documents obligatoirement transmis annuellement à l'assemblée** générale des actionnaires ou à l'assemblée des associés, notamment le rapport de gestion prévu à l'article L 225-102-1 du Code de commerce qui comprend les informations relatives à la responsabilité sociale et environnementale des entreprises, les communications et les copies transmises aux actionnaires dans les conditions prévues aux articles L 225-100 à L 225-102-2, L 225-108 et L 225-115 à L 225-118 du Code de commerce, ainsi que le rapport des commissaires aux comptes. Le comité peut convoquer les commissaires aux comptes pour recevoir leurs explications sur les différents postes des documents communiqués ainsi que sur la situation financière de l'entreprise. »

La Commission des études juridiques de la CNCC, dans sa réponse EJ 2015-95, précise que le commissaire aux comptes est délié du secret professionnel à l'égard du comité d'entreprise (dorénavant comité social et économique dans les entreprises d'au moins 50 salariés) :

© Éd. Francis Lefebvre　INTERVENTIONS CONSÉCUTIVES À DES FAITS SURVENANT DANS L'ENTITÉ

– dans le **strict cadre de la consultation annuelle** dudit comité sur la situation économique et financière de l'entreprise ;
– uniquement sur les postes des **documents visés** par l'article L 2323-13 du Code du
travail (dorénavant art. L 2312-25) ainsi que sur la **situation financière** de l'entreprise.
Le commissaire aux comptes doit faire preuve de discernement vis-à-vis des informations
dont il a connaissance.

> Le commissaire aux comptes doit, lors de son intervention devant le comité social et économique,
> limiter ses communications au cadre défini ci-dessus et ne pas donner de renseignements confidentiels
> qui pourraient être exploités par les membres du comité malgré le devoir de discrétion auquel ceux-ci
> sont tenus en application de l'article L 2312-67 du Code du travail.
> En particulier, le commissaire aux comptes n'a pas à rendre compte de son programme de travail au
> cours de cet entretien.

Le commissaire aux comptes pourra fournir des explications sur les informations financières telles qu'elles apparaissent dans les documents communiqués aux actionnaires ou
associés lors de l'assemblée générale d'approbation des comptes. Il pourra également
fournir des informations relatives à la situation financière de la société lorsque des faits
de nature à compromettre la continuité de l'exploitation, relevés par le commissaire aux
comptes, ont été portés à la connaissance du comité social et économique par l'intermédiaire de la communication du procès-verbal du conseil d'administration réuni sur sa
demande ou de la copie de la réponse du gérant au commissaire aux comptes.

Forme de la communication　En l'absence de précision des textes, la communication du commissaire aux comptes peut être orale ou écrite. Le commissaire aux comptes
ne pourra répondre aux membres du comité social et économique qu'**en séance**. Il est,
en effet, tenu au secret professionnel à l'égard de chacun des membres pris individuellement.
Aucun formalisme n'étant prévu par les textes, il n'est pas nécessaire de joindre un ordre
du jour à la convocation écrite (Bull. CNCC n° 108-1997 p. 532).

63420

III. Liste des créances détenues
par les membres des comités de créanciers

Procédure de sauvegarde

La loi 2005-845 de sauvegarde des entreprises du 26 juillet 2005 a introduit en droit
français la procédure de sauvegarde. Cette procédure est ouverte sur demande d'un
débiteur mentionné à l'article L 620-2 du Code de commerce qui, sans être en état de
cessation des paiements, justifie de difficultés qu'il n'est pas en mesure de surmonter
(C. com. art. L 620-1). Cette procédure est destinée à faciliter la réorganisation de l'entreprise
afin de permettre la poursuite de l'activité économique, le maintien de l'emploi et l'apurement du passif (C. com. art. L 620-1).
La procédure de sauvegarde donne lieu à un plan arrêté par jugement à l'issue d'une
période d'observation et, le cas échéant, à la constitution de deux **comités de créanciers**
(un comité des établissements de crédit et un comité des principaux fournisseurs de
biens ou de services, à savoir les fournisseurs dont la créance représente plus de 3 % du
total des créances), conformément aux dispositions des articles L 626-29 et L 626-30 du
Code de commerce.
Les dispositions relatives aux comités des créanciers (C. com. art. L 626-29 à L 626-35) sont applicables aux débiteurs :
– dont des comptes sont certifiés par un commissaire aux comptes ou établis par un
expert-comptable (C. com. art. L 626-29) ;
– et dont le chiffre d'affaires est supérieur à 20 millions d'euros ou dont le nombre de
salariés est supérieur à 150 (C. com. art. R 626-52).
Après discussion avec le débiteur et l'administrateur, les comités de créanciers se prononcent sur le projet de plan mentionné à l'article L 626-2 du Code de commerce. La décision est prise par chaque comité à la majorité des deux tiers du **montant des créances**
détenues par les membres ayant exprimé un vote, tel qu'il a été indiqué par le débiteur
et **certifié par son ou ses commissaires aux comptes** ou, lorsqu'il n'en a pas été désigné,
par son expert-comptable (C. com. art. L 626-30-2).

63500

1465

INTERVENTIONS CONSÉCUTIVES À DES FAITS SURVENANT DANS L'ENTITÉ © Éd. Francis Lefebvre

Il est également prévu que pour déterminer la composition du comité des principaux fournisseurs, soit pris en compte le montant des créances toutes taxes comprises existant à la date du jugement d'ouverture (C. com. art. R 626-56). À cette fin, le débiteur doit remettre sans délai à l'administrateur la **liste des créances de ses fournisseurs ainsi que le montant de chacune d'entre elles, certifié par son ou ses commissaires aux comptes** ou, lorsqu'il n'en a pas été désigné, établi par son expert-comptable (C. com. art. R 626-56). Cette mission est également prévue dans le cadre de la procédure de redressement judiciaire et de la procédure de sauvegarde financière accélérée (voir n°s 63510 et 63520). Elle ne s'identifie pas à l'intervention du commissaire aux comptes du créancier lors d'une déclaration de créance, en application de l'article L 622-25 du Code de commerce.

À noter que la mise en œuvre des procédures visant à la certification de cet élément de comptes qui, par ailleurs, ne ressort pas forcément des derniers comptes arrêtés apparaît à l'expérience assez lourde et ne permet pas toujours d'arriver à une véritable « certification ». Par ailleurs elle se doit d'intervenir dans un temps relativement court pour concourir au bon déroulement de la procédure.

Procédure de sauvegarde financière accélérée

63510 La loi 2010-1249 du 22 octobre 2010 de régulation bancaire et financière (art. 57 et 58) complétée par le décret 2011-236 du 3 mars 2011, la loi 2012-387 du 22 mars 2012 et le décret 2012-1071 du 20 septembre 2012 et modifiée par l'ordonnance 2014-326 du 12 mars 2014 a instauré une **procédure de sauvegarde financière accélérée** (SFA) au bénéfice des seuls débiteurs dont la nature de l'endettement rend vraisemblable l'adoption d'un plan par les seuls créanciers ayant la qualité de membres de comité des établissements de crédit et, s'il y a lieu, par les créanciers obligataires. Celle-ci n'aura d'effet qu'à l'égard de ces créanciers. Cette procédure vise à raccourcir le délai nécessaire pour l'arrêté du plan de sauvegarde (le délai est ramené à un mois à compter du jugement d'ouverture, délai prorogeable d'un mois, au lieu du délai de sept à douze mois qui est nécessaire en pratique actuellement).

La procédure de sauvegarde financière accélérée est ouverte **sur demande d'un débiteur** engagé dans une procédure de conciliation qui justifie avoir élaboré un projet de plan visant à assurer la pérennité de l'entreprise et susceptible de recueillir un soutien suffisamment large de la part des créanciers financiers pour rendre vraisemblable son adoption dans un délai d'un mois à compter du jugement d'ouverture, ce délai pouvant être prorogé d'un mois au plus (C. com. art. L 628-1 et L 628-9).

En application de l'article L 628-1 du Code de commerce, les débiteurs concernés sont ceux :
– dont les comptes ont été certifiés par un commissaire aux comptes, ou établis par un expert-comptable, et dont le nombre de salariés, le chiffre d'affaires ou le total bilan sont supérieurs à l'un au moins des seuils fixés par décret ; ou
– qui ont établi des comptes consolidés conformément à l'article L 233-16.

Conformément à l'article D 628-3 du Code de commerce, les seuils fixés en application de l'article L 628-1 sont de 20 salariés, 3 000 000 € de chiffre d'affaires hors taxe et 1 500 000 € pour le total bilan.

Le total du bilan et le montant du chiffre d'affaires sont définis conformément aux 5e et 6e alinéas de l'article D 123-200 et sont appréciés à la date de clôture du dernier exercice comptable. Le nombre de salariés à prendre en compte est le nombre de salariés employés par le débiteur à la date de la demande d'ouverture de la procédure, déterminé conformément aux dispositions du 4° de l'article R 621-1 du Code de commerce.

La procédure de sauvegarde financière accélérée est par ailleurs soumise aux dispositions des articles R 628-13 et suivants du Code de commerce.

Pour les créanciers visés au dernier alinéa de l'article L 628-9 (membres du comité des établissements de crédit et créanciers obligataires) ayant participé à la conciliation, une **liste des créances** à la date de l'ouverture de la procédure de sauvegarde financière accélérée est établie par le débiteur et **certifiée par le commissaire aux comptes** ou, à défaut, l'expert-comptable (C. com. art. L 628-7). Cette liste est déposée au greffe du tribunal et le mandataire judiciaire informe chaque créancier concerné des caractéristiques de ses créances figurant sur la liste.

Procédure de sauvegarde accélérée

63515 En raison du succès rencontré par la procédure de sauvegarde financière accélérée, le Gouvernement a souhaité élargir la possibilité d'accès à ce dispositif. L'ordonnance du

1466

INTERVENTIONS CONSÉCUTIVES À DES FAITS SURVENANT DANS L'ENTITÉ

12 mars 2014 a ainsi institué une procédure de sauvegarde accélérée qui peut être ouverte sur demande d'un débiteur, engagé dans une procédure de conciliation en cours, quelle que soit la nature de ses créanciers, et satisfaisant aux critères mentionnés au premier alinéa des articles L 620-1 et L 626-29 du Code de commerce et qui justifie avoir élaboré un projet de plan visant à assurer la pérennité de l'entreprise. Ce projet doit être susceptible de recueillir, de la part des créanciers à l'égard de qui la procédure produira effet, un soutien suffisamment large pour rendre vraisemblable son adoption dans le délai de trois mois à compter du jugement d'ouverture prévu à l'article L 628-8 ou, le cas échéant, d'un mois fixé à l'article L 628-10 (procédure de sauvegarde financière accélérée).

La procédure ne peut être ouverte qu'à l'égard d'un débiteur :
– dont les comptes ont été certifiés par un commissaire aux comptes ou établis par un expert-comptable et dont le nombre de salariés, le chiffre d'affaires ou le total de bilan sont supérieurs à des seuils fixés par décret (voir n° 63510) ; ou
– qui a établi des comptes consolidés conformément à l'article L 233-16.

La circonstance que le débiteur soit en cessation des paiements ne fait pas obstacle à l'ouverture de la procédure de sauvegarde accélérée si cette situation ne précède pas depuis plus de quarante-cinq jours la date de la demande d'ouverture de la procédure de conciliation.

La procédure de sauvegarde accélérée est par ailleurs soumise aux dispositions réglementaires applicables à la procédure de sauvegarde, à l'exception des articles R 621-20, R 621-26, R 622-11, R 622-13, R 624-1 et suivants, R 626-17, R 626-18 et R 626-22 et de la section 3 du chapitre IV et R 628-2 et suivants (C. com. art. R 628-1). Le débiteur doit établir la liste des créances de chaque créancier ayant participé à la conciliation qui doivent, par ailleurs, faire l'objet de la déclaration de créance prévue par le premier alinéa de l'article L 622-24 du Code de commerce. Cette liste est certifiée par le commissaire aux comptes ou, à défaut, fait l'objet d'une attestation de l'expert-comptable. Elle est déposée au greffe du tribunal par le débiteur.

Diligences du commissaire aux comptes du débiteur

Nature des obligations du commissaire aux comptes Pour les débiteurs qui font l'objet d'une procédure de sauvegarde et dont les comptes sont certifiés par un commissaire aux comptes, ce dernier doit certifier le montant des créances détenues par les membres des comités de créanciers (C. com. art. L 626-30-2 et R 626-56) et, en matière de procédure de sauvegarde accélérée ou de sauvegarde financière accélérée, par les créanciers participant à la procédure de conciliation (C. com. art. L 628-7). Cette intervention est également prévue dans la procédure de redressement judiciaire (art. L 631-19, I). **63520**

Norme applicable La doctrine de la CNCC pour cette intervention est développée dans la note d'information CNCC n° III « Continuité d'exploitation de l'entité : prévention et traitement des difficultés – Alerte du commissaire aux comptes » publiée en janvier 2020 (CNCC NI. III – janv. 2020 § 2.31.2 p. 204). **63540**

Les diligences mises en œuvre par le commissaire aux comptes ne constituent ni un audit ni un examen limité. Elles visent à attester :
– la concordance avec la comptabilité des créances des fournisseurs de biens ou de services toutes taxes comprises ;
– ou, le cas échéant, la concordance avec les pièces justificatives du montant des éléments non encore comptabilisés, ou du montant des éléments inclus en factures non parvenues à la date d'établissement de la liste (CNCC NI. III – janv. 2020 § 2.31.2 p. 204). **63560**

Dans le cas particulier d'une entreprise en difficulté, le commissaire aux comptes adapte ses travaux en fonction de l'organisation interne du débiteur et des documents préparés par ce dernier sous sa responsabilité.
Ainsi, les travaux peuvent être plus ou moins approfondis en fonction du degré d'organisation interne du débiteur et des documents préparés par ce dernier sous sa responsabilité.
La liste des créances est établie par la direction de l'entité et elle doit être accompagnée d'une note explicative sur les modalités d'établissement de cette liste. **63580**

INTERVENTIONS CONSÉCUTIVES À DES FAITS SURVENANT DANS L'ENTITÉ © Éd. Francis Lefebvre

63585 Les travaux mis en œuvre par le commissaire aux comptes peuvent notamment consister à (CNCC NI. III – janv. 2020 § 2.31.2 p. 204) :

– « prendre connaissance des modalités d'établissement retenues par l'entité pour produire les informations données dans la liste et décrites en annexe de celle-ci ;

– vérifier que les montants des créances des fournisseurs figurant sur la liste concordent avec les soldes de la balance auxiliaire complétés selon les modalités d'établissement décrites en annexe de la liste ;

– vérifier que tous les soldes des comptes fournisseurs figurant dans la balance auxiliaire pour un montant supérieur à X % du total de cette balance sont repris dans la liste ;

– si le commissaire aux comptes le juge utile : vérifier la concordance du montant des créances des fournisseurs figurant sur la liste avec les pièces justificatives correspondantes (factures, bons de livraison et autres documents émis par les fournisseurs, confirmation des fournisseurs si le délai a permis de le faire…) ;

– si nécessaire : vérifier la concordance du montant des éléments non encore comptabilisés figurant sur la liste avec les pièces justificatives correspondantes ».

63600 **Contenu de l'attestation** L'attestation comporte les mentions suivantes :

– un intitulé ;

– un destinataire ;

– une introduction, rappelant sa qualité de commissaire aux comptes et le texte sur lequel se fonde son intervention, précisant l'organe compétent responsable de l'établissement de la liste des créances, jointe au rapport, ainsi que les objectifs de l'intervention ;

– le rappel que les diligences ont été réalisées au regard de la doctrine professionnelle de la Compagnie nationale des commissaires aux comptes relative à cette mission et la description des travaux effectués ;

– une conclusion ;

– la date de l'attestation ;

– l'adresse et l'identification du ou des signataires de l'attestation (CNCC NI. III – janv. 2020 § 2.31.2 p. 204).

L'attestation doit être accompagnée du document établi par la direction de l'entité, à savoir la liste des créances ainsi que les modalités d'établissement de cette liste.

Un exemple d'attestation relative au montant des créances des fournisseurs de biens ou de services est disponible sur le site de la CNCC dans la partie documentaire SIDONI (CNCC NI. III – janv. 2020 § 3.13 p. 212). En cas de cocommissariat aux comptes, l'attestation est signée par les deux commissaires aux comptes. Dans le cas où l'intervention porte sur le montant des créances des membres du comité des établissements de crédits (y compris dans le cadre de la procédure de sauvegarde financière accélérée), il convient d'adapter l'exemple d'attestation en conséquence.

63620 **Communication de l'attestation** Le commissaire aux comptes adresse son attestation au seul débiteur, qui la remettra à l'administrateur judiciaire.

1468

TITRE III

Autres interventions du contrôleur légal

MISSIONS DE CESSION/ACQUISITION

CHAPITRE 1

Missions de cession/acquisition

Plan du chapitre	§§		§§
SECTION 1		**SECTION 3**	
Contexte général des missions		Aspects particuliers des missions	
de cession/acquisition	65000	de cession/acquisition	65900
SECTION 2		I. Intervention en *data room*	65910
Déroulement de la mission	65060	II. Examen des comptes pro forma	66100
I. Acceptation de la mission	65070	III. Analyse des documents	
II. Prise de connaissance	65195	financiers historiques	66300
III. Mise en œuvre de la mission	65495	IV. Examen critique du *business*	
IV. Restitution des conclusions	65700	*plan*	66400

SECTION 1

Contexte général des missions de cession/acquisition

Prescription de la mission

Identité du prescripteur Dans la plupart des cas, ce sont les **acquéreurs** qui diligentent les missions d'acquisition et qui finalement « paient pour voir » : on parle alors communément de **diligences d'acquisition**. Mais il peut également arriver que le **vendeur** fasse appel à un auditeur financier pour réaliser ce type de mission : on parle alors de **diligences de cession** (en anglais *vendor due diligence*).

65000

Les diligences de cession tendent à se développer du fait qu'elles permettent :
– une identification préalable des zones de risques et points susceptibles d'altérer les conditions de cession, ouvrant la possibilité de mettre en œuvre des actions correctrices par anticipation ;
– une réduction des contraintes de temps par une limitation du nombre des procédures à mettre en œuvre au moment même de la cession ;
– une simplification du processus de cession en cas de processus compétitif avec plusieurs acquéreurs potentiels.

> Dans le cadre de diligences de cession, le vendeur diminue le niveau de ses contraintes en réduisant le nombre de questions qui lui sont posées par l'acheteur ou par ses conseils. Il maîtrise le périmètre cédé, les informations fournies en première phase, et se trouve à même de diriger les négociations au lieu de les subir. Pour les acheteurs, dans l'éventualité où il existe plusieurs acquéreurs potentiels, cette solution a le mérite de limiter les coûts, dans la mesure où, même si des diligences d'acquisition sont mises en œuvre, celles-ci viennent seulement en complément des diligences de cession effectuées antérieurement et en cas d'intérêt avéré pour la société cible.

Il est essentiel que les auditeurs sachent exactement quel est le **véritable prescripteur de la mission** et identifient les destinataires de leur rapport, de façon à mieux cerner les attentes du client et à proposer une prestation adaptée.

1471

MISSIONS DE CESSION/ACQUISITION © Éd. Francis Lefebvre

65010 **Diligences d'acquisition** Une entité qui souhaite en acquérir une autre peut avoir besoin, pour sécuriser son acquisition et prendre sa décision en toute connaissance de cause, de collecter des informations sur l'entité cible ou de fiabiliser les informations qui lui sont remises par celle-ci. On observe en outre que l'acquisition d'une entité n'équivaut pas toujours au rachat d'une entité par une autre : il arrive fréquemment qu'un groupe envisage le rachat d'une branche d'activité qui ne corresponde pas à une entité juridique. Il en résulte la nécessité pour le vendeur, avant la mise en vente, de reconstituer a posteriori les informations financières représentatives de la branche d'activité cédée (comptes pro forma) et pour l'acheteur d'analyser et de contrôler ces comptes en identifiant les éventuels retraitements au regard de la stratégie de l'organisation qu'il souhaite mettre en œuvre.

L'entité qui souhaite acquérir tout ou partie d'une ou de plusieurs entités demande souvent à un intervenant extérieur d'une part d'analyser et de valider les comptes et l'information financière établis par la cible, d'autre part de recenser les risques de nature économique, fiscale, comptable, sociale, juridique, environnementale ou autres auxquels celle-ci est exposée, qu'il s'agisse de risques pouvant entraîner directement des anomalies significatives dans les comptes ou bien de risques pouvant avoir une incidence sur son fonctionnement futur.

65030 **Diligences de cession** Une entité qui entend en céder une autre ou céder une branche d'activité peut avoir identifié un ou plusieurs acheteurs potentiels.

Avant d'enclencher le processus de cession, le vendeur prépare généralement un mémorandum de présentation de l'entité pour l'acquéreur. Ce document est le plus souvent accompagné de divers éléments juridiques, sociaux, comptables, financiers, environnementaux ou autres, afférents à l'entité ou à la branche d'activité dont la cession est envisagée : ainsi, dans le domaine comptable et financier pourront être inclus dans ces documents des comptes prévisionnels, des comptes pro forma (en cas de cession d'une branche), des comptes intermédiaires, un plan de financement, un *business plan*, etc.

En cas de pluralité d'acheteurs, l'entité décide souvent, pour éviter que soient mandatées dans la première phase du processus autant de diligences d'acquisition qu'il y a d'acheteurs potentiels, d'organiser une *data room* dans laquelle ceux-ci auront la possibilité de consulter les données, notamment financières, qu'elle a préparées. La *data room* est généralement sous format électronique.

> La *data room* électronique de cession permet de limiter les perturbations dans le fonctionnement de l'activité dont la cession est envisagée et de mieux assurer la maîtrise et la confidentialité des informations échangées.

Pour conférer une crédibilité et une force probante accrues aux documents qu'elle met à la disposition des acheteurs, l'entité vendeuse pourra notamment souhaiter obtenir d'un intervenant extérieur :
– des constats formulés à l'issue de procédures convenues, qui viendront corroborer les informations fournies au bénéfice des acheteurs potentiels ;
– une lecture d'ensemble du mémorandum de présentation ;
– un avis sur le recensement des risques présenté aux acquéreurs potentiels ;
– un audit ou un examen limité de la situation de cession.

Identité des intervenants

65040 **Choix de l'intervenant** L'entreprise qui souhaite la mise en œuvre d'une mission de cession/acquisition a le choix entre la mise en œuvre d'une intervention par une **personne extérieure** ou par son **commissaire aux comptes**.

L'arbitrage entre ces deux catégories d'intervenants est du ressort de la direction de l'entité concernée. Elle prendra notamment en compte l'étendue de la mission confiée, le commissaire aux comptes n'étant en aucun cas un interlocuteur approprié si l'objectif de l'intervention comporte une participation aux négociations, une évaluation de la cible ou la réalisation de l'allocation du prix d'acquisition afin de permettre l'élaboration des comptes consolidés (voir n°s 65160 et 65170).

Si la mission confiée n'intègre pas ces éléments et n'est pas susceptible de porter atteinte à l'indépendance du commissaire aux comptes, on constate dans la pratique que les

© Éd. Francis Lefebvre   MISSIONS DE CESSION/ACQUISITION ▊

entreprises concernées se tournent souvent vers ce dernier pour la mise en œuvre des missions de cession/acquisition. Elles le font généralement pour les motifs suivants :
– le statut du commissaire aux comptes renforce la sécurité de l'entité quant à la fiabilité des procédures mises en œuvre et à la confidentialité du processus, dont la préservation est bien souvent essentielle dans ce type d'opérations ;
– elles trouvent dans la personne du commissaire aux comptes un intervenant extérieur qui a ex ante une meilleure compréhension du contexte dans lequel s'inscrit l'opération projetée, qui dispose en général d'une bonne connaissance du secteur d'activité concerné, qui sait pour la même raison attirer son attention sur les conséquences comptables ou financières que pourrait induire sur ses propres comptes l'acquisition projetée et qui sera le mieux à même de se prononcer sur l'intégration des comptes de l'entité acquise dans les comptes consolidés de l'entité acquéreuse à raison de sa connaissance de ces derniers ;
– enfin, l'entité demandeuse sait qu'elle fait intervenir le commissaire aux comptes dans son domaine d'expertise, dans la mesure où l'identification des risques, l'analyse et la validation de comptes ou de données financières sont à l'évidence des composantes de base de la mission légale.
Plus spécifiquement dans le cas des diligences de cession, la mise en œuvre par le commissaire aux comptes :
– renforce aux yeux des acquéreurs la force probante des procédures mises en œuvre ;
– permet de mettre à profit la connaissance que le commissaire aux comptes détient de l'entité et de son secteur d'activité : les éléments dont dispose l'auditeur légal pour les avoir acquis dans ses interventions précédentes le placent clairement dans une position privilégiée par rapport à un autre intervenant extérieur qui serait dans l'obligation de découvrir le dossier.

Il apparaît au vu de ce qui précède que les missions de cession/acquisition sont à géométrie variable et la définition de leur contenu, au-delà d'un tronc commun qui caractérise ce type de missions, dépendra notamment de l'identité de l'intervenant et du prescripteur.   **65045**

Intervention du commissaire aux comptes Avant le 17 juin 2016, date   **65050**
d'entrée en vigueur de l'ordonnance 2016-315 du 17 mars 2016 transposant la réforme européenne de l'audit en France, les missions d'acquisition/cession étaient réalisées par le commissaire aux comptes dans le cadre de **diligences directement liées à la mission** de commissaire aux comptes et faisaient l'objet de deux normes d'exercice professionnel (NEP 9060 relative aux prestations entrant dans le cadre de diligences directement liées à la mission de commissaire aux comptes lors de l'acquisition d'entités et NEP 9070 relative aux prestations entrant dans le cadre de diligences directement liées à la mission de commissaire aux comptes lors de la cession d'entreprises).
Depuis le 17 juin 2016, le concept de diligences directement liées à la mission de commissaire aux comptes a été supprimé par l'ordonnance précitée. Le commissaire aux comptes d'une entité peut, à la demande de cette dernière, fournir des « **services autres que la certification des comptes** » (SACC) sous réserve que leur fourniture ne contrevienne pas aux dispositions régissant l'exercice du commissariat aux comptes et notamment aux règles d'indépendance.
Ainsi, lorsque le commissaire aux comptes certifie les comptes d'une entité d'intérêt public, il lui est interdit de fournir directement ou indirectement à cette entité, et aux personnes ou entités qui la contrôlent ou qui sont contrôlées par elle au sens des I et II de l'article L 233-3 et dont le siège social est situé dans l'Union européenne, les services mentionnés au paragraphe 1 de l'article 5 du règlement 537/2014 du 16 avril 2014 (C. com. art. L 822-11, II : voir n°s 3744 s.).

> En outre, une approche risque/sauvegarde s'applique concernant les services qui ne sont pas dans la liste des services interdits par le règlement européen afin d'analyser les risques de perte d'indépendance et/ou d'autorévision ainsi que les mesures de sauvegarde pouvant être mises en œuvre : voir n°s 3755 s. Pour les EIP, les SACC doivent par ailleurs faire l'objet d'un processus d'approbation par le comité d'audit et du respect du plafonnement des honoraires relatifs à ces services (C. com. art. L 822-11-2 ; voir n° 26470).

Enfin, il est interdit au commissaire aux comptes d'accepter ou de poursuivre une mission de certification auprès d'une personne ou d'une entité qui n'est pas une entité d'intérêt public lorsqu'il existe un risque d'autorévision ou que son indépendance est compromise

MISSIONS DE CESSION/ACQUISITION © Éd. Francis Lefebvre

et que des mesures de sauvegarde appropriées ne peuvent être mises en œuvre (C. com. art. L 822-11, III ; voir n⁰ˢ 3748 s.).

S'agissant des prestations d'acquisition et de cession d'entreprises, les anciennes NEP 9060 et 9070 sont devenues caduques mais le commissaire aux comptes peut utilement s'y référer concernant les modalités pratiques de ses interventions. Il convient cependant de noter que certaines références au Code de commerce incluses dans ces anciennes normes ne sont plus valides et que, comme indiqué supra, la notion de DDL qui y est mentionnée ne trouve plus à s'appliquer.

Si, dans le cadre des SACC, le commissaire aux comptes réalise à la demande de l'entité des prestations d'audit, d'examen limité, d'attestation ou de constats à l'issue de procédures convenues, il se référera également, en fonction de la nature des prestations fournies, à la doctrine professionnelle désormais constituée par les avis techniques joints au communiqué CNCC du mois de juillet 2016 (Communiqué CNCC « Référence aux normes ou à la doctrine pour les services autres que la certification des comptes fournis à la demande de l'entité », juillet 2016).

Par ailleurs, depuis le 24 mai 2019, l'article **L 820-1-1** du Code de commerce introduit par la loi dite Pacte dispose désormais que : « L'exercice de la profession de commissaire aux comptes consiste en l'exercice, par le commissaire aux comptes, de missions de contrôle légal et d'autres missions qui lui sont confiées par la loi ou le règlement. Un commissaire aux comptes peut, **en dehors ou dans le cadre d'une mission légale, fournir des services et des attestations**, dans le respect des dispositions du présent code, de la réglementation européenne et des principes définis par le Code de déontologie de la profession. »

Les **attestations et autres missions visées à l'article L 820-1-1** précité peuvent ainsi être réalisées par un commissaire aux comptes à la demande d'une entité dont il ne certifie pas les comptes (voir n⁰ˢ 75000 s.).

65052 Le Code de déontologie de la profession de commissaire aux comptes, modifié par le décret 2020-292 du 21 mars 2020, est dorénavant constitué de deux parties :
– Titre I : dispositions communes applicables aux commissaires aux comptes dans l'exercice de leur activité professionnelle ;
– Titre II : dispositions complémentaires applicables aux commissaires aux comptes dans l'exercice de leur activité professionnelle pour le compte de la personne ou de l'entité dont ils certifient les comptes.

Ces dispositions sont détaillées dans le cadre du chapitre Statut du contrôleur légal du titre I de la partie I du présent Mémento (n⁰ˢ 3500 s. et 5900 s.) ainsi qu'aux n⁰ˢ 75000 s. pour les prestations fournies par un commissaire aux comptes à la demande d'une entité sans détenir de mandat dans cette entité ou dans sa chaîne de contrôle.

65055 La section 2 du présent chapitre sera consacrée au déroulement des missions de cession/ acquisition (n⁰ˢ 65060 s.). La section 3 traitera plus spécifiquement de certains aspects particuliers à ce type de missions (n⁰ˢ 65900 s.).

SECTION 2

Déroulement de la mission

65060 Le déroulement de la mission comporte :
– l'acceptation de la mission (n⁰ˢ 65070 s.) ;
– la prise de connaissance de l'opération et de la cible (n⁰ˢ 65200 s.) ;
– la mise en œuvre des diligences de cession ou d'acquisition (n⁰ˢ 65500 s.) ;
– la restitution des conclusions (n⁰ˢ 65700 s.).

I. Acceptation de la mission

65070 L'acceptation de la mission de cession/acquisition suppose la réalisation de conditions dont certaines concernent la généralité des intervenants, d'autres conditions étant spécifiques au contrôleur légal.

MISSIONS DE CESSION/ACQUISITION

Conditions générales d'acceptation de la mission

Le professionnel pressenti pour une mission d'acquisition ou de cession doit vérifier que cette demande ne crée pas un conflit d'intérêts au sein de sa clientèle. Il s'assure également qu'il peut mettre en œuvre son intervention dans le respect des règles d'indépendance de sa profession.

65080

Conflit d'intérêts Le cabinet pressenti peut avoir comme **clients** des concurrents ou des acteurs économiques opérant sur le même marché, ou pouvant avoir un intérêt dans l'opération d'acquisition projetée. Il est en conséquence important que soit mise en place une **procédure d'acceptation** des missions d'acquisition et de cession au sein des cabinets afin de s'assurer qu'il n'existe pas de risque de conflit d'intérêts.

65090

La vérification doit s'effectuer auprès des associés du cabinet, et éventuellement des autres bureaux nationaux ou étrangers s'il s'agit d'un réseau. L'existence d'autres clients du cabinet opérant sur le même marché ne signifie pas pour autant que la mission doit être refusée. Il est en effet possible d'instaurer des mesures de sauvegarde dans le cabinet, notamment en choisissant des **collaborateurs différents** pour intervenir sur la mission d'acquisition ou de cession.
Le cas échéant, il est vivement recommandé d'agir en **transparence** par rapport au client concerné et de lui décrire les procédures permettant de garantir la confidentialité de l'information.

65100

Indépendance L'acceptation de la mission nécessite de l'auditeur pressenti qu'il se soit assuré de ne pas porter atteinte aux autres règles d'indépendance qui peuvent régir son comportement professionnel.

65110

Conditions d'acceptation spécifiques au commissaire aux comptes

Il convient de se reporter aux éléments détaillés au n° 65050.

65120

Le commissaire aux comptes se fait préciser le **contexte de la demande** pour s'assurer que les conditions de son intervention et l'utilisation prévue de son rapport sont compatibles avec les dispositions du Code de déontologie de la profession.

Il pourra utilement se référer aux anciennes NEP 9060 et 9070.

Il s'assure également que les conditions de son intervention, notamment les **délais** pour mettre en œuvre les travaux qu'il estime nécessaires, sont compatibles avec les ressources dont il dispose.
Dans tous les cas le commissaire aux comptes peut refuser l'intervention.

65130

Lorsque l'intervenant sollicité intervient chez le demandeur dans le cadre d'un **co-commissariat aux comptes**, l'intervention peut être demandée à un seul commissaire aux comptes.

Le commissaire aux comptes qui réalise l'intervention informe préalablement les autres commissaires aux comptes de la nature et de l'objet de l'intervention et leur communique une copie de son rapport.

65140

Au titre des **diligences d'acquisition**, sous réserve de l'accord de la cible, les prestations habituellement fournies par le commissaire aux comptes de l'acquéreur, à sa demande, sont notamment les suivantes, sans qu'elles soient pour autant limitatives :
– un audit au sens de l'avis technique « Audit entrant dans le cadre des services autres que la certification des comptes fournis à la demande de l'entité » (Annexe 1 du communiqué CNCC de juillet 2016 « Référence aux normes ou à la doctrine pour les services autres que la certification des comptes fournis à la demande de l'entité » ; voir n°s 49000 s.) ;
– un examen limité au sens de l'avis technique « Examen limité entrant dans le cadre des services autres que la certification des comptes fournis à la demande de l'entité » (Annexe 2 du communiqué précité ; voir n°s 49700 s.) ;
– des attestations au sens de l'avis technique « Attestations entrant dans le cadre des services autres que la certification des comptes fournis à la demande de l'entité » (Annexe 3 du communiqué précité ; voir n°s 68200 s.) ;

65160

1475

MISSIONS DE CESSION/ACQUISITION © Éd. Francis Lefebvre

– des constats à l'issue de procédures convenues avec l'entité au sens de l'avis technique « Procédures convenues avec l'entité entrant dans le cadre des services autres que la certification des comptes fournis à la demande de l'entité » (Annexe 4 du communiqué précité ; voir nos 68200 s.) ;
– des consultations (voir nos 68400 s.).
En revanche, les travaux du commissaire aux comptes de l'acquéreur **ne peuvent pas inclure** la participation :
– à la recherche d'entités à acquérir ;
– au tri des cibles potentielles ;
– à la préparation de comptes pro forma ou prévisionnels ;
– à la représentation de l'acquéreur dans la négociation du contrat d'acquisition ;
– à la gestion administrative de la transaction ;
– à la valorisation de la cible ou à la détermination du prix de la transaction ;
– à l'élaboration de montages juridiques, fiscaux ou financiers liés au schéma de reprise ;
– à l'émission d'une appréciation sur l'opportunité de l'opération (Ancienne NEP 9060 § 11).

65170 Au titre des **diligences de cession**, sous réserve de l'accord de l'entreprise cédée, les prestations habituellement fournies par le commissaire aux comptes de l'entité cédante, à sa demande et sans qu'elles soient limitatives, sont notamment les suivantes :
– un audit au sens de l'avis technique « Audit entrant dans le cadre des services autres que la certification des comptes fournis à la demande de l'entité » (Annexe 1 du communiqué CNCC de juillet 2016 « Référence aux normes ou à la doctrine pour les services autres que la certification des comptes fournis à la demande de l'entité » ; voir nos 49000 s.) ;
– un examen limité au sens de l'avis technique « Examen limité entrant dans le cadre des services autres que la certification des comptes fournis à la demande de l'entité » (Annexe 2 du communiqué précité ; voir nos 49700 s.) ;
– des attestations au sens de l'avis technique « Attestations entrant dans le cadre des services autres que la certification des comptes fournis à la demande de l'entité » (Annexe 3 du communiqué précité ; voir nos 68200 s.) ;
– des constats à l'issue de procédures convenues avec l'entité au sens de l'avis technique « Procédures convenues avec l'entité entrant dans le cadre des services autres que la certification des comptes fournis à la demande de l'entité » (Annexe 4 du communiqué précité ; voir nos 68200 s.) ;
– des consultations (voir nos 68400 s.).
En revanche, les travaux du commissaire aux comptes de l'entité cédante **ne peuvent pas inclure** la participation :
– à l'établissement du mémorandum de présentation de l'entreprise à l'acquéreur ;
– à la recherche d'éventuels acquéreurs ;
– à la préparation de comptes pro forma ou prévisionnels de l'entreprise, à l'élaboration des hypothèses de marché ou des évaluations correspondantes ;
– à la rédaction du contrat de cession, à la représentation de l'entité cédante dans la négociation du contrat de cession ou dans le cadre de litiges éventuels nés de la cession ;
– à la gestion administrative de l'opération de cession, en particulier à l'organisation et à la gestion de la *data room* ;
– à des travaux de valorisation de l'entreprise ou de détermination du prix de la transaction ;
– à l'élaboration de montages juridiques, fiscaux ou financiers liés au schéma de cession ;
– à l'émission d'une appréciation sur l'opportunité de l'opération (Ancienne NEP 9070 § 12).

65180 Durant les différentes phases de la mission de cession/acquisition, les conditions d'intervention décrites aux paragraphes précédents doivent bien entendu rester présentes à l'esprit du professionnel intervenant en qualité de commissaire aux comptes de l'entité qui demande l'intervention. Le commissaire aux comptes devra en conséquence prêter une attention particulière aux **limites** qu'il ne doit pas dépasser en se référant à ces dispositions, la marge d'intervention dont dispose l'auditeur devant être clairement précisée au client dès la phase d'acceptation de la mission.

MISSIONS DE CESSION/ACQUISITION

II. Prise de connaissance

Sur les limites propres à l'auditeur légal, voir nᵒˢ 65120 s.

65195

Afin de respecter le secret des affaires et les réglementations en vigueur, les diligences d'acquisition ou de cession sont souvent des opérations « coup de poing », qui se déroulent sur un laps de temps réduit et souvent proche de la date de signature de documents engageant les parties (protocoles d'accord, lettres de confidentialité, contrat de cession…). Il n'est donc pas rare, mais ce n'est pas systématique, que les auditeurs ne soient saisis que lors de la **phase finale du processus d'acquisition**, voire après celle-ci, leurs travaux devant servir à valider certaines informations jugées essentielles ou stratégiques.

65200

L'auditeur doit très tôt comprendre le contexte dans lequel il est appelé à intervenir, pour pouvoir orienter puis superviser efficacement l'ensemble de la mission. À cette fin, il doit rapidement prendre connaissance du contexte de la mission, puis **collecter une grande quantité d'informations** en vue d'étudier le **risque lié à l'activité** de la société cible et de réaliser une **première évaluation** de ses forces et de ses faiblesses.

65210

Contexte de la mission

Modalités pratiques de l'intervention L'importance de l'opération, son positionnement dans le temps et dans le processus d'acquisition ainsi que les conventions et desiderata des parties prenantes influencent directement les modalités pratiques de la mission.

65220

Il existe principalement **deux grands types** d'intervention :
– soit les auditeurs sont **en contact avec les interlocuteurs** de la cible. Dans ce cas, il s'agit de missions d'investigation incluant des entretiens. Ce type de missions est particulièrement adapté pour les PME, lorsque ce sont les dirigeants qui sont impliqués directement dans le processus d'acquisition.

L'équipe d'audit est alors dimensionnée en fonction de l'importance de l'opération et peut pour les PME être limitée à une ou deux personnes, à savoir l'associé et le directeur de mission. Le niveau d'expérience est élevé car les interlocuteurs souhaitent une assistance en temps réel sur des points couvrant plusieurs disciplines en même temps (comptabilité, contrôle de gestion, droit des sociétés, du travail, de l'environnement, fiscalité…) ;
– soit les auditeurs n'ont accès qu'à des **informations filtrées** : il y a alors organisation de salles d'information ou *data rooms*, suivies de contacts limités avec le management de l'entité qui fait l'objet des investigations (cas de plus en plus fréquents, notamment dans des processus compétitifs).

Conditions d'accès à l'information Dans un cas comme dans l'autre, le point fondamental est constitué par les conditions d'accès à l'information. D'une manière générale, le vendeur est maître du jeu : c'est lui qui, dans le cadre des entretiens en cas de contact direct ou de l'organisation des *data rooms*, aura la maîtrise des informations qu'il accepte de communiquer, avec toujours en arrière-plan le risque d'avoir divulgué des informations confidentielles si la négociation en cours est appelée à échouer.

65230

Collecte d'informations sur l'opération

Les opérations d'acquisition ou de cession revêtent pratiquement toujours un **caractère confidentiel**, même lorsqu'elles ont été dévoilées pour partie à la presse.
L'intervention sur les lieux est difficilement envisageable tant que le personnel de l'entreprise cible n'a pas été mis au courant du projet de cession.

Sauf exception, l'information relative à l'opération est donc par nature difficile à obtenir.

Dans la phase préparatoire de la mission, l'auditeur s'efforcera en conséquence d'obtenir des informations aussi bien du prescripteur de la mission que par ses propres moyens.
A contrario, les évolutions du droit des contrats tendent à renforcer les précautions que devra prendre le vendeur quant à l'exhaustivité de l'information fournie au risque d'une mise en cause ultérieure, voire d'une remise en cause de l'opération.

65240

1477

MISSIONS DE CESSION/ACQUISITION © Éd. Francis Lefebvre

65250 **Informations fournies par le prescripteur** La première source d'information est, bien entendu, la personne qui prescrit la mission. Le premier soin de l'auditeur sera donc de la rencontrer. Il s'attachera à recueillir le plus d'informations possible sur l'opération et à se faire communiquer les éléments disponibles nécessaires à la mise en œuvre de la mission. Ce **premier contact** doit normalement permettre à l'auditeur d'obtenir :
– une **présentation d'ensemble** de l'opération, de l'objectif poursuivi par l'acquéreur (croissance externe, rachat d'une part de marché, d'une technologie, d'un savoir-faire, recentrage sur le métier de base, industrie en restructuration, recherche d'une taille critique, privatisation, investissement à court terme ou à long terme, capital-risque, portage...), du **schéma juridique** envisagé, de l'**état d'avancement des pourparlers** et du **calendrier** prévu pour l'opération ;
– la communication des premiers éléments concernant la cible et l'opération : parmi ceux-ci figurent au premier rang les **lettres d'intention** et le **projet de protocole** s'il en existe, ou tout du moins les éléments existants ayant un rapport avec la mission de l'auditeur ; en règle générale, le prescripteur se sera déjà procuré un certain nombre de documents concernant la société cible, notamment les **plaquettes**, les **états financiers** des derniers exercices, voire les **prévisions d'activité**.

Dans certains cas, l'auditeur obtiendra communication du rapport du vendeur (*selling memorandum*) que celui-ci a pu établir, assisté de son expert-comptable ou d'un autre conseil. Ce document décrit usuellement l'entité ou l'activité cédée sous ses aspects stratégiques, commerciaux, sociaux, financiers, environnementaux... Ce document contient généralement des prévisions d'activité (*business plan*).

65260 **Informations collectées directement par l'auditeur** L'auditeur complétera les informations obtenues de son client par une recherche personnelle, dont l'étendue dépendra du volume des informations déjà obtenues et de l'importance des informations disponibles dans les supports publics d'information sur la société cible. Ses investigations comprendront le plus souvent :
– une demande d'informations au **greffe du tribunal de commerce** dans le cas, peu fréquent en pratique, où l'auditeur n'a pas obtenu du prescripteur les états financiers ;
– une **revue de presse spécialisée**, qui permettra d'obtenir rapidement une idée des **ordres de grandeur de l'entreprise** (chiffre d'affaires, résultat, nombre de salariés). Ce travail permettra également de recueillir des informations sur l'historique et les événements clés caractérisant la cible à une date récente : les acquisitions ou cessions intervenues récemment, les lancements de nouveaux produits, les restructurations et délocalisations, les changements intervenus dans l'actionnariat, l'influence des actionnaires historiques sur la cible, l'image de marque actuelle, etc. ;

Les informations reprises, même si elles sont succinctes, ont dans la plupart des cas été fournies par les entreprises elles-mêmes, ce qui en fait une source documentaire intéressante.

– une **recherche sur Internet** : le site Internet de la cible, s'il existe, est susceptible de comporter un volet de présentation de la société et de ses produits. La qualité et la fiabilité des informations de ces sites varient d'une entreprise à l'autre mais l'information est disponible immédiatement ;
– un recours aux **banques de données payantes et aux études sectorielles** : les études sectorielles, boursières ou spécifiques telles que les études Banque de France ou de toute autre société d'étude privée nationale ou internationale peuvent procurer de nombreuses informations sur les enjeux stratégiques du secteur et sur ses acteurs.

L'auditeur veillera cependant à ne pas se perdre dans une **recherche inutile** d'informations. Bien souvent l'acquéreur a déjà cette information (soit parce qu'il dispose déjà des études sectorielles, soit parce qu'il connaît lui-même très bien le secteur, et ce, mieux que n'importe quelle étude). La première démarche de l'auditeur sera, comme indiqué plus haut, d'obtenir de l'acquéreur les informations dont il dispose.
En revanche, ce travail de recherche pourra présenter un intérêt tout particulier dans l'hypothèse d'acquisitions plus modestes, dans le cadre desquelles l'acquéreur n'a pas pris le temps, ou le soin, de procéder à ces investigations.

Analyse des informations recueillies

65270 Une fois les premières informations collectées, l'auditeur procède à leur analyse en vue d'identifier les principaux risques et domaines significatifs de l'intervention qui sera mise en œuvre. L'importance de cette étape est, bien entendu, essentiellement variable en fonction du contexte de l'intervention et de la quantité d'informations recueillies.

© Éd. Francis Lefebvre

MISSIONS DE CESSION/ACQUISITION

Dans certains cas, l'auditeur n'aura pratiquement obtenu aucune information en dehors de la date retenue pour la *data room*, au cours de laquelle il aura la possibilité de consulter un certain nombre d'informations qui seront mises à sa disposition par le vendeur. Dans d'autres cas, notamment si la négociation est plus avancée, il aura déjà à sa disposition des projets de protocole et un ensemble de documentations concernant l'activité et la situation financière de la société.

Dès lors qu'il a pu recueillir les informations nécessaires, deux points doivent donner lieu à une analyse approfondie de l'auditeur financier. Ce sont, d'une part, les conditions juridiques et financières de l'opération, d'autre part, les données relatives à l'activité de la société.

Conditions juridiques et financières de l'opération Il est nécessaire pour l'auditeur d'avoir une connaissance aussi approfondie que possible du schéma juridique de reprise. De même, le montage financier, et notamment la détermination du prix d'acquisition, est un autre élément essentiel.

65280

Le **schéma juridique** sera généralement approché par l'auditeur au travers des courriers échangés et/ou des conventions qui ont pu être signées entre les parties. À ce stade, l'auditeur aura le plus souvent la possibilité de prendre connaissance d'un **projet de protocole d'accord** qui sera généralement assorti d'un **projet de convention de garantie d'actif et de passif**. Lorsque ces éléments sont disponibles, il est impératif que l'auditeur en ait une connaissance approfondie en vue d'orienter ses contrôles et ses demandes. Ainsi sera-t-il particulièrement attentif :
– aux déclarations faites par le cédant dans la convention de garantie ;
– aux risques non couverts par la garantie ;
– aux engagements pris par le vendeur dans la garantie ;
– à l'identification des éléments de référence utilisés pour déterminer le prix de cession ou susceptibles d'aboutir à sa révision ;
– à la révision pour imprévision (clauses dites de « *hardship* » et de « *material adverse change* » que l'on peut notamment rencontrer dans les contrats d'acquisitions ou de cessions d'entreprises) qui résulte d'un changement de circonstances imprévisibles entre la promesse et la signature du contrat conformément à l'article 1195 du Code civil ;
– aux obligations d'informations précontractuelles définies par l'article 1112-1 du Code civil.

65290

L'un des objectifs des diligences d'acquisition ou de cession, même si ce n'est pas le seul, est souvent de fournir au prescripteur de l'audit des éléments d'assurance ou de négociation dans le processus de **détermination du prix de cession**.

65300

L'implication de l'auditeur, de ce point de vue, sera évidemment beaucoup plus limitée dès lors qu'il intervient en qualité de commissaire aux comptes. Ainsi devra-t-il se garder, lorsqu'il se situe dans ce cadre, de participer à la détermination du prix de cession et a fortiori à la négociation de l'acquisition (voir n°s 65120 s.).

L'auditeur qui travaille pour l'acquéreur a toujours présent à l'esprit le **risque de sur-évaluation** de la société cible : il est attentif de ce fait à tout élément qui pourrait avoir un impact sur le prix lors de la négociation avec le vendeur. Il est donc indispensable qu'il ait appréhendé le mode de détermination du prix de cession afin de pouvoir relever les incohérences dont il pourrait avoir connaissance dans le cadre de ses investigations.

Lorsqu'il y a intervention de conseils de l'entreprise tels que les banques d'affaires, les résultats des investigations des auditeurs sont précieux pour affiner les hypothèses du modèle de valorisation.

L'auditeur devra également s'attacher, le cas échéant, à analyser les modalités de l'enregistrement de l'acquisition dans les comptes consolidés de l'acquéreuse sous différents angles :
– comparaison des principes comptables utilisés par l'entité acquéreuse et la cible en vue d'apprécier les éventuels retraitements à apporter aux comptes de cette dernière afin de les rendre homogènes avec celle de l'entité consolidante ;
– appréciation des conséquences de l'entrée en consolidation de l'entité acquise selon le référentiel comptable retenu pour l'élaboration des comptes consolidés en particulier en cas d'un processus d'acquisition par étapes des titres de l'entité acquise ;
– appréciation de l'impact sur les comptes consolidés des modalités de paiement de l'acquisition en cas de paiements différés fondés sur des résultats futurs (clause dite « d'*earn out* »).

1479

MISSIONS DE CESSION/ACQUISITION © Éd. Francis Lefebvre

65310 On rappelle que les nombreuses méthodes de valorisation des sociétés relèvent presque toujours de l'un des **trois modèles** suivants : approche patrimoniale, approche par le *goodwill*, approche prospective.

La première méthode, qui privilégie l'actif net, donne lieu à une approche principalement bilantielle, alors que les deux autres méthodes, fondées sur une actualisation des résultats futurs, nécessitent l'élaboration de prévisions en ce qui concerne tant l'exploitation que les *cash-flows*.

La connaissance préalable du type d'approche retenu pour la valorisation de l'entreprise permet d'orienter les travaux des auditeurs, les informations sensibles étant de nature différente selon la méthode utilisée.

65320 a) L'**approche patrimoniale** regroupe l'ensemble des méthodes qui présentent un caractère **historique** et **non prévisionnel**. Ces méthodes sont essentiellement fondées sur les données financières historiques de l'entreprise, c'est-à-dire le bilan et le compte de résultat et éventuellement les annexes. Il s'agit d'une approche plutôt statique, par opposition aux approches prévisionnelles ou prospectives fondées sur l'estimation des flux futurs de bénéfices, de dividendes ou de *cash-flows* de l'entreprise. L'approche patrimoniale la plus utilisée est celle de l'**actif net corrigé** (ANC), définie par l'Ordre des experts-comptables comme le montant en capital qu'il faudrait investir pour reconstituer le patrimoine utilisé de l'entreprise, dans l'état où il se trouve.

L'actif net corrigé constitue une première approche de la valeur de l'entreprise, mais il diffère presque toujours du prix qui est en fin de compte retenu, sauf lorsqu'il s'agit d'une entreprise dans laquelle est remise en cause la convention de continuité de l'exploitation. Il est néanmoins souvent utilisé en combinaison avec les autres méthodes, qui prennent en compte dans la valorisation de l'entreprise l'estimation d'un résultat « courant » susceptible de se reproduire dans le futur.

Lorsque l'approche patrimoniale est retenue, l'auditeur prête une attention toute particulière non seulement à la détermination de l'actif net comptable, mais également à tous les éléments de plus ou moins-value permettant de passer de cette valeur à l'actif net corrigé.

65330 b) Les **approches fondées sur le** *goodwill* (GW) se situent, en schématisant, à mi-chemin entre les approches patrimoniales et les approches prospectives. La notion de *goodwill* est d'un usage courant en matière d'évaluation, que celle-ci soit effectuée à des fins de fusion, de cession ou de consolidation.

L'approche par le *goodwill* repose sur le postulat que la valeur d'une société n'est pas égale à ses moyens de production à un instant donné, mais à la **rentabilité** effective qu'elle peut **générer dans le futur**. De façon générale, le supplément de rentabilité par rapport à la valeur patrimoniale constitue le *goodwill*. La valeur de l'entreprise (V) s'écrit alors : V = ANC + GW.

65340 L'approche de la valorisation de l'entreprise par la méthode du *goodwill* reste une approche conceptuelle dont les modalités de calcul en pratique nécessitent la connaissance des données suivantes :
– la **rentabilité opérationnelle prévisionnelle**, qui doit être cohérente avec les possibilités de l'outil de production ;
– le **choix de la durée d'actualisation du superprofit** (c'est-à-dire la période pendant laquelle l'entreprise va bénéficier de cet avantage : deux ans, cinq ans ou à l'infini) ;
– l'évaluation de la **valeur terminale** ;
– la détermination du **taux d'intérêt à retenir pour l'actualisation des flux futurs** (taux d'intérêt sans risque, coût moyen pondéré du capital, *Weighted Average Cost of Capital* (Wacc) en anglais, taux d'intérêt du secteur…

Le concept de *goodwill* fondé sur l'actualisation d'un superprofit est séduisant mais **difficilement applicable** car c'est par essence un écart entre une rentabilité attendue et une rentabilité de référence (rentabilité du secteur, rentabilité moyenne de l'acquéreur…), dont le choix est souvent teinté de subjectivité ou malaisé à obtenir. Il convient dès lors en pratique de **relativiser les résultats** obtenus en effectuant des **comparaisons** avec les normes du secteur et des opérations récentes concernant des entreprises similaires. La pertinence par rapport à la pratique, à la réalité économique et donc au marché doit toujours être recherchée. C'est le cas notamment lorsque le calcul du *goodwill* conduit à une valeur négative (*badwill*) conduisant à poser le principe d'une décote pour les entreprises insuffisamment rentables, dont la valeur peut descendre en dessous de l'actif net. Lorsque la méthode est utilisée, l'auditeur prête une attention particulière à la détermination de l'actif net corrigé (voir n° 65320) ainsi qu'aux éléments ayant une incidence sur la capacité bénéficiaire attendue de la société cible.

MISSIONS DE CESSION/ACQUISITION

65350 c) L'idée centrale qui fonde les **approches prospectives** est que la valeur d'une entreprise est fonction de ses **perspectives futures**, d'où l'importance des informations prévisionnelles. Il existe **différentes méthodes prospectives**, les valorisations ainsi obtenues résultent soit :
– de l'actualisation des flux des bénéfices futurs ;
– de l'actualisation des flux de dividendes ;
– de l'application de multiples au résultat (PER), à l'Ebitda (excédent brut d'exploitation retraité des dettes financières « masquées ») ou au chiffre d'affaires ;
– de l'application de la **méthode du *Discounted Cash-Flows*** (DCF), fondée sur le calcul des flux nets d'encaissements et de décaissements liés à l'activité. Cette dernière méthode est la plus **couramment employée**.

> De façon conceptuelle, la valeur de l'entreprise est issue du rapport de flux de trésorerie sur un taux d'intérêt. Une entreprise est alors valorisée comme l'est une obligation.

65360 En théorie, la **méthode** est **simple**, car il s'agit :
– à partir d'un *business plan*, de calculer les flux de trésorerie disponibles sur un horizon de prévision (appelé « horizon explicite ») ;
– de déterminer une valeur finale (parfois appelée « valeur terminale ») à l'issue de l'horizon explicite ;
– d'actualiser les flux et la valeur finale à un taux tenant compte du risque, la valeur ainsi obtenue étant la valeur de l'entreprise.

> L'utilisation de méthodes prospectives conduit bien évidemment l'auditeur à porter une attention particulière à tous les éléments susceptibles d'avoir une influence sur la capacité bénéficiaire présente ou future de la société cible.

En pratique, les **paramètres retenus** (taux d'actualisation, durée, coefficient multiplicateur) sont toujours d'appréciation délicate dans la mesure où des variations relativement modestes de ces paramètres peuvent conduire à des valeurs d'entreprises sensiblement différentes.

65370 **Risques liés à l'activité** L'analyse des risques liés à l'activité suppose que l'auditeur puisse notamment réunir et étudier des éléments d'information sur l'organigramme de la société cible, la documentation des services ou produits, la structure du marché, la politique commerciale, les données liées à l'environnement, la stratégie de la cible et sa politique environnementale et sociale.

65375 a) **Organigramme de la société cible**. Le plus simple est généralement d'obtenir l'organigramme juridique de la société rachetée. Il se peut cependant que la cible ne constitue pas une entité clairement séparée d'un groupe, mais qu'il s'agisse d'une ou de plusieurs divisions à l'intérieur d'un groupe. Il convient alors d'obtenir ou de préparer un organigramme opérationnel et/ou de *reporting*.

> Pour chaque société, division ou *business unit*, l'auditeur devra se faire préciser l'activité, le marché, les localisations, les contributions en termes de chiffre d'affaires et d'Ebit (*Earnings Before Interest and Tax*), et/ou de tout agrégat de résultat qui s'avérerait pertinent, les principaux flux de trésorerie, les actifs nets significatifs et les facteurs clés de succès.

65380 b) **Documentation services ou produits**. L'auditeur doit procéder à une analyse rapide du portefeuille des services ou produits, un bon moyen de procéder à cette analyse consistant à utiliser une grille simplifiée du type BCG (*Boston Consulting Group*) :

Grille simplifiée d'analyse des produits

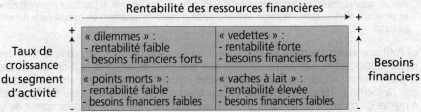

MISSIONS DE CESSION/ACQUISITION © Éd. Francis Lefebvre

65390 c) **Structure du marché**. Il s'agit de prendre en compte, soit au travers des études stratégiques faites par l'investisseur, soit au travers d'une analyse succincte de l'environnement économique et concurrentiel de la cible, les éléments suivants :
– la nature du marché : parmi les principales interrogations de l'auditeur figure celle de savoir s'il s'agit d'un marché en expansion ou d'un marché mature, s'il y a une saisonnalité et une élasticité de la demande ;
– l'importance des critères géographiques dans la diffusion du service ou du produit (marché régional, national, européen ou mondial) ;
– la typologie des clients (ou des fournisseurs) : l'auditeur s'attachera notamment à déterminer si la cible présente une dépendance à l'égard d'un nombre limité de clients (ou de fournisseurs), et si celle-ci dispose d'avantages compétitifs pérennes ; à cet égard, il pourra s'avérer utile, voire déterminant, que l'auditeur mette en évidence la structure de la clientèle (ou des fournisseurs) telle qu'elle est retenue au *business plan* avec les pratiques de marché en matière de concentration des risques clients/fournisseurs. En outre, il appréhendera dans toute la mesure du possible le niveau des marges réalisées sur chaque segment de clientèle.

65400 d) **Politique commerciale**. L'auditeur s'intéressera notamment aux canaux de distribution utilisés par la société cible (distribution directe avec un réseau en propre ou distribution indirecte). Il examinera, le cas échéant, le degré et la qualité de la couverture du marché par le réseau. En ce qui concerne la politique marketing, il s'attachera à étudier la stratégie prix/volumes, les développements marketing et le coût annuel des campagnes.

65410 e) **Données liées à l'environnement du secteur d'activité**. L'auditeur doit acquérir la connaissance et la compréhension des « fondamentaux » du secteur (*business drivers*, en anglais). Cette notion recouvre notamment :
– les facteurs externes qui constituent l'environnement de l'entreprise : concurrence, réglementation sectorielle, intervention d'organismes professionnels, collectivités locales, syndicats, etc. ;
– la stratégie des leaders du marché ;
– les facteurs de gain ou de perte de parts de marché ;
– les facteurs qui conditionnent la formation des marges (prix, volumes, coûts d'approvisionnement, frais de structure, etc.).

65420 f) **Stratégie de la société cible**. Il ne s'agit pas pour l'auditeur d'effectuer une analyse stratégique approfondie, qui n'est pas de sa compétence. Il doit simplement s'assurer que la stratégie actuelle de la société cible est **cohérente** avec l'ensemble des données collectées par ailleurs, ainsi qu'avec le *business plan* qui lui a éventuellement été présenté. Cet examen sera généralement effectué dans le cadre d'un entretien avec la direction de la société cible.

Il n'existe dans ce domaine **aucun schéma prédéterminé**. Toutes les possibilités peuvent se présenter. L'entreprise peut avoir une stratégie offensive ou défensive, de volume ou de « niche ». L'important pour l'auditeur est d'acquérir la compréhension de cette stratégie, d'en vérifier la cohérence et de se faire une idée sur le degré de maturité du ou des marchés sur lesquels intervient la société cible.
L'auditeur s'attachera notamment à vérifier :
– que la cible a elle-même correctement procédé à l'analyse de son marché et de la concurrence ;
– qu'elle a une bonne connaissance des barrières qui peuvent freiner ses projets ;
– qu'elle est à même de donner des informations fiables sur les nouveaux entrants potentiels, ainsi que sur les évolutions technologiques et réglementaires en cours.
Par exemple, dans un nombre croissant de secteurs, la technologie de l'analogique est désormais mature, voire obsolète, et c'est la technologie numérique qui la supplante. Si l'auditeur intervient dans ce secteur, il vérifiera que la stratégie de la société cible prend correctement en compte cette donnée de base.

65430 g) **Politique environnementale et sociale**. L'auditeur devra s'attacher, compte tenu des risques financiers et éventuellement d'image que ferait peser un défaut de respect des réglementations sociales et environnementales applicables à la cible et partant à l'acquéreur, à **identifier les réglementations applicables** afin de définir le niveau de diligences à mettre en œuvre. Il conviendra, si nécessaire, d'attirer l'attention du prescripteur de la mission sur la nécessité de procéder aux analyses requises. L'auditeur pourra, dans des environnements ne requérant pas un niveau de technicité trop élevé, décider de prendre en charge ces investigations ou au contraire décider de faire appel à des experts.

1482

MISSIONS DE CESSION/ACQUISITION

Lorsqu'il a disposé des informations suffisantes, l'auditeur peut en effectuer la **synthèse** dans un tableau faisant ressortir sous forme de matrice les points forts et les points faibles de la société cible, les opportunités qui s'ouvrent à elle et les menaces qui semblent peser sur son avenir.

65440

Est présentée ci-après à titre d'**exemple** la matrice d'analyse qui pourrait être établie dans le cadre de l'audit d'acquisition d'un constructeur de bateaux :

Forces	Faiblesses
– Part de marché (4 % du marché mondial des moteurs de bateaux et 20 % du marché civil). – Large gamme de puissance des moteurs (500 à 2 500 ch.). – Développement de l'activité maintenance dont le cycle est différent de celui des moteurs neufs. – Bonne couverture mondiale du réseau de distribution. – Savoir-faire (vingt ans d'expérience). – Management de qualité et expérimenté. – Main-d'œuvre qualifiée (200 ingénieurs et techniciens). – Bon climat social (faible taux de syndicalisation).	– Faible présence chez les constructeurs américains (surtout dans le domaine militaire). – Monomarché (forte dépendance vis-à-vis d'une industrie cyclique). – Systèmes d'information obsolètes. – Concurrence au sein même de la gamme des produits de l'entreprise. – Outil de production assez ancien. – Image de marque à améliorer (présence insuffisante chez les principaux constructeurs mondiaux). – R&D : 5 % du CA, inférieure à la moyenne du secteur.
Opportunités	Menaces
– Potentiels à l'exportation principalement grâce aux filiales de la zone sud-américaine et d'Afrique du Sud. – Cours actuel du $ qui améliore le chiffre d'affaires. – Coopérations industrielles avec des partenaires de taille mondiale, notamment Y. – Existence de potentiels de délocalisation de la production (pour les composants à moindre degré de complexité technologique). – Complémentarité possible avec un grand partenaire afin de relever le défi de la mondialisation. – Disparition probable du concurrent XX. – Avance dans l'intégration des nouvelles technologies de l'information (relations avec les clients, plateformes d'achat sur Internet…).	– Forte pression sur les prix de vente exercée par les clients constructeurs et les clients opérateurs. – Dépendance vis-à-vis des budgets militaires (retards et annulation des commandes des États européens). – La recherche risque de devoir être autofinancée. – Taille critique : la société cible est un constructeur isolé et de taille réduite face aux clients de l'industrie navale où les restructurations s'opèrent avec une agressivité commerciale accrue des acteurs. – Risque de rupture des accords de coopération en cas de changement de contrôle de XX. – Transferts de technologie à maîtriser.

III. Mise en œuvre de la mission

Sur les limites propres à l'auditeur légal, voir nᵒˢ 65120 s.

65495

Comme dans le cadre d'une mission d'audit, l'approche des risques plus ou moins sommaire résultant de la prise de connaissance générale doit conduire l'auditeur à planifier ses travaux. Cette étape est d'autant plus importante dans les missions d'acquisition ou de cession que **le temps imparti est souvent très encadré et limité**, et que la possibilité de revenir en arrière est réduite, lorsque l'on a manqué une étape importante de la procédure ou que l'on a omis de demander en temps voulu une information importante. De manière assez classique, la mise en œuvre d'une mission de cession/acquisition comprend donc :
– la définition des travaux à mettre en œuvre ;
– la mise en place des moyens humains appropriés pour traiter la mission ;
– la négociation avec le client d'une lettre de mission ;
– la réalisation des travaux.

65500

Définition des travaux à mettre en œuvre

La définition des travaux à mettre en œuvre comporte la définition d'un seuil de signification, l'établissement d'un programme de travail, et l'établissement d'une liste des documents que l'auditeur doit pouvoir consulter ou se faire communiquer.

65510

MISSIONS DE CESSION/ACQUISITION © Éd. Francis Lefebvre

65520 **Seuil de signification** La détermination du seuil de signification dans les diligences d'acquisition ou de cession obéit aux mêmes principes généraux que dans un audit classique (voir n°s 25460 s.). Le seuil de signification permet à l'auditeur à la fois de planifier ses contrôles en écartant de ses diligences les domaines qui ne lui paraissent pas significatifs, d'identifier les points devant être remontés lors de la restitution de ses conclusions (voir n° 65700) et, le cas échéant, d'influer sur l'assurance émise dans le cadre de son rapport. Le seuil de signification est, en pratique, généralement discuté avec le client qui, dans la très large majorité des cas, souhaite disposer d'une compréhension détaillée des observations faites, indépendamment de leur caractère significatif ou non.

Il ne peut pas être exclu que convenir de ce seuil de signification avec le client conduise à la définition d'une mission limitée qui répondra cependant aux besoins du client car elle permettra de respecter le triptyque investigations focalisées, respect des délais, respect d'un budget d'intervention contenu.

65530 **Programme de travail** Il est important que l'auditeur formalise les diligences dont la mise en œuvre lui semble souhaitable, voire impérative, au regard de sa première évaluation des risques sur l'opération. Cette démarche devra être menée indépendamment des limites qui pourront être apportées en pratique à la mise en œuvre de ses interventions et qui sont propres à ce type de mission.

Cette démarche poursuit en effet **deux objectifs** :
– d'une part, l'auditeur s'efforcera de faire valoir à son client la nécessité de procéder à tel ou tel contrôle qui lui semble indispensable pour valider son opinion ;
– d'autre part, il apportera dans l'émission de son opinion les limitations nécessaires induites par les contrôles qu'il n'aura pas eu la possibilité de mettre en œuvre dans le cadre de la négociation entre les parties.

Le contenu de l'intervention sera fonction des circonstances particulières de l'espèce. Il n'est donc pas possible de couvrir ici tous les cas de figure, ni d'envisager l'ensemble des limitations qui résulteront des relations entre les parties.

Il est clair que plus l'acquéreur sera en position de force, plus il sera incisif dans les demandes qu'il formulera auprès du cédant. À l'inverse, il pourra refuser de formuler certaines demandes pour ne pas risquer de rompre la négociation, voire tout simplement pour ne pas porter atteinte au climat des négociations.

Une liste de risques usuels pouvant faire l'objet d'une attention particulière de l'auditeur est donnée en annexe au n° 93550.

65540 **Cas des sociétés mises en équivalence ou en intégration proportionnelle**
La cible peut détenir des participations non majoritaires dans des sociétés qui contribuent de façon significative à la formation du résultat de la société cible. Lorsque cette dernière n'a pas autorité pour fournir un accès direct à l'information, les auditeurs diligentés par l'acquéreur ont tout intérêt à négocier au minimum une revue des dossiers des auditeurs externes. Néanmoins, l'article L 822-15 du Code de commerce ne levant pas le secret professionnel des commissaires aux comptes à l'égard de l'auditeur de l'acquéreur potentiel, celui-ci mentionnera clairement dans son rapport les limitations qu'il aura rencontrées à l'étendue de ses investigations.

65550 **Liste des documents à se faire communiquer** Les demandes d'information de l'auditeur soulèvent exactement les mêmes difficultés que la programmation de ses diligences. L'auditeur devra raisonner à partir d'une liste assez complète des documents qu'il souhaite obtenir ou consulter. Il aura tout avantage à définir des ordres de priorité, de manière à faire ressortir les éléments qui, dans le cas particulier, lui semblent revêtir un caractère essentiel. Il importe en tout état de cause que la liste de ces éléments soit bien arrêtée avant l'intervention sur place ou en *data room*, afin de ne pas omettre d'en faire la demande en temps utile. Ce type d'intervention se caractérise en effet le plus souvent par la difficulté à obtenir après coup les informations que l'on a omis de réclamer en temps utile.

Une liste des documents usuels généralement utiles à l'auditeur est présentée en annexe au n° 93555.

Équipe adaptée

65560 Les missions d'acquisition présentent des **enjeux élevés** pour un cabinet d'audit en termes d'image, de notoriété et de prescription pour d'autres missions ponctuelles. Elles constituent par ailleurs des missions à **forte valeur ajoutée** et à forte technicité, et ce

© Éd. Francis Lefebvre   MISSIONS DE CESSION/ACQUISITION

tant pour le client que pour l'auditeur. Il convient, en fonction des besoins de l'acquéreur, de composer une équipe capable de couvrir l'ensemble des aspects de la mission
d'acquisition (comptabilité, contrôle de gestion, droit des sociétés, du travail, de l'environnement, fiscalité…). Si elle intervient dans le cadre d'un audit légal, la constitution
de l'équipe d'intervention devra, par ailleurs, respecter les normes professionnelles d'indépendance, de compétence et d'utilisation des travaux d'experts.

Spécialistes au sein du cabinet Pour mener à bien les missions d'acquisition, il   **65570**
est important de disposer de collaborateurs qualifiés et présentant une compétence en
adéquation avec la nature et la complexité des diligences à accomplir.

> Par exemple, l'auditeur pourra devoir faire appel à des spécialistes internes ou externes des sujets
> juridiques, sociaux et fiscaux, etc.

La **connaissance préalable du secteur d'activité** de la cible par un ou plusieurs des   **65580**
collaborateurs affectés à l'équipe présente les avantages suivants :
– compréhension rapide des enjeux dans un contexte caractérisé par le fait que la
mission doit souvent commencer très vite et que le temps alloué aux collaborateurs pour
la prise de connaissance est très court ;
– connaissance et pratique du « jargon » utilisé par les interlocuteurs de la cible ;
– crédibilité vis-à-vis du prescripteur de la mission ;
– le cas échéant, selon la forme de l'intervention, crédibilité vis-à-vis des dirigeants de
la cible.

Dans les **opérations très importantes** d'acquisition, l'acquéreur a déjà une équipe   **65590**
interne qui travaille sur le projet et il fait appel aux services du cabinet d'expertise comptable ou d'audit pour ce qu'il ne sait pas ou ne peut pas faire lui-même. Dans les **opérations de taille plus réduite** où l'essentiel des travaux est délégué à l'auditeur, il ne faut
pas hésiter à faire appel aux compétences existant chez le client. Cette pratique présentera le double avantage de créer une véritable collaboration avec le client, et donc d'augmenter les chances de répondre à ses attentes, et de maintenir les honoraires de la
mission à un niveau acceptable en donnant la possibilité de mettre en œuvre, par le
client lui-même, un certain nombre de travaux.

Expertises externes Lorsque les compétences recherchées n'existent ni au sein du   **65600**
cabinet ni chez le client, il convient de faire appel à des personnes extérieures.
Ainsi, à titre d'**exemple**, le recours à des spécialistes est couramment pratiqué dans les
cas suivants :
– étude par un avocat spécialiste des aspects juridiques de **contrats complexes** ou liés à
des problèmes de **propriétés intellectuelle et industrielle** ;
– revue par un **spécialiste en droit fiscal** des aspects fiscaux de l'opération : impact
fiscal de l'acquisition, choix de la structure la mieux adaptée, revue de la situation fiscale
de la cible ;
– revue par des spécialistes de certains aspects sociaux de l'opération : recours à des
consultants **spécialistes du droit du travail** pour analyser le respect de la législation
sociale, la nature des contrats de travail, la rémunération des dirigeants et les avantages
consentis lors de leur départ de la société ; validation des hypothèses de calcul des
indemnités de départ à la retraite en liaison avec un actuaire ;
– revue des **aspects informatiques** par un consultant indépendant, spécialisé dans le
secteur de la cible en vue d'assister les auditeurs dans l'analyse de la cohérence du
business plan présenté par le vendeur, sur la base de sa connaissance des différents
logiciels et des évolutions (*upgrades*) attendues ;
– revue par un spécialiste des **aspects liés à l'environnement**, par exemple en cas
d'acquisition d'une société industrielle qui utilise soit des procédés polluants, soit des
solvants ou des produits dangereux : en raison du renforcement de la réglementation
en matière environnementale, l'équipe constituée doit être en mesure de couvrir les
risques environnementaux, tels que les coûts de décontamination d'un site qui, s'ils sont
à la charge de l'acquéreur, peuvent remettre en cause l'opération dans son ensemble ;
– revue des caractéristiques techniques des immeubles par un bureau d'études ou un
agent immobilier.

MISSIONS DE CESSION/ACQUISITION © Éd. Francis Lefebvre

Lettre de mission

65610 La lettre de mission, premier document formel remis au client, est un document essentiel dans la conduite d'une mission d'acquisition. Elle a généralement plusieurs fonctions qui en font un élément essentiel de la mission : elle définit les relations entre l'auditeur et son client, délimite la responsabilité prise par l'auditeur, propose un budget d'honoraires et pose le principe, le cas échéant, d'un appui de l'auditeur sur des déclarations de la direction de la société cible.

> Le nouvel article R 823-17-1 du Code de commerce, introduit par le décret 2020-292 du 21 mars 2020, dispose qu'une lettre de mission doit être établie préalablement à toute mission autre que la certification des comptes et à toute prestation réalisée par un commissaire aux comptes. Cette lettre de mission doit notamment préciser les engagements des parties et le montant des honoraires, qui tient compte de l'importance des diligences à mettre en œuvre (C. com. art. R 823-17-1).
>
> Lorsque le commissaire aux comptes intervient dans le cadre des **services autres que la certification des comptes** fournis à la demande de l'entité, il peut compléter sa lettre de mission relative à sa mission légale ou établir une nouvelle lettre de mission, conformément aux principes de la NEP relatifs à la lettre de mission.
>
> La formalisation des conditions d'intervention est nécessaire afin d'éviter autant que faire se peut tout litige ultérieur.
>
> En ce qui concerne les diligences de cession, la lettre de mission constitue un document essentiel sur la base duquel est transférée du vendeur à l'acheteur la responsabilité de l'auditeur quant aux travaux qu'il a mis en œuvre.

65620 **Relations entre l'auditeur et son client** La lettre de mission doit définir précisément l'objectif de l'intervention et donner toutes indications utiles sur l'étendue des diligences qui seront mises en œuvre. Elle doit, pour éviter tout conflit ultérieur, prendre en compte tous les aspects relatifs à l'étendue des travaux et à la responsabilité de l'auditeur en termes notamment de confidentialité, de conflits d'intérêts et de formulation de la conclusion des travaux. Elle constitue également un document essentiel en cas de mise en cause ultérieure de la responsabilité de l'auditeur.

65630 **Limitation des responsabilités de l'auditeur** Quels que soient la structure et le contenu de la lettre de mission, il convient de respecter un certain nombre de principes, notamment concernant les attentes du client et le niveau de responsabilité de l'auditeur :
– description précise de la nature et de l'étendue des travaux (il est recommandé de joindre une annexe détaillée) ;
– description précise du format et du contenu des rapports ;
– rappel systématique du contexte ;
– indication des hypothèses retenues lors de la définition du budget d'honoraires (disponibilité des interlocuteurs de la cible, mise à disposition des dossiers des auditeurs de la cible…) ;
– insertion d'un commentaire sur les aspects de confidentialité.

> L'article L 1112-2 du Code civil impose l'obligation de confidentialité dans les négociations : « Celui qui utilise ou divulgue sans autorisation une information confidentielle obtenue à l'occasion des négociations engage sa responsabilité dans les conditions du droit commun. »
>
> Le principe s'applique même en l'absence de clause de confidentialité liant les parties à la négociation. Les parties peuvent avoir intérêt à circonscrire le cercle des informations considérées comme confidentielles.

En outre, la lettre de mission pourra utilement prévoir une limitation de responsabilité de l'auditeur en montant (tenant compte par exemple du montant des honoraires de la mission) et aussi dans le temps, en prévoyant contractuellement le point de départ de la prescription et un délai abrégé de prescription au-delà duquel sa responsabilité contractuelle ne pourra plus être recherchée.

65640 **Négociation du budget** Compte tenu du fort degré d'incertitude existant en début d'intervention sur les conditions de réalisation de la mission, les auditeurs feront preuve de **prudence** lors de la préparation du budget. Plutôt que d'indiquer un montant fixe d'honoraires, ils auront généralement avantage à communiquer à leur client une grille de taux horaires, ou une fourchette d'honoraires à adapter en fonction de la suite des événements.

> Les **taux horaires moyens** de ce type de missions sont usuellement **plus élevés** que sur les missions traditionnelles d'expertise comptable ou de commissariat aux comptes, en raison de la forte implication de collaborateurs expérimentés et pluridisciplinaires et de la contrainte en termes d'organisation qu'elles occasionnent pour le cabinet.

1486

MISSIONS DE CESSION/ACQUISITION

Pour estimer les **temps d'intervention**, il faut tenir compte :   65650
– des dépassements horaires des intervenants que l'on constate généralement sur ce type de missions par rapport aux missions récurrentes ;
– des entretiens avec la direction de la cible (temps en fonction du nombre d'interlocuteurs) ;
– des nombreux reports et retards tenant soit au processus d'acquisition lui-même, soit à l'état de préparation variable des données et informations par la cible, retards qui peuvent, pour partie, être pris en charge par le client ;
– de la qualité de l'information disponible ;
– du temps de coordination avec les parties prenantes (juristes, avocats, acquéreurs, banque conseil…) ;
– du temps alloué aux réunions intermédiaires ou « points d'avancement » ;
– des temps de rédaction du rapport.

> Pour deux raisons, le budget temps estimé pour la rédaction du rapport d'une mission d'acquisition ou de cession est souvent sous-estimé :
> – lors de la préparation du budget, les auditeurs privilégient naturellement les temps à passer sur la collecte de l'information plutôt que sur les temps de mise en forme de cette information ;
> – le temps passé à rédiger le rapport se fait souvent dans les locaux de l'auditeur. Cela ne correspond pas à du travail effectivement visible par le client. Il est donc plus difficile pour les auditeurs de le faire accepter par leur client. En pratique cependant, il faut considérer que le temps de rédaction représente de 30 à 50 % du temps total de l'intervention.
> Ainsi, pour une mission de quatre semaines incluant l'intervention en *data room* et sur les sites de la cible, il faut prévoir une à deux semaines pour rédiger le rapport.

La qualité de l'information disponible et les conditions d'accès à cette information sont également des paramètres complémentaires qu'il convient d'intégrer dans la prévision des temps d'intervention.

Lettre d'affirmation   Dans le cadre de diligences d'acquisition ou de cession, les   65660
travaux des auditeurs sont principalement fondés sur l'analyse de données, informations et explications qui leur sont fournies par la direction de la cible, mais qu'ils n'ont pas la possibilité de vérifier comme ils le feraient dans le cadre d'un audit. Du fait de cette situation, la lettre de mission précise usuellement que l'**étendue des travaux** sera moindre que pour une mission d'audit, et que les **informations** contenues dans le rapport ne feront pas l'objet d'une certification.

Pour renforcer la fiabilité de l'information fournie, une lettre d'affirmation peut être   65670
demandée à l'appui des informations données par la société cible. Le principe doit alors en être posé dans la lettre de mission.

> Les anciennes NEP relatives aux prestations entrant dans le cadre de diligences directement liées à la mission de commissaire aux comptes lors de l'acquisition ou de la cession d'entités prévoient que « dans tous les cas, le commissaire aux comptes peut estimer nécessaire d'obtenir des déclarations écrites de la direction de l'entité ou de l'entreprise (acquise ou cédée) » (Anciennes NEP 9060 § 20 et 9070 § 22).

En pratique, hormis dans le cadre d'une mission « VDD » (*Vendor Due Diligence*), l'obtention d'une lettre d'affirmation n'est pas aisée car elle interfère avec les processus de négociations et de mise en place de garanties.

Réalisation des travaux

Lorsque l'entité demande :   65680
– un **audit** concernant les informations de l'entreprise ou de la cible, le commissaire aux comptes se réfère aux travaux relatés dans l'avis technique « Audit entrant dans le cadre des services autres que la certification des comptes fournis à la demande de l'entité » (Annexe 1 du communiqué CNCC de juillet 2016 « Référence aux normes ou à la doctrine pour les services autres que la certification des comptes fournis à la demande de l'entité ») ;
– un **examen limité**, le commissaire aux comptes se réfère aux travaux relatés dans l'avis technique « Examen limité entrant dans le cadre des services autres que la certification des comptes fournis à la demande de l'entité » (Annexe 2 du communiqué précité) ;
– une **attestation**, le commissaire aux comptes se réfère aux travaux relatés dans l'avis technique « Attestations entrant dans le cadre des services autres que la certification des comptes fournis à la demande de l'entité » (Annexe 3 du communiqué précité) ;

MISSIONS DE CESSION/ACQUISITION © Éd. Francis Lefebvre

– des **constats à l'issue de procédures convenues**, le commissaire aux comptes se réfère aux travaux relatés dans l'avis technique « Procédures convenues avec l'entité entrant dans le cadre des services autres que la certification des comptes fournis à la demande de l'entité » (Annexe 4 du communiqué précité).

IV. Restitution des conclusions

65700 Seront successivement examinés :
– les principes de restitution des conclusions de la mission (n°s 65710 s.) ;
– les modalités pratiques de la restitution (n°s 65735 s.) ;
– quelques recommandations à respecter pour que la restitution puisse être opérée dans de bonnes conditions (n°s 65810 s.).

Principes

65710 Lorsque le commissaire aux comptes intervient dans le cadre des SACC fournis à la demande de l'entité et fournit des prestations d'audit, d'examen limité, d'attestations ou de constats à l'issue de procédures convenues, son rapport comporte, en fonction des travaux réalisés, les éléments prévus par la **doctrine professionnelle de la CNCC**.

Ainsi, lorsque le commissaire aux comptes a réalisé un audit entrant dans le cadre des services autres que la certification des comptes, le rapport émis sera un rapport d'audit tel que prévu par l'avis technique relatif à cette intervention.

Pour les autres services non interdits fournis à la demande de l'entité, en l'absence de normes d'exercice professionnel ou de doctrine professionnelle de la CNCC applicable à l'intervention considérée, le commissaire aux comptes se référera aux « diligences qu'il a estimées nécessaires » (Communiqué CNCC « Référence aux normes ou à la doctrine pour les services autres que la certification des comptes fournis à la demande de l'entité », juillet 2016).

65720 Lorsque le professionnel intervient en dehors des services autres que la certification des comptes fournis à la demande de l'entité, les diligences d'acquisition ou de cession ne donnent pas lieu à l'émission de rapports normés.

Il en résulte qu'en règle générale, la rédaction du rapport de l'auditeur n'obéit à **aucune prescription de forme**. Celle-ci est donc fonction des attentes du client, telles qu'elles ont été identifiées et formalisées dans la **lettre de mission** lors de la phase de prise de connaissance de l'opération. En conséquence, il ne saurait exister une forme standard qui pourrait être appliquée à toutes les missions d'acquisition, même si le document remis au client en fin de mission correspond souvent à une note de synthèse des travaux.

Il arrive assez souvent que le prescripteur de la mission fasse évoluer la nature de ses interrogations postérieurement à la lettre de mission. Le plus souvent, les auditeurs font preuve de la flexibilité nécessaire en vue de prendre en compte ces changements. Dans ce cas, la lettre de couverture du rapport fait référence à la lettre de mission ainsi qu'aux entretiens au cours desquels le client a informé les auditeurs de ces modifications.

65725 Le **contenu du rapport final** est directement lié aux objectifs que l'auditeur s'est fixés en accord avec son client au démarrage de la mission. Ainsi peut-il notamment rendre compte :
– de l'examen effectué sur les principes comptables et l'information financière de la société cible ;
– des ajustements de données comptables et financières relevés dans le courant de la mission, ayant une incidence sur la compréhension de la formation du résultat et/ou du niveau d'endettement financier de l'entité acquise et qui ont donc fréquemment des répercussions sur le calcul du prix d'acquisition ;
– des éléments bloquants majeurs et susceptibles de remettre en cause l'opération (*deal breakers*) ;
– des points à prendre en compte pour la rédaction des documents juridiques, notamment en ce qui concerne la clause de garantie d'actif et de passif.

Modalités de restitution des conclusions

65735 **Diversité des modalités de restitution** Les modalités de restitution des travaux et conclusions sont très variables. Lorsque l'auditeur intervient dans le cadre des services

1488

© Éd. Francis Lefebvre

MISSIONS DE CESSION/ACQUISITION

autres que la certification des comptes, il devra bien entendu subordonner la mise en œuvre des modalités décrites ci-après au respect des principes énoncés par la doctrine CNCC relative aux interventions concernées (audit, examen limité, attestation...) et des limitations propres à la mission d'audit légal (voir n°s 65160 s.).

La restitution des travaux peut prendre l'une des **formes suivantes** :
– présentation orale ;
– rapport focalisé sur les points susceptibles de s'avérer bloquants, dit « rapport *Red Flag* » ;
– rapport écrit détaillé ;
– rapport détaillé et présentation orale des principaux points ;
– présentations intermédiaires à intervalles réguliers sur l'avancement des travaux et les principaux points rencontrés ;
– présentation écrite simplifiée sous forme de transparents détaillés résumant les principaux points identifiés.

> Il sera toujours souhaitable de mettre en œuvre une restitution synthétique sous forme de transparents (*slides*). C'est un support simple dans sa présentation, facile à utiliser et qui permet d'aller à l'essentiel. Il offre des possibilités de communication visuellement plus attrayantes. Lorsque la restitution se limite à ce type de support, il en résulte un gain de temps appréciable pour l'auditeur. Il semble toutefois que, dans la plupart des cas, un rapport détaillé soit souhaité par le prescripteur en complément des éléments de synthèse.

65740 On se limitera à présenter ci-après **deux formules** extrêmes de présentation des conclusions :
– le **rapport détaillé**, qui demande un travail important à l'équipe d'audit, mais qui fournit au client un support à la fois synthétique et détaillé ;
– la présentation sous forme de **quelques pages de conclusion**, qui est très succincte, mais qui a le mérite d'aller à l'essentiel.

> Dans la pratique, la **combinaison des deux approches** sera souvent retenue, la présentation des transparents étant étayée par la remise simultanée d'un rapport long dont l'utilité, dans le cadre de diligences d'acquisition réalisée sur une base contractuelle, pourra aller au-delà du simple cadre de l'acquisition de la société.

65750 **Rapport détaillé** Les rapports de mission d'acquisition sont traditionnellement émis sous forme de rapport détaillé qui contient des informations permettant au client de prendre sa décision.

À titre indicatif, le rapport détaillé pourra être **structuré** de la manière suivante :
1. Lettre de transmission de rapport.
2. Lettre de mission.
3. Résumé et conclusions à l'attention des dirigeants.
4. Principaux points relevés en cours de mission :
• historique de la société et description de l'activité ;
• évaluation de la direction, de l'encadrement ;
• environnement de contrôle et systèmes d'information financière ;
• principes comptables ;
• retraitements éventuels pour la présentation en conformité avec d'autres référentiels comptables (normes IAS, IFRS, FASB, ASB, etc.) ;
• analyse des résultats et des performances historiques ;
• bilan ;
• évolution périodique de la trésorerie et du BFR et caractère normatif du BFR en fin de période ;
• *cash-flows* et *free cash-flows* ;
• évaluation de la trésorerie pouvant être remontée à l'acquéreur ;
• dettes financières ;
• analyse du *business plan* et du plan de trésorerie et de financement prévisionnel ;
• études de sensibilité ;
• impôts et taxes ;
• indemnités de départs en retraite ;
• informations et engagements hors bilan donnés ou reçus.
5. Annexes.

65760 La **lettre de transmission** du rapport est adressée nominativement au représentant du client qui a demandé la mission. Elle doit explicitement faire référence à la lettre de

1489

MISSIONS DE CESSION/ACQUISITION © Éd. Francis Lefebvre

mission. Les auditeurs doivent y indiquer les sources d'information, ainsi que les travaux qu'ils ont effectués (il est précisé en général qu'il ne s'agit pas d'un audit au sens des normes professionnelles). Ils doivent indiquer clairement les limitations de leur intervention (par rapport à ce qui était prévu dans la lettre de mission), ainsi que les restrictions à la diffusion de leur rapport.

65770 Le **résumé à l'attention des dirigeants** (*executive summary*) doit être bref : quelques pages (dont le nombre – 2-3 à 10-20 pages – dépendra du périmètre des travaux et de la taille de la cible). Comme son nom l'indique, c'est souvent la seule partie du rapport qui sera véritablement revue par les dirigeants. Il doit donc, à lui seul, répondre aux objectifs initialement fixés. C'est, entre autres, sur la base de ce document que peut être prise la décision d'acquérir ou non la cible. Selon l'importance de chacun de ces objectifs, les **points** suivants, notamment, seront plus ou moins **développés** :
– éléments susceptibles de remettre en cause l'opération : risques réellement significatifs identifiés, non-validation d'hypothèses clés retenues au départ ;
– révision du prix d'acquisition : projections à revoir à la baisse, ajustements de la situation nette ou besoins en trésorerie plus importants que prévu ;
– éléments susceptibles de jouer un rôle dans l'élaboration de l'offre finale (situation nette estimée à la date d'acquisition, éléments financiers servant à la construction des *cash-flows* futurs, autres éléments financiers utiles à l'équipe en charge du modèle de valorisation) ;
– éléments susceptibles de jouer un rôle dans la rédaction des actes juridiques d'acquisition (clauses d'ajustement du prix, étendue de garanties, estimation de la situation nette au *closing*, principes et méthodes comptables à retenir, déroulement de l'audit post-acquisition) ;
– présentation de l'analyse « stratégique » synthétique de la cible à travers une matrice « forces – faiblesses – menaces – opportunités » ;
– fiabilité de l'information financière ;
– limitation des travaux des auditeurs et nécessité éventuelle de travaux complémentaires ;
– conséquences du changement de détention du capital sur les relations avec les tiers (clients, fournisseurs, financeurs...).

Pour l'ensemble de ces points, il conviendra de fournir la référence dans la section du rapport détaillé pour que le lecteur puisse s'y reporter facilement.

65780 Le document final remis est complet et peut devenir, si l'opération se réalise, un document auquel les parties à l'opération se reporteront souvent. C'est particulièrement vrai pour l'acquéreur pour la période de transition durant laquelle, bien que l'acquisition soit faite, la direction financière a assez peu d'informations sur sa nouvelle filiale.
Le rapport détaillé est un rapport lourd à rédiger : à cause de sa longueur, mais aussi parce qu'il faut porter une grande attention à la forme. Toute modification, même mineure, est délicate à gérer.

Recommandations pour la rédaction des conclusions

65810 La rédaction des conclusions nécessite un effort important de la part de l'équipe d'intervention. Pour éviter les déconvenues, un certain nombre de recommandations simples sont à respecter.

Le commissaire aux comptes intervenant dans le cadre de diligences directement liées devra bien entendu avoir présentes à l'esprit les limitations propres à l'audit légal (voir n°s 65120 s.).

65820 **Respecter les délais** La remise du rapport doit intervenir dans un délai laissant à l'acquéreur un temps de réflexion suffisant avant qu'il ne prenne la décision de s'engager définitivement dans l'opération. Le délai de réflexion peut varier entre quelques jours et une semaine.

65830 La **date limite** de réponse accordée à l'acquéreur (*closing date*) est en général fixée contractuellement et n'est pas négociable. Tout retard dans la remise du rapport réduit d'autant la période de réflexion de l'acquéreur. Si celle-ci n'est que de quelques jours, aucun retard n'est possible.

Transmettre le document de synthèse dans les temps est donc l'élément incontournable des missions d'acquisition. La rapidité de rédaction est alors primordiale.

1490

© Éd. Francis Lefebvre   **MISSIONS DE CESSION/ACQUISITION** ▮

Rédiger au fur et à mesure de l'avancement de la mission La rédaction **65840**
pourra intervenir sur la base d'un plan prédéfini. Il est important de préparer le plan et
la matrice du rapport final dès le début de la mission, de manière à permettre la rédaction
du rapport au fur et à mesure de l'accomplissement des travaux.

> Dès qu'un point de la mission a été couvert, intégralement ou en grande partie, il est possible de
> rédiger directement un mémorandum de synthèse au format de la matrice. Ce mémorandum pourra
> ainsi être directement intégré dans le rapport final sans modification majeure de forme. Une telle
> pratique permet d'avoir un document qui sert de papier de travail pour documenter les travaux, consti-
> tue un paragraphe ou une sous-partie du rapport final avec des modifications limitées, et peut servir
> pour des présentations intermédiaires au client sans temps de préparation supplémentaire.

Déléguer et décentraliser la rédaction dans l'équipe Parallèlement à la **65850**
rédaction « en temps réel », la délégation de la rédaction aux collaborateurs permet
d'accélérer le processus de rédaction.

> Le principe est que le collaborateur chargé d'effectuer la revue d'un point à reprendre dans la synthèse
> rédige le paragraphe correspondant du rapport. Les risques de déperdition d'information ou de
> mauvaise compréhension sont ainsi limités.

Cette forte délégation de la rédaction suppose la réunion de deux éléments principaux :
– les collaborateurs doivent être suffisamment expérimentés et faire preuve d'un esprit
de synthèse développé ;
– l'encadrement de la mission (associés et directeurs de mission) doit être très présent
et fortement impliqué afin d'effectuer une revue des travaux et de la rédaction au fur et
à mesure de l'avancement de la mission.

Adapter la forme du rapport à ses destinataires Le rapport doit être directe- **65860**
ment utilisable par les personnes intéressées chez l'acquéreur. Lorsqu'il existe chez celui-
ci plusieurs interlocuteurs et qu'ils sont à des niveaux hiérarchiques différents, leurs
attentes vis-à-vis du rapport peuvent être variables :
– pour la **direction générale**, seules les conclusions et les principales zones de risques
sont importantes ;
– pour les **opérationnels**, des attentes plus spécifiques sont généralement présentes.

> Par exemple, au niveau de la direction financière, il sera requis une analyse plus détaillée des états
> financiers et des problèmes fiscaux éventuels. La direction commerciale sera intéressée par l'analyse
> des conditions commerciales, du chiffre d'affaires et des marges par client et par produit. Les aspects
> environnementaux intéresseront plutôt la direction industrielle.

Ces niveaux d'attente différents confirment qu'il est primordial d'avoir au préalable clairement identifié le ou les destinataires finaux du rapport.

> En cas de pluralité de destinataires ayant un niveau et des **attentes** différents, les auditeurs doivent
> envisager la possibilité de préparer plusieurs rapports ou, de **préférence**, plusieurs degrés de lecture au
> sein d'un même rapport.

███ **SECTION 3** █████████████████████

Aspects particuliers des missions
de cession/acquisition

L'objet de cette section n'est pas d'examiner l'ensemble des diligences qui peuvent être **65900**
mises en œuvre dans le cadre d'un audit de cession/acquisition : celles-ci varient en effet
selon le contexte de l'intervention, l'équilibre des forces entre le vendeur et l'acquéreur
et les demandes de l'acquéreur et l'accord inclus dans la lettre de mission.

> Pour une approche générale des missions de cession/acquisition, le lecteur pourra toutefois se reporter
> aux annexes portant sur les risques usuels (n° 93550) et principaux documents dont la communication
> peut être utile à l'auditeur (n° 93555).

Dans les développements qui suivent, on se limitera à évoquer quatre aspects particuliers
des travaux mis en œuvre dans le cadre de missions d'acquisition :
– fonctionnement des salles d'information ou *data rooms* (n°s 65910 s.) ;
– examen des comptes pro forma (n°s 66100 s.) ;

1491

MISSIONS DE CESSION/ACQUISITION © Éd. Francis Lefebvre

- analyse des documents financiers historiques (n°s 66300 s.) ;
- examen critique des prévisions ou du *business plan* (n°s 66400 s.).

Les développements qui suivent ne prennent pas en compte les contraintes déontologiques spécifiques aux missions de cession/acquisition réalisées par le commissaire aux comptes intervenant à la demande de l'entité, dans le cadre des services autres que la certification des comptes (voir n°s 65120 s.).

I. Intervention en *data room*

65910 Les *data rooms* ont généralement des règles de fonctionnement (n°s 65920 s.) et de sécurisation des procédures (n°s 65940 s.) très précises, dont il faut impérativement prendre connaissance pour les utiliser de manière efficace (n°s 65950 s.). Dans certains cas, il sera par ailleurs possible à l'auditeur d'obtenir des entretiens complémentaires (n°s 66000 s.).

Fonctionnement des *data rooms*

65920 Une *data room* est soit une **salle aménagée** dans la société cible ou chez un conseil (expert-comptable, banque d'affaires ou cabinet d'avocat), soit un lieu d'échange électronique (e.*data-room*), dans laquelle sont mises **à la disposition des acquéreurs** les **informations** et les **données** que le vendeur juge nécessaire de porter à la connaissance des acquéreurs. Ces informations peuvent être de nature générale, financière, juridique, commerciale, technique, sociale ou fiscale. Le mode d'intervention en *data room* est le mode le plus fréquemment utilisé pour les opérations d'envergure. Lorsque l'opération intervient dans un contexte international, le recours aux *data rooms* est quasi systématique.

Dans le cas d'une *data room* physique, la logistique à mettre en œuvre peut être considérable (identification des *data rooms*, localisation, contenu, modalités de fonctionnement).

Le développement des *data rooms* électroniques allège considérablement les aspects logistiques ; en outre, elles offrent des possibilités en termes d'encadrement et de suivi des inévitables jeux de questions-réponses entre l'acquéreur et le vendeur. Elles présentent enfin l'avantage d'une disponibilité en continu indépendamment des fuseaux horaires ou des contraintes en termes de jours ouvrés.

65930 La plupart du temps est établi un **règlement** de la *data room*, qu'il est impératif de respecter. Le règlement précise les horaires d'ouverture de la *data room* et le nombre de personnes autorisées à y accéder en même temps. Le plus souvent, les copies ne sont pas autorisées, il n'y a ni téléphone ni fax et l'utilisation des téléphones mobiles est interdite. Parfois même, il n'est pas possible d'utiliser d'ordinateur portable. Il s'agit donc de règlements très stricts dont le seul but est de limiter la circulation d'informations confidentielles.

Cette organisation contraignante s'explique par le fait que l'on se situe en général après la signature de la lettre d'intention par les parties mais avant la signature du protocole d'accord. Le vendeur et l'acheteur sont souvent des entreprises concurrentes ; leurs fiançailles devraient déboucher sur une union, mais rien n'est sûr. La crainte du vendeur est que l'opération n'aboutisse pas et que le candidat acheteur accède à des informations stratégiques sur son entreprise, réutilisables hors du processus de cession.

Sécurisation des procédures des *data rooms*

65940 La COB (devenue l'AMF) a émis la recommandation 2003/01 relative à la transmission d'informations privilégiées préalablement à des opérations de cession de participations significatives dans des **sociétés cotées** sur un marché réglementé (Bull. COB n° 383, oct. 2003 p. 1 s.). L'objectif de cette recommandation est de sécuriser ces procédures, de préserver l'égalité entre les investisseurs et d'éviter la diffusion d'informations privilégiées (D. Gewinner, « Les procédures de *data room* à l'épreuve du délit d'initié et du manquement d'initié » in Mélanges D. Schmidt, Joly 2005 p. 273).

Ces règles peuvent, à notre avis, être respectées lors de la transmission d'informations privilégiées préalablement à des opérations de cession de participations significatives dans des **sociétés non cotées**.

Afin de limiter la diffusion d'informations privilégiées, il est recommandé :
- de limiter la procédure des *data rooms* aux **cessions de participations significatives** ;
- de sécuriser cette procédure dans le cadre d'**accords de confidentialité** ;
- de réserver cette procédure uniquement aux personnes témoignant d'un **intérêt sérieux d'acquérir** ;
- d'imposer, postérieurement à la *data room*, pendant une durée déterminée entre les parties, une **obligation d'abstention** d'exploitation ou de diffusion des informations privilégiées, tant que celles-ci n'ont pas été portées à la connaissance du public ou n'ont pas perdu leur caractère significatif.

© Éd. Francis Lefebvre — MISSIONS DE CESSION/ACQUISITION

La préservation de l'**égalité de l'information entre les investisseurs** sera assurée par le respect des obligations suivantes :
– si la cession de participation est suivie d'une offre publique, la note d'information soumise au visa de l'AMF devra mentionner tout fait important transmis à l'acquéreur lors de la *data room* ;
– si la cession n'est pas suivie d'une offre publique, le marché doit être informé du prix et des conditions de la transaction, de tout fait important susceptible d'avoir une incidence significative sur le cours du titre, dès lors que celui-ci a été révélé lors de la *data room*.

Règles d'utilisation de la *data room*

65950 La *data room* peut devenir un piège dans lequel se noie un auditeur submergé d'informations. Pour mettre à profit l'opportunité qu'elle représente, un certain nombre de règles d'organisation doivent être respectées. L'auditeur doit :
– sélectionner les informations à analyser ;
– mettre à profit le mécanisme de « questions-réponses » qui aura été prévu ;
– préparer ses entretiens avec la direction ;
– rédiger ses synthèses au fur et à mesure de ses travaux.

65960 **Revue du répertoire et sélection des documents** Le piège principal d'une *data room* est de se perdre dans la masse d'informations transmises et de manquer les informations pertinentes. Il est en effet facile pour le vendeur de fournir une multitude de contrats mineurs le liant à certains de ses fournisseurs, par exemple les contrats ayant trait aux photocopieuses ou aux chariots élévateurs, mais de ne pas transmettre le principal contrat de coopération pour la fabrication de son produit phare. Or, il est souvent très difficile d'examiner en détail l'ensemble des informations mises à disposition dans une *data room* car le **temps alloué** et le nombre de personnes qui y ont **accès** sont **limités**.
Pour éviter cet écueil, l'auditeur doit commencer par procéder à une revue détaillée du répertoire (ou index) des documents mis à disposition afin :
– d'appréhender rapidement le contenu général de la *data room* ;
– de comparer l'information fournie et l'information recherchée.

65970 Lorsque manquent des informations jugées capitales, l'auditeur peut, en tout début d'exploitation de la *data room*, en faire la demande. Il convient également, dès le début des travaux, de comparer la liste des documents avec les documents effectivement mis à disposition afin de :
– sélectionner les documents à consulter, en leur affectant des niveaux de priorité et de revue (revue détaillée, revue rapide) ;
– répartir entre les collaborateurs la consultation des documents en fonction de leurs niveaux d'expérience et domaines de compétences.

> Lors de la revue des documents il est important de bien noter les références des documents examinés afin de pouvoir les retrouver facilement si nécessaire.

65975 **Mise en œuvre des « questions-réponses »** La plupart du temps, un système de « questions-réponses » est organisé en complément de la *data room*. Cependant, le plus souvent, le système prévu ne permet pas de poser les questions directement à la cible : il fonctionne par rédaction des questions sur un **formulaire** (ou e-formulaire) fourni par le vendeur ou par ses conseils, la réponse pouvant intervenir avec plusieurs jours de décalage.
Malgré la lourdeur de ce système, il est primordial d'en profiter et de le faire dès l'ouverture de la *data room*, en formulant ses questions le plus rapidement possible.
Les questions doivent être consignées dans un classeur avec un système de références. De façon très pratique, il faut porter une attention particulière à la rédaction et à la lisibilité des questions posées. De même, il faut prendre garde à la qualité et/ou à l'importance des questions, et ne pas « submerger » le vendeur de questions de détail, le risque étant alors de n'obtenir des réponses que sur les questions de moindre intérêt.
En outre, la cible n'est pas contrainte de répondre à toutes les questions posées. Il y aura lieu d'en faire mention dans le rapport final pour que le client identifie avec précision les questions restées sans réponse et puisse déterminer leur importance relative au regard de ses propres objectifs.

1493

MISSIONS DE CESSION/ACQUISITION © Éd. Francis Lefebvre

65980 Préparation des entretiens avec la direction Parallèlement au système de « questions-réponses », les principaux directeurs de la cible peuvent organiser des présentations au cours desquelles l'auditeur a la possibilité de poser des questions. Ces présentations sont assez générales et le temps alloué aux questions est assez bref. Il convient donc de bien préparer ces réunions et d'y faire assister les auditeurs les plus expérimentés de l'équipe.

Le vendeur portera en général plus d'attention aux questions venant directement de l'acquéreur. Les auditeurs essaieront donc d'organiser un entretien préalable avec l'acheteur afin de lui faire part des questions qu'ils estiment importantes.

65990 Rédaction des synthèses au fur et à mesure Étant donné le grand nombre de documents que les auditeurs sont amenés à analyser, il est important de rédiger au fur et à mesure des **mémorandums de synthèse** afin de ne pas perdre les informations collectées. Ce travail permettra :

– de faire circuler l'information au sein de l'équipe ;
– de tenir informé quasiment en temps réel le responsable de la mission ;
– de communiquer à l'acquéreur des informations synthétiques ;
– de gagner un temps substantiel lors de la rédaction du rapport final.

Demande d'entretiens complémentaires

66000 Entretien avec les commissaires aux comptes de la cible En général, le vendeur ne fournit dans la *data room* que le rapport sur les comptes annuels et les rapports spéciaux des commissaires aux comptes. Les notes de synthèse, lettres de recommandations, revues fiscales et revues de points spécifiques ne sont pas transmises. Il est donc fréquemment demandé au vendeur d'organiser une rencontre avec les commissaires aux comptes de la cible pour obtenir des suppléments d'information (n° 5420).

66010 Cette demande se heurte au **secret professionnel** du commissaire aux comptes : nul, hormis le législateur, ne peut en effet délier le commissaire aux comptes de son secret professionnel (Bull. CNCC n° 100-1995 p. 558, Bull. CNCC n° 173-2014 – EJ 2013-31). En l'absence de texte spécifique pour les audits d'acquisition, un commissaire aux comptes doit donc opposer une fin de non-recevoir à la demande de consultation de ses dossiers formulée par le cabinet chargé de la mission (même si la demande prend la forme d'un courrier adressé à la société cible).

66020 Cependant, on sait que l'obligation au secret professionnel n'existe pas envers le **président de la société**. En conséquence, rien n'interdit au président de la société cible d'entendre le commissaire aux comptes, de se faire communiquer certains documents et de les transmettre au professionnel chargé de la mission d'acquisition.

Toutefois, le président ne figure pas au nombre des personnes pouvant prendre connaissance des dossiers de travail du commissaire aux comptes, et il ne lui est évidemment pas possible de délier le commissaire aux comptes de son obligation de secret professionnel envers l'auditeur contractuel. Indépendamment de sa lourdeur, le recours direct au président ne présente donc pas un intérêt déterminant au plan pratique.

66040 Autres entretiens complémentaires Indépendamment des entretiens avec la direction (n° 65980), les auditeurs diligentés par l'acquéreur peuvent demander à rencontrer des **personnes plus opérationnelles**, telles que les responsables du contrôle de gestion, les contrôleurs financiers de divisions, le directeur comptable, ou bien encore le fiscaliste de l'entreprise ou le responsable juridique. C'est souvent avec ces personnes que l'on obtiendra le plus d'informations pertinentes. En effet, elles ne sont en général pas impliquées directement dans le processus de vente.

Une bonne pratique peut consister à organiser des réunions ponctuelles avec le vendeur, l'acquéreur, des responsables opérationnels concernés par le sujet particulier à traiter et les membres compétents de l'équipe d'audit. Ces réunions, appelées en anglais *open-issue meetings*, permettent en général d'obtenir rapidement les réponses aux questions soulevées. À l'issue de ces réunions, si des points restent à éclaircir, il conviendra de l'indiquer par écrit.

Il est donc conseillé de prévoir dès le début de l'intervention le principe de ces entretiens avec les opérationnels de l'entreprise cible.

II. Examen des comptes pro forma

Dans certains cas, l'objet de l'acquisition n'est pas une société ou un groupe de sociétés formant une ou plusieurs entités juridiques distinctes. Il n'existe alors pas d'états financiers certifiés correspondant au périmètre cédé. Le vendeur présente dans ces situations des comptes pro forma. **66100**

Les comptes pro forma, établis volontairement par l'entité ou à la demande d'un tiers (AMF, acquéreurs potentiels...), ont vocation à traduire l'effet sur des informations financières historiques de la réalisation, à une date antérieure à sa survenance réelle ou raisonnablement envisagée, d'une opération ou d'un événement donné (Doctrine professionnelle de la CNCC : ancienne norme CNCC 4-102 § 04).

> Pour les développements relatifs à l'examen par le commissaire aux comptes de comptes pro forma publiés ou présentés en dehors de toute obligation légale ou réglementaire, voir n⁰ˢ 68900 s.

Seront successivement examinés :
- les principaux cas conduisant à l'établissement de comptes pro forma ;
- la détermination et la validation du périmètre ;
- l'examen des conditions d'établissement des comptes pro forma ;
- l'examen des ajustements et des retraitements.

Principaux cas d'établissement de comptes pro forma

Cession d'une branche d'activité
La cession d'une branche d'activité ou d'une division intervient notamment dans les sociétés qui souhaitent se recentrer sur leurs métiers de base, et qui de ce fait désirent se séparer de certaines activités sans lien avec ces métiers. **66110**

Même s'il existe des comptabilités analytiques par division, celles-ci ne font pas en général l'objet d'une comptabilité générale spécifique. Par ailleurs, les coûts et revenus éventuels liés à la fonction « siège » ne sont pas toujours reflétés dans les comptes de résultat analytiques des divisions. L'établissement de comptes pro forma est donc nécessaire.

Cession de sociétés n'appartenant pas au même ensemble consolidé
La cession peut porter sur un ensemble de sociétés qui établissent individuellement des comptes sociaux, mais qui ne font pas l'objet d'une consolidation distincte. Les transactions qui peuvent exister entre ces sociétés doivent être éliminées pour en obtenir une vision d'ensemble. L'établissement des comptes pro forma est utilisé dans cet objectif. **66120**

Cession d'un ensemble complexe composé de sociétés et de parties de fonctions centrales
Dans de nombreux groupes, certaines fonctions ne sont pas assurées par les entités juridiques, mais au siège par la société mère. **66130**

> Selon le degré de centralisation du groupe, le siège peut être chargé :
> - de la trésorerie et la couverture des risques de change et de taux ;
> - des achats ;
> - des services ressources humaines, des fonctions juridique et fiscale ;
> - de la force commerciale ;
> - des fonctions comptables, du contrôle de gestion, de la consolidation et de l'audit interne ;
> - de la direction générale ;
> - de la recherche et du développement ;
> - de la communication...

Lorsque la cession porte à la fois sur des sociétés et sur des éléments de la gestion centrale, la vision de l'ensemble cédé ne peut être obtenue que par l'établissement de comptes pro forma.

Inversement, la cession d'une branche d'activité sans fonctions centrales devra conduire l'auditeur à s'interroger sur la viabilité opérationnelle des activités cédées et/ou la nécessité de prévoir de recruter des équipes pour assumer les fonctions qui ne seraient pas « cédées ». Dans le cas contraire, l'analyse de la rentabilité pourrait s'avérer faussée du fait de « l'oubli » de charges de structures nécessaires à la réalisation de l'activité.

Il convient également de vérifier qu'elles ont bien été prises en compte pour la préparation des comptes pro forma : les comptes pro forma du groupe cédé doivent correspondre à ceux qui auraient été ceux de la société si elle avait été autonome.

Il faudra aussi porter une attention particulière aux montants des prestations facturées par le groupe au regard des prestations fournies (*management fees*).

1495

MISSIONS DE CESSION/ACQUISITION

© Éd. Francis Lefebvre

On notera à cet égard l'évolution de la jurisprudence fiscale en matière de représentativité des *management fees*. Ainsi, un arrêt (Cass. com. 14-9-2010 n° 09-16.084 : RJDA 12/10 n° 1162, JCP E 2010 n° 1995 note A. Viandier) a considéré qu'une convention par laquelle une entreprise s'engage à fournir des prestations de direction à une SA ayant le même dirigeant est nulle pour défaut de cause dès lors que la convention aboutit à rémunérer la société prestataire pour l'exercice des fonctions de direction normalement exercées par le dirigeant. D'un point de vue fiscal, le paiement de ces prestations peut constituer un acte anormal de gestion entraînant la remise en cause de la déduction de ces dépenses.

Le mandant sera enfin fréquemment intéressé à disposer de l'information lui permettant de comprendre sans ambiguïté :
– le coût réel des « services centraux » facturés ;
– la valeur pour la « cible » de ces services centraux cédés,
de façon à pouvoir identifier soit des gains de synergies attendus de l'acquisition, soit des surcoûts à prévoir pour assurer le fonctionnement normal du périmètre acquis, post-acquisition.

Par ailleurs, l'identification et la valorisation des services internes est aussi importante pour la mise en place de contrats de services intérimaires destinés à assurer la transition entre le vendeur et l'acheteur et la substitution progressive de l'organisation ante cession à l'organisation souhaitée par l'acquéreur. Ces accords peuvent concerner la disponibilité du dirigeant, mais aussi celle de services complets, voire de systèmes d'information. Ils sont parfois appelés *Transition Services Agreements* (TSA).

Détermination et validation du périmètre

66140 **Cohérence du périmètre cédé** Il est fondamental pour l'acquéreur de vérifier l'homogénéité et la cohérence du périmètre cédé. Le risque existe en effet que, lors de la cession d'activités considérées comme n'étant plus stratégiques, le vendeur cède à la tentation de se défausser d'activités non rentables sans rapport avec les autres entités cédées. Une attention particulière sera portée aux sociétés holdings qui ont lancé des diversifications non rentables.

66160 L'auditeur devra également s'assurer, en concertation avec l'acquéreur, que le vendeur qui cède une division importante ne cherche pas à transférer les fonctions du siège qui lui seront inutiles après la cession. Ces fonctions ne présenteront que rarement de l'intérêt pour l'acquéreur, qui est le plus souvent déjà doté d'une organisation centrale.

Conditions d'établissement des comptes pro forma

66170 Seuls les comptes sociaux et consolidés font en général l'objet d'une validation par les auditeurs externes (commissaires aux comptes ou auditeurs contractuels). Il est donc particulièrement important d'analyser les modalités d'établissement des comptes pro forma. Il en est de même si ces comptes ont été attestés ou certifiés par les commissaires aux comptes du vendeur car, comme pour les comptes sociaux et consolidés, les objectifs des commissaires aux comptes, de par la nature même de leur mission qui est de se prononcer sur des comptes pris dans leur ensemble, peuvent différer significativement des objectifs poursuivis par l'auditeur.

66180 **Analyse des systèmes d'information** La préparation des comptes pro forma doit reposer sur un système d'information fiable. Celui-ci sera garant de l'intégrité des données. Il faut donc déterminer à l'aide de quel système ont été préparés les comptes pro forma.
Par exemple, si la société cible dispose d'un système d'information intégré et qu'il lui a suffi de modifier les paramètres concernant les entités ou divisions à regrouper, le degré d'assurance sera assez élevé. Un contrôle des paramètres et des tests de centralisation sur quelques comptes devrait suffire à fournir le degré d'assurance souhaité.
En revanche, si les comptes pro forma reposent uniquement sur l'utilisation d'un tableur avec un grand nombre de données saisies manuellement, il conviendra d'augmenter significativement l'étendue des contrôles.

66190 **Appui sur les interventions d'autres professionnels** D'autres professionnels peuvent intervenir sur des éléments qui concourent à l'établissement des comptes pro forma. L'auditeur en charge de l'audit d'acquisition ne manquera pas de s'en informer pour conforter son niveau de confiance dans les comptes pro forma qui lui sont présentés.

© Éd. Francis Lefebvre

MISSIONS DE CESSION/ACQUISITION

66200 Le vendeur peut, dans de nombreux cas, faire appel à un **expert-comptable** pour la préparation des comptes pro forma. Il convient alors de comprendre la nature exacte des travaux qui lui ont été confiés. Il est possible d'obtenir le rapport de l'expert-comptable pour connaître le niveau d'assurance donné.

Dans la plupart des cas, l'expert-comptable ne se prononce pas sur le fond des données, ni sur le bien-fondé des retraitements opérés en indiquant que ces considérations sont de la responsabilité de la direction de la cible.

Si la préparation des comptes pro forma apparaît d'une grande complexité, il est alors souhaitable que les auditeurs rencontrent l'expert-comptable de manière à obtenir des explications complémentaires, celui-ci n'étant pas astreint au secret professionnel légal du commissaire aux comptes.

66210 Par ailleurs, dans le cadre des interventions autres que la mission d'audit ou d'examen limité des comptes annuels et consolidés, le **commissaire aux comptes de la cible** peut :
– émettre un **rapport particulier d'audit** sur des rubriques des états financiers prises isolément et constituant un jeu de comptes correspondant à une **sous-partie de l'entité** dont il certifie habituellement les comptes ;
– émettre une **attestation particulière sur la conformité** avec les données comptables de certains agrégats, par exemple l'Ebit (*Earnings Before Interest and Taxes*, grandeur assez proche du résultat d'exploitation), l'Ebitda (*Earnings Before Interest, Taxes, Depreciation and Amortisation*, résultat d'exploitation avant dotations aux amortissements et provisions), voire l'Ebitdar (*Earnings Before Interest, Taxes, Depreciation, Amortisation and Rent*, résultat d'exploitation avant dotations aux amortissements, dotations aux provisions et loyers).

L'obtention de la part de la société cible de ce type de rapports et attestations renforce sensiblement le degré de confiance que l'auditeur accorde à la préparation des comptes pro forma.

Revue des ajustements et retraitements

66220 Après avoir validé le périmètre, les sources d'information des comptes pro forma et les modalités de préparation, il convient d'analyser les ajustements et retraitements qui leur sont appliqués et leur pertinence.

66230 Les **retraitements** peuvent être de différents ordres :
– élimination des flux entre sociétés ou entités à l'intérieur de l'ensemble cédé ;
– retraitements de consolidation (crédit-bail, impôts différés, titres et écarts d'acquisition, profits internes tels que les marges sur stocks) ;
– retraitements visant à mettre l'ensemble cédé dans les conditions d'un groupe autonome : annulation des *management fees* et estimation du coût des prestations rendues par le siège ou allocation de frais de siège, mise aux conditions de marché ou aux conditions de l'acquéreur d'un certain nombre de charges pour lesquelles la cible, du fait de son appartenance au groupe du vendeur, bénéficie de conditions avantageuses (ou désavantageuses).

66240 Doivent également être analysés les **reclassements** entre résultat d'exploitation, résultat financier et résultat exceptionnel. Si la valorisation de la cible se fait sur la base du résultat d'exploitation ou d'un agrégat proche de celui-ci, il faut porter une attention particulière aux montants portés en résultat financier ou exceptionnel, dont la nature justifierait la prise en compte dans le résultat d'exploitation.

III. Analyse des documents financiers historiques

66300 L'analyse des états et informations historiques de la société cible revêt une importance particulière lorsque le prix d'acquisition prend en compte la valeur patrimoniale de la société cible.

Définition des documents concernés

66310 Les **principaux états historiques** pouvant faire l'objet d'une analyse par l'auditeur sont :
– le compte d'exploitation analytique ;
– le compte de résultat issu de la comptabilité générale ;

1497

MISSIONS DE CESSION/ACQUISITION © Éd. Francis Lefebvre

– les bilans sociaux, consolidés et/ou de gestion ;
– les situations mensuelles de trésorerie ;
– l'évolution mensuelle du besoin en fonds de roulement ;
– l'état des investissements ;
– les tableaux de financement.

L'analyse porte la plupart du temps sur les comptes des **trois derniers exercices**. Parfois le client demande que l'analyse soit étendue aux comptes des cinq **derniers exercices**. C'est notamment le cas lorsque l'acquéreur est une société américaine ou lorsqu'elle est cotée à New York. La SEC (*Security Exchange Commission*) exige en effet que soient présentés les comptes des cinq derniers exercices pour toute opération significative.

66320 Il convient aussi d'obtenir les **comptes ou les situations comptables, voire les états de gestion opérationnelle** (*management accounts*) disponibles **les plus récents**, notamment les comptes intermédiaires si l'opération d'acquisition a lieu plus de six mois après la clôture du dernier exercice.

Lorsque l'acquisition ne porte pas sur une entité juridique (ou sur un groupe d'entités juridiques), il est nécessaire d'obtenir sur les mêmes périodes (trois ou cinq ans) les comptes pro forma de l'ensemble qui est acquis.

Analyse du compte de résultat

66330 L'analyse des données du compte de résultat a pour objectifs :
– la détermination de **données normatives** : en termes de chiffre d'affaires, de marge brute, de frais centraux, de résultat d'exploitation et d'impôt, en tenant compte des éléments non récurrents et extraordinaires et en identifiant les coûts spécifiques à l'actuel actionnaire de ceux qui seront générés par l'organisation que mettra en place l'acquéreur ;
– l'identification des **dépenses contrôlables**, telles que les dépenses d'entretien et de maintenance, de publicité, etc. ;
– l'analyse des **variations** et des **tendances** : il est recommandé, pour être cohérent avec l'analyse stratégique faite au préalable, de procéder à une analyse par lignes de produits.

Pour comprendre les évolutions, les auditeurs auront généralement recours à des procédures analytiques mettant en évidence les mouvements significatifs.

Analyse des comptes de bilan

66340 Les travaux des auditeurs devront porter principalement sur les comptes identifiés comme **significatifs ou présentant des risques** lors de la phase de préparation de la mission.

Cette analyse préliminaire devra être complétée par les éléments qui auront pu être récupérés lors des travaux en *data room*, lors des entretiens avec les dirigeants.

Les travaux utilisent la technique des **procédures analytiques**. Il s'agit principalement de s'assurer de la cohérence des chiffres par rapport à la connaissance que l'on a acquise par ailleurs de la société et de son secteur. Très peu de tests de détail seront effectués, ceux-ci n'étant possibles que si les auditeurs peuvent avoir un accès direct à la comptabilité et aux services comptables. Si ces tests de détail ne font pas usuellement partie des pratiques les plus répandues, dans les cas où le contexte le permet, il ne faut toutefois pas les écarter pour procéder à certaines analyses quant aux relations contractuelles et/ou à la substance de certains éléments d'actifs (stocks, clients, etc.).

66350 Il n'est évidemment pas possible de donner la liste des diligences à mettre en œuvre, tant les différences d'un audit à l'autre seront significatives en raison de la diversité des risques et des situations rencontrées. On se limitera ci-après à évoquer un certain nombre de points auxquels l'auditeur apporte d'une manière générale une attention particulière :
– les **immobilisations incorporelles** : les contrôles de l'auditeur sont axés notamment sur l'existence de ces immobilisations, sur la propriété des brevets, licences et procédés utilisés et sur la protection juridique dont elles bénéficient (durée, couverture géographique) ainsi que sur l'absence d'engagement pouvant en affecter l'exploitation ou la libre cessibilité ; lorsque la société cible a capitalisé ses programmes de recherche et développement, il conviendra notamment de revoir les probabilités de succès des projets de l'entreprise et le cadencement des amortissements pratiqués. Dans le cadre de comptes consolidés, une revue de la nature, des montants résiduels et du mode d'amortissement le cas échéant des *goodwills* (*badwills*) devra être menée. En comparant les performances économiques des

1498

© Éd. Francis Lefebvre   **MISSIONS DE CESSION/ACQUISITION** ▌

filiales acquises et les *business plans* qui, à l'origine, sous-tendaient l'acquisition, une éventuelle dépréciation des comptes pourra être proposée ;
– les **immobilisations corporelles** : l'auditeur s'intéresse à l'existence, à la propriété, à l'absence d'engagement pouvant en affecter l'exploitation ou la libre cessibilité et à l'utilisation optimale des actifs immobilisés.
En fonction de la méthode retenue pour la détermination du prix, il analyse plus particulièrement les méthodes d'amortissement pratiquées :
– les **actifs circulants**, à savoir les stocks, créances clients et autres créances d'exploitation. Les travaux des auditeurs visent principalement à rechercher d'éventuels actifs surévalués ou fictifs (stocks obsolètes ou à rotation lente), ou des non-valeurs non dépréciées (créances douteuses non provisionnées). Mais l'acquéreur peut aussi se préoccuper de l'identification (voire de l'évaluation) d'actifs sous-évalués ;

> Ainsi l'existence d'un stock de pièces de rechange considérable et non valorisé dans les comptes d'une société peut-il constituer un argument de vente déterminant pour cette société sur un marché où le fait de ne pas trouver les pièces nécessaires à une réparation est susceptible d'occasionner des pertes significatives pour les propriétaires de matériels.

– la **trésorerie** et l'**endettement financier** : les auditeurs examinent les lignes bancaires confirmées ou utilisées, ainsi que les instruments de trésorerie utilisés pour la gestion des risques de taux et de change. Il est primordial d'étudier la politique de couverture, les échéances couvertes (100 % du carnet de commandes, ou seulement l'année en cours), le cours objectif et les instruments utilisés. Il peut aussi être intéressant de connaître le cours effectivement couvert et de le comparer à celui de l'acquéreur. La dette financière nette (positive ou négative) est un élément majeur de négociation. Il est donc essentiel d'en apprécier la substance explicite (habituellement considérée comme telle) et les éléments implicites (éléments assimilables à de la dette financière, après analyse de leur caractère normatif relatif) ;
– les **provisions** et **dettes à moins d'un an** : fournisseurs et comptes rattachés, autres dettes. Les travaux des auditeurs ont pour objectif la recherche de passifs non enregistrés ou de risques non provisionnés ou insuffisamment provisionnés.

Examen des engagements hors bilan

L'analyse des engagements hors bilan est effectuée grâce à une **revue de l'annexe**, et en ayant aussi recours à des **entretiens**. L'auditeur aura pour objectif de s'assurer qu'il existe des tableaux de suivi des engagements et que ceux-ci sont cohérents avec les informations collectées par ailleurs sur l'ensemble des engagements reçus et donnés par la société cible.   **66360**

> Dans certains secteurs, les engagements donnés peuvent avoir un caractère fondamental. Il en est ainsi par exemple dans l'**aéronautique**. Les constructeurs comme les motoristes participent au financement des ventes aux compagnies aériennes. Afin de faciliter la vente de leurs appareils et de leurs moteurs, ils peuvent être amenés, au-delà des rabais, à accorder des garanties financières (reprise des avions en cas de défaillance, paiement des loyers restant dus à la société de leasing, valeur garantie après x années). L'analyse des états financiers des constructeurs montre clairement que l'intégralité de ces engagements ne figure pas dans les comptes. Principalement parce qu'ils sont très difficiles à évaluer, mais aussi pour des raisons de confidentialité. Cependant, ces engagements sont considérables, et dans le cadre d'une acquisition ou d'un rapprochement, l'identification puis l'évaluation de ces engagements représentent un enjeu majeur.

Analyse du tableau de financement

Les travaux effectués par l'auditeur sur les tableaux de financement auront principalement pour objectifs :   **66370**
– de vérifier la **cohérence** des tableaux de financement présentés par la société cible par rapport au compte de résultat et aux bilans ;
– d'analyser l'évolution du **besoin en fonds de roulement** (*working capital requirements*) en termes de variation saisonnière et pluriannuelle ;
– de réaliser une évaluation du besoin en fonds de roulement normatif de la société cible ;
– d'étudier les **investissements nets de cessions** sur la période de référence retenue (plan d'investissement « Capex » ou *Capital Expenditures Plan*).

> La dette financière nette est de façon récurrente un facteur majeur pour la détermination et le financement du prix d'acquisition. Le BFR, ses éléments constituants pris individuellement et leurs variations constituent alors un sujet générateur de divergences d'appréciation et parfois même de contentieux

1499

MISSIONS DE CESSION/ACQUISITION   © Éd. Francis Lefebvre

quant au prix d'acquisition ou de cession. Il est donc essentiel pour le client que ces sujets aient fait l'objet d'analyses et d'accords aussi précis que possible pour limiter les risques post-acquisition.

En outre, l'ensemble des travaux sur les tableaux de financement doit permettre de savoir si les liquidités dégagées par la cible pourront être distribuées, ou si l'entreprise cible est sous-capitalisée. Le développement des opérations d'acquisition à effet de levier financier rend les acquéreurs et leurs partenaires financiers particulièrement sensibles à l'évolution des *cash-flows* et à la sensibilité desdits *cash-flows* à tel ou tel facteur (taux de change, cours des matières premières ou des intrants, etc.).

IV. Examen critique du *business plan*

Analyse historique de la réalisation du budget

66400 La comparaison a posteriori des budgets des années antérieures avec les performances effectivement réalisées permet de déterminer le **degré de fiabilité** que l'on peut accorder au plan de développement (*business plan*) établi par la direction.

Certaines sociétés ont un contrôle budgétaire très fort et fiable. Les **écarts** par rapport au budget sont en général **faibles** (de l'ordre de quelques points de pourcentage) et toujours bien analysés. À l'inverse, il n'est pas rare de voir des sociétés dont le budget n'est finalisé qu'à la fin du premier trimestre, et dans lesquelles les écarts en termes aussi bien de chiffre d'affaires que de résultats peuvent être **considérables** (plus de 10 %).

La **confiance** dans les projections présentées par le vendeur sera d'autant plus grande que les prévisions antérieures se sont révélées fiables.

66410 Il conviendra de s'intéresser aussi au processus budgétaire et à la façon dont sont construits les budgets, à la réalisation des budgets initiaux mais aussi au processus de révision du budget (fréquence et horizon).

Rapprochement des données rétrospectives du *business plan* avec des données historiques

66420 **Rapprochement du *business plan* avec les comptes des exercices passés**
Le *business plan* présenté par le vendeur comporte des données prévisionnelles mais également, en général, deux années d'historique au minimum (données rétrospectives).

66430 **Exemple** : pour une opération d'acquisition en N, le *business plan* peut comporter trois années de prévisions (N + 1, N + 2 et N + 3) et présenter le format suivant :

	Historique		Prévisions		
	N – 1	N	N + 1	N + 2	N + 3
CA					
Coût des ventes					
Marge opérationnelle					
Coûts commerciaux					
Coûts marketing					
Coûts de R&D					
Frais généraux et administratifs					
Résultat opérationnel (Ebitda)					
Amortissements et dépréciations					
Résultat d'exploitation (Ebit)					
Résultat financier					
Résultat exceptionnel					
Impôt					
Amortissement du *goodwill*					
Résultat net					

1500

© Éd. Francis Lefebvre   MISSIONS DE CESSION/ACQUISITION

Il sera intéressant de réaliser, pour les années N – 1 et N, un rapprochement entre le **66440**
business plan et les résultats effectivement réalisés au cours de ces deux années.

L'intérêt de ce rapprochement est : **66450**
– de vérifier l'exhaustivité du périmètre qui est présenté dans le business plan ;
– d'identifier les retraitements éventuels qui ont été opérés sur les données historiques
en vue de rendre celles-ci plus attractives pour l'acquéreur potentiel ;
– de s'assurer que les principes comptables retenus pour préparer le business plan sont
identiques à ceux retenus pour les comptes des derniers exercices clos ou, au contraire,
d'identifier d'éventuels changements de méthode ;
  Parmi les changements de méthode qui peuvent modifier de manière significative la physionomie des
  états financiers figurent notamment la méthode retenue pour l'amortissement et la dépréciation des
  survaleurs (goodwill), l'option pour l'inscription ou non à l'actif des frais de recherche et développement, le rythme d'amortissement des immobilisations, la comptabilisation des crédits-baux, les
  méthodes d'évaluation et de dépréciation des stocks, la dépréciation des comptes clients, les dotations
  aux provisions pour garanties données, la comptabilisation des indemnités de départ en retraite, la
  comptabilisation des impôts différés, la conversion des comptes en monnaie étrangère, etc.
– d'identifier les reclassements éventuellement pratiqués entre le résultat d'exploitation
et les résultats exceptionnel ou extraordinaire.
  Le risque réside dans le reclassement injustifié en résultat exceptionnel d'opérations ou d'événements
  visant à améliorer artificiellement le résultat d'exploitation.

En pratique toutefois, la mise en œuvre de ce rapprochement se heurte souvent à des **66460**
difficultés. Il en va ainsi notamment quand le périmètre des activités ou des entités
cédées connaît de fortes évolutions dans le temps ou lorsque le vendeur a fait appel à
un conseil qui recherche une présentation aussi favorable que possible à l'acheteur, sans
se préoccuper de l'orthodoxie comptable.
Il en résultera une quasi-impossibilité de rapprocher le business plan des données comptables.
La complexité peut également provenir de la différence de présentation des comptes
historiques et du business plan.
  Par exemple, le business plan peut être présenté par destination, alors que les comptes historiques le
  sont en général par nature de coûts.

Rapprochement du *business plan* avec les données de l'exercice en cours **66470**
Il s'agit cette fois d'opérer un rapprochement entre le business plan et les données historiques, non sur les exercices passés, mais sur l'exercice en cours, même s'il n'y a pas eu
d'arrêté comptable depuis la dernière clôture (current trading).

Il existe souvent un **léger décalage** entre la date de préparation par la cible des données **66480**
prévisionnelles relatives à la cession et la date de réalisation de la mission d'acquisition.
Il peut aller de un à plusieurs mois, notamment lorsque les négociations prennent du
retard, si bien qu'un ou deux trimestres de l'année en cours peuvent s'être écoulés
lorsque les auditeurs commencent leurs travaux d'investigation.
Il est alors important d'obtenir les dernières données comptables et financières disponibles afin de vérifier la réalisation des prévisions, au moins pour la première année.
Ces données peuvent prendre la forme de comptes intermédiaires complets (par exemple :
comptes semestriels pour les sociétés cotées), de situations intermédiaires, de comptes
de gestion ou de tableaux de bord.

En règle générale, ces données n'ont fait l'objet ni d'un audit, ni d'un examen limité (à **66490**
l'exception toutefois des comptes semestriels des sociétés cotées). Un **examen limité** de
ces données permet néanmoins souvent de confirmer les grandes tendances de l'activité
de la cible.
  Si la cible est en retard sur son budget à la fin du premier semestre, il existe une probabilité élevée que
  le budget ne soit pas atteint en fin d'année.

Revue du *business plan*

Les développements qui suivent font état, à titre indicatif, d'un certain nombre de **66500**
contrôles usuels pratiqués sur les business plans dans le cadre des audits d'acquisition.

MISSIONS DE CESSION/ACQUISITION   © Éd. Francis Lefebvre

66510 **Analyse par branche d'activité** L'analyse stratégique de la société cible et l'examen critique du *business plan* sont les parties des travaux qui, plus que toutes les autres, requièrent une bonne connaissance du secteur et du métier de la cible. Il faut être en mesure d'apprécier la **cohérence des hypothèses** retenues par rapport aux évolutions attendues du marché et de l'environnement.

Pour être pertinente, l'analyse critique du *business plan* doit être effectuée en analysant séparément chaque activité de l'entreprise. Il est donc impératif que le vendeur fournisse un *business plan* qui soit détaillé par activité.

66520 **Horizon du *business plan*** L'horizon des prévisions varie d'une mission d'acquisition à l'autre en fonction de l'environnement. Il est en règle générale de trois à cinq ans. Il importe toutefois de prendre en compte la particularité du secteur concerné.

À titre d'**exemples** :
– dans le secteur des technologies de l'information ou des télécommunications, faire des prévisions à plus de deux ou trois ans a peu de sens ;
– le domaine de la distribution d'eau en France, qui est plus ancien et qui repose sur un système de concessions de longue durée, se prête plus facilement à un exercice de prévisions, y compris bien au-delà d'une période de cinq ans.

66530 L'horizon du *business plan* a une incidence sur le **montant des *cash-flows*** à retenir dans les méthodes de valorisation prospective (voir n°s 65350 s.).

Suivant l'environnement, on retiendra, pour la période dépassant l'horizon du *business plan* :
– une sortie de l'investissement ;
– des performances stables à l'infini ;
– des performances en croissance linéaire.

Il convient de garder à l'esprit que les évolutions à court terme peuvent être plus facilement analysées que celles à cinq ans.

Par ailleurs, il convient de rappeler que les méthodes prospectives font intervenir des coefficients d'actualisation. Du fait de l'actualisation, les résultats des premières années ont proportionnellement plus de poids dans la valorisation de la cible que ceux des dernières années. En revanche, compte tenu du poids relatif de la valeur finale dans la valeur calculée par les flux futurs actualisés, une attention particulière devra être portée lors de l'appréciation de son caractère raisonnable et cohérent.

On retiendra donc que les ajustements éventuels sur les deux premières années du *business plan* sont les plus importants.

66540 **Contrôle des hypothèses générales retenues** L'auditeur s'attachera à vérifier la cohérence des hypothèses retenues, qu'elles aient un caractère général ou soient propres à la cible.

66550 S'agissant des **hypothèses générales**, il peut s'agir par exemple :
– du taux de croissance du marché dans lequel évolue la cible ;
– du taux d'inflation, du taux d'intérêt, de l'évolution des cours de change ;
– de l'évolution du taux de l'impôt sur les sociétés ;
– de la reconduction de mesures économiques ou fiscales décidées par les pouvoirs publics.

66560 L'auditeur examinera par ailleurs les **hypothèses propres à la cible** et leur adéquation à l'évolution générale.

Par exemple, une revue critique des prévisions de chiffre d'affaires pourra être effectuée à partir :
– de l'évolution de la part de marché de la cible par rapport à la concurrence ;
– de l'évolution des prix unitaires des produits de la cible et de l'incidence des éventuelles pressions sur les marges ;
– des prévisions de volumes.

1502

Les schémas ci-après donnent une **illustration** des questions de bon sens que doit se poser l'auditeur :

66570

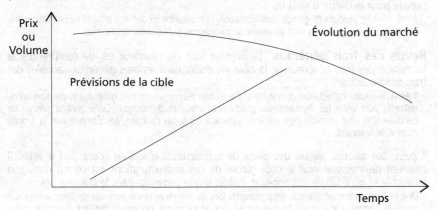

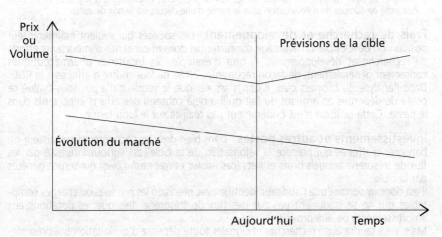

Dans ces deux cas de figure, l'auditeur sera amené à s'interroger sérieusement quant à la pertinence des prévisions de la société cible : seule une argumentation convaincante des responsables habilités pourra en effet expliquer la contradiction apparente entre les prévisions de la cible et la tendance générale du marché.

Revue de l'évolution des coûts de revient Parmi les points essentiels dans l'examen d'un *business plan*, les points suivants méritent le plus souvent un examen particulièrement attentif :

66580

a) la cohérence de l'évolution des **charges de personnel** ;

Il s'agit par exemple de vérifier la cohérence de l'augmentation des charges de personnel par rapport à l'évolution du besoin en effectifs, à l'augmentation générale des salaires, aux accords de branche ou d'entreprise.

Il convient d'analyser la prise en compte, dans les taux horaires liés à la réduction du temps de travail, des mesures prises pour compenser les effets négatifs par des gains de productivité. Dans le cas où un accord est intervenu, il faut l'obtenir et en analyser les termes.

b) la quantification du **coût des approvisionnements** ;

Le cas échéant, on cherche à valider les coûts retenus par l'existence de contrats d'approvisionnement spécifiques.

c) la prise en compte des **contrats à long terme**.

Après avoir analysé le carnet de commandes, il faut analyser la rentabilité de chaque affaire et obtenir du vendeur les prévisions « à fin d'affaire ». Il convient alors de rechercher les éventuelles affaires en perte à terminaison et de s'assurer, le cas échéant, que ces pertes font bien l'objet de provisions dans le *business plan*.

1503

MISSIONS DE CESSION/ACQUISITION © Éd. Francis Lefebvre

66590 **Revue des frais commerciaux et dépenses de marketing** L'auditeur s'assure principalement de la cohérence existant entre l'évolution de ces frais et la croissance prévue pour le chiffre d'affaires.

Ainsi, pour les produits de grande consommation, la croissance du chiffre d'affaires ne peut-elle généralement résulter que de la mise en œuvre de campagnes publicitaires significatives.

66600 **Revue des frais généraux** Le premier soin de l'auditeur est de comprendre la formation des frais généraux de la cible en distinguant les frais généraux variables des frais généraux fixes.

Il analyse ensuite l'affectation comptable et l'évolution historique des frais généraux et des frais administratifs purs entre les départements production, vente et distribution. Cette analyse permet de conclure si la cible contrôle bien ses frais généraux ou si, au contraire, ces derniers sont la « boîte noire » de la société.

66610 Il peut, par ailleurs, exister des plans de restructuration soit en cours, soit à venir. Il convient de s'assurer que le coût global de ces restructurations est connu dans son ensemble et qu'il fait, le cas échéant, l'objet d'une provision dans le *business plan*.

Une restructuration génère des décaissements lors du paiement des indemnités de licenciement par exemple. Lorsque l'analyse est fondée sur les flux de trésorerie, l'incidence des restructurations peut être prise en compte dans l'évaluation sous la forme d'une décote sur le prix de vente.

66620 **Frais de recherche et développement** Les sociétés qui veulent maintenir leur position ou développer un avantage concurrentiel doivent consentir d'importants efforts de recherche et développement. À titre d'exemple, les **industries pharmaceutiques** consacrent généralement, de façon récurrente, 20 % de leur chiffre d'affaires à la R&D. Dans l'analyse du *business plan*, il faut s'assurer que le vendeur n'a pas sous-évalué ce poste de dépenses en arguant du fait qu'il a déjà consenti des efforts importants dans le passé. Cette position n'est évidemment pas réaliste sur le long terme.

66630 **Investissements et autres postes** Dans bien des cas, l'acquéreur (investisseur ou banquier d'affaires qui prépare la valorisation de la cible) est surtout intéressé par les flux de trésorerie annuels bruts et nets (*cash-flows* et *free cash-flows*) qui seront générés par la cible.

Il est donc important que l'auditeur identifie avec précision les produits ou charges comptables qui ne se traduisent pas par des flux de trésorerie, tels que les dotations aux amortissements ou aux provisions.

Mais, il lui faudra aussi rechercher et signaler toute dépense d'exploitation qui présenterait la nature de dette financière et qui n'aurait pas donné lieu à un retraitement en tant que charge d'amortissement ou charge financière (charges de crédit-bail ou de location financière).

Le **résultat financier** dépend de la structure de financement de la cible. En fonction de l'effet de levier désiré, le résultat financier de la société une fois acquise sera vraisemblablement totalement différent.

Il en est de même pour l'**impôt**.

Ces raisons font que l'**Ebitda** (résultat avant amortissement, provisions et résultat financier) est quasi systématiquement l'agrégat de référence dans les audits d'acquisition.

66640 Le **plan d'investissement** (ou **Capex** ; voir n° 66370) fait l'objet d'une analyse séparée. Les investissements sont appréhendés comme des sorties de trésorerie. Il faut s'assurer que le plan d'investissement prévu permet :
– de maintenir un outil de production dans un état optimal ;
– de prendre en compte les objectifs de croissance de la société (y compris les effets de seuils ou paliers de production).

Proposition d'un *business plan* alternatif

66650 La plupart du temps, les *business plans* présentés par le vendeur sont marqués par un certain volontarisme (lié à des objectifs commerciaux) ou limitent la prise en compte et l'impact des aléas négatifs qui peuvent résulter des événements et des actions, volontaires ou non, susceptibles d'intervenir dans l'environnement économique de la société ou dans les activités à céder. Il est fréquent qu'un seul scénario soit présenté et qu'il ne soit pas tenu compte de l'impact éventuel de l'évolution défavorable de l'une ou l'autre

1504

MISSIONS DE CESSION/ACQUISITION

des hypothèses de base. Il peut donc s'avérer utile de s'interroger sur la pertinence des hypothèses retenues dans le *business plan* et sur les conséquences pouvant résulter de leur mise en cause.

Trois **procédés** peuvent être mis en œuvre : l'analyse de sensibilité, le *business plan* révisé et le *business plan* refondu.

Analyse de sensibilité L'analyse de sensibilité consiste à mesurer la sensibilité des principaux agrégats financiers du *business plan* aux variations, même minimes, des hypothèses retenues. Elle permet de quantifier notamment :
– l'impact sur le résultat d'exploitation d'une hausse du **chiffre d'affaires** annuel inférieure aux prévisions du vendeur ;
– l'impact d'une hausse du **coût du travail** plus élevée que dans le *business plan* du vendeur.

66660

> L'avantage des études de sensibilité par rapport à un *business plan* révisé est que l'auditeur ne se prononce pas directement sur la validité des hypothèses de base du *business plan*. En effet, même lorsque celles-ci apparaissent fantaisistes, l'auditeur dispose souvent de moins d'éléments pour faire de meilleures prévisions que la direction de la cible qui a souvent une longue expérience de son métier. L'auditeur mesure simplement l'effet de la variation d'un ou de plusieurs paramètres sur le résultat.

Business plan révisé Le *business plan* révisé procède généralement de l'**intervention d'un expert sectoriel** (ce peut être un collaborateur du client ou un consultant auquel l'auditeur fait appel), qui remet en cause certaines hypothèses du *business plan* et en propose de plus réalistes. Le *business plan* révisé est établi à partir de ces nouvelles données.

66670

Cette approche peut aussi être l'occasion de prendre en compte, au niveau de l'acquéreur, les effets de synergie attendus, notamment les services qui pourront être mis en commun.

Business plan refondu Le *business plan* refondu correspond le plus souvent à l'intégration dans les prévisions d'une **stratégie autre** que celle retenue par le vendeur mais qui pourrait être celle de l'acquéreur.

66680

Il peut également résulter, dans certains cas, de la remise en cause par un spécialiste du secteur non seulement des hypothèses de base du *business plan* mais de la stratégie tout entière qui le sous-tend.

> Il est alors nécessaire de proposer une stratégie alternative et d'échafauder éventuellement le *business plan* correspondant. Cet exercice est cependant très délicat et les risques d'erreur sont grands. Il conviendra donc de prendre les précautions de forme dans la communication auprès du client. Il est parfois préférable de donner des grandes tendances plutôt que des données précises.

© Éd. Francis Lefebvre   SERVICES AUTRES QUE LA CERTIFICATION DES COMPTES À LA DEMANDE DE L'ENTITÉ

CHAPITRE 2

Services autres que la certification des comptes à la demande de l'entité

Plan du chapitre   §§

SECTION 1
Attestations   68100

SECTION 2
Constats à l'issue de procédures convenues avec l'entité   68200

SECTION 3
Consultations   68400
I. Consultations   68410
II. Spécificités pour les consultations portant sur le contrôle interne relatif à l'élaboration et au traitement de l'information comptable et financière   68520

SECTION 4
Autres interventions   68600
I. Lettres de confort   68610
II. Examen de comptes prévisionnels   68700
III. Examen de comptes pro forma   68900

SECTION 5
Prestations relatives aux informations extra-financières   70000
I. Principes généraux   70020
II. Mission de l'organisme tiers indépendant   70200
III. « Autres travaux » possibles sur une base volontaire concernant les informations extra-financières   70600

SECTION 6
Sociétés à mission   71000
I. Champ d'application du dispositif de société à mission   71010
II. Conditions pour faire publiquement état de la qualité de société à mission   71030
III. Intervention de l'organisme tiers indépendant (OTI)   71050

Les services autres que la certification des comptes (SACC) traités dans ce chapitre se caractérisent par le fait qu'ils ne résultent pas d'une disposition légale ou réglementaire, mais d'une **demande de l'entité** contrôlée.   **68000**

> Pour mémoire, avant le 17 juin 2016, date d'entrée en vigueur de l'ordonnance 2016-315 du 17 mars 2016 transposant la réforme européenne de l'audit en France, ces prestations étaient réalisées dans le cadre des diligences directement liées à la mission de commissaire aux comptes qui faisaient l'objet de neuf normes d'exercice professionnel. Ce concept de diligences directement liées à la mission de commissaire aux comptes a été supprimé par l'ordonnance précitée.

Le commissaire aux comptes d'une entité peut fournir des « services autres que la certification des comptes » (SACC), sous réserve que leur fourniture ne contrevienne pas aux dispositions régissant l'exercice du commissariat aux comptes et notamment aux règles d'indépendance.

Ainsi, lorsque le commissaire aux comptes certifie les comptes d'une entité d'intérêt public, il lui est interdit de fournir directement ou indirectement à cette entité, et aux personnes ou entités qui la contrôlent ou qui sont contrôlées par elle au sens des I et II de l'article L 233-3 et dont le siège social est situé dans l'Union européenne, les services mentionnés au paragraphe 1 de l'article 5 du règlement 537/2014 du 16 avril 2014 (C. com. art. L 822-11, II : voir n⁰ˢ 3744 s.).

> En outre, une approche risque/sauvegarde s'applique concernant les services qui ne sont pas dans la liste des services interdits par le règlement européen afin d'analyser les risques de perte d'indépendance et/ou d'autorévision ainsi que les mesures de sauvegarde pouvant être mises en œuvre : voir n⁰ 3755.

1507

SERVICES AUTRES QUE LA CERTIFICATION DES COMPTES À LA DEMANDE DE L'ENTITÉ © Éd. Francis Lefebvre

Pour les EIP, les SACC doivent par ailleurs faire l'objet d'un processus d'approbation par le comité d'audit et du respect du plafonnement des honoraires relatifs à ces services (C. com. art. L 822-11-2 ; voir n° 26470). En effet, l'article L 822-11-2 du Code de commerce dispose que les SACC qui ne sont pas mentionnés au II de l'article L 822-11 et au I de l'article L 822-11-1 peuvent être fournis par le commissaire aux comptes ou les membres du réseau auquel il appartient :
– à l'entité d'intérêt public dont il certifie les comptes ; ou
– aux personnes ou entités qui la contrôlent ou qui sont contrôlées par elle au sens des I et II de l'article L 233-3, à condition d'être approuvés par le comité d'audit.

> Ce comité se prononce après avoir analysé les risques pesant sur l'indépendance du commissaire aux comptes et les mesures de sauvegarde appliquées par celui-ci.
> Concernant la limitation des honoraires relatifs aux SACC pour les EIP, voir n° 3788.

Par ailleurs, il est interdit au commissaire aux comptes d'accepter ou de poursuivre une mission de certification auprès d'une personne ou d'une entité qui n'est pas une entité d'intérêt public lorsqu'il existe un risque d'autorévision ou que son indépendance est compromise et que des mesures de sauvegarde appropriées ne peuvent être mises en œuvre (C. com. art. L 822-11, III ; voir n° 3748 s.).

Quant au H3C, il précise dans sa foire aux questions (FAQ) sur l'application des nouvelles dispositions encadrant le contrôle légal des comptes mises à jour au 18 juillet 2019 que les **services** que le commissaire aux comptes peut fournir à **l'entité dont il certifie les comptes ou aux entités contrôlant cette dernière ou contrôlées par elle** peuvent être classés en trois catégories :
a. La certification des comptes annuels et des comptes consolidés.
b. Les SACC dont la réalisation est expressément confiée au commissaire aux comptes par la législation nationale ou des dispositions du droit de l'Union européenne qui ont effet direct en droit national.
c. Les SACC, autres que ceux requis par la législation nationale ou la législation de l'UE, sous réserve que leur fourniture ne contrevienne pas aux dispositions régissant l'exercice du commissariat aux comptes et notamment aux règles d'indépendance.
Les SACC recouvrent donc l'ensemble des services susceptibles d'être fournis par le commissaire aux comptes, en dehors de la certification des comptes. Ces services requièrent, en conséquence, du commissaire aux comptes, la mise en œuvre de **travaux autres que ceux qui sont strictement nécessaires à l'émission de son opinion** sur les comptes annuels et les comptes consolidés (FAQ H3C précitée § 4.1).

Enfin, depuis le 24 mai 2019, l'alinéa 2 de l'article L 820-1-1 du Code de commerce introduit par la loi dite Pacte dispose : « L'exercice de la profession de commissaire aux comptes consiste en l'exercice, par le commissaire aux comptes, de missions de contrôle légal et d'autres missions qui lui sont confiées par la loi ou le règlement. Un commissaire aux comptes peut, en dehors ou dans le cadre d'une mission légale, fournir des services et des attestations, dans le respect des dispositions du présent code, de la réglementation européenne et des principes définis par le Code de déontologie de la profession. »

Les attestations et autres missions visées à l'article L 820-1-1 du Code de commerce peuvent ainsi être réalisées par un commissaire aux comptes à la demande d'une entité dont il ne certifie pas les comptes. Pour plus de détails sur les prestations hors mandat de certification des comptes, voir chapitre dédié aux n° 75000 s.

68020 Nous étudierons dans le cadre de ce chapitre les prestations suivantes qui peuvent par exemple être fournies par le commissaire aux comptes dans le cadre des services autres que la certification des comptes, à la demande de l'entité :
– les attestations (n° 68100 s.) ;
– les constats à l'issue de procédures convenues (n° 68200 s.) ;
– les consultations (n° 68400 s.) ;
– les lettres de confort, l'examen des comptes prévisionnels et l'examen des comptes pro forma (n° 68600 s.) ;
– les prestations relatives aux informations extra-financières (voir n° 70000 s.) ;
– l'intervention en qualité d'OTI dans le cadre d'une société à mission (voir n° 71000 s.).

> Les audits et examens limités réalisés dans le cadre des SACC sont traités dans un chapitre dédié : voir respectivement n° 49000 s. et 49700 s.

La CNCC considère que pour les attestations, les constats à l'issue de procédures convenues et la vérification des informations extra-financières par l'OTI, le commissaire peut se référer à la doctrine professionnelle de la CNCC constituée par les **avis techniques joints au communiqué publié en juillet 2016** et intitulé « Référence aux normes ou à la doctrine pour les services autres que la certification des comptes fournis à la demande de l'entité » ainsi que par l'avis technique relatif à la déclaration de performance extra-financière et à l'intervention de l'OTI publié en janvier 2020. S'agissant de l'intervention en qualité d'OTI dans une société à mission, un avis technique est en cours d'élaboration à la date de mise à jour de ce Mémento.

Pour les autres services non interdits fournis à la demande de l'entité, en l'absence de normes d'exercice professionnel ou de doctrine professionnelle de la CNCC applicable à l'intervention considérée, le commissaire aux comptes se référera aux « diligences qu'il a estimé nécessaires ».

68030
On précisera également que, lorsqu'il existe une/des **norme(s) internationale(s)** applicable(s) à l'intervention et que le commissaire aux comptes décide de faire référence à cette/ces norme(s) dans son rapport en lieu et place du référentiel français, il met en œuvre les dispositions de cette/ces norme(s) et respecte les autres conditions requises pour son (leur) application. Il établit son rapport selon les dispositions prévues par cette/ces norme(s) (Communiqué CNCC « Référence aux normes ou à la doctrine pour les services autres que la certification des comptes fournis à la demande de l'entité » publié en juillet 2016).

Le commissaire aux comptes peut ainsi se référer aux normes internationales publiées par l'IAASB (*International Auditing and Assurance Standards Board*) telles que :
– la norme internationale de missions d'assurance ISAE 3000 révisée (« missions d'assurance autres que les audits ou examens limités d'informations financières historiques »). L'IAASB a également publié en avril 2021 un guide d'application EER (*Extended External Reporting*) précisant les modalités de mise en œuvre de cette norme et proposant des exemples de rapports ;
– la norme internationale de services connexes ISRS 4400 (« missions de procédures convenues »). Une norme ISRS 4400 révisée est applicable à compter du 1er janvier 2022.

68050
Lorsque le commissaire aux comptes réalise des services autres que la certification des comptes à la demande de la personne ou entité dont il certifie les comptes, il est soumis aux dispositions des titres I et II du Code de déontologie modifié par le décret 2020-292 du 21 mars 2020 :
– Titre I : dispositions communes applicables aux commissaires aux comptes dans l'exercice de leur activité professionnelle ;
– Titre II : dispositions complémentaires applicables aux commissaires aux comptes dans l'exercice de leur activité professionnelle pour le compte de la personne ou de l'entité dont il certifie les comptes.
Ces dispositions sont détaillées dans le cadre du chapitre Statut du contrôleur légal du titre I de la partie I du présent Mémento (n⁰ˢ 3500 s. et 5900 s.).

SECTION 1

Attestations

68100
Hors les cas prévus expressément par les textes légaux et réglementaires, une entité peut demander au commissaire aux comptes qu'elle a désigné une attestation portant sur des informations particulières. Les modalités pratiques de réalisation de ces attestations sont précisées dans l'**avis technique relatif aux attestations** entrant dans le cadre des services autres que la certification des comptes fournis à la demande de l'entité (Annexe 3 du Communiqué CNCC « Référence aux normes ou à la doctrine pour les services autres que la certification des comptes fournis à la demande de l'entité » publié en juillet 2016). Les avis techniques relevant de la doctrine professionnelle, le commissaire aux comptes se référera dans son attestation à la **doctrine professionnelle** de la CNCC et non pas aux normes d'exercice professionnel.

L'ancienne NEP 9030, homologuée par arrêté du 21 juin 2011, est caduque depuis le 17 juin 2016 (voir n⁰ 68000).

L'avis technique ne porte pas sur les attestations établies en application de textes légaux ou réglementaires pouvant résulter d'un règlement publié au Journal officiel de l'Union européenne ainsi que d'un texte légal ou réglementaire publié au Journal officiel de la République française.

SERVICES AUTRES QUE LA CERTIFICATION DES COMPTES À LA DEMANDE DE L'ENTITÉ © Éd. Francis Lefebvre

L'avis technique précité est en outre complété par la note d'information de la CNCC NI. XVI « Le commissaire aux comptes et les attestations » publiée en décembre 2012. Les commissaires aux comptes peuvent utilement se référer à cette note d'information sous réserve que la doctrine exposée ne soit pas contraire aux dispositions légales et réglementaires intervenues depuis la date de mise à jour de cet ouvrage. En effet, cette NI ne tient pas compte des incidences de la réforme européenne de l'audit, de la loi Pacte et du nouveau Code de déontologie. À la date de mise à jour de ce Mémento, des travaux sont en cours pour publier une version actualisée de cette note d'information.

68105 Le commissaire aux comptes peut délivrer une attestation sous réserve que leur fourniture ne contrevienne pas aux dispositions régissant l'exercice du commissariat aux comptes et notamment aux règles d'indépendance et au règlement européen 537/2014 s'agissant des EIP. Pour plus de détails, voir n° 68000.

68110 L'étude de l'avis technique précité donnera lieu aux développements suivants :
– contexte d'intervention de l'auditeur légal ;
– conditions d'acceptation de la mission ;
– mise en œuvre de la mission.

Contexte de l'intervention

68120 **Intérêt pour l'entité** Les dirigeants sont fréquemment saisis de demandes en provenance de **tiers** qui leur réclament des informations issues de leurs livres.

Ce tiers peut être par exemple un organisme public, un banquier, un organisme de prestations sociales, une autorité publique étrangère ou encore l'avocat de la société pour les besoins d'une instance judiciaire.

La possibilité de demander une attestation au commissaire aux comptes permet au dirigeant de répondre à la demande formulée par un tiers en s'adressant à une personne indépendante et assermentée, qui présente l'avantage d'avoir déjà une connaissance de l'entité. Le dirigeant évite par là même d'avoir à recourir aux services d'un prestataire extérieur à la société qui ne présenterait pas ces avantages.

68125 **Demande d'attestation** L'intervention du commissaire aux comptes dans le cadre de l'avis technique précité nécessite une **demande de l'entité dans laquelle il détient son mandat.**

68126 **Contexte de la demande** Conformément aux dispositions de l'avis technique précité, le commissaire aux comptes se fait préciser, en tant que de besoin, le contexte de la demande de l'entité.

Le commissaire aux comptes s'assure :
– que la demande respecte les conditions requises par l'avis technique précité ;
– que les conditions de son intervention sont compatibles avec les dispositions :
• du Code de déontologie de la profession,
• et, le cas échéant, du règlement européen 537/2014 (Avis technique CNCC précité § 1).
  Pour plus de détails sur les services portant atteinte à l'indépendance des commissaires aux comptes, voir les paragraphes 3739 et suivants.

Pour ce faire, le commissaire aux comptes doit donc acquérir, préalablement à l'acceptation de la mission, une compréhension suffisante du contexte de la demande et de l'utilisation qui sera faite de l'attestation. La CNCC recommande ainsi que ces éléments soient précisés dans la lettre de mission prévoyant cette intervention (CNCC NI. XVI – déc. 2012 § 2.14).

Dans certaines entités, une procédure d'autorisation des SACC par le comité d'audit s'impose : voir n° 68159.

68127 **Attestation dans le cadre d'un litige** Dans un avis du 9 juin 2011, le H3C a précisé que le commissaire aux comptes pouvait délivrer une attestation susceptible d'être produite en justice, sous réserve qu'elle soit établie en conformité avec les dispositions de la NEP 9030 applicable à cette date.

Le H3C précise que le commissaire aux comptes n'est pas autorisé à établir un document qui comporterait une appréciation susceptible d'être assimilée à une expertise demandée dans le cadre d'un contentieux ou bien une attestation qui relèverait de l'article 202 du Code de procédure civile.

L'article 202 du Code de procédure civile dispose : « L'attestation contient la relation des faits auxquels son auteur a assisté ou qu'il a personnellement constatés. Elle mentionne les nom, prénoms, date et lieu de naissance, demeure et profession de son auteur ainsi que, s'il y a lieu, son lien de parenté ou d'alliance avec les parties, de subordination à leur égard, de collaboration ou de communauté d'intérêts avec elles. Elle indique en outre qu'elle est établie en vue de sa production en justice et que son auteur a connaissance qu'une fausse attestation de sa part l'expose à des sanctions pénales. L'attestation est écrite, datée et signée de la main de son auteur. Celui-ci doit lui annexer, en original ou en photocopie, tout document officiel justifiant de son identité et comportant sa signature. »

En outre, conformément à l'article 5 du règlement (UE) 537/2014, les services suivants sont interdits pour les commissaires aux comptes des **EIP** :
– services d'aide en cas de litige ;
– services juridiques ayant trait à l'exercice d'un rôle de défenseur dans le cadre de la résolution d'un litige.

La Commission des études juridiques de la CNCC a également considéré que le commissaire aux comptes d'une entité pouvait utiliser, à condition de remplir certains critères, la NEP 9030 « Attestations entrant dans le cadre de diligences directement liées à la mission de commissaire aux comptes », pour attester des données financières de l'entité en sachant que cette attestation pourrait, par la suite, être produite en justice (Bull. CNCC n° 155-2009 p. 551).

Cette position a été reprise par la CNCC dans sa note d'information relative aux attestations en considérant que dès lors que les dispositions de ladite NEP et du Code de déontologie de la profession étaient respectées, il n'était pas interdit au commissaire aux comptes de délivrer une attestation destinée à être utilisée dans le cadre d'un litige.

La NEP 9030 étant devenue caduque depuis le 17 juin 2016, à notre avis l'attestation ainsi établie devra être en conformité avec les principes énoncés par la doctrine professionnelle de la CNCC relative à cette intervention et notamment de l'avis technique « Attestations entrant dans le cadre des SACC fournis à la demande de l'entité ».

Dans ce contexte, il est essentiel de respecter avec une attention toute particulière les dispositions et le formalisme de l'avis technique précité, d'être vigilant dans la rédaction de l'attestation et de vérifier qu'elle est exempte de toute formulation d'une quelconque appréciation sur l'objet du litige. En outre, il est nécessaire de bien se faire préciser le contexte de la demande de l'entité. Comme précisé par la CNCC dans sa note d'information relative aux attestations, après le paragraphe de description des responsabilités respectives, l'attestation peut notamment inclure des limites ou précisions.

Conditions d'acceptation de la mission

Acceptation de la mission Avant d'accepter les travaux correspondant à la demande d'attestation, le commissaire aux comptes s'assure que (Avis technique précité § 1) :
– les attestations portent sur des informations établies par la direction (voir n° 68160) ;
   Pour plus de détails sur la notion de « direction », notamment lorsque le commissaire aux comptes réalise une attestation dans une entité contrôlée ou contrôlante, voir note d'information CNCC n° XVI – décembre 2012 § 2.12.1.

– les conditions de son intervention sont compatibles avec les dispositions du Code de déontologie de la profession et pour cela se fait préciser, si nécessaire, le contexte de la demande ;
   Pour les EIP, le commissaire aux comptes s'assure également que la prestation n'entre pas dans le champ des services interdits par le paragraphe 1 de l'article 5 du règlement européen 537/2014.

– les conditions de son intervention (notamment les délais) sont compatibles avec les ressources dont il dispose.

68150

Le commissaire aux comptes n'est pas et ne peut pas être un dispensateur direct d'informations du fait notamment de son obligation au **secret professionnel**.

Dans tous les cas, il ne peut établir son attestation que si l'entité a établi un document comportant au moins (Avis technique précité § 1) :
– les informations objet de l'attestation ;
– le nom et la signature du dirigeant produisant l'information contenue dans le document ;
– la date d'établissement du document.

Conformément à la doctrine constante de la CNCC, le commissaire aux comptes ne pouvant être dispensateur d'informations, il appartient à l'entité et à elle seule de préparer

68152

1511

le document relatif aux informations à attester et d'y inclure également le contexte dans lequel ces informations ont été établies. Par ailleurs, le commissaire aux comptes apprécie si les méthodes, les modalités, les principales hypothèses et les interprétations retenues pour élaborer ces informations sont à indiquer dans le document préparé par l'entité : voir CNCC NI. XVI – déc. 2012 § 2.13.1.

68155 **Refus de la mission** Le commissaire aux comptes peut ne pas être en mesure de répondre systématiquement de manière positive à toutes les demandes d'attestation dont il est saisi : dans tous les cas, le commissaire aux comptes peut **refuser** l'intervention (Avis technique précité § 1).

La CNCC a également estimé que le commissaire aux comptes ne saurait répondre favorablement à la demande d'établissement d'une attestation prévue par une instruction administrative, dans l'intérêt exclusif d'un ou de certains associés. Elle a rappelé que le commissaire aux comptes ne pouvait se prononcer que sur un document établi par les dirigeants sociaux habilités sous leur responsabilité. Une intervention du commissaire aux comptes, lorsqu'elle ne résulte pas d'un texte légal ou réglementaire, ne peut pas être acceptée lorsqu'elle concerne un associé pris individuellement (Bull. CNCC n° 140-2005 p. 667 ; CNCC NI. XVI – déc. 2012 § 2.14.2).

68158 **Entités concernées** Une entité peut demander au commissaire aux comptes qu'elle a désigné une attestation portant sur des informations particulières. Selon les besoins spécifiques de l'entité, ces informations financières peuvent être celles de l'entité elle-même ou celles d'autres entités (Avis technique précité § Introduction).

S'agissant des prestations fournies par un commissaire aux comptes sans détenir de mandat dans l'entité ou dans sa chaîne de contrôle : voir n°s 75000 s.

68159 **Procédures d'autorisation** Dans certaines entités, les textes légaux et réglementaires imposent une procédure d'autorisation pour les services autres que la certification des comptes non interdits. L'article L 822-11-2 du Code de commerce prévoit notamment que le commissaire aux comptes peut fournir ces services à l'**entité d'intérêt public** dont il certifie les comptes, ou aux personnes ou entités qui la contrôlent ou qui sont contrôlées par elle au sens des I et II de l'article L 233-3, à condition que ceux-ci soient approuvés par le comité d'audit mentionné à l'article L 823-19.

68160 **Informations concernées** L'avis technique précité § 1 prévoit que les attestations demandées ne peuvent porter que sur des informations **établies par la direction.** Ces informations peuvent être **chiffrées ou qualitatives.**

68164 Si le commissaire aux comptes réalise une attestation sur des **informations qualitatives,** il peut par exemple vérifier la conformité de ces informations avec, notamment, les dispositions légales, réglementaires ou statutaires, les stipulations d'un contrat, les éléments du contrôle interne de l'entité, les décisions de l'organe chargé de la direction et les principes figurant dans un référentiel (voir n° 68176). Par nature, des informations qualitatives ne sont pas chiffrées.

En revanche, l'attestation par le commissaire comptes d'informations qualitatives du type : « L'entité a été sauvée du dépôt de bilan par ... », « L'entité X est indépendante de l'entité Y... », n'est pas possible (CNCC NI. XVI – déc. 2012 § 2.12.4).

Le commissaire aux comptes a également la possibilité d'intervenir sur les **éléments du contrôle interne** relatifs à l'élaboration et au traitement de l'information comptable et financière tels qu'énoncés au 3e alinéa du § 14 de la NEP 315 et notamment (CNCC NI. XVI – déc. 2012 § 2.12.3) :

– « l'environnement de contrôle, qui se traduit par le comportement des organes mentionnés à l'article L 823-16 du Code de commerce et de la direction, leur degré de sensibilité et les actions qu'ils mènent en matière de contrôle interne ;
– les moyens mis en place par l'entité pour identifier les risques liés à son activité et leur incidence sur les comptes et pour définir les actions à mettre en œuvre en réponse à ces risques ;
– les procédures de contrôle interne en place, et notamment la façon dont l'entité a pris en compte les risques résultant de l'utilisation de traitements informatisés ; ces procédures permettent à la direction de s'assurer que ses directives sont respectées ;
– les principaux moyens mis en œuvre par l'entité pour s'assurer du bon fonctionnement du contrôle interne, ainsi que la manière dont sont mises en œuvre les actions correctives ;

© Éd. Francis Lefebvre · SERVICES AUTRES QUE LA CERTIFICATION DES COMPTES À LA DEMANDE DE L'ENTITÉ

– le système d'information relatif à l'élaboration de l'information financière. À ce titre, le commissaire aux comptes s'intéresse notamment :
• aux catégories d'opérations ayant un caractère significatif pour les comptes pris dans leur ensemble,
• aux procédures, informatisées ou manuelles, qui permettent d'initier, enregistrer et traiter ces opérations et de les traduire dans les comptes,
• aux enregistrements comptables correspondants, aussi bien informatisés que manuels,
• à la façon dont sont traités les événements ponctuels, différents des opérations récurrentes, susceptibles d'engendrer un risque d'anomalies significatives,
• au processus d'élaboration des comptes, y compris des estimations comptables significatives et des informations significatives fournies dans l'annexe des comptes,
• à la façon dont l'entité communique sur les éléments significatifs de l'information financière et sur les rôles et les responsabilités individuelles au sein de l'entité en matière d'information financière. À ce titre, le commissaire aux comptes s'intéresse notamment à la communication entre la direction et les organes mentionnés à l'article L 823-16 du Code de commerce ou les autorités de contrôle ainsi qu'aux actions de sensibilisation de la direction envers les membres du personnel afin de les informer quant à l'impact que peuvent avoir leurs activités sur l'élaboration de l'information financière ».
Comme le rappelle la CNCC, d'autres interventions, telles que les procédures convenues ou les consultations, sont également possibles sur les éléments du contrôle interne.

68168 Lorsque les informations sur lesquelles porte l'attestation comprennent des **prévisions**, le commissaire aux comptes ne peut pas se prononcer sur la possibilité de leur réalisation (Avis technique précité § 1).

Cela ne signifie pas que les informations objet de l'attestation ne peuvent pas être des prévisions ou ne peuvent pas inclure des prévisions. Lorsque les informations objet de l'attestation sont des prévisions ou incluent des prévisions, l'attestation comporte une mention indiquant que le commissaire aux comptes **ne peut se prononcer sur la possibilité de réalisation** de celles-ci (CNCC NI. XVI – déc. 2012 § 2.12.5).

Mise en œuvre de la mission

68170 **Lettre de mission**   Le nouvel article R 823-17-1 du Code de commerce, introduit par le décret 2020-292 du 21 mars 2020, dispose que, pour les missions autres que la certification des comptes et pour les prestations, une lettre de mission **doit être établie** par les parties préalablement à la réalisation de la mission ou de la prestation. Elle précise notamment les engagements des parties et le montant des honoraires, qui tient compte de l'importance des diligences à mettre en œuvre.

Le commissaire aux comptes peut consigner ces éléments dans la lettre de mission relative à sa mission légale, régie par la NEP 210, ou établir une lettre de mission spécifique dont le contenu n'est pas régi par une NEP.
Dans tous les cas, les dispositions de l'article R 823-17-1 du Code de commerce rappelées ci-avant devront être respectées et la lettre de mission précisera a minima les engagements des parties et le montant des honoraires.

68175 **Travaux du commissaire aux comptes**   Le commissaire aux comptes détermine si les travaux réalisés pour les besoins de la certification des comptes lui permettent d'obtenir le niveau d'assurance requis, ce dernier variant selon la nature des informations et l'objet de l'attestation demandée. Si ce n'est pas le cas, il met en œuvre des **travaux complémentaires** en fonction de l'objet de l'attestation (Avis technique précité § 2).

68176 Les contrôles complémentaires peuvent consister notamment à :
– vérifier la **concordance ou** la **cohérence** des informations objet de l'attestation avec :
• la comptabilité, ou
• des données sous-tendant la comptabilité, ou

La notion de « **données sous-tendant la comptabilité** » correspond à des données qui ne sont pas enregistrées en tant que telles dans la comptabilité générale mais qui peuvent, par exemple, être enregistrées dans la comptabilité analytique « matières » ou bien sous-tendre des données qui sont enregistrées dans la comptabilité générale. Il peut s'agir, par exemple, des tonnages achetés ou vendus de matières, de marchandises, d'emballages..., des consommations d'eau, de gaz, d'électricité..., dès lors que les quantités stockées, consommées ou vendues valorisées se traduisent par un enregistrement dans la comptabilité générale. Il en est de même des rejets de CO_2, dès lors qu'ils donnent lieu à un marché organisé des quotas et, que de ce fait, ils sont susceptibles de donner lieu à des enregistrements dans la comptabilité générale (CNCC NI. XVI – déc. 2012 § 2.12.2).

• des données internes à l'entité en lien avec la comptabilité telle que notamment la comptabilité analytique ou des états de gestion ;

La notion d'« **informations ayant un lien avec la comptabilité** » est d'acception large. Elle vise les données enregistrées dans les comptes mais également les données internes à l'entité en lien avec la comptabilité pouvant correspondre, par exemple, à des données budgétaires ou prévisionnelles ou bien à celles d'une comptabilité analytique, autonome ou non par rapport à la comptabilité générale ou bien encore à des états de gestion. En général, ces informations sont exprimées en unités monétaires (CNCC NI. XVI – déc. 2012 § 2.12.2).

Dans sa note d'information relative aux attestations, la CNCC propose les définitions suivantes des notions de « concordance » et de « cohérence » (CNCC NI. XVI – déc. 2012 § 2.42.1 et 2.42.2) :

« La **concordance** est la reprise à l'identique dans un document d'un chiffre ou d'une information figurant dans un autre document dont il est extrait. La concordance suppose qu'il y ait au moins deux chiffres ou informations à comparer. Elle ne peut pas être appréciée isolément.
On parle de concordance avec :
– des comptes annuels ou consolidés ou intermédiaires ;
– une ou plusieurs notes de l'annexe, ou un extrait d'une note de l'annexe ;
– la balance générale ;
– des balances auxiliaires ;
– des données chiffrées issues de la comptabilité ;
– une pièce comptable (factures, bons de livraison…) ;
– la comptabilité analytique (quantités, relevés d'heures…) ;
– … »

« Il y a **cohérence** entre deux chiffres ou informations issus de sources différentes lorsqu'ils ne présentent pas de contradictions entre eux, sont homogènes, se corroborent ou présentent une logique d'ensemble. La cohérence suppose qu'il y ait au moins deux chiffres ou informations à comparer. Elle ne peut pas être appréciée isolément.
On parle de cohérence :
– des informations figurant dans des colonnes d'une fiche déclarative avec la documentation technique se rapportant aux produits objet de la déclaration ;
– des budgets avec les hypothèses et les plans d'action ;
– d'hypothèses entre elles ;
– d'un chiffre avec des paramètres de calcul ;
– d'une information avec des données de marché ou des indicateurs externes à l'entité ;
– d'une information avec la compréhension ou la connaissance que le commissaire aux comptes a de l'entité ;
– de la traduction en langue étrangère de tout ou partie des comptes annuels ou consolidés avec les comptes annuels ou consolidés établis en français. »

– vérifier la **conformité** de ces informations avec, notamment, les dispositions légales, réglementaires ou statutaires, les stipulations d'un contrat, les éléments du contrôle interne de l'entité, les décisions de l'organe chargé de la direction, les principes figurant dans un référentiel ou la conformité des modalités de détermination de ces informations avec celles décrites dans le document joint à l'attestation ;

La CNCC propose la définition suivante de la notion de « conformité » (CNCC NI. XVI – déc. 2012 § 2.42.3) :
« La conformité d'une information avec une règle, un principe, un texte légal ou réglementaire… est la correcte application ou reproduction de cette règle, de ce principe ou de ce texte légal ou réglementaire. La conformité suppose une référence à laquelle est mesurée une information, selon le cas, dans tous ses aspects significatifs. Elle ne peut pas être appréciée isolément. »

– apprécier si ces informations sont présentées de manière **sincère** (Avis technique précité § 2).

La CNCC propose la définition suivante de la notion de « présentation sincère » (CNCC NI. XVI – déc. 2012 § 2.42.4) :
« Une information est présentée de manière sincère si elle reflète fidèlement, dans tous leurs aspects significatifs, les situations ou événements qu'elle a vocation à traduire, c'est-à-dire qu'elle traduit la réalité et ne comporte pas d'omission de nature à influencer la compréhension ou la décision de l'utilisateur. »

68178 Le commissaire aux comptes peut estimer nécessaire d'obtenir des déclarations écrites de la direction.

Il s'assure qu'il a collecté les éléments suffisants et appropriés, au regard du niveau d'assurance requis, pour étayer la conclusion formulée dans son attestation (Avis technique précité § 2).

La note d'information de la CNCC relative aux attestations précise les travaux pouvant être mis en œuvre dans les cas suivants (CNCC NI. XVI – déc. 2012) :
– concordance d'un chiffre ou d'une information (§ 2.44.1) ;
– cohérence de deux chiffres ou de deux informations entre elles (§ 2.44.2) ;

© Éd. Francis Lefebvre   **SERVICES AUTRES QUE LA CERTIFICATION DES COMPTES À LA DEMANDE DE L'ENTITÉ**

– conformité aux textes, statuts, contrat, procédures… (§ 2.44.3) ;
– présentation sincère d'une information (§ 2.44.4) ;
– informations se rapportant à une entité contrôlée ou contrôlante (§ 2.45.1) ;
– informations se rapportant à des exercices antérieurs à la nomination du CAC (§ 2.45.2) ;
– informations à attester au cours du premier exercice d'un nouveau mandat (§ 2.45.3) ;
– informations à attester incluant des prévisions ou correspondant à des prévisions (§ 2.45.4) ;
– déclarations de la direction (§ 2.46).

Les diligences requises par l'établissement de l'attestation pourront nécessiter un examen de pièces qui ne font pas partie de l'information comptable au sens strict. Ce sera notamment le cas lorsque l'attestation portera sur des données sous-tendant la comptabilité ou lorsque la validation de l'information en lien avec les comptes ou sous-tendant les comptes nécessitera un contrôle de conformité avec des données extra-comptables (par exemple, contrôle de conformité avec les dispositions légales et réglementaires, avec les statuts, avec des stipulations contractuelles, etc.).

Forme de l'attestation L'attestation délivrée prend la forme d'un document daté **68180** et signé par le commissaire aux comptes auquel est joint le document établi par la direction qui comprend les informations objet de l'attestation (voir nº 68152 et Avis technique précité § 3).

L'attestation comporte les éléments suivants (Avis technique précité § 3) :
– un titre ;
– l'identité du destinataire de l'attestation au sein de l'entité ;
– le rappel de la qualité de commissaire aux comptes de l'entité ;

Dans son attestation, le commissaire aux comptes fait dorénavant référence à la doctrine professionnelle de la CNCC et non plus aux normes d'exercice professionnel (voir nº 68100).

– l'identification de l'entité ;
– la nature et l'étendue des travaux mis en œuvre ;
– toutes remarques utiles permettant au destinataire final de mesurer la portée et les limites de l'attestation délivrée ;
– une conclusion adaptée aux travaux effectués et au niveau d'assurance obtenu ;

Selon la doctrine de la CNCC, en fonction de l'objectif de l'attestation, du niveau d'assurance requis et des travaux effectués, la conclusion peut être exprimée sous une forme positive ou négative, en faisant référence aux travaux effectués.

Lorsqu'elle est exprimée sous une forme négative, il peut s'agir (NI. XVI précitée, § 2.51.6) :
– d'une conclusion sans observation ;
– d'une conclusion avec observation(s) : les observations peuvent résulter de points identifiés dans le cadre de la mission de certification des comptes ou des travaux spécifiques effectués pour les besoins de l'attestation ;
– d'une impossibilité de conclure, par exemple lorsque l'information sous-jacente est issue de comptes ayant fait l'objet de réserve(s) ou d'un refus de certifier ou bien d'une comptabilité erronée.

– la date ;
– l'identification et la signature du commissaire aux comptes.

Compte tenu de la forme de l'attestation imposée par l'avis technique, le commissaire aux comptes ne saurait se contenter d'apposer un visa sur un document établi par l'entité.

La CNCC précise que les documents établis par la direction de l'entité et joints à l'attestation du commissaire aux comptes peuvent faire l'objet de sa part d'un visa aux seules fins d'identification. Dans ce cas, il convient de parapher le document de l'entité par l'apposition des initiales du signataire et/ou d'initialiser le document, par exemple, au moyen d'un tampon « initialisation pour besoin d'identification » ou « pour identification seulement » (CNCC NI. XVI – déc. 2012 § 2.51).

Afin de respecter les règles de **secret professionnel**, le commissaire aux comptes adresse **68182** son attestation à la seule direction de l'entité (Avis technique précité § 3).

Cocommissariat aux comptes Lorsque l'entité a désigné plusieurs commissaires **68190** aux comptes, l'attestation est signée par chaque commissaire aux comptes dès lors qu'elle porte sur des informations financières de l'entité établies conformément aux référentiels comptables appliqués pour répondre à ses obligations légales ou réglementaires françaises d'établissement des comptes, et que ces informations ont été arrêtées par l'organe compétent ou sont destinées à être communiquées au public (Avis technique précité § 5).

1515

SERVICES AUTRES QUE LA CERTIFICATION DES COMPTES À LA DEMANDE DE L'ENTITÉ © Éd. Francis Lefebvre

Dans les autres cas, l'attestation peut être signée par l'un des commissaires aux comptes : celui-ci doit alors informer préalablement les autres commissaires aux comptes de la nature et de l'objet de l'attestation et leur communiquer une copie de son attestation (Avis technique précité § 5).

68192 **Révélation de faits délictueux** La question de la révélation de faits délictueux découverts dans le cadre des services autres que la certification des comptes fournis à la demande de l'entité est traitée aux n⁰ˢ 61645 et 61660.

68194 **Lutte contre le blanchiment des capitaux et financement du terrorisme** Les obligations de vigilance et de déclaration du commissaire aux comptes dans le cadre du dispositif de lutte contre le blanchiment des capitaux et le financement du terrorisme sont applicables tant pour la mission légale que pour les services autres que la certification des comptes.

Pour plus de détails, voir n⁰ˢ 62090-1 s.

SECTION 2

Constats à l'issue de procédures convenues avec l'entité

68200 L'avis technique relatif aux procédures convenues avec l'entité entrant dans le cadre des SACC fournis à la demande de l'entité précise les modalités pratiques de réalisation de ce type d'interventions (Communiqué CNCC précité – Annexe 4).

L'ancienne NEP DDL 9040 est caduque depuis le 17 juin 2016 (voir n⁰ 68000).

Cet avis technique a été établi en 2016 en reprenant notamment les principes fondamentaux de la norme internationale ISRS 4400 relative à ce type de missions (*agreed-upon procedures regarding financial information*).

Sur la possibilité de faire référence à une norme internationale, voir n⁰ 68030.

68205 Le commissaire aux comptes peut mettre en œuvre des procédures convenues sous réserve que leur fourniture ne contrevienne pas aux dispositions régissant l'exercice du commissariat aux comptes et notamment aux règles d'indépendance et au règlement européen 537/2014 s'agissant des EIP. Pour plus de détails, voir n⁰ 68000.

Contexte d'intervention

68210 Les entreprises peuvent avoir besoin, selon les destinataires des communications qu'elles réalisent (large public ou tiers identifiés) et selon la nature des informations sur lesquelles portent ces communications (comptes, états comptables, éléments de comptes, informations isolées chiffrées ou non, etc.), d'interventions ayant pour finalité :

– soit l'expression d'une conclusion adaptée au niveau d'assurance obtenu ;

– soit la formulation de constats, dont l'utilisateur tire ses propres conclusions.

Selon les besoins de l'entité, ces sujets peuvent concerner l'entité elle-même ou d'autres entités.

Les « **procédures convenues** » relèvent de cette seconde catégorie. Elles désignent des interventions effectuées par un intervenant extérieur à la demande de l'entreprise, qui ont pour objectif la formulation de constats (*factual findings*) opérés à partir de diligences dont la nature et l'étendue sont convenues, entre l'entreprise et cet intervenant, pour les besoins propres à cette entreprise, ou pour les besoins d'un tiers identifié qui sait ce dont il a besoin et qui comprend ce que l'intervenant extérieur a fait dans le cadre de son intervention.

Le commissaire aux comptes est pour l'entreprise un intervenant tout désigné pour la mise en œuvre de ce type de missions :

– d'une part, le statut du commissaire aux comptes renforce la sécurité de l'entité demandeuse quant à la fiabilité des procédures mises en œuvre et à la crédibilité des résultats qui en découlent ;

1516

© Éd. Francis Lefebvre   SERVICES AUTRES QUE LA CERTIFICATION DES COMPTES À LA DEMANDE DE L'ENTITÉ

– d'autre part, l'entreprise sait qu'elle fait intervenir le commissaire aux comptes dans son domaine d'expertise, dans la mesure où la réalisation de constats est pour le commissaire aux comptes une technique de base à laquelle il recourt systématiquement quel que soit le degré de sophistication atteint in fine par chaque type de mission (voir n° 68220).

68220

Les procédures convenues correspondent à des **interventions « sur mesure »**. Elles sont en conséquence de natures diverses et peuvent répondre à des besoins relativement variés.

Les constats qui en résultent sont en principe réservés à un tiers identifié qui comprend les termes et l'étendue de l'intervention : le rapport du commissaire aux comptes, qui relate toutes les procédures mises en œuvre et les constats qui ont été réalisés, n'a **pas** vocation à être **diffusé au public**.

Champ d'application

L'**articulation** des missions d'audit, d'examen limité, d'attestation et de constats à l'issue de procédures convenues, entrant dans le cadre des services autres que la certification des comptes fournis à la demande de l'entité, repose sur les distinctions suivantes :

68240

– les missions d'audit, d'examen limité et d'attestation ont pour caractéristique commune d'être des **missions d'assurance** qui débouchent nécessairement sur une **conclusion** ;

> La conclusion du rapport d'audit correspond à l'obtention d'une assurance de niveau raisonnable, celle du rapport d'examen limité à l'obtention d'une assurance de niveau modéré, celle de l'attestation à l'obtention d'une assurance de niveau variable.

– les missions de « constats à l'issue de procédures convenues » se limitent à la **formulation pure et simple de constats** réalisés dans le cadre de procédures déterminées de manière limitative avec l'entité demandeuse.

> On observe que les missions d'audit, d'examen limité et les attestations comprennent toujours la réalisation de constats sur lesquels l'auditeur fonde l'assurance qu'il délivre.

Deux autres traits distinctifs conduisent par ailleurs à distinguer les missions d'audit, d'examen limité et d'attestation, d'une part, et les missions de constats à l'issue de procédures convenues, d'autre part :

– les missions d'audit, d'examen limité et d'attestation ont toujours vocation à exprimer une conclusion sur un **document existant** (ainsi l'attestation a toujours pour objectif d'apporter une crédibilité à un document établi par la direction), alors que l'existence d'un document n'est pas une condition requise pour la mise en œuvre de procédures convenues ;

– les diligences entrant dans les missions d'audit, d'examen limité et d'attestation résultent d'un accord de l'entité et de son commissaire aux comptes portant sur l'objectif à atteindre, à savoir l'obtention par le commissaire aux comptes d'un niveau d'assurance déterminé sur un document existant : la lettre établie pour ce type de missions laissera toujours le commissaire aux comptes **libre de définir les diligences à mettre en œuvre** pour atteindre le but recherché. Au contraire, la spécificité même des diligences entrant dans les missions de constats à l'issue de procédures convenues est que le commissaire aux comptes s'engage à réaliser, sur la base d'une demande limitative de l'entreprise, des diligences qui donneront lieu aux constats émis dans le rapport établi à l'issue de son intervention. Ce rapport est donc un rapport de restitution pure et simple sans formulation d'une conclusion globale dont la légitimité ne serait pas acquise dès lors que le commissaire aux comptes ne choisit pas seul la nature et l'étendue de ses diligences : telle est la limite essentielle de ce type de missions, qui justifie cette mention caractéristique des rapports de procédures convenues selon laquelle, si le commissaire aux comptes avait mis en œuvre d'autres procédures ou un audit ou un examen limité, d'autres résultats auraient pu être obtenus.

Conditions d'acceptation

Entités concernées   Dans le cadre des SACC, selon les besoins de l'entité, les sujets nécessitant des constats peuvent concerner l'entité elle-même ou d'autres entités.

68250

> S'agissant des prestations fournies par un commissaire aux comptes sans détenir de mandat dans l'entité ou dans sa chaîne de contrôle, voir n°s 75000 s.

1517

68260 **Acceptation** Avant d'accepter la mission, le commissaire aux comptes se fait préciser le contexte de la demande pour s'assurer que (Avis technique précité § 1) :
– les conditions de son intervention et l'utilisation prévue de son rapport sont compatibles avec les dispositions du Code de déontologie de la profession ;

> Pour les EIP, le commissaire aux comptes s'assure également que la prestation n'entre pas dans le champ des services interdits par le paragraphe 1 de l'article 5 du règlement européen 537/2014.
> Pour plus de détails sur les services portant atteinte à l'indépendance des commissaires aux comptes, voir les paragraphes 3739 et suivants.

– les conditions de son intervention (notamment les délais) sont compatibles avec les ressources dont il dispose.

Dans tous les cas, le commissaire aux comptes peut refuser l'intervention (Avis technique précité § 1).

68270 **Procédures d'autorisation** Dans certaines entités, les textes légaux et réglementaires imposent une procédure d'autorisation pour les services autres que la certification des comptes non interdits. L'article L 822-11-2 du Code de commerce prévoit notamment que le commissaire aux comptes peut fournir ces services à l'**entité d'intérêt public** dont il certifie les comptes, ou aux personnes ou entités qui la contrôlent ou qui sont contrôlées par elle au sens des I et II de l'article L 233-3, à condition que ceux-ci soient approuvés par le comité spécialisé mentionné à l'article L 823-19.

Mise en œuvre de la mission

68300 **Lettre de mission** Le nouvel article R 823-17-1 du Code de commerce, introduit par le décret 2020-292 du 21 mars 2020, dispose que, pour les missions autres que la certification des comptes et pour les prestations, une lettre de mission **doit être établie** par les parties préalablement à la réalisation de la mission ou de la prestation. Elle précise notamment les engagements des parties et le montant des honoraires, qui tient compte de l'importance des diligences à mettre en œuvre.

> Le commissaire aux comptes peut consigner ces éléments dans la lettre de mission relative à sa mission légale, régie par la NEP 210, ou établir une lettre de mission spécifique dont le contenu n'est pas régi par une NEP.
> Dans tous les cas, les dispositions de l'article R 823-17-1 du Code de commerce rappelées ci-avant devront être respectées et la lettre de mission devra préciser les engagements des parties et le montant des honoraires.

68310 **Travaux du commissaire aux comptes** Le commissaire aux comptes convient avec l'entité (Avis technique précité § 2) :
– des informations, données, documents ou éléments du contrôle interne sur lesquels portent les procédures à mettre en œuvre ;
– de la nature, de l'étendue et du calendrier des procédures à mettre en œuvre ;
– des modalités de restitution des travaux et des constats qui en résultent ;
– des conditions restrictives de diffusion du rapport.

Il peut conditionner son intervention à l'obtention de déclarations écrites de la direction. Il met en œuvre les procédures convenues avec l'entité et décrit dans son rapport les constats qui en résultent.

68320 **Rapport** Le commissaire qui n'a pas défini lui-même les procédures à mettre en œuvre et ne peut pas connaître les conclusions qui pourraient être tirées de ses constats précise clairement dans son rapport la **portée** et les **limites** de son intervention afin que les constats relatés dans son rapport ne puissent pas donner lieu à une interprétation inappropriée.

Le rapport comporte (Avis technique précité § 3) :
– un titre précisant qu'il s'agit d'un rapport de constats résultant de procédures convenues ;
– l'identité du destinataire du rapport au sein de l'entité ou l'indication de l'organe auquel le rapport est destiné ;
– le rappel de la qualité de commissaire aux comptes ;
– l'identification de l'entité concernée ;
– un exposé sommaire du contexte de l'intervention ;

© Éd. Francis Lefebvre — SERVICES AUTRES QUE LA CERTIFICATION DES COMPTES À LA DEMANDE DE L'ENTITÉ

– l'identification des informations, données, documents, ou éléments du contrôle interne de l'entité sur lesquels portent les procédures convenues ;
– la description des procédures mises en œuvre et la mention que celles-ci correspondent aux procédures convenues avec l'entité et ne constituent ni un audit ni un examen limité ;

Le commissaire aux comptes indique dorénavant que ses travaux sont réalisés selon la doctrine professionnelle de la CNCC et ne fait donc plus référence aux normes d'exercice professionnel (voir n° 68100).

– la formulation des résultats sous forme de constats ;
– toutes remarques utiles permettant au destinataire final de mesurer la portée et les limites du rapport émis ;
– la date du rapport ;
– l'identification et la signature du commissaire aux comptes.

Le commissaire aux comptes indique dorénavant que ses travaux ont été réalisés selon la doctrine professionnelle de la CNCC relative à cette intervention et ne fait donc plus référence aux normes d'exercice professionnel (voir n° 68100).

Bien que l'avis technique précité ne le précise pas explicitement, le rapport du commissaire aux comptes dans le cadre de procédures convenues ne peut être adressé à d'autres personnes que la direction de l'entité ou l'organe de l'entité auquel il est destiné (Bull. CNCC n° 155-2009 p. 549). Cette position se fonde sur l'obligation du commissaire aux comptes au secret professionnel.

Ce point pourra être précisé dans la lettre de mission.

Documentation Le commissaire aux comptes fait figurer dans son dossier les éléments qui permettent d'étayer les constats rapportés dans son rapport et d'établir que l'intervention a été réalisée dans le respect du Code de déontologie et, le cas échéant, du règlement européen 537/2014. **68325**
Pour cela, il peut s'inspirer des dispositions de la norme d'exercice professionnel relative à la documentation de l'audit des comptes.

Cocommissariat aux comptes Lorsque l'entité a désigné plusieurs commissaires aux comptes, l'intervention peut être demandée à un seul commissaire aux comptes. Il appartient alors au commissaire aux comptes qui réalise seul l'intervention d'informer préalablement les autres commissaires aux comptes de la nature et de l'objet de l'intervention et de leur communiquer une copie du rapport (Avis technique précité § 5). **68330**

SECTION 3

Consultations

À la demande de l'entité dont il contrôle les comptes, le commissaire aux comptes peut réaliser des consultations sous réserve que leur fourniture ne contrevienne pas aux dispositions régissant l'exercice du commissariat aux comptes et notamment aux règles d'indépendance et au règlement européen 537/2014 s'agissant des EIP. Pour plus de détails, voir n° 68000. **68400**

Pour mémoire, depuis l'entrée en vigueur de la loi Pacte, un commissaire aux comptes peut également réaliser des prestations dans une entité dont il ne certifie pas les comptes en application de l'article L 820-1-1 du Code de commerce : voir n°s 75000 s.

Les normes d'exercice professionnel relatives aux **consultations** entrant dans le cadre de diligences directement liées à la mission de commissaire aux comptes (NEP 9050 et 9080) sont caduques depuis le 17 juin 2016 (voir n° 68000).
Le commissaire aux comptes souhaitant mettre en œuvre des prestations de consultations peut s'inspirer des anciennes NEP 9050 et 9080, étant précisé qu'elles ne constituent pas pour autant un cadre limitatif.
À la date de mise à jour de ce Mémento, la CNCC n'a pas publié de doctrine professionnelle relative aux consultations, comme elle l'a fait s'agissant des attestations ou des procédures convenues (voir Communiqué CNCC juillet 2016 « Référence aux normes ou à la doctrine pour les services autres que la certification des comptes »).

1519

Dès lors, comme le confirme la CNCC dans le communiqué précité, le commissaire aux comptes se réfère aux « diligences qu'il a estimé nécessaires » lorsqu'il met en œuvre des prestations de consultations.

À titre indicatif, pour les commissaires aux comptes souhaitant s'y référer, nous reprendrons ci-après les modalités d'intervention issues des anciennes NEP DDL « Consultations », étant précisé que les conditions d'intervention requises par ces anciennes normes n'ont plus le caractère restrictif qu'elles avaient avant le 17 juin 2016.

I. Consultations

Contexte d'intervention

68410 Les entités peuvent être amenées à réaliser, dans des délais parfois courts, des opérations complexes, notamment en matière d'investissements, d'opérations sur le capital ou de financement, dont la traduction comptable peut s'avérer difficile au regard des principes et normes comptables en vigueur. Ces opérations se situent dans un environnement qui comporte généralement des aspects juridiques, fiscaux, sociaux, financiers ou environnementaux à prendre en considération pour appréhender et analyser ces opérations. Les entités confrontées à ces difficultés doivent les anticiper et mesurer, en amont de la réalisation éventuelle de ces opérations, l'incidence comptable que chacune d'entre elles est susceptible d'avoir sur ses états financiers. Le commissaire aux comptes peut ainsi donner son avis, sous forme de consultation, sur les traitements comptables envisagés, en prenant en considération l'environnement global de l'opération et son contexte économique sous-jacent.

L'accélération des délais de production de l'information financière renforce par ailleurs l'exigence de communication continue entre les commissaires aux comptes et les entités. Ces dernières ont besoin d'une information financière fiable, vérifiée dans des délais très courts par leur commissaire aux comptes, qu'elles puissent communiquer notamment à leurs actionnaires et aux tiers. La publication des résultats financiers audités de certaines sociétés intervient aujourd'hui dans des délais inférieurs à trente jours après la date de clôture. Pour répondre aux besoins de ces entreprises, le commissaire aux comptes suit une démarche structurée intégrant cette contrainte de délai afin de pouvoir délivrer en amont de l'arrêté, sur des sujets délicats ou complexes, une analyse par écrit sur le traitement envisagé par l'entreprise.

Les entités peuvent également solliciter auprès de leur commissaire aux comptes des consultations, avis, diffusions de bonnes pratiques ou d'informations par l'entité sur un sujet qui présente un lien avec la sécurisation des opérations, la prévention des risques ou la qualité de l'information financière. Il doit cependant être attentif à ce que sa consultation ne puisse pas être interprétée comme une immixtion dans la gestion de l'entité contrôlée (voir infra n° 68470).

68420 **Exemples d'interventions** La consultation permet notamment de **donner un avis** ou de **fournir des éléments d'information.** Les avis peuvent être assortis de recommandations.

Les **avis** exprimés par le commissaire aux comptes peuvent porter sur des positions ou pratiques existantes, prises ou envisagées par la société sur des traitements dans les comptes ou dans l'information financière.

Exemples d'application. Les missions de consultation peuvent être illustrées par quelques exemples :
• Lors de la publication ou de l'entrée en vigueur de nouveaux textes comptables complexes, une entreprise demande un avis à son commissaire aux comptes sur le traitement qu'elle a prévu pour les opérations concernées et sur l'information à donner en annexe en fonction de la nouvelle norme.
• Une entreprise envisage l'achat d'une autre entité. Plusieurs scenarii sont possibles, tant en matière de financement (autofinancement, emprunts) que de positionnement de l'entité acquise au sein du groupe. Elle demande à son commissaire aux comptes, en amont de la réalisation de l'opération, un avis sur les différents traitements comptables et implications juridiques, fiscales et comptables qu'elle envisage pour chacun de ces scenarii.
• Une entreprise qui a réécrit son manuel de procédures comptables demande à son commissaire aux comptes d'en effectuer une relecture afin de pouvoir bénéficier de ses avis et recommandations eu égard à son expertise et à sa connaissance de l'entreprise.
Elle peut aussi demander à son commissaire aux comptes la revue critique d'un manuel existant qu'elle souhaite améliorer au regard de difficultés qu'elle a rencontrées.

SERVICES AUTRES QUE LA CERTIFICATION DES COMPTES À LA DEMANDE DE L'ENTITÉ

• Une entreprise souhaite un support de formation concernant des textes, des projets de texte ou des pratiques contribuant à la bonne compréhension des obligations de l'entité.

• Une entreprise souhaite un document d'analyse sur les conséquences générales ou les difficultés d'application d'un référentiel, d'un texte, et/ou de pratiques, nouveaux pour l'entité, ou encore, de projets de texte, relatifs au contrôle interne ou à certains de ses éléments.

S'agissant des informations financières prévisionnelles, la consultation peut avoir pour objet de **donner un avis sur la traduction chiffrée** de ces informations, compte tenu du processus défini par l'entité pour les élaborer et des hypothèses qui les sous-tendent. Dans le cadre de cette consultation, le commissaire aux comptes ne peut pas porter d'appréciation sur la possibilité de réalisation des prévisions.

Apport méthodologique La consultation peut par exemple prendre la forme d'un éclairage technique donné par le commissaire aux comptes à l'entité contrôlée. Il pourra notamment s'agir :

– d'un avis rendu préalablement à la diffusion d'un manuel de procédures comptables ou d'un projet de format de liasse de consolidation ;

– d'un avis sur la méthodologie, par exemple sur la démarche de l'entité en vue de procéder à l'identification des divergences entre les normes qu'elle a appliquées jusqu'alors et les nouvelles normes applicables.

Cet apport méthodologique peut être assorti de recommandations émises par le commissaire aux comptes. Ces recommandations ont pour objectif d'assurer la conformité aux règles et textes applicables.

En revanche, l'apport méthodologique ne peut consister par exemple à participer à l'établissement des comptes, à l'élaboration d'informations financières ou à mettre en place des mesures de contrôle interne.

Sur les limites à respecter en matière de consultation, voir aussi nos 68460 à 68480.

68430

Différences entre la consultation et la mission légale La consultation rendue dans le cadre des consultations se démarque de la mission de certification tout d'abord parce qu'elle répond à une demande expresse de l'entreprise. De plus, le fait que la question soit généralement posée en amont de l'établissement des comptes, ainsi que la complexité de la question posée, qui suppose un véritable travail de documentation et d'approfondissement de la part du commissaire aux comptes, font que le travail effectué ne peut être considéré comme entrant dans la mission légale au sens strict du terme : il doit être considéré comme en étant l'accessoire. Enfin, la consultation peut avoir pour objectif d'explorer plusieurs scenarii possibles, dont l'un tout au plus sera mis en œuvre en définitive.

Sur les limites à respecter en matière de consultation, voir nos 68460 à 68480.

68440

Conditions d'intervention

Acceptation de la mission Avant d'accepter la mission, le commissaire aux comptes se fait préciser le contexte de la demande pour s'assurer que (Ancienne NEP 9050 § 02, 10 et 11) :

– les conditions de son intervention et l'utilisation prévue de sa consultation sont compatibles avec les dispositions du Code de déontologie de la profession ;

Pour les EIP, le commissaire aux comptes s'assure également que la prestation n'entre pas dans le champ des services interdits par le paragraphe 1 de l'article 5 du règlement européen 537/2014.

Pour plus de détails sur les services portant atteinte à l'indépendance des commissaires aux comptes, voir nos 3739 s.

La consultation ne saurait conduire le commissaire aux comptes à s'immiscer dans la gestion (voir n° 68470). Sur les risques liés à l'autorévision et à la sous-traitance, voir n° 68480.

– les conditions de son intervention (notamment les délais) sont compatibles avec les ressources dont il dispose.

Dans tous les cas, le commissaire aux comptes peut refuser l'intervention.

68460

Non-immixtion dans la gestion Dans le contexte spécifique des consultations comptables, les prestations ne doivent pas conduire le commissaire aux comptes à s'immiscer dans la gestion (C. com. art. L 823-10, al. 1) et il ne peut pas, notamment :

– porter une appréciation sur l'opportunité du montage juridique et financier d'une opération ou, plus généralement, se prononcer sur l'opportunité de l'opération ;

– porter une appréciation sur la possibilité de réalisation des prévisions ;

68470

1521

SERVICES AUTRES QUE LA CERTIFICATION DES COMPTES À LA DEMANDE DE L'ENTITÉ © Éd. Francis Lefebvre

– être amené à représenter l'entreprise, en appui de sa consultation, dans des litiges ou différends qui opposent l'entreprise à des tiers ;
– participer directement à la prise de décision, celle-ci appartenant à la direction de l'entité.

68480   Sous-traitance et autorévision   Les travaux réalisés ne doivent pas conduire le commissaire aux comptes à devenir le sous-traitant de l'entité contrôlée, ni à le placer dans une situation de risque d'autorévision, par exemple en le mettant en position d'avoir à vérifier des informations qu'il aurait lui-même établies (sur la notion d'autorévision, voir n°s 3570 et 3757).

À cet égard, il convient de souligner :
– que la consultation est généralement une intervention « en amont » sur une question que le commissaire aux comptes pourrait de toute façon être amené à examiner « a posteriori » au titre de sa mission légale. En ce sens, la consultation n'est pas sans rappeler la procédure de rescrit parfois utilisée en matière fiscale ;
– que la direction de l'entité doit avoir la capacité d'effectuer une analyse préalable de la situation ou de l'opération dans son contexte et de comprendre la consultation du commissaire aux comptes (Ancienne NEP 9050 § 08) ;
– enfin, que le volume et le niveau de détail des recommandations émises par le commissaire aux comptes ne doivent pas être tels qu'ils correspondent en substance à fournir à l'entreprise un mode opératoire qu'il lui suffit de mettre en application.

68490   Approbation par le comité d'audit   Dans certaines entités, les textes légaux et réglementaires imposent des procédures d'autorisation pour les services autres que la certification des comptes non interdits. L'article L 822-11-2 du Code de commerce prévoit notamment que le commissaire aux comptes peut fournir ces services à l'**entité d'intérêt public** dont il certifie les comptes, ou aux personnes ou entités qui la contrôlent ou qui sont contrôlées par elle au sens des I et II de l'article L 233-3, à condition que ceux-ci soient approuvés par le comité d'audit.

Une disposition introduite par la loi Sapin 2 simplifie l'approbation de la fourniture des SACC au sein des groupes comprenant plusieurs EIP dotées d'un comité d'audit, en permettant que ladite approbation soit centralisée au niveau du comité d'audit de la société mère (voir n° 26470, 6°).
Pour plus de détails sur l'approbation des SACC par le comité d'audit, voir n° 3781.

Mise en œuvre de la mission

68500   Lettre de mission   Le nouvel article R 823-17-1 du Code de commerce, introduit par le décret 2020-292 du 21 mars 2020, dispose que, pour les missions autres que la certification des comptes et pour les prestations, une lettre de mission **doit être établie** par les parties préalablement à la réalisation de la mission ou de la prestation. Elle précise notamment les engagements des parties et le montant des honoraires, qui tient compte de l'importance des diligences à mettre en œuvre.

68505   Travaux du commissaire aux comptes   Le commissaire aux comptes peut notamment :
– examiner les éléments d'information communiqués par l'entité au regard du contexte particulier qui lui est présenté ;
– réaliser ses travaux à partir de ces éléments, des textes légaux et réglementaires, des positions de doctrine et des pratiques dont il a connaissance (Ancienne NEP 9050 § 14) ;
– demander à l'entité de lui communiquer les consultations éventuellement établies sur le sujet par d'autres intervenants (Ancienne NEP 9050 § 15).

68510   Forme de la consultation   La consultation peut prendre la forme d'un document daté et signé qui comporte notamment :
– un rappel des rôles respectifs de l'entité et du commissaire aux comptes, précisant notamment qu'il n'appartient pas au commissaire aux comptes de participer à la décision de procéder ou non à l'opération ou de choisir le traitement comptable ;
– l'analyse de la situation et des faits ;
– toute autre remarque utile pour permettre à l'utilisateur du rapport de comprendre les limites et la portée de l'intervention.
La consultation est destinée à l'**usage propre de l'entité** (Ancienne NEP 9050 § 03).

1522

Cocommissariat aux comptes Lorsque l'entité a désigné plusieurs commissaires aux comptes, l'intervention peut être demandée à un seul commissaire aux comptes. Il appartient alors au commissaire aux comptes qui réalise seul l'intervention d'informer préalablement les autres commissaires aux comptes de la nature et de l'objet de l'intervention et de leur communiquer une copie du rapport (Ancienne NEP 9050 § 19 et 20).

68515

II. Spécificités pour les consultations portant sur le contrôle interne relatif à l'élaboration et au traitement de l'information comptable et financière

Les consultations portant sur le contrôle interne relatif à l'élaboration et au traitement de l'information comptable et financière constituent des **prestations différentes de la mission légale** et ne recouvrent ou ne remplacent en aucun cas les travaux réalisés dans le cadre de la certification des comptes (Ancienne NEP 9080 § 01 ; voir également n° 68545).

68520

Champ d'application

Éléments du contrôle interne Conformément au 3e alinéa du paragraphe 14 de la norme relative à la connaissance de l'entité et de son environnement et à l'évaluation du risque d'anomalies significatives dans les comptes, les éléments de contrôle interne relatifs à l'élaboration et au traitement de l'information comptable et financière peuvent inclure :
– l'environnement de contrôle ;
– les moyens mis en place par l'entité pour identifier les risques liés à son activité et leur incidence sur les comptes ;
– les procédures de contrôle interne ;
– les principaux moyens mis en œuvre par l'entité pour s'assurer du bon fonctionnement du contrôle interne ;
– le système d'information relatif à l'élaboration de l'information financière ;
– la façon dont l'entité communique sur les éléments significatifs de l'information financière.

68525

Nature des interventions À la demande de l'entité, les travaux peuvent par exemple avoir pour objet de **donner un avis** sur :
– la conformité à un référentiel cible du référentiel de contrôle interne retenu par l'entité, existant ou en cours de mise en œuvre, ou de certains de ses éléments ;
– les forces et faiblesses d'éléments du contrôle interne en place ;
– les forces et faiblesses d'éléments du contrôle interne à l'état de projet ou en cours de mise en œuvre par l'entité, dans la mesure où ces éléments sont appelés à contribuer, lorsqu'ils seront finalisés, à l'élaboration d'une information comptable et financière fiable.
Ces avis peuvent être assortis de **recommandations.**

68530

Les recommandations ne doivent pas placer ou être susceptibles de placer le commissaire aux comptes en risque d'autorévision. Sur la notion d'autorévision, voir n° 3570 et 3757.

Les travaux du commissaire aux comptes ne peuvent pas inclure la mise en œuvre des recommandations qu'il a formulées.

La consultation peut également avoir pour objets de :
– fournir un **support de formation** concernant des textes, des projets de texte ou des pratiques contribuant à la bonne compréhension des obligations de l'entité en matière de contrôle interne ;
– fournir aux responsables concernés au sein de l'entité, notamment les responsables comptables et financiers, un **document d'analyse** sur les conséquences générales ou les difficultés d'application d'un référentiel, d'un texte, et/ou de pratiques, nouveaux pour l'entité, ou encore, de projets de texte, relatifs au contrôle interne ou à certains de ses éléments.

Sur les limites à respecter en matière de consultations portant sur le contrôle interne, voir n° 68555.

1523

Conditions d'intervention

68545 L'ancienne NEP 9080 conditionne la réalisation de consultations portant sur le contrôle interne à la présentation par le commissaire aux comptes de l'étendue des travaux relatifs au contrôle interne qu'il a réalisés ou envisage de réaliser dans le cadre de sa mission légale.

Cette présentation comprend :
– les éléments du contrôle interne pertinents pour la mission légale dont il a pris connaissance ;
– les contrôles qui font l'objet de tests de procédures et sur lesquels il s'appuie dans le cadre de sa mission légale.

À ce titre, une **lettre de mission spécifique** est établie par le commissaire aux comptes (voir n° 68560).

68550 **Acceptation de la mission** L'ancienne NEP 9080 prévoit qu'avant d'accepter la mission de consultation, le commissaire aux comptes se fait préciser le contexte de la demande pour s'assurer que :
– les conditions de son intervention et l'utilisation prévue de sa consultation sont compatibles avec les dispositions du Code de déontologie de la profession ;
– les conditions de son intervention (notamment les délais) sont compatibles avec les ressources dont il dispose. Dans tous les cas, le commissaire aux comptes peut refuser l'intervention.
Sur la procédure d'approbation du **comité d'audit**, voir n° 68490.

68555 **Limites des interventions** Les travaux du commissaire aux comptes dans le cadre des consultations ne peuvent pas conduire à (Ancienne NEP 9080 § 08) :
– mettre en œuvre les recommandations formulées ;
– concevoir, rédiger ou mettre en place des éléments de contrôle interne en lieu et place de l'entité ;
– participer à toute prise de décision dans le cadre de la conception ou de la mise en place des éléments du contrôle interne, notamment ceux destinés à prévenir le risque d'erreur ou de fraude.
Il convient également de souligner que les recommandations ne doivent pas placer ou être susceptibles de placer le commissaire aux comptes en risque d'autorévision.

Sur la notion d'autorévision, voir n°s 3570 et 3757.

Mise en œuvre de la mission

68560 **Lettre de mission** Le nouvel article R 823-17-1 du Code de commerce, introduit par le décret 2020-292 du 21 mars 2020, dispose que, pour les missions autres que la certification des comptes et pour les prestations, une lettre de mission **doit être établie** par les parties préalablement à la réalisation de la mission ou de la prestation.
Elle précise notamment les engagements des parties et le montant des honoraires, qui tient compte de l'importance des diligences à mettre en œuvre.
L'ancienne NEP 9080 prévoyait qu'une lettre de mission spécifique soit établie par le commissaire aux comptes et qu'elle précise :
– l'étendue des travaux relatifs au contrôle interne qu'il a réalisés ou envisage de réaliser dans le cadre de sa mission légale ;
– et, conformément aux dispositions de la norme d'exercice professionnel relative à la lettre de mission, la nature et l'étendue des travaux qu'il entend mettre en œuvre au titre de la consultation demandée par l'entité.

68565 **Travaux du commissaire aux comptes** Pour déterminer les travaux à mettre en œuvre, le commissaire aux comptes s'appuie notamment sur la connaissance qu'il a de l'entité et de son contrôle interne, acquise pour les besoins de la mission de certification (Ancienne NEP 9080 § 13).
Les travaux du commissaire aux comptes peuvent consister notamment à :
– examiner les éléments d'information communiqués par l'entité au regard du contexte particulier qui lui est présenté et à réaliser ses travaux à partir de ces éléments, des textes légaux et réglementaires, des positions de doctrine et des pratiques dont il a connaissance (Ancienne NEP 9080 § 15) ;

© Éd. Francis Lefebvre — SERVICES AUTRES QUE LA CERTIFICATION DES COMPTES À LA DEMANDE DE L'ENTITÉ

– apprécier la conception et/ou la mise en œuvre des contrôles soumis à son avis et vérifier, le cas échéant, leur fonctionnement réel afin de donner un avis sur les forces et faiblesses d'éléments du contrôle interne (Ancienne NEP 9080 § 15).

L'évaluation de la conception et de la mise en œuvre de contrôles de l'entité consiste à apprécier la capacité théorique d'un contrôle, seul ou en association avec d'autres, à prévenir, détecter ou corriger des anomalies dans l'information comptable et financière.

Forme de la consultation La consultation peut par exemple prendre la forme d'un document daté et signé qui comporte notamment : **68570**
– un rappel des rôles respectifs de la direction et du commissaire aux comptes, précisant notamment qu'il n'appartient pas au commissaire aux comptes de participer à des prises de décision, de mettre en place des procédures de contrôle interne ou de mettre en œuvre des recommandations qu'il aurait formulées ;
– selon le cas :
  • son analyse de la situation et des faits, avec, le cas échéant, les références aux textes légaux et réglementaires, à la doctrine ou à la pratique, ainsi qu'une synthèse, son avis ou ses recommandations éventuelles,
  • les éléments d'information et commentaires sur les textes qui font l'objet de la demande de l'entité,
  • son analyse des forces et des faiblesses et ses recommandations éventuelles ;
– toute autre remarque utile pour permettre à l'utilisateur du rapport de comprendre les limites et la portée de la consultation.

Documentation Le commissaire aux comptes fait figurer dans son dossier les éléments qui permettent de comprendre la nature et l'étendue des procédures mises en œuvre ainsi que les résultats qui en découlent (Ancienne NEP 9080 § 18). **68575**
Il peut s'inspirer des dispositions de la norme d'exercice professionnel relative à la documentation de l'audit des comptes (voir n°s 25780 s.).

Cocommissariat aux comptes Lorsque l'entité a désigné plusieurs commissaires aux comptes, l'intervention peut être demandée à un seul commissaire aux comptes. Il appartient alors au commissaire aux comptes qui réalise seul l'intervention d'informer préalablement les autres commissaires aux comptes de la nature et de l'objet de l'intervention et de leur communiquer une copie de la consultation (Ancienne NEP 9080 § 20 et 21). **68580**

SECTION 4

Autres interventions

Sont abordés dans cette section l'émission de lettres de confort (n° 68610), l'examen de comptes prévisionnels (n° 68700) et l'examen de comptes pro forma (n° 68900). **68600**

L'avis technique de la CNCC relatif aux attestations entrant dans le cadre des services autres que la certification des comptes fournis à la demande de l'entité et les anciennes normes CNCC issues du référentiel de juillet 2003 définissant le contenu de ces autres interventions permettent aux commissaires aux comptes de préciser les contours possibles de l'intervention.

I. Lettres de confort

À l'occasion des **opérations de marché**, il arrive que, dans le cadre de leurs vérifications (diligences professionnelles), les **banquiers** intervenant dans l'opération demandent au commissaire aux comptes de l'émetteur une lettre, dite « lettre de confort ». **68610**
La lettre de confort est définie comme une « **attestation du commissaire aux comptes** dans laquelle il exprime une assurance de nature ou de niveau approprié sur des informations préparées par les dirigeants de l'entité, portant sur la situation financière ou les comptes et destinée, dans le cadre d'une opération financière, à un tiers désigné, généralement le banquier finançant ou garantissant la bonne fin de l'opération » (Doctrine professionnelle de la CNCC : ancienne norme CNCC 4-105 § 03).

1525

SERVICES AUTRES QUE LA CERTIFICATION DES COMPTES À LA DEMANDE DE L'ENTITÉ © Éd. Francis Lefebvre

La lettre de confort ne peut se substituer aux rapports précédemment émis par les auditeurs sur les comptes annuels ou consolidés, ou bien à la lettre de fin de travaux émise à l'occasion d'un prospectus soumis au visa d'une autorité de régulation des marchés, ou enfin aux rapports contenus, le cas échéant, dans le prospectus.

Le règlement (UE) 537/2014 du 16 avril 2014 relatif aux exigences spécifiques applicables au contrôle légal des comptes des entités d'intérêt public précise en outre que l'émission de lettres de confort en lien avec des prospectus émis par l'entité contrôlée n'est pas un service interdit (Règl. précité art. 5 § 1 i)).

68612 L'ancienne norme CNCC 4-105 « Lettre de confort » précise les **conditions** dans lesquelles peuvent être envisagés l'établissement d'une lettre de confort et les diligences que doit alors mettre en œuvre le commissaire aux comptes.

Contexte de l'intervention

68620 **Opérations visées** La possibilité d'émettre une lettre de confort dépend de la nature de l'émission et du contenu du document d'offre auquel renvoie la lettre de confort. Les opérations de placement pour lesquelles une lettre de confort peut être émise comprennent :
– les **offres au public ou admissions à la négociation sur un marché réglementé** de titres de créance réalisées en France avec un prospectus soumis à l'approbation de l'AMF mais ne comportant pas de lettre de fin de travaux (voir n° 68635 pour plus d'informations sur la dérogation à l'émission d'une lettre de fin de travaux) ;
– les **offres au public ou admissions à la négociation sur un marché réglementé** de titres de capital ou de créance dans l'Union européenne ou en dehors de l'Union européenne avec un prospectus soumis à l'approbation d'une autorité autre que l'AMF dès lors que le document d'offre n'inclut pas ou ne contient aucune référence à des rapports émis par les commissaires aux comptes lors de l'émission d'un autre prospectus approuvé par l'AMF ;
– les **placements privés** de titres de capital ou de créance **auprès d'investisseurs institutionnels ou d'investisseurs qualifiés hors de France**, dès lors que le document d'offre n'inclut pas ou ne contient aucune référence à des rapports émis par les commissaires aux comptes lors de l'émission d'un autre prospectus approuvé par l'AMF pour la partie publique du placement ou lors de l'émission d'un autre prospectus approuvé par l'AMF.

68621 **Intervenants** Les acteurs de ces opérations sont principalement l'émetteur, les banques d'affaires qui réalisent ou garantissent le placement des titres de capital ou de dettes offerts par cet émetteur dans le cadre d'une offre au public ou d'un placement privé auprès d'investisseurs qualifiés et les conseils ou avocats respectifs.
Les **prestataires de services d'investissement** sont les entreprises d'investissement, les sociétés de gestion de portefeuille et les établissements de crédit ayant reçu un agrément (banques d'affaires), conformément à l'article L 531-1 du Code monétaire et financier.
Un **investisseur qualifié** est une personne ou entité disposant des compétences et des moyens nécessaires pour appréhender les risques inhérents aux opérations sur instruments financiers, tel que défini à l'article 2, point e) du règlement (UE) 2017/1129 (C. mon. fin. L 411-2). Les **investisseurs institutionnels** « sont des organismes financiers qui, en raison de leur nature ou de leurs statuts, sont tenus de placer une grande partie des ressources qu'ils collectent en instruments financiers » (Th. Bonneau et F. Drummond : Droit des marchés financiers, Economica 2001 n° 475). Ils font donc partie de la catégorie des investisseurs qualifiés.

68625 **Cas des placements internationaux** Le plus souvent, les lettres de confort sont demandées par les banquiers aux commissaires aux comptes dans le cadre d'opérations de placements internationaux.
Ces opérations de placement donnent généralement lieu :
– à l'émission d'un **document d'offre préliminaire** qui ne comporte pas les conditions financières définitives de l'offre (prix d'émission de l'action ou taux d'intérêt, conditions de remboursement des obligations à émettre...). Ce document est utilisé par l'émetteur pour la promotion du placement auprès des souscripteurs potentiels dans les conditions réglementaires applicables (*Offering Circular*) ;

1526

– à l'émission d'un **document d'offre définitif** lorsque les conditions financières de l'offre sont arrêtées. Ce document, qui reprend généralement le document d'offre préliminaire, est complété par la mention du prix d'émission de l'action ou du taux d'intérêt et des conditions de remboursement des obligations à émettre ;
– à la formalisation d'un **accord** entre les banques et l'émetteur auquel les commissaires aux comptes ne sont pas parties mais dont ils doivent prendre connaissance afin de connaître les diligences qui sont attendues d'eux par les banquiers (*Placement Agreement, Underwriting Agreement* ou *Subscription Agreement*, selon le type d'opération).

Dans les jours qui suivent l'émission du document d'offre définitif, les prestataires de services d'investissement de l'émetteur procèdent à la **récapitulation des souscriptions** et à la **centralisation des fonds** reçus avant de livrer les titres émis ou cédés aux investisseurs et de remettre les fonds levés à l'émetteur.

À l'occasion de ces opérations, les banquiers demandent souvent aux commissaires aux comptes des émetteurs de produire une lettre de confort dont la vocation est de rendre compte des travaux mis en œuvre par le commissaire en vue de donner une **assurance sur la qualité** de certaines informations financières contenues dans l'offre. La lettre de confort est donc destinée à un tiers (le plus souvent le banquier ou l'avocat), en vue de lui confirmer certaines informations.

En pratique, il est d'usage que des **projets** de lettre d'engagement et de lettre de confort soient établis (mais non signés) lors de l'émission du document d'offre préliminaire. La **lettre** de confort et les autres documents qui se rapportent à son émission sont signés lors de la fixation des conditions financières définitives de l'émission et de la diffusion du document d'offre définitif. Enfin, une **seconde lettre** de confort mettant à jour la précédente est souvent demandée au moment de la livraison des titres contre la remise des fonds.

Opérations exclues Le commissaire aux comptes ne saurait délivrer une lettre de confort dans le cadre des opérations suivantes, qui font l'objet de dispositions spécifiques. Sont visées :
– la vérification des informations contenues dans un prospectus émis en application du règlement européen 2017/1129 dit Prospectus soumis au contrôle de l'Autorité des marchés financiers et faisant l'objet d'une lettre de fin de travaux du commissaire aux comptes conformément aux dispositions de la note d'information n° XVII de la CNCC (Interventions du commissaire aux comptes relatives au prospectus) ;

68630

Selon la doctrine de la CNCC, une lettre de confort ne peut être émise sur des informations contenues dans un prospectus, puisque le commissaire aux comptes s'est déjà prononcé sur la qualité de ces informations lors de l'émission de la lettre de fin de travaux et, le cas échéant, des rapports sur les informations pro forma.

– le contrôle d'informations financières pro forma (voir n°s 41925 s.), l'audit d'informations financières intermédiaires (voir n°s 49000 s.), l'examen limité de comptes intermédiaires (voir n°s 49700 s.) ou le contrôle des informations financières prévisionnelles ou estimées couvertes par la lecture d'ensemble (voir n°s 41915 s.) ;

La délivrance d'une lettre de confort ne peut pas intervenir dans les circonstances visées ci-dessus car le commissaire aux comptes ne peut délivrer une assurance de niveau ou de nature différents de ceux exprimés dans un autre document.

– l'émission d'instruments financiers dans un pays dont la réglementation prévoit un autre corps de règles pour l'émission des lettres de confort ;
– l'émission d'instruments financiers dans une opération de gré à gré sans intervention d'un prestataire de services d'investissement.

Lettre de confort et lettre de fin de travaux Lorsqu'une opération de placement d'instruments financiers (hors titres de créance et placement sur le compartiment professionnel) a lieu, en Europe, par **offre au public ou admission de titres**, elle doit faire l'objet d'un **prospectus** établi conformément à l'un des schémas prévus par les annexes du règlement délégué européen 2019/980 qui complète le règlement dit Prospectus. Ces informations font l'objet d'une lettre de fin de travaux, en application du règlement général de l'AMF, signée par le ou les commissaires aux comptes et remise à l'émetteur. Selon la nature des informations contenues dans le prospectus, le commissaire aux comptes pourra par ailleurs émettre des rapports sur des informations financières historiques retraitées ou des informations pro forma.

68635

Ces rapports seront insérés dans le prospectus. La lettre de fin de travaux sera adressée exclusivement à l'émetteur.

SERVICES AUTRES QUE LA CERTIFICATION DES COMPTES À LA DEMANDE DE L'ENTITÉ © Éd. Francis Lefebvre

Une **dérogation à l'émission de la lettre de fin de travaux** est prévue au III de l'article 212-15 du Règlement général de l'AMF pour le prospectus établi en vue de l'offre au public ou de l'admission sur un marché réglementé de titres de créance dès lors qu'ils ne donnent pas accès au capital. Les prestataires de services d'investissement peuvent cependant demander une lettre de confort aux commissaires aux comptes.

Lorsqu'une opération de placement d'instruments financiers a lieu, en France ou en dehors de France, sans offre au public, donc par **placement privé**, le document d'offre n'est pas soumis aux dispositions du règlement européen précité. La lettre de confort émise conventionnellement dans ce contexte est destinée à l'émetteur mais également aux banquiers de l'émetteur.

Lorsque l'émission d'instruments financiers fait l'objet d'un **placement conjoint** par offre au public et privé, les commissaires aux comptes émettront une lettre de fin de travaux pour le prospectus approuvé par l'AMF et une lettre de confort sur le document d'offre internationale.

Chacun de ces placements se compose donc d'un document financier (prospectus pour le placement public, document d'offre pour le placement privé) accompagné des documents émis par les commissaires aux comptes (lettre de fin de travaux et, le cas échéant, certains rapports pour le prospectus et lettre de confort pour le document d'offre).

Mise en œuvre de la mission

68640 L'ancienne **norme CNCC 4-105** « Lettre de confort » définit les principes fondamentaux et les modalités particulières d'application de l'intervention du commissaire aux comptes sollicité pour émettre une lettre de confort, sur des informations données par les dirigeants d'une entité à l'intention d'un tiers, à l'occasion d'une opération financière. Cette lettre de confort n'a pas vocation à être rendue publique.

Les exemples de lettre de confort à utiliser en application de la doctrine issue de l'ancienne norme 4-105 sont partagés entre les professionnels de l'audit par l'intermédiaire d'un groupe de place spécialisé dans ce type de travaux. On notera qu'il existe également d'autres modèles de lettres à utiliser pour des opérations spécifiques, en particulier, les modèles de la norme américaine *Auditing Standard* « AS » 6101 (auparavant SAS No. 72) pour les émissions d'offre au public aux États-Unis et les modèles de l'ICMA (*International Capital Market Association*) pour les émissions d'instruments de dettes simples en l'absence de norme professionnelle d'audit applicable à l'émetteur (elle n'a pas vocation à s'appliquer aux émissions internationales d'émetteurs français, pour lesquelles le standard français s'applique).

68650 **Acceptation de la mission** Pour déterminer s'il est en mesure d'établir la lettre de confort qui lui est demandée, le commissaire aux comptes prend connaissance de la nature des informations concernées, de la période couverte, des critères de référence proposés, pour déterminer s'il lui est possible d'accepter l'intervention. Il vérifie notamment que les informations ou données soumises à confort (Doctrine professionnelle de la CNCC : ancienne norme CNCC 4-105 § 11) :

– portent sur la situation financière ou les comptes de l'entité ;

– ne comportent pas d'appréciations de nature qualitative (assurance d'absence de difficultés financières – *material adverse change* –, assurance sur la capacité de remboursement de l'émetteur, etc.), qui seraient de nature à le mettre dans l'incapacité de se prononcer ;

– ne portent pas sur des prévisions ou estimations de bénéfice, les résultats de scenarii ou bien les conséquences des intentions ou objectifs de la direction de l'entité ;

– ne visent pas à établir une appréciation de la qualité du contrôle interne, celle-ci s'inscrivant dans le cadre d'une intervention et d'une démarche différentes.

Dans les cas évoqués plus haut, le commissaire aux comptes sera dans l'impossibilité d'accepter la mission (Doctrine professionnelle de la CNCC : ancienne norme CNCC 4-105 § 12). Il en ira de même si les délais impartis sont trop courts pour mettre en œuvre les diligences nécessaires (Doctrine professionnelle de la CNCC : ancienne norme CNCC 4-105 § 13). Ce dernier point méritera d'ailleurs une attention toute particulière si le commissaire aux comptes est en première année de mandat et que les comptes de l'exercice en cours n'ont pas été audités.

68660 **Lettre de mission** Le nouvel article R 823-17-1 du Code de commerce, introduit par le décret 2020-292 du 21 mars 2020, impose au commissaire aux comptes d'établir une lettre de mission préalablement à la réalisation de toute mission autre que la certification des comptes et de toute prestation. En application dudit article, cette lettre précise

1528

notamment les engagements des parties et le montant des honoraires, qui tient compte de l'importance des diligences à mettre en œuvre.

S'il accepte la mission, l'auditeur adresse ainsi aux dirigeants de l'émetteur une lettre de mission (*engagement letter*). Il leur demande d'en accepter les termes par écrit et de confirmer que l'intervention projetée correspond bien aux attentes du banquier.

La lettre de mission respecte les dispositions de l'article R 823-17-1 du Code de commerce en mentionnant les engagements des parties et le montant des honoraires. En outre, elle :

– confirme les objectifs des travaux et en fixe les limites ;
– délimite la responsabilité du commissaire aux comptes ;
– identifie les documents faisant l'objet de son intervention ;
– contient le modèle de lettre de confort dont la remise est envisagée comportant un avertissement sur le fait qu'il ne s'agit que d'un projet ;
– précise le contenu de la lettre d'affirmation que les dirigeants devront lui adresser avant la délivrance de la lettre de confort (voir n° 68680) ;
– précise que les diligences mises en œuvre ne sont pas destinées à remplacer les investigations que doivent accomplir les prestataires de services d'investissement sur les conditions de l'opération de placement projetée ;
– précise que la lettre de confort est régie par la loi française et relève de la compétence exclusive des juridictions françaises pour tout litige ;
– requiert des dirigeants l'acceptation écrite des termes et conditions de la lettre de mission et la confirmation qu'elle correspond bien à la demande des banquiers.

Cette confirmation est formalisée par la contre-signature de la lettre de mission par le banquier ou par un courrier séparé de ce dernier adressé à l'émetteur et communiqué au commissaire aux comptes (*side letter*).

68662 La lettre de mission (*engagement letter*) est **communiquée** aux dirigeants, qui la transmettent au banquier.

68665 **Planification des travaux** Afin d'orienter au mieux la nature et l'étendue de ses travaux, le commissaire aux comptes obtient suffisamment tôt le projet de contrat établi entre la banque et l'émetteur en vue :

– de valider sa compréhension de l'organisation et du calendrier de l'offre, notamment lorsque l'émission comporte à la fois une offre au public et un placement privé à différentes catégories d'institutionnels dans l'Union européenne et/ou en dehors de l'Union européenne ;
– d'identifier les informations ou données faisant l'objet de son intervention et les points sur lesquels la formulation de conclusions est attendue de sa part ;
– de distinguer, parmi les informations données soumises à confort, celles qui ont déjà fait l'objet d'un audit ou d'un examen limité ;
– de réfléchir sur la formulation de ses conclusions.

Le commissaire aux comptes formalise l'approche retenue dans un programme de travail.

68670 **Diligences** Le commissaire aux comptes met en œuvre les travaux convenus avec l'entité sur les informations financières faisant l'objet de la lettre de confort. S'agissant des informations qui n'ont pas été couvertes par un audit ou par un examen limité, le commissaire aux comptes met en œuvre des diligences conformément aux normes d'exercice professionnel correspondantes et répondant aux objectifs conventionnellement définis dans la lettre de mission (Doctrine professionnelle de la CNCC : ancienne norme CNCC 4-105 § 19).

Le commissaire aux comptes documente ses travaux dans un dossier permettant de justifier son approche et les travaux effectués sur chacun des points de la lettre de confort.

Ces informations peuvent notamment comporter :
– des comptes, tels que définis dans l'avis technique relatif à l'examen limité entrant dans le cadre des SACC fournis à la demande de l'entité, ayant fait l'objet d'un examen limité en application de cet avis pour les besoins de l'opération de placement ;
– des informations financières pro forma incluses dans le document d'offre et ayant fait l'objet d'un examen du processus d'établissement des informations financières pro forma ;
– des états comptables comprenant au minimum un bilan et un compte de résultat complets à la même date pour lesquels les travaux pouvant être réalisés par le commissaire aux comptes à la demande de l'entité visent à effectuer une lecture de ces états

comptables, à s'assurer de la concordance de ces états avec les enregistrements comptables de l'entité dont ils sont issus et à interroger les dirigeants sur la conformité de la base de préparation avec celle des derniers comptes audités ;

– des données comptables et financières mentionnées dans le document d'offre qui doivent faire l'objet d'une vérification de sincérité, celle-ci s'appréciant au regard de la concordance de ces données et informations avec les comptes, les informations financières pro forma ou les enregistrements comptables historiques de l'entité dont elles sont issues ;

– le suivi des conséquences d'événements intervenus après l'émission du rapport du commissaire aux comptes sur les derniers comptes soumis à un audit ou un examen limité, notamment en faisant une lecture des procès-verbaux des organes sociaux prévus par la loi ;

– l'évolution de certains postes ou agrégats du bilan et du compte de résultat postérieurement aux derniers comptes ayant fait l'objet d'un audit ou d'un examen limité (par exemple, l'évolution du chiffre d'affaires, du capital social, de l'endettement...).

Ces postes ou agrégats doivent être identifiables dans les derniers comptes ayant fait l'objet d'un audit ou d'un examen limité. Les responsables comptables et financiers de l'entité doivent par ailleurs être en mesure d'inclure dans leur lettre d'affirmation des déclarations sur les évolutions intervenues depuis le dernier audit ou examen limité équivalentes à celles formulées dans la lettre de confort, en les étayant de toute information de source comptable ou issue des systèmes de *reporting* (suivi des réalisations d'un budget, suivi d'endettement et de trésorerie...) conférant à ces affirmations un caractère probant.

Le commissaire aux comptes **ne peut** notamment **pas se prononcer** sur :

– des informations qui ne portent pas sur la situation financière ou les comptes de l'entité, telles que, par exemple, des analyses économiques, des données de nature commerciale ou opérationnelle ;

– les prévisions ou estimations de bénéfice, les résultats de scenarii, ou encore les conséquences des intentions ou des objectifs de la direction de l'entité ;

– des déclarations comportant une appréciation de nature qualitative et pour lesquelles le commissaire aux comptes ne dispose pas de critères appropriés auxquels se référer pour exprimer sa conclusion (par exemple, absence de difficulté financière susceptible de remettre en cause la continuité d'exploitation, absence de variation « défavorable » ou « significative » de certains agrégats, capacité de remboursement de l'émetteur...) ;

– la qualité du contrôle interne dont la vérification s'inscrit dans le cadre d'une intervention et d'une démarche différentes de celles prévues pour la délivrance d'une lettre de confort.

68680 **Déclarations de la direction** Préalablement à l'émission de sa lettre de confort, le commissaire aux comptes applique les principes de la norme d'exercice professionnel relative à la déclaration de la direction et obtient des dirigeants de l'entité, avant l'émission de sa lettre de confort, une **lettre d'affirmation** (*representation letter*) **datée du même jour** que sa lettre de confort confirmant ou actualisant (selon le cas) les déclarations précédemment obtenues lors de l'audit des comptes annuels ou de l'examen limité de comptes intermédiaires, et notamment :

– l'absence d'événements postérieurs ou de faits susceptibles d'influencer le jugement des investisseurs et qui ne seraient pas traduits dans les documents ou les informations préparés par les dirigeants ;

– le cas échéant, toute autre déclaration nécessaire en fonction des caractéristiques des informations vérifiées et de la formulation attendue dans sa lettre de confort, en vue d'actualiser les déclarations formulées à l'occasion des audits précédents (Doctrine professionnelle de la CNCC : ancienne norme CNCC 4-105 § 23).

Ces déclarations sont en pratique systématiquement demandées par les commissaires aux comptes qui mettent en œuvre ce type d'intervention.

68685 **Contenu** La lettre de confort décrit les diligences mises en œuvre et la période couverte par ses contrôles, pour en faire ressortir clairement les objectifs et les limites. Le commissaire aux comptes précise, le cas échéant, qu'il n'a pas effectué d'audit sur les comptes intermédiaires établis postérieurement aux derniers comptes (annuels ou consolidés) audités ou sur les informations issues de ces derniers comptes.

Les informations sur lesquelles ont porté les travaux du commissaire aux comptes sont jointes à la lettre de confort.

Forme de la conclusion En fonction des informations sur lesquelles ont porté les diligences (voir n° 68670), le niveau d'assurance donné dans la lettre est différent. Il peut aller de l'assurance modérée (examen limité de comptes intermédiaires) aux constats (évolution de certains postes ou agrégats). **68686**

Date La date de la lettre de confort correspond généralement à la date à laquelle est établi et signé le **contrat** entre la société émettrice et le prestataire de services d'investissement concrétisant l'opération financière (*pricing*). Lorsque cette date est postérieure à la fin des travaux du commissaire aux comptes, celui-ci précise qu'aucune vérification n'a été conduite entre la fin de la période couverte par ses travaux et la date d'émission de la lettre de confort (ou de la dernière lettre de confort en cas de lettres successives). **68687**

> Conformément à la pratique établie, les procédures décrites dans la lettre de confort (en particulier le confort sur les évolutions postérieures de certains postes du bilan et/ou du compte de résultat) s'arrêtent à une date antérieure de un à cinq jours ouvrables à la date de la lettre de confort (date de « *cut-off* » ou de fin des procédures). Suivant la taille, la complexité et l'organisation de l'émetteur, ce délai a vocation à permettre le correct accomplissement et la documentation des procédures décrites dans la lettre de confort.

Une mise à jour de la lettre de confort (*bring down letter*) intervient généralement au moment de la livraison des titres émis contre la remise des fonds levés à l'émetteur (*closing*). Dans ce cas, le commissaire aux comptes met à jour certains des travaux réalisés pour les besoins de l'émission de la lettre de confort initiale.

Communication La lettre de confort est adressée aux dirigeants de la société, à charge pour eux de la communiquer aux tiers concernés (banquiers ou/et leurs avocats). **68690**

II. Examen de comptes prévisionnels

L'examen de comptes prévisionnels fait l'objet de l'ancienne norme CNCC 4-101. Cette norme décrit les diligences du commissaire aux comptes lorsqu'il est sollicité par une entité en vue d'émettre une opinion sur des comptes prévisionnels établis en dehors de toute obligation légale ou réglementaire : n'est notamment pas envisagé ci-après l'examen de documents prévisionnels établis dans le cadre légal prévu pour le prospectus. **68700**

> Cette mission nous semble pouvoir être mise en œuvre sur le fondement de l'avis technique de la CNCC relatif aux attestations entrant dans le cadre des services autres que la certification des comptes fournis à la demande de l'entité et de la doctrine issue de l'ancienne norme CNCC 4-101, qui permet de préciser les contours possibles de l'intervention (voir n° 68600).

Notion de comptes prévisionnels

Définition Les comptes prévisionnels, tels que définis par l'ancienne norme CNCC 4-101, sont des comptes établis par une entité en dehors de toute obligation légale ou réglementaire, qui ont vocation à traduire la situation future la plus probable, à la date de leur établissement, sur la base d'hypothèses retenues par les dirigeants. **68720**

Les comptes prévisionnels comprennent les **états financiers** suivants : « un compte de résultat prévisionnel, un plan de financement, un bilan prévisionnel et des notes annexes » (Doctrine professionnelle de la CNCC : ancienne norme préc. § 02). Ils correspondent habituellement à l'exercice en cours à la date de leur établissement, ou à l'exercice suivant, ou encore à un cycle d'opérations. **68723**

> Dans certains cas, seuls un compte de résultat prévisionnel, un plan de financement et des notes annexes peuvent être présentés.

Exclusion Les comptes prévisionnels sont des estimations des dirigeants sur la base de conventions (hypothèses les plus probables) et non des **projections financières.** **68725**

> Ces dernières ont vocation à traduire des simulations (par exemple sur la base de scenarii) et sont bâties de ce fait au moyen de plusieurs jeux d'hypothèses.

Périmètre concerné Les comptes prévisionnels peuvent concerner un périmètre d'activité différent de celui couvrant les activités d'une personne morale déterminée. Ainsi il est possible de définir un périmètre pro forma couvrant une branche d'activité, **68728**

SERVICES AUTRES QUE LA CERTIFICATION DES COMPTES À LA DEMANDE DE L'ENTITÉ © Éd. Francis Lefebvre

une division opérationnelle, une entité destinée à entrer dans le périmètre de consolidation de l'entité, ou la réunion de deux entités ou branches d'activité issues de différentes personnes morales.

68730 **Notes annexes** Les notes annexes précisent notamment les principes d'établissement et de présentation adoptés lors de l'établissement des comptes prévisionnels, les hypothèses retenues, la mesure de la sensibilité des résultats à une variation de ces hypothèses.
Elles doivent préciser par ailleurs le contexte dans lequel s'inscrit la présentation des comptes prévisionnels et elles indiquent que ces comptes ne pourront pas être utilisés si des décisions envisagées sous conditions ne se concrétisaient pas, par exemple des décisions de recrutement de personnel, d'arrêt de commercialisation de certains produits…
(Doctrine professionnelle de la CNCC : ancienne norme CNCC 4-101 § 05).

68735 **Organe établissant les comptes prévisionnels** Les comptes prévisionnels destinés à être publiés sont établis par le **conseil d'administration** ou par l'organe équivalent au sein de l'entité. Lorsqu'ils sont destinés à être présentés dans un contexte déterminé, ils sont également établis en principe par le conseil d'administration ou par l'organe équivalent. L'ancienne norme prévoit cependant que les comptes prévisionnels non destinés à être publiés peuvent, dans certains cas, être établis sous la responsabilité de la **direction** de l'entité sans être arrêtés par l'organe habilité de l'entité. Le rapport doit alors préciser le destinataire des comptes et l'impossibilité d'utiliser à d'autres fins les comptes prévisionnels ainsi établis (Doctrine professionnelle de la CNCC : ancienne norme CNCC 4-101 § 08).

68738 **Date** Les comptes prévisionnels doivent être datés du jour de tenue du conseil d'administration ou de l'organe équivalent qui les a revus, ou de la date de leur dernière mise à jour par les dirigeants concernés.

Acceptation de la mission

68750 **Contexte** Lorsqu'il est demandé au commissaire aux comptes d'émettre une assurance sur des comptes prévisionnels, en dehors de toute obligation de nature légale ou réglementaire, celui-ci prend connaissance du processus d'élaboration des comptes prévisionnels, évalue les procédures mises en place pour le choix des hypothèses et le mode d'établissement de ces comptes.

68755 Le commissaire aux comptes s'informe sur les circonstances particulières dans lesquelles s'inscrit la publication ou la présentation de ces comptes et, notamment, sur (Doctrine professionnelle de la CNCC : ancienne norme CNCC 4-101 § 10) :
– les modalités prévues d'établissement des comptes prévisionnels et les délais dans lesquels il lui est proposé de réaliser ses travaux ;
– la nature des hypothèses, la structure et le contenu des comptes envisagés ;
– la période couverte par les comptes prévisionnels ;
– l'utilisation qui en est prévue.

68760 **Décision** Le commissaire aux comptes peut **ne pas répondre favorablement** à la demande qui lui est faite, lorsqu'il juge que (Doctrine professionnelle de la CNCC : ancienne norme CNCC 4-101 § 11) :
– les hypothèses retenues sont manifestement irréalistes ;
– l'établissement de comptes prévisionnels n'est pas approprié pour l'utilisation qui en est prévue ;
– les délais accordés ne lui permettent pas de mener ses diligences, ni de réunir les éléments probants appropriés pour fonder ses conclusions.

La possibilité de refuser l'intervention est prévue par l'avis technique relatif aux attestations entrant dans le cadre des services autres que la certification des comptes fournis à la demande de l'entité qui prévoit que « dans tous les cas, le commissaire aux comptes peut refuser l'intervention ».
Corrélativement, si des comptes prévisionnels font l'objet d'une publication alors que le commissaire aux comptes n'a pas répondu favorablement à la demande qui lui a été faite, il appartient à celui-ci d'en tirer les conséquences requises au regard des obligations qui lui incombent et qui sont issues de sa mission, telle qu'elle est définie par la loi.

68763 **Lettre de mission** Le nouvel article R 823-17-1 du Code de commerce, introduit par le décret 2020-292 du 21 mars 2020, dispose que, pour les missions autres que la certification des comptes et pour les prestations, une lettre de mission **doit être établie** par les parties préalablement à la réalisation de la mission ou de la prestation. Elle précise notamment les engagements des parties et le montant des honoraires, qui tient compte de l'importance des diligences à mettre en œuvre (C. com. art. R 823-17-1).

> Le commissaire aux comptes peut consigner ces éléments dans la lettre de mission relative à sa mission légale, régie par la NEP 210, ou établir une lettre de mission spécifique dont le contenu n'est pas régi par une NEP.
> Dans tous les cas, les dispositions de l'article R 823-17-1 du Code de commerce rappelées ci-avant devront être respectées et la lettre de mission devra donc préciser les engagements des parties et le montant des honoraires.

Nature et étendue des travaux

Planification Les comptes prévisionnels reposent par nature sur des hypothèses relatives à des faits futurs et à des décisions à venir qui ne se sont pas encore produits et qui peuvent ne pas se produire. Compte tenu de la marge d'**incertitude** existant sur ces prévisions, le commissaire aux comptes ne peut avoir pour objectif d'apporter une assurance sur la probabilité de réalisation des prévisions. **68770**

Les **objectifs** du commissaire aux comptes sont : **68773**
- d'évaluer les procédures mises en place pour établir les documents prévisionnels ;
- de vérifier la traduction chiffrée des hypothèses retenues ;
- de s'assurer du respect des principes d'établissement et de présentation des comptes prévisionnels et de leur conformité aux méthodes retenues pour les comptes annuels.

En conséquence, l'exercice du jugement professionnel du commissaire aux comptes est particulièrement requis lors de la détermination de la nature, de l'étendue et du calendrier des travaux. Les travaux qu'il entend mettre en œuvre sont formalisés dans un programme de travail. **68775**

Entité et secteur d'activité Préalablement à sa mission, le commissaire aux comptes acquiert ou approfondit sa connaissance : **68780**
- des activités de l'entité et du secteur d'activité pour lequel sont établis les comptes prévisionnels ;
- des hypothèses significatives nécessaires à la présentation des comptes prévisionnels.

Cette connaissance porte notamment sur la nature et la situation des **marchés**, les facteurs propres au secteur en termes notamment de **concurrence**, de sensibilité à l'**environnement économique, légal, réglementaire, déontologique**, etc. (Doctrine professionnelle de la CNCC : ancienne norme CNCC 4-101 § 17). **68783**

> Cette connaissance peut résulter :
> - de la connaissance générale du commissaire aux comptes (ou de celle de son prédécesseur en cas de nomination récente) issue de la revue des comptes historiques ;
> - de l'expérience et du savoir de spécialistes, experts sectoriels ;
> - de recherches menées par le commissaire aux comptes.

À l'issue de cette première phase de travaux (prise de connaissance), le commissaire aux comptes est en mesure : **68785**
- d'apprécier si les comptes prévisionnels ont été préparés a priori selon des méthodes comptables comparables ;
- d'isoler, le cas échéant, les domaines sensibles relevés lors du contrôle des comptes ;
- d'apprécier le traitement dans les comptes prévisionnels des points ayant fait l'objet de réserve(s) ou d'observation(s) dans son rapport ;
- de disposer d'éléments de référence, en vue d'apprécier la vérification de la traduction chiffrée des hypothèses retenues dans les comptes prévisionnels (Doctrine professionnelle de la CNCC : ancienne norme CNCC 4-101 § 19).

Système d'informations prévisionnelles Le commissaire aux comptes prend connaissance du système d'élaboration des informations prévisionnelles et détermine ainsi le mode de prise en compte : **68790**
- de l'incidence des conditions d'exploitation ou de l'environnement dans lequel évolue l'entité ;

SERVICES AUTRES QUE LA CERTIFICATION DES COMPTES À LA DEMANDE DE L'ENTITÉ © Éd. Francis Lefebvre

– des orientations stratégiques (par exemple, modifications d'activité, de structure, plans d'action…) ;
– des contraintes internes (ressources, flexibilité de l'appareil de production…) et externes (législation).
Le commissaire aux comptes peut examiner les prévisions antérieures en vue :
– de disposer d'éléments de référence (ratios, tendances, objectifs…) ;
– de tester la cohérence entre le système budgétaire et le système comptable ;
– d'isoler les procédures et mécanismes de contrôle interne mis en place, le cas échéant, par l'entité ;
– d'adapter en conséquence son programme de travail en vue de vérifier son fonctionnement et, le cas échéant, de s'appuyer sur ce contrôle interne spécifique.

68825 **Traduction chiffrée des hypothèses** Le commissaire aux comptes met en œuvre des diligences lui permettant de s'assurer que :
– les comptes prévisionnels, compte tenu des traitements effectués, reflètent bien les hypothèses décrites ;
– les calculs, sur la base des hypothèses décrites, ont été correctement effectués.

Il convient non seulement de vérifier les calculs effectués par la société mais également de s'assurer qu'ils n'intègrent pas d'hypothèses significatives autres que celles mentionnées en annexe. Le cas échéant, le commissaire aux comptes demande à la société de rectifier son annexe, ou, à défaut, en tire les conséquences sur l'expression de son opinion.

68828 Le commissaire aux comptes s'assure notamment de la concordance et de la cohérence des comptes prévisionnels et du plan de financement, au regard, par exemple (Doctrine professionnelle de la CNCC : ancienne norme CNCC 4-101 § 30) :
– des données prévisionnelles d'exploitation ;
– des conditions financières accordées aux clients et obtenues auprès des fournisseurs ;
– de la politique d'investissement de l'entité ;
– de sa stratégie de financement (endettement/désendettement) et de sa capacité de crédit ;
– de ses engagements à l'égard des tiers (actionnaires, banquiers, État, etc.).

68833 **Contrôle de la présentation et des méthodes, revue de l'annexe** Le commissaire aux comptes met en œuvre des diligences lui permettant de s'assurer que les **méthodes comptables** utilisées dans l'établissement des comptes prévisionnels sont conformes à celles suivies pour l'établissement des derniers comptes clos (le cas échéant), et que les comptes prévisionnels ont été établis dans le respect des **principes d'établissement et de présentation** qui leur sont applicables : méthodes d'évaluation, informations à fournir en termes de description des hypothèses et, si nécessaire, de mesure de la sensibilité des résultats à une variation de celles-ci (Doctrine professionnelle de la CNCC : ancienne norme CNCC 4-101 § 31).

68835 Le commissaire aux comptes s'assure que les comptes prévisionnels sont datés, que les notes annexes précisent la période couverte par ces comptes et contiennent notamment la description :
– des hypothèses significatives portant sur les grandeurs caractéristiques essentielles de l'activité de l'entité ;
– des hypothèses sensibles dont une variation, même limitée, serait susceptible d'entraîner une forte variation des montants prévisionnels.
Les notes annexes doivent également comporter les informations susceptibles d'avoir une incidence significative sur l'interprétation des comptes prévisionnels.

68838 Lorsque les données comparatives, issues des derniers comptes arrêtés ou de comptes pro forma historiques, sont présentées en regard des chiffres prévisionnels, il appartient au commissaire aux comptes, si ces comptes ont fait l'objet d'un audit ou d'un examen limité, de s'assurer de la correcte retranscription des données comparatives et de leur concordance avec les comptes dont elles sont issues (Doctrine professionnelle de la CNCC : ancienne norme CNCC 4-101 § 33).

68840 Si les comptes dont sont issues les données comparatives ont été audités ou examinés par un précédent professionnel chargé du contrôle des comptes, il appartient au commissaire aux comptes de déterminer l'utilisation qu'il convient de faire des travaux et conclusions de ce professionnel de manière à obtenir l'assurance souhaitée sur ces comptes.

SERVICES AUTRES QUE LA CERTIFICATION DES COMPTES À LA DEMANDE DE L'ENTITÉ

Émission de l'opinion

Lettre d'affirmation   Préalablement à l'émission de son rapport, le commissaire aux comptes obtient des dirigeants une lettre d'affirmation, datée du même jour que son rapport.

68850

Même si l'avis technique relatif aux attestations entrant dans le cadre des services autres que la certification des comptes fournis à la demande de l'entité prévoit seulement que le commissaire aux comptes « peut estimer nécessaire » d'obtenir des déclarations écrites de la direction, ces déclarations, exigées par l'ancienne norme de la CNCC, sont en pratique systématiquement demandées par les commissaires aux comptes qui mettent en œuvre ce type d'interventions.

En pratique, la lettre d'affirmation comporte notamment un rappel du contexte d'établissement des comptes prévisionnels et l'affirmation que la situation reflétée dans ces comptes est, aux yeux des dirigeants, celle dont la réalisation est la plus probable à la date d'établissement des comptes. Elle peut également préciser qu'aucun événement ou action en cours ne remet en cause ces comptes de manière significative et, d'une manière générale, toute déclaration importante faite au commissaire aux comptes (Doctrine professionnelle de la CNCC : ancienne norme CNCC 4-101 § 34 et 35).

Attestation du commissaire aux comptes   L'attestation d'examen de comptes prévisionnels comporte les **principales informations** suivantes, résultant de la combinaison de l'avis technique de la CNCC relatif aux attestations et de l'ancienne norme de la CNCC (Norme CNCC 4-101 § 37) :

68855

– un titre ;
– l'identité du destinataire ;
– le rappel de la qualité de commissaire aux comptes de l'entité ;
– l'identification des comptes prévisionnels joints en annexe au rapport et la période couverte ;
– le rappel que le conseil d'administration ou les dirigeants sont responsables de l'établissement de ces comptes et des hypothèses sur lesquelles ils reposent ;
– le cas échéant, le rappel du contexte particulier dans lequel s'inscrit la présentation des comptes prévisionnels et de l'utilisation restreinte qui en découle ;
– une mention indiquant que les hypothèses retenues par les dirigeants traduisent la situation future qu'ils ont estimé la plus probable et que, s'agissant de prévisions présentant par nature un caractère incertain, les réalisations différeront, parfois de manière significative, des informations prévisionnelles présentées ;
– la nature et l'étendue des travaux mis en œuvre ;
– la conclusion du commissaire aux comptes ; celle-ci porte sur la traduction chiffrée de ces hypothèses, sur le respect des principes d'établissement de ces comptes et sur la conformité des méthodes comptables utilisées avec celles suivies pour l'établissement des derniers comptes arrêtés ;
– toutes les remarques utiles permettant au destinataire final de mesurer la portée et les limites de l'attestation délivrée ;
– la date ;
– l'identification et la signature du commissaire aux comptes.

Forme de l'opinion   La conclusion du commissaire aux comptes est exprimée sous la forme (Doctrine professionnelle de la CNCC : ancienne norme CNCC 4-101 § 41 à 43) :

68860

a) d'**absence d'observation**, lorsque le commissaire aux comptes n'a pas relevé d'anomalie dans les modalités d'établissement et de présentation des comptes prévisionnels ;
b) d'**observations** sur les **modalités** d'établissement et de présentation des comptes prévisionnels (par exemple, en cas d'existence d'un risque potentiel susceptible d'affecter de manière significative les comptes prévisionnels, ou d'une incohérence entre une ou plusieurs hypothèses…) ;
c) d'une **impossibilité de conclure** sur les modalités d'établissement et de présentation des comptes prévisionnels lorsqu'il n'a pu mettre en œuvre les diligences estimées nécessaires et que l'importance des limitations est telle qu'il ne lui est pas possible de conclure sur les hypothèses et/ou les modalités d'établissement et de présentation des comptes prévisionnels ;
d) d'une **conclusion défavorable** sur les modalités d'établissement et de présentation des comptes prévisionnels lorsqu'il est en désaccord avec les modalités d'établissement et de présentation des comptes prévisionnels.

L'avis technique relatif aux attestations entrant dans le cadre des services autres que la certification des comptes prévoit que l'attestation contient une conclusion adaptée aux travaux effectués et au niveau d'assurance obtenu. Il en résulte à notre avis la possibilité pour le commissaire aux comptes d'opter pour l'impossibilité de conclure ou la conclusion défavorable prévue dans l'ancienne norme CNCC 4-101, quand bien même ces options ne sont pas reprises dans les exemples de rapports de l'avis technique proposés par la CNCC, qui n'ont pas un caractère limitatif.

III. Examen de comptes pro forma

68900 L'examen de comptes pro forma fait l'objet de l'ancienne norme CNCC 4-102. Cette norme décrit les diligences du commissaire aux comptes lorsqu'il est sollicité par une entité en vue d'émettre une opinion sur des comptes pro forma destinés à être publiés ou présentés **en dehors de toute obligation légale ou réglementaire.**

Cette mission nous semble pouvoir être mise en œuvre selon les modalités pratiques précisées dans l'avis technique de la CNCC relatif aux attestations entrant dans le cadre des services autres que la certification des comptes fournis à la demande de l'entité et de la doctrine issue de l'ancienne norme CNCC 4-102, qui permet de préciser les contours possibles de l'intervention (voir n° 68600).

Notion de comptes pro forma

68905 Les comptes pro forma sont des comptes ayant pour vocation de traduire « l'effet sur des informations financières historiques de la réalisation, à une date antérieure à sa survenance réelle ou raisonnablement envisagée, d'une opération ou d'un événement donné. Les comptes pro forma sont établis, à partir des comptes historiques, sur la base de conventions traduisant l'effet sur les comptes historiques » (Doctrine professionnelle de la CNCC : ancienne norme CNCC 4-101 § 04).

68908 L'établissement de comptes pro forma consiste donc à traduire dans des données financières historiques établies antérieurement une opération ou un événement intervenu postérieurement à la date de clôture desdits comptes. Il a pour objectif fondamental d'assurer la **comparabilité** des données historiques ainsi retraitées avec les comptes établis postérieurement à la survenance de cette opération ou de cet événement. Compte tenu de cet objectif, et du fait qu'il s'agit d'une reconstruction du passé, les conventions utilisées pour établir les comptes pro forma doivent être clairement précisées.

Les comptes pro forma peuvent être établis dans le cadre d'un changement de périmètre (par exemple, inclusion dans des comptes historiques d'une société dont l'acquisition est projetée), ou lors de transactions portant sur des ensembles constituant des parties intégrantes d'une entité juridique (par exemple, élimination dans les comptes historiques des comptes combinés correspondant à l'ensemble devant être cédé).

Modalités d'établissement des comptes pro forma

68910 **Principe** En l'absence de norme émise par un organisme de normalisation comptable, il n'est pas possible de se référer à des principes comptables reconnus pour établir des comptes pro forma.

68912 La méthodologie de construction desdits comptes est généralement la suivante : les comptes pro forma sont établis, à partir des comptes historiques, sur la base de conventions traduisant l'impact sur ces comptes d'une opération ou d'un événement sous-jacent, survenu postérieurement ou susceptible de survenir.

L'utilisation de conventions, qui ne sauraient constituer un référentiel reconnu, est une des raisons pour lesquelles un auditeur ne peut procéder ni à un audit ni à un examen limité de comptes pro forma.

Les comptes pro forma doivent être accompagnés dans tous les cas de comptes historiques (annuels, consolidés et/ou intermédiaires) correspondant à la période couverte par les comptes pro forma ou, à tout le moins, comporter une référence à ceux-ci (Doctrine professionnelle de la CNCC : ancienne norme CNCC 4-102 § 08).

68915 Les conventions retenues pour l'établissement des comptes pro forma sont définies par les dirigeants. Ces derniers doivent expliciter et justifier les conventions dans l'annexe (voir n° 68917).

SERVICES AUTRES QUE LA CERTIFICATION DES COMPTES À LA DEMANDE DE L'ENTITÉ

Annexe L'annexe des comptes pro forma doit compléter et commenter les données **68917**
chiffrées contenues dans le bilan et/ou le compte de résultat pro forma. Elle doit
comprendre (Doctrine professionnelle de la CNCC : ancienne norme CNCC 4-102 § 07) :
a) une description du contexte dans lequel s'inscrit la publication ou la présentation des
comptes pro forma ;
b) une indication que ces comptes ne seraient pas pertinents si l'opération ou l'événement sous-jacent ne se concrétisait pas ;
c) des précisions relatives :
– aux comptes historiques (comptes annuels, consolidés et/ou intermédiaires) dont sont
issus les comptes pro forma,
– aux conventions retenues pour calculer les ajustements pro forma,
– aux incertitudes éventuelles affectant ces conventions,
– aux principes d'établissement et de présentation retenus,
– à toutes les informations permettant aux utilisateurs d'apprécier la situation financière
de l'ensemble pro forma ;
d) une mention rappelant que les comptes pro forma ne sont pas nécessairement représentatifs de la situation financière ou des performances qui auraient été constatées si
l'opération ou l'événement était survenu à une date antérieure à celle de sa survenance
réelle ou envisagée.

Organe établissant les comptes pro forma Les comptes pro forma destinés à **68920**
être publiés sont établis par le conseil d'administration, ou par l'organe équivalent, au
sein de l'entité. Les comptes pro forma destinés à être présentés dans un contexte précisément défini et en mode de diffusion restreinte sont normalement établis par ces
mêmes organes. Ils peuvent cependant être établis sous la responsabilité des dirigeants
de l'entité (Doctrine professionnelle de la CNCC : ancienne norme CNCC 4-102 § 10).

Champ d'application

Principe L'ancienne norme vise les comptes pro forma « complets », c'est-à-dire **68930**
comportant :
– un bilan ;
– un compte de résultat ;
– une annexe.

L'ancienne norme peut également s'appliquer aux situations dans lesquelles seul un bilan ou un compte
de résultat est présenté. Dans cette hypothèse, le document présenté est commenté et complété par
une annexe.

Les comptes pro forma peuvent être établis volontairement ou à la demande d'un tiers, par exemple
un acquéreur potentiel.

Tous les comptes répondant à la définition des comptes pro forma sont en principe visés **68932**
par l'ancienne norme CNCC 4-102, dès lors que l'entité qui les établit sollicite son commissaire aux comptes pour les examiner. En pratique, le champ d'application est considérablement restreint par tout un ensemble d'exclusions qui sont présentées ci-après.

Exclusions Ne sont pas visés par l'ancienne norme : **68935**
– les informations pro forma « parcellaires » incluses dans l'annexe des comptes annuels
ou consolidés ;
Le contenu de l'annexe est couvert par le rapport annuel.
– les comptes pro forma à caractère prévisionnel (voir n° 68728) ;
– les simulations établies en fonction de plusieurs jeux de conventions à caractère spécu-
latif (synergies, économies d'échelle, etc.) ;
– les reconstitutions de comptes historiques dans lesquelles n'intervient pas l'anticipation, par rapport à sa date de survenance réelle, d'un événement ou d'une opération ;
L'ancienne norme CNCC 4-102 précitée donne sur ce point l'exemple de comptes consolidés de
plusieurs exercices établis à l'occasion d'une introduction en bourse, alors que jusque-là le groupe
n'était pas astreint à établir des comptes consolidés.

– les comptes établis selon un autre référentiel (celui de l'acquéreur par exemple), lorsque les comptes sur lesquels un rapport est demandé ne concernent que le sous-
ensemble acquis ;

1537

– les comptes pro forma issus de comptes historiques (annuels, consolidés et/ou intermédiaires) de l'entité (ou des entités significatives concernées lorsque le périmètre pro forma comprend plusieurs entités) qui n'ont fait l'objet ni d'un audit ni d'un examen limité.

Diligences du commissaire aux comptes

68940 **Principe** Le commissaire aux comptes obtient une compréhension suffisante de l'opération ou de l'événement sous-jacent à l'établissement des comptes pro forma, prend connaissance du processus d'établissement de ces comptes et évalue les procédures mises en place pour le choix des conventions et leur établissement (Doctrine professionnelle de la CNCC : ancienne norme CNCC 4-102 § 09).

68942 **Acceptation de la mission** Le commissaire aux comptes s'assure, avant d'accepter la mission qui lui est confiée par les dirigeants de l'entité, qu'il aura **accès à l'information de base**, et notamment qu'il sera en mesure de mettre en œuvre des diligences suffisantes sur les comptes historiques des entités comprises dans le périmètre des comptes pro forma.

Le commissaire aux comptes sera susceptible de se voir opposer le secret professionnel des auditeurs légaux intervenus sur les comptes historiques, dans la mesure où le Code de déontologie ne permet pas la possibilité de partage du secret professionnel entre confrères sauf dispositions légales spécifiques (n° 5420).

Il devra par ailleurs pouvoir prendre connaissance, le cas échéant, des données externes relatives à l'opération ou à l'événement sous-jacent (traité de fusion, d'apport, contrat…).

Le commissaire aux comptes sera conduit à ne pas répondre favorablement à la demande qui lui est faite lorsque les conventions retenues lui apparaîtront manifestement irréalistes et de nature à donner ainsi une information non pertinente. Il en ira de même lorsqu'il estimera que les comptes pro forma ne sont pas appropriés pour l'utilisation qui en est prévue ou qu'il ne sera pas possible, notamment dans les délais proposés, d'obtenir suffisamment d'éléments probants pour étayer ses conclusions (Doctrine professionnelle de la CNCC : ancienne norme CNCC 4-102 § 15).

Dans le cas particulier où les comptes pro forma ne sont pas destinés à être publiés mais sont destinés à être présentés dans un contexte précisément défini et donc à faire l'objet d'une diffusion restreinte, le commissaire aux comptes se fait confirmer que l'utilisation prévue des comptes pro forma et son intervention sont justifiées par l'intérêt social et non par le seul intérêt d'un actionnaire ou groupe d'actionnaires (Doctrine professionnelle de la CNCC : ancienne norme CNCC 4-102 § 17).

Lorsque le commissaire aux comptes décide d'accepter la mission, il est nécessaire que soient confirmées par écrit avec l'organe compétent de l'entité la nature et les conditions de son intervention. Dans tous les cas, le commissaire aux comptes peut refuser l'intervention.

68943 Le nouvel article R 823-17-1 du Code de commerce, introduit par le décret 2020-292 du 21 mars 2020, dispose que, pour les missions autres que la certification des comptes et pour les prestations, **une lettre de mission doit être établie** par les parties préalablement à la réalisation de la mission ou de la prestation. Elle précise notamment les engagements des parties et le montant des honoraires, qui tient compte de l'importance des diligences à mettre en œuvre (C. com. art. R 823-17-1).

Le commissaire aux comptes peut consigner ces éléments dans la lettre de mission relative à sa mission légale, régie par la NEP 210, ou établir une lettre de mission spécifique dont le contenu n'est pas régi par une NEP.

Dans tous les cas, les dispositions de l'article R 823-17-1 du Code de commerce rappelées ci-avant devront être respectées et la lettre de mission devra préciser les engagements des parties et le montant des honoraires.

68945 **Nature des travaux** Le commissaire aux comptes met en œuvre les diligences qui lui permettent (Doctrine professionnelle de la CNCC : ancienne norme CNCC 4-102 § 23) :
– d'obtenir une compréhension suffisante de l'opération ou de l'événement sous-jacent ainsi que du processus d'établissement des comptes pro forma ;
– d'apprécier si les conventions retenues sont cohérentes et constituent une base raisonnable pour l'établissement des comptes pro forma ;

Une part significative du programme de travail est généralement consacrée à cette phase.

© Éd. Francis Lefebvre — SERVICES AUTRES QUE LA CERTIFICATION DES COMPTES À LA DEMANDE DE L'ENTITÉ

– de vérifier la traduction chiffrée de ces conventions ;
– de s'assurer de la conformité des méthodes comptables utilisées pour l'établissement des comptes pro forma avec celles retenues lors de l'établissement des derniers comptes historiques de l'entité.

Émission de l'attestation

Travaux de fin de mission Préalablement à l'émission de son attestation, le **68950** commissaire aux comptes (Doctrine professionnelle de la CNCC : ancienne norme CNCC 4-102 § 39 à 41) :
– obtient une lettre d'affirmation des dirigeants qui rappelle que les conventions retenues pour l'établissement des comptes pro forma sont les plus appropriées pour refléter l'effet, sur les comptes historiques, de l'opération ou de l'événement sous-jacent ;

   Ces déclarations, exigées par l'ancienne norme de la CNCC, sont systématiquement demandées par les commissaires aux comptes qui mettent en œuvre ce type d'interventions.

– prend connaissance des opérations ou événements survenus entre la date d'établissement des comptes pro forma et la date de signature de son rapport. Il s'assure notamment que ceux-ci, ou les données externes qui les accompagnent, ne sont pas de nature à remettre en cause les conventions retenues.

Niveau d'assurance La CNCC a été conduite à préciser que les concepts tradition- **68960** nels de régularité, de sincérité et d'image fidèle, contenus dans le référentiel comptable applicable aux comptes annuels et consolidés, ne peuvent pas s'appliquer, en tant que tels, à des comptes pro forma dont la construction résulte de la mise en œuvre d'hypothèses qui, par ailleurs, ne peuvent pas être soumises à la même nature de vérifications que celles effectuées sur des données historiques reflétant des opérations et des transactions réelles (Bull. CNCC n° 115-1999 p. 502).

   Il en résulte l'impossibilité de soumettre les comptes pro forma à un audit ou à un examen limité.

Attestation du commissaire aux comptes L'attestation d'examen de comptes **68970** pro forma comporte les **principales informations** suivantes, résultant de la combinaison de l'avis technique de la CNCC relatif aux attestations entrant dans le cadre des services autres que la certification des comptes fournis à la demande de l'entité et de l'ancienne norme de la CNCC (Norme CNCC 4-102 § 42) :
– un titre ;
– l'identité du destinataire ;
– le rappel de la qualité de commissaire aux comptes de l'entité ;
– l'identification des comptes pro forma joints en annexe au rapport ;
– le rappel que le conseil d'administration ou les dirigeants sont responsables de l'établissement de ces comptes et des conventions sur lesquelles ils reposent ;
– le rappel des objectifs et des limites des comptes pro forma établis, le cas échéant, dans un contexte particulier et l'indication de la diffusion restreinte qui en découle ;
– une mention indiquant que les comptes pro forma ont été établis à partir de comptes historiques qui ont fait l'objet d'un audit ou d'un examen limité, selon le cas ;
– la référence à la doctrine professionnelle de la Compagnie nationale des commissaires aux comptes relative à cette mission ;
– la nature et l'étendue des travaux mis en œuvre ;
– une conclusion exprimée sous forme positive ou négative selon que les comptes historiques à partir desquels les comptes pro forma ont été établis ont fait l'objet d'un audit ou d'un examen limité. La conclusion porte, d'une part, sur les conventions utilisées pour l'élaboration des comptes pro forma, d'autre part, sur la traduction chiffrée de ces conventions et la conformité des méthodes comptables utilisées avec celles suivies pour l'établissement des derniers comptes historiques ;
– toutes les remarques utiles permettant au destinataire final de mesurer la portée et les limites de l'attestation délivrée ;
– la date ;
– l'identification et la signature du commissaire aux comptes.

1539

SERVICES AUTRES QUE LA CERTIFICATION DES COMPTES À LA DEMANDE DE L'ENTITÉ © Éd. Francis Lefebvre

SECTION 5

Prestations relatives aux informations extra-financières

70000 En France, la **loi Grenelle II** du 12 juillet 2010 a renforcé les obligations des sociétés en matière de **publication** et de **vérification** des informations sociales, environnementales et sociétales (dites informations RSE).

Au niveau européen, la **directive 2014/95/UE** du 22 octobre 2014 relative à la publication d'informations non financières et d'informations relatives à la diversité par certaines grandes entreprises et certains groupes a introduit un **nouveau dispositif** obligeant les entreprises à publier une **déclaration de performance extra-financière.**

Pour plus de détails sur la déclaration de performance extra-financière et notamment son contenu et les entités soumises à l'obligation de publier cette information, voir n° 54205.

Cette directive a été transposée en France par :

– l'ordonnance 2017-1180 du 19 juillet 2017, qui impose le nouveau dispositif de déclaration de performance extra-financière et définit son champ d'application ;

– le décret 2017-1265 du 9 août 2017 qui précise les seuils à partir desquels certaines sociétés sont tenues de produire la déclaration de performance extra-financière ainsi que le contenu et les modalités de présentation de cette déclaration. Il indique également les seuils à compter desquels les informations produites doivent être vérifiées par un organisme tiers indépendant ;

– et l'arrêté du 14 septembre 2018 modifiant l'arrêté du 13 mai 2013 déterminant les modalités selon lesquelles l'organisme tiers indépendant conduit sa mission.

Dans ce contexte, la fiabilisation et l'obtention d'une assurance sur les informations non financières constituent une attente forte pour l'ensemble des parties prenantes (sociétés, investisseurs, autorités de régulation...) et restent un sujet particulièrement d'actualité sur le plan européen avec trois textes clés qui viennent en soutien des objectifs de développement durable de l'Union européenne et restructurent les exigences en matière de *reporting* de « durabilité » (*Sustainability Reporting*) :

– le **règlement « Taxonomie »**, qui définit, selon des critères techniques, les activités contributives à la durabilité et qui impose des informations à fournir ;

À la date de mise à jour de ce Mémento, il semblerait que les dispositions de ce règlement pourraient être d'application progressive aux EIP, à partir de janvier 2022, et que leur vérification par l'OTI ne serait pas applicable immédiatement.

– le **règlement « SFDR »** (*Sustainable Finance Disclosure Regulation*), qui exige un *reporting* ESG (environnement, social et gouvernance) des investisseurs et une transparence sur les aspects ESG des produits qu'ils proposent à leurs clients ;

– la proposition de **directive « CSRD »** (*Corporate Sustainability Reporting Directive*), visant à renforcer les exigences de la directive 2014/95 précitée sur les informations non financières.

Voir n°s 54205 § 5 et 54205 § 5.6.

70010 La CNCC a publié en janvier 2020 une nouvelle version de l'avis technique relatif à la déclaration de performance extra-financière, pour faire suite à la première année de mise en œuvre du dispositif.

Ce document traite des obligations des entités liées à la déclaration de performance extra-financière, de la mission du commissaire aux comptes prévue à l'article L 823-10 du Code de commerce ainsi que de la mission de l'organisme tiers indépendant (OTI) prévue à l'article L 225-102-1 du Code de commerce.

Cet avis technique ne prend pas encore en compte les dispositions de recodification de l'ordonnance 2020-1142 du 16 septembre 2020 portant création, au sein du Code de commerce, d'un chapitre relatif aux sociétés dont les titres sont admis aux négociations sur un marché réglementé ou sur un système multilatéral de négociation et de son décret d'application 2020-1742 du 29 décembre 2020.

I. Principes généraux

70020 **Conditions d'intervention** Le commissaire aux comptes de l'entité peut effectuer les travaux demandés sur la déclaration de performance extra-financière si, conformément

1540

aux dispositions de l'article L 822-11 du Code de commerce, la prestation fournie n'entre pas dans les services portant atteinte à l'indépendance du commissaire aux comptes qui sont définis dans le Code de déontologie et s'agissant d'entité d'intérêt public, dans les services mentionnés au paragraphe 1 de l'article 5 du règlement européen 537/2014 du 16 avril 2014.

Il doit également s'assurer :
– que les conditions de son intervention sont compatibles avec les dispositions du Code de déontologie de la profession ;
– qu'il dispose des compétences nécessaires à la réalisation de cette intervention ; et
– que les conditions de son intervention (notamment les délais) sont compatibles avec les ressources dont il dispose.

Dans tous les cas, le commissaire aux comptes peut refuser l'intervention.

Approbation par le comité d'audit Dans certaines entités, les textes légaux et réglementaires imposent des procédures d'autorisation pour les services autres que la certification des comptes non interdits. L'article L 822-11-2 du Code de commerce prévoit notamment que le commissaire aux comptes peut fournir ces services à l'**entité d'intérêt public** dont il certifie les comptes, ou aux personnes ou entités qui la contrôlent ou qui sont contrôlées par elle au sens des I et II de l'article L 233-3, à condition que ceux-ci soient approuvés par le comité d'audit.

70100

> Une disposition introduite par la loi Sapin 2 simplifie l'approbation de la fourniture des SACC au sein des groupes comprenant plusieurs EIP dotées d'un comité d'audit, en permettant que ladite approbation soit centralisée au niveau du comité d'audit de la société mère (voir n° 26470 6°).
> Pour plus de détails sur l'approbation des SACC par le comité d'audit, voir n° 3781.

Lettre de mission Le commissaire aux comptes établit une lettre de mission **spécifique** dans laquelle il précise la nature de l'intervention qui lui est demandée.

70110

Recours à un expert Le commissaire aux comptes peut faire appel à un expert lorsqu'il l'estime nécessaire, en fonction de la nature des informations extra-financières sur lesquelles porte son intervention.

70120

> Dans cette situation, il s'inspire des dispositions de la NEP 620 relative à l'intervention d'un expert (Avis technique précité § 1.3).
> Pour plus de détails sur la NEP 620, voir n°s 26000 s.

Cocommissariat aux comptes Lorsque l'entité a désigné plusieurs commissaires aux comptes, la prestation peut être demandée à un seul commissaire aux comptes : celui-ci doit alors informer préalablement le ou autres commissaires aux comptes de l'entité de la nature et de l'objet de l'intervention, partager avec eux les conclusions de ses travaux au regard des éventuelles incidences sur la mission de contrôle légal et leur communiquer une copie du document remis à l'entité pour relater le résultat de ses travaux.

70130

S'agissant de la conduite de la mission d'organisme tiers indépendant par un collège de commissaires aux comptes, voir n° 70250.

Compétences L'étendue et la réalisation des travaux ainsi que les conclusions obtenues nécessitent de disposer de compétences appropriées en matière de maîtrise des textes réglementaires, de connaissance des pratiques de *reporting* et de vérification des informations extra-financières, de connaissance des enjeux associés, y compris ceux spécifiques au secteur d'activité.

70140

Le commissaire aux comptes planifie sa mission en s'assurant que les membres de l'équipe disposent collectivement et individuellement de l'ensemble des compétences nécessaires, le cas échéant, en ayant recours à des experts internes ou externes (Avis technique CNCC précité § 2.7).

Documentation Le commissaire aux comptes fait figurer dans son dossier les éléments qui permettent d'étayer ses conclusions et d'établir que l'intervention a été réalisée dans le respect du Code de déontologie et, le cas échéant, du règlement européen 537/2014.

70150

Pour cela, le commissaire aux comptes peut s'inspirer des dispositions de la norme d'exercice professionnel relative à la documentation de l'audit des comptes.

SERVICES AUTRES QUE LA CERTIFICATION DES COMPTES À LA DEMANDE DE L'ENTITÉ © Éd. Francis Lefebvre

II. Mission de l'organisme tiers indépendant

70200 Conformément au V de l'article L 225-102-1 du Code de commerce et au II de l'article R 225-105-2 du même Code, les informations figurant dans la déclaration de performance extra-financière doivent faire l'objet d'une vérification par un organisme tiers indépendant (**OTI**) pour les **sociétés dont les seuils dépassent** 100 millions d'euros pour le total du bilan ou 100 millions d'euros pour le montant net du chiffre d'affaires et 500 pour le nombre moyen de salariés permanents employés au cours de l'exercice.

Lorsqu'une société se conforme volontairement au règlement européen 1221/2009 du 25 novembre 2009 concernant la participation volontaire des organisations à un système communautaire de management environnemental et d'audit (EMAS), la déclaration signée par le vérificateur environnemental conformément aux dispositions des 8° et 9° de l'article 25 de ce règlement, annexée au rapport de gestion, vaut avis de l'organisme tiers indépendant sur les informations environnementales (C. com. art. R 225-105-2, IV). La vérification des informations relatives aux conséquences sociales de l'activité de la société ainsi qu'à ses engagements sociétaux en faveur du développement durable demeure en revanche du ressort de l'organisme tiers indépendant selon les modalités décrites ci-après. Les informations qui ne sont pas vérifiées par le vérificateur environnemental mentionné à l'alinéa précédent demeurent soumises à la vérification de l'organisme tiers indépendant selon les modalités définies aux I, II, III et IV de l'article R 225-105-2.

Sur les sociétés soumises à la déclaration de performance extra-financière et sur les perspectives d'évolutions européennes, voir n° 54205.

Le rapport de l'organisme tiers indépendant comprend :
– un **avis motivé sur la conformité** de la déclaration aux dispositions prévues au I et au II de l'article R 225-105, ainsi que **sur la sincérité** des informations fournies en application du 3° du I et du II de l'article R 225-105 ;
– les **diligences** qu'il a mises en œuvre pour conduire sa mission de vérification.

Conditions d'intervention de l'OTI

70250 **Désignation** L'OTI vérifie qu'il est nommé, selon le cas, par le directeur général ou le président du directoire de la société (gérant en cas de SCA), pour une durée qui ne peut excéder six exercices en vertu de l'article R 225-105-2, I du Code de commerce.

Il doit être choisi parmi les **organismes accrédités** à cet effet par le Comité français d'accréditation (Cofrac) ou par tout autre organisme d'accréditation signataire de l'accord de reconnaissance multilatéral établi par la coordination européenne des organismes d'accréditation (C. com. art. L 225-102-1, R 225-105-2 et A 225-1).

À la date de mise à jour de ce Mémento, le Cofrac refuse la conduite de la mission d'OTI par un **collège de commissaires aux comptes**, au regard du référentiel de son processus d'accréditation.

Dans ce contexte, et dans l'attente d'une clarification des ministères, la CNCC recommande aux commissaires aux comptes qui souhaitent intervenir en tant qu'OTI :
– de surseoir à la réalisation d'interventions par un collège de commissaires aux comptes en « co-OTI », ce qui implique que les prestations de revue des informations RSE en application de l'article 225 de la loi Grenelle II soient conduites par un seul commissaire aux comptes, prenant ainsi en compte les exigences et contraintes actuelles de la norme ISO 17020 ;
– d'adapter en conséquence leurs procédures internes (CNCC, Recommandation relative à la mission RSE conduite en « co-OTI » par un collège de commissaires aux comptes, juillet 2014).

70260 **Intervenants en qualité d'OTI** Le **commissaire aux comptes** peut effectuer la mission d'organisme tiers indépendant conformément aux dispositions des articles L 225-102-1 et R 225-105-2 du Code de commerce s'il est régulièrement accrédité par le Cofrac ou par tout autre organisme d'accréditation signataire de l'accord de reconnaissance multilatéral établi par la coordination européenne des organismes d'accréditation et si l'entité l'a désigné pour conduire cette mission conformément au I de l'article R 225-105-2 du même Code.

L'OTI peut également être un professionnel de l'expertise comptable ou un consultant, sous réserve du respect des conditions d'indépendance et d'accréditation prévues par les textes légaux et réglementaires.

S'agissant des principes généraux sur les conditions d'intervention, voir également n° 70020.

Indépendance L'organisme tiers indépendant est soumis aux incompatibilités prévues à l'article L 822-11-3 du Code de commerce (C. com. art. R 225-105-2). L'OTI rappelle dans son rapport les règles d'indépendance auxquelles il est soumis ainsi que les rôles et responsabilités respectifs de la société et de l'OTI.

Ces incompatibilités édictées pour les commissaires aux comptes et applicables à l'ensemble des intervenants en qualité d'OTI (y compris un consultant ou un expert-comptable) sont développées aux n°s 3710 s.

70280

Mise en œuvre de la mission d'OTI

Travaux En application de l'article R 225-105-2 du Code de commerce, la vérification effectuée par l'organisme tiers indépendant donne lieu à un **rapport** émis à l'issue de ses travaux qui comporte :

1. Un avis motivé sur la conformité de la déclaration aux dispositions prévues au I et au II de l'article R 225-105 (voir n° 70370).
2. Un avis motivé sur la sincérité des informations fournies en application du 3° du I et du II de l'article R 225-105 (voir n° 70380).
3. Et les diligences mises en œuvre pour conduire la mission de vérification (voir n° 70390).

Les modalités d'intervention de l'organisme tiers indépendant sont définies par l'arrêté du 14 septembre 2018 modifiant l'arrêté du 13 mai 2013 (C. com. art. A 225-1 à A 225-4).

La CNCC précise la nature et l'étendue des travaux que le commissaire aux comptes désigné OTI met en œuvre pour formuler ces avis motivés (Avis technique CNCC – Déclaration de performance extra-financière – janvier 2020). Des exemples de rapports sont également proposés du commissaire aux comptes désigné OTI sur les informations RSE (Avis technique précité § 6.3).

70350

1. Avis motivé – Conformité de la déclaration. L'avis technique de la CNCC sur la déclaration de performance extra-financière détaille de la manière suivante les travaux mis en œuvre par l'OTI afin d'émettre son avis sur la conformité de ladite déclaration aux dispositions prévues au I et au II de l'article R 225-105 du Code de commerce (Avis technique précité § 4.12) :

– il prend connaissance de l'activité de l'entité, ou si l'entité établit des comptes consolidés de l'ensemble des entreprises incluses dans le périmètre de consolidation, de l'exposé des principaux risques sociaux et environnementaux liés à cette activité, et, pour les entités dont les titres sont admis aux négociations sur un marché réglementé et entités spécifiquement visées par l'ordonnance 2017-1180, de ses effets quant au respect des droits de l'Homme et à la lutte contre la corruption et l'évasion fiscale ainsi que des politiques qui en découlent et de leurs résultats ;

– il apprécie le caractère approprié du référentiel au regard de sa pertinence, son exhaustivité, sa fiabilité, sa neutralité et son caractère compréhensible, en prenant en considération, le cas échéant, les bonnes pratiques du secteur ;

– il vérifie que la déclaration couvre chaque catégorie d'information prévue au III de l'article L 225-102-1 en matière sociale et environnementale ainsi que, pour les entités dont les titres sont admis aux négociations sur un marché réglementé et entités spécifiquement visées par l'ordonnance 2017-1180, les informations prévues au 2e alinéa de l'article L 22-10-36 en matière de respect des droits de l'Homme et de lutte contre la corruption et l'évasion fiscale ;

– le cas échéant, il vérifie que la déclaration de performance extra-financière comprend une explication des raisons justifiant l'absence des informations requises par le 2e alinéa du III de l'article L 225-102-1 ;

– il vérifie que la déclaration de performance extra-financière présente le modèle d'affaires et les principaux risques liés à l'activité de l'entité, ou si l'entité établit des comptes consolidés de l'ensemble des entreprises incluses dans le périmètre de consolidation, y compris, lorsque cela s'avère pertinent et proportionné, les risques créés par ses relations d'affaires, ses produits ou ses services ainsi que les politiques, les actions et les résultats, incluant les indicateurs clés de performance ;

– il vérifie, lorsqu'elles sont pertinentes au regard des principaux risques ou des politiques présentés, que la déclaration présente les informations prévues au II de l'article R 225-105 ;

– il apprécie le processus de sélection et de validation des principaux risques ;

– il s'enquiert de l'existence de procédures de contrôle interne et de gestion des risques mises en place par l'entité ;

70370

1543

SERVICES AUTRES QUE LA CERTIFICATION DES COMPTES À LA DEMANDE DE L'ENTITÉ © Éd. Francis Lefebvre

– le cas échéant, il vérifie que la déclaration de performance extra-financière comprend une explication claire et motivée des raisons justifiant l'absence de politique concernant un ou plusieurs de ces risques conformément au I de l'article R 225-105 ;

– le cas échéant, il vérifie que la déclaration de performance extra-financière couvre le périmètre consolidé, à savoir l'ensemble des entreprises incluses dans le périmètre de consolidation conformément à l'article L 233-16, le cas échéant, avec les limites précisées dans la déclaration.

Par ailleurs, l'OTI tient compte du fait que, conformément au 1er alinéa du III de l'article L 225-102-1 du Code de commerce, la déclaration de performance extra-financière présente les informations requises « **dans la mesure nécessaire à la compréhension** de la situation de la société, de l'évolution de ses affaires, de ses résultats économiques et financiers et des incidences de son activité » et que, le cas échéant, elle peut renvoyer aux informations mentionnées dans le **plan de vigilance** prévu au I de l'article L 225-102-4 du Code de commerce.

Dans son avis technique précité, la CNCC fournit par ailleurs des précisions sur le contenu attendu concernant les éléments constitutifs de la déclaration de performance extra-financière, à savoir le modèle d'affaires, les principaux risques, la description des politiques et des résultats de ces dernières incluant des indicateurs clés de performance (Avis technique précité § 4.13).

Les informations présentées au sein de la déclaration de performance extra-financière, conformément aux I et II de l'article R 225-105 du Code précité, sont détaillées au n° 54205 § 5.2.

70380 **2. Avis motivé – Sincérité des informations.** Le rapport de l'OTI comprend également un avis motivé sur la sincérité des informations fournies en application du 3° du I et du II de l'article R 225-105 du Code de commerce.

Les **informations concernées** par cet avis sont les résultats, notamment les indicateurs clés de performance et les actions, relatifs aux principaux risques y compris les informations issues du II de l'article R 225-105 (liste des informations sociales, environnementales et sociétales issues du dispositif Grenelle II : voir n° 54205 § 5.2).

Dans son avis technique précité, la CNCC définit comme suit les **diligences mises en œuvre** par l'OTI afin d'émettre cet avis sur la sincérité des informations (Avis technique précité § 4.22) :

– prendre connaissance de l'activité de l'entité et, si l'entité établit des comptes consolidés de l'activité de l'ensemble des entreprises incluses dans le périmètre de consolidation, de l'exposé des principaux risques sociaux et environnementaux liés à cette activité, et, pour les entités dont les titres sont admis aux négociations sur un marché réglementé et entités spécifiquement visées par l'ordonnance 2017-1180, de ses effets quant au respect des droits de l'Homme et à la lutte contre la corruption et à l'évasion fiscale ainsi que des politiques qui en découlent et de leurs résultats ;

– apprécier le caractère approprié du référentiel au regard de sa pertinence, son exhaustivité, sa fiabilité, sa neutralité et son caractère compréhensible, en prenant en considération, le cas échéant, les bonnes pratiques du secteur ;

– s'enquérir de l'existence de procédures de contrôle interne et de gestion des risques mises en place par l'entité ;

– apprécier la cohérence des résultats et des indicateurs clés de performance retenus avec les principaux risques et politiques présentés ;

– apprécier le processus de collecte mis en place par l'entité visant à l'exhaustivité et à la sincérité des informations ;

– mettre en œuvre pour les indicateurs clés de performance et les autres résultats quantitatifs que l'OTI a considérés les plus importants :

• des procédures analytiques consistant à vérifier la correcte consolidation des données collectées ainsi que la cohérence de leurs évolutions,

• des tests de détail sur la base de sondages, consistant à vérifier la correcte application des définitions et procédures et à rapprocher les données des pièces justificatives. Ces travaux peuvent être menés auprès d'une sélection d'entités contributrices ;

– consulter les sources documentaires et mener des entretiens pour corroborer les informations qualitatives (actions et résultats) considérées les plus importantes ;

– apprécier la cohérence d'ensemble de la déclaration par rapport à sa connaissance de l'entité.

© Éd. Francis Lefebvre — SERVICES AUTRES QUE LA CERTIFICATION DES COMPTES À LA DEMANDE DE L'ENTITÉ

70390 L'organisme tiers indépendant **exprime son avis** motivé en déclarant (C. com. art. A 225-3, II) :
– soit qu'il n'a pas relevé d'anomalie significative de nature à remettre en cause la conformité de la déclaration aux dispositions de l'article R 225-105 et la sincérité des informations fournies ;
– soit que la conformité de la déclaration ou la sincérité des informations fournies appellent de sa part des réserves, décrites dans son rapport ;
– soit qu'il lui est impossible d'exprimer une conclusion sur la déclaration.
Il peut également formuler des observations afin d'attirer l'attention sur des éléments relatifs aux procédures utilisées ou au contenu de certaines informations (C. com. art. A 225-3, III et Avis technique CNCC précité § 4.42).

70400 **3. Diligences mises en œuvre.** Enfin, l'OTI indique dans son rapport les **diligences** mises en œuvre pour accomplir sa mission de vérification.
À ce titre, il présente les éléments suivants (C. com. art. A 225-4) :
– la preuve de son accréditation ;
– les travaux accomplis, le périmètre couvert et, pour les données chiffrées, les taux de couverture des informations testées ;
– les moyens mobilisés, le calendrier et la durée de sa mission ;
– le nombre d'entretiens conduits ;
– le périmètre de ses travaux lorsque la société établit des comptes consolidés.

70430 **Communication du rapport** Le rapport de l'OTI est transmis à l'assemblée des actionnaires ou des associés en même temps que le rapport du conseil d'administration ou du directoire (C. com. art. L 225-102-1, V).
Il doit ainsi être transmis :
– au moins vingt et un jours avant la tenue de l'assemblée générale pour les SA et SCA dont les titres sont admis aux négociations sur un marché réglementé (C. com. art. R 22-10-23 à compter du 1-1-2021 ; dispositions figurant antérieurement l'article R 225-73-1 abrogé) ;
– à compter de la convocation de l'assemblée générale ordinaire annuelle et au moins quinze jours avant sa tenue pour les autres sociétés commerciales tenues à l'obligation de publier des informations RSE dans le rapport de gestion (C. com. art. R 225-89) ; et
– selon les modalités prévues par les textes légaux et réglementaires ou, le cas échéant, par les dispositions statutaires qui leur sont applicables pour les autres entités tenues à l'obligation de présentation d'une déclaration de performance extra-financière dans le rapport de gestion.
Le non-respect de ces délais constitue une irrégularité qui doit être signalée par le commissaire aux comptes à la plus prochaine assemblée générale (C. com. art. L 823-12).

70440 **Absence de désignation d'un OTI** Le dispositif légal ne prévoit pas de sanctions concernant l'absence de désignation d'un organisme tiers indépendant chargé de la vérification des informations RSE présentées par la société dans son rapport de gestion. En application de l'article L 823-12 du Code de commerce, le commissaire aux comptes devra cependant signaler cette irrégularité à la plus prochaine assemblée dans son rapport sur les comptes annuels ou, le cas échéant, dans son rapport sur les comptes consolidés (Avis technique CNCC précité § 3.15). Dans les sociétés dont les titres sont admis aux négociations sur un marché réglementé, l'irrégularité est également portée à la connaissance de l'AMF (voir n° 8128).
Concernant l'absence de déclaration de performance extra-financière dans le rapport de gestion, voir également n° 54242 (possibilité de demander au président du tribunal de prononcer une injonction de faire concernant la communication de ladite déclaration).

III. « Autres travaux » possibles sur une base volontaire concernant les informations extra-financières

70600 Compte tenu des attentes en matière de fiabilité et de contrôle des informations extra-financières, une entité, soumise ou non au dispositif relatif à la déclaration de performance extra-financière, peut demander **de manière volontaire à son commissaire aux comptes** de réaliser des travaux sur des informations environnementales ou sociales,

1545

SERVICES AUTRES QUE LA CERTIFICATION DES COMPTES À LA DEMANDE DE L'ENTITÉ © Éd. Francis Lefebvre

complémentaires aux obligations réglementaires relatives à la déclaration de performance extra-financière.

Ces travaux complémentaires peuvent être réalisés dans les limites prévues par le Code de déontologie et sous réserve du respect des dispositions du Code de commerce et du règlement européen 537/2014 (voir nº 70020).

La CNCC précise que l'entité peut ainsi demander à son commissaire aux comptes d'intervenir sur les sujets suivants (CNCC Avis technique DPEF – janvier 2020 § 5) :

– la sincérité de l'ensemble de la déclaration de performance extra-financière (et non plus uniquement des informations fournies en application du 3º du I et du II de l'article R 225-105 du Code de commerce, à savoir les résultats des politiques, incluant des indicateurs clés de performance, et les actions, relatives aux principaux risques) ;

– la conformité du plan de vigilance et la sincérité du compte rendu de sa mise en œuvre ;

– les procédures relatives à la loi Sapin 2 en matière de lutte contre la corruption ;

– la conformité et la sincérité pour une entité non soumise souhaitant publier une déclaration de performance extra-financière selon les mêmes exigences que celles applicables aux entités visées par le dispositif ;

– certaines informations avec un niveau d'assurance raisonnable ;

– les émissions de gaz à effet de serre par une attestation spécifique ;

– les engagements climatiques et leurs déploiements ;

– l'exécution des objectifs sociaux et environnementaux d'une société à mission.

En ce qui concerne les informations extra-financières, le commissaire aux comptes a la possibilité de se référer aux normes internationales en lieu et place du référentiel français. Il établit alors son rapport selon les dispositions prévues par ces normes (Communiqué CNCC juillet 2016 « Référence aux normes ou à la doctrine pour les services autres que la certification des comptes » p. 2).

La **norme internationale ISAE 3000** révisée peut ainsi être utilisée pour les missions portant sur le développement durable et les informations extra-financières (Norme ISAE 300 révisée § A8). L'IAASB a précisé en avril 2021 les modalités d'application de cette norme avec le guide d'application EER (*Extending External Reporting*).

70650 En outre, la CNCC a défini de nouvelles offres pouvant être proposées à la suite de l'élargissement par la loi dite Pacte du périmètre d'intervention des commissaires aux comptes et de la possibilité pour ces derniers de fournir, en dehors ou dans le cadre d'une mission légale, des services et attestations, dans le respect des dispositions du Code de commerce, de la réglementation européenne et des principes définis par le Code de déontologie.

Ces nouvelles offres sont présentées dans un catalogue disponible sur le site de la CNCC : https://www.cncc.fr/cac-rebond/nouvelles-offres/

À titre d'illustration, s'agissant des informations extra-financières, une prestation consistant à vérifier la présentation sincère desdites informations est proposée.

En termes de livrable, une **attestation sous forme positive** portant sur la **sincérité des informations extra-financières** peut ainsi être établie.

S'agissant d'une attestation positive, il convient de réaliser les travaux estimés nécessaires pour obtenir l'assurance raisonnable permettant de présenter une conclusion positive, notamment :

– une prise de connaissance de l'organisation et des procédures mises en place au sein de l'entité pour élaborer ces interprétations (cellule dédiée, contrôle interne spécifique, autres) ;

– une prise de connaissance des procédures ;

– la vérification de la sincérité des informations produites ;

– une restitution orale et écrite auprès de l'entité.

La Commission d'éthique professionnelle (CEP) de la CNCC conclut à une **présomption d'absence d'incompatibilité** de la prestation décrite ci-avant avec la mission de certification des comptes (CNCC Questions/réponses relatives au Code de déontologie post-Pacte, avril 2021).

Les nouvelles offres CNCC précitées comportent également une prestation relative à l'appréciation de la **conformité des dispositifs de lutte contre la corruption** dont l'objectif est de vérifier et d'attester la conformité d'un processus au regard d'un référentiel relatif à la lutte contre la corruption avec :

– une prise de connaissance du référentiel qui servira de base à l'appréciation de l'efficacité des dispositifs anti-corruption ;

– une revue de la documentation interne (règlement intérieur, code de conduite, procédures...) relative aux dispositifs anti-corruption ;

1546

– une prise de connaissance des processus internes mis en place par l'entité pour maîtriser les risques de corruption, par entretien avec la direction et le personnel ;
– une prise de connaissance des courriers et rapports émis, le cas échéant, par l'Agence française anticorruption (AFA) ;
– une analyse des potentiels cas intervenus (causes/ampleur) ;
– des tests de cheminement pour s'assurer de la correcte conception des dispositifs et tests de fonctionnement pour vérifier l'efficacité des contrôles ;
– des tests de fonctionnement ;
– une restitution orale et écrite auprès du client.
En fonction de la demande du client, **le livrable** peut être :
– un rapport détaillé des constats et recommandations pour l'amélioration de la conception et de l'application des dispositifs anti-corruption ;
– une attestation, sous forme négative, portant sur la conformité des dispositifs anti-corruption de l'entité par rapport au référentiel retenu.

Si le commissaire aux comptes intervenant sur ce type de prestations a également une mission de certification des comptes, la CEP attire toutefois l'attention de ce dernier sur la nécessité de **ne pas se substituer à l'entité pour réaliser les contrôles comptables** (en ce sens, voir la réponse de la CNCC à la consultation de l'AFA, « Note de position de la CNCC établie dans le cadre de la consultation de l'AFA et proposition de modifications de la recommandation sur les procédures de contrôles comptables de l'AFA », décembre 2017). Sous réserve de cette limite, la CEP conclut à une **présomption d'absence d'incompatibilité** de la prestation décrite ci-avant avec la mission de certification des comptes (CNCC Questions/réponses relatives au Code de déontologie post-Pacte, avril 2021).

SECTION 6

Sociétés à mission

La **qualité de société à mission** a été introduite en droit français par la loi relative à la croissance et à la transformation des entreprises dite loi Pacte. Elle offre la possibilité aux sociétés qui le souhaitent de modifier leurs statuts pour se doter d'une « raison d'être » intégrant la prise en compte des impacts sociaux, sociétaux et environnementaux de leurs activités.

71000

La finalité est de concilier la recherche de la performance économique avec la contribution à l'intérêt général.

Une société peut désormais faire publiquement état de sa qualité de société à mission, si elle réunit les conditions définies par l'article L 210-10 du Code de commerce créé par la loi précitée.

Elle doit ainsi inclure dans ses statuts la notion de raison d'être, le ou les objectifs sociaux et environnementaux qu'elle se donne pour mission de poursuivre dans le cadre de son activité ainsi que les modalités de suivi de l'exécution des missions. L'exécution de ces objectifs sociaux et environnementaux doit faire l'objet d'une vérification par un organisme tiers indépendant (OTI). Dans ce contexte, la société à mission peut ainsi souhaiter confier cette intervention au commissaire aux comptes et le désigner en qualité d'OTI.

Au 1er juillet 2021, l'Observatoire des sociétés à mission recensait 202 sociétés à mission.

Bien que cette notion soit nouvelle en droit français, plusieurs États, en particulier les États-Unis, connaissent la société à mission depuis 2010. L'entreprise à mission est née aux États-Unis dans le contexte du déploiement international de principes visant à la prise en compte des responsabilités sociales et environnementales des opérateurs économiques.

Aux États-Unis, les engagements volontaires des entreprises sur ces questions pouvaient se révéler inconciliables avec la nécessité pour les dirigeants de remplir leurs « *fiduciary duties* » (devoirs fiduciaires), principe inhérent au droit des sociétés américaines. En effet, toute décision de gestion prise par les dirigeants visant à un autre objectif que la maximisation de la valeur de la société pour l'actionnaire pouvait engager leur responsabilité à l'égard de leurs actionnaires. Dans ce contexte, avec la prise en compte croissante des critères environnementaux, sociaux et gouvernance par de nombreuses instances et notamment des organismes de notation ou de labellisation, et le souci de protéger les mandataires sociaux, soucieux de développer une stratégie plus large que la maximisation de la valeur actionnariale, plusieurs États ont créé un statut de société à mission avec des caractéristiques assez similaires (Ansa n° 20-002, février 2020).

1547

SERVICES AUTRES QUE LA CERTIFICATION DES COMPTES À LA DEMANDE DE L'ENTITÉ © Éd. Francis Lefebvre

71005 L'article 176 de la loi 2019-486 du 22 mai 2019 dite Pacte a créé au sein du Code de commerce trois articles insérés dans le Titre 1er du livre II relatifs aux sociétés commerciales et aux groupements d'intérêt économique : ce sont les articles L 210-10 à L 210-12.

Le décret 2020-1 du 2 janvier 2020, pris en application des articles du Code de commerce précités, a dans un premier temps précisé les déclarations que la société doit effectuer lors de sa demande d'immatriculation ainsi que la vérification effectuée par un organisme tiers indépendant sur l'exécution par la société à mission des objectifs sociaux et environnementaux mentionnés dans les statuts.

Le décret 2021-669 du 27 mai 2021 porte diverses mesures relatives aux sociétés, mutuelles et unions à mission, aux institutions de prévoyance et aux fonds de pérennité. Ce décret modifie l'article R 210-21, III du Code de commerce afin d'insérer un alinéa qui prévoit qu'un arrêté du ministre chargé de l'économie et du garde des Sceaux, ministre de la justice, précise les modalités selon lesquelles l'organisme tiers indépendant conduit sa mission.

Un arrêté du 27 mai 2021, pris en application de l'article R 210-21 du Code de commerce, précise les modalités selon lesquelles l'OTI conduit sa mission et le contenu de son avis.

71005 Nous présenterons ci-après :
– le champ d'application du dispositif de société à mission (voir n° 71010) ;
– les conditions pour faire publiquement état de la qualité de société à mission (voir n° 71030 s.) ;
– l'intervention de l'organisme tiers indépendant (voir n° 71050 s.).

I. Champ d'application du dispositif de société à mission

71010 La « société à mission » est une qualité et non pas une nouvelle catégorie juridique.

Sous réserve de respecter les conditions prévues par les textes, la qualité de « société à mission » est ouverte aux **sociétés commerciales** et aux **GIE** (C. com. art. L 210-10 à L 210-12, R 210-21, A 210-1 et A 110-2) mais également aux entités suivantes :
– **les sociétés d'assurance mutuelle** : le nouvel article L 322-26-4-1 du Code des assurances, créé par la loi dite Pacte, dispose que les articles L 210-10 à L 210-12 du Code de commerce sont applicables aux sociétés d'assurance mutuelle, à l'exception du 5° de l'article L 210-10 (voir n° 71030) ;
– **les mutuelles et leurs unions** : des nouvelles dispositions sont introduites dans le Code de la mutualité afin d'adapter les dispositions du Code de commerce relatives à la société à mission aux mutuelles et à leurs unions (C. mut. art. L 110-1-1 à L 110-1-3, R 110-1 et A 110-1 et A 110-2) ;
– **les sociétés coopératives** : un dernier alinéa est ajouté à l'article 7 de la loi 47-1775 du 10 septembre 1947 portant statut de la coopération. Il précise que les articles L 210-10 à L 210-12 du Code de commerce sont applicables aux coopératives régies par la loi précitée.

Nous détaillerons ci-après le dispositif prévu par le Code de commerce.

II. Conditions pour faire publiquement état de la qualité de société à mission

71030 Une société peut faire publiquement état de la qualité de société à mission lorsque les conditions suivantes sont respectées (C. com. art. L 210-10 créé par l'article 176 de la loi Pacte) :
1° ses statuts précisent une **raison d'être**, au sens de l'article 1835 du Code civil (voir n° 71035) ;
2° ses statuts précisent **un ou plusieurs objectifs sociaux et environnementaux** que la société se donne pour mission de poursuivre dans le cadre de son activité ;
3° ses statuts précisent les modalités du suivi de l'exécution de la mission mentionnée au 2°. Ces modalités prévoient que la société se dote d'un **comité de mission** (pour plus de détails, voir n° 71040) ;

1548

4° l'exécution des objectifs sociaux et environnementaux mentionnés au 2° fait l'objet d'une **vérification par un organisme tiers indépendant**, selon des modalités et une publicité définies par décret (pour plus de détails, voir n°s 71050 s.) ;

5° la société **déclare** sa qualité de société à mission au greffier du tribunal de commerce, qui la publie, sous réserve de la conformité de ses statuts aux conditions mentionnées aux 1° à 3°, au registre du commerce et des sociétés (RCS), dans des conditions précisées par décret en Conseil d'État.

> La qualité de société à mission déclarée par une société est également indiquée au répertoire Sirene tenu par l'Insee (C. com. art. R 123-222 modifié par le décret 2020-1 du 2-1-2020).

Raison d'être L'article 169 de la loi dite Pacte a modifié l'article 1835 du Code civil pour permettre aux sociétés qui le souhaitent de prévoir dans leurs statuts une raison d'être, constituée des « principes dont la société se dote et pour le respect desquels elle entend affecter des moyens dans la réalisation de son activité ». **71035**

> La notion de « raison d'être » a été proposée par le rapport Notat-Sénard qui la définit comme « l'expression de ce qui est indispensable pour remplir l'objet social, c'est-à-dire le champ des activités de l'entreprise. Elle est à l'entreprise ce que l'affectio societatis, bien connu des juristes, est aux associés : une volonté réelle et partagée. Si quelques-uns pourraient être tentés d'en faire un objet marketing, la raison d'être fournira à la plupart des conseils d'administration un guide pour les décisions importantes, un contrepoint utile au critère financier de court terme, qui ne peut servir de boussole ».
> Il est également précisé que la raison d'être est « un guide pour déterminer les orientations stratégiques de l'entreprise et les actions qui en découlent. Une stratégie vise une performance financière mais ne peut s'y limiter. La notion de raison d'être constitue en fait un retour de l'objet social au sens premier du terme, celui des débuts de la société anonyme, quand cet objet était d'intérêt public. De même qu'elle est dotée d'une volonté propre et d'un intérêt propre distinct de celui de ses associés, l'entreprise a une raison d'être » (N. Notat et J.-D. Sénard, « L'entreprise, objet d'intérêt collectif », 9-3-2018).

Organes de gouvernance à mettre en place Le 3° de l'article L 210-10 du Code de commerce prévoit la création d'un **comité de mission** comme modalités de suivi de l'exécution de la mission que la société entend poursuivre dans le cadre de son activité. **71040**

Ce comité est distinct des organes sociaux et doit comporter au moins un salarié.

Il est chargé exclusivement du suivi du ou des objectifs que la société entend poursuivre et présente annuellement un **rapport joint au rapport de gestion**, à l'assemblée chargée de l'approbation des comptes de la société. Ce comité procède à toute vérification qu'il juge opportune et se fait communiquer tout document nécessaire au suivi de l'exécution de la mission.

Une société qui emploie au cours de l'exercice **moins de cinquante salariés** permanents et dont les statuts remplissent les conditions définies au 1° et 2° de l'article L 210-10 du Code de commerce, c'est-à-dire précisent une raison d'être et un ou plusieurs objectifs sociaux et environnementaux, peut prévoir dans ses statuts qu'un **référent de mission** se substitue au comité de mission.

Le référent de mission peut être un salarié de la société, à condition que son contrat de travail corresponde à un emploi effectif (C. com. art. L 210-12).

Non-respect des dispositions liées aux sociétés à mission L'article L 210-11 du Code de commerce prévoit que lorsqu'une des conditions posées à l'article L 210-10 du Code de commerce n'est pas respectée ou que l'OTI constate qu'un ou plusieurs des objectifs sociaux et environnementaux ne sont plus respectés, toute personne intéressée ou le ministère public peut demander au président du tribunal statuant en référé aux fins d'enjoindre, le cas échéant sous astreinte, au représentant légal de la société de **supprimer la mention « société à mission »** de tous les actes, documents ou supports électroniques émanant de la société. **71045**

III. Intervention de l'organisme tiers indépendant (OTI)

Les conditions à respecter pour faire publiquement état de la qualité de société à mission incluent l'intervention d'un organisme tiers indépendant (OTI) désigné pour **vérifier l'exécution des objectifs sociaux et environnementaux** que la société se donne pour **71050** mission de poursuivre dans le cadre de son activité et qu'elle a inscrits dans ses statuts (C. com. art. L 210-10, 4°). Cette vérification donne lieu à un **avis de l'OTI**, joint au rapport du comité de mission.

Le **commissaire aux comptes** peut effectuer cette mission d'organisme tiers indépendant conformément aux dispositions des articles L 210-10 et R 210-21 du Code de commerce s'il remplit les conditions d'accréditation définies ci-après et si l'entité l'a désigné pour conduire cette mission conformément au I de l'article R 210-21 du même Code. Il devra en outre s'assurer qu'il respecte les dispositions de l'article L 822-11-3 du Code de commerce, notamment en matière d'indépendance, et du Code de déontologie s'agissant notamment des conditions de son intervention.

Cette intervention, distincte de la mission de contrôle légal, est exclusivement exécutée à la demande de l'entité.

À la date de mise à jour de ce Mémento, un avis technique CNCC sur l'intervention du commissaire aux comptes désigné dans le cadre des sociétés à mission est en cours d'élaboration.

71055 **Accréditation et désignation de l'OTI** L'OTI est désigné parmi les organismes accrédités à cet effet par le Comité français d'accréditation (Cofrac) ou par tout autre organisme d'accréditation signataire de l'accord de reconnaissance multilatéral établi par la coordination européenne des organismes d'accréditation. L'OTI est soumis aux incompatibilités prévues à l'article L 822-11-3 du Code de commerce (C. com. art. R 210-21, I).

Ces incompatibilités édictées pour les commissaires aux comptes et applicables à l'ensemble des intervenants en qualité d'OTI sont développées aux nᵒˢ 3710 s.

Sauf clause contraire des statuts de la société, l'OTI est désigné par l'organe en charge de la gestion pour une durée initiale qui **ne peut excéder six exercices.** Cette désignation est renouvelable, dans la limite d'une durée totale de douze exercices (C. com. art. R 210-21, II).

71060 **Périodicité des contrôles et première vérification** L'OTI procède, au moins tous les deux ans, à la vérification de l'exécution des objectifs mentionnés au 2° de l'article L 210-10 du Code de commerce. Lorsque la société emploie, sur une base annuelle, moins de 50 salariés permanents au titre du dernier exercice comptable ayant fait l'objet de la dernière vérification, elle peut demander à l'OTI de ne procéder à la prochaine vérification qu'au bout de trois ans (C. com. art. R 210-21, II).

La **première vérification** a lieu dans les dix-huit mois suivant la publication de la déclaration de la qualité de société à mission au RCS. Ce délai est porté à vingt-quatre mois pour les sociétés employant moins de 50 salariés (C. com. art. R 210-21, II).

71070 **Avis motivé et diligences de l'OTI** À l'issue de son intervention, l'OTI émet un avis motivé qui retrace les diligences qu'il a mises en œuvre et indique si la société respecte ou non les objectifs qu'elle s'est fixés. Le cas échéant, l'OTI mentionne les raisons pour lesquelles, selon lui, les objectifs n'ont pas été atteints ou pour lesquelles il lui a été impossible de parvenir à une conclusion (C. com. art. L 210-10, 4° et R 210-21, III).

Pour délivrer son avis, l'OTI a **accès à l'ensemble des documents** détenus par la société, utiles à la formation de son avis, notamment au rapport du comité de mission.

Il procède à toute **vérification sur place** qu'il estime utile au sein de la société et, avec leur accord, au sein des entités concernées par un ou plusieurs objectifs sociaux et environnementaux constitutifs de la mission de la société (C. com. art. R 210-21, III).

Les **diligences** à mettre en œuvre par l'OTI afin de délivrer son avis motivé sont définies par l'article A 210-1 du Code de commerce, créé par l'arrêté du 27 mai 2021 :

– il examine l'ensemble des documents détenus par la société utiles à la formation de son avis, notamment les rapports annuels mentionnés au 3° de l'article L 210-10 du Code de commerce (rapports établis par le comité de mission : voir n° 71040) ;

– il interroge le comité de mission ou le référent de mission sur son appréciation de l'exécution du ou des objectifs mentionnés au 2° de l'article L 210-10 du Code de commerce ainsi que, s'il y a lieu, les parties prenantes sur l'exécution du ou des objectifs qui les concernent ;

– il interroge l'organe en charge de la gestion de la société sur la manière dont la société exécute son ou ses objectifs mentionnés au 2° de l'article L 210-10 du Code de commerce sur les actions menées et sur les moyens financiers et non financiers affectés, comportant, le cas échéant, l'application de référentiels, normes ou labels sectoriels

formalisant de bonnes pratiques professionnelles, que la société met en œuvre pour les exécuter ;
– il s'enquiert de l'existence d'**objectifs opérationnels** ou d'**indicateurs clés de suivi** et de **mesures des résultats** atteints par la société à la fin de la période couverte par la vérification pour chaque objectif mentionné au 2° de l'article L 210-10 du Code de commerce. Le cas échéant, il examine par échantillonnage les procédures de mesure de ces résultats, en ce compris les procédures de collecte, de compilation, d'élaboration, de traitement et de contrôle des informations, et réalise des tests de détails, s'il y a lieu par des vérifications sur site ;
– il procède à toute autre diligence qu'il estime nécessaire à l'exercice de sa mission, y compris, s'il y a lieu, par des vérifications sur site au sein de la société ou, avec leur accord, des entités concernées par un ou plusieurs objectifs mentionnés au 2° de l'article L 210-10 du Code de commerce.

Contenu de l'avis motivé Le contenu de l'avis motivé rendu par l'OTI est défini par l'arrêté du 27 mai 2021. Il comprend les éléments suivants (C. com. art. A 210-2 nouveau créé par l'arrêté précité) :   **71080**
– la preuve de son accréditation ;
– les objectifs et le périmètre de la vérification ;
– les diligences qu'il a mises en œuvre, en mentionnant les principaux documents consultés et les entités ou personnes qui ont fait l'objet de ses vérifications et précisant, le cas échéant, les difficultés rencontrées dans l'accomplissement de sa mission ;
– une **appréciation, pour chaque objectif** mentionné au 2° de l'article L 210-10 du Code de commerce, depuis la dernière vérification ou, à défaut, depuis la date à laquelle les conditions prévues à l'article L 210-10 du Code de commerce ont été satisfaites :
• des moyens mis en œuvre pour le respecter,
• des **résultats atteints** à la fin de la période couverte par la vérification, si possible exprimés de manière quantitative par rapport à l'objectif et, le cas échéant, aux objectifs opérationnels ou indicateurs clés de suivi,
• de l'adéquation des moyens mis en œuvre au respect de l'objectif au regard de l'évolution des affaires sur la période,
• le cas échéant, l'existence de circonstances extérieures à la société ayant affecté le respect de l'objectif ;
– au regard de l'ensemble des éléments de son appréciation, une **conclusion motivée** déclarant, **pour chaque objectif** mentionné au 2° de l'article L 210-10 du Code de commerce :
• soit que la société respecte son objectif,
• soit que la société ne respecte pas son objectif,
• soit qu'il lui est impossible de conclure.
Pour rappel, lorsque l'OTI constate qu'un ou plusieurs des objectifs sociaux et environnementaux ne sont plus respectés, toute personne intéressée ou le ministère public peut demander au président du tribunal statuant en référé aux fins d'enjoindre, le cas échéant sous astreinte, au représentant légal de la société de supprimer la mention « société à mission » de tous les actes, documents ou supports électroniques émanant de la société (C. com. art. L 210-11).

L'avis motivé le plus récent est **joint au rapport du comité de mission** mentionné au 3° de l'article L 210-10. Cet avis est publié sur le **site internet** de la société et demeure accessible publiquement **au moins pendant cinq ans** (C. com. art. R 210-21, IV).   **71090**

TITRE IV

Prestations fournies par un commissaire aux comptes sans détenir de mandat dans cette entité ou dans sa chaîne de contrôle

TITRE IV

Les prestations
fournies par le commissaire
aux comptes
sans ou sans
le rapport à ceux-ci
entrant dans
les charges de comptes

CHAPITRE 1

Principes applicables aux prestations hors mandat de certification des comptes

Plan du chapitre	§§
SECTION 1 **Principes fondamentaux de comportement applicables** **aux prestations**	75100
SECTION 2 **Conduite de la prestation**	75200
SECTION 3 **Honoraires**	75290
SECTION 4 **Publicité, sollicitation personnalisée et services en ligne**	75310
SECTION 5 **Limitations liées aux monopoles et aux maniements** **de fonds**	75320

75000 Le deuxième alinéa de l'article L 820-1-1 du Code de commerce, introduit par la loi dite Pacte, dispose : « Un commissaire aux comptes peut, **en dehors** ou dans le cadre **d'une mission légale**, fournir des **services et des attestations**, dans le respect des dispositions du présent code, de la réglementation européenne et des principes définis par le Code de déontologie de la profession. »

Un commissaire aux comptes peut ainsi fournir des services et des attestations à la demande d'une entité dont il ne certifie pas les comptes, dans le cadre précis :
– des dispositions du Code de commerce ;
– de la réglementation européenne ;
– et des principes du Code de déontologie.

Ces prestations peuvent être confiées à un commissaire aux comptes **à la demande d'une entité**, pour répondre à un besoin spécifique, mais elles peuvent également résulter d'un **texte légal ou réglementaire** confiant par exemple l'établissement d'une attestation à « un » commissaire aux comptes sans imposer que celui-ci soit exclusivement « le » commissaire aux comptes de l'entité.

Les services et attestations fournis par un commissaire aux comptes sans détenir de mandat dans cette entité ou dans sa chaîne de contrôle ne sont **pas encadrés par des normes d'exercice professionnel**.

> Il en est d'ailleurs de même lorsque le commissaire aux comptes intervient à la demande d'une entité dont il certifie les comptes dans le cadre des SACC.

75020 L'article R 820-1-1 du Code de commerce, créé par le décret 2020-292 du 21 mars 2020, distingue désormais les termes « missions » et « prestations » concernant l'application du titre II du livre VIII du Code de commerce en retenant les définitions suivantes :
– le terme « **missions** » désigne les missions mentionnées au premier alinéa de l'article L 820-1-1 ;

> Sont ainsi visées les missions de contrôle légal et les missions confiées au commissaire aux comptes par la loi ou le règlement.

PRINCIPES APPLICABLES AUX PRESTATIONS HORS MANDAT DE CERTIFICATION DES COMPTES © Éd. Francis Lefebvre

– le terme « **prestations** » désigne les services et attestations fournis par un commissaire aux comptes, en dehors ou dans le cadre d'une mission légale.

Le Code de déontologie de la profession de commissaire aux comptes, modifié par le décret 2020-292 du 21 mars 2020, retient ces mêmes définitions.

75030 Dans le cadre du présent chapitre, nous traiterons spécifiquement des « prestations » réalisées par un commissaire aux comptes en application du 2ᵉ alinéa de l'article L 820-1-1 du Code de commerce et qui ne constituent **pas des services autres que la certification des comptes (SACC)** puisque ledit commissaire aux comptes ne détient pas de mandat de contrôle légal des comptes dans cette entité ou dans les entités contrôlées par elle ou qui la contrôlent.

Sur les services autres que la certification des comptes, voir nᵒˢ 49000 s. (audit dans le cadre des SACC) et nᵒˢ 68000 s. (autres SACC tels que les attestations, les procédures convenues…).

75040 Dans ce contexte d'élargissement du champ d'intervention du commissaire aux comptes opéré par la loi dite Pacte, la CNCC a présenté un catalogue de nouvelles offres pouvant être mises en œuvre ès qualités de commissaire aux comptes sans qu'un mandat de contrôle légal soit exercé au sein de l'entité concernée ou dans les entités de sa chaîne de contrôle. Il s'agit par exemple de prestations d'audit contractuel, de diagnostics/ recommandations et d'attestations.

La CNCC a créé un espace dédié sur son site internet pour présenter les travaux menés afin d'assurer le rebond de la profession à la suite de la loi Pacte : https://www.cncc.fr/cac-rebond/nouvelles-offres/

Elle y présente de nouvelles missions contractuelles d'attestations ou de diagnostics/recommandations regroupées autour des quatre grandes thématiques suivantes :

– les données financières ;

– le respect des textes légaux et réglementaires ;

– la conformité et l'efficacité d'un processus ;

– le numérique.

Le tableau ci-dessous synthétise les typologies de missions proposées par la CNCC :

CATALOGUE OFFRE REBOND CNCC			
Données financières	Respect des textes légaux et réglementaires	Conformité et efficacité d'un *process*	Numérique
• Évaluation des risques et zones de vulnérabilité • Évaluation de l'efficacité du contrôle interne comptable et financier • Attestation de données prévisionnelles/ du *business plan* • Audit financier contractuel • Attestation des ratios financiers • Diagnostic de la solvabilité • Conformité des fonds reçus à leur objet • Appréciation de la situation financière*	• Vérification du respect des délais de paiement • Examen de la conformité sociale • Examen de conformité fiscale* • Vérification du respect de dispositions liées à la forme juridique de l'entité • Vérification du respect des dispositions réglementaires propres à l'exercice d'une activité	• Cartographie des risques • Appréciation de la conformité d'un processus à un référentiel (label bio, traçabilité des produits, etc.) • Évaluation de l'efficacité d'un processus • Appréciation de l'efficacité des dispositifs de lutte contre le blanchiment des capitaux et le terrorisme • Appréciation de l'efficacité des dispositifs de lutte contre la corruption • Attestation de données extra-financières : responsabilité sociétale de l'entité	• Appréciation de l'efficacité des dispositifs Cybersécurité • Appréciation de l'efficacité des dispositifs conformité au RGPD • Audit des systèmes d'information • ICO (*Initial Coin Offering*) * • *Blockchain**
mission en cours de finalisation			

Pour plus de détails sur la nature et le contenu de ces missions ainsi que sur les livrables correspondants et les éventuels outils proposés, voir https://www.cncc.fr/cac-rebond/nouvelles-offres/

Sous réserve d'une analyse de leur compatibilité avec la mission légale de certification des comptes, ces interventions ne sont pas exclusivement réservées à un commissaire aux comptes ne détenant pas de mandat dans l'entité concernée. Sur l'analyse de la compatibilité de ces offres avec la mission légale de certification des comptes, voir n° 3753.

En outre, les pouvoirs publics, au travers du plan France relance et du plan d'action gouvernemental de sortie de crise, reconnaissent le rôle clé des commissaires aux comptes auprès des entreprises de toutes tailles. Ils prévoient notamment la présence des commissaires aux comptes sur les deux piliers essentiels que sont la prévention et la relance (présentation par le Gouvernement du dispositif d'accompagnement des entreprises dans la sortie de crise du 1er juin 2021 et dossier de presse y afférent).

À la date de mise à jour de ce Mémento, la CNCC a annoncé que des travaux étaient en cours afin de fournir aux professionnels des outils leur permettant de répondre à ces enjeux et aux besoins exprimés par les parties prenantes. La CNCC devrait ainsi proposer une prestation de « prévention et relation de confiance » qui devrait s'articuler autour d'un volet consistant en un audit du bilan et d'un autre volet relatif à l'attestation d'informations prévisionnelles.

La CNCC propose également des missions visant à sécuriser les **dispositifs de relance** mis en place par le Gouvernement, les commissaires aux comptes pouvant intervenir avant ou après l'octroi de ces dispositifs, par exemple :

– en évaluant la situation financière des bénéficiaires des aides afin qu'elles profitent à des entreprises viables ;
– en contrôlant le respect des critères d'accès aux dispositifs ;
– en vérifiant a posteriori l'utilisation des fonds reçus ;
– en assurant une veille sur le caractère recouvrable des prêts, avances ou garanties.

Ces missions sont adaptées aux entreprises dotées ou non d'un commissaire aux comptes et peuvent être réalisées à l'initiative du dirigeant afin de rassurer les partenaires ou à l'initiative des partenaires dans le cadre de l'accès à un dispositif de relance. Certaines missions de commissaires aux comptes en lien avec le plan de relance sont par ailleurs prévues par certains textes réglementaires tels que les décrets instituant une aide visant à compenser les coûts fixes non couverts des entreprises dont l'activité est particulièrement affectée par l'épidémie de Covid-19.

75050

Nous présenterons ci-après les principes fondamentaux de comportement applicables à ces prestations (n°s 75100 s.) puis la conduite de ces dernières (n°s 75200 s.), les obligations relatives aux honoraires (n°s 75290 s.), à la publicité, à la sollicitation personnalisée et aux services en ligne (n°s 75310 s.) et enfin les limitations induites par le monopole de certaines professions et le maniement de fonds (n°s 75320 s.).

Pour plus de détails sur les prestations d'audit contractuel et les attestations réalisées en dehors d'un mandat de certification des comptes, voir n°s 75510 s. et 75750 s.

SECTION 1

Principes fondamentaux de comportement applicables aux prestations

75100

Lorsqu'un commissaire aux comptes fournit des prestations en dehors de toute mission de contrôle légal, il applique les principes prévus dans le titre I du Code de déontologie « Dispositions communes applicables aux commissaires aux comptes dans l'exercice de leur activité professionnelle ».

En revanche, lesdites prestations ne sont pas visées par les dispositions du titre II du Code de déontologie qui s'appliquent dans l'exercice de l'activité professionnelle du commissaire aux comptes pour le compte de la personne ou de l'entité dont il certifie les comptes (interdictions et situations à risque ; acceptation, conduite et maintien de la mission de contrôle légal ; exercice en réseau ; liens personnels, financiers et professionnels ; informations sur les honoraires et indépendance financière).

75105

Les principes fondamentaux de comportement présentés ci-après constituent un socle commun aux missions légales et aux prestations contractuelles, que ces dernières soient fournies par un commissaire aux comptes sans mandat de contrôle légal dans l'entité ou par le commissaire aux comptes de l'entité.

1557

PRINCIPES APPLICABLES AUX PRESTATIONS HORS MANDAT DE CERTIFICATION DES COMPTES © Éd. Francis Lefebvre

Intégrité

75110 L'intégrité se matérialise par l'honnêteté et la droiture. Le commissaire aux comptes doit s'abstenir, en toutes circonstances, de tous agissements contraires à la probité et à l'honneur (CDP art. 3).

Impartialité

75120 Dans l'exercice de son activité professionnelle, le commissaire aux comptes conserve en toutes circonstances une attitude impartiale. Il fonde ses conclusions et ses jugements sur une analyse objective de l'ensemble des données dont il a connaissance, sans préjugé ni parti pris. Il évite toute situation qui l'exposerait à des influences susceptibles de porter atteinte à son impartialité (CDP art. 4).

Indépendance et prévention des conflits d'intérêts

75130 Les dispositions du titre I du Code de déontologie relatives à l'indépendance et à la prévention des conflits d'intérêts s'appliquent également lorsque le commissaire aux comptes fournit une « prestation » à une personne ou entité.

Il doit ainsi être indépendant de cette dernière et éviter de se placer dans une situation qui pourrait être perçue comme de nature à compromettre l'exercice impartial de sa prestation.

Ces exigences s'appliquent pendant toute la durée de la prestation, tant à l'occasion qu'en dehors de son exercice (CDP art. 5, I).

Toute personne qui serait en mesure d'influer directement ou indirectement sur le résultat de la prestation est soumise aux exigences d'indépendance mentionnées à l'article 5 du Code de déontologie.

L'indépendance du commissaire aux comptes s'apprécie en réalité et en apparence. Elle garantit qu'il émet des conclusions exemptes de tout **parti pris, conflit d'intérêts, influence** liée à des liens personnels, financiers ou professionnels directs ou indirects, y compris entre ses associés, salariés, les membres de son réseau et la personne ou l'entité à laquelle il fournit la prestation. Elle garantit également l'**absence de risque d'autorévision** conduisant le commissaire aux comptes à se prononcer ou à porter une appréciation sur des éléments résultant de missions ou de prestations fournies par lui-même, la société à laquelle il appartient, un membre de son réseau ou toute autre personne qui serait en mesure d'influer sur le résultat de la prestation (CDP art. 5, II).

L'**approche risque/sauvegarde** s'applique également lorsque le commissaire aux comptes intervient dans le cadre d'une prestation en dehors de toute mission légale.

> Dans le contexte de modification du cadre légal et réglementaire de l'activité professionnelle des commissaires aux comptes et notamment de l'élargissement de son champ d'intervention à la suite de la réforme opérée par la loi dite Pacte, le H3C a annoncé que des **normes de déontologie** étaient en cours d'élaboration afin :
> – d'une part de sécuriser les interventions du commissaire aux comptes ; et
> – d'autre part de définir les principes de mise en œuvre opérationnelle de l'approche dite risque/sauvegarde prévue par le Code de déontologie et destinée à prévenir la compromission de l'indépendance du commissaire aux comptes.
> À la date de mise à jour de ce Mémento, ces nouvelles normes de déontologie n'ont pas encore été publiées par le H3C.
> Pour plus de détails sur l'approche risque/sauvegarde, voir n° 3748.

Lorsque le commissaire aux comptes se trouve exposé à des **situations à risque**, il prend immédiatement les **mesures de sauvegarde** appropriées en vue soit d'en éliminer la cause, soit d'en réduire les effets à un niveau suffisamment faible pour que son indépendance ne risque pas d'être affectée et pour permettre l'acceptation ou la poursuite de la prestation en conformité avec les exigences légales, réglementaires et celles du Code de déontologie.

Lorsque les mesures de sauvegarde sont insuffisantes à garantir son indépendance, le commissaire aux comptes doit mettre fin à la prestation (CDP art. 5, III).

Esprit critique

75140 Dans l'exercice de son activité professionnelle, le commissaire aux comptes adopte une attitude caractérisée par un esprit critique (CDP art. 6).

Compétence et diligence

Les dispositions de l'article 7 du Code de déontologie de la profession concernant les obligations de compétence et de diligence s'appliquent également lorsque le commissaire aux comptes réalise des prestations.

Le commissaire aux comptes doit en effet posséder les **connaissances théoriques et pratiques** nécessaires à la réalisation de ses missions et de ses prestations. Il maintient un niveau élevé de compétence, notamment par la mise à jour régulière de ses connaissances et la participation à des **actions de formation**.

Le commissaire aux comptes veille à ce que ses collaborateurs disposent des compétences appropriées à la bonne exécution des tâches qu'il leur confie et à ce qu'ils reçoivent et maintiennent un niveau de formation approprié. Lorsqu'il n'a pas les compétences requises pour réaliser lui-même certains travaux indispensables à la réalisation de sa prestation, le commissaire aux comptes fait appel à des experts indépendants de la personne ou de l'entité pour laquelle il les réalise.

Enfin, le commissaire aux comptes doit faire preuve de **conscience professionnelle**, laquelle consiste à exercer chaque prestation avec **diligence** et à y consacrer le **soin approprié** (voir également n° 3564).

75150

Confraternité

Dans le respect des obligations attachées à leur activité professionnelle, les commissaires aux comptes entretiennent entre eux des rapports de confraternité. Ils se gardent de tout acte ou propos déloyal à l'égard d'un confrère ou susceptible de ternir l'image de la profession (CDP art. 8).

Ils s'efforcent de résoudre à l'amiable leurs différends professionnels. Si nécessaire, ils recourent à la conciliation du président de leur compagnie régionale ou, s'ils appartiennent à des compagnies régionales distinctes, des présidents de leur compagnie respective.

75160

Secret professionnel et discrétion

Le commissaire aux comptes respecte le secret professionnel auquel la loi le soumet. Il ne communique les informations qu'il détient qu'aux personnes légalement qualifiées pour en connaître (CDP art. 9).

Il fait preuve de prudence et de discrétion dans l'utilisation des informations qui concernent des personnes ou entités auxquelles il ne fournit pas de mission ou de prestation.

75170

Fin d'une prestation

Le commissaire aux comptes ne peut mettre fin à une prestation pour se soustraire à la déclaration de sommes ou d'opérations soupçonnées d'être d'origine illicite (CDP art. 11).

Le commissaire aux comptes ne peut donc pas se soustraire à ses obligations en matière de lutte contre le blanchiment des capitaux et le financement du terrorisme.

Sur les obligations relatives à lutte contre le blanchiment, voir n° 62090-1 s.

75175

SECTION 2

Conduite de la prestation

Lettre de mission

Conformément aux dispositions de l'article R 823-17-1 du Code de commerce, une lettre de mission doit être établie par les parties **préalablement** à la réalisation de la prestation. Elle précise notamment les engagements des parties et le montant des honoraires, qui tient compte de l'importance des diligences à mettre en œuvre.

En revanche, dans le cadre de prestations réalisées par un commissaire aux comptes non titulaire d'un mandat de certification des comptes, le contenu de la lettre de mission n'est pas régi par la NEP 210 relative à la lettre de mission.

75200

Le champ d'application de la NEP 210 vise en effet :
– le contrôle légal des comptes ;
– et les interventions autres que le contrôle légal expressément et exclusivement requises du commissaire aux comptes appelé à certifier les comptes par des dispositions nationales ou du droit de l'Union européenne ayant un effet direct en droit national.

Constitution d'un dossier

75210 Pour chaque personne ou entité dans laquelle il exerce des prestations, le commissaire aux comptes constitue un dossier, différent du dossier de travail relatif à la mission de contrôle légal.

Ce dossier contient les informations suivantes visées au II de l'article R 823-10 du Code de commerce :
– le nom, l'adresse, le siège social de la personne ou de l'entité concernée ;
– le cas échéant, les noms des commissaires aux comptes personnes physiques associés, actionnaires ou dirigeants de la société de commissaires aux comptes qui signent tout document de restitution des travaux réalisés ;
– pour chaque exercice, le montant des honoraires facturés au titre des prestations.

Recours à des collaborateurs et experts

75215 Lorsqu'il réalise une prestation, le commissaire aux comptes peut se faire assister ou représenter par des collaborateurs et experts. Cependant, il ne peut leur déléguer ses pouvoirs et il conserve toujours l'entière responsabilité de sa prestation (CDP art. 10).

Il s'assure que les collaborateurs ou experts auxquels il confie des travaux respectent les règles applicables à la profession et sont indépendants de la personne ou entité à laquelle il fournit sa prestation.

Barème d'heures et honoraires

75220 Le barème d'heures défini à l'article R 823-12 du Code de commerce n'est **pas applicable** aux prestations contractuelles réalisées par un commissaire aux comptes en dehors d'un mandat de contrôle légal.

Le montant des honoraires doit cependant tenir compte de l'importance des diligences à mettre en œuvre conformément aux dispositions de l'article R 823-17-1 du Code de commerce.

En cas de **désaccord** sur les honoraires, la procédure spécifique de conciliation auprès de la CRCC, prévue à l'article R 823-18 du Code de commerce, n'est pas applicable aux honoraires attachés à une « prestation », l'article précité spécifiant bien qu'elle ne s'applique qu'aux missions de certification des comptes. Ce sont donc les tribunaux de droit commun qui sont compétents en cas de litige.

Obligations relatives à la lutte contre le blanchiment

75225 La NEP 9605 « Obligations du commissaire aux comptes en matière de lutte contre le blanchiment des capitaux et le financement du terrorisme », homologuée par arrêté du 18 août 2020, « s'applique à tout commissaire aux comptes intervenant ès qualités de commissaire aux comptes, quelle que soit la mission qu'il met en œuvre ou la prestation qu'il fournit pour un client dans le cadre d'une relation d'affaires ou pour un client occasionnel, qu'il réalise ou non la mission de contrôle légal de la personne ou de l'entité pour laquelle il intervient, qu'il exerce en nom propre ou au sein d'une société » (NEP précitée § 4).

Ainsi, lorsqu'un commissaire aux comptes fournit une prestation à une entité dont il ne certifie pas les comptes, il est bien soumis aux obligations imposées par la NEP 9605.

75230 La NEP 9605 précise que l'**intervention ès qualités de commissaire aux comptes** résulte (NEP 9605 § 4) :
– des dispositions légales et réglementaires sur le fondement desquelles la mission ou la prestation est mise en œuvre ;
– de la mention de la qualité de commissaire aux comptes dans les documents de restitution de la mission ou de la prestation ;

© Éd. Francis Lefebvre — PRINCIPES APPLICABLES AUX PRESTATIONS HORS MANDAT DE CERTIFICATION DES COMPTES

– ou encore de la référence, dans ces documents, à l'application des normes relatives à l'exercice professionnel des commissaires aux comptes ou de la doctrine professionnelle élaborée par la CNCC.

En outre, la NEP 9605 précise que cette intervention ès qualités de commissaire aux comptes peut également résulter d'un faisceau d'indices parmi lesquels l'utilisation d'un papier à en-tête d'une structure ayant pour objet l'exercice du commissariat aux comptes.

Tenue d'une liste des personnes et entités

Conformément aux dispositions de l'article R 823-10, I du Code de commerce, le **75240** commissaire aux comptes tient à jour la liste des personnes et des entités auprès desquelles il accomplit des prestations. Les sociétés de commissaires aux comptes tiennent cette liste par le commissaire aux comptes réalisant des prestations en leur nom.

Comptabilité spéciale

La comptabilité spéciale de l'ensemble des rémunérations, établie par le commissaire aux **75250** comptes en application du IV de l'article R 823-10 du Code de commerce, fait ressortir pour chaque personne ou entité auprès de laquelle il exerce des prestations le montant des sommes facturées en distinguant les honoraires, le remboursement des frais de déplacement et de séjour et la rémunération pour les activités professionnelles à l'étranger.

Déclaration d'activité

La déclaration d'activité établie chaque année en application du V de l'article R 823-10 **75260** du Code de commerce comporte les informations suivantes s'agissant des prestations réalisées en qualité de commissaire aux comptes sans détenir de mandat de certification des comptes :
– la liste des personnes ou entités auprès desquelles les prestations sont exercées ;
– la nature des prestations effectuées ;
– et le montant total des honoraires facturés.

SECTION 3

Honoraires

Honoraires

Les dispositions des articles 12 à 14 du Code de déontologie, relatives aux honoraires, **75290** s'appliquent également lorsque le commissaire aux comptes réalise une prestation :
– la rémunération du commissaire aux comptes est en rapport avec l'importance des **diligences à mettre en œuvre**, compte tenu d'une part de la nature de la prestation et, d'autre part, de la taille, de la nature et de la complexité des activités de la personne ou de l'entité pour laquelle elle est réalisée ;
– le commissaire aux comptes ne peut accepter un niveau d'honoraires qui risque de compromettre la **qualité de ses travaux** ;
– une **disproportion** entre le montant des honoraires perçus et l'importance des diligences à accomplir affecte l'indépendance et l'objectivité du commissaire aux comptes. Celui-ci doit alors mettre en œuvre les mesures de sauvegarde appropriées ;
– le mode de calcul des honoraires relatifs à des **travaux ou diligences non prévus** lors de l'acceptation de la prestation, mais qui apparaîtraient nécessaires à son exécution, doit être convenu lors de l'acceptation de la prestation ou, à défaut, au moment où il apparaît que des travaux ou diligences complémentaires doivent être réalisés ;
– aucune forme de **rémunération proportionnelle ou conditionnelle** ne peut être acceptée.

1561

PRINCIPES APPLICABLES AUX PRESTATIONS HORS MANDAT DE CERTIFICATION DES COMPTES © Éd. Francis Lefebvre

Interdiction des sollicitations et cadeaux

75300 Il est interdit au commissaire aux comptes, à la société de commissaires aux comptes à laquelle il appartient, le cas échéant, aux membres de la direction de ladite société et aux personnes mentionnées au II de l'article L 822-11-3 de solliciter ou d'accepter des cadeaux sous forme pécuniaire ou non pécuniaire ou des faveurs de la personne ou de l'entité ou de toute personne ou entité qui la contrôle ou qui est contrôlée par elle au sens des I et II de l'article L 233-3 du Code de commerce, sauf si leur valeur n'excède pas un plafond fixé par arrêté du ministre de la justice (CDP art. 14).

> Les personnes mentionnées au II de l'article L 822-11-3 sont « les associés et les salariés du commissaire aux comptes qui participent à la mission de certification, toute autre personne participant à la mission de certification ainsi que les personnes qui leur sont étroitement liées ou qui sont étroitement liées au commissaire aux comptes au sens de l'article 3, paragraphe 26, du règlement (UE) 596/2014 du 16 avril 2014 ».
>
> Le règlement précité définit comme suit les personnes étroitement liées :
> a) le conjoint ou un partenaire considéré comme l'équivalent du conjoint conformément au droit national ;
> b) l'enfant à charge conformément au droit national ;
> c) un parent qui appartient au même ménage depuis au moins un an à la date de la transaction concernée ; ou
> d) une personne morale, un trust ou une fiducie, ou un partenariat, dont les responsabilités dirigeantes sont exercées par une personne exerçant des responsabilités dirigeantes ou par une personne visée aux points a), b) et c), qui est directement ou indirectement contrôlé(e) par cette personne, qui a été constitué(e) au bénéfice de cette personne, ou dont les intérêts économiques sont substantiellement équivalents à ceux de cette personne.
>
> La CNCC note que l'intention du législateur semble être d'appliquer l'interdiction des sollicitations et cadeaux aux missions et prestations au regard de l'article 64 du décret 2020-292 du 21 mars 2020 qui dispose : « À l'article 10-2, qui devient l'article 14, après les mots : "il exerce une mission" sont insérés les mots : "ou une prestation" » (Brochure CNCC sur le Code de déontologie de la profession de commissaire aux comptes – Mars 2020).

SECTION 4

Publicité, sollicitation personnalisée et services en ligne

75310 L'article 15 du Code de déontologie encadre le recours à la publicité pour un commissaire aux comptes.

La publicité est ainsi permise dans la mesure où elle procure au public une nécessaire information et où les moyens utilisés à cet effet sont mis en œuvre de façon à ne pas porter atteinte à l'indépendance, à la dignité et à l'honneur de la profession, pas plus qu'aux règles du secret professionnel, à la loyauté envers les clients et les autres membres de la profession.

Les commissaires aux comptes utilisent le titre de commissaire aux comptes et le font suivre de l'indication de la compagnie régionale dont ils sont membres. Lorsqu'il présente son activité professionnelle à des tiers, par quelque moyen que ce soit, le commissaire aux comptes ne doit adopter aucune forme d'expression qui soit de nature à compromettre la dignité de sa fonction ou l'image de la profession.

Enfin, la publicité doit être exempte de tout élément comparatif (CDP art. 15).

Sollicitation personnalisée et proposition de services en ligne

75315 S'agissant des prestations, l'article 16 du Code de déontologie autorise la sollicitation personnalisée et les propositions de services en ligne à condition :
– qu'elles procurent une information sincère sur la nature des prestations proposées par les commissaires aux comptes et que leur mise en œuvre respecte les règles déontologiques applicables à la profession, notamment les principes de dignité, de confraternité, de loyauté envers les clients et les autres membres de la profession ;
– qu'elles excluent tout élément comparatif ou dénigrant ;

© Éd. Francis Lefebvre   PRINCIPES APPLICABLES AUX PRESTATIONS HORS MANDAT DE CERTIFICATION DES COMPTES

– que la sollicitation personnalisée ne soit effectuée que sous la forme d'un envoi postal ou d'un courrier électronique adressé à une personne physique ou morale déterminée destinataire de l'offre de service. Le démarchage physique ou téléphonique, ainsi que tout message textuel envoyé sur un terminal téléphonique mobile sont exclus ;
– que la sollicitation personnalisée précise les modalités de détermination des honoraires du commissaire aux comptes.
Enfin, il est interdit d'utiliser des noms de domaine composés uniquement du titre de la profession ou d'un titre pouvant prêter à confusion ou de l'appellation d'une activité exercée par la profession.
Par ailleurs, les sites internet des commissaires aux comptes ne peuvent comporter aucun encart ou bannière publicitaire, autres que ceux de la profession ou des professions avec lesquelles ils sont autorisés à s'associer.

SECTION 5

Limitations liées aux monopoles et aux maniements de fonds

Monopoles des autres professions – Consultations juridiques et rédaction d'actes

Dans le cadre des prestations, le commissaire aux comptes est soumis aux dispositions de l'article 17 du Code de déontologie et par conséquent il doit respecter les monopoles des autres professions. Il ne peut notamment donner de consultations juridiques et rédiger des actes sous seing privé que dans les conditions prévues par l'article 59 de la loi 71-1130 du 31 décembre 1971.
L'article précité de la loi 71-1130 portant réforme de certaines professions judiciaires et juridiques dispose : « Les personnes exerçant une activité professionnelle réglementée peuvent, dans les limites autorisées par la réglementation qui leur est applicable, donner des consultations juridiques relevant de leur activité principale et rédiger des actes sous seing privé qui constituent l'accessoire direct de la prestation fournie. »
Les textes ne donnent pas de précisions supplémentaires quant aux notions « d'activité principale » et « d'accessoire direct de la prestation » pour le commissaire aux comptes.

75320

Maniement de fonds

Lorsque le commissaire aux comptes fournit une prestation le conduisant à recevoir, conserver ou délivrer des fonds ou valeurs, ou à donner quittance, il doit signer avec la personne ou entité qui le sollicite un **mandat spécial** précisant que cette opération est réalisée par virement électronique grâce à la fourniture de codes d'accès spécifiques aux comptes bancaires en ligne de cette personne ou entité (CDP art. 17 III).

75330

CHAPITRE 2

Audit contractuel et attestations hors mandat de certification des comptes

Plan du chapitre	§§
SECTION 1 Audit contractuel dans une entité n'ayant pas désigné de commissaire aux comptes	75510
SECTION 2 Attestation pour une entité dans laquelle le commissaire aux comptes n'exerce pas de mandat	75750

75500 Nous développerons dans le cadre du présent chapitre deux exemples de prestations contractuelles qui peuvent être mises en œuvre en qualité de commissaire aux comptes :
– un audit contractuel dans une entité n'ayant pas désigné de commissaire aux comptes : voir n⁰ˢ 75510 s. ;
– une attestation pour une entité dans laquelle le commissaire aux comptes n'exerce pas de mandat : voir n⁰ 75750.

SECTION 1

Audit contractuel dans une entité n'ayant pas désigné de commissaire aux comptes

Contexte d'intervention

75510 Une entité qui n'a pas désigné de commissaire aux comptes peut avoir besoin de produire des comptes ayant fait l'objet d'un contrôle externe, afin de renforcer la sécurité financière pour l'utilisateur et la crédibilité de ces derniers. Elle demande un rapport d'audit lorsqu'elle a besoin d'un rapport dans lequel le commissaire aux comptes formule une opinion à l'issue de diligences lui ayant permis d'obtenir l'assurance élevée, mais non absolue du fait des limites inhérentes à l'audit, qualifiée par convention « d'**assurance raisonnable** », que les comptes ne comportent pas d'anomalies significatives.

Dans un avis technique d'octobre 2019, la CNCC a précisé les modalités d'intervention pour un audit contractuel réalisé par un commissaire aux comptes dans une entité qui n'a pas désigné de commissaire aux comptes et sans qu'il exerce un mandat de certification des comptes dans les entités qui, le cas échéant, contrôlent ou sont contrôlées par l'entité faisant l'objet de l'audit contractuel (CNCC Avis technique « Audit contractuel dans une entité n'ayant pas désigné de commissaire aux comptes » – octobre 2019).

Cette prestation est rendue possible par la loi dite Pacte, voir n⁰ˢ 75000 s.

1565

À notre avis, un commissaire aux comptes pourrait également se référer à ce format d'intervention s'il détient un mandat dans une entité de la chaîne de contrôle de l'entité faisant l'objet de l'audit contractuel dès lors que l'intervention est directement réalisée à la demande de cette dernière, et non pas à la demande de l'entité dont il certifie les comptes. Pour autant, cette intervention resterait un SACC au sens de l'article L 822-11-2 du Code de commerce. Elle devrait ainsi être soumise aux obligations relatives à l'approbation des SACC par le comité d'audit et au plafonnement des honoraires SACC, si l'entité dans laquelle le mandat est détenu est une EIP (voir respectivement n°s 3781 s. et 3788 s.).

Pour rappel, la notion de services autres que la certification des comptes (SACC) visée à l'article L 822-11-2 du Code de commerce s'applique quant à elle aux services fournis à l'entité dans laquelle la mission de contrôle légal est exercée et aux entités qui la contrôlent ou qui sont contrôlées par elle au sens des I et II de l'article L 233-3 du Code de commerce.

Concernant la réalisation d'un audit dans le cadre des SACC, voir n°s 49000 s.

Conformément aux dispositions de l'article L 820-1-1 du Code de commerce, ces prestations sont réalisées dans le respect des dispositions du Code de commerce, de la réglementation européenne et des principes définis par le Code de déontologie de la profession.

Pour plus de détails sur les principes généraux applicables aux « prestations » hors mandat de certification des comptes, voir n°s 75100 s.

On notera par ailleurs qu'un professionnel qui aurait également la qualité d'expert-comptable pourrait, de manière alternative, proposer de fournir une mission d'audit dans un cadre contractuel en se référant au référentiel normatif de l'Ordre des experts-comptables.

Domaine d'intervention et rôle de la direction

75520 Le rapport d'audit ne peut porter que sur des **comptes établis par la direction** de l'entité et, s'ils sont destinés à être adressés à l'organe délibérant de cette entité, arrêtés par l'organe compétent (Avis technique précité § 1).

Il peut s'agir :
– des comptes d'une seule entité ;
– ou des comptes consolidés ou combinés ;
– ou des comptes établis selon un périmètre d'activité défini pour des besoins spécifiques.

L'audit d'éléments de comptes et des états comptables est exclu de l'avis technique.

Les comptes concernent un exercice complet ou une autre période définie et ils sont établis :
– selon le référentiel comptable appliqué pour les comptes annuels de l'entité ou pour les comptes consolidés ou combinés ;
– ou selon un référentiel comptable reconnu autre que celui appliqué pour les comptes annuels de l'entité ou pour les comptes consolidés ou combinés ;
– ou selon des critères convenus et décrits dans des notes explicatives annexées.

Conditions requises

75530 Le commissaire aux comptes se fait préciser le contexte de la demande et vérifie que les **conditions** de son intervention sont compatibles avec les dispositions du Code de commerce et notamment celles du Code de déontologie de la profession de commissaire aux comptes.

Lettre de mission

75540 Il convient d'établir une lettre de mission relative à cette intervention, conformément aux dispositions de l'article R 823-17-1 du Code de commerce (voir n° 75200).

La CNCC a élaboré un exemple de lettre de mission (Avis technique CNCC précité § 6).

Travaux du commissaire aux comptes

75550 Selon la CNCC, le commissaire aux comptes réalise les travaux d'audit en respectant **toutes les normes d'exercice professionnel** relatives à l'audit des comptes réalisé pour les besoins de la certification des comptes, à l'exception des NEP 700 et 702 relatives aux rapports sur les comptes annuels et consolidés ainsi qu'à la justification des appréciations (Avis technique précité § 2).

Le commissaire aux comptes n'a pas à procéder aux vérifications spécifiques et informations spécifiques prévues par la NEP 9510, telles que la vérification des informations données dans le rapport de gestion, les autres documents sur la situation financière et les comptes ou le rapport sur le gouvernement d'entreprise.

Dans les **petites entités** au sens de l'article L 123-16 du Code de commerce, le commissaire aux comptes peut réaliser son intervention selon les principes relatifs à l'audit décrits dans la NEP 912 (NEP relative à la mission du commissaire aux comptes nommé pour six exercices dans des petites entreprises : voir n°s 47450 s.).

Par ailleurs, le commissaire aux comptes peut se référer à la doctrine de la CNCC, notamment la NI. I relative aux rapports du commissaire aux comptes sur les comptes annuels et consolidés (décembre 2018).

75560 Le commissaire aux comptes acquiert la connaissance qu'il estime nécessaire de l'entité concernée, de son environnement et de son organisation pour les besoins de l'audit des comptes.

Le cas échéant, le commissaire aux comptes vérifie que les informations fournies dans l'annexe des comptes ou dans les notes explicatives permettent aux utilisateurs d'en comprendre la portée et les objectifs.

75570 Enfin, le commissaire aux comptes peut choisir de faire référence aux **normes internationales d'audit** (Avis technique précité § 2). Dans ce cas, il met en œuvre les dispositions de ces normes et respecte les autres conditions requises pour leur application, en particulier les dispositions de la norme ISQC 1. Il établit son rapport selon les dispositions prévues par ces normes et adapte en conséquence sa lettre de mission.

Formulation de l'opinion

75580 À l'issue de son audit, le commissaire aux comptes formule son opinion selon le référentiel comptable ou les critères convenus au regard desquels les comptes ont été établis.

Lorsque l'audit porte sur des comptes établis selon un référentiel conçu pour donner une image fidèle telle que les référentiels comptables applicables en France, le commissaire aux comptes déclare si à son avis ces comptes présentent ou non, sincèrement, dans tous leurs aspects significatifs, le patrimoine, la situation financière, le résultat des opérations de l'entité ou du groupe ou du périmètre défini, au regard du référentiel indiqué (Avis technique précité § 3).

Dans les autres cas, il déclare si à son avis les comptes ont été établis ou non dans tous leurs aspects significatifs, conformément au référentiel indiqué ou aux critères définis (Avis technique précité § 3).

Dans tous les cas, le commissaire aux comptes formule :
– une opinion favorable sans réserve ;
– ou une opinion favorable avec réserve ;
– ou une opinion défavorable ;
– ou une impossibilité de formuler une opinion.

75590 Le commissaire aux comptes formule une **opinion favorable sans réserve** lorsque l'audit des comptes qu'il a mis en œuvre lui a permis d'obtenir l'assurance raisonnable que ces comptes, pris dans leur ensemble, ne comportent pas d'anomalies significatives.

75600 Le commissaire aux comptes formule une **opinion favorable avec réserve pour désaccord** :
– lorsqu'il a identifié au cours de son audit des anomalies significatives et que celles-ci n'ont pas été corrigées ;
– que les incidences sur les comptes des anomalies significatives sont clairement circonscrites ;
– et que la formulation de la réserve est suffisante pour permettre à l'utilisateur des comptes de fonder son jugement en connaissance de cause.

Le commissaire aux comptes précise dans ce cas les motifs de la réserve pour désaccord. Il quantifie au mieux les incidences des anomalies significatives identifiées et non corrigées ou indique les raisons pour lesquelles il ne peut les quantifier.

AUDIT CONTRACTUEL ET ATTESTATIONS HORS MANDAT DE CERTIFICATION DES COMPTES © Éd. Francis Lefebvre

Le commissaire aux comptes formule une opinion favorable **avec réserve pour limitation** :
– lorsqu'il n'a pas pu mettre en œuvre toutes les procédures d'audit nécessaires pour fonder son opinion ;
– que les incidences sur les comptes des limitations à ses travaux sont clairement circonscrites ;
– et que la formulation de la réserve est suffisante pour permettre à l'utilisateur des comptes de fonder son jugement en connaissance de cause.

75610 Le commissaire aux comptes formule une **opinion défavorable** lorsqu'il a détecté au cours de son audit des anomalies significatives et que celles-ci n'ont pas été corrigées, et que :
– soit les incidences sur les comptes des anomalies significatives ne peuvent pas être clairement circonscrites ;
– soit la formulation d'une réserve n'est pas suffisante pour permettre à l'utilisateur des comptes de fonder son jugement en connaissance de cause.
Le commissaire aux comptes précise les motifs de l'opinion défavorable. Il quantifie, lorsque cela est possible, les incidences sur les comptes des anomalies significatives identifiées et non corrigées.

75620 Le commissaire aux comptes exprime son **impossibilité de formuler une opinion** lorsqu'il n'a pas pu mettre en œuvre toutes les procédures d'audit nécessaires pour fonder son opinion, et que :
– soit les incidences sur les comptes des limitations à ses travaux ne peuvent être clairement circonscrites ;
– soit la formulation d'une réserve n'est pas suffisante pour permettre à l'utilisateur des comptes de fonder son jugement en connaissance de cause.
Le commissaire aux comptes exprime également une impossibilité de formuler une opinion lorsqu'il existe de multiples incertitudes dont les incidences sur les comptes ne peuvent être clairement circonscrites.

75630 Le cas échéant, le commissaire aux comptes inclut dans son rapport une partie distincte, intitulée « Incertitude significative liée à la **continuité d'exploitation** ».
Par ailleurs, le commissaire aux comptes formule, s'il y a lieu, toutes **observations utiles**. En formulant une observation, le commissaire aux comptes attire l'attention sur une information fournie dans l'annexe ou dans les notes explicatives. Il ne peut pas dispenser d'informations dont la diffusion relève de la responsabilité des dirigeants.

Forme du rapport

75640 Le commissaire aux comptes établit un rapport qui comporte les informations suivantes (Avis technique précité § 4) :
– un titre qui indique qu'il s'agit d'un rapport d'audit ;
– l'indication de la personne au sein de l'entité ou de l'organe de l'entité auquel le rapport est destiné ;
– l'opinion du commissaire aux comptes exprimée par rapport au référentiel comptable ou aux critères retenus pour la préparation des comptes qui font l'objet du rapport ;
– le fondement de l'opinion ;
– le cas échéant, les incertitudes significatives liées à des événements ou à des circonstances susceptibles de mettre en cause la continuité d'exploitation ;
– le cas échéant, toute observation utile ;
– le rappel des responsabilités de la direction et des personnes constituant le gouvernement d'entreprise relatives aux « comptes » ;
– le rappel des responsabilités du commissaire aux comptes relatives à l'audit des « comptes » incluant l'étendue de la mission et une mention expliquant dans quelle mesure l'audit des comptes a été considéré comme permettant de déceler les irrégularités, notamment la fraude ;
– la date du rapport ;
– l'identification et la signature du commissaire aux comptes.

La CNCC a élaboré deux exemples de rapport, le premier applicable à des comptes complets établis selon un référentiel conçu pour donner une image fidèle, le second applicable soit à des comptes complets établis selon un référentiel ad hoc, soit à des comptes résumés (Avis technique précité § 5).

1568

© Éd. Francis Lefebvre · AUDIT CONTRACTUEL ET ATTESTATIONS HORS MANDAT DE CERTIFICATION DES COMPTES

SECTION 2

Attestation pour une entité dans laquelle le commissaire aux comptes n'exerce pas de mandat

75750 Lorsqu'un commissaire aux comptes réalise une attestation pour une entité sans exercer de mandat de certification des comptes dans cette dernière, ni dans les entités qui la contrôlent ou sont contrôlées par elle, les principes exposés aux nᵒˢ 75100 à 75330 s'appliquent et notamment le respect des dispositions du Code de commerce, du règlement européen et du Code de déontologie de la profession de commissaire aux comptes.

75755 Ainsi, afin de respecter les dispositions applicables aux commissaires aux comptes, notamment concernant le respect du principe d'indépendance (voir nᵒ 75130), le commissaire aux comptes acquiert une compréhension suffisante du **contexte de la demande et de l'utilisation** qui sera faite de l'attestation.

75760 L'intervention est effectuée selon la **doctrine professionnelle** de la Compagnie nationale des commissaires aux comptes.

> Sur la doctrine professionnelle de la CNCC relative aux attestations réalisées dans le cadre des SACC, il convient de se référer aux nᵒˢ 68100 s.

La CNCC précise que lorsque l'attestation est établie par un commissaire aux comptes qui n'exerce pas de mandat au sein de l'entité concernée, les informations à attester peuvent ne pas être issues de comptes ayant fait l'objet d'un audit et donc nécessiter des **vérifications plus étendues** que celles qu'il aurait effectuées en tenant compte de sa connaissance de l'entité et de ses comptes acquise dans le cadre de son mandat s'il en avait exercé un (CNCC, Exemples d'attestations « Rebond », janvier 2020).

> Les travaux spécifiques à mettre en œuvre dans ce contexte pourraient être précisés dans la prochaine version de la note d'information XVI relative aux attestations qui est en cours de mise à jour par la CNCC.

La **conclusion** d'une attestation fournie ès qualités de commissaire aux comptes correspond à l'obtention d'une assurance variable. Elle est **formulée** de façon adaptée aux travaux effectués et au niveau d'assurance obtenu.

> Ainsi, le commissaire aux comptes choisi pour établir l'attestation considère la nature et la complexité des données à attester et adapte la nature et l'étendue de ses travaux en conséquence et selon le niveau d'assurance à obtenir (CNCC, Exemples d'attestations « Rebond », janvier 2020).

En fonction de l'objectif de l'attestation, du niveau d'assurance requis et des travaux effectués, la conclusion peut être exprimée sous une forme positive ou négative, en faisant référence aux travaux effectués (voir nᵒ 68180).

Conformément à la doctrine constante de la CNCC, le commissaire aux comptes n'est **pas**, et ne peut être, **dispensateur d'informations**. L'obligation de secret professionnel fonde cette règle. Il appartient donc à la direction de l'entité de produire les informations et au commissaire aux comptes d'exprimer une conclusion sur ces informations, après avoir déterminé et effectué les travaux permettant d'obtenir le niveau d'assurance requis. Dans tous les cas, le commissaire aux comptes ne peut donc se prononcer que sur un document établi, sous leur responsabilité, par les dirigeants.

Même si les informations attestées sont issues de comptes ayant fait l'objet d'un audit, les obligations de **secret professionnel** qui s'imposent au commissaire aux comptes ayant certifié ces comptes font obstacle à ce que ce dernier communique avec le commissaire aux comptes choisi par l'entité pour établir l'attestation.

75770 À la date de mise à jour de ce Mémento, la CNCC a publié un **exemple d'attestation type de concordance, de cohérence, de conformité ou de présentation sincère** (de forme négative) dans le cadre de services contractuels rendus par un commissaire aux comptes. Elle précise que cet exemple d'attestation est susceptible d'être utilisé lorsqu'un

1569

AUDIT CONTRACTUEL ET ATTESTATIONS HORS MANDAT DE CERTIFICATION DES COMPTES © Éd. Francis Lefebvre

commissaire aux comptes est sollicité par une entité dans laquelle il n'exerce pas de mandat, ni dans les entités qu'elle contrôle ou qui la contrôlent.

À notre avis ce format d'attestation pourrait également être utilisé par un commissaire aux comptes lorsqu'il intervient directement à la demande d'une entité dans laquelle il ne détient pas de mandat, et ce même s'il détient un mandat dans une entité qui la contrôle ou qui est contrôlée par elle et ce dans la mesure où il n'interviendrait pas à la demande de l'entité dont il certifie les comptes. Pour autant, cette intervention resterait un SACC au sens de l'article L 822-11-2 du Code de commerce (voir n° 75510).

Lorsque l'intervention est effectuée dans une entité dans laquelle le commissaire aux comptes exerce un mandat ou dans une entité qu'elle contrôle ou qui la contrôle, à la demande de l'entité au sein de laquelle le mandat est exercé, il convient de se référer à l'exemple d'attestation entrant dans le cadre de SACC non prévus par un texte légal ou réglementaire.

L'exemple d'attestation précité comporte les **informations suivantes** :
– un titre ;
– l'identité du destinataire de l'attestation au sein de l'entité ;
– une introduction comportant :
• le fait que l'intervention est effectuée à la demande de l'entité,

L'attestation n'étant pas réalisée dans le cadre des SACC, il n'est pas mentionné que l'attestation est établie en qualité de commissaire aux comptes de l'entité.

• la description des informations objet de l'attestation,
• le contexte de l'établissement de l'attestation, notamment afin d'éviter qu'une attestation établie dans un contexte déterminé soit utilisée de façon inappropriée dans un autre contexte ;
– un paragraphe rappelant les responsabilités respectives de l'entité et du commissaire aux comptes et, le cas échéant, les limites connues lors de l'acceptation de la prestation ;

Lorsque les informations attestées sont issues de comptes qui n'ont pas fait l'objet d'un audit, le commissaire aux comptes peut juger utile de le préciser.

– un paragraphe portant sur la nature et l'étendue des travaux mis en œuvre et comportant :
• une référence à la doctrine professionnelle de la Compagnie nationale des commissaires aux comptes relative à cette intervention,
• une description de la nature et de l'étendue des travaux ;
– une conclusion adaptée aux travaux effectués et au niveau d'assurance requis ;
– le cas échéant, toutes autres précisions susceptibles d'être apportées (par exemple lorsque les informations incluent des prévisions ou correspondent à des prévisions afin de rappeler que s'agissant de prévisions présentant par nature un caractère incertain, les réalisations différeront parfois de manière significative des prévisions présentées et que, par conséquent, le commissaire aux comptes n'exprime aucune conclusion sur la possibilité de réalisation de ces prévisions) ;
– le cas échéant, les remarques utiles permettant au destinataire final de mesurer la portée et les limites de l'attestation ;
– la date de l'attestation ;
– le lieu et l'identification du signataire de l'attestation.

75780 Des **exemples d'attestation plus spécifiques** ont également été élaborés par la CNCC dans le cadre de l'offre « Rebond » présentée à la suite de la loi dite Pacte.

Sur le contexte de cette offre « Rebond », voir n° 75000.
Les outils publiés par la CNCC dans le cadre de cette offre sont disponibles sur son site internet : https://www.cncc.fr/cac-rebond/nouvelles-offres/.
Sur l'analyse de la compatibilité de ces offres avec la mission légale de certification des comptes, voir n° 3753.

Sont plus particulièrement présentées des attestations relatives :
– au respect de **dispositions légales et réglementaires propres à l'exercice d'une activité** ;

Précisions La CNCC propose une **attestation, sous forme positive, de la conformité** des informations relatives à l'exercice de l'activité considérée avec les dispositions légales et réglementaires ou avec les stipulations contractuelles.
S'agissant d'une attestation positive, il convient de réaliser les travaux estimés nécessaires pour obtenir l'assurance raisonnable permettant de présenter une conclusion positive, notamment :
• prendre connaissance des dispositions légales, réglementaires ou contractuelles, relatives à l'exercice de l'activité considérée et applicables à l'entité ;

1570

AUDIT CONTRACTUEL ET ATTESTATIONS HORS MANDAT DE CERTIFICATION DES COMPTES

75780
(suite)

• prendre connaissance des procédures mises en place par l'entité pour recenser les dispositions légales, réglementaires ou contractuelles relatives à l'exercice de l'activité considérée qui lui sont applicables et s'assurer de leur respect, et pour produire les informations figurant dans le document objet de l'attestation ;
• apprécier si ces procédures sont de nature à permettre à l'entité de s'assurer du respect des dispositions légales, réglementaires ou contractuelles relatives à l'exercice de l'activité considérée qui lui sont applicables ;
• vérifier, par sondages ou au moyen d'autres méthodes de sélection, leur application effective ;
• le cas échéant, vérifier que les informations résultant de l'application de ces procédures concordent avec les données sous-tendant la comptabilité ou avec les données internes en lien avec la comptabilité.
En termes d'outils, la CNCC propose un exemple d'attestation et une lettre de mission spécifique.
– à l'**utilisation des fonds** reçus conformément à leur objet ;

| Précisions | La CNCC propose deux livrables :
• une attestation, sous forme positive, de concordance avec la comptabilité des informations objet de l'attestation (document établi par l'entité retraçant les dépenses et investissements concernés par le financement, joint à l'attestation) ;
• une attestation, sous forme positive, de conformité de ces informations avec les stipulations du contrat considéré.
Cette intervention nécessite au préalable que l'entité établisse un **document qui retrace les dépenses et investissements financés par la subvention**, objet de l'attestation.
S'agissant d'une attestation positive, il convient de réaliser les travaux estimés nécessaires pour obtenir l'assurance raisonnable permettant de présenter une conclusion positive avec notamment :
• la prise de connaissance des clauses du contrat de subvention relatives aux dépenses et investissements et, le cas échéant, à leurs critères d'éligibilité et de territorialité ainsi que, le cas échéant, aux conditions additionnelles à respecter ;
• le cas échéant, la prise de connaissance des interprétations retenues par l'entité relatives aux clauses contractuelles ;
• la prise de connaissance des procédures mises en place par l'entité pour produire les informations figurant dans le document objet de l'attestation.
Puis, dans le cas d'une **attestation, sous forme positive, de concordance** portant sur un document établi par l'entité retraçant les dépenses et investissements concernés par le financement via la subvention, joint à l'attestation :
• apprécier si ces procédures sont de nature à permettre à l'entité de s'assurer de la concordance des dépenses et investissements avec la comptabilité ;
• vérifier, par sondages ou au moyen d'autres méthodes de sélection, leur application effective ;
• vérifier la concordance des montants utilisés pour déterminer les dépenses, les investissements et les autres informations chiffrées avec les montants figurant dans la comptabilité, les données internes à l'entité en lien avec la comptabilité ou les données sous-tendant la comptabilité ;
• effectuer les rapprochements nécessaires entre les dépenses et investissements objet de l'attestation et la comptabilité dont ils sont issus et vérifier qu'ils concordent avec les éléments ayant servi de base à l'établissement des comptes de l'entité.
Dans le cas d'une **attestation, sous forme positive, de conformité** de l'utilisation des fonds conformément à leur objet :
• prendre connaissance des procédures mises en place par l'entité pour s'assurer de la conformité de l'utilisation de fonds conformément à leur objet ;
• apprécier si ces procédures sont de nature à permettre à l'entité de s'assurer de la conformité de l'utilisation des fonds reçus à leur objet ;
• vérifier, par sondages ou au moyen d'autres méthodes de sélection, leur application effective ;
• vérifier la concordance des montants utilisés pour déterminer les dépenses, les investissements et les autres informations chiffrées avec les montants figurant dans la comptabilité, les données internes à l'entité en lien avec la comptabilité ou les données sous-tendant la comptabilité ;
• effectuer les rapprochements nécessaires entre les informations objet de l'attestation et la comptabilité dont elles sont issues et vérifier qu'elles concordent avec les éléments ayant servi de base à l'établissement des comptes de l'entité ;
• vérifier la conformité des modalités de calcul des dépenses et des investissements retenues par l'entité avec celles figurant au contrat ;
• vérifier la conformité au regard des critères figurant dans le contrat, des dépenses, des investissements et, le cas échéant, des éléments chiffrés.
En termes d'outils, la CNCC propose un exemple d'attestation et une lettre de mission spécifique.
En fonction de la demande du client, un rapport détaillé des constats et recommandations portant sur l'utilisation des fonds reçus conformément à leur objet peut également être établi.
– à la **conformité d'une entité au regard de certaines obligations de nature sociale** ;

1571

75780
(suite)

Précisions En termes de livrable, la CNCC propose que soit fournie une **attestation, sous forme positive, de conformité** des informations objet de l'attestation avec les dispositions légales et réglementaires applicables ou avec les stipulations d'un contrat.

S'agissant d'une attestation positive, il convient de réaliser les travaux estimés nécessaires pour obtenir l'assurance raisonnable permettant de présenter une conclusion positive, notamment :

• prendre connaissance des dispositions légales, réglementaires ou contractuelles sur la thématique retenue ;

• prendre connaissance des procédures mises en place par l'entité sur la thématique sociale retenue (recensement des dispositions légales, réglementaires ou contractuelles applicables, respect de ces dispositions, production des informations à attester) ;

• apprécier si ces procédures sont de nature à permettre à l'entité de s'assurer du respect des dispositions légales, réglementaires ou contractuelles applicables ;

• vérifier, par sondages ou autres méthodes de sélection, l'application effective de ces procédures ;

• le cas échéant, vérifier que les informations résultant de l'application de ces procédures concordent avec les données sous-tendant la comptabilité ou avec les données internes en lien avec la comptabilité et, le cas échéant, avec les éléments ayant servi de base à l'établissement des comptes annuels ou consolidés de l'exercice.

En fonction de la demande du client, un rapport détaillé de constats et recommandations peut également être établi.

– aux **données prévisionnelles**/*business plan* ;

Précisions La CNCC propose une **attestation sous forme négative de la présentation sincère** des données prévisionnelles / *business plan*.

Sur la base des informations communiquées, les travaux consistent notamment à :

• prendre connaissance des activités de l'entité et du secteur d'activité dans lequel elle évolue ;

• prendre connaissance du processus d'analyse des activités, des stratégies, des plans et des risques inhérents mis en place par l'entité afin, notamment, d'identifier les hypothèses significatives nécessaires à la préparation des informations prévisionnelles (nature et situation des marchés, facteurs propres au secteur, concurrence, sensibilité aux conditions économiques, environnement légal, réglementaire, déontologique...) ;

• prendre connaissance du processus d'établissement des informations prévisionnelles et des procédures mises en place par l'entité pour le choix des hypothèses et l'établissement de ces informations ;

• apprécier la correcte description des principales hypothèses, la conformité des données prévisionnelles avec les hypothèses décrites, les calculs sur la base des hypothèses décrites, la conformité des méthodes comptables utilisées pour l'établissement des données prévisionnelles avec celles suivies pour l'établissement des comptes.

Les travaux à effectuer sont adaptés au cas par cas, en prenant en considération :

• l'importance des éléments prévisionnels inclus dans les informations à attester ;

• les procédures mises en place par l'entité pour produire ces informations prévisionnelles ;

• le fait que l'entité établit régulièrement ou pas des informations prévisionnelles ;

• le cas échéant, l'amplitude des écarts observés entre les prévisions antérieures et les réalisations effectives ;

• le fait que les données financières ayant servi de base aux estimations n'ont pas été auditées.

En termes d'outils, la CNCC propose un exemple d'attestation et une lettre de mission spécifique.

Le commissaire aux comptes rappelle dans son attestation que, s'agissant de prévisions présentant par nature un caractère incertain, les réalisations différeront parfois de manière significative des prévisions présentées et que, par conséquent, le commissaire aux comptes n'exprime aucune conclusion sur la possibilité de réalisation de ces prévisions.

– au respect des **délais de paiement** ;

Précisions La CNCC propose une **attestation, sous forme positive, de conformité** des délais de paiement avec les dispositions légales et réglementaires applicables ou avec les stipulations d'un contrat.

Cette attestation nécessite au préalable que l'entité établisse un document qui énonce les délais de paiement qu'elle applique et qui font l'objet de l'attestation.

S'agissant d'une attestation positive, il convient de réaliser les travaux estimés nécessaires pour obtenir l'assurance raisonnable permettant de présenter une conclusion positive, notamment :

• prendre connaissance des dispositions légales, réglementaires ou contractuelles relatives aux délais de paiement applicables à l'entité ;

• prendre connaissance des procédures mises en place par l'entité pour produire les informations figurant dans le document objet de l'attestation et pour s'assurer du respect des dispositions légales, réglementaires ou contractuelles relatives aux délais de paiement qui lui sont applicables ;

• apprécier si ces procédures sont de nature à permettre à l'entité de s'assurer du respect des dispositions légales, réglementaires ou contractuelles relatives aux délais de paiement qui lui sont applicables ;

• vérifier, par sondages ou au moyen d'autres méthodes de sélection, leur application effective sur la période considérée ;

75780
(suite)

• le cas échéant, vérifier que les informations résultant de l'application de ces procédures concordent avec les données sous-tendant la comptabilité ou avec les données internes en lien avec la comptabilité et le cas échéant avec les éléments ayant servi de base à l'établissement des comptes annuels ou consolidés de l'exercice.

En termes d'outils, la CNCC propose un exemple d'attestation et une lettre de mission spécifique.

En fonction de la demande du client, l'attestation peut également être complétée par un rapport détaillé de constats et recommandations portant sur le respect des délais de paiement.

– aux **ratios financiers** ;

| Précisions | Le contrôle de la sincérité des ratios financiers **suppose en amont qu'un audit des comptes soit réalisé**, soit parce que l'entité dispose déjà d'un commissaire aux comptes, soit parce qu'un audit des comptes est réalisé préalablement à l'attestation fournie.

L'attestation du commissaire aux comptes porte les éléments figurant dans un document établi préalablement par l'entité et qui présente les ratios financiers.

La CNCC propose l'établissement d'une **attestation sous forme négative sur la sincérité** des informations relatives aux ratios financiers et les travaux consistent à :

• vérifier que les différentes composantes du ratio permettent de traduire l'indicateur recherché ;
• vérifier que les composantes des ratios concordent avec les données comptables ;
• vérifier les calculs.

– à la **conformité d'un processus** au regard d'un référentiel ;

| Précisions | Le concept de « référentiel » s'entend dans un sens très large :

• un référentiel public élaboré par une autorité, une fédération, un organisme qui labellise ;
• un cahier des charges interne à l'entité ;
• une convention signée avec un partenaire ;
• un contrat ;
• une norme.

Cette mission consiste à vérifier que l'entité met en œuvre ses activités dans le respect d'engagements qu'elle a pris vis-à-vis d'autorités, d'un donneur d'ordre, de consommateurs, de salariés, de citoyens et de communiquer sur cette communauté, ou dans le cadre de ses propres besoins internes.

En termes de livrable, la CNCC propose que soit fournie une **attestation, sous forme positive, de conformité** des processus au référentiel visé.

S'agissant d'une attestation positive, il convient de réaliser les travaux estimés nécessaires pour obtenir l'assurance raisonnable permettant de présenter une conclusion positive, notamment :

• recensement des obligations propres à ce référentiel ;
• établir une cartographie des risques de non-conformité à ce référentiel ;
• prise de connaissance de l'organisation et des procédures mises en place au sein de l'entité pour respecter ce référentiel (cellule dédiée, contrôle interne spécifique, autres) ;
• vérification de la conformité du fonctionnement des procédures au regard d'un référentiel ;
• prise de connaissance des réclamations, litiges et rapports d'inspection ;
• restitution orale et écrite auprès de l'entité.

– au dispositif de **lutte contre le blanchiment** des capitaux et le financement du terrorisme ;

| Précisions | Certaines entités, bien que non soumises à une obligation légale de disposer d'un dispositif de lutte contre le blanchiment des capitaux et le financement du terrorisme, peuvent vouloir s'engager dans une démarche visant à mettre en place un tel dispositif, conforme à un référentiel.

Dans ce cadre, elles peuvent faire appel à un commissaire aux comptes qui, selon la demande de l'entité, sera amené à :

• rédiger une attestation de conformité à un référentiel relatif à la lutte contre le blanchiment des capitaux et le terrorisme ;
• produire un diagnostic sur la maîtrise des risques relatifs à la lutte contre le blanchiment des capitaux et le financement du terrorisme.

En termes de livrable, la CNCC propose donc que le commissaire aux comptes établisse une **attestation, sous forme négative, sur la conformité** des dispositifs de lutte contre le blanchiment des capitaux et le financement du terrorisme. En fonction de la demande du client, un rapport détaillé des constats et recommandations pour l'amélioration de la conception et de l'application des dispositifs précités peut également être établi.

Les travaux consistent notamment en :

• une prise de connaissance du référentiel servant de base à l'appréciation de l'efficacité des dispositifs ;
• une revue de la documentation interne (règlement intérieur, code de conduite, procédures…) relative aux dispositifs ;
• une prise de connaissance des processus internes mis en place par l'entité pour maîtriser les risques de blanchiment des capitaux et de financement du terrorisme, par entretien avec la direction et le personnel ;
• une prise de connaissance des courriers et rapports émis, le cas échéant, par Tracfin ;

AUDIT CONTRACTUEL ET ATTESTATIONS HORS MANDAT DE CERTIFICATION DES COMPTES © Éd. Francis Lefebvre

75780
(suite)

• une analyse des cas intervenus (causes/ampleur) ;
• des tests de cheminement pour vérifier la correcte conception des dispositifs le cas échéant ;
• des tests de fonctionnement afin de vérifier l'efficacité des contrôles ;
• une restitution orale et écrite auprès du client.

– à des **données extra-financières** ;

Précisions En termes de livrable, la CNCC propose que soit fournie une **attestation, sous forme positive**, portant **sur la sincérité des informations extra-financières.**
S'agissant d'une attestation positive, il convient de réaliser les travaux estimés nécessaires pour obtenir l'assurance raisonnable permettant de présenter une conclusion positive, notamment :
• prise de connaissance de l'organisation et des procédures mises en place au sein de l'entité pour élaborer ces interprétations (cellule dédiée, contrôle interne spécifique, autres) ;
• prise de connaissance des procédures ;
• vérification de la sincérité des informations produites ;
• restitution orale et écrite auprès de l'entité.

– aux dispositifs de conformité au **RGPD**.

Précisions En termes de livrable, la CNCC propose que soit fournie une **attestation de l'existence d'une documentation conforme** au RGPD. En fonction de la demande du client, un diagnostic peut également être fourni avec un rapport détaillé des constats et recommandations pour l'amélioration de la conception et de l'application des dispositifs RGPD.
Les travaux peuvent ainsi consister en :
• une prise de connaissance de l'entité et d'éventuelles spécificités en regard du référentiel RGPD ;
• une revue de la documentation interne (registres de traitement, analyse d'impact, recueil du consentement, mentions d'informations…) relative aux dispositifs RGPD ;
• une cartographie des données personnelles et/ou sensibles, tests des processus internes mis en place par l'entité pour maîtriser les risques liés à la protection des données, par entretien avec la direction et le personnel ;
• une prise de connaissance des courriers et rapports émis, le cas échéant, par la CNIL ;
• une analyse des potentiels cas intervenus (causes/ampleur) ;
• des tests de fonctionnement pour vérifier l'efficacité des dispositifs ;
• une restitution orale et écrite auprès du client.

1574

QUATRIÈME PARTIE

Approches sectorielles d'audit

QUATRIÈME PARTIE

Approches sectorielles d'audit

© Éd. Francis Lefebvre   **SECTEUR BANCAIRE**

CHAPITRE 1

Secteur bancaire

Plan du chapitre   §§

SECTION 1			III. Dépôts de la clientèle	79500
Caractéristiques du secteur			A. Présentation du cycle	79501
bancaire	78100		B. Zones de risques	79580
I. Environnement	78110		C. Approche d'audit	79620
II. Spécificités de la mission	78250		IV. Opérations de marché	79700
III. Adaptation de la démarche			A. Présentation du cycle	79705
d'audit	78450		B. Zones de risques	79770
SECTION 2			C. Approche d'audit	79850
Principaux cycles de contrôle	78800		V. Autres opérations financières	80000
I. Moyens de paiement	78850		A. Présentation du cycle	80002
A. Présentation du cycle	78860		B. Zones de risques	80120
B. Zones de risques	78890		C. Approche d'audit	80170
C. Approche d'audit	78930		VI. Capitaux propres et assimilés	
II. Crédits et engagements	79000		et provisions pour risques	
A. Présentation du cycle	79050		et charges	80250
B. Zones de risques	79150		A. Présentation du cycle	80252
C. Approche d'audit	79200		B. Zones de risques	80280
			C. Approche d'audit	80300

78000

Les établissements de crédit sont définis au point 1 du paragraphe 1 de l'article 4 du règlement européen 575/2013 du Parlement européen et du Conseil du 26 juin 2013 (C. mon. fin. art. L 511-1, I modifié par l'ordonnance 2021-796 du 23-6-2021). Ce sont les entreprises dont l'activité consiste à recevoir du public des dépôts ou d'autres fonds remboursables et à octroyer des crédits pour son propre compte.

Compte tenu de sa complexité, l'audit des établissements de crédit a conduit à la rédaction d'un guide de contrôle par la CNCC en 1998. Ce guide n'a pas été actualisé à la suite des dispositions intervenues postérieurement à sa publication.

> La Compagnie nationale des commissaires aux comptes a toutefois publié le 10 janvier 2013 une note pour attirer l'attention des commissaires aux comptes sur le **risque de liquidité** dans les établissements de crédit ainsi que deux notes sur les **conséquences de la crise** pour l'audit des établissements de crédit (Bull. CNCC n° 165-2012 p. 73 et Bull. CNCC n° 153-2009 p. 24 s.).
>
> À la suite de l'entrée en vigueur de la norme IFRS 9 au 1er janvier 2018, la Compagnie nationale des commissaires aux comptes a également rédigé une note relative aux diligences du commissaire aux comptes sur le provisionnement des pertes de crédit attendues en application d'IFRS 9 dans les établissements de crédit (Note CNCC précitée, janvier 2017). Cette note a été mise à jour en février 2020 pour prendre en compte la version définitive de la norme ISA 540 révisée « Audit des estimations comptables » publiée en octobre 2018 et applicable aux exercices ouverts à compter du 15 décembre 2019 (Bull. CNCC n° 197-2020).
>
> Afin de répondre aux diverses questions relatives aux impacts de la crise liée au Covid-19 sur les arrêtés comptables de l'exercice 2020, la Compagnie nationale des commissaires aux comptes a également rédigé, en avril 2020, une FAQ relative au secteur bancaire.

Depuis la crise financière de 2008 et avec la crise liée au Covid-19, l'environnement économique mondial reste incertain. Dans ce contexte, les commissaires aux comptes des établissements de crédit porteront une attention particulière à la valorisation des actifs mais également à la rentabilité de ces derniers dans un contexte de taux structurellement bas, voire négatif.

1577

SECTEUR BANCAIRE © Éd. Francis Lefebvre

78010 En France, comme dans la plupart des autres pays européens, l'exercice des activités bancaires, des services d'investissement et des services de paiement est réservé aux entreprises bénéficiant d'un agrément et soumis à une surveillance particulière par l'Autorité de contrôle prudentiel et de résolution (ACPR).

Les règles d'accès à la profession bancaire et financière sont régies par le Code monétaire et financier (C. mon. fin. art. L 511-1 s.). Ces dispositions sont mises en place pour la protection du public, la surveillance de la monnaie et du crédit.

Les agréments sont délivrés par l'Autorité de contrôle prudentiel et de résolution et/ou la Banque centrale européenne (BCE) ou par l'Autorité des marchés financiers (AMF) dans le cas des sociétés de gestion de portefeuille. L'agrément peut être retiré en cas de cessation d'activité ou si l'entreprise ne remplit plus les conditions ou les engagements auxquels l'agrément était subordonné ou à titre disciplinaire (C. mon. fin. art. L 511-9 s.).

En fonction des services exercés par la banque, cette dernière est agréée dans une des **13 catégories d'agrément** suivantes :
– établissement de crédit. Les établissements de crédit sont agréés en qualité de banque, de banque mutualiste ou coopérative, d'établissement de crédit spécialisé, d'établissements de crédit et d'investissement ou de caisse de crédit municipal (C. mon. fin. art. L 511-9) ;
– succursale d'établissement de crédit de pays tiers ;
– société de financement ;
– entreprise d'investissement ;
– établissement de paiement et prestation de services d'information sur les comptes ;
– établissement de monnaie électronique ;
– changeur manuel également appelé les bureaux de change ;
– compagnie financière holding et compagnies financières holding mixtes ;
– agent prestataire de services de paiement ;
– organisme de microcrédit ;
– bureau de représentation ;
– déclaration de guichets ;
– intermédiaires en opérations de banque.

Les dispositions légales en matière de **sécurité financière** ont été introduites par la loi du 25 juin 1999 modifiant la loi du 24 janvier 1984, dite « loi bancaire relative à l'activité et au contrôle des établissements de crédit ». L'ordonnance 2000-1223 du 14 décembre 2000 a intégré la loi bancaire dans le Code monétaire et financier. Par la suite, de nombreuses dispositions ont été modifiées par la loi de sécurité financière 2003-706 du 1er août 2003.

Comme son nom le laisse entendre, cette loi n'a pas bouleversé les techniques de vérification. Elle a, en revanche, introduit de **nouvelles contraintes** de comportement des commissaires aux comptes vis-à-vis de l'Autorité de contrôle prudentiel (ACP) issue de la fusion des autorités d'agrément et de contrôle de la banque et de l'assurance réalisée par l'ordonnance 2010-76 du 21 janvier 2010, devenue l'Autorité de contrôle prudentiel et de résolution (ACPR) par la loi de séparation et de régulation des activités bancaires du 26 juillet 2013.

Les commissaires aux comptes sont ainsi tenus de signaler à cette autorité tout fait ou toute décision dont ils ont eu connaissance, de nature :
– à constituer une violation législative ou réglementaire et qui sont susceptibles d'avoir des effets significatifs sur la situation financière, la solvabilité, le résultat et le patrimoine de l'établissement ;
– à porter atteinte à la continuité de l'exploitation ;
– à entraîner des réserves ou un refus de certification (C. mon. fin. art. L 612-44, II).
La Compagnie nationale des commissaires aux comptes et l'ACPR ont élaboré un guide à l'attention des commissaires aux comptes qui interviennent dans des entités soumises au contrôle de l'Autorité de contrôle prudentiel et de résolution (ACPR) publié en juillet 2018. Ce guide présente les principales formes que ces relations peuvent prendre, tant au niveau institutionnel (CNCC) qu'individuel, en lien avec les entités soumises au contrôle de l'ACPR.

78020 L'objectif de ce chapitre est de présenter l'essentiel des normes de contrôle préconisées par la Compagnie nationale des commissaires aux comptes pour les **établissements de crédit de type « universel »**, c'est-à-dire habilités à traiter toutes les opérations de banque. On insistera tout particulièrement sur les enjeux et les risques spécifiques à chaque cycle d'audit pour lesquels une démarche opérationnelle est proposée, en soulignant les spécificités du contrôle par rapport aux sociétés commerciales de « droit commun ».

1578

© Éd. Francis Lefebvre   **SECTEUR BANCAIRE** ▮

Le contrôle des comptes des activités autres que celles d'un établissement de crédit sont hors du champ des développements. De même, les contrôles des activités largement filialisées comme le crédit-bail et l'affacturage ne seront pas abordés.

78030

L'exposé comprendra :
– une présentation des caractéristiques du secteur bancaire (n°s 78100 s.) ;
– une revue des principaux cycles de contrôle (n°s 78800 s.).

███ SECTION 1 ███

Caractéristiques du secteur bancaire

Après une présentation générale de l'environnement bancaire (n°s 78110 s.), seront examinées :
– les spécificités de l'audit légal dans ce secteur, et notamment les règles déontologiques spécifiques issues du Code monétaire et financier (C. mon. fin. art. L 511-38 s.) et de ses décrets d'application (n°s 78250 s.) ;
– l'adaptation aux établissements de crédit de la démarche de l'auditeur, qui se traduit par l'importance de l'approche des risques et du contrôle des systèmes de traitement de l'information (n°s 78450 s.).

78100

I. Environnement

L'environnement bancaire se caractérise par :
– une régulation et un système de surveillance modifiés et renforcés (n°s 78111 s.) ;
– une dualité de l'information financière : information comptable sociale et consolidée, d'une part, information prudentielle communiquée aux autorités de tutelle, d'autre part (n°s 78120 s.) ;
– l'importance du contrôle interne (n°s 78160 s.).

78110

Système de surveillance

Les événements majeurs ayant eu un impact sur la sphère financière au cours de ces dernières années, les problèmes de transparence et de contrôle interne mis en exergue que ce soit par l'affaire « Kerviel », qui a généré une perte de *trading* de près de 5 milliards d'euros pour la Société Générale en 2008, ou par la condamnation par les autorités américaines de BNP Paribas à hauteur de 8,9 milliards de dollars en juin 2014 démontrent la nécessité pour les établissements de crédit de disposer d'un système de contrôle interne efficient et adapté aux évolutions des pratiques des marchés financiers dans un environnement économique très incertain qui rend le risque opérationnel plus sensible. En effet, un respect des règles en continu est d'autant plus important que le contexte est sensible.
En France, bien que la plupart des établissements de crédit aient renforcé leurs procédures de contrôle interne au regard des défaillances évoquées dans le rapport Lagarde publié après l'affaire « Kerviel », les régulateurs estiment que la maîtrise et la surveillance des risques et plus généralement le dispositif de contrôle interne au sein des banques restent un point d'attention permanent.
À ce titre, pour décourager la prise de risques excessifs et permettre de financer le coût de résolution éventuelle des crises bancaires, la loi de finances rectificative pour 2011 a instauré pour la première fois une taxe sur les activités financières dite « **taxe de risque systémique sur les banques** ». Exigible depuis le 30 juin 2012, cette taxe concerne les entreprises du secteur bancaire relevant de la compétence de l'ACPR et soumises à des exigences minimales en fonds propres supérieures à 500 millions d'euros (Loi de finances 2013-1278 du 29-12-2013). Le D du II de l'article 26 de la loi 2014-1655 du 29 décembre 2014 de finances rectificative pour 2014 a abrogé les dispositions relatives à la taxe de risque

78111

1579

systémique des banques prévues à l'article 235 ter ZE du Code général des impôts, à compter du 1er janvier 2019.

Par ailleurs, la crise financière de 2007 a mis en lumière la nécessité d'évoluer vers davantage de supervision financière au niveau européen, eu égard à l'impact que pourrait avoir la faillite de certaines institutions financières de premier plan sur l'ensemble de l'économie et surtout à l'absence de cadre permettant de gérer les institutions financières en difficulté.

Le Parlement européen a approuvé le 22 septembre 2010 la création d'un **Comité européen du risque systémique** (CERS) afin de limiter la prise de risque de la part des institutions financières et de trois **autorités européennes de surveillance** (AES) à compter du 1er janvier 2011 :
– l'Autorité européenne des assurances et des pensions professionnelles (*European Insurance and Occupational Pensions Authority* – EIOPA) ;
– l'Autorité bancaire européenne (*European Banking Authority* – EBA) ;
– l'Autorité européenne des marchés financiers (*European Securities and Markets Authority* – ESMA).

Ces corps de contrôle constituent le **système européen de surveillance financière** (SESF), lequel a été renforcé par le règlement (UE) 2019/2175 du Parlement européen et du Conseil du 18 décembre 2019.

Les organes constitutifs du Système européen de supervision financière (SESF)

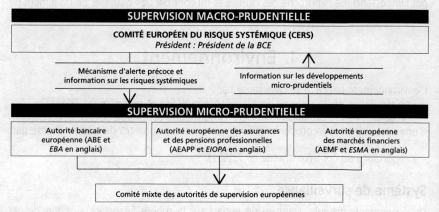

Source : ACPR

78112 **Rôle des autorités européennes de surveillance** Les autorités européennes de surveillance (AES) peuvent :
– intervenir en tant que médiateur entre les superviseurs financiers nationaux et interdire temporairement tout produit financier ou activité à risque ;
– coordonner le système actuel des collèges de superviseurs nationaux en surveillant étroitement les institutions financières transfrontières. En cas de manquement, les AES auront le pouvoir d'imposer leurs décisions aux institutions financières, notamment les banques ;
– contrôler le respect des obligations des superviseurs nationaux au regard du droit communautaire et donner des instructions au superviseur national visé et, si ces démarches restent sans réponse, donner ordre directement à l'institution financière de se conformer aux dispositions législatives de l'UE.

78113 **Comité européen du risque systémique** Le Comité européen du risque systémique (CERS) doit surveiller et émettre des alertes sur l'apparition des risques dans l'économie européenne notamment au travers d'indicateurs qui classent les éléments de risque présentés par certaines institutions financières transfrontières. Le CERS utilise ce système pour indiquer le niveau de risque dans le secteur financier européen.

Dès lors, les actions menées par l'ACPR au niveau national s'inscrivent pleinement dans le cadre désormais opérationnel du Système européen de surveillance financière.

Résolution des défaillances des banques d'importance systémique Pour **78114** prévenir la survenance de crises financières, le G20 s'était engagé à adopter un cadre global de traitement des institutions dites « d'importance systémique » (*Systemically Important Financial Institutions* – SIFIs), dont les difficultés ou la défaillance éventuelle peuvent entraîner des conséquences insupportables pour le système financier. Ce cadre se décline en plusieurs volets :

– des obligations de supervision renforcée des SIFIs ;

– des obligations renforcées de résolution, obligeant d'une part les États à se doter d'autorités de résolution des crises bancaires et d'autre part les grands établissements (G-SIFI) à soumettre aux superviseurs des plans de redressement et à collaborer avec lesdites autorités pour l'élaboration de plans de résolution. Les exigences en matière de plans de redressement et de résolution ont non seulement été mises en œuvre pour les établissements qualifiés de G-SIFIs (*Global Systemically Important Financial Institutions* : établissements financiers d'importance systémique mondiale) mais ont également été élargies à l'ensemble des banques européennes en tenant compte du principe de proportionnalité ;

– des renforcements en capital pour les grandes banques « systémiques » à partir de 2016, suite à la mise en œuvre des accords de Bâle III, visant à renforcer leur capacité à absorber des pertes plus importantes et à limiter leurs prises de risque ;

– des renforcements de la capacité des banques à absorber des pertes en cas de résolution bancaire, par la mise en place d'un ratio minimal d'exigences de capital et dettes éligibles ou de TLAC (*Total Loss-Absorbing Capacity*) à compter de 2019, dont l'exigence sera renforcée progressivement jusqu'en 2022.

Lors du G20 de novembre 2011, le Conseil de stabilité financière (CSF) a publié une première liste des 29 grandes banques systémiques d'importance mondiale (dont 4 banques françaises : BNP Paribas, Société Générale, BPCE et Crédit Agricole). Cette liste est révisée tous les ans et publiée en novembre de chaque année par le *Financial Stability Board* (FSB). En novembre 2020, les établissements identifiés étaient les suivants : HSBC, JP Morgan, Barclays, BNP Paribas, Citigroup, Deutsche Bank, Bank of America, Crédit suisse, Goldman Sachs, Mitsubishi UFJ FG, Morgan Stanley, Agricultural Bank of China, Bank of China, Bank of New York Mellon, China Construction Bank, Groupe Crédit agricole, Industrial and Commercial Bank of China Limited, ING Bank, Mizuho FG, Santander, Société Générale, Standard Chartered, State Street, Sumitomo Mitsui FG, UBS, Unicredit Group, Wells Fargo et le Groupe BPCE. En outre les banques canadiennes Royal Bank of Canada et Toronto Dominion intègrent désormais cette liste. Les établissements identifiés comme systémiques ont été répartis au sein de cinq groupes homogènes en fonction de leur importance systémique, chaque groupe correspondant à l'application d'une surcharge d'exigence en fonds propres de base comprise entre 1 et 2,5 % des risques pondérés. Les banques qui atteindraient un niveau d'importance systémique supérieur à ceux observés aujourd'hui seraient, quant à elles, soumises à une surcharge de 3,5 %. Cette capacité d'absorption supplémentaire des G-SIFI est pleinement effective depuis le 1er janvier 2019. Le 6 juin 2012, la Commission européenne a adopté une proposition législative pour le redressement et la résolution des crises bancaires au sein de l'Union européenne. La Commission européenne s'est efforcée d'assurer une cohérence avec les travaux menés au niveau international par le CSF. Le 15 avril 2014, le Parlement européen et le Conseil ont adopté la directive sur le redressement et la résolution des crises bancaires dite « BRRD », proposée par la Commission en juin 2012 (Dir. 2014/59/UE du 15-5-2014), laquelle a été transposée en droit français par l'ordonnance 2015-1024 du 20 août 2015. Parallèlement a été adopté le règlement (UE) 806/2014 du 15 juillet 2014, relatif à la mise en place d'un mécanisme de résolution unique pour l'ensemble de la zone euro. Ces textes permettent depuis le 1er janvier 2016 de mieux protéger les contribuables et les déposants en cas de crise bancaire grâce au Conseil de résolution unique et au Fonds de résolution unique (FRU), instaurés par ces textes. En 2021, ce Fonds de résolution unique constitué progressivement depuis 2016 est doté à hauteur de 52 milliards d'euros, et atteindra un niveau de 70 milliards d'euros pour fin 2023. Il est abondé par les contributions des banques et doit permettre d'absorber une partie des pertes d'un établissement en cas de résolution, et seulement après un minimum supporté par les actionnaires et créanciers conformément au mécanisme de renflouement interne ou « *bail-in* ». Le 20 mai 2019, le Parlement européen et le Conseil ont adopté la directive (UE) 2019/879 ainsi que le règlement (UE) 2019/877, lesquels

SECTEUR BANCAIRE

© Éd. Francis Lefebvre

visent à renforcer le cadre de résolution, en particulier s'agissant des exigences minimales de fonds propres et de dettes éligibles ou « MREL – *Minimum Requirement for Eligible Liabilities* ». La directive a été transposée en droit français par l'ordonnance 2020-1636 du 21 décembre 2020.

78115 **Mise en place de l'Union bancaire et du Mécanisme de surveillance unique (MSU)** La crise financière a montré qu'une simple coordination des activités de surveillance financière par le canal du SESF (Système européen de surveillance financière) était insuffisante pour prévenir la fragmentation du marché financier européen. En vue de surmonter cet obstacle, la Commission européenne a proposé en juin 2012 l'instauration d'une Union bancaire qui se traduirait par l'adoption d'une démarche plus intégrée et viendrait compléter la zone de la monnaie unique et le marché unique. L'Union bancaire vise à minimiser l'incidence d'une défaillance bancaire sur les finances publiques des États membres de la zone euro, en permettant aux banques en difficulté de se recapitaliser directement via le Mécanisme européen de stabilité. Elle comprend trois volets : une supervision unifiée sous l'égide de la BCE (le Mécanisme de surveillance unique – MSU), un dispositif de résolution ordonnée des banques défaillantes de la zone euro (le Mécanisme de résolution unique – MRU ; voir ci-dessus) et un système de protection égalitaire des déposants dans l'Union bancaire indépendamment de l'État membre dans lequel se trouverait placé le dépôt (le Système européen d'assurance des dépôts – SEAD ou EDIS) dont les contours font toujours l'objet de discussions au niveau européen.

S'agissant de l'organisation et des pouvoirs du MSU régi par le règlement 1024/2013 du Conseil, une distinction est introduite entre deux types d'établissements.

1. Les **établissements de crédit significatifs** : il s'agit des établissements remplissant l'un des critères suivants :
– total des actifs supérieur à 30 Md € ;
– poids dans le PIB du pays supérieur à 20 %, à moins que le total d'actifs reste inférieur à 5 Md € ;
– établissements ayant reçu une aide financière du FESF (Fonds européen de stabilité financière) ou du MES (mécanisme européen de stabilité) ;
– établissements ayant une activité transfrontière significative sur décision de la BCE.

Ces établissements font l'objet d'une supervision directe par la BCE. Cette dernière est en particulier chargée du contrôle des dispositions des règlements (UE) 575/2013 et 2019/876, ainsi que des directives 2013/36 et 2019/878 formant le « paquet CRR-CRD » (ratio de solvabilité, grands risques, ratio de liquidité et de levier, TLAC, etc.), complété des ordonnances 2014-158 du 20 février 2014 et 2020-1636 du 21 décembre 2020 transposant les directives précitées en droit français. À cet effet, la BCE dispose de pouvoirs étendus équivalant à ceux des superviseurs nationaux, notamment en termes d'accès à l'information, de contrôle, de police administrative et de sanctions.

> Même si aucune de ces conditions ne s'applique, au minimum trois établissements de crédit par pays doivent faire l'objet d'une supervision directe par la BCE.

En pratique, la supervision de la BCE s'effectue au travers de structures ad hoc (JST : *Joint Supervisory Teams*). Pilotés par la BCE, les « JST », qui se substituent aux collèges de superviseurs au sein de la zone euro, regroupent des agents des autorités nationales qui jouent localement un rôle de premier plan dans la réalisation des contrôles individuels et la préparation des projets de décision à soumettre à l'examen du Comité de surveillance.

2. Les **établissements de crédit non significatifs** : ces établissements font l'objet d'une **supervision indirecte** (via les autorités nationales compétentes). Il n'y aura pas de « JST » mais les méthodes de travail des autorités nationales doivent se conformer aux instructions ou lignes directrices fixées par la BCE.

Ainsi, la BCE supervise directement 115 groupes bancaires au 1er mars 2021.

Sur le plan opérationnel, la BCE a mené, en lien avec les autorités nationales, des travaux préparatoires visant à rendre le dispositif de supervision pleinement opérationnel fin 2014. Ces travaux ont porté notamment sur :
– la définition d'un cadre de *reporting* et l'organisation de l'échange de flux de données entre les banques, les autorités nationales et la BCE ;

1582

© Éd. Francis Lefebvre

SECTEUR BANCAIRE ▮

– l'évaluation des bilans et de la qualité des actifs (**AQR** – *Asset Quality Review*), que la BCE a conduite en 2014 dans les principales banques des 17 pays de la zone euro. Cette évaluation est venue par la suite alimenter le **test de résistance** (*stress test*) global mené par l'EBA, en coopération avec la BCE, au 2e trimestre 2014. L'objectif de ce test, qui fait suite à deux tests précédents menés par l'EBA, était de rétablir la confiance dans le secteur bancaire européen. Ces tests de résistance ont été reconduits en 2016, 2018 et 2021 ;
– l'évaluation des modèles internes utilisés par toutes les banques de la zone euro aux fins du calcul de leurs exigences de fonds propres réglementaires (TRIM – *Targeted Review of Internal Models*), que la BCE a entamée fin 2016 et qui s'est achevée en 2021.

Mise en place du Système européen d'assurance des dépôts (EDIS – European Deposit Insurance Scheme) De nombreux pays de la zone euro disposent déjà d'un système national de garantie des dépôts qui protège les épargnants à concurrence de 100 000 € par compte et par établissement, en cas de faillite de leur banque. En novembre 2015, la Commission européenne a proposé, dans le cadre de l'Union bancaire, la mise en place d'un mécanisme unique et donc mutualisé de garantie en cas de faillite d'une banque de la zone euro. Puisqu'il est attendu que les fonds nationaux de garantie des dépôts resteront vulnérables à des chocs domestiques importants, EDIS aura pour but ultime d'assurer une **protection égalitaire des déposants** dans l'Union bancaire indépendamment de l'État membre dans lequel se trouverait placé le dépôt.
Ce projet de texte fait toujours l'objet de discussions au niveau européen.

78116

Loi sur la séparation et la régulation des activités bancaires en France Cette loi du 27 juillet 2013 fait suite à de nombreux échanges au niveau européen (Rapport Liikanen du 2-10-2012).
La principale mesure introduite a été mise en œuvre, dès le 31 décembre 2013, et concerne la transparence et la lutte contre les dérives financières (notamment la lutte contre les paradis fiscaux et le blanchiment de capitaux).
Les établissements de crédit, les compagnies financières, et les entreprises d'investissement doivent, depuis le 1er juillet 2014, présenter en annexe de leurs comptes annuels consolidés, ou dans leur rapport de gestion ou dans un document ad hoc, des **informations détaillées sur leurs activités, par pays d'implantation** (Décret 2014-1657 du 29-12-2014).
Cette obligation et l'intervention du commissaire aux comptes sont détaillées au n° 78335.

78117

La loi précitée impose également la **séparation des activités** utiles au financement de l'économie et des activités spéculatives : les établissements de crédit ont dû ainsi filialiser leurs activités spéculatives lorsque celles-ci ont atteint 7,5 % de leur bilan (Décret 2014-785 du 8-7-2014). Le transfert effectif des activités a été effectué au 1er juillet 2015.
Enfin, des dispositions de la loi visent à **encadrer les rémunérations** dans le secteur bancaire et les obligations en la matière ont été complétées par l'ordonnance 2014-158 du 20 février 2014.
Conformément à l'article L 511-73 du Code monétaire et financier dans les établissements de crédit et les sociétés de financement, l'assemblée générale ordinaire doit être consultée annuellement sur l'**enveloppe globale des rémunérations** de toute nature versées durant l'exercice écoulé aux personnes mentionnées à l'article L 511-71, à savoir aux catégories de personnel dont les activités professionnelles ont une incidence significative sur le profil de risque de l'établissement ou du groupe (C. mon. fin. art. L 511-71 modifié par l'ordonnance 2020-1635 du 21-12-2020). Les personnes visées sont :
– les membres du conseil d'administration, du conseil de surveillance ou de tout autre organe exerçant des fonctions équivalentes de même que les personnes mentionnées à l'article L 511-13 du Code monétaire et financier (dirigeants effectifs) ;
– les membres du personnel chargés de la direction des fonctions de contrôle de l'établissement ou des unités opérationnelles importantes et qui rendent directement des comptes au conseil d'administration, au conseil de surveillance ou à tout autre organe exerçant des fonctions de surveillance équivalentes ou à toute personne mentionnée précédemment ;

1583

SECTEUR BANCAIRE

© Éd. Francis Lefebvre

– les membres du personnel ayant eu droit à une rémunération significative au cours de l'exercice précédent, si les deux conditions suivantes sont respectées :
• cette rémunération est supérieure ou égale à 500 000 euros et est supérieure ou égale à la rémunération moyenne accordée aux membres du conseil d'administration, du conseil de surveillance ou de tout autre organe exerçant des fonctions équivalentes ainsi qu'aux personnes mentionnées à l'article L 511-13 du Code monétaire et financier de l'établissement de crédit ou de la société de financement,
• ils exercent leurs activités professionnelles dans une unité opérationnelle importante et ces activités sont de nature à avoir une incidence significative sur le profil de risque de l'unité opérationnelle en question.

De plus, en application de l'article L 511-78 du Code monétaire et financier, dans les établissements de crédit et les sociétés de financement, la **part variable de la rémunération** des personnes mentionnées à l'article L 511-71 du Code monétaire et financier est plafonnée à la part fixe de la rémunération.

L'assemblée générale peut décider de porter la part variable au double du montant de la rémunération fixe.

> Les personnes concernées par les plafonnements de la rémunération variable ne sont pas autorisées à exercer, directement ou indirectement, les droits de vote dont elles pourraient disposer en tant qu'actionnaires ou titulaires de droits de propriété équivalents donnant droit à participer au vote.
> L'assemblée générale compétente statue à la majorité des deux tiers à condition qu'au moins la moitié des actionnaires ou des titulaires de droits de propriété équivalents soient représentés. À défaut, elle statue à la majorité des trois quarts.

Les entités concernées informent l'ACPR du plafond proposé à l'assemblée générale, en justifiant leur choix, et en indiquant le résultat du vote de l'assemblée.

Information financière

78120 **Dualité de l'information financière** Il convient de distinguer deux catégories d'informations financières :
– l'**information financière annuelle ou intermédiaire**, correspondant aux informations individuelles et consolidées adressées aux actionnaires et aux tiers pour leur permettre de mesurer la performance des établissements ;
– l'**information prudentielle** périodique et statistique, communiquée aux autorités de tutelle, comme la Banque centrale européenne, l'Autorité de contrôle prudentiel et de résolution ou la Banque de France, pour leur permettre de surveiller les activités et les risques des établissements de crédit.

78125 La **mission du commissaire aux comptes** se situe pour l'essentiel au niveau de l'information individuelle et consolidée destinée au public : celui-ci certifie les comptes annuels et consolidés et vérifie la sincérité et la concordance avec les comptes annuels et consolidés des informations données dans le rapport de gestion.

Par ailleurs, pour les établissements dont les titres sont admis à la négociation sur un marché réglementé, le commissaire aux comptes émet un rapport d'examen limité sur l'information semestrielle.

Sur le plan réglementaire, le commissaire aux comptes n'a pas de diligences spécifiques et systématiques à mener sur l'information prudentielle.

Toutefois, si des informations prudentielles sont portées dans les annexes aux comptes elles doivent faire l'objet d'un audit (sur la nature des travaux, voir informations prudentielles n°s 78140 s.). Si ces informations sont données dans le rapport de gestion, une lecture d'ensemble visant à s'assurer de la cohérence des informations est requise. Dans l'hypothèse où l'information prudentielle communiquée au commissaire aux comptes ferait apparaître que l'établissement contrôlé ne respecte pas les ratios réglementaires imposés par les autorités de supervision et que ce défaut de respect serait de nature à faire naître un risque sur la continuité d'exploitation, il lui appartiendrait d'en tirer les conséquences au regard des dispositions des articles L 234-1 du Code de commerce et L 612-44, II du Code monétaire et financier (voir n° 78370) et, le cas échéant, d'en tirer les conséquences lors de l'expression de son opinion sur les comptes soumis à son examen.

78128 **Textes applicables** L'information financière destinée aux actionnaires et aux tiers, relative aux comptes annuels et aux comptes consolidés des établissements bancaires dont les titres ne sont pas admis à la négociation sur un marché réglementé, est régie

© Éd. Francis Lefebvre

SECTEUR BANCAIRE

par différents textes qui forment les sources du **référentiel comptable bancaire** français. Ils comprennent :

– des **textes spécifiques** du droit comptable bancaire comme le Code monétaire et financier, les règlements du Comité de la réglementation bancaire et financière (CRBF) remplacé par le Comité consultatif de la législation et de la réglementation financière (CCLRF) depuis la loi sur la sécurité financière, les instructions de la Commission bancaire puis de l'Autorité de contrôle prudentiel devenue l'Autorité de contrôle prudentiel et de résolution (ACPR), les avis et recommandations du Conseil national de la comptabilité (CNC) et les règlements du Comité de la réglementation comptable (CRC) puis ceux de l'Autorité des normes comptables (ANC) (voir n° 78130) ;

– des **textes de droit commun** comme le Code de commerce et le plan comptable général. Les banques étant des sociétés commerciales, ces textes s'appliquent ou sont susceptibles de s'appliquer à titre supplétif en l'absence de textes bancaires spécifiques. Toutefois les entreprises du secteur bancaire peuvent adopter un plan de compte spécifique : le Plan comptable des établissements de crédit (PCEC), plus spécifiquement adapté aux particularités du secteur bancaire et notamment à leurs besoins de *reporting* réglementaire.

Par ailleurs, les textes applicables portent souvent l'empreinte du Comité de Bâle. Ce comité travaille sur la sécurité du système financier mondial, et notamment sur les règles prudentielles.

Concernant l'information financière relative aux comptes consolidés des entités dont les titres sont admis à la négociation sur un marché réglementé depuis le 1er janvier 2005 et de l'ensemble des établissements procédant à une offre au public depuis le 1er janvier 2007, le référentiel comptable est le référentiel IFRS tel qu'il a été approuvé par la Commission européenne.

Principes comptables La loi bancaire avait donné pouvoir au CRBF d'établir les règles comptables des établissements de crédit. La loi 98-261 du 6 avril 1998 portant réforme de la réglementation comptable avait par ailleurs institué un Comité de la réglementation comptable (CRC) qui fixait les règlements (Décret 98-939 du 14-10-1998) au vu des recommandations ou après avis du Conseil national de la comptabilité (CNC). Le CRC et le CNC ont par la suite été fusionnés en une seule instance, l'Autorité des normes comptables (**ANC**) par l'ordonnance 2009-79 du 22 janvier 2009 et le décret 2009-79 art. 8. Les règlements de l'ANC ne peuvent être adoptés qu'après avis du CCLRF. Pour avoir force réglementaire, ils doivent être homologués par arrêté ministériel signé par les ministres de l'économie, de la justice, du budget, et, le cas échéant, du ministre compétent pour le secteur.

78130

Le Comité consultatif de la législation et de la réglementation financières (CCLRF) a remplacé le CRBF depuis la loi de sécurité financière du 1er août 2003. Ainsi que l'indiquent l'article L 614-2 du Code monétaire et financier et l'article L 411-2 du Code des assurances, le CCLRF est désormais « saisi pour avis par le ministre chargé de l'économie de tout projet de loi ou d'ordonnance et de toute proposition de règlement ou de directive communautaires avant son examen par le Conseil des Communautés européennes, traitant de questions relatives au secteur de l'assurance, au secteur bancaire et aux entreprises d'investissement, à l'exception des textes portant sur l'Autorité des marchés financiers ou entrant dans les compétences de celle-ci ».

Les projets de décret et d'arrêté ne peuvent être adoptés qu'après l'avis du Comité. Pour passer outre à un avis défavorable, il est nécessaire que le ministre chargé de l'économie demande une seconde délibération de ce comité.

Règles prudentielles **1. EAB** – L'**Autorité bancaire européenne** (ABE) est une autorité indépendante de l'Union européenne qui œuvre afin de garantir un niveau de réglementation et de surveillance prudentielle dans l'ensemble du secteur bancaire européen. Ses principaux objectifs sont de maintenir la stabilité financière dans l'Union européenne et de garantir l'intégrité, l'efficience et le bon fonctionnement du secteur bancaire. L'ABE fait partie du système européen de surveillance financière (SESF), qui est constitué de trois autorités de surveillance : les autorités européennes des marchés financiers (AEMF), l'Autorité bancaire européenne (ABE) et l'Autorité européenne des assurances et des pensions professionnelles (AEAPP). Ce système comprend également le Comité européen du risque systémique (CERS), le Comité mixte des autorités européennes de surveillance et les autorités nationales de surveillance. L'ABE est indépendante, mais rend des comptes au Parlement européen, au Conseil européen de l'Union européenne et à la Commission européenne.

78132

1585

SECTEUR BANCAIRE © Éd. Francis Lefebvre

2. EIOPA – L'Autorité européenne des assurances et des pensions professionnelles (AEAPP) est la dénomination qui a remplacé depuis le 24 novembre 2010 le CEIOPS (*Committee of European Insurance and Occupational Pensions Supervisors*). C'est un organe consultatif indépendant auprès du Parlement européen, du Conseil de l'Union européenne et de la Commission européenne. L'EIOPA est une des trois autorités européennes de surveillance du Système européen de supervision financière. Son rôle est de contribuer à maintenir la stabilité du système financier, de veiller à la transparence des marchés et des produits financiers et de contribuer à protéger les assurés, les affiliés et les bénéficiaires de régimes de pension.

3. ESMA – L'**Autorité européenne des marchés financiers** (*European Securities and Markets Authority*) est une autorité de surveillance européenne indépendante. Elle a remplacé, depuis le 1er janvier 2011, le Comité européen des régulateurs de marchés de valeurs mobilières (CESR – *Committee of European Securities Regulators*). Elle constitue l'une des trois autorités de régulation européenne instaurées pour constituer le Système européen de supervision financière avec l'EBA et l'EIOPA.

La réglementation applicable au secteur bancaire en France regroupe :
– le règlement (UE) 575/2013 du 26 juin 2013 et la directive 2013/36/UE, qui constituent le « paquet CRD IV » ;
– les lois et règlements adoptés par chaque État membre pour mettre en œuvre les dispositions de la directive 2013/36/UE du 26 juin 2013 ;
– les règles administratives : aux fins de la publication d'informations, il s'agit des instructions destinées aux entités supervisées pour remplir certaines exigences législatives et réglementaires ;
– les lignes directrices, qui comprennent les exigences de divulgation explicites de la directive 2013/36 /UE du 26 juin 2013 et les explications jugées nécessaires pour indiquer comment les règles devraient être appliquées par les établissements. En outre, ces lignes directrices couvrent toute autre information, que les autorités compétentes pourraient souhaiter publier pour améliorer la compréhension du nouveau cadre d'adéquation des fonds propres.

78138 **Information financière annuelle** S'agissant de l'information financière annuelle relative aux comptes annuels en référentiel français, le texte de référence est le règlement ANC 2014-07 du 26 novembre 2014 relatif aux comptes des entreprises du secteur bancaire.

S'agissant de l'information financière annuelle relative aux comptes consolidés établis en IFRS, le référentiel IFRS s'applique et notamment la norme IFRS 7 (Instruments financiers : informations à fournir) qui constitue le texte de référence en matière d'information financière des instruments financiers, et depuis le 1er janvier 2018, la norme IFRS 9 (Instruments financiers).

78139 **Informations financières intermédiaires** Concernant les arrêtés intermédiaires, l'article 3111-4 du règlement ANC 2014-07 du 26 novembre 2014 impose aux établissements de crédit non soumis à l'article L 451-1-2-IV du Code monétaire et financier et dont le total du dernier bilan dépasse 450 millions d'euros de publier chaque trimestre au Bulletin des annonces légales obligatoires (Balo) une situation comptable qui revêt la forme du bilan individuel, exception faite du résultat de l'exercice, dans les 75 jours qui suivent la fin de chacun des trimestres.

Ces informations ne font pas l'objet d'un examen limité par le commissaire aux comptes.

Pour les établissements dont les titres sont admis à la négociation sur un marché réglementé, le référentiel applicable pour l'information financière à communiquer est le référentiel IFRS. Les comptes semestriels peuvent alors être établis soit selon la norme IAS 34 (avec publication de comptes complets ou de comptes résumés/condensés), soit en retenant les modalités prévues par le règlement général de l'AMF qui permettent de publier des comptes selon la présentation déterminée dans le référentiel français (Recommandation CNC 99-R.01) et les modes d'évaluation IFRS.

78140 **Informations prudentielles** La réglementation prudentielle impose aux établissements de crédit la publication d'informations centrées sur les risques auxquels ils sont exposés et sur l'adéquation de leurs fonds propres, au titre du pilier 3 de discipline de marché du dispositif de Bâle II, confirmé dans le dispositif Bâle III.

SECTEUR BANCAIRE

Les objectifs des superviseurs, avec la mise en place de **Bâle II**, étaient de renforcer la sécurité et la solidité du système financier en exigeant des établissements un niveau de capital approprié déterminé grâce à une mesure plus fine des risques et une prise en compte de systèmes de gestion des risques plus sophistiqués.

Cet accord reposait sur **3 piliers** : le pilier 1 relatif à l'exigence minimale en fonds propres, le pilier 2 à la surveillance prudentielle et le pilier 3 à la discipline de marché.

Au niveau comptable, depuis fin 2007, le **référentiel IFRS** tel qu'adopté dans l'Union européenne impose par ailleurs à ces mêmes groupes bancaires, au titre de la **norme IFRS 7** « Instruments financiers : informations à fournir » (et de la norme IAS 1 révisée pour la partie fonds propres), de publier des informations qualitatives et quantitatives permettant aux utilisateurs des états financiers d'évaluer la nature et l'ampleur des risques découlant des instruments financiers auxquels ils sont exposés à la date d'arrêté.

Les exigences d'information au titre du pilier 3 et des normes IFRS se recoupent assez largement, mais présentent néanmoins quelques différences notables :
– différences entre les périmètres et méthodes de consolidation comptables et prudentiels ;
– informations sur le risque opérationnel non exigées par IFRS 7 ;
– informations quantitatives sur le ratio de solvabilité non requises par la norme IAS 1 révisée ;
– plus grande latitude laissée par le pilier 3 sur le format et la localisation de l'information diffusée.

Depuis 2008, des travaux sont en cours pour faire évoluer la réglementation prudentielle avec la mise en place des **accords de Bâle III** dont l'objectif est de renforcer la résistance du secteur bancaire.

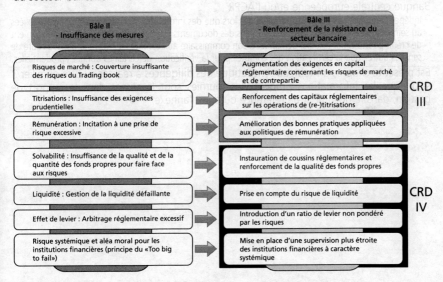

Les nouvelles règles prudentielles Bâle III sont entrées progressivement en vigueur depuis 2014 et leur mise en œuvre durera jusqu'en 2022, voire au-delà. La localisation de l'information fournie au titre du pilier 3 n'est pas imposée par l'accord de Bâle, ni par le règlement 575/2013. La pratique des établissements de crédit en matière de publication au titre du pilier 3 converge progressivement vers la publication d'un document spécifique pilier 3. Dans les autres cas, ces informations sont localisées soit dans le rapport annuel, soit selon une approche mixte conduisant à des renvois entre le document pilier 3 et le rapport annuel, pour certaines informations.

La **vérification des informations prudentielles** par les auditeurs externes n'est requise ni par l'accord de Bâle, ni par la transposition en droit européen.
Les informations propres au pilier 3 (et non requises par le référentiel IFRS), notamment celles relatives au ratio de solvabilité, constituent un élément essentiel de la communication financière des établissements, à destination des actionnaires, analystes, et autres utilisateurs.

78145

78145
(suite)

Leur communication est donc susceptible de créer des attentes chez les utilisateurs, pouvant conduire à leur inclusion au sein d'une information financière auditée, au même titre que les autres informations requises par IFRS 7 sur les instruments et les risques financiers.

Ainsi, la CNCC a publié, le 15 décembre 2011 (Bull. CNCC n° 165-2012), une doctrine relative aux **diligences du commissaire aux comptes sur les informations prudentielles publiées** par les établissements de crédit, en fonction de leur localisation. Cette note vise à :

– rappeler les diligences du commissaire aux comptes, requises lorsque des informations de nature prudentielle figurent dans le rapport de gestion ou dans le document de référence, en dehors de l'annexe ;

– préciser les diligences qui seraient à mettre en œuvre par le commissaire aux comptes pour la vérification de certaines informations prudentielles en date d'arrêté, dès lors qu'un établissement ferait le choix de les présenter en annexe ;

– préciser l'incidence, sur le rapport du commissaire aux comptes des conclusions de ses vérifications.

L'étendue des diligences est à apprécier selon l'approche retenue : approche standard ou approche de notations internes soumise à l'homologation de la Banque centrale européenne et/ou l'Autorité de contrôle prudentiel et de résolution (ACPR). En effet, pour le calcul de leurs exigences en fonds propres afférents à différentes classes de risques (crédit, marché, opérationnel, etc.) les établissements peuvent utiliser :

– soit une méthode standard consistant schématiquement à affecter aux encours de chacune des catégories d'expositions définies par la réglementation un coefficient prédéterminé ;

– soit une méthode interne propre à chaque établissement, après homologation par la Banque centrale européenne et/ou l'ACPR.

Indépendamment des diligences requises dès lors que des informations prudentielles seraient publiées au sein des états financiers ou le seraient dans des documents qui les accompagnent, un établissement de crédit pourrait, par ailleurs, demander à son commissaire aux comptes d'intervenir dans le cadre de services autres que la certification des comptes pour la vérification de certaines données prudentielles.

Est présenté ci-après un **tableau synthétique des diligences** à réaliser au titre du pilier 3 selon que les informations prudentielles fournies sont localisées dans le rapport de gestion, dans le document de référence ou dans l'annexe.

Référentiel normatif	Nature des diligences	Finalisation des travaux et rapport
Informations prudentielles présentées dans le rapport de gestion		
NEP 9510 « Diligences du commissaire aux comptes relatives au rapport de gestion, aux autres documents sur la situation financière et les comptes et aux informations relevant du rapport sur le gouvernement d'entreprise adressés aux membres de l'organe appelé à statuer sur les comptes ». Cette norme vise : – les informations sur la situation financière et les comptes annuels et, le cas échéant, les comptes consolidés ; – les autres informations : celles non extraites des comptes annuels et, le cas échéant, des comptes consolidés ou qui ne peuvent être rapprochés des données ayant servi à l'établissement de ces comptes. Les informations prudentielles visées relèvent de cette dernière catégorie car les conditions de leur élaboration résultent d'un processus distinct du processus comptable.	Le commissaire aux comptes n'a pas à vérifier les autres informations figurant dans le rapport de gestion et dans les autres documents adressés à l'organe appelé à statuer sur les comptes. Sa lecture de ces autres informations lui permet toutefois de relever, le cas échéant, celles qui lui apparaîtraient manifestement incohérentes. Lorsqu'il procède à cette lecture, le commissaire aux comptes exerce son esprit critique en s'appuyant sur sa connaissance de l'entité, de son environnement et des éléments collectés au cours de l'audit et sur les conclusions auxquelles l'ont conduit les contrôles qu'il a menés.	Si le commissaire aux comptes identifie une incohérence dans les informations prudentielles figurant dans le rapport de gestion ou dans les autres documents relatifs à la situation financière et aux comptes (notamment, le cas échéant, le document de référence) adressés à l'assemblée générale, il formule une observation dans son rapport sur les comptes. Il s'interroge sur la nécessité d'effectuer, le cas échéant, une information vis-à-vis de l'AMF, au titre des dispositions figurant à l'article L 621-22 du Code monétaire et financier.
Informations prudentielles présentées dans le document de référence		
Si le document de référence est mis à la disposition des actionnaires dans le cadre de l'assemblée générale annuelle et communiqué au commissaire aux comptes avant l'émission de son rapport, la NEP 9510 décrite ci-dessus s'applique. Si tel n'est pas le cas, les informations prudentielles visées, présentées dans le document de référence, relèvent également d'une lecture d'ensemble par le commissaire aux comptes, telle que prévue dans le communiqué CNCC du 13 septembre 2005 (Bull. CNCC n° 139-2005), relatif au contrôle du prospectus, s'agissant des travaux relatifs à la lettre de fin de travaux.	Voir diligences relatives aux informations prudentielles présentées dans le rapport de gestion. Lecture d'ensemble. En pratique, il s'agit de diligences équivalentes pour les informations prudentielles figurant dans le rapport de gestion.	Voir finalisation des travaux et rapport relatifs aux informations prudentielles présentées dans le rapport de gestion. Toute incohérence manifeste identifiée dans l'information prudentielle figurant dans le document de référence sera indiquée dans la lettre de fin de travaux transmise à l'établissement.

SECTEUR BANCAIRE © Ed. Francis Lefebvre

78150 (suite)

Référentiel normatif	Nature des diligences	Finalisation des travaux et rapport
Informations prudentielles présentées dans l'annexe		
En France, les normes d'exercice professionnel, et en particulier la NEP 700 sur le rapport des commissaires aux comptes sur les comptes annuels et consolidés, ne traitent pas spécifiquement, à ce jour, du cas des informations additionnelles, non requises par le référentiel comptable, qui seraient présentées dans les notes aux états financiers. Dès lors qu'une information figure dans les notes aux états financiers et revêt une importance significative, il appartient aux commissaires aux comptes de collecter des éléments suffisants et appropriés concernant cette information, qui devient une des composantes des comptes consolidés et est donc couverte par l'opinion des commissaires aux comptes exprimée sur les comptes consolidés pris dans leur ensemble.	**Détermination de seuils de signification** propres aux informations prudentielles conformément à la NEP 320 « Anomalies significatives et seuils de signification » en fonction du caractère sensible de ces informations pour l'utilisateur de ces comptes. **Prise de connaissance de l'environnement de contrôle interne :** le commissaire aux comptes s'assure que l'organisation de l'établissement permet la production d'une information prudentielle fiable dans des délais compatibles avec les contraintes de publication des informations financières et comptables (revue du dispositif de contrôle interne portant sur les données risques et prudentielles, rapprochement des informations comptables et risques, etc.). **Diligences sur les modèles internes autorisés par la BCE et/ou l'ACPR :** cartographie des différents périmètres homologués et réconciliation avec la validation formelle obtenue de la BCE et/ou l'ACPR, prise de connaissance des dossiers d'homologation ainsi que les travaux de l'Inspection générale et de la BCE et/ou l'ACPR sur la validation des modèles, analyse du dispositif de gouvernance mis en place par l'établissement pour valider les modèles internes et les évolutions subséquentes, obtention du *backtesting*, etc. **Contrôle de substance sur des opérations complexes ou significatives** par exemple le traitement des titrisations, des lignes de liquidité ou application du *netting* à certains encours dans le cadre d'un contrat-cadre, etc. **Travaux spécifiques dans le cadre de l'audit des groupes :** les commissaires aux comptes de l'entité consolidante peuvent s'interroger sur la nécessité de faire intervenir les auditeurs des filiales sur certaines données prudentielles contribuant au ratio du groupe. Ils pourront, le cas échéant, émettre des instructions d'audit spécifiques. **Vérification des informations données dans l'annexe sur les modalités d'élaboration** notamment sur le périmètre, les approches retenues et référence aux normes prudentielles utilisées, le recours à des modèles internes homologués ou à des approches standards, le dispositif de gestion et de contrôle de la qualité de ces modèles (*backtesting*).	Au préalable, le commissaire aux comptes obtient du représentant légal de l'entité une formulation écrite des déclarations qu'il estime nécessaires de recevoir dans le cadre de son intervention. Ces déclarations peuvent être présentées soit de manière distincte des déclarations obtenues dans la lettre d'affirmation générale, soit être insérées dans cette dernière. Lorsque le commissaire aux comptes n'a pas relevé d'anomalie significative dans les informations prudentielles pouvant le conduire à formuler une réserve, il apprécie s'il lui apparaît nécessaire de justifier son appréciation. En cas d'anomalie significative relevée dans le cadre de ses travaux, le commissaire aux comptes s'interroge sur les conséquences sur son opinion et sur la nécessité de formuler une réserve. Il s'interroge également sur la nécessité d'effectuer, le cas échéant, du fait de la formulation d'une réserve : • un signalement à la BCE et/ou l'ACPR conformément à l'article L 612-44 du Code monétaire et financier ; • une information vis-à-vis de l'AMF, au titre des dispositions figurant à l'article L 621-22 du Code monétaire et financier.

Données de crédit déclarées dans le cadre du TLTRO Dans le cadre de la participation des établissements de crédit aux opérations ciblées de refinancement à plus long terme appelées TLTRO (*Targeted Long Term Refinancing Operations*), conformément à l'article 8.8 de la décision BCE 2014/34 du 29 juillet 2014, la Banque centrale européenne demande la vérification des données déclarées au titre de ces opérations. Ces dispositions ont été renouvelées à l'occasion de la seconde série d'opérations ciblées de refinancement à plus long terme (TLTRO II) conformément à l'article 7 de la décision BCE 2016/10 du 28 avril 2016, amendée par la décision BCE 2016/30 du 31 octobre 2016, puis, pour la troisième série d'opérations ciblées de refinancement à plus long terme (TLTRO III), conformément l'article 6 de la décision BCE/2019/21 du 22 juillet 2019 amendée par plusieurs décisions BCE dont la dernière est la décision BCE/2021/21 du 30 avril 2021.

78155

En France, c'est le commissaire aux comptes de l'établissement qui met en œuvre cette mission et qui établit une attestation portant sur :
– la concordance des informations figurant dans les états déclaratifs avec la comptabilité ;
– la conformité, dans tous ses aspects significatifs, des modalités de production de ces informations décrites dans une note méthodologique.

Intégration des résultats dans les données prudentielles Certains établissements de crédit souhaitent inclure pour leur *reporting* prudentiel (***Common Equity Tier 1 – CET1***) leur résultat annuel ou intermédiaire.

78158

Le paragraphe 2 de l'article 26 du règlement européen 537/2016 dispose notamment que les résultats en question doivent être vérifiés par des personnes indépendantes de l'établissement qui sont responsables du contrôle de ses comptes. La décision 2015/656 du 4 février 2015 de la Banque centrale européenne définit sous quelles conditions les établissements de crédit peuvent inclure leurs bénéfices intermédiaires ou de fin d'exercice dans leurs fonds propres de base de catégorie 1.

La décision précitée dispose que la vérification des résultats inclus dans le *reporting* prudentiel CET1 consiste en un rapport d'audit (résultats annuels) ou un examen limité (résultats intermédiaires).

S'agissant des résultats annuels, si les commissaires aux comptes n'ont pas terminé leurs contrôles sur les comptes à la date d'envoi du *reporting* à la BCE, ils établissent une « lettre de confort » (terminologie utilisée par la décision BCE 2015/656) jointe au courrier de l'établissement dans laquelle ils mentionnent :
– que l'audit n'est pas encore finalisé ;
– et qu'à la date de cette lettre, ils n'ont pas connaissance d'éléments qui les conduiraient à considérer que leur rapport d'audit contiendra une opinion avec réserve.

Contrôle interne

Obligations induites par l'arrêté du 3 novembre 2014 Bien avant la loi de sécurité financière, entrée en vigueur le 3 août 2003, le Comité de la réglementation bancaire et financière avait introduit des **obligations pour les établissements bancaires** relatives au contrôle interne, lourdes de conséquences dans la définition de la stratégie d'audit : il avait en effet imposé aux établissements de crédit, avec la mise en place du CRBF 97-02 en février 1997, modifié par les règlements 2001-01 et 2004-02 de se doter d'un système de contrôle interne.

78160

Ce dispositif a été complété par une série d'arrêtés postérieurement.

Les principales modifications apportées au CRBF 97-02 en 2009 et 2010 portent, d'une part, sur la surveillance des risques par la « filière risques » et, d'autre part, sur le renforcement des systèmes de mesure et de suivi des risques ainsi que l'amélioration de la transparence par la mise en place d'une cartographie des risques. À ce titre, la réglementation prévoit :
– une adéquation entre les politiques de rémunération et les prises de risques : les personnels exerçant des activités susceptibles d'avoir une incidence sur le profil de risque des établissements de crédit, sociétés de financement et entreprises d'investissement doivent être évalués en fonction de leur gestion des risques et au regard d'un objectif de croissance à long terme depuis l'article 198 de l'arrêté du 22 décembre 2020 (versement différé pour une part significative de la rémunération variable des professionnels

SECTEUR BANCAIRE

© Ed. Francis Lefebvre

78160
(suite)

des marchés financiers par exemple). Dans ce sens, l'arrêté du 25 février 2021 complète ces dispositions en précisant que les établissements sont dans l'obligation désormais de définir les politiques de risque, d'en régir la gestion, la qualité et l'agrégation. Des procédures doivent être mises en place concernant l'exactitude, l'intégrité, et l'exhaustivité des données sur les risques pour identifier sans équivoque les données sur les risques (Arrêté du 3-11-2014 art. 104 modifié par l'arrêté du 25-2-2021) ;

– une responsabilisation accrue des organes de direction en matière de contrôle interne ;

– un renforcement du rôle des responsables du contrôle périodique : le responsable du contrôle périodique (audit interne) doit pouvoir alerter directement et de sa propre initiative le comité d'audit en cas de non-exécution des mesures correctrices décidées dans le cadre du dispositif de contrôle interne ;

– la mise en place d'une filière « Risques », dont le responsable doit disposer d'une réelle indépendance à l'égard des structures opérationnelles. Ce responsable doit veiller à la cohérence et à l'efficacité de la politique de gestion des risques de l'établissement. Il est en charge de l'identification, de la mesure et du suivi des risques et rend compte de ses missions à l'organe exécutif et, le cas échéant, au comité d'audit ;

– une plus grande attention dans l'analyse des risques liés aux nouvelles opérations ou transactions complexes.

L'arrêté du 25 février 2021 ajoute un titre particulier dans le corps du texte réglementaire puisqu'il crée les articles 270-1 à 270-5 au sein de l'arrêté du 3 novembre 2014 destinés au risque informatique qui comprend les dispositions suivantes à respecter quant à sa gestion par les établissements assujettis :

– détermination par la gouvernance d'une stratégie informatique pour répondre aux besoins et aux objectifs de la banque. Cette démarche stratégique inclut la gestion des opérations informatiques, la sécurité des systèmes d'information, la continuité des activités pour les aspects informatiques ;

– déploiement de dispositifs pour l'identification, l'évaluation, l'analyse, la couverture, le suivi des risques informatiques ;

– établissement d'une politique de sécurité du système d'information avec pour principes la confidentialité, l'intégrité, la disponibilité des informations des établissements et des données de la clientèle. Cette politique, fondée sur une analyse des risques, est approuvée par la gouvernance ;

– formalisation et mise en œuvre de procédures de sécurité physique et logique afin de protéger le système d'information ;

– sensibilisation et formation du personnel, ainsi que les dirigeants effectifs et les prestataires externes de la banque, à la sécurité du système d'information. Ces actions sont à réaliser régulièrement, a minima annuellement ;

– encadrement opérationnel avec des procédures traitant l'exploitation, la surveillance, le contrôle des systèmes et des services informatiques ;

– mise en œuvre d'un processus de détection et de gestion des incidents opérationnels ou de sécurité ;

– gestion de la maintenance et de l'évolution du système d'information à partir de processus dédiés pour l'acquisition, le développement, l'entretien des outils informatiques. Cette gestion couvre également les migrations informatiques, en prévoyant les dispositifs de contrôle pour l'enregistrement, le test, l'évaluation, l'approbation, l'implémentation des modifications du système existant.

Dans le cadre de sa mission, le commissaire aux comptes est amené à rencontrer périodiquement le responsable des risques et ses équipes pour prendre connaissance des conclusions des missions réalisées, et notamment de la cartographie des risques. Cette dernière doit être élaborée par les établissements et actualisée régulièrement en prenant en compte l'ensemble des risques encourus au regard de facteurs internes (notamment la complexité de l'organisation, la nature des activités exercées, le professionnalisme des personnels et la qualité des systèmes) et externes (par exemple, les conditions économiques et les évolutions réglementaires). Cette démarche s'inscrit dans l'approche globale du commissaire aux comptes encadrée par les NEP (NEP 315 « Connaissance de l'entité et de son environnement et évaluation du risque d'anomalies significatives dans les comptes » et NEP 330 « Procédures d'audit mises en œuvre par le commissaire aux comptes à l'issue de son évaluation des risques »), qui mettent l'accent sur l'importance :

– d'une prise de connaissance du dispositif de contrôle interne suffisamment étendue pour se forger une opinion sur les principaux risques de l'établissement ;

– de la prise en compte de l'environnement, en vue d'apprécier l'impact de ces risques sur le patrimoine et la situation financière de la société.

Ainsi l'évolution de la réglementation vise-t-elle à accroître l'implication des organes de direction dans la gestion des risques, notamment par la mise en place de comités spécialisés dans l'analyse des risques dont les travaux peuvent être utilisés par le commissaire aux comptes dans le cadre de l'accomplissement de sa mission (voir nᵒˢ 26470 s.).

En 2014, le CRBF 97-02 modifié a été remplacé par l'arrêté du 3 novembre 2014 relatif au contrôle interne des entreprises du secteur de la banque, des services de paiement et des services d'investissement, soumises au contrôle de l'ACPR. Cet arrêté reprend la plupart des dispositions antérieures du CRBF 97-02 sans modifications majeures de leur contenu. Il est applicable depuis le 5 novembre 2014 hormis l'article 104 qui est applicable depuis le 1er janvier 2015.

Les **entreprises assujetties** à cet arrêté sont :

1° Les établissements de crédit mentionnés au I de l'article L 511-1 du Code monétaire et financier ainsi que les succursales d'établissement de crédit dont le siège social est situé dans un État qui n'est ni membre de l'Union européenne, ni partie à l'accord sur l'Espace économique européen, agréées par l'Autorité de contrôle prudentiel et de résolution.

2° Les sociétés de financement mentionnées au II de l'article L 511-1 du Code monétaire et financier.

3° Les entreprises d'investissement mentionnées à l'article L 531-4 du Code monétaire et financier autres que les sociétés de gestion de portefeuille mentionnées à l'article L 532-9 du même code.

4° Les entreprises mentionnées aux 3 et 4 de l'article L 440-2 du Code monétaire et financier.

5° Les entreprises mentionnées aux 4 et 5 de l'article L 542-1 du Code monétaire et financier.

6° Les établissements de paiement mentionnés à l'article L 522-1 du Code monétaire et financier.

7° Les établissements de monnaie électronique mentionnés à l'article L 526-1 du Code monétaire et financier.

Les principales nouvelles dispositions introduites par cet arrêté, et modifiées par l'arrêté du 22 décembre 2020 (Arrêté du 22-12-2020 art. 199), ont trait :

– à l'obligation pour les entreprises, dont le total de bilan social ou consolidé excède 5 milliards d'euros ainsi que les entreprises dont le total de bilan social excède 10 milliards d'euros et qui respectent cumulativement les critères énoncés aux c, d et e de l'article 4, paragraphe 1, point 145 du règlement (UE) 575/2013 du Parlement européen et du Conseil du 26 juin 2013, de mettre en place deux comités, le comité des risques et le comité des nominations, en plus du comité des rémunérations créé par la directive CRD III ; les dispositions relatives au comité d'audit dont la mise en place était facultative sont supprimées, les fonctions relatives au contrôle des risques qu'il assurait étant dévolues au comité des risques ;

– au remplacement de la filière risques par la fonction de gestion des risques ;

– à la clarification des rôles respectifs attribués aux dirigeants effectifs et à l'organe de surveillance et notamment au renforcement des pouvoirs de ce dernier.

Depuis l'arrêté du 25 février 2021, l'externalisation des activités est également sujette à des évolutions réglementaires (Arrêté du 3-11-2014 art. 238 modifié par l'arrêté du 25-2-2021). Ainsi, tout contrat d'externalisation doit faire l'objet d'une analyse de risque avant sa signature. Par la suite, les entreprises assujetties ont désormais l'obligation de tenir un registre distinguant les dispositifs d'externalisation entre les activités considérées comme essentielles par les établissements et celles qui ne le sont pas. Une extraction de ce registre est à produire en identifiant les nouvelles externalisations à caractère essentiel afin d'en faire la communication une fois par an à l'ACPR.

Éléments constitutifs du contrôle interne

78163

Le contrôle interne est devenu l'une des préoccupations majeures des autorités de tutelle bancaires. L'arrêté du 3 novembre 2014 définit les éléments qui composent le dispositif de contrôle interne des établissements de crédit :

– un système de contrôle des opérations et des procédures internes ;
– une organisation comptable et de traitement de l'information ;
– des systèmes de mesure des risques et des résultats ;
– des systèmes de surveillance et de maîtrise des risques ;
– un système de documentation et d'information ;
– un dispositif de surveillance des flux d'espèces et des titres.

L'entrée en vigueur du règlement CRBF 97-02 a constitué une étape majeure du renforcement de la surveillance des risques et de l'efficacité des contrôles au sein des établissements de crédit et des entreprises d'investissement. Les unités en charge du contrôle interne doivent participer à la maîtrise de tous les risques encourus par l'établissement, y compris celui de non-conformité (Règl. 97-02 art. 4). Sur ce dernier thème, le règlement précité, le titre III du règlement de l'ex-Conseil des marchés financiers

SECTEUR BANCAIRE

© Ed. Francis Lefebvre

(CMF), la réglementation relative à la prévention du blanchiment de capitaux et la loi de sécurité financière constituent un socle réglementaire encadrant les modalités de contrôle du risque de non-conformité.

78165 **Conditions d'efficience du contrôle interne** Un système de contrôle interne efficace est caractérisé notamment par :
– des objectifs clairement exprimés et des moyens appropriés aux activités, à la taille et aux implantations de l'établissement (ces objectifs peuvent figurer par exemple dans les chartes de contrôle interne) ;
– une forte implication des organes délibérants et exécutifs ;
– des systèmes de mesure, de limites et de surveillance des risques rigoureux ;
– une indépendance des contrôles et séparation des fonctions ;
– des procédures qui mettent en application la politique de contrôle interne ;
– un système comptable fiable pour traduire une image fidèle ;
– un respect de la piste d'audit ;
– un système d'information performant et sécurisé ;
– un respect de la qualité des processus concourant à la sécurité et au bon fonctionnement du système d'information et à la continuité d'activité (Arrêté du 3-11-2014 art. 215 modifié par l'arrêté du 25-2-2021).
L'arrêté du 6 janvier 2021 intègre l'application de ce contrôle interne à tous les professionnels assujettis au régime « Solvabilité 2 » et au règlement délégué 2015/35 de la Commission du 10 octobre 2014 ou à l'arrêté du 3 novembre 2014. Cet arrêté précité ajoute quelques axes principaux au dispositif de contrôle interne :
– une mise en place par les filiales et les succursales établies à l'étranger du dispositif de contrôle de la conformité des opérations ;
– une exécution sans délai ou dans des délais raisonnables des mesures correctrices ;
– une qualité de l'information destinée au responsable de la mise en œuvre du dispositif de lutte contre le blanchiment des capitaux et le financement du terrorisme ;
– une conformité des opérations effectuées.

78167 **Implication des dirigeants effectifs et de l'organe de surveillance**
Si certaines défaillances des dispositifs de contrôle interne des banques ont d'abord mis en lumière le rôle crucial des contrôles de premier niveau (opérationnels) et des unités de contrôle spécialisées (permanent : filière risques – conformité / périodique : audit interne/inspection générale), elles ont parfois conduit à la mise en cause des dirigeants exécutifs, voire de l'organe de surveillance.
La directive CRD 4 prévoit une séparation des fonctions au sein de l'organe de direction des établissements afin d'en garantir une gestion saine et prudente. La gouvernance doit distinguer clairement la fonction de surveillance de la fonction exécutive, qui relève de la direction générale d'un établissement.
Les dirigeants effectifs sont les personnes qui assurent la direction effective de l'entreprise assujettie. Étant donné l'ampleur des tâches qui relèvent de la fonction exécutive, la directive CRD 4 impose de les confier à deux personnes physiques au moins, exigence transposée par les articles L 511-13 et L 532-2 du Code monétaire et financier. La fonction de « dirigeant effectif » doit être exercée au sein des établissements de crédit, des sociétés de financement et des entreprises d'investissement autres que les sociétés de gestion de portefeuille :
– par le directeur général et le ou les directeurs généraux délégués dans une société anonyme à conseil d'administration ;
– par les membres du directoire, dans une société anonyme à conseil de surveillance ;
– par des personnes exerçant des fonctions équivalentes dans les autres formes de société (Recommandation ACPR 2014-P-07).
L'organe de surveillance est constitué du conseil d'administration ou du conseil de surveillance.
L'arrêté du 3 novembre 2014 confie explicitement la responsabilité de la mise en œuvre du contrôle interne à l'organe exécutif sous la supervision de l'organe délibérant.
Au fil des ans, le comité d'audit, émanation de l'organe délibérant, a beaucoup évolué du fait des pratiques et de la réglementation. Il occupe une position clé dans le dispositif de contrôle interne et constitue un moyen approprié de renforcer le contrôle que l'organe délibérant se doit d'exercer sur l'ensemble des activités de la banque. Cette position clé a encore été accentuée par la réforme européenne de l'audit (voir n° 26470).

L'organe délibérant choisit la dénomination du comité d'audit et en définit la composition, les missions, les modalités de fonctionnement ainsi que les conditions dans lesquelles les commissaires aux comptes ainsi que toute personne appartenant à l'entreprise sont associés à ses travaux.

Le comité d'audit est notamment chargé, sous la responsabilité de l'organe délibérant, de :

– vérifier la clarté des informations fournies et porter une appréciation sur la pertinence des méthodes comptables adoptées pour l'établissement des comptes individuels et, le cas échéant, consolidés ;

– porter une appréciation sur la qualité du contrôle interne, notamment la cohérence des systèmes de mesure, de surveillance et de maîtrise des risques et proposer, en tant que de besoin, des actions complémentaires à ce titre.

L'arrêté du 25 février 2021 vient compléter et entériner l'existence de trois niveaux de contrôle distincts (Arrêté du 3-11-2014 art. 12 modifié par l'arrêté du 25-2-2021) à adapter selon la taille des entreprises assujetties, leur nature, et la complexité de leurs activités :

– le premier niveau de contrôle est assuré par des agents exerçant des activités opérationnelles, qui identifient les risques induits par leur activité, et respectent les procédures et les limites fixées ;

– le deuxième niveau de contrôle est assuré par des agents au niveau des services centraux et locaux, exclusivement dédiés à la gestion des risques y compris le risque de non-conformité. Dans le cadre de cette mission, ces agents vérifient notamment que les risques ont été identifiés et gérés par le premier niveau de contrôle selon les règles et procédures prévues. Ce deuxième niveau de contrôle est assuré par la fonction de vérification de la conformité et la fonction de gestion des risques ;

– le troisième niveau de contrôle est assuré par la fonction d'audit interne composée d'agents au niveau central et, le cas échéant, local distincts de ceux réalisant les contrôles de premier et deuxième niveaux.

À cela s'ajoutent des dispositions portant également sur la fonction de vérification de la conformité (Arrêté du 3-11-2014 art. 14 modifié par l'arrêté du 25-2-2021), la désignation et la révocation de son responsable sont à encadrer par des procédures internes. Ce responsable est en outre rattaché au dirigeant effectif désigné pour le suivi et la cohérence des fonctions de contrôle de deuxième niveau. Ensuite, dans le cas où la taille, la nature, la complexité des activités de l'établissement assujetti le justifient, la vérification de la conformité est assurée par le responsable de la fonction gestion des risques.

Surveillance et maîtrise des risques La surveillance et la maîtrise des risques (risques de crédit, de marché, de taux d'intérêt global, d'intermédiation, de règlement et de liquidité, etc.) doivent reposer sur : **78172**

– un système de limites globales, fixées et revues, autant que nécessaire et au moins une fois par an, par les dirigeants effectifs et approuvées par l'organe de surveillance qui consulte, le cas échéant, le comité des risques, en tenant compte notamment des fonds propres de l'entreprise et, le cas échéant, des fonds propres consolidés ou sous-consolidés et de leur répartition au sein du groupe adaptée aux risques encourus (Arrêté du 3-11-2014 art. 224 modifié par l'arrêté du 25-2-2021) ;

– des procédures qui permettent de s'assurer que ces mêmes limites sont effectivement et en permanence respectées, par exemple création d'un « Comité des risques » (Arrêté du 3-11-2014 art. 226 et 228).

Les limites opérationnelles, qui peuvent être fixées au niveau de différentes entités au sein de la banque, doivent être établies de manière cohérente avec les limites globales. Un *reporting* régulier doit être mis en place pour informer périodiquement les différentes parties (dirigeants effectifs et organe de surveillance). Les dépassements constatés doivent être analysés, signalés aux intervenants opérationnels concernés et des actions correctrices peuvent être proposées.

L'arrêté du 25 février 2021 ajoute au périmètre du contrôle interne les normes de gestion qui relèvent des obligations prudentielles en matière de solvabilité, de liquidité, de levier (Arrêté du 3-11-2014 art. 11 modifié par l'arrêté du 25-2-2021).

Le contrôle permanent est désormais cité par la réglementation pour le contrôle de l'information comptable. Des contrôles permanents sont ainsi à réaliser, tout comme des contrôles périodiques, pour s'assurer de la pertinence des schémas exploités par les établissements pour la comptabilisation de leurs opérations, en faisant référence à des principes de prudence, de sécurité, de conformité avec les règles comptables en vigueur. L'arrêté du 25 février 2021 détaille par ailleurs les exigences réglementaires en matière de qualité des données à propos des risques et des contrôles (Arrêté du 3-11-2014 art. 104 modifié par l'arrêté du 25-2-2021) :

– établissement de politiques régissant la gestion, la qualité et l'agrégation des données de l'établissement concernant les risques et les contrôles, et définition des responsabilités au sein des établissements pour leur exécution ;

– déploiement de mesures contribuant à assurer l'exactitude, l'intégrité, l'exhaustivité des données sur les risques et les contrôles ;

– organisation de l'information avec la mise en place d'une structure de données uniforme dans le cadre de l'identification des risques.

78173 **Indépendance des contrôles et séparation des fonctions** Le contrôle interne, tel que le définit l'arrêté du 3 novembre 2014, rejoint les grands principes usuellement retenus dans la définition du contrôle interne en ce qui concerne la répartition des fonctions et la compétence.

L'arrêté précise que l'organisation retenue doit permettre d'assurer une stricte indépendance :

– au sein des entités opérationnelles, entre les unités chargées de l'engagement des opérations et, d'autre part, les unités chargées de leur validation, notamment comptables, de leur règlement ainsi que du suivi des diligences liées aux missions de la fonction de gestion des risques ;

– au niveau de l'établissement, entre le contrôle permanent devant être mis en place au sein de chaque unité opérationnelle et le contrôle périodique destiné à vérifier l'efficacité des dispositifs de contrôle permanent.

L'arrêté du 6 janvier 2021 rappelle la stricte indépendance devant être assurée entre les opérationnels et les personnes dédiées aux fonctions de contrôle au sein des organismes assujettis. Le niveau de compétence dépend quant à lui des moyens qualitatifs et quantitatifs. Un nombre suffisant et une qualification requise des personnes qui participent au fonctionnement du contrôle interne ainsi que les moyens mis à leur disposition doivent être assurés.

78174 **Manuel de procédures** Au-delà des rapports périodiques, comme le rapport sur le contrôle interne (Arrêté du 3-11-2014 art. 258) ou le rapport sur la mesure et la surveillance des risques (Arrêté du 3-11-2014 art. 262), les entreprises assujetties doivent élaborer et mettre à jour des manuels de procédures qui décrivent les modalités d'enregistrement, de traitement et de restitution des informations, les schémas comptables, les procédures d'engagement des opérations pour leurs différentes activités (Arrêté du 3-11-2014 art. 254). Les entreprises assujetties se doivent également de documenter les différents niveaux de responsabilité et en particulier, dans le cadre des fonctions de contrôle, les règles d'indépendance, les procédures de sécurité des systèmes d'information, les modes de mesure, de surveillance et de maîtrise des risques, le dispositif de contrôle de la conformité.

Pour un rappel des entreprises assujetties, voir n° 78160.

Les évolutions de l'environnement bancaire combinées à des facteurs internes à l'établissement (réorganisation, de nouvelles activités ou produits nouveaux, etc.) rendent nécessaire la mise à jour régulière de ces procédures.

Dans le cadre de ses travaux de revue du dispositif du contrôle interne, le commissaire aux comptes s'assure de la mise à disposition auprès des utilisateurs de la banque de ces procédures ainsi que de leur correcte application.

78175 Le contrôle interne doit donner lieu à un **système de documentation et d'information** : la nature des supports, des informations, leur périodicité, leur origine et les destinataires sont présentés dans le tableau ci-après.

Les commissaires aux comptes sont destinataires, au même titre que l'Autorité de contrôle prudentiel et de résolution des rapports de contrôle interne et de mesure et de surveillance des risques. Les rapports établis par l'audit interne à la suite des contrôles sont tenus à leur disposition (Arrêté du 3-11-2014 art. 257).

1596

© Ed. Francis Lefebvre

SECTEUR BANCAIRE

78175
(suite)

Nature et contenu des documents ou rapports (Arrêté du 3-11-2014)	Périodicité	Destinataire				
		Dirigeants effectifs	Organe de surveillance	Comité d'audit	ACPR et CAC	Autres
Information sur la désignation des responsables des contrôles permanent et périodique (art. 22) Compte rendu de l'exercice des missions des responsables des contrôles permanent et périodique chargés de veiller à la cohérence et à l'efficacité du contrôle interne (art. 23)	Autant que nécessaire	x	x			Comité des risques
Information sur l'analyse a posteriori de la rentabilité des opérations de crédit (art. 110)	À tout le moins semestrielle	X				
Validité et cohérence des hypothèses pour l'évaluation des risques de marché (art. 129)	De façon régulière	x	x			Comité des risques
Information sur le respect des limites de risque (art. 229 et 230)	À tout le moins trimestrielle	x	x			Comité ad hoc Comité des risques
Information sur les anomalies significatives détectées par le dispositif de suivi et d'analyse en matière de LCB-FT (art. 246)	Autant que nécessaire, au moins annuelle	x	x			Comité des risques
Informations pour l'examen de l'activité et des résultats du contrôle interne (art. 252)	Au moins deux fois par an	x				
Manuels de procédures (art. 254)	Permanente	Mise à disposition à leur demande				À l'ensemble des utilisateurs concernés
Rapports du contrôle périodique (art. 257)	Non définie	x	x		À leur demande	Comité des risques
Rapport sur les conditions dans lesquelles le contrôle interne est assuré, y compris au niveau de l'ensemble du groupe (art. 258)	Au moins annuelle		x		ACPR	Comité des risques, nominations, rémunérations
Rapport sur la mesure et la surveillance des risques, y compris au niveau de l'ensemble du groupe (art. 262)	Au moins annuelle		x		ACPR	
Rapport sur la politique et les pratiques de rémunération (art. 266)	Au moins annuelle				ACPR	

1597

SECTEUR BANCAIRE © Ed. Francis Lefebvre

78185 Le bon fonctionnement du contrôle interne suppose l'existence d'une piste d'audit et de systèmes informatiques pertinents et sécurisés.

En ce qui concerne l'information comprise dans les comptes de bilan et de résultat publiés ainsi que les informations de l'annexe issues de la comptabilité, l'organisation mise en place doit garantir l'existence d'un ensemble de procédures, appelé piste d'audit. La **piste d'audit** permet :

– de reconstituer chronologiquement les opérations depuis leurs origines ;
– de justifier toute information par une pièce d'origine à partir de laquelle on peut remonter par un cheminement ininterrompu au document de synthèse et réciproquement ;
– d'expliquer l'évolution des soldes d'un arrêté à l'autre par la conservation des mouvements ayant affecté les postes comptables.

Le contrôle interne a notamment pour objet, dans des conditions optimales de sécurité, de fiabilité et d'exhaustivité, de vérifier la qualité des processus concourant à la sécurité et au bon fonctionnement du système d'information et à la continuité d'activité.

L'arrêté du 25 février 2021 relatif au contrôle interne modifie l'article 10 de l'arrêté du 3 novembre 2014 afin de préciser les définitions suivantes :

– système d'information : ensemble des actifs informatiques et des données, ainsi que des moyens humains permettant le traitement de l'information d'une entreprise assujettie ;
– service informatique : service fourni au moyen d'actifs informatiques à des utilisateurs internes ou externes. Un service informatique comprend notamment la saisie, le traitement, l'échange, le stockage ou la destruction de données aux fins de réaliser, soutenir ou suivre des activités ;
– risque informatique : risque de perte résultant d'une inadéquation ou d'une défaillance affectant l'organisation, le fonctionnement, le changement ou la sécurité du système d'information. Le risque informatique est un risque opérationnel ;
– sécurité du système d'information : protection de la confidentialité, l'intégrité et la disponibilité des données et des actifs informatiques, notamment pour en garantir l'authenticité, l'imputabilité, la responsabilité et la fiabilité.

Une politique de sécurité du système d'information doit être établie par écrit. Cette politique détermine les principes mis en œuvre pour protéger la confidentialité, l'intégrité et la disponibilité de leurs informations et des données de leurs clients, de leurs actifs et services informatiques. Elle est fondée sur une analyse des risques et approuvée par les dirigeants effectifs et l'organe de surveillance.

En application de leur politique de sécurité du système d'information, les entreprises assujetties formalisent et mettent en œuvre des mesures de sécurité physique et logique adaptées à la sensibilité des locaux, des actifs et services informatiques, ainsi que des données. Elles mettent également en œuvre un programme de sensibilisation et de formations régulières, soit au moins une fois par an, à la sécurité du système d'information au bénéfice de tous leurs personnels et des prestataires externes, et en particulier de leurs dirigeants effectifs (Arrêté du 3-11-2014 art. 270-3 créé par l'arrêté du 25-2-2021).

Les NEP 315 et 330 soulignent la nécessité de prendre en compte l'évaluation du système d'information dans la démarche d'audit. À ce titre, le commissaire aux comptes s'intéresse notamment :

– aux catégories d'opérations ayant un caractère significatif pour les comptes pris dans leur ensemble ;
– aux procédures, informatisées ou manuelles, qui permettent d'initier, d'enregistrer et de traiter ces opérations et de les traduire dans les comptes ;
– aux enregistrements comptables correspondants, aussi bien informatisés que manuels ;
– à la façon dont sont traités les événements ponctuels, différents des opérations récurrentes, susceptibles d'engendrer un risque d'anomalies significatives ;
– au processus d'élaboration des comptes, y compris des estimations comptables significatives et des informations significatives fournies dans l'annexe des comptes ;
– à la façon dont l'entité communique sur les éléments significatifs de l'information financière et sur les rôles et les responsabilités individuelles au sein de l'entité en matière d'information financière.

78186 L'arrêté du 25 février 2021 précise les **conditions applicables en matière d'externalisation**. Les entreprises assujetties s'assurent que toute prestation qui concourt de façon substantielle à la décision engageant l'entreprise vis-à-vis de sa clientèle à conclure une opération définie par l'arrêté comme essentielle ou importante n'est externalisée qu'auprès de personnes agréées ou habilitées selon les normes de leur pays à exercer de telles activités. Ces activités externalisées doivent être incluses dans le système de contrôle des entreprises assujetties et encadrées par un dispositif de contrôles adaptés et permettant de gérer les risques. L'externalisation d'activité donne lieu à une évaluation

© Ed. Francis Lefebvre

SECTEUR BANCAIRE

du risque encouru préalablement à la signature du contrat écrit entre le prestataire externe et l'entreprise assujettie (Arrêté du 3-11-2014 art. 238 modifié par l'arrêté du 25-2-2021).

L'entreprise assujettie définit une politique formalisée de contrôle des prestataires externes. Des mesures appropriées sont prises s'il apparaît que le prestataire de services risque de ne pas s'acquitter de ses tâches de manière efficace ou conforme aux obligations législatives ou réglementaires. Les entreprises assujetties tiennent et mettent à jour un registre des dispositifs d'externalisation en vigueur en distinguant les dispositifs d'externalisation portant sur des prestations de services ou des tâches opérationnelles essentielles ou importantes et les dispositifs d'externalisation d'autres activités (Arrêté du 3-11-2014 art. 238 modifié par l'arrêté du 25-2-2021).

> Face à l'importance que revêtent les fonctions externalisées dans le secteur bancaire, les autorités européennes et nationales ont jugé utile d'encadrer et de préconiser de manière plus précise des bonnes pratiques. Les contrôleurs légaux disposent de leurs propres normes d'audit au niveau international, ISA 402 « Facteurs à considérer pour l'audit d'entités faisant appel à une société de services » et ISAE 3402 « *Assurance reports on controls at a service organization* », qui ont fait l'objet d'actualisations. Dans ce contexte, la CNCC a jugé utile de produire, à l'attention des commissaires aux comptes des entités supervisées par la BCE ou l'ACPR dans le secteur bancaire (établissements de crédit, sociétés de financement, entreprises d'investissement, de paiement, de monnaie électronique), une note relative aux fonctions externalisées hors groupe, rappelant l'environnement légal et réglementaire, le périmètre de ces fonctions, ainsi que l'approche d'audit à retenir (CNCC, Note sur l'approche d'audit d'une fonction ou d'une activité externalisée dans le cadre de la mission de certification des comptes dans le secteur bancaire – Bull. CNCC n° 193-2020). S'agissant des fonctions externalisées au sein d'un groupe, il convient de se reporter à la NI. XIX « Le commissaire aux comptes et l'audit d'une entité ayant recours aux services d'une CSP au sein d'un groupe ».

Les établissements doivent disposer d'un **plan d'urgence et de poursuite de l'activité**. **78187**
Il s'agit d'un ensemble de mesures visant à assurer, selon divers scénarios de crise, y compris face à des chocs extrêmes, le maintien, le cas échéant, de façon temporaire selon un mode dégradé, des prestations de services ou d'autres tâches opérationnelles essentielles ou importantes de l'entreprise assujettie, puis la reprise planifiée des activités et à limiter ses pertes.

Un plan d'urgence et de poursuite de l'activité est fondé sur l'analyse des impacts, qui indique les actions et moyens à mettre en œuvre pour faire face aux différents scénarios de perturbation des activités et les mesures requises pour le rétablissement des activités essentielles ou importantes (Arrêté du 3-11-2014 art. 215 modifié par l'arrêté du 25-2-2021).

Les plans d'urgence précisent la stratégie et les procédures à suivre permettant de gérer les situations de crise. Ces plans sont testés au moins une fois par an et les résultats sont communiqués aux dirigeants effectifs aux fins d'adapter les politiques internes et les processus en conséquence.

II. Spécificités de la mission

Sources légales

L'intervention du commissaire aux comptes dans les établissements de crédit, sociétés de financement ou entreprises d'investissement est prévue par l'**article L 511-38 du Code monétaire et financier** qui précise que le contrôle est alors exercé par au moins deux commissaires aux comptes. Ceux-ci exercent leur activité dans les conditions prévues par les articles du titre II du livre VIII du Code de commerce (sur renvoi de C. com. art. L 820-1). **78250**

Sous réserve du cas examiné au n° 78260, le contrôle des comptes annuels peut être exercé par **un seul commissaire aux comptes** lorsque le total du bilan de l'établissement de crédit ou de la société de financement est inférieur à un seuil fixé à 450 millions d'euros (Règl. ANC 2014-07 art. 3112-1). Ce seuil est abaissé à 100 millions d'euros pour les entreprises d'investissement (Règl. ANC 2014-07 art. 3122-2). **78255**

Le seuil est porté à dix fois la somme précédemment mentionnée pour les établissements de crédit et les sociétés de financement affiliés à un **organe central** lorsqu'en vertu de dispositions législatives, réglementaires ou statutaires, ils ont l'obligation de soumettre leurs comptes annuels à l'approbation de celui-ci (Règl. ANC 2014-07 art. 3112-1). **78260**

1599

SECTEUR BANCAIRE © Ed. Francis Lefebvre

Agrément des commissaires aux comptes

78280 Depuis l'entrée en vigueur le 1er janvier 2016 de l'article 18 de l'ordonnance 2015-1682 du 17 décembre 2015, la procédure de désignation des commissaires aux comptes d'un organisme soumis au contrôle de l'ACPR a été simplifiée. Ainsi l'avis préalable de cette autorité relatif à la nomination ou au renouvellement d'un commissaire aux comptes n'est plus exigé par le Code monétaire et financier (C. mon. fin. art. L 612-43).

L'instruction 2016-I-07 du 11 mars 2016, modifiée par les instructions 2018-I-03 du 5 mars 2018 et 2018-I-04 du 7 juin 2018, relative aux informations à transmettre à l'ACPR sur les commissaires aux comptes requiert cependant que les personnes assujetties informent le secrétariat général de l'ACPR de la désignation d'un ou de plusieurs commissaires aux comptes titulaires, qu'il s'agisse d'une nomination ou d'un renouvellement de mandat antérieur, et ce dans les quinze jours suivant la décision par l'organe compétent.

Par ailleurs, l'Autorité de contrôle prudentiel et de résolution peut, lorsque la situation le justifie et pour certains organismes, procéder à la désignation d'un commissaire aux comptes supplémentaire (C. mon. fin. art. L 612-43 et art. R 612-59) ; voir n° 2182.

Conditions d'exercice de la mission

78300 En application de l'article L 820-1 du Code de commerce, les articles du titre II du livre VIII du Code de commerce sont applicables aux commissaires aux comptes nommés dans les établissements de crédit. Il en résulte que les règles relatives au **statut** et à la **responsabilité** des commissaires aux comptes sont applicables dans les établissements de crédit (voir n° 7212). Par ailleurs, dès lors qu'elles peuvent faire l'objet d'une transposition, les règles concernant le **contenu de la mission** sont également applicables aux commissaires aux comptes et le sont également aux entités contrôlées sous réserve des dispositions qui leur sont propres (voir n°s 7218 et 7220).

78305 L'Autorité de contrôle prudentiel et de résolution peut demander aux commissaires aux comptes des personnes soumises à son contrôle tout renseignement sur l'activité et sur la situation financière de l'entité qu'ils contrôlent ainsi que sur les diligences qu'ils y ont effectuées dans le cadre de leur mission […]. L'Autorité de contrôle prudentiel et de résolution peut, en outre, transmettre des observations écrites aux commissaires aux comptes qui sont alors tenus d'apporter des réponses en cette forme (C. mon. fin. art. L 612-44, al. 1 et 4 ; voir également n° 78010).

Par ailleurs, les commissaires aux comptes sont **tenus de signaler** dans les meilleurs délais à l'Autorité de contrôle prudentiel et de résolution et, le cas échéant, à la Banque centrale européenne tout fait ou toute décision dont ils ont connaissance dans l'exercice de leur mission de nature à (C. mon. fin. art. L 612-44, II) :

– constituer une violation des dispositions législatives ou réglementaires qui lui sont applicables et susceptibles d'avoir des effets significatifs sur la situation financière, la solvabilité, le résultat ou le patrimoine de l'entité contrôlée ;

– porter atteinte à la continuité de son exploitation ;

– imposer l'émission de réserves ou le refus de certification des comptes.

Le rôle de l'ACPR et les relations entre cette autorité et le commissaire aux comptes sont développés aux n°s 8160 s. Pour plus de détails sur la levée du secret professionnel du commissaire aux comptes vis-à-vis de l'ACPR et de la Banque centrale européenne, voir également n°s 5495 s. et n° 5509.

Lorsque les commissaires aux comptes exercent leur mission dans un établissement de crédit ou une société de financement, affilié à l'un des organes centraux mentionnés à l'article L 511-30 du Code monétaire et financier, les faits et décisions mentionnés précédemment sont transmis simultanément à cet organe central (voir n° 5521).

78315 En application de l'article R 511-6 du Code monétaire et financier, les établissements de crédit et les sociétés de financement sont tenus de **clore leur exercice social au 31 décembre**. Toutefois, l'Autorité de contrôle prudentiel et de résolution peut autoriser les établissements de crédit à déroger à cette règle pour l'exercice au cours duquel ils ont reçu leur agrément.

Sauf dérogation accordée par l'Autorité de contrôle prudentiel et de résolution, les établissements de crédit et les sociétés de financement doivent **soumettre avant le 31 mai leurs comptes annuels** à l'organe compétent pour approuver ces comptes.

Spécificités relatives au contrôle légal des comptes des entités d'intérêt public (EIP)

78320 Le règlement européen 537/2014 du 16 avril 2014 impose des exigences spécifiques concernant le contrôle légal des comptes des EIP.

En France, l'ordonnance 2016-315 du 17 mars 2016, transposant les dispositions de la directive 2014/56/UE relative au contrôle légal des comptes et prenant un certain nombre d'options laissées au choix des États membres par le règlement précité, a introduit une définition unique des EIP à l'article L 820-1 du Code de commerce. S'agissant du secteur bancaire, les entités suivantes sont qualifiées d'EIP (C. com. art. L 820-1 et D 820-1) :

EIP dans le secteur bancaire	Date d'application
Établissements de crédit mentionnés au I de l'article L 511-1 du Code monétaire et financier ayant leur siège social en France.	Depuis le 17 juin 2016.
Lorsqu'à la clôture de deux exercices consécutifs le total de leur bilan consolidé (ou combiné) excède 5 milliards d'euros : – les compagnies financières holding au sens de l'article L 517-1 du Code monétaire et financier dont l'une des filiales est un établissement de crédit ; – les compagnies financières holding mixtes au sens de l'article L 517-4 du Code monétaire et financier dont l'une des filiales est une EIP. Ces entités perdent la qualification d'EIP dès lors qu'elles ne dépassent pas le seuil précité pendant deux exercices consécutifs.	À compter du 1er exercice ouvert postérieurement au 31 décembre 2017.

Les particularités de la mission du commissaire aux comptes au sein des EIP sont traitées dans le présent Mémento au niveau de chaque thématique concernée. Il conviendra notamment de se reporter aux développements relatifs :
– à la durée du mandat (voir nos 2380 s.), à la rotation des commissaires aux comptes et des cabinets (voir nos 2380 s.), à la sélection des auditeurs (voir nos 2350 s.), à la rotation des associés signataires (voir nos 3760 s.) et aux services autres que la certification des comptes (voir nos 3781 s.) ;
– au rapport sur les comptes (voir nos 30850 s.) ;
– aux comités d'audit et au rapport complémentaire au comité d'audit (voir nos 26450 s.).

Intérventions définies par la loi ou le règlement

78330 Ne sont indiquées ci-après que les interventions présentant des particularités significatives.

78335 **Déclaration sur les implantations et les activités du périmètre de consolidation** Aux termes des dispositions de l'article L 511-45 du Code monétaire et financier, les établissements de crédit, les compagnies financières holding et les compagnies financières holding mixtes ont l'obligation de publier, une fois par an, en annexe à leurs comptes annuels ou, le cas échéant, à leurs comptes annuels consolidés ou dans leur rapport de gestion, des informations sur leurs implantations et leurs activités, incluses dans le périmètre de consolidation défini aux articles L 233-16 et suivants du Code de commerce, dans chaque État ou territoire.

Les entités précitées ne sont pas tenues de publier ces informations si elles sont déjà publiées par leur société consolidante, au sens de l'article L 233-16 du Code de commerce, établie en France ou dans un autre État membre de l'Union européenne en application d'un dispositif équivalent (C. mon. fin. art. R 511-16-4).

Les **informations** suivantes doivent être **publiées** pour chaque État ou territoire (C. mon. fin. art. L 511-45, III) :
1° nom des implantations, nature d'activité et localisation géographique ;
2° produit net bancaire et chiffre d'affaires ;
3° effectifs, en équivalent temps plein ;
4° bénéfice ou perte avant impôt ;

SECTEUR BANCAIRE　　　　　　　　　　　　　　　© Ed. Francis Lefebvre

5° montant des impôts sur les bénéfices dont les implantations sont redevables, en distinguant les impôts courants des impôts différés ;

6° subventions publiques reçues.

Pour les informations mentionnées aux 2° à 6°, les données sont agrégées à l'échelle de ces États ou territoires.

Les informations sont présentées sous forme de deux tableaux, le premier présentant l'information prévue au 1° du III de l'article L 511-45 et le second regroupant les autres informations (C. mon. fin. art. R 511-16-4, I). Ces tableaux sont publiés une fois par an dans le rapport de gestion ou, le cas échéant, dans le rapport sur la gestion du groupe (C. mon. fin. art. R 511-16-4, II).

Toutefois, pour les entités concernées par cette obligation et dont les titres financiers ne sont pas admis aux négociations sur un marché réglementé, si le rapport de gestion n'est pas déposé au greffe du tribunal de commerce ou si la personne n'est pas soumise à l'obligation d'établir un rapport de gestion, les deux tableaux sont publiés en annexe à leurs comptes annuels.

Les tableaux sont mis à **disposition du public** gratuitement sur le site internet des entités concernées dans un délai de huit mois à compter de la clôture de l'exercice et pendant une durée de cinq années (C. mon. fin. art. L 511-45 et R 511-16-4, III).

Si le rapport de gestion et les comptes annuels ne sont pas rendus publics par le greffe du tribunal de commerce, les tableaux sont publiés une fois par an dans un document distinct sur le site internet de la personne concernée dans un délai de huit mois à compter de la clôture de l'exercice et sont accompagnés de l'attestation des commissaires aux comptes prévue au V de l'article L 511-45 ou, le cas échéant, d'une mention du refus d'attestation.

L'Autorité de contrôle prudentiel et de résolution veille au respect des obligations de publication des informations prévues à l'article L 511-45 du Code précité (C. mon. fin. art. L 511-45, IV).

Lorsqu'elle constate l'absence de publication ou des omissions dans les informations publiées, elle engage la procédure d'injonction sous astreinte prévue à l'article L 612-25 du Code monétaire et financier.

Le commissaire aux comptes atteste la **sincérité des informations** précitées et leur **concordance avec les comptes** (C. mon. fin. art. L 511-45, V).

La CNCC a publié en avril 2014 un communiqué précisant les **diligences à mettre en œuvre** par le commissaire aux comptes et la forme de l'attestation (Bull. CNCC n° 172-2014) :

– si l'entité publie l'information mentionnée à l'article L 511-45 dans le rapport de gestion ou dans un document distinct présenté à l'assemblée générale et communiqué au commissaire aux comptes avant l'établissement de son rapport, les diligences à mettre en œuvre sont celles définies par la NEP 9510. La conclusion sur les informations précitées est alors incluse dans la partie du rapport sur les comptes annuels relative aux vérifications spécifiques ;

– si l'entité publie l'information dans un document non soumis à l'assemblée générale ou communiqué au commissaire aux comptes après l'établissement de son rapport, le commissaire aux comptes établit une attestation spécifique.

78340 **Contrôle des comptes ouverts au nom des OPCVM et/ou FIA et/ou OT dans les livres du dépositaire** En application des articles 323-10, 323-29 et 323-52 du règlement général de l'Autorité des marchés financiers (AMF), le commissaire aux comptes d'un établissement assumant la fonction de dépositaire d'OPCVM et/ou de FIA et/ou d'organisme de titrisation (OT) remplit une mission portant sur le contrôle des comptes ouverts au nom des OPCVM et/ou FIA et/ou OT dans les livres du dépositaire. L'avis technique émis par la CNCC en février 2016 précise les modalités de mise en œuvre par le commissaire aux comptes du dépositaire de son intervention prévue aux articles 323-10 et 323-29 du règlement général de l'AMF et remplace l'ancienne norme 6-804 et l'avis technique émis par la CNCC en février 2010 (Bull. CNCC n° 181-2016 p. 29).

78345 Les **objectifs** de cette intervention sont, pour le commissaire aux comptes, de s'assurer que les procédures mises en place par l'établissement sont de nature à lui permettre de remplir ses obligations attachées à sa fonction de conservation des actifs. En pratique, le commissaire aux comptes :

– prend connaissance des procédures de l'établissement sur la base d'un document descriptif établi sous la responsabilité de la direction du dépositaire ;

1602

© Ed. Francis Lefebvre

SECTEUR BANCAIRE

– apprécie l'adéquation de ces procédures avec les dispositions du règlement général de l'AMF. En particulier, le commissaire aux comptes vérifie la conception des procédures et contrôles et réalise des tests de cheminement sur ces dernières ;
– teste la correcte application des procédures (sauf pour les procédures relatives à la tenue de position pour les dépositaires d'OPCVM, à la tenue sur registre pour les dépositaires de FIA et OT et au contrôle des comptes débiteurs en titres).

Cas particulier de la délégation de la fonction de dépositaire Les tâches afférentes à la fonction de dépositaire peuvent ne pas être exercées directement par l'organisme juridiquement investi des fonctions de dépositaire, mais être **confiées à des organismes tiers**, dans les conditions fixées par le règlement général de l'AMF (RG AMF art. 323-14, 323-32 et 323-56). Lorsque le dépositaire délègue sa fonction de conservation des actifs, la mission de contrôle de la fonction de dépositaire est assurée par le commissaire aux comptes de l'établissement teneur de comptes délégataire.
Il appartient au commissaire aux comptes de l'établissement dépositaire en titre :
– d'obtenir une copie de l'attestation du commissaire aux comptes de l'établissement teneur de comptes délégataire afin d'en tirer les conséquences éventuelles sur sa mission ;
– de vérifier l'adéquation et le fonctionnement des procédures relatives à l'entrée en relation et au suivi du délégataire ;
– et d'apprécier l'adéquation de la convention de délégation avec les dispositions du règlement général de l'AMF.

78350

Cantonnement des fonds de la clientèle des sociétés d'investissement L'arrêté du 6 septembre 2017, abrogeant celui du 2 juillet 2007, transpose en droit français les dispositions de niveau réglementaire relatives aux exigences de cantonnement des fonds de la clientèle des entreprises d'investissement prévues dans la directive européenne concernant les instruments financiers, dite MiFID 2. Cet arrêté impose aux sociétés d'investissement de transmettre à l'ACPR le rapport annuel du commissaire aux comptes sur l'adéquation des dispositions prises en application de l'arrêté de 2017.

78355

Selon l'article 6 de cet arrêté, les entreprises assujetties placent dès leur réception et sans délai tous les fonds de leurs clients dans un ou plusieurs comptes ouverts spécialement à cet effet, identifiés séparément de tout autre compte utilisé pour détenir des fonds appartenant à l'entreprise assujettie, auprès d'une ou de plusieurs des entités suivantes :
– une banque centrale ;
– un établissement de crédit agréé dans un État membre de l'Union européenne ou dans un autre État partie à l'accord sur l'Espace économique européen ;
– une banque agréée dans un pays tiers ;
– un fonds du marché monétaire qualifié.
La justification du respect de cette obligation doit pouvoir être fournie à tout moment.
Ces dispositions ne s'appliquent pas aux établissements de crédit.

Les modalités de l'intervention du commissaire aux comptes ainsi que le modèle de rapport ont été définis par la Commission des normes professionnelles de la CNCC (CNP 2008-04 : Bull. CNCC n° 150 p. 277). Le commissaire aux comptes doit obtenir de l'entreprise d'investissement qu'elle décrive les procédures mises en œuvre par l'entreprise assujettie en vue de se conformer à l'ensemble des obligations figurant dans l'arrêté du 6 septembre 2017 relatif au cantonnement des fonds de sa clientèle.

Ces procédures concernent essentiellement :
– le calcul du montant des fonds à cantonner (art. 4) ;
– l'utilisation des fonds à cantonner (art. 3, 5 et 6) ;
– les communications aux clients de l'entreprise d'investissement (art. 11 et 12).

L'adéquation s'entend du caractère approprié des procédures au regard de l'objectif du respect des obligations susvisées. Le commissaire aux comptes vérifie que les descriptions figurant dans le document sont conformes aux procédures telles qu'elles ont été conçues dans l'entreprise d'investissement.
Le rapport du commissaire aux comptes est établi une fois par an.

En l'absence de précision dans l'arrêté du 6 septembre 2017 sur la date de dépôt du rapport du commissaire aux comptes, il paraît souhaitable qu'il soit établi en amont de la date limite de remise du rapport sur le contrôle interne établi par l'entreprise d'investissement en application des articles 258 à 266 de l'arrêté du 3 novembre 2014. Ce dernier doit être communiqué à l'Autorité de contrôle prudentiel et de résolution dans les trois mois suivant la clôture pour les établissements sous supervision directe de la BCE ; le délai est ramené à quatre mois pour les autres assujettis.

SECTEUR BANCAIRE

© Ed. Francis Lefebvre

78360 **Protection des avoirs de la clientèle des prestataires de services d'investissement habilités à effectuer la tenue de compte** Conformément aux dispositions de l'article L 533-10 du Code monétaire et financier, modifié par l'ordonnance 2021-796 du 23 juin 2021, les prestataires de services d'investissement doivent mettre en place des règles et procédures permettant la sauvegarde des droits des clients sur les instruments financiers leur appartenant et empêcher leur utilisation pour compte propre, sauf consentement exprès de leur part ainsi que celle des fonds leur appartenant. Les entreprises d'investissement ainsi que les établissements de crédit et d'investissement mentionnés à l'article L 516-1 du Code monétaire et financier ne peuvent en aucun cas utiliser pour leur propre compte les fonds déposés auprès d'elles par leurs clients sous réserve des dispositions des articles L 440-7 à L 440-10 du même Code.

Les articles 312-6 et suivants du règlement général de l'AMF précisent les obligations incombant aux prestataires de services d'investissement qui visent à assurer la protection des avoirs de leur clientèle.

Parmi les mesures visant à assurer la protection des avoirs de la clientèle figurent notamment l'obligation de séparation des comptes des clients, la sélection rigoureuse des tiers dépositaires et l'interdiction pour le prestataire d'investissement d'utiliser ces fonds pour son compte propre en dehors d'une autorisation expresse du client.

Dans ce contexte, doit être transmis au moins une fois par an à l'AMF le rapport du commissaire aux comptes sur l'adéquation des dispositions prises par le prestataire de services d'investissement en application des 7° et 9° du II de l'article L 533-10 du Code monétaire et financier et du Règlement général de l'AMF (RG AMF art. 312-7).

Contrairement au rapport sur le cantonnement des actifs qui ne concerne que les sociétés d'investissement, à l'exclusion des établissements de crédit, le rapport du commissaire aux comptes sur la protection des avoirs de la clientèle s'étend à l'ensemble des prestataires de services d'investissement habilités à effectuer la tenue des comptes, y compris les établissements de crédit.

Un communiqué de la CNCC en date du 24 octobre 2008 est venu préciser les modalités de mise en œuvre de cette intervention pour le commissaire aux comptes (Bull. CNCC n° 152-2008 p. 624). Le rapport du commissaire aux comptes porte sur un document établi sous la responsabilité de la direction du prestataire de services d'investissement, décrivant les dispositions prises par ce dernier en vue de respecter l'ensemble des obligations relatives à la protection des avoirs en instruments financiers de la clientèle dont le principe est défini aux 7° et 9° du II de l'article L 533-10 du Code monétaire et financier et dont les prescriptions réglementaires sont posées aux articles 312-6 et suivants du règlement général de l'AMF.

Après obtention de ce document, qui sera annexé à son rapport, le commissaire aux comptes met en œuvre les diligences lui permettant de vérifier que :

– le document comporte la description des procédures et contrôles permettant de conclure à l'adéquation des dispositifs au regard des obligations en matière de protection des avoirs en instruments financiers de la clientèle ;

– les procédures et contrôles en vigueur sont adéquats. L'adéquation s'entend du caractère approprié des procédures et contrôles au regard de l'objectif du respect des obligations posées dans le règlement général de l'AMF.

À cet effet, le commissaire aux comptes :

– prend connaissance des procédures et contrôles ;

– vérifie que la conception des procédures et contrôles permet au prestataire de services d'investissement de remplir ses obligations ;

– effectue des tests de cheminement pour vérifier que la description figurant dans le document est conforme aux procédures et contrôles tels qu'ils sont mis en œuvre.

Les procédures et contrôles mis en place par le prestataire de services d'investissement portent en général sur l'organisation de la tenue de compte-conservation d'instruments financiers et en particulier la ségrégation et la tenue des comptes, le recours à des tiers et l'utilisation des instruments financiers appartenant aux clients.

Le commissaire aux comptes exprime sa conclusion sous forme d'observations ou d'absence d'observations sur l'adéquation des dispositions prises par le prestataire de services d'investissement pour satisfaire à ses obligations en matière de protection des avoirs en instruments financiers des clients, décrites dans le document établi par le prestataire de services d'investissement.

Les observations peuvent par exemple être justifiées lorsque :

– le document est incomplet ;

– les informations figurant dans le document ne sont pas conformes à la réalité ;

© Ed. Francis Lefebvre

SECTEUR BANCAIRE

– les procédures et contrôles ne permettent pas de conclure à l'adéquation du dispositif au regard des obligations portant sur la protection des avoirs de la clientèle ;
– le commissaire aux comptes n'a pas été en mesure de mettre en œuvre les contrôles nécessaires, par exemple, dans des situations d'externalisation.

Ce rapport est établi une fois par an, et si possible en même temps que le rapport du commissaire aux comptes sur les comptes annuels. Le rapport est communiqué au représentant légal du prestataire de services d'investissement qui se charge de l'adresser à l'AMF.

En pratique, certains teneurs de compte-conservateurs mandatent un tiers unique établi en France pour exercer l'ensemble des tâches liées à l'intégralité de leur activité de tenue de compte-conservation, sous la forme d'un mandat étendu portant à la fois sur la tenue des comptes des clients et la conservation des titres correspondants. Par souci de simplification, l'AMF autorise dorénavant les teneurs de compte-conservateurs mandants qui sont dans cette situation, pour la mise en œuvre des dispositions de l'article 312-7 de son règlement général, à ne pas lui adresser de rapport établi par leur propre commissaire aux comptes, mais à faire référence au rapport établi par celui de leur mandataire (Courrier AMF du 2-7-2010). Les teneurs de compte-conservateurs concernés devront adresser à l'AMF, selon des modalités identiques à celles prévues pour la transmission des rapports des commissaires aux comptes, un courrier indiquant qu'ils entendent s'acquitter de cette manière de leur obligation.

78362

Déclaration de performance extra-financière (DPEF)

À la suite de l'entrée en vigueur de l'ordonnance 2017-1180 transposant la directive RSE 2014/95/UE, les obligations d'informations environnementales et sociales ont été remplacées par l'établissement d'une « déclaration de performance extra-financière » insérée dans le rapport de gestion.

78365

Les obligations des entités du secteur bancaire concernant la déclaration de performance extra-financière sont synthétisées dans le tableau ci-après :

Entités concernées	Seuil pour établir la DPEF	Attestation de présence du commissaire aux comptes	Seuils pour l'avis motivé de l'OTI
Société de financement, entreprises d'investissement, entreprises mères de sociétés de financement, sociétés financières holding : – lorsqu'elles revêtent la forme sociale de SA, de SCA, de SARL ou de SAS ; – et dont les titres sont admis aux négociations sur un marché réglementé (C. mon. fin. art. L 511-35, al. 2)	Total bilan > 20 M€ ou CA > 40 M€ ET Nombre de salariés > 500		Total bilan ou CA > 100 M€ ET Nombre de salariés > 500
Établissements de crédit qui revêtent la forme sociale de SA, de SCA, de SARL ou de SAS (C. mon. fin. art. L 511-35, al. 2)			
Société de financement, entreprises d'investissement, entreprises mères de sociétés de financement, sociétés financières holding dont les titres ne sont pas admis aux négociations sur un marché réglementé (C. mon. fin. art. L 511-35, al. 3)	Total bilan ou CA > 100 M€ ET Nombre de salariés > 500		
Établissements de crédit n'ayant pas la forme sociale de SA, de SCA, de SARL ou de SAS (C. mon. fin. art. L 511-35, al. 3)			

Pour plus d'informations concernant les obligations relatives à la déclaration de performance extra-financière, l'attestation du commissaire aux comptes et à la mission de l'organisme tiers indépendant, voir respectivement n°s 54205 § 5 et 70200 s.

1605

SECTEUR BANCAIRE © Ed. Francis Lefebvre

Prévention des difficultés des entreprises

78370 S'agissant de la **procédure d'alerte**, le commissaire aux comptes doit déclencher la procédure lorsqu'il relève des faits de nature à compromettre la continuité d'exploitation d'un établissement (voir n° 62385). En outre, le commissaire aux comptes est tenu de signaler dans les meilleurs délais à l'Autorité de contrôle prudentiel et de résolution et, le cas échéant, la Banque centrale européenne tout fait ou toute décision concernant la personne soumise à son contrôle dont il a eu connaissance dans l'exercice de sa mission et de nature à porter atteinte à la continuité de l'exploitation (C. mon. fin. art. L 612-44, II).

S'agissant des obligations en matière d'information prévisionnelle et rétrospective (C. com. art. L 232-2 s.), les établissements de crédit en sont exonérés, dans la mesure où le décret en Conseil d'État, qui devait adapter les dispositions législatives aux établissements de crédit, notamment en matière de forme et de contenu des documents à établir, n'a toujours pas été publié (voir n° 54690).

Périmètre des informations relatives aux délais de paiement

78380 Les sociétés dont les comptes annuels sont certifiés par un commissaire aux comptes communiquent des informations sur les délais de paiement de leurs fournisseurs et de leurs clients dans le rapport de gestion (C. com. art. L 441-6-1 et D 441-6 modifié par le décret 2021-211 du 24-2-2021 ; dispositions figurant antérieurement à l'article D 441-4 du Code de commerce).

Pour plus de détails sur les entités visées et les informations à fournir, voir n°ˢ 56521 s.

Dans certains secteurs d'activité, le périmètre des informations à fournir sur les délais de paiement dans le rapport de gestion n'a pas fait l'objet de précisions par le législateur.

La Fédération bancaire française considère que le **périmètre des informations** communiquées relatives aux délais de paiement mentionnées à l'article D 441-6 du Code de commerce n'intègre pas les opérations de banque et les opérations connexes, étant précisé que cette position ne saurait en aucun cas représenter une recommandation individuelle de la Fédération bancaire auprès de ses adhérents, ni constituer un engagement de ces derniers à suivre une telle démarche.

La CNCC a quant à elle publié un communiqué sur l'**incidence sur le rapport sur les comptes annuels** des difficultés de définir le périmètre des informations sur les délais de paiement dans le rapport de gestion des sociétés du secteur bancaire et de l'assurance (Bull. CNCC n° 193-2019, Communiqué « Informations sur les délais de paiement dans le rapport de gestion dans les secteurs bancaire et de l'assurance – Incidence sur le rapport sur les comptes annuels » – février 2019).

La CNCC précise ainsi que dans le secteur de la banque la Fédération bancaire française considère que les opérations bancaires et les opérations connexes sont exclues du périmètre des informations relatives aux délais de paiement et que, dans ce contexte, il convient que :

– le commissaire aux comptes vérifie que le rapport de gestion comporte une information sur le périmètre des informations retenues par la société au titre des délais de paiement ;

– et que son attestation de sincérité et de concordance fasse état, au titre des vérifications spécifiques, d'une **observation relative à ce périmètre**.

La CNCC propose dans le communiqué précité un exemple de formulation de cette observation.

III. Adaptation de la démarche d'audit

Caractéristiques du secteur

78450 Les établissements de crédit présentent des caractéristiques essentielles, qui sont liées à leurs activités et à leur environnement général. Celles-ci peuvent avoir pour effet d'atténuer le risque d'audit ou, au contraire, de le renforcer, ce qui a pour effet d'orienter la démarche de l'auditeur dans le secteur bancaire.

78455 **Exposition à divers risques propres au secteur bancaire** Les risques liés à l'environnement bancaire impactent l'activité et l'organisation d'une banque. L'auditeur

© Ed. Francis Lefebvre

SECTEUR BANCAIRE

doit en prendre connaissance pour adapter son risque d'audit. Ces risques incluent notamment (Arrêté du 3-11-2014 art. 10 modifié par l'arrêté du 25-2-2021) :

– risque de crédit : dans sa formule la plus simple, il s'agit du risque qu'un emprunteur ou une autre contrepartie soit incapable de remplir ses obligations vis-à-vis de son créancier (en l'occurrence la banque) ;

– risque de concentration : décrit le niveau de risque du portefeuille d'une banque (incluant à la fois des instruments financiers et/ou des crédits octroyés) découlant de sa concentration sur une seule contrepartie, un secteur, un pays ;

– risque de liquidité : risque qui découle de la possibilité qu'une banque n'ait pas suffisamment de liquidité pour répondre à ses obligations (demandes des déposants ou d'autres contreparties) ;

– risque de taux d'intérêt : risque survenant lorsqu'il y a soit une inadéquation entre la typologie d'intérêt pour les actifs et les passifs de la banque (taux fixe versus taux variable), soit un décalage au niveau des dates de refixation des taux d'intérêt entre les actifs et les passifs ;

– risque de marché : risque correspondant à la perte potentielle du fait d'une variation défavorable de taux, de cours, de change, de liquidité, impactant les instruments financiers détenus par la banque pour son propre compte ;

– risque opérationnel : risque de pertes résultant d'une inadaptation ou d'une défaillance imputable à des procédures d'un établissement, de son personnel, de ses systèmes internes ou à des évènements extérieurs ;

– risque lié au modèle : perte susceptible d'être subie du fait de décisions pouvant être fondées principalement sur les résultats de modèles internes, en raison d'erreurs dans leur mise au point, leur mise en œuvre ou leur utilisation ;

– risque réglementaire : risque pour une banque de ne pas respecter la réglementation qui lui est applicable et d'encourir alors des sanctions réglementaires et financières.

Renforcement du risque d'audit Les caractéristiques suivantes ont pour conséquence, contrairement à celles exposées précédemment, d'augmenter le risque d'audit :

78460

– décentralisation de la fonction comptable, notamment dans les banques commerciales, qui disposent en général de succursales et d'agences dispersées géographiquement. Ce type de structure implique une grande décentralisation des pouvoirs et des fonctions comptables et de contrôle ;

– importance des engagements, souvent souscrits sans transfert de fonds, ce qui rend problématique la détection d'une absence éventuelle d'enregistrement ;

– importance des actifs gérés pour le compte de tiers, qui relèvent de la responsabilité des établissements de crédit mais ne figurent ni au bilan, ni au hors-bilan publié ;

– foisonnement des produits nouveaux, souvent complexes, proposés à la clientèle ;

– répétitivité des transactions et automatisation des traitements, qui confèrent un rôle primordial à la fiabilité des systèmes d'information ;

– concurrence accrue entre établissements de crédit mais également apparition de nouveaux acteurs sur les marchés traditionnels du secteur bancaire pesant sur la rentabilité des établissements de crédit et pouvant accroître les risques pris par ces derniers ;

– réalisation d'opérations de marché avec pour impact une exposition au risque de liquidité, de valorisation ;

– environnement réglementaire fort et en constante évolution pouvant accroître le risque de non-respect des textes légaux avec des conséquences potentielles plus ou moins importantes pour les établissements de crédit pouvant aller jusqu'au retrait de l'agrément bancaire.

Atténuation du risque d'audit Les établissements de crédit présentent les traits distinctifs suivants, dont il résulte une atténuation du risque d'audit :

78465

– existence d'un dispositif de contrôle interne prévu à la réglementation (Arrêté du 3-11-2014 sur le contrôle interne) sur lequel les travaux d'audit pourront s'appuyer ;

– existence d'une implication forte de la gouvernance notamment via la création de comités spécialisés également prévus par la réglementation constituant un niveau supplémentaire de supervision interne ;

– existence de contrôles externes permanents et approfondis exercés par l'Autorité de contrôle prudentiel et de résolution et, le cas échéant, la Banque centrale européenne ;

SECTEUR BANCAIRE © Ed. Francis Lefebvre

– existence de procédures usuelles de confirmation systématique entre établissements de crédit et d'envoi d'extraits de compte aux tiers ;
– existence de principes comptables particuliers édictés par le CNC et depuis février 2010 par l'ANC, après avis des autorités bancaires compétentes, en charge d'en vérifier par ailleurs la correcte application.

78470 **Orientations de la démarche d'audit** De ces constats, il ressort que doivent être privilégiés dans la stratégie de l'audit :
– la correcte application des règles comptables spécifiques (voir n° 78485) ;
– le bon fonctionnement du contrôle interne (voir n° 78520) ;
– la cohérence de la formation du résultat par un examen analytique détaillé (voir n° 78590) ;
– l'analyse des systèmes d'information (voir n° 78620).

78475 **Conséquences des diverses crises financières et économiques sur l'approche d'audit** Les dernières crises financières et économiques ont, d'une part, renforcé l'importance de la prise en compte de l'exposition aux risques (de crédit, de marché, de liquidité...) et, d'autre part, mis en évidence l'importance croissante des problématiques de valorisation des instruments financiers dans l'environnement bancaire.
Dans ce contexte, la transparence de l'information financière et sa fiabilité constituent des enjeux prioritaires. Ainsi, il est indispensable que le commissaire aux comptes mette en œuvre une démarche appropriée pour répondre aux points d'attention suivants :
– le risque de liquidité et la continuité d'exploitation : le suivi et l'évaluation du risque de liquidité s'inscrivent dans un cadre réglementaire supervisé par le régulateur prudentiel. Néanmoins, dans l'exercice de leur mission et dans le cadre de leurs diligences sur la continuité d'exploitation, les commissaires aux comptes doivent prendre connaissance des dispositions prises par les établissements en vue du suivi de leur situation de refinancement, des actions entreprises et de l'information communiquée régulièrement aux autorités de tutelle, et apprécier les éventuels risques pesant sur la continuité d'exploitation ;
– les risques de contrepartie (incluant les risques souverains) notamment le recensement des expositions, les principes de dépréciation selon le classement comptable et l'information financière communiquée par l'établissement ;
– les transferts de titres (IFRS 9 en normes IFRS et ANC 2014-07 en normes françaises) ;
– l'information financière fournie par l'établissement sur la détermination de la juste valeur des instruments financiers.

Depuis le 1er janvier 2013, la norme IFRS 13 s'applique et les principales dispositions sont les suivantes :
– une prise en compte d'un ajustement au titre du *spread* de crédit propre pour les dérivés (DVA = *Debit Valuation Adjustment*) pendant l'ajustement pour risque de contrepartie (CVA = *Credit Valuation Adjustment*) qui était déjà requis par la norme IAS 39 ;
– des clarifications apportées sur la valorisation des positions nettes ;
– de nouvelles informations qualitatives et quantitatives requises :
• paramètres de valorisation non observables,
• juste valeur du *Banking Book* par niveau,
• prêts clients de la banque de détail niveau 3 (*spreads* de crédit et liquidité non observables).

Règles comptables spécifiques

78485 Les règles comptables spécifiques examinées ci-après concernent le référentiel français applicable aux comptes annuels et aux comptes consolidés des établissements dont les titres ne sont pas admis à la négociation sur un marché réglementé.

Dans le référentiel IFRS, applicable aux sociétés dont les titres sont admis à la négociation sur un marché réglementé, les principes sont les mêmes que pour l'ensemble des sociétés, ces principes n'étant pas sectoriels. Néanmoins, les normes IFRS 7, IFRS 9 et IFRS 13 relatives aux instruments financiers revêtent une importance particulière.

78490 Les établissements de crédit sont soumis à une réglementation comptable spécifique. Dans sa démarche d'audit, le commissaire aux comptes doit **prendre connaissance** des principes, règles et méthodes comptables appliqués par l'établissement de crédit. Les informations ainsi collectées permettent d'apprécier la pertinence et la conformité des règles et méthodes utilisées par l'établissement avec le référentiel comptable général ainsi qu'avec le référentiel propre aux établissements de crédit.

1608

© Ed. Francis Lefebvre

SECTEUR BANCAIRE

Il convient en particulier d'**identifier** les **principes, règles et méthodes** comptables qui soit diffèrent des pratiques dominantes, soit sont complexes de par leur nature (traitement de certaines opérations de marché, traitement des opérations internes à l'établissement, modes de provisionnement…), soit enfin sont sujets à discussion ou relèvent d'un traitement optionnel. En outre, l'entrée en vigueur de nouveaux textes doit être prise en compte. Il convient d'analyser leur impact sur les comptes de l'établissement et de mesurer la capacité de ce dernier à appliquer la réglementation.

78495

Approche du contrôle interne

Contexte d'intervention de l'auditeur Le commissaire aux comptes peut s'appuyer sur un **environnement réglementaire fort** qui résulte, d'une part, de l'existence de contrôles externes exercés par l'Autorité de contrôle prudentiel et de résolution, et, d'autre part, de l'application de l'arrêté du 3 novembre 2014 rendant obligatoire un dispositif de gouvernance solide comprenant un dispositif adéquat de contrôle interne dans les établissements de crédit. Au cours de cette phase, le commissaire aux comptes doit prendre connaissance du rapport annuel sur le contrôle interne ainsi que du rapport sur la mesure et la surveillance des risques, des éventuels rapports de l'ACPR et/ou Banque centrale européenne (BCE), des rapports de l'inspection générale, des textes de droit commun et spécifiques (Code monétaire et financier, règlements du CRBF, instructions de l'ACPR et/ou BCE…).

78520

La fonction en charge du contrôle interne a notamment pour **responsabilité** de vérifier que les opérations réalisées par l'établissement ainsi que l'organisation et les procédures internes sont conformes à la réglementation et que les limites fixées en matière de risques sont respectées. Elle veille, par ailleurs, à la qualité de l'information financière et comptable et à l'existence d'une piste d'audit (sur cette notion, voir n° 78185).

Prise de connaissance de l'environnement de contrôle interne L'objectif de cette phase est d'identifier les principales procédures et d'apprécier la **fiabilité** d'ensemble du contrôle interne. Il s'agit de déterminer si l'environnement du contrôle interne contribue de manière générale à l'efficacité des procédures et à la fiabilité des systèmes comptables ou de gestion. Cette compréhension est un facteur déterminant de la mise en œuvre d'une démarche fondée sur le contrôle interne.

78530

Facteurs influant sur la fiabilité du contrôle interne Parmi les facteurs permettant d'apprécier l'efficacité du contrôle interne, doivent être prises en compte :
– la gouvernance de l'établissement, sa participation à la création d'un environnement de contrôle interne fort ;
– la structure organisationnelle de l'établissement, l'existence d'un suivi des opérations et des risques ;
– l'implication des dirigeants dans la définition des délégations de fonctions et de la limite des pouvoirs de chacun ;
– l'existence d'un contrôle de gestion ;
– la mise en place d'outils de supervision et de suivi des activités.

78535

L'existence d'un service d'audit interne, ou d'inspection, ayant des missions et des objectifs clairement définis, ainsi que l'obligation de rendre compte sont des éléments clés dans ce dispositif de surveillance. Il appartient au commissaire aux comptes de déterminer si et dans quelles conditions il peut prendre en considération les travaux du service de l'audit interne.

78538

Le commissaire aux comptes s'assure, en l'occurrence, que les travaux sur lesquels il souhaite s'appuyer pour fonder son opinion répondent à son objectif de certification. Conformément à la norme d'exercice professionnel (NEP 610), le commissaire aux comptes qui décide d'utiliser certains travaux de l'audit interne « apprécie notamment si :
– la nature et l'étendue de ces travaux répondent aux besoins de son audit ;
– ces travaux ont été réalisés par des personnes disposant d'une qualification professionnelle et d'une expérience suffisante et ont été revus et documentés ;
– une solution appropriée a été apportée aux problématiques mises en évidence par les travaux de l'audit interne ;
– les rapports ou autres documents de synthèse établis par l'audit interne sont cohérents avec les résultats des travaux réalisés par ce dernier ».

1609

SECTEUR BANCAIRE © Ed. Francis Lefebvre

78545 **Appréciation du contrôle interne** La planification de l'évaluation du contrôle interne dans les établissements de crédit doit prévoir :
– l'identification des points de contrôle clés (n° 78550) ;
– la programmation de contrôles informatiques (n° 78555) ;
– la revue des procédures de supervision (n° 78560) ;
– la revue des procédures d'inspection ou d'audit interne (n° 78565).

78550 Le contrôle interne est un élément essentiel des entités du secteur bancaire. En effet, les textes réglementaires et notamment l'arrêté du 3 novembre 2014 prévoient que les établissements de crédit mettent en place un dispositif de contrôle interne robuste permettant la correcte exécution des transactions.
Dans le cadre de la démarche d'audit, il convient que l'auditeur puisse s'appuyer sur ce dispositif de contrôle interne. En effet, certains risques ne peuvent être audités qu'en adoptant une approche qui s'inscrit dans un environnement de contrôle interne très structuré. Il convient donc que l'auditeur prenne connaissance de cet environnement de contrôle interne et qu'il puisse identifier les **points de contrôle clés**. Lors de sa prise de connaissance des processus de contrôle interne, tous les points de contrôle doivent être considérés afin de ne sélectionner que ceux qui permettront de répondre aux risques d'audit identifiés : ce sont les points de contrôle clés. Après cette prise de connaissance du dispositif et l'identification de ces dits points, l'auditeur doit être en mesure de s'appuyer de façon suffisante sur ceux-ci.

78555 La fiabilité des systèmes, l'exactitude des calculs, l'exhaustivité d'inventaire, le contrôle de la qualité des données sont des points clés de la formation de l'opinion de l'auditeur sur les comptes d'un établissement de crédit. Ainsi, dans un environnement fortement automatisé qui se traduit par la dépendance des établissements de crédit vis-à-vis de l'informatique, l'audit informatique revêt une importance majeure et doit figurer en bonne place dans le plan d'audit. Les travaux d'audit informatique, en raison de la complexité des systèmes d'information, requièrent en général le recours à des spécialistes de l'audit informatique.
Ces travaux peuvent être répartis en trois thématiques :
– l'audit des contrôles généraux informatiques qui comprennent des contrôles relatifs à la sécurité de l'information, à l'acquisition, au développement et à la maintenance des systèmes, aux procédures d'exploitation et d'administration des systèmes d'information mais également des contrôles sur les opérations diverses manuelles. Le suivi de ce type de contrôles implique notamment l'observation, la production de rapports d'exception, la revue des travaux effectués, la revue des modifications de programmes et aussi le suivi des réclamations des utilisateurs (voir n° 78641) ;
– l'audit des contrôles applicatifs portant notamment sur les contrôles relatifs aux dépendances IT (voir n° 78642) ;
– l'audit des états clés le cas échéant, qui comprennent les états fournis par le client dans le cadre de l'audit et qui sont exploités par l'auditeur soit comme preuve d'audit soit comme simple extraction pour réaliser des procédures d'audit (sélection, rapprochement...) ou par le client pour réaliser des contrôles considérés comme clés (voir n° 78643).

78560 Le dispositif de contrôle interne des établissements incluant les principales procédures de **supervision et de gouvernance** doit être examiné afin d'en vérifier la pertinence et l'efficacité. Ces procédures sont généralement les principaux outils à la disposition des dirigeants pour contrôler l'activité de l'établissement et portent notamment sur les éléments suivants :
– procédures de suivi des risques sur la clientèle ;
– procédures de suivi des risques de marché et du risque de contrepartie interbancaire ;
– procédures de suivi des risques de liquidité ;
– procédures de suivi du risque opérationnel.
Cette supervision du dispositif de contrôle interne doit être exercée au travers de cellules de contrôle indépendantes (comité des risques, comités de suivi compétents...) et faire l'objet de *reportings* réguliers.

78565 Enfin, la supervision du dispositif de contrôle interne s'exerce aussi au travers du **service d'inspection ou d'audit interne**. En particulier, dans les établissements appartenant à un réseau, il convient de prendre en considération les travaux effectués dans les entités par les auditeurs internes, l'inspection ou, le cas échéant, par d'autres auditeurs.

© Ed. Francis Lefebvre

SECTEUR BANCAIRE

La mise en œuvre éventuelle d'un **plan de rotation pour la revue des procédures de contrôle interne** pourra être envisagée, dès lors que des contrôles suffisants seront mis en œuvre chaque année pour garantir l'obtention du niveau de confiance recherché pour le cycle considéré. En tout état de cause, la vérification des contrôles généraux et l'examen des activités de supervision devront être généralement effectués chaque année et l'examen des procédures de contrôle devra respecter les dispositions de la norme d'exercice professionnel relative aux travaux mis en œuvre par le commissaire aux comptes à l'issue de son évaluation des risques (NEP 330).

On rappelle que, selon la norme précitée :
– lorsque le commissaire aux comptes a l'intention d'utiliser des éléments collectés au cours des exercices précédents sur l'efficacité de certains contrôles de l'entité, il met en œuvre des procédures d'audit visant à détecter des changements susceptibles d'affecter la pertinence de ces éléments (§ 14) ;
– lorsqu'il détecte des changements affectant ces contrôles, il teste leur efficacité au titre de l'exercice sur lequel porte sa mission (§ 15) ;
– lorsque aucun changement n'a affecté ces contrôles, il teste leur efficacité au moins une fois tous les trois exercices. Cette possibilité ne doit cependant pas l'amener à tester tous les contrôles sur un seul exercice sans effectuer de tests de procédures sur chacun des deux exercices suivants (§ 16) ;
– lorsque le commissaire aux comptes a décidé de s'appuyer sur les contrôles de l'entité en réponse à un risque inhérent élevé, il teste l'efficacité de ces contrôles au titre de l'exercice sur lequel porte sa mission, même si ces contrôles n'ont pas fait l'objet de changements susceptibles d'affecter leur efficacité depuis l'audit précédent.

Modalités de l'examen analytique

L'examen analytique (ou procédure analytique) répond à un **triple objectif** : **78590**
– il est d'abord utilisé au cours de la **phase de planification** et d'approche de la mission (voir nº 27390). Il permet alors d'identifier les principales zones de risques et d'orienter les travaux à réaliser. L'identification des risques est réalisée à partir de l'observation des grandes tendances, ainsi que des soldes ou évolutions de solde présentant un caractère inhabituel ou en rupture avec les informations préalablement collectées ;
– dans un deuxième temps, un examen analytique est réalisé, lors de l'**audit des comptes** de clôture ou lors de l'**examen limité des comptes** intermédiaires ;
– enfin, un examen analytique est mis en œuvre lors de la revue de la cohérence d'ensemble des comptes, effectuée à la fin de l'audit. L'application de cet examen analytique permet d'analyser la cohérence d'ensemble des comptes au regard des éléments collectés tout au long de l'audit, sur l'entité et son secteur d'activité.

L'examen analytique est en soi un **outil de contrôle des comptes** puisqu'il permet la **78595** compréhension :
– de la formation du résultat ;
– de son évolution (par rapport à la période précédente, **par rapport aux budgets**, et au cours de la période de revue) ;
– des corrélations existant entre les différents postes des **états** financiers (bilan, résultat ou hors-bilan) ou entre ces différents postes et les **indicateurs** externes (évolution des taux d'intérêt, analyses sectorielles, etc.).
La mise en place et le suivi d'un budget ou d'un **contrôle de gestion** fiable peut, par exemple, servir de base de comparaison dans la mise en œuvre de procédures analytiques. La fiabilité du contrôle de gestion pourra être **appréciée**, notamment au regard du caractère raisonnable des hypothèses retenues et de la **rigueur** des analyses des écarts entre le budget et les réalisations.

Les **travaux réalisés** dans le cadre de cet examen analytique sont notamment les **78600** suivants :
– analyse par grandes masses des principales variations du bilan (montants à la clôture et encours moyens), du hors-bilan et du compte de résultat (structure du résultat, variations des principaux soldes intermédiaires de gestion) ;
– analyse globale et par devise des relations linéaires devant exister entre les produits et les actifs, d'une part, et entre les charges et les passifs, d'autre part, à partir des encours moyens issus de la gestion, ou reconstitués à partir des situations réglementaires mensuelles ;
On rappelle que les encours moyens s'entendent des positions moyennes des soldes.

– examen de l'évolution dans le temps de certains indicateurs susceptibles d'orienter efficacement les travaux de contrôle portant sur le risque de crédit (par exemple coût du risque sur encours moyen ou encours douteux) ;
– analyse de l'évolution des principaux ratios de gestion ;
– examen des états de suivi de la structure financière, de la liquidité, de l'exposition aux risques (de taux, de change, de contrepartie…) ;
– prise de connaissance des ratios réglementaires ;
– identification des changements comptables intervenus ou à intervenir ;
– analyse de la position de l'entité auditée par rapport à son marché et par rapport à ses concurrents.

Évaluation des systèmes d'information

78620 Un système d'information se compose de l'infrastructure (équipements et matériel informatique), de logiciels, du personnel, de procédures et de données.
L'évaluation des systèmes d'information repose sur une prise de connaissance de la fonction informatique et sur son appréciation critique. Elle est une étape nécessaire à l'utilisation d'outils informatiques par l'auditeur lui-même.
Le schéma ci-dessous illustre l'approche sur les systèmes d'information :

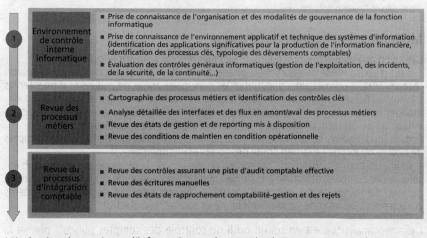

L'évaluation des systèmes d'information par le commissaire aux comptes et des contrôles associés, fait partie intégrante de sa prise de connaissance du dispositif de contrôle interne lui permettant d'identifier et d'évaluer le risque d'anomalies significatives dans les comptes et ainsi de concevoir et de mettre en œuvre des procédures d'audit permettant de fonder son opinion sur les comptes.
Au niveau des systèmes d'information, le commissaire aux comptes doit donc mettre en œuvre les diligences lui permettant :
– d'évaluer le contrôle interne « informatique » en vigueur autour des systèmes concernés ;
– de s'appuyer sur les traitements financiers produits et les contrôles automatiques de ces systèmes lors des clôtures comptables.
Le système d'information répondant aux objectifs d'élaboration de l'information financière, comprend le système d'établissement des états financiers et couvre des méthodes et des documents qui :
– identifient et enregistrent toutes les opérations valides ;
– décrivent en temps voulu les opérations avec suffisamment de détails afin d'en permettre la classification correcte pour l'établissement des états financiers ;
– évaluent les transactions de façon à permettre leur enregistrement dans les états financiers à la valeur monétaire appropriée ;
– déterminent quand les opérations ont eu lieu afin de pouvoir les enregistrer dans la période comptable appropriée ;
– présentent correctement les opérations dans les états financiers ainsi que les informations à fournir les concernant.

Prise de connaissance Les systèmes d'information des établissements de crédit sont caractérisés principalement par leur complexité et par leur niveau élevé d'intégration. Cet état de fait est dû non seulement au fort volume des transactions traitées mais également à l'organisation retenue, aux besoins de suivi de l'activité pour gérer au mieux les risques et aux besoins réglementaires imposés par les organismes de tutelle.

Le commissaire aux comptes doit ainsi prendre connaissance de la **gouvernance des systèmes d'information** et pour cela analyser les rôles et responsabilités dans l'organisation de l'établissement vis-à-vis des systèmes d'information, la gouvernance des données, le dispositif de contrôle interne entourant les systèmes d'information et la couverture et la cohérence de ces systèmes.

78630

Dispositif de contrôle interne Le dispositif de contrôle interne mis en place par les établissements de crédit autour des systèmes d'information porte plus spécifiquement sur les points suivants :
– la désignation d'un responsable de la sécurité du système d'information (RSSI) ;
– la sécurité des locaux ;
– la sauvegarde régulière des fichiers et leur conservation ;
– l'élaboration d'un plan d'urgence et de poursuite de l'activité (Arrêté du 3-11-2014 art. 215) et la disponibilité d'un *back-up* effectif ;
– la gestion des accès aux ordinateurs (habilitations) ;
– l'élaboration et la mise à jour de la documentation et des procédures ;
– la réalisation d'audits réguliers ;
– le respect des dispositions réglementaires.

Le RSSI est le garant de la correcte mise en œuvre de la politique de sécurité du système d'information et, à ce titre, le commissaire aux comptes est amené à le rencontrer pour prendre connaissance de ses conclusions et adapter si besoin son approche.

78632

Risques liés aux systèmes d'information Les **facteurs de risque** liés aux systèmes d'information en environnement bancaire sont les suivants :
– les systèmes d'information constituent à eux seuls un processus. La perte de tout ou partie des données d'un ou de plusieurs de ses systèmes d'information équivaut pour un établissement à la perte de son outil de production principal et de sa mémoire ;
– le volume des mouvements financiers ainsi que la dématérialisation des valeurs monétaires et mobilières rendent difficile, en cas de défaillance des systèmes d'information, la reconstitution de la piste d'audit à partir de supports physiques ;
– le coût d'éventuelles défaillances informatiques peut se révéler très élevé du fait de l'interdépendance des établissements de crédit et des répercussions probables sur des contreparties interbancaires ou même directement sur la clientèle ;
– les systèmes utilisés présentent le risque d'erreurs en cascade généralement associé aux systèmes d'information intégrés. Ils se caractérisent en général par la saisie unique de l'opération dans un système « amont », la traduction comptable des événements ultérieurs étant prise en charge de manière automatisée ;

78635

À ces risques généraux s'ajoutent les conséquences particulièrement dommageables qui peuvent résulter dans un établissement de crédit d'une **défaillance** de la fonction informatique. L'établissement bancaire peut alors avoir à faire face à un risque d'altération ou de perte des informations, à un risque de fraude, ou à un risque opérationnel, dans la mesure où il se trouve dans l'incapacité de remplir ses obligations vis-à-vis de sa clientèle ou de ses contreparties interbancaires.

– les incohérences potentielles entre les modèles de risques, prudentiel et comptable, ces derniers permettant d'être en accord avec les exigences réglementaires sur la qualité des données. Tout ce qui concerne la donnée (exhaustivité, historique, qualité, délai de production et d'analyse) constitue désormais un risque majeur pour les établissements bancaires car les données exigées par les nouvelles normes internationales ne sont pas toujours disponibles de manière systématique dans les systèmes ;
– la cybersécurité permet de lutter contre la cybercriminalité qui désigne les délits perpétrés à distance et concerne non seulement les formes traditionnelles de criminalité, opérées dans le cas d'espèce via Internet, mais aussi l'atteinte à la confidentialité, l'intégrité et la disponibilité des systèmes d'information. La cybercriminalité a ainsi toutes les caractéristiques de la fraude telles que définies par la NEP 240. Conformément à cette norme, le commissaire aux comptes doit évaluer les risques d'anomalies significatives

1613

SECTEUR BANCAIRE © Ed. Francis Lefebvre

dans les comptes résultant de ce type de fraude. La prise en compte des risques de cybercriminalité par la direction générale ainsi que les investissements informatiques et les mesures mises en œuvre pour répondre à ce risque font partie de cette évaluation. Après avoir analysé la prise en compte des risques par la direction générale, l'auditeur pourra se consacrer à l'évaluation des dispositifs de prévention contre la cybercriminalité mis en place au sein de l'établissement (CRCC Paris – Guide audit informatique : Tous concernés ! 10 fiches pratiques pour réussir, juin 2017) ;
– la protection des données personnelles. Le règlement général sur la protection des données du 27 avril 2016 dit RGPD (ou GDPR, *Data Protection Regulation*) change radicalement l'approche des entreprises en matière de traitement des données personnelles. Le RGPD vise à contraindre les entreprises à prendre leurs traitements au sérieux, lesquelles encourent un risque de sanctions financières lourdes en l'absence de conformité et en cas de manquement aggravé vis-à-vis de ce nouveau règlement, d'où un risque d'impact significatif sur les comptes des entreprises. Les établissements bancaires sont particulièrement concernés du fait des volumes de données personnelles qu'ils collectent. L'entreprise devient ainsi garante du respect de la vie privée, et à l'instar d'autres réglementations, c'est maintenant à l'entreprise de démontrer qu'elle est en conformité. Le RGPD introduit aussi une obligation de notification par les responsables de traitement, en cas de violations de données à caractère personnel.

78638 **Évaluation de la fonction informatique** Compte tenu des facteurs de risque rappelés ci-dessus (n° 78635), la démarche du commissaire aux comptes consiste à apprécier la **qualité des principes d'organisation et des modes opératoires** adoptés au sein de la fonction informatique. Elle le conduit notamment à effectuer des contrôles d'intégrité permettant de s'assurer de la fiabilité des traitements. Les conclusions relatives à l'évaluation de la fiabilité des systèmes d'information et au contrôle de leurs accès influent sur la nature et l'étendue des contrôles à réaliser lors du contrôle des comptes.

78639 La revue de la fonction informatique peut être réalisée sur des **applicatifs de gestion spécifiques**, notamment lorsque ces derniers sont amenés à évoluer (changement de version, modifications de paramétrages ou remplacement). Dans ce contexte, le commissaire aux comptes peut procéder à des tests visant notamment à s'assurer que les règles de gestion et de comptabilisation paramétrées dans les systèmes sont conformes à celles décrites dans l'information financière de l'entité. Un **changement d'applicatif** de gestion significatif est de nature à entraîner les travaux complémentaires suivants pour le commissaire aux comptes :
– tests sur la correcte migration des données ;
  Cet ensemble de tests doit permettre au commissaire aux comptes de s'assurer que les données ont été migrées de manière exhaustive et dans les rubriques appropriées du nouvel applicatif de gestion. Pour cela, le commissaire aux comptes doit notamment vérifier que les données transférées contiennent suffisamment d'informations pour reconstituer leur historique et retrouver leur origine dans l'ancien système de gestion.
– tests sur la permanence des règles de gestion et des schémas comptables sous-jacents ;
  La plupart des traitements étant fortement automatisés, un des moyens pour le commissaire aux comptes de s'assurer de la permanence des méthodes est la revue des règles de gestion, surtout en cas de modifications de ces derniers.
– s'assurer du maintien de la qualité de la piste d'audit dans le nouvel applicatif est également un axe d'investigation fondamental pour le commissaire aux comptes ;
– travaux dans le cadre de la mise en place de nouveaux applicatifs de gestion répondant aux exigences des nouvelles normes comptables en place. La notion d'insertion opérationnelle apparaît alors et vise à vérifier que l'ensemble des processus analysés de manière distincte (données et modèles) est correctement interfacé et utilisé en vue de produire les données comptables. Les diligences du commissaire aux comptes ont alors pour objectif de vérifier que le dispositif opérationnel de l'établissement respecte les spécifications techniques du nouvel applicatif de gestion, que les données et paramètres en entrée du dispositif gestion sont correctement intégrés et que les données issues du dispositif de gestion sont correctement interfacées avec les systèmes comptables (Note CNCC relative aux diligences du commissaire aux comptes sur le provisionnement des pertes de crédit attendues en application d'IFRS 9 dans les établissements de crédit – mise à jour en fév. 2020).

© Ed. Francis Lefebvre

SECTEUR BANCAIRE ▮

Les travaux à mettre en œuvre par le commissaire aux comptes comportent alors principalement les étapes suivantes :
– revue de la documentation du projet de mise en œuvre de nouveaux développements informatiques ;
– identification des contrôles de l'entité qui répondent aux risques identifiés au préalable ;
– mise en œuvre des tests de procédures pour les contrôles pertinents identifiés dans le cadre de la démarche d'audit.

78640 L'évaluation de l'environnement de contrôle informatique est faite pour **chacun des secteurs** de la fonction informatique, à savoir le développement et la mise en production des nouvelles applications, la modification des applications, l'exploitation informatique et la sécurité informatique.

78641 En réponse à son évaluation des risques, le commissaire aux comptes peut réaliser sur les systèmes d'information clés qu'il aura identifiés préalablement des **contrôles généraux informatiques**. Ces contrôles rentrent dans l'évaluation du dispositif concourant à la sécurisation des applications par le biais de contrôles généraux informatiques aidant à assurer la continuité correcte des traitements des systèmes d'information :
– sécurité logique et gestion des accès, séparation des tâches ;
– gestion des changements de l'expression du besoin de changement à la mise en production ;
– gestion de l'exploitation, des incidents et des sauvegardes.

78642 L'auditeur peut également réaliser des contrôles sur les dépendances IT en testant l'évaluation de l'efficacité des **contrôles applicatifs** embarqués dans les systèmes d'information et en s'assurant que la collecte des données est légitime, pertinente, intègre et exhaustive et que les étapes de génération dans les systèmes d'information n'altèrent pas les données collectées.

78643 Afin de s'appuyer sur les documents transmis par l'entité, l'auditeur doit réaliser des contrôles sur les informations produites par l'entité et transmises à l'auditeur dans le cadre de son audit. Tester les informations produites par l'entité revient à se poser la question de la fiabilité de ces états. En effet, l'auditeur ne peut prendre pour « argent comptant » les éléments transmis par l'entité et donc doit prendre connaissance de la source de cet état afin de s'assurer que les documents obtenus sont exhaustifs et intègres.

78650 **Utilisation de l'outil informatique**   Le recours aux outils informatiques est nécessaire dans la réalisation des travaux de l'auditeur. L'analyse de données est l'une des techniques les plus usitées pour contrôler les activités d'un établissement de crédit.

78655 L'analyse de données repose principalement sur l'**utilisation des bases de données** de l'entité auditée. Cette technique permet la vérification, au moyen de requêtes informatiques, des données produites par l'établissement. Ainsi, il est possible d'effectuer de nombreux **tests** sur des domaines variés :
– contrôle de la fiabilité, de l'exactitude, de l'exhaustivité, de l'intégrité des données contenues dans les bases ;
– appréciation du dispositif de gouvernance des données, des systèmes d'information véhiculant ces données et du dispositif de contrôle interne associé ;

Dans la pratique, le commissaire aux comptes peut se baser sur les éléments suivants :
• documentation par l'établissement de crédit de la pertinence des données retenues au regard des méthodologies définies ;
• existence d'une politique de contrôle de l'exhaustivité et de l'intégrité des données mise à jour périodiquement ;
• documentation de la piste d'audit des modifications éventuelles apportées aux sources de données officielles.

– mise en place de traitements spécifiques tels que des sondages ou des analyses statistiques ;
– validation du processus de gestion en réappliquant les règles de gestion sur les bases de données, par exemple en matière d'intérêts ou de valorisation d'instruments.

Dans la pratique, il faut pouvoir extraire les bases de données des systèmes d'information de l'établissement puis les retraiter en fonction des travaux souhaités. Il convient aussi de paramétrer correctement son outil afin d'être en mesure de bien analyser les résultats. Les conclusions d'une analyse de données peuvent se présenter sous la forme d'un rapport de tests présentant les résultats chiffrés.

SECTEUR BANCAIRE

© Ed. Francis Lefebvre

SECTION 2

Principaux cycles de contrôle

78800 L'objectif poursuivi dans cette seconde section n'est pas de présenter l'ensemble des contrôles pouvant être diligentés dans le secteur bancaire, mais de donner un aperçu d'ensemble des travaux usuels correspondant aux principaux cycles de contrôle. C'est dans cet esprit que seront examinés les cycles suivants :
- moyens de paiement (nᵒˢ 78850 s.) ;
- crédits et engagements (nᵒˢ 79000 s.) ;
- dépôts de la clientèle (nᵒˢ 79500 s.) ;
- opérations de marché (nᵒˢ 79700 s.) ;
- autres opérations financières (nᵒˢ 80000 s.) ;
- capitaux propres et assimilés et provisions pour risques et charges (nᵒˢ 80250 s.).

À ce stade, l'accent est mis sur l'identification des zones de risques et la déclinaison de l'approche en référentiel français, certaines thématiques propres au référentiel IFRS étant néanmoins abordées.

I. Moyens de paiement

78850 Notre exposé comportera :
- une présentation générale du cycle moyens de paiement (nᵒˢ 78860 s.) ;
- la définition des principales zones de risques (nᵒˢ 78890 s.) ;
- une description de l'approche d'audit (nᵒˢ 78930 s.).

A. Présentation du cycle

Nature des opérations

78860 Les moyens de paiement regroupent toutes les opérations permettant un **transfert de fonds** : chèques, cartes de paiement, effets, virements, prélèvements (incluant les TIP ou titres interbancaires de paiement) et opérations de caisse.

Les systèmes de paiement et de livraison de titres sont définis par l'article L 330-1, I du Code monétaire et financier : « Un système de règlements interbancaires ou de règlement et de livraison d'instruments financiers s'entend, d'une procédure nationale ou internationale organisant les relations entre trois participants au moins, sans compter le gestionnaire du système, défini au 5° du II du présent article, ni d'éventuels participants indirects, définis au dernier alinéa du même II, permettant conformément à des règles communes et des procédures normalisées au sens de la directive 98/26/CE du Parlement européen et du Conseil du 19 mai 1998 concernant le caractère définitif du règlement dans les systèmes de paiement et de règlement des opérations sur titres, l'exécution à titre habituel, par compensation ou non, de paiements ainsi que, pour ce qui concerne les systèmes de règlement et de livraison d'instruments financiers, la livraison d'instruments financiers entre lesdits participants. »

Un système de paiement est un ensemble d'instruments, de règles et de procédures, destiné à réaliser des transferts de fonds entre établissements bancaires et financiers. Les paiements transférés peuvent être de montants élevés (transferts interbancaires, virements de trésorerie, etc.) ou de détail (chèques, paiements par carte, prélèvements, virements clientèle, etc.). Les systèmes de titres assurent la compensation, le règlement et la livraison des instruments financiers, une fois la négociation achevée sur les marchés.

78865 Deux grandes typologies d'opérations peuvent être distinguées : les **opérations de masse** (ou de détail) représentent l'essentiel des transactions, en nombre d'opérations, et regroupent les chèques, virements, prélèvements, paiements par carte. Les **opérations de montants élevés**, réservées aux établissements financiers, représentent un nombre limité d'opérations mais pour des montants unitaires élevés (par exemple transferts interbancaires).

1616

SECTEUR BANCAIRE

Enfin, existe le système de règlement et de livraison d'instruments financiers. Le système de titres assure la compensation, le règlement et la livraison des instruments financiers, une fois la négociation achevée sur les marchés.

Le schéma ci-dessous illustre les interactions entre le système de paiement en monnaie banque centrale et les infrastructures de marchés financiers françaises :

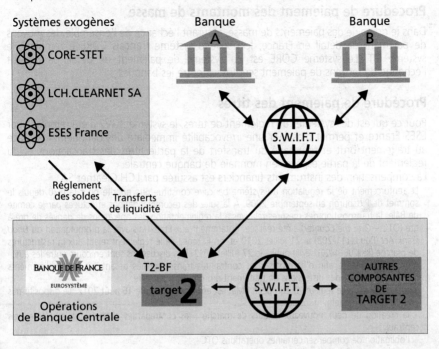

Source : Banque de France

L'**infrastructure** du marché financier français repose sur un système de compensation (LCH.Clearnet SA), un système de règlement livraison de titres (ESES France), un système de paiement de montant élevé (TARGET2 BDF) et un système de paiement de détails (CORE.FR).

Il existe plusieurs types d'infrastructures :
– les systèmes de paiement assurent le règlement interbancaire des paiements de détail de la clientèle des banques (CORE[FR] et SEPA[EU] pour la France), ou des paiements de montant élevé entre institutions financières, traitant notamment des flux liés à la politique monétaire (TARGET2 dans la zone euro) ;
– les systèmes de règlement-livraison (pour la France, ESES France et RSSS-*Rooter Securities Settlement System*) assurent le dénouement effectif des transactions sur instruments financiers via la plateforme commune de règlement-livraison européenne T2S depuis septembre 2016 ;
– les chambres de compensation (LCH SA pour la France) permettent de centraliser et de mieux maîtriser le risque de contrepartie ;
– les registres centraux de données ou *Trade Repositories* (TR) enregistrent des transactions effectuées sur les produits dérivés afin d'assurer la transparence des marchés financiers.

On qualifie d'« exogènes » les systèmes qui fonctionnent en dehors de TARGET2 mais dont le règlement ultime s'effectue dans ce dernier : systèmes d'échanges de paiements de détail (par exemple en France : le SIT et son successeur CORE), systèmes de règlement-livraison d'opérations sur titres (par exemple ESES-France), chambres de compensation d'instruments financiers (par exemple LCH.Clearnet SA).

Procédure de paiement des montants élevés

Les systèmes de paiement de montants élevés, Transfert Banque de France (TBF) et *Paris Net Settlement* (PNS), ont été remplacés par le système unifié européen TARGET2 (*Transeuropean Automated Real-time Gross settlement Express Transfer*). TARGET2 permet le règlement brut pour les opérations de montants élevés : en effet, les virements sont

78870

SECTEUR BANCAIRE

© Ed. Francis Lefebvre

exécutés en temps réel et le montant brut de chaque paiement est imputé individuellement sur le compte de chaque établissement participant. Les comptes espèces des établissements sont tenus par les banques centrales qui se portent garantes de l'irrévocabilité de paiement une fois celui-ci exécuté.

Procédure de paiement des montants de masse

78875 Dans le domaine des paiements de masse, assurant l'échange de l'ensemble des moyens de paiement de détail en France, le nouveau **système français CORE** a remplacé le système SIT. Le système CORE est un système de paiement de détail permettant l'échange de moyens de paiement scripturaux entre les banques.

Procédure de paiement des titres

78880 Pour ce qui est des systèmes de règlement de titres, le système RGV2 a été remplacé par **ESES France** et permet d'assurer une irrévocabilité immédiate des dénouements grâce au traitement brut et simultané du transfert de la partie titres des transactions et du règlement de la partie espèces en monnaie de banque centrale.

La compensation des instruments financiers est assurée par LCH.Clearnet SA.

Le renforcement de la régulation du système bancaire constitue une priorité pour le G20 depuis le sommet de Pittsburgh en septembre 2009. À la suite des recommandations effectuées par le comité de Bâle, la transposition des mesures relatives à la réglementation des opérations de dérivés de gré à gré (OTC – *Over the Counter*) a été réalisée, notamment aux États-Unis avec la promulgation du *Dodd Frank Act* (Pub.L.111-203) le 21 juillet 2010 et, en Europe, via le règlement relatif aux infrastructures de marché (Règl. UE 648/2012 EMIR) publié le 27 juillet 2012. Des discussions sont en cours entre les autorités de surveillance afin d'harmoniser les contraintes transnationales pesant sur les établissements concernés et éviter des distorsions de traitement d'ordre réglementaire.

On rappellera que le règlement européen EMIR est entré en vigueur le 16 août 2012. Le dispositif mis en place par ce règlement instaure :

– la création de deux nouveaux acteurs de marché : les contreparties centrales et les référentiels centraux ;

– l'obligation de compenser certaines opérations OTC ;

– le renforcement du dispositif de surveillance des risques associés aux opérations de dérivés de gré à gré non compensés ;

– l'obligation de déclarer les transactions relatives aux dérivés.

Les règlements délégués 148/2013 à 153/2013 (JOUE 2013 L 52) permettent l'application du règlement EMIR.

Depuis le 15 mars 2013, les premières dispositions de la réglementation relative aux dérivés de gré à gré, aux contreparties centrales et aux référentiels centraux sont entrées en vigueur.

Les autres dispositions du règlement EMIR sont entrées progressivement en application :

– 15 septembre 2013 : confirmation des positions, compression des portefeuilles et gestion des différends ;

– 23 septembre 2013 : déclaration des dérivés de taux et de crédit à des référentiels centraux. L'entrée en vigueur de cette mesure, qui vise les dérivés de gré à gré et les dérivés listés, est assujettie à l'enregistrement par l'ESMA d'un référentiel central avant le 25 juin 2013 (délai de 90 jours) ;

– 1er janvier 2014 : déclaration des dérivés sur autres sous-jacents (devises, actions, matières premières...) à des référentiels centraux. L'entrée en vigueur de cette mesure, qui vise les dérivés de gré à gré et les dérivés listés, est assujettie à l'enregistrement par l'ESMA d'un référentiel central avant le 1er octobre 2013 (délai de 90 jours) ;

– 21 juin 2016 : obligation de compensation centrale sur certains dérivés de taux, libellés en euros, en livres sterling, en yens japonais et en dollars ;

– 4 février 2017 : entrée en application de l'échange de collatéral pour les contrats dérivés non compensés ;

– 20 mai 2019 : règlement (UE) 2019/834 dit « EMIR REFIT » qui modifie EMIR en ce qui concerne l'obligation de compensation, la suspension de l'obligation de compensation, les exigences de déclaration, les techniques d'atténuation des risques pour les produits de gré à gré (OTC) des contrats dérivés non compensés par une contrepartie centrale (CCP), l'enregistrement et la surveillance des référentiels centraux (TR) et les exigences relatives aux TR. Ce règlement a été publié au JOUE le 28 mai 2019 avec entrée en vigueur au 17 juin 2019 ;

– 23 octobre 2019 : règlement (UE) 2019/2099 dit « EMIR 2.2 » qui modifie EMIR en ce qui concerne les procédures et autorités impliquées pour l'agrément des contreparties centrales (CCP) et les exigences de reconnaissance des contreparties centrales de pays tiers. Ce règlement a été publié au JOUE le 12 décembre 2019 et a pris effet au 1er janvier 2020.

1618

Single Euro Payments Area

La directive européenne 2007/64 du 13 novembre 2007 (JOUE 2007 L 319) a créé le Single Euro Payments Area (SEPA), un espace européen à l'intérieur duquel les citoyens, entreprises et autres acteurs économiques pourront effectuer des paiements en euros avec la même facilité, la même sécurité et les mêmes conditions que pour un paiement national. Le SEPA vise à harmoniser les transferts financiers, sur la base d'une devise unique, l'euro, et autour de trois principaux moyens de paiement :

78885

– le *SEPA Card Framework* (SCF) qui permet d'assurer l'interopérabilité entre les différents réseaux de cartes bancaires présents dans la zone SEPA et d'en renforcer la sécurité ;
– le *SEPA Credit Transfer* (SCT), virement standard exécuté dans la zone SEPA, en euros et sans limite de montant, dans un délai maximum de 3 jours ;
– le *SEPA Direct Debit* (SDD), prélèvement exécuté dans la zone SEPA en euros, répondant à de nouvelles modalités juridiques et fonctionnelles dans un délai maximum de 2 jours.

> Le Parlement européen et le Conseil avaient initialement voté la fin de migration vers le virement et le prélèvement SEPA au 1er février 2014 (abandon des virements et prélèvements aux formats nationaux) comme précisé par le règlement européen 260/2012 du 14 mars 2012. Cette date a par la suite été reportée au 1er août 2014 (Communiqué du 9-1-2014 de la Commission européenne). Le titre interbancaire de paiement (TIP) et le télérèglement, qui sont des produits de niche au sens du règlement européen, ont dû se conformer aux standards SEPA pour le 1er février 2016.

Directive sur les services de paiement

La **directive sur les services de paiement** (DSP 1) est une directive européenne (2007/64/CE), entrée en vigueur au 1er novembre 2009, concernant les services de paiement dans le marché intérieur. Elle a été abrogée et remplacée par la **directive sur les services de paiement 2** (DSP 2), (UE) 2015/2366 adoptée le 25 novembre 2015.

78886

La DSP 1 permet l'harmonisation juridique, à l'échelle européenne, des règles applicables à certains services de paiement :
– harmonisation des règles de fonctionnement des moyens de paiement ;
– mise en place d'un cadre juridique commun visant à l'instauration d'un marché unique des paiements en Europe ;
– renforcement de la protection des consommateurs ;
– plus grande efficacité dans le traitement des moyens de paiement ;
– ouverture du marché avec la création du statut d'établissement de paiement, qui permettra à des acteurs non bancaires d'offrir ce type de services, tels que les opérateurs de téléphonie mobile ou les grandes surfaces.

La DSP 2 adapte le cadre réglementaire des services de paiement aux défis posés par l'apparition de services innovants, par la croissance rapide des paiements électroniques et par le rythme soutenu de l'innovation technique. Le champ d'application de la directive est également étendu puisqu'elle inclut désormais les opérations en toutes devises des prestataires de services de paiement (PSP) situés dans l'Union européenne, y compris lorsqu'un seul des PSP engagés dans la transaction est situé au sein de l'Union, pour la partie de la transaction qui se déroule dans l'Union européenne (*one-leg transactions*).

B. Zones de risques

Les moyens de paiement sont généralement **audités** via des audits informatiques dans les établissements bancaires. En effet, les opérations et systèmes de place par lesquels elles transitent sont complexes à approcher, et concernent les différents métiers de la banque. De plus, ces opérations sont hautement automatisées, et se dénouent rapidement dans un fonctionnement normal. Elles relèvent d'une activité de flux, peu adaptée aux techniques d'audit habituelles, fondées sur la revue des stocks.

78890

Pourtant, ces zones de risques ont pris une **importance accrue** pour la plupart des banques, notamment à la suite de dysfonctionnements de systèmes de place (moyens de paiement transfrontaliers lors de la mise en place de l'euro, chèques, moyens de paiement électroniques...).

78892

SECTEUR BANCAIRE © Ed. Francis Lefebvre

78895 Le **risque administratif** (opérations effectuées avec retard notamment) peut engendrer une perte de PNB (produit net bancaire) pour la banque, puisque celle-ci est rémunérée, au moins partiellement, sur le *float*.
En pratique, les **dysfonctionnements** susceptibles d'être à l'origine d'un risque administratif peuvent être relatifs :
– au **traitement des chèques** (les principales banques sous-traitent le postmarquage, ce qui peut engendrer des difficultés dans le suivi de la piste d'audit, et donc des retards de transmission, ou de rejet) ;
– aux **modifications des systèmes de place**, qui engendrent généralement un temps d'adaptation des établissements concernés pour mettre à jour leurs procédures et systèmes ; ainsi les virements transfrontaliers ont connu de forts dysfonctionnements de place en 1999, à la suite de la mise en place de l'euro ;
– aux **modifications de l'organisation interne** ; un de leurs enjeux étant de réduire les coûts de traitement de ces opérations, les banques sont amenées à procéder à des réorganisations (regroupement de *back-offices*...) ou à des modifications des systèmes d'information.

78900 Le **risque opérationnel est particulièrement fort**, la plupart des systèmes étant entièrement intégrés et « interfacés » avec les systèmes de place d'où un risque informatique significatif.
L'appréhension du risque informatique est présentée aux n⁰ˢ 78620 s.

De plus, du fait du volume des opérations et de la complexité des systèmes, le **risque de fraude** ne doit pas être négligé.
En pratique, le risque de fraude peut prendre plusieurs formes :
1. La **fraude externe** (falsification de chèques, cavalerie, blanchiment) doit pouvoir être identifiée par des procédures au niveau des agences et *back-offices*.
2. Les **détournements internes** sont plus difficiles à déceler, dans la mesure où ils peuvent être réalisés en s'appuyant sur un environnement parfois instable (dysfonctionnements de systèmes de place, schémas comptables complexes...).
Sur la prise en compte par l'auditeur du risque de fraude, voir également n⁰ˢ 27490 s.

78905 Malgré la sécurisation croissante des systèmes, le **risque de contrepartie** demeure dans certains cas, et peut se matérialiser via une défaillance avant le débouclage d'une opération (dans un système net) ou via l'absence de provision.
Le risque de contrepartie est bien sûr accru dans le cas de retard dans le traitement ou le débouclage de l'opération.

78910 On note en outre que l'une des difficultés majeures pour l'auditeur est souvent de pouvoir **suivre la piste d'audit** d'une opération afin de remonter de la comptabilisation jusqu'au document initial.

C. Approche d'audit

78930 La nature et la complexité des opérations relatives aux moyens de paiement rendent nécessaire une **approche par processus**, indépendante d'une approche par métier puisque les opérations concernent plusieurs métiers. L'approche d'audit est essentiellement fondée sur l'appréciation du contrôle interne, les contrôles des comptes n'étant qu'un complément à cette appréciation.

Appréciation du contrôle interne

78940 Le contrôle interne doit être approché par processus (de manière transversale par rapport aux différents services), son analyse devant porter en priorité sur ceux qui sont susceptibles de soulever des difficultés. L'**identification des dysfonctionnements** peut être réalisée à l'aide de la revue du niveau des suspens comptables, des réclamations de la clientèle, ou en s'appuyant sur les travaux réalisés par les différents corps de contrôle (audit interne, inspection).

78945 La revue s'opère ensuite selon **quatre axes d'analyse** :
– la sécurité et l'efficience des systèmes d'information, en s'appuyant sur la revue des cartographies applicatives et la réalisation de tests de cheminement ;

© Ed. Francis Lefebvre

SECTEUR BANCAIRE

– le niveau des procédures opérationnelles et leur application effective dans les *back-offices* et les centres techniques ;
– la compréhension détaillée des schémas comptables, afin de juger de leur adéquation avec les processus et de l'existence de la piste d'audit ;
– l'analyse du contrôle comptable, qui doit pouvoir identifier toute anomalie grâce à des outils d'analyse des comptes donnant une vision synthétique des suspens comptables, par nature, antériorité, montant, etc.

Contrôle des comptes

Les types de comptes liés aux opérations de moyens de paiement devant faire l'objet d'une analyse comprennent les comptes de confrères et correspondants (« nostri » et « lori ») et les comptes de suspens, au sens large, qui intègrent les comptes d'encaissement de chambre de compensation, les comptes de valeurs non imputées ou autres sommes dues, les comptes de trésorerie (caisse) qui doivent également faire l'objet d'une revue fondée sur l'obtention et l'analyse des états d'inventaire et des soldes atypiques (caisses créditrices notamment). **78955**

Les comptes **« nostri »** sont les comptes « miroirs » tenus chez les intermédiaires en France et destinés à retracer les écritures enregistrées à leur nom à l'étranger. Leur revue passe par une analyse des rapprochements bancaires et des contrôles réalisés par la banque sur ces rapprochements, et notamment les analyses d'antériorité, de nature et de montant des suspens en rapprochement. **78965**

Les comptes **« lori »** sont les comptes ouverts dans les livres des intermédiaires en France au nom de correspondant ou de clients non résidents ; les opérations de moyens de paiement se dénouent également sur ces comptes. Les rapprochements de banques étant par construction réalisés par la contrepartie et non par la banque, la revue de ces comptes passera par l'analyse des réclamations reçues des correspondants. **78970**

L'analyse des **comptes de suspens**, d'encaissement ou de passage se fait en liaison avec la compréhension et l'analyse des schémas comptables effectués lors de la revue du contrôle interne. **78980**

> Elle consistera à s'appuyer sur les analyses réalisées par la banque portant sur le nombre, le volume, la nature et l'antériorité des suspens. Des tests pourront être effectués en fonction du niveau de risque identifié, et devront porter non seulement sur l'apurement du suspens, mais aussi sur son origine et sur les modalités de sa régularisation.

II. Crédits et engagements

L'exposé comportera : **79000**
– une présentation générale du cycle « crédits » (mise à disposition) et engagements (promesse de mise à disposition des fonds) (n⁰ˢ 79050 s.) ;
– la définition des principales zones de risques (n⁰ˢ 79150 s.) ;
– une description de l'approche d'audit (n⁰ˢ 79200 s.).

A. Présentation du cycle

L'activité a été affectée par les réformes intervenues en termes de **surveillance** et de **maîtrise des risques**, notamment avec Bâle II (développement de modèles de notation interne, définition des probabilités de défaut [PD], d'expositions en cas de défaut [EAD] et de pertes en cas de défaut [LGD]). Les objectifs des superviseurs, avec la mise en place de Bâle II, étaient de renforcer la sécurité et la solidité du système financier en exigeant des établissements un niveau de capital approprié déterminé grâce à une mesure plus fine des risques et une prise en compte de systèmes de gestion des risques plus sophistiqués. **79050**
Ces exigences ont été renforcées par les réformes « Bâle III » de 2010 et 2017, avec pour objectifs une supervision accrue de la liquidité (mise en place de deux ratios de liquidité : *Liquidity Coverage Ratio* [LCR] et *Net Stable Funding Ratio* [NSFR]), du risque de

1621

SECTEUR BANCAIRE   © Ed. Francis Lefebvre

levier (mise en place du ratio de levier : *Leverage Ratio* [LR]) et un renforcement des exigences en fonds propres des risques de crédit, de marché et opérationnels. Une partie de ces réformes ont été déjà mises en œuvre dans le droit de l'Union européenne par le biais des textes réglementaires CRR et CRD IV, complétées des révisions dites CRR II-CRD V, puis seront complétées d'une proposition législative attendue pour le dernier trimestre de 2021 dite CRR III-CRD VI.

Ainsi, les activités de banque de détail tournées vers les particuliers et les PME seront, du fait de leur nature, moins affectées par les mesures « Bâle III », en raison de leur rôle naturel d'intermédiation entre déposants et emprunteurs et de la nature des risques qu'elles portent. Pour autant, les banques de détail, à l'aune de ces nouvelles contraintes sur les fonds propres et la liquidité, doivent intégrer dans leur tarification le coût effectif de leur ressource et piloter leur ratio crédits/dépôts. Se pose donc, au-delà de la question de la liquidité, celle de la rentabilité des établissements bancaires.

79055 Ce contexte a pour conséquence une réduction des marges sur les opérations de crédit classiques que les banques cherchent à compenser au moyen d'**activités rémunérées par des commissions** (hausse de tarification des moyens de paiement, frais de tenue de compte, de gestion des incidents, etc.), mais également une revue de la stratégie d'octroi de financement et de portage des établissements de crédit.

La mise en place d'IFRS 9 au 1er janvier 2018 a accentué cette tendance avec la nécessité de comptabiliser systématiquement et dès l'octroi une dépréciation pour risque de crédit de chaque prêt, ce qui a impliqué une hausse des provisions dans les états financiers des banques.

79065 Selon la loi bancaire 84-46 du 24 janvier 1984 modifiée et l'article L 313-1 du Code monétaire et financier une **opération de crédit** est définie comme « tout acte par lequel une personne agissant à titre onéreux met ou promet de mettre des fonds à disposition d'une autre personne ou prend, dans l'intérêt de celle-ci, un engagement par signature, tel qu'un aval, un cautionnement ou une garantie. Sont assimilés à des opérations de crédit le crédit-bail, et, de manière générale, toute opération de location assortie d'une option d'achat ».

Une garantie est un acte procurant à un créancier une sûreté en complément de l'engagement du débiteur. Une sûreté est une garantie accordée à un créancier pour réduire le risque de défaillance du débiteur et il existe deux catégories de sûretés :
– la sûreté réelle quand le débiteur donne un bien en garantie (nantissement, gage, hypothèque, privilège) ;
– la sûreté personnelle quand un tiers s'engage à payer en cas de défaillance du débiteur (cautionnement, aval, lettre d'intention, garantie autonome).

Opérations de crédit

79080 **Différents segments de marchés** L'activité de crédit répond aux divers besoins de financement des particuliers, des professionnels et des entreprises. On distingue réglementairement la clientèle financière, la clientèle non financière privée et la clientèle non financière publique.

> À partir de cette segmentation, chaque établissement de crédit opère ses propres distinctions afin de suivre son activité par type de clientèle.

1. La **clientèle financière** comprend :
– les institutions financières hors établissements de crédit ;
– les entreprises d'investissement ;
– les organismes de placements de valeurs mobilières ;
– les fonds communs de titrisations.

2. La **clientèle non financière privée** comprend :
– les sociétés ;
– les entrepreneurs individuels ;
– les particuliers ;
– les entreprises d'assurance et de capitalisation ;
– les administrations privées.

3. La **clientèle non financière publique** comprend :
– les administrations publiques ;
– l'État.

1622

Différents types de crédit Sans recenser exhaustivement toutes les formes de crédit, il est possible de regrouper ceux-ci en catégories à partir de leurs caractéristiques essentielles :
– le **crédit par signature** correspond à un engagement pris par la banque de mettre des fonds à disposition de son client ou d'intervenir financièrement en cas de défaillance de celui-ci, sans mouvement de trésorerie à la signature du contrat (c'est-à-dire sans décaissement de fonds). Il sera, par conséquent, comptabilisé au hors-bilan de la banque ;
– le **crédit « classique »**, par opposition au crédit par signature, se caractérise par des mouvements de trésorerie auprès des clients : il est de ce fait comptabilisé à l'actif du bilan de l'établissement qui l'a consenti ;
– les **créances commerciales** (telles que l'escompte ou les cessions de créances Dailly) représentent une forme spécifique de l'activité de crédit des banques dans le refinancement des entreprises. Les **crédits à l'exportation**, qui répondent à la même logique de financement mais dont les conditions de mise en place peuvent s'avérer plus complexes, peuvent aussi être inclus dans cette catégorie ;
– les **comptes ordinaires débiteurs** intègrent aussi bien les découverts non autorisés que les facilités de caisse ou de découverts permettant d'une manière générale de financer l'exploitation courante des sociétés.

> Les crédits peuvent aussi être classés en fonction d'autres critères comme la durée, l'objet du financement ou la présence de garanties ou le taux.

79090

Organisation fonctionnelle

Au-delà des différences propres à chaque établissement bancaire, on retrouve généralement, en matière d'organisation, les grandes fonctions suivantes :
– la **fonction commerciale** peut s'exercer tant au niveau d'un réseau que par l'intermédiaire d'apporteurs d'affaires. Ces fonctions s'apparentent au *front-office*, en charge de l'exécution ;
– le **service des engagements** s'occupe principalement du suivi et de la correcte application de la politique et des conditions d'octroi de crédits arrêtées par la direction générale ;

> La direction générale de la banque doit clairement définir sa politique en matière de crédits. Cette politique, approuvée par l'organe délibérant, doit se traduire tant en objectifs commerciaux qu'en termes de qualité du risque et de moyens à mettre en œuvre.

– la **fonction de contrôle** et **de suivi des risques** a la responsabilité de la qualité du portefeuille client. Les établissements de crédit doivent mesurer les risques en s'appuyant sur l'exploitation de statistiques internes ou la mise en place d'instruments de mesure des risques. Cette tâche s'inscrit aussi dans le cadre du respect de la réglementation bancaire, réglementaire et prudentielle. Il s'agit du *middle-office* ;
– les *back-offices* et les **services administratifs** s'occupent de l'aspect administratif dans le montage des dossiers et de la conservation des pièces essentielles (envoi et gestion de la vie des contrats, comptabilisation) ;
– les **services de précontentieux (ou recouvrement amiable) et de contentieux** sont en charge de déployer les moyens nécessaires pour assurer un recouvrement correct des créances devenues incertaines ou douteuses. Certains établissements peuvent faire appel à une société de recouvrement externe.

79100

Mise en place de la norme IFRS 9

L'entrée en vigueur au 1er janvier 2018 de la norme IFRS 9 introduit des **changements importants** dans la comptabilisation des actifs financiers (principalement crédits et titres) avec principalement :
– des règles de classement des actifs financiers modifiées : le classement des actifs financiers dépend des caractéristiques propres de l'instrument et du modèle de gestion du portefeuille auquel l'instrument est rattaché (phase 1 de la norme) ;
– des nouvelles modalités de calcul des dépréciations au titre du risque de crédit avec l'introduction d'un nouveau modèle de provisionnement s'appuyant sur les pertes attendues et non plus les pertes encourues (phase 2) ;
– une revue des dispositions relatives à la comptabilité de couverture (volet d'application optionnel) ;

79110

SECTEUR BANCAIRE © Ed. Francis Lefebvre

– la possibilité d'enregistrer en capitaux propres la réévaluation des passifs financiers comptabilisés à la juste-valeur par résultat (IFRS 9, point 5.7.1).

La mise en place d'IFRS 9 a également eu des impacts opérationnels importants avec la nécessité pour chaque établissement de développer de nouveaux modèles de dépréciation pour risque de crédit et de centraliser en interne les informations nécessaires au fonctionnement de ces modèles (entre autres, l'historique des notations internes des crédits), ce qui a impliqué pour de nombreux établissements des chantiers de développement informatique.

Le niveau d'information financière attendu a également été modifié avec la mise en œuvre de la norme IFRS 9, et précisé dans le cadre de la norme IFRS 7.

B. Zones de risques

Importance du risque de crédit

79150 L'audit des grands réseaux bancaires constitue l'un des domaines les plus complexes dans l'audit des banques du fait :

– des risques potentiels élevés très dépendants des facteurs économiques externes et difficilement mesurables en instantané (notamment risque de contrepartie) ;

– d'un volume généralement considérable qui rend insuffisante l'approche traditionnelle fondée sur la revue des stocks ;

– d'un éloignement géographique entre les *front-offices*, les *back-offices* et le siège, qui oblige à un contrôle interne très rigoureux et à un dispositif de pilotage et de filtrage de l'information complexe ;

– d'un cadre contractuel difficile à appréhender dans sa globalité (nature et tarification de l'offre commerciale, prestations internes, gestion des partenariats, respect de la législation) ;

– d'un environnement informatique à maîtriser (cartographie des systèmes et des flux) ;

– d'une gestion des données (exhaustivité, historique, qualité, délai de production et d'analyse) particulièrement difficile à maîtriser car les données exigées par les nouvelles normes internationales, et notamment la norme IFRS 9, ne sont pas toujours disponibles dans les systèmes.

Nature des risques de crédit

79155 Outre les risques de change, taux ou liquidité examinés par ailleurs, les principaux risques liés à l'activité de crédit sont les risques de crédit ou de contrepartie et les risques opérationnels.

Les **risques de crédit ou de contrepartie** sont liés à la détérioration de la situation de l'emprunteur ou de la valeur des garanties obtenues par l'établissement pouvant entraîner le non-remboursement partiel ou total de la créance (et par assimilation, lorsque l'établissement est appelé en garantie au titre d'engagements donnés). Ces risques peuvent être augmentés par la situation de certains marchés ou secteurs d'activité mais aussi par la politique d'octroi et de diversification des encours retenue par l'établissement.

Les **risques opérationnels** découlent des insuffisances ou de la non-application des procédures d'octroi de crédits ou de leur suivi administratif, notamment la perte d'informations, la mauvaise conservation des pièces juridiques nécessaires au recouvrement des encours, le suivi des échéances des garanties ou la fraude, problème informatique...

Évaluation des risques

79165 Les principales zones de risques devant attirer l'attention de l'auditeur sont les suivantes :

– les **procédures d'octroi/engagement** permettent à l'établissement de garantir l'adéquation entre les concours octroyés, les moyens et la surface financière de l'établissement, ses objectifs (clientèle cible, marché, etc.) mais aussi le respect de la réglementation prudentielle et législative. Le rôle du contrôle interne est de s'assurer que le niveau de prise de risques est compatible avec la politique de risques définie ;

– la **reconnaissance du risque de contrepartie** doit permettre une évaluation du niveau de provisions nécessaire. Cette reconnaissance repose sur l'instauration d'un système de *scoring* interne, une procédure de revue périodique et de mise à jour des dossiers, et

1624

SECTEUR BANCAIRE

79165
(suite)

une analyse régulière des états d'anomalies (identification rapide des impayés ou dépassements éventuels, risques de contagion) ;

– la **reconnaissance des revenus** : un système informatique déficient peut être à l'origine d'erreurs dans le processus de reconnaissance des revenus : mauvaise adaptation à la nature des encours, enregistrement des opérations en pool, calculs dans les revenus courus…. Des rapprochements réguliers des bases et des contrôles de cohérence peuvent permettre de fiabiliser la correcte comptabilisation des produits. Par ailleurs, lors de la revue du dispositif de contrôle interne, les systèmes d'information devraient être revus pour s'assurer qu'ils permettent d'évaluer, par contrepartie ou catégorie de contreparties, le niveau de risque qu'assume l'établissement ;

– l'**évaluation des risques** est généralement effectuée à partir d'une analyse individuelle des dossiers de crédits qui permet de constituer des niveaux minimaux de provisions. Lorsque cet examen individuel n'est pas réalisable, du fait du grand nombre de dossiers ou de leur faible montant unitaire (notamment en matière de crédit à la consommation), il est possible de faire appel à des méthodes statistiques fondées sur des données historiques externes (cotations d'agence de *rating*) ou internes (notamment les taux de recouvrement par type de marché, clientèle ou produit), issues de l'expérience de l'établissement dans un segment de marché donné. Par ailleurs, des provisions sur base portefeuille, des provisions filières ou sectorielles peuvent être comptabilisées en référentiel comptable français (voir n° 79295).

Des évolutions notables ont eu lieu avec la **mise en œuvre d'IFRS 9** depuis le 1er janvier 2018 en matière d'évaluation du risque de crédit (phase 2) avec le nouveau modèle dit « d'estimation des pertes de crédit attendues » (les pertes étant estimées et comptabilisées dès la comptabilisation initiale du crédit au bilan). Les institutions financières ont ainsi dû faire face à des impacts importants en termes :

– économiques avec une hausse des dépréciations au titre du risque de crédit ainsi qu'une volatilité plus forte de ces dernières (le nouveau modèle reposant sur une approche de provisionnement des pertes à douze mois pour les créances de qualité et sur une approche de provisionnement à terme pour les créances significativement dégradées) ;

– opérationnels avec la nécessité pour chaque établissement de développer de nouveaux modèles et de centraliser en interne les informations nécessaires au fonctionnement de ces modèles (entre autres, l'historique des notations internes des crédits), ce qui a impliqué pour de nombreux établissements des chantiers de développement informatique ;

– prudentiels avec une hausse attendue de l'exigence de fonds propres.

Par ailleurs, depuis la mise en place de **Bâle II et III**, la mesure du risque de crédit est dorénavant gérée de façon dynamique, la finalité étant d'aboutir à une gestion plus fine du risque de crédit intégrant également les risques opérationnels ou de taux et une expertise financière et statistique d'aide à la décision. Les régulateurs prennent en compte, le cas échéant, les modèles internes (ayant fait l'objet d'une homologation) des établissements bancaires.

Il est notamment précisé que les notations internes et les estimations de probabilité de défaut (Probability of default) et de perte (Loss given default) doivent jouer un rôle essentiel dans le processus d'approbation du crédit, la gestion du risque, l'allocation interne de fonds propres, la tarification et le gouvernement d'entreprise. Plus généralement, les critères de notation interne doivent être cohérents avec les règles internes d'octroi et avec la politique de traitement des emprunteurs et catégories d'encours en difficulté. Cette intégration nécessaire des systèmes à la vie des établissements est extrêmement importante car elle garantit que les établissements auront intérêt à s'assurer que leurs systèmes produisent des résultats pertinents. En outre, la nécessité d'intégrer au cœur de leur fonctionnement des outils de notation interne est à même de renforcer les politiques internes de gestion et de conduire les établissements à l'adoption de meilleures pratiques.

L'intégration des systèmes de notation interne à l'activité de l'établissement se traduit par ailleurs par des exigences spécifiques en matière de contrôle interne. Ainsi, pour pouvoir utiliser leurs systèmes, les établissements devront disposer d'une unité de contrôle des risques indépendante, responsable de la conception, de la mise en œuvre et de la performance des outils. Cette unité sera en charge du contrôle de premier niveau au sens de l'arrêté du 3 novembre 2014 et devra en particulier être détachée de toute fonction opérationnelle relative à l'utilisation ou la mise en œuvre de la notation. Les systèmes de notation interne devront également faire l'objet d'un contrôle interne de deuxième niveau. L'audit interne, l'unité de validation indépendante des modèles, ou autre fonction similaire devra ainsi effectuer une revue, a minima annuelle, du système de notation de la banque et de son fonctionnement, y compris les tâches des unités de contrôle du risque de crédit et l'estimation des paramètres de risque. Les contrôles devront en outre intégrer une vérification de la conformité avec toutes les exigences réglementaires applicables.

SECTEUR BANCAIRE © Ed. Francis Lefebvre

C. Approche d'audit

79200 L'approche d'audit des activités de crédit s'oriente autour des trois principales phases suivantes :
– l'**examen analytique préliminaire** de l'organisation des métiers et des produits à travers le contrôle de gestion ;
– l'**évaluation du dispositif de contrôle interne** de mesure des risques de crédit et des risques comptables ;
– le **contrôle des comptes**, principalement centré sur le raccordement des chaînes de gestion à la comptabilité.

> L'approche doit également tenir compte des outils de marché utilisés dans le contexte du cycle crédit. On relèvera par exemple le problème de la prise en compte de la prime dans le cas de prêts à la clientèle assortis d'un cap, ou la nécessité d'inclure dans l'approche les dérivés de crédits. Ces outils sont présentés de manière plus détaillée nᵒˢ 79700 s.

Examen analytique préliminaire

79210 L'examen analytique préliminaire doit amener l'auditeur à une compréhension initiale de l'activité. Cet examen doit lui permettre de mieux appréhender la formation des résultats de la société ou du groupe audité (voir nᵒˢ 78590 s.).

L'examen analytique préliminaire rend possible en pratique la préparation de la revue et du contrôle des résultats de la banque, qui sera réalisé après l'arrêté des comptes audités (voir nᵒ 79350). Cette phase comporte par ailleurs, avant les travaux d'analyse de détail du contrôle interne (voir nᵒ 79215), une première étape de prise de connaissance de l'environnement (organisation, procédures et systèmes d'information) mise en place par la société ou du groupe audité pour gérer et contrôler ses activités.

> Des exigences spécifiques liées à la norme IFRS 9 sont également à prendre en compte dans le cadre de l'examen analytique préliminaire avec notamment l'examen de la segmentation des encours du bilan par classe homogène de risques (ou portefeuilles) et des critères retenus pour réaliser cette segmentation : classe d'actifs (prêts, titres, engagements de financement…), nature des produits (prêts immobiliers, prêts *corporate*, crédits à la consommation…), secteur géographique, secteur économique, typologie de garanties associées aux encours, avec idéalement :
> – les provisions IFRS 9 associées ;
> – les montants d'actifs pondérés des risques associés (RWA) et, le cas échéant, le montant de l'ECL à 1 an Bâlois.

L'examen analytique préliminaire comprend plusieurs étapes.

79215 **Analyse de l'offre commerciale et de la tarification** L'analyse de l'offre commerciale passe par une prise de connaissance de la gamme de produits commercialisés et des grandes stratégies d'évolution de la clientèle visée et de la tarification adoptée. Cette analyse porte tant sur le plan du développement technique de ces produits que sur leur mode de distribution et de gestion.

> Ainsi, il est possible :
> – de distinguer les produits ou activités générateurs d'intérêts des produits ou activités générateurs de commissions ;
> – de calculer sur ces produits les effets volumes et les effets taux dans la formation des marges ;
> – d'obtenir une première vision de l'organisation et des systèmes de gestion structurant l'activité revue, préalablement aux travaux de détail qui seront effectués ultérieurement (voir nᵒˢ 79250 s.).
> Ces éléments permettront au commissaire aux comptes d'analyser l'environnement de contrôle interne de la société et de réaliser une revue analytique approfondie.
> Depuis la mise en place d'IFRS 9, l'auditeur prend également connaissance du processus de contrôle interne autour de la mise en place des **nouveaux produits**. En effet, les analyses SPPI (*Solely Payment of Principal and Interest*) et du « business model » sont à mener à la première comptabilisation du contrat et réexaminées lors des modifications contractuelles ultérieures si ces modifications conduisent à la décomptabilisation.

79220 **Analyse des regroupements opérés pour la production des résultats** Les résultats de gestion sont en effet produits et analysés en distinguant des ensembles homogènes par segments de clientèle (généralement particuliers / professionnels / entreprises), lignes métiers (crédits immobiliers / crédits export…) et zones géographiques.

1626

© Ed. Francis Lefebvre

SECTEUR BANCAIRE

Examen du périmètre des intervenants Une autre exigence préalable à l'ana- **79225**
lyse des résultats est l'identification exhaustive des relations contractuelles internes
(groupe) ou externes (hors groupe) que la banque a nouées pour développer ses activités
de crédit. Ces relations contractuelles concernent principalement les modes de gestion
et de rémunération des apporteurs d'affaires, du réseau des agences ou des partenaires
externes ou internes auxquels certaines étapes de la gestion des crédits ont été déléguées
(commissions versées).

Analyse des règles internes de construction du contrôle de gestion **79230**
La détermination de résultats par métier ou marché nécessite la définition en interne
d'hypothèses de construction spécifiques au contrôle de gestion, que la démarche d'audit doit absolument être en mesure de clarifier initialement : ces hypothèses sont essentiellement relatives aux taux de cession internes (TCI) par marché/métier, ou, plus encore,
aux règles de répartition des frais généraux support du siège et aux règles d'allocation
des fonds propres et ressources longues par marché/métier.

Les taux de cession interne sont les taux d'intérêt auxquels les unités commerciales placent leurs
ressources et refinancent leurs emplois auprès d'une unité centralisée (direction financière, département gestion de bilan, etc.).
Ces taux doivent refléter les prix de marché, c'est-à-dire les taux que l'unité commerciale devrait payer
si, au lieu de s'adresser à l'unité interne en charge de la gestion de bilan, elle devait s'adosser directement sur les marchés. Ils sont établis selon une méthodologie identique sur les crédits et sur les dépôts
et sont référencés par rapport à des taux de marché en fonction de la maturité des opérations. Les TCI
peuvent être calculés opération par opération pour tous les éléments de bilan « contractuels » en
fonction de la devise, de la génération, de la durée, de la nature des taux et des options éventuellement
attachées. Pour les opérations à échéance, ce taux correspond au taux de *swap*, augmenté du coût de
liquidité (ce dernier – coût de *funding* – peut représenter quelques points de base supplémentaires).
Pour les autres éléments de bilan, dits « à vue », l'échéancier de chaque produit est modélisé et le TCI
traduit l'adossement flux par flux de ces encours.

Appréciation du contrôle interne

L'examen du contrôle interne permet aux auditeurs d'intervenir sur l'ensemble des procé- **79250**
dures de l'établissement et d'identifier ainsi les zones de risques potentielles. L'évaluation
du contrôle interne concernant l'activité de crédit se concentre sur l'analyse :
– des procédures d'engagements (n° 79255) ;
– de la gestion des encours sains (n° 79275) ;
– du dispositif de surveillance des risques (n° 79280) ;
– du dispositif de contrôle des comptes (n° 79310).

Une attention particulière est portée sur le dispositif de contrôle interne et sur la gouvernance encadrant le processus de production des comptes sous IFRS 9, et plus particulièrement sur le dispositif de
surveillance et d'évaluation du risque de crédit sous ce nouveau référentiel, y compris l'analyse des
nouveaux produits et les modifications contractuelles sous-tendant la classification comptable des
crédits.

En pratique, l'**analyse des procédures** relatives aux crédits et engagements peut se **79255**
dérouler de la manière suivante :
– examen de la procédure définie par l'établissement à l'aide de manuels de procédures,
d'entretiens avec les principaux responsables des départements concernés, de cartographies applicatives, des rapports préexistants internes (inspection, audit interne) ou
externes (autorités de tutelle) ;
– identification de forces ou faiblesses des procédures décrites (tableau de flux, contrôle
du respect des objectifs d'audit) ;
– validation des points forts de la procédure par l'intermédiaire de tests de conformité
essentiellement sur une sélection de dossiers de crédit et par la réalisation de tests de
cheminement.

Analyse des procédures d'engagements L'examen des procédures d'engage- **79265**
ments passe par la revue des points suivants :
– respect de la politique d'offre (respect des barèmes de taux, des conditions de mise
en place, de la législation spécifique applicable notamment en matière de crédit à la
consommation) ;
– existence de systèmes de *scoring* et d'un système de délégation ;

1627

SECTEUR BANCAIRE © Ed. Francis Lefebvre

Avec la mise en place d'IFRS 9 et des nouveaux modèles de provisionnement associés, il convient de prêter une attention particulière au processus de notation du crédit au moment de l'octroi. En effet, sous IFRS 9 l'estimation des pertes de crédit attendues est estimée et comptabilisée dès la comptabilisation initiale du crédit au bilan (maturité à douze mois pour le stage 1). La dégradation de la notation au cours de la vie du crédit est un des critères de dégradation significative du risque de crédit et donc de son déclassement en stage 2.

– existence d'un système de limites et suivi des autorisations ;
– qualité de la formalisation des décisions d'octroi et de constitution des dossiers (analyse des dossiers [dont les pièces justificatives] en comité de crédit, existence de fiches de décision dûment signées par les responsables compétents).

L'analyse des procédures d'engagements doit permettre de vérifier l'adéquation entre la connaissance des règles de fonctionnement des procédures et leur application quotidienne par le personnel de l'établissement.

79275 **Procédures de gestion des encours sains** Les points clés dans ce domaine sont essentiellement :
– le suivi du règlement des échéances et le traitement de relance des premiers impayés ;
– la mise à jour des informations relatives à la vie du dossier, notamment en ce qui concerne l'évolution de la situation financière du bénéficiaire et des garanties reçues ;
– la gestion des événements affectant la situation des crédits (renégociations, moratoires, remboursements anticipés…).

La revue de la bonne application de cette procédure doit conduire l'auditeur à s'assurer qu'il n'y a pas de dossiers sains susceptibles d'être classés en douteux.

79280 **Dispositif de surveillance des risques** La revue du dispositif de surveillance des risques a pour principaux objectifs, d'une part, de s'assurer de la faculté de l'établissement bancaire à recenser de manière exhaustive ses encours à risques, d'autre part, de porter une opinion sur le niveau de maîtrise dont dispose l'entité sur les dépréciations et provisions qu'elle constitue.

La revue du dispositif de surveillance des risques comprend :
– une évaluation du recensement des encours à risques ;
– une évaluation des méthodes de provisionnement ;
– une évaluation du dispositif et des méthodes d'évaluation des éventuelles garanties qui seraient prises en compte dans le calcul du provisionnement.

79285 1. La qualité du **recensement des encours à risques** dépend largement :
– des modalités de surveillance des **risques sains** : analyse des dépassements de limites autorisées, constitution de liste de surveillance de contreparties (*watch list*), mise en place de suivi de dossiers en « affaires spéciales », etc. ;
– de l'existence d'une procédure de **notation interne** : à la suite des dispositions de l'arrêté du 3 novembre 2014, les établissements de crédit sont tenus de construire un système de notation propre conduisant à attribuer une note à chaque contrepartie en fonction de son niveau de risque. Ce système est généralement constitué d'une série limitée de notes regroupant les dossiers par ensembles homogènes ;
– de l'existence d'une **organisation sectorielle** sur domaines sensibles : la revue des risques sur certains domaines traditionnellement sensibles en termes de risque de contrepartie peut s'appuyer, le cas échéant, sur les travaux de départements ou équipes dédiés que les établissements peuvent avoir mis en place sur ces secteurs (par exemple pour les secteurs de l'immobilier, de l'énergie, de l'aéronautique…) ;
– de l'analyse des **procédures de déclassement** sains / précontentieux / contentieux / douteux compromis : le caractère automatisé et/ou formalisé des déclassements d'une catégorie de gestion à une autre est un point sensible de l'organisation du suivi des risques de l'entité ; ces déclassements doivent de plus s'inscrire dans le cadre réglementaire bancaire (comptabilisation distincte des créances douteuses, provisionnement systématique des intérêts attachés à ces créances). Les modalités de déclassements prévues doivent par ailleurs garantir le respect du principe de contagion (extension du caractère douteux à l'ensemble des engagements d'un groupe considéré, dès que l'un de ces engagements est identifié comme douteux) ;

1628

© Ed. Francis Lefebvre

SECTEUR BANCAIRE

On notera la publication le 21 juillet 2013 de définitions d'expositions non performantes (*non performing exposure*) et restructurées (*forbearance*) sur le site de l'Autorité bancaire européenne (EBA). Ces définitions font l'objet d'une norme technique d'exécution (ITS) d'application directe dans le cadre de la collecte de données pour le *reporting* prudentiel (FINREP). La définition d'exposition non performante ne remplace toutefois pas les notions d'encours douteux et douteux compromis existant dans la réglementation comptable française. Elle ne se substitue pas non plus à la notion de « défaut » publiée dans le règlement européen 575-2013 (CRR).

On portera également une attention particulière aux procédures de déclassement sous IFRS 9 (passage du stage 1 au stage 2, et enfin au stage 3).

– du suivi des niveaux de garantie et en particulier de la mise à jour de la valeur de ces garanties : l'établissement doit procéder à cette mise à jour annuellement ;
– de la revue des **structures de suivi des risques** crédit : l'existence de cellules de suivi tant au niveau local qu'au niveau national doit permettre de bien appréhender la nature des risques. Cette appréciation doit aussi s'appuyer sur les services transversaux tels que les organes d'inspection et de contrôle interne.

Compte tenu des spécificités des différents grands segments de clientèle des établissements de crédit, l'approche exposée ci-dessus doit être **déclinée par marché** : particuliers, professionnels et entreprises.

79290

Cette approche classique par marché se complète de plus en plus souvent par l'utilisation de méthodologies d'évaluation interne des risques intervenant dès la mise en place des crédits. Cette méthodologie vise à évaluer les probabilités de pertes futures par dossier dans un souci d'ajustement de la tarification et d'optimisation de la rentabilité.

La loi 89-1010 du 31 décembre 1989 relative à la prévention et au règlement des difficultés liées au surendettement des particuliers et des familles, dite loi Neiertz, est une loi française qui vise à prévenir et accompagner les personnes victimes de surendettement. Elle a été abrogée le 14 décembre 2000 à l'exception de la plupart de ses articles traitant des mesures préventives dont les commissions de surendettement font partie. Elle est remplacée par la procédure de rétablissement personnel pour le traitement des dossiers « dans une situation irrémédiablement compromise ».

Le crédit à la consommation fait l'objet d'un dispositif de contrôle accru depuis la réforme du crédit à la consommation (Loi 2010-737 du 1-7-2010, dite loi Lagarde) dont l'objectif est de réguler la commercialisation et l'utilisation en France des crédits à la consommation, notamment des crédits *revolving*. Les principales mesures sont :
– l'encadrement de la publicité, du rachat du crédit et du crédit *revolving* ;
– le développement du micro-crédit ;
– une réforme du surendettement (réduction de la durée des plans de surendettement de 10 à 8 ans, raccourcissement de la durée des procédures de surendettement de 6 à 3 mois) ;
– l'obligation pour les banques d'assurer la continuité des services bancaires lorsque le client dépose un dossier de surendettement ;
– le raccourcissement des durées d'inscription au FICP de 8 à 5 ans suite à une procédure de rétablissement personnel et de 10 à 5 ans dans le cas d'un plan de remboursement suite à une procédure de surendettement ;
– la réforme du taux d'usure.

La loi précitée a été complétée par la loi 2014-344 du 17 mars 2014, dite loi Hamon, relative à la consommation dont l'objectif est de rééquilibrer les pouvoirs entre consommateurs et professionnels. En matière de crédit à la consommation, l'article 44 de cette loi renforce l'obligation de proposer un crédit amortissable en alternative à toute offre de crédit renouvelable, au-delà d'un certain montant, actuellement fixé à 1 000 € par l'article D 312-25 du Code de la consommation.

Cette nouvelle réglementation a eu un impact limité sur la mission du commissaire aux comptes, qui doit toutefois s'assurer du respect de cette loi lors de la revue du dispositif de contrôle interne.

En conséquence, les établissements ont dû redéployer leur stratégie commerciale et mettre à niveau leur système d'information pour tenir compte de ces nouvelles contraintes réglementaires.

L'évaluation des **méthodes de provisionnement** doit s'effectuer en tenant compte des principes inscrits dans le référentiel comptable français. Sont par ailleurs à respecter les principes inscrits dans le référentiel IFRS pour la production des comptes consolidés des établissements soumis à ce référentiel.

79295

La recommandation ANC 2017-02 du 2 juin 2017 relative au format des comptes consolidés des établissements du secteur bancaire selon les normes comptables internationales remplace la recommandation 2013.04 du 7 novembre 2013.

Cette évaluation doit prendre en considération :
– l'identification et la permanence des méthodes dans le temps : les méthodes de provisionnement doivent, de manière générale, être clairement formalisées par les établissements et mises en pratique de manière récurrente ;

1629

SECTEUR BANCAIRE   © Ed. Francis Lefebvre

Ces exigences de formalisation des principes et d'application de principes permanents sont particulièrement importantes dans les cas de constitution de provisions sur base de portefeuille par les entités
auditées (de type provisions « sectorielles » par exemple). Il en est de même pour les comptes établis
en IFRS (détermination des stages 1 et 2 notamment).

– la différenciation des méthodes retenues : les méthodes de provisionnement doivent
en principe s'appliquer à des ensembles homogènes déterminés en fonction de la taille
des dossiers ou de la nature des segments de clientèle :

• pour les montants significatifs : provisions individuelles déterminées par dossier (habitat
et marché des entreprises, par exemple),

• pour les créances de montants unitaires faibles, présentant des caractéristiques similaires (marchés des particuliers et professionnels) : provisions **statistiques** calculées selon
une méthode statistique fondée sur les défaillances passées et permettant de déterminer
le montant probable des pertes prévisionnelles. Cette méthodologie doit être étayée par
des études internes détaillées et être revue régulièrement. Ce point est d'autant plus
important qu'il conditionne l'acceptation de la déductibilité fiscale des provisions,

• provisions sur base portefeuille ou provisions collectives pour les dossiers ne faisant
pas l'objet d'une dépréciation à titre individuel. Les provisions collectives s'appliquent à
l'ensemble des crédits non dépréciés individuellement, constituant des classes homogènes en termes de risques et ayant subi une dégradation entre la date de mise en place
et la date d'arrêté comptable.

Pour sécuriser l'application correcte des principes de provisionnement statistiques ou individuels définis,
les établissements peuvent développer des approches globales de la couverture des risques par grandes
catégories de portefeuilles (segments de marché / lignes métiers et secteurs…).

Sous IFRS 9, les actifs financiers à déprécier sont répartis en trois stages qui impliquent une méthode
de calcul différente :

– les encours en défaut avérés sont classés en stage 3 (provisions calculées selon les mêmes principes
que sous la norme IAS 39) ;

– les encours présentant une détérioration significative du risque de crédit depuis leur entrée au bilan
sont classés stage 2 (provisions à maturité calculées en vue de couvrir les pertes relatives à tous les
défauts qui pourraient intervenir jusqu'à la date contractuelle de fin de vie de ces encours) ;

– les encours sains ou ne présentant pas de détérioration significative du risque de crédit depuis leur
entrée au bilan sont classés en stage 1 (provisions à 12 mois calculées en vue de couvrir les pertes
relatives aux défauts qui pourraient survenir au cours des 12 mois suivant la date d'observation de ces
encours).

79300 Généralement, l'appréciation des procédures de **provisionnement collectif** ou sur base
portefeuille (ou les provisions **stage 1 et stage 2 pour pertes attendues** sous IFRS 9) se
fait en liaison avec les hypothèses retenues pour les besoins prudentiels.

En pratique, on observe l'utilisation des portefeuilles Bâlois comme base de départ des
groupes homogènes. Lorsque c'est possible (population suffisante), cette approche est
affinée par type de produits.

Cette appréciation repose sur :

– l'analyse des modalités de fonctionnement des systèmes de notation interne : elle doit
porter sur la nature des informations utilisées dans le processus de notation (données
objectives, telles que comptes, cotations Banque de France, ou subjectives, telles que la
qualité des relations ou la réputation), la capacité des gestionnaires à modifier les notations (forçages), l'utilisation de bases externes, les modalités de contrôle et de révision ;

– la revue des modalités de **calcul des probabilités de défaut** (*Probability of Default* ou
PD) en fonction des notations : elle portera sur les bases utilisées telles que des bases
statistiques internes résultant d'une analyse de la période et de la population observées,
ou externes, faute de données internes suffisantes. Dans ce cas la banque peut avoir
recours aux données fournies en la matière par les principales agences de notation ;

– l'appréciation du **calcul des probabilités de pertes** en cas de défaut (*Loss Given Default*
ou LGD), qui prennent généralement en compte les caractéristiques de l'emprunteur
(notation, pays, taille, secteur d'activité, etc.), du crédit (existence de garanties, partage
des risques, priorité de remboursement en fonction de la nature du prêt ou du titre), de
la politique de recouvrement ou de facteurs exogènes (cycles économiques) ;

– le contrôle du **niveau d'exposition** au moment du défaut (*Exposure At Default* ou
EAD), qui est généralement calculé à partir de bases internes ;

– la vérification de la prise en compte correcte de ces différents critères pour le calcul
de la provision statistique ou sur base portefeuille (des provisions stages 1 et 2 en IFRS).

© Ed. Francis Lefebvre

SECTEUR BANCAIRE

La comptabilisation correcte de la provision, la validation des paramètres retenus, leur *backtesting* sont examinés au moment du contrôle des comptes (voir nᵒˢ 79350 s.).

Dispositif de contrôle sur les comptes Comme nous l'avons vu, les encours, dépréciations et provisions sont revus en termes de risques à partir de procédures et d'applicatifs de gestion ; l'audit de l'activité crédit doit également valider l'inscription correcte en comptabilité des montants revus et en particulier l'application correcte du règlement CRC 2002-03 (modifié par le règlement 2005-03 du CRC du 3-11-2005, et par le règlement 2007-06 du 14-12-2007), notamment en termes d'identification des encours restructurés à des conditions hors marché, de déclassement des encours douteux en encours douteux compromis, de règles de provisionnement du risque avéré et d'information financière à donner sur le risque de crédit en référentiel français.

79310

Sur ce type d'activité, compte tenu de la volumétrie des opérations, les **contrôles possibles** sur les comptes reposent essentiellement sur :
1. L'évaluation des **performances du système d'information**, qui se décline principalement autour de :
– l'examen des modes d'alimentation des outils de gestion et des comptabilités ;
– l'analyse des déversements de la gestion en comptabilité ;
– la revue des contrôles offerts par le système informatique en lui-même.
2. La revue des **procédures internes de justification et surveillance des comptes**, par le biais d'une organisation des contrôles sur trois niveaux :
– niveau 1 : contrôles opérationnels quotidiens des entités de base ;
– niveau 2 : justification périodique des soldes en date d'arrêté par les directions ;
– niveau 3 : pilotage du dispositif de contrôle par la comptabilité centrale.

Sur les activités de crédit, les procédures de rapprochement des encours (en capital et en réescompte) et des dépréciations et provisions entre chaînes de gestion et soldes comptables constituent la zone de contrôle la plus sensible.

79313

Contrôle des comptes

Le contrôle des comptes effectué lors de l'examen de la situation de clôture peut se subdiviser en :
– revue des règles de comptabilisation initiale ;
– revue du risque sur les encours ;
– mise en œuvre des autres travaux d'audit et validation de l'information financière.

79350

Revue des règles de comptabilisation initiale La revue des règles de comptabilisation initiale doit faire l'objet de contrôles, notamment pour ce qui est de la comptabilisation des commissions liées à la mise en place du crédit.
En référentiel français, dans le cadre d'un prêt à une contrepartie non bancaire, la part décaissée du crédit est comptabilisée à l'actif du bilan dans le poste « Opérations avec la clientèle », le reliquat de l'engagement est porté dans le hors-bilan dans la rubrique « Engagement de financement donné » (pour un encours décaissé en plusieurs tranches).
Concernant les commissions reçues ou les coûts marginaux liés à l'octroi ou à l'acquisition d'un concours, selon le règlement ANC 2014-07, ils doivent être étalés en résultat selon la méthode actuarielle ou la « méthode alternative » (selon la durée de vie de l'encours ou au prorata du capital restant dû). La part non étalée des commissions ou des coûts marginaux est à intégrer à l'encours du crédit concerné.

En référentiel IFRS, dans la plupart des cas, la comptabilisation initiale des crédits est effectuée au coût amorti.

79355

Revue du risque sur encours La revue du risque sur encours englobe la revue des principaux dossiers de crédits douteux, la revue de la dépréciation sur base portefeuille en référentiel français et/ou la revue de la documentation des dépréciations stages 1 et 2 en IFRS et, enfin, la revue des dossiers de crédits sains.

79360

La **revue des crédits douteux** consiste principalement à se prononcer sur l'évaluation du niveau de provisionnement des encours.
Les orientations de l'Autorité bancaire européenne (ABE) sur l'application de la nouvelle définition du défaut (NDOD) au titre de l'article 178 du règlement européen 575/2013

79363

1631

SECTEUR BANCAIRE   © Ed. Francis Lefebvre

du 26 juin 2013, et applicable à compter du 1er janvier 2021, et les dispositions du règlement européen 2018/1845 du 21 novembre 2018 de la Banque centrale européenne relatives au seuil d'évaluation de l'importance des arriérés sur des obligations de crédit, applicables au plus tard au 31 décembre 2020, ont renforcé la cohérence des pratiques des établissements de crédit européens dans l'identification des encours en défaut.

En pratique, la revue des dossiers de crédits peut se dérouler par **étapes** :

79365 1. Mise en œuvre d'une **sélection des principaux encours**, qui doit répondre à une couverture optimale des crédits audités. La sélection de l'échantillon de crédits à analyser peut s'effectuer de différentes manières. En tout état de cause, la méthodologie de sélection doit être documentée et justifiée dans le dossier de travail. À partir de l'état de gestion, préalablement rapproché de la comptabilité, des clients « douteux » et « contentieux » et des procès-verbaux des comités de crédit, les critères de sélection retenus peuvent se décliner de la façon suivante :

– sélection des nouveaux dossiers significatifs déclassés ;
– sélection des principaux crédits en montant brut ;
– sélection des principaux dossiers présentant un risque net fort (le risque net s'entend de la différence entre le montant du crédit et les provisions déjà constatées) ;
– sélection des principaux dossiers de crédits avec des mouvements de dépréciation significatifs (dotations, reprises utilisées, reprises non utilisées) ;
– sélection des principaux crédits présentant des impayés en fonction de l'antériorité ;
– sélection de dossiers choisis aléatoirement.

Cette sélection doit aussi tenir compte du poids des catégories d'encours (habitat, consommation, entreprise…).

2. Évaluation du **niveau de provisionnement et de décote** de l'ensemble de l'encours du client, réalisée en examinant notamment :

– la situation financière du client (états financiers, cotations…) ;
– la situation juridique du dossier (correspondances échangées, assignations, décisions des tribunaux…) ;
– le niveau des garanties et sûretés détenues par la banque (états hypothécaires, nantissements, cautions…).

> Cet examen se conduit lors d'**entretiens avec les chargés d'affaires** en charge des dossiers et les services juridiques ainsi que par l'**exploitation des dossiers** de l'établissement. Des fiches de crédit par dossier sont généralement constituées, présentant la nature de l'opération, les montants en jeu, les éventuelles procédures judiciaires en cours, l'évaluation des garanties et les conclusions en termes de couverture de risques.

3. Validation du **calcul des dépréciations** en tenant bien compte de l'actualisation des flux futurs recouvrables et des garanties éventuelles (contrôle de leur correcte valorisation et examen sur leur réelle capacité à l'exercer).

4. **Classement en normes françaises des encours** entre les 4 catégories prévues par l'ANC 2014-07 : encours sains, restructurés, douteux, douteux compromis.

> En IFRS, il convient également de s'assurer de la correcte détermination du taux d'intérêt effectif en fonction des commissions et coûts qui doivent y être intégrés.
> Par ailleurs, la documentation des dépréciations en fonction de leur répartition en stages 1, 2 ou 3 doit être soigneusement analysée et les provisions faire l'objet d'un *backtesting* (validation de la pertinence de l'évaluation réalisée par rapport au réel).

79375 La **revue de la dépréciation sur base portefeuille (ou provision collective) et des encours utilisés pour le calcul des provisions stages 1 et 2 en IFRS**, et qui intervient après l'analyse des procédures (voir nos 79250 s.) peut notamment comprendre :

– le contrôle de l'exhaustivité de la base des encours utilisée pour le calcul des provisions stages 1 et 2 à travers le contrôle réalisé par la banque ou en utilisant une requête informatique à rapprocher de la base utilisée par la banque ;
– le contrôle que les encours faisant l'objet d'une dépréciation individuelle et/ou en stage 3 sont exclus de la base d'encours utilisée pour le calcul des provisions collective ou sectorielle et/ou stages 1 et 2 ;
– le contrôle des paramètres utilisés par la banque pour le calcul des dépréciations pour risque de crédit, tels que les paramètres de probabilités de défaut, de pertes en cas de défaut, d'exposition de la banque au moment du défaut, de détermination du « *Forward Looking* » en IFRS par catégorie d'encours ou de clients ;

1632

© Ed. Francis Lefebvre

SECTEUR BANCAIRE

– le cadrage entre le risque calculé et le montant des dépréciations comptabilisées ;
– l'analyse des évolutions constatées (évolution des bases de calcul, évolution des paramètres de calcul, des taux de dépréciation par catégorie d'encours ou de clients, pertes réelles par rapport aux estimations, des hypothèses de scénario macroéconomique utilisées).

79385 La **revue des dossiers de crédits sains** repose sur la même approche pratique que la revue des crédits douteux (constitution de fiches crédit). À partir de l'inventaire des clients sains les plus significatifs et des procès-verbaux des comités de crédit (ou comité des engagements), les critères de sélection retenus peuvent être les suivants :
– sélection des nouveaux dossiers significatifs ;
– sélection des dossiers en fonction de la cotation interne de l'établissement (dossiers sensibles, dossiers présentant une dégradation de la notation…) ;
– sélection des dossiers en fonction du secteur d'activité, des montants significatifs, ou bien aléatoirement.

Le suivi des dossiers sains est une méthode d'audit pour apprécier le risque client.

79400 **Autres travaux d'audit** Les autres travaux d'audit incluent fréquemment un rapprochement des données de la gestion avec celles de la comptabilité, une revue analytique finale, la mise en œuvre de tests informatiques.

La mise en œuvre de ces travaux doit notamment permettre à l'auditeur de valider la ventilation des crédits selon les différentes catégories.

79403 Le **rapprochement des données de gestion** avec celles de la comptabilité peut prendre plusieurs formes. Il s'agit de s'assurer :
– du rapprochement correct entre les bases de gestion et les bases comptables concernant l'encours des crédits, du réescompte, des résultats, des comptes divers (rejets…) ;
– du rapprochement entre toutes les chaînes de gestion et les chaînes comptables ;
– du cadrage entre les comptabilités auxiliaires et la comptabilité générale ;
– de l'analyse des états d'anomalies ;
– de l'analyse des suspens informatiques.

79408 La **revue analytique finale** doit permettre à l'auditeur de comprendre les évolutions constatées sur les encours. Cette analyse repose essentiellement sur les travaux effectués par le service contrôle de gestion.
Il est intéressant de remettre en perspective les données en examinant leur évolution :
– au regard de la typologie de crédits octroyés ;
– d'un mois par rapport à l'autre ;
– par rapport au budget ;
– au regard de l'exercice précédent ;
– au regard des mouvements des provisions de dépréciations sur base individuelle et collective et/ou en stages 1, 2 et 3 sous IFRS 9. Une attention particulière pourra être portée sur des encours qui seraient déclassés directement du stage 1 au stage 3 et sur des encours qui seraient classés directement en stage 2 ;
– par rapport à la concurrence ;
– en termes macroéconomiques.

79410 La revue analytique finale permet aussi de connaître et de comparer les principaux **indicateurs de production** (mise en place, taux de remboursement, remboursement anticipé) ainsi que l'analyse en termes de taux de marge (en distinguant l'effet taux et l'effet volume) et d'adossement entre les emplois et les ressources des principales catégories de crédits.

79415 Le **recours à l'analyse de données** permet d'effectuer des analyses globales ou de réaliser des tests par exception. En fonction des bases récupérées (encours, taux, marges, typologie de crédit, échéanciers, etc.) et des critères de tris retenus, il est possible de développer des analyses en termes :
– de taux d'intérêt et de taux de marge (identification des taux négatifs, très faibles ou anormalement élevés) ;
– de tombées d'échéances irrégulières ;
– d'absence de données (nom de la contrepartie, cotation, etc.) ;
– de stratification des encours (par nature, taux, échéance…).

1633

SECTEUR BANCAIRE © Ed. Francis Lefebvre

III. Dépôts de la clientèle

79500 L'exposé comportera :
- une présentation générale du cycle des dépôts de la clientèle (n⁰ˢ 79501 s.) ;
- la définition des principales zones de risques (n⁰ˢ 79580 s.) ;
- une description de l'approche d'audit (n⁰ˢ 79620 s.).

A. Présentation du cycle

79501 Les dépôts de la clientèle sont définis comme suit : « [...] fonds qu'une personne recueille d'un tiers, notamment sous forme de dépôts, avec le droit d'en disposer pour son propre compte, mais à charge pour elle de les restituer... » (C. mon. fin. art. L 312-2). Il s'agit de fonds que la banque peut utiliser pour son activité mais qu'elle doit pouvoir restituer dès que la demande en est faite. Ce cycle est également appelé « collecte de la clientèle » et correspond à l'activité de perception de fonds du public.

Cadre réglementaire

79503 Les dépôts de la clientèle entrent dans un cadre juridique très réglementé afin de garantir les fonds des déposants.

1. Le monopole de la réception des fonds du public est défini par l'article L 511-5 du Code monétaire et financier qui interdit à toute entreprise autre qu'un établissement de crédit ou société de financement de recevoir du public des fonds à vue ou à moins de deux ans de terme. Cette interdiction ne concerne ni les institutions visées à l'article L 518-1 du Code monétaire et financier (le Trésor public, la Banque de France, La Poste, dans les conditions définies à l'article L 518-25, l'Institut d'émission des départements d'Outre-mer, l'Institut d'émission d'Outre-mer et la Caisse des dépôts et consignations), ni les entreprises régies par le Code des assurances, ni les sociétés de réassurance, ni les entreprises d'investissement, ni les organismes collecteurs de la participation des employeurs à l'effort de construction pour les opérations prévues par le Code de la construction et de l'habitation, ni les organismes de placement collectif en valeurs mobilières.

2. Les dépôts de la clientèle bénéficient d'une garantie en cas de défaillance de l'établissement de crédit (Règl. CRBF 95-01). L'article L 312-4 du Code monétaire et financier, modifié par l'ordonnance 2017-1107 du 22 juin 2017, précise que les établissements de crédit agréés en France adhèrent à un fonds de garantie des dépôts et de résolution qui a pour objet d'indemniser les déposants en cas d'indisponibilité de leurs dépôts.

3. La vigilance concernant le blanchiment des capitaux (dépistage, confiscation et blocage des fonds provenant du trafic) et la coopération avec les autorités de contrôle telles que Tracfin (C. mon. fin. art. L 562-1 s. ; Règl. CRBF 2002-01, 91-07 et 91-11) sont obligatoires.

S'agissant des obligations du commissaire aux comptes en matière de blanchiment, on notera que dans le secteur bancaire, les obligations du commissaire aux comptes sont à considérer avec une attention toute particulière dans la mesure où il s'agit d'un secteur sensible dans lequel l'entité contrôlée a elle-même des obligations spécifiques à satisfaire. De ce fait, le commissaire aux comptes devra s'assurer que l'entité contrôlée a mis en place les procédures dont les textes lui imposent la mise en place en matière de blanchiment. Par ailleurs, comme pour l'ensemble des entités, il a une obligation de vigilance à l'égard des opérations examinées lors de ses contrôles, lesquelles sont susceptibles d'impliquer non seulement l'entité contrôlée mais également les clients de cette entité. En particulier, lorsque les opérations réalisées sont particulièrement complexes ou d'un montant inhabituellement élevé, ou ne paraissent pas avoir de justification économique ou d'objet licite, le commissaire aux comptes devra effectuer un examen renforcé consistant à se renseigner auprès de l'entité sur l'origine et la destination des fonds ainsi que sur l'objet de l'opération et l'identité de la personne qui en bénéficie (NEP 9605 « Obligations du commissaire aux comptes relatives à la lutte contre le blanchiment des capitaux et le financement du terrorisme », § 43). Il est clair que dans la majorité des cas, le commissaire aux comptes placé dans cette situation aura tout avantage à échanger avec le correspondant Tracfin de la banque, cet échange ne pouvant cependant pas aller, à notre avis, jusqu'à une communication des déclarations de soupçon établies soit par l'entité, soit par le commissaire aux comptes, qui présentent un caractère confidentiel (C. mon. fin. art. L 574-1). En fonction de ses constats et de ses échanges, le commissaire aux comptes apprécie la nécessité de faire une déclaration à Tracfin (voir n⁰ˢ 62090-1 s.).

1634

SECTEUR BANCAIRE

4. La clientèle peut être une clientèle « financière » (regroupant les OPCVM, les fonds communs de titrisation et les institutions financières autres que les établissements de crédit) ou « non financière » (comprenant notamment les entrepreneurs individuels, les particuliers, les entreprises d'assurances et de capitalisation, les administrations publiques et privées et les sociétés non financières).

5. Les dépôts de la clientèle peuvent se présenter sous plusieurs formes (C. mon. fin. art. L 511-5 ; Règl. CRBF 86-13 art. 2) :

– **comptes ordinaires créditeurs** (dépôts à vue) : ils sont soumis à déclaration auprès de l'administration fiscale pour toute ouverture ou clôture de compte (clientèle non financière). Ces comptes peuvent à tout moment être retirés sans préavis. Ils permettent de bénéficier des services de caisse et autres services de la banque ;

– **comptes d'épargne à régime spécial** (livret ordinaire, livret A, livret bleu, livret jeune, livret d'épargne populaire, livret de développement durable [ex-Codevi], compte épargne logement et plan épargne logement, plan d'épargne retraite populaire, plan d'épargne populaire et plan d'épargne en actions) : il s'agit de comptes dont les modalités d'ouverture, de rémunération et de fonctionnement sont définies légalement et/ou par règlement ;

– **comptes à terme** : les dépôts sont bloqués pour une durée librement négociée entre le déposant et l'établissement. Les intérêts sont payables à terme échu. Ces comptes sont soumis à un prélèvement obligatoire au titre de l'impôt sur le revenu et autres prélèvements sociaux (par exemple CSG) ;

– bons de caisse et bons d'épargne : leur spécificité tient dans leur échéance (fixée entre un mois et cinq ans) ;

– valeurs non imputées et autres sommes dues (sommes tirées sur les caisses de l'établissement non encore imputées aux clients).

Ces derniers comptes constituent le plus souvent, pour les dépositaires, des provisions pour chèques à payer, provisions pour chèques certifiés, dépôts destinés à garantir certaines opérations…

Les principaux produits réglementés sont :

– livret A : le livret A est un produit d'épargne réglementée. L'État décide de son fonctionnement, de son taux, de son plafond, de la qualité des titulaires, etc. Les fonds collectés sur les livrets A sont centralisés par la Caisse des dépôts et consignations. Ils servent à financer le logement social et le renouvellement urbain. Le taux d'intérêt du livret A est de 0,5 % au 1er août 2021. Cela a eu pour conséquence de rendre inefficaces les couvertures inflation ;

– Plan épargne logement / Compte épargne logement (PEL/CEL). Ces produits associent une phase de collecte de ressources et une phase d'emploi de ces ressources, cette dernière étant conditionnée, et dès lors indissociable, de la phase de collecte. Les plans et comptes d'épargne logement comportent ainsi deux engagements dont les conséquences peuvent s'avérer défavorables pour l'établissement de crédit :

• obligation de rémunérer les PEL à un taux fixé à l'ouverture du contrat pour une durée indéterminée,

• obligation d'octroyer un crédit à un taux déterminé fixé à l'ouverture du contrat pour les PEL/CEL.

Les engagements aux conséquences défavorables pour les établissements doivent être provisionnés à chaque date d'arrêté pour les comptes et plan d'épargne-logement existant à la date d'arrêté.

Ces provisions sont calculées par génération de PEL (sans compensation entre les générations) et pour l'ensemble des CEL. Les provisions sont calculées sur base de portefeuille, à l'aide des statistiques historiques du comportement de la population de l'ensemble des souscripteurs. Pour les CEL, la provision est calculée pour l'ensemble des comptes. Il n'y a pas de compensation possible entre les engagements relatifs à des générations différentes de plans d'épargne-logement. Les provisions sont présentées au passif du bilan, et leurs variations depuis l'arrêté des comptes précédent sont enregistrées en produit net bancaire, au sein de la marge d'intérêt.

Centralisation des dépôts à la Caisse des dépôts et consignations

79505

Une quote-part du total des dépôts réglementés (livrets A et B, livret de développement durable et livret d'épargne populaire) collectés par les établissements de crédit est centralisée par la Caisse des dépôts et consignations dans un fonds d'épargne.

Les sommes centralisées sont employées en priorité au financement du logement social et de la politique de la ville.

Le taux de centralisation, définissant le montant que les banques doivent verser à la Caisse des dépôts au titre du financement des missions d'intérêt général, est fixé réglementairement par le Gouvernement après avis de la Commission de surveillance de la Caisse des dépôts.

SECTEUR BANCAIRE © Ed. Francis Lefebvre

Au titre de la distribution du livret A et du livret de développement durable, les banques perçoivent un commissionnement fixé par décret.

En novembre 2017, un amendement adopté dans le cadre de la loi de finances 2018 a acté la fin de l'option de « surcentralisation », qui permettait aux établissements de crédit de confier au Fonds d'épargne de la Caisse des dépôts (CDC) l'intégralité de leur collecte du livret A et du LDDS, au-delà de la quote-part standard de 60 %. L'amendement a obligé les établissements de crédit à conserver au minimum 40 % de leurs avoirs et d'assumer la rémunération qui y est liée. Les établissements de crédit centralisant plus de 60 % de leurs fonds auprès de la CDC auront entre deux et dix ans pour récupérer leurs avoirs.

Le règlement 2020-10 du 22 décembre 2020 qui modifie le règlement ANC 2014-07 du 26 novembre 2014 dispose que :
– les sommes reçues de la clientèle sur les dépôts faisant l'objet d'une centralisation auprès du fonds d'épargne de la Caisse des dépôts et consignations sont comptabilisées à leur valeur nominale dans des comptes de dettes envers la clientèle dédiés aux comptes d'épargne à régime spécial ;
– les sommes versées au fonds d'épargne sont comptabilisées à leur valeur nominale dans un compte de créance dédié parmi les créances sur les établissements de crédit.

Rémunération

79510 Historiquement interdite, sauf cas exceptionnels (dépôts du personnel de l'établissement, dépôts obligatoires reçus par les chambres de compensation en garantie d'opérations sur les marchés à terme, dépôts des non-résidents, dépôts en devises), la rémunération des comptes à vue a été autorisée après qu'un arrêté ministériel du 16 mars 2005 – faisant suite à une décision de la Cour de justice des Communautés européennes (5-10-2004 aff. C-442/02, CaixaBank France : RJDA 12/04 n° 1364) – a modifié la réglementation bancaire française en ce sens.

79520 Le taux d'intérêt nominal annuel des comptes d'épargne à régime spécial est fixé par règlement. Mais les établissements de crédit sont libres de rémunérer les fonds reçus sous diverses formes : comptes à terme et bons de caisse à échéance fixe lorsque l'échéance est au moins égale à un mois ou bons à intérêt progressif lorsque le remboursement intervient après un mois au moins.

L'arrêté du 27 janvier 2021 relatif aux taux d'intérêt des produits d'épargne réglementée prévoit de fixer à 0,5 % le taux du livret A et des taux qui en dépendent directement. Ainsi l'arrêté abroge le règlement 86-13 du 14 mai 1986 du Comité de la réglementation bancaire relatif à la rémunération des fonds reçus par les établissements de crédit. La formule de calcul du taux de livret A correspond au chiffre le plus élevé entre la (moyenne semestrielle Eonia + moyenne semestrielle inflation hors tabac) /2 et le taux plancher de 0,5 %. Deux fois par an, l'État a la possibilité de faire évoluer le taux d'intérêt du livret A. Le taux est maintenu à 0,5 % au 1er août 2021.

Nature des prélèvements

79530 Les prélèvements les plus fréquents concernent les frais de tenue de compte et les commissions d'ouverture ou de clôture de compte.

B. Zones de risques

79580 On peut distinguer les risques financiers, les risques de contrepartie, les risques opérationnels et les autres risques.

79582 Les **risques financiers** comprennent :
– le risque de liquidité, qui correspond à la capacité pour l'établissement de crédit de répondre à des retraits significatifs des dépôts de la clientèle ;
– le risque de change, qui survient lorsque les dépôts ne sont pas replacés dans la même devise ;
– le risque de taux, qui peut trouver sa source dans l'absence d'adossement entre dépôts et emplois, en durée ou en nature de taux.

79585 Le **risque de contrepartie** concerne les opérations d'encaissements/règlements (cas des crédits à la clientèle). En effet, les dépôts à vue débiteurs sont assimilés à des crédits à la clientèle.

Les **risques opérationnels** ou administratifs sont de plusieurs natures :
– défaillance dans les systèmes d'information ;
– erreurs d'enregistrement ;
– sous-évaluation des produits (intérêts débiteurs ou créditeurs) ;
– utilisation frauduleuse de dépôts ;
– non-respect des dispositions légales et réglementaires, notamment des plafonds pour les comptes d'épargne à régime spécial tels que le LDD, le livret A, le livret B, etc. ;
– erreurs déclaratives auprès de l'administration fiscale.

79590

On trouve notamment dans les autres risques :
– les **comptes dormants** : il s'agit de comptes non mouvementés durant une longue période. Ces comptes peuvent faire l'objet de manipulations frauduleuses de la part d'employés peu scrupuleux ;

79595

> La loi 2014-617 du 13 juin 2014, dite Loi Eckert, impose aux établissements de crédit, depuis le 1er janvier 2016, de recenser les comptes bancaires inactifs en déshérence afin d'en rappeler l'existence à leur titulaire. À ce titre, les établissements de crédit doivent :
> – réaliser un recensement annuel des comptes inactifs ;
> – informer les titulaires ou ayants droit ;
> – à l'issue d'un délai de dix ans d'inactivité (20 ans pour un PEL), transférer le solde des comptes inactifs à la Caisse des dépôts et consignation.

– les **comptes du personnel** : le personnel bénéficie de conditions avantageuses en matière de taux d'intérêt pour les prêts et de conditions de découvert. Ces comptes peuvent faire l'objet de comptes de passage pour des détournements. Une attention toute particulière devra être portée sur l'analyse des comptes de liaison, d'attente ou de régularisation ;
– les **comptes de passage et de valeurs non imputées** : ces comptes sont ouverts pour des opérations spécifiques ne donnant pas lieu à un relevé de compte ;
– les **comptes domiciliés** : fonds déposés par des non-clients ayant domicilié des effets ou avis de prélèvement ou comptes de clients ne faisant pas l'objet d'envois de relevés pour des raisons de confidentialité.

C. Approche d'audit

Appréciation du contrôle interne

Compte tenu de la forte volumétrie des opérations à traiter, une approche fondée sur l'appréciation des risques et la revue des dispositifs de contrôle est à privilégier. Les verrous de contrôle interne en matière de dépôts de la clientèle interviennent tout au long de la séquence des opérations de dépôt (ouverture du compte, vie du compte, identification des différents types de commissions et charges d'intérêts, de leur processus de déclenchement et de comptabilisation). De ce fait, la revue du contrôle interne doit être exercée à **différents stades de la procédure**.

79620

Par ailleurs, est également à privilégier une approche informatique basée sur :
– la validation des déversements successifs des systèmes d'information ;
– la revue des paramétrages dans les systèmes (grille tarifaire, taux d'intérêt, commissions par exemple) ;
– la revue du traitement des exceptions ;
– l'identification des états clés relatifs aux dépôts clientèle ;
– le recours à l'analyse de données via le recalcul des intérêts et des commissions sur ces produits.

L'évaluation des procédures d'**ouverture de comptes** peut reposer sur le contrôle du respect des points suivants :
– existence de critères de sélection à l'ouverture ;
– existence d'une procédure écrite d'ouverture de comptes comprenant notamment : un système d'autorisation par le responsable compétent, une séparation des fonctions distinguant les personnes habilitées à enregistrer les mouvements sur le compte des personnes habilitées à ouvrir les comptes, la constitution d'un dossier sur le futur client permettant par la suite d'alimenter les systèmes de notation interne (identité, revenus

79625

SECTEUR BANCAIRE © Ed. Francis Lefebvre

ou capacité, domicile, etc.) et, dans le cas des sociétés, le contrôle de la validité des pouvoirs des mandataires sociaux ;
– existence d'une procédure de mise à jour des informations permanentes (adresses, conditions de rémunération, etc.).

79630 L'analyse des procédures régissant la **vie des comptes de dépôt** peut être exercée sur les points suivants :
– existence d'une autorisation du client pour chaque mouvement sur le compte ;
– respect des dispositions réglementaires relatives à la lutte contre le blanchiment des capitaux ;
– mise à disposition des clients de moyens de contrôle sur leur compte comme l'expédition de courrier par un service indépendant (relevés de compte notamment) ou l'existence d'une procédure de traitement des réclamations.

79635 Les **comptes à risque** tels que les comptes de passage, du personnel et divers (notamment « Autres sommes dues ») doivent faire l'objet de procédures spécifiques telles que :
– un suivi par les services concernés (service du personnel notamment) ;
– un contrôle des mouvements par une personne habilitée (comptes de passage).

79640 Les opérations sur **comptes d'épargne à régime spécial** et **dépôts à terme** sont généralement traitées dans le cadre de systèmes automatisés pour lesquels il conviendra de contrôler :
– la conformité du « produit » avec la législation en cours ;
– la conformité des schémas comptables ;
– le suivi des anomalies (dépassement de plafond, comptes débiteurs) ;
– la correcte application des règles fiscales ;
– le processus de calcul des revenus et délégations en matière de fixation des rémunérations.

79645 Les opérations sur **bons de caisse** et **bons d'épargne** nécessitent plus d'intervention humaine, la souscription des premiers ne pouvant pas être anonyme. Ces opérations entraînent souvent la manipulation d'espèces et, à ce titre, doivent faire l'objet de contrôles fréquents des services d'inspection. Les points suivants pourront être contrôlés par les auditeurs :
– existence d'une procédure régissant la souscription et le remboursement des bons (habilitations, délégations, fixation des taux de rémunération, etc.) ;
– conditions de conservation des carnets de bons et réalisation d'inventaires réguliers.

Contrôle des comptes

79670 Compte tenu de l'importance des volumes et du nombre de comptes à traiter, l'approche d'audit des comptes de dépôt est largement fondée sur l'appréciation portée par l'auditeur sur le contrôle interne, et notamment sur le dispositif de contrôle relatif à la connaissance du client « *Know Your Customer* » (KYC, base indispensable à l'identification de situations susceptibles de relever du blanchiment).

79675 Dans le cadre d'une première approche, l'auditeur doit se familiariser avec la typologie des produits distribués, des tarifications clientèle, des moyens mis en œuvre (humains et matériels) et avec l'organisation générale de l'entité contrôlée (outils de contrôle, systèmes informatiques).
La **revue analytique** récurrente devra porter sur des analyses de structure, de rentabilité (par catégorie de produits) et de coût (taux d'intérêt apparent). Elle comprendra un examen des commissions perçues sur les titres en dépôt et sur les produits de prévoyance.

79680 Les points forts identifiés au cours des travaux de revue du contrôle interne permettront d'alléger ou d'approfondir les **travaux de clôture** sur certains comptes. L'auditeur devra toutefois effectuer à chaque clôture :
– un contrôle des rapprochements entre les chaînes de gestion et les chaînes comptables ;
– un contrôle des rapprochements entre bases de réescompte des revenus en gestion et en comptabilité générale ;

SECTEUR BANCAIRE

– une revue du contrôle de cohérence des taux d'intérêt comptables/des encours moyens comptables pour l'ensemble des produits ;
– un contrôle de l'absence d'écarts significatifs entre les intérêts projetés et les intérêts réellement comptabilisés ;
– un contrôle du calcul des ICNE (pour apprécier la pertinence du paramétrage des outils de gestion) ;
– un contrôle de la centralisation des livrets A et B, du LDD et du LEP auprès de la Caisse des dépôts ;
– un contrôle du modèle et du calcul de la provision pour les comptes et les plans d'épargne logement en conformité avec l'avis 2006-02 du CNC (revue de la méthodologie de calcul de la provision, des paramètres d'évaluation et d'actualisation des résultats futurs et revue de l'identification et de la quantification des encours en risque) ;
– une analyse des comptes en suspens (comptes d'encaissement, de valeurs non imputées, ou d'autres sommes dues) ;
– un contrôle de la date de valeur (date à partir de laquelle les sommes résultant des opérations passées en compte commencent ou cessent de porter intérêts dus) et des dates d'opérations (date à laquelle l'opération entre dans le compte).

IV. Opérations de marché

L'exposé comportera :
– une présentation générale du cycle opérations de marché (n°s 79705 s.) ;
– la définition des principales zones de risques (n°s 79770 s.) ;
– une description de l'approche d'audit (n°s 79850 s.).

79700

A. Présentation du cycle

Au cours des deux dernières décennies, la « **finance** » a considérablement accru son **emprise sur l'économie**. Ce phénomène, accompagné d'une prise de conscience des risques monétaires et des risques de change, s'est traduit par une **instabilité** croissante des taux d'intérêt et des parités de change, dans un contexte d'internationalisation des stratégies et jeux financiers des entreprises et des banques. L'importance des schémas financiers et des recherches dans l'approche financière des entreprises traduit l'**implication** accrue **des chefs d'entreprise** dans la gestion de ces risques. La **sophistication** croissante **des produits financiers** est venue à point nommé apporter les moyens d'une politique financière nouvellement promue. Les **acteurs des marchés financiers** ont suivi et dans certains cas encouragé cette nouvelle donne pour répondre à leurs clients et gérer leurs propres risques financiers. La crise financière née en 2007 est toutefois venue montrer les dangers attachés à l'innovation financière et à la complexification des opérations.
Ces évolutions ne vont pas sans poser de sérieux problèmes à l'**auditeur** au regard du respect de l'image fidèle et de la protection du patrimoine.

79705

Description des opérations

Dans le cadre de l'exercice de ces activités, la banque intervient sur les marchés financiers où elle effectue des opérations sur des instruments financiers à terme ainsi que des opérations sur titres. Ces opérations sont réalisées pour compte propre ou compte de tiers.
Dans le référentiel comptable français, les instruments financiers à terme ou dérivés sont classés en fonction des intentions de gestion en quatre grandes catégories : la position isolée ou micro-spéculation dont l'objectif est de bénéficier de l'évolution des taux d'intérêt, la micro-couverture (voir n° 79720), la macro-couverture (voir n° 79720) et la gestion spécialisée d'un portefeuille de transaction comprenant, sous certaines conditions (voir n° 79820), des contrats déterminés d'échange de taux d'intérêt ou de devises, d'autres instruments financiers à terme de taux d'intérêt, des titres ou des opérations financières équivalentes.

79710

1639

79715 L'activité de la banque peut se présenter comme suit :

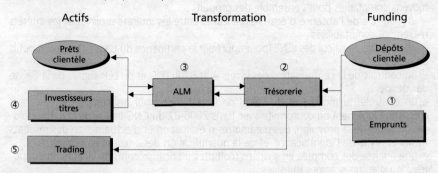

79720 **Opérations de couverture** Les opérations de couverture permettent aux agents économiques de se prémunir contre un risque financier généré par les opérations qu'ils réalisent avec leur clientèle (risques de taux, de change ou de contrepartie ; voir n°s 79770 s.).
Dans ce cadre, on distingue :
– la **macro-couverture**, qui vise à appréhender globalement le risque de taux émanant des emplois et ressources de l'établissement de crédit (gestion actif-passif ou *Asset and Liability Management* ou ALM) ;
– la **micro-couverture**, qui cherche à réduire le risque auquel est exposé un élément du bilan ou du hors-bilan (ou un ensemble d'éléments homogènes) de l'établissement, identifié dès l'origine ou lié à une transaction future.
La macro-couverture consiste à couvrir la position nette globale d'un portefeuille d'actifs ou de passifs (dépôts à vue). Par opposition, une micro-couverture ne couvre qu'un actif, ou un groupe d'actifs homogène, qui sont couverts individuellement.

> La couverture est un concept économique, la comptabilité de couverture étant plus restrictive que cette notion économique. Même si une relation de couverture est économiquement justifiée et efficace, cela ne suffit pas pour que la comptabilité de couverture s'applique.

Un **instrument dérivé** sert à des opérations de *trading* ou des opérations de couverture et peut se définir comme un instrument financier :
– dont la valeur fluctue en fonction d'une variable, appelée « sous-jacent » (par exemple indexation sur un indice ou un cours) ;
– qui requiert un investissement initial nul ou faible (une soulte, ou un dépôt de garantie peuvent être des placements nets initiaux faibles) ;
– qui est réglé à une date future. Par exemple :
• des contrats d'échange (*swaps*) tels qu'un *swap* de taux permettant d'échanger un taux variable contre un taux fixe,
• des contrats d'option : l'achat de l'option donne le droit, et non l'obligation, d'acheter (*call*) ou de vendre (*put*) un actif sous-jacent à un prix fixé à l'avance (*strike*), pendant un temps donné ou à une date fixée,
• des contrats à terme.

En **normes françaises**, on distingue quatre catégories comptables dans lesquelles sont comptabilisés, en date de conclusion, les contrats de *swaps*, selon qu'ils ont pour objets :
– de maintenir des positions ouvertes isolées afin, le cas échéant, de bénéficier de l'évolution des taux d'intérêt (portefeuille par défaut) ;
– de couvrir, de manière identifiée dès l'origine, le risque de taux d'intérêt affectant un élément ou un ensemble d'éléments homogènes ;
– de couvrir et de gérer le risque global de taux d'intérêt de l'établissement sur l'actif, le passif et le hors-bilan ;
– de permettre une gestion spécialisée d'un portefeuille de transaction comprenant :
• des contrats déterminés d'échange de taux d'intérêt ou de devises,
• d'autres instruments financiers à terme de taux d'intérêt,
• des titres ou opérations financières équivalentes.

Les conditions pour établir une relation de couverture en normes françaises reposent sur les éléments suivants :
– l'élément couvert contribue à exposer l'établissement de crédit à un risque global de variation de prix ou de taux d'intérêt (CRB 88-02 art. 4). Le risque couvert doit être identifié après prise en compte des autres actifs, passifs et engagements ;
– les contrats de couverture ont pour objet et pour effet de couvrir ce risque. Il doit exister une corrélation significative ;
– dès l'origine, les contrats de couverture doivent être identifiés et traités comptablement comme tels par l'utilisation de comptes appropriés du hors-bilan et des comptes d'attente pour l'enregistrement des résultats sur les opérations non dénouées ;
– les informations permettant de considérer une opération comme une opération de couverture doivent être conservées notamment la description de la méthode utilisée pour mesurer la corrélation.
Le notionnel des instruments financiers à terme est comptabilisé en hors-bilan. Ils ne sont pas inclus dans l'état de synthèse du hors-bilan publiable (Règl. ANC 2014-03 art. 1122-1), mais des informations détaillées sont requises dans l'annexe aux comptes annuels (Règl. ANC 2014-03 art. 1124-29).
Le résultat de l'opération de couverture est comptabilisé de manière symétrique à la comptabilisation du résultat de l'opération couverte. Cette comptabilisation s'effectue sur la durée de vie résiduelle de l'élément couvert.
En **normes IFRS**, on distingue trois catégories de relations de couverture :
– la protection contre une exposition à la variation de prix : il s'agit de la couverture de juste valeur (instruments à taux fixe) dite « *Fair Value Hedge* » (FVH). Cela correspond à la couverture de l'exposition aux variations de la juste valeur d'un actif ou d'un passif comptabilisé, d'un engagement ferme qui est attribuable à un risque particulier et qui pourrait affecter le résultat net d'une entité ;
– la protection contre la variabilité de flux de trésorerie futurs : il s'agit de la couverture de flux de trésorerie (instruments à taux variable) dite « *Cash-Flow Hedge* » (CFH) qui correspond à la couverture de l'exposition aux variations de flux de trésorerie futurs attribuables à un risque particulier associé à un actif ou à un passif comptabilisé ou à une transaction prévue et qui pourrait affecter le résultat. Il s'agit ici de couvrir le risque de variation de flux de trésorerie d'un élément bilantiel ou d'une transaction prévue hautement probable attribuable à un risque particulier ;
– la protection contre les variations de change : il s'agit de la couverture d'investissements nets à l'étranger dite « *Net Investment Hedge* » (NIH) qui permet de se protéger contre les variations de change d'un investissement net réalisé à l'étranger.
Les conditions pour établir une relation de couverture IFRS reposent sur les éléments suivants :
– éligibilité du type de relation (FVH, CFH ou NIH) ;
– éligibilité de l'élément couvert : un actif ou un passif, un engagement ferme, des flux futurs hautement probables, un investissement net en devise, les actions ; la couverture peut porter soit sur des éléments individuels, soit sur des portefeuilles homogènes (pour le risque de taux) ;
– éligibilité de l'instrument de couverture : un contrat ferme (*swap*, change à terme), une option achetée, des instruments non dérivés comme un prêt mais uniquement en couverture du risque de change, un dérivé synthétique résultant de l'agrégation d'un portefeuille de dérivés, les dérivés incorporés comptabilisés séparément ;
– respect des critères d'efficacité :
• prospectivement : l'établissement s'attend à ce que la couverture soit hautement efficace pendant la période de relation de couverture,
• rétrospectivement : l'efficacité réelle de la relation de couverture doit se situer dans l'intervalle de confiance (80 % – 125 %) ;

SECTEUR BANCAIRE © Ed. Francis Lefebvre

– existence d'une documentation à l'origine. Elle doit permettre d'identifier la stratégie de couverture, l'élément couvert, l'instrument de couverture, le type de couverture, la manière dont l'établissement évaluera l'efficacité de la couverture.

Les effets de la couverture sont enregistrés au bilan à leur juste valeur (sauf si la juste valeur ne peut être estimée de manière fiable ce qui implique une comptabilisation au coût). Cette revalorisation est réalisée à chaque clôture comptable. Les variations de juste valeur sont enregistrées en résultat ou en capitaux propres. Seule la part inefficace a une incidence en résultat.

79725 **Opérations sur titres** Les opérations sur titres sont essentiellement des achats-ventes de titres qui peuvent correspondre à divers types d'opérations (*trading*, investissements à long terme, participation…). L'étude des opérations sur titres nécessite donc de distinguer au préalable les différentes catégories de titres.

79728 **1. Catégories de titres**. On distingue en **normes françaises** deux grandes catégories de titres :

– les instruments financiers à revenu fixe tels que les obligations à revenus fixes ou les titres de créance négociables ;

– les instruments financiers à revenu variable tels que les actions, les bons de souscription d'obligations, les BSA et les certificats d'investissement.

La comptabilisation des titres, en normes françaises, doit respecter les règles de l'ANC 2014-07. Ces titres répondent dans leur ensemble à des critères divers : marché d'origine, catégorie d'émetteur, nature des revenus (fixes ou variables), **intentions de détention**. Cette dernière notion est déterminante pour l'audit, car elle est à la base de la classification opérée par le droit comptable. On peut distinguer les catégories de titres suivantes :

– les **titres de transaction** sont des titres qui, à l'origine, sont :

• acquis ou vendus avec l'intention de les revendre ou de les racheter à **court terme**,

• détenus par un établissement du fait de son activité de mainteneur de marché,

• négociables sur un marché actif sur lequel les prix de marché sont constamment accessibles aux tiers,

• liquides au moment de la date d'entrée en portefeuille (appréciation de la liquidité par l'existence d'un marché actif) ;

Les prix de marché accessibles doivent être représentatifs de transactions réelles intervenant régulièrement sur le marché dans des conditions de concurrence normale.

L'appréciation du caractère inactif d'un marché s'appuie sur des indicateurs tels que la baisse significative du volume des transactions et du niveau d'activité sur le marché, la forte dispersion des prix disponibles dans le temps et entre les différents intervenants de marchés ou à l'ancienneté des dernières transactions observées sur le marché dans des conditions de concurrence normale.

– les **titres d'investissement** sont des titres à revenu fixe assortis d'une échéance fixée dont le prix de remboursement est fixe ; ce sont soit des titres acquis, soit des titres reclassés de la catégorie « titres de transaction » ou de la catégorie « titres de placement » avec l'intention manifeste de les détenir **jusqu'à l'échéance**. Les établissements doivent avoir la capacité de les détenir jusqu'à l'échéance en disposant des moyens nécessaires en termes de financement (ressources globalement adossées et affectées au financement des titres) et de couverture (contre la variation des taux d'intérêt). Ces titres ne peuvent pas être cédés avant échéance sous peine de ne pouvoir utiliser, pour l'ensemble du groupe, cette catégorie pendant les deux exercices suivants (règle dite « du *tainting* ») ;

Ne sont pas visés par cette restriction les cessions ou transferts suivants :

– les cessions ou transferts tellement proches de l'échéance ou de la date de remboursement du titre que des variations des taux d'intérêt auraient un effet négligeable sur la valeur du titre ;

– les cessions ou transferts survenant après que l'établissement a encaissé la quasi-totalité du montant en principal initial du titre dans le cadre de l'échéancier prévu ou du fait de paiements anticipés ;

– les cessions ou transferts causés par un événement isolé, indépendant du contrôle de l'établissement, qui n'est pas appelé à se reproduire et que l'établissement n'aurait pu raisonnablement anticiper.

En normes françaises, l'adossement des titres d'investissement concerne la durée de détention et la protection contre le risque d'illiquidité et non le risque de taux. Contrairement à ce que prévoient les normes IFRS, les titres d'investissement peuvent être couverts contre le risque de taux en normes françaises. Cette couverture du risque de taux ne s'impose toutefois que dans l'éventualité où les ressources adossées ne présentent pas une durée identique à celle des titres.

1642

© Ed. Francis Lefebvre

SECTEUR BANCAIRE ▮

– les **titres de placement** sont des titres qui ne trouvent pas leur place dans l'une des autres catégories ;

– les **titres de l'activité de portefeuille** ne concernent que les titres à revenu variable (actions et autres) et détenus sur une longue période afin de retirer une rentabilité satisfaisante mais sans intervenir dans la gestion de l'entreprise émettrice ;

Relèvent d'une activité de portefeuille les investissements réalisés de façon régulière avec pour seul objectif d'en retirer un gain en capital à moyen terme sans intention d'investir durablement dans le développement du fonds de commerce de l'entreprise émettrice, ni de participer activement à sa gestion opérationnelle. Des titres ne peuvent être affectés à ce portefeuille que si cette activité, exercée de manière significative et permanente, procure à l'établissement une rentabilité récurrente provenant principalement des plus-values de cessions réalisées.

– les **titres de participation et de filiales** sont des actions et autres titres à revenu variable qui donnent des droits dans le capital d'une entreprise lorsque ces droits, en créant un lien durable avec celle-ci, sont destinés à contribuer à l'activité de l'établissement assujetti. La possession durable de ces titres est estimée utile à l'activité de l'établissement de crédit ;

– les **parts dans les entreprises liées** sont des parts détenues dans des entreprises à caractère financier ou dans des établissements de crédit, inclus ou susceptibles d'être inclus par intégration globale dans un même ensemble consolidé. Les entreprises liées comprennent notamment les filiales, c'est-à-dire les entités dont le capital est détenu à plus de 50 % ;

– les **autres titres détenus à long terme** sont, comme les titres de l'activité de portefeuille, des titres à revenu variable (actions ou autres). Relèvent de cette catégorie les investissements réalisés sous forme de titres, dans l'intention de favoriser le développement de relations professionnelles durables en créant un lien privilégié avec l'entreprise émettrice, mais sans influence dans la gestion des entreprises dont les titres sont détenus, en raison du faible pourcentage des droits de vote qu'ils représentent.

Cette catégorie vise, par exemple, les opérations de partenariat.

En **normes IFRS**, l'application de phase 1 de la norme IFRS 9 relative à la classification et l'évaluation des instruments financiers distingue les portefeuilles de titres selon une analyse reposant à la fois sur les caractéristiques des flux de trésorerie et sur le modèle de gestion des actifs financiers considérés.

Les portefeuilles de titres peuvent être classés selon leur nature :
– les instruments de dettes SPPI (*Solely Payments of Principal and Interests*) ;
– les instruments de dettes non SPPI ;
– les instruments de capitaux propres.

On distingue ainsi trois grands types de portefeuilles, orientés en fonction de leur modèle de gestion sous IFRS 9 :
– les titres classés selon un modèle de collecte de flux contractuels à maturité (*Hold to Collect*) ;
– les titres classés en collecte et vente (*Hold to Collect and Sell*) ;
– les portefeuilles de *trading* : le but est de réaliser rapidement une plus-value en cédant le titre.

Pour les instruments de capitaux propres, la rémunération du titre correspond au versement des dividendes et est comptabilisée directement en résultat.

Pour les instruments de dettes, la rémunération correspond aux tombées de coupon et est comptabilisée directement en résultat. Des écritures d'inventaires d'intérêts courus non échus sont également comptabilisées dans un souci de *cut-off*.

2. Opérations sur titres. L'opération la plus classique est la **souscription de titres** émis sur le marché primaire directement auprès des différents émetteurs, ou l'**achat/vente de titres** réalisé sur le marché secondaire. Les établissements de crédit effectuent par ailleurs un certain nombre d'autres opérations telles que :

79730

– les **cessions temporaires** : ces opérations s'analysent économiquement comme des opérations de trésorerie garanties par des titres ;

Juridiquement, ces opérations peuvent être réalisées selon trois cadres contractuels.

a. L'opération de prêt ne peut excéder un an et entraîne le transfert de propriété des titres. Ces titres ne doivent pas faire l'objet d'un détachement de coupons ou de dividendes ni d'un amortissement pendant la durée du prêt. Comptablement, les titres ne doivent plus figurer à l'actif de l'établissement cédant, qui enregistre une créance représentative de la valeur comptable dans un sous-compte du compte d'origine. Les provisions antérieurement constituées sont portées en déduction de la créance et réajustées le cas échéant.

1643

SECTEUR BANCAIRE　　　　　　　　　　　　　　　　　　　© Ed. Francis Lefebvre

b. La pension est une opération par laquelle un établissement cède en toute propriété des titres pour un prix convenu à un autre établissement. Le cédant et le cessionnaire s'engagent respectivement et irrévocablement à mettre fin à l'opération à une date et à un prix déterminés à l'origine. Les titres empruntés sont présentés en déduction de la valeur de la dette représentative de la valeur des titres empruntés au poste « Autres passifs » (Règl. ANC 2020-10 du 22-12-2020).

c. Le réméré est une vente assortie d'une faculté de rachat. L'exercice de cette faculté par le cédant a pour effet d'annuler les effets de la vente. Dans ce cas, il verse une indemnité de résolution, qui constitue la rémunération de l'immobilisation des fonds. S'il n'existe pas de forte probabilité de rachat, l'opération est enregistrée comme une vente parfaite. Dans le cas contraire, les parties se comportent comme si la faculté de reprise allait s'exercer : les titres demeurent à l'actif.

– les **conventions de portage** : les portages correspondent à des achats de titres, réalisés pour une durée limitée et assortis d'une convention de revente à un tiers. Les particularités de ces contrats et leurs conséquences comptables sont traitées dans l'avis CNC 94-01. De la nature exacte de l'engagement de rachat et de reprise des titres par la contrepartie dépend le mode de comptabilisation des titres détenus. En cas d'existence d'une véritable obligation d'achat, les titres sont inscrits à l'actif du bilan. Les titres concernés se trouvent exclus du périmètre de consolidation du porteur ;

– les **titrisations** : ces opérations consistent en la transformation, par l'entremise d'un tiers, de blocs de créances en instruments négociables souvent destinés à être cédés à des investisseurs. La création de fonds communs de créances (FCC) ou d'un fonds commun de titrisation (FCT) est assimilée à une cession parfaite des créances. En cas d'acquisition de parts spécifiques, le risque de défaillance doit être examiné à chaque arrêté comptable et provisionné si besoin. Le droit d'attribution de tout ou partie du boni de liquidation des parts de FCC/FCT est inscrit à l'actif et fait éventuellement l'objet d'une provision pour risques et charges, évaluée à l'arrêté. En normes IFRS, il convient de s'interroger sur l'éventuelle consolidation de ces entités dans les comptes des établissements cédants.

Organisation fonctionnelle

79740 La nécessité de disposer d'un système de contrôle interne efficace est une obligation faite par tous les organismes professionnels et réglementaires. La qualité de ce système dépend de manière significative du rôle et de l'implication de la direction générale, ainsi que des moyens humains et techniques qu'elle affecte pour l'initiation, l'enregistrement et le suivi des opérations.

79743 L'organisation interne des opérations de marché comprend généralement :
– un *front-office* ;
– un *middle-office* ;
– un *back-office* ;
– un service comptable.

À ce découpage fonctionnel peuvent dans certains cas s'appliquer des fonctions transversales (audit interne, service juridique, déontologie et conformité, filière risques, etc.).

79748 **Front-office** Dans le cadre de la stratégie poursuivie et des limites déterminées par la direction générale et/ou par le comité des risques des opérations de marché, le *front-office* (ou la salle des marchés) procède à la négociation des opérations.

Généralement, les salles de marché sont organisées par *desks* spécialisés par marché, par instrument ou par type de clientèle.

Elles comprennent :
– des opérateurs ou *traders* ;
– un directeur de la salle des marchés, qui a pour fonctions de coordonner le travail des opérateurs, de surveiller la position d'ensemble et les positions individuelles des opérateurs et d'autoriser les transactions « hors normes » ;
– un trésorier, chargé d'adosser les opérations commerciales réalisées par l'ensemble des départements de la banque ;
– un pôle d'analyse qui intervient en tant que conseiller ;
– un pôle vente chargé de la politique commerciale envers les clients.

Suivant les différents types d'organisation, des fonctions transversales peuvent également être directement rattachées au directeur de la salle.

© Ed. Francis Lefebvre

SECTEUR BANCAIRE ▮

Elles sont liées :
– aux systèmes d'information utilisés par le *front-office* ;
– à la recherche en matière de modèles de valorisation ;
– à la valorisation du risque.
Les établissements de crédit qui interviennent dans le cadre d'une activité de *trading* sont tenus d'établir un résultat quotidien et d'évaluer leurs risques de marché selon la même fréquence.

Back-office Le *back-office* est chargé du traitement administratif des opérations initiées par le *front-office*. Il est le garant de l'enregistrement correct des opérations (envoi des confirmations, rapprochements avec les confirmations reçues) et de leur correct dénouement (rapprochement entre la comptabilité matières et la comptabilité espèces, rapprochement avec les établissements conservateurs).
Suivant le type d'organisation retenu, le *back-office* peut également devoir s'occuper de certaines fonctions comptables :
– paramétrage des schémas comptables des systèmes *back-office* ;
– alimentation des paramètres de marché, nécessaires à la valorisation des instruments.
L'organisation des *back-offices*, construite jusqu'à une époque récente par lignes de produits (organisation monoproduit), évolue vers une organisation plus transversale par lignes de métiers, notamment pour répondre aux difficultés posées par les produits structurés, qui se développent de manière très significative.

79750

Middle-office Le *middle-office* a pour missions de valider le résultat et de contrôler les risques pris (marché, contrepartie, liquidité et règlement-livraison). Suivant la taille de l'établissement, ceux-ci peuvent être traités au sein d'une cellule autonome. Pour remplir sa mission, le *middle-office* contrôle les modèles et paramètres de valorisation des instruments financiers et analyse les résultats transmis aux organes de direction. Enfin, il procède au rapprochement des résultats établis par le *front-office* et par la comptabilité.

79752

Service comptabilité Le service comptabilité a généralement pour fonctions de définir les principes comptables et d'en contrôler la correcte application. Compte tenu des fortes imbrications entre les états réglementaires et les états comptables, ce service gère généralement la production des états réglementaires.

79754

B. Zones de risques

Risques inhérents à l'activité

Risques de marché Le risque de marché peut se définir comme le risque de perte pouvant résulter des fluctuations de prix des instruments financiers qui composent un portefeuille.
On distingue essentiellement les risques de taux d'intérêt et taux de change (pour les risques de contrepartie, voir n° 79773).
On rappelle que le **risque de taux** recouvre une perte potentielle liée à l'évolution défavorable des taux. Par exemple, la détention d'obligations à 4 % alors que le marché est monté à 5 % entraîne une perte liée à la dépréciation de l'obligation.
Le **risque de change** recouvre la même notion mais appliquée au cours d'une devise.

79770

> Transposant les recommandations du comité de Bâle applicables aux risques de marché (Recommandations 17, 22 et 24), la Commission bancaire, devenue Autorité de contrôle prudentiel et de résolution, a donné la possibilité aux établissements d'évaluer leurs risques pour les besoins de consommation en fonds propres selon un modèle interne, pour peu que celui-ci ait été validé par elle (CRBF 97.02 et 99.01).

Risque de crédit ou de contrepartie Les opérations négociées sur un marché de gré à gré génèrent un risque de contrepartie. Celui-ci correspond à la perte liée pouvant résulter du non-respect par la contrepartie (le partenaire contractuel) de ses engagements. Depuis 2007, les crises financières successives ont conduit à faire émerger de nouveaux risques ou à mettre en évidence certains risques existants mais jusque-là sous-estimés. Cela est notamment le cas pour le risque de contrepartie dont l'augmentation

79773

1645

SECTEUR BANCAIRE　　　　　　　　　　　　　　　　　　© Ed. Francis Lefebvre

a conduit d'une part à la généralisation des appels de marge et mécanismes de compensation (règlement EMIR – *European Market Infrastructure Regulation*) et d'autre part à l'adaptation des méthodes de valorisation afin de mieux l'appréhender.

Le règlement européen EMIR (*European Market Infrastructure Regulation* – n° 648/2012) impose de nouvelles contraintes aux différents acteurs des marchés de produits dérivés afin que ces derniers soient plus sûrs et transparents. EMIR repose sur les principes suivants :
– une obligation de compensation centrale de l'ensemble des dérivés négociés de gré à gré jugés par l'ESMA suffisamment liquides et standardisés. De ce fait, le risque de contrepartie sera intégralement transféré aux chambres de compensation ;
– un cadre juridique harmonisé au niveau européen destiné à assurer que les chambres de compensation respectent des exigences fortes en termes de capital, d'organisation, et de règles de conduite ;
– le recours à un ensemble de techniques d'atténuation des risques opérationnels et de contrepartie pour les contrats non compensés ;
– une obligation de déclaration à des référentiels centraux de l'ensemble des transactions sur produits dérivés. Suite à la crise financière, la méthode de valorisation des dérivés collatéralisés s'est trouvée modifiée. En effet, l'écartement des courbes Euribor (taux d'actualisation des *cash-flows* attendus) et EONIA (taux de rémunération du collatéral posté) ont entraîné des frottements en P&L non justifiés économiquement. En conséquence, les acteurs du marché ont modifié leur méthode de valorisation en utilisant désormais deux courbes :
• une courbe d'estimation dont le benchmark est le taux variable sous-jacent du *swap*,
• une courbe d'actualisation dont le benchmark est le taux utilisé pour la rémunération du collatéral.
Enfin, la norme IFRS 13 « Évaluation de la juste valeur » a conduit les établissements à intégrer, plus explicitement, dans la valorisation de leurs dérivés OTC le risque de contrepartie « *Credit Value Adjustment* » (CVA) mais aussi leur risque de crédit propre, « *Debit Value Adjustment* » (DVA).

79778　**Risque de liquidité**　Le risque de liquidité correspond au risque que les ressources disponibles de l'établissement ne lui permettent pas d'honorer ses engagements.

La norme IFRS 13 « Évaluation de la juste valeur » a conduit les établissements à intégrer, plus explicitement, dans la valorisation de leurs dérivés OTC non collatéralisés un ajustement de valeur pour financement « *Funding Value Adjustment* » (FVA).

79780　**Risque opérationnel**　On entend principalement par risque opérationnel le risque de défaillance des contrôles et procédures liés à la documentation, au traitement administratif, au règlement et à l'enregistrement comptable des transactions. Ces risques surviennent à la suite de défaillances humaines ou techniques.

79782　**Risque juridique**　Le risque juridique recouvre les risques attachés :
– à l'imprécision juridique de certains contrats ;
– au manque de formalisme de certaines opérations de marché, fondées sur les usages ;
– au suivi des obligations contractuelles en matière d'information de la contrepartie ;
– aux risques liés au défaut de capacité juridique de la contrepartie.

Risques liés à la comptabilisation des opérations

79800　**Risques liés à l'enregistrement des opérations**　Les opérations de marché présentent des risques liés à la réalité des opérations, à leur exhaustivité ainsi qu'à leur correcte évaluation. Ceux-ci sont amplifiés par le fort effet de levier dont ces opérations font l'objet.

79820　**Risques liés à la régularité des enregistrements**　Les difficultés liées à l'application de la réglementation comptable peuvent avoir des origines diverses. Nombre d'entre elles sont liées en particulier à la nécessité d'**identifier l'intention de gestion** dès l'origine des opérations pour en déduire le classement comptable.

1. La **distinction entre les marchés d'instruments financiers** dits « de gré à gré » et les marchés d'instruments financiers non réglementés mais néanmoins assimilables à un marché organisé est parfois délicate.

Les marchés d'instruments financiers dérivés se décomposent en deux catégories : les marchés réglementés et les marchés non réglementés.

Les **marchés organisés** (dits « réglementés ») sont régis en France par le Code monétaire et financier et l'Autorité des marchés financiers (AMF). Pour être reconnu comme marché

© Ed. Francis Lefebvre

SECTEUR BANCAIRE

réglementé, un marché d'instruments financiers doit garantir un fonctionnement régulier des négociations (C. mon. fin. art. L 441-1). Les règles de ce marché doivent être établies par une entreprise de marché (société commerciale ayant pour activité principale d'assurer le fonctionnement d'un marché réglementé d'instruments financiers, en France : Euronext).

Pour considérer qu'un marché est organisé il faut qu'il réponde aux trois conditions suivantes (ANC 2014-07) :
– existence d'une chambre de compensation qui organise la liquidité du marché et assure la bonne fin des opérations. Chaque négociateur n'a qu'une seule contrepartie : la chambre de compensation ;
– versement d'un dépôt de garantie par chaque opérateur. En cas de défaillance d'un négociateur, ce dépôt de garantie servira à compenser ses pertes ;
– ajustement quotidien des positions ouvertes par règlement des différences. En cas de défaillance, la position est liquidée ; le dépôt de garantie absorbe les pertes.

Les **marchés non réglementés** ou marchés dits « de gré à gré » ne sont soumis quant à eux à aucune contrainte, sinon à celle de la volonté des parties.

Cependant, certains **marchés** non réglementés peuvent être **assimilés à des marchés organisés** :
– lorsqu'il s'agit de marchés d'options dont la liquidité est assurée notamment par la cotation de l'instrument sous-jacent sur un marché organisé ;
– lorsque la liquidité peut être considérée comme assurée, notamment par la présence d'établissements de crédit ou de maisons de titres mainteneurs de marché qui assurent des cotations permanentes de cours acheteur et vendeur dont les fourchettes correspondent aux usages du marché.

2. Les opérations de **macrocouverture** risquent d'être reclassées dans une catégorie, modifiant par là même le traitement comptable applicable.

Au sens réglementaire, les opérations de macrocouverture sont les opérations ayant pour objets de couvrir et de réduire le risque global de taux d'intérêt. Pour ce faire, l'établissement doit remplir les conditions suivantes :
– mesurer son risque de taux globalement ;
– être capable de justifier que, globalement, les contrats comptabilisés permettent de réduire effectivement le risque global de taux d'intérêt ;
– avoir pris une décision particulière de gestion globale du risque de taux.

3. Le recours aux **contrats internes asymétriques** du portefeuille de gestion spécialisée est limité.

Les opérations, pour être éligibles à une gestion spécialisée de portefeuille, doivent satisfaire aux **cinq conditions** suivantes :
– la capacité de l'établissement à maintenir de manière durable une présence permanente sur le marché doit être démontrée ;
– les volumes doivent être significatifs ;
– le portefeuille doit être géré constamment de manière globale, par exemple en sensibilité ;
– les positions doivent être centralisées et les résultats calculés quotidiennement ;
– des limites internes au risque de taux d'intérêt encouru sur ce portefeuille doivent avoir été préalablement établies conformément aux dispositions de l'arrêté du 3 novembre 2014.
Le règlement ANC 2014-07 prévoit dans son article 2528-1 deux **méthodes d'enregistrement** des contrats internes, la logique poursuivie étant dans les deux cas d'éviter l'enregistrement de résultats sur soi-même :
– selon le principe général, les contrats internes doivent être enregistrés dans des livres spécifiques et être évalués conformément aux méthodes applicables à la catégorie de portefeuille à laquelle ils appartiennent. Ils doivent en outre être évalués et enregistrés de manière symétrique dans les deux unités : l'effet sur le résultat est donc nul ;
– selon le principe dérogatoire, les établissements peuvent ne pas isoler les contrats internes et valoriser chacun des contrats conformément aux règles applicables, lorsque les procédures mises en place permettent de s'assurer avec suffisamment de certitude de l'absence de résultat significatif sur soi-même, et de l'éliminer dans le cas contraire.
Est considéré comme résultat sur soi-même tout résultat induit par un contrat interne dont la position dans le portefeuille de gestion spécialisée n'est pas annulée par un ou plusieurs contrats externes.

4. Les opérations liées au **portefeuille-titres** sont susceptibles d'être reclassées.   **79832**

Les titres peuvent, sur option, être enregistrés en date de négociation ou en date de règlement. Les points clés de la réglementation française des titres sont rappelés dans les deux schémas ci-après.

Enregistrement initial et évaluation des titres à la clôture

Catégorie	Comptabilisation initiale	Évaluation à la clôture	Surcotes / décotes
Transaction	Prix d'acquisition frais exclus (frais d'acquisition enregistrés en charges) incluant, le cas échéant, les intérêts courus. Les frais d'acquisition sont comptabilisés directement en charges.	Évaluation à la juste valeur par résultat. À chaque arrêté comptable, les titres sont évalués au prix de marché du jour le plus récent. Le solde global des différences résultant des variations de cours est porté au compte de résultat.	N/A.
Placement	Prix d'acquisition frais inclus ou exclus (frais d'acquisition rattachés au titre ou enregistrés en charges). Les intérêts courus constatés lors de l'acquisition des titres sont enregistrés dans des comptes rattachés. L'option retenue pour la comptabilisation des frais est permanente et s'applique à tous les titres de la catégorie.	Évaluation au plus bas entre le coût historique et la valeur d'utilité. Moins-values latentes résultant de la différence entre la valeur comptable des titres (après amortissement des primes / décotes) et prix de marché → dépréciation par ensembles homogènes de titres sans compensation avec les plus-values constatées. Prise en compte des gains provenant des couvertures dans le calcul des dépréciations. Pas de comptabilisation des plus-values latentes.	La différence entre le prix d'acquisition des titres et leur prix de remboursement (prime ou décote) individualisée est étalée sur la durée de vie résiduelle des titres selon la méthode actuarielle.
Investissement	Prix d'acquisition frais inclus ou exclus (frais d'acquisition rattachés au titre ou enregistrés en charges). L'option retenue pour la comptabilisation des frais est permanente et s'applique à tous les titres de la catégorie.	Coût amorti. Les plus-values latentes ne sont pas comptabilisées. Moins-values latentes résultant de la différence entre la valeur comptable des titres (après amortissement des primes / décotes) et prix de marché non dépréciés sauf s'il existe : – une forte probabilité que l'établissement ne conserve pas ces titres jusqu'à échéance en raison de circonstances nouvelles ; ou – des risques de défaillance de l'émetteur des titres (la dépréciation couvre un risque de contrepartie).	Les différences entre valeur comptable et valeur de remboursement des titres (prime ou décote) sont individualisées et étalées sur la durée de vie résiduelle selon la méthode actuarielle.
Titres de l'activité de portefeuille	Prix d'acquisition frais exclus (frais d'acquisition enregistrés en charges).	Évaluation au plus bas entre le coût historique et la valeur d'utilité. Les moins-values latentes calculées ligne par ligne font l'objet d'une dépréciation sans compensation avec les plus-values latentes qui ne sont pas comptabilisées. La valeur d'utilité est déterminée en tenant compte des perspectives générales d'évolution de l'émetteur et de l'horizon de détention.	N/A.

Catégorie	Comptabilisation initiale	Évaluation à la clôture	Surcotes / décotes
Autres titres détenus à long terme	Prix d'acquisition frais inclus ou exclus (frais d'acquisition rattachés au titre ou enregistrés en charges). L'option retenue pour la comptabilisation des frais est permanente et s'applique à tous les titres de la catégorie.	Évaluation au plus bas entre le coût historique et la valeur d'utilité. Les moins-values latentes calculées ligne par ligne font l'objet d'une dépréciation sans compensation avec les plus-values latentes qui ne sont pas comptabilisées.	N/A.
Titres de participation et de filiales	Prix d'acquisition frais inclus ou exclus (frais d'acquisition rattachés au titre ou enregistrés en charges). L'option retenue pour la comptabilisation des frais est permanente et s'applique à tous les titres de la catégorie.	Évaluation au plus bas entre le coût historique et la valeur d'utilité. Les moins-values latentes font l'objet d'une dépréciation sans compensation avec les plus-values latentes qui ne sont pas comptabilisées.	N/A.

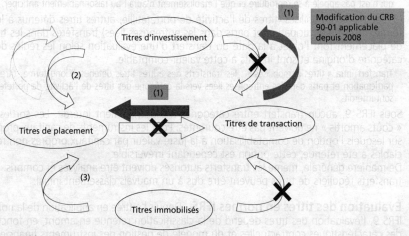

Transferts des titres en normes françaises

Source : Mazars

Les conditions de transferts de titres entre catégories sont précisées à l'article 2381 du règlement ANC 2014-07.

(1) Depuis les titres de transaction vers les titres de placement ou titres d'investissement ou depuis les titres de placement vers les titres d'investissement, les transferts ne sont autorisés que sous certaines conditions :

– l'une ou l'autre des conditions suivantes doit être respectée afin de reclasser des titres de transaction en titres d'investissement ou titres de placement :
• existence de situations exceptionnelles de marché nécessitant un changement de stratégie ; les titres sont alors inscrits dans les catégories « titres de placement » ou « titres d'investissement » en fonction de la nouvelle stratégie de détention adoptée par l'établissement,
• disparition de la possibilité de négocier sur un « marché actif » les titres à revenu fixe et intention et capacité de l'établissement à les détenir dans un avenir prévisible ou jusqu'à leur échéance ;

– l'une ou l'autre des conditions suivantes doit être respectée afin de reclasser des titres de placement en titres d'investissement :
• existence de situations exceptionnelles de marché nécessitant un changement de stratégie,
• disparition de la possibilité de négocier les titres à revenu fixe sur un « marché actif ».

La notion de « marché actif » est définie comme un marché sur lequel les prix de marché des titres concernés sont constamment accessibles aux tiers. L'appréciation du caractère inactif d'un marché s'appuie sur des indicateurs tels que la baisse significative du volume des transactions et du niveau d'activité sur le marché, la forte dispersion des prix disponibles ou l'ancienneté des dernières transactions.

Le transfert s'opère à la juste valeur à la date du reclassement et une information en annexe portant sur les éléments suivants est obligatoire :
– montants des titres transférés ;
– existence d'une situation exceptionnelle et description des faits et circonstances qui attestent le caractère exceptionnel de la situation ;
– jusqu'à la cession, remboursement intégral ou passage en perte, et à chaque arrêté comptable, mention de la plus ou moins-value qui aurait été comptabilisée dans le résultat si le titre de transaction n'avait pas été reclassé ou de la moins-value latente qui aurait été comptabilisée si le titre de placement n'avait pas été reclassé.

(2) Le transfert des titres initialement comptabilisés en titres d'investissement est en principe interdit.

En cas de cession de titres d'investissement, ou de transfert dans une autre catégorie de titres, pour un montant significatif par rapport au montant total des titres d'investissement détenus par l'établissement, ce dernier n'est plus autorisé, pendant l'exercice en cours et pendant les deux exercices suivants, à classer en titres d'investissement des titres antérieurement acquis et les titres à acquérir. Les titres d'investissement antérieurement acquis sont reclassés dans la catégorie « Titres de placement » pour leur valeur nette comptable déterminée à la date du reclassement.

Toutefois, cette sanction ne s'applique pas notamment dans les cas suivants :
– cessions ou transferts tellement proches de l'échéance ou de la date de remboursement du titre que des variations des taux d'intérêt auraient un effet négligeable sur la valeur du titre ;
– cessions ou transferts survenant après que l'établissement a encaissé la quasi-totalité du montant en principal d'origine du titre dans le cadre de l'échéancier prévu ou du fait de paiements anticipés ;
– cessions ou transferts causés par un événement isolé, indépendant du contrôle de l'établissement, qui n'est pas appelé à se reproduire et que l'établissement n'aurait pu raisonnablement anticiper.

(3) Les titres immobilisés (titres de l'activité de portefeuille, autres titres détenus à long terme, titres de participation et parts dans les entreprises liées) transférés dans les titres de placement font l'objet à la date du transfert d'une évaluation selon les règles de la catégorie d'origine et sont inscrits à cette valeur comptable.

Transfert intra « titres immobilisés » : les transferts des autres titres détenus à long terme, titres de participation et parts dans les entreprises liées vers la catégorie des titres de l'activité de portefeuille sont interdits.

Sous IFRS 9, aucun transfert entre catégories n'est strictement interdit. Les sorties de « coûts amortis » ne doivent pas être courantes. Pour les instruments de capitaux propres sur lesquels l'option de comptabilisation à la juste valeur par capitaux propres non recyclables a été retenue, cette option est cependant irréversible.

De manière générale, même les transferts autorisés doivent être analysés et compris. Des transferts réguliers de titres peuvent être dus à un mauvais classement initial.

79840 Évaluation des titres en normes IFRS Depuis l'entrée en application de la norme IFRS 9, l'évaluation des titres dépend de la classification retenue en amont, en fonction des caractéristiques contractuelles et du modèle de gestion des instruments financiers.

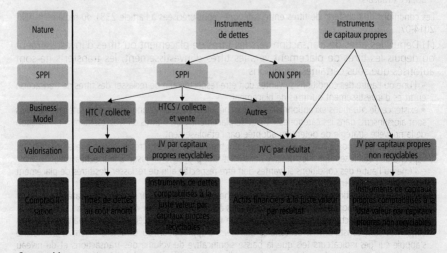

Source : Mazars

La notion de dépréciation durable sous IAS 39.67 n'existe plus sous IFRS 9.
La norme IFRS 13 prévoit la présentation des titres en fonction de la hiérarchie des justes valeurs retenues. Cette information doit être présentée en annexe :
– niveau 1 : cours cotés sur un marché actif ;
– niveau 2 : valorisation basée sur des données observables ;
– niveau 3 : valorisation basée sur des données non observables.

Règles d'enregistrement des titres en IFRS La norme IFRS 9 définit trois caté- **79843**
gories comptables pour les actifs financiers :
– coût amorti pour les instruments de dettes (obligations…) dont les flux de trésorerie contractuels ont des caractéristiques similaires à celles d'un prêt standard et qui sont détenus à des fins de collecte des flux de trésorerie futurs contractuels ;
– juste valeur par capitaux propres recyclables en résultat pour les instruments de dettes dont les flux de trésorerie contractuels ont des caractéristiques similaires à celles d'un prêt standard et qui sont détenus à la fois pour collecter les flux de trésorerie futurs contractuels et pour dégager des produits sur la vente de ces instruments ;
– juste valeur par résultat pour les instruments de capitaux propres (actions…) et les instruments de dettes dont les flux de trésorerie contractuels n'ont pas les caractéris-tiques d'un prêt standard.
De plus, les instruments de capitaux propres peuvent sur option être comptabilisés à la juste valeur par capitaux propres non recyclables (option irréversible). Les plus-values ou les moins-values réalisées sur les actions classées (sur option) en juste valeur/capitaux propres ne sont jamais recyclées en résultat. Les dividendes restent en résultat.

C. Approche d'audit

Fondement du contrôle des activités de marché

Bien que la réglementation comptable française soit organisée par produit bancaire, elle **79850**
distingue pour chacun de ces produits un traitement différencié suivant l'**intention de gestion**, notion également primordiale dans le référentiel IFRS. Pour construire une approche d'audit, il convient dès lors de pouvoir **faire le lien** entre le *back-office*, qui gère les aspects administratifs, et l'opérationnel, qui détient l'intention de gestion. Suivant les objectifs de contrôle poursuivis, l'approche retenue sera donc orientée d'abord vers la compréhension des activités puis vers l'examen des systèmes *back-office*.
Seront distingués ci-après :
– les contrôles des systèmes de collecte de l'information, qui sont transverses aux diffé-rentes activités ;
– les contrôles par activité.

Contrôles des systèmes transverses aux activités

L'approche des systèmes de collecte et de traitement comptable de l'information peut **79880**
être effectuée globalement. Elle peut également être réalisée par fonction. Pour la compréhension générale de l'activité, il est important d'obtenir les procédures et les autorisations de la direction afin d'identifier les opérations et produits traités. Ces approches pourront être complétées :
– par la mise en œuvre de confirmations directes ;
– par l'examen du suivi des risques de contrepartie ;
– par le contrôle de la formation du résultat interne ;
– par l'examen des procédures de lancement et de suivi des nouveaux produits.

Approche globale Il est usuel de distinguer les systèmes suivants, qui ont des modes **79882**
d'enregistrement et de confirmation d'opérations qui leur sont propres :
– les titres ;
– les prêts et emprunts ;
– les instruments dérivés négociés sur un marché de gré à gré ;
– les instruments dérivés négociés sur un marché organisé.
Des subdivisions peuvent également être observées en fonction de la nature de l'actif traité (selon qu'il s'agit d'un produit de taux ou d'un produit action par exemple).

SECTEUR BANCAIRE © Ed. Francis Lefebvre

79885 Il convient notamment d'examiner le **degré d'intégration des systèmes**, car plus le système est intégré, moins les risques sont importants.

Dans un système très intégré, l'opérateur *front-office* saisit dans le système *front-office* l'opération qu'il vient de négocier. Cette opération est transférée automatiquement et sans délai dans le système *back-office* avec un statut particulier. Le système *back-office* génère automatiquement une demande de confirmation qui est transférée vers un système de rapprochement automatique des confirmations émises et reçues de type *swift*. Un rapprochement correct met à jour le statut de validation de l'opération et génère automatiquement les écritures comptables par l'intermédiaire d'un interprétateur comptable du type « règles du jeu ». L'opérateur *back-office* traite alors les opérations non réconciliées.

La validation du déversement des valorisations de marché dans les systèmes d'information est donc un point d'attention.

79888 Après une prise de connaissance des procédures (notamment des systèmes de mesure et des limites autorisées par l'organe compétent), l'évaluation du **contrôle interne** doit permettre d'évaluer :

– la saisie des tickets d'opéré : le contenu correct des tickets émis, leur prénumérotation et leur suivi séquentiel au *back-office* seront particulièrement examinés ;

– l'émission des demandes de confirmation et le rapprochement des confirmations reçues : les différents classements des confirmations seront examinés afin de s'assurer qu'à tout moment l'établissement peut identifier les demandes de confirmation émise et reçue en attente de réconciliation ;

– la capacité du système à suivre les flux générés par l'opération (indexation, suivi des exercices d'options, activation ou désactivation des barrières, etc.) ;

– les procédures de rapprochement des positions titres et instruments dérivés négociés sur un marché organisé avec les établissements conservateurs et compensateurs ;

– la symétrie de traitement des opérations faisant l'objet d'une même opération globale ou d'un même montage ;

– la capacité des modèles internes à produire des valorisations correctes et fiables.

Il est également indispensable d'avoir une vision globale de l'importance des volumes et de la nature des produits traités. La revue des systèmes d'information est un prérequis pour le dispositif de contrôle des risques (voir approche informatique).

79890 On s'intéressera aux **aspects propres aux systèmes d'information** :

– traitement des opérations comptabilisées entre la date de clôture des comptes et la date d'arrêté des comptes se rapportant à l'exercice examiné (une attention particulière sera portée aux opérations diverses – « OD » – manuelles) ;

– traitement des opérations ayant fait l'objet d'un rejet par le système comptable ;

– contrôles d'exception lors de la saisie des données ;

– contrôles de l'alimentation des logiciels.

Les questions liées aux suspens sont exposées à propos des moyens de paiement (voir n°s 78850 s.).

79892 **Approche par fonction** Comme nous l'indiquons par ailleurs (voir n° 78163), le contrôle interne s'apprécie également au regard des différentes fonctions opérationnelles d'enregistrement et des différents niveaux de contrôle. Une séparation est essentielle entre ces fonctions. L'examen de la **fonction *back-office*** a été traité dans l'approche par les systèmes (voir n°s 79882 s.). Ne sera étudié dans les paragraphes suivants que l'examen des **autres fonctions**.

79893 1. Appréciation du **contrôle interne au sein du *front-office*** : l'examen du contrôle interne au sein du *front-office* doit permettre d'évaluer :

– la procédure d'établissement des tickets d'opéré, leur correcte transmission au *back-office*, sans délai (horodatage) ;

– la procédure d'enregistrement sur bande magnétique des ordres téléphoniques initiés par le *front-office* ;

– la procédure de suivi en temps réel des résultats ; un examen particulier sera consacré aux contrôles réalisés par les *risk managers* rattachés au *front-office* sur les paramètres de valorisation et les méthodes de valorisation ;

– le respect des procédures de délégation (existence de lettres de pouvoir) ;

1652

© Ed. Francis Lefebvre

SECTEUR BANCAIRE ▌

– la compatibilité avec les limites d'exposition aux risques de marché des procédures d'octroi et de suivi des limites comportementales octroyées à chaque opérateur.
Au sein du *middle-office*, il sera nécessaire d'examiner :
– les rapprochements comptabilité-gestion ;
– la valorisation des instruments financiers ;
– l'instruction des dossiers pour les comités nouveaux produits.

2. L'examen de la **fonction comptable** doit permettre d'évaluer :   **79894**
– la fonction de normalisation comptable qui lui incombe et son adaptation aux intentions de gestion de chaque activité. Cette fonction recouvre notamment la doctrine appliquée aux opérations structurelles et aux opérations complexes ; elle recouvre également l'interprétation des règlements prudentiels qu'elle souhaite retenir pour les risques comptables ;
– le contrôle du paramétrage des schémas comptables entrés dans les interprétateurs comptables (outils informatiques) ;
– son rôle de tutelle fonctionnelle dans la supervision des travaux des *back-office* ;
– les procédures permettant de s'assurer que les titres en portefeuille sont correctement enregistrés en fonction de leurs caractéristiques (titres à revenu fixe ou titres à revenu variable, etc.) et de l'intention de gestion et de leur correcte évaluation selon les règles comptables en vigueur.

3. Fonction juridique : dans le cadre des activités de *trading*, une attention particulière   **79895**
sera portée aux procédures mises en place pour maîtriser les risques liés à la défaillance de la contrepartie.
La conformité aux conventions de place des conventions sur les opérations de compensation et d'appels de marge sera également revue, tout comme celle des contrats standard sur instruments financiers.
Pour les nouveaux produits ou produits complexes, on s'assurera notamment que le service juridique a systématiquement revu les contrats juridiques.

Confirmations directes Quelle que soit la qualité du *back-office* dans ses procé-   **79896**
dures de confirmation d'opérations, l'auditeur devra avoir recours aux techniques de circularisation dans le cadre de la phase finale de contrôle des comptes.
Force est néanmoins de constater que ces circularisations sont très lourdes à mettre en place, que la qualité des réponses n'est pas à la hauteur des attentes et qu'elle est étroitement dépendante de la capacité des systèmes *back-office* à suivre exhaustivement et correctement toutes les caractéristiques financières des contrats.
Pour pallier ces limites, l'auditeur devra porter une attention toute particulière aux procédures de confirmation de valorisation dans le cadre des conventions d'appels de marge. Outre un contrôle exhaustif des stocks par contrepartie, cette procédure permet à l'auditeur de se faire une première opinion sur les méthodes de valorisation retenues. Toutefois, l'étendue de ces conventions est très disparate au sein des établissements et ne couvre généralement qu'une partie relativement faible des stocks.

Suivi du risque de contrepartie La particularité du suivi du risque de contrepartie   **79898**
sur instruments dérivés réside dans le suivi des conventions de compensation et d'appels de marge.

Contrôle du résultat interne Les critères fixés par la réglementation, qui limitent   **79900**
le recours aux contrats internes asymétriques (voir n° 79820), ne tiennent pas compte du mode de couverture des risques d'un portefeuille de gestion spécialisé pour lequel la gestion est globale. Dès lors, le seul lien qui peut être établi entre les contrats externes et les contrats internes réside dans l'existence de limites suffisamment faibles au regard de la valeur absolue des expositions aux facteurs de risque générées par les contrats externes.
Pour évaluer la force du contrôle interne dans ce domaine, l'auditeur s'assurera que :
– les procédures *back-office* permettent un enregistrement en tout point réciproque de ces opérations ; une attention particulière sera portée aux contrats internes ayant fait l'objet de résiliation ;
– les contrats internes soient négociés à des prix de marché ; l'application de ce principe nécessite des précisions dans le cadre d'opérations de montage pour lesquelles le prix négocié ne correspond que très rarement à la somme des prix de chaque composante du montage ; dès lors, se pose la question du rattachement de la marge correspondante

1653

SECTEUR BANCAIRE   © Ed. Francis Lefebvre

(prise en résultat immédiate ou étalement sur la durée de vie du montage), selon qu'elle est ou non affectée à la cellule de gestion spécialisée.

79905   **Examen des nouvelles activités ou approche par produit**   Les approches fonctionnelles étant relativement générales et ne couvrant pas toujours les spécificités de chaque produit ou activité, l'arrêté du 3 novembre 2014 sur le contrôle interne a prévu qu'un examen préalable au lancement de tout nouveau produit ou de toute nouvelle activité soit réalisé et fasse l'objet d'une revue périodique.

Les établissements ont mis en place une procédure « nouveaux produits » qui doit permettre d'identifier les nouvelles activités ou les nouveaux produits et d'examiner :
– la validité des contrats juridiques ;
– les modalités d'enregistrement et de confirmation des opérations ;
– le suivi des flux associés à la nouvelle activité (clause d'indexation, d'activation/désactivation) ;
– le traitement comptable et fiscal des opérations ;
– le traitement réglementaire ;
– les méthodes de valorisation tant au *front-office* qu'au *middle-office* et en comptabilité ;
– le suivi des risques de marché, de taux d'intérêt, de contrepartie, de liquidité, de change et de règlement/livraison.

L'évaluation des quatre derniers points de contrôle de cette procédure ne peut s'effectuer qu'en appréhendant le nouveau produit comme une activité. L'auditeur examinera l'intention de gestion, les instruments utilisés pour couvrir les risques financiers afférents aux nouveaux produits, la cohérence des méthodes de valorisation des instruments de couverture. On passe ainsi d'une approche par produit à une approche par activité.

Il convient de s'assurer que les procédures relatives aux nouveaux produits mis en place dans les établissements tiennent bien compte désormais des analyses et des contrôles à réaliser dans le cadre de la norme IFRS 9 et que les critères de classification et d'évaluation retenus pour chaque type d'instrument soient bien intégrés dans ces procédures et sont conformes avec la nouvelle norme et les positions retenues par l'établissement.

Approches par activité

79920   Seront distinguées les approches spécifiques aux activités de couverture et les approches spécifiques aux activités de négociation telles que les prévoit la réglementation comptable française.

79925   **Activités de couverture**   Le contrôle des activités de couverture comporte un examen du dispositif de contrôle des activités de macrocouverture, un examen des stratégies de microcouverture, un contrôle des opérations de réescompte, un examen analytique.

79928   1. Examen du dispositif de contrôle des activités de **macrocouverture** (activités initiées par l'ALM). La comptabilisation de ce type d'opérations, qui ne tient pas compte des valeurs de marché, permet de différer des gains ou des pertes d'un exercice sur l'autre (en débouclant des opérations de couverture et en en initiant de nouvelles à des conditions de marché). L'auditeur doit donc y porter une attention toute particulière.

L'examen du dispositif de contrôle du risque de taux d'intérêt ne fait l'objet dans l'arrêté du 3 novembre 2014 que de **recommandations** très générales.

L'auditeur pourra avoir recours aux onze principes de gestion plus précis publiés par le comité de Bâle en 1997. Ceux-ci s'articulent autour de trois axes :
– l'évaluation du contrôle interne ;
– l'évaluation de la méthodologie de mesure du risque global de taux d'intérêt ;
– l'évaluation du système de mesure du risque de taux d'intérêt.

L'évaluation du contrôle interne portera notamment sur les points suivants :
– rôle et implication des organes exécutifs et délibérants dans l'appréciation des stratégies en matière de gestion des risques et de mesure des risques encourus ;
– implication des organes exécutifs dans l'appréciation de l'efficacité de la gestion des risques au regard des activités exercées et dans la fixation des ressources nécessaires à son évaluation et à son contrôle ;
– désignation de responsables de la gestion du risque de taux suffisamment indépendants des fonctions opérationnelles de prise de risque sur taux d'intérêt ;

© Ed. Francis Lefebvre

SECTEUR BANCAIRE

– prise en compte des risques de taux d'intérêt dans le cadre de la procédure « nouveaux produits » (voir n° 79905) ;
– existence de fonctions de mesure, de surveillance et de contrôle chargées de rendre compte à l'exécutif et suffisamment indépendantes des processus de prise de position ; ces fonctions devront notamment permettre de distinguer le résultat économique lié aux activités opérationnelles et le résultat économique du centre ALM ;
– existence d'un dispositif de fixation de limites opérationnelles adaptées à la méthodologie de mesure du risque de taux d'intérêt ;
– existence d'un processus de revue indépendante du dispositif (audit interne, audit d'actionnaire, commissaires aux comptes, Autorité de contrôle prudentiel et de résolution, etc.).
L'auditeur devra obtenir du *middle-office* et du *back-office* un dossier de suivi des *swaps* de macro-couverture identifiant clairement l'intention initiale (décisions de comité de gestion de bilan par exemple) et l'impact sur le risque de taux de la banque de la réalisation de l'opération.

2. Examen des stratégies de **microcouverture**. L'auditeur examinera notamment : **79930**
– la matérialisation par les opérateurs *front-office*, dès l'initiation des opérations, du lien entre l'opération de couverture et l'élément couvert (corrélation inverse entre les deux instruments) ;
– l'enregistrement dans les systèmes *back-office* des liens existant entre l'instrument de couverture et l'élément couvert (existence d'une étroite corrélation entre les deux instruments en durée, en montant et en taux) ;
– le niveau de compétence des opérateurs *back-office* ou *middle-office*, suivant le cas, pour évaluer l'adéquation des couvertures à l'élément couvert au regard du règlement ANC 2014-07 ;
– le contrôle de la symétrie des traitements.
Dans le cadre du contrôle final des comptes, l'auditeur portera plutôt son attention sur le traitement des opérations de dénouement anticipé des opérations de microcouverture ou de reclassement, conformément aux principes comptables en vigueur.

3. Contrôle du **réescompte**. Parce que les activités de gestion de la trésorerie sont géné- **79932**
ralement valorisées en « couru », les modalités de calcul des intérêts courus non échus seront examinées. Un recours aux techniques d'analyse de données facilite les travaux.

4. Examen analytique. L'examen analytique d'activités de couverture ne peut s'effectuer **79934**
que si l'établissement dispose d'une comptabilité analytique lui permettant de séparer le résultat lié à l'activité d'octroi de prêts à la clientèle, d'une part, de l'activité liée au refinancement de ces prêts, d'autre part.

Activités de négociation Le contrôle des activités de négociation comporte un **79935**
contrôle de valorisation des positions, un contrôle de la valeur de marché et un contrôle de rapprochement des résultats.

1. Contrôle de valorisation des positions. Les **positions directionnelles** sont valorisées **79938**
au plus bas du coût historique et de la valeur de marché. Les **positions de gestion spécialisée** (*trading*) sont valorisées quant à elles en valeur de marché. L'auditeur devra donc vérifier que ces deux types d'activité sont correctement distingués, notamment par la qualité du contrôle interne.

2. Contrôle de la valeur de marché. Pour évaluer les résultats des activités de négocia- **79940**
tion, il convient d'appréhender la valeur de marché de chaque instrument.
Le contrôle des paramètres de valorisation s'effectue en deux étapes.
Il convient dans un premier temps de normaliser la source des paramètres de valorisation en construisant une matrice produit/système/source de paramètres de valorisation, de manière à s'assurer que les sources d'alimentation d'un paramètre de valorisation sont identiques quel que soit le produit négocié.
Afin de pouvoir évaluer l'espérance mathématique de la valeur actuelle des flux futurs, les paramètres suivants seront particulièrement examinés :
– courbes de taux d'intérêt ;
– cours de change ;

1655

SECTEUR BANCAIRE

© Ed. Francis Lefebvre

– courbes de volatilité ;
– courbes de *spread* émetteurs.

Il convient ensuite de définir pour chaque paramètre la meilleure source d'alimentation externe et l'heure à laquelle ils doivent être retenus (il peut être procédé à des moyennes après élimination des extrêmes, etc.). Pour les éléments particulièrement difficiles à observer, un examen très attentif devra être porté aux paramètres implicites des dernières transactions. Les *risk managers* n'hésitent plus, dans certains cas, à procéder à des circularisations, soit entre eux, soit auprès d'intermédiaires spécialisés afin de garantir une certaine confidentialité.

79945 **3. Contrôle des rapprochements de résultats.** La construction de rapprochements de résultats entre ceux établis par le *front-office* et ceux établis par le *back-office* est une obligation réglementaire essentielle, qui a pour but de s'assurer qu'il n'existe pas au sein de l'établissement deux valeurs sensiblement différentes pour une même réalité économique. Pour répondre à cette attente, il convient notamment de s'assurer qu'une unité séparée du *back-office* et du *front-office* est chargée de la validation du résultat et de la construction de ce rapprochement : on se méfiera des organisations dans lesquelles l'unité chargée d'établir ce rapprochement est également partie prenante à la construction d'un des deux résultats. A la suite du rapprochement, il convient également que les services comptables, le *back-office* et le *front-office* soient d'accord sur la nature des écarts résiduels.

79946 Dans le référentiel IFRS, une attention particulière sera portée aux points suivants :
– le respect des conditions nécessaires à la comptabilité de couverture (documentation, tests d'efficacité, qualification de la relation…) ;
– la comptabilisation au bilan de l'ensemble des dérivés ;
– le respect des règles de comptabilité de couverture (couverture de juste valeur, couverture de flux de trésorerie) ;
– les modalités d'application des règles de classification et d'évaluation des titres à la suite de la mise en place de la norme IFRS 9 ;
– l'application des principes de détermination de la juste valeur des instruments financiers classés en HTC, HTCS ou en *trading*, en identifiant les modes de valorisation (règles d'observabilité, valeur de marché, modèles internes, observabilité des paramètres…) ;
– le dispositif de revue et de validation interne des modèles (de valorisation comme de réserves) en place au sein de l'établissement ;
– le dispositif de vérification des prix retenus par le *front-office* ; on parle couramment d'*Independent Price Verification* (IPV) ;
– l'application des règles d'observabilités et la comptabilisation des *Day-One profit or loss* qui en découle ;
– l'information financière telle qu'édictée par IFRS 7, IAS 32 et IFRS 13 (définition des niveaux de juste valeur, niveau d'information à donner, règles de compensation).

V. Autres opérations financières

80000 L'exposé comportera :
– une présentation générale du cycle (n°s 80002 s.) ;
– la définition des principales zones de risques (n°s 80120 s.) ;
– une description de l'approche d'audit (n°s 80170 s.).

A. Présentation du cycle

80002 *Ont* été examinées précédemment les opérations de crédits et engagements, de dépôts de la clientèle et les opérations de marché. Sont examinées ci-après les autres opérations financières effectuées par la banque. Celles-ci comprennent essentiellement les opérations financières effectuées pour compte de la clientèle auxquelles viennent s'ajouter un certain nombre d'opérations pour compte propre, l'ensemble étant généralement regroupé sous le vocable de « **services d'investissement** ».

1656

© Ed. Francis Lefebvre   **SECTEUR BANCAIRE**

La loi de modernisation des activités financières du 2 juillet 1996 (désormais intégrée dans le Code monétaire et financier) sur les services d'investissement dans le domaine des valeurs mobilières a conduit à :
– une **homogénéisation du statut des intervenants** selon une approche par métier ;
– une refonte et un élargissement des compétences des **autorités de tutelle** bancaires selon la nature des prestations fournies.
Après avoir présenté les services d'investissement, seront présentées les caractéristiques des opérations réalisées pour le compte de la clientèle ainsi que la comptabilisation des revenus liés à ces opérations.

Services d'investissement

Les dix **catégories de services d'investissement** correspondant à des activités sur instruments financiers (tels qu'énumérés à l'art. L 211-1 du Code monétaire et financier) sont définies par l'article L 321-1 du Code monétaire et financier :   **80005**
– la réception et la transmission d'ordres pour le compte de tiers ;
– l'exécution d'ordres pour le compte de tiers ;
– la négociation pour compte propre ;
– la gestion de portefeuille pour le compte de tiers ;
– le conseil en investissement ;
– la prise ferme ;
– le placement garanti ;
– le placement non garanti ;
– l'exploitation d'un système multilatéral de négociation au sens de l'article L 424-1 ;
– l'exploitation d'un système organisé de négociation au sens de l'article L 425-1.

Des **activités connexes** aux services d'investissement ont été également définies (C. mon. fin. art. L 321-2), dont :   **80010**
– la tenue de compte-conservation d'instruments financiers pour le compte de tiers et les services accessoires comme la tenue de comptes d'espèces correspondant à ces instruments financiers ou la gestion de garanties financières, et à l'exclusion de la fourniture du service de tenue centralisée de comptes au sens de la section A de l'annexe au règlement (UE) 909/2014 ;
– l'octroi de crédits ou de prêts à un investisseur pour lui permettre d'effectuer une transaction qui porte sur un instrument financier ou sur une unité mentionnée à l'article L 229-7 du Code de l'environnement et dans laquelle intervient l'entreprise qui octroie le crédit ou le prêt ;
– la fourniture de conseils aux entreprises en matière de structure de capital, de stratégie industrielle et de questions connexes ainsi que la fourniture de conseils et de services en matière de fusions et de rachat d'entreprises ;
– la recherche en investissements et l'analyse financière ou toute autre forme de recommandation générale concernant les transactions sur instruments financiers et sur les unités mentionnées à l'article L 229-7 du Code de l'environnement ;
– les services liés à la prise ferme ;
– les services de change lorsque ceux-ci sont liés à la fourniture de services d'investissement ;
– les services et activités assimilables à des services d'investissement ou à des services connexes, portant sur l'élément sous-jacent des instruments financiers à terme dont la liste est fixée par décret, lorsqu'ils sont liés à la prestation de services d'investissement ou de services connexes ;
– le service de notation de crédit mentionné aux a et o du 1 de l'article 3 du règlement 1060/2009 du Parlement européen et du Conseil, du 16 septembre 2009, sur les agences de notation de crédit.

Les **prestataires de services d'investissement (PSI)**, autres que les sociétés de gestion de portefeuille n'exerçant pas exclusivement la gestion sous mandat individuel, sont des entreprises d'investissement ou des établissements de crédit ayant reçu un agrément pour fournir des services d'investissement. L'exercice de chacun de ces services est soumis au respect de règles de bonne conduite et d'organisation (C. mon. fin. art. L 531-1).   **80015**
L'agrément d'entreprise d'investissement est délivré par l'ACPR. En fonction des services d'investissement envisagés, l'AMF sera sollicité pour transmettre ses observations à l'ACPR ou approuver le programme d'activités (C. mon. fin. art. L 532-1).

1657

SECTEUR BANCAIRE © Ed. Francis Lefebvre

Peuvent également fournir des services d'investissement dans les limites des dispositions législatives qui, le cas échéant, les régissent les institutions visées par l'article L 531-2 du Code monétaire et financier, sans être soumises à la procédure d'agrément prévue à l'article L 532-1 mais sans pouvoir prétendre au bénéfice des dispositions des articles L 532-16 à L 532-27.

80020 La modernisation du **système de place** français de **traitement des ordres sur titres** s'est engagée avec la dématérialisation des titres intervenue en 1984. En France, la fonction de règlement-livraison de titres est assurée par ESES (*Euroclear Settlement of Euronext Securities*).

> La chaîne de traitement des titres comprend trois étapes : la négociation, la compensation et le règlement-livraison.
>
> La fonction de « règlement-livraison » constitue la dernière étape du processus de traitement des titres. Celle-ci se traduit par le dénouement des engagements réciproques de l'acheteur et du vendeur et la passation des écritures en compte assurant la livraison des titres à l'acheteur et, en contrepartie, le versement des fonds correspondants au vendeur.

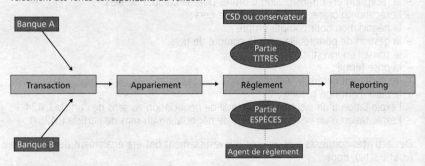

(Source : Banque de France)

80025 La directive 2014/65/UE « Marchés d'instruments financiers » révisée du 15 mai 2014 (dite MiFID 2), le règlement (UE) 600/2014 de la même date (dite MiFIR), ainsi que trois actes délégués de la Commission (dir. déléguée 2017/593 du 7-4-2016, règl. délégué [UE] 2017/565 du 25-4-2016, règl. délégué [UE] 2017/567 du 18-5-2016) et plus de quarante règlements délégués de réglementation (dit *Regulatory Technical Standards*, RTS) ou d'exécution (dit *Implementing Technical Standards*, ITS) sont venus renforcer l'encadrement des entreprises d'investissement et les établissements de crédit fournissant les services d'investissement. Sont notamment prévues les conditions d'agrément et d'exercice applicables aux entreprises d'investissement. Les conditions d'exercice couvrent à la fois les règles de conduite et d'organisation. Ce dispositif a été transposé pour la directive MiFID 2 précitée dans le Code monétaire et financier. Le règlement MiFIR précité est d'application directe en droit français. Il est complété par les éléments de doctrine de l'AMF et de l'ACPR.

S'agissant du contrôle externe, les commissaires aux comptes d'un établissement « teneur de comptes-conservateurs » ont l'obligation d'établir un rapport particulier sur l'adéquation des dispositions prises par le teneur de comptes-conservateur en application des dispositions législatives et réglementaires en matière de protection des avoirs en instruments financiers de la clientèle (RG AMF art. 313-17-1 et Bull. CNCC n° 152-2008 p. 624).

Par ailleurs, en ce qui concerne les entreprises d'investissement, une transposition de la directive « Marchés d'instruments financiers » (MIF) dans l'arrêté du 2 juillet 2007 relatif au cantonnement des fonds de la clientèle des entreprises d'investissement prévoit que leurs commissaires aux comptes fassent rapport au moins tous les ans à la Commission bancaire sur l'adéquation des dispositions qu'elles prennent en application dudit arrêté (Arrêté du 2-7-2007 art. 7).

80030 L'organisation des entreprises d'investissement est très diverse eu égard à la large palette des services proposés (gestion de portefeuille, exécution d'ordres sur les marchés, l'exploitation d'un système multilatéral de négociation…).

On peut néanmoins présenter ci-dessous quelques départements/services habituellement présents au sein des entreprises d'investissement :
– un département gestion (clientèle institutionnelle, clientèle privée) en charge des fonctions commerciales et au besoin de réception et transmission d'ordres des clients ;
– un *front-office* chargé de la négociation ou de l'exécution des ordres sur le marché ;

© Ed. Francis Lefebvre

SECTEUR BANCAIRE

– un *middle-office* dont le rôle est variable mais qui généralement assure un contrôle de 2e niveau des opérations du *front-office* ;
– un contrôle des risques qui doit identifier, mesurer et suivre les risques (marché, crédit, règlement/livraison, opérationnel, non-conformité…) de l'établissement.

Opérations pour compte de la clientèle

Les opérations à caractère financier réalisées avec la clientèle constituent des prestations de services mais sont indépendantes en principe de tout concours ou engagement pris ou reçu. Elles ne se traduisent donc que par la perception de **commissions rémunérant un service** et non un risque. Elles sont, de ce fait, sans impact sur le bilan. Ces activités peuvent avoir une incidence significative sur le compte de résultat et supposent souvent l'existence d'équipes spécialisées indépendantes. Elles constituent un axe de développement important pour la plupart des établissements.

80050

1. Les **syndicats d'émission ou emprunt** assurent le placement de nouveaux titres émis. Ils sont constitués de plusieurs établissements financiers, se réunissant autour d'un chef de file, garantissant parfois aux émetteurs le placement de ces titres auprès du public. Le chef de file perçoit une commission en rémunération des travaux de montage de l'emprunt et de constitution du syndicat. On distingue :
– les **syndicats de placement** (*best efforts offering*) qui ne servent que d'intermédiaires et ne garantissent aucun résultat quant au placement de l'émission. Ce travail est rémunéré par une commission de placement ;
– les **syndicats de garantie** (prise ferme) qui souscrivent toute l'émission et en garantissent la bonne fin en se portant eux-mêmes souscripteurs des titres non placés dans le public. Chaque établissement prend alors ferme une quote-part de l'émission qu'il s'efforce de replacer. Ce travail est rémunéré par une commission de garantie et une marge de rétrocession correspondant à la différence entre le prix d'émission et le prix de souscription initial.

80055

2. Les activités de **conseil et gestion financière** : le client est conseillé sur la structure et l'évolution de son patrimoine ou bien il confie la gestion de ce patrimoine à une société de gestion pour compte de tiers.
3. Les activités d'**ingénierie financière**, par exemple les conseils en matière d'opérations de fusions-acquisitions (M&A), de gestion de bilan, d'opérations boursières (OPA, OPE, OPV, soutien de cours, etc.).

80065

Comptabilisation des revenus liés à ces opérations

En l'absence de précision des textes bancaires en la matière, il est nécessaire, pour déterminer les options comptables applicables à l'enregistrement des commissions sur prestations de services, de s'appuyer sur les **principes comptables généraux** applicables en matière de produits et charges d'exploitation (bénéfice réalisé/produit acquis) et de procéder à une analyse juridique des clauses du contrat de prestations.

80090

Prestation	Services	Prise de risque « engagement bilan »	Caractéristiques de la commission
Prise ferme	Continus	Oui	Étalement prorata temporis
Placement	Continus	Non	Étalement prorata temporis
Opérations de M&A	Continus	Non	Étalement prorata temporis
Commission fixe de gestion de portefeuille	Continus	Non	Étalement prorata temporis
Commission variable de gestion de portefeuille	Continus	Non	Commission enregistrée lors des souscriptions/rachats et à la date de clôture du fonds
Assistance / conseil / études / renseignements / soutien de cours	Multiples, immédiats ou continus	Non a priori	Commissions enregistrées à l'achèvement

L'analyse de ces différentes commissions conduit, sauf cas particulier, à traduire de la même façon leur comptabilisation en normes ANC et IFRS.

B. Zones de risques

Risques opérationnels

80120 L'un des principaux risque concerne la mauvaise exécution des ordres de la clientèle (négligence, retards ou erreurs), qui peut engager la responsabilité et la réputation de l'établissement.

Lors de la passation des ordres, l'établissement doit être à même d'éviter :
– la **non-conformité** entre les ordres passés, la convention signée par le client et la réglementation. À cet effet, une confirmation écrite systématique des ordres et des enregistrements téléphoniques contribue à limiter les litiges avec la clientèle ;
– le **défaut de couverture** des clients. L'établissement se prémunit contre ce risque en vérifiant quotidiennement les provisions titres et espèces de la clientèle ;
– le **non-respect du mandat** de gestion et le défaut d'information de l'administration fiscale ou du client par le teneur de compte.

Risques de non-conformité

80130 Les entreprises d'investissement sont soumises à un corpus réglementaire particulièrement dense. Il encadre l'ensemble des services pouvant être proposés. Ainsi, selon le type de service offert, l'établissement est soumis à un risque de non-conformité plus ou moins fort.

Les sanctions encourues par les personnes assujetties au contrôle de l'ACPR sont (C. mon. fin. art. L 612-39) :
– l'avertissement ;
– le blâme ;
– l'interdiction d'effectuer certaines opérations pour une durée maximale de 10 ans ;
– la suspension temporaire de dirigeants pour une durée maximale de 10 ans ;
– la démission d'office de dirigeants ;
– le retrait partiel ou total d'agrément ou d'autorisation ;
– la radiation de la liste des personnes agréées.

À la place ou en sus de ces sanctions, peut également être prononcée une sanction pécuniaire d'un maximum de 100 millions d'euros. Des sanctions spécifiques sont prévues en matière de lutte contre le blanchiment des capitaux et le financement du terrorisme, de gel des avoirs (10 % du chiffre d'affaires annuel net). Il en est de même en matière prudentielle (10 % du chiffre d'affaires annuel net, ou, s'il peut être déterminé, deux fois le montant de l'avantage retiré du manquement).

Risques rattachés à l'émission d'emprunts

80140 Dans le cas particulier où l'opération financière effectuée pour le compte de la clientèle consiste dans le placement d'un emprunt émis par le client, les risques varient notamment en fonction de la volatilité des marchés lors du lancement de l'émission et de la politique de couverture adoptée par l'établissement, mais aussi en fonction de la complexité technique de ces opérations à volume souvent conséquent. Les principaux risques sont :
– la **perte de marge** : une baisse du cours du marché peut rendre l'émission peu attrayante et forcer l'établissement à réduire la marge de rétrocession ;
– le **« non-placement » des titres** : les titres non souscrits restent à l'actif du bilan, dans le cadre de prise ferme (risque de « colle ») ;
– les **risques commerciaux et juridiques** (réclamations éventuelles en cas de pertes) ;
– le **manquement aux règles de déontologie et de bonne conduite** de la profession.

Risques sur prestations de conseil et d'assistance

80150 L'auditeur doit tenir compte des risques d'audit suivants :
– surévaluation des commissions ;
– mauvaise appréciation des dates d'achèvement pour la prise en compte des commissions.

© Ed. Francis Lefebvre

SECTEUR BANCAIRE ▮

C. Approche d'audit

Appréciation du contrôle interne

Nous examinerons successivement le contrôle interne :
– lié au traitement des opérations sur titres ;
– lié aux autres opérations ;
– de la fonction de gestionnaire de titres ;
– de la fonction de dépositaire d'OPC.

80170

Traitement des opérations sur titres Le contrôle de l'auditeur portera :
– s'agissant des **opérations sur titres** (OST), sur l'existence d'une procédure de **collecte** et de **centralisation des OST**. Les opérations sur titres comprennent des paiements de coupons et remboursements d'obligations, des augmentations de capital, des réinvestissements de dividendes en actions, des conversions d'obligations en actions, des OPE, OPA, échanges, etc. ;
– s'agissant du **passage d'ordres**, sur :
• l'existence d'un **horodatage** des ordres (identification de la réception, exécution ou transmission des ordres),
• l'existence d'une correcte **séparation des fonctions** et des tâches (réalisation de l'opération, réception du paiement et comptabilisation),
• le **contrôle de validité** visant à s'assurer que les ordres transmis sont dûment autorisés : ainsi les tables de négociation du *front-office* font habituellement l'objet d'enregistrements, ce qui permet de contrôler l'initiation des ordres,
• la constitution d'une **couverture** (par le client) conforme aux dispositions prévues par le règlement du marché correspondant et le respect de cette couverture,
• l'envoi de **confirmations** aux clients et de relevés périodiques d'opérations, suivi des réclamations afin de pallier les risques liés aux litiges ;
– s'agissant de la **tenue de comptes – conservation**, sur :
• l'existence d'une **séparation des avoirs** de la clientèle et des avoirs propres et la correcte tenue d'une comptabilité espèces et matières (absence de tirage sur la masse, existence d'une convention de compte-titres pour chaque client),
• le contrôle des opérations en vue de lutter contre le **blanchiment de capitaux**,
• l'existence de **rapprochements espèces/matières** : vérification de la concordance entre les avoirs de la clientèle et les avoirs détenus par les différents dépositaires, rapprochement des comptes nostri et agents (intermédiaires), suivi des comptes d'attente et de suspens.

80172

Autres opérations à caractère financier La justification des comptes par la validation du contrôle interne apparaît peu adaptée aux opérations autres que les opérations sur titres, sauf à ce que cette activité soit très significative pour l'établissement. En ce cas, l'analyse pourra porter sur :
– les **procédures d'autorisation et de délégation** ;
– la **séparation des fonctions** (prestation / règlement / comptabilisation des commissions et paiement) ;
– l'**existence de contrats écrits** (prestations d'assistance et de conseil) ;
– le **respect des barèmes internes** (procédure d'autorisation des tarifs spéciaux) et des limites par contrepartie ;
– les **procédures anti-délits d'initié** ;
– le **suivi des risques de marché**, notamment dans le cadre des engagements de prise ferme.

80175

Fonction de gestionnaire de titres L'auditeur veillera en particulier :
– à la stricte **séparation entre les fonctions** de gestionnaire et de *back-office* ;
– au **respect** par les gestionnaires **des conventions signées avec la clientèle** : ces conventions détaillent le type de produits et de gestion à utiliser, les modalités de transmission ainsi que les services accessoires prévus ;
– au **contrôle du risque de conflit d'intérêts** (l'établissement ne lèse pas les intérêts de ses clients par rapport à d'autres et notamment aux opérations propres ou à celles des OPC dont il assure la gestion).

80180

1661

SECTEUR BANCAIRE © Ed. Francis Lefebvre

80190 **Fonction de dépositaire d'OPC** Cette fonction recouvre trois activités principales qui doivent faire l'objet de contrôles et procédures appropriés :
– **conservation des actifs** (voir supra) : conservation des avoirs, dépouillement des ordres avec respect des dates, transmission des informations portant sur les titres en dépôt (avoirs fiscaux, crédits d'impôt) ;
– **contrôle de la régularité des décisions de l'OPC** : ces contrôles doivent porter sur le respect des règles d'investissement prévues par la réglementation mais aussi dans le prospectus du fonds ;
– **gestion du passif**, notamment tenue du compte émetteur de l'OPC (nombre de titres en circulation, règlement du dividende) : suivi et contrôle des flux de trésorerie.

Sur l'intervention prévue par l'article 323-10 du règlement général de l'AMF pour le commissaire aux comptes de l'établissement assumant la fonction de dépositaire d'OPC, voir nº 78340.

Contrôle des comptes

80220 S'agissant essentiellement d'opérations pour compte de la clientèle ne donnant pas lieu à inscription au bilan, le contrôle est limité et porte principalement sur la comptabilisation des revenus de l'activité. Nous distinguerons les opérations sur titres des autres opérations.

80222 **Opérations sur titres** Le contrôle de ce cycle s'appuie largement sur la confiance obtenue dans le fonctionnement des procédures de contrôle interne, en raison de l'importance des flux générés et de leur dénouement rapide. Les contrôles à mettre en œuvre en date d'arrêté des comptes porteront principalement sur :
– les rapprochements matière avec les dépositaires, et les rapprochements espèces des comptes agents et des comptes nostri ;
– l'analyse et l'apurement des comptes de suspens ;
– l'examen des provisions pour risques au titre de garantie de performance, garantie de cours ou litiges.

80225 **Opérations à caractère financier** L'examen analytique devrait permettre de mettre en évidence les tendances et modifications de l'activité et de ses résultats et permettre ainsi d'orienter les contrôles, à partir des éléments budgétaires et par entretiens avec les principaux responsables (évolution des commissions par catégorie, en fonction du volume et du montant, et par type de clientèle, examen de la rentabilité des opérations par type de prestation).
Les contrôles des comptes à l'arrêté devront porter principalement sur :
– un échantillon de dossiers à analyser (réalité, fondement de la prestation, calcul des commissions, etc.) ;
– le respect des règles de césure sur commissions (prestations pour lesquelles le service rendu est consommé sur toute la durée du contrat).

VI. Capitaux propres et assimilés et provisions pour risques et charges

80250 L'exposé comportera :
– une présentation générale du cycle (nᵒˢ 80252 s.) ;
– la définition des principales zones de risques (nᵒˢ 80280 s.) ;
– une description de l'approche d'audit (nᵒˢ 80300 s.).

A. Présentation du cycle

80252 La notion de capitaux propres fait référence aux concepts comptables et juridiques de patrimoine et d'apports par opposition à la notion de fonds propres attachée aux critères prudentiels, de contrôle et de surveillance par l'Autorité de contrôle prudentiel et de résolution et la Banque centrale européenne. Toute opération relative aux capitaux propres et assimilés a, de fait, des implications directes dans les établissements de crédit dans la mesure où les fonds propres prudentiels sont affectés.

1662

© Ed. Francis Lefebvre

SECTEUR BANCAIRE ▌

À l'exception de certaines **provisions réglementées** et du **fonds pour risques bancaires généraux** (FRBG), les opérations sur les capitaux propres des établissements bancaires ne diffèrent guère de celles des établissements commerciaux.

80255

Le **FRBG** représente les montants que les dirigeants responsables décident d'affecter à la **couverture de risques généraux**, lorsque des raisons de prudence l'imposent eu égard aux risques inhérents aux opérations bancaires. Ces fonds ne doivent en aucun cas couvrir des risques ayant un caractère probable et ayant été clairement identifiés. Toutefois, certains éléments de ce fonds ont été dotés à l'origine par reclassement d'autres provisions, notamment de la provision pour risques pays ayant un caractère général avéré. Les établissements doivent communiquer au secrétariat général de l'Autorité de contrôle prudentiel et de résolution les critères ou méthodes suivant lesquels sont déterminés les montants en question.
Bien que doté par le débit du compte de résultat, le FRBG est **assimilable à une réserve**. Il n'est **pas admis en normes IFRS**.

80260

Les **dettes subordonnées** comprennent des fonds provenant de l'émission de titres ou emprunts subordonnés dont le remboursement en cas de liquidation n'est possible qu'après désintéressement des autres créanciers.

80265

Remarques :
– la revue des fonds propres prudentiels ne fait pas partie des diligences des commissaires aux comptes en France ;
– les **titres subordonnés à durée indéterminée** (TSDI ordinaires ou « repackagés ») font partie des fonds propres complémentaires ou surcomplémentaires. Leur pourcentage de prise en compte dans les fonds propres réglementaires varie selon qu'ils sont considérés comme des instruments hybrides (100 %) ou de simples dettes subordonnées (50 %) ;
– les **emprunts ou titres participatifs** ne sont pas remboursables avant une échéance minimale. Le revenu procuré au porteur est fonction des performances de l'émetteur ;
– les **emprunts subordonnés** sont des avances consenties par les actionnaires qui ne sont assorties d'aucune échéance de remboursement ;
– les **fonds destinés à être capitalisés** comprennent les obligations remboursables en actions ;
– les **titres supersubordonnés** (créés par la loi de sécurité financière) peuvent être inclus dans le Tier 1 (ratio prudentiel défini par les régulateurs bancaires) à la condition que les critères d'éligibilité soient présents (notamment la supersubordination).
En normes IFRS, une attention particulière sera accordée à la prise en compte des caractéristiques contractuelles de ces instruments pour leur classement en dettes ou capitaux propres.

80268

B. Zones de risques

En dehors de l'obligation de respecter la réglementation prudentielle relative aux fonds propres, les principaux risques ne sont pas spécifiques au secteur bancaire : insuffisance des capitaux propres, atteinte à l'égalité des actionnaires, etc.

80280

Les principaux risques d'audit sont :
– la mauvaise qualification de certains éléments (par exemple FRBG doté en couverture de risques spécifiques) ;
– la mauvaise traduction comptable de certains montages hybrides (par exemple les TSDI « repackagés ») ;
– l'insuffisance de provisions en cas de difficulté d'évaluation de certains risques (fiscalité, litiges, retraites…).

80285

C. Approche d'audit

Contrôle interne

Comme dans les sociétés commerciales, les capitaux propres se prêtent peu à une approche fondée sur le contrôle interne du fait de leur caractère non récurrent.

80300

SECTEUR BANCAIRE　　　　　　　　　　　　　　　© Ed. Francis Lefebvre

Contrôle des comptes

80310　Les travaux ne présentent pas de spécificités sectorielles. Les auditeurs doivent toutefois :

– s'assurer que la présentation du FRBG est conforme à la réglementation comptable et que le formalisme a été respecté ;

– vérifier l'annulation dans les états financiers en IFRS de la provision FRBG constatée dans les comptes individuels, cette provision étant interdite dans les comptes consolidés en IFRS ;

– vérifier la correcte évaluation des provisions pour risques et charges sur instruments financiers à terme (opérations isolées de spéculation présentant des pertes latentes) et actifs financiers sujets au risque de crédit, ou sur engagements de retraite complémentaire (part des engagements non couverte par le réseau des caisses de retraite « maison »).

1664

© Éd. Francis Lefebvre   **SECTEUR ASSURANCE** ▮

▰▰▰▰ **CHAPITRE 2** ▰▰▰▰▰▰▰▰▰▰▰▰▰▰▰▰▰▰▰▰▰▰▰▰▰▰▰▰▰▰▰

Secteur assurance

Plan du chapitre   §§

SECTION 1
Spécificités du secteur assurance 82100

I. Aspects économiques généraux 82100

II. Assurance à long terme 82200

III. Assurance à court et moyen
terme 82260

IV. Aspects fiscaux 82300

V. Environnement de l'exercice
de l'activité d'assurance 82350

VI. Spécificités relatives au contrôle
légal des comptes des entités
d'intérêt public (EIP) 82380

SECTION 2
Réglementation 82400

I. Sources 82400

II. Formes d'exercice 82450

III. Organes de contrôle 82510

IV. Principales normes comptables
et prudentielles (normes
françaises) 82570

SECTION 3
**Adaptation des techniques
d'audit** 82700

I. Revue analytique 82730

II. Revue du dispositif de contrôle
interne 82740

III. Recours à des experts 82750

IV. Utilisation de l'informatique 82800

V. Circularisations 82850

SECTION 4
Principaux cycles d'audit 83000

I. Primes et provisions de primes 83050

II. Sinistres et provisions
de sinistres 83080

III. Résultats financiers
et participation des assurés 83100

IV. Assurance-vie en unités
de compte 83120

V. Réassurance et coassurance 83140

VI. Réseaux de commercialisation 83170

SECTION 5
**Vérifications et informations
spécifiques** 83300

I. Conventions réglementées 83300

II. Interventions prévues par la loi
ou les règlements 83330

III. Rôle du commissaire
aux comptes sur les rapports
prévus par la réglementation
applicable aux entreprises
d'assurances 83360

IV. Prévention des difficultés
des entreprises 83400

V. Déclaration de performance
extra-financière 83450

VI. Délais de paiement 83470

SECTION 6
Perspectives 83500

Ce chapitre est consacré à l'audit des activités d'assurance, quel que soit le type d'orga-   **82000**
nisme qui exerce ces activités, et la loi qui les régit.
Sont ainsi **concernés** non seulement l'audit des mutuelles, des compagnies d'assurances,
des institutions de prévoyance, mais également, sur certains aspects, l'audit d'activités à
caractère assurantiel, pratiqué au sein d'organismes divers, comme l'audit des engagements de pensions de retraite ou l'audit des garanties sur les produits d'assurance
vendus.

Seront abordés successivement les points suivants :   **82010**
– spécificités du secteur (n° 82100) ;
– réglementation des assurances (n°ˢ 82400 s.) ;
– adaptation de la technique d'audit aux activités d'assurance (n°ˢ 82700 s.) ;
– principaux cycles d'audit (n°ˢ 83000 s.) ;
– vérifications spécifiques (n°ˢ 83300 s.) ;
– perspectives (n°ˢ 83500 s.).

1665

SECTEUR ASSURANCE

© Éd. Francis Lefebvre

SECTION 1

Spécificités du secteur assurance

I. Aspects économiques généraux

82100 Le contrat d'assurance (ou plus généralement l'attribution de garanties assurantielles) est un acte par lequel l'assureur s'engage auprès du souscripteur à verser au bénéficiaire un bien convenu, fixé ou calculable, en nature ou en espèces, en cas de réalisation d'un événement aléatoire, moyennant le paiement, généralement préalable, d'une somme convenue au contrat. Une partie du risque, ou parfois la totalité, peut être transférée par l'assureur à un tiers (réassureur).

Cette définition porte en elle les éléments fondamentaux qui caractérisent les activités d'assurance.

> La norme IFRS apporte une définition du risque d'assurance : risque significatif d'indemnisation en cas d'événement incertain spécifié affectant défavorablement le bénéficiaire de la police. Cette définition est plus restrictive. Elle a pour objet de distinguer les contrats d'assurance stricto sensu des contrats financiers.

Inversion du cycle de production

82110 Contrairement à ce qui se passe dans les activités industrielles ou commerciales ordinaires, l'**encaissement des produits** dans les activités assurantielles précède généralement, pour un même contrat, le décaissement des charges. Cette inversion du cycle de production, caractéristique économique essentielle de cette activité, est à l'origine du **rôle d'investisseur** des entreprises d'assurances. Les fonds gérés sont d'autant plus importants que la couverture du risque et le paiement des sinistres sont longs.

Immatérialité de l'activité

82115 Les compagnies d'assurances sont des organismes qui gèrent des fonds importants et des informations multiples et importantes pour leur bilan : stocks des contrats en cours, stocks des événements aléatoires survenus et non encore réglés, part des réassureurs dans les événements (sinistres) survenus et dans les risques couverts.

L'assureur doit de ce fait disposer d'une gouvernance adaptée et d'un système d'information performant, sûr et répondant à diverses exigences réglementaires (exhaustivité d'enregistrement, piste d'audit…).

Mutualisation des risques

82120 Les activités assurantielles fondent leur fonctionnement sur la mutualisation des risques. Pour être efficace, et éviter que la charge de sinistre réelle ne s'écarte de manière significative de la charge de sinistre attendue, il importe que les risques soient appréhendés selon des catégories homogènes en nombre statistiquement suffisant. À défaut, l'entreprise devra en tenir compte dans la gestion et la mesure du risque, y compris par exemple en organisant un programme de réassurance adapté.

Évaluation des engagements

82125 La réglementation comptable des assurances prévoit que, contrairement aux dépôts bancaires enregistrés au passif de la banque, la **prime d'assurance** est systématiquement enregistrée en produits.

> Par exception, certains contrats financiers peuvent, dans le cadre des normes IFRS, donner lieu à un enregistrement de la prime directement au passif du bilan de l'assureur.

Dans la mesure où la contrepartie de ces primes est l'engagement de la compagnie de prendre en charge les événements aléatoires futurs couverts par les contrats, celui-ci constitue un passif de l'entreprise, à couvrir par des **provisions** suffisantes, fondées sur des méthodes comptables et statistiques.

> Les règles IFRS d'évaluation et de comptabilisation des contrats d'assurance changeront profondément avec la mise en œuvre de la nouvelle norme IFRS 17 à compter du 1er janvier 2023.

© Éd. Francis Lefebvre

SECTEUR ASSURANCE

La qualité de l'évaluation repose sur l'**exhaustivité du recensement** des engagements futurs et sur la qualité de l'**appréciation des paramètres** clés, au rang desquels figurent le nombre de sinistres attendus, leurs montants unitaires, la date de survenance et, le cas échéant, les produits financiers attendus sur les fonds gérés.

82128

Les méthodes d'évaluation **statistiques** s'appliquent également, pour les risques à fréquence élevée et à déroulement long, à l'évaluation des sinistres survenus et non encore réglés : la définition et l'examen de ces méthodes sont une composante fondamentale, bien que située en amont, dans la réalisation et le contrôle des états financiers des entreprises d'assurances.

> Les études statistiques sont à la base de la **tarification des contrats**. Dans le cas des risques longs (construction, emprunteurs, retraites), les tarifs proposés engagent la compagnie pour des durées pouvant être longues. Le contrôle et la validation des tarifs (nature précise des engagements proposés, prix pour y faire face et assurer la marge de l'assureur, compte tenu de l'aléa propre à l'activité d'assurance) sont des éléments clés du contrôle interne de ces entreprises.

Segmentation des activités

La segmentation **réglementaire** des activités d'assurance opérée par les directives européennes repose principalement sur la distinction assurance-vie d'une part et assurance non-vie d'autre part. L'**assurance-vie** regroupe deux types de contrats :
– les contrats sans aléa viager : l'épargne pure ou la capitalisation, où le principal risque supporté par l'assureur est un risque sur la rentabilité de ses placements par rapport à la rémunération des contrats. L'avantage pour l'assuré est une désignation libre des ayants droit ainsi qu'une fiscalité avantageuse en cas de transmission ou de rachat après huit ans. Ces contrats représentent la part la plus importante de l'assurance-vie ;
– les contrats avec aléa viager : la prévoyance, où l'aléa porte sur le risque de mortalité de l'assuré (risque de vie ou risque de décès).

82135

L'**assurance non-vie** regroupe tous les contrats d'assurance pour lesquels la durée de vie de l'assuré n'entre pas en compte et qui ne sont pas des contrats d'épargne pure. Elle se décline en assurance de biens, communément appelée assurance IARD (incendies, accidents, risques divers), et assurance de personnes (santé et prévoyance non-vie).

Cette segmentation ne constitue pas un axe d'analyse privilégié pour l'auditeur : les risques encourus, les modalités de gestion et de réassurance, la constitution du résultat de l'activité, la structure du bilan sont déterminés par la nature, mais également par la durée et l'amplitude de l'engagement donné.

82138

Dans les développements qui suivent, nous distinguerons l'activité en assurances à long terme, d'une part (rentes, épargne, vie entière, crédit, caution, incapacité-invalidité...), et assurances de court et moyen terme, d'autre part (décès à prime annuelle, automobile, incendie, frais de soins...).

82145

II. Assurance à long terme

La durée importante séparant la souscription de l'engagement et la réalisation de la prestation entraîne deux conséquences majeures dans les activités d'assurance à long et moyen terme : d'une part, les capitaux gérés sont importants et les produits financiers (intérêts, dividendes et plus-values) constituent un élément clé de l'équilibre financier, d'autre part, l'incertitude sur les paramètres prévisionnels (sinistralité, mortalité, morbidité, rendements financiers, frais de gestion) est particulièrement élevée.

82200

Aspects financiers

Le **montant des capitaux gérés** est directement proportionnel à la durée moyenne des contrats, pendant laquelle les primes versées sont investies dans l'attente du versement des prestations. Ainsi, lorsque la durée de placement est longue, les produits financiers constituent un élément clé de l'équilibre financier de l'activité.

82220

SECTEUR ASSURANCE © Éd. Francis Lefebvre

82222 En contrepartie, l'assureur est soumis aux **risques financiers** classiques : risque de taux (taux de rendement réel des placements inférieur au taux de rendement attendu), risque de liquidité (risque de devoir céder des titres en moins-value, durée de l'engagement plus courte que prévue), risque de dépréciation (perte de confiance des investisseurs), etc.

82225 La **gestion actif-passif** a pour objet la gestion et le contrôle de ces risques. Elle porte à la fois sur le passif (positionnement temporel des flux, mesure des flux, y compris rémunérations éventuelles), sur l'actif (évaluation des rendements, hypothèse de réinvestissement, composition de l'actif, choix des durées de placement...), et enfin sur l'articulation actif-passif.

Constatation du résultat et valeur intrinsèque

82230 Comme dans l'industrie, l'existence de **contrats dont l'exécution s'étend sur plusieurs exercices** pose un problème de détermination des résultats : le rythme selon lequel ceux-ci sont dégagés dépend notamment de l'évaluation des provisions techniques à chaque clôture de comptes. Cette évaluation des engagements est également un élément essentiel pour la solvabilité de l'entreprise car celle-ci doit être en mesure d'y faire face à tout moment.

82233 Il existe **deux logiques comptables** de détermination des résultats.
La première s'attache à l'évaluation des **provisions** techniques. Les provisions déterminent le rythme de dégagement des résultats. La seconde s'attache à définir un **profil de dégagement** du résultat (par exemple, au prorata des primes), rythme dont découlent les règles de calcul des provisions.
La réglementation française s'inscrit dans la première logique, en s'efforçant de retenir un niveau de provisions techniques suffisamment prudent afin de garantir les engagements souscrits. Cette prudence découle des règles plafonnant dans les tarifs les paramètres sur lesquels l'entreprise d'assurances s'est engagée (taux et tables).

> Dans le prolongement de ce sujet s'inscrit le traitement des **frais d'acquisition des contrats** : selon les réglementations, ceux-ci peuvent être constatés immédiatement ou étalés sur une durée plus ou moins longue.

82240 Les réglementations prudentielles ont en général pour effet de **retarder** la **constatation du résultat**. L'actif net comptable qu'elles conduisent à déterminer ne comprend pas l'accumulation du résultat total des opérations passées. La notion de **valeur intrinsèque** (*embedded value*) s'est imposée pour pallier cet inconvénient. Schématiquement, la valeur intrinsèque se fonde, d'une part, sur l'actif net réévalué et, d'autre part, sur les profits futurs liés au portefeuille des contrats en cours. Toutefois, bien qu'elle reste encore une composante de l'information financière des sociétés d'assurance-vie, l'utilisation de l'*embedded value* tend à décliner suite à l'entrée en vigueur de la directive européenne Solvabilité 2.

III. Assurance à court et moyen terme

82260 Des caractéristiques économiques diverses introduisent des **disparités importantes dans les risques** à court ou moyen terme. Ces disparités concernent notamment les délais d'apparition des sinistres, ou encore l'existence possible d'événements catastrophiques.

> À titre d'illustration, le risque « frais de soins » (délais courts, fréquence forte et coût moyen faible par rapport à la prime, écart type faible sur coûts moyens) diffère très largement du risque « responsabilité civile des médecins » (délais de déclaration très longs [prescription trentenaire], fréquence faible, coûts moyens élevés, écarts types sur coûts moyens très élevés, incertitude sur l'évolution des coûts [environnement juridique]).

82265 Dans les risques se rapprochant du premier exemple précédent, la société s'expose peu : une erreur de tarification se détecte rapidement, et la sinistralité ultime d'un exercice peut être plus facilement appréhendée. En revanche, les risques se rapprochant du second exemple nécessitent une vigilance particulière et des mesures appropriées : constitution de provisions permettant de faire face à des déclarations tardives, réassurance suffisante pour supporter des variations de charge de sinistre sans risque d'insolvabilité, outils de surveillance du portefeuille permettant d'anticiper au maximum les tendances lourdes du taux de sinistralité.

© Éd. Francis Lefebvre

SECTEUR ASSURANCE

IV. Aspects fiscaux

On distingue classiquement, d'une part, la fiscalité des produits d'assurance, qui pèse le plus souvent sur les souscripteurs de produits d'assurance ou sur les assurés, et, d'autre part, la fiscalité des organismes exerçant des activités d'assurance.

82300

Fiscalité des produits d'assurance

Si elle intéresse principalement les bénéficiaires de contrats d'assurance, la fiscalité des produits d'assurance repose également pour partie sur les organismes d'assurance, en tant que collecteur de certains impôts spécifiques.

82305

Les produits d'assurance non-vie entrent dans le champ de la **taxe sur les conventions d'assurance (TCA)**, supportée par l'assuré lorsqu'il s'acquitte de la prime commerciale mais dont le redevable légal est l'assureur. En France, la taxe est assise sur toutes les sommes stipulées par le contrat d'assurance au profit de l'assureur (primes et accessoires), à raison de la couverture de risques situés en France. Hors de France, des règles fiscales similaires sont généralement appliquées et le lieu de situation des risques est déterminant de la fiscalité du contrat (cas des programmes multinationaux et des activités en libre prestation de services notamment). Le taux varie en fonction de la nature des risques couverts et va en France de 0 % à 33 %. Enfin, plusieurs régimes d'exonération cohabitent (par exemple : risques agricoles, de transports…). À la taxe sur les conventions d'assurances proprement dites, il faut ajouter les prélèvements sociaux applicables en matière d'assurance santé complémentaire, dont les taux varient de 0 % à 20,27 % en fonction de la qualification des contrats, et plusieurs contributions additionnelles.

Hors garantie décès des contrats d'assurance emprunteur (taux de TCA à 9 %), les produits d'assurance-vie et de capitalisation sont quant à eux exonérés de taxe sur les conventions d'assurance et s'inscrivent dans un dispositif caractérisé par une grande complexité qui combine prélèvements à la source libératoire de l'impôt sur le revenu, prélèvements sociaux, et taxation spécifique du capital en cas de décès. Ce régime fiscal résulte de l'évolution rapide d'une législation applicable à des contrats qui, par nature, sont de longue durée. Il s'ensuit un empilement de régimes et de taux, différenciés par générations et types de contrats.

Les **obligations des entreprises** d'assurances relativement aux produits d'assurance sont principalement :
– en matière d'assurance non-vie, la déclaration de taxe sur les conventions d'assurance mensuelle n° 2787 ;
– en matière d'assurance santé complémentaire, les prélèvements sociaux sont à déclarer trimestriellement à l'Urssaf d'Île-de-France ;
– en matière d'assurance-vie, une première obligation déclarative, fondée sur « l'imprimé fiscal unique » (IFU), vise à communiquer à l'assuré et à l'administration les données du contrat en matière d'impôt sur le revenu et de prélèvement libératoire. Les manquements sont lourdement sanctionnés, qu'ils concernent les éléments d'identification de l'assuré ou les informations fiscales proprement dites. Une seconde obligation déclarative est relative aux prélèvements sociaux applicables aux événements affectant le contrat : inscription en compte, rachat, décès, etc. (imprimé n°s 2777 s.). Les prélèvements sur le capital dû en cas de décès sont déclarés comme taxe sur les conventions d'assurance.

82308

> Cette réglementation a pour caractéristique d'être précise et lourde à respecter, avec des incidences pouvant être importantes en cas de défaut de mise en œuvre.

Fiscalité des entreprises d'assurances

Depuis le 1er janvier 2012, le régime fiscal des trois familles de l'assurance (société d'assurances relevant du Code des assurances, institutions de prévoyance relevant du Code de la sécurité sociale et mutuelles relevant du Code de la mutualité) est désormais uniformisé, et aligné sur la fiscalité de droit commun, sous réserve des solutions d'entrée en fiscalité applicables aux IP et mutuelles.

82315

En matière d'**impôt sur les sociétés** (IS), les assureurs sont soumis au régime de droit commun. La France a une conception territoriale de l'IS, contrairement à la conception globale de l'impôt en vigueur dans certains pays où les entreprises sont taxables sur leurs

82318

1669

SECTEUR ASSURANCE   © Éd. Francis Lefebvre

revenus mondiaux (Royaume-Uni, USA...). Ainsi, ne sont imposables en France que les résultats des activités exercées en France, et l'exercice de l'activité d'assurance en liberté d'établissement ou en libre prestation de services peut conduire à reconnaître une base taxable hors de France exclusive de la base taxable française. Inversement, l'exercice en France de son activité par un assureur étranger peut le rendre imposable en France à raison de cette activité (les règles d'allocation de profits aux établissements sont régies dans leurs principes par l'OCDE et dans une moindre mesure par l'ONU. Ces règles sont codifiées par les traités fiscaux internationaux).

Compte tenu du cycle inversé, de l'activité, le bilan de l'assureur se caractérise au passif par des provisions statistiques ou mathématiques destinées à traduire ses engagements à l'égard des assurés et à préserver sa solvabilité, et à l'actif par la détention des actifs qui permettront de représenter et de liquider ces engagements.

S'agissant des provisions, on distingue de manière générale celles qui sont codifiées à la fois par la norme réglementaire et par le Code général des impôts et qui sont fiscalement déductibles dans les conditions posées par la loi fiscale, celles qui sont codifiées seulement du point de vue réglementaire, et dont la déduction fiscale obéit aux règles fiscales de droit commun en la matière, et celles qui, n'étant pas codifiées, relèvent d'engagements contractuels ou prudentiels spécifiques, dont la déductibilité fiscale s'apprécie au cas par cas.

> Il existe par nature une divergence de vues entre l'approche prudentielle des provisions d'assurance et leur approche fiscale. En effet, fiscalement, les provisions ou fractions de provisions qui présentent le caractère de résultats mis en réserve sont taxables. De ce point de vue, la notion d'approximation suffisante peut s'avérer cruciale. Aussi, il convient pour les organismes assureurs de démontrer et de documenter qu'ils calculent leurs provisions techniques en conservant à l'esprit, d'une part, leur impératif prudentiel de solvabilité et, d'autre part, la nécessité de pouvoir démontrer au plan fiscal qu'elles couvrent bien des risques nettement précisés et dont la survenance paraît probable au regard des événements en cours à la clôture. Les provisions fiscalement non déductibles sont une source récurrente et importante d'impôt différé chez de nombreux assureurs.

S'agissant des actifs de couverture, si le revenu fixe retiré des valeurs mobilières de placements est généralement fiscalisé en suivant les règles comptables (cas notamment de la surcote/décote des obligations à taux fixe), plusieurs règles fiscales spécifiques aux produits financiers, tels qu'en particulier :
– les produits de participations (plus-values et dividendes) sont exonérés sous réserve d'une quote-part de frais et charge ;
– la déduction fiscale des intérêts est limitée par la règle dite du rabot ;
– les plus-values latentes sur OPCVM sont taxables en non-vie ;
– les revenus de parts de SCI et de GIE sont soumis au régime de la transparence fiscale ;
– les mouvements liés à la réserve de capitalisation sont exonérés ;
– les écarts de changes et les opérations de couvertures sont à retraiter à certaines conditions.

82319   En matière d'impôts autres que l'impôt sur les sociétés, les assureurs peuvent être soumis à des modalités d'imposition spécifiques ou sont parfois assujettis à des impôts et taxes qui leur sont propres.

En matière de **TVA**, les activités d'assurance, de réassurance, de courtage ainsi que les opérations accessoires indissociables de ces prestations (notions précisées par la jurisprudence communautaire) sont exonérées.

> Du fait de cette exonération de principe, les assureurs ne bénéficient d'aucun droit à récupération de la TVA d'amont qui constitue pour eux une charge supplémentaire et définitive. Afin de limiter l'effet des frottements de TVA liés à ce régime d'exonération, les assureurs utilisent fréquemment le régime des groupements de moyens (groupements de fait ou GIE) afin que les membres de ces groupements puissent se refacturer leurs coûts communs en exonération de TVA. Ce régime dérogatoire est soumis à plusieurs conditions et s'interprète de façon restrictive.
>
> La loi de finances 2020-1721 du 29 décembre 2020 pour 2021 transpose l'article 11 de la directive 2006/112/CE du Conseil du 28 novembre 2006 relatif au système commun de taxe sur la valeur ajoutée (TVA). Elle prévoit dans son article 162 d'intégrer en droit français le régime du « Groupe TVA », déjà en vigueur dans vingt États membres de l'UE.
>
> Ce régime, codifié au nouvel article 256 C du Code général des impôts, entre en vigueur le 1er janvier 2022, pour une mise en place effective au 1er janvier 2023. La possibilité de constituer un groupe TVA en 2023 et d'en définir le périmètre doit être étudiée avant le 31 octobre 2022, date limite à laquelle l'option pour la constitution d'un tel groupe doit être formulée auprès de l'administration fiscale.

1670

SECTEUR ASSURANCE

Du fait de leur exonération de TVA, les opérateurs d'assurance sont assujettis à la **taxe sur les salaires**.

82319
(suite)

En matière de **contribution économique territoriale**, la valeur ajoutée à retenir pour le calcul de la **contribution sur la valeur ajoutée des entreprises** (CVAE) est déterminée selon une formule fondée sur le plan comptable assurance et prenant en compte à la fois les produits d'exploitation et les revenus financiers.

En matière de **contribution sociale de solidarité des sociétés** (C3S), la notion de chiffre d'affaires à retenir comme base de l'imposition prend également en compte la dualité des revenus des organismes d'assureurs : les revenus d'exploitation et les revenus financiers.

Les commentaires administratifs ne renvoient pas, à ce jour, à la formule de chiffre d'affaires telle que définie pour les besoins de la CVAE mais seulement aux dispositions spécifiques à la C3S, moins contraignantes. Enfin, s'agissant des mutuelles régies par le livre II du Code de la mutualité et des institutions de prévoyance, les textes en vigueur permettent l'exonération de C3S des contrats d'assurance maladie dits « solidaires et responsables » (c'est-à-dire sans questionnaire de santé).

S'agissant des **taxes spécifiques**, on relèvera notamment :
– la taxe sur les excédents de provision, dont le taux est celui de l'intérêt de retard (4,80 % par an), et dont l'assiette est constituée de l'IS sur les excédents de provisions pour sinistres à payer comparées aux sinistres effectivement réglés par exercice de survenance ;
– la taxe de solidarité additionnelle, instituée par l'article 22 de la loi de financement de la sécurité sociale pour 2015. Dans un objectif de rationalisation de la fiscalité des complémentaires santé, cet article fusionne la taxe de solidarité additionnelle (TSA) et la taxe spéciale sur les conventions d'assurance (TSCA) pour les contrats d'assurance maladie ne relevant pas d'un régime obligatoire de sécurité sociale. Les taux applicables sont les suivants :

Nature des garanties ou contrats	Taux applicables
Garanties santé – solidaires et responsables (CSS art. L 862-4, II, al. 1)	13,27 %
Garanties santé – non solidaires et responsables (CSS art. L 862-4, II, al. 4)	20,27 %
Contrats agricoles – Garanties santé – solidaires et responsables (CSS art. L 862-4, II bis 2°)	6,27 %
Contrats agricoles – Garanties santé – non solidaires et responsables (CSS art. L 862-4, II bis 2°)	20,27 %
Garanties indemnités journalières – solidaires (CSS art. L 862-4, II bis 4°)	7,00 %
Garanties indemnités journalières – non solidaires (CSS art. L 862-4, II bis 4°)	14,00 %
Contrats au 1er euro (CSS art. L 862-4, II bis 3°)	14,00 %
Garanties santé des contrats visés au 1° de l'article 998 du CGI (CSS art. L 862-4, II bis 1°)	6,27 %

Source : Complémentaire santé solidaire (site internet).

À noter que les garanties indemnités journalières rattachées aux contrats visés au 1° de l'article 998 du Code général des impôts ou à des « contrats agricoles » responsables sont exonérées de taxe de solidarité additionnelle ;
– la participation des organismes complémentaires de santé au financement du forfait médecin traitant, instituée par l'article 4 de la loi 2013-1203 du 23 décembre 2013 et modifiée par les articles 12 et 17 de la loi 2018-1203 du 22 décembre 2018 de financement de la sécurité sociale pour 2019.

À compter du 1er janvier 2019, la participation au forfait médecin traitant (FMT) est transformée en une contribution à la prise en charge des modes de rémunération des médecins autres que le paiement de l'acte. Le forfait médecin traitant devient le forfait patientèle médecin traitant.
L'article L 862-4-1 du Code de la sécurité sociale nouveau créé par la loi précitée dispose :
« Il est institué une contribution à la prise en charge des modes de rémunération mentionnés au 13° de l'article L 162-5. Son produit est affecté à la Caisse nationale de l'assurance maladie. Cette contribution est due par les organismes mentionnés au I de l'article L 862-4 en activité au 31 décembre de l'année au titre de laquelle la contribution est due. La contribution est assise sur l'ensemble des sommes versées au profit de ces organismes, au titre des cotisations d'assurance maladie complémentaire, selon les modalités définies au I et au dernier alinéa du II bis de l'article L 862-4.
Le taux de la contribution est fixé à 0,8 %. »

SECTEUR ASSURANCE

© Éd. Francis Lefebvre

La contribution est recouvrée par l'organisme désigné pour le recouvrement de la taxe mentionnée au même article L 862-4, concomitamment au recouvrement de cette même taxe, sous réserve d'aménagements prévus, le cas échéant, par décret en Conseil d'État. Elle est recouvrée et contrôlée selon les règles, garanties et sanctions prévues au premier alinéa de l'article L 862-5. »

Les organismes redevables de la participation instituée à l'article 4 de la loi de financement de la sécurité sociale pour 2014 sont les organismes mentionnés à l'article L 862-4 du Code de la sécurité sociale, à savoir :

– les mutuelles régies par le Code de la mutualité ;
– les institutions de prévoyance régies par le livre IX du Code de la sécurité sociale ou par le livre VII du Code rural et de la pêche maritime ;
– les entreprises régies par le Code des assurances ;
– les organismes d'assurance maladie complémentaire étrangers non établis en France mais admis à y opérer en libre prestation de services.

Pour plus d'informations sur le traitement comptable de cette participation au financement des modes de rémunération des médecins (anciennement forfait médecin traitant), voir la note CNCC relative à l'arrêté des comptes des organismes d'assurance pour l'exercice 2019, publiée en janvier 2020 (Bull. CNCC nº 197-2020 mars 2021).

82320 Depuis le 1ᵉʳ janvier 2014, à la suite de la modification de l'article A 47 A-1 du Livre des procédures fiscales, tout contribuable assujetti à l'impôt sur les bénéfices et tenant sa comptabilité sous forme informatisée doit désormais être en mesure, en cas de contrôle fiscal, de communiquer l'équivalent de ses livres comptables obligatoires, sous la forme d'un fichier en principe unique et reprenant l'intégralité de ses écritures comptables (Fichier des écritures comptables – FEC).

Le fichier remis doit respecter la structure du fichier détaillé sur le site www.impots.gouv.fr

V. Environnement de l'exercice de l'activité d'assurance

Blanchiment des capitaux et lutte contre le terrorisme

82350 Les entreprises d'assurances sont soumises aux dispositions des articles L 561-1 et suivants du Code monétaire et financier concernant la lutte contre le blanchiment de capitaux et le financement du terrorisme.

La réglementation applicable dans ce domaine est développée aux nᵒˢ 62090-1 s.

Afin de répondre aux attentes spécifiques des professionnels de l'assurance et faciliter la mise en œuvre effective de ce dispositif, l'ACP (devenue l'ACPR) a publié en juin 2010 les **principes d'application sectoriels** (PAS) relatifs à la lutte contre le blanchiment de capitaux et le financement du terrorisme pour le secteur des assurances. Les domaines traités dans les principes d'application sectoriels couvrent :

– la mise en œuvre de l'approche par les risques : critères de classification des contrats, des clients, des risques liés aux opérations ;
– l'établissement de la relation d'affaires : définition de la relation d'affaires dans le domaine des assurances, obligations d'identification et de vérification des éléments d'identification, connaissance de la clientèle, non-obtention des informations relatives à l'identification du client ;
– l'exercice de la vigilance : détermination du niveau de vigilance adéquat, aide à la détection des anomalies, connaissance de la clientèle ;
– la déclaration de soupçon : hypothèses de déclaration prévues par la loi, détection des anomalies et analyse des faits conduisant à la déclaration de soupçon.

Les PAS ont été révisés en février 2015 afin de tenir compte, d'une part, des modifications législatives et réglementaires intervenues et, d'autre part, de l'expérience tirée par l'ACPR des contrôles menés dans ce secteur et par les organismes d'assurance eux-mêmes.

82355 Dans le secteur des assurances, les obligations du commissaire aux comptes sont à considérer avec une attention particulière dans la mesure où il s'agit d'un secteur sensible dans lequel l'entité contrôlée a elle-même des obligations spécifiques à satisfaire.

Le commissaire aux comptes a des obligations à plusieurs niveaux, concernant la réglementation de lutte contre le blanchiment et le financement du terrorisme.

1672

© Éd. Francis Lefebvre

SECTEUR ASSURANCE

Au titre de sa prise de connaissance de l'entité et de son environnement, le commissaire aux comptes s'enquiert auprès de la direction (NEP 250 relative au respect des textes légaux et réglementaires § 05) :
– des textes légaux et réglementaires qu'elle estime susceptibles d'avoir une incidence déterminante sur l'activité de l'entité ;
– des procédures conçues et mises en œuvre dans l'entité visant à garantir le respect des textes légaux et réglementaires ;
– des règles et procédures existantes pour identifier les litiges et pour évaluer et comptabiliser leurs incidences.

Au titre des textes qui ne sont pas relatifs à l'établissement et à la présentation des comptes, mais dont le respect peut avoir des conséquences financières pour l'entité ou encore peut mettre en cause la continuité d'exploitation, le commissaire aux comptes (NEP 250 relative au respect des textes légaux et réglementaires § 07) :
– s'enquiert auprès de la direction du respect de ces textes ;
– prend connaissance de la correspondance reçue des autorités administratives et de contrôle pour identifier les cas éventuels de non-respect des textes.

Enfin, conformément à la NEP 9605 relative à ses obligations relatives à la lutte contre le blanchiment des capitaux et le financement du terrorisme, le commissaire aux comptes a des obligations de vigilance à l'égard de l'entité auditée et du bénéficiaire effectif, mais aussi des opérations effectuées par l'entité et enfin des obligations de déclaration de soupçons à Tracfin, le cas échéant, voire de révélation au procureur de la République si les faits sont avérés.

Pour plus de détails, voir n°s 62095 s. sur l'intervention du commissaire aux comptes dans le cadre de la lutte contre le blanchiment des capitaux et le financement du terrorisme.

Information des assurés

Les réglementations prudentielles progressivement élaborées ont pour finalités principales de protéger les assurés et de préserver la confiance dans le marché de l'assurance. En assurance-vie, cette problématique prend une dimension particulière en raison de la durée généralement longue des engagements de l'assureur en contrepartie des primes versées par l'assuré. Les textes imposent aux entreprises de ne pas donner d'engagements excessifs aux assurés, au regard des conditions techniques et financières du moment. Ils imposent également de délivrer aux assurés toute l'information nécessaire, avant la contractualisation des engagements et au cours du contrat, afin que l'assuré puisse connaître précisément la nature et l'ampleur des engagements de l'assureur à son égard.

La directive sur la distribution d'assurance (DDA) ou « devoir de conseil » adoptée en février 2016 est entrée en vigueur au 1er octobre 2018 dans sa totalité. La directive, qui pose le principe général selon lequel tout distributeur d'assurance doit agir de manière honnête, loyale et non trompeuse, en accord avec le meilleur intérêt des clients, prévoit de nouvelles modalités dont :
– une information précontractuelle renforcée ;
– des règles de gouvernance des produits ;
– le principe de vente saine confirmée ;
– la gestion des conflits d'intérêts ;
– la mise en place d'une formation continue.

82360

Ce souci de bonne information en France et dans d'autres pays est accentué par le besoin accru de protection des consommateurs, ce qui a donné et donne encore lieu à de nombreux contentieux. La jurisprudence a évolué progressivement pour répondre au besoin de protection.

Les obligations en matière d'information aux assurés figurent dans les différents codes (notamment les articles L 132-5-1, L 132-5-2 et L 132-5-3 du Code des assurances ; ainsi que les articles L 932-15 du Code de la sécurité sociale et L 223-8 du Code de la mutualité). La Cour de cassation a, sur ces obligations, une jurisprudence qui renforce le caractère impératif de ces obligations d'information. Par ailleurs, l'ACPR s'est dotée d'une direction des pratiques commerciales.

Pour l'auditeur, cette question est importante en raison de l'effet, sur les engagements de l'assureur, d'une remise en cause de ses pratiques. C'est pourquoi l'auditeur doit exercer une vigilance particulière sur la documentation contractuelle (police...) et l'information donnée qui accompagne cette documentation, sur les règles de souscription et

82361

1673

SECTEUR ASSURANCE © Éd. Francis Lefebvre

de tarification et les procédures d'application de ces règles (en interne et vis-à-vis des réseaux de commercialisation), sur le lien entre ce qui est contractuellement promis et les engagements calculés (participations bénéficiaires par exemple).

Entrée en vigueur le 1er octobre 2018, la directive européenne 2016/97 du Parlement européen et du Conseil du 20 janvier 2016 sur la distribution d'assurances vise à harmoniser les conditions de commercialisation des produits d'assurance dans toute l'Europe. En France, cette directive a été transposée par l'ordonnance 2018-361 du 16 mai 2018 et le décret 2018-431 du 1er juin 2018. Ce texte, qui pose le principe général selon lequel tout distributeur d'assurance doit agir de manière honnête, loyale et non trompeuse, en accord avec l'intérêt des clients, vise principalement à renforcer l'information précontractuelle, à prévoir de nouvelles règles de gouvernance des produits, à mieux prévenir les conflits d'intérêts et à améliorer la formation continue des distributeurs. Le nouveau régime européen renforce le devoir de conseil obligatoire existant en droit national, quel que soit le mode de distribution des produits, afin de garantir la pertinence de l'offre d'assurance proposée aux clients.

82362 La protection des assurés passe également par le biais de la recherche obligatoire des bénéficiaires de contrats d'assurance-vie non réclamés. Depuis l'entrée en vigueur le 1er janvier 2016 de la loi 2014-617 relative aux comptes bancaires inactifs et aux contrats d'assurance-vie en déshérence, les assureurs ont l'obligation annuelle de recenser l'ensemble des contrats non réclamés et inactifs dans leur portefeuille et d'interroger le répertoire national d'identification des personnes physiques afin d'identifier leurs éventuels assurés décédés. Les recherches de bénéficiaires doivent être prises en charge intégralement par les assureurs. Après dix ans d'inactivité, les sommes non réclamées doivent être transférées à la Caisse des dépôts et consignations (C. ass. art. L 132-27-2).

Pour plus d'informations sur le sujet des contrats non réclamés, voir la note de la CNCC relative à l'arrêté des comptes des organismes d'assurance pour l'exercice 2015.

Engagements déontologiques de la profession

82370 La **Fédération française de l'assurance** (FFA), créée en juillet 2016, réunit la Fédération française des sociétés d'assurances (FFSA) et le Groupement des entreprises mutuelles d'assurance (Gema) au sein d'une seule organisation. La fédération a souhaité formaliser, au travers d'un recueil d'engagements à caractère déontologique, les règles qu'elle s'impose dans les relations de la profession avec ses clients et ses partenaires (réseaux de commercialisation notamment). Le recueil aborde notamment les engagements relatifs à la lutte contre le blanchiment et le financement du terrorisme, les contrats d'assurance-vie ou encore la sélection médicale. Pour l'auditeur, de tels engagements ont pour intérêt de fixer un cadre de référence minimal dans lequel se place la profession, pour l'application des règles existantes ou pour répondre à certaines préoccupations de place.

Fédération française de l'assurance : 26, boulevard Haussmann – 75009 Paris – Tél. : 01 42 47 90 00 – www.ffa-assurance.fr.

82372 Les autres organisations professionnelles abordent ces engagements de façon différenciée pour tenir compte de la nature particulière des relations de chaque organisme avec les porteurs de contrat.

Ainsi, la **Fédération nationale de la mutualité française** (FNMF) représente les mutuelles et les unions qui la composent et défend leurs intérêts collectifs, moraux et matériels. Elle est en relation avec les pouvoirs publics et l'ensemble de ses parties prenantes, ainsi que les professionnels de santé. Elle contribue notamment à la cohésion et à la coordination des groupements adhérents. Conformément au Code de la mutualité, la FNMF coordonne et met en œuvre des actions d'information dans le domaine de la santé, notamment en matière de prévention, de lutte contre la toxicomanie, du bon usage des médicaments et de mise en place des réseaux de soins.

Fédération nationale des mutuelles de France : 255, rue de Vaugirard – 75719 Paris Cedex 15 – Tél. : 01 40 43 30 30 – www.mutualite.fr.

Le **Centre technique des institutions de prévoyance** (CTIP) agit pour favoriser le développement des institutions de prévoyance en préservant leur vocation sociale et la spécificité de leur gestion paritaire.

Centre technique des institutions de prévoyance : 10, rue Cambacérès – 75008 Paris – Tél. : 01 42 66 68 49 – www.ctip.asso.fr.

© Éd. Francis Lefebvre

SECTEUR ASSURANCE ▮

La **Réunion des organismes d'assurance mutuelle** (Roam) a été créée en 1855 par un ensemble de directeurs de sociétés d'assurance mutuelle pour échanger sur leur statut mutualiste et défendre l'assurance sous la forme de mutuelle, alternative aux sociétés de capitaux.

Réunion des organismes d'assurance mutuelle : 26, boulevard Haussmann – 75009 Paris – Tél. : 01 42 25 84 86 – www.roam.asso.fr.

VI. Spécificités relatives au contrôle légal des comptes des entités d'intérêt public (EIP)

Le règlement européen 537/2014 du 16 avril 2014 impose des exigences spécifiques concernant le contrôle légal des comptes des EIP. En France, l'ordonnance 2016-315 du 17 mars 2016, transposant les dispositions de la directive 2014/56/UE relative au contrôle légal des comptes et prenant un certain nombre d'options laissées au choix des États membres par le règlement précité, a introduit une définition unique des EIP à l'article L 820-1 du Code de commerce.

82380

S'agissant des spécificités du secteur assurance, les entités suivantes sont qualifiées d'EIP (C. com. art. L 820-1 et D 820-1) :

EIP dans le secteur des assurances	Date d'application
– les **entreprises d'assurances et de réassurance** (entreprises mentionnées aux articles L 310-1 et L 310-1-1 du Code des assurances, à l'exception des sociétés d'assurance mutuelles dispensées d'agrément administratif en application de l'article R 322-117-1 du Code des assurances) ; – les **institutions de prévoyance** et leurs unions (entités régies par le titre III du livre IX du Code de la sécurité sociale, à l'exception de celles mentionnées au 3° de l'article L 931-6-1 du Code de la sécurité sociale) ; – les **mutuelles** et unions de mutuelles (entités régies par le livre II du Code de la mutualité, à l'exception de celles mentionnées au 3° de l'article L 211-11 du Code de la mutualité).	Depuis le 17 juin 2016.
Lorsqu'à la clôture de deux exercices consécutifs le total de leur bilan consolidé (ou combiné) excède cinq milliards d'euros : – les compagnies financières holding au sens de l'article L 517-1 du Code monétaire et financier dont l'une des filiales est un établissement de crédit ; – les compagnies financières holding mixtes au sens de l'article L 517-4 du Code monétaire et financier dont l'une des filiales est une entité d'intérêt public [1] ; – les sociétés de groupe d'assurance au sens de l'article L 322-1-2 du Code des assurances ; – les sociétés de groupe d'assurance mutuelle au sens de l'article L 322-1-3 du Code des assurances ; – les unions mutualistes de groupe au sens de l'article L 111-4-2 du Code de la mutualité ; – les sociétés de groupe assurantiel de protection sociale au sens de l'article L 931-2-2 du Code de la sécurité sociale. Ces entités perdent la qualification d'EIP dès lors qu'elles ne dépassent pas le seuil précité pendant deux exercices consécutifs.	À compter du 1er exercice ouvert postérieurement au 31 décembre 2017.
– les fonds de retraite professionnelle supplémentaire mentionnés à l'article L 381-1 du Code des assurances ; – les mutuelles ou unions de retraite professionnelle supplémentaire mentionnées à l'article L 214-1 du Code de la mutualité ; – les institutions de retraite professionnelle supplémentaire mentionnées à l'article L 942-1 du Code de la sécurité sociale.	Depuis le 8 avril 2017.

[1] Lorsqu'une holding clôture son premier exercice et que ses comptes consolidés/combinés excèdent le seuil de 5 milliards d'euros mais qu'elle ne justifie pas de deux exercices de comptes combinés, la CNCC considère que le texte étant clair sur la nécessité d'avoir établi des comptes consolidés/combinés durant deux exercices consécutifs, l'entité ne peut pas être une EIP à la clôture du premier exercice (CNCC – Note relative à l'arrêté des comptes des organismes d'assurance pour l'exercice 2018 – janvier 2019, p. 14-15).

A contrario, les entités suivantes **ne constituent pas des EIP** dans le secteur assurance (CNCC – Note relative à l'arrêté des comptes des organismes d'assurance pour l'exercice 2018 – janvier 2019, p. 34-35) :

– les mutuelles et leurs unions mentionnées au 3° de l'article L 211-11 du Code de la mutualité ;

– les institutions de prévoyance régies par le titre III du livre IX du Code de la sécurité sociale, mentionnées au 3° de l'article L 931-6-1 du Code de la sécurité sociale ;

1675

SECTEUR ASSURANCE © Éd. Francis Lefebvre

– les sociétés d'assurance mutuelles dispensées d'agrément administratif en application de l'article R 322-117-1 du Code des assurances ;
– les sociétés de groupes mixtes d'assurance (SGMA).

> L'article L 322-1-2 du Code des assurances définit l'expression « sociétés de groupe d'assurance » au 1°, d'une part, et l'expression « sociétés de groupe mixtes d'assurance » au 2°, d'autre part.
> Les sociétés de groupe d'assurance sont les seules visées par le 6. d) de l'article L 820-1 du Code de commerce, les sociétés de groupe mixtes d'assurance (SGMA) ne sont pas considérées comme des EIP.

L'application du III de l'article L 820-1 du Code de commerce soulève des questions sur la qualité d'EIP ou non de certaines entités du secteur assurance (succursales étrangères hors EEE d'un organisme d'assurance par exemple) et, à la date de mise à jour de ce Mémento, des réflexions sont encore conduites par la direction générale du Trésor, la Chancellerie et l'ACPR sur ces sujets.

Les particularités de la mission du commissaire aux comptes au sein des EIP sont traitées dans le présent Mémento au niveau de chaque thématique concernée. Il conviendra notamment de se reporter aux développements relatifs à la nomination des commissaires aux comptes (n°s 2350 s.), à la durée maximale du mandat (n°s 2380 s.), aux services interdits et aux services autres que la certification des comptes (n°s 3744 s.), au rapport sur les comptes (n°s 30850 s.), aux comités d'audit et au rapport complémentaire au comité d'audit (n°s 26470 s.).

SECTION 2

Réglementation

I. Sources

Sources légales et réglementaires

82400 Les différentes sources légales et réglementaires applicables en matière comptable et prudentielle sont, en dehors des sources communes à toutes les entreprises :
– les directives européennes sur les assurances ;
– le Code des assurances ;
– le Code de la sécurité sociale (Livre IX, titre 3) ;
– le Code de la mutualité ;
– le Code rural (mutualité agricole).

82401 La refonte complète du **régime prudentiel** par la **directive Solvabilité 2** (Dir. 2009/138/CE du 25-11-2009 sur l'accès aux activités de l'assurance et de la réassurance et leur exercice) a nécessité une réorganisation très large des trois codes régissant les organismes d'assurance et de réassurance en France (Codes des assurances, de la mutualité et de la sécurité sociale). Cette directive a été **transposée** en droit français par l'ordonnance 2015-378 du 2 avril 2015 et par le décret 2015-513 du 7 mai 2015.

> Cette directive pourrait être clarifiée, à la date de mise à jour de ce Mémento, notamment sur les modalités de vérification des informations prudentielles.

En outre, cette transposition a nécessité différentes adaptations dont le transfert des dispositions comptables présentes dans les codes précités vers un **règlement de l'Autorité des normes comptables** (Règl. ANC 2015-11 du 26-11-2015), la simplification des dispositions prudentielles entre les trois codes, l'adaptation de la gouvernance des différentes familles d'organismes d'assurance, l'évolution des formes juridiques des groupes d'assurance et le maintien du régime actuel pour les organismes ne relevant pas du champ d'application de Solvabilité 2. L'ordonnance et le décret de transposition viennent modifier, respectivement, les parties législatives et réglementaires des trois codes.

Les dispositions prudentielles sont désormais regroupées dans le Code des assurances, auquel renvoient les dispositions du Code de la mutualité et de la sécurité sociale.

Enfin, alors que certains principes encadrant l'application des règles comptables subsistent dans les codes précités, les dispositions relatives à l'évaluation et à la comptabilisation des transactions réalisées par les organismes d'assurance sont désormais reprises dans le règlement ANC précité, regroupant les différents règlements et avis antérieurs.

1676

© Éd. Francis Lefebvre

SECTEUR ASSURANCE ▌

Ce règlement est applicable aux entités relevant des trois codes, qu'elles soient soumises ou non à Solvabilité 2.

Sources diverses

Les entreprises d'assurances sont soumises à un ensemble de textes d'origines diverses, dont le caractère contraignant est variable. On peut citer notamment :
– les **circulaires** et autres textes émanant des ministères de tutelle (ministère des finances, ministère des affaires sociales, ministère de l'agriculture) ;
– les textes émanant des **fédérations professionnelles** et des organismes apparentés (Fédération française de l'assurance, Centre technique des institutions de prévoyance, Fédération nationale de la mutualité française) ;
– les rapports périodiques de l'Autorité de contrôle prudentiel et de résolution (voir nº 82510).

82405

Presque tous les textes légaux ou réglementaires (lois, décrets, arrêtés) relatifs à l'exercice de l'activité d'assurance sont inclus dans les différents codes cités.

82410

II. Formes d'exercice

Cadre juridique

En dehors des organismes de protection sociale obligatoire, on peut distinguer en France cinq modes d'exercice de l'activité suivants.

82450

Sociétés commerciales Les sociétés commerciales d'assurance sont constituées exclusivement sous forme de sociétés anonymes. Elles relèvent, d'une part, du Code de commerce et, d'autre part, du Code des assurances (règles supplémentaires de constitution, de fonctionnement, certaines dispositions concernant l'audit légal, etc.).

82455

L'organe souverain des sociétés commerciales d'assurance est l'assemblée générale des actionnaires. La société peut être organisée soit avec conseil d'administration, soit avec conseil de surveillance et directoire.

Sociétés d'assurance mutuelle Le fonctionnement juridique de ces entités, qui ne sont pas commerciales par nature, est principalement régi par le Code des assurances, ainsi que par le Code rural s'agissant des mutuelles agricoles.
Les **sociétés d'assurance mutuelle** ont un objet non commercial.

82460

L'organe souverain est l'assemblée générale des sociétaires. Le contrôle des sociétés d'assurance mutuelle peut être confié à un conseil d'administration ou à un conseil de surveillance et un directoire. Les administrateurs peuvent être révoqués pour faute grave uniquement par l'assemblée générale.

Ces sociétés d'assurance mutuelle sont **subdivisées** en :
– sociétés d'assurance mutuelle ordinaires ;
– sociétés mutuelles d'assurance ;
– tontines (sociétés à forme tontinière) ;
– caisses d'assurance mutuelle agricoles.

Les spécificités propres à chaque type de société d'assurance mutuelle portent sur les règles de fonctionnement (rémunération des administrateurs et des intermédiaires, caractère régional, régime de cotisations fixes ou variables, répartition des excédents...) et sur les activités qu'elles sont autorisées à exercer.

Les caisses d'assurance et de réassurance mutuelle agricoles et les unions de sociétés d'assurance mutuelle sont rattachées aux sociétés d'assurance mutuelle.

Les unions ont pour objet la réassurance exclusive des organismes qui en sont membres. Dans le cas des organismes relevant de l'article L 711-1 du Code rural et de la pêche maritime, la réglementation a ouvert la possibilité que la cession ou la rétrocession en réassurance soit opérée auprès d'un organisme à compétence nationale constitué sous forme de société anonyme.

Mutuelles Les mutuelles sont régies par le Code de la mutualité.
L'activité d'assurance de ces mutuelles n'est qu'un des aspects de leurs activités.

82470

En effet, l'**objet** des organismes mutualistes est vaste et englobe, outre l'assurance de personnes, le développement culturel, moral, intellectuel et physique de leurs membres, l'amélioration de leurs conditions de vie, ainsi que l'encouragement de la maternité, la protection de l'enfance, de la famille et des personnes âgées ou handicapées.

1677

SECTEUR ASSURANCE © Éd. Francis Lefebvre

L'amplitude de ce champ d'action n'est pas conforme à l'objet limité des entreprises d'assurances tel que défini par les normes européennes.

En conséquence, l'ensemble du dispositif réglementaire applicable au fonctionnement des mutuelles a été refondu en 2002. Les groupes mutualistes sont dorénavant constitués de mutuelles assurantielles (C. mut. livre II) et de mutuelles non assurantielles (C. mut. livres I et III).

82475 **Institutions de prévoyance** Les institutions de prévoyance sont des personnes morales de droit privé, à but non lucratif, administrées paritairement par les membres adhérents (employeurs) et les membres participants (assurés). Elles sont régies par le Code de la sécurité sociale.

L'**organe souverain** des institutions de prévoyance dépend du mode de création de l'institution. Il peut être :

– soit une commission paritaire, lorsque l'institution a été créée paritairement ou par décision de l'employeur ratifiée par les intéressés ;

– soit l'assemblée générale, lorsque l'institution a été créée par une assemblée générale paritaire constitutive (institutions interentreprises ou interprofessionnelles).

Les membres du conseil d'administration sont nommés respectivement par les membres adhérents (employeurs) et les membres participants (organisations syndicales).

> Cependant, si la création de l'institution résulte d'une décision de l'employeur ratifiée par les intéressés, ceux-ci élisent directement leurs administrateurs.

82477 **Holdings d'assurance** Le Code des assurances vise également les structures holding qui font l'objet d'une surveillance complémentaire, notamment dans le cadre de la solvabilité des groupes et de la surveillance des conglomérats (C. ass. art. L 356-1 s.).

La société de groupe d'assurance permet de gérer des participations ou de nouer et gérer des liens de solidarité financière entre entreprises gouvernées par différents codes (Code des assurances, Code de la mutualité, Code de la sécurité sociale, etc.).

82478 **Entreprises mères non capitalistiques** Ces organismes sont fréquemment les entités chargées d'établir les comptes combinés des groupes dont la cohésion ne résulte pas de liens en capital. Chacun des trois codes prévoit l'existence de tels organismes et leur objet social, avec certaines différences :

1. **Sociétés de groupe d'assurance mutuelle (SGAM)** La société de groupe d'assurance mutuelle est une société de groupe d'assurance fonctionnant sans capital. L'objet des sociétés de groupe d'assurance consiste principalement à prendre et à gérer des participations dans des entreprises d'assurances ou à nouer et à gérer des liens de solidarité financière importants et durables avec des mutuelles, des institutions de prévoyance ou des sociétés d'assurance mutuelle (C. ass. art. L 322-1-2 et L 322-1-3). Depuis le 21 novembre 2015, la société de groupe d'assurance mutuelle doit exercer effectivement une influence dominante au moyen d'une coordination centralisée sur les décisions, y compris financières, des entreprises affiliées (C. ass. art. L 322-1-3 modifié par ord. 2015-378 du 2-4-2015).

2. **Sociétés de groupe assurantiel de protection sociale (SGAPS)** Ces sociétés ont pour objet de prendre et gérer des participations dans des entreprises d'assurance, ou nouer et gérer des relations fortes et durables avec des institutions de prévoyance, mutuelles, sociétés d'assurance mutuelle, entreprises d'assurance ou avec d'autres SGAPS (CSS art. L 931-2-2).

> Ces SGAPS remplacent les Groupements paritaires de prévoyance (GPP) à la suite de l'abrogation de l'article L 933-5 du Code de la sécurité sociale. Les GPP créés avant le 31 décembre 2015 disposent d'une période transitoire allant jusqu'au 31 décembre 2017 pour se transformer en SGAPS et se conformer aux dispositions applicables ou se transformer en groupement assurantiel de protection sociale (GAPS). La transformation d'un GPP en SGAPS nécessite l'affiliation à la SGAPS des membres adhérant au GPP, ce qui est soumis à l'autorisation de l'ACPR. La transformation d'un GPP en GAPS n'est pas soumise à l'autorisation de l'ACPR.

3. **Union mutualiste de groupe (UMG)** Les unions mutualistes de groupe mentionnées à l'article L 111-4-2 du Code de la mutualité constituent une catégorie particulière d'union mutualiste. Leur objet consiste principalement à prendre et à gérer des participations dans des entreprises d'assurance ou à nouer et à gérer des liens de solidarité financière importants et durables avec des mutuelles des institutions de prévoyance ou des sociétés d'assurance mutuelle.

Certaines organisations de groupe ont privilégié le lien de réassurance comme ciment du groupe sans utilisation d'une structure spécifique dédiée.

© Éd. Francis Lefebvre

SECTEUR ASSURANCE

L'ordonnance 2015-378 du 2 avril 2015 a également créé des groupements d'assurance mutuelle (GAM) et des groupements assurantiels de protection sociale (GAPS), sur le modèle existant des unions de groupe mutualiste (UGM) du Code de la mutualité. Toutefois, ces structures, qui ne sont pas soumises au contrôle de l'ACPR, n'ont pas vocation à regrouper des organismes fortement intégrés.

Cadres juridiques spécifiques

L'activité d'assurance ou les activités assimilées peuvent être exercées dans d'autres cadres juridiques avec des règles de fonctionnement et des gouvernances particulières. On peut citer notamment :

82480

– le plan d'épargne retraite populaire (Perp), de nature contractuelle, porté dans le bilan d'une compagnie d'assurances mais étroitement cantonné à la comptabilité d'établissement et disposant d'une gouvernance organisée par la loi, avec une association dotée d'un comité de surveillance auquel rapporte le commissaire aux comptes ;

En application de la réforme de l'épargne retraite prévue par la loi 2019-486 du 22 mai 2019 relative à la croissance et la transformation des entreprises, l'ordonnance 2019-766 du 24 juillet 2019 portant réforme de l'épargne retraite supplémentaire et le décret 2019-807 du 30 juillet 2019, de nouveaux produits d'épargne retraite individuel (PERin) sont commercialisés depuis le 1er octobre 2019.

– les organismes de titrisation supportant des risques d'assurance – la transposition de la directive réassurance 2005/68/CE par l'ordonnance 2008-556 du 13 juin 2008 réforme le cadre juridique des fonds communs de créances (Code monétaire et financier) ;

Les articles L 214-179 et L 214-185 du Code monétaire et financier prévoient la désignation d'un commissaire aux comptes pour les sociétés de titrisation constituées sous forme de société anonyme et les sociétés de gestion de fonds commun de titrisation.

– les fonds de garantie, tels que :
• le FGAP (Fonds de garantie des assurances de personnes), régi par le Code des assurances ;
• le FNG (Fonds national de garantie des mutuelles), régi par le Code de la mutualité ;
• le FPGIP (Fonds paritaire de garantie des institutions de prévoyance), régi par le Code de la sécurité sociale ;
• le Fonds de garantie des assurances obligatoires de dommages, qui est soumis au contrôle du ministre de l'économie et des finances chargé des assurances, etc. ;
– la RAFP (retraite additionnelle de la fonction publique), régime en répartition provisionné en points, administré par un établissement public doté d'un conseil d'administration (ERAFP).

Les **succursales étrangères** peuvent exercer en France lorsqu'elles sont agréées.

82485

Spécialisation des activités

La spécialisation des organismes d'assurance découle directement des **directives européennes**. Elle est définie en référence aux catégories d'assurances réglementaires.

82490

On distingue les activités suivantes :
a) assurance vie, décès, épargne ;
b) assurance des dommages corporels, à savoir maladie et accidents ;
c) autres risques.
Les sociétés « vie » assurent les risques vie, décès, épargne (a). Les sociétés « non-vie » assurent les risques maladie, accident et les autres risques (b) et (c). Les sociétés « mixtes » assurent les risques vie, décès, épargne et dommages corporels (a) et (b).

82492

Il n'est pas permis à une société d'assurances de pratiquer simultanément l'assurance des risques vie, décès, épargne (a) et des autres risques (c).

III. Organes de contrôle

Organisation

L'ordonnance 2010-76 du 21 janvier 2010 a créé une Autorité de contrôle prudentiel unique, l'ACP, dont le champ d'application s'étend à la banque et à l'assurance. L'ACP

82510

1679

SECTEUR ASSURANCE

© Éd. Francis Lefebvre

est devenue l'**ACPR** (Autorité de contrôle prudentiel et de résolution) depuis la loi de séparation et de régulation des activités bancaires du 26 juillet 2013.

Sans personnalité morale, cette autorité administrative indépendante est rattachée à la Banque de France et dispose de l'autonomie financière. Sa composition, son rôle et ses pouvoirs sont définis par des dispositions législatives et réglementaires figurant dans le Code monétaire et financier (art. L 612-1 à L 612-50 et D 612-1 à R 612-61). L'Autorité de contrôle prudentiel est composée d'un collège de supervision, d'un collège de résolution et d'une commission des sanctions. Le collège de supervision constitue en son sein deux sous-collèges sectoriels, dont un dédié au secteur de l'assurance (C. mon. fin. art. L 612-7).

Pour tout renseignement complémentaire, voir les développements figurant aux nos 5495 s. et 8160 s.
Voir également le site de l'ACPR : www.acpr.banque-france.fr.

82512 Le **rôle** et les **pouvoirs généraux** de l'Autorité de contrôle prudentiel et de résolution sont définis à l'article L 612-1 du Code monétaire et financier. Dans le secteur de l'assurance, ils s'exercent sur (C. mon. fin. art. L 612-2, I-B) :
– les entreprises exerçant une activité d'assurance directe mentionnées à l'article L 310-1 du Code des assurances et les entreprises mentionnées au dernier alinéa du même article ;
– les entreprises exerçant une activité de réassurance dont le siège social est situé en France ;
– les mutuelles et unions régies par le livre II du Code de la mutualité et les unions gérant les systèmes fédéraux de garantie mentionnés à l'article L 111-6 du Code de la mutualité, ainsi que les unions mutualistes de groupe mentionnées à l'article L 111-4-2 du même code ;
– les institutions et unions de prévoyance régies par le titre 3 du livre 9 du Code de la sécurité sociale, ainsi que les sociétés de groupe assurantiel de protection sociale mentionnées à l'article L 931-2-2 du même code ;
– les sociétés de groupe d'assurance et les sociétés de groupe mixte d'assurance mentionnées à l'article L 322-1-2 du Code des assurances ;
– les véhicules de titrisation mentionnés à l'article L 310-1-2 du Code des assurances ;
– les fonds de retraite professionnelle supplémentaire mentionnés à l'article L 381-1 du Code des assurances ;
– les mutuelles ou unions de retraite professionnelle supplémentaire mentionnées à l'article L 214-1 du Code de la mutualité ;
– les institutions de retraite professionnelle supplémentaire mentionnées à l'article L 942-1 du Code de la sécurité sociale.

Le périmètre d'intervention de l'Autorité de contrôle prudentiel et de résolution est élargi au suivi des dispositions applicables aux sociétés de groupe d'assurance, de **groupes mixtes** et à toute entité appartenant à un conglomérat financier, ce qui couvre en pratique les groupes dont l'une au moins des entités est soumise au contrôle de l'Autorité de contrôle prudentiel et de résolution.

82513 La **mission** de l'Autorité de contrôle prudentiel et de résolution est de veiller à la préservation de la stabilité du système financier et à la protection des clients, assurés, adhérents et bénéficiaires des personnes soumises à son contrôle, organismes des secteurs de la banque et de l'assurance.

Ces missions sont définies par l'article L 612-1 du Code monétaire et financier.

L'ACPR contrôle le respect par ces personnes des dispositions européennes qui leur sont directement applicables, des dispositions du Code monétaire et financier ainsi que des dispositions réglementaires prévues pour son application, du Code des assurances, du livre IX du Code de la sécurité sociale, du Code de la mutualité, du livre III du Code de la consommation, des codes de conduite homologués ainsi que de toute autre disposition législative et réglementaire dont la méconnaissance entraîne celle des dispositions précitées.

Elle est notamment chargée (C. mon. fin. art. L 612-1, II et III) :
– d'examiner les demandes d'autorisations ou de dérogations individuelles qui lui sont adressées et de prendre les décisions prévues par les dispositions européennes, législatives et réglementaires applicables aux personnes soumises à son contrôle ;
– d'exercer une surveillance permanente de la situation financière et des conditions d'exploitation des personnes mentionnées au I de l'article L 612-2 ; elle contrôle notamment le respect de leurs exigences de solvabilité ainsi que, pour les personnes mentionnées

1680

© Éd. Francis Lefebvre

SECTEUR ASSURANCE

aux 1° à 4° et 8° à 10° du A du I de l'article L 612-2, des règles relatives à la préservation de leur liquidité et, pour les personnes mentionnées aux 1° à 3°, 5°, 8° à 11° du B du I du même article, qu'elles sont en mesure de tenir à tout moment les engagements qu'elles ont pris envers leurs assurés, adhérents, bénéficiaires ou entreprises réassurées et les tiennent effectivement ;
– de fixer l'exigence de coussin applicable aux établissements d'importance systémique mondiale et aux autres établissements d'importance systémique et de veiller au respect de l'exigence globale de coussin de fonds propres définie aux articles L 511-41-1 A et L 533-2-1 ;
– de veiller au respect par les personnes soumises à son contrôle des règles destinées à assurer la protection de leur clientèle, résultant notamment de toute disposition européenne, législative et réglementaire ou des codes de conduite approuvés à la demande d'une association professionnelle, ainsi que des bonnes pratiques de leur profession qu'elle constate ou recommande, ainsi qu'à l'adéquation des moyens et procédures qu'elles mettent en œuvre à cet effet ; elle veille également à l'adéquation des moyens et procédures que ces personnes mettent en œuvre pour respecter le livre I ainsi que le chapitre II des titres Ier et II du livre II du Code de la consommation ;
– de veiller à l'élaboration et à la mise en œuvre des mesures de prévention et de résolution des crises bancaires et financières ;
– de veiller au respect par les personnes soumises à son contrôle des règles relatives aux modalités d'exercice de leur activité par elles-mêmes ou par l'intermédiaire de filiales et aux opérations d'acquisition et de prise de participation ;
– de veiller au respect, par les personnes soumises à son contrôle, des règles relatives à la lutte contre le blanchiment des capitaux et le financement du terrorisme dans les conditions prévues aux articles L 561-36 et L 561-36-1 du Code monétaire et financier ;
– de veiller au respect de l'article L 564-2 du Code monétaire et financier.
Dans l'accomplissement de ses missions, l'Autorité de contrôle prudentiel et de résolution prend en compte les objectifs de stabilité financière dans l'ensemble de l'Espace économique européen et de mise en œuvre convergente des dispositions nationales et de l'Union européenne en tenant compte des bonnes pratiques et recommandations issues des dispositifs de supervision de l'Union européenne. Elle coopère avec les autorités compétentes des autres États. En particulier, au sein de l'Espace économique européen, elle apporte son concours aux structures de supervision des groupes transfrontaliers.

Pouvoirs

Pour l'accomplissement de ses missions, l'Autorité de contrôle prudentiel et de résolution dispose, à l'égard des personnes mentionnées à l'article L 612-2 du Code monétaire et financier, d'un pouvoir de contrôle, du pouvoir de prendre des mesures de police administrative et d'un pouvoir de sanction. Elle peut en outre porter à la connaissance du public toute information qu'elle estime nécessaire à l'accomplissement de ses missions, sans que lui soit opposable le secret professionnel mentionné à l'article L 612-17 du Code monétaire et financier.

82515

Le contrôle de l'Autorité de contrôle prudentiel et de résolution s'exerce sur pièces et sur place. L'ACPR a notamment le droit :
– de demander aux entreprises tout **renseignement** nécessaire à l'exercice de sa mission ; elle peut se faire communiquer tout **document** comptable et, au besoin, en demander la certification ;

> Les contrôles peuvent être étendus par l'Autorité de contrôle prudentiel et de résolution à toute personne morale liée par une convention ou par des liens financiers à l'entreprise contrôlée.

– d'infliger des **sanctions disciplinaires** graduées, allant de la simple mise en garde à la radiation du registre mentionné à l'article L 512-1 du Code des assurances, et l'interdiction de pratiquer l'activité d'intermédiation. Dans le cas de l'ouverture d'une procédure disciplinaire, la commission veille au caractère contradictoire de la procédure (C. mon. fin. art. L 612-38, al. 2). En outre, l'Autorité de contrôle prudentiel et de résolution peut prononcer des **sanctions pécuniaires**, allant jusqu'à cent millions d'euros (voir n° 8172) ;
– de recommander toutes mesures pour restaurer ou renforcer la situation financière, améliorer les méthodes de gestion et assurer l'adéquation de l'organisation aux activités et aux objectifs de développement dans le cadre d'un programme de rétablissement (C. mon. fin. art. L 612-32) ;

1681

SECTEUR ASSURANCE

© Éd. Francis Lefebvre

– de prononcer le transfert d'office de tout ou partie du portefeuille des contrats d'assurance ;

– de décider d'interdire ou de limiter la distribution d'un dividende aux actionnaires ou d'une rémunération des parts sociales aux sociétaires des personnes soumises à son contrôle ;

– de suspendre un ou plusieurs dirigeants de la personne contrôlée ;

– de s'immiscer dans la **gestion** de l'entreprise contrôlée lorsque les circonstances le justifient, soit en la mettant sous surveillance spéciale, soit en restreignant ou supprimant son droit à disposer de ses actifs, soit en procédant à la désignation d'un administrateur provisoire.

Les entraves à la mission de contrôle de l'Autorité de contrôle prudentiel et de résolution sont punies d'un an de prison et de 15 000 € d'amende (C. ass. art. L 310-28).

Les décisions de l'ACPR peuvent être contestées par un recours de pleine juridiction devant le Conseil d'État.

Enfin, l'ACPR transmet au parquet les faits de nature à justifier des poursuites pénales.

Relations avec les auditeurs légaux

82530 Les relations entre l'ACPR et les auditeurs légaux sont développées aux n°s 5502 s. et 8180 s.

La CNCC et l'ACPR ont publié conjointement en juillet 2018 un guide actualisé des relations entre l'autorité de contrôle et les commissaires aux comptes.

IV. Principales normes comptables et prudentielles (normes françaises)

Principe d'unicité des comptes

82570 La réglementation française ne prévoit pas la production de plusieurs jeux de comptes (fiscalité, commissions de contrôle, comptabilité pure) comme c'est le cas dans certains pays.

En conséquence, la réglementation comptable applicable aux comptes sociaux est essentiellement orientée vers la **démonstration de la solvabilité** des entreprises ou des institutions.

On note en particulier que les normes comptables définissent précisément les règles d'évaluation des actifs, et le niveau minimal des passifs techniques. En revanche, elles ne fixent pas conceptuellement le mode de dégagement des marges et ne se prononcent pas sur la permanence des paramètres.

L'opposition entre comptabilité régulière (conforme aux règles) et comptabilité donnant une image fidèle est ainsi particulièrement marquée dans le domaine de l'assurance, à tel point que l'analyse financière s'appuie ici de plus en plus sur la notion de valeur intrinsèque ou « *embedded value* » ainsi que sur les indicateurs Solvabilité 2 dont l'application est obligatoire depuis le 1er janvier 2016 (voir n° 82597).

82572 Avec la norme IFRS 4 dans sa version actuelle, la publication de comptes consolidés en normes IFRS ne remet pas fondamentalement en cause cette opposition. En effet, l'essentiel des engagements techniques des contrats français reste valorisé selon les principes et les pratiques antérieures (utilisation du référentiel avant la première adoption des normes IFRS).

Voir la section 6 « Perspectives » concernant l'évolution de la norme IFRS 4 (n°s 83500 s.).

82575 L'approche prudentielle, à travers la fixation « réglementaire » des règles de tarification des contrats et d'évaluation des engagements, n'interdit pas une liberté de choix, par exemple dans la fixation de certains paramètres. Ainsi, le niveau minimal des passifs techniques défini par les textes comporte une part de subjectivité dans la fixation de paramètres futurs, qui peut significativement faire varier les résultats.

Il importe que les entreprises, sous le contrôle de leurs auditeurs :

– veillent à ce que les paramètres soient fixés dans des conditions justifiables et sur des bases prudentes et conformes aux règles ;

– s'assurent que l'information financière est exhaustive et de qualité.

© Éd. Francis Lefebvre

SECTEUR ASSURANCE

Évaluation des engagements

82585

Les engagements réglementés des entreprises d'assurance sont constitués principalement par les engagements pris à l'égard des assurés et, secondairement, par certains autres éléments, notamment les dettes privilégiées.

Les **engagements** pris à l'égard des assurés doivent être couverts par des provisions suffisantes pour en assurer le règlement intégral. Cela signifie :
– que ces provisions peuvent dans certains cas tenir compte des produits financiers futurs, dans la mesure où ceux-ci sont évalués prudemment ;
– que les provisions doivent comprendre les sommes nécessaires à la couverture des frais de gestion des contrats et des sinistres ;
– que l'ensemble des paramètres d'évaluation doivent être déterminés de manière à exclure toutes pertes futures.

Marge de solvabilité

82595

De toutes les normes prudentielles, la marge de solvabilité est celle qui a l'impact le plus direct sur la continuité d'exploitation, dans la mesure où l'insuffisance de marge peut conduire au retrait d'agrément et au transfert de portefeuille.

La marge de solvabilité correspond à la présence dans une entreprise d'assurances d'un niveau minimal de fonds propres. Sont distinguées l'exigence de marge de solvabilité **minimale** (calculée selon des critères qui dépendent des risques couverts, du volume de contrats gérés et de l'ampleur de la réassurance), de la marge de solvabilité **constituée** (principalement constituée de l'actif net et des plus-values latentes).

L'entrée en vigueur de la directive **Solvabilité 2** depuis le 1er janvier 2016 vient cependant apporter une nouvelle dimension au calcul de la marge de solvabilité pour la plupart des acteurs. Les deux principaux objectifs de la directive sont d'établir un système de solvabilité qui soit plus sensible aux **risques** encourus par les sociétés d'assurance (risques de marché, risques de souscription...) et d'éviter une distorsion de la concurrence sur le marché européen de l'assurance par une homogénéisation des pratiques réglementaires. Son principal apport est d'introduire une évaluation de l'exigence de fonds propres en fonction des risques de l'entreprise, une mesure des fonds propres disponibles basée sur une approche économique du bilan, et une évolution sensible des exigences en matière de gouvernance, d'organisation et de communication à l'autorité de tutelle et au public.

Les **entreprises relevant du régime** Solvabilité 2 sont définies à l'article L 310-3-1 du Code des assurances :

82596

1° les entreprises mentionnées à l'article L 310-1 du Code des assurances et qui disposent d'un agrément pour l'exercice de leurs activités, ainsi que celles mentionnées au premier alinéa de l'article L 321-10-3, qui ont rempli, à compter du 1er janvier 2012 et pendant trois exercices annuels consécutifs, l'une des conditions suivantes :
– l'encaissement annuel de primes ou cotisations brutes émises par l'entreprise dépasse 5 millions d'euros,
– le total des provisions techniques de l'entreprise, au sens défini au titre IV du livre III du Code des assurances, brutes de cessions en réassurance ou à des véhicules de titrisation, dépasse 25 millions d'euros,
– lorsque l'entreprise appartient à un groupe défini à l'article L 356-1,
– l'activité de l'entreprise comporte des opérations de réassurance qui :
• dépassent 500 000 € d'encaissement de primes ou de cotisations brutes émises ou 2,5 millions d'euros de provisions techniques, au sens défini au titre IV du livre III du Code des assurances, brutes de cessions en réassurance ou à des véhicules de titrisation,
• ou représentent plus de 10 % de son encaissement de primes ou cotisations brutes émises ou de ses provisions techniques, au sens défini au titre IV du livre III du Code des assurances, brutes de cessions en réassurance ou à des véhicules de titrisation,
2° les entreprises mentionnées à l'article L 310-1 qui, bien que ne satisfaisant pas aux conditions énoncées au 1°, disposent de l'agrément mentionné à l'article L 321-1 pour des opérations de responsabilité civile, crédit ou caution ;
3° les entreprises mentionnées au 1° du III de l'article L 310-1-1 ou au deuxième alinéa de l'article L 321-10-3 ;
4° les succursales des entreprises agréées conformément à l'article L 329-1 ;

1683

SECTEUR ASSURANCE © Éd. Francis Lefebvre

5° les entreprises sollicitant un agrément mentionné à l'article L 321-1 en vue d'exercer des activités d'assurance ou de réassurance dont l'encaissement annuel des primes ou cotisations brutes émises ou le montant brut des provisions techniques, au sens défini au titre IV du livre III du Code des assurances, brutes de cessions en réassurance ou à des véhicules de titrisation, dépasseront selon les prévisions un des montants énoncés au 1° au cours des cinq exercices annuels suivants ;
6° les entreprises qui, bien que ne satisfaisant à aucune des conditions énoncées aux 1°, 2°, 3°, 4° et 5°, exercent les activités prévues à l'article L 321-11 ;
7° les unions mentionnées à l'article L 322-26-3.

82597 Le régime « Solvabilité 2 » se structure autour de 3 piliers liés et d'importance égale afin d'aboutir à un régime adéquat et équilibré :
– le **pilier 1** contient les exigences financières quantitatives, concernant la solvabilité. Ces éléments sont issus des comptes prudentiels établis selon les règles d'un bilan en valeur de marché avec une approche prospective pour le calcul des engagements ;
– le **pilier 2** traite des aspects plus qualitatifs, tels que la gouvernance et la gestion des risques au sens large, mais aussi le rôle du superviseur et le processus de supervision ;
– le **pilier 3** aborde la communication des informations aux superviseurs et au public.
Le pilier 1 intègre un nouveau calcul de marge de solvabilité, composé de deux indicateurs :
– le SCR (*Solvency Capital Requirement*), correspondant à un niveau de fonds propres permettant à une entreprise d'absorber des pertes imprévues importantes et d'offrir une sécurité raisonnable aux assurés. Contrairement à Solvabilité 1, ce SCR est déterminé comme une combinaison de plusieurs SCR se reportant chacun à un type de risque en particulier (risques de marché, de contrepartie, de souscription, risques opérationnels...) ;

La directive définit une approche basée sur une formule standard mais elle autorise aussi, dans certaines conditions, l'utilisation d'un modèle interne (partiel ou complet).
En formule standard, l'exigence de capital est calculée par sous-module selon des spécifications techniques publiées par l'EIOPA (*European Insurance and Occupational Pensions Authority*) précisant pour chaque risque les règles à appliquer.

– le MCR (*Minimum Capital Requirement*), correspondant au montant minimum de fonds propres constituant le seuil déclencheur de l'intervention prudentielle dès qu'il est franchi à la baisse.
S'agissant des incidences de l'entrée en vigueur de Solvabilité 2 sur la mission du commissaire aux comptes, voir la note publiée en février 2017 par la CNCC sur l'arrêté des comptes des organismes d'assurance pour l'exercice 2016.

82598 Sous le nouveau régime Solvabilité 2, le **groupe prudentiel** est dorénavant appréhendé de trois façons :
– par des liens capitalistiques ou des dirigeants communs ;
– par des relations financières fortes et durables couplées à une coordination centralisée des pouvoirs de décision financière et un contrôle ad hoc de l'ACPR. Conformément à l'article 212 de la directive du 25 novembre 2009, l'article 3 de l'ordonnance 2015-378 du 2 avril 2015 parle de « relations financières fortes et durables » et non plus de « liens de solidarité financière importants et durables » ;
– par la caractérisation de l'influence dominante, constatée par l'ACPR.
La directive Solvabilité 2 prolonge et amplifie les exigences introduites en matière de groupes d'assurance qui sont considérés comme des entités à part entière et non plus comme un seul mécanisme de surveillance complémentaire.
Ces exigences ont des conséquences directes sur le fonctionnement des groupes, en termes de gouvernance, mais également en termes d'exigences prudentielles et de *reporting*.

82599 Les activités de **retraite professionnelle supplémentaire collective** peuvent relever, sur option des entreprises, soit du régime des assurances, soit d'un régime spécifique. Ce régime relève au niveau européen d'une directive spécifique (Dir. 2003/41/CE), et au niveau national des articles L 143-1 et suivants du Code des assurances, L 222-3 et suivants du Code de la mutualité et L 932-40 et suivants du Code de la sécurité sociale. Il présente une réglementation propre, tant au niveau prudentiel qu'au niveau des règles d'évaluation comptables. Cette réglementation est actuellement proche de celle applicable aux assureurs vie, mais n'entre pas dans le champ d'application de la directive Solvabilité 2.

SECTEUR ASSURANCE

Autres normes prudentielles

On peut distinguer, parmi les autres normes prudentielles, celles qui concernent les actifs et celles qui concernent les passifs.

82605

Actifs Pour les entreprises qui restent soumises au régime **Solvabilité 1**, sont distinguées les normes de couverture, d'admission, de composition, de dispersion et de congruence :
– **couverture** : les engagements réglementés doivent être couverts par des actifs équivalents ;
– **admission** : seuls certains types d'actifs peuvent représenter les engagements réglementés ;
– **composition** : le poids de certains types d'actifs admis ne doit pas dépasser un certain pourcentage des engagements réglementés ;
– **dispersion** : les actifs issus d'un même émetteur ne doivent pas dépasser un certain pourcentage des engagements réglementés ;
– **congruence** : les engagements inscrits en devises étrangères doivent être couverts principalement par des actifs libellés dans la même devise.
Les règles de composition, d'admission et de dispersion privilégient assez largement l'investissement en titres souverains ainsi que des impératifs de liquidité pour faire face aux engagements.
Toutefois, la directive **Solvabilité 2** introduit le principe de « la personne prudente », qui se substitue aux limitations quantitatives par devise, par catégorie d'actif et par émetteur. Ce principe est défini comme suit :
« Pour l'ensemble du portefeuille d'actifs, les entreprises d'assurances et de réassurance n'investissent que dans des actifs et instruments présentant des risques qu'elles peuvent identifier, mesurer, suivre, gérer, contrôler et déclarer de manière adéquate ainsi que prendre en compte de manière appropriée dans l'évaluation de leur besoin global de solvabilité [...]. »

82608

Passifs Certaines provisions techniques (provisions liées à l'activité d'assurance) font l'objet de normes prudentielles qui portent principalement sur les tables et les taux utilisés pour le calcul de ces provisions.

82610

Les **tables de mortalité** représentent les lois de probabilité des décès ; la réglementation porte sur les tables admises par défaut et, pour les tables spécifiques, sur leurs modalités d'agrément et le niveau de prudence requis.
Les **tables de morbidité** (incapacité, invalidité) représentent les lois de probabilité de maintien en incapacité, de passage en invalidité et de maintien en invalidité. La réglementation porte sur les tables admises par défaut et, pour les tables spécifiques, sur leurs modalités d'agrément.

82612

Les **taux utilisés** pour le calcul des provisions techniques dépendent du type de provisions calculées :

Les taux correspondent aux taux de rendement attendus des actifs placés en représentation des provisions.

– provisions pour sinistres à payer sous forme de capitaux : l'actualisation est interdite (taux nul) ;
– provisions pour rentes indemnitaires en cas de sinistres de responsabilité civile : 0,10 % + 60 % du taux de référence moyen sur deux ans (emprunts d'État) calculé à la date de l'arrêté comptable (limité à 3,5 %) avec le cas échéant la prise en compte d'une inflation de 2 % pour la revalorisation ;
– provisions pour rentes d'incapacité et d'invalidité : 75 % du taux de référence moyen sur deux ans (emprunts d'État) calculé à la date de l'arrêté comptable (limité à 4,5 %) avec le cas échéant la prise en compte d'une inflation de 2 % pour la revalorisation ;

Le règlement 2020-11 du 22 décembre 2020 de l'ANC offre la possibilité aux entreprises d'utiliser un taux d'actualisation négatif pour les provisions techniques de rentes incapacité / invalidité lorsque les moyennes des taux de référence sont négatives. L'article 1 du règlement précité indique que « dans le cas où le taux moyen au cours des vingt-quatre derniers mois des emprunts de l'État français, majoré de 10 points de base, est négatif, l'entreprise d'assurance retient, en fonction de la situation considérée, un taux d'actualisation inférieur ou égal à zéro. L'entreprise d'assurance donne une information sur les modalités de détermination du taux retenu ».

82615

1685

SECTEUR ASSURANCE   © Éd. Francis Lefebvre

L'article 2 du règlement ANC précité dispose que « dans le cas où le taux moyen au cours des vingt-quatre derniers mois des emprunts de l'État français est négatif, l'entreprise d'assurance retient, en fonction de la situation considérée, un taux d'actualisation inférieur ou égal à zéro. L'entreprise d'assurance donne une information sur les modalités de détermination du taux retenu ».

Les articles 1 et 2 du règlement s'appliquent aux exercices ouverts à compter du 1er janvier 2021. Une application anticipée est possible.

– provisions d'assurance-vie : lors de la tarification (tarif d'équilibre), pour les engagements de plus de 8 ans, le taux maximal utilisable est fixé à 60 % du taux de référence défini ci-dessus, plafonné à 3,5 %. Pour les autres engagements, le taux maximal est fixé à 75 % de ce taux. Par la suite, pour le calcul des provisions techniques, les taux à utiliser sont libres, sans pouvoir dépasser le taux du tarif.

Au cours de la vie du contrat, le taux du tarif peut ne plus être représentatif des produits financiers futurs sur les actifs détenus. La seule application de la norme comptable ne suffit pas à établir un niveau suffisant de provisions techniques. Il convient dès lors d'apprécier au cas par cas l'équilibre actif-passif de l'entreprise, et de vérifier que le rendement prévisionnel des actifs dépasse, échéance par échéance, le taux utilisé pour le calcul des provisions.

À noter que l'article A 132-1-1 du Code des assurances a été modifié par un arrêté du 26 décembre 2019 et prévoit un plancher pour les taux techniques utilisés à 0 %.

Les **contrats de retraite supplémentaire** dits de « branche 26 » font l'objet de règles spécifiques pour l'actualisation de la provision mathématique théorique (PMT), modifiées en 2017. La PMT doit à présent être calculée en « *Best Estimate* » en retenant la courbe des taux sans risque (courbe EIOPA) ainsi que les tables de mortalité utilisées dans le calcul des provisions techniques sous Solvabilité 2. Par ailleurs, les plus ou moins-values latentes des actifs admis en représentation doivent être ajoutées à la provision technique spéciale (PTS) qui représente les engagements de l'organisme assureur vis-à-vis du régime.

82616   Jusqu'alors à la charge du FGAO (Fonds de garantie des assurances obligatoires), la revalorisation des **rentes corporelles résultant des accidents de la circulation** a été transférée vers les assureurs depuis janvier 2013 (Loi de finances rectificative 2012-1510 du 29-12-2012 art. 78). Les assureurs ont dû, pour tous les sinistres concernés de survenance postérieure au 31 décembre 2021, provisionner les revalorisations futures.

82617   La conférence des premiers présidents des cours d'appel a conçu en 2013 un recueil méthodologique afin d'établir un référentiel unique d'indemnisation des cours d'appel pour l'**évaluation des préjudices corporels**. Ce nouveau barème unifié, dit « de la Gazette du Palais », n'est pour l'heure qu'un outil de travail, mais il pourrait entraîner une convergence des décisions judiciaires et des transactions vers les montants définis par ce barème.

Prestations de santé réglées par les organismes d'assurance complémentaire

82618   Les prestations santé réglées par les organismes d'assurance complémentaire ont fait l'objet d'un développement particulier dans la NEP 920 relative à la certification des comptes des organismes nationaux de sécurité sociale, applicable depuis le 1er janvier 2013 (JO du 30-12-2012).

Cette norme comporte les développements spécifiques suivants (NEP 920 § 07 à 10) : « Lorsque l'organisme de sécurité sociale garantit la couverture des prestations de maladie-maternité-invalidité-décès, le paiement de ces prestations aux professionnels, organismes ou établissements de santé, intervient, conformément aux textes légaux et réglementaires, dans le cadre du dispositif "tiers payant de la carte Sesam-vitale" qui ne prévoit pas une reconnaissance expresse par l'assuré de la réalité de la prestation reçue.

Aussi, pour évaluer le risque d'anomalie significative au niveau des assertions, le commissaire aux comptes prend notamment en compte l'existence d'un risque d'anomalie significative résultant de fraude portant sur la réalité et la mesure des prestations. En réponse à son évaluation du risque, le commissaire aux comptes apprécie la conception et la mise en œuvre, par l'organisme de sécurité sociale, des dispositifs prévus aux articles L 114-10 et R 114-18 du Code de la sécurité sociale qui s'inscrivent dans le cadre général de la lutte contre la fraude et ce, d'autant plus qu'il lui est impossible de collecter des éléments

© Éd. Francis Lefebvre

SECTEUR ASSURANCE

suffisants et appropriés par des contrôles de substance. Le commissaire aux comptes apprécie également les résultats des contrôles réalisés, dans le cadre de ces dispositifs.

Si le commissaire aux comptes estime que le traitement par l'organisme des prestations en nature maladie-maternité-invalidité-décès est satisfaisant, il demande que l'annexe comporte, au titre des règles et méthodes comptables, une description appropriée des faits générateurs de la comptabilisation de ces prestations et des principes comptables afférents et formule une observation renvoyant à cette information.

Lorsque le commissaire aux comptes estime que le traitement par l'organisme des prestations en nature maladie-maternité-invalidité-décès n'est pas satisfaisant, il formule une opinion avec réserve pour limitation ou exprime un refus de certifier, conformément aux dispositions de la norme d'exercice professionnel relative au "rapport du commissaire aux comptes sur les comptes annuels et consolidés". »

Compte tenu de la spécificité du fonctionnement des remboursements des organismes d'assurance complémentaire, la CNCC estime, en fonction du caractère significatif de cette information, et de manière identique à ce qui est prévu dans le paragraphe 9 de la NEP 920 applicable aux organismes nationaux de sécurité sociale, qu'il conviendrait que le commissaire aux comptes (CNCC – Note relative à l'arrêté des comptes des organismes d'assurance pour l'exercice 2013, février 2014) :

a) demande l'**inscription dans l'annexe** d'un paragraphe mentionnant l'origine déclarative des informations servant de base à la liquidation des prestations facturées par les professionnels de santé, organismes ou établissements ;

b) formule, dans son rapport sur les comptes, un paragraphe sur ce point dans la **justification des appréciations**.

Pour des exemples de formulation de la justification des appréciations, voir le communiqué précité.

Perp et contrats collectifs de retraite

82620

Des règles prudentielles spécifiques ont été définies réglementairement pour deux types de contrat d'assurance-vie, les plans du type du Perp (Perp, Pere…) et les contrats collectifs de retraite par capitalisation en points, afin de sécuriser les droits des assurés.

En particulier sur le Perp, le plan est géré de façon strictement cantonnée et ses comptes annuels font l'objet d'une certification par le commissaire aux comptes de l'organisme d'assurance gestionnaire du plan.

SECTION 3

Adaptation des techniques d'audit

La mise en œuvre de l'audit des activités d'assurance obéit aux principes généraux de la méthodologie de l'audit, notamment en termes d'approche des risques, de collecte des éléments probants (voir n°s 25300 s.). Elle se sert également de la plupart des techniques et des outils traditionnellement utilisés par les auditeurs financiers (voir n°s 26150 s.).

82700

Certains aspects de la démarche classique prennent cependant dans ce secteur une importance toute particulière. Ce sont :

– la revue analytique (n° 82730) ;
– la revue du dispositif de contrôle interne (n° 82740) ;
– le recours à des experts (n° 82750) ;
– l'utilisation de l'informatique (n° 82800) ;
– les circularisations (n° 82850).

I. Revue analytique

La revue analytique et les revues assimilées sont des outils fondamentaux de l'audit des activités d'assurance dans la mesure où il est généralement impossible de réaliser un audit exhaustif des engagements. La procédure à suivre consiste à :

82730

– en premier lieu, comprendre l'évolution sur les grands agrégats techniques et financiers ;

1687

SECTEUR ASSURANCE   © Éd. Francis Lefebvre

– en deuxième lieu, mettre en relation cette analyse avec les travaux réalisés par ailleurs (revues actuarielles, analyse des méthodes de provisionnement, effets des nouveaux produits, effets des liquidations défavorables...) ;
– enfin, s'assurer que les encours de provisions techniques en fin d'année peuvent être rapprochés des flux de la période et du stock initial (en nombre et en capitaux). Pour certains types de produits, le rapprochement en capitaux peut être réalisé de façon très précise.

82735 Ces analyses supposent l'obtention d'une décomposition du **résultat technique** de l'entreprise **par produit** (ensemble homogène de contrats présentant les mêmes caractéristiques techniques). La revue analytique portera sur **chaque solde intermédiaire**, défini selon les caractéristiques du produit.

Les soldes intermédiaires pertinents diffèrent selon que l'on a affaire à des produits « vie » ou « non-vie », long terme ou court terme, à déroulement bref ou non, avec ou sans réassurance, à fréquence de sinistre élevée ou faible, avec ou sans participation des assurés aux bénéfices, avec ou sans prépondérance du risque technique par rapport au risque financier.

II. Revue du dispositif de contrôle interne

Environnement réglementaire du contrôle interne

82740 Le contrôle interne est un élément essentiel des entités exerçant des activités d'assurance, d'ailleurs prévu réglementairement par des dispositions spécifiques prévoyant :
– la mise en place d'un dispositif permanent de contrôle interne ;
– la production au moins une fois par an, pour les entreprises soumises au régime Solvabilité 1, d'un **rapport sur le contrôle interne** approuvé par leur conseil d'administration et transmis à l'Autorité de contrôle prudentiel et de résolution (y compris pour les comptes consolidés/combinés).

Les entreprises soumises au régime Solvabilité 2 doivent intégrer cette exigence dans le cadre plus général du *reporting* Solvabilité 2 qui impose la rédaction des **éléments supplémentaires** suivants :
– rapport sur la solvabilité et la situation financière (SFCR), décrit dans les articles 290 à 298 du règlement délégué de la commission du 10 octobre 2014 complétant la directive 2009/138/CE sur l'accès aux activités de l'assurance et de la réassurance et leur exercice ;
– rapport régulier au contrôleur (RSR), décrit dans les articles 312 à 314 du règlement précité ;
– rapport sur l'évaluation propre des risques et de la solvabilité (ORSA), dont le contenu est indiqué dans l'article 306 du règlement précité ainsi que dans les orientations adoptées par l'EIOPA (EIOPA-BoS-14/259) ;
– rapport actuariel, dont le contenu est défini à l'article 272 du règlement précité.

Contrôle interne dans la démarche d'audit

82745 Certains risques ne peuvent être audités qu'en adoptant une approche qui s'inscrit dans un environnement de contrôle interne très structuré ; c'est le cas notamment des comptes alimentés par un volume important de transactions et utilisant un système informatique complexe, par exemple pour gérer les flux et les stocks liés aux primes, aux prestations et aux opérations d'investissement.

En matière de contrôle interne, les entreprises se doivent de disposer en permanence :
– d'une vision claire et dynamique des contrôles clés opérés au sein des systèmes supports de leur processus opérationnels ;
– d'une traçabilité sans faille depuis l'événement économique élémentaire aux états financiers ;
– de moyens de contrôle de la fiabilité des données clés de l'entreprise ;
– d'éléments de contrôle de 2e et de 3e niveau leur permettant de s'assurer de la qualité de l'information financière.

Après avoir évalué ce dispositif, l'auditeur doit être en mesure de s'appuyer de façon suffisante sur celui-ci.

La composante informatique du dispositif de contrôle interne requiert le plus souvent l'intervention d'un spécialiste des systèmes d'information (voir n° 82800).

1688

© Éd. Francis Lefebvre

SECTEUR ASSURANCE

III. Recours à des experts

La prise en compte des travaux réalisés par des experts externes est particulièrement importante dans certaines circonstances. Concernant l'utilisation des travaux d'un expert par le commissaire aux comptes, il convient par ailleurs de se reporter aux dispositions de la NEP 620 détaillées aux n°s 25990 s.

82750

Les entreprises d'assurances elles-mêmes ont d'ailleurs recours à ces expertises.

Évaluation des provisions par sinistre

Le recours à des experts est d'autant plus nécessaire que le sinistre est techniquement difficile à évaluer : sinistre corporel, sinistre en matière de transport, construction, spatial, pollution, tempêtes, catastrophes naturelles, notamment. L'organisme d'assurance devra s'appuyer sur les expertises pour établir son opinion sur le niveau des provisions constituées.

82755

Calcul des provisions mathématiques

Dans la mesure où elles exercent pour la plupart une activité nécessitant des **compétences en actuariat**, les entreprises d'assurances disposent habituellement de leurs propres équipes d'actuaires. Certaines, de taille plus réduite, font appel à des équipes externes pour la réalisation des calculs.

82760

Le **travail des actuaires** consiste à analyser les engagements contractuels, à établir les tarifs et les notes techniques à transmettre aux informaticiens, et à vérifier leur correcte mise en œuvre. L'auditeur devra être en mesure de vérifier l'ensemble des processus, en mobilisant sous sa responsabilité les compétences nécessaires, qui pourront également être externes (actuaires conseils ou experts indépendants). L'auditeur s'approprie les travaux menés dans ce cadre.

Évaluation globale des provisions

La vérification des calculs individuels de provisions ne suffit pas à valider le niveau global des provisions. Il convient également de vérifier un ensemble de données globales, par exemple tables utilisées, prise en compte des sinistres déclarés tardivement et des aggravations sur les sinistres déjà recensés, etc. Là encore, le recours à des compétences actuarielles sera le plus souvent nécessaire pour fournir une base suffisante à l'appréciation de l'auditeur.

82765

Évaluation du patrimoine immobilier

Dans le cadre de leurs procédures de contrôle, les auditeurs peuvent être amenés à valider la valeur de marché des immeubles figurant au bilan ou en annexe, ce qui peut les conduire à revoir les expertises immobilières faites en application de la réglementation. La valeur de réalisation, qui correspond à une valeur vénale, des immeubles et des parts ou actions des sociétés immobilières ou foncières non inscrites à la cote d'une bourse de valeurs d'un État membre de l'Organisation de coopération et de développement économique est déterminée sur la base d'une expertise quinquennale effectuée par un expert accepté par l'ACPR. Entre deux expertises, la valeur fait l'objet d'une estimation annuelle, certifiée par un expert accepté par l'ACPR.

82770

Dans le cas de parts ou actions de sociétés immobilières, une expertise dite « centrale » doit compléter les expertises immobilières afin de donner la valeur de réalisation des parts ou actions.

La mission dite « d'expertise centrale » est prévue à l'article R 343-11 du Code des assurances.

Actifs immobiliers détenus directement par l'organisme d'assurance

Les expertises immobilières s'imposent à l'entreprise d'assurances. Compte tenu du processus de nomination des experts par la tutelle, elles constituent un élément d'appréciation important pour le commissaire aux comptes.

82775

Le commissaire aux comptes pourra être attentif au contrôle des processus concourant à la qualité des données transmises à l'expert certifiant la valeur des actifs détenus directement par l'organisme d'assurance.

1689

SECTEUR ASSURANCE © Éd. Francis Lefebvre

82780 **Expertises centrales des parts ou actions de sociétés immobilières**
Une circulaire de l'Acam (devenue ACP puis ACPR) du 8 juin 2006 indique que l'expert central est pressenti en vue de la réalisation des **évaluations** des parts ou actions des sociétés immobilières ou foncières et qu'il s'engage à rédiger un rapport recensant tous les éléments techniques, juridiques, économiques qui concourent à la détermination de la valeur du bien, et à conclure par l'énoncé d'un chiffre présentant la valeur de réalisation du bien explicitement appréciée à la date de fin d'exercice en cours.

IV. Utilisation de l'informatique

82800 La fiabilité des systèmes, l'exactitude des calculs, l'exhaustivité des processus d'inventaire, le contrôle de la qualité des données sont des points clés de la formation de l'opinion de l'auditeur.
Dans l'environnement fortement informatisé des activités d'assurance, l'audit informatique revêt une importance majeure et doit figurer en bonne place dans le plan d'audit.
Les investigations peuvent être réalisées par des équipes spécialisées et aptes à réaliser :
– l'audit de la sécurité physique et logique des systèmes d'information et de leur environnement ;
– l'audit des processus et du contrôle interne, notamment au regard de la réalité, de l'exhaustivité et de l'exactitude des opérations ;
– l'audit des fichiers pouvant comporter en tant que de besoin des analyses par exception, des examens aléatoires, des analyses par nombres, des contrôles de totalisation, des rapprochements stocks/flux, etc. ;
– plus globalement, l'appréciation du dispositif de contrôle interne d'ensemble entourant l'utilisation des systèmes d'information.

V. Circularisations

82850 Trois types de circularisation (ou demande de confirmation) revêtent une importance particulière dans l'audit des activités d'assurance et de réassurance.

Banques et dépositaires financiers

82855 La nécessité de recourir à la circularisation des banques et dépositaires financiers se déduit logiquement de l'importance des activités et des actifs financiers dans les entreprises d'assurances. L'auditeur contrôle notamment par ce moyen la réalité de l'actif mobilier, la valorisation des transactions, les délégations de signature et les engagements hors bilan.

Avocats

82860 Le recours à la circularisation des avocats, si l'on excepte les litiges classiques et notamment ceux liés au droit du travail, ne peut être envisagé de manière exhaustive dans le cas des assurances dommages, en raison du nombre récurrent des affaires en cours.

L'auditeur peut circulariser les avocats par sondages mais, en raison des règles déontologiques du barreau, les résultats sont le plus souvent décevants. On réserve donc en général l'utilisation de cette technique à certains dossiers sensibles ou significatifs, en collaboration avec les services sinistres de l'entreprise.

Clients

82865 La circularisation des clients peut poursuivre plusieurs objectifs :
– validation des données contractuelles enregistrées par l'entreprise et, par voie de conséquence, niveau des primes facturées ;
– validation des sommes assurées dans le cas des contrats d'assurance-vie ou de capitalisation ;
– audit des litiges éventuels.

© Éd. Francis Lefebvre

SECTEUR ASSURANCE

Cependant, on réserve en général ce type de circularisation aux compagnies récentes, gérant un nombre limité de catégories et de générations de contrats. Dans les autres cas, les validations opérées par les circularisations ne peuvent concerner qu'un pourcentage trop restreint de l'activité.

Autres tiers

En réassurance, compte tenu de la nature de la relation entre réassureurs et cédantes, la circularisation des cédantes est couramment pratiquée, de même que pour les courtiers et délégataires de gestion.

SECTION 4

Principaux cycles d'audit

Seront successivement abordés les cycles suivants :   **83000**
- primes et provisions de primes (n° 83050) ;
- sinistres et provisions de sinistres (n° 83080) ;
- résultats financiers et participation des assurés (n° 83100) ;
- assurance-vie en unités de compte (n° 83120) ;
- réassurance et coassurance (n° 83140) ;
- réseaux de commercialisation (n° 83170).

I. Primes et provisions de primes

Risques spécifiques

En dehors des risques communs à toutes les opérations comptables (réalité, exhaustivité,   **83050**
exactitude des enregistrements comptables), le risque essentiel de ce cycle réside dans le **processus de tarification**, par lequel l'entreprise établit le lien entre le niveau de prime et les engagements qu'elle prend.
Pour un produit correctement tarifé, il existe un résultat actuariel favorable entre le coût actuel probable des prestations et frais et la valeur actuelle probable des primes.

> Le processus de tarification doit comprendre l'étude de la chronologie d'apparition des charges de sinistre et de frais, en particulier dans les cas où ces charges apparaissent tardivement (assurance décès, incapacité, invalidité, notamment). Cette étude débouche sur les modalités de constitution des provisions de primes au cours du temps (provisions pour primes non acquises, provisions mathématiques, provisions de gestion, provisions pour risques croissants).

En cas d'**erreur de tarification**, le résultat actuariel devient défavorable, ce qui peut se   **83053**
traduire dans les comptes par la constatation immédiate d'une perte à la commercialisation de chaque nouvelle police appréhendée, en application du principe de prudence (provisions mathématiques, provisions pour risques en cours).

Il peut arriver également, en assurance-vie à long terme ou en capitalisation, que le tarif   **83055**
comporte un résultat actuariel favorable, mais avec un **niveau de prudence non conforme** à la réglementation.
Dans ce cas également, une perte comptable sera constatée à la commercialisation de chaque police, correspondant à la constitution de provisions de prudence, destinées à être progressivement reprises.

Enfin, il existe des activités d'assurance à fréquence faible et à forte intensité (aviation,   **83058**
spatial, nucléaire, pollution, éléments naturels...), ou des risques dans lesquels les contrats exigent la stabilité des primes (assurances de groupe prévoyance), pour lesquels le Code général des impôts autorise la déduction de **provisions** dites « d'égalisation », dont le rôle est la couverture de sinistres futurs, éventuellement postérieurs aux périodes de couverture en cours. Ces provisions doivent être constituées dans le respect des dispositions du CGI, et faire l'objet d'une information en annexe.

> Il existe également des provisions d'égalisation contractuelles qui n'entrent pas dans le champ des provisions réglementées définies par le Code général des impôts ouvrant droit à une franchise d'impôt.

1691

SECTEUR ASSURANCE

© Éd. Francis Lefebvre

Diligences spécifiques conseillées

83070   Les **provisions** doivent traduire les **engagements** donnés.

L'audit des provisions pourra comporter les démarches suivantes :
– étude des conditions générales et particulières des contrats, et étude des engagements mentionnés dans les documents commerciaux remis aux assurés ;
– audit de leur transcription en formules de calcul (notes techniques) ;
– audit de la codification informatique des formules de calcul ;
– audit de l'exhaustivité des fichiers d'engagement ;
– audit des processus de totalisation et de déversement comptable ;
– suivi des litiges clients.

L'auditeur vérifiera par ailleurs la validité et l'actualité des hypothèses de tarification : ratios, sinistres à primes pour les risques courts, tables et taux d'intérêt pour les risques à déroulement long.

En cas de dérive sur les hypothèses, le niveau des provisions complémentaires constituées fera l'objet d'un contrôle spécifique, en liaison avec celui des obligations réglementaires.

II. Sinistres et provisions de sinistres

Risques spécifiques

83080   Dès lors qu'un sinistre est survenu, qu'il soit connu ou inconnu de l'entreprise, celle-ci doit constituer les provisions nécessaires au règlement intégral des sommes dues, quel que soit l'horizon du règlement, en tenant compte, dans le cas des provisions de rentes ou d'assurance-vie, des produits financiers futurs.

83082   Les **risques principaux** sont ainsi :
– l'existence de sinistres inconnus ;
– la sous-évaluation de sinistres connus (capitaux, arrérages, taux, tables) ;
– la sous-évaluation des frais internes ou externes de gestion ;
– la dérive des jurisprudences ;
– la surévaluation des prévisions de recours ;
– la surévaluation des produits financiers attendus.

Le risque inverse (surévaluation des provisions) existe également.

Diligences spécifiques conseillées

83085   En s'appuyant sur les dispositions réglementaires en matière de contrôle interne, l'auditeur valide en premier lieu l'application des procédures d'évaluation, l'exhaustivité des fichiers de sinistres et effectue, par sondages, et éventuellement avec l'aide d'experts, la validité des données par dossier de sinistre.

Les constitutions de provisions complémentaires de toute nature sont à contrôler par les méthodes actuarielles courantes (cadences, fréquences, coût moyen, « *Chain-Ladder* », « *Bornhuetter-Ferguson* » ou autres). Le contrôle des provisions de rentes répond aux critères décrits pour les contrôles des provisions mathématiques des rentes.

Les provisions pour frais de gestion sont contrôlées au niveau des procédures de calcul, et par rapprochement de certains paramètres avec les frais exposés au cours des derniers exercices clos, conformément aux dispositions réglementaires.

III. Résultats financiers et participation des assurés

Risques spécifiques

83100   Le cycle financier au sens strict constitue un risque spécifique pour les activités d'assurance en raison des **volumes gérés**. À ce titre, il n'existe pas de diligences vraiment particulières aux activités d'assurance : les diligences habituelles seront proportionnées aux flux et encours gérés, et tiendront compte des particularités comptables de l'assurance (classification, provisions pour risques d'exigibilité et provisions pour dépréciation durable notamment).

1692

© Éd. Francis Lefebvre   **SECTEUR ASSURANCE**

Étendu à la gestion actif-passif et aux dispositions réglementaires ou contractuelles liées à la participation des assurés aux bénéfices, le cycle financier recèle des risques spécifiques majeurs :
– risque de **taux** (incapacité de l'entreprise à honorer ses engagements de taux) ;
– risque de **liquidité** (pertes dues à la vente de titres en moins-values en cas de rachats ou de sinistres) ;
– risque **technique** (erreur dans le calcul des participations dues) ;
– risque de **change**.

Diligences spécifiques conseillées

En complément des travaux sur le cycle financier, il convient de porter une attention aux engagements de taux et de participation contractuels et réglementaires pris par l'entreprise pour chaque typologie de contrats.

83105

Il est nécessaire de vérifier la capacité future du portefeuille de placement à servir les taux attendus par les assurés. À cette fin, l'auditeur pourra éventuellement s'appuyer sur les modélisations actif-passif de l'entreprise. Le contrôle du respect des dispositions réglementaires (provisions pour aléas financiers par exemple) sera également mis en œuvre, bien que ces dispositions soient notoirement insuffisantes pour garantir la solvabilité à terme de l'entreprise.

IV. Assurance-vie en unités de compte

Risques spécifiques

En matière d'assurance sur la vie ou de capitalisation, le capital ou la rente garantis peuvent être exprimés en unités de compte (UC) constituées de **valeurs mobilières** ou d'**actifs**, qui doivent toutefois présenter des garanties suffisantes en termes de protection de l'épargne investie. La caractéristique de ces produits est en effet de faire supporter le risque financier par les assurés.

83120

Dans ce type de contrats, l'engagement de l'entreprise est exprimé par le nombre d'unités de compte correspondant aux contrats souscrits. Le risque financier disparaît dès lors que l'entreprise détient exactement la quantité d'actifs correspondant au contrat, et que les flux d'investissement et de désinvestissement des assurés peuvent se traduire simultanément par les flux d'investissement et de désinvestissement de l'entreprise.

> Cependant, certains produits en unités de compte prévoient des « garanties plancher » qui se traduisent par le paiement à l'assuré d'un capital minimum indépendamment de la valeur des UC lors du sinistre. Il convient alors de s'assurer que le risque supporté par l'assureur est correctement évalué et provisionné.

Les **principaux risques** pouvant survenir sont ainsi :
– l'erreur dans le décompte des unités de compte (UC) souscrites ;
– l'absence partielle de transfert du risque financier aux assurés ;

83125

> Ce risque pourra notamment résulter :
> • de décalages entre date de souscription ou de rachat des contrats et date de référence correspondante pour la valorisation de l'unité de compte (notamment pour les titres de SCPI) ;
> • de l'investissement en unités de compte pendant la période de renonciation ;
> • de l'attribution de garantie plancher ou d'effet cliquet.

– le non-respect des dispositions réglementaires en matière de rédaction des contrats et d'information aux assurés, qui peut conduire les tribunaux à prononcer la nullité du contrat et le remboursement des primes versées.

Diligences spécifiques conseillées

L'auditeur s'attachera à vérifier la mise en œuvre des règles comptables de présentation et d'évaluation, qui sont parfois complexes.

83128

Il s'attachera par ailleurs à valider principalement :
– la vérification des procédures d'établissement des contrats, ainsi que des procédures de contractualisation avec les assurés (voir n° 82360) ;

1693

SECTEUR ASSURANCE

© Éd. Francis Lefebvre

– les flux et stocks d'unités de compte, par l'analyse des récurrences : la variation du nombre d'unités de compte contractuelles entre deux clôtures doit correspondre au flux de primes, de prestations et d'arbitrage ;
– la représentation exacte à la clôture des engagements en unités de compte par des actifs correspondants en nature et en nombre ;
– le transfert complet du risque financier à l'assuré. Si le transfert n'est pas totalement réalisé, il convient de vérifier les règles de constitution de provisions complémentaires adaptées.

V. Réassurance et coassurance

Risques spécifiques

83140 Les entreprises d'assurances, surtout les plus petites, ont nécessairement recours à la réassurance pour se développer et faire face aux conséquences financières que représenterait une sinistralité exceptionnelle, notamment dans le domaine des risques naturels, de la responsabilité civile ou du transport (spatial, aviation, maritime…).

En effet, l'analyse de l'étendue des couvertures de réassurance souscrites, si elle n'est pas nécessaire à l'audit des comptes, tant que le risque exceptionnel n'est pas survenu, est un impératif d'audit interne, dans son rôle de prévention du risque de faillite.

Un point d'attention particulier est à porter au traitement comptable des réassurances « financières » ou « finites ». Des informations doivent être apportées dans le rapport sur la politique de réassurance et/ou le rapport de solvabilité.

83145 Les opérations de réassurance et de coassurance mettent en jeu deux sources principales de risques spécifiques.

83147 Un premier risque réside dans la capacité de chaque intervenant de la chaîne de coassurance ou réassurance à **honorer ses engagements**. En cas de défaillance de l'un des acteurs, le coût du risque peut rester à la charge de l'assuré ou des autres maillons de la chaîne de réassurance. Il importe donc que les entreprises analysent prudemment les aspects de solvabilité et de solidarité des différents partenaires.

83148 Un second risque tient au **suivi des contrats** de coassurance ou de réassurance, dont la gestion peut s'avérer extrêmement lourde, notamment dans le cas des contrats de groupe d'assurance de personnes. Il est fréquent de constater que des délais de plusieurs mois sont nécessaires à l'établissement et à l'envoi des comptes par le gestionnaire (assureur direct, apériteur ou courtier). Le risque d'ordre administratif (perte d'information, informations reçues incomplètes ou erronées) nécessite en conséquence des procédures de contrôle appropriées.

Diligences spécifiques conseillées

83155 L'auditeur doit vérifier le **niveau des couvertures** souscrites lors de chaque renouvellement annuel, en tenant compte des données actuarielles en matière de risque de ruine (le principe du risque de ruine consiste à minimiser la probabilité que le rendement final d'un portefeuille soit inférieur ou égal à un niveau prédéfini qualifié de « catastrophique »). Il doit également s'assurer de la **solvabilité** des réassureurs et coassureurs, surtout si, dans ce dernier cas, les contrats organisent une coassurance solidaire. Par ailleurs, lorsque les contrats le prévoient, il convient de vérifier que les dépôts, nantissements ou cautionnements, dont l'objet est de garantir les paiements par les cessionnaires, sont correctement réalisés.

L'étude de la **notation** des coassureurs ou réassureurs peut également s'avérer utile.

Le contrôle de la **qualité des informations** reçues des cédants ou des coassureurs passe par la constitution d'historiques de données par traité ; les écarts de résultats ou de volumes doivent être justifiés.

Il convient également, pour les principaux traités, d'effectuer une revue personnalisée des données et de valider les estimations de données non reçues qui ont été réalisées par les services de gestion.

VI. Réseaux de commercialisation

Risques spécifiques

83170

Le paysage de la distribution de l'assurance est particulièrement hétérogène. De multiples formes de commercialisation sont pratiquées notamment en fonction du domaine de l'assurance concerné (assurances des particuliers ou assurances des professionnels, contrats collectifs ou contrats individuels, assurance-vie « épargne », prévoyance ou assurance dommages). En simplifiant, les principaux acteurs de commercialisation des produits d'assurance sont les suivants :
– les agents généraux ;
– les courtiers ;
– les bancassureurs ;
– les agents salariés ;
– les sociétés sans intermédiaire.

À ces acteurs s'ajoute la vente directe de produits d'assurance, par Internet essentiellement.

Deux risques majeurs caractérisent ce cycle : le risque de **fraude** et le risque **administratif**.

Ces risques sont généralement surveillés par le réseau des inspecteurs d'assurance. De plus, dans le cadre de Solvabilité 2, l'article 274 de la directive prévoit explicitement la nécessité pour un assureur de maîtriser ses opérations sous-traitées.

L'auditeur externe ou interne s'appuiera sur leurs procédures et leurs rapports, ou, le cas échéant, fera des propositions de travaux complémentaires.

> Voir par ailleurs la norme d'exercice professionnel NEP 240 – Prise en compte de la possibilité de fraudes lors de l'audit des comptes.
> En outre, la directive européenne 2016/97 sur la distribution d'assurances (IDD) a été adoptée par le Parlement européen le 24 novembre 2015 et publiée au Journal officiel de l'Union européenne le 2 février 2016. Les mesures de niveau 2 seront publiées postérieurement à février 2017 et la transposition en droit français devrait intervenir au plus tard le 23 février 2018. Outre l'extension de son champ d'application, la nouvelle directive introduit également des règles améliorées pour la protection des consommateurs, conformément aux règles en la matière récemment adoptées dans d'autres secteurs financiers.

Diligences spécifiques conseillées

83180

Dans le cas où les contrôles effectués par la société paraissent insuffisants, l'auditeur peut étayer son opinion par la mise en œuvre de circularisations et de contrôles sur place.

La **circularisation** de soldes (compte courant de l'intermédiaire) et de flux (primes et sinistres) peut être mise en œuvre en cas de faiblesse des procédures, ou d'existence d'écritures anormales.

Au cours des **contrôles sur place**, il conviendra de s'assurer de la qualité et de la rapidité des opérations de suivi administratif (primes et sinistres), des estimations de coût des sinistres (provisions) et du respect des procédures et des délais en matière de gestion de trésorerie.

SECTION 5

Vérifications et informations spécifiques

I. Conventions réglementées

83300

Le contrôle des conventions réglementées est prévu par le Code de commerce. Plusieurs textes spécifiques l'ont étendu, avec des variantes décrites ci-après aux sociétés anonymes d'assurances, aux sociétés d'assurance mutuelle et aux sociétés mutuelles d'assurances relevant du Code des assurances, aux institutions de prévoyance et aux mutuelles.

SECTEUR ASSURANCE © Éd. Francis Lefebvre

Sociétés anonymes d'assurances

83305 Les dispositions du Code de commerce s'appliquent et sont complétées par les dispositions figurant dans le Code des assurances.

S'agissant de la procédure des conventions réglementées prévue par le Code de commerce pour les sociétés anonymes et notamment des évolutions intervenues à la suite de la publication de l'ordonnance 2014-863 du 31 juillet 2014, voir n°s 52550 s.

En application de l'article R 322-7 du Code des assurances, outre les mentions prévues par les articles R 225-31 et R 225-58 du Code de commerce, le rapport spécial sur les conventions réglementées doit comporter l'indication du **montant des sommes versées** à titre de **rémunérations** ou de **commissions** pour les contrats d'assurance ou de capitalisation souscrits par l'intermédiaire des personnes entrant dans le champ des conventions réglementées.

Les commissions de commercialisation sont donc incluses dans le champ des conventions à inclure dans le rapport spécial du commissaire aux comptes (C. ass. art. R 322-7).

Sociétés d'assurance mutuelle

83310 Par application des articles L 310-7 et R 322-57 du Code des assurances, les dispositions relatives aux conventions réglementées ont été transposées aux sociétés d'assurance mutuelle. Ces sociétés sont également soumises à d'autres obligations énoncées par ces articles (voir n° 83345).

L'assemblée générale doit donc statuer chaque année sur un rapport spécial des commissaires aux comptes sur toutes les conventions autorisées préalablement par le conseil d'administration ou le conseil de surveillance.

> Aucune disposition ne prévoit qu'il soit fait mention des conventions conclues antérieurement qui se poursuivent au cours de l'exercice. L'article R 322-57 prévoit en effet que l'assemblée générale statue sur le rapport spécial du commissaire aux comptes pour les conventions autorisées aux termes du I du même article, lequel vise uniquement les conventions soumises à autorisation préalable du conseil d'administration ou du conseil de surveillance au cours de l'exercice.

83311 Les **conventions visées** sont celles intervenant directement ou par personne interposée :
– entre la société d'assurance mutuelle et l'un de ses administrateurs, membres du conseil de surveillance ou du directoire et dirigeants salariés ;
– entre la société d'assurance mutuelle et indirectement l'un de ses administrateurs, membres du conseil de surveillance ou du directoire et dirigeants salariés ;
– entre la société et une entreprise, si l'une des personnes précitées est propriétaire, associé indéfiniment responsable, gérant, administrateur, membre du conseil de surveillance ou, de façon générale, dirigeant de cette entreprise ;
– entre l'un de ses administrateurs, membres du conseil de surveillance ou du directoire, ou dirigeants salariés et une personne morale de droit privé ne relevant pas des dispositions du Code des assurances, lorsque le conseil d'administration ou le conseil de surveillance de la société d'assurance mutuelle est composé pour plus du tiers de ses membres, d'administrateurs, de membres du conseil de surveillance, de membres du directoire, de dirigeants ou d'associés de cette personne morale.

Sociétés mutuelles d'assurances

83315 En plus du rapport sur les conventions réglementées, en application de l'article R 322-103 du Code des assurances, le commissaire aux comptes établit un rapport spécial complémentaire sur les dépenses exposées par les administrateurs pour le compte de la société et dont le remboursement a été obtenu ou demandé.

Institutions de prévoyance

83320 Les dispositions réglementaires relatives aux conventions réglementées applicables aux institutions de prévoyance sont issues du décret du 3 août 1999, de l'arrêté du 4 avril 2000 et du décret du 7 mai 2015 qui reprennent mutatis mutandis la majorité des dispositions applicables aux sociétés commerciales, tant sur les conventions elles-mêmes que sur les contrôles et rapports du commissaire aux comptes (CSS art. R 931-3-24 s.).

© Éd. Francis Lefebvre

SECTEUR ASSURANCE ▮

Nature de conventions Le dispositif applicable aux institutions de prévoyance distingue les conventions interdites, libres et réglementées. **83322**

1. À peine de nullité du contrat, il est **interdit aux dirigeants** de l'institution de prévoyance ou de l'union d'institutions de prévoyance (CSS art. R 931-3-20, al. 1) :
– de contracter, sous quelque forme que ce soit, des emprunts auprès de l'institution ou de l'union ;
– de se faire consentir par celle-ci un découvert, en compte courant ou autrement ;
– de faire cautionner ou avaliser par celle-ci leurs engagements envers les tiers ;
– de percevoir, directement ou par personne interposée, toute rémunération relative aux opérations mises en œuvre par l'institution ou l'union.

La même interdiction s'applique aux conjoints, ascendants et descendants des personnes visées au présent article ainsi qu'à toute personne interposée.

L'interdiction de contracter des emprunts connaît deux exceptions (CSS art. R 931-3-20, al. 2) :
– les dirigeants de l'institution ou de l'union peuvent contracter des emprunts aux mêmes conditions que celles qui sont offertes par l'institution ou l'union à l'ensemble de ses membres participants au titre de l'action sociale qu'elle met en œuvre ;
– les dirigeants de l'institution ou de l'union autres que les administrateurs peuvent contracter des emprunts aux mêmes conditions que les salariés de l'institution ou de l'union lorsque ceux-ci peuvent en bénéficier.

Le conseil d'administration est informé du montant et des conditions des prêts accordés au cours de l'année à chacun des dirigeants.

Par ailleurs, conformément aux dispositions de l'article R 931-3-22 du Code de la sécurité sociale, aucune rémunération liée de manière directe ou indirecte au montant des cotisations de l'institution de prévoyance ou de l'union ne peut être allouée, à quelque titre que ce soit, à un directeur général ou à un directeur général délégué.

Toutefois, ces dispositions ne font pas obstacle à l'institution d'un intéressement collectif des salariés de l'entreprise dans les conditions prévues par l'ordonnance 86-1134 du 21 octobre 1986 modifiée relative à l'intéressement et à la participation des salariés aux résultats de l'entreprise et à l'actionnariat.

2. Les **conventions courantes conclues à des conditions normales** ne sont soumises à aucune procédure d'approbation ou d'information des organes de direction ou de délibération.

La loi de sécurité financière n'a pas introduit dans ces organismes la notion de convention courante conclue à des conditions normales et significatives pour l'une des parties en raison de leur objet ou de leurs implications financières.

3. Les **conventions réglementées** sont les conventions conclues directement ou par personne interposée entre l'institution ou l'union d'institutions de prévoyance, ou toute personne morale à laquelle elle a délégué tout ou partie de sa gestion et :
– son directeur général ;
– l'un de ses directeurs généraux délégués ;
– l'un de ses administrateurs ;
– ou, le cas échéant, son entreprise participante au sens du 3° de l'article L 356-1 du Code des assurances (CSS art. R 931-3-24, al. 1).

Il en est de même des conventions auxquelles une des personnes mentionnées supra est indirectement intéressée (CSS art. R 931-3-24, al. 2).

Sont également visées les conventions intervenant entre une institution de prévoyance ou une union et toute personne morale si le directeur général, l'un des directeurs généraux délégués, ou l'un des administrateurs de l'institution ou de l'union d'institutions de prévoyance est propriétaire, associé indéfiniment responsable, gérant, administrateur, directeur général, membre du directoire ou du conseil de surveillance ou, de façon générale, dirigeant de la personne morale (CSS art. R 931-3-24, al. 3).

Procédures applicables Les procédures applicables sont fonction de la nature des conventions concernées. **83323**
Les **conventions courantes conclues à des conditions normales** échappent à toute procédure.
Les **conventions réglementées** doivent faire l'objet d'une autorisation préalable par le conseil d'administration. Depuis le 1er janvier 2016, l'autorisation préalable du conseil d'administration est motivée en justifiant de l'intérêt de la convention pour l'institution de prévoyance ou l'union d'institutions de prévoyance, notamment en précisant les conditions financières qui y sont attachées (CSS art. R 931-3-24, al. 4). L'administrateur ou le

SECTEUR ASSURANCE © Éd. Francis Lefebvre

dirigeant concerné informe le conseil d'administration de la convention. Le dirigeant intéressé, lorsqu'il s'agit d'un administrateur, ne peut prendre part au vote sur l'autorisation sollicitée. Le président du conseil d'administration ou, à défaut, le vice-président donne avis aux commissaires aux comptes de toutes les conventions autorisées dans un délai d'un mois à compter de leur conclusion (CSS art. R 921-3-27).

Le rapport du commissaire aux comptes porte sur les conventions conclues au cours de l'exercice mais également sur celles autorisées au cours d'exercices antérieurs et qui poursuivent leurs effets (CSS art. A 931-3-8 et A 931-3-9). L'article A 931-3-9 dudit code précise le contenu du rapport :
– l'énumération des conventions soumises à l'approbation, selon les cas, de la commission paritaire ou de l'assemblée générale ordinaires telles que définies à l'article A 931-3-10 ;
– le nom des dirigeants intéressés ;
– la nature et l'objet desdites conventions ;
– les modalités essentielles de ces conventions afin de permettre aux membres de la commission paritaire ou de l'assemblée générale ordinaires d'apprécier l'intérêt qui s'attachait à la conclusion des conventions analysées ;
– l'importance des fournitures livrées ou des prestations de services fournies ainsi que le montant des sommes versées ou reçues au cours de l'exercice, en exécution des conventions visées à l'article A 931-3-8.
Le contenu du rapport spécial du commissaire aux comptes n'a pas été modifié par le décret 2015-513 du 7 mai 2015 ayant notamment introduit l'obligation pour le conseil de motiver son autorisation préalable de la convention.
Ainsi, contrairement au dispositif applicable dans les SA, les textes légaux et réglementaires n'imposent pas que ces motifs soient transmis au commissaire aux comptes et repris dans son rapport spécial.

La convention est soumise à l'approbation de la commission paritaire ou de l'assemblée générale, sur rapport spécial du commissaire aux comptes (CSS art. R 931-3-27, al. 3).

83324 **Défaut d'autorisation ou d'approbation de la convention** Si une convention non autorisée préalablement par le conseil d'administration est conclue, elle peut être **annulée** si elle a eu des conséquences préjudiciables pour la société (CSS art. R 931-3-26, al. 1). L'action en nullité se prescrit par trois ans à compter de la date de la convention. En cas de dissimulation, le point de départ du délai de prescription est reporté au jour où elle a été révélée (CSS art. R 931-3-26, al. 2).

Toutefois, cette nullité peut être couverte par un vote de la commission paritaire ou de l'assemblée générale intervenant sur le rapport spécial du commissaire aux comptes qui précise notamment les circonstances pour lesquelles la procédure d'autorisation n'a pu être respectée (CSS art. R 931-3-26, al. 3).

Les conventions approuvées ou non approuvées produisent leurs effets à l'égard des tiers sauf si elles sont annulées dans le cas de fraude. Même en l'absence de fraude, les conséquences préjudiciables à l'institution ou à l'union d'institutions des conventions désapprouvées peuvent être mises à la charge de l'intéressé et, éventuellement, des autres membres du conseil d'administration (CSS art. R 931-3-28, al. 1 et 2).

Mutuelles

83325 Le Code de la mutualité comprend une série d'articles réglementant le domaine des conventions (C. mut. art. L 114-32 à L 114-37) qui constitue un corps de règles complet et autonome qui écarte dans les mutuelles les dispositions du Code de commerce par des dispositions qui leur sont propres.

83326 **Personnes concernées** Les personnes visées sont les administrateurs, le dirigeant opérationnel et la personne morale à laquelle la mutuelle a délégué tout ou partie de sa gestion (C. mut. art. L 114-32).

83327 **Nature de conventions** Les textes distinguent les conventions interdites, les conventions courantes conclues à des conditions normales et les conventions réglementées.
1. Il est **interdit** aux administrateurs et au dirigeant opérationnel de contracter, sous quelque forme que ce soit, des emprunts auprès de la mutuelle, de se faire consentir par elle un découvert, en compte courant ou autrement, ainsi que de faire cautionner ou avaliser par elle leurs engagements envers les tiers (C. mut. art. L 114-37, al. 1).
L'interdiction s'applique également aux conjoints, ascendants et descendants des personnes visées ainsi qu'à toute personne interposée (C. mut. art. L 114-37, al. 3).

1698

© Éd. Francis Lefebvre

SECTEUR ASSURANCE

En revanche, ces opérations ne sont **pas interdites** (C. mut. art. L 114-37, al. 2) :
– lorsque les administrateurs ou le dirigeant opérationnel peuvent en bénéficier aux mêmes conditions que celles offertes par l'entité à ses adhérents au titre de l'action sociale mise en œuvre ;
– lorsque le dirigeant opérationnel peut en bénéficier aux mêmes conditions que les salariés de la mutuelle.
2. Les conventions courantes conclues à des conditions normales devraient être définies par un décret non encore publié à la date de mise à jour de ce Mémento, la procédure relative aux conventions réglementées doit donc s'appliquer (Bull. CNCC n° 145-2007 p. 150 ; Bull. CNCC n° 136-2004 p. 720 ; NI. IX – février 2018 p. 78).
3. Les conventions **réglementées** sont toutes les conventions conclues directement ou indirectement ou par personne interposée entre l'entité (la mutuelle, l'union de mutuelles ou la fédération) et les personnes mentionnées ci-dessus (C. mut. art. L 114-32, al. 1 et 2).
Sont également concernées :
– les conventions intervenant entre l'entité et toute personne morale de droit privé dont le propriétaire, associé indéfiniment responsable, gérant, administrateur, directeur général, membre du directoire, du conseil de surveillance ou, de façon générale, dirigeant de la personne morale est simultanément administrateur ou dirigeant opérationnel de la mutuelle ;
– les conventions intervenant directement entre un administrateur ou un dirigeant opérationnel d'une mutuelle et l'une des personnes morales appartenant au même groupe au sens de l'article L 212-7 du code (C. mut. art. L 114-32, al. 3) ;

Le renvoi par l'alinéa 3 de l'article L 114-32 au premier alinéa conduit à penser que les conventions conclues par personne interposée ou auxquelles les personnes visées sont indirectement intéressées ne sont pas concernées puisque l'alinéa 3 ne renvoie pas à l'alinéa 2 de l'article L 114-32.

– lorsque le conseil d'administration de la mutuelle, union ou fédération est composé, pour plus du tiers de ses membres, d'administrateurs, de dirigeants ou d'associés issus d'une seule personne morale de droit privé ne relevant pas des dispositions du Code de la mutualité, les conventions intervenant entre cette personne morale et un administrateur ou un dirigeant opérationnel de la mutuelle, union ou fédération (C. mut. art. L 114-32, al. 4).

Procédures applicables Les procédures suivies sont fonction des différentes natures de conventions.   **83328**
1. La nullité des **conventions interdites** n'est pas prévue expressément par les textes, à la différence des sociétés commerciales. On peut en conclure qu'elles poursuivent leurs effets avec un risque de mise en cause de la responsabilité des intéressés et des autres membres du conseil d'administration, le cas échéant.
2. Les **conventions réglementées** doivent faire l'objet d'une autorisation préalable à leur conclusion par le conseil d'administration de la mutuelle, au plus tard lors du conseil d'administration qui arrête les comptes annuels de l'exercice.
Postérieurement à sa conclusion, la convention est soumise **à l'approbation de l'assemblée générale** sur rapport spécial du commissaire aux comptes. Les conventions autorisées par le conseil d'administration produisent leurs effets, y compris en cas de non-approbation par l'assemblée générale (C. mut. art. L 114-36, al. 1), sauf lorsqu'elles sont annulées dans le cas de fraude.
Aucun texte ne prévoyant la mention de la poursuite des conventions autorisées lors d'exercices précédents dans le rapport du commissaire aux comptes, ces conventions n'ont pas à y être mentionnées (Bull. CNCC n° 145-2007 p. 151).

Le commissaire aux comptes met en œuvre les diligences qu'il estime nécessaires au regard de la doctrine professionnelle de la CNCC relative à cette mission (voir n° 52390 s.).

Défaut d'autorisation ou d'approbation des conventions Les conventions non autorisées préalablement par le conseil d'administration peuvent être annulées si elles ont eu des conséquences préjudiciables pour la société (C. mut. art. L 114-35, al. 1). L'action en nullité se prescrit par trois ans à compter de la date de la convention. En cas de dissimulation, le point de départ du délai de prescription est reporté au jour où elle a été révélée (C. mut. art. L 114-35, al. 2).   **83329**

Toutefois, cette nullité peut être couverte par un vote de l'assemblée générale intervenant sur le rapport spécial du commissaire aux comptes qui précisera notamment les circonstances pour lesquelles la procédure d'autorisation n'a pu être respectée (C. mut. art. L 114-35, al. 3).

1699

SECTEUR ASSURANCE   © Éd. Francis Lefebvre

Les conséquences préjudiciables à la société des conventions désapprouvées peuvent être mises à la charge de l'administrateur et éventuellement des membres du conseil d'administration ou d'un dirigeant salarié (C. mut. art. L 114-36, al. 2).

II. Interventions prévues par la loi ou les règlements

Rapport du commissaire aux comptes sur les comptes annuels du Perp

83330 Avant le décret 2011-1635 du 23 novembre 2011, et en application de l'article 38 du décret 2004-342 du 21 avril 2004, le commissaire aux comptes de l'organisme d'assurance gestionnaire d'un Perp certifiait les comptes annuels de ce plan, dans le cadre d'une intervention distincte de celle visant à la certification des comptes annuels de l'organisme d'assurance. Dans ce cadre, il portait à la connaissance du comité de surveillance du Perp les contrôles et vérifications auxquels il procédait ainsi que les autres informations prévues à l'article 39 du décret précité.

L'article 2 du décret du 26 juin 2006 relatif à la retraite professionnelle supplémentaire complète les règles de fonctionnement du Perp par les dispositions suivantes :
– tenue une fois par an au moins d'une assemblée, au plus tard dans les six mois de la clôture ;
– envoi du rapport du commissaire aux comptes au président de l'assemblée générale, au moins quinze jours avant l'assemblée ;
– arrêté des comptes du Perp effectué dans les mêmes conditions que l'arrêté des comptes individuels de l'organisme gestionnaire.

Le décret 2011-1635 du 23 novembre 2011 (JO 25) supprime la disposition qui prévoyait que la certification des comptes des plans d'épargne retraite populaire par le ou les commissaires aux comptes de l'organisme d'assurance s'effectuait dans le cadre d'une mission distincte. L'émission d'un rapport de certification spécifique sur les comptes du Perp reste toutefois prévue par la loi. Malgré l'intention affichée par le régulateur d'alléger les contraintes pour les entreprises, la suppression de la mission distincte ne semble pas a priori modifier les diligences liées à la certification des Perp, l'obligation de certification n'ayant pas été elle-même supprimée (Bull. CNCC n° 165-2021 p. 73, Communiqué sur les conséquences de la crise sur l'arrêté des comptes 2011).

Cette obligation devrait donc continuer à entraîner des travaux additionnels par rapport à la seule mission de certification des comptes de l'organisme d'assurance.

Rapport de certification des provisions techniques relatives aux retraites professionnelles supplémentaires

83335 Le Code des assurances précise qu'une entreprise d'assurances qui pratique les activités de retraite professionnelle supplémentaire doit établir une comptabilité auxiliaire d'affectation unique pour l'ensemble de ces opérations. Cette entreprise d'assurances établit et arrête, dans les mêmes conditions que ses comptes individuels, le rapport de gestion et les comptes annuels relatifs à cette comptabilité auxiliaire d'affectation. Le ou les commissaires aux comptes de l'entreprise d'assurances certifient que ces comptes annuels sont réguliers et sincères. Ces documents sont remis à leur demande aux souscripteurs dans les six mois qui suivent la clôture de l'exercice précédent et sont tenus à la disposition des adhérents et bénéficiaires (C. ass. art. L 143-6).

Rapport sur les sommes et avantages versés aux administrateurs

83340 Le rapport de gestion des mutuelles du Code de la mutualité rend compte des rémunérations versées aux administrateurs. Un rapport distinct, établi par le conseil d'administration et certifié par le commissaire aux comptes, détaille les montants et avantages de toute nature versés à chaque administrateur (C. mut. art. L 114-17).

En application de l'article L 114-26 du même code, les fonctions d'administrateur sont gratuites mais lorsque l'importance de l'organisme le nécessite, l'assemblée générale peut décider d'allouer une indemnité au président du conseil d'administration ou à des administrateurs auxquels des attributions

SECTEUR ASSURANCE

83340
(suite)

permanentes ont été confiées. Les cas et conditions de cette indemnisation, notamment le seuil d'activité à partir duquel elle peut être allouée, sont définis par décret en Conseil d'État.

Les objectifs de l'intervention du commissaire aux comptes ainsi que les diligences à mettre en œuvre sont détaillés dans la note d'information CNCC relative aux attestations (CNCC NI. XVI § 6.10).

Ainsi, les **objectifs** de cette intervention sont de vérifier (CNCC NI. XVI § 6.102.1) :
– la conformité des indemnités versées au titre des fonctions permanentes confiées à des administrateurs, visées aux deuxième et cinquième alinéas de l'article L 114-26 du Code de la mutualité, au regard des articles L 114-26, R 114-4 à R 114-7 et A 114-026 du Code de la mutualité, ainsi que des dispositions statutaires lorsqu'elles existent ;
– la concordance des informations figurant dans le rapport du conseil d'administration, relatives aux indemnités et remboursements, avec la comptabilité ou les données sous-tendant la comptabilité ;
– la sincérité des informations portant sur les avantages de toute nature, qui ne font pas l'objet de versement aux administrateurs et, le cas échéant, leur concordance avec la comptabilité ou les données sous-tendant la comptabilité.

Dans le cadre de ses **contrôles**, le commissaire aux comptes (CNCC NI. XVI § 6.102.2) :
– obtient le rapport de la mutuelle qui « détaille les sommes et avantages de toute nature versés à chaque administrateur » ;
– prend connaissance des procédures mises en place par la mutuelle pour produire les informations figurant dans le rapport du conseil d'administration et vérifie, par sondages ou au moyen d'autres méthodes de sélection, que l'information résultant de l'application de ces **procédures concorde avec les données sous-tendant la comptabilité de la mutuelle** ;
– effectue les rapprochements nécessaires entre ces informations et la comptabilité dont elles sont issues et vérifie, par sondages ou au moyen d'autres méthodes de sélection, qu'elles concordent avec les éléments ayant servi de base à l'établissement des comptes annuels de l'exercice ;
– effectue sur les éléments sélectionnés des contrôles sur :
• la conformité des indemnités versées en application du deuxième alinéa de l'article L 114-26 du Code de la mutualité au regard des articles R 114-4 à 7 du même code, notamment :
  • l'autorisation de l'assemblée générale,
  • le respect des conditions de seuils pour attribuer de telles indemnités,
  • le respect des plafonds des indemnités versées tant globalement, qu'individuellement,
  • l'existence des comptes rendus annuels d'activités et du temps passé,
  • la communication à l'occasion de l'assemblée de ces comptes rendus ;
• la concordance des indemnités versées en application du deuxième alinéa, et le cas échéant du quatrième alinéa de l'article L 114-26 du Code de la mutualité avec :
  • la liste des mandats et fonctions exercées par chacun des administrateurs,
  • la déclaration annuelle des salaires,
  • la comptabilité,
  • les règlements effectués sur la base d'une sélection ;
• la conformité des indemnités versées en application du cinquième alinéa de l'article L 114-26 du Code de la mutualité au regard de l'article A 114-0-26 du même code, notamment :
  • les conditions d'octroi,
  • les modes de calcul de ces indemnités,
  • le respect du plafond ;
• la concordance avec la comptabilité des remboursements visés au sixième alinéa de l'article L 114-26 du Code de la mutualité, correspondant aux frais de garde d'enfants, de déplacement et de séjour. En l'absence de l'arrêté fixant les limites visées à cet alinéa, le commissaire aux comptes ne peut effectuer un contrôle de la régularité de ces remboursements ;
• les avantages de toute nature. À ce titre, le commissaire aux comptes vérifie :
  • le respect des autorisations préalables des organes compétents si elles sont prévues par les statuts,
  • la concordance avec la comptabilité ou les données sous-tendant la comptabilité des avantages ayant donné lieu à des versements,
  • la sincérité de la description des avantages, qui ne donnent pas lieu à versement, mentionnés dans le rapport du conseil d'administration ;

1701

SECTEUR ASSURANCE   © Éd. Francis Lefebvre

– vérifie la concordance entre le détail des sommes et avantages figurant dans le rapport du conseil d'administration de la mutuelle et l'information, prévue à l'article L 114-17 du Code de la mutualité, communiquée de manière globale dans le rapport de gestion. Lorsque le commissaire aux comptes constate que les informations données dans le rapport préparé par l'entité ne sont pas correctement établies, il demande au représentant légal de l'entité de les rectifier avant de délivrer son attestation (CNCC NI. XVI § 6.102.3). À défaut, il formule une observation dans son attestation.

Rapport sur les contrats d'assurance souscrits par les administrateurs

83345 Par application des articles L 310-7 et R 322-57 du Code des assurances, les sociétés d'assurance mutuelle sont soumises au contrôle des contrats d'assurance souscrits par leurs mandataires et dirigeants, leurs conjoints, ascendants et descendants (C. ass. art. R 322-57).

L'assemblée générale doit statuer chaque année sur un rapport spécial des commissaires aux comptes concernant les contrats d'assurance de toute nature souscrits auprès de la société par les administrateurs, membres du conseil de surveillance, membres du directoire, dirigeants salariés ainsi que par leurs conjoints, ascendants et descendants.

Le président du conseil d'administration ou de surveillance communique ces contrats aux commissaires aux comptes en indiquant ceux qui ont été souscrits à des conditions préférentielles par rapport à celles pratiquées par d'autres sociétaires.

Pour l'établissement de leur rapport qui doit notamment préciser ces conditions préférentielles, les commissaires aux comptes analysent les caractéristiques des contrats souscrits, notamment, pour l'assurance-vie, les sommes versées par la société dans l'année par bénéficiaire ainsi que les conditions de rémunération.

III. Rôle du commissaire aux comptes sur les rapports prévus par la réglementation applicable aux entreprises d'assurances

Rapports de solvabilité (Solvabilité 2)

83360 Depuis le 1er janvier 2016, les entreprises soumises au régime Solvabilité 2 doivent fournir de nouvelles informations à destination du superviseur (ACPR) et du public. Ces informations sont à remettre à une fréquence annuelle (rapports narratifs RSR, SFCR, ORSA et rapport actuariel), voire trimestrielle pour certains états quantitatifs (bilan, fonds propres, MCR, provisions techniques en vision synthétique, activité, état détaillé des actifs, des dérivés et état sur la mise en transparence des fonds d'investissement).

Ces exigences de communications trimestrielles s'imposent à l'ensemble des organismes mais sont assorties de possibilités d'exemption, à l'exception de l'état relatif au MCR, dont le calcul et le *reporting* trimestriels s'imposent à tous les organismes.

À la différence de nombreux pays européens, le législateur français n'a pas requis la certification des données Solvabilité 2 par le commissaire aux comptes. Il convient donc que le commissaire aux comptes soit attentif à prévenir toute ambiguïté sur le fait que ces publications ne sont couvertes ni par son audit, ni par d'autres vérifications (CNCC – Note relative à l'arrêté des comptes des organismes d'assurance pour l'exercice 2018).

Il est néanmoins possible que certains organismes décident d'intégrer les éléments relatifs à la solvabilité dans l'annexe ou le rapport de gestion.

Si les informations prudentielles sont **intégrées dans les comptes annuels**, la CNCC considère qu'il sera nécessaire de procéder à l'audit des éléments présentés, ce qui peut conduire à réaliser des diligences importantes sur le bilan prudentiel, l'évaluation et la classification des fonds propres, et sur le calcul du capital de solvabilité requis.

À notre avis, cela peut conduire le commissaire aux comptes à formuler une réserve s'il n'a pas été en mesure d'auditer ces informations.

Si les informations prudentielles sont **mentionnées dans le rapport de gestion**, le commissaire aux comptes doit compléter la partie de son rapport sur les comptes annuels relative à la vérification du rapport de gestion afin de préciser qu'il ne lui appartient pas

1702

© Éd. Francis Lefebvre

SECTEUR ASSURANCE

de se prononcer sur la sincérité et la concordance avec les comptes annuels des informations prudentielles extraites du rapport sur la solvabilité prévu par les articles L 355-5 du Code des assurances (pour les comptes annuels) ou L 356-23 (pour les comptes consolidés).

Il convient d'apporter cette précision afin de réduire le risque d'une erreur de compréhension par les utilisateurs des états financiers du niveau de contrôles effectués sur ces informations, au titre des vérifications spécifiques, et ce que le commissaire aux comptes ait été conduit ou pas à réaliser des contrôles spécifiques sur ces données prudentielles (CNCC – Note relative à l'arrêté des comptes des organismes d'assurance pour l'exercice 2018).

La CNCC considère également que :

– lorsque l'entité reprend dans son rapport de gestion des informations prudentielles, issues du rapport prévu par les articles L 355-5 et L 356-23, et qu'elle souhaite mentionner que ces données ont été contrôlées par le commissaire aux comptes dans le cadre d'un SACC, elle seule peut le faire, à condition que le rapport du commissaire aux comptes soit accessible simultanément ;

– lorsque les informations prudentielles issues du rapport prévu par les articles L 355-5 et L 356-23 sont reprises dans le rapport de gestion ou que le rapport prévu par les articles L 355-5 et L 356-23 est communiqué à l'assemblée générale appelée à statuer sur les comptes (ce qui n'est pas obligatoire, la seule obligation étant de le « publier », c'est-à-dire le mettre à la disposition de tout intéressé même non actionnaire sur le site internet de l'organisme) et que le commissaire aux comptes, à la demande de l'entité, a établi dans le cadre des SACC un rapport sur le « rapport sur la solvabilité et la situation financière », il considère si les conclusions formulées dans son rapport, qu'il soit rendu public ou non, sont de nature à entraîner une observation ou le signalement d'une irrégularité dans la partie du rapport sur les comptes annuels relative à la vérification du rapport de gestion.

Dans la même logique, les lettres de fin de travaux portant sur des documents de référence intégrant des informations prudentielles devraient être adaptées pour mentionner la non-vérification des informations concernées.

Le *reporting* Solvabilité 2 peut être complété par des données décrites dans des états **83365** nationaux spécifiques (**ENS**), limitées à des besoins non couverts par Solvabilité 2 et correspondant à des spécificités nationales de la réglementation ou du marché. L'ACPR a ainsi défini des états nationaux spécifiques correspondant à des besoins prudentiels et statistiques, ainsi que des états détaillant certains postes comptables et leur évolution entre deux clôtures annuelles.

Ces états nationaux spécifiques, à l'exception de ceux fondés sur des données Solvabilité 2, doivent être renseignés par toutes les entreprises, qu'elles relèvent ou non du nouveau régime Solvabilité 2.

Par ailleurs, l'obligation de rédiger un **rapport sur le contrôle interne** (voir nº 83386) est maintenue pour l'ensemble des organismes.

Rapports de solvabilité (entités ne relevant pas de Solvabilité 2)

Les trois rapports de solvabilité, sur la politique de placement et sur la réassurance font **83371** l'objet d'avis techniques ou de notes de la CNCC dans lesquels il est précisé que le commissaire n'est pas investi d'une obligation supplémentaire de vérification spécifique de ces derniers.

Dans le cadre de sa mission, le commissaire aux comptes est conduit à obtenir le rapport, exercer son esprit critique en procédant à la lecture de ce rapport lui permettant, le cas échéant, de relever le caractère manifestement incohérent de certaines informations susceptibles d'avoir une incidence sur les comptes. Si le commissaire aux comptes a relevé des incohérences manifestes, il lui appartient d'en tirer les conséquences appropriées.

Le non-établissement de ces rapports peut faire l'objet de sanctions pénales.

Rapport de solvabilité Ce rapport expose les conditions dans lesquelles l'entreprise **83372** garantit les engagements qu'elle prend à l'égard des assurés, et contient obligatoirement une analyse des conditions dans lesquelles l'entreprise est en mesure de faire face à l'ensemble de ses engagements.

Le rapport de solvabilité est **communiqué** aux commissaires aux comptes et à l'Autorité de contrôle prudentiel et de résolution.

Le rapport de solvabilité est un **document précieux** pour aider l'auditeur à se forger une opinion sur la solvabilité de l'entreprise ainsi que sur la continuité d'exploitation à moyen et long terme. L'Acam, devenue l'Autorité de contrôle prudentiel et de résolution, a produit en avril 2005 un guide indicatif pour la rédaction du rapport de solvabilité. Il doit être rédigé par les entreprises relevant du Code des assurances, par les institutions

SECTEUR ASSURANCE © Éd. Francis Lefebvre

de prévoyance et les mutuelles. Le commissaire aux comptes doit en prendre connaissance afin d'étayer son opinion sur le caractère suffisant des provisions constituées, ainsi que sur la continuité d'exploitation à moyen et long terme.

83374 **Rapport sur la politique de placement** Le décret du 4 juillet 2002 relatif à l'utilisation des instruments financiers à terme (IFT) par les entreprises d'assurances institue la rédaction d'un rapport annuel sur la politique de placement approuvé par le conseil de surveillance ou le conseil d'administration. Ce rapport doit être établi sur la base des comptes sociaux établis par les entreprises d'assurances, qu'elles fassent ou non partie d'un groupe, qu'elles utilisent ou non des produits dérivés. Ce rapport s'intègre **dans la partie « Placements » du rapport de solvabilité** suite au décret du 13 mars 2006 qui le supprime en tant que rapport distinct pour les entreprises relevant du Code des assurances.

Les mutuelles relevant du Code de la mutualité (Décret du 24-3-2004) et les institutions de prévoyance relevant du Code de la sécurité sociale (Décret du 8-9-2005) sont tenues de produire un rapport sur la politique de placement qui peut être inclus dans le rapport de solvabilité.

Pour les opérations relatives aux retraites professionnelles supplémentaires, un rapport sur la politique de placement et les risques techniques et financiers y afférents est établi et révisé au moins tous les trois ans (Ord. 2006-344 du 23-3-2006). Il est remis, sur demande, au souscripteur. Ce rapport peut être intégré dans le rapport de solvabilité (Décret 2006-740 du 27-6-2006).

83376 **Rapport sur la réassurance** Le conseil d'administration ou de surveillance approuve au moins annuellement les lignes directrices de la politique de réassurance. Un rapport relatif à la politique de réassurance lui est soumis annuellement. L'objectif de ce rapport dont la forme est laissée à la discrétion de la société d'assurances est de décrire la politique de cession en réassurance et de préciser les états réglementaires transmis à l'Autorité de contrôle prudentiel et de résolution (C. ass. art. R 336-5).

Le rapport sur la politique de réassurance en tant qu'outil d'identification des facteurs de vulnérabilité et leur incidence sur la situation financière à moyen ou long terme de la société d'assurances peut être inclus **dans le rapport de solvabilité**.

Rapport sur les transferts financiers entre mutuelles ou unions

83380 Un rapport sur les transferts financiers entre mutuelles ou unions régies par les livres II et III du Code de la mutualité est établi par le conseil d'administration et présenté à l'assemblée générale (C. mut. art. L 114-9). Ce rapport fait partie intégrante du rapport de gestion en l'absence de précision par les textes des contenus respectifs de la mention dans le rapport de gestion (C. mut. art. L 114-17) et du rapport du conseil d'administration relatif aux transferts financiers (C. mut. art. L 114-9). Le commissaire aux comptes joint à son rapport sur les comptes annuels une annexe qui récapitule les conventions financières, les prêts, les subventions et les aides de toute nature réalisés par une mutuelle ou union régie par le livre II au profit d'une autre mutuelle ou union régie par le livre III (C. mut. art. L 114-39).

Le comité des normes professionnelles de la CNCC a rappelé que, selon la doctrine constante de la Compagnie nationale, le commissaire aux comptes n'est pas un dispensateur d'informations, qu'il appartient aux dirigeants sociaux habilités de produire l'information et au commissaire aux comptes de la contrôler, le commissaire aux comptes ne se prononçant que sur un document établi, sous leur responsabilité, par les dirigeants sociaux habilités.

Le comité a estimé que les conclusions du commissaire aux comptes devaient être formulées dans le rapport sur les comptes annuels dans la partie relative aux vérifications spécifiques. Dans le cas où le commissaire aux comptes émet des réserves sur ces transferts financiers, il est alors tenu d'établir un rapport spécial qui est transmis à l'Autorité de contrôle prudentiel et de résolution (C. mut. art. L 212-4).

Rapport sur le contrôle interne

83386 Les organismes d'assurance ne relevant pas du régime de Solvabilité 2 doivent produire, annuellement, à destination de l'ACPR, un rapport sur le contrôle interne (Décret du 13-3-2006 pour les entités relevant du Code des assurances et décret du 19-5-2008 pour les entités relevant du Code de la mutualité et du Code de la sécurité sociale) qui comprend deux parties. La partie 1 comporte la description des conditions de préparation et d'organisation du conseil d'administration

© Éd. Francis Lefebvre

SECTEUR ASSURANCE

ou de surveillance ; la partie 2 comporte la présentation du contrôle interne et des mesures prises pour en assurer l'indépendance et l'efficacité.

Un rapport décrivant le dispositif de contrôle interne du groupe d'assurance ou du conglomérat financier doit en outre être établi par les organismes chargés d'établir et de publier les comptes consolidés ou combinés d'un groupe d'assurance.

IV. Prévention des difficultés des entreprises

Les diligences du commissaire aux comptes relatives à la prévention des difficultés des entreprises et à la procédure d'alerte **sont étendues** aux institutions de prévoyance (CSS art. R 931-3-59 s.) et aux mutuelles (C. mut. art. L 114-40).

83400

Rapport relatif à la non-communication des documents prévisionnels

Les sociétés commerciales et les personnes morales de droit privé non commerçantes ayant une activité économique qui, à la fin de l'année civile ou à la clôture de l'exercice, comptent trois cents salariés ou plus ou dont le montant du chiffre d'affaires hors taxe ou des ressources est supérieur ou égal à 18 M€ sont tenues d'établir les documents prévisionnels suivants :
– situation de l'actif réalisable et disponible, valeurs d'exploitation exclues, et du passif exigible ;
– compte de résultat prévisionnel ;
– tableau de financement ; et
– plan de financement.

83410

L'article 59 de la loi du 1er mars 1984 dispose que : « Un décret en conseil d'État adaptera, pour les banques et les entreprises de réassurance, les dispositions des articles L 232-2, L 232-7 et L 232-8 du Code de commerce précité, en particulier la forme et le contenu des documents qui doivent être établis. L'application de la présente loi aux entreprises d'assurance et de capitalisation s'effectue dans les conditions prévues par l'article L 310-3 du Code des assurances. »

En l'absence de précisions ultérieures (le décret mentionné n'ayant jamais été pris et l'article L 310-3 du Code des assurances traitant d'un autre sujet), ces établissements ou entreprises doivent attendre les directives de leurs organismes de tutelle respectifs non encore parues à ce jour.

Interrogée sur l'application de ces dispositions aux mutuelles relevant du Code de la mutualité, la Commission des études juridiques de la CNCC a relevé (Bull. CNCC nº 148-2007 p. 614 et nº 151-2008 p. 562) que cette attente des directives ne visait que les entreprises d'assurances, c'est-à-dire les organismes d'assurance relevant du Code des assurances, et qu'en conséquence, une mutuelle régie par le Code des assurances n'avait, à ce jour, pas l'obligation d'établir des comptes prévisionnels tandis que celle régie par le Code de la mutualité est soumise à cette obligation (si elle atteignait l'un des deux seuils prévus par le Code de commerce).

> En l'absence d'établissement des documents prévisionnels ou s'ils n'ont pas été communiqués au commissaire aux comptes, celui-ci devra alors signaler l'irrégularité conformément aux dispositions des articles L 823-12 et L 823-16 du Code de commerce.

À notre avis, la position retenue par la CNCC pour les mutuelles relevant du Code de la mutualité trouve également à s'appliquer aux institutions de prévoyance relevant du Code de la sécurité sociale.

En résumé, l'obligation d'établir des documents prévisionnels :
– ne s'applique pas aux entreprises d'assurances et de réassurance relevant du Code des assurances (sociétés anonymes ou sociétés d'assurance mutuelle) ;
– s'applique aux institutions de prévoyance relevant du Code de la sécurité sociale dès lors que l'un des deux seuils prévus par le Code de commerce est atteint ;
– s'applique aux mutuelles relevant du Code de mutualité dès lors que l'un des deux seuils prévus par le Code de commerce est atteint.

> On note toutefois que cette réglementation est peu adaptée aux institutions de prévoyance et aux mutuelles, pour lesquelles le dispositif de prévention des difficultés est constitué principalement du rapport de solvabilité et des documents annexes.

SECTEUR ASSURANCE

© Éd. Francis Lefebvre

V. Déclaration de performance extra-financière

83450 Les **obligations des entités du secteur assurance** concernant la déclaration de performance extra-financière (DPEF) sont synthétisées dans le tableau ci-après :

Entités concernées	Seuil pour établir la déclaration	Attestation de présence du commissaire aux comptes	Seuils pour avis motivé OTI
Entreprises d'assurances et de réassurance qui revêtent la forme sociale de SA (C. ass. art. L 310-1-1-1, al. 1)	Total bilan > 20 M€ ou CA > 40 M€ Et Nombre moyen de salariés permanents employés au cours de l'exercice > 500		Total bilan ou CA > 100 M€ Et Nombre moyen de salariés permanents employés au cours de l'exercice > 500
Entreprises d'assurances et de réassurance qui revêtent la forme sociale de SA (C. ass. art. L 310-1-1-1, al. 1) Sociétés mutuelles d'assurances (SMA) (C. ass. art. L 310-1-1-1, al. 2) Mutuelles ou leurs unions (C. mut. art. L 114-17, al. 11) Institutions de prévoyance ou leurs unions (CSS art. L 931-7-3)	Total bilan ou CA > 100 M€ Et Nombre moyen de salariés permanents employés au cours de l'exercice > 500		

Les textes spécifiques aux entreprises d'assurances et de réassurance, aux sociétés mutuelles d'assurance, aux institutions de prévoyance (et à leurs unions) ainsi qu'aux mutuelles (et à leurs unions) prévoient que le constat de dépassement des seuils déclenchant l'obligation de publier une DPEF est effectué le cas échéant sur une **base consolidée ou combinée** (C. ass. art. L 310-1-1-1, CSS art. L 931-7-3, C. mut. art. L 114-17).

Par conséquent, lorsque ces entités établissent des comptes combinés, l'appréciation du dépassement des seuils déclenchant l'obligation de publier une DPEF est effectuée sur une base combinée. Lorsque les seuils sont dépassés sur une base combinée, ces entités établissent une DPEF combinée.

En revanche, la CNCC considère qu'il convient de retenir une **lecture stricte de l'exemption** prévue par l'article L 225-102-1, IV aussi bien en cas d'établissement de comptes combinés que de comptes consolidés. Ainsi, dans le périmètre de combinaison, seules les sociétés « contrôlées » au sens de l'article L 233-16 du Code de commerce peuvent bénéficier de l'exemption d'établissement d'une DPEF individuelle. Toutes les sociétés du périmètre de combinaison ne peuvent donc pas en bénéficier (Bull. CNCC n° 193-2019 – EJ 2018-80 B).

Lorsque l'entité entre dans le champ d'application de la DPEF mais n'est pas une entreprise d'assurances et de réassurance, une société mutuelle d'assurance, une institution de prévoyance (et ses unions) ou une mutuelle (et ses unions) et qu'elle choisit d'établir volontairement des comptes combinés, la CNCC considère qu'en l'absence de textes spécifiques (Bull. CNCC n° 193-2019 – EJ 2018-80 B) :
– il n'y a pas lieu de se référer à une base combinée pour apprécier le seuil de déclenchement de l'obligation d'établissement d'une DPEF ;
– l'établissement de comptes combinés ne permet pas d'appliquer l'exemption prévue à l'article L 225-102-1, IV du Code de commerce.

Pour plus d'informations concernant les obligations relatives à la déclaration de performance extra-financière, l'attestation du commissaire aux comptes et à la mission de l'organisme tiers indépendant, voir respectivement n°s 54205 § 5 et 70200 s.

© Éd. Francis Lefebvre

SECTEUR ASSURANCE

Les sociétés d'assurance mutuelle (**SAM**) qui étaient soumises au dispositif RSE dans le dispositif précédent dit « Grenelle II » ne sont dorénavant pas visées par le dispositif de DPEF (C. ass. art. L 322-26-2-2).

83455

Par ailleurs, la Commission des études juridiques de la CNCC considère que les unions mutualistes de groupe (**UMG**), les sociétés de groupe d'assurance mutuelle (**SGAM**) et les sociétés de groupe assurantiel de protection sociale (**SGAPS**) sont des entités sui generis qui ne sont **pas soumises** au dispositif de la déclaration de performance extra-financière (Bull. CNCC n° 193-2019 – EJ 2018-82).

VI. Délais de paiement

Périmètre des informations relatives aux délais de paiement Les sociétés dont les comptes annuels sont certifiés par un commissaire aux comptes communiquent des informations sur les délais de paiement de leurs fournisseurs et de leurs clients dans le rapport de gestion (C. com. art. L 441-6-1 devenu art. L 441-14 depuis l'ordonnance 2019-359 du 24-4-2019 et art. D 441-6 modifié par le décret 2021-211 du 24-2-2021).

83470

Pour plus de détails sur les entités visées et les informations à fournir, voir n°s 56521 s.

Dans certains secteurs d'activité, le périmètre des informations à fournir sur les délais de paiement dans le rapport de gestion n'a pas fait l'objet de précisions par le législateur. La Fédération française de l'assurance (FFA) a publié en mai 2017 une circulaire visant à indiquer que les **opérations d'assurance et de réassurance** étaient exclues du périmètre des informations relatives aux délais de paiement.

Dans ce contexte, la CNCC considère qu'il appartient au commissaire aux comptes (Bull. CNCC n° 193-2019, Communiqué « Informations sur les délais de paiement dans le rapport de gestion dans les secteurs bancaire et de l'assurance – Incidence sur le rapport sur les comptes annuels » – février 2019) de :

– vérifier que le rapport de gestion comporte une information sur le périmètre des informations retenues par la société au titre des délais de paiement ;

– **formuler une observation relative à ce périmètre** dans son attestation de la sincérité et de la concordance avec les comptes annuels des informations relatives aux délais de paiement, présentée dans la partie de son rapport sur les comptes annuels relative aux « Vérifications spécifiques ».

La CNCC propose dans le communiqué précité un exemple de formulation de cette observation.

La CNCC, dans sa note relative à l'arrêté des comptes des organismes d'assurance pour l'exercice 2019, attire l'attention des commissaires aux comptes sur les modalités de mise en œuvre du signalement relatif aux manquements répétés (C. com. art. L 441-14, al. 2). Elle rappelle que le commissaire aux comptes n'a pas d'obligation de rechercher les manquements aux délais de paiements légaux, et que les seules données lui permettant d'identifier des manquements sont ceux figurant dans le rapport de gestion des sociétés (CNCC – Note relative à l'arrêté des comptes des organismes d'assurance pour l'exercice 2019, janvier 2020, p. 27).

SECTION 6

Perspectives

La **phase 2 de la norme IFRS 4** a donné lieu à la publication, le 18 mai 2017, d'une nouvelle norme **IFRS 17** « Contrats d'assurance » qui est fondée sur l'évaluation des engagements d'assurance en valeur économique et l'harmonisation des principes de comptabilisation des contrats d'assurance. Cette norme a fait l'objet en 2013 d'un deuxième « *exposure draft* » (le premier avait été publié en 2010) qui propose une méthodologie basée sur une évaluation prospective des provisions techniques et une approche par « blocs » comportant les éléments suivants : « *Best Estimate* » des flux de trésorerie futurs, actualisation des flux de trésorerie futurs, une marge de risque et une marge de service contractuelle. Les nouvelles délibérations de l'IASB en réponse aux commentaires reçus à la suite de l'exposé-sondage de 2013 ont conduit à des évolutions substantielles du projet de norme, notamment le modèle proposé pour les contrats participatifs (avec une distinction entre contrats participatifs directs et indirects), les modalités

83500

1707

SECTEUR ASSURANCE © Éd. Francis Lefebvre

83500
(suite)

d'ajustement de la marge de service et l'unité de compte. Par ailleurs, et malgré les synergies attendues avec Solvabilité 2, les différentes variantes du modèle comptable proposé et la complexité opérationnelle qu'elles engendrent nécessiteront un délai significatif pour l'adaptation des systèmes existants.

Dans ce contexte, les revendications des assureurs pour une exemption temporaire de l'application de la nouvelle norme sur les instruments financiers **IFRS 9** du fait de la forte interaction entre les deux normes ont été entendues. En effet, un amendement de la norme IFRS 4 a été publié en septembre 2016 et permettra aux groupes dont les activités d'assurance sont prédominantes de différer l'application d'IFRS 9 (dont la date d'application est le 1-1-2018) jusqu'à l'entrée en vigueur d'IFRS 17 au plus tard, étant précisé que certaines informations spécifiques relatives à IFRS 9 sont requises en annexe dès 2018.

À la suite de la publication de la norme IFRS 17, une étude de cas a été lancée par l'EFRAG soulevant 25 sujets de discussions qui ont conduit l'IASB à reporter la première application de la norme IFRS 17 au 1er janvier 2023 (initialement prévue au 1-1-2021) avec alignement de l'option d'application différée d'IFRS 9. Ces sujets sont en cours de discussion et pourraient venir amender la norme sur ces points.

1708

© Éd. Francis Lefebvre

SECTEUR ASSOCIATIF

CHAPITRE 3

Secteur associatif (associations, fondations, fonds de dotation et syndicats professionnels)

Plan du chapitre	§§		
SECTION 1		II. Mission du commissaire	
Présentation du secteur associatif	84050	aux comptes	85120
I. Notions générales	84100	A. Contenu de la mission	85120
II. Organes de représentation	84150	B. Certification des comptes	85150
III. Organes de contrôle	84250	C. Vérifications spécifiques	85220
		D. Autres interventions	85340
SECTION 2		III. Modalités de mise en œuvre	
Environnement réglementaire	84500	de la mission	85480
I. Classification	84530	**SECTION 4**	
II. Cadre juridique		**Cycles de contrôles**	
de fonctionnement	84650	**spécifiques**	85650
III. Obligations comptables	84800	I. Impôts et taxes	85665
SECTION 3		II. Ressources	85830
Conditions de mise en œuvre		III. Fonds propres	86000
de l'audit légal	85055	IV. Immobilisations	86100
I. Nomination et statut de l'auditeur	85055	V. Personnel	86150

SECTION 1

Présentation du secteur associatif

Le secteur associatif comprend un nombre considérable d'associations et de fondations représentant un poids économique qui n'a cessé de croître ces dernières années. Après avoir défini les notions d'association, de fondation et de fonds de dotation (n°s 84100 s.), nous évoquerons les organes étatiques ou privés de représentation du secteur associatif (n°s 84150 s.) puis les organes de contrôle du secteur associatif (n°s 84250 s.).

84050

I. Notions générales

Définitions

Le terme **association** a deux acceptions (voir Mémento Associations n° 600) :
– d'une part, il désigne le contrat par lequel deux ou plusieurs personnes conviennent de mettre en commun, d'une façon permanente, leurs connaissances ou leur activité dans un but autre que le partage de bénéfices ;

> Cette première acception a pour corollaire qu'une association ne peut avoir pour but de partager ses résultats excédentaires.

84100

1709

SECTEUR ASSOCIATIF   © Éd. Francis Lefebvre

– d'autre part, il fait référence à la personne juridique, ou morale, à laquelle peut être affectée cette mise en commun et qui se retrouve, alors, investie de la capacité juridique d'agir au nom et dans l'intérêt de la collectivité.

L'association est avant tout un **groupement de personnes**.

Tout comme les associations, les **fonds et fondations** poursuivent la réalisation d'une œuvre d'intérêt général, à but non lucratif. Ils se distinguent des associations en ce qu'ils résultent non d'un groupement de personnes mais de l'**affectation irrévocable de biens, de droits ou de ressources** à la réalisation de leur objet.

Les **fonds de dotation** instaurés par la loi de modernisation de l'économie du 4 août 2008 se créent aussi facilement qu'une association et fonctionnent comme des fondations. Placés sous le contrôle du préfet dont leur siège relève, ils bénéficient d'emblée de la « grande capacité juridique », celle de recevoir legs et donations, mais ne peuvent, sauf dérogation, bénéficier de financements publics.

Depuis la loi 2014-856 du 31 juillet 2014 relative à l'économie sociale et solidaire (dite « loi ESS »), leur dotation initiale ne pourra plus être nulle. Un montant minimal de 15 000 € a été fixé par le décret 2015-49 du 22 janvier 2015.

Activités couvertes

84102 Le phénomène associatif n'a rien de moderne, puisqu'on en relève des traces dès la plus Haute Antiquité (fonds de secours des tailleurs de pierre de Basse-Égypte en 1400 avant notre ère, hétairie grecque, *sodalitia romaine*, puis guildes et corporations du Moyen Âge…). Au xixe siècle, on le retrouve associé à l'idée de progrès et de démocratie : « Dans les pays démocratiques, la science de l'association est la science mère : le progrès de toutes les autres dépend de celle-là » (A. de Tocqueville, *De la démocratie en Amérique*).

84104 De nos jours, la présence des associations, fonds et fondations se manifeste dans les actions humanitaires, le secteur sanitaire et social, la recherche, le logement, la formation tant des adultes que des enfants, l'éducation, le règlement des différends entre justiciables, la gestion paritaire de retraites complémentaires, les mondes cultuel, culturel et philanthropique, le mécénat artistique, les activités sportives et les loisirs, les actions professionnelles et syndicales, etc.

Les associations, fonds et fondations en France recouvrent donc un champ d'activité extrêmement vaste, qui va bien au-delà du concept restrictif des *Charities* britanniques, pour se rapprocher du concept plus général des *non-for-profit organizations* aux États-Unis d'Amérique.

Poids économique

84110 Le secteur associatif a connu et connaît encore un développement important. Selon l'étude publiée par le réseau associatif Recherches et solidarités (La France associative en mouvement, 18e édition, octobre 2020), l'accroissement annuel moyen du nombre d'associations sur les trois dernières années serait d'environ 70 000. Le **nombre total d'associations** actives s'élèverait à 1,5 million. Le **nombre de bénévoles** est estimé à 12,5 millions et celui des **jeunes volontaires en service civique** à 140 000.

84113 Les **ressources** du secteur non lucratif sont évaluées à 113,2 milliards d'euros dont 44 % d'origine publique et 56 % d'origine privée. On estime à 157 000 le nombre d'associations qui emploient 1 835 000 salariés à temps plein ou à temps partiel, soit 9,3 % des salariés du secteur privé en France. En outre, elles utilisent les compétences de 12,5 millions de **bénévoles actifs**. Près de 41 milliards d'euros environ sont affectés à la masse salariale gérée par le secteur associatif.

84115 Selon les statistiques publiées par le ministère des finances, les **dons** provenant des particuliers (plus de 5,3 millions de foyers, soit 14 % de l'ensemble des foyers fiscaux) représentent plus de 2,5 milliards d'euros et ceux provenant des entreprises de l'ordre de 1,6 milliard d'euros. Les dons faits par les particuliers sont relativement stables comparativement aux années précédentes. Cette stabilité s'explique à la fois par la très faible inflation en France et par l'érosion du pouvoir d'achat des ménages résultant du ralentissement économique généré par la crise financière de 2008 et ses conséquences. Cette stabilité combinée à la réduction des **financements publics** a conduit beaucoup d'associations à réduire significativement leur budget, voire, pour les plus faibles d'entre

© Éd. Francis Lefebvre — **SECTEUR ASSOCIATIF** ▪

elles, à déposer une déclaration de cessation de paiements. 2 % d'associations dont les ressources annuelles sont supérieures à 500 000 euros réalisent à elles seules 55 % du budget cumulé du secteur associatif, ce qui traduit, au plan financier, une **concentration** impressionnante **des moyens**.

Répertoire national des associations

La création du répertoire (voir JO du 24-10-2009) concerne les associations dont le siège est situé sur le territoire français. La finalité de ce répertoire est de :
– faciliter l'application des textes législatifs et réglementaires relatifs aux obligations déclaratives des associations ;
– simplifier et dématérialiser les procédures applicables aux associations ;
– permettre la production de données statistiques générales et impersonnelles contribuant à la connaissance du monde associatif français.
Le répertoire national des associations est mis à disposition de toutes les administrations, qui peuvent ainsi consulter des informations non nominatives, relatives à chaque association : titre, objet, siège social de l'association et adresse de ses établissements, durée, nature juridique de l'association, code correspondant à l'objet social.
Par ailleurs, certains contenus sont accessibles sous forme de documents numérisés :
– les pièces du dossier de déclaration de l'association (statuts, liste des personnes habilitées à représenter l'association, délibérations pour modification ou dissolution de l'organisme, etc.) ;
– les récépissés remis à l'association, justifiant que les déclarations réglementaires ont bien été effectuées.
> Selon la loi relative à l'informatique, aux fichiers et aux libertés, l'ensemble de ces informations légales est également accessible à toute personne en faisant la demande.

84120

II. Organes de représentation

Les principaux organes étatiques ou privés qui représentent le secteur associatif sont :
– le Haut Conseil à la vie associative, qui a remplacé le Conseil national de la vie associative (n° 84160) ;
– le Conseil supérieur de l'économie sociale et solidaire (n° 84170) ;
– le conseil départemental de la jeunesse, des sports et de la vie associative (n° 84172) ;
– les délégués départementaux à la vie associative (n° 84180) ;
– le Fonds pour le développement de la vie associative (ex-Conseil du développement de la vie associative – CDVA) (n° 84195) ;
– le Centre français des fonds et fondations (n° 84200).

84150

Haut Conseil à la vie associative

Le Haut Conseil à la vie associative a été instauré par le décret 2011-773 du 28 juin 2011 pour renforcer et enrichir le dialogue entre les associations et les pouvoirs publics. Il a ainsi succédé au CNVA (Conseil national de la vie associative), créé en février 1983. L'article 63 de la loi relative à l'économie sociale et solidaire (Loi 2014-856 du 31-7-2014) a confirmé et développé le rôle de cet organisme (HCVA, 95 avenue de France – 75650 Paris Cedex 13). Les règles de fonctionnement du Haut Conseil à la vie associative sont énoncées dans le décret 2015-1034 du 19 août 2015.

84160

Le Haut Conseil à la vie associative est saisi de tout projet de loi ou de décret et de toute question relative aux associations, formule toute recommandation utile, collecte les données qualitatives et quantitatives, et publie tous les deux ans un bilan de la vie associative.

84162

Conseil supérieur de l'économie sociale et solidaire

Créé en 2006, le CSESS est chargé d'assurer la concertation entre les pouvoirs publics et les différents acteurs de l'économie sociale et solidaire. Il a été réformé dans sa composition et son fonctionnement par la loi du 31 juillet 2014. Mission lui est donnée de proposer des mesures destinées à favoriser le développement des associations.

84170

1711

SECTEUR ASSOCIATIF

© Éd. Francis Lefebvre

Le pacte de croissance de l'économie sociale et solidaire présenté en novembre 2018 par le Gouvernement prévoit sa refonte afin de créer une institution de représentation de l'économie sociale et solidaire nationale unifiée.

Conseil départemental de la jeunesse, des sports et de la vie associative

84172 Le conseil départemental est compétent en matière de mise en œuvre des politiques publiques relatives à la jeunesse, à l'éducation populaire, aux loisirs et vacances de mineurs ainsi qu'aux sports et à la vie associative. Il donne un avis notamment sur toute demande d'agrément départemental et toute mesure d'interdiction d'exercer.

Délégués départementaux à la vie associative

84180 Les délégués départementaux à la vie associative (DDVA) sont des agents de l'État placés sous l'autorité directe des préfets. Ils ont pour **rôle** notamment (Circ. 4.257 SG du 28-7-1995 ; Circ. du 22-12-1999 : JO 30 p. 19765) :
– de coordonner l'action des services déconcentrés de l'État pour assurer une meilleure information des associations et une simplification des procédures, au moyen de la mission d'accueil et d'information des associations (MAIA) ;
– d'animer le développement de la vie associative départementale et locale autour de projets associatifs diversifiés, en favorisant notamment : le développement des centres de ressources et d'information des bénévoles, leur maillage territorial et leur profession-nalisation en liaison avec les collectivités locales ; l'engagement bénévole ou volontaire ; la professionnalisation et le développement des compétences associatives ainsi que la formation des bénévoles.

La **mission d'accueil et d'information des associations** (MAIA) est composée des correspondants associatifs des services de l'État ; elle doit assurer :
– la coordination des fonctions d'accueil au sein des services de l'État ;
– la diffusion des informations nécessaires aux associations ;
– le suivi de la formation des agents appelés à travailler avec le secteur associatif ;
– la liaison avec les responsables associatifs et les collectivités territoriales.

Fonds pour le développement de la vie associative (FDVA)

84195 Le décret 2011-2121 du 30 décembre 2011 a mis en place le Fonds pour le développe-ment de la vie associative (il a remplacé le Conseil du développement de la vie associative – CDVA).

Le FDVA rassemble un certain nombre d'associations volontaires et a pour objet de constituer une base de concertation, de représentation et de proposition sur les ques-tions communes aux différentes coordinations associatives.

Il a notamment pour objet d'attribuer des subventions à des projets initiés par des associations et relatifs aux formations des bénévoles élus et responsables d'activités.

Il peut également soutenir de manière complémentaire des études et des expérimentations nationales contribuant au développement de la vie associative dans une perspective d'innovation sociale. Au niveau régional, ce soutien complémentaire peut concerner la mise en œuvre de projets ou d'activités d'une association dans leur phase initiale uniquement.

Depuis 2018, ce fonds peut aussi financer le fonctionnement ou les projets innovants des associations et apporter un soutien aux associations souhaitant développer la formation de leurs bénévoles.

Sont **représentés** dans le FDVA :
– l'éducation nationale (œuvres mutualistes et coopératives) ;
– les organisations de solidarité internationale ;
– les organisations jeunesse et éducation populaire ;
– le Comité national olympique et sportif français (CNOSF) ;
– les œuvres laïques ;
– la Fonda (association pour la promotion de la vie associative) ;
– les associations familiales ;
– les organismes privés sanitaires et sociaux ;
– des domaines divers tels que l'environnement, les temps libres ou le tourisme.

Le FDVA est situé 28, pl. St-Georges, 75009 Paris (tél. : 01 53 59 99 77).

Autres structures associatives de soutien

84196 Il s'agit des centres de ressources et d'information des bénévoles (CRIB), du Fonds de coopération de la jeunesse et de l'éducation populaire, du dispositif local d'accompagnement (DLA).

Centre français des fonds et fondations

84200 Créé en 2002, le CFFF a pour vocation de :
– rassembler les fondations et les fonds de dotation de toute sorte ;
– faire connaître et reconnaître le statut des fonds et des fondations en France ;
– favoriser leur développement ;
– représenter leurs intérêts auprès des pouvoirs publics ;
– conseiller sur le développement des fonds et fondations ;
– assurer une source documentaire ;
– constituer un réseau d'expertise et d'échange pour toutes les fondations et tous les fonds de dotation.

> Le Centre français des fonds et fondations est situé 34 bis, rue Vignon, 75009 Paris (tél. : 01 83 79 03 51).

III. Organes de contrôle

84250 Les principaux organes de contrôle étatiques ou privés chargés de contrôler les associations et les fondations comprennent :
– le Conseil d'État (n° 84255) ;
– la Cour des comptes et les chambres régionales des comptes (n° 84265) ;
– les services d'inspection des ministères (n° 84280) ;
– les collectivités territoriales et les administrations (n° 84295) ;
– le Don en confiance et l'Institut de développement de l'éthique et de l'action pour la solidarité (IDEAS) (n° 84305) ;
– les organismes de certification qualité (n° 84306) ;
– la Mission interministérielle de vigilance et de lutte contre les dérives sectaires (n° 84307) ;
– les commissaires aux comptes (n° 84320).

Conseil d'État

84255 Le Conseil d'État prend une part majeure dans la vie des associations et fondations.

84257 Son rôle est essentiel en matière de **reconnaissance de l'utilité publique** des associations et des fondations.

> La reconnaissance d'utilité publique intervient par décret en Conseil d'État, après une procédure d'instruction réalisée par le ministère de l'intérieur. S'agissant des fondations, l'obtention de son avis est un préalable à la décision du Gouvernement, qui va généralement dans le même sens.

84260 En matière fiscale, le Conseil d'État est le **juge suprême de l'impôt**, exception faite des instances communautaires européennes.

> Le Conseil d'État a joué un rôle déterminant dans l'élaboration des instructions fiscales spécifiques aux organismes à but non lucratif (voir n° 85670 s.). Il exerce une veille attentive sur leur interprétation et les modalités d'application.

Cour des comptes et chambres régionales des comptes

84265 **Pouvoirs de contrôle** La Cour des comptes, sur la base de plusieurs textes du Code des juridictions financières, intervient auprès :
– des organismes bénéficiant du concours financier de l'État ou d'une autre personne morale soumise à son contrôle (C. des juridictions financières art. L 111-7) ;
– des organismes dans lesquels l'État, les collectivités, personnes ou établissements publics, les organismes déjà soumis au contrôle de la Cour détiennent, séparément ou ensemble, plus de la moitié du capital ou des droits de vote dans les organes délibérants (C. des juridictions financières art. L 133-2, b) ;

SECTEUR ASSOCIATIF

© Éd. Francis Lefebvre

– des organismes collectant des ressources au titre de la générosité publique et établissant un compte d'emploi annuel des ressources collectées (C. jur. fin. art. L 111-8, al. 1 et 2).

Depuis le 1er janvier 2010, les pouvoirs d'investigation de la Cour des comptes ont été étendus à tous les organismes bénéficiant de dons ouvrant droit à un avantage fiscal et dont le montant annuel excède le seuil de 153 000 euros (C. jur. fin. art. L 111-8, al. 3).

84268 Par ailleurs, le contrôle des associations ou organismes auxquels les collectivités territoriales ou leurs établissements publics apportent un **concours financier de plus de 1 500 euros** directement ou indirectement (détention de plus de la moitié du capital ou des voix dans l'organe délibérant, pouvoir prépondérant de décision ou de gestion) peut être confié à la chambre régionale des comptes ou à une chambre territoriale par arrêté du premier président de la Cour des comptes, après avis du procureur général près la Cour des comptes (C. des juridictions financières art. L 133-3).

84270 **Étendue des contrôles** Si le financement est explicitement affecté, le contrôle se limite aux seuls comptes d'emploi des concours financiers en question. Au cas contraire, il porte sur l'ensemble des comptes et sur la gestion de l'association. En cas de compétences simultanées dans une même région, la Cour est compétente lorsque les concours financiers reçus de l'État sont supérieurs à ceux des collectivités locales. Au cours du processus de contrôle, les agents des services financiers et les commissaires aux comptes des associations contrôlées sont déliés du secret professionnel à l'égard des magistrats.

84271 Les chambres financières peuvent travailler en **liaison avec les services des impôts**, ne serait-ce que pour vérifier l'établissement et le dépôt des déclarations obligatoires. En cas d'insuffisance, les dirigeants peuvent être déférés devant la Cour de discipline budgétaire et financière.

S'agissant de la levée du secret professionnel du commissaire aux comptes à l'égard de la Cour de discipline budgétaire et financière, voir n° 5830.

84272 Enfin, le Conseil d'État dans un arrêt du 3 décembre 1999 a confirmé que le contrôle peut aussi porter sur les **fournisseurs** des associations concernées dans les limites de l'objet de la mission des rapporteurs.

84273 **Contrôle des organismes faisant appel public à la générosité** La Cour des comptes vérifie la conformité des dépenses engagées par ces organismes aux objectifs poursuivis par l'appel public à la générosité. Lorsqu'à l'issue du contrôle la Cour conclut à la non-conformité des dépenses engagées aux objectifs poursuivis par l'appel public à la générosité ou à la non-conformité aux objectifs de l'organisme des dépenses financées par les dons ouvrant droit à un avantage fiscal, elle assortit son rapport d'une déclaration explicite en ce sens. Le rapport est notamment transmis au ministre du budget, qui peut décider de suspendre l'avantage fiscal attaché aux dons.

84275 **Procédure de contrôle** Elle comporte les phases suivantes :
– le président de la chambre financière constitue un dossier à partir duquel il est proposé de déclencher un contrôle ;
– le procureur général près la Cour des comptes ou le commissaire du gouvernement près la chambre régionale donne son avis écrit, notamment sur la compétence de la juridiction financière ;
– une décision officielle de vérification est prise par le premier magistrat de ladite juridiction ;
– cette décision est notifiée aux représentants de l'association avec toute précision sur les exercices contrôlés (la durée de la prescription étant de trente ans) et sur l'identité des rapporteurs. Diverses autorités publiques sont également avisées du contrôle ;
– une lettre de mission est délivrée au vérificateur, qui ne peut refuser de la présenter, à première demande, au siège de l'association. Les responsables de l'association peuvent être entendus au cours du contrôle ;
– un rapport est ensuite établi. Les chambres régionales émettent une lettre d'observations provisoire et les responsables de l'association ont un mois pour exercer leur droit de réponse ;
– les observations et recommandations définitives sont transmises aux ministres ou autorités administratives compétentes ainsi qu'à l'association contrôlée.

© Éd. Francis Lefebvre

SECTEUR ASSOCIATIF

En cas de découverte de faits susceptibles de recevoir une qualification délictueuse, les représentants du parquet sont informés.

Services d'inspection des ministères

Conditions de contrôle L'ordonnance du 23 septembre 1958 prévoit que « tout organisme subventionné dont la gestion n'est pas assujettie aux règles de la comptabilité publique et quelles que soient sa forme juridique et la forme des subventions qui lui ont été attribuées par l'État, une collectivité locale ou un établissement public est soumis aux vérifications des comptables supérieurs du Trésor et de l'Inspection générale des finances ainsi qu'au contrôle de la Cour des comptes. L'exercice de ses droits de vérification et de contrôle reste limité à l'utilisation de ces subventions, dont la destination doit demeurer conforme au but pour lequel elles ont été consenties ».

84280

Aucun **seuil** n'est fixé pour l'intervention des différents services d'inspection des ministères, parmi lesquels figurent l'Inspection générale des finances, l'Inspection générale des affaires sociales (Igas), l'Inspection générale du ministère de la culture ou d'autres ministères techniques (Mémento Associations n°s 85260 s.).

84283

> Sur la levée du secret professionnel des commissaires aux comptes à l'égard de l'Inspection générale des affaires sociales (Igas) et de l'Inspection générale de l'éducation nationale (Igen), voir n°s 5595 et 5600.

L'Inspection générale de l'administration (IGA) intervient aussi ponctuellement dans les rapports entre l'État et le monde associatif.

Obligations des organismes subventionnés Le décret-loi du 30 octobre 1935 précise que « tous groupements, associations, œuvres ou entreprises privées ayant reçu une ou plusieurs subventions dans l'année en cours sont tenus de fournir à l'autorité qui a mandaté la subvention une copie certifiée de leurs budgets et de leurs comptes de l'exercice écoulé ».

84285

Le décret-loi du 2 mai 1938 édicte une obligation similaire au profit de chaque ministère ayant accordé une subvention. Le refus de communication entraînerait la suppression pour l'avenir de son versement (Décret-loi du 2-5-1938 art. 14).

Depuis la loi du 12 avril 2000 relative aux droits des citoyens dans leurs relations avec les administrations, tout organisme de droit privé ayant reçu une subvention de la part de l'État, d'une collectivité territoriale, d'un établissement public à caractère administratif, d'un organisme chargé de la gestion d'un service public administratif ou d'un organisme de sécurité sociale doit produire à l'autorité administrative qui a versé l'aide un **compte rendu financier**, attestant de la conformité des dépenses avec l'objet de l'aide, dans les six mois de la clôture de l'exercice d'attribution (Loi 2000-321 du 12-4-2000 art. 10, al. 6).

Par ailleurs, les organismes ayant reçu annuellement de l'ensemble des autorités susvisées une ou plusieurs subventions en numéraire dont le montant global est supérieur à 153 000 euros (C. com. art. L 612-4 ; voir n° 84300) :

– sont tenus de nommer au moins un commissaire aux comptes et, lorsque les conditions définies au 2e alinéa du I de l'article L 823-1 sont réunies, un suppléant ;

> La loi dite Pacte a modifié les dispositions de l'article L 612-4 du Code de commerce afin d'aligner les obligations de désignation d'un commissaire aux comptes suppléant sur les conditions définies au 2e alinéa du I de l'article L 823-1 du Code de commerce, à savoir la désignation d'un suppléant uniquement lorsque le commissaire aux comptes titulaire est une personne physique ou une société unipersonnelle.

– doivent établir des comptes annuels (bilan, compte de résultat et annexe) et doivent assurer, par tous moyens, la publicité de leurs comptes annuels et du rapport du commissaire aux comptes.

Collectivités territoriales et administrations

L'**administration** dispose d'un pouvoir général de contrôle a posteriori. Elle peut également intervenir avant versement des subventions dans certaines occasions.

84295

Ainsi certaines administrations disposent-elles d'un droit préalable d'agrément, sans lequel une association ne peut valablement exercer son activité statutaire. Il en est ainsi, à titre d'exemple :

– des activités de loisirs (tourisme social et agences de voyages...) ;

1715

SECTEUR ASSOCIATIF   © Éd. Francis Lefebvre

– des organismes de formation ;
– des établissements sanitaires et sociaux.

A posteriori, tout organisme bénéficiaire de subventions publiques est astreint aux vérifications des comptables du Trésor et de l'Inspection générale des finances (Loi 96-314 du 12-4-1996 art. 43 modifiée par la loi 2015-1541 du 27-11-2015). Tout organisme ayant reçu une subvention de l'État supérieure à 7 500 euros peut faire l'objet d'une intervention des contrôleurs financiers attachés aux ministères concernés.

84300 Les **collectivités** ont la faculté de contrôler sur place les pièces justificatives de l'utilisation de leurs subventions. Elles ont le pouvoir d'imposer la reddition préalable des comptes relatifs à l'emploi des subventions affectées, ainsi que la remise du budget certifié et des comptes généraux de chaque exercice (C. général des collectivités territoriales art. L 1611-4, al. 1 et 2). Le reversement de subventions à d'autres associations est interdit depuis 1938.

Les communes de plus de 3 500 habitants, les départements et les régions doivent annexer à leurs documents budgétaires mis à disposition du public :
– la liste des concours attribués aux associations sous forme de prestations en nature ou de subventions ;
– le bilan certifié conforme du dernier exercice connu des associations bénéficiaires d'une subvention d'un montant supérieur à 75 000 euros ou représentant plus de 50 % de son budget.

Le Don en confiance et IDEAS

84305 Le Don en confiance et IDEAS (Institut de développement de l'éthique et de l'action pour la solidarité) sont des organismes de droit privé gérés par des bénévoles, dont l'objet essentiel est de garantir aux donateurs la **bonne utilisation des fonds** par les organismes bénéficiaires de leur contribution. La finalité de leur action est donc d'encourager la générosité du public et le développement de leurs membres.

Les associations agréées s'engagent à respecter des règles d'éthique communes pour sécuriser et encourager la générosité publique.

Ils jouent ainsi un rôle important dans l'amélioration de la **qualité** et de la **transparence des informations financières** diffusées par les entités. Plusieurs de leurs membres ont également contribué à l'élaboration des dispositions comptables spécifiques aux associations et fondations (Mémento Associations n° 73160, alinéa c).

On signalera également que l'Institut français des administrateurs (http://www.ifa-asso.com) se préoccupe de la bonne gouvernance des grandes associations et fondations et édite régulièrement des publications faisant état de bonnes pratiques et de recommandations en termes de gouvernance.

Organismes de certification qualité

84306 Les organismes certificateurs qualité sont nombreux. Un certain nombre d'entre eux proposent leur concours efficace au monde associatif comme l'Afnor.

Mission interministérielle de vigilance et de lutte contre les dérives sectaires (Miviludes)

84307 Cette mission placée auprès du Premier ministre a pour objet l'analyse des dérives sectaires, la coordination de l'action préventive et répressive, l'information et la formation des agents publics, l'information du public et la coordination internationale auprès du ministère des affaires étrangères (Décret 2002-1392 du 28-11-2002).

Commissaires aux comptes

84320 **Principe** L'intervention des commissaires aux comptes dans les personnes morales de droit privé non commerçantes ayant une activité économique, dont font partie les associations et fondations, est prévue dans un grand nombre de cas qui sont examinés ci-après. Des dispositions concernant la nomination d'un commissaire aux comptes sont également prévues pour les fonds de dotation par l'article 140 de la loi du 4 août 2008.

La désignation d'un commissaire aux comptes, lorsqu'elle n'est pas obligatoire, peut être librement décidée par les associations (C. com. art. L 612-1, al. 5). Il en résulte que les associations peuvent volontairement désigner un commissaire aux comptes titulaire et suppléant à tout moment de leur existence, ou en prévoir le principe dans la rédaction de leurs statuts. De même, un financeur public peut insérer

1716

© Éd. Francis Lefebvre

SECTEUR ASSOCIATIF

une clause de nomination d'un commissaire aux comptes dans une convention de financement, même si celle-ci porte sur un montant inférieur à 153 000 euros (voir n° 84330).
La mission du professionnel est alors la même que si la nomination résultait d'une obligation légale.
La CNCC considère que les dispositions des articles L 612-1 et suivants du Code de commerce relatives aux personnes morales de droit privé non commerçantes ayant une activité économique ne sont pas applicables aux fonds de dotation. En effet, ces derniers bénéficient d'un statut juridique spécifique prévu à l'article 140 de la loi LME du 4 août 2008 (Bull. CNCC 171-2013 p. 489).

Choix du commissaire aux comptes La personne nommée en tant que commissaire aux comptes est nécessairement un professionnel indépendant inscrit sur une liste établie par le Haut Conseil du commissariat aux comptes, dans les conditions prévues aux articles L 822-1-1 à L 822-1-4 du Code de commerce (C. com. art. L 822-1).
En aucun cas sa mission ne saurait être confondue avec celle de contrôleurs des comptes, membres bénévoles d'associations dont l'intervention peut être prévue par les statuts et règlements intérieurs, ni avec celle d'un contrôleur issu de la fonction publique ou des collectivités locales.

84323

Selon les avis rendus par le H3C, ne peuvent notamment pas être désignés commissaires aux comptes d'une association les membres contributeurs de celle-ci (Avis du 1-7-2008) et l'expert-comptable de l'un des dirigeants (Avis du 8-2-2007).

Nomination obligatoire d'un commissaire aux comptes L'obligation de nomination d'un commissaire aux comptes peut être légale, réglementaire ou statutaire. Elle peut résulter d'une demande administrative, ou bien d'organismes centraux, dans le cas notamment d'associations à activités et/ou établissements multiples, ou rattachées à une fédération.
Le commissaire aux comptes est désigné par l'organe délibérant de l'entité.
Sont examinées ci-après les nominations résultant d'une **obligation légale ou réglementaire**.

84325

Pour un aperçu plus général sur le champ d'application du commissariat aux comptes, voir n°s 1871 s.

Sont **notamment tenus de nommer un commissaire aux comptes** :
– les associations ayant une activité économique et qui dépassent deux des trois seuils suivants : total de bilan supérieur à 1 550 000 euros, ressources supérieures à 3 100 000 euros, nombre de salariés supérieur à 50 (C. com. art. L 612-1 et R 612-1) ;

84330

Les ressources comprennent les produits de toute nature liés à l'activité courante. Le nombre de salariés est égal à la moyenne des effectifs salariés liés à l'association par un contrat de travail à durée indéterminée, sans application de prorata au titre des temps partiels, à la fin de chaque trimestre de l'année civile ou, à défaut, de l'exercice comptable lorsque celui-ci ne coïncide pas avec l'année civile.
Dès lors que les seuils prévus à l'article R 612-1 du Code de commerce n'ont pas été dépassés pendant deux exercices successifs, il peut être mis fin au mandat du commissaire aux comptes par l'entité (C. com. art. R 612-1, al. 5). La CNCC considère que la nomination doit intervenir au titre de l'exercice suivant le franchissement de deux des trois seuils précités (Bull. CNCC 172-2013 p. 635 s.).
Pour un rappel des règles de nomination, de franchissement des seuils à la baisse en cours de mandat et de terme du mandat du commissaire aux comptes, voir Bull. CNCC n° 172-2013 – EJ 2013-69 et n° 2485.

– les associations reconnues d'utilité publique collectant des fonds pour le compte d'œuvres ou d'organismes d'intérêt général, sans notion de seuil (Loi du 23-7-1987 relative au développement du mécénat – modifiée par ord. 2000-912 du 18-9-2000) ;
– les associations ouvrant droit à un avantage fiscal au bénéfice des donateurs, percevant plus de 153 000 euros de dons (Loi du 23-7-1987 art. 4-1 ; Décret 2007-644 du 30-4-2007) ;

Ce seuil correspond aux dons ouvrant droit par nature à une réduction d'impôt quand bien même le donateur ne serait pas imposable ou n'aurait pas demandé la délivrance d'un reçu fiscal (EJ 2009-79 : Bull. CNCC n° 158-2010).
Conformément à l'article 4-1 de la loi précitée, les associations qui dépassent le seuil de perception de 153 000 euros de dons ouvrant droit à avantage fiscal « sont soumises aux prescriptions de l'article L 612-4 du Code de commerce ». S'agissant des conditions de nomination et de cessation des fonctions des commissaires aux comptes, il nous semble dès lors possible de retenir les règles applicables aux associations régies par l'article L 612-4 (voir infra).

– les associations de surveillance de la qualité de l'air (C. env. art. R 221-10) ;
– les associations émettant des obligations (C. com. art. L 612-1 sur renvoi du C. mon. fin. art. L 213-15) ;
– les associations habilitées à faire certaines opérations de prêts (C. mon. fin. art. R 518-60) ;

SECTEUR ASSOCIATIF

© Éd. Francis Lefebvre

84330
(suite)

– les organismes dispensateurs de formation de droit privé dépassant deux des trois seuils suivants : total de bilan supérieur à 230 000 euros, montant hors taxe de chiffre d'affaires ou de ressources supérieur à 153 000 euros, nombre de salariés supérieur à 3 (C. trav. art. L 6352-8 et R 6352-19) ;

– les opérateurs de compétences (anciens organismes paritaires collecteurs agréés aux fins de gestion des fonds de la formation professionnelle continue ; C. trav. art. R 6332-36) ;

– les fondations reconnues d'utilité publique (Loi 87-571 art. 5), les fondations d'entreprise (Loi 87-571 art. 19), les fondations de coopération scientifique (C. recherche art. L 344-11 à 16), les fondations partenariales universitaires (C. éduc. art. L 719-12), les fondations hospitalières (Loi 87-571 du 23-7-1987 art. 5, II sur renvoi de l'article L 6141-7-3 du Code de la santé publique) doivent toutes nommer un commissaire aux comptes sauf dans le cas où elles relèvent du statut des fondations abritées (sachant que les « abritantes » en ont déjà un) ;

– les fonds de dotation instaurés par la loi de modernisation de l'économie (LME) 2008-776 du 4 août 2008, dès lors que le montant total de leurs ressources dépasse 10 000 euros en fin d'exercice (Loi 2008-776 du 4-8-2008 art. 140, VI) ;

Selon la CNCC, les ressources à prendre en compte dans les fonds de dotation pour l'appréciation du seuil de 10 000 euros entraînant la nomination d'un commissaire aux comptes sont :
– celles mentionnées à l'alinéa 4 de l'article 140, III de la loi du 4 août 2008 (revenus des dotations) ;
– les dons issus de l'appel public à la générosité pour lesquels l'organe délibérant n'a pas décidé une affectation en dotation ;
– le cas échéant, la quote-part de la dotation consomptible affectée au résultat.
Le premier exercice certifié par le commissaire aux comptes est celui au cours duquel le seuil de 10 000 euros est dépassé (Bull. CNCC n° 169-2013 – EJ 2012-42).
Le décret 2015-49 relatif aux fonds de dotation impose depuis le 25 janvier 2015 une nouvelle obligation pour les créateurs de fonds de dotation en fixant à 15 000 euros le montant minimum de la dotation initiale des fonds de dotation.

– les associations recevant annuellement, de la part d'une autorité administrative ou d'établissements publics à caractère industriel et commercial, une ou plusieurs subventions en numéraire dont le montant global dépasse 153 000 euros (C. com. art. L 612-4 modifié par la loi ESS pour introduire la notion de subventions « en numéraire » et art. D 612-5) ;

Par autorité administrative, il faut entendre les administrations de l'État, les collectivités territoriales, les établissements publics à caractère administratif, les organismes de sécurité sociale et les autres organismes chargés de la gestion d'un service public administratif (Loi du 12-4-2000 art. 1). Selon la CNCC, la nomination doit intervenir l'année même du franchissement de seuil (Bull. CNCC n° 144-2006 p. 699 et n° 172-2013 p. 635 s.). Dans sa deuxième réponse, la CNCC considère qu'en cas de franchissement à la baisse, aucune disposition expresse ne permet de mettre fin de façon anticipée au mandat en cours.
Par ailleurs, la Commission des études juridiques de la CNCC a précisé qu'il convient de ne pas cumuler le total des dons ouvrant droit à avantage fiscal pour les donateurs (voir supra) et des subventions dans la détermination du seuil de 153 000 euros (EJ 2009-110 : Bull. CNCC n° 158-2010 p. 418).

– l'association Action logement groupe qui gère la collecte des fonds dans le cadre de la participation des employeurs à l'effort de construction (C. com. art. L 612-1 sur renvoi de l'art. L 313-18-4 du CCH) ;

– les caisses des règlements pécuniaires des avocats relatives à l'aide juridictionnelle – Carpa (Loi 91-647 du 10-7-1991 – modifiée par ord. 2005-1126 du 8-9-2005) ;

Les Carpa sont tenues de désigner un commissaire aux comptes sans conditions de seuil pour les missions spécifiques relatives au dépôt et maniement de fonds ainsi qu'à l'aide juridique. Par ailleurs, la CNCC considère qu'une Carpa est constituée sous forme associative et qu'elle a une activité économique et qu'à ce titre elle relève également des dispositions de l'article L 612-1 du Code de commerce l'obligeant à désigner un commissaire aux comptes afin de faire certifier ses comptes dès lors qu'elle dépasse deux des trois seuils prévus à l'article R 612-1 du même Code (Bull. CNCC 161-2011 p. 87). Les différentes missions citées supra peuvent d'ailleurs être confiées à deux commissaires distincts.

– les associations rémunérant de 1 à 3 dirigeants sous condition (Instruction fiscale 4-H-5-06) ;
– les fédérations sportives (C. sport art. L 122-1 et L 131-3) ;
– les organisations syndicales et professionnelles (OSP) dès lors que leurs ressources propres dépassent le seuil de 230 000 euros à la clôture d'un exercice (C. trav. art. L 2135-6 et D 2135-9).

À la suite d'une saisine de la CNCC, le ministère de la fonction publique, dans un courrier du 8 novembre 2011, a précisé que les dispositions relatives à la certification et à la publicité des comptes des syndicats professionnels, issues de la loi 2008-789 du 20 août 2008 portant rénovation de la démocratie sociale et réforme du temps de travail, sont applicables aux **organisations syndicales de la fonction publique**.

© Éd. Francis Lefebvre

SECTEUR ASSOCIATIF

S'agissant des personnes morales contrôlées par des OSP au sens de l'article L 233-16 du Code de commerce, sans entretenir avec elles de lien d'adhésion ou d'affiliation, le Code du travail pose le principe suivant : lorsque l'OSP a écarté l'option consistant à établir des comptes consolidés et a opté pour la méthode prévue au b de l'article L 2135-2 du Code du travail (méthode dite de l'agrafage), les entités contrôlées sont tenues de désigner chacune un commissaire aux comptes si les ressources de l'ensemble constitué dépassent, à la clôture d'un exercice, le seuil de 230 000 euros (C. trav. art. L 2135-2 modifié par la loi 2012-387 relative à la simplification du droit et à l'allégement des démarches administratives).

Tous les syndicats professionnels d'employeurs, leurs unions, et les associations d'employeurs mentionnés à l'article L 2135-1 du Code du travail **qui souhaitent établir leur représentativité** sont tenus de nommer au moins un commissaire aux comptes et, lorsque les conditions définies au 2e alinéa du I de l'article L 823-1 sont réunies, un suppléant, quel que soit leur seuil de ressources (C. trav. art. L 2135-6).

La loi dite Pacte a modifié les dispositions de l'article L 2135-6 du Code du travail afin d'aligner les obligations de désignation d'un commissaire aux comptes suppléant sur les conditions définies au 2e alinéa du I de l'article L 823-1 du Code de commerce, à savoir la désignation d'un suppléant uniquement lorsque le commissaire aux comptes titulaire est une personne physique ou une société unipersonnelle.

Les entités précitées ne sont pas visées par le rehaussement des seuils rendant obligatoire la désignation d'un commissaire aux comptes pour les sociétés commerciales et issues de la loi 2019-486 du 22 mai 2019, dite Pacte, y compris, à la date de mise à jour de ce Mémento, les seuils applicables aux personnes morales de droit privé non commerçantes exerçant une activité économique (voir n° 1950).

Précisions complémentaires sur la détermination des seuils et la notion de subvention Comme cela vient d'être précisé, certaines associations ont l'obligation de nommer un commissaire aux comptes lorsqu'elles dépassent certains seuils, notamment en matière de perception de subventions et de ressources annuelles. La détermination de ces seuils appelle dans la pratique un certain nombre de précisions.

84345

La notion de **subvention publique** a été définie pour la première fois par l'article 59 de la loi ESS du 31 juillet 2014. Ce sont « les contributions facultatives de toute nature, valorisées dans l'acte d'attribution, décidées par les autorités administratives et les organismes chargés de la gestion d'un service public industriel et commercial, justifiées par un intérêt général et destinées à la réalisation d'une action ou d'un projet d'investissement, à la contribution au développement d'activités ou au financement global de l'activité de l'organisme de droit privé bénéficiaire. Ces actions, projets ou activités sont initiés, définis et mis en œuvre par les organismes de droit privé bénéficiaires. Ces contributions ne peuvent constituer la rémunération de prestations individualisées répondant aux besoins des autorités ou organismes qui les accordent ».

S'agissant de l'application de l'article L 612-4 du Code de commerce, la loi ESS précise également que ce sont les **subventions en numéraire** qui sont à prendre en compte pour la détermination des seuils.

84348

Le **seuil de 153 000 euros** de subventions annuelles est défini comme résultant du total des subventions en numéraire reçues annuellement, même si aucune d'entre elles considérée individuellement ne l'atteint.

Selon les principes comptables en vigueur dans l'association, la notion de **subvention reçue annuellement** doit s'entendre soit de l'encaissement, soit de la comptabilisation de la subvention après décision d'octroi, notifiée sans condition suspensive.

84349

La CNCC a confirmé (Bull. CNCC n° 94-1994 p. 290) que la notion d'établissement public englobait les établissements publics administratifs et les établissements publics industriels et commerciaux (EDF, La Poste, France Télécom, SNCF…).

Elle a également indiqué que les institutions européennes n'étant pas visées par les dispositions de l'article L 612-4 du Code de commerce, les aides financières qu'elles versent aux associations ne sont pas à prendre en compte pour déterminer le seuil de 153 000 euros déclenchant l'obligation de nommer un commissaire aux comptes (Bull. CNCC n° 114 – juin 1999 p. 257).

Par ailleurs, entrent dans le cadre du seuil de 153 000 euros :

– les rémunérations d'autorités administratives reçues par le biais d'une fédération à laquelle elles adhèrent (EJ 2009-28 : Bull. CNCC n° 155 – sept. 2009 p. 595) ;

– les aides à l'emploi perçues dans le cadre de contrats conclus entre l'État ou Pôle emploi pour son compte et l'association ou son prescripteur (conseil général, commune ou établissement public de

1719

SECTEUR ASSOCIATIF　　　　　　　　　　　　　　　　© Éd. Francis Lefebvre

coopération intercommunale), qui sont des autorités administratives au sens de l'article 1er de la loi du 12 avril 2000 (EJ 2009-35 : Bull. CNCC n° 155 – sept. 2009 p. 594).

Pour une étude détaillée de la notion de subvention, voir Guide du commissaire aux comptes dans les associations, fondations et autres organismes sans but lucratif – édition 2016 – p. 104 s.

84350　Concernant les organisations syndicales et professionnelles, les ressources à prendre en compte pour le calcul du **seuil de 230 000 euros** correspondent au montant cumulé :
– des subventions, produits de toute nature liés à l'activité courante ainsi que des produits financiers ;
– et des cotisations perçues desquelles sont déduites les cotisations reversées en vertu de conventions ou des statuts, à des syndicats professionnels de salariés ou d'employeurs et à leurs unions ou à des associations de salariés ou d'employeurs relevant de l'article L 2135-1 du Code du travail (C. trav. art. D 2135-9).

84353　Certains établissements d'enseignement sont habilités à recevoir (via les Octa) la **taxe d'apprentissage** versée par les entreprises. Ces ressources peuvent avoir soit un caractère de subvention d'exploitation, soit un caractère de subvention d'investissement.
Dans le premier cas, les fonds sont enregistrés dans un compte de produits d'exploitation ; ils sont donc pris en compte pour apprécier le dépassement des seuils.
Dans le second cas, les fonds sont affectés à l'acquisition d'immobilisations, ils sont enregistrés en compte de la classe 13 et sont donc compris dans les fonds propres. Si cette subvention est ensuite reprise en compte de résultat au fur et à mesure des amortissements, il en résulte que :
– la subvention est bien prise en compte dans le bilan pour le calcul du seuil « bilan » ;
– la quote-part de subvention reprise au compte de résultat n'est, quant à elle, pas retenue pour le dépassement du seuil des « ressources » dans la mesure où elle apparaîtrait au niveau du résultat exceptionnel. Elle pourrait toutefois être ajoutée aux ressources qui correspondent aux « cotisations, subventions et produits de toute nature liés à l'activité courante ».

84355　Depuis la mise en place du règlement CRC 99-01 du 16 février 1999, la **valorisation du bénévolat et autres contributions volontaires en nature** peut être mentionnée en annexe et/ou comptabilisée au pied du compte de résultat dans des comptes de la classe 8 ou, à défaut, faire l'objet d'information qualitative. L'appréciation du dépassement des seuils peut donc, à notre avis, se concevoir sans prendre en compte la ressource complémentaire représentée par la valorisation éventuelle du bénévolat.
Le règlement CRC 2018-06 qui remplace le règlement CRC 99-01 pour les exercices ouverts au 1er janvier 2020 rend la valorisation des contributions volontaires en nature obligatoire sauf exceptions motivées et justifiées. L'absence d'évaluation est justifiée en annexe.

84360　**Défaut de nomination de commissaires aux comptes**　Encourent les **sanctions pénales** prévues à l'article L 820-4 du Code de commerce les dirigeants d'association ayant omis de nommer un commissaire aux comptes nonobstant l'obligation légale.
Par ailleurs, les **délibérations** de l'organe délibérant prises à défaut de désignation régulière d'un commissaire aux comptes ou de son renouvellement sont nulles (C. com. art. L 820-3-1). La prescription de cette situation ne peut intervenir qu'après une période de cinq ans.
L'article L 820-3-1 du Code de commerce prévoit la régularisation de la **nomination tardive** des commissaires aux comptes. L'action en nullité est éteinte si les délibérations concernées sont expressément confirmées par l'organe compétent sur le rapport du commissaire aux comptes régulièrement désigné (voir n° 2190).

84370　**Expérimentation dans les collectivités territoriales**
L'article 110 de la loi 2015-991 du 7 août 2015 portant nouvelle organisation territoriale de la République dite loi NOTRe prévoit une expérimentation de dispositifs destinés à assurer la régularité, la sincérité et fidélité des comptes des collectivités territoriales et de leurs groupements. Dans le cadre de cette expérimentation de « certification » des comptes de ces dernières, la mission du commissaire aux comptes, de nature contractuelle, consiste à effectuer des audits des comptes des collectivités territoriales candidates sur les exercices 2020 à 2022.

1720

© Éd. Francis Lefebvre

SECTEUR ASSOCIATIF

La CNCC a publié en novembre 2019 une note relative à la mission du commissaire aux comptes dans les collectivités territoriales dans le champ d'expérimentation de l'audit des comptes des exercices 2020 à 2022 ainsi qu'une cartographie des risques.

SECTION 2

Environnement réglementaire

Cette section expose les **caractéristiques** du cadre légal et réglementaire qui régit le fonctionnement des associations et des fondations. Elles sont identifiées dans trois parties respectivement consacrées à la classification des associations, des fonds et des fondations (n° 84530), à leur cadre juridique de fonctionnement (n° 84650) et aux obligations qui pèsent sur elles dans les domaines fiscal et comptable (n° 84800).

84500

I. Classification

Différentes formes d'associations

On peut distinguer les associations non déclarées et les associations déclarées. Certaines associations déclarées peuvent en outre être reconnues d'utilité publique ou agréées, ou reconnues d'utilité publique et agréées.

84530

Associations non déclarées Les associations non déclarées sont celles dont le contrat d'association n'a pas été déclaré en préfecture (ou sous-préfecture).

84535

L'absence de cette formalité a pour corollaire l'absence de publication au Journal officiel d'un extrait de cette déclaration.

Les associations non déclarées n'ont pas de **capacité juridique** et ne peuvent donc percevoir ni don, ni legs, ni subvention publique. Elles ne peuvent ni contracter, ni encourir une responsabilité civile, ni agir en justice.

84536

Certains juges considèrent qu'une association non déclarée peut toutefois être assignée en justice. Pour une étude détaillée, se reporter au Mémento Associations n°s 1320 s.

Les **biens** d'une association non déclarée sont la propriété indivise des contractants. Les **contrats** passés au nom de ce type d'association n'engagent que la personne qui les a conclus, ou tous les fondateurs de l'association, solidairement, si la personne en question peut établir qu'elle agissait comme leur mandataire. Ils engagent également tous les fondateurs, s'ils sont commerçants et si l'engagement est commercial.

84538

La nullité des actes juridiques accomplis est absolue, et tout intéressé peut l'invoquer.

Associations déclarées Les associations déclarées sont celles qui ont fait l'objet d'une procédure de déclaration auprès de la **préfecture** (ou de la sous-préfecture selon la situation du siège de l'association) ou, pour les associations dont le siège est à l'étranger, auprès de la préfecture du département où est situé leur principal établissement.

84540

La déclaration peut être effectuée par toute personne chargée de l'administration ou de la direction de l'association.

En pratique, le service préfectoral se charge de la **formalité d'insertion au Journal officiel des associations, fonds et fondations (DILA)**. Les associations déclarées jouissent de la personnalité morale et donc de la capacité juridique dès le dépôt de la déclaration à la préfecture (ou à la sous-préfecture) et de la publication de l'extrait de cette déclaration au Journal officiel (Décret du 16-8-1901 art. 5 modifié par le décret 2017-908 du 6-5-2017 art 1). Elles peuvent donc ester en justice, recevoir des dons, des libéralités, acquérir à titre onéreux, posséder et administrer.

Pour une étude détaillée, se reporter au Mémento Associations n°s 1400 s.

Association reconnue d'utilité publique Le fait d'avoir été régulièrement déclarée et publiée conformément aux dispositions du décret du 16 août 1901 permet à l'association d'être, le cas échéant, reconnue d'utilité publique.

84545

1721

SECTEUR ASSOCIATIF

© Éd. Francis Lefebvre

L'intérêt essentiel de la reconnaissance d'utilité publique est de permettre aux associations de bénéficier de donations et de legs sans avoir pour unique objet l'assistance, la bienfaisance, la recherche scientifique ou la recherche médicale (pour une étude détaillée, se reporter au Mémento Associations n° 19100). Le **nombre** des associations reconnues d'utilité publique plafonne depuis plusieurs années à environ 2 000.

Une association reconnue d'utilité publique peut désormais se transformer en fondation reconnue d'utilité publique, sans création d'une personne morale nouvelle (art. 83 de la loi ESS du 31-7-2014).

84548 Pour être reconnues d'utilité publique, les associations doivent d'abord **solliciter cette reconnaissance**. Seule leur assemblée générale est compétente. Un extrait de la délibération autorisant la demande doit être joint au dossier.

84550 Les **autres conditions** à remplir pour obtenir la reconnaissance d'utilité publique, outre la déclaration et la publication régulières, sont les suivantes :
– avoir un objet conforme à la loi et exercer une activité d'intérêt général, sans caractère lucratif ;
– disposer d'une audience et d'une activité dépassant un cadre purement local ;

Cette condition constitue souvent un obstacle sérieux à l'aboutissement de la procédure.

– compter au moins 200 membres personnes privées ;
– avoir accompli une période probatoire de fonctionnement d'au moins trois ans, sauf si l'association est assurée de pouvoir disposer de ressources stables ;
– inclure dans les statuts un certain nombre de dispositions obligatoires, notamment en matière de communication des changements dans l'administration ou la direction (spontanément dans les 3 mois), et de production des registres et pièces comptables sur toute réquisition du préfet.

Les associations reconnues d'utilité publique n'ont pas l'obligation d'adopter les statuts types approuvés par le Conseil d'État (voir n° 84257), mais elles y sont fortement incitées. Les statuts types des associations reconnues d'utilité publique ont été actualisés et approuvés le 28 avril 2020. Ils constituent des lignes directrices par lesquelles le ministre de l'intérieur entend fixer les orientations générales en vue de l'exercice de son pouvoir dans le cadre de la procédure de reconnaissance d'utilité publique d'une association.

84555 La **procédure** d'obtention de la reconnaissance d'utilité publique est voisine de celle suivie pour les fondations (voir n°s 84590 s.). La demande est déposée auprès du ministère de l'intérieur. Le Conseil d'État exprime un avis et le Gouvernement dispose ensuite d'un pouvoir souverain d'appréciation. Si elle est accordée, la reconnaissance d'utilité publique intervient par décret en Conseil d'État.

84560 **Associations agréées** Certaines associations ont besoin d'une **autorisation administrative** soit pour pouvoir remplir leur objet (par exemple, tourisme, dressage de chiens au mordant, service aux personnes…), soit pour bénéficier d'avantages (par exemple, obtention de prêts ou de subventions). Ces associations sont dites agréées.

Seule une association déclarée peut être agréée. Une association peut être à la fois agréée et déclarée d'utilité publique.

Différentes formes de fondations

84580 **Caractéristique commune** À l'origine de toute fondation, il y a une ou plusieurs personnes physiques ou morales, dénommées « fondateurs », décidant d'**affecter irrévocablement** des biens, droits ou ressources à la réalisation d'une œuvre d'intérêt général et à but non lucratif (Loi 87-571 du 23-7-1987 art. 18, al. 1).

À la différence des associations, les fondations ne sont donc pas des **groupements de personnes**.

84590 **Fondations reconnues d'utilité publique (FRUP)** Pour que le dossier d'agrément d'une FRUP soit soumis au Conseil d'État, il est nécessaire que la **recevabilité de la demande** ait été examinée au préalable par les services compétents du ministère de l'intérieur. C'est seulement après avoir consulté la préfecture du département du siège et les autres ministères éventuellement intéressés et après avoir vérifié que les membres de droit officiels prévus au conseil de la fondation ont bien donné leur accord que le ministre de l'intérieur transmettra, le cas échéant, le dossier au Conseil d'État. Le délai d'instruction des dossiers est plafonné à 6 mois.

© Éd. Francis Lefebvre

SECTEUR ASSOCIATIF

La **dotation initiale** doit être suffisante pour permettre à une future fondation reconnue d'utilité publique d'assurer son indépendance et son fonctionnement. Elle doit être au moins égale à 1 500 000 euros au moment de la création de la FRUP.

Des statuts types ont été approuvés par le Conseil d'État dans son avis du 28 avril 2020. Ils sont venus modifier les statuts types antérieurs du 19 juin 2018. Sont proposés aux fondations reconnues d'utilité publique deux modèles de statuts types, l'un avec conseil d'administration, l'autre avec directoire et conseil de surveillance. Les associations reconnues d'utilité publique bénéficient également d'une mise à jour de leurs statuts types.

Ces nouveaux statuts types sont applicables aux demandes de reconnaissance d'utilité publique et aux demandes de modification de statuts des fondations reconnues d'utilité publique enregistrées au ministère de l'intérieur depuis le 18 juin 2018. Ils apportent notamment les précisions suivantes pour les fondations :
– l'instance qui arrête les comptes annuels est le bureau ou le directoire ;
– l'instance qui approuve les comptes annuels est le conseil d'administration ou le conseil de surveillance ;
– l'instance qui délibère sur les conventions réglementées entrant dans le champ de l'article L 612-5 du Code de commerce est le conseil d'administration ou le conseil de surveillance ;
– la composition et la valorisation de la dotation sont détaillées ;
– la dotation doit être accrue en valeur d'une fraction de l'excédent des ressources annuelles nécessaires au maintien de sa valeur, et elle peut l'être également en valeur absolue par décision du conseil d'administration ou du conseil de surveillance ;
– le trésorier informe chaque année le conseil d'administration ou le conseil de surveillance de la consistance et de la valeur actualisée de la dotation à l'occasion de l'approbation des comptes.

Pour une étude détaillée, se reporter au Mémento Associations nos 77100 s.

84592 L'**examen du Conseil d'État** porte plus particulièrement sur les aspects financiers, et notamment sur la pérennité des ressources sur lesquelles peut compter la fondation. L'objet de la fondation, ses statuts, la composition du conseil sont également pris en compte. Au terme de l'instruction du dossier, le Conseil d'État émet un **avis consultatif**. Le **Gouvernement** dispose ensuite d'un pouvoir discrétionnaire pour accorder ou refuser la reconnaissance d'utilité publique.

Le retrait ultérieur de la reconnaissance d'utilité publique entraîne automatiquement la dissolution de la fondation.

84600 **Fondations d'entreprise** Les fondations d'entreprise ne peuvent être créées que par des personnes morales en vue de la réalisation d'une œuvre d'intérêt général (Loi 87-571 du 23-7-1987 art. 19).

Le **régime** de la fondation d'entreprise s'inspire de celui de la fondation reconnue d'utilité publique (voir n° 84590).

Sa durée de vie est limitée, sans pouvoir être inférieure à cinq ans. Elle est prorogeable pour des durées minimales de trois ans. Les fondateurs s'engagent sur un programme pluriannuel de 150 000 euros au moins. Grâce à la loi sur le mécénat du 1er août 2003, les fondations d'entreprises peuvent percevoir des dons des salariés des entités des groupes auxquels appartiennent les entreprises fondatrices. La loi relative à l'économie sociale et solidaire du 31 juillet 2014 a élargi cette possibilité aux mandataires sociaux, sociétaires, adhérents ou actionnaires de l'entreprise fondatrice ou des entreprises du groupe, au sens de l'article 223 A du Code général des impôts, auquel appartient l'entreprise fondatrice (voir art. 81).

Par ailleurs, aucun représentant de la puissance publique, ou commissaire du gouvernement, ne siège au conseil d'administration des fondations d'entreprise dont un contrôle est assuré, comme les fonds de dotation, par la préfecture dont elles relèvent.

84605 L'**autorisation administrative** de constitution d'une fondation d'entreprise ne relève que du préfet du département du siège de la fondation. Celui-ci dispose d'un délai de quatre mois pour instruire la demande. Passé ce délai, en cas d'absence formelle de décision, l'autorisation est réputée acquise.

Pour une étude détaillée, se reporter au Mémento Associations nos 79600 s.

84606 **Fondations de coopération scientifique** Les FCS (C. recherche art. L 344-11 à 16) interviennent dans le domaine de la recherche et de l'enseignement. Les règles relatives aux FRUP de la loi du 23 juillet 1987 leur sont applicables sous réserve de dispositions propres précisées par la loi du 18 avril 2006 (C. recherche art. L 344-11). Les statuts sont approuvés par décret. Leur dotation peut être apportée en tout ou partie par des personnes publiques.

SECTEUR ASSOCIATIF   © Éd. Francis Lefebvre

Les statuts définissent les conditions dans lesquelles une partie de la dotation peut être affectée à l'activité de la fondation.

84607 **Fondations universitaires** Les fondations universitaires (C. éduc. art. L 719-12) interviennent dans les mêmes domaines que les FCS mais sont dépourvues de la personnalité juridique et ne dépendent que des conseils d'administration de l'établissement auquel elles sont rattachées. Elles peuvent recevoir des dons et legs. Ces fondations appliquent les règles relatives aux FRUP prévues par la loi du 23 juillet 1987, sous réserve des dispositions propres précisées par l'article précité.

84608 **Fondations sous égide ou abritées** Une FRUP (Loi du 4 juillet 1990 modifiant l'article 20 de la loi du 23 juillet 1987) dite « fondation abritante » gère dans un cadre contractuel des biens qui lui sont confiés pour la réalisation d'une action d'intérêt général. La fondation abritante (qualité statutairement prévue) est le gestionnaire des biens pour le compte des fondateurs de la fondation abritée qui consentent une libéralité à la fondation abritante, cette libéralité (don, legs ou donation) étant assortie de charges. Cette situation entraîne l'application des règles comptables précisées par le règlement CRC 2009-01 en distinguant la fondation abritante et la fondation abritée, et en prévoyant un dispositif comptable permettant de suivre séparément la gestion de ces biens, droits et ressources.

À compter des exercices ouverts au 1er janvier 2020, les articles 511-1 et suivants du règlement ANC 2018-06 fixent les règles applicables aux fondations sous égide ou abritées.

84609 **Fondations partenariales** Les fondations partenariales (C. éduc. art. L 719-13 modifié par la loi 2020-1674 du 24-12-2020) sont le pendant des fondations d'entreprise pour l'enseignement et la recherche. Elles sont créées par le conseil d'administration de l'université participante, après approbation du rectorat des académies auxquelles elles sont rattachées. Elles ont la capacité de recevoir des dons et legs. Les règles relatives aux fondations d'entreprise, sous réserve des dispositions propres précisées par l'article L 719-13 du Code de l'éducation, leur sont applicables. Elles peuvent, comme les FRUP, acquérir la qualité de fondation abritante. Elles peuvent également faire appel public à la générosité.

84610 **Fondations hospitalières** Ces fondations (Loi 2009-879 du 21-7-2009 art. 8, IV portant réforme de l'hôpital et relative aux parents, à la santé et aux territoires) sont constituées par des établissements publics de santé et sont dotées de la personnalité morale. Leur fonctionnement est soumis à un décret du Conseil d'État. Elles ont pour objet le financement de la recherche mentionné à l'article L 6112-1 du Code de la santé publique.

Autres entités

84620 Le **Fonds de dotation** a été instauré par l'article 140 de la loi 2008-776 de modernisation de l'économie (LME) du 4 août 2008. Il s'agit d'une personne morale de droit privé à but non lucratif constituée pour collecter et capitaliser des libéralités qui lui sont apportées à titre gratuit et irrévocable, dans le but de financer, grâce aux revenus tirés de cette capitalisation, une activité d'intérêt général ou de soutenir celle d'une autre personne morale d'intérêt général à but non lucratif. Au 30 juin 2020, leur nombre excédait 3 000 dont plus de la moitié en Île-de-France.

Pour une étude détaillée, se reporter au Mémento Associations nos 80510 s.

On notera que la loi ESS précitée a introduit plusieurs nouveautés relatives aux fonds de dotation dont la possibilité d'une transformation en fondation reconnue d'utilité publique sans dissolution et sans création d'une personne morale nouvelle (art. 87).

Voir également no 84100.

84621 **Organisations syndicales et professionnelles** Soumises aux obligations prévues aux articles L 2135-1 à L 2135-6 du Code du travail, les organisations syndicales et professionnelles sont :
– les syndicats ou associations professionnels de personnes constitués librement, exerçant la même profession, des métiers similaires ou des métiers connexes concourant à l'établissement de produits déterminés ou la même profession libérale (C. trav. art. L 2131-2) ;
– les unions de syndicats (C. trav. art. L 2133-1 et L 2133-2) ;
– les associations de salariés ou d'employeurs régies par la loi du 1er juillet 1901 relative au contrat d'association ou, dans les départements de la Moselle, du Bas-Rhin et du Haut-Rhin, par le droit local.

II. Cadre juridique de fonctionnement

Les associations sont régies par la loi du 1er juillet 1901 et par son décret d'application, daté du 16 août de la même année. La loi ne comporte que vingt et un articles, et s'applique à environ un million d'entités. Ce succès est assurément fondé pour une bonne part sur la nature contractuelle de la convention d'association, qui se traduit par la marge de manœuvre particulièrement importante laissée aux fondateurs de ces entités pour s'organiser. Cette liberté, qui a été pendant longtemps l'apanage du secteur associatif (on retrouve aujourd'hui dans la SAS une partie de cette souplesse), se manifeste dans :
– l'établissement des règles de fonctionnement de l'association ;
– la mise en place des organes de l'association ;
– la définition des relations avec les dirigeants.

84650

Règles de fonctionnement

Les **relations entre les membres** d'une association, les sociétaires, sont définies par les statuts. Un règlement intérieur apporte le plus souvent les précisions complémentaires qui peuvent se révéler nécessaires.

84655

Statuts   En principe, le **contenu** des statuts est **libre**, sous réserve que l'objet de l'association donne lieu à une définition claire et qu'il respecte le principe fondamental d'absence de répartition des résultats : l'inverse conduirait à la perte de la personnalité juridique et à la requalification, par les tribunaux, de l'association en société de fait, avec solidarité des membres entre eux si la société de fait est commerciale. La recherche de partage de bénéfices ne doit cependant pas être confondue avec l'exercice d'activités qualifiées de lucratives du seul point de vue fiscal (voir Mémento Associations nos 855 s.).

84660

> Il existe toutefois des cas dans lesquels le **contenu** des statuts est **réglementé** (recours à l'émission d'obligations, collecte de la participation des employeurs à l'effort de construction...) ou bien doit faire l'objet d'une **approbation** par une autorité de tutelle (par exemple les Urssaf), ou encore doit être conforme à des **statuts types** (par exemple, pour l'activité de transfusion sanguine, de chasse ou de pêche...). Mais en dehors de ces cas particuliers, les statuts de l'association sont avant tout la formalisation d'une relation contractuelle entre les membres. On note d'ailleurs à cet égard que les statuts types élaborés par le Conseil d'État, dans le cadre de la reconnaissance d'utilité publique, ne revêtent pas un caractère obligatoire, même si les associations sont fortement incitées à mettre leurs statuts en conformité avec ceux-ci.

Le fondement contractuel de la convention d'association a pour conséquence que les dispositions du **Code civil** traitant des contrats y trouvent un terrain d'application privilégié.

84662

Lors de la **constitution** de l'association, les conditions essentielles liées à la formation des contrats et visées à l'article 1102 du Code civil doivent être respectées (conformité du contrat à l'ordre public, à l'intégrité du territoire et à la forme républicaine du Gouvernement, consentement des membres lors de la constitution comme au cours de la vie de l'association, liberté contractuelle de l'association pour déterminer les modalités d'admission, etc.).

84664

Au cours de la **vie de l'association**, les sociétaires doivent respecter les statuts, le règlement intérieur et toute obligation qui découle du contrat d'association. Ils peuvent se retirer à tout moment, ou être exclus en cas de comportement fautif.
La faculté qu'ont les sociétaires de démissionner ouvre la possibilité, inexistante dans les sociétés commerciales, de créer des associations pour une durée indéterminée.

84666

> Un sociétaire peut se retirer à tout moment, nonobstant toute clause contraire des statuts ou d'une autre convention, que l'association ait été créée à durée déterminée ou indéterminée (Mémento Associations n° 4940 ; loi du 1-7-1901 art. 4 modifié par la loi Warsmann II du 22-3-2012 disposant que tout membre d'une association peut s'en retirer en tout temps nonobstant toute clause contraire, alors que l'ancienne rédaction donnait la possibilité aux statuts de limiter la démission lorsque l'association était formée pour une durée déterminée).

Les rapports des **dirigeants** avec l'association sont fixés par la convention d'association et sont régis par le Code civil. S'agissant de l'**assemblée générale**, la loi de 1901 reste sur ce chapitre extrêmement discrète : la tenue des assemblées générales n'est évoquée que dans le cas de dissolution, et à défaut de disposition statutaire précise.

SECTEUR ASSOCIATIF　　　　© Éd. Francis Lefebvre

L'organe délibérant dans les **fondations** dotées de la personnalité morale et dans les fonds de dotation est le **conseil d'administration**.

84670 Juridiquement, la **disparition** de l'association résulte de la réalisation de son objet. Il en est ainsi des associations créées dans la perspective d'un événement unique ou de la réalisation d'une seule manifestation.

84675 Dans ce contexte, la jurisprudence décide que les dispositions du Code civil, et à défaut du Code de commerce, régissant les sociétés présentent une vocation subsidiaire d'application.

« Dans le silence des textes et des statuts relatifs au fonctionnement d'une association, il entre dans les attributions de son président de prendre, au nom et dans l'intérêt de celle-ci, à titre conservatoire et dans l'attente de la décision du conseil d'administration statutairement habilité ou de l'assemblée générale, les mesures urgentes que requièrent les circonstances ; qu'en effet les dispositions du Code civil et, à défaut, du Code de commerce régissant les sociétés présentent une vocation subsidiaire d'application » (Cass. 1e civ. 3-5-2006, Dalloz 2006 p. 2037).

84690 **Règlement intérieur** Le règlement intérieur a pour vocation de **préciser** les modalités de fonctionnement de l'association. Il est facultatif et les statuts, lorsque ceux-ci le prévoient, doivent déterminer notamment l'organe compétent pour procéder à son adoption. Pour des raisons de souplesse dans le fonctionnement de l'association, il est recommandé que ce soit le bureau ou le conseil d'administration qui soit compétent plutôt que l'assemblée générale.
Sauf exception, le contenu du règlement intérieur n'est pas opposable aux tiers, faute d'être déclaré ou publié.

Plus les statuts sont discrets dans leur définition du fonctionnement de l'association, plus l'apport du règlement intérieur devient nécessaire pour clarifier le fonctionnement de l'association. Ainsi le règlement intérieur devra-t-il toujours compléter en tant que de besoin les statuts si ceux-ci ne permettent pas d'avoir une vision claire de l'identité et des modalités de fonctionnement de l'organe de direction :
– dénomination du collège (comité directeur, conseil d'administration, conseil de gestion...) et composition ;
– modalités de convocation, lieu et périodicité des réunions ;
– possibilité de s'y faire représenter et selon quelles modalités ;
– obligation ou non d'avoir une feuille de présence ;
– règles de vote applicables (quorum, nombre de voix de chaque votant, conditions de majorité...), etc.

84695 **Organisations syndicales et professionnelles** Les règles de fonctionnement de ces entités (C. trav. art. L 2131-1 à L 2136-2) prévoient notamment que :
– les fondateurs doivent déposer les statuts et les noms de ceux qui, à un titre quelconque, sont chargés de l'administration ou de la direction. Ce dépôt est renouvelé en cas de changement de la direction ou des statuts (C. trav. art. L 2131-3) ;
– les comptes sont arrêtés par l'organe chargé de la direction et approuvés par l'assemblée générale des adhérents ou par un organe collégial de contrôle désigné par les statuts (C. trav. art. L 2135-4).

Organes dirigeants

84700 **Dirigeants** La loi de 1901 impose uniquement de faire connaître les noms, profession, domicile et nationalité de ceux qui, à un titre quelconque, sont chargés de l'administration ou de la direction de l'association (art. 5, al. 2). Les statuts fixent donc en principe librement les modalités de fonctionnement et de représentation à l'égard des tiers.

84705 Les dirigeants peuvent être soit des personnes physiques, soit des personnes morales représentées par des personnes physiques. Ils sont les **représentants conventionnels** de l'association et non des organes institutionnels. Par dérogation, lorsqu'ils commettent une faute délictuelle dans l'exercice de leurs fonctions, la responsabilité est imputée à l'association elle-même. Néanmoins, ils sont responsables envers elle des fautes commises dans leur gestion (C. civ. art. 1992).

84707 Le dirigeant d'une association ne doit pas avoir fait l'objet d'une faillite personnelle ou être soumis à une **interdiction** de gérer (C. com. art. L 653-2 et L 653-8). Par ailleurs, certaines personnes ne peuvent accepter les fonctions de dirigeant sous peine de contrevenir aux **règles d'incompatibilité** qui leur sont applicables.

© Éd. Francis Lefebvre   **SECTEUR ASSOCIATIF**

Il en est ainsi notamment :
– des commissaires aux comptes de l'entité contrôlée ;
– des militaires (interdiction limitée aux associations ayant une activité politique et/ou syndicale) ;
– des parlementaires dans les associations dont l'activité principale est l'exécution de travaux, la livraison de biens ou la réalisation de prestations de services pour le compte ou sous le contrôle de l'État, d'une collectivité, d'un établissement public (C. électoral art. LO 146, al. 3) ;
– de certains fonctionnaires (l'appréciation de chaque cas pourra être réalisée par les commissions consultatives prévues par les articles 5 à 7 du décret du 17 février 1995 et 3 à 7 du décret du 11 janvier 1996 et, en cas de litige, par les juges administratifs).

Le **non-respect** de ces incompatibilités peut entraîner : **84710**
– des sanctions pénales telles que la prise illégale d'intérêt ;
– des sanctions administratives (sanctions disciplinaires) ;
– la remise en question du statut fiscal d'association à but non lucratif.

En principe, une personne physique peut cumuler le statut de **membre d'un organe de** **84715**
gestion et celui de **salarié** de l'association. Cependant, cette **pratique** est **dangereuse**
pour deux raisons :
– elle peut avoir pour conséquence directe la suppression du caractère désintéressé de l'association et donc de son caractère non lucratif ;
– elle peut remettre en cause le statut de mutuelle ou de coopérative.

L'administration fiscale accepte que des salariés participent au conseil d'administration ou à l'organe de direction si les conditions suivantes sont réunies :
– les salariés ne doivent pas être des dirigeants de droit ou de fait. L'administration tolère une rémunération inférieure aux trois quarts du Smic pour tous les dirigeants. L'article 261, 7-1 d) du Code général des impôts autorise, sous plusieurs conditions, les associations et fondations qui disposent de ressources financières privées importantes, c'est-à-dire hors financements publics, à rémunérer sous le régime des salaires (CGI art 80, al. 3) un, deux ou trois dirigeants (rémunération d'un dirigeant possible si les ressources financières d'origine privée sont supérieures à 200 000 euros ; de deux dirigeants à partir de 500 000 euros ; de trois dirigeants à partir de 1 000 000 euros en moyenne durant les trois années précédant celle de l'octroi de la rémunération). Celle-ci ne peut pas excéder trois fois le montant du plafond annuel visé à l'article L 241-3 du Code de la sécurité sociale. Par ailleurs, les salariés ne doivent pas représenter plus du quart des membres du conseil d'administration (sauf disposition légale ou réglementaire autorisant une représentation plus importante des salariés) ;
– les conditions de nomination de salariés doivent respecter les modalités prévues dans les statuts ou tout accord précité ;
– les salariés ne doivent pas exercer un rôle prépondérant dans le conseil d'administration (les statuts ne doivent pas prévoir que le directeur salarié est membre de droit du conseil d'administration avec voix délibérative, mais il peut en revanche en faire partie à titre consultatif).
Pour plus de détails sur cette exception légale au principe de non-rémunération des dirigeants en faveur des grandes associations, voir Mémento Associations nᵒˢ 30225 s.
L'article 242 C du Code général des impôts, annexe 2 a précisé les points suivants :
– la transparence financière des organismes doit être démontrée : indication dans l'annexe du montant individualisé des rémunérations versées, certification des comptes annuels par un commissaire aux comptes et mention de ces rémunérations dans un rapport spécial du commissaire aux comptes ;
– l'organisme qui rémunère doit communiquer chaque année à la direction départementale ou, le cas échéant, régionale des finances publiques dont il dépend un document attestant des ressources financières privées et des rémunérations versées à chacun des dirigeants (voir nᵒ 85297).
La loi 2006-586 du 23 mai 2006 précise par ailleurs, dans son article 20, que « les associations dont le budget annuel est supérieur à 150 000 euros et recevant une ou plusieurs subventions de l'État ou d'une collectivité territoriale dont le montant est supérieur à 50 000 euros doivent publier chaque année dans le compte financier les rémunérations des trois plus hauts cadres dirigeants bénévoles et salariés ainsi que leurs avantages en nature ». Il s'agit dans ce dernier cas du total des rémunérations et non de données individuelles.
Une association régionale financée par sa fédération qui lui verse des sommes provenant de subventions de l'État ou d'une collectivité territoriale, et qui dépasse les seuils prévus à l'article 20 de la loi 2006-586 du 23 mai 2006, doit en application de cet article publier les rémunérations des trois plus hauts cadres dirigeants même si elle ne perçoit pas « directement » ces subventions (Bull. CNCC nᵒ 159-2010 – EJ 2009-200 p. 548).

Organes collégiaux Aucune disposition de la loi de 1901 n'impose la consultation **84750**
d'organes collégiaux de direction (voir nᵒ 84700).
Sauf exception, il en va de même de la consultation périodique des membres. Il en résulte qu'en principe il n'est pas obligatoire de doter une association d'un organe délibérant.

SECTEUR ASSOCIATIF   © Éd. Francis Lefebvre

La loi de 1901 prévoit toutefois la consultation de l'assemblée, en cas de **dévolution du patrimoine** d'une association, lorsqu'il y a dissolution volontaire et que rien n'est prévu dans les statuts (Loi de 1901 art. 9, art. D 14 et D 15). De même, certaines associations doivent tenir une assemblée générale d'**approbation des comptes annuels** : il s'agit notamment des associations tenues d'établir des comptes annuels et de désigner un commissaire aux comptes (voir n° 84835), des fédérations sportives en application du décret du 13 février 1985, et des associations émettant des obligations (C. mon. fin. art. L 213-15, al. 2). Enfin la **reconnaissance de l'utilité publique** doit nécessairement donner lieu à consultation de l'assemblée générale.

84752 En pratique toutefois, la plupart des associations comprennent un organe délibérant et un ou deux organes en charge de la gestion de l'association. Ces organes collégiaux seront le plus souvent :
– l'assemblée générale des membres ;
– le conseil d'administration (élu par l'assemblée générale) ;
– le bureau, représenté par un président, un vice-président, un secrétaire, un trésorier (les membres du bureau font partie du conseil d'administration qui les nomme).

La nomination de tous ces organes n'est pas obligatoire et cette structure type peut présenter un caractère disproportionné lorsque l'association est composée de peu de membres.

84753 En matière de fonds de dotation, à partir d'une dotation de 1 million d'euros, il est obligatoire de constituer un comité consultatif compétent en matière de gestion financière (Décret 2009-158 du 11-2-2009 art. 2).

84755 Si les mentions relatives aux organes de l'association sont généralement bien détaillées dans les statuts d'associations astreintes au respect de statuts types, il peut en aller différemment dans le cas contraire. Il est alors indispensable que le règlement intérieur apporte des précisions complémentaires sur tous les points utiles au fonctionnement des organes de l'association (voir n° 84690).

84758 **Registres obligatoires** En matière juridique, il n'existe plus de registre obligatoire (Ord. 2015-904 du 23-7-2015 portant simplification du régime des associations et des fondations).

Les changements de membres du bureau et du conseil d'administration doivent être déclarés à la préfecture afin de rendre opposables aux tiers les modifications intervenues.

L'absence de déclaration modificative (Loi du 1-7-1901 art. 5 et décret du 16-8-1901 art. 31) est passible de sanctions pénales (amende de 1 500 euros encourue par ceux en charge de l'administration ou de la direction de l'association) (Loi du 1-7-1901 art. 8).

84763 Les **procès-verbaux** n'ont pas à être obligatoirement consignés dans un registre spécial. La tenue d'un registre de délibérations n'est d'ailleurs pas à proprement parler obligatoire, sauf dans certaines associations (fédérations sportives, établissements de transfusion sanguine...). L'établissement de procès-verbaux ne peut cependant qu'être fortement conseillé, non seulement parce qu'il permet de mémoriser les décisions importantes prises par l'association, mais également parce qu'il en accroît la force probante au prix d'un minimum de formalisme, tant vis-à-vis des membres et des salariés de l'association que vis-à-vis des tiers.

84765 En matière **comptable**, les associations assujetties au plan comptable général (voir n° 84835) doivent tenir un livre-journal, un grand-livre et un livre d'inventaire. Elles doivent par ailleurs établir un document décrivant les procédures et l'organisation comptable (voir Mémento Associations n° 70145). La tenue d'un livre des opérations bénévoles était recommandée par le CNVA (auquel a succédé le HCVA, voir n° 84160) lorsque celles-ci donnent lieu à valorisation.

Publicité des comptes

84770 Certaines entités doivent assurer la publicité de leurs comptes annuels et du rapport du commissaire aux comptes sur les comptes annuels sur le **site Internet de la Direction de l'information légale et administrative** (Dila – ex-Direction des Journaux officiels). À cette fin, lesdites entités transmettent par voie électronique, dans un format obligatoirement « PDF », à la Dila, dans les trois mois à compter de l'approbation des comptes par l'organe délibérant statutaire, les documents mentionnés ci-dessus, en vue de leur publication sous forme électronique par ladite Direction (Décret 2009-540 du 14-5-2009 art. 1er).

1728

© Éd. Francis Lefebvre

SECTEUR ASSOCIATIF ▮

Le rapport spécial ainsi que le rapport du commissaire aux comptes sur les comptes combinés (le cas échéant) n'ont pas à être obligatoirement publiés sur le site de la Direction des Journaux officiels.

Les entités concernées par cette obligation de publicité sont :

– les **associations et fondations recevant** des autorités administratives visées par l'article 1er de la loi 2000-321 du 12 avril 2000 ou des établissements publics industriels et commerciaux **une ou plusieurs subventions en numéraire** dont le montant global dépasse 153 000 euros (C. com. art. L 612-4 et art. 10 de la loi 2000-321 du 12-4-2000) ;

La Commission des études juridiques de la CNCC considère que le terme « annuellement » contenu dans l'article L 612-4 du Code de commerce précité n'entraîne l'obligation pour l'entité de publier les comptes annuels et le rapport de son commissaire aux comptes qu'à la condition que le montant des subventions reçues (ou à recevoir) de la part des autorités administratives pour l'année concernée dépasse le seuil de 153 000 euros. Par conséquent, si ce seuil n'est pas dépassé l'année suivante, l'entité n'a plus l'obligation de publier ces documents au titre de ce nouvel exercice (EJ 2009-122 : Bull. CNCC n° 157 – mars 2010).

– les **associations et fondations ayant reçu des dons**, pour un montant supérieur à 153 000 euros, ouvrant droit, au bénéfice des donateurs, à un avantage fiscal au niveau de l'impôt sur le revenu ou de l'impôt sur les sociétés (C. com. art. L 612-4 et art. 4-1 de la loi 87-571 du 23-7-1987) ;

– les **fonds de dotation**, quel que soit le montant de leurs ressources, doivent publier leurs comptes (art. 140 de la loi 2008-776 du 4-8-2008). La publication du rapport de leur commissaire aux comptes est cependant facultative ;

– les **organisations syndicales et professionnelles** en vertu de l'article L 2135-5 du Code du travail.

Les organisations syndicales et professionnelles sont tenues d'établir leurs comptes dans les conditions fixées par le décret 2009-1665 du 28 septembre 2009 qui détermine les différentes modalités d'établissement des comptes en fonction de leur niveau de ressources (C. trav. art. D 2135-7).

Si elles ont des **ressources supérieures à 230 000 euros** à la clôture de l'exercice alors elles doivent établir un bilan, un compte de résultat et une annexe et les déposer sur le site internet du journal officiel dans un délai de trois mois à compter de l'approbation des comptes par l'organe délibérant statutaire.

Si les OSP ont des **ressources inférieures à 230 000 euros**, elles peuvent établir un bilan, un compte de résultat et une annexe sous forme simplifiée et ces comptes doivent être publiés sous forme électronique sur leur site internet ou, à défaut de site, sur celui de la direction régionale des entreprises, de la concurrence, de la consommation, du travail et de l'emploi (Direccte) (Note OSP, janvier 2019, p. 14-15).

L'obligation de publicité porte sur l'ensemble des comptes établis par l'entité : comptes annuels, comptes consolidés et, le cas échéant, comptes combinés ainsi que les rapports du (des) commissaire(s) aux comptes certifiant ces comptes (C. trav. art. L 2135-5, al. 1).

Les entités qui sont combinées par une autre organisation syndicale et professionnelle sont dispensées de l'obligation de publicité (C. trav. art. L 2135-5, al. 2).

La publication des comptes est un élément constitutif indispensable du respect du critère de transparence financière nécessaire à la reconnaissance de la représentativité d'un syndicat.

Enfin, les **fondations d'entreprise et les fonds de dotation** sont astreints à la communication aux préfectures dont ils relèvent de leurs comptes annuels, de leur rapport d'activité ainsi que du rapport de leur commissaire aux comptes indépendamment des publications auprès de la direction de l'information légale et administrative.

84772 Aucune sanction n'est prévue en cas de **non-respect de l'obligation de publicité** des comptes. Le commissaire aux comptes qui relèverait cette irrégularité serait toutefois tenu de la signaler, dans un rapport ad hoc, à la plus prochaine réunion de l'organe délibérant (JO AN 11-10-2011 p. 10820 ; Bull. CNCC n° 164-2011 p. 695).

L'article 78 de la loi du 31 juillet 2014 relative à l'économie sociale et solidaire a introduit de nouvelles dispositions au sein de l'article L 612-4 du Code de commerce. Désormais, les peines prévues à l'article L 242-8 du Code de commerce (amende de 9 000 euros) sont applicables aux dirigeants des associations visées à l'article L 612-4 qui n'auraient pas, chaque année, établi un bilan, un compte de résultat et une annexe. En ce qui concerne la publicité des comptes annuels, tout intéressé a la possibilité de saisir le président du tribunal, statuant en référé, afin que celui-ci enjoigne sous astreinte aux dirigeants de l'association d'assurer la publicité des comptes annuels et le rapport du commissaire aux comptes.

1729

SECTEUR ASSOCIATIF © Éd. Francis Lefebvre

III. Obligations comptables

84800 Nous examinerons successivement :
– le cadre comptable général qui s'applique aux associations soumises à l'obligation d'établir des comptes annuels ;
– les obligations particulières auxquelles peuvent être assujetties certaines associations en application de textes ou de situations spécifiques.

Cadre comptable général

84830 À compter du 1er janvier 2020, les associations soumises à l'obligation d'établir des comptes annuels doivent appliquer le nouveau règlement de l'ANC 2018-06 du 5 décembre 2018 qui abroge le règlement CRC 99-01 du 16 février 1999 et est complété par le règlement ANC 2020-08.

Le règlement ANC 2018-06 s'applique à toutes les personnes morales de droit privé non commerçantes, à but non lucratif, qu'elles aient ou non une activité économique, lorsqu'elles sont tenues d'établir des comptes annuels, sous réserve de règles comptables spécifiques et établies par l'ANC (Règl. ANC 2018-06, art. 111-1).

Il prévoit les modalités d'établissement des comptes annuels et présente un caractère obligatoire pour les associations (voir n° 84835) et d'autres entités tenues d'établir des comptes annuels dont les fondations et fonds de dotation.

> Pour une liste des fondations et fonds de dotation concernés par le règlement ANC 2018-06, voir Mémento Associations n° 68050.

La première application du règlement ANC constitue un changement de méthode comptable (Règl. ANC 2018-06, art. 611-1) : voir n° 85200.

84835 **Sont tenues d'appliquer** les dispositions du plan comptable général et les adaptations résultant du règlement ANC 2018-06 complété par le règlement ANC 2020-08 :
– les associations de droit privé non commerçantes ayant une activité économique (C. com. art. L 612-1 et 612-2) ;
– les associations qui perçoivent annuellement une subvention en numéraire d'un montant supérieur à 153 000 euros (C. com. art. L 612-4) ;
– les associations qui émettent des valeurs mobilières (C. com. art. L 612-1 sur renvoi de l'article L 213-15 du Code monétaire et financier) ;
– plus généralement, les associations tenues à l'obligation légale ou réglementaire d'établissement de comptes annuels. C'est le cas des associations cultuelles (Loi 2018-727 du 10-8-2018 art. 47).

Pour les associations autres que celles énumérées ci-dessus, il convient donc de se reporter aux textes spécifiques qui les régissent pour déterminer si ceux-ci prévoient l'obligation d'établir des comptes annuels (voir sur ce point Mémento Associations n°s 68120 s.).

> L'établissement volontaire de comptes annuels, spontané ou résultant de dispositions statutaires, suppose à notre avis le respect du règlement ANC 2018-06, avec mention en annexe de toute précision utile sur les principes et méthodes retenus.

Le règlement ANC 2018-06 s'applique également aux **fonds de dotation** et sert de base aux obligations comptables adaptées aux **organisations syndicales et professionnelles** (voir sur ce point Mémento Associations n°s 68465 s.).

84840 Les **principales adaptations apportées au plan comptable général** par le règlement ANC 2018-06 concernent :
– la suppression du traitement spécifique des **subventions d'investissement sur biens renouvelables** ;
– l'apparition d'une nouvelle catégorie de ressources dite « **concours publics** » (Règl. ANC 2018-06 art. 142-9) ;
– le **traitement des libéralités** qui, dès l'acceptation, sont inscrites à l'actif. Puis création d'un nouveau dispositif de « fonds reportés » pour la partie des ressources constatées en produits d'exploitation au cours de l'exercice qui n'est pas encore encaissée ou transférée à la clôture de l'exercice (Règl. ANC 2018-06 art. 213-12) ;
– les **donations temporaires d'usufruit** avec une inscription spécifique en immobilisations incorporelles avec pour contrepartie au passif un compte de « fonds reportés » (Règl. ANC 2018-06 art. 213-1) ;

– les **fonds dédiés** qui peuvent être liés à des investissements et être rapportés en produits sur la même durée que l'amortissement des **biens subventionnés**. Les comptes de charges et produits (pour report ou utilisation) sont classés en résultat d'exploitation (Règl. ANC 2018-06 art. 132-1 s.) ;

– les **contributions volontaires en nature** (CVEN). Leur valorisation et comptabilisation qui deviennent la règle de principe (Règl. ANC 2018-06 art. 211-1 s.) ;

– les **prêts à usage** (commodat). Ils disparaissent du bilan et sont reclassés en contributions volontaires en nature à **leur seule valeur locative** ;

– la **présentation du bilan**. Elle est retravaillée avec l'apparition à l'actif des postes de donations temporaires d'usufruit et de biens reçus par legs ou donation destinés à être cédés, et au passif d'un agrégat hors situation nette de « fonds reportés » ;

– l'**annexe**. En cas d'**appel public à la générosité**, elle est dotée de plusieurs informations et tableaux spécifiques avec :
• un tableau de variation des fonds propres indiquant, a minima, la part de la générosité publique dans les variations de l'exercice,
• un nouvel état du compte de résultat par origine et destination (CROD),
• une nouvelle présentation du compte d'emploi des ressources (CER) dont certaines modalités sont fixées par l'arrêté du 22 mai 2019,
• et les notes annexes aux CROD et CER nécessaires à leur compréhension ainsi qu'un tableau de passage facultatif des charges et CVEN par nature aux charges et CVEN par destination (Règl. ANC 2018-06 art. 432-1 s.) ;

– le **mécénat des entreprises**, rattaché aux produits d'appel à la générosité publique ;

– par dérogation, les **produits encaissés des legs et donations**, présentés après compensation de toutes les charges et de tous les produits qui leur correspondent (Règl. ANC 2018-06 art. 213-10 s.).

84842 Les adaptations concernant les principes et méthodes comptables applicables aux associations sont complétées par une **nomenclature de comptes** et par des **documents de synthèse** spécifiques (passif, engagements reçus, compte de résultat, évaluation des contributions volontaires en nature, compte d'emploi des ressources et annexe).

Obligations comptables spécifiques

84900 Les obligations comptables des associations peuvent être également déterminées par :
– des **obligations réglementaires** propres à certains secteurs d'activité (voir Mémento Associations n°s 68120 s.) ;
– leur **situation fiscale** (n° 84910) ;
– l'**appel public à la générosité**, qui conduit, lorsque le montant des dons collectés excède un seuil de 153 000 € fixé par décret, à l'obligation d'établissement du compte d'emploi des ressources, inséré dans l'annexe aux comptes annuels préparés et documentés selon le règlement précité (n° 84920) ;

> Dans le cas des fonds de dotation, le compte annuel d'emploi des ressources est également inséré dans le rapport d'activité.
> À compter du 1er janvier 2020, l'appel public à la générosité conduit également à l'obligation d'établir un compte de résultat par origine et destination en application du règlement ANC 2018-06 (voir n° 84830).

– des **dispositions spécifiques** à certains types d'entité sont prévues lorsqu'elles ne sont pas déjà mises en place : établissements sociaux et médico-sociaux (n° 84950), fondations et fonds de dotation (n° 84951), organisations professionnelles et syndicales (n° 84952) ;
– certains types d'opérations : rapprochement d'associations, combinaison (voir n°s 85195 s.).

84910 **Incidences éventuelles de la situation fiscale** L'assujettissement aux impôts commerciaux de secteurs d'activité fiscalement qualifiés de lucratifs requiert la réalisation d'un bilan d'ouverture du secteur fiscalement lucratif et la mise en place d'une comptabilité analytique précise.

> Une attention particulière sera alors portée à l'affectation des immobilisations, dont l'amortissement sera déductible, et qui donneront lieu, le cas échéant, à des plus-values ultérieures imposables dans les conditions de droit commun.

84915 Les résultats des activités lucratives devant être déterminés selon les règles de détermination des bénéfices industriels et commerciaux, il en ressort que les seuils ou critères

SECTEUR ASSOCIATIF

© Éd. Francis Lefebvre

légaux en deçà ou à défaut desquels les associations ne seraient pas conduites à des obligations comptables strictes se révèlent sans objet en cas d'assujettissement total ou partiel de l'association aux impôts commerciaux.

84920 **Appel public à la générosité** L'appel public à la générosité est défini en référence aux critères retenus par l'article 3 de la loi 91-772 du 7 août 1991.

L'ordonnance 2015-904 du 23 juillet 2015 portant simplification du régime des associations et des fondations a modifié l'article précité pour viser les organismes qui, afin de **soutenir une cause** scientifique, sociale, familiale, humanitaire, philanthropique, éducative, sportive, culturelle ou concourant à la défense de l'environnement, souhaitent faire un appel public à la générosité, et qui collectent par cette voie des **dons** dont le montant, au cours de l'un des deux exercices précédents ou de l'exercice en cours, **excède un seuil** désormais fixé par le décret 2019-504 du 22 mai 2019 par référence au seuil prévu à l'article D 612-5 du Code de commerce, soit 153 000 €. Il convient de suivre avec attention d'éventuelles précisions quant au mode de calcul des éléments à retenir dans la détermination de ce seuil.

> Pour rappel, avant la publication du décret précité, l'**ancien dispositif** visait les « organismes qui, afin de soutenir une cause scientifique, sociale, familiale, humanitaire, philanthropique, éducative, sportive, culturelle ou concourant à la défense de l'environnement, souhaitent faire appel à la générosité publique dans le cadre d'une campagne menée à l'échelon national soit sur la voie publique, soit par l'utilisation de moyens de communication… ».
>
> Le recours par une association à un site Internet comme moyen de communication pour recevoir des dons était considéré comme une campagne menée à l'échelon national (EJ 2009-12 : Bull. CNCC n° 155 – sept. 2009 p. 597).
>
> L'appel à dons sur le site Internet d'une antenne régionale d'un organisme national, juridiquement seul habilité à recevoir et à distribuer des dons, était une campagne nationale d'appel public à la générosité effectuée par l'organisme national. L'organisation du traitement des dons collectés par l'antenne régionale n'avait pas d'incidence sur la qualification d'entité faisant appel public à la générosité applicable à l'organisme national, le moyen de communication utilisé étant plus déterminant à cet égard (EJ 2009-12 : Bull. CNCC n° 155 – sept. 2009 p. 597).

Les associations qui font appel public à la générosité sont tenues de respecter un certain nombre d'**obligations** (Loi 91-772 du 7-8-1991 ; Décret 92-1011 du 17-9-1992 ; Ord. 2005-856 du 28-7-2005 ; Ord. 2015-904 du 23-7-2015 ; Décret 2019-504 du 22-5-2019) :
– accomplissement de formalités juridiques préalables à la collecte sur le territoire national ;
– établissement d'un compte d'emploi annuel de ces ressources et d'un compte de résultat par origine et destination ;
– respect de méthodes comptables prédéfinies.
Elles doivent également en informer au préalable la préfecture.

> Le décret 2019-504 du 22 mai 2019, fixant le seuil de la déclaration préalable et de l'établissement du compte d'emploi annuel des ressources collectées auprès du public par les organismes faisant appel public à la générosité à 153 000 euros, précise que (Décret précité art. 3) :
> – le seuil de déclaration préalable s'apprécie au titre des exercices comptables ouverts à compter du 1er juin 2019 et au cours de l'un des deux exercices précédents ;
> – le seuil à partir duquel un organisme est tenu d'établir un compte d'emploi annuel des ressources collectées auprès du public est applicable aux exercices comptables clos à compter du 1er juin 2020 et aux exercices clos à une date antérieure volontairement par anticipation.

Les fonds de dotation doivent quant à eux solliciter et obtenir de celle-ci une autorisation préalable.

Les associations cultuelles qui collectent des dons par des dispositifs de communication électronique (de type **SMS** par exemple) sont tenues d'en faire la déclaration préalable à la préfecture (Loi 2018-727 du 10-8-2018 pour un État au service d'une société de confiance, art. 47).

84925 Le compte de résultat par origine et destination (CROD) et le **compte d'emploi annuel des ressources** (CER) sont des documents destinés à permettre le contrôle de l'utilisation des ressources collectées auprès du public et l'évolution, d'un exercice à l'autre, des montants collectés auprès du public, libres d'utilisation et non encore dépensés. Il permet de connaître le montant des emplois par type d'actions ou par zones géographiques (France et international), les coûts directs d'appel à la générosité du public, les frais de fonctionnement, etc. Il doit respecter des règles de présentation et de publicité.

La **présentation** du CROD et du CER était définie par le règlement CRC 2008-12 du 7 mai 2008. Elle l'est désormais par le règlement ANC 2018-06 et par l'arrêté du 22 mai 2019 pour les exercices ouverts à compter du 1er janvier 2020.

Les modalités de présentation du nouveau CER sont précisées par l'arrêté du 22 mai 2019.

Les rubriques devant figurer au compte emploi des ressources collectées auprès du public comprennent :
– les emplois par destination ;
– les ressources par origine ;
– les ressources reportées liées à la générosité du public hors fonds dédiés ;
– les emplois des contributions volontaires en nature ;
– les conditions volontaires en nature ;
– les fonds dédiés liés à la générosité du public.

Les rubriques du CROD et du nouveau CER doivent être renseignées de façon comparative entre deux exercices.

Le CROD et le CER font partie de l'annexe des comptes annuels (et du rapport d'activité des fonds de dotation).

Le CROD et le CER font référence aux rubriques du plan comptable et aux documents comptables.

84930 Le compte d'emploi des ressources est un document officiel qui est **mis à disposition** de tout adhérent ou donateur qui en fait la demande (Mémento Associations n° 73160). Il représente un élément essentiel de transparence de la gestion d'une association vis-à-vis du public intéressé. Étant intégré dans l'annexe aux comptes annuels, le CER est soumis de fait aux règles de publication légale et de certification des comptes.

84935 Les associations faisant appel public à la générosité font l'objet de **procédures de contrôle renforcées** :
– possibilité de contrôle de la Cour des comptes et de l'Inspection générale des affaires sociales ;
– obligation pour le commissaire aux comptes de transmettre tout rapport de refus de certifier au ministre chargé du budget (3e loi de finances rectificative 2009) ;
– mise en œuvre de diligences spécifiques de la part du commissaire aux comptes lorsqu'il en existe. Il doit notamment vérifier que :
• le CROD et le CER reprennent les rubriques et les notes annexes obligatoires prévues par le règlement ANC 2018-06 dont les éléments disponibles en matière de contributions volontaires en nature,
• le total des emplois est bien égal à celui des charges du compte de résultat comme celui des ressources est bien égal à celui des produits,
• l'organisation comptable permet de disposer des informations demandées et que les procédures internes permettent d'en garantir la fiabilité,

Il doit notamment contrôler les conditions dans lesquelles la gouvernance de l'entité s'est prononcée sur les modalités d'élaboration du CER (définition des missions sociales, organisation de la comptabilité analytique et définition des clefs de répartition des charges indirectes…).

• les informations données dans les autres documents comptables sont cohérentes avec le compte d'emploi et avec ses notes annexes jointes,
• les modalités de répartition du financement décrites dans les notes annexes sont conformes à la réalité.

Le commissaire aux comptes n'a pas à s'immiscer dans la gestion et n'a donc pas à porter de jugement sur l'opportunité des dépenses.

Des exemples de formulation du rapport du commissaire aux comptes sur les comptes annuels sont proposés dans le communiqué du 10 mai 2010 de la CNCC (Bull. CNCC n° 158-2010).

Établissements sociaux et médico-sociaux

84950 Les **organismes financeurs** peuvent imposer des obligations comptables spécifiques aux associations qu'ils subventionnent. Ce type d'entité sera le plus souvent également tenu de respecter les dispositions édictées par les règlements ANC 2018-06 et ANC 2019-04 pour les exercices ouverts à compter du 1er janvier 2020.

En cas de **divergences** entre plusieurs référentiels comptables qu'une entité serait tenue d'appliquer concomitamment, on pourrait admettre la tenue d'une comptabilité unique, par exemple, en fonction des directives des financeurs, avec une grille de passage

SECTEUR ASSOCIATIF © Éd. Francis Lefebvre

permettant de présenter des comptes annuels en conformité avec les règlements ANC 2018-06 et ANC 2019-04.

Dans le domaine sanitaire et social, une comptabilité unique s'impose depuis l'avis 2007-05 du CNC du 4 mai 2007 relatif aux règles comptables applicables :
– aux établissements et services privés sociaux et médico-sociaux, qui relèvent de l'article R 314-1 du Code de l'action sociale et des familles appliquant l'instruction budgétaire et comptable M22 ;
– aux associations et fondations gestionnaires des établissements sociaux et médico-sociaux privés, qui appliquent désormais les règlements ANC 2018-06 et ANC 2019-04.

L'instruction n° 10-008-M22 du 12 mars 2010 présente les principales modifications apportées au plan comptable M22 depuis le 1er janvier 2010.

84951 **Fondations et fonds de dotation** Le règlement CRC 2009-01 du 3 décembre 2009, relatif aux règles comptables applicables aux fondations et fonds de dotation, vient en complément du nouveau règlement ANC 2018-06 en l'absence de mention spécifique de celui-ci. Il prend en compte les spécificités des entités autres que les associations ainsi que certaines données juridiques comme les procédures d'acceptation des legs, les fondations de flux, les fondations abritées, les possibilités de consomptibilité des dotations en capital (possibilité supprimée, hors cas exceptionnels, dans les derniers statuts types des fondations reconnues d'utilité publique élaborés en 2012 par le Conseil d'État mais restant envisageable en ce qui concerne les fonds de dotation et certains autres types de fondations), le bénéfice de donations temporaires d'usufruit.

Le règlement ANC 2018-06 applicable depuis le 1er janvier 2020 intègre les fondations et fonds de dotation. Il introduit également un certain nombre de précisions et spécificités notamment sur :
– les fondations abritantes et fondations abritées concernant la notion de fonds dédiés et leur utilisation ainsi que la présentation au bilan des fonds propres (Règl. ANC 2018-06 art. 511-1 s.) ;
– les fondations d'entreprises et l'information relative aux engagements reçus des donateurs (versements attendus, suivi du programme d'action pluriannuel et mode de comptabilisation des engagements ; Règl. ANC 2018-06 art. 433-3) ;
– la passation en produits des dotations consomptibles dans la limite de ce qui est nécessaire à l'équilibre du compte de résultat. Les fondations et fonds de dotation fournissent dans l'annexe les éléments permettant de suivre l'affectation des actifs constitutifs de la dotation non consomptible (Règl. ANC 2018-06 art. 433-2) :
• maintien de valeur,
• politique d'abondement éventuelle.

84952 **Organisations professionnelles et syndicales** La loi 2008-789 du 20 août 2008 portant rénovation de la démocratie sociale et réforme du temps de travail a instauré de nouvelles obligations comptables pour les organisations syndicales à compter de l'exercice 2009. Par organisations professionnelles et syndicales, on entend les syndicats professionnels et les associations et leurs unions mentionnés aux articles L 2131-2, L 2133-1 et L 2133-2 du Code du travail. Le texte comptable de référence à respecter pour l'établissement des comptes annuels est le règlement CRC 2009-10 du 3 décembre 2009 afférent aux règles comptables des organisations syndicales, qui tout en renvoyant au référentiel comptable applicable aux associations, le règlement ANC 2018-06, définit certaines règles particulières ainsi qu'un format à respecter pour les comptes. Le règlement précise notamment :
– les règles de comptabilisation propres aux organisations professionnelles et syndicales : cotisations, contributions publiques de financement, actions de solidarité, ressources perçues en contrepartie de la reconnaissance de la fonction de représentation de l'organisation et participations aux événements récurrents pluriannuels ;
– les règles d'évaluation et de réévaluation des éléments du patrimoine ;
– le traitement des contributions en nature ;
– les documents de synthèse ;
– les comptes consolidés ou l'agrafage des comptes des entités contrôlées ;
– les comptes combinés.

En matière de financement mutualisé des organisations syndicales de salariés et des organisations professionnelles d'employeurs, la CNCC a publié en avril 2016 un avis technique relatif à la mission du commissaire aux comptes dans les organisations

© Éd. Francis Lefebvre

SECTEUR ASSOCIATIF

syndicales et patronales attributaires des crédits de l'Association de gestion du fonds paritaire national (AGFPN) en vue d'émettre l'attestation prévue par l'article 6 du règlement de gestion et d'attribution des fonds de l'AGFPN portant sur le rapport annuel visé à l'article L 2135-16 du Code du travail. La CNCC a actualisé cet avis technique dans la note relative aux nouvelles obligations des organisations syndicales et professionnelles et à la mission légale du commissaire aux comptes publiée en janvier 2019.

Concernant la **mesure de l'audience des organisations professionnelles d'employeurs** s'inscrivant dans le cadre de la représentativité patronale, la CNCC a publié en octobre 2020 un avis technique qui décrit l'intervention du commissaire aux comptes chargé d'établir les attestations prévues :
– par l'article L 2152-1 du Code du travail relatif à la représentativité patronale au niveau de la branche professionnelle ;
– et par l'article L 2152-4 du Code du travail relatif à la représentativité patronale au niveau national et interprofessionnel.

La CNCC propose les **exemples** de quatre attestations susceptibles d'être émises, en fonction de la configuration des dossiers :
1. Exemple d'attestation portant sur le nombre total des entreprises adhérentes pris en compte pour le calcul de l'audience dans une organisation professionnelle d'employeurs candidate à la représentativité.
2. Exemple d'attestation portant sur le nombre d'entreprises directement adhérentes à :
– une organisation professionnelle d'employeurs candidate ; ou
– une structure territoriale statutaire d'une organisation professionnelle d'employeurs candidate ; ou
– une organisation professionnelle d'employeurs non-candidate ; ou
– une structure territoriale d'une organisation professionnelle d'employeurs non-candidate.
3. Exemple d'attestation portant sur le nombre total de salariés des entreprises adhérentes à une organisation professionnelle d'employeurs candidate à la représentativité.
4. Exemple d'attestation portant sur le nombre de salariés d'entreprises directement adhérentes à l'organisation professionnelle d'employeurs candidate, à une organisation professionnelle d'employeurs non-candidate ou à une structure territoriale.

SECTION 3

Conditions de mise en œuvre de l'audit légal

I. Nomination et statut de l'auditeur

Sauf dispositions contraires, les commissaires aux comptes titulaires et, le cas échéant, suppléants sont **désignés** par l'organe de l'entité appelé à statuer sur les comptes (assemblée générale le plus souvent pour une association, conseil d'administration ou de surveillance pour une fondation, conseil d'administration pour un fonds de dotation...).

85055

Les conditions de nomination du commissaire aux comptes sont étudiées aux n°s 2120 s.

Depuis le 11 décembre 2016, en application de l'article L 823-1 du Code de commerce, la désignation d'un **commissaire aux comptes suppléant** n'est obligatoire que si le commissaire aux comptes titulaire est une personne physique ou une société unipersonnelle (C. com. art. L 823-1 modifié par la loi 2016-1691 du 9-12-2016).

La loi dite Pacte a modifié les dispositions spécifiques applicables aux entités suivantes afin d'aligner les obligations de désignation d'un commissaire aux comptes suppléant sur les conditions définies au 2e alinéa du I de l'article L 823-1 du Code de commerce :
– les personnes morales de droit privé non commerçantes ayant une activité économique dépassant certains seuils, les associations émettant des obligations (C. com. art. L 612-1) ;
– les associations recevant des subventions publiques dépassant certains seuils, les associations et fondations recevant des dons ouvrant droit au bénéfice du donateur à déduction fiscale dépassant certains seuils (C. com. art. L 612-4) ;
– les syndicats professionnels d'employeurs et de salariés, leurs unions et les associations d'employeurs/de salariés dépassant certains seuils (C. trav. L 2135-6, al. 1 et 2).

1735

SECTEUR ASSOCIATIF © Éd. Francis Lefebvre

Les dispositions statutaires prévoyant la nomination d'un commissaire aux comptes peuvent néanmoins imposer, dans certaines entités, la nomination d'un commissaire aux comptes suppléant. Dans ce cas, en application du principe « *specialia generalibus derogant* », la désignation d'un commissaire aux comptes suppléant reste à notre avis obligatoire pour les entités concernées, et ce même si le commissaire aux comptes titulaire n'est ni une personne physique ni une société unipersonnelle.

85060 Le commissaire aux comptes est nommé **pour six exercices,** conformément à la règle de droit commun (n°s 2185 s.).

Rotation des commissaires aux comptes

85063 **Obligation de rotation** Les entités faisant appel public à la générosité ne font pas partie des EIP, telles que définies par l'article L 820-1 du Code de commerce à la suite de la transposition en France de la réforme européenne de l'audit, mais elles ont été maintenues dans le champ des entités concernées par l'obligation de rotation des associés signataires.

Le I de l'article L 822-14 du Code de commerce interdit :
– aux commissaires aux comptes, personnes physiques ; et
– dans les sociétés de commissaires aux comptes, aux personnes mentionnées au premier alinéa de l'article L 822-9 du Code de commerce, à savoir les commissaires aux comptes personnes physiques associés, actionnaires ou dirigeants de cette société qui signent le rapport destiné à l'organe appelé à statuer sur les comptes ;
– de certifier durant plus de six exercices consécutifs, dans la **limite de sept années,** les comptes des **personnes morales** de droit privé non commerçantes ayant une activité économique, telles que visées à l'article L 612-1 du Code de commerce et les **associations subventionnées** visées à l'article L 612-4 du Code de commerce dès lors que ces personnes font **appel public à la générosité** au sens de l'article 3 de la loi 91-772 du 7 août 1991.

Ils peuvent **à nouveau participer** à une mission de contrôle légal des comptes de ces personnes ou entités à l'expiration d'un délai de trois ans à compter de la date de clôture du sixième exercice qu'ils ont certifié.

Ce délai de viduité a été allongé de deux à trois ans (Ord. 2016-315 du 17-3-2016). L'article L 822-14 du Code de commerce s'applique depuis le 17 juin 2016 pour les entités faisant appel public à la générosité car elles ne sont pas visées par les dispositions transitoires introduites à l'article 53 de l'ordonnance du 17 mars 2016 pour les EIP (voir n° 3770).

Pour plus de précisions sur les obligations relatives à la rotation, voir n°s 3760 s. Vous y trouverez notamment la position de la Commission des études juridiques de la CNCC concernant l'application ou non des obligations de rotation des associés signataires aux entités suivantes (voir n° 3764) :
– les associations ayant une activité économique mais ne dépassant pas deux des trois seuils prévus à l'article L 612-1 du Code de commerce ;
– les associations recevant des subventions publiques de la part des autorités administratives et des Epic pour un montant inférieur à 153 000 € ;
– les associations recevant des dons ouvrant droit à avantage fiscal pour un montant supérieur à 153 000 € ;
– les fondations ;
– les fonds de dotation.

85064 **Filiales importantes** L'article L 822-14 du Code de commerce, dans sa rédaction antérieure à l'ordonnance 2016-315 du 17 mars 2016, renvoyait pour les obligations de rotation des associés à « tout autre associé principal au sens du 16 de l'article 2 de la directive… », ce qui, en cas d'audit de groupe, imposait la rotation des associés signataires des filiales importantes, dès lors que la société de commissaires aux comptes titulaire des mandats sur ces filiales était la même que sur la personne ou entité mère.

La pratique professionnelle relative à la rotation en application des dispositions de l'article L 822-14 du Code de commerce, identifiée comme bonne pratique par le H3C dans sa séance du 22 juillet 2010, précisait que concernant l'application de ces dispositions aux personnes et entités visées par l'article L 612-1 et aux associations visées à l'article L 612-4 du Code de commerce, si ces entités détenaient des filiales françaises importantes, et que la société de commissaires aux comptes sur ces filiales était la même que sur les entités ou associations contrôlantes, les associés signataires sur ces filiales étaient également soumis à l'obligation de rotation. En revanche, lorsque ces entités et associations établissaient des comptes combinés, l'associé signataire d'une entité importante entrant dans le périmètre de combinaison n'était pas soumis à l'obligation de rotation.

© Éd. Francis Lefebvre

SECTEUR ASSOCIATIF

Depuis le 17 juin 2016, concernant la rotation des associés signataires des filiales importantes, le II de l'article L 822-14 dispose que cette obligation est applicable à la certification des comptes des filiales importantes d'une EIP, lorsque la filiale et l'EIP ont désigné le même commissaire aux comptes.

Les entités mentionnées à l'article L 612-1 et les associations mentionnées à l'article L 612-4 faisant appel public à la générosité ne répondant pas à la définition d'EIP ne sont ainsi plus visées par les textes concernant la rotation des associés signataires des filiales importantes.

Récusation et démission du commissaire aux comptes

Les règles de droit commun sont également applicables aux associations (voir n° 2495). **85065**

Les **incompatibilités** et **interdictions** légales visées par les articles L 822-10 à L 822-13 **85070**
du Code de commerce sont applicables aux commissaires aux comptes d'associations et de fondations (voir n°s 3690 s.).

> À titre d'exemple, en raison des risques de perte d'indépendance et de conflit d'intérêts, il n'est pas souhaitable qu'une association transfère son **compte dans une banque** ayant comme commissaire aux comptes le président de cette association. Si le compte était néanmoins transféré, la Commission d'éthique professionnelle estime que des mesures de sauvegarde devraient être mises en œuvre et que celles-ci pourraient conduire le commissaire aux comptes à démissionner de la présidence de l'association ou à cesser ses fonctions de commissaire aux comptes de la banque (Bull. CNCC n° 159-2010 – CEP 2010-01 p. 566).
>
> Par ailleurs, le H3C a rendu un avis le 1er juillet 2008 aux termes duquel il relève que le commissaire aux comptes d'une association ne peut pas revêtir également la qualité de membre (adhérent) de cette même association. Une telle situation porte atteinte à l'impartialité, à l'indépendance et à l'apparence d'indépendance du commissaire aux comptes dans l'exercice de sa mission au regard des articles 4 et 5 du Code de déontologie et doit par conséquent démissionner de son mandat de contrôleur légal des comptes de l'association.
>
> La CNCC considère également que, pour un commissaire aux comptes, être adhérent de l'association, du syndicat ou du parti politique dont il certifie les comptes porte atteinte à son indépendance dès lors que ce statut lui donne accès au droit de vote. Lorsque ce statut ne lui donne pas accès au droit de vote de l'association, du syndicat ou du parti politique, il est susceptible de générer un risque de perte d'indépendance, d'apparence d'indépendance ou un conflit d'intérêts qui nécessitera du commissaire aux comptes l'analyse de la situation par une approche risque/sauvegarde et, si le risque est avéré, la mise en place de mesures de sauvegarde, s'il en existe (CNCC CEP 2018-17).
>
> S'agissant d'un **don** réalisé par un commissaire aux comptes à une association, un fonds de dotation ou une fondation dont il certifie les comptes, la CNCC considère que ce don n'est pas contraire aux dispositions du Code de déontologie, sous réserve que soient respectées cumulativement certaines conditions (CNCC CEP 2018-17) :
>
> – le don ne donne pas accès au commissaire aux comptes au statut de membre disposant de droit de vote dans l'entité dont il certifie les comptes ;
>
> – le don réalisé n'a pas pour objet de compenser tout ou partie des honoraires du commissaire aux comptes ;
>
> – le don n'est d'un montant significatif ni pour le commissaire aux comptes au regard de ses honoraires, ni pour l'entité qui le reçoit au regard des autres dons et subventions dont elle bénéficie ;
>
> – le commissaire aux comptes analyse et documente le risque éventuel de perte d'indépendance et de conflit d'intérêts. Si l'existence d'un tel risque est avérée, il prend les mesures de sauvegarde appropriées, en vue d'éliminer ce risque ou d'en réduire les effets, permettant l'acceptation ou la poursuite de sa mission et documente son dossier de travail.

Secret professionnel

Comme dans les sociétés commerciales, le commissaire aux comptes d'une association **85075**
n'est délié du secret professionnel qu'à l'égard du président, ou bien des organes collégiaux pris dans leur ensemble. Le secret professionnel est donc opposable à chacun des membres de ces organes considérés isolément (n°s 5265 s. et 5285 s.).

> Pour plus de détails sur le secret professionnel et les situations dans lesquelles ce dernier peut être levé, voir n°s 5000 s.

Les commissaires aux comptes sont déliés du secret professionnel à l'égard des membres de la Cour des comptes définis à l'article L 141-5 du Code des juridictions financières (voir n°s 5790 s.) et de l'Igas (voir n°s 5595 s.).

1737

SECTEUR ASSOCIATIF © Éd. Francis Lefebvre

Le H3C a estimé, dans son avis 212-11 du 1er août 2012, que le fait pour le commissaire aux comptes d'être délié du secret professionnel vis-à-vis de l'Igas induit une collaboration du commissaire aux comptes avec cet organisme. En revanche, en l'absence de disposition expresse, celui-ci n'a pas l'obligation de permettre l'accès à son dossier de travail.

Honoraires

85080 En matière d'honoraires, les dispositions de l'article R 823-12 du Code de commerce relatives au barème ne sont pas applicables (nos 9940 s.) aux associations, fondations et syndicats en application de l'article R 823-17 du même Code. En revanche, elles le sont pour les fonds de dotation.

II. Mission du commissaire aux comptes

A. Contenu de la mission

85120 Les dispositions du titre 2 du livre 8 du Code de commerce sont applicables aux commissaires aux comptes nommés dans les associations, fondations, fonds de dotation et syndicats sous réserve des dispositions qui leur sont propres (C. com. art. L 820-1).

85130 À l'exception des missions spécifiques confiées aux commissaires aux comptes désignés dans les Carpa (voir n° 85525), les **obligations des articles L 823-9 à L 823-11 du Code de commerce** s'appliquent dès lors que la mission confiée au commissaire aux comptes inclut la certification des comptes. Le commissaire aux comptes devra alors également contrôler :
– l'égalité entre les sociétaires, le terme « actionnaire » devant à notre avis être transposé aux membres de l'association ;

Sans doute ne retrouve-t-on pas dans les organismes sans but lucratif les mêmes intérêts que dans les sociétés commerciales. Il n'en reste pas moins que les conflits entre les membres peuvent tout autant survenir et poser des problèmes d'égalité de traitement, notamment en termes d'exercice de leur droit à l'information.

– la concordance et la sincérité des informations financières figurant dans le rapport de gestion avec les comptes annuels ;
– la concordance et la sincérité avec les comptes annuels des informations financières figurant dans les documents remis aux adhérents lors de l'assemblée générale ordinaire. La mission de certification des comptes du commissaire aux comptes ne consiste pas à garantir la viabilité ou la qualité de la gestion de la personne ou entité contrôlée (C. com. art. L 823-10-1). Toutefois, en application des dispositions de l'article R 823-7, 5° du même code, le commissaire aux comptes doit, dans son rapport, préciser « les incertitudes significatives liées à des événements ou circonstances susceptibles de mettre en cause la continuité d'exploitation ».

B. Certification des comptes

85150 La certification des comptes a pour objet les comptes annuels et, le cas échéant, les comptes consolidés et les comptes combinés. Par ailleurs, la norme d'exercice professionnel (NEP 730) relative aux changements de méthode comptable est applicable aux entités du secteur associatif.

Comptes annuels

85155 La certification des comptes doit porter sur les **comptes de l'ensemble de la personne morale**, et non seulement sur certains établissements ou certaines activités de l'entité. Les particularités comptables propres à ces entités doivent, bien entendu, être prises en considération.

Le commissaire aux comptes doit notamment veiller à certaines déviances relativement fréquentes, qui pourraient consister à restreindre la production de l'information financière aux seules exigences des financeurs, ou à ses obligations fiscales, par exemple en limitant la production de l'annexe à un secteur d'activité, ou en ne retraitant pas les comptes lorsque des méthodes dérogatoires sont imposées par les financeurs.

© Éd. Francis Lefebvre

SECTEUR ASSOCIATIF

Comptes consolidés

Les articles L 233-16 et suivants du Code de commerce réglementant les comptes conso- **85190**
lidés ainsi que le règlement CRC 99-02 ne sont applicables qu'aux sociétés commerciales
et aux entreprises publiques soumises à l'obligation légale d'établissement de comptes
consolidés et détenant entre elles des liens de participation.

Les associations ne sont donc pas soumises à la réglementation sur les comptes consolidés. Elles peuvent cependant souhaiter présenter une information économique globale
lorsqu'elles ont des liens financiers dans des sociétés qu'elles ont créées pour filialiser
une partie de leur activité (Mémento Associations nº 72600).

La consolidation des comptes ne doit pas être confondue avec l'agrégation des comptes, qui consiste
à opérer un cumul de comptes et un retraitement des opérations internes au sein d'un ensemble
constituant une personne morale unique (siège et établissements). La consolidation concerne en effet
des entités juridiquement distinctes.

Les organisations syndicales et professionnelles sont tenues d'établir des comptes consolidés, en application de l'article L 2135-2 du Code du travail si elles n'ont pas opté pour l'autre méthode prévue par
ce même article (annexion des comptes des entités contrôlées). Dans le cas des organisations syndicales
et professionnelles, le périmètre est susceptible d'englober des entités non capitalistiques comme des
associations contrôlées par exemple. La présentation des fonds propres doit à notre avis bien
distinguer :
– les fonds de l'entité consolidante (part du « groupe » dans les entités capitalistiques, part des minoritaires dans ces mêmes entités) ;
– les fonds des associations et autres entités non capitalistiques contrôlées.

Cas particulier des organisations syndicales et professionnelles Les syndi- **85191**
cats professionnels et leurs unions ainsi que les associations de salariés ou d'employeurs
qui contrôlent une ou plusieurs personnes morales, au sens de l'article L 233-16 du Code
de commerce, sans entretenir avec elles de lien d'adhésion ou d'affiliation, sont tenus :
– soit d'établir des comptes consolidés : l'entité de tête doit alors désigner au moins
deux commissaires aux comptes (C. com. art. L 823-2) dès lors que les ressources de l'ensemble dépassent, à la clôture d'un exercice, le seuil de 230 000 euros fixé à l'article
D 2135-9 du Code du travail (C. trav. art. L 2135-2 modifié par la loi 2012-387 relative à la simplification du
droit et à l'allégement des démarches administratives) ;
– soit de fournir, en annexe à leurs propres comptes, les comptes des personnes morales
qu'elles contrôlent au sens de l'article L 233-16 du Code de commerce, ainsi qu'une
information sur la nature du lien de contrôle (C. trav. art. L 2135-2, al. 3). Dans ce cas, les
comptes de ces personnes morales doivent avoir fait l'objet d'un contrôle légal si les
ressources de l'ensemble constitué dépassent, à la clôture d'un exercice, le seuil de
230 000 euros prévu par l'article D 2135-9 du Code du travail.

La CNCC a actualisé en janvier 2019 une note relative aux obligations des organisations syndicales et
professionnelles et à la mission légale des commissaires aux comptes.

Dès lors que les comptes consolidés de l'organisation syndicale et des entités qu'elle **85193**
contrôle sont **publiés**, le commissaire aux comptes doit procéder à leur certification préalable en application de l'article L 823-9, al. 2 du Code de commerce. Le choix des conventions comptables, notamment le fait générateur de la comptabilisation des cotisations,
et l'information donnée sur ce point dans l'annexe doivent faire l'objet d'une attention
toute particulière de la part des professionnels et donneront lieu aux observations ou
réserves nécessaires dans la formulation de l'opinion.

Comptes combinés

L'article 311-1 du règlement ANC 2020-01 du 9 octobre 2020 dispose que : « Des **85195**
entités peuvent être liées par des relations économiques de natures diverses, sans que
leur intégration résulte de liens de participation organisant des relations entre une entité
consolidante et une entité contrôlée ou sous influence notable. La cohésion de ces
ensembles peut les conduire à établir des comptes qui ne peuvent être appelés "comptes
consolidés" et sont désignés par le terme de "comptes combinés" ».

Le règlement ANC 2020-01, relatif aux comptes consolidés (et combinés) est applicable
depuis le 1er janvier 2021 pour toute personne morale tenue d'établir des comptes consolidés ou combinés sous réserve de dispositions spécifiques prévues par d'autres règlements de l'ANC. Ce texte s'applique à toute entité personne morale de droit privé et

1739

SECTEUR ASSOCIATIF   © Éd. Francis Lefebvre

donc aux associations et fondations. Il porte pour la partie spécifique aux comptes combinés sur :
– la définition du périmètre de combinaison ;
– les règles de combinaison ;
– les méthodes d'évaluation et de présentation ;
– les informations spécifiques à fournir dans l'annexe aux comptes combinés.

Pour une étude plus détaillée, voir Mémento Comptes consolidés nᵒˢ 1077 s.

L'établissement de comptes combinés peut notamment se révéler utile pour des associations juridiquement autonomes mais partageant un projet associatif unique et adhérant à une cause commune.

85198 Il convient de différencier les associations qui établissent des comptes consolidés ou combinés dans un objectif strictement interne de celles qui établissent des comptes consolidés ou combinés et les présentent à l'instance chargée d'approuver les comptes annuels et les diffusent éventuellement à l'extérieur de l'association.

Lorsque l'association établit des comptes consolidés ou combinés arrêtés par l'organe compétent dans le but d'être diffusés, ces comptes doivent être conformes aux règles comptables applicables notamment aux dispositions du règlement ANC 2020-01 relatif aux comptes consolidés ou combinés et qui s'appliquent à toute entité, personne morale de droit privé ou public, quelle que soit sa forme juridique (Règl. ANC 2020-01 art. 111-1 et 111-2).

En l'état actuel de la réglementation française, les associations ne sont pas tenues d'établir des comptes consolidés. Cependant, certaines associations souhaitent, compte tenu des liens existant avec d'autres associations ou du fait de participations qu'elles détiennent, établir des comptes combinés ou consolidés destinés à être diffusés. Dès lors, la CNCC a considéré que ces comptes combinés ou consolidés établis volontairement par ces associations et arrêtés par les organes compétents dans le but d'être diffusés doivent faire obligatoirement l'objet d'une certification par un (ou des) commissaire(s) aux comptes (Bull. CNCC nᵒ 151-2008 p. 547 – EJ 2008-21).

Ainsi, comme pour les sociétés commerciales, le commissaire aux comptes certifie, en justifiant de son appréciation, que les comptes consolidés ou combinés sont réguliers et sincères et donnent une image fidèle du patrimoine, de la situation financière ainsi que du résultat de l'ensemble constitué par les entités comprises dans la consolidation ou de la combinaison (C. com. art. L 823-9).

85199 L'établissement de comptes combinés n'est pas obligatoire pour les **organisations professionnelles et syndicales**. Il résulte d'un choix qui doit figurer dans ses statuts (C. trav. art. L 2135-3). Le texte comptable de référence à respecter pour l'établissement des comptes combinés est le CRC 2009-10.

Les comptes combinés ainsi établis doivent faire l'objet d'une certification par le(s) commissaire(s) aux comptes de l'entité combinante et être publiés sur le site Internet de la Direction de l'information légale et administrative (concernant les modalités de publication et le contenu de la publication, voir nᵒ 84770).

Changements de méthodes

85200 La NEP 730 « Changements comptables » est applicable au commissaire aux comptes de ces structures.

La CNCC a publié une note d'information intitulée « Le commissaire aux comptes et les changements comptables » (CNCC NI. X – juin 2011) qui précise notamment les modalités pratiques de mise en œuvre de la NEP 730 lorsque le commissaire aux comptes identifie un changement comptable et les conséquences qu'il en tire sur la rédaction de son rapport de certification des comptes annuels ou consolidés. En l'occurrence, le commissaire aux comptes contrôle le mode de calcul adopté et le traitement comptable retenu, et il vérifie l'information fournie dans l'annexe. Il s'assure notamment que les nouvelles méthodes retenues sont bien conformes à la nouvelle réglementation et que celle-ci est prise en compte sous tous ses aspects.

85205 Le commissaire aux comptes formule :
– une observation obligatoire dans son rapport sur les comptes, lorsque les changements de méthodes comptables sont justifiés et correctement traités au regard du référentiel comptable applicable ;

1740

© Éd. Francis Lefebvre

SECTEUR ASSOCIATIF ▮

– ou une réserve, voire un refus pour désaccord, lorsque les changements de méthodes comptables ne sont pas justifiés ou correctement traités et que les anomalies qui en résultent sont significatives.

Il appartient au commissaire aux comptes de décider s'il justifie ou pas de ses appréciations sur le changement dans son rapport.

Pour plus de détails sur les changements de méthodes, voir n°s 30905 s.

C. Vérifications spécifiques

Outre la communication des irrégularités et inexactitudes et le contrôle de l'égalité entre les adhérents (voir n° 85130), les vérifications spécifiques susceptibles de s'appliquer dans le secteur associatif peuvent comprendre : **85220**
– le contrôle des conventions réglementées ;
– le contrôle des documents et rapports prévus dans le cadre de la prévention des difficultés des entreprises ;
– le contrôle des documents adressés aux adhérents.

Conventions réglementées

Principe général La loi NRE 2001-420 du 15 mai 2001 a introduit un régime des **85230** conventions réglementées dans les personnes morales de droit privé non commerçantes ayant une **activité économique** ainsi que dans les associations ayant reçu annuellement des **subventions publiques** d'un montant global supérieur à 153 000 euros (C. com. art. L 612-5 et D 612-5).

Certaines organisations syndicales et professionnelles (OSP) sont ainsi soumises à la procédure des conventions réglementées prévue à l'article L 612-5 du Code de commerce (CNCC NI. IX – Le rapport spécial du commissaire aux comptes sur les conventions et engagements réglementés – février 2018, p. 84) :
– OSP régies par la loi du 1er juillet 1901 (constituées sous forme d'association). Dans ce cas, elles relèvent des dispositions des articles L 612-4 et D 612-5 du Code de commerce si elles reçoivent des subventions de la part des autorités administratives d'un montant global annuel supérieur à 153 000 euros ;
– OSP ayant une activité économique, qu'elles aient été constituées sous forme d'association (loi 1901) ou de syndicat (loi 1884). Les dispositions de l'article L 612-5 du Code de commerce sont applicables même si l'entité ne dépasse pas deux des trois critères prévus aux articles L 612-1 et R 612-1 du même code.
En revanche, les organisations syndicales et professionnelles relevant uniquement du Code du travail (loi 1884 et n'ayant pas d'activité économique) ne sont pas concernées par la procédure des conventions réglementées de l'article L 612-5 du Code de commerce.

La procédure des conventions réglementées applicables à ces entités est détaillée au n° 52278 ainsi qu'aux n°s 53000 à 53075 s.

Concernant les particularités relatives aux organismes collecteurs de fonds au titre de la formation professionnelle continue, voir également n° 53250.

Il est à noter qu'en l'absence de commissaire aux comptes, il revient aux présidents des associations d'appliquer eux-mêmes le dispositif légal, notamment en établissant eux-mêmes le rapport spécial destiné à l'organe délibérant.

Dispositions statutaires particulières Des dispositions peuvent être librement **85235** prévues dans les statuts ou le règlement intérieur des associations. Ces dispositions ne peuvent toutefois avoir pour effet qu'une augmentation des obligations des personnes visées et en aucun cas une diminution de leurs obligations légales.

Contrôle des documents liés à la prévention des difficultés des entreprises

Les associations, fondations et fonds de dotation dépassant le seuil de 300 salariés ou **85270** de 18 millions d'euros de ressources ou de chiffres d'affaires hors taxe doivent produire des documents prévisionnels liés à la prévention des difficultés, soit sur un fondement légal, soit à la demande d'une autorité de contrôle ou d'un financeur (C. com. art. L 612-2). Sont concernées par cette obligation :

1741

SECTEUR ASSOCIATIF

© Éd. Francis Lefebvre

– les personnes morales de droit privé ayant une activité économique qui atteignent les seuils précités (C. com. art. L 612-2) ;
– l'association Action logement groupe (C. com. art. L 612-2 sur renvoi de l'article L 313-18-4 du CCH).

85271 Il n'existe aucune disposition expresse prévoyant l'obligation pour les **organisations syndicales et professionnelles** d'établir les documents prévisionnels liés à la prévention des difficultés. Par conséquent, il n'existe pas d'obligation de vérification de leur établissement par le commissaire aux comptes, sauf dans le cas particulier des organisations syndicales ayant une activité économique d'une taille très importante (voir n° 85270), lorsqu'elles dépassent les seuils de 300 salariés ou de 18 millions d'euros de ressources (voir la note CNCC de janvier 2019, p. 23, relative aux nouvelles obligations des organisations syndicales et professionnelles et à la mission légale des commissaires aux comptes).

85275 Les contrôles à mettre en œuvre sont les contrôles applicables dans la généralité des entreprises soumises à l'obligation d'établir des documents prévisionnels. Pour tout complément d'information, on se reportera en conséquence aux n°s 54650 s.

Contrôle des documents adressés aux adhérents

85285 **Rapport de gestion, rapport moral et financier** Les associations suivantes sont tenues d'établir un rapport de gestion :
– associations ayant une activité économique d'une certaine taille (Mémento Associations n° 68225) ;
– associations émettant des obligations (Mémento Associations n° 68320) ;
– associations reconnues d'utilité publique (Mémento Associations n° 68625) ;
– associations recevant une ou plusieurs subventions d'un montant total supérieur à 153 000 euros ;
– toute association ayant désigné un commissaire aux comptes par application de l'article L 612-1 du Code de commerce.
S'agissant des fonds de dotation, ils doivent établir un rapport d'activité dont le contenu est précisé par la réglementation en vigueur (Décret 2009-158 du 11-2-2009 relatif aux fonds de dotation).

85286 Les textes relatifs aux associations ne précisent pas le contenu du rapport de gestion et la CNCC rappelle dans son « Guide du commissaire aux comptes dans les associations, fondations et autres organismes sans but lucratif » de janvier 2016 que le Code de commerce (art. L 232-1) précise le contenu du rapport de gestion et que « le rapport de gestion établi par l'organe d'administration de l'association pourrait ainsi, par analogie avec les dispositions applicables au rapport de gestion d'une société commerciale, comprendre des informations sur (p. 149 du Guide cité) :
– les événements passés :
• exposé sur les activités de l'association au cours de l'exercice écoulé, les difficultés éventuelles rencontrées, les progrès réalisés, les résultats obtenus,
• en cas d'activités de natures différentes ou poursuivies dans des établissements distincts, en cas de projets différents, cet exposé est l'occasion de présenter une information financière "segmentée" par branche d'activité, par établissement ou projet ;
– les événements significatifs intervenus postérieurement à la date de la clôture de l'exercice ;
– la perception du futur (exposé de l'évolution prévisible de l'association, de ses perspectives d'avenir, de ses modes de financement…) ;
– et d'autres éléments significatifs pour le lecteur ».

85288 Dans beaucoup d'associations est prévu l'établissement d'un **rapport moral et financier**. Ce rapport peut remplacer le rapport de gestion dans la mesure où il reprend les informations que ce dernier doit comprendre.

85290 Le commissaire aux comptes **vérifie la sincérité** et la **concordance avec les comptes annuels** des informations données dans le rapport de gestion (et/ou le rapport moral et financier ou encore le rapport d'activité des fonds de dotation).
Pour plus de détails sur les travaux du commissaire aux comptes sur le rapport de gestion, voir n°s 54255 s.

1742

© Éd. Francis Lefebvre   SECTEUR ASSOCIATIF ▌

Lorsque le commissaire a des observations à formuler sur la sincérité et la concordance avec les comptes annuels des informations données dans le rapport de gestion ou lorsqu'il a identifié des incohérences manifestes dans les autres informations données ou encore des omissions d'informations prévues par la loi, le règlement ou les statuts, il en informe l'organe compétent et demande les modifications qu'il estime nécessaires.
À défaut de modifications, il formule une observation dans la partie de son rapport sur les comptes relative aux vérifications spécifiques (voir n° 54317).

Attestation des rémunérations Le commissaire aux comptes d'une association n'a pas d'obligation en matière d'attestation des rémunérations des sommes versées aux cinq ou dix personnes les mieux rémunérées telle qu'elle est prévue par l'article L 225-115 du Code de commerce.   **85295**

Attestation à produire en cas de rémunération de dirigeants L'article 261,   **85297**
7-1° d) du Code général des impôts (en plus de nombreuses autres conditions à respecter) dispose que, dans les associations qui rémunèrent leurs dirigeants, le montant des ressources autres que celles versées par les personnes morales de droit public doit être attesté par un commissaire aux comptes.
L'article 242 C du Code général des impôts, annexe 2 prévoit la communication à la direction départementale ou, le cas échéant, régionale des finances publiques d'une attestation, émise par l'organisme qui rémunère, des ressources prises en compte (n° 84715).

> Conformément à la doctrine de la CNCC, le commissaire aux comptes se prononce sur un document préalablement établi par l'organe compétent de l'organisme. Il vérifie que les sommes mentionnées concordent avec les données de base de la comptabilité et correspondent bien, de par leur nature, aux ressources visées par l'article 261, 7-1° d) du CGI (CNCC Guide du commissaire aux comptes dans les associations, fondations et autres organismes sans but lucratif – janvier 2016, p. 159).

> En plus du rapport spécial, la rémunération des dirigeants doit être publiée dans l'**annexe aux comptes annuels**.

Budgets La présentation d'un budget est **obligatoire** pour :   **85300**
– les associations reconnues d'utilité publique ;
– les associations bénéficiant d'un financement public ;
– les associations gérant des établissements du secteur sanitaire et social ;
– les sociétés de courses de chevaux.
L'établissement d'un budget s'impose également dans la plupart des cas aux associations agréées par une autorité publique (voir n° 84560). Elle peut enfin résulter d'une clause statutaire.

> Sur les modalités d'établissement des budgets, voir Mémento Associations n°s 72690 s.

La CNCC considère que le budget n'est pas un document relatif à la situation financière   **85310**
et aux comptes puisque l'objectif de ce document n'est pas d'expliciter les comptes de l'exercice soumis à l'approbation des membres de l'organe délibérant mais de présenter des prévisions. Dès lors, au regard de la NEP 9510, le commissaire aux comptes n'a pas à contrôler ce document et il n'est pas visé par la partie de son rapport relative aux vérifications spécifiques (CNCC NI. XVIII « Vérifications spécifiques » – décembre 2018 p. 110).
Dans le secteur associatif, et notamment s'agissant des établissements sociaux et médico-sociaux, la présentation d'un budget à l'autorité de tarification est un préalable nécessaire à l'obtention de concours financiers publics indispensables à l'équilibre financier de l'organisme gestionnaire.
Dans la mesure où le budget est susceptible d'avoir des conséquences financières significatives pour l'entité (obtention de concours financiers, éventuelles sanctions administratives...) ou de mettre en cause la continuité d'exploitation, le **commissaire aux comptes** s'enquiert de l'existence de ce document, même s'il n'a pas de contrôles spécifiques à effectuer au regard de la NEP 9510.

Documents remis aux adhérents Le commissaire aux comptes vérifie la sincérité   **85320**
et la concordance avec les comptes annuels des informations données dans les **autres documents sur la situation financière et les comptes** adressés aux membres de l'organe appelé à statuer sur les comptes (C. com. art. L 823-10 ; NEP 9510).

1743

SECTEUR ASSOCIATIF

© Éd. Francis Lefebvre

Sur les travaux du commissaire aux comptes concernant les autres documents sur la situation financière et les comptes adressés aux membres de l'organe appelé à statuer sur les comptes, voir n°s 54530 s.

Voir également : CNCC Guide du commissaire aux comptes dans les associations, fondations et autres organismes sans but lucratif – janvier 2016 p. 152 et CNCC NI. XVIII « Vérifications spécifiques » – décembre 2018 p. 107 s.

Les autres documents sur la situation financière et les comptes remis aux adhérents peuvent également comporter des informations qui, de par leur nature et leur présentation, ne sont pas des informations sur la situation financière et les comptes annuels. Le commissaire aux comptes procède à la lecture de ces informations à la lumière de sa connaissance de l'association et de ses activités. Il relève, le cas échéant, les informations manifestement incohérentes et demande les rectifications nécessaires (voir n° 54570).

La NEP 9510 ne définit pas la **notion** d'« autres documents sur la situation financière et les comptes ». La CNCC considère qu'il s'agit de documents (CNCC NI. XVIII précitée, p. 110) :
– à caractère rétrospectif ;
– dont l'objectif est d'expliciter les comptes annuels ou consolidés soumis aux actionnaires ;
– qui ne font pas déjà l'objet d'un rapport ou d'une attestation de la part du commissaire aux comptes.
Les documents qui ne répondent pas aux critères ci-dessus sont qualifiés d'« **autres documents** » par la CNCC.

Ces « autres documents » ne sont pas visés par la NEP 9510. Ce sont des documents qui ne sont pas relatifs à la situation financière et aux comptes annuels ou consolidés. Leur objectif n'est pas d'expliciter les comptes annuels ou consolidés soumis aux actionnaires. Ils n'ont pas nécessairement un caractère rétrospectif. Ils font partie du droit d'information des actionnaires à l'occasion de la réunion de l'organe délibérant appelé à statuer sur les comptes, que ce droit résulte des textes légaux et réglementaires, des statuts ou d'une initiative de l'entité.

Ces « autres documents » ne font pas l'objet de contrôles de la part du commissaire aux comptes au regard de la NEP 9510.

D. Autres interventions

85340 Les autres interventions le plus souvent mises en œuvre par l'auditeur légal dans le secteur associatif comprennent :
– diverses interventions définies par la loi ou le règlement (n° 85350) ;
– des interventions sur les documents diffusés aux tiers, qui peuvent donner lieu à des extensions conventionnelles de la mission (n° 85420).
Nous consacrerons également un développement à la position du commissaire aux comptes d'une association en cas de participation de l'entité contrôlée à une opération de fusion ou d'apport (n° 85445).

Ne sont pas examinées ci-après toutes les interventions possibles, mais seulement celles qui méritent un développement compte tenu des particularités du secteur.

Interventions définies par la loi ou le règlement

85350 **Émission d'obligations** Lors d'une émission d'obligations, l'association doit mettre à la disposition des souscripteurs une notice relative aux conditions de l'émission et un document d'information (C. mon. fin. art. L 213-11 s.).

L'article 70 de la loi relative à l'économie sociale et solidaire (Loi 2014-856 du 31-7-2014) présente des aménagements nouveaux avec notamment la définition de titres associatifs devant permettre aux associations de développer leurs fonds.

Le commissaire aux comptes doit la contrôler dans le respect des normes qui lui sont propres. Les comptes présentés dans la note d'information doivent avoir été certifiés par le commissaire aux comptes en place, ou par un commissaire aux comptes nommé pour cette mission temporaire à objet limité.

85355 **Révélation de faits délictueux** La révélation des faits délictueux s'applique dans les associations, les fondations et les autres organismes sans but lucratif (OSBL), par le jeu de l'article L 823-12, alinéa 2 du Code de commerce.

Pour autant, toute irrégularité n'est pas automatiquement constitutive d'une infraction. Il est nécessaire qu'un texte la prévoie.

Pour plus de détails sur la nature des infractions à révéler et les conditions de révélation, voir n°s 61638 s. et 61648.

1744

SECTEUR ASSOCIATIF

Les **délits à révéler** comprennent notamment :   **85360**
– le défaut de nomination et de convocation du commissaire aux comptes à l'organe
délibérant (C. com. art. L 820-4, 1°) ;
– le délit d'entrave à l'exercice des fonctions du commissaire aux comptes (C. com.
art. L 820-4, 2°) ;
– le défaut d'établissement d'un bilan, d'un compte de résultat et d'une annexe dans
les associations visées au premier alinéa de l'article L 612-1 et à l'article L 612-4 (C. com.
art. L 242-8 sur renvoi de l'art. L 612-1, al. 4 et L 612-4, al. 3).

Sont ainsi visées :
– les associations ayant une activité économique et qui dépassent deux des trois seuils suivants : total
de bilan supérieur à 1 550 000 euros, ressources supérieures à 3 100 000 euros, nombre de salariés
supérieur à cinquante (C. com. art. L 612-1 et R 612-1) ;
– les associations recevant annuellement, de la part d'une autorité administrative ou d'établissements
publics à caractère industriel et commercial, une ou plusieurs subventions en numéraire dont le
montant global dépasse 153 000 euros (C. com. art. L 612-4 et D 612-5). La notion de subvention fait l'objet
de l'article 59 de la loi 2014-856 du 31 juillet 2014 relative à l'économie sociale et solidaire.

Le délit d'**abus de biens sociaux** n'est pas applicable aux organismes sans but lucratif   **85363**
(OSBL). En revanche, les dirigeants sont passibles du délit d'**abus de confiance** visé à
l'article 314-12 du Code pénal.
Il existe également des **délits spécifiques** à certains types d'associations, notamment
dans les associations en relation avec le secteur public (par exemple, corruption active
ou passive, prise illégale d'intérêts ou encore trafic d'influence).

Pour une étude détaillée de la révélation des faits délictueux, voir n°s 61530 s.

Lutte contre le blanchiment L'ordonnance 2009-104 du 30 janvier 2009 a assu-   **85365**
jetti notamment les experts-comptables et les commissaires aux comptes aux obligations
relatives à la lutte contre le blanchiment des capitaux et le financement du terrorisme
(C. mon. fin. art. L 561-2, 12°). Cette obligation est reprise dans l'article L 823-12, al. 3 du
Code de commerce : « Sans préjudice de l'obligation de révélation des faits délictueux
mentionnée à l'alinéa précédent, ils mettent en œuvre les obligations relatives à la lutte
contre le blanchiment des capitaux et le financement du terrorisme définies au
chapitre Ier du titre VI du livre V du Code monétaire et financier. »

Pour plus de détails sur les obligations relatives à la lutte contre le blanchiment des capitaux et le
financement du terrorisme, voir n°s 62090-1 s.

En outre, en application du 3° de l'article L 561-45-1 du Code monétaire et financier,
les associations, fondations, fonds de dotation et fonds de pérennité sont tenus d'obtenir
et de conserver des informations exactes et actualisées sur leurs **bénéficiaires effectifs**
définis à l'article L 561-2-2 du Code monétaire et financier.

Procédure d'alerte La procédure d'alerte **doit être déclenchée** par les commissaires   **85370**
aux comptes dans :
– les personnes morales de droit privé non commerçantes ayant une activité économique
et répondant aux critères de seuil prévus par l'article R 612-14 du Code de commerce,
visées à l'article L 612-1, al. 1 du Code de commerce (C. com. art. L 612-3) ;
– les personnes morales de droit privé non commerçantes ayant une activité économique, ne répondant pas aux critères de seuil prévus par l'article R 612-14 du Code de
commerce, visées à l'article L 612-1, al. 5 du Code de commerce, se dotant **volontairement** d'un commissaire aux comptes (C. com. art. L 612-3) ;
– les associations (C. com. art. L 612-4) recevant des subventions publiques pour un montant
annuel supérieur à un seuil fixé par décret (153 000 euros – C. com. art. D 612-5) ;
– les associations émettant des obligations (C. com. art. L 612-3 sur renvoi de C. mon. fin.
art. L 213-15) ;
– les fonds de dotation, dès lors que le montant total de leurs ressources dépasse
10 000 euros en fin d'exercice (Loi de modernisation de l'économie du 4-8-2008 art. 140).

La liste des entités dans lesquelles le commissaire aux comptes peut devoir mettre en œuvre la procédure d'alerte est présentée dans la note d'information de la CNCC n° III « Continuité d'exploitation de
l'entité : Prévention et traitement des difficultés – Alerte du commissaire aux comptes » dont la dernière
version a été publiée en janvier 2020 (p. 131 s. du document précité).

SECTEUR ASSOCIATIF　　　　　　　　　　　　　© Éd. Francis Lefebvre

La procédure d'alerte **peut également être déclenchée** dans les fondations d'entreprise (Loi du 23-7-1987 art. 19-9 ; voir également Guide CNCC du commissaire aux comptes dans les associations, fondations et autres organismes sans but lucratif – janvier 2016 p. 252).

85372 **Documents prévisionnels** Les personnes morales de droit privé non commerçantes ayant une activité économique qui atteignent à la clôture d'un exercice le seuil de **300 salariés ou de 18 millions d'euros** de chiffre d'affaires sont tenues d'établir une situation de l'actif réalisable et disponible, valeurs d'exploitation exclues, et du passif exigible, un compte de résultat prévisionnel, un tableau de financement et un plan de financement (C. com. art. L 612-2 et R 612-3).

Pour plus de détails sur ces documents et le rôle du commissaire aux comptes, voir respectivement n⁰ˢ 54650 s. et 54865 s.

85390 **Information du Comité social et économique – consultation annuelle sur la situation économique et financière de l'entreprise** En application de l'article L 2312-25, 4° du Code du travail, pour les entreprises qui ne revêtent pas la forme de société commerciale, l'employeur met à la disposition du comité, dans les conditions prévues par l'accord mentionné à l'article L 2312-21 ou à défaut d'accord au sous-paragraphe 4, les documents comptables établis par l'entité.

Le Comité social et économique (CSE), obligatoire dans les entités d'au moins 11 salariés (C. trav. art. L 2311-2), peut obtenir la communication d'un certain nombre de documents, au rang desquels figurent le rapport de gestion, les comptes annuels, une information trimestrielle sur la situation financière, les documents prévisionnels (voir n° 85270) et le bilan social (voir n° 85430) si l'entité est tenue de les établir.

Dans les entités d'au moins 50 salariés, le CSE bénéficie d'un droit d'alerte économique. Ainsi lorsqu'il a connaissance de faits de nature à affecter de manière préoccupante la situation économique de l'entité, il peut demander à l'employeur de lui fournir des explications (C. trav. art. L 2312-63). Si le comité n'a pu obtenir de réponse suffisante de l'employeur ou si celle-ci confirme le caractère préoccupant de la situation, il établit un rapport qui est communiqué à l'employeur et au commissaire aux comptes.

85400 **Représentativité des organisations patronales** La loi 2014-288 du 5 mars 2014 relative à la formation professionnelle, à l'emploi et à la démocratie sociale et certaines dispositions de la loi 2015-994 du 17 août 2015 relative au dialogue social et à l'emploi ont organisé les grands principes de la représentativité patronale.

Les dispositions applicables à la représentativité patronale figurent :
– sur le plan législatif, dans le titre V du livre I du Code du travail aux articles L 2151-1 à L 2152-7 ;
– sur le plan réglementaire, dans :
• les articles R 2151-1 à R 2152-19 modifiés par le décret 2020-184 du 28 février 2020 relatif aux modalités de candidature des organisations professionnelles d'employeurs à la représentativité patronale,
• le décret 2020-927 du 28 juillet 2020 relatif à la mesure de l'audience dans les entreprises de moins de onze salariés et à la mesure de l'audience patronale 2021,
• l'arrêté du 29 juillet 2020 relatif aux modalités de candidature des organisations professionnelles d'employeurs dans le cadre de l'établissement de leur représentativité en 2021.

La CNCC a publié en octobre 2020 une version mise à jour de « l'avis technique – Attestations des commissaires aux comptes relatives à la représentativité des organisations professionnelles d'employeurs au niveau d'une branche » (voir n° 84952).

85410 **Attestation relative au rapport visé à l'article L 2135-16 du Code du travail** La loi 2014-288 du 5 mars 2014 relative à la formation professionnelle, à l'emploi et à la démocratie sociale a organisé un financement mutualisé des organisations syndicales de salariés et des organisations professionnelles d'employeurs, en créant un fonds, l'AGFPN, qui reçoit des ressources (soit une contribution de 0,016 % des salaires bruts collectée par l'agence centrale des organismes de sécurité sociale, indépendamment de concours publics) et est chargée de les attribuer à ces organisations.

Dans un objectif de transparence, un rapport, adressé à l'AGFPN et rendu public, portant sur l'utilisation des crédits est prévu par l'article L 2135-16 du Code du travail.

Ce rapport est attesté par le commissaire aux comptes de l'entité et la CNCC a publié en janvier 2019 un avis technique précisant les modalités de mise en œuvre de cette intervention et proposant un exemple d'attestation dans le cadre d'une extension du périmètre des contrôles du commissaire aux comptes (CNCC Avis technique sur l'attestation du commissaire aux comptes relative au rapport visé à l'article L 2135-16 du Code du travail – avril 2016).

Documents diffusés aux tiers

Diffusion de documents aux tiers Les diffusions de documents concernent : **85420**
– les **associations émettant des obligations et titres de créance négociables** qui doivent être immatriculées au registre du commerce et y déposer leurs comptes en deux exemplaires ;
– les **associations faisant appel à la générosité du public** : en application du règlement ANC 2018-06 du 5 décembre 2018, modifié par les règlements ANC 2019-04 et 2020-08, ces associations doivent insérer dans l'annexe des comptes annuels en particulier :
• le compte de résultat par origine et destination (CROD),
• et le compte d'emploi annuel des ressources (CER) ;
– les **associations financées par des collectivités territoriales** sur plus de 50 % de leur budget ou pour plus de 75 000 € : ces associations doivent, dans le cadre des articles L 2313-1, L 3313-1 et L 4312-1 du Code général des collectivités territoriales, adresser leurs comptes aux organismes financiers ;

> Cette obligation concerne notamment les communes de plus de 3 500 habitants, qui doivent présenter en annexe à leur budget les comptes des associations qu'elles ont financées.

– les **groupements politiques**, qui doivent adresser leurs comptes à la Commission nationale des comptes de campagne et des financements politiques ;
– les **associations sollicitant un agrément** ou le maintien d'un agrément nécessaire à l'exercice d'une activité : il leur est le plus souvent demandé en contrepartie de communiquer leurs comptes à l'autorité compétente ;
– les **fonds de dotation**, qui doivent adresser leurs comptes annuels et le rapport du commissaire aux comptes ainsi que leur rapport d'activité à l'autorité administrative (à savoir la préfecture) par lettre recommandée avec demande d'avis de réception dans un délai de six mois à compter de la clôture de l'exercice.
Dans de nombreux cas, ces entités doivent également publier leurs comptes sur le site internet des journaux officiels (organisations syndicales et professionnelles percevant plus de 230 000 € de ressources, associations percevant plus de 153 000 € de dons éligibles à crédits d'impôt ou plus de 153 000 € de subventions ainsi que tous les fonds de dotation : voir n° 84770).

Diligences du commissaire aux comptes Les diligences du commissaire aux **85425**
comptes doivent être **adaptées** en fonction de l'étendue de la diffusion des documents et des demandes éventuelles formulées par leurs destinataires.
Si les documents sont des documents sur la situation financière et les comptes adressés **mis à disposition des adhérents**, l'intervention du commissaire relève des vérifications spécifiques.
Dans le **cas contraire**, le commissaire aux comptes n'a en principe à mettre en œuvre aucune diligence particulière.
Toutefois, il arrive que le destinataire de l'information (collectivité, administration, etc.) demande la **validation des chiffres** qui lui ont été transmis par le commissaire aux comptes de l'entité. Les dirigeants de l'association demanderont alors à l'auditeur légal de mettre en œuvre les diligences correspondant à la requête de l'organisme concerné, par exemple la production d'une attestation d'éléments isolés du bilan, ou la demande de contrôles administratifs limités aux seuls comptes d'activité subventionnés en vue de s'assurer du bon emploi des fonds publics, etc. Le professionnel pourra répondre positivement à ce type de demande si, conformément aux dispositions de l'article L 822-11 du Code de commerce, la prestation fournie n'entre pas dans les services portant atteinte à l'indépendance du commissaire aux comptes qui sont définis dans le Code de déontologie.

Cas particulier du bilan social Les associations de plus de 300 salariés ont l'obli- **85430**
gation d'établir un bilan social et de le mettre à disposition du comité social et économique (C. trav. art. L 2312-28). Le bilan social est tenu à la disposition des salariés (C. trav. art. L 2312-31) et transmis à l'inspecteur du travail (C. trav. art. L 2312-31). En revanche, il n'y a pas de communication obligatoire de ce document aux adhérents.

1747

SECTEUR ASSOCIATIF   © Éd. Francis Lefebvre

L'article L 2323-32 du Code du travail ne prévoit la communication du bilan social qu'aux seuls action-naires des sociétés par actions.

En l'absence d'accord prévu à l'article L 2312-19, le fait, dans une entreprise d'au moins trois cents salariés ou dans un établissement distinct comportant au moins trois cents salariés, de ne pas établir et soumettre annuellement au comité social et économique le bilan social d'entreprise ou d'établisse-ment prévu à l'article L 2312-14 est puni d'une amende de 7 500 € (C. trav. art. L 2317-2).

85435   La CNCC considère que le bilan social ne constitue pas un document relatif à la situation financière et aux comptes et qu'il ne fait donc pas l'objet de contrôles de la part du **commissaire aux comptes** au regard de la NEP 9510 (CNCC NI. XVIII Vérifications spécifiques – janv. 2019 p. 110).

Le bilan social inclut des informations issues des comptes telles que les frais de personnels, le montant global de la réserve de participation, mais son objectif n'est pas d'expliciter les comptes de l'exercice soumis à l'approbation des actionnaires. Le bilan social permet d'informer les membres du comité social et économique.

Cependant, dans la mesure où le non-respect des obligations relatives au bilan social est susceptible d'avoir une incidence significative sur les comptes de l'entité auditée, compte tenu des sanctions prévues par les textes, le commissaire aux comptes s'enquiert de l'existence de ce document, même s'il n'a pas de contrôles spécifiques à effectuer au regard de la NEP 9510.

Opérations de fusion et d'apport

85445   **Fusion et commissariat aux apports**   S'agissant des associations et des fonda-tions, les articles 71 et suivants (pour les associations) ainsi que 86 et suivants (pour les fondations ou pour les opérations entre associations et fondations) de la loi 2014-856 du 31 juillet 2014 relative à l'économie sociale et solidaire apportent les premières précisions légales sur les conditions d'une opération de fusion (ainsi que sur les opérations assimilées comme les apports partiels d'actifs et les scissions). Un traité de fusion, d'apport ou de scission doit être préalablement établi et publié sur « un support habilité à recevoir des annonces légales, dans des conditions et délais fixés par voie réglementaire ».

La loi introduit également la notion de commissaire à la fusion, à la scission ou aux apports.

« Lorsque la valeur totale de l'ensemble des apports est d'un montant au moins égal à un seuil fixé par voie réglementaire (ce seuil a été fixé à 1 550 000 € par le décret 2015-1017 du 18-8-2015), les délibérations prévues aux trois premiers alinéas sont précédées de l'examen d'un rapport établi par un commissaire à la fusion, à la scission ou aux apports, désigné d'un commun accord par les associations qui procèdent à l'apport. Le rapport se prononce sur les méthodes d'évaluation et sur la valeur de l'actif et du passif des associations concernées et expose les conditions financières de l'opération. Pour l'exercice de sa mission, le commissaire peut obtenir, auprès de chacune des associations, communica-tion de tous documents utiles et procéder aux vérifications nécessaires. » La CNCC a publié en mai 2016 un avis technique destiné aux commissaires aux comptes désignés pour intervenir dans le cadre d'opérations de fusion, de scission ou d'apports partiels en application de l'article 9 bis de la loi du 1er juillet 1901 ou de l'article 20-1 de la loi 87-571 du 23 juillet 1987.

L'opération prend effet à la date de sa publication au Journal officiel, si besoin était, ou à la notification d'une autorisation administrative statuant sur un changement statutaire, ou encore, à défaut, à la date de la dernière délibération ayant approuvé l'opération.

Dans le cadre de la **filialisation d'une activité commerciale**, l'intervention du commis-saire aux apports appelé à valider les apports effectués permettra au commissaire aux comptes de l'association d'obtenir une validation de la valeur des titres reçus par l'asso-ciation en échange de son apport.

N'est pas assimilée à ces opérations la donation par une association à une fondation de biens mobiliers et immobiliers (EC 2013-33 b – Bull. CNCC n° 171-2013 p. 497) qui représente un désinvestissement sans contre-partie à comptabiliser en charges exceptionnelles de l'association.

85450   Les fusions d'associations peuvent intervenir soit par fusion-absorption, soit par fusion avec création d'une association nouvelle :

– dans les fusions-absorptions entre deux associations, l'association absorbée doit être dissoute dans les conditions requises par ses statuts, ou, à défaut, à l'unanimité des sociétaires ;

© Éd. Francis Lefebvre

SECTEUR ASSOCIATIF ▮

L'association absorbante doit convoquer l'assemblée générale et, éventuellement, s'attacher au respect des règles prévues en matière de modification des statuts (Mémento Associations n° 18060).
Les commissaires aux comptes des associations appelées à fusionner, lorsqu'ils existent, peuvent intervenir et présenter tout avis qui leur paraîtrait s'imposer nonobstant l'intervention éventuelle d'un commissaire à la fusion, scission ou aux apports (cf. supra).

– dans le cadre d'une **fusion-création**, les deux associations sont dissoutes au profit de la création d'une troisième. L'association nouvelle qui résulte de la fusion doit respecter toutes les règles prévues lors de la constitution d'une association.

Un protocole ou traité de fusion en aura déterminé préalablement les modalités (voir Mémento Associations n° 18030).

Remarque : Les fusions d'associations fiscalisées peuvent bénéficier du régime fiscal de faveur des fusions applicables aux sociétés commerciales prévu à l'article 210 OA du CGI (RES N° 2011/8 [FE et ENR] du 26-4-2011).
Par ailleurs, s'agissant des droits d'enregistrement, l'article 816 du CGI dispose que les actes qui constatent des opérations de fusion auxquelles participent exclusivement des personnes morales ou organismes publics passibles de l'impôt sur les sociétés donnent lieu à la perception d'un droit fixe d'enregistrement ou à une taxe de publicité foncière de 375 euros. À cet égard, les organismes sans but lucratif et spécialement les associations régies par la loi du 1er juillet 1901, qui sont passibles de l'impôt sur les sociétés en vertu de l'article 206-5 du CGI, bénéficient de ce régime de faveur (D. adm. 7 H 3731 n° 25, mise à jour le 1-9-1999).

Opérations d'apport dans le cadre de la filialisation d'activités lucratives 85455

La filialisation d'activités lucratives, explicitement prévue par les instructions fiscales en vigueur, peut s'opérer auprès de sociétés commerciales type SA, SAS ou SARL.
Elle s'opère pour l'association apporteuse dans les conditions statutaires et, pour la société bénéficiaire des apports, dans les conditions juridiques, fiscales et sociales de droit commun. L'application du régime fiscal de faveur prévu en matière d'apports de branche complète et autonome d'activités est concevable.
Il en est de même d'une opération d'apport d'un bien immobilier à une SCI ou à une société coopérative.

En revanche, n'ayant pas la qualité de commerçant, une association ne pourra pas être associée d'une société en nom collectif, ni commanditée d'une société en commandite par actions (voir Mémento Associations n°s 87800 s.).

III. Modalités de mise en œuvre de la mission

La mission de commissaire aux comptes doit être menée conformément aux normes 85480
et diligences de la profession. Les diligences ne pourront être limitées à l'examen des comptes : elles devront inclure une identification des principaux risques et une revue du contrôle interne.

Connaissance générale et approche des risques

Application de la démarche générale L'approche par les risques obéit à la 85490
méthodologie générale présentée dans les développements relatifs à la mise en œuvre de l'audit financier (voir n° 25300).
Une connaissance globale de l'association devra être atteinte afin d'orienter la mission et d'appréhender les domaines et systèmes significatifs. Elle comportera notamment une appréciation de la situation économique et financière de l'association.
Une fois acquis ces éléments, l'auditeur mettra en œuvre une démarche classique d'identification des risques qui devra le conduire à la planification de ses travaux :
– identification des systèmes et domaines significatifs au vu des risques inhérents au secteur d'activité ainsi que des risques liés aux opérations et aux procédures (organisation générale, système d'information, contrôle interne), et éventuellement à l'attitude des dirigeants ;
– détermination du seuil de signification ;
– analyse des contraintes légales et normatives spécifiques à l'entité contrôlée.

1749

SECTEUR ASSOCIATIF   © Éd. Francis Lefebvre

85495   **Systèmes significatifs**   Chaque activité induit des risques ou des contraintes spécifiques. Indépendamment de celles-ci, la Compagnie nationale des commissaires aux comptes identifie dans son guide de contrôle régulièrement mis à jour (p. 179 s.) **14 domaines spécifiques** susceptibles d'être examinés dans la plupart des associations :
- généralités sur les ressources et produits ;
- cotisations ;
- dons manuels « monétaires » ;
- contributions volontaires en nature ;
- libéralités ;
- apports avec et sans droit de reprise ;
- subventions ;
- provisions réglementées ;
- généralités sur les emplois et les charges ;
- immobilisations ;
- fonds propres ;
- fonds dédiés ;
- détermination et affectation des résultats ;
- commodat.

85500   **Seuil de signification**   Le seuil de signification constitue le « montant au-delà duquel les décisions économiques ou le jugement fondé sur les comptes sont susceptibles d'être influencés » (NEP 320 relative à l'application de la notion de caractère significatif lors de la planification et de la réalisation d'un audit).

   Le commissaire aux comptes doit par ailleurs déterminer un seuil de planification inférieur au seuil de signification en vue de définir la nature et l'étendue de ses travaux (NEP précitée § 19 à 21).

Des éléments quantitatifs comme l'importance des fonds propres, du résultat ou encore l'existence de seuils légaux, statutaires ou contractuels seront pris en considération.
Il en est de même d'éléments plus qualitatifs tels que l'exercice d'activités ou l'exploitation d'établissements de nature différente ou d'importance inégale susceptibles de conduire à la définition de seuils de signification différenciés. Les restrictions éventuelles imposées par les donateurs dans l'utilisation de fonds, par exemple, devront également être prises en compte.

85505   **Contraintes légales et normatives**   Une difficulté majeure de l'approche des risques en milieu associatif tient à l'identification des obligations légales ou réglementaires qui sont propres à l'entité contrôlée et des normes de travail spécifiques qui en résultent, le cas échéant, pour l'auditeur légal.

   L'auditeur devra examiner ces différents points avec la plus grande attention et valider en tant que de besoin les positions prises par l'association au moyen de recherches documentaires appropriées.

85510   Les spécificités liées à la nature juridique ou au secteur d'activité font que des modalités spécifiques de contrôle et de communication financière ont été préconisées :
- dans les Carpa (Bull. CNCC n° 104-1996 p. 12 ; Doctrine professionnelle CNCC 7-106) ;
- dans les établissements sociaux et médico-sociaux (Code de l'action sociale et des familles, règl. ANC 2019-04 du 8-11-2019 relatif aux activités sociales et médico-sociales gérées par des personnes morales de droit privé à but non lucratif) ;
- dans les organismes de formation (Bull. CNCC n° 88-1992 p. 642 et règl. ANC 2019-03 du 5-7-2019 relatif aux comptes annuels des organismes paritaires de la formation professionnelle et de France compétences) ;
- dans les associations sportives (Bull. CNCC n° 86-1992 p. 212) ;
- dans les partis politiques (Bull. CNCC n° 166-2012 p. 231 : Avis technique relatif à la mission des commissaires aux comptes dans les partis et groupements politiques entrant dans le champ d'application de la loi 88-227 du 11-3-1988 modifiée ; règl. ANC 2018-03 du 12-10-2018 relatif aux comptes d'ensemble des partis ou groupements politiques et applicable au premier exercice ouvert à compter du 1-1-2018) ;
- dans les fonds de pérennité (Règl. ANC 2019-05 du 8-11-2019 relatif aux comptes annuels des fonds de pérennité).

85515   Les contraintes spécifiques à certains de ces types d'organisme sont évoquées ici succinctement, l'objectif étant de démontrer que l'on ne peut procéder à un audit d'une entité sans procéder préalablement à une **prise de connaissance précise de son environnement législatif et réglementaire**.

1750

© Éd. Francis Lefebvre   SECTEUR ASSOCIATIF

Carpa L'exception au principe selon lequel tout commissaire aux comptes nommé **85525**
dans une entité doit mettre en œuvre une mission de certification des comptes peut être
parfaitement illustrée dans les caisses de règlements pécuniaires des avocats.
Indépendamment de l'obligation pour une Carpa de désigner un commissaire aux
comptes pour une mission d'audit légal dès lors que sont franchis les seuils fixés pour
les personnes morales de droit privé non commerçantes ayant une activité économique,
la Carpa possède un régime juridique spécifique qui lui impose de nommer un ou
plusieurs commissaires aux comptes pour deux missions spécifiques devant être réalisées
par des commissaires aux comptes :
– aide juridictionnelle et aide à l'intervention de l'avocat au cours de la garde à vue (Loi
du 10-7-1991 ; Décret du 5-7-1996) ;

> La CNCC a publié un avis technique en janvier 2020 relatif à la mission du commissaire aux comptes
> prévue par l'article 20 de la loi 91-647 du 10 juillet 1991 dans les Carpa et relative à l'aide juridique.

– mission ayant pour objet de s'assurer du respect des règles applicables aux dépôts et
maniements des fonds, effets ou valeurs reçus par les avocats pour le compte de leurs
clients (Décret du 27-11-1991 art. 241-2 ; Arrêté du 5-7-1996).
Ces deux, voire trois (avec la certification légale des comptes) missions ne sont pas nécessairement effectuées par le même professionnel. En effet, la Carpa a la faculté de choisir
un commissaire aux comptes distinct pour chacune des missions dès lors que ce dernier
est inscrit sur la liste prévue à l'article L 822-1 du Code de commerce.

> La Commission des études comptables de la CNCC (Bull. CNCC nº 169-2013 p. 116) a publié une étude sur
> la comptabilisation des fonds de tiers et celle des fonds versés par l'État au titre de l'aide juridique.

Établissements sociaux et médico-sociaux (ESMS) Il s'agit d'établissements **85527**
limitativement énumérés au I de l'article L 312-1 du Code de l'action sociale et des
familles. Ces établissements sont soumis à un **cadre financier spécifique** prévu par le
code précité et l'organisme gestionnaire de ces établissements est soumis aux dispositions du règlement ANC 2019-04.

> Ce règlement ne s'applique pas aux activités sanitaires, encadrées uniquement par le règlement ANC
> 2018-06, modifié par le règlement ANC 2020-08.

Les principales **spécificités** sont les suivantes :
– certains fonds propres des ESMS sont sous contrôle des autorités de tarification et
sont présentés comme tels sur des lignes distinctes au passif du bilan (Règl. ANC 2019-04
art. 131-1) ;
– les affectations de résultat sont contrôlées par les autorités de tarification (CASF
art. R 314-51) ;
– les modalités de financement des ESMS sont encadrées par le Code de l'action sociale
et des familles et présentent des particularités en termes de qualification comptable des
ressources et de comptabilisation (y compris en fonds dédiés) ;
– des provisions réglementées peuvent être constituées dans les ESMS sous certaines
conditions prévues par le code précité pour renforcer la couverture du besoin en fonds
de roulement, pour réserver les plus-values nettes sur cessions d'éléments d'actif ou les
produits financiers (Règl. ANC 2019-04 art. 131-3) ;
– la procédure d'approbation des conventions réglementées prévoit que soient rappelées les anciennes conventions qui produisent toujours des effets et que certaines rémunérations de dirigeants d'ESMS soient qualifiées de réglementées (CASF art. R 314-59 et
L 313-25).

> Pour plus de détails sur la procédure des conventions dans les établissements sociaux et médico-
> sociaux, voir nºˢ 53030 et 53042.

**Organismes paritaires agréés aux fins de gestion des fonds de la forma- 85530
tion professionnelle continue – Opérateurs de compétences** Les organismes paritaires agréés sont dénommés « opérateurs de compétences » (Opco) et leurs
missions, définies à l'article L 6332-1 du Code de travail, visent notamment à :
1º assurer le financement des contrats d'apprentissage et de professionnalisation, selon
les niveaux de prise en charge fixés par les branches ;
2º apporter un appui technique aux branches adhérentes pour établir la gestion prévisionnelle de l'emploi et des compétences et pour déterminer les niveaux de prise en
charge des contrats d'apprentissage et des contrats de professionnalisation ;

SECTEUR ASSOCIATIF   © Éd. Francis Lefebvre

3° assurer un appui technique aux branches professionnelles pour leur mission de certification mentionnée à l'article L 6113-4 ;

4° assurer un service de proximité au bénéfice des très petites, petites et moyennes entreprises, permettant d'améliorer l'information et l'accès des salariés de ces entreprises à la formation professionnelle et d'accompagner ces entreprises dans l'analyse et la définition de leurs besoins en matière de formation professionnelle, notamment au regard des mutations économiques et techniques de leur secteur d'activité ;

5° promouvoir les modalités de formation prévues aux deuxième et troisième alinéas de l'article L 6313-2 auprès des entreprises.

Les opérateurs de compétence ont donc un rôle majeur dans la politique de développement des compétences des salariés, notamment des PME, dans l'appui aux branches professionnelles dans la construction de la gestion prévisionnelle des emplois et des compétences, de l'ingénierie de certifications et dans le financement de l'apprentissage.

Ces organismes n'existent que s'ils respectent les dispositions juridiques applicables et que s'ils ont fait l'objet d'une procédure d'agrément.

Ils doivent établir des comptes annuels selon les principes et méthodes comptables définis au Code de commerce (C. trav. art. R 6332-34) et respecter un plan comptable spécifique ainsi que les principes et méthodes comptables définis dans le règlement ANC 2019-03 du 5 juillet 2019 relatif aux comptes annuels des organismes paritaires de la formation professionnelle et de France compétences (C. trav. art. R 6332-35).

Pour plus de détails sur les modalités de fonctionnement particulières des opérateurs de compétence (Opco), voir Mémento Associations nᵒˢ 68515 s.

En outre, les opérateurs de compétences transmettent chaque année au ministre chargé de la formation professionnelle et à France compétences un état qui comporte les renseignements statistiques et financiers permettant de suivre le fonctionnement de l'opérateur de compétences et d'apprécier l'emploi des fonds reçus, ainsi que ses comptes et bilans. Le commissaire aux comptes des opérateurs de compétences atteste de la **réalité et** de l'**exactitude des renseignements financiers** (C. trav. art. R 6332-35).

La CNCC a publié en juillet 2014 un avis technique relatif aux interventions du commissaire aux comptes dans un organisme paritaire collecteur agréé (Bull. CNCC nᵒ 175-2014). Cet avis technique ne tient cependant pas compte de l'évolution des textes postérieurement à sa date de publication.

85550   **Associations sportives**   Il existe différents statuts d'associations sportives qui sont fonction du public visé et de leur importance. Peuvent notamment être citées :

– les associations sportives **scolaires et universitaires** (C. éduc. art. L 552-2) : elles sont affiliées à des fédérations ou à des unions sportives scolaires et universitaires et sont soumises aux dispositions du Code du sport (C. éduc. art. L 552-3 et L 552-4) ;

– les associations sportives **affiliées à une fédération sportive** qui participent habituellement à l'organisation de **manifestations sportives payantes**. Elles sont tenues de constituer une société commerciale si les manifestations sportives payantes lui procurent des recettes d'un montant supérieur à 1 200 000 € ou si elles emploient des sportifs dont le montant total des rémunérations excède 800 000 € (C. sport. art. L 122-1 s. et R 122-1).

Sont prises en compte, pour déterminer si ces montants sont atteints, les moyennes des recettes perçues et des rémunérations versées au cours des trois derniers exercices connus, telles que ces recettes et ces rémunérations résultent des documents comptables de l'association sportive (C. sport. art. R 122-1).

Les recettes mentionnées à l'article R 122-1 comprennent le montant hors taxe de l'ensemble des produits des manifestations payantes organisées par l'association, et notamment (C. sport. art. R 122-2) :

1° Le montant des entrées payées, sous quelque forme que ce soit, pour avoir accès à ces manifestations ;

2° Le montant des recettes publicitaires de toute nature ;

3° Le produit des droits d'exploitation audiovisuelle versés à l'association, y compris celui des droits de reproduction.

Le montant des rémunérations mentionné à l'article R 122-1 est constitué par l'ensemble des salaires, primes, vacations, avantages en espèces ou en nature, habituels ou exceptionnels, reçus par les sportifs employés par l'association ; il ne comprend pas les charges fiscales et sociales afférentes à ces rémunérations (C. sport. art. R 122-3).

Cette société prend la forme d'une société à responsabilité limitée ne comprenant qu'un associé, dénommée entreprise unipersonnelle sportive à responsabilité limitée (EUSRL), d'une société anonyme à objet sportif (SAOS), d'une société anonyme sportive professionnelle (SASP), d'une société à responsabilité limitée (SARL), d'une société anonyme (SA), d'une société par actions simplifiée (SAS) (C. sport. art. L 122-2).

Pour plus de détails sur les associations sportives, voir Mémento Associations nᵒˢ 68790 s.

1752

© Éd. Francis Lefebvre

SECTEUR ASSOCIATIF

Remarque Les associations sportives sont très souvent financées par les collectivités territoriales sous forme de subventions. Elles doivent être justifiées par des conventions signées. Le montant maximum des subventions pouvant être reçu des collectivités territoriales, de leurs groupements ou des établissements publics de coopération intercommunale ne peut excéder 2,3 millions d'euros pour chaque saison sportive de la discipline concernée (C. sport art. R 113-1).
À l'exception des associations sportives scolaires et universitaires, les groupements sportifs ne peuvent bénéficier de l'aide de l'État qu'à la condition d'avoir été agréés (C. sport art. L 121-4). L'agrément ne peut être octroyé que si les statuts comportent des dispositions statutaires garantissant le fonctionnement démocratique de l'association, la transparence de sa gestion et l'égal accès des femmes et des hommes à ses instances dirigeantes. L'affiliation d'une association sportive à une fédération sportive agréée par l'État en application de l'article L 131-8 vaut agrément.

85555

Groupements politiques Les obligations des groupements politiques sont imposées par la loi du 11 mars 1988, modifiée par la loi du 15 janvier 1990.
Les comptes d'ensemble établis par les partis et formations politiques régis par les lois susvisées doivent faire état des comptes du groupement et de tous les organismes, sociétés ou entreprises dans lesquels le groupement soit détient la moitié du capital social ou des sièges de l'organe d'administration, soit exerce un pouvoir prépondérant de décision ou de gestion (Loi du 11 mars 1988 art. 11-7, al. 1).
Les comptes d'ensemble doivent faire apparaître les recettes selon leur origine et les dépenses selon leur nature. L'Autorité des normes comptables a fourni des modèles de présentation de bilan, compte de résultat et annexe adaptés à leur activité. Le nouveau règlement comptable ANC 2018-03 du 12 octobre 2018 a été homologué le 26 décembre 2018 et est applicable, au plus tard, à partir des exercices ouverts à compter du 1er janvier 2018.
Les comptes doivent être certifiés par deux commissaires aux comptes (Loi du 11-3-1988 art. 11-7, al. 2).

> Saisi par la Commission nationale des comptes de campagne et des financements politiques (CNCCFP), le H3C a rendu un avis qui apporte aux commissaires aux comptes appelés à certifier les comptes des partis et groupements politiques des clarifications quant à la nature et à l'étendue de leurs obligations (Avis 2011-21 du 28-11-2011). Dans la suite de cet avis, la CNCC a publié en avril 2012 un « Avis technique relatif à la mission des commissaires aux comptes dans les partis et groupements politiques entrant dans le champ d'application de la loi 88-227 du 11 mars 1988 modifiée » (Bull. CNCC 166-2012).

85560

Examen du contrôle interne

On sait qu'en application des normes d'exercice professionnel, le commissaire aux comptes doit procéder à l'évaluation du contrôle interne des entités qu'il contrôle : « Le commissaire aux comptes acquiert une connaissance suffisante de l'entité, notamment de son contrôle interne, afin d'identifier et évaluer le risque d'anomalies significatives dans les comptes et afin de concevoir et mettre en œuvre des procédures d'audit permettant de fonder son opinion sur les comptes » (NEP 315 « Connaissance de l'entité et de son environnement et évaluation du risque d'anomalies significatives dans les comptes »).

85580

On pourrait penser que la revue du contrôle interne présente dans le secteur associatif moins d'intérêt que dans une société commerciale :
– l'objet de l'association est désintéressé, l'efficacité des procédures peut ne pas apparaître comme une priorité ;
– les personnes qui apportent leur concours à l'association sont souvent des bénévoles : il peut être considéré comme choquant de suspecter leur intégrité et leur volonté de faire au mieux pour réaliser l'objet de l'association ;
– le contrôle, interne ou externe, coûte cher et tend à occasionner une déperdition de moyens, dont il est tentant de faire l'économie pour les mettre au service des buts souvent élevés poursuivis par l'association.

85585

Cette approche ne peut être sérieusement retenue. D'une part, le poids économique des associations n'a rien à envier à celui du secteur commercial. Les fonds gérés, le personnel utilisé créent à l'égard des dirigeants des obligations qui sont incompatibles avec l'absence de procédures fiables et de rigueur financière. D'autre part, l'expérience illustre

85595

1753

SECTEUR ASSOCIATIF   © Éd. Francis Lefebvre

malheureusement que les scandales financiers, abus de confiance et détournements de fonds n'épargnent pas le secteur associatif.

Le commissaire aux comptes devra donc convaincre en tant que de besoin les dirigeants de l'association contrôlée de l'importance de la mise en œuvre de la revue du contrôle interne, et faire valoir notamment qu'une revue de procédures porte toujours sur une fonction, et jamais sur une personne en particulier.

La détermination des diligences à effectuer sera comme toujours fonction de l'analyse des risques à laquelle aura procédé le commissaire aux comptes. À titre indicatif, une attention particulière devra être le plus souvent portée sur la comptabilisation des opérations de trésorerie, sur les ressources de toutes natures (dons, legs, subventions, contributions financières, etc.), sur la paie et les frais généraux.

Communication avec les organes dirigeants

85600 **Lettre d'affirmation** La lettre d'affirmation est à la fois un élément formel de dialogue avec la direction de l'organisme et un procédé de confirmation de certains éléments permettant de limiter les doutes ou incertitudes éventuels lorsque le commissaire aux comptes n'a pas pu collecter d'autres éléments probants et appropriés. Elle permet de réduire les risques de mauvaise compréhension entre les organes dirigeants et le commissaire aux comptes (voir n° 30780). Elle est comprise dans les normes d'exercice professionnel homologuées.

Pour tenir compte des **particularités du secteur associatif**, le commissaire aux comptes pourra juger utile de se faire confirmer, outre les éléments figurant sous le n° 30805, des éléments spécifiques tels que :

– les modalités de rémunération des dirigeants et de prise en charge des frais de mission ;

– l'information sur les conventions réglementées ;

– les opérations de restructuration, réorganisation ou cession, en cours ou en projet telles qu'une fusion, une scission, un apport partiel d'actifs ;

– le respect des textes légaux et réglementaires (notamment lorsque des dispositions spécifiques sont applicables, par exemple Carpa, CIL, ESMS, Opco…) ;

– la communication de tout rapport, de tout avis ou de toute position d'organismes de contrôle externe tels que la Cour des comptes, l'IGAS, l'ARS ou le ministère de tutelle ;

– ou, encore, la validité d'un périmètre de combinaison.

> La lettre d'affirmation devrait être signée, à notre avis, par un dirigeant élu (président, trésorier) et un cadre de direction salarié impliqué dans les procédures de contrôle interne et d'arrêté des comptes annuels.

85610 **Irrégularités et inexactitudes** Le commissaire aux comptes rend compte des irrégularités et inexactitudes relevées au cours de sa mission (voir nᵒˢ 61250 s.).

SECTION 4

Cycles de contrôles spécifiques

85650 L'objet de ce paragraphe n'est en aucune manière de décrire de manière exhaustive la mise en œuvre des contrôles dans une association, mais seulement d'attirer l'attention sur les **aspects particuliers** au secteur associatif qui appellent de la part de l'auditeur une vigilance accrue et, le cas échéant, la mise en œuvre de contrôles ciblés. Seront examinés successivement :

– le contrôle des impôts et taxes (nᵒˢ 85665 s.) ;

– le contrôle des ressources (nᵒˢ 85850 s.) ;

– le contrôle des fonds propres (nᵒˢ 86000 s.) ;

– le contrôle des immobilisations (nᵒˢ 86100 s.) ;

– le contrôle du cycle personnel (nᵒˢ 86150 s.).

1754

© Éd. Francis Lefebvre   **SECTEUR ASSOCIATIF** ▮

I. Impôts et taxes

L'une des premières préoccupations de l'auditeur légal intervenant dans une association **85665**
doit être de clarifier la situation fiscale de l'entité contrôlée. Toute la question pour
l'auditeur est de déterminer si l'activité ou certaines des activités de l'association doivent
être considérées comme lucratives. De la réponse à cette question dépend en effet la
nature des taxations éventuellement applicables.

Activités lucratives

Instruction de l'administration L'administration fiscale a présenté dans une **85670**
instruction de synthèse du **18 décembre 2006** le régime fiscal de l'ensemble des organismes à buts non lucratifs (4 H-5-06). Celui-ci a été intégré depuis dans le Bofip.

Principe Les associations ne sont pas soumises aux impôts commerciaux, lorsqu'elles **85685**
réalisent des activités non lucratives, cette notion étant définie par la doctrine fiscale
précitée.

Pour plus de détails, voir Mémento Associations n°s 38000 s.

Afin de déterminer le régime fiscal applicable, l'instruction propose une méthode d'analyse qui permet de classifier les associations en deux catégories différentes : les associations lucratives, soumises aux impôts commerciaux, et les associations non lucratives,
exonérées des impôts commerciaux.

L'analyse est valable pour la taxe à la valeur ajoutée (TVA), pour l'impôt sur les sociétés et pour la CET
(ex-taxe professionnelle).

Du fait de l'autonomie du droit fiscal, une association fiscalement qualifiée de lucrative
pourra néanmoins présenter les caractéristiques d'une gestion réellement désintéressée.

Méthode d'analyse L'analyse proposée par l'administration doit être menée par **85690**
l'ensemble des associations, même si celles-ci réalisent des actes commerciaux par
nature. En effet, l'activité n'est pas un critère suffisant pour qualifier d'office l'association
de lucrative.

La méthode préconisée comporte **trois étapes**, qui sont détaillées dans l'instruction :
1° La gestion de l'organisme est-elle désintéressée ?
– si la réponse est négative : l'organisme est imposable aux impôts commerciaux ;
– si la réponse est positive : ce critère est nécessaire mais insuffisant pour que l'organisme soit exonéré des impôts commerciaux. Il faut passer à la deuxième étape.
2° L'organisme concurrence-t-il une entreprise ?
– si la réponse est négative : l'organisme est exonéré des impôts commerciaux ;
– si la réponse est positive : il faut alors analyser les conditions dans lesquelles il exerce
son activité.
3° L'activité s'exerce-t-elle dans des conditions similaires à celles d'une entreprise ?
– si la réponse est négative : l'organisme est exonéré des impôts commerciaux ;
– si la réponse est positive : l'organisme est imposable aux impôts commerciaux.

Pour une étude détaillée, on pourra se reporter au Mémento Associations n°s 30000 s.

Décision ayant une incidence sur le caractère lucratif de l'activité **85700**
Le passage entre le caractère lucratif et non lucratif de l'activité doit, a priori, se concevoir
dans les deux sens, même si les cas les plus fréquemment évoqués n'envisagent qu'une
fiscalisation, partielle ou totale, à partir d'une situation d'exonération totale au regard
des impôts « commerciaux ».
Les incidences pécuniaires pour les associations intéressées peuvent être extrêmement
diverses, tant les règles d'assujettissement, de déductibilité ou d'exonération nouvelles
peuvent avoir des effets inverses, par exemple :
– selon que l'on est assujetti à la TVA ou à la taxe sur les salaires ;
– selon que l'on paie la CET ou la taxe d'habitation ;
– selon que l'on est passible de l'IS à 10, 15 ou 24 % sur un bénéfice d'activités patrimoniales, ou de l'IS au taux normal sur un résultat d'ensemble qui peut être déficitaire.

La réalisation de simulations précises s'imposera donc avant de prendre toute décision susceptible
d'influer sur le caractère lucratif ou non lucratif des activités de l'association.

1755

SECTEUR ASSOCIATIF　　　　　　　　　　　　　　　　　　　　© Éd. Francis Lefebvre

85703　　**Remarque**　On rappelle que l'administration a mis en place, dans chaque direction des services fiscaux, un « correspondant association » spécialement chargé de renseigner les associations sur leur situation fiscale. L'association peut également faire une demande de rescrit fiscal à l'administration pour sécuriser son régime fiscal.

Pour une étude détaillée de l'intérêt et des limites de ces consultations, voir Mémento Associations nos 31050 s.

Sectorisation ou filialisation

85710　　Un organisme dont l'activité principale est non lucrative peut avoir besoin de développer une **activité annexe** purement commerciale, et donc de nature lucrative. Le caractère non lucratif de l'activité principale n'est pas remis en cause, d'une part, si l'activité non lucrative reste prépondérante, d'autre part, si les deux activités sont dissociables.

Les associations, fondations, congrégations religieuses et syndicats professionnels échappent aux impôts commerciaux sans possibilité d'option pour leurs activités lucratives accessoires dès lors que celles-ci n'excèdent pas un chiffre d'affaires égal à 72 000 euros pour l'exercice clos au 31 décembre 2020 (ce seuil est indexé, chaque année, sur la prévision de l'indice des prix à la consommation, hors tabac, retenue dans le projet de loi de finances de l'année).

85715　　Selon les textes, l'**activité non lucrative** doit rester **prépondérante**. Aucun seuil n'est fixé. Ce critère peut être apprécié en effectuant le rapport entre les recettes commerciales et l'ensemble des moyens de financement de l'organisme.

Cependant, il n'est pas toujours pertinent, notamment dans le cas où l'association fait appel à des soutiens non financiers tels que les dons en nature ou le bénévolat. Dans ce dernier cas, il convient de retenir d'autres critères tels que la répartition des effectifs, ou le rapport entre les recettes commerciales et l'ensemble des ressources, y compris bénévolat et dons en nature, dont dispose l'association. Il convient par ailleurs d'apprécier le poids de l'activité non lucrative sur plusieurs exercices (par exemple, sur trois exercices) afin d'apprécier correctement la tendance de fond de l'activité de l'association. Des simulations réalisées à partir de prévisions, ou budgets votés en assemblée générale, peuvent également être prises en compte.

Le fait de n'avoir pas défini le seuil de la prépondérance de l'activité non lucrative représente une source potentielle de litiges.

85725　　En matière d'impôt sur les sociétés, les opérations lucratives doivent être réalisées dans le cadre d'un **secteur d'activité distinct** ou d'une **filiale**.

En matière de TVA, la sectorisation est prévue par les dispositions réglementaires.

85730　　**Sectorisation des activités lucratives**　Afin de réaliser la sectorisation des activités, l'association devra mettre en place des règles strictes de répartition des charges et de son patrimoine, la répartition des produits se faisant généralement plus facilement. Elle devra également mettre en place une comptabilité générale par secteur d'activité, voire une comptabilité analytique.

Cette nouvelle organisation nécessitera une réflexion approfondie sur les différentes clefs de répartition qui seront retenues pour l'affectation des charges indirectes.

L'instruction du 8 décembre 2006 détaille de façon claire et explicite les **modalités de la sectorisation** et d'établissement du bilan fiscal de départ pour le secteur assujetti. Le principe est d'affecter au secteur assujetti les moyens qui lui sont propres. Si les moyens sont communs aux deux secteurs, ils doivent être répartis au prorata du temps d'utilisation.

85732　　Une association peut ne pas souhaiter isoler son activité lucrative pour des raisons d'optimisation fiscale (l'activité non lucrative étant déficitaire, par exemple) et opter pour une **fiscalisation globale**. Cette décision est cependant lourde de conséquences et devra toujours donner lieu à une simulation. Elle entraîne en principe :

– l'assujettissement aux impôts commerciaux et à la taxe d'apprentissage ;
– la perte de la possibilité de délivrer des reçus ouvrant droit à réduction d'impôt ;
– une remise en cause éventuelle du caractère d'utilité publique.

Pour une étude détaillée de la sectorisation, on se reportera au Mémento Associations nos 31780 s.

85740　　**Filialisation des activités lucratives**　La filialisation nécessite que les **activités** soient suffisamment **autonomes** dans leur mode de fonctionnement pour pouvoir être séparées ou dissociées.

L'association peut alors créer une filiale commerciale.

© Éd. Francis Lefebvre

SECTEUR ASSOCIATIF

Pratiquement, il sera préférable de réaliser un apport partiel d'actif au bénéfice de cette filiale plutôt que de transférer purement et simplement les moyens d'exploitation. Cette solution permet d'éviter le paiement des droits de mutation sur les fonds de commerce et de ne payer qu'un droit fixe de 230 euros. L'association apporteuse recevra en échange des titres de la filiale.

85745

L'instruction du 18 décembre 2006 précisait que l'intervention de l'association dans la gestion de la filiale ne suffit pas à justifier une remise en cause de son caractère non lucratif. Il faudrait que la complémentarité commerciale entre les deux entités soit telle que le caractère lucratif prime sur l'objet social non lucratif.

85755

Même si cette complémentarité n'existe pas, l'association doit créer un **secteur lucratif** relatif à la gestion des titres de sa filiale. Cette activité sera soumise à l'impôt au taux de droit commun mais l'association pourra bénéficier du régime mère-fille si elle en respecte les conditions d'application. Si cette activité devient prépondérante, l'association risque alors d'être déclarée globalement lucrative.

85760

L'association pourrait également participer à la **constitution d'une autre association** ayant pour objet la gestion des activités lucratives, ce qui éviterait à l'association mère d'être fiscalisée au titre de la complémentarité commerciale. Ce schéma présente toutefois un inconvénient majeur, celui d'interdire la remontée des résultats vers l'association mère en vue de financer l'activité sociale, puisque la répartition des résultats entre les membres d'une association ne peut être effectuée. La solution consistant à pratiquer un don à l'association mère trouve également rapidement ses limites : les textes fiscaux plafonnent en effet la réduction d'impôt liée aux dons à 60 % des versements (40 % au-delà de 2 millions d'euros de dons) pris dans la limite unique de 5 ‰ du chiffre d'affaires (CGI art. 238 bis).

Pour une étude détaillée de la filialisation, on se reportera au Mémento Associations n°s 32080 s.

Associations non lucratives et secteurs non lucratifs

Le Bofip n'a pas apporté de changements aux règles fiscales applicables aux associations non lucratives.

85770

Impôt sur les sociétés Les associations ne sont pas imposées sur la réalisation de bénéfices au taux de droit commun (CGI art. 206-1). Cependant, elles sont soumises à l'impôt sur les sociétés sur les produits de la gestion de leur patrimoine et sur certains revenus de placements financiers :
– imposition au taux unique de 15 % sur les dividendes perçus de source française ou étrangère ;

85772

L'article 34 de la loi de finances rectificative pour 2009 est venu aménager le dispositif d'imposition des revenus patrimoniaux notamment en prenant en compte la jurisprudence issue de l'arrêt n° 298108 du Conseil d'État en date du 13 février 2009. La loi met en effet fin à la discrimination, contraire au droit communautaire, qui consistait à imposer différemment les mêmes dividendes selon qu'ils étaient versés à des organismes français ou européens.

Par conséquent, les dividendes de source française ou étrangère versés à des organismes sans but lucratif établis dans un État membre de la Communauté européenne ou dans un État membre de l'Espace économique européen ayant conclu avec la France une convention d'assistance administrative en vue de lutter contre la fraude et l'évasion fiscales sont imposés au taux de 15 %.

– imposition au taux réduit de 24 % sur les revenus fonciers et sur certains revenus de capitaux mobiliers (par exemple, revenus de créances, dépôts, cautionnements et comptes courants, revenus de valeurs mobilières étrangères autres que dividendes...) ;
– imposition au taux réduit de 10 % sur certains revenus de capitaux mobiliers (les produits de créances négociables sur un marché réglementé).

Les modifications introduites par la loi de finances rectificative pour 2009 ne remettent pas en cause l'exonération des revenus patrimoniaux prévue, d'une part, en faveur des fondations reconnues d'utilité publique et, d'autre part, au profit des fonds de dotation dont les statuts ne prévoient pas la possibilité de consommer leur dotation en capital. Cette exonération, prévue de manière explicite par l'article 206, alinéa 5 du Code général des impôts, est donc maintenue.

Notamment, les fondations d'entreprise ainsi que les fonds de dotation ayant prévu dans leurs statuts la consomptibilité de leur dotation voient l'ensemble de leurs dividendes perçus imposés au taux de 15 %.

SECTEUR ASSOCIATIF   © Éd. Francis Lefebvre

85773   L'impôt doit être **acquitté spontanément** par les personnes morales auprès des comptables de la Direction générale des impôts (CGI ann. III art. 362).

Pour une étude détaillée, se reporter au Mémento Associations nᵒˢ 38000 s.

85778   **TVA**   Le Code général des impôts prévoit l'exonération de cet impôt. En contrepartie, les associations sont redevables de la taxe sur les salaires (tout en bénéficiant d'un abattement, voire d'un éphémère crédit d'impôt en 2017 et 2018 remplacé par un allègement de charges sociales en 2019) et ne peuvent récupérer la TVA relative aux biens et services acquis pour les besoins de leurs activités non lucratives.

Il est rappelé qu'une association ne peut demander l'assujettissement à la TVA lorsque c'est son intérêt. En effet, l'assujettissement s'applique de plein droit. Lorsque les conditions ne sont pas remplies, il ne peut pas y avoir d'option, à de rares exceptions près, de l'association. S'agissant des assujettis partiels, un nouveau régime de déduction est applicable depuis le 1ᵉʳ janvier 2008 (Décret du 16-4-2007 et Instruction du 9-5-2007). Il s'agit d'une évolution à droit constant mais avec des modifications importantes. Le droit à déduction n'est plus fonction de la qualité d'assujetti (et/ou de redevable partiel) ou de la nature du bien (immobilisations ou autres biens et services) mais il est centré sur les opérations économiques. Le coefficient de déduction est égal au produit des coefficients d'assujettissement, de taxation et d'admission.

Pour une étude détaillée, se reporter au Mémento Associations nᵒˢ 33100 s.

85780   **Contribution économique territoriale (CET)**   Les entités ne sont pas redevables de cet impôt si leur gestion est désintéressée, si leur activité non lucrative est prépondérante et si le montant des recettes liées à l'activité lucrative ne dépasse pas le seuil de chiffre d'affaires prévu à l'article 206 du Code général des impôts, à savoir 72 000 euros pour l'exercice clos au 31 décembre 2020. Elles doivent cependant payer la taxe d'habitation sur les locaux.

Pour une étude détaillée, se reporter au Mémento Associations nᵒˢ 37800 s.

85785   **Taxes diverses sur les salaires**   La **taxe sur les salaires** est exigible en fonction de règles de calcul spécifiques liées au rapport entre les ressources non assujetties à la TVA et les ressources totales de l'association. La déclaration d'existence ouvre droit pour l'association à un abattement spécifique dont le montant est, d'une loi de finances à l'autre, révisé à la hausse (hors cas de gel du barème de l'impôt comme en 2012 et 2013).

Les associations et fondations ne sont soumises au paiement de la **taxe d'apprentissage** que si elles effectuent des opérations les rendant passibles de l'impôt sur les sociétés au taux de droit commun : pour plus de détails sur les associations imposables à la taxe d'apprentissage, voir Mémento Associations nᵒ 42100.

La réforme du financement de la formation professionnelle opérée par la loi 2018-771 du 5 septembre 2018 a créé une contribution unique à la formation professionnelle et à l'alternance comprenant la contribution à la formation professionnelle et la taxe d'apprentissage.

À la suite de cette réforme, la taxe d'apprentissage conserve globalement les mêmes caractéristiques (champ d'application, assiette, taux) mais le mécanisme d'exonération de la taxe d'apprentissage ainsi que les modalités de recouvrement et de régularisation évoluent pour la taxe due au titre des rémunérations versées en pratique à compter du 1ᵉʳ janvier 2020 : voir Mémento Associations nᵒˢ 42120 s.

Les associations doivent participer chaque année à l'**effort de construction** et à la **formation professionnelle continue**, dans les conditions de droit commun.

Les employeurs de plus de vingt salariés ont l'obligation d'embaucher du **personnel handicapé** (ou bien de verser une taxe à l'Association nationale pour la gestion du fonds d'insertion professionnelle des handicapés). Les associations sont donc bien soumises à cette obligation.

Associations fiscalement lucratives ou secteurs lucratifs

85800   Les associations et secteurs lucratifs sont soumis aux **impôts commerciaux** (impôt sur les sociétés, contribution économique, taxe sur la valeur ajoutée) ainsi qu'à la taxe d'apprentissage, sauf dispositions expresses prévues par l'instruction ou des dispositions législatives particulières. Ainsi :

© Éd. Francis Lefebvre

SECTEUR ASSOCIATIF

– les associations dont les activités lucratives accessoires ne dépassent pas le seuil prévu à l'article 206 du Code général des impôts de 63 059 euros de recettes annuelles sont exonérées des impôts commerciaux (BOI-IS-CHAMP-10-50-20-20 nos 1 et 10) ;

– les associations dont le chiffre d'affaires de l'année civile précédente est inférieur à 85 800 euros (premier seuil) pour les livraisons de biens, ventes à consommer sur place ou prestations d'hébergement et 34 400 euros (deuxième seuil) pour les prestations de services bénéficient d'une franchise de TVA.

Toutefois, si le chiffre d'affaires dépasse 91 000 euros (premier seuil) ou 35 200 euros (deuxième seuil) en cours d'année, les activités exonérées de TVA deviennent assujetties depuis le premier jour du mois en cours lors du dépassement (voir Mémento Associations n° 37220).

Les produits de six manifestations annuelles de bienfaisance ou de soutien ne sont en principe pas pris en compte dans l'appréciation des seuils précités.

L'administration fiscale a réaffirmé dans son instruction du 18 décembre 2006 le principe **85810** d'unicité des critères d'**assujettissement à la TVA, à la CET et à l'impôt sur les sociétés**. Ainsi, une association assujettie à la TVA l'est également, sauf exception, à l'impôt sur les sociétés au taux de droit commun. Pour justifier sa position, l'administration a fait référence à la jurisprudence du Conseil d'État et notamment à un arrêt rendu le 13 décembre 1993 contre l'association Clinique Saint-Martin-la-Forêt.

L'affirmation automatique d'un lien entre les impôts commerciaux fait l'objet de contestations. Dans la pratique, il existe de nombreuses exceptions.

Les établissements et services d'aide par le travail (Esat, anciennement dénommés CAT) **85815** bénéficient d'une possibilité expresse d'option pour la TVA sans assujettissement à l'impôt sur les sociétés et à la CET (ex-taxe professionnelle).

II. Ressources

Subventions et conventions de financement

Subventions Constituent des subventions les contributions facultatives de toute **85830** nature, valorisées dans l'acte d'attribution, décidées par les autorités administratives et les organismes chargés de la gestion d'un service public industriel et commercial, justifiées par un intérêt général et destinées à la réalisation d'une action ou d'un projet d'investissement, à la contribution au développement d'activités ou au financement global de l'activité de l'organisme de droit privé bénéficiaire. Ces actions, projets ou activités sont initiés, définis et mis en œuvre par les organismes de droit privé bénéficiaires. Ces contributions ne peuvent constituer la rémunération de prestations individualisées répondant aux besoins des autorités ou organismes qui les accordent (Article 9-1 de la loi 2000-321 du 12-4-2000 relative aux droits des citoyens dans leurs relations avec les administrations créée par l'article 59 de la loi 2014-856 du 31-7-2014 relative à l'économie sociale et solidaire).

Les principaux problèmes liés aux subventions perçues par une association sont liés : **85850**
– à la comptabilisation en produits définitivement acquis de subventions assorties de clause(s) suspensive(s) et/ou de clause(s) résolutoire(s) ;
– au risque de considérer comme certain le caractère recouvrable d'une subvention n'ayant pas fait l'objet de toutes les autorisations administratives nécessaires ;
– à la nécessité d'opérer un suivi de l'utilisation des subventions de fonctionnement affectées (notion de fonds dédiés) ;
– à la nécessité de s'assurer qu'il n'y a plus de subventions d'investissement qui se rapportent à des biens renouvelables (non amortissables) et que l'ensemble des subventions d'investissement est dorénavant rapporté au résultat au rythme des biens auxquels elles se rapportent ;

L'application du règlement ANC 2018-06 prévue à partir des exercices ouverts à compter du 1er janvier 2020 a supprimé la comptabilisation des subventions non amortissables.

– au respect du principe de séparation des exercices ;
– aux risques fiscaux, avec notamment le risque d'assujettissement à la TVA si la subvention est la contrepartie d'un service ou a le caractère d'un complément de prix.

Lorsque la notification d'attribution des subventions concerne plusieurs exercices, il convient de répartir l'octroi de ces subventions en fonction des périodes ou étapes d'attribution définies dans la convention, ou à défaut au prorata temporis (EJ 2010-48 : Bull. CNCC n° 161-2011 p. 85).

1759

SECTEUR ASSOCIATIF © Éd. Francis Lefebvre

Ressources provenant de la générosité du public

85860 Ce sont les dons manuels, legs et donations, les ressources en nature, les ressources affectées provenant de la générosité du public ainsi que le mécénat des entreprises.

L'article 3 de l'arrêté du 22 mai 2019 inclut le mécénat dans les ressources issues de la générosité du public.

85862 L'ensemble de ces ressources doit être réparti, pour le moins, en deux catégories **selon que les bienfaiteurs ont affecté ou non leur concours**. Lorsque les fonds sont affectés à un objet précis, leur utilisation doit faire l'objet d'un suivi : en cas de non-utilisation totale des fonds reçus à la clôture d'un exercice, l'enregistrement d'une dette en « fonds dédiés » par la contrepartie d'un compte de charges doit être soigneusement contrôlé. Une information doit par ailleurs être donnée dans l'annexe sociale sur les fonds dédiés non utilisés à la clôture, ainsi que sur ceux qui n'ont pas fait l'objet d'une utilisation depuis plus de 2 ans.

Les fonds reçus et destinés à financer des actifs immobilisés suivent le traitement comptable des fonds dédiés (Bull. CNCC n° 156-2009 – EC 2009-17).

Auparavant ces fonds dédiés devaient être entièrement repris en produits au compte de résultat par le crédit du compte « Report des ressources non utilisées des exercices antérieurs » dès que l'investissement pour lequel les fonds ont été affectés est réalisé. Le règlement ANC 2018-06 introduit la possibilité de reprendre les fonds dédiés au prorata du montant des amortissements constatés. Il s'agit d'une option qui doit être explicitée dans l'annexe et **appliquée à l'ensemble des fonds dédiés sur investissement**.

85863 En cas de non-respect des objectifs poursuivis par l'appel public à la générosité ou de non-conformité des dépenses financées, l'avantage fiscal attaché aux dons peut être remis en cause (Loi de finances rectificative 2009). Voir n° 84273.

D'une manière générale, les associations qui émettraient à tort des reçus fiscaux sont passibles d'une pénalité de 25 % des montants indûment attestés et de 60 % des droits de mutation sur les concours pécuniaires des personnes physiques. En matière de dons et de territorialité de leur destination, l'administration a publié un projet d'instruction en 2012 visant à préciser les critères de validité des reçus fiscaux (en distinguant les pays membres de l'Espace économique européen et les autres pays). Les termes de ce projet font l'objet d'une commission d'étude à laquelle participent les représentants des parties prenantes.

85865 S'agissant des **dons manuels**, ils sont principalement susceptibles de poser un problème de collecte et de traitement (chèques antidatés, impayés, bénéficiaire non désigné impliquant un risque de détournement...).

Les **dons en nature** posent toujours des difficultés de recensement, de valorisation (à leur prix de revient pour l'administration fiscale, à leur valeur de marché pour l'appréciation comptable des contributions volontaires en nature) et de protection.

85868 Le règlement ANC 2018-06 a abrogé le règlement CRC 99-01 notamment sur le traitement comptable des legs et donations. Les legs et donations sont dorénavant enregistrés en comptabilité dès l'acceptation par l'instance compétente en la matière : à l'actif et au passif des comptes avec une constatation en produits au fur et à mesure des encaissements et avec un mécanisme nouveau de fonds reportés (pour la partie non encaissée).

Pour plus de détails, voir Mémento Associations n°s 70858 s.

La procédure d'acceptation des donations et legs a été allégée par l'ordonnance 2005-856 du 28 juillet 2005 qui a supprimé l'autorisation préalable de la préfecture pour lui substituer un pouvoir d'opposition durant 4 mois.

Taxe d'apprentissage

85880 Avec la réforme de la formation, les entités de formation ne perçoivent plus que la taxe d'apprentissage versée par les entreprises. Depuis 2020, elles perçoivent des fonds des OPCO pour financer le coût de formation des apprentis (prestations de services) ou pour financer des investissements ou tout autre projet (conventionnement au cas par cas).

Cotisations

85900 La cotisation représente le montant versé régulièrement (généralement une fois par an) par les membres nouveaux ou anciens en vue de satisfaire aux conditions d'admission ou de renouvellement de l'adhésion. Elle n'est pas obligatoire en droit.

1760

© Éd. Francis Lefebvre

SECTEUR ASSOCIATIF

Les **principaux risques** liés aux cotisations sont les suivants :
– existence de **contrepartie** pour le cotisant pouvant rendre la TVA exigible sur le service rendu, entraîner des pénalités pour délivrance abusive de reçus fiscaux (voir supra), et faire perdre le bénéfice du régime de faveur accordé à certaines entreprises de presse (TVA à 2,1 % sur certains journaux, tarifs postaux minorés, etc.) ;
– incertitude sur l'identité de l'exercice concerné par le versement des cotisations ;
– non-paiement des cotisations appelées.

Le règlement ANC 2018-06 prévoit deux comptes comptables pour distinguer les cotisations avec ou sans contrepartie (art. 141-4).

Billetterie

La billetterie concerne les associations organisant des manifestations culturelles ou sportives.
Les **risques** induits sont bien connus :
– perte du caractère désintéressé entraînant l'assujettissement aux impôts commerciaux ;
– exigibilité de taxes fiscales ou parafiscales (Sacem, impôt sur les spectacles, réversion de droits d'auteur…) ;
– non-exhaustivité des recettes ;
– problèmes éventuels de séparation des exercices.

85920

Abonnements

Les principaux problèmes peuvent concerner :
– le suivi des produits constatés d'avance ;
– une mauvaise appréhension des évolutions des taux de TVA applicables (2,1 %, 5,5 %, 10 %, 20 %) ;
– la distinction entre produits des abonnements et recettes publicitaires, notamment au regard de la TVA (abonnement soumis au taux de 2,1 % et recettes publicitaires au taux de 20 %) ;
– la clarté des comptes présentés par des prestataires externes gestionnaires des abonnements ;
– les relations avec la Commission paritaire des publications et agences de presse (CPPAP), dont l'agrément conditionne les tarifs postaux préférentiels et le taux réduit de TVA.

85930

Produits financiers

L'auditeur s'attachera notamment :
– à vérifier la distinction entre produits non taxables et ceux taxables à 10,15 ou 24 % ou au taux normal sur les revenus patrimoniaux non rattachés à une activité fiscalement commerciale ou selon les modalités prévues en matière de dividendes perçus dans le cadre du régime mère-filiale ;
– à contrôler l'appréhension des intérêts courus non échus et la provision d'impôt correspondante ;
– à examiner l'évolution des valeurs liquidatives des titres en portefeuille ainsi que le suivi et le traitement des plus ou moins-values latentes (la plus-value latente doit figurer dans l'annexe).

85940

III. Fonds propres

Dotation initiale

Pour une fondation ou un fonds de dotation, il s'agit de l'équivalent d'un capital versé lors de la constitution d'une société de forme commerciale. L'auditeur contrôlera la conformité du montant figurant en compte avec les statuts, leur caractère consomptible ou non ainsi que le niveau des fonds propres eu égard, le cas échéant, à la non-consomptibilité statutaire de la dotation initiale.

86000

1761

SECTEUR ASSOCIATIF

© Éd. Francis Lefebvre

Le règlement ANC 2018-06 prévoit que la fondation ou le fonds de dotation mentionne dans son annexe les actifs constitutifs de la dotation non consomptible (art. 433-1).

Voir également n° 84100, concernant la dotation initiale pour les fonds de dotation.

Apports avec ou sans droit de reprise

86010 Le contrôleur légal veillera à identifier les apports avec droit de reprise. Ceux-ci exposent les associations au **risque** d'une reprise effective par les donateurs, soit lors de la dissolution de l'association bénéficiaire, soit lors de la survenance d'un événement justifiant l'application de la clause de reprise. Leur évaluation représente une difficulté supplémentaire (par rapport aux dons et legs) puisqu'en principe les biens dont il s'agit ne sont pas destinés à être revendus.

Les apports avec droit de reprise sont comptabilisés dans un compte spécifique et doivent donner lieu à une information en annexe.

Affectation du résultat

86020 Le résultat ne peut être distribué aux adhérents. L'affectation du résultat est décidée par l'organe délibérant et doit tenir compte des dispositions statutaires et des dispositions réglementaires spécifiques à l'activité de l'association (établissements sanitaires et sociaux, Opca et futurs Opco, CIL…).

Seul le résultat définitivement acquis peut être affecté par l'organe délibérant. Les résultats sous contrôle de tiers financeurs devront être constatés dans un compte spécifique (115) dans l'attente de la décision de l'autorité de tutelle.

Si l'association a plusieurs activités (sous gestion propre et sous gestion contrôlée), une information doit être donnée en annexe sur ces résultats. Par ailleurs, l'organe délibérant qui se prononce sur l'affectation du résultat devra porter une attention particulière à leur nature juridique.

L'affectation du résultat définitivement acquis par l'association peut être réalisée comme suit :
– apurement du report à nouveau débiteur ;
– constitution des réserves obligatoires : réserves liées à des activités réglementées, réserves statutaires ;
– affectation imposée par l'organe de tutelle (résultats sous contrôle de tiers) ;
– affectation libre :
• en report à nouveau,
• en réserve pour projet de l'entité : ce dernier étant constitué des différents objectifs fixés par les organes statutairement compétents pour réaliser l'objet social.

86032 L'auditeur s'assurera également de l'existence des **titres de propriété** dans le cas notamment d'associations détenant depuis des décennies un patrimoine foncier important. Il procédera, en tant que de besoin, à une demande de confirmation auprès du cadastre et des conservations des hypothèques.

Fonds propres

86040 La présentation des fonds propres et le plan de comptes ont profondément évolué avec l'application du règlement ANC 2018-06. L'article 421-1 dudit règlement fournit un modèle de bilan qui distingue dorénavant les fonds propres sans et avec droit de reprise et la subdivision dans chacune de ces catégories des fonds propres statutaires et des fonds propres complémentaires. La dotation consomptible dispose de sa propre ligne au bilan (les dotations non consomptibles étant classées dans les fonds propres).

Les fondations et les fonds de dotation fournissent dans l'annexe les éléments permettant de suivre l'affectation des actifs constitutifs de la dotation non consomptible (Règl. ANC 2018-06 art. 433-1).

L'information fournie comprend :
– d'une part le montant de la dotation statutaire non consomptible et des dotations complémentaires non consomptibles ;
– d'autre part la liste des actifs constitutifs de la dotation non consomptible présentés par catégorie d'actifs (incorporels, corporels et financiers) avec, pour chaque actif, les informations suivantes :
• nature de l'actif,
• descriptif et localisation de l'actif si cette localisation est représentative de la valeur,

1762

© Éd. Francis Lefebvre

SECTEUR ASSOCIATIF ▋

- valeur immobilisée brute,
- valeur immobilisée nette d'amortissement et de dépréciation,
- date de la dernière réévaluation,
- dernière valeur vénale estimée.

Fonds reportés et dédiés

Contrairement à ce que la désignation du mot « fonds » pourrait faire croire, les fonds **86050** reportés et dédiés ne font pas partie des fonds propres d'une association ou d'une fondation. À la clôture d'un exercice, ils représentent :
– pour les fonds reportés, la totalité des ressources (déduction faite des passifs) issues de legs et donations non encore encaissées à la fin de l'exercice ;
– pour les fonds dédiés :
- la totalité des ressources affectées à une action ou un objet particulier qui n'a pu encore être dépensée conformément à la volonté des émetteurs,
- ou la part des fonds propres de fondations abritées et qui ne peut être utilisée par l'organisme abritant.
Depuis l'application du règlement ANC 2018-06, ils figurent au passif juste au-dessus des provisions pour risques et charges.

Le détail de leur évolution d'un exercice à l'autre, par grand type de projets ou d'actions **86052** (par exemple, programmes de recherche ou action humanitaire), en fonction de leur caractère significatif, doit être présenté sous forme de tableaux dans l'annexe.

Le risque sur les fonds dédiés peut essentiellement provenir d'une absence de comptabi- **86055** lité par objet et/ou action, rendant impossible un traitement comptable correct des ressources perçues ou d'une confusion avec les réserves pour projet associatif.

Un risque d'un autre ordre existe, celui de la consommation par un organisme de la **86056** trésorerie disponible pour couvrir ses propres besoins de trésorerie.

IV. Immobilisations

Une association a toujours pu détenir durablement que les immobilisations **nécessaires** **86100** **à l'accomplissement de son objet** (y compris celles nécessaires à son fonctionnement administratif). Il est possible désormais de détenir des immeubles « de rapport » sous certaines conditions (Loi 2014-856 relative à l'économie sociale et solidaire, art. 74).

> À peine de nullité, les acquisitions et cessions immobilières par une association doivent être déclarées, avec indication des prix et autres conditions essentielles, dans les trois mois à la préfecture dont elles relèvent.

Immobilisations acquises avec les ressources provenant de la générosité publique

Les immobilisations acquises, en tout ou partie, avec des ressources provenant de la **86111** générosité du public, ainsi que leur amortissement, doivent faire l'objet d'un suivi pour les besoins d'établissement du compte d'emploi annuel des ressources (CER) dans la ligne « Investissement/Désinvestissement » (Règl. ANC 2018-06 art. 432-20).

Amortissement des biens apportés avec droit de reprise

Tant que le fait générateur de la reprise n'est pas survenu, il n'y a pas lieu de recourir à **86120** des méthodes de valorisation et d'amortissement particulières des biens apportés. Ceux-ci doivent néanmoins être comptabilisés dans des comptes spécifiques permettant d'en assurer le suivi.
Lorsque la reprise survient, un amortissement exceptionnel ou une provision pour amortissement est à pratiquer sur le bien concerné.

1763

SECTEUR ASSOCIATIF © Éd. Francis Lefebvre

Prêt à usage

86130 Avec le nouveau règlement ANC 2018-06, les biens prêtés sont traités comme des contributions volontaires en nature et ne figurent plus à l'actif et dans les autres fonds propres (Règl. ANC 2018-06 art. 211-1).

Auparavant, l'amortissement des immobilisations mises à disposition dans le cadre de convention de prêt à usage (antérieurement commodat) était comptabilisé directement au débit des fonds propres par le crédit d'un compte d'amortissement.

Ces immobilisations ne généraient donc pas de charge d'amortissement dans le compte de résultat, puisque celui-ci était constaté en contrepartie de l'amortissement du fonds associatif qui leur correspondait.

Principaux axes de contrôle des immobilisations

86132 L'auditeur doit s'interroger tout particulièrement sur :
– la capacité juridique réelle de l'association à détenir certains de ses actifs immobilisés ;
– la distinction charges/immobilisations ;
– le compte de résultat, l'autre à un amortissement directement imputé sur les fonds propres ;
– la nécessité pour les organismes faisant appel public à la générosité de pouvoir évaluer et suivre les immobilisations financées par les ressources collectées auprès du public dans le cadre de la production du CER ;
– la pertinence de la politique d'amortissement eu égard aux usages et conventions particulières pouvant exister ;
– la nécessité de procéder à un inventaire périodique ;
– l'efficacité de la protection physique des immobilisations et le caractère suffisant des couvertures d'assurance.

En cas de projet de réévaluation globale des immobilisations, l'auditeur s'interrogera sur l'incidence fiscale de l'opération. Si l'association venait à être soumise ultérieurement aux impôts commerciaux, se posera également la question du recours à d'éventuels amortissements dérogatoires.

V. Personnel

Personnel salarié

86150 Le personnel salarié de l'association peut être à l'origine de différents types de **risques**, par exemple :
– risque de requalification de la situation fiscale d'ensemble lié à l'**emploi de dirigeant salarié** ou à la direction de fait de certains salariés. Le danger existe dès lors que le salarié dirigeant a perçu une rémunération supérieure aux trois quarts du Smic, ou que la rémunération des dirigeants est supérieure à la tolérance des trois quarts du Smic, le nombre de dirigeants pouvant être rémunérés sera limité en fonction du montant et de la nature des ressources de l'organisme et de ceux qui lui sont affiliés (voir n° 84715) ;
– remise en cause de la non-lucrativité aboutissant à requalifier ou interdire certains **contrats de travail** réservés aux associations sans but lucratif ;
– remise en cause du statut fiscal de l'association du fait d'un **contrat d'intéressement** maladroit ayant pour effet d'intéresser aux résultats de l'association un dirigeant ou un membre de l'association ;
– redressements en matière sociale liés à la pratique de **remboursement de frais** sur une base forfaitaire et non sur la base des frais réels, pouvant occasionner un franchissement de seuils légaux ou de pure tolérance fiscale pour un dirigeant de droit ou de fait et la contestation éventuelle du caractère désintéressé de la gestion ;
– risque de non-comptabilisation des **dettes pour congés payés** et/ou de non-évaluation des autres éléments du passif social comme les indemnités de fin de carrière ;
– risque de requalification du **directeur salarié** en **dirigeant de fait** s'il prend des décisions de création de postes sans délibération du bureau ou du conseil d'administration.

Fonctionnaires

86155

L'auditeur doit s'interroger sur la régularité de la situation des fonctionnaires travaillant pour l'association :
– contrôle de l'autorisation de l'administration accordée à ces fonctionnaires, sauf s'ils sont en disponibilité ;
– contrôle des conditions de détachement.

> Pour une étude détaillée, on se reportera au Mémento Associations n°s 52000 s.

Animateurs

86165

L'auditeur vérifiera le respect des textes applicables aux animateurs, à savoir :
– dispositions de l'arrêté du 11 octobre 1976 en matière de bases forfaitaires (Arrêté du 13-7-1990 pour les animateurs encadrant des adultes handicapés) ;
– convention collective nationale de l'animation socioculturelle ;
– arrêtés des 27 et 28 juillet 1994 concernant les bases de cotisations forfaitaires dans les associations sportives.

Salariés intermittents du spectacle

86175

L'auditeur vérifiera notamment :
– l'affiliation au service Guso ;
– leur affiliation à la caisse des congés payés du spectacle.
Il mettra à jour ses connaissances en fonction de la réforme partielle du statut des intermittents en cours.

Journalistes professionnels

86185

L'auditeur prendra soin de contrôler que les journalistes remplissent les conditions nécessaires pour pratiquer la déduction plafonnée de 30 % de la base sécurité sociale. La non-réalisation des conditions est en effet susceptible d'engendrer un redressement Urssaf significatif.

Contributions volontaires en nature

86195

L'article 211-1 du règlement ANC 2018-06 définit une contribution volontaire en nature comme l'acte par lequel une personne physique ou morale apporte à une entité un travail, des biens ou des services à titre gratuit. Ceci correspond à :
– des contributions en travail (personnel mis à disposition, bénévolat) ;
– des contributions en biens (dons en nature redistribués ou consommés en l'état) ;
– des contributions en services (mises à disposition de locaux ou de matériels, prêt à usage, fourniture gratuite de services).
Les contributions volontaires en nature sont valorisées et comptabilisées si les deux conditions suivantes sont remplies (Règl. ANC 2018-06 art. 211-2) :
– la nature et l'importance des contributions volontaires en nature sont des éléments essentiels à la compréhension de l'activité de l'entité ;
– l'entité est en mesure de recenser et de valoriser les contributions volontaires en nature.
Les contributions volontaires en nature sont **comptabilisées dans des comptes de classe 8** (Règl. ANC 2018-06 art. 211-3) :
– au crédit, les contributions volontaires par catégorie (dons en nature consommés ou utilisés en l'état, prestations en nature, bénévolat) ;
– au débit, en contrepartie, leurs emplois selon leur nature (secours en nature, mises à disposition gratuite de locaux, prestations, personnel bénévole).
Ces éléments sont présentés au pied du compte de résultat dans la partie « Contributions volontaires en nature », en deux colonnes de totaux égaux.
Si l'entité estime que la présentation des contributions volontaires en nature n'est pas compatible avec son objet ou ses principes de fonctionnement, l'entité indique les motifs de cette position et donne une information dans l'annexe sur la nature et l'importance des contributions volontaires en nature (Règl. ANC 2018-06 art. 211-4).

SECTEUR ASSOCIATIF

© Éd. Francis Lefebvre

86195
(suite)

Sur le terrain fiscal, la valorisation des contributions volontaires en nature présente un intérêt pratique dans la mesure où elle est susceptible de confirmer le caractère prépondérant des activités non lucratives d'une association.

Les bénévoles peuvent se faire rembourser leurs frais, pour leur montant réel et sur présentation des justificatifs.

Les bénévoles ne bénéficient en règle générale d'aucune protection sociale particulière (voir, sur cette question, Mémento Associations nos 86650 s.). Il est recommandé aux associations de souscrire une assurance responsabilité civile pour couvrir les risques encourus par les bénévoles.

Par ailleurs, le contrat de volontariat associatif, mis en place par la loi 2006-586 du 23 mai 2006, impose l'affiliation des bénévoles aux assurances sociales du régime général.

© Éd. Francis Lefebvre

ANNEXES

ANNEXES

Liste des textes figurant en annexe

93100

93200	Les cabinets de la profession comptable libérale en France
93500	Structure de dossier type
93520	Questionnaire d'évaluation des risques diffus
93522	Questionnaire de prise en compte du risque lié à la continuité d'exploitation
93525	Questionnaire d'évaluation des risques par cycle ou par assertion
93530	Questionnaire d'identification des risques de fraude
93550	Missions d'acquisition : liste des risques usuels
93555	Missions d'acquisition : liste des principaux documents à obtenir
94100	Formulaire déclaration d'activité 2020
94150	Notice formulaire déclaration d'activité
94300	Guide des contrôles périodiques
94400	Outils de contrôle qualité CNCC
96000	Modèles de statuts types de sociétés de commissaires aux comptes

Les cabinets de la profession comptable libérale en France

ACTIVITÉS RÉGLEMENTÉES

Ce classement (Source : La Profession comptable hors-série – avril 2021) s'appuie sur les données fournies par les cabinets. Il tient compte de la multiplicité des structures des entités. Fiducial n'a pas souhaité communiquer les chiffres de ses activités réglementées. Il souhaite être classé dans les firmes pluridisciplinaires pour des raisons d'homogénéité de périmètre.

93200

Rang 19/20	Désignation	Chiff. aff. HT (en K€) 18/19	Effec-tifs 19/20	Bureaux 19/20	Localisation	Réseau, association technique ou groupement français	Réseau ou association à l'international
1	KPMG S.A.	1 143 000	10 000	238	Nationale		KPMG
2	Ernst & Young	680 000	6 800	14	06 – 13 – 31 – 33 – 34 – 35 – 38 – 44 – 54 – 59 – 67 – 69 – 75 – 92	-	EY
3	PricewaterhouseCoopers	465 680	3 326	24	Nationale	-	PwC
4	In Extenso	384 000	5 300	250	Nationale	-	-
5	Deloitte	669 694	1 299	32	Nationale	Deloitte	Deloitte
6	Mazars	278 000	3 670	37	Nationale	-	Mazars – Praxity
7	Grant Thornton	186 000	1 941	23	Nationale	-	Grant Thornton International
8	Cogep	120 561	1 466	110	Nationale	-	HLB
9	BDO	132 097	1 230	49	Paris – Île-de-France – Rhône-Alpes – Paca – Grand Ouest – Nouvelle Aquitaine – Bourgogne – La Réunion – Polynésie – Guyane – Nouvelle-Calédonie	-	BDO
10	Fiteco	116 442	1 375	74	Nord-Ouest – Paris – Lyon	Fidunion	PrimeGlobal
11	RSM	115 000	1 166	14	Paris – Rhône-Alpes – Grand Est – Méditerranée – Grand Ouest – Océan Indien	ATH – RSM	RSM
12	Groupe Alpha	121 480	862	12	13 – 31 – 33 – 34 – 44 – 57 – 59 – 69 – 75 – 76 – La Réunion – Nouvelle-Calédonie	Groupe Alpha	Consulting Europa – UHY International
13	Bakertilly Strego	104 241	1 171	50	17 – 22 – 28 – 29 – 35 – 37 – 44 – 45 – 49 – 56 – 59 – 61 – 72 – 75 – 78 – 79 – 81 – 85 – 86 – 91 – 92 – 975	ATH	Baker Tilly International

ANNEXES

© Éd. Francis Lefebvre

93200
(suite)

Rang 19/20	Désignation	Chiff. aff. HT (en K€) 18/19	Effectifs 19/20	Bureaux 19/20	Localisation	Réseau, association technique ou groupement français	Réseau ou association à l'international
14	TGS France	94 568	1 207	101	Nationale	-	TGS
15	@com Groupe	86 200	1 050	90	Grand Sud-Ouest	-	-
16	Orcom	81 100	825	24	9 régions	Eurus	BKR International
17	Eurex	64 700	800	62	Nationale	ATH – Eurex	SFAI
18	CERFRANCE Champagne Nord Est Île-de-France	62 500	840	56	02 – 08 – 10 – 51 – 52 – 77 – 91	CERFRANCE	-
19	CERFRANCE Nord-Pas-de-Calais	57 500	950	38	59 – 62	CERFRANCE	-
20	Exco Fiduciaire du Sud-Ouest	52 075	678	45	Sud-Ouest	Exco	Kreston International
21	Compagnie Fiduciaire	47 137	590	26	16 – 31 – 32 – 33 – 40 – 47 – 64 – 75 – 77	-	-
22	FCN	51 610	560	35	02 – 08 – 31 – 45 – 51 – 59 – 60 – 75 – 76	AGIR – AGRI	MGI Worldwide
23	Syndex	52 220	390	17	Nationale	-	-
24	SR Conseil	37 905	445	21	05 – 38 – 73 – 74	Eurus	BKR International
25	CHD	37 468	509	36	Nationale	-	-
26	Numbr	36 163	361	15	06 – 13 – 31 – 33 – 44 – 54 – 59 – 69 – 70 – 75 – 76 – 88	-	-
27	CERFRANCE Poitou-Charentes	39 906	647	32	Poitou-Charentes	CERFRANCE	-
28	CERFRANCE Seine Normandie	40 043	522	29	27 – 76 – 78 – 95	CERFRANCE	-
29	CERFRANCE Alliance Centre	38 331	670	27	18 – 28 – 45 – 58 – 91	CERFRANCE	-
30	Groupe SFC	30 000	400	22	13 – 26 – 30 – 34 – 38 – 42 – 69 – 71 – 75 – 83 – 84 – 93 – 95	ATH – Eurus	IEC Net
31	DBA	36 166	281	2	35 – 75	HLB France	HLB
32	Exponens	37 113	339	9	75 – 78 – 92 – 94 – 95	ATH – Eurus	BKR International
33	CERFRANCE Picardie Nord de Seine	26 001	540	21	27 – 42 – 60 – 80 – 95	CERFRANCE	–
34	Sadec Akelys	32 144	399	18	Grand Est	ATH	-
35	PRIMEXIS	33 222	280	1	Paris La Défense	-	Leading Edge Alliance
36	Groupe Fideliance	32 852	295	21	69 – 75 – 77 – 91	ATH – Crowe France	Crowe
37	Groupe FidSud CDBA	30 300	344	30	Occitanie – Vallée du Rhône – Nouvelle-Aquitaine	Fidunion	-
38	CERFRANCE Finistère	30 112	430	23	29	CERFRANCE	-
39	CERFRANCE Mayenne-Sarthe	28 277	408	19	53 – 72	CERFRANCE	-
40	ACA Nexia	28 764	236	3	75 – 78 – 91	ATH – Nexia France	Nexia International
41	BM&A Partners	27 030	159	5	31 – 69 – 75	-	AGN International
42	AGC CERFRANCE BFC	12 200	411	14	21 – 70 – 89 – 90	CERFRANCE	–
43	André & Associés	23 981	338	12	21 – 25 – 39 – 75 – 89 – 92	-	Morison Ksi

© Éd. Francis Lefebvre

ANNEXES

93200
(suite)

Rang 19/20	Désignation	Chiff. aff. HT (en K€) 18/19	Effec- tifs 19/20	Bureaux 19/20	Localisation	Réseau, association technique ou groupement français	Réseau ou association à l'international
44	Exco Nexiom	24 063	240	6	54 – 57 – 75 – 88	Exco	Kreston International
45	Axiome Associés	20 905	330	27	Occitanie – Paca	Différence	-
46	Yzico	25 198	307	17	Lorraine – 52 – 67 – 75	France Défi	-
47	Fiba	22 863	240	16	57 – 67 – 68 – 75	Fidunion	Audit Trust
48	CERFRANCE Méditerranée	18 649	401	31	11 – 13 – 30 – 31 – 34 – 66 – 84	CERFRANCE	-
49	Exco Valliance	22 881	385	17	16 – 17 – 33 – 75	Exco	Kreston International
50	Groupe Y Nexia	23 344	240	8	37 – 44 – 75 – 79 – 85 – 86	ATH – Nexia France	Nexia International
51	Afigec	22 668	251	14	Levallois – Normandie	Fidunion	PrimeGlobal
52	Talenz Groupe Fidorg	21 874	260	7	14 – 50 – 61 – 75 – 76	Talenz	Praxity
53	BDL	17 124	250	6	59	Différence	-
54	BATT & Associés	18 902	230	11	Grand Est – 38 – 75	–	Integra International
55	Advolis Orfis	20 017	150	9	01 – 38 – 69	ATH	Allinial Global
56	DBFAudit	19 330	214	10	Île-de-France	-	GMN International
57	CERFRANCE – AGC Vendée	19 828	314	16	85	CERFRANCE	-
58	Cocerto	19 075	186	11	Bretagne – Pays de la Loire – 33 – 75	EAI International	EAI International
59	HLB Groupe Cofimé	19 191	220	10	Alsace – 75 – 90	ATH – HLB France	HLB
60	Sefico Nexia	17 700	165	1	75	ATH – Nexia France	Nexia International
61	Fimeco	18 815	185	13	16 – 17 – 24 – 33 – 75 – 85	Walter France	Allinial Global
62	Ansemble	13 616	190	18	PACA	Eurus	BKR International
63	CERFRANCE Maine-et-Loire	15 779	231	11	49	CERFRANCE	-
64	J. Causse et Associés	16 050	128	1	84	Audécia	-
65	RSA Audit & Conseils	14 748	129	1	75	Crowe France	Crowe
66	CERFRANCE ADHEO	15 559	249	10	54 – 55	CERFRANCE	-
67	Denjean & Associés	14 307	96	2	75	-	-
68	Novances	15 251	210	15	06 – 38 – 43 – 69 – 71 – 74	ATH – Nexia France	Nexia International
69	CERFRANCE des Savoie	10 055	238	10	73 – 74	CERFRANCE	-
70	Audit CPA	15 462	129	6	59 – 75 – 92 – 93	-	IAPA
71	Groupe Sogeca	14 397	184	9	33 – 40 – 64 – 75	-	-
72	Avvens	15 234	153	6	01 – 38 – 42 – 69 – 75	Crowe France	Crowe
73	Groupe SFA	15 069	128	7	57 – 67 – 75	Synerga	MSI Global Alliance
74	Groupe GMBA	14 540	139	4	Île-de-France	Walter France	Allinial Global
75	Expertis CFE	15 364	181	8	54 – 55 – 57 – 88	Audécia	-
76	Altonéo	14 496	197	8	35 – 49 – 53 – 72	-	-
77	Jégard Créatis	16 188	165	7	75 – 78 – 89 – 91 – 92 – 94	ATH Différence	BOKS International PrimeGlobal
78	Geirec	14 211	183	3	35 – 44	-	-

1771

ANNEXES

© Éd. Francis Lefebvre

93200
(suite)

Rang 19/20	Désignation	Chiff. aff. HT (en K€) 18/19	Effectifs 19/20	Bureaux 19/20	Localisation	Réseau, association technique ou groupement français	Réseau ou association à l'international
79	CERFRANCE Val de Loire	14 915	260	14	37 – 41	CERFRANCE	-
80	Groupe ARESXPERT	15 500	141	10	13 – 69 – 75 – 84	Talenz	-
81	Caderas Martin	14 270	112	2	75	-	AGN International
82	Finexsi	14 900	44	1	75	ATH	-
83	Comptafrance	14 382	188	20	Centre	-	-
84	Steco	14 505	193	9	Centre Ouest	Audécia	-
85	Creuzot Michel SA	14 027	174	13	45 – 77 – 89 – 91	France Défi	-
86	ECA Nexia	13 758	120	3	21 – 75	ATH – Nexia France	Nexia International
87	CERFRANCE Loire-Atlantique	13 369	192	12	44	CERFRANCE	-
88	Groupe Inelys	13 602	120	10	69 – 71 – 74 – 75	Audécia	-
89	Safigec	13 735	153	5	13 – 38 – 59 – 69 – 75	-	-
90	CERFRANCE Garonne et Tarn	13 636	225	15	81 – 82	CERFRANCE	-
91	Cabinet Sygnatures	13 700	154	6	31 – 32	-	-
92	Groupe BCRH	8 938	100	4	75 – 92 – 93 – 94	-	-
93	Groupe Sodecal	13 819	180	17	Occitanie	Audécia	-
94	Fidalpha	13 720	157	11	76	Audécia	-
95	Groupe BBM	9 370	170	4	38 – 73 – 74	-	-
96	Cogeparc	12 355	117	6	01 – 38 – 69	Groupe Conseillance – PKF France	PKF International
97	Soficom Walter France	12 642	170	12	Normandie	Walter France	Allinial Global
98	Groupe ERECA Pluriel	12 959	175	15	17 – 33 – 40 – 64	Eurus	BKR International
99	Aplitec	12 902	108	1	Paris	-	Morison KSI
100	CFGS	12 202	124	6	54 – 70 – 88	Eurus	BKR International
101	Extencia	14 435	148	7	Aquitaine	Audécia – CGP	-
102	Fid'Ouest	10 684	131	7	56	Fidunion	
103	CERFRANCE Gironde	10 688	180	13	33	CERFRANCE	-
104	BGH Experts et Conseils	11 057	120	12	Midi-Pyrénées	France Défi	-
105	Groupe Hoche	10 846	104	9	19 – 24 – 33 – 63 – 87	-	-
106	BDS Associés	9 772	141	5	10	Audécia	-
107	Amarris Groupe	10 945	259	7	44	Eurus	BRK International
108	CERFRANCE Rhône ABC	10 178	178	12	69	CERFRANCE	-
109	CERFRANCE Aveyron	10 761	188	12	12	CERFRANCE	-
110	Talenz Axe Conseils	10 129	133	9	Normandie	Talenz	Praxity
111	Auditis	9 043	118	5	Bourgogne	Absoluce	INAA Group
112	Groupe Fidu	9 930	114	12	75	Fidunion	-
113	ACCIOR	10 050	102	2	85	Audécia	-
114	Groupe Diligentia	8 302	107	6	59 – 62 – 75	Synerga	MSI Global Alliance
115	CERFRANCE Lot-et-Garonne	10 258	145	7	47	CERFRANCE	-
116	CERFRANCE Saône-et-Loire	10 105	168	13	71	CERFRANCE	-

1772

© Éd. Francis Lefebvre

ANNEXES

93200
(suite)

Rang 19/20	Désignation	Chiff. aff. HT (en K€) 18/19	Effec-tifs 19/20	Bureaux 19/20	Localisation	Réseau, association technique ou groupement français	Réseau ou association à l'international
117	Lendys	7 746	70	1	75	-	-
118	Secal	10 550	116	5	67	DFK France	DFK International
119	Exco Socodec	10 052	100	6	Nationale	Exco	Kreston International
120	Pyramide Conseils	9 662	105	3	69	-	Russell Bedford International
121	Dupouy	8 970	103	7	33	Crowe France	Crowe
122	Procompta	9 127	125	7	25 – 39 – 70	-	-
123	Axens	9 611	110	4	42 – 43 – 69	France Défi	PrimeGlobal
124	Sofidem	8 901	84	2	53 – 75	Talenz	-
125	FCC	9 393	97	1	59	Audécia	-
126	Firex	8 750	83	2	69	ATH	-
127	Acofi	8 700	80	4	Île-de-France	France Défi	-
128	Berdugo Metoudi & Partenaires	8 890	70	3	37 – 75	ATH	SBC Global Alliance
129	Exco Avec	7 600	115	5	44	Exco	Kreston International
130	Exco Hesio	8 714	122	8	42 – 69 – 71	Exco	Kreston International
131	LLA	7 882	90	4	14	Audécia	-
132	Prieur et Associés	9 327	124	5	10 – 75 – 77	-	-
133	Aliantis	8 650	92	6	38 – 42 – 69	Différence	GGI
134	PKF Audit Conseil Expertise SAS	7 843	80	5	13 – 75	PKF France	PKF International
135	Odicéo	9 234	75	4	Rhône-Alpes	-	-
136	Groupe Rocard	7 808	105	9	21 – 52 – 973	ATH – Crowe France	Crowe
137	Groupe FGC	8 199	69	4	83	Audécia	-
138	CERFRANCE Loire	8 301	143	6	42	CERFRANCE	-
139	Sofico France	7 481	97	6	54 – 57	-	-
140	CERFRANCE Dordogne	7 706	131	9	24	CERFRANCE	-
141	STC Audit & Conseil	7 518	77	3	59	Eurus	BKR International
142	Effigest	7 975	58	2	75 – 78	-	-
143	Cabinet Wagner et Associés	7 782	81	9	67 – 68 – 83	Eurus	BKR International
144	CERFRANCE Haute-Loire	7 476	140	8	43	CERFRANCE	-
145	Audit Conseil Finance Groupe	8 329	113	8	24 – 36 – 47	Eurus	BKR International
146	Actis	7 375	71	7	21 – 25 – 75	Synerga	MSI Global Alliance
147	CECCA	NC	77	3	75 – 95	Eurus	BKR International
148	CTN France	7 577	81	2	Hauts-de-France	France Défi	PrimeGlobal
149	Recci	6 946	95	11	65 – 75 – 91	Eurus	BKR International
150	CERFRANCE Isère	7 142	104	8	38	CERFRANCE	-

1773

Structure de dossier type

93500

DOSSIER ANNUEL PAR CYCLE

A   Contrôles généraux
B   Ventes-Clients / Produits-Usagers
C   Stocks
D1   Immobilisations corporelles et incorporelles
D2   Immobilisations financières
E   Trésorerie – Financement
F   Achats – Fournisseurs
G   Personnel
H1   Capitaux propres / Fonds associatifs
H2   Provisions pour risques et charges
H3   Fonds dédiés
I   Impôts et taxes
J   Autres dettes – Autres créances
K   Liasse de consolidation / Combinaison

DOSSIER ANNUEL GÉNÉRAL

01   Administration de la mission
02   Documents financiers de l'exercice
03   Orientation et planification de la mission
04   Réunion des organes sociaux
05   Rapport de gestion
06   Conventions réglementées
07   Autres vérifications légales annuelles
08   Travaux de finalisation
09   Synthèse et rapports
10   Interventions liées à des faits ou à des opérations
11   Interventions relevant des services autres que la certification des comptes (SACC)

DOSSIER PERMANENT

01   Synthèse et rapports
02   Données de base sur la mission
03   Données de base sur l'entité
04   Données de base sur l'organisation
05   Cadre juridique
06   Mandataires et dirigeants – Organes sociaux
07   Éléments propres aux différents cycles
08   Cadre social
09   Assurances
10   Cadre fiscal

© Éd. Francis Lefebvre

ANNEXES

Questionnaire d'évaluation des risques diffus

Ce questionnaire est extrait du logiciel AUDITSOFT publié par les Éditions Francis Lefebvre.
L'objectif de ce questionnaire qui doit faire l'objet d'une revue et d'une validation annuelles est d'identifier les risques diffus pesant sur l'entité.

93520

1. Risques inhérents

1.1 Secteur d'activité

Les produits ou services commercialisés par l'entité sont-ils porteurs de risques spécifiques ?
L'entité intervient-elle sur un marché porteur d'un risque ou d'une réglementation spécifique ?
L'entité est-elle concernée par des nouveautés en matière de normes comptables, de lois et de réglementation ?
Existe-t-il des textes légaux et réglementaires, autres que ceux relatifs à l'établissement et à la présentation des comptes, dont le non-respect peut avoir des conséquences financières pour l'entité telles que des amendes ou des indemnités à verser… ?
Les difficultés économiques actuelles sont-elles susceptibles d'avoir une incidence sur l'entité contrôlée et le déroulement de notre mission ?
Au vu des éléments d'appréciation dont vous disposez, souhaitez-vous réaliser des contrôles complémentaires spécifiques liés au secteur d'activité ?

1.2 Organisation-Direction

La direction a-t-elle les connaissances appropriées et une bonne expérience pour un établissement correct des comptes de l'entité ?
Les objectifs et la stratégie de l'entité sont-ils de nature à limiter les risques liés à l'activité ?
Les responsables de l'établissement et de la documentation des estimations comptables sont-ils identifiés ? (Si oui, indiquer en commentaires le nom de ces personnes)
Avez-vous interrogé la direction sur ses intentions et sa capacité à mener à bien ses plans d'action pour ce qui concerne les éléments de comptes qui font l'objet d'estimations comptables significatives ?
La direction fait-elle preuve de prudence lors de ses principales prises de décision (investissement, financement, politique commerciale) ?
L'entité utilise-t-elle les services d'un avocat en matière fiscale et/ou juridique ?
L'entité utilise-t-elle les services d'actuaires ou autres experts ? La direction comptable est-elle stable ?
Les relations avec le personnel sont-elles bonnes ?
Y a-t-il une communauté de vue entre les actionnaires ou associés ?
Au vu des éléments d'appréciation dont vous disposez, souhaitez-vous réaliser des contrôles complémentaires spécifiques liés à l'organisation et au management ?

1.3 Établissement des comptes

La revue analytique préliminaire a-t-elle permis de déceler des transactions ou événements inhabituels qui auraient nécessité des procédures d'audit particulières ?
Les contrôles précédents ont-ils fait apparaître de nombreuses anomalies dans l'information comptable et financière ?
La nature des opérations réalisées par l'entité génère-t-elle des écritures comptables simples ? L'entité a-t-elle fréquemment recours à des changements de méthode d'évaluation ?
S'il existe une comptabilité analytique, ses données sont-elles cohérentes avec celles de la comptabilité générale ?
A-t-on relevé des circonstances (difficultés du secteur, insuffisance de fonds propres, recherche de nouveaux financements…) faisant subir aux dirigeants des pressions pouvant influencer sur la présentation des comptes ?
La rémunération de la direction est-elle indépendante des résultats de l'entité ?
Au vu des éléments d'appréciation dont vous disposez, souhaitez-vous réaliser des contrôles complémentaires spécifiques liés au processus d'établissement des comptes ?

2. Risques liés au contrôle

2.1 Environnement de contrôle

Les dirigeants et les cadres font-ils preuve d'intégrité dans leur comportement ?
La direction cherche-t-elle à respecter les textes légaux et réglementaires, notamment la réglementation fiscale et sociale ?

1775

ANNEXES   © Éd. Francis Lefebvre

93520
(suite)

Les entretiens avec la direction et, le cas échéant, la correspondance reçue des autorités administratives et de contrôle font-ils apparaître que certains textes légaux et réglementaires susceptibles d'avoir des conséquences financières pour l'entité ont été enfreints (NEP 250 § 7) ?

L'entité dispose-t-elle de suffisamment d'informations en matière comptable et financière ?

La direction a-t-elle mis en place une procédure permettant d'identifier les transactions, événements et conditions nécessitant des estimations comptables ?

La direction a-t-elle correctement mis en œuvre la réglementation sur les délais de paiement ?

La direction manifeste-t-elle un intérêt pour la qualité du contrôle interne et des procédures administratives ? S'assure-t-elle périodiquement de cette qualité ?

L'entité est-elle dotée d'un conseil de surveillance, d'administration et/ou d'un comité d'audit (C. com. art. L 823-16) ? Dans l'affirmative, il conviendra de prendre connaissance des actions menées par cet organe en matière de contrôle interne (NEP 315 § 14).

Les contrôles des exercices précédents ont-ils mis en lumière l'existence de nombreuses faiblesses de contrôle interne ?

La direction est-elle sensible à l'importance des contrôles du commissaire aux comptes ?

La direction a-t-elle accordé une attention suffisante à nos recommandations antérieures ? La direction est-elle soucieuse de la qualité de l'information comptable et financière ? La comptabilité est-elle tenue à jour ? S'il existe un manuel de procédures, est-il régulièrement mis à jour ?

Au vu des éléments d'appréciation dont vous disposez, souhaitez-vous réaliser des contrôles complémentaires spécifiques liés à l'environnement de contrôle ? Le dirigeant s'implique-t-il dans l'activité de l'entité ?

2.2 Moyens d'identification des risques liés à l'activité

Le dirigeant s'implique-t-il dans l'activité de l'entité ?

Le dirigeant accorde-t-il une attention suffisante aux risques inhérents à l'activité (par exemple les aspects opérationnels et financiers liés à l'environnement) ?

Le personnel comptable, et de façon plus générale, le personnel de l'entité, a-t-il une formation appropriée ?

L'entité dispose-t-elle de suffisamment d'informations en matière comptable, fiscale et sociale ?

Les services comptables financiers et administratifs sont-ils en sous-effectif chronique et important ?

Constate-t-on une rotation des responsables comptables et financiers génératrice d'un risque pour l'entité ? Le dirigeant dispose-t-il d'outils de pilotage ?

Au vu des éléments d'appréciation dont vous disposez, souhaitez-vous réaliser des contrôles complémentaires spécifiques liés à l'activité ?

2.3 Systèmes d'information

Quelle est votre évaluation des risques liés aux systèmes d'information figurant en conclusion de la note d'orientation des SI (rappel) ?

Existe-t-il des projets informatiques en cours sur des fonctions critiques (rappel) ?

Quel type d'intervention a été choisi par l'auditeur en conclusion de la note d'orientation des SI (rappel) ? Si vous avez décidé de faire intervenir un spécialiste, précisez s'il y a lieu le type d'intervention que vous mettrez en œuvre en amont.

L'entité prévoit-elle ou est-elle en train de mettre en œuvre une migration de ses données sur un « cloud » ?

L'entité prévoit-elle ou est-elle en train de mettre en œuvre un processus de transition numérique ?

L'entité prévoit-elle ou est-elle en train de mettre en œuvre un plan informatique de continuité de son activité ?

La volumétrie des données et/ou la complexité des processus et des calculs supportés par les systèmes d'information justifie-t-elle la mise en place d'une démarche spécifique par analyse de données (technique d'audit assistée par ordinateur) ?

Au vu des éléments d'appréciation dont vous disposez, quelle est votre décision finale quant à l'intervention à mettre en œuvre ?

1776

© Éd. Francis Lefebvre

ANNEXES

Questionnaire de prise en compte du risque lié à la continuité d'exploitation

Ce questionnaire est extrait du logiciel AUDITSOFT publié par les Éditions Francis Lefebvre.

93522

Sur la base de votre connaissance de l'entité, existe-t-il des éléments ou des faits susceptibles de mettre en cause la capacité de l'entité à maintenir sa continuité d'exploitation pendant un délai raisonnable (douze mois à compter de la clôture de l'exercice) ?

Les capitaux propres sont-ils supérieurs à la moitié du capital social à l'ouverture de l'exercice ?

Si tel n'est pas le cas, la direction a-t-elle évalué la capacité de l'entité à poursuivre son exploitation pendant ce délai de 12 mois ?

Dans la même hypothèse, avez-vous eu connaissance d'éventuels plans de la direction destinés à améliorer la situation (cession d'actifs, emprunt ou restructuration financière, réduction ou report des dépenses, augmentation du capital...) ?

Avez-vous vérifié que l'entité n'est pas dépendante d'un client ou fournisseur et, pour le cas où elle le serait, que des mesures de sauvegarde appropriées ont été prises ?

Avez-vous vérifié que l'entité ne rencontre pas de difficultés à se financer et, pour le cas où elle en rencontrerait, que des mesures de sauvegarde appropriées ont été prises ?

Sur la base des réponses apportées aux questions qui précèdent et votre connaissance de l'entité, pouvez-vous conclure à l'absence d'éléments ou de faits susceptibles de mettre en cause la capacité de l'entité à maintenir sa continuité d'exploitation pendant un délai de 12 mois à compter de la clôture de l'exercice ?

Souhaitez-vous mettre en œuvre un programme de diligences spécifiques visant à évaluer si des faits ou éléments relevés remettent en cause la continuité d'exploitation ?

En cas de réponse affirmative à la question précédente, souhaitez-vous ajouter des modifications ou contrôles complémentaires au programme de diligences spécifiques sur la continuité d'exploitation ?

1777

Questionnaire d'évaluation des risques par cycle ou par assertion

93525 Ce questionnaire est extrait du logiciel AUDITSOFT publié par les Éditions Francis Lefebvre.

1. Cycle Trésorerie-Financement

1.1 Risques inhérents

Les mouvements de fonds importants concernent-ils bien l'activité de l'entité ?
Les placements effectués présentent-ils des risques particuliers ?
S'il existe des mouvements financiers en devises significatifs, font-ils l'objet d'une couverture appropriée ?
Les conclusions des travaux des années précédentes ont-elles été satisfaisantes ?
Quelle est votre évaluation du niveau de risque inhérent au cycle Trésorerie-Financement ?

1.2 Risques liés au contrôle

La signature des règlements est-elle faite au vu des pièces justifiant la dépense ?
Dès lors qu'une personne autre que le dirigeant est habilitée à signer, existe-t-il une procédure de limitation des engagements de paiement ?
Est-il interdit de signer en blanc des chèques, des effets ou des ordres de virement ?
Est-il apposé un « bon à payer » sur chaque pièce justificative de paiement, donné par une personne bénéficiant d'un pouvoir suffisant ?
Est-il apposé un visa de paiement sur chaque pièce justificative réglée ?
Y a-t-il un contrôle régulier des existants en caisse ?
Les journaux de trésorerie sont-ils à jour et régulièrement visés par un responsable ?
Les états de rapprochement de banque sont-ils établis régulièrement, visés et contrôlés par une personne indépendante ?
Les montants en rapprochement sont-ils régulièrement apurés des montants anciens ?
Existe-t-il des prévisions de trésorerie faisant l'objet d'un suivi régulier ?
Y a-t-il une mise à jour régulière des pouvoirs bancaires remis aux banques ?
Quelle est votre évaluation préliminaire du niveau de risque du contrôle interne du cycle Trésorerie-Financement ?

1.3 Évaluation du risque par assertion

Pour ce cycle, quelle est votre évaluation du risque d'anomalies significatives sur les assertions Réalité, Existence, Droits et Obligations ?
Pour ce cycle, quelle est votre évaluation du risque d'anomalies significatives sur l'assertion Séparation des exercices ?
Pour ce cycle, quelle est votre évaluation du risque d'anomalies significatives sur l'assertion Exhaustivité ?
Pour ce cycle, quelle est votre évaluation du risque d'anomalies significatives sur les assertions Valorisation et Exactitude ?
Pour ce cycle, quelle est votre évaluation du risque d'anomalies significatives sur les assertions Imputation, Affectation et Classification ?
Au vu des éléments qui précèdent, voulez-vous mettre en œuvre le questionnaire d'évaluation des procédures du cycle Trésorerie-Financement ?
Souhaitez-vous ajouter des contrôles à effectuer pour le cycle Trésorerie-Financement ?

2. Cycle Achats-Fournisseurs

2.1 Risques inhérents

Les achats effectués à des entités liées sont-ils significatifs ?
Le nombre limité de fournisseurs facilite-t-il le suivi ?
Les fournisseurs sont-ils diligents pour émettre leurs factures rapidement ?
Les conclusions des travaux des années précédentes ont-elles été satisfaisantes ?
Quelle est votre évaluation du niveau de risque inhérent au cycle Fournisseurs ?

© Éd. Francis Lefebvre

ANNEXES

93525
(suite)

2.2 Risques liés au contrôle

Les commandes font-elles l'objet d'une procédure d'autorisation ?
Existe-t-il des bons de réception prénumérotés ?
Les contrôles qualitatifs et quantitatifs des réceptions font-ils l'objet d'un visa matérialisé par une personne indépendante ?
Lors de la réception des factures, est-il apposé un cachet ORIGINAL sur l'un des exemplaires reçus ?
Les factures sont-elles rapprochées des bons de réception et des bons de commande ?
Ces contrôles font-ils l'objet d'un visa matérialisé ?
Existe-t-il une procédure de validation et de suivi des avoirs demandés ?
Les factures comportent-elles l'imputation comptable ?
Font-elles mention d'une référence de règlement ?
Y figure-t-il un visa de saisie et de paiement ?
La comptabilité fournisseurs est-elle à jour ?
Les paiements se font-ils systématiquement au vu d'une pièce justificative ?
Y a-t-il une procédure de collecte des informations permettant de respecter la séparation des exercices (BR en attente, avoirs en attente, factures non reçues, etc.) mise en œuvre par le service achats et le service comptable ?
Quelle est votre évaluation préliminaire du niveau de risque du contrôle interne du cycle Achats-Fournisseurs ?

2.3 Évaluation du risque par assertion

Pour ce cycle, quelle est votre évaluation du risque d'anomalies significatives sur les assertions Réalité, Existence, Droits et Obligations ?
Pour ce cycle, quelle est votre évaluation du risque d'anomalies significatives sur l'assertion Séparation des exercices ?
Pour ce cycle, quelle est votre évaluation du risque d'anomalies significatives sur l'assertion Exhaustivité ?
Pour ce cycle, quelle est votre évaluation du risque d'anomalies significatives sur les assertions Valorisation et Exactitude ?
Pour ce cycle, quelle est votre évaluation du risque d'anomalies significatives sur les assertions Imputation, Affectation et Classification ?
Au vu des éléments qui précèdent, voulez-vous mettre en œuvre le questionnaire d'évaluation des procédures du cycle Fournisseurs ?
Souhaitez-vous ajouter des contrôles à effectuer pour le cycle Achats-Fournisseurs ?

3. Cycle Clients-Ventes

3.1 Risques inhérents

Existe-t-il un risque de non-recouvrement ou de difficultés de recouvrement lié à l'activité de l'entité et à sa clientèle ?
Les créances douteuses et provisions pour dépréciation sont-elles normales au regard de l'activité ?
Le chiffre d'affaires réalisé avec des entités liées est-il significatif ?
Les commissions liées au chiffre d'affaires sont-elles versées après recouvrement des créances correspondantes ?
Les conclusions des travaux des années précédentes ont-elles été satisfaisantes ?
Quelle est votre évaluation du niveau de risque inhérent au cycle Clients-Ventes ?

3.2 Risques liés au contrôle

Les expéditions sont-elles numérotées séquentiellement ?
Les factures sont-elles numérotées séquentiellement ?
La facturation est-elle établie dans les meilleurs délais après l'expédition des marchandises ?
Existe-t-il un rapprochement entre les expéditions et la facturation ?
Les comptes clients et les effets à recevoir sont-ils justifiés régulièrement ?
Existe-t-il un suivi régulier de la durée du crédit client global, et de son encours global par un responsable compétent ?
S'assure-t-on de leur solvabilité, au-delà des couvertures d'assurance-crédit éventuelles ?
Les relances sont-elles faites dans des délais satisfaisants ?
Existe-t-il un suivi régulier des retards de règlements et du montant des créances douteuses par un responsable compétent ?
Existe-t-il une intégration directe des éléments de la gestion commerciale dans la comptabilité ?
La fiabilité de cette procédure est-elle vérifiée ?
Y a-t-il une procédure de collecte des informations liées à la séparation des exercices (BL en attente, avoirs et/ou factures en attente...) mise en place par le service clients et le service comptable ?
L'entité a-t-elle recours à une assurance-crédit ?
Les éventuelles annulations de facturation sont-elles approuvées par un responsable clairement défini ?
Les avoirs font-ils l'objet d'une autorisation préalable à leur émission ?
Les avoirs émis sont-ils prénumérotés ?
Quelle est votre évaluation préliminaire du niveau de risque du contrôle interne pour le cycle Clients-Ventes ?

1779

ANNEXES

© Éd. Francis Lefebvre

93525
(suite)

3.3 Évaluation du risque par assertion

Pour ce cycle, quelle est votre évaluation du risque d'anomalies significatives sur les assertions Réalité, Existence, Droits et Obligations ?

Pour ce cycle, quelle est votre évaluation du risque d'anomalies significatives sur l'assertion Séparation des exercices ?

Pour ce cycle, quelle est votre évaluation du risque d'anomalies significatives sur l'assertion Exhaustivité ?

Pour ce cycle, quelle est votre évaluation du risque d'anomalies significatives sur les assertions Valorisation et Exactitude ?

Pour ce cycle, quelle est votre évaluation du risque d'anomalies significatives sur les assertions Imputation, Affectation et Classification ?

Au vu des éléments qui précèdent, voulez-vous mettre en œuvre le questionnaire d'évaluation des procédures du cycle Ventes ?

Souhaitez-vous ajouter des contrôles à effectuer pour le cycle Clients-Ventes ?

4. Cycle Stocks

4.1 Risques inhérents

La valorisation des stocks et en-cours est-elle correctement appréhendée par l'entité (comptabilité analytique, procédures de valorisation…) ?

Le niveau des stocks et des en-cours est-il normal au regard de l'activité ?

Le type d'activité ou la structure de l'entité rendent-ils difficiles les détournements, les pertes ou destructions de stocks ?

Le marché de l'entité ou la nature de la production sont-ils sans effet significatif sur le risque de dépréciation des stocks ?

Les conclusions des travaux des années précédentes ont-elles été satisfaisantes ?

Quelle est votre évaluation du niveau de risque inhérent au cycle Stocks ?

4.2 Risques liés au contrôle

La fonction de magasinier est-elle distincte des fonctions administratives ?

L'accès au stock est-il suffisamment sécurisé ?

Les stocks sont-ils suffisamment assurés ?

Utilise-t-on des bons d'entrée en stock ?

Les bons d'entrée et de sortie de stocks sont-ils prénumérotés ?

Comportent-ils une signature autorisée ?

L'inventaire est-il simple à appréhender (processus simple de production, zone de stockage unique, stocks détenus par des tiers…) ?

L'entité a-t-elle mis en place un système fiable de suivi des quantités d'en-cours et stocks ?

La procédure d'inventaire physique est-elle satisfaisante ?

Les écarts sont-ils analysés ?

Le stock fait-il l'objet d'un suivi régulier en quantités et en valeur ?

Existe-t-il une procédure pour déterminer les dépréciations des stocks ?

S'il existe un inventaire permanent, est-il rapproché des résultats de l'inventaire physique ?

Quelle est votre évaluation préliminaire du niveau de risque du contrôle interne pour le cycle Stocks ?

4.3 Évaluation du risque par assertion

Pour ce cycle, quelle est votre évaluation du risque d'anomalies significatives sur les assertions Réalité, Existence, Droits et Obligations ?

Pour ce cycle, quelle est votre évaluation du risque d'anomalies significatives sur l'assertion Séparation des exercices ?

Pour ce cycle, quelle est votre évaluation du risque d'anomalies significatives sur l'assertion Exhaustivité ?

Pour ce cycle, quelle est votre évaluation du risque d'anomalies significatives sur les assertions Valorisation et Exactitude ?

Pour ce cycle, quelle est votre évaluation du risque d'anomalies significatives sur les assertions Imputation, Affectation et Classification ?

Au vu des éléments qui précèdent, voulez-vous mettre en œuvre le questionnaire d'évaluation des procédures du cycle Stocks ?

Souhaitez-vous ajouter des contrôles à effectuer pour le cycle Stocks ?

5. Cycle Immobilisations incorporelles et corporelles

5.1 Risques inhérents

Le poste immobilisations a-t-il enregistré de nombreux investissements sur l'exercice ?

Le poste immobilisations a-t-il enregistré de nombreuses cessions ?

Est-il facile de contrôler l'existence physique des immobilisations ?

La politique d'investissement de l'entité est-elle claire, cohérente, suffisante pour maintenir l'outil de production, et conforme aux standards du secteur d'activité ?

Y a-t-il une politique d'amortissement clairement définie ?

Les amortissements pratiqués sont-ils justifiés et conformes à ceux pratiqués dans le secteur ?

Des tests réguliers de dépréciation sont-ils effectués ?

L'entité a-t-elle un recours limité à la location et au crédit-bail ?

1780

© Éd. Francis Lefebvre

ANNEXES

93525
(suite)

Y a-t-il des frais de recherche et de développement immobilisés ?
Les conclusions des travaux pour le cycle Immobilisations corporelles et incorporelles des années précédentes ont-elles été satisfaisantes ?
Quelle est votre évaluation du niveau de risque inhérent au cycle Immobilisations corporelles et incorporelles ?

5.2 Risques liés au contrôle

L'entité a-t-elle défini des critères de distinction entre les immobilisations et les frais généraux ?
S'il existe un budget des investissements, est-il rapproché des investissements réalisés ?
L'entité a-t-elle défini des pouvoirs spécifiques d'engagement de dépenses d'immobilisations (signature de la demande d'achat et du bon de commande) ?
Les factures d'immobilisations font-elles l'objet d'un classement distinct ?
S'il existe un fichier des immobilisations, est-il régulièrement rapproché de la comptabilité ?
Si un inventaire des immobilisations a été réalisé, a-t-il été rapproché du fichier des immobilisations ?
Si oui, des écarts ont-ils été notés, expliqués et corrigés ?
Les cessions et les mises au rebut sont-elles matériellement justifiées et approuvées ?
Les immobilisations sont-elles suffisamment assurées ?
La comptabilisation des acquisitions et cessions d'immobilisations et des amortissements est-elle régulière ?
Existe-t-il une analyse des charges d'entretien permettant la distinction entre charges d'entretien et les immobilisations ?
Quelle est votre évaluation préliminaire du niveau de risque du contrôle interne du cycle Immobilisations corporelles et incorporelles ?

5.3 Évaluation du risque par assertion

Pour ce cycle, quelle est votre évaluation du risque d'anomalies significatives sur les assertions Réalité, Existence, Droits et Obligations ?
Pour ce cycle, quelle est votre évaluation du risque d'anomalies significatives sur l'assertion Séparation des exercices ?
Pour ce cycle, quelle est votre évaluation du risque d'anomalies significatives sur l'assertion Exhaustivité ?
Pour ce cycle, quelle est votre évaluation du risque d'anomalies significatives sur les assertions Valorisation et Exactitude ?
Pour ce cycle, quelle est votre évaluation du risque d'anomalies significatives sur les assertions Imputation, Affectation et Classification ?
Au vu des éléments qui précèdent, voulez-vous mettre en œuvre le questionnaire d'évaluation des procédures du cycle Immobilisations corporelles et incorporelles ?
Souhaitez-vous ajouter des contrôles à effectuer pour le cycle Immobilisations corporelles et incorporelles ?

6. Cycle Immobilisations financières

6.1 Risques inhérents

L'entité a-t-elle réalisé de nombreux investissements financiers au cours de l'exercice ?
Le poste Immobilisations financières a-t-il enregistré de nombreuses cessions au cours de l'exercice ?
L'entité a-t-elle beaucoup de liens financiers avec d'autres entités du groupe ?
Y a-t-il des titres de participation à l'actif ?
Y a-t-il des prêts et avances significatifs inscrits à l'actif ?
Les conclusions des travaux des années précédentes ont-elles été satisfaisantes ?
Quelle est votre évaluation du niveau de risque inhérent au cycle Immobilisations financières ?

6.2 Risques liés au contrôle

S'il existe un fichier des Immobilisations financières, est-il régulièrement rapproché de la comptabilité ?
Des tests réguliers de dépréciation sont-ils effectués par l'entité sur les postes d'Immobilisations financières ?
L'estimation de la valeur d'inventaire des titres est-elle issue de procédures de calcul clairement définies et fiables (que ce soit les estimations à partir de l'évaluation du patrimoine, du cours de la bourse ou de la rentabilité) ?
Les mouvements financiers avec les entités liées sont-ils justifiés économiquement et sans risque ?
Quelle est votre évaluation préliminaire du niveau de risque du contrôle interne du cycle Immobilisations financières ?

6.3 Évaluation du risque par assertion

Pour ce cycle, quelle est votre évaluation du risque d'anomalies significatives sur les assertions Réalité, Existence, Droits et obligations ?
Pour ce cycle, quelle est votre évaluation du risque d'anomalies significatives sur l'assertion Séparation des exercices ?
Pour ce cycle, quelle est votre évaluation du risque d'anomalies significatives sur l'assertion Exhaustivité ?
Pour ce cycle, quelle est votre évaluation du risque d'anomalies significatives sur les assertions Valorisation et Exactitude ?
Pour ce cycle, quelle est votre évaluation du risque d'anomalies significatives sur les assertions Imputation, Affectation et Classification ?
Souhaitez-vous ajouter des contrôles à effectuer pour le cycle Immobilisations financières ?

1781

ANNEXES

© Éd. Francis Lefebvre

93525
(suite)

7. Cycle Personnel

7.1 Risques inhérents

La gestion du personnel est-elle assurée par une personne compétente en matière de droit social ?

Les contrôles sociaux tels que ceux de l'Urssaf ou de l'inspection du travail se sont-ils révélés sans anomalie significative ?

La réglementation du travail dans l'entité ou le secteur d'activité présente-t-elle un risque accru de non-respect (réglementation simple, peu de sous-traitance, pas de salarié étranger) ?

Existe-t-il un suivi des particularités en matière sociale ?

Les conclusions des travaux des années précédentes ont-elles été satisfaisantes ?

Quelle est votre évaluation du niveau de risque inhérent au cycle Personnel ?

7.2 Risques liés au contrôle

Existe-t-il une procédure d'embauche du personnel ?

Les heures de présence sont-elles correctement suivies, connues et validées ?

Les paramètres retenus pour l'établissement et la modification de la paie font-ils l'objet d'un contrôle adéquat et du visa d'une personne indépendante ?

Les charges sur salaires font-elles l'objet d'un contrôle adéquat ?

La procédure de paiement inclut-elle le contrôle du montant payé à chaque salarié par une personne indépendante du suivi de la paie ?

Quelle est votre évaluation préliminaire du niveau de risque du contrôle interne pour le cycle Personnel ?

7.3 Évaluation du risque par assertion

Pour ce cycle, quelle est votre évaluation du risque d'anomalies significatives sur les assertions Réalité, Existence, Droits et obligations ?

Pour ce cycle, quelle est votre évaluation du risque d'anomalies significatives sur l'assertion Séparation des exercices ?

Pour ce cycle, quelle est votre évaluation du risque d'anomalies significatives sur l'assertion Exhaustivité ?

Pour ce cycle, quelle est votre évaluation du risque d'anomalies significatives sur les assertions Valorisation et Exactitude ?

Pour ce cycle, quelle est votre évaluation du risque d'anomalies significatives sur les assertions Imputation, Affectation et Classification ?

Au vu des éléments qui précèdent, voulez-vous mettre en œuvre le questionnaire d'évaluation des procédures du cycle Personnel ?

Souhaitez-vous ajouter des contrôles à effectuer pour le cycle Personnel ?

8. Cycle Impôts et taxes

8.1 Risques inhérents

Les contrôles fiscaux ont-ils conclu à l'absence de redressements significatifs ?

La part du chiffre d'affaires réalisée en exonération de TVA ou avec des taux réduits est-elle faible ?

Si l'entité réalise des transactions avec des sociétés de son groupe situées hors de France, la politique suivie en matière de prix de transfert respecte-t-elle le principe de pleine concurrence ?

Existe-t-il un suivi des éventuelles exonérations et/ou dérogations en matière fiscale ?

Les conclusions des travaux des années précédentes ont-elles été satisfaisantes ?

Quelle est votre évaluation du niveau de risque inhérent au cycle Impôts et taxes ?

8.2 Risques liés au contrôle

L'entité a-t-elle mis en place des outils de contrôle de la TVA ?

L'entité a-t-elle recours à un cabinet pour le calcul du crédit impôt recherche ?

Quelle est votre évaluation préliminaire du niveau de risque du contrôle interne du cycle Impôts et taxes ?

8.3 Évaluation du risque par assertion

Pour ce cycle, quelle est votre évaluation du risque d'anomalies significatives sur les assertions Réalité, Existence, Droits et obligations ?

Pour ce cycle, quelle est votre évaluation du risque d'anomalies significatives sur l'assertion Séparation des exercices ?

Pour ce cycle, quelle est votre évaluation du risque d'anomalies significatives sur l'assertion Exhaustivité ?

Pour ce cycle, quelle est votre évaluation du risque d'anomalies significatives sur les assertions Valorisation et Exactitude ?

Pour ce cycle, quelle est votre évaluation du risque d'anomalies significatives sur les assertions Imputation, Affectation et Classification ?

Souhaitez-vous ajouter des contrôles à effectuer pour le cycle Impôts et taxes ?

9. Cycle Capitaux propres

9.1 Risques inhérents

L'entité a-t-elle un recours limité aux opérations sur le capital de telle sorte que les variations des capitaux propres s'expliquent souvent uniquement par l'affectation du résultat ?

1782

© Éd. Francis Lefebvre

ANNEXES

93525
(suite)

Les capitaux propres sont-ils supérieurs à la moitié du capital social ?
Les conclusions des travaux des années précédentes ont-elles été satisfaisantes ?
Quelle est votre évaluation du niveau de risque inhérent au cycle Capitaux propres ?

9.2 Risques liés au contrôle

Une personne est-elle responsable de contrôler les mouvements comptabilisés sur les capitaux propres par rapport à la documentation juridique (ex : PV d'AG pour l'affectation du résultat) ?
Les mouvements sur le capital s'appuient-ils sur une documentation juridique ?
Quelle est votre évaluation préliminaire du niveau de risque du contrôle interne du cycle Capitaux propres ?

9.3 Évaluation du risque par assertion

Pour ce cycle, quelle est votre évaluation du risque d'anomalies significatives sur les assertions Réalité, Existence, Droits et obligations ?
Pour ce cycle, quelle est votre évaluation du risque d'anomalies significatives sur l'assertion Séparation des exercices ?
Pour ce cycle, quelle est votre évaluation du risque d'anomalies significatives sur l'assertion Exhaustivité ?
Pour ce cycle, quelle est votre évaluation du risque d'anomalies significatives sur les assertions Valorisation et Exactitude ?
Pour ce cycle, quelle est votre évaluation du risque d'anomalies significatives sur les assertions Imputation, Affectation et Classification ?
Souhaitez-vous ajouter des contrôles à effectuer pour le cycle Capitaux propres ?

10. Cycle Provisions pour risques et charges

10.1 Risques inhérents

Les provisions sont-elles déterminées sur la base de principes arrêtés et stables ?
L'entité a-t-elle mis en place un processus d'identification des provisions pour R&C qu'il serait nécessaire d'enregistrer eu égard à ses activités (ex : démantèlement), à des restructurations, et/ou au contexte ?
L'organisation et la gestion de l'entité permettent-elles d'éviter les litiges importants (clients, fournisseurs, personnels, produits…) ?
Les conclusions des travaux des années précédentes ont-elles été satisfaisantes ?
Quelle est votre évaluation du niveau de risque inhérent au cycle Provisions pour risques et charges ?

10.2 Risques liés au contrôle

L'évaluation des provisions est-elle documentée ?
Quelle est votre évaluation préliminaire du niveau de risque du contrôle interne du cycle Provisions pour risques et charges ?

10.3 Évaluation du risque par assertion

Pour ce cycle, quelle est votre évaluation du risque d'anomalies significatives sur les assertions Réalité, Existence, Droits et obligations ?
Pour ce cycle, quelle est votre évaluation du risque d'anomalies significatives sur l'assertion Séparation des exercices ?
Pour ce cycle, quelle est votre évaluation du risque d'anomalies significatives sur l'assertion Exhaustivité ?
Pour ce cycle, quelle est votre évaluation du risque d'anomalies significatives sur les assertions Valorisation et Exactitude ?
Pour ce cycle, quelle est votre évaluation du risque d'anomalies significatives sur les assertions Imputation, Affectation et Classification ?
Souhaitez-vous ajouter des contrôles à effectuer pour le cycle Provisions pour risques et charges ?

11. Cycle Autres dettes-Autres créances

11.1 Risques inhérents

Les autres actifs et passifs sont-ils stables par rapport à l'exercice précédent ?
Les autres produits et charges sont-ils stables par rapport à l'exercice précédent ?
Le recours à l'activation ou à l'étalement des charges est-il limité ?
Les créances ou engagements concernant des entités liées sont-ils non significatifs ?
Les éléments exceptionnels au compte de résultat sont-ils significatifs ?
Les conclusions des travaux des années précédentes ont-elles été satisfaisantes ?
Quelle est votre évaluation du niveau de risque inhérent au cycle Autres dettes-Autres créances ?

11.2 Risques liés au contrôle

Existe-t-il une documentation et justification des charges et produits exceptionnels ?
Quelle est votre évaluation préliminaire du niveau de risque du contrôle interne du cycle Autres dettes-Autres créances ?

11.3 Évaluation du risque par assertion

Pour ce cycle, quelle est votre évaluation du risque d'anomalies significatives sur les assertions Réalité, Existence, Droits et obligations ?

1783

ANNEXES © Éd. Francis Lefebvre

93525
(suite)

Pour ce cycle, quelle est votre évaluation du risque d'anomalies significatives sur l'assertion Séparation des exercices ?

Pour ce cycle, quelle est votre évaluation du risque d'anomalies significatives sur l'assertion Exhaustivité ?

Pour ce cycle, quelle est votre évaluation du risque d'anomalies significatives sur les assertions Valorisation et Exactitude ?

Pour ce cycle, quelle est votre évaluation du risque d'anomalies significatives sur les assertions Imputation, Affectation et Classification ?

Souhaitez-vous ajouter des contrôles à effectuer pour le cycle Autres dettes-Autres créances ?

12. Cycles ne présentant ni matérialité ni risque de fraude

Souhaitez-vous programmer des contrôles de base complémentaires sur le cycle Ventes en dépit de l'absence de risque de fraude et de matérialité pour ce cycle ?

Souhaitez-vous programmer des contrôles de base complémentaires sur le cycle Stocks en dépit de l'absence de risque de fraude et de matérialité pour ce cycle ?

Souhaitez-vous programmer des contrôles de base complémentaires sur le cycle Immobilisations corporelles et incorporelles en dépit de l'absence de risque de fraude et de matérialité pour ce cycle ?

Souhaitez-vous programmer des contrôles de base complémentaires sur le cycle Trésorerie-Financement en dépit de l'absence de risque de fraude et de matérialité pour ce cycle ?

Souhaitez-vous programmer des contrôles de base complémentaires sur le cycle Immobilisations financières en dépit de l'absence de risque de fraude et de matérialité pour ce cycle ?

Souhaitez-vous programmer des contrôles de base complémentaires sur le cycle Achats en dépit de l'absence de risque de fraude et de matérialité pour ce cycle ?

Souhaitez-vous programmer des contrôles de base complémentaires sur le cycle Personnel en dépit de l'absence de risque de fraude et de matérialité pour ce cycle ?

Souhaitez-vous programmer des contrôles de base complémentaires sur le cycle Capitaux propres en dépit de l'absence de risque de fraude et de matérialité pour ce cycle ?

Souhaitez-vous programmer des contrôles de base complémentaires sur le cycle Provisions pour risques et charges en dépit de l'absence de risque de fraude et de matérialité pour ce cycle ?

Souhaitez-vous programmer des contrôles de base complémentaires sur le cycle Impôts et taxes en dépit de l'absence de risque de fraude et de matérialité pour ce cycle ?

Souhaitez-vous programmer des contrôles de base complémentaires sur le cycle Autres créances et Autres dettes en dépit de l'absence de risque de fraude et de matérialité pour ce cycle ?

ANNEXES

Questionnaire d'identification des risques de fraude

Ce questionnaire est extrait du logiciel AUDITSOFT publié par les Éditions Francis Lefebvre. L'objectif de ce questionnaire qui doit faire l'objet d'une revue et d'une validation annuelles (y compris s'il s'agit de valider la réponse N − 1) est d'identifier les risques de fraude pesant sur l'entité.

93530

1. Identification des facteurs de risques

1.1 Facteurs de risques relatifs à la préparation de comptes ne donnant pas une image fidèle

Direction et environnement de contrôle

Rémunérations fortement liées au résultat
Importance excessive accordée à la valeur de l'entité ou à son résultat dans la perspective d'une cession
Engagement vis-à-vis des tiers à tenir des prévisions irréalistes
Tendance à minorer les résultats publiés pour des raisons fiscales
Relations tendues entre la direction et le commissaire aux comptes
Comptes et opérations personnels du propriétaire ou du dirigeant mal séparés des comptes et opérations de l'entreprise
Estimations significatives basées sur des jugements subjectifs ou des incertitudes
Écarts importants constatés entre les estimations comptables faites en N − 2 et les montants constatés en N − 1
Transactions significatives avec des parties liées

Secteur d'activité de l'entité

Vive concurrence ou marché conduisant à une chute des marges commerciales
Secteur d'activité en déclin ou en difficulté
Changements dans le secteur d'activité entraînant vulnérabilité ou obsolescence
Recettes importantes en espèces

Structure financière

Pression importante pour obtenir des financements complémentaires
Endettement anormalement lourd et capacité de remboursement fragile
Situation financière fragile alors que la direction a personnellement garanti des dettes significatives de l'entité
Au vu des éléments d'appréciation dont vous disposez, souhaitez-vous réaliser des contrôles complémentaires sur le risque de préparation de comptes ne donnant pas une image fidèle ?

1.2 Facteurs de risques relatifs à des détournements d'actifs

Degré d'exposition des actifs aux risques de détournement

Importantes sommes en espèces en caisse ou utilisées
Nature des stocks tels qu'articles de petite taille associés à une valeur importante
Faible protection des espèces, titres, stocks ou immobilisations
Immobilisations constituées de biens de petite taille, facilement négociables et sans identification du propriétaire

Fraudes liées aux contrôles

Manque de surveillance de la direction
Absence de sélection suffisante des candidats aux postes ayant accès aux actifs sensibles
Suivi comptable insuffisant des actifs susceptibles d'être détournés
Séparation insuffisante des tâches
Absence de système d'autorisation préalable et d'approbation des opérations
Absence de prise de congés des employés qui exercent les fonctions clés
Faible protection des codes d'accès et des mots de passe
Au vu des éléments d'appréciation dont vous disposez, souhaitez-vous réaliser des contrôles complémentaires sur le risque de détournement d'actif ?

ANNEXES

© Éd. Francis Lefebvre

93530
(suite)

1.3 Lien avec les risques identifiés au cours des exercices précédents

Au regard des éléments d'appréciation dont vous disposez, souhaitez-vous réaliser des contrôles complémentaires sur les risques de fraude identifiés sur les exercices précédents ?

2. Entretien à conduire sur les aspects de fraude

2.1 Entretien avec la direction et, le cas échéant, l'organe de direction ou de surveillance et le comité d'audit

Un entretien préalable sur la fraude avec la direction ou des contacts clés (par exemple la direction de l'audit interne) a-t-il eu lieu ? Préciser en commentaires les personnes rencontrées, la date de la réunion, les sujets abordés, etc.

La direction a-t-elle apprécié le risque que les comptes comportent des anomalies significatives résultant de fraudes ?

A-t-elle mis en place des procédures pour identifier les risques de fraude et pour y répondre ?

Affirme-t-elle l'absence de risque d'anomalies significatives résultant de fraudes ?

Si non, les contrôles de l'entreprise liés aux risques identifiés ont-ils été analysés ?

A-t-elle communiqué aux employés des informations sur sa vision de la conduite des affaires et sur la politique éthique de l'entité ?

A-t-elle connaissance de fraudes avérées, suspectées ou simplement alléguées ?

S'il y a un organe d'administration ou de surveillance, la direction a-t-elle communiqué à ses membres les informations sur les procédures mises en place pour identifier les risques de fraude et y répondre ?

Ces organes exercent-ils une surveillance sur les procédures mises en œuvre par la direction pour identifier les risques de fraude dans l'entité et pour répondre à ces risques (NEP 240 § 15) ?

Suite à vos entretiens avec la direction et, le cas échéant, l'organe de direction ou de surveillance et le comité d'audit, souhaitez-vous réaliser des contrôles complémentaires sur les risques de fraude ?

2.2 Autres diligences nécessaires

Avez-vous documenté la réunion au cours de laquelle les membres de l'équipe d'audit doivent échanger notamment sur les éléments de comptes susceptibles de contenir des anomalies significatives résultant de fraudes (NEP 240 § 7 à 11) ?

Si vous avez identifié un risque d'anomalies significatives résultant de fraudes, votre évaluation de la conception et de la mise en œuvre des contrôles de l'entité qui se rapporte à ce risque est-elle satisfaisante (NEP 240 § 19) ?

NB : cette évaluation peut prendre la forme d'un test de cheminement.

La mise en œuvre des autres diligences nécessaires vous conduit-elle à envisager la mise en œuvre de contrôles complémentaires ?

3. Existence d'un risque de fraude pour le cycle

En conclusion, pensez-vous qu'il existe un risque d'anomalies significatives résultant de fraudes pour :
– Les comptes pris dans leur ensemble ?
– Le cycle Trésorerie-Financement ?
– Le cycle Achats-Fournisseurs ?
– Le cycle Clients-Ventes ?
– Le cycle Stocks ?
– Le cycle Immobilisations corporelles et incorporelles ?
– Le cycle Immobilisations financières ?
– Le cycle Personnel ?
– Le cycle Impôts et taxes ?
– Le cycle Capitaux propres ?
– Le cycle Provisions pour risques et charges ?
– Le cycle Autres dettes-Autres créances ?

1786

© Éd. Francis Lefebvre

ANNEXES

Missions d'acquisition : liste des risques usuels

La présente liste est indicative et doit être adaptée en fonction du contexte d'intervention

93550

Risques d'audit indicateur / risque	Approches proposées pour détecter / pallier le risque
Sincérité et régularité des comptes – Surévaluation d'actifs – Sous-évaluation des passifs	• Audit financier, juridique, fiscal, social • Mise en place d'une garantie d'actif et de passif • Inventaire physique • Consultations des cadastres, revue des valeurs d'assurance
Risques business / risques stratégiques	• Audit stratégique et opérationnel (marché, produits, management, systèmes d'information…) • Analyse de type « *go / don't go* », « y aller / statu quo » • Entretiens avec les principaux clients et fournisseurs de la société (intuitu personae contractuel / poids dans l'activité) • Entretiens avec les principaux dirigeants et cadres de la société / analyse des effectifs au regard du métier spécifique de la société
Identification des facteurs affectant les paramètres du prix – Appréciation de l'Ebitda (ou Ebit, ou Ebitdar, ou autre indicateur pertinent de profitabilité, etc.) – Normativité des agrégats de base (Ebitda, BFR, etc.) – Identification et exhaustivité de la dette financière nette	• Analyses de chaque agrégat par comparaison de l'évolution de plusieurs périodes (mensuelles, annuelles, autres) • Mise en évidence des variations atypiques, des éléments hors bilan, des éléments issus de la documentation dont la documentation non financière, des éléments de nature à constituer, par exemple, un élément de cette dette financière, etc.
Système d'information – Vétusté – Technologie « non ouverte » – Sécurité d'accès/intégrité	• Entretien avec le directeur informatique • Audit informatique de sécurité • Audit juridique des contrats et conditions de transfert de la propriété intellectuelle des outils informatiques
Risques hors bilan – Garanties données – Engagements vis-à-vis du personnel – Cautions, avals – Clause de retour à meilleure fortune – Dépôt vente « facture » – Engagements donnés sur un montant d'achats ou d'investissements	• Mise en place d'une garantie d'actif et de passif • Revue des procès-verbaux du conseil d'administration • Circularisations des organismes financiers • Obtention d'avis des conseils juridiques • Revue des principaux contrats d'achat et de vente • Recommander l'introduction dans le contrat de cession de clauses déclaratives du vendeur sur les risques existants
Risque de continuité d'exploitation – Tendances macroéconomiques du secteur – Départ des hommes clés – Carnet de commandes – Apparition de concurrents (technologie différente, offres à prix cassés…) – Performances financières en régression continuelle – Dépendance vis-à-vis d'un client	• Audit stratégique et opérationnel • Analyse de sensibilité des résultats de l'entreprise à la variation de l'environnement (taux d'intérêt, risques politiques, prix des matières) • Mise en place de système de « *lock-up* » des hommes clés, recherche de l'existence de clauses de non-concurrence • Mise en place de systèmes d'intéressement du personnel aux résultats économiques • Revue détaillée du budget et du plan d'affaires (*business plan*) sur un horizon pertinent • Détermination du point mort de la société • Revue des lignes de trésorerie accordées et non utilisées • Analyse des cycles de besoins de financement intra-annuel et intra-mensuel • Analyse de l'état d'endettement quelle qu'en soit la forme juridique ou le mode de mise en œuvre
Risques environnementaux – Sol, air, eau – Pollution – Utilisation de produits dangereux ou toxiques	• Audit environnemental / ESG • Revue des certifications obtenues • Revue des assurances souscrites

93550
(suite)

Risques d'audit indicateur / risque	Approches proposées pour détecter / pallier le risque
Risques sociaux – Choc culturel – Qualification des individus Accords de réduction de temps de travail – « Pratiques » tolérées et promesses de la précédente direction – Pratiques sociales déloyales	• Mise en place d'une garantie d'actif et de passif • Audit social • Revue des montants engagés au titre de la formation professionnelle au cours des derniers exercices • Revue des comptes rendus de CE • Entretiens avec le service ressources humaines
Risques liés à l'appareil de production – Vétusté – Faible productivité – Obsolescence physique ou technologique – Surdimensionnement	• Revue technique des installations • Appréciation du niveau d'« activité normale » • Revue des dépenses de maintenance et d'entretien au cours des derniers exercices • Identification des cycles d'investissement et des besoins de renouvellement planifiés
Risques fiscaux	• Audit fiscal • Garantie d'actif et de passif
Risque de non-possession d'actifs nécessaires à l'exploitation – Brevets – Licences et droits immatériels – Biens mis à disposition gratuitement – Moules (propriété des clients) – Stocks	• Garantie d'actif et de passif • Recherche en propriété industrielle • Recherche des financements garantis et des gages

ANNEXES

Missions d'acquisition :
liste des principaux documents
à obtenir

La présente liste est indicative et doit être adaptée en fonction du contexte d'intervention   **93555**

1) Documents juridiques généraux

- **Documents légaux**
- K bis récent et inscriptions légales
- Statuts
- Procès-verbaux des conseils d'administration
- Procès-verbaux des assemblées générales
- Comptes rendus des réunions de comité d'entreprise
- Actionnariat, registre des mouvements de titres
- Programme de stock-options
- Tableau des filiales et participations
- Modalités de délégation de signature
- Pacte d'actionnaires
- Registre des mouvements de titres
- **Propriété intellectuelle**
- Titres de propriété des marques, brevets et autres éléments incorporels
- Baux
- **Suivi des litiges**
- Liste des avocats
- Liste des litiges en cours
- **Contrats**
- Contrats d'assurance
- Contrats de crédit-bail
- Contrats de prêt
- Principales conventions conclues au sein de la société (compte courant, convention de trésorerie, convention d'intégration fiscale)
- Principaux contrats de location et de sous-traitance
- Contrats de prêts
- Concessions de licence
- **Organigramme du groupe récent**
- **Liste des implantations de la société**
- **Liste des nantissements, état des inscriptions hypothécaires**

2) Documents commerciaux et industriels

- **Analyse des ventes**
- Liste des principaux clients au cours des trois derniers exercices
- Analyse des ventes par produits
- Analyse du carnet de commandes historique et prévisionnel (notamment taux de marge en carnet)
- Tableau de suivi des contrats à long terme si applicable (facturation, marge, reste à réaliser)
- Analyse de la part de marché par rapport aux concurrents
- **Analyse des achats**
- Liste des principaux fournisseurs au cours des trois derniers exercices
- Liste des contrats d'achat assortis de garantie de volume
- Liste des principaux sous-traitants
- Nature et montant des commissions versées

3) Documents comptables

- **Comptes historiques et prévisionnels**
- Comptes annuels des trois derniers exercices (synthétiques et détaillés)
- États de comptabilité analytique, si pertinents
- Budget pour l'exercice en cours

1789

ANNEXES

© Éd. Francis Lefebvre

93555
(suite)

– *Business plan* si disponible
– Analyse des principaux écarts entre le budget et les réalisations des trois derniers exercices
• Liasses fiscales des trois derniers exercices
• Déclaration de précompte
• Rapport de gestion des trois derniers exercices
• Rapports des commissaires aux comptes des trois derniers exercices
• Rapports d'audits (intervenants extérieurs et audit interne)
• Date et notification des derniers contrôles Urssaf et fiscal

4) Documents financiers

• Description des principaux systèmes informatiques
• Manuel des procédures comptables
• Tableaux de bord sur le dernier exercice et l'exercice en cours
• Analyses mensuelles du contrôle de gestion
• R&D
– Mode de comptabilisation
– Analyse des charges comptabilisées [ou des montants activés] au cours des trois derniers exercices
– Principaux brevets déposés
• Investissements
– Analyse des principales acquisitions au cours des trois derniers exercices
– Analyse du plan d'investissement sur les prochains exercices
– Analyse des charges d'entretien et de maintenance
• Stocks
– Mode de valorisation et de dépréciation des stocks
– Date du dernier inventaire, analyse du compte rendu d'inventaire
• Clients
– Mode de comptabilisation des dépréciations pour créances douteuses
– Analyse de la balance âgée à la date de la dernière clôture
• Trésorerie
– Liste des comptes ouverts auprès d'établissements bancaires
– Existence de conventions de compensation de soldes entre entités
– Modalités de couverture des opérations en devise
– Modalités de couverture des opérations de taux
– Liste des signataires autorisés
– Conditions bancaires
• Provisions
– Mode de comptabilisation et d'évaluation des provisions
– État synthétique des procès en cours : résumé succinct, avocat en charge du dossier, étapes de la procédure

5) Ressources humaines

• Rémunération
– Structure de rémunération du personnel
– Modèle de contrat de travail
– Contrat de travail des principaux dirigeants
• Documents légaux
– Convention collective
– Accord d'intéressement et autres programmes en faveur des salariés (plan d'épargne entreprise, plan de stock-options, accord de participation dérogatoire)
– Déclaration sociale nominative (DSN) et DAS 2
– Bilan social
– Liste des avantages en nature
– Engagements de retraite : personnel visé, modalités de calcul
• Documents de suivi
– Suivi des litiges prud'homaux
– Évolution du turn-over et de l'absentéisme
– Pyramide des âges
– Suivi des compétences et agréments individuels

1790

© Éd. Francis Lefebvre

ANNEXES

Formulaire déclaration d'activité 2020

Informations relatives au mandat

94100

Références et dates

N° de mandat CNCC : ....
N° interne : ....
Date de nomination (JJ/MM/AAAA) : ....
S'agit-il d'un renouvellement ? ❑ Oui ❑ Non
Date de première nomination : ....
Date de clôture du premier exercice à contrôler du mandat en cours (JJ/MM/AAAA) : ....
Obtention du mandat suite à un appel d'offres ou une mise en concurrence ? ❑ Oui ❑ Non
Code des marchés publics ? ❑ Oui ❑ Non
Nomination du commissaire aux comptes :

❑	Obligatoire selon les textes
❑	Volontaire

Mandat Alpe ❑ Oui ❑ Non

Commissaire aux comptes

Titulaire : ....Identifiant CRCC : ....
CAC signataire : ....
Mandataire social : ....
Suppléant : .... Identifiant CRCC : ....
Exercice de la mission par plusieurs CAC : ❑ Oui ❑ Non
Nom ou raison sociale : ....
CAC signataire : ....
Autre cocommissaire ? ❑ Oui ❑ Non
Nom ou raison sociale : ....
CAC signataire : ....
Autre cocommissaire ? ❑ Oui ❑ Non
Nom ou raison sociale : ....
CAC signataire : ....

Entité contrôlée

Dénomination : ....
Année de début d'activité (JJ/MM/AAAA) : ....
Entité contrôlée : (*choisissez*)

❑	Société commerciale, civile, association...
❑	Organisme de placement (OPCVM, OPCI...)

Catégorie d'OPC : (*choisissez*)

OPCVM et FIA		
	❑	SICAV
	❑	SICAVAS (SICAV d'actionnariat salarié)
	❑	FCP
	❑	FCI (Fonds de capital investissement)
	❑	FCPE (Fonds commun de placement entreprise)
	❑	SLP (Société de libre partenariat)

ANNEXES

© Éd. Francis Lefebvre

94100
(suite)

OPCI		
	❏	SPPICAV (Société de placement à prépondérance immobilière à capital variable)
	❏	FPI (Fonds de placement immobilier)
ORGANISMES DE TITRISATION		
	❏	Fonds de titrisation
	❏	Société de titrisation
AUTRES		
	❏	SEF (Société d'épargne forestière)
	❏	SCPI (Société civile de placement immobilier)
	❏	Autre OPC

Si autre OPC : Précisez la nature : ....
Si autre OPC : Société de gestion : ....
Si OPC : L'OPC est-il un ETF (*Exchange Traded Fund*) ? : ❏ Oui ❏ Non

Si société commerciale : Immatriculation SIREN : *(choisissez)*

	❏	Entité possédant un numéro de SIREN
	❏	Entité n'ayant pas de numéro de SIREN
	❏	Entité en cours d'immatriculation

Numéro SIREN : ....
....
Adresse : ....
....
Code postal : .... Ville : ....
Forme juridique : *(choisissez)*

Société commerciale		
	❏	Société anonyme (SA)
	❏	Société par actions simplifiées (SAS)
	❏	Société à responsabilité limitée (SARL)
	❏	Société en nom collectif (SNC)
	❏	Société en commandite simple (SCS)
	❏	Société en commandite par actions (SCA)
	❏	Société coopérative commerciale
	❏	Société européenne (SE)
Autre type de société		
	❏	Société coopérative
	❏	Société coopérative agricole
	❏	Association
	❏	Fondation
	❏	Fonds de dotation
	❏	Fonds de pérennité économique
	❏	Société civile
	❏	Caisse d'épargne et de prévoyance
	❏	Personne morale de droit public
	❏	Organisme consulaire
	❏	Groupement d'intérêt économique (GIE)
	❏	Organisme mutualiste
	❏	Autre

1792

© Éd. Francis Lefebvre

ANNEXES

94100
(suite)

Si Association, Fondation ou Fonds de dotation :
L'entité fait-elle appel à la générosité du public (Loi du 7-8-1991 art. 3) ? ❏ Oui ❏ Non
Activité : *(choisissez)*

❏	Administrateur et mandataire judiciaire
❏	Association sportive affiliée nationale et locale, fédérations sportives
❏	Entité d'utilité publique ou recevant des subventions publiques
❏	Caisse de mutualité sociale agricole
❏	Chambre de commerce et d'industrie (CCI)
❏	Chambre des métiers et de l'artisanat (CMA)
❏	Comité interprofessionnel du logement (CIL)
❏	Comité d'entreprise (CE)
❏	Compagnie financière holding mixte ou non (C. mon. fin. art. L 517-1)
❏	Entreprise régie par le Code des assurances
❏	Établissement de crédit
❏	Fonds de retraite professionnelle supplémentaire (C. ass. art. L 381-1)
❏	Hôpital et agence régionale de santé
❏	Institution de retraite professionnelle supplémentaire (CSS art. L 942-1)
❏	Institution de prévoyance (titre III du livre IX du Code de la sécurité sociale)
❏	Institution de retraite complémentaire
❏	Mutuelle ou union de mutuelles (C. mut. livre II) non totalement substituée ou non totalement réassurée
❏	Mutuelle ou union de mutuelles (C. mut. livre II) totalement substituée ou totalement réassurée
❏	Mutuelle ou union de mutuelles (C. mut. livre III)
❏	Mutuelle ou union de retraite professionnelle supplémentaire (C. mut. art. L 214-1)
❏	Organisme d'HLM (SA HLM, OPH, OPAC, ESH…)
❏	Organisme paritaire collecteur agréé (OPCA)
❏	Organisme de formation (y compris CFA)
❏	Organisme de sécurité sociale (CSS. art. L 114-8)
❏	Parti et groupement politique
❏	Société de financement
❏	Société de groupe d'assurance
❏	Société de groupe d'assurance mutuelle
❏	Société de groupe assurantiel de protection sociale
❏	Société d'économie mixte (SEM) de construction
❏	Société d'économie mixte (SEM) hors construction
❏	Société d'investissement (ordonnance 45-2710 du 2-11-1945)
❏	Syndicats professionnels (ou associations) de salariés
❏	Syndicats professionnels (ou associations) d'employeurs
❏	Université
❏	Union mutualiste de groupe
❏	Autre

Si autre : Précisez l'activité : ....
Code NAF (rev. 2) : .... format : 00.00X
Offre au public de titres financiers : *(choisissez)*

❏	Les titres de l'entité ne font pas l'objet d'une admission aux négociations sur un marché
❏	Marché réglementé Euronext Paris
❏	Marché réglementé à l'étranger d'un pays membre de l'Espace économique européen (EEE)
❏	Marché hors Union européenne
❏	Émetteur de titres de créance sur un marché réglementé (France ou EEE) sans titre de capital coté
❏	Euronext Growth (SMNO)
❏	Euronext Access (SMN)

1793

ANNEXES

© Éd. Francis Lefebvre

94100 (suite)

Membre d'un groupe ? ❏ Oui ❏ Non
Situation au sein du groupe :

❏	Participation (C. com. art. L 233-2)
❏	Filiale (C. com. art. L 233-1)
❏	Mère (C. com. art. L 233-3)

Si oui : Comptes combinés ? ❏ Oui ❏ Non
Ces comptes s'inscrivent :

❏	Dans un contexte légal
❏	Dans un contexte conventionnel

Entité consolidée : *(choisissez)*

❏	Entité non consolidée
❏	Entité consolidée à l'étranger uniquement
❏	Participation/filiale d'un groupe consolidé non EIP français
❏	Participation/filiale d'un groupe consolidé coté EIP français
❏	Participation/filiale d'un groupe consolidé non coté EIP français

La (les) société(s) mère(s) tête(s) de groupe de l'entité est (sont) : ❏ française(s) ❏ étrangère(s)
Dénomination de la société holding tête de groupe <u>française</u> : ....
Numéro SIREN de la société holding tête de groupe <u>française</u> : ....
Dénomination de la société holding tête de groupe <u>étrangère</u> : ....
Comptes combinés ? ❏ Oui ❏ Non
Ces comptes s'inscrivent :

❏	Dans un contexte légal
❏	Dans un contexte conventionnel

Informations relatives à l'exercice contrôlé

Conseils extérieurs dont l'entreprise utilise les services

Expertise comptable : ❏ Oui ❏ Non
Si oui : Nom : ....
Conseil juridique et fiscal : ❏ Oui ❏ Non
Si oui : Nom : ....
Fédération de révision : ❏ Oui ❏ Non
Si oui : Nom : ....
Autre (précisez) : Nom : ....

Déclaration d'activité

Un rapport de certification a-t-il été établi sur la période ? ❏ Oui ❏ Non

Si non : Justification de l'absence de rapport :

❏	Changement de date de clôture décalant la date de l'exercice en cours à l'année prochaine
❏	Entité en cours de liquidation
❏	Entité fusionnée dans le courant de l'exercice
❏	Report de l'assemblée conduisant à une remise du rapport après le 30-9-2021
❏	Fin de mandat intervenue sur une clôture antérieure
❏	Rapport de carence établi en l'absence de communication des comptes
❏	Autre raison

Commentaire : ....
....
....
....

© Éd. Francis Lefebvre

ANNEXES

94100
(suite)

Si oui :
Date de clôture de l'exercice concerné (JJ/MM/AAAA) : ....
Durée en mois de l'exercice concerné : ....
Avez-vous réalisé des services autres que la certification des comptes (SACC) ? *(choisissez)*

❑	Pour l'entité faisant l'objet de la DA
❑	Pour l'entité qui contrôle l'entité faisant l'objet de la DA et pour laquelle votre SEP n'est pas commissaire aux comptes titulaire
❑	Pour les entités contrôlées par l'entité faisant l'objet de la DA et pour lesquelles votre SEP n'est pas commissaire aux comptes titulaire
❑	Non, pas de SACC

Si oui pour l'entité faisant l'objet de la DA : Nature *(choisissez)*

❑	SACC requis par les textes légaux ou réglementaires pour l'entité faisant l'objet de la DA
❑	SACC fournis à la demande de l'entité faisant l'objet de la DA

Précisez :

❑	Audit
❑	Examen limité
❑	Attestations
❑	Procédures convenues
❑	Prestations relatives aux informations RSE
❑	Autre

Commentaire :
....
....
....

Temps passé et honoraires

Temps passé (en heures)

Certification des comptes annuels : .... h
Certification des comptes consolidés : .... h
Certification des comptes combinés : .... h
Total : .... h
Dont temps passé par le signataire : .... h
SACC requis par les textes légaux ou réglementaires pour l'entité
faisant l'objet de la DA : .... h
SACC fournis à la demande de l'entité **faisant l'objet** de la DA : .... h
SACC pour l'entité **qui contrôle** l'entité faisant l'objet de la DA et pour
laquelle votre SEP n'est pas commissaire aux comptes titulaire : .... h
SACC pour les entités **contrôlées** par l'entité faisant l'objet de la DA et
pour lesquelles votre SEP n'est pas commissaire aux comptes titulaire : .. h

Honoraires HT facturés (en euros)

Certification des comptes annuels : .... € (HT facturés)
Certification des comptes consolidés : .... € (HT facturés)
Certification des comptes combinés : .... € (HT facturés)
Total : .... € (HT facturés)
SACC requis par les textes légaux ou réglementaires pour l'entité
faisant l'objet de la DA : .... € (HT facturés)
SACC fournis à la demande de l'entité **faisant l'objet** de la DA : .... € (HT facturés)
SACC pour l'entité **qui contrôle** l'entité faisant l'objet de la DA et pour
laquelle votre SEP n'est pas commissaire aux comptes titulaire : € (HT facturés)
SACC pour les entités **contrôlées** par l'entité faisant l'objet de la DA et
pour lesquelles votre SEP n'est pas commissaire aux comptes titulaire € (HT facturés)

1795

ANNEXES

© Éd. Francis Lefebvre

94100
(suite)

Comptes annuels

Données chiffrées

Nombre de salariés : ....

Chiffre d'affaires HT (ou équivalent) : .... k €

Total du bilan : .... k €

Total des produits d'exploitation : .... k €

Total des produits financiers : .... k €

Base barème (pour information) : .... k €

Rapport sur les comptes annuels

Avant d'émettre un rapport, vous avez obtenu de la direction la modification : *(choisissez)*

❑	Du bilan ou du compte de résultat
❑	De l'annexe
❑	Non, aucune modification

Opinion émise : *(choisissez)*

❑	Certification sans réserve
❑	Certification avec réserve
❑	Refus de certifier pour désaccord
❑	Impossibilité de certifier

Si certification avec réserve, nature de la réserve :

❑	Désaccord
❑	Limitation

Observations formulées ? ❑ Oui ❑ Non
Si oui, nature des observations :

❑	Changement de méthodes comptables
❑	Autres observations

Si « Autres observations », précisez :

....

....

....

....

Incertitude significative liée à la continuité d'exploitation formulée dans le rapport sur les comptes consolidés ? ❑ Oui ❑ Non

Comptes consolidés

Données chiffrées

Nombre de salariés : ....

Chiffre d'affaires HT (ou équivalent) : .... k €

Total du bilan : .... k €

Rapport sur les comptes consolidés

Avant d'émettre un rapport, vous avez obtenu de la direction la modification : *(choisissez)*

❑	Du bilan ou du compte de résultat
❑	De l'annexe
❑	Non, aucune modification

Opinion émise : *(choisissez)*

❑	Certification sans réserve
❑	Certification avec réserve
❑	Refus de certifier pour désaccord
❑	Impossibilité de certifier

© Éd. Francis Lefebvre

ANNEXES

94100
(suite)

Si certification avec réserve, nature de la réserve :

	Désaccord
	Limitation

Observations formulées ? ❏ Oui ❏ Non
Si oui, nature des observations :

	Changement de méthodes comptables
	Autres observations

Si « Autres observations », précisez :
....
....
....
....

Incertitude significative liée à la continuité d'exploitation formulée dans le rapport sur les comptes combinés ? ❏ Oui ❏ Non

Comptes combinés

Données chiffrées

Nombre de salariés : ....
Chiffre d'affaires HT (ou équivalent) : .... k €
Total du bilan : .... k €

Rapport sur les comptes annuels

Avant d'émettre un rapport, vous avez obtenu de la direction la modification : *(choisissez)*

	Du bilan ou du compte de résultat
	De l'annexe
	Non, aucune modification

Opinion émise : *(choisissez)*

	Certification sans réserve
	Certification avec réserve
	Refus de certifier pour désaccord
	Impossibilité de certifier

Si certification avec réserve, nature de la réserve :

	Désaccord
	Limitation

Observations formulées ? ❏ Oui ❏ Non
Si oui, nature des observations :

	Changement de méthodes comptables
	Autres observations

Si « Autres observations », précisez :
....
....
....

Incertitude significative liée à la continuité d'exploitation formulée dans le rapport sur les comptes combinés ? ❏ Oui ❏ Non

1797

ANNEXES   © Éd. Francis Lefebvre

94100
(suite)

Révélation / Alerte / Irrégularités et inexactitudes

Révélation de faits délictueux : ❏ Oui ❏ Non
Si oui, précisez la nature de cette révélation :

....
....
....
....

Alerte :

❏	Aucune alerte
❏	1re phase
❏	2e phase
❏	3e phase
❏	4e phase

Si alerte, précisez :

....
....
....

Fin de l'alerte sur l'exercice ? ❏ Oui ❏ Non
Si oui, précisez :

❏	Procédure collective
❏	Procédure amiable
❏	Rétablissement de la situation ou levée de l'incertitude

Irrégularités et inexactitudes signalées : ❏ Oui ❏ Non
Si oui : Mode de communication :

❏	Rapport sur les comptes annuels
❏	Rapport ad hoc
❏	Rapport sur les comptes annuels et rapport ad hoc

Si signalement, précisez :

....
....
....

Points particuliers à signaler

Précisez :

....
....

Fin de mandat

S'agit-il de la dernière déclaration portant sur ce mandat ? ❏ Oui ❏ Non
Si oui, précisez la cause :

❏	Renouvellement du cabinet
❏	Non-renouvellement du cabinet suite à un appel d'offres
❏	Non-renouvellement du cabinet suite à une rotation du cabinet
❏	Non-renouvellement lié à la décision du titulaire
❏	Non-renouvellement lié à l'absence d'obligation légale pour l'entité
❏	Non-renouvellement lié au choix d'un autre CAC par l'entité
❏	Liquidation de l'entité
❏	Autre

Si autre, précisez :

....
....
....

Notice formulaire déclaration d'activité

INTRODUCTION

1. Obligations légales

Notification de mandats

L'article R 823-2 du Code de commerce précise que « tout commissaire aux comptes chargé d'une mission de certification des comptes auprès d'une personne ou entité notifie dans le délai de huit jours sa nomination au conseil régional de la compagnie dont il est membre, soit par lettre recommandée avec demande d'avis de réception, soit par voie électronique. Dans ce dernier cas, le conseil régional accuse sans délai réception de la notification en mentionnant la date de la réception. Le conseil régional communique l'information au Conseil national ».

Déclaration d'activité

L'article R 823-10 du Code de commerce dispose que « le commissaire aux comptes établit chaque année une déclaration d'activité [...]. Il adresse la déclaration d'activité, le cas échéant par voie électronique, à la compagnie régionale, laquelle transmet un exemplaire à la Compagnie nationale ».

2. Champ d'application

Les déclarations d'activité concernent les missions de certification des comptes conformément au III de l'article R 823-10 du Code de commerce. Elles ne concernent donc pas les missions :
– particulières confiées à un commissaire aux comptes telles que les missions de commissariat aux apports, à la fusion ou à la transformation, ni les missions d'acquisition d'un bien appartenant à un actionnaire, les missions de dépôts et de maniement de fonds ou d'aide juridique dans les Carpa... ;
– complémentaires confiées au commissaire aux comptes pour régulariser le renouvellement tardif de son mandat. Le point de départ du mandat est le premier exercice en cours à la date de nomination. De sorte, la mission complémentaire au mandat confiée au commissaire aux comptes ne modifie pas le décompte de cette durée ;
– sur des entités implantées à l'étranger.
Il convient de noter que les missions particulières et complémentaires doivent toutefois figurer dans les déclarations de cotisations.

3. Utilisation des déclarations d'activité

Le traitement des déclarations d'activité permet :
– le suivi des obligations liées aux contrôles périodiques ;
– le suivi des obligations en matière de demandes de dérogation ;
– l'obtention de statistiques professionnelles.

4. Responsable de l'établissement de la déclaration d'activité

Les déclarations d'activité relatives à des mandats détenus par des personnes morales et faisant l'objet d'une double signature (mandataire social et associé, actionnaire ou dirigeant qui signe le rapport au sens du premier alinéa de l'article L 822-9 du Code de commerce) doivent être établies par les associés responsables techniques. Ceux-ci devront préciser les nom et prénom du mandataire social. Elles sont donc adressées à la CRCC du ressort de laquelle dépend le membre signataire.

5. Date limite d'établissement

Conformément à l'article R 821-26 du Code de commerce : « La Compagnie nationale communique chaque année au Haut Conseil, avant le 30 septembre, les déclarations d'activité mentionnées au V de l'article R 823-10. » Afin de respecter cette obligation, les déclarations devront être saisies et envoyées avant le 30 septembre de chaque année. Les déclarations saisies pour le 30 septembre 2021 concernent les exercices clos entre le 1er janvier et le 31 décembre 2020.

ANNEXES

© Éd. Francis Lefebvre

94150
(suite)

6. Champs obligatoires

Les champs précédés d'une étoile * sont des champs obligatoires ; la notification de mandat ou d'activité ne pourra être validée tant qu'ils ne seront pas tous renseignés.

INFORMATIONS RELATIVES AUX MANDATS

1. Références et dates

N° de mandat CNCC : ce numéro s'incrémente automatiquement une fois la notification transmise.

N° de mandat interne : il s'agit d'un champ facultatif, utilisable dans le cadre de la gestion interne du cabinet.

Date de nomination : concerne le mandat en cours ; il peut s'agir soit de la date de nomination statutaire, soit de la date de l'assemblée générale ordinaire au cours de laquelle le commissaire aux comptes titulaire est nommé pour les personnes morales qui sont dotées de cette instance ou de l'organe exerçant une fonction analogue (C. com. art. L 823-1). En cas de renouvellement de mandat, il s'agit de la date du dernier renouvellement.

Renouvellement : il convient d'indiquer si le mandat a été renouvelé ou non : (plusieurs nominations).

Date de première nomination : en cas de renouvellement(s) de mandat, il s'agit soit de la date de première nomination statutaire, soit de la date de la première assemblée générale ordinaire au cours de laquelle le commissaire aux comptes est nommé pour les personnes morales qui sont dotées de cette instance ou de l'organe exerçant une fonction analogue (C. com. art. L 823-1). Il est entendu par commissaire aux comptes toute personne physique ou personne morale ayant eu ou ayant toujours un lien avec les commissaires aux comptes successifs du mandat : il peut donc s'agir soit du même commissaire aux comptes qu'actuellement ou bien de commissaires aux comptes du même cabinet notamment suite à la création d'une structure, d'une fusion ou d'un rachat de sociétés.

Date de clôture du premier exercice à contrôler du mandat en cours : la date à renseigner ne peut être antérieure à la date de première nomination ou du dernier renouvellement ; il convient en effet de ne pas tenir compte des missions complémentaires de certification de comptes antérieures à la nomination. En cas de renouvellement de mandat, il s'agit de la date du premier exercice à contrôler à compter du dernier renouvellement et non celle de la nomination initiale.

Lors de la notification de mandat, une question est posée sur les modalités d'obtention de celui-ci. Si le mandat a été obtenu suite à un appel d'offres ou une mise en concurrence, il convient de préciser si l'appel d'offres a été réalisé dans le cadre du Code des marchés publics.

Il convient également d'indiquer s'il s'agit d'une nomination obligatoire selon les textes ou d'une nomination volontaire à l'initiative de l'entité.

Cas spécifiques des mandats ALPE

En préambule il convient de préciser qu'une nomination (obligatoire ou non) pour une durée de six exercices n'est pas une mission ALPE.

Mandats PE en cours : les mandats en cours à l'entrée en vigueur de la loi PACTE se poursuivent obligatoirement jusqu'à leur date d'expiration même si la société est en dessous des nouveaux seuils de nomination du commissaire aux comptes ou passe en dessous des seuils avant le terme de mandat. Ces sociétés peuvent décider d'un commun accord avec le commissaire aux comptes que ce dernier exécutera le temps restant du mandat en cours selon les modalités de la mission PE « trois exercices », mission ALPE. Il conviendra alors de cocher la case « Mandat ALPE : oui ».

Mandats PE débutant avec un premier exercice à auditer en 2020 : il conviendra alors de cocher la case « Mandat ALPE : oui » s'il s'agit d'un mandat :

– avec un premier exercice à auditer en 2020, si l'AG de nomination ou renouvellement du commissaire aux comptes s'est tenue après le 24 mai 2019, et concernant la mission de trois exercices prévue à l'article L 823-12-1 du Code de commerce régie par la NEP 911 (mandats de société commerciale [hors SEML et EIP]) qui ne dépassent pas deux des trois critères suivants :

• 4 M€ de total de bilan,

• 8 M€ de chiffre d'affaires HT,

• 50 salariés ;

– de holding d'un « petit groupe » non astreinte à publier des comptes consolidés dont les chiffres agrégés tels qu'ils ressortent des comptes annuels arrêtés de la tête de groupe et des sociétés contrôlées composant le petit groupe dépassent deux des trois seuils précédents ;

– de filiale significative au sein d'un petit groupe (société contrôlée directement ou indirectement) qui dépasse deux des trois seuils suivants :

• 2 M€ de total de bilan,

• 4 M€ de chiffre d'affaires HT,

• 25 salariés.

2. Commissaire aux comptes titulaire du mandat/suppléant/cocommissaire aux comptes

Titulaire : par défaut, si l'utilisateur (personne connectée sur AGLAE) est commissaire aux comptes (d'après les caractéristiques associées au compte utilisateur authentifié), le titulaire s'affiche comme étant le commissaire aux comptes connecté. Le cas échéant, il y a possibilité via l'annuaire de modifier le titulaire afin d'inscrire une personne morale.

1800

© Éd. Francis Lefebvre

ANNEXES

94150
(suite)

Membre signataire : lorsque le titulaire sélectionné est une personne morale et l'utilisateur un commissaire aux comptes, le membre signataire qui s'affiche est obligatoirement le commissaire aux comptes connecté.

Ce champ ne peut être modifié.

Double signature si le titulaire est une personne morale : voir Introduction § 5 Responsable de l'établissement de la déclaration d'activité.

Suppléant : il est rappelé que le mandataire social ne peut être nommé en tant que suppléant ; un contrôle est réalisé sur ce point et bloquera le cas échéant la saisie.

La saisie des différentes données est réalisée par accès à l'annuaire des commissaires aux comptes.

3. Entité contrôlée

Année de début d'activité

Il convient de renseigner l'année de début d'activité de l'entité contrôlée, et non l'année d'immatriculation.

Dénomination

Il convient de renseigner le nom de l'entité contrôlée (dénomination : champ de saisie libre en se référant à l'extrait K bis de la société afin d'inscrire la dénomination exacte) et de sélectionner ensuite le type d'entité.

Dans un premier temps, le choix affiché permet de faire la distinction entre organisme de placement. Collectif (OPC) et autre type d'entité (société commerciale, civile, association...). Selon le choix effectué, les questions qui apparaîtront seront différentes.

Le choix « OPC » fera apparaître trois questions complémentaires :
– catégorie d'OPC ;
– société de gestion ;
– ETF (*Exchange Traded Fund*).

Le choix « société commerciale, civile, association... » fera apparaître les questions suivantes, qui ne s'appliquent pas aux structures spécifiques que sont les OPC et qui sont relatives à des informations disponibles pour la plupart sur l'extrait K bis de la société :
1. Numéro de SIREN
2. Adresse
3. Forme juridique
4. Activité
5. Code NAF
6. Offre au public de titres financiers
7. Membre d'un groupe

Forme juridique

Seules les formes juridiques de premier niveau sont présentées, le formulaire ne pouvant être exhaustif. Le tableau ci-dessous présente quelques exemples de regroupements de formes juridiques.

Sociétés commerciales								
Société anonyme (SA)	ESH	Sica	SEML	SAOS	Selafa	Sicomi	SMIA	Scop
Société par actions simplifiée (SAS)	Sasu							
Société à responsabilité limitée (SARL)	EURL	Sica	Scop					
Société en nom collectif (SNC)								
Société en commandite simple (SCS)								
Société en commandite par actions (SCA)								
Société coopérative commerciale	Société de caution mutuelle		Société coopérative de banque populaire			Caisse d'épargne et de prévoyance à forme coopérative		
Société européenne (SE)								

1801

ANNEXES © Éd. Francis Lefebvre

94150
(suite)

Autres types d'entité							
Société coopérative	n'ayant pas la forme de SA ou SARL						
Société coopérative agricole							
Association							
Fondation							
Fonds de dotation							
Société civile	SCI	SCM	SCP	SCEA	SCPCI	Sica	Gaec
Caisse d'épargne et de prévoyance							
Personne morale de droit public	GIP	Établissement public	Collectivité territoriale				
Organisme consulaire							
Groupement d'intérêt économique (GIE)	GEIE						
Organisme mutualiste	Livre II	Livre III					
Autres	Société en participation			Société non commerciale d'assurances			

La loi Pacte a créé le fonds de pérennité économique qui vient donc d'être ajouté à la liste des formes juridiques sélectionnables dans AGLAE. Il s'agit d'un nouveau statut de fondation destiné à assurer un actionnariat stable dans une ou plusieurs entreprises, qui est largement inspiré des fondations action-naires. Ce fonds a vocation à recueillir les actions d'une ou de plusieurs entreprises transmises de manière irrévocable et gratuite par ses fondateurs. Le fonds de pérennité va gérer – notamment via le droit de vote – les participations perçues en vue d'assurer le développement de l'entreprise sur le long terme, tout en préservant les valeurs que les fondateurs auront inscrites dans les statuts du fonds. Le fonds aura toute latitude pour financer, essentiellement grâce aux dividendes versés par les sociétés dans lesquelles il détient des participations, des actions diversifiées, incluant des missions non directe-ment liées à l'entreprise, telles que des activités philanthropiques.

Si la forme juridique sélectionnée est « Association » ou « Fondation » ou « Fonds de dotation », il est alors demandé si l'entité fait appel public à la générosité. Sont concernées les entités dont il est fait référence à l'article 3 de la loi du 7 août 1991 (modifié par l'ordonnance du 23-7-2015) : « les orga-nismes qui, afin de soutenir une cause scientifique, sociale, familiale, humanitaire, philanthropique, éducative, sportive, culturelle ou concourant à la défense de l'environnement, souhaitent faire un appel public à la générosité sont tenus d'en faire la déclaration préalable auprès du représentant de l'État dans le département lorsque le montant des dons collectés par cette voie au cours de l'un des deux exercices précédents ou de l'exercice en cours excède un seuil fixé par décret » ; ainsi, ne sont pas à considérer les entités recevant exclusivement des subventions publiques.

Activité

Certaines activités font l'objet de définitions précises :

• **établissements de crédit** : leur définition ressort de deux articles du Code monétaire et financier :

a) selon l'article L 511-9, les établissements de crédit sont subdivisés en 4 catégories :

– banques,

– banques mutualistes ou coopératives (banques populaires, crédit agricole, crédit mutuel, crédit mutuel agricole et rural, sociétés coopératives de banques, crédit maritime mutuel, caisses d'épargne),

– établissements de crédit spécialisés (sociétés de crédit foncier et sociétés de financement de l'habitat),

– caisses de crédit municipal.

Attention : les compagnies financières définies à l'article L 517-1 du Code monétaire et financier, ainsi que les sociétés de financement visées à l'article L 515-1 du Code monétaire et financier (choisir alors dans le menu déroulant « Société de financement »), et les établissements de paiement visés à l'article L 522-1 ne sont pas considérés comme des établissements de crédit,

b) selon l'article L 518-1, les établissements et services autorisés à effectuer des opérations de banque sont le Trésor public, la Banque de France, La Poste, dans les conditions définies à l'article L 518-25, l'institut d'émission des départements d'outre-mer, l'institut d'émission d'outre-mer et la Caisse des dépôts et consignations ;

• **entreprises régies par le Code des assurances** : il s'agit des entreprises d'assurances et réassurance. Attention : les sociétés de courtage ainsi que les agents d'assurances ne constituent pas des entreprises d'assurances ;

• **organismes de sécurité sociale** : il s'agit des organismes mentionnés à l'article L 114-8 du Code de la sécurité sociale ;

• **institutions de prévoyance** régies par le titre III du livre IX du Code de la sécurité sociale : sont concernées les entités visées par l'article L 931-1 du Code de la sécurité sociale, à savoir les personnes

© Éd. Francis Lefebvre

ANNEXES

94150
(suite)

morales de droit privé ayant un but non lucratif, administrées paritairement par des membres adhérents et des membres participants définis à l'article L 931-3 et qui ont pour objet de :
– contracter envers leurs participants des engagements dont l'exécution dépend de la durée de la vie humaine, de s'engager à verser un capital en cas de mariage ou de naissance d'enfants ou de faire appel à l'épargne en vue de la capitalisation et de contracter à cet effet des engagements déterminés,
– couvrir les risques de dommages corporels liés aux accidents et à la maladie,
– couvrir le risque chômage ;
• **mutuelles ou unions de mutuelles** pratiquant des opérations d'assurance, de réassurance et de capitalisation régies par le livre II du Code de la mutualité : sont concernées les mutuelles et unions réalisant des opérations relevant du 1° du I de l'article L 111-1 du Code de la mutualité (assurance) ou de l'article L 111-1-1 (réassurance) (art. L 211-1).
Les opérations d'assurance ont pour objet de :
– couvrir les risques de dommages corporels liés à des accidents ou à la maladie ;
– contracter des engagements dont l'exécution dépend de la durée de la vie humaine, verser un capital en cas de mariage ou de naissance d'enfants, faire appel à l'épargne en vue de la capitalisation en contractant des engagements déterminés ;
– réaliser des opérations de protection juridique et d'assistance aux personnes ;
– couvrir le risque de perte de revenus lié au chômage ;
– apporter leur caution mutualiste aux engagements contractés par leurs membres participants en vue de l'acquisition, de la construction, de la location ou de l'amélioration de leur habitat ou de celui de leurs ayants droit.
Les opérations de réassurance consistent à accepter des risques d'assurance cédés. La réassurance financière limitée (dite « réassurance finite ») est la réassurance en vertu de laquelle la perte maximale potentielle du réassureur, découlant d'un transfert significatif à la fois des risques liés à la souscription et des risques liés à l'échéance des paiements, excède, à concurrence d'un montant important mais limité, les primes dues par la cédante sur toute la durée du contrat. Cette réassurance présente en outre l'une au moins des deux caractéristiques suivantes :
– elle prend en compte explicitement la valeur temporelle de l'argent ;
– elle prévoit un partage contractuel qui vise à lisser dans le temps les répercussions économiques du transfert du risque réassuré en vue d'atteindre un niveau déterminé de transfert de risque.
Il convient dans le menu déroulant « Activité » de choisir s'il s'agit d'une mutuelle ou union de mutuelles totalement substituée ou totalement réassurée :
– dans le cas de la substitution, une mutuelle ou une union de mutuelles, appelée « substituée » ou « cédante », transfère par une convention l'intégralité de ses risques assurantiels à une autre mutuelle ou union de mutuelles appelée « substituante » ou « garante » (art. L 111-1, L 211-5 et R 211-21 s. du Code de la mutualité) ;
– dans le cas de la réassurance, une mutuelle ou une union de mutuelles transfère l'intégralité de ses risques assurantiels à une autre mutuelle ou union de mutuelles, moyennant une prime de réassurance ;
• **organismes d'HLM** : il s'agit des organismes d'habitation à loyer modéré soumis aux règles de la comptabilité des entreprises de commerce régis par les articles L 411-2 et suivants du Code de la construction et de l'habitation. Ils comprennent les :
– offices publics de l'habitat (OPH) qui remplacent les OPHLM et les Opac,
– sociétés anonymes d'habitations à loyer modéré (SA HLM) ou entreprises sociales pour l'habitat (ESH),
– sociétés anonymes coopératives de production et sociétés anonymes coopératives d'intérêt collectif d'habitations à loyer modéré,
– fondations d'habitations à loyer modéré ;
• **société de groupe d'assurance** : il s'agit des sociétés définies à l'article L 322-1-2 du Code des assurances ;
• **société de groupe d'assurance mutuelle** : il s'agit des sociétés définies à l'article L 322-1-3 du Code des assurances ;
• **société de groupe assurantiel de protection sociale** : il s'agit des sociétés définies à l'article L 931-2-2 du Code de la sécurité sociale ;
• **sociétés d'économie mixte de construction** : il s'agit des sociétés mentionnées à l'article L 321-1 du Code de l'urbanisme ;
• **sociétés d'économie mixte hors construction** : il s'agit principalement des SEM de gestion ou d'exploitation, qui gèrent des services publics, et des SEM opérant dans le domaine de la gestion locative sociale ;
• **syndicats professionnels (ou associations) de salariés ou d'employeurs** : il s'agit des syndicats professionnels de salariés ou d'employeurs et leurs unions, et associations de salariés ou d'employeurs mentionnés à l'article L 2135-1 du Code du travail ;
• **union mutualiste de groupe** : il s'agit des sociétés définies à l'article L 111-4-2 du Code de la mutualité.
Si aucune des activités présentes dans le menu déroulant ne correspond à la société auditée, il existe une rubrique autre permettant une saisie libre de l'activité.

Offre au public de titres financiers
Il convient de sélectionner l'une des six propositions suivantes :
– les titres de l'entité ne font pas l'objet d'une admission aux négociations sur un marché ;
– marché réglementé Euronext Paris ;
– marché réglementé à l'étranger d'un pays membre de l'Espace économique européen (EEE) ;
– marché hors Union européenne ;

1803

ANNEXES

© Éd. Francis Lefebvre

94150
(suite)

– émetteur de titres de créance sur un marché réglementé (France ou EEE) sans titre de capital coté ;
– Euronext Growth (SMNO) ;
– Euronext Access (SMN).

Pour le marché réglementé Euronext Paris, les entités concernées sont donc celles réparties sur les compartiments A, B ou C. À noter que les titres des sociétés inscrites au « compartiment spécial » ne sont pas considérés comme admis aux négociations sur un marché.

La liste des marchés réglementés des pays membres de l'Espace économique européen est disponible sur le site de l'Autorité européenne des marchés financiers (ESMA) en se rendant sur :
https://registers.esma.europa.eu/publication/searchRegister ? core = esma_registers_upreg

Sur la gauche, choisissez « *Regulated market* » dans « *Entity type* » et « *Active* » dans « *Status* » puis cliquez sur le bouton « *Search* » pour visualiser la liste.

La liste 2020 se trouve en annexe, en fin de document.

Membre d'un groupe

Un groupe de sociétés est une entité économique formée par un ensemble de sociétés contrôlées par une même société. Contrôler une société, c'est avoir le pouvoir de nommer la majorité des dirigeants. Le contrôle d'une société A par une société B peut être direct (la société B est directement détentrice de la majorité des droits de vote au conseil d'administration de A) ou indirect (B a le contrôle de sociétés intermédiaires C, voire D, E, etc. à qui elle peut demander de voter d'une même façon au conseil d'administration de A, obtenant ainsi la majorité des droits) (source Insee). Voir également article L 223-3 du Code de commerce.

Une réponse positive à « membre d'un groupe » permettra de situer l'entité contrôlée au sein du groupe (mère / filiale / participation : plusieurs réponses peuvent être cochées) en notant qu'une société filiale est une entreprise dont 50 % du capital a été formé par des apports réalisés par une autre société dite société mère qui en assure généralement la direction, l'administration et le contrôle par l'intermédiaire d'une ou de plusieurs personnes, administrateurs ou gérants qu'elle a désignés. Lorsque le capital d'une société est composé d'apports dont la valeur est supérieure à 10 % mais inférieure à 50 %, on se trouve en présence d'une simple participation (voir C. com. art. L 233-1 et L 233-2).

Si « mère » est cochée, il convient d'indiquer si des comptes consolidés sont établis (menu entité consolidante). En cas de réponse positive, tous les éléments chiffrés concernant les comptes consolidés seront demandés lors de la saisie de la déclaration d'activité.

Si « filiale » ou « participation » est (sont) cochée(s), une question sur l'appartenance à un groupe consolidé est posée (menu entité consolidée). En cas de réponse positive, des questions concernant les sociétés mères têtes de groupe sont notamment formulées.

Société mère tête de groupe

Il convient d'indiquer si l'entité est contrôlée par une société mère tête de groupe française et/ou étrangère. Il faut répondre société mère tête de groupe française dès lors que l'entité auditée est contrôlée par une société mère française et même si cette dernière est elle-même contrôlée par une société mère étrangère.

La société holding tête de groupe française à renseigner doit être uniquement la tête de groupe française, à savoir la société française non contrôlée directement ou indirectement par une autre société française (mais éventuellement par une société étrangère).

La société holding tête de groupe étrangère à renseigner doit être uniquement la tête de groupe étrangère, à savoir la société étrangère non contrôlée directement ou indirectement par une autre société.

En cas de consolidation à 50/50, indiquer la société mère cotée s'il y en a une parmi les sociétés mères.

Comptes combinés

Une réponse positive permettra d'accéder aux questions relatives aux comptes combinés.

CALCUL DU BARÈME

L'article R 823-12 du Code de commerce présente un barème d'heures de travail en fonction du montant total du bilan, des produits d'exploitation et des produits financiers, hors taxe. Le système permet au commissaire aux comptes de calculer automatiquement ce nombre d'heures et le cas échéant de faire une demande de dérogation auprès de la compagnie régionale dont il dépend.

Les différents cas d'exclusion exposés à l'article R 823-17 du Code de commerce sont présentés dans le formulaire. Pour le cas où la société serait concernée par l'un des 14 cas d'exclusion, le commissaire aux comptes doit indiquer le cas considéré.

Par ailleurs, il convient de préciser que conformément à l'article R 823-16 du Code de commerce, seuls les comptes annuels sont concernés par l'application du barème ; les éléments permettant le calcul de la base barème sont donc issus des comptes individuels et le calcul du barème en heures correspond aux diligences estimées nécessaires à l'exécution du programme de travail relatif aux comptes individuels. Pour le cas où la mission serait exercée en cocommissariat, le nombre d'heures correspond au budget du collège. En cas de cocommissariat, une seule demande de dérogation doit être réalisée par l'un ou l'autre des membres du collège.

Afin de faciliter le traitement des demandes de dérogation par les CRCC, le formulaire comprend une partie déclarative relative à l'orientation de la mission.

© Éd. Francis Lefebvre

ANNEXES

INFORMATIONS RELATIVES À L'EXERCICE CONTRÔLÉ

94150
(suite)

Les informations relatives au mandat renseignées au moment de la notification sont reprises dans cette partie. Le titulaire du mandat **ne peut pas être modifié**.
Toutes les autres informations peuvent être modifiées et notamment l'appartenance à un groupe, le statut de la société (mère, filiale ou participation) et l'établissement de comptes consolidés/combinés, questions préalables qui conditionnent des demandes complémentaires au niveau de la déclaration d'activité. Il conviendra donc, chaque année, de valider la permanence des informations déjà renseignées, préalablement à la saisie des données relatives à l'exercice contrôlé.

4. Conseils extérieurs dont l'entreprise utilise les services

En cas de réponse positive, il conviendra de préciser le nom de la structure conseil lorsqu'il s'agit d'une personne morale ou les nom et prénom lorsqu'il s'agit d'une personne physique.

5. Déclaration d'activité

Rapport de certification

Une réponse négative à la question sur l'émission d'un rapport de certification signifie que le commissaire aux comptes n'a pas émis son rapport sur les comptes annuels et/ou consolidés et/ou combinés au jour de la déclaration. Sept raisons sont alors proposées ; il est également possible de compléter avec un commentaire libre.
Une réponse positive à cette même question permet d'afficher un ensemble de questions relatives à l'exercice de la mission de commissaire aux comptes sur la période (il s'agit des questions détaillées dans les paragraphes suivants 6 à 12).

6. Temps passé

Le temps passé sur l'entité contrôlée est à répartir le cas échéant entre le temps passé sur l'examen des comptes annuels, le temps passé sur les comptes combinés, et le temps passé sur les comptes consolidés (étant précisé que le temps relatif aux comptes consolidés ne comprend pas le temps lié à la certification des filiales qui font l'objet d'une déclaration propre mais uniquement le temps nécessaire pour assurer la coordination et le contrôle de la consolidation). Pour les dossiers détenus en cocommissariat, les temps saisis ne concernent pas le collège mais les seuls intervenants pour le compte du titulaire déclarant.
Les informations demandées concernent uniquement l'exercice de la mission de certification définie à l'article R 823-7 du Code de commerce et comprennent le temps passé par l'ensemble des intervenants (y compris les intervenants externes) sur la mission. Les heures autres que celles relatives à la mission de certification ne sont pas à déclarer. Les temps relatifs à la revue limitée des comptes semestriels doivent être compris dans les temps saisis. Les travaux réalisés dans le cadre de la mission de commissaire aux comptes mais ne relevant pas de la mission de certification doivent être déclarés sur les lignes spécifiques prévues à cet effet :
• Services autres que la certification des comptes (SACC) définis aux articles L 822-11 et suivants et L 823-18 du Code de commerce et requis par les textes légaux ou réglementaires. Il s'agit des services qui portent sur des opérations spécifiques initiées par l'entité ou sur des demandes spécifiques des régulateurs tels que :
– les travaux relatifs à l'émission de rapports à l'assemblée générale extraordinaire (rapports sur les opérations sur le capital – augmentations de capital avec suppression du droit préférentiel de souscription, réduction du capital…),
– les travaux relatifs à une note d'opération ou à un prospectus en cas d'opération sur le marché (admission à la cotation de titres par exemple, émission de titres offerts au public…),
– les travaux mis en œuvre dans le cadre des interventions suivantes, expressément et exclusivement confiées au commissaire aux comptes car elles ne contribuent pas à réduire les travaux nécessaires à la certification des comptes :
  • le contrôle des conventions réglementées,
  • le contrôle du rapport de gestion,
  • le contrôle du rapport financier annuel,
  • les travaux mis en œuvre au titre de la lutte contre le blanchiment des capitaux et le financement du terrorisme,
  • la révélation des faits délictueux,
  • les travaux mis en œuvre au titre de la procédure d'alerte.
• Services autres que la certification des comptes (SACC) définis aux articles L 822-11 et suivants et L 823-18 du Code de commerce et fournis à la demande de l'entité.
Les heures correspondant aux travaux ci-dessus sont à déclarer dans les DA 2020 dès lors qu'ils concernent un exercice clos en 2020 et même s'ils ont été facturés en 2021.

7. Honoraires HT facturés

Attention : les honoraires à renseigner sont en euros, en distinguant le cas échéant les honoraires relatifs à l'examen des comptes consolidés, des comptes combinés et de celui des comptes annuels et des SACC (voir paragraphe précédent). Comme pour les temps passés, les éléments à déclarer ne concernent que le déclarant ; il n'y a donc pas d'élément à fournir concernant le cocommissaire aux comptes.

ANNEXES

© Éd. Francis Lefebvre

94150
(suite)

8. Certification des comptes annuels

Données chiffrées

Les données chiffrées (hormis le nombre de salariés) sont à saisir en milliers d'euros. Ce sont les données figurant sur les comptes annuels annexés au rapport sur les comptes annuels.

Chiffre d'affaires (ou équivalent) :
– pour les entités relevant du secteur de l'assurance, il s'agit des primes acquises et des accessoires de primes (en réassurance, montant net de cessions) ;
– pour les établissements de crédit, il s'agit des intérêts et produits assimilés ;
– pour les associations, il s'agit des subventions d'exploitation, collectes, dons et legs reçus, ainsi que de la production vendue de biens et services ;
– pour les holdings n'ayant pas d'autre activité que la détention de titres, ainsi que pour les OPCVM, le chiffre d'affaires est égal à 0 ;
– pour les mutuelles et institutions de prévoyance, il s'agit des cotisations acquises.

Nombre de salariés : il s'agit du nombre de salariés en équivalent temps plein à la date de clôture.

9. Rapport sur les comptes annuels

Sont notamment à renseigner dans cette partie :
– l'opinion émise : si une réserve a été formulée, la nature de celle-ci (pour désaccord ou/et pour limitation) doit être précisée ;
– si une ou des observations ont été formulées, leur nature est à renseigner ;
– si une incertitude significative liée à la continuité d'exploitation a été formulée dans le rapport sur les comptes annuels, il faut répondre positivement ;
– si avant ou lors de l'arrêté des comptes et avant d'émettre le rapport vous avez demandé ET obtenu de la direction des modifications (comme des ajustements, des corrections…), il convient de préciser si elles concernent le bilan et/ou le compte de résultat et l'annexe.

10. Examen des comptes consolidés

Données chiffrées

Les données chiffrées (hormis le nombre de salariés) sont à saisir en milliers d'euros. Ce sont les données figurant sur les comptes annexés au rapport sur les comptes consolidés. Dans le cas de comptes consolidés établis dans une autre monnaie, il convient d'utiliser le taux de change du jour de la clôture, de façon à renseigner les informations en milliers d'euros.

Se référer aux éléments figurant dans la rubrique des comptes annuels pour le chiffre d'affaires.

Rapport sur les comptes consolidés

Sont notamment à renseigner dans cette partie :
– l'opinion émise : se référer aux éléments figurant dans la rubrique des comptes annuels ;
– si une ou des observations ont été formulées, leur nature est à renseigner ;
– si une incertitude significative liée à la continuité d'exploitation a été formulée dans le rapport sur les comptes consolidés, il faut répondre positivement ;
– si avant ou lors de l'arrêté des comptes et avant d'émettre le rapport vous avez demandé ET obtenu de la direction des modifications (comme des ajustements, des corrections…), il convient de préciser si elles concernent le bilan et/ou le compte de résultat et l'annexe.

11. Examen des comptes combinés

Données chiffrées

Les données chiffrées (hormis le nombre de salariés) sont à saisir en milliers d'euros. Ce sont les données figurant sur les comptes annexés au rapport sur les comptes combinés.

Se référer aux éléments figurant dans la rubrique des comptes annuels pour le chiffre d'affaires.

Rapport sur les comptes combinés

Sont notamment à renseigner dans cette partie :
– l'opinion émise : se référer aux éléments figurant dans la rubrique des comptes annuels ;
– si une ou des observations ont été formulées, leur nature est à renseigner ;
– si une incertitude significative liée à la continuité d'exploitation a été formulée dans le rapport sur les comptes combinés, il faut répondre positivement ;
– si avant ou lors de l'arrêté des comptes et avant d'émettre le rapport vous avez demandé ET obtenu de la direction des modifications (comme des ajustements, des corrections…), il convient de préciser si elles concernent le bilan et/ou le compte de résultat et l'annexe.

12. Révélation/alerte/irrégularités et inexactitudes

Révélation : une réponse oui / non est demandée pour la révélation de faits délictueux prévue par l'article L 823-12 du Code de commerce. En cas de réponse positive, il est demandé à l'aide d'un commentaire de préciser la nature de cette révélation.

1806

© Éd. Francis Lefebvre

ANNEXES

94150
(suite)

Alerte : en ce qui concerne l'alerte, il convient de spécifier soit l'absence d'alerte, soit la phase d'arrêt ou la phase en cours à la date de clôture. Les différentes phases d'alerte sont spécifiées :
– à l'article L 612-3 du Code de commerce pour les personnes morales de droit privé ayant une activité économique visées aux articles L 612-1 et L 612-4 du Code de commerce ;
– à l'article L 234-1 pour les SA ;
– à l'article L 234-2 pour les autres sociétés commerciales.
Si l'alerte a été arrêtée au cours de l'exercice clos qui fait l'objet de la déclaration d'activité, il convient d'en préciser la raison qui peut être :
– une procédure collective ;
– une procédure amiable ;
– le rétablissement de la situation de l'entreprise ou la levée de l'incertitude.
Irrégularités et inexactitudes signalées : une réponse oui/non est demandée pour le signalement des irrégularités et inexactitudes (il ne s'agit pas uniquement des irrégularités signalées dans la partie du rapport relative aux vérifications spécifiques). En cas de réponse positive, il convient de préciser leur nature.

13. Points particuliers à signaler

Cette partie permet au commissaire aux comptes d'ajouter tout commentaire relatif à la mission de commissaire aux comptes.

14. Fin de mandat

Est considérée comme une fin de mandat l'échéance du mandat, que le cabinet soit renouvelé ou non. En cas de réponse positive à cette question, il est ensuite nécessaire d'expliquer les raisons de cette fin de mandat :
• renouvellement du cabinet ;
• non-renouvellement du cabinet :
– suite à un appel d'offres,
– suite à une rotation du cabinet,
– lié à la décision du titulaire,
– lié à l'absence d'obligation légale pour l'entité,
– choix d'un autre Cac par l'entité ;
• liquidation de l'entité ;
• autre (à préciser).
Il convient d'indiquer une fin de mandat avec comme raison « Renouvellement du cabinet » si le cabinet est renouvelé et même si le titulaire change (par exemple, renouvellement du mandat sur la société au lieu du commissaire aux comptes en nom propre et qui devient donc signataire) et qu'un nouveau mandat sera alors à créer sous AGLAE.

1807

ANNEXES

© Éd. Francis Lefebvre

Guide des contrôles périodiques

94300 Ce guide est disponible sur le site du Haut Conseil du commissariat aux comptes (http://www.h3c.org).

PRÉAMBULE

Le Haut Conseil du commissariat aux comptes a adopté le présent guide des contrôles périodiques le 12 juillet 2012 (Décision 2012-02). Ce document ne tient donc pas compte des mesures introduites par l'ordonnance 2016-315 du 17 mars 2016 transposant en France la réforme européenne de l'audit et notamment de la définition des entités d'intérêt public introduite à l'article L 820-1 du Code de commerce ainsi que des modifications apportées aux articles L 821-9 et suivants concernant le contrôle de la profession.

SOMMAIRE

DÉFINITIONS

1. Rappel du cadre juridique
1.1 Coopération internationale

2. Responsabilité du contrôlé
2.1 Exécution des contrôles
2.2 Supervision
2.3 Concours de la Compagnie nationale
2.4 Obligations du contrôlé

3. Objectifs du contrôle
3.1 Notion de cabinet
3.2 Approche globale et approche par les risques
3.3 Fréquence et durée des contrôles

4. Modalités
4.1 Choix des cabinets à contrôler
4.2 Étapes du contrôle

5. Restitution du contrôle
5.1 Prérapport
5.2 Contradictoire
5.3 Rapport définitif

6. Suites du contrôle
6.1 Recommandations
6.2 Suivis
6.3 Saisines/Sanctions
6.4 Questions de principe

7. Accès aux documents des contrôlés et protection des données
7.1 Secret professionnel
7.2 Communication des documents par le cabinet contrôlé
7.3 Protection des données en provenance des cabinets

8. Contrôleurs
8.1 Compétences
8.2 Déontologie

© Éd. Francis Lefebvre   ANNEXES

94300
(suite)

| 8.3 Affectation |
| 8.4 Confidentialité |
| |
| **9. Coopération** |
| 9.1 AMF |
| 9.2 ACP |
| 9.3 Europe et international |

Les contrôles périodiques auxquels sont soumis les commissaires aux comptes sont réalisés conformément aux principes directeurs figurant dans la décision 2009-02 du Haut Conseil du commissariat aux comptes. En application du principe 7 de la décision précitée, le présent guide décrit les modalités selon lesquelles les contrôles sont effectués.

DÉFINITIONS

« *Entités d'intérêt public* » (mentionnées à l'article R 821-26 du Code de commerce) :
– entités dont les titres financiers sont admis aux négociations sur un marché réglementé ;
– personnes faisant appel à la générosité publique ;
– organismes de sécurité sociale mentionnés à l'article L 114-8 du Code de la sécurité sociale ;
– établissements de crédit ;
– entreprises régies par le Code des assurances ;
– institutions de prévoyance régies par le titre III du livre IX du Code de la sécurité sociale ;
– mutuelles ou unions de mutuelles régies par le livre II du Code de la mutualité.
« *Cabinet EIP* » et « *cabinet non EIP* »
Un cabinet est dit « cabinet EIP » s'il détient des mandats EIP quel qu'en soit le nombre ; un cabinet ne détenant aucun mandat EIP est dit « cabinet non EIP ».
Cabinet : définition pour les besoins du contrôle périodique
Un cabinet au sens du contrôle périodique s'entend d'un ensemble de structures d'exercice du commissariat aux comptes inscrites, titulaires de mandats, qui partagent des procédures communes. Une structure d'exercice du commissariat aux comptes peut être une personne physique exerçant seule, ou une personne morale dans laquelle exercent une ou plusieurs personnes physiques.
Au sein des structures identifiées, les commissaires aux comptes salariés, associés ou non associés qui y exercent leurs fonctions sont concernés par le contrôle.
Contrôleurs praticiens
Professionnels en exercice.

1. RAPPEL DU CADRE JURIDIQUE

Institué auprès du garde des Sceaux, ministre de la justice, le Haut Conseil du commissariat aux comptes est une autorité publique indépendante dont les missions sont d'assurer la surveillance de la profession, avec le concours de la Compagnie nationale des commissaires aux comptes, et de veiller au respect de la déontologie et de l'indépendance des commissaires aux comptes.
Les commissaires aux comptes sont soumis à des contrôles périodiques, prévus à l'article L 821-7 b du Code de commerce. Ces derniers sont réalisés conformément aux principes figurant dans la décision 2009-02 du Haut Conseil.
Les contrôles périodiques s'inscrivent dans le cadre de la 8e directive 2006/43/CE du 17 mai 2006 relative aux contrôles légaux et de la recommandation 2008/362/CE du 6 mai 2008 sur « l'assurance qualité externe des contrôleurs légaux des comptes et des cabinets d'audit qui contrôlent les comptes d'entités d'intérêt public ».
Le Haut Conseil définit le cadre, les orientations et les modalités des contrôles :
– qu'il met en œuvre soit directement, soit en en déléguant l'exercice à la Compagnie nationale des commissaires aux comptes et aux compagnies régionales ;
– ou qui sont réalisés par la Compagnie nationale et les compagnies régionales.
Le Haut Conseil supervise les contrôles, émet des recommandations dans le cadre de leur suivi et veille à leur bonne exécution.
Ces contrôles sont effectués, dans les conditions et selon les modalités définies par le Haut Conseil, par des contrôleurs n'exerçant pas de fonctions de contrôle légal des comptes ou par la Compagnie nationale des commissaires aux comptes ou les compagnies régionales.
Les contrôles sont effectués avec le concours de l'Autorité des marchés financiers (AMF) lorsque les commissaires aux comptes qui y sont soumis certifient les comptes des personnes relevant de son autorité (personnes dont les titres financiers sont admis aux négociations sur un marché réglementé ou offerts au public sur un système multilatéral de négociation qui se soumet aux dispositions législatives ou réglementaires visant à protéger les investisseurs contre les opérations d'initiés, les manipulations de cours et la diffusion de fausses informations, ou d'organismes de placements collectifs).

1.1. Coopération internationale

Le Haut Conseil est chargé d'établir des relations avec les autorités d'autres États exerçant des compétences analogues.

1809

ANNEXES   © Éd. Francis Lefebvre

94300
(suite)

Le Haut Conseil peut communiquer, à leur demande, les informations ou les documents qu'il détient ou qu'il recueille :
– aux autorités des États membres de la Communauté européenne exerçant des compétences analogues aux siennes ;
– aux autorités d'États non membres de la Communauté européenne exerçant des compétences analogues aux siennes sous réserve de réciprocité et à la condition que l'autorité concernée soit soumise au secret professionnel avec les mêmes garanties qu'en France et ait conclu un accord de coopération avec le Haut Conseil.

2. RESPONSABILITÉ DU CONTRÔLÉ

2.1. Exécution des contrôles

Le Haut Conseil met en œuvre les contrôles des cabinets de commissariat aux comptes certifiant les comptes d'entité d'intérêt public (EIP), dits « cabinets EIP ».

Les contrôles des « cabinets EIP » mis en œuvre directement par le Haut Conseil sont réalisés par des contrôleurs employés par le Haut Conseil. Les contrôleurs exercent leur mission sous la direction d'un directeur assistant le Secrétaire général du Haut Conseil qui est le directeur des contrôleurs.

Le Haut Conseil peut déléguer des contrôles de « cabinets EIP » aux instances professionnelles. Ils sont effectués par des contrôleurs praticiens, sous la supervision directe du Secrétaire général du Haut Conseil, assisté de la direction de la supervision des contrôles. Les modalités de la délégation, fixées par le Haut Conseil, figurent dans sa décision 2009-04.

Les contrôles des cabinets ne certifiant pas les comptes d'« EIP », dits « cabinets non EIP », sont réalisés par les instances professionnelles selon les modalités définies par le Haut Conseil. Elles désignent à cet effet des contrôleurs praticiens pour effectuer les contrôles.

Cette organisation qui repose sur une répartition des contrôles en fonction de l'appartenance ou non à la catégorie « EIP » reste flexible pour permettre au Haut Conseil de modifier l'affectation d'un cabinet relevant d'une catégorie prédéterminée.

Lorsque plusieurs contrôleurs praticiens sont affectés au contrôle d'un cabinet, l'un des contrôleurs est désigné responsable du contrôle.

2.2. Supervision

Le Haut Conseil supervise les contrôles. Le Secrétaire général du Haut Conseil dirige et supervise les opérations de contrôle.

Le secrétaire général du Haut Conseil, assisté d'une direction des contrôles, assure la direction des contrôleurs n'exerçant pas de fonctions de contrôle légal des comptes. Il est par ailleurs chargé, assisté d'une direction de la supervision des contrôles, d'examiner les documents retraçant les opérations de contrôle réalisées par les instances professionnelles, il peut également participer aux opérations de contrôle. À ce titre :
– concernant les « cabinets EIP », il revoit les travaux lors des étapes clés des contrôles, à savoir, lors de la confection du plan d'approche du contrôle, lors de l'exécution des contrôles sur place, et lors de l'élaboration des prérapports et des rapports définitifs. Il notifie les rapports individuels à chacun des cabinets contrôlés ;
– en ce qui concerne les « cabinets non EIP », il examine les restitutions individuelles de contrôle adressées aux cabinets contrôlés dont il est destinataire. Ces restitutions comprennent le prérapport accompagné des annexes, la réponse du contrôlé et le rapport définitif, ainsi que les axes d'améliorations préconisés par les compagnies régionales aux cabinets contrôlés.

Le secrétaire général du Haut Conseil présente chaque année au Haut Conseil un rapport sur les contrôles périodiques auxquels il a été procédé et rend compte de ces contrôles en garantissant l'anonymat des situations évoquées.

2.3. Concours de la Compagnie nationale

La Compagnie nationale communique chaque année au Haut Conseil les déclarations d'activité faites par les commissaires aux comptes et sociétés de commissaires aux comptes.

Préalablement à l'intervention des contrôleurs, le questionnaire adressé aux cabinets contrôlés, et destiné à recueillir les informations du cabinet, est préparé par ou en coordination avec la Compagnie nationale lorsque le contrôle concerne un « cabinet EIP », et par les compagnies régionales pour le contrôle d'un « cabinet non EIP ».

Les informations issues de la base de déclarations renseignées par les commissaires aux comptes y sont mentionnées. Cette préparation nécessite une identification préalable des structures d'exercice composant les cabinets devant être contrôlés, qui devra être confirmée par le cabinet contrôlé ; elle est menée par ou en coordination avec la Compagnie nationale.

La Compagnie nationale se dote de moyens appropriés pour réaliser et coordonner les contrôles délégués et, à cet effet, établit une liste de contrôleurs praticiens et met en place un secrétariat administratif.

La Compagnie nationale a notamment pour missions, en matière de contrôle délégué par le Haut Conseil :
– de faire appliquer les décisions du Haut Conseil ;
– de veiller à l'exécution du programme de contrôle établi par le Haut Conseil ;
– de proposer au Haut Conseil une liste de contrôleurs praticiens ainsi que leur affectation ;

1810

ANNEXES

94300
(suite)

– de préparer la formation spécifique aux méthodes de contrôle des contrôleurs praticiens ;
– d'assurer la coordination des contrôles et les relations avec le Haut Conseil ;
– de collecter auprès des compagnies régionales et auprès des cabinets toutes informations nécessaires aux opérations de contrôle ;
– de collecter les informations statistiques nécessaires aux contrôles par le Haut Conseil ;
– de veiller au bon fonctionnement des opérations de contrôle ;
– de rendre compte au Haut Conseil de l'avancement des opérations de contrôle ;
– d'analyser et de synthétiser les résultats des contrôles réalisés et de rendre compte au Haut Conseil de l'exécution annuelle des contrôles délégués.

En ce qui concerne les « cabinets non EIP », le prérapport est revu par la compagnie régionale. Cette revue vise à s'assurer de la cohérence et de la lisibilité du prérapport. Des précisions ou des compléments d'information voire des contrôles supplémentaires, peuvent être demandés aux contrôleurs.

La notification du prérapport, accompagné de ses annexes, au cabinet contrôlé est assurée par la compagnie régionale pour les « cabinets non EIP » pour qu'il puisse apporter ses observations. Le président de la compagnie régionale notifie les rapports définitifs aux « cabinets non EIP » contrôlés. Le président de la compagnie régionale peut accompagner cette notification d'un courrier qui indique les axes d'amélioration attendus du cabinet à partir des conclusions du contrôleur et comporte les dispositions qui peuvent être prises par la compagnie régionale à la suite du contrôle (re-contrôle / suivi d'un dossier particulier / demande de documents / entretien individuel avec le président ou le délégué qualité). Ce courrier mentionne la possibilité laissée au secrétaire général du Haut Conseil d'émettre des recommandations dans le cadre du suivi des contrôles.

La Compagnie nationale adresse chaque année au Haut Conseil un rapport sur les contrôles périodiques qui rend compte de l'exécution des contrôles périodiques diligentés conformément au cadre, aux orientations et aux modalités arrêtés par le Haut Conseil.

Afin de disposer d'un système de contrôle cohérent et homogène quels que soient les acteurs qui interviennent dans leur réalisation et quel que soit le mode de contrôle retenu, il a été institué une coordination entre le Haut Conseil et les instances professionnelles prenant la forme d'un comité de coordination composé de membres représentant chacune des institutions.

2.4. Obligations du contrôlé

Le cabinet ne peut s'opposer au contrôle périodique. Il doit faciliter sa réalisation notamment en fournissant dans les délais tous les documents demandés.

Le commissaire aux comptes contrôlé est tenu de fournir tous les renseignements et documents qui lui sont demandés à l'occasion des contrôles sans pouvoir opposer le secret professionnel.

Le commissaire aux comptes contrôlé communique tous documents ou pièces et fournit toutes explications sur les dossiers et documents établis pour chaque personne et entité contrôlée, sur les conditions d'exercice de sa mission au sein des personnes et entités contrôlées, ainsi que sur l'organisation et l'activité globale de la structure d'exercice professionnel du réseau auquel elle appartient et des personnes ou groupements qui lui sont liés.

Il justifie en outre des diligences accomplies en vue de garantir le respect des règles relatives à son indépendance et aux incompatibilités posées par les dispositions de l'article L 822-11 du Code de commerce et du Code de déontologie. Il communique tous documents ou pièces et fournit toutes explications permettant d'apprécier le respect de ces règles, notamment à raison des prestations réalisées par un membre du réseau auquel le commissaire aux comptes appartient.

3. OBJECTIFS DU CONTRÔLE

3.1. Notion de cabinet

Le Haut Conseil a retenu la notion de cabinet comme point d'entrée et comme unité de contrôle. Ne pas retenir cette notion, définie pour les besoins du contrôle périodique, conduirait à contrôler isolément des structures d'exercice professionnel qui suivraient pourtant des organisations et méthodes communes, voire une même discipline pour répondre à la mission légale. Elle est en adéquation avec les organisations mises en place par les professionnels pour exercer le commissariat aux comptes. Elle permet de tenir compte des regroupements et des réseaux de commissaires aux comptes.

3.2 Approche globale et approche par les risques

Le contrôle périodique est conduit par référence aux dispositions légales et réglementaires régissant la profession de commissaire aux comptes, y compris son Code de déontologie, et aux normes d'exercice professionnel homologuées en vigueur au moment de l'exercice des missions. Seules les missions légales de commissariat aux comptes, incluant les diligences directement liées, sont concernées par le contrôle périodique.

Le contrôle périodique d'un cabinet suit une approche dite globale, qui a pour objet de vérifier la qualité des audits réalisés par les commissaires aux comptes en tenant compte de l'environnement de leurs mandats et notamment de l'effectivité de leur organisation et de leurs procédures.

Il est rappelé que cette approche est commune qu'il s'agisse d'un « cabinet EIP » ou « non EIP ».

Il consiste à attester de l'existence et de l'efficience, au sein des cabinets contrôlés, d'une organisation et de procédures visant à garantir la qualité du contrôle légal des comptes, à vérifier la correcte exécution de la mission légale par les signataires sur une sélection de mandats, et à s'assurer, sur cette même sélection, de l'effectivité des procédures. Le respect des normes d'exercice professionnel et des règles

94300
(suite)

déontologiques est également vérifié. La sélection des mandats doit couvrir un nombre de mandats représentatif de l'activité du cabinet.

Lorsque le cabinet a mis en place un dispositif de contrôle de qualité interne, l'examen lors d'un contrôle permet d'évaluer son fonctionnement et son efficacité sur une sélection de mandats.

Lorsque le cabinet est soumis à la publication d'un rapport de transparence, le contrôle porte sur la cohérence de son contenu avec les constats réalisés par les contrôleurs.

Cette approche globale a été recommandée par la Commission européenne et suivie par nombre d'homologues du Haut Conseil.

Le Haut Conseil a également retenu la possibilité de cibler certains contrôles et de répondre à des demandes particulières émanant d'autres autorités de régulation ou d'autres superviseurs publics dans le cadre de la coopération.

Les contrôles subséquents à un premier contrôle s'inscrivent dans la continuité en tenant compte de la connaissance acquise du fonctionnement des cabinets lors des premiers contrôles.

Cette approche est complétée par une approche par les risques qui fait varier l'intensité des contrôles.

Le « risque-cabinet » conduit à distinguer les cabinets selon des forces et des faiblesses constatées dans la qualité de leur exécution de la mission légale lors du premier contrôle et du niveau de recommandation (demande ou non de plan d'amélioration) qui leur a été adressée ainsi que des limitations rencontrées par les contrôleurs lors des opérations de contrôle.

Cette classification des cabinets est complétée d'une approche par les risques appliquée aux entités auditées par les commissaires aux comptes. Dans un premier temps, les personnes dont les titres financiers sont admis aux négociations sur un marché réglementé (relevant de l'Autorité des marchés financiers – AMF) et les établissements de crédit (relevant de l'Autorité de contrôle prudentiel – ACP) sont considérés comme présentant un « risque-entité » compte tenu de leur grande visibilité et de leur importance économique. Cette identification a priori devra toutefois être affinée dans le cadre d'une analyse des risques subséquente. L'approche par les risques sera finalisée après consultation de l'AMF et de l'ACP relative au « risque-entité ».

3.3. Fréquence et durée des contrôles

La périodicité minimale des contrôles est fixée par la loi. Les commissaires aux comptes sont contrôlés au moins une fois tous les six ans, cette périodicité étant ramenée à au moins une fois tous les trois ans pour les commissaires aux comptes exerçant des fonctions de contrôle légal des comptes auprès d'entités d'intérêt public (« EIP ») mentionnées à l'article R 821-26 du Code de commerce.

Le Haut Conseil peut faire évoluer la fréquence et l'intensité des contrôles.

Tout cabinet est informé au préalable de sa mise au contrôle. Un contrôle périodique fait l'objet systématiquement d'un rapport exposant les principales conclusions adressées au cabinet contrôlé.

Toute demande complémentaire adressée à un cabinet ayant reçu un rapport définitif ne constitue pas un contrôle périodique.

Le suivi d'un précédent contrôle fait l'objet d'un rapport et constitue un nouveau contrôle périodique.

La durée du contrôle périodique est adaptée à la taille du cabinet contrôlé et à la typologie des mandats détenus. Un budget d'heures est attribué en fonction du nombre de mandats détenus par le cabinet contrôlé et des facteurs de risque appréhendés dans le cadre de l'approche par les risques.

4. MODALITÉS

4.1. Choix des cabinets à contrôler

Le Haut Conseil a élaboré un plan pluriannuel de contrôle qui vise à respecter la périodicité réglementaire des contrôles en effectuant le contrôle des « cabinets EIP » avant fin 2011, et le contrôle des « cabinets non EIP » avant fin 2013. Le deuxième plan se déroulera jusqu'en 2014 pour les « cabinets EIP » et jusqu'en 2019 pour les « cabinets non EIP ».

Ce plan de contrôle est actualisé chaque année pour tenir compte de l'évolution des commissaires aux comptes inscrits exerçant au sein de cabinets, au sens du contrôle périodique, détenant et ne détenant pas de mandats d'« EIP » et du nombre de cabinets contrôlés chaque année. L'actualisation est réalisée à partir des déclarations d'activité annuelles remplies par les commissaires aux comptes et affinée à partir d'informations provenant des autorités de surveillance des entités (AMF et ACP).

Le Haut Conseil arrête annuellement un programme de contrôle qui s'inscrit dans le cadre du plan pluriannuel. Ce programme indique en particulier un nombre de cabinets à contrôler au titre d'une année.

La liste annuelle nominative des cabinets soumis aux contrôles périodiques est établie par le secrétaire général du Haut Conseil à partir de listes communiquées par la Compagnie nationale et les compagnies régionales.

4.2. Étapes du contrôle

Le contrôle d'un cabinet comporte plusieurs phases :
– le recueil d'informations préalables auprès des cabinets ;
– l'élaboration d'un plan d'approche du contrôle ;
– la conduite des contrôles sur place ;
– la rédaction d'un prérapport ;
– l'organisation d'une procédure contradictoire ;
– la rédaction du rapport définitif.

ANNEXES

94300
(suite)

Pour effectuer un contrôle, les contrôleurs utilisent des outils, communs aux contrôles des « cabinets EIP » et « non EIP », facilitant la préparation, la réalisation et la restitution des contrôles. Ces outils accordent une place importante au jugement professionnel des contrôleurs et peuvent être adaptés à la taille et à l'activité du cabinet contrôlé.

La première phase consiste à aviser le cabinet inscrit au programme annuel de contrôle et à lui demander confirmation ou infirmation du périmètre de contrôle identifié : différentes structures d'exercice du commissariat aux comptes qui partagent des procédures communes peuvent composer le cabinet soumis au contrôle. Le cabinet dispose d'un délai de réponse de 15 jours à compter de la réception du courrier.

Dans un deuxième temps des informations sur le cabinet, son activité et le secteur économique ou professionnel dans lequel il intervient, ainsi que sur son organisation sont recueillies à l'aide d'un questionnaire ad hoc envoyé au cabinet contrôlé.

Ce dernier est un document préparatoire destiné à recueillir les principales informations nécessaires à la prise de connaissance des structures d'exercice concernées et à la planification des contrôles. Il comporte deux types d'informations :

– des informations issues de la base de la Compagnie nationale provenant de déclarations renseignées par les commissaires aux comptes (déclarations d'activité et déclarations de formation) qui devront être confirmées par le cabinet contrôlé ;

– des informations complémentaires à fournir sur les principaux éléments : informations générales sur le cabinet (structures d'exercice, activité, effectif), organisation du cabinet, formation, techniques de réalisation de la mission légale…

Chaque cabinet complète et retourne le questionnaire rempli, dans un délai de 15 jours à compter de sa réception, soit au secrétariat général du Haut Conseil (« cabinets EIP » contrôlés directement), soit à la Compagnie nationale (« cabinets EIP » contrôlés dans le cadre de la délégation), qui les transmet au secrétariat général du Haut Conseil, ou encore à la compagnie régionale (« cabinets non EIP »).

Ces informations sont capitales pour, d'une part, déterminer son profil et, d'autre part, conduire une analyse des risques auxquels peut être exposé le cabinet au regard de son activité et de son organisation. À partir de ces informations, le contrôleur élabore un plan d'approche du contrôle dans lequel sont analysés les facteurs de risque susceptibles d'affecter la qualité de l'exécution de la mission légale liés à l'environnement du cabinet, à son organisation et à son activité.

Le contrôleur peut contacter le cabinet contrôlé lors de l'exploitation des documents mentionnés ci-dessus. Ce plan formalisé aide le contrôleur à recenser l'information et à analyser les risques du cabinet. Une fois cette phase accomplie, les contrôleurs se déplacent dans les cabinets. Ils programment leurs opérations de contrôle sur place en lien avec ceux-ci.

Ils prennent connaissance et apprécient les procédures mises en place par le cabinet à travers des entretiens avec la direction et des personnes responsables de l'organisation et des procédures du cabinet, et en consultant la documentation existante. Le niveau des vérifications à mettre en œuvre varie selon les cabinets.

Une fois l'évaluation des procédures faite, les contrôleurs consacrent leurs vérifications aux mandats. L'application effective des procédures et méthodes du cabinet est vérifiée sur un échantillon de mandats. Les mandats sont sélectionnés en combinant une approche aléatoire et une approche par les risques. Pour les « cabinets EIP », la sélection des mandats « EIP » est prioritaire.

La sélection des mandats doit respecter les critères suivants :

– porter sur environ 10 % des heures totales d'audit du cabinet contrôlé ;

– cibler les secteurs et situations spécifiques considérés à risque par le Haut Conseil ;

– se fonder sur une approche par les risques appliquée aux entités auditées par les commissaires aux comptes et notamment après consultation de l'AMF et de l'ACP et à partir de l'analyse des déclarations d'activité : budgets, activité prépondérante ou au contraire marginale, cocommissariat aux comptes, opinion (réserves), procédure d'alerte ;

– permettre l'approfondissement de certaines thématiques en lien avec l'actualité économique et financière, fixées par le Haut Conseil ;

– répartir les vérifications sur plusieurs titulaires de mandats et/ou signataires de mandats sans obligatoirement contrôler tous les associés.

Il est rappelé que le contrôle d'un mandat est :

– soit « ciblé ». Dans ce cas, il porte sur des thématiques, fixées par le Haut Conseil, ou sur l'audit de zones de risques significatives au regard de l'opinion émise. Ce type de contrôle permet d'émettre des recommandations sur la qualité de l'audit et permet le cas échéant de relever des insuffisances dans la conduite de la mission légale susceptibles de mettre en cause la fiabilité de l'opinion émise ;

– soit « un contrôle de l'opinion » émise par le commissaire aux comptes. Dans ce cas, il porte sur l'ensemble des diligences réalisées par le cabinet lorsque les mandats concernent des entités ne nécessitant pas un nombre d'heures de contrôle important. Ce type de contrôle permet le cas échéant de relever des insuffisances dans la conduite de la mission légale pouvant mettre en cause la fiabilité de l'opinion émise.

En tout état de cause, le contrôle intégrera le suivi des recommandations.

Le contrôleur communique préalablement au cabinet contrôlé, dans un délai permettant au contrôlé de s'organiser, la liste des mandats qu'il envisage de contrôler. Il pourra le cas échéant modifier son choix initial en fonction des constats lors des opérations de contrôle sur place, et notamment en cas de défaillance de l'organisation et des procédures, pour s'assurer que les risques identifiés n'ont pas eu d'incidence sur les travaux réalisés sur les mandats. Le contrôleur pourra effectuer des vérifications sur d'autres mandats sans préavis dans le cadre d'une sélection aléatoire.

ANNEXES

© Éd. Francis Lefebvre

94300
(suite)

Les vérifications portent principalement sur la dernière clôture ayant fait l'objet d'un audit. Elles peuvent être étendues aux contrôles effectués par les cocommissaires aux comptes sur certains mandats du cabinet détenus en cocommissariat aux comptes.

5. RESTITUTION DU CONTRÔLE

Un contradictoire oral entre le cabinet contrôlé et le contrôleur a lieu tout au long de l'intervention. À titre illustratif, il peut prendre la forme d'échanges lors du contrôle avec les représentants du cabinet contrôlé, de validation des points par oral. Au minimum, une réunion à la fin de l'intervention sur place est organisée.

Les interlocuteurs du contrôleur sont le ou les commissaires aux comptes signataires mais peuvent être également un autre associé du cabinet, un collaborateur du cabinet ou intervenant externe membre de l'équipe intervenue sur le dossier contrôlé, le responsable du contrôle qualité…

Le contrôleur restitue ses constats par cabinet. Il rédige un prérapport selon un modèle, soumis à la contradiction du cabinet contrôlé. Les contrôleurs praticiens disposent d'un délai de 15 jours après leur intervention sur place pour le rédiger.

5.1. Prérapport

Le prérapport contient les éléments d'information relatifs au contrôle en lui-même, à l'organisation du cabinet, ses secteurs d'intervention. Il retrace les constats du contrôleur qui peuvent s'accompagner de propositions d'amélioration.

Les résultats du contrôle d'un cabinet sont rédigés par le contrôleur et regroupés dans un unique document accompagné des annexes concernant le contrôle des procédures et le contrôle des mandats.

5.2. Contradictoire

La procédure contradictoire écrite relative à un « cabinet non EIP » est mise en œuvre par la compagnie régionale en lien avec le contrôleur praticien. Celle relative à un « cabinet EIP » relève du contrôleur en lien avec le secrétaire général du Haut Conseil. L'AMF y participe s'il s'agit d'un cabinet certifiant des comptes de personnes relevant de son autorité.

Chaque cabinet contrôlé dispose d'un délai qui ne peut excéder 15 jours pour faire connaître ses observations écrites à partir de la notification du prérapport. Un délai supplémentaire peut être accordé sur demande du cabinet.

Le prérapport, accompagné de ses annexes et des observations du cabinet contrôlé, est transmis à l'AMF s'il s'agit d'un cabinet détenant des mandats concernant des personnes relevant de son autorité. Si nécessaire, une réunion contradictoire est organisée en présence du responsable du cabinet contrôlé, du contrôleur, du secrétaire général du Haut Conseil (« cabinet EIP ») ou d'un membre de la Compagnie régionale (« cabinet non EIP ») et d'un représentant de l'AMF le cas échéant.

En l'absence de réponse du cabinet ou lorsque le cabinet a répondu ne pas avoir d'observation sur le prérapport, le contrôleur en est averti par le secrétariat général du Haut Conseil (« cabinet EIP ») ou par la compagnie régionale (« cabinet non EIP ») afin qu'il établisse un rapport définitif identique au prérapport.

Si le cabinet contrôlé a émis des observations, celles-ci sont transmises au contrôleur pour traitement dans les meilleurs délais, pouvant conduire à une modification du prérapport.

5.3 Rapport définitif

Un rapport définitif est établi comprenant les éventuelles modifications à la suite du processus contradictoire. Les observations de l'AMF sont jointes en annexe au rapport définitif lorsqu'il s'agit d'un cabinet détenant des mandats concernant des personnes relevant de son autorité.

Le rapport définitif est rédigé par le contrôleur.

Il est notifié au responsable du cabinet contrôlé par le secrétariat général du Haut Conseil s'il concerne un « cabinet EIP » ou par le président de la compagnie régionale s'il concerne un « cabinet non EIP ».

Le rapport définitif relatif au contrôle d'un « cabinet EIP », accompagné de ses annexes, est transmis à l'AMF et à la Compagnie nationale (contrôle délégué).

Le rapport définitif relatif au contrôle d'un « cabinet non EIP », accompagné de ses annexes, du prérapport et des observations recueillies auprès du cabinet contrôlé et de l'AMF le cas échéant, est transmis :
– au Secrétaire général du Haut Conseil ;
– à l'AMF s'il s'agit d'un cabinet détenant des mandats concernant des personnes relevant de son autorité ;
– à la Compagnie nationale.

6. SUITES DU CONTRÔLE

6.1. Recommandations

Le Secrétaire général du Haut Conseil peut adresser des recommandations aux cabinets contrôlés.

Le Secrétaire général du Haut Conseil est destinataire des axes d'amélioration préconisés aux cabinets par les compagnies régionales, et est tenu informé à cette occasion des suites que les compagnies régionales envisagent de donner aux contrôles. Le secrétariat général du Haut Conseil examine également ces documents pour émettre des recommandations individuelles aux cabinets concernés.

1814

© Éd. Francis Lefebvre

ANNEXES

94300
(suite)

Ces recommandations peuvent être assorties d'un suivi afin de s'assurer de leur prise en compte.
Le Secrétaire général du Haut Conseil peut demander au cabinet des informations complémentaires en lien avec les recommandations formulées. Il peut également demander au cabinet de lui adresser un plan d'amélioration précisant les mesures correctrices qu'il envisage de mettre en œuvre pour remédier aux faiblesses identifiées.
Le Haut Conseil émet dans son rapport annuel des recommandations de portée générale aux commissaires aux comptes lorsque les faiblesses constatées à l'occasion des contrôles sont rencontrées de manière fréquente.

6.2. Suivis

À la suite de l'émission des recommandations du Secrétaire général du Haut Conseil, un suivi est mis en place aux fins de vérifier que les cabinets ont pris les mesures correctrices.
Le cabinet contrôlé donne suite dans un délai raisonnable aux recommandations formulées à l'issue de son contrôle.
Lorsque les faiblesses ne sont pas considérées comme majeures, les actions correctrices prises par le cabinet sont suivies dans le cadre d'un prochain contrôle périodique.
En cas de déficiences relevées dans la conduite de la mission légale, un suivi des actions prises par le cabinet peut être programmé dans l'année qui suit son contrôle.
Dans les cas les plus graves, des saisines du parquet général peuvent être faites.

6.3. Saisines / Sanctions

Le Secrétaire général du Haut Conseil peut saisir à toutes fins le procureur général compétent.
La chambre régionale de discipline peut être saisie par le garde des Sceaux, ministre de la Justice, le procureur de la République, le président de la Compagnie nationale des commissaires aux comptes ou le président de chaque compagnie régionale.
S'il n'est pas donné suite aux recommandations prévues, le cabinet contrôlé fait l'objet, le cas échéant, de sanctions disciplinaires.

6.4. Questions de principe

À l'occasion des contrôles périodiques, le Secrétaire général du Haut Conseil saisit le Haut Conseil lorsque l'examen des documents de contrôle fait apparaître une question de principe justifiant un avis du Haut Conseil, ou lorsque sa participation aux opérations de contrôle fait apparaître une question de cette nature.

7. ACCÈS AUX DOCUMENTS DES CONTRÔLES ET PROTECTION DES DONNÉES

Les contrôleurs ont accès à l'ensemble des documents utiles au contrôle qui doivent leur être communiqués quel qu'en soit le support.

7.1. Secret professionnel

Les personnes participant aux contrôles sont soumises au secret professionnel.
Les contrôleurs ne peuvent agir d'une manière qui les amène ou qui donne l'apparence de les amener à se servir de leurs fonctions ou de renseignements confidentiels, obtenus dans le cadre de leurs fonctions, au bénéfice de quiconque. Leur comportement ne peut conduire à accorder un traitement de faveur à quiconque, à perdre leur indépendance ou leur objectivité dans le cadre de leurs fonctions, à affecter la confiance du public envers le système de contrôle.

7.2. Communication des documents par le cabinet contrôlé

Le cabinet contrôlé coopère avec le contrôleur afin de faciliter le déroulement du contrôle.
À ce titre, le contrôleur peut :
– se faire communiquer, quel qu'en soit le support, tous documents ou pièces et obtenir toutes explications utiles au contrôle ;
– vérifier sur pièces ou sur place, quel qu'en soit le support, tous documents ou pièces utiles au contrôle ;
– obtenir une copie des pièces et documents utiles au contrôle, quel qu'en soit le support (papier ou électronique), afin que le contrôleur puisse constituer son dossier.
Le contrôleur apprécie les documents à se faire communiquer.
Préalablement à l'intervention sur place des contrôleurs, des informations concernant le cabinet sont recueillies à l'aide d'un questionnaire ad hoc.
Un bordereau des copies des pièces et documents qui sont remis au contrôleur est établi.
Lorsqu'il s'agit de documents relatifs à des stratégies confidentielles ou des politiques commerciales du cabinet ou contenant des données jugées sensibles dont la diffusion porterait atteinte à un intérêt protégé, le commissaire aux comptes contrôlé peut demander à les fournir dans le cadre d'une procédure présentant des garanties spécifiques afin de préserver les intérêts du contrôlé et l'accès aux informations par le contrôleur. Le Haut Conseil examine cette demande et fixe des modalités adaptées.
Le cabinet contrôlé est tenu de fournir un local sécurisé au contrôleur pour la conservation des documents de travail et du matériel informatique.

1815

ANNEXES

© Éd. Francis Lefebvre

94300
(suite)

7.3. Protection des données en provenance des cabinets

L'usage des informations recueillies auprès des cabinets contrôlés est strictement réservé :
– aux fonctions support du Haut Conseil, de la Compagnie nationale et des compagnies régionales.
Les fonctions support du Haut Conseil identifiées sont le Secrétaire général du Haut Conseil et son adjoint, la direction des contrôles, la direction de la supervision.
La fonction support de la Compagnie nationale est la cellule de coordination.
Les fonctions support des compagnies régionales sont les permanents de chaque compagnie régionale affectés au contrôle qualité et les délégués régionaux qualité (DRQ) de chaque compagnie régionale ;
– aux contrôleurs du Haut Conseil ;
– aux contrôleurs praticiens désignés par la Compagnie nationale et les compagnies régionales.
Le contrôleur formalise les vérifications qu'il a réalisées. L'ensemble des documents recueillis, des feuilles de travail établies est regroupé dans le dossier de contrôle (qui peut être dématérialisé en tout ou partie).
Par ailleurs, le contrôleur s'engage à :
– restituer au cabinet contrôlé les pièces et documents communiqués, à l'issue des opérations de contrôle ;
– ne pas emporter de documents originaux en dehors des locaux du cabinet contrôlé.
À l'issue de son contrôle, le contrôleur praticien transmet l'ensemble du dossier de contrôle constitué, dans les 8 jours de la signature du rapport définitif, au Secrétaire général du Haut Conseil (EIP délégué) ou à la compagnie régionale du cabinet contrôlé (non EIP). Il ne peut conserver aucun document à l'issue de sa mission.
Le contrôleur praticien, une fois transmis son dossier de contrôle papier ou / et électronique, atteste par écrit avoir détruit l'intégralité des documents concernant le cabinet contrôlé.
Le Secrétaire général du Haut Conseil ou le président de la compagnie régionale peut conserver une copie pendant une durée de 10 ans du dossier de contrôle, dans des conditions permettant d'assurer le maintien de leur confidentialité. À l'issue de ce délai, il est procédé à leur destruction.

8. CONTRÔLEURS

8.1. Compétence

Les contrôleurs employés par le Haut Conseil répondent aux exigences de compétence et de comportement adéquat. L'équipe de contrôleurs est constituée de contrôleurs expérimentés et de seniors.
Les contrôleurs sont issus du secteur financier, de l'expertise comptable ou du commissariat aux comptes et présentent de 10 à 30 ans d'expérience professionnelle dont une part significative en cabinet de commissariat aux comptes. De plus, certains sont spécialisés dans les domaines tels que la banque, l'assurance, les mutuelles, l'audit de sociétés cotées.
Les contrôleurs maintiennent un haut niveau d'expertise en suivant une formation appropriée en matière de contrôle légal des comptes et d'information financière, ainsi qu'aux méthodes de l'examen d'assurance qualité.
Le Haut Conseil peut autoriser les contrôleurs à recourir à des professionnels en exercice, à des spécialistes de secteurs économiques particuliers, pour certaines opérations de contrôle concernant des « cabinets EIP » lorsque la spécificité technique des opérations l'exige. Ces intervenants attestent de leur indépendance vis-à-vis du contrôlé.
Les contrôleurs praticiens intervenant au titre de la délégation sont des commissaires aux comptes signataires de mandats « EIP » possédant une expérience de la certification légale des comptes supérieure à 15 ans. Ils peuvent également s'adjoindre des contrôleurs non commissaires aux comptes ayant une expertise/expérience de la certification légale des comptes supérieure à 6 ans.
Une liste de contrôleurs praticiens spécialisés dans les secteurs « EIP » entrant dans le champ de la délégation des contrôles des « cabinets EIP » délégués à la Compagnie nationale est constituée par la Compagnie nationale. Elle est révisée annuellement.
Les candidats répondent aux critères suivants :
– respecter les règles de déontologie professionnelle ;
– consacrer annuellement un nombre d'heures minimum dans l'activité de commissariat aux comptes de 500 heures ;
– consacrer annuellement un nombre d'heures minimum dans la conduite des opérations de contrôle de 80 heures ;
– suivre les actions annuelles de formation en matière de contrôle légal des comptes et d'information financière.
Validée par le Haut Conseil, la liste des contrôleurs praticiens est rendue définitive à l'issue d'une formation spécifique consacrée aux méthodes de contrôle. Cette formation annuelle est organisée et dispensée par le secrétaire général du Haut Conseil en coordination avec la Compagnie nationale.
Pour effectuer les contrôles des « cabinets non EIP », les compagnies régionales ont désigné des professionnels en exercice selon des critères de sélection fondés sur leur expérience professionnelle. Ils suivent une formation spécifique aux méthodes d'opérations de contrôle, organisée et dispensée par la Compagnie nationale.
Les critères de recrutement sont les suivants :
– être commissaire aux comptes inscrit ;
– être signataire d'au moins un rapport ou l'avoir été au cours des deux années précédentes ;

© Éd. Francis Lefebvre   ANNEXES

94300
(suite)

– avoir une expérience suffisante en commissariat aux comptes qui doit être appréciée par rapport au nombre d'heures géré, estimé à un minimum annuel de l'ordre de 300 heures ou avoir satisfait à ces critères au cours des 5 dernières années ;
– s'engager à effectuer chaque année un nombre d'heures d'examen représentant une durée au moins égale à 40 heures ;
– avoir fait l'objet d'un contrôle périodique à l'issue duquel aucune recommandation significative n'a été formulée ;
– respecter les obligations déclaratives (notamment déclarations d'activité, déclarations de formation) ;
– être à jour de ses cotisations professionnelles et droits et contributions ;
– s'engager à suivre les actions de formation spécifiques aux contrôles périodiques de la Compagnie nationale et des compagnies régionales.
La liste des contrôleurs est révisée annuellement par chaque compagnie régionale.
L'équipe de la direction de la supervision des contrôles du Haut Conseil a une expérience professionnelle de la certification légale des comptes en cabinet de commissariat aux comptes.

8.2. Déontologie

En vue de prévenir les situations pouvant porter atteinte à l'indépendance à la fois dans l'exercice de ses fonctions et après sa cessation, chaque contrôleur employé par le Haut Conseil a signé des engagements complémentaires au contrat de travail, définis par le Haut Conseil dans sa décision 2008-04. Ils ne détiennent pas de mandat à titre personnel ou au sein d'une structure et n'exercent pas en cabinet.
Durant l'exercice de leurs fonctions et afin d'assurer leur indépendance, les contrôleurs ne peuvent avoir d'autres activités professionnelles en dehors d'actions de formation.
Le contrôleur s'engage à informer la direction des contrôleurs et à déclarer au secrétaire général du Haut Conseil toute situation de nature à affecter son indépendance ou son objectivité à l'égard de ses fonctions.
Il informe en particulier des situations suivantes, dont l'énumération n'est pas exhaustive :
– engagement dans des activités financières personnelles qui pourraient affecter ou être raisonnablement perçues comme affectant son indépendance ou son objectivité vis-à-vis des cabinets contrôlés ;
– participation au contrôle d'un cabinet avec lequel il a un lien financier, ou un lien personnel ou familial avec les dirigeants et associés du cabinet ;
– participation au contrôle d'un cabinet avec lequel il a antérieurement été lié, directement en tant que salarié ou associé ou indirectement, au cours des trois années précédant le contrôle ;
– participation au contrôle des travaux exécutés par un cabinet sur un mandat relatif à une entité dans laquelle il a, même par personne interposée, un intérêt financier ou un lien personnel ou familial avec les dirigeants de l'entité.
Chaque contrôleur praticien participant aux opérations de contrôle d'un « cabinet EIP », dans le cadre de la délégation, ou d'un « cabinet non EIP » signe un engagement d'indépendance vis-à-vis de chaque cabinet qu'il contrôle. Le Secrétaire général du Haut Conseil reçoit une copie de l'attestation d'indépendance pour les « cabinets EIP » dont le contrôle est délégué à la Compagnie nationale.
Le contrôleur s'engage par ailleurs à alerter de tout changement de nature à remettre en cause son indépendance intervenant au cours de l'exécution du contrôle.
Les contrôleurs praticiens sont rémunérés par la Compagnie nationale ou la compagnie régionale sur la base d'une facture reprenant le budget d'heures affecté au contrôle auquel est appliqué le taux de rémunération spécifique au type de contrôle ; le contrôleur est indemnisé de ses frais de déplacement sur la base des frais réels plafonnés.
Le contrôleur ne peut accepter des cabinets contrôlés aucune rémunération, directe ou indirecte, à titre personnel ou par personne interposée.
L'attitude personnelle du contrôleur ne doit pas compromettre l'image de son indépendance vis-à-vis des cabinets contrôlés.

8.3. Affectation

L'affectation des contrôleurs est réalisée en tenant compte de leurs domaines de compétence spécifiques et de la vérification de l'absence de conflit d'intérêts avec le cabinet concerné. Lorsque plusieurs contrôleurs sont affectés au contrôle d'un cabinet, un contrôleur est désigné responsable du contrôle.
L'affectation des contrôleurs est décidée par :
– la direction des contrôleurs du Haut Conseil pour ses contrôleurs ;
– la Compagnie nationale pour les contrôleurs praticiens intervenant au titre de la délégation après vérification par le Secrétaire général du Haut Conseil qui peut demander une affectation différente ;
– les compagnies régionales pour les autres contrôleurs praticiens.
L'affectation des contrôleurs praticiens répond, pour le contrôle des « cabinets non EIP », au principe du dépaysement décidé par le Haut Conseil. Afin de garantir l'indépendance des contrôles effectués par les contrôleurs praticiens, leur affectation répond au principe de dépaysement, qui consiste à privilégier l'affectation des contrôleurs aux contrôles des commissaires aux comptes inscrits dans une autre compagnie régionale. Les compagnies régionales l'ont mis en œuvre en se regroupant en 8 plurirégions.
Le dépaysement est prévu systématiquement dans les cas suivants :
– cabinets détenant plus de 20 mandats ;
– cabinets dans lesquels interviennent des élus membres des conseils régionaux ;
– cabinets ayant fait l'objet d'un contrôle précédent dont l'appréciation a permis de relever des manquements graves et qui font l'objet d'un suivi sur une périodicité accélérée ;

1817

ANNEXES © Éd. Francis Lefebvre

94300
(suite)

– cabinets titulaires de mandats concernant des entités présentant un « risque-entité » tels que précisés le cas échéant par le Haut Conseil ou cabinets détenant des mandats qui présentent un intérêt économique local significatif.

Pour les cabinets n'entrant pas dans les critères ci-dessus, le dépaysement interdépartemental est pratiqué.

Chaque président de compagnie régionale peut, de même que le Secrétaire général du Haut Conseil, demander le dépaysement de certains cabinets, selon des critères ponctuels et laissés à leur appréciation. Le cabinet contrôlé a également la possibilité de le demander.

Le nom du ou des contrôleurs praticiens est communiqué au cabinet à la suite de son affectation. Le cabinet a la possibilité de refuser le ou les contrôleurs désignés. Ce refus, motivé par le cabinet en particulier par des problèmes d'indépendance ou d'incompatibilité, est adressé par courrier dans les 10 jours suivant la réception du courrier à la Compagnie nationale pour les « cabinets EIP » dont le contrôle est délégué ou au président de la compagnie régionale dont dépend le « cabinet non EIP » contrôlé. Les instances professionnelles informent le cabinet contrôlé de la suite réservée à cette demande dans un délai de 15 jours suivant la réception de celle-ci.

8.4. Confidentialité

La mission de contrôleur affecté au contrôle d'un cabinet est personnelle, il ne peut donc en aucun cas :
– se faire assister, sauf le cas échéant par un expert dûment habilité par le Haut Conseil ou par un contrôleur désigné comme assistant contrôleur délégué, ni représenter par un tiers, qu'il soit ou non commissaire aux comptes inscrit ;
– déléguer sa mission.

9. COOPÉRATION

9.1. AMF

La décision 2009-02 précitée et l'accord passé entre le Haut Conseil et l'Autorité des marchés financiers le 10 janvier 2010 organisent le concours de cette dernière aux opérations de contrôle et prévoient la communication entre les deux autorités des informations utiles à l'accomplissement de leurs missions respectives.

Pour les cabinets détenant des mandats d'entités sous contrôle de l'AMF, le Haut Conseil et l'AMF, par l'intermédiaire de leurs secrétaires généraux, coopèrent étroitement en vue de suivre une approche coordonnée des contrôles permettant d'orienter les programmes de vérification sur la qualité et la fiabilité de l'information financière diffusée par les émetteurs. Ainsi, lorsqu'un commissaire aux comptes est inscrit au programme annuel des contrôles périodiques, le Haut Conseil en informe l'AMF qui lui adresse ses observations.

Lors de la programmation des opérations de contrôle et au moment du contrôle, le Haut Conseil pourra solliciter l'AMF pour se faire communiquer les informations suivantes :
– questions et événements pouvant affecter l'information financière des entreprises ;
– échanges entre le commissaire aux comptes et l'AMF sur ces questions et événements et les positions prises le cas échéant par l'AMF.

Conformément à l'accord du 10 janvier 2010, à l'issue d'un contrôle, les recommandations émises par le Secrétaire général du Haut Conseil concernant les commissaires aux comptes de personnes relevant de l'autorité de l'AMF lui sont transmises. Lorsqu'à l'issue d'un contrôle périodique, l'AMF envisage de prendre une mesure à l'égard d'un commissaire aux comptes nommé auprès d'une personne relevant de son autorité, il en informe le Haut Conseil. De même, lorsqu'à l'issue d'un contrôle périodique il est envisagé de saisir les autorités en vue d'une action disciplinaire à l'égard d'un commissaire aux comptes nommé auprès d'une personne relevant de son autorité, le Secrétaire général du Haut Conseil en informe l'AMF.

9.2. ACP

L'ordonnance 2010-76 du 21 janvier 2010 créant l'Autorité de contrôle prudentiel (ACP) a prévu une disposition d'ordre général relative aux échanges d'informations entre autorités de surveillance. Un accord a été signé le 6 avril 2011 entre le Haut Conseil et l'ACP aux fins d'organiser ces échanges.

Dans le cadre de l'élaboration du programme annuel de contrôle périodique, le Secrétaire général du Haut Conseil peut solliciter l'ACP en vue de la sélection des cabinets et des mandats à contrôler. À cet effet, il communique le programme annuel de contrôle périodique à l'ACP, en vue de recueillir toute information utile permettant le cas échéant de compléter le programme.

Conformément à l'accord du 6 avril 2011, le Secrétaire général du Haut Conseil peut, dans le cadre de la mise en œuvre des contrôles des commissaires aux comptes et de leur supervision, demander l'assistance ponctuelle du secrétariat général de l'ACP sur des sujets comportant une spécificité sectorielle. L'assistance de l'ACP consiste en une consultation technique, orale ou écrite, sur des sujets propres aux secteurs bancaires ou de l'assurance et portant sur les principes de mise en œuvre des textes législatifs ou réglementaires concernés.

Dans le cadre de l'élaboration du programme annuel de contrôles périodiques, le Secrétaire général du Haut Conseil peut également solliciter l'ACP en vue de la sélection des cabinets et des mandats à contrôler.

© Éd. Francis Lefebvre

ANNEXES

Conformément à l'accord du 6 avril 2011, lorsque le contrôle périodique d'un commissaire aux comptes d'une personne assujettie au contrôle de l'ACP fait apparaître des insuffisances dans l'exercice de la mission légale conduisant à s'interroger sur la qualité de l'information comptable et financière d'un établissement assujetti, le Secrétaire général du Haut Conseil en informe l'ACP. Il peut lui communiquer une copie de la lettre de recommandation adressée au commissaire aux comptes ainsi que toute autre information utile à l'exercice de sa mission.

Par ailleurs, le Secrétaire général du Haut Conseil informe l'ACP lorsqu'à l'issue d'un contrôle périodique, il saisit les autorités compétentes pour engager une action disciplinaire à l'encontre d'un commissaire aux comptes exerçant ses fonctions auprès d'une personne relevant de la compétence de l'ACP.

94300
(suite)

9.3. Europe et international

Le Haut Conseil inscrit l'organisation des contrôles périodiques dans le cadre d'une coopération entre les divers systèmes de supervision publique instaurés par les homologues étrangers du Haut Conseil.

L'article 36 de la directive européenne permet aux autorités compétentes des États membres responsables de l'assurance qualité et de l'inspection de s'échanger des informations, ces dernières étant couvertes par le secret professionnel.

L'article 47 de la directive européenne permet la communication aux autorités compétentes d'un pays tiers de documents d'audit ou d'autres documents détenus par des contrôleurs légaux des comptes, sous réserve de certaines conditions. Cette communication suppose une décision d'adéquation par la Commission, et des accords bilatéraux fondés sur la réciprocité.

ANNEXES

© Éd. Francis Lefebvre

Outils de contrôle qualité CNCC

94400 Les outils de contrôle qualité CNCC sont disponibles sur son site internet dans l'outil de documentation « Sidoni » dans la rubrique « Gestion cabinet » : https://doc.cncc.fr/gestion-cabinet.

Vous trouverez notamment les documents listés ci-après concernant le contrôle d'activité non EIP :
- Questionnaire d'informations préalables ;
- Plan d'Approche / Pré-rapport / Rapport définitif du contrôle non EIP ;
- Résultats contrôle d'un mandat non EIP ;
- Fiche contradictoire non EIP.

© Éd. Francis Lefebvre

ANNEXES

Modèles de statuts types de sociétés de commissaires aux comptes

Des modèles de statuts types de sociétés de commissaires aux comptes sont proposés sur le site de la **96000**
CNCC dans l'outil de documentation « Sidoni » dans la rubrique « Gestion cabinet » : https://doc.cncc.
fr/gestion-cabinet.
Les formes juridiques suivantes sont proposées :
– SA de CAC mixte avec conseil d'administration ;
– SA de CAC mixte avec directoire et conseil de surveillance ;
– SARL de CAC mixte ;
– SAS de CAC mixte ;
– Sasu de CAC mixte.
À la date de mise à jour de ce Mémento, les statuts proposés par la CNCC ne tiennent pas compte des
mesures introduites par l'ordonnance 2016-315 du 17 mars 2016 transposant en France la réforme
européenne de l'audit et notamment des modifications apportées à l'article L 821-1-3 du Code de
commerce concernant les sociétés de commissaires aux comptes. Ces documents sont en cours de mise
à jour.

© Ed. Francis Lefebvre

TABLE ALPHA

Table alphabétique

(Les chiffres renvoient aux numéros de paragraphes.)

A

Abonnements : 85930 (ressources des associations).

Abus de biens sociaux : 13575 (définition) ; 85363 (secteur associatif).

Abus de confiance : 85363 (secteur associatif).

Abus de marché : 42326 (sanctions).

Acceptation : voir Mandat.

Achat
Achat par une société de ses propres actions : 57630 s., 57717.
Acquisition d'une entreprise par une autre (audit d'acquisition) : voir Mission du CaC.
Audit achats/fournisseurs : 31200 s.

Acompte (sur dividendes) : voir Dividendes.

ACPR : voir Autorité de contrôle prudentiel et de résolution.

Acquisition (mission) : voir Cession/acquisition (mission).

Actifs circulants : 66350 (mission de cession/d'acquisition).

Actifs destinés à être cédés : 46020 s. (comptabilisation).

Action en justice
Action en responsabilité à l'encontre du CaC : 12100 s., 14030 s. (action civile) ; 13500 s. (action pénale) ; 15200 s. (action disciplinaire).

Action en justice *(suite)*
Action oblique d'un créancier d'un actionnaire : 12865 (mise en cause de la responsabilité civile du CaC).
Litiges relatifs aux honoraires du CaC : 10085 s. (fixation) ; 10315 s. (difficultés de recouvrement).

Actionnaire : voir Associé.

Actions
Achat par une société de ses propres actions : 57630 s. ; 57717.
Actions de préférence : 56880 s. (étude d'ensemble).
Actions détenues par les administrateurs et membres du conseil de surveillance : 56060 s. (étude d'ensemble) ; 56150 s. (mission du CaC).
Attributions gratuites d'actions : 57370 s.
Opérations relatives aux dividendes : 58550 s. (acomptes sur dividendes) ; 59000 s. (paiement du dividende en actions).
Options de souscription ou d'achat d'actions : 57340 s.
Rachat d'actions en application de l'article L 225-209-2 du Code de commerce : 57800 s. (étude d'ensemble).
Autres rubriques : Capital social, Valeurs mobilières.

Activité
Activités abandonnées : 46020 s.
Branche d'activité : 45998.
Déclaration d'activité : 11190 s., 94100.
Périmètre de consolidation : 45585, 45687.

Actuariat : 82760.

Administrateur : voir Dirigeant.

1823

TABLE ALPHA   © Ed. Francis Lefebvre

Administrateur judiciaire
Accès à la profession de CaC : 1005.

Nomination obligatoire d'un CaC : 1871 (seuil) ; 2252 (organe compétent pour la nomination).

Autre rubrique : Redressement ou liquidation judiciaire.

Administration fiscale : voir Impôts et taxes.

Admission de titres financiers aux négociations sur un marché réglementé
Département EIP : 710 s.

Personnes et entités procédant à une admission de titres financiers aux négociations sur un marché réglementé : 41000 s. (étude d'ensemble).

Autres rubriques : Document d'enregistrement universel (dit URD), Marchés non réglementés, Marchés réglementés, Offres au public, OPA, OPE, OPR, Prospectus, Société cotée.

Agence nationale de contrôle du logement social (Ancols) : 8200 s. (étude d'ensemble) ; 5512 (questionnaires adressés au CaC) ; 5515 (levée du secret professionnel du CaC).

Agent
– de police judiciaire : voir Police judiciaire.
– des impôts : voir Impôts et taxes.

Ajournement
– de la mission en cas de non-paiement des honoraires : 10345 s. (étude d'ensemble).
– fautif de la mission : 12285 (responsabilité civile).

Alerte
Étude d'ensemble : 62200 s.

Assemblée générale (défaut de présentation à l'assemblée générale du rapport d'alerte) : 62868.

Audit légal des petites entreprises (mission Alpe) : 48750.

Autres procédures : 62300 s.

Continuité de l'exploitation : 62435 s.

Covid-19 : 62680 s.

Déclenchement de la procédure d'alerte : 62420 s.

Détermination des honoraires du CaC : 9948, 10025 (règles générales) ; 10223 (procédure d'alerte mise en œuvre avant l'ouverture de la procédure collective).

Déroulement de la procédure d'alerte : 62540 s.

Difficultés de mise en œuvre : 62480 s.

Entités concernées : 62385.

Groupement d'intérêt économique : 62670 s.

Alerte (suite)
Incidence des procédures préventives et collectives : 62715 s.

Incidence sur le rapport sur les comptes annuels : 62700 s.

Information des autorités de contrôle : 62478.

Information du CaC : 9290.

Intérêts et risques liés à la procédure d'alerte : 62270 s.

Possibilité de reprendre une procédure d'alerte : 62494.

Responsabilité civile du CaC : 12613 (exonération) ; 62500 s. (mise en œuvre).

Révélation de faits délictueux : 62040 s.

Secret professionnel du CaC : 5286 s., 5304 s., 5312, 5735 s.

Secteurs : 78370 (banques) ; 83400 (assurances) ; 85370 (associations).

Allemagne : 16500 s.

Amnistie
Amnistie des sanctions encourues par le CaC : 14435 s. (sanctions pénales) ; 15470 (sanctions disciplinaires).

Incidence sur l'obligation du CaC de révéler les faits délictueux : 61688 s.

AMF : voir Autorité des marchés financiers.

ANC (Autorité des normes comptables) : 7162.

Annexe
Contrôle de l'annexe : 30480 s.

Dispense d'annexe : 30500 s. (micro-entreprises).

Impôts différés : 45718.

Anomalies significatives : voir Risques.

Appel d'offres : 2361 (obligation pour les EIP) ; 2365 (exemption) ; 3791 (surévaluation et indépendance) ; 9890 (fixation des honoraires du CaC) ; 17920 (EIP – réforme de l'audit en Europe).

Apport partiel d'actif
Apport partiel d'actif portant sur une activité de CaC : 1729.

Autre rubrique : Fusion.

Arbitrage : 12955 (arbitrage de la compagnie régionale en cas de mise en jeu de la responsabilité civile du CaC).

Archives : 25880 (délai de conservation des documents du CaC).

1824

© Ed. Francis Lefebvre

TABLE ALPHA

Arrêté de compte (libération du capital par compensation avec des créances) : 56640 s., 56690 s. (examen de l'arrêté de compte).
Autre rubrique : Compensation.

Assemblée générale (des actionnaires) : 62800 s. (convocation par le CaC : étude d'ensemble) ; 61250 s. (information des irrégularités et inexactitudes).

Assertions d'audit : 25370 s.

Associations et fondations
Étude d'ensemble : 84050 s.
Alerte : 85370.
Appel public à la générosité : 84920.
  Association agréée : 84560.
  Association déclarée : 84540.
  Association non déclarée : 84535 s.
  Attestation des rémunérations : 85295, 85297.
  Obligation de rotation : 3764.
Association sportive : 85550 s.
Attestation du CaC sur la rémunération des dirigeants : 85295 s.
Blanchiment des capitaux et financement du terrorisme : 85365, 62090-1 s. (étude d'ensemble).
Certification des sommes versées aux associations et fiscalement déductibles : 56400 s.
Classification : 84530 s.
Comité social et économique (information) : 85390.
Compte de résultat par origine et destination (CROD) et compte d'emploi des ressources (CER) : 84925 s.
Comptes combinés : 85195 s.
Contrôles spécifiques (impôts et taxes, ressources, fonds propres, immobilisations, cycle personnel) : 85650 s.
Conventions réglementées : 53000 s. ; 85230 s.
Cycles spécifiques : 85650 s.
  Documents adressés aux adhérents : 85285 s.
  Documents diffusés aux tiers : 85420 s.
  Documents liés à la prévention des difficultés des entreprises : 85270 s.
  Émission d'obligations : 85350.
  Fondation d'entreprise : 84600 s.
  Fondation de coopération scientifique : 84606.
  Fondation partenariale : 84609.
  Fondation reconnue d'utilité publique : 84590 s.
  Fondation sous égide ou abritée : 84608.
  Fonds de dotation : 84620, 84951.
  Fusions et apports : 85445 s.
  Mission du CaC : 85120 s.
  Fondation universitaire : 84607.
Honoraires : 85080.

Associations et fondations (*suite*)
Nomination obligatoire d'un CaC : 1871, 2485, 84325 s. (seuils et entités) ; 84360 (défaut de nomination : sanctions).
Obligations comptables : 84800 s.
Organes de contrôle : 84250 s.
Organes de représentation : 84150 s., 84195 (fonds pour le développement de la vie associative).
Organes dirigeants : 84700 s.
Publicité des comptes : 84770.
Rapport de gestion, rapport moral et financier : 85285 s.
Règles de fonctionnement : 84655 s.
Révélation de faits délictueux : 85355 s.
Rotation des associés : 85063.
Secret professionnel : 85075.
Seuil de subvention (définition) : 84348 s.
Autre rubrique : Organisations syndicales et professionnelles.

Associé
Associé d'une société de CaC : 1170 s. (retrait : conséquence sur la liste d'inscription) ; 1750 s., 15450 (exclusion) ; 4305, 3761 s. (rotation associés) ; 5371 (secret professionnel).
Droits des associés ou actionnaires
  Associés minoritaires : 2260 (demande de nomination du CaC en justice) ; 2261 (demande de nomination du CaC sans juge).
  Documents annuels : 54390 s.
  Effet de la transformation de la société : 60595 (SARL) ; 60860 (SA).
  Égalité entre actionnaires : 55000 s. (étude d'ensemble) ; 55035 s. (mission du CaC) ; 50155, 50275, 50478 (vérifications spécifiques) ; 56795 (droit préférentiel de souscription) ; 57610, 57710 (réduction du capital).
  Levée du secret professionnel du CaC pour les associés : 5285 s.
  Mise en jeu de la responsabilité civile du CaC : 12855.
  Procédure d'alerte : 62310.
Autre rubrique : Actions.

Assurance
Audit des sociétés d'assurances
  Étude d'ensemble : 82000 s.
  ACPR : 5495 s., 8160 s., 82510 s.
  Confirmations directes : 30310, 82850.
  Déclaration de performance extra-financière : 83450 s.
  Mutuelles : 82460 s.
  Prévention des difficultés : 54690, 83410 (rapport du CaC).
Assurance émise par le CaC
  Audit financier : 25190 s.

1825

TABLE ALPHA © Ed. Francis Lefebvre

Assurance *(suite)*

Contrôle interne : 27905, 28355, 28800.

Documents annuels adressés aux actionnaires : 54590.

Égalité entre actionnaires : 55078, 7375 (fondement).

Mission du commissaire aux comptes : 7378 s.

Prise de participation et de contrôle : 55700 s.

Vérifications spécifiques : 50403 s.

Visa des déclarations de créances : 63275.

Assurance professionnelle du CaC : 15800 s.

Astreinte : 10305 (recouvrement des honoraires du CaC).

Attestations

Attestation des rémunérations : 56230 s., 85295 (associations) ; 48400 (dispense du CaC mission Alpe).

Attestation du montant ouvrant droit à réduction d'impôt : 56400 s. ; 48400 (dispense du CaC mission Alpe).

Attestation pour une entité dans laquelle le CaC n'exerce pas de mandat : 75750 s.

Attestations dans le cadre des services autres que la certification des comptes : 68100 s.

Attribution gratuite d'actions (AGA) : voir Salarié.

Audit contractuel : 30966 ; 75510 s. (prestation dans une entité n'ayant pas désigné de CaC).

Audit d'acquisition : voir Mission du CaC.

Audit dans le cadre des services autres que la certification des comptes : voir Services autres que la certification des comptes.

Audit financier

Approche par les risques : 25350 s.

Définition : 25115 s.

Natures d'assurance : 25198 s.

Spécificité : 25180 s.

Rôle : 25260 s.

Autres rubriques : Mission du CaC, Audit légal des petites entreprises (Alpe).

Audit interne

Utilisation des travaux d'un auditeur interne : 26050 s. ; 45490 s.

Audit légal à l'étranger : voir Contrôle légal à l'étranger.

Audit légal des petites entreprises (mission Alpe)

Étude d'ensemble : 47000 s.

Audit légal des petites entreprises *(suite)*

Audit proportionné des comptes : 47700 s.

Dépassement des seuils propres à l'entité : 47210 (sort du mandat).

Diligences légales : 48650 (révélation des faits délictueux) ; 48700 (lutte contre le blanchiment de capitaux) ; 48750 (procédure d'alerte).

Dispenses de diligences et de rapports : 48350 s.

Dispositions statutaires : 2185-2 (durée du mandat) ; 47120, 48450 (rapport spécial).

Petite entreprise (définition) : 47100.

Principes généraux : 47500 s.

Rapport spécial sur les conventions réglementées : 48625.

Rapport sur les comptes : 48450 s. ; 55750.

Rapport sur les risques : 48050 s. (étude d'ensemble) ; 48250 (sociétés « tête de groupe ») ; 55750 (informations) ; 9208 (petits groupes).

Société contrôlée dans un petit groupe : 1891, 1905 s. (désignation d'un CaC).

Tête de petit groupe : 1890, 47200 (définition) ; 48250 (diligences complémentaires pour le rapport sur les risques).

Augmentation du capital

Accès au capital en faveur des salariés : 57300 s. (étude d'ensemble).

Augmentation du capital avec maintien du droit préférentiel de souscription : 56600.

Augmentation du capital avec suppression du droit préférentiel de souscription : 56730 s.

Audit légal des petites entreprises (mission Alpe) : 48400.

Émission de valeurs mobilières donnant accès au capital : 57150 s.

Intervention du CaC de l'entité : 56602.

Libération d'une augmentation du capital par compensation avec des créances : 56610 s.

Opérations nécessitant spécialement la désignation d'un CaC : 56603.

Sanctions : 56785 s. (augmentations de capital) ; 56937 (émission d'actions de préférence) ; 57205 (émission de valeurs mobilières) ; 56655 (libération par compensation avec des créances) ; 56633, 56752, 57177, 57330 (obligations en faveur des salariés).

Autres rubriques : Actions, Capital social, Valeurs mobilières.

Autocontrôle : voir Prise de participation et de contrôle.

Autorévision : voir Indépendance du CaC.

© Ed. Francis Lefebvre

TABLE ALPHA

Autorité de contrôle prudentiel et de résolution (ACPR) : 2182 (nomination du CaC) ; 5495 s. (étude d'ensemble) ; 5505 (secret professionnel du CaC) ; 8160 s. (rôle de l'Autorité et relation avec le CaC) ; 8180, 8185, 11105 (assistance et échange d'informations avec le H3C) ; 9223 (droit d'interrogation du CaC) ; 82510 s. (audit des assurances).

Autorité de supervision étrangère : 5480 s.

Autorité des marchés financiers : 5472 (secret professionnel) ; 8100 (mission) ; 8110 (composition) ; 8118 (relations avec les CaC) ; 9222 (droit d'interrogation du CaC).

Autorité européenne de surveillance : 41221 (Esma) ; 78111 s. (secteur bancaire) ; 78115 (mécanisme de surveillance unique) ; 78132 (règles prudentielles).

Auxiliaire de justice : voir Avocat, Expert (judiciaire), etc.

Avance de fonds : voir Emprunt.

Avertissement (sanction disciplinaire)
Règles générales : 15360, 15425, 15442.
Incidence en cas d'exercice en société : 1750.

Avis : 7790 (avis donné par le CaC à l'entité contrôlée).

Avocat (demande d'information présentée par le CaC) : 9215 (règles générales) ; 30302 (audit financier : circularisation) ; 82860 (audit des assurances).

B

Badwill : 65340 (mission de cession/acquisition).

Banque : voir Établissement de crédit.

Banque centrale européenne (BCE) : 5509 (secret professionnel) ; 8194 (relations avec les commissaires aux comptes) ; 78115 (mécanisme de surveillance unique).

BCG (Boston Consulting Group) : 65380 (grille d'analyse des produits).

Belgique : 16680 s.

Bilan d'ouverture : 46480 s. (consolidation) ; 30875 (rapport sur les comptes) ; 47730 (mission Alpe).

Blâme : 15360, 15425, 15442.

Blanchiment des capitaux et financement du terrorisme
Étude d'ensemble : 62090-1 s.
Audit des assurances : 82350 s.
Audit des banques : 79503 (dépôts de la clientèle) ; 79630 (comptes de dépôt) ; 80130 (risques de non-conformité) ; 80172 (opérations sur titres).
Audit légal des petites entreprises (mission Alpe) : 48700.
Bénéficiaire effectif : 62105 (définition) ; 62105-1 (vérifications liées à son identification) ; 62106 (registre) ; 62108 (exemption) ; 85365 (associations, fondations, fonds de dotation et fonds de pérennité).
Contenu de la déclaration : 62164.
Échange d'informations : 62170.
Forme de la déclaration : 62162.
Obligation de conservation des documents et informations : 62190.
Obligation de déclaration : 62150 s.
Obligation de vigilance du CaC avant d'accepter de fournir une prestation à un client occasionnel : 62141 s.
Obligation de vigilance du CaC avant d'accepter la relation d'affaires : 62095 s.
Obligation de vigilance du CaC au cours de la relation d'affaires : 62120 s.
Procédures et mesures de contrôle interne : 62180 s.
Responsabilité du CaC : 62172 s.
Autre rubrique : Révélation de faits délictueux.

Bonne foi : 12622 (responsabilité civile du CaC).

Bonne pratique professionnelle : 535 ; 3760 s. (rotation) ; 3758 (autorévision) ; 61620, 61635 s., 61645 s. (révélation de faits délictueux).

Bons de souscription
Bons de souscription de parts de créateur d'entreprise (BSPCE) : voir Salarié.
Autre rubrique : Valeurs mobilières.

Bourse : 41000 s. (audit des personnes et entités procédant à une offre au public ou à une admission de titres financiers aux négociations sur un marché réglementé).

Budget
Audit des associations : 85300 s.
Budget d'intervention du CaC : 9930 s. (règles générales) ; 27530 (audit financier par phase) ; 65640 s. (missions de cession/acquisition).

Business plan : 66400 s.

1827

TABLE ALPHA © Ed. Francis Lefebvre

Business plan *(suite)*

Analyse de la valeur de l'entreprise : 65350, 65420.

Aspects informatiques : 65600.

Business risk : 65370 s. (mission de cession/acquisition).

C

Canada : 20000 s.

Capital Expenditures Plan (CapEx) : 66370, 66640.

Capital social

Capitaux propres inférieurs à la moitié du capital social : 57640 (réduction du capital) ; 61312 (irrégularités).

Détention du capital : 55400 s. (franchissement de seuil).

Opérations concernant le capital social : 56600 s.

Libération d'une augmentation du capital par compensation avec des créances : 56620 s. (principales modalités) ; 56680 s. (intervention du CaC).

Suppression du droit préférentiel de souscription : 56730 s. (principales modalités) ; 56790 s. (intervention du CaC) ; 13755 s. (sanction pénale pour information inexacte).

Programme de rachat d'actions : 57800 s. ; 57810 s. (principales modalités) ; 57900 s. (intervention du CaC).

Réduction du capital : 57500 s. ; 57550 s. (principales modalités) ; 57680 s. (intervention du CaC).

Carence des organes sociaux : voir Convocation en cas de carence.

Carpa

Mission de certification des comptes : 85525.

Missions du CaC : 5367 (secret professionnel du CaC).

Secret professionnel des CaC des Carpa à l'égard des organes de contrôle : 5615.

Seuil de nomination du CaC : 1950.

Cash-flows : 65320, 65350.

Certificat du dépositaire : 56640, 56648, 56695 (intervention du CaC).

Autre rubrique : Compensation (libération d'une augmentation du capital par compensation avec des créances).

Certification des comptes

– avec réserve : 7412 ; 30862 s.

– consolidés : 7305, 45308 s.

– sans réserve : 7410, 30860.

Impossibilité de certifier : 7416, 30872.

Mission du CaC : 7305, 7410 s.

Refus de certifier : 7415, 12628, 30870.

Responsabilité civile : 12275 s.

Révélation de faits délictueux : 62070 s.

Seuil de signification : 25475 s. ; 47850 (mission Alpe).

Vérifications spécifiques : 50270 s.

Autre rubrique : Rapport sur les comptes annuels et consolidés.

Cessation

– **de l'activité de CaC** (retrait ou radiation de la liste) : 1155 s. (cessation provisoire) ; 1161 (retraite ou décès).

– **des fonctions du CaC :** 2450 s. (étude d'ensemble) ; 2202 et 2650 (date) ; 2450, 2670 (diligences) ; 2700 (publicité) ; 2715 (information confrère) ; 4317 (indépendance du CaC) ; 2474 s. (liquidation de la société) ; 2485 s. (non-franchissement de seuils) ; 2480 (sauvegarde, redressement judiciaire) ; 2477 (transfert du siège social) ; 2472 (transformation d'une société) ; 2630 (EIP, atteinte durée maximale du mandat) ; 2700 (publicité légale) ; 12285 (responsabilité civile du CaC) ; 61945 (révélation de faits délictueux).

Autres rubriques : Démission du CaC, Récusation du CaC, Relèvement de fonction.

Cession/acquisition (mission)

Étude d'ensemble : 65000 s.

Liste des documents à obtenir : 93555.

Liste des risques usuels : 93550.

Statut du contrôleur légal : 3710 s. (incompatibilités) ; 5068 (secret professionnel).

Chambre régionale des comptes : 5790 s. (secret professionnel des CaC) ; 84265 s. (secteur associatif).

Change : 45685 (gains latents).

Changement comptable : 26228 s., 31267 (identification) ; 30905 s. (impact sur le rapport du CaC sur les comptes annuels) ; 30904 (travaux du CaC).

Charte (contrôle qualité) : 10810.

Circularisation : voir Confirmations directes.

Client (audit ventes/clients) : 32000 s.

CNCC : voir Compagnie nationale des commissaires aux comptes.

Coassurance : 83140 s.

Cocommissariat

Audit des comptes consolidés : 45330 s., 45370 s., 45810 (exercice collégial) ; 46402 s.

Convocation de l'assemblée générale : 62930.

Désaccord entre commissaires aux comptes (rapports) : 30938 s.

Dérogation au secret professionnel : 5386 s.

ESEF : 42446.

Indépendance (mesure de sauvegarde) : 4318.

Livre vert : 16191.

Nomination obligatoire de deux CaC : 2134.

Nomination volontaire de plusieurs CaC : 2140.

Prolongation de la durée maximale du mandat pour les EIP : 2380.

Réforme de l'audit en Europe : 18010 s.

Répartition des travaux : 4320 s. (NEP 100) ; 9895 s. (fixation des honoraires).

Responsabilité civile : 12895.

Responsabilité pénale : 13966.

Code d'éthique de l'Ifac : 3616.

Code de déontologie de la profession :
2169 s. (acceptation de la mission) ; 7175 s. (mission du CaC).

Autres rubriques : Déontologie, Incompatibilité, Indépendance, Réseau, Secret professionnel.

Collaborateur du CaC

Liens personnels, financiers et professionnels : 3736, 3737, 3738.

Responsabilité administrative : 12000, 15130.

Responsabilité civile : 12310 s.

Responsabilité pénale : 13965.

Revue des travaux : 10705 s.

Secret professionnel : 5092 (des collaborateurs) ; 5372 (du CaC vis-à-vis de ses collaborateurs).

Collectivité territoriale : 84370 (expérimentation de certification des comptes).

Comité d'audit (ou Comité spécialisé)

Communication du CaC avec le comité d'audit : 26450 s. (étude d'ensemble) ; 26481 s. (objet de la communication) ; 26485 (modalités de communication).

Composition : 26474.

Désignation du CaC (Recommandation et appel d'offres) : 2236, 2360 s.

Entités soumises à l'obligation : 26472.

Comité d'audit *(suite)*

États-Unis : 19235.

Fonctionnement : 26476.

Indépendance du CaC : 3618, 3781 s. (approbation des SACC) ; 3790 s. (risque de dépendance lié aux honoraires) ; 4400, 26470, 26483, 26502.

Publicité des honoraires du CaC : 3793.

Rapports d'audit interne : 25250 s.

Rapport remis au comité d'audit : 26500 s.

Réforme de l'audit en Europe : 17850 s.

Responsabilité : 26479.

Rôle du comité d'audit : 26470.

Secret professionnel du CaC vis-à-vis du Comité : 5254 s.

Comité des organes européens de supervision de l'audit (CEAOB) : 16200, 18125.

Comité social et économique (ex-comité d'entreprise)

Conventions réglementées : 53440.

Demande d'information du comité : 63300 s.

Établissement de comptes consolidés : 45020.

Missions du comité social et économique : 63340 s.

Nomination d'un commissaire aux comptes : 1950 ; 2134 (comptes consolidés).

Procédure d'alerte : 62305, 62679 (par le CaC).

Rapport sur l'activité : 54181.

Rapport sur les activités et la gestion financière : 45020.

Secret professionnel du CaC : 5309 s. (vis-à-vis du comité) ; 5330 (vis-à-vis de l'expert-comptable du comité).

Commerçant : 1440, 3718 s., 7810 s. (compatibilité avec l'activité de CaC).

Commissaire

Commissaire à la fusion : 85445 (secteur associatif).

Commissaire à la transformation : 60100 (conditions générales d'intervention) ; 60165 (tableau récapitulatif des interventions) ; 60200 s. (transformation en société par actions) ; 60500 (transformation d'une SARL) ; 60750 s. (transformation d'une société par actions).

Commissaire aux apports : 56928 (actions de préférence) ; 85445 (secteur associatif).

Secret professionnel du CaC vis-à-vis du commissaire à la fusion, aux apports, à la transformation, etc. : 5415.

Autre rubrique : Fusion.

Commissaire aux comptes

Cosignataire : 2128 (définition).

TABLE ALPHA   © Ed. Francis Lefebvre

Commissaire aux comptes *(suite)*
Suppléant : voir Suppléant.
Titulaire : 2128 (définition).
Autres rubriques : Décès, Nomination.

Commissaire réviseur : 16680 s. (Belgique).

Commission (organisme)
Commission d'enquête parlementaire : 5565 s.
(secret professionnel du CaC).
Commission des participations et transferts :
5575.
Commission européenne : 16191 (compétence) ;
17800 s. (réforme de l'audit en Europe).
**Commission nationale des comptes de
campagne et des financements politiques :**
5580 (secret professionnel du CaC).
Commission régionale de discipline : 548, 15245
(suppression).
Commission technique : 700 s., 818 s.
**Committee of European Audit Oversight Bodies
(CEAOB) :** 11108.

Commodat : 86130.

**Compagnie nationale des commissaires
aux comptes** (CNCC)
**Arbitrage du président en cas de litige concer-
nant les honoraires :** 10078.
**Commission nationale du contrôle d'activité
délégué** (CNCA) : 11050.
Contrôle des CaC : 10900 s.
Organisation : 650 s.

**Compagnies régionales des commis-
saires aux comptes** (CRCC)
Étude d'ensemble : 760 s.
**Arbitrage en cas de mise en jeu de la responsa-
bilité civile du CaC :** 12955.
Compagnie de rattachement des CaC : 951 s.,
1152 (transfert).
Contrôle des CaC : 10900 s.
Exercice en société : 1665.
Organes techniques : 818 s.

Compensation (libération d'une augmentation du
capital par compensation avec des créances) : 56610 s.
(étude d'ensemble) ; 56640 s., 56690 s. (arrêté
de compte) ; 56640, 56648, 56695 (certificat du
dépositaire) ; 56620 s. (principales modalités) ;
56680 s. (intervention du CaC).

Compétence professionnelle : 1385 s.,
3564.

Complicité : 13967 s. (action pénale contre le
CaC).

Comptes consolidés
Étude d'ensemble : 45000 s.
Annexe : 46302 s.
Associations et fondations : 85190 s.
Capitaux propres : 46080 s., 46200 (variations) ;
46140 s. (diligences).
Certification des comptes : 45308 s.
Cessation de fonction du CaC : 2488.
Coentreprise : 45996 s. (création).
Contrôle : 45018, 45559 (exclusif, conjoint).
Diligences sur les entités consolidées : 45415.
Événements postérieurs à la clôture : 30587.
Exemptions : 45055 s.
Méthodes : 45580 s. (de consolidation) ; 45670 s.
(d'évaluation et de présentation) ; 45677 s.
(préférentielles) ; 45960 s. (optionnelles).
Minoritaires : 45560, 45581, 45955, 45968,
45991, 46143, 46203.
Nomination de deux CaC : 2134.
Périmètre de consolidation : 45558 s.
Pourcentage : 45560 s. (de contrôle) ; 45560 (d'in-
térêt) ; 45968 s. (variation).
Principes comptables : 45651 s., 45751 s.
(manuel des règles et principes comptables).
Rapport du CaC sur les comptes consolidés :
30850 s. (audit financier par phase).
Relations avec les contrôleurs des filiales :
45382.
Retraitements : 45667 s. (méthodes préférentiel-
les) ; 45678 s. (location-financement).
Secret professionnel : 5395 s. (règles générales) ;
5416 (communication à l'étranger) ; 45392
(confrères étrangers).
Seuil de signification : 45795 s.
Seuil de planification : 45798 s.
Signature du rapport : 30588.
Vérifications spécifiques : 50465 (rapport).
Autres rubriques : Annexe, Bilan d'ouverture,
Cocommissariat, Écarts, Entités ad hoc, Groupe de
sociétés, Impôts et taxes, Influence notable, Instruc-
tions, Liasse, Périmètre.

Comptes intermédiaires
Audit de comptes intermédiaires : 49000 s.
Examen limité de comptes intermédiaires :
49700 s.
Mission de cession/acquisition : 66320.

Comptes prévisionnels : 68700 s.

Comptes pro forma
Étude d'ensemble : 68900 s.
Comptes consolidés : 45666 s.
Missions de cession/acquisition : 66100 s.

1830

Comptes semestriels

Étude d'ensemble : 41076, 41170, 42460 s. ; 42470 s. (intervention du CaC) ; 41116 (Euronext Growth).

Audit des banques : 78139.

Directive Transparence : 42400.

Examen limité : 7452 s., 49750 s.

Lettre de mission : 27560.

Plan de mission : 27530.

Conciliateur : 8430.

Conclusions : voir Rapports.

Confirmations directes

Audit des assurances : 82850 s., 83180.

Audit financier : 26260 s., 30270 s.

Covid-19 : 26285, 30334 (courrier électronique).

Définition : 9210 s., 26260 s.

Conflit d'intérêts : 3562 (impartialité) ; 3570 (généralités) ; 18340 (réforme de l'audit en Europe) ; 65090 s. (mission de cession/acquisition).

Conseil d'administration : voir Dirigeant, Organe en charge de l'administration.

Conseil d'État : 84255 s. (contrôle des associations).

Conseil de prud'hommes : 5745 (secret professionnel du CaC).

Conseil de surveillance : voir Dirigeant.

Conseil national

Étude d'ensemble : 670 s.

Commissions techniques : 700.

Conservation

Conservation des dossiers et documents : 25790, 25880.

Consolidation : voir Comptes consolidés, Groupe de sociétés.

Constats : voir Services autres que la certification des comptes.

Consultation : 3726 (consultation juridique et rédaction d'actes) ; 7790, 68400 s. (services autres que la certification des comptes) ; 68520 s. (consultations portant sur le contrôle interne).

Continuité d'exploitation : 5504 (information ACPR) ; 30890 s. (rapport sur les comptes) ;

Continuité d'exploitation *(suite)*

49845 (entretien avec la direction) ; 49855 (diligences complémentaires) ; 62435 s. (alerte).

Autre rubrique : Alerte.

Contrôle

Audit financier : 25445 s. (risques liés au contrôle) ; 26150 s. (techniques de contrôle) ; 27265, 27700 s. (contrôle interne) ; 30480 s. (annexe).

Banque : 78160 s. (contrôle interne) ; 78520 s. (approche du contrôle interne) ; 79250 s. (appréciation du contrôle interne) ; 79850 s. (opérations de marché).

Contrôle fiscal : voir Impôts et taxes.

Contrôle institutionnel : 8100 (AMF) ; 8160 (ACPR) ; 8060 (Cour des comptes).

Contrôle judiciaire : 14330 s. (mise sous contrôle judiciaire du CaC).

Contrôle légal à l'étranger : 16500 s. (Allemagne) ; 16680 s. (Belgique) ; 16850 s. (Espagne) ; 17215 s. (Irlande) ; 17560 s. (Suède) ; 19050 s. (États-Unis) ; 20000 s. (Canada) ; 22100 s. (Tunisie) ; 22500 s. (Liban) ; 24000 s. (Suisse).

Contrôle légal en France : 500 s. ; 16280 s. (personnes habilitées).

Contrôles de substance : 30000 s.

Institution de prévoyance : 8160 s. (ACPR).

Mutuelles : 8160 s. (ACPR) ; 82510 s.

Petites entreprises (mission Alpe) : 47800 s.

Prise de participation et de contrôle : 55465.

Services d'investissement : 80220 s.

Sociétés d'assurances : 5495 s., 8160 s. (ACPR) ; 82510 s.

Contrôle interne

Étude d'ensemble : 27700 s.

Audit financier : 27265, 27700 s.

Assurances : 82740 s.

Associations et fondations : 85580 s.

Banques : 78160 s. (contrôle interne) ; 78520 s. (approche du contrôle interne) ; 79250 s. (appréciation du contrôle interne) ; 79850 s. (opérations de marché).

Caractéristiques : 27850 s.

Consultations (services autres que la certification des comptes) : 68520 s.

Faiblesse du contrôle interne : 26490 s. (communication du CaC aux organes mentionnés à l'article L 823-16 du Code de commerce).

Limites : 28350 s.

Méthodologie d'évaluation : 28450 s.

Outils et techniques : 28100 s.

Principes d'organisation : 28050 s.

TABLE ALPHA © Ed. Francis Lefebvre

Contrôle interne *(suite)*

Questionnaire d'évaluation des risques de non-maîtrise : 93525.

Tests de conformité ou de compréhension : 28680 s.

Contrôle qualité

Contrôle qualité institutionnel : 10900 s. (étude d'ensemble) ; 11000 (système d'assurance qualité externe en France) ; 11040 (rôle du H3C) ; 11050 (cabinets détenant mandats EIP et non-EIP) ; 11100 (intervention de l'AMF) ; 11105 (intervention de l'ACPR) ; 11110 s. (principes de mise en œuvre des contrôles) ; 11130 (orientation des contrôles) ; 11140 (communication des pièces et documents) ; 11160 (financement) ; 11170 (modalités de déroulement des contrôles) ; 11260 (phase de restitution) ; 11270 (suites données aux contrôles) ; 18100 s. (réforme de l'audit en Europe).

Contrôle qualité interne : 10500 s. (étude d'ensemble) ; 10504 (normes internationales de gestion de la qualité) ; 10550 (objectifs) ; 10580 s. (principes d'organisation) ; 10650 s. (modalités de mise en œuvre) ; 10655 s. (acceptation et poursuite des missions) ; 10680 (procédures de délégation) ; 10705 (revue des travaux) ; 10715 s. (revue indépendante) ; 10720 (supervision des travaux).

Conventions courantes conclues à des conditions normales

Étude d'ensemble : 52255 s.

Groupes de sociétés : 52265.

Personnes morales de droit privé non commerçantes et associations subventionnées : 53037.

Procédure applicable : 52278, 52610 (procédure d'évaluation).

Rapport : 52450.

Sociétés anonymes : 52610.

Sociétés à responsabilité limitée (SARL) : 52770.

Sociétés par actions simplifiées : 52878.

Conventions interdites

Étude d'ensemble : 52245 s.

Personnes morales de droit privé non commerçantes et associations subventionnées : 53035.

Sociétés anonymes : 52600, 52620 s.

Sociétés à responsabilité limitée (SARL) : 52765, 52778 s.

Sociétés par actions simplifiées : 52875, 52890 s.

Conventions réglementées

Étude d'ensemble : 52100 s.

Conventions réglementées *(suite)*

Audit légal des petites entreprises (mission Alpe) : 52370 (dispense diligences et rapport du CaC).

Association et fondations : 85230 s.

Approbation des conventions : 52280 (principes généraux) ; 52292, 52440 s. (défaut d'approbation) ; 52691 s. (SA).

Autorisation préalable : 52280 (principes généraux) ; 52290, 52675 (défaut d'autorisation) ; 52438 (rapport spécial : conventions non autorisées) ; 52670 (modalités pour la SA) ; 52671 (motivation de l'autorisation) ; 52673 (recommandations AMF).

Conventions conclues sur des exercices antérieurs : 52434, 52442 s. (rapport spécial du CaC) ; 52682 (SA et SCA : examen annuel du conseil) ; 52685 (avis donné au CaC).

Déclassement de conventions : 52490.

Dirigeants communs : 52230 (principes généraux) ; 52577 (SA, SCA) ; 52760 (SARL) ; 53025 (personnes morales de droit privé non commerçantes et certaines associations subventionnées).

Engagements pris en faveur des mandataires sociaux : 52695 s.

Entités soumises à la procédure : 52210.

Établissements de crédit : 53320 s.

Établissements sociaux et médico-sociaux : 53030 ; 53042 ; 53066.

Filiales à 100 % : 52267.

Forme des conventions : 52235.

Fusion : 52474.

Groupe de sociétés : 52265 s. ; 52270 (exemples de conventions intragroupe) ; 52272 (recommandations AMF) ; 52272 (charte interne).

Institutions de prévoyance et leurs unions : 53400 s.

Institutions de retraite complémentaire : 53435 s.

Intérêt indirect : 52220.

Interposition de personne : 52225.

Liquidation : 52476, 52480.

Mission complémentaire (exercices précédents) : 2190.

Modification des conventions : 52485.

Mutuelles et leurs unions : 53350 s.

Organismes collecteurs de fonds de la participation professionnelle : 53290 s.

Organismes collecteurs de la participation à l'effort de construction : 53250 s.

Parties liées : 52200 (projet de révision de la directive relative au droit des actionnaires) ; 52390 (détection des conventions).

Personnes visées : 52215 s. (principes généraux) ; 52575 s. (SA, SCA) ; 52760 (SARL) ; 52860

1832

Conventions réglementées *(suite)*

(SAS) ; 53025 (personnes morales de droit privé non commerçantes et certaines associations subventionnées).

Personnes morales de droit privé non commerçantes et certaines associations subventionnées : 53000 s.

Publicité sur le site internet : 52681.

Rapport spécial : 52430 s., 52433 (absence de conventions) ; 52442 (conventions déjà approuvées) ; 52438 (conventions non autorisées) ; 52455 s. (absence ou insuffisance de rapport) ; 52460 (communication du rapport) ; 52472 (transformation de la société) ; 52474 (fusion de sociétés) ; 52685 (absence de CaC) ; 48400, 52690 (dispense mission Alpe).

Recommandation AMF (AG des sociétés cotées) : 52220 (intérêt indirect) ; 52265 (guide conventions courantes) ; 52272 (charte interne) ; 52280, 52673 (rôle du conseil) ; 52437 (conventions postérieures à la clôture) ; 52460, 52689 (rapport spécial) ; 52690 (résolutions séparées).

Redressement judiciaire : 52478.

Rémunération des dirigeants : 52615 (SA) ; 52695 (sociétés dont les titres sont admis aux négociations sur un marché réglementé) ; 52776 (SARL) ; 52887 (SAS).

Sociétés anonymes : 52550 s.

Sociétés anonymes d'habitations à loyer modéré : 53220 s.

Sociétés à responsabilité limitée (SARL) : 52750 s.

Sociétés civiles de placement immobilier : 53150 s.

Sociétés coopératives agricoles : 53105 s.

Sociétés d'assurances : 83300 s.

Sociétés étrangères : 52230.

Sociétés par actions simplifiées : 52850 s.

Tacite reconduction : 52485.

Transformation : 52472 s.

Travaux du commissaire aux comptes : 52390 s. (présentation générale) ; 52720.

Vérifications spécifiques : 50200.

Conversion : voir Devises.

Convocation du CaC

Convocation aux assemblées : 9305, 9425 s. (défaut de convocation).

Convocation à l'examen ou à l'arrêté des comptes : 9288.

Convocation en cas de carence : 62800 s. ; 48500 (dispense mission Alpe).

Correction d'erreur : 30907 (rapport du CaC sur les comptes annuels).

Cotisations

Audit du secteur associatif : 85900.

Financement du contrôle qualité : 11160.

Financement du H3C : 579.

Omission du CaC de la liste pour non-paiement des cotisations professionnelles : 1158 s.

Pénalités : 585.

Coup d'accordéon : 57560, 57645.

Cour de discipline budgétaire et financière : 5830, 84271.

Cour des comptes

Étude d'ensemble : 8060 s.

Pouvoir d'investigation du CaC auprès de la Cour des comptes : 9224.

Secret professionnel des CaC : 5790, 5800 s. (organismes de sécurité sociale).

Secteur associatif : 84265 s.

CRCC : voir Compagnie régionale des commissaires aux comptes.

Créance, créancier

Action en responsabilité d'un créancier de la société ou d'un actionnaire contre le CaC : 12860 s.

Certification de la liste des créances détenues par les membres des comités de créanciers dans le cadre d'une procédure de sauvegarde (intervention du CaC) : 63500 s.

Compensation de créances : 56620 s. (libération d'une augmentation du capital par compensation avec des créances).

Confirmations directes : 30288.

Déclaration de créance d'une entreprise en redressement ou liquidation judiciaire : 63100 s.

Protection en cas de réduction du capital : 57615 s.

Secret professionnel du CaC vis-à-vis des créanciers de la société : 5216.

Autres rubriques : Client, Fournisseur.

Crédit : voir Emprunt.

D

Data-room

Étude d'ensemble : 65910 s.

Conformité de la pratique avec l'obligation au secret professionnel : 5420.

DCF (Discounted Cash-Flows) : 65350 (analyse de la valeur de l'entreprise).

Décès du CaC

Intervention du suppléant : 2560, 2662.

Radiation de la liste des CaC : 1161.

Responsabilité civile : 12882.

Déclaration

Déclaration à Tracfin

Obligation de déclaration : 62150.

Responsabilité : 62172.

Conséquence sur obligation de révélation au procureur de la République : 62175.

Déclaration d'activité : 11190 s., 94100.

Déclaration d'intention : 42739, 55555.

Déclaration de bénéficiaire effectif : 85365.

Autre rubrique : Blanchiment des capitaux et financement du terrorisme.

Déclaration de créance : 63100 s. (visa du CaC sur les déclarations de créances produites par l'entité contrôlée).

Déclaration de jugement commun du CaC dont la responsabilité civile est mise en cause : 13150 (contre les dirigeants) ; 12318 (contre l'expert).

Déclaration de performance extra-financière (DPEF)

Étude d'ensemble : 54205.

Attestation de la présence d'une DPEF : 54317.

Entités concernées : 54205 ; 54206, 78365 (établissements de crédit et d'investissement) ; 83450 s. (sociétés d'assurances).

Diligences du CaC : 54297.

Irrégularité : 54297 (absence).

Mission de l'organisme tiers indépendant (OTI) : 70200 s.

Services autres que la certification sur les informations extra-financières : 70600 s.

Autre rubrique : Rapport de gestion.

Déclaration sur le fonds de roulement net : 41960 s.

Déclaration sur l'honneur : 10588 (procédure du cabinet de CaC).

Déclaration sur le niveau des capitaux propres et de l'endettement : 41967 s.

Déclarations de la direction : 9330, 9342 s. (droit à l'information du CaC) ; 30780 (principe) ; 30800 s. (contenu) ; 30808 s. (modalités d'établissement) ; 30809 (groupe d'entités) ; 30811 (refus de la direction) ; 30812 (représentant légal non présent sur la période) ; 47950 (mission Alpe).

Délai

– **de viduité :** 2384, 3760, 4326.

– **de paiement :** 56520 s.

Délégation (opérations sur le capital) : 56757 (délégation de pouvoir) ; 56758 (délégation de compétence) ; 56760 (subdélégation).

Délégation des travaux : 7675 s.

Délit d'entrave : 9185, 9189 (obstacles au pouvoir d'investigation du CaC dans la société contrôlée) ; 9400 s. (non-respect du droit d'accès à l'information) ; 10280 s. (non-paiement des honoraires) ; 10390 s., 12628 (révélation du délit par le CaC).

Délit d'initié : 13775, 42326.

Délit de fausse information boursière : 42326.

Demande de confirmation de tiers : voir Confirmations directes.

Demande reconventionnelle : 13175 (demande reconventionnelle du CaC mis en cause contre les dirigeants).

Démission du CaC

Étude d'ensemble : 2570 s.

Associations et fondations : 85065.

Non-paiement des honoraires : 2574, 10370 s.

Procédure : 12622 (en cas de litige sur les honoraires).

Responsabilité du CaC en cas de démission illégitime : 2595, 12285.

Suppléant : 2662.

Déontologie : voir Code de déontologie de la profession.

Département EIP : 710 s.

Dépenses de mécénat : 56400 s. (étude d'ensemble) ; 56470 s. (mission du CaC).

Déplacement : 9800 (frais de déplacement du CaC).

Désignation : voir Nomination du CaC.

Détention provisoire : 14345 s. (action en responsabilité pénale contre le CaC).

Dettes financières : 33350 s. (audit financier par cycle) ; 66350 (mission de cession/acquisition).

Devises : 32700 s. (audit financier par cycle) ; 45730 s. (conversion filiales étrangères).

Diligences directement liées à la mission (DDL) : 68000 (suppression du concept).

© Ed. Francis Lefebvre

TABLE ALPHA

Diplôme : 1000 s. (diplôme requis pour l'exercice de la profession de CaC).

Directeur : voir Dirigeant.

Directives européennes : 16250 s. ; 17800 s. (directive sur le contrôle légal – réforme de l'audit en Europe) ; 42400 (directive Transparence) ; 45090 (directive comptable unique) ; 83500 s. (directive Solvabilité 2) ; 54205 (proposition de directive CSRD – *Corporate Sustainability Reporting Directive*).

Dirigeant

Associations : 84700 s.

Communication du CaC avec l'organe chargé de la direction : 26450 s.

Engagements pris en faveur des mandataires sociaux dans les sociétés cotées : 52695 s.

Conventions réglementées : 52288.

Infractions commises par les dirigeants : voir Infraction.

Manquements des dirigeants : voir Manquements.

Modification de la direction d'une société de CaC : 1170 (conséquence sur la liste d'inscription des CaC).

Obligation de détenir des actions de la société : 56060 s. (contrôle de l'obligation).

Rémunération des mandataires sociaux : 52615 (conventions réglementées) ; 52695 s. (engagements liés à la cessation des fonctions dans les sociétés cotées) ; 55827 s. (informations dans le rapport sur le gouvernement d'entreprise).

Secret professionnel du CaC à l'égard des organes de direction : 5250 s.

Sommes et avantages versés aux administrateurs : 83340 (rapport du CaC).

Discipline : voir Responsabilité du CaC.

Dividendes

Acomptes sur dividendes : 58550 s. (étude d'ensemble) ; 58750 s. (intervention du CaC).

Paiement du dividende en actions : 59000 s. (étude d'ensemble) ; 59300 s. (intervention du CaC).

Document d'enregistrement universel (dit URD) : 42010 s. (étude d'ensemble) ; 42030 (amendement) ; 42020 (délai de publication) ; 42050 s. (dépôt et approbation) ; 42040 (responsabilité).

Document de référence : voir Document d'enregistrement universel (dit URD).

Documentation : 10620 s. ; 25780 s. (audit financier) ; 30650 (événements postérieurs à la clôture) ; 50298 (vérifications spécifiques) ; 48000 (mission Alpe).

Documents adressés ou mis à disposition des actionnaires : 54420 s. (obligations des sociétés) ; 54500 s. (sanctions) ; 54530 s. (mission du CaC) ; 48620 (mission Alpe).

Documents prévisionnels : 54650 s. (étude d'ensemble) ; 54865 s. (mission du CaC) ; 50210 (vérifications spécifiques) ; 85270 s. (associations et fondations).

Dol du CaC : 61788.

Domicile (d'inscription sur la liste des CaC) : 951 s. (notion).

Don, donation

Certification des dons versés aux associations et fiscalement déductibles : 56400 s.

Ressources des associations : 85860 s.

Dossier de travail

Audit financier : 25795 (conservation des dossiers) ; 25790 s. (documentation des travaux) ; 25890 s. (informatisation et dématérialisation des dossiers) ; 25910 s. (structure et contenu des dossiers de travail).

Contrôle qualité interne : 10800.

Révélation des faits délictueux : 61970.

Secret professionnel : 5128, 5270.

Dossier d'inscription (sur la liste des CaC) : 1020 s. (personnes physiques) ; 1040 s. (sociétés).

Droit préférentiel de souscription

Définition : 56735.

Émission de valeurs mobilières : 57150 s.

Renonciation au droit : 56740.

Suppression du droit : 56742 s. (bénéficiaires de la suppression) ; 56757 (délégation de pouvoir) ; 56758 (délégation de compétence) ; 56845 s. (établissement et communication des rapports du CaC) ; 56735 s. (nature de l'opération) ; 56777 (prix d'émission des actions) ; 56770 (rapports à l'assemblée) ; 56790 s. (intervention du CaC) ; 56750 s. (règles de mise en œuvre) ; 56785 s. (sanctions) ; 56772 (situation financière intermédiaire) ; 56760 (subdélégation) ; 13755 s. (sanction pénale pour information inexacte).

Due diligence : 65000 s.

1835

E

EBIT (Earnings Before Interest and Taxes) : 65370, 66210.

Écart
Écart d'évaluation : 45953 s.
Écart d'acquisition : 45955 s., 46013 s., 46142.
Autre rubrique : Devises.

Égalité entre les actionnaires : 55000 s. (contrôle du respect).

Éléments probants
Principe : 9155, 25705 s.
Collecte d'éléments probants : 25730 s.
Contexte Covid-19 : 26160 s.
Techniques de contrôle : 25750 s.

Embedded value : 82240, 82570 (audit des assurances).

Empêchement du CaC : 2545, 2600 s., 2662.

Emprunt
Audit financier par cycle : 33350 s.
Confirmations directes : 30304.
Octroi d'un prêt ou d'une avance de fonds au CaC par la société contrôlée : 3737 s.
Prêts interentreprises : 54208 (rapport de gestion) ; 52262 (procédure des conventions réglementées).
Risque : 80140.

Encours de production : 32350 s. (audit financier par cycle).

Enquête parlementaire : 5565 s. (secret professionnel du CaC vis-à-vis des commissions d'enquête).

Enseignement : voir Formation.

Entité ad hoc : 45018 (contrôle exclusif) ; 45562 (définition) ; 45597 (diligences).

Entité d'intérêt public (EIP) : 2352 (définition en France) ; 2350 s. (nomination du CaC) ; 2380 s. (durée maximale du mandat) ; 3680 s. (services interdits) ; 3760 s. (rotation) ; 3781 s. (approbation des services autres que la certification des comptes) ; 30850 s. (rapport sur les comptes) ; 26470 s. (comité d'audit) ; 26500 s. (rapport complémentaire au comité d'audit) ; 11050 (contrôle qualité externe) ; 17800 s. (réforme de l'audit en Europe) ; 17850 (définition

Entité d'intérêt public (suite)
règlement européen sur le contrôle des comptes des EIP).
Autres rubriques : Rapport de transparence, Rotation.

Entrave : voir Délit d'entrave.

Erreur
– **des états financiers :** 25420 s., 25535, 27490 s.
– **de droit :** 12622 (responsabilité du CaC).
Autre rubrique : Correction d'erreurs.

ESEF : voir Format d'information électronique unique

Espagne : 16850 s.

Esma (European Securities and Markets Authority) : 41221, 78132 (règles prudentielles).

Établissement de crédit
Étude d'ensemble : 78000 s.
Asset Quality Review : 78116.
Conventions réglementées : 53320 s.
Demande d'une lettre de confort : 68610 s.
Documents prévisionnels : 54690.
Information financière : 78120 s.
Information prudentielle : 78140 s.
Loi de séparation et de régulation des activités bancaires : 78117.
Nomination du CaC : 1871, 2134 (nombre de CAC).
Revue des actifs : 78116.
Secret professionnel du CaC : 5216 (vis-à-vis des banquiers de la société) ; 5495 s. (vis-à-vis des organes de contrôle des établissements de crédit).

Établissement public de l'État : 2134 (nombre de CaC) ; 45020 (établissement de comptes consolidés).

États financiers condensés (abrégés, résumés) : 42460 s.

États-Unis : 19050 s.

Étranger
Audit légal dans les pays étrangers : 16100 s. (pays de l'Union européenne) ; 19050 s. (États-Unis et Canada) ; 22100 s. (Suisse, Tunisie, Liban).
Filiale française de groupes étrangers : 5400 (secret professionnel du CaC).

Étranger (suite)

Filiales étrangères : 1910 (nomination d'un CaC dans les petits groupes) ; 3744 s. (services interdits) ; 9205 (pouvoir d'investigation du CaC).

Qualification requise des étrangers pour l'exercice de la profession de CaC : 1010 s. (ressortissants de l'UE) ; 1015 s. (ressortissants de pays tiers).

Lettre de confort sur opérations effectuées à l'étranger : 68625.

EURL : 1460 s. (exercice de la profession) ; 52800 (conventions réglementées).

Euronext : 41060 s. (admission) ; 41070 s. (présentation, conditions d'admission, obligations d'information) ; 41114 (transfert d'Euronext vers Euronext Growth) ; 42700 (informations permanentes).

Euronext Access (anciennement Marché libre) : 41140 s. ; 42700 (informations permanentes).

Euronext Growth (anciennement Alternext) : 41110 s. (étude d'ensemble) ; 41114 (transfert d'Euronext vers Euronext Growth) ; 41170 (tableau récapitulatif) ; 42700 (informations permanentes).

Événements post-clôture : 30530 s., 45479 s. (consolidation).

Examen d'aptitude : 1000 s. (examen pour l'exercice de la profession de CaC).

Examen limité

Examen limité dans le cadre des services autres que la certification des comptes : 49770 s. (contexte d'intervention) ; 49930 s. (expression de l'opinion) ; 49810 s. (mise en œuvre de la mission).

Examen limité de comptes intermédiaires : 49750 s. (contexte d'intervention) ; 49905 s. (expression de l'opinion) ; 49810 s. (mise en œuvre de la mission).

Mise en œuvre de la mission : 49810 s. (principes) ; 49820 (anomalies significatives) ; 49835 s. (diligences) ; 49830 (lettre de mission).

Notion d'examen limité : 49710 s.

Exclusion : 1753, 15450 (exclusion d'un CaC associé).

Exclusivité (convention d'exclusivité entre un CaC et une société de CaC) : 1685 s. (règles générales) ; 10153 (facturation des honoraires).

Executive summary : 65770 (mission de cession/acquisition).

Expectation gap : 25198.

Expert assistant le CaC

Audit des assurances : 82750 s.

Mission de cession/acquisition : 65600.

Responsabilité civile : 12310 s.

Responsabilité pénale : 13965.

Secret professionnel : 5093 (secret professionnel de l'expert) ; 5372 (secret professionnel du CaC vis-à-vis de l'expert).

Utilisation des travaux d'un expert : 25990 s.

Expert-comptable

Passerelle temporaire inscription CaC : 1008.

Relations avec le CaC : 8500 s.

Secret professionnel du CaC : 5416 (expert-comptable réviseur dans le cadre d'une mission particulière) ; 5330 (expert-comptable du comité social et économique).

Utilisation des travaux d'un expert-comptable par le CaC : 26020 s. ; 47700 (mission Alpe).

Expert de gestion : 8360 s. (nomination judiciaire) ; 5740 (nomination sur demande des actionnaires : secret professionnel du CaC).

Expert indépendant : 52673 (conventions réglementées).

Expert judiciaire : 8390 s. (règles générales) ; 5676, 5711, 5715 (secret professionnel du CaC).

F

Facturation des honoraires du CaC : 10150 s. (étude d'ensemble) ; 1686 (cumul de l'exercice à titre individuel et en société : facturation, par la société, des missions qui lui sont sous-traitées).

Faute

Accountancy Europe (ex. Fédération des experts-comptables européens) : 16350 s.

Fautes engageant la responsabilité disciplinaire : 15055 s.

Mise en jeu de la responsabilité civile du CaC : 12250 s. (faute du CaC) ; 12485 (faute de la victime) ; 12305, 12628 (faute d'autrui) ; 12520 s. (lien de causalité) ; 13050 (prescription).

Relèvement judiciaire : 2530 s.

Responsabilité administrative : 15550 s.

Filiales : voir Groupe de sociétés.

Fiscalité : voir Impôts et taxes.

TABLE ALPHA

Fondation : voir Associations et fondations.

Fonds commun de placement d'entreprise (FCPE) : 5340 s. (secret professionnel du CaC).

Fonds propres : 33750 s. (audit financier par cycle).
Autre rubrique : Capital social.

Force majeure : 12628 (incidence sur la responsabilité civile du CaC).

Format d'information électronique unique (ESEF)
Cocommissariat aux comptes : 42446.
Conclusion du CaC sur le respect du format : 30931-3, 30931-5, 42425 s.
Déclaration écrite : 42441.
Diligences : 42429 (format XHTML) ; 42430 (balisage des comptes consolidés).
Émetteurs concernés : 30931-2.
Impossibilité de conclure sur le respect du format : 30931-4.
Rapport financier annuel : 42412 (publication) ; 42415 (lien avec le document d'enregistrement universel) ; 42420 (lien avec le rapport annuel de gestion).

Formation
Activité d'enseignement par le CaC : 3715, 7810.
Formation des CaC
Diplômes requis pour l'exercice de la profession : 1000 s.
Politique de formation : 1385 s., 10612.
Formation des CaC qui n'ont pas exercé depuis trois ans : 10615.
Formation politique : voir Parti et groupement politiques.
Formation professionnelle (opérateurs de compétences)
Conventions réglementées : 53290 s.
Secteur associatif : 85530.

Fournisseur (audit achats/fournisseurs) : 31200 s.

Frais
– **de déplacement et de séjour du CaC :** 9800.
– **de procédure :** 62935 (convocation de l'assemblée générale).
– **généraux :** 66600 s. (mission de cession/acquisition).

Fraude
Audit des assurances : 83170.
Audit des banques : 78900.

Fraude *(suite)*
Contrôle interne : 28352, 29005 s.
Démarche d'audit : 27495 s. (étude d'ensemble) ; 30920 s. (procédures d'audit additionnelles).
Description des risques d'anomalies significatifs dans le rapport du CaC : 7421, 30920.
Documentation : 27498.
Notion de risque de fraude : 27490 s.
Fraude fiscale : 62150 s.
Questionnaire d'identification du risque de fraude : 93522.

Fusion
Actions propres : 57630, 57710.
Assurance : 15823.
Audit du secteur associatif : 85445 s.
CAC pressenti ayant été auparavant commissaire à la fusion : 2236 ; 54430.
Conventions réglementées : 52472 s.
Déclaration d'activité : 11190.
Fusion de sociétés de CaC : 1725 s.
Mali : 60425.
Mandat du CaC : 2476 s. (fin du mandat).
Prospectus : 41702 et 42160 (dispense).
Protection des porteurs de valeurs mobilières : 57210.
Protection des titulaires d'actions de préférence : 56980.
Réduction du capital : 57565, 57630, 57632, 57710.
Risque de perte d'indépendance : 3745, 3758 (fusion intéressant l'entité auditée).
Secret professionnel : 5071 ; 5218 ; 5360 ; 5415 ; 5790 s. ; 8085 (contrôles institutionnels).

G

Garantie de passif : 65290 (mission de cession/acquisition).

Garde à vue : 14225 s. (action en responsabilité pénale contre le CaC).

GEIE (groupement européen d'intérêt économique) : 1950 (seuil rendant obligatoire la nomination d'un CaC) ; 2245 (organe compétent pour la nomination d'un CaC).

Générosité publique : 3766 (définition).

Gérant : voir Dirigeant.

GIE (groupement d'intérêt économique)
Cadre d'exercice de la profession de CaC : 1565 s.

© Ed. Francis Lefebvre

TABLE ALPHA

GIE *(suite)*

Droit à convocation à l'assemblée générale : 9315.

Élaboration de documents prévisionnels : 54170, 54675, 54700.

Nature de l'obligation du CaC : 12265, 50315.

Nomination d'un CaC : 1950 (seuil la rendant obligatoire) ; 2245 (organe compétent pour la nomination).

Pouvoir d'investigation du CaC de l'entité membre du GIE : 9197.

Procédure d'alerte : 62385, 62670.

Procédure des conventions réglementées : 53010, 53025.

Rapport du CaC relatif aux documents d'information prévisionnels : 50210.

Responsabilité du CaC : 13990.

Goodwill : 65310 s., 66450.

Grâce : 14460 (extinction de la sanction pénale).

Groupe de sociétés

Assurance responsabilité professionnelle du CaC : 15815 s.

Auditeurs des filiales : 46090 s. (utilisation des travaux).

Déclarations de la direction : 30809.

Missions particulières de révision dans les sociétés comprises dans la consolidation : 3745.

Pouvoirs d'investigation du CaC dans les groupes de sociétés : 9195 s.

Services interdits pour le CaC et le réseau : 3744 s.

Prise de participation et de contrôle
Mission du CaC : 55400 s.
Sanctions du CaC pour non-communication d'informations : 13730 s. (prises de participation) ; 13745 s. (prises de contrôle).

Responsabilité civile de plusieurs CaC : 12900.

Révélation de faits délictueux : 61660.

Rotation du CaC : 3774.

Secret professionnel du CaC : 5395 s., 5416.

Sous-groupe : 45060 s. (exemption comptes consolidés).

Autres rubriques : Comptes consolidés, Petit groupe.

Groupement

Groupement de prévention agréé : 62320 (rôle d'alerte).

Groupement d'intérêt économique : voir GIE.

Groupement européen d'intérêt économique : voir GEIE.

Groupement *(suite)*

Groupement politique : voir Parti et groupement politiques.

Guide d'application : 7170 (principes d'élaboration).

H

Haut Conseil du commissariat aux comptes (H3C)

Étude d'ensemble : 520 s.

Contrôle qualité : 550, 11000 s.

Conventions de délégation : 526, 545, 550.

Durée du mandat : 2382 (prolongation exceptionnelle).

Échange d'informations avec l'ACPR : 8180, 8185, 11105.

Financement : 579 (cotisations) ; 585 (pénalités).

Inscription du CaC : 545, 900 s.

Missions : 525 s.

Normes d'exercice professionnel : 538.

Organisation : 560 s.

Procédure disciplinaire : 15000 s. (étude d'ensemble) ; 548, 15255 (formation restreinte) ; 570, 15210 s. (procédure d'enquête) ; 570 (rapporteur général) ; 15360 s. (sanctions à l'encontre du CaC) ; 15130 (sanctions à l'encontre d'autres personnes).

Héritage : 85868 (ressource des associations).

Holding de CaC : 1710 s.

Honoraires

Étude d'ensemble : 9750 s.

Accord sur les honoraires : 9840 s.

Ajournement de la mission : 10345.

Barème : 9930 s.

Budget d'intervention : 10050 s.

Cocommissariat : 9895, 45360 (contribution équilibrée).

Convention d'exclusivité : 1687.

Défaut de règlement des honoraires : 2620.

Facturation : 10150 s.

Indépendance du CaC et honoraires : 3787 s. (étude d'ensemble) ; 3788 (limitation honoraires SACC) ; 3790 (dépendance vis-à-vis d'une EIP) ; 3791 (situations de dépendance financière) ; 3793 s. (publicité).

Litiges relatifs au montant des honoraires : 10070 s., 15110 (fixation).

Litiges relatifs au recouvrement des honoraires : 10190 s. (entreprises en difficultés) ; 10280 (autres difficultés de recouvrement).

1839

TABLE ALPHA

© Ed. Francis Lefebvre

Honoraires *(suite)*

Mission de cession/acquisition : 65610 s.

Prestations : 75290 (prestations fournies par le CaC hors mandat de certification des comptes).

Publicité des honoraires : 2236 (information préalable à la nomination) ; 3793 s. (information des personnes contrôlées) ; 54430 (documents mis à disposition des associés).

Honorariat

Retrait : 15385.

Huissier

Huissier-audiencier : 5711 (secret professionnel du CaC).

Pouvoir d'investigation du CaC auprès des huissiers : 9215.

Hypothèque conservatoire : 10305 (recouvrement des honoraires du CaC).

I

Ifac

Code d'éthique : 3616.

Contrôle qualité : 10502 s.

Normes internationales d'audit : 7165 s. ; 18180 (réforme de l'audit en Europe).

IFRS : 45161 (champ d'application) ; 46500 (transition vers les IFRS) ; 45569 (périmètre de consolidation).

Autre rubrique : Actifs destinés à être cédés.

Igaenr (Inspection générale de l'administration de l'éducation nationale et de la recherche) **:** 5600 (secret professionnel du CaC).

Igas (Inspection générale des affaires sociales) **:** 5595 s. (secret professionnel du CaC).

Immatriculation (société de CaC) **:** 1095 s.

Immixtion dans la gestion

– de l'entité contrôlée : 3690, 7780 s.

Sanction civile : 7795.

Immobilisations

Audit financier par cycle : 31600 s. (immobilisations corporelles et incorporelles) ; 31920 s. (immobilisations financières).

Confirmations directes : 30272 s.

Missions de cession/acquisition : 66350 (immobilisations corporelles et incorporelles).

Secteur associatif : 86100.

Impôts et taxes

Attestation du montant global des versements effectués en application de l'article 238 bis du CGI : 56400 s.

Audit des associations : 85665 s.

Audit des assurances : 82300 s.

Audit financier par cycle : 34350 s.

Comptes consolidés : 45686 (élimination des écritures fiscales) ; 45710 s. (impôts différés sur les résultats) ; 46130 s. (diligences).

Mode d'exercice de la profession de CaC : 1373 (incidences fiscales).

Secret professionnel du CaC vis-à-vis de l'administration fiscale : 5216.

Incapacité du CaC : 2600 s. (légale) ; 2625 (physique).

Incompatibilité

Étude d'ensemble des règles garantissant l'indépendance du CaC : 3680 s.

Autorévision : 3755 s.

Fourniture de services : 3739 s. (définitions et principes) ; 3744 s. (services interdits pour les mandats EIP) ; 3748 s. (approche risques/sauvegarde pour les mandats non-EIP).

Incompatibilités générales : 3718 (activité commerciale) ; 3715 (emploi salarié) ; 3712 (principe général).

Incompatibilités spéciales : 3730 (définition) ; 3736 (liens personnels) ; 3737 (liens financiers) ; 3738 (liens professionnels) ; 3733 (prise d'intérêt).

Interdictions temporaires : 3759.

Référentiel normatif : 3602 s. (national) ; 3610 s. (européen et international) ; 3620 s. (évolution).

Rotation : 3760 s.

Salariés, collaborateurs et personnes liées : 3736, 3737, 3738 (liens personnels, financiers et professionnels).

Sanctions : 3800 s.

Situations à risques et mesures de sauvegarde : 3755 s.

Violation des règles d'incompatibilité : 12273 (responsabilité civile) ; 13615 s. (responsabilité pénale) ; 15050 s. (responsabilité disciplinaire).

Autre rubrique : Indépendance du CaC

Indépendance du CaC

Étude d'ensemble : 3500 s.

Apparence d'indépendance : 3570 (conflits d'intérêts) ; 3712 (principe général) ; 4315 s.

Autorévision : 3755 s.

Cocommissariat aux comptes : 4318 s.

1840

Indépendance du CaC (suite)

Code de déontologie professionnelle : 3558 s. ; 3680 s.

Facteurs de risques : 3574 s.

Fusions et acquisitions (intéressant l'entité) : 3758.

Honoraires : 3787 s. (étude d'ensemble) ; 3788 (limitation honoraires SACC) ; 3790 (dépendance vis-à-vis d'une EIP) ; 3791 (situations de dépendance financière) ; 3793 s. (publicité).

Indépendance générale : 3710 s.

Informations de l'assemblée : 3793 s. (honoraires, réseau, commissariat aux apports ou à la fusion).

Rapport de transparence : 4368.

Référentiels européen et international : 3610 s.

Réforme de l'audit en Europe : 17935 s., 18340.

Rotation des associés signataires : 3760 s.

Systèmes de sauvegarde de l'indépendance : 4295 s.

Transparence : 4345 s.

Autres rubriques : Incompatibilité, Infraction.

Indivision (société de CaC) : 1716.

Inéligibilité : 15385.

Inexactitudes : 61250 s. (étude d'ensemble) ; 5260, 5286, 5702 (secret professionnel du CaC) ; 55720 (prise de participation et de contrôle d'une société) ; 61770 (révélation de faits délictueux) ; 85425 (secteur associatif).

Influence notable : 45558 s. (périmètre de consolidation).

Information (du commissaire aux comptes)

Étude d'ensemble : 9100 s.

Droit à l'information du CaC : 9250 s. (étude d'ensemble).

Convocation : voir cette rubrique.

Déclaration de la direction : voir Déclaration.

Droit de communication : 9268 (documents pour l'AGO : comptes, rapport de gestion...) ; 9280 (autres documents).

Mission de cession/acquisition : 65240 s.

Non-respect du droit d'accès à l'information : 9400 s.

Information financière

– annuelle : 42405 s.

– semestrielle : 42460 s.

– trimestrielle : 42500 s.

Conception et mise en œuvre de systèmes d'information financière par le CaC : 3739.

Information prudentielle : 78140 s.

Informations environnementales et sociales : voir Déclaration de performance extra-financière.

Informations prévisionnelles : voir Prévisions.

Informatique

Audit des assurances : 82800 s.

Audit des banques : 78185, 78555 s., 78620 s. (évaluation des systèmes d'information) ; 79313.

Audit des comptes consolidés : 45530 s.

Audit financier : 26400 s., 27270.

Contrôle interne : 29100 s.

Infraction

Déclaration Tracfin : 62150 s.

Délit d'entrave : 9185, 9189 (obstacles au pouvoir d'investigation du CaC dans l'entité contrôlée) ; 9400 s. (non-respect du droit d'accès à l'information) ; 10390 s. (non-paiement des honoraires) ; 12628 (révélation du délit par le CaC).

Délits boursiers : 13775, 42326 (délit d'initié).

Infractions commises par le CaC

Étude d'ensemble des infractions entraînant des sanctions pénales ou disciplinaires : 13500 s. (sanctions pénales) ; 15000 s. (sanctions disciplinaires).

Communication d'informations inexactes sur la suppression du droit préférentiel de souscription : 13755 s.

Communication d'informations mensongères : 13665 s.

Défaut d'information sur les prises de contrôle : 13745 s.

Délits d'initiés et fausse information boursière : 13775, 42326.

Non-inscription sur la liste des CaC : 960.

Non-paiement des cotisations professionnelles : 1158 s.

Non-réponse à la convocation du comité social et économique : 13650, 63370.

Non-révélation de faits délictueux : 13700, 61780 s. (règles générales).

Représentation des obligataires par le CaC : 13765 s.

Rôle de l'Autorité de contrôle prudentiel et de résolution : 5508, 8185.

Violation des règles d'incompatibilité : 3800 s., 13615 s.

Violation du secret professionnel : 5134 s., 13655 s.

Violation par l'entité contrôlée de ses obligations légales

Convocation de l'assemblée générale en cas de carence : 62800 s.

1841

Infraction *(suite)*

Convocation du CaC aux assemblées : 9305 s., 9425 s.

Égalité entre actionnaires : 55025.

Établissement et présentation des comptes consolidés : 45200 s., 45654 s.

Mise à disposition des documents annuels adressés aux actionnaires : 54500 s.

Obligation pour les dirigeants de détenir des actions de la société : 56122 s.

Obligations relatives à la suppression du droit préférentiel de souscription : 56785 s.

Prise de participation et de contrôle : 55485, 55535, 55610, 55635.

Règles de libération des actions de numéraire : 56655.

Révélation par le CaC de faits délictueux : 61530 s.

Autres rubriques : Faute, Manquements.

Initié : 1660 (liste) ; 13775, 42326 (délit).

Injonction de payer : 10295 s. (recouvrement des honoraires du CaC).

Inscription

Étude d'ensemble : 900 s.

Changements de situation : 1152.

Conditions d'inscription : 1001 s. (ressortissants nationaux) ; 1010 s. (UE) ; 1015 s. (État tiers).

Contrôleurs légaux de pays tiers : 1050 s.

Convention de délégation du H3C à la CNCC : 950.

Défaut d'inscription : 960.

Dossier d'inscription : 1020 s. (personnes physiques) ; 1040 s. (personnes morales).

Immatriculation d'une personne morale : 1095 s.

Liste d'inscription : 950 s. (établissement) ; 1154 s. (omission) ; 1160 s. (radiation) ; 1150 (mise à jour et publication).

Omission : 1154 s.

Personnes morales : 1025 s.

Prestation de serment : 1092.

Procédure : 1080 s.

Recours : 1086.

Autre rubrique : Réinscription sur la liste des CaC.

Inspection générale de l'administration de l'éducation nationale et de la recherche (Igaenr) : 5600 (secret professionnel du CaC).

Inspection générale des affaires sociales (Igas) : 5595 s. (secret professionnel du CaC).

Institutions de prévoyance

Audit des assurances : 82475.

Commission de contrôle : voir Commission.

Convention réglementée : 53400.

Seuil de nomination du CaC : 1950.

Institutions de retraite complémentaire

Convention réglementée : 53435 s.

Fédérations : 5620.

Justification des appréciations : 30910-1.

Instructions : 45425, 45767 s. (consolidation).

Intégration : 45580 s. (globale et proportionnelle).

Interdiction temporaire

Incidence en cas d'exercice en société : 1750 s., 15450.

Indépendance : 3759.

Règles générales : 2615, 15380, 15425 s. ; 15445 s.

Interdictions : 3739 s. (services interdits) ; 17935 s. (réforme de l'audit en Europe : services non-audit interdits).

Interventions liées à des faits ou à des opérations : 7312, 56600 s.

Intragroupe : 46110 s. (consolidation).

Introduction en Bourse : 41610 s. (principes généraux) ; 41700 s. (prospectus) ; 41740 s. (responsabilités) ; 41810 s. (dépôt du dossier) ; 41840 (approbation de l'AMF) ; 41900 s. (mission du CaC) ; 41915 (informations prévisionnelles) ; 41911 (comptes établis pour les besoins du prospectus).

Investigation (pouvoir d'investigation du CaC) : 9150 s. (principes) ; 9197 (sociétés contrôlées au sein d'un groupe) ; 9212 (tiers ayant agi pour le compte de la société) ; 9218 (tiers non concerné) ; 9222 (AMF) ; 9224 (Cour des comptes).

Irlande : 17215 s.

Irrégularités et inexactitudes : 61250 s. (étude d'ensemble) ; 5260, 5286, 5702 (secret professionnel du CaC) ; 61300 s. (modalités de communication des irrégularités et inexactitudes) ; 26480 s. (communications visées à l'article L 823-16) ; 2236, 2315 s. (nomination du CaC) ; 2670 s. (cessation des fonctions du CaC) ; 30928, 30940, 54317, 61312 (rapport de gestion) ; 30930 (rapport sur les comptes consolidés) ; 42495 (rapport semestriel) ; 42510 (information

© Ed. Francis Lefebvre   TABLE ALPHA

Irrégularités et inexactitudes *(suite)*
trimestrielle) ; 50478, 55078 (égalité des actionnaires) ; 50480, 55720 (prise de participation et de contrôle) ; 50478, 50480, 56150, 56195 s. (détention des actions) ; 50480 (prévention des difficultés) ; 56378 (attestation des rémunérations) ; 56515 (dépenses de mécénat) ; 56490 (liste relative aux actions de mécénat et de parrainage) ; 56523, 56524, 56532, 56538 (délais de paiement) ; 56860 (augmentation du capital) ; 57282 (émission de valeurs mobilières) ; 55936 (rapport sur le gouvernement d'entreprise) ; 57730 (réduction du capital) ; 60990 s. (transformation) ; 61770 (révélation de faits délictueux) ; 48650 (mission Alpe) ; 85425 (secteur associatif).

ISQC1 : 10830.

J

Joint audit : voir Cocommissariat.

Journaliste : 5216 (secret professionnel du CaC) ; 86185 (secteur associatif).

Juge, juridiction
Juge d'instruction : 5674 (secret professionnel du CaC) ; 14110 s. (rôle en matière pénale) ; 14250 s. (audition du CaC en cas de mise en œuvre de l'action pénale).
Juridiction compétente pour connaître de l'action disciplinaire : 15240 s.
Juridiction compétente pour connaître de l'action en responsabilité civile : 12950 s.
Juridiction de jugement en cas de mise en jeu de l'action pénale contre le CaC : 14155 s. (compétence) ; 14360 s. (audience).
Secret professionnel du CaC vis-à-vis des juridictions : 5640 s.

Justification des appréciations : 30909 s. (étude d'ensemble) ; 30910-2 (Covid-19) ; 30911 s. (entités non-EIP) ; 30920 s. (entités EIP) ; 48550 (mission Alpe).

K

Key audit matters (points clés de l'audit) : 30920 s.

L

Legs : 85868 (ressource des associations).

Lettre d'affirmation : 9342 s. ; 30780 s. (audit financier) ; 46408 s. (comptes consolidés) ; 41980

Lettre d'affirmation *(suite)*
(lettre de fin de travaux) ; 65660 s. (missions de cession / acquisition) ; 60435, 60968 (transformation d'une société) ; 68178 (attestations) ; 68680 (lettre de confort) ; 47950 (mission Alpe).
Autre rubrique : Déclaration (de la direction).

Lettre de confort
Étude d'ensemble : 68610 s.
Lettre d'affirmation : 68680.
Lettre d'intervention : 68660.

Lettre de fin de travaux : 41985 s.

Lettre de mission
Attestations dans le cadre des SACC : 68170.
Audit contractuel (entité n'ayant pas désigné de CaC) : 75540.
Audit financier : 26530 ; 27540 s.
Audit légal des petites entreprises (mission Alpe) : 47750.
Constats dans le cadre des SACC : 68300.
Consultations dans le cadre des SACC : 68500 et 68560.
États-Unis : 19175.
Indication du montant des honoraires dans la lettre de mission : 10053.
Mise en œuvre de la mission : 9335 s.
Mission de cession/acquisition : 65610 s., 65740.
Prestations (sans détenir de mandat) : 75200.
Responsabilité du CaC : 12112, 12490 (clauses limitatives de responsabilité).
Transformation d'une société : 60395.

Liasse de consolidation : 45755 s., 46070 s.

Liban : 22500 s.

Libération du capital : 56751 (augmentation du capital) ; 56610 s. (compensation avec des créances) ; 56785 s. (sanctions).
Autre rubrique : Compensation (libération du capital par compensation avec des créances).

Liens
– **personnels :** 3736 (incompatibilité avec l'exercice du contrôle légal).
– **financiers :** 3737.
– **professionnels :** 3738.

Liquidation amiable d'une société de CaC : 1770.

Liquidation judiciaire : voir Redressement ou liquidation judiciaire.

1843

TABLE ALPHA   © Ed. Francis Lefebvre

Liste d'inscription (des CaC)

Étude générale : 900 s.

Modification de la liste : 1150 (révision) ; 1155 s. (omission de la liste) ; 1160 s. (radiation) ; 1170 (changement d'actionnariat ou de direction).

Liste d'initiés : 42750.

Livre vert (de la Commission européenne) : 16193. Voir également Réforme de l'audit légal en Europe.

Logiciel : 26400 s. (audit financier) ; 45538 s. (aide à la consolidation).

Autre rubrique : Informatique.

M

Magistrat : voir Juge, juridiction.

Management fees : 66130, 66230 (missions de cession/acquisition).

Mandat

Acceptation : 2157 (principe) ; 2270 s. (modalités) ; 10655 (organisation interne du cabinet).

Cessation des fonctions : voir cette rubrique.

Durée : 2185 (principe) ; 2185-1 s. (dérogations) ; 2380 s. ; 2601 (empêchement) ; 4317 (indépendance).

Entrée en fonctions : 2202 s.

Information de l'AMF : 2176.

Non-renouvellement : 2174 (prédécesseur) ; 2462 (assemblée générale) ; 2657 (échéance du mandat).

Reconduction tacite : 2189.

Rétroactivité : 2189 (principe) ; 2190 (mission complémentaire).

Mandataire

– **ad hoc :** 5715 s. (procédure de règlement amiable) ; 8410 s. (entreprises en difficulté).

– **liquidateur :** voir Redressement ou liquidation judiciaire.

– **social :** 12330 s. (responsabilité civile du CaC).

Manquements

Manquements du CaC

Responsabilité disciplinaire : 15000 s.

Responsabilité administrative : 15520 s.

Manquements de l'entité contrôlée

Désignation des commissaires aux comptes d'une EIP : 2340, 2400.

Durée du mandat des commissaires aux comptes d'une EIP : 3825 s.

Limitation des honoraires des commissaires aux comptes d'une EIP : 3825 s.

Manquements (suite)

Opposition aux contrôles et enquêtes du Haut Conseil : 3825 s.

Règles de viduité pour la nomination du CaC à des postes de direction : 3825 s.

Responsabilité disciplinaire des personnes autres que le CaC : 15130.

Services fournis par les commissaires aux comptes d'une EIP : 3825 s.

Marchés non réglementés (instruments financiers) : 41100 s. (Euronext Growth) ; 41140 s. (Euronext Access).

Marchés réglementés (instruments financiers) : 41060 (définition) ; 41070 s. (Euronext Paris) ; 41074 (conditions d'admission) ; 41076 (obligations d'information) ; 41090 (Monep et Matif) ; 41200 s. (autorités de marché).

Mécénat : 56400 s. (certification des sommes ouvrant droit à déduction fiscale).

Mesure de sauvegarde : voir Indépendance du CaC.

Méthodes : voir Comptes consolidés.

Micro-entreprises : voir Annexe (dispense d'annexe).

Ministère public : voir Procureur de la République.

Minoritaires : voir Comptes consolidés.

Mise en équivalence : 45580 s., 46150 s.

Mise en examen : 14275 s. (action pénale à l'encontre du CaC).

Mission du CaC

Règles générales : 7000 s.

Acceptation : 2157 (principe) ; 2270 (modalités) ; 2172 (démarche du CaC).

Audit des assurances : 82700 s.

Audit des banques : 78250 s.

Audit des personnes et entités procédant à une offre au public ou à une admission de titres financiers aux négociations sur un marché réglementé : 41900 s.

Audit du secteur associatif : 85120 s.

Audit légal des petites entreprises (Alpe) : 47000 s.

Caractère permanent de la mission : 7690 s.

Contenu de la mission : 7190 ; 7495 (tableau de synthèse).

Immixtion dans la gestion de l'entité contrôlée : 3690, 7780 s., 7795.

1844

Mission du CaC *(suite)*
Interventions liées à des faits : 7312 (étude d'ensemble) ; 62890 s. (assemblée générale : convocation par le CaC) ; 62150 (déclaration à Tracfin) ; 63300 s. (demande d'information du comité social et économique) ; 61250 s. (irrégularités et inexactitudes) ; 62200 s. (procédure d'alerte) ; 61530 s. (révélation de faits délictueux) ; 63100 s. (visa des déclarations de créances).
Interventions liées à des opérations : 7312 (étude d'ensemble) ; 58750 s. (acomptes sur dividendes) ; 56990 s. (actions de préférence) ; 57360 s. (attributions d'options de souscription ou d'achat d'actions) ; 57390 s. (attribution d'actions gratuites) ; 57335 s. (augmentation du capital réservée aux adhérents d'un plan d'épargne d'entreprise) ; 59300 s. (dividendes : paiement en actions) ; 57415 (émission de bons de souscription de parts de créateurs d'entreprise) ; 57230 s. (émission de valeurs mobilières) ; 57465 (évaluation des titres détenus dans le cadre d'un plan d'épargne d'entreprise) ; 56680 s. (libération d'une augmentation de capital par compensation avec des créances) ; 41900 s. (prospectus) ; 57680 s. (réduction du capital) ; 56790 s. (augmentation du capital avec suppression du droit préférentiel de souscription) ; 60910 s. (transformation des sociétés par actions) ; 60640 s. (transformation d'une SARL) ; 60350 s. (transformation d'une société en société par actions).
Mission annuelle de contrôle des comptes : 7305 s., 7410 s., 30850 s., 42470 s. (comptes semestriels) ; 49700 s. (examen limité comptes intermédiaires) ; 45510 s. (comptes consolidés).
Mission complémentaire sur les exercices précédents : 2190.
Missions particulières : 85525 (Carpa) ; 60910 s. (transformation des sociétés par actions) ; 60640 s. (transformation d'une SARL) ; 60350 s. (transformation d'une société en société par actions).
Refus de la mission : 2157.
Travaux non délégables : 7675 s.
Vérifications spécifiques annuelles : 56060 s. (actions détenues par les administrateurs) ; 56330 s. (attestation de rémunération) ; 52350 s. (contrôle des conventions réglementées) ; 56518 s. (contrôle des informations relatives aux délais de paiement) ; 54530 s. (documents annuels adressés aux actionnaires) ; 54865 s. (documents liés à la prévention des difficultés) ; 55035 s. (égalité entre actionnaires) ; 42485, 42510, 42550 s. (information périodique à la charge des sociétés cotées) ; 42485, 42510, 42550 s. (informations périodiques publiées par les OPCVM) ; 56470 s. (montant ouvrant droit à déduction) ; 55640 s. (prise de participation et contrôle) ; 54255 s. (rapport de gestion) ;

Mission du CaC *(suite)*
55800 s. (rapport sur le gouvernement d'entreprise).
Autres rubriques : Prestations, Rapport sur les comptes annuels et consolidés, Services autres que la certification des comptes.

Mode d'exercice
Étude d'ensemble : 1260 s.
Association technique : 1360 s.
Choix de la forme juridique d'exercice : 1440 s.
Réseau : 1350 s.
Société pluripersonnelle : 1335 s.
Société pluriprofessionnelle : 1340.
Société unipersonnelle : 1328 s.
Structure d'exercice en nom propre : 1325 s.
Moralité (condition d'inscription sur liste des CaC) : 1001 (Français) ; 1010 (ressortissants UE) ; 1015 (ressortissants pays tiers).

Mutuelles
Autorité de contrôle prudentiel et de résolution : voir ACPR.
Conventions réglementées : 53350.
Seuil de nomination d'un CaC : 1950.

N

Nomination du CaC
Étude d'ensemble : 2100 s.
Acceptation : 2157 s., 2172 s.
Associations et fondations : 84320 s.
Autorité de contrôle prudentiel (ACPR) : 2182, 8180.
Clauses limitatives : 2237.
Conditions de nomination : 2150 s.
Décision judiciaire : 2155, 2255 s.
Durée des fonctions : 2185 s.
Entités d'intérêt public (EIP) : 1940, 2360 s. (recommandation du comité d'audit) ; 2361 s. (obligation d'appel d'offres) ; 2380 s. (durée maximale du mandat) ; 2400 (sanctions).
Extinction de l'obligation : 2470 s.
Indépendance : 2169 s., 4317.
Information de la compagnie régionale : 2284.
Informations préalables : 2236, 3794 (publicité des honoraires).
Irrégulières : 2315 s. (principales causes) ; 2325 s. (sanctions).
Modalités : 2230 s.
Nombre de CaC : 2125 s.
Nomination conditionnelle : 2189.

TABLE ALPHA

Nomination du CaC *(suite)*

Obligatoire : 1870 s. (ou facultative) ; 2125 s.

Organe compétent : 2240 s.

Publicité légale : 2282.

Réforme de l'audit en Europe : 17910 s.

Seuils de nomination d'un CaC (tableaux de synthèse) : 1871, 1872 s. (sociétés commerciales hors EIP) ; 1890 s. (entités faisant parti d'un petit groupe) ; 1940 (EIP) ; 1950 (autres entités).

Volontaire : 2140 s.

Non-renouvellement : voir Mandat.

Normes comptables internationales : 45150 s.

Normes d'exercice professionnel (NEP)

Étude d'ensemble : 7165 s.

H3C et commission mixte paritaire : 538.

Contenu de la mission : 7495.

Tableau de synthèse : 7495.

Normes internationales d'audit : voir Ifac.

Note d'honoraires : voir Facturation.

Note d'information (CNCC) : 7170.

Note d'information (offre publique) : 41600 s. (étude d'ensemble) ; 42205 (contenu) ; 42210 (mission du CaC).

Note d'opération : voir Prospectus.

Nue-propriété : 1720 (démembrement de la propriété des titres d'une société de CaC).

O

Obligation de moyens : 7660 s. (principe) ; 12255 (responsabilité).

Obligations (valeurs mobilières).

Émission d'obligations : voir Valeurs mobilières.

Émission d'obligations par les associations : 85350.

Représentation d'obligataires par le CaC : 13765 s. (interdiction : sanction pénale).

Observation : 30900 s. (rapport sur les comptes).

Observation physique : 26240 s.

Officier de police judiciaire : voir Police judiciaire.

Offre au public

Définition : 41051, 42200.

Département de la CNCC : 710 s.

Dérogations : 41052.

Missions du CaC : 42210 s.

Personnes et entités procédant à une offre au public ou à une admission de titres financiers aux négociations sur un marché réglementé : 41000 s.

Procédures : 42205 s.

Autres rubriques : Document d'enregistrement universel (dit URD), OPA, OPE, OPR, Prospectus.

Omission de la liste des CaC : 1155 s., 2610.

Ontario : 20580 s.

OPA, OPE, OPR : 42200 s. (personnes et entités procédant à une offre au public ou à une admission de titres financiers aux négociations sur un marché réglementé) ; 42210 s. (mission du CaC).

Opinion : voir Rapports.

Options d'achat d'actions : voir Salarié.

Options de souscription d'actions : voir Salarié.

Organe

– **chargé de l'administration** : voir Organes mentionnés à l'article L 823-16 du Code de commerce.

– **de direction** : voir Organes mentionnés à l'article L 823-16 du Code de commerce.

– **de surveillance** : voir Organes mentionnés à l'article L 823-16 du Code de commerce.

– **mentionnés à l'article L 823-16 du Code de commerce** : 26450 s. (communication du CaC) ; 26460 (personnes visées) ; 26481 s. (éléments à communiquer par le CaC) ; 26485 s. (modalités de communication du CaC) ; 26490 s. (faiblesses du contrôle interne) ; 54310 (irrégularités et inexactitudes relatives au rapport de gestion) ; 47980 (mission Alpe).

Organisations syndicales et professionnelles : 84621, 84695 (règles de fonctionnement) ; 84952 (règlement 2009-10 du CRC) ; 85191 (comptes consolidés) ; 85199 (comptes combinés).

Organismes de placement collectif en valeurs mobilières (OPCVM) : 50215 (attestation sur la composition de l'actif) ; 78340 (contrôle des comptes ouverts au nom des OPCVM).

TABLE ALPHA

Organismes paritaires agréés aux fins de gestion des fonds de la formation professionnelle continue : 85530 s.

P

Parrainage : voir Mécénat.

Parti et groupement politiques : 1950 (nomination d'un CaC : obligation) ; 2134 (nombre de CaC) ; 5580 (Commission nationale de campagne et des financements politiques et juge de l'élection) ; 84268 (contrôle de la Cour des comptes et des chambres régionales) ; 85420 (communication des comptes à la Commission nationale des comptes de campagne) ; 85560 (obligations comptables).

Participations : voir Prise de participation et de contrôle.

Parties liées : 29500 s. (étude d'ensemble).

Périmètre : 45550 s. (consolidation) ; 45910 s. (diligences) ; 45945 s. (entrée) ; 45982 s. (sortie).
Autre rubrique : Petit groupe.

PERP (plan d'épargne retraite populaire) : 83330 (rapport du CaC sur les comptes annuels).

Perquisition : 14310 s. (action en responsabilité pénale contre le CaC).

Personnel
Frais de personnel : 34000 s. (audit financier par cycle) ; 86150 s. (audit des associations).
Mise à disposition de personnel : 52270 (conventions réglementées).
Représentants du personnel (information, procédure d'alerte) : voir Comité social et économique.
Secret professionnel du CaC vis-à-vis du personnel de l'entreprise contrôlée : 5221.
Autres rubriques : Collaborateur (du CaC), Salarié.

Perte de la moitié du capital social : 57650 (réduction du capital) ; 61312 (irrégularités) ; 62865 (convocation d'une assemblée par le commissaire aux comptes).

Petit groupe
Contrôle : 1915 (notion).
Levée du secret professionnel entre CaC : 5402.
Mission Alpe : 47200.
Nomination du CaC : 1890 s.
Périmètre : 1901 (détermination) ; 1905 s. (sociétés contrôlées) ; 1925 (modalités de calcul des seuils cumulés).

Petit groupe *(suite)*
Rapport sur les risques : voir Rapport sur les risques financiers, comptables et de gestion.
Tête de petit groupe : 1896 (exclusions) ; 1897 (personnes et entités concernées) ; 1899 (nationalité).

Petites entreprises : 7174 (normes d'audit) ; 18200 s. (réforme de l'audit en Europe) ; 30500 s. (dispense d'annexe des micro-entreprises) ; 47000 s. (audit légal dans les petites entreprises) ; 54172 (dispense rapport de gestion).

Plan d'approche du contrôle : 11220, 94400.

Plan d'épargne d'entreprise : 57310 s. (augmentation du capital réservée aux adhérents d'un plan d'épargne d'entreprise).
Autre rubrique : Salarié.

Plan d'investissement Capex : 66370, 66640.

Plan de mission : 10695 (contrôle qualité interne) ; 27525 s. (approche par les risques) ; 45801 s. (comptes consolidés) ; 47800 (mission Alpe).

Pluridisciplinarité des cabinets de CaC : 1388, 3739-1 (définition du réseau).

PME : voir Petites entreprises.

Points clés de l'audit : 30920 s.

Police judiciaire
Mise en œuvre de l'action en responsabilité pénale : 14140 s. (rôle de la PJ) ; 14210 s. (audition du CaC).
Secret professionnel du CaC à l'égard des OPJ et APJ : 5678 s.

Pourcentage : voir Comptes consolidés.

Pouvoir d'investigation du CaC
Étude d'ensemble : 9150 s.
AMF : 9222.
Caractéristiques : 9160.
Collaborateurs et experts : 9174.
Étendue : 9180 s. (société contrôlée) ; 9210 s. (tiers intervenant pour le compte de la société).

Prescription
– des actions en responsabilité contre le CAC
Action civile : 13050 s.
Action disciplinaire : 15280.
Action pénale : 14410 s. (règles générales) ; 13668 (communication d'informations menson-

1847

TABLE ALPHA

© Ed. Francis Lefebvre

Prescription *(suite)*

gères) ; 13703 (non-révélation de faits délictueux) ; 13730, 13745 (défaut d'information sur les prises de participation ou de contrôle) ; 13755 (informations inexactes sur la suppression du droit préférentiel de souscription) ; 13768 (représentation d'obligataires).

– **des faits délictueux :** 61683 (incidence sur l'obligation de révélation).

Président de la CNCC

Arbitrage en cas de litige concernant les honoraires : 10078.

Nomination, attributions : 680 s.

Président-directeur général : voir Dirigeant.

Prestataires de services d'investissements

Cantonnement des fonds de la clientèle : 78355.

Définition : 80015.

Protection des avoirs de la clientèle des prestataires de services d'investissements : 78360.

Prestations fournies par le CaC hors mandat de certification des comptes

Étude d'ensemble : 75000 s.

Comportement : 75100 s. (principes fondamentaux).

Conduite de la prestation : 75200 s.

Honoraires : 75290 s.

Maniement de fonds : 75330.

Monopoles des autres professions : 75320.

Offres rebond : 75040.

Publicité, sollicitation personnalisée et services en ligne : 75310 s.

Autres rubriques : Attestation pour une entité dans laquelle le CaC n'exerce pas de mandat, Audit contractuel.

Prestation de serment : 1092.

Prêt : voir Emprunt.

Prévention des difficultés

Contrôle des documents liés à la prévention des difficultés : 54650 s. (étude d'ensemble) ; 54865 s. (mission du CaC) ; 78370 (banques) ; 85270 s. (associations).

Procédures de prévention et de règlement amiable : 5718 s. (secret professionnel du CaC).

Autre rubrique : Alerte.

Prévisions (informations prévisionnelles)

Documents prévisionnels : 54650 s. (étude d'ensemble) ; 54865 s. (mission du CaC) ; 50210 (vérifications spécifiques) ; 85270 s. (associations et fondations).

Prospectus : 41915 s. (obligations) ; 41916 s. (intervention des CaC).

Prise de connaissance

Activité et environnement de l'entreprise : 27150 s.

Audit légal des petites entreprises (mission Alpe) : 47720.

Éléments de contrôle interne : 27250 s. ; 42428 (ESEF) ; 45520 (consolidation).

Outils et techniques : 27350 s.

Prise de participation et de contrôle

Étude d'ensemble : 55400 s.

Audit légal des petites entreprises (mission Alpe) : 48400 (dispense diligence du CaC) ; 55750.

Mission du CaC : 55460 s. ; 45940 s. (consolidation).

Sanctions du CaC pour non-communication d'informations : 13730 s. (prises de participation) ; 13745 s. (prises de contrôle).

Titres d'autocontrôle : 46144 s.

Autre rubrique : Groupe de sociétés.

Privilège : 10190 s. (caractère privilégié des honoraires du CaC).

Prix d'appel : 3791, 9890 (fixation des honoraires du CaC).

Procédure collective : voir Redressement ou liquidation judiciaire.

Procédures analytiques (audit financier) : 26200 s. (définition) ; 30100 s. (travaux de révision).

Procédures convenues : voir Diligences directement liées.

Procédures de sauvegarde : 63500 s.

Procureur de la République : 5672 (secret professionnel du CaC vis-à-vis du procureur) ; 14085 s. (action pénale contre le CaC).

Prospectus

Étude d'ensemble : 41700 s. (introduction en bourse) ; 42100 s. (opérations d'émission).

Approbation par l'AMF : 41840.

Contenu : 41240 s. (terminologie) ; 41713 s. (introduction en bourse) ; 42100 s. (opération d'émission).

1848

© Ed. Francis Lefebvre

TABLE ALPHA ▮

Prospectus *(suite)*

Diligences des CaC : 41900 s. (introduction en bourse) ; 41905 s. (informations financières historiques) ; 41915 s. (informations prévisionnelles) ; 41920 (données financières estimées) ; 41925 s. (informations pro forma) ; 41980 (lettre d'affirmation) ; 41985 (lettre de fin de travaux) ; 42150 s. (opérations d'émission).

Dispenses d'établissement : 41702, 41704.

Dispenses d'informations : 41715.

Durée de validité : 41865.

Fusion, scission, apports partiels d'actif : 42160.

Langue du prospectus : 41710.

Note relative aux valeurs mobilières : 41260, 41712, 41735, 41950.

Publication du prospectus : 41859.

Règles européennes : 41001 s.

Responsabilité des intervenants : 41740 s.

Provisions pour risques : 30302 (confirmations directes).

Publicité

Cessation des fonctions de CaC : 2700.

Comptes : 84770.

Conventions réglementées : 52681.

Émissions de valeurs mobilières : 57200.

Honoraires du CaC : 3793 s.

Nomination du CaC : 2282.

Recours à la publicité pour le CaC : 5905, 75310 (prestations hors mandat de certification de comptes).

Sanctions disciplinaires : 15425 s.

Q

Qualification : 1000 s. (exercice de la profession de CaC).

Questionnaire

– **de contrôle qualité CNCC :** 94400.

– **de prise en compte du risque lié à la continuité d'exploitation :** 93522.

– **d'évaluation des risques :** 93520, (diffus) ; 93525 (par cycle) ; 93530 (identification des risques de fraude).

Québec : 20420 s.

Quitus de l'assemblée générale des actionnaires au CaC : 13005 (incidence sur la responsabilité civile du CaC).

R

Rachat d'actions : 57800 s. (application de l'article L 225-209-2 du Code de commerce).

Radiation de la liste des CaC : 1160 s. (causes générales) ; 1160 (date d'effet) ; 1170 (défaut de régularisation en cas de modification de l'actionnariat ou de la direction d'une société de CaC) ; 1755 (associé d'une société de CaC) ; 2610 (conséquence sur le mandat) ; 15380, 15425 s., 15455 (sanction disciplinaire).

Rapport complémentaire au comité d'audit

Communication : 26504.

Contenu : 26502.

Entités concernées : 26500.

Entités exemptées de constituer un comité d'audit : 26501.

Rapport de gestion

Étude d'ensemble : 54150 s.

Audit du secteur associatif : 85285 s.

Communication : 54230 s.

Contenu : 54185 s. (contenu de base) ; 54200 s. (mentions complémentaires).

Délais de paiement : 56521, 83470 (opération d'assurance et de réassurance).

Diligences du CaC : 54290 s.

Établissement volontaire : 54305, 56529.

Établissements de crédit : 78330 s. (implantations et activités).

Exemption : 54172, 55730 (informations requises par l'article L 233-6 du Code de commerce).

Formulation des conclusions du CaC : 54317 (formulation du rapport, omission d'informations dans le rapport de gestion, absence de rapport de gestion).

Informations environnementales et sociales : voir Déclaration de performance extra-financière.

Mission du CaC : 54255 s.

Prise de participation et de contrôle : 55475, 55515, 55600.

Rapport sur la gestion du groupe : 45025, 54220 s.

Sanctions : 54237 s.

Rapport de transparence : voir Réseau.

Rapport financier annuel

Conclusion du Cac : 42426 (comptes annuels ou consolidés sans disposer du RFA).

Contenu : 42410.

1849

TABLE ALPHA © Ed. Francis Lefebvre

Rapport financier annuel *(suite)*

Diligences du Cac : 42412 s. (respect du format ESEF dans la présentation des comptes inclus dans le RFA).

Publication : 42412.

Rapport spécial

Rapport spécial sur les conventions réglementées : 52430.

Autres rubriques : Alerte, Augmentation de capital, Conventions réglementées.

Rapport sur le gouvernement d'entreprise

Étude d'ensemble : 55800 s.

Audit légal des petites entreprises (mission Alpe) : 48400 (dispense diligence du CaC).

Contenu : 55810 s. ; 55815 (contenu de base) ; 55820 s. (mentions complémentaires pour SA, SCA et SE dont les titres sont admis sur un marché réglementé) ; 55827 s. (mentions complémentaires pour SA, SCA et SE dont les actions sont admises sur un marché réglementé) ; 55825 (informations relatives à la gouvernance) ; 55826 (informations susceptibles d'avoir une incidence en cas d'offre publique) ; 55827 s. (informations relatives aux rémunérations des mandataires sociaux) ; 55845 (procédure d'évaluation des conventions portant sur des opérations courantes et conclues à des conditions normales).

Défaut de présentation ou rapport incomplet : 55858.

Diffusion du rapport : 55860.

Entités concernées : 55805 (entités visées et entités exemptées de rapport de gestion).

Lien avec le rapport de gestion : 54260.

Mission du CaC : 55900 s.

Rémunération des mandataires sociaux : 55827 s.

Responsabilité : 55855.

Rapport sur les comptes annuels et consolidés

Étude d'ensemble : 30850 s.

Absence de présentation du rapport sur les comptes : 30944-1 (nullité des délibérations de l'assemblée générale).

Anomalies relatives à l'annexe : 30497.

Autres vérifications ou informations prévues par les textes légaux et réglementaires : 30931 s.

Certification avec réserve : 30862 s. ; 30880 (suivi de réserves).

Certification sans réserve : 30860.

Changements comptables : 30904 s.

Rapport sur les comptes annuels et consolidés *(suite)*

Chiffres comparatifs de l'exercice précédent : 30875.

Communication du rapport : 30944 s. ; 42450 (sociétés dont les actions sont admises aux négociations sur un marché réglementé).

Continuité d'exploitation : 30890 s.

Covid-19 : 30875-1 (situations impactant l'opinion).

Date : 30936.

Désaccord entre cocommissaires aux comptes : 30938.

Dispense d'annexe : 30502.

Documents nécessaires à l'établissement du rapport : 30940 s. (non-obtention).

Fondement de l'opinion : 30876 s. (motifs) ; 30887 (référentiel d'audit) ; 30888 (indépendance).

Formulation de l'opinion : 7400 ; 30859 s.

Impossibilité de certifier : 30872 s. ; 30880 (suivi d'une impossibilité de certifier).

Incertitudes : 30903, 30875-1 (Covid-19).

Irrégularités et inexactitudes : 61312.

Justification des appréciations : 30909 s. (étude d'ensemble) ; 30911 s. (entités non-EIP) ; 30920 s. (entités EIP) ; 30919 (petites entreprises).

Langue de rédaction : 30949.

Modification des comptes après la tenue de la réunion de l'organe délibérant : 30960.

Modification des comptes par l'organe délibérant : 30956.

Nullité des délibérations : 30944-1.

Observation : 30900 s.

Points clés de l'audit (« key audit matters ») : 30920 s.

Refus d'approbation des comptes par l'organe délibérant : 30950.

Refus de certifier : 30870 ; 30880 (suivi du refus de certifier).

Responsabilités : 30932 s.

Signature (délégation de signature sociale) : 1670 s. (société de CaC).

Vérification du rapport de gestion et autres documents : 30928 s.

Rapport sur les risques financiers, comptables et de gestion

Contenu du rapport : 48100.

Destinataire du rapport : 48200.

Diligences complémentaires pour les sociétés tête de groupe : 48250.

Formulation de recommandations : 7790, 48150.

Identification des risques : 48050.

1850

© Ed. Francis Lefebvre

TABLE ALPHA

Ratio
Ratios utilisés pour l'examen analytique des comptes : 30150 s.

Réassurance : 83140 s.

Recommandations données par le CaC à l'entité contrôlée : 7790 ; 48150 (mission Alpe).

Recours à des professionnels : 7675, 10680.

Recrutement
Politique de recrutement du cabinet : 10611.

Récusation du CaC : 2265 (nomination successeur) ; 2495 s., 2660.

Redressement ou liquidation judiciaire
– de l'entité contrôlée
Action en responsabilité civile contre le CaC : 12850, 12863 (personnes ayant qualité pour agir).
Créances sur entreprises en procédure collective (audit financier) : 30291.
Incidence de la procédure collective sur la procédure d'alerte : 62720.
Incidence sur le mandat du CaC : 2480.
Recouvrement des honoraires du CaC : 10158, 10160 (destinataire de la facture) ; 10190 s. (problèmes de recouvrement).
Secret professionnel du CaC de la société en redressement ou liquidation judiciaire : 5725 s. (à l'égard des organes de la procédure) ; 5422 (à l'égard du commissaire aux comptes de l'administrateur judiciaire).
Visa du CaC sur la déclaration de créances produites par l'entité contrôlée : 63100 s.
– des sociétés de CaC : 1772.

Réduction du capital : 57500 s. (étude d'ensemble) ; 57630 s. (achat par la société de ses propres actions) ; 57560 s. (affectation) ; 57645 (coup d'accordéon) ; 57610 (égalité des actionnaires ou associés) ; 57680 s. (intervention du CaC) ; 57650 (perte de la moitié du capital social) ; 57620 (publicité) ; 57615 (protection des créanciers) ; 57720 s. (rapport du CaC) ; 57640 (réduction du capital en dessous du minimum légal) ; 57610, 57640 (sanctions) ; 57700 s. (travaux du CaC) ; 48400 (dispense mission Alpe).

Réforme de l'audit légal en Europe : 17800 s. (étude d'ensemble) ; 17850 s. (comité d'audit) ; 17870 s. (rapports des auditeurs) ; 17910 s. (désignation des auditeurs) ; 17935 s. (services non-audit) ; 17980 s. (revue indépendante) ; 18000 s. (rotation des cabinets) ; 18040 s. (rotation des associés) ; 18070 s. (super-

Réforme de l'audit légal en Europe (suite)
vision des auditeurs) ; 18180 s. (normes internationales d'audit) ; 18200 s. (audit des PME) ; 18295 s. (contrôleurs légaux).

Règlement amiable (des difficultés des entreprises) : 5718 s. (secret professionnel du CaC).

Règlement relatif au contrôle légal des comptes des EIP : voir Réforme de l'audit légal en Europe.

Réhabilitation : 14455 (extinction de la sanction pénale).

Réinscription sur la liste des CaC : 1157 (après cessation provisoire de la profession) ; 14455 (après radiation à titre de sanction disciplinaire).

Relèvement de fonctions : 2525 s. (procédure judiciaire) ; 2548 (demandeur) ; 2662 (suppléant) ; 8185 (prérogative de l'ACPR) ; 10352 (incidence du non-paiement des honoraires) ; 62518 (pour non-déclenchement de la procédure d'alerte).

Remplacement d'un CaC : 2129.

Rémunération
Attestation des rémunérations : 56230 s.
Conventions réglementées : 52615 (SA) ; 52695 s. (engagements pris en faveur des mandataires sociaux) ; 52776 (SARL) ; 52887 (SAS) ; 53042 (établissements sociaux et médico-sociaux).
Établissements de crédit : 78117.
Projet de résolution sur la politique de rémunération : 55840.
Rapport sur le gouvernement d'entreprise : 55830 ; 55840 ; 55827 s. (informations à fournir) ; 55935 (diligences du CaC).
Rémunération du CaC : voir Honoraires.

Renonciation à l'action en responsabilité contre le CaC : 13025.

Renouvellement : voir Mandat.

Répartition des travaux : voir Cocommissariat.

Réprimande (sanction disciplinaire) : voir Blâme.

Réseau
Approbation des services par le comité d'audit : 3781 s.
Approche risques/sauvegardes : 3748 s.
Associations techniques : 1350, 3739-1.

1851

Réseau *(suite)*

Conflit d'intérêts et apparence d'indépendance : 3570.

Définition : 1350 s., 3739-1.

Incompatibilités : 3736 s.

Informations préalables à la nomination : 2236.

Intérêt : 1388.

Mention de l'appartenance à un réseau sur la correspondance : 1645.

Rapport de transparence : 4368, 10830.

Risques liés aux prestations fournies et mesures de sauvegarde : 3755 s.

Services interdits : 3739 s.

Services rendus l'exercice précédent : 2390.

Responsabilité du CaC

Action civile : 14030 s.

Action en responsabilité civile : 12800 s. ; 14505 (lien avec l'action en responsabilité pénale).

Action en responsabilité pénale : 13900 s., 14410 (prescription).

Assurance responsabilité professionnelle : 15800 s.

Défense du CaC : 13000.

Démission abusive : 2595.

Exonération de responsabilité : 12600, 12610 (exonérations légales) ; 12620 s. (difficulté de mise en œuvre de la mission).

Faute : 12250, 12300 (auteurs de la faute) ; 12380 (preuve).

Infractions pénales : 13550 s. (classification) ; 13578 s. (éléments constitutifs) ; 13595 s. (infractions liées au statut du CaC) ; 13655 (secret professionnel) ; 13665 (informations mensongères) ; 13700 (non-révélation de faits délictueux) ; 13730 (défaut d'information sur les prises de participation) ; 13745 (défaut d'information sur les prises de contrôle) ; 13755 (suppression du droit préférentiel de souscription) ; 13765 (représentation des obligataires) ; 13775 (délit d'initié et des abus de marché).

Lien de causalité : 12520.

Préjudice : 12450, 12480 (évaluation).

Prescription de l'action en responsabilité : 13050 s. (civile) ; 14410 s. (pénale) ; 15280 (disciplinaire).

Principe de la responsabilité personnelle du CaC : 7675, 12305 s.

Procédure disciplinaire : 15240 s. (juridictions compétentes) ; 15260 (demandeur) ; 15280 (prescription).

Procédure pénale : 14060 (représentants de l'institution judiciaire) ; 14210 (auditions par la PJ et le juge d'instruction) ; 14275 (mise en examen) ; 14310 (perquisition) ; 14330 (contrôle judiciaire) ;

Responsabilité du CaC *(suite)*

14345 (détention provisoire) ; 14360 (audience correctionnelle).

Relèvement judiciaire de fonctions : 2530 s.

Responsabilité administrative : 15520 s. (étude d'ensemble) ; 15550 (auteur de la faute) ; 15585 (imputabilité de la faute) ; 15625 s. (enquête) ; 15680 s. (procédure de sanction) ; 15765 (sanctions).

Responsabilité civile : 12100 s. ; 12278 ; 12340 ; 12527 (insuffisance de diligences).

Responsabilité contractuelle ou délictuelle : 12108 s.

Responsabilité disciplinaire : 15005 s. (étude d'ensemble) ; 8180 s. (audit des assurances) ; 15500 (indépendance par rapport à l'instance pénale) ; 15065 (personnes morales) ; 15515 (indépendance par rapport à l'instance civile).

Responsabilité pénale : 13500 s. (étude générale) ; 13995 (personnes morales) ; 14505 (lien avec la responsabilité civile) ; 14510 (lien avec la responsabilité disciplinaire).

Sanction pénale : 13562 (classification) ; 14420 (extinction) ; 14425 (prescription de la peine) ; 14430 (remise judiciaire) ; 14435 (amnistie) ; 14455 (réhabilitation) ; 14460 (grâce).

Sanctions disciplinaires : 15350 s. (nature) ; 15425 (publicité) ; 15470 (amnistie).

Secret professionnel : 5058 s. (droit de libre défense).

Autre rubrique : Infraction.

Rétention de documents : 10356 (ajournement de la mission).

Retraite : 1161 (radiation de la liste des CaC) ; 45681 s. (engagements de retraite) ; 54206 (rapport de gestion).

Retraitements : voir Comptes consolidés.

Révélation de faits délictueux

Étude d'ensemble : 61530 s.

Associations et fondations : 85355 s.

Audit légal des petites entreprises (mission Alpe) : 48650.

Auteur : 61890 s.

Blanchiment des capitaux et financement du terrorisme : 62176 (conséquences sur l'obligation de révélation).

Communications liées à la révélation : 62005 s.

Comptes consolidés : 45042, 45203.

Conditions de mise en œuvre de la révélation : 61635 s.

Conventions réglementées : 52415.

Convocation de l'assemblée générale : 62963 s.

© Ed. Francis Lefebvre

TABLE ALPHA ▎

Révélation de faits délictueux *(suite)*

Déclenchement de la procédure : 61920 s.

Détection des faits délictueux : 61770 s.

Difficultés : 61750 s.

Documents annuels adressés aux actionnaires : 54610.

Échanges avec l'autorité judiciaire : 61696.

Égalité entre actionnaires : 55080.

Ensemble consolidé : 61905.

Entités concernées par la révélation : 61660.

Extinction de l'obligation : 61680 s.

Faits ayant déjà fait l'objet d'une plainte : 61670.

Formalisation de la procédure : 61960 s.

Incidence sur l'opinion : 62080.

Information des dirigeants : 62005 s.

Procédure d'alerte (lien) : 62040 s.

Qualification de l'infraction : 61668.

Responsabilité du CaC : 12615, 12628 (responsabilité civile) ; 13700 s. (sanctions pénales pour non-révélation) ; 61780 s. (principe de non-responsabilité) ; 61800 (responsabilité pour non-révélation).

Secret professionnel du commissaire aux comptes : 5655 s.

Vérifications spécifiques : 50325.

Réviseur indépendant : voir Revue indépendante.

Réviseurs agréés (secteur coopératif agricole) : 1018 (inscription sur la liste).

Révocation : voir Relèvement de fonctions.

Revue des travaux : 7680, 10705 s., 10715 (revue indépendante).

Revue indépendante : 5425, 10715, 17980 (réforme européenne de l'audit).

Risques

Audit des banques (zones de risque) : 78890 (moyens de paiement) ; 79150 s. (crédits et engagements) ; 79580 s. (dépôts de la clientèle) ; 79770 s. (marché) ; 78895 (administratifs) ; 79155, 80120 (opérationnels) ; 80280 s. (capitaux propres et provisions) ; 80130 (non-conformité) ; 80140 (emprunts) ; 80150 (prestations de conseil et d'assistance).

Audit des comptes consolidés : 45790.

Audit financier : 25350 s. (approche par les risques) ; 25320 s. (définition des différentes notions de risque) ; 25345 s., 25420 (identification des risques) ; 25360 s. (risques d'anomalies significatives au niveau des comptes pris dans leur

Risques *(suite)*

ensemble) ; 25370 s. (risques d'anomalies significatives au niveau des assertions) ; 27480 s. (évaluation du risque d'anomalies significatives) ; 25590 s. (réponse au risque d'audit) ; 27490 s. (risque de fraudes et d'erreurs) ; 25355 (risques significatifs) ; 30302 (provisions pour risques).

Mission de cession/acquisition : 65370 s., 93550, 93555.

Opérations relatives aux dividendes : 58580 s. (distribution d'un acompte) ; 58750 s. (mission d'audit) ; 59070 (paiement en actions).

Rapport sur les comptes : 30853, 30920 s. (« risques d'anomalies significatives les plus importants » ou « points clés de l'audit » ou « key audit matters »).

Autres rubriques : Questionnaire, Rapport sur les risques financiers, comptables et de gestion.

Rotation

Dispositif légal complet : 3760 s.

Rotation des associés signataires : 3761 s. (évolution du dispositif) ; 3766 s. (commissaires aux comptes visés) ; 3764 (personnes et entités concernées), (entrée en vigueur) ; 3772 (décompte de la période) ; 3774 (rotation au sein d'un groupe) ; 85063 (associations).

Rotation des mandats : 2380 s. (étude d'ensemble) ; 2385 s. (calcul de la durée de la mission) ; 2388 (mesures transitoires).

Rotation des personnes participant à la mission : 3780 s.

Réforme de l'audit en Europe : 18000 s. (rotation des cabinets) ; 18040 s. (rotation des associés).

RSE (Responsabilité sociale et environnementale) : voir Déclaration de performance extra-financière.

S

Saisie conservatoire : 10305 s. (recouvrement des honoraires).

Salarié

Activité salariée et indépendance du CaC : 3710, 3715, 7810 s.

Attribution gratuite d'actions : 57370 s. (étude d'ensemble) ; 57375 (bénéficiaires) ; 57380 s. (limites) ; 57385 (décision) ; 57390 s. (intervention du CaC).

Augmentation du capital réservée aux adhérents d'un plan d'épargne d'entreprise : 57310 s.

Bons de souscription de parts de créateurs d'entreprises (BSPCE) : 57400 s. (étude d'ensemble).

1853

Salarié *(suite)*

Évaluation des titres détenus dans le cadre d'un plan d'épargne d'entreprise : 57420 (contexte) ; 57465 s. (intervention du CaC).

Options de souscription ou d'achat d'actions : 57340 s. (étude d'ensemble).

Stock-options plan : voir Options de souscription ou d'achat d'actions.

Autres rubriques : Collaborateur (du CaC), Personnel.

Sanctions disciplinaires

Étude d'ensemble : 15350 s.

Effet des sanctions : 15440 s.

Publicité : 15425.

Sanctions pénales : voir Infraction.

Sarbanes-Oxley Act (USA) : 19115, 19235.

Sauvegarde

Procédure de sauvegarde : 63500 s.

Procédure de sauvegarde accélérée : 63515.

Procédure de sauvegarde financière accélérée : 63510.

Scepticisme professionnel : 18320 (réforme de l'audit en Europe).

SEC (Securities Exchange Commission) : 3616, 3570 (règles sur l'indépendance des auditeurs) ; 19225 s. (propositions de réforme).

Secret professionnel

– **absolu ou relatif :** 5065 s.

– **des auxiliaires de justice vis-à-vis du CaC :** 9215.

– **du CaC :** 4995 s. (étude d'ensemble).

Acteurs internes à l'entreprise : 5250 (organes de direction) ; 5254 (comité d'audit) ; 5285 s. (organe délibérant) ; 5295 (liquidateur amiable de l'entité) ; 5300 s. (CSE) ; 5325 (commissaire aux comptes du CSE) ; 5330 (expert-comptable CSE) ; 5340 s. (FCPE) ; 5345 (comptable public d'un organisme public) ; 5422 (administrateur judiciaire).

Audit des associations : 84270, 84283, 85075.

Audit des assurances : 8180 s. ; 82530.

Audit des banques : 78305.

Audition par la police judiciaire : 14215.

Autres professionnels : 5071 (partage du secret) ; 5365 (successeur) ; 5371 (associés) ; 5372 (collaborateurs et experts) ; 5380 (suppléant) ; 5386 s. (cocommissaire) ; 5395 s. (commissaires aux comptes d'un même groupe de sociétés) ; 5402 (commissaires aux comptes d'un petit groupe) ; 5400 (réviseur étranger) ; 5415 (commissaires aux

Secret professionnel *(suite)*

apports, à la fusion, à la transformation) ; 5416 (réviseur contractuel) ; 5417 (CaC d'un service bureau ou d'un CSP) ; 5425 (réviseur indépendant, contrôle qualité) ; 5420 (audit d'acquisition) ; 5430 (commissaire aux comptes absorbée et commissaire aux comptes absorbante).

Blanchiment : 62168 (confidentialité) ; 62170 (échange d'informations).

Comité d'audit : 5254.

Comptes consolidés : 9197, 9205.

Cour de discipline budgétaire et financière : 5830.

Cours des comptes : 5790 s., 5800 s. (organismes de sécurité sociale).

Exception : 5058 (droit de libre défense).

Fiducie : 5418.

Informations couvertes : 5098 s.

Institution judiciaire : 5658 (perquisitions) ; 5672 (procureur) ; 5674 (juge d'instruction) ; 5676 (experts nommés par le juge d'instruction) ; 5678 (OPJ) ; 5710 (TGI) ; 5715 (tribunal de commerce) ; 5718 s. (prévention et règlement amiable) ; 5726 (tribunal en cas de procédure collective) ; 5727 (juge-commissaire) ; 5728 (juge commis par le tribunal) ; 5729 (administrateur judiciaire) ; 5729 (mandataire-liquidateur) ; 5735 s. (procédure d'alerte) ; 5740 (expertise de gestion) ; 5745 (conseils de prud'hommes) ; 5760 (tribunal arbitral).

Juridictions disciplinaires : 5770 s.

Juridictions financières : 5790 s.

Levée du secret professionnel : 5190 s. ; 5395 s. (groupes de sociétés).

Mission de cession/acquisition : 65540, 66010 s.

Organes de contrôle étatiques ou institutionnels : 5480 (autorités de contrôle étrangères) ; 5495 s. (Autorité de contrôle prudentiel et de résolution) ; 5470 (AMF) ; 5460 s. (compagnie des CaC) ; 5450 s. (Haut Conseil) ; 5509 (Banque centrale européenne) ; 5510 s. (Agence nationale de contrôle du logement social) ; 5520 s. (organismes centraux des établissements de crédit) ; 5615 (Carpa) ; 5565 (commissions d'enquête parlementaire) ; 5575 (commission des participations et des transferts) ; 5580 (commission nationale des comptes de campagne et des financements politiques) ; 5585 s. (parlementaires) ; 5592 (commission de contrôle des sociétés de perception et de répartition des droits) ; 5595 (Igas) ; 5600 (Igaenr) ; 5605 (Igjs) ; 5610 (organes de tutelle) ; 5615 (Carpa) ; 5620 (fédération d'institutions de retraite complémentaire) ; 5627 (Cgaaer) ; 5628 (Haut Conseil de la coopération agricole) ; 5629 (organisme de contrôle et de gestion des fédérations sportives et ligues professionnelles) ; 5630 (Tracfin).

TABLE ALPHA

Secret professionnel (suite)

Perquisition : 14315.

Personnes tenues au secret : 5091 (associés) ; 5092 (collaborateurs) ; 5093 (experts).

Preuve de la faute et secret professionnel : 12390 s.

Révélation de faits délictueux : 61925, 62008.

Sanctions en cas de violation du secret professionnel : 5134 s. (règles générales) ; 13655 s. (sanctions pénales).

Tiers : 5210, 8440 (conciliateur).

Vérifications spécifiques : 50325.

Violation du secret : 5124 s. (éléments constitutifs).

Securities Exchange Commission : voir SEC.

Selling memorandum : 65250 (mission de cession/acquisition).

Séquestre : 10305 (recouvrement des honoraires du CaC).

Serment : 1092.

Service bureau : 5417 (secret professionnel envers le CaC d'un service bureau).

Services autres que la certification des comptes (SACC)

Étude d'ensemble : 7315, 7320.

Acquisitions (prestations dans le cadre des SACC) : 65050 (étude d'ensemble) ; 65160 s.

Approbation des SACC par le comité d'audit dans les EIP : 3781 s.

Attestations : 68100 s. ; 68120 s. (contexte d'intervention) ; 68170 s. (mission du CaC).

Audit entrant dans le cadre des SACC : 49000 s. (étude d'ensemble) ; 49010 (contexte d'intervention) ; 49200 (mise en œuvre de la mission).

Avis et recommandations : 7790.

Cessions (prestations dans le cadre des SACC) : 65170 s.

Constats à l'issue de procédures convenues : 68200 s. (étude d'ensemble) ; 68210 s. (contexte d'intervention) ; 68300 s. (mission du CaC).

Consultations : 68400 (étude d'ensemble) ; 68410 s. (contexte d'intervention) ; 68500 (mission du CaC) ; 68520 s. (consultations contrôle interne).

Examen de comptes prévisionnels : 68700 s.

Examen de comptes pro forma : 68900 s.

Examen limité entrant dans les SACC : voir Examen limité.

Services autres que la certification des comptes (SACC) (suite)

Faits délictueux découverts dans le cadre des SACC : 61660.

Lettre de confort : 68610 s.

Seuil

Franchissement de seuils : 55555 s., 42732 s. (sociétés cotées).

Nomination du CaC : 1871 (tableaux de synthèse) ; 1872 s. (sociétés commerciales) ; 1891 s. (petits groupes) ; 1950 (autres entités) ; 2134 s. (nomination de deux CaC) ; 2485 s. (franchissement).

Seuil d'exemption : 45090 s. (comptes consolidés) ; 17800 (Union européenne).

Seuil de planification : 25608 s. ; 45798 s. (comptes consolidés).

Seuil de signification : 25460 s. (audit financier) ; 65510 s. (missions de cession/acquisition) ; 45793 s. (comptes consolidés) ; 47850 (missions Alpe).

Siège social (inscription des sociétés de CaC sur la liste) : 951 s. (principe) ; 1152 (transfert de siège social).

Signature des rapports : 1670 s. (société de CaC).

Société

Obligation, pour les SA et les commandites par actions, de faire certifier les dépenses de mécénat fiscalement déductibles : 56400 s.

Seuil de nomination du CaC : 1871 (tableaux de synthèse) ; 1872 s. (sociétés commerciales) ; 1891 s. (petits groupes) ; 1950 (autres entités) ; 2134 (nomination de deux CaC) ; 17800 (Union européenne).

Société à mission : 71000 s. (étude d'ensemble) ; 71010 (champ d'application) ; 71030 s. (conditions) ; 71050 s. (intervention de l'organisme tiers indépendant).

Société de CaC

Étude d'ensemble : 1260 s.

Apport partiel d'une activité de CaC : 1729.

Convention d'exclusivité : 1687.

Détention du capital : 1036, 1711 (répartition du capital) ; 1710 s. (modification dans la détention du capital).

Entreprise individuelle : 1450.

Entreprise unipersonnelle à responsabilité limitée : 1460.

Exercice en réseau : 1350 s.

Fusion et scission de sociétés de CaC : 1725.

Groupement d'intérêt économique : 1565.

Holding de reprise : 1710.

Inscription sur la liste : 1025 s., 1095 s.

TABLE ALPHA

© Ed. Francis Lefebvre

Société *(suite)*

Interdiction temporaire d'un associé : 1753.

Liquidation amiable : 1770.

Radiation d'un associé : 1755.

Règles de fonctionnement : 1645 (documents sociaux) ; 1648 (exercice dans plusieurs sociétés de CaC) ; 1650 (liste des mandats) ; 1652 (comptabilité spéciale) ; 1655 (information des associés) ; 1658 (assurance) ; 1660 (liste d'initiés) ; 1670 s. (signature des rapports) ; 1685 (exercice individuel et collégial).

Responsabilité civile : 12885.

Responsabilité disciplinaire : 15065 (règles générales) ; 15450, 15460 (conséquences de la suspension ou de la radiation d'un associé).

Responsabilité pénale : 13990 s.

Sauvegarde, redressement ou liquidation judiciaire : 1772.

Signature des rapports : 1670 s.

Société à responsabilité limitée pluripersonnelle : 1515 s.

Société anonyme : 1525 s.

Société civile de droit commun : 1500 s.

Société civile de moyens : 1508 s.

Société civile professionnelle : 1490 s.

Société d'exercice libéral à responsabilité limitée unipersonnelle : 1470 s.

Société d'exercice libéral pluripersonnelle : 1545 s.

Société de participations financières de profession libérale : 1560.

Société en participation d'exercice libéral : 1555 s.

Société par actions simplifiée pluripersonnelle : 1535 s.

Société par actions simplifiée unipersonnelle : 1480 s.

Société pluriprofessionnelle d'exercice : 1340.

Statuts : 1630 (rédaction) ; 96000 s. (statuts types).

Société procédant à une offre au public ou à une admission de titres financiers aux négociations sur un marché réglementé : 41000 s. ; 41900 s. ; 42150 s. (prospectus) ; 42300 s. (obligations d'information) ; 42400 s. (informations périodiques) ; 42700 s. (informations permanentes) ; 42705 (informations privilégiées) ; 42732 s. (franchissement de seuil et déclaration d'intention) ; 42740 (pacte d'actionnaires) ; 42745 (opérations réalisées par les dirigeants sur les titres) ; 42750 (liste d'initiés) ; 42770 (rachat par la société de ses propres actions).

Autres rubriques : Associé, Groupe de sociétés.

Sociétés civiles de placements immobiliers : 53150 s. (contrôle des conventions réglementées).

Solidarité (en cas de mise en jeu de la responsabilité civile du CaC) : 12308 (faute de dirigeants ou de salariés) ; 12888 (société de CaC) ; 12895 (cocommissariat).

Sollicitation personnalisée et services en ligne : 5920, 75310 (prestations hors mandat de certification des comptes).

Solvabilité : 83372 (rapport de solvabilité) ; 83500 s. (Solvabilité 2 – audit des sociétés d'assurances).

Sondages : 7662, 26300 s. (utilisation dans la démarche d'audit).

Sortie de la cote : 42220.

Sous-traitance : 1686 (cumul d'une activité à titre individuel avec une activité professionnelle en société).

Autre rubrique : Recours à des professionnels.

Statuts types (de société de CaC) : 1630 (liste de la CNCC).

Stock-options : 46146 s. (consolidation) ; 57340 s. (options de souscription ou d'achat d'actions).

Autre rubrique : Salarié.

Stocks

Audit financier par cycle : 32350 s.

Confirmations directes : 30283.

Observation physique : 26240 s. ; 29400 (Covid-19).

Success fees (rémunération au résultat) : 9830 (fixation honoraires).

Successeur : 2655 s. (entrée en fonctions).

Succession de mission : voir Incompatibilité.

Suède : 17560 s.

Suisse : 24000 s.

Supervision des travaux : 7678, 10720, 11000.

Suppléant (CaC suppléant)

Accession aux fonctions de titulaire : 2160 (acceptation) ; 2162 (information).

Nombre : 2135.

Nomination : 2129.

Remplacement du titulaire

Acceptation de la suppléance : 2160 (conséquences).

Cessation de fonctions du suppléant : 2667.

Cessation de fonctions du titulaire : 2560, 2660, 2662.

Sanctions disciplinaires du titulaire : 15445, 15455.

1856

© Ed. Francis Lefebvre

TABLE ALPHA

Suppléant *(suite)*
Responsabilité civile : 12882.
Secret professionnel du CaC titulaire vis-à-vis du suppléant : 5380.

Suspension d'un CaC : voir Interdiction temporaire.

Suspension provisoire : 15390.

Syndicats : voir Organisations syndicales et professionnelles.

Synthèse : 46420 s. (consolidation) ; 30838 (note de synthèse) ; 30820 s. (travaux de synthèse).

T

Taxes : voir Impôts et taxes.

Témoignage
Audition du CaC en tant que témoin en cas de mise en œuvre de sa responsabilité pénale : 14250 s.
Témoignage du CaC devant les juridictions : 5650 s. (secret professionnel).

Test (audit financier)
– de conformité ou de compréhension : 28680.
– de permanence : 28800 s.
– de procédure informatique : 29190 s.

Tête de petit groupe
Définition : 47200 ; 1896 (exclusions) ; 1897 (personnes et entités concernées) ; 1899 (nationalité).
Durée du mandat CaC : 2185.
Levée du secret professionnel dans un petit groupe : 5402.
Mission Alpe : 47200.
Nomination du CaC : 1891 s.
Pouvoirs d'investigation du CaC : 5403.
Rapport sur les risques : voir Rapport sur les risques financiers, comptables et de gestion.

Titre de CaC : 900 s. (conditions d'utilisation) ; 960 s., 13598 s. (usage illicite).

Tracfin : 5630 (secret professionnel) ; 62150 s. (déclaration) ; 79503 (secteur bancaire).

Transfert de domicile ou de siège social d'une société de CaC : 1152.

Transformation d'une société
Étude d'ensemble : 60100 s.

Transformation d'une société *(suite)*
Audit légal des petites entreprises (mission Alpe) : 48400 (dispense diligence du CaC).
Effet sur le mandat du CaC : 60124.
Incompatibilités : 60315 ; 60320 (possibilité de devenir CaC de l'entité).
Intervention des commissaires aux comptes ou à la transformation : 60160 s.
Mission du commissaire à la transformation : 60350 s.
Responsabilité du commissaire à la transformation : 60365.
Transformation d'une SARL : 60500 s. (étude d'ensemble) ; 60640 s. (mission du CaC).
Transformation d'une société par actions : 60730 s. (étude d'ensemble) ; 60910 s. (mission du CaC).
Transformation en société par actions : 60200 s. (étude d'ensemble) ; 60350 s. (mission du commissaire à la transformation).

Trésorerie : 32700 s. (audit financier par cycle) ; 46307 (tableau de flux de trésorerie).

Tribunal : voir Juge, juridiction.

TSDI (titres subordonnés à durée indéterminée) : 80268.

Tunisie : 22100 s.

U

Union européenne
Audit légal dans les pays de l'UE : 16100 s.
Institutions et normes communautaires : 16180 s. (étude d'ensemble) ; 16191 (Livre vert de la Commission européenne) ; 10990 s. (recommandation européenne sur la qualité).
Qualification requise des ressortissants de l'UE pour l'exercice de la profession de CaC : 1010 s.
Réforme de l'audit : 17800 s.

USA : 19050 s.

Usufruit : 1720 (démembrement de la propriété des titres d'une société de CaC).

V

Valeurs mobilières
Émission de valeurs mobilières donnant accès au capital ou droit à l'attribution de titres de créance
Augmentation du capital différée : 57202.

1857

Valeurs mobilières *(suite)*

Conditions préalables : 57715.

Droit préférentiel de souscription : 57178.

Établissement et communication des rapports du CaC : 57280 s.

Généralités : 57150, 57160 s.

Intervention du CaC : 57230 s.

Irrégularités : 57282.

Modalités d'émission : 57173 s.

Modification du contrat d'émission : 57220.

Obligation de proposer une augmentation du capital réservée aux salariés : 57177.

Protection des porteurs de valeurs mobilières : 57210 s.

Publicité : 57200.

Rapports à l'assemblée : 57190 s.

Réglementation : 57170 s.

Sanctions : 57205.

Valeurs mobilières à effet dilutif : 57175 s. ; 57230 (intervention du CaC).

Valeurs mobilières sans effet dilutif : 57173 s.

Intervention du CaC de l'entité : 56602.

Opérations nécessitant spécialement la désignation d'un CaC : 56603.

Autres rubriques : Actions, Augmentation du capital, Bons de souscription, Capital social, Droit préférentiel de souscription.

Vendor due diligence : 65000 s. (mission de cession/acquisition).

Ventes/clients : 32000 s. (audit financier par cycle).

Vérifications spécifiques

Étude d'ensemble : 50100 s.

Associations et fondations : 85220 s.

Comptes consolidés : 45315.

Contrôle des conventions réglementées (étude d'ensemble) **:** 52100 s.

Dispenses mission Alpe : 48350 s.

Documents annuels adressés aux actionnaires : 54390 s.

Documents liés à la prévention des difficultés : 54650 s.

Égalité des actionnaires : 55000 s.

Mise en œuvre de la mission : 7311, 7495, 50250 s.

Prises de participation et de contrôle : 55400 s.

Rapport de gestion : 54150 s.

Rapport sur le gouvernement d'entreprise : 55800 s.

Statut du contrôleur légal : 2204, 2670.

Vérifications spécifiques diverses : 56050 s.

Vigilance (lutte contre le blanchiment) : 62095 s.

Visa : Déclaration de créances.

© Ed. Francis Lefebvre

SOMMAIRE ANALYTIQUE

Sommaire analytique

Les chiffres renvoient aux paragraphes

1ᵉ partie		**Contrôle légal**

Titre I	**Contrôle légal en France**

Chapitre 1	**Cadre légal et institutionnel**

Section 1
Haut Conseil du commissariat aux comptes 520
A. Missions 525
B. Organisation 560

Section 2
Organisation institutionnelle de la profession 600
I. Compagnie nationale des commissaires aux comptes.. 650
A. Organes politiques 670
B. Organes techniques............. 700
II. Compagnies régionales de commissaires aux comptes (CRCC) . 760
A. Organes politiques 780
B. Organes techniques............. 818

Section 3
Listes d'inscription........... 900
I. Caractère impératif de l'inscription................. 950
II. Conditions d'inscription 1000
A. Personnes physiques 1000
B. Personnes morales.............. 1025
C. Cas particulier des contrôleurs légaux de pays tiers............. 1050
III. Procédure d'inscription 1080
IV. Modifications ultérieures de la liste d'inscription 1150

Section 4
Modalités d'exercice de la profession 1260
I. Mode d'exercice............... 1300
A. Classification 1320
B. Enjeux 1370

II. Forme juridique 1440
III. Exercice du commissariat aux comptes en société 1610
A. Rédaction des statuts 1630
B. Règles de fonctionnement 1645
C. Modifications apportées à la détention du capital......... 1710
D. Suspension ou radiation d'un associé 1750
E. Remise en cause de la continuité de l'exploitation 1770

Section 5
Champ d'application du commissariat aux comptes................. 1870
A. Principe de nomination obligatoire ou facultative 1870
B. Tableaux de synthèse 1871

Chapitre 2	**Statut du contrôleur légal**

Section 1
Nomination et cessation des fonctions 2050
I. Nomination 2100
A. Principes..................... 2120
B. Modalités de nomination 2230
C. Nominations irrégulières.......... 2310
D. Spécificités pour les EIP 2350
II. Cessation des fonctions 2445
A. Causes de cessation des fonctions... 2450
B. Modalités de mise en œuvre....... 2645

Section 2
Indépendance 3500
I. Notions générales 3550
II. Règles applicables en France ... 3680
A. Incompatibilités générales 3710
B. Interdiction des sollicitations et cadeaux.................... 3725
C. Monopoles des autres professions – Consultations juridiques et rédaction d'actes............. 3726

1859

SOMMAIRE ANALYTIQUE

© Ed. Francis Lefebvre

D. Incompatibilités spéciales liées
à des liens personnels, financiers
ou professionnels 3730

E. Interdictions liées à la fourniture
de services par le commissaire
aux comptes ou par son réseau 3739

F. Situations à risque et mesures
de sauvegarde 3755

G. Interdictions temporaires 3759

H. Obligations de rotation et délai
de viduité 3760

I. Approbation des SACC lorsque
le commissaire aux comptes certifie
les comptes d'une EIP 3781

J. Mesures concernant les honoraires . . 3787

K. Sanctions 3800

L. Règles relatives à l'organisation
interne des cabinets 3850

III. Systèmes de sauvegarde
de l'indépendance 4295

A. Renforcement de l'autorité
et de l'indépendance
des professionnels 4315

B. Renforcement de la transparence
de l'exercice professionnel 4345

C. Renforcement de la surveillance
et du contrôle de la profession 4380

Section 3
Secret professionnel 4995

I. **Généralités** 5000

A. Fondements de l'obligation 5050

B. Champ d'application 5090

C. Violation du secret et sanctions 5124

II. **Levée du secret professionnel** . . 5190

A. Tiers 5210

B. Acteurs de l'entreprise 5242

1. Organes d'administration,
de direction ou de surveillance 5250

2. Associés de l'entité contrôlée 5285

3. Liquidateur amiable de l'entité 5295

4. Comité social et économique 5300

5. Commissaire aux comptes
du comité social et économique 5325

6. Expert-comptable du comité social
et économique 5330

7. Conseil de surveillance des FCPE . . . 5340

8. Comptable public d'un organisme
public 5345

C. Confrères, collaborateurs et experts . 5360

D. Organes de contrôle
de l'environnement institutionnel . . 5440

E. Autorités du monde judiciaire 5640

1. Juridictions pénales 5650

2. Juridictions civiles 5700

3. Juridictions arbitrales 5760

4. Juridictions disciplinaires 5770

5. Juridictions financières 5790

Section 4
Publicité et sollicitations 5900

I. **Publicité** 5905

II. **Sollicitation personnalisée
et services en ligne** 5920

Chapitre 3   **Mise en œuvre
de la mission**

Section 1
Contenu 7100

I. **Cadre légal et réglementaire** . . . 7150

II. **Classification des interventions
du commissaire aux comptes** . . . 7350

A. Généralités 7350

B. Formulation de la restitution
des travaux 7400

C. Tableaux de synthèse 7495

III. **Caractéristiques essentielles
de la mission de contrôle légal** . 7600

A. Obligations de l'auditeur 7650

B. Limites à la mission de l'auditeur . . . 7750

IV. **Contrôles autres que le contrôle
légal** 8000

A. Contrôles institutionnels 8050

B. Contrôles d'experts nommés
par voie judiciaire 8350

C. Contrôles d'experts nommés
conventionnellement 8500

Section 2
**Moyens d'action
du commissaire aux comptes** . . . 9000

I. **Accès à l'information** 9100

A. Pouvoir d'investigation 9150

B. Droit à l'information 9250

C. Non-respect du droit d'accès
à l'information 9400

II. **Droit à rémunération** 9750

A. Principes et caractéristiques de base . 9800

B. Budget d'intervention 9930

1. Champ d'application du barème . . . 9940

2. Mise en œuvre du barème 9980

3. Heures nécessaires
à l'accomplissement de la mission . . 10000

4. Proposition de budget 10050

5. Traitement des litiges
pour les missions de certification
des comptes 10070

C. Facturation des honoraires 10150

D. Problèmes de recouvrement
des honoraires 10175

1. Dans les entreprises en difficulté . . . 10190

2. Autres problèmes de recouvrement
des honoraires 10280

3. Conséquences 10330

Section 3
Contrôle qualité 10500

I. **Contrôle qualité interne** 10550

1860

SOMMAIRE ANALYTIQUE

II. **Système d'assurance qualité externe** 10900
A. Environnement européen 10900
B. Système d'assurance qualité externe en France 11000
1. Principes directeurs 11040
2. Principes de mise en œuvre des contrôles 11110
3. Modalités pratiques de déroulement des contrôles 11170

Chapitre 4   **Responsabilités du commissaire aux comptes**

Section 1
Responsabilité civile 12100
I. **Conditions de la responsabilité** . 12200
A. Faute 12250
B. Préjudice 12450
C. Lien de causalité 12520
D. Exonérations 12600
II. **Action en responsabilité** 12800
A. Parties 12850
B. Compétence judiciaire 12950
C. Moyens de défense 13000
D. Liens avec les autres types de responsabilité 13200

Section 2
Responsabilité pénale 13500
I. **Infractions** 13550
A. Notion d'infraction 13560
B. Infractions relatives au statut 13595
C. Infractions relatives à l'exercice des fonctions 13650
II. **Mise en œuvre de l'action pénale** 13900
A. Acteurs 13950
B. Mise en œuvre de l'action en responsabilité 14200
C. Extinction de l'action et de la sanction pénales 14400
D. Liens avec les autres formes de responsabilités 14500

Section 3
Responsabilité disciplinaire .. 15000
A. Caractéristiques 15030
1. Responsabilité disciplinaire des commissaires aux comptes 15050
2. Responsabilité disciplinaire de personnes autres que des commissaires aux comptes 15130
B. Mise en œuvre de la responsabilité disciplinaire 15200
C. Sanctions disciplinaires 15350
D. Liens avec les autres responsabilités . 15500

Section 4
Responsabilité administrative 15520
A. Fondements et caractéristiques de la responsabilité 15535

B. Mise en œuvre de la responsabilité administrative 15620
C. Sanctions 15765
D. Liens avec les autres responsabilités . 15780

Section 5
Assurance responsabilité professionnelle 15800

Titre II   **Contrôle légal à l'étranger**

Chapitre 1   **Audit légal dans les pays de l'Union européenne**

Section 1
Règles communes 16180
I. **Institutions compétentes** 16185
II. **Directives et règlements européens** 16250
III. *Accountancy Europe* 16350

Section 2
Dispositions nationales 16500
I. **Allemagne** 16500
II. **Belgique** 16680
III. **Espagne** 16850
IV. **Irlande** 17215
V. **Suède** 17560

Section 3
Réforme de l'audit légal en Europe 17800
I. **Présentation générale** 17805
II. **Dispositions clés de la réforme** . 17840
A. Comité d'audit 17850
B. Rapports et communications des auditeurs 17870
C. Désignation des auditeurs 17910
D. Indépendance des auditeurs et les services non-audit dans les EIP 17935
E. Obligation de rotation pour les EIP . 18000
F. Supervision des auditeurs et promotion d'un système européen 18070
G. Normes internationales d'audit 18180
H. Audit dans les PME 18200
I. Dispositions relatives aux contrôleurs légaux 18295

Chapitre 2   **Audit légal dans le reste du monde**

Section 1
États-Unis 19050
I. **Cadre général d'exercice** 19050
II. **Renforcement des obligations applicables aux sociétés cotées** . 19220
III. **Évolutions liées au « Dodd-Frank Act » et au « JOBS Act »** 19285
IV. **Les grands chantiers de la SEC et du PCAOB** 19290

SOMMAIRE ANALYTIQUE

© Ed. Francis Lefebvre

Section 2
Canada 20000
I. Cadre juridique 20100
II. Dispositions fédérales 20235
III. Province du Québec 20420
IV. Province de l'Ontario 20580

Section 3
Bassin méditerranéen 22100
I. Tunisie 22100
II. Liban 22500

Section 4
Suisse 24000

2ᵉ partie   Missions d'audit financier et d'examen limité

Titre I   Démarche générale de l'audit financier

Chapitre 1   Notion d'audit financier

Section 1
Présentation 25112
I. Définition 25115
II. Spécificité 25180
III. Rôle 25260

Section 2
Principes fondamentaux 25300
I. Approche par les risques 25310
A. Définition des différentes notions de risques 25320
B. Présentation de la démarche d'approche par les risques 25330
C. Points clés de l'approche par les risques 25340
D. Risques d'anomalies significatives au niveau des comptes pris dans leur ensemble 25360
E. Risques d'anomalies significatives au niveau des assertions 25370
1. Définition des assertions d'audit 25370
2. Identification et évaluation des risques au niveau des assertions 25420
3. Caractère significatif 25460
4. Réponse au risque 25590
II. Émission d'une opinion motivée 25700
A. Caractère probant des éléments collectés 25705
B. Documentation des travaux 25780
C. Utilisation des travaux d'autres professionnels 25980

Section 3
Techniques de contrôle 26150
I. Procédures analytiques 26200

II. Observation physique 26240
III. Demande de confirmation des tiers 26260
IV. Sondages 26300
V. Techniques informatiques 26400

Section 4
Communication avec les organes mentionnés à l'article L 823-16 du Code de commerce 26450
I. Organes visés 26460
II. Éléments et modalités des communications visées 26480
III. Communication des faiblesses du contrôle interne 26490
IV. Rapport complémentaire au comité d'audit 26500

Section 5
Déroulement de l'audit financier 26520

Chapitre 2   Audit financier par phase

Section 1
Prise de connaissance et planification de la mission 27101
I. Éléments de connaissance et de compréhension 27140
A. Activité et environnement de l'entité 27150
B. Éléments de contrôle interne pertinents pour l'audit 27250
II. Outils et techniques de prise de connaissance 27350
III. Organisation et conception de la mission 27450
A. Identification et évaluation du risque d'anomalies significatives 27480
B. Finalisation de l'approche par les risques 27520

Section 2
Évaluation du contrôle interne 27700
I. Notions générales 27800
A. Caractéristiques du contrôle interne 27850
B. Éléments constitutifs du contrôle interne 28000
C. Rôle du contrôle interne dans la démarche d'audit 28250
II. Méthodologie d'évaluation du contrôle interne 28450
A. Connaissance des procédures 28600
B. Évaluation du contrôle interne 28750
C. Exploitation de l'évaluation du contrôle interne 29000
D. Évaluation du système d'information 29100
E. Observation physique des stocks 29300

1862

© Ed. Francis Lefebvre

SOMMAIRE ANALYTIQUE

Section 3
Relations et transactions
avec les parties liées 29500
A. Collecte d'informations
et évaluation du risque d'anomalies
significatives 29550
B. Procédures d'audit spécifiques 29700
C. Examen du traitement comptable
et de l'information dans l'annexe . . . 29800
D. Déclarations de la direction 29850
E. Lien avec les conventions
réglementées 29860

Section 4
Contrôles de substance
sur les comptes 30000
A. Place dans la démarche 30005
B. Procédures analytiques 30100
C. Demandes de confirmation des tiers 30270
D. Contrôle de l'annexe 30480

Section 5
Finalisation de la mission 30510
A. Contrôle des événements
postérieurs à la clôture 30530
B. Déclarations de la direction 30780
C. Travaux de synthèse 30820

Section 6
Rapport sur les comptes 30850
I. **Rapport sur les comptes**
annuels et consolidés 30851
A. Évolution du rapport d'audit 30851
B. Opinion sur les comptes 30858
C. Fondement de l'opinion 30876
D. Incertitude significative liée
à la continuité d'exploitation 30890
E. Observations 30900
F. Justification des appréciations 30909
G. Vérifications spécifiques 30928
H. Autres vérifications ou informations
prévues par les textes légaux
et réglementaires 30931
I. Rappel des responsabilités 30932
J. Forme et communication
des rapports 30936
K. Cas particuliers 30950
II. **Rapport d'audit financier**
en dehors des missions d'audit
légal 30964

| Chapitre 3 | **Audit financier par cycle** |

Section 1
Achats/fournisseurs 31200
A. Connaissance des opérations 31250
B. Évaluation du contrôle interne 31350
C. Contrôles de substance
sur les comptes du cycle « achats » . . 31490

Section 2
Immobilisations corporelles
et incorporelles 31600
A. Connaissance des opérations 31650
B. Évaluation du contrôle interne 31750
C. Contrôles de substance
sur les comptes du cycle
« immobilisations » 31880

Section 3
Immobilisations financières . . 31920
A. Connaissance des opérations 31925
B. Évaluation du contrôle interne 31965
C. Contrôles de substance
sur les comptes du cycle
« immobilisations financières » 31970

Section 4
Ventes/clients 32000
A. Connaissance des opérations 32050
B. Évaluation du contrôle interne 32150
C. Contrôles de substance
sur les comptes du cycle « ventes » . . 32250

Section 5
Stocks et en-cours
de production 32350
A. Connaissance des opérations 32360
B. Évaluation du contrôle interne 32450
C. Contrôles de substance
sur les comptes du cycle « stocks
et en-cours » 32570

Section 6
Trésorerie 32700
A. Connaissance des opérations 32750
B. Évaluation du contrôle interne 32850
C. Contrôles de substance
sur les comptes du cycle
« trésorerie » 32950

Section 7
Emprunts et dettes
financières 33350
A. Connaissance des opérations 33400
B. Évaluation du contrôle interne 33500
C. Contrôles de substance
sur les comptes du cycle « emprunts
et dettes » 33550

Section 8
Fonds propres 33750
A. Connaissance des opérations 33800
B. Évaluation du contrôle interne 33880
C. Contrôles de substance
sur les comptes du cycle « fonds
propres » 33920

Section 9
Provisions pour risques
et charges 33940
A. Connaissance des opérations 33942
B. Évaluation du contrôle interne 33952
C. Contrôles de substance
sur les comptes du cycle « provisions
pour risques et charges » 33954

SOMMAIRE ANALYTIQUE © Ed. Francis Lefebvre

Section 10
Personnel et organismes sociaux ... 34000
A. Connaissance des opérations ... 34050
B. Évaluation du contrôle interne ... 34140
C. Contrôles de substance sur les comptes du cycle « personnel » ... 34240

Section 11
Impôts et taxes ... 34350
A. Connaissance des opérations ... 34390
B. Évaluation du contrôle interne ... 34470
C. Contrôles de substance sur les comptes du cycle « impôts et taxes » ... 34500

Section 12
Autres créances et autres dettes ... 34600
A. Connaissance des opérations ... 34640
B. Évaluation du contrôle interne ... 34720
C. Contrôles de substance sur les comptes du cycle « autres créances et autres dettes » ... 34760

Titre II — Contextes spécifiques d'audit

Chapitre 1 — Audit des personnes ou entités faisant appel aux marchés financiers

Section 1
Environnement légal et réglementaire ... 41050
I. **Présentation et organisation des marchés** ... 41060
A. Marchés réglementés ... 41060
B. Marchés non réglementés ... 41100
II. **Réglementation des marchés** ... 41200
A. Autorités de marché ... 41200
B. Textes réglementant l'accès aux marchés ... 41225

Section 2
Opérations de marché ... 41600
I. **Processus d'introduction en bourse** ... 41605
A. Unification des procédures d'introduction en bourse ... 41610
B. Établissement du prospectus ... 41700
C. Finalisation de la procédure d'introduction ... 41800
D. Mission des commissaires aux comptes ... 41900
II. **Autres opérations de marché** ... 42000
A. Document d'enregistrement universel ... 42010
B. Opérations d'émission ... 42100

C. Offres publiques ... 42200
D. Sortie de la cote ... 42220

Section 3
Obligation d'information à la charge des sociétés cotées ... 42300
I. **Généralités** ... 42300
II. **Informations périodiques** ... 42400
A. Nature de l'obligation ... 42400
B. Information périodique annuelle ... 42405
C. Information périodique semestrielle ... 42460
D. Information périodique trimestrielle ... 42500
E. Autres informations périodiques ... 42550
III. **Informations permanentes** ... 42700
IV. **Diffusion et archivage** ... 42800

Chapitre 2 — Audit des comptes consolidés

Section 1
Environnement légal et réglementaire ... 45010
I. **Obligations à la charge des sociétés** ... 45012
A. Établissement des documents consolidés ... 45015
B. Exemptions légales ... 45055
1. Intégration dans un ensemble plus grand ... 45060
2. Non-dépassement de certains seuils ... 45090
3. Ensemble à consolider présentant un intérêt négligeable ... 45098
4. Toutes les sociétés peuvent être exclues de la consolidation ... 45099
C. Principes d'établissement des comptes consolidés ... 45150
D. Sanctions du non-respect des dispositions légales pour les sociétés commerciales ... 45200
II. **Particularités de la mission de l'auditeur légal** ... 45300
A. Diligences spécifiques liées à l'établissement des comptes consolidés ... 45305
B. Exercice collégial de la mission ... 45330
C. Implication dans le contrôle des comptes des entités ... 45380
D. Relations avec les auditeurs internes ... 45490

Section 2
Mise en œuvre de l'audit des comptes consolidés ... 45510
I. **Orientation et planification de la mission** ... 45512
A. Prise de connaissance préalable ... 45520
B. Examen du périmètre et des méthodes de consolidation ... 45550
1. Règles applicables ... 45555
2. Contrôles des commissaires aux comptes ... 45590

1864

© Ed. Francis Lefebvre — SOMMAIRE ANALYTIQUE

C. Examen des règles et méthodes
comptables 45650

1. Principes comptables généraux..... 45651
2. Méthodes d'évaluation
et de présentation 45670
3. Méthodes spécifiques
à la consolidation 45700

D. Organisation à mettre en place
dans la société 45740

1. Éléments de base d'organisation
de la consolidation 45745
2. Contrôles des commissaires
aux comptes 45769

E. Mise en place de la mission d'audit . 45780
1. Planification stratégique 45782
2. Répartition des travaux
et coordination 45810

II. Contrôle des comptes
consolidés 45900

A. Contrôle du périmètre
de consolidation 45910

1. Exhaustivité du périmètre 45920
2. Coût d'acquisition des titres 45940
3. Première entrée dans le périmètre
de consolidation 45945
4. Variations ultérieures
du pourcentage d'intérêts......... 45968
5. Contrôles complémentaires liés
aux variations de périmètre........ 46010
6. Actifs destinés à être cédé
et activités abandonnées......... 46020

B. Contrôle des entités consolidées.... 46050
1. Application des principes
comptables du groupe 46060
2. Traitement des liasses
de consolidation 46070
3. Passage capitaux propres sociaux /
capitaux propres retraités 46080
4. Utilisation des travaux des auditeurs
des filiales 46090

C. Contrôle des opérations
de consolidation 46100

1. À-nouveaux et cumuls des comptes . 46101
2. Élimination des transactions
intragroupe 46110
3. Contrôle ou synthèse de la fiscalité
différée 46130
4. Élimination des titres
et des capitaux propres.......... 46140
5. Particularités des entreprises mises
en équivalence................ 46150

D. Variation des capitaux propres
consolidés 46200

E. Analyse détaillée du bilan
et du compte de résultat.......... 46250

F. Revue finale des comptes consolidés
à publier 46300

G. Contrôle de l'information financière 46350

III. Achèvement de la mission 46400
A. Finalisation des travaux.......... 46402
B. Rapport sur les comptes consolidés . 46450

Section 3
Contrôle de l'exercice
de première consolidation
en principes français........ 46480

Section 4
Audit des comptes
consolidés lors
de la transition vers
les normes IFRS 46500

Chapitre 3   Missions d'audit légal
dans les petites entreprises

Section 1
Environnement légal
et réglementaire 47000

A. Textes légaux et réglementaires.... 47050
B. Situations visées par les NEP 911
et 912...................... 47100

Section 2
Nature et étendue
de la mission 47400

Section 3
Mise en œuvre de la mission . 47470

A. Principes généraux communs 47500
B. Audit proportionné des comptes ... 47700
C. Établissement du rapport
sur les risques lorsque le mandat
est limité à trois exercices 48050
D. Diligences et rapports dont le
commissaire aux comptes
est dispensé lorsqu'il est nommé
pour trois exercices 48350
E. Rapport sur les comptes 48450
F. Autres diligences légales......... 48600

Chapitre 4   Missions d'audit
dans le cadre des services
autres que la certification
des comptes (SACC)

Section 1
Évolution du cadre
d'intervention
du commissaire aux comptes 49000

Section 2
Contexte d'intervention 49010

Section 3
Mise en œuvre de la mission . 49200

Titre III Missions d'examen limité

Section 1
Définition 49710

Section 2
Contexte d'intervention 49750

Section 3
Mise en œuvre.............. 49810

Section 4
Formulation de la conclusion 49900

SOMMAIRE ANALYTIQUE © Ed. Francis Lefebvre

3e partie — Autres missions et prestations du commissaire aux comptes

Titre I — Vérifications spécifiques annuelles

Chapitre 1 — Notions générales

Section 1
Caractéristiques 50150

Section 2
Conditions de mise
en œuvre 50250

Section 3
Communications
du commissaire aux comptes   50403

Chapitre 2 — Contrôle des conventions réglementées

Section 1
Présentation générale
de la procédure............. 52110

A. Principes généraux 52200

B. Mission du commissaire
aux comptes.................. 52350

Section 2
Mise en œuvre
de la procédure
dans les entités concernées .. 52500

A. Sociétés anonymes et sociétés
en commandite par actions........ 52550

B. SARL....................... 52750

C. SAS....................... 52850

D. Personnes morales de droit privé
non commerçantes ayant
une activité économique
et certaines associations
subventionnées 53000

E. Autres entités 53100

Chapitre 3 — Autres vérifications spécifiques

Section 1
Rapport de gestion 54150

I. Élaboration du rapport
de gestion 54170

A. Entités concernées............... 54170

B. Contenu du rapport de gestion 54185

C. Communication du rapport
de gestion 54230

D. Sanctions relatives au rapport
de gestion 54237

II. Mission du commissaire
aux comptes 54255

Section 2
Documents annuels adressés
aux membres de l'organe
appelé à statuer
sur les comptes 54390

A. Documents adressés ou mis
à disposition 54420

B. Mission du commissaire
aux comptes.................. 54530

Section 3
Documents liés
à la prévention
des difficultés 54650

A. Documents prévisionnels......... 54655

B. Documents d'information financière
et prévisionnelle 54750

C. Mission du commissaire
aux comptes.................. 54865

Section 4
Égalité entre les actionnaires 55000

A. Notion d'égalité
entre les actionnaires 55002

B. Mission du commissaire
aux comptes.................. 55035

Section 5
Prises de participation
et de contrôle 55400

A. Réglementation applicable........ 55440

B. Mission du commissaire
aux comptes.................. 55640

Section 6
Rapport
sur le gouvernement
d'entreprise 55800

I. Élaboration du rapport
sur le gouvernement
d'entreprise 55802

A. Aspects généraux 55802

B. Contenu du rapport 55810

II. Mission du commissaire
aux comptes 55900

Section 7
Vérifications spécifiques
diverses 56050

A. Actions détenues
par les administrateurs 56060

1. Obligation de détention d'actions .. 56100

2. Mission du commissaire
aux comptes 56150

B. Attestation des rémunérations 56230

1. Établissement du relevé
des rémunérations.............. 56245

2. Mission du commissaire
aux comptes 56320

C. Montant ouvrant droit à réduction
d'impôt (CGI art. 238 bis) 56400

1. Établissement de l'attestation 56435

2. Mission du commissaire
aux comptes 56460

© Ed. Francis Lefebvre

SOMMAIRE ANALYTIQUE

D.	Informations sur les délais de paiement	56518
1.	Délais de paiement et obligations des entités	56518
2.	Mission du commissaire aux comptes	56526

Titre II — Interventions liées à des faits et des opérations

Chapitre 1 — Opérations concernant le capital social et les émissions de valeurs mobilières

Section 1
Libération d'une augmentation du capital par compensation avec des créances ... 56610
A. Principales modalités ... 56620
B. Intervention du commissaire aux comptes ... 56680

Section 2
Augmentation du capital avec suppression du droit préférentiel de souscription ... 56730
A. Principales modalités ... 56735
B. Intervention du commissaire aux comptes ... 56790

Section 3
Opérations concernant les actions de préférence ... 56880
A. Principales modalités ... 56885
B. Intervention du commissaire aux comptes ... 56990

Section 4
Émission de valeurs mobilières donnant accès au capital ou donnant droit à l'attribution de titres de créance ... 57150
A. Principales modalités ... 57160
B. Intervention du commissaire aux comptes ... 57230

Section 5
Accès au capital en faveur des salariés ... 57300
A. Augmentation du capital réservée aux adhérents d'un plan d'épargne d'entreprise ... 57310
B. Attribution d'options de souscription ou d'achat d'actions ... 57340
C. Attribution d'actions gratuites existantes ou à émettre ... 57370
D. Émission de bons de souscription de parts de créateur d'entreprise (BSPCE) ... 57400
E. Évaluation des titres détenus dans le cadre d'un plan d'épargne d'entreprise ... 57420

Section 6
Réduction du capital ... 57500
A. Principales modalités ... 57550
B. Intervention du commissaire aux comptes ... 57680

Section 7
Rachat d'actions en application des dispositions de l'article L 225-209-2 du Code de commerce ... 57800
A. Principales modalités ... 57810
B. Intervention du commissaire aux comptes ... 57900

Chapitre 2 — Opérations relatives aux dividendes

Section 1
Acomptes sur dividendes ... 58550
I. Généralités ... 58555
II. Intervention du commissaire aux comptes ... 58750

Section 2
Paiement en actions ... 59000
I. Généralités ... 59050
II. Intervention du commissaire aux comptes ... 59300

Chapitre 3 — Opérations de transformation

Section 1
Généralités ... 60100
A. Notion de transformation ... 60120
B. Notions connexes ... 60140
C. Intervention des commissaires aux comptes ou à la transformation ... 60160

Section 2
Transformation d'une société en société par actions ... 60200
A. Présentation générale ... 60220
B. Nomination du commissaire à la transformation ... 60300
C. Mission du commissaire à la transformation ... 60350

Section 3
Transformation d'une SARL ... 60500
A. Présentation générale ... 60530
B. Mission du commissaire aux comptes ... 60640

Section 4
Transformation des sociétés par actions ... 60730
A. Présentation générale ... 60750
B. Mission du commissaire aux comptes ... 60910

1867

SOMMAIRE ANALYTIQUE © Ed. Francis Lefebvre

Chapitre 4 **Interventions consécutives à des faits survenant dans l'entité**

Section 1
Irrégularités et inexactitudes 61250

Section 2
Révélation des faits délictueux 61530
I. **Obligation de révélation des faits délictueux** 61550
A. Présentation générale 61550
B. Champ d'application 61630
II. **Mise en œuvre de la révélation des faits délictueux** 61750
A. Nature des obligations du commissaire aux comptes 61750
B. Modalités de la révélation 61890
III. **Conséquences de la révélation** .. 62000
A. Communications liées à la révélation 62005
B. Liens avec les autres composantes de la mission 62040

Section 3
Blanchiment des capitaux et financement du terrorisme 62090-1
I. **Obligations de vigilance du commissaire aux comptes avant d'accepter la relation d'affaires** 62095
A. Mesures de vigilance 62100
B. Mesures de vigilance complémentaires dans certains cas particuliers 62110
C. Mesures de vigilance simplifiées 62113
D. Mesures de vigilance renforcées 62119
II. **Obligations de vigilance du commissaire aux comptes au cours de la relation d'affaires** 62120
A. Vigilance à l'égard des opérations réalisées par l'entité 62120
B. Mesures de vigilance complémentaires dans certains cas particuliers 62124
C. Actualisation de l'évaluation du risque de blanchiment des capitaux et de financement du terrorisme présenté par la relation d'affaires et adaptation des mesures de vigilance 62126
D. Désignation par Tracfin des personnes ou opérations présentant un risque important 62140
III. **Obligations de vigilance du commissaire aux comptes avant d'accepter de fournir une prestation à un client occasionnel** 62141

IV. **Obligations de déclaration** 62150
V. **Obligations de mise en place de procédures et de mesures de contrôle interne au sein de la structure d'exercice professionnel** 62180
VI. **Obligations de conservation des documents et informations** . 62190

Section 4
Procédure d'alerte 62200
I. **Présentation** 62250
A. Notions générales 62252
B. Champ d'application 62360
II. **Mise en œuvre de la procédure d'alerte** 62400
A. Déclenchement de la procédure 62420
B. Déroulement de la procédure....... 62540
C. Contexte de la crise du Covid-19 ... 62680
D. Suite et fin de la procédure 62682

Section 5
Convocation de l'assemblée générale en cas de carence .. 62800
A. Présentation générale de la mission . 62810
B. Mise en œuvre de la mission....... 62915

Section 6
Autres interventions 63050
I. **Visa des déclarations de créances** 63100
A. Modalités de la déclaration de créance 63120
B. Diligences du commissaire aux comptes du créancier 63195
II. **Demande d'information du comité social et économique** . 63300
A. Rôle du comité social et économique 63320
B. Mission du commissaire aux comptes 63370
III. **Liste des créances détenues par les membres des comités de créanciers** 63500

Titre III **Autres interventions du contrôleur légal**

Chapitre 1 **Missions de cession/acquisition**

Section 1
Contexte général des missions de cession/acquisition 65000

Section 2
Déroulement de la mission .. 65060
I. **Acceptation de la mission** 65070
II. **Prise de connaissance** 65195
III. **Mise en œuvre de la mission** 65495

1868

© Ed. Francis Lefebvre

SOMMAIRE ANALYTIQUE

IV. Restitution des conclusions 65700

Section 3
Aspects particuliers
des missions
de cession/acquisition 65900
I. Intervention en *data room* 65910
II. Examen des comptes pro forma . 66100
III. Analyse des documents
financiers historiques 66300
IV. Examen critique du *business plan* 66400

Chapitre 2   **Services autres que**
la certification des comptes
à la demande de l'entité

Section 1
Attestations 68100

Section 2
Constats à l'issue
de procédures convenues
avec l'entité 68200

Section 3
Consultations............... 68400
I. Consultations 68410
II. Spécificités
pour les consultations portant
sur le contrôle interne relatif
à l'élaboration et au traitement
de l'information comptable
et financière 68520

Section 4
Autres interventions........ 68600
I. Lettres de confort 68610
II. Examen de comptes
prévisionnels 68700
III. Examen de comptes pro forma.. 68900

Section 5
Prestations relatives
aux informations extra-
financières................. 70000
I. Principes généraux 70020
II. Mission de l'organisme tiers
indépendant 70200
III. « Autres travaux » possibles
sur une base volontaire
concernant les informations
extra-financières 70600

Section 6
Sociétés à mission 71000
I. Champ d'application
du dispositif de société
à mission 71010
II. Conditions pour faire
publiquement état de la qualité
de société à mission 71030
III. Intervention de l'organisme
tiers indépendant (OTI) 71050

Titre IV   **Prestations fournies**
par un commissaire
aux comptes
sans détenir de mandat
dans cette entité ou dans
sa chaîne de contrôle

Chapitre 1   **Principes applicables**
aux prestations hors
mandat de certification
des comptes

Section 1
Principes fondamentaux
de comportement
applicables aux prestations.. 75100

Section 2
Conduite de la prestation.... 75200

Section 3
Honoraires 75290

Section 4
Publicité, sollicitation
personnalisée et services
en ligne 75310

Section 5
Limitations liées
aux monopoles
et aux maniements de fonds. 75320

Chapitre 2   **Audit contractuel**
et attestations hors
mandat de certification
des comptes

Section 1
Audit contractuel
dans une entité n'ayant pas
désigné de commissaire
aux comptes................ 75510

Section 2
Attestation pour une entité
dans laquelle le commissaire
aux comptes n'exerce
pas de mandat.............. 75750

4ᵉ partie   **Approches sectorielles**
d'audit

Chapitre 1   **Secteur bancaire**

Section 1
Caractéristiques du secteur
bancaire 78100
I. Environnement............... 78110
II. Spécificités de la mission....... 78250
III. Adaptation de la démarche
d'audit 78450

1869

SOMMAIRE ANALYTIQUE

Section 2
Principaux cycles de contrôle 78800
I. Moyens de paiement 78850
A. Présentation du cycle 78860
B. Zones de risques 78890
C. Approche d'audit 78930
II. Crédits et engagements 79000
A. Présentation du cycle 79050
B. Zones de risques 79150
C. Approche d'audit 79200
III. Dépôts de la clientèle 79500
A. Présentation du cycle 79501
B. Zones de risques 79580
C. Approche d'audit 79620
IV. Opérations de marché 79700
A. Présentation du cycle 79705
B. Zones de risques 79770
C. Approche d'audit 79850
V. Autres opérations financières . . 80000
A. Présentation du cycle 80002
B. Zones de risques 80120
C. Approche d'audit 80170
VI. Capitaux propres et assimilés
et provisions pour risques
et charges 80250
A. Présentation du cycle 80252
B. Zones de risques 80280
C. Approche d'audit 80300

Chapitre 2   **Secteur assurance**

Section 1
Spécificités du secteur
assurance 82100
I. Aspects économiques généraux . 82100
II. Assurance à long terme 82200
III. Assurance à court et moyen
terme 82260
IV. Aspects fiscaux 82300
V. Environnement de l'exercice
de l'activité d'assurance 82350
VI. Spécificités relatives
au contrôle légal des comptes
des entités d'intérêt public
(EIP) 82380

Section 2
Réglementation 82400
I. Sources 82400
II. Formes d'exercice 82450
III. Organes de contrôle 82510
IV. Principales normes comptables
et prudentielles (normes
françaises) 82570

Section 3
Adaptation des techniques
d'audit 82700
I. Revue analytique 82730
II. Revue du dispositif de contrôle
interne 82740

III. Recours à des experts 82750
IV. Utilisation de l'informatique . . . 82800
V. Circularisations 82850

Section 4
Principaux cycles d'audit 83000
I. Primes et provisions de primes . 83050
II. Sinistres et provisions
de sinistres 83080
III. Résultats financiers
et participation des assurés 83100
IV. Assurance-vie en unités
de compte 83120
V. Réassurance et coassurance 83140
VI. Réseaux de commercialisation . . 83170

Section 5
Vérifications et informations
spécifiques 83300
I. Conventions réglementées 83300
II. Interventions prévues par la loi
ou les règlements 83330
III. Rôle du commissaire
aux comptes sur les rapports
prévus par la réglementation
applicable aux entreprises
d'assurances 83360
IV. Prévention des difficultés
des entreprises 83400
V. Déclaration de performance
extra-financière 83450
VI. Délais de paiement 83470

Section 6
Perspectives 83500

Chapitre 3   **Secteur associatif**
(associations, fondations,
fonds de dotation
et syndicats
professionnels)

Section 1
Présentation du secteur
associatif 84050
I. Notions générales 84100
II. Organes de représentation 84150
III. Organes de contrôle 84250

Section 2
Environnement
réglementaire 84500
I. Classification 84530
II. Cadre juridique
de fonctionnement 84650
III. Obligations comptables 84800

Section 3
Conditions de mise
en œuvre de l'audit légal . . . 85055
I. Nomination et statut
de l'auditeur 85055

SOMMAIRE ANALYTIQUE

II.	**Mission du commissaire aux comptes**	**85120**
A.	Contenu de la mission	85120
B.	Certification des comptes	85150
C.	Vérifications spécifiques	85220
D.	Autres interventions	85340
III.	**Modalités de mise en œuvre de la mission**	**85480**

Section 4
Cycles de contrôles spécifiques **85650**

I.	**Impôts et taxes**	**85665**
II.	**Ressources**	**85830**
III.	**Fonds propres**	**86000**
IV.	**Immobilisations**	**86100**
V.	**Personnel**	**86150**

Annexes

Les cabinets de la profession comptable libérale en France	**93200**
Structure de dossier type	**93500**
Questionnaire d'évaluation des risques diffus	**93520**
Questionnaire de prise en compte du risque lié à la continuité d'exploitation	**93522**
Questionnaire d'évaluation des risques par cycle ou par assertion	**93525**
Questionnaire d'identification des risques de fraude	**93530**
Missions d'acquisition : liste des risques usuels	**93550**
Missions d'acquisition : liste des principaux documents à obtenir	**93555**
Formulaire déclaration d'activité 2020	**94100**
Notice formulaire déclaration d'activité	**94150**
Guide des contrôles périodiques	**94300**
Outils de contrôle qualité CNCC	**94400**
Modèles de statuts types de sociétés de commissaires aux comptes	**96000**

Composition réalisée par NORD COMPO

893572 (I) - PrL 31 g - NC (MLN)
Achevé d'imprimer en décembre 2021 sur les presses de
La Tipografica Varese Srl, Varese
Dépôt légal : décembre 2021
Imprimé en Italie